인문학용어대사전

국학자료원

<증보개정판 서문>

한국 문예비평사의 새로운 발걸음

金 鍾 會(한국문학평론가협회 회장, 경희대 교수)

한국문학평론가협회 엮음으로『인문학용어대사전』을 상재하여 세상에 내놓는다. 이는 우리 협회에서 지금으로부터 꼭 12년 전인 2006년, 150여 명의 필진을 구성하여 2,000여개의 용어 해설을 실은『문학비평용어사전』상 · 하권을 출간한 이후 처음으로 수행하는 증보 · 개정판이다. 강산도 변한다는 10년 세월에 문학비평 용어인들 그대로일 수 없으며, 또한 시대적 상황의 변화에 따라 많은 새로운 용어들이 등장하고 있다는 차원에서 보면 이 일은 오히려 때늦은 감이 없지 않다. 이번에 신규로 추가한 100여 개의 용어는 바로 그러한 상황을 반영한 것이다.

10년 전의『문학비평용어사전』을 발간할 때 편찬위원으로 참여한 이들은 유종호, 김윤식, 홍기삼, 임헌영, 김재홍, 조남현, 최동호, 김종회 등 여덟 분이다. 이제 이분들은 그때에 비해 학문적 영역은 물론 사회적 직함도 달라졌다. 하지만 비평용어사전에 대한 관점과 인식은 크게 다를 것이 없으며, 그 때 이분들이 서문으로 쓴 글들은 동시대적 시각의 적절성 및 사료적 가치의 중요성에 비추어 마땅히 공식적인 기록으로 남겨야 할 것이다. 이번 사전에서 그 글들을 당시의 직함과 함께 그대로「서문」으로 수록하는 이유다.

원래 사전의 제호가『문학비평용어사전』이었고 상·하권을 합하여 2,120쪽에 달했다. 이번에 이를 통합하고 100여개의 신규 용어를 추가해서 한 권으로 묶었다. 그동안 사전을 사용해 온 연구자들의 요청과 사용상의 편의를 반영한 결과다. 뿐만 아니라 제호도『인문학용어대사전』으로 변경했다. 당초 2000여 개의 수록 용어가 문학비평의 지경을 넘어 인문학 전반의 용어 해설을 포괄하고 있었고, 그 범주에 있어서도 문학의 울타리를 넘어 문화 전반의 용어적 의미와 경향을 수용하고 있었기 때문이다.

그동안 국내에서 선보인 문학비평용어사전들이 대개 단행본 한 권 분량으로 200여 항목에 그쳤던 사실과 비교해 보면, 이번의 사전에 그와 같은 명호를 부여해도 크게 무리한 것으로 여겨지지 않는다. 기실 수록 용어 분량의 확대는 본질적으로 주요한 문제가 아니다. 이 사전은 과거 사전들에서 볼 수 있는 평면적 · 주관적 해설의 방식을 지양하고 해설과 예문의 제시, 참조 용어와 참고문헌의 제시와 함께 용어 해설 담당 연구자의 실명을 밝히는 책임 집필의 형식을 유지하였다. 이는 곧 연구자들이 각자의 연구를 펼쳐놓고 이를 공유하는 초유의 방식이기도 하다.

이 사전은 궁극적으로 문학비평 또는 인문학의 체계적 발전과 그 실제적 기능의 확장을 목표로 한다. 한 사회나 국가, 더 나아가 인류 문화의 발전을 위한 학문의 과정에서 사전 활용의 긴요함은 두말할 필요가 없을 것이다. 하지만 최근 네트워크 기술의 발달과 그에 따른 정보량의 무한 축적이 가능해지면서, 사전의 기능과 가치가 간과될 때가 많다. 모바일 기기를 통해 언제 어디서든 필요한 것만을 손쉽게 검색하는 일이 가능해진 시대에 사전은 일견 비효율적인 매체로 여겨질 수도 있다. 우리 시대의 이러한 형편에 견주어, 여기서 사전의 상재가 갖는 문명·문화론적 의의에 대해 다시 검토해 보고자 한다.

2012년에 240여 년간 백과사전을 발행해 온 브리태니커 사가 더 이상 인쇄본 사전을 출간하지 않겠다고 한 발표는, 마치 사전으로 대표되는 종이 책에 대한 사망선고로 여겨지기도 한다. 그러나 이것은 단순히 기술과 매체의 차이에 대한 변화일 뿐, 사전을 둘러싸고 있는 본질적 의미는 여전히 변함이 없다. 사전은 단순히 떠도는 정보를 모아둔 책을 말하는 것이 아니다. 기기를 통한 '검색'의 방식은 하나의 항목을 찾기 위해 소모되는 중간 과정을 과감히 생략하고 대상 항목을 향해 곧바로 돌진하기 때문에 효율적이다.

반면에 사전을 통한 '추적'의 방식은 이와 아주 다르다. 인류사회의 문명과 문화를 추동해 온 힘은, 어쩌면 이처럼 사전을 만들고 활용하는 과정 전체에 반영되어 있는 것인지도 모른다. 아카데미 프랑세즈가 무려 59년 간의 작업을 거쳐 1694년 『프랑스어사전』을 출간한 이후, 유럽 각국은 자국어 사전의 편찬에 경쟁적으로 뛰어들었다. 이와 같은 언어와 문화의 경쟁력에 대한 집중은, 그것이 국가 경쟁력과 동궤의 맥락에 있다는 각성을 동반하고 있었다.

오늘과 같은 전자매체와 디지털 문화의 시대에 있어서도 그와 같은 집중적 언어체계를 보여주는 사전의 영향력은 여전히 효용성이 높다. 오래 전부터 인류가 가꾸어 오던 '하나 된 세상'이라는 소통의 꿈이, 진보된 기술 덕분에 '집단 지성'의 형태로 구체적인 실현 가능성을 안겨준 것도 그렇다. 사전을 편찬하면서 난무하는 정보들을 수집하고 분류하고 체계화 해 온 과정이 디지털 기술을 만났을 때, 이른바 '추적'과 '검색'의 통합적 작용이 가능해지면서 그 꿈을 현실 속에 펼쳐놓을 수 있게 된 터이다.

한국문학평론가협회에서는 이와 같은 사전의 의의를 바탕으로 12년 전 『문학비평용어사전』 출간 이후 변화된 용어들의 뜻과 쓰임새를 수정·보완하고, 또 예전에는 다른 분야에 국한되어 있다가 문화·문학 영역에서 널리 쓰이게 된 용어들, 그리고 새롭게 알려진 용어들을 추가하여 이 사전을 다시 만들었다. 그 과정에서 사회 전반과 적극적으로 길항하고 있는 문학 장르의 본질적인 움직임도 포착하게 되었다. 사실 이러한 문학의 경향은 학제 간 교섭이 활발해진 최근에 이르러 재조명되고 있는 특성이다.

　　기술문명의 발달과 시대·사회적 성격의 분화 및 다면화가 놓쳐버린, 정서의 내밀함을 채우는 인문학적 인식의 반영이 그 한 대목이다. 거듭 강조하자면 이 사전에 수록된 기존 용어나 새롭게 수록된 용어들이 문학 장르 안에서 널리 쓰이고 있지만, 그렇다고 문학에만 국한된 것이 아니다. 그런 까닭으로 문화와 문학 일반 그리고 인문학 전반을 아우르는 확장된 범주의 운용과, 과거의 전통적 개념으로부터 오늘의 시대상을 반영하기까지 폭넓은 용례의 적용을 도모하였다. 자연히 사전의 명호를 '인문학용어대사전'으로 개명할 수밖에 없었던 것이다.

　　시대적 양상이 변화하는 속도를 감안하면 12년 만의 개정이 이르다고 할 수 없으나, 관련된 일의 방대함이나 통상적인 사전 제작 과정에 비교할 때 결코 늦었다고만 할 수는 없다. 『문학비평용어사전』을 출간할 당시 지속적인 개정을 다짐했는데, 그 약속을 지킬 수 있게 되어 다행스럽게 생각한다. 이 새로운 사전의 발간에 애쓰고 수고한 분들과 새로운 용어 해설을 집필해준 분들 그리고 한결같은 후원으로 이 일이 가능하도록 해준 국학자료원의 정구형 대표에게 감사의 말씀을 드린다.

<초판 서문>

비평용어사전 발간의 취지

任 軒 永(한국문학평론가협회 회장, 중앙대 교수)

여기 한국문학평론가협회의 공동작업인 『문학비평용어사전』을 선보인다. 게재 용어가 가장 많은 뿐만 아니라 가장 자세한 기술과 참고도서까지 곁들여 많은 참고가 될 것이다. 각 항목은 집필자를 명기하고 있어 책임 있는 풀이를 하도록 했다.

모든 학문은 기존 술어에 대한 재해석과 새로운 술어의 창조사라고 할 수 있다. 더구나 가치관의 변모가 급변하는 시대일수록 각 분야의 신조어·복합어·변형어들은 급증한다. 문학도 예외가 아니어서 각종 술어에 대한 올바른 인식과 그에 따른 창작과 비평적인 활용이 점점 늘어나고 있다.

특히 20세기 후반기, 정확히는 1970년대 이후 한국에서도 문학연구는 감성적인 감상적 방법론에서 학문적인 분석적 방법론으로 전환하면서 비평용어에 대한 관심이 고조해 왔다. 신문학 초창기에는 잡지마다 지면의 공백란을 이용하여 문학 용어를 몇 가지씩 소개하던 풍조가 있었는데, 그 풀이가 잘못됐다고 논쟁이 일어나기도 했다.

문학사전이나 소설사전 혹은 시문학 사전과는 달리 비평용어 사전은 가장 늦게 등장했다. 학문적인 성향으로 따진다면 가장 먼저 나올 법한데도 늦은 이유는 비평 자체가 바로 문학 일반사전이나 시 혹은 소설사전을 포괄하는 것이기에 오히려 직간접적인 연구가 축적되었기에 이를 분류시키지 않았을 따름이다.

국내에서 비평용어 사전이 처음 나온 것은 김윤식의 『문학비평용어사전』(일지사, 1976)과, 이상섭의 『문학비평용어사전』(민음사, 1976)이다. 이상섭은 서문에서 그 의의를 이렇게 지적한다.

> 문학론은 다른 학문에 비하여 역사가 짧다고는 할 수 없지만, 용어들에 대하여 논의자들 사이에 합의가 비교적 잘 이루어지지 않았었고 논의의 방식에 대하여서도 의견 충돌이 많은 것이 그 특징이라고 할 만큼 되어 있었다. 그러나 현대에는 문학론이 대학과 같은 연구, 교육기관에서 중요한 과목으로 편입되었고, 또 많은 학자들이 체계적으로 연구하기에 이르렀기 때문에 용어들에 대한 정비작업이 놀라울 정도로 진척되고 있다.
> 이 조그만 <사전>은 현대의 많은 학자, 비평가들이 문학에 대하여 책임 있는 합리적인 논의를 전개할 때 사용하는 용어들 중에서 특별히 중요하다고 생각되는 것들을 골라 모은 것이다. 그러므로 이 <사전>은 근년에 국내에서 출간된 여러 백과사전식 문학사전들과는 상당히 성격이 다르다. 이 「사전」을 이용코자 하는 이는 다음의 몇 가지를 유의하기 바란다.

1. 이「사전」은 문학에 관련된 일체의 사항을 수록한 문예백과 사전이 아니므로 작가와 작품, 작중 인물 등은 자연히 제외한다.
2. 이「사전」은 문학에 관련된 낱말 모음이 아니며, 또한 그러한 낱말에 대한 사서적 의미를 간략히 알려주는 일을 하지 않는다.
3. 이「사전」은 한 나라의 문학에만 국한되는 사항은 수록하지 않고 국제적 내지 세계적인 의의가 있는 사항 중에서 특히 현대 한국의 문학론에서 관심을 가질만한 용어들을 골라 수록한다.
4. 이「사전」은 외국 문학론의 용어들을 외국 학자의 관점에서만 해석하지 않고 한국 내지 동양 문학적 입장에서 재해석 내지 부연하려고 한다.
5. 이「사전」에 수록된 용어들에 대한 설명은 문학 이론의 견지에서 되록 충분한 비평적, 이론적 해석이 주어져서 짧은 논문의 형태를 취하고 있다.
6. 항목간의 교차 참조를 다소간 꾀한다. →표는「찾아 보라」는 뜻이다.

—이상섭『문학비평용어사전』

일반 문학사전과의 차이점을 적시하면서 비평적 성격을 지닌 술어만을 골라 다뤘기 때문에 매우 논쟁적 성격을 지닐 수도 있음을 알 수 있다. 곧 비평용어사전이란 시대적인 해석과 재해석의 여지를 지닌 창조와 재창조의 반복 속에서 재생할 수 있는 술어의 집대성을 뜻한다. 따라서 다른 사전과는 달리 일종의 비평 행위의 연장선이라 하겠다.

같은 해에 나온 김윤식의『문학비평용어사전』(일지사, 1976)은 이렇게 그 의의를 정의한다.

이 사전은 현대 문학 비평용어 중 편자가 중요하다고 생각되는 115項目(보기 항목 95, 총 210 항목)을 골라 편찬한 것이라 매우 편파적이며, 따라서 규범적이라는 주장을 하기는 어렵다. 뿐만 아니라 지나치게 전문적이라는 비난도 면하기 어렵게 되어 있다. 이러한 사실을 승인한 자리에서라면 편자는 다음과 같은 이렇게 된 그간의 사정을 말해 볼 수도 있으리라.
(중략)

文學用語辭典은 많지만 편자가 보기엔 文學用語의 개념정리는 Joseph T. Shipley 편 Dictionary of World Literary Term(3판 · 1970)가 가장 확실했다. 전문가 260여 명이 동원된 이 사전 외에도, 詩學을 전문적으로 다룬 Alex Preminger 편 Princeton Encyclopaedia of Poetry and Poetics(1965)가 있다. 그런데, 이러한 종류의 사전은 과연 표준적 규범적이기는 하나, 편자가 보기엔 靜的 상태에 놓여 있는 것 같다. 어떤 관점에서 보면, 다소 안정되지 못하더라도 어떤 중요한 문제점들을 노출시키는 力動的인 用語紹介가 요청될 수도 있을 법하다. 특히 현대 비평의 경우는, 비평의 시대라 불릴 정도로 새롭고 다양한 토의들이 전개되고 있기 때문에 일단 그 혼란 속을 헤맬 필요가 있을지도 모른다. 이런 관점에서 편자는 Roger Fowler가 편한 A Dictionary of Modern Critical Terms (1973)에 관심을 두게 되었다. 이 사전은 규범적인 것이 아니다. 이 사전은 27명의 전문가들에 의해 생동하는 현대 비평 용어의 소개와 비판이 비록 英美文學 중심이기는 하나 한 편의 짧은 논문식으로 기술되어 있다.

편자는 주로 이 사전에 의거하여 項目 및 내용을 취사선택하였고, 어떤 항목은 위의 다른 두 사전의 것을 채용하기도 했으며 또한 편자 나름의 여러 項目을 따로 설정, 집필하였다.

　　　　　　　　　　　　　　　　　　　　　　　－김윤식『문학비평용어사전』

편자의 지적처럼 일반성보다는 저자의 주관성에 입각했다고 하지만 내용은 역시 사전이 지닌 객관성을 지녔음을 볼 수 있다.

이명섭의『세계문학비평용어사전』(을유문화사, 1985) 역시 비슷한 입장을 취하고 있다.

총 1,230여 개의 항목(대항목 530여 개, 소항목 700여 개)으로 구성된 이 사전에는 고대 아리스토텔레스의 '모방론'에서 시작하여 20세기 초반의 '뉴크리티시즘'을 거쳐 최근 자크 데리다의 '파원(破源)' 또는 '해체(解體)'주의에 이르기까지의 모든 문예 사조와 비평이론들이 총망라되어 있다. 또한 아리스토텔레스가 말한 바와 같이 문학은 역사보다 더 철학적이어서 문학 비평을 깊이 이해하려면 철학 지식이 요구되므로, 비평 개념을 파악하는 데 필요한 철학 용어들을 보충하였다. '패러다임', '실증주의', '영지주의', '로고스', '전체론' 등은 어느 문학 용어 사전에서도 찾아볼 수 없는 용어들이다.

이 사전은 문학 용어 사전 중에서 가장 우수한 것으로 정평이 나 있는 M. H. Abrams 교수의 A Glossary of Literary Terms의 최신판(4판)을 바탕으로 하였다.

편저자는 "외국어 문학 용어에 대한 우리말 역어가 아직도 완전히 정착되지 않은 단계에 있기 때문에, 편자로서는 용어 번역 및 선택에 많은 어려움을 겪었다. 종래에 써 오던 역어들을 하나하나 재검토하여 타당한 것은 종래대로 번역했지만, 적절하지 못하다고 생각되는 것은 타당한 역어를 쓰기로 했다. 'lost generation'은 종래 '잃어버린 세대'로 번역되어 왔으나 이 용어가 원어에 적합하지 못하다고 생각되어, '길 잃은 세대'로, 'picaresque novel'은 '악한 소설'에서 '건달 소설'로, 'sprung rhythm'은 '도약 리듬'에서 '돌발 리듬'으로 바꾸었다."고 했는데, 여전히 이 사전의 번역 술어가 통용되지 않고 있음은 술어사전이 얼마나 어려운가를 대변해준다.

여기까지가 비평용어에 초점을 맞췄다면 임종욱의『동양문학비평용어사전』(범우사, 1997)나, 신희천·조성준의『문학용어사전』(청어, 2001)은 '비평'의 초점에서 약간 벗어난다.

『문학용어사전』은 "중·고등학교용 교과서용 도서를 집필, 편찬해 오는 과정에서 잘 해석되고 정선된 문학 용어와 그에 대한 설명이 필요함을 절실히 느껴왔다."는 집필 동기처럼 중고교 수준의 교육적 목적에 초점이 맞춰져 있다는 게 특징이다.

『동양문학비평용어사전』은 제목 그대로 "문화사, 그 중에서도 문학사의 문제에 관심을 가지고 그 문화 흐름의 계보를 정리하고자 하였다. 처음 의도는 동양 삼국의 문학사를 일관하는 책을 엮고자 했는데, 막상 작업을 진행하다 보니 원고의 양이 한 책으로 감당하기 어려운 정도가 되어버렸다. 이 때문에 할 수 없이 세 권의 책으로 나눠 출판할 수밖에 없게 되었다. 그 결과 순서상 전파

주체로서 주로 활동했던 중국 문학의 제양상부터 다룬 책을 내게 되었다."는 특징을 지닌다.

이상이 그간 국내에서 간행된 주요 비평용어사전의 흐름이라면 번역본으로는 이 분야에서 3종을 들 수 있겠다.

M. H. 아브람스의『문학용어사전』(보성, 1990), 조셉 칠더스·게리 헨치의『현대문학·문화비평용어사전』(문학동네, 1999), 제레미 M. 호손의『현대 문학이론 용어 사전』(동인, 2003)이 주목된다.

아브람스의 저작은 "이 冊이 주는 印象은 事典이라기 보다는, '事典式으로 配列된 文學槪論'이라는 느낌이다. 記述方式도 <表題語—定義>라는 틀을 가지고 거기에 <主題—解說>이라는 폭을 더하고 있다. 그러므로 하나의 參考圖書로서 習讀을 할 수도 있지만, 먼저 하나의 一貫된 論述로서 이루어진 著書를 읽듯이 通讀하여 주었으면 하는 것이 譯者의 바램이다. 그래야만 이 冊의 眞價가 發揮될 것으로 믿기 때문이다"는 역자의 말처럼 사전이라기보다는 저술적 체제를 갖추고 있는 게 특장이다.

이에 비하여『현대문학·문화비평 용어사전』은 "근래의 인문과학과 사회과학에서 가장 성장이 빠르고 가장 도발적이며 장래에 성과를 올릴 가능성이 가장 많은 분야, 그것은 문학비평과 문화비평, 그리고 문학이론과 문화이론이다. 이 분야의 성장이 어느 정도인가를 알려주는 지표 중의 하나가 이들 분야 및 인접 분야에서 만들어진 수많은 전문 용어들이 우리의 일상적인 문장과 언어 속으로 들어와 쓰이고 있다는 사실이다. 그러나 전문가가 아닌 사람들은 맑스주의, 정신분석, 다양한 형태의 포스트모더니즘이나 페미니즘 그 어디에 관심이 있든지 간에 거의 모두 문화연구와 문학연구가 지나치게 소수끼리만 통하고 있으며 따라서 일반인은 접근하기 어렵다고 불평한다. 이것은 불행하게도 정말 문제이다. 이들 분야는 전문적인 연구 분야라는 것이 모두 그렇듯이 그 분야 나름의 언어 혹은—이론과 비평이 여러 유형임을 감안하여 말하면—언어들을 당연히 갖고 있다. 하지만 이론과 비평 연구에서는 그 언어를 부주의하게, 독자에게 개의치 않고 사용하는 사람들이 너무도 많다. 문학·문화 분석·영화·역사·예술 그리고 여러 가지 사회과학에서 학술 공용어의 기초가 될 수 있는 정확하고 기술적인 용어 대신에, 문외한들은 거의 알아듣지 못할 용어가 이론에서는 생산되어온 것이다."는 취지에서 보듯이 가장 당대적인 시사성에 밀착해 있다.

한편『현대문학이론용어사전』은 "이 용어사전을 만드는 작업은 문학연구가 오늘날 아주 다른 상황에 놓여 있다는 사실을 확신시켜 주었다. 아마도 문학연구는 노년기에 들어서고 있는지도 모른다. 왜냐하면 문학연구는 25년 전에 영화학 전공교수들이 가졌던 두려움을 가지지 않은 것은 확실하기 때문이다. 비평에 관한 과목들(물론 영문학과에서 영미문학의 과목들)을 포함하는 교과과정에서 이론에 관한 과목들을 포함하는 교과과정들로 바뀐 것은 문학연구를 좀더 광범위한 지적 영향권 아래로 열어 놓았다는 것을 보여주는 것이다. 나 자신이 영문학과에서 올해 문학이론에 관한 새로운 과목을 가르치면서 내가 선택한 교과과정에 관한 대부분의 급조된 에세이와 뽑아낸 글들은 처음에는 영어 이외의 언어들로 쓰여진 것이었다. 또한 많은 자료들이 문학과 직접 관련이 있는 것도 아니었다. 그러나 문학이론에 관한 과목을 구조주의, 포스트구조주의, 정신분석, 맑시즘, 페미니즘 등과 같은 주제들이 포함되지 않는 과목을 개설하는 것은 불가능했다. 산문소설의 연구와 아주 직접적인 관계를 가진 서사학(narratology)과 같은 주제들은 문학과 독점적으로 관계를 맺는 것은 결코 아니다.

내가 지금 논의하고 있는 변화는 문제점을 수반한다. 다시 말해 이론공부에 더 많은 시간을 들이다 보면 문학작품을 읽는 시간을 빼앗기고, 서로 다른 방법론들을 사용하는 연구자는 다른 학과에서 예를 들어 구조주의를 서너 번 만나게 될 수도 있다. 그러나 나는 개방적인 문학연구를 통해 연구방법론을 좀더 지적으로 흥미롭게 만들고 좀더 학문적으로 도전하게 만든다고 생각한다. 따라서 나는 시계바늘을 거꾸로 되돌릴 생각은 추호도 없다.

동시에 지금이 아마도 문학을 읽고 연구하는 것이 다른 무엇보다도 하나의 기술(craft)이라는 사실을 강조할 수 있는 적절한 순간이다. 다시 말해 우수한 연구자들이 그들의 최대의 문제가 자신들의 연구를 위해 '이론을 선택하는 것'이라고 느낄 때 무엇인가 잘못되고 있다는 것이다. 일단 선택이 이루어지면 문학 작품들과 이론 사이의 만남 자체로 일정 수준의 논문을 작성해 낼 것이라는 가설이 가능하다. "문학작품의 자세한 읽기, 분석 그리고 해석이 가져다주는 기술들과 감수성들을 대신하거나 보상해줄 수 있는 이론은 없다는 점에서 문학연구는 하나의 기술이다."고 그 편찬 체제를 요약할 수 있다.

이 일련의 비평용어사전 편찬사의 흐름 속에서 우리 나름대로의 비평용어사전 발간은 오랜 숙원이었다. 쉽게 이뤄질 수 없는 이 작업을 시작할 수 있게 된 계기는 한국문학평론가협회 홍기삼 전 회장(동국대 총장)의 결단이었다. 당시 문광부 김한길 장관의 후원으로 이 사전은 편찬을 시작, 김윤식·유종호 두 원로 비평가를 비롯하여 평론가협회 회장단을 자문위원으로 하여 본격적인 편찬사업에 착수했다. 초기에는 황종연·장영우 두 교수가 실무를 집행, 많은 연구자들의 도움을 받으며 항목 추출작업을 시작했다. 용어 추출과 원고 청탁을 시작하면서 문학뿐이 아니라 인접 인문사회과학 분야의 술어도 포함시킨다는 원칙을 세웠다. 국내 최고 필진을 우선하며, 각자에게는 100매를 넘지 않도록 원고 청탁을 한다는 원칙도 결정되었다. 그리고 무려 3~4년의 시일이 흐르면서 황종연 교수가 미국으로 1년간 연구년을 다녀왔으며, 최근에는 장영우 교수도 도미, 1년간 연구년을 떠나게 되어 작업은 교착상태에 빠졌다.

부득이 제2기 편찬체제로 김종회 평론가협회 상임이사가 실무를 관장하면서 한국문학평론가협회의 편집 실무진이 모든 진행을 총괄하게 되어 오늘에 이르렀다.

너무 많은 분들에게 감사의 인사를 드려야 할 처지이다.

그러고도 여전히 공동작업이기에 불안하기는 마찬가지이다. 그러나 일단 펴내놓고 재수정 작업에 들어가자는 취지에서 몇몇 분들의 늦은 작업을 너무 심하게 독촉하여 이렇게 결실을 맺었다.

거듭 그간 실무를 담당해주신 분들에게 깊이 감사드리며 이 사전을 계기로 우리 문학 연구가 새 진로를 모색하는데 도움이 되기를 바란다.

비평용어사전의 보편성과 특수성
-체험적 단상

金 允 植(한국문학평론가협회 고문, 서울대 명예교수)

1. 정복될 수 없는 괴물로서의 비평용어

　세상엔 까다로운 것이 많지만 이론도 그 중의 하나다. 아인슈타인의 상대성이론도 이론이겠지만, 일상어에서 흔히 사용되는, <내 견해에 의하면>의 경우 <견해>도 이론의 하나다. <내 견해에 의하면>(on my theory)은 <내 추측에 의하면>과 분명 다르다. 추측(guess)은 정답이 있어 사실 여부가 조만간 확인될 수 있지만 견해는 그렇지 않다. 시간이 아무리 지나더라도 그 진위랄까 정답을 찾아낼 수 없음이 견해가 지닌 속성인 까닭이다. 그것은, 근본적으로는 인간의 이성에 뿌리를 두고 있다. 「순수이성비판」의 머리에서 칸트가 이 점에 매우 민첩했다. 물리칠 수도 없고 그렇다고 해서 답을 만족할 만큼 할 수도 없는 문제에 골머리를 앓지 않을 수 없는 것이 이성의 운명이라는 것, 물리칠 수 없는 것은 그런 문제가 이성의 본연본성에 의해 이성에 부과된 것이기 때문이며 또 답을 찾을 수 없는 것은 그런 문제가 인간이성의 모든 능력을 넘어서기 때문이다. 우리가 이성을 사용해서 뭔가 대상을 인식할 경우 결코 가능적 경험을 초월할 수 없지만 그러한 것을 인식하는 주체인 이성 자신을 인식하고자 하면 가능적 경험 범위 안에서 머물 수 없게 된다.

　이러한 이성에 바탕을 둔 이론이기에 다음 네 가지가 고려된다. (A)이론은 학제적(學際的)이다. 학문적 분야를 넘어서서 연구능력을 갖는 언설이라는 것. (B) 이론은 분석적 사변적이다. 정신, 언어, 글쓰기, 의미, 주체라 불리는 것에는 무엇이 관여되어 있는가를 해명코자 하는 시도. (C) 이론은 상식을 비판한다. 자연스럽다고 생각해온 여러 개념들을 비판하기. (D) 이론은 스스로에게 되돌아온다. 생각하는 것에 관해 생각하기, 문학이나 기타 언설의 실현에 있어 사물을 이해할 때 사용하는 범주를 바로 잡기(J. Culler, Literary Theory : A very short introduc-tion, oxford univ. press, 1997). 이런 결과로 말미암아 비평은 실로 가공할만한 것으로 되기 마련이다. 그 누구도 감당할 수 없을 만큼 까다로운 것이며 그 때문에 이에 대한 저항도 만만치 않다. 저항이 일어나는 제일 큰 이유는 이론이란 정복되지 않음에서 온다. 어떤 이론도 그것이 이론인 한, 다른 이론에 의해 반박 당하게 되어 있기 때문이다. 어떤 이론도, 그것이 이론의 구실을 할 수 있는 것은, 다른 이론이 나와서 그것을 논파할 수 있을 동안에 한정된다. 극복당하기 위해 존재함이 이론의 운명이라기에 문학이론의 경우에도 사정은 같다.

문학이란 새삼 무엇인가. 유기체라 보든 인공물이라 하던 그것이 교묘히 만들어진 항아리거나 시시각각으로 세포가 자라거나 소멸하는 존재라고 규정될 필요가 있다. 이 대전제에서 비로소 이론의 활성화가 가능해진다. 작품은 그 어떤 이유로도 정복될 수 없다는 것만큼 분명한 것은 없다. 역사, 사회적 조건이나 시대에 따라, 독자의 심리에 따라 수시로 몸을 바꾸는 작품이기에 한 가지 이론으로 비쳐볼 수밖에 없게 된다. 이 점에서 제일 힘세고 지속적인 것이 토대환원주의론이다. 작품을 상부이데올로기의 설정으로 보고 이를 토대구조(물질적 근거) 한 가지로 환원해 보임으로써 작품의 단순화(해석)에 이르게 하기가 그것이며 이른바 리얼리즘론의 기반이 이에서 왔다. 작품을 작가의 개인적 심리대로 환원시킴이 이른바 심리적 문학연구이며 모더니즘론의 기반도 이와 무관하지 않다. 이렇게 보아오면, 문학이론이란, 다른 경제학, 철학, 심리학적 역사학, 사회학 등의 이론에서 빌어온 것으로 넘쳐났음이 판명된다. 이런 온갖 외부의 이론에 비추어 작품을 단순화시키는 해석방법과는 달리, 작품에서 현대의 갖가지 이론을 이끌어내어 거꾸로 경제학 · 인류학 등으로 확산해야 한다고 주장한 논자가 없지는 않지만 (R. Girard, Essays on Literature Mimesis and Anthropology, The Johns Hopkins univ. press, 1978) 이런 현상은 실로 드문 경우이다. 그만큼 문학이론은 남의 학문에서 빌어온 것들로 충만해 있다.

문학연구란 새삼 무엇인가. 이렇게 말해도 결코 과장일 수 없다. 곧, 다른 학문에서 빌어온 무기로 문학을 호박 찌르듯 멋대로 쑤셔보는 방식의 일종이라고. 그 무기를 일컬어 비평용어라 한다면 응당 그것은 인지의 발달에 비례하여 그 무기들의 날카로움이나 종류도 다양해진다. 비평용어사전이 매우 두툼하게, 또 시대에 따라 표정을 달리하여 출몰함은 자연스런 현상이다. 어떤 특정이론을 무기로 하여 작품해석에 나아갈 때 그 특정이론의 열쇠개념을 두고 비평용어라 하고 이를 모은 것이 우리가 시방 논의하고 있는 비평용어사전이라면 이는 분류상 문학용어사전의 일종으로 된다.

문학용어사전을 세분한다면 소재, 주제, 구성 등 창작방법에 관련된 전문적 용어사전도 있을 수 있겠으나, 그중에서도 비평용어사전만큼 까다로운 것이 없음을 강조해 온 것은 이것만큼 논쟁적인 것이 없음을 드러내기 위함이었다.

2. 용어확정을 위한 콤 ·아카데미의 대토론회

문학용어사전의 중심부에 놓인 것이 비평용어사전이라 했을 때 그 까다로움의 곡절을 가장 잘 보여주는 사례의 하나를 1930년대 초반에 벌어졌던 국가사회주의 제1단계에 진입한 국가 소련에서 볼 수 있다.

혁명(1917) 이래, 형식주의자들과 논쟁을 치루며 한동안 혼란을 겪었던 소련이 그 체계적 이론을 창출하지 않으면 안 되었는 바 국가기관인 콤 · 아카데미 편 「철학사전」이 그것이다. 이

사전 속에는 <소설>항목을 비롯한 문학용어의 개념들도 수용되어 있거니와, 문학용어 중 제일 큰 비중을 갖는 것이 소설 항목이었다. 근대(부르조아)가 발명한 최대의 예술형식이 대서사 양식으로서의 소설이라는 것, 그러기에 이는 인류사의 근대에 상응한다는 것, 그러기에 그것은 국가사회주의단계에서는 웅당 극복돼야 할 대상이라는 것, 등등의 이유로 말미암아 이 대서사 양식으로서의 소설은 국가사회주의 건설을 재는 측도의 하나일 수조차 있었다. 발자크의 소설이 어느 정치, 경제학자의 연구보다 당대 사회를 정확히 반영했다고 봄으로써 소위 리얼리즘의 승리라는 깃발을 세운 마르크스 · 엥겔스의 논지에 따른다면 대체 그 소설이란 어떻게 규정되는 것일까.

여기 토론보고서 「소설의 본질─로만의 이론」(熊沢復六역, 淸和書店, 1936)이 있다. 1934년 12월 20일, 28일 또 1935년 1월 3일 도합 3일에 걸쳐 진행된 콤 · 아카데미 철학연구소 문학부 주최 「로만의 이론의 문제」의 전기록이다. 이런 토론이 행해진 직접적 동기는 『문예백과사전』 (콤 · 아카데미 편)에 실릴 로만(소설) 항목을 설정하여 이를 확정함에 있었다. 그러나 자세히 살펴보면 표면상의 이유뿐 아니라, 또 다른 중요한 이유가 잠복해 있음이 판명된다.

첫째, 당대의 소련의 미학, 문예학 예술사 예술이론 등의 영역에서 실지적 지도권을 쥔 곳이 콤 · 아카데미 철학연구소 문학부라는 점. 이른바 이 일에 그룹에서 맨 먼저 소설항목을 문제삼았음이란 무엇을 가리킴일까. 여기서 말하는 로만이란 소련에서는 장편을 가리킴이다. 『전쟁과 평화』 『죄와 벌』 등이 이에 속하며, 기타 여러 형태의 대중소설 통속소설 등도 이 명칭으로 불리고 있었던 만큼 이에 대한 본질적 규정이 요망되었다.

둘째, 당대 최고의 이론가 G. 루카치가 주제보고문을 발표했다는 것. 여기에는 또 그럴만한 이유가 따로 있었던 것으로 보인다. 『소설의 이론』(1916)의 저자이며 『역사와 계급』(1923)의 저자인 망명객 이론가 루카치로 하여금 이 항목을 구상케 한 것은, 『전쟁과 평화』를 비롯한 소련 소설이 저 서구의 소설과 비교할 때 어떠한가, 또 그것이 인류사의 나아갈 길에 합당한 것인가를 알아보게 함에 있어 그가 적합한 인물로 보였기 때문이다.

루카치는 이 보고문의 첫줄을 이렇게 썼다. 「소설이란, 부르주아 사회에 있어 가장 전형적 현상이다」라고. 이어서 또 적었다. 「대서사시적 작품으로서의, 사회적 전체의 애기적인 묘사로서의 소설은 고대 서사시와는 전혀 대척적인 것이다」라고. 이어서 그는 부르주아소설의 발전과 대응된 소설의 구조(유형)를 (1) 발흥기의 로만, (2) 축적의 시대의 로만, (3) 정신적 물질적인 로만, (4) 새로운 리얼리즘, (5) 사회주의적 리얼리즘 등의 단계로 설정했다. 이른바 속류적 문학사회학과 구분되는 상동성이론에 입각한 구조적 문학사회학의 도입이었다(김남천의 암흑기 직전에 쓰여진 중후한 평론 「소설의 운명」(1940)은 이를 기초로 한 것).

루카치의 이 보고문을 토대로 실제로, 밀스키, 코브렌코, 포프트, 치모프예프, 로젠프에리드,

페레엘제프, 리프슈츠 등의 비판과 조언이 이어졌다. 루카치 자신의 답변으로 대토론회가 끝난다. 일일이 비판에 대한 반박 및 그에 변호를 한 다음 그는 이렇게 결론지었다.

「방법론상의 기본적 부분에 있어 내가 시도한 로만의 마르크스주의적 이론에의 제일보가 올바른 것이다라고 이 토론은 시인했다고 나는 생각한다」라고. 이어서 콤·아카데미에서는 단편소설(유노키치) 단편, 장편소설(포스페로프와 루카치) 「문예학 방법」 등이 백과사전용으로 집필되었다.

콤·아카데미철학연구소 문학부에서 행한 저러한 방식은 비평용어사전을 문제삼음에서 한 가지 방법적 측면을 상기시킨다. 시대에 따라 또 지역에 따라 새로 생긴 개념이나 변질된 용어들의 개념을 정리함에 있어 이들이 취한 공개적 토론과정은 한 개인 이론가의 견해보다 소중한 것이라 할 것이다. 비평용어의 경우도 사정은 비슷하다. 우리의 경우 가령 리얼리즘이나 모더니즘 또는 민족문학이나 카프문학 대중소설론 등을 문제삼을 때, 적어도 만일 그 개념이 문제적이라면 응당 이러한 공개적 세미나를 거칠 필요가 있을 터이다. 용어개념의 설정 및 그 규정이 이러한 수속을 거쳐야 비로소 한 사회의 문학적 규범으로 작동될 수 있을 것이라면 비평용어의 경우도 비록 몸이 가볍기는 하나 사정은 비슷하다고 할 수 있다.

문학용어에 비해 몸이 가벼운 비평용어라 함은 비평용어가 이른바 이론의 다양성, 복잡성에 관련됨에서 온 것임을 가리킴이다. 이론이란 실로 정복될 수 없는 괴물과 같아서 그 누구도 그 앞에서는 잠정적인 표정을 짓게 된다. 공개적 세미나에까지 나아가지 않더라도 공개적인 대화와 질의쯤은 요망되는 것이리라. 그렇다고 그 성과가 기대되리라고 보장되는 것은 아니다. 작품의 최종적 주체가 집단임을 주장하는 L. 골드만은 자주 <두 사람의 책상들어올리론>을 내세웠지만, 질의자 저명한 철학자 아도르노는 도무지 무슨 뜻인지 알지 못한다고 공개석상에서 주장했다. 아도르노의 기본개념의 하나인 진리내용(Wahrheitgehalt)에 관해서의 골드만의 반응도 마찬가지였다(「골드만과 아도르노의 대담」, 천희상 역, 『현대사회와 문화창작』, 기린문화사 1982, 부록). 그렇기는 하나 이를 통해 우리는 비평이론의 괴물적 성격의 일단을 새삼 엿볼 수 있었다. 공개적 세미나든 대화이든 이 과정을 통과한다면 문학용어 및 용어사전은 좀더 겸허해질 수 있을 것임에 틀림없다.

3. 저마다의 편견 엿보기

6·25를 겪고 1960년대에 문학공부를 한 필자가 속한 세대에 있어 영어상용권의 인문학의 주류라 할 뉴크리티시즘은 문학연구의 학문적 성격을 학습케 한 것으로 평가될 수 있다. 전대의 주류사상이었던 연속적 세계관(낭만주의)를 배격하고 비연속적 세계관으로 무장한 이 신고전주의적 이론이 어째서 미국남부 벤드빌트 대학 중심으로 뿌리를 내려 마침내 30년대 이르러 미

국 인문학의 중심사상으로 군림했는가를 따지기에 앞서 우리 세대에게 제일 근사하게 보인 것은 이른바 내재적 연구방법이었다. 문학작품이란 작가가 쓴 것이기보다 그 자체로 성립되는 본체론적 존재라 보는 이 방법론에 따르면 작품은 철저히 언어적 구조물로 인식된다.

그들이 내용/형식이분법을 버리고, 소재를, 미적 효과를 획득하는 것으로서의 구조로 문제삼는 것도 이 때문이다. 작품이란, 그러므로 언어의 구조물이자 조직체이며 그래서 <언어의 유의의적 조직체>의 더도 덜도 아닌 것으로 된다. 작가로부터도 역사·사회적 배경으로부터도 분리된 이 구조물의 의의(가치)를 평가하기 위해서는 별도의 갖가지 평가단위가 요망된다. 이미지, 원형, 아이러니, 시점, 의도, 패러독스, 콘시이트, 태도, 신념 등등이 그것들이다. 이러한 평가단위로 말미암아 문학연구가 대학에서 가능했던 것이다. 학문 곧 과학으로 객관성이 어느 수준에서 보장된 까닭이었다. 이때 제일 첨예한 곳은 다름 아닌 <오류>(fallacy, heresy)의 적발에 있었다. <의도의 오류>, <전달의 오류>, <신념의 오류>, <외면의 오류>, <감정의 오류> 등에서 보듯 애매하거나, 불처리한 구석을 먼저 몰아내고자 애쓴 흔적이 뚜렷했다. 그들은 작품을 앞에 놓고 <과학이 되라>라고 외치고 있는 형국이라고나 할까. 그러고 보니 작품이란 흰 종이에 검은 물감이 찍혀 있는 것에 더도 덜도 아니었다. 그 물감을 해독하는 방식의 교묘함이 바로 비평이자 문학연구라면 그 해독에 사용되는 무기의 개발이 비평가의 몫이었다. I. A. 리쳐즈, T. S. 엘리엇, A. 테이트, C. 브룩스, J. C. 랜섬 등의 천재적 비평가의 정치한 평가 단위 모색이 바로 비평용어를 이루었다. Joseph T. Shipley, R. Fowler, A. Preminger 그리고 M. H. Abrams 등의 문학용어 및 비평용어사전이 한결같이 이점에 민첩했다.

이들 영어상용권의 비평용어들의 정치함 속에 깃들어 있는 비밀이랄까, 편견은 무엇일까. 한 가지 분명한 것은 그들 이론의 지향성이 의미전달에 있다는 사실이다. 어떻게 하면 정확한 의미를 파악할 수 있을까, 라는 물음 속에 깃든 강박관념이 그 민족이나 국민의 편견(turn of mind)임을 알아차린 명민한 비평가로 「황무지」의 시인 엘리엇을 들 수 있다. 고명한 평론 「전통과 개인의 재능」(1919)에서 그는 이런 투로 말해놓았다. 모든 국민과 종족은 그 자신의 창작적 편견을 가졌을 뿐 아니라 비평적 편견도 갖고 있다는 것, 그런데, 전자보다 후자에 대해서는 자주 잊고 있다는 것이다. 이 점에 착안이라도 한 듯 프랑스의 고명한 시인·비평가 이브 본느프아는 영시와 프랑스시를 비교하여 그 편견을 문제삼은 바 있다. 의미전달에 대한 편견이 영시의 특징이라는 것, 따라서 그 이론서들도 W. 엠프슨의 「7개의 애매한 유형」(1930)에서 보듯, 뜻 분석에 기울어졌다는 것, 이에 비해 프랑스시는 어떠한가. 소리의 울림에 그 편견이 있다는 것, 따라서 그 이론적 편견 역시 <존재의 드러냄>에 기울어져 있다는 것이다(Yves Bonnefoy, Critis—English and French, Encounter, 1958. 7).

만일 이러한 지적이 사실이라면 이는 비평용어사전편집에서 고려되어야 할 사항 중 매우 민감한 부분이 아닐 수 없다. 단순한 문학용어사전과는 달리 비평용어사전의 존립근거란 이 편견의 조정여부에 그 유효성의 태반이 보장된다고 믿기 때문이다.

어떤 종족이나 국민도 창작적 편견과 함께 비평적 편견을 갖고 있으며 후자를 종종 잊고 있다고 엘리엇이 지적했을 때, 그가 속한 영어상용권의 비평적 편견이란 무엇이었을까.

전통(tradition)도 그중의 하나이다. 이 전통을 영어상용권에서는 자주 잊고 있었다는 것, 따라서 이것이 지닌 의의를 새로이 발견, 활성화시킴으로서 그것을 비평의 강력한 무기로 삼겠다는 것이다. 그러기 위해서는 먼저 전통을 인습과 구별해야했다. 전통을 역사적 감각을 재는 측도(가치개념)로 파악함으로써 창작론의 핵심에로 전환시킬 수가 있었다. 창작이란 새삼 무엇인가. 전에 없던 독창성의 제시이다. 독창성이냐 아니냐를 재는 측도란 종래 있었던 모든 작품들과 비교한 연후가 아니면 생심도 할 수 없다. 이를 비교하는 안목(감각)이 역사적 감각(Histori—cal Sense)이다. 전통 곧 역사감각이라면, 이것 없이 어떤 창작도 불가능할 만큼 강력한 이론이 아닐 수 없다. 이후 영어상용권의 어떤 비평용어사전에도 엘리엇의 전통론을 문제삼아 크게 부각시켜 놓았음은 이런 곡절에서 말미암는다.

4. <구경적 생의 형식>과 <시정의 리얼리즘>

만일 오늘의 시점에서 한국 문학비평용어사전을 필자의 개인적 레벨에서 만든다면 어떤 방식이 고려되어야 할까. 이 물음에는 R. 포윌러의 「현대 비평용어사전」(1973) 서문에서 말했듯 권위적이기보다는 암시적 진보적이어야 한다는 전제가 요망되며 동시에 또 그것은 세계의 온갖 비평용어를 커버할 수 없지만 어느 수준에서 규범적이어야 한다는 대전제가 또한 요망된다. 그렇다고 해서 권위적인 항목도 일부러 숨죽이게 할 필요는 없지 않을까 싶다. 그러한 것 속에 <구경적 생의 형식>과 <시정의 리얼리즘>을 포함시킨다면 어떠할까.

종족마다 국민마다 창작적 편견 뿐 아니라 비평적 편견도 갖추고 있으며 후자를 자주 잊곤 한다는 점을 염두에 둘 때 우리의 근대문학비평의 편견은 무엇인가. 어째서 우리는 이 편견을 창작적 편견에 비해 자주 잊고 있는 것일까. 이 물음을 자각적이든 아니든 김동리와 유진오 만큼 뚜렷이 제시한 논자는 드물다. 고명한 최재서의 평론 「리얼리즘의 확대와 심화」(1936)나 임화의 「조선적 비평의 정신」(1936) 등은 어디까지나 서구적 이론을 잣대로 하고, 그로써 논의를 전개한 것인 만큼 일종의 보편성에 닿을 것이라 할 것이라면 김동리와 유진오의 경우는 사정이 크게 달라서 당연 특수적이라 할만하다.

마르크스주의로 표상되던 근대의 종언에 직면한 1930년대 중반 이후(카프해산 1935. 5) 한국문학은 그 방향성을 상실한 바 있거니와 이때, 당대 최고의 지식인 문사의 하나인 유진오에 의해 그 방향성이 제시된 바 있다.

「사실의 격류에 편승하여 비합리적인, 그럼으로써 신화적인 철학을 힘있게 내두르는 것이 가장 평이한 처세술이기는 하리라. 그러나 문학은 허망보다는 진실의 애호자로 평이보다는 형극의 혈족이다. 이리해 나로서는 현대문학이 가질 성격으로, 플라톤적 고답보다는 차라리 소피스트적 시정성(市井性)을 추거하는 바이다. 후자가 한층 진실에 즉한 자이기 때문이다」(유진오, 「조선문학에 주어진 새길」, 동아일보, 1939. 1. 13).

마르크스주의로 말해지는 대서사적 글쓰기에서 벗어나 작은 글쓰기로 나아갈 것을 주장한 이 글이 당대의 비평적 언설의 가능성을 가장 많이 내포할 수 있었던 것은 논자 유진오 자신에 의한 「나비」, 「주붕」, 「마차」, 「가을」 등의 창작이 뒷받침했음에서 가능했다. 많은 전향문학들도 큰 범주에서는 이 속에 수렴될 수도 있었다. 시정적 삶을 다루되 그것을 예술로 승화시키는 데까지는 이르지 못하고 살았지만 이 방향제시는 식민지적 현실의 일정한 창작적 대응이자 비평적 대응이라 할 것이다. <시정의 리얼리즘>이 비평용어의 한국적 특수성에 해당됨은 이 때문이다.

<구경적 생의 형식>으로 말해지는 김동리의 경우는 어떠할까. 유진오의 평론 「순수에의 지향」(문장, 1939. 6)에 대한 반론으로 씌어진 김동리의 「순수이의」(문장, 1939. 8)는 말꼬리를 잡고 늘어진 형국이어서 생산적인 논쟁으로 발전될 수 없었다. 구세대가 순수하냐 신세대가 한층 더 불순하냐의 논의가 이 점을 잘 말해준다. 비록 두 논자 사이에 논쟁이 계속되지 못했지만, 이 속에 놓인 문제점은 일찍이 경험하지 못한 근대문학에 대한 반성적 계기로서 큰 얼굴을 드러내었다.

「여러가지 <주의>가 있었다. 앞으로도 또 얼마든지 더 있을 것이다. 이것은 기쁜 일도 걱정스런 일도 아니다. 다만 그 어느 한 <주의>만이 일률적으로 모든 작가의 유일한 방편이나 이념이 될 수 있는 법이 아니란 것만 알면 그만이다. (……) 이러한 의미에 있어 지금 우리들에게 필요한 한 개의 <주의>가 있다면 그것은 작가를 모든 <주의>의 제단에서 생명의(문학적 의미의) 현실로 나아가게 할 진정한 의미의 인생주의 그것 이외에 없을 것이다」(김동리, 「문학의 표정」, 조광, 1940. 3, 67~68쪽).

여기서 말하는 <주의>란 일차적으로는 마르크스주의를 가리킴이지만, 제이차적으로는 근대이후의 유입된 갖가지 사상을 가리킴이다. 적어도 <근대문학>이 되는 조건은 이러한 근대적 주의들의 전제위에서 비로소 성립되는 것인데, 이에 정면으로 도전한 것이 김동리였다. 그는 근대(주의)를 부정함으로써 <근대문학>까지 송두리째 부정한 형국을 보였다. 근대를 부정함이란 새삼 무엇인가. <근대이전>의 삶의 상태를 가리킴이 아닐 수 없고, 따라서 근대문학도입 이전의 자리에 되돌아감을 뜻하게 된다. 신소설, 이광수, 염상섭 등의 문학이 나오기 이전의 세계에다 좌표를 두었을 뿐만 아니라 홍길동전이나 구운몽, 춘향전조차 부정한 자리에 섰다고도 할 수 있다. 왜냐면 저러한 고전소설도 기껏해야 유교, 불교, 도교 등의 <주의>의 산물인 까닭이다. 그렇다면 김동리가 내세운 <구경적 생의 형식>이란, 어떤 기성의 <주의>와 무관한 이른바 <원초적 인간>의 문학으로 될 것이다. 어떤 문명적 접촉도 없는 원시적 인간에게만 적용되는 논리가 아닐 수 없다. 그것은 불교의 공(空) 사상에 기초된 것이어서 어떤 논리도 격파당하게 되어 있다.

<구경적 생>이 <형식>을 갖추는 것, 이는 초기 루카치의 「영혼과 형식」(1910)과 흡사하다. 알몸의 생이란 원초적 형식이 거기 있기 때문이다. 이러한 창작방법론에 따른다면, 「황토기」(1939)가 그 대표작으로 될 것이다. 「무녀도」(1936)나 「역마」(1948) 따위란 수준미달이거나 중도반만에 해당될 터이다. 샤머니즘도, 당사주(唐四柱)도 저 제로개념인 공개념 앞에서는 한갓 잡스러운 <주의>에 다름 아님으로써이다.

<시정의 리얼리즘>과 <구경적 생의 형식>이 각각 한국적 비평의 편견에 속한다고 말하기에 위해서는 보충설명이 좀더 요망된다. <시정의 리얼리즘>이 30년대 말기 가파른 식민지적 현실의 타개책이었고 따로이 일회성으로 규정되는 것이라면 <구경적 생의 형식>은 좀더 적극적이자 역사적이었다. 해방공간에까지 그것이 뻗어 있을 뿐 아니라 실상 이 공간에서 제일 강력한 힘을 뿜어낼 수 있었기에 특히 그러하다. 제로개념을 무기로 한 김동리 앞에서 어떤 근대적 주의나 사상도 논적이 될 수 없었던 까닭이다. 그러나 문제는 그 다음 공간에서 왔다. 유진오가 기초한 헌법을 머리에 인 <대한민국정식정부>(1948. 4. 15)가 성립되었을 때 김동리의 저러한 제로개념은 그 존립성을 잃는다. 그가 대한민국정식정부라부른 그 국가란 실상 자본제 생산양식 위에 이루어진 국민국가의 일종이며 그 이념 역시 한 가지 <주의>에 지나지 않기 때문이다. 그가 만일 진정한 비평가였다면 유진오가 내세운 대한민국 정부와 정면으로 맞서야 했을 터이다. 요컨대, 한국적 특수성이 빚은 비평용어를 가늠하는 하나의 시금석으로 <구경적 생의 형식>과 <시정의 리얼리즘>이 버티고 있는 형국이다.

5. 문학비평과 문화비평

지금껏 비평용어사전의 어떤 점이 문학용어사전과 다른가에 초점을 놓고 필자의 개인적 경험을 곁들여 살펴왔고 따라서 자연 단편적이자 매우 옅은 생각에 머물고야 말았다. 개인적 경험이라 했거니와, 앞에서도 얼른 밝혔듯 6 · 25이후에 문학공부를 한 세대적 경험도 여기에 포함되어 있을 것이라면 그 경험의 중심에 놓인 것이 뉴크리티시즘이었다. 말을 바꾸면, 필자가 주로 의존했던 것은 제일 오래된 조세프 시플레이 편 『세계문학용어사전』(1943)을 필두로 R. 포월러 편 『현대비평용어사전』(1973)과 M. H. 애이브람스의 『문학용어집』(제4판, 1981)이었고, 이들 훌륭한 사전들도 시대적 산물이기에 그 한계를 벗어날 수 없었다. 이 한계점을 뚫고 등장한 것이 조셉 윌더스 · 게리 핸치 편 『현대문학 및 문화비평용어사전』(황종연 역, 문학동네, 1999)이다.

The Columbia Dictionary of Modern Literary and Cultural Criticism이라는 명칭을 가진 이 사전이 간행된 것은 1995년도이다. 제목에서 드러나듯 이 사전의 제일 큰 특징은 문학비평과 문화비평을 동등한 비중으로 다룬 점에 있다. 이 사실은 그동안 뉴크리시즘이 지배해왔던 미국 인문학의 주조적(主潮的) 문학연구가 이미 그 주도권을 잃고 그 안방의 꼭 절반을 문화비평쪽에다 내준 형국을 잘 말해준다. 「근래의 인문과학과 사회과학에서 가장 성장이 빠르고 가장 도발적이며 장래에 성과를 올릴 가능성이 가장 많은 분야, 그것은 문학비평과 문화비평, 그리고 문학이론과 문화비평이다」라는 편자들의 주장은 단연 시대성을 반영한 것이 아닐 수 없다. 문학 및 문화비평용어들이 우리의 일상적 문장과 언어 속으로 들어와 사용되고 있는 만큼 이에 대한 정리가 요망될 수밖에 없었을 터이다. 그렇다면 문학비평용어 따위란 잠시 접어두고 문화비평용어만을 문제삼아도 되는 것일까. 이런 물음이란 무의미한데, 양쪽이 뒤섞여 사용되기에 그러하다. 문학비평과 문화비평이 혼재되었다함은 무엇보다 문학(작품)이란, 한갓 문학적 현상이자 문화적 현상임을 전제로 한다. 포스트콜로니얼론에서 이점이 제일 잘 드러나거니와, 요컨대 어떤 작품도 미학적 대상으로는 안전치 않다. 고상한 미적 대상의 작품과 대중문학의 구별도 원리적으로 불가능하다. 셰익스피어와 베에토벤을 몸에 익힌 독일 나치 장교들이 유태인 학살의 앞잡이었음을 설명할 수 없지 않겠는가. 문학작품이 문화적 현상의 일종임을 폼나게 내세울 경우, 그런 연구는 포스트콜로니얼론 이전의 연구와는 크게 달라질 수밖에 없다. 가령 친일문학으로 규정된 작품도 다른 문화적 시각에서 논의될 수 있을 터이다. 일제말기 한국작가의 일어창작도 이중어글쓰기의 시선에서 논의될 수도 있게 된다(최경희, 「친일문학의 또다른 내기꾼, 최정희의 「야국초」, 1999(영문), 졸저, 「일제말기 한국작가의 일본어글쓰기론」, 2003).

이러한 현상은 대학에서의 문학연구 범주에 대한 재편성을 불가피하게 만들어가고 있다(필자가 본 바에 의하면 버클리대학의 동아시아과 정식명칭은 <동아시아 언어 및 문화학과>이며 시카고대학의 그것은 <동아시아 언어 및 문명학과>였다. culture와 civilization에의 차이까지는 알 수 없으나, 좌우간 <문학>이 따로 들어갈 틈은 없어 보였다).

역사는 써보태는 것이 아니라 언제나 새로 쓰는 것이라 말해지거니와 사전의 경우도 사정은 같다. 문학비평용어사전이 특히 그러하다. 그 이유는 이론을 기본향으로 하는 비평의 속성에서 말미암는다. 이론이 그러하듯 어떤 비평용어도 정복되지 않는다. 어떤 비평용어도, 그것의 효용성은, 다른 이론이 나와 그것을 격퇴하거나 능가할 동안만 활성화될 따름이다. 이 사실을 염두에 두고 비평용어사전을 대한다면 그것에 대한 공포심도 불안감도 크게 줄어들 것이다.

비평용어사전의 인문학적 의미

洪 起 三(한국문학평론가협회 명예회장, 동국대 총장)

오늘의 대학과 교육 현장에는 실용적인 지식 제일주의가 온갖 그럴싸한 논리로 포장되어 위세를 떨치고 있다. 그런 논리들 속에는 대체로 인문주의적 교양에 대한 경멸의 태도가 심하게 드러나고 있다. 그러한 태도를 지닌 사람들이 요구하는 이상적인 교육은 실제적인 기술과 지식을 습득한 인간, 언제든지 써먹을 수 있는 인간을 양성하는 것이다. 실용주의를 요구할 수밖에 없도록 만드는 사회적이고 산업적인 요구가 이해되지 않는 것은 아니지만 그럼에도 거기에는 우려할 만한 지적 결여가 자리 잡고 있음을 지적하지 않을 수 없다. 그런 태도에는 동양식으로 말해서 수신의 정신, 자기성찰의 정신이 크게 결여되어 있다고 말할 수 있다.

인문학의 이상은 판단함에 있어 늘 상대의 입장에 서는 정신(역지사지), 자신에게 준엄하고 상대에게 관대한 정신, 자신을 좀 더 큰 자기(즉 인간 공동체, 나아가 생명 공동체)와 연결시켜 사유하고 느낄 줄 아는 영혼을 길러내는 것이다. 자기 자신의 삶의 궁극적 의미에 대해서 또는 공동체의 일원으로서의 의무에 대해서 성찰할 수 있는 능력을 기르는 것은 인문학의 주요한 과제이다. 그것은 또한 공동체 속에서 어떤 방식으로든 삶을 영위할 수밖에 없는 모든 시민의 의무이기도 하다.

자신의 존재와 행위가 공동체 속에서 지니는 궁극적 의미에 대해서 또는 공동체의 일원으로서의 의무에 대해서 성찰할 수 있는 능력이 결핍된 채 전문분야에 대한 지식만을 지니고 있는 사람은 도구적 존재인 기능인으로 전락하기 쉽다. 예컨대 핵 이론과 실험이 원자 폭탄이라는 인류적 재앙으로 이어졌을 때 과학자는 어떻게 대처해야 할 것인가. 히로시마 원폭을 지켜본 뒤에 핵의 평화적 이용을 위한 운동에 앞장섰던 아인슈타인이나 수소폭탄 개발에 참여하기를 거부했던 오펜하이머의 경우는, 도구적 존재로 전락하기를 거부한 지식인의 보기이다. 이들은 자신의 과학적 탐구가 공동체와 어떻게 연락되어야 할지에 대해 고민하였던 사람이었으며, 그런 성찰은 인문주의적 교양의 함양에 의해서 획득되었던 것이다.

전문적 지식을 지닌 인간이 도구적 존재로 전락하지 않아야 한다는 것은 오늘날 우리 사회의 매우 절실한 요구이다. 과학이나 지식이 현대사회에서 지니는 힘이 점점 커져감에 따라서, 그 책임 또한 중요해지고 있는 것이다. 예컨대, '과학의 사회적 책임'(소위 '과학전쟁'이라고 불리우는 과학의 중립성 논쟁에서 불거진) 또는 '도구화된 이성'(위르겐 하버마스), '권력과 지식의 결합'(미셸 푸코) 등의 개념은 과학을 비롯한 전문적 지식이 사회적 책임을 망각하였을 때 야기되는 폐해에 대한 경고들이다.

경(經)의 비유에는, 같은 물을 마셔도 암소가 마시면 우유가 되고 독사가 마시면 독이 된다고 한다. 학문이나 지식도 마찬가지이다. 핵에 대한 지식은 원자폭탄이 될 수도 있고 평화적 이용을 위한 수단이 될 수도 있다. 순결하고 아름다운 마음, 선한 인간성과 품성을 지닌 인간이 아니라면 지식이나 학문은 자신이나 공동체에 매우 위험한 무기가 될 위험이 크다. 지식과 학문을 가르치기 이전에 먼저 제대로 된 사람을 만들어야 할 필요성이 제기되는 것이다. 그 가능성은 제대로 된 교육, 즉 기능과 효율성만을 추구하는 교육이 아닌 인문주의적인 교양을 함양하는 교육에서 찾아야 한다.

그러나 인문주의적 교양에 대한 경멸에는 사실 인문학이 자처한 국면이 있음도 간과할 수 없다. 무엇보다도 인문학의 연구와 교육에 있어서 인문주의적 정신이 얼마나 철저하게 관철되고 있는 것인지, 변화하는 학문과 세계의 흐름에 대해서 인문학이 얼마나 유연하게 대처하고 있는 것인지의 문제는 여전히 인문학을 전공하는 사람들의 숙제로 남아 있다.

인문학의 핵심에 자리 잡고 있는 문학의 분야만 한정하고 보더라도 현재 문학의 지위가 과거의 영광을 지속하고 있다고 생각하는 것은 오산에 가깝다. 인문학에 대한 경멸적인 태도의 대부분이 사실은 문학을 향하고 있다는 것은 이제 알만한 사람은 다 알고 있는 사정이다. 그러한 처지에 놓인 문학의 교육과 향유를 이제 근본적인 부분에서부터 돌보지 않는다면 문학은 인문학의 몰락과 그 운명을 같이하게 될 것이다. 그러한 위기를 극복하기 위해서 필요한 것은 새로운 세대에게 문학의 가치와 역할이 무엇이며 어떠한 방식으로 그것을 향유할 수 있는지를 제대로 알려줄 수 있는 교육을 마련하는 것이다.

문학은 사람들의 관념 속에 존재하는 불변의 실체가 아니라 규범, 관행, 기구 등에 의존하여 존재하는 사회제도이다. 문학은 한편으로는 문학의 본질, 기능, 양식 등에 관한 사람들의 암묵적인 합의에 기초하며, 다른 한편으로는 그러한 합의를 많든 적든 반영하는 문학 생산 및 소비의 제도들에 의존한다. 문학에 대한 사회적 합의는 상당히 느슨하고 불분명하며 언제나 반성과 논쟁에 열려 있지만 그럼에도 문학의 생산과 소비에 영향을 미치는 관습적 정의를 포함하고 있다. 문학연구, 비평, 교육이 담당하고 있는 주요 기능 중 하나는 그러한 문학의 관습적 정의를 산출하거나 정련하거나 보존하는 작업이다. 그러한 문학의 관습적 정의를 쉽게 이해할 수 있게 해주는 용어사전의 존재는 어느 때보다 절실한 것이라 하겠다.

새로운 용어사전은 무엇보다도 새로운 세대를 위한 것이어야 한다. 그러나 그 세대는 또한 대학에 진학할 때까지 인문학적인 이론이나 지식에 대한 교육은 거의 받지 못했으며, 게다가 어릴 적부터 각종 시청각 매체에 노출된 세대라는 점을 잊어서는 안 된다. 따라서 인문학 분야의 공부를 위한 기본적 영역인 용어와 개념의 숙지는 무엇보다도 이들을 위하여 필요한 작업이다. 그 작업을 돕기 위해서는 무엇보다 염두에 두어야 할 것은 언어의 중요성에 대한 이해라고 할 수 있다.

문학은 일상적인 언어와 일상적인 사건을 다루지만, 일상적인 언어를 그대로 쓰는 것이 아니라 그것을 비일상화하고 사건 속에 숨겨져 있는 비일상성을 다루는 것이다. 문학의 역사는 어떤 방법으로든 자동화된 언어를 낯설게 만들어 온 역사라고 할 수 있다. 문학과 언어의 문제에 있어서 또 하나 지적할 수 있는 것은 문학의 언어가 도구적, 실용적 언어가 아니라 심미적, 비실용적 언어라는 것이다. 이러한 비일상적이고 비실용적인 언어로 이루어진 문학을 올바르게 이해하기 위해서는 그것을 이루고 있는 관습과 기교와 장르적 특성과 같은 시학에 대한 이해가 필요하다. 그것은 비평용어의 정확한 이해가 왜 문학의 이해에 첩경이 되는가를 알려준다.

그러나 비평 용어를 정확하게 이해하고 올바르게 사용하는 것은 그리 쉬운 일은 아니다. 비평 용어는 그것이 하나의 용어로 정착되고 그 의미가 확정되기까지 많은 쟁점들을 수반하고 있으며 그것이 사용되는 맥락에 따라 그 개념이 달라지기도 한다. 그렇기에 그것을 정확하게 사용하는 것이 쉽지도 않거니와, 그것을 오용했을 때의 문제 또한 더욱 심각해지게 되는 것이다. 특히 많은 용어를 서양의 개념과 맥락에 대한 번역의 과정을 통해서 사용하고 있는 한국의 학문적 현실에서 전범이 되는 용어사전의 존재는 더욱 절실한 일이다.

석가는 난해하거나 지나치게 심오하여 진리의 접근에 어려움이 있을 때 많은 문학적 비유와 설화를 통해서 쉽게 이야기하거나, 시적 상상력과 웅변의 형식을 빌려 낡고 상투화된 노예적 사고로부터 인류를 해방시키기 위한 언어적 노력을 계속했다. 석가가 침묵이 아니라 언어를 선택했다는 것은, 언어를 선택하지 않고서는 중생제도가 불가능하다는 뜻이다. 또한 자신의 깨달음을 성취하는 일조차도 언어의 방기를 통해서 가능하다고는 믿을 수 없는 일이다.

언어적 중요함에 대한 석가의 생각은 환자의 질병에 따라 그에 합당한 약을 투여하는 의사처럼 사람의 능력에 맞춰 언어의 수준과 화법을 조정한 진술방식을 선택한 데서도 잘 보여진다. 또한 언어의 귀족주의나 권위주의를 배격하고, 지방어가 많은 인도의 특수성과도 관련되겠지만, 사람들이 쉽게 알아듣고 쉽게 이해할 수 있도록 지방어와 민중적 언어로 말할 것을 주장한 사실도 기억될 만한 일이다.

석가의 언어적 민중주의를 이해하고 나서, 무엇보다도 문학 용어사전의 편찬과 쓰임에 관련해서 거기에서 우리가 기억할 만한 점은 그 사전이 그것을 필요로 하는 사람의 수준과 이해 정도를 고려해야 한다는 점이다. 특히나 문학비평과 시학의 용어들은 이제 그 난해성을 서로 경쟁하고 있는 것은 아닌가 하는 의문이 들 정도로 높은 수준의 지식과 사유를 요구하고 있는 바, 그것을 쉬운 언어로 재생해서 들려주지 않는다면 새로운 용어사전의 필요는 반감하고 말 것이다.

무엇보다 그러한 접근성에의 강조는 인문주의적 교양을 경멸하는 천박한 실용주의적 정신에서 비롯된 것이 아니라 인문주의적 정신 바로 그것의 핵심에 있는 열린 마음과 지적인 문제에 대한 열정을 북돋아 주고 함양하려는 요구에서 나온 것이라는 점을 잊어서는 안 될 것이다.

석가의 대기설법의 예를 들어 용어사전의 편찬에 관한 주의를 당부했지만, 석가의 가르침의 역설은 그 가르침을 전달받는 사람 또한 그 가르침의 언어가 지닌 관습과 의미에 숙달되려는 노력을 기울이지 않으면 안 된다는 점이다. 문학 이론과 비평의 분과에는 이미 맑스주의, 구조주의, 포스트구조주의, 페미니즘, 정신분석, 기호학, 해체론, 문화유물론, 신역사주의, 탈식민주의 등과 같은 현대 사상의 핵심을 담고 있는 용어들이 쓰이고 있다. 지식 간의 경계를 넘나드는 현대 비평의 최신 조류를 이해하기 위해서 개념과 용어에 관련된 지식을 획득하고 용어를 둘러싼 쟁점들을 이해하려 노력하는 것은 자기 자신의 삶을 훈육하고 교양을 함양하려는 인문학도들에게 외면할 수 없는 지적 탐험의 여정이 될 것이다. 이 새로운 용어 사전이 그러한 젊은 인문주의자들이 그들의 길을 가는데 반드시 참조해야 할 유용한 지도의 역할을 해 주기를 바란다.

문학비평과 비평용어의 기능

曺 南 鉉(한국문학평론가협회 부회장, 서울대 교수)

문학비평방법론과 문학연구방법론은 동의어로 이해되고 사용되어 왔다. 또 비평용어와 문학 전문용어는 뚜렷하게 구별되지 않고 사용되어 왔다. 비평방법론과 문학연구방법론의 차이나 비평용어와 문학전문용어의 차이는 문학이론가와 비평가의 차이에 비하면 없는 편이나 마찬가 지다. 문학이론가와 비평가의 차이는 문학논문과 평론문의 차이에서 인지되기 시작한다.

문학비평에서의 비평용어의 기능을 제대로 파악하기 위해서는 비평용어집의 구성방법을 살 펴 볼 필요가 있다. 이 과정을 통해 문학비평의 외연과 내포를 보다 확실하게 알 수 있으며 비평 용어의 성격을 감지할 수 있기 때문이다. 최근에 영어권 국가에서 간행된 문학이론사전이나 문 학비평용어해설집을 보면 문학이론과 문학비평이 동질적으로 사용되고 있음을 확인하게 된다. 마이클 그로덴(Michael Groden)과 마틴 크레이스위르츠(Martin Kreiswirth)가 편찬한≪존스홉 킨스대학 판 문학이론과 비평의 개론≫(1994)은 '인명'과 '토픽'에 대한 사전의 형식을 취하고 있다. 토픽에는 문학전문용어, 문학연구방법론, 비평사조, 학파 등이 섞여 있다. 물론 이때의 문 학용어의 경우에도 철학, 언어학, 심리학, 사회학, 종교학, 미학 등의 인접학문에서 빌려온 것이 큰 비중을 차지하고 있다.

이레나 마카리크(Ireana R. Makaryk)가 편찬하고 토론토 대학 출판부가 1993년에 간행한≪현 대문학이론 대사전≫(Encyclopedia of contemporary literary theory)은 '연구방법(approaches)', '학 자(scholars)', '용어(terms)' 중심으로 짜여져 있다. 연구방법으로는 원형비평, 시카고학파, 문화 유물론, 해체, 담론분석이론, 러시아 형식주의, 게임이론, 서사학, 후기식민주의론, 독자반응비 평, 프라그학파의 기호시학, 구조주의, 주제비평, 기호학 등과 같이 크고 작은 것이 근 50가지가 제시되어 있다. 그런가하면 130명 정도가 제시된 '학자'에는 프로이드, 융, 라캉, 크리스테바 등 과 같은 심리학자, 후서얼, 키에르케고르, 하이데거, 니체, 비트겐스타인, 푸코, 데리다, 브르디 외, 질 들뢰즈, 가다머, 안토니오 그람시, 하버마스 등과 같은 철학자, 소쉬르, 촘스키 등과 같은 언어학자, 엘리아데와 같은 종교학자, 끌로드 레비쉬트러스와 같은 인류학자, 마샬 맥루한, 에 드워드 사이드 등과 같은 문화연구자 등이 포함되어 있다. 철학자에서 문명론자까지 인접학문 학자들이 30명 정도가 포함되어 있어 문학이론은 숙명적으로 철학, 심리학, 언어학, 인류학, 종 교학, 미학 등을 또다른 모태로 삼는 것임을 인식하게 한다. '용어'로는 120개 정도가 제시되었 는데 요즈음 우리 문학평론에서 많이 쓰고 있는 것으로 아우라, 카니발, 코라, 코드, 욕망, 결핍,

담론, 글쓰기, 여성적 글쓰기, 제노텍스트, 페노텍스트, 헤게모니, 이데올로기적 국가기구 (ISAS), 이데올로기, 상징계 / 상상계 / 실재계, 내포독자, 호명, 상호텍스트성, 주이상스, 랑그 / 파롤, 환유 / 은유, 미메시스, 서술자, 패러디, 기호, 권력, 주체 / 타자, 기호 등과 같은 용어들을 추려 볼 수 있다. 젊은 문학연구자들 사이에서 애용되고 있는 이 용어들 가운데는 그 뜻이 쉽게 설명될 수 있는 것은 거의 없다고 해도 지나친 말은 아니다. 실제 여러 용어사전을 뒤져 그 뜻을 파악하거나 정리하면서 글쓰는 사람은 그리 많지 않은 형편이다. 아이러니칼하지만, 제대로 된 용어사전을 보면 이런 용어들이 그리 간단히 사용될 수 없는 것임을 깨닫게 된다.

노르웨이 공대에서 영국현대문학을 전공하고 있는 제레미 호돈(Jeremy Hawth−orn)은 ≪현대문학이론사전≫(A Glossary of Contemporary Literary Theory) (1998)에서 <해설집 사용방법> 이란 서문 성격의 글을 썼다. 호돈은 앤 제퍼슨(Ann Jeffer−son)과 대비드 로비(David Robey)가 편찬한≪근대문학이론≫(1980)과 로만 셀덴(Roman Selden)과 피터 윗도슨(Peter Widdowson) 의≪현대문학개론≫(1993)을 참고하여 비평유파라든가 연구방법을 22가지로 정리하여 제시하였다. 인류학과 문화연구, 바흐틴그룹, 해체, 담론분석, 페미니즘, 언어학, 마르크시즘, 미디어 연구, 서사학, 신비평, 신역사주의와 문화유물론, 현상학과 제네바학파, 탈식민주의, 프라그마틱스, 프라그학파, 심리학과 정신분석, 독자반응비평, 러시아형식주의, 기호학과 정보이론, 문학사회학, 구조주의와 후기구조주의, 문체와 문체론 등이 그것이다. 이상의 22가지는 오늘날의 학파와 비평방법을 완전하게 추렸다고는 할 수 없으나 어지간히 망라한 것으로 볼 수 있다. 이 중 전통적이거나 오래된 방법으로 언어학, 마르크시즘, 뉴크리티시즘, 현상학과 제네바학파, 프라그학파, 심리학과 정신분석, 러시아형식주의, 문학사회학, 구조주의와 후기구조주의, 문체와 문체론 등 10가지를 추릴 수 있다. 호돈은 오래된 비평방법과 새로운 비평방법을 반반씩 섞어 놓은 것이 된다. 호돈은 각 비평사조의 키워드로 적게는 4가지(현상학과 제네바학파)에서 많게 는 80가지(서사학)를 제시하였다. 실제로 기존방법의 중심용어들이 새로운 방법의 중심용어들 보다 낯익고 쉬운 편이다. 180개 내외의 중심용어들 중 최근 우리 비평문에서 자주 볼 수 있는 것으로 문화연구, 담론, 하이브리드, 해체, 욕망, 텍스트, 주체, 타자, 남성성, 여성성, 응시, 기호, 결핍, 부재, 이데올로기, 디지털, 상호텍스트성, 권력, 구조, 현상학, 노마드, 상상계, 상징계, 실재계, 억압, 무의식, 환상성, 자본, 아비트스, 상징권력, 글쓰기, 기능 등을 들 수 있다.

찰즈 브레슬러(Charles E. Bressler)는 ≪문학비평 : 이론과 실제의 안내≫(Pre−ntice−Hall, 1994) 에서 비평방법을 뉴크리티시즘, 독자반응비평, 구조주의, 해체비평, 정신분석비평, 페미니즘, 마르크시즘, 문화시학(Cultural Poetics) 또는 신역사주의, 문화연구 등 9가지를 제시했다. 이 9가지 중 1990년대 이후로 새로 제시된 것은 해체, 페미니즘, 문화시학, 문화연구 등 4가지다. 새로운 사조와 기성사조가 비슷한 비중으로 되어 있다. 한국문학연구자의 입장에서 보면 뉴크리티시즘, 정신분석비평, 마르크시즘, 독자반응비평 등은 오래된 비평방법이라고 할 수 있다. 이 책의 278쪽에서는 이 9가지 비평방법을 '의미가 맨 끝에 남아 있는 곳', '진리와 가치', '목표', '평가' 등의 항목으로 비교하고 있다. 이 중 각 비평방법의 목표를 (1) 신비평 : 유기체적 통일(organic unity), (2) 독자반응비평 : 독자의 반응, (3) 구조주의 : 구조적 관계, (4) 해체비평 : 부조화(incongruity), (5) 정신분석 : 작가의 창작동기와 독자의 반응, (6) 페미니즘 : 텍스트 속의 여성과 여성 속의 텍스트 발견, 여성독자의 반응, (7) 마르크시즘 : 이데올로기의 노출과 혁명요구, (8) 신역사주의 : 문학과 역사의 경계선 무너뜨리기, (9) 후기식민주의 : 식민지인의 압박감 보여주기 등과 같이 간명하게 정리하고 있다.

   한마디로 각 비평방법이나 사조의 목표를 성취하기 위해서는 비평사조의 핵심을 건지는 공부를 할 필요가 있다. 각 비평방법론이나 사조를 대표하는 저서들을 찾아 읽으면 깊이있는 이해가 보장될 수 있다. 그러나 동시에 전체적인 이해에 닿았다고는 할 수 없다. 대표적인 논저를 읽는 것에 앞서서 아니면 병행해서 해야 할 것은 용어사전을 펼쳐 키워드의 뜻을 익히는 일이다. 키워드의 뜻을 제대로 아는 것은 책임있고 좋은 비평을 쓰는데 필수조건이 된다. 동시에 남의 글에 대한 확실한 이해력을 보증하고 증진시켜 준다. 해체비평, 라캉 류의 심리학, 후기식민주의 등 위에서 제시한 새로운 연구방법은 참으로 난해하기 짝이 없다. 물론 정신분석, 신비평, 문학사회학, 독자반응이론 등과 같이 오래된 사조라고 해서 다 쉽게 이해되는 것은 아니다. 예컨대, 볼프강 이저 류의 독자반응비평이나 프레드릭 제임슨 류의 마르크시즘 비평은 그리 쉽게 이해되지 않는다.

   후기구조주의, 후기마르크시즘, 후기식민주의, 후기모더니즘 그 어떤 것이든 '포스트' 시대의 특징의 하나는 넓은 의미의 문학비평이 어려워지고 있는 데서 찾을 수 있다. 과거의 비평에 대해서는 일반독자들이 어렵다고 했지만 오늘날의 비평에 대해서는 글쓴이와 동업자의 관계에 있는 비평가나 연구자들조차 이해가 되지 않는다는 소리를 거침없이 뱉곤 한다. 이러한 현실이 빚어지게 된 가장 큰 이유로 서양에서 들어오는 여러 비평사조의 용어들이 한국적 사고와 잘 맞지 않는다는 점을 들 수 있다. 서양사람들은 우리 한국인들과 생각하는 방법이 근본적으로 다르기 때문에 서양의 용어에 대한 이해와 소통이 잘 안 되는 현실은 어쩔 수 없다고 자위해 보기도 하지만 그것으로 해결되는 것은 없다. 여기에다가 서양의 최신 비평사조나 저서를 근거로하여 글쓰는 사람들이 그 서양비평을 제대로 이해하지 못하고, 이해하려 하지 않고, 이해하지 못한 채 글쓰는 행위를 부끄럽게 생각하지 않는 태도들이 몰이해와 불통의 현실을 심화시켜 왔다. 이 글을 이해하지 못한다고 하면 날보고 무식하다거나 공부가 부족하다고 홍보는 것이 아닌가 하고 조심해 하는 태도가 만연해 있는데 이런 소극적인 메타비평의 태도도 몰이해와 불통의 현실을 심화시키는 요인의 하나가 된다.

특정 용어를 사전류에 적힌 의미대로 쓰지 않고 특정 저서가 해석해 준 대로 쓰는 경우 반드시 출전을 밝혀야 할 필요가 있다. 글쓰는 사람도 잘 모르는 용어들을 마구 쓰고 있는 현상이라든가 읽는 사람도 잘 모르겠다는 반응을 되도록 억제하는 태도가 쉽게 간취되는 현실이 고쳐지려면 책임 있는 양질의 용어사전이나 용어해설집이 나와야 한다.

오늘날 외국어로 된 용어사전을 해석하는 데는 과거보다 몇 배나 힘이 든다. 각 전공학자들이 학제간 교류를 큰 소리로 외치고는 있지만 그만큼 학문간의 담쌓기는 갈수록 심해져 이웃학문의 새로운 용어를 빠르고도 정확하게 이해한다는 것은 거의 불가능하게 되었다. 앞서 예시한 것처럼 문학용어사전은 철학용어, 심리학용어, 언어학용어, 사회학용어, 미디어용어 등을 적지 않게 담아 놓고 있다. 이런 마당에 영어로 된 최신 문학용어사전은 여러 전공학자들이 합동으로 번역작업을 해도 완벽하게 만들기는 어렵다. 세계의 유능한 학자가 번역책임을 진 용어해설집에서도 부자연스런 어법을 쓴 용어, 외래어 형태로 남아 버린 용어, 잘못 번역된 용어 들을 쉽게 발견하게 된다. 신진학자들의 글에서 잘못 번역된 용어를 그대로 가져다 쓰는 일은 쉽게 또 자주 보곤 한다. 역자들도 대상용어의 뜻을 정확하게 알고 번역하면 오역의 가능성을 줄이게 될 것이다.

비평이 작품해석과 평가에 무게가 가 있는 것이라면 논문은 분석과 해석에 역점을 두는 것이다. 비평은 평가 쪽으로 기울어져 있는 양식이기에 전문용어를 쓰는 기회나 필요성은 논문양식보다는 적다. 그렇기는 하나 비평이 전문용어를 정확하게 쓰고 필요한 데 써야 할 당위성은 논문과 다를 바가 없다.

문학용어가 언어학, 철학, 심리학, 사회학, 미디어론 등과 같은 인접학문에서 차용해 온 것이 많은 이상, 문학연구자가 인접학문을 공부하는 것은 숙명이라고 하지 않을 수 없다. 그러나 모든 문학연구자는 인접학문을 공부해서 응용하는 데는 한계를 지니기 마련이다. 문학적 글쓰기와 글읽기에의 가용성을 염두에 두고 인접학문의 저서들을 접할 수밖에 없다. 인접학문을 총체적으로 파악해 가면서 공부하고 원용한다는 목표의 설정은 처음부터 무리가 따르는 일이다. 그렇다고 문학연구자는 철학용어든 심리학용어든 자의적으로 근거도 없이 써도 좋다고 하는 것은 아니다. 이렇게 정리해 놓고 보면 문학 본래의 것이든 옆에서 빌려 온 것이든 용어 하나하나가 중요하지 않은 것이 없다. 문학적 글쓰기를 하는데 활용할 수 있는 용어 몇 개를 찾아내기 위해 이론서를 뒤적거린다고 해도 지나친 말은 아니다.

오늘날의 용어사전은 나날이 변해가고 새로워지는 용어를 담아야 하는 것이기에 과거보다 제작의 어려움이 클 수밖에 없다. 이런 기본적인 어려움은 시대가 갈수록 커질 것이다. 용어사전을 보고 출전을 다는 일은 옛날에는 하지 않았으나 이제는 용어사전 자체가 어렵고도 복잡한 책이 된 것이기에 글 쓸 때 참고했으면 분명히 출전을 달아 줄 필요가 있다. 이제는 연구자들이 사전 보는 일을 감추거나 대수롭지 않게 여길 것이 아니라 오히려 자주 적극적으로 들춰 보아야 한다. 그러나 분명하게 명심해야 할 것은 용어사전을 정독하는 것은 어디까지나 학문이나 비평의 출발점이지 도달점도 아니고 중간역도 아니라는 사실이다.

계속 수정하고 증보해가는 대백과사전이 최고의 보고인 것처럼 정성을 다해 만든 용어사전은 해당분야의 정보를 대표하는 것이라고 할 수 있다. 여행한 경우에든 피난간 경우에든 사전은 꼭 가지고 갔다는 국내외 문인이나 학자의 사례가 드물지 않은 것처럼 용어사전은 정보를 유지시켜 주며 판단력을 유지시켜 준다. 뿐만 아니라 사전을 적극적으로 활용하면 전문용어의 가용범위가 넓어질 수밖에 없다. 똑같은 비평문이라고 하더라도 글의 성격에 따라 비평용어의 가용범위는 조절되는 것이기는 하다. 메타비평의 성격이 짙은 글이라면 전문용어가 동원되는 범위가 넓어져야 하겠지만, 작품론의 글에서는 전문용어의 사용범위가 넓어지는 것은 오히려 좋은 글을 남기는데 방해가 되기 쉽다.

비평용어사전 편찬의 의의

金 載 弘(한국문학평론가협회 부회장, 경희대 교수)

1. 사전의 문화사적 의미

사전(辭典)이란 말 그대로 언어를 모아 일정한 순서대로 벌여 실으면서 낱낱이 그 발음, 의의, 용법, 어원 등에 관해 해설한 책을 말한다. 원래 사전은 주로 어휘, 즉 낱말의 뜻이나 발음을 표기하는데 그쳤으나, 오늘날에는 어의나 발음은 물론 숙어, 용례, 인용문, 유의어, 반의어, 2~3국어(二~三國語) 대역(對譯)사전에 이르기까지 다양한 모습으로 발전해 왔다.

아울러 사전은 그 다루는 대상이나 소재, 그리고 편찬방법에 따라 식물사전, 동물사전, 광물사전, 곤충사전, 민속사전, 먹거리사전, 농기구사전, 의류사전, 인명사전에서 각종 연감사전류에 이르기까지 확대되고 심화돼 가는 모습이다.

그렇게 보면 사전이란 인류문명이나 문화발달사의 과정을 반영하는 것이고, 그 총량에 해당하며 요약에 해당한다고 할 수 있겠다. 그만큼 사전은 인류지식의 박물관이자 도서관으로서 살아있는 보물창고의 역할을 수행해왔으며, 또 하고 있음이 분명하다.

다시 말해서 사전이란 인류문화사, 지식사에 있어서 학식의 총화이자 권위의 상징이고 정확함을 의미하는 대명사로서 의미를 지닌다고 하겠다.

2. 일반적인 사전과 문학비평용어 사전

사전은 사용 대상자의 연령이나 지식정도 및 활용범위와 목적에 따라 그 내용과 형식이 달라지기 마련이다. 그래서 어린이용과 성인용이 있으며 일반인용과 전문가용으로 대별할 수 있다. 활용자의 연령, 학식수준이나 사용목적에 따라 내용과 깊이가 차별성을 지닐 수밖에 없기 때문이다.

지금까지 우리나라에서 일반적인 어휘사전으로서는 조선어학회(한글학회)의 『우리말사전』과 이희승 편저로서 『국어대사전』이 그 대표적인 예에 해당한다. 한 나라에 있어 언어, 즉 국어는 그 나라 민족의 생존권의 표상이자 주권의 상징이라 할 수 있다. 나아가서 그것은 민족혼의 표상으로서 중요성을 지니기도 하는 것이기에 이러한 국어사전 편찬은 민족사에 있어서 생존권과 주권, 그리고 민족혼을 지키기 위한 몸부림에 해당한다. 말하자면 그것은 국권상실기엔 국가와 민족의 독립운동에 해당하며, 오늘날 분단시대엔 민족적 주체성과 자부심을 지키기 위한 필사적인 노력을 의미한다는 뜻이다.

일반적으로 언어는 그 발전단계로 보아 세 가지 수준 또는 층위로 나누어 볼 수 있다. 생존어와 생활어, 그리고 예술어가 그것이다. 생존어란 과거 불행했던 민족의 언어들이 그러했듯이, 또 일제하 우리말이 그러했듯이 목숨만 부지하고 있는 경우를 말한다. 생활어란 그보다 형편이 나아져서 일상생활에서 널리 사용되는 단계를 말한다. 오늘날 공식어로서 활용되고 있는 국어가 그러한 생활어로서의 전형적인 모습이라 하겠다. 여기서 한 걸음 더 나아간 것이 바로 예술어이다. 그것은 특히 인간에게 있어 가장 높은 정신의 움직임을 탐구하는 시와 그 언어에서 보듯이 높은 수준의 감수성과 인식능력을 필요로 한다. 시어는 한 차원 높여진 정신과 예술적 감각으로 쓰여진 것이기에 그에 대한 깊이 있는 해독과 향수를 위해서는 그만큼 훈련된 감각과 지성을 필요로 한다는 뜻이다.

비평용어사전이 위치하는 곳은 바로 이러한 예술어 차원에 해당한다. 인간정신의 핵심가치로서의 문화와, 그 문화의 혼으로서 문학의 사전이기 때문이다. 특히 비평은 문학작품을 해석하고 분석하며 그 가치를 판단하고 나아가서 그 진수를 감상하는 고도의 정신행위이기에 문학비평용어사전이란 그만큼 편찬하기 어렵고 활용도에 있어 중요성을 지닌다고 하겠다.

비평용어사전은 문학용어, 그중에서도 비평에서 다루어지고 있는 기본개념과 어휘들을 대상으로 한다는 점에서 일반사전이 아니라 특수사전, 전문가용 사전에 해당한다. 그만큼 편찬하기가 쉽지 않으며, 활용도 또한 제한적일 수밖에 없다는 뜻이다. 따라서 이 비평용어사전은 문학비평에 대한 입문으로부터 시작해서 고도의 전문적인 내용까지 포괄해내야 하는 어려움에 직면할 수밖에 없을 것이 자명한 이치이다. 문학과 그것을 연구하고 비평하는 학습사전으로서의 기본성격과 함께 전문들이 참조하고 인용하는 것으로서 연구용 사전이라는 특성을 지니기에 오랜 세월에 걸친 논의와 치밀한 검토과정을 거쳐 편찬돼야 한다는 뜻이다. 따라서 여기에서 선택되는 용어, 어휘들은 전문가 중에서도 전문가, 즉 사계 권위자들의 엄정한 안목에 의해 오래 지속될 수 있다. 무엇보다도 사전의 생명력이라 할 정확한 지식과 깊이있는 내용, 그리고 정확성에 의한 권위를 확보하지 않으면 안된다. 문학이 체계적으로 깊이있는 과학으로서 발전해가기 위해서는 사유의 폭과 내용 및 질이 확대되는 만큼 깊이를 획득해가야만 한다는 뜻이다. 학문의 발달은 필연적으로 어휘, 즉 용어·술어의 확대와 심화를 수반하기 마련인 때문이다. 그러므로 전문사전으로서 문학비평용어사전은 비록 그 상품시장이 제한적인 것이라 해도 그 사전적 의미와 영향력을 과소평가하기 어려울 것이 자명한 이치이다.

거듭 말하거니와 문화의 핵은 창조정신(creativity)을 그 시작이자 목표로 하는 문학일 수밖에 없으며, 따라서 문학비평용어사전은 문학인에게 뿐만 아니라 다른 부분의 예술가는 물론 지식산업 내지 문화관련 종사자들에게도 광범위하게 활용될 수밖에 없는 것으로 판단되기 때문이다. 이점에서 실상 문학비평용어사전의 내용과 질은 그 나라 민족에 있어서 문화예술의 수준을 가늠할 수 있는 중요한 척도가 될 수 있을 것이 분명하다.

3. 문학비평용어사전에서 고려해야 할 점

먼저 『문학비평용어사전』에서 고려해야할 것은 이 사전이 전문사전이라는 점이다. 문학비평입문학생으로부터 학자까지 폭넓은 전문 독자층을 활용대상으로 한다는 점을 고려하여 일반성과 전문성을 함께 확보해야만 그 생명력을 확보하고 지속해갈 수 있기 때문이다. 우리는 지금까지 학술연구기관이나 단체에서 편찬한 각종 사전류가 유명무실, 속빈 강정인 경우를 더러 보아왔기 때문에 이 점에 각별히 유의해야만 하겠다.

둘째, 수록, 용어, 어휘의 적절성 여부를 계속 검토해야만 한다는 점이다. 수록 어휘의 수와 양은 물론 계열과 범위, 분포와 중요도 등에 관해서도 면밀히 검토하고 다시 지속적으로 수정 · 보완해가야만 한다는 뜻이다. 특히 용어 · 술어의 계열화와 중요도에 의한 우선순위 선정과 기술 양(量)의 산정은 무엇보다 중요한 것이 아닐 수 없다.

셋째, 배열순서 또는 검색방법에 대한 면밀하면서도 깊이있는 검토가 긴요하다는 점이다. 연대순으로 할 것인가, 빈도수 또는 중요도 순으로 할 것인가도 중요하며, 난해어순이나 상대어순 또는 역순배열 문제도 고려해야만 한다. 무엇보다 문학의 갈래별로 할 것인가, 그냥 가나다순으로 배열할 것인가 하는 문제가 핵심이 되겠다. 이러한 배열순서 또는 검색방법은 그 사전의 내용이 아무리 깊이있고 질 높은 것이라 하더라도 자칫 잘못하면 활용도가 현저히 떨어질 수도 있다는 판단에 기인한다.

넷째로는, 삽화의 삽입여부나 일러두기, 그리고 활자의 크기나 형태에도 세심한 배려가 있어야 한다는 점이다. 아울러 사전의 크기나 종이의 질, 인쇄의 선명도 여부도 신중하고 사려깊게 결정해야만 그 사전의 애용도나 활용도가 배가될 수 있기 때문이다. 또한 일러두기에 있어 항목 설정배경이나 안내는 물론 표제어 설명방법, 그리고 어휘의 배열, 어법의 표시, 해설의 방식, 용례의 길이 정도, 외래어 표기법 등에 관해서도 확실한 원칙이 정해지고 그에 따라 실제작업이 이루어져야 한다는 뜻이다.

무엇보다도 사전에서 고려돼야 할 점은 용어에 대한 정의작업이 본질요소로부터 시작해서 부수요소로 점차 확대돼 가야 한다는 점이다. 핵심내용이 먼저 기술되고 부차적인 것들이 중요도 또는 사용빈도에 따라 우선순위가 정해지면서 기술돼 가야 하기 때문이다. 아울러 그 끝에 상대어나 유의어, 그리고 용례가 부가되고 참고사항이 제시돼야 할 것이다.

따라서 사전의 기술은 내용에 있어서는 객관성과 정확성이 그 생명적 요소라 할 수밖에 없다. 정확하지 않거나 주관적인 지식이나 주의주장, 판단에 의한 기술은 사전으로서는 위험한 것이기 때문이다. 특히 전문사전으로서 문학비평사전에 있어서는 그 내용의 깊이나 권위가 보장되지 않는다면 그것은 활용도에 있어서 뿐만 아니라 가치에 있어서도 현격히 질이 떨어질 수밖에 없는 것이 자명한 이치이다.

아울러 표현형식에 있어서는 평이함과 간결성이 확보돼야만 한다. 문장이 난삽하거나 복잡하면 그것은 엄격한 의미에서 사전이라고 할 수 없다. 전문사전으로서 아무리 내용이 풍부하고 깊이가 있다 하더라도 그 기술방법과 문제는 어디까지나 평이하고 간결하여서 읽기 쉽고 이해할 수 있어야만 하는 까닭이다.

4. 문학비평 용어사전 편찬의 의미

지금까지 문학비평 용어사전이 우리나라에서 출간되지 않은 것은 아니다. 이상섭 편찬의 『문학용어사전』을 비롯해서 김윤식 편저의 『문학비평용어사전』, 최동호·권택영의 『문학비평용어사전』 등이 그 대표적인 예라고 하겠다. 아울러 문학관계전문사전만 하더라도 김재홍의 『시어사전』, 김윤식·최동호의 『소설어사전』을 비롯하여 『정지용사전』, 『이광수사전』, 『토지사전』 등 많은 갈래사전들이 제출돼 온 것이 사실이다. 그러나 이 사전들은 대부분 개인이 단기간에 저술, 편찬한 것이기에 엄정한 의미에서 권위와 학식의 깊이, 그리고 정확성에 있어 그 내용과 질을 보장하거나 높이 평가하기 어려운 면도 적지 않았다. 특히 비평용어사전은 용어 선택의 자의성, 유사성은 물론 때로 번역 또는 번안투의 기술방법과 난해한 문체에서 문제점이 다수 발견되기 때문이다.

이점에 비추어 이번 한국문학평론가협회가 편찬한 『문학비평용어사전』은 비교적 오랜 시간에 걸쳐 기획되었을 뿐만 아니라 원로·중진 비평가로부터 중견·소장학자에 이르기까지 폭넓은 인력이 대거 참여하여 이루어진 만큼 그 권위와 질을 미루어 짐작할 수 있기 때문이다. 확인되거나 검증된 것은 아니라 하더라도 공신력 있는 단체인 '한국문학평론가협회'의 이름으로 편찬되고 문화부가 지원하고 있는 국가차원의 작업이라는 점에서 그러하다.

따라서 이번에 새롭게 편찬되는 한국문학평론가협회의 『문학비평용어사전』이 내용과 질에 있어서 뿐만 아니라 형식과 체제에 있어서도 지속적인 검토와 연구에 의해 보다 완성된 모습으로 출간되기를 기대한다. 그래서 많은 문학 전공자는 물론 예술학 전공자, 그리고 일반학자 및 지성인들에게 폭넓게 활용되고 애장되는 사전으로서 빛과 향기를 더해갈 것을 소망한다.

비평용어사전 편찬의 경과와 체계

金 鍾 會(한국문학평론가협회 상임이사, 경희대 교수)

1. 문학비평용어사전 추진의 경과

한국문학평론가협회에서 『문학비평용어사전』을 계획하고 이를 실행에 옮기기 시작한 것은 2000년도부터였다. 그간 1,500여개의 대상 용어를 선정하고 국내의 원로 평론가에서부터 소장 평론가에 이르기까지 폭넓게 필진을 구성, 구체적인 집필 방향을 공유하면서 이를 추진해 왔다.

이 사전 발간의 취지를 십분 이해한 문화관광부의 특별한 지원에 힘입어 사전 발간을 추진할 수 있는 관련 예산이 확보되고, 초기에는 비교적 순조로운 출발을 보였다. 그러나 150명에 이르는 방대한 필진을 동일한 집필 일정으로 유도하는 일의 어려움, 또 실무를 맡았던 이들의 해외 연구 등 환경변화로 인하여 그 사업의 수행과 결실이 5년간이나 지체되기에 이르렀다.

2005년도 초반부터 그간 진행된 성과를 재점검하고 대상 용어의 분별과 추가 집필자의 선정 등을 새로이 시작하여, 2005년 말까지 모두 2,000개 항목에 달하는 공동집필의 결과를 얻게 되었고, 이 결과가 출판에 이르게 되었다.

이 사전에 수록된 방대한 분량의 용어와 그에 대한 서술은, 문학비평에만 한정된 것이 아니라 인접 분야 전반에 걸쳐져 있으므로 그 내용적 의미에 있어서는 '문학비평용어사전'이라기보다 오히려 '인문학용어사전'에 가까운 편이라 할 수 있다.

여기에 이르기까지 이 방대한 편찬 업무를 외곽에서 지원해 준 문화관광부와 한국문학평론가협회 임원들, 특히 초기부터 실무 책임을 맡아온 황종연 · 장영우 교수의 수고를 언급하지 않을 수 없다. 그리고 제2기 편찬 체제의 실무를 맡아 그야말로 불철주야 애쓴 협회의 총무이사 홍용희 교수, 총무간사 고인환 교수, 또 윤송아 · 이정선 · 최면정 선생의 수고를 기록해두지 않을 수 없다.

2. 기존의 사전들과 이 사전의 특성

국내에서 처음 나온 비평용어사전은 1976년 이상섭의 『문학비평용어사전』(민음사)과 김윤식의 『문학비평용어사전』(일지사)이다. 두 사전 모두 300에서 400면 이내의 단행본 한 권 분량이므로, 수록 용어의 숫자가 200항목을 넘을 수 없었다. 그러나 지나치게 인상주의적 비평, 또는 지나치게 도식주의적 비평이 주류를 이루던 그 이전 시대의 비평적 관행에 객관적 용어로 된 비평의 도구를 제시한 공로를 간과할 수 없다.

그 이후 몇 가지의 '문학비평용어사전'이나 '문학용어사전'의 상재를 볼 수 있었으나, 분량의 확대를 확인하는 것 이외에 상기 두 저술을 넘어서는 진전된 성취를 나타낸 것은 찾기 어려웠다. 다만 그 대상의 외연을 '세계문학'이나 '동양문학'으로 확장하여 관심의 범주를 달리한 것은, 그것대로의 특성이라 할 수 있었다.

국내에 번역된 비평용어사전으로는 1985년 M.H. Abrams 저, 권택영·최동호 번역의 『문학비평용어사전』(새문사)과 1999년 Joseph Childers·Gary Hentzi 편, 황종연 번역의 『현대문학·문화비평용어사전』이 원문이나 번역의 수준에 있어 대표적인 것으로 평가된다. 앞의 것은 300면이 조금 넘는, 그리고 뒤의 것은 500면이 조금 넘는 단행본 한 권의 분량이다.

앞의 것은 번역된 용어를 가나다 순으로, 뒤의 것은 원문의 ABC 순으로 배열했다. 두 사전은 원전의 발간 시기(Abrams 1981년, Childers 외 1995년)를 통해서도 알 수 있는 바와 같이, 각기 다른 시대의 문학비평적 관심을 수록 용어에서 반영하고 있다.

이러한 앞선 사전의 저술 및 번역에 비하면, 이번 한국문학평론가협회의 『문학비평용어사전』은 우선 수록 대상 용어의 분량에 있어 획기적인 증대를 시도했다. 그것은 곧 앞서 언급한 바와 같이 이 사전이 단순히 문학비평용어의 한정적 서술에 머물지 않고 문학비평에 연접해 있는 인문학 전반의 용어를 광범위하게 수용하였음을 의미한다.

동시에 이를 서술하는 방식에 있어서도 앞의 사전들이 부분적으로 보인 평면적이고 주관적인 용어 해설의 방식을 벗어나서, 해설의 작성과 예문의 제시, 교차 참조 용어와 참고문헌 제시에 일정한 수준 이상의 내용과 통일된 형식을 담보할 수 있도록 미리 정확한 지침을 마련하여 원고작성을 진행하였다.

3. 이 사전의 원고 작성시 유의사항

이 사전의 편찬에 있어서 용어해설은 일반적이고 객관적인 수준에서 출발하여 전문적인 차원으로 나아가도록, 그리고 공정하고 중립적인 논술태도를 견지하도록 주문했다. 집필자들에게 관련 논저와 참고문헌을 충실히 섭렵한 뒤에 해설을 집필하도록 요구했으며, 편찬위원회의 원고 윤독회의 결정에 따라 전면적인 또는 부분적인 개정 요청을 받을 수 있음을 공지했다.

특히 국내에 나와 있는 기존 사전의 해설과 변별되도록 할 것, 모든 문학 용어는 가급적 한국문학과 관련하여 설명할 것, 용어 해설에 필요한 예문도 될 수 있는 대로 한국문학에서 구할 것 등을 요구했다. 외국문학에서 유래된 용어의 경우에도 외국의 사정에 대한 기술에 이어 한국의 사례를 다루도록 원칙을 세웠다.

이와 같은 집필의 기준은, 이 사전이 외형만 모양있게 차린 저술에 그치지 않고 국내에서 문학과 인문학을 연구하는 많은 필자나 논자들이 실질적이고 효율적인 도움을 얻을 수 있는 문헌이 되도록 하자는 각성으로부터 말미암았다. 온갖 노력을 투여하여 완성된 사전이 서가 한 쪽의 자리만 차지하고 있는 불명예를 예방하고, 이 사전이 연구자들의 작은 도서관이요 가장 가까운 동료가 되도록 해 보자는 의도였다.

참고로 이 사전의 원고 청탁서에 명시했던 「원고 작성시 유의사항」을 여기에 병기해 둔다.

1. 용어 해설은 특별한 경우를 제외하고는 용어의 개념, 유래, 용례를 제시하는 것에서부터 시작한다. 용어와 관련된 학설을 소개하는 경우 일반적인 학설을 먼저 제공하고 특수한 학설이나 최신 학설은 그 다음에 부가하는 순서로 기술한다.

2. 용어 해설은 사전 일반의 문체에 준해서 평이하고 적확하게 한다. 적절하고 참신한 어휘선택, 문법상으로 정확하고 표현상으로 간결한 문장 구사, 문장과 문장, 단락과 단락이 긴밀하게 조응되는 구성, 공정하고 중립적인 논술 태도가 요망된다.

3. 기존의 문학사전은 물론, 용어 해설을 위해 필요한 논저를 충실히 섭렵한 뒤에 집필에 임한다. 기존 사전이나 그 밖의 관련 논저를 참고하되, 국내의 유사(類似) 사전에 나와 있는 해설과 변별되도록 해야 한다. 특히 예문을 제시할 경우에 기존 유사 사전에 나와 있는 예문은 피해야 한다.

4. 외국문학에 특유한 용어(예, 바로크, 소네트, 마술적 리얼리즘)를 제외하고 모든 문학 용어는 가급적 한국문학과 관련하여 설명한다. 외국문학 또는 외국사상에서 생겨났으나 한국문학 또는 한국비평과 관련이 있는 용어(예, 낭만주의, 아이러니, 구조주의)의 경우에는 외국의 사정을 다루고, 가능하다면 이어서 한국 쪽의 사례를 다룬다.

5. 용어 해설에 필요한 문학작품의 예문은 될 수 있는 대로 한국문학에서 구하고 용어의 성격상 불가피한 경우에 한해서 외국문학에서 예문을 찾아 제시한다.

6. 문학 및 문학비평과의 연관이 상대적으로 적은 인문학 일반 용어의 경우(예, 봉건제, 경험론, 억압) 그 용어의 기본 개념을 설명하는 데 역점을 두되, 가능하다면 그 용어가 문학 또는 문학비평과 관련하여 가지는 의미나 의의를 간단하게라도 시사한다.

7. 용어 해설의 마지막 문장 다음에, 해설 본문에 사용된 용어를 포함하여 그 용어와 관계가 있는 기타 용어들을 명기하여 교차 참조에 도움이 되게 한다.

8. 용어 해설의 하단에 해당 용어의 개념 및 이론 이해에 도움을 주는 참고문헌을 간단하게 밝힌다. 국내 출판물(번역본 포함)을 우선 명기하고 외국 출판물은 고전적인 혹은 필수적인 저작인 경우에 한하여 언급한다. 참고서적은 저자, 서명, 출판사, 출판연도 순으로 작성한다.

9. 본문 중의 한자, 외국어 등은 한글로 표기한 뒤에 괄호를 치고 병기한다.

10. 본문 중의 사람 이름, 작품 이름, 잡지 이름 등의 고유명사는 한국어로 적고, 원래 한자 이

름인 경우는 그 한자를, 외국어 이름인 경우는 그 외국어를 한국어 다음에 적는다.

　※『문학비평용어사전』 편찬위원회에서는 접수된 용어 해설의 적합성 여부를 결정하는 원고 윤독회를 정기적으로 개최할 예정입니다. 원고 윤독회의 결정에 따라 전면적인 또는 부분적인 개정 요청을 받으실 수도 있사오니 양지하시기 바랍니다.

4. 사전의 발간과 수정 및 보완계획

　이 사전에는 2,000여개의 용어해설 이외에도 사전 발간의 취지(임헌영), 사전의 보편성과 특수성에 대한 체험적 단상(김윤식), 사전 발간의 인문학적 의미(홍기삼), 비평 용어의 기능(조남현), 사전 편찬의 의의(김재홍), 사전 편찬의 경과와 체계(김종회) 등 여러 이름있는 논자들의 글이 함께 실려 있다.

　이 가운데 김윤식, 김재홍 제씨는 각각『문학비평용어사전』,『한국 현대시 시어사전』을 편찬한 전력을 갖고 있고 다른 논자들도 한국문학평론가협회의 임원들로서 이 사전의 발간 계획 단계부터 완성 단계까지 직·간접으로 관련을 맺어온 경우이다.

　2005년까지 집필 및 교정과 윤문을 끝낸 사전 원고는, 이제 종이책으로 제책하여 출간한 다음 그에 이어서 이를 전자사전으로 제작할 계획도 세우고 있다. 완성된 책으로 상재된 다음에는 문제점과 미비점을 보완하고, 지속적으로 증보판을 간행해 나갈 것이다.

　다시 한 번 이 부피가 크고 중량이 무거운 사전의 편찬에 관여한 모든 분들과 보이지 않게 숨어서 도운 따뜻한 손길들에 감사드린다. 이 사전이 우리의 인문학과 문학, 그리고 문학비평의 연구에 기여하는 바가 있다면 이는 온전히 그 분들의 공로로 돌려져야 한다. 그 동안의 복잡다단하고 힘겨웠던 경과 과정을 돌이켜보면서, 그런 만큼 이 사전이 많은 연구자들의 친근한 벗이자 충실한 자료실의 기능을 다할 수 있기를 기대한다.

목차

┃ㄱ

가객(歌客)   69
가곡(歌曲)   70
가극   71
가나조시(仮名草子)   72
가독성(可讀性, Legibility/Readability)   73
가면극   73
가무희(歌舞戲)   74
가문소설(家門小說)   76
가부장제(家父長制, Patriarchy)   77
가부키(歌舞伎)   78
가사(歌辭)   79
가상(假想, Illusion)   80
가상세계 ☞ 가상현실   81
가상현실(假想現實, Virtual reality)   82
가설(假說, Hypothesis)   82
가설무대, 이동무대 ☞ 무대   83
가와 조쿠(雅와 俗)   83
가요(歌謠)   84
가인(歌人) ☞ 가객(歌客)   85
가전(假傳)   85
가전체문학(仮傳體文學)   86
가정비극(家庭悲劇, Domestic tragedy)   87
가정소설(家庭小說, Domestic fiction)   88
가족 로맨스(Family romance, 독 Familienroman)   89
가족(家族, Family)   90
가족사소설(家族史小說)   91
가족주의(家族主義)   92
가치(價値, Value)   93

가치관(View of value) ☞ 가치   93
가치다원론(價値多元論)   94
가치합리적 행위(價値合理的 行爲)   94
가학증/피학증 ☞ 사디즘/마조히즘   95
가행(歌行)   95
가행체(歌行體) ☞ 가행(歌行)   96
각색(Adaption)   96
각운(脚韻, Rhyme)   97
간접제시(間接提示, Dramatic characterization)   98
간주관성 ☞ 상호주관성   99
갈등(葛藤, Conflict)   99
갈등이론(葛藤理論, Conflict theory)   100
감각(sense)   101
감상 ☞ 감상주의   103
감상소설(感傷小說, Sentimental novel)   103
감상적 오류(感傷的 誤謬, Pathetic fallacy)   104
감상주의(感傷主義, Sentimentalism)   105
감수성(感受性, Sensibility,
프 Sensibilité, 독 Empfindsamkeit)   106
감정(感情, Feeling, Emotion)   106
감정의 구조(Structure of feeling)   107
감정이입(感情移入, Empathy,
프 Objectivation du moi, 독 Einfühlung)   108
갑골문(甲骨文)   109
강단이론(講壇理論)   111
강담(講談)/강담사(講談師)   111
강담사 ☞ 강담   113
강박(强迫, Compulsion, 독 Zwang)   113
강서시파(江西詩派)   114
강신 ☞ 빙의   115
강창(講唱)   115

강창사 ☞ 강창 118

강호파(江湖派) 118

개념미술(槪念美術, Conceptual art) 119

개념시(槪念詩, 독 Begriffsdichtung) 120

개방시(開放詩, Open poetry) 120

개성(個性, Individuality,
프 Individualité, 독 Individualität) 121

개연성(蓋然性, Probability) 122

개인(個人, Individul, 프 Individu, 독 Individuum) 123

개인주의(Individualism,
프 Individualisme, 독 Individualismus) 124

개화기소설 125

객관론적 비평(Objective criticism) 126

객관비평 ☞ 객관론적 비평 126

객관적 상관물(客觀的 相關物, Objective correlative) 127

객관적 정신(客觀的 精神, Objectiver geist) 127

객관화(客觀化)/주관화(主觀化) 128

거대서사(Master Narrative/Grand Recit) 129

거리(Distance) 130

거세불안(Castration · fear, 독 Kastrationsangst) 131

거울(Mirror) 132

거울단계(Mirror stage) 133

건달소설 133

건안칠자(建安七子) 135

건안풍골(建安風骨) 136

검열(檢閱, Censorship, 프 Censure, 독 Zensur) 137

게사쿠(戲作) 138

게송(偈頌) 139

게이 비평(Gay criticism) 140

게이/레즈비언 ☞ 동성애 141

게이해방운동(Gay liberation movement) 141

격자(格子) 142

격조설(格調說) 142

견책소설(譴責小說) 144

결말(dénouement) 145

결정론(Derterminism) 146

결정불능성(決定不能性) 147

결핍(缺乏, Deprivation) 148

경극(京劇) 149

경기체가(景幾體歌) 151

경릉파(竟陵派) 152

경이감(驚異感) 153

경학(經學) 154

경향문학(傾向文學, Tendezdichtung) 155

경험(經驗, Experience, 프 Expérience, 독 Erfahrung) 156

경험론(經驗論)☞ 경험주의 157

경험주의/경험론(經驗主義/經驗論, Empiricism,
프 Empirisme, 독 Empirismus) 157

계급(階級, Class, Klasse, Classe) 158

계급문학(階級文學, Proletarian literature) 159

계급의식(階級意識, Class consciousness,
독 Klassenbewusstsein, 프 Conscience de class) 160

계급투쟁(階級鬪爭, Class struggle,
프 lutle des classes, 독 Klassen kampf) 161

계몽(啓蒙, Enlightenment) 162

계몽주의(啓蒙主義, Enlightenment) 162

계몽사상 ☞ 계몽 164

계보학(系譜學, Genealogy) 164

계어(季語) 165

계열체(Paradigme)/통합체(Syntagme) 166

계층(階層, Stratum) 167

고고학(考古學, Archaeology) 168

고단(講談) 168

고딕(Gothic, Gothique, Gotik) 169

고딕소설(Gothic fiction, Gothid novel) 170

고문(古文) 171

고백(Confession) 172

고백체(告白體) 173

고시19수(古詩十九首) 174

고음파(苦吟派) 175

고잔분가쿠(五山文學, Gozan literature) 176

고저율(高低律)/장단율(長短律) 177

고전문학(古典文學) 178

고전(古典, Classic, 독 Klassik) 179

고전주의(古典主義,
Classicism, 프 Classicisme, 독 Klassizismus) 179

고증학(考證學) 180

고착(固着, Fixation, 독 Fixierung) 182

고체시(古體詩) 182

고칸(合巻) 184

고토다마신코(言靈信仰) 184

곡언법(曲言法, Litotes) 186

골계(滑稽, The comic,

프 Le comique, 독 das Komische) 187

곳케이본(滑稽本) 188

공(空, Ab · grund) 189

공/사(公/私, The official 또는 The public/The private,

독 das Olffizielle das Öffentliche/das Private) 191

공간(Space) 192

공감각(共感覺, Synesthesia,

프 Synesthésie, 독 Synästhesie) 192

공공영역(公共領域 또는

公衆領域, Public sphere, 독 Öffentlichkeit) 194

공동창작 195

공동체(共同體, Community) 196

공리주의(功利主義) 197

공백(Gaps) 198

공산주의(共產主義, Communism,

프 Communisme, 독 Kommunismus) 199

공상 ☞ 판타지 200

공상과학소설(空想科學小說, SF :science fiction) 200

공시/표시, 내포/외연(內包/外延,

Connotation/Denotation) 201

공시태(Synchronie)/통시태(Diachronie) 201

공안소설(公案小說) 203

공안파(公安派) 204

공예 ☞ 예능 205

공통감각(共通感覺, Common sense) 205

공포소설(恐怖小說, Horror fiction) 206

공포와 연민(恐怖와 憐憫, 라 Eleos & Phobos) 207

공포증(Phobia) 208

과거(科擧) 209

과도대상 ☞ 이행대상 209

과도현실(過度現實, Hyperreal) 210

과잉(초과) 211

과장(誇張) 212

과학(科學, Science, 프 Science, 독 Wissenschaft) 213

과학환상소설 214

관객 215

관념론 미학 216

관념론(觀念論, Idealism) 217

관념시(觀念詩) 218

관능주의 ☞ 데카당스 220

관례 ☞ 관습 220

관료제(官僚制, Bureaucracy) 220

관습(慣習, Convention) 221

관용(tolerance) 222

관점 ☞ 시점 223

관조(觀照, Contemplation) 223

광고(廣告) 224

광기(狂氣, Madness, 프 Folie) 225

광대 226

교감(Correspondence) 227

교겐(狂言) 229

교양(Bildung) 230

교양소설(Bildungsroman, Erziebungsroman) 231

교육소설 ☞ 교양소설 232

교조주의 ☞ 도그마 232

교차편집(Cross cutting) 232

교카(狂歌) 233

교향시(交響詩, Symphonic poem) 233

교훈시(教訓詩, Didactic poetry) 235

교훈주의(Didacticism) 237

구문론(構文論, Syntax) 238

구비문학 239

구사조시(草双紙) 241

구상(構想) 242

구상력(構想力, Imagination,

프 Imagination, 독 Einbildungskraft) ☞ 구상 243

구상예술/추상예술 243

구성주의(構成主義, Constructivism) 244

구술성/문자성(口述性/文字性, Orality/Literacy) 245

구어/구어체(口語/口語體, Colloquial language) 246
구어체(口語體) ☞ 구어 246
구전문학 ☞ 구비문학 246
구조(構造, Structure) 246
구조인류학(構造人類學) 248
구조주의(Structuralisme) 250
구체시(具體詩, Concrete poetry) 251
구체적인 것/추상적인 것 253
구체화(具體化) 254
국가(國家, Nation) 255
국문(國文, The national language) 256
국문학(國文學, The study of the Korean literature) 257
국민(國民, Nation, Subject, 프 Nation, 독 Nation) 258
국민국가(國民國家, Nation‐state,
독 Nationalstaat) ☞ 민족국가 259
국민문학(國民文學, National literature) 259
국민문학(일본) 260
국수주의(國粹主義, Chauvinism,
프 Chauvinisme, 독 chauvinismus) 261
국가주의 國家主義, Nationalism,
프 Nationalisme, 독 Nationalismus) 261
국어(國語, The national language, The Korean language) 262
국어학(國語學, The study of the Korean Language) 263
국제주의(國際主義, Internationalism) 264
국학(國學, Korean studies) 266
국학(일본) 266
군국주의(軍國主義, Militarism) 267
군담소설(軍談小說) 269
굿 270
궁사(宮詞) 270
궁정문학(宮庭文學, Court literature) 271
궁체시(宮體詩) 272
권력(權力, Power) 272
권력에의 의지(Wille zur Macht) 273
권력‐지식 ☞ 권력 274
권리(權利, Right) 274
권선징악(勸善懲惡) 275
권위(權威, Authority) 276

귀납/귀납법(歸納, Induction) 277
귀족(貴族, Nobility) 278
귀향문학, 귀향소설(歸鄕文學) 280
규범(規範, Norm) 280
그노시즘(Gnosticism) 281
그라마톨로지(Grammatologie, Grammatology) 283
그럴듯함(Vraisemblance) ☞ 개연성 284
그로테스크 284
그로테스크 리얼리즘 286
그림소설 287
그림시 288
그림자 노동(Shadow Work) 289
극(劇) ☞ 희곡 290
극시(劇詩, Dramatic poetry) 290
극작술 291
극장(劇場) 292
근경(根莖) ☞ 리좀 293
근대문학(近代文學) 293
근대의 초극 294
근대적 자아(近代的 自我, Modern self) 295
근대화(Modernization) 296
근원적 나르시시즘 ☞ 나르시시즘 297
근체시(近體詩) 297
근친상간(近親相姦, Incest, 독 Inzest) 298
글/글쓰기(Writing) 299
금기 ☞ 타부 300
금욕주의(禁慾主義, Asceticism) 300
급진적 페미니즘(Radical feminism) 301
기가쿠(伎樂) 302
기계(機械, Machine) 302
기교(技巧) 303
기기가요(記紀歌謠) 304
기능(Function) 305
기능전환(機能轉換) 306
기대지평(Horizon of expectations,
독 Erwartungshorizont) 307
기독교문학(基督敎文學, Christian literature) 307
기록문학 ☞ 르포르타주 309

기록소설 ☞ 다큐멘터리 309
기록주의 309
기리설(肌理說) 310
기법(技法, Technique) ☞ 기교 311
기뵤시(黃表紙) 311
기사문학(騎士文學, 독 Dichtung des Rittertums) 311
기사적, 궁정적 문학 ☞ 기사문학 313
기상(氣象) 313
기생(妓生) 313
기성품 예술(旣成品 藝術) 314
기술(技術, Technology) 315
기술학(記述學, Descriptive aesthetics) 316
기승전결(起承轉結) 317
기시감(旣視感, 프 Dejavu) 317
기억(記憶) 318
기운생동(氣韻生動) 319
기지(機智, Wit) 320
기표(記標, Signifiant)/기의(記意, Signifié) 320
기하학(幾何學, Geometry) 321
기행문(紀行文) 322
기호(記號, Sign, 프 Signe, 독 Zeichen) 323
기호론(記號論, Semiology) ☞ 기호학 324
기호적 약호(記號的 略號) 324
기호태/상징태(記號態/象徵態) ☞ 세미오틱/쌩볼릭 325
기호학(記號學, Semiotics, 프 Semiotique, 독 Semiotik) 325
기호학적 사각형(記號學的 四角形, Semiotic rectangle) 326
긴장(緊張, Tension) 327
꿈(Dream) 328

┃ㄴ

나르시시즘(Narcissism, 독 Narziβmus) 329
나오키상(直木賞) 330
낙관주의(樂觀主義, Optimism) 331
낙원의식 ☞ 유토피아 332
낙이불음 애이불상(樂而不淫 哀而不傷) 332
난해성(難解性, Obscurity) 333

남근(男根, Phallus, 독 Penis) 334
남근선망(男根羨望, Penis envy, 독 Penisneid) 335
남근중심주의(男根中心主義, Phallocentrism) 336
남성성(Masculinity) 337
남성학(Mens Studies) 338
남희(南戱) 339
낫푸(NAPF) 341
낭만적 아이러니(Romantic irony) 342
낭만주의(Romanticism) 343
낯설게 하기(Defamilarization) 344
내간(內簡) 345
내면성(內面性) 346
내성소설 347
내용(內容, Content) 349
내용 · 형식 논쟁 350
내재적인 것(The immanent)/초월적인 것(The transcendence) 351
내적 거리(內的 距離) 352
내적 독백(內的 獨白, Interior monologue) 353
내투사(Introjection) ☞ 투사 354
내포/외연(內包/外延, Connotation/Denotation, 프 Compréhension/Extension, 독 Inhalt/Extension) 354
내포독자(Implied reader, 독 der implizierte Leser) 355
내포작가(Implied author) 356
네 가지 담론들(Four discourses) 357
네그리튀드(Negritude) 358
네오 리얼리즘(Neo realism) 359
네트워크 사회 360
노동(勞動, Labour, 프 Travail, 독 Arbeit) 361
노동문학(勞動文學) 361
노래 362
노블(Novel) 363
노에마(Noema)/노에시스(Noesis) 364
노오(能, Nō, Noh) 365
노이즈(noise) 366
노장사상(老莊思想) 368
노출증(Exhibitionism)과 관음증(Voyeurism) 369
녹색혁명(綠色革命, Green revolution) 369
논리실증주의(論理實證主義, Logical positivism) 370

논리학(論理學, Logic) 371
논변(論辯) 373
논시시(論詩詩) 373
논증(論證) 374
논픽션(Nonfiction) 375
놀이(Play) 376
농민소설(農民小說) 377
농촌계몽운동 ☞ 브나로드 378
농촌문학/농민문학 378
누벨바그(프 Nouvelle vague) 380
누보로망(Nouveau roman) 381
뉴 아메리칸 시네마(New American cinema) 382
뉴에이지 역사소설 383
뉴 웨이브(New wave) 384
뉴미디어 ☞ 멀티미디어 385
뉴크리티시즘(新批評, New criticism) 385
느낌구조(Structure of Feeling) 386
니힐리즘 387
닌교 조루리(人形浄瑠璃)/분라쿠(文楽) 387
닌조본(人情本) 388
닛키(日記) 389

■ ㄷ

· 다 체 392
다다이즘(Dadaism, 프 Dadaisme, 독 Dadaismus) 393
다문화주의(Multiculturalism) 394
다성(多聲, Polyphony, 러 Polifoničnost) 395
다성적(多聲的, Polyphonic) 395
다성적 소설(多聲的 小說, The polyphonic novel) 395
다수성(multiplicity) 395
다원주의 396
다의성(多義性, Ambiguity) ☞ 애매성 397
다중/다중성(multitude/multiplicity) 397
다큐멘터리(Documentary novel) 397
다학제적 접근 398
다형도착(多形倒錯) 399
단시(Epigram) 399

단자 ☞ 모나드 401
단카(短歌) 401
단편서사시(短篇敍事詩) 401
단편소설(Short story) 403
단편화(斷片化) ☞ 파편화 404
닫힌 텍스트/열린 텍스트 404
담론(談論) 405
당성, 노동계급성, 인민성 406
당송고문운동(唐宋古文運動) 407
당송파(唐宋派) 409
당송팔대가(唐宋八大家) 410
당파성(黨派性) 411
대단원(大團圓) 412
대력십재자(大曆十才子) 412
대리만족(代理滿足) 413
대리보충 414
대립적 비평 415
대사(臺詞, 臺辭) 415
대상(對象, Object) 416
대상관계(Object relation, 독 Objektbeziebung) 417
대서사 ☞ 거대서사 418
대안영화 418
대음희성(大音希聲) 419
대중 문학(大衆文學) 420
대중(Mass, 大衆) 421
대중극 422
대중매체(大衆媒體) 423
대중문화(Popular culture) 424
대중예술(大衆藝術) 425
대중적 환상(大衆的 幻像) 426
대중화론(大衆化論) 427
대체현실 428
대표 ☞ 재현 429
대하 소설(大河小說, 프 Roman · fleuve) 429
대학(大學, University) 430
대항문화(對抗文化) 431
대화(對話, Dialogue, 러 Dialog) 432
대화적(對話的, Dialogic, Dialogical) 432

대화주의 (對話主義, Dialogism, 러 Dialogizm) 432
대화론(對話論, Dialogics) 432
댄디(Dandy) 434
데자부 ☞ 기시감 435
데카당스(프 Décadence) 435
데카르트주의(Cartesianism) 435
도가니(Melting Pot) 436
도교(道敎) 437
도교(道敎)와 문학(文學) 438
도구적 이성(道具的 理性, Instrumental reason) 440
도덕(道德, Morality, 프 Moralité, 독 Sittlichkeit) 441
도덕극(道德劇, Morality play) 441
도덕적 자율성(道德的 自律性, Moral autonomy) 442
도미노(Domino) 444
도상(圖像, Icon) 445
도상학(圖像學, Iconography) 446
도성문지(道成文至) 447
도시문학(都市文學) 448
도시성 450
도시화(都市化, Urbanization) 452
도식(圖式, Schema) 453
도착(倒着, Perversion, 독 Perversion) 454
도학(道學) 455
독백(獨白, Monologue) 456
독사(Doxa) 457
독자(讀者) 457
독자반응비평 458
독직(瀆職, Misprision) 459
독창성(獨創性, Originality, 프 Originalité, 독 Originalität) 460
돈황가사(敦煌歌辭) 461
돈황문학(敦煌文學) 463
동기부여(Motivation) 464
동도서기(東道西器) 465
동반자문학(同伴者文學) 466
동성애(同姓愛, Homosexuality, 독 Homosexualität) 467
동성애비평(同性愛批評) 468
동성파(桐城派) 469
동시(童詩) 470

동심설(童心說) 471
동양, 동양학, 동양주의 472
동위태(同位態, Isotopy) 473
동일시(同一視, Identification, 독 Identifizierung) 474
동일화 ☞ 동일시 475
동정(同情, Sympathy, 프 Sympathie, 독 Sympathie) 475
동학(東學) 476
동화(童話, Fairy tale) 476
동화(同化)/투사(投射) 477
두운(頭韻, alliteration) 478
드라마(Drama) ☞ 희곡 479
드라마적인 것/서사적인 것 479
드라마투르기(Dramaturgy) 480
드러난 화자 481
등장인물(Character) 482
디스토피아 ☞ 반유토피아 483
디아노이아(Dianoia) 483
디아스포라 484
디에게시스(Diegesis) ☞ 미메시스/디에게시스 485
디오니소스적인 것/아폴론적인 것 485
디카시(디카詩, digital camera詩) 486
딜레탕트 ☞ 댄디 487
딥 포커스(Deep focus) 487
딱지본(육전소설) 488
뜻겹침 ☞ 애매성 489

ㄹ

라이트 모티프(Leitmotif, 주도동기) 490
라이프 스타일(Life style) 491
라쿠고(落語) 492
라프(RAPP) 493
랑그(Langue)/파롤(Parole) 494
러시아 형식주의 495
러시아 - 소비에트 미학 496
레닌주의(Leninism) 497
레디 메이드 ☞ 기성품 예술 498
레이이단(靈異譚) 498

레제 드라마 499
레즈비언 비평(Lesbian criticism) 500
레즈비언 연속체(Lesbian continuum) 501
렌카(連歌) 502
로고스(Logos) 503
로고스중심주의(Logocentrism) 504
로마네스크(Romanesque, 프 Romanesque, 독 Romantik) 505
로망스(Romance) ☞ 로맨스 506
로맨스(로망스, Romance) 506
로에이(朗詠) 507
로코코(Rococo, 프 Rococo, 독 Rokoko) 508
롱 테이크(Long take) 509
룸펜 프롤레타리아
(Lumpenproletariat/Lumpen Proletarian) 510
르네상스 510
르네상스기 문학 및 예술이론 512
르상티망(프 Ressentiment) 513
르포 ☞ 르포르타주 514
르포르타주(르포, Reportage) 514
리듬(Rhythm) 515
리리시즘(Lyricism, 프 Lyrisme, 독 das Lyrische) 516
리비도(Libido) 517
리얼리즘(Realism, Réalisme, Realismus) 518
리얼리티(Reality, Réalité, Realität) 520
리얼리티의 환상(Illusion of reality) ☞ 현실의 환상 520
리좀(Rhyzome) 521

ㅁ

마당 523
마당극 524
마당놀이 525
마르크스주의 비평(Marxist criticism) 526
마르크스주의 페미니즘 ☞ 사회주의 페미니즘 527
마르크스주의(Marxiam, 프 Marxisme, 독 Marxismus) 527
마술적 리얼리즘(Magic realism) 528
마스크 ☞ 가면극 529
마오주의(Maoism) 529

마코토(まこと) 530
마쿠라코토바(枕詞) 530
막 531
만가(挽歌) 532
만당시파(晚唐詩派) 532
말소(Erasure) 533
말장난(Signifyin(g)) 534
말하기/보여주기 535
매개(媒介, Mediation, 프 Médiation, 독 Vermititttelung) 536
매너리즘(Mannerism, 프 Maniérisme, 독 Manierismus) 537
매스 커뮤니케이션(Mass communication) 538
매스콘어(Mascon Words) 539
매스터 쇼트(Master Shot) 539
매카시즘(McCarthysm) 540
맥락비평(脈絡批評, Contextual criticism) 541
멀티 미디어(Multi - media) 541
메타비평(Metacriticism) 542
메타소설 ☞ 메타픽션 543
메타시(Metapoetry) 543
메타언어(Metalanguage) 544
메타 역사(Metahistory) 545
메타텍스트성(Metatextualism, 프 Métatextualité) 545
메타포(Metaphor) ☞ 은유 546
메타픽션(Metafiction) 547
메토니미(Metonymy) ☞ 환유 548
멜로 드라마 548
멜로드라마 영화(Melodramatic movie) 548
명명하기 550
모나드(Monad) 550
모노 드라마 551
모노가타리(物語) 552
모노노아와레(もののあはれ) 553
모더니즘 문학 553
모더니즘 문학(일본) 555
모더니즘(Modernism) 556
모던 걸(Modern girl) 557
모드(Mode) 558
모방(模倣, Imitation, 프 Imitation, 독 Nachamung) 559

모방론적 비평(模倣批評) 560

모방비평 ☞ 모방론적 비평 560

모사(模寫) ☞ 모방 560

모성(母性, Motherhood) 560

모순(矛盾, Contradiction) 562

모순어법(矛盾語法, Oxymoron) 563

모시서(毛詩序) 563

모의(模擬) ☞ 시뮬라시옹, 시뮬레이션 564

모티프(Motif, Motive) 564

모험소설 566

목가시(牧歌詩, Pastoral) 567

목소리(Voice) 567

목적론(目的論, Teleology) 569

목적문학(目的文學) 570

목적의식론(目的意識論) 571

몰개성의 원리(沒個性의 原理) 571

몰입(Immersion) 572

몸(身體, 肉體, Body) 573

몽상(夢想) 574

몽유록(夢遊錄) 575

몽타주(Montage) 576

묘사(描寫, Description) 577

묘오(妙悟) 578

무가(巫歌) 579

무당(巫堂) 580

무대(舞臺) 581

무련시(A poem form) 582

무목적의 합목적성(無目的의 合目的性) 582

무신론(無神論, Atheism) 583

무언극(無言劇, Pantomime) 584

무운시(산문시)(無韻詩, Blank verse) 585

무위(無爲) 586

무의식(無意識, The Unconscious, 독 das Unbewuβte) 587

무저항주의(無抵抗主義, Nonviolent resistance) 589

무정부주의(無政府主義, Anarchism,
프 Anarchisme, 독 Anarchismus) 589

무크운동(Mook 運動) 590

무협소설 ☞ 무협지 591

무협지(武俠誌) 591

문(文) 592

문기설(文氣說) 593

문단(文壇, The literary world) 594

문도합일(文道合一) 595

문명(文明, Civilization, 프 Civilisation, 독 Zivilisation) 595

문명개화(文明開化, Civilization, Enlightenment) 597

문부(文賦) 598

문어(文語)/문어체(文語體) 599

문예(文藝, 독 Dichtung) 600

문예비평(文藝批評, Literary criticism,
프 Critique litéraire, 독 literarische Kritik) ☞ 문학비평 600

문예사조(文藝思潮) 600

문예학(文藝學, Science of literature,
프 Littérature, 독 Literaturwissen schaft) 602

문이관도(文以貫道) 602

문이재도(文以載道) 603

문인(文人) 604

문장(文章, Sentence) 605

문장경국지대업 불후지성사(文章經國之大業 不朽之盛事) 605

문제극(問題劇, Problem plays) 607

문제적 주인공(問題的 主人公, Problematic individual) 608

문제틀(Problematic) 609

문질(文質) 610

문질빈빈(文質彬彬) 611

문채(文彩, Figure) 611

문체(文體, Style, 프 Style, 독 Stil) 612

문체론(文體論, Stylistics, 프 Stylistique, 독 Stilistik) 613

문필(文筆) 614

문학 615

문학 당의정설(文學唐衣錠說) 616

문학 인간학(Literary anthropology) 617

문학비평(文學批評, Literary criticism) 618

문학사(文學史, Literary history,
프 Histoire de littérature, 독 Literaturgeschichte) 619

문학사회학(文學社會學, Sociology of literature) 620

문학생산양식(文學生産樣式,
Literary mode of production) 621

문학이론 622
문학장 622
문학통신원(文學通信員) 623
문헌학(文獻學, Philology) 624
문화(Culture) 625
문화대혁명(文化大革命) 626
문화변용(Acculturation) 627
문화비평(文化批評) 628
문화사회학(Sociology of culture) 629
문화산업(文化産業) 629
문화 상대주의(文化相對主義) 630
문화소양(Cultural literacy) 631
문화연구(Cultural studies) 632
문화유물론(Cultural materialism) 633
문화 인류학/문화 정치학(文化人類學,
Cultural anthropology) 634
문화자본(Cultural capital) 635
문화적 페미니즘(Cultural feminism) 636
문화정치학(Cultural politics) 637
문화 제국주의(文化帝國主義, Cultural imperialism) 637
물감설(物感説) 638
물신주의 ☞ 페티시즘 639
물질적 상상력과 형태적 상상력 639
물화/사물화(物化/事物化,
Reification, 독 Verdinglichung) 640
물활론(物活論) ☞ 애니미즘 641
뮤즈(Muse) 641
뮤지컬 641
미(美, Beauty, 프 Beauté, 독 Schönheit) 642
미결정성(未決定性, Indeterminacy) 644
미니멀리즘(Minimalism) 644
미디어 연구(Media studies) 645
미디어 연구로서의 문예학 646
미디어(Media) 647
미래주의(Futurism) 648
미래파(未來派, Futurism) ☞ 미래주의 649
미메시스(Mimesis)/디에게시스(Diegesis) 649
미술(美術) 651

미시(Micro)/거시(Macro) 652
미야비(雅び) 652
미언대의(微言大義) 653
미의식(Aesthetic consciousness) 655
미자(美刺) 656
미장센(Mise · en · Scène) 657
미적 거리(Aesthetic distance) 658
미적 경험(Aesthetic experience) 659
미적 교육(Aesthetic education) 660
미적 자율성(美的 自律性) 661
미적 태도(Aesthetic attitude) 661
미적판단 662
미토스(Mythos)/에토스(Ethos)/디아노이아(Dianoia) 663
미학 이데올로기(Aesthetic Ideology) 664
미학(美學, Aesthetic, 프 Esthétique, Ästhetik) 665
민담(구변예술) 666
민담(Folktale) 667
민속(民俗) 668
민속극(民俗劇) 669
민속문학(Folk literature) 670
민속학(民俗學, Folklore) 670
민요 671
민요시(民謠詩) 672
민족(民族) 673
민족개조론(民族改造論) 674
민족국가 675
민족문학(民族文學) 676
민족문화(民族文化) 677
민족주의(民族主義) 678
민족해방서사 680
민족혼(民族魂) 681
민주주의(Democracy) 682
민중(民衆) 683
민중극 684
민중문학(民衆文學) 684
민중문화(民衆文化) 685
민중주의(民衆主義, Populism) 686
믿을 수 있는(없는) 화자 687

■ ㅂ

바로크(프 Baroque, 독 Barock) 689

바우하우스(독 Bauhaus) 690

박물학(博物學, Natural history) 690

박애주의(博愛主義, Philanthropia) 691

반기억(反記憶, Counter - memory) 692

반복(Repetition) 693

반복강박(Repetition compulsion) 694

반서사(Anti - narrative) 695

반소설 ☞ 누보로망 695

반어(反語) ☞ 아이러니 695

반언어중심주의(反 · 言語中心主義) 695

반영론(反映論, Reflection theory, Widerspiegelungstheorie) 696

반영웅 697

반유토피아(Dystopia) 698

반전(Peripeteia/Reversal of fortune) 699

반종파투쟁 700

반주인공(Anti - hero) 701

발분설(發憤說) 702

발분저서(發憤著書) 702

발화(發話, Locution) 703

방각본(坊刻本) 704

방기(放棄) ☞ 폐기 705

방랑문인(放浪文人)/방랑시인(放浪詩人) 705

방백 706

방법론 706

방향전환론(方向轉換論) 707

배경(背景, Setting) 708

배역시(配役詩, 독 Rollengedichte) 709

배우 710

배치 711

백화(白話) 711

백화문(白話文) ☞ 백화 712

번안(飜案, Adaptation) 712

번역(飜譯, Translation) 713

번역문학(飜譯文學) 714

번역문학(飜譯文學)(일본) 715

범신론(汎神論, Pantheism) 716

범주(範疇, Category) 716

법고창신 717

베스트셀러(Best seller) 718

변려문(騈儷文) 719

변문(變文) 721

변새시(邊塞詩) 721

변신(變身, Metamorphosis) 722

변증법(辨證法, Dialectic, 프 Dialectique, 독 Dialektik) 723

변증법적 리얼리즘(辨證法的 寫實主義, Dialectic realism) 726

변증법적 유물론(辨證法的唯物論, Dialectical materialism) 727

변형생성문법 ☞ 생성문법 728

병려체(併驪體) ☞ 병려문 728

병리 소설(病理小說) 728

병리학(病理學, Pathology) 729

병차은유/치환은유(竝置隱喩/置換隱喩, Diaphor/Epiphor) 729

보고문학(報告文學) 730

보권(寶卷) 731

보나파르티즘(프 Bonapartisme) 732

보들러라이즈(Bowdlerize) 733

보바리즘(프 Bovarysme) 733

보수주의(保守主義, Conservatism) 734

보편논쟁(普遍論爭, 독 Universalienstreit) 735

보편주의 735

보헤미안(Bohemian)/보헤미안주의(Bohemianism) 736

복고주의(復古主義, Restoration) 737

복기지(複記紙, Palimpsest) 738

복선(伏線, Preparation) 739

복제(複製, Copy) 740

복화술(腹話術, Ventriloquism) 741

본격문학(本格文學) 742

본능 743

본질(本質, The essence) 744

본질주의(本質主義, Essentialism) 745

본체론주의 ☞ 본질주의 746

볼셰비키/볼셰비즘(러 Bolsheviki) 746

봉건제(封建制, Feudalism) 747

봉쇄책략(封鎖策略, Straterestegy of containment) 748

봉합지점(Quilting Point, 프 Point de Capiton)　749
부(賦)　750
부(賦)/비(比)/흥(興)　751
부르주아(有産者, Bourgeois)　752
부르주아 문학(Bourgeois literature)　754
부르주아의 서사시(Bourgeois epic)　754
부르주아혁명(Bourgeois revolution)　755
부인(否認, Disavowal)　757
부재(Absence)/현존(Presence)　758
부정(否定, Negation)　758
부정(의) 변증법　760
부조리　761
부조리문학　762
부친 살해(Patricide, 독 Vatertötung)　763
분단문학(分斷文學)　764
분라쿠(文樂) ☞ 닌교 조루리　765
분리불안(分離不安)　765
분석(分析, Analysis)　765
분석심리학(分析心理學, Analytical psychology)　766
분석철학　767
분신(分身, Double, 독 Doppelgänger)　768
분유(分有, partage)　769
분위기(雰圍氣, Atmosphere)　770
불가지론(Agnosis)　771
불경(佛經)　772
불교(佛敎)　772
불교문학(佛敎文學)　773
불립문자(不立文字)　774
불안(Anxiety)　775
불연속성(不連續性)　776
불평즉명(不平則鳴)　777
불행한 의식(Unhappy consciousness,
독 unglückliches Bewuβtsein)　778
불협화음(不協和音, Dissonance)　779
불확정성의 원리　780
브나로드(V narod)　780
브리콜라주(Bricolage)　781
블랙코미디(Black Comedy,

프 Comédie Noire, 독 Schwarze Komödie)　782
비가(悲歌, Elegy)　783
비결정성(Undecidability/Indeterminacy)　784
비관주의(Pessimism)　785
비교문학(比較文學, Comparative literature, 프 Litterature
Comparee, 독 Vergleichende Literaturwissenschaft)　785
비극(悲劇)　786
비극적 결함 ☞ 비극　788
비극적 아이러니 ☞ 비극　788
비디오아트(Video art)　788
비유(比喩/譬喩, Figure)　789
비은폐성(Unconcealment,
독 Unverborgenheit, 프 aletheia)　790
비인간화(非人間化, Dehumanization)　791
비장(悲壯)　792
비전(Vision)　792
비트 세대(Beat generation)　793
비판(批判, Criticism, 프 Critique, 독 Kritik)　794
비판이론(批判理論, Critical theory, Kritische Theorie)　795
비판적 리얼리즘(Critical realism)　797
비평(批評, Criticism, 프 Critique, 독 Kritik)　797
비폭력주의(非暴力主義, Nonviolence)　798
비합리주의(非合理主義)　799
비확정적 언사(Assertorial lightness)　800
확정적 언사(Assertorial weightness)　800
빈궁소설(貧窮小說)　801
빈도(Frequency)　803
빙의(憑依), 강신(降神)　804

■ㅅ

사(詞)/송사(宋詞)　806
사건(Event)　807
사달론(辭達論)　808
사대기서(四大奇書)　809
사대주의(事大主義)　811
사디즘(加虐症, Sadism, 독 Sadismus)
/마조히즘(被虐症, Masochism, 독 Masoch -ismus)　811

사랑(Love) 813

사령시파(四靈詩派) 814

사무사(思無邪) 816

사물시(事物詩) 816

사물화(事物化) ☞ 물화 817

사비(さび) 817

사생문(寫生文) 818

사생아와 업둥이 819

사서삼경(四書三經) 820

사설 821

사성팔병(四聲八病) 822

사소설(私小說) 823

사실(Fact) 825

사실성 ☞ 리얼리티 826

사실주의 ☞ 리얼리즘 826

사심(私心)없음(Disinterestedness) 826

사용가치(使用價值, Use value) 827

사이버공간(Cyberspace) 827

사이버네틱스(Cybernetics) 828

사이버스페이스 ☞ 사이버공간 829

사이버페미니즘 829

사이보그(Cyborg) 830

사이코드라마(Psychodrama) 831

사장(詞章, 辭章) 832

사적 변증법(史的 辨證法,
Historical dialectic) ☞ 역사유물론 832

사적 영역(私的 領域, Private territory) 833

사전체(史傳體) 833

사조(思潮) ☞ 문예사조 834

사진(寫眞, Photography) 834

사진 시 835

사패(詞牌) 836

사해동포주의(世界主義, Cosmopolitanism) 837

사회(社會, Society, 프 Société, 독 Gesellschaft) 838

사회계약론(社會契約論, 프 Du contrat social
= 사회계약설 社會契約說, Theory of social contract) 838

사회구성체(社會構成體) 840

사회소설/사회학적 소설 840

사회주의 리얼리즘(Socialist realism) 841

사회주의 문화혁명(社會主義 文化革命) 842

사회주의 페미니즘 843

사회주의(Socialism) 844

사회학(社會學, Sociology,
프 Sociologie, 독 Soziologie) 846

사회학적 상상력 847

사후성(事後性, Deferred action,
Afterwardsness, Nachtrglichkeit) 848

산곡(散曲) 849

산대, 산붕 ☞ 무대 851

산문(散文, Prose, 프 Prose, 독 Prosa) 851

산문시(散文詩, Prose poetry) 851

산문픽션(Prose fiction) 852

산수시(山水詩) 853

산수전원시파(山水田園詩派) 854

산업사회(産業社會, Industrial society) 855

산업혁명(産業革命, Industrial revolution) 855

산업화(産業化, Industrialization) 857

산책자(散策者, Flâneur) 857

살롱(Salon)문학 858

삶충동과 죽음충동 ☞ 충동 859

삼리삼별(三離三別) 859

삼언이박(三言二拍) 861

삼일치법칙 862

삽화 863

삽화적 구성(Episodic plot) 863

상관체(上官體) 864

상대성이론(相對性理論, Theory of relativity) 865

상대적 자율성(相對的 自律性, Relative autonomy) 866

상대주의(相對主義, Relativism) 867

상동성(相同性, Homology) 868

상문(相聞) 869

상사(相似) 870

상상계(想像界, Imaginary) 870

상상력(想像力, Imagination,
프 Imagination, 독 Phantasie) 871

상업주의(商業主義) 872

상징(Symbol) 873

상징계(象徵界, Symbolic) 875

상징주의(象徵主義, Symbolism) 876

상품(商品, Commodity) 876

상품가치, 교환가치(交換價値, Value in exchange) 877

상품물신숭배(商品物神崇拜, Commodity fetishism) 878

상품미학(商品美學) 879

상호주관성(相互主觀性, Intersubjectivity) 880

상호텍스트성(Intertextuality) 881

상혼문학(傷痕文學) 881

생명 본능(生命本能, Life instincts,
독 Lebentrieb) ☞ 생의 본능 882

생산양식(生産樣式, Mode of production,
독 Produktionsweise) 882

생성(生成)텍스트(Genotext)/
현상(現象)텍스트(Phenotext) 883

생성문법(生成文法, Generative grammar) 884

생성시학(生成詩學, Generative poetics) 884

생의 본능(Life instinct) 885

생철학(生哲學) 886

생체 권력 887

생체정치학(Bio-politics) 888

생태문학 889

생태 파시즘(eco-facism) 890

생태학(Ecology) 890

생태학적 비평(Eco-crticism) 892

생톰(Sinthome) ☞ 증상 894

생활세계(Life-world, 독 Lebenswelt) 894

샤레본(洒落本) 895

샤머니즘(Shamanism) 896

서간체 소설(書簡體 小說, Epistolary fiction) 896

서경시(敍景詩) 897

서곤체(西崑體) 898

서발(序跋) 899

서브텍스트(Subtext) 900

서사(Narrative) 900

서사/담론 ☞ 이스투아르/디스쿠르 902

서사구조(敍事構造, Narrative structure) 902

서사극 903

서사담론(敍事談論, Narrative discourse) 904

서사성(敍事性, Narrativity) 905

서사시 906

서사약호(敍事略號, Narrative code) 908

서사학(Narratology) 909

서술(敍述, Narration) 910

서술시(敍述詩, Narrative poetry) 911

서술자(敍述者, Narrator) 912

서정소설 914

서정시(抒情詩, Lyric) 914

서지학(書誌學, The [Science of] bibliography) 916

석질화(石質化, petrification) 917

선(禪) 917

선동선전문학(煽動宣傳文學, Agitation propaganda literature) 918

선명(宣命) 919

선문답(禪問答) 920

선시(禪詩) 921

선험적 주체 922

선험적인 것 923

설명(說明, Explanation) 924

설자(楔子) 925

설화(說話) 926

설화사가(說話四家) 927

성 역할(性役割) 929

성격(性格, Character, 프 Caractère, 독 Charakter) 929

성격창조(性格創造) ☞ 인물창조 930

성격화(性格化, Characterization) ☞ 인물창조 930

성령설(性靈說) 930

성률설(聲律說) 931

성리학(性理學) 932

성의 정치(Sexual politics) 933

성의 정치학 ☞ 성의 정치 934

성장소설 934

성재체(誠齋體) 935

성적 차이(Sexual difference) 936

성전환 937

성정(性情) 938

성정론(性情論) 939

성차별(性差別) 940

세계관(世界觀, World-view, 독 Weltanschauung) 941

세계-내-존재(世界-內-存在,

Being-in-the-world, 독 In-der-Welt-sein) 942

세계문학(World literature, 독 Weltliteratur) 943

세계시민주의(世界市民主義) 944

세계체제 945

세계화 ☞ 지구화 946

세대론 946

세미오틱(Sémiotique)/쌩볼릭(Symbolique) 948

세시기(歲時記) 949

세이지쇼오세츠(政治小說) ☞ 정치소설(일본) 950

세태물(世話物) 950

세태소설 ☞ 풍속소설 951

섹슈얼리티(性, Sexuality) 951

센류(川柳) 952

센티멘탈리즘 ☞ 감상주의 952

소격효과 ☞ 소외효과 952

소극(笑劇) 953

소급제시/사전제시 ☞ 회상/예상 953

소네트(Sonnet) 954

소리, 소리꾼 954

소문사학사(蘇門四學士) 955

소문자 대상 a ☞ 오브제(프티) 아 955

소문자 타자 ☞ 오브제(프티) 아 956

소박한 것과 감상적인 것(독 naiv und sentimetalisch) 956

소비사회(消費社會, Consumption communities) 956

소설(Novel) 957

소설사회학(小說社會學, Sociology of novel) 958

소설의 영화화(Novels in to film) 959

소설의 죽음 960

소수자(소수자 집단, 少數者集團, Minority group) 962

소외(疎外, Alienation,

프 Aliénation, 독 Entfremdung, 외화 Entäuβerung) 963

소외효과 964

소원성취(所願成就, Wish-fulfillment, 독 Wunschtraum) 965

소재(素材, Subject matter) 966

소품(小品) 967

소품문(小品文) 967

소환(召喚, Interpellation) 968

속강(俗講) 969

속도전 971

속물근성(俗物根性, Philistinism) 972

속죄양 ☞ 파르마코스 972

손재주 ☞ 브리콜라주 972

송 ☞ 송가 972

송가(Ode, 송 頌) 972

송사(宋詞) ☞ 사(詞) 974

수기(手記) 974

수령영도문학 974

수령형상 976

수물부형(隨物賦形) 976

수사 ☞ 수사학 977

수사학(Rhetoric) 977

수사학적 비평(修辭學的 批評, Rhetorical criticism) 979

수용미학(受容美學, Reception theory,

Reader-response criticism, 독 Rezeption -sästhetik) 980

수정주의 981

수필(隨筆) 982

수행적 발화 983

숙명론(Fatalism) 984

순문학 985

순수문학(純粹文學, Pure literature) 987

순환적 구도 988

숨은 화자 989

숭고(崇高, Sublime, 그 Hypsos, 독 das Erhabene) 989

숭엄미(崇嚴美, Sublime) 991

슈투름 운트 드랑(Sturm und Drang) 991

슈퍼리얼리즘 ☞ 하이퍼리얼리즘 992

스이(粹)/쓰(通)/이키(いき) 992

스코프 ☞ 궁정문학 994

스테레오 타입 994

스토리 995

스토리텔링(Storytelling) 996

스펙터클 사회(Spectacle society) 997

스펙터클(Spectacle) 998

승화 999

시(詩, Poetry) 1000

시각예술 1001

시각쾌락증(視覺快樂症, Scopophilia) 1002

시간(Time, 프 Temps, 독 Zeit) 1002

시간교란(Anachrony) 1003

시교(詩敎) 1004

시궁이후공(詩窮而後工) 1005

시그니파잉 ☞ 말장난 1006

시나리오(Scenario) 1006

시네 페미니즘(Cine-feminism) 1007

시네로망(Cine-roman) 1008

시네마토그라프(Cinmatographe) 1008

시네포엠(Cine-poem) 1009

시대극 1010

시대물(時代物) 1011

시대정신(時代情神, Zeitgeist) 1011

시뮬라시옹(Simulation)/시뮬레이션(Simulation) 1012

시뮬라크르(Simulacrum) 1013

시뮬레이크럼 ☞ 시뮬라크르 1014

시민(市民, Citizen, 프 Citoyen, 독 Bürger) 1014

시민사회(市民社會, Civil society) 1015

시상(詩想) ☞ 영감 1016

시어(詩語, Poetic diction) 1016

시언지(詩言志) 1017

시율(詩律) 1018

시이달의(詩以達意) 1019

시인 전기영화(Poet biopics) 1020

시인추방론(詩人追放論) 1021

시장(市場, Market) 1022

시적 광기 1023

시적 리얼리즘(Poetic realism) 1023

시적 정의(詩的 正義, Poetic justice,
독 Poetische Gerechtigkeit) 1024

시적 허용(詩的 許容, Poetic licence,
프 license poétique, 독 Dichterische Freiheit) 1025

시점(視點, Point of view,

프 Point de vue, 독 Perspektive) 1026

시젠슈기(自然主義) 1027

시조(時調) 1029

시조부흥론(時調復興論) 1030

시중유화, 화중유시(詩中有畵, 畵中有詩) 1031

시차(視差, parallax) 1031

시카고학파(Chicago critics) 1033

시퀀스(Sequence) 1033

시품(詩品) 1034

시학(詩學, Poetics) 1035

시화(詩話) 1037

시화일률론 ☞ 시화일치론 1038

시화일치(詩畵一致), 시화일률 1039

시회(詩會) 1040

식민주의(Colonialism) 1040

신경증(Neurosis)과 히스테리(Hystery) 1041

신경향파(新傾向派) 1042

신고전주의(新古典主義, Neo-classicism) 1043

신구논쟁(新舊論爭) ☞ 신구문학논쟁 1044

신구문학논쟁(新舊文學論爭,
Querelle des Anciens et des Modernes) 1044

신마소설(神魔小說) 1045

신문연재소설(新聞連載小說) 1046

신문학(新文學) 1047

신변소설 1047

신비주의(神秘主義, Mysticism,
프 Mysticisme, 독 Mystizismus) 1049

신비평(新批評) ☞ 뉴크리티시즘 1049

신사(神思) 1050

신사(神似) 1052

신소설(新小說) 1054

신악부운동(新樂府運動) 1055

신여물회(神輿物會) 1056

신역사주의(新歷史主義, New historicism) 1057

신운설(神韻說) 1058

신유학(新儒學) 1059

신의(新意) 1060

신체시(新體詩) 1061

신체시(新體詩)(일본) 1062

신칸트주의(New kantianism) 1063

신파극(新派劇) 1064

신파조 ☞ 신파극 1065

신학(神學, Theology) 1065

신화(神話, Myth, 프 Mythe, 독 Mythus) 1066

신화비평(神話批評, Myth criticism) ☞ 원형비평 1067

신화소(神話素, Mythmes) 1067

실록(實錄) 1068

실사구시(實事求是) 1069

실용론적 비평(實用論的 批評, Pragmatic criticism) 1070

실용비평 ☞ 실용론적 비평 1070

실재계(實在界, Real) 1071

실재론(實在論, Realism) 1071

실재성 ☞ 리얼리티 1072

실존(實存, Existence, 프 Existence, 독 Existenz) 1072

실존주의 1073

실증주의(實證主義, Positivism) 1074

실천(Practise, 독 Praxis) 1075

실학(實學) 1076

심리소설 1077

심리적 거리 ☞ 미적 거리 1078

심리학 1079

심미주의(審美主義) ☞ 유미주의 1079

심상(心象) ☞ 이미지 1080

심층구조(deep structure) 1080

쌍방향성 1080

ㅇ

아 프리오리(A priori)와 아 포스테리오리(A posteriori) 1082

아곤(Agon) 1083

아나키즘(Anarchism) ☞ 무정부주의 1083

아날로그/디지털 1084

아노미(Anomie) 1084

아니마(Anima)/아니무스(Animus) 1085

아동문학(兒童文學) 1086

아름다운 영혼(Beautiful soul,

프 Belle ame, 독 Schöne Seele) 1087

아방가르드(Avant-Garde) 1088

아버지의 이름(Name-of-the-father) 1089

아비투스(Habitus) 1090

아세티시즘(Asceticism) 1091

아시아적 생산양식(Asiatiche produktionsweise) 1092

아시아주의 1093

아우라(Aura) 1094

아이덴티티(Identity) ☞ 동일성 1095

아이러니(Irony) 1095

아쿠타가와상(芥川賞) 1096

아포데익시스(Apodeixis) ☞ 논증 1097

아포리아(Aporia) 1097

아포리즘(Aphorism) 1098

아폴론적 경향(Apollonian Type)/
디오니소스적 경향(Dionysian Type) 1099

악극 1099

악마주의(惡魔主義, Diabolism) 1101

악부(樂府), 악부시(樂府詩) 1101

악부시(樂府詩) ☞ 악부 1103

악장 1103

악한소설 ☞ 건달소설 1103

알라존(Alazon)과 에이런(Eiron) 1103

알레고리(Allegory) 1104

압운(押韻) 1106

압축(Condensation)과 전치(Displacement) 1106

앙가주망 ☞ 참여문학 1107

앙티로망 ☞ 누보로망 1107

애국주의 1107

애니미즘(Animism) 1108

애도(Mourning)와 우울증(Melancholia) 1109

애매성(Ambiguity) 1110

애정 성향(Affectionate current)과 관능성향(Sensual current) 1111

액자소설(Rahmennovelle) 1112

액체성 1113

앱젝션(Abjection) ☞ 폐기 1114

야담(野談) 1114

야만 1115

야생의 사고 1115
야수파(Fauvisme) 1116
약한 사고 1117
약호(Code) 1117
약호풀기(Decode) 1118
양가성(Ambivalence) 1119
양강음유설(陽剛陰柔說) 1120
양명학(陽明學) 1121
양반문학(兩班文學) 1122
양성구유(兩性具有, Androgyny) 1123
양성애(兩性愛, Bisexuality) 1123
양식(樣式) 1124
양피지 ☞ 복기지 1125
양호파(陽湖派) 1125
어록(語錄) 1126
어록체(語錄體) 1127
어용문학(御用文學) 1128
어울림(decorum) 1128
어조(語調, Tone) 1129
억견(臆見) ☞ 독사 1130
억압(抑壓, Repression) 1130
억압된 것의 회귀(Return to the repressed) 1131
언문일치(言文一致) 1132
언문일치(일본) 1133
언문풍월(諺文風月) 1134
언부진의(言不盡意) 1135
언설(言說) ☞ 담론 1136
언술(言述) ☞ 담론 1136
언술, 언술체계, 언술행위(Enonciation) 1136
언어능력/언어수행(言語能力/言語遂行,
Cognitive competence/Performance) 1137
언어도단(言語道斷) 1138
언어유희(言語遊戱, Pun, 프 Calembour, 독 Wortspiel) 1139
언어적 전회(linguistic turn) 1140
언어철학(言語哲學, Philosophy of language) 1141
언어학(言語學, Linguistics, 영국 Philology) 1142
언어학적 비평(言語學的 批評, Philological criticism) 1143
언어행위이론(言語行爲理論, Speech act theory)☞ 화행이론 1144

언지(言志)와 연정(緣情) 1144
언캐니(uncanny) 1145
에고(Ego) 1146
에로스(Eros) 1147
에로티시즘(Eroticism) 1148
에세이(Essay)1 1148
에세이(Essay)2 1149
에코 페미니즘(Ecofeminism) 1150
에크리튀르(écriture) ☞ 글/글쓰기 1151
에토스(Ethos) 1151
에포케(Epochê) 1152
에피그램(Epigram) 1153
에피소드(Episode) ☞ 삽화 1154
에피스테메(Episteme) 1154
엑스터시(Ecstasy) 1155
엘렉트라 콤플렉스(Electra complex) 1156
여류문학(女流文學) 1157
여성문학(女性文學) 1158
여성성(女性性, Femininity) 1159
여성성장소설 1160
여성이미지비평 1160
여성적 글쓰기(écriture féminine) 1162
여성중심비평(Gynocritics) 1163
여성 창세기(Gynesis) 1164
여성학(Women's study) 1165
여성혐오증(Misogyny) 1166
여항문학(閭巷文學) 1167
여행기 ☞ 기행문 1168
역당구자(易堂九子) 1168
역사극(歷史劇, Historical play) 1170
역사산문(歷史散文) 1171
역사소설(歷史小說, Historical novel) 1172
역사유물론(歷史唯物論, Historical materialism) 1173
역사전기문학(歷史傳記文學) 1173
역사주의(歷史主義, Historicism) 1174
역사철학(歷史哲學, Philosophy of history) 1175
역설(逆說, Paradox,
프 Paradoxe, 독 Paradoxie, Paradoxon) 1176

역할(役割, Role) 1177

연(聯, Stanza, 프 Stance, 독 Stanze)과 행(行, line) 1178

연구(聯句) 1179

연극 1179

연극기호학 1180

연극미학 1181

연극성 1181

연기 1182

연대기(年代記, Chronicle) 1183

연애소설 1183

연어(緣語) 1184

연역/연역법(演繹, Deduction) 1185

연예 ☞ 예능 1186

연의소설(演義小說) 1186

연작소설(Roman-cycle) 1187

연접(conjunction) 1188

연출(演出) 1188

연희(演戲) ☞ 예능 1189

열반원칙(Nirvana principle) 1189

염군사(焰群社) 1190

염세주의(厭世主義, Pessimism,
프 Pessmism, 독 Pessimismus) 1191

염정소설(艶情小說) 1192

영감(靈感, Inspiration) 1193

영겁회귀(永劫回歸, Eternal return) 1194

영물시(詠物詩) 1194

영사시(詠史詩) 1196

영상문학 1197

영상시인(Film · poet) 1198

영상언어(Film language) 1199

영웅 1201

영웅가요(Heldenlied), 영웅서사시(Heroic epic) 1202

영웅소설 1203

영웅주의 1204

영향(影響, Influence) 1205

영향론의 오류(Affective fallacy) 1205

영향의 불안(Anxiety of influence) 1206

영화(Movie, Film) 1207

영화비평(Film criticism) 1209

영화의 내러티브와 스토리 정보 1210

영화의 비유와 상징 1211

영화의 시점 1212

영회시(詠懷詩) 1213

예능(藝能) 1214

예술(藝術) 1215

예술가소설(Novel of the artist, Artist-novel) 1216

예술사회학(藝術社會學, Aesthetic sociology,
프 Sociologie esthétique, 독 Kunstsoziologie) 1217

예술을 위한 예술 ☞ 예술지상주의 1218

예술의 자율성(Autonomy of art) 1218

예술의 정치화와 정치의 미학화 1218

예술지상주의(藝術至上主義, Art for art's sake,
프 l'art pour l'art, 독 Kunst für Kunst) 1219

예외 상태 1220

예일학파(Yale school) 1221

예형론(豫型論, Typology) 1222

오독(誤讀, Misreading) ☞ 독직 1223

오리엔탈리즘(Orientalism) 1223

오브제(프티) 아(Objet petit a) 1224

오성(悟性, Verstand) 1225

오어법(誤語法) 1226

오언시(五言詩)와 칠언시(七言詩) 1226

오이디푸스 콤플렉스(Oedipus complex) 1227

오입(悟入) 1229

오중사걸(吳中四傑) 1230

오카시(をかし) 1231

오토기조시(御伽草子) 1232

옥대체(玉臺體) 1233

온유돈후(溫柔敦厚) 1233

와비(わび) 1235

와산(和讚) 1235

와카(和歌) 1236

완약파(婉約派) 1237

외국인혐오증(xenophobia) 1239

외설문학(Pornography) 1240

외재적 비평 - 내재적 비평과 외재적 비평 1241

요미혼(読本) 1242
요설(饒舌, garrulousness) 1243
요오쿄쿠(謡曲) 1244
욕구(Need)와 요구(Demand) 1244
욕동(慾動) ☞ 충동 1245
욕망(慾望, Desire) 1245
욕망의 삼각형(Désir triangulaire) 1247
우머니스트(womanist) 1248
우생학(優生學, Eugenics) 1248
우아(優雅) 1249
우언(寓言) 1250
우연(偶然, Chance) 1251
우의극(寓意劇) 1252
우키요조시(浮世草子) 1252
우타마쿠라(歌枕) 1253
우타아와세(歌合) 1254
우화(寓話, Fable) 1255
우화/주제 ☞ 파불라/슈제트 1256
우화술(寓話術) 1256
우화(Fable)/주제(Sujet) 1257
운문(韻文, Verse) 1258
운미설(韻味說) 1259
운율(韻律) 1260
웃음(Laughter, 프 Rire, 독 Lachen) 1260
웅혼(雄渾) 1261
원곡사대가(元曲四大家) 1262
원관념/보조관념(原觀念/補助觀念, Tenor/Vehicle) 1263
OSMU(One Source Multi-use) 1264
원시사대가(元詩四大家) 1264
원시종합예술(Ballad dance) 1265
원시주의(原始主義, Primitivism) 1266
원천(Arche) 1267
원한(怨恨) ☞ 르상티망 1267
원형(原型, Archetype) 1268
원형비평(Archetypal criticism) 1268
원화체(元和體) 1269
원환적 사고 1270
월령체(月令體) 1271

위트(Wit) 1271
위항문학(委巷文學) ☞ 여항문학 1272
유겐(幽玄) 1272
유교(儒敎) 1273
유교문학(儒敎文學) 1274
유기(遊記) 1275
유기체론(有機體論, Organicism, 독 Organologie) 1276
유럽중심주의(Eurocentrism) 1277
유머(Humor) 1277
유명론(唯名論, Nominalism) 1278
유목주의(Nomadism) 1279
유물론(唯物論, Materialism, 프 Matérialisme,
독 Materialismus) ← 유물주의(唯物主義) 1280
유물론적 비평(맑스주의 비평, Marxist criticism) 1280
유물변증법(唯物辨證法) ☞ 변증법적 유물론 1281
유미주의(唯美主義, Aestheticism) 1281
유비쿼터스(ubiquitous) 1282
유사(유비類比, 유추類推 Analogy,
프 Analogie, 독 Analogie) 1283
유산자 ☞ 부르주아 1283
유선시(遊仙詩) 1283
유심(有心) 1284
유심론 ☞ 관념론 1285
유적존재(類的存在, The spcies being, Gattungswesen) 1285
유추(類推) ☞ 유비 1287
유토피아(Utopia) 1287
유형 ☞ 양식 1288
유희(遊戱) ☞ 놀이 1288
육의(六義) 1288
윤리학(倫理學, Ethics) 1289
윤회사상(輪廻思想) 1290
율려(律呂) 1291
율시(律詩) 1292
은유(隱喩 Metaphor) 1293
은일문학(隱逸文學) 1294
음보율(音步律) 1295
음성중심주의(音聲中心主義, Phono-centrism) 1295
음수율(音數律) 1296

음양오행설(陰陽五行說)						1297
음운론(音韻論, Phonology)					1298
음풍농월(吟風弄月)						1299
응답시(Responsorium, 영.도 Antiphon,
라 antiphona, 이.스 antofona)					1299
응시(Gaze)							1300
응제시(應制詩)						1301
의경(意境)							1302
의고주의(擬古主義, Archaism)				1303
의고체(擬古體) ☞ 의고주의					1304
의도(意圖, Intention, 독 Absicht)				1304
의도론의 오류(Intentional fallacy)				1305
의미(意味, Meaning)						1306
의미론(意味論, Semantics)					1306
의미작용(Signification)					1307
의사 역사적(擬似歷史的)
진실(Quasi-historical legend)				1308
의식(儀式) ☞ 제의						1309
의식(意識, Consciousness)					1309
의식의 비평가(Critics of consciousness)			1310
의식의 흐름(Stream of consciousness)			1311
의인법(擬人法, Personification, 독 Personifikation)		1311
의화본(擬話本)						1312
이국주의(異國主義, Exoticism)				1313
이기론(理氣論)						1314
이기주의 ☞ 개인주의					1315
이념(理念, Idea)						1315
이니시에이션 소설 ☞ 입사식 소설				1316
이데아(Idea, 프 Idée, 독 Idee)				1316
이데올로기(Ideology, 프 Idéologie)				1317
이드(Id), 자아(Ego), 초자아(Superego)			1318
이마고(Imago)						1320
이미지(Image)						1321
이미지즘(Imagism)						1322
이상(理想, Ideal)						1324
이상적 자아 ☞ 자아이상					1324
이상주의 ☞ 관념론						1325
이선유시(以禪諭詩)						1325

이성(理性, Reason)						1327
이성애(異性愛, Heterosexuality)				1328
이성중심주의(理性中心主義) ☞ 로고스			1329
이스투아르/디스쿠르(프 Histoire/Discours)			1329
이야기							1330
이야기꾼							1331
이야기 시(譚詩, Narrative Poem)				1332
이야기 역사						1332
이야기 정체성(narrative identity, 프 identité narrative)	1333
이원론(二元論, Dualism)					1334
이율배반(二律背反, Antinomy)				1335
이의역지(以意逆志)						1336
이접성(Disjunction)						1337
이종어(異種語, Heteroglossia, 러 raznorečie)			1338
이중 음성적 텍스트(Double-voiced text)			1338
이중 플롯							1339
이중의식(二重意識, Double consciousness)			1340
이차적 나르시시즘 ☞ 나르시시즘				1341
이키(粹)							1341
이항대립(Binary opposition)					1341
이해(理解, Verstehen, Understanding,
Comprehension, Apprehension)				1342
이행대상(移行對象, Transitional object)			1343
이히 로망(Ich romance) ☞ 사소설				1344
익명성(anonymity)						1344
익살							1345
인간주의(人間主義), 인문주의(人文主義),
인본주의(人本主義) ☞ 휴머니즘				1346
인간생태학						1346
인간학(人間學, Anthropology)				1347
인류학(人類學, Anthropology)				1348
인문학(人文學, Humanities)					1349
인물 ☞ 등장인물						1350
인물창조(人物創造, Characterization)			1350
인민전선(人民戰線, People's front)				1351
인민주의(人民主義)						1352
인상비평(印象批評, Impressionist criticism)			1353
인상주의							1354

인식(認識, Cognition) 1355

인식론(認識論, Epistemology, 독 Erkenntnistheorie) 1356

인식소(認識素) ☞ 에피스테메 1357

인신공희(人身供犧) 1357

인용-(引用, Allusion) 1358

인유(引喩, Allusion, 프 Allusion, 독 Anspielung) 1359

인정세태(人情世態) 1359

인종(人種, Race of mankind) 1360

인종차별주의(人種差別主義) 1361

인지과학(認知科學, Cognitive science) 1362

인칭(人稱, Person) 1363

인형 조종술 1364

일기(日記, Diary) 1364

일사소설(軼事小說) 1365

일상극(日常劇) 1366

일상생활사(日常生活史) 1367

일상성(日常性, 독 Alltäglichkeit, 프 quotodiennete) 1368

일원론(一元論, Monism,
프 Monisme, 독 Monismus) 1369

일탈(逸脫, Deviation) 1370

읽히는 텍스트(Readerly text)/
쓰어지는 텍스트(Writerly text) 1371

입사식 소설(入社式 小說) 1372

입신(入神) 1373

입체적 인물(Round character) 1374

입체파 ☞ 큐비즘 1374

잉여가치(剩餘價値, Surplus Value,
프 Plus-Value, 독 Mehrwert) 1375

잉여약호화(剩餘略號化, Extracoding) 1375

잉여코드화 ☞ 잉여약호화 1376

■ ㅈ

자기동일성(自己同一性, Identity) 1377

자기성(ipse-self, ipséité(프)) 1378

자기애 ☞ 나르시시즘 1378

자동기술(自動記述, écriture automatique) 1378

자료주의적 역사(資料主義的 歷史, Documentary history) 1379

자미설(滋味說) 1380

자민족 중심적/자민족 중심주의(自民族 中心主義) 1382

자본(資本, Capital, 프 Capital, 독 Kapital) 1382

자본주의(資本主義, Capitalism,
프 Capitalisme, 독 Kapitalismus) 1383

자서전 1384

자세히 읽기(Close reading) 1385

자아(自我, Self, 프 Moi, 독 Ich) 1386

자아보존본능(自我保存本能 Self-Preservative
instinct)과 성본능(性本能 Sexual instinct) 1387

자아이상(自我理想, Ego-ideal, 독 Ich-Ideal) 1388

자연(自然, Nature, 프 Nature, 독 Natur) 1389

자연과학/문화과학(自然科學/文化科學,
독 Naturwissenschaft/Kulturwi -ssenschaft) 1391

자연시(自然詩 Nature poetry) 1392

자연주의(自然主義, Naturalism, Naturalisme) 1394

자유(自由, Freedom, liberty, 프 liberté, 독 Freiheit) 1396

자유간접담론(自由間接談論) ☞ 자유간접화법 1396

자유간접화법(自由間接話法, Free Indirect discourse) 1397

자유시(自由詩 free verse) 1398

자유연상(Free association) 1399

자유주의(自由主義, Liberalism) 1399

자유주의적 페미니즘(自由主義的 feminism,
Liberalistic feminism) 1400

자율성(自律性, Autonomy,
프 Autonomie, 독 Autonomie) 1401

자전소설(自傳小說, Autobiographic fiction) 1402

작가(作家, Writer) 1402

작가주의 영화(作家主義 映畫, Auteurism film) 1403

작문해도(作文害道) 1404

작중인물(作中人物, Character) ☞ 등장인물 1405

잔혹극(殘酷劇, 프 Theatre de la Cruaute) 1405

잠언(箴言) 1406

잠재의식(潛在意識, Subconsciousness) 1406

잡가(雜歌) 1407

잡극(雜劇) 1408

잡기(雜記) 1411

잡종성(雜種性, Hybridity) 1412

잡체시(雜體詩)   1413
장가(長歌)   1414
장경체(長慶體)   1415
장르(Genre)   1417
장르 비평(Genre Criticism)   1418
장르영화   1419
장면   1420
장소   1420
장엄 ☞ 숭고   1421
장원제 ☞ 봉건제   1421
장편소설(長篇小說, novel, full-length novel)   1421
장회소설(章回小說)   1423
재단비평(裁斷批評, Judicial criticism)   1425
재생산(再生産, novel, full-length novel)   1426
재성(才性)   1427
재영토화(Reterritorialization),
탈영토화(Deterritorialization)   1428
재의미 작용 ☞ 재전유   1429
재전유(再專有, Re-appropriation)   1429
재주술화(再呪術化)   1430
재현(再現, Representation,
Représentation, Vorstellung)   1430
저널리즘(Journalism)   1432
저자(著者, Author)   1433
저자됨의 불안(Anxiety of authorship)   1433
저항문학(抵抗文學, résistance)   1434
저항하는 독자(The Resisting Reader)   1435
적용(適用, application, 독 Anwendung)   1436
전(傳)   1436
전경화(前景化, Foregrounding)   1437
전고(典故)와 용사(用事)   1438
전기(傳記, Biography)   1439
전기(傳奇)   1440
전기무실 대반우언(傳寄無實 大半寓言)   1442
전기비평(傳記批評, Biographical criticism)   1443
전기수(傳奇叟)   1444
전설(傳說, legend)   1445
전아(典雅)   1446

전원문학(田園文學, Pastoral literature)   1447
전원시(田園詩, a pastoral)   1448
전위예술(前衛藝術) ☞ 아방가르드   1449
전유(專有, Appropriation)   1449
전의(轉義, Trope)   1450
전의론적 비평(轉義論的 批評, Tropological criticism) 1450
전이(轉移, Transference)/
역전이(逆轉移, Countertransference)   1451
전일성(全一性, Integrity) ☞ 동일성   1453
전쟁문학(戰爭文學)(일본)   1453
전쟁문학(戰爭文學, War literature)   1454
전체성(Totality, Ganzheit)   1454
전체주의(全体主義, Totalitarianism)   1456
전칠자(前七子)와 후칠자(後七子)   1457
전통(傳統, Tradition)   1458
전향문학(轉向文學)   1459
전향문학(轉向文學)(일본)   1460
전형(Type, Typus)   1461
전후문학(戰後文學)   1462
절구(絶句)   1463
절대적인 것과 상대적인 것   1463
절서사파(浙西詞派)   1465
절시증(窃視症, Scopophilia)   1465
절정 ☞ 클라이맥스   1466
절차타마(切磋琢磨)   1466
절충주의(折衷主義, Eclecticism)   1468
절편음란증 ☞ 페티시즘   1469
점강법(漸降法, Anticlimax and bathos)   1469
점철성금(點鐵成金)   1469
점층법(漸層法, Climax)   1470
정경교융(情景交融)   1471
정론문(政論文)   1472
정보화 사회(情報化社會, Information society)   1473
정서(情緒, Emotion, 프 Emotion,
독 Gemutsbewegung, Affekt, Emotion)   1474
정설(定說) ☞ 독사   1475
정시체(正始體)   1475
정신(精神, Mind, Soul, Spirit)   1476

정신병(精神病, Psychosis) 1477
정신분석(精神分析, Psychoanalysis) 1478
정신분석비평(精神分析批評, Psychoanalytic criticism) 1479
정신분열증 분석(精神分裂症 分析, Schizophrenic analysis) 1481
정신분열증 ☞ 정신병 1482
정전(正典, Canon) 1482
정체성(Identity) 1483
정치(政治, Politics) 1483
정치경제학(政治經濟學, Political economy) 1484
정치소설(일본) 1485
정치소설(政治小說, Political novel) 1486
정치시(politische Lyrik) 1487
정치적 무의식(政治的 無意識, Political unconscious) 1488
제3세계(Third world)/
제3세계 비평(Third-world criticism) 1490
제3전선(第三戰線), 제3전선파(第三戰線派) 1491
제국(帝國, Empire) 1492
제국주의(帝國主義, Imperialism,
프 Impérialisme, 독 Imperialismus) 1494
제궁조(諸宮調) 1494
제네바 학파 1495
제노사이드(genocide) 1496
제노텍스트/페노텍스트(Genotext/Phenotext)
☞ 생성텍스트/현상텍스트 1497
제도(制度, Institution) 1497
제유(提喩, Synecdoche) 1498
제의(祭儀) 1499
제자산문(諸子散文) 1500
제재(題材, Subject matter) 1501
젠더(Gender) 1501
조롱극 ☞ 익살 1502
조오루리(淨瑠璃) ☞ 닌교 조루리, 분라쿠 1502
조충전각(雕蟲篆刻) 1503
조탁(彫琢/雕琢) 1503
존재(存在, Being, 프 Etre, 독 Sein) 1504
존재론(存在論, Ontology,
프 Ontologie, 독 Ontologie) 1505
존재의 거대한 고리(Great chain of being) 1506

졸라이즘 ☞ 자연주의 1507
종교극(宗敎劇, Religious drama) 1507
종군작가(從軍作家, military service author) 1508
종속성(從屬性) 1508
종속집단연구(Subaltern studies) 1509
종자 1510
종차별(speciesism) 1511
죠코토바(序詞) 1511
죠하큐(序破急) 1512
주관/객관(主觀/客觀) ☞ 주체/객체 1513
주관적 관념론(主觀的 觀念論, Subjective idealism) 1513
주관주의(主觀主義, Subjectivism)/
객관주의(客觀主義, Objectivism) 1514
주도동기 ☞ 라이트 모티프 1515
주술(呪術, Magic,
프 Koldovstvo, Magiya, 독 Magie, Zauberei) 1515
주이상스(Jouissance) 1516
주인공(主人公, Hero, Heroine, Protagonist) 1517
주인과 노예(의 변증법, Dialectic of master and slave,
독 Dialektik von Herr und Knecht) 1518
주자학 ☞ 성리학 1519
주정주의(主情主義, Emotionalism, 독 Emotionalismus) 1519
주제(主題, Theme) 1520
주제론(Thematics) 1521
주지주의(主知主義, Intellectualism,
프 Intellectualisme, 독 Intellektualismus) 1523
주체(主體, Subject)/객체(客體, Object) 1524
주체/대상(主體/對象) ☞ 주체/객체 1526
주체문예 1526
주체사상 1527
주체의 죽음 1529
죽림칠현(竹林七賢) 1530
죽음본능(Death instincts, 독 Todestrieb) 1531
죽지사(竹枝詞) 1531
줄거리 1532
중간문학 ☞ 중간소설 1533
중간소설(中間小說)(일본) 1533
중간소설(Middlebrow fiction) 1534

중복결정(重複決定) ☞ 중층결정 1535
중산계급(Middle class) 1535
중용(中庸) 1536
중층결정(重層決定, Overdetermination) 1537
중편소설 1538
중흥사대시인(中興四大詩人) 1539
즈이히츠(隨筆) 1540
즉자(卽自)와 대자(對自), 즉자적인 것과 대자적인 것 1540
증상(症狀, Symptom) 1542
증언 문학 1543
지각(知覺, Perception,
프 Perception, 독 Wahrnehmung) 1543
지괴소설(志怪小說) 1544
지구화(地球化, Globalization) 1545
지다이모노(時代物) ☞ 시대물 1546
지덕체(智德體) 1546
지문 1547
지사(志士) 1548
지시(指示, Designation, Denoting, 독 Bezeichnung) 1549
지시대상(指示對象) 1549
지식사회학(知識社會學, Sociology of knowledge,
프 Sociologie de la connaissance, 독 Wissenssoziologie) 1551
지식인소설(The novel of intellectuals) 1551
지언양기(知言養氣) 1552
지역문학 ☞ 향토문학 1553
지인논세(知人論世) 1553
지정의(知情意) 1554
지표기호(指標記號, Index sign) 1555
지향성(志向性, Intentionality, 독 Intentionalität) 1556
직관(直觀, Intuition,
프 Intuition, 독 Intuition, Anschauung) 1557
직시(直示) ☞ 데익시스 1559
직유(直喩) 1559
진리(眞理, Truth, 프 Vérité, 독 Wahrheit) 1560
진리가치(眞理價値, Truth value) 1561
진리공정(truth process) 1561
진리-사건(truth-event) 1562
진선미(眞善美) 1563

진선진미(盡善盡美) 1563
진실(眞實) ☞ 진리 1564
진실(眞實, Truth)과 허구(虛構, Fiction) 1564
진언무거(陳言務去) 1565
진정성(Authenticity) 1567
진화론(Evolution theory) 1567
질풍노도 ☞ 슈투름 운트 드랑(Sturm und Drang) 1568
집단 기억(collective memory) 1569
집단무의식(集團無意識, Collective unconscious) 1569
집단창작(集團創作) 1571
징후독해(徵候讀解, Symptomatic reading) 1573

ㅊ

차연(差延, Différance) 1574
차운(次韻), 화운(和韻) 1575
차이의 문화정치학(Difference, New cultural politics of) 1576
찬가 1577
찬미가 ☞ 찬가 1578
참여문학(參與文學, Engagement literature) 1579
참여소설 1580
창(唱) 1580
창극 1581
창수(唱酬) ☞ 창화(唱和) 1582
창작(創作, Production, 프 Création, 독 Schaffen) 1582
창조(創造, Creation, 프 Création, 독 Schöpfung) 1583
창화(唱和) 1584
채붕 ☞ 무대 1584
책 1585
천기론(天機論) ☞ 천기설 1585
천기설(天機說) 1585
천뢰(天籟) 1586
천인감응(天人感應) 1587
천황제(天皇制) 1588
청교도주의(淸教徒主義, Puritanism) 1589
청년(靑年) 1590
청년문화(Youth culture)/청년하위문화(Youth subcultures) 1591
청신(淸新) 1592

청중(聽衆) ☞ 관객　1593

체계(體系, System, 프 Système, 독 System)　1593

체계이론　1593

체제(體制, System)　1594

체코 구조주의　1595

체험수기(體驗手記) ☞ 수기　1596

초국가주의　1596

초당사걸(初唐四傑)　1597

초사(楚辭)　1597

초절주의(超絶主義, Transcendentalism)　1598

초점화(焦點化, Focalization)　1599

초현실주의(Surrealism)　1600

총체성 ☞ 전체성　1601

추(醜, Ugliness, 프 laideur, 독 Hässliche)　1602

추리소설 ☞ 탐정소설　1602

추상　1602

축사(祝詞)　1603

축제(祝祭, Festivals feats)　1604

축제극(祝祭劇, Festival play)　1605

충동(Drive, 독 Trieb)　1606

취미(趣味, Taste, 프 Goût, 독 Geschmack)　1607

취미판단(趣味判斷) ☞ 미적 판단　1608

치안(治安)　1608

친족관계(親族關係, Kinship)　1608

코기토(Cogito)　1618

코다(Coda)　1619

코드(Code) ☞ 약호　1620

코드해독(Decode) ☞ 약호풀기　1620

코미디(Comedy) ☞ 희극　1620

코스모스(Cosmos)　1620

코스모폴리탄 ☞ 사해동포주의　1621

코우타(小唱)　1621

코쿠타이(國體)　1622

콜라주(프 Collage)　1623

콜로니얼리즘 ☞ 식민주의　1624

콤플렉스(Complex)　1624

콩트　1625

쾌감 ☞ 쾌락　1626

쾌락(快樂, Pleasure, 프 Plaisir, 독 Lust)　1626

쾌락원칙(快樂原則, Principle of pleasure)　1627

쿄오쇼쿠본(好色本) ☞ 호색본　1628

퀴어이론(Queer theory)　1628

큐비즘　1629

크레올화(Creolization)/문학　1630

크로노토프(시공간, 時空間, Chronotope, 러 Xronotop)　1631

클라이맥스　1632

클라인 학파 정신분석(Kleinian psychoanalysis)　1632

클리셰(cliché)　1634

키치(Kitsch)　1634

ㅋ

카니발(Carnival, 러 Karnaval)　1610

카니발적(Carnivalesque)　1610

카니발화(Carnivalization)　1610

카마(Kāma)　1612

카메라 움직임(Camera movement)　1613

카오스모스(Chaosmos)　1613

카타르시스(Catharsis, 프 Catharsis, 독 Katharsis)　1614

카프(KAPF)　1615

칸트주의(Kantianism, Kantisme)　1616

칼럼(Column)　1617

컴퓨터 게임(Computer game)　1618

ㅌ

타나토스 ☞ 죽음본능　1636

타당성(Validity)　1636

타령　1637

타부(Taboo)　1637

타자(Other/Other)　1638

탈승화　1639

탈식민주의 비평(Postcolonial criticism)　1640

탈식민주의(Postcolonialism)　1641

탈영토화(脫領土化, Deterritorialization)　1642

탈주술화(脫呪術化)　1643

탈중심 이론(Decentering) 1644
탐미주의(眈美主義) ☞ 유미주의 1645
탐정소설(探偵小說, Detective story) 1645
테러리즘 1646
테마 ☞ 주제 1648
테크놀로지(Technology) 1648
텍스트 언어학(Textlinguistik) 1649
텍스트(Text, 프 Texte) 1650
텍스트성(Textuality) 1651
텍스트와 컨텍스트(Text and context) 1652
텍스트중심주의(Textualism) 1653
텐노오세이(天皇制) ☞ 천황제 1654
텔켈 그룹(Groupe Tel Quel) 1654
토대와 상부구조(Base and superstructure) 1654
토테미즘(Totemism) 1656
토포스(Topos)/문학 1657
통과의례(通過儀禮, Les Rites de Passage) 1658
통과제의 ☞ 통과의례 1659
통변(通變) 1659
통섭 1660
통속극 ☞ 신파극 1661
통속문학(通俗文學) 1661
통속적(通俗的) 1661
통신원 ☞ 문학통신원 1662
통일성(統一性, Unity, 프 Unité, 독 Einheit) 1662
퇴폐 ☞ 데카당스 1663
퇴행(退行, Regression, 프 Régression) 1663
투사(投射, Projection) 1664
투시주의(透視主意, Perspectivism) 1665
트로츠키주의(Trotskyism) 1666
특이성(singularity) 1666
틀-이야기(Frame-story) 1667

■ ㅍ

파라텍스트(Para-texte) 1669
파르마코스(Pharmakos) 1670
파르마콘(Pharmakon) 1671

파르티잔(partizan) 1671
파블라/슈제트 ☞ 우화/주제 1672
파스큘라(PASKYULA) 1673
파시즘(Fascism) 1673
파편화(破片化, Fragmentation) 1674
판단(判斷, Judgment) 1675
판단중지 ☞ 에포케 1676
판소리 1676
판소리계 소설 1677
판타지(Fantasy) 1678
팔고문(八股文) 1679
팔루스(Phallus) ☞ 남근 1679
팜므 파탈(Femme fatale) 1680
팝 아트(Pop art) 1680
패관문학(稗官文學) 1681
패러다임(Paradigm) ☞ 계열체/통합체 1682
패러다임(Paradigm)의 위기 1682
패러독스(Paradox) ☞ 역설 1683
패러디(Parody, 독 Parodie) 1683
팬픽 1684
팰러스로고스중심주의(Phallogocentrism) 1685
팰림프세스트(Palimpsest) ☞ 복기지 1686
퍼소나(Persona) 1686
퍼포먼스 1687
펑크(Punk) 1687
페로니즘 ☞ 포퓰리즘 1688
페미니즘 비평(Feminist criticism) 1688
페미니즘(Feminism) 1690
페이소스(파토스, Pathos) 1691
페티시즘(Fetishism, 독 Fetischismus) 1692
편집증(Paranoia) 1693
평가(評價, Evaluation) 1694
평담(平淡) 1695
평측(平仄) 1696
평화 1697
폐기(廢棄, Abjection) 1697
폐제(廢除, Foreclosure, 프 Forclusion, 독 Verwerfung) 1698
포디즘(Fordism) 1699

포르노그라피(Pornography) 1699
포스트구조주의(Poststructutralism) 1700
포스트모더니즘(Postmodernism) 1702
포스트모던 영화(Postmodern film) 1704
포스트산업사회 1705
포스트식민주의 ☞ 탈식민주의 1706
포스트이미지(Post-image) 1706
포스트페미니즘(Postfeminism) 1707
포이에시스(poiesis) 1707
포토 포엠(photo poem, 시 사진) 1708
포퓰리즘(프 Populisme) 1708
폭력(영 violence, 독 gewalt) 1709
표상 ☞ 재현 1711
표상대리(表象代理, Ideational representative) 1711
표상대표(表象代表) ☞ 표상대리 1712
표절(剽竊) 1712
표현(表現, Expression, 프 Expression, 독 Ausdruck) 1712
표현론적 비평(表現論的 批評,
Expressive criticism) 1713
표현비평 ☞ 표현론적 비평 1714
풍격(風格) 1714
풍골(風骨) 1715
풍류(風流) 1716
풍속(風俗) 1717
풍속세태소설 ☞ 풍속소설 1718
풍속소설 1718
풍일권백(諷一勸百) 1719
풍자(諷刺, Satire, 프 Satire, 독 Satire) 1720
풍자소설 1721
프랑크푸르트학파(The Frankfurt school) 1722
프레임(frame) 1723
프로문학 ☞ 프롤레타리아 문학 1724
프로시니움 아치 ☞ 무대 1725
프로아이레시스(Proairesis) ☞ 행동 1725
프로이트주의(Freudianism) 1725
프로파간다 ☞ 선동선전문학 1726
프롤레타리아 문학(일본) 1726
프롤레타리아 문학(Proletarian literature) 1727

프롤레타리아 숭배 1728
프롤레타리아(Proletariat) 1728
플롯(Plot) 1729
피카레스크 소설(Novela picaresca) ☞ 건달소설 1731
픽션(Fiction) 1731
필기소설(筆記小說) 1732
필름 느와르(Film noir) 1733
필리스틴 ☞ 속물근성 1734
필연성(必然性, Necessity 프 Necessite, 독 Notwendigkeit) 1734
핍진성(Verisimilitude) 1735

■ ㅎ

하나(花) 1737
하드 보일드(Hard-boiled)문체 1738
하마르티아(Hamartia) 1739
하부구조(下部構造) ☞ 토대와 상부구조 1739
하위계층(하위주체, Subaltern) 1739
하위문화(Subculture) 1740
하이카이(俳諧)/하이쿠(俳句) 1742
하이퍼리얼리즘(Hyperrealism) 1743
하이퍼텍스트 문학(Hypertext literature) 1744
하이퍼텍스트(Hypertext) 1745
학생(學生) 1746
한(恨) 1746
한대악부시(漢代樂府詩) 1747
한문(漢文) 1747
한문학(漢文學) 1748
한시(漢詩) 1749
함축(Implication, Connotation) 1751
합리주의(合理主義, Rationalism) 1751
합의 1753
항상성(Principle of constancy) 1753
항일혁명문학 1754
해방신학 1755
해석(解釋, Interpretation) 1756
해석공동체(解釋共同體, Interpretative community) 1757
해석적 오류 1758

해석학(解釋學, Hermeneutics, 독 Hermeneutik) 1759

해석학적 순환(解釋學的 循環, Hermeneutics circle,
독 Hermeneutischer Zirkel) 1760

해체(Deconstruction) 1760

해체/해체론(解體/解體論, Deconstruction) 1761

해탈(解脫, 범 Vimukti, Vimoka) 1762

해피엔드(Happy-end) 1763

해학(諧謔, Humour) 1763

핵사건(Kernels)/위성사건(Satellites) 1764

행동(行動, Proairesis) 1765

행동주의(Behaviorism) 1766

행위(Action) 1767

행위소 모델(Actantial model) 1768

행위수행적 발화(行爲遂行的 發話) ☞ 수행적 발화 1769

행위자(行爲者, Agent, Actant) 1769

향가(鄕歌) 1770

향토문학(鄕土文學) 1771

허구(虛構) ☞ 픽션 1772

허구 효과(프 effet de fiction) 1772

허무주의 ☞ 니힐리즘 1773

허실(虛實) 이론 1773

허위의식(虛僞意識, False conciousness,
독 Falsches Bewuβtsein) 1774

헤게모니(Hegemony) 1775

헤겔주의(Hegelianism) 1776

헤로디어니즘(Herodianism)과 젤로티즘(Zealotism) 1777

헤브라이즘(Hebraism) 1778

헬레니즘(Hellenism) 1779

헬리콘니즘, 네오-헬리콘니즘(Heliconism, Neo-heliconism) 1780

혁명가극(革命歌劇) 1781

혁명적 낭만주의(Revolutionary romanticism) 1781

혁명적 대작 1782

혁명적 문예전통(革命的 文藝傳統) 1783

혁명적 비극 1784

현대문학(現代文學, Modern literature) 1785

현상(現象, Phenomenon, 프 Phénomène, 독 Phänomen) 1786

현상학(Phenomenology) 1787

현상학적 문예학

(독 Phänomenologische Literaturwissenschaft) 1788

현상학적 비평(現象學的 批評,
Phenomenological Criticism) 1789

현상학적 환원(現象學的 還元,
독 Phänomenologische Reduktion) 1790

현실(現實, Real) 1792

현실계 ☞ 실재계 1793

현실도피주의(現實逃避主義, Escapism) 1793

현실원리(Principle of reality) 1794

현실의 환상(Illusion of reality) 1794

현언시(玄言詩) 1795

현존의 형이상학(Metaphysics of presence) 1796

현존재(現存在, Dasein) 1797

현학(玄學) 1798

현현(Epiphany) 1799

협의소설(俠義小說) 1800

형사(形似) 1802

형상(形象)과 형상화(形象化) 1803

형식(形式, Form) 1804

형식주의 비평(형식주의 비평, Formalism criticism) 1805

형이상학(形而上學, Metaphysics) 1806

형태론(形態論, Morphology) 1807

형태주의(Formalism) 1808

호명(呼名, Interpellation)1 ☞ 소환 1809

호명(interpellation)2 1809

호모 나렌스(Homo Narrans) 1810

호모 루덴스(Homo Ludens) 1811

호모 사케르 1811

호방(豪放)과 완약(婉約) 1812

호색본(好色本) 1813

호오고(法語) 1814

혼성성 ☞ 잡종성 1815

혼종(Hybrid)/혼종성(Hybridity)/혼종화(Hybridization) 1815

혼카도리(本歌取り) 1816

화간파(花間派) 1816

화본(話本) 1817

화엄사상(華嚴思想) 1820

화용론(Pragmatics) 1821

화자(話者, Narrator) ☞ 서술자   1822

화중유시(畵中有詩) ☞ 시중유화   1822

화폐(貨幣, Money)   1822

화행이론(話行理論, Speech act theory)   1823

환경문학 ☞ 생태학적 비평   1823

환골탈태(換骨奪胎)   1823

환대   1825

환상 ☞ 판타지   1825

환상문학(Fantastic literature)   1825

환상적 리얼리즘(Magic realism)   1827

환원(還元, Reduction, 독 Reduktion)   1828

환유(換喩, Metonymy)   1828

활법(活法)   1829

회문시(回文詩)   1830

회사후소(繪事後素)   1831

회상(소급제시, Analepsis)/예상(사전제시, Prolepsis)   1832

회의론(懷疑論, Skepticism)   1833

후일담(後日譚, Epilogue)   1834

훈육(訓育, Discipline)   1835

휴머니즘(Humanism, 프 Humanisme, 독 Humanismus)
←인간주의(人間主義), 인문주의(人文主義), 인본주의(人本主義)   1835

흉내(Mimicry)   1836

흉중성죽(胸中成竹)   1837

흑인 페미니즘(Black feminism)   1838

흔적(trace)   1840

흥관군원(興觀群怨)   1841

흥취설(興趣說)   1841

희곡   1842

희극(喜劇)   1844

희극적 아이러니 ☞ 희극   1846

희비극   1846

희생양 의식 ☞ 인신공희   1846

희생양 ☞ 파르마코스   1846

희열 ☞ 주이상스   1846

희화화(戲畵化)   1846

가객(歌客)

가곡(歌曲)·가사(歌詞)·시조(時調) 등의 노래를 잘하고 풍류를 즐기던 사람. 가인(歌人)이라고도 하며, 삼국시대부터 있어왔던 한시문(漢詩文)의 작가를 가리켰으나, 조선 후기 이후에는 국문시가를 지어 부른 창곡가(唱曲家)를 가리킨다. 조선 영조 무렵을 분수령으로 하여 전대의 작가들은 대개 한시문(漢詩文)의 작자라 할 수 있는 데 비하여, 이후부터는 우리의 시가를 짓는 이가 대부분 직접 노래를 부를 줄 아는 창곡가(唱曲家)였다. 더구나 영조 이후의 가객들은 중인(中人) 출신으로 생활의 여유가 있어 노래와 거문고를 익히면서 풍류방에서 인생을 즐기던 지식인들이었으므로, 그때까지의 풍류적 차원을 벗어나 높은 예술성과 집념으로 국문학사상 뛰어난 업적을 남겼다. 김천택(金天澤)은 1728년(영조 4)『청구영언(靑丘永言)』을 편찬했고, 김수장(金壽長)은 1746년(영조 22)부터 시작하여 1763년에『해동가요(海東歌謠)』를 완성했다. 이것들은 당시의 가곡들을 집대성한 귀중한 문헌이다. 또, 김수장은 이 책에서 창곡가인 가악의 이름을 열거하고, 그 끝에 고금창가제씨(古今唱歌諸氏)의 명단을 두고 그 의의를 밝혀, "가자(歌者)는 곧 인성(人性)의 화기(和氣)요 국풍(國風)의 맥상(脈祥)"이라 하였다. 이 명단의 필두에 오른 허정(許珽)은 효종 때 승지를 지냈고, 장현(張炫)은 숙종 때 지사(知事)를 역임한 명사들이었다. 이 밖에 이세춘(李世春)은 당시까지의 가곡류의 창사(唱詞)를 '시조(時調)'라는 이름의 새로운 곡조로 지어 불렀으며, 시조의 명칭은 여기서 비롯되었다. 조선 말기에는 박효관(朴孝寬)과 그 제자 안민영(安玟英) 등 빼어난 가객이 나와서 1876년(고종 13) 함께『가곡원류(歌曲源流)』를 엮어냄으로써 조선시대 가곡을 총정리했다. 조선 후기의 가객들은 가곡의 발달과 후진 양성에 큰 역할을 하였으며, 시조의 정리에 있어서도 많은 공헌을 하였다. 또한 그 자신들이 뛰어난 시조 작가이기도 하였다. 이후로 박수보, 하준권, 하순일, 하규일 등의 가객이 속출하였으나, 가악의 쇠미로 말미암아 탁월한 가객은 더 나오지 않다가, 1926년 이후 당시 이왕직 아악부에서 하규일을 초빙하여 가곡·가사·시조를 교수한 뒤로 이병성, 이주환 등 선가자(善歌者)를 배출하여 명맥을 이었다. (이정선)

창곡가(唱曲家), 시조, 시조작가

참고문헌
김용덕, 『한국민속문화대사전』, 창솔, 2004.
정신문화연구원, 『한국민족문화대백과사전』, 1991.

가곡(歌曲)

줄풍류 반주에 맞추어 '시조'를 노랫말로 하는 전통 성악곡의 하나. 시조작품을 노랫말로 삼는다는 점에서는 시조창과 마찬가지지만, 시조창이 반주 없이 3장으로 불리는데 비해, 가곡창은 언제나 반주를 동반하며 5장으로 불린다는 차이를 지닌다. 자진한잎(數大葉) 또는 노래라고도 한다.

가곡은 서로 연결되는 일종의 노래모음인데, 사설로 연결되는 것이 아니라, 음악적(선율적)으로 연결되며 모두 27곡으로 짜여진다. 조(調)는 우조(羽調)와 계면조(界面調)로 구별되고, 또다시 남창(男唱)과 여창(女唱)의 구별이 있는 독창 성악곡이다. 시조창 및 가사와 함께 정가(正歌)에 속하며 거문고 · 가야고 · 대금 · 단소 · 세피리 · 장구 · 해금 등으로 구성된 줄풍류 반주가 따르는 세련된 형태의 예술가곡이다.

가곡의 역사는 고려 말기로부터 보는 것이 일반적이다. 『양금신보(梁琴新譜)』에 의하면 가곡의 원형인 <만대엽(慢大葉)> · <중대엽(中大葉)> · <삭대엽(數大葉)>이 모두 고려시대 음악인 <정과정(鄭瓜亭)> 삼기(三機), 즉 만기(慢機) · 중기(中機) · 급기(急機)에서 비롯되었다고 한다. 만대엽 · 중대엽 · 삭대엽은 모두 현행 가곡처럼 초장 · 2장 · 3장 · 중여음 · 4장 · 5장 · 대여음의 형식으로 되어 있다. 만대엽은 가장 느린 곡조로서 조선 초기에 발달되어 중기까지 많이 불렸으나, 후기에는 점차 사라져갔다. 만대엽보다 조금 빠른 중대엽도 18세기경에는 차츰 사라져가자, 조선후기에는 삭대엽이 성행하게 되었다. 중대엽으로 불린 노래의 가사들은 『청구영언』, 『해동가요』, 『가곡원류』 등의 가곡집에 전하며, 중대엽의 거문고 악곡은 『양금신보』, 『현금신증가령』, 『신작금보』, 『유예지』 등의 고악보에 전해 온다.

노래 부르는 사람의 성별에 따라서 남창가곡 · 여창가곡 · 남녀창가곡 등 3가지로 분류되며, 가곡의 곡명은 가곡의 종류에 따라서 조금씩 다르다.

가곡의 틀은 5장 형식으로 되었으며, 3장과 4장 사이에 간주곡인 중여음(中餘音)이 있고, 5장 다음에 전주곡인 대여음(大餘音)이 따른다. 노래는 1장에서 5장까지 관현반주에 맞추어 연주되지만 중여음과 대여음은 노래가 없는 관현반주만으로 연주된다.

가곡의 장단은 2종류로 분류된다. 첫째는 16박을 한 주기로 하는 기본장단이고, 둘째는 10박을 한 주기로 하는 변형장단이다. 변형장단은 기본장단의 쉬는 곳을 제외한 실제 장구의 점수를 종합해서 이루어진 것이다. 기본장단은 초삭대엽부터 농과 낙까지 모두 사용되고, 변형장단은 편 종류의 악곡인 우편·편락·편수·대엽에서만 쓰인다.

가곡의 선율은 우조와 계면조로 구성되어 있다. 우조는 맑은 소리의 굳세고 씩씩한 남성적인 느낌을 자아내는 한편, 계면조는 슬프게 원망하는 듯한 소리의 애처로운 여성적 분위기를 자아낸다. (고미숙)

시조창, 가사, 정가, 청구영언, 해동가요, 가곡원류

참고문헌
장사훈, 『시조음악론』, 서울대출판부, 1986.
최진원, 『국문학과 자연』, 성대출판부, 1977.

가극

일반적으로는 오페라(opera)를 가극(歌劇)이라 했다. 고대연극에서 악(연주)·가(노래)·무(춤)·희(연행)는 연극의 주된 요소였다. 르네상스시대에 오페라가 성립되면서 음악극의 독자성이 이루어졌다. 19세기 중엽, 독일의 바그너는 오페라에서 취약해진 문학적·연극적 요소를 대폭 보강하여 총체음악극이라는 명칭을 만들기도 했다. 서양에서 음악극하면 먼저 오페라를 떠올리는 것은 이 때문이다. 그러나 동양에서 가극은 말 그대로 '노래로 하는 연극을 총칭'하므로 엄밀하게 보면 오페라는 가극의 일종인 셈이다. 오페라만이 아니라 모든 가극에는 나름대로 독특한 음악양식과 창법(독창, 중창, 합창)이 있어, 양식에 따른 명칭이 별개로 존재하는 것이다.

가극이란 용어는 1920년대 후반에서 1930년대까지 다양하게 사용되었다. 예컨대, 1927년 종로 중앙기독교청년회관에서 반도여학원의 음악 연극대회가 열렸는데, 이 때 소년창가극 <인생춘몽>이 공연되었다. 1927년 목포 여자청년회에서 신춘소녀가극대회를 개최하였다. 같은 해 12월에 영흥여자모임이라는 단체에서 가극대회를 개최하여 <열세 집>을 공연했다. 1928년 인천가나리아회라는 모임에서 신춘소년소녀가극대회를 개최하여 <어떠한 날 공원> 등 3편을 공연했다. 같은 해 11월에는 4개월간의 연습을 거친 경성의 조선여자학원에서 가극음악무용대회가 개최되었다. 조선여자학원의 가극은 대중들에게 인기를 얻고 있었고, 초보자들에 의해 이루어진 것이었으나 장기간의 준비 끝에 올려졌다는 점에서 앞의 공연들과는 차별성이 있다. 당시의 가극은 피아노 반주에 맞추어 노래를 부른 소박한 형태의 음악극이었다. 노래는 동시대의 창가(唱歌)나 이에서 크게 벗어나지 못한 소박한 수준의 창작곡이었고, 작곡한 노래이기는 하나 오케스트라의 악기편성을 갖춘 음악극은 아니었다.

홍난파는 가극이라는 말을 남발하지 말고 오페라에 한정하여 사용하는 것이 마땅하다는 의견을 피력했다. 1940, 1950년대에 실제로 악극 활동을 한 황문평은 가극과 악극을 구별했다. 즉 오페라 형식에 가까운 각본과 비교적 수준 높은 창작곡(독창, 중창, 합창)에 무용을 가미한 작품을 만들었다. 노래나 무용을 반주하기 위한 악단편성을 다양하게 하며, 악단은 무대 앞에 오케스트라 박스를 꾸며 놓고 공연했다. 이런 단체가 가극단이라는 명칭을 사용했다. 판소리를 바탕으로 만들어진 창극을 가극이라 부른 경우도 있었다. 즉 1917년 한남기생조합은 <구운몽연의>를 공연했는데, 성진역의 계옥과 육관대사역의 남수가 남성역을 훌륭하게 소화하고, 음악 수준은 감동할 만했다는 것이다. 사령역을 맡은 기생들의 연기는 어색하다고 했고, '가극의 발전을 위한 기여'라는 평가를 받았다. 이처럼 당시 창극을 가극이라 칭한 사례는 적지 않았다. (서연호)

악극, 창극

참고문헌
서연호, 『한국연극사(근대편)』, 연극과 인간, 2004.
홍난파, 『가극이야기』, 개벽, 1923.
이유선, 『한국서양음악백년사』, 음악춘추사, 1985.
Martin Banham, The Cambridge Gaide to World Theatre, Cambridge University Press, 1988.
早稻田大學演劇博物館編, 演劇百科大事典(제1권), 平凡社, 1990.

가나조시(仮名草子)

일본 근세소설의 장르. 에도(江戶)시대(1603~1867) 초기에서 이하라 사이카쿠(井原西鶴)『호색일대남』(好色一代男)이 나타날 때까지의 약 80년간 저작된 통속적이고 잡다한 산문 문예의 총칭이다. 원래 한문서나 불교경전 등 한자로 쓰여진 글에 대하여 가나(仮名)로 쓰여진 글을 말하였는데, 사이카쿠 이후의 작품을 우키요조시(浮世草子)로 부르게 됨에 따라 그 이전의 제반 작품을 총칭하게 되었다. 무로마치(室町)시대(1336~1573)의 단편 이야기인 오토기조시(お伽草子)에서 에도시대 전기의 우키요조시로 이어지는 과도기적 존재라 할 수 있다. 문학적 내용에 따른 용어가 아니라, 소설 외에 수필·교훈서·설화집·명소안내기·평판기·번역물 등의 여러 종류의 양식을 취한 작품도 포함하고 있다. 문예용어로 최초로 사용된 것은 미즈타니 후토(水谷不倒)·쓰보우치 쇼요(坪内逍遥)의 「열전체소설사」(列伝体小説史, 1897)에서부터라고 보고 있다.

가나조시는 일반적으로 오락적인 것, 계몽적인 것, 실용적인 것의 3가지로 대별되는데, 초기에는 영주의 말상대를 하던 재담가에 의한 오락적인 작품이 주를 이루다가, 점차 시대가 내려옴에 따라 승려, 무사, 의사 등에 의한 계몽 교훈적인 것 혹은 근세적 색채가 강한 실용적인 것으로 변화하여 갔다.

에도막부의 문치정책은 서민에게도 영향을 끼쳐, 글을 읽을 수 있게된 서민층이 확대되고 그들의 지식욕이 늘어나고 있었다. 또한 정판(整版)의 개발에 의한 인쇄기술의 획기적인 진보에 의하여 서적의 대량생산이 가능해지고, 서민독자층을 대상으로한 출판의 기업화가 진행되는 시기였다. 가나조시는 이러한 시대를 배경으로 발생하여, 서민의 지식욕과 오락에의 욕구에 부응하면서 성장하여 갔던 것이다. 따라서 그 내용은 새로운 시대에 알맞는 생활의 지침으로서의 도덕사상, 일상에 필요한 지식 등으로 되어 있고, 서술도 읽기 쉬운 가나(仮名)를 많이 사용한 평이한 문장으로 바뀌어갔다. 즉 가나조시는 계몽 교훈, 실용적 지식을 제시한다는 사회적·공리적 의도로 만들어 졌다고 할 수 있다.

작품에 따라서는 아사이 료이(浅井了意)처럼 새로운 소설의 스타일을 보이는 것도 있지만, 있는 그대로의 서민의 삶을 사실적으로 묘사해가는 서민문학의 탄생은 사이카쿠의 우키요조시의 등장을 기다리지 않으면 안 되었다. (최관)

계몽, 오토기조시, 이하라 사이카쿠, 우키요조시, 정판, 아사이 료이

참고문헌
長谷川強, 「仮名草子」, 『講座日本文学』 7권, 三省堂, 1969.
田中伸, 『仮名草子の研究』, 桜楓社, 1974.

가독성(可讀性, Legibility/Readability)

가독성은 문자를 얼마나 쉽게 판독할 수 있는가의 정도를 말한다. 문자를 읽고 이해하는 가해성(可解性 : comprehensibility)과는 달리 서체나 행간, 자간, 여백에 따라 인쇄된 글자들이 시각적으로 잘 보이는 정도, 넓게는 인쇄물의 내용에 대한 독자들의 이해 정도까지를 포함한다. 이는 일정한 단위시간에 독자가 주어진 기사의 내용을 읽는 속도와 그 내용에 대한 이해 정도에 의해 측정될 수 있다. 신문의 가독성은 활자 이외에, 기사의 리드·문장길이·여백·괘선·인쇄잉크·용지·인쇄·독자의 흥미 등 여러 요인에 의하여 결정되나, 글자의 서체·크기·굵기(boldness) 등도 그에 커다란 영향을 미치고 있음이 여러 실증적 연구에서 발견되었다.

가독성은 legibility와 readability로 구분된다. legibility는 글자 한 자 한 자에 대한 판독 정도를 뜻하는 것으로, 예를 들면 오독(誤讀)이 생길 수 있는 글자는 legibility가 낮다고 볼 수 있다. readability는 이보다 좀 더 포괄적으로 문장 단위의 가독성을 의미한다. 예를 들면 내용이 긴 본문을 조판할 때 문장의 끝을 맞추기보다는 끝을 흘리는 방식이 보다 더 readability가 높은 것으로 알려져 있다. (장은영)

가해성

가면극

가면극(假面劇)을 고유어로는 탈놀이 혹은 탈놀음이라고 한다. 탈은 다용도로 사용되는 물질적 도구이자 신성한 정신적 상징물이다. 고대의 사람들은 신상 및 선조상에 다수확과 다산, 풍농을 기원하고, 다른 한편으로는 그러한 모습으로 위장하여 인간의 건강하고 풍요로운 삶을 위한 여러 가지 모의행동을 연출해냈다. 탈을 매개로 하는 신앙적, 주술적인 의식과 현실적, 전투적인 행위, 그리고 상상적, 예능적인 표현을 고대로부터 현재까지 줄기차게 지속시켜 왔다. 고구려의 가면악(고마가쿠, 일본 전파), 가야의 사자기(獅子伎), 신라의 황창무(黃昌舞), 통일신라의 처용무(處容舞)와 향악잡영(鄕樂雜詠), 고려의 산대잡극(山臺雜劇)과 나례(儺禮), 조선의 산대극(山臺劇)과 나례 등은 모두 탈놀이였다. 모든 탈놀이는 농어촌 및 도시의 민속신앙, 불교의식, 세시풍속, 시장흥행과 더불어 발전했다. 독자적인 생존기반을 갖지 못했던 광대의 연희는 이러한 신앙의식이나 생활풍속, 환경에 의존해서 전승되었다. 탈놀이에 벽사(辟邪)와 기복적(祈福的) 요소가 짙은 것은 이러한 이유였다.

고대의 기록에는 탈과 탈꾼을 괴뢰(傀儡), 귀두(鬼頭), 귀뢰(鬼儡), 면구(面具), 가두(假頭), 대면(代面), 가수(假首) 등으로 통칭하였다. 제주도의 입춘굿놀이, 경남 김해의 춘경제, 밀양 영산의 나무쇠싸움, 무안의 용호놀이, 경기도 양주의 소놀이굿, 황해도 평산의 소놀이굿, 동해안의 호탈굿, 전남 광주의 광대놀이, 여천의 판굿놀이 등에서는 동물(動物)탈이 사용되었다. 농악의 잡색놀이에서는 양반, 사대부, 포수, 각시, 중, 할미, 영감 등 여러 가지 인물(人物)탈이 사용되었다. 제주도의 영감놀이, 구삼승냄, 전상놀이, 황해도의 배연신굿, 동해안의 광인굿, 탈놀음굿, 남해안의 별신굿탈놀이, 전남 진도의 도깨비굿, 전남 순천의 삼설양굿 등에서는 인물탈이 사용되었다. 연극구조를 갖춘 한국의 탈놀이는 다음과 같은 유형으로 구분된다. 영남형(嶺南形)－동래, 수영, 부산진, 통영, 고성, 가산, 진주, 창원, 마산, 의령, 가락, 산청, 진동, 학산, 도동, 서구, 남구, 신반, 율지, 하동 / 경기형(京畿形)－양주, 송파, 사직동, 애오개, 녹번동, 노량진, 퇴계원, 구파발, 파주, 포천, 등촌, 개성 / 해서형(海西形)－봉산, 강령, 은율, 기린, 신원, 서흥, 평산, 신막, 옹진, 송림, 추화, 금산, 연백, 안악, 재령, 신천, 장연, 송화, 신계, 김천, 수안, 황주, 해주 / 제의복합형(祭儀複合形)－하회, 강릉, 예천, 자인, 병산 / 유랑광대형(流浪廣大形)－남사당, 솟대쟁이패 / 동물형(動物形)－북청, 경주. (서연호)

탈놀이, 탈춤

참고문헌
서연호, 『한국전승연희학 개론』, 연극과 인간, 2004.
이두현, 『한국가면극』, 문화재관리국, 1969.
서연호, 『한국가면극연구』, 월인, 2002.
조동일, 『탈춤의 역사와 원리』, 홍성사, 1979.
전경욱, 『한국가면극』, 열화당, 1998.
早稻田大學演劇博物館編, 演劇百科大事典(제2권), 平凡社, 1990.

가무희(歌舞戱)

가무희(歌舞戱)는 가무극(歌舞劇)이라고도 부르는데, 노래와 춤으로써 특정한 스토리를 연출하는 체제이다. 중국이나 한국에서는 지금도 연극이 공연되는 장소를 무대(舞臺)라고 부르고 있거니와, 현재의 중국인들이 즐기는 고전연극인 경극(京劇)이나 곤곡(崑曲)등을 보더라도 가무희로부터 발전하여 온 흔적을 찾기는 어렵지 않다. 중국의 고전희곡은 가무극이라고 불러도 좋을 정도로 노래와 춤이 주축을 이루고 있으며, 그 기본형식은 가무희에 바탕을 두고 있다고 할 수 있다.

중국에서는 일찍이 은(殷)나라 이전부터 춤추고 노래부르면서 신에게 복을 기원하거나 감사하는 의식을 행하였는데, 가무희는 이것으로부터 비롯되었다는 것이 일반적인 견해이다. 한대(漢代)에 이르면 이미 가무희가 민간의 놀이로 자리잡게 되었던 것으로 보이는데, 『서경잡기(西京雜記)』의 '동해황공(東海黃公)'에 관한 기록이 이를 알려준다. '동해황공'은 술법을 배웠기 때문에 뱀과 호랑이를 제압할 수 있었지만, 노쇠하게 되자 호랑이에게 죽임을 당하였고, 이 이야기가 놀이(戲)로 만들어졌다고 한다. 이 기록을 보건대 '동해황공'은 연극적 요소가 풍부한 가무희였으며, 종교 의식과는 상관없는 오락물이었던 것으로 추정된다.

남북조(南北朝)와 수대(隋代)에 이르자 가무희가 다양해졌다. 『구당서(舊唐書)』권29 악지(樂志)는 "가무희에는 대면, 발두, 답요낭, 굴뢰자 등의 놀이가 있다.(歌舞戲, 有大面 撥頭 踏搖娘 窟石壘子 等戲)"고 기록하였는데, 여기에서의 대면, 발두, 답요낭은 노래와 춤으로 이야기를 연출하는 형식이었으며, 굴뢰자는 꼭두각시 놀음이었다고 한다. 그 후 북송 시대에는 '아고무(迓鼓舞)', 남송에는 '한선(旱船)', '죽마(竹馬)', '화고(花鼓)' 등의 가무희가 있었다.

원시적인 종교의식에서 춤추고 노래할 때, 신의 역할을 담당하는 사람은 신을 상징하는 가면을 썼는데, 가무희에서도 초기에는 신 또는 귀신과 관계가 있는 탈을 쓰고 하는 가면극 또는 가면놀이가 그 주종을 이루었다. 그리고 중당에 이르자 가무희에서 가면이 사라지고, 후대의 희곡에서 보이는 정식(程式)들이 나타나기 시작하였다. 극적인 줄거리를 완벽하게 갖추지는 않았지만, 특정한 인물로 분장하여 노래하고 춤추는 등의 연극적 요소를 지니게 되었으며, 이러한 점들이 중국 고전 연극의 형성에 지대한 영향을 미쳤다. 본격적인 연극이 등장한 북송 이전의 시기에 있어 연극적인 공연형식을 갖춘 대표적 오락물은 가무희였으며, 가무희는 중국 고전 연극이 지니는 여러 중요한 특징들을 갖추고 있었던 것이며, 북송 시기에 송잡극(宋雜劇)이나 금원본(金院本)과 같은 희곡이 출현한 것에는 가무희의 영향이 지대했던 것이다.

중국의 전통 시기에 행해진 공연예술로는 무용(舞踊), 악곡(樂曲), 잡희(雜戲), 가무희(歌舞戲), 골계희(滑稽戲), 괴뢰희(傀儡戲), 경희(影戲), 강창(講唱) 등 다양한 종류가 있었는데, 이것들은 서로 뒤섞이거나 함께 공연되어 그 한계가 분명하지 않았다. 가무희 역시 독립된 놀이나 공연 형태로 존재했던 것은 아니며, '산악(散樂)'이나 '나(儺)'와 같은 종교의식 속에 뒤섞이거나, '잡기(雜技)', '각저희(角抵戲)', '참군희(參軍戲)', '골계희(滑稽戲)' 같은 놀이들 속에 섞여 공연되었으며, 명절의 놀이행렬이나 광장의 놀이판에서 공연되기도 하였다. 와사와 구란에서 공연되던 각종 기예들은 서로 경쟁하는 가운데서도 차츰 융화되어 갔으며, 그 결과 종합예술인 희곡이 형성되었다. (위행복)

가무희, 강창, 경극, 남희, 잡극, 전기

참고문헌

김학주, 『중국문학개론』, 신아사, 1977.

_____, 『중국 고대의 가무희』, 민음사, 1994.
양회석, 『중국희곡』, 민음사, 1994.

가문소설(家門小說)

가문 간의 갈등과 가문 내 구성원간의 애정 문제 등을 주제로 하여 창작한 고전소설을 일컫는다. '삼대록(三代錄)', '양문록(兩門錄)', '세대록(世代錄)' 따위의 제명이 붙은 방대한 장편형식을 갖고 있다. 가문소설이 조선 후기 정조 때를 전후하여 발전했기 때문에 근대적 성격도 나타나 있으나, 중심 내용은 가문의 번성과 창달을 그 목적으로 하고 있다.

가문소설은 정조 이후 붕괴되어 가는 중앙집권화의 재건과 사대부 가문의 위상 제고, 약화되어가는 삼강오륜 같은 윤리적 덕목의 회복을 위한 목적의식을 나타내는 소설 장르이다. 가문소설의 명칭은 가계소설(家系小說), 연대기소설(年代記小說), 세대기소설(世代記小說), 가족사소설(家族史小說) 등으로 불리운다. 또한 별전(別傳)이 연작되는 시리즈소설이라는 점에서 연작소설 또는 별전소설 등의 명칭도 갖고 있다. 그러나 가문소설이란 명칭은 우리의 전통적 사고 중심이 개인이 아니라 가문 중심이라는 면과 가문 간에 얽힌 갈등구조가 대부분의 내용임을 고려하여 붙인 소설명이기 때문에 학계의 대다수가 가문소설로 호칭하고 있다.

가문소설의 연원은 열전(列傳)에서부터 시작된다. 또한 문집문학(文集文學)의 시초는 최치원(崔致遠)의 '개인 문집'이다. 이 개인 문집의 문종(文種)에서 '행장'은 곧 열전이다. 가문소설은 열전, 즉 가전으로 꾸며져 현존하게 된다. 그러므로 우리나라 개인 문집의 창시자이자 문학 장르 분류에 공헌한 사람은 최치원이라 하겠다. 그런데, 그와 같은 역사적인 인물들은 어느 가문에나 있고 한 가문의 인물들을 연결하여 가전이 형성되기에 각기 가문들에 가문소설이 형성될 수 있었던 것이다. 그러므로 행장－열전－가전－가문소설의 순으로 이행되는 것은 가문소설의 성립과정을 보여주는 것이라고 할 수 있다.

가문소설은 아직도 상당수의 작품이 연구되지 않은 상태이다. 가문소설은 조선 말기 왕실도서관이었던 낙선재문고(樂善齋文庫)에 비장되어 있고, 민가에서는 전통 사대부가의 서가나 내당에 보존되고 있다. 그 중 상당한 분량이 되는 것만 해도 『완월회맹연(玩月會盟宴)』(180책)과 『임화정연(林花鄭延)』(139책) 등이 있다. 그 외에도 『윤하정삼문취록(尹河鄭三門聚錄)』(105책), 『명주보월빙(明珠寶月聘)』(100책), 『화산선계록(華山仙界錄)』(80책), 『유이양문록(劉李兩門錄)』(77책), 『명행정의록(明行正義錄)』(70책) 등이 있다. (노승욱)

가계소설, 연대기소설, 세대기소설, 가족사소설, 가문소설, 연작소설, 별전소설, 행장, 열전, 가전

참고문헌
문용식, 『가문소설의 인물 연구』, 태학사, 1996.
이수봉, 『한국가문소설 연구』, 경인문화사, 1992.

가부장제(家父長制, Patriarchy)

가족구성원이 가장(家長)에게 종속되어 복종한 원시공동체사회 후기에 나타난 가족제도로 가장은 강력한 권한을 가지고 가족구성원을 지배 통제한 제도이다.

원시공동체사회를 전기와 후기로 구분하여 비교해 보면, 수렵을 중심으로 생활했던 원시공동체사회 전기는 정착생활이 아니라 이동하는 생활이었으므로 소유의 관념이 없던 때였다. 그러나 후기 원시공동체사회가 목축농업에 의한 정착생활이 가능해지자 소유에 대한 개념이 싹트기 시작했으나 토지는 여전히 공동으로 공유하였기 때문에 세대를 중심으로 한 공동체가 형성된다. 공동체사회에서 공동으로 공유한 토지의 경작을 위한 생산노동은 주로 남자가 담당했으며 남자의 사회적 지위는 시간이 지날수록 우월한 위치를 차지하게 된다.

이와 함께 남자는 가족구성원의 장(長)이 되었으며 가장의 권한과 지위는 점점 커져 갔다. 이런 과정을 통해 전기의 모계제가 부계제로 자연스럽게 바뀌어 후기 원시공동체사회를 형성하게 되면서 가족 구성원은 가장인 남자를 중심으로 생산 및 생활단위를 이루며 가부장제가 정착하게 된다.

가부장제 가족형태는 장남에게 지위와 재산을 계승하는 세습적 성격을 띤다. 가장이 되면 가족을 통솔하고 가족을 대표하며 또한 가족을 지배할 권리, 가족 모두의 재산을 소유하는 권리를 가지게 된다. 고대 로마법 가부장권은 가장에게 가족의 생살여탈권(生殺與奪權)과 함께 자녀를 매각(賣却)할 수 있는 매각권·징계권·혼인과 이혼의 강제권을 인정했다.

동양의 가부장제는 가장과 가족 사이의 종속과 복종관계가 국가로 확대되어, 군주(君主)는 가족 구성원의 최정점에 있는 형태를 취한다. 한국의 경우도 엄격한 가부장제가 존재했으며 가장의 권위를 중심으로 집안의 질서가 유지되었다.

또한 가부장제는 가족을 유지하는 이데올로기 또는 가족이라는 원리에 기초한 사회구조와 지배형태를 가리키기도 한다.

R. 필머는 가부장제론을 처음으로 체계화한 사람으로 『가부장제론(1635~42)』을 썼다. 그는 『가부장제론』에서 군주는 신으로부터 절대 권력을 부여받은 아담의 후예이며, 모든 가부장의 상위(上位)에 있기 때문에 군주의 권력은 절대적이라 주장했다.

가부장제와 관련된 용어로는 가장이 가족을 지배하고 통솔하기 위한 권리 또는 권한을 가부장권이라 하며, 국가를 가족의 집합체로 보아, 국왕과 지배자는 가부장(patriarch)이 가족구성원에 대하여 절대권을 가진 것처럼 신하에 대해서도 절대적인 지배권이 있다고 생각한 가부장제국가(家父長制國家) 형태가 있다.

또한 가족을 지배하고 통솔하기 위한 권리를 가지고 명확한 세습적 규칙에 따라 지정된 개인이 가장이 되어 가족구성원을 지탱하는 상태를 말하는 가부장제대가족(家父長制大家族patriarchal extended family)이 있으며, K. L. 할러에 의해 가부장제도하에서 지배되는 유형의 하나로 분류되면서 쓰인 용어로 군주가 자기의 사적(私的)인 가산으로 취급하는 국가를 가산국가(家産國家)라고 불렀던 데서 유래하는 가산제(家産制 Patrimonialism)가 있다.

　이와 함께 가장권과 가족이나 일족 내에서의 권위나 전체사회(全體社會)에서의 정치권력이 남성에게 있는 사회체제로 모권제와 대비하여 쓰이고 있는 부권제(父權制 patriarchy)가 있다. (홍용희)

　가부장, 가부장권, 가부장제국가, 가부장제대가족, 가부장제론, 가산국가, 가산제, 가장, 부권제
　참고문헌
　실비아월비, 유희정역, 『가부장제이론』, 이화여자대학교, 1996.
　거다 러너, 강세영 역, 『가부장제의 창조』, 당대, 2004.

가부키(歌舞伎)

　일본의 대표적인 근세 서민연극으로 오늘날에도 다른 전통극보다 많은 애호가를 보유하고 있다. 국제적으로도 가부키 특유의 무대, 배우의 독특한 연기와 화장술, 남자배우만으로 연기되는 점 등으로 주목을 받아왔다.

　원래 가부키란 용어는, 보통과 다른 이상하고 화려한 차림이나 호색적인 언동을 하는 것을 뜻하는 당시의 가부쿠(傾く)라는 동사에서 온 것이다. 1600년을 전후로 이즈모노 오쿠니(出雲阿国)라는 여자 예능인이 파격적인 복장을 하고 무대에서 노래와 춤, 그 사이에 촌극을 섞은 선정적인 쇼를 개최하여 선풍적인 인기를 끌었다. 이것을 「오쿠니(阿国) 가부키」라 하였는데, 이 인기에 편승하여 각지에서 여성중심의 극단이 생겨나고 전국적으로 퍼져갔다. 매춘과 풍기문란을 야기하며 「유녀(遊女) 가부키」라는 말까지 생겨나자, 유교에 의한 신질서를 세워가려는 신생 에도막부는 여자 예능인의 공연을 금지하는 조치를 취한다. 그러자 이번에는 여자대신에 미소년이 연기를 하는 이른바 「와카슈(若衆) 가부키」가 등장하여 남색이 유행하기에 이르고, 막부는 다시금 이를 금지시킨다.

　그 후 앞머리를 자른 성인 남자배우가 사실적인 연기를 한다는 조건하에 막부의 허가를 받아 오늘날과 같은 가부키로 출발하게 되었다. 당시 앞머리를 자른 성인 남자의 머리를 야로아타마(野郎頭)라고 하였기에 「야로(野郎) 가부키」라 부르고, 일반적으로 단지 가부키라고 하면 야로 가부키를 의미하게 되었다.

　성인남자가 사람의 언동을 사실적으로 재현하는 극이어야 한다는 막부의 금령은 이후 가부키가 독자적인 발전을 하는 틀 역할을 하게 된다. 가부키는 이후 대사와 동작을 주로 하는 본격적인 연극으로 나아가게 되었고, 한편으로는 여자배우의 출연이 금지되었기 때문에 남자배우가 여자역을 전문으로 하는 온나가타(女形, 女方, 혹은 오야마라고도 함)라고 부르는 독특한 배우역할이 나타나게 되었던 것이다.

　막부의 승인 이후에 가부키 전용 극장이 생겨나고, 17세기말에는 일본의 세익스피어라 평가

받은 지카마쓰 몬자에몬(近松門左衛門)이 등장하여 의리와 인정 사이의 비극이라는 근세적 전형을 확립한다. 이후 발전을 거듭하여 18세기에는 회전무대 등의 기발한 무대장치가 고안되고, 19세기초에는 쓰루야 난보쿠(鶴屋南北), 근세말에는 가와타케 모쿠아미(河竹黙阿弥)라는 걸출한 극작가가 에도 가부키를 난숙시켰다.

가부키는 비슷한 시기에 성립되어 나오는 닌교 조루리(人形浄瑠璃)의 영향을 크게 받았고 작품을 공유하는 경우가 많다. 즉 닌교 조루리의 성공작은 즉시 가부키화되어 상연되고 인기를 끌었던 것이다. 따라서 가부키의 작품세계도 닌교 조루리와 마찬가지로 무사나 역사적 사건을 다룬 시대물(時代物)과 서민사회의 세태나 연애 사건을 그린 세태물(世話物)로 분류하고 있다. (최관)

이즈모 오쿠니, 유녀 가부키, 와카슈 가부키, 야로 가부키, 온나가타, 지카마쓰 몬자에몬, 닌교 조루리, 시대물, 세태물

참고문헌
河竹繁俊, 『日本演劇全史』, 岩波書店, 1959.

가사(歌辭)

고려말 · 조선초에 발생한 4음보 연속체의 시가. 넓은 의미에서 볼 때 운문문학의 일종이지만 일반적인 서정시와는 확연히 구별될 만큼 다양한 내용들을 폭넓게 수용한다. 즉, 그 가운데는 서정성이 강한 작품들이 있는가 하면, 실제 사실과 체험을 기술하는 데 치중한 것도 있고, 이념 · 교훈을 널리 펴기 위한 노래도 있고, 허구적인 짜임을 갖추어 사건을 이야기하는 경우도 있다. '가사(歌詞)' · '가사(歌辭)'라고도 불리며, 작가층은 사대부에서 평민, 여성, 승려 등 다방면에 걸쳐 있다.

조선 전기 사대부가사의 경우, 작품의 길이가 짧고 종결구가 시조의 종장(3 · 5 · 4 · 3)처럼 구성되는 경향이 있다. 그에 반해 조선후기 평민가사 및 규방가사는 4. 4조로 굳어지면서 양이 대폭 늘어나, <일동장유가>같은 기행가사(紀行歌辭)의 경우, 장편소설에 견줄 만한 분량을 갖추고 있다.

가사를 이루는 양식적 요건은 극히 단순하여 4음보 율격의 장편연속체 시가는 모두 그 범위에 포함될 수 있다. 다만, 일부 민요에서 가사와 비슷한 것들이 발견되고, 잡가의 일부와 십이가사(十二歌辭) · 허두가(虛頭歌) 등도 가사와 구별하기 어려운 경우가 많은데, 학자에 따라서는 뒤의 세 가지를 가창가사(歌唱歌辭), 일반적인 가사를 음영가사(吟詠歌辭)라 하여 모두 가사의 범주에 속하는 것으로 처리하기도 한다.

가사는 4음보의 연속체라는 형태적 요건 이외에는 주제나 소재, 표현방식 등에 관한 특별한 제약이 없기 때문에 관점에 따라 그 내용과 성격 규정이 판이하게 달라진다. 이에 따라 가사는 시가와 문필(文筆)의 중간적 형태라는 견해(조윤제), 율문으로 된 수필이라는 견해(이능우), 주관적 · 서정적 작품군과 객관적 · 서사적 작품군으로 나누어 각기 서정문학과 서사문학에 따로 귀속시켜야 한다는 견해(장덕순), 율문으로 된 교술문학이라는 견해(조동일) 등 다양한 주장이 제시되고 있다.

내용상으로 보면 가사는 주로 한정(閑情)·교훈·연정·경물(景物)·서사·기행·은일·유희(遊戱)·유배·권농·향락 등 드넓은 편폭을 지니고 있다. 이러한 개방성과 확장성은 가사로 하여금 시조와 상보적인 관계를 이루면서 활발히 창작·보급되는 계기가 되었으리라 추정된다.

가사는 경기체가·시조·악장·한시현토체·민요·불교계의 신라가요 등 여러 장르로부터 발생 기원을 찾아볼 수 있다. 역사적으로 볼 때 가사는 시조와 마찬가지로 17세기 중엽을 경계로 조선 전기·조선 후기·근대계몽기라는 세 시기로 나누어지며, 대표적인 작품으로는 <상춘곡>(정극인), <면앙정가>(송순), <관동별곡>(정철), <사미인곡>(정철), <속미인곡>(정철), <일동장유가>(김인겸), <덴동어미 화전가>, 『대한매일신보』 소재 '계몽가사' 등이 있다. (고미숙)

정철, 관동별곡, 사미인곡, 속미인곡, 기행가사, 규방가사, 계몽가사

참고문헌
정재호, 『한국가사문학론』, 집문당, 1982.
김흥규, 『한국문학의 이해』, 민음사, 1986.
강명관·고미숙 편, 『근대계몽기시가자료집』 1. 2. 3, 성균관대출판부, 2000.

가상(假想, Illusion)

가상(illusion)의 어원은 라틴어 illudere이며, '속이다·가장하다'를 의미한다. 가상은 속임수이며 동시에 신비적 작용이다. 가상은 오류와 구별된다. 일반적인 관점에서 보면, 가상은 주관성의 도식과 객관성의 도식 사이의 혼동으로 특징지을 수 있다. 데카르트(Descartes, 1596~1650)는 『성찰(Meditation)』에서 우리가 사용하는 감각(감각기관)이 어떻게 우리를 속이는지를 제시한다. 오류는 잘못된 판단의 결과이며, 정신 활동의 결과이다. 그런데 감각은 수동적이고, 진실도 거짓도 아닌 정보를 제공한다. 물 속에 넣은 막대기는 눈이라는 감각기관으로 보면 굽어 보인다. 그러나 만일 우리가 그것을 굽었다고 판단하면, 우리는 가상(착각)의 희생자가 아니다. 우리는 그 오류를 수정할 수 있는 가능성을 지닌다. 만일 우리가 가상을 조심하지 않는다면 가상은 우리를 오류로 이끌 수 있다. 그러나 가상 자체는 잘못일 수 없다. 오류는 일단 수정되면 사라지나 가상은 영속된다. 가상은 설명될 수 있으나 사라지지 않는다. 감각적 가상들은 실재적이며, '정상적(normale)' 지각을 지배하는 법칙들만큼이나 지각 영역을 조직화하는 법칙들에도 똑같이 규제적이다. 지각 전체 영역에서 또한 지각의 가상을 배제하지 않을 경우에, 지각은 인식의 첫 번째 수준이며, 과학에 포함될 수 있으나 과학을 넘어설 수 없다.

칸트(Kant, 1754~1804)는 『순수이성비판(Critique de la raison pure, 1781)』에서 이성이 경험의 영역을 넘어설 때, 그리고 이성이 우리의 구성에 따라 상대적인 인식의 주관적 원리를 사물

자체의 객관적 원리와 혼동할 때, 이성 자체가 가상의 생산자라는 것을 보여준다. 칸트가 초월적(transcendantale)이라 규정한 이 가상은 자연적(naturelle)이고 합법적(legitime)이다. 왜냐하면 이러한 가상은 이론적으로도 실천적으로도 조건 지워지지 않은 필요에 해당하기 때문이다. 이런 조건 없는 필요는 영혼, 신, 세계라는 세 가지 형식으로 표현된다.

스피노자(Spinoza, 1632~1677)는 『윤리학(Ethique)』제1부 부록에서, 우리 자신의 구성으로부터 세계를 해석하는 경향인 인간중심주의에서 목적론적 가상의 근거를 보았다. 우리는 목적을 위하여 행동하기 때문에, 세계가 목적에 맞게 되어 있을 뿐만 아니라 우리를 위하여 창조되었다고 생각하는 것을 막을 수 없다. 지각은 감각과 달리 의식의 자아에 대한 연관인데, 감관이 대상에 대한 관계로 파악하고 난 뒤에 다시 연관에 적용하려는 점에서, 형이상학은 고질적이고 관습적인 오류를 범하고 있다.

니체(F. Nietzsche, 1844~1900)에 따르면, 가상 특히 예술적 가상은 존재를 절망과 허무(vide)로부터 보호하는 기능을 가진다. 플라톤(Platon)이 『국가(Politeia)』에서 예술을 실재의 복사로서 또는 단순한 거짓 모습으로서 단죄하고 있는데 반하여, 니체는 예술 속에서 생명적 가상을 보았고 이를 옹호했다.

가상을 특징 지우고 가상을 단순한 오류와 구별하려는 것, 그것은 가상을 포함하는 욕망(desire)의 부분이다. 우리의 욕망이 가상을 통해 실재성을 붙잡으려고 할 때, 그 가상이 만족시키려 애쓰는 것은 우리의 욕구(besoin)이다. 프로이트(Freud, 1856~1939)는 『환상의 미래(l'Avenir de l'illusion, 1927)』에서 종교를 하나의 가상으로 간주하였다. 이 때의 가상은 거짓이 아니라 욕망의 일정 부분을 포함하고 있다. 이러한 욕망은 종교라는 가상을, 자신을 보호해 주고 안심시켜주는 전능한 아버지의 모습으로 재발견하는 것이다. 만일 우리가 이러한 가상의 희생자라면, 가상 속에서 초월자를 인식한다는 것은 우리 스스로가 만들었던 함정, 즉 욕망으로부터이다.

가상과 관련해서 철학의 임무는 본질적으로 비판적이다. 가상은 단죄하거나 파괴해야할 대상이 아니다. 철학은 가상에 대한 분석을 생산하기도 하고, 욕망에 속하는 것과 실재성에 속하는 것을 고려한다. (이봉일)

외관(apparence), 오류, 환상, 환각(hallucination)

참고문헌
데카르트, 김형효 역, 『성찰』, 삼성출판사, 1990.
칸트, 전원배 역, 『순수이성비판』, 삼성출판사, 1990.
니체, 김대경 역, 『비극의 탄생』, 청하, 1982.
프로이트, 김석희 역, 「환상의 미래」, 『문명 속의 불만』, 열린책들, 1997.

가상세계 ☞ **가상현실**

가상현실(假想現實, Virtual reality)

컴퓨터의 기술을 응용하여 실제가 아닌 인공적인 환경을 구축하여 그 속에서 인간이 새로운 체험을 하게 하는 새로운 기술을 말한다. 이는 매우 다양하고 복합적인 기술을 필요로 하며, 이에 대한 연구가 구미 각국에서 매우 활발하게 진행 중이다. 이에 관계된 기술을 가상환경, 인공현실, 사이버스페이스 등으로 부르기도 한다.

가상이란 단어는 소프트웨어 공학에서 유래된 말로, 컴퓨터에서 일어나는 모든 현상을 포함하고 있다. 사이버스페이스를 '가상공간'이라고 부를 때, 여기서의 '공간'이란 물체가 차지하는 현실적 공간을 의미하는 것이 아니고, 실제의 하드웨어적 공간과는 다르지만, 무엇인가 존재하고 작동해서 마치 실제공간의 한 틀 속에서 만들어지는 것이다.

가상현실이란 인간과 컴퓨터를 연결하는 인터페이스의 일종이다. 인터페이스는 역사적으로 크게 세 단계로 발전하였다. 초기에는 컴퓨터가 매우 간단하여 사람이 이해하기 쉬운 단순작업을 빠른 속도로 수행했다. 두 번째 단계에서는 인간과 컴퓨터가 서로 대화하는 방법이 개발되었다. 세 번째 단계에서는 시스템이 특정한 환경을 그대로 모방할 수 있는 수준이 되었다. 세 번째 단계에서는 인간이 컴퓨터 시스템에게 준 명령에 대해 컴퓨터가 더 나은 행동을 스스로 취한다. 여기서는 인간의 명령은 하나의 데이터를 주는 것으로 취급하고, 최고 통제권을 지닌 조정자로 여기지 않는다.

마이론 크뢰거(M. W. Krueger)는 1969년 초반에 주위 환경의 방해를 받지 않으며, 몸 전체를 사용하여 움직일 수 있고, 여러 신체감각기관을 통해 컴퓨터의 동작에 영향을 미칠 수 있는 상호작용을 하는 환경을 만들어냈다. 그는 사람들이 서로 다른 장소에 들어가서, 다른 사람이나 그래픽상의 물체와 접할 수 있게 만든 '비디오 플레이스(videoplace)'를 제작하였고, 이것을 그는 '인공현실'이라고 표현하였다. 여기서는 새로운 인과법칙이 만들어지고, 그 법칙은 매순간 바뀔 수 있다. 비디오플레이스 안에서는 책상 위에 손을 얹으면, 컴퓨터 스크린에 손이 나타난다. 이 손으로 여러 가지를 조정할 수 있으며, 심지어 수천킬로미터 떨어진 동료의 컴퓨터 스크린에 나타날 수도 있다. 그리고 여러 사람이 모여 한 장의 서류를 놓고 토론하듯이, 자신의 손을 사용하여 스크린상의 정보에 대해 토론할 수 있다. (김학균)

가상환경, 인공현실, 사이버스페이스

참고문헌
산드라 헬셀 외, 노용덕 역, 『가상현실과 사이버스페이스』, 세종대출판부, 1994.
피에르 레비, 전재연 역, 『디지털시대의 가상현실』, 궁리, 2002.

가설(假說, Hypothesis)

아직까지 알려지지 않은 사태에 대한, 과학적 근거를 가진 명제 형태의 추측으로서, 이미 알려진 사태를 설명하는 성질을 갖는 것을 가리킨다. '가정(假定)'이라고도 하지만, 가정은 보통 가설보다 일반적이고 덜 엄밀한 의미로 사용된다. 보통 과학이론에서 사용되는 가정을 가설이라고 한다.

가설은 이미 알려진 사태를 설명하기 위해 세워진다. 예를 들면 가설은 이미 알려진 사태의 알려지지 않은 원인에 대한 추측을 담고 있다. 논리적으로 볼 때, 가설은 추론의 전제에 해당되며 이 추론의 결론은 설명하고자 하는 사태에 대한 진술이 된다. 하지만 가설은 예측(Prognose)과는 다르다. 예측도 이제까지 알려지지 않은 사태에 대한 진술이라는 점에서는 같지만, 그 어떤 설명적인 기능도 가지지 않는다. 따라서 예측은 논리적 추론의 전제에 해당한다기보다는 오히려 그 결론을 이룬다.

이전에는 과학 속에서 가설이 담당하는 역할이 원칙적으로 부정되기도 했지만, 그 후 가설은 점차 긍정적인 평가를 받게 되었다. 즉 가설은 객관적인 것을 반영하지 못하며 단순히 협약에 의거하고 있을 뿐이라는 견해를 거쳐, 이제는 가설이 객관적인 내용을 지니고 있으며, 과학적 인식의 발전 과정에서 일정한 기여를 한다고 인정하는 단계에 이르렀다.

경험론 철학자들은 가설의 과학적 의의를 부정하였으나, 많은 철학자들이 가설을 새로운 인식을 획득하기 위한 수단으로 파악했다. 근대적인 자연 탐구가 시작된 이래 타당한 것으로 여겨왔던 원칙, 즉 가설은 객관적인 내용을 담고 있다는 생각이 정립되었다.

가설의 구성과 발전이 이루어지는 과정은 다음과 같은 단계로 세분된다. 첫째, 설명되어야 할 사태에 대한 모든 관찰 자료들이 섭렵되고, 이 사태가 다른 사태들과 맺는 관계가 탐구된다. 둘째, 이런 자료들과 이미 알려진 법칙들을 바탕으로, 설명되어야 할 사태에 대한 가능한 가정적인 원인이 명제 형태로 제시된다. 셋째, 채택된 가설로부터 그 가설이 허용하는 범위 내의 모든 추론이 연역적으로 행해진다. 넷째, 가설은 그것의 논리적 귀결이 객관적 현실과 일치하느냐에 의해 검증된다. 양자가 일치하는 경우, 그 가설이 옳은 것일 수 있는 가능성이 높아진다. (김학균)

가정, 예측, 과학

참고문헌
정진일, 『철학개론』, 박영사, 2003.
조용욱 외, 『자연과학사』, 형설출판사, 2001.

가설무대, 이동무대 ☞ 무대

가와 조쿠(雅와 俗)

일본문학 연구가인 고니시 진이치(少西甚一)가 제안한, 문학사를 구분하는 하나의 표현이념이다. 그는 가(雅)와 소쿠(俗)를 문예사의 기본적인 표현이념으로 보고, 이 양자의 교체에 의해 세대가 형성되어 간다고 보았다. 가는 완벽하게 완성된 모습을 지향하는 세계로, 이미 존재하는 표현에 순종하고 조화되는 가운데서 아름다움을 찾으려는 의식이다. 한편 조쿠의 표현은 아직 열리지 않은 세계의 무한한 가능성을 내포한다.

진이치는 그동안 문학사를 정권의 소재지를 따라 구분하거나, 고대-중세-근대라고 나누는 것은 편의적인 구분일 뿐, 문학사가의 세계관을 제대로 드러낼 수 없다고 지적한다. 또 문예 자신의 전개에 따라 서사시, 서정시, 극 등으로 장르에 기초한 시대구분의 경우, 정치사적 구분보다는 진보한 것이지만, 문학사를 정확하게 드러내는 데는 한계가 있다고 보았다. 그는 인간이 영원하지 않으므로 영원한 것을 동경하고, 이 동경은 '완성'과 '무한'이라는 양극을 지향한다고 하였다. 예술의 세계에서 더 이상 도달할 수 없는 곳까지 연마된 높이를 목표로 하는, 완성된 극을 향하는 것을 가(雅)라고 하고, 어떻게 될지 모르는 상태에서 무한의 극을 향하는 것을 조쿠(俗)라고 하였다.

'가'의 표현은 완전히 완성된 모습을 향해 형성되는 것이므로, 어디까지나 그 모습으로 존재하려 하며 다른 모습으로 바뀌는 것을 원하지 않는다. '이미 존재하는 표현'에 순종하여 조화되어 가는 것에 아름다움이 있다는 의식이다. 우타(歌, 일본 운문문학의 한 형식)로 말하자면, 이미 다른 시에서 썼던 어휘를 사용하는 것이 아름다운 표현이라는 것이다. 그러한 표현은 향수자에게 고도의 예비지식을 요구한다. 이에 반해 '조쿠'는 아직 개척되지 않은 세계이다. 거기에는 아무 것도 완성되어 있지 않기 때문에 결정된 모습을 가지지 않는다. 아름다운 주옥과 시시한 작품이 뒤섞여 있을 수가 있다. 조쿠는 보통 좋지 않은 의미로 통용되지만, 이 용어의 전체적인 성격에는 발랄한 건강함이나 싱싱한 순수함, 넓디넓은 자유로움이 포함된다.

진이치는 이 용어를 일본문학에 적용하여, 고대를 조쿠로, 중세는 가로, 근대는 또 다른 종류의 조쿠로 구분한다. 그의 용어로 한국문학사를 구분한다면, 역시 일본문학과 비슷할 것이다. 특히 조선시대 말에서 근대로 넘어가는 과도기의 문학에서는 여러 문학 장르가 경쟁하는 조쿠의 양상을 잘 보여준다고 할 것이다. (김학균)

일본문학, 고니시 진이치, 완성, 무한

참고문헌
고니시 진이치(김분숙 역), 일본문학사, 고려원, 1995.
신현하, 『일본문학사』, 보고사, 2000.

가요(歌謠)

가요(歌謠)는 장르 명칭이라기보다 구송성(口誦性)·음악성을 지닌 시가를 통칭한다. 음악적인 측면에서는 원래 음악이 따르는 것을 '가(歌)', 음악이 없는 것을 '요(謠)'라고 구별하는데(詩經 : 曲合樂曰歌 徒歌曰謠), 오늘날에는 민간에서 불리는 가곡 전반을 일컫는 말로 사용된다.

음악적인 면에서 볼 때는 넓은 뜻의 가곡으로 풀이할 수도 있으나, 가요라 하면 어느 정도 문학적인 면, 특히 역사적인 면에 비중을 두는 것이 보통이다. 가요는 문학과 음악에 걸친 예술형태로서 시가와 음악이 분화되지 않았던 원시시대부터 존재해 왔으며, 일상생활이나 종교적 행사와도 밀접한 관계를 가져 무용이나 연극과 함께 묶여 내려왔다.

한국민족의 생활에 관한 중국 문헌상의 기록, 즉 『삼국지』 <위지> '부여전(夫餘傳)'·'고구려전(高句麗傳)' 및 『후한서(後漢書)』 <동이전> 중의 각 부족국조(部族國條)를 보면, 동맹(東盟)·무천(舞天)·영고(迎鼓) 등의 의식이 있었고, 그와 같은 종합예술로서의 가요가 당시에도 이미 존재하였음을 알 수 있다.

가요는 창작의 양상에 따라, 가사와 곡이 동시에 형성된 것과, 가사로서의 시가가 작곡된 것, 그리고 곡이 선행한 뒤, 가사가 붙여진 것 등으로 나누어지는데, 옛날에는 가사와 곡이 동일 작가에 의하여 이루어진 경우가 많았다.

향유층을 기준으로 보면, 민요와 예술적 가요로 다시 나뉠 수 있다. 민요는 작사자나 작곡자를 밝혀내기 어려운 집단적 창작을 그 특징으로 하며, 민중 일반에게 불리는 까닭에 가사나 곡조가 단순하다. 반면, 예술적 가요는 개인적인 예술적 창작이므로 곡의 구성이 세련되고 복잡하여 전문적인 가창자에 의하여 가창된다. 그러나 민요와 예술적 가요는 서로 영향을 미쳐 민요가 예술적 가요의 원천이 되기도 하고, 예술적 가요가 민중의 생활 속에 흘러들어가는 경우도 적지 않다.

내용상으로는 세속적인 가요와 종교적인 가요로 나눌 수 있으며, 세속적 가요에는 연가(戀歌)·노동요·경축가·권주가·자장가·동요·군가·행진가 등이 있고, 종교적인 가요는 제사나 예배, 또는 주술용으로 만들어지는데, 무가(巫歌)가 대표적인 예라 할 수 있다.

역사적 연원으로 보면, 삼국시대의 향찰(鄕札)로 된 향가가 그 원류이며 그 후 민요와 별곡·시조·잡가 등으로 이어졌다. (고미숙)

가곡(歌曲), 민요, 별곡, 향가, 시조

참고문헌
정병욱, 『한국 고전시가론』, 신구문화사, 1977.
조윤제, 『한국시가사강』, 을유문화사, 1954.

가인(歌人) ☞ 가객(歌客)

가전(假傳)

인간이 아닌 특정한 사물에 정신과 인격을 부여하여 쓴 소설이다. 꽃이나 대나무 같은 식물 종류로부터 호랑이, 여우, 거북이 등의 동물과 지팡이, 종이에 이르기까지 의인이 대상은 인간의 구체적인 삶과 관련된 모든 사물에 걸쳐져 있다.

의인소설이 발생하고 발전된 데에는 두 가지 정도의 원인이 있는 것으로 추정된다. 하나는 본질적인 요인으로 고대 사회에서부터 인간이 지녀왔던 토테미즘과 애니미즘의 영향이다. 동물을 숭배하는 토테미즘과 사물에 영혼을 부여하는 애니미즘은 인간 정신의 원형 중 하나이며 이런 정신적 메커니즘이 이야기 문학의 발생 단계에서 개입되었을 가능성이 크다. 단군신화나 「구토지설」의 토끼와 거북이 등이 좋은 예일 것이다. 다른 하나는 현실적인 요인으로, 문학 작품이 지닌 현실 비판적 의식이 당대의 이데올로기나 정치 체제, 혹은 기타 다양한 요인에 의해 압박을 받고 그 출구를 찾지 못할 때, 이런 상황을 우회하는 방법으로 동식물이나 무생물이 선택되었을 가능성이 있다. 안국선의 『금수회의록』에서 열변을 통하는 갖가지 동물들은 한 개인이나 집단에 대한 공격적 의도를 현실적 제재를 피해 드러내고자 하는 문학적 장치들이다.

신라시대 「화왕계」는 유일한 의인 작품이었지만, 고려 시대에는 이런 유형의 작품이 집중적으로 창작되어 가전이라는 산문 장르를 형성해냈다. 가전이라는 명칭은, 이 장르에 속하는 작품들이 특정한 하나의 사물을 역사적 인물처럼 의인화시켜서 그 가계와 생애 및 개인적 성품, 그리고 삶의 공과를 마치 전기(傳記)처럼 그대로 기록하는 형식을 취했기 때문에 '가짜 전기'라는 의미에서 붙여진 것이다. 가전 문학이 구비 서사 문학이 전통 아래에서 발생한 것은 재론할 여지가 없으나, 구비서사가 다양한 사건의 얽힘으로 전개된 것에 비해 가전은 사물이 내력, 속성, 가치들에 대해 서술됨으로써, 가전은 '서사 문학'의 범주보다는 '교술 장르'쪽에 포함시켜야 한다는 주장도 있다.

조선시대에 이르면 가전적 방법이 쇠퇴하는 대신에 본격적인 의인 소설이 등장하게 된다. 작품으로는 동물을 의인화한 것으로 「장끼전」, 「토끼전」, 「서동지전」, 「두껍전」이 있고, 식물을 의인화한 것으로는 「화사」, 인간의 심성과 관념을 의인화한 「수성지」, 「천군본기」, 「남령지」 등이 거론된다.

개화기 이후에는 유사한 문학적 기교가 반복되는 데 따른 독자들의 흥미 감소와 다양한 장르의 서사들이 시도되면서 급격한 쇠퇴의 길로 들어선다. 안국선의 『금수회의록』, 김필수의 『경세종』, 1950년대 김성한의 『개구리』 등이 있다. (김학균)

의인소설, 교술 장르, 토테미즘, 애니미즘

참고문헌
장효현, 『한국고전소설사』, 고려대출판부, 2002.
정상진, 『한국 고전소설 연구』, 삼지원, 2000.

가전체문학(仮傳體文學)

고려말기에 형성되어, 구소설의 원형이 된 문학 형태의 하나. 우화적, 의인적 수법을 쓴 짧은 전기체(傳記體)의 설화로서, 술·엽전·거북·대(竹)·종이·지팡이 등의 사물을 의인화(擬人化)하고 있으며 계세징인(戒世懲人)을 목적으로 한다. 재래의 설화와는 달리 작자의 독창성이 발휘됨으로써 소설의 발생에 선구적인 구실을 한, 문학사상 특기할 만한 형태이다. 가전체 소설이라고도 하나 소설적 구성이라고 보기에는 미흡하므로 소설이라 할 수는 없고, 설화가 소설에 접근한 것이라 함이 타당하다. 이러한 문학의 탄생 원인을 당시의 잦은 내우외환과 무신들의 집권에 의한 정치적 혼란에서 찾는 학자들이 많다. 또 다른 원인으로, 설화와 서사시가 활발히 수집되고 정리되며, 창작되면서 가전체 작품이 출현하게 되었다고 보는 학자들도 있다. 고려시대의 작품은 현재 7편이『동문선(東文選)』에 한문체로 전하는데, 인종 때 임춘(林椿)의『국순전(麴醇傳)』(술을 의인화)과『공방전(孔方傳)』(돈을 의인화), 고종 때 이규보(李奎報)의『국선생전(麴先生傳)』(술을 의인화)과『청강사자현부전(淸江使者玄夫傳)』(거북을 의인화), 공민왕 때 이곡(李穀)의『죽부인전(竹夫人傳)』(대나무 의인화), 고려말 이첨(李詹)의『저생전(楮生傳)』(종이를 의인화)과 석식영암(釋息影庵)의『정시자전(丁侍者傳)』(지팡이를 의인화) 등이다. 가전체 작품은 고려 이전에도 이미 있었는데 설총(薛聰)이 신문왕에게 이야기했다는『화왕계(花王戒)』가 그것이다. 조선시대에 와서는 임제(林悌)의『화사(花史)』와『수성지(愁城誌)』, 정태제(鄭泰齊)의『천군연의(天君衍義)』, 숙종 때 임영(林永)의『의승기(義勝記)』, 영조 때 유본학(柳本學)의『오원전(烏圓傳)』, 이옥(李鈺)의『남령전(南靈傳)』, 정종 때 안정복(安鼎福)의『여용국전(女容國傳)』, 순조 때 이이순의『화왕전(花王傳)』 등이 있다.

갈래상의 특징으로는 사물에 대한 관심과 작품 자체로서의 유기적인 전개를 갖추지 않고 있다는 점과 사물을 의인화해서 사람과 사물이 별개의 존재일 수 없다는 사고를 보인다는 점 등을 꼽을 수 있다. 후대의 작품으로 갈수록 표현의 묘미는 존중되었어도 주제의식은 두드러지지 않아 선문답(禪問答) 같은 내용을 지닌다는 특징도 보인다.

가전체 문학의 의의로는, 패관 문학이 개인의 창작이 아니고 민간에 떠돌아다니던 이야기를 수집하여 약간의 창의성을 덧붙인 것에 비하여, 가전체 소설은 개인의 창작물로서, 소설에 한 발짝 접근하여 설화와 소설을 이어주는 교량적 구실을 한 데 있다. (이정선)

패관문학, 설화, 소설, 전기체(傳記體), 우화

참고문헌
어문각편집위 편,『한국문예사전』, 어문각, 1991.
조동일,『한국문학통사 2』, 지식산업사, 1994.

가정비극(家庭悲劇, Domestic tragedy)

비극의 주인공이 평범한 중류 또는 하층계급의 사람들인 연극이다. 주인공들이 왕족이나 귀족계급이며, 개인적인 문제 또는 국가적 문제로 몰락하는 고전비극·신고전비극과 대조를 이룬다. 가정비극으로 가장 먼저 알려진 것으로는 엘리자베스 여왕 시대 말엽에 창작된 작자미상의 작품들이다.

가정비극이 하나의 장르로 확립된 것은 18세기에 이르러 조지 릴로가「런던 상인 : 조지 반웰의 역사 London Merchant, or the History of George Barnwell」(1731)를 쓰면서부터이다. 자기의 삼촌이자 후견인을 죽이는 한 도제(徒弟)의 야비한 이야기를 다룬 이 연극은 큰 인기를 얻어 프랑스와 독일의 가정비극에도 영향을 미쳤는데, 독일의 극작가이자 비평가인 G. E. 레싱은 자신의 작품 「함부르크 연극론 Hamburgische Dramaturgie」(1767~68)을 통해 가정비극이 평론적으로 인정받는 데 기여했다. 19세기말경 부르주아 비극은 헨릭 입센의 희곡에서 완숙한 표현에 이르게 되었다. 다른 극작가들이 쓴 초기의 가정극들은 주인공이 때로는 악한이거나 단순히 불쌍한 사람이었으나 입센이 쓴 작품에 등장하는 부르주아 주인공은 고전비극의 주인공이 보여주는 고립된 위엄을 갖추고 있다.

독일의 극작가인 게오르크 뷔히너는 일찍이 1836년 중산계급보다 더 낮은 사회계급을 다룬 비극 「보이체크 Woyzeck」를 썼다. 「보이체크」는 당시만 해도 상당히 선구적인 작품이었으며 하층 계급을 다룬 비극은 크게 눈에 띄지 않았으나 20세기가 되자 게르하르트 하우프트만의 「직공들 Die Weber」(1892)・「로제 베른트 Rose Bernd」(1903) 같은 작품이 비로소 나오기 시작했다. 그밖의 괄목할 만한 작품으로는 유진 오닐의 「밤으로의 긴 여로 Long Day's Journey into Night」(1956)와 아서 밀러의 「세일즈맨의 죽음 Death of a Salesman」(1949)이 있다.

한국의 경우, 가정비극은 일본을 통하여 신파극의 형태로 수입되었다. 「재봉춘」, 「쌍옥루」 등이 일본 신파극의 영향을 받아 제작된 대표적인 작품이다. (김학균)

하층계급, 조지 릴로, 입센, 신파극

참고문헌
오화순, 『한・일 신파극 연구』, 경희대 석사학위 논문, 2002.
밀리 S. 배린저, 우수진 역, 『서양 연극사 이야기』, 평민사, 2001.

가정소설(家庭小說, Domestic fiction)

가정을 배경으로 하여 가정문제나 가족생활, 또는 가족관계를 소재로 삼는 소설을 말한다. 가정소설이란 명칭은 한국문학, 특히 고대소설 연구를 시도한 안자산(安自山)・정형용(鄭亨容) 등이 사용하기 시작하면서 이후 고대소설의 한 유형으로 인정받게 되었다. 이때 가정소설은 『사씨남정기』나 『장화홍련전』과 같이 가정사를 소재로 한 작품을 지칭하는 단순한 개념이었다. 그 후 가문소설, 가족사 소설 등의 새로운 용어가 도입됨에 따라 이들 개념어와의 변별성을 강조하는 측면에서, 가정사를 다루되 당대만을 대상으로 하고 있는 작품들을 구분하여 가정소설이라고 규정하게 되었다.

가정소설이란 용어는 서구문학의 경우 크게 언급되지 않고 있다. 이러한 사정은 중국이나 일본에서도 마찬가지여서 가정의 독자를 대상으로 한 읽을거리 정도의 의미만을 가지고 있다.

그러나 한국문학의 경우는 사정이 다르다. 한국 고대소설 중에는 이에 해당하는 작품들이 많은데, 그들 중에는 본처와 첩 사이의 갈등을 다루고 있는 김만중의『사씨남정기』와 같은 작품들이 있고 전처소생과 후처, 혹은 후처 소생 사이의 갈등을 다루고 있는『장화홍련전』,『콩쥐팥쥐』, 조성기의『창선감의록』과 같은 작품들이 있다.『창선감의록』은 조정을 중심으로 한 권력의 쟁탈이나 변경에서 해적과 싸우는 전쟁 등의 사건이 있으나, 내용의 중심무대는 화진의 가정이다. 결국 가장 강조된 사상은 '효사상'이며 부차적으로 강조된 것은 형제간의 우애와 국가에 대한 충성이라고 볼 수 있다. 그리고 이러한 사상을 부귀와 연관시켜 '위선자필창(爲善者必昌) 위악자필패(爲惡者必敗)'한다는 관념에 따라 귀결시키고 있다.

가정소설은 흔히 적통주의(嫡統主義)라는 명분론적 논리를 표면에 내세우고 있다. 고대소설을 황당무계한 것으로 비판하면서 치지도외(置之度外)했던 조선시대 사대부 계층으로부터도 가정소설만큼은 감계(鑑戒)의 뜻이 함축되어 있는 작품으로 호평을 받았던 것은 바로 이 같은 명분론에 힘입은 결과이다. (김학균)

가정사, 김만중, 적통주의

참고문헌
장효현,『한국고전소설사』, 고려대출판부, 2002.
정상진,『한국 고전소설 연구』, 삼지원, 2000.

가족 로맨스(Family romance, 독 Familienroman)

'가족 로맨스'는 부친 살해에 기원을 둔 그리스 신화의 여러 원형들과 비극『오이디푸스 왕』에서 프로이트가 착안해낸 신경증 치료를 위한 정신분석의 개념이다. 프로이트의 오이디푸스 콤플렉스는 아버지-어머니-자녀 사이에 일어나는 욕망의 삼각형 모델로 가족 로맨스의 원형이 된다. 프로이트에 의하면 유아는 생물학적으로 남자 혹은 여자로 태어났음에도 불구하고 오이디푸스 단계를 경과하기 이전까지는 양성적인 존재이다. 프로이트는 가족 로맨스를 통해 성차의 형성과정을 이론화한다. 성차가 분화되지 않았던 오이디푸스 이전 단계에서 아이들의 일차적인 사랑의 대상은 남아와 여아에 상관없이 어머니이다. 하지만 아버지라는 제3자가 개입하면서 어머니를 욕망하는 이 사랑은 방해를 받게 된다. 아버지는 어머니를 사랑하는 아이를 위협하고, 어머니와 지속적인 접촉을 원하는 아이의 욕망을 억압한다. 그리하여 모성에 대한 사랑을 근친상간의 금기로 만든 아버지는 아이에게 법이자 문명의 질서로 각인된다.

프로이트에 의하면 절대 권력을 상징하는 아버지는 남아에게 어머니에 대한 사랑을 포기하지 않으면 거세시키겠다고 협박하는 존재이다. 이 과정에서 남아는 아버지를 죽이고 싶은 살해충동을 느끼지만, 아버지의 강력한 힘에 의해 그러한 무의식적 충동은 좌절되고 어머니를 향한 근친상간에의 욕구는 억압된다. 결국 권력과 양심, 윤리의 표상인 아버지로 인해 남아는 강력한 초자아와 억압된 무의식을 형성하게 된다. 이때 남아가 어머니에 대한 사랑을 포기하고 오이디푸스 콤플렉스를 극복하는 데 있어 결정적인 역할을 하는 존재는 여아이다. 남아는 신과 같은 존재인 아버지를 제거하고 싶어하지만 오히려 자신이 거세될지도 모른다는 두려움을 느끼는데, 이미 거세된 여아를 보면서 남아는 거세공포로 인해 아버지를 향한 증오와 질투를 버리고 아버지의 권력을 인정하게 되는 것이다. 결국 남아는 자신을 어머니 역할로 대체하면서 아버지에 대한 증오를 사랑으로 바꾸거나, 자신을 아버지와 동일시하면서 어머니를 차지하려던 욕망을 억압하게 된다. 이렇듯 가족 로맨스는 남아와 여아에게 상징적 아버지에 의한 거세공포로 인해 오이디푸스 콤플렉스를 해소하면서 사회가 부여한 남성과 여성의 역할을 학습하도록 만드는 것이다. (오태호)

프로이트, 오이디푸스 콤플렉스, 살부(殺父) 충동

참고문헌
프로이트, 『성욕에 관한 세 편의 에세이』, 열린책들, 2002.
오세은, 『여성가족사소설연구』, 새미, 2002.
여성문화이론연구소 정신분석세미나팀, 『페미니즘과 정신분석』, 여이연, 2003.

가족(家族, Family)

혼인과 함께 이루어지는 일반적이고 보편적인 혈연중심 집단으로 부모·부부·형제·자녀 등으로 구성된 생활공동체 거주 집단으로 가족은 가족 구성원의 욕구를 충족시키고, 사회의 유지와 발전에 관계되는 여러 가지 기능을 수행해 왔다. 가족의 분류를 '개별가족(個別家族, individual family)'과 '기본가족(基本家族, elementary family)'으로 나누기도 하지만 미국의 인류학자 G. P. 머독은 '핵가족(核家族, nuclear family 1쌍의 부부와 미혼의 자녀들로 된 기본적 사회 단위이며 어떠한 사회에서도 보편적으로 존재한다).'이란 명칭을 사용했고 이 용어는 보편적인 용어로 사용 되고 있다.

'가족'은 현실적인 혈연집단이며 '집(집안)'은 계보를 중심으로 한 전통적 집합체이다. 또한 주거(住居)를 위한 공동생활 공간인 '가구(家口)'와 구별되는 개념이고 같은 집에서 끼니를 함께 하며 사는 사람은 식구(食口, 식솔 食率)라 하며 혈연집단인 가족과 구별된다.

R. 윌리엄스는 영어의 family(가족)란 말은 세대(世帶), 혹은 이 말에 포함되었던 재산·혈통 등의 의미가 탈락하고, 오늘날과 같이 이른바 한 집에 사는 소수의 친족이란 의미가 정착된 것은 19세기 초라고 했다.

가족에 대한 선구적 연구로는 J. 바호펜의 『모권론(母權論)』, H. J .S. 메인의 『고대법』, 퓌스텔 드 쿨랑주의 『고대도시(1864)』가 있다.

L. H. 모건은 『고대사회(1877)』에서, 혼인형태를 원시난혼제(原始亂婚制)에서 가장 진화한 일부일처제에 이르는 몇 단계로 배열하고, 가족형태도 그것에 대응시켰으며 엥겔스의 『가족, 사유재산 및 국가의 기원(1884)』에 영향을 주었다.

M. 미드는 『미개가족(1931)』에서 '생물학적 가족'과 '사회학적 가족'으로 구별하였다. (홍용희)

개별가족, 기본가족, 사회학적 가족, 생물학적 가족, 식구, 핵가족

참고문헌
김규원,「가족개념의 인식과 가치관」,『가족학논집』7, 1995.
문소정,「가족 이데올로기의 변화」,『한국 가족분화의 오늘과 내일』, 사회문화연구소, 1995.
유영주,『신가족관계학』, 교문사, 1984.
이영인,『한국도시사회의 가족주의』, 연세대학교 대학원 석사학위논문, 1984.
이효재,『가족과 사회』, 경문사, 1983.
조혜정,「한국 사회변동과 가족주의」,『한국인류학회』17, 집문당, 1985.
최홍기,「현대한국 가족의 변화」,『한국사회론』, 사회비평사, 1995.

가족사소설(家族史小說)

한 가족의 흥망성쇠(興亡盛衰)의 내력을 다룬 소설. '가족'의 '역사'를 다룬 소설이라는 의미의 합성어이다. 다른 말로 '가문소설', '가정 소설'이라고도 한다. 사실 가족 소설과 가속사 소설은 엄격한 의미로 볼 때 개념상의 차이는 있으나, 가족의 삶이나 가족의 역사를 소설화 했다는 점에서는 일치한다. 혈연관계로 이루어진 가족 구성원간의 상호 갈등과 화합, 이산 등을 다루기도 하며, 넓은 의미로 볼 때, 친족관계인 세대 간의 갈등은 물론, 역사와 사회 속에서 가족의 변동 상황 또는 그 운명들을 제시하기도 한다.

우리나라 고소설의 경우 가문소설, 가정소설이라는 용어가 일찍부터 있었다. 현대소설에서 한 가족의 상황이나 운명을 역사적 시간의 지속과 변화의 차원에 놓고 그린다는 점에서 가족사 소설은 한가문의 누대에 걸친 가문의 문제들을 중심테마로 하는 고소설의 가정소설과는 구분된다. 현대소설의 그것은 가족 구성원간의 갈등과 대립이 중요한 요소가 되는 것은 사실이지만 가족 내의 개인보다는 가족이라는 집단의 동태를 중시한다. 그래서 가족 소설은 결과적으로 연대기 소설의 형태를 취한다.

가족사 소설이 가족의 역사적 삶을 중시한다 하더라도 개인을 단순히 가족 집단의 경험을 대표하는 몰개성적 존재로 취급하는 것은 아니다. 가족사 소설에서 가족이라는 범주는 어디까지나 인간현실의 역사적, 사회적 차원을 돋보이게 하는 장치일 따름이다. 이것은 서양 가족사 소설의 전범으로 평가되는 도스도엡스키의「카라마조프가의 형제들」, 골즈워디의「포싸이트사가」, 토마스만의「부덴부르크가의 사람들」, 마르탱 뒤가르의「티보가의 사람들」등을 보면 확인된다. 토마스만의 작품은 부덴부르크 가문이 몰락해 가는 과정을 추적하면서 근면한 노동의 실제 생활과 정신적 관조의 균열을 체험하도록 되어 있다. 부루주아적 삶의 운명이 상업 자본주의에서 산업 자본주의로 전환되는 사회 변화의 관련 속에서 부각시킨 작품이다. 이처럼 가족사 소설에서 가계의 선형적 전개를 존중하는 서술 방법은 작중 인물들의 개체적, 사회적 경험을 거시적으로 조망하면서 역사적 형식을 부여하는 효과를 발휘한다.

한국의 경우 가족사 소설은 1930년대에 이르러 정립을 보았다. 가족의 연대기라는 형식 자체는 조선시대에 이미 성행했지만 그것이 문학 형식으로 굳어진 것은 염상섭의「삼대」(1931), 채만식의 「태평천하」(1938), 김남천의 「대하」(1939) 등의 작품을 통해서이다. 가족사 소설로는 박경리의 「토지」가 단연 대표적 작품이다. 지주 최씨 일가의 삶이 4대에 걸쳐 전개되는 「토지」는 고난과 투쟁의 역사 속에 부침하는 무수한 인물들의 삶을 문제 삼고 있다는 점에서 대단히 문제적이다.

우리나라의 가족 소설은 그 형식면에서 이미 조선 시대에 널리 창작되었다. 고전 작품으로는 「사씨남정기(謝氏南征記)」, 「옥린몽(玉麟夢)」, 「조생원전(趙生員傳)」, 「콩쥐팥쥐전」, 「정진사전(鄭進士傳)」, 「김취경전(金就景傳)」 등이 있고, 조선 시대 말 무렵 이인직(李人稙)의 「귀(鬼)의 성(聲)」이 나온 이후 1930년대에 이르러 본격화되었다. 현대의 작품으로 김은국(金恩國)의 「빼앗긴 이름」, 안수길의 「북간도」, 하근찬의 「수난이대」 등을 들 수 있다. (오양호)

가족주의(家族主義)

사회구성 기본단위인 가족을 중심으로 가(家)를 형성하며 가(家)를 어떠한 사회집단보다 우위에 두는 주의. 일단 혈연 중심의 가(家)가 형성되면 개개의 가족 구성원은 가(家)에서 독립할 수 없고 엄격한 상하 위계질서에 의해 가(家)는 유지된다. 이 가족주의(家族主義)는 가족 내의 인간관계·생활태도·의식 등을 가족집단에서 뿐만 아니라 외부사회로까지 확대시키려 하고, 가족주의 사고방식을 근거로 정책·제도 또는 관습을 세우려하는 총칭을 말한다.

가족주의를 강조하는 사회에서는 여성은 남성에게 종속되고, 부모 자식의 관계는 부부(夫婦)보다 중요시되기 때문에 개인보다 가(家)가 우선시 되는 가부장적(家父長的) 가족형태를 보인다. 또한 정치에서 가족주의는 수탈, 권력의 강화, 안정화 수단으로 이용 되는 경우가 많이 있으며 가족주의는 파시즘의 '씨앗'으로 "가족은 신성 하다. 그러나 가족주의는 불온하다", "개인의 운명을 책임져야 할 마지막 보루인 사회의 이미지를 가족의 이미지로 대치시킨 교묘한 바꿔치기"라는 비판도 있다.

가족주의는 아시아적인 전제국가, 봉건제도의 영주적 지배 아래서 번영하였으나 가부장적 가족제도는 후기산업사회 자본주의 체제에 의해 의미를 상실해 가며 근대사회 이행과 함께 나타난 부부중심과 남녀평등 사상에 의해 소가족화 되어갔다. 가족주의는 산업사회 특징인 '신분에서 계약으로'라는 사회 변화와 더불어 급속하게 약화되었다.

그러나 근래에 대두된 가족주의는 가부장적 가족주의와는 달리 일상 가정생활의 화목을 중시하고 있으나 자칫 배타적이고 가족 이기주의로 흐를 위험도 있다.

한국의 가족주의는 설날이 되면 분가된 가족이 본가에 모여 조상에게 차례를 지내고 어른에게 세배하는 관습이 남아 있다. (홍용희)

가(家), 가족 구성원, 가족

참고문헌
이득재, 『가족주의는 야만이다』, 소나무, 2001.

가치(價値, Value)

가치란 인간 행동에 영향을 주는 어떠한 바람직한 것, 또는 인간의 지적 · 감정적 · 의지적인 욕구를 만족시킬 수 있는 대상이나 그 대상의 성질을 의미한다. 가치라는 것이 경험할 수 있는 사물로부터 유래된 것인가, 혹은 개인의 감정이 사물에 가치를 부여하는 것인가 하는 문제는 객관적 가치인가 주관적 가치인가를 논하는 가치론의 중요한 쟁점이다. 실존주의의 키에르케고르(S. A. Kierkegaard)로부터 출발한 제3의 가능성에서는 가치의 문제에는 객관적인 가치와 주관적인 가치의 상호작용이 혼재되어 있다고 주장한다. 일반적으로 우리가 일상생활에서 욕구를 충족시킬 수 있는 것은 모두 가치의 범주에 포함시킬 수 있는데, 그러한 가치에는 재화(財貨)나 상품(商品)과 같이 경제적인 만족감을 주는 경제적 가치, 육체의 쾌적함이나 건강을 추구하는 육체적인 가치와 인간의 정신적 활동과 욕구에 만족을 가져다주는 정신적인 가치도 있다.

보편적인 가치의 문제를 다루는 분야를 가치론이라고 하며 가치론은 경제학이나 심리학 등의 사실적 개별 학문의 일부로서 존재하기도 하고, 근본적으로 가치에 대한 관심이 깊은 윤리나 미학 등의 규범적 속성을 지니는 학문과도 관련을 맺고 있다. 따라서 가치론은 진선미(眞善美)의 보편적인 가치를 추구하는 철학의 중요한 분야이기도 하다. 특히 철학이 추구하는 가치는 개인 간의 간극과 주관적인 판단을 모두 뛰어넘어 객관적인 가치로서 규정된다. 가치가 발생하기 위해서는 반드시 주체, 그리고 그 주체와 관계된 대상이 있어야 하고, 대상에 대한 주체의 관계는 평가 작용을 전제로 한다. 이 때 이루어지는 평가 작용에는 주체의 성격이 밀접하게 연관되는데, 주체의 성격에 따라 가치 자체도 다양한 양상을 띤다.

문학에서 다루는 가치의 문제는 한 작품에 대한 평가(評價)와 밀접한 관련을 맺는다. 문학에서는 작품의 가치를 암시적으로, 혹은 겉으로 완전히 드러나게 하기 위한 활동인 비평이 지속적으로 이루어진다. 따라서 1923년 T. S. Eliot의 '문학 비평가란 진정한 가치판단에 대한 공통된 추구를 하도록 격려되어야 하는 사람'이라는 주장은 가치와 문학 비평 활동과의 관계를 잘 보여주고 있다. (강진호)

가격, 평가

참고문헌
김윤식, 『문학비평용어사전』, 일지사, 1976.
문덕수, 『세계문예대사전』, 교육출판공사, 1994.
박희주, 『현대사회와 가치 의식』, 진선미, 1991.
A. M. Maslow; Drewsand; lipson, 이재봉 역, 『가치와 존재』, 교육과학사, 1996.
J. 헤센, 진교훈 역, 『가치론』, 서광사, 1992.

가치관(View of value) ☞ 가치

가치다원론(價値多元論)

고대 그리스의 소피스트들은 피시스(physis, 자연)에 대하여 노모스(nomos, 인위)를 대립시키고 도덕, 종교, 법률, 제도, 관습 등을 노모스에 정립시킴으로써 가치다원론 또는 가치 상대주의의 입장에 섰다. 이들은 다른 모든 부차적 가치의 기준이 되는 규범의 원천과 타당성을 결정하는 것을 상대적, 다원적으로 본다. 이에 반하여 소크라테스, 플라톤의 노력은 절대적인 가치를 확립하려는 데에 있었다. 이데아설에 의하면, 이데아는 곧 가치이며, 이 가치는 인간의 요구와는 관계없이 존재하는 무시간적 절대적 실재라고 한다.

켈젠(Hans Kelsen)은 『정의란 무엇인가?』(1953)에서 자연법의 존재가 지지할 수 없는 것임을 주장하고, 유일한 자연법이 존재한다기보다는 정반대의 원리 위에서는 복수의 자연법이 존재한다고 한다. 가치 다원론의 가장 철저한 입장은 역사주의에서 찾을 수 있다. 슈턴(A. Stern)은 자연법은 보편적인 인간의 평가기준의 기초이며, 이에 대한 안티테제가 역사주의라고 한다. 그리하여 역사주의 근본입장은 진리와 가치는 시대마다 다르다는 것이다.

가치 다원론은 근세의 일반적인 시대조류이다. 영국의 스펜서는 그의 진화론적 윤리설의 입장에서 가치 상대주의를 옹호하여, 행복의 기준은 종족에 따라 개인에 따라 그리고 동일한 개인에 있어서도 그의 생애의 각 시기에 따라 다르다고 단정하였다. 그러나 이와 같이 일체의 가치는 역사적 산물이요 역사에 의해 제약되어 있는 것이라고 보는 역사주의적 가치 상대론이나, 또는 모든 가치는 개인의 자연적 성정에 의존하는 것이라고 보는 자연주의적 가치상대론이나, 그 입장을 고수한다면 결국 가치를 가치로서 평가하기 위한 기준으로서의 초역사적 절대적 가치와 객관적 타당적인 가치는 있을 수 없다는 결론에 이르게 된다. 가치 다원론 또는 가치 상대주의의 위험이 여기에 있다.

칸트는 선한 의지만이 절대적 내적 가치를 가진다고 보고, 이러한 내적 가치를 교환할 수 없는 가치로서 교환 가능한 가치와 대립시켰다. 이것이 곧 신칸트학파의 절대적 가치론의 원형이 되었다. 이에 빈델반트는 인식의 문제까지도 가치론적 문제로 환원하는 철저한 가치일원론의 입장에 서서 모든 절대적 가치평가를 넘어선 하나의 규범의식을 요청하고 거기에서 절대적 가치를 파악할 수 있다고 주장한다. (김학균)

절대적인 가치, 소피스트, 스펜서, 칸트

참고문헌
이대희, 『가치론의 문제와 역사』, 정림사, 2001.
요하네스 힐쉬베르거, 강성위 역, 『서양철학사』 상권, 이문출판사, 2004.

가치합리적 행위(價値合理的 行爲)

사회학자 막스 베버는 과학과 종교를 합리성 대 비합리성의 이분법으로 보는 태도를 비판하였다. 그는 인간의 모든 사회적 행위를 전통적 행위, 감정적 행위, 도구 합리적 행위, 가치 합리적 행위의 네 가지 유형으로 나누었다. 과학은 자신의 목적을 위해 가장 효율적인 수단을 탐색하고 추구한다는 점에서 대표적인 도구 합리적 행위의 하나라 할 수 있다. 반면에 종교는 성공 전망과는 무관하게 어떤 가치에 대한 자신의 신념에 따라 목숨도 바칠 수 있는 가치 합리적 행위의 대표적 유형이다. 그는 근대의 도구적 합리성이 프로테스탄트의 종교적 윤리에서 나온 것이며, 과학연구의 목적과 동기는 오늘날도 여전히 특정한 가치판단에 따른 것임을 지적한다. 그런데 과학과 도구적 합리성이 가치합리성을 부정하고 사회를 지나치게 지배하게 되면, 삶은 목적과 의미를 상실하고 인간은 자유로워지기는커녕 오히려 자가당착에 빠지는 결과를 초래한다고 경고한다.

가치는 언제나 객관과 그에 대한 주관의 의지적 감정적 요구와의 상관관계에 있어서 성립하는 것이므로, 가치판단을 내림에 있어서 우리는 반드시 객관의 실재적 요인과 주관의 심리적 요인을 다같이 고려해야 한다. 가치판단의 객관적 타당성만을 강조하여 주관적 요인을 배제하게 되면, 그것은 가치판단이 아니라 사실판단이요 과학적 판단이다. 과학은 객관이 주관에 대해서 가지는 관계를 배제하고 개개의 객관 사이의 상호관계를 구명하는 데에만 전념함으로써 일체의 주관적 경험과 객관적 세계를 분리시킨다. 과학적 사유가 객관적 세계와 그것을 사유하는 주관과의 관계를 배제할 때에 가치판단은 성립할 여지가 없다. 과학의 세계는 가치도 위계도 없는 하나의 사실의 세계요, 몰가치적인 것이다.

반대로 가치가 주관에 기원을 가지고 있다고 해서 객관적 요인을 외면하게 되면, 극단적인 가치 주관주의에 빠져서 타당한 가치판단을 내리기가 어려울 것이다. 객관은 가치 그 자체는 아니지만 적어도 가치를 지니고 있는 담지자요, 따라서 객관적 요인은 어떠한 가치평가에 있어서나 반드시 전제되는 것이다. 가치는 주관과 객관이라는 양극성을 전제한다. (김학균)

막스 베버, 전통적 행위, 감정적 행위, 도구 합리적 행위

참고문헌
이대희, 『가치론의 문제와 역사』, 정림사, 2001.
요하네스 힐쉬베르거, 강성위 역, 『서양철학사』 상권, 이문출판사, 2004.

가학증/피학증 ☞ 사디즘/마조히즘

가행(歌行)

중국의 고전 한시(漢詩) 양식의 하나. 원래 악부(樂府)의 양식에 포함되는 것으로, 한위 시대의 악부시에는 「○○가(歌)」, 또는 「○○행(行)」이라는 제목이 많기 때문에 이런 이름이 붙었다. 가(歌)는 가창되는 노래란 뜻이고 행(行)은 곡(曲)이란 뜻이다. 명나라의 서사증(徐師曾)이 『문체명변(文體明辯)』에서 "감정을 풀고 말을 길게 끌며 뒤섞여 방향이 없는 것을 가(歌)라 하고, 걸음이 급하고 마구 내달려 성글어 막히지 않는 것을 행(行)이라고 하며, 이 두 가지를 겸하고 있는 것을 가행(歌行)이라 한다(放情長言 雜而無方者曰歌 步驟馳騁 疏而不滯者曰行 兼之者曰歌行)"고 정의하였다. 그러나 정식 명칭은 가행체(歌行體)이며, 독자적인 갈래로서 의미를 가지게 된 시기는 당나라 때부터이다. 나중에는 백거이(白居易)의 『장한가(長恨歌)』, 『비파행(琵琶行)』과 같이 주로 서사적인 장편의 칠언고시(七言古詩)를 흔히 일컫게 되었다. 일반적으로 작품은 길이가 비교적 길며 형식은 융통성이 있고 자유로우며 격률에 구애받지 않는다. 환운(換韻)이 가능하고 평측에 얽매이지 않기 때문에 호쾌하고 힘차게 자신의 감정을 표현하기에 적합하다. 흔히 시 가운데서 이렇게 분류된 선집(選集)으로는 987년 송대(宋代)에 이루어진 『문원영화(文苑英華)』가 가장 빠른 것으로 추정된다. 『문원영화』를 중심으로 이 양식의 성격을 알아보면, 제목이 「○○가」 또는 「○○행」으로 끝나는 작품은 악부(樂府)양식의 시에서도 많지만, 『문원영화』는 악부와 가행을 분명히 구별하여, 악부 부문에서는 작품 1082수(대부분 당나라 시인의 작품이며 남조 시인의 작품도 소수 포함)를 60권으로 나누어 수록하였고, 가행 부분에는 역시 남조와 당나라 시인의 작품을 포함한 365수를 20권에 나누어 수록하고 있다. 악부 부문에는 한대(漢代) 이래 오랫동안 전승되어 온 악곡(樂曲) 가사(실은 대체된 가사)와 이것을 모방한 시인의 작품이 모아졌고, 가행 부문에는 「악부제(樂府題)」로 일컬어지던 이 가사들의 곡명을 모방하여 새로이 만들어 낸 제목을 가진 작품(전부 시인의 작품)이 모아졌다. 따라서 『문원영화』만을 예로 들면, 양자의 차이는 악부 부문의 시는 전승된 악부제를 사용한 데 비해, 가행은 전례 없는 새로운 제목을 달았다는 데 있다. 백거이(白居易)의 작품을 예로 들어보면, 『장한가』나 『비파행』뿐만 아니라, 그 스스로 「신악부(新樂府)」라 총칭한 『칠덕무(七德舞)』이하의 50수도 『문원영화』의 가행 부문에 넣고 악부 부문에는 넣지 않았다. 이백(李白)의 『양양가(襄陽歌)』와 같이 두 부문에 중복되어 나오는 작품도 있는데, 그것은 얼마 안 된다. 시 형식상 악부 부문 수록 작품은 금체시(今體詩)가 적지 않은데 가행부문 작품은 대부분 고체시(古體詩)이다. 이런 점에서 볼 때 가행시는 일종의 고체시이면서 악부제의 변종에서 발전한 것이라 할 수 있다. (이정선)

한시(漢詩), **악부**(樂府), **가행체**(歌行體), **고체시**(古體詩)

참고문헌
『두산세계대백과사전』, 2002.
임종욱, 『중국문학에서의 문장체제 인물 유파 풍격』, 이회, 2001.

가행체(歌行體) ☞ 가행(歌行)

각색(Adaption)

각색이란, 어떤 매체에서 다른 매체로 옮긴다는 것을 뜻하며, 또한 기성의 예술 형태를 다른 예술의 방식으로 작업하여 재생산하는 것을 말한다. 영화의 대본인 시나리오로 그 무엇인가를 변형시킨다는 것은 그렇게 쉬운 일이 아니다. 시나리오 작가의 개인적인 역량과 경험에 관한 일이다.

영화로의 각색의 대상이 되는 것 가운데 가장 일반적인 것으로 간주되는 것은 두 말할 나위 없이 소설이다. 소설은 영화감독이나 시나리오 작가들이 가장 선호하는 대상(원작)이 된다. 요컨대, 각색이란 변경·단순화·압축·제거 등의 필요에 따라 시도되어야 하는 드라마적인 변형, 즉 이를테면 '극적 허용(dramatic license)'의 문제인 것이다.

영화 속의 얘깃거리는 다양한 매체와 다기한 형태의 원작을 가질 수 있다. 서사만화(출판만화)와 희곡은 말할 것도 없거니와, 연극·오페라·뮤지컬·퍼포먼스 등의 공연예술도 영화 제작을 위한 각색의 대상이 된다. 심지어는 신문기사·시(詩)·노래 등도 예외일 수 없다.

인종적인 편견의 시각을 논외로 한다면 초창기 영화의 고전으로 손꼽히는 그리피스(D. W. Griffith)의 「국가의 창생(創生)」은 토마스 딕슨(T. Dixon)의 보잘것없는 소설 「클랜즈 맨(Klansman)」을 바탕으로 한 영화인 바, 원작보다 더 높은 수준의 각색물이라고 할 수 있다. 르네 클레망(R. Clement)의 「목로주점」 역시 에밀 졸라의 원작만큼이나 완벽함을 보였다고 평가된다. 우리나라의 경우에도, 유현목의 「오발탄」·김수용의 「갯마을」·하길종의 「화분」 등등은 원작을 뛰어넘는 영화로의 각색을 보여준 사례라고 할 수 있다.

소설은 가십이요 드라마는 스캔들이다, 라는 말이 있듯이, 각색은 고도의 압축과 첨예화를 필요로 한다. 가십이 두서없고 산만한 형태로 오래 지속되는 것이라면, 스캔들은 첨예한 형태로 들불처럼 사납게 빠른 속도로 번져가는 것이다.

원작보다 영화의 각색이 더 정치적으로 민감하게 반응하는 경우가 많다는 점에서, 어떤 측면에서는 스캔들러스하다. 자연주의 연극은 어떤 정치적인 필요성과 만나게 되는데, 고리키의 희곡 「깊은 수렁」은 몇 년 후에 일어날 러시아의 봉기를 예고하는 것이었다. 장 르누아르는 또 다른 시대에 살면서 상이한 정치적 필요에 응답하는 가운데 고리키의 작품을 각색했다. 이 때는 프랑스의 인민전선이 발흥한 1935년이었고, 원작 고리키의 희곡에서는 다만 암시만 되었던 계급 간의 연합이 영화에서는 분명하게 드러났다. (송희복)

시나리오, 시나리오 작가, 원작, 극적 허용

참고문헌
루이스 자네티, 김진해 역, 『영화의 이해』, 현암사, 1987.
조셉 보그스, 이용관 역, 『영화 보기와 영화 읽기』, 제3문학사, 1991.
에릭 셔먼, 『거장들이 말하는 영화 만들기』, 장미희, 까치, 1996.

각운(脚韻, Rhyme)

시행 안에서의 위치와 관련하여, 첫말운이나 내운과 달리 시행의 맨 끝에 오는 운으로, 시의 두 줄 또는 그 이상의 끝소리가 같은 소리로 조직되어 있는 것을 말한다. 시행의 길이가 일정한 정형시에 주로 많이 쓰이지만 행의 길이가 보다 자유로운 시에도 간혹 쓰이며, 특별한 의미의 표현 또는 소리의 효과를 내기 위해 시의 일정한 부분에서만 사용하는 경우도 있다.

세계적으로 보면 각운을 쓰는 언어보다 안 쓰는 언어가 더 많은데 고대 그리스, 헤브라이 문학, 한국문학에서는 특별히 각운을 쓰지 않았으며, 유럽에서는 중세의 라틴 문학에서 차차 쓰이다가 프랑스어, 이탈리아어 등 남유럽의 방언에서 대대적으로 개발되어 나중에 영어, 독일어 등 유럽 전역에 파급되었다. 중국은 『시경』시절부터 각운을 썼고 페르시아도 오래전부터 각운을 썼다. 한시의 경우 각운에 쓰일 수 있는 글자는 주로 듣기 좋은 부드러운 소리 ─ 평성(平聲) ─ 로 한정되었으며, 영시의 경우 각운이 악센트 있는 음절로 끝나면 남성운, 악센트 없는 음절로 끝나면 여성운이라 하여, 여성운은 주로 희극적 내용의 시에 쓰였다. 각운은 소리 좋고 뜻 좋은 말들의 반향으로 그 말들을 부각시키는 효과가 있는데, 한국어의 경우 토씨와 끝바꿈으로 말이 끝나므로 그 효과가 그리 크지 않아 각운이 특별히 발달하지 않았다.

각운이 한 연이나 시에서 나타나는 패턴, 또는 순서를 각운 형식(脚韻 形式, Rhyme Scheme)이라고 하며, 각운 형식은 분석 목적을 위해 한 연에서 비슷한 소리에 각각 알파벳의 똑같은 글자를 할당하는 방식으로 제시되는 것이 통례이다. (윤송아)

운율, 두운

참고문헌
김병옥, 안삼환, 안문영 엮음, 『도이치문학 용어사전』, 서울대학교 출판부, 2001.
이명섭 편, 『세계문학비평용어사전』, 을유문화사, 1985.
이상섭, 『문학비평용어사전』, 민음사, 2001.

간접제시(間接提示, Dramatic characterization)

한 편의 서사물이 제시하는 정보가 독자에게 직접 전달되느냐 또는 간접적으로 드러나느냐에 따라 직접 제시 또는 간접 제시라고 한다. 간접 제시는 작가의 개입의 흔적을 지우고 '객관적으로', '비개성적으로', '극적으로' 서술함으로써 독자가 스스로 정보를 알게끔 하는 방식이다. 이 기법은 서사적 정보들이 화자의 개입을 거치지 않은 채 독자에게 직접적으로 전달되는 객관적인 서술이라는 점에서 보여주기(showing)와 유사하거나 동일한 기법으로 간주된다.

플로베르 이후의 사실주의 문학은 이런 간접 제시의 방법을 폭넓게 활용하는 경향을 보였고, 이것을 서사 기술의 하나로 이론적 정립을 한 사람은 헨리 제임스이다. 그는 등장인물의 행위를 보고하기보다 이것을 직접적으로 보여 주는 방식을 채택했으며, 이것을 '제시하기(rendering method)'라고 불렀다. 또한 그가 사용한 '장면적 제시(scenic method)'도 이와 유사하다. 장편 소설에서 일어나는 여러 사건들을 서술적 설명으로 요약하지 않고 일어나는 모습 그대로를 보여 주면서, 연속되는 장면들로 스토리를 구성하는 방식이 그것이다.

이런 기법들의 바탕에는 작가가 더 이상 문학의 절대적 주체가 아니라는 인식, 예술의 중심은 사상이나 주제가 아니라 그것을 형상화하는 과정에 있다는 형식주의적 문학관, 문학작품은 작가에 의해서 생산되는 것이 아니라, 산업 사회의 문학 소비자인 독자에게 귀속된다는 인식이 깔려 있다. 이런 이유로 간접 제시의 기법은 20세기 문학 작품들에 절대적이고도 광범위한 영향을 미쳤다. 20세기의 서사물들은 명백하게 이 방식을 그 표현 수단으로 선호하는 경향을 보이고 있으며, 전통적으로 사용되던 직접 제시의 방법은 회피되거나 열등한 것으로 취급되기에 이르렀다.

이런 문학적 흐름과 반대되는 경향도 존재한다. 완전히 가치중립적이고 객관적인 서술과 제시라는 것은 불가능하기 때문이다. 객관적으로 보이는 행동과 외양의 묘사라 할지라도 그런 표현 대상, 그런 어휘의 선택이라는 작가의 주관성이 궁극적으로 개입되기 마련이다. 그래서 서사 이론가인 웨인 부스(W. C. Booth)는 '설명'이나 '해설'이 열등한 서사 방식이라고 보는 견해는 '잘못된 것'이라고 반박한다. 그것들이 열등한가 아닌가는 작품 전체의 효과적 표현 수단으로 기능했느냐의 여부에 달려있다고 그는 주장한다. (김학균)

직접제시, 보여주기, 장면적 제시

참고문헌
웨인 C. 부스, 최상규 역, 『소설의 수사학』, 예림기획, 1999.
서정남, 『영화 서사학』, 생각의 나무, 2004.

간주관성 ☞ 상호주관성

갈등(葛藤, Conflict)

갈등은 플롯상의 대립과 투쟁 관계를 가리키는 개념이다. 갈등이란, 이야기의 무의미한 나열과 습관적인 반복에서 벗어나 이야기를 재미있게 얼크러지게 하는 주요한 요인의 하나이다. 문학은 곧 플롯이라는 아리스토텔레스의 주장 이래로, 서사문학의 본질은 이야기를 엮는 것이라는 생각이 변하지 않고 있다. 등장인물들과 그들에 의한 연쇄적인 행위들이 무의미하게 나열되거나 단순히 일상적인 삶을 습관적으로 반복 재현하는 수준에서는 문학이 흥미를 유발할 수 없을 것이다. 문학이 독자를 사로잡기 위해서는 복잡하고 흥미있게 얽힌 이야기—플롯이 필요하다. 『로미오와 줄리엣』에서 적대적인 가문의 두 남녀가 집안의 반대를 무릅쓰고 사랑하게 된다는 데서 갈등의 국면을 찾을 수 있고, 『백경』에서는 주인공과 대자연의 사이의 투쟁과 갈등이 흥미를 유발하고 있다.

갈등은 인물 상호간 또는 인물과 환경 사이에 일어나기도 하고, 인물 내부에서 일어나기도 한다. 『햄릿』에서 햄릿과 클로디어스 왕 사이의 갈등과 윤흥길의 『장마』에서 할머니와 외할머니 사이의 갈등은 인물 상호간의 갈등이고, 『오디푸스 왕』은 주인공과 운명과의 갈등을, 『백경』, 『노인과 바다』는 자아와 그들을 둘러싼 자연과의 갈등을, 최인훈의 『광장』이나 선우휘의 「불꽃」은 주인공의 내부에서 일어나는 갈등을 그리고 있다. 하나의 이야기는 단일한 갈등구조에만 의존하는 것이 아니고, 내적 갈등과 외적 갈등이 복합될 수도 있고, 또 한편으로는 갈등이 주도적이지 않은 경우도 있을 수 있다.

갈등은 인물의 성격을 드러내고 세계관과 가치관의 대립 양상을 드러내는 데 주요한 역할을 수행한다. 또한 갈등은 인물들 사이의 대립, 자아와 세계와의 상충, 인물 내부의 양가감정이나 가치관의 충돌을 통하여 플롯에서의 긴장감을 유발하기도 한다. 넓게 보면 갈등은 플롯 자체를 지배하는 요소의 하나로 볼 수 있다. 일반적으로 구분되는 플롯의 단계는 갈등을 내재하고 있는 사건들이 전개되고 해소되는 과정과 일치하기 때문이다. 갈등은 플롯을 지탱하는 요소이자 원리가 되면서, 인물구성 및 세계관이나 가치관의 대립을 형상화하는 데에 결정적인 기여를 한다. (김학균)

플롯, 인물 성격, 가치관

참고문헌
아리스토텔레스, 천병희 역, 『시학』, 문예출판사, 2002.
정한숙, 『현대소설 창작법』, 웅동, 2000.

갈등이론(葛藤理論, Conflict theory)

계급 사회의 적대적 모순은 필연적으로 갈등을 수반하며 이 갈등은 어느 한 계급의 승리와 다른 계급의 몰락으로 결말이 난다는 마르크스의 이론이다. 사회 영역에서 전체 사회 계급 간에, 또는 개인 간에, 심지어 한 개인 안에서도 발생할 수 있다. 사회 계급들 간의 갈등은 그들의 계급적 이해관계의 대립에, 즉 적대적 모순에 근거한다. 그렇지만 '갈등'개념은 '적대(Antagonismus)' 개념과 동일하지는 않다. 사회 영역의 모든 갈등의 기초에 항상 적대적 모순이 놓여 있는 것은 아니다. 그리고 비적대적이긴 하지만 사회주의 사회에 특징적인 모순이 갈등으로 나아갈 수도 있다.

예컨대, 마르크스는 사회발전의 단계에서 자본주의 단계의 관습은 사회주의 사회가 요구하는 발전과 모순을 빚게 되고, 여기서 갈등이 야기될 것이라고 보았다. 이 같은 갈등은 적대적 모순으로서 반드시 해결이 되어야 하며, 자본주의 이후에 사회주의가 발전하면서 등장하는 모순은 반드시 갈등을 수반하지는 않는다고 한다. 적대적 모순에 기초한 갈등은 객관적인 성격을 담고 있으며, 그것이 개인적 갈등으로 나타나도 그것은 객관적 모순의 주관적 표현이다. 반면에 비적대적 모순에 기초한 사회주의 사회 안에서의 갈등은 주관적인 것이다.

갈등이 해소된다고 해서 반드시 갈등의 기초인 모순도 무조건적으로 해소되는 것은 아니다. 갈등의 해소와 더불어 해당 모순까지도 해소되는가의 여부는 갈등이 발생할 시점에 이미 그 기초인 모순의 해소에 필요한 모든 조건, 수단 그리고 가능성이 주어져 있는가 혹은 그렇지 않은가에 달려있다. 모순과 갈등의 관계는 일의적이지 않다. 하나의 갈등이 아주 상이한 여러 모순들을 토대로 생겨날 수 있고, 또 하나의 모순이 아주 상이한 여러 갈등들로 나타날 수도 있다. 일정한 모순을 토대로 하여 갈등이 생겨나는가 그렇지 않은가 그리고 어떤 종류의 갈등이 생겨나는가는 해당 모순뿐만 아니라 사회적 요인과 개인적 요인, 객관적 요인과 주관적 요인, 보편적 요인과 특수적 요인, 필연적 요인과 우연적 요인 사이에서 다양하고 복잡하게 얽혀있다. (김학균)

계급사회, 마르크스, 모순

참고문헌

윤소영, 『역사적 마르크스주의』, 공감, 2004.

칼 마르크스, 이승은 역, 『자본론 범죄』, 생각의 나무, 2004.

감각(sense)

감각은 보통 오관(五官), 즉 시각 · 청각 · 촉각 · 후각 · 미각으로 분절된 여러 감각으로 포착된 외부의 자극이 뇌의 중추에 도달함으로써 발생하는 의식의 현상을 가리킨다. 정보의 가장 기본적인 원천이 감각이다. 감각의 말단기능을 수용이라고 하며 최후 뇌의 기능으로 그것이 어떤 자극인가를 알게 되는 것을 지각(知覺)이라고 한다.

철학에서는 여러 감각기관을 통해 외계의 대상에 대한 자극을 받아들이고 감각을 낳는 기초 능력을 말한다. 칸트의 『감성론Ästhetik』은 이 문제를 엄밀하게 검토한 것으로, 사실 미학 Esthetics의 원래 뜻은 감성론인데, 미학 중에서도 감각은 미의식이나 미적 체험을 구성하는 심적 요소의 하나로 분류된다. 감각은 기본적으로 우리가 외계로서의 세계를 파악하는 감각이다. 그러나 '미'를 느끼거나 의식하는 것은 외계와 접촉한 여러 감각이 내적으로(신체와 의식이 상호 관련된 형태로) 얼마간 통합된 것에 기인한다. 이를테면 외계에 대한 지각과 내부에 축적된 문화적 가치 체계가 복잡하게 교착 · 착종되어 어떤 통합적 이미지로 집약되었을 때 '미'적 체험이 감수되는 것이다. 이렇게 보면 '감각'은 한편으로는 외계에 대한 극히 신체적인 반응을 제시하고 또 한편으로는 고도로 문화적인 능력을 가리키는 경우에도 사용되고 있다는 것을 알 수 있다. 즉 외계의 자극을 향수할 뿐만 아니라 얼마간의 형태로 그것을 정보로 처리하는 능력, 이를테면 내계와 외계를 연결하는 기능을 갖고 있다고 할 수 있다.

칸트는 인간의 정신에 감각 자료를 가공할 수 있는 두 가지 기본 형식인 감성과 오성이 내재한다고 보았으며, 감성이 감각기관을 통해 감각자료를 받아들이면 오성이 그것을 개념화해 경험으로 만듦으로써 사물에 대한 인식 과정이 작동한다고 보았다. 메를로 퐁티는 감각을 생리학적인 것과 심적인 것 사이에 존재하는 것으로 본다. 즉 감각한다는 것은 운동적 측면만이 아닌 지각적 측면이 서로 교통하는 것으로, 선험적 자아가 단지 보고, 만지고, 고통을 느낀다고 전달되는 것이 아니라 경험을 통해 인지하고 기억하였다가 비슷한 감각을 경험했을 때 느끼는 감각이라는 것이다. 이는 감각의 법칙을 만드는 것이며 감각은 개개의 감각, 최초의 것도 최종의 것도 아닌 감각으로써 경험적 감각은 감각에서 시작하고 감각으로 끝나며 감성으로 잔존함을 의미한다.

들뢰즈는 '감각'에 대한 자신의 사유를 칸트적인 근거에서 이끌어 온다. 칸트는 감각이란 "계속적 종합에 의해 생기는 것이 아니기에 (……) 부분에서 전체로 나아가지 않는" 것이며, 현상에 있어 실재적인 분량을 가지되 외연적으로 측정될 수 없는, "순간적인 양만을 표시한다"고 말한다. 따라서 감각이란 그것의 현상적 실재성과 부정성 사이에 표시될 수 없는 미시적 감각의 연속을 가지는 것이다. 들뢰즈가 주목한 것은 바로 현상으로 드러난 감각적 지각과 그것의 부정 사이에 존재하다고 예견되는 미시적 감각들의 내재적 '차이들'이다. 결코 계기적 연속 속에 표시되지 않으면서도 그 안에 끝없는 차이를 내포하는 '감각'은 기존의 재현이 토대를 두고 있는 '개념적 차이'—모든 것은 절대적으로 똑같은 어떤 개념 아래에서만 차이를 드러낼 수 있다—에 대항하여 차이가 단지 차이 그 자체로 존재하는 세계이다. 감각은 차이로서의 비인간적 '힘'의 강도를 개념 없이 포착하는 거의 유일한 수단이란 점에서 들뢰즈에게 중요하다. 들뢰즈가 말하는 감각은 '눈으로 만지다'라는 말처럼 하나의 감각이 주어진 기능만을 표현하는 것이 아니라 시각적이고 청각적일 수 있는 촉지적 감각에 대한 표현들을 제시한다. 근거리 공간은 특권적인 대상인 동시에 촉각적일 뿐만 아니라 시각적이고 청각적일 수 있는 촉지적 공간의 요소처럼 여겨진다. 들뢰즈가 『감각의 논리』를 통해 말하고자 하는 것은 우리의 감성적 인식이 신체에 의해 촉감적으로 느껴지는 감각을 형상화한다는 것이다. 그 대상에 대한 사실적인 재현을 의미하는 것이 아니라 시각을 통해 또 다른 감각이 표현되어 표현 주체자의 감각과 힘이 드러나는 것이다. 들뢰즈에게 감각은 세계와 현상학적 만남을 통해 재현에서 벗어나 잠재해 있는 것의 형태를 갖게 하는 유일한 방법이다. 그에게 예술의 특수성은 무한한 것을 찾고 회복하기 위하여 유한한 것을 거치는 활동이고 이것은 감각들의 집적을 통해 이루어진다. 이러한 맥락에서 그는 회화를 칸트처럼 미적 관조의 대상으로 보지 않고, 감각을 통해 우리 신체를 변화시키는 삶의 예술이라는 관점에서 바라본다. 감각을 그린다는 것은 여러 층위와 범주 사이에서 일어나는 지속적인 운동과 리듬을 포착하는 일이다. 그러므로 "위대한 예술은 대상, 풍경, 행위 혹은 감정의 재현이 아니라 그러한 것들을 일으키고 시키는 운동들을 포착하는 힘"이고, "보이는 것을 보여주는 것이 아니라 보이지 않는 힘을 보이도록 하는 것이다." 보이지 않는 힘은 우리의 신체가 느끼는 전반적인 모든 상황을 포착해내어 형상화시키는 힘이라는 것이다. 이러한 형상화시키는 힘은 '리듬'에서 찾아볼 수 있으며 반복과 중첩의 방법에 의해 형상을 변형시켜 리듬으로 형상화함으로써 감각으로 나타나게 되는 것이다. (윤송아)

지각, 오성, 감성, 리듬

참고문헌
이시하라 치아키 외, 송태욱 역, 『매혹의 인문학 사전』, 앨피, 2009.
남경태, 『개념어 사전』, 들녘, 2006.
질 들뢰즈, 하태환 역, 『감각의 논리』, 민음사, 2008.
박지숙·윤화영, 「들뢰즈와 베케트 : 철학과 문학의 공통기호들(Ⅰ)-감각의 논리로 그린 그림, Footfalls」, ≪비평과 이론≫ 9권 2호, 2004.

이숙경, 「감각체험을 위한 전시공간에 관한 연구−질 들뢰즈의 감각의 논리와 메를로 퐁티의 지각의 현상학을 중심으로」, 국민대학교 석사논문, 2005.
김상미, 「들뢰즈(Gilles Deleuze)의 감각론에 의한 확장된 공간표현 지도 방안 연구」, 한국교원대학교 석사논문, 2011.

감상 ☞ 감상주의

감상소설(感傷小說, Sentimental novel)

애상감, 연민, 동정 등의 정서를 지나치게 강조하는 감정과장의 소설경향을 지칭한다. 감상소설은 감수성의 소설(novel of sensibility)이라고도 일컬어지는데, 이때 감수성은 부정적인 의미로서 지성, 감성, 정서의 통일성을 상실한 채 감정 과장에 의해 비애, 눈물, 탄식, 절망, 애상 등의 감정에 끌리기 쉽다는 뜻을 내포한다.

감상소설은 주로 선(善)한 작중 인물들이 자신들의 슬픔이나 다른 인물들의 슬픔에 대해 나타내는 눈물겨운 비탄을 중심으로 하며, 때로는 그 자체 역시 눈물 속에 표현된 아름다움이나 숭고함에 접하여 일어나는 강렬한 반응을 강조한다. 감상소설의 주인공은 주로 숭고한 감정의 소유자로 제시되며 미리 조작된 해피엔딩에 앞서 관객의 눈물을 짜내기 위한 각본상의 시련을 받는다. 서구에서는 감수성의 시대라 일컬어지는 18세기 후반의 낭만주의 말기 무렵 소설이 주로 이런 부류에 해당된다.

서양의 경우를 살펴볼 때, 괴테(Goethe)의 장편소설 『젊은 베르테르의 슬픔』(1774)은 사랑에 실패한 한 남자가 자기 감수성을 일상생활의 요구에 적응시키지 못하고 권총으로 자살하는 심미적 감수성과 복잡한 정서적 고뇌를 제시한 작품이다. 또한 감상소설의 극단적인 예는 영국작가 헨리 맥켄지(Henry Mackenzie)의 「감성인(The Man of Feeling)」(1721)이다. 이 작품은 너무도 섬세한 감정을 가지고 있기 때문에 젊은 처녀에 대한 연정이 지나쳐 몸이 쇠약해져서 그녀에게 자기 감정을 고백하다가 마음이 동요된 나머지 숨을 거두는 주인공을 묘사하고 있다.

우리나라의 경우, 이광수의 『유정』과 심훈의 『상록수』, 전영택의 「화수분」등을 비롯한 1920년대의 순수 유미주의적인 소설들에서 그것을 볼 수 있다. 특히 『유정』과 『상록수』에서 나타나는 전형적인 도덕적 선인(善人), 영신과 동혁 등의 인물은 감상소설의 대표적인 주인공 유형이라고 할 수 있다. 그리고 박계주의 「순애보」와 이광수의 「사랑」, 개화기 신파극인 「장한몽」등에서 감상적 경향이 두드러진다. 현대에서는 이러한 감상성이 소설의 완성도에 악영향을 끼친다는 이유로 잘 사용되지 않고 있다. (이명재)

감수성, 유미주의, 감상적인 주인공

참고문헌
신희천, 조성준 편저, 『문학용어 사전』, 청어, 2001.
이명섭 편, 『世界文學 批評用語 事典』, 을유문화사, 1985.

이상섭, 『문학비평용어사전』, 민음사, 2001.
한용환, 『소설학 사전』, 문예출판사, 1999.
M. H. Abrams 저, 최상규 역, 『문학용어사전』, 예림기획, 1997.

감상적 오류(感傷的 誤謬, Pathetic fallacy)

감상적 오류란 사물에 인간의 감정과 능력을 부여하는 것을 가리키기 위해서 존 러스킨(John Ruskin)이 1856년에 『근대 화가들(Modern Painters)』 제3권 제12장 「감상적 오류에 관하여」에서 처음으로 만들어낸 용어이다. 시를 올바르게 창작하기 위해서는 이 오류에서 벗어나는 일이 무엇보다도 중요하다는 것이다. "진실"을 예술의 가장 중요한 미적 기준으로 삼았던 러스킨의 용법에서 감상적 오류는 비난과 경멸적인 대상의 용어로 쓰였다. 왜냐하면 감상적 오류는 "우리에게 나타나는 사물의 진정한 모습"을 묘사하는 데 쓰이지 않고, "우리가 감정이나 명상적 공상에 빠져 있을 때 나타나는 이상하거나 거짓된 모양"을 묘사하는 데 쓰이기 때문이다.

러스킨은 감상적 오류를 기준으로 삼아 과거의 시인들을 분류하였다. 그에 의하면 가장 뛰어난 창조적인 시인들, 예컨대 호머, 단테, 셰익스피어 등은 감상적 오류를 거의 사용하지 않았으나 그보다 못한 시인들, 즉 워즈워스, 콜리지, 키츠, 테니슨 등은 이것을 애용했다는 것이다. 러스킨은 앵초류(primrose)를 지각하는 반응에 따라 시인들을 제1급의 시인, 제2급의 시인, 시의 문외한 등으로 분류하였다. 여기서 문제가 되는 것은 제2급의 시인인데 이들은 사물을 잘못 지각하므로 앵초류를 단순한 사물이 아니라 앵초류 이상의 것으로 지각한다.

러스킨은 감상적 오류를 제2급의 시인들과 영감을 받는 시인들에게서 찾고 있다. 그중 제2급의 시인들의 감상적 오류는 영감을 받는 시인들의 그것보다도 더욱 병적인 감정이며 부정확한 지각의 대상이 되고 있다. 그레이, 콜린스, 워즈워스와 같은 낭만파 시인들은 사물에 인간적인 속성을 부여하는 표현들을 즐겨 사용하였다. 즉 무생물에 인간의 특성을 귀속시키는 의인화(擬人化, personification)의 방법은 시인의 감정과 태도만을 드러내기 때문에 시어 사용면에서 일상어보다는 장식어, 구체어보다는 추상어나 관념어를 주로 사용하여 시를 감상화시키고 추상화시켜 시적 의미의 올바른 전달을 방해한다. 이 오류는 러스킨의 지적처럼 일종의 흥분된 감정 상태에 의해 발생하기 때문에 마음이 정서로부터 강한 영향을 받을 때 범하는 실수 혹은 외적 사물에 대한 잘못된 인상이라도 할 수 있다.

러스킨은 그의 저서에서 인용한 바 있는 찰스 킹즐리의 시 「디의 모래밭」 "출렁이는 거품 속으로 배를 저어간다. 넘실거리는 잔인한 물거품"의 시구를 가리켜 "거품은 잔인하지도 않고, 출렁거리지도 않으며, 다만 거품에다 살아 있는 생물의 특성들을 부여하는 마음의 상태가 슬픔으로 인해 혼란해진 상태"라고 논평하면서 감상적 오류임을 지적하였다. 이 시행들은 겉으로 보기에는 아름다울지 몰라도 자세히 읽어 보면 거짓이고 병적이라는 것이 러스킨의 주장이다. 그것은 이 시구들이 사물의 진정한 모습을 묘사하기 보다는 시인 자신의 감상적 또는 명상적 공상에 빠져 있을 때 나타나는 왜곡된 진실을 묘사하기 때문이라고 설명한다.

이와 같이 감상적 오류는 주관적 인식을 바탕으로 하여 쓰여지는 시에 많이 나타난다. 또한 러스킨은 감상적 오류라는 말을 평가적으로 구사했지만 후대의 비평가들은 그 경멸적 의미를 버리고 기술적으로 사용하고 있다. (이명재)

감상화, 주관적 인식, 의인화, 낭만파 시

참고문헌
이명섭 편, 『世界文學 批評用語 事典』, 을유문화사, 1985.
이정일 편, 『詩學事典』, 신원문화사, 1995.
조셉 칠더즈 · 게리 헨치 편저, 황종연 역, 『현대문학 · 문화 비평용어사전』, 문학동네, 1999.
M. H. Abrams 저, 최상규 역, 『문학용어사전』, 예림기획, 1997.

감상주의(感傷主義, Sentimentalism)

어떤 상황에 대해 지나친 감정을 보일 때, 혹은 비애(pathos)나 동정(sympathy) 등의 감정에 지나치게 빠져 헤어나지 못하는 상황 등을 가리키며 현재는 부정적인 의미를 내포한 용어이다. 낭만주의의 말기적 증상으로 나타났는데 우리나라에서는 개화기의 신파극(新派劇)이나 1920년대의 《백조(白潮)》, 《폐허(廢墟)》동인들의 시들 대부분이 넓은 의미에서 이에 속하는 것이라 할 수 있다.

셸리(Shelley)가 그의 시 「에피사이키디온(Epipsychidion)」에서 표현하고 또 독자에게 불러 일으키려고 하는 정서적 반응은 1930년대의 신비평들(New Critics)에게는 감상적으로 보였던 것이다. 현대의 독자들은 18세기의 디킨즈(Dickens)의 작품에 있는 흔한 죽음의 장면들, 특히 어린아이의 죽음에 대해 눈물 대신 농담으로 반응을 보인다. 또한 독자들은 영국 빅토리아 조의 작품, 감수성의 희곡(Drama of sensibility)과 감수성의 소설(Novel of sensibility)을 읽어보면, 모두 우스꽝스러울이 만큼 감상적이어서 그것을 그린 당시에는 훌륭했던 삽화들에 눈물대신 냉소와 조소로 응하기도 한다. 이는 작가가 애상감(哀傷感), 비감(悲感) 등의 정서를 인간성의 사실적 표현으로서가 아니라 그런 정서에 빠져 있는 상태를 즐기기 위해서 인위적으로 조장할 때 생겨난다.

감상적인 것과 비감상적인 것의 유용한 구별은 표현된 감정의 강도나 종류에 의존하는 구별이 아니라, 그 감흥이 흔해 빠졌거나 상투어구(常套文句, Cliche)로 전달되느냐, 신선한 용어와 날카로운 묘사로 상황을 상세히 묘사하느냐에 기준을 두고 구별되어야 한다. (이명재)

감수성, 낭만주의, 상투성

참고문헌
신희천 · 조성준 편저, 『문학용어 사전』, 청어, 2001.
이명섭 편, 『世界文學 批評用語 事典』, 을유문화사, 1985.
이상섭, 『문학비평용어사전』, 민음사, 2001.
M. H. Abrams 저, 최상규 역, 『문학용어사전』, 예림기획, 1997.

감수성(感受性, Sensibility, 프 Sensibilité, 독 Empfindsamkeit)

감성이라고도 하며 이성에 대립되는 개념으로 인간 의식의 정서적 성향을 가리킨다. 이 말이 문학의 용어로 쓰이기 시작한 것은 18세기 초 영국이며, 처음에는 사랑, 동정심, 연민 등을 잘 느낄 수 있는 성격을 뜻하다가 이후에 아름다움에 대해 민감한 반응을 보이는 성격을 뜻하게 되었다. 그러나 근대의 비평가들은 감수성을 감각, 사고 및 감정에 있어서 경험에 반응하는 작가의 특징적 능력을 가리키는 데 주로 사용한다.

본래 어떤 대상에 대해서 지적 판단을 가하기보다 감정적 반응을 빨리 나타내는 것은 어른들이 아니라 청소년들이다. 시인에게 감수성이 풍부하고 예민해야 한다고 요구하는 일은 시인이 청소년의 특성을 지녀야 한다는 말이 될 수도 있다. 보들레르(C. P. Baudelaire)는 어린이와 회복기의 환자와 예술가가 다같이 "사물에 대해서 아주 사소하게 보이는 것까지도 생생하게 흥미를 느낄 수 있는 능력"을 가지고 있어서 모든 것을 신기하게 본다고 말했다. 그러므로 감수성은 사물에 대한 체험이 오관을 통해서 생생하게 이루어짐으로써 형성되는 것이다. 현대 비평에서 엘리어트(T. S. Eliot)의 경우처럼 사상과 감각의 통합개념으로 쓰인 예도 있다.

한국소설에서 감수성을 잘 드러내고 있는 작가는 김승옥, 윤후명, 조세희 등을 들 수 있다. 대부분의 작가들은 감수성과 밀접하게 연관을 맺는데, 감수성이 고갈되면 곧 창작의 소멸이나 소재의 한계에 부딪쳐 상투성으로 떨어지기 때문이다. 감수성은 작가의 세계관의 변화 추세에 맞춰 그때그때의 시각을 형성시키는 힘이며 궁극적으로는 작가의 의식을 뒷받침하는 가장 커다란 예술적 동인이라고 할 수 있다.

일반적으로 작가의 감수성은 일상화된 감각의 틀을 깨고 자동화된 인식을 일깨우는 힘이 있다고 여겨진다. 이런 감수성은 모든 예술 행위에 있어서의 낯설게 하기의 한 원천이 되기도 한다. 김승옥의 「다산성」에서 '고등동물'을 발음하면서 살코기를 씹는 연상을 거쳐 푸줏간의 고기 덩어리와 '오물이 조개껍질처럼 붙은 황소'를 연결시키는 것은 독특한 소설적인 묘사를 보여주고 있다. (김학균)

감성, 이성, 청소년

참고문헌

T. S. Eliot, The Metaphysical Poets, Selected Essays, New York, Harcourt, Brace, 1956.
김승옥, 『김승옥 전집』2권, 문학동네, 1995.

감정(感情, Feeling, Emotion)

좁은 뜻으로는 쾌·불쾌의 반응을, 넓은 뜻으로는 정신에 대한 전통적 구분인 지(知)·정(情)·의(意) 가운데 정적인 측면을 의미하는 말이다. 문학의 감정적 효과에 관해서는 플라톤 이래 문학론의 중요한 문제가 되어 왔다. 이를테면 플라톤은 음악과 시를 통한 열정적 자극에서 이성적 삶에 대한 근본적인 위협을 보았던 반면, 아리스토텔레스는 비극을 통한 공포와 연민의 자극을 그러한 정열의 정화(카타르시스)로서, 또 그것을 통하여 이성적 심신 상태가 회복되는 것으로서 이해했다. 통제할 수 없는 정열의 자극이 사회적 도덕과 이성적 삶을 위협한다는 염려는 고대와 중세에 지배적이었다. 호라티우스 이래 충동적인 삶을 완화시키기 위한 교화적인 예술의 작용에 관한 이론이 줄곧 나타났던 것이다. 그러나 근대에 이르러 행복한 삶을 위한 감각적이고 정서적인 쾌의 감정이 지닌 의의에 대한 긍정이 점차 증가되었다.

작가의 감정과 실제 작품에 표현된 감정의 관계를 알렉산더(S. Alexander)는 'material passion'과 'formal passion'으로 나누어 설명했다. 그는 "매리디스나 세익스피어는 실제로 그들 작품 속의 등장인물의 감정을 느낄 필요가 없고 단지 그들의 감정을 이해만 하면 된다"라고 하면서 시인의 감정 자체인 'material passion'은 드러날 필요가 없으며 실제 작품 속에서 조성된 'formal passion'만이 독자의 미적 감정과 동일하다고 주장하였다. 그러나 톨스토이(L. N. Tolstoi)와 같이 작가의 마음이 있는 그대로 성실하게 독자에게 전달되는 것이 바람직하며 객관화의 과정은 감정의 솔직한 전달에 방해가 되는 것으로 보는 견해도 있다. 경험적 자아와 시적 자아를 구분한 엘리어트는 실제의 정서(emotion)와 작품 속에 표현된 감정인 정서(feeling)를 구분한다. 시에서 감정의 직접적 진술을 자제해야 한다고 주장한 엘리어트는 대신 시인의 감정을 환기시키는 이미지, 단어(객관적 상관물) 등의 사용을 권하였다. 리차즈(I. A. Richards)는 감정을 '이해를 위한 또 하나의 절대 필수적인 방법'으로가 아니라 일련의 개인적 태도에 대한 암호를 의미하는 데 제한시켜 사용하였다. 어떠한 사건을 논리적으로 능숙하게 추론할 수 있는 사람만큼이나, 이러한 암호(감정)를 특별히 잘 해독해낼 수 있는 사람이 있는 것이며, 암호를 해독할 수 있는 무언가를 이들이 창조했을 때 위대한 예술가가 된다는 것이다. (정주아)

정서, 서정적 자아, 주관성, 감동

참고문헌
김용직, 『현대시원론』, 학연사, 1988.
김준오, 『시론』, 삼지원, 1982.

감정의 구조(Structure of feeling)

한 세대 혹은 한 시대 특유의 느낌을 만들어내는 사회적 경험과 관계의 특질들을 말한다. 문화이론가 레이먼드 윌리엄즈(Raymond Williams)가 <맑스주의와 문학 Marxism and Literature>에서 설명한 개념이다. 그는 기존 마르크스주의 비평에서 사용해온 세계관이나 이데올로기 등의 개념들이 관념적으로 굳어져 있어 실제 삶의 유동성을 설명하는 데에 적합하지 않다고 보았다. 그러나 삶의 형식을 사회·역사의 맥락에서 설명하고자 하는 마르크스주의 비평의 기본적 태도는 유지하고 있다. 그의 이론은 개인이 아닌 집단이나 사회가 공유하는 시대적인 가치, 특정한 생활형식을 해명하는 데 맞추어져 있기 때문이다. 그러나 논자에 따라서는 윌리엄즈의 이론이 이론적으로 규정하기 힘든 감정을 핵심개념으로 설정하였음을 주목하고, 그가 궁극적으로 마르크스주의 비평의 근간이 되는 토대-상부 구조의 도식을 부정했다는 점에 의의를 두기도 한다.

한 시대의 문화는 감정의 구조가 작동하는 가운데 이루어진다. 그는 감정의 구조란 사회적인 특성 이상의 그 무엇이며, 모든 공동체 구성원들에 의해 광범위하게 향유된다고 보았다. 그러나 그것은 공동체를 이루는 개인들에게 동일한 방식으로 소유되지는 않는다고 보았다. 즉 감정의 구조는 공동체의 의사소통을 가능하게 만드는 기반이다.

그는 당대 사회의 공통 감정을 반영하는 건축, 문학, 패션, 언론 등 다양한 예술과 문화양식들을 주목하였다. 한 시대의 예술과 문화양식은 새로운 감정의 등장을 알리는 매체라는 점에서 중요하게 생각된다. 그것은 어떤 시간과 장소에서 영위되는 삶에 대한 감각을 담은 결과물이다. 예술과 문화양식은 유동적으로 움직이는 감정을 포착한 자료들로서 감정의 구조를 반영하는 매체의 기능을 담당한다고 할 수 있다. (정주아)

레이몬드 윌리엄즈, 마르크스주의 비평, 공통 감각

참고문헌

Raymond Williams, Marxism and Literature, Oxford : Oxford University Press, 1977.

John Higgins, Raymond Williams : Literature, Marxism and Cultural Materialism, London : Routledge, 1999.

감정이입(感情移入, Empathy, 프 Objectivation du moi, 독 Einfühlung)

자신의 감정을 자연계나 타인에게 무의식적으로 투사하고, 그들이 자신과 같은 감정을 가지고 있는 듯이 느끼는 것을 말한다. 1858년 독일의 헤르만 로체(H. T. Lotze)가 처음으로 사용하고, 독일의 심리학자이자 미학자인 립스(T. Lipps)가 미학 이론으로 정리하였다. 예술 작품을 대할 때 독자는 작중 인물이나 대상을 자신과 동일시한다. 소설을 읽는 동안 주인공의 입장이 되어 감정의 변화를 경험하는 것이 그 예이다. 즉, 예술 이론에서 감정이입이란 대상과 인간의 감정이 완전하게 결합되는 것을 의미한다.

> 쏜山에 우는 접동 너난 어이 우짓난다(텅 빈 산에서 우는 접동새야, 너는 왜 울고 있는가)
> 너도 날과 같이 무음 이별하였나냐(너도 나처럼 무슨 이별을 하였는가)
> 아모리 피나게 운들 대답이나 하더냐(아무리 피나게 운다고 해도 무슨 대답이나 하겠는가)
> ―박효관(朴孝寬), 『歌曲源流』 중에서

위의 시조에서 작자는 접동새라는 대상에 자신의 감정을 투사한다. 이에 따라 접동새의 울음은 이별을 겪은 작자의 마음처럼, 임을 그리워하는 슬픈 소리로 표현되고 있다. 이처럼 문학작품의 분석에 있어서, 어떤 구절이 묘사된 대상과의 육체적 합일을 강조하고 있다면 감정이입이 된 것으로 볼 수 있다.

감정이입은 예술작품의 감상에 필수적이다. 슈피겔과 마호드카는 고갱의 <시장>을 여러 학생에게 보여주고 그림 속 여성에 대한 소감을 조사했다. 이들은 동일한 그림을 보고도 학생들의 답변이 다양하게 나타날 수 있는 것은 보는 이의 감정이 작품에 이입되었기 때문이라고 설명했다. 심리학에서 사용하는「주제통각검사(主題統覺檢査)」역시 감정이입에 근거를 둔 검사로, 대상자에게 그림 몇 장을 주면서 그것을 이용하여 전후 상황이 갖추어진 이야기를 만들도록 한다. 이후 이야기의 내용을 분석하여 대상자의 성격을 진단한다. (정주아)

공감(sympathy), 동화(assimilation), 투사(projection)

참고문헌
김준오,『시론』, 삼지원, 1982.
오세영,『문학과 그 이해』, 국학자료원, 2003.

갑골문(甲骨文)

은(殷)에서 사용한 거북껍질과 짐승 뼈에 새겨진 문자라는 뜻의 구갑수골문자(龜甲獸骨文字)의 약칭이다. 기원전 14세기경 상(商)나라 왕인 반경(盤庚)이 은(殷)으로 천도하였을 때, 사람들이 점을 친 후 갑골 위 복괘에 관하여 새겨놓은 문자를 지칭한다. 이 때문에 갑골문을 은허문자, 은허복사라 부르기도 한다. 청말 광서(光緒) 25년(1899년)에 왕의영(王懿榮)에 의해 처음 발견되어 지금까지 대략 십만여 편이 출토되었다. 대부분은 구갑과 수골에 새겨진 점복과 관련이 있는 문자이지만, 일반 수골과 골각기에 새겨진 문자도 있고, 드물지만 쓰기만 하고 새기지 않은 글자도 보이며 점복과 무관한 순수한 기록 위주의 글자도 있다. 또 1950년대 이후로는 산서성(山西省)·북경시(北京市)와 섬서성(陝西省) 등지에서 서주(西周) 시기의 갑골이 한 두 편씩 발견되다가, 1977년과 1979년에 섬서성(陝西省)에서 300여 편이 발굴되었다. 별칭으로 주요 내용에 따라 '갑골복사(甲骨卜辭)', 발견지에 따라 '은허문자(殷墟文字)', 서사도구에 따라 '은인도필문자(殷人刀筆文字)' 등으로도 불린다.

갑골문은 상(商)나라의 유물로 상나라 반경(盤庚)임금이 상에서 은으로 도읍을 옮긴 이후부터 주나라 무왕(武王)에게 멸망당할 때까지 273년간의 상나라 역사기록문헌인 갑골편에 새겨진 문자이다. 갑골문은 상나라의 마지막 도읍지, 곧 은의 폐허지인 지금의 하남성(河南省) 안양현(安陽縣)에서 발견되었다. 애초에 은허 일대의 농민들에 의해 발굴되어 '용골(龍骨)'이라고 불려지며 한약재로 사용되었다고 한다. 이를 1898년 천진(天津)의 맹정생(孟定生)과 왕양(王襄)이 용골에 새겨진 부호를 고간(古簡)이라 하여 고대 문자라고 감정하였다. 그 후 1899년 왕의영(王懿榮)과 유악(劉鶚)에 의해 은나라의 문자라는 것이 확실히 밝혀지게 되었다.

지금으로부터 약 3,300년 전의 중국 고대 은나라의 역사·사회·문화를 기록한 역사문헌인 갑골문은 지금까지 약 10여만 편 정도가 발굴되었다. 그 가운데 개별자의 수량은 약 5천자 정도이며, 고석된 글자는 2,200자 정도이나, 그 가운데 공인을 받은 고석 자수는 1,200자에 지나지 않는다.

상나라는 국가의 대소사를 점을 쳐서 결정하는 신정 정치를 시행하였다. 어떤 사안이 발생하면 미리 준비해둔 거북이의 껍질이나 짐승 뼈의 뒷면 홈에다 불로 지져서 갈라지는 결을 보고 길흉을 점쳐 이를 정사에 반영하였다. 점을 치는 과정에서 갑골편에 길흉의 징조인 'ㅏ'과 같은 형태가 나타나는데, '점을 치다'는 뜻을 지닌 '복(ㅏ)'자가 바로 이 모양을 본 뜬 글자이며, 또 갑골이 균열될 때의 나는 소리가 바로 '복(ㅏ)'자 자음의 유래이다.

갑골문의 주요 내용은 기상·역법·농업·정치·군사·수렵·건설·공납·교육·생육·질병 등으로 당시의 사회상을 전면적으로 담고 있다. 갑골문은 바로 이런 항목에 대해 점을 친 날짜·사람·내용·결과·결과에 대한 판단·결과에 대한 검증 등 일련의 과정을 점을 치는데 사용한 갑골에다 칼로 새겨놓은 것이다. '갑골문합집6057정(甲骨文合集6057正)'을 예로 들어 갑골문의 형식을 살펴보면 다음과 같다.

> 癸巳卜, 殼, 貞, 旬亡禍? 王占曰 : 有祟其有來艱. 迄至五日丁酉, 允有來艱自西.
> 계사(癸巳)일에 점쟁이 각(殼)이(前辭), '앞으로 열흘동안 재화가 없겠는가?'라고 점을 쳤다(貞辭).
> 왕이 점친 갑골편의 갈라진 모양을 보고 귀신이 앙화를 부려 아마도 불길한 일이 발생할 것 같다
> 고 판단하였다(占辭). 닷새가 지난 정유(丁酉)일에 과연 불길한 일이 서쪽에서 발생하였다(驗辭)

위처럼 완전한 형식의 복사는 전사(前辭)·정사(貞辭)·점사(占辭)·험사(驗辭) 등 네 부분으로 이루어져 있다. '癸巳卜, 殼貞'은 점을 친 시기와 점쟁이 이름을 기록한 부분으로 전사이고, '旬亡禍?'는 당시 점을 친 내용으로 정사이며, '王占曰 : 有祟其有來艱'는 당시 왕이 갑골편의 갈라진 흔적을 보고 길흉 판단을 내린 점사이며, '迄至五日丁酉, 允有來艱自西'는 점을 친 결과가 딱 들어맞았는지를 기록한 것으로 험사이다.

갑골문은 단순한 점복 기록이 아니라, 상나라 시기에 발생한 대소사를 고스란히 간직한 역사 문헌이다. 이를 통해 당시의 온갖 사회상을 사안별로 시기별로 추정할 수 있게 되었으니, 갑골문의 발견은 중국고대사 연구에 가장 획기적인 자료를 제공하였다고 할 수 있다. 갑골문의 특징은 다음과 같다. 첫째, 상형성이 농후하고 도화적인 색채가 짙다. 둘째, 갑골문은 이체자가 다량 존재하고, 똑바로 쓴 것 거꾸로 쓴 것, 편방이 있는 것 없는 것, 편방이 대체된 것 등 자형 결구가 정형화되어 있지 않다. 셋째, 필세는 견고한 갑골에다 칼로 새긴 관계로 가늘며 직선이 많고 각이 확실하게 져있다. 넷째, 조상의 묘호나 시간을 나타내는 월명 등 두 글자를 한 글자로 합한 합문(合文)이 존재한다. 그 결합방식은 좌우배열식·상하배열식·복합식·포함식·역접식 등이 있다. 다섯째, 갑골문에는 전주를 제외하고 상형·지사·회의·형성·가차 등의 자례(字例)가 존재한다. 이렇듯 다양한 구조를 지닌 갑골문은 이미 상당한 체계를 갖춘 성숙한 문자임을 알 수 있다(李孝定의<漢字的起源與演變論叢·從六書的觀點看甲骨文字>를 참고바람). (위행복)

갑골문, 갑골복사, 은허문자, 문자학

참고문헌
裴錫圭, 『중국문자학』, 이홍진 역, 신아사, 2001.

張秉權, 『甲骨文與甲骨學』, 臺灣 國立編譯館, 1988.
王宇信, 『甲骨學通論』, 中國 社會科學出版社, 1989.

강단이론(講壇理論)

강단철학(Kathederphilosophie)·강단사회주의(Kathedersozialismus)에서 파생된 말로, 현실적인 삶과 무관하게 대학 내에 또는 이론적 체계 속에 갇혀 있는 관념적 이론을 포괄적으로 이르는 말이다. 강단철학이란 피히테, 쉘링, 헤겔의 관념론이 지배적이던 독일 대학의 철학을 비판하고자 쇼펜하우어가 사용했던 표현이다. 쇼펜하우어는 강단철학자들의 철학이 주어진 현실 세계에 대한 정신적 통찰에서 형성된 것이 아니라 과거 철학자들과의 사상적 대결을 통해 성립된 것으로 보았으며, 때문에 자신은 강단철학에서 벗어나 직접적 삶의 경험에서 철학함을 출발하고자 하였다.

문학에서는 강단비평이란 용어가 쓰이고 있다. 이는 대학 문과 계통의 아카데믹한 지적 소양을 토대로 한 비평으로서, 특히 대학 소속 연구자들에 의한 학적 비평을 뜻한다. 한국문학에서 강단비평은 1960년대에 두드러진다. 당시 강단비평의 대두는 다음의 몇 가지 이유 때문이다. 우선 서구 다양한 문학이론들이 체험되었다는 점이다. 특히 영미 계통의 신비평은 강단비평의 가장 주요한 토대가 되었다. 다른 한편, 교육제도 정비에 따라 대학이 양적·질적으로 팽창했다는 점이다. 이에 따라 대학의 문학관련 학과들을 중심으로 전문적인 문학교육이 확대되었다.

그러나 강단비평 역시 '강단'이라는 특성 때문에 '현장'과 갈등관계에 놓인다. 송재영의 <講壇批評과 文壇批評의 距離>(1979)가 양자의 긴장관계를 잘 보여준다. 이후 강단비평은 현장비평·저널리즘 비평과 대칭적인 의미를 지니게 된다. 후자를 강조할 때 강단비평은 강단철학처럼 부정적으로 평가된다. 첫째 강단비평이 이론화와 가치중립적 객관화를 목표로 삼는 만큼, 필연적으로 비평가의 개성을 말살시킨다는 것이다. 둘째 비평이 아카데미 제도 속에 학문적으로 편입됨으로써 이론적 외양을 취한 담론은 번성하지만 그 담론의 현실대응력은 오히려 허약하다는 지적이다. 그러나 다른 한편, 문학평가의 객관성과 보편성의 전범을 보여주며 상업적 시류에 편승하지 않는 강단비평의 장점을 주목하여, 문단비평·현장비평·저널리즘 비평과의 상보적인 관계를 강조하는 평가도 있다. (정주아)

비평, 현장비평, 저널리즘 비평, 문단비평

참고문헌
A. Schopenhauer, Sämtl. Werke 2, A. Hübscher, 1937.
김윤식, 『韓國現代文學史』, 일지사, 1985.
송재영, 「講壇批評과 文壇批評의 距離」, 『現代文學의 擁護』, 문학과지성사, 1979.
임영봉, 『한국현대문학비평사론』, 역락, 2000.

강담(講談)/강담사(講談師)

강담은 18·19세기 조선 시대 강담사의 이야기를 일컫는다. 여기서 강담사란 흔히 <이야기

장이>나 <이야기주머니>(說囊)라고 불리는 사람들이었다. 가장 일반적인 형태의 이야기꾼이며 협소한 의미에서 이야기꾼이라면 곧 이들을 가리키게 된다. 보통 이야기깨나 한다는 사람이라면 서울이나 지방에 얼마든지 있을 수 있는 형태이다. 특히 서울과 같은 도시를 배경으로 보다 전문화된 예능으로, 경우에 따라서는 직업적으로 행하였던 이야기꾼에 대해서 강담사라는 칭호를 부여하고 중시하였다. 이들은 양반다운 생활질서를 유지할 수 없을 만큼 영락한 양반출신 내지 이와 상응하는 계층으로서 주로 양반대가의 주변 인물들로 대가집이나 부자집의 사랑방 같은 곳을 주된 연예무대로 하면서 시정에서 활동하였다. 이 점에서 천민 출신인 강창사(講唱師)나 시가를 주활동 무대로 한 강독사(講讀師)와 구분된다.

18·19세기 강담사들의 활동이 주목받는 이유는 그들에 의해 구연된 이야기들이 기록으로 정착되는 과정에서 한문 단편이라는 장르가 형성되었던 것으로 판단되기 때문이다. 말하자면 귀로 듣는 이야기로부터 눈으로 읽은 이야기로 전화되면서 한문단편들이 이루어졌던 셈이다. 곧 강담사에 의해 구연된 이야기는 한문단편의 전신이었다고 할 수 있겠다.

강담사의 창작원리는 문인처럼 혼자 책상머리에 앉아서 문자로 써나가는 것이 아니라 서민대중과 함께 구두로 엮어나가는 것이다. 이러한 구두 창작은 두가지 면에서 주목할 필요가 있다. 첫째, 창작과정의 현장성과 관련해서다. 강담사는 시정과 사랑방을 내왕하면서 서민대중의 생활현장과 양반층의 주변에서 발생한 이야기를 창의적으로 운반했던 것이다. 서민대중의 생활현실과 정감에 밀착될 수 있었던 한편으로 양반 사회 내부의 갈등과 그들의 생활분위기도 포착할 수 있었다. 그래서 판소리 문학에서처럼 서민적인 성격이 농후하면서 양반사회를 포괄하는 폭넓은 작품세계를 갖게 된 것이다. 둘째 문자언어가 아닌 생활언어를 표현수단으로 쓰고 있다는 점이다. 강담사의 구두창작에서는 처음부터 한문학의 정통적인 형식에 하등 구애받지 않았을 뿐더러 일상의 생활언어를 써서 창작하였으므로 아주 자유롭게 자기들의 생활 정감을 표현할 수 있었다.

강담사는 특별히 자각된 창작의식과 수법이 있었던 것은 아니지만 창작 현장이 생활현실에서 유리되지 않았고 또 직접 서민의 일상언어로 이야기를 엮어나감으로써 예술의 새로운 경지를 열었다. 그리하여 다양한 시정생활의 동태와 각계각층 인간들의 행동하고 사고하는 모습들, 그리고 그들의 사랑과 웃음과 눈물과 분노가 생활언어로 생생하게 이야기되고 있었다. 물론 당시 시정인의 생활이 독자적인 사회계급을 형성하고 자기 사상을 확립할 만큼 향상되지 못하였으므로 이러한 상태를 반영해서 그 이야기들이 대개 미숙하고 치졸할 뿐 아니라 사건 구성에 우연과 신비가 많이 개입되고, 비현실적인 요소나 보수적인 낡은 도덕관념도 내포되어 있다. 그러나 자연스럽고도 솔직 발랄하게 그려진 당대 인간들의 삶의 이야기는 전통적인 사대부문학과 다른 새로운 문학의 세계를 가능하게 하였다. 연암과 같은 진보적인 작가는 창작의 소재를 여기서 발견하였거니와 그 이야기들이 광범하게 기록으로 정착되면서 우리 문학사는 장차 사대부

문학으로부터 시민문학으로의 전환을 기약할 수 있게 되었다. (오형엽)

참고문헌

임형택, 「18・9世紀 이야기꾼과 小說의 發達」, 『한국학논집』 2호, 1975.

_____, 「漢文短篇 形成過程에서의 講談師」, 『창작과 비평』 49호, 1978.

강담사 ☞ 강담

강박(强迫, Compulsion, 독 Zwang)

임상적으로 환자가 내적인 강제에 의하여 실행하지 않을 수 없는 행동의 형태를 말한다. 사고(강박관념), 행동, 방어 작용 그리고 복잡한 연속 행위가 실행되지 않을 때 불안이 상승하면 강박적이라고 부른다.

프로이트의 어휘에서 Zwang(강박)은 강제적인 내적 힘을 가리킬 때 쓰인다. 그것은 흔히 강박 신경증의 틀에서 사용된다. 그때 그것은 환자가 그런 식으로 행동하고 사고하려는 힘에 의해 강제되는 것을 느껴, 그 힘에 대항하여 싸운다는 것을 의미한다. 경우에 따라, 강박 신경증 밖에서는 그러한 내포적 의미가 존재하지 않기도 한다. 환자는 그가 무의식적인 원형에 따라 실행하는 행위에 대립한다는 것을 의식적으로 느끼지 못한다. 그것은 특히 프로이트가 반복 강박 Wiederholungszwang과 운명 강박Schicksalszwang이라고 명명하는 경우가 그렇다.

프로이트에게서 일반적으로 Zwang은 강박 신경증의 임상에서 그것이 갖고 있는 의미보다 더 넓고 기본적인 의미로 쓰이고 있으며, 욕동에서 가장 근본적인 것을 드러내 주는 열쇠이다. 프로이트의 「두려운 낯설음」(1919)에는 다음과 같은 말이 나온다. <무의식의 심리에서 우리는 반복 강박의 지배력을 알 수 있다. 그것은 욕동의 움직임으로부터 나오며, 아마 욕동의 가장 깊은 본질에 내재하며, 쾌락의 원칙을 넘어설 만큼 충분히 강력하고, 심리 생활의 어떤 양상에 악마적인 성격을 제공한다……> Zwang의 그러한 본질적인 의미는 일종의 숙명 fatum과 혈연관계를 맺고 있다. 우리는 프로이트가 신탁의 말을 가리키면서 오이디푸스 신화에 대해 말할 때 그러한 의미를 발견할 수 있다. 「정신분석학 개요」(1938)의 다음 구절이 그러한 사실을 보여주고 있다 : <…… 주인공의 무죄를 밝혀야 하는 신탁의 Zwang은, 모든 아들로 하여금 오이디푸스 콤플렉스를 거치게 하는 운명의 냉혹함에 대한 인식이다.>

프랑스 어로 compulsion과 compulsionnel은 compulsif와 같은 라틴 어 어원 comp−ellere을 갖고 있다 : 그것은 <강요하다qui pousse>, <강제하다qui contraint>라는 뜻이다. 우리는 compulsion을 독일어 Zwang의 번역어로 선택했다. 그러나 다른 한편으로, 프랑스의 임상에서는 주체가 갖지 않을 수 없다고 느끼는, 말 그대로 포위되었다고 느끼는 생각을 가리키기 위해서 강박 관념 obsession이라는 용어를 사용한다. 그래서 어떤 경우에는 Zwang이 강박 관념으로 번역된다 : 즉, Zwangsneurose는 névrose obsessionnelle[강박(신경)증]로 번역되고, Zwangvorstellung은 repré sentation obsédante(강박 표상)나 obsession de……(……강박 관념)로 번역된다. 그 대신, 행위가 문제될 때는 compulsion(강박)이나 action compulsion-nelle(강박 행동), 또는 compulsion de répétition(반복 강박) 등의 표현을 사용한다. 마지막으로, compulsion은 프랑스 어로 어근이 pulsion(욕동)과 impulsion(충동)과 같은 계열에 있다는 것에 주목할 필요가 있다. compulsion과 pusion 사이의 어원적인 혈연관계는 Zwang이라는 프로이트의 개념과 아주 일치한다. compulsion과 impulsion의 용법에는 민감한 차이가 있다. impulsion은 이러저러한 행위를 수행하려는 경향이 갑작스럽고 급박하다고 느껴질 만큼 돌발하는 것을 가리킨다. 그때 그러한 행위는 모든 통제를 벗어나서, 일반적으로 감정의 영향하에 이루어진다. 거기에는 강박 관념과 행동의 투쟁도 복잡성도 없고, 반복 강박의 환상적인 시나리오에 따라 구성된 특성도 없다. (오형엽)

강서시파(江西詩派)

송나라 때 형성된 시가 유파. 북송 후기 시단에 큰 영향을 끼친 황정견(黃庭堅, 1045~1105)을 중심으로 형성된 유파다. 휘종 때 여본중(呂本中, 1084~1145)이 『강서시사종파도(江西詩社宗派圖)』를 만들었는데, 이 책에서 황정견은 시파의 조종으로 자리했고, 진사도를 비롯한 25명의 시인들이 나열되어 있는데, 이들은 모두 황정견의 문학을 계승한 것으로 인정되었다. 이 책은 일찍이 없어졌지만, 현전하는 기록으로는 남송 때 호자(胡仔)가 만든 『초계어은총화(苕溪漁隱叢話)』 전집(前集) 권48에 남아 있다. 여본중의 도표에 실린 25사람의 명단은 다음과 같다.

> 진사도(陳師道), 반대림(潘大臨), 사일(謝逸), 홍추(洪芻), 요절(饒節), 승조가(僧祖可), 서부(徐俯), 홍붕(洪朋), 임민수(林敏修), 홍염(洪炎), 왕혁(汪革), 이순(李錞), 한순(韓駒), 이팽(李彭), 조충지(晁冲之), 강단본(江端本), 양부(楊符), 사매(謝邁), 하예(夏倪), 임민공(林敏功), 반대관(潘大觀), 하의(何顗), 왕직방(王直方), 승선권(僧善權), 고하(高荷).

이들 시인들이 모두 강서 출신은 아니지만, 여본중의 의도는 시파의 시조인 황정견이 강서 사람이고 유파의 시인들 가운데 강서 출신이 비교적 많았기 때문에 유파의 명칭을 강서시파로 붙였던 것이다. 이들 25사람 중 후대에까지 비교적 많은 작품이 전해지는 사람은 진사도, 사일, 홍추, 요절, 홍붕, 홍염, 한순, 이팽, 조충지, 사매 등 10여 명에 불과하다. 이 밖에 강서시파에 포함시키는 시인으로는 여본중과 증기(曾幾), 진여의(陳與義, 1090~1138) 등이 있다. 증굉(曾紘)과 증사(曾思), 조번(趙蕃), 한호(韓淲) 등도 이 시파의 시인으로 불린다. 시파의 성원들은 대개 두보(杜甫, 712~770)를 배웠는데, 송나라 말기의 방회(方回, 1227~1305)는 두보와 황정견, 진사도, 진여의를 일컬어 강서시파의 일조삼종(一祖三宗)으로 불렀다.

이들은 특별히 시의 내용이나 사상에서 새로운 주장을 펼치지는 않았지만, 그들의 작품에는 사상이나 내용에 있어서 공통되는 특징은 담겨 있다. 황정견과 진사도 등의 작품에는 주로 개인적인 생활 경험들이 묘사되어 있거나 작자의 감정이 서술되어 있는데, 내용은 비교적 협소하고 일면적이다. 여본중과 중기, 진여의 등은 당시 민족간의 갈등을 노래한 우국의 작품을 쓰기도 하였다. 강서시파가 형성된 중요한 동기는 이들 시인들이 시가 문학에 있어서 서로 유사한 의견을 가졌기 때문이며, 구성원들 사이의 관계는 자신의 시세계를 전수하거나 연마하면서 이루어졌다.

강서시파의 영향은 북송 말기부터 대단히 현저하게 확산되었다. 유기(劉跂)와 왕조(汪藻, 1079~1154), 장얼(張嵲) 등과 같은 인물들은 비록 강서시파 시인으로 지목되지는 않지만, 그들이 창작 활동을 하면서 황정견과 진사도에게 받은 영향은 간과할 수 없을 정도다. 남송 시대에 이르자 강서시파의 영향은 시단 전체로 폭넓게 확산되었다. 양만리(楊萬里, 1127~1206)와 육유(陸游, 1125~1210), 강기(姜夔, 1155~1221) 등과 같은 저명한 시인들 역시 예술적으로 강서시파의 영향을 크게 받은 인물들이다. 강서시파의 영향은 송나라 이후에도 끊이지 않아 근대 동광체(同光體) 시인들에게까지 이르고 있다. (임종욱)

황정견, 강서시사종파도(江西詩社宗派圖), 초계어은총화(苕溪漁隱叢話), 일조삼종(一祖三宗), 동광체

참고문헌
임종욱, 『동양문학비평용어사전－중국편』, 범우사, 1997.
_____, 『중국의 문예인식』, 이회, 2001.
_____, 『중국문학에서의 문장체제 인물 유파 풍격』, 이회, 2001.
주훈초, 『중국문학비평사』, 이론과실천, 1992.

강신 ☞ 빙의

강창(講唱)

민간곡예(民間曲藝), 민간설창(民間說唱)이라고도 하며, 동작이 가미된 강설(講)과 노래(唱)로써 스토리를 표현하고 인물형상을 묘사하는 공연 양식이다. 오랜 역사를 가진 중국의 강창예술 작품들은 대부분 역사인물이나 역사고사, 그리고 문학명저 등에서 소재를 취했으며, 본디 예인(藝人)들의 구두 전승에 의하여 유지되어 왔다. 탄사(彈詞), 금서(琴書), 쾌판(快板), 평화(評話), 상성(相聲) 등 중국 모든 지역 모든 민족의 강창문학을 합하면 대략 300여 종에 이른다고 한다. 최근에는 도시와 상업경제의 발전에 따라 점차 전문화되었으며, 민간 설창은 이제 농촌에만 일부 존재한다.

중국의 강창 예술은 당대의 변문(變文)으로부터 유래하였다고 보는 것이 문학사가들의 견해이다. 당대에 이르자 불사(佛寺)에서 운문과 산문을 섞어 불교 설화를 전달하는 형식을 설법에 이용하기 시작하였는데, 이것을 속강(俗講) 혹은 전변(轉變)이라고 했다. 속강은 정해진 격식이 있었으니, 본격적인 강경의 앞에는 압좌문(押座文)이 있고, 불경을 인창(引唱)한 다음에는 산문체의 강해와 운문체의 시찬(詩贊)이 이어지는데, 여기에서의 산문 부분에는 보통 병려문(騈驪文)이 쓰였으며 운문 부분에는 7언이 주로 쓰였다. 그 후 대중들이 널리 이같은 형식을 좋아하게 되자, 속강이 시정(市井)으로 진출하였고 운문과 산문을 섞어 쓰는 형식에 중국 전래의 이야기들이 담겨지기 시작하였는데, 이를 변문이라고 불렀다. 변문의 형식은 송대의 백화소설과 송대의 고자사(鼓子詞)에 의하여 계승되었다.

고자사는 송대에 유행하였던 강창문학이다. 산문과 운문을 번갈아 가면서 고사(故事)를 풀어가는 형식이다. 운문 부분에서는 작품마다 정해진 사패(詞牌)를 사용하였는데, 짧은 것은 1수에서부터 길게는 십여 수까지의 사(詞)를 사용하였다. 강과 창을 겸하는 작품도 있었고, 창만으로 구성된 작품도 있었다. 강(講)부분은 창(唱)부분을 보조하는 역할을 하였다. 예를 들어 조령치(趙令畤)의 『상조접련화(商調蝶戀花)』는 12수의 『접련화(蝶戀花)』사(詞)를 이용하여 『앵앵전(鶯鶯傳)』이야기를 노래하는데, 매 수의 사(詞)뒤에는 산문의 서술이 붙여져 있다. 고자사는 제궁조, 남희, 잡극, 고자에 이르기까지 후대의 강창문학에 많은 영향을 끼쳤다.

제궁조는 송원대에 유행하였다. 북송 말 신종(神宗) 때에 이르자 제궁조라는 새로운 강창 양식이 공삼전(孔三傳)이라는 예인(藝人)에 의하여 만들어졌다. 동일한 궁조에 속하는 몇 개의 곡패를 이으면 투수가 만들어지는데, 여러 개의 투수를 조합하여 장편으로 만들고, 이것으로써 장편의 고사를 강창하는 체제가 제궁조이다. 따라서 제궁조는 다양한 궁조에 속하는 다양한 곡조를 자유롭게 사용할 수 있기 때문에, 다른 체제에 비하여 그 길이가 길었을 뿐만 아니라, 음악적 측면의 표현 능력이 대폭 향상되었기 때문에, 장편의 고사를 서술하기에 매우 적합한 체제였다. 또한 문학적 측면에 있어서도, 이전에는 병려문을 주로 쓰던 강(講)부분을 유창하고 아름다운 구어로 대체하였으며, 운문에 있어서도 3언이나 7언의 체제를 벗어나, 당송의 사나 가무곡 혹은 금원의 유행곡조 중 아름답고 음악성이 풍부한 것을 골라 썼다. 그리하여 금(金)나라에 이르자 무명씨의 『유지원제궁조(劉智遠諸宮調)』와 동해원(董解元)의 『서상기제궁조(西廂記諸宮調)』가 출현하였으며, 그리하여 강창예술이 문학적으로나 음악적으로 진일보하게 되었다. 원잡극의 대표작인 왕실보의 『서상기(西廂記)』는 동해원의 『서상기』에 바탕을 두고 있으니, 제궁조는 원잡극의 출현에 직접적인 영향을 미치기도 하였다.

명청대에 이르면 고사(鼓詞)가 북방의 강창문학을 대표하고, 탄사(彈詞)가 남방의 강창문학을 대표하게 된다. 고사는 북이나 판으로 박자를 치면서 반주하는 강창이며, 전쟁이나 국가흥망을 다룬 작품이 많다. 판(板)은 박판(拍板)이라고도 하며, 여러 개의 대조각 한쪽 끝에 구멍을 뚫은 다음, 이것들을 가죽끈으로 꿰어서 겹쳐 묶은 타악기로서, 박자를 맞추는 데 사용한다. 노랫말에는 7언을 많이 사용하였다. 명대에 시작되었으며, 현존하는 명대의 작품으로는 『대명흥륭전(大明興隆傳)』『난시구(亂柴溝)』 등이 있다. 고사는 명말청초에 흥성하였으며, 북방의 고사는 근대에 이르러 대고서(大鼓書)로 발전하였는데, 대고서는 북경 및 하북성에서 동북에 이르는 지역에 걸쳐 유행하였다. 문학사가들은 북송 조령치의『상조접련화』는 고자사를 고사의 시조로 여기며, 명작으로는 명말청초 가부서(賈鳧西)의『목피산인고사(木皮散人鼓詞)』를 꼽는다.

탄사는 비파나 삼현을 반주 악기로 한 강창이며, 명대에 생겨나 청대의 건륭(乾隆) 이후부터 지금까지 중국의 강남 일대에서 유행하고 있는 체제이다. 강남의 탄사는 다시 소주탄사(蘇州彈詞), 양주탄사(揚州彈詞), 절강탄사(浙江彈詞) 등의 몇 가지로 나뉜다. 탄사는 비파를 반주 악기로 사용하였으며, 노랫말은 7언을 중심으로 하였다. 탄사는 일반적으로 작품의 길이가 길다. 탄사작품으로 가장 규모가 큰『류화몽(榴花夢)』은 무려 400여 만 자에 달하는데, 이 작품은 공연된 적은 없다고 한다. 탄사 작품은 애종고사를 다루는 작품이 많았고, 작가로는 여자가 많았는데, 여류작가의 작품으로 유명한 것으로는 도정회(陶貞懷)의『천우화(天雨花)』, 진단생(陳端生)의『재생록(再生緣)』, 구심여(邱心如)의『필생화(筆生花)』, 정혜영(程蕙英)의『봉쌍비(鳳雙飛)』등을 들 수 있는데, '탄사소설(彈詞小說)'이라고도 불리는 탄사의 저본은 감각이 섬세하고 묘사가 치밀하며, 억눌려 사는 중국 여인들의 애환이 담겨있다고 할 수 있다.

종교적 소재를 서술한 강창으로는 보권(寶卷)과 도정이 있었다. 보권은 당대 속강의 직계이다. 송대 진종(眞宗)때에 속강을 금지하였고, 그리하여 승려들이 민간의 와자(瓦子)로 진출하여 강창을 함으로써 설경(說經)이 생겨났고, 명청대에 이르자 보권이 크게 유행하였다. 현존하는 송대의 보권으로는 보명탄사(普明禪師)가 지은『향산보권(香山寶卷)』(『관음제도본원진경(觀音濟度本願眞經)』이라고도 부름)이 있다. 그밖에도 송원대의 것으로 추정되는『소석진공보권(銷釋眞空寶卷)』과 원말 명초의 것으로 추정되는『목연구모출리지옥승천보권(目蓮救母出離地獄昇天寶卷)』의 잔문이 있다. 보권은 형식상에 있어서는 7자와 10자의 운문을 위주로 하였으며, 간간이 산문을 섞어가며 서술했다. 보권은 본디 불가의 경문이나 불경고사를 소재로 하여 인과응보 사상을 선양하던 체제로서, 초기의 보권은 대부분 이러한 내용으로 이루어졌는데, 이것들은 통속적이고 쉬운 강창을 통하여 불경을 해설하고 설교를 함으로써 송대 설경의 뒤를 이었다. 원대부터는 신선도가의 소재를 다루기 시작하였고, 다시 명청대에 이르자 민간고사나 역사고사를 소재로 한 것이 많아졌으니,『양산박보권(梁山泊寶卷)』,『백사보권(白蛇寶卷)』,『악비보권(岳飛寶卷)』등을 그 예로 들 수 있다.

도정은 도가 계열의 강창이며, 당대 도사들이 궁관(宮觀)에서 부르던 '경운(經韻)'으로부터 기원하였으며, 반주악기로는 어고(魚鼓)와 간판(簡板)을 사용하였다. 신선도화의 도가적 이야기나 역사고사를 소재로 삼았는데, 순수한 서정적 이야기도 있었다. 유명한 작품으로는 청대 정섭(鄭燮)의『판교집(板橋集)』에 실려있는 것과 서대춘(徐大椿)의『회계도정(洄溪道情)』을 꼽을 수 있다. (위행복)

강창, 가무희, 남희, 속강, 잡극, 화본

참고문헌

전인초 저, 『당대소설연구』, 연세대학교 출판부, 2000.
김학주 저, 『중국문학개론』, 신아사, 1977.
양회석 저, 『중국희곡』, 민음사, 1994.

강창사 ☞ 강창

강호파(江湖派)

남송 시대 시파의 하나. 진기(陳起)가 간행한 『강호집(江湖集)』과 『강호전집(江湖前集)』, 『강호후집(江湖後集)』, 『강호속집(江湖續集)』등의 선집이 나오면서 유명해졌다. 강호파 시인들은 생년이 일정하지 않으며 신분도 복잡해서 무명에 가까운 이가 있는가 하면 고관에 오른 사람도 있다. 그러나 이들은 세속적 성공을 좇지 않고 강호에 몸을 숨기고 살았던 하층 문인들의 작품에서 비교적 큰 영향을 받았는데, 유과(劉過, 1154~1206)와 강기(姜夔, 1155~1221), 오도손(敖陶孫, 1154~1227), 대복고(戴復古, 1167~1252?), 유극장(劉克莊, 1187~1269), 조여수(趙汝鐩, 1171~1245) 등이 대표적인 인물이다.

강호파 시인들은 대부분 강호자연에 몸담은 사실로써 문학적 입장을 표방하여 작품 속에 정부 정책에 대한 불만을 토로하면서 그들과 어울리지 않겠다는 태도를 밝히고 있다. 또 벼슬길에 대한 혐오감과 은일을 흠모하는 심정을 보여주기도 하였다. 강호파 시인들의 일부 작품에는 당시 남송 시대의 사회상이 밀도 있게 반영되어 있다. 이들 작품들은 때로는 산수 자연을 읊조리거나 특정한 사건을 기술하면서 나라를 염려하는 심정을 담거나 조정에 대한 불만을 술회하고 권신들의 전횡을 지적하면서, 아울러 민중들의 끝없는 고통을 노래하였다.

강호파 시인들이 거둔 문학상의 성취는 주로 고체시(古體詩)와 7언절구에 잘 드러나 있다. 그들은 강서시파가 작품 속에 전고(典故)를 대량으로 사용하고 학문을 현란하게 수놓는 태도에 불만을 가져 평탄하고 직설적이며 감정을 유창하게 토로하는 시풍을 추구하였다. 고체악부(古體樂府)를 좋아해서 시풍이 때로는 웅장하고 개방되어 있으며 굳세고 간절하였다. 또 때로는 질박하고 사실적이며 고졸古拙하거나 소박한 풍취도 띠었다. 이들은 특히 절구를 통해 작품화하는 일에 주력해서 세밀하고 치밀하며 정교한 맛을 느낄 수 있고, 시에 담길 의미를 표현하는 일에 능했다.

강호시파는 강서시파나 사령시파와 마찬가지로 남의 시풍을 모방하는 조류에서 벗어나지 못해 시경(詩境)이 높지 못하고 기운 역시 협소한 병폐를 드러냈다. 또 내용을 세련되게 다듬는 작업을 소홀히 해서 때로 뜻만을 좇아 시를 지은 듯해 조야하고 껄끄러운 부분이 많이 드러나기도 한다. 절구에 있어서도 명확하게 터뜨리는 힘은 넉넉하지만 함축미가 부족한 결점도 지니고 있다. (임종욱)

강호집, 유과, 강기, 오도손, 대복고, 유극장, 조여수, 강호자연, 남송, 고체악부

참고문헌
임종욱, 『동양문학비평용어사전-중국편』, 범우사, 1997.
_____, 『중국의 문예인식』, 이회, 2001.
_____, 『중국문학에서의 문장체제 인물 유파 풍격』, 이회, 2001.
주훈초, 『중국문학비평사』, 이론과실천, 1992.

개념미술(槪念美術, Conceptual art)

1960년대 말 미니멀 아트 이후 생겨난 현대미술의 한 경향이다. 작품의 물질적인 측면보다 아이디어 혹은 개념 그 자체를 예술이라고 생각하는 반(反)미술적인 성격을 띤다.

대략 1960년대 말부터 1970년대 말에 이르기까지 유행하였으며 1910년대 마르셀 뒤샹(Marcel Duchamp, 1887~1968)에서 기원을 찾을 수 있다. 뒤샹의 <레디메이드Ready-made> 시리즈 중 <샘 Fountain>(1917)은 기성품 변기에 작가의 관념을 담아내는 새로운 시각을 제시하였다. 이것은 기존의 전통적인 미술형식을 부정하고 예술가의 관념, 아이디어가 예술의 본질임을 표명한 것이다. 그의 작품 경향은 이후의 많은 개념미술 작가들에게 영향을 주었다.

헨리 플린트(Henry Flynt, 1940~)는 '개념미술'이라는 용어를 최초로 사용하였다. 그는 개념과 언어의 밀접한 관계를 전제한 뒤 결국 개념예술은 언어를 재료로 하는 예술이라고 정의하였다. 그 후 1967년 솔 르위트(Sol Lewitt, 1928~)는 <아트포럼 Artforum>잡지에 <개념미술에 대한 단평 Paragraphs on Conceptual Art>을 기고한다. 이 글에서 르위트는 재료의 물질성을 벗어나 형식에 관계없이 아이디어를 활성화해야 한다는 점을 '개념미술'의 핵심으로 본다.

개념미술의 대표적 예로는 실제의 의자, 실물 크기의 의자사진, 의자의 사전적 정의를 적은 종이를 나란히 전시한 조셉 코슈스(Joseph Kosuth, 1945~)의 <하나이자 셋인 의자>, 지도와 도면에 기록을 남긴 더글라스 푸에블러(Douglas Huebler, 1924~1997)의 <지속적인 단편들> 등이 있다. 이처럼 대부분의 개념미술 작품은 재료·형태의 제한이 없이 기호, 도표, 사진, 글, 음성 등을 활용하였으며, 지시사항처럼 전혀 물리적 형태가 없는 경우도 있었다. 이밖에 대표적인 작가로 요셉 보이스(Joseph Beuys, 1921~1986), 다니엘 뷔렌(Daniel Buren, 1938~), 조나단 브로프스키(Jonathan Borofsky, 1942~), 차학경(Theresa Hak Kyung Cha, 1951~1982)등이 있다.

육체를 통하여 개념미술을 구현한 예로는 '해프닝'이라는 명칭으로 출발한 행위예술(行爲藝術, performance)이 있으며, 한 단계 더 나아가 비헤이비어아트(behaviour art)로도 발전되었다. (정주아)

미니멀 아트, 마르셀 뒤샹, 솔 르위트, 행위예술

참고문헌
Paul Wood, 박신의 역, 『개념미술 Conceptual Art』, 열화당, 2003.
토니 고드프리, 전혜숙 역, 『개념미술』, 한길아트, 2002.

개념시(槪念詩, 독 Begriffsdichtung)

감각적이거나 정서적인 이미지보다는 주로 관념이나 사상, 추상적인 의미 등을 강조하고 그 것을 주로 표현한 시. 이데올로기나 철학적 사상의 노출이 심하기 때문에, 이런 시는 예술적 미 감이 부족하여 생경하고 관념적인 경향이 짙다. 따라서 예술적 관념에서는 별로 그 가치를 높이 평가할 수는 없다.

이 용어는 독일의 철학자 랑게(Friedrich Albert Lange, 1828~1875)가 "세계를 전체적으로 파 악한다는 것은 학문으로서는 불가능한 것이며 오직 문학(시)으로만 가능하고, 사변적(思辨的) 철학이나 형이상학은 모두 종교나 예술과 만찬가지로 개념시일 뿐이다."라고 한 데에서 비롯된 말로, 처음에는 형이상학에 부여한 명칭이었으며, 19세기 말의 유행어였다. 세계관(世界觀)으 로서의 형이상학은 유물론(唯物論)을 포함하고 경험의 한계를 초월하는 것이므로, 엄밀한 학문 으로서는 불가능하다. 그러나 여러 경험과학은 단편적 진리밖에 주지 않으므로, 우리의 실천적 삶을 이끌어야 할, 현실의 전체적 · 의미적 파악으로서의 철학은 없어서는 안 된다. 이와 같은 철학은 인간적 삶의 근원으로부터 발현(發現)하는 보편적 · 필연적인 이념적 산출인 동시에 순 수 논리적으로나 실증적(實證的)으로는 그 진리성을 보증할 수 없는, 시적(詩的) 표현의 성격을 가진다는 점에 착목한 개념이다.

우리나라의 경우에는 카프운동에서 이 개념이 보인다. 카프 초기에는 팔봉 김기진의 시론, 다시 말해서 예술성을 나름대로 존중하던 시론과 시적 실천이 통용되었지만, 회월 박영희와의 논쟁으로 촉발된 1차 방향 전환(1927년)에 의해 목적의식의 담보라는 것으로 대체되는 듯한 모 습을 보였다. 이호나 김창술, 적구, 전맹, 김해강, 적포탄, 권환 등에 의해서 적극화된 이 경향은 목적의식을 전면에 드러내는 것을 주요 목표로 삼다보니, 예술적인 측면에서는 다소 소홀하여, 당대에는 '뼈다귀 시'라고 불리던 것으로 개념시, 혹은 개념적 서술시라고 할 수 있다. (이정선)

관념론, 형이상학, 뼈다귀시

참고문헌
신희천 · 조성준 편저, 『문학용어사전』, 청어, 2001.
문덕수 편, 『세계문예대사전』, 교육출판공사, 1994.

개방시(開放詩, Open poetry)

찰스 올슨(Charles Olson), 로버트 던컨(Robert Duncan)이 주장한 자유시의 형식이다. 영미 시 문학사에서는 베트남 전쟁 전후의 모더니즘적인 감성을 반영한 것으로 평가된다. 올슨과 던컨 은 모두 1950년대 노스 캐롤라이나의 실험적인 학파였던 '블랙 마운틴 대학(Black Moutain College)'에 소속되어 있었다.

이들은 1910년 전후하여 이미지즘을 주장한 바 있는 에즈라 파운드(Ezra Pound)의 시론과 작 품의 영향을 받았다. 찰스 올슨은 개방적, 유기적, 내포적인 형식과 호흡 단위에 근거한 유연한 리듬의 시를 추구하고 이를 '투사시'(projective verse)라고 명명하였다. 이와 유사하게 로버트 던컨은 '열린 장 구성'(open field composition)이라는 용어를 사용하였다. 그는 계획이 아니라 충동에서 나오는 멜로디와 스토리를 구현하는 열린 형식(open form)을 추구하였다. 열린 형식을 지향하는 던컨의 시구는 본질적으로 다르거나 연상적인 시상에서 다양한 관점을 도출하여 주제와 고유한 형식을 창조한다.

이들의 시를 '개방시' 혹은 '열린 시'라고 이르는 것은 시인의 호흡이 시의 리듬을 결정하며, 시의 휴지기는 시인이 그 호흡을 번역하는 공간, 즉 "장(field)에 의한 구성", "열린 구성"이라 일컬어지는 과정을 수행하는 가운데 생긴다고 주장했기 때문이다. (정주아)

열린 형식(open form), 투사시(projective verse), 열린 장 구성(open field composition)

참고문헌

Robert Duncan, The Opening of the Field, W. W. Norton & Co Inc., 1973.

Robert Bertholf, Robert Duncan, David R Godine Pub., 1986.

개성(個性, Individuality, 프 Individualité, 독 Individualität)

한 개인을 다른 개인들과 구별짓는 내적 특질들의 총합이라는 뜻의 개성이라는 말은 물론 오래된 심리학 용어이지만 문학과 긴밀하게 연관시켜 논의한 역사는 비교적 짧다. 18세기 말에 문학을 문인의 사상과 감정의 표현으로 보게 된 이래 문인의 개성의 문제는 가장 중요한 문제 중 하나로 대두하였다. 요새는 개성이라는 말 대신 흔히 주관, 주체성, 자아라는 말을 쓰기도 한다.

문학적 표현에 개성이 관여하는 방식에 관하여 특히 논란이 많다. 개성은 문학적 표현의 주체가 되는가, 대상이 되는가, 아니면 수단이 되는가? 문학은 개성이 표현한 것인가(주체), 개성을 표현한 것인가(대상 또는 목적), 아니면 개성에 의한 표현인가(수단)? 문학이 개성의 표현이라는 말은 실상 위의 세 가지의 서로 다른 의미로 해석될 수 있는 모호한 말이다.

첫째로, 개성이 주체가 되어서 표현하는 것이라면 개성은 실제로 문인 자신을 가리키는 것이 된다. 표현 주체로서의 문인은 심리적, 사회적 특수한 인물이지만, 또한 그 이웃과 공통점을 많이 가지고 있다. 그는 사회 생활을 위하여서는 그 공통점에 많이 의존하지만 문학의 창작에서는 그의 개인으로서의 특수한 입장을 예민하게 의식할 것이다. 그러나 소재 및 주제의 선택, 배열, 조직과 같은 직접적인 작업에는 문학적 전통, 독자에 대한 의식과 같은 사회적 배려가 주어질 것이다. 이처럼 표현 주체로서의 개성은 사회적 공통성과 개인적 특수성이 긴장 관계를 이루며 만나는 곳이다.

둘째로, 문학은 개성을 표현하는 것이라면 문학의 재료 자체가 개성이라는 말이 된다. 개인의 특수한 정신 내용 자체가 말로 변한다는 말이다. 남과 다른 특수한 정신 내용이므로 그 개인에게는 귀중하고도 아름답게 느껴질지 모르나, 남들에게도 귀중하고 아름답게 느껴지리라는 보장은 없다. 더욱이 극도로 개인적인 특수한 것이므로 남들이 이해조차 하기 곤란할지 모른다. 또 개성이라는 것은 불변하는 요소이므로, 한번 작품으로 표현되면 또 다른 작품에는 쓰일 수 없거나, 반복 아니면 비슷한 내용의 되풀이가 될지도 모른다. 이러한 특수한 내용을 사회적 의사 소통의 수단인 언어를 통하여 표현한다는 것은 무리이지만 언어가 아니라면 사회에 전달될 수 없다. 개성을 표현의 목적물로 삼을 때 언어는 어찌할 수 없이 의존해야 하는 수단인 셈이다.

끝으로 개성에 의한 표현이라는 개념에서는 표현의 주체가 자기의 개성을 수단으로 한다는 말이 되는데, 이때의 개성은 개인적인 선택의 원리, 관찰의 각도, 미적 감각, 인생관 등이라고 할 수 있다. 개성을 수단으로 하여 표현되는 목적물은 객관적인 사물일 것이다.

시인 키츠는 작가가 자기의 독특한 개성 때문에 외부의 사물을 있는 그대로 다 받아들이지 못하고 배척하는 버릇이 있으며, 즉 개성이 적극성을 띠면, 작가의 정신은 그만큼 빈곤해진다고 하였다. 그러므로 작가는 외부의 온갖 사물을 인색하지 않게 받아들이는 <소극적 수용력>이 필요하다고 하였다. (오형엽)

개연성(蓋然性, Probability)

사건이 현실화될 수 있는 확실성의 정도 또는 가능성의 정도. 허구적인 작품의 어떤 내용이 실제로 있다는 충분한 근거는 없지만, 현실화될 수 있거나 참이 될 수 있는 가능성이 있는 것을 가리킨다. 이 말은 아리스토텔레스가 『시학』에서 사용하였다. 흔히 허구는 거짓을 뜻하지만, 문학에서 허구는 개연성을 띤 허구, 곧 현실성이나 진실성을 띤 허구로 간주된다. 아리스토텔레스는 허구의 이러한 성격을 두고, 그것이 역사적 사실보다 더 철학적이라고 말한 바 있다. 이는 허구가 개연성을 통해 보편성에 접근하게 된다는 것을 의미한다.

개연성이 문제시되는 것은 특히 소설과 같은 서사 장르이다. 제라르 쥬네트, 츠베탕 토도로프, 조나단 컬러 등 구조주의 이론가들은 개연성의 문제를 핍진성(逼眞性, verisimilitude)이나 그럴듯함(vraisemblance, plausibility)과 관계지어 논한 바 있다. 이들은 소설이란 허구의 산물이므로, 그 허구를 독자들이 사실로 받아들일 수 있게끔 신뢰감과 설득력을 갖추어야 하는데, 그렇게 신뢰할 수 있게 만드는 장치 중 대표적인 문학적 장치들을 인과 관계에 의한 연결(필연성), 복선에 의한 암시 등으로 보았다.

한편 조나단 컬러는 허구가 그럴듯하게 받아들여지게 만드는 요소를 다음과 같이 든다. 첫째, 너무도 자명한 현실 또는 삶 자체의 물리적 조건들, 둘째, 보편적인 진실로 받아들여지는 문화적 관습이나 인과적 행위와 지식들, 셋째, 독자가 사실을 제시하는 것으로 흔히 간주하는 명시적인 문학적 관습들, 넷째, 그러한 명시적인 문학적 관습에 의존하지 않고 이탈함으로써 도리어 그 작품에서 말해진 바를 더욱 그럴듯하게 만드는 것 등이다. 여기서 네 번째 요소는 문학이 관습에서 출발하면서도 그 관습을 벗어날 때 더욱 진정성을 가지게 되는 것임을 뜻하는데, 컬러는 이것 또한 문학의 중요한(암시적인) 관습이라고 말한 바 있다.

한편 이 개연성이라는 말은 역사와 문학을 구별하는 용어로 쓰기도 한다. 역사가 이미 실제로 일어났던 사건을 기술하는 것에 비하여 문학은 실제로 일어나지는 않았지만 일어날 수 있음직한 사건을 서술한다는 것이다. (장수익)

허구, 핍진성, 모방, 현실의 환상

참고문헌
아리스토텔레스, 천병희 역, 『시학』, 문예출판사, 2002.
츠베탕 토도로프, 신동욱 역, 『산문의 시학』, 문예출판사, 1992.
조너선 컬러, 이은경·김옥희 역, 『문학이론』, 동문선, 1999.

개인(個人, Individul, 프 Individu, 독 Individuum)

자기 의식과 신체를 가지고 행위하는 인간종의 개체 하나하나, 즉 '한 사람(인간)'을 가리키는 보통명사이지만, 그 사람 하나하나를 모두 포괄하는 사회집단, 정치단위, 인류 전체, 그리고 인간종도 그 한 부분이 되는 주변세계와 어떤 관계를 맺느냐에 따라 사상적으로나 시대적으로 그 의미가 달라져왔다. 동서양을 막론하고 현대 이전의 시대에 '개인'은 보통 그가 소속되어야 할 공동체적 유형의 생존집단에 제대로 적응해야 할 의무를 가진 종속적 개체로서 파악되었다. 즉 개인은 어떤 경우에도 공동체나 세계에 본유적으로 통합되어 있는 생존단위였다. 그럼에도 불구하고 중국 철학의 전통에서 수양의 출발점으로 부각된 '기'(己)나 그리스 철학에서 공동체 또는 세계의 최소 단위로 상정된 '원자'(atoma)라는 개념 안에는 개인 또는 개체가 공동체와 세계의, 더 이상 분해될 수 없는, 한계점이라는 사실이 분명히 자각되어 있었다.

현대에 들어와 서양 철학에서는 바로 이 측면을 발전시켜 개인 또는 개체를 더 이상 공동체와 세계의 종속적 기초 단위가 아니라, 자신의 능력과 책임을 바탕으로 스스로의 삶을 발전시켜나가는 독립된 실체임을 강조하기 시작했다. 개인은 오직 자신의 이성과 의지에 따라 스스로 생각하여 자신에게 최선이라고 생각되는 삶을 선택하고 발전시킬 수 있는 자기 삶의 최종적 주체로 상정되었다. 여기에는 인간이 그 어떤 공동체나 집단의 구성원으로서가 아니라 한 개인으로서 자기 삶을 완결하게 꾸려나갈 수 있다는 자신감이 전제되어 있다. 따라서 개인은 그 자체 자유롭고 평등한 권리를 누리는 인간종의 특질을 가장 적절하게 표출하는 능동적 실존체로 간주되며, 개성의 표현은 예술을 비롯한 여러 문화적 활동의 중요한 주제가 되었다.

하지만 현대 사회에서 개인은 더 이상 처음부터 공동체나 집단의 도움을 기대할 수 없는 고립된 소외의 위험에 노출되고 삶의 황폐화에 저항할 수 없는 무력한 상태에 처하기도 한다. 김승옥의 단편 「서울, 1964년 겨울」은 능동적 주체성을 준비하지 못한 채 급속히 진행되는 사회적 분화과정에서 고립된 한 개인의 삶이 자기파괴되는 과정을 그림으로써 개인 단위로 위축된

삶의 황막함을 여실히 보여주는 것으로 평가된다. (홍윤기)

개성, 주체, 자아, 실체, 공동체, 개인주의

참고문헌

G. W. Leibniz, Table de definitions, L. Coutrat 편(1903) 전집 중에서

A. C. MacIntyre, After virtue : a study in moral theory(Notre Dame, Ind. : University of Notre Dame Press, 1981)
번역 : 매킨타이어, 이진우 역, 『덕의 상실』, 문예출판사, 1997.

Ch. Taylor, Sources of the Self. The Making of the Modern Identity(Cambridge : Harvard University Press, 1989)

개인주의(Individualism, 프 Individualisme, 독 Individualismus)

그 말이 유래한 서구 사회에서 개인주의는 아주 일반적으로, 독립성과 자유를 갖는 개인을 모든 사고와 행위의 출발점으로 삼는 사고방식으로서, 바로 그런 개인의 자유로운 활동을 통해 개인 자신의 이익과 복리를 증진시키는 것을 가장 바람직하다고 보는 윤리적, 종교적, 사회적 가치관 또는 규범을 가리킨다. 개인과 공동체 또는 개인과 사회 전체와의 관계에서 특정한 개인들의 편협한 이익도 이 개인주의의 이름으로 옹호될 수 있기 때문에 개인주의는 흔히 개인의 이익을 극대화시키는 것을 만능의 척도로 여기는 이기주의(利己主義. egoism)와 동일시되기도 한다.

한국 사회에서도 그렇지만 개인주의라는 말이 처음 발명된 18세기 프랑스에서도 개인주의는 이기주의와 동일시되는 경향이 농후했다. 이른바 공상적 사회주의를 추구하면서 사회적 결사체의 중요성을 강조한 생시몽주의자들은 개인의 양심과 공적인 견해를 부자연스럽게 가르고 개인들이 사회적 감정이나 보편적 이념에 따라 행동할 가능성을 부인한 동시대의 사상들을 모두 '개인주의적'이라고 비난하면서 사상사적으로 처음으로 개인주의라는 말을 사용하였다. 이렇게 부정적 개념으로 도입된 개인주의에서 사회는 고립된 개인들의 결합일 뿐이었다. 그러나 토크빌의 『미국의 민주주의』가 영어로 번역되면서 개인주의라는 말을 처음 접한 영국에서 이 말은 벤담과 존 스튜어트 밀에 의해, 국가나 사회적 다수결 그 어떤 외적 힘으로부터도 제약을 받지 않고 개인의 자유로운 활동을 보장하는 것을 핵심으로 자유주의를 도덕적으로 재해석하는 기본 개념으로 수용되었다.

바로 이 자유주의의 윤리적 기반으로서 개인주의가 강조됨으로써 자유주의는 비로소 집단주의를 기반으로 하는 사회주의와 대항할 수 있는 가치용어를 확보할 수 있었다. 그런데 이와 같은 도덕적·윤리적 의미 외에도 개인주의의 원어인 individualism에는 학술적으로, 대상에 대한 탐구를 그 개별적 구성요인의 분석에서부터 출발해야 한다고 주장하는 방법론으로서, 전체론(holism)에 대립하는 '개체론'으로 번역되는 뜻도 포함되어 있다. (홍윤기)

이기주의, 자유주의, 사회주의, 방법론적 개체론

참고문헌

A. Comte, Système de politique positive(Paris, 1851~1854).

A. Rauscher, "Individualismus", in : J. Ritter / K. Grümder, Historisches Wörterbuch der Philosophie. Bd .4 (Basel /

Stuttgart, Schwabe & Co. Verlag, 1976).

Fr. Hayek, Mißbrauch und Verfall der Vernunft, 1959.

포퍼, 이석윤 역, 『역사주의의 빈곤』, 志學社, 1981.

개화기소설

19세기부터 20세기 초까지 개화기에 나타난 소설작품들을 통틀어 지칭하는 개념이다. 국문학연구 초기 개화기소설은 신소설과 동일한 의미의 개념으로 사용되었다. 그러나 개화기문학에 대한 연구가 진전됨에 따라 신소설 이외의 서사 유형들을 포함시켜 논의하는 경우가 대부분이다. 문답체 소설, 토론체 소설, 역사 · 전기 소설 등은 개화기 특유의 서사 유형을 이룬다. 이밖에 개화기에 발간된 <황성신문>, <대한매일신보>에 실린 단형서사까지도 개화기소설의 범주에서 다루기도 한다. 그러나 소설 유형의 구분 및 양식상 특질의 해석 등은 중요한 연구과제로 남아 있으며 논의가 진행 중이다.

또한 개화기소설이라는 명칭은 우선 고대소설과 근대소설을 잇는 과도기적 역할을 강조하는 경우 혹은 해당 작품들이 발생한 역사적인 의미와 당대의 문화적인 특성을 강조하고자 하는 경우에도 사용된다. 한편 이 시기에 발표된 소설들이 '정치소설(政治小說)', '교육소설(敎育小說)', '가정소설(家庭小說)', '토론소설(討論小說)', '신소설(新小說)', '애락소설(哀樂小說)' 등과 같은 표제를 달고 있었음을 감안하여, 이와 같은 하위범주들을 포괄하는 상위범주의 용어로 사용되기도 한다.

개화기소설은 대부분 서양이나 일본을 통해 수용된 신문화를 경험한 지식인들에 의해서 창작되었다. 그들은 새로운 문물과 지식을 일반 민중에게 전달하여 조국의 근대화나 자주독립을 앞당길 수 있다고 생각하였다. 반대로 민족주의 진영에서는 외세에 대한 저항의식을 고취시키고자 대중적으로 폭넓게 수용될 수 있는 소설양식을 이용하기도 하였다. 따라서 개화기소설의 주제는 당대 개화사상의 전모를 폭넓게 반영한다. 자주독립 및 민족 · 국가의 중요성, 신교육 · 신학문의 필요성, 조혼풍습 비판 및 자유연애 예찬, 미신 타파와 과학 지식의 중요성, 인권존중 · 평등사상 등이 주요 내용을 이룬다. 이인직, 이해조, 최찬식, 안국선, 신채호 등이 주요 작가로 연구된다. (정주아)

신소설, 토론체 소설, 문답체 소설, 개화사상

참고문헌

이재선, 『한국개화기소설연구』, 일조각, 1972.

송민호, 『한국개화기소설의 사적연구』, 일지사, 1975.

전광용, 『신소설연구』, 새문사, 1986.

김윤식 · 정호웅, 『한국소설사』, 문학동네, 2000.

김윤규, 『개화기 단형서사문학의 이해』, 국학자료원, 2000.

객관론적 비평(Objective criticism)

객관론적 비평이란 일정한 기준을 설정해 놓고 그 규칙에 맞추어 해석하거나 감상, 평가하는 절대주의적 비평작업이다. 이 비평은 주관적인 요소를 지닌 인상비평, 감상비평, 창조비평 등의 상대주의적 비평과는 대조적이다. 이를테면 객관론적 비평은 과학적 비평, 입법 비평, 사회주의 비평과 같은 비평 성향을 띠고 있다.

비평가의 주관적인 견해나 창의력에 의하기보다 기존의 규준(規準)을 주로 하는 성향이 짙다. 예를 들면, 아리스토텔레스의『시학』에 맞추는 걸 능사로 여기던 고전주의 비평이 좋은 규범이 된다. 또한 현대에 들어서도 프롤레타리아적인 계급이론이나 이념에 입각한 마르크스 비평도 이에 준한다.

객관론적 비평은 작품을 해석할 때 시인이나 독자나 주변세계와는 무관한 독립된 실재로서 문학작품의 내재적 기준에 의해 분석되고 판단된다. 즉 작품의 형식, 구조, 상징, 이미지 및 구성요소들의 상호관계 등을 고려해 해석하는 비평경향이다. 이것은 1920년대 이후 많은 중요한 비평가들의 접근 방법이며, 신비평가(New Critics), 시카고학파(Chicago School), 유럽 형식주의(Formalism) 그리고 많은 프랑스 구조주의자(Structuralist)들이 이런 노선을 취하고 있다.

문학이론가 웰렉(R. Wellek)은 외재적 비평과 내재적 비평으로 구분하고 인간의 생활이나 우주만상, 독자에의 영향, 자각의 정신 등은 모두 문학작품의 외부에 존재하는 것으로 보고, 의미 있는 구조는 문학작품에 내재하는 것이라고 보았다.

우리 나라의 경우 1920년대 초기 논쟁을 통해서는 김동인, 염상섭, 김억의 객관론적 비평론과 박종화, 김유방의 주관적 비평론이 서로 대립된 모습을 드러냈다. 전자에서는 김동인의 비평론이 가장 두드러진다. 그는 그의 논문「批評에 대하여」에서 '批評家가 비평을 할 때는 先入主見이 있어서는 안되며, 만약 先入主見이 있을 때는 그 비평은 公平하지 못하게 된다'고 주장하였다. 이와 같은 그의 비평론은 작품의 가치평가보다는 작품의 사실을 설명하고 기술해야 함을 강조한 것이다. 여기에는 작품의 좋고 나쁨을 판단하는 가치평가는 근본적으로 주관적일 수밖에 없기 때문에 가치평가는 객관적 지식의 구조이기를 갈망하는 비평의 본질적인 행위가 될 수 없다는 관점이 전제되어 있다. (이명재)

규칙 또는 규준, 절대주의적 비평, 내재적 기준

참고문헌
신재기,「한국 근대문학 비평론 연구」, 고려대 대학원 박사논문, 1992.
이명재,『문학비평의 이론과 실제』, 집문당, 1997.
이선영・권영민,『문학비평론』, 한국방송통신대학 출판부, 1992.
M. H. Abrams 저, 최상규 역,『문학용어사전』, 예림기획, 1997.

객관비평 ☞ 객관론적 비평

객관적 상관물(客觀的 相關物, Objective correlative)

엘리어트(T. S. Eliot)가 <햄릿과 그의 문제들(Hamlet and his Problems)>(1919)에서 세익스피어의 「햄릿」을 비판하는 가운데 사용한 용어이다. 그는 일상의 개인감정과 문학 작품의 감정은 절대적인 차이가 있다는 논지를 전개하면서 이 용어를 사용하였다. 이 용어는 엘리어트가 주요 개념으로 내세운 것이 아니었으나, 당대 비평가들의 호응을 얻어 문학비평 용어로 굳어졌다.

이 글에서 엘리어트는 감정을 예술의 형식으로 표현하는 유일한 방법이란 곧 객관적 상관물을 발견하는 것이라고 주장했다. 그가 이야기하는 객관적 상관물이란 "특정한 정서의 공식이 되는 일군의 사물, 상황, 일련의 사건"('objective correlative'……a set of objects, a situation, a chain of events which shall be the formula of that particular emotion)이며, "바로 그 정서를 유발하도록 주어진 외적인 요인들"(such that when the external facts, …… are given, the emotion is immediately evoked)이다. 즉, 시에서는 표현하고자 하는 정서를 그대로 나타낼 수 없으며 어떤 사물·상황·사건을 빌어야 한다는 것으로 요약된다. 이 때 동원된 사물·상황·사건을 객관적 상관물이라 부를 수 있으며, 작품 속의 이미지·상징·사건 등으로 나타난다고 할 수 있다.

엘리어트는 햄릿이 자신의 감정에 상응하는 대상을 지니지 못하고 무엇이라고 표현할 수 없는 정서에 의해 지배되고 있는 점을 비판했다. 엘리어트는 예술이 개인감정의 직접적 표출이 되어서는 안 된다는 반낭만주의적 시각을 지니고 있었으며, 이에 감정 토로로 일관한 「햄릿」의 작품성을 낮게 평가하였다. 그는 개인의 의지나 감성보다 지성·이성의 우위를 믿는 주지주의적 관점에서, 개인의 감정이란 객관화의 과정을 거쳐 표현되어야 한다고 생각했다. 객관적 상관물은 개인감정의 예술적 객관화를 수행하며, 나아가 시와 현실 사이에 존재하는 심리적 거리를 나타낸다. (정주아)

엘리어트, 거리(distance), 은유, 몰개성론

참고문헌
T. S. Eliot, Hamlet and His Problem : The Sacred Wood, London, 1969.
김준오, 『시론』, 삼지원, 1982.

객관적 정신(客觀的精神, Objectiver geist)

헤겔(G. W. F. Hegel)의 철학체계는 논리학·자연철학·정신철학으로 이루어지는데, 이 중 정신철학의 제2단계인 윤리적·사회적 분야를 규명한 철학개념이다. 헤겔에 따르면, 철학체계는 논리학과 자연철학을 거쳐 '자기의 타재(他在)로부터 자기 자신으로 복귀하는 이념으로서의 정신에 관한 철학', 즉 정신철학에서 원환적(圓環的)인 완결을 본다고 하였다. 이때 정신철학은 자유로운 의지의 현존형식인 주관적 정신, 객관적 정신, 절대적 정신으로 구성된다. 주관적 정신은 개인적 정신의 발전임에 비하여, 객관적 정신은 우선은 낯선, 그러나(정신이 스스로 부여한) 정신적 형식을 얻음으로써 대상성을 얻게 된 세계 안에 실현된 정신이다. 이 객관적 정신은 자유로운 의지가 발전하면서 형식적·추상적인 법, 주관적인 의지로서의 도덕, 실체적 의지로서의 인륜 등 3단계로 분류되는데, 이에 관해서는 ≪법철학≫에 상론되어 있다. 주관적인 선악을 바탕으로 하는 이전의 윤리학을 주관적 도덕의 단계에 머무는 것이라고 배격하는 헤겔 철학의 근본적 특징은, 합리성과 도덕성의 통일로서의 인륜을 바탕으로 한 윤리학이 곧 법철학이라는 점에 있다.

20세기 초 딜타이(W. Dilthey)에 의해 도입된 '헤겔 르네상스'와 함께, 객관적 정신이란 개념이 초개인적이고 역사적 형식들에 자주 적용되었다. 특히 짐멜(G. Simmel)과 프라이어(H. Freyer)는 객관적 정신을 새롭게 규정하도 하였다. 그들은 이 개념이 지닌 정치학적 의미를 넘어 문화철학적 방향으로 향했으며, 헤겔에게는 절대적 정신에 속하던 예술·종교·철학의 영역을 계속 객관적 정신에 두었다. 짐멜에 따르면, 객관적 정신은 예술·도덕·학문·종교·법·공학·사회규범 같이 정신적이고 역사적이며 초개인적인 산출물이나 개인의 인격도야(Kultivierung)를 목적으로 하는 여러 형성물들의 총체이다. 즉 객관적 정신으로 나아가는 주관적 정신의 교양과정을 문화(Kultur)라고 한다면, 객관적 정신이 곧 문화인 것이다.

하르트만(N. Hartmann)은 개인적 정신, 객관적 정신 그리고 객관화된 정신을 포괄적으로 분석한다. 여기서 객관적 정신이란 법이나 도덕, 언어, 정치적 삶, 신앙, 윤리, 지식 그리고 예술 등의 역사적 형태들 속에서 파악되는 개인이 지닌 공동정신(Gemeingeist)이다. 객관적 정신에 대한 헤겔의 개념에 대해 하르트만은 그 형이상학적 실체화를 비판했으며 특히 자유 개념과 연결짓는 것을 거부했다. 객관적 정신은 살아 있는 정신으로서 변화를 겪으며, 때론 혼란에 빠질 수도 있다. 다시 말해 그것이 원래부터 개인적 정신의 규범적 정향점은 아니라는 것이다. 또한 객관적 정신은 객관화된, 즉 대상이 된 정신과 구별되어야 한다. 객관화된 정신은 활력이 없는 형태로서 더이상 변화하지 않는다. 특히 문학과 예술의 작품들이 객관화된 정신이다. (정주아)

절대적 정신, 주관적 정신, 헤겔.

참고문헌

G. W. F. Hegel, Phänomenologie des Geistes, Sämtl. Werke 9.

G. Simmel, Der Begriff und die Tragödie der Kultur, in : ders., Das individuelle Gesetz. Philosophische Exkurse, ed. M. Landmann, Frankfurt 1968.

N. Hartmann, Das Problem des geistigen Seins. Untersuchungen zur Grundlegung der Geschichtsphilosophie und der Geisteswissenschaften, Berlin 1933.

객관화(客觀化)/주관화(主觀化)

객관이란 주관의 반대개념이다. 중세 스콜라철학에서 객관(objectum)은 '건너편으로 던져진 것'이라는 뜻으로, 의식이 지향하는 대상 즉 의식 내용이나 표상(表象) 등을 의미하여 오늘날의 주관적인 것을 의미했다. 근세철학에서도 데카르트나 스피노자 등 J. 로크 이전은 이러한 스콜라적인 전통적 용어법이 사용되었다. 마찬가지로 아리스토텔레스 이래 근세 초기까지 라틴어로 주관(subjectum)은 '아래에 있는 것', '근저에 있는 것', 기체(基體)라는 뜻으로, 현재 우리가 사용하는 객관을 의미했다. 원래는 의식과의 연관에서 지각(知覺)이나 경험의 바탕에 있는 기체 실체(實體)로서 객관을 뜻하였다. 주관과 객관이 대립 개념으로 명확해진 것은 칸트에 이르러서이다. 칸트는 객관을 주관에 의거하게 하고, 객관은 그 개념에 있어서 직관의 다양성이 통일된 것이라고 규정하였다. 신칸트학파의 H. 리케르트에 따르면 객관은 인식주관(認識主觀)이 대상의 당위나 가치를 승인함으로써 성립하는 의식 내용을 뜻한다.

객관화란 주관적인 것을 객관적인 것이 되게 하는 일 또는 경험을 조직하고 통일하여 보편타당성을 가지는 지식을 만드는 일을 뜻한다. 문학작품에 있어서 사건이나 사물을 있는 그대로, 주관을 배제한 상태에서 묘사하는 것을 객관화된 묘사라고 한다. 이런 기법은 주로 자연주의나 사실주의의 방법으로 사용되지만, 완전히 객관화된 묘사는 불가능하다. 왜냐하면 묘사하려는 대상을 선정하고 그 대상을 바라보는 각도와 초점을 정하는 데에 있어 주관이 개입되기 마련이기 때문이다.

문학 작품, 특히 시에서의 자연 등의 소재는 객관적인 소재 그대로를 의미하기보다는 주관화되어 작가 나름의 상징적 의미를 내포하기 마련이다. 예를 들어 김소월의 시 「초혼」이나 「산유화」에서 발견되는 자연은 연인과 헤어진 화자의 슬픈 감정이 주관화된 비극적인 정조를 풍기는 자연이다. (이새봄)

객관적 상관물, 객관 / 주관, 감정이입

참고문헌
칸트, 이석윤 역, 『판단력비판』, 박영사, 2003.
르네 웰렉, 이경수 역, 『문학의 이론』, 문예출판사, 1989.

거대서사(Master Narrative/Grand Recit)

프랑스의 포스트모던 사회학자 장 프랑수아 리오타르(Jean Francois Lyotard)의 용어로, 소서사(Petit Narrative)의 반대 개념이다. '거대서사'란 원래 역사주의에서 사용되는 용어로, 모든 역사적 사건들이 이해되도록 설명해주는 커다란 '이야기 틀'을 의미한다. 예를 들면, 마르크스주의자들에게 역사란 각기 다른 형태의 생산이 부단히 반복되는 것이며, 사회주의적 혁명으로 귀결되는 계급투쟁이 되는데, 역사에 대한 바로 그러한 설명을 거대서사(Master Narrative)라고 한다.

리오타르는 바로 그 거대서사의 개념을 예리하게 비판하며 자신의 이론을 시작하고 있다. 그는 거대서사란 마치 타자를 허위와 이단으로 배제해온 절대적 진리처럼, 온갖 작은 서사들의 다양한 목소리들을 무시하는 19세기의 유물이며 전체주의적 횡포라고 비난하며 거대서사 시대의 종언을 선언한다. 지금은 중심부의 거대서사보다는 주변부로 밀려난 작은 서사들의 이야기에 귀 기울여야만 하는 시대가 되었기 때문이다. 그리고 바로 그것이 탈중심 후, 이분법적 서열을 해체하는 포스트모던 인식의 핵심이기 때문이다.

문학에서 리오타르의 거대서사 이론은 곧 매스터 텍스트(Master Text)와 연결된다. 포스트모던 문학에서는 모든 것의 근원이 되는 유일한 원본인 매스터 텍스트보다는 수많은 복사본들의 가치를 인정한다. 움베르토 에코가 『장미의 이름(The Name of the Rose)』 서문에서 자신의 소설을 삼중번역이라고 한 이유나, 토머스 핀천이 『제49호 품목의 경매(The Crying of Lot 49)』에서 원본 찾기의 부질없음을 이야기하고 있는 이유도 바로 그런 맥락에서이다.

'거대서사'는 궁극적으로 모더니즘 시대의 '절대적 진리'와 상통하는 개념으로서, 많은 소서사들을 억압하고 보이지 않게 하는 부정적인 의미를 갖는다. 그런 의미에서 그것은 '거대한 대의명분(Grand Cause)'을 앞세워 개인적 상황이나 사적 공간을 소홀히 했던 한국의 1980년대 이념과도 상통한다. 리오타르는 거대서사에 가려져 보이지 않았던 그러한 소서사들의 중요성을 인정하며, 포스트모던 시대는 다양한 소서사들의 목소리들을 경청해야만 한다고 주장한다. (김성곤)

대서사, 소서사, 리오타르, 매스터 텍스트, 중심, 주변부

참고문헌
장 프랑수아 리오타르, 유정완 역, 『포스트모던 의 조건』, 민음사, 1999.
_____, 유정완 역, 『지식인의 종언』, 민음사, 1999.
줄리언 페파니스, 백준걸 역, 『이질성의 철학 : 바타이유, 보드리야르, 리오타르』, 시각과 언어, 2000.

거리(Distance)

거리 혹은 미적 거리란 본래 블로흐(E. Bullough)를 중심으로 한 일련의 미학자들에 의해 사용된 용어로, 주체가 대상에 대해 가지는 심리적 거리를 말하는 것이다. 블로흐에 의하면, "심리적 거리란 미적 관조의 대상과 이 대상의 미적 호소로부터 감상자 자신을 분리시킴으로써, 즉 실제적 욕구나 목적으로부터 그 대상을 분리시킴으로써 획득된다." 거리distance라는 용어를 문학에서 사용할 때는, 작가가 대상에 대해, 독자가 작품에 대해 갖는 심리적 혹은 감정적 거리를 의미하는 것이라 볼 수 있다. 거리 또는 분리는 예술의 감상에 필수적인 관조의 태도이자 미적 태도이며 감상자의 객관성이다. 이 거리는 예술작품의 미적 가치를 제대로 향수하기 위한 마음 상태이기 때문에 미적 거리(aesthetic distance)라고도 하며, 시간적·공간적 거리가 아니라 어디까지나 내면적 거리이다.

시인의 입장에서 보면 시는 '자기 표현'으로서의 예술이다. 그러나 독자의 입장에서 보면 예술의 목적은 정서의 고취이다. 그러므로 시인은 창작과정에서 '거리'의 개념을 필수적인 것으로 고려하지 않을 수 없다. 다이치(D. Daiches)에 의하면, 시 그 차제는 여러 가지 예술적 장치(리듬, 어조, 이미지, 형태)와 시어에 의해 독자가 그 시를 심미적으로 향수하도록, 즉 감상에 필요한 어떤 거리를 스스로 결정하도록 하는 하나의 암시적인 방향체계를 마련한다.

소설에서의 거리는 작가가 소재를 다루는 데 있어 예술적 효과를 얻기 위해 취하는 심적·지적 절제를 의미한다. 이러한 거리는 지적, 미적, 도덕적, 시간적 거리 등 여러 측면으로 세분된다. 부쓰(Booth)는 이를 다음의 다섯 가지 경우로 나눈다. 1)작중화자와 작가 사이의 거리 2)작중화자와 작중인물 사이의 거리 3)작중화자와 독자들의 규범 사이의 거리 4)작가와 독자 사이의 거리 5)작가와 작중인물 사이의 거리. 작가 혹은 작중화자와 작중인물의 사이의 거리가 지나치면, 작품이 진실감을 잃게 되고 작위적이며 불합리해진다. 이에 반해 거리가 부족하면 작품은 너무 사적인 것이 되고 말아 예술 작품으로서의 자질이 그만큼 줄어들게 된다. 작가 혹은 작중화자가 작중 인물로부터 심적 · 도덕적 · 지적 차원에서 너무 떨어져 있으면, 작품은 관념소설의 유형으로 떨어지기 쉽다. (이봉일)

미적 거리, 심리적 거리, 상상적 거리,

참고문헌
로버트 스탠튼, 최한용 역, 『소설원론』, 조선대학교출판부, 2002.
김준오, 『시론』, 삼지원, 1982.
차호일, 『현대시론』, 역락, 2000.
Susanne K. Langer, 『Feeling and Form』, Charles Scrinber's Sons, 1953.

거세불안(Castration-fear, 독 Kastrationsangst)

거세불안은 거세공포(castration complex)의 다른 표현으로서 프로이트 이론의 초기 단계인 1908년에 확립된 개념이다. 이 개념은 유아기 성욕성 이론("Three Essays on the Theory of Sexuality, SE 7"1905)과 연관되어 발달되었다. 아이들의 무의식적인 유아기적 성욕성은 죄의식으로 인해 억압되어지고 불안감으로 인도된다. 프로이트가 1910년에 어린아이의 반대편 성의 부모에 대한 성애적 사랑을 오이디푸스 콤플렉스라는 이름으로 명명하면서, 남자 아이가 어머니에 대해 갖는 성애적 욕망이 죄의식으로 인해 아버지에게서 거세공포를 느끼게 된다는 거세불안의 개념은 더욱 확고히 자리 잡게 된다. 이는 남자 아이들이 이미 유아기 시절부터 팰러스 즉 음경이 성애적 영역(erotic zone)임을 알고, 음경은 자기의 이미지 형성에서 근본적 요소로 인식하면서, 남근에 대한 위협이 곧 자신에 대한 위협이 되기 때문이다. 프로이트의 환자, '어린 한스'는 어릴 때부터 음경(그의 표현으로 '위들러'[widdler])이 주는 즐거움에 고착되어서 그에 대한 죄의식이 거세불안으로 발달되어, 큰 음경을 가진 말(아버지를 상징함)이 자신을 문다는 공포를 가지게 되었다. 또한 프로이트의 환자, "늑대사내"(wolf man)도 어릴 때 하녀의 엉덩이에 관심을 보이는 유아기적 성욕성을 경험하면서, 이런 경험은 거세로 징벌된다는 하녀의 위협으로 인해 끊임없이 꿈이나 일상생활에서 거세불안으로 시달리는 신경증적 환자로 자라게 된다. 이런 특별한 환자의 경우 외에도 인류의 문화는 거세불안의 증후로 점철되어 있다. 프로이트의 '처녀성 금기'(SE 11, 191)에서 보여준 바와 같이, 인류사학적으로 신부의 초야권을 추장이나 고위 성직자 등 인생의 연륜이 많은 사람이 가진 후 신랑이 여성을 취하는 것은 첫날밤에 처음으로 처녀막이 파열될 때 고통으로 인한 여성의 공격성이 남성의 음경을 상해할 수 있다는 거세불안 때문이다. 또한 '이빨 달린 질'(vagina dentata)을 가진 여성에 대한 남성의 일반적 환상도

거세불안의 한 유형으로 볼 수 있다. (신명아)

유아기적 성욕성, 처녀성 금기, 음경

참고문헌

Freud, Sigmund. The Standard Edition of the Complete Psychological Works of Sigmund Freud Vol 10(1909), London : Hogarth Press, 1955.

_____, The Standard Edition of the Complete Psychological Works of Sigmund Freud Vol. 11(1910), London : Hogarth Press, 1957.

Laplanche J. and J.—B. Pontalis, The Language of Psychoanalysis, Tr. Donald Nicholson—Smith. New York : Norton, 1973.

거울(Mirror)

거울이란 금속 또는 유리와 같은 물질의 표면을 평면 또는 곡면으로 만들고 평면을 닦아서 반사율을 높인 것이다. 거울은 고대 한국이나 중국에서 단순한 화장용구로 사용된 것뿐만 아니라 주술적인 힘을 갖춘 것으로 중요시되었고, 제기(祭器)나 통치자의 권위의 상징으로 여겨졌다. 서양 거울의 기원은 정확하게 밝혀지지는 않았으나, 금속기 시대 초에 오리엔트 지역에서 제작이 시작되었다고 유추된다. 요즘 일반적으로 사용되는 유리 거울의 등장은 아주 느리게 진행되었다. 둥글게 튀어나온 모양의 작은 유리 거울이 스위스 발에서 생산되었고, 14세기에는 피렌체에서 납을 가열하지 않고 유리에 입히는 기술을 발명하였다. 이러한 기술적인 발달에도 불구하고, 몸단장을 하는 데에는 사용하기 편하고 크기도 큰 금속 거울을 여전히 선호하였다. 이후 거울의 발달은 베네치아의 무라노의 장인들, 베로나, 파도바, 볼로냐, 라벤나, 페라라와 보헤미아, 독일 등에 의해 주도되었다. 특히 16세기부터 크리스탈이 프랑스의 랑그독 지방, 독일과 플랑드르 제조장에서 만들어졌다. 특히 베네치아의 명성은 확고했다.

거울의 상징적 의미는 거울이 세계나 자기를 반영한다는 점에서 물의 상징, 나아가 나르시스 신화와 관련된다. 거울에 관한 대표적인 소설은 루이스 캐롤(Lewis Carroll)의 『거울 속으로 Through the Looking—Glass and What Alice Found There』이다. 이 소설은 『이상한 나라의 앨리스 Alice's Adventures in Wonderland』의 속편으로 거울 속으로 들어간 앨리스의 모험을 그리고 있다.

한국문학에서 거울은 중요한 상징적 의미를 지니고 있다. 이상의 「거울」과 윤동주의 「참회록」, 박남수의 「거울」 등에서 거울은 각각 현대인의 자아 분열을 드러내주는 통로, 자신을 반성하고 성찰하는 의식, 현실과 대비되는 신의 세계를 상징하고 있다. 꼭 거울이 아니더라도 윤동주의 「자화상」의 우물 역시 자신을 반영하고 그럼으로써 성찰하게 한다는 점에서 거울 이미지군에 속한다고 볼 수 있다. (이새봄)

물, 우물, 연못, 거울단계

참고문헌

사빈 멜쉬오르 보네, 윤진 역, 『거울의 역사』, 에코리브르, 2001.

김상봉, 『나르시스의 꿈 : 서양정신의 극복을 위한 연습 11』, 한길사, 2002.

거울단계(Mirror stage)

라캉은 1936년 국제정신분석학회(Marienbad International Congress of Psycho—Analysts) 에서 맨 처음 이 용어를 사용한 논문을 발표했다. 그는 유아가 거울에 비친 자기 모습을 보고 환호하는 심리와 동물이 바라보기만 해도 성장하는 현상에서 암시를 얻었다. "상상계"라고 불리우는 이 거울단계는 이마고가 형성되는 시기로 상징계, 실재계와 함께 인간과 사회를 구성하는 세 요소가 된다. 거울단계란 프로이트의 근원적 나르시시즘을 라캉이 재해석한 용어이다. 6개월부터 18개월 사이, 언어의 세계인 상징계로 들어서기 전의 유아는 자신과 대상을 구별하지 못한다. 마치 남을 때리고 맞았다고 우는 아이처럼 어머니의 품에 안긴 유아는 지신의 욕망과 어머니의 욕망을 일치시킨다. 어머니의 보살핌과 사랑으로 불만을 모르는 아이는 이렇게 생각한다. "어머니는 나 때문에 행복하다고." 이것이 근원적인 동일시이다. 라캉은 거울단계의 특징을 공격성으로 규정한다(Écrits 4, 7). 대상과 자아의 구별이 없기에 이상적 자아(ideal ego)가 곧 자기 자신이다. 다시 말하면 거울 속에서 본 자신의 모습을 총체적인 것으로 착각한다(Écrits 4). 그리고 그 이상적 자아와 한 몸이 되기 위해 공격적이 된다. 만물이 맞수가 되는 거울단계는 에로스의 근원이다. 라캉이 거울단계를 중요시하는 이유는 그것이 주체를 구성하는 근원이기 때문이다. 거울단계의 특성은 억압이후의 정상인에게도 나타난다. 그리고 억압을 모르고 거울단계에 갇히면 정신병(psychosis)이 된다. 성인이 되어 대상을 사랑할 때 흠모와 증오가 교차하는 이유, 대상과의 거리를 유지하지 못하고 소유하려는 욕망 등은 바로 이 거울단계의 특성이다. 라캉은 거울단계에 갇힌 자아를 에고(ego)라 불러 상징계로 진입한 주체(subject)와 구별한다. 그는 자아의 조정능력을 과신했던 미국의 에고 심리학이 사용한 "에고"라는 용어를 거울단계에 적용한다. 객관적인 재현이 가능하다고 믿은 데카르트적 주체 역시 대상 속에서도 내 얼굴만을 보는 경우, 거울 단계적 속성을 드러낸다고 볼 수 있다. 라캉은 세미나 3권을 몽땅 거울단계에 갇힌 에고인 정신병에 할애했다. 그리고 그런 현상을 폐제(forclusion)라 불렀다.

미국의 토니 모리슨의 작품 『술라(Sula)』는 거울단계에 갇힌 주인공을 잘 그려내고 있다. 알프레드 히치콕의 『사이코』는 폐제된 정신병자를 그린 영화이다. 모든 문학작품 속에는 정도차이가 있을 뿐 거울단계의 동일시를 완전히 벗어나는 인물은 없다. 예를 들어 『젊은 베르테르의 슬픔』은 거울 단계를 숭화시키지 못한 젊은이의 비극으로 볼 수 있다. (권택영)

근원적 나르시시즘, 상상계, 쾌락원칙, 여성적 마조히즘, 남근적 주이상스, 폐제, 근원적 동일시

참고문헌
Lacan, Jacques. Écrits : A Selection. London : Tavistock, 1977.
딜런 에반스, 종주 역, 『라깡 정신분석사전』, 김인간사랑, 1998.

건달소설

건달을 주인공으로 한 소설. 이 양식의 주인공은 훌륭한 기사(騎士)와 같은 유형의 인물이 아니라 건달로서 잔재주가 있으며, 어떤 매력을 지니고 있어서 그가 가는 곳마다 재미있는 모험의 에피소드가 쌓여 소설을 형성한다. 뚜렷한 구성이 없다. 이른바 느슨한 플롯(loose plot)이다.

16세기에 스페인에서 발생한 소설 양식으로서 좀 더 정확하게는 '재미있는 무뢰한(無賴漢)'을 뜻하는 스페인어 '피카로(picaro)에서 유래한 소설의 개념이다. 건달소설의 주인공인 picaroon은 천박한 태생으로 악에 물든 생애를 보낸다. 현실사회에 끊임없이 도전하면서 잔인하고 위선적이고 우둔한 현실사회에서 생존하고 성공하기 위해 임기응변과 약간의 부도덕을 범한다. 건달소설은 일종의 사회적 모험담이다. 그것은 상류층의 이상주의적 문학에 맞서는 하류층의 문학으로 전통적인 기사들의 환상적인 로맨스ㆍ마술ㆍ거인ㆍ기사ㆍ용 등의 상상물에 대한 반동의 형태이기도 하다. 원래는 로마의 페트로니우스(Petronius)의 Satyricon에서 그 원형을 찾을 수 있다. 그러나 16세기 스페인의 작자 미상인 작품 <토르메스의 라자릴로>(La vida de Lazarillo de Tormes, 1554)가 성공하고 나서야 비로소 유행하게 되었다. 이어 프랑스와 영국의 여러 작가들이 그 기본 구조를 모방하기 시작하여 근대 소설의 중요한 장르로 확립되었다. 기사도의 이상을 추구하는 광기에 찬 건달의 이야기를 다룬 세르반테스의 「돈키호테」도 악한소설의 영향을 받은 것이며, 디포우의 「로빈슨 크루소우」도 건달소설의 양식을 많이 닮았다. 같은 작가의 「몰 플랜더즈」는 재미있는 악녀, 즉 '피카라'를 등장시킨 건달소설의 변형이다.

건달소설은 대개 악한의 일생이 자서전적으로 꾸며져 있으며 일인칭 서술자인 '나'가 주인공이 된다. 건달은 하층계급에 속하는 신분을 가지고 있으며, 악행과 위선으로 찬 사회에서 살아남고 성공하기 위해 사회에 도전하여 부도덕한 일을 범한다. 그러나 부도덕한 행위를 저지르기는 하나 용서받지 못할 악행이 아니라 보다 더 큰 범죄와 죄악에서 빠져 나오기 위해 저지르는 것이기에 독자의 지탄을 받기보다 매력을 느끼게 한다. 이야기는 대개 그의 경력에 따라 배열되며 삽화적 성격을 띤다. 이 소설의 마지막은 대체로 건달의 뉘우침과 결혼 또는 새로운 곳으로의 출발로 마무리 된다. 그러나 깔끔한 대단원의 막이 내려지는 것은 아니다. 주인공의 뉘우침도 일시적일 뿐 정신의 근본적인 변환을 의미하지는 않는다. 새로운 곳으로의 출발은 다음의 이야기가 연속될 수 있다는 가능성을 의미한다. 열린 플롯(open plot)의 전형적 구조이다.

이러한 건달소설은 상류층의 이상주의적 문학에 맞서는 하류층의 문학이며, 로맨스 문학에 대한 비판으로서의 사실주의 문학의 기본 양식이다. 동양의 「수호지」나 「임꺽정」은 동양식 건달소설이나, 주인공을 서민적 영웅으로 미화한 것이 사실감을 감소시킨다. 「레 미제라블」의 장발장도 악한의 후예이나 역시 낭만적 영웅으로 미화되어 있다. 주인공이 영웅으로 미화될 때 사실감의 감소는 물론 그가 처한 사회는 사실 이상으로 악한 것으로 묘사되기 쉽다. 주인공이 영웅이 되면 이 반로맨스 문학은 다시 로맨스로 전환된다.

건달소설의 양식은 다니엘 데포우의 「몰 프랜더즈」, 필딩의 「톰 존슨」, 마크 트웨인의 「톰 소

여의 모험」 등에서 흔적을 찾아볼 수 있다. 우리나라의 소설 중에는 조흔파(趙欣坡)의 「얄개전」,
「남궁동자」 등이 이 부류의 소설로 분류될 수 있다. (오양호)

건안칠자(建安七子)

　건안 연간(196~220)에 활동한 7명의 문인을 함께 일컫는 말. 처음으로 칠자를 언급한 사람
은 조비(曹丕, 187~226)다. 그는 「전론논문(典論論文)」에서 다음과 같은 말을 남기고 있다.

　"지금 문인 중에는 노국의 공융, 광릉의 진림, 산양의 왕찬, 북해의 서간, 진류의 완우, 여남의
응창, 동평의 유정 등 일곱 사람이 학문에 있어서는 놓친 것이 없고 문장에 있어서도 빌린 것이
없이 모두 천리길을 천리마처럼 내달리면서 우러러 발굽을 나란히 하며 치닫고 있다(今之文人
魯國孔融文擧 廣陵陳琳孔璋 山陽王粲仲宣 北海徐幹偉長 陳留阮瑀元瑜 汝南應瑒德璉 東平劉楨
公幹 斯七子者 于學無所遺 于辭無所假 咸以自騁驥騄于千里 仰齊足而幷馳)."

　이들 일곱 사람은 건안 시기에 조조(曹操, 155~220) 부자를 제외하고 뛰어난 작품을 남긴 작
가들인데, 조비의 발언 이후 후세 평자들의 일반적인 인정을 받았다.

　이들의 작품은 각자의 개성이 드러나 있어 독특한 풍모를 보여준다. 공융은 주의(奏議)에 능
했고 작품의 기품은 높고 오묘하다(高妙). 왕찬은 시와 부, 산문에 있어서 "모두 뛰어나다(兼善)"
는 평을 들었고, 서정성이 강한 작품이 많다. 유정은 장시에서 기량을 발휘해 기세가 높고 우뚝
하며 격조는 푸르고 시원하다(蒼凉). 진림과 완우는 표장(表章)과 서기(書記)로 당대에 이름을
떨쳤고, 시가에서도 일정한 성과를 올렸다. 풍격은 진림이 비교적 강건하고 힘이 넘친 반면 완
우는 자연스럽게 창달(暢達)한 차이가 있다. 서간은 시와 부에 모두 능했고 문체는 섬세하고 기
름지며 기세는 느리고 완만하다. 응창 역시 시와 부에 능했는데, 작품은 화해(和諧)로워서 문채
(文采)가 풍부하다. 아울러 칠자의 창작상의 풍격에는 공통되는 특징도 있는데, 이것은 건안 시
대 문학의 일반적인 성격이라고도 할 수 있다. 이러한 시대적 풍격의 구체적인 내용이 무엇이고
형성된 원인이 무엇인지에 대해서는 유협(劉勰, 465?~520?)의 『문심조룡(文心雕龍)·시서(時
序)』편에 잘 나타나 있다.

　"당시의 문장을 보면 그들은 강개함을 좋아하는 성향을 가지고 있었다. 실제로 그 당시는 오
랜 기간의 전란으로 인해 기풍이 쇠하고, 사람들의 마음 속에 원한과 슬픔이 쌓여 있던 시절이
었다. 그래서 당시의 문인들은 그러한 것들을 자신의 마음 속에서 깊이 느끼게 되었고, 이러한
감정은 사람의 심금을 울리는 말과 글로 표현되었다. 이런 까닭에 그들의 작품들은 강개함과 활
력으로 넘치게 되었던 것이다(觀其時文 雅好慷慨 良由世積亂離 風衰俗怨 幷志深而筆長 故梗槪
而多氣也)."

　칠자는 중국문학사에 있어서 대단히 중요한 위치를 차지하고 있다. 그들은 삼조(三曹)와 더불어
건안 시대의 중요한 작가층을 형성하였다. 그들은 시와 부, 산문의 발전에 적지 않은 공헌을 하였다.

이들의 저작은 원집은 이미 없어졌고, 지금은 유일하게 서간의 정치 평론집인 『중론(中論)』 만 남아 있다. 명나라 때 장부(張溥)가 편집한 『공소부집(孔少府集)』과 『왕시중집(王侍中集)』, 『진기실집(陳記室集)』, 『완원유집(阮元瑜集)』, 『유공간집(劉公幹集)』, 『응덕련휴련집(應德璉休 璉集)』이 『한위육조백삼가집(漢魏六朝百三家集)』안에 실려 있다. 그리고 청나라 때 양봉진(楊 逢辰)이 편집한 『건안칠자집(建安七子集)』이 있다. (임종욱)

조비, 전론논문, 공융, 진림, 왕찬, 서간, 완우, 응창, 유정, 삼조, 건안 시대

참고문헌
임종욱, 『동양문학비평용어사전-중국편』, 범우사, 1997.
_____, 『중국의 문예인식』, 이회, 2001.
_____, 『중국문학에서의 문장체제 인물 유파 풍격』, 이회, 2001.
주훈초, 『중국문학비평사』, 이론과실천, 1992.

건안풍골(建安風骨)

중국 후한(後漢) 헌제(獻帝)의 건안(建安) 연간(196~220) 조조(曹操), 조비(曹丕), 조식(曹植) 및 건안칠자가 형성해나간 중국 최초의 살롱 문학을 건안문학(建安文學)이라고 한다. 위진남북 조 시기는 끝없는 전란으로 인해 백성들의 생활이 피폐해지고 사회가 극히 혼란에 빠졌던 시기 이다. 특히 당시의 시인들은 이러한 사회적 혼란 속에서 크게 두 가지의 경향을 띠게 되었는데, 산림이나 초야에 묻혀 개인의 은일을 추구하거나 혹은 사회 속으로 뛰어들어 사회의 비참한 현 실이나 부조리를 고발하고 백성들의 고통을 노래하였던 것이 바로 그것이다.

후자의 경우에 속하는 시인들은 주로 건안시기(建安時期)에 활동하던 시인들로서 한대(漢代) 의 악부(樂府)나 민가(民歌)의 전통을 계승하여 비분 격앙된 어조로 노래를 하곤 했는데 이러한 창작경향은 후일에 이른바 건안풍골(建安風骨)이라 하며 후대의 많은 시인들에게 이상적이며 모범적인 시 창작 방법으로 널리 인정되어 왔다.

동한(東漢) 왕조가 무너지면서 기존의 모든 가치관도 격렬한 해체 과정을 겪게 된다. 당시의 지식인들은 전통사회와의 단절을 경험하게 되면서 정신세계 역시 공전의 격변을 겪게 되는 바, 그 이전까지의 지배 이데올로기였던 유가사상의 속박에서 벗어나 좀더 광활하고 좀더 통달된 인생관으로 세계를 관조하게 되었다. 물론 당시에 활동했던 문학가들은 생활 방식이나 정치적 입장 등이 각기 서로 달랐지만 전체적으로 보아 다음과 같은 특색을 공유하고 있다.

첫째, 그들은 이른바 난세(亂世)에 살았던 사람들이었기에 강렬한 참여의식과 사명감 같은 것이 있었다. 학문을 위한 학문, 혹은 유가(儒家) 경전의 자구(字句)해석에 몰입하는 작업을 파 기하고 그 대신 유가(儒家)의 적극적인 면모, 가령 '수신(修身), 제가(齊家), 치국(治國), 평천하 (平天下)'의 가치관을 다시금 조명하여 적극적으로 사회에 참여하려는 의지를 불태웠고, 따라서 그들의 작품은 약간의 우수가 깔려 있지만, 현실 문제에 비교적 적극적인 관심을 보이고 있다.

가령 조조(曹操)의 「해로행(薤露行)」, 「호리행(蒿里行)」이 그러하고 조식(曹植)의 「송응씨(送應氏)」, 「태산양보행(泰山梁甫行)」도 물론이려니와 진림(陳琳)의 「음마장성굴행(飮馬長城窟行)」, 왕찬(王粲)의 「칠애시(七哀詩)」 역시 난세에 겪는 일반 백성들의 고통에 무한한 연민을 느끼며 천하를 질곡에서 구하려는 흉금과 포부를 펼쳐 보였다.

둘째, 본시 난세에는 생명이 덧없는 것이었고 , 어느 누구도 아침의 생명이 저녁까지 가리라 장담할 수 없었다. 그러므로 당시의 지식인이나 문학가들은 개체 생명의 유한함을 느끼며 정신적 초월에 가치를 두게 되는 경향으로 흐르게 된다. 이들의 생각은 '하늘과 땅은 영원하나 인간의 생명은 얼마나 되랴'(天長地久, 人生幾何)로 요약될 수 있는데, 이런 관계로 그들은 유한한 생명에 대해 슬픈 감정을 토로하면서 일시적인 쾌락에 탐닉하거나 환상적인 세계에 몰입하는 유선시(遊仙詩)를 짓기도 하였다.

셋째, 이들의 작품에는 보편적으로 지극히 풍부한 감정이 스며들어 있다. 이들은 거의 대부분 전쟁을 몸소 겪었던 세대이므로 민감한 감정세계는 엄청난 파동이 일었었다.

이상을 정리하면, 건안(建安) 시기의 문인들은 난세에 태어나 인생의 덧없음을 뼈저리게 느끼면서도 현실을 직시하고 호방한 기개로 세파를 헤쳐 나가려는 활력 넘치는 생명력을 보여주고 있습니다. 따라서 이들의 작품은 대부분 슬픈 감정이 배어있으면서도 호탕한 기개가 충만하다. 외롭지만 깊은 맛을 보여준다. 이러한 비장강개한 시대적 풍격을 중국문학사에서는 보통 건안풍골(建安風骨)이라 부르는데, 유약(柔弱)한 문학 풍조를 비판할 때마다 바로 이 건안풍골(建安風骨)을 곧잘 인용한다. (오태석)

건안풍골, 조씨 삼부자, 건안칠자, 비장강개, 현실의식, 무상감

참고문헌
김학주, 『중국문학사』, 신아사, 1989.
氷心 등, 김태만 등 역, 『중국문학오천년』, 예담, 2000.

검열(檢閱, Censorship, 프 Censure, 독 Zensur)

검열은 이드(Id)에서 생기는 본능적 욕구를 초자아(超自我, Super-Ego)에 의해서 수정하는 일을 뜻한다. 이 수정은 무의식 속에서 이루어진다. 프로이트(Freud, 1856~1939)는 정신분석학에서 꿈 해석의 역할을 강조하면서 꿈의 한 과정으로서 꿈-검열을 제기한다. 수면 중에 무의식적인 욕구는 의식 밖으로 쉽게 표현될 수 있다. 그러나 꿈-검열 작용은 이러한 무의식적 욕구의 표출을 억제하려 하고, 결국 양자간에 타협이 이루어짐으로써 꿈의 내용이 형성되게 된다. 꿈의 내용은 의식에 나타나기는 하지만, 잠재된 욕망으로서의 참된 모습을 드러내지 않고, 원래의 충동이 무엇이었는지 알 수 없을 정도로 변형되고 수정된 가면을 쓰고 의식에 나타난다. 이 억제와 수정의 과정을 프로이트는 꿈에 있어서의 검열 작용이라 칭했다.

프로이트에 의하면, 이러한 검열 체계는 꿈에서만 적용되는 특정한 기제가 아니다. '억압된 무의식'과 '검열하는 의식'이라는 두 심리 심급의 갈등은 우리의 정신 생활 전반을 지배한다. 히스테리 증상, 강박 관념, 망상들을 포함하는 일련의 병리학적 현상들은 꿈과는 달리 일상적 현실에서 갈등하는 두 심리 심급이 제시하는 타협점이다. 즉 억압된 무의식이 의식의 검열을 통과해 나타나는 충동의 표현이 병리학적 현상들이라는 것이다.

모든 인간행동의 표현은 이러한 검열을 통과한 본능의 표현이고, 꿈에서도 똑같은 작용이 이루어진다. 인격을 무의식·자아·초자아를 포함한 전체로 볼 때, 검열을 관장하는 것은 초자아(超自我)이다. 즉 검열은 무의식적 충동이 의식의 표면에 나타나려 할 때, 그 충동을 평가하고 비판하며 때로는 억제하는 기능이다. 자아와 초자아는 함께 이 검열 기능을 가지며 충동을 변용한다.

이러한 억제 작용은 작가가 권력자의 탄압을 두려워하여 진실을 직접적으로 표현하지 않고 자기 표현을 완화하고 변형시키거나, 또는 알아챌 수 없도록 위장하는 행위와 비슷하기 때문에, 검열 혹은 자기 검열이라는 말도 여기서 유래한다. (이봉일)

무의식, 자아, 초자아, 꿈 – 검열, 자기 검열

참고문헌
프로이트, 임홍빈·홍혜경 역, 『정신분석 강의』, 열린책들, 2003.
_____, 임홍빈·홍혜경 역, 『새로운 정신분석 강의』, 열린책들, 2003.
_____, 김인순 역, 『꿈의 해석』, 열린책들, 1997.

게사쿠(戯作)

게사쿠란 에도시대 후기의 소설류로, 지식인의 여기(余技)로서 만들어지기 시작한 새로운 속문학(俗文学)를 말한다. 구체적으로는 18세기 중반부터 나타난 요미혼(読本), 샤레본(洒落本), 기뵤시(黄表紙), 곳케이본(滑稽本), 닌조본(人情本), 고칸(合巻) 등을 총칭한다. 원래 게사쿠는 장난삼아 만든 것이라는 의미로, 전통적인 아문학(雅文学)에 대하여 본인들의 작품을 스스로 비하하는 용어였다.

일반적으로 게사쿠는 간세이 개혁(寛政改革, 1787~93)을 경계로 하여 작자층이나 작품의 질 등에 변화가 일어나므로 전, 후의 2기로 나누어 파악되고 있다. 전기 게사쿠는 유교적 문학관을 갖는 지식계급에 의해 만들어지기 시작한 것으로, 본래 아문학에 종사하여야 할 사람이 속문학에 손을 대게 되었을 때의 변명으로 게사쿠(戯作)라는 명칭이 생겨났다. 따라서 완전한 소일거리의 유희로 볼 수 있는 것도 있고, 지식인으로서 사회에 공헌하기 위하여 서민들에게 받아들여지기 쉬운 속문학으로 글을 써서 서민교화를 꾀한 것도 있었다. 이러한 것들이 서로 혼재되어 작품이 만들어지면서 점차 문장 그 자체는 세상사에서의 이해득실과는 관계가 없다는 의식이 생겨, 표현의 재미만을 철저히 추구하려는 경향이 나타났다. 이윽고 1770, 80년대의 자유스러운 분위기를 반영하듯 「우스꽝스러움」(おかしみ)을 게사쿠의 유일무이한 미의식으로 보고,

오직 웃음을 추구하기 위한 갖가지 표현기법을 총동원하여 전개되어갔다. 그 기법이 세련되면 세련될수록 그것을 이해하는 독자도 한정될 수밖에 없었다. 전기 게사쿠는 이러한 동아리 내의 문학이라는 성격을 갖고, 그 범위안에서 숙성된 문학이 되었다.

그런데 무사는 무사로서의 본분에 충실할 것을 명한 간세이 개혁이 시작되며 게사쿠계도 직접적인 영향을 받아 변화하게 된다. 즉 종래의 게사쿠 작자의 태반을 차지하였던 무사계급이 게사쿠에서 손을 떼게 됨으로서 작자층에 커다란 전환이 이루어져, 이때부터 후기 게사쿠가 시작된다. 새로운 작자층은 대부분이 조닌(町人, 근세도시서민)이나 하급무사들로, 그들은 게사쿠 작가가 되는 것이 지식인으로 인정받기 위한 길이기도 하였다. 내용이나 표현기법은 전기 게사쿠 작가들의 행태를 따르기는 하였지만, 작자층의 변화에 따른 웃음의 질의 변화가 나타나고 게사쿠의 대중화가 보다 활발히 진행되어갔다. 간세이 개혁 후의 풍조에 맞추어 권선징악을 표방한 작품이 많아지고 한편으로는 독자의 흥미에 영합하려는 문학이 되어갔다. 이러한 점에 있어서는 현대 대중통속소설과 비슷하다고 할 수 있다.

흔히 게사쿠는 구어조의 문장을 사용하며 사상성이 결여되어 있다고 평가되고 있지만, 말기 샤레본과 닌조본 작가중에는 소설은 인정(人情)을 그린 것이라는 소박한 문학론도 찾아볼 수 있다. 또한 게사쿠의 범주에 대하여 요미혼을 포함시킬 것인가를 둘러싸고 연구자간의 의견의 차이는 있지만, 어디까지나 게사쿠의 무게중심이 에도를 중심으로 형성된 유희적인 문학이라는 데 놓여있으므로 후기 요미혼은 포함된다고 보고 있다. 앞으로도 게사쿠와 근대소설 혹은 대중소설과의 관련성은 여러 각도로 조명될 것이다. (최관)

요미혼, 샤레본, 닌조본, 기보시, 곳케이본, 고칸, 속문학, 간세이 개혁

참고문헌

中野三敏, 『戲作研究』, 中央公論社, 1981.

게송(偈頌)

게송이란 불경을 성격과 형식에 따라 12개 유형으로 나눈 것, 즉 12부경의 하나이다. 역시 12부경 중 하나인 응송이 산문의 경전을 다시 운문으로 고쳐 쓴 것임에 비해, 게송은 전제되는 경전 없이 창의적으로 부처의 공덕과 교리를 노래나 글귀로 찬미한다. 게는 산스크리트 가타(gāthā)의 음을 빌린 것이고, 송은 그 뜻을 빌린 것이다. 게송은 3자 내지 8자를 1구(句)로 하고 4구를 1게(偈)로 하는 형식을 취한다.

게송이란 원래 경전의 일부를 구성한 시가의 한 형식으로, 부처를 찬미하거나 사문의 도리를 다짐하거나 깨우침의 환희를 노래하거나 부처에게 설법을 구하는 내용으로 전래되었다. 그런데 후세에 이르러 선가(禪家)에서 이의 전통을 수용하면서 시 혹은 노래를 통해 부처의 가르침을 전달하고자 하는 것이 관례화되었다. 오늘날 '선시'라고 할 수 있는 게송의 독특한 장르를 만들어 낸 것이다.

'선시'의 의미의 게송에는 선문답을 시로 읊은 공안시(公案詩), 진리를 깨달음을 읊은 개오시(開悟詩), 선의 이치와 본질을 제시하는 선리시(禪理詩) 등이 있다. 공안시에는 「벽암록(碧巖錄)」, 「종용록(從容錄)」 등이 있으며, 개오시에는 「부법장전(付法藏傳)」, 소동파의 「오도송(悟道頌)」, 현각의 「증도가(證道歌)」 등이 있다. 선리시에는 승찬의 「신심명(信心銘)」, 희천의 「참동계(參同契)」 등이 있다.

고려 말의 고승인 보우는 『태고화상어록太古和尙語錄』에서 자유로운 형식과 기발한 착상의 선시를 남겼으며, 한시를 제외할 때 조선시대의 대표적인 시 장르라 할 시조나 가사에는 선시라 부를 만한 작품이 없다고 할 수 있다. 한글로 쓰여진 선시란 개화기 이후에 등장하였다. 한용운의 시집 『님의 침묵』에 수록된 대부분의 시와 고은의 선시집 『뭐냐』에 수록된 대부분의 시, 황지우의 시집 『게 눈 속의 연꽃』, 최승호의 시집 『모래인간』의 일부 작품들, 서정주의 「인연설화조」, 오세영의 「먼 하늘」 등이 대표적인 선시이다. 이들 시에는 윤회사상이나 깨닫는 자에게는 만상이 모두 부처라는 유심관(唯心觀), 색즉시공 공즉시색(色卽是空 空卽是色) 등의 불교의 가르침이 녹아 있다. (이새봄)

창가, 선시, 종교시

참고문헌
오세영, 「선시의 범주와 그 전통」, 『21세기 문학의 동양시학적 모색』, 새미, 2001.
_____, 「현대시와 불교의 영향」, 『2004 만해축전』, 백담사 만해마을, 2004.
방민호, 「선과 현대시의 만남과 그 난제」, 『2004 만해축전』, 백담사 만해마을, 2004.

게이 비평(Gay criticism)

게이 비평은 단지 게이만의 문제가 아니다. 『레즈비언과 게이 연구 독본』(Lesbian and gay studies reader, 1993)에서 게이 비평은 일차적으로 성적 성향을 "분석과 이해의 기본 범주"로 간주하되, "저항적 목적의식"이 강한 비평의 범주로 규정한다. 왜냐하면 이는 "호모포비아(homophobia, 동성애에 대한 공포와 편견)와 이성애주의, 이성애의 특권을 제도적 차원에서 공공연히 휘두르는 이데올로기적 폭력에 저항하는 것을 목적으로 하기 때문이다." 기존의 성별 위계질서에 저항한다는 점에서, 게이 비평은 페미니즘 비평이나 레즈비언 비평처럼 주변화된 성적 소수자의 담론과 연계된다.

게이 비평은 그 동안 동성애적 남성을 단 하나의 보편적 남성성으로 환원시키는 기존의 이성애주의를 넘어서서, 다양한 성적 정체성의 가능성을 타진하고 이를 문학사적으로 자리매김하려는 일련의 비평 활동을 가리킨다. 특히 '남성성 / 여성성', '동성애 / 이성애'와 같은 이분법적 범주의 역사와 그 배후에 존재하는 가정들에 질문을 던지는데, 이처럼 기본적으로 게이 비평은 성의 문제에 초점을 맞추면서도 욕망을 성별화하는 기존의 성적 질서로 환원되기를 거부한다. 게이 비평가들은 주체의 정체성, 특히 성적 정체성은 고정된 내적 본질이 아니라, 그의 사회적 지위, 성적 취향, 직업 등에 의해 언제나 변화가능한 것이라고 주장함으로써, 모든 형태의 '정체성 정치'(identity politics)의 근본 개념들을 허물어뜨린다. 그런 점에서 게이 비평은 페미니즘 비평과 일정 정도 제휴하면서도, 다른 한편으로는 '여성 주체성'을 기반으로 삼는 페미니즘 비평에 대해 비판적이다. 한국의 게이 액티비스트(gay activist) 문화평론가인 서동욱 또한 남성성과 여성성을 넘어선 새로운 성정치학의 전략들을 마련해야 한다고 주장하고 있다.

게이 비평은 일차적으로 게이 작가들의 작품을 다루지만, 반드시 그런 것은 아니다. 오히려 세익스피어나 로렌스, 뒤렐의 작품과 같은 기존의 정전을 게이적 시선으로 재평가하고 있다. 나아가 이들 작품 속에서 발견되는 '호모포비아'를 폭로하기도 한다. 게이 비평은 아직 현대문학의 중심 이론으로 자리잡지는 않았지만, 오히려 이러한 비주류적 감수성과 정치적 색채로 인해 비평의 지평을 넓히는데 기여한다. (심진경)

동성애, 레즈비언 비평, 호모포비아, 성정치학.

참고문헌
제프리 윅스, 서동진·채규형 역, 『섹슈얼리티 : 성의 정치』, 현실문화연구, 1994.
서동욱, 『누가 성정치학을 두려워하랴』, 문예마당, 1996.
Ronald R. Butters, John M. Clum, and Michael Moon eds., Displacing homo—phobia : Gay male perspective in literature and culture, Duke University Press, 1989.

게이/레즈비언 ☞ 동성애

게이해방운동(Gay liberation movement)

미국에서의 게이해방운동은 1969년 6월 뉴욕 시 그린위치 마을(Greenwich Village)에 있는 게이 바 스톤월(Stonewall)을 경찰이 습격한 사건을 계기로 시작되었다. 이 운동은 법률, 공공정책은 물론, 사회적 태도에 있어서 동성애자들의 차별적 지위를 개선하기 위한 것이었다. 동성애자들은 게이 해방운동을 위해 조직을 결성하고 캠페인을 수행하였으며, 법률 개정을 위한 로비와 피켓 행진, 심지어 거리 폭동을 감행하였고, 자조집단을 결성하거나 대안으로서 동성애자들만의 분리제도를 구성하였다.

게이 해방운동이 전개되기 전까지 동성애자들은 뚜렷한 소수집단으로서의 지위를 갖지는 못했다. 단지 개인의 부도덕성을 반영하는 고민거리로 인식되거나 범죄 내지 병리 현상으로 간주되었을 뿐이다. 그 결과 어느 누구도 동성애자들의 경험을 "사회적 박해"로 간주하지 않았다. 대신 인간의 상식적 존엄성을 해치는 행위, 다수의 성원들이 합의하고 있는 규범을 깨트리는 행위, 결과적으로 사회의 안녕과 질서를 위협하는 행위로 규정되었다.

"게이해방운동"이 전개되면서 운동 자체가 동성애의 역사에 결정적 계기를 구성하는 결과를 가져옴은 주목할 만하다. 이는 일군의 남녀가 자의식에 입각하여 통합적 소수집단의 성원으로서 자신들의 정체성과 커뮤니티를 구성해갔다는 의미에서 그러하다. 그런 만큼 동성애 자체의 역사와 동성애자들이 소수집단으로 부상하면서 해방을 추구해 가는 역사는 구분해서 인식하는 것이 필요하다. 곧 게이 해방운동이 주요한 사회세력으로 부상하면서, 동성애자들 다수는 자신의 정체성을 새롭게 규정하고 삶의 양식을 변화시키는 결과를 가져왔음에 주목해야 한다. 이로부터 동성애는 "특정 성행위"로부터 "개인의 정체성"을 구성하는 주 요소로 전환되어 갔다. 더불어 60년대 서구의 성해방운동은 동성애자들에게도 영향을 미쳐, 동성간 에로티시즘 표현의 법적 장애를 철폐하는 대법원의 판결이 나오면서 자신의 성 정체성을 동성애자로 규정하는 데도 훨씬 자유로워졌다. (이새봄)

게이(gay), 레지비언(lesbian), 퀴어 정치학(queer politics)

참고문헌
칠라 불벡, 『행동하는 페미니즘』, 지구문화사, 2000.
탬신 스파고, 『푸코와 이반이론』, 이제이북스, 2003.

격자(格子)

원래 미술사에서 가로와 세로가 평행하는 선들이 교차하는 이차원의 얼개를 가리키는 개념이었다. 이는 삼차원의 장면이나 물체를 이차원의 평면으로 옮겨서 새롭게 창조해내는 작가의 원본성의 상징이다. 격자는 작가의 깊은 내부로부터 창조된 진실의 틀, 공간으로 구획되어져 왔다. 그러나 롤랑 바르트(Roland Barthes)가 선언한 저자의 죽음은 이런 격자의 유일무이성에 대한 비판이다. 그는 격자가 신성불가침의 원본성을 지니고 있는 것이 아니라 주변에서 표류하는 선행 목록 가운데에서 차용한 것에 불과하다는 것이다. 화가 셰리 르빈(Sherrie Levine)의 차용 행위는 작가의 사망을 확인하는 절차이다. 그것은 독창적인 천재로서의 예술가 개념에 종언을 고한다. 무의 상태에서 창조된 것으로서 여겨졌던 격자가 사실은 문화 속에서 끊임없이 인용되어 온 시각적인 텍스트들을 재현하고 반복해온 것에 불과하다고 주장한다. 그림과 사진틀, 프레스코화의 밑그림 선, 원근법의 그물망 등 평면을 한정하는 형태로서의 격자는 원본 없이 지속되는 복제 체계를 반복하고 있을 따름이다. 격자를 가지고 격자의 원본성을 비판하는 포스트 모던한 화가들의 시도는 이제 미술작품이 더 이상 이상적인 질서나 숭고와 같은 원작자의 메타담론을 담아내는 유일한 창조물이 아니라 이미지 정보가 되었음을 선언한다. (이훈)

원근법, 원본, 저자의 죽음

참고문헌
윤난지, 『현대 미술의 풍경』, 한길아트, 2005.
임석재, 『건축과 미술이 만나다』, 휴머니스트, 2008.
롤랑 바르트, 『텍스트의 즐거움』, 동문선, 1997.

격조설(格調說)

청초(淸初)의 문단을 영도한 두 시인 전겸익(錢謙益)과 오위업(吳偉業)은 청대 시를 커다란 두 개의 종파로 나누며 주도해갔다. 그들 자신은 당(唐)·송(宋)을 분명하게 내세워 말하지는 않았지만, 전겸익은 송시로의 회복을 주장하는 종송파(宗宋派)를 지향하고, 오위업은 당시로의 회복을 기치로 내건 종당파(宗唐派)를 지향했다.

심덕잠(沈德潛, 1673~1769)은 종당파의 중요 시인으로, 명대(明代)의 전칠자(前七子)와 후칠자(後七子)의 시가 창작 이론을 계승하여 성당(盛唐)의 시를 바탕으로 한 격조설(格調說)을 주장하였다. 여기에서 격조란 시의 표현 양식(格)과 언어의 음조(調)와 같은 시의 형식적이고 외면적인 요소를 나타낸다.

전·후칠자의 격조설은 명나라 초기의 대각체(臺閣體)의 위축되고 허약한 시풍에 대한 반발로 등장한 것으로, 당시 문단에 있어서 큰 영향력을 행사했다. 그러나 내용적인 측면에 있어 결국에는 의고(擬古)로 치우쳤기에, 이지(李贄, 1527~1602)와 탕현조(湯顯祖, 1550~1616) 등의 진보적 견해를 가진 비평가들의 비난을 면치 못하였다.

심덕잠은 이들 전·후칠자의 격조설을 계승·발전시켜, 다시금 격조설을 제창하였다. 격조란 체격(體格)과 성조(聲調)를 말하는데 초기의 해석에서는 사상적 내용과 성률 형식을 포괄하는 말이었다. 명나라의 전후칠자에 와서 이는 시를 논하는 결정적인 방법론으로 정리되었다. 그들은 한위(漢魏)와 성당(盛唐) 이후부터 시의 격조가 떨어졌다고 생각하면서 "문장은 반드시 진한을 본받아야 하고, 시는 반드시 성당을 본받아야 한다(文必秦漢 詩必盛唐)"라고 주장하였다.

격조설의 요지는 『예기(禮記)·경해(經海)』의 "온유돈후하게 만드는 것이 시의 가르침(溫柔敦厚, 詩敎也)"이라는 도덕적인 문학관에 기반을 두고 바른 골격 위에 음률의 조화를 찾는 것이다. 즉, 심덕잠은 비록 격조설을 주장하기는 했지만, 온유돈후가 격조의 기본적인 바탕이 된다는 사실도 간과하지 않았기에, 격조만큼 윤리와 도덕 규범도 강조하였다. 그는 또한 이러한 윤리와 도덕 규범에 부합되는 시가를 창작해내기 위하여 학고(學古)와 논법(論法)을 강조하면서 시의 체(體)·격(格)·성(聲)·조(調)에 대해서도 엄격한 규정을 마련해 놓았다.

그러나 이러한 심덕잠의 격조설은 윤리와 도덕규범에 부합되는 것에 지나치게 매달렸기에, 아정(雅正)한 이론으로 전락해 버리고 말았다. 그들의 이러한 주장은 명나라 초기의 대각체(臺閣體)의 소극적 시풍을 반대하면서 제시한 새로운 대안으로서 학시(學詩) 전통을 내세우며 당시 문단에 대한 영향력이 컸지만, 의고주의라는 비난을 피하기 어려웠다. 격조설을 주장하는 심덕잠의 시풍은 지나치게 도학적이고 의고(擬古)적이었기에 성령설(性靈說)을 주장하는 원매(袁枚)와는 첨예하게 대립하였고, 이러한 비난들은 당시 문단에서 심덕잠의 격조설은 점차 약화되었다. 그의 격조설은 후에 섭섭(葉燮)에서 보다 섬세하게 계승 발전되기도 하였다. (오태석)

격조설, 심덕잠, 학시(學詩), 섭섭(葉燮)

참고문헌
주훈초 외, 중국학연구회 고대문학분과 역, 『중국문학비평사』, 이론과 실천, 1994.

임종욱, 『동양문학비평용어사전』, 범우사, 1997.
김학주, 『중국문학사』, 신아사, 2000.

견책소설(譴責小說)

청대 말기에 나온 일군의 사회 소설을 지칭하는 말로써, 노신(魯迅, 1881~1936)이 『중국소설사략(中國小說史略)』 제28편에서 처음 사용한 용어이다.

1840년의 아편전쟁(鴉片戰爭) 이래 열강의 군사적, 경제적 침략에 시달려 온 중국은 19세기 후반에 이르자 반식민지(半植民地) 상태로 전락했다. 그러나 조정과 관료의 부패무능은 여전했기 때문에 각성한 지식인들의 위기의식과 백성들의 불만이 고조되었으며, 변혁에 대한 요구도 강해졌다. "무술정변(戊戌政變)이 실패하고 2년이 지나 경자년(庚子年)이 되자 의화단(義和團)의 변란이 발생했는데, 이렇게 되자 사람들은 정부가 더불어 국사를 도모하기에 부족함을 깨달아 돌연 배척하는 뜻을 가지게 되었다. 그것이 소설에 있어서는 숨겨진 것을 들추고 폐악(弊惡)을 드러냄으로써 당시의 정치를 엄히 규탄하는 것으로 나타났는데, 때로는 더욱 확대되어 풍속에까지 미치기도 했다."(노신, 『중국소설사략』)

청말(淸末)의 독특한 정치 · 문화적 배경 속에서 출현하였으며, 1900년 이후 매우 왕성하게 창작되어진 이 부류의 소설은, 관계(官界)의 부패상을 비롯한 문제점들을 대단히 신랄한 언어로 공격하였는데, 이것이 독자의 요구와 부합함으로써 일시에 번성하게 되었다. 노신은 이 부류의 소설이 "말투가 직설적이고 표현에 숨겨진 날카로움이 없으며" "묘사가 장황함에 빠지고, 때로는 넘치는 증오 때문에 언어가 진실을 위배한 결과, 감동시키는 힘이 대폭 약해져서, 결국 '이야기거리'의 나열에 지나지 않는" 단점이 있기 때문에 풍자소설(諷刺小說)의 범주에 포함될 수 없으며, '견책소설(譴責小說)'로 구분하여야 한다고 주장하였다. 냉정한 풍자와 함축미가 부족하고 어조가 너무 신랄하기 때문에 '꾸짖는다'는 의미의 '견책(譴責)'이라는 용어를 채용하여야 한다는 것이 노신의 의견이었던 것이다. 견책소설은 관계(官界)를 위시한 중국 사회 전체는 물론이요, 미국의 철도건설 현장에 파견된 중국인 노동자들의 사회에 이르기까지 광범한 세상의 어두운 면을 작품에 담았는데, 특히 관리들의 부패와 무능의 공격에 초점을 두었다. 일부 학자들이 작품의 언어가 직설적이거나 강경하다고 해서 굳이 풍자소설의 범주로부터 제외시키는 것이 타당하지 않다는 의견을 제시하고 있으나, 대다수의 연구자들은 여전히 '견책소설'이라는 용어를 답습하고 있다.

견책소설은 주로 신문이나 잡지의 연재를 통해 발표되었는데, 수많은 일화를 나열하는 구성 방식을 취하고 있으며, 작품의 중심이 되는 인물들이 주인공의 역할을 한다기보다는 전후의 일화들을 연결시켜가는 끈과 같은 역할을 하고 있는 경우가 대부분이어서 작품의 짜임새가 대단히 느슨하다. 또한 표현상에 있어서도 과장이 심하여 사실감이 떨어진다는 단점이 있다. 타인의 치부를 폭로함으로써 재물을 갈취하려는 흑막소설(黑幕小說)로 타락하기도 하였다.

『관장현형기(官場現形記)』, 『이십년목도지괴현상(二十年目睹之怪現狀)』, 『노잔유기(老殘遊記)』, 『얼해화(孼海花)』 등이 견책소설의 사대(四大) 작품으로 칭해진다. 『관장현형기』는 이보가(李寶嘉, 1867~1906)의 작품이며, 관리들의 부패와 무능을 집중적으로 폭로하였다. 『이십년목도지괴현상』은 오옥요(吳沃堯, 1866~1910)의 작품이며, '구사일생(九死一生)'이라는 인물이 20년 간 겪은 사건의 묘사를 통하여 관계를 위시한 사회 전체의 각종 병리현상을 폭로하였다. 『노잔유기』는 유악(劉鶚, 1857~1909)의 작품이다. 의사인 노잔(老殘)의 유랑생활에 대한 묘사를 통해 중국의 현실을 폭로하고, 아울러 작자의 시국관을 피력하였다. 청렴하다고 자부하는 관리들이 실제로는 잔혹하기 짝이 없으며 더 많은 폐해를 끼친다는 점을 폭로한 내용이 특징적인 작품이다. 『얼해화(孼海花)』는 증박(曾樸, 1872~1935)의 작품인데, 김문청(金雯靑)과 부채운(傅彩雲)이라는 두 인물을 통하여 186년대에서 1890년대에 이르는 30여 년간의 역사를 반영하였고, 관료사회를 비판하였다. (위행복)

견책소설, 청말소설, 풍자소설, 소설계혁명, 원앙호접파, 변법유신운동, 노신

참고문헌
중국소설연구회 편, 『중국소설사의 이해』, 학고방, 1994.
김학주 저, 『중국문학사』, 신아사, 1994.
위행복 저, 『얼해화연구』, 서울대학교 박사논문, 1993.

결말(dénouement)

대단원(大團圓), 데누망. 17세기 프랑스의 희곡비평에서 처음 쓰인 <데누망dénouement>은 프랑스어 dénouer(to unknot : 매듭을 풀다, 얽힌 것을 풀다)에서 나온 말로, 클라이맥스(climax) 뒤에 플롯의 매듭이 풀려서 긴장이 해결되고 클라이맥스가 지시하는 결말로 전개되는 것을 말한다. 그 동안 전개된 극적 행위의 해결과 이해를 위한 부분으로 관객이 충분히 만족할 수 있는 회답을 주는 지점이다. 데누망이란 용어는 주로 희극에서 쓰이며, 비극에서는 카타스트로피(catastrophe)라고 쓴다. 프랑스 비평가들은 잘 맞아 떨어지는 끝을 대단히 중요시하여 한 작품이 벌여놓고 뒤섞은 것 이른바 얽힘(complication)을 하나도 남김없이 마무리하기를 요청하였다. 즉 중요한 인물들에 대한 뒤처리뿐 아니라 모든 사소한 사건의 전개까지도 적절한 결말이 주어져서 그 뒤에 벌어질 사실은 그 작품 자체와는 관련이 없도록 해야 한다고 주장했다. 대체로 고전적 희극에 있어서는 주인공의 운명이 확정되고, 악당은 적절히 벌 받고, 서로간의 오해가 완전히 해소되고, 애인들은 결혼을 하든가 다시 헤어지지 않을 입장에 도달하며, 헤어졌던 부부나 친족들이 다시 만나든가 한다.

작품의 끝맺음은 희곡뿐 아니라 모든 장르에 있어서도 매우 중요한 부분으로, 아리스토텔레스의 말대로 작품이 하나의 전체라는 단일 구조를 형성하기 위해서는 처음, 중간, 끝이 필요한

데, 끝이란 반드시 '그 앞의 무엇인가를 따르고 그 뒤에는 아무것도 딸리지 않은 것'이다. 즉 필연적인 선행 조건이 있으면서 그 뒤에는 계속성이 없도록 되어 있어야 끝인 것이다. 현대의 일부 문학에서는 적절한 끝맺음을 하는 대신에 끝을 열어놓음으로써 작품의 기본 문제를 그대로 남겨놓는 수법을 쓰기도 한다. 베케트의『고도를 기다리며』같은 작품이 좋은 예이다. 부조리극에서는 대개 해결부를 순환으로 마감하는데, 극의 사건들이 스스로 반복을 거듭한다는 것을 보여 주기 위해서이다. 비극의 경우 끝맺음을 이루기 위해서 관습적으로 동원되던 요소들, 즉 주인공의 죽음, 화해, 애인들의 결혼, 목적의 달성, 적수의 제거 등은 아직도 대중적인 문학에서 이용되고 있지만 그 신선미는 대체로 고갈되었기 때문에 '열려진 끝'의 방식이 개발되고 있는 것이라고 볼 수도 있다. 또한 불확정성이 만연한 현대 사회에서 확실한 해결책이 주어지는 결말은 다소 도식적이거나 작가의 강압으로 여겨질 수도 있다. (윤송아)

카타스트로피(catastrophe), 열린 결말

참고문헌
문덕수 편,『세계문예대사전』, 성문각, 1975.
이상섭,『문학비평용어사전』, 민음사, 2001.

결정론(Derterminism)

결정론(決定論)이란 자연의 여러 가지 현상이나 다양한 역사적 사건들, 심지어는 사람의 의지까지도 여러 가지 원인에 의해 미리 규정되어 있다고 보는 철학이다. 결정론은 세상에서 일어나는 모든 일과 인간의 의지는 어떠한 외적인 힘에 의하여 정해진 때와 장소에서 이루어지도록 미리 정해져 있다고 주장하므로 자유 의지론과는 반대되는 개념이다. 이 때 사건과 인간의 의지에 작용하는 외적인 힘을 정신적인 범주로 보느냐 물질적인 범주로 보느냐에 따라 결정론은 크게 두 가지로 나누어진다. 외적인 힘을 정신적인 것으로 보는 경우에는 다시 예정론(豫定論)과 목적론(目的論)적 결정론으로 나누어진다. 예정론은 이 세계가 절대자에 의해 미리 계획되어 있으며 거기에는 어떠한 변경도 허락되지 않는다는 학설로 아우구스티누스(T. Augustinus)나 토마스 아퀴나스(T. Aquinas)의 신학(神學)적 학설과 불교(佛敎)의 인과응보(因果應報)설 등이 이에 해당한다. 목적론적 결정론에는 라이프니츠(G. W. Leibniz)의 예정 조화설, 칸트(I. Kant) 및 신칸트주의의 이상주의(理想主義)가 포함되며 기본적으로 인간의 자발성을 인정하는 학설이다. 외적인 힘을 물질적인 범주로 간주하는 경우에도 기계적인 인과법칙과 변증법(辨證法)적 유물론(唯物論)으로 나누어지는데, 기계적인 인과법칙은 다분히 관념론(觀念論)으로 기우는 성격을 지니고 있고, 유물론은 인간의 의지가 경제적 기초에 의해서 결정된다고 보는 사적 유물론으로 대표된다.

19세기 고전 물리학의 전성시대가 도래하면서 어떠한 사건의 발생이나 인간의 의지의 원동력을 종교적인 계시에서 구하는 정신적 범주의 결정론 대신 과학적 결정론이 올바르다는 입장이 주류를 이루게 되고, 양자역학(量子力學)이 등장하는 20세기에 와서는 모든 상황이나 인간의 의지가 정해진 때와 장소에서 이루어지도록 결정된 것이 아니고, 오로지 일어날 수 있는 확률만이 결정되어 있다는 확률론적 결정론이 유력한 결정론으로 추앙받았다. 현대의 사상과 관련해서는 경제적 토대가 일정 집단의 문화와 의식을 결정한다는 맑스주의(Marxism)와 언어의 형성력이 인간의 사상을 능가한다고 여기는 언어철학에서 가장 빈번히 결정론의 문제가 일어나고 있다. 그러나 문예비평에 있어서의 결정론은 설득력이 미약한데, 그것은 지역이나 시대의 한계를 뛰어넘는 문학적 예술 작품의 속성 때문이라고 볼 수 있다. (강진호)

예정론, 목적론, 유물론

참고문헌
김용직, 『문예비평대사전』, 탐구당, 1994.
조셉칠더스·게리 헨치 엮음, 황종연 역, 『현대문학·문화비평용어사전』, 문학동네, 1999.

결정불능성(決定不能性)

근대 과학은 갈릴레오와 뉴턴에 의해 구축된 결정론적 사고 위에서 출발했다. 결정론이란 초기 조건만 알면 그 운동의 미래를 충분히 파악할 수 있다는 입장이다. 실제로 뉴턴의 방정식으로 천체의 운동과 지상에 있는 물체의 운동 등에 관해 많은 것이 밝혀졌다. 라플라스는 이런 뉴턴의 역학 이론에 입각하여 어떤 순간에 우주의 모든 원자의 위치와 속도만 알게 되면 미래의 우주의 변화를 모두 파악할 수 있다고까지 믿었다. 그러나 양자역학, 상대성 이론과 함께 현대 과학의 3대 발견으로 일컬어지는 카오스 이론에서는 세계는 결정론에 따르는 계이지만 정해진 단순한 행동이 아니라 극히 복잡하고 불규칙하면서 불안정한 행동을 보여주고, 초기 값을 정했다고 생각해도 그 이후 상태가 변동을 계속하며 먼 장래의 상태가 어떻게 될지 전혀 예측할 수 없는 현상이라고 주장한다. 항상 어떤 유한한 범위 내에서 변동을 계속 하고 있는 불안정한 비선형계이기 때문에 결정론에 의해 예측하기란 어렵다는 것이다.

사상사에서 이런 사고는 구조주의 비평가들과 해체주의 비평가들 간에 서로 경쟁하거나 모순되는 의미들 중에서 선택이 불가능하다는 논쟁으로 변주된다. 자크 데리다(Jacques Derrida)는 말라르메의 이멘(hymen)을 들면서 언어는 항상 모순된 의미를 동시에 전달하는 속성이 있음을 설명했다. 이멘은 결혼의 비유로 욕망과 욕망의 달성을 하나로 표시하지만 동시에 욕망과 욕망의 달성을 분리시키는 막이기도 하다. 언어는 이런 결정불능성을 내재한다고 보았다. 데리다는 의미의 경계선을 긋지 않는다. 의미는 자신을 산산이 분산하는 의미산포를 통해 해체되고 탈구축된다. 그에게 결정불능성은 우연적인 것이 아니라 존재내적으로 필연적이다. (이훈)

카오스, 해체주의, 자크 데리다, 산포

참고문헌
아시다 아키라, 『도주론』, 민음사, 1999.

제임스 글라크, 『카오스』, 누림, 2006.
자크 데리다, 『그라마톨로지』, 민음사, 2010.

결핍(缺乏, Deprivation)

라깡에 따르면, 상징계의 차원에 위치해 있는 주체는 거울단계 이후 상상계의 차원에 놓여 있는 대상 a 속에서 자신의 근거를 찾는다. 주체는 완벽히 충족되는 사랑이 불가능하다는 사실 속에서 자신의 결핍을 경험하고, 또한 타자 속에서 타자의 결핍과 다시 만나게 된다. 언어는 우리로 하여금 결핍을 경험하게 하고, 상징적 계약, 스스로 이해되지 않는 '관계'를 만들어 낸다. 거울단계에서 어린아이가 스스로를 왜곡하고 이상화하여 지각하는 이유는 본능의 결핍 때문이다. 본능의 결핍은 처음에는 감각의 혼돈으로 나타나고, 여기에서 언어의 중요성이 드러난다. 의미 차원이 등장하기 이전에 언어는 어린아이에게 어둠과 밝음 등의 구별을 가능하게 해주고, 이러한 감각적 인상에 기초해서 최초의 정신적 흔적들이 형성된다.

라깡은 '기표 / 기의'라는 산술기호로써 기표의 우위를 표현하는데, 소쉬르의 표현과 비교하면 위 아래의 내용이 바뀌었을 뿐 아니라 산술기호에 괄호가 빠져 있음을 볼 수 있다. '/'는 기표와 기의의 차원이 분리되어 있음을 상징적으로 표현한다. 그러나 이 분리는 '의미 부여'를 통해서 극복된다. '의미'는 기표와 기의가 원래부터 하나인 듯한 인상을 주지만 거기에는 '의미'를 빗겨가는 '잔여'가 항상 있기 때문에 '의미'는 결코 완전할 수 없다는 결론을 낳게 한다. 여기서 원초적 결핍(Mangel)을 볼 수 있다. 어떤 사랑도 어떤 현존도 절대로 완벽할 수는 없다는 경험 속에서 이러한 '결핍'을 느낀다. 충족되지 못하는 잔여가 항상 남아 있고, 이 잔여가 욕망의 '장소'라고 불리는 그것이다. 여기서 상징계가 욕망을 구조짓는다는 것이 입증되며, 그것은 영원히 만족될 수 없다. 결핍은 소유와 존재의 두 가지 차원으로 나타나는데, 존재의 결핍은 '소유가 너무 적음'을 통해서 나타나고, 소유의 결핍은 완벽한 존재를 추구하는 욕망 속에서 나타난다. 주체는 이것에 도달하면 더 이상 부족한 것이 없을 것이라 착각한다. 결핍은 상징계에 의해서 배제된다. 어떠한 기의도 결국은 불충분하다는 사실에 의해 야기된 원초적 상실 앞에서 주체에게 의미를 갖는 모든 것은 상징이 된다.

라깡은 결핍 경험을 '상징적 죽음(symbolisher Mord)'으로 이야기하기도 한다. 이것은 지각된 것이 표상으로 전환되는 것을 의미하며, 프로이트가 <쾌락원칙을 넘어서>에서 묘사한 '포르트-다(fort-da)'놀이에 잘 나타나 있다. 부재하는 것이 현전하게 되고 현재하는 것이 부재하게 되는 것에서 어머니의 부재 때문에 하나의 현실을 창조하는 언어의 부정하는 작용을 본다. 부재는 기표에 의해서 불러일으켜지는 표상의 현존으로 바뀌게 됨으로써 상징적 질서가 시간 경험을 가능하게 한다. 상징적 질서는 주체의 모든 세계를 덮는데, 예외적으로 상징계로 들어가기를 거부하는 '외상(Trauma)'이 있다. 상징계는 외상이라 불릴 수 있는 성, 죽음, 폭력, 비의미 등을

항상 배척한다. (이새봄)

상징계, 기표, 기의, 결여

참고문헌

김상환 외, 『라깡의 재탄생』, 창작과비평사, 2002.

페터 비트머, 홍준기·이승미 역, 『욕망의 전복』, 한울아카데미, 1998.

브루스 핑크, 맹정현 역, 『라깡과 정신의학』, 민음사, 2002.

경극(京劇)

경극은 북경에서 발전하여 중국 전역으로 퍼져나갔고, 현재까지도 널리 환영받고 있는 고전 희곡인데, 이것은 각 지역에서 발전한 지방희의 장점들이 융합됨으로써 출현하게 되었다. 경극은 청대 말엽의 광서(光緖)년 간에 완성된 것으로 보는데, 경극은 지방희의 번영에 기반을 두고 성장하였으니, 각 지역의 지방희가 대도시를 향해 발전하고 집중한 결과, 서로 융합하여 경극이 태어날 수 있는 요건이 마련되었다. 경극인 북경피황희(北京皮簧戱)는 피황강(皮簧腔)과 북경 방언이 결합되고 예술적으로 발전한 결과이며, 북경·상해·천진 등의 대도시를 온상으로 발전하면서 신속하게 전국으로 파급되었다.

명대에 널리 유행하던 전기(傳奇)의 기세가 누그러지면서, 청대의 건륭(乾隆)때부터는 아부(雅部)와 화부(花部)로 구분되기 시작하였다. 화부는 '난탄(亂彈)' 혹은 '화부난탄(花部亂彈)'이라고 부르기도 하였는데 각 지역에 그 지방의 음악을 바탕으로 하여 발전한 희곡 형태였고, 아부는 명대부터 내려온 곤산곡(昆山曲)을 지칭하는 말이었는데, 곤곡의 쇠퇴와 경제, 사회의 안정이 곧 지방희 흥성의 원인이다.

음악적으로 특정한 성강(聲腔)을 공통 요소로 하는 무리를 강계(腔系)라고 하는데, 노래극인 중국의 희곡에서는 음악이 성패를 가늠하는 결정적 요소로 작용한다. 청대의 지방희는 지역마다 독특한 음악의 기초 위에 구축되었으며, 청대 지방희의 주요 성강(聲腔) 계통으로는 명대의 익양강(弋陽腔)을 기원으로 하는 계통인 고강강계(高腔腔系), 명대의 곤산강(昆山腔)이 널리 유행되면서 각 지역의 문화적 특성들을 흡수하고 변화한 곤강강계(昆腔腔系), 경목방자(硬木梆子-딱따기 류)로 박자를 치며 협서(陝西), 산서(山西)로부터 발전하기 시작한 방자강계(梆子腔系), 방자강(梆子腔)에서 유래한 서피강(西皮腔)과 남방에서 발생한 이황강(二簧腔)이 결합하여 만들어진 피황강계(皮簧腔系)를 들 수 있는데, 이것들 중 방자강계와 피황강계가 가장 널리 유통되었다.

둘 이상의 성강이 융합되면 지방대희(地方大戱)가 형성되는데, 경극(京劇)은 북경에서 만들어진 지방대희이다. 청 건륭 시기인 1790년 경부터 안휘(安徽)의 희반(戱班)들이 북경으로 진출하였는데, 이것들이 호북(湖北)에서 온 희반들과 합작하면서 서로 영향을 미쳤다. 여기에 다시 곤강(昆腔)과 진강(秦腔)의 곡조와 공연 방법을 받아들이고 민간의 곡조를 흡수하면서 점차 변화 발전하여 경극이 만들어졌다. 경극은 음악적으로는 판강체(板腔體)에 속하는데, 창강(唱腔)은 안휘지역의 이황과 호북 지역의 서피를 위주로 하기 때문에 이황과 서피를 합하여 부르는 말인 '피황(皮簧)'이 때로는 경극을 지칭한 말로도 쓰인다. 대체적으로 서피는 활발·유쾌하거나 격앙·웅장한 감정을 표현하는데 적합하고, 이황은 처량하거나 침울한 감정의 표현에 적합하다. 반주 악기로는 호금(胡琴), 이호(二胡), 남현자(南弦子), 월금(月琴), 적(笛), 쇄납(嗩吶), 해적(海笛) 등의 관현악기와 고(鼓), 판(板), 대라(大鑼), 소라(鐃鈸), 당고(堂鼓), 성(星) 등의 타악기가 쓰인다. 공연에 있어서는 노래와 춤을 위주로 하면서 무술기교를 가미하는데, 리듬감이 강하고 높은 기술이 요구된다. 또한 대사에 있어서도 풍부한 음악성을 갖추고 있어서 '노래·대사·동작·무술(唱念做打)'이 유기적으로 결합된 예술체계이다. 인물의 복장은 기본적으로 명대의 제도를 따르고 있는데, 색상이 화려하고 무늬가 현란하며, 인물의 신분이나 직업에 따라 정해진 복식이 있다.

각색은 성별, 나이, 성격 등에 따라 생(生), 단(旦), 정(淨), 추(丑)의 넷으로 대분된다. 생은 남성인데, 중년 이상의 남자는 노생(老生), 청년 남자는 소생(小生), 남성 무인은 무생(武生)으로 세분하여 불렀다. 단은 여성인데, 양가집 규수는 정단(正旦), 가난한 집의 소녀는 화단(花旦), 중년 이상의 부인은 노단(老旦), 여성 무인은 무단(武旦), 익살스럽거나 사악한 부녀는 채단(彩旦)으로 불렀다. 정(花臉이라고도 함)은 생김새나 성격이 특이한 남성 각색인데, 무예가 뛰어난 경우에는 무정(武淨)이라고 했다. 추(小花臉이라고도 함)는 익살스럽거나 사악한 각색인데, 무예가 빼어난 경우에는 무추(武丑)라고 했다.

경극은 대부분 역사고사를 주된 소재로 하였는데, 전해오는 희목(劇目)이 1300여종에 이른다. 인물의 복장은 기본적으로 명대의 제도를 따르고 있는데, 색상이 화려하고 무늬가 현란하며, 인물의 신분이나 직업에 따라 정식화된 복식이 있다. 인물의 분장은 가무성(歌舞性), 장식성(裝飾性), 정식성(程式性)의 특징을 갖추고 있다. 즉 가무(歌舞)와 어울리고, 장식적인 효과가 있으며, 정해진 격식에 따라 분장한다. 경극에서는 무대 장치가 거의 없어서 배우가 관중들에게 시각적 기쁨을 주어야 하기 때문에 분장이 장식적이고 과장적이다. 즉 조형예술까지도 배우의 몸에 집중된다.

화장은 가면을 쓰는 것과 얼굴에 직접 그리는 도면(塗面)이 있는데, 대부분 도면을 이용한다. 채묵(彩墨)을 약간만 칠하여 인물의 단정하고 준수한 면모를 부각시키는 화장을 준반(俊扮) 혹은 소면(素面), 결면(潔面)이라고 부르는데, 생과 단의 분장에 쓰인다. 극중 인물의 나이, 문무(文武)의 차이, 생활환경에 따라 색깔과 화법을 달리한다. 청장년의 경우 미간, 눈언저리, 양쪽 뺨에 붉은 색을 짙게 칠하고, 노년은 엷게 한다. 체격이 건장하고 삶이 풍족하면 짙게 하며, 병약하거나 가난하면 엷게 한다. 눈썹과 눈초리는 위로 추켜세워 인물의 준수함을 부각시키고, 눈의 감정 표현을 돕는다. 과장된 색채와 선을 사용하는 도안화된 성격 화장을 검보(臉譜) 혹은 화면(花面)이라고 하는데, 정과 축의 분장에 쓰인다. 흰색은 음험함, 붉은색은 충성스러움, 보라색은 굳셈, 노란색은 용감함, 검은색을 강직함을 상징한다. 검보는 문인보다는 무인에게, 정상인보다는 비정상적인 인물에게 주로 행하여진다. 인물의 분장에 쓰이는 옷가지나 기타 기물은 항두(行頭)라고 총칭하는데, 이것 역시 정식화되어 있다. 인물의 신분이나 성격에 따라 수염의 모양이 정식화되어 있는 것을 그 예로 들 수 있을 것이다. 무대에서 쓰이는 소도구는 체말(砌末)이라고 한다.

무대에는 별다른 장치가 없기 때문에 시간이나 공간의 전환이 대단히 자유롭다. 무대는 삼면이 개방되고 반원형으로 돌출되었기 때문에, 관중과의 물리적, 심리적 거리가 가까우며, 심지어는 관중이 무대에 동참하는 경우도 있다. 경극 감상은 배우의 분장과 노래와 춤을 감상하는 것이기 때문에 배우가 절대적인 비중을 차지하는데, 배우의 연기는 간략하고 상징적이어서 '재현(再現)'이 아닌 '표현(表現)'이며 '사실(寫實)'이 아닌 '사의(寫意)'이고, 또한 분장에서 동작에 이르기까지 모든 것이 정식화되어 있기 때문에, 작품은 관중의 이해와 재창조를 통해 완성된다고 할 수 있다. (위행복)

경극, 가무희, 강창, 남희, 잡극, 전기

참고문헌
김학주, 『중국문학사』, 신아사, 1994.
_____, 『중국문학개론』, 신아사, 1977.
양회석, 『중국희곡』, 민음사, 1994.
신지영, 『중국 전통극의 이해』, 범우사, 2002.

경기체가(景幾體歌)

고려 고종 때부터 조선 선조 때까지 약 350년간 이어진 시가 형태. 대부분 '경(景) 긔엇더ᄒ니잇고' 또는 '경기하여(景幾何如)'라는 구절이 제4·6구에 있으므로 붙여진 장르상의 명칭이다. 논자에 따라 '경기하여가(景幾何如歌)'·'경기하여체가(景幾何如體歌)'·'별곡체(別曲體)'·'별곡체가(別曲體歌)' 등으로 불린다.

경기체가는 존속 기간에 비해 현전 작품수는 매우 적은 편인데, 그 이유는 경기체가가 매우 까다로운 형식제약과 특이한 관습을 지녔기 때문이다. 형태상의 안정성이 크게 흐트러지지 않은 조선 초기까지의 작품을 토대로 살펴볼 때, 경기체가는 구문 구조상의 서술적 연결이 박약한 명사 혹은 한문 단형구의 나열에 압도적으로 의존하며, 한 경(景[聯])의 중간과 끝에서 이들을 <위 ○○ 景 긔 엇더ᄒ니잇고> 혹은 이에 상응하는 감탄형 문장으로 집약하는 구조를 지니고 있다. 내용은 크게 사대부계층의 귀족적 취향과 생활을 노래하는 것, 유교적이고 도덕적인 뜻을 강조하는 것, 자연의 아름다움을 노래하는 것 등으로 구별된다.

장르 특성상 경기체가는 가사(歌辭)와 마찬가지로 다양한 측면에서 조망될 요건을 많이 지니고 있었다. 초기 연구에서 경기체가는 주로 율문으로 표출된 서정시가라는 주장이 지배적이었으나, 차츰 갈래 논의에 관한 관심이 집중되고, 이론이 정교해짐에 따라 경기체가가 지니고 있는 이념적·사실적 색채에 대한 평가가 달라지기 시작했다. 일반적으로 통용되던 서구적인 장르 3분법(서정.서사. 극)에 맞서, 조동일(趙東一)은 서정·서사·희곡·교술 등의 4분법을 제시하고, 경기체가를 서정과 대립되는 교술 장르로 파악했다. 조동일에 따르면 교술 장르는 서정 장르와 달리 '자아의 세계화'(서정 장르는 '세계의 자아화'), 곧 현실 세계가 작품 안에 그대로 옮겨졌을 뿐 작가에 의해 특별히 창조된 세계상은 작품 속에 드러나지 않고 있다는 점에서 교술 장르로 분류된다. 하지만 이는 경기체가의 초·중기 성격을 파악한 것으로 후기의 경기체가에는 서정성이 두드러진다는 점을 고려할 때, 경기체가는 교술성과 서정성이 복합된 장르라고 할 수 있다.

경기체가는 조선 전기가 지나면서 현저하게 쇠퇴하고 이후 다시는 활력을 찾지 못하지만 그 명맥은 19세기까지 간신히 유지되었다. 경기체가는 형태적으로 완강한 규범의 틀을 강요함으로써 스스로의 가능성을 엄격히 제한한 폐쇄적 양식이었으며, 이는 곧 그 향수 집단의 이념과 미의식이 지닌 폐쇄성과 조응한다. (고미숙)

서정, 교술, 한림별곡.

참고문헌
조윤제, 『한국시가사강』, 을유문화사, 1954.
조동일, 「경기체가의 장르적 성격」, 『학술원논문집 15』, 1976.
김흥규, 「장르론의 전망과 경기체가」, 『백영정병욱선생화갑기념논총』, 신구문화사, 1982.

경릉파(竟陵派)

명나라 후기의 문학 유파. 대표적인 인물인 종성(鍾惺, 1574~1624)과 담원춘(譚元春, 1586~1637?)이 모두 경릉(오늘날의 호북성 天門) 사람이기 때문에 붙여진 이름이다. 문학적 주장은 공안파(公安派)와 기본적으로 일치하며, 전후칠자(前後七子)의 복고적인 경향은 반대하였다. 문학은 "성령의 말을 진실되게 담아 항상 종이 위에 드러나야지 결코 어구나 잔뜩 나열해서는 안 된다(眞有性靈之言 常浮現紙上 決不與衆言伍)"(담원춘의 「시귀서」)고 여겼고, "옛부터 신경스런 마음이 없으면서 시를 짓는데 능했던 사람은 없었다(從古未有無靈心而能爲詩者)"(종성의 「여고해지관찰(與高孩之觀察)」, 『은수헌집·문왕집(文往集)』)고 보았다. 담원춘은 시인은 자신만의 정서(孤懷)와 자신만의 깊이(孤詣)를 표현해야 하는데, "비유하자면 봉화불이 허공을 향해 오를 때 간드러지게 한 가닥으로 올라가지만 바람이 요동치면 때로는 흩어지고 때로는 모이며 때로는 끊어졌다가 때로는 이어지는(譬如狼烟之上虛空 裊裊然一線耳 風搖之 時散 時聚 時斷 時續)"(「시귀서」) 것과 같다고 하였다. 종성도 "시는 맑은 물건이다. 그 본체는 숨기를 즐겨 하며 애써 하려고 하면 안 된다. 그 바탕은 청정하기를 즐겨 하며 더러워서는 안 된다. 그 경계는 그윽함을 취하며 잡스러워서는 안 된다. 그 노님은 고귀하고 탁 트인 데에서 머무니 얽매여서는 안 된다(詩淸物也 其體好逸 勞則否 其地喜淨 穢則否 其境取幽 雜則否 其遊止貴曠 拘則否)"(「간원당근시서(簡遠堂近詩序)」)고 강조하였다.

이런 일(逸)과 정(淨), 유(幽), 광(曠)의 시경(詩境)을 추구한 자세는 사실상 유심주의(唯心主義) 창작관으로, 현실을 냉랭한 시선으로 보게 만들어 사회 현실에서 완전히 일탈하게 되었다. 그들은 당나라의 가도(賈島, 779~843)를 본받아 스스로 "우리들의 시문은 절대로 불 땐 자취(인간 세상의 흔적)가 없다.(我輩詩文極無烟火處)"고 하면서, 옛 사람의 시 속에서 "맛이 은근하고 오묘한 뜻을 말한 것을 찾아(尋味微言奧旨)" 옛 사람의 자구를 잘 살펴 성령을 얻어야 한다고 주장하였다. 이른바 "옛 사람의 정신을 끌어내 후세 사람의 마음과 눈에 접목(引古人之精神 以接後人之心目)"하라는 것이다. (임종욱)

종성, 담원춘, 공안파, 전후칠자, 유심주의 창작관.

참고문헌
임종욱, 『동양문학비평용어사전−중국편』, 범우사, 1997.
_____, 『중국의 문예인식』, 이회, 2001.
_____, 『중국문학에서의 문장체제 인물 유파 풍격』, 이회, 2001.
주훈초, 『중국문학비평사』, 이론과실천, 1992.

경이감(驚異感)

경이감이란 뜻밖의 일을 만나 의아스럽게 여기는 일을 말한다. 아리스토텔레스는 『형이상학』 제 1권에서 철학하는 것은 곧 경이하는 것에 있다고 말할 만큼 경이감을 중요시했다. 어떤 것에 대해 경이하게 되는 것은 대상에게서 숭고함을 느꼈기 때문에 발생할 수 있다. 독일어의 숭고(erhaben)는 상승(erheben)의 의미를 내포하고 있으며, 숭고의 라틴어(sublimus)의 어원을 따져보면 밑(sub), 아래, 그리고 문지방(limen), 입구를 뜻한다. 따라서 숭고란 어원상 무엇의 가장자리나 아래에 서서 위를 쳐다보며 고양된 의식을 암시한다. 이러한 숭고의 개념은 서구 미학의 역사에서 롱기누스에 의해 성립되었다. 『숭고미 이론』이 쓰여진 연대와 저자는 분명하지 않다. 현재 전하는 이 논문의 원고는 로베루땔로(Robertello)가 1554년에 출판한 것으로, 출판 당시 서기 1000년 경에 쓰여진 것으로 추정되는 원고를 대본으로 삼았다. 저자로 알려진 두 사람은 모두 수사학자로 디오니시우스와 서기 273년 사망한 롱기누스이며, 편의상 롱기누스라고 불리게 되었다.

롱기누스는 숭고의 원천을 다섯 가지를 들어 말한다. ① 생각에 있어서 큰 것을 만들어내는 능력(장엄한 개념을 형성할 능력), ② 강렬하고 신들린 파토스(강력하고 영감이 가득한 정서를 자극하는 일), ③ 특정한 말무늬의 형성(사고의 수사), ④ 고상한 말씨(담화의 수사를 적절히 형성하는 일), ⑤ 위엄 있고 명료한 구성(총체적인 효과로서의 장엄함)이 그것이다. ①, ②는 선천적인 것이고 나머지는 후천적인 것이다. 롱기누스가 숭고의 원천으로서 파토스를 말할 때, 그가 염두에 두고 있는 것은 존재의 절대적 완전성이 아니라 도리어 유한성 속에 갇힌 인간적 현실이다. 참된 의미에서 숭고한 파토스는 '신들린' 파토스인데, 인간이 신 속에 들어간다는 것은 인간의 유한성과 제한성 그리고 개별성을 초월한다는 것을 뜻하는 것이다.

칸트는 파토스와 유사한 것으로 '열광(Schwärmerei)'을 들며, 이것은 절망과 고통의 심연으로 낮아짐 없이 바로 상승하기를 원하는 정신의 허영으로 그 의미가 구별된다고 보았다. 왜냐하면 숭고는 공포와 고통이란 불쾌감을 선행하기 때문이다. 파토스(pathos)란 원칙적으로 모든 종류의 정념(情念)을 가리키기에 인간적인 것이며 수동적인 것이다. 그러나 숭고에서 말하는 파토스는 유한한 인간이 신적인 완전성과 탁월함을 동경하여 품는 열정, 그리고 거기서 생겨나는 정신의 상승이다. 인간적인 삶의 영역에서 숭고하고 위대한 것은 존재의 완성으로서의 신적인 것에 대한 동경과 열정으로부터 생겨나는데, 이러한 열정이야말로 참된 의미의 파토스인 것이다. (이새봄)

파토스, 숭고, 열광

참고문헌
김상봉, 『나르시스의 꿈』, 한길사, 2002.
롱기누스, 김명복 역, 『롱기누스의 숭고미 이론』, 연세대학교 출판부, 2002.
리요타르, 김광명 역, 『칸트의 숭고미에 대하여』, 현대미학사, 2000.
칸트, 이석윤 역, 『판단력 비판』, 박영사, 2003.

경학(經學)

경학(經學)이라는 말이 문헌에 처음 보인 것은 『한서(漢書)』「아관전(兒寬傳)」에서이며, "아관이 왕을 보고 경학에 대해 이야기하니 왕이 즐거워하였다"고 한데서 비롯된다. 경학은 치세(治世)를 위한 신하 학자들의 이론적 체계화라고 할 수 있다.

중국에서 경학의 학파는 크게 나누어 두 종류인데, 현실 정체에 민감한 금문학파와 자구의 해석에 충실한 고문학파이다. 금문학파(今文學派)는 공자의 편성으로 보는 육경(六經)만을 지칭하지만 고문학파(古文學派)에서는 모든 고전을 범칭한다. 각 학파의 경학 연구의 특색을 보면, 금문학파는 공자를 정치가로 보고 따라서 육경을 정치학설로 인식하고 경전자구(字句)의 연구보다는 경전에 담긴 숨은 뜻인 이른바 미언대의(微言大義)를 주석(註釋)하며, 고문학파는 공자를 사학자로 보고 경서를 고대의 종합적인 사료(史料)로 인식하므로 경서연구는 저절로 명물(名物), 훈고(訓詁)에 편중하고 고증(考證)을 일일이 거치게 된다. 송학파(宋學波)는 공자를 철학가로 보고 경서를 도를 담은 그릇, 이른바 재도(載道)의 도구로 인식하여 우주와 만물의 본질 연구인 이기(理氣)와 심성(心性)을 다루었다.

경전의 종류는 『시(詩)』, 『서(書)』, 『역(易)』, 『춘추(春秋)』, 『주례(周禮)』, 『악기(樂記)』의 육경(六經)에서 시작하여, 당대(唐代)에는 『시』, 『서』, 『역』, 『주례』, 『의례(儀禮)』, 『예기(禮記)』, 『춘추좌씨전(春秋左氏傳)』, 『춘추공양전(春秋公羊傳)』, 『춘추곡량전(春秋穀梁傳)』의 구경(九

經)으로 늘어났고 송대(宋代)에는 앞에 언급한 구경(九經) 외에 『논어(論語)』, 『맹자(孟子)』, 『효경(孝經)』, 『이아(爾雅)』의 십삼경(十三經)으로 확대되었다.

우리나라 경학 연구사는 매우 오래 되어 삼국시대 이전으로 소급되지만 당시의 문헌 부족으로 자세히 알 수 없으나, 신라 때 이미 설총(薛聰)은 강수(强首)와 함께 우리의 구결(口訣)로써 구경을 가르쳤다고 하며 백제의 오경박사 단양이(段楊爾), 고안무(高安武), 왕유귀(王柳貴) 등은 일본에 초빙되어 일본의 문명 발달에 크게 공헌하였다.

조선시대의 경학은 초기부터 활발하였으나 훈고학적인 연구보다는 주석(註釋) 중심의 연구와 경서보다는 사서(四書) 연구가 더욱 활발하였으며 특히 송대 성리학의 이기심성론은 퇴계(退溪), 율곡(栗谷) 등 대학자들에 의해 획기적 발전을 보였다. 권근(權近)의 『사서오경구결(四書五經口訣)』, 『예기천견록(禮記淺見錄)』을 비롯하여 유희춘(柳希春)의 『시서석의(詩書釋義)』, 이황(李滉)의 『계몽전의(啓蒙傳疑)』 등 실로 많은 저작이 있을 뿐 아니라 시골의 서당, 사원, 향교, 서울의 사학(四學)과 성균관, 궁중의 경연석에 이르기까지 경서 공부가 우리 학문의 주종을 이루었다. 조선시대 경학연구의 특색을 든다면 한대(漢代) 고문학파나, 명대(明代) 양명학(陽明學)의 영향은 극히 미미했으며 주자학(朱子學)의 절대적 영향권에 있었는데 영·정조시대에 주로 남인(南人) 학자들에 의해 활발하게 연구된 실학(實學)의 영향으로 경서 연구와 주자 일변도의 영향을 벗어난 다양하고 방대한 저작들이 쏟아져 나와 학문 연구의 폭이 넓어졌다. 예를 들면 『반계수록(磻溪隧錄)』, 『성호사설(星湖僿說)』, 『경세유표(經世遺表)』, 『동사강목(東史綱目)』 등이 그렇다. (오태석)

경학, 금문학, 고문학, 훈고, 고증

참고문헌
피석서, 이홍진 역, 『경학역사』, 문예인서관, 1990.
논문집간행위원회, 『한국의 경학과 한문학』, 태학사, 1996.

경향문학(傾向文學, Tendezdichtung)

경향 문학은 작가의 정치적·사상적 목표 설정이 본래의 관심사가 되는 모든 문학을 총칭한다. 넓게 보면 문학이 '예술을 위한 예술'이라는, 개별적 역사 상황과 무관한 자율의 영역에 머무르지 않는 한, 모든 문학은 경향 문학이라는 정의도 가능하지만, 좁은 의미에서의 경향 문학은 정치적인 것, 종교적인 것, 도덕적인 것, 계급적인 것 등 모든 문학 외적 목적에 문학이 종속되는 것을 의미한다. 더욱 좁게는 선동선전문학과 같이 특정한 의견이나 호소를 위해 모든 형상적 수단을 사용하여 기존의 상황을 변화시키려는 사회주의 문학을 가르킨다.

특정한 정치적 목적을 위한 작가의 의식적 당파성은 청년 독일파에서 처음으로 '경향'이라는 말로 표현되었다. 1848년 혁명이 좌절되고 고전의 전범화와 함께 헤겔(Hegel)의 관념론적 미학이 수용되면서 경향은 독자를 '이해관계를 떠난 자족감'에서 끌어내어 인식과 행동으로 이끌려는 모든 문학작품에 대한 부정적 가치평가가 되었다. 한편 마르크스주의 문학 이론에서는 경향 문학은 엥겔스(Friedrich Engels) 이래로 역사의 총체적 경향 내에서의 현실적인 정치 · 사회적 투쟁에 대한 사실적이며 예술적인 묘사로 이해되었다.

우리나라에서는 사회주의 문학의 도입 및 카프(KAPF)의 결성과 더불어 좁은 의미의 경향 문학이 시작되었다. 3 · 1 운동 이후 낭만주의와 자연주의가 한동안 성하였으나, 그 퇴조와 함께 1923년을 전후하여 신경향파라는 새로운 조류가 형성되었다. 그때까지의 근대적인 문예사조를 토대로 한 대부분의 신문학운동이 민족주의운동을 배경으로 전개해 온 데 반하여, 이는 당시 새로 일어난 이른바 사회주의운동을 배경으로 한 점에 특징이 있었다. 이 경향문학이 뚜렷한 논조로 등장한 것은 『개벽(開闢)』 7월호에 실린 임정재의 「문사 제군에게 고하는 일문(一文)」과, 같은 지면에 발표한 김기진의 「Promenade Sentimental」이라는 글이었다. 이들 신경향파는 조명희의 「낙동강」(1927)과 최서해의 일련의 경향 소설을 그 성과로 남기며 프롤레타리아 예술의 전단계로 자리매김된다. 그러나 27년의 제1차 방향전환을 계기로 카프(KAPF)는 신경향파를 자연발생적이라 비판하고 프롤레타리아 예술로서의 목적의식을 강조하게 된다. (정호웅)

카프, 신경향파, 목적문학, 사회주의 문학. 프롤레타리아 예술

참고문헌
한독문학번역 연구소 편, 『도이치문학 용어사전』, 서울대출판부, 2001.
김윤식, 『한국근대문예비평사연구』, 한얼문고, 1973.
吉江喬松, 『世界文藝大辭典』, 中央公論社, 1937.

경험(經驗, Experience, 프 Expérience, 독 Erfahrung)

경험이란 인간이 외계와의 상호 작용의 과정이나 그 성과를 총칭하는 말로서, 감각이나 내성(內省)을 통해 얻는 것, 또는 그 획득 과정을 말하는 것이다. 이는 이성이나 직관과 같은 선험적 능력과 대비되는 개념이라 할 수 있다. 경험은 예로부터 철학에 있어서 인식과 지식의 기원 및 구조와 방법 등을 밝히는 인식론(認識論)의 근본개념이 되어 왔다. 인식론에는 영국 경험론과 마찬가지로 인지(人知)의 근거로서의 경험을 중시하는 경향인 경험론과 그것을 이성이나 기타의 초경험적 계기에서 구하는 이성론의 방향 등으로 대별할 수 있다. 근세 이후 과학의 발전에 힘입어 인식론이 철학의 중심과제가 됨에 따라 경험 역시 활발한 논의의 대상이 되었다.

베이컨은 경험을 자연의 과정에 관해, 사실 혹은 사고에 의하여 관찰한 범위 안의 것이라고 정의하면서 이 범위 안의 것만을 인간은 이해하거나 행하는 것이라고 말하였다. 홉스는 이와 같은 인식의 기반이 되는 경험의 개념에 인간의 생활에 도움이 되는 지식이나 기술을 제공하는 것이라는 사회경험을 추가하였다. 칸트는 인식의 기원으로서의 경험을 불가결한 것으로 생각함과 동시에 지식의 필연성의 근거를 주관의 선천적 형성에서 찾았다. 그럼으로써 양자의 불간분의 결합인 현상계를 학문적 이론의 영역으로 생각하고 이성론 · 경험론의 종합을 시도했다. 존

듀이는『경험과 자연』에서 인간은 피할 수 없는 환경인 자연 속에서 어떤 생존과 번영의 수단들을 모색하게 되는데, 그 핵심적 역할이 바로 경험이라고 말한다. 그리고 인간이 환경과 상호작용을 할 때 다른 유기체와 달리 사회적·문화적 범주를 갖게 되며, 바로 경험이 자연과 바로 결합할 때 인간은 비로소 문화를 창출하게 된다고 주장한다.

W. 분트는 의식현상에 나타난 부분만을 경험이라고 부르지만, 최근에 와서는 의식과 행동 양쪽을 총괄한 심리학의 대상을 경험이라고 부르는 경우도 있다. 경험론(經驗論)이란 인간의 지식 또는 인식의 기원을 경험으로 보는 철학상의 경향을 말한다. 경험론은 감각을 통해 알게 되는 구체적 사실을 인식의 기초로 하고, 초월적 존재와 선험적 이성 그리고 그 밖의 능력에 대해서는 부정적이며, 추상적 존재는 모두 경험으로 설명되고 구성된다고 생각한다. (이새봄)

인식론, 경험론, 이성론

참고문헌
빌헬름 딜타이, 이한우 역, 『체험·표현·이해』, 책세상, 2002.
존 듀이, 신득렬 역, 『경험과 자연』, 계명대학교출판부, 1982.
칸트, 박영사, 이경수 역, 『판단력비판』, 2003.

경험론(經驗論)☞ 경험주의

경험주의/경험론(經驗主義/經驗論, Empiricism, 프 Empirisme, 독 Empirismus)

오직 관찰, 측정 및 실험의 방법에만 기초를 둔 경험을 인식 일반과 동일시하는 <인식론적 학설들>을 총괄하여 일컫는 말. 경험이 감각이라는 형식을 지닌 <감각적 경험>을 뜻할 경우에는 <감각론 Sensualismus>이라고 불리기도 한다.

'경험론'이라는 명칭은 '감각론'과 '합리론'이라는 명칭들과 마찬가지로 어떤 철학적인 근본 경향을 일컫는 것이 아니라 인식의 기원 문제에 대한 인식론의 한 입장을 가리킬 뿐이다. 경험론은 이러저러한 인식론이 <철학의 근본 문제>에 대해 유물론적으로 대답하고 있는지 아니면 관념론적으로 대답하고 있는지에 관해서는 전혀 언급하지 않는다. 그렇기 때문에 '경험론'이라는 명칭만으로 인식론의 세계관적 내용을 명백하게 특징짓기에는 불충분하다. 이를 분명히 드러내고자 할 경우에 경험론은 <유물론적 경험론>과 <관념론적 경험론>으로 나뉘어 질 수 있다. <유물론적 경험론>은 경험이 <객관적 인식>, 즉 객관적 실재의 모상을 매개한다는 사실로부터 출발한다. 이에 반해 <관념론적 경험론>은 객관적 실재가 감각들의 복합과 같은 것으로만 이루어져 있기 때문에 경험은 결코 객관적 인식을 매개하는 것이 아니고 단지 이런저런 형식을 띤 주관적인 어떤 것일 뿐이라고 주장한다.

<유물론적 경험론>의 선구적 형태로는 <에피쿠로스주의>, <스토아 학파>, <유명론 Nominalismus>의 인식론적 학설들을 들 수 있다. <유물론적 경험론적 인식론>을 처음 분명한 형태로 전개한 인물은 베이컨 Bacon과 로크 Locke였다. 로크의 학설은 <18세기 프랑스 유물

론>에서 철저한 유물론적 형태를 띠면서 계속 발전해 간다.

다른 한편으로 버클리 Berkeley와 흄 Hume은 로크를 계승하여 자신들의 주관적 관념론적 철학의 테두리 내에서 <관념론적 경험론적 인식론>을 전개한다. 이는 후에 <경험비판론>과 <실증주의>에서 전개된 인식론의 선구적 형태를 이룬다.

베이컨에서 시작되어 로크와 <18세기 프랑스 유물론> 내부에서 이루어진 경험론의 발전은 봉건적이고 카톨릭적 세계상에 대한, 특히 중세 스콜라 철학의 사변적 방법과 자연관에 대한, 상승하는 부르주아 이데올로그들의 투쟁을 보여 주는 <진보적인 역사적 현상>이었다.

베이컨으로부터 로크, 흄에 이르는 철학적 발전 과정이 현저하게 인식론적, 경험론적인 경향을 띠고 있기 때문에 '경험론'이라는 명칭은 보다 넓은 의미에서 종종 이러한 철학적 발전 과정을 지칭하기 위해 사용되기도 한다. 이럴 경우에 이 명칭은 대개 <영국 경험론>을 가리킨다. 일반적으로 보아 경험론은 일면적이고 불철저하며 불충분한 인식론적 입장이다. 그러나 경험론이 인식은 경험과 함께 시작하며 "감각은 우리 인식의 유일한 원천"이라고 강조하는 것은 옳다. 그러나 경험론은 한편으로만 치우쳐 인식의 감각적 단계를 인식 일반과 일면적으로 동일시함으로써 인식의 이성적 단계를 등한시한다. 인식의 이성적 단계없이 인식은 불가능하다. 뿐만 아니라 대체로 경험론은 스스로가 내세우는 경험이 인식의 <객관적 내용>을 매개하여 주는지 그렇지 않은지를 명백하게 인식하고 있지 못하기 때문에 일관되지 못한 모습을 지니게 된다. 즉 그 입장에서는 유물론적 결론과 주관적 관념론적 결론 모두가 도출될 수 있다. 경험론은 결국 아주 불충분하게 외부 세계가 우리 감관에 미치는 영향의 단순한 결과라고 보거나(유물론적 경험론), 또는 이러저러한 형식의 단순한 감각 복합 내지 감각들의 단순한 결합이라고 보기 때문에(관념론적 경험론), 분명히 사변적이고 수동적이며 비변증법적인 성격을 인식에 부여한다. (오형엽)

계급(階級, Class, Klasse, Classe)

일반적으로 계급은 전체 사회에서 계통(hierarchy)을 형성하고 사회적 세력 분배의 불평등에 따라 상하관계, 지배·피지배의 관계를 구성하는 사람들의 집단을 말한다. 근대 자본주의 사회에서 계급의 의의에 주목한 사람은 생시몽(Comte de Saint-Simon)으로, 그는 계급을 인간의 노동과 결부하여 설명하고 있다. 그 후 이를 발전시키고 사회구조·사회구성의 분석에서 불가결한 개념으로 확립한 사람은 마르크스(Karl Marx)이다. 그는 『공산당선언』에서 자본주의 사회를 포함한 인류의 역사를 '계급투쟁의 역사'라고 규정하였고, 『자본론』등에서 역사법칙을 일관하는 물질적·사회적 토대와 계급의 존재 의의를 역사적 분석을 통하여 밝혔다. 이처럼 계급 분석은 마르크스주의에서 본격적으로 이루어졌다.

마르크스주의에서 계급은 '역사적으로 규정된 사회적 생산 체계 내에서 차지하는 위치, 생산 수단에 대한 관계, 사회적 노동 조직 내에서의 역할, 그리고 그 결과로 사회적 부에서 자신이 유용할수 있는 몫의 크기 및 그 획득방식 등에 의해 서로 구별되는 거대한 인간 집단'(레닌)으로 정의된다. 계급은 일정한 사회 경제 제도에서만 연결되어 존재하기 때문에 그것은 인류사회에 본래적인 자연적, 영구적 현상이 아니라, 일정한 사회, 경제적 조건 하에 발생하는 역사적 발전의 산물이다.

원시 공산제 사회 이후 생산 수단의 소유와 함께 발생한 계급은 생산력 발전단계에 따라 노예소유자와 노예(고대 노예제도), 봉건영주와 농노(중세 봉건제도), 자본가와 프롤레타리아(근대 자본주의 제도)로 분화되어, 각 사회의 생산체제에서 하나는 생산수단의 소유자, 독점자로서 지배자, 착취자의 지위에 있고, 다른 하나는 생산수단을 빼앗긴 피지배자, 피착취자의 지위에 놓이게 된다. 일부 소수의 생산 수단 소유자는 그 사회에서 지배계급으로서 필연적으로 정치권력을 쥐게 되어 다른 계급의 노동을 점유하고 또한 이러한 지배와 예속의 관계를 유지·존속시키기 위해 법률을 만들어낸다. 이러한 생산수단에 대한 관계의 차이로부터 노동의 사회적 조직에서 각 계급의 역할 차이 및 부의 불균형 등의 현상이 발생한다. (정호웅)

마르크스주의, 계급착취, 생산체제, 계급의식

참고문헌
한국철학사상연구회 편, 『철학대사전』, 동녘, 1989.
下中直也 編, 『哲學辭典』, 平凡社, 1971.
吉江喬松, 『世界文藝大辭典』, 中央公論社, 1937.
게오르그 루카치, 박정호 역, 『역사와 계급의식』, 거름, 1986.

계급문학(階級文學, Proletarian literature)

계급 문학은 특정 계급의 이익을 대변하고 그 계급의 세계관을 반영하는 문학을 지칭하는데, 특정 계급의 계급 이익에 기반한 문학에 대한 주장은 근대 자본주의 사회의 프롤레타리아 계급에 와서야 시작되었다. 이런 이유로 계급 문학은 프롤레타리아 문학, 혹은 사회주의 문학과 혼용된다.

역사적으로 계급 문학은 1920~1930년대에 프롤레타리아 문학이라는 이름 하에 세계적으로 전개되었다. 러시아 프롤레타리아 작가동맹(RAPP)을 비롯해 여러 나라에서 프롤레타리아 문학운동 단체가 조직되어 활발한 활동을 하였고, 이를 토대로 30년대에는 하리코프에서 국제혁명작가동맹이 결성되었다. 작가로는 『어머니』를 쓴 고리키를 비롯, 파제예프, 솔로호프(러시아), A. 제거스(독일), 바르뷔스(프랑스), 드라이저(미국) 등이 대표적이다.

계급 문학의 세계적 전개는 동아시아에도 그 파장을 미쳤다. 일본에서는 『씨 뿌리는 사람』(1921)의 창간과 더불어 본격적인 계급 문학이 전개되었고, 최전성기인 1920년대 말에는 신감각파와 더불어 문단을 양분하였다. 작가로는 소설가 코바야시 타키지(小林多喜二), 토쿠나가 스나오(德永直), 시인 나카노 시게하루(中野重治), 평론가 아오노 스에키치(靑野季吉), 하야시 후사오(林房雄) 등이 대표적이다.

한국에서 계급문학은 1920년대 중반 이후 민족주의 문학과 대립하면서 발전했는데, 김팔봉, 박영희 등의 초기 경향문학을 거쳐, 1925년 8월 염군사와 파스큘라가 결합한 조선 프롤레타리아 예술가 동맹(KAPF)의 결성을 통해 본격적으로 출발한다. 초기에는 자연발생적인 궁핍묘사, 살인 방화형 등 신경향파적 성격을 드러내었지만, 1927년 방향전환을 계기로 목적의식을 강조하게 된다. 1930년대에 들어서면 제2차 방향 전환(1931)을 통해 전위주의를 표방하게 되지만, 일본의 계급 문학 운동과 마찬가지로 군국주의화라는 새로운 상황에 제대로 대처하지 못하여 일제의 탄압에 의해 조직 해체(1935)와 전향을 맞이하게 된다. 작가로는 소설가 최서해(「탈출기」), 조명희(「낙동강」), 이기영(『고향』), 한설야(『황혼』), 시인 이상화, 임화, 평론가 박영희, 김팔봉, 임화, 김남천, 홍효민 등이 대표적이다. 또한 1980년대 민족문학, 민중문학은 이러한 흐름을 이어받아 계급문학을 전개했다고 할 수 있다. (정호웅)

프롤레타리아 문학, 사회주의 문학, 민족주의 문학, 민족문학, 민중문학

참고문헌

김윤식, 『한국근대문예비평사연구』, 한얼문고, 1973.

吉江喬松, 『世界文藝大辭典』, 中央公論社, 1937.

中村光夫 外, 『新潮日本文學辭典』, 新潮社, 1988.

역사문제연구소 문학사연구모임, 『카프 문학운동 연구』, 역사비평사, 1989.

김사인 외, 『민족민중문학론의 쟁점과 전망』, 푸른숲, 1989.

계급의식(階級意識, Class consciousness, 독 Klassenbewusstsein, 프 Conscience de class)

넓은 의미로는 계급적인 우월감 혹은 열등감과 같은, 계급을 지반으로 발생한 자연 발생적 사회 심리를 모두 지칭한다. 그러나 좁은 의미의 계급의식에 대한 규정은 마르크스주의에 의해 마련되었다. 마르크스주의에서는 각 계급의 사회적 지위, 경제적 이해, 역사적 사명에 대한 자각을 계급의식이라 부른다. 계급 의식은 사회 내의 한 계급이 다른 계급 및 계층과 국가에 대해 맺는 관계, 그 계급의 물질적 존재 조건, 그리고 역사적 발전 과정에서 이 계급이 맡는 객관적인 역할을 반영한다. 따라서 진정한 계급 의식은 마르크스(Karl Marx) 이래 근대 프롤레타리아의 그것을 가리키는 것이 되었다.

마르크스에 의하면 자본주의 사회에서 부르조아와 프롤레타리아의 이해는 근본적으로 대립하고 있지만 처음에는 개별 부르조아에 대한 투쟁에 머물며 이 단계에서 노동자들은 자기의 이해를 계급의 이해로 의식하지 못한다. 마르크스는 그 단계를 '즉자적 계급'(Klasse an sich)라고 부른다. 그러나 결국 한 지역이나 한 산업 부문 전체의 부르조아와 투쟁을 거쳐 전국 · 전산업 부문의 자본가 전체에 대한, 따라서 국가 권력에 대한 투쟁이 전개되어 이를 통해 그들은 서서히 계급으로서의 근본적 이해에 눈떠가게 된다. 그들 가운데 선진분자들에 의해 계급 정당이 조직되어 정치적 선전, 계몽, 교육을 담당함으로써 계급의식을 고취하고 프롤레타리아의 역사적 사명을 자각시킨다. 이를 통해 노동자 계급은 대자적 계급(Klasse für sich)이 되고 계급의식이 확립된다고 마르크스는 주장한다.

　마르크스 이후 이러한 프롤레타리아 계급의식의 문제는 마르크스주의 혁명 이론에 중요한 역할을 했다. 레닌(Vladimir Ilich Lenin)은 프롤레타리아에게 필요한 정도의 의식은 오직 혁명당의 지식인들이 가져다준다고 생각했다. 이에 대해 로자 룩셈부르크(Rosa Luxemburg)는 계급의식의 형성에서 경험, 특히 계급 투쟁의 경험이 담당하는 역할을 강조했다. 루카치(Georg Lukacs)는 사회의 전체성의 맥락에서 계급의식을 이해해야 하며, 이러한 관점에서 프롤레타리아를 집단적 주체라고 보고, 사회 전체 속에 프롤레타리아가 놓인 상황에 합당한 사상과 감정을 그 주체가 갖고 있다고 간주하는 것이 가능하다고 주장한다. 계급의식은 전형적인 개인 어느 한 사람의 의식도 아니고 계급의 멤버들이 경험하는 모든 사상과 감정의 총화도 아니지만 계급의 역사적 행동은 오직 계급의식의 관점에서만 이해될 수 있다고 한다. (정호웅)

계급, 마르크스주의, 즉자적 계급, 대자적 계급

참고문헌
한국철학사상연구회 편, 『철학대사전』, 동녘, 1989.
조셉 칠더스 외, 황종연 역, 『현대 문학·문화 비평 용어사전』, 문학동네, 1999.
下中直也 編, 『哲學辭典』, 平凡社, 1971.
吉江喬松, 『世界文藝大辭典』, 中央公論社, 1937.
게오르그 루카치, 박정호 역, 『역사와 계급의식』, 거름, 1986.

계급투쟁(階級鬪爭, Class struggle, 프 lutle des classes, 독 Klassen kampf)

　적대적인 계급으로 분열되어 있는 계급 사회에서 정치적, 경제적, 문화적 특권을 둘러싸고 지배, 피지배 계급 사이에 벌어지는 투쟁. 칼 마르크스는 역사에 있어서의 계급투쟁을 매우 중시하여 저서≪공산당 선언 Manifest der Kommunistischen Partei≫(1848)에서 '모든 사회의 역사는 계급투쟁의 역사'라고 말했다. 이런 의미에서 계급투쟁은 사회발전의 법칙이 실현되는 구체적 형태이다.

　계급 사회에서는 사회 발전의 객관적 법칙이 계급 투쟁을 통해 관철된다. 계급투쟁은 일정한 사회적 생산 체계에서 계급들이 차지하는 대립적 위치와 여기에서 생겨나는 계급 이해의 모순에서 유래한다. 자본주의 사회에서 부르주아지와 프롤레타리아트 사이의 계급 투쟁은 생산 수단에 대한 자본주의적 소유에 근거하고 있다. 자본가들은 노동자 계급을 착취하며 이 착취를 영구화하고자 한다. 노동자 계급은 어떠한 생산 수단도 마음대로 사용하지 못하며 그들의 노동력을 자본가들에게 팔지 않을 수 없다. 그래서 그들은 착취에 대항해 투쟁하며 그들의 객관적 처지상 자본주의적 임금 노예제를 철폐하는 데 이해관계를 가지고 있다. 부르주아지와 프롤레타리아트의 계급적 이해관계는 객관적으로 대립하며 화해 불가능하다. 이들 계급간의 적대 관계는 자본주의적 생산 양식에 의해 조건지어지고 산출된 것이며 따라서 이 생산 양식의 테두리 내에서는 극복될 수 없다. 그 적대 관계의 해소는 자본주의적 생산 양식의 제거와 자본주의적 생산 관계 및 이 생산 관계를 지탱하는 상부 구조로서의 제도를 파괴할 것을 요구한다. 적대적 계급들 사이의 투쟁은 객관적으로 조건지어져 있고 필연적이다. 왜냐하면 계급 사회에서는 오로지 계급투쟁에 의해서만 사회 진보가, 즉 한 사회 구성체에서 보다 고차적인 사회 구성체로의 이행이 수행되기 때문이다.

계급투쟁은 각각의 계급이 생산수단의 소유를 둘러싸고 일어나는 경제적 이해의 대립에 뿌리를 둔 것이므로 경제투쟁이 그 최초의 형태라고 할 수 있다. 그러나 한 계급의 경제적 이익, 특히 생산수단에 대한 소유는 그 계급이 지배하는 국가에 의해 보호받기 때문에 계급투쟁은 필연적으로 정치투쟁의 양상을 띠게 된다. 오늘날에는 계급들 간의 적대가 더 이상 심각한 정치적 갈등을 낳지 못할 정도로 쇠퇴해 가는 반면에 사회적 지위의 층위들이 개인이나 집단의 행위를 결정하는데 더 중요하다는 주장이 일고 있다.

즉 현재 생성 중인 새로운 탈공업화 사회에서는 부르주아지가 아니라 기술적 혁신과 경제 성장을 지휘하는 테크노크라트나 관료들이 지배계급이 될 것이며, 그들의 지배에 대한 반대는 노동자 계급에 의해서가 아니라 자신들의 예속적 지위와 정치 참여로부터의 소외를 가장 첨예하게 느끼는 집단에 의해 지도될 것이라는 주장이다. 선진국에서는 민주적 정부의 주도 아래 평화적 해결을 목표로 하는 계급투쟁의 '제도화'가 진행되어 계급투쟁의 혁명성이 많이 완화되었다. (오형엽)

계몽(啓蒙, Enlightenment), 계몽주의(啓蒙主義, Enlightenment)

서구의 경우 계몽의 의식 혹은 계몽주의는 시민사회의 성립과 함께 태동한다. 18세기 말 절대왕정 및 봉건적 국가 체계가 붕괴되고 아울러 인간은 점차 교회의 지배로부터 벗어나게 됨으로써 계몽에 대한 의식이 싹트게 되는데, 인간의 자율성을 표방하는 그러한 정신적, 정치적 의식을 곧 계몽이라고 한다. 물론 계몽은 전통적인 형이상학을 비판한 영국의 경험론과 프랑스 합리주의에 적지 않게 의존되어 있다. '계몽이란 무엇인가'라는 질문에 대해서는 당시 칸트(Kant)의 다음과 같은 답변이 가장 정확한 규정으로 간주된다. 그에 의하면 "계몽이란 스스로 책임져야 할 미성숙 상태에서 인간이 벗어나는 것이다. 미성숙 상태란 다른 사람의 도움 없이는 자신의 오성을 사용할 능력이 없는 상태를 뜻한다. 그 원인이 오성의 부족에 있는 것이 아니라 다른 사람의 도움 없이는 스스로 사용할 줄 아는 결심과 용기의 부족에 있을 경우, 미성숙한 상태는 스스로에게 책임이 있다. 알려고 하는 용기를 가져라! 네 자신의 오성을 스스로 사용할 줄 아는 용기를 가져라! 이것이 계몽의 슬로건이다." 오성을 스스로 사용할 줄 아는 능력, 즉 결심과 용기를 지닐 때 비로소 인간은 미성숙에서 벗어나 계몽의 상태에 들어선 것이다. 계몽은 "비판" 개념과도 긴밀한 관계를 맺는데,『순수이성비판 Kritik der reinen Vernunft』

의 서문에서 칸트는 "우리 시대는 모든 것들을 포괄적으로 이해해야 하는 비판의 시대"라고 규정하고 있다. 이 밖에도 계몽 개념은 "도덕"과의 연관 속에서 파악되는데, 독일 계몽주의 시인인 비란트(Wieland)는 "도덕적 개선을 위한 진실한 계몽이야말로 더 나은 시대, 즉 더 나은 인간에 대한 희망이 싹틀 수 있는 유일한 것"이라고 밝힌 바 있다.

계몽은 다각적인 차원으로 확대된다. 철학적으로 계몽은 합리주의에 대한 옹호, 학문적으로는 과학에 대한 옹호, 교육적으로는 인본주의적 이념의 옹호를 뜻한다. 계몽은 프랑스 혁명과 관련된 정치 사회적 이념으로도 확장되는데, 즉 모든 인간은 태어나면서 평등하고 이성적이며 자신의 행동, 사유, 시각이 외적인 구속에서 해방됨으로써 자율성을 획득할 수 있다는 것이 계몽으로 이해되었다. 특히 만인의 평등 이념과 결합하면서 계몽은 18세기 이후 서구 시민사회의 특징인 개인주의 및 자유주의를 옹호하는 측면을 띠게 된다. 이 경우 계몽과 주관적 이성은 긴밀한 관계를 형성한다.

계몽 이념은 결코 긍정적이지만은 않다. 특히 계몽이 삶과 세계를 과학적이고 합리적 사유에 종속시키면서 계몽은 오히려 비판의 대상으로 인식되었다. 그러한 점은 18세기 말 독일 낭만주의에서 찾을 수 있는데, 낭만주의 시인 노발리스(Novalis)는 다음과 같이 계몽을 비판하고 나섰다. "그(프랑스) 구성원들은 쉴 틈 없이 자연, 대지, 인간의 영혼, 문학에 관한 학문을 깨끗이 청소하는 데 전념하였다. 즉, 그들은 모든 신성한 흔적을 없애려 했으며, 온갖 장엄한 사건과 인간에 대한 회상을 빈정대는 소리로 모욕하였으며, 다채로운 온갖 치장으로 가득 차 있는 세계의 옷을 벗겨 내려 했다. 그들이 총애하였던 것은 바로 수학적 순종성과 뻔뻔스러운 빛이었다. 그들은 빛이 색깔과 유희하는 것보다는 오히려 빛이 조각조각 부서지는 현상을 좋아하였으며, 그 빛에 따라서 그들은 자신들의 위대한 일을 계몽이라고 불렀다"(「Christentum oder Europa」). 계몽의 수학적, 논리적, 합리적 사유가 삶과 세계의 발전을 가져온 것이 아니라 오히려 삶, 자연, 영혼 등을 황폐화시키고 있음을 인식하였던 것이다.

18세기 합리주의적 사유에서 출발한 계몽은 19세기로 접어들면서 실증주의적 사유와 밀접하게 결합한다. 소위 실증적 지식의 증대, 과학적으로 조직화된 사회적 실천을 강조하는 차원에서의 계몽은 세계의 탈주술화에 기여하는 것처럼 보일지라도 다른 각도에서 보면 도구적 이성의 강화, 인간 상호간의 소외, 인간의 자연 지배 같은 결과를 야기하는데, 이러한 계몽의 변증법적 발전을 비판적으로 인식한 이들은 바로 프랑크푸르트 학파의 창시자인 아도르노/호르크하이머의 『계몽의 변증법 Dialetik der Aufklärung』이다. 계산가능성, 유용성의 척도 등을 강조하는 실증주의적 사유와 결합된 계몽은 소위 "도구적 이성"과 동일시되며, 그러한 이성에 의해 삶과 존재가 지배당하고 만다. 특히 도구적 이성에 의한 계몽화 과정은 문화산업에도 팽창함으로써 점차 합리적인 비판의 힘을 상실하는 상황에 처하며, 프랑크푸르

트 학파는 그러한 잘못된 계몽에 대한 저항하는 "계몽의 계몽"을 제시하고자 했다. (최문규)

칸트, 합리주의, 낭만주의, 프랑크푸르트 학파, 도구적 이성

참고문헌

Kant, Beantwortung der Frage : Was ist Aufklärung?

Horkheimer / Adorno, Dialetik der Aufklärung, 1947.

아도르노 / 호르크하이머, 계몽의 변증법, 문학과 지성사.

계몽사상 ☞ 계몽

계보학(系譜學, Genealogy)

계보학이란 계보(系譜)·계도(系圖)에 관한 진위를 밝히기 위한 학문을 말한다. 계보학은 유산의 상속이나 왕위의 계승과 같은 실질적인 문제를 해결하기 위해 계보를 연구하게 되면서 생겨난 것이었으나, 역사의 연구에 있어서도 인물간의 관계를 밝히는 작업에 보조적인 수단으로 사용되고 있다.

서양에서는 16세기 이후 예로부터 내려오는 전승(傳承)에 엄밀한 비판과 분석이 가해져서 왕족과 귀족의 계도류(系圖類)가 집대성되었으며, 18세기 말에는 J. 가테러의 『실용계보학강요(實用系譜學綱要)Abriss der praktischen Genealogie』(1788)가 간행되었다. 19세기에 들어서자 근대 역사학의 발전과 더불어 광범위하고 조직적인 사료(史料)가 수집되고 유전학상의 여러 가지 발견으로 계보연구에 자연과학적 방법이 도입되었다. 19세기 말 O.로렌츠는 이미 그의 『계보학총론(系譜學總論)Lehrbuch der gesamten wissenschaftlichen Genealogie』(1898)에서 계보의 해명이 역사연구에 크게 공헌한다고 지적하였다. 현재 간행되는 상세한 전기나 인명사전도 이러한 계보학적 기초가 뒷받침이 되어 비로소 가능한 것이다.

중국에서는 가계(家系)에 관한 기록을 『주례(周禮)』 등에서 볼 수 있으며, 육조시대(六朝時代) 이후 계보가 관리등용의 중요한 참고자료가 되자, 계보학의 연구가 활발해졌다. 당시는 계보가 긴 것을 명예롭게 생각하였으나, 문벌이 쇠퇴하여 신흥계급이 대두한 송(宋)나라에 이르자, 계보의 길이라는 종적(縱的) 관계와 함께, 구양수(歐陽修)의 『구양씨보도(歐陽氏譜圖)』에서 볼 수 있듯이 종교적 단결이라는 횡적 관계가 중시되었다. 명(明)나라 때에는 서민들 사이에서도 계보가 만들어졌으나 태반이 위작(僞作)이었다.

푸코는 1970년대 전반에 출판한 일련의 글과 대담에서 니체로부터 빌려온 계보학이라는 단어에 관한 자신의 개념을 규정하고 정교하게 했다. 투쟁에 대한 역사적 지식을 수립하고 그 지식을 전략적으로 이용하게 해주는 넓은 지식과 지엽적인 기억의 결합을 계보학이라는 용어로 부르자고 주장한 것이다. 이 때의 계보학은 역사가 침묵시켜 왔던 사람들의 묻혀진 텍스트를 복원하는 것뿐만이 아니라, 이전의 역사적 절차가 무시했던 방법들을 이용한다. 고고학이 한 종류의 물질적인 것, 즉 어법에 질서를 부여하는 것을 목표로 한다면 계보학은 또 다른 것, 즉 육체에 질서를 부여하는 것을 목표로 한다. (이새봄)

고고학, 역사학, 텍스트

참고문헌
이창재, 『니체와 프로이트—계보학과 정신분석학』, 철학과현실사, 2000.
시몬 듀링, 오경심 · 홍유미 역, 『푸코와 문학』, 동문선, 2003.

계어(季語)

일본어로는 기고(きご)라고 읽는다. 계어는 하이쿠(俳句), 하이카이(俳諧), 렌카(連歌)를 지을 때, 그 구(句)의 계절을 규정하는 말을 가리키는 용어이다. 예를 들어, 「춘풍(春風)」은 봄, 「소나기(夕立)」는 여름, 「단풍(紅葉)」은 가을, 「눈(雪)」은 겨울을 나타내는 계어이다. 계어는 이미 헤이안(平安) 시대의 가인들 사이에서도 보였는데, 헤이안 시대의 가인인 노인(能因)이 지은 『능인가침 能因歌枕』(성립 연대 미상)에는 12개월로 나누어 약 150개의 계절을 나타내는 말이 수록되어 있다. 그 후 계어는 일본문학 속에서 점차 성숙되고 증가하는 양상을 보여오다가 에도시대(江戸時代)에 들어서면서 더 중요시하게 여겨진다. 계어에 서민적인 생활감각을 반영하여, 새로운 계어도 늘어나서 계어를 모은 「계기 季寄」나 「세시기 歲時記」와 같은 종류의 책이 출판되기에 이르렀다.

그 후 계어라는 말이 호칭으로 널리 쓰이기 시작한 것은 명치(明治) 40년경(1907)부터라고 한다. 계어는 '계제(季題)'와 같은 의미로 사용되지만, 특히 하이쿠의 경우에 한해서 계제라고 하고, 렌카나 하이카이에서는 계어라고 해서 구별하는 경우도 있다. 계어는 일본의 풍토와 감정의 특징을 잘 나타내고 있기 때문에, 단지 문학 속에서만이 아니라, 널리 일본 문화를 생각하는 열쇠가 되는 구실을 하기도 한다. 현대의 세시기는 4천 수백 개나 되는 계어를 수록하고 있는 것이 보통이다.

다음의 노래에서 계어가 쓰이고 있는 경우를 보자.

이른봄의 뜰을 거닐며 문을 나서지 않는다(다카하마 교시(高浜虚子))
(早春の庭をめぐりて門を出でず)

에서, 계어는 이른봄을 나타내는 '조춘(早春)'이다.

명치와 소화시대에 걸쳐 하이쿠 작가이며 소설을 썼던 다카하마 교시는 일본의 풍토적, 민족적 성격을 잘 나타내는 것으로 계어를 중요시했던 사람이다. (오석윤)

하이쿠, 하이카이, 렌카

참고문헌
『日本古典文學大辭典』 제2권, 岩波書店, 1983.
『日本大百科典書』6, 小學館, 1985.

계열체(Paradigme)/통합체(Syntagme)

현대언어학에서 하나의 계열체란, 발화체énoncé를 구성하고 있는 단위들 상호간에 대체 가능성이 있는 잠재적 관계를 유지하는, 단위들의 집합들에 의해 구축된다. 소쉬르는 계열체들의 잠재적 성격을 특히 받아들인다. 실제로 하나의 표현의 실현은 다른 표현의 상반적 실현을 배제한다. 언어 현상들은 나타난 관계(통합체)에 대해서 잠재적인 부재 상태의 관계들을 전제로 한다. 그리하여 a, b, c, …… n 단위들은, 그것들이 동일한 유형의 틀(통합체, 문장, 형태소 등) 속에서 상호간에 대체 가능할 경우, 동일한 계열체에 속한다. 소쉬르는 그러한 관계를 연합적 관계 rapports associatifs라 불렀지만 그 후의 언어학자들은 계열체적 관계 rapports paradigmatiques라 부른다. 예를 들면

'그 작은 개는 죽었다'에서 '그'의 자리에 들어갈 수 있는 것, '작은' 자리에 들어갈 수 있는 것, '개'의 자리에 들어갈 수 있는 것, '죽었다'의 자리에 들어갈 수 있는 것은 여러 가지다.

'그'	'작은'	'개는'	'죽었다'
'내'	'큰'	'말은'	'살았다'
'한'	'고약한'	'고양이는'	'돌아왔다'
'이'	'충성스런'	'소는'	'달아났다'

여기에서 하나가 선택되면 다른 것들은 모두 배제된다. 그러나 선택된 하나 이외의 것은 배제되었다고 해서 완전히 없어지는 것이 아니라 잠재된 상태로 있게 된다.

소쉬르는 말 연쇄에서 나타날 수 있는 언어 기호의 모든 결합을 통합체 syntagme라 부르고 통합체를 구성하는 언어 기호들 사이의 관계를 통합체적 관계 rapports syntagmatiques라 부른다. 따라서 '그 작은 개는 죽었다'는 하나의 통합체이다. 이러한 정의는 몇몇 언어학자들에 의해 유지된다. 가령 마르티네A. Martinet에게는 '형태소의 모든 결합은 통합체라는 명칭으로 지칭된다'. 어쨌든 통합체들의 연구만으로 랑그의 메카니즘들의 묘사는 불완전하다. 여기에서 두 개의 축을, 다시 말하면 통합적 관계들의 축과, 연합적 혹은 계열체적 관계들의 축을 구분해야 한다. 계열체적 관계가 하나의 발화체 안에서 실현된 랑그langue의 한 단위를 다른 단위들과 연합시키는 관계라면, 통합체적 관계는 발화체 안에 나타난 어떤 단위들 사이에 축약되어 있다.

구조적 언어학에서는 등급화 된 하나의 조직에서 하나의 단위를 형성하고 있는 언어학적 요소들의 집단을 통합체라 부른다. A라는 통합체가 a, b, c라는 요소로 구성되어 있다면 구성요소 a, b, c의 관계는 통합체적 관계이다. a, b, c라는 구성요소 가운데 a를 d로 대체시켜 구성요소 d, b, c로 하나의 통합체 X를 만든다면 a와 d의 관계는 계열체적 관계이다.

체계 système / 사행 procès이라는 이원론이 기호학에 적용될 때 예름슬레브Hjelmslev는 그 두 용어를 계열체적 그리고 통합체적이라고 명명한다. 이 이원론은 그 두 개의 축 하나하나를 성격

짓는 관계의 유형에 근본적으로 그리고 오로지 토대하고 있다. 계열체적 축에 위치한 규모 사이의 기능작용들은 '상관관계들 corrélations'('……거나 혹은……거나 혹은' 같은 유형의 논리적 분리들)인 반면에 통합체적 축에 그들의 자리를 가진 기능작용들은 '관계들'('…그리고…그리고' 유형의 논리적 접합들)이다. (김치수)

기호학, 은유, 환유

참고문헌
R. Barthes, Eléments de la sémiologie, Seuil, 1964.
소쉬르, 최승언 역, 『일반언어학 강의』, 민음사, 1997.

계층(階層, Stratum)

계층이란 계급이론에서 발전되어 널리 사용된 용어로서, 사회의 단계적인 구조로서 사회적 구성층을 구성하는 각 층을 말한다. 즉 계급과 함께 사회구성을 밝히기 위해 사용하는 구분이다. 계급이 주로 물질적·객관적 기반에 입각하여 경제적인 측면에서 사회구성을 밝히는 개념인 데 대하여, 계층은 여러 지표를 써서 사회 및 집단의 구성을 내부적으로 밝히는 데 사용된다. 즉 계급이 객관적 경제구조에 기반하고 있고 생산수단의 소유 여부에 따라 착취·피착취, 지배·피지배 계급으로 나누는 것에 비해 계층은 주관적인 현상이며, 사회적·문화적 요소를 감안하여 평가된다. 가끔 계층이라는 용어가 카스트·신분·계급의 상위 개념으로 사용되거나 같은 지위에 있는 사람들의 집단을 가리키기도 하지만 일반적인 사용은 아니다.

개인이 추구하는 욕구 충족의 원천이 되는 물적 대상, 관계적 대상, 문화적 대상을 총칭하는 사회적 자원은 수요는 크나 공급은 상대적으로 희소하다. 그렇기 때문에 그 분배를 둘러싼 경쟁과 투쟁의 사회관계가 형성되기 마련이며 그 결과 분배가 불공평하게 이루어지게 된다. 특히 세력이나 권위, 위신과 같은 자원은 불평등하게 분배되는 속성을 가지고 있다. 이러한 사회적 자원이 분배되는 정도는 계층을 구분하는 지표가 되며, 이 지표에는 직업·소득·재산·권력·위신·지식·교양·학력 정도 등이 포함된다. 즉 계층은 경제적·사회적·문화적 요인·정치적 요인 중 하나, 혹은 둘 이상의 요소를 감안하여 결정된다고 볼 수 있다.

계층이 불평등의 체계라고는 하지만 선진산업사회의 경우는 불평등의 상태가 비교적 완화되어 있고 사회적 이동 비율이 높다. 이렇게 구성원의 지위가 출생에 의하여 결정되지 않고 계층 간의 이동이 비교적 자유스러운 계층을 개방적 계층이라고 한다. 그리고 개인이 자신의 사회적 행동을 특징짓는 의식적 요인으로 사회의 특정 계층에서 자기와의 동일성을 발견하였을 때 갖게 되는 의식을 계층 의식이라고 한다. (이새봄)

계급, 개방적 계층, 폐쇄적 계층, 사회적 성층

참고문헌
양춘 지음, 『사회 계층론 서설』, 민영사, 2005.
양춘·김문조·손장권·박길성·김철규, 『현대 한국사회의 계층구조』, 집문당, 2001.

고고학(考古學, Archaeology)

고고학이란 인류가 남긴 일체의 유적과 유물을 통해 인류의 역사·문화·생활방식 등을 연구하고 복원하며 해석하는 학문이다. '고고(考古)'라는 낱말은 중국에서 송나라 때부터 사용하였고, 고고학이란 용어는 18세기 말 영어의 'archaeology'의 번역어로써 만들어졌으며 한국의 학계도 이 용어를 따랐다. 유럽에서 고고학을 나타내는 말은 그리스어의 '고대의·최초의'를 뜻하는 'arkhaios'와 '학문'을 뜻하는 'logos'가 결합된 'arkhaiologia'이다.

현재 미국의 고고학자나 사회인류학자를 예외로 하면, 일반적으로 사용하고 있는 고고학의 정의는 유적과 유물에 의해 인해 인간의 과거를 연구하는 학문이다. 이 정의는 1899년 영국의 D. G. 호가스가 제안한 것인데 현재는 여기에 반대하는 풍조도 강하다. 왜냐하면 역사학은 역사를 연구하는 본질학이며, 고고학은 고대의 유물과 유적을 조사하고 연구함으로써 얻어지는 성과를 역사학에 제공하는 방법학이라고 생각하는 것이 연구의 실정이기 때문이다.

데리다(Derrida, Jacques)는 '이성의 고고학'과 같은 역사주의화 전략으로부터 유래되는 기획을 저술하고 있는데, 이 경우 고고학은 역사학의 다른 명칭이다. 역사가의 연구는 규제되고 합리적이기 때문에 역사 자체는 이성의 결과물이다. 이의 대척점에서 미셸 푸코(Michel Foucault)는 『지식의 고고학 L Archeologie du savoir』에서 이성에 대한 확신 위에 구축되어 온 서양 근대사상을 근저에서부터 뒤흔들어버리고, 전혀 새로운 시각으로 인간의 역사를 재구성하였다. 푸코가 말하는 고고학이란 과학사적 테스트들을 다루는 학문이다. 따라서 그 텍스트들 속에 들어 있는 언어들을 어떤 관점에서 다룰 것인가 하는 점이 고고학의 기본성격을 규정해 준다. 고고학적 사유란 현상학, 해석학, 변증법적 사유에 반대하는 것이다.

박태원은 자신의 창작 방법론을 고현학학이라고 말한 바 있다. 그는 일반적인 소설의 형식을 따르지 않고 의식의 흐름을 중심으로 소설을 창작하는데, 그가 주장하는 고현학의 의미는 현대적 일상생활의 풍속을 면밀히 조사 탐구하는 행위이다. 이를 적용시킨 작품은 『피로』와 『소설가 구보씨의 일일』 등이 있다. (이새봄)

계보학, 역사학, 해석학

참고문헌
글린 대니엘, 김정배 역, 『고고학발달사』, 신서원, 2001.
미셸 푸코, 이정우 역, 『지식의 고고학』, 민음사, 2000.
폴 반, 박범수 역, 『고고학이란 무엇인가』, 동문선, 2003.

고단(講談)

일본 전통 예능의 하나. 남자 예능인이 혼자서 책상앞에 앉아서 부채나 딱다기를 이용하여 어떤 이야기를 낭송한다. 이 낭송을 기본으로 하여 줄거리 전개와 평을 행한다. 이러한 형식은 라쿠고와 비슷하지만 라쿠고가 많은 화화문에 의해 이야기를 전개하는데 비해, 고단은 대본을 읽어 들려주는 것이 중심이다. 메이지 이전까지는 고단을 고샤쿠(講釈)라 하고 이를 연기하는 자인 고단시(講談師)를 고샤쿠시(講釈師)라 하였다.

고단은 원래 중세말 주군 곁에서 말상대를 하며 시중을 들던 재담가인 오토기슈(御伽衆)의 「다이헤이키 낭송」(太平記読ﾐ)을 원류로 하여, 에도시대에 발전하고 메이지시대에 전성기를 맞이하였다. 18세기의 고샤쿠시인 바바 분코(馬場文耕)와 그 제자들에 의해 고단의 종류와 상연 순위가 확립되고 입장료를 받는 등, 하나의 예능 장르로서 확립되었다. 에도시대 후기의 서민문화와 고단은 밀접한 관련을 갖고 발전하여 당대 최고의 게사쿠 작가들이 고단에 심취하기도 하였으며, 메이지기의 전성기를 맞이하여 많은 유파가 형성되기도 하였다. 고단의 내용을 분류하면, 전통적인 군담을 다룬 군기물(軍記物), 조상의 공적이나 주군 집안의 가독계승 문제를 다룬 어기록물(御記録物), 서민사회의 사건이나 인정을 다룬 세태물(世話物) 외에 근대들어 정치고단, 신문고단이라 불리는 새로운 제재가 첨가되기도 하였다.

메이지기 도쿄에만 상성 공연장인 요세(寄席)가 50여곳이 성업하였으며, 2세 쇼린 하쿠엔(松林伯圓)은 높은 인기를 누렸다. 당시 고단·라쿠고가 상연되면, 그 직후에 상연내용을 그대로 기록한 속기본이 간행되어 팔리고, 이를 전문적으로 다룬 잡지가 발간되기도 하였다. 태평양전쟁 중에는 애국고단이라 하여 군국주의의 선전에 동원되었다. 패전후 연합국측 사령부에 의하여 복수담이나 군담의 상연이 금지되자 급속히 쇠퇴하여 오늘날에는 명맥만 유지되고 있다. (최관)

고샤쿠, 라쿠고, 오토기슈, 다이헤이키 낭송, 요세

고딕(Gothic, Gothique, Gotik)

고딕은 원래 게르만 일족인 고트족(Goths)을 가리키는 말이었다가 나중에 의미가 확대되어 '게르만적' 혹은 '중세적'인 특징을 두루 의미하는 용어로 정착되었다. 이 개념이 예술사에 본격적으로 등장한 것은 아이러니컬하게도 이른바 고딕 시기(Gothic period)가 끝난 16세기 이후의 일이다. 고딕은 고전주의와 낭만주의에 의해 상반된 평가를 받았는데, 18세기 고전주의자들은 예술의 완미한 통일성을 파괴하는 야만성·조야함이라는 의미로 이 용어를 사용한 반면, 중세적·원시적·야생적인 것에서 예술의 새로운 가능성을 찾고자 했던 낭만주의자들에게 고딕은 고전주의의 엄격한 형식적 제약에서 벗어난 다양성과 풍요로움을 상징하는 것이었다. 그리하여 18세기 후반부터 19세기 초반 사이에는 고딕의 부흥(Gothic revival)과 신고전주의가 함께 성행하게 된다. 이처럼 판이한 두 스타일의 공존은 부분적으로 숭고(the sublime)와 미(the beau-tiful)의 철학적 구분에 의해 촉진되었으며, 미적 다원론의 방면에서 이루어진 기념비적인 진전을 반영하는 것이기도 하다.

유럽 예술사의 전개과정에서 고딕은 기술적인 대담함과 세련된 제작 기법으로 중세적 스타일의 정점을 차지하고 있다. 고딕의 전성기였던 12세기부터 16세기까지 유럽은 신흥 도시의 발달, 절대 권력의 성장, 상공업의 증대, 그리고 대학의 발흥을 포함한 거대한 사회적 변화를 겪고 있었다. 이러한 시대적 특징은 뾰족한 아치라든가 화려한 스테인드 글라스로 대변되는 로마네스크(Romanesque) 풍의 건축에서 가장 전형적으로 나타나고 있지만, 문학 · 음악 · 철학 등 다른 문화적 표현방식에서도 고딕의 양식적 특성이 쉽게 발견된다.

한편 시대적 · 양식적 특성을 넘어선 좀더 일반적인 의미에서 고딕은 기괴하고 환상적이며 과장된 감각 · 취향을 통칭하기도 한다. 이런 확장된 용법에 따르면 바로크(Baroque)나 매너리즘(Mannerism)도 고딕에 포함될 수 있다. (진정석)

고딕소설, 매너리즘, 바로크

참고문헌
앙리 포시용, 정진국 역,『로마네스크와 고딕』, 까치, 2004.
아놀드 하우저, 염무웅 역,『문학과 예술의 사회사(현대편)』, 창작과비평사, 1974.

고딕소설(Gothic fiction, Gothid novel)

고딕소설은 중세적 분위기를 배경으로 공포와 신비감을 불러일으키는 유럽 낭만주의의 소설 양식의 하나이다. 18세기 후반에서 19세기 초반까지 특히 성행했으며, 고딕소설이란 명칭은 중세의 건축물이 주는 폐허스런 분위기에서 소설적 상상력을 이끌어냈다는 의미에서 붙여진 것이다. 대부분의 고딕소설들은 잔인하고 기괴한 이야기를 통해 신비한 느낌과 소름끼치는 공포감을 유발하는 데 주안점을 둔다. 고딕소설은 이런 효과를 위해 비밀 통로 · 지하 감옥 따위가 설치된 중세의 성이나 수도원을 주배경으로 하며, 유령이 등장하는 불가사의하고 초자연적인 사건들을 즐겨 다루기도 한다.

고딕소설은 선정적인 문학에 대한 독자들의 요구와 손쉬운 이익을 노리는 출판업자의 이해가 만나 생겨난 상업주의 문학의 일종이다. 그러나 고딕소설이 크게 유행한 배경에는 합리주의 사상의 강력한 영향 아래 오랫동안 침묵을 강요당했던 초자연적 · 비합리적인 것의 귀환이라는 측면도 작용하고 있다. 악마 · 마법사 · 저주 · 흡혈귀 따위의 소재는 확실히 이성의 세기(Age of Reason)로 불리는 18세기 내내 억압당하거나 부당한 취급을 받아왔다. 이런 측면에서 고딕소설은 문명인의 안정된 삶의 이면에 놓여있는 비합리적 욕망, 사악한 충동, 악몽과 같은 새로운 영역을 소설 장르에 도입했다고 볼 수 있다.

오늘날 고딕소설이라는 용어는 중세적 배경을 갖고 있지 않더라도 공포스런 분위기를 자아내거나 섬뜩하고 무시무시한 인간의 이상 심리상태를 다룬 소설유형에까지 광범위하게 적용된다. 대표적인 작품으로는 고딕소설의 창시자로 알려진 호러스 월폴(Horace Walpole)의『오트랜토 성 Castle of Otranto, a Gothic Story』을 비롯, 매리 샐리(Mary Shelley)의『프랑켄슈타인 Frankenstein』과 E. T. A. 호프만(Hoffman)의 공포소설들, 그리고 찰스 디킨스(Charles Dickens)

의 『황량한 집 Bleak House』, 『위대한 유산 Great Expectations』 등이 있으며, 「어셔가의 몰락 The Fall of the House of Usher」을 비롯한 에드거 앨런 포(Edgar Allan Poe)의 작품에도 고딕적인 요소가 풍부하게 활용되어 있다. (진정석)

고딕, 공포소설, 미스테리

참고문헌
문희경, 『고전영문학의 흐름』, 고려대학교출판부, 2000.
여홍상, 『근대 영문학의 흐름』, 고려대학교출판부, 2001.
장정희, 『프랑켄슈타인』, 살림, 2004.

고문(古文)

한문으로 씌어진 산문 문체의 하나. 기교와 형식만을 중시한 당대(唐代) 변려문(騈儷文)에 반발해, 진한(秦漢) 이전의 순정한 문체로 돌아가야 한다는 생각으로 지어진 글을 말한다. 고문으로의 회귀를 주장한 고문 운동가들의 선구자인 한 유는 옛사람의 진부한 문장을 답습하지 않고, 고문을 모범으로 창조적인 문장을 구사하고자 했다. 그는 공자의 도덕인의(道德仁義)를 보호하고 사설(邪說)을 막고자 평이한 문언문(文言文)을 썼으며, 모방의 차원이 아닌 새로운 품격을 갖춘 당대(當代)의 문장을 창출하고자 했다. 이러한 지향성은 후대의 당송팔대가(唐宋八大家)에게로 계승되면서 고문운동의 중심 줄기를 이루었다. 고문운동은 시대마다 추구한 바가 조금씩 달랐으나, 당시(唐詩)의 병폐를 극복하고 그 시대에 적합한 문장을 쓰자는 방향성은 공통적이었다. 송나라 때에 구양수(歐陽修) 등이 고문을 씀으로써 고문은 변려문을 완전히 압도하였고, 이후 문어체 산문의 주류가 되었다.

우리나라의 경우 삼국 · 고려시대에는 변려문이 성행하였으며, 조선시대에 와서도 고문이 지배한 것은 아니었다. 고문의 본격화는 고려 말의 이제현(李齊賢)에서 시작되었으며, 조선시대에 와서는 명나라와의 잦은 교류에 따라 고문가들이 많이 배출되었다. 크게 '의고문파'와 '당송고문파'의 두 부류가 있었다. 의고문파는 조선 중기까지 상당한 세력으로 문단을 지배하였으나 복고를 위한 모방에만 치우쳐 독창성이 떨어졌다. 반면, 허 균, 장 유, 박지원, 홍석주, 김매순, 이건창, 김택영 등의 당송고문파는 개성적인 표현으로 고문을 완성시켰다. 이 중 허 균은 본격적인 의미의 고문론자로 평가받는다. 그는 당송고문의 진정한 가치는 복고가 아닌 자기 시대의 문체를 만들어낸 데 있으며, 자기 시대의 일상어를 갈고 다듬어 쓰는 것이 참다운 고문이라고 주장했다. 박지원은 이를 계승해 보다 혁신적인 내용과 다양한 표현을 바탕으로 새롭고 개성적인 글을 씀으로써 금문(今文)이 곧 고문(古文)임을 증명했다.

우리나라의 고문은 중국의 영향으로 시작되었으나, 우리 민족 고유의 생활과 감정이 배어든 문장이라는 점에서 독자적이라고 할 수 있다. 또 조선 후기 고문가들에 이르면 주체적이고 독창적인 고문에서 산문문학의 정점을 발견할 수 있다. 고문은 언문(言文)이 일치되지 않은 한계로

갑오개혁 이후로 없어졌으나, 근대적 산문의식은 신소설 등에 긍정적으로 계승되었다. (김수이)

참고문헌
『브리태니커 백과사전』

고백(Confession)

서양 근대의 역사에서 고백은 자아의 관념을 육성한 문화적 실천의 양식으로서 중요한 역할을 하였다. 유럽 낭만주의 문학은 자아와의 접촉을 중시하는 내면성의 전통을 형성함으로써 자아에 대한 신앙을 정착시켰다. 루소의 [고백(confession)]은 자아의 진실을 향한 열정을 지고한 도덕으로 만들고 자아의식에 내재한 창조성을 명인적 연기의 수준에서 보여주었다. 고백의 전통을 통해서 유럽 근대문학은 자아를 세계로부터 분리시키고 자아성 selfhood의 내면적 확인에 몰두하는 주제상의 관습을 통해 근대적 자아 구축에 참여했다.

나는 누구인가 하는 물음은 장 자크 루소가 그의 동시대와 후대 사람들에게 요구한 정치적, 윤리적 각성의 출발점이기도 했다. 그는 문명이 발전하면서 반대로 도덕이 타락한 아이러니를 관찰하면서 위선이 삶의 조건이 되었음을 개탄했다. 루소가 요구한 것은 바로 사람 각자가 자기 자신이 되어야 한다는 것이다. 그는 사람 각자가 타인에게 의존하는 대신에 그의 고유한, 진정한 자아와 접촉함으로써 도덕적 구원을 얻을 수 있으리라 생각했다.

고백은 인간 자신의 내면에서 어떤 좋은 삶의 원천을 발견하고 그것을 함양하려는 성찰적 행위이다. 루소를 선구자로 삼는 근대문학의 내면 탐색가들은 고백의 양식을 통해서 자아와 진실하게 접촉하는 인물들의 상을 창출하였다. 1인칭 담론과 서간체는 한 개인의 마음을 감각적 구체의 형태로 현전시키려는 열정을 대변한다. 그것은 내면성에 대한 탐색을 통해서 외부적 현실에서 독립된 마음의 작용들, 즉 기억, 몽상, 환각 등이 다른 어떤 경험에 못지않게 리얼하다는 믿음을 표시한다. 고백의 양식은 서술의 수행적 performative 측면에 각별히 주의를 기울이고, 1인칭의 극적인 독백을 실험적으로 개척하기 시작한다. 이러한 극화된 고백은 서술의 수행적인 측면인 고백의 동기와 효과, 고백의 내용과 형식 사이의 아이러닉한 차이, 고백하는 측과 고백되는 측의 심리적 상호작용 등을 통해 내면성에 대한 탐색의 지점을 마련한다.

한국 근대문학에서 고백에 대한 최초의 자의식을 보여준 것은 염상섭의 초기소설이다. 염상섭이 획득한 자아와 주체성을 중시하는 개인성의 이념은 그의 초기 삼부작에서 내면의 발견으로 나타나고, 「만세전」에서 그 뚜렷한 문학적 표현을 얻게 된다. 염상섭의 고백체는 근대적 자아를 탐구하는 방법으로써 예술가의 길을 택했던 일본 시라카바(白樺)파 문학의 영향에 의해서 가능했다. 염상섭이 고백이라는 제도를 시도했을 때, 근대적 자아를 탐구하는 문학적 양식이 성립하게 된 것이고, 내적인 자기에 대한 탐색이 가능해졌다. 그러한 고백체를 통해서 발견된 내면, 혹은 고백을 통해 '주체'로 존재할 것을 목표로 삼고 있는 그러한 자아의 모습은, 염상섭 이

후로 많은 근대 문학과 현대 문학의 작품들에서 그 문학적 표상을 획득하고 있다. (황종연)

참고문헌
장 자크 루소, 『고백록』.
김윤식, 「고백체 소설 형식의 기원」, 『한국근대소설사연구』, 을유문화사, 1986.

고백체(告白體)

화자가 자신의 경험을 서술하는 소설의 문체, 혹은 자전적인 체험의 직접적인 토로라는 서술적 유형을 말한다. 고백의 양식은 기독교의 참회에서 비롯된 것으로, 서구 사회에서 고백은 중세 이래로 진실을 드러내는 중요한 의식의 하나로 여겨져 왔다. 최초의 작품은 아우구스티누스의 『참회록』이다.

중세적 고백이 절대자에 대한 동일성과 가치를 확인하려는 타인지향적 성격이었다면, 근대적 고백은 말하는 사람 자신의 행위와 생각에 대한 스스로의 확인이라는 측면이 강조된다. 듣는 사람보다는 말하는 사람이 담화를 점유하는 형식 자체에서 근대적 주체의 독자성과 주체의 내면의 독립성, 즉 근대 주체의 절대화 방식을 발견할 수 있다.

고백체의 하위 양식으로 서간체와 사소설이 있다. 서간체는 고백체가 형식 자체를 결정짓는 서술의 형태이다. 최초의 서간체 소설은 영국의 리차드슨(Richardson)의 『파멜라』로, 이는 근대소설의 효시이기도 하다. 독일에 수용된 서간체 양식은 괴테(Goethe)의 『젊은 베르테르의 슬픔』과 같은 서간체 소설을 등장시키고, 이후 전 세계적으로 서간체 소설의 발흥에 매우 많은 영향을 미쳤다. 그리고 사소설은 일본 문학의 전형적 형식으로, 작가 개인의 생활과 관련된 사건이나 현상을 주제로 하여 작가 자신이나 자신이 속한 사회에 대하여 서술하는 1인칭 형식의 소설이다.

고백체는 한국 근대 문학의 초기 단계에서 다수 발견된다. 근대 초기 일본과 한국에서는 자신을 모델로 삼는 사소설이 유행하였다. 고백체는 일본의 백화(白樺)파 작가들이 즐겨 쓰는 형식으로, 일본 타이쇼오(大正)기를 대표하는 문학 장르이다. 백화파 고백체 소설은 인간의 가장 어두운 내면까지 속속들이 파헤쳐서 인생의 숨겨진 부분을 드러내는 것이 가장 큰 특징이다. 일본을 통해 서구 근대문학을 접하던 근대 초기 한국 작가들은 기독교적 고백 형식과 사랑이라는 근대적 주제를 지닌 고백체 소설을 자연스럽게 받아들이게 된다.

한국문학사에서도 등장인물이나 화자의 내면 고백이 서간체 양식으로 이루어진 소설이 근대 초기에 대거 등장하게 된다. 이광수의 「어린 벗에게」는 최초의 서간체 고백 소설이며, 1920년대 초에 이르면 내면고백체 형식의 소설들이 많이 발표된다. 자아의 자기 확인으로서의 내면고백체는 우리 근대문학 형식의 중요한 한 축을 이루고 있다. (곽승미)

자서전, 사소설, 서간체

고시19수(古詩十九首)

한나라 말기에 일군의 무명시인들이 창작한 일련의 서정시. 소명태자의 『문선(文選)· 잡시 (雜詩)· 고시19수』의 주에 "모두 고시인데 작자가 누구인지는 알 수 없다."고 하면서 해설을 상세하게 해놓았다. 관례상 각시의 첫 구를 제목으로 사용한다. 19편의 제목은 「행행중행행(行行重行行)」과 「청청하반초(青青河畔草)」, 「청청능상백(青青陵上柏)」, 「금일양연회(今日良宴會)」, 「서북유고루(西北有高樓)」, 「섭강채부용(涉江采芙蓉)」, 「염염고생죽(冉冉孤生竹)」, 「정중유기수(庭中有奇樹)」, 「초초견우성(迢迢牽牛星)」, 「회거가언변(回車駕言邊)」, 「동성고차장(東城高且長)」, 「구거상동문(驅車上東門)」, 「거자일이소(去者日以疏)」, 「생년불만백(生年不滿百)」, 「늠름세운모(凜凜歲云暮)」, 「맹동한기지(孟冬寒氣至)」, 「객종원방래(客從遠方來)」, 「명월하교교(明月何皎皎)」이다.

대부분의 사람들은 「고시19수」를 5언고시의 최초의 작품으로 인정하고 있다. 명나라 왕세정은 "(19수는) 이치를 논한 것은 시삼백에 미치지 못하지만 가사가 은근하고 뜻이 아름다워 족히 더불어 평가할 만하니 5언의 시조라고 할 수 있다(十九首談理不如詩三百 而微詞婉旨 遂足幷駕 是千古五言之祖)"(『예원치언(藝苑卮言)』권2)고 하였고, 육시옹(陸時雍)도 "19수는 국풍의 뒤를 이었고 시의 어머니라 할 만하다(十九首 謂之風餘 謂之詩母)"(『고시경(古詩鏡)』총론)고 격찬하였다.

「고시19수」를 한나라 때의 악부 5언가사를 비교하면 양자가 공히 음악적인 외피는 제거되었고 시형식상으로도 이렇다 할 변별점은 없다. 뿐만 아니라 육조에서 당송까지 여러 문헌들은 양자를 혼용하여 편목을 짜기도 하였다. 시구도 유사한 경우가 적지 않았다. 고시와 악부는 서로 통용되었다가 음악의 가사로 채용된 작품은 악부가 되고 그렇지 못한 작품은 그 조명(調名)을 잃고 고시가 된 것으로 파악된다. 「고시19수」의 풍격상 특징은 다음과 같이 정리된다.

① 감흥(感興) : 양자 모두 한 가지 사건을 중심으로 작품을 구성하면서 감정과 사건이 적절하게 안배되어 있다. 그런데 민가는 비교적 묘사에 치중하면서 사건을 서술하여 정서를 환기시키지만 고시는 서정을 중시하여 정서를 서술함으로써 사건을 부각시켰다.

② 결구(結構) : 양자 모두 결구가 안정되어 기교를 부린 흔적을 찾아볼 수 없다. 그러나 민가는 사건의 평이한 순서를 좇아 줄거리를 형성하고 있지만 고시는 감정의 기복과 리듬을 배려하면서 줄거리를 전개하였다.

③ 언어(言語) : 양자 모두 시어를 자연스럽게 배치하여 감동을 주는 힘이 풍부하다. 그런데 민가는 호응린胡應麟(?~?)이 지적한 것처럼 "질박하면서도 비속하지 않고 얕으면서도 능히 심각한 주제를 다루고 있는데質而不鄙 淺而能深"비해 고시는 "말이 자연스럽게 운율에 맞고 운율을 좇다보면 저절로 흥취가 일어나隨語成韻 隨韻成趣"(호응린) 사진謝榛(1495~1575)의 말처럼 "이야기꾼이 일상어로 말하는 듯秀才說家常話"하다.

④ 경계(境界) : 이상의 세 측면이 증명하듯이 양자 모두 풍격이 잘 어우러져 있고 경계가 심원하다. 민가는 "깊고 꿋꿋하여遵深勁絶"(왕어양王漁洋) 그 경계가 깊고 두터우며, 고시는 "우

수에 차 있고 정이 간절하여悄悵切情"(유협) 경계가 넓고 원대하다.

「고시19수」는 상당한 문학적 소양을 갖춘 몰락한 지식인에 의해 쓰여졌다. 그들은 지배층의 폭정을 목도하면서 그 불만과 불평을 문학 창작 방면에서 토로했다. 그들은 지배계층이, 문학을 문자나 아로새기는 기교로 인식하는 고질적인 병폐에 반기를 들었고, 『시경』과 『초사』의 형식을 존중하고 회언(回言)과 소체(騷體)를 높히 평가하는 폐습을 불식시키는 방향으로 해소하였던 것이다. 그들은 대담하게 민가를 수용하면서, 종래 300여 년 동안 통용되었던 문인들의 언어습관을 쇄신하고 민간에서 발전한 언어와 새롭게 결합시켰다. 그리고 민간의 5언시가를 중요한 창작수단으로 승화시키는 동시에 한대 악부가 이미 성취해 놓은, 서사와 서정이 함께 작품에 표현되는 경향을 더욱 발전시켰다. 아울러 자신들의 창작과 앞서 지적한 한대 악부의 여러 가지 특징들을 수용하여 "마음을 흔들면서 영혼을 일깨우고 글자 하나하나가 천금의 가치가 있는(驚心動魂 一字千金)"(종영) 새로운 시가형식인 5언의 서정고시를 완성했던 것이다. 이같은 체제와 표현수법은 중고(中古) 이후 고전 시가의 여러 형식 가운데 주도적인 역할을 했기 때문에 「고시19수」를 일컬어 "시의 어머니(詩母)"라고 일컬었던 것이다. (임종욱)

문선, 5언고시, 시모(詩母).

참고문헌
임종욱, 『동양문학비평용어사전―중국편』, 범우사, 1997.
_____, 『중국의 문예인식』, 이회, 2001.
_____, 『중국문학에서의 문장체제 인물 유파 풍격』, 이회, 2001.
주훈초, 『중국문학비평사』, 이론과실천, 1992.

고음파(苦吟派)

당나라 때의 시인 맹교(孟郊, 751~814)와 가도(賈島, 779~843)를 주축으로 형성된 시파. 이들의 작시 태도는 대단히 진지하고 심각해서, 시어와 시구를 꾸미고 단련하여 기이하고 험벽(險僻)하며 고졸(古拙)한 정취가 풍기도록 힘썼다. 한 자 한 구를 만들기 위해 피 말리는 퇴고 작업을 거듭했기 때문에, 가도는 스스로 "밤부터 읊조리면 새벽에도 그치지 않으며, 괴롭게 읊노라면 귀신도 근심에 젖는다.(夜吟曉不休 苦吟鬼神愁)"고 술회했는데, 이 시구에서 유래하여 그를 고음시인(苦吟詩人)이라고 부르게 되었다.

맹교는 자신이 시를 짓는 상황을 설명하면서 "자식도 없어서 문자나 얽고 있는데, 늘그막에 읊조리니 외롭고 처량하구나. 때때로 침상을 보며 시구를 토해내지만, 잠자리는 들어도 알지 못하네.(無子抄文字 老吟多飄零 有時吐向床 枕席不解聽)"(「노한(老恨)」) 라고 하였다. 한유(韓愈)는 맹교가 시를 짓는 모습은 마치 "눈을 찢고 심장을 파내며 칼날에 닿아 갈래갈래 헤어지고, 문장과 구절이 이리 얽히고 저리 얽혀 그 모습이 마치 위장과 신장을 잘라내 쳐올리는 듯하다.(劌目鉥心 刃迎縷解 鉤章棘句 搯擢胃腎"고 비유하였다.

이들 유파의 시인들은 대부분 불우한 생애를 보냈기 때문에 항상 가슴 속에 깊은 시름을 안은 채 살았다. 때문에 작품 속에도 춥고 씁쓸하며 메마른 정조가 드러나 있는 데다가 워낙 시어를 조탁하는 일에 골몰한 탓에 시의 풍격도 "맑고 기괴하며 편벽되고 고달픈(淸奇僻苦)"체취가 흠씬 배여 있다. 후세 사람들은 이 사실을 두고 "맹교는 차고 가도는 여위었다.(郊寒島瘦)"고 평하였다. (임종욱)

맹교, 가도, 험벽고졸(險僻古拙), 교한도수(郊寒島瘦).

참고문헌
임종욱, 『동양문학비평용어사전－중국편』, 범우사, 1997.
_____, 『중국의 문예인식』, 이회, 2001.
_____, 『중국문학에서의 문장체제 인물 유파 풍격』, 이회, 2001.
주훈초, 『중국문학비평사』, 이론과실천, 1992.

고잔분가쿠(五山文學, Gozan literature)

일본 '가마쿠라 시대(鎌倉時代)'와 '무로마치 시대(室町時代)'를 중심으로 약 150여 년에 걸쳐 발달한 '선림(禪林)'의 한문학의 총칭이다. 중국에서 전해진 선종(禪宗)은 일본의 중세 문화 형성에 지대한 영향을 미쳤다. 특히 그 중에서도 가마쿠라와 남북조 시대에 고잔(五山, 가마쿠라와 교토에 각각 다섯 개씩 있었던 커다란 선종의 사원)을 중심으로 한 선승들에 의해 창작된 선문학(禪文學)을 '고잔문학'이라고 한다. 즉 '고잔문학'이란 '고잔'의 선승들에 의해 창작된 문학이라는 뜻이다.

무사계층이 대두하기 시작한 '가마쿠라 시대'에는 무사들의 지지를 받은 선종이 성행하였다. 일본의 선종에서는 중국에 유학승을 보내 선진 학문과 문화를 받아들였다. 그 결과 중국의 선시와 선시론의 영향을 받은 많은 유학승, 귀화승에 의해 불교문학이 자리잡게 되었다. 고잔의 선승들은 불전에 대한 외전(外典), 즉 경서나 사서, 시문 등에도 아주 능통하여서, 법어(法語), 시문(詩文), 논설 등을 통한 문필활동을 하면서 많은 한시문을 남겼다. 또한 선승들은 중국 송나라로부터 성하게 된 각종 법전 서적의 목판인쇄를 본격적으로 유입하여, 교토의 고잔을 중심으로 출판 사업을 활발하게 전개하였다. 또 출판대상도 불교 관련 내용으로 한정시키지 않고, 외전도 포괄하는 등 폭넓은 서적을 출판하였다. 그로 인하여 중세 일본의 한문 서적의 독자층을 확대시켰다. '고잔문학'은 무사계층의 비호를 받으며 성립되었지만, 무사계층 사이에서는 한문학의 교양은 보급되지 않고 오히려 일본식 한문이 널리 퍼지는 계기가 되었다.

고잔문학의 전통은 무로마치 시대에도 이어졌다. 선승들은 막부의 비호를 받으며 한시문을 많이 지었으며 선종사원이 고잔파의 관사(官寺)로 공인받아 학문과 예술의 중심적인 역할을 하였다. 이 시기에 '기도슈신(義堂周信)', '젯카이 주신(絶海中津)' 등이 활약하면서 전성기를 구가했다. 그리고 '시선일미론(詩禪一味論)', 즉 선적 사유에 그치지 않고 이를 시론화하는 선적 문학관이 호응을 받으면서 논의가 확대되어 갔다. 그리하여 '시선일미론'은 선적 깨달음이라는 진리 체계와 예술적 시론으로 조화되면서 크게 부상하기에 이르렀고, 시의 종교성과 예술성에 대한 논의가 다양하게 표출되었으며, 또 시대의 흐름에 따라 변화되어 갔다.

그러나 무로마치 시대 중기 이후로는 선승이 수행을 게을리하고 문예를 취미삼아 대하게 되어 문학의 질적 수준이 떨어지게 된다. 또 선승들이 권력에 야합하는 등 타락하고, 중세의 전란 속에 점차 막부가 무력해짐에 따라 고잔 문학은 쇠퇴의 길을 걷게 된다. 그 결과 고잔문학은 에도시대 초기에 이르러서는 완전히 사라지게 되었다. 하지만 고잔문학은 에도시대 문화 발달의 기초를 이루는 등, 일본 중세 문학에 지대한 영향을 미쳤다. 또 수많은 선시 작품의 산출과 '시선 일미론'을 표방하였던 선시론의 활발한 이론 전개는 일본 중세 문학을 풍요롭게 하는 기능을 한 의의가 있다. (김선미)

선문학, 시선 일미론, 불교문학

참고문헌
임종석, 『일본문학사』, 제이앤씨, 2004.
영목정미, 『일본의 문학개념』, 보고사, 2001.
오오오카 마고토, 『이야기 일본문학사』, 경인문화사, 2005.
김분숙, 『일본 고전문학의 해석과 감상』, 동국대학교 출판부, 2003.
소서심일, 『일본문학사』, 고려원, 1995.

고저율(高低律)/장단율(長短律)

언어 형식면에서 시는 소리의 연속이자 소리의 구조이기 때문에 시인은 음악적 효과를 위해 소리를 모형화 하려고 노력한다. 이때 조직화된 음악적 효과를 보통 시의 운율(리듬, rhythm)이라 총칭한다.

일반적으로 운율은 '운(韻)'과 '율(律)', 두 가지를 아우르는 용어로서, '운'은 운자(韻字)의 제한, 즉 압운(rhyme)을 뜻하며, '율'은 율격(meter)으로 음절수의 제한을 의미한다. 따라서 시의 운율이란 시문의 음성적 형식을 말하며, 주기적인 악센트나 가락의 지속과 관련된 음악적 구문(musical composition)의 특징을 뜻한다.

율격은 크게 보아 단순율격과 복합율격으로 나뉘는데, 음수율과 음보율이 전자에 해당된다면, 고저율, 강약률, 장단율 등은 후자에 해당된다. 전자가 음절수나 음보수라는 하나의 자질에 의해 율격이 결정되는데 비해, 후자의 경우는 음절이나 음보이외에 고저, 강약, 장단 등 또 다른 잉여적 자질이 율격을 결정하는 주요요소로 기능한다.

고저율(the accentual−syllabic metrical system)은 음성률, 성조율격, 평측율격이라고도 불리는데, 이것은 소리의 높낮이(pith)가 규칙적으로 교체, 반복되는 율격을 가리킨다. 한시(漢詩)에서 뚜렷한 예를 살펴볼 수 있다. 장단율(the quantitative metrical system)은 길고 짧은소리가 규칙적으로 교체 반복되는, 즉 소리의 지속 시간의 양에 의하여 결정되는 리듬인데, 이것은 주로 고대 희랍이나 로마어에서 볼 수 있다. 아울러 강약률(the accentual metrical system)은 악센트만이 측정되는 율격으로 주로 영시에서 살펴볼 수 있는데, 악센트 있는 강한 음절과 악센트 없는 약한 음절의 교체가 규칙적으로 반복되는 리듬의 패턴을 가리킨다. (고미숙)

리듬, 운율, 단순율격, 복합율격

참고문헌
김흥규, 「한국시가 율격의 이론 I」, 『민족문화연구 13』, 고대민족문화연구소, 1978.
조동일, 『한국 시가의 전통과 율격』, 한길사, 1982.
김대행, 『운율』, 문학과지성, 1984.

고전문학(古典文學)

고전문학은 고전으로서 전하여 오는 문학 작품을 지칭하는 포괄적인 개념으로 사용되기도 하고 특별히 고전주의의 문학을 지칭하는 경우도 있기는 하나 일반적으로 현대문학과 대비된 개념으로 사용된다. 고전문학과 현대문학이 별개의 것이 아닌 하나의 한국문학이며, 따라서 학계에서는 연구 방법과 역사적 전망이 기본적으로 같은 평면 위에서 연속적으로 다루어져야 한다는 주장들이 대두되기도 하였으나 종래의 관습으로 인하여 고전문학 · 현대 문학으로 관심사가 양분되어 왔다. 따라서 일반적으로 고전문학의 범주는 구비문학과 한문문학 그리고 갑오경장 이전까지의 국문문학을 포괄한다.

구비문학에는 설화, 민요, 무가, 판소리, 민속극 등이 포함되는데 학자에 따라서는 수수께끼나 속담 등도 고도의 은유나 함축, 댓구 등의 수사적 기교와 문학적 구조 등을 평가하여 구비문학의 범주에 포함시키기도 한다.

한문학은 시와 산문으로 크게 나누어 볼 수 있는데 한시는 고구려 을지문덕이 수나라 장군 우중문에게 준 시에서부터 출발하여 조선 후기까지 이어 온 서정한시와 현존하는 최초의 서사시인 이규보의 동명왕편을 위시한 서사한시로 나뉜다. 산문의 갈래는 매우 다양하여, 서거정이 중세 산문의 규범 유형으로 제시한 것만도 48종이나 되며 이 외에 고려시대 가전과 조선 후기 허균과 박지원, 이옥 등으로 대표되는 전을 비롯하여 한문 소설, 몽유록, 야담, 소설, 여행록, 비평 등이 양과 질에 있어 고루 우리 문학을 풍성하게 하였다.

고전문학의 본령이라 할 수 있는 갑오경장 이전의 국문문학은 상고시대의 고대 가요를 시작으로 향가, 고려가요, 경기체가, 시조, 악장, 가사 등의 시가문학과 허균의 <홍길동전>을 필두로 하는 국문소설, <계축일기>, <인현왕후전>, <한중록> 등 한글로 쓴 교술 산문 등이 있다. 이들 국문 산문문학은 우리 민족 고유의 문자인 훈민정음을 가지고 우리의 정서를 예술적으로 형상화해 내었다는 데 의의가 있다.

근대 기점에 대한 논의와 함께 우리 문학의 연속성 문제가 대두되면서 우리나라 문학을 고전문학과 현대문학으로 양분하는 태도에 문제가 제기된 이후 조동일은 한국문학통사를 서술하면

서 우리 문학을 고대문학, 중세문학, 근대 문학으로 구분하기도 하였다. (진은진)

고전주의 문학, 개화기문학, 근대문학, 현대문학

참고문헌
조동일 외,『한국문학 강의』, 길벗, 1994.
조종일,『한국문학 통사 1』, 지식산업사, 1989.
황패강 외,『한국문학 입문』, 지식산업사, 1982.

고전(古典, Classic, 독 Klassik)

어원은 라틴어 클라시쿠스(classicus)이며, 원래 상층시민계급을 일컫는 말이었으나, 점차로 가치를 드러내는 '뛰어난 것'이라는 평가적 의미로 전용되었다. 또한 이 말은 원래 오래된 서지(書誌)나 전적(典籍)을 뜻하였으나, 여기에 가치 개념이 추가된다.

원래 서양의 클래식은 기원 2세기 경 로마 저술가가 작가를 수입이 많은 소수의 행복한 작가를 '클라시쿠스(classicus)'로, 수입이 적은 영세한 작가를 '프롤레타리우스(proletarius)'의 두 유형으로 구분했다. 그런데 클라시쿠스가 클라스로 해석되어, 클래식은 학교에서 공부할 만한 훌륭한 모범적 저술이라는 뜻으로 전용되었다.

고전은 일시적인 베스트셀러와는 대립되는 개념으로, 문학작품 이외의 음악 등 과거에 저작된 모범적이면서도 영원성을 지니는 예술작품을 뜻한다. 즉, 질적 가치가 인정될 뿐만 아니라 후세 사람들에게 끊임없이 영향력을 행사할 수 있는 작품이다. 고전은 결국 과거의 것이고, 질적으로 높은 수준을 지니고, 후세에 모범이 되며, 하나의 전통을 수립하고 지속시키는 데 기여하는 작품을 말한다. 엘리어트(T. S. Eliot)는 에서 고전의 조건으로 '정신의 원숙, 언어의 원숙, 보편적 문장의 완성'으로 들고 있기도 하다.

동양에서는 중국의 오경(五經, 시경·서경·주역·예기·춘추), 서양에서는 특히 르네상스 시대에 그리스, 로마의 예술의 가치를 높게 평가하여 그리스의 호메로스, 로마의 베르길리우스 등의 뛰어난 작품을 가리키는 말로 쓰였다. 각국 예술사 속에서 오랜 세월에 걸쳐 비평을 이겨내고 남아서 널리 향유되는, 시대를 초월한 걸작을 일컫는다. (곽승미)

엘리어트, 호메로스, 베르길리우스

참고문헌
T. S. Eliot,『문화란 무엇인가』, 중앙일보사, 1974.
M. Arnold, Study of Poetry, Hoboken, N. J. Bibliobytes.

고전주의(古典主義, Classicism, 프 Classicisme, 독 Klassizismus)

넓은 의미로는 그리스·로마의 고전적 문예 작품을 모범으로 하여 그것을 계승하려는 모든 예술 경향을 말한다. 이러한 경향은 중세적인 요소에 대한 반발로서 르네상스 초기부터 싹트기 시작했다. 중세의 종교적·정치적 속박에서 벗어나 고전의 정신을 발견하고 거기에서 자유로운 인간성의 확립을 꾀하는 혁신 운동으로, 인문주의(Human-ism)라고도 불린다.

좁은 뜻의 고전주의는 17, 18세기에 유럽에서 유행하던 문예사조로서, 데카르트를 대표로 하는 근대 합리주의와, 고대적인 미의 부흥을 꾀한 휴머니즘 사이의 균형을 문예적으로 표현한 것이다. 르네상스 이후 서구 지성들은 고대의 문학작품을 잘 모방하는 것이 훌륭한 예술작품을 만들어내는 길이라고 여겼다. 따라서 개인의 자유분방한 재능과 개성을 발휘하는 대신 그리스 · 로마 등 고전에서 발견되는 법칙을 좇을 것을 예술가들에게 요구했다. 이때 르네상스 고전주의자들에게 아리스토텔레스의 『시학』과 호라티우스의 『시법』이 중요한 기준을 제시해주는 고전이었다.

그 원칙으로 여겨지는 것은 희곡에 있어서 삼일치의 법칙, 문장 작성에 있어서의 상 · 중 · 하의 문체와 '어울림'의 법칙 등이다. 개성적인 것보다 보편적이거나 유형적인 것이 요구되며, 생의 무한한 유동보다 균형 있는 형식적 통일을, 감정의 충만함보다 합리적 지성이나 직관의 명석함이 중시되는 것이다.

구상과 목표의 통일성, 이성의 지배, 형식에 대한 감각, 구조와 논리적 조직에 대한 관심, 문체의 간결성, 명료성, 단순성, 균형, 절제, 적격(decorun), 양식(bon sens) 등의 특성들을 예술상의 규범으로 삼았다. 이렇게 고전주의 양식은 자아의 절대적 자유, 감정과 공상의 존중, 무한성과 혼돈의 강조 등을 특성으로 하는 낭만주의에 반하여, 합리적이며 완성의 이념을 지향한다. 따라서 고전주의 예술은 정연한 형식적 통일성을 기하고 조화의 감각을 존중하고, 표현의 명확성을 노려 형식과 내용에서의 균형을 강조하며, 형식의 전개에 방해가 된다고 생각되는 세부적 요소는 되도록 제거하고 단순성을 존중하게 된다.

고전주의는 이성을 존중하는 경향과 부합되어 특히 코르네유, 라신느(Jean Racine), 몰리에르(Molidre), 라 퐁뗀느(Jean de La Fontaine) 등 프랑스 희곡에서 전형적인 형태로 꽃피워, 드라이든, 브왈로, 포프 등의 영국, 괴테와 쉴러 등의 독일 등 유럽 전역에 파급되었다. 18세기 중엽 이후에는 음악, 회화, 조각 분야에서도 이와 같은 경향이 확산되어, 하이든, 모차르트, 베토벤 등의 오스트리아 고전파 음악, 다비드, 앵그르 등의 프랑스 고전주의 미술시대가 개화되었다. 그러나 예술을 갖가지 미의 법칙으로 규제하고 거기서 벗어나는 것을 금하였으므로, 19세기에는 보다 자유롭고 정서적인 낭만주의가 출현하였다. (곽승미)

낭만주의, 신고전주의

고증학(考證學)

중국 명나라 말기에 발생하여 淸나라 때 성행한 고전 연구의 방법, 또는 그 학풍. 한대의 경학을 존중하였기 때문에 청조한학(淸朝漢學)이라고도 하며, 자신들은 고거학(考據學), 혹은 박학(樸學)이라고 자칭하였다. 이 학풍이 발흥하게 된 원인은 송명의 성리학, 양명학이 이기(理氣)와 심성(心性)등 관념적인 문제에만 매달려 현실 문제를 소홀히 한 데서 비롯되었다.

특히 명말의 사회적 변동은 당시의 학자들에게 이민족의 위협 앞에서 중국 민족의 정통성을 수호하고 민생을 안정시키기 위한 이론적 기초의 정립을 요구하였지만 이미 말류로 흐른 성리학이나 양명학에서 기대하기는 힘들었다. 이에 황종희(黃宗羲), 고염무(顧炎武), 왕부지(王夫之)를 위시한 일단의 학자들은 송명의 학풍을 배격하면서 경세를 위한 실학(實學)을 표방하고 역사적 실증과 박학(博學)을 통한 실천을 중시하는 경학과 史學의 분위기를 진작시켰다.

그러나 청조(淸朝)가 들어서면서 경세치용(經世致用)의 사상과 반만감정(反滿感情)은 정치적 억압으로 인해 퇴조하기 시작하였고 보다 객관적인 실사구시(實事求是)의 측면만이 공식적으로 용인되어 고증학으로 개화되었다. 청조의 지배자들은 학자들의 반청사상을 무마시키기 위해 고증학을 적극 장려하기도 했는데 강희제는 그 대표적 인물이었다. 결국 청대 고증학은 송명의 관념적, 唯心的 학풍에 대한 반동과 학자들의 시대적 각성, 그리고 청조의 정치적 의도가 혼합된 결과였다. 고증학의 갈래는 ① 훈고학(訓學) ② 음운학 ③ 금석학 ④ 잡가 ⑤ 교감학(校勘學)의 다섯 가지로 분류된다. 고증학의 중요한 연구결과로는 『패문운부(佩文韻府)』 440권, 『연감유함(淵鑑類函)』 450권, 『자사정화(子史精華)』 160권, 『강희자전(康熙字典)』 42권, 『고금도서집성(古今圖書集成)』 1만권이 있다.

청대 고증학의 융성은 조선 후기 실학사상, 특히 김정희(金正喜)로 대표되는 실사구시 학파에 영향을 미쳤다. 이들은 청대 고증학의 실증주의정신을 받아들여 '실사구시(實事求是)'를 명제로 천명하며 훈고를 통해 그것을 실현하고자 하였다. 유형원(柳馨遠)의 『반계수록(磻溪隨錄)』, 이익(李瀷)의 『성호사설(星湖僿說)』, 정약용(丁若鏞)의 『목민심서(牧民心書)』 『경세유표(經世遺表)』 『흠흠신서(欽欽新書)』, 안정복(安鼎福)의 『동사강목(東史綱目)』, 유득공(柳得恭)의 『발해고(渤海考)』, 김정호(金正浩)의 『마과회통(麻科會通)』, 박세당(朴世堂)의 『색경(穡經)』, 서유구(徐有)의 『임원경제십륙지(林園經濟十六志)』, 신경준(申景濬)의 『훈민정음운해(訓民正音韻解)』, 홍대용(洪大容)의 『담헌서(湛軒書)』, 이덕무(李德懋)의 『청장관전서(靑莊館全書)』, 박지원(朴趾源)의 『연암집(燕巖集)』 등 각 분야의 실학적인 저작들이 쏟아져 나왔다.

결과적으로 청대 고증학은 정밀한 귀납적 방법과 비판 정신에 의해 기록될 만한 많은 연구 성과를 남겼다. 사학, 음운학, 문자학 등 경험적 학술 분야는 고증학의 발달에 힘입어 크게 발전하였으며, 그로 인해 오늘날 고대 연구에 필요한 학문적 토대가 획기적으로 정비되었다. (오태석)

고증학, 박학, 실학, 경세치용, 실사구시, 황종희(黃宗羲), 고염무(顧炎武), 왕부지(王夫之)

참고문헌

『儒敎大事典』, 박영사, 1990.

林煥文, 『文史知識辭典』, 延邊人民出版社, 1987.

고착(固着, Fixation, 독 Fixierung)

고착은 정신 활동의 핵심 과정 중 하나로서 다른 정신 활동 과정인 리비도부착(Cathexis 혹은 investment)이라는 개념과 함께 고찰되어야한다. 이 두 개념은 신경학 전문가인 프로이트가 초기 정신분석을 창시하면서 신경학적 모델에 입각하여 그의 핵심 개념을 창조하였음을 입증해 준다. 프로이트는 초기 이론의 확립시기인 1895년에 「과학적 심리학을 위한 설계」("Project for a Scientific Psychology", SE 1(1895), 281)에서 인간의 통각에 의한 감정(affect)이 다양한 신경적 체계로 전환되는 모델을 설정하려고 시도하였다가, 그의 정신분석학적 이론이 확립되면서 이 신경학적 모델을 폐기하고, 무의식, 전의식, 의식이라는 개념에 의거하는 위상학적 모델을 구축하였다. 리비도부착이라는 개념은 초기의 신경학적 모델과 프로이트 당대의 헬름홀쯔(H. L. von Helmholz)적 물리학 이론인 에네르기론에 입각한 개념으로서, 인간의 정신적 에너지, 특히 리비도적(성적) 에너지가 특정 생각(idea)이나 신체 부위 혹은 사물 등에 부착되는 것을 말한다.

고착은 얼핏보면 이 리비도부착이라는 개념과 유사한 개념 같이 보이지만, 고착은 리비도부착이 일어난 생각(idea), 혹은 신체 부위 및 사물 등이 리비도가 부착된 다른 생각, 신체 부위 및 사물 등에 의해 희석되거나 융화되어 사라지지 않고 오랜 세월에 걸쳐 원래 고유의 형태로 끈질기게 남아있는 과정을 의미하는 개념이다. 따라서 고착은 리비도가 특정한 유형으로 고착되어서 인간의 정신적 발달 단계의 각 단계(구순기, 항문기, 남근기 등)의 특정 단계와 일치하여 특유의 고착된 형태를 고집하는 것을 말한다. 예를 들어, 프로이트는 남자 아이들이 원래 유아기 시절 자기 몸에 탐닉하는 자기애적 단계(autoerotic stage)에서 자신의 성기인 페니스에 엄청난 리비도를 부착하는 것이 일반적인데, 호모남성은 어른이 되어서도 이 성향에 고착되어서 일반 여성을 사랑하는 것이 아니라, "그의 리비도를 '페니스를 가진 여성'(woman with a penis), [즉] 여성적 외양을 가진 젊은이에게 고착시키게 된다"(SE 10, 109)고 설명한다. (신명아)

리비도, 리비도부착(cathexis), 자기애(autoeroticism), 구순기, 항문기, 남근기

참고문헌

Freud, Sigmund. The Standard Edition of the Complete Psychological Works of Sigmund Freud Vol 10(1909), London : Hogarth Press, 1955.

_____, The Standard Edition of the Complete Psychological Works of Sigmund Freud Vol 1(1895), London : Hogarth Press, 1950.

고체시(古體詩)

중국 당(唐) 이전에 널리 쓰여졌던 시의 형태로, 형식에 제약이 없는 자유로운 시의 형태로 고시(古詩) 혹은 고풍(古風)이라고도 한다. 고체시라는 말은 율시(律詩) 또는 근체시(近體詩)에 대비되면서, 육조시대(六朝時代) 이전의 고시라는 뜻으로 주로 한대(漢代)의 시를 가리켰다. 당대에 근체시가 완성된 이후에는 근체시에 대한 고대의 시, 즉 태고 때부터 수대(隋代)에 이르는 모든 시를 뜻하게 되었다. 그러나 근체시 성립 이전의 시라 하더라도 악부체(樂府體) 시는 고시에 포함시키지 않는다. 또 근체시 성립 이후의 것이라도 근체시의 형식에 따르지 않고 그 이전 시의 형식을 따라서 지은 것은 고체시라고 한다.

고체시는 위진남북조(魏晉南北朝)시대를 거치면서 현언시, 유선시, 산수시, 전원시, 궁체시 등 다양한 틀을 갖추게 되었으며 조식(曹植), 도연명(陶淵明), 사령운(謝靈運), 포조(鮑照) 등 수많은 문인들의 노력에 의해 표현역량이 극대화되었고, 압운과 평측(平仄), 대구와 구성 등 각 방면에서 고도로 세련된 형태를 갖추어 나갔다. 근체시가 나타난 당대 이후에도 이백(李白), 두보(杜甫), 소식(蘇軾), 황정견(黃庭堅) 등의 문호들에 의해 계속 창작되었으며, 청말에 이르기까지 근체시에 못지않은 높은 문학적 성취를 이루었다.

고체시의 시율은 근체시에 비해 매우 자유롭다. 시의 길이와 압운(押韻)이 자유롭고, 각 장의 구수(句數)도 일정하지 않으며 구성상의 규칙도 없다. 4언, 5언, 6언, 7언 등의 형식이 있으며, 오언과 칠언을 섞은 잡언(雜言)도 있다. 이중에서도 역시 오언과 칠언이 대종을 이루는데, 오언고시는 서한으로부터 기원한다. 소무(蘇武)와 이릉(李陵), 또는 매승(梅乘)이 최초로 창작했다는 설이 있다. 작법은 평측에 구애되지 않고, 장단과 운에 제한이 없다. 칠언고시는 한 무제(武帝)의 「백량대연구(柏梁殿聯句)」가 기원이라고 한다. 초가(楚歌)와 『이소(離騷)』에서 기원되었다는 설도 있다. 작법은 오언고시와 같다.

고시에서는 근체시와 달리 운이 제한을 받지 않고 자유롭게 압운할 수 있다. 운을 마음대로 바꾸어서 달수가 있는데 이를 환운(換韻)이라 한다. 고시에서 평성운(平聲韻)은 다음과 같이 11그룹 내에서는 서로 통압(通押)된다.

1. 東冬江, 2. 皮微齊佳灰, 3. 魚虞, 4. 眞文, 5. 元寒刪先, 6. 蕭豪, 7. 歌麻, 8. 陽, 9. 庚靑蒸, 10. 尤, 11. 侵覃鹽咸.

또한 상성(上聲)과 거성(去聲)에서는 평성운의 통운을 보고 유추할 수 있다. 평성의 東운은 상성에서는 董이고, 거성에선 送운이나, 각각 스스로 계통을 이루고 있어 서로 섞이지 않는다.

고시의 평측(平仄)은 다음과 같다. ① 고시에서는 평측을 不論한다. ② 홀수구(出句)에 평측을 입률(入律)하면, 짝수구(對句)는 입률을 피한다. ③ 삼평조(三平調)를 많이 쓴다. 오언, 칠언의 매구(每句)는 아래 3字가 모두 평성이면 삼평조이다. ④ 5平, 7平句를 적게 쓴다. 그러나 5仄, 7仄句는 많이 쓴다. 5평을 쓰면 성조가 평판(平板)하여 변화가 없어 낙조(落調)라 한다. ⑤ 고평(孤平)을 두려워하지 않는다. '측측측평측'으로 지으면 평성이 중간에 끼여서 고평(孤平)을 범하지만, 무방하다. ⑥ 용운(用韻)에서는 통압이 허용되고 환운이 된다. 환운할 경우는 내용의 변화가 있고 단락이 달라지는 것이 원칙이다. (오태석)

고체시, 고시, 古風, 오언고시, 칠언고시

참고문헌

金相洪, 『漢詩의 理論』, 高麗大學校 出版社, 1997.
劉若愚, 『中國詩學』, 李章佑 譯, 明文堂, 1977.

고칸(合卷)

구사조시(草双紙)의 마지막 형태로, 그 이전의 기뵤시(黄表紙)가 5장이 한 권씩으로 따로 철해져있던 것을 5권을 하나의 묶음으로 하여 전·후편으로 출판되었기 때문에 고칸(合卷)이라는 이름이 생겼다. 이러한 최초의 형태는 1806년 시키테이 산바(式亭三馬)가 발표한 『이카즈치 타로 극악 이야기』(雷太郎強悪物語)로부터 시작되었다. 간세이 개혁(寛政改革)에 의한 필화사건으로 기뵤시가 요미혼화되어 복수라는 제재를 취하게 되자, 이에 따라 내용이 장편이 될 수밖에 없었다. 이는 구사조시라는 장르의 자연스런 추이로서, 책의 형식의 면에 있어서도 이전의 기뵤시와는 달리 요미혼화가 이루어져갔다.

고칸은 19세기 약60년 동안에 약4000종이나 간행되어, 그 양에 있어서는 근세 최대의 장르라 할 수 있다. 대표적인 작가로는 산토 교덴, 시키테이 산바 외에 류테이 다네히코(柳亭種彦) 등이 있는데, 특히 다네히코의 『니세무라사키 이나카 겐지』(偐紫田舎源氏 : 통칭 이나카 겐지)는 유명한 『겐지 이야기』(源氏物語)의 구상을 빌려, 여기에 복수담의 취향과 추리괴기적인 변화를 첨가하여 인기를 끌었다. 그렇지만 1841년 「덴포 개혁」(天保改革)이 시작되면서 다네히코는 당국에 소환되어 심문을 받고 1개월 후 사망해버린다. 이에 따라 14년동안 간행되어왔던 고칸의 대표작 『이나카 겐지』도 완성되지 않은 채로 중단되어 버린다.

고칸이 지향한 장편화와 뛰어난 삽화, 그리고 괴기환상의 세계는 메이지(明治)기에 들어서도 독자를 매료시켰다. 오늘날 고칸은 근세후기에서 근대전기까지의 조닌(町人, 근세도시서민)문화를 말해주는 자료로서 점차 그 가치를 인정받아가고 있는 중이다. (최관)

기뵤시, 시키테이 산바, 류테이 다네히코, 이나카겐지, 덴포 개혁, 복수담

참고문헌
水野稔, 『江戸小説論叢』, 中央公論社, 1971.

고토다마신코(言靈信仰)

언령신앙(言靈信仰)은 동북아에 공통적으로 나타나는 오랜 전통으로 말에는 영혼이 깃들어 있어 불가사의한 힘이 있다는 믿음이다. 즉 말에 혼(魂)과 영(靈), 즉, 보이지 않는 '힘'이 깃들어 있어 그 말대로 길흉화복(吉凶禍福)이 좌우되고 평생의 운명(運命)까지도 영향을 받는다는 믿음이었다.

고대 일본 역시 마찬가지로 언어에는 신비한 영적인 힘이 깃들어 있고, 그 힘은 현실세계에 큰 영향력을 갖는다고 여겼다. 그러한 힘을 믿고, 그 힘으로 현실을 바꾸려 하는 것을 '고토다마신코(言靈信仰)라 한다. 고대의 일본인들은 좋은 말이나 아름다운 말을 하면 행복이 오고, 반면 나쁜 말을 하면 재앙이 온다고 믿었던 것이다.

한편, 고대 일본인들은 사람의 이름에도 '언령'이 머물고 있다고 믿었다. 특히 사람의 이름은 그 사람 자신의 혼이라 여겨, 남성이 여성의 이름을 부른다는 것은 구혼을 의미한다. 따라서 여성이 남성에게 자신의 이름을 가르쳐 준다는 것은 구혼을 승낙했다는 것을 의미하게 되는 것이다. 또 염불(念佛)을 외면서 징이나 북에 맞춰서 추는 '염불 오도리'의 경우 '남무아미카불'의 명호를 주문으로 외어 말로써 악령을 물리치는 언령신앙이 깃들어있다. 이처럼 고대 일본에서는 언령신앙이 일상 생활의 구석구석까지 스며들어 있었다.

언령신앙의 영향을 받아 고대에 일본의 제사 의식에서 신을 제사 지낼 때의 언어는 아름답고 엄숙하게 미화되어 문학적 성격을 띠게 되었다. 제사를 연행하는 자는 산 위에 올라가 나라의 땅이 얼마나 기름지고 풍요로운가를 노래로 표현하고는 했는데, 이것은 말의 힘으로 현실 세계의 풍작이 이루어지도록 하려는 기원이라고 할 수 있다. 즉, 풍성한 열매를 맺고 있는 풍작의 모습을 노래로 표현하는 것으로, 그 노래, 바로 말에 담긴 힘이 현실의 풍작을 가져온다고 믿었던 것이다.

이러한 언령신앙의 전통은 '노리토'와 '센묘'라는 일본 상대의 고유한 문학 양식을 발달시킨다. '노리토(祝詞)'는 기년제(祈年祭) 등의 궁정제사에서 읊어진 신전에서 부르는 노래를 말한다. 본래는 간단한 주문(呪文)이었던 것으로 추정된다. 집단 제사를 올릴 때 선미(善美)를 다한 말들을 봉헌하고, 사람들의 번영과 행복을 기원하고 신의 위력에 감사하는 행사를 거듭하는 동안에 점차 '노리토'의 형식을 갖추게 된 것이다. 노리토의 주 내용은 신의 이름을 부르고, 제사를 지내는 이유, 제신(祭神)의 내력과 업적의 설명, 진설(陳設物)의 열거, 기원하는 일 등이다. 이러한 내용을 음률과 성조에 유의하여 반복, 대구, 열거, 마쿠라 고토바(일본 전통 시가인 '와카'에서 어떤 말 앞에 붙이는 특수한 수식어), 비유 등을 사용하여 장중미(莊重美)를 살려 읽는 과정을 통해 노리토의 형식을 완성하였다. 문헌상 현존하는 '노리토'는 『엔기시키 延喜式』에 수록된 27편과 『타이키 台記』에 수록된 1편으로 총 28편이 전해지고 있다.

한편 '센묘(宣命)'는 천황이 신하에게 내리는 조칙(詔勅)을 말한다. 천황의 즉위나 양위, 황후를 세우는 일, 연호를 바꾸는 일, 황태자를 세우거나 폐하는 일, 상을 주거나 벌을 주는 일 등 국가의 중대한 일에 관하여 작성한 문서이다. '노리토'가 신과 인간 사이에 이루어진 것이라면, '센묘'는 임금과 신하 사이에 이루어진 것이다. 그렇기 때문에 문장도 그 내용이 구체적으로 표현되었을 뿐만 아니라 감정도 분명하게 드러나 있는 특징이 있다. 현존하는 센묘는 『쇼쿠니혼키 續日本記』 62편이 수록되어 있고 그 밖의 문헌에 3편이 수록되어 있다.

한국에도 '언령신앙'의 전통이 있어, 우리 조상들은 말조심을 강조했다. 특히 설날부터 대보름까지의 기간에는 아예 남에게 듣기 좋은 덕담만 하는 풍습이 형성되기도 하였다. 또한 언령신앙은 중국이나 한국 등지에서 볼 수 있는 '휘(諱)', '피휘(避諱)'의 풍습과도 연결된다. 원래 '휘'

는 죽은 사람의 생전의 이름을 부르지 않는 것을 말하였으나, 나중에는 생전의 이름 자체가 '휘'로 와전되는 바람에 이름을 부르지 않는 행위는 따로 '피휘'라고 명명하였다. '피휘'의 풍습은 범위가 확대되어 살아있는 사람에게까지 미쳤다.

한국 문학의 경우『삼국유사』등에서 언령신앙의 흔적을 발견할 수 있다. 삼국유사 중 '혜공과 혜숙'의 일화에서 광덕이 아미타불을 향하여 극락왕생을 기원하고 달을 증인으로 삼는다. 여기에는 자신이 바라는 바를 미리 질문으로 던져버려 이루어지리라고 여기는 풍류도 계통의 언령신앙이 담겨있다고 말 할 수 있다. "말이 씨가 된다"와 같은 속담도 언령 신앙의 영향을 받은 것이다. (김선미)

센묘, 노리코, 상대문학

참고문헌
소서심일,『일본문학사』, 고려원, 1995.
영목정미,『일본의 문학개념』, 보고사, 2001.
김분숙,『일본 고전문학의 해석과 감상』, 동국대학교 출판부, 2003.

곡언법(曲言法, Litotes)

곡언법의 어원은 '명백한'이나 '솔직한', '간단한' 등을 뜻하는 그리스어 'litotes'이다. 곡언법은 의식적으로 어떤 것을 실제보다 훨씬 작거나 적게 표현하여, 말하고 싶은 내용을 부정함으로써 오히려 강하게 긍정하는 수사법을 말한다. 곡언법은 반의어의 부정을 통하여 강한 긍정을 유도한다.

곡언법은 고대 영시와 '아이슬란드 사가(saga)'에서 비롯된 특유한 문체로서, 이것은 또한 이 작품들의 특징인 금욕적 절제에서 연유한 것이다. 이 시들에서 곡언법의 효과는 보통 냉담하거나 음산한 아이러니이다. 예를들어『베어울프 Beowulf』에서 등장인물이 괴물이 살고 있는 무시무시한 연못을 묘사하고 나서 "그 곳은 유쾌한 장소가 아니다."라고 덧붙인다. 유해한 장소가 아니라고 말하지만 기분 나쁘다는 감정을 강조하는 효과를 가진다.

넓은 의미에서 곡언법은 완서법(완서법은 한 사물이 중요성이나 규모에서 실제보다 작다는 것을 보여주기 위하여 적게 말하는 수사법을 말한다. 실제 의도하는 것보다 적게 말하거나, 의도하는 바를 말하되 실제 상황에 걸맞지 않게 낮춰서 말하지만 오히려 이 수사법이 노리는 것은 과장법과 마찬가지로 의미의 강조나 호소력이다)의 한 갈래로 볼 수 있다. 실제로 완서법과 곡언법을 굳이 구별하지 않고 동의어로 사용하는 학자도 적지않다. 하지만 곡언법은 흔히 그 의도에서 긍정적이라는 점에서 완서법과는 다르다. 또한 앞의 진술을 부정한다는 점에서 곡언법은 부정법과 비슷하지만 부정법과는 달리 그 진술 다음에 다른 말을 덧붙이지 않는다. 부정 그 자체로 하나의 수사법이 되는 것이다. 곡언법의 예를 들자면 '좋다'라고 표현할 것을 '과히 나쁘지 않다'라고 말하거나, '많다'라는 말을 '적지 않다'라고 말하거나 또는 '크지 않다'라고 말할 것을 '작지 않다'라고 표현하는 것이다. 마찬가지로 '맛이 좋지는 않다'는 '맛이 없다'를 의미한다.

곡언법은 세 가지 서로 다른 요소들을 포함하는 복합적 비유가 된다. 즉 간접성으로 인한 '우언법'과 능가의 특성으로 인한 '과장법', 원래 의도했던 것과 반대되는 의미로 인한 '반어법'이 그것이다. 곡언법은 진실을 감춤과 동시에 이를 효과적으로 암시하는 데에 적합하다. 곡언법은 결점이나 잘못을 아주 사소하게 간주하는 척함으로써 절제된 표현과 심각한 현실 사이의 거리를 두기도 한다. 예를 들면 사람을 살인한 상황에서 "별일 아니야"라고 말하는 것은, 듣는 이로 하여금 현실과 언술 사이에 많은 거리감을 느끼게 한다.

의미의 가치면에서 볼 때 의미가 원래의 뜻보다 나쁘게 변한 경우도 있는데, 예를 들면 '마누라'는 원래 '상전'의 뜻이었으나 현재는 '아내'의 비칭 정도로 변하였다. 이와 반대로 좋은 뜻으로 변한 경우도 있지만 격하의 경우에 비해 드물다. 또한 종족명이던 '오랑캐'가 '야만인' '중공군'으로 변한 것과 같이 통용성이 넓어진 경우와, '진지'의 뜻이었던 '뫼'가 '제사 때 올리는 진지'로 제한된 것처럼 축소되는 경우도 있다.

스턴(Laurence sterne)은 『트리스트램 샌디 Tristram Shandy』에서 샌디에게 일어난 여러 가지 불행한 일들을 아무렇지도 않게 표현하는 곡언법을 사용하고 있다. 스턴의 소설에서는 미세하거나 사사로운 일들 및 사물, 감정의 축소 등을 통하여 모순 등을 풍자한다.

한국의 문학에서 예를 들면 이호우의 「살구꽃 핀 마을」에서 "살구꽃 핀 마을은 어디나 고향 같다 / 만나는 사람마다 등이라도 치고지고 / 뉘 집을 들어서면은 반겨 아니 맞으리 / 바람 없는 밤을 꽃그늘에 달이 오면 / 술 익는 초당(草堂)마다 정이 더욱 익으리니 / 나그네 저무는 날에도 마음 아니 바빠라"의 '아니 바빠라'는 '느긋하다'나 '여유가 있다'의 뜻을 나타내는 곡언법이다. (김선미)

사가, 완서법, 과장, 부정법, 수사법

참고문헌
김욱동, 『수사학이란 무엇인가』, 민음사, 2002.
김학동, 『현대시론』, 새문사, 1997.
채규판, 『창작기술론』, 일우출판사, 1985.
김 현, 『문학과 지성사』, 1985.
황송문, 『문장강화』, 세훈, 1996.
하인리히 F. 플렛(Plett, Heinrich F), 『수사학과 텍스트 분석』, 동인, 2002.

골계(滑稽, The comic, 프 Le comique, 독 das Komische)

보통 '우스꽝스러움'으로 번역되는 골계는 웃음을 자아내는 문학의 모든 요소에 폭넓게 적용되는 개념이다. 골계는 그 하위범주로 기지, 풍자, 반어, 해학 등을 포괄한다. 조수학에 의하면, 동양에서 전통적으로 쓰였던 골계의 어의는 "말이 빠르고 미끄럽게 흘러나오고 지계가 많아서, 그른 말도 옳은 듯, 옳은 말도 그른 듯하여 능히 사람으로 하여금 다르고 같은 것을 혼란시키는 것"(『辭海』, 臺灣 中華書局印行)으로 정의되어 있다. 조동일은 '우아'와 함께 '골계'를 '있어야 할 것'보다 '있는 것'을 존중하는 미적 범주로 분류한다. 그는 골계를 풍자적 골계와 해학적 골계로 구분하면서, 양자가 모두 '있어야 할 것'으로 행세해 온 경화된 관념을 파괴하고 '있는 것', 즉 생의 현실성을 그대로 긍정하지만, '있어야 할 것'의 파괴 쪽에 관심을 집중하는 것이 풍자이고, '있는 것'의 긍정에 관심을 집중하는 것이 해학이라고 설명한다. 풍자가 다른 미적 범주와 명확하게 구별되는 골계의 특징을 잘 보여주는 데 반해, 해학은 '있는 것'을 긍정하는 데 집중하는 점에서 우아와 유사하거나, 골계와 우아의 복합처럼 보이는 경우가 많다고 한다. 즉 풍자는 '있어야 할 것'으로 행세해 온 적대적인 대상을 강렬하게 의식하면서 이루어지는 골계이다. 조동일은 우리의 전통 민요는 적대적인 대상에 대한 비판보다 창자 자신의 표현에 충실하므로, 민요에 나타난 골계는 풍자적이라기보다는 해학적이라고 주장한다.

일반적으로, 골계는 크게 객관적 골계와 주관적 골계로 나뉜다. 객관적 골계는 웃음거리가 되는 대상의 성질이나 형상에 의지하는 골계로, 대상을 우습게 하려는 작가의 계산된 배려가 크게 작용하지 않는 웃음을 의미한다. 이를테면, 자연스러운 골계라고 할 수 있다. 이에 반해 주관적 골계는 작가의 치밀한 계산에 의한 웃음의 장치에 의해 유발되는 골계이다. 객관적 골계에 비해 복잡한 미적 범주이다. 작가의 능숙한 통제 능력이 없다면 작품의 파탄을 초래할 위험이 크지만, 복잡다단한 모순 덩어리로서의 인간 존재의 실체를 효과적으로 그려낼 수 있는 장점을 갖고 있다. 주관적 골계의 대표적인 예로, 김유정의 소설 「봄봄」과 「동백꽃」을 들 수 있다. 「봄봄」에서 점순이가 자라면 성례를 시켜 준다는 약속을 받고 머슴살이를 하는 '나'와 장인의 갈등, 「동백꽃」에서 풋사랑이 매개된 '나'와 '점순'이의 갈등은 모두 작가가 의도적으로 배치한 '나'의 어리숙함과 상황 파악 능력의 미숙함에서 우러난 골계를 통해 소설적 묘미를 획득하고 있다. (김수이)

풍자, 해학, 기지, 반어

참고문헌
조동일, 「미적 범주」, 『한국사상대계 1』, 성균관대학교 대동문화연구원, 1973.
_____, 『우리 문학과의 만남』, 기린원, 1988.
조건상, 『한국현대골계소설연구』, 문학예술사, 1985.
조수학, 「골계전 연구」, 『조선 전기의 언어와 문학』, 형설출판사, 1976.

곳케이본(滑稽本)

에도시대 후기소설의 한 장르로 막부 말기까지 쓰여진 웃음 문학의 총칭이다. 1802년부터 간행된 짓벤샤 잇쿠(十返舍一九)의 『도카이도 도보여행』(東海道中膝栗毛)을 경계로 하여 전기와 후기로 나누고 있는데, 전기 곳케이본을 단기본(談義本)이라고도 한다. 원래 단기본이란 승려가 불교의 난해한 교의를 민중에게 재미있게 들려주는 설법담의(說法談義)에서 출발하여, 점차 서민을 교화하기 위한 통속적인 교훈과 골계미가 섞인 문학적인 읽을거리로 발전하였다. 때로는 정치를 풍자하거나, 종래의 교훈성보다는 기발한 발상을 전면에 내세우는 지적·계몽적인 성격의 작품도 나타났다.

흔히 곳케이본이라 하는 후기 곳케이본은 주로 주인공이 골계와 실패를 거듭하면서 웃음을 자아내는 내용으로 되어있다. 샤레본에서 배운 속어에 의한 회화본위의 사실적인 문체를 구사하는 한편, 당시의 유행을 활용하여 에도 서민의 여러 방면의 실상을 재미있고 우습게 표현하여 폭넓은 대중의 지지를 얻었다.

당시 에도에서 오사카까지의 도카이도(東海道)를 두 주인공이 여행하면서 저지르는 실패담과 우행을 회화체로 그린 여행담인 잇쿠의『도카이도 도보여행』은 호평을 받아 20년간에 걸쳐 속편이 거듭 간행되었다. 그리고 이러한 형식은 메이지시대의 가나가키 로분(仮名垣魯文)의『서양 도보여행』(西洋道中膝栗毛)으로 계승되었다. 한편 곳케이본의 또 다른 대표작가인 시키테이 산바(式亭三馬)는 서민의 사교장이었던 공중목욕탕을 무대로 서민 생활을 묘사한『우키요부로』(浮世風呂), 무대를 이발소로 옮겨 그린『우키요도코』(浮世床)를 간행하여 큰 인기를 얻었다.

그러나 점차 저속 추악한 웃음을 그리는 것으로 타락하여 메이지시대에 들어서서는 그 존재 가치를 잃어버리게 되었다.

근자에 작가 이노우에 히사시(井上ひさし)는 골계본과 기뵤시에 현저히 드러나있는 언어적 유희를 교묘하게 살린 소설을 창작하여, 웃음의 문학에 대한 현대적 이해를 보여주기도 하였다. (최관)

단기본, 교훈, 골계, 짓벤샤 잇쿠, 웃음, 도카이도 도보여행, 우키요후로, 우키요도코

참고문헌
『洒落本・滑稽本・人情本』解説,『日本古典文学全集』, 小学館, 1971.
『洒落本・黄表紙・滑稽本』解説,『鑑賞日本古典文学』, 角川書店, 1978.

공(空, Ab-grund)

공의 어원은 공(空), 영(零), 무(無) 등을 뜻하는 범어 '수냐(sunya)'의 한역(韓譯)으로 비어있음 (Void or emptiness)을 뜻하는 말로 일체의 더러움과 그릇됨이 없는 상태를 의미하는 말이다.

공의 의미는 크게 세 가지 차원에서 생각해 볼 수 있다. 먼저 인도 수학에서 '수냐'는 '0−zero'를 의미하는 말로 없는 것, 비어있는 것, 결핍되어 있는 것을 가리킨다. 두 번째로 불교, 특히 대승불교(大乘佛敎)에서 반야사상(般若思想)의 중심사상이 된 말로, 모든 존재는 인연에 의하여 생겨난 것이므로, 고정된 실체는 없으며, 연기(緣起)에 의하여 존재하는 연기적 존재에 불과하다는 것을 뜻한다. 이는 단순히 소극적인 허무가 아니라 오히려 절대적인 존재방식을 적극적으로 시사하는 것이기도 하다. 법계 연기설에서는 현상계의 모든 사물은 인연에 의하여 생멸하는데 인연의 상호작용은 육의로서 이루어진다고 한다. 그런데 육의의 근본 작용인 인은 그 자체가 유, 또는 공의 모순 개념을 내포한다는 점에서 역설적 의미를 지니고 있다. 세 번째로 부정사(不定詞)로서 '없다'라는 의미로 사용될 때 이것은 존재 자체의 부정을 나타내는 것이 아니고, 존재하는 것은 자체(自體), 실체(實體), 아체(俄體), 본체(本體)라고 할만한 것이 없음을 나타낸다. 즉 아(俄)나 세계를 구성하는 것의 영구적 항존성을 인정하는 견해를 부정한다. 말하자면 고정적 실체의 부정이다.

이 중에서 가장 많이 사용되는 의미는 불교 철학 용어로서의 '공'이다. 이는 아무것도 존재하지 않는 것, 온갖 경험적인 사물이나 사건이 공허하여 덧없음을 뜻한다. 또한 존재론적으로나 가치론적 의미에서는 모든 술어나 속성을 부정하는 것이다. 초기 경전인『소공경 小空經』에서 '공'에 대하여 "어떠한 것이 거기에 존재하지 않을 때, 어떠한 것이라는 그것은 공인 것이라고 본다. 그러나 한편으로 거기에 무언가 남겨진 것이 존재할 때, 그것은 바로 실재한다고 안다"라고 언급하고 있다. 이는 곧 결여, 존재하지 않음이 '공'인 동시에 그 '공'에서 궁극적인 실재가 발견된다는 의미이다.

이러한 공 사상은 원시불교에서부터 있었으나, 서력 기원 전후에 일어난 대승불교에서는 근본적인 핵심 개념으로 자리잡게 되었다. 대승의 교조라 불리우는 용수(龍樹, Nagarjuna)는 불교의 진리를 소위 이체설(二諦說)로 설명한바 있다. 이체라고 하는 것은 속체와 제일의체를 가리키는 말이다. 속체(俗諦)는 현상계에 입각하여 제법을 관찰할 때 우주 만물은 하나도 부정할 것 없이 실상 그대로 존재한다는 인식이요, 제일의체(第一義諦)는 본체계에 입각하여 볼 때 모든 만유는 무자성한 것으로 결국 '공'하지 않은 것은 하나도 없다는 인식이다. 이같이 보면 속체는 '유(有)'이며 '제일의체'는 공(空)이라고 할 수 있다.

공은 크게 인공(人空)과 법공(法空)으로 나누어진다. 인공은 생공(生空) 또는 아공(我空)이라고도 하는데, 인간에게는 실체(實體)로서의 자아(自我)는 없다고 생각하는 입장이다. 법공은 이 세상에 존재하는 것은 모두 인연에 의해서 생겨난 것이므로 실체로서의 자체(自體)가 없다는 입장이다. 이런 의미에서 제법무아(諸法無我)라고 한다.

한국문학에서는 만해 한용운의 시에 '공사상'이 잘 드러나 있다. 만해시에 드러나는 공사상은 현상을 설명하는데 있어서 인(因)과 연(緣)의 유기적 연결에 의하여 세계가 형성된다는 '연기론(緣起論)'과 극대화된 연기론적 상상력에 부정과 역설이 비논리를 적용함으로써 공성(空性)을 부여하는 '실상론(實相論)', 그리고 육안(肉眼)이 감지하는 가시적 세계에 대한 부정과 의심을 통해 사물의 실상을 바르게 인식하는 지혜의 '반영론(反映論)' 등으로 정리할 수 있다. 예를 들어「님의 침묵」에서 "우리는 만날 때에 떠날 것을 염려하는 것과 같이 떠날 때에 다시 만날 것을 믿습니다. / 님은 갔지마는 나는 님을 보내지 아니하였습니다"와 같은 구절은 '공즉시색(空卽是色)', '색즉시공(色卽是空)'이라는 공사상이 잘 구현된 시귀이다. (김선미)

불교문학, 대승불교, 연기론, 한용운

참고문헌
김동한, 『불교학 개론』, 문조사, 1974.
오세영, 『문학과 그 이해』, 국학 자료원, 2003.
구자성, 『한국 현대시에 나타난 불교 사상』, 연세대학교 교육학과 석사학위논문. 1984.
임성조, 『만해 시에 나타난 공의식의 양상』, 연세대학교 석사학위논문, 1985.

공/사(公私, The official 또는 The public/The private, 독 das OIffizielle das Öffentliche/das Private)

전통적 유교문화권에서 '공'(公)의 이상적 의미는 왕조국가의 지배체제에서 피지배층인 백성(民)의 문제와 최고지배자인 국왕(王)의 관심을 조화롭게 매개하는 가운데 자기 한 몸이나 가문의 이해, 즉 '사적인 것'은 부차적으로 취급할 정도로 타인에 대한 충성과 정성이 지극한 관료의 행위원칙과 관련된다. 이 때 공적인 것의 의미에는 공식적 지배질서에 충성하는 것을 원칙으로 관직을 수행한다는(영어로는 the official에 가까운) 관료주의적 의미와 그렇게 운영되는 질서가 국가구성원 모두에게 공정하고도 유익할 것이라는(영어로는 the public에 가까운) 보편주의적 공익추구의 의미가 동시에 들어가 있었다.

서구 역사에서도 이런 의미 혼재는 거의 마찬가지 상태이지만, 현대 사회에서 국가의 공식적 통치조직과는 구별되는 자율적 시민사회가 정치체제의 핵심적 동력으로 등장하면서 '공'적인 것의 의미는(용어상으로 the official이 아니라 주로 the public과 연관되어) 현대 이전과는 질적으로 판이한 특성을 지니게 되었다. 즉 공공성(公共性 the publicness)은 '자발적으로' 불특정 대중에게 자신의 의견을 '공개'하고, 그에 대해 '비판'과 '토론'을 거치면서 사회적으로 '보편적인 합의'를 구해가는 의사형성의 절차와 그것이 이루어지는 여러 공개 조직의 성격을 가리키게 되었다. 따라서 공적인 것은 비판적 공개성과 이성적 논증에 스스로를 노출하는 개방된 태도와 연관되며, 사적인 것은 이런 의사형성 절차가 필요 없이 순전히 자기 취향에 따라 배타적으로 이익과 정서를 추구하는 친밀성의 태도와 연관된다.

중요한 것은 공적인 것이 사회생활에서 결정적인 비중을 차지하는 것과 정비례하여 사적인 것의 보호와 방어가 개인생활에서 확고한 의미를 가지게 되어간다는 것이다. 공적인 것을 사유화하거나 사적인 것을 공적으로 무차별 침해하는 것에 대한 문제제기가 후기 현대에 들어 점차 중요한 사회적 쟁점으로 부각된다. (홍윤기)

시민사회, 공공영역, 공공성

참고문헌
임마누엘 칸트, 「계몽이란 무엇인가에 대한 답변」
한나 아렌트, 이진우·태정호 역, 『인간의 조건』, 한길사, 1996.
위르겐 하버마스, 한승완 역, 『공론장의 구조변동』, 나남출판, 2001.

공간(Space)

시간과 마찬가지로 공간 역시 오랜 철학적 논의의 역사를 지니고 있는 철학적 주제다. 그러나 그것은 또한 인간이 세계를 인식하는 한 방편이자 경험을 구조화하는 인성구조의 한 측면이라는 점에서 중요한 문학 용어이다. 그 중요성은 소설에서 특히 더한데, 이른바 실제적 공간이 철학적 연구의 테마라면 소설적 연구의 테마는 해석적 공간이라 부를 수 있다. 문학적으로는 물론 철학적으로 공간은 종종 장소(place)와 혼동되는데, 이 푸 투안(Yi-Fu Tuan)의 정의를 따르자면 장소는 일종의 대상을 의미하며, 공간은 그러한 대상들이 이루어내는 기하학적 특성을 지닌 복합적인 좌표체계를 가리키는 추상적인 용어라고 할 수 있다.

시간예술로 분류되어 온 소설에서 공간의 문제가 제기되기 시작한 것은 조셉 프랑크에 의해서인데, 그는 공간과 시간이라는 양 극 사이에서의 동요라는 견지에서 문학에서의 "공간 형식"이라는 개념을 제시하였다. 공간 형식이란 소설가들이 소설에 내재되어 있는 연대기적 연쇄를 전복시키는 기법으로 해석될 수 있는데, 이런 정의에 따르면 공간은 오로지 시간의 부정을 통해서만 긍정적인 특징을 갖게 된다. 소설론에서 공간의 중요성은 특히 그 공간적 은유의 사용에서 분명하게 확인할 수 있다. 시점이라든가 서사적 간극, 병행성, 배경, 전경, 틀 등의 용어 등이 그것인데, 서사이론은 추상적인 구조를 보다 개념적으로 구체적으로 이해하기 위해서 이러한 공간적 은유를 사용한다.

소설에서의 공간성은 소설 및 소설론에서 공간이 어떻게 형태적 구성으로서 사용되며 텍스트 독서에 있어서 비평적 방법으로서의 공간성의 본질은 무엇인가라는 문제를 제기한 케스트너와, 이른바 시공간성(chronotope)이라는 용어로서 소설사의 전개를 바라볼 것을 주장한 바흐친에 의해 보다 진전되었다. 소설에서의 공간의 제시는 장소를 지칭하는 방식과 결부되어 있는데, 논자에 따라 이런 장소는 실제적 장소, 허구적 장소, 변형된 장소로 구분되기도 하며(Lennard Davis), 상식적인 장소, 특정 장소, 그리고 가상의 장소(Earl Miner)등으로 구분되기도 한다. 소설에서의 공간 논의는 전자책의 등장으로 인해 물리적인 책의 공간(space of the book)에 대한 논의와 가상 공간(virtual space)에 대한 논의로 이어지면서 갱신되고 있다. (김경수)

공간, 시간, 시공간(chronotope), 케스트너, 바흐친

참고문헌
김병욱, 『현대소설의 시간과 공간 연구』, 서강대 대학원 박사학위논문, 1988.
Joseph Kestner, The Spatiality of the Novel, Wayne State U. P., 1978.
이득재, 『문학 다시 읽기』, 대구 가톨릭대학교 출판부, 1995.

공감각(共感覺, Synesthesia, 프 Synesthésie, 독 Synästhesie)

공감각은 동시감각의 속성을 지니며, 어떤 감각에 자극이 주어졌을 때, 다른 영역의 감각을 불러일으키는 감각 간의 전이 현상을 말한다. 즉 한 감각이 다른 감각을 유발하는 것이다. '감각

전이(感覺轉移, sense transference)', '감각유추(感覺類推)'라고도 한다. 본래 시각, 청각, 미각, 후각, 촉각 등 감각인상(感覺印象)의 종류와 그 원인이 되는 물리적 자극은 원래 1대 1로 대응한다. 하지만 때로는 감각 영역의 경계를 넘어선 감각 현상이 발생하는데 이를 공감각이라 한다.

공감각의 예를 들자면 가장 많이 일어나는 현상으로 소리에 따라서 색채까지 감지되는 색청(色聽)이 있다. 이때 소리의 음정이 변화하면 들리는 느껴지는 색감도 변한다고 한다. 저음은 어두운 색, 고음은 밝은 색을 환기시키는 식으로 음색과 색상 관계에 상관성이 있다고 한다. 환시(幻視)로 불리는 색상 지각 현상도 이와 비슷하게 맛, 촉감, 고통, 냄새, 온도 등의 감각을 수반할 수 있다. 한편 '버보크로미아(verbochromia)'는 특정 단어가 색상 지각을 일으키는 현상이다. 이러한 현상은 하나의 심리학적인 특성으로서 적록 색맹(赤綠色盲)과 마찬가지로 비교적 미분화되었던 감각기관의 잔존으로 볼 수 있다. 이러한 다른 감각간의 상호영향을 '통양상적 현상(通樣相的 現象 : intermodale Erscheinung)'이라고 한다.

문학에서 공감각은 한 가지 감각의 묘사로써 다른 종류의 감각을 묘사하는 것, 즉 음성 언어를 사용하여 색채를 표현하고, 색채 언어를 사용하여 냄새를 표현하는 것 등을 가르킨다. 공감각은 하나의 문학적 기법, 은유적인 전환의 한 형식, 인생에 대한 형이상학적인 미학 태도의 양식화된 표현이다. 감각의 전이와 결합을 통해 시의 의미구조는 더욱 다양해질 수 있다.

스턴(Gustaf Stern)에 의하면 "공감각은 특히 형용사에 많이 나타나고 있으나 명사의 의미변화에 영향을 주는 실증적인 예는 없다"라고 설명한다. 한편 공감각은 은유의 한 갈래로 설명되기도 한다. 필립 윌라이트(Wheel wright, Philip Ellis)는 『은유와 실재 Metaphor and Reaality』에서 외유를 설명하면서 공감각은 강력한 외유성(外諭性)을 도입하는데 "그것은 한 가지의 감각적 인상과 또 다른 감각 기관이 제공하는 감각적 인상을 비교할 때, 독자는 동시에 두 가지 통로를 따라 관조하기 때문이다"라고 설명한다. 타일러(Taylor)는 'loud color'를 예로 들면서 소리와 시각의 두 영역에서 환유가 일어남으로 인해 두 영역 사이에 유사성이 생기게 되어 은유의 환유적 동기를 제공한다고 한다. 또한 기브스(Gibbs)는 공감각에 대해 "개인이 자신의 신체를 통해서 재구축될 수 있는 미리 꾸려져 있는 은유적 연상"이라고 하고 있다. 그는 공감각적 관계에 있는 사건들이 이러한 성질 때문에 하나의 감각이 다른 감각을 불러일으키는 은유적 확대가 가능한 것이라고 생각한다.

공감각적 이미지는 문학에서 호메로스(Homeros)이래 지속적으로 사용되었다. 그 중에서도 특히 공감각이 두드러지게 나타나는 것은 19세기의 프랑스 상징주의자들(Symbolistes)의 시이다. 상징주의 시인들은 감각의 통일에서 사물을 더 깊게 느낄 수 있다고 믿고 감각을 혼합한 공감각을 사용하였다.

공감각을 사용한 작가는 '보들레르(Boudelaire, charles)(「조응 correspondances」', '아르튀르 랭보(A. Rimbaud)'(「A는 흑색, E는 백색, I는 적색, U는 초록색, O는 푸른색 A noir, E blanc, I rouge, U vert, O bleu」, '에드가 앨런 포(E. A. Poe)', '하트 크레인 (H. Crane)' 등을 들 수 있다. 이들은 감각적 영역들을 공감각을 사용하여 탈경계화 시키고 하나의 의미 이상을 동시에 요구하는 순수 예술적인 목적에 기여하였다.

한국 문학에 드러나는 공감각적 표현의 예로는 "푸른 웃음, 푸른 설움이 어우러진 사이로"(이상화, 「빼앗긴 들에도 봄은 오는가」), "분수처럼 흩어지는 푸른 종소리(김광균, 「외인촌」)", "흔들리는 종소리의 동그라미 속에서"(정한모, 「가을에」), "금으로 타는 태양의 즐거운 울림"(박남수, 「아침 이미지」) 등을 들 수 있다. (김선미)

감각 전이, 공감각적 은유

참고문헌
최창렬, 「공감각적 의미의 전이」, 『한국 언어문학』, 제 11집, 1973.
윤홍노, 「공감각적 은유의 구조성」, 『국어국문학』, 49~50호. 1970.
백분복, 『시의 이론과 비평』, 태학사, 1997.
르네 웰렉, 『문학의 이론』, 을지문화사, 1982.
김종도, 『은유의 세계』, 한국 문화사, 2004.
김동명, 『20세기 영미시에 나타난 공감각적 의미전이의 분석』, 충남대 석사학위 논문, 1987.
필립 윌라이트, 『은유와 실재』, 문학과 지성사, 1982.
구스타프 스턴(Gustaf stern), 『Meaning and change of Meaning』, Green wood press, 1975.
다우니 주네(June E. Downey), 『Creative Imagination』

공공영역(公共領域 또는 公衆領域, Public sphere, 독 Öffentlichkeit)

공공영역은 사적 이익의 추구를 행위의 기본 동기로 삼는 개인들이 모인 부르주아 시민사회에서 개인에 국한된 행위가 부딪치는 중요한 문제를 극복하기 위해 다른 개인과의 결사(結社)를 추구하면서 나타난 현대 사회 특유의 생활구조이다. 무엇보다 개인은 자신의 경제적 이익을 추구하기 위해 타인의 노동력과 소비 욕구를 조달해야 하며, 그 이익을 극대화하기 위해 자본 협력을 필요로 하고, 나아가 국가정치에서 자기 이익관심에 친화적인 정책이나 정치질서를 만들기 위해 다른 개인을 설득하기에 가장 합당한 의견을 만들어 세력을 결집해야 한다. 따라서 자기 이익의 극대화를 위해, 아주 역설적으로, 시민사회 안에 자기 이익을 넘어 다른 개인의 이익관심까지도 고려하는 행위방식이나 의견을 창출하는 "보편적 의사소통 공동체"의 상태를 지속적으로 발전시킬 필요성에 직면하는데, 이 상태가 공식적으로나 비공식적으로 제도나 조직으로 구체화된 것들의 모임이 통상 공공영역을 이룬다.

공공영역은 시민사회가 국가로부터 자율성을 누리면서 개별 의견들이 특정 형세의 공적 의견, 즉 여론으로 발전하는 현장이다. 현대에 와서 국가 차원의 민주주의가 제대로 작동하기 위해서는 공적 영역을 통해 시민 모두가 자기 의견을 결집시킴으로써 그 사회에서 상당 정도의 보편성을 누리면서도 질적으로 우수한 정치적 의지가 국가 운영에 필수적으로 공급되어야 한다. 이런 기능을 하는 공공 영역이 제대로 작동하여 고급의 의견이 창출되기 위해서 절대적으로 보장되어야 하는 각종 자유권들이 현대 국가 헌법에서 기본권 조항을 이루는데, 정보의 자유, 언론의 자유, 집회와 결사의 자유, 학문연구의 자유, 교육의 권리, 사상과 양심의 자유 등이 거기에 속한다.

공공영역의 이런 중요성에 주목하여 개인의 의견을 표출하거나 거기에 영향을 미치는 일이 시장에서 상품화되기도 하는 데, 특히 각종 대중매체를 장악한 언론사업체들이 공공영역을 독점할 경우 사적 이익을 극대화하는 것을 주안점으로 하는 자본의 이익에 따라 대규모의 심각한 여론 조작이 우려되기도 한다. (홍윤기)

공 / 사, 시민사회, 공론장

참고문헌
강준만, 『권력변환. 한국 언론 117년사』, 인물과사상사, 2000.
이냐시오 라모네, 원윤수 · 박성창 역, 『커뮤니케이션의 횡포』, 민음사, 2000.
위르겐 하버마스, 한승완 역, 『공론장의 구조변동』, 나남출판, 2001.

공동창작

창작의 과정에서 여러 사람이 집단적으로 참여하는 창작을 이름. 역할을 나누어 맡거나 대표(서술)자를 두어 의견을 제출하고 첨삭에 참여하는 등의 여러 방법이 있을 수 있다. 공동창작은 전문가가 아닌 군중을 주체로 하는 이른바 군중창작을 지향하는 것이며 그 산물은 집체작이라 불린다. 즉 공동창작은 누구나 생활과 사상감정을 표현할 수 있다는 입장에서 문학예술의 창작을 전문적 영역 안에 한정하지 않는 것이다. 공동창작은 특별한 전문성에 앞서는 인민의 역량과 대중적 변혁의지를 수용할 수 있는 창작의 방식으로 간주되었다. 나아가 인민대중의 체험과 감수성은 새로운 문학예술 양식을 개발하고 모색할 수 있게 한다는 점 역시 공동창작이 갖는 의의였다.

인민이 문학예술의 단순한 수용자가 아니라 주체적 창조자로 나서야 한다는 점은 북한에서도 줄곧 강조되었던 바다. 문학예술이 인민의 문학예술이어야 한다면 그것의 창작 역시 몇 안 되는 작가들에게 독점된 영역일 수 없다는 것이다. 인민이 시대와 생활의 주인인 만큼 그들의 고상한 사상감정과 생동하는 생활자료들은 더욱 풍성한 문학예술의 창작을 보장할 것이었다. 북한문학예술의 진정한 전통으로 간주된 항일혁명문예는 일찍이 공동창작의 성과를 예증한 보기였다.

문학예술의 대중적 저변을 확대한다는 입장에서 북한은 해방직후부터 다양한 써클 활동 등을 제도적으로 도모했다. 인민의 정치적이고 예술적인 역량이 발전, 성장했다고 했을 때 창작사업에 그들을 동원하는 것은 사회주의 현실을 민감하게 기동적으로 반영하며 작품의 생활반영의 진실성을 강화하고 사상예술적 우수성을 높이는 중요한 조건의 하나가 된다. 공동창작(군중창작)은 인민의 집체적 지혜의 우선성을 반영할 수 있는 창작의 방법으로 간주된 것이다. 한편 인민대중이 널리 창작의 기회를 가짐으로써 신진역량의 확충 또한 가능하다고 보았다. 그러나 북한의 문학예술 생산체제 안에서 공동창작이 강조된 가장 큰 이유는 이를 통해 인민들을 교양, 개조할 수 있다는 점에 있었다. 즉 공동창작은 인민의 사상적 일체화를 기하는 수단으로서의 의의가 있었던 것이다.

시나리오나 희곡은 상대적으로 공동창작이 적합한 장르로 선호되었고 서사시와 같은 장르 또한 공동창작이 가능한 대상이었다. 여러 사람이 참여하는 공동창작은 창작에서의 속도전을 관철시키는 방법일 수 있기도 했다. (신형기)

군중창작, 사상적 일체화, 속도전

참고문헌
과학백과사전출판사편, 『문학예술사전』, 과학백과사전출판사, 1972.
『혁명의 위대한 수령 김일성 동지의 주체적 문예사상』, 사회과학출판사, 1971.

공동체(共同體, Community)

사람들이 모여 하나의 유기체적 조직을 이루고 목표나 삶을 공유하면서 공존할 때 그 조직을 일컫는다. 단순한 결속보다는 더 질적으로 강하고 깊은 관계를 형성하는 조직이다. 공동체는 상호의무감, 정서적 유대, 공동의 이해관계와 공유된 이해력을 바탕으로 한 사회적 관계망을 핵심 내용으로 하며, 개인과 공동체사이의 갈등조정이 중요한 관건이다.

사회학적으로는 자본주의 사회에 선행하는 역사적 존재 형태를 뜻하기도 한다. 전근대사회의 중요한 생산·생활의 단위로서 최소한의 생존조건을 보증한 공동조직이라고 규정할 수 있다. 때로는 방위에 필요한 일정한 지역에 거주하는 사람들의 단결을 촉진하고 때로는 취락·재판·교회 및 조세·공조징수 등의 존재 형태가 공동체의 중요한 형성요인으로서 작용하였다.

공동체를 인적 결합을 기초로 하는 것과 지연적 결합을 특질로 하는 것으로 분류하기도 하는데, 전자에는 게르만의 혈연을 유대로 하는 씨족이나 중세의 길드가 있으며, 후자로는 유럽의 중세도시나 촌락공동체를 들 수 있다. 이 밖에 공동체로서 파악되는 것에는 주로 남슬라브인의 경제단위를 형성한 가족공동체, 러시아의 농촌사회에 19세기까지 존재했던 농촌공동체, 또 모젤강 유역에 있었다고 추정되는 농업공동체, 고대 게르만에서 그 존재가 가상된 마르크공동체 및 플루크공동체·교구공동체, 재판공동체, 부역·공조·조세공동체와 같은 특수한 성격과 목적을 갖는 것도 있었다. 중국을 중심으로 한 유교문화권에서는 가족과 친족을 중심으로 민족과 국가로 확장되는 공동체의 개념을 갖고 있었다. 중국의 공동체사상은 대동(大同)사상으로 나타나기도 했다. 또 현대까지도 기독교의 라브리 공동체, 떼제 공동체, 인도의 오쇼공동체 등 많은 종교공동체가 존재하고 있다.

일반적인 공동체는 사회적, 정치적, 역사적 개념을 토대로 하는데 반해 종교적 공동체는 종교적 이상을 토대로 한다. 예를 들어 성경에 제시된 기독교의 교회공동체는 지역, 인종, 민족,

국가, 역사적 시간성을 초월하여, 동일한 신앙고백을 가진 모든 교회구성원이 그리스도의 십자가 안에서 연합되어, 그리스도의 몸을 이루는 동등한 공동체이다.

원래 공동체는 자생적으로 형성된 하나의 사회적 관계였지만 시대의 변화에 따라 새로운 공동체의 개념이 다양하게 출현하였다. 나치즘의 민족공동체(Volksgemeinschaft), 이데올로기적 통일성을 기초로 하는 인민공동체(Menschengemeinschaft), 개별적이고 자율적인 공동체로서 국가형성의 근간을 이룬 미국의 Community, 이념, 국가를 포괄하여 생활의 내용을 공유하는 유럽의 경제공동체, 지역적 인접성과 문화적 유사성을 기초로 한 동아시아 공동체 등 공동체의 지향성에 관한 논의가 정치적, 사회적, 역사적 관점에서 활발하게 진행되었다.

서구의 근대화과정에서 전통적 공동체를 해체하면서 새로운 공동체의 개념을 주창한 사람은 카알 마르크스와 존 듀이었다. 마르크스는 자본주의적 근대에 대한 비판과 혁명적 전복을 위하여, 포이에르바하의 공동체적 개념을 전수하여 공산주의적 공동체의 개념을 제시하였고 존 듀이는 자본주의 안에서 끊임없는 개혁을 지향하였다. 자유주의와 맑스주의의 논쟁이 힘을 잃은 20세기 후반 이후 1980년경부터는 자유주의와 공동체주의가 서로 논쟁하면서 새로운 방향을 모색하고 있다. (이연의)

공동체, 민족공동체, 인민공동체, 커뮤니티, 공동체주의

참고문헌
김수중 외, 『공동체란 무엇인가』, 이학사, 2002.
이용필 편, 『세계화과정에서 공동체주의 이념과 국가』, 도서출판 신유, 2002.
大塚久雄 저, 이영훈 역, 『공동체의 기초이론』, 돌베개, 1982.
R. M. Kanter 저, 金潤 역, 『공동체란 무엇인가–사회학적 시각에서』, 삼설당, 1983.

공리주의(功利主義)

공리주의란 행복의 달성을 위하여 필요한 공리(功利)를 가치의 표준이자 인생의 목적으로 간주하는 윤리설이다. 목적론적(目的論的) 윤리의 한 형태이자 쾌락주의의 한 양식이나 이기적이 아닌 보편적인 행복을 추구하고 사회적인 도덕성에 의거한 내면적 윤리를 지니고 있는 것이 특징이다. 대표적인 이론가로는 영국의 벤담(J. Bentham)과 밀(J. S. Mill)이 있고, 이들은 '최대 다수의 최대 행복(the greatest happiness of the greatest number)'이 공리설의 목표이자 사회적 쾌락의 진정한 형태라고 주장하였다. 공리주의도 그 성격과 지향하는 바에 따라 행위 공리주의, 보편 공리주의, 규칙 공리주의 등으로 나누는 것이 가능하다. 행위 공리주의란 의무가 되는 것은 곧바로 원칙에 호소하여야 한다는 입장으로 벤담이나 무어(Mooer), 오늘날의 스마트(Smart)와 플레처(Fletcher) 등이 이러한 공리설을 주장하였고, 보편 공리주의란 행위 공리주의에 대한 반론의 형태로 제시된 것으로 공리주의적 보편화를 의미한다. 밀이 주로 주장하였던 규칙 공리주의는 어떠한 규칙이 최대의 공리를 갖는가의 문제를 쟁점으로 삼고 있는 공리설이다.

17~18세기의 고전경험론(古典經驗論)이나 19세기 급진주의자에게서도 공리주의의 원리가 발견되나, 정식으로 공리주의의 원리가 논리화된 것은 19세기 영국의 벤담에 이르러서였고 이후 밀 부자가 그 계보를 잇는다. 벤담은 양적(量的) 쾌락주의자로 행복과 쾌락을 동일시하며 쾌락의 계량(計量) 가능성을 주장하였고, 쾌락과 고통의 분량적인 가늠이 가능하다고 보았다. 따라서 계량적인 수치상으로 가장 많은 쾌락을 가져오는 행위가 바로 선(善)이라고 보았으며, 최대 행복주의(greatest happiness principle)를 지향하였다. 밀은 질적(質的) 쾌락주의자로 쾌락의 질적 차이와 내면적인 동기나 양심, 자기도야(自己陶冶)의 중요성 등을 인정하였고, 쾌락과 고통의 분량적인 계산보다는 고상하고 우수한 쾌락을 더욱 중시하는 태도를 지녔다. 또한 스티븐(L. Stephen)은 생물적(生物的) 진화론에 근거를 둔 공리설인 진화론적 윤리설을 주창하였고 이밖의 공리주의 이론의 대표적인 학자로는 페일리(W. V. Paley), 흄(D. Hume), 허치슨(F. Hutcheson) 등이 있다. (강진호)

쾌락주의, 공리주의

참고문헌
김형석, 『윤리학』, 철학과 현실사, 1992.
문덕수, 『세계문예대사전』, 교육출판공사, 1994.
전영길, 『윤리학』, 민영사, 1995.
윌리엄 K. 프랑케냐, 황경식 역, 『윤리학』, 철학과 현실사, 2003.

공백(Gaps)

볼프강 이저(Wolfgang Iser)의 독자반응비평에서 나온 개념이다. 이저는 후설의 현상학을 응용하여 독자가 문학 작품을 읽어내는 행위에 주목했다. 모든 텍스트에는 독자의 자리가 전제되어 있다. 그는 텍스트가 아무리 촘촘히 짜였다고 해도 빈틈이 있기 마련이며 그런 빈틈을 채워 넣는 창조적인 행위를 부단히 하는 데에서 즐거움과 의미를 의식한다. 공백은 독자가 텍스트의 어느 단위들 사이에서든 의미가 부재하는 지점을 아는데서 발생한다. 공백은 텍스트의 쓰이지 않은 부분이다. 필연적으로 빈틈을 많이 내포하는 텍스트는 불확정적인 무력한 상태에 머물러 있다. 텍스트와 독자의 의사소통이 성공적으로 되기 위해서는 텍스트가 본질적으로 지니고 있는 빈틈을 독자가 채워나가야 한다. 여기서 독자가 개입하는 텍스트의 빈틈의 폭은 미리 결정되어있는 것은 아니다. 빈틈은 독자의 반응에 따라서 유동적인 것이며, 이것이 바로 불확정성이다. 불확정성을 독자가 확정하는 것이 곧 해석이며, 독자는 때로 저자 못지않게 자신의 원문을 완성한다.

이런 면에서 볼 때 빈틈은 독자가 만들어 내며, 독자가 능동적으로 그 빈틈을 찾아 채운다기보다는 문학 텍스트가 본질적으로 빈틈을 가짐으로써, 독자의 구성적 활동을 그 속으로 유도하고 안내한다. 따라서 독서한다는 것은 텍스트를 내재화하는 것이 아니라, 텍스트와 상호 작용하는 것을 의미한다. 하지만 결과적으로는 독자는 이를 반드시 어떤 확정적 의미의 체계로 완성해 내야 한다. 이는 다분히 어떤 완성된 도식과 이상적 상황을 전제하고 있다. 그래서 이저의 현상학적 방법은 작품이라는 객체와 능동적인 독자라는 주체 사이의 간극을 모두 만족스럽게 메울 수 없다는 평가를 받는다. 이런 이상적 독자, 주체성 등의 개념은 정신분석학과 해체론의 등장 이후에는 무의미하게 된다. (이훈)

수용미학, 불확정성, 스탠리 피쉬

참고문헌
차봉희, 『독자반응비평』, 고려원, 1993.
심상욱, 『문학작품의 이해와 연구방법』, 전주대출판부, 2003.
김혜니, 『외재적 비평문학의 이론과 실제』, 푸른사상, 2005.

공산주의(共産主義, Communism, 프 Communisme, 독 Kommunismus)

정치이론적으로는 사회구성원 전부가 공동의 부를 바탕으로 자유와 평등을 누리는 유토피아적 상태를 목적으로 삼는 실천적 사상을 가리킨다. 계급적 불평등에 의한 모순과 지배자의 착취가 첨예하게 드러나는 국가 구조 아래서는 그 문제점들을 일거에 해결하는 급진적 이상으로 공산주의를 갈망하는 소박한 태도는 고대 이래 동서양을 막론하고 거의 모든 문명에서 맹아적으로 나타났다.(중국의 대동사상, 플라톤의 국가론, 모어의 유토피아론 등)

그러나 19세기 서구 현대에서 자본주의의 사회경제적 모순과 새로운 빈곤이 급격히 드러나기 시작하자 맑스를 필두로 자본주의에 대한 대안을 찾아 과학적 분석방법으로 공산주의에 접근하기 시작하였다. 맑스는 모든 경제적 착취와 그에 따른 사회적 갈등의 근본적 원인이 생산수단에 대한 사적 소유에 있다고 판정하여, 생산수단을 사회적으로 공동소유하고, 사적 소유와 계급 지배를 위한 권력장치로서 국가기구를 영원히 철폐하며, 인간으로 하여금 전인적인 삶을 사는 데 방해가 되는 정신노동과 육체노동의 분리를 극복함으로써 궁극적으로는 "능력에 따라 생산하고, 필요에 따라 분배한다"는 원칙에 따라 생산에서 분배에 이르는 모든 과정에서 나오는 일체의 물질적 재화를 처분한다는 실천적 이념을 제시되었다. 이른바 사적 유물론에 입각했다고 하는 맑스의 공산주의 사상은 자본주의적 불평등에 문제를 느끼던 상당수 지식인과 노동자의 적극적 지지를 받아 19세기 중엽부터 유럽 노동운동과 혁명운동의 중요한 원동력이 되었다. 하지만 1917년 레닌에 의해 러시아에서 볼세비키 혁명이 성공한 후 공산주의는 스탈린 치하에서 그 이념과 달리 소련공산당의 지배이데올로기로서 당에 의한 국가권력의 독점을 정당화하는 지배이데올로기로 전락하였다. 지구경제의 생산력 토대가 급변하고, 또한 20세기 후반 소비에트 블록 안에서 공산주의가 본래 지지세력으로 의존했던 노동자 계층에서 민주적 의식이 확산되면서, 공산주의는 본래의 해방적 생동성을 잃었다. 20세기 마지막 10년대에 일어난 동유럽의 인민혁명을 통해 공산주의는 정치적 의미를 전적으로 상실하였다. (홍윤기)

노동, 소외, 물화, 시민사회

참고문헌
마르크스/엥겔스, 남상일 역, 『공산당 선언』, 백산서당, 1989.
F. 엥겔스, 한철 역, 『반뒤링론』, 이성과현실, 1989.
_____, 「유토피아에서 과학으로의 사회주의의 진화」
크리스 하먼, 『알기쉬운 마르크스주의』, 배규식 역, 북막스, 2001.

공상 ☞ 판타지

공상과학소설(空想科學小說, SF ː science fiction)

과학적 지식과 공상적 모험담을 결합시킨 허구적 서사양식. 과학소설, 혹은 줄여서 SF로 부르기도 한다. 우주 탐험·투명인간·시간 여행·로봇 등의 소재가 자주 등장하며, 과학기술이 인류의 운명에 미치는 영향을 바라보는 시각에 따라 유토피아적 전망과 디스토피아적 전망에 이르기까지 다양한 인식과 비젼을 보여준다.

이 장르의 문학적 선조로는 흔히 조나단 스위프트(J. Swift)의 『걸리버 여행기 Gulliver's Travels』와 매리 셸리(M. Schelley)의 『프랑켄슈타인 Frankenstein』이 거론된다. 전자는 실제로 존재하지 않는 가상의 시공간을 배경으로 현실세계를 비판적으로 조망하며, 후자는 사실적 묘사를 바탕으로 산업혁명 이후 급속히 발달한 과학기술의 공과를 되돌아본다. 그러나 공상과학소설이 하나의 독자적인 문학장르로 뚜렷하게 정립된 것은 19세기 중반 이후의 일이다. 이 시기에 쥘 베른(J. Verne)은 『해저 2만리 Vingt Mille Lieues sous les mers』 등의 작품을 통해 과학기술의 진보에 대한 낙관적 기대를 표현한 반면, H. G. 웰즈(Wells)의 『타임머신 Time Machine』에는 미래사회의 인간성 위기를 경고하는 문명비판적 통찰이 담겨있다.

20세기에 접어들면서 오락적 요소가 점차 강화되고, 만화·영화·텔레비전 같은 인접 매체의 영향력이 가세하면서, 공상과학소설은 가장 인기있는 대중적 문학장르의 하나가 되었다. 한편, 올더스 헉슬리(Aldous Huxley)의 『멋진 신세계 Brave New World』나 조지 오웰(George Orwell)의 『1984년 Nineteen Eighty-Four』처럼 본격소설의 뛰어난 작가들이 가세하여 이 장르의 문학적 품격을 높여준 경우도 적지 않다.

한국에서는 공상과학소설의 창작이 대체로 부진한 가운데, 복거일이 『비명을 찾아서』, 『역사 속의 나그네』, 『파란 달 아래』 등을 통해 독보적인 위치를 차지하고 있으며, 1990년대 이후에는 컴퓨터 통신망을 통한 동호인의 확산 등으로 점차 그 영향력을 넓혀가고 있다. (진정석)

과학소설, SF, 환상소설, 유토피아, 디스토피아

참고문헌
로버트 스콜즈·에릭 S. 라프킨 공저, 김정수·박오복 공역, 『SF의 이해』, 평민사, 1993.
Puschmann-Nalentz, Science fiction und ihre Grenzbereiche, Meitingen, 1986.

공시/표시, 내포/외연(內包/外延, Connotation/Denotation)

문학언어의 입체성 내지는 복합성 때문에 철학에서부터 빌려온 용어로, 외연적 의미란 사전에 정의된 대로의 말의 일반적인 의미를 지칭하며, 내포적 의미란 그 사전적인 의미와는 달리 어떤 말에 덧붙여진 감정적 연상들을 말한다. 예를 들어 스컹크라는 단어는 사전적인 의미로는 한 마리의 포유동물을 의미하지만, 일상생활에서 사용될 때에는 그 동물의 냄새와 관련된 연상 때문에 사기성이 농후하고 야비한 인간을 의미하기도 한다.

외연적 의미는 일반적으로 객관적 설명이나 논술에 쓰이고, 내포적 의미는 독자의 지적 이해 이외에 감각적 내지 정서적 반응을 불러일으키는 글, 즉 문학, 웅변, 광고 등에 쓰인다. 말의 내포적 의미가 파생되는 것은 쓰는 이의 개인적인 체험에 의해 정서적, 감정적 또는 무의식적 함축이 거기에 덧붙여지기 때문인데, 문학에서 흔히 쓰이는 알레고리, 비유, 상징 등은 모두 말의 이러한 내포적 사용의 결과로 볼 수 있다. 내포적이거나 주관적인 말을 과도하게 사용하게 되면 소설 작품이 한 편의 시에 근접하게 된다. 이런 식으로 언어의 내포적 의미를 선호하는 작가들로는 버지니아 울프와 장 꼭또, 그리고 블라디미르 나보꼬프 등을 들 수 있다.

화행이론에 따르면 말의 내포적 사용이란 문학과 삶의 영역 모두에서 자연스러운 현상이므로, 내포적 사용이 문학만의 고유한 속성이라고는 할 수 없다. 그러나 시적 긴장에 높은 의미를 부과하고 있는 신비평가들에게 있어서는 말의 내포적 의미는 무시할 수 없는 중요한 요소이다. 이런 의미에서 신비평가 알란 테이트는 말의 외연과 내포로부터 유래하는 모든 의미가 통일되어 있는 시가 좋은 시라고 정의하면서, 시어가 지니는 내포의 풍부한 가능성을 이용하려고 하지 않고 외연적 의미로만 시어를 한정하는 유류를 외연의 오류(fallacy of denotation)라고 정의한 적도 있다. 한편 소쉬르는 내연적 의미를 포기한 채 말의 외연만을 연구 대상으로 삼았는데, 이는 그후 기호학으로 이어져 오늘날 내포와 외연은 기의와 기표 사이의 관계를 기술하는 용어로 사용되고 있다. (김경수)

내포, 외연, 기의, 기표

참고문헌
필립 휠라이트, 김태옥 역, 『은유와 실재』, 문학과지성사, 1982.
페르디낭 드 소쉬르, 최승언 역, 『일반언어학 강의』, 민음사, 1997.

공시태(Synchronie)/통시태(Diachronie)

소쉬르는 언어학적 현상들의 서로 다른 접근의 두 가지 방식을 가리키기 위하여 공시태/ 통시태라는 이원론을 도입했다. 일정한 시기에 어떤 언어 공동체 안에서 그 구성원 사이의 의사소통의 도구로서의 기능을 수행하고 있는 그 언어의 모습을 공시태 synchronie라 하고 그 언어가 계기적 시간 축을 따라 변화하는 전체의 모습을 통시태 diachronie라 한다.

소쉬르에게는 오직 공시태만이 중요하다. 왜냐하면 그로 하여금 일관성 있는 체계들의 연구로서 언어학을 정립하게 해 준 것이 공시태이기 때문이다. 통시태란 용어는 역사적 문법의 연구 영역을 포함한다. 공시태와 통시태의 대립은 오랫동안 언어행위의 사실들에 대해서 구조적 태도와 원자론자의 행위 사이의 대립처럼 파악되었다. 소쉬르의 이원론에서 이 두 용어 사이의 엄격했던 대립은 점차적으로 희미해진다. 하나의 기호학적 체계란 그 체계를 구축하고 있는 요소들의 동시화로 정의되는 것이 아니라 그 요소들의 내적 논리의 일관성으로 정의되는 것이기 때문에 통시태는 전반적으로 파악된 두 체계 사이에 위치되고 인식할 만한 일련의 변형들로서 해석될 수 있다. 언어의 두 가지 상태 사이의 거리를 유사한 두 언어 사이에 존재하는 거리와 비슷하게 생각하는 이러한 개념은 실제로는 통시태를 제거하고 비 연대기적 비교연구의 실행을 허용한다.

그 변형들을 알기 전에 언어의 두 상태의 존재를 선천적으로 공식화하는 그 의심스런 절차를 사용하는 대신에 기호학적 체계의 내부에 자리잡고 있는 변형이라는 형식으로 통시태를 생각해 볼 수 있다. 그 경우 이 변형의 자초지종을 기호학적 상태로서 명명할 위험을 무릅써야 한다.

프라하 학파의 범주 안에서 로만 야콥슨은 표현 형식의 변화에 대한 해석, 문법적 범주에 대한 해석을 제안하였다. 반면에 앙드레 마르티네 같은 언어학자는 균형이라는 공식으로부터 출발해서 하나의 체계 내부에서 이상한 물체의 침입으로 야기된 연쇄적인 변형들로서 통시태적 과정을 생각한다. 그 변형들은 잃어버린 균형을 재정립하고자 애쓰고 새로운 균형 위에 세워진 새로운 체계를 구축하기에 이르는 변형들이다. 이러한 변형들을 통시태적 변형들로 생각하기로 동의한다면 서술적 담화의 전개에서 내용의 형식 수준에서 우리가 인식하는 변형들에 통시태적 변형들이라는 이름을 인정하지 않을 이유가 없다.

언어의 공시태적 연구는 정해진(주어진 순간에) 어떤 상태에 행해진다. 이 상태는 때로는 대단히 후퇴될 수도 있다. 그 연구가 과거의 어느 순간에 자리잡고 언어의 발전을 고려하지 않도록 라틴어나 고대 희랍어의 공시태적 연구를, 묘사를 할 수 있다. 언어학에서 공시태적 연구의 중요성, 묘사의 중요성을 강조한 공적은 소쉬르에게 돌아간다. 그에게 있어서 공시태란 한 언어가 주어진 순간에 하나의 체계를 구성하고 있는 것으로서 간주된 전망, 혹은 주어진 순간에 연구된 언어의 사실들 전체와 언어학적 묘사를 담당하는 학문의 가장 보편적인 방식 전체이다. 소쉬르는 서양장기 게임의 이미지를 사용함으로써 통시태/공시태라는 대립관계를 설명했다. 장기 한판에서 장기말들의 배열은 매 수마다 바뀐다. 한 수를 둘 때마다 장기 말 하나하나의 위치에 따라서 전체 배열은 완전히 묘사될 수 있다. 장기 게임 행위에서는 주어진 순간에 그 이전에 두어진 수들이 어떤 것인지, 그 수들이 어떤 순서로 두어진 것인지 알아보는 것은 거의 중요하지 않다. 그 판의 특정한 상태, 장기 말들의 배열은 공시태적으로, 다시 말해서 앞의 수들을 참조하지 않고서 묘사될 수 있다. 소쉬르에 의하면 언어들에서도 마찬가지다. 언어들이란 끊임없

이 변하지만 주어진 순간에 그것들이 처한 상태를 보고할 수 있다. (김치수)

기호학, 구조주의

참고문헌

R. Barthes Eléments de la sémiologie, Seuil, 1964.

벤브니스트, 황경자 역, 『일반언어학의 문제들』, 민음사, 1992.

소쉬르, 최승언 역, 『일반언어학강의』, 민음사, 1997.

공안소설(公案小說)

공안(公案)의 사전적 뜻은 공사(公事)의 안문(案文), 관청의 조서(調書), 공론(公論)에 의하여 결정한 안건이라는 뜻을 갖고 있다. 불교에서는 선종(禪宗)에서 수행자의 마음을 연마하기 위하여 과하는 시험문제를 뜻하기도 한다. 공안소설은 우리나라 고전소설 및 개화기 소설의 한 양식으로서 억울한 일을 당하여 민간의 힘으로는 도저히 해결할 수 없는 일을 관청에 호소하여 유능한 관장(官長)이 이를 해결하는 줄거리를 담고 있는 소설 양식을 의미한다. 때로는 법정의 재판과정을 소재로 하기도 한다. 사건을 해결하고 추적하는 과정을 포함하고 있기에 현대의 탐정소설과 유사한 면을 갖고 있다.

중국문학에서 공안소설은 보편적인 소설 양식이었다. 공안소설은 사건소설 또는 다큐멘터리 양식과 흡사한 것이었다. 청대(淸代)에는 협의(俠義)소설이 많이 나왔는데 호쾌(豪快)를 찬미하면서도 내용적으로 충의(忠義)에 어긋나지 않는 방향을 택하였다. 명대(明代)에 나온 「색공안(色公案)」이 바로 청대 협의소설의 선구적 토대가 되었는데, 청대에 와서도 그것을 모방한 공안소설이 많이 나왔다. 「시공안(施公案)」, 「팽공안(膨公案)」, 「영경승평(永慶昇平)」, 「건륭순행강남기(乾隆巡幸江南記)」, 「유공안(劉公案)」, 「이공안(李公案)」 등이 그 예이다. 이들은 현명한 군신이 민정을 살피는 중 발생한 부정한 사건을 협사(俠士) 및 의적의 도움을 얻어 올바로 처단한다는 이야기로 되어 있다.

이러한 명청대의 중국 공안소설은 한국에도 이입되어 하나의 중요한 소설 양식으로 자리잡았다. 대표적인 작품으로 「장화홍련전」이 있고, 그 밖에 「옥랑자전」, 「진대방전」, 「박문수전」, 「월봉기(月峰記)」, 「와사옥안(蛙蛇獄案)」, 「유연전」, 「은애전」, 「장복선전」, 「길녀」 등이 있다. 「장화홍련전」은 세종조에 실제 있었던 평북 신의주 근처 철산의 공안, 곧 재판 사건을 소재로 한 것이다. 이와 유사한 전설로는 경남 밀양지방에서 내려온 「아랑각전설」이 있다. 장화와 홍련은 용감하게 사또로 자원한 정동우를 통하여 계모의 악랄함을 호소하였고 이를 잘 처리하여 한을 풀게 되었다. 그리고 다시 본디 이름으로 배좌수 딸로 태어난다. 한 가정의 문제가 사회, 국가의 문제로 발전하면서 정의의 심판, 가정의 질서, 부모의 도리 등 사회윤리적 차원으로 승화되기도 한다.

개화기에 들어서도 이러한 공안소설은 양식적 계승을 이루었다. 개화기는 근대적 제도개혁이 이루어졌던 시기인 바, 새로운 근대식 법률, 재판 제도가 개화기 소설에 주요한 작품 소재로 등장하였다. 「화의 혈」, 「봉선화」, 「목단병」 등이 대표적이 것인데 이들은 탐학적인 관료가 법에 의해서 응징되는 모습을 보여준다. 개화기 공안소설의 백미는 「신단공안(神斷公案)」과 「마굴(魔窟)」이다. 「신단공안」은 1906년 5월 황성신문에 연재된 회장체(回章體) 한문소설인데 7화까지의 내용이 공안류의 성격을 갖추고 있다.

공안소설의 특징은 첫째, 독창성의 결여이다. 소재를 법정에서 취해 마치 재판 판례를 모아 놓은 것 같은 유형성을 드러낸다. 법정에서의 사건 해결의 공식성이 소설의 허구성을 제한하고 있다. 둘째, 작품사상은 유교적 윤리성으로 일관된다. 관의 힘으로 시비곡직을 가리는 것은 공명정대한 것이나 그 기준은 유교적 가치관에 있는 것이다. 따라서 작품의 주제는 고대소설의 권선징악의 동궤에 서 있다. 셋째, 전지작가적 시점을 취하고 있다는 점이다. 이야기의 전개는 물론 주인공의 심리 상태의 묘사까지 작가의 시점이 작용하고 있다. 이런 시점은 작품 도중에 작가가 개입하여 '평자왈'하는 식으로 설명과 비판을 가하는 구소설적 수법이 동원되고 있다. (김영철)

공안(公案), 탐정소설, 사건소설, 다큐멘터리, 「장화홍련전」, 「신단공안」

참고문헌
송민호, 『한국개화기 소설의 사적 연구』, 일지사, 1975.
서울대 동아문화연구소, 『국어국문학사전』, 신구문화사, 1974.
국문학신간 편찬위원회, 『국문학신간』, 새문사, 1985.

공안파(公安派)

명나라 때 활동한 문학 유파. 대표적인 인물로 원종도(袁宗道, 1560~1600)와 원굉도(袁宏道, 1568~1610), 원중도(袁中道, 1570~1623) 삼형제가 있는데, 이들의 적관(籍貫)이 호광공안(湖廣公安)이기 때문에 공안파로 불린다. 그 밖의 중요한 구성원으로는 강영과(江盈科)와 도망령(陶望齡), 황휘(黃輝), 뇌사패(雷思霈) 등이 있다.

공안파의 구성원들은 주로 만력(萬曆, 1573~1620) 연간에 활동하였다. 만력 연간에 이지(李贄, 1527~1602)가 나와 "시가 어찌 반드시 옛 것을 본받아야 하고 문은 어찌 반드시 선진의 것이어야만 하는가?(詩何必古選 文何必秦漢)"라면서 "문장은 시세의 선후에 맞춰 논할 수 없다.(文章不可得而時勢先後論也"는 주장을 내세워 새로운 문학적 풍토를 개척했는데, 그와 초굉(焦竑), 서위(徐渭) 등은 사실상 공안파의 선구자들이라고 할 수 있다. 공안파의 주장은 크게 세 가지로 간추릴 수 있다.

① 남의 글을 표절하는 태도를 반대하고 통변(通變, 변화에 통달하는 것)을 주장하였다. ② 오로지 성령을 펼치고 격식이나 구투에 매이지 않았다. 이른바 성령은 작가의 개성을 표현하고 진심을 발현하는 것으로, 이지의 동심설 童心說과 비슷하다. ③ 민요와 소설의 가치를 옹호하면서 통속문학을 제창하였다. 공안파는 민간 문학에서 자양분을 흡수하는 자세를 중시하였다. 원굉

도는 일찍이 「타조간(打棗竿)」과 같은 민요나 당시의 곡조를 수용해서 시를 짓기도 했다.

공안파는 격식에 얽매여 있던 문체를 해방하는 데 상당한 공헌을 하여 "왕세정과 이반룡에 의해 드러워져 있던 구름과 안개를 일거에 쓸어버렸다.(一掃王·李雲霧)"(『공안현지(公安縣志)·원중도전)』) 유기(遊記)나 척독(尺牘), 소품문(小品文)들도 특색이 있어 때로는 수일(秀逸)하거나 맑고 새로웠으며, 활발하면서 재기가 넘쳐 흐르기도 해 일가를 이루었다. 그러나 그들의 실제 생활은 소극적이고 도피적인 경향이 있어서 주로 주변의 자잘한 사건이나 자연 경물을 묘사한 작품이 많았다. 그 결과 사회 문제에 대한 심도 있는 논의를 편 내용은 별로 남기지 못했기 때문에 창작에 쓰인 제재가 날이 갈수록 협소해지는 상황을 연출하기도 했다. (임종욱)

원종도, 원굉도(袁宏道, 원중도, 만력(萬曆, 1573~1620) 연간, 동심설, 이지.

참고문헌
임종욱, 『동양문학비평용어사전-중국편』, 범우사, 1997.
_____, 『중국의 문예인식』, 이회, 2001.
_____, 『중국문학에서의 문장체제 인물 유파 풍격』, 이회, 2001.
주훈초, 『중국문학비평사』, 이론과실천, 1992.

공예 ☞ 예능

공통감각(共通感覺, Common sense)

아리스토텔레스에 의하면, 운동, 정지, 형상, 크기, 수, 단위 등은 공통적으로 느껴지는 것이며 공통감각이란 그러한 것을 지각하는 감각을 뜻한다. 이후 공통감각은 내적 감각, 건전한 인간 오성, 사회적 감각, 연대성 감각, 공동 정신 등 다양하게 불린다. 공통감각을 중시하는 시각에 의하면, 특정한 사회적 문제를 포착하고 이해하고 해석하는 행위는 추상적인 사유에 의존하는 것이 아니라 경험적 세계 내지는 체험 방식을 통해서만이 가능하다는 것이며, 여기서 그 체험 방식이란 대중 의견을 양적으로 규정하는 폭넓은 사회 계층의 체험을 뜻한다. 공통감각을 중시하는 철학적 유파로는 18~19세기의 스코틀랜드 학파를 들 수 있는데, 리드(Th. Reid), 스튜어트(D. Stewart), 브라운(Th. Brown)이 속한다. 이들에게 철학의 토대는 다름 아닌 공통감각이었다. 물론 이들은 본래 프랑스 유물론, 흄(Hume)의 회의론, 칸트 철학으로부터 영향을 받았다.

미학 영역에서 공통감각의 역할과 기능을 다룬 이로는 칸트를 손꼽을 수 있다. 오성이 공통감각의 인식능력에 귀속될 경우 그러한 오성은 "일반적으로 실천적 인식능력"으로 간주되는데, 그러한 오성은 1. 스스로 생각하기 2. 타자의 위치에서 생각하기 3. 언제나 자기 자신과 일치되어 생각하기 같은 명제를 지닌다. 이론적 이성과 실천적 이성 간의 통일성을 추구하는『판단력비판 Kriktik der Urteilskraft』에서는 취향에 기초한 미적 판단력은 공통감각과 거의 동일한 의미를 지닌다. 그에 의하면, "건강한 오성보다 취향(Geschmack)이 훨씬 더 타당하게 공통감각이라고 불릴 수 있으며, 지적 판단력보다 미적 판단력이 오히려 공동체적 감각의 이름을 지닐 수 있다." 칸트는 공통감각을 미적 판단력의 선험적 조건으로 파악하고 있는 바 공통감각을 "미적 판단의 보편적이면서도 주관적인 원칙"이라고 강조하고 있다. 그러나 칸트의 경우 주관적인 공통감각이 아무런 제약을 받지 않는 주관주의로 흐르진 않는다. 그 공통감각은 모든 이들의 미적 판단과도 일치해야 하는데, 즉 판단하는 이는 "보편적 관점에서"(즉 타자 속으로 몰입하면서) "공동체적 감각의 이념"에 부합하여 자신의 미적 판단을 내린다. 요컨대, 칸트는 한편으로 주관적 미적 판단을 강조하면서 중시하면서도 동시에 "모든 이들"에도 통용될 수 있는 미적 판단력의 보편성을 덧붙였던 것이다. (최문규)

건강한 인간 오성, 오성, 미적 판단력, 취향

참고문헌

Kant, Kritik der Urteilskraft.

가다머, 이길우 역, 『진리와 방법 I』, 문학동네, 2000.

공포소설(恐怖小說, Horror fiction)

독자에게 충격과 공포, 혐오와 반감을 불러일으키는 허구적 서사양식. 유령 · 흡혈귀 · 마녀 · 주술 등의 기이한 소재를 즐겨 다루고, 죽음 · 사후세계 · 형벌 · 어둠 · 악 · 폭력 · 파괴 등의 초월적인 세계에 깊은 관심을 보이며, 고통 · 두려움 · 광기 등의 비일상적인 정서와 친연성을 갖고 있다.

공포소설은 고딕소설(Gothic fiction)의 발전에 영향을 주었으며, 미스테리담, 초자연적인 유령 이야기, 스릴러 등은 물론 범죄가 주요 테마로 활용되는 수많은 현대소설과도 뗄 수 없는 관계가 있다. 18세기 후반부터 현재에 이르기까지 약 200여 년 동안 공포소설은 다종다양한 형태로 서구 문학의 형성과 전개에 영향을 미쳤고, 특히 단편소설의 발전에 상당히 중요한 몫을 담당했다.

공포소설은 매우 오랜 서사적 전통을 갖고 있다. 인간 고통의 극한에 깊은 관심을 가졌던 고대 로마의 세네카(Seneca)가 이 양식의 선구적인 작가로 거론되기도 하며, 초서(Geoffrey Chaucer)의 『면죄부 파는 사람 이야기 Pardoner's Tale』는 중세 최고의 공포 스토리 가운데 하나이다. 단테(Dante)의 『신곡 Divina Commedia』에서 강력한 이미지로 형상화된 끔찍한 지옥(hell)의 이미지는 16세기 이후 주체 개념의 등장에 따라 내면적 · 심리적 지옥으로 점차 변모해 간다. 이러한 심리적 · 주체적 지옥의 비전은 도스토예프스키, 고골리, 카프카의 소설들과 로트레아몽, 랭보의 서정적 단편들에 잘 드러나 있다.

공포소설은 합리적 의식의 이면에 잠복해 있는 심리적 혼돈과 감정적 황폐함에 주목함으로써 인간의 원초적 충동과 인간 행위의 극한을 탐사하는 유력한 방식이 되기도 한다. 에드거 앨런 포(Poe)는 짧고 강렬한 단편소설을 통해 공포소설의 전통에 심대한 영향을 미쳤으며, 스티븐슨(R. L. Stevenson)의 『지킬 박사와 하이드씨 Dr. Jekyll and Mr. Hyde』, 브람 스토커(Bram Stoker)의 『드라큘라 Dracula』는 이 유형 가운데 대중적으로 가장 널리 알려진 작품들이다. (진정석)

고딕, 고딕소설, 미스테리담

참고문헌
복거일, 『세계환상소설 사전』, 김영사, 2002.
프로이트, 정장진 역, 「두려운 낯설음(The uncanny)」, 『창조적인 작가와 몽상』, 열린책들, 1996.

공포와 연민(恐怖와 憐憫, 라 Eleos & Phobos)

아리스토텔레스가 『시학』 6장에서 비극의 정서를 설명하면서 "연민과 공포를 통하여 비극은 그 감정들의 카타르시스를 초래한다"고 한 대목에서 쓴 것으로, 감정을 해방하여 쾌감을 일으키게 하는, 보통 '정화'로 번역되는 '카타르시스'로부터 나온 용어이다.

공포와 연민의 쾌감은 비극을 희극이나 다른 형식들과 구별하는 기준으로 사용하고, 작가는 이 효과를 최대화하기 위해 주인공을 선택하고 플롯을 구성한다. 공포와 연민의 감정을 극대화하기 위해 비극의 주인공은 완벽하게 선하지도 악하지도 않은, 선과 악이 적절히 섞여 있는 것이 좋다고 아리스토텔레스는 보았다. 그리고 주인공이 보통 도덕 수준보다 높은 도덕성을 지닌 사람이라는 뜻에서 우리보다 훌륭하다면 비극적 효과가 더 강할 것이라고 보았다.

비극의 주인공은 결정적 죄악보다는 인간의 한계로 인해 가질 수밖에 없는 결함에 의해 범해지는 잘못된 행동으로 신으로부터 징벌을 받고 불행해진다. 그렇기 때문에 범죄극이 아닌 비극이 될 수 있다. 이때 비극의 주인공은 악한 사람이 아니므로 그의 불행이 그가 받아 마땅한 것보다 더 크다고 느껴지기 때문에 연민을 자아내고, 우리보다 뛰어난 그가 저지르는 잘못과 징벌은 그보다 못한 우리에게서 일어나기 더 쉽다는 의미에서 공포감을 자아낸다.

낭만주의자들은 카타르시스를 우주적인 비극의 그 막막함과 숭엄함으로 압도되어 세속적인 공포와 연민을 잊는 것, 엄숙한 비극 앞에 이성적 동의 이전에 승복하는 것으로 해석했다. 비극적 공포는 대상으로부터 멀리 떨어지고자 하는 감정이고, 연민은 반대로 거기에 가까이 가고자 하는 감정이다. 비극의 구조는 이 상극적 감정을 순조롭게 조화시킴으로써 정서적 안정을 준다. 카타르시스는 비극의 과정을 통하여 주인공 자신도 정화되고 관중도 정화를 체험하는 것으로 볼 수 있다. (곽승미)

비극, 카타르시스

참고문헌
Aristotle 외, 천병희 역, 『시학』, 문예출판사, 2002.

공포증(Phobia)

공포증은 비록 객관적으로 위험한 것은 아닐지라도 심각한 불안을 일으키는 특정한 대상(동물들) 또는 상황(유기, 고립 등)을 극단적으로 회피하는 심리적 증상이다. 그리스어로부터 유래한 이 용어를 문자그대로 번역하면, 병적인 '무서움(fear)' 또는 '두려움(dread)'을 의미한다.

프로이트는 공포증을 "독립적인 병리학적 과정(SE 10 : 115)"으로 간주할 수 없다고 주장하는 한편, 그 핵심적 증상이 공포증적인 신경증의 특수한 형태를 거론했다. 이로 인해 그가 전환히스테리(conversion histeria)와 구분하기 위해 불안히스테리(anxiety histeria)를 공포증과 상호 교환적으로 사용했음에도 불구하고, 지금은 공포신경증(phobic nerosis)이라는 용어가 더 선호된다. 프로이트에게 공포신경증은 불안히스테리의 한 형태였는데, 그것은 마음 속에 만연된 불안상태이고 가끔 공격적 형태로 드러나기도 하며 특정한 외부 대상들이나 상황에 얽혀져 있으면서 그것들을 회피하는 것이 그 질환의 중심적 증상으로 이해되었다(SE 10 : 135~52). 이러한 공포의 대상들과 상황은 무의식적으로 또한 보통 상징적으로 근본적인 심적 갈등과 그와 연관된 유아적 위험을 표상한다. 증상군은 경미한 것에서 심각한 유형에 이르기까지 광범위한 정신병리 상태를 망라한다. 예를 들어, 정신질환과 관련하여 보통 공포증은 심기증(hypochondriasis), 경계성 상태(borderline states), 우울증(depression), 그리고 정신분열증(schizophrenia)에 연결되어 있다.

일반적으로 공포증의 병인으로 이야기되는 무의식적 갈등의 소재는 외디푸스적 불안이며, 그것은 전형적으로 거세의 위험과 연관되어 있다. 라캉은 프로이트의 '꼬마 한스(Little Hans)' 사례를 거론하면서 실재적 아버지가 외디푸스 콤플렉스의 극복과정에 거세의 행위자로 개입하는데 실패하기 때문에 한스가 말(馬) 공포증을 일으켰다고 주장했다(S 4 : 212). 한스의 아버지가 한스와 어머니를 분리하지 못함으로써 아이에게 불안이 증폭되었다는 것이다. 그리고 한스의 불안은 분명히 그가 어머니에게서 발견한 욕망에 관한 것이었다. 따라서 "공포증의 원천과 원인은 '두려움'이라는 말만을 되풀이했던 사람들이 믿었던 것처럼 성기적이거나 심지어 자기애적 위험이 아니다. 주체가 만나길 두려워하는 것은 …… 꼬마 한스와 어머니의 관계에서처럼 타자에 대한 주체의 태도에서 특권적으로 발전된 것과 관련된 욕망, 즉 모든 의미화의 창조, 모든 의미화의 전체 체계를 즉각적으로 무(無)로 빠뜨려버리는 욕망이다."(S 8 : 305) (이만우)

공포신경증, 불안히스테리, 오이디푸스 콤플렉스

참고문헌

Freud, Sigmund(1909), Analysis of a phobia in a five-year-old, SE 10, London : The Hogarth Press, 1905, pp.135~52.

Lacan, Jacques(1956~1957), Le Séminaire. Livre Ⅳ. La relation d'objet, 1956~1957, ed. Jacques-Alain Miller, Paris : Seuil, 1994.

_____(1960~1961), Le Séminaire. Livre Ⅷ Le transfert, 1960~1961, ed. Jacques-Alain Miller, Paris : Seuil, 1991.

과거(科擧)

과거는 중국과 한국에서 시행한 관리 등용 제도를 말한다. 중국의 경우는 한(漢)나라 때부터 시작되었으며, 월남에도 일시 과거가 실시된 적 있었으나 우리나라와 중국에 비할 바는 못 되었다.

우리나라 과거제도의 시초는 신라 원성왕 4년(788년)에 실시한 독서삼품과(讀書三品科)이다. 엄격한 의미의 과거 제도는 고려 광종 9년(958년) 때 후주인(後周人) 쌍기(雙冀)의 건의에 의해 실시되었으며 이 후 우리나라의 관료선발제도로서 정착하게 되었다. 과거시험은 제술과(製述科, 進士科)·명경과(明經科)·잡과(雜科, 醫卜科)로 나뉘었는데 이중 제술과가 중시되었다. 이 외에 승과(僧科, 敎宗試와 禪宗試)가 있었으며, 공양왕 2년(1390)에는 무신(武臣)의 등용을 위한 무과(武科)도 실시하였다. 3년에 한번씩 치러지는 식년시(式年試)를 원칙으로 하고 있으며 천민이나 승려의 자식을 제외한 양인(良人) 신분이면 누구나 응시할 자격이 있었으나 실제로 응시 자격은 많이 제한되었다. 한편 고려시대에는 시험을 관리하고 점수를 매기는 고시관과 급제자 사이에 좌주(座主)·문생(門生)이라는 독특한 사제 관계가 형성되어 고려 후기 이래 이 유대관계를 기반으로 하는 문벌에 의한 정치가 주도되었다.

조선시대 과거에는 소과·문과·무과·잡과의 네 종류가 있었으며 3년에 한번씩 열리는 식년시(式年試)외에도 수시로 열리는 증광시(增廣試), 별시(別試), 알성시(謁聖試), 정시(庭試), 춘당대시(春塘臺試) 등이 있었다.

수공업자·상인·무당·승려·노비·서얼(庶孼)을 제외하면 누구나 과거에 응시할 수 있었으나 점차 가문을 중시하는 경향이 나타났다. 응시자가 소과에 합격하면 생원·진사가 되고, 합격자들은 다시 성균관에 들어가 공부하다가 문과에 합격하여 벼슬길에 오르는 것이 정상적인 길이었다. 그러나 생원·진사 외에 일반 유생들에게도 문과의 수험 자격이 주어졌다.

조선후기로 갈수록 과거 부정이 심해지자 정약용, 유형원 등에 의해 과거 개혁론이 대두되기도 하였다가 1894년 갑오경장 때 성균관을 근대적 교양을 가르치는 학교로 개편하는 동시에 근대적인 관리 등용법을 제정하면서 과거제는 폐지된다.

조선 후기 과거 제도의 폐단이 심각하였던 것은 사실이나 고급문화를 기반으로 한 문치주의 사회를 건설하는 데 과거가 중추적인 제도로 활용되었다. (진은진)

참고문헌
이성무, 『한국의 과거제도』, 한국일보사, 1975.
허흥식, 『고려과거제도사연구』, 일조각, 1981.
국사편찬위원회, 『한국사10』, 1974.

과도대상 ☞ 이행대상

과도현실(過度現實, Hyperreal)

장 보드리야르(Baudrilard, jean)가 『시뮬라시옹 Simualtion』에서 조합한 단어로 극도 실재, 파생현실, 파생실재라고도 한다. 보드리야르는 그의 저서에서 20세기 후반에 이르러서 '현실'과 '현실의 복제'를 구별하는 것이 불가능해지는 현상이 상례화 되었다고 주장한다. 그 결과 복제된 물건이 원본보다 더욱 현실 같고, 진짜 같을 경우 이를 '과도현실'이라고 한다. 과도현실은 흉내낼 대상이 없는 이미지이며, 이 원본 없는 이미지가 그 자체로서 현실을 대체하고, 현실은 이미지에 의해서 지배 받게 되므로 오히려 현실보다 더 현실적이다.

실재가 실재 아닌 과도현실로 전환되는 작업이 '시뮬라시옹(Simulation)'이고 실제로는 존재하지 않는 대상을 존재하는 것처럼 만들어놓은 모든 인위적인 대체물은 '시뮬라크르(Simulacre)'라고 부른다. 시뮬라르크는 실재 존재하고 있는 것하고는 아무런 관계도 없다. 독자적인 하나의 현실이라고 할 것이다. 오히려 우리가 지금까지 실제라고 생각하였던 것들이 바로 이 비현실이라고 하였던 시뮬라르크로부터 나오게 된다. 그에 의하면, 우리가 살아가고 있는 이곳이 바로 가상실재, 즉 시뮬라크르인 것이다.

'과도현실'은 시뮬라시옹에 의해 새롭게 만들어진 실재로서 전통적인 실재와는 그 성격이 판이하다. 과도현실은 가장(假裝)이기 때문에 전통적인 실재가 가지고 있는 사실성에 의해서 규제되지 않는다. 그럼에도 이 과도현실은 예전의 현실 이상으로 우리의 곁에 있으며, 과거의 실재가 담당하였던 역할을 갈취하고 있기에 실재로서, 실재가 아닌 다른 실재로서 취급하여야 한다. 즉 과도현실은 어떤 현실을 극도의 현실로 만든 것이라기보다는, 실재하는 현실과 어떤 관계를 가지고 있는 전혀 다른 현실이다. 과도현실은 파생 공간 속에서 조합적인 모델들로부터 발산되어 나온 합성물이다.

보드리야르가 자신의 사상 체계를 만들어 가던 60년대는 프랑스가 본격적인 대량 소비 사회로 접어들던 시기였다. 넘치는 물건, 넘치는 일자리, 넘치는 이미지 앞에서 보드리야르는 우리가 실제 사용할 수 있는 것보다 훨씬 많이 넘치는 물건들이 우리의 삶과 어떤 의미 관계를 맺는지를 고찰했다. 현대 자본주의 사회는 사물이 기호로 대체되고, 현실의 모사나 이미지, 즉 시뮬라크르들이 실재를 지배하고 대체하는 곳이다. 이제 재현과 실재의 관계는 역전되며 더이상 흉내낼 대상, 원본이 없어진 시뮬라크르들이 더욱 실재 같은 과도현실을 생산해낸다. 더 이상 원본은 없고 어느 의미에서는 원본과 모사물의 구별도 없다는 것이다. 모방할 때는 이미지란 실재 대상을 복사하는 것이었지만, 지금은 오히려 실제 대상이 가장된 이미지를 따라야 한다. 그래서 오늘날의 시뮬라시옹은 원본도, 사실성도 없는 실재, 즉 과도 현실을 모델들을 가지고 산출하는 작업이다.

이러한 시뮬라시옹의 질서를 이끌고 나아가는 것은 정보와 매체의 증식이다. 온갖 정보와 메시지를 흡수하지만 그것의 의미에는 냉담한 존재가 현대의 대중이다. 사유가 멈추고 시간이 소멸된 현대사회에서 역사의 발전은 불가능하며 인권이란 미명아래 강요된 정보에 노출된 대중과 시뮬라시옹의 무의미한 순환이 있을 뿐이다. 이같은 사고 때문에 보드리야르는 지적 허무주의자, 정치적 보수주의자로 비판받기도 했다.

시뮬라르크의 대표적 예로 미국의 '디즈니랜드'를 들 수 있다. 디즈니랜드는 미국 사회의 축소판이며, 미국 사회가 가하는 통제와 사회가 주는 기쁨을 축소시켜 경험하게 해준다. 디즈니랜드는 '실재의' 나라, '실재의' 미국 전체가 디즈니랜드라는 사실을 감추기 위해 존재한다. 디즈니랜드는 다른 세상을 사실이라고 믿게 하기 위하여 상상적 세계로 제시된다. 그런데 사실은 그를 감싸고 있는 로스앤젤레스 전체와 미국도 더 이상 실재가 아니고 과도현실과 시뮬라시옹 질서에 속한다. 더 이상 사실성의 거짓 재현 문제가 아니고, 실재가 더 이상 실재가 아니라는 사실을 숨기고, 따라서 사실성의 원칙을 구하기 위한 문제이다. 디즈니랜드의 상상세계는 참도 거짓도 아니고, 실재의 허구를 미리 역으로 재생하기 위하여 설치된 '저지 기계'인 것이다. (김선미)

시뮬라시옹, 시뮬라르크, 파생실재

참고문헌
장 보드리야르, 『시뮬라시옹』, 민음사, 2001.
움베르토 에코, 『포스트모던인가 새로운 중세인가』, 새물결, 1993.

과잉(초과)

근대적 체제란 무엇보다도 동질성과 균질성으로 채워진 내부로 상상될 수 있다. 이러한 체제 내부의 동질성과 균질성을 유지하기 위해 내부의 수많은 '정체성'들은 각자의 '자리'에 배치되고 '기능'을 할당받는다. 랑시에르는 현대 정치의 특성이 배분의 메카니즘에 있다고 보고 이를 '치안(police)'이라는 용어로 설명한다. 그는 고대 그리스어인 폴리테이아(politeia)의 번역어가 '정치(poitique)'일 뿐 아니라 '치안(police)'이기도 하다는 점에 근거해, 현대 정치의 이와 같은 배분의 절차가 실은 치안의 일이라고 본다. 여기서 '자리'와 '기능'이 없는 자들은 존재하지 않는 것과 같다. 정치는 이러한 몫 없는 자들의 몫, 즉 '공백'이나 '보충'이 존재한다고 주장한다는 점에서 치안과 구별되고, 그렇기 때문에 치안은 정치를 부정한다. 하지만 랑시에르가 보기에 정치와 치안은 대립적인 것만은 아니며 그것들은 행하고 존재하고 말하는 방식들을 서로 다르게 나누는 체제들일 뿐이다.

랑시에르는 정치적 경험 속에서 문학성이 했던 역할에 주목한다. 그가 바라보는 문학성이란 단어들이 견고하고 잘 정의된 현실로서 지칭할 수 있는 것에 대한 단어들의 초과/과잉, 즉 정체성들에 대한 단어의 초과/과잉이다. 이러한 '문학성'은 처음부터 정치적인 문제인데, "문학이 세계에 참여한다는 의미에서 정치적인 것이 아니라, 문학이 사물들에 다시 이름을 붙이고, 단어들과 사물들 사이의 틈을 만들고, 단어들과 정체성 사이의 틈을 만듦으로써 결국 탈정체와, 즉 주체화의 형태, 해방 가능성, 어떤 조건에서 벗어날 수 있는 가능성을 만들어내는 데 개입한다는 의미에서 정치적인 것"이다. 요컨대 민주주의 또는 정치와 문학은 단어들과 사물의 '불일치', '단어들의 초과/과잉'의 힘으로 감각적인 것을 다시 나눈다는 점에서는 비슷하지만 정치가 탈정체화를 통한 주체화 과정에 머무는 반면, 문학의 정치는 거기에 머물지 않고 탈주체화를 끝까지 밀어붙여 집단적 주체를 구성할 수 없는 수준, 탈정체화 과정을 탈주체화하는 수준으로까지 나아간다. (차성연)

참고문헌
자크 랑시에르,『감성의 분할』, 도서출판b, 2008.
자크 랑시에르, 양창렬(인터뷰),「 '문학성'에서 '문학의 정치'까지」, 《문학과 사회》, 2009. 2.

과장(誇張)

　　과장은 어떠한 사물이나 사실을 실제보다 크거나 작게 표현하는 것이다. 먼저 실제보다 부풀려 말하는 과장(향대과장, 向大誇張)의 경우, 사물의 모습, 크기, 특징 정도 등을 실제보다 좋고 크고 강하고 무거운 방향으로 확대하여 표현한다. 감정, 사상, 사물 등을 실제보다 과장하여 표현함으로써 더욱 선명한 인상과 강렬한 감동을 주려는 목적을 가지고 있다. 두 번째로 실제 사실보다 줄여서 말하는 경우(향소과장, 向小誇張), 사물이나 사실의 크기나 규모 특징, 정도 등을 축소하여 말할 수 있다. 작거나 좁거나 나쁜 방향으로 축소하여 말하는 것은 사실로 보면 축소이지만 과장이라는 관점에서 보면 오히려 확대가 된다. 그러니까 어느 진술이 과장인가 아닌가 하는 것은 실제 사실을 확대하여 말하는가 축소하여 말하는가가 아니라 그것을 과장하여 말하는가 그렇지 않은가에 달려있다.

　　과장해서 말하는 내용은 실제 현실에서는 좀처럼 이룰 수 없거나 불가능한 것들이 거의 대부분이다. 과장의 효과는 해학적이라든지 진지하게 한다든지 기상천외하다던지 식으로 다양하게 나타난다. 과장은 남을 속이거나 골탕 먹이기 위해서가 아니라 주로 화자의 의도를 좀더 효과적으로 전달하기 위해서 쓰인다. 하지만 바람직한 극적 효과를 내지 못하는 경우에는 자칫 우스꽝스러워 보일 수도 있다. 과장은 신선한 인상을 주기도 하지만 점차로 판에 박힌 상투어가 되어 나중에는 신선한 효과가 사라지는 경우도 있다.

　　전설적인 왕과 전사들의 영웅적 행위를 이야기한 무용담, 전설, 민담, 허풍선이 이야기들, 그리스 신화와 로마 신화 등에서 그 예를 찾아볼 수 있다.

　　한국 문학의 경우 황순원의『무녀도』의 "소녀는 흰 옷을 입었었고, 옷빛보다 더 새하얀 그녀의 얼굴엔 깊이 모를 슬픔이 서리어 있었다"에서는 소녀의 창백한 이미지를 과장하여 표현함으로써 신비함과 애련한 분위기를 강조한다. 또한 심훈의「그 날이 오면」에서는 '그래도 넘치는 기쁨에 가슴이 미어질 듯하거든/드는 칼로 이 몸의 가죽이라도 벗겨서/커다란 북을 만들어 들쳐 메고는'와 같은 구절은 민족해방에 대한 열망을 과장하여 표현한 것이다.

　　과장은 문학 작품은 물론, 일상 대화에서도 자주 쓰인다. 예를들어 사소한 일에도 '큰일 났다'

고 표현하던지, '까불면 죽어', '배고파 죽겠다'와 같이 과대표현하거나, '새발의 피', '간이 콩알 만해졌다'와 같이 과소표현하는 것이 그 예이다. 또한 일상적인 광고문안이나 정치적 수사에서도 과장해서 표현하는 경우가 많다. '빈대 잡으려다 초가 삼간 태운다', '번개불에 콩 구워 먹는다', '인정머리라고는 털끝만큼도 없다'와 같이 속담이나 격언에도 많이 쓰인다. (김선미)

수사법, 향대과장, 향소과장

참고문헌
김 현, 『수사학』, 문학과 지성사, 1985.
자크 뒤부아, 『일반 수사학』, 한길사, 1989.
고성민, 『언어적 아이러니에 관한 연구』, 연세대 석사, 1996.

과학(科學, Science, 프 Science, 독 Wissenschaft)

영어와 프랑스어의 'science'는 어떤 사물을 '안다'라는 뜻의 라틴어 'scire'에 기원을 둔다. 넓은 의미로는 학(學) 또는 학문(學問)과 같은 뜻이나, 독일어의 'Wissenschaft'는 학문(Wissen)과 명백히 구별되는 과학을 의미하며, 철학·종교·예술과 대립되는 개념으로 쓰이는 경우가 많다.

과학은 넓은 의미로는 사물의 구조·성질·법칙을 탐구하는 인간의 이론적 인식활동 및 그 산물로서의 체계적·이론적 지식을 말한다. 과학은 인간이 속한 환경 세계를 지적으로 소유하고자 하는 인식활동의 주요한 형태이다. 과학은 인간의 실천적 생활과정에서 성장해 온 것으로, 자연을 변화시키는 생산활동의 과정 및 사회생활의 과정에서 관찰·실험·조사 등을 행하고 이것에 의해 얻은 지식을 정리·분석·종합하여 개념과 가설을 만들고, 실천을 통해 이를 검증하여 대상의 일반적·필연적·본질적 연관을 명확히 하는 활동을 가리킨다. 일정한 단계에 이르러 과학은 기본법칙에 기초하여 관계되는 보편 현상을 통일적으로 설명하는 이론체계를 만들어내는 데 이르렀다. 이것이 자연과학 및 사회과학이다.

좁은 의미의 과학은 대체로 자연과학을 뜻한다. 과학은 어떤 가정 위에서 일정한 인식 목적과 합리적 방법론에 의해 세워진 광범위한 체계적 지식을 가리키는 동시에, 자연연구의 방법과 거기에서 얻어진 과학지식이 축적되어 온 까닭에 종종 자연과학과 동일어로 쓰인다.

과학은 인간의 실천적 활동의 기초이자 조건이며, 실천이 제기하는 과제를 이론적으로 해결하는 노력을 의미한다. 과학의 발달은 한편으로는 극심한 분화·특수화를 낳고, 다른 한편 통합·보편화로 나아가, 몇 가지 분야에 걸치는 분과학문을 낳았다. 인식활동의 소산인 과학은 종교나 예술과는 달리, 공적으로 인식 가능한 사실에 근거하여 개념적·논리적 사고로 구성된 체계적 이론이며, 사회적 의식 형태의 하나이다. 인간은 과학의 덕택으로 자연과 사회의 법칙을 의식적으로 조직할 수 있게 되었다. 오늘날 자연과학은 점점 사회의 직접적 생산력으로 진화하고 있다. 그러므로 과학에 대한 철학적 고찰에 있어서는, 이론을 추상적으로 취급하여 그 구조를 분석할 뿐만 아니라, 내용의 세계관적 의의를 명확히 밝혀야 한다.

훗설(E. Husserl, 1859~1938)은 『엄밀한 학으로서의 철학』에서 "자연과학과 정신과학의 독립에 의해서 특별한 의미에서의 철학 그 자체는 엄밀한 학문이라는 성격을 상실했다."고 말했다. 철학이 과학 특히 자연과학의 방법론을 수용함으로써 철학 본연의 임무를 저버리게 됐다는 것이다. 그는 철학이 오히려 이론적 학문으로서 실천적인 세계관을 추구하려는 노력(즉 과학)에 스스로를 대립시키고, 이와 같은 노력으로부터 자신을 완전히 의식적으로 분리시켜야 한다고 역설했다. 그럼으로써 철학은 과학을 포함한 여타 분과학문의 정초가 되는 제1철학(Erste Philosophie)으로서의 위치를 회복할 수 있다는 것이다.

과학론은 과학에 관한 여러 가지 이론적 고찰을 총칭하는 것이다. 이 경우 반드시 철학적인 관점에서의 고찰뿐만 아니라, 심리학적 또는 사회과학적인 관점에서의 고찰도 포함된다. 그러나 보통은 과학의 본질이나 의의에 관한 다양한 각도로부터의 철학적 고찰이라는 의미로서, '과학철학'과 동일한 의미에서 사용된다. 그것은 지금까지 과학에 관한 철학적 고찰, 특히 인식론 또는 논리학적 견지에서의 고찰이 과학론의 주류를 이루어 왔기 때문이다. 그러나 '과학철학'으로서의 과학론이 반드시 이에 한정되는 것만은 아니다. 철학으로서의 과학론에는 다양한 유형이 있고, 그 주제와 방법에 있어서 여러 가지 형태를 보이고 있다. 그 중요한 유형으로는 1)인식론 또는 논리학적 관점에서 과학적 인식의 구조나 방법을 분석하고, 이에 기초하여 그 본질과 특성·권리·한계 등을 고찰하는 것 2)존재론 또는 세계관적 관점에서 과학적 인식의 성과가 지니는 의미를 분석하고, 이를 종합적·통일적으로 이해하기 위한 이론적 시야 구축을 시도하는 것 3)과학을 그것이 생성하고 발전하는 모습 속에서 고찰하고, 역사철학적 관점에서 그 구조와 의의를 명확히 하는 것 4)문명론·가치론 또는 실천론적 입장에서 과학과 현대문명이 인간 생활에서 지니는 역할·의의·목적 등을 고찰하는 것 등을 들 수 있다.

지금까지의 과학론은 주로 인식론 또는 지식론으로 전개되어 왔다. 그러나 오늘날의 과학은 바야흐로 단순한 지식뿐만 아니라 기술이나 산업과 결부됨으로써, 말하자면 실제적으로 우리들의 생활이나 사상 속에 침투하여 그 존재방식을 규정하는 중요한 요인이 되고 있다. (이봉일)

과학론, 과학철학, 자연과학, 사회과학

참고문헌
훗 설, 이종훈 역, 『엄밀한 학으로서의 철학』, 서광사, 1987.

과학환상소설

높은 과학기술이 여는 미래의 현실을 상상하여 그리는 소설. 과학소설(Science Fiction)을 가리키는 북한 식 용어. 청소년과 근로자들의 과학적 관심을 유도하고 그들로 하여금 첨단과학기술 탐구의 열의를 갖도록 해야 한다는 점에서 1980년대 중반을 넘기면서 과학환상소설의 효용은 특별히 부각되었다. 즉 과학기술의 발전이 사회주의와 인민경제의 발전을 담보하는 결정적 조건이라는 인식이 확산되면서 과학환상소설의 교양적 의의 역시 강조되었던 것이다. 바다 속에서 벼를 생산하는 과학자들의 활약상을 그린 황정상의 중편소설『푸른 이삭』(1988)은 대중들의 관심을 모았던 대표작이다.

과학환상소설은 단순히 과학을 소재로 하는 것이 아니라 미래를 꿈꾸는 '환상의 사유형식'이라는 점이 강조되었다. 즉 소설의 종자를 잡는 과정과 이를 형상으로 꽃피우는 과정이 환상으로 추동되며, 인물의 성격이나 사건들 역시 환상세계에서 재구성되어야 한다는 것이다. 그러나 환상은 납득할 만한 과학적 가설에 바탕을 둔 것이어야 했다. 그러기 위해서 작가는 과학기술에 대한 상당한 지식을 갖고 있어야 하며, 경우에 따라서는 세세한 기술적 문제를 제시할 필요도 있었다. '진실한' 환상만이 생활에 발붙인 바른 과학적 세계관을 갖게 할 것이고 첨단적 기술수단의 의의를 옳게 교양할 수 있다는 점은 거듭 지적되었다.

진실한 과학적 환상은 무엇보다 과학기술을 움직이는 것이 사람임을 인식할 때 가능한 것이었다. 과학기술의 힘이 인간의 의지와 열정에 의해 발휘될 수 있는 것이라면, 바른 이념을 갖는 것은 이 힘을 옳게 쓰기 위한 전제가 된다. 과학환상소설은 자연과 사회를 인간의 요구대로 개조, 변혁하려는 자주적 인간들을 그려야 할 것이었다. 요컨대 과학환상소설 역시 주체의 인간학이 되어야 하고 되지 않을 수 없다는 것이다. 이런 점에서 과학환상소설은 과학으로부터 인간을 소외시키는 반동적인 과학환상물들과 차별되는 것이었다. 흥미본위의 허황한 로맨스나 과학에 의한 인류의 파멸을 이야기하는 반유토피아적 전망은 신심을 잃은 부르주아의 정신적 타락과 혼돈상을 말하는 증거였다. 과학기술이 장차 이념적 경계를 허물고 민족적 차이를 초월하리라는 생각 역시 과학환상소설에서 나타날 수 있는 수정주의적 오류로 경계되었다. 과학기술은 누가 어떤 입장에서 이용, 발전시키는가에 따라 매우 다른 결과를 낳을 수 있는 것이었다. 철저하게 주체의 인간학적 원리와 법칙에 의거하는 것은 수정주의의 침해를 이기는 길이었다. (신형기)

환상의 사유형식, 환상세계, 자주적인간

참고문헌
오정애, 「현대과학의 급속한 발전과 과학환상소설」, 조선문학, 1989. 8.
황정상, 『과학환상문학 창작』, 문학예술종합출판사, 1993.

관객

관객(觀客)은 일차적으로는 연극을 감상하는 사람이지만, 다만 감상이나 관람에 그치지 않고 연극을 함께 만드는 요소라고 할 수 있다. 관객을 집단적 주체인 관중 속의 한 개인으로 볼 수 없는 이유는 객석이 하나의 덩어리로 된 대응체를 형성하기 때문이다. 관객은 사회현실에 대한 반응과 욕구와 비평을 동반함으로써 연극창조에 이바지한다. 브레히트는 관중이 연극을 조절한다고 말한 있다. 연극은 관객을 선택할 수 있고, 반대로 관객은 연극을 선택하지만, 관객이 부재한 연극은 생각할 수 없다. 대부분의 경우에 관객은 스스로 즐기기 위해 극장을 찾는다. 이런 관객의 취향에 지속적으로 영합해 가다보면, 연극은 통속화 되기 일쑤이다. 관객을 무시하고 자기 주장만으로 만들어지는 연극은 관객을 잃기 쉽다. 실험극이나 전위극들이 일시적으로 주목을 받다가 사라지는 것은 이런 이유이다.

조선시대 가면극이나 인형극은 관습상 제한적인 범위에서 작품이 만들어졌고, 주로 서민관객을 대상으로 공연했다. 서민들은 사대부계층에 대한 약간의 골계적 비판에도 즐거워하며 밤이 지새는 줄 모르고 공연을 관람했다. 일제시대 초기에 관중은 이미 낡은 신파조극을 관람하면서 그것이 근대문화의 진수라고 이해했다. 1930년대 후반기 동양극장의 관중은 멜로드라마를 최고의 연극으로 오인하면서 상업주의 연극을 부흥시켰다. 젊은 세대는 누구나 신극(리얼리즘)에 관심을 기울인다는 사실만으로 문화인으로서 대접 받고 동시에 자존심을 느꼈다. 이러한 사항들은 모두 한국연극의 발전과 관객의 상관성을 시사하는 자료이다. (서연호)

연극, 객석

참고문헌

빠트리스 파비스, 신현숙 역, 『연극학사전』, 현대미학사, 1999.

서연호, 『연극관중론, 한국연극론』, 삼일각, 1975.

오스카 G. 브로케트, 『연극개론』, 한신문화사, 1989.

관념론 미학

관념론 미학은 바움가르텐(Baumgarten)의 『미학 Aesthetica』(1750–58)에서 시작한다. 바움가르텐의 미학적 사유는 이후 칸트, 헤겔, 셸링 같은 모든 관념론자들의 사유에도 영향을 끼치는데, 그의 출발점은 인식론적 사유에 의해서 이성(합리성)의 전형이 심미적인 현상 속에서도 규정될 수 있다는 것이다. 그런 연유에서 심미적 이성은 "합리성의 유비"(analogon rationis)로 규정된다. 다시 말하면, 심미적 이성은 과학적 이성과 불가분의 관계를 이룬다.

그와 같은 사유는 칸트에서도 지속한다. 칸트에게서 심미적 이성은 심미적 경험, 예술, 심미적 행위 등에 놓여 있는 이성을 총합하는 개념이며, 이러한 인식 하에 그의 철학은 인간의 인식 행위와 실천적 행위의 총체성에서 심미적 합리성이라는 특별한 활동이 어떻게 규정될 수 있는가를 묻고 있는 것이다. 합리성을 최고로 구현해 내는 심미적 합리성은 과학적 학문에서처럼 대상적 인식으로 환원될 수 없으며 또한 도덕적인 실천 이성의 구성요소로서 제한될 수도 없는 특질을 지닌다. 『판단력 비판 Kritik der Urteilskraft』의 서문에서 칸트는 성찰하는 판단력을 기초로 하는 심미적 합리성은 오성(과학에서의 합리성)과 이성(실천의 합리성) 간의 다리를 놓는 "중간 요소"라고 밝히고 있다. 부연하자면, 미적 판단력의 의미를 지닌 심미적 합리성은 "자연 개념의 영역에서 자유 개념의 영역으로의 전환"을 가능케 한다는 것이다. 칸트가 과학적인 인식 이론을 미학 이론에 적용하는 방식에서 벗어나 심미적 경험 자체의 인식적인 의미를 강조하였다는 것은 분명하지만, 종국에는 칸트 또한 심미적인 것(예술적 경험, 아름다움)의 실천적 의미를 강조하고 있다. 그것은 아름다움을 "윤리적으로 선한 것의 상징"으로 파악하고 있는 대목이나 도덕적 자연을 강조하는 "숭고함의 이론"에서도 엿볼 수 있다. 이러한 점은 예술의 자율성을 인정하면서도 동시에 전통적인 플라톤적 사유(진선미의 조화)에서 벗어나지 못하고 있음을 말해 준다.

관념론 미학은 천재로서의 예술가가 지적 관조를 지닌다고 강조한 셸링의 예술관, 그리고 예술을 "이념의 감각적 현현"이라고 규정하였던 헤겔 미학을 통해 그 절정에 도달한다. 관념론적 미학은 한편으로 예술의 위상을 높여 주었으나 다른 한편 예술의 감각적, 충동적 측면을 결국 정신과 이념에 종속시킴으로써 예술의 "철학적" 해석이라는 비난을 면하지 못한다. (최문규)

관념론, 바움가르텐, 칸트, 헤겔, 심미적 합리성

참고문헌
A. Baumgarten, Aesthetica, 1750~1758.
Kant, Kritik der Urteilskraft.
Hegel, Vorlesungen über die Ästhetik.

관념론(觀念論, Idealism)

관념론은 흔히 이상주의로 불리며 그것의 일반적 의미는 순수한 이상을 설정하면서 그 이상을 실천하려는 세계관 및 삶의 방식을 말한다. 형이상학적으로 설명할 경우 관념론이란 객관적 실제를 이념, 정신, 이성으로 규정하는 사유를 말하며 이때 물질도 정신의 현상으로 간주된다. 관념론은 두 가지 방향으로 나뉘는데, 그 하나는 이념의 측면을 강조하는 객관적 관념론(플라톤, 셸링, 헤겔)이며 다른 하나는 이성의 측면을 강조하는 주관적 관념론(데카르트, 피히테)이다. 인식이론적 차원에서 관념론은 사물을 표상의 복합체로 파악하는 관점, 즉 존재를 오로지 의식으로서만 인정하는 관점을 뜻한다.

관념론은 칸트, 피히테, 셸링, 헤겔로 이어지는 독일 관념론에서 절정에 도달한다. 칸트는 인식 능력 자체를 검증해야한다는 데서 출발하였고 그 결과 "물 자체"(Ding an sich)는 인식될 수 없으며 우리는 오로지 현상에만 만족해야 한다고 주장하였다. 여기서 현상은 관조 형식(시간과 공간), 오성 개념(범주)에 의해서만 규정된다.

칸트를 비판하고 관념론을 강화시킨 이는 피히테(Fichte)다. 그의 『지식론 Wissenscha−ftslehre』에 의하면, 자아는 세 가지 행위를 전개한다. 1. 자아는 스스로를 규정하고, 2. 자아는 비아를 규정하고, 3. 자아는 분리될 수 있는 자아에 분리될 수 있는 비아를 자신 속에서 대비시킨다. 여기서 자아란 곧 정신, 의지, 윤리 등의 총체적 개념이며 비아는 타성에 저항하는 인간 의지의 총합을 뜻한다. 자아는 스스로 자신을 규정하며 동시에 비아도 그러한 자아에 의해서 규정됨으로써 결국 "자아"의 절대적 활동만이 존재한다. 요컨대 자아가 자신 속에 있는 현실을 들어 올리곤 그것을 비아로서 규정할 때 비로소 우리는 우리 밖에 있는 사물을 표상할 수 있는 것이다.

자아의 절대적 행위만을 강조하는 피히테의 사유는 셸링의 동일성 철학으로 발전하게 된다. 그는 사변적 자연 철학에 의하면, 주체와 객체, 실제와 이상, 자연과 정신의 대립은 절대자에서 해체된다. 여기서 절대자는 곧 양자 간의 동일성을 뜻한다. 예를 들면, 자연은 인간에 의해 사유 됨으로써만 그 자체를 의식하게 된다. 셸링에 의하면, 절대자는 "지적 관조"에 의해서만 포착되 며 그러한 지적 관조가 가능한 영역은 다름 아닌 예술, 즉 천재로서의 예술가에 의해서만 가능 하다.

독일의 사변적 관념론 혹은 정신철학을 대변하는 헤겔은 진보를 변증법적 과정에 대한 표상 내로 흡수함으로써 계몽의 낙관적 진보 사상에 새로운 이론적 토대를 마련해 준다. "변증법적 과정"이라는 원칙은 모순에서 나온 운동이다. 신적인 사유의 순수한 내면성은 물질적 자연의 부적합한 형식을 취하게 되는 순간 모순을 형성하게 된다. 그러나 이미 자연 속에서는 외형적 형식의 점진적인 자기 몰입이 일어나며, 이때 타자적 존재(자연)에서 벗어나 자기 자신에게로 정신이 "복귀"하는 현상이 인간 내에서 일어난다. 달리 말하자면, 인간은 처음에 자연물처럼 존 재하지만, 곧 현상하는 의식의 단계에서 자신의 직접적인 물질적 현존재로부터 분리됨으로써 모순을 형성한다. 그러나 세 번째 단계에서 정신적 본질로서 인간은 자기 자신의 정신적 본질을 자신의 의식적(즉 사유하고 원하는) 행위와 동일한 것으로 인식한다. "객관적인 정신"의 형상 물, 예를 들면 인간 공동체에 의해서 만들어진 형식들(법, 도덕, 윤리 등)은 그러한 발전 과정을 밟는데, 세 번째 단계에서는 서로 대치되었던 주체와 객체가 종합된다.

20세기 초에 독일 관념론은 정치적으로 악용되었는데, 예컨대 절대적 자아를 주장한 피히테 철학은 절대적인 영도자 이데올로기로, 주객관의 통일성으로서의 보편적인 형식을 주장하였던 헤겔 철학은 "국가" 이데올로기와 연결되기도 했다. 또한 최근에는 관념론 철학의 소위 "동일 성" 논리는 프랑크푸르트 학파와 포스트모더니즘적 철학에서도 비판되고 있다. (최문규)

칸트, 피히테, 셸링, 헤겔, 주관적 관념론, 객관적 관념론

참고문헌

Fichte, Wissenschaftslehre, 1794.

Hegel, Phänomenlogie des Geistes, 1807.

관념시(觀念詩)

관념시는 이미지를 배제하고 추상적인 사상만을 사용하여 일정한 관념을 시속에 투영하여 형상화한 순수시의 일종이다.

신비평 이론가인 랜섬(J. C. Ransom)은 1934년에 발표한 『시─본체론의 각성』에서 지향하는 세계가 단일한가 혹은 복합적인가에 따라서 시의 종류를 세 가지로 나누었다. '물질시(physical poetry)', '관념시(platonic poetry)', '형이상학적시(metaphisical poetry)'가 그것이다. 랜섬은 '형이상시'에 반대되는 시를 '물질시'와 '관념시'로 구분한다. 물질시는 의미와 가치를 배제하고 사물의 이미지만으로 대상의 성질을 정확히 전달하고자 하는 시를 말한다. 반대로 이미지를 배제하고 추상적인 관념만을 강조하는 시를 관념시(platonic poetry)라고 한다. 관념시의 궁극적인 목적은 관념의 전달이다. 랜섬은 모든 '관념시'를 '물질시'와 같은 순수시의 일종으로 보고, 그것은 이미지를 배제하고 추상적인 사상만을 사용한 것이므로 논문이나 과학적 문서에 불과하다고 말한다. 이미지의 사용이 없이 오로지 순수한 관념만을 구사하는 이 시의 담화는 결국 '관념의 시'라 하더라도 논리적이며 학문적인 태도의 기록에 지나지 않기 때문이다. 한편 물질시가 은밀히 관념의 순수성을 도입하는 것이라면 관념시도 아주 드물기는 하지만 이미지를 사용하여 물질시적인 요소를 반영한다. 그러나 이 경우 이미지는 사상과 선전 내용을 위장하는 당의(糖衣, Sugar candy)에 불과하다. 랜섬은 따라서 관념시는 추상적인 사고의 표현이자 사상이나 교훈을 전달하려는 담화에 지나지 않으며, 너무 이념적이라는 이유로 비판한다.

랜섬은 영시사에서 관념시를 지향했던 시인들로 빅토리아조의 시인들을 들고 있다. 빅토리아조의 시인들은 대부분 도덕가(道德家)이고 과학자(科學者)이고 이상주의의 예언자(豫言者)로서 시라는 형식을 통하여 이상주의를 설파한 교훈이나 도덕 혹은 예언 등을 이야기했다는 것이다. 그리하여 역설적으로 그 대상만 달라졌을 뿐 원칙적인 태도에 있어서 관념시는 물질시의 한 모방이며 따라서 참다운 시가 아니다. 이 시인들은 하나의 이미지가 하나의 관념을 증거해 주리라는 기대 속에서 그들의 가짜 시를 썼으나 이 미묘한 사명감으로 성공한 문학은 참다운 이미지들이 아니라 이들의 도해(圖解) 즉 설명에 지나지 않는 것이었다. 아울러 이러한 시는 일종의 선전이고 설교에 불과하기 때문에 인간 경험의 총체를 드러내주지는 못한다고 주장한다.

한편 테이트(Allen Tate)는 『세 가지 타입의 시 Three Types of Poetry』에서 시를 세 가지 종류로 나누었다. 그 중 첫 번째 유형의 시는 동기가 실제적인 의지에서 출발한 것으로서 17세기까지는 도덕적 추상 개념이나 우의(寓意) 같은 경향을 띠었고, 근대에 와서는 과학의 영향을 받아 물질적 사상을 담게 되었다고 분류한다. 이 유형의 시는 추상적 사상이나 메시지를 전달하려는 목적을 가진다는 점에서 랜섬의 관념시와 같은 유형으로 묶을 수 있다.

한국문학에서는 김춘수나 박남수, 김기림의 시등에서 관념시의 세계를 찾아볼 수 있다.

김춘수의 경우 '꽃의 소묘'로 대표되는 초기시에서 릴케나 하이데거의 실존주의 철학의 영향을 받은 관념시를 창작한다. 김춘수는 꽃으로 표상된 '시의 내밀한 뜻', '존재의 의미' 탐구나 주제를 보편적으로 지향하였다. 김춘수는 초기시에서 '관념' 이데아의 세계를 추구하였으며 언어, 즉 시적 언어를 통해 접근하려고 하였다.

「꽃」

내가 그의 이름을 불러 주기 전에는 / 그는 다만/하나의 몸짓에 지나지 않았다. // 내가 그의 이름을 불러 주었을 때 / 그는 나에게로 와서 / 꽃이 되었다. // 내가 그의 이름을 불러준 것처럼 / 나의 이 빛깔과 향기에 알맞은 누가 나의 이름을 불러다오. / 그에게로 가서 나도 / 그의 꽃이 되고 싶다. // 우리들은 모두 / 무엇이 되고 싶다. / 너는 나에게 나는 너에게 / 잊혀지지 않는 하나의 눈짓이 되고 싶다.

이 시에서 김춘수는 관념적이고 형이상학적 시로 존재의 본질에 관한 문제를 다루고 있다. 이 시는 '이름을 불러주기'라는 명명 행위에 대한 인식을 바탕으로 전개된다. 내가 대상을 인식하기 전에는 그는 다만 무(無)와 다름없는 존재였다. 여기서 '하나의 몸짓'이란 무의미한 존재를 상징하는 것이다. 그리하여 2연에서 '내'가 '그'의 이름을 불러 줌으로써 비로소 그는 내게 의미 있는 존재인 '꽃'이 된다. 한편 3연에 이르면 이제는 주체인 '나'도 대상인 '너'에게로 가서 의미 있는 존재가 되고 싶다고 한다. 여기서 '대상 없는 주체도, 주체 없는 대상도 무의미하며, 성립될 수 없다'는 말을 떠올려 볼 때, 이는 '존재의 본질 구현'을 향한 서정적 자아의 염원이라고 할 수 있다. (김선미)

물질시, 순수시, 형이상학시

참고문헌
한국 현대 시 학회, 『20세기 한국 시의 사적 조명』, 태학사, 2003.
김병택, 『한국 현대 시인의 현실 인식』, 새미, 2003.
홍문표, 『현대시학』, 양문사, 1995.
이창배, 『20세기 영미시의 형성』, 민음사, 1994.

관능주의 ☞ 데카당스

관례 ☞ 관습

관료제(官僚制, Bureaucracy)

관료제라는 용어는 18세기 경 프랑스 행정관청의 사무실 책상을 의미했는데, 점차 유럽 전역으로 전파된 것이다. 초기의 관료제 개념은 정부 관청이나 관료집단이 갖는 권력과 연관되어 있었는데, 이러한 개념은 19세기에 이르러 특권적인 관리에 의해 행정이 통제되는 통치구조로 이해되었다. 관료제를 정치권력의 관점에서 파악한 H.D. 라스키(H. D. Laski) 등의 학자들은, 사회에서 특권계층을 이루고 있는 관료집단이 관료제의 핵심계층이며 이들이 정치권력의 담당자라고 보기 때문에 관료제는 시민의 자유를 침해할 우려가 있다고 비판한다. 반면 M. 베버(Max Weber)와 같은 학자들은 대규모 조직의 관리와 운영에 따르는 기술적인 측면을 강조해 관료제를 하나의 계층적 조직으로 파악하여 그 전형을 근대관료제에서 찾는다. 이 두 가지 관점이 절충된 오늘날 관료제의 개념은, 관료제를 객관성과 합리성이 내재된 대규모 조직구조라는 측면에서 긍정적으로 파악하면서도 조직의 한계를 이탈해 구성원들을 지배하고 소외시키는 부정적인 측면도 동시에 존재함을 포함하고 있다. 객관성과 합리성, 보편주의와 업적주의를 기반으로 하는 근대관료제는 산업화 · 사회 전반의 합리화 · 행정의 분화와 전문화 경향 · 관료기구의 확대 등이 진척됨과 더불어 발전되어 온 것이다. 이런 의미의 관료제 개념을 체계화한 M. 베버(Max Weber)는, 관료제란 직무의 범위인 책임과 권한의 범주가 명확히 한정되어 있어야 하며, 직무상의 지휘나 명령 계통이 계층을 통해 확립되어 있어야 한다고 주장한다. 또한 직무에 필요한 물적 수단과 직무자는 완전히 분리되어 있어야 하며 보수는 화폐로 일정하게 지급되어야 하고 직무 수행 시 필요한 지식과 기술의 요구 그리고 이것을 확보하기 위한 임명과 승진 등의 제도가 정비되어 있어야 한다고 덧붙인다. 베버의 관료제에 대한 이념형은 실제의 관료제가 어느 정도로 이념형에 가까운가를 판단하는 기준이 되는 동시에 관료제에 대한 비판적 논의를 가능케 하는 데 그 주요한 의미가 있다 하겠다. (채근병)

근대관료제, 객관성과 합리성, 보편주의와 업적주의, 이념형으로서의 관료제

참고문헌
김우태 외, 『정치학의 이해』, 형설출판사, 1998.
김재기, 『행정학』, 법문사, 1999.

관습(慣習, Convention)

관습은 대체로 custom의 번역어이다. custom은 풍습, 관습, 습속 등으로 번역된다. 이는 장기간에 걸쳐 형성되어 인간 생활의 방법을 결정하는 행동의 규칙을 의미한다. 예를 들면 결혼이나 제례(祭禮), 교제(交際) 등에 대한 규칙 등, 관습은 어떤 민족의 역사, 경제 활동의 형태, 자연의 기후 상태, 종교상의 신앙 등의 영향에 의해 형성된다. 그것은 개인적 습관이 아니라 사회적 습관으로서, 일정한 사회에서 생활하는 사람들에게 영향을 줄뿐만 아니라, 사람들의 행동을 규제하며 도덕이 도덕으로서 지켜지게 하는 근원을 이룬다. 이 때문에 도덕적 견지에서 긍정적, 또는 부정적으로 평가되는 대상이 되기도 한다. 관습은 역사적으로 형성되고 또 굳어지지만 역사와 함께 변천한다. 새로운 시대가 되어도 종래의 관습을 고수하려 하는 것을 보수적이라고 말하는데, 관습은 이러한 경향을 강하게 지니고 있다.

이러한 관습의 일종으로 인습(因習)이 있다. convention은 관습의 한 종류인 인습으로 번역하는 것이 적당하다. 일반적으로 인습은 폐쇄적 또는 전통적 소사회(촌락공동체) 등에서 만들어지기 쉽다. 예를 들어 과학적 근거가 없는 의식주(衣食住)의 터부가 집단적으로, 그리고 강력한 사회적 명령도 없이, 그저 지금까지 지켜져 내려왔다는 이유만으로 지켜지는 경우가 있다. 또 어떤 음식을 먹는 것이 개인적 미신에서 금하는 것이 아니라 그 마을 전원에게 금하거나, 옛날 중국에서 여자에게 전족(纏足)을 강요한 일 등이 있는데, 이러한 것들이 인습의 좋은 예이다. 전통(傳統, tradition)이 계승해야할 가치 있는 좋은 관습이라 정의된다면, 인습(convention)은 이와는 반대로 역사의 진행에 따라 버리거나 개선해야할 악습을 의미할 때도 있다.

문화비평이나 문학이론의 장(場)에서, 관습(convention)은 비판 없이 수용되는 과거의 구태의연한 창작원리를 가리킨다. 모더니즘 문예이론은 예술과 문학의 맥락에서 점점 더 뚜렷해지는 역사적 상대주의를 전달하기 위해 사용되어 왔다. 이 상대주의는 본래 전통 비판의 한 형식이다. 모더니티의 관점에서 볼 때, 예술가는 확고부동한 기준을 가진 규범적인 과거와 단절되어 있으며, 또 전통은 그에게 본받을 만한 선례나 따를 만한 지침을 제공해줄 아무런 합법적 권리도 갖지 않는다. 이렇듯 모더니즘 문예이론에서 단절해야할 규범적 과거로 전통을 인식할 때, 이를 주로 관습 혹은 인습이라 지칭한다. (이봉일)

풍습, 인습, 전통, 관례, 습속

참고문헌
M. 칼리니스쿠, 이영욱 외 역, 『모더니티의 다섯 얼굴』, 시각과 언어, 1993.
김성기, 『모더니티란 무엇인가』, 김성기, 민음, 1994.

관용(tolerance)

관용이란 단어는 라틴어 tolerantia(동사형은 tolerare)에서 유래된 것으로 '참는다', '고통을 감수한다'라는 뜻의 내적인 관용과 '남을 용서한다', '남을 너그럽게 받아들인다'라는 외적인 관용의 뜻이 있다. 즉 자기와 다른 의견, 생각, 습관, 문화, 전통, 행위, 조직체, 인종, 종교 등을 가진 사람에 대한 관대함을 나타내는 것을 말한다. 더 나아가서 자기 자신이 '좋아하지 않는 것'이나 '인정하지 않는 것'까지도 자발적으로 인내하고 용납하는 것을 의미한다. 즉 관용이란 특정인에게 부정적으로 판단되는 행동을 누군가 하고, 이 행동을 인지한 특정인이 이 행동에 대하여 제재를 가하지 않고 용납하는 태도 및 행위를 가리키는데, 이때 관용이 문제되는 상황은 특정인과 상대방의 신념이 서로 충돌하는 상황이며, 특정인이 부정적으로 생각하는 태도나 행동을 제지하거나 금지시킬 실질적인 힘을 소유하고 있지만 자발적으로 그 힘의 사용을 자제할 때 적용될 수 있다.

니콜슨(Nicholson, P.)은 관용의 개념을 여섯 가지로 세분화하여 설명하고 있는데, 첫째, 관용되는 대상과 관용자의 생각, 믿음, 행동에 차이(deviance)가 있어야 한다. 둘째, 그 차이가 중요성을 가져야 한다. 셋째, 중요한 차이가 있는 대상을 도덕적 혹은 심리적으로 받아들이지 않는 비승인(disapproval)의 태도가 있어야 한다. 넷째, 관용자는 피관용자의 행동을 억압하거나 막을 수 있는 힘이 있어야 한다. 다섯째, 피관용자를 거부하지 않아야 한다(non-rejection). 즉 피관용자에 대한 영향력을 행사할 수 있는 힘이 있음에도 불구하고 이를 사용하지 않음으로써 차이가 계속 유지되는 것을 허용해야 한다. 이 점에서 관용은 확장되는 자유의 범위를 스스로 절제하는 인성적 자질의 의미를 내포한다. 여섯째, 관용이 옳고 관용자는 선해야 한다.

관용은 주로 종교적인 상황에서 대두되었다. 특히 16세기 초 종교개혁 이후 그 결과로 나타난 신교와 구교, 여러 교파 간의 내부적 분리와 차이에 의한 갈등이 심화되면서 관용은 시급한 사안이 되었다. 17세기에 들어서 종교에 대한 관용을 제안한 사람들이 속속 출현하였으며 그 중에서 영국의 존 로크(John Locke)는 국가와 종교의 분리를 주장하고 또한 종교의 자유를 변호하면서 각 종교의 견해와 신앙은 나의 것과 상이한 것일지라도 인정해 주어야 한다는 관용의 자세를 피력했다. 이처럼 관용의 중요성은 인본주의와 종교 개혁 사상, 그리고 르네상스의 영향을 통하여 신분이나 지위, 인종적 기원, 종교적 신념보다는 인간으로서 한 개인이 소유하고 있는 권리와 자유의 가치가 증대되던 17세기부터 하나의 도덕적 이상으로 논의되어 왔으며 지금까지 자유주의의 중심적 가치로 자리매김되어 왔다.

관용의 윤리는 자유주의, 실용주의, 계몽주의의 철학적 기초 위에서 정당화될 수 있다. 관용의 윤리가 토대로 삼고 있는 자유주의는 모든 사람은 평등하며 또한 자율성을 가진 존재라는 사실에 동의하는 '실제적 자유주의'(한스 오베르디에크)에 근거하는데, 이때 모든 사람이 평등하다는 원리는 관용 대상에 대한 평가이며 자율성은 관용을 실천하는 주체에 대한 평가이다. 관용 대상도 동등한 취급을 받을 권리를 가지고 있으며 관용의 주체는 관용을 실천할 수 있는 힘과 더불어 자율성을 갖고 있어야 한다. 이때 비로소 관용은 실천적 덕목이 된다. 또한 관용의 윤리는 실용주의 윤리학과 연결되는데, 열린사회를 지향하는 '문맥 상대적이고 실천 담지적인 가치'와 '상대주의', 그리고 다양성과 자율성에 대한 신념 위에 세워진 다원주의 사회의 전략적 가치에 기초한 관용은 개인이나 사회가 안고 사는 여러 종류의 갈등과 대립이 파국으로 가지 않고 평화롭게 공존할 수 있는 도구적 기능을 중요하게 간주하고 있다는 점에서 실용주의 윤리학과 공통의 윤리적 토대를 지닌다. 마지막으로 로크, 스피노자, 삐에르 베일, 볼테르, 디드로, 흄, 루소, 칸트 등 17, 8세기의 계몽주의 철학자들은 관용의 덕목이 종교적 다양성뿐만 아니라 문화, 인종적 차이와 다양성을 수용하도록 만드는 실마리를 제공한다고 인식하였으며, 또 '무지로부터 오는 공포(fear born out of ignorance)'가 불관용을 낳기 때문에 더 많은 지식과 이성의 계몽은 무지를 제거하고 불관용을 완화시킬 수 있다고 확신했다. (윤송아)

자유주의, 차이, 계몽주의

참고문헌
김용환, 「관용의 윤리 : 철학적 기초와 적용영역들」, 『철학』87권 1호, 2006.
김영일, 「세계화된 사회와 관용의 윤리」, 『기독교 사상』39권 8호, 1995.
A. C. 그레일링, 윤길순 역, 『새 인문학 사전』, 웅진지식하우스, 2010.

관점 ☞ 시점

관조(觀照, Contemplation)

라틴어의 '관찰하다' '주의 깊게 바라보다'라는 뜻에서 유래했다. 미적(美的) 대상에 대하여 주관을 가미하지 않고 냉정한 마음으로 관찰하고 완미(玩味)하는 것을 말하는 미학 용어이다. 창작에 대립되는 개념으로 완상(玩賞)·감상·쾌감을 수반하므로 미적 향수(享受) 또는 미적 향락이라고 한다.

칸트(Kant), 쇼펜하우어(Schopenhauer) 이래로 근대 미학에서는 관조를 예술작품이나 미적 현상들에 대한 고유한 미적 지각으로 간주했다. 관조적인 미적 태도에서 객체의 현실과 관찰하는 주체의 현실은 배제되어 미적 관찰은 '일체의 관심을 떠나서' 행해지는데, 이때 객체는 단지 그 현상적 방식에서만 고찰된다.

관조에 대한 고전적 정식화는 쇼펜하우어에서 이루어진다. 관조를 통해 사물의 장소, 시간, 이유, 목적에 대한 일상적 관찰이 중지되면서 사물의 순수한 본질이 직접 파악되는데, 정신은 스스로를 망각한 채 목적도 고통도 시간도 없는 순수한 인식 주체가 된다는 것이다. 니체(Nietzsche)는 관조의 보편타당성에 대한 요청을 아폴론적 예술의 세계로 환원시켜 미적 관조의 순수한 감수성을 '여성적 미학'이라고 비판하였다.

관조는 그 대상에 따라 크게 예술관조와 자연관조로 나누어진다. 예술관조는 창작의 추체험 (追體驗) 혹은 내면적 모작(模作)이라는 것이다. 예술관조의 태도에는 두 가지 경우가 있다. 작품을 그 요구대로 관조하는 경우와 작품이 유발하는 관조자 자신의 상상 활동 및 주관의 감정을 즐기는 경우이다. 이것을 각각 능동적 태도와 수동적 태도, 혹은 외방집중(外方集中)과 내방집중이라고 부른다. 예술관조는 예술작품이 일정한 예술의지의 표현인 한 객관적이어야 한다. 그런데 이에 반해 자연관조는 자연이 관조자에게 일정한 방식을 요구하지 않는 한 주관적이며, 같은 자연도 주관적 태도의 차이로 미감이 달라지기 때문에 예술관조에 비해 더 다면적이라고 할 수 있다. (곽승미)

예술관조, 자연관조

참고문헌
김문환, 『예술과 윤리의식』, 소학사, 2003.
A. Schopenhauer, 곽복록 역, 『의지와 표상으로서의 세계』, 을유문화사, 1994.
J. Hirschberger, 『서양철학사』, 강성위 역, 이문출판사, 1983.

광고(廣告)

광고는 목적의식이 뚜렷한 일종의 커뮤니케이션이다. 광고 주체는 물건을 많이 팔기 위해서 소비자를 설득하고 공략하여야 하는데 여기에 더 이상의 목적이 있을 수가 없다. 이런 정신 때문에 광고 연구자들은 마치 전쟁터에서 싸움이라도 할 것처럼 광고를 전략과 전술로 나누는 것이다. 먼저 무엇을 말할 것인가의 부분, 공략계획, 아이디어, 판매 요지 등이 여기에 들어가는데 일종의 전략 부분이다. 그리고 어떻게 말할 것인가의 전술 부분, 이미지, 언어, 레이아웃, 매체 등을 말한다.

그리고 훌륭한 전략을 세우기 위해서는 제품, 소비자, 시장의 3 요소를 이해해야 한다. 팔고자 하는 것이 무엇인가?, 누구에게 팔 것인가?, 우리 제품이 경쟁 제품들 사이에 들어갈 수 있는 방법은 무엇인가? 제품의 내용을 정확하게 알기 위해 구조나 공정의 과정을 파악하고 경쟁 회사의 것도 아울러 알아내면 금상첨화이고…… 여기에 시장분석은 필수적이다. 인구통계학 심리학이 동원되고 소비자 프로필을 작성하면 좋다. 모든 소비자를 다 잡으려고 하면 오히려 두 토끼를 놓치므로 주소비자(heavy user)를 잡아야 하고 그러려면 그 소비자 계층의 언어를 이해하고 활용하여야 한다. 등 광고는 물건을 잘 팔겠다는 뚜렷한 목적의식에서 조직되고 구성된다.

많은 사람들은 광고가 상품에 대한 정보를 제공하는 것이 아니라 소비자를 통제하고 조작해서 실제로 필요하지도 않은 물건을 사게 만든다고 비판한다. 즉 광고에 사용가치가 중요시되지 않고 상징가치가 중요하게 대두된다는 것이다. 그리고 이 현상은 흔히 후기 자본주의의 특성과 일치한다고 주장된다. 처음에 자본주의가 대두될 때 마르크스는 자본주의를 단순히 물적 생산이 정치 경제의 교환 관계에서 소외되는 현상으로 분석했다. 그러나 후기 자본주의 사회에서는 단순히 물질만이 아니라 도덕, 지식, 사랑까지도 교환가치를 지니게 되었다. 이제 상품형태가 지배적인 시대가 아니라 상징형태가 지배적인 시대가 되었다. 사물은 실제 얼마나 유용하고 인간에 편리함을 주느냐하는 그 고유의 기반을 잃어버리고 사회와 문화에 따라 변모하는 추상성을 띄게 된다.

이런 사회변화 속에서 자본주의는 생산에서부터 소비에 눈을 돌리게 되었으며 수요에 대한 통제와 약호의 사회화에 힘쓰게 되고, 그 때문에 아무리 평범한 일상용품이라도 상징의 영역에 매개되어 있다. 광고는 이 현상에 편승하여 상품의 가치를 창조까지는 하지 않아도 가치를 확인하고 정리하는데 중요한 역할을 하게 된다.

현대 사회에서 광고는 가장 영향력 있는 사회화제도가 된다. 광고는 부모와 자녀 사이의 관계를 매개하고 인간의 욕구를 생성시킨다. 성 정체성을 형성하는데도 중요한 역할을 한다. 그리고 광고는 정치 선거 전략에도 효과가 크며 최근에는 정부의 공공정책에도 목소리를 높이고 있다. 이제 광고는 사물을 통한, 사물에 대한 담론이 되고 있다. (최혜실)

시장, 상품, 사용가치, 교환가치, 상징가치

참고문헌
강준만 외 편역, 『광고의 사회학』, 한울, 1994.
오택섭 편역, 『설득이론과 광고』, 나남출판, 1994.

광기(狂氣, Madness, 프 Folie)

고대 그리스 이래로 광기는 창조성과의 관계에 중요시되어 왔다. 플라톤은 "신에 의해서 주어진 것 중에서 광기는 좋은 것 중에서도 가장 좋은 것"이라고 말하였다. 그런데 근대에는 광기가 인간의 정신병리로서 격리 또는 치료의 대상이 되었다.

중세와 르네상스까지 인간의 광기에 대한 투쟁은 세계의 비밀스러운 힘을 직면하게 만드는 하나의 투쟁이었다. 광기의 경험은 타락, 신의 의지, 야수, 변태의 이미지들로, 그리고 모든 종류의 인식의 비밀들로 가려져 있었다. 그러나 근대에 이르러서 광기를 이성이 아닌 것으로 정의함에 따라 정상세계로부터 분리하기 시작해, 광기는 타자성으로 정의되어 왔다.

푸코에 따르면 '고전주의 시대'라고 부르는 17~18세기에 구빈원(救貧院)이 대대적으로 만들어져 광인들은 부랑자, 빈민, 범죄자와 함께 도덕적인 죄악을 뒤집어쓰고 감금된다. 광기는 세상의 비밀이 아니라 인간 안에 존재하는 동물성, 즉 인간이 아닌 어떤 것이 되었다. 18세기 말을 지나면서, 광인과 함께 갇히는 것이 '이중의 처벌'이라고 비난하는 죄인들의 주장으로 광인은 죄인들과 분리되어 정신병원에 수용된다. 광기는 이성 아닌 무엇이 아니라, 이제 막 이성의 문턱에 도달한, 그래서 인간이 되어야 할 어떤 것이 된다.

그러나 '인간'의 이름으로 행해진 진단이나 치료는 광기의 비밀을 알려는 의도에 의한 것이 아니라, 광인들을 하나의 대상으로 삼아 정상적으로 행동하게 만드는 것만을 목표로 하는 관찰과 조처이다. 보상과 처벌의 체제 안에서 광인으로 하여금 스스로 알아서 정상적으로 행동하게 하려는 조련의 기술이 그것을 대신하게 되는 것이다. 이로써 광기는 절대적 침묵 속으로 들어간다. 의사나 간호사와 같은 이성의 담지자만이 정신의학의 용어를 빌어 광기와 광인에 대해 말하게 되는 것이다.

이러한 과정 속에서 이성은 질서, 물리적, 도덕적 제약과 집단으로부터의 익명성의 압력, 일치에 대한 요구로서 규정된다. 그리고 이를 통해 자신의 대립물을 침묵 속에 가두고 '타자화'하는 이성의 권력이 드러난다. 이성은 논리적 자명성을 통해 설득하는 게 아니라, 타자를 수용소, 병원, 혹은 침묵 속에 가두고 억압함으로써 작동한다. (곽승미)

권력, 타자, 이성

참고문헌
M. Foucault, 이규현 역, 『광기의 역사』, 나남, 2003.

광대

연극(가면극·인형극)이나 나례(儺禮)·줄타기·땅재주 같은 곡예를 하거나, 판소리를 구연하는 직업적 예능인을 가리키는 말. 창우(倡優)·배우·배창(俳唱)·극자(劇子)라고도 한다. 재백정(才白丁)과 더불어 민속연예를 전달하던 최하층의 천인들을 광대라 부르게 된 것은 고려 말부터이다. 놀이와 방종을 일삼던 의종(毅宗) 때에는 영관(伶官)이라 하여 산대잡극(山臺雜劇) 배우 160명이 국가기관에 소속되어 국가행사 때 연예를 담당하였다. 이 밖에 민간에도 상당수의 배우들이 있어 궁중행사에 불려가지 않을 때는 시중의 공상인(工商人)들을 상대로 생계를 유지했던 것으로 보인다.

18세기 후반 송만재의 <관우희(觀優戲)>에 따르면 광대들의 놀이는 ① 가곡, 음률, 별곡, ② 판소리 열 두 마당, ③ 줄타기, ④ 땅재주, ⑤ 정재놀음(舞樂)과 가면무, ⑥ 관원(官員) 놀이, 검무, ⑦ 소학지희, ⑧ 무가(巫歌), ⑨ 꼭두각시 놀음 등으로 기록되어 있는데, 광대는 조선조 말엽 판소리가 크게 성행하면서 보통 '판소리에서 창을 부르는 직업적 예능인'을 가리키는 말로 통용 되었다. 19세기 후반에 판소리를 집대성한 신재효는 광대가 갖추어야 할 네 가지 덕목으로 인 물·사설·득음·너름새를 기본으로 들고 있다.

광대들은 궁중행사나 외국 사신들의 영접 때 산대잡희(山臺雜戱)나 나례 등을 공연하고 평상 시에는 떼를 지어 지방을 돌아다니며 각종 연회로 생계를 이었다. 이들은 궁중·관가·양반의 사랑(舍廊)을 비롯하여 도회·농어촌·시장 등에서 판소리·줄타기·땅재주·정재(呈才)·가 면희·검무(劍舞) 등을 연출하였다.

현존하는 민속극에서는 <하회별신굿탈놀이>에서 '각시광대', '양반광대' 등으로 가면연회 자를 가리키며, 영남지방의 낙동강 서쪽 일대에서도 <가산오광대>·<통영오광대> 등으로 가면극을 가리키는 이름으로 전하고 있다. (고미숙)
판소리, 하회별신굿탈놀이, 가산오광대, 통영오광대

참고문헌
이두현, 『한국가면극』, 문화재관리국, 1969.
심우성, 『한국의 민속극』, 창작과비평, 1975.

교감(Correspondence)

교감은 일반적으로 법칙(Rule), 관례(Convention), 적격(Decorum)을 고수하고 준수하는 것을 말한다. 상응, 대응, 조응, 일치로 지칭되기도 한다. 18세기에 작가들이 특히 시와 관련하여 자 주 논했던 대단히 귀중히 여긴 이상이며 기준이기도 하다. 18세기에 상징주의 시인들의 '교감' 는 보들레르의 영향을 많이 받았다. 보들레르가 베를렌, 랭보, 말라르메 등 상징주의 시인들의 선구자로 군림할 수 있는 이유는 바로 이런 점들 때문이다.

교감 이론을 주창한 자는 보들레르(Baudelaire, Charles)이다. 보들레르는 외부의 세계와 인간 사이에, 혹은 자연 세계와 정신 세계 사이에는 교감 관계가 있다는 것을 발견한 시인이다. 보들 레르는 『악의 꽃 Les Fleurs du mal』에 수록된 「교감 corres−pondence」에서, 그의 시의 상징적 양식을 자연 세계와 정신 세계뿐만 아니라 정신과 외부 세계간의 '교감', 즉 내재적인 유추에 관 한 옛 교설에 그 바탕을 두고 있다. 보들레르의 표현을 빌면 " '자연' 세계에 있어서와 같이 '정 신' 세계에 있어서도 모든 것, 형상, 운동, 수, 색채, 향기가 의미심장하고, 상호적이고, 역(逆)이 성립되며, '교감한다.'"

교감이란 물질세계와 영혼의 세계가 소리와 메아리처럼 서로 화답한다는 생각을 표현한 것 이다. 그리고 물질계(자연)가 우리에게 마련해 주는 상징을 통하여 우리는 영혼계에 접근할 수 있는데 우리의 모든 감각은 자연의 신비를 드러내기 위하여 서로 합쳐서 협력한다. 그의 시 「교감」에서 물질세계와 정신세계는 서로 교감을 나눈다. 정신 세계에 접근하게 해 주는 상징들을 제공하는 것이 바로 물질세계이며, 물질세계를 포착하는 우리의 모든 감각들은 서로 뒤섞여 자연의 신비를 밝혀내는 데 협력한다. 이 세상의 일체는 상형 문자이고, 시인이란 다름 아닌 번역자이며 암호 해독자이다. 상상력은 시인으로 하여금 즉각적인 현실의 대상들을 꿰뚫어 보는 능력을 주어서 다른 세계, 즉 관념의 세계와 이 현실의 대상들이 맺고 있는 관계를 내부로부터 느끼게 해 준다. 시인은 상상력을 통하여 현실 세계와 관념 세계를 접합시키는 자이며, 이것이 바로 '교감(相應)'이다. 이 교감은 상징적 외관과 정신적 실재를 마술적으로 하나의 감각 기호로 결합시킨다. 즉 물질과 영혼, 인간과 자연, 자연의 상징을 통한 인간(시인)과 영혼의 세계가 서로 교감하고 있다는 것이다. 이렇게 구상된 예술은 일종의 마법적 기능을 지니는데 현실과 그 현실을 뛰어넘는 초월적 세계를 동시에 드러낸다. 말과 사물이 그렇게 보이는 것이 되기 위해서는 끊임없이 변모해야 한다.

보들레르의 교감, 즉 감각적 교류, 만물상응, 우주적 교감, 과거와 현재와 미래의 혼융이라는 완벽한 상태는 인간이 낙원을 잃어버리고 겪게 되는 시간 속의 유배에서 풀려난, 시간이 사라진 영원의 세계의 현시이며, 이것을 중명하려는 인간적 노력이 시인의 시가 된다.

「교감」에서 자연은 '모호한 말'들을 흘러 내보내는 '사원(寺院)'으로 형상화된다. 사원이라는 상징의 숲에서 인간은 관찰하면서 동시에 관찰 당하는 것을 느끼면서, 향기와 색깔과 소리가 서로 응답하는 신비의 체험을 한다. 지상계(물질, 감각, 가시(可視)의 세계)와 천상계(정신, 이데아, 불가시(不可視)의 세계)와의 교감이 있고, 지상의 만물을 보고 그 숨긴 뜻을 해독하는 자가 곧 시인이다. 여기에 세 가지 교감이 일어나는데 천상계와 지상계, 사람(시인)과 지상계(자연), 자연의 상징을 통하여 사람(시인)과 천상계(이데아의 세계)가 바로 그것이다. 따라서 상징으로서의 사물은 시인을 천상계로 상승하게 하는 매개 구실을 한다. 이것은 또한 우주적 교감의 세계를 유추할 수 있게 한다. 이렇게 하나가 된 전체는 원초의 완전한 통일성 속에 충만함으로 이루어진 낙원의 존재 양식과 부합하게 된다. 즉 인간이 신과 분리되기 전의 완전한 상태를, 원죄 이전의 선과 악을 모르는 에덴의 상태가 되는 것이다. 이질적인 감각들이 상호 침투하여 섞이며 또한 동시적으로 체험되고 모든 사물들이 상호적인 유추에 의해 표현되는 세계에서 시인은 가시적이며 물질적인 대상 뒤에 감추어져 있는 본질적인 의미를 판독한다.

한편 보들레르의 「교감」은 공감각적 표현으로 형상화되기도 한다. 색과 냄새와 소리의 교감 조응의 이론은 보들레르가 창안한 것은 아니지만, 그는 이것을 단순한 미적 감각의 조화 이상의 우주적 유추에 이어서 그 시적 세계의 심원한 신비로운 것으로 삼고 있다.

아르튀르 랭보(Rimbaud Arthur)는 외관의 뒤에서, 보들레르에 의해 드러내어진 말로 표현할 수 없는 현실인 '만물조응'(萬物照應, 정신과 외계, 자연적 세계와 정신 세계 사이의 본래적인 유사성에

관한 이론)의 세계에 도달하려고 시를 마술 수단처럼 사용하면서 초현실주의를 예고했다.(권도경)

보들레르, 만물조응

참고문헌
김붕구, 『보들레에르』, 문학과 지성사, 1997.
오덕희, 『Baudelaire의 작품에 나타난 paradise 연구』, 중앙대학교 석사학위 논문, 1994.
이주희, 『보들레르 시에 나타난 파리의 우울과 현대성』, 연세대학교 석사학위 논문, 1995.

교겐(狂言)

일본 중세에 생겨난 교겐은 노(能), 분라쿠(文樂), 가부키(歌舞伎)와 함께 일본 4대 연희의 하나이다. 교겐과 노를 합해서 노가쿠(能樂)라고 하는데, 이 명칭은 메이지시대(明治時代) 이후에 사용된 것이며 그 전까지는 사루가쿠(猿樂)라는 이름이 정식 명칭이었다.

교겐이란 말은 원래 우스꽝스러운 말, 신소리, 실없는 익살, 농담과 같은 뜻으로 사용되었던 것이 난보쿠초시대를 전후하여 무대예술의 명칭으로 사용되기 시작하여 무로마치시대인 1420년 경에 완전히 정착되었다. 어원에서 보듯 교겐은 전체 일본예능에서 잘 나타나고 있지 않은 '웃음'을 주는 유일한 희극이다. 유교적 봉건시대에는 일부 귀족계급의 향유물 이었다가 일본 패전 이후부터 대중 속에 급속히 확산되었다. 노 상연 뒤에 반드시 교겐이 따르는데 노가 탈을 사용하는 가무극인데 비해 교겐은 대사와 몸짓만으로 이루어진다. 노는 옛 이야기나 설화에서 소재를 구하고 이름난 인물을 주인공으로 삼지만, 교겐은 무명 인물이 등장하며 일상 주변에서 일어나는 사건들이 전개된다. 노는 차츰 비극적이고 상징주의적인 가무극으로 변화했고 교겐은 희극적이고 사실주의적인 대화극으로 변화했다.

교겐에 등장하는 대표적 인물들로는 복신(福神)·귀신·떠돌이·상인·승려(僧侶) 등이 있다. 교겐은 크게 세 가지로 나누어지는데 혼쿄겐(本狂言), 아이쿄겐(間狂言), 산바소(三番叟)가 있다. 혼쿄겐은 노와 노 사이에 상연되는 것으로 그냥 교겐이라고 할 때는 이 교겐을 말한다. 아이쿄겐은 막간에 상연되는 것으로 노의 주제와 내용을 알기 쉽게 설명해준다. 산바소는 경축을 위한 독특한 교겐으로 오곡 풍요를 기원하는 춤을 춘다. 혼쿄겐의 종류로는 와키쿄겐(脇狂言), 다이묘쿄겐(大名狂言), 다로카쟈쿄겐(太郎冠者狂言), 무코쿄겐(壻狂言), 온나쿄겐(女狂言), 오니쿄겐(鬼狂言), 야마부시쿄겐(山伏狂言), 슛케쿄겐(出家狂言), 자토쿄겐(座頭狂言), 마이쿄겐(舞狂言) 등이 있다.

공연 형태는 5곡목의 노와 노 사이에 교겐 4곡목을 동시 공연하는 것이 전통적인 방법이고 한 곡목에는 2~4명이 등장하며 시간은 대개 15~40분 정도로 짧다.

풍자와 골계성은 교겐의 대표적인 특질이며 이에 축언(祝言)적인 성격도 포함된다. 교겐은 서민적이고 사실적인 특성을 지녔기에 자연히 풍자적인 성격을 띠게 되나 신랄하게 파헤치는 풍자보다는 명랑하고 따뜻한 웃음을 선사한다. 일본에서는 현대에 들어와 교겐이 누구에게나 보편적인 웃음을 주는 예술성을 갖고 있다고 평가되어 중요성이 점점 커지고 있다. (노현주)

노(能), 희극, 풍자, 골계

참고문헌
박전열 외, 『일본의 문화와 예술』, 한누리미디어, 2000.
박청국, 『일본문화의 이해』, 제이앤씨, 2004.
일어일문학회, 『모노가타리에서 하이쿠까지』, 글로세움, 2003.

교양(Bildung)

교양이라는 개념은 18세기 후반 독일에서 본격적으로 논의되기 시작하였다. 주로 정신적으로나 육체적으로 미숙한 상태의 개인이 사회와의 갈등관계를 거치면서 보다 성숙한 상태로 발전되는 양상을 지칭한다. 따라서 교양 개념은 개인과 사회, 자아와 세계 사이의 다양한 관계와 갈등을 전제로 하며, 이와 같은 관계 안에서의 개인의 성장, 사회화 등을 총칭하는 용어라 할 수 있을 것이다.

중세에 있어서 교양은 주로 신과 인간과의 관계 속에서 논의되었다. 중세에서의 교양개념이 결핍된 존재인 인간이 신과의 관계 속에서 보다 완전한 인간으로 발전하는 것을 지칭하는 신학용어로 사용되었다면, 18세기 중반 이후 계몽주의의 단계를 거치면서 교양 개념은 보다 인문학적이고도 철학적인 의미를 갖게 되었다. 딜타이(Dilthey)에 의하면 교양은 독립적 주체를 위한 개인의 형성과 완성을 의미하며, 헤겔(Hegel)에 의하면 교양은 보다 사회적인 의미에서의 개인의 보편성의 실현을 지칭한다. 말하자면, 개별성이 보편성에 의해 매개되면서 발전되고, 보편성 안에서 개별성으로서의 자기 의미를 갖게 되는 과정을 의미하는 것이다.

내면의 발전을 통해 독립된 인격체로 성장하여 사회 안에서 진정한 자기실현을 완수한다는 교양의 이념은 19세기에 와서 더욱 분명한 형태를 띠게 된다. 19세기는 명시적인 계급갈등과 사회적 변화, 그리고 교육개혁이 이루어진 시기로 개인과 사회 사이의 갈등관계가 더욱 심화되었던 시기이기 때문이다. 브론테(Charlotte Brontë)의 『제인에어 Jane Eyre』나 디킨스(Charles Dickens)의 『위대한 유산 Great Expectations』 등 19세기 소설이 보여주는 교양의 이념은 그리하여 사회비판의 경향을 더욱 강하게 보여준다.

루카치(Georg Lukács)는 기존의 교양 개념이 지나치게 유토피아적이고 개인의 사회화와 순응을 강조한다는 점을 비판하면서, 진정한 의미의 교양은 사회와의 보다 심각한 대립과 그 대립의 변증법적 발전과정에서 바라보아야 한다고 지적하였다.

20세기에 와서 정신분석학의 영향력이 커지면서 교양 개념은 프로이트(Freud)적 의미의 욕망과 그것의 억압의 현상으로 설명되기도 한다. 또한 1950, 60년대를 거치면서 교양 개념은 여성운동과 좌파운동의 확산을 통해 노동계급, 여성, 동성애자, 유색인종들의 자기 목소리 내기, 즉 하위계층의 사회적 자기실현이라는 보다 넓은 맥락 안에서 논의되기도 한다. 방현석의 『성장』과 같은 소설은 한 노동자가 투쟁 속에서 성장해나가는 모습을 재현하고 있다는 점에서 좋

은 예라고 할 수 있을 것이다. (오민석)

교양소설, 교육소설, 성장소설,

참고문헌
게오르그 루카치, 반성완 역, 『소설의 이론』, 심설당, 1985.
오한진, 『독일교양소설 연구』, 문학과지성사, 1989.
후베르트 오를로우스키, 이덕형 역, 『독일 교양소설과 허위의식』, 형설출판사, 1996.

교양소설(Bildungsroman, Erziehungsroman)

교양소설은 한 개인의 자아 형성과 그 개인의 사회로의 통합을 주제로 하는 독일문학의 전통에서 발생한 소설 유형이다. 여기에서 '교양(Bildung)'이란 말은 '형성하다(bilden)'라는 동사를 명사화한 것으로, 개인의 자기형성을 의미한다. 교양이라는 단순히 지식이나 기술을 익히거나 기성사회의 질서나 구범을 습득하는 것이 아니라, 한 개인이 인간으로서 갖추어야 할 모습으로 스스로를 형성하는 것을 말한다. 교양소설이라는 용어가 일반화된 것은 독일의 철학자 딜타이(Dilthey)가 자신의 저서 『슐라이에르마허의 생애』와 『체험의 문학』에서 이 말을 사용한 후부터이다. 딜타이는 교양소설이 탄생한 것은 프랑스 혁명에 동조하던 사람들이 루소(J. J. Roussea)의 『에밀 Emile』의 영향 아래서 신분제의 틀을 뛰어넘은 자유로운 인간의 존재방식을 탐구하기 시작하였기 때문이라고 말한다. 루소의 『에밀』로 대표되는 교육소설(Erziehungroman, the novel of education)은 18세기말 유럽에서 생겨난 장편소설 현식의 하나로, 젊은 남녀들을 지적이고 성숙한 시민으로 교육시킬 목적을 지니고 있었다. 미성숙한 개인의 성장에 관한 기록이라는 점에서 이 양식은 교양소설과 상통한다.

괴테(Goethe)의 『빌헬름 마이스터 Wilhelm Meister』는 교양소설의 대표작으로, 이후 대부분의 교양소설의 본보기가 되었다. 토마스 만(Thomas Mann)의 『마의 산 Der Zauberberg』, 헤르만 헤세(Hermann Hesse)의 『데미안 Demian』, 서머셋 모옴(Somerset Maugham)의 『인간의 굴레 Of Human Bondage』, 찰스 디킨즈(Charles Dickens)의 『데이비드 커퍼필드 David Copperfield』 등이 교양소설 유형에 속한다.

한국소설사에서도 교양소설의 범주에 드는 소설들이 많이 발견된다. 이태준의 『사상의 월야』, 황순원의 『신들의 주사위』, 김주영의 『아들의 겨울』, 이문열의 『젊은 날의 초상』, 김원일의 『마당 깊은 집』, 최인훈의 『화두』, 박완서의 『그 많던 싱아는 누가 다 먹었을까』, 신경숙의 『외딴 방』 등은 모두 성장의 체험을 담고 있는 소설들이다.

그러나 한국의 성장소설들은 전통적인 독일의 교양소설들과는 다른 면모를 보여준다. 개인과 사회 사이의 행복한 화해를 이룰만한 문화적 전통이 위에서 언급한 한국소설의 배경에 존재하지 않기 때문이다. 사실 이런 양상은 한국 뿐만 아니라 20세기 세계문학에 널리 드러나는 현상이다. 따라서 현대 교양소설은 개인과 사회와의 행복한 화해 보다는, 갈등과 부조화 등이 더

욱 부각됨으로써 매우 복잡한 양상을 보인다고 할 수 있을 것이다. (오민석)

교양, 교육소설, 성장소설, 여성성장소설, 이니시에이션 소설

참고문헌
게오르그 루카치, 반성완 역, 『소설의 이론』, 심설당, 1985.
오한진, 『독일 교양소설론』, 문학과지성사, 1986.
Franco Moretti, The Way of the World : Bildungsroman in European Culture, London : Verso, 1987.

교육소설 ☞ 교양소설

교조주의 ☞ 도그마

교차편집(Cross cutting)

교차편집은 서로 대조적인 독립된 장면을 엇갈리게 보여주는 편집 기술을 가리킨다. 글자 그대로 말해, 동시에 혹은 다른 시간대에 발생하고 있는 서로 다른 행위를 사이의 커팅이다. 이 용어는 '평행편집(parallel editing)'과 동의어로 사용되고 있지만 서로 다른 것이라고 한다.

교차편집은 서스펜스를 조성할 때, 액션의 긴박감을 고조시킬 때, 서로 다른 행위들 사이의 대비되는 관계를 설정할 때 주로 사용되는 기법이다.

D. W. 그리피스는 평소 찰스 디킨스가 소설을 쓰듯이 영화를 찍고 싶다고 했다. 그리피스는 디킨스의 소설처럼 인간의 실상과 세계의 진실을 영화적으로 표현할 수 있다는 사실의 가능성을 굳게 믿었다. 그가 연출한 영화 「국가의 탄생」은 남북전쟁을 소재로 하여 만든 영화이다. 그는 여기에서 교차편집의 기법을 창안하였다. 이 기법은 그가 디킨스 소설의 구성을 보고 착안한 것이라고 여겨지고 있다.

편집에 대한 그리피스의 유별난 관심은 「국가의 탄생」을 편집하는 데 3개월이 걸렸다는 사실로도 증명된다. 특히 편집의 압권은 실라스 린치에게 감금된 엘시 스톤맨이 KKK단에 의해 구출되는 영화의 마지막 대목. 그리피스는 순결을 잃은 위기에 처한 엘시 스톤맨과 그녀를 구하기 위해 달려오는 KKK단을 교차해서 보여주는데, 이때 긴장감은 최고조로 상승된다. 그러나 형식적인 성취에도 불구하고 영화에 나타난 인종차별 적인 혹은 묘사는 심각한 오점으로 지적되고 있다.

이 기법을 「프렌치 커넥션」(1971), 「더티 하리」(1972), 「리셀 웨폰」(1987) 등의 경찰 소재 영화의 경우처럼, 달아나는 범인과 그를 추격하는 경찰과의 모습을, '왔다갔다(back and forth)' 혹은 '이리저리(to and fro)' 교대로 보여 줄 때 진가가 드러난다. (송희복)

교차편집, 평행편집, 그리피스

참고문헌

수잔 헤이워드, 이영기 역, 『영화사전』, 한나래, 1997.
송희복, 『영상문학의 이해』, 도서출판 두남, 2002

교카(狂歌)

장난삼아 유희로 부른 와카(和歌)라는 의미로, 정통의 와카에 대하여 골계 · 해학을 담아서 읊는 비속한 와카를 말한다. 『만요슈』(万葉集)의 희소가(戲笑歌), 『고킨와카슈』(古今和歌集)에서 비속 골계를 읊은 하이카이가(誹諧歌)의 계통을 잇는 기지(機智), 풍자, 웃음에 주안을 둔 작품으로, 발생은 가마쿠라시대(鎌倉時代, 1192~1333)에 와카 모임이나 렌가(連歌) 모임의 좌흥을 돋구는 문예로서 일어났다.

중세말의 전국(戰國)시대의 교카는 세상의 혼란을 뒷전에 둔 상류 지식인들이 자신들의 고상한 풍류세계를 색다르게 즐기는 풍류의 도구로서 존재하였는데, 에도시대에 들어서서는 마쓰나가 데이토쿠(松永貞德)와 그 문인들에 의해 서민층으로 확대되어 가면서 서서히 그 성격이 변해가기 시작하였다. 18세기 중반부터 신흥도시 에도에서 유행하게 되었는데, 그것은 풍류를 기저로 한 이전의 교카와는 달리 침체한 막부 정치와 답답하게 막혀진 시대상황에 반발하는 젊은 무사들의 억압된 정신의 배출구가 되었다. 날카로운 기지와 풍자, 개방된 웃음으로 가득찬 이러한 교카를 덴메이 교카(天明狂歌)라 하며 일대 전성기를 구가하였다. 덴메이(天明)란 1781년에서 1789년까지의 시기를 말한다. 가라코로모 깃슈(唐衣橘洲), 요모노 아카라(四方赤良) 등은 덴메이 교카를 지탱하던 대표적인 교카시(狂歌師)였다.

덴메이말부터 시작된 간세이 개혁 이후 억제된 분위기속에서 반권력의 색채가 농후한 덴메이풍은 그림자를 감추고 원래의 풍류에로의 회귀가 나타나기도 하였지만, 메이지시대에 들어와서 소멸되었다. (최관)

와카, 기지, 풍자, 덴메이, 요모노 아카라

교향시(交響詩, Symphonic poem)

교향시는 주로 시적(詩的) 또는 회화적인 내용에서 영감을 얻은 관현악 작품으로 표제 음악의 일종이다. 표제를 곡의 제목으로 명시하거나 또는 암시적으로 표현한다. 협의의 의미로는 '다악장(多樂章)의 표제 교향곡' 등과 구분하기 위하여 단일 악장으로 된 음악을 가리킨다. '음시(tone poem)'라고도 한다. 교향시는 '교향적(symphonic)'과 '시(poem)'이라는 두 가지 개념이 결합되어 만들어진 음악의 새로운 장르이다. 교향시가 지향하는 바는 두 가지이다. 하나는 형식에 있어서 경직되어버린 빈 고전주의의 '갱신'과 새로운 교향적 기법을 통한 대(大)형식의 창출이다. 다른 하나는 음악 자체가 한편의 시가 되어야 한다는 것이다. 즉, 음악은 문학의 내적 본질인 '시성(poesie)'를 그 자체로 수용할 수 있는 능력이 있으며, 음악 고유의 수단을 통해 계속적으로 시를 지을 수 있는 능력을 가지고 있다는 것이다. 이러한 문학적 요소의 도입은 훗날 국민주의적 정신을 지닌 작곡가들로 하여금 자기들의 음악을 역사상의 인물이나 사건에 결부시킬 수 있게끔 했다.

'교향시'라는 단어는 19세기 중엽에 헝가리의 작곡가 '프란츠 리스트(F. List)가 처음으로 쓰기 시작하여 확립된 단어이다. 리스트는 자신의 작품 「타소 서곡(1849)」에 1854년 처음으로 '교향시'라는 개념을 사용하였다. 그 뒤 우크라이나 민족의 영웅인 마제파의 투쟁을 그린 빅토르 위고의 시에서 모티프를 차용한 「마제파 Mazeppa」(1851), 프랑스 시인 리마르틴의 「시적 명상록」에서 표제를 구한 「레프렐뤼드 Les préludes(1848)」, 세익스피어의 연극을 위한 서곡으로 작곡한 「햄릿 Hamlet(1858)」등 문학이나 회화를 바탕으로 시적인 사상이나 표제에 따라 음악이 전개되는 자유로운 형식의 교향시를 13편 발표하였다.

표제가 붙은 관현악곡은 이미 바로크 시대에도 존재했었다. 하지만 본격적인 의미의 교향시는 기존의 표제 관현악곡과 다음과 같은 의미에서 구별된다. 형식상으로 교향시는 1악장 형식의 곡을 말한다. 또 내용상으로는 그때까지 전혀 알려지지 않았던 복잡미묘한 표현으로 시적 · 회화적 · 심리적 · 서사적 · 지방적 · 영웅적 내용들을 음악화 하고 있다. 이것은 낭만주의 운동의 커다란 특징이라고 할 수 있는 주관적 · 개인적인 감정의 자유가 가져온 결과이다. 교향시는 문학이나 역사, 회화 등에 대한 주관적 표현을 주장했던 낭만주의와 일맥상통하며, 낭만주의적 특성(음악외적 요소를 음악에 접목시키는 경향, 짧고 자유로운 형식을 선호하는 경향)을 반영하는 장르이기도 하다. 16세기 낭만파 음악은 학문과 음악을 결합시키려는 음악으로서 이 속에는 가곡과 가극 및 표제음악이 포함된다. 가곡과 가극은 직접 문학과 결부되어 있는 것이고, 표제음악은 간접적으로 말과 결부되어 있는 것으로서 교향시는 이런 형태로 문학 또는 다른 예술과 음악을 결합한 대표적인 것이다.

리스트의 음악은 전기 낭만파인 슈만(Schumann, Robert Alexander)이나 베를리오즈(Louis Hector Berlioz)의 음악과 같이 같은 표제 음악에 속하기는 하지만, 리스트의 교향시는 그들과 구별되는 특징을 가지고 있다. 그 본질은 무엇보다 '시'라는 말 속에 표현되어 있는 것으로, 그것은 가시적 또는 묘사적인 성격을 갖는 것이 아니라 시적인 것, 다시 말하면 시적 상념을 가리키는 것이다. 교향시는 시적이어야 할 뿐만 아니라 '교향적'이어야 한다. 예컨대 슈만의 표제적 피아노곡은 역시 시적이긴 하나, 그러나 그것이 피아노라는 단색(單色)적인 악기를 위하여 쓰인 것이라는 점에서 '교향적'은 아니다. '교향적'이란 말은 표현의 수단으로서는 관현악을 사용하며, 악곡의 구성으로서는 대규모이며 또 건축적이어야 함을 뜻한다. 리스트의 교향시는 스트라우스(R.G Strauss)에 의하여 계승, 발전되었다. 스트라우스는 독일의 신비주의적인 교향시를 다시 대규모로, 그리고 철저하게 발전시켰다. 그는 독일 음악의 특질인 추상성을 극한점까지 이끌어 표제를 관념적 상징으로까지 발전시킨 것이다. 리스트, 스트라우스에 의하여 교향시는 교향곡에 어깨를 같이하는 내용과 규모를 갖게 되어 교향곡과 함께 교향적 음악의 쌍벽을 이루게 된다.

교향시의 단악장 형식은 연주회용 서곡에서 비롯된 것으로 문학 작품이나 사건의 자연스러운 진행을 암시한다. 단테와 바이런을 비롯한 낭만주의 문학 작품과 시는 19세기 동안 교향시의 소재가 되었다. 문학 작품에서 영감을 받는 차이코프스키(Chaikovskii, pyotr ll'ich)의 「프란체스카 다 리미니 Francesca da Rimini」(1876), 니체의 영향을 받은 슈트라우스의 「차라투스트라는 이렇게 말했다 Also sprach Zarathustra」(1896) 등이 그 예이다.

교향시의 양식은 작곡가와 주제에 따라 다르다. 예를 들어 슈트라우스는 호색한의 모험담을 다룬 「돈 후안 Don Juan」(1889)과 「돈 키호테 Don Quixote」(1897)에서 론도(rondo : a−b−a−c−a−b−a처럼 주제 'a'가 계속 되풀이되는 형식)나 변주곡과 같은 에피소드형식을 자유롭게 변형하여 작품에 사용했다. 또한 양떼의 울음소리나 심장 고동 소리를 모방하여 일상 사건의 생생한 효과를 높이기도 하였다. (김선미)

표제 교향곡, 리스트

참고문헌
홍세원, 「서양 음악사」, 연세대학교 출판부, 2002.
김용환, 「서양 음악사 100장면」, 가람기획, 2002.
이원숙·정명근 공저, 「음악 이야기」, 김영사, 1992.
김문자 외, 「들으며 배우는 서양 음악사」, 심설당, 1993.
Huch. M. Miller, 「서양 음악사」, 태림 출판사, 1996.

교훈시(教訓詩, Didactic poetry)

교훈시는 교훈주의적 관점에서 씌여진 고대 그리스 로마의 시형식이다. 일반적으로 서사시의 형식을 취하지만 호메로스의 설화 서사시와는 달리 이론 과학, 철학 계보학(系譜學) 및 여러 기술 등을 주제로 하여 독자에게 기술, 지식을 설명하거나, 도덕적, 철학적, 종교적인 주제나 강령을 전달하는 것을 목적으로 한다. 그리스 시 세계는 교훈주의적 관점(문학의 기능을 쾌락보다는 교훈에 두는 관점으로서 문학은 철학적, 종교적 진리나 도덕적 지견(知見)을 주어 독자를 가르치려는 의도로 창작되어야 한다는 주장)에 입각하여 교훈시는 대부분 직접적으로 지식이나 기술의 한 분야를 설명하거나, 그렇지 않으면 증거와 예를 들어가면서 어떠한 강령을 노골적으로 주장한다. 교훈주의의 근거로는 플라톤의 『공화국』에서의 '시인 추방론'을 들 수 있다. 그리스 시대에는 교훈주의적 관점에서 시를 최고의 교육 방법으로 평가했다. 시적 인물들은 모방될 가치가 있으며, 호머(Homer) 등의 시를 통해서 신에 대해 더욱 잘 배울 수 있다고 생각했다. 호라티우스(F. Q. Horatius)는 그의 『시학 Ars Poetica』에서 "시인은 가르치는 일, 즐겁게 하는 일, 또는 그 둘 다를 해야 한다."라고 말하면서 플라톤의 교훈설과 아리스토텔레스의 쾌락설을 융합시키면서, 시의 교훈성을 중시하였다.

교훈시는 본질적으로 상상적인 작품들(모방적(mimetic), 구상적(representationa)인 작품들)과 구별되는데, 상상력에 의한 작품들은 기본적으로 독자들에게 미적 쾌감과 감동을 주기 위해 그들의 인간적 관심과 능력을 극대화하려는 목적으로 그 소재들을 조직하고 표현하기 때문이다. 반면 교훈시는 심정(心情)보다 이지(理智)에 호소하는 것을 주로 하기 때문에 때때로 직접 체험한 것의 충실성을 잃거나, 시적인 성격을 결하는 경향이 있다. 참다운 교훈시는 사상적 서정시의 한 형태로서 존립해야 하는 것이기 때문이다. 그 목적은 단지 교훈에 그치는 것이 아니라, 오성(悟性)내지 이성의 관념에 의해서 사람의 마음을 앙양, 감격시키고 미적 쾌감을 일으키지 않으면 안될 것이다. 그 결과 교훈시도 미학적인 표현과, 흥미와 효과를 강화시키기 위해 강령을 극적 형식으로 구체화함으로써 미적인 쾌감을 줄 수 있다.

교훈시에는 심정에 호소하는 요소보다 지적(知的)으로 이해시키려는 요소가 많으며, 따라서 표현의 정확성과 준엄(峻嚴)이 중시된다. 교훈시는 풍자시(諷刺詩, epigram)적인 신랄한 성격을 띠고 있다. 일반적으로 풍자시와 기타의 격언적 서정시에는 교훈시라고 할 만한 것이 많고, 우화도 광의로는 교훈시의 일종이라고 할 수 있다.

지식 전달을 목적으로 하는 교훈시는 오늘날 사실상 명맥이 끊어진 것이나 마찬가지이다. 현대의 지식은 '시'라는 형식을 통해 전달되기에 부적합하며 지식 전달의 기능은 설명문이나 르포르타지 같은 다른 종류의 산문이 담당하고 있다. 도덕적, 종교적 교훈을 주기 위한 교훈시 역시 명맥을 잇기는 하지만 그 비중은 극히 적다.

교훈시의 예로는 헤시오도스(Hesiodos)의 『일과 나날 Erga kai hēmerai』과 『신통기(神統記) Theogonia』가 있고, 크세노파네스(Xenophanes), 파르메니데스(Parmenides), 엠페도클레스(Empedokles) 등의 철학자는 서사시를 빌려 자신의 사상을 표현하였다. 헬레니즘 시대에는 아라토스(Aratos)의 천문서 『현상(現象) Phainomena』과 니칸드로스(Nikandros)의 의서(醫書) 『유해동물 대처법(有害動物對處法) ta Thēriaka』 및 『해독법(解毒法) Alexipharmaka』 등이 있다.

로마 시대에는 루클레티우스(T. C. Lucretius)가 자연주의적 철학과 윤리학을 설명하고 납득시키기 위해 에피쿠로스 철학을 정열적으로 노래한 『사물의 본성에 대하여(De rerum natura)』 (6권)라는 교훈시를 썼다. 베르길리우스(Vergilius)는 농장을 경영하는 방법에 관한 실제적인 주제에 대한 『농경시(農耕詩) Georgica』(4권)를 집필하였다. 오비디우스(Naso Ovidius)의 『사랑의 기술 Ars amatoria』과 『사랑의 치료 Remedia amoris』 등은 교훈시의 풍자적인 모방이다.

18세기에는 많은 시인들이 양치기, 사탕작물 재배, 혹은 사과술 제조 등과 같은 유익한 기술에 관한 '농경시(georgics)'를 썼다. 포프(Pope. Alexander)의 『비평론 Essay on Criticism』, 『인간론 Essay on Man』 등도 역시 교훈시의 일종이라고 볼 수 있다. 포프는 보편적인 진리는 이미 그리스나 로마의 고전을 통해 알 수 있으므로 근대 시인은 그에 대한 완벽한 표현을 기하는 일이 과제이며, 이것이 그의 시론의 핵심이었다. 『인간론』은 당시의 이신론(理神論)에 바탕을 둔 철학서였다. 동양의 예로는 공자가 편했다는 『시경』도 일종의 교훈시라고 할 수 있으며 『역경(易經)』은 당시의 우주과학과 형이상학의 지식을 전달하기 위한 교훈시이다.

그 외 교훈 문학으로 다윈과 골드 스미스의 작품 들을 들 수 있다. 골드스미스의 경우 기독교의 진리를 설파하고 기독교적 이상의 모범을 보여주기 위한 목적으로 쓰여졌다는 점에서 교훈 문학으로 볼 수 있다. 다윈은 자연 과학에 대한 지식 전달을 목적으로, 변이의 원인과 법칙, 유전에 관한 『인간이 사육한 동, 식물의 변이』, 곤충에 의한 꽃 교배를 다룬 『난초의 수정』, 종의 진화 이론을 다룬 『종의 기원』 등을 집필하였다. (김선미)

풍자시, 서사시, 교훈주의, 교훈문학

참고문헌
Merchant Paul, 『서사시』, 서울대학교 출판부, 1987.
A. H. Gilbere. 『Literary Criticism from Plato to Dryden』, wayne state univ, 1962.
R. S. Crane 편, 『Critics and Criticism』

교훈주의(Didacticism)

문학이나 예술의 가치를 지식의 전달 또는 도덕적 · 종교적 교화 등의 목적에서 찾으려는 주장이나 태도. 이는 일종의 효용론적 문학관에 해당하는 것으로, 문학 예술이 미적 쾌락이나 감동을 주기 위해 존재한다는 자율적인 문학관과 대립하는 것이다.

물론 교훈주의에 속하는 작품들이 반드시 예술적으로 저급하게 되는 것은 아니다. 작가는 교훈을 좀더 잘 전달하기 위해 심미적 쾌락을 동반하게 만들거나, 흥미와 박력을 고양시키기 위해 이야기 또는 극의 형식으로 교훈을 형상화하는 방식을 흔히 취한다. 우의(寓意)나 풍자(諷刺)는 교훈주의 문학이 자주 취하는 수법이다. 예를 들어 스펜서의 『페어리 퀸』이나 번연의 『천로역정』, 단테의 『신곡』 같은 작품은 우의와 풍자를 통한 교훈주의의 대표작으로 꼽을 수 있는 작품들이다.

교훈주의는 문학이 시작될 때부터 있었다고 해도 지나친 말이 아니다. 서구의 경우, 교훈주의는 그리스 시대부터 존재하였고, 로마 시대의 호라티우스도 문학의 교훈적인 목적을 중시하였다. 루크레티우스의 『자연의 본성에 관하여』나 베르길리우스의 『농경시』는 로마의 대표적인 교훈시 작품들이다. 대부분의 중세 문학이나 많은 르네상스 문학 역시 교훈적 의도와 떼어놓고서는 설명될 수 없다. 동양에서도 『역경』은 당시의 천문학 내지 우주관의 지식을 전달하려한 운문시이며, 그 이후 동양 문학의 주류를 이룬 유교의 공리주의적 문학관도 교훈주의에 속한다고 할 수 있다.

현대에 들어와 교훈주의는 계몽주의 문학과 이른바 선전 문학에서 찾아볼 수 있다. 예를 들어 이광수의 여러 소설들은 도덕적 교훈과 뗄 수 없는 관련을 지니고 있으며, 사회주의를 지향한 문학들에서는 이념적인 교훈과 선동을 흔히 볼 수 있다. 그러나 대체로 현대 문학에서 독자를 지도하거나 훈계하려는 명시적인 교훈주의는 문학의 중심을 이루지는 못한다. 이는 독자의 지적 수준이 향상되었다거나, 작가의 위상이 평범해졌다거나 하는 데서 이유를 찾을 수 있겠지만, 무엇보다 현대 사회 자체가 자명한 윤리나 교훈을 지니지 못한다는 데 가장 큰 이유가 있을 것이다. (장수익)

계몽주의, 효용론, 선전문학, 도덕문학

참고문헌

A. H. Gilbert, Literary Criticism from Plato to Dryden, Wayne State Univ., 1962.

구문론(構文論, Syntax)

구문론(syntax)은 원래 희랍어의 'syntassein'에서 파생된 용어로, 단어를 체계적으로 배열하여 의미있는 하나의 문장으로 만들어 내는 법칙을 말하는 것이다. 즉, 구문론은 문장의 형식(form)에 관한 연구로서, 문장의 틀을 형성하는 원리를 구명하는 것을 목적으로 한다. 구문론은 단어가 결합하여 문장을 생성하는 원리와 어떤 조건에서 비문이 되는가를 밝혀주는 법칙으로서, 현대 언어학의 핵심을 이루고 있다고 할 만하다. 문장론, 월갈이라고도 한다.

구문론이 무엇이냐 하는 것에 대한 정의는 학자마다 조금씩 다르나 문장의 구조를 연구대상으로 한다는 점에서는 일치를 보이고 있다. 언어학자들의 구문론에 대한 정의를 대략 살펴보면 다음과 같다. 최현배는 "문장론(월갈)은 낱말(word)을 재료로 삼아서 법을 닦는 것이 그 주장되는 할 일이다."(『우리말본』1937)이라고 하였고, 김윤경은 "말본은 말의 실용적 방면의 연구에 붙은 것으로서 말의 본, 곧 말의 법칙을 연구하는 것이다."(『나라말본』, 1948)이라고 하였다. 또한 이희승은 "단어가 서로서로 관계를 맺어서 글월을 이루는 법칙을 문법이라 이른다"(『초등국어문법』, 1949)라고 하였으며, 이을환과 이철수는 "국어문법은 무한한 국어의 잘 짜여진 바른 문을 상술하고 그들 각자에 구조적 기술을 부여하는 장치라고 정의할 수 있다. 즉 국어구조에 있어서 문법적 장치가 어떤 것인지를 연구하는 것이다"(『한국어 문법론』, 1978)라고 하였다.

한편 외국의 경우 촘스키(Noam Chomsky)는 "구문론은 개별 언어의 문장 형성 원리와 그 과정을 연구하는 학문이다."(『통사 구조론 Syntactics Structures』, 1957)라고 정의하였으며 레이코프(George Lakoff)는 "의미론은 구문론에 있어서 주된 역할을 한다. 구문론과 의미론은 분리될 수 없으며, 일반적으로 변형과 파생 제약의 역할은 의미론적 표시와 표면구조를 연결시키는 것이다."라고 하였다.

위의 정의들을 종합해 볼 때 '바르게 말하고 바르게 쓰는 방법'이라고 하는 '전통문법적 시각'과 '문장의 형성 원리를 연구하는 학문'이라는 구조문법 내지 변형문법적 시각이 있음을 알 수 있다. 전통문법과는 달리 구조문법과 초기 변형문법적 정의는 우선 연구대상을 문장에 국한시키고 그리고 그 문장의 구조 또는 형태만을 대상으로 했다는 특징이 있다. 그러나 레이코프의 정의는 문장을 대상으로 하되, 그 구조만을 대상으로 하지 않고 의미면도 함께 이루어야 한다고 주장한다. 위의 견해들을 종합해볼 때 한마디로 구문론은 문자의 구성원리를 연구하는 학문이라고 할 수 있을 것이다.

구문론의 연구대상은 단어, 즉 구성 성분에서부터 문장까지의 구조와 성분 상호간의 관계, 성분과 문장간의 문법적인 관계이다. 공시적인 차원에서 문장이 생성되는 원리를 구명하는 것이 구문론의 주된 임무이다. 구문론의 이론은 지금까지 많은 변모를 거쳐 지금에 이르렀고, 현재도 발전하고 있다. 구문론의 시대적 흐름을 대략적으로 살펴보면 다음과 같다.

1950년대 초 불기 시작한 구문적 연구의 바람은 촘스키의『통사구조론(Syntactics Structures)』(1957)의 발간을 계기로 구조주의 시대는 종말을 고하고, 변형생성문법의 도래를 예고하였다. 변형생성문법 이론은 '표준이론(Standard Theory)'라는 이름으로 1차적으로 완성되고 비약적인 발전을 거듭하였다. 하지만 표준이론의 이론적 토대가 되는 변형규칙 적용의 '불변화 가설'이 반례에 부딪치자 촘스키는 과감히 반론을 받아들여 수정, 보완된 '확대 표준이론(Extended Standad Theory)'을 발표한다.

70년대의 구문론은 '구문 특정적(construction-specific) 변형규칙'과 '구문 특정적 제약(constraint)'을 찾아내는데 집중되어 언어마다 각기 다른 변형규칙의 설정이 불가피해진다. 70년대 말에 이르면서 문법이론은 규칙의 체계(rule system)에서 탈피하여 보편적인 원리의 체계(principle system)를 채택하게 된다. 모든 인간이 가지고 있는 생득적인 언어능력을 보편적인 원리로 규명하려는 시도라고 볼 수 있다.

80년대의 구문연구는 언어간의 차이를 각 언어에 매개변인 값(parameterizing)을 표시하는 방향으로 진행되었다. 바로 이 이론이 80년대 언어연구의 방향을 주도한 GB이론으로 불리는 원리와 매개변인 이론(Principles and Parameters Theory)이다.

촘스키는 90년에 들어서 문법 이론에 필요한 가설의 최소화를 추구하여 불필요한 요소와 층위가 제거되는 '최소이론(Minimalist Program)'을 제안하여 오늘날에 이르게 되었다. (김선미)

문장론, 월갈, 통사론, 변형 생성 문법

참고문헌
우윤식,『현대 통사론의 기초』, PUF, 1998.
Bruce L. Liles,『변형생성문법개론』, 형설출판사, 1975.
윤만근,『생성 통사론』, 한국문화사. 1996.
박영순, 현대 한국어 통사론, 집문당, 1993.

구비문학

구비문학(口碑文學, oral literature)은 말로 생성되고 말로 전승되는 문학이다. 따라서 글로 기록되고 전파되는 기록문학(written literature)과 구별된다. 때로는 구전(口傳)문학, 유동(流動)문학, 표박(漂泊)문학, 적층(積層)문학이라고도 부른다. 구비와 구전은 비슷한 뜻이나 구전이 단순히 '입으로 전하다'는 뜻으로 쓰임에 비해, 구비는 '말로 새긴다'는 뜻을 가져 비석에 새긴 것처럼 유형화되어 오래 전승된다는 의미를 갖고 있다. 때로는 민속학적 관점에서 민속문학이란 말도 쓰이나 이는 너무 포괄적이고 문학적 관점이 불분명한 점이 있다.

구비문학은 구연(口演, oral presentation)과 전승(傳承)에 의해서 이루어지는 문학이다. 즉 구비문학은 말로 존재하고, 말로 전달되고, 말로 전승되는 특징을 지닌다. 구연의 방법은 장르에 따라서 달라지지만 음성, 표정, 몸짓 등에 의해서 이루어진다. 가령 설화는 음성에 의해서, 민속극은 몸짓에 의해서 행해진다.

구비문학은 기록문학 이전에 발생했으며 기록문학이 생긴 이후에도 병행해서 생성되어, 상호 교류를 통해 문학의 풍부성을 더해왔다. 기록문학은 구비문학이 갖는 민중적 에너지를 흡수하여 더욱 발전할 수 있었던 것이다. 1920년대 한국문학에서 풍미했던 민요시가 민요라는 민중적 에너지를 수용하여 근대시로 발전할 수 있었던 것이 그 좋은 예이다.

구비전승되는 것 중에서 문학성이나 문학적 표현을 내포하는 것이 구비문학이다. 일반적으로 구비문학의 하위양식은 설화, 민요, 무가(巫歌), 판소리, 민속극, 속담, 수수께끼이다. 욕설, 명명법(命名法), 금기어 등도 구비전승의 대상이나 내용이나 표현에서 문학성이 없기에 구비문학이 될 수 없다. 무가는 신의 존재를 전제한 주술적인 목적성을 갖는 양식이다. 그러나 신은 곧 인간의 투영이기 때문에 인간적 감정의 표현으로 간주된다. 속담은 비유적 표현을 사용하고, 수수께끼는 어희(語戱)라는 문학적 표현을 사용하기에 구비문학에 포함된다.

구비문학의 핵심을 이루는 양식은 설화(說話)인 바, 이는 다시 신화(myth), 전설(legend), 민담(folklore)으로 세분된다. 신화는 신의 탄생이나 민족, 국가의 기원을 이루는 근원설화인데 신성성, 초현실성, 민족성의 특성을 갖는다. 전설은 구체적인 증거물을 토대로 이루어지는 사실에 가까운 이야기로 사실성, 구체성, 지역성의 특징을 갖는다. 민담은 구체적 증거나 사실 없이 순수하게 꾸며낸 이야기이다. 따라서 허구성, 보편성, 가변성 등의 특징이 있다. 지역, 민족, 시대를 초월하여 전승자의 관점에 따라 수정, 보완이 가능한 장르이다.

구비문학의 특징은 첫째, 말로 된 문학이라는 점이다. 즉 말로 전달되고 말로 전승되는 문학이다. 따라서 청자와 화자의 대면 범위에서 전달이 가능하며 그대로의 보존은 있을 수 없고 전승이 가능할 뿐이다. 이 전승은 반드시 변화를 내포한다.

둘째, 구연되는 문학이다. 구비문학의 구연에는 음성적 변화, 표정, 몸짓 등으로 일정한 구연방식을 이루고 있으며, 이들은 문학적 표현의 목적에 맞도록 일정하게 조직되어 있다. 또한 같은 장르라도 구연자에 따라 또는 구연의 상황에 따라 구연방식이 달라질 수 있다.

셋째, 공동작의 문학이다. 구비문학에서 구연은 단지 전달만이 목적이 아니고 창작의 성격을 띠기도 한다. 구연자는 자기 나름대로 보태고 고치는 작업을 병행한다. 즉 구연에서 창작행위가 병행되는 것이다. 그러나 그 창작은 공통적인 의식을 기초로 한다. 어떤 집단의 공통된 흥미나 관심을 반영하는 것이다.

넷째, 단순, 보편성을 띠는 문학이다. 구비문학은 구비전승의 성격 때문에 단순성을 지향한다. 단순하지 않고는 기억하거나 전승되기 어렵고, 또한 듣고 이해하기도 어렵다. 아울러 시간적, 공간적으로 다중(多衆)의 공감을 가져야 하기에 보편성을 지닌다. 「콩쥐팥쥐」와 「신데렐라」가 시공(時空)을 초월하여 보편적으로 전승된 것이 그 좋은 예이다.

다섯째, 민중, 민족성의 문학이다. 구비문학의 창작 계층과 향수계층은 거개가 민중이다. 설화나 속담은 예외적으로 지배층이나 지식층이 포함되기는 하나 민요, 무가, 판소리, 민속극 등은 순수한 민중의 문학이다. 민중들은 노동을 하면서 노동요를 부르고, 지배층을 비판하기 위해 민속극을 행했던 것이다. 아울러 구비문학은 민족을 구성하고 있는 대다수 사람들이 공유하고 있는 문학이므로 생활 및 의식공동체로서의 민족성을 함유하고 있다. (김영철)

기록문학, 구비전승, 적층문학, 유동문학, 구전문학, 설화, 신화, 전설, 민담

참고문헌
장덕순, 『한국문학사』, 동화출판사, 1977.
민족문화연구소, 『한국문화사대계Ⅴ』, 고대출판부, 1970.
조동일, 『구비문학의 세계』, 새문사, 1980.
장덕순 외, 『구비문학개설』, 일조각, 1971.
A. H. Krappe, 『The Science of Folklore』 London, 1930.

구사조시(草双紙)

에도시대 중기에서 후기에 걸쳐 에도를 중심으로 서민들 사이에서 유행한 그림이 들어있는 소설, 즉 아카혼(赤本)·구로혼(黒本)·아오혼(青本)·기보시(黄表紙)·고칸(合巻)의 순으로 전개되어 온 그림책(絵本)을 총칭하는 용어이다.

17세기 후반무렵부터 어린이나 여성을 대상으로 한 작은 그림책이 출판되었는데, 표지가 모두 붉은 색이었기 때문에 [아카혼(赤本)]이라 불리었다. 18세기 중반부터는 아카혼보다 성인 취향을 담은 표지가 검은 [구로혼(黒本)], 표지가 연두색인 [아오혼(青本)]이 유행하였다. [기보시(黄表紙)]는 옅은 황색의 표지로, 풍속묘사 속에 풍자와 익살을 적당히 배합한 어른들의 통속적인 읽을거리로 인기를 끌었다. 그렇지만 간세이 개혁(寛政改革. 1787~93)에 따른 엄격한 출판물 단속으로 점차 작풍이 변해갔다. 여기에 장편화의 경향이 덧붙여져, 이전의 5장을 한권으로 한 형태에서 이를 함께 철해 하나로 묶은 [고칸(合巻)]이 나타나게 되고, 이후에는 고칸만을 구사조시라 부르기도 한다. 고칸은 19세기초에서 메이지 초기까지 간행되었다.

오늘날 구사조시는 소설속의 삽화를 포함하여 문화사적으로도 의의있는 소설 장르로 평가되고 있으며, 특히 기보시와 고칸에 대한 가치를 새롭게 인식해가고 있다. (최관)

아카혼, 구로혼, 아오 혼, 기보시, 고칸, 간세이 개혁, 삽화

참고문헌

水野稔, 『黃表紙・洒落本の世界』, 岩波新書, 1976.

구상(構想)

포크너(W. Faulkner)는 어느 날 창문 너머로 할머니의 장례식을 목도한다. 그리고 배나무 가지 사이로 속옷이 흙투성이인 소녀의 엉덩이를 볼 수 있었다. 이 괴이한 풍경이 하나의 소설적 상상력으로 발전하여 초현실주의 소설 『음향과 분노』가 탄생되었다. 이처럼 구상은 창작의 일정한 과정, 즉 착상과 기필(起筆) 사이의 과정을 의미한다. 실제 작가가 창작의 붓을 들기 전까지 그의 상상력에 포착된 내용들을 어떻게 정리하고 배열할 것인가를 그려보는 과정이다. 즉 구상이란 쓰고 싶은 제재(題材)를 어떻게 배열할 것인가를 결정하는 문장의 설계도를 말하며, 문장에 통일적인 맥락을 부여하는 일이다. 마치 하나의 건축물을 지을 때 미리 조감도를 마련하는 것처럼 작품이라는 건축물을 짓기 위한 문학의 청사진을 그리는 것이다.

그러나 이 과정은 그리 용이한 것이 아니다. 문학은 논문처럼 논리적 구성에 기초한 것이 아니라 감수성의 통합에 의해 독자로 하여금 정서의 감염효과를 유발시켜야 하기 때문이다. 쉴러(Schiller)가 썩은 사과향기에 취하고, 코울리지(Coleridge)가 아편중독에 빠져 『용과의 투쟁』, 『쿠빌라이칸』을 창작할 수 있었던 것도 이러한 구상의 고통을 대변한다. 릴케(Rilke)는 작품구상에 빠져 장미꽃밭을 거닐다 끝내 장미가시에 찔려 죽음을 초래하지 않았던가. 두 손을 씻고 창작에 임했던 박목월, 촛불을 켜놓고 기도드리듯 시상을 가다듬던 신석정도 이러한 구상의 진지한 고통을 보여주는 실례이다. 아무리 탁월한 상상력이라 하더라도 구상의 뒷받침이 없는 한 그것은 작품에 이르지 못하고 환상이나 허상으로 끝나고 마는 것이다.

작품을 구상할 때 주의해야 할 세 가지 원칙이 있다. 하나는 중(中)인 바, 중심이 없는 산만한 글이 되지 않도록 해야 할 것이고, 둘째는 요(要)인데 요점을 살펴 지리한 글이 되지 않게 하는 것이고, 셋째는 관(貫)으로 처음 쓰고자 했던 바를 글 쓰는 중도에서 변경시키는 일이 없도록 일관하는 일이다. 중, 요, 관의 3원칙을 지킬 때 작품의 효과는 배가할 것이다.

구상의 방법에는 크게 질서체계에 기초를 둔 전개적 구상과 논리체계에 의존하는 종합적 구상으로 나뉜다. 다시 전자에는 시간질서에 기초한 시간적 구상과 공간질서에 근거한 공간적 구상으로 나뉜다. 시간적 구상은 사건의 시간적 순서에 따라 제재를 배열하는 것이고, 공간적 구상은 먼저 전체 윤곽을 밝히고 점차로 각 부분이 어떤 관련이 있는지 밝혀가는 것이다.

종합적 구상은 쓰고자 하는 바를 인위적으로 논리를 세우는 논리적 구상방법인 바 여기에는 계단식 구상(3단 구상, 4단 구상, 5단 구상), 포괄식 구상(두괄 구상, 미괄 구상, 쌍괄 구상), 열거식 구상(의견을 간결하게 진술한다든지 중요하다고 생각되는 문제를 특별히 몇 가지 밝힐 때 쓰임), 점층식 구상(중요성이 덜한 것에서 더한 것으로 발전시키는 방식) 등이 있다.

　작가는 자신의 의도에 맞게 작품의 여러 가지 측면, 즉 인물, 제재, 사건, 플롯, 화법, 문체 등을 신중하게 고려하여야 한다. 이 개별요소들의 선택과 배치뿐만 아니라 이들의 결합에 의해서 이루어지는 통합적 효과를 고려해야 한다. 시인이 시어선택과 배치, 시행 구성에 이르기까지 꼼꼼히 시적 전략(poetic strategy)을 짜듯이 작품효과를 최대한 증폭시키기 위하여 모든 전략을 동원해야 한다. 이런 점에서 구상은 작품이라는 상품을 만들어내기 위한 작가의 경제적 전략이라고도 볼 수 있다. 최소한의 투자로 최대의 효과를 노리는 경제원칙이 문학적 구상에도 적용되는 것이다. 신비평가들이 지적했듯이 문학은 언어의 경제학(economics of language)이고 구상은 그 경제학의 기본 원리에 토대를 두고 있는 것이다. (김영철)

　상상력, 착상, 기필, 설계도, 감수성 통합, 전개적 구상, 종합적 구상, 시적 전략, 언어의 경제학

구상력(構想力, Imagination, 프 Imagination, 독 Einbildungskraft) ☞ 구상

구상예술/추상예술

　구상예술은 기본적으로 외부 대상을 재현적, 객관적으로 표현하는 예술의 총칭을 뜻한다. 20세기에 들어와 형이상학적인 순수한 관념을 표현하는 기하학적인 추상예술이 등장하며 크게 유행하자 이에 대립되는 개념으로 구상예술은 나타나게 되었다. 그러나 본래 구상예술의 전통은 장구하다. 고대 그리스와 로마 시대의 조각과 건축물만이 아니라 르네상스 시대의 조각, 건축물, 그림, 18·19세기의 풍경화, 초상화, 정물화 등도 구상예술의 장구한 전통을 형성해온 예들이다.

　그러나 현대적 의미의 구상예술은 20세기의 예술가들에게 큰 호응을 받은 추상예술의 상대 개념으로 쓰이고 있다. 추상예술이 20세기 예술의 주류적 위치를 차지하자 구상예술은 주변으로 몰리기도 했지만 명맥이 끊어지지는 않았다. 1970년대에 와서는 포스트모더니즘의 등장으로 추상예술이 퇴조하자 새로운 형태의 구상예술이 주목을 받기 시작한다. 모더니즘적 형식에 반기를 든 신구상회화, 신표현주의, 신환영주의 등이 구상예술의 이름으로 새롭게 주목받기도 했다.

　추상예술은 외부 대상의 구체적 재현이 아닌 빛깔, 선, 형태 등의 추상적 요소로 작품을 제작하는 예술의 총칭을 뜻한다. 추상예술이 모색된 것은 19세기 말부터지만 본격적으로 전개된 것은 20세기 들어 와서다. 특히 회화 분야에서 추상예술이 지지를 받으면서 인간의 관념과 정신을 기하학적으로 표현하는 기하학적 추상미술이 선풍을 일으키기도 한다. 외부 대상의 형태 및 형상을 객관적으로 재현하는 구상예술과는 달리 추상예술은 그 형식 자체가 예술의 내용이 되거나 예술가가 작업하는 행위가 바로 작품의 주제가 되기도 했다.

　구상예술과 추상예술은 대립적인 개념 같지만 작가들에게는 그렇게 큰 구별이 되지 않는다. 실제 작업과정에서 예술가들은 구상예술과 추상예술의 관습적 경계를 가로지르는 예술적 결과를 창조하는 까닭이다. 그리고 그 대상을 객관적으로 표현하든 주관적으로 표현하든 이는 무엇인가를 재현한다는 공통적 성격을 지닌다는 점에서 이 둘의 구분은 그렇게 의미 있지는 않다. (양진오)

재현예술, 대상예술, 비구상예술, 비재현예술

참고문헌
안나 모진스키, 전혜숙 역, 『20세기 추상미술의 역사』, 시공사, 1998.
앨런 보네스, 이주은 역, 『모던 유럽아트 : 인상주의에서 추상미술까지』, 시공사, 2004.

구성주의(構成主義, Constructivism)

구성주의(constructivism)는 라틴어의 constructio(구성, 구조)에서 유래한 말로, 구성주의란 일체의 사실적인 묘사(描寫)나 재현(再現)을 거부하고 순수 형태의 구성(構成)을 지향하며 추상적인 조형(造型)에 의한 새로운 예술미를 추구하는 경향이다. 따라서 주로 회화(繪畵)나 조각(彫刻)등에서 쓰이고 있으며, 특히 건축과 조각 분야에서 금속과 유리 등 근대 공업이 생산해 낸 새로운 재료를 이용하여 기계 문명 시대를 알리는 예술 공간의 창조를 시도하였다. 러시아에서 모스크바를 중심으로 일어난 추상적인 예술운동인 구성주의는 일종의 아방가르드(avant-garde) 운동 즉, 전위 예술(前衛藝術)의 한 유형이라고 볼 수 있다. 러시아 구성주의는 일종의 예술 스타일이 아니라 소재를 가지고 작업하는 방법과 사회적·정치적 변혁에의 참여와 촉진을 강조하는 구체적인 정치의 내용으로 짜여져 있다. 구성주의는 기계의 정확한 질서에서 이끌어낸 미학을 이용하여 예술 활동을 새로운 사회 목적에 적합하게 만들려 하였고, 무대 미술, 인쇄술, 포스터, 건축과 같은 산업 미술 분야에서 그 결실을 맺었다.

1913년 쉬프레마티즘(suprematisme)을 제창한 말레비치(C. Malevitch)가 순수한 감정으로서의 회화와 지각의 절대성을 주장하면서 순수 기하학(幾何學)적인 회화 구성의 선두 주자가 되고, 같은 해 러시아의 예술가인 블라디미르 타틀린(V. Tatlin)의 파리와 베를린 방문 이후 구성주의가 본격적으로 등장하게 된다. 타틀린은 입체파(立體派)의 영향을 바탕으로 근대적인 공업 재료인 유리나 금속 등으로 공간적인 구성을 시도하여 종래까지의 조각 관념을 타파하는 데 성공했다. 1917년 러시아 혁명에 대한 반응 속에서 형태를 온전히 갖춘 운동으로서의 구성주의가 정립되고, 1919년 페브스네르(A. Pevsner)와 가보(N. Gabo)가 이 운동에 참여하면서 구성주의는 활기를 띠게 된다. 점점 활기를 띠던 이 운동은 1920년 모스크바에서 구성주의 전람회가 개최되면서 정점에 달하였으나 1921년 무렵부터 정치적인 이유로 점차 분열되기 시작하였다. 후에 독일의 바우하우스 운동과 네덜란드의 신조형주의(新造形主義)에 큰 영향을 미쳤다.

문학에서는 초현실주의(超現實主義)적인 작품이나 구체시(具體詩) 등에서 구성주의의 특성을 발견할 수 있다. (강진호)

구조주의, 형식주의, 미래주의, 다다이즘, 큐비즘, 초현실주의, 해체주의

참고문헌
문덕수, 『세계문예대사전』, 교육출판공사, 1994.
신희천 · 조성준, 『문학용어사전』, 청어, 2001.
조셉칠더스 · 게리 헨치 엮음, 황종연 역, 『현대문학 · 문화비평용어사전』, 문학동네, 1999.
S. J. 슈미트 · H. 하우프트마이어, 차봉희 역, 『구성주의 문예학』, 민음사, 1995.

구술성/문자성(口述性/文字性, Orality/Literacy)

언어가 말의 형태로 소통될 때 지니는 성질을 구술성이라 한다면, 문자의 형태로 소통될 때 지니는 성질을 문자성이라 한다. 이 두 사항에 대한 가장 흔한 관점은, 구술성에서 문자성으로 언어 소통의 중심이 이동되어 문명사회에 이른 것으로 보는 것이다. 곧 문명사회는 문자성을 주축으로 구성된다는 것인데, 물론 문명사회라고 해서 구술성이 없어지는 것이 아니다. 그런 점에서 구술성과 문자성은 언어 소통의 양면성을 가리키는 용어라고 할 수 있다.

구술성을 고려하는 것은 다음과 같은 세 측면에서 현대의 일반적인 문학 개념을 수정할 필요를 제기한다. 첫째, 문학 텍스트의 매체 문제이다. 일반적으로 문학은 인쇄물로서의 '책'을 매체로 한다고 간주되지만(문학을 뜻하는 'literature'는 '문자'를 뜻하는 로마어의 'litterae'에서 왔다), 말로 연행되는 구비 문학은 이런 생각과 대립된다. '책'을 주요 매체로 볼 경우, 문학 개념의 중심은 '쓰기'에 있게 되지만, 이 개념은 구술성을 배제한 것이 된다. 둘째, 작가 또는 원작자의 문제이다. 구비 문학에서는 현대처럼 뚜렷한 개인적 작가 개념이 존재하지 않는다. 그리스의 호머 역시 개인으로서의 창조적 작가라기보다 구술 전통의 종합자 또는 뛰어난 전승자로 받아들여진다. 작가 개인의 창조를 중시하는 것은 문자 시대 특히 인쇄 기술이 발달한 근대 이후 사회에서 나타난 관념이다. 셋째, 읽기의 문제이다. 구술성을 고려할 경우, 문학을 읽는다는 것은 문학 소통의 당연하고 유일한 형태라기보다 역사적 · 사회적 · 관습적으로 축적된 문학 소통 방식의 하나일 뿐이게 된다.

월터 J. 옹(Walter. J. Ong)은 문화의 단계를 전달매체에 따라 [구술 · 청각적 단계 → 문자의 단계 → 전파의 단계]로 변천해 왔다고 말하며 문자언어는 구술 · 청각언어가 변질된 것이라고 언급한 바 있다. 그는 구술 청각언어와 문자언어를 대조하면서 구술 · 청각언어는 문자언어에 비해 더 현실성이 있고 진정한 언어이며, 내면성을 향한 특별한 감각적 열쇠를 지니고 있으며, 인간을 상호 결합시키는 힘을 발휘하며, 어느 언어보다 인간의 사고와 강한 친밀성을 지닌다고 강조하였다.

이러한 관점에서 현대를 제2구술성의 시대라고 하기도 한다. TV, 라디오, 인터넷 등의 매체의 발달로 전파 매체나 디지털 매체가 발달하였는데, 이러한 매체에서 다시금 구술성이 강화되었다는 것이다. 그러나 매체 속의 구술성은 이전의 전통적인 구술성과는 달리 말과 문자가 뒤섞이거나 융합되는 현상이 드러난다는 점이 특징적이다. (장수익)

구비문학, 서사, 매체문학

참고문헌
Walter J. Ong, 이기우 · 임명진 역,『구술문화와 문자문화』, 문예출판사, 1995.

구어/구어체(口語/口語體, Colloquial language)

구어(口語)란 글자 그대로 입(口)으로 하는 말(語), 즉 일상적인 담화 자체를 의미한다. 문학용어로서의 구어체는 구어를 그대로 재현하려 한 문체를 뜻한다. 문어체의 대립어로 쓰인다. 한국문학사상 구어체를 적극 활용하려 한 시도는 조선 후기의 야담 · 패관체 문장에서 발견할 수 있으나, 구어체의 의의가 정립된 것은 19세기 말~20세기 초 국한문 논쟁을 통해서였다. 야담 · 패관체 문장의 구어체가 한문 글쓰기를 전제로 고투(古套)에서 벗어나 일상 회화를 재현하려 한 데 비해 19세기 말 이래의 구어체는 국문 글쓰기를 강력하게 주장하였다. 당시의 구어체란 국문 내부의 분화를 지칭하기 전에 국문이 문장 언어의 근간이 되는 일체의 글쓰기를 가리켰다. 유길준이『서유견문』(1895)에서 국한문체의 의의를 설명하면서 "인(人)의 사려가 성음(聲音)으로 발(發)"하는 구어와 "인의 사려가 형상으로 현(顯)"하는 문어가 일치해야 한다고 주장했을 만큼, 초기의 구어체 주장은 국문체 일체는 물론 국한문체까지 포괄하였던 것이다. 19세기 말~20세기 초에는 국문체와 국한문체가 엄격하게 구별되지 않았으며, 국문 우위론의 근거가 된 표음문자론 역시 국문체 · 국한문체에 동등하게 적용되었다. 표음문자는 일상어를 그대로 재현할 수 있다는 점에서 표의문자보다 과학적이고 합리적이며, 따라서 한글 역시 한자보다 우월하다는 것이 당시 국문론자들의 주장이었다. 구어체 논의는 국문론과 표리를 이루고 있어 서로 구별되지 않았다. 구어체가 국문체 내부에서도 분화된 문체를 뜻하게 된 것은 이광수를 거쳐 김동인에 이르러서였다. (권보드래)

국문체, 국한문체, 유길준, 표음문자

참고문헌
권영민,『서사양식과 담론의 근대성』, 서울대출판부, 2000.
권보드래,『한국 근대소설의 기원』, 소명출판, 2000.

구어체(口語體) ☞ 구어

구전문학 ☞ 구비문학

구조(構造, Structure)

구조라는 단어는 예전부터 주로 건축, 생물, 물질, 사고체계, 경제 분야에서 일상적으로 쓰이던 단어였다. 구조의 어원은 라틴어의 'structura'인데, 그것은 원래 '구성하다', '쌓다', '축조하다' 따위의 뜻을 지닌 'sustema'에서 비롯된 것이다.

　구조주의 언어학에서 정립된 이 용어는 인류학, 심리학, 문학 등 20세기 인문 사회 과학의 여러 분야에서 폭넓게 사용되고 있다. 문학적인 의미로 '구조'는 하나의 문학 작품을 구성하고 있는 다양한 내부 요소들이 맺고 있는 상호 관계 및 그것들의 '유기적 총합'을 지칭한다. 즉 하나의 문학 작품의 전체와 부분은 떼려야 뗄 수 없는 긴밀한 관계에 있고, 한 부분이 지닌 진정한 의미는 다른 부분이나 전체와의 관계 속에서만 파악될 수 있으며, 이 부분들을 감싸 안고 있는 전체인 문학 작품은 스스로 완결된 덩어리이자 자족적 존재라는 것이 구조라는 개념 아래 깔려 있는 보편적인 인식이다. 단 여기서 '하나의 문학작품'은 반드시 완성된 문학 작품을 의미하는 것은 아니다. 작품의 일부분도 하나의 전체로 간주할 수 있는데, 왜냐하면 그것들도 나름대로의 부분을 가지고 있는 전체이자 전체의 어느 한 부분으로 참여하기 때문이다. 그러므로 문학 작품은 유기적으로 얽혀진 계층적 구조라고 할 수 있다. 구조는 내용과 형식이 미적 목적을 위해서 조직되어 있는 한 내용과 형식의 양자를 포괄하는 개념이다. 따라서 문학 작품은 특정의 미적 목적에 도움이 되는 여러 요소들을 적절히 선정하고 배합하고 배열하여 하나의 구조화한 결과이다. 그런데 일단 구조화의 과정을 거쳐 완성된 구조는 각기 다른 요소의 집합체가 아닌, 구조의 각 부분이 된다. 집을 지을 때 모래와 시멘트 같은 재료가 집이라는 구조물에서, 모래가 아닌 바닥이나 기둥의 구조의 한 축이 되는 것과 마찬가지이다.

　한 편의 완성된 문학 작품은 그것을 구성하고 있는 여러 부분들이 구조적인 통일을 이루고 있다. 문학은 시간적 순서에 따라 사건을 배열한 단순한 이야기가 아니라 그것을 효과적으로 전달하기 위해 어떤 '변형'이 가해진 이야기라는 것은 아리스토텔레스 이후 정설처럼 받아들여지고 있다. 아리스토텔레스는 문학의 구조란 하나의 전체를 이루는 모든 요소들의 총합이며, 모든 부분들은 주어진 위치에서 각각의 주어진 역할을 담당하면서 서로서로 유기적으로 연결되어 전체를 구성하고 있다는 유기적 구조를 강조한다. 그러나 아리스토텔레스는 이야기의 '효과적' 전달을 위한 이야기의 변형 과정에 주목한 반면, '구조'라는 용어는 문학 작품 자체를 외부의 어떤 요소와도 간련을 맺고 있지 않은 자율적이고도 자족적인 언어의 체계로 바라본다는 점에서 차이가 있다.

　한편 웰렉(Wellek, Rene)은 질료에 대비되는 개념으로서 구조의 개념을 제시한다. 질료는 작품의 재료가 되는 것으로 미적으로 무관심한 비심미적 요소이다. 이 질료에 미적 속성을 부여해 주는 것이 구조이다. 한마디로 비심미적인 요소인 질료를 구조화하여 심미적인 효과를 부여하는 방식을 구조로 본 것이다. 웰렉은 작품을 여러 구성 요소들의 계층적 구조로 보고, 이 계층들 사이에 상호 작용으로 말미암아 전체 구조는 역동성을 띤다고 하였다.

　랜섬(I.C.Ransom)은 『신비평주의 The New Criticism』에서 시를 "모순된 국부적 조직을 가진 느슨한 논리적 구조라고 할 수 있다"라고 정의하면서 시를 '구조(Structure)' 와 '조직(taxture)'으로 구분하였다. 그에 의하면 구조는 시가 현실과 맺게되는 필수 불가결한 논리적 진술의 해결

가능한 논리적 요소이다. 문학 작품에 있어서 전체와 부분과의 합리적 통일성을 의미하며, 특히 시에 있어서는 페러프레이즈(paraphrase)라 할 수 있는 합리적 내용을 의미한다.

한편 부룩스(C. Brooks)는 유기적 시론에 입각하여 '시를 이루는 모든 구성 요소들이 하나로 융합해서 언어적이고 형식적인 구조로 나타나는 총체성'을 갖춰야함을 주장했다. 웰렉(Rene Wellㄷ)과 워렌(Warren, Austin)은 구조를 비심미적인 질료들이 심미적인 효과를 성취하는 양식이라고 하였는데 특히 영미의 신비평이나 러시아의 형식주의, 프랑스의 구조주의 등에 이르러서는 구조라는 말이 문학에 있어서 중심적인 과제로 등장하게 된다. (김선미)

구조주의, 신비평, 형식, 유기체적 구조, 조직

참고문헌
홍문표, 『시어론』, 양문각, 1994.
오세영, 『문학과 그 이해』, 국학자료원, 2003.
백운복, 『시의 이론과 비평』, 태학사, 1997.
김 현, 『문학이란 무엇인가』, 문학과 지성사, 1976.
부룩스, 『신비평과 형식주의』, 고려원, 1991.
윤석산, 『현대시학』, 새미, 1996.
J. B. 파쥬(J. B. Fages), 『구조주의란 무엇인가』, 문예 출판사, 1980.
테렌스 호올스, 『구조주의와 기호학』, 신아사, 1982.

구조인류학(構造人類學)

1958년 프랑스의 인류학자 C. 레비스트로스(Claude Lvi-Strauss)가 『구조인류학』을 출판한 이래 주로 프랑스 및 영국에서 유행한 인류학 연구방법의 경향을 말한다. 레비스트로스는 시간과 공간을 초월하여 모든 인간의 문화를 관통하는 일반적이고 보편적인 '구조'에 많은 관심을 가졌다. 인간의 집단이나 사회 · 문화의 기본적 구조를 추출하기 위하여 그 현상면(現象面)에 나타난 특징뿐만 아니라 그 배후에 감추어진 '무의식적(無意識的) 집합표상(集合表象)'의 추구를 목적으로 하고, 사회나 문화의 커뮤니케이션의 여러 관계 중에서 그것을 발견하기 위한 열쇠를 찾는 것이 구조인류학의 방법이자 내용의 특징이다.

그 방법은 20세기 초 E. 뒤르켐(Emile Durkhim), M. 모스(Mauss. Marcel) 등의 '프랑스 사회학 연보' 학파나 네덜란드 라이든 학파의 인류학 또는 러시아의 '형식주의', 프라하의 '구조언어학파', F. 소쉬르(Saussure, Ferdinand) 등의 '구조 언어학' 등과 밀접하게 결부되어 있다. 레비-스트로스는 구조언어학의 방법론으로 친족 체계를 분석하면서 언어와 마찬가지로 교환 원리와 호혜성 원칙을 들어 설명한다. 구조인류학은 넓은 의미에서 인간 인식의 원형(原型)을 추구하는 새로운 과학으로 평가받고 있다. 'A. 래디클리프 브라운'은 기능주의적인 사회구조의 개념을 논하여 그 구조는 현실에 존재하는 일련의 사회관계이기 때문에 직접적으로 관찰할 수 있다고 하였다.

이에 대해 프랑스의 문화인류학자 레비스트로스는 사회현상에서 추상된 제개념(諸槪念)의 상호관계로부터 변환군적 체계의 성격을 갖는 의식되지 않는 모델로서의 구조개념을 전제로, 그 모델을 조작·분석함으로써 문화를 의미 있게 하는 보다 깊은 실재를 밝히고자 하였다. 최근에는 레비스트로스의 이론이 구조주의적 인류학의 주류가 되고 있으며, 언어학의 방법론, 커뮤니케이션론, 정신분석론 등의 연구성과에 힘입고 있다. 구조주의 인류학은 다양한 현상 뒤에 숨겨진 '명료한 구조'를 밝혀내려는 것을 목적으로 한다. '여러가지로 나뉘어졌고 서로 구별되면서도 전체가 하나로 연결된 전체 사회적 사실'(뒤르켐)과 '정치, 경제, 사회, 종교 등 모든 차원이 기능적으로 맺은 상호 관계'(모스)를 바탕으로 레비스트로스는 '세부적으로 짜여진 보다 근본적인 실체'를 연구 대상으로 삼게 된다.

그는 먼저 인간 사회 제도를 법칙의 세계로 보며, 인간이 자연 상태에서 문화 상태로 넘어오는 최초의 법칙을 '근친상간 금제' 규칙에서 찾는다. 이것은 근친과 혼인을 금지하는 것이 아니라 내 것을 타인에게 주고 타인 것을 내가 갖는, 즉 교환을 일으키는 원리에서 비롯된 것이다. 내 누이와 딸을 타인에게 주고 타인의 딸이나 누이를 내가 데려오는, 즉 교환을 일으키는 법칙인 것이다. 이는 나와 타인, 내 집단과 타 집단간 대립을 교환을 통해 하나의 집단으로 통합, 연결하는 원리이기도 하다.

레비－스트로스는 이러한 법칙은 주면 받아야 하고 받으면 반드시 되돌려주어야만 하는 호혜성 원리이며, 이것이야말로 모든 개인과 집단들간 대립을 통합하는 사회의 구성 원칙이라고 말한다. 언어적 차원의 교환, 여자 교환과 더불어 물질 교환 역시 단지 물질 만을 교환하는 것을 의미하지는 않는다. 물질 교환은 감정－의무－가치관 교환을 수반하게 되며 결국 이 세 층위의 교환은 사회를 구성하는 통합 원리로 작용한다.

레비－스트로스는 남북 아메리카 인디언들의 방대한 신화를 네 권의 『신화론』을 통해 분석함으로써 인간 심층에 존재하는 문화형성 원리, 즉 구조적 무의식의 존재를 확인하고자 했다. 레비－스트로스가 찾으려는 구조적이고 일반적인 무의식은 결국 차이성과 유사성의 관계를 통해 상징과 의미를 만들어 내는 것이며 이런 점에서 모든 인간은 동일하다고 생각하는 것이다. 신화 속의 친족 체계 내에서 그 항(친족 용어)들이 가지는 의미는 다른 항들간의 대립적 관계로 분석될 때 찾을 수 있으며, 신화 역시 한 체계내에서 그들이 가지는 구조적 관계를 보았을 때 이들은 체계를 이루며, 더욱 큰 메타체계(metasystem)를 구성하는 것이다. 이처럼 주어진 항(신화소)들간 대립 관계를 나타낼 수 있는 방법은 아주다양하며, 같은 구조를 가진 신화도 다양한 내용으로 표현될 수 있음을 증명하고 있다.

800여개가 넘는 신화를 모두 분석하면서 레비－스트로스는 결국 "신화는 하나의 대립적 체계를 갖는 구조로 구성되어 있음을 알 수 있으며 단지 그 변환, 혹은 치환 그룹이 어떻게 형성되는가에 따라 다양한 신화로 나타날 뿐"이라고 주장한다. 이것은 다양한 현상 속에 숨어 있는 일반적인 이원적 무의식 구조를 말하는 것으로 이해된다.

레비-스트로스의 구조 인류학은 1950년대 말 프랑스 지성계를 강타했으며, 제2차 세계대전 이후에는 실존주의를 대신하여 새로운 학문으로 각광받았다. (김선미)

구조주의 인류학, 구조 언어학, 프랑스 사회학파

참고문헌
주경복, 『레비스트로스-슬픈 열대와 구조주의자의 길』, 건국대 출판사, 1996.
피에르 앙사르, 『현대 프랑스 사회학』, 문학과 지성사, 1992.
에드문드 리치(Leach Edmund), 『레비스트로스』, 시공사, 1998

구조주의(Structuralisme)

구조주의는 구조structure라는 말에서 유래한 것으로서 원래는 심리학에서 20세기 초 '기능 심리학 psychologie finctionnelle'에 대립되는 '구조 심리학 psychologie struc-turale'이라는 개념으로 사용되었으나 소쉬르 이후 언어학에서 사용하기 시작함으로써 그 의미가 구체화된다. 로만 야콥슨과 트루베츠코이가 주도한 프라그 학파école de Prague, 브뢴달 Brondal이 주도한 코펜하겐 학파 école de Copenhague, 블룸필드Bloomfield가 주도한 예일 학파 école de Yale가 구조와 구조주의라는 용어를 사용하고 1955년 구조주의 언어학이 등장한 후 인류학, 철학, 사회학, 심리학, 경제학, 문학 등 인간 과학 전반에서 구조주의가 유행한다. 구조란 1)어떤 전체를 구성하고 있는 요소들의 조직을 가리키는 것이었으나, 2)그 구성 요소들이 상호 의존적이어서 개개의 요소가 독자적으로는 파악될 수 없는 조직된 하나의 통일체를 구축하고 있는 전체를 의미한다. 3)언어학에서는 언어학적 여건 전체를 구성하고 있는 요소들 사이에 존재하는 관계들을 지배하는 규칙들의 체계를 의미한다.

문학에 있어서 구조주의는 언어학적 구조주의의 개념들을 토대로 해서 문학 텍스트를 체계적인 분석에 의해 여러 요소로 분할하고 그것의 관계를 확립하고 재배열함으로써 문학 작품의 형태와 의미를 파악하고 해석한다. 전통적인 문학 비평이 역사주의나 인상주의에 의존하여 문학 작품을 문학 바깥에서 해석하고자 한다면 구조주의 문학비평은 문학 작품을 그 내적 구성요소들과 그 상호관계의 분석을 통해서 어떤 구성원리나 규칙의 지배를 받고 어떤 체계에 의해 의미작용이 일어나고 있으며, 그것이 세계와 우주 속에 있는 어떤 구조와 동질성을 띠고 있는지 밝히고자 한다. 이러한 문학적 구조주의는 언어학에서 사용하고 있는 랑그 / 파롤, 계열체 / 통합체, 형식 / 실체 공시태 / 통시태 등의 개념을 도입하고 변형과 치환, 은유와 환유의 가능성을 실험하여 '서사'의 문법을 만들고자 시도한다. 구조주의는 러시아 형식주의의 이론의 도움을 받아 문학과학을 만들고자 한다. 그것은 구조 시학으로 발전하여 문학작품의 문학성을 결정하는 원리를 설명하고자 한다.

이러한 구조주의의 노력이 문학 텍스트를 그 내적 구성 원리에 의해 설명하고 이야기의 문법을 정립하고자 한 것이라면 개개의 문학 텍스트의 독창성을 설명할 수 있는 또 다른 방법론이 요구되는데, 그것이 기호학 sémiologie / sémiotique이다. 기호학을 기호를 연구하는 학문을 의미하는 것으로 말한 것은 소쉬르다. 소쉬르는 언어학이 기호학의 일부에 지나지 않는다고 생각하여 일반 과학으로서의 기호학의 중요성을 강조하였다. 여기에서 그레마스와 바르트의 기호학은 출발한다. 바르트는 기호학의 대상이 다양하다는 것을 인정함으로써 그 범위가 얼마든지 확대될 수 있다고 주장한다. 도로의 신호체계, 음식, 유행의 복장, 텔레비전 프로, 설화, 속담 등을 모두 기호로 보고 그것의 분석 방법은 일반언어학 이론이라고 생각한다. 기호를 의사전달의 수단으로 볼 때 그것이 언어학 이론의 대상에 포함될 수밖에 없다는 것이 바르트의 주장이다. 그렇기 때문에 바르트는 소쉬르와는 반대로 기호학이 언어학의 한 분야에 지나지 않는다고 생각한다. 문학기호학은 그레마스와 파리 학파 école de Paris에 의해 독자적인 학문으로 발전하여 문학적 구조주의보다 훨씬 풍요로운 이론과 분석 결과를 보여주고 있다. (김치수)

기호학, 러시아 형식주의

참고문헌

R. Barthes Eléments de la sémiologie, Seuil, 1964.

A. J Greimas Sémantique structurale, Seuil, 1966.

김치수 편, 『구조주의와 문학비평』, 홍성사, 1980.

소쉬르, 최승언 역, 『일반언어학강의』, 민음사, 1997.

구체시(具體詩, Concrete poetry)

구상시는 의미, 문맥, 비유 등과 같은 문법적, 수사적 요소로 형성되는 언어의 논리성이나 의미성을 완전히 파괴하고, 언어에 의해서 표출, 형상 되는 음성의 청각성과 문자의 시각성을 중시하는 시이다. 프랑스의 문자주의(文字主義) 운동에 뒤이어 1950년대에 브라질에서 쓰이기 시작한 용어이다. 구상시(具象詩)라고도 한다. 미술과 문학의 경계에 자리잡고 있는 구체시는 독일어 문화권을 중심으로 60년대와 70년대에 주목받은 시 형식이다. 독일과 유럽에서 벌어진 현대사의 흐름, 독일 제국의 몰락, 냉전 체제 등 역사적 사건이 그 생성과 발전의 시대적 배경을 이룬다. 구체시는 "일차 세계 대전을 전후로 해 전개된 다다의 운동과 상통하는 문화 예술분야의 움직임이었다. 처음에는 기호시(記號詩)·출현시(出現詩)와 혼동해서 쓰이다가 차차 그 개념이 확립되었다. 여기에서 '구체'란 추상적인 것의 반대인 물질성(materiality)을 의미하며, 주로 문자적·음성적·시각적인 물질성을 말한다. 이 때 물질성을 대표하는 것은 문자들이다.(단순한 문자는 언어의 표기 수단 이전의 것이다. 따라서 그것은 추상적인 의미를 전달하기 이전의 상태이기 때문에 구체적인 것이라고 본다) 즉 구체시는 언어의 논리성·의미성을 완전히 파괴하고, 단지 문자나 어음(語音)의 형상을 중시하여 도형(圖型)을 그리듯 활자를 시각적으로 배열한 시이다.

구체시의 기원은 시의 본문이 지면 위에 제시될 때 시각적인 형태를 가지도록 실험했던 고대의 형태시까지 거슬러올라갈 수 있다. 일부 그리스 시인들은 기원전 3세기부터 본문이 의미하거나 시사하는 대상을 시각적으로 표현할 수 있도록 그들의 시에 외적 형태를 부여하였다. 르네상스 시대와 17세기에는 '도형시(圖形詩, pattern poems)' 또는 '징표시(徵表詩, emblem poems)'라고 불리는 형태화한 시형식이 유행하였다.

근대시는 상징주의 이후에 언어의 시각적, 청각적 요소의 환기력과 물질적 정신을 회복하기 위하여 음향시(音響詩), 미래파(未來派)의 자유화법(自由話法), 다다이스트들의 추상시, 물체시, 동시시(同時詩) 등을 실험했다. 이러한 일련의 시운동은 언어를 문법이나 의미로부터 자립시키고, 있는 그대로의 물질로서의 시간과 공간, 세계 구조로 해방시키는 구체시 운동으로 발전하였다.

1953년 <구체시를 위한 선언>에서 "오래 전에 고갈된 인간 심리학의 자리에 물질에 대한 서정적 심취가 들어서야 한다"라는 모토를 표방하고, 이러한 관점에서 오이겐곰링거(Eugen Gomringer)가 구체시를 주창하였다. 구체시는 "단어를 자유롭게 하는" 언어적 실현가능성의 가장 바깥쪽 경계지대, 말로 표현할 수 없는 것을 향해 들어가려 한다. 구체시는 "말하자면 언어의 내부로 침투하려 하며, 언어를 열어젖히고, 언어 속에 깊이 감추어진 연관성을 조사하려 한다. 이 때 생겨나는 것은 전혀 새로운 언어가 아닐 수도 있다. 그것은 낡은 통사체와 낡은 단어 사용과의 대비를 이용하는 말이다."

구체시는 통일된 양식을 보여주지 못할 정도로 매우 다양하지만 공통되는 특징은 철저하게 축소된 언어를 사용한다는 점과 과격하게 변형된 언어를 특수한 방식으로 타이프하거나 인쇄하여, 한 편의 시가 시각적인 통일체로 감지되는 대상물로서 독자의 주의를 끌 수 있도록 하고 있다는 공통점을 가지고 있다.

이러한 이유로 사실상 많은 구체시들은 관습적인 방법으로는 전혀 읽을 수 없는 것이 많다. 왜냐하면 이 시들은 구성 문자들의 순서와 위치가 조직적으로 뒤바뀐 단어나 구로 구성되었거나 아니면, 분절된 단어 또는 무의미한 음절, 문자, 숫자, 구두점의 단편들로 이루어져 있기 때문이다. 이렇게 이루어진 형태 속에서 구체시의 시인들은 여러 가지 활자 형태와 크기 및 색깔을 다양하게 이용하며, 때때로 사진을 본문에 첨가하는 등의 실험을 한다. 구체시 운동은 결국 '시각적', '청각적', '동적(動的, kinetic—독자가 페이지를 넘겨감에 따라 그 모양이 서서히 전개되는 형태의 시)'의 세 가지 분야로 크게 나누어진다.

구체시의 예로는 하이센뷔텔(Helmut Heißenbüttel)의 「절대 결합술 absolute Kom—binatorik」, 시각적 시, 청각적 시, 방언시, 얀들(Ernst Jandl)의 '담화시' (Sprech—gedichte), 브레머(Claus Bremer)의 '도형시'(Figurengedichte), 프랑스의 '문자주의'(Lettrismus), 마지막으로 컴퓨터시에서 가장 과격한 형태로 나타나는 벤제의(Max Bense)의 '세리엘 시'(serielle Lyrik) 등을 들 수 있다.

아폴리네르(Giullaume Appollinaire)는 회화적이고 암시적인 인쇄술을 실험하였는데 『비가 내리네(Il pleut)』의 경우 글자 하나 하나가 페이지 위에 방울져 떨어지는 모양으로 인쇄 하였다. 미국의 경우에서는 에즈라 파운드(Pound, Ezraloomis)와 특히 E. E. 커밍즈(Commings, Edward Estline)의 인쇄실험에서 구체시적인 면모를 보여준다. 예를들어 커밍즈의 시『r-p-o-p-h-e-s-a-g-r』을 보면, 독자는 처음에는 희미하게 지각하다가 나중에야 그것이 곤충임을 확실하게 인식하는 과정을 표현하기 위하여, 이 속에서 문자 연결체들은 점점 'grasshoper(메뚜기)'라는 단어로 형성되어 간다. 한편 에멋 윌리엄스(Emmett Williams)는 구체주의를 표방하는 플럭시스 운동의 한 일환으로서 상징 대신에 구체적 언어 또는 대상으로의 '구체시'를 창작한다. 에멋 윌리엄스는 '구체시'와 '다이나믹한 연극'을 위한 단체인 '다름슈타르 서클' 회원으로 활동하였으며, 『구체시 선집 An Anthology of concreate poetry』를 편찬하였다.

한편 한국에서는 1930년대 중반 이상(李箱)의 시에서 그 예를 찾아볼 수 있으며 '삼사문학(三四文學) 동인들의 일부 작품에서도 구체시의 예가 나타난다.

예)『선에 관한 각성』-이상
1 2 3 4 5 6 7 8 9 0
2 · · · · · · · · ·
3 · · · · · · · · ·
4 · · · · · · · · ·
5 · · · · · · · · ·
6 · · · · · · · · ·
7 · · · · · · · · ·
8 · · · · · · · · ·
9 · · · · · · · · ·
10 · · · · · · · · ·

(김선미)

다다이즘, 누보로망, 문자주의 운동, 기호시, 도형시, 징표시

참고문헌
미하일 함부르거(Hamburger, Micel), 『현대시의 변증법』, 지식 사업사, 1999.
정현종외, 『시의 이해』, 민음사, 1983.
르네 블록(Blook, Rene), 『플러서스』, 열화당, 1990.
김홍희, 『플러서스』, 에이지 인터내셔날, 1993.

구체적인 것/추상적인 것

구체적인 것은 객관적으로 실재하는, 지각 가능한 어떤 대상을 뜻한다. 반면 추상적인 것은 어떤 대상으로부터 어떤 요소, 측면, 성질을 분리해 사유하면서 이끌어낸 정신작용의 어떤 관념을 뜻한다. 인간의 인식과정에서 구체적인 것과 추상적인 것은 상호 대립하는 것 같지만 실제로

이 대립은 좀더 풍부한 의미를 낳는 인간 인식의 기초적인 계기로 작용한다. 인간 인식의 출발점은 감각적 현상 형태로 제시되는 구체적인 것이며 그 구체적인 것에 대한 인식은 추상적인 것으로 상승하기도 한다. 요컨대 인간의 인식은 구체적인 것을 분석하여 대상의 개별적인 측면, 성질, 특징, 관계의 속성을 탐구하면서 추상적인 개념을 형성한다. 학문적인 영역만이 아니라 일상적인 영역에서도 추상적인 정신작용은 필수 불가결하다.

일반적으로 문학은 추상적인 것보다 구체적인 것을 선호해 온 것 같지만 실제로는 그렇지 않았다. 플라톤이 순수한 이데아가 결여되었다는 점에서 문학을 경멸한 이래 서구 문학은 문학의 추상적 의미를 강조해온 역사라고 해도 지나치지 않다. 예술이 우주를 모방하며 시작되었다고 주장한 아리스토텔레스도 문학에 추상적 성격이 있음을 부인하지 않았다. 중세의 알레고리 문학도 문학의 추상적 의미를 강조했고 엄격한 형식미와 질서를 표방한 17, 18세기의 고전주의 문학도 문학의 추상적 의미를 강조했다. 그러나 인간의 구체적인 감정과 감각의 동적인 표출과 구체적인 대상의 객관적 재현을 중시하면서 구체적인 것을 탐구하는 문예사조가 등장하기도 했으니 낭만주의와 사실주의의 출현이 바로 그것이다. 그런데 문학의 추상적 의미를 지향하는 문예사조는 20세기에 들어와서도 소멸되지 않고 지속적으로 생성한다. 상징주의와 초현실주의, 이미지즘, 모더니즘 등이 그 예들이다.

이렇게 예술사의 전개과정은 추상적인 것과 구체적인 것이 단순한 상호 대립의 차원을 뛰어넘는 변증법적인 지양의 계기로 작용해 왔음을 증명하고 있다. 또한 한 작가의 작품 내에서도 구체적인 것과 추상적인 것은 혼재되어 나타날 수도 있다. 그러므로 구체적인 것과 추상적인 것을 기계적으로 대립시켜 이해하는 것은 무의미할 수 있다. (양진오)

구체, 추상, 낭만주의

참고문헌
오광수, 『피카소』, 열화당, 1975.
안나 모진스키, 전혜숙 역, 『20세기 추상미술의 역사』, 시공사, 1998.

구체화(具體化)

구체화는 독자가 독서과정을 통하여 텍스트를 구축하고 완성하는 과정, 다시 말하면 텍스트를 활성화하는 과정을 가리킨다. 즉 이미 제작된 텍스트는 독자에 의해 여러 가지 방식으로 완성(구체화)되어야 하는 것이다. 작품은 독자의 재창조적인 수용적 경험을 필요로 한다.

현상학적 문학연구방법은 독자 개개인이 어떻게 텍스트에 관여하는가, 즉 독자와 텍스트의 결합이 문학작품을 어떻게 새롭게 만들어내는가에 기본적으로 초점이 맞추어져 있다. 독일의 철학자 에드문트 후설(Edmund Husserl)이 발전시킨 현상학에서 영향을 받은 폴란드의 비평가 로만 잉가르덴(Roman Ingarden)의 이론은 이에 관하여 많은 것을 시사해준다.

로만 잉가르덴은 문학작품을 저자 의식의 지향적 행위에서 시작되는 것으로 간주하였다. 지향성이라는 말은 에드문트 후설에게서 비롯된 것으로서, 그는 이 말을 의도적이라는 뜻으로 쓰지 않고 어떤 대상 또는 대상군에 대해 열려 있는 의식을 가리키는 데 사용하고 있다. 이러한 의식행위에 관한 저자의 기록이 텍스트이며, 이 텍스트를 독서함으로써 독자는 자신의 의식 속에서 작품을 재 경험한다는 것이다.

그런데 텍스트는 완전하게 실현된 요소들이라기보다는 많은 가능한 요소로 채워진 도식(圖式)에 불과하다고 보았다. 모든 문학 작품 또는 재현된 대상이나 국면은 무한히 많은 미결정성을 포함하고 있다고 할 수 있다. 독서의 행위에는 텍스트 속에 나타난 미확정성 및 틈을 채우거나 도식화된 국면을 제거하는 일이 포함된다. 잉가르덴은 이러한 행위를 구체화라고 부른다. 그는 미결정을 채우기 위한 독자의 주도적 행위, 즉 '보완적 결정'으로 본다. 독자는 능동적인 독서를 행하여 그곳을 완전하게 채워 넣음으로써 텍스트를 구체화시키게 된다. 이것이 바로 로만 잉가르덴이 말하는 구체화된 작품으로서, 저자와 독자가 함께 공동 창작한 결과물이다.

작가는 하나의 소설 속에 등장하는 인물을 주어진 텍스트의 지면 안에서 결코 완벽하게 묘사할 수 없다. 그 인물의 구체화는 독자의 몫으로 독자의 상상력이 능동적으로 개입할 때에 비로소 완전한 인물로서 생명력을 얻게 된다. 그러므로 텍스트 읽기(독서)는 이러한 구체화의 지속적인 반복을 수반하는 행위라고 볼 수 있다.

잠재적 가능성의 장소로서의 텍스트는 그 가능성의 어떠한 개별적 구체화보다도 언제나 풍부하다. 텍스트의 구체화는 개개의 레벨에서 발생하기 때문에 텍스트를 구체화할 가능성은 무수히 많다. 왜냐하면 구체화는 개별 독자들의 활동인만큼 다양한 면모로 드러날 수밖에 없기 때문이다. 개인적인 경험이나 기분, 그 밖의 여러 가지 우발적인 조건들이 하나하나 구체화에 영향을 끼친다. 그러므로 설사 한 독자의 경우에서조차도 두 번의 구체화는 결코 동일할 수 없다.

그런데 잉가르덴은 구체화의 사례들에는 우열의 차등이 있다고 보고, 텍스트는 독자에 의한 텍스트의 실현을 통제한다고 말함으로써 주체성이 횡행하지 못하도록 억제한다. 로만 잉가르덴의 이러한 이론은 한스 R. 야우스(Hans R. Jauss)와 볼프강 이저(Wolfgang Iser) 등의 독자 반응 비평의 이론적 근거가 되었다. (김선미)

수용미학, 현상학, 기계적 반응, 독자 반응 비평

참고문헌
박찬기, 『수용미학』, 고려원, 1992.
차봉희, 『수용미학』, 문학과 지성사, 1985.
허창훈, 『현대 문예학 개론』, 서울대 출판부, 1986.

국가(國家, Nation)

일반적으로 국가의 어원은 스타토(stato)로, 15세기 이탈리아의 도시국가를 가리키는 말이었는데, 마키아벨리(N. Machiavelli, 1469~1527)가 그의 저서 『군주론』에서 사용한 이후로 각국에서 사용하게 되었다. 이와 같은 어원으로 미루어 볼 때 국가란 말은 대체로 동일민족을 중심으로 해서 형성되기 시작한 근대국가의 명칭으로 쓰인 것이라고 볼 수 있다.

그러나 역사적으로 국가의 개념은 지속적 변천을 겪었으며, 최초의 형태와 현대의 형태 사이에는 큰 차이가 있다. 현재는 국가를 구성하는 세 가지 요소를 영토·국민·주권이라고 정의하고 있다. 복수민족으로 구성된 미국과 같은 국가도 있고, 아프리카나 라틴아메리카처럼 동일민족이 갈라져서 구성된 국가도 있다. 지금은 고대 도시국가·로마제국·중세 봉건국가·근세 전제군주국가·근대 자유주의국가·현대 사회주의국가에 이르는 모든 종류의 정체(政體)를 지니는 단체를 포괄해서 국가라고 한다.

대부분의 경우 nation은 '민족'으로 번역되는 경우가 많다. '국가'라고 번역되는 경우는 근대 이후 서구에서 형성된 국민국가(혹은 민족국가)인 nation-state를 의미한다. nation은 '민족', '국가' 이외에도 종종 '국민'으로 번역되는 경우도 있다. 어느 경우든 이 용어는 지배기구로서의 국가(state)나 전근대적 단계의 지배층과는 전혀 다른, 국가의 주권자로서의 그 성원들 내지는 국민을 그 실체로 삼는 국가를 의미한다. 그러나 이러한 민족국가를 가지지 못한 상태에서도 'nation'의 존재를 주장하는 것이 바로 민족주의의 입장이니만큼 '국민'보다 '민족'이 더 정확한 번역이다. 다만 이 경우의 '민족'은 근대적 민족주의가 설정하는 개념이며 혈연 중심의 전근대적 민족 내지는 종족과는 구별되어야 한다.

'민족'이라 하면 우리는 습관적으로 '종족'과 대동소이한 것을 생각게 되지만, 이는 엄연히 다른 개념이다. '종족'은 nation이 아닌 race의 번역어로, 넓은 의미에서는 백인종·흑인종 등의 '인종'이지만, 협의로 '종족' 또는(혈연 중심의) '민족'을 뜻하는 수가 많다. 비슷한 뜻으로 희랍어의 ethnos에서 나온 ethnie라는 명사가 불어에 있으나, 영어로는 ethnic(종족적)이라는 형용사만 쓰인다. 영어의 folk는 독일어의 Volk가 갖는 의미 중 '인민' 또는 '국민'의 뜻이 빠지고 민족의 언어·문화 전통과 그 '얼'의 구현자인 '민중'을 의미한다. nation의 형용사형인 national은 민족적·국가적·국민적 등으로 번역된다. 그러나 이 형용사를 다시 명사화한 nationality는 어떤 '네이션(nation)'에 소속되어 있다는 사실, 그리고 종종 '민족성(national character)' 자체를 의미하기도 한다. (이봉일)

근대국가, 민족국가, 국민국가, 민족주의, 국민, 민중

참고문헌
마키아벨리, 강정인 역, 『군주론』, 까치, 1994.
베네딕트 앤더슨, 윤형숙 역, 『상상의 공동체』, 나남, 2002.
백낙청 편, 『민족주의란 무엇인가』, 창작과 비평, 1981.

국문(國文, The national language)

국문은 한 나라의 글자, 또는 그 글자로 쓴 글이다. 우리나라에서는 주로 한자와 대비하여 한국어 표기 문자인 한글과 한글로 쓰인 글을 지칭한다. 우리나라에서 국가어로서 국문의 개념이 정립된 시기는 19세기 말 외세의 개입이 노골화되면서 국가나 민족에 대해 자각하게 된 개화기 무렵이다. 1894년 고종은 "법률 칙령은 다 국문을 본으로 삼고 한문 번역을 붙이며, 또는 국한문을 혼용"하라는 칙령을 공포한다. 이 칙령에서 '한글'에 대한 명칭을 기존의 '언문(諺文)'으로 하대하던 것을 '나랏글'이라는 뜻의 '국문(國文)'으로 격상시켰다. 또한 공식문서에서 한문을 폐지하고 국문인 한글을 쓰게 하였다. 훈민정음을 창제한 세종조차 한문이나 이두를 폐지하지 못했는데, 갑오경장에 이르러 한글이 공식적인 국문으로 자리매김하게 된 것이다.

한글이 우리나라의 고유표기 문자가 되고, 국문으로 대접받기까지는 일부 지배층이 사용하던 한자의 토착화 과정을 겪어야 했다. 중국의 문자인 한자는 하나의 문자에 소리와 뜻이 함께 결합되어 있기 때문에, 이 소리와 뜻을 상황에 따라 선택적으로 쓸 수 있었다. 이러한 한자의 특성을 잘 살려 쓴 표기방법이 향찰(鄕札)이다. 명사나 동사 등 일정한 의미를 담고 있는 내용어는 한자의 뜻을 빌려오고, 조사나 어미 등 문법적인 기능만을 하는 형식어는 한자의 음을 빌려와 한국어의 특성을 적절하게 반영하는 표기체계를 이루었다. 이와 더불어 조선조까지 이어진 이두(吏讀), 개화기에 형성된 국한문체에까지 그 전통을 이어갔던 구결(口訣)은 국문인 한글과 함께 한국인의 문자생활에 중요한 축을 이루었다.

국문인 한글은 1933년 '한글 맞춤법 통일안'이 제정되기 전까지 철자법이 통일되지 않아 혼란이 많았다. 특히 연철(連綴), 분철(分綴), 혼철(混綴) 표기 등 표음주의를 원칙으로 할지, 표의주의를 원칙으로 할지가 정해져 있지 않아 혼란스러웠다. '한글 맞춤법 통일안'은 표의주의를 기반으로 만들어졌으며, 이후의 변화된 언어 현실을 반영하여 몇 번의 개정안을 만들어 시행하다가 1989년 '한글 맞춤법 통일안'으로 확정했다. (김진해)

한글, 향찰, 이두, 구결

참고문헌
강신항, 『훈민정음 연구』, 성균관대학교 출판부, 1987.
박병채, 『국어발달사』, 세영사, 1989.
박영준 외, 『우리말의 수수께끼』, 김영사, 2002.

국문학(國文學, The study of the Korean literature)

국문학은 상고시대 이래로 현대에 이르기까지 한국인 작가에 의해 한국인 독자를 위해 한국어로 창작한 문학이다. 국문학은 크게 구비문학, 한문학, 국문문학(한글기록문학) 세 영역으로 나누어진다.

구비문학은 민속학의 한 분야로 여겨지기도 했으나 현재는 한국 기록문학의 저층 역할을 해온 것으로 평가받고 있다. 한자 전래와 함께 한문학이 등장하게 됨으로써 구비문학과 기록문학이 공존하게 되었다. 한문학도 국문학의 한 갈래라고 볼 수 있는데, 독자적인 문자가 없는 시대였지만 한국인 작가가 한국인 독자를 위해 한국인의 정신과 문화를 담고 있기 때문이다. 우리나라 사람들이 당대의 지배적인 언어로 우리의 사상과 감정을 표현했다면 당연히 국문학의 범주에 포함시켜야 한다. 우리의 한국어 기록문학은 한자를 이용하여 한국어를 표기하는 방법을 고안하면서 시작되었다고 보아야 하는데, 그 대표적인 표기법이 향찰(鄕札), 이두(吏讀), 구결(口訣) 등이다. 한국어의 특성을 반영하기 위해 한문을 창조적으로 변형했다는 점에서 이들 차자표기로 된 문학도 국문학의 한 영역으로 보아야 한다. 훈민정음 창제 이후에도 구비문학, 한문학, 국문문학은 서로 상호 침투하면서 발전해 왔다.

국문학의 갈래는 연구자의 견해에 따라 차이가 난다. 시가(詩歌)와 산문(散文)으로 양분하기도 하고, 서양의 구분법에 따라 서정, 서사, 극의 세 갈래로 나누기도 한다. 또는 시가, 소설, 희곡, 가사 또는 서정, 서사, 극, 교술 등의 네 갈래로 나누기도 한다. 이처럼 국문학의 갈래를 나누는 것이 어려운 것은 가사나 경기체가처럼 서정, 서사, 극의 어디에도 속한다고 말하기 어려운 갈래가 있기 때문이다. (김진해)

구비문학, 한문문학, 국문문학

참고문헌
김광순 외, 『국문학개론』, 새문사, 2003.
조동일 외, 『한국문학강의』, 길벗, 1994.

국민(國民, Nation, Subject, 프 Nation, 독 Nation)

한 나라의 통치권 아래에 결합하여 국가를 구성하고 있는 사람 혹은 그 나라의 국적을 가지고 있는 사람으로서 '국인(國人), 인민'으로도 통칭된다. 거주지와는 관계없이 원칙적으로 일정한 국법(國法)의 지배를 받는 국가의 구성원을 말하며, 국가를 구성하는 각 개인을 가리키는 경우와 소속원 전체를 가리키는 경우가 있다. '국민'이 국내법이 정하는 요건에 따라 지위가 주어지는 법적 개념이라면, '종족'은 유전적 특성을 함께 가진 사람들에 대한 자연과학적 개념이고 '민족'은 다양한 문화적 요소를 기준으로 한 사회학적 개념이라는 점에서 이 세 가지의 개념은 서로 그 범주나 외연이 반드시 일치하지는 않는다. 국민을 타국민과 구분하기 위하여 자국민으로서의 신분을 강조할 때는 국적(國籍)이라는 표현을 활용한다. 누구에게 국적을 주느냐 하는 것은 원칙적으로 그 국가가 자의로 국법에 따라 정하게 되어 있지만, 국제법상의 원칙은 없다. 국적은 보통 출생 때 주어지는데, 여기에는 출생지보다 혈통을 기준으로 하는 혈통주의(血統主義)와 출생지를 기준으로 하는 출생지주의(出生地主義)가 있다. 한국은 비교적 순수한 혈통주의를 택하고 있다.

중세 봉건사회에서는 다원적인 신분제만 있었을 뿐 국민이라는 포괄적 개념이 없었지만, 신분제의 타파로 시민계급이 전면에 등장하고 통일국가가 확립되면서부터 국민이라는 개념이 생겨났다. 일반적으로 서양에서는 '국민'이라는 말보다는 신분적 구속 없이 자유로운 지위에 있는 사람을 가리키는 '시민'이라는 말을 사용한다. 현재에는 대체로 외국과의 관계에서 주권자로서의 자각을 지닌 국가의 주인이라는 지위를 명확히 인식하는 의미에서 국민이라는 표현을 사용한다. 국가와의 관계에서 국민은 국권(國權)의 지배를 받는 객체일 뿐만 아니라, 국권의 담당자 또는 국권의 주체가 되기도 한다.

일반적으로 국민의 국가에 대한 관계는 국민의 지위에 따라 '소극적 지위(국가로부터 자유로운 입장을 주장하는 지위=자유권), 적극적 지위(국가의 적극적인 행위를 요구하는 지위=사회권), 능동적 지위(국가기관에 대해서 행동을 요구하는 지위=국무청구권, 국가 활동에 참가하는 지위=참정권), 수동적 지위(국권에 복종하는 관계로 국법에 따라 의무를 지는 지위) 등의 네 가지로 분류된다. (오태호)

민족, 인종, 종족

참고문헌
권혁범, 『국민으로부터의 탈퇴』, 삼인, 2004.
노암 촘스키, 강주헌 역, 『그들에게 국민은 없다』, 모색, 2000.
니시카와 나가오, 윤대석 역, 『국민이라는 괴물』, 소명출판, 2002.

국민국가(國民國家, Nation-state, 독 Nationalstaat) ☞ 민족국가

국민문학(國民文學, National literature)

한 나라의 국민성 또는 국민문화를 표현한 독특한 문학 또는 근대 국민국가의 성립에 따라서 창작된 문학을 말한다. 어떤 문학이든 어느 한 나라의 국민이 탄생시킨 것이며, 어떤 형식으로든 그 국민의 모습을 부분적으로나마 반영하고 있다는 점에서 모든 문학은 국민문학이라고 할 수 있다. 그러나 일반적으로 '국민문학'이란 어떤 특정한 국민이나 민족의 성격을 고도로 표현한 독자적인 문학을 말한다. 그것은 우수한 국민성과 민족성의 표현을 통하여 세계적 보편성에까지 도달하는 것이어서, 우수한 국민문학은 동시에 중요한 세계문학이 된다.

역사적으로 보았을 때 유럽에서는 오랫동안 문학이 단일한 것으로 생각되어 왔다. 16세기에는 라틴어에 의하여 그리고 17~18세기는 프랑스어에 의하여 유럽의 통일이 유지되었기 때문이다. 하지만 18세기 말엽부터 점차 자국어에 의한 지역별 문학의 특수성이 인식되면서, 헤르더와 괴테 등이 국민문학에 착안한 것을 기화로 하여 독일문학, 프랑스문학, 영국문학 등의 국민문학에 대한 관심이 증폭된다. 그리하여 국민문학의 성립은 민족국가의 성립과 시기가 거의 같으며, 민족통일을 달성한 광범위한 국민층의 자기표현에의 욕구가 바로 국민문학을 탄생시킨 지반이라고 할 수 있다. 따라서 국민문학은 일부 특권계층에서만 향유되는 귀족문학이 아니라, 모든 국민에게 읽혀지고 사랑 받는 그야말로 '국민의 문학'이라고 할 수 있다.

한국의 경우 '국민문학론(운동)'은 두 가지로 대별되는데, 1920년대 프로문학의 계급적 활동에 대항한 문학론과 1940년대 친일 문인들이 제창한 이론을 말한다. 1920년대 최남선에 의해 계기가 마련된 '국민문학'은 카프의 계급주의 문학에 맞서 이념과 형식에서 조선적인 것을 존중하고 수호하자는 민족주의 문학의 변형이다. 그러나 국민문학이 보수적 민족주의 경향을 띠게 되자 국민문학자들은 점차 중립적인 이론을 추구하게 되었고, 그 결과 『문예공론』을 중심으로 양주동·염상섭 등에 의해 절충주의 문학론이 성립하게 된다. 1940년 조선총독부의 어용 단체인 '조선문인협회'가 결성되고 그들의 기관지인 『국민문학』이 등장하면서 새로이 '국민문학'이라는 용어가 주목을 끌게 된다. '국민문학'이라는 용어는 최재서에 의해 그 개념이 일본 정신에 의한 문학임을 밝힘으로써 친일문학적 성격을 천명한다. 뿐만 아니라 이광수, 김기진, 안함광 등은 황국신민으로서의 내선일체론과 용병론을 강조하면서 친일적 '국민문학'의 의의와 성격을 밝힌 글을 쓴 바 있다. (오태호)

국민문학론, 민족문학, 친일문학

참고문헌
이명재, 『통일시대 문학의 길찾기』, 새미, 2002.
국제어문학회, 『한국 근대 문학의 형성과 발전』, 보고사, 2004.
임종국, 『친일문학론』, 민족문제연구소, 2002.

국민문학(일본)

서구에서의 국민문학은 근대국가 성립 전후에 국민(nation) 적 공통 이해에 입각한 국민적 과제를 제시하고 추구해 가는 과정에서 생긴 문학을 지칭하나, 근대이후의 일본에서는 실체로서의 문학이 아닌, 근대화 과정에서의 좌절이 계기가 되어 주장된 문학이념으로 나타나는 일이 많았다. 이를 '국민문학'으로 지칭하는 것은 역사적으로 일본의 근대가 내재적으로 일어난 것이 아니라 외국세력의 침투나 외국문물의 유입에 의해 성취되어 그것이 좌절되거나 혹은 근대화 자체의 파행성에 대한 자각이 문학작품 등을 통해 '국민적 체험'으로 널리 공유되었기 때문이다. 즉 일본에 있어서의 국민문학은 각각의 논의에 있어서 구체적인 문학작품 그 자체보다도 각각의 시대에 지배적이었던 언설과의 관계 속에서 강조된 이념이었다고 하겠다.

근대 이후의 일본에서 이와 같은 의미에서의 국민문학이 크게 주장된 것은 역사적으로 보아 3번 정도 된다. 그 첫 번째는 1880년대의 자유민권운동의 좌절 뒤에 나타난 폐쇄적인 내면 지향 문학의 폐쇄성을 타파하려고 한 후타바테이 시메이(二葉亭四迷)나 기타무라 도코쿠(北村透谷) 등의 주장에서 볼 수 있다. 그들은 체제 이데올로기에 대한 민중적 요구를 문학적으로 정착시키려는 문학을 지향했다. 그러나 그것이 국내적인 것에 머물지 않고 대외적으로는 국수주의적인 주장이 된 것이 이 시대의 한 특징이다. 기타무라의 낭만주의를 계승한 다카야마 초규(高山樗牛)의 일본주의는 그런 의미에서 국가적 팽창주의에 의거하여 문학에 있어서의 국민적 고양을 주장한 것이다. 두 번째는 1930년대 후반부터 40년대 전반에 걸친 전쟁기의 것으로 야스다 요쥬로(保田與重郎)나 가메이 가쓰이치로(亀井勝一郎) 등 일본낭만파를 중심으로 하는 복고주의

· 전통주의의 입장에서 제창된 것이다. 이는 결과적으로 천황에 대한 귀의를 강조하는 초국가주의적인 '근왕(勤王)문학'을 내세움으로써 필연적으로 전쟁수행에 가담하게 된 셈이지만 이 또한 근대화 = 서구화에 대한 맹목적 추종이 근대 이후의 일본을 오도했다는 좌절의 자각을 통해 주장된 점에서는 전 시대의 국민문학론과 공통되는 면을 지닌다. 세 번째는 1950년대에 이토 세이(伊藤整)나 다케우치 요시미(竹內好) 등을 비롯한 많은 논자에 의해 논의된 것이다. 그 배경에는 중국의 공산주의혁명 성공이나 한국전쟁 등으로 미국에 의한 일본의 군사기지화 · 우경화가 진행되어 식민지화에 대한 위기의식이 고조된 것 등이 있다. 다케우치는 중국의 근대와 일본의 근대를 비교하여 민족문제를 회피해 온 일본의 근대주의가 폐쇄적인 문단문학을 탄생시켰다고 지적하며 그러한 폐쇄성을 타파하는 문학의 수립을 이념적으로 강조했다. 그러나 실제로 그러한 문학이 전후의 일본에 정착하는 일 없이 문학론 자체도 경제적 고도성장 하에서 방법적으로 확산되어 가게 된다.

이러한 역사적 흐름에 더해 1990년대 이후의 일본에 있어서의 국문학연구의 주제에 이 국민문학론적인 것이 크게 투영되어 있는 점을 지적할 수 있을 것이다. 그 대표적인 사례가 나쓰메 소세키(夏目漱石) 연구의 융성이다. 소세키는 제 2 차 세계대전 이후 현재까지 일본문예평론가가 자기 평론의 기량을 연마하기 위해 선호해서 선택하는 작가이다. 각 논자의 소세키론은 각기 특징적이나 총체적으로는 일본의 근대화와 서양에의 맹종에 비판적이며 냉담했던 소세키상을 강조하는 논조가 두드러진다. 그 사실을 재조명하는 소세키연구나 혹은 그러한 소세키연구에 대한 반성이 제시되고 있는 것이 80년대 말부터 90년대에 걸쳐서의 일본 국문학계의 특징 중 하나이다. 그 이전인 80년대 중반에는 소세키의 사진이 1천엔권 초상으로, 그 뒤 90년대 후반에는 『겐지모노가타리 源氏物語』의 두루마리 그림이 2천엔권 삽화로 채택되고 있다. 대학 등에서 일본문학을 포함한 문학 환경의 악화가 문제가 되고 있는 한 편에서 국문학의 국민화는 일본사회에 확실하게 침투하고 있다. (김춘미)

민족주의, 근대화, 근대성

참고문헌
竹內好, 『国民文学論』, 東京大学出版会, 1954.
臼井吉見, 『近代文学論争』上 · 下, 筑摩書房, 1956.
平野謙 외 編, 『現代日本文学論争史』上 · 中 · 下, 未来社, 1964.
臼井吉見 외, 『戦後文学論争』上 · 下, 番町書房, 1972.

국수주의(國粹主義, Chauvinism, 프 Chauvinisme, 독 chauvinismus, 국가주의 國家主義, Nationalism, 프 Nationalisme, 독 Nationalismus)

편협하고 극단적인 민족주의 또는 국가주의와 같은 뜻으로 사용되는 주의로 보수적인 사상을 믿으며, 유지 · 보존 하면서 자국민의 역사 · 전통 · 정치 · 문화 등 우수성을 내세움과 동시에 타 민족의 열등함을 주장하는 배타적이고 민족주의적 사고방식이다. 일종의 광신적 애국주의인 극우익(極右翼)적 성향의 행동원리를 가지고 있다.

국수주의론 자들은 지리적 역사적 형성과 함께 생성된 종족(민족)이 만들어낸 자신들만의 고유한 문화가 타민족의 이질적인 문화에 의해 위협받으면 종족이 만들어낸 문화는 타문화에 대해 방어적 자세를 취한다고 설명한다. 이럴 때 나타나는 것이 토착주의(土着主義, nativism) 국수주의이며, 이러한 주장과 행동이 극단적 배타적 민족주의를 가지고 반동적 부르주아 이데올로기 정책과 만나 팽창되면 재화 착취를 위해 다른 민족을 침략하는 속성을 가지고 있다. 국수주의가 가장 극단적인 형태로 드러난 역사적인 실례로 이탈리아의 파시즘, 독일의 나치즘, 일본의 군국주의(軍國主義)가 있다.

독일의 나치즘은 J. G. 피히테의 1808년「독일국민에게 고함」을 발표로 독일인만이 전 인류를 구원할 수 있는 민족임을 주장하면서 시작되었다. 이어 G. W. F. 헤겔은 이성이 지배하는 세계정신이 독일로 다가올 것이라 하면서 관료가 주체가 된 국가만이 진정한 자유가 실현된다고 하여 근대독일에서 국가적 통일을 나타내는 '제국(Reich)'이라는 개념과 민족적 통일을 나타내는 '민족 · 국민(Volk)'이라는 개념이 독일민족에게 일반적인 정서가 되었다. 이러한 관념은 히틀러의 나치 독일시대에 절정을 이루며 게르만민족의 우수성을 강조하면서 세계지배를 정당화하는 광신적인 국가주의 · 민족주의를 낳는 사상적 원인을 제공하였다. 이와 비슷하게 동양에서도 아시아 침략을 정당화시키려 했던 일본의 군국주의적 초국가주의가 있었다. (홍용희)

국가주의, 군국주의, 나치즘, 민족주의, 애국주의, 초국가주의, 토착주의, 파시즘

참고문헌
임지현, 『민족주의는 반역이다』, 소나무, 1999.
에드워드 사이드, 김성곤 · 정정호 역, 『문화와 제국주의』, 창, 2000.

국어(國語, The national language, The Korean language)

국어는 한반도를 중심으로 사용되고 있는 언어이다. 국어는 여러 언어 가운데 하나이므로 다른 언어들과 공통되는 점도 많지만, 국어만이 갖고 있는 특성도 있다. 예를 들어 국어는 음운적으로 / ㄱ, ㄲ, ㅋ / , / ㄷ, ㄸ, ㅌ / , / ㅂ, ㅃ, ㅍ / , / ㅈ, ㅉ, ㅊ / 처럼 예사소리, 된소리, 거센소리가 짝을 이루어 분화되어 있다. 어휘적으로는 고유어, 한자어, 차용어로 이루어져 있으며, 특히 한자어는 중국과의 문화적 접촉 이래 어휘의 절반 이상을 차지하고 있다. 문법적으로는 수식어가 피수식어에 항상 선행하며, 대체로 '주어—목적어—서술어'의 어순을 이루지만 조사와 어미가 매우 발달하였기 때문에 이들의 순서가 비교적 쉽게 바뀌며 문장성분을 쉽게 생략할 수 있다. 문장 성립의 필수 요소라고 하는 주어가 인구어와 달리 언어 외적으로나 화맥적으로 예측 가능할 경우에 쉽게 탈락하여 서술어 중심의 문장구조를 보인다. 계통적으로는 알타이제어(알타이

諸語, Altaic language)에 속하는 것으로 알려져 있다.

사실 '국어'라는 말의 뜻은 단지 '나라의 말, 자국어'라는 뜻으로, 영어로 보면 national language 또는 native tongue가 된다. 이는 영어를 English, 중국어를 Chinese, 일본어를 Japanese 등으로 부르는 것과 비교한다면 특정한 언어의 고유 명칭으로는 적당하지 않다고 볼 수 있다. 실제로 이러한 용어는 한자 문화권인 한국, 일본, 대만 세 나라에서만 사용하고 있다. 그래서 이 말 대신 '한국어(the Korean language, Korean)'로 부르자는 주장도 있으나, 일반적으로 '국어'라는 말을 널리 쓰고 있다.

지역에 따라 우리 민족을 '한민족, 한인, 조선 민족, 조선족, 고려인' 등으로 부르는 것처럼, 현재 남한에서 '국어'라고 부르는 우리말을 미국에서는 '한어', 북한, 중국, 일본 등지에서는 '조선어', 러시아 지역에서는 '고려어, 고려말'이라고 부른다. 국어는 한반도 외에도 중국, 일본, 구소련 지역, 미국 등에서 7천 8백만 명 정도가 사용하고 있는 것으로 추정되고 있으며, 이는 세계 14위권에 드는 수이다.

현재 국어는 한글로 표기되고 있으나, 한글이 만들어지기 전까지는 주로 한자를 사용하였다. 국어의 구조와 전혀 다른 중국 한자를 가지고 문자생활을 온전히 할 수 없었지만 이 한자를 가지고 국어를 적으려는 노력으로 여러 가지 방법이 고안되었다. 여기에는 향찰, 이두, 구결 등이 있다. 그러다가 조선조 세종 25년(1443년)에 훈민정음(訓民正音)이 창제되고, 세종 28년(1446년)에 반포하여 언어생활과 문자생활의 통일을 기하여 오늘에 이르고 있다. (김진해)

한국어 / 조선어 / 고려어, 알타이어

참고문헌
노대규 외, 『국어학서설』, 신원문화사, 2003.
이익섭, 『국어학개설』, 학연사, 2000.

국어학(國語學, The study of the Korean Language)

국어학은 언어의 한 종류인 한국어의 본질을 과학적으로 연구하는 학문 분야이다. 언어학은 인간의 의사소통 수단인 언어를 연구하는 학문 분야인데, 여기서 말하는 '언어'라는 것은 실제로 존재하는 한국어, 영어, 중국어, 일본어, 프랑스어 등의 개별어들을 하나로 묶어서 말하는 추상적인 개념이다. 언어학이 이러한 추상적이고 보편적인 차원에서 이루어지는 것이라면, 국어학은 구체적인 대상인 한국어를 연구하는 분야인 것이다.

국어학은 언어를 이루고 있는 단위를 중심으로 몇 가지 세부 하위 영역으로 나뉜다. 즉 말소리(음성)가 모여서 형태소가 되고, 형태소가 모여서 단어가 되며, 단어가 모여서 문장을 만들고, 문장은 드디어 한 덩어리의 담화(이야기, discourse)를 만든다. 이러한 단위들이 언어의 형식이다. 이들 단위에 대한 연구를 각각 국어음운론, 국어형태론, 국어통사론 등으로 부른다. 그리고 각각의 언어 단위에는 전달하고자 내용이 결부되는데, 이것이 바로 '의미(meaning)'이며, 이를 연구하는 분야가 국어의미론이다. 의미는 매우 추상적이며 심리적인 존재이며 언어의 내용이다. 이러한 의미가 각각의 언어 단위와 결부되어 단어의 의미, 문장의 의미, 담화의 의미 등으로 구분하여 살필 수 있다. 국어학은 바로 이 같은 단계에 따라 전개되며, 이것이 국어학의 하위 분야를 구성한다. 이들 분야 중 하나나 혹은 하위분야를 서로 넘나들면서 구조적인 특징이나 체계적인 특징을 공시적으로나 통시적으로 밝히는 일이 국어학의 일차적인 목적이 된다. 또한 이들이 사회적으로나 지리적으로 차이가 있다면 이것을 밝히는 일도 국어의 본질을 이해하는 길이며, 한 개별 언어로서의 국어의 본질이 밝혀지면, 국어가 다른 언어와 어떤 관계를 맺고 있는가 혹은 다른 언어와 어떤 공통점과 차이점을 가지고 있는가 하는 문제를 밝히는 일도 국어학의 중요한 과제라고 할 수 있다. (김진해)

국어음운론, 국어형태론, 국어통사론, 국어의미론

참고문헌
김광해 외, 『국어지식탐구』, 박이정, 1999.
한국문화연구원 편, 『국어학 연구 50년』, 혜안, 2002.

국제주의(國際主義, Internationalism)

국제주의는 개별 국가의 이해를 초월하여 민족 · 국가간의 협조나 연대를 지향하는 사상이나 운동을 지칭한다. 중상주의(重商主義) 시대 국가간의 분쟁이나 전쟁이 국제적인 관심으로 떠오르면서 유럽에서 국제연맹조직 · 상설의회 · 국제중재재판 · 국제군 등에 대한 필요성이 제기되었다. 그러나 이 시기의 국제주의 사상은 절대군주 상호간의 관계를 기조로 하고 있어 그 정치적 기반도 좁았고, 실효성도 미흡했다.

18세기 후반에 들어서면서 구시대적 관념과 대별되는 국제주의 사상이 대두하였다. 루소(Rousseau)와 칸트(Kant)는 절대군주의 이성을 불신하면서 전제(專制)의 타파와 입헌적 개혁을 국제통일의 필요조건으로 내세웠다. 벤담(Bentham)은 식민지 해방 · 비밀외교 폐지 · 군비철폐 · 중재재판소 설치 등의 여러 안을 제기하고 그것들을 여론의 힘과 결부시켜 자유주의적인 국제주의 사상의 효시가 되었다.

이러한 국제주의의 흐름은 19세기에 이르러 부르주아 국제주의와 프롤레타리아 국제주의로 양분된다. 부르주아 국제주의는 18세기 계몽주의의 영향 아래 국제적 연대를 추구하였다. 미국과 영국을 중심으로 대륙 제국으로 파급된 '평화협회' 운동에는 평화주의자나 급진적 자유주의자가 참가하여 국제평화와 사회개혁의 요구를 결합하는 경향이 있었다. 오늘날 부르주아 국제주의는 19세기 이래의 평화주의적인 계보(系譜)를 계승하고 있을 뿐만 아니라 자본주의 세계의 위기상황에 대처하는 체제적인 정치 · 경제의 통합사상으로 존재한다.

프롤레타리아 국제주의는 1830년대에 신성동맹에 대항하여 각국의 민주주의혁명과 민족해방을 꾀하는 피압박 계급의 국제적 연대운동으로 등장하였다. 프롤레타리아 국제주의의 기본 이념은 다음의 주장에 근거한다. 먼저 자본주의가 민족적 이기주의이며 팽창주의이기 때문에 각국의 노동자 계급이 국제적으로 연대하지 않는 한 언제나 침략전쟁의 최대 희생자가 될 수밖에 없다는 것, 또한 자본의 지배는 국제적이기 때문에, 만국 노동자의 해방투쟁은 모든 노동자가 국제자본에 대하여 공동으로 투쟁할 때에만 비로소 성공할 수 있다는 것이다.

국제주의는 프랑스 혁명을 통하여 주장된 인간애의 이념에 계급적 근거(프롤레타리아적 국제주의)를 부여한 마르크스(Marx)와 엥겔스(Engels) 사상과 활동의 중심적인 개념이다. 마르크스주의에 따르면 노동자 계급은 스스로를 자본의 멍에로부터 해방시키기 위해서, 즉 사회주의 사회를 건설하기 위해서, 세계의 노동자와 단결하여 자본의 지배를 무너뜨려야만 한다. 이로부터 프롤레타리아 국제주의가 형성된다. 마르크스와 엥겔스는 1848년 『공산당 선언』에서 '여러 나라 프롤레타리아의 전국적 투쟁에서 프롤레타리아는 국적과 관계없이 전체 프롤레타리아의 공통된 이익을 지적하고 전면에 내세운다'는 사실을 천명하면서 '만국의 노동자여, 단결하라'는 구호를 통해 프롤레타리아 국제주의의 필요성을 역설한 바 있다. 제1인터내셔널과 제2인터내셔널 모두 이 국제주의에 기초한 조직이었으나 실제적으로는 제3인터내셔널에 이르러서야 비로소 그 규모가 유럽의 테두리를 벗어나 전 세계적인 것으로 확대되었다. 레닌(Lenin)은 제2코민테른에서 전쟁 중이나 전쟁 후에도 선진 자본주의 국가의 혁명적인 프롤레타리아와, 프롤레타리아가 전무하거나 거의 없는 국가들의 혁명적 대중, 즉 제국주의와 싸우는 동양의 식민지 제국의 피억압 대중들과의 연합의 필요성을 더욱 강조하였다. 프롤레타리아 국제주의는 부르주아 이데올로기의 일종인 코스모폴리터니즘(cosmopolitanism)과는 달리 자국에 대한 애국심을 부정하지는 않지만, 부르주아 민족주의와는 대립된다.

프롤레타리아 혁명문학을 위한 단체인 카프(KAPF)에 의해 주도되었던 한국 프로문학 운동은 코민테른 창립과 해산의 과정 중 러시아를 중심으로 세계적으로 확산되었던 역사적 문학운동의 한 형태였다. 한국의 프로문학 운동은 국제적인 현상으로 세계 여러 나라의 프롤레타리아 혁명문학 운동과 그 흥망성쇠를 거의 같이 하고 있다. 소련의 라프(RAPF)에서 일본의 나프(NAPF)를 거쳐 식민지 한국의 카프로 즉각 이어지는 맥락은 한국의 프로문학 운동이 프롤레타리아 국제주의에 근거하여 전개되었음을 보여준다. (고인환)

보편주의, 세계주의, 인터내셔널, 코민테른, 부르주아 국제주의, 프롤레타리아 국제주의

참고문헌
I. 칸트, 이규호 역, 『道德形而上學原論/永久平和論』, 박영사, 1974.
마르크스・엥겔스, 남상일 역, 『공산당선언』, 백산서당, 1989.
Tom Bottomoro 外, 임석진 편집 및 책임감수, 『마르크스 사상 사전』, 청아, 1988.
이광재, 「1920~30년대 한국과 중국 프로문학운동 비교 연구」, 충북대 대학원 박사논문, 2000.
임석진 외, 『철학사전』, 중원문화, 1987.

국학(國學, Korean studies)

국학은 한국학을 우리의 처지에서 지칭하는 말로, 우리나라의 고유한 역사, 언어, 경제, 정치, 풍속, 신앙, 제도, 과학, 지리, 예술 등을 연구하는 학문이다. 국학이란 용어는 개념상 외래적인 것과 구별되는 고유의 문물제도와 학술을 뜻하기 때문에 보수적 또는 국수주의적인 느낌을 주고 있어, 근래에는 좀더 중립적인 '한국학'이라는 용어를 쓰고 있다.

전통적인 국학은 한국어와 한국사를 중심에 놓고 인문학을 폭넓게 포용하면서 과거의 역사와 문화 전통을 탐구하려는 경향을 띠고 있다. 한편 외부적 시각에서 국학은 동아시아 지역을 하나의 단위로 보고 비교문화적 방식으로 접근하는 경향을 띠고 있다. 여기에는 과거뿐만 아니라 현재의 정치, 경제, 사회, 문학, 종교 등을 문화 일반으로 보면서 학제적 연구를 시도하고 있다.

국학을 통해 한국 문화의 민족적 특수성을 찾는 것이냐, 인류 문화의 보편성을 찾는 것이냐 하는 문제는 국학의 정체성과 관련하여 중요한 문제이다. 국학을 지역적 관점에서 본다면 인근 지역 국가 간의 공통점을 발견하는 데 주안점을 둘 수밖에 없을 것이며, 민족적 관점에서 본다면 한국적 특수성, 정체성을 발견하는 데 집중하게 될 것이다. 우리나라처럼 민족국가의 전통이 오래되고, 고대·중세·근대의 역사가 어느 정도 연속적이고 중층적으로 복합된 나라의 경우, 민족적 특성을 밝혀 문화적 정체성을 확인하고, 그것이 지닌 세계적 보편성을 찾아가는 데 주력하는 학문이 되어야 한다. (김진해)

한국학, 민족학

참고문헌
김동노, 『한국학의 세계화를 위한 방안』, 인문사회연구회·한국교육개발원 공편, 2002.
이가원, 『한국학 연구 입문』, 지식산업사, 1996.
한국정신문화연구원 편, 『한국학의 세계화』, 한국정신문화연구원, 1991.

국학(일본)

일본고전을 문헌학적으로 연구하여 일본 고유의 문화와 정신을 밝히는 것을 목적으로 하는 연구체계이다. 주로 에도(江戸)시대 중반 17세기 이후 게이츄(契沖), 가다노 아즈마마로(荷田春滿), 가모 마부치(賀茂眞淵), 모토오리 노리나가(本居宣長), 히라타 아쓰타네(平田篤胤) 등과 그 계승자들이 발전시켰다. '국학'이 '한학'에 대한 명칭이라고 하여 이를 배척하고 자기주장을 '고학 古学' 또는 '황국의 학'이라고 지칭한 논자도 다수이다. 실제로 국학은 고대의 어느 텍스트를 민족고유의 정신적 발현으로 간주하는지, 거기에 어떻게 접근하는지에 따라 학파가 나뉘어졌다. 또한 일본근대기 이후에 민족이나 국민을 강조한 학문과 사상이 근대 이전에 일어난 이 국학의 체계나 방법을 계승하면서 형성된 점과 특히 근대기 이후의 '국문학'이나 '국어학' 성립에 국학이 극히 큰 영향을 미친 점은 간과하면 안 될 것이다. 실제의 국학에서 게이츄, 가다노 아즈마마로, 가모 마부치 등은 8세기 후반부터 9세기 전반에 편찬된 일본최고(最古)의 가집(歌集)

『만요슈 万葉集』(全20권) 의 주석을 통해 일본 고대인의 정신양상을 구명하고 그 우수성을 강조했다. 이들 중 가모 마부치는『万葉集』에 수록된 노래의 중후함을 발견함으로써 그보다 앞서 간행된 역사서『고지키 古事記』(712년) 에 그 원초가 되는 정신이 깃들어 있음을 지적했다. 이 가모의『고지키』연구를 집대성한 것이 모토오리 노부나가이다. 그는 고전 해석에서 주관적 자의(恣意)를 배제하고 기재된 대로 실증적으로 고대의 사적(事跡)을 구명하는데 진력했다. 그렇게 구명된 고대가 모토오리에게는 절대적 보편성을 지니는 것이었던 것이 역으로 그의 학문을 초역사적인 것, 신비적이며 국수주의적인 것으로 만든 것은 역설적이라 하겠다. 모토오리의 그와 같은 종교성을 계승한 것이 히라다 아쓰타네(平田篤胤)로 그는 순한문으로 쓰인 역사서『니혼쇼키 日本書紀』(720년 성립) 를 포함한 일본고전 서적에서 전통정신의 우수성을 찾아내고 있다. 모토오리의 국학이 좀더 객관적인 문헌고증을 통한 고대정신을 추구임에 비해 히라타는 해박한 지식을 동원하여 유학(儒学)이나 불교 등을 논파하는 것이 학문의 목적이 된 감이 있다.

어느 경우에나 일본국학은 불교나 유학이 유입되기 전의 일본사상 · 언어 상황을 해명하는 데에 그 목적이 있었다. 따라서 고대어 해명이 중요한 과제가 되며 한자를 빌려서 음을 전사(伝写)하거나 혹은 훈독(訓読)하지 않으면 운문으로 성립하지 않는 일관된 표기법이 존재하지 않던 시기의 고대어로 쓰인 텍스트를 연구대상으로 함으로써 일본의 전통정신을 발견하고 재창조하려고 한 것이다. 또 이 때 배양된 해석방법은 일본 문헌학 형성에 크게 공헌했다. 특히 근대기 이후 서구, 특히 독일문헌학 방법론을 수용하는 과정에서 이 국학으로 배양된 방법이 재발견되어 독자적인 문헌고증방법이 주장됨으로써 새로 편성된 근대 대학제도 하에서 '국문학'과 '국어학'이 학문으로 형성되게 된 것이다. (김춘미)

문헌학, 고대정신, 국문학, 문학사

참고문헌
子安宣邦,『江戸思想史講義』, 岩波書店, 1998.
鈴木貞美,『日本의「文学」概念』, 作品社, 1998.
安田敏朗,『国文学의 時空——久松潜一와 日本文化論』, 三元社, 2001.

군국주의(軍國主義, Militarism)

군국주의는 군사력에 의한 국위 신장과 대외 발전을 국가의 주요 목표로 두고있으며, 전쟁과 그 준비를 위한 정책이나 제도를 최상위에 두고 사회 구조나 국민의 생활, 사고 양식을 군사적 가치에 종속시키려는 사상과 행동 양식을 뜻한다. 군사조직의 '명령과 복종' 원리에 따라 대내외적으로 호전적인 정책을 수행한다.

고대 스파르타와 로마의 군국주의가 그 좋은 예이다. 하지만 군국주의가 특히 문제가 되는 것은 근대 이후이다. 근대 군국주의는 중세의 기사도 정신과 혁명적 요소를 함께 내포하고 있다. 근대 군국주의가 성립되기 위한 첫째 조건은 절대주의 지도자에 의한 상비군(常備軍)의 설립이다. 상비군은 중세의 기사정신, 예를 들면, 충성·헌신·용감의 미덕, 군기(軍旗)·영웅 등의 상징에 대하여 존경하고 숭배하는 마음이 고취되어 이른바 군대정신이 형성되었다. 두 번째 조건은 국민군(國民軍)의 등장이다. 국민군이 보여준 밑으로부터의 국민적 에너지로 국민총무장(國民總武裝)의 관념이 생겨났다. 근대의 군국주의는 이 두 가지 요소의 결합, 즉 국민군의 관념에서 혁명적 성질을 없애고 반대로 군대정신을 국민적 규모로까지 확대하려는 움직임 속에서 생겨난 것이라 하겠다. 이러한 경험은 정신적으로는 전 국민의 정력집결의 필요성, 기술적으로는 새로운 전술의 우월성을 인식시키는 계기가 되었고, 이후 국민 총무장(總武裝)이라는 관념이 생겨 근대적인 군국주의가 탄생하게 되었다.

군국주의는 국민의 비판적, 합리적인 정신의 성장을 억압하고, 권위에 대한 맹목적, 절대적 복종을 강요한다. 군국주의사회에서는 군대가 월등한 지위를 차지하며, 그러한 상태는 일반 국민 사이의 재향 군인회·우익단체·군수(軍需)자본가 등이 이를 떠받들어 줌으로써 가능해진다. 결국 군국주의는 수단이 자기목적화한 것이므로 국민생활의 균형을 파괴하는 동시에 모든 것이 병력으로 평가되어 국민의 내면적 지지를 얻지 못하며 영속할 가능성은 전혀 없다. 또한 군국주의는 본질적으로 전쟁과 결부되기 때문에 그것이 가져올 폐해는 크다.

군국주의는 국제적 위기를 과장하거나 스스로 국제긴장을 조성하는 경향이 있으며 그 결과 광범위한 국민층의 비판의식을 사실상 존재하는 위기에 대하여 무감각하게 만들고 반군국주의자들을 공상적인 평화주의자로 이끌어가는 경우가 많다. 군(軍)이 시민화 되고 시민이 국가의 안전보장에 책임을 지는 국가가 민주주의 국가임에 반해 시민이 자국의 방위를 책임지지 않기 때문에 군이 시민을 군사화하려고 획책하는 나라가 바로 군국주의 국가인 것이다.

제 2차 세계 대전 이후 한국을 포함한 많은 신생 독립국에서 군의 정치화와 정치 권력 획득 현상을 발견할 수 있다. 하지만 이러한 현상은 군 특유의 경직성으로, 사회 변동기에 다양한 개발 이론과 적절한 정책을 탄력적으로 수용하지 못하여 근대화의 추진에 부정적인 역할을 하였다.

또한 최근에는 군국주의가 남성 우위 사회에서 주된 가치로 여겨지는 승리, 지배, 파괴, 충성과 같은 가치들을 공고히 함으로써 남성 우위의 사회구조를 확장시킨다는 여성주의적 시각도 존재한다.

군국주의에 관한 연구의 흐름은 최근에는 상이한 사회 구성체와 경제적 발전 단계의 스펙트럼 속에서 군국주의의 제현상과 역할을 살펴보는 비교 정치학적 관점과 더불어, 사회 내 군의 위상과 역할을 정치, 경제, 과학 기술, 성구조 등 사회의 제부분과의 상관 관계 속에서 살펴보는 정치 사회학적 관점이나, 나아가 군을 자연 환경과의 관계 속에서 살펴보는 생태론적 군국주의론도 등장하였다. (김선미)

국민군, 스파르타

참고문헌

손기웅, 『군국주의론』, 한국 정치학과 28집 1호, 1994.
찰머스 존슨, 『제국의 슬픔』, 삼우반, 2004.
Buzuev. A, 『초국적 기업과 군국주의』, 새진, 1988.

군담소설(軍談小說)

고전소설의 상당 부분을 차지하는 군담소설(軍談小說)은 전쟁을 배경과 제재로 창작된 소설을 말한다. 비범한 인물이 시련을 이기고 성장해, 전쟁에 나가 용맹을 떨쳐 나라를 구하고 부귀영화를 누린다는 것을 골격으로 하며, 역사 군담소설과 창작 군담소설로 나뉜다. 역사 군담소설은 실제로 있었던 역사적 사실을 소설화한 것으로, 「임진록」, 「임경업전」, 「박씨전」, 「사명당전」, 「김덕령전」 등을 예로 들 수 있다. 창작 군담소설은 역사적 사실이 아닌 허구를 그린 것으로, 「유충렬전」, 「권익중전」, 「소대성전」, 「용문전(龍門傳)」, 「최척전」, 「장국진전」 등이 있다.

역사 군담소설은 중세에서 근대로의 전환기, 즉 임진왜란(1592)부터 영조 원년(1725) 이전, 곧 경종(1724)때까지의 132년간의 시기에 가장 활발히 씌어진 새로운 양식의 소설이다. 역사 군담소설의 등장 배경에는 임진왜란·병자호란 양란이 우리 민족에게 가한 수난과 충격이 가로놓여 있다. 역사군담소설은 민족의 치욕과 원한을 영웅의 승리담으로 상쇄하려는 애국심과, 관(官) 주도의 문학에서 민(民) 주도의 문학으로 넘어가는 시기의 서민의 각성을 모태로 한다. 역사 군담소설의 대표적 예인 「임진록」은 당시 전해져온 많은 전쟁설화가 문자로 정착된 것으로, 현실적으로 패배한 임진왜란을 승리로 형상화함으로써 패배에 대한 심리적 보상을 취하려는 의도를 담고 있다.

창작 군담소설은 조선 후기 소설의 상품화에 따른 산물로, 대부분 작자 미상이다. 대표적인 예로, 19세기 중반을 전후해 창작된 것으로 보이는 「용문전(龍門傳)」은 「소대성전(蘇大成傳)」의 속편에 해당한다. 명나라 때의 영웅 용문이 호국과 명나라를 오가며 승리를 거둔 후, 호국 장사왕이 되어 장씨를 부인으로 맞아 행복하게 살았다는 것이 핵심 줄거리다. 이 작품은 귀족적 영웅소설의 틀을 따르고 있지만, 주인공이 한 왕에게 끝까지 충성을 다하지 않고 전향해 다른 왕을 섬긴다는 특이성을 보여준다. 이는 절대적 가치인 충(忠)이 상대적 가치로 바뀌는 시대 변화를 반영한 결과이다. 「소대성전」의 인기에 편승하려는 영리 목적에서 창작된 이 작품은 조선 후기 소설의 상품화가 작품의 창작과 개작에 직접 영향을 끼쳤음을 실증하는 사례로도 주목할 만하다. (김수이)

영웅소설, 적강형 소설, 서민의식

참고문헌
조동일, 『한국문학통사 3』, 지식산업사, 1988.
장경남, 『임진왜란의 문학적 형상화』, 아세아문화사, 2000.
이원수, 「용문전의 일고찰」, ≪국어교육연구≫16, 1983.

굿

무당이 인간세상의 길흉화복을 조절하기 위해 신에게 제물을 바치고 노래와 춤을 통해 비는 제의. 굿에 대한 기록은 거의 남아 있지 않아 그 역사를 정확히 파악하기는 어려운데, 문헌으로 기록된 가장 오래된 종교적 제의로는 『삼국지』 <위지 동이전>에 전하는 부여의 영고(迎鼓), 고구려의 동맹(東盟), 예의 무천(舞天) 같은 제천의식에서 찾아볼 수 있다. 하지만 엄밀한 의미에서 이런 제천의식들이 오늘날의 무당굿과 같은 것은 아니다.

『삼국사기』와 『삼국유사』의 <남해왕조(南海王條)>에는 신라 제2대 남해왕이 차차웅이라고 불렸는데 이 말이 방언으로 무당의 뜻이었다고 하며, 남해왕이 시조묘를 세워 친누이 동생 아로(阿老)로 하여금 제사를 주관하게 했다는 기록이 있다. 또한, 고구려에서도 무당이 유리왕의 득병원인을 알아낸 뒤, 병을 낫게 한 기록이 있다.

『고려사』에는 굿에 대한 기록이 자주 보이며, 직접적인 언급으로는 이규보의 『동국이상국집』 <노무(老巫)>라는 글에서도 찾아볼 수 있다.

굿의 종류는 규모에 따른 대소의 형태문제와는 달리 그 목적에 따라 크게 ① 무당 자신의 신굿인 무신제(巫神祭), ② 민가의 개별적 제의인 가제(家祭), ③ 마을 공동의 제의인 동제(洞祭) 등으로 나누어진다.

굿은 무속의 사고 체계인 신관·우주관·영혼관·내세관 등이 종합되어 행동으로 표현된 것이다. 춤과 노래, 곡예적 행동, 촌극 등 다양한 양식으로 구성되는데, 굿의 의미는 모두 인간 존재의 영구지속에 관한 것이다. 짧은 명을 길게, 없는 것을 있는 것으로, 약한 것을 강한 것으로, 죽음을 삶으로 바꾸려는 굿에 대한 의지는 현실의 제약 및 유한자로서의 인간 존재의 한계를 무한의 영원성으로 대치시키고픈 인간 욕망의 실천적 현상이라고 할 수 있다. (고미숙)

무가(巫歌), **제의**(祭儀), **무속**

참고문헌
서대석, 『한국 무가의 연구』, 문학사상사, 1980.
김태곤, 『한국문가집』1~4권, 원광대 민속학연구소, 1971~1979.

궁사(宮詞)

고시를 쓸 때 사용하는 시체(詩體)의 하나. 보통 시의 제목으로 많이 쓴다. 궁사는 주로 임금의 궁중 생활을 소재로 일어나는 사건을 많이 묘사하며, 특히 후궁과 비빈(妃嬪)들의 근심스런 정황이나 적막한 심경을 즐겨 반영한다. 형식은 대개가 7언절구가 중심을 이룬다. 당시(唐詩) 가운데에 이런 작품이 대단히 많은데, 작자가 일정하지 않기 때문에 생활이나 주제를 반영하는 정도에서는 차이가 많이 난다. 왕창령(王昌齡, 698~756?)의 「춘궁곡(春宮曲)」은 총애를 잃은 궁녀의 실의와 원망을 노래했고, 이신(李紳)의 「후궁사(後宮詞)」는 궁녀의 고통과 황제의 쾌락을 대비시켜 봉건 시대 제왕의 무잡한 생활을 폭로하고 있다. 이상은(李商隱, 812~858)의 「한궁사

(漢宮詞)」는 옛 일을 빌어 현재를 풍자한 작품인데, 작품의 첫머리부터 곧바로 군왕을 내세운다. 당나라 시인 가운데 왕건(王建, 767?~ 831?)에게 「궁사」 1백 수가 있는데, 역시 궁녀들의 우수에 찬 심경이 잘 그려져 있다. 그러나 대개의 궁사는 제왕의 화려하고 사치한 생활을 과장되게 묘사하는 것들이 많아 예술적으로 가치를 인정할 만한 작품은 양에 비해 적은 편이다. (임종욱)

궁중 생활, 7언절구, 왕창령, 이신, 이상은

참고문헌
임종욱, 『동양문학비평용어사전―중국편』, 범우사, 1997.
_____, 『중국의 문예인식』, 이회, 2001.
_____, 『중국문학에서의 문장체제 인물 유파 풍격』, 이회, 2001.
주훈초, 『중국문학비평사』, 이론과실천, 1992.

궁정문학(宮庭文學, Court literature)

궁정에서 창작되는 문학의 총칭으로 궁정 귀족을 중심으로 그들의 지배와 보호 아래 발달한 문학과 예술을 지칭하는 용어이다. 왕후(王侯)의 사적인 일들과 국가적이며 역사적인 사건을 제재로 하여 일반적으로 고귀하고 호장(豪壯)한 현실 고양의 양식을 보인다. 그러나 궁정문학의 대상은 각국의 문학사에 따라 다르며 그 시대도 일정하지 않다. 중세 기사도 시대와 르네상스의 문학, 샤를마뉴(Charlemagne) 시대부터 괴테 시대까지, 그리고 17 · 18세기 군주 정치 시대의 문학들이 모두 궁정문학의 범주에 속한다.

보통 유럽의 궁정문학이라는 표현은, 궁정풍(宮廷風, courtois)의 문학으로, 주제 · 작풍에 따른 분류와 궁정인 또는 고용시인의 문학, 즉 문학 담당자에 따른 분류에 따라 그 내용이 확연히 달라진다. 또 궁정이라고 해도 국왕의 궁정에만 한정되지 않는다. 근대국가 성립 이전에는 봉건 제후를 중심으로 하는 궁정이 각지에 존재하였기 때문에 작가를 고용할 수 있는 권력 · 재력을 갖춘 후원자를 그에 필적하는 존재로 볼 수도 있다. 이처럼 궁정인, 특히 고용 작가의 문학으로서 궁정문학은 시대와 후원자의 성격에 따라 다양한 문학 장르로 발전했다. 그 중에서도 로마황제 아우구스투스의 문인에 대한 비호(庇護)는 유럽 궁정과 작가와의 관계의 원형이 되었다. 베르길리우스와 호라티우스의 직접적 후원자로서 아우구스투스에게 그들을 추천하여 주었던 마에케나스(Maecenas)는 문예의 후원자를 의미하는 대명사가 되었다. 그러나 18세기에 근대적 국가가 출현하고, 프랑스 대혁명 이후 계급의식이 현저해지면서 궁전문학은 사라지고 대신 서민문학(democratic literature)이 출현하기 시작했다. (조희권)

궁정시, 궁정소설, 궁정시인, 로망, 기사도, 음유시인, 서민문학

참고문헌
아르놀트 하우저, 백낙청 역, 『문학과 예술의 사회사』, 창작과비평, 1999.
김덕수, 『프랑스 시의 이해』, 신아출판사, 2002.

궁체시(宮體詩)

궁체시란 동진(東晉) 때부터 남녀의 상열(相悅)을 그렸던 오성(吳聲)과 서곡(西曲)같은 남조의 민가와 송(宋)·제(齊) 양대兩代에 흥성했던 영물시(詠物詩)의 영향으로 이룩된 염정시(艶情詩)이다. 농염(濃艶)한 시구와 유약한 음률로 여성의 용태·생활·환경·복식 등을 그렸다. 이 같은 경향은 오호십육국 시대에 북쪽에서 내려온 한족 귀족들의 문아 염려한 취향으로 유행한 것이다. 결국 궁체시는 원가(元嘉) 년간 이래의 염려(艶麗)한 수사(修辭)를 발전시킨 것이요, 고시·악부 속의 연가(戀歌)를 귀족화한 것이다. 그 소재가 편협하고 내용이 공허하여 한갓 무의미한 퇴폐문학이라고 매도하는 사람이 많으나, 문장의 아름다움을 한껏 구사한 데서 의미가 없지 않다.

궁체시의 소재는 대체로 영물적 사경과 염정을 위주로 하고 있으므로, 수사는 아름답지만, 내용이 편협하고 일면 공허해서 문학사적으로 큰 가치를 부여하기는 힘들다. 그러나 개중에는 멋진 구절도 눈에 띠고 또한 충실하게 사실적으로 묘사한 작품도 더러 보이기 때문에 육조 말의 이러한 경향을 당대 초까지 이어졌다. 당초(唐初)의 유명한 궁정 시인 중 상관의(上官儀)가 그러한 경우이다.

문학사적으로 궁체시는 한대 애정류의 악부 민가 및 남조 악부 민가에 귀족 정서가 결합된 양상을 보여준다. 여기에 한부와 육조 변려문의 맥락을 일부 계승하고 있으며, 후에 완약사(婉約詞)에 그 흐름을 이어준다. 궁체시인들은 미려한 어구와 소재로써 중국어의 미감(美感)을 잘 드러낸 점에서 이 같은 작풍은 당대에도 꽤 지속된 것이다. 그러나 이러한 분위기에 영향 받지 않은 시인들도 있었는데, 왕적(王績, 589?~644), 왕범지(王梵志, 590?~660)나 한산(寒山) 등은 진지한 내면의 세계를 추구하여 독자성을 지니기도 하였다. (오태석)

궁체시, 염정시(艶情詩), 염려(艶麗), 남조 민가, 완약사

참고문헌
임종욱, 『동양문학비평용어사전』, 범우사, 1997.
김학주, 『중국문학사』, 신아사, 2000.

권력(權力, Power)

개인 또는 집단이 다른 개인 또는 집단의 행동을 자기의 뜻대로 하게 만드는 방법으로 통제하는 힘이다. 이러한 힘이 정치적 기능을 다하기 위하여 조직되는 경우에는 정치권력이라 하며, 단적으로 공권력(公權力) 또는 국가권력이라 부르기도 한다. 권력의 궁극적 보장으로서 합법화된 물리력, 즉 경찰·군대·교도소 등의 강제력을 가진다.

현대 비평과 비평이론에서 주요하게 다루어지는 권력이라는 용어는 텍스트와 권력의 관계에 대한 관심으로부터 비롯된다. 권력은 재현된 어떤 것과 재현의 본질을 구조화하고 규정하는 텍스트 외부적 힘, 사회적이고 역사적으로 규정된 일련의 관계들로 규정된다.

니체는 권력을 생명이 있는 모든 것, 나아가서는 존재 일반의 근본 성격으로 간주하여, 정치

권력에 국한되는 것이 아니라 외부로 발현되는 가능성 그 자체로서의 내적인 힘으로 보았다. 권력은 푸코의 연구를 통하여 재개념화 되어, 세계의 변화를 유발하는 능력이라는 점이 강조된다. 푸코는 모든 관계는 필연적으로 권력관계이며, 인간의 제실천 역시 권력의 효과임을 역설하면서 권력에 대한 이해를 위해 권력을 '전략'으로 파악하는 새로운 시각을 제시했다. 이러한 권력에 대한 새로운 시각에 서서 '광기, 죽음, 범죄, 성'과 같은 경험들과 권력의 여러 기술들과의 관계를 구체적이고 실증적으로 분석했다.

푸코는 권력을 주어진 사회의 통제체계가 의도적으로 작동하는 개인들 사이의 관계의 질로서 이해한다. 더 특별하게 권력의 작동은 법적 · 교육적 · 종교적 · 의학적 · 정치적 규율이나 제도적 코드의 적용에 의해 타자들의 행위 영역을 구조화하는 행동이다. 권력은 이 규율들의 생산물일 뿐만 아니라 특정 사회의 에피스테메를 유지하는 특정한 개념들이다. 푸코에게 권력은 한 개인이나 국가 기구에 제한된 것도 아니고, 하나의 방향도 아니며, 사회관계로부터 분리된 것도 아니다.

푸코에 따르면 현대사회의 권력은 국가가 갖고 있다거나, 아예 존재하지 않는 것이 아니라, 우리의 삶 곳곳에서 이미 자리 잡고 있다. 그는 가정, 법원, 공장, 실험실, 대학, 성관계 등등의 공간 속에서 미시권력이 작동하고 있다는 점을 실증적으로 제시한다. 그런데 이러한 권력이 사회화 과정 속에서 스스로 체화되는 방식으로 작동하기 때문에 과거의 국가권력과 같은 명확히 드러나는 권력의 주체는 없다고 말할 수 있다. 여기서 권력의 주체는 이성과 합리성에 의한 지식체계이다. (곽승미)

이성, 타자, 광기, 지식

참고문헌
M. Foucault, 박홍규 역, 『감시와 처벌』, 강원대학교 출판부, 1989.

권력에의 의지(Wille zur Macht)

'권력에의 의지'는 니체(1844~1900) 철학의 근본 개념이다. 니체는 '의지'가 세계의 기초라는 철학적 방법론에 기초하여, '권력에의 의지'를 다윈의 진화론에 의거하여 자기 생존의 유지와 생존을 위한 투쟁으로 파악하고 남보다 우수해지고 남을 지배하려는 의지로 해석한다. 결국 '권력에의 의지'는 종속이나 협동을 물리치고 남을 지배하는 권력을 지향하면서 스스로 강대해지려는 강렬한 의지를 말한다.

니체적 의미에서의 '권력'이란 다함이 없는 가능성을 띠면서, 응고나 정체하는 일 없이 근원적으로 내면에서 솟아나는 활동적 생명의 힘을 말한다. 이러한 '권력'은 생명이 활동하는 도처에서 발견되는 것이며, 그 방향은 생명을 하강시키는 수동적 니힐리즘과 생명을 상승시키는 능동적 니힐리즘의 두 방향으로 표현된다. 니체는 능동적 니힐리즘을 중요시 여기며 생명의 상승을 지향하는 '강함'을 세계관의 거점으로 삼는다. 기존의 지배적 세계관이 생명의 하강을 지향하는 '약함'을 토대로 삼고 있었기에 새로운 가치 전환이 성취될 수 없었다고 니체는 판단한다. 따라서 『권력에의 의지』에 실려 있는 '모든 가치의 가치 전환의 실험'이라는 부제는 니체의 사상을 압축하고 있다고 할 수 있다.

니체에 의하면 '권력'이란 '삶(Leben)' 자체이며, 니체의 생에 대한 긍정적인 태도는 '초인'과 '디오니소스', '자유정신' 등의 표현에서 확인할 수 있다. 니체는 하나의 새로운 삶의 도덕을 정립하기 위해 기존의 관념론적·윤리적·행복주의적·기독교적·시민적 도덕을 부정한다. 새로움을 위해 기존의 가치 체계를 전복시키려고 기획했던 니체는 『권력에의 의지』 머리말에서 자신이 이야기하는 것은 다음 2세기의 역사라고 하면서 니힐리즘의 도래를 다음과 같이 설명한다.

"<권력에의 의지—모든 가치의 가치 전환의 실험>이 정식으로 표현하고 있는 것은 원리와 과제에 관한 일종의 반대운동이다. (중략) 도대체 왜 니힐리즘의 도래가 지금이야말로 필연적인 것일까? 그것은 우리의 지금까지의 여러 가치 자체가 니힐리즘 가운데에서 그 최후적 귀결에 도달하기 때문이며, 니힐리즘이야말로 우리의 위대한 여러 가치나 여러 이상에 대해 철저하게 고안된 이론이기 때문이다." (오태호)

권력, 의지, 니체, 니힐리즘

참고문헌
앨런 슈리프트, 박규현 역, 『니체와 해석의 문제』, 푸른숲, 1997.
프리드리히 니체, 강수남 역, 『권력에의 의지』, 청하, 1988.
질르 들뢰즈, 신범순 역, 『니체, 철학의 주사위』, 인간사랑, 1996.

권력-지식 ☞ 권력

권리(權利, Right)

개인 및 단체가 어떤 행위를 하거나 또는 어떤 이익을 받을 수 있도록 법질서에 의하여 인정된 자격이다. 법(法)의 중심개념이며 개인의 존엄과 가치의 표현이기도 하다. 개인 또는 단체가 특정한 행위나 이익을 주장하고 이를 관철시키고자 하는 상대가 일정한 주체성을 지니고 있고 서로 대등한 위치에 있어야만 그 권리를 인정받는 것이며, 주체성이 없는 상대방의 의사의 지배는 단순한 폭력에 불과하다. 이는 권리란 무제한적이고 자의적인 것이 아닌 객관적 규범이며 우연히 존재하는 것이 아니라 투쟁의 역사로서 성장해온 것이기 때문이다. 권리는 군주나 여러 사회적 세력에 대항하여 얻은 일정한 지배영역이 사회적 승인을 획득하여 현실적인 가치를 부여받게 되고 다시 국가권력에 승인되어 그 공적인 보장이 확인되는 것이다.

권리는 크게 두 가지로 나누어진다. 하나는 자연법 사상으로, 생명, 자유 및 행복 추구 같은 인간의 기본적 권리는 천부불가양(天賦不可讓)의 권리로, 국가 이전에 존재하는 것이므로 국가는 자연권을 보장할 뿐이라는 주장이다. 다른 하나는 19세기의 법 실증주의, 국가 사회주의 사상에 의거한 것으로, 권리란 법에 의하여 창조되고 보호되는 것으로서 법에 의해서 인정되는 것이기 때문에 국가나 법 이전에 권리가 존재할 수는 없으며 기본적 권리 역시 국가가 인정한 것에 불과하다는 것이다.

사회는 개인 또는 단체에 대하여 각기 권리를 부여함으로써, 각자가 지배할 수 있는 이익을 적당히 배분한다. 이 체계를 법질서라 한다. 소유권자는 자기의 소유물을 자유롭게 사용할 권리가 부여되어 있으며, 또한 타인의 불법행위로 손해를 받았을 때는 그 손해배상을 청구할 권리가 있다. 사회가 이 권리를 인정하는 이유는, 이렇게 하는 것이 그 사회의 질서 유지를 위하여 바람직한 것이기 때문이다. 따라서 사회는 사회 스스로가 인정한 각종 권리를 실력으로 행사함으로써 옹호하는 것을 사명으로 하고 있다.

권리의 본질에 대하여는 법에 의해 부여된 의사의 힘으로 보는 의사설(意思說), 법에 의해 보호되는 이익이라고 보는 이익설(利益說) 등도 있으나, 일정한 이익을 누릴 수 있도록 법이 인정하는 힘이라고 보는 권리법력설(權利法力說)이 지배적 견해이다. 권리에는 공법상(公法上)의 공권(公權)과 사법상(私法上)의 사권(私權)이 있으나, 대체로 사권을 중심으로 말한다.

권리는 권한(權限), 권원(權原), 권능(權能) 등과 다르다. 특히 반사적 이익은 법률이 일반인이나 특정인에게 어떠한 행위를 명함으로써 다른 사람이 얻게 되는 이익으로서 소송(訴訟)을 통한 구제가 되지 않는다는 점에서 권리가 소송을 통한 구제가 되는 것과 다르다. 의사에게 진료의무를 부과함으로써 언제든지 진료를 받을 수 있는 것 등이 그 예이다. 권리의 반면으로서 본인의 의사와 관계없이 반드시 따라야 할 법적 구속을 의무라고 한다.

권리는 크게 내용에 따라 인격권, 재산권, 가족권, 사원권으로, 작용에 따라 지배권, 청구권, 형성권, 항변권으로, 주장할 수 있는 범위에 따라 절대권(絶對權)·상대권(相對權)으로, 이전의 가능성에 따라 일신전속권(一身專屬權)·비전속권(非專屬權)으로, 발생여부에 따라 기성권(旣成權)·기대권(期待權)으로, 주종(主從)에 따라서 주된 권리, 종된 권리로 나누어진다.

현대사회에서의 권리는 공공복리의 이념에 의해 사회성·공공성이 강조되고 있으며(헌법 제23조), 그에 따라 신의성실의 원칙과 권리남용금지의 원칙을 통하여 권리행사의 한계가 설정된다(민법 제2조).

권리가 침해되는 때에 그 보호는 국가에 의한 공력구제(公力救濟)를 원칙으로 하며, 개인에 의한 사력구제(私力救濟)는 예외적으로 불가피한 경우에 한하여 인정될 뿐이다. 공력구제의 방법으로는 재판제도·조정제도 등이 있고, 사력구제의 방법으로는 정당방위·긴급피난 자력구제 등이 있다. (김선미)

권선징악(勸善懲惡)

권선징악은 '선(善)은 권장하고 악(惡)은 징계한다'라는 의미를 가지고 있으며 한국 고전소설에 자주 나타나는 주제 유형이다. 선과 악에 대한 근본적인 고찰에 의거하기보다는 유교의 덕목인 삼강오륜(三綱五倫)에 근거를 두고 있다.

공자(孔子)의 『춘추(春秋)』를 해석한 노(魯)나라 좌구명(左丘明)의 『춘추좌씨전』(春秋左氏傳)에 다음과 같은 부분이 있다. '춘추(春秋)시대의 말은 알기 어려운 것 같으면서도 알기 쉽고, 쉬운 것 같으면서도 뜻이 깊고, 완곡하면서도 정돈되어 있고, 노골적인 표현을 쓰지만 품위가 없지 않으며, 악행을 징계하고 선행은 권한다. 성인이 아니고서야 누가 이렇게 지을 수 있겠는가(春秋之稱 微而顯 志而晦 婉而成章 盡而不汚 懲惡而勸善 非聖人誰能修之).' 권선징악은 위의 글 가운데 '징악이권선(懲惡而勸善)'이라는 구절에서 비롯된 것이다.

권선징악을 주제로 삼는 소설들은 올바르고 선량한 인물이 온갖 시련과 난관에 봉착하지만 결국 행복에 도달한다는 이야기 구조를 가진다. 즉 선인(善人)과 악인(惡人)이라는 정형화된 대조적 인물을 등장시켜 결국 선이 악을 이기고 승리하는 과정을 보여준다. 독자는 독서체험을 통하여 주인공과 함께 모든 불운과 불행을 견디고 시련과 역경을 이겨낸 뒤, 주인공이 보상을 받고 행복에 이르는 결말에 감동한다. 선의 궁극적인 승리를 통해 독자의 도덕적 열정을 고무시킨다는 창작 의도가 선명하게 드러난다는 점에서 교훈소설(敎訓小說)의 유형에 속한다.

권선징악이 주제로 두드러지게 강조되면 독자는 사고와 판단의 긴장으로부터 이완된다. 아무리 뜻있는 도덕적 이념이라도 그것이 상투화·유형화된 모습으로 문학에 자리 잡으면 예술적 가치가 떨어지고 진부한 모습을 띠게 된다. 권선징악이 주제로 뚜렷하게 드러난 고전소설로는 『흥부전』, 『장화홍련전』, 『콩쥐팥쥐전』 등이 있다. (이숭원)

삼강오륜, 교훈소설, 고전소설

참고문헌
한용환, 『소설학 사전』, 고려원, 1992.
편집부 편, 『한국현대문학 작은 사전』, 가람기획, 2000.

권위(權威, Authority)

권위는 제도·이념·인격·지위 등이 그 가치의 우위성을 공인시키는 능력 또는 위력을 뜻한다. 어느 개인·조직(또는 제도)·관념이 사회 속에서 일정한 역할을 담당하고 그 사회의 성원들에게 널리 인정되는 영향력을 지닐 경우 이 정신적 영향력을 권위라고 부른다. 권위는 전통의 힘을 통해 자연스럽게 성립되기도 하지만 인위적으로 만들어지기도 하며 변천·실추하기도 한다.

권위는 그 영향력이 미치는 영역에 따라 도덕적 권위, 또는 정치적, 과학적 권위 등으로 나뉜다. 권위는 결국 생산양식에 의해 규정된다. 각 시대의 생산양식이 다름에 따라 특정한 권위가 성립하며, 권위의 교체도 나타난다. 권위는 역사 발전에 대하여 긍정적으로도, 또한 부정적으로도 작용한다.

많은 비평가들에게 있어서 권위에 대한 논의는 저자(Author) 혹은 텍스트의 저자기능을 이론화하는데서 시작하지만 그러한 이론화는 언제나 거의 똑같이 권위에 대해서, 그 권위가 내포하는 폭넓은 사회적 · 정치적 의미를 따져가며 고찰하는 결과를 가져온다. 그러한 논의들이 텍스트상으로 부딪치는 문제는 주어진 텍스트의 창출자(저자)에게 의미와 해석을 통하는 권능을 어느 만큼 부여해야하느냐는 것이다. 근래의 비평 논쟁에서는 텍스트와의 관계에서 저자의 특별한 위치를 인정하지 않고 저자를 작품의 기능으로 격하시키는 것이 상례가 되었다. 이러한 비평적 움직임은 텍스트를 무한하게 보일 정도로 무수한 해석을 향해 열고, 텍스트에 대한 권위를 저자에서 독자에게로 이동시킨다. 텍스트의 개념이 인쇄물을 넘어 해석 가능한 모든 기호들의 조합으로 확대되면 정치적 · 사회적 문제가 작동하게 된다. 세계 그 자체가 읽고 풀어야 하는 텍스트로 간주되면 텍스트에 관한 권위, 그리고 권력의 문제가 자연히 발생하는 것이다. 많은 좌파 비평가들에게 모든 종류의 권위는 이데올로기 혹은 헤게모니에 의존하여 개인들에게 어떤 행동을 하거나 심리를 갖도록 강제하는 권력의 불법적 기능이다. 그밖에 미셸 푸코(Michel Foucault) 같은 사람들은 저자와 권력을 주의 깊게 구별하고 저자는 실로 언제나 강제적일지 모르지만 권력은 반드시 권위와 같은 의미가 아니며, 권력이나 권력의 행사가 반드시 부정적이지도 않다고 한다.

권위라고 인정되는 것은 대개의 경우 그 시점에서의 권력자나 체제적으로 유력한 인물 · 사상으로, 현실적이고 세속적인 힘을 나타낸다. 그러므로 권위주의자 또는 권위주의적 사고에서는 힘의 맹신 · 일체화를 볼 수 있으며, 반이성적이고 반근대적인 내용을 가지는 것이 특징이다. 인간의 역사는 이러한 권위주의로부터 벗어나려는 과정으로 이해할 수 있다. 파시즘이 대두된 이래 권위주의적 퍼스낼리티의 연구가 아도르노(Adorno), 호르크하이머(Horkheimer), 프롬(Fromm) 등에 의해 이루어져 권위주의 발생의 현실적 기초가 사회심리학적 입장에서 추구되었는데, 이는 개개인에 대한 면접조사 등에 의하여 그 사상적 내부구조를 명백히 하는 단계에까지 이르렀다. (고인환)

권력, 권위주의, 권위국가

참고문헌
임석진 외, 『철학사전』, 중원문화, 1987.
조셉 칠더즈 · 게리 헨치 엮음, 황종연 역, 『현대 문학 · 문화 비평 용어사전』, 문학동네, 1999.
테오도르 아도르노 외, 김유동 역, 『계몽의 변증법』, 문학과지성사, 2001.
미셸 푸코, 이규현 역, 『성의 역사–제1권 앎의 의지』, 나남, 1990.

귀납/귀납법(歸納, Induction)

개개의 사례를 관찰함으로써 이러한 사례들이 포함되는 일반 명제를 확립시키기 위한 추리의 방법이다. 이에 반대되는 것이 연역(演繹)이다. 귀납은 완전귀납과 불완전귀납으로 나누어진다. 완전귀납은 기지(旣知)의 사실을 전부 열거하는 데 그치기 때문에 일종의 연역적 논증이라 할 수 있다. 불완전귀납은 사례의 전부를 열거할 수 없으므로 결론을 위해서는, 어느 경우에는 비약이 따르기 때문에 이에 맞는 새로운 법칙이 나오게 된다. 영국의 J. S. 밀은 후자를 참다운 귀납이라고 하였다.

귀납적 비약은 자연운행의 공간적·시간적인 제일성(齊一性)을 전제로 한다. 이를테면, '모든 A는 B이다'라는 결론이 수적(數的)으로나 시공적(時空的)으로 한정되지 않고 일반적으로 적용될 경우, 이 일반명제를 자연법칙으로 삼는다.

귀납에 의한 과학적 연구법을 귀납법이라고 한다. 귀납법은 소크라테스의 개념 구성방법에서 비롯되어 아리스토텔레스에 의하여 완성되었고, 이어 F. 베이컨이 근대적인 발전의 길을 열었으며, 밀에 와서 그 발전을 보았다. 실험적 탐구에 관한 밀의 일치법(一致法)·차이법(差異法)·일치 차이 병용법·잉여법(剩餘法)·공변법(共變法)의 공리(公理)는 특히 유명하다. 또한 수학적 귀납법은 명제(命題) P(n)이 모든 자연수 n 에 대하여 성립하는 것을 증명하는 방법이다.

귀납적인 추리 방법을 체계적으로 조직화한 것을 귀납법이라고 부르기도 한다. 이와 비슷한 의미로 귀납논리학이라는 용어가 있다.

역사적으로 볼 때 영국의 철학자·경제학자인 J. S. 밀의 유명한 귀납법 외에도 여러 방법이 연구·시도되어 왔다. 그러나 연역적인 추리방법을 조직화한 논리학이 상당히 오래 전부터 큰 진전을 보이고 현재까지 착실히 발전되어 온 데 비하면 귀납법의 연구는 부진한 편이다. 그 이유는 하나의 바른 귀납(성공한 귀납)과 그렇지 않은 귀납을 구별하기가 대단히 어렵기 때문이다. 소크라테스와 플라톤에게서 그랬던 것처럼, 귀납은 증명의 방법이 아니라 제안의 방법으로 여겨진다.

그러나 확률론을 통계학에 응용함으로써 얻을 수 있는 귀납수속에 대한 연구는 최근 눈부신 발전을 보아 추계학(推計學) 또는 수리통계학(數理統計學)이라는 독립된 학문을 이루었다. 철학에서 추계학과 논리학의 관계를 모색하는 미국의 R.카르나프의 연구는 귀납논리학에서의 새로운 시도로 주목된다. (나은진)

귀족(貴族, Nobility)

귀족은 일반 민중과는 다른 특별한 정치적·법제적 특권을 부여받은 사람, 또는 그 집단을 뜻한다. 발생적으로는 인종상의 계층 변동, 민족 이동에 따른 정복·피정복 등으로 형성되는 일이 많으나, 귀족의 성립·성질·특권·칭호 등은 나라·시대에 따라 다르다.

고대 그리스에서는 귀족을 가장 우수하고도 가장 고귀한 사람을 뜻하였다. 이러한 뜻에서 플라톤은 귀족이 지배하는 정치가 가장 훌륭한 정치라고 주장하기도 하였다. 로마에서 귀족은 평민과 통혼(通婚)을 금하고, 상급 관직 및 사법권을 독점하였다. 로마 공화정 후기에는 유력한 귀족과 부유한 평민이 결합하여 새로운 귀족이 출현하기도 하였다.

귀족이 신분적인 사회계급으로서의 존재를 확립한 것은 생산수단을 소유하고 국가기구를 장악함으로써 농노(農奴) 또는 직접생산자와 서로 대립하게 된 다음부터이다. 사회집단으로서의 귀족은 기득권을 지키기 위하여 반(反)사회적 집단과 비슷한 성격을 가지게 된다. 이러한 이유 때문에 역사적으로 보면 부르주아 혁명은 이 특권계급을 부정하는 것을 첫째 임무로 삼았던 것이다.

프랑스의 경우 17세기 법복 귀족의 사회역사적 행로는 '비극적 세계관'의 태동과 밀접한 관계를 맺고 있다. 골드만(Goldman)은 『숨은 신』에서 보다 구체적으로 법복 귀족이 절대 왕정의 성립과정에서 처했던 사회적 조건과 당시 포르-루아이알 수도원을 중심으로 퍼진 장세니슴을 결부시킨다. 법복귀족은 평민출신이지만 자신의 재산과 능력에 의해 왕권을 뒷받침해줌으로써 귀족으로 선임된 집단이다. 그러나 절대 왕정 체제 완성 이후 왕은 이전까지 자신이 권력을 유지하는 데 주요한 받침대 역할을 했던 법복 귀족을 권력의 중심으로부터 배제시킨다. 법복 귀족은 자신들에게 비우호적으로 변한 왕의 새로운 노선에 실망과 분노를 느끼지만, 그럼에도 이 왕권에 대하여 근본적으로 적대적인 태도를 갖지 못한다. 왜냐하면 법복 귀족의 사회적 존재 자체가 왕정의 성립 과정 속에서 뿌리를 내린 것인 만큼, 이들은 현실적으로 왕권에 완전히 종속되어 있기 때문이다. 즉 왕권이 사라진다면 법복 귀족의 사회적 존재도 소멸될 수밖에 없는 상황인 것이다. 결국 법복 귀족은 왕권에 대한 반항적 욕구와 이 욕구를 삼켜야만 하는 현실적 조건 사이에서 분열될 수밖에 없다. 이러한 역설적 상황이 심화되는 과정에서 이들 법복 귀족의 주변을 중심으로 비극적 세계관으로서의 장세니슴이 발아할 수 있는 사회적 토대가 마련된다.

19세기 말 프랑스 제3공화정 성립 시기 당시 부르주아 계급은 급격히 팽창하던 노동자 계급의 집단적 저항을 제압하고 자본주의 체제의 안정을 도모하기 위하여 귀족 계급의 정치적 경험과 사회적 위광을 필요로 했다. 경제적 계급으로서의 부르주아지와 정치적 계급으로서의 귀족 사이에 사회적 공존이 요구된 것이다. 이러한 정치경제적 공존과 더불어 문화적으로도 긴밀한 관계가 형성되는데, 이때 귀족들은 부르주아지들에게 도덕적인 측면이나 미학적인 측면에서 큰 영향을 미친다. 귀족 계급이 부르주아지 계급에게 문화생활에 있어서의 준거 집단이 된 것이다. 그러나 왕정으로 복귀하려던 귀족들의 시도는 제3공화정의 성립과 함께 결정적으로 실패하고, 이들은 사회적 토대를 상실하게 된다. 이러한 상황 전개는 이 계급을 준거 집단으로 삼던 부르주아지 계급의 욕망을 비현실적이고 환상적인 성격의 것으로 만든다. 부르주아지들의 열광적 대상이던 귀족이 그 사회적 실체를 잃게 됨에 따라 부르주아지들의 집단적 욕망은 사교적인 의례와 격식만으로 치장된 몽상적 욕망이 되어버렸기 때문이다. 프루스트(Proust)의 작품을 지배하는 의미 구조인 신화 욕망은, 작가가 귀족계급의 역사적 소멸의 필연성을 인식하고 새로운 세계관 속에 구 귀족의 세계관을 통합함으로써 발생한 것이다. (고인환)

작위, 귀족제, 귀족학교, 골품제도, 양반, 법복귀족, 봉건제

참고문헌
루시앙 골드만, 송기형 · 정과리 역, 『숨은 신』, 연구사, 1986.
P. 바르베리스, 배영달 역, 『발자크』, 화다, 1989.

귀향문학, 귀향소설(歸鄕文學)

귀향문학은 시대적 위기나 사회 제도적 요인, 개별 주체의 방랑벽 등의 요인으로 인해 고향을 떠나 있다가 다시 돌아오는, 귀향 모티프를 바탕에 깔고 이루어진다.

성서의 "돌아온 탕자"의 비유처럼, 귀향 모티프는 "귀향자"의 존재를 전제로 하며, 시와 소설 등 여러 갈래에 걸쳐져 있다.

특히 전쟁 이후 출현한 전후문학의 관점에서 전세계적인 보편성을 보여준다. 전쟁에서 살아남은 병사들이 고향에 귀환하면서 일상과의 갈등, 뿌리에 대한 복귀 의식, 모태 회귀로서 정착하려는 욕망에 이르기까지 다양한 소재적, 주제적 변화양상을 보여준다.

그런 의미에서 귀향문학은 전후문학의 한 하위 갈래로 간주되기도 한다. 특히 한국 현대문학에서 귀향문학이 양적으로 집중되었던 시기는 이런 사회상과 밀접한 관련이 있다.

일본 유학생의 귀향 경로를 다룬 염상섭의 <만세전>에서부터 시작하여 간도 유이민들의 광복 후 귀향과정을 그리는 허준의 <잔등> 등 각각의 귀향문학들은 특정한 시대상황 하에서 더욱 잘 이해될 수 있다.

이 귀향문학은 간도 유이민들의 역사, 해외 교포의 역사와 함께 연계되어 "유이민문학"이라는 특유의 하위갈래를 재형성하기도 하였다. 대표적인 작품으로는 안수길의 <북간도>가 있다. (나은진)

규범(規範, Norm)

규범은 인간이 사회생활을 하는데 있어, 구속(拘束)되고 준거(準據)하도록 강요되는 일정한 행동양식이다. 어떤 명제의 진위, 행위의 선악, 예술작품의 아름다움과 추함 등 사물을 평가할 때 기준이 되는 것으로서, 규범은 무엇이 가치있는가를 보여준다. 동시에 규범은 이것에 기초하여 가치가 실현된다고 하는 점에서 당위적인 성질을 지닌다.

규범은 단순히 강제적인 구속만을 지니는 것은 아니다. 이를 따름으로써 사회생활이 순탄하게 이루어지는 측면도 있다. 일반적으로 규범은 사회적 규범으로서 존재하며 그 강제의 강도(强度)에 따라서 3가지 단계로 나뉜다.

첫째 단계는 관습에서 볼 수 있는 것처럼 그 때까지의 사회생활의 관행에 입각해서 사람들의 생활·행동을 규제하는 것으로, 이를 위반한 경우에는 비웃음·따돌림 등의 제재를 받는다. 둘째 단계는 도덕적 관습으로, 이를 위배한 때는 물리적인 제재를 받는다. 사람들의 행동을 본래적으로 규정하는 것은 이 단계의 규범인데, 이것은 비록 성문화(成文化)되어 있지 않지만 일상적인 행동에서 강력한 규제력을 가지고 있다. 셋째 단계는 제재의 주체가 어떤 형태이든 공적인 성격을 띠어서 권력을 가지는 경우이다. 규범은 전형적으로 법이라는 형식을 취하며 재판 등을 통하여 공적으로 제재가 이루어진다.

여러 가지 규범의 형태를 규정하는 것으로 각 사회의 문화·종교·이념 등의 존재형태가 문제가 된다. 예를 들면, 유럽 사회에서는 그리스도교 교의(教義)에 입각한 가치의식이나 체계가 기본적으로 규범의 질(質)을 규정하고, 윤리·도덕의 근간을 이룬다. 한국에서는 유교에 입각한 가치체계가 사회 구조상의 특질과 결부되어 규범의 주축(主軸)을 이루고 있다.

이러한 차이가 문화의 차이로 나타나서 특정한 민족적 성격이나 사회적 성격의 형성과 관련된다. 이런 경우 계급사회에서는 권력에 의한 일정한 이데올로기, 가치관의 주입이 제도 또는 교육에 의하여 이루어져서 일상적 규범의 내용을 구성하게 된다. 이로써 규범의 사회 통제적 기능이 확대되어 생활상의 욕구 충족과 모순·대립을 보게 된다. 그 모순을 해결하려는 노력이나 새로운 이념, 가치의식의 도입과 성립에 따라 규범의 질적인 내용이 변화하게 된다.

관념론자들과는 달리 마르크스주의 철학에서 가치는 관념적 성질을 지니는 동시에 사회적·역사적으로 규정되는 것이며, 이에 대응하여 평가의 기준인 규범 역시 객관적이고도 사회적·역사적인 것이다. (고인환)

관습, 가치체계, 윤리, 도덕, 제도, 법

참고문헌
임석진 외, 『철학사전』, 중원문화, 1987.
편집부, 『미학사전』, 논장, 1988.

그노시즘(Gnosticism)

그노시즘은 그노즈(gnose)를 통해서 구원에 이를 수 있다는 사유체계를 지닌 종파들을 일컫는다. 그노즈는 희랍어로 '앎', '인식'을 의미하는데, 그노시즘에서 사용될 때는 단순한 인식이 아닌 경이롭고 신비스러운 인식, 인간과 우주의 기원과 인간의 구원에 대한 신비한 지식을 지칭한다. 이러한 이유로 그노시즘은 영적인 지식을 추구하는 '영지주의'(靈智主義)로 번역된다.

그노시즘은 협의의 개념과 광의의 개념으로 나뉜다. 협의의 그노시즘은 서기 1~3세기에 여러 종교가 통합되는 과정에서 갈라져 나온 기이한 분파들로서, 유혹적이며 기만적인 선교활동으로 교회를 위협하던 이단 세력을 뜻한다. 이들은 구체적인 종파를 형성하며 헬레니즘 시대에 로마, 그리스, 소아시아, 이집트 등지에서 발전했던 기독교적 신비전통으로서의 영지주의이다. 그노시즘은 그리스도교 이전의 여러 신비전통들, 즉 그리스 철학, 유대 신비주의, 인도사상, 이집트 및 바빌로니아, 지중해의 신비주의의 전통과 점성학이 기독교사상에 수용되면서 본격적으로 성립되었다.

영지주의는 17~18세기에 본격적으로 연구되기 시작했고, 20세기에 들어서면 영지주의의 핵심이 되는 영적 인식에 의한 구원을 기반으로 하는 제 종교 운동, 예를 들면 연금술, 히브리 신비철학, 회교의 일부 이단들, 그리고 근대 및 현대의 비교(秘敎) 이론들을 모두 영지주의로 정의하는 경향이 나타났다. 따라서 현대의 영지주의란 특정한 한 종교 운동이라기보다는 일정한 공동 사유구조를 지닌, 또한 하나의 용어 밑에 정리될 수 있을 정도로 특징적인 공통성을 지닌 종교성으로 파악해야 한다.

종교사가들에 의해 그노시즘으로 분류되는 제 종파에서는 공통적으로 물질인 육(肉) 속에 유폐되어 있는 에스프리(esprit, 혼, 영)나 프네우마(pneuma, 기, 숨결)에 대한 지식을 가장 소중히 여기며, 인간의 이 신적인 요소가 '본향'으로 돌아가는 것이 바로 구원이라고 생각하였다. 대개 영, 육, 혼의 3분론을 따르면서, 영지주의자들은 육과 혼을 비본래적 자아, 적대적인 요소로 파악하고 오직 영을 본래적 자아, 구원의 대상으로 파악하는 이원론에 의지하고 있다. 본래적 자아인 영은 이 세계보다 우월한 '이방'으로부터 유배되어온 존재이며 이 우월한 천상의 본향은 여기가 아닌 '다른 곳'에 있다고 생각한다. 따라서 물질계와 육체는 감옥, 유배지가 된다. 그리고 영적 인식의 획득과 의식이나 주술을 사용해서, 천상으로 상승함으로써 구원될 수 있다고 생각했다. 구원을 위해 비밀스런 의식과 신비적 주술을 사용했다.

영지주의의 관점에서 보면, 사람의 무의식적 자아는 신성과 동일한 본질을 가지고 있지만, 불행히도 타락했기 때문에 진정한 본질과 완전히 동떨어진 세상에 던져졌다. 사람은 위로부터 오는 계시를 통해서 자신의 기원·본질·초월적인 운명을 알게 된다. 영지주의적 계시는 이성의 힘을 가지고서는 얻을 수 없기 때문에 철학적 계몽과는 구별되며 그리스도교 계시와도 구분된다. 영지주의적 계시는 역사에 뿌리를 두고 있지 않고 성서에 의해서 전승되지 않았으며 오직 자아의 신비에 대한 직관에 의지할 뿐이다.

현세에 대한 주관적 비판주의에 기초한 이러한 사유구조는 비록 중세와 근대 모두 지배이데올로기로는 자리잡지 못했지만 서구 문명 심층에 큰 영향을 미쳤으며 특히 낭만주의, 상징주의, 초현실주의로 이어지는 문학과 예술의 흐름에 결정적인 기여를 했다.

시몬느-페트르망(Simone Petrement)은 낭만주의와 영지(靈智) 사이의 부인할 수 없는 친화성을 주목하였다. 페트르망은 영지에서 드러나는 감정은 언제나 낭만주의적 감정이라 전제하고 운명의 한계에 대한 인식, 그리고 이러한 경계를 파괴하고 인간 조건을 넘어서며, 모든 것으로부터 벗어나고자 하는 욕망 등이 영지주의와 맞닿아 있다고 주장하였다. 낭만주의는 상상력, 심정, 창조적 자발성 등의 고양으로만 이루어지는 것이 아니라 열정적 심취, 신비적 열정, 형이상학, 종교적 열망 등을 확인할 수 있다. 윌리엄 블레이크(William Blake)는 영지주의적 사상의 이미지들과 태도를 취하면서 가장 환상적인 우주발생론을 발견하였다. 괴테(Goethe)의 『파우스트 Faust』의 제 2부는 영지주의적 신화학과 형이상학을 전개하고 네르발(Nerval)의 신비주의는 영지주의에 그 기원을 두고 있다. 이외에도 상징주의의 보들레르(Baudelaire), 랭보(Rimbaud), 초현실주의의 브르통(Breton)에게서도 영지주의의 큰 몫을 확인할 수 있다. (진선영)

그노즈, 낭만주의, 신비주의, 영지주의

참고문헌
안경전, 『이것이 개벽이다』, 대원출판사, 1992.
세르주 위탱, 황준성 역, 『신비의 지식, 그노시즘』, 문학동네, 1996.
정태현 편역, 『성서비평사전』, 성서와 함께, 1996.

그라마톨로지(Grammatologie, Grammatology)

"그라마톨로지"는 프랑스의 철학자 자끄 데리다의 해체론에 있어 주요한 개념이자 저작물의 제목이다. 그는 1966년 미국 죤스 홉킨스 대학에서 개최한 학술 세미나에서 「인간과학 중심의 담론에 있어서의 구조와 기호와 놀이」(그의 저서 『글쓰기와 차이 L'écriture dt la différence 」에 수록되었다.)라는 논문을 발표하여 해체론에 대한 논의를 시작하였다. 이듬해 1967년에 「글쓰기와 차이 L'écriture dt la différence」, 「목소리와 현상 La voix et phénomène」, 「그라마톨로지 De la grammatologie」 세 저서를 출간함으로써 소쉬르의 구조주의 언어학과 레비스트로스의 구조주의 인류학을 날카롭게 비판하기 시작하였다. 데리다의 이 비판적 작업의 핵심은 서구 형이상학에 대한 비판이자 로고스 중심주의에 대한 비판이라고 할 수 있다.

데리다는 기존 서구철학에서 고대 플라톤과 아리스토텔레스 이래 서구 형이상학의 근간이 된 '이분법적 사고방식'의 당위성에 대한 의문과 도전을 시도하며, 서구 사상의 심층을 지배하는 '이항대립(binary opposition)에 대한 비판의식을 드러낸다. 예컨대, 말 / 글, 자연 / 문화, 이성 / 광기, 문명 / 야만, 남 / 여, 주체 / 타자, 선 / 악, 백 / 흑, 빛 / 어둠 등 무한히 진행되는 이항대립체계를 내적으로 규율화한 서구 형이상학은 언제나 전자에 우선권을 주고 후자는 부차적이고 오염된 것으로 제외시켜 왔다는 것이다.

특히 말 / 글의 관계에서 이러한 사유체계에서라면 '말'은 일차적이고 근원적(orig-inary)인 반면 '글'은 부차적이고 파생적(derivative)이라는 견고한 인식이 존재하여 말 / 글의 대립은 현존/부재, 동일성 / 차이 등의 대립쌍을 부단히 파생시켜 왔다고 본다. 그래서 두 계열을 견고한 대립구조로 화석화시킴으로써 결국에는 말, 진리, 이성을 우위에 두는 폭력적인 논리의 서열제도로 발전하게 되었다고 한다. 이러한 말중심적인 사유를 데리다는 "음성중심주의(phonocentrism)", "로고스중심주의(logoscentrism)"라고 명명한다.

성서에서 "태초에 말씀(그리이스어로 '말'은 '로고스'이다)이 있었다"로 시작하는 것처럼, '말'은 모든 것의 근원으로서 세상의 완전한 현존을 암시하고 있으며, 그 외의 다른 모든 것은 이로부터 비롯된 결과가 된다. 비록 성서는 문자로 쓰여졌지만, 신의 말씀은 본질적으로 '말해진'것이기 때문이다.

데리다는 대립쌍들의 우열관계를 '폭력적인 서열제도'로 규정하고 이러한 대립구조를 비판하는 작업을 "해체(déconstruction)"라고 불렀다. 그러한 해체 전략을 통해 후자에 대한 전자의 절대

우위를 전복시키고 무수한 '자리바꿈'을 시도하는 것이 데리다의 입장이다. 그러나 이것은 성급한 역전으로 후자를 우위에 올리려는 것이 아니다. 대립쌍 서로간의 끊임없는 전치과정을 통해 이분법적 경계자체를 해체하는 데 그 목적이 있다. 그렇게 함으로써 순수하고 근원적이라고 생각했던 '중심'이 오히려 오염되어 있다는 것을 보여줌으로써 '탈중심', '탈구축'을 시도하는 것이다. 곧 대립항을 서로 우열을 다투는 배제적 관계로 보는 것이 아니라 실상은 '상호보충적'이고 '상호영향적'관계로 파악하여 둘 사이의 서열과 경계를 문제시하는 것이 데리다 철학의 핵심이다.

 '말'과 '글'은 특권 / 억압의 관계가 아니라 상호보완적이고 숙명적으로 얽혀 '말'은 '글'을 전제로, 또 '글'은 '말'을 전제로 하고 있기 때문에 둘 사이의 영역은 '차이'만으로 단순히 규정지을 수 없다. 따라서 '차이'와 '유보'의 이중 개념에 입각해서 바라보아야 하기 때문에 데리다는 차연(différance)라는 용어를 만들어 냈다. 이 용어는 불어 "différer"란 동사가 지닌 두가지 의미, '다르게 하다(差)'와 의미의 결정을 '연기하다(延)'를 결합해 놓은 것이다. 우리가 '현존(présence)'라고 생각하는 것과 실제 '현존'사이에는 채워질 수 없는 간극, 그곳에는 '차이'와 '유보'가 있기 마련인데, '차연'은 바로 이런 불완전한 '현존'의 속성을 드러내기 위해 만들어진 것이다. 데리다는 이처럼 형이상학의 이항대립구조 속에서 절대 불변하고 고정되어 있는 진리가 현존한다는 생각은 다만 우리의 착각일 뿐이라고 주장함으로써 대립구조의 해체를 넘어 형이상학적 진리를 허구와 환상의 영역으로 이끈다.

 이와 같은 주장에 입각하여, 데리다는 텍스트 읽기를 통해 작가가 텍스트에서 의도하고 표현했던 것을 재생산하는 것이 아니라 텍스트를 새롭게 생산해야 한다고 주문한다. 그러므로 텍스트를 읽는 것은 '복원(reconstructive)'작업이 아니라 '해체(deconstructive)'의 작업이 되어야 한다는 것이며, 그런 의미에서 데리다의 그라마톨로지는 '해체론'에 이르는 사유의 기본 작업이 된다. (나은진)

그럴듯함(Vraisemblance) ☞ 개연성

그로테스크

 원래 그로테스코(grotesco)란 이탈리아어로 보통의 그림에는 어울리지 않는 장소를 장식하기 위한 색다른 의장(意匠)을 가리키는 것이었다. 그러나 오늘날에는 일반적으로 '괴기한 것, 극도로 부자연스러운 것, 흉측하고 우스꽝스러운 것' 등을 형용하는 말로 사용된다.

 15세기 말 고대 로마의 폐허가 발굴되었을 때, 그 벽 모양은 덩쿨식물인 아라베스크에 공상의 생물, 괴상한 인간의 상, 꽃·과일·촛대 등을 복잡하게 결합시킨 것이었다. 그 괴이함이 사람들의 흥미를 끌어 그로테스키(grotteschi)라는 말이 생겼고, 그 이후 이 말은 일종의 괴기취미를 의미하게 되었다. 즉 보통의 것과는 어울리지 않는 괴이한 것이란 뜻으로 굳어졌다. 그로테스크란 말은 여기에서 시작되어 미술에서는 라파엘로, 핀투리키오 등의 바티칸의 장식무늬나, 루이 16세 시대의 고대 취미 등이 이 이름으로 불려오다가, 나중에는 예술 일반에 있어서의 환상적인 괴기성을 가리키는 용어로 그 의미가 확대되었다.

고대민족은 예외 없이 주술적 신앙과 결합하여 토템이나 페티시(Fetish, 物神)라고 하는 괴이한 조형물을 남기고 있으며, 미개민족이나 피정복민족 중에는 오늘날까지도 신화나 전설과 함께 그로테스크한 숭배물(崇拜物)을 가지고 있다. 문명사회에서도 기존의 질서가 해체되고 가치의 도착(倒錯)이 일어나는 변혁기에는 모든 공상력을 구사한 과장이나 왜곡이나 이질적인 것과의 결합과 지나친 면밀성이 뒤섞인 괴기미(怪奇美)에 대한 관심이 나타난다. 중세의 교회 질서가 붕괴하기 시작한 15~16세기는 그런 의미에서 확실히 그로테스크의 대폭발기에 해당한다.

이 말을 문학적인 맥락에 확대 사용한 때는 16세기였다고 할 수 있다. 가령 라블레는 그것을 육체의 부분들에 대해 사용했다. 그러나 이말은 이성과 신고전주의시대인 18세기까지 문학적 맥락에서 정식으로 사용된 것 같지는 않다.

이탈리아에서는 피에로 데 코시모, 주제페, 알킨보르드, 플랑드르파(派)에는 H. 보스, P. 브뢰겔, 독일에서는 M. 그뤼네발트 등의 회화, 프랑스에서는 풍자작가 F. 라블레의 「가르강튀아 이야기」 등이 그 대표적이다. 이들 그림이나 이야기에는 보스(boss)가 가장 전형적으로 표현하고 있는 것처럼, 정체 모를 괴물이나 괴수(怪獸)가 인간을 위협하고 농락하고 살해하며, 악기가 거꾸로 인간을 연주하고, 거지와 불구자나 망령(亡靈)의 무리들이 득실거리고 있으며, 합리적인 질서나 관념으로부터 해방된 인간이 적나라한 자연의 마력과 다시 대결한다.

절대왕정으로부터 근대 자본주의 사회로의 변혁기에 해당하는 프랑스 혁명 전후에도 고야, W. 블레이크, F. 들라크루아 등 그로테스크의 회화가 나타나, 그것은 낭만파 예술이라는 운동으로 발전하였다. 문학에서도 E. A. 포우, E. 호프만, H. 발자크, V. 위고, T. 고티에, C. 보들레르, N. V. 고골리 등의 작품에 낭만적인 괴이한 환상이 자주 나타난다. 19세기 후반의 합리주의·실증주의의 풍조 아래에서도 이 계보는 O. 르동, J. 엔소르, H. 루소, E. 뭉크, G. 클림트의 회화나, F. M. 도스토예프스키, A. 스트린드베리, C. 로트레아몽의 문학 등 특이한 개성에 의하여 계승되어, 반자연주의 운동에 흘러들었다.

20세기의 그로테스크는 제1차 세계대전 후의 사회불안, 계급대립, 기계문명의 압력, 경제적 궁핍 등의 상황 속에서 폭발하여, 전통적 미학과 도덕을 파괴하고 새로운 인간주체를 회복하려고 했다. G. 카이저, C. 슈테른하임, A. 브뤼크너의 희곡, 「칼리가리 박사」, 「죄와 벌」, 「아침에서 한밤중까지」 등의 영화, F. 카프카의 소설, A. 쿠빈을 비롯하여 H. E. 크로스, O. 딕스, E. 놀데 등의 회화에서 볼 수 있는 표현주의가 그 예이다.

후기 표현주의는 신즉물주의(新卽物主義)라고도 하며, '마술적 리얼리즘'의 이름 아래 쉬르리얼리즘에 통하는 이질물의 결합을 즐겨 모티프로 하였다. 쉬르리얼리즘의 회화에는 그로테스크한 경향을 가지지 않는 것이 적지만, 달리, M. 에른스트, A. 마슨, R. 마그리트, P. 데르보, L. 쿠토, 브라우넬, 스완베르크 등의 작품에는 현저하게 나타난다. 그 후 오늘에 이르기까지 그로테스크는 소외된 불가해(不可解)한 세계를 영상화하는 것으로서 문학과 예술의 중요한 일면을 순수예술론의 관점에서 설명하는 용어가 되었다. (오양호)

그로테스크 리얼리즘

라블레에 관한 바흐친의 문학 이론에서 나온 용어로, 카니발적 현상이 하나의 역동적인 소설 기법으로 수용된 문학양식을 일컫는다. 바흐친에 따르면 문학상에 있어서 이와 같은 그로테스크의 예술기법을 가장 탁월하고도 생동감 있는 작품으로 보여주고 있는 것이 라블레의 작품이다. 라블레의 작품에서 그로테스크한 예술기법은 이른바 「물질적인 육체적 원칙」 즉 인간의 신체적 특성들에 대한 묘사와 밀접한 관계를 맺고 있는데 바흐친은 그것을 ① 해부학적, 생리학적 측면에서 본 인간육체의 시리즈 ② 의복의 시리즈 ③ 음식의 시리즈 ④ 음주와 취태의 시리즈 ⑤ 성의 시리즈 ⑥ 죽음의 시리즈 ⑦ 배설의 시리즈로 분류하였다. 라블레가 인간의 육체적 현상에 끊임없이 집착하고 그것을 그로테스크한 이미지로 과장하는 것은 인간의 육체적 존재에 긍정적이고 생산적인 역동성을 부가하려함이다. 이것은 금욕적이고 내세적인 중세의 이데올로기와 그와 같은 이데올로기의 그늘에서 중세의 실질적인 삶의 모습을 지배하고 있던 추악하고 타락한 인간 육체의 위선적인 괴리를 넘어서고자 하는 의도 때문이다. 따라서 바흐친은 "라블레의 소설에서 인체는 돌이킬 수 없는 인생의 흐름에 사로잡혀 있는 개개인의 육체가 아니라, 인류 전체의 육체, 태어나 살다가 이런저런 다양한 죽음을 거치고 다시 태어나는 비개인적인 육체이며, 그 구조와 그 삶의 모든 작용을 통해 드러나는 육체이다."라고 말한다. 라블레에게 있어 그로테스크한 기법은 세계에 대한 그릇된 전체상을 파괴하고 재정립하며, 사물과 관념 사이의 허위에 가득 찬 위계적 연결관계를 분리시키고 사물들을 그로부터 해방시켜 그들로 하여금 스스로의 타고난 본성에 맞는 자유로운 결합과 이상적인 생명성의 고양에 이를 수 있도록 해주기 위한 예술적 욕구에서 비롯되었다. 따라서 그로테스크한 예술 기법이 보여주는 사물들의 자유로운 결합이나 육체적 현상에 대한 과장된 묘사는 범상한 전통적 인식이나 관습화된 연상의 틀 안에서는 지극히 기괴해 보일 수밖에 없다.

라블레의 작품에서 인체에 대한 그로테스크한 묘사를 보여주는 좋은 예 중의 하나는 소설 「가르강튀아」에서 가르강튀아가 출생하는 장면이다. 가르강튀아의 모친은 순대를 너무 많이 먹어 직장 탈수 현상을 일으키게 되고, 그 결과 심한 설사를 한다. 그 뒤에 이어지는 출생에 대한 묘사는 다음과 같다. "이 불행한 사건 덕분에 자궁이 느슨해졌다. 아이는 나팔관을 통해 정맥 속으로 뛰어오른 뒤에 이 정맥이 둘로 나뉘어지는 상박까지 횡경막을 건너 기어 올라갔다. 그 뒤에는 안쪽으로 갈라진 정맥으로 하여 왼쪽을 통해 기어 나왔다."

실상 라블레의 작품 도처에서 발견되는 세밀한 해부학적이고 생리학적인 묘사를 곁들인 이와 같은 기괴한 환상적 이미지는 민중사회의 민속적 카니발의 전통과 밀접한 관계를 맺고 있으며, 그 기괴한 이미지 속에는 고양된 생명력을 담고 있는 우렁차고 기름진 라블레적 웃음이 내재해 있다. 라블레에게 있어 그로테스크란 이미지는 중세 사회의 공적 이데올로기인 내세적 세계관에 의해 형성되고 있다. 그것은 왜곡되고 고착화된 사물과 사물 사이, 혹은 사물과 관념 사이의 관계를 살아 있는 역동적인 관계로 활성화함으로써 리얼리즘적인 예술적 성취에 이르는 기법이었다. 그로테스크적 리얼리즘의 바탕을 이루고 있는 것은 중세 사회의 수직적이고 금욕적인 세계관으로부터 인간의 육체적 삶을 해방시켜 총체적이고 균형 잡힌 삶을 위한 새로운 형식이다. 이것은 정화를 통한 참된 세계와 참된 인간의 회복에 이르려는 욕구에 다름 아니다. (오양호)

그림소설

그림소설은 그림과 소설이 결합된 문학작품으로 그림 즉 회화가 소설의 삽화 수준을 넘어 회화 고유의 독립성을 유지하면서도 소설작품을 폭넓게 이해하는데 도움을 주는 소설이다. 그림과 문학의 접목, 즉 미술과 소설의 만남은 지금까지 꾸준히 시도되어 왔는데 그림소설이라는 시도는 각 장르간의 교섭과 접목을 통해 새로운 예술적 공감과 문화의 확대라는 측면에서 이해되어 질 수 있다.

이것은 시화전의 수준을 넘어 각 장르가 서로 독립성을 인정받으면서도 미술과 문학이 서로를 위해 봉사하는 하나의 완결된 전체를 이룬다. 그림과 소설의 적극적이며 독립적인 만남은 소설의 재발견은 물론 그림과 소설이 결합된 이차 저작을 통해 우리 시대 최고의 예술작품으로 재탄생된다.

문학과 회화의 연대적인 힘으로 본격 예술을 활성화하고 대중화, 세속화되어 가는 예술의 세계의 중심을 굳건히 잡아주기 위한 시도이다. 무엇보다 활자와 선과 색채 속에서 인간의 이상과 아름다움을 추구하는 미학성을 다시 한 번 보여주기 위함이다.

그림소설의 형식은 일반 단행본에서 작가 서문에 해당하는 프롤로그에 화가의 말과 작가의 말을 병행하여 싣고 있다. 화가가 어떠한 생각을 가지고 그림을 그렸는지를 화가의 육성을 통해 싣고 있기에 그림과 소설을 이해하는 키워드를 제공받는 셈이다. 또한 작품의 말미에는 각각 회화평론가와 문학평론가의 비평이 실려 있어 그림과 소설의 감상하는 단초를 제공해준다.

그림소설은 시적인 감수성과 소설의 내러티브를 해석하는 정제된 표현을 회화적인 방식으로 풀어냄으로써 회화의 일품성과 문학의 서사성을 결합시키기에 안성맞춤인 형식이다. 그림소설이란 단순히 글을 뒷받침하기 위한 일러스트가 아니라, 화가가 책을 캔버스 삼아 그림을 그렸다는 표현이 적당하다. 그래서 소설가의 책인 동시에 화가의 책이기도 하다. 최근 삽화를 보조 수단이 아닌 독립된 그림 언어로 만든 책들이 늘고 있다. 이런 감각적인 편집이 소설에 등을 돌린

독자들을 책의 매혹 속으로 다시 끌어오게 하는 기폭제로 작용한다. (진선영)

그림시, 시화전, 회화소설

참고문헌
이제하, 『이제하 그림소설』, 이다미디어, 2005.
최인호 글, 김점선 그림, 『순례자의 꽃밭』, 랜덤하우스중앙, 2004.

그림시

그림시에서 시인은 낱말로 그림을 그리는 화가, 즉 말하는 화가이다. 그림이 눈으로 포착된 외부 세계를 묘사하기 때문에 시적 그림화 현상은 단번에 눈으로 감지되는 장면들 즉 일련의 시각적 단위들을 제시해 주어야 한다. 각각의 단위는 바로 그림들의 목록으로 읽혀지게 된다. 작품들은 단번에 눈으로 파악해서 포착되어 질 것 같은 장면들, 말하자면 일련의 시각적 단위들로 나뉘어 지고 그래서 시의 구절들이 회화의 카달로그 식으로 읽혀진다. 시각적이고 생생한, 세밀한 묘사와 더불어 표현이 풍부한 형상과 형태를 묘사하고 시간과 공간의 특수화 현상이 뚜렷하다.

근본적으로 시의 본질은 언어를 표현매개로 하는 반면 그림은 색을 창조의 수단으로 삼기 때문에 이 둘 사이의 상호 관계는 부적절해 보이지만, 시인과 화가가 눈으로 지각된 외부 세계를 그릴 때 그 둘을 동일한 존재로 간주해 왔다. 시와 그림의 내적 동일화(identification intime)의 개념은 모방이론에서도 확인된다. 즉 시는 현실의 모방에 있으며, 그림은 인간의 행위, 본질적으로 모방할 수 있는 행위의 모방에 다름 아니다.

아리스토텔레스(Aristoteles)와 호라티우스(Horatius)의 시 이론 이후에 시와 그림 간에 아주 내밀한 관계가 형성되었으며, 이것들이 동일한 예술로 인식되어 응용되어왔다. 17세기의 페늘롱(Fenelon)은 시는 모방이고 그림이고 시인은 곧 화가라고 쓰고 있다.

그림시가 가능하기 위해서 시인에게는 시각의 고유 통찰 능력이 요구된다. 즉 통찰력있는 시선과 실체의 강렬한 관찰력이 필요하게 되는 것이다. 화가가 붓으로 그림을 그리듯이, 시인은 수많은 디테일로 장면들을 시각화해야 한다. 그래서 어떤 시적 장면들이 그림같은 장면들로 구성되게 된다.

특히 17세기 바로크 시인들에게 보통 시의 장면이 사상의 암시나, 하나의 상징, 혹은 세계관의 표현으로 간주되지 않는다. 바로크 시인들은 장면의 심오한 가치 부여보다는 그런 장면의 조형적이고 회화적인 면이 더 민감하다.

만일 시인이 한 장면을 세밀하게 그리려고 한다면 화가가 그 장면의 모든 부분을 동시에 캔버스 위에 제시할 수 있는데 반해, 시인은 반드시 전체의 다양한 부분 부분의 디테일을 늘어놓아야 한다. 즉 시인은 일련의 묘사적 싯구로 제시하는 수밖에 없다. 이와같이 바로크 시인은 시의 전체적인 조망을 이미지와 윤곽을 병렬함으로써 짧고 적은 색의 터치를 더하고 누적시키는 점묘파화가들의 방식으로 묘사한다.

시의 그림화가 바로 시와 그림의 구별을 없애도록 해 주었다. 또 그림시 이론은 더욱 확산되었고 17세기 바로크 시의 이론에도 더욱 영향을 비치게 되었다. 말하자면 17세기 시인들은 시와 그림의 동화를 시도했는데, 이에 대해 르네 웰렉(Rene Wellek)과 오스틴 워렌(Austin Warren)의 시와 그림의 '교신'은 아주 적절한 지적이다.

생-따망(Saint-Amant)은 시와 그림의 내밀의 동화를 시도하면서 이 두 예술의 관계를 같은 부모의 피를 받은 사촌들이라고 규정한 바 있다. 그는 자신의 작품 곳곳에 시적 원칙을 해설하고 주석하는 기준점으로 그림, 혹은 회화 용어를 사용하고 있다. 회화에 대한 정통한 지식과 기법, 그림에 대한 관심과 열정이 바로 그의 시적 글쓰기에 깊이 스며들어있는데, 진정한 시가 대가의 모방에 있는 것이 아니라 독창성에 있다는 그 당시에는 혁명적인 그의 지론은 시와 그림의 비교를 통해서 설파된다.

근본적으로 시인은 직접적인 생동감이나 색깔의 공간성을 제시하는 화가와 동일할 수는 없으나, 장면들을 생생하게 묘사함으로써 화가를 모방하려고 할 수 있다. 회화시는 그림은 아니기 때문에 어디까지나 순수하게 문학적 시도로 머물고 있을 뿐이다. 말하자면 시인은 수사적 기법을 통해서 자기가 재현하고 있는 것의 특수성을 독자들에게 설득시키고자 한다. 생-따망은 자신을 화가로 간주하면서 그는 화가와 같은 역할 즉 오브제를 보면서 스케치할 것을 요구한다. 이런 점에서 화가는 시인보다 그만큼 더 많은 가능성을 가지고 있지만, 시인은 시적 주제에 있어서 더 광범위한 영역을 모방할 수 있다고 생각된다. 시인은 말하는 붓이 가는 뛰어난 필치로 보이지 않은 것, 소리, 생각, 화음, 육체 뿐만 아니라 영혼까지도 그리는 화가인 것이다. (진선영)

바로크 시인, 점묘파 화가, 회화시

참고문헌
르네 웰렉·오스틴 워렌, 이경수 역,『문학의 이론』, 문예출판사, 1987.

그림자 노동(Shadow Work)

여성의 가사노동을 흔히 '보이지 않는 노동', '지불되지 않는 노동', '그림자 노동'이라고 한다. 그림자 노동이란 눈에 보이지 않지만 너무나 일상적이고 끝이 없기 때문에 사람의 진을 빼는 노동이다. 특히 다른 사람이 자신의 일을 하지 않기 때문에 여성, 주부에게 부담되는 노동을 말한다.

일리치는 현대 사회의 거의 모든 경제활동에 수반되는 무임금 노동을 '그림자 노동'이라 일컬었다. 예를 들면 복잡한 가격, 유통체계 하에서 상점과 물건을 고르고, 상품을 사러 차를 운전해 상점에 가고, 카운터에서 신용카드로 값을 지불하고, 구입한 물건을 차에 실어 집으로 옮기고, 카드대금을 내기 위해 은행에 가고 하는 일 등이다. 또한 상품을 사용한 후 버리기 위해서 씻고 말리고 분류하고 날짜에 맞추어 내어놓는 일도 새롭게 요구되는 '노동'이다. 임금 노동을 위해, 출퇴근에 따르는 노동도 대표적인 그림자 노동이라고 보았다. (차선일)

참고문헌
이반 일리치, 「그림자 노동」, 사월의 책, 2015.

극(劇) ☞ 희곡

극시(劇詩, Dramatic poetry)

아리스토텔레스, 슈타이거, 헤겔 등은 시의 장르를 서정시, 서사시, 극시로 구분한다. 극시는 '극적인 시', 즉 극 작품을 가리킨다. 아리스토텔레스는 그의 『시학』에서 언어를 통해 현실을 모방하는 것을 그 양식의 측면에서 서술적인 것과 극적인 것, 즉 서사시와 극시로 구분한다. 극에 있어서는 행동이 행동에 의하여 모방되는 것이다.

헤겔은 극이 내용 및 형식면에서 가장 완전한 총체로 완성되기 때문에 시의 최고 단계에 자리한다고 본다. 언어 예술의 각 장르 중에서도 극시는 서사시의 객관성과 서정시의 주관적 원리를 통합한다. 극시의 극적 표현이 개인의 내면성을 중심점으로 삼고 있다고 하더라도 서정시같이 단순히 심정을 기술하는 것, 직관, 감정 따위를 묘사하는 것에 만족하지 않는다. 그것은 특정목적을 향한 의지를 실천하는 개인의 성격에 의해 규정된다. 그것은 객관화됨으로써 서사시에서 볼 수 있는 것과 같은 실재성을 향해 나아간다.

극적인 시는 서사시와 달리 엄밀하게 자신 속으로 집중되어야 한다. 일반적으로 서사시 및 서정시에 대한 극의 관계를 말할 때, 극은 대체로 서사시의 확장성과 서정시의 집중성의 중간에 놓인다고 할 수 있다. 극이 그 속에 서정시와 서사시의 원리를 포함하고 있듯이 극적인 어법은 서정시적인 요소와 서사시적인 요소를 모두 담고 있어야 한다. 그리스의 극시, 괴테의 후기 작품, 쉴러의 작품 등이 이에 해당된다.

슈타이거는 극적 양식의 본질을 근본으로 하여 역사적으로 무대가 갖추어져 왔다고 본다. 극적 양식의 파토스(Pathos)적 언어는 서정적인 언어와 혼동되기 쉽다. 극(Drama) 속에서의 대화의 규칙적인 운문은 파토스의 정점에 이를 즈음 외형상으로는 서정적인 시의 구절들과 거의 구별되지 않는 복잡 미묘한 형상으로 변하기도 한다. 송가시(Ode)에서처럼 파토스와 서정시가 쉽게 서로의 영역으로 넘어들어가 독특한 긴장 속에서 하나의 새로운 통일체를 형성하기도 한다. 그럼 파토스적인 감동은 어떻게 서정적인 감동과 구별되는가. 서정적인 것은 마음을 부드럽게 하며 서정적 융해를 통해 고정된 모든 것을 풀어준다. 이 작용은 동일한 정조를 느낀 영혼의 일치를 전제로 한다. 반면에 파토스는 서정시처럼 은밀하게 작용을 일으키지 않는다. 이것은 저항 세력, 적나라한 적대 관계 혹은 타성을 전제하며, 또한 그것을 힘들게 타개하려 한다. 파토스는 마음에 부어지는 게 아니라, 마음에 새겨지며 마음을 두드린다. 문장의 연관은 서정적인 양식에서처럼 꿈꾸듯이 해체되지 않고, 오히려 언표의 모든 힘이 개개의 단어 속에 뭉쳐진다. 이는 광기, 정신착란, 방황하는 마음으로 드러난다. 청중의 영혼을 뒤흔들어 놓기 위해 단어는 극도로 긴장된 심정과 함께 반복하여 투척된다. 운율은 천둥처럼 더없이 강한 충격으로 분위기를 순화시키려 한다. 화자의 독백이 청자를 압도하는 힘은 파토스의 어조에서 생성된다. 파토스적인 인간은 미래 필연의 것에 의해 움직여지며 또 그 움직임은 현존의 방향과 반대 방향으로 설정되어 있다. 현존하는 것은 항상 파토스 속에 움직이고 있는 것 뒤에 물러나 있다. 다른 면에서 보면 또한 파토스는 숭고하기도 하다.

이명섭은 극시라는 용어는 극적 형식이나 극적 기교의 어떤 요소를 사용하는 시에만 한정되어야 한다고 규정한다. 극적 특성은 대화, 독백, 발달한 어법(語法, diction), 셰익스피어와 밀턴의 작시법인 무운시(無韻詩, blank verse), 또는 긴장된 상황과 정서적 갈등의 강조에서 생길 수 있다. 브라우닝은 시집에 포함시킬 시작품들 속에 극적인 요소들이 있기 때문에 그의 『종과 석류(Bells and Pomegranates)』에서 "극적 서정시(Dramatic Lyrics)"라는 문구를 사용했다.

"극적 서정시(Dramatic Lyrics)"를 한국문학에서 사용한 이는 황동규 시인이다. 황동규는 자신의 시창작에서 극서정시 형식이야말로 핵심적 요소라고 언급하였다. 그는 자신의 글 「나의 시의 빛과 그늘」에서 "한 편의 시 속에서 작지만 '거듭나는' 내면의 변화를 겪는 것이다. 이런 거듭남의 변화가 작품 속에서 일어나는 서정시를 나는 '劇敍情詩'라고 부른다."고 하였다. 또 그는 "시집 『나는 바퀴를 보면 굴리고 싶어진다』 이후에 씌어진 시들에서 시작해 지금에 이르는 내 시 혹은 삶의 핵심 가운데 하나가 바로 '극서정시'가 아닌가 생각된다."(「거듭남을 찾아서」)라고 진술한 바 있다. (최동호)

극(drama), 무운시(無韻詩, blank verse), 파토스(Pathos), 이명섭, 황동규, 에밀 슈타이거, 아리스토텔레스, 헤겔

참고문헌
이명섭, 『세계문학비평용어사전』, 을유문화사, 1985.
하응백 편, 『황동규 깊이 읽기』, 문학과지성사, 1998.
아리스토텔레스, 천병희 역, 『시학』, 문예출판사, 1976.
에밀 슈타이거, 이유영·오현일 공역, 『시학의 근본개념』, 삼중당, 1978.
G. W. F. 헤겔, 최동호 역, 『헤겔시학』, 열음사, 1989.

극작술

극작술(劇作術)은 그리스 드라마투르기(dramaturgy)의 번역어이다. 드라마투르기는 드라마를 구성한다는 드라마투르지아(dramaturgia)에서 유래했다. 말 그대로 연극을 만드는 일체의 방법과 기술을 통칭한다. 유럽극단에서는 드라마터그(dramaturg)라는 전문가를 두는 제도가 확립되었고, 다른 나라에서도 이 제도를 수용하고 있다. 드라마터그는 연극을 제작하는 과정에서 주로 문학 분야의 자문을 맡는 사람을 일컫는다. 극작술은 우선 극작가로부터 연출가에게로 이전된다. 이 과정에서 드라마터그(문학자문)의 새로운 역할이 대두된 것이다. 연출가는 배우들에게 의도된 극작술의 실현을 요구하게 되고, 배우는 자신들의 의견을 개진한다. 한편 연출가는 무대예술가들(의상, 조명, 미술, 음악, 음향, 소도구)에게 의도된 극작술의 실현을 요구하게 되고, 무대예술가들은 자신들의 의견을 개진한다. 이렇게 한 집단의 모든 아이디어와 능력이 결집된 것이 극작술이다. 어떤 정해진 원칙이나 원리에 맞추어 작품을 만드는 것이 극작술은 아닌 것이다. 텍스트를 중심으로 말한다면, 최초의 텍스트를 작성하는 데서부터 문학자문은 텍스트를 보강하고, 연출가는 텍스트를 연극적으로 충실하게 해석하며, 배우들과 무대예술가들은 무대 위에서 텍스트의 세계(희곡)와 연출가의 해석을 구체적으로 실현해낸다. 이런 모든 과정에 기여하는 방법과 기술을 통칭 극작술이라 한다. 극작술은 시대와 작가와 지역과 문화환경에 따라 지속적으로 변화했다. (서연호)

드라마투르기, 드라마터그

참고문헌
빠트리스 파비스, 신현숙 역, 『연극학사전』, 현대미학사, 1999.
오스카 G. 브로케트, 『연극개론』, 한신문화사, 1989.
Martin Banham, The Cambridge Gaide to World Theatre, Cambridge University Press, 1988.
문예진흥원편, 『연극사전』, 1981.

극장(劇場)

공연을 위해 공연자(연희자, 배우, 광대)와 관객(시청중)을 동시에 수용할 수 있도록 만든 모든 구조물을 총칭한다. 1902년 8월에 개관된 협률사(協律社) 이전에는 실내극장이 없었으므로, 궁중의 실내외, 집의 실내외, 마을의 놀이터, 정자(亭子), 산비탈 등이 공연장으로 이용되었다. 마당놀이에서 '마당'은 이런 공연장을 범칭했다. 조선시대 후기에 산희(山戱)와 야희(野戱)라는 용어를 사용했는데, 공연장에 산대(山臺, 가설무대)를 설치하고 연행한 경우와 그렇지 않은 경우를 구분하는 의미였다.

극장은 실내극장이든 야외극장이든 공연을 위한 구조물이므로 일반적인 마당은 공연장이라고 할 수 있어도 극장이라 할 수 없다. 근대한국의 광대들이 사용하던 포장(布帳)극장, 중국의 경극(京劇)극장, 일본의 노(能) · 가부키(歌舞伎) · 분라쿠(文樂, 인형극)극장, 인도네시아의 와양 쿨리트(Wayang Kulit, 인형그림자극)극장, 고대 그리스와 로마시대의 야외극장, 르네상스 이후의 오페라극장, 현대의 범세계적인 뮤지컬극장과 야외극장 등은 제각기 특수한 구조와 재료로 이루어졌다. '극장은 공연양식을 결정하고, 그 역도 성립된다'는 논리는 극장발달의 역사를 웅변한다.

서양에서 르네상스 이후에 발달된 극장이 프로시니움아치(proscenium arch, 약칭 프로시니움)극장이다. 이 양식이 개화기부터 한국에 수용되어 대표적인 실내극장양식이 되었다. 프로시니움의 고정관념을 획기적으로 변화시킨 것이 1962년 3월에 개관된 남산기슭의 드라마센터이다. 중앙에 반원형과 직사각형이 결합된 무대(120여평, 로마시대양식)가 설치되었고, 무대를 중심으로 역시 반원형의 계단객석(473석)이 마련된 극장이었다. 최근에는 이 극장을 다소 개선하여 사용한다. 1985년에 개관된 산울림소극장 역시 드라마센터와 유사한 양식이다. (서연호)

실내극장, 야외극장, 오페라홀, 희대(戱臺)

참고문헌
유민영, 『한국근대극장변천사』, 태학사, 1998.
서연호, 『산대탈놀이』, 열화당, 1987.
早稻田大學演劇博物館編, 『연극백과대사전』, 平凡社, 1960.
빠트리스 파비스(Patrice Pavis), 신현숙 역, 『연극학사전』, 현대미학사, 1999.
Richard and Leacroft, Theatre and Playhouse, Methuen London, 1984.

근경(根莖) ☞ 리좀

근대문학(近代文學)

근대문학의 개념은 근대성과 밀접한 관련을 가진다. 근대문학은 '개인'의 발견, 이성과 합리성의 인간이라는 근대의 인식론적 변화와 각성한 시민 계급의 성장이라는 역사적 배경 속에서 출현한 것이다. 중세적인 초월적·보편적 규범에서 탈피하여 '인간'에 의의를 부여하고, 그 가치를 재인식하려는 인본주의적 경향이며, 과학과 합리주의를 그 바탕으로 한다. '근대문학'이라는 어휘는 이 밖에도 단순히 전통적인 문학을 부정하는, 근대적 문학이라는 뜻으로 사용되기도 한다.

고전주의 시대에서의 일방적인 극문학의 번성에 비해서 소설의 발달은 괄목할 만하다. 근대정신은 산문정신과 통하기 때문이다. 영국에서는 리차드슨, 스콧, 디킨스, 프랑스에서는 위고, 스탕달, 발자크, 플로베르, 졸라, 러시아에서는 톨스토이, 도스토예프스키 등이 활약하였다. 서사장르의 발달 단계를 보면, 근대소설은 중세 로망스를 대체한 새로운 서사 양식인 노벨이다. 이전 시기와 비교하여 근대소설이 보여주는 특징은 일상적 경험과 언어를 바탕으로 하여, 그것을 그럴 듯하게 그린다는 점이다. 이와 같은 특성은 귀족적 감수성과 지배계층 언어의 토대 위에서 이루어진, 영웅이나 귀족의 이야기인 고대나 중세의 문학과 근대의 문학을 확연하게 구별하게 해준다.

근대소설을 지배하는 것은 로망스의 반대 개념으로서의 리얼리즘이라고 할 수 있다. 이언 와트는 소설이 보편성에 의해서가 아니라 개인성에 의해 실체에 접근할 수 있다는 믿음과 관련 있는 형식적 리얼리즘의 소산으로 '독자들에게 등장인물들의 개인성, 행동이 일어나는 특정한 시간과 장소 같은 이야기의 세부적인 면들, 즉 다른 문학형식에서 통상 제시되는 것보다 훨씬 언어를 창조적으로 사용함으로써 제시되는 상세한 부분들로 인해 만족을 줄 의무'를 가진 것이라고 보았다. 독자들은 이야기의 발생과 전개가 현실과 떨어진 어떤 곳에서가 아니라 바로 지금 이곳에서 이루어질 수 있다는 것을 소설을 통해 봄으로써 일상에서의 꿈의 실현, 욕망의 실현이

가능하다는 것을 알고 더욱 소설 속으로 빠져들게 되는 것이다.

또한 인쇄술을 통해 근대소설의 출현을 설명할 수도 있다. 전적으로 인쇄하는 작업에 의존하는 저널리즘과 함께 새로운 형식의 글쓰기인 소설은 발생했다. 인쇄는 개성을 배제한 채 획일적으로 모든 책을 동일하게 찍어내는데, 이러한 점이 역설적이게도 개인성을 강화시키며, 소설이 그리고 있는 세계에 독자가 몰입할 수 있도록 한다는 것이다. 기계적으로 만들어져 페이지 위에 절대적인 통일성을 지니고 고정된 동일한 글자들은, 필사본보다 훨씬 비개성적이지만 동시에 훨씬 자동적으로 읽혀질 수 있다는 것이다.

한국 문학사에서 근대문학의 범위를 확정하는 문제는 여전히 쟁점으로 남아 있다. 이는 근대란 무엇인가라는 역사학적 질문이기도 하다. 근대의 시작을 개인의 발견, 산업의 발달, 자본주의적 경제체제로의 이행 등으로 설명할 수 있다고 해도, 17세기 영·정조 시대, 18세기, 개항기, 갑오경장 등으로 그 기점에 대한 논란은 지속되고 있다. 따라서 근대문학의 태동 역시 여전히 논란이 되고 있는 실정이다. (곽승미)

고전문학, 근대성, 리얼리즘, 자연주의, 로망스

참고문헌
I. Watt, 전철민 역, 『소설의 발생』, 열린책들, 1988.

근대의 초극

서구 근대가 내포하는 제 모순을 극복하고 일본이 직면한 국가적 요청에 지적·정신적으로 응하기 위해 1942년에 잡지 『문학계 文學界』에서 연재, 좌담회 등으로 전개된 논의의 총칭. 대영미선전포고(1941년 12월) 다음 해에 열린 사상가·문학가들의 모임이었던 만큼 참가자의 발언에는 성전의식(聖戰意識)이 기조가 되어있는 것이 많아 결과적으로 그들이 일본군국주의 지배하의 총력전에 사상적으로 협력한 셈이 되어 이 논의는 후세에 악명 높은 것이 되었다. 그러나 그 사상적 배경에는 독자적인 동양주의나 일본주의를 통해 서구 근대에 대항하려고 한 근대비판이 있었음으로 단순히 전쟁협력이라는 이유만으로는 충분히 비판할 수 없는 면이 있다.

이 논의에 참가한 것은 대담을 주재한 고바야시 히데오(小林秀雄)나 가와카미 데쓰타로(河上徹太郎)를 중심으로 하는 『文學界』그룹, 가메이 가쓰이치로(亀井勝一郎)등의 『日本浪漫派』그룹(단, 야스다 요쥬로(保田與重郎)는 불참), 그리고 니시타니 게이지(西谷啓治), 스즈키 나리타카(鈴木成高) 등의 교토(京都)학파(단, 니시다 기타로(西田幾太郎), 다카야마 이와오(高山岩男), 다카자카 마사아키(高坂正顕) 등은 불참) 등이었다. 이보다 전에 교토학파 멤버들은 1941년부터 42년 사이에 3회에 걸쳐 『中央公論』지에서 「세계적 입장과 일본」이라는 좌담회를 갖고 마르크스주의 붕괴 후의 세계를 재구성하고 그 가운데에 일본을 자리매김하면서 논의의 이론적 전제를 마련했다. 그러나 실제적으로는 '근대의 초극' 논의는 '일본적 원리'를 강조하는 가메이

가쓰이치로나, 천황에 대한 귀의를 전면에 내세운 하야시 후사오(林房雄) 같은 견해부터 극단적인 일본주의에 대해 유보적 자세를 취한 고바야시 히데오나 가와카미 데쓰로, 보편성을 최후의 보루로 삼으려는 나카무라 미쓰오의 견해 등이 분출했기 때문에 종합적인 결론에 도달하지는 못했다. 그래서 이 '근대의 초극' 논의를 후에 논하는 논자들은 이 논의에 간접적인 영향을 미친 니시다 기타로 등 교토학파나 야스다 요주로의 사상에 대한 검토로 향하기도 하고, 혹은 군국주의하의 지적 불모에 시달리는 지식청년을 잡다한 지성과 교양으로 위로함으로써 보완적으로 전쟁 협력을 수행했다고 평가하고도 있다. 그러나 '근대의 초극'에 나타난 논의의 잡다성이나 부정합성은 문화적 자유주의의 최후의 선을 수호하려고 한『문학계』그룹의 고바야시나 가와카미가 어느 정도 예상했던 것이라 생각된다. 가와카미는 이 논의에서 반파시즘 국제연대를 구축하기 위해 1935년에 국제연맹에서 발레리가 의장이 되어 개최한 국제지적협력회의에 대해 언급하고 있다. 이를 의식하여 '근대의 초극' 논의가 행해진 것은 분명하나『문학계』측으로서는 교토학파나 일본낭만파 등에 의해 준비된 '근대의 초극' 이론의 틀과 난해한 관념으로 설명된 세계관에 대해 자신들의 삶의 체험에 바탕을 둔 명석한 사고법으로 대처하려고 한 것이다. 이를 담당한 것이 가와카미나 고바야시 같은 불란서문학계열의 문예평론가였던 것은 흥미롭다. 그런 의미에서 이 '근대의 초극' 논의는 독일적인 것과 불란서적인 것의 대립, 두 미학의 대립이라고 하겠으며 한편 거기에서 실제로 일본이 전쟁을 시작한 영미(英米)적 사고방식, '기술技術'에 대한 철학적 사고가 탈락되어 있다고 한 가라타니 고진(柄谷行人)의 지적은 주목해야 할 부분이다. (김춘미)

근대성, 동양주의, 파시즘, 기술

참고문헌
竹内好他,『近代의 超克』, 富山房, 1979.
広松渉,『「近代의 超克」論──昭和思想史에 대한 一斷想』, 朝日出版社, 1980.
柄谷行人,「近代의 超克」,『<戦前>의 思考』, 文芸春秋, 1994.
Harry D. Harootunian, Overcome by Modernity : History, Culture, and Community in Interwar Japan, Princeton U. P., 2000.

근대적 자아(近代的 自我, Modern self)

자아는 합리적인 주체성을 항상 타자(他者)와 대립하게 규정하면서 자신의 아이덴티티를 입증하고자 한다. 서구 철학사에서 최초로 나타난 근대적 자아는 타자(성)에 대한 합리적인 지배를 전제로 한다.『방법론 서설』(1637)에서 데카르트는 자연의 비본질성, 우연성을 부단히 회의하는 과정을 통해 더 이상 의심 불가능한 '의식, 사유'의 절대적 가치를 발견해냈다. 합리적인 자아 구성은 인간 내부에까지 적용되어, 자기 안의 '타자성'을 설정하고 종종 그것을 예측가능한 것으로 통제하려는 데까지 나아간다. 여기서 인간 주체의 타자로 규정되는 것이 바로 자연이나 육체, 감정이다.

본래 근대적 자아는 전근대적 권위, 억압으로부터 스스로를 해방시키려는 욕망과 관련된다. 한국의 경우, 성리학적 위계질서 아래에서 개인의 정치적, 사회적 활동은 여러 면에서 제약되었다. 어떤 신분, 성별, 지역에 소속되어 있는가에 따라서 개인의 일생이 결정되었고, 그처럼 유형화된 삶의 방식은 성리학적 율법서와 여러 성현의 가르침에 의거해서 쉽게 용인되었다. 이광수는「今日 我韓靑年과 情育」(1910)과 같은 초기 논설에서 외면적 도덕이나 율법의 노예가 되는 생활로부터 해방될 것을 역설한다. 이광수에 따르면, 외면적인 도덕률은 그 자체로 자명한 것이 아니라, 어느 시기에 '우연히 구성된' 역사적 산물에 불과하다. 따라서, 성리학적 이념에 절대적으로 복종해야 할 선험적인 당위성이란 존재하지 않게 된다. 이광수의 이러한 신념에는 인간에 대한 새로운 이해가 전제되어 있다. 근대적인 인간은 외부로부터 강요되는 지식이나 도덕에 맹목적으로 순종할 것이 아니라, 다만 개인의 내면의 요구에 따라 자율적으로 사유하고 행동해야 마땅하다는 것, 그것은 바로 근대적 자아의 주요한 이념에 해당한다.

근대적 자아의 한국적 모델은 이광수의 『무정』(1917)에서 찾을 수 있다. 이형식은 한국사회의 근대화 과정에서 개인이 추구해야 할 가치가 무엇인지를 동시대 작가들에 비해 분명하게 보여주었다. "누가 이 별을 여기 있게 하고, 저 별은 저기 있게 하여 이 모양으로 있게 하였는고?"라는 유명한 구절에서, 이형식은 각 개인의 사회적 신분이나 위치가 그 자체로 정당화될 수 없다는 점을 되묻는다. 그의 물음에는 성리학적 위계질서에 대한 근본적인 반성과 더불어, 근대적 개인으로서의 자아 관념이 강하게 결부되어 있다. 그의 시대는 더 이상 출생신분에 의해 개인의 가치와 삶의 방향이 정해지는 것이 아니라, 각자의 후천적인 능력에 따라 삶의 영고성쇠가 정해지는 시대, 즉 근대이다. (황종연)

근대화(Modernization)

19세기를 전후한 시기에 이루어진 근대 서유럽의 성장과 발전은 20세기 이후의 비서구 문명에 있어서 모방과 학습의 대상이 되어 왔다고 해도 과언은 아니다. 일반적으로 근대화라 불리는 그러한 변화의 양상을 적시하기란 지난한 일이지만, 대체로 이는 과학적 발견, 생산의 산업화, 인구 변동, 도시의 팽창, 대중 매체의 성장, 국민국가의 탄생, 대중 운동의 확산, 자본주의적 세계 시장의 성립 등을 포함하는 일군의 사회적 과정을 가리킨다. 그리고 일반적으로 합리적 · 과학적 인식 체계의 성립 및 역사적 진보와 발전에 대한 확고부동한 믿음에 기반하여 이루어진 변화로 간주되고 있다. 그러한 변화는 종교적 · 윤리적으로 안정된 세계에 속해 있었던 봉건 사회의 인간이 그 토대로부터 분리되면서, 존재와 행동의 근거를 스스로에게 구하는 자율적 개인이 탄생했던 과정과 무관하지 않다.

그러나 기실 근대화의 본질은 이러한 현상을 모두 포괄하는 이른바 해체와 갱신의 동력, 즉 변화 그 자체에 있다고 해도 무방하다. "단단한 것은 모두 녹아 날아간다."라는 마르크스의 유용한 명제를 통해 명백하게 암시되는 것처럼, 근대화의 과정은 끊임없는 구축과 해체의 반복이라고 할 수 있다. 이는 달성해야 할 목표를 끊임없이 유예시키고 자체의 문제와 모순을 스스로 해결하면서 성장·진화하는 유례없이 강력하고도 활발한 추진력을 자랑한다. 이러한 상황에서 개인들은 미정형의 미래를 환기하면서 끊임없는 불안과 혼돈에 사로잡히게 된다. 이 과정에서 개인들은 기억과 망각을 본질로 한 역사라는 선조적 경험 내부에 자신을 위치시키는 근대화의 과정에 대한 일종의 모방의 과정을 경유하게 된다. 그러나 마샬 버먼은 그러한 파괴와 생성의 소용돌이 속에서 당면하게 되는 모순과 역설 자체에 근대성의 경험이 자리한다는 중요한 통찰을 제공하고 있다. (황종연)

참고문헌
김성기 편, 『모더니티란 무엇인가』, 민음사, 1994.
마샬 버만, 윤호병·이만식 역, 『현대성의 경험』, 현대미학사, 1998.

근원적 나르시시즘 ☞ 나르시시즘

근체시(近體詩)

한시(漢詩)의 한 유형으로서 비교적 자유로운 형식의 한위(漢魏) 고시와 상대되는 명칭이다. 성률과 운(韻) 등 율격이 엄정하여 율시(律詩)라고 하거나, 고체시에 대하여 금체시(今體詩)라고도 칭한다. 근체 율시는 위진육조(221~589) 말기 심약(沈約, 441~513)이 제기한 사성팔병(四聲八病) 등의 성률론 및 불경의 번역 과정에서 점차 구체화되었으며 당시(唐詩)에서 완성을 보았다. 심약은 그때까지의 성운(聲韻)에 대한 연구를 바탕으로 시문의 창작시에 평(平), 상(上), 거(去),입(入)의 4성과, 이에 근거한 평측(平仄)의 구분에 따라 시를 지어야 아름다운 시가 된다는 육조 자연심미(自然審美)의 관념을 문학에서 체현한 경우이다. 이와 같은 관념은 당대에 더욱 심화되어 과거 시험에서도 시작(詩作) 능력을 통해 인재를 선발하는 진사과(進士科)가 명경과(明經科)보다 더 우대될 정도로 시는 중시되었다.

근체 율시의 특징은 첫째, 자구의 형식에 엄격한 규정이 있어서, 한 구는 8구로 구성되며, 두 구가 짝을 이루어 1연이 된다. 둘째, 각 구(句) 간에는 대(對)와 점(黏)이라는 대립과 조화의 연계 관계가 존재한다. 이 중 특히 대장(對仗)이 중요한데, 대는 의미면에서도 정밀하게 강구된 시가 좋은 작품으로 여겨졌다. 셋째, 평과 측을 기본 요소로 삼아 각 구중에서와 구간에는 이것들 간의 상관관계가 성립된다. 따라서 시어는 음운에 따라 평성과 측성이 상호 조화와 균제 속에 배열된다. 넷째, 운(韻)은 짝수구마다 평성운으로 압운된다. 그리고 첫 구에는 운을 넣을 수도 넣지 않을 수도 있다. 다섯째, 각 구에서 대체로 운자를 제외한 홀수 번째 글자보다는 짝수 번째 글자의 평측이 더 중시되며, 두 글자씩 짝을 이루어 한 구가 구성된다.

근체시는 크게 한 구의 자수에 따라 오언시와 칠언시로 나뉘며, 구수(句數)에 따라 4구로 된

절구(絶句), 8구의 율시(律詩), 그 이상의 배율(排律)로 나뉜다. 이 중 절구는 경물(景物)에 대한 순간적 정감의 표현에 좋고, 함축미가 요구된다. 시의 전개는 보통 앞에서 경물(景物)으로, 뒤에는 서정(抒情)으로 나누어 표현하는 것이 보통이다. 근체시는 중국어가 지니고 있는 형식과 음률미를 발휘하기에 좋은 시 형식으로서 전통적으로 문인들의 애호를 받았다. 우리나라에서도 고려 이후 문인들의 중심적 시 형식으로 자리 잡아 왔다. 당송시가 가장 대표적인데, 당시가 회화적 서정성이 강하다면, 송시는 철학적 사변성(思辨性)이 강하다. (오태석)

근체시, 율시, 금체시, 격률, 평측율, 절구, 배율

참고문헌
김학주, 『중국문학의 이해』, 신아사, 1999.
오태석, 『중국문학의 인식과 지평』, 역락, 2001.

근친상간(近親相姦, Incest, 독 Inzest)

자연에서 문화로의 이동을 가능하게 해주는 것이 근친상간 금기이다. 문화를 구성하는 것은 차이의 질서이고 근친상간(욕망)은 혼돈을 초래한다는 점에서 배제되어야 한다. 오이디푸스는 어머니와의 관계를 통해 형제와 자식의 차이를 무화시켜 가족이라는 사회 질서를 무너뜨린다. 족외혼과 여성의 교환이 사회를 가능하게 하고 오이디푸스가 사회를 혼란스럽게 하는 역병과 같은 존재로 추방되는 것도 이런 이유에서이다. 그러나 아비의 씨를 받은 뮈라가 몰약 나무인 <뮈르>로 변해 인간 중에서 가장 아름다운 인간인 아도니스를 낳은 것처럼 근친상간 욕망은 결코 사라지지 않는다. 썩지 않게 만드는 몰약이 사멸하지 않는 아도니스의 재생을 뜻하듯 근친상간 욕망은 소멸하지 않는 유령의 모습으로 다시 돌아온다. 더욱이 법속에서 사라지지 않은 채 다시 돌아오는 욕망은 법을 분열시킨다. 근친상간 금기는 가족 관계나 친족체계를 가능하게 하는 문화적 제도인 동시에 그 보편성으로(특정한 사회 집단이나 역사적 시기에 한정되어 있지 않다) 말미암아 자연적인 것이다. 문화이면서 자연 또는 문화도 자연도 아닌 근친상간 금기는 자연/문화라는 대립구조 속에 포함될 수 없는 혼돈이다. 혼돈을 배제하려는 법이 혼돈 자체가 되어 버린다. 그러나 중요한 것은 혼돈이라는 괴물을 무찌르는 문화의 승리나 질서를 삼켜 버리는 무질서의 지배가 아니다. 데리다(Jacques Derrida)의 말대로 근친상간 금기는 자연 / 문화라는 대립구조를 넘어서는 것이기 때문이다(Derrida, 283). 금기 대상은 이미 상징질서 속에 들어와 있다는 점에서 자연이 아니지만 상징적 의미 체계에 포함될 수 없는 '대상'이란 점에서 문화도 아니다. 정신분석은 문화에 의해 억압된 자연적, 본능적 충동이나 의미로 충만한 상징체계를 다루지 않는다. 금기 대상이 정신분석의 대상이 될 수 있다면 그것이 의미체계와 맺는 이상하고도 모호한 관계 때문이다. 금기 대상은 상징체계 '속'에서 의미화될 수 없는 잉여물로 존재하기 때문이다. 대립구조로 설명할 수 없는 내부적 초월(in and beyond)이 금기 대상의 존재 방식이다. (민승기)

금기, 오이디푸스 콤플렉스, 친족관계

참고문헌

Derrida, Jacques. "Structure, Sign and Play in the Discourse of the Human Sciences, "Writing and Difference, trans. Alan Bass. Chicago : The Univ. of Chicago Press, 1978.

Shepherdson, Charles. "The Intimate Alterity of the Real," Postmodern Culture V.6,n.3.

글/글쓰기(Writing)

글쓰기는 생각이나 사실 따위를 글로 써서 표현하는 일이다. 과거 작문이라고도 불리웠는데, '작문'은 문체와 문장 중심 개념이며, '글쓰기'는 보다 내용 중심적이자 동시에 사고의 논리적 참신성과 구조적 조직화에 주목한 용어이다.

일반적으로 좋은 글, 혹은 좋은 글쓰기라 하면 전통적으로 이런 것이라고 평가 기준으로서 제시되는 공통의 함의가 있다. 좋은 글은 글쓴이의 생각이나 느낌이 잘 드러나 독자에게 효과적으로 전달된 글이다. 그러므로 예를 들어 내용의 차원에서는 '가치 있고 진실한 내용, 참신한 내용을 성실하게 써야 한다'. 형식과 표현의 차원에서, '표현을 간결하게 하며 지나치게 꾸미거나 과장하지 않는다. 그리고 처음부터 끝까지 주제에서 벗어나지 않는다. 개성적인 문체 곧 글쓴이의 성격과 인격, 경험 등이 나타나야 하고 새로운 표현으로 신선감을 갖게 한다'와 같은 것이 이것이다.

여기에 관해 구체적으로 권유되는 사항들은 다음과 같다.

주제와 소재를 결정하고 자료를 조사하며 내용 전개를 전략적으로 배치하는 글짜기를 거쳐서 서술하고, 최종적으로 퇴고를 거치는 다섯 단계가 권유된다.

글을 쓸 때에는 글을 읽을 사람이 누구인가를 생각하고 그들에게 알맞은 단어, 문장, 표현법 등을 선택하여 글의 내용을 명확하게 이해할 수 있게 쓴다. 좋은 글이 되기 위해, 내용이 진실해야 하고 짜임새 있는 형식을 갖추어야 한다. 문단과 문단, 문장과 문장의 연결 관계가 분명하고 논리적인 질서가 있어야 한다. 표현이 간결하고 정확해야 한다. 독창적인 표현, 문법에 맞는 글, 문장 부호를 정확하게 사용해야 한다.

주제를 결정할 때는 무엇을 쓸 것인가, 글에서 나타내고자 하는 중심 생각, 곧 주제를 결정한다.

제재의 수집은 다음과 같은 원칙을 따른다. 주제를 효과적으로 뒷받침해서 독자에게 정확하게 전달될 수 있는 글의 재료를 모은다. 특히 독자의 관심과 흥미를 끌 수 있는 참신한 것이 좋다.

내용의 조직과 글짜기를 위한 요령은 다음과 같다. 제재를 어떻게 배치하고, 줄거리를 어떻게 엮어나갈 것인가 등을 생각한다. 그 주요 방법으로 자연적 구성과 논리적 구성이 있다. 자연적 구성은 자연의 질서에 따라 시간적, 공간적 순서대로 전개하는 방법이다. 사물의 움직임이나 변화, 사건의 전개과정 등을 쓸 때 효과적이다. 논리적 구성은 글쓴이의 의도대로 논리적으로 문단을 배열한다. 사실을 설명하거나 의견을 제시하는 글에 적절하다. 3단 구성, 4단 구성 등이 있다.

실제로 글쓰는 서술 단계는 집필이라 한다. 서두쓰기, 본문쓰기, 결말쓰기, 고쳐쓰기의 순서로 진행한다. 서두는 글의 첫머리 부분이다. 독자에게 글의 방향과 앞으로 전개될 내용을 암시하여 주고 흥미를 가질 수 있게 쓴다. 본문은 글쓴이의 중심 생각을 서술하는 부분이며 서두에서 제시한 내용이 짜임새 있게 펼쳐지는 글의 가장 중요한 부분이다. 결말은 글의 끝마무리 부분이다. 서두와 본문 중에서 다룬 내용 중에서 가장 중요한 내용을 요약, 정리하고 또 앞으로의 전망을 덧붙인다. 고쳐쓰기는 글 전체에서 말하려는 주제와 서술된 내용이 일치하도록 하는 일이다. 부족하거나 빠진 부분을 덧붙이고, 불필요한 부분은 빼고, 효과적인 내용 전개를 위해서 글의 순서를 새롭게 구성하는 다시 짜 맞추기 등이다.

현대사회에 이르러 글쓰기의 능력은 사회생활의 필수적인 요건으로 장려되고 있다. 과거 조선시대 유교적 전통하에서 '숭문주의'적 관점에서 경전에 대한 이해와 시 짓기가 장려되었던 것과 달리, 현대의 '글쓰기'는 창작과 아울러 실용문 쓰기, 인터넷에 맞는 글쓰기 등 보다 실용적인 차원에서 강조되고 있는 것이다.

글쓰기의 능력은 타고난 재질이나 관심만으로 얻어지는 것이 아니라 꾸준한 노력이 필요하다는 것이 정석으로 수용되고 있다. 먼저 경험과 지식의 폭을 넓히고, 개성적인 눈으로 사물을 관찰하는 습관을 가져야 한다. 예부터 전하는 작문의 수련방법으로 삼다(三多)가 있다. 다독, 다상량, 다작, 곧 많이 읽고 많이 생각하고 많이 쓰라는 것인데, 이것은 여전히 유효한 해법이기도 하다. (나은진)

금기 ☞ 타부

금욕주의(禁慾主義, Asceticism)

도덕적, 종교적 이상을 성취하기 위한 수단으로 인간의 정신적, 육체적 욕구나 욕망을 이성(理性)이나 의지로 억제하고 금제하는 사상이나 태도를 금욕주의라 한다.

태도에 따라 두 가지 유형이 있는데, 하나는 목적을 위해 몸을 매개로 수련하는 것이며, 또 하나는 정신과 육체를 분리하면서 육체를 부정하고 불신하는 것이다. 일상을 지배하는 이성의 명령과 일상생활 속의 욕망이 모순을 만들어낼 때, 금욕주의가 보다 쉽게 개입할 수 있다. 정신과 물질, 영혼과 육체를 대립하는 것으로 간주하는 형이상학적 이원론(二元論)의 금욕주의는 물질과 육체의 소멸에 의한 정신과 영혼의 승리를 추구한다. 이성은 선하며, 욕망은 악으로 간주하는 이원론의 극단적인 형태는 고행(苦行)을 통해 선을 이루는 성향으로 나타난다.

철학의 역사에서 피타고라스파, 퀴닉파, 스토아학파, 중세 수도원의 생활방식, 간디의 순결사상 등이 모두 여기에 해당되는 금욕주의 계통의 사상이라 할 수 있다.

종교적 차원에서 금욕주의는 보다 높은 종교적 경지에 이르는 수단으로 생각되었다. 따라서 카톨릭의 수도원, 이슬람의 라마단이나 성지 순례, 힌두교의 고행, 불교의 수행, 프로테스탄티즘의 금욕주의 등이 대표적인 종교적 양상으로 나타난다. (나은진)

급진적 페미니즘(Radical feminism)

여성 억압의 주체인 남성 위주의 현 사회체제를 변혁시키기 위한 정치적 행동주의를 실천하는 여성운동과 그 이론을 말한다. 즉 가부장제에 기초한 법적·정치적 구조와 사회·문화적 제도가 여성 억압의 한 원인일 뿐만 아니라 생물학적 성이 여성의 정체성 억압의 주된 원인이므로, 여성해방은 출산·양육 등의 여성 역할에 대한 근본적인 변혁을 통해 이루어질 수 있다고 주장하는 여성운동 또는 그 이론을 가리킨다.

1960년대 후반에 대두한 급진적 페미니즘은 1967~1971년에 걸쳐 가장 왕성한 활동을 펼친다. 이러한 흐름이 촉발된 직접적인 동기는 1950·1960년대에 전개된 인종차별 철폐운동을 주도한 '시민권 운동가'와 급진적 좌파운동을 주도한 '뉴레프트(New Left) 활동가'들이 억압당하는 계급으로서의 여성의 입장을 충분히 대변하지 못했다는 데에서 찾을 수 있다. 여성의 권리와 정치·경제·사회적 지위를 향상시키기 위한 사회운동으로 시작된 여성운동은 1960년대 후반 남녀의 성적 차이에서 야기되는 모든 차별을 철폐하려는 여성해방운동으로 발전한다. 그 뒤 레드스타킹스(Redstock-ings)를 비롯한 페미니스트(The Feminist), 뉴욕 급진파여성(New York Radical Women) 등의 급진적인 그룹이 결성되어 여성을 피억압계급으로 간주하고 억압의 주체인 남성에 의해 지배되는 사회체제의 변혁을 지향하는 정치활동을 전개하게 된다.

급진적 페미니스트들은 사회 공공영역에서의 변화를 추구하는 동시에 개인적인 것은 정치적인 것이라는 슬로건 아래 결혼, 가사노동, 육아, 이성애 등은 사사로운 활동이 아니라 가부장제에서 비롯된 여성 억압의 원인이므로 진정한 여성해방은 출산·양육 등의 여성의 성 역할에 대한 근본적인 변혁을 통해 이루어질 수 있다고 주장한다. 반면에 자유주의 페미니즘 운동은 여성 건강관리운동, 아동위탁센터, 여성보호시설, 합법적 낙태 등 체제 내부의 양성 평등적 관점에서 여성 권익에 대한 옹호를 주장한다.

1970년대 초반 이후 급진적 페미니즘은 학계에 여성학 연구가 활성화되면서 문화적 페미니즘(cultural feminism)이라는 새로운 흐름에 의해 밀려나게 된다. 문화적 페미니즘은 계급적 관점에서 남성 중심적 체제의 일대 변혁을 꾀하던 급진적 페미니즘의 작업을 한층 더 정제하여 여성문화와 여성공동체에 대한 사회적 관심을 확대시키는 방향으로 이끌고 있다. (오태호)

페미니즘, 자유주의 페미니즘, 문화적 페미니즘

참고문헌
벨 훅스, 박정애 역, 『행복한 페미니즘』, 백년글사랑, 2002.
로즈마리 푸트남 통, 이소영 역, 『페미니즘 사상』, 한신문화사, 2000.

기가쿠(伎樂)

일본의 가면무곡(假面舞曲).

주로 야외에서 공연하는 유머러스하고 익살이 섞인 무곡이다. 나라(奈良)시대부터 헤이안(平安)시대 초기에 걸쳐 일본에 전래한 당악(唐樂)·고려악(高麗樂)을 비롯한 외래무악(外來舞樂)의 하나이다. 612년에 백제의 미마지(味摩之)가 오(吳)나라에서 배운 기악(伎樂)을 가지고 일본에 귀화하여 야마토국(大和國:奈良縣) 사쿠라이(櫻井)에서 소년들에게 가르친 것이 시초이다. 그후 다치바나사(橘寺)·시텐노사(四天王寺)·우즈마사사(太秦寺 : 廣隆寺) 등 여러 절에서 행해졌으며, 752년 도다이사(東大寺) 대불개안공양(大佛開眼供養) 때 상연될 정도로 유행하였다. 그러나 고려악이나 당악이 성행한 데 반하여 헤이안시대 중기 이후 점차 빛을 잃어 가마쿠라(鎌倉)시대에는 쇠퇴해 갔다. 오늘날에는 시텐노사에서 행하는≪시시[獅子]≫에 그 흔적이 남아 있다. 공연에 쓰이던 오동나무로 만든 가면인 기가쿠멘(伎樂面)은 지도(治道)·시시(獅子)·고코(吳公) 등 14종류가 있으며 호류사(法隆寺)·도다이사(東大寺) 등에 전해져 온다. (나은진)

기계(機械, Machine)

기계는 다수의 부품으로 구성된 것으로 일정한 상대운동에 의해 유용한 일을 하는 동적(動的) 장치를 의미한다. 외부의 힘에 저항할 수 있는 물체를 짜 맞추어, 동력으로써 일정한 운동을 일으켜 유용한 일이 가능하도록 하는 것으로 도구와 함께 생산용구를 이룬다.

넓은 의미로는 에너지를 변환시키거나 전달시키는 장치를 총칭한다. 맨 처음 만들어진 기계는 제분기로, 중세에는 유럽 여러 곳에 제분기를 비치한 제분소가 세워졌다. 이처럼 기계는 인간의 생활에 필요한 식량을 만드는 것부터 고안되었으며, 그 기계를 구성하는 작은 기계요소도 연구되었다.

18세기 영국의 산업혁명은 '손가락을 사용하지 않고 실을 뽑는' 방적기계의 발명을 토대로 성립된 것이었다. 그 후 새로운 동력원의 개발과 발맞추어 기계는 비약적인 발전을 이룩하여 왔다. 오늘날 대표적인 기계는 기계화된 기계 시스템이고, 나아가 자동화된 기계 시스템이다. 이와 같이 기계는 일반적으로 노동을 용이하게 하며, 따라서 사람들이 고도의 창조적인 여러 활동을 할 수 있게 해준다. 그러나 자본가가 기계를 전용하는 경우에 기계는 역으로 노동시간의 연장과 노동 강화의 수단이 될 수 있고, 노동자를 불구자로 만들며, 임금을 인하하는 수단이 되기도 한다. 마르크스주의는 부르주아 이론가가 기계에 의한 인간의 억압(소외)을 기계 시대에 있어서 인간의 숙명인 것처럼 묘사하는 것은 이러한 자본주의적인 관계를 부당하게 절대화하는 일이라고 비판한다.

17세기 이래 기계는 물리학의 모델이 되었다. 자연 전체가 하나의 '거대한 기계'와 동일시되었으며 인간과 동물의 신체 같은 생물학적 현상들을 과학적으로 설명하기 위해서 그 생명체를 기계로 환원시켰다. 데카르트(Descartes)는 '동물-기계'에 관한 이론을 제시했다. 데카르트에 의하면 인간의 경우 감각에는 두 요소가 있는데, 생각(예컨대 고통이나 빛을 보는 것 같은 경험)과 그 생각을 일으키는 육체의 기계적인 움직임이 그것이다. 바로 그 기계적인 움직임이 인간의 육체 안에서 일어난 것과 같이 동물의 육체 안에서 일어날 수 있다. 그러나 동물은 생각을 가질 수 없으며, 엄밀히 말해서 소위 감각이 존재하는 것은 바로 그 생각 속에서이므로 동물은 비록 육체 기관이 인간의 경우에 고통으로 표현하는 방식으로 그것이 반응하게 할지라도 고통을 느끼지 못한다.

들뢰즈(Delunze)ㆍ가따리(Guattari)는 우리 주변의 모든 것을 기계로 보는 데, 이는 기계로 파악된 제도ㆍ사물을 가리킨다. 좁게 해석한다면, 인간도 욕망하는 기계로 규정할 수 있다. 인간을 욕망하는 기계로 비유한 이유는 인간의 신체에 흐름과 단절이 있기 때문이다. 이들은 현대에 만연되고 있는 인간의 정신적 질환이 이 흐름의 막힘으로 인해 발생한다고 주장한다. (고인환)

원동기, 작업기, 전달장치, 기계 시스템, 기계적

참고문헌
엘리자베스 클레망 外, 이정우 역, 『철학사전』, 동녘, 1996.
앤소니 케니, 이영주 역, 『서양철학사』, 동문선, 2003.
들뢰즈ㆍ가따리, 최명관 역, 『앙띠 오이디푸스』, 민음사, 1994.
임석진 외, 『철학사전』, 중원문화, 1987.
막스 베버, 금종우ㆍ전남석 역, 『지배의 사회학』, 한길사, 1981.
강상중, 이경덕ㆍ임성모 역, 『오리엔탈리즘을 넘어서』, 이산, 1997.

기교(技巧)

기교는 유용성을 창조하는 원천이며, 기술이라고도 불린다. 기교는 깨우쳐지는 것이고 습득되는 것이다. 예술가는 불굴의 노력과 타고난 재능에 힘입어 기교를 습득하고 발전시킨다고 보는 것이 옳겠다. 다른 모든 예술의 경우와 마찬가지로 문학적 성취의 많은 부분도 기교에 의존한다.

낭만주의자들의 주장은 이와는 달리 기교에 빠져들 수도 있는 위험 즉, 작위성과 억지스러움을 경계하는 의미로서, 문학이 기교의 산물이 아니고 작가의 내부로부터 자연스러우면서도 힘찬 흘러넘침의 결과라고 했다. 즉 가장 완벽한 기교는 스스로를 숨기는 것이라고 할 수 있다. 기교옹호론자들은 기교는 단순히 표현의 전략일 뿐만 아니라 문학 작품의 가치를 결정적으로 좌우하는 요인이라고 말한다.

반면에 세계관과 이데올로기를 중시하는 현대의 리얼리스트들은 기교는 문학의 본질적인 가치를 창조하는 데 특별한 기여를 하지 않는 부수적인 요인에 지나지 않는다고 상반된 주장을 한다. 결국 기법의 문제에 대한 비판과 변호의 상반된 논의는 형식과 내용의 논쟁과 같은 맥락에서 이루어지고 있다.

러시아 형식주의를 둘러싼 논쟁 또한 같은 맥락에 있다. 러시아 형식주의는 1920년대부터 러시아의 모스크바에서 시작된 문학비평의 한 갈래이다. 문학의 내용과 그것이 사회에 미치는 영향을 중시하던 그 이전 시대의 러시아 비평에 반기를 든 것으로 급진적인 실험문학과 관계를 맺고 있다. 문학의 주제보다 단어와 음의 형식적 패턴을 강조했으며, 문학성을 이루는 기본 방식으로서 '문학적 장치(device)'에 주목하였다. 문학적 장치는 내재적 비평의 관점에서 가치를 부여받았으나, 과거에 사용된 '기교'란 용어만큼 부정적 이미지로 비쳐졌기 때문에 이 운동에 반대하는 자들은 '형식주의'라는 용어를 경멸적으로 사용했다.

형식주의는 일상 언어와 문학언어의 기능을 변별하면서, 일상 언어의 본질적 기능을 언어 밖에 존재하는 세상에 관련을 맺고 메시지나 정보를 상대방에게 전달, 교환하는 것으로 본다. 반대로 문학 언어는 자기 집중적인 것으로 본다. 따라서 문학의 주요 기능은 내용과 외적인 관련성이 아니고 그 자체가 지닌 형식적 특성에 초점을 맞추는 것으로 언어학적 기호 그 자체들 사이의 상호관련성을 중시한다. 문학은 언어과학에 의해 비평적으로 분석되는 대상이지만 일상 담화에 적용된 것과는 다른 종류의 언어학에 의해서 이루어져야 한다고 주장한다. 그것의 법칙이 문학성이라는 분별적 현상을 산출해내기 때문이다. 운율과 두운 등의 운에서 음의 반복에 대한 분석, 소설의 스토리와 구성의 구별 등의 방법으로 문학비평에서의 업적을 남겼다. (나은진)

기기가요(記紀歌謠)

기기가요란 일본의 『고사기 古事記』(712)와 『일본서기 日本書紀』(720)에 실려있는 가요(歌謠)를 총칭해서 일컫는 말이다. 일본의 상대가요(上代歌謠)라고 하면 이 기기가요에 의해 대표된다. 여기에 실려 있는 가요는, 단독으로 존재하는 것이 아니라 역사를 서술하는 본문에 딸려 있는 형태로 존재한다는 것이 특징이다. 따라서 가요 자체의 독립성은 존재하지 않은 형태를 취하고 있고, 위의 두 책에 등장하는 인물이나 내용과는 원래 아무런 관계가 없는 것이 대부분이다. 가요의 숫자에 대해서는 연구자에 따라서 설(說)이 나누어지나, 『고사기』에 11~113수, 『일본서기』에 127~128수라고 보고, 그 가운데에 중복된 50수를 빼면 기기가요는 약 190수라고 알려져 있다.

기기가요의 가체(歌體)를 보면, 한 구(句)의 음수가 일정하지 않은 것이 많지만, 장가(長歌, 음수 5 7, 5 7, 5 7 …… 7), 단가(短歌, 음수 5 7, 5 7, 7), 편가(片歌, 음수 5 7 7), 선두가(旋頭歌, 음수 5 7 7, 5 7 7), 불족석가(佛足石歌, 원칙으로는 5 7, 5 7, 7, 7) 등 여러 가지 가체가 존재한다. 이 중 가장 많이 사용된 가체는 단가로, 두 책에는 모두 100여수나 존재한다. 가체에서 정형된 것이 보인다는 것은 후에 와카(和歌)의 형식으로 발전해갔다는 것을 나타내는 대목이다. 기기가요의 표현은 『만엽집 萬葉集』(8세기 후반) 시대와 겹치는 새로운 시기에 성립한 일부 가요를 제외하고는, 민요와 같은 발상이나 표현방법을 갖는 가요가 많다. 대구(對句), 되풀이하기(繰り返し), 비유 등이 많다.

기기가요의 내용을 살펴보면, 생활전반에 걸쳐 있는데, 농경사회의 모습, 사냥, 축제, 남녀 애정의 노래, 애상(哀傷), 주연(酒宴) 등이 그 주류를 이루고 있고, 가요의 분위기는 밝고 소박하다는 특징을 보여준다.

기기가요의 문학성은 두 가지 측면으로 접근할 수 있는데, 하나는 두 책의 본문에서 분리된 경우의 문학성이며, 또 하나는 본문에 의거한 경우의 문학성이다. 전자에 대해서는 높은 문학성의 측면보다 민속학적 가치에 중점이 놓이고, 후자에 대해서는 가요의 서정성을 주로 평가받는다. 전체적으로 보면, 『만연집』 초기의 서정시(抒情詩)와 일부분 겹근기는 하지만, 『만엽집』에 앞서는 서정시로서의 문학성을 나타내고 있다는 점은 주목할 부분이다. (오석윤)

상대가요, 장가, 단가, 불족석가, 와카

참고문헌
『日本古典文學大辭典』 제2권, 岩波書店, 1983.
久松潛一 편, 『增補新版 日本文学史 1 上代』, 至文堂, 1975.

기능(Function)

러시아 형식주의 문학이론가인 블라디미르 프롭은 언어의 구조가 그 기능에 의해 결정된다고 하는 기능주의적 관점을 받아들여 그것을 민담의 분석에 적용하였다. 즉, 언어학자들이 문장을 분석 가능한 최소단위인 형태소로 축소·환원시켜 그것이 전체에 대해서 갖는 상호의존적인 기능을 연구한 것처럼, 많은 러시아 민담들을 작은 서사단위들—서사소 narratemes로 분절함으로써 그것들이 이야기와 맺고 있는 상호의존적인 기능을 연구한 것이다. 그 결과 그는 러시아 민담에는 모두 31개의 서사소들이 존재한다는 결론에 도달했으며, 비록 개별적인 이야기들이 각기 다양한 특성을 지니고 있지만, 대체로 그 31개의 서사소들이 저마다 맡은 바 기능을 수행한다는 것을 발견했다. 여기서의 기능은 그것을 말한다.

행위 항목에서 잠시 설명한 바 있지만, 인물들을 플롯의 부산물로 간주하는 구조주의자들처럼, 프롭에게 있어서도 인물들은 단순히 그 러시아 민담이 그들로 하여금 하도록 요청한 기능의 산물이다. 비록 여러 주인공들이 외모나 나이, 성별, 지위 등등에 있어서 차이가 난다고 해도, 그것은 차이일 뿐 기능의 유사성만이 중요하다는 것이다. 몇 가지 예를 들면 악한과 조력자, 대상인물과 파견자, 영웅과 거짓 영웅 같은 것이 그것이다. 여기서 기능이란 서사적 언어의 기본단위로서 서사물을 구성하는 중요한 행위들을 의미한다. 이런 행위들은 일정한 순서에 따라 일어나는데, 간혹 그것들 중의 몇몇이 작품에서 누락되는 경우도 있지만, 한 편의 민담 속에서 그 기능들은 항상 순서를 이루고 있다.

또한 위의 예에서도 드러나듯이 프롭이 추출한 기능들은 대부분 이항대립적인 요소들로 구분되어 서로 연결되며, 그 대립소들의 체계로 형성되어 있기 때문에 구조분석의 기초가 될 수 있는 것이다. 프롭이 러시아 민담에서 추출한 이런 기능들은 비단 러시아 민담에만 국한되지 않고, 희곡·신화·서사시·로망스 등 일반적인 이야기들 속에서도 나타나는데 그런 만큼 일종의 원형적인 단순성을 지니고 있다. 프롭의 기능이론은 우리 민담의 분석에도 유용하게 적용되고 있다. 프롭에 의해 설정된 이 기능들은 뒤에 그레마스의 행위소 모델로 정착된다. 그러나 구조주의 문학이론 일반이 그런 것처럼, 프롭의 이런 기능 이론 또한 사회적 변화를 고려하지 않는다는 점에서 매우 건조하고 비역사적이라고 비난받기도 한다. (김경수)

기능, 행위소 모델, 서사소, 신화소

참고문헌
레이먼 셀던, 현대문학이론연구회 역, 『현대문학이론』, 문학과지성사, 1987.
서인석, 『성서와 언어과학』, 성바오로 출판사, 1984.
김용권 외 편, 『현대문학비평론』, 한신문화사, 1994.

기능전환(機能轉換)

발터 벤야민(Walter Benjamin)이 『생산자로서의 작가』에서 주장한 개념이다. 벤야민은 문화적 유산의 요소들, 즉 생산 장치들을 정치적 변화를 추진하려는 목적에서 변화시켜야 한다고 말한다. 특히, 사진작가는 세계를 있는 그대로 포착하려는 목적에서 단지 자신의 기법을 세련시키는데서 그쳐서는 안 된다. 그의 임무는 세계를 변화시키도록 사람들을 고무하는 방식으로 생산수단의 해방에 관심을 가져야 한다는 것이다. 벤야민은 브레히트의 서사극을 기능전환의 이런 훌륭한 예로 들며 지식인은 사회주의의 의미에서 변화시키지 않은 생산수단을 제공해서는 안 된다고 말한다.

브레히트는 영화, 라디오 등 새로운 매체와의 승산 없는 경쟁을 하기보다는 그러한 매체들을 응용하고 이를 활용했다. 그의 서사극은 줄거리를 전개시키기보다는 상황을 묘사한다. 줄거리의 중단이 그런 효과를 내는데, 이는 영화와 라디오의 기법을 수용한 것이다. 조립화된 것은 문맥을 중단시킨다. 그리고 줄거리의 중단은 끊임없이 관객들 사이에서 어떤 이데올로기적 환영을 제거하는 효과를 부여한다. 그래서 서사극은 상황을 재현하는 게 아니라 상황을 발견하게 만든다는 것이다. 중단은 자극과 흥미에서 머무는 게 아니라 조직하는 성격을 지닌다. 결국 하나의 생산도구를 변화시키지 않고 그대로 처리하는 방법은 소재가 아무리 혁명적인 성격을 띤 것처럼 보여도 한계적일 수밖에 없다는 것이다. 문화적인 유산을 기능 전환한다는 것은 지식인의 생산을 구속하고 있는 제약을 무너뜨리는 혁명적인 행위가 된다. (이훈)

서사극, 르포르타주, 기술복제

참고문헌
발터 벤야민, 『발터 벤야민의 문예이론』, 민음사, 1992.
노르베르트 볼츠, 『발터 벤야민』, 서광사, 2000.
몸메 브로더젠, 『발터 벤야민』, 인물과 사상사, 2007.

기대지평(Horizon of expectations, 독 Erwartungshorizont)

독일 수용미학과 해석학의 핵심개념으로, 독자의 입장을 작품 이해과정에 중요한 영향을 미치는 요소로 파악한다. 기대지평은 문화적 규범이나 경험, 기대 등과 같은 것들로 구성되며, 기대지평을 근거로 하여 독자는 문학 텍스트를 이해하고 해석한다. 기대지평은 한편으로 시간적, 문화 공간적 요소와, 다른 한편으로는 수용자가 처한 개인적 상황의 영향을 받는다. 다시 말해 제반 지평들은 역사적 변화의 지배를 받는가 하면, 동시에 문학작품에 대한 새로운 평가에도 동참한다. 지평 개념은 특히 니체(F. Nietzsche)와 후설(E. Husserl), 하이데거(M. Heidegger) 이래로 철학용어에 편입되었다. 가다머(H.-G. Gadamer)는 후설의 현상학에서 이 개념을 차용하여, 자신이 처한 상황의 영향을 받을 수 밖에 없는 인간의 제한된 시야를 설명한다.

야우스(H. R. Jauß)는 가다머의 이러한 사유를 자신의 주저『도전으로서의 문학사 Literaturgeschichte als Provokation』에 비판적으로 수용하여, 기대지평 개념을 최초로 문학이론에 도입했다. 야우스에 의하면 기대지평과 문학예술작품 간에 충돌이 일어나면 지평이 변화하는데, 이러한 지평의 변화는 독자로 하여금 텍스트에 대한 비판적 반응을 불러일으키게 하며, 작품의 미적 질 또한 이 지평의 변화 유무가 결정한다. 다시 말해 기대지평과 작품 사이의 거리는 문학작품의 질을 측정하는 척도라고 할 수 있다. 이를테면 통속문학의 경우 이 거리는 그리 크지 않으며, 따라서 지평의 변화도 거의 일어나지 않는다. 그에 반해 수준 높은 작품의 경우에는 기대지평과 문학작품간의 거리가 크기 때문에 지평의 변화가 일어난다. (임호일)

수용미학, 해석학, 독자의 입장, 지평

참고문헌

Hans-Georg Gadamer, Wahrheit und Methode. Grundzüge einer philosophis-chen Hermeneutik, Tübingen 1986.

Hans Robert Jauß, Literatur als Provokation der Literaturwissenschaft, Frank-furt / M. 1970.

기독교문학(基督敎文學, Christian literature)

기독교문학은 기독교 정신을 바탕으로 한 문학을 지칭한다. 넓은 의미에서는 기독교 신앙의 문제를 다루어 기독교적인 인간관을 반영한 문학을 말하며, 좁은 의미에서는 기독교의 신을 칭송하고 그 신비를 계시하여 많은 사람에게 기독교 신앙을 전할 목적으로 생겨난 문학을 뜻한다.

밀턴(Milton)의『실락원(失樂園)』은 인간의 원죄(原罪)라고 하는 기독교의 독특한 관념을 정면에서 다룬 기독교문학의 대표작이며, 단테(Dante)의『신곡(神曲)』은 이러한 장대한 서사시에 필적하는 또 하나의 기독교문학의 걸작이다. 여기에서 언급된 죄와 벌의 도식이 기독교 문화권에서는 집요하게 또한 여러 가지 형태로 추구되고 있다. 인간의 실존에 대한 질문은 현대인에게 가장 절실한 질문이며, 그것을 중심적인 테마로 한 기독교문학은 사람들의 많은 관심을 받아왔다.

도스토예프스키(Dostoevsky)는『카라마조프의 형제들』,『백치(白痴)』,『죄와 벌』등의 작품에서 여러 형태의 인물을 등장시키면서 애증(愛憎)에 의한 이합(離合), 에고이즘과 자기부정의 갈등, 혁명적 반역자와 기독교적 구원자의 음울하고도 고뇌에 찬 싸움을 묘사하면서 니힐리즘의 극복을 요구하였다. 톨스토이(Tolstoy)는 그의 모든 문학작품을 통해 무저항주의, 인도주의, 박애주의를 독자적인 기독교사상으로 승화시켜 작품화하였다. 이들의 문제의식은 20세기에 들어와서 여러 가지 형태로 계승되고 있다.

한국에서의 기독교의 유입은 한국의 근대화 과정과 맞물리면서, 구한말의 개화운동, 일제하의 민족운동과 밀접한 연관을 지니게 된다. 구한말 기독교인들의 의식구조는 개화─반봉건─자주─항일의 계열로 연결되었고, 교세의 발전과 교단의 조직화에 병행하여 일제하에서는 기독교가 민족운동에 있어 상당한 비중을 차지하게 된다. 더불어 기독교의 수용 · 전파의 과정에서 학교 · 병원 · 신문 · 출판 등의 서구 문물의 이기들이 보급되면서, 개화파를 중심으로 한 근대화 과정에서 주도적인 역할을 하게 된다. 또한 성서의 한글 번역과 찬송가의 편찬 등을 통하여 산문 문체의 개발에 자극을 주고 신체시의 형성 기틀을 마련하는 등, 한국의 신문학과 근대 문학 초창기에 주목할만한 기여를 한다.

이처럼 구한말의 기독교 유입과 더불어 기독교적 소재 및 기독교 의식을 다룬 문학 작품들이 나타나기 시작한다. 백악춘사의 「다정다한」, 「월하의 자백」, 반아의 「몽조」, 최병헌의 「성산명경」, 이해조의 「고목화」, 안국선의 「금수회의록」, 김필수의 「경세종」, 이상협의 「눈물」, 이상춘의 「박연폭포」 등의 작품이 1900년대에 주로 잡지나 신문에 발표되었으며, 기독교 교리의 설파와 박애정신 등의 기독교 사상을 다루고 있다.

최초의 근대 장편소설이라고 일컬어지는 이광수의 『무정』에서 작가는 주요 등장인물들을 모두 기독교인으로 설정하면서, 기독교적 박애사상을 민족주의에 결합하여 형상화한다. 이후 『재생』 등의 작품에서 보여지는 기독교적 사랑이라는 모티브는 『흙』, 『애욕의 피안』, 『그의 자서전』 등의 작품에서도 다각적으로 형상화되고 있다. 이밖에도 김동인의 「명문」, 염상섭의 『삼대』 등도 기독교를 소재로 다루고 있다.

1930년대에 발표된 김동리의 『무녀도』는 한국의 샤머니즘과 서양의 기독교 사상의 충돌을 형상화하고 있으며 1950년대에 발표된 『사반의 십자가』는 왕권과 신권, 현세적인 구제와 영원한 천상에의 구원간의 충돌을 형상화한다. 1970년대에 들어서 기독교적 인간관과 세계관을 자신의 사상과 정신의 근거로 정당하게 흡수하고, 인간적인 삶과 구원의 문제를 사회로까지 확장시켜 형상화한 작품으로 평가받는 황순원의 『움직이는 성』과 백도기의 『청동의 뱀』이 발표된다. 이밖에도 박영준의 『종각』, 서기원의 『조선백자 마리아상』, 이문열의 『사람의 아들』, 백도기의 『가롯 유다에 대한 증언』 등의 작품이 주목할 만한 기독교 소설로 평가받고 있다.

소설에 비하여 기독교의 영향 아래 쓰여진 한국 현대시의 성과물들은 하나의 주류를 이룬다고 할 만하다. 윤동주를 서두로 하여, 박두진, 박목월, 김현승, 김경수, 박화목, 석용원, 이상로, 임인수, 황금찬, 박이도, 그리고 70년대 이후의 고정희, 정호승, 김정환에 이르기까지 시적 초월의 문제는 종교적인 경지에까지 승화되었으며, 과거의 보수 신학에서 최근의 민중 신학에 이르는 신학적 변모과정을 시적으로 반영하면서 일정한 성과를 보여온 기독교 시문학의 발전과정은 괄목할만하다고 하겠다. (고인환)

기독교, 기독교미술, 기독교음악, 기독교예술

참고문헌
김주연 편, 『현대문학과 기독교』, 문학과지성사, 1984.
조신권, 『한국문학과 기독교』, 연세대출판부, 1983.

기록문학 ☞ 르포르타주

기록소설 ☞ 다큐멘터리

기록주의

　기록주의란 생활을 기계적으로 옮겨 놓는 창작경향을 이르는 용어. 일반화와 개성화의 통일로서의 전형화를 도모하는 대신 현상에 매몰되어 잡다한 현상들을 나열하는 부정적 현상을 가리킨다. 즉 기록주의는 피상적 모사(模寫)와 단편화라는 자연주의적 오류에 빠지게 되는 것으로, 세세한 사실에 집착하는 소재주의 편향이나 본질을 포착하지 못한 지루한 서술을 초래하게 된다는 것이다. 신기술의 창안과 그에 힘입은 증산의 과정을 그리는 것은 북한문학의 중요한 패턴이었던 바, 그 기술적 공정(工程)이라든가 주변 사정을 지나치게 꼼꼼히 옮겨 놓는 경향 역시 기록주의적인 것으로 비판되었다.

　도식주의는 기록주의의 결과거나 원인일 수 있었다. 현실의 '진실'을 잡아내지 못할 때 평이한 도식에 빠질 수밖에 없고 타성적 관점을 벗어나지 못할 때 시선은 피상에 머무를 것이기 때문이었다. 그러나 그려야 할 내용이 애당초 규정되어 있을 뿐 아니라 <보고문>을 하나의 내면적 형식으로 하는 북한문학에서, 판박이 구성에 빈약하고 단조로운 상투형을 그려내는 현상은 한편으로 일반적인 것이기도 했다. 기록주의가 북한문학의 생산 메커니즘 안에 내재된 것일 수 있었다는 뜻이다. 기록주의 비판은 전후시기 본격화되는데, 그에 대해선 여러 처방이 제시되기도 했다. 작가가 현실체험의 깊이를 가져야 한다거나 형상을 보다 감각화해야 한다는 등의 제안이 그것이다. 하지만 사회주의 리얼리즘의 원칙에 의하면 생활의 진실을 포착하게 하는 가장 우선적인 담보는 현실에 대한 과학적 인식이었다. 이렇게 해서 파악되는 생활의 진실은 이미 구체적이고 생동하는 것이어서 수식의 대상이 아니었다. 결과적으로 기록주의는 생활의 진실을 포착하지 못한 것이며 현실의 과학적 인식을 등한히 하는 데서 초래되는 현상이었던 셈이다. (신형기)

전형화, 도식주의, 상투성

참고문헌
과학백과사전출판사편, 『문학예술사전』, 과학백과사전출판사, 1972.
안함광, 「문학의 사상적 기초」, 조선문학, 1955. 1.

기리설(肌理說)

청나라 옹방강(翁放綱, 1733~1818)이 제창한 시론. 청대의 문학은 건가(乾嘉)년간에 이르자 신운설(神韻說)의 폐단이 드러나, 이 무렵 격조설(格調說)과 성령설(性靈說)이 연이어 등장하였다. 이와 같은 상황에서 옹방강은 당시 유력한 학풍이었던 고증학(考證學)과 동성파(桐城派)들이 주장한 의법설(依法說)의 영향을 받아 기리설을 제기했는데, 그는 왕사정의 신운설에 공감하면서도 그 경박함을 경계하였다. 독서와 수양을 중시한 그의 이론은 기존의 격조설과 신운설의 뒤에 나온 관계로 절충적 성격을 지니고 있다.

'기리(肌理)'란 원래 피부에 난 무늬, 즉 '살결'을 뜻하는 말인데, 옹방강은 이를 비유로 "시는 반드시 살결을 추구하듯이 아름답게 하고, 문장은 반드시 그 실제를 구해야 한다.(詩必研諸肌理, 而文必求其實際)"고 하며, "학문은 반드시 고증(考證)을 기준으로 삼아야 하고, 시는 반드시 기리(肌理)로 기준을 삼아야한다"고 하여 시와 학문의 차이를 부각하기도 했다.

여기서 그가 말하는 기리(肌理)는 유가의 경전에 기초한 학문의 습득으로 이루어진다. 그는 좋은 시는 학문에 의지해야 하고 정통한 경학 이론에 바탕을 두어야 하며, 반드시 "성정에서 말미암아 학문과 합치하는(由性情而合之學問)" 방향으로 이루어져야 한다고 생각하였다. 시의 내용은 경전과 서적에 실린 정보를 담아야 할 뿐만 아니라 시법(詩法) 또한 옛 사람의 작품을 스승으로 삼아야 한다는 것이다. 때문에 기리는 사실 의리(義理, 철학적 의리)와 문리(文理, 문학적 구성) 양자를 모두 포괄하는 것으로 "의리(義理)의 이치(理致)는 문리(文理)의 이치이고 기리(肌理)의 이치이다"라는 말로 대변될 수 있다. 그러므로 그의 시가 당시적 정감심미(情感審美)보다는 이치와 독서와 시법적 구성을 중시한 송시적 경향을 띠는 것은 당연하다.

기리설은 정치적으론 고증학이 지배했던 시기에 격조와 신운설을 극복하고자 한 시론이었으나, 유가 사상을 선양하여 순예술성이 간과되는 약점을 지닌다. 옹방강은 송대의 강서시파(江西詩派)를 시적 절충의 전범(典範)으로 삼아 송시운동(宋詩運動)의 선구자가 되기도 하였으며, 청대 후기에 존송시(尊宋詩)의 기풍 형성에 상당한 영향을 주었다. 하지만 원매(袁枚)가 "책을 베껴다가 시라고 생각한다(誤把抄書當作詩)"고 비판했듯이 그 문학적 생명력을 감소시키는 한계 또한 보여주고 있다. (오태석)

기리설, 옹방강, 격조설, 신운설, 강서시파, 존송시

참고문헌
김학주, 『중국문학의 이해』, 신아사, 1999.
오태석, 『중국문학의 인식과 지평』, 역락, 2001.

기법(技法, Technique) ☞ 기교

기뵤시(黃表紙)

구사조시의 일종으로 표지가 황색이기 때문에 붙여진 호칭으로, 보통 5장을 한 권으로 한 그림 있는 통속소설이다. 기뵤시가 아오혼(靑本)에서 발달하여 성인이 즐길 수 있는 문예가 된 것은 1775년에 간행된 고이카와 하루마치(恋川春町)의 『긴킨선생 영화의 꿈』(金々先生栄花夢) 이후로 보고 있다. 이 작품은 이야기의 전체 구상을 한단지몽(邯鄲之夢)에서 빌리고있지만, 소설의 무대를 유곽으로 설정하고 당시 풍속의 교묘한 제시, 유행어 구사의 기지, 풍부한 익살 등에 의하여 구사조시의 신국면을 개척한 획기적인 작품이 되었다. 또한 삽화도 섬세정교한 풍으로 현실의 사실과 공상을 잘 융합하여 새로운 웃음의 세계를 독자에게 제공하였다. 때로는 시국에의 풍자와 비판도 교묘하게 표현하여 당시 뜻있는 지식인 독자로부터 공감과 환영을 받기도 하였다.

그러나 간세이 개혁(寛政改革, 1787~93)으로 기뵤시의 중심작가였던 고이카와 하루마치와 산토 교덴(山東京伝)이 처벌을 받은 다음부터는 교훈성과 전기성이 점차 강조되고, 요미혼(読本)의 영향도 받아 장편화되어 갔다. 그리하여 기뵤시의 자리를 고칸(合巻)에게 자리를 양보하였던 것이다. 기뵤시는 에도 후기의 문화적 자료로서뿐만이 아니라 문학적으로도 의미있는 작품이 적지 않다. (최관)

아오혼, 고이카와 하루마치, 간세이 개혁, 산토 교덴

참고문헌
水野稔, 『黃表紙・洒落本の世界』, 岩波新書, 1976.
森銑三, 『黃表紙解題』, 中央公論社, 1972.

기사문학(騎士文學, 독 Dichtung des Rittertums)

12세기부터 16세기에 걸쳐 프랑스 · 영국을 비롯한 유럽 각지에서 유행한 운문과 산문의 이야기 문학이다. 이보다 앞서 성립된 무훈시(武勳詩)의 영향 아래에서 기사도의 이상이 구현된 십자군의 시대상황을 배경으로 하여 12세기 후반에 운문으로 씌어지기 시작하였다. 무훈시가 역사에서 제재를 찾아 주인공의 무훈을 칭송하는 것을 중심주제로 한 것에 반하여 기사문학은 허구의 틀 속에 기사가 종교적 의무와 세속적 의무, 특히 여성에 대한 사랑과 헌신에 충실해야 함을 칭송하였다.

프랑스에서는 《에레크와 에니드》를 비롯한 여러 작품이 초기의 걸작들인데, 거기에 그려진 기사상과 기사도는 모두 높은 이상을 추구하고 현실에서의 기사계급의 고양과 위기를 서로 상반되게 반영하고 있다. 이보다 조금 늦게 영국과 독일에서도 아서왕과 원탁의 기사를 중심인물로 하는 뛰어난 기사문학이 운문으로 계속 창작되었다.

13세기 이후에는 광장이나 궁정에서의 음악을 수반한 설화문학에서부터 문자로 읽는 서기

문학(書記文學)으로의 이행이 진행되었으며 문학작품을 음미하는 독자층이 확대됨에 따라 운문은 산문으로 이행되었고≪성배(聖杯)이야기≫≪트리스탄과 이졸데≫ 등 산문에 의한 기사문학의 대작이 계속 발표되었다.

또 전시대의 무훈시나 운문에 의한 기사문학이 차츰 산문화되고 또는 산문으로 고쳐졌으며 방대한 대중적 기사문학이 각국어로 씌어지기 시작하였다. 그 과정에서 샤를마뉴·로랑 등 무훈시에 있는 영웅들의 이야기가 기사문학의 범주로 흡수되어, 원래 다른 이 두 장르가 후세에 혼동되었다.

이들은 기사계급의 쇠퇴·퇴폐·몰락과 반비례하듯 융성·유행하였으며, 에스파냐·이탈리아 등과 북유럽·동유럽까지 널리 퍼져갔다. 이와 같은 기사문학의 대중화와 전파는 15~16세기에 인쇄술이 보급됨에 따라 더욱 양적으로 증가하였다.

≪랑슬로 이야기≫에 속하여 여러 작품과 에센바흐의 산문≪파르치발(Parzival)≫≪이미와 아미르≫와 같은 무훈시, 처음 남프랑스어로 씌어졌던≪자우프레≫, 아서왕 계열 이외의≪악마 로베르≫, 에스파냐어로 씌어진 기사문학의 대표작인 몬탈보의≪아마디스 데 가울라(1508)≫ 등이 계속 출간되었다.

이들 대중적 기사문학은 몽테뉴와 같은 휴머니스트에 의해 유치한 아동물(兒童物)이라고 멸시받으면서도 르네상스기의 상류계급·귀족·문인들에게 애독되었으며 새로운 작품도 시도되었다. 그러나 오히려 그 때까지의 기사문학과 독자에 대한 통렬한 비판에서 출발한 세르반테스의≪돈키호테(1605)≫, 가사문학의 강렬한 패러디로서의 구성을 가진 F. 라블레의≪가르강튀아와 팡타그뤼엘(1532)≫ 등과 같은 작품에 의해 기사문학은 종지부를 찍게 되고 다음 사조로 전환을 이루었다.

궁정문학 宮廷文學 court literature은 궁정에서 창작되는 문학의 총칭. 이 말이 나타내는 대상은 각국의 문학사에 따라 다르며 그 시대도 일정하지 않다. 그러나 전근대사회에서는 궁정이 문화의 한 중심을 이루는 일이 많았고, 궁정에 속한 직업시인의 존재는 오히려 보편적이었다고도 할 수 있다.

유럽의 궁정문학이라는 표현은, 궁정풍(宮廷風, courtois)의 문학으로, 즉 주제·작풍에 따른 분류로 해석하느냐, 궁정인 또는 고용시인의 문학, 즉 문학 담당자에 따른 분류로 해석하느냐에 따라 내용이 크게 달라진다. 또 궁정이라고 해도 국왕의 궁정에 한정되지 않고, 근대국가 성립 이전에는 봉건제후를 중심으로 하는 궁정이 각지에 존재하였기 때문에 작가를 고용할 수 있는 권력·재력을 갖춘 후원자를 그에 필적하는 존재로 볼 수도 있다.

궁정풍 문학을 대표하는 것은 12~13세기의 기사도 이야기와 음유시인(吟遊詩人)의 궁정서정시이다. 마음 속에 그리는 귀부인을 칭송하는 그 우아한 전통은 그 뒤에도 각국의 문학에 계승되는데 유럽 전체에 퍼진 문학풍토로서의 기사도적 연애관은 중세의 독특한 것이었다. (나은진)

기사적, 궁정적 문학 ☞ 기사문학

기상(氣象)

의태(意態)와 풍모(風貌)를 가리키는 용어. 엄우(嚴羽, 1175?~ 1264?)가 제시한 작시오법(作詩五法) 가운데 하나인데, 시를 지을 때 반드시 갖추어야 할 독특한 의태와 풍모를 뜻한다. 『창랑시화(滄浪詩話)·시변(詩辯)』편에서 "시를 짓는 법에는 다섯 가지가 있는데, 체재와 격력과 기상 등이 그것 …… (詩之法有五 曰體制 曰格力 曰氣象 ……)"이라고 말했다. 그는 또 "한위 시대의 고시는 기상이 혼돈해서 한 구절로 뽑아내기가 어렵다(漢魏古詩 氣象混沌 難以句摘)"고 했으며, "당나라 시인들과 송나라 시인들의 시는 공교롭고 졸렬함을 논하기도 전에 기상부터 다르다.(唐人與本朝人詩 未論工拙 直是氣象不同)"고도 지적하였다.

기상은 풍격(風格)과 관련이 있는데, 기상이 다르면 다른 풍격을 형성하게 된다. 그는 한위 시대의 고시와 당시(唐詩), 송시(宋詩)를 풍격상으로 구별한 뒤 당시를 추켜세우고 송시를 폄하하며, 옛 것을 존중하고 현재의 문학성과를 낮게 평가했는데, 이는 그가 주장한 고박자연(古朴自然)하고 혼연일체가 되어 체제를 이룬 풍격상의 특징을 구현한 것이다. 이러한 주장은 당시 서곤파(西昆派)와 강서시파(江西詩派)가 줄곧 과거의 문학적 전통을 모방하기에 급급하고, 문장이나 시구를 적출해서 시를 짓는 방식이 빚어낸 부정적인 영향에 대해 비판하는 의미를 담고 있기도 하다. (임종욱)

엄우, 작시오법(作詩五法), 창랑시화, 고박자연(古朴自然)

참고문헌
임종욱, 『동양문학비평용어사전-중국편』, 범우사, 1997.
_____, 『중국의 문예인식』, 이회, 2001.
_____, 『중국문학에서의 문장체제 인물 유파 풍격』, 이회, 2001.
주훈초, 『중국문학비평사』, 이론과실천, 1992.

기생(妓生)

기생(妓生)이란 춤과 노래, 그리고 풍류로써 연회장의 흥을 돋우는 것을 직업으로 삼았던 예기(藝妓)를 총칭한 말이다. 기원에 대해서는 신라시대 일종의 여무(女巫)였던 원화(源花)에서 비롯되었다는 설, 백제 유민인 유기(柳器, 버드나무로 엮은 키·소쿠리 등의 그릇) 제조인의 후예라는 설 등 여러 가지가 있으나 기생이라고 하면 통상 조선시대의 기생을 가리킨다. 조선시대의 기생은 원칙적으로 모두 관(官)에 소속된 관기(官妓)였으며 신분으로는 천민에 속했다. 기생의 본 업무는 관 주최 행사에서 가무(歌舞)를 담당하는 일이었으며, 지방 관청 소속으로 중앙 행사에 차출된 선상기(選上妓)에 한해 일반인을 상대로 영업을 하는 일이 허용되었다. 기생은 일반 부녀와는 달리 넓은 범위의 사회적 교제를 할 수 있었고, 직업의 특성상 시(詩)·서(書)·화(畵)

의 교양을 두루 익혀야 했다. 이 때문에 기생 중에는 뛰어난 외모나 재능, 혹은 높은 지조와 절개로 이름을 날린 명기(名妓)가 많다. 특히 황진이(黃眞伊)나 이매창(李梅窓), 송이(松伊)와 소춘풍(笑春風) 등은 매력적인 시조시인으로서 한국문학사에 이름을 남겼다.

1894년 갑오개혁으로 관기 제도가 폐지되면서 기생의 입지는 크게 변화한다. 기생을 총괄하던 종래의 기생청 대신 일종의 조합 형태인 권번(券番)이 생겨났고, 기생의 영업은 훨씬 자유로워졌다. 관청에 종속된 처지에서 벗어난 기생은 원각사 · 광무대 등의 극장 무대에 서면서 대중스타로 군림했으며, 신극 배우로 변신하는가 하면 연애의 파트너로도 등장했다. 신문물이 급속하게 밀려들어왔지만 그 주역이 될 만한 신인간형이 아직 탄생하지 않은 시기, 기생은 각종 유행의 선도에 선 문제적 집단이었다. 강향란은 최초로 단발을 감행해 화제를 뿌렸고 강명화는 정사(情死)의 주인공으로 다양한 창가 · 소설의 소재가 되었으며, 그밖에 허구적 주인공으로 소설에 등장한 예도 많았다. 이광수의 『무정』이나 나도향의 『환희(幻戲)』, 현진건의 「그리운 흘긴 눈」과 염상섭의 「전화」 등을 통해 이 시기 기생의 모습을 짐작해 볼 수 있다. 그러나 여학생 집단이 등장하고 다른 한편 양식점 · 카페 등의 새로운 유흥 공간이 출현하면서 기생의 매력은 점차 퇴색하기 시작하였다. (권보드래)

기생, 권번, 관기

참고문헌
이능화, 이재곤 역, 『조선해어화사』, 동문선, 1992.
川村湊, 유재순 역, 『말하는 꽃 기생』, 소담출판사, 2001.

기성품 예술(旣成品 藝術)

기성품 예술이란 흔히 레디메이드(Ready-made)라고 불리는데, 이는 마르셀 뒤샹(Marcel Duchamp)의 예술관을 잘 표현해주는 개념이다. 기존의 회화작품이 재현적인 측면에 중점을 둔 것에 비하여 레디메이드는 개념적인 측면을 강조하고 전통적인 미술작품에서 중요시되었던 작가의 수공적 노력이나 기법을 배제하는 것이 특징이다. 뒤샹에 의하면 레디메이드(Ready-made)란 기성품을 일상적인 환경과 장소에서 다른 곳으로 옮겨 놓는 것으로 이로써 그 사물의 본래적 목적성은 상실되고 단순히 사물 자체의 무의미함만이 남게 된다. 이는 브라크나 피카소, 또는 초현실주의 작가들이 바닷가의 돌조각이나 동물의 뼈 등을 주워 오브제로 한 방법과 상통하는 것으로 미에 대한 새로운 해석으로 볼 수 있다. 즉, 미는 발견해야 한다는 뜻을 담고 있다.

마르셀 뒤샹은 1913년 기존의 만들어져 있는 탁자와 자전거 바퀴를 선택하여 "이것도 예술이다"라고 선언하였다. 이는 미술에서의 재현 행위를 전면부정하고 예술가가 예술이라고 말하는 어떤 것이든 예술이 될 수 있다는 주장이다. 이후 뒤샹은 1917년 4월 10일 뉴욕의 그랜드 센트럴 갤러리에서 열린 인디펜던트 쇼에 남성용 변기를 출품하였다. 이 전시회의 운영 위원이기도 하였던 뒤샹은 남성용 변기에 '샘물(Fountain)'이라는 제목을 붙여 출품하였고 많은 논란을 불러일으켰다.

앙드레 브르통은 뒤샹의 기성품 예술을 "예술가의 선택에 의해 예술작품의 지위에까지 높여진 기성품"이라고 정의하였다. 뒤샹으로 인해 미술은 완전히 새로운 의미를 지니기 시작하였다. 붓과 캔버스, 물감 대신 일상의 물건이 미술의 소재가 될 수 있고 그 물건들이 원래의 기능이 아닌 전혀 새로운 이미지를 가지게 되어 작가는 그리는 행위만이 아닌 우연한 선택에 의해서도 예술 행위를 할 수 있게 되었다. 마르셀 뒤샹의 주장에서 중요한 것은 예술이란 더 이상 풍경이나 인물을 손으로 재현하는 테크닉이 아니라 예술가의 정신과 선택이라는 점이다. 뒤샹의 기성품 예술론은 기존의 예술개념을 근본으로부터 재검토하게 되면서 현대미술의 계기를 마련하였다.

이처럼 전통적인 미술에 대한 뒤샹의 도전정신은 미술작품이 성역화되고 시각위주의 회화를 강조하여 지나치게 감각적인 경향으로 흐르는 것에 대한 반발이었다. 따라서 자연히 레디메이드는 미술작품의 지적인 면을 강조하게 됨으로써 문학적인 측면과도 밀접하게 연관되는 것을 볼 수 있다. 또한 1차 세계대전 중에 발생한 다다이즘의 활발한 전개와 문학을 중심으로 한 기존의 모든 전통문화에 대한 반발과 허무주의와도 관련이 깊다.

뒤샹의 미학개념은 미술작품에서 제작과정이나 기술적인 측면보다는 작가의 의도나 선택적 의지 등을 중요시하는 현대미술 전반에 영향을 미쳤다. 작가 개인의 감정을 주로 표현했던 추상표현주의와는 달리 지적인 차가움이 강조되었던 1960년대 이후의 미국미술에서 뒤샹의 기성품 예술론은 중요한 영향을 끼치게 된다. 미니멀리즘(Minimalism)의 작품에서 흔히 볼 수 있는 제작의 간결성은 레디메이드가 전통적인 작업의 요소를 배제하고 선택의 의미를 부각시켰다는 점에서 내적 연관성을 지니고 있다. (문화라)

다다이즘(Dadaism), 큐비즘(Cubisme), 초현실주의, 미니멀리즘(Minimalism)

참고문헌
김용익, 『마르셀 뒤샹의 레디메이드』, 홍익대학교, 1980.
정병관 외, 『현대미술의 동향』, 미진사, 1989.

기술(技術, Technology)

일반적으로 기술은 무엇인가를 만들어 내거나 어떤 일을 정확하고 능률적으로 처리하는 방법을 말한다. 보다 넓은 의미로는 과학 지식을 토대로 자연의 사물을 바꾸고 가공하여 인간생활에 이용하는 것, 즉 필요나 욕구에 의해 주어진 대상을 변화시키는 모든 인간의 행위를 말한다. 기술을 사용한다는 점에서 인간은 동물과 구별된다. 기술 발달의 역사는 인간이 자연과 물질을 지배하려는 노력의 역사라고 할 수 있다. 기술의 발달에 따라 인간 사회의 정치, 경제, 문화, 예술이 그에 상응하는 진보와 변화의 과정을 거쳤다. 산업혁명기에는 생산 기술이 새로운 산업 사회를 이끌어냈으며, 오늘날에는 인터넷으로 상징되는 정보통신기술이 새로운 정보화 사회를 개척하고 있다.

기술은 그리스어(語) '테크네(techneé)'에서 비롯되었는데 어원적(語源的)으로는 예술이라는 의미도 포함하고 있었다. 라틴어의 아르스(ars), 영어의 아트(art), 프랑스어의 아르트(art), 독일어의 쿤스트(Kunst), 중국어의 예(藝), 아랍어의 팟느(fann) 등도 기술뿐만 아니라 예술이라는 뜻을 포함하고 있었다. 그러나 오늘날에는 그 의미가 분화되어 기술은 주로 물적 재화의 생산이라는 뜻으로 한정된다.

한편 기술은 흔히 '과학기술'로 일컬어지기도 한다. 과학이 일반적으로 진리나 법칙에 의해 체계화되고 확립된 지식을 가리킨다면 기술은 과학적 지식체계를 활용하여 더 많은 산출물을 생산하거나 질적으로 뛰어난 신제품을 생산하는 활동(지식의 축적, 발명, 혁신, 확산)을 지칭한다. 즉 자연의 법칙을 객관적인 지식(과학)으로 파악하여, 이것을 생산 활동에 의식적으로 적용하는 것을 통칭해서 과학기술이라고 한다. 과학기술의 발달은 인류의 복지 증진에 기여해 왔다. 그러나 과학기술이 지나치게 발달하면 오히려 인간성이 상실되고 인간이 과학기술에 종속되고 말 것이라는 우려도 제기되고 있다. (이숭원)

과학, 예술, 산업사회, 정보화 사회

참고문헌
조용범·박현채 감수, 풀빛편집부 편,『경제학사전』, 풀빛, 1988.
『두산세계대백과사전』, 두산동아, 1998.
홍성욱,『생산력과 문화로서의 과학 기술』, 문학과 지성사, 1999.

기술학(記述學, Descriptive aesthetics)

기술학은 미적 사실(美的事實)의 기술(記述) 및 설명을 과제로 하는 미학이다. 미의 규범적 법칙과 원리를 연구하는 규범적 미학에 상대되는 개념이다. 크게 두 가지 입장에서 살펴 볼 수 있는데 심리학적 입장과 미적 형식의 분석 및 예술작품의 비교 관찰 등 객관적 미적 사실의 연구에서 출발하는 객관적 미학의 입장이 있다. 전자에는 립스와 지베크, 퀼페, 모이만 등이 속하고 후자에는 젬퍼, 텐 등 비교 발생론적 방법을 취하는 것, 그로세와 같이 민족학적 미학의 입장에 서는 것 등이 있다.

소설의 해석이나 감상 또는 평가의 기준을 소설이 생산된 사회 여건이나 그 소설이 사회에 끼치는 영향의 문제 또는 사회집단의 공통의식을 매개하는 작가의 의도 등에 두는 입법 비평(일정한 기준을 작품의 외적인 조건에 두는 비평)은 소설의 의미가 그 사회나 작가의 문제로 환원된다. 한편 소설의 가치를 판단하는 기준을 독자의 독서 행위 과정에서 발생되는 인상과 정서적 감동에 두는 심미 비평은 소설의 의미를 지극히 상대적이고 주관화 한다. 신비평가들이 문학 작품의 의미와 가치를 그 작품의 내적 조건에 국한하는 것은 앞의 두 비평이 가진 한계를 극복하고자 하는 의도에서이다. 기술 비평은 작품의 의의와 가치는 작가나 사회, 또는 독자의 문제에 있지 않으며, 그 작품 자체의 구조나 원리에 있다고 보고 그 의미와 가치를 해명하는 기준 역시 그 구조와 원리에 두고 있다.

작품 해석 및 평가의 준거를 작품 자체 내의 것에 두려는 입장이 기술비평의 원칙이다. 즉 작품 자체의 여러 가지 형식적 조건에 따라 작품을 해석 · 평가함으로써 심미비평의 한계인 주관적 상대주의를 극복하려는 것이 기술 비평의 기본적 태도인 것이다. 따라서 기술 학자들은 작품 그 자체만을 연구의 대상으로 삼는 내부적인 어프로치를 방법으로 채택한다.

라보크가 "비평의 시작은 올바르게 읽는 일이다."라고 한 것이든지, "문학의 학문적 연구에 있어 자연적이며 현명한 출발점은 문예 작품 그 자체의 해석과 분석이다"라고 한 것 등은 모두 기술비평적 입장을 대변해 주는 말이다. 이러한 기술 비평은 19세기 생트-뵈브가 작품의 판단보다 해석에 힘을 써 분석비평을 시도하였으나, 그 입론이 마련되고 정식화된 것은 20세기 초 뉴크리티시즘에서 와서 가능해졌다. (진선영)

기술비평, 뉴크리티시즘, 립스, 지베크

참고문헌
브룩스, 이경수 역, 『신비평과 형식주의』, 고려사, 1991.
이윤섭, 『지식으로서의 문학』, 만남, 2000.

기승전결(起承轉結)

동양의 전통적인 시작법(詩作法)의 한 종류이다. 특히 한시(漢詩)의 시작(詩作)에서, 절구체(絶句體)의 전형적인 구성법을 지칭하는 용어이기도 하다.

다른 명칭으로 기승전락(起承轉落) 또는 기승전합(起承轉合)이라고도 한다. 제1구를 기구(起句), 제2구를 승구(承句), 제3구를 전구(轉句), 제4구를 결구(結句)라 하며, 이 네 구의 교묘한 구성으로 한 편의 절구를 만드는 방법이다. 즉, 기구에서 시상(詩想)을 일으키고, 승구에서 그것을 이어받아 발전시키며, 전구에서는 장면과 사상을 새롭게 전환시키고, 결구는 전체를 묶어서 여운(餘韻)과 여정(餘情)이 깃들도록 끝맺는 것이다.

또한 시작법뿐만 아니라 글쓰기의 구성전략에서 주요 용어로 사용된다. 문장 구성에 있어서의 4단계, 즉 서론(序論) · 설명(說明) · 증명(證明) · 결론(結論)과 같은 4 단계의 구분도 기승전결의 전용(轉用)이다. 이는 소설이나 희곡 등 창작 서사물에서 그 줄거리나 구성을 고안하는 데도 전통적이고 유용한 방식으로 사용되어 왔다. (나은진)

기시감(旣視感, 프 Dejavu)

기시감(旣視感) 또는 dejavu 현상이라고 불리기도 한다.

이 단어는 프랑스에서 에밀 보아락(Emile Boirac 1857~1917)에 의해 처음 사용되었으며, deja는 '이미(already)' vu는 '보았다(seen)'라는 뜻을 가지고 있다. 그래서 "데자뷰" 혹은 기시감(旣視感)의 축자적 의미는 '이미 보았다' 즉, 처음 접하게 되는 사물이나 풍경 또는, 사건인데도 예전에 보았던(겪었던)것처럼 느껴지는 현상을 지칭하는 것이다.

인류에게 이런 현상의 경험은 비교적 보편적으로 일어나나, 경험 당시의 비현실적 느낌이나 신비감 때문에 문학에 있어서 중요한 소재로 작용하기도 한다. 과거에 예지했던 미래의 현실화, 혹은 예지몽(豫知夢)의 현실화나 초월적인 예지능력의 입증이라는 차원에서 낭만적 신비주의와 연계되기 때문이다.

심리학자들은 이 현상이 일어나는 이유를 인간의 착각 때문이라고 설명한다. 인간은 어떤 것을 보았을 때, 사물의 세세한 면보다는 전체적인 모습이나 한 특징을 가지고 기억을 한다. 심리적, 육체적으로 피로할 때 가끔씩 그 기억들이 복합적으로 작용해서 처음 보는 것인데도 이미 겪었다라고 느끼게 되는 것이다. 따라서 전체적 이미지나 특징들이 부합되게 되면 우리의 뇌는 '아 내가 보았던 거네!' 또는 '이거 언제 한번 경험해 봤던 것 같은데…'라고 느끼게 되며, 이게 바로 기시감의 정체이다.

또 다른 가설로 '신경세포의 정보전달 혼란'이 있다. 우리 인간의 뇌에는 해마라는 곳이 있는데, 기억들이 정리되어 있는 곳이다. 그런데, 어떤 원인으로 인하여 과거의 기억회로와 현재 경험하는 회로가 연결되게 되면, 데자뷰와 같은 현상을 겪는다는 것이다. (나은진)

기억(記憶)

사전적, 물리적 개념정의에 따르면, 기억이란 생활체(生活體, 사람이나 동물 등)가 경험한 것이 어떤 형태로 간직되었다가 나중에 재생 또는 재인(再認)·재구성되어 나타나는 현상을 의미한다. 그러나 기억은 언제나 개인의 것이며, 간직과 재생은 동일한 것이 아니다. 따라서 간직과 재생 사이의 간극은 시간과 공간, 문화, 개인의 성향 등에 따라 각각 다르고 주관적으로 변형되어 형성된다.

아스만(Assmann)에 따르면, "예술이란 문화가 더 이상 기억하지 못하는 것을 기억하게 하는 것"이다. 문화예술작품은 개인과 집단의 기억을 특유의 방식으로 저장하고 또 활성화시켜 그 자체로 집단적이고 문화적인 기억으로 만든다. 또한 그것을 넘어서서 새로운 것을 추구하며 이질적인 것들과의 상호작용을 통해 끝없이 의사소통을 확장시키는 기능을 수행한다.

문학텍스트 또한 이처럼 개인이나 집단의 정체성을 구성하는데 기여하면서도 문화에 대한 새로운 해석을 하고 새로운 의미를 구성하는 창조적 기억으로 기능한다. 그러나 '과거'에 대한 기억은 언제나 '현재'의 현실에 따라 재구성되고, 현전을 통해 의미를 획득하므로 기억은 과거의 것이자 동시에 현재의 것이라 생각된다.

기억은 선택적으로 현전화되며 망각은 기억과 역설적으로 결합하여 특정한 정치적 담론을 형성하기도 한다. 역사의 기록을 둘러싼 국가간의 분쟁, 법적 효력으로서의 '증언'이 지니고 있는 기억의 힘이 바로 그것이다. 한편 회상이라는 과정을 통해 주체가 망각을 넘어서서 기억을 회복하는 것은 서사갈래에서 서사가 진행되는데 중요한 요건으로서 기억의 구조는 서사의 플롯을 형성한다. 또한 기억은 주체의 자아동일성을 확인할 수 있는 수단이기 때문에, 문학텍스트

에서 인물의 정체성을 규정하는데 주요한 요소를 제공하기도 한다. (나은진)

기운생동(氣韻生動)

　기운생동(氣韻生動)은 기운이 충일(充溢)하다는 의미로, 중국 회화(繪畵)의 작풍(作風)에서 최고 이상으로 삼았던 말이다. 남제(南齊)의 사혁(謝赫)은 『고화품록(古畵品錄)』에서 "육법이란 무엇인가? 첫째는 기운생동을 말하고, 둘째는 골법용필을 말한다. 셋째는 물체에 따라 형상을 부여하는 것을 말하고, 넷째는 물체에 따라서 채색하는 것이다. 다섯째는 경영위치이고, 여섯째는 전이모사다.(六法者何? 一曰氣韻生動是也. 二曰骨法用筆是也. 三曰應物象形是也. 四曰隨類傳彩是也. 五曰經營位置是也. 六曰傳移模寫是也.)"라고 했다. 육법 중 전이모사는 남의 작품을 본뜨는 기교상의 학습방법으로 창작과 직접적인 관계가 없으며, 나머지 다섯 가지는 창작할 때 작품을 구성하는 다섯 가지 기본요소라 할 수 있다. 이 육법 중 기운생동은 가장 중요하지만 또 가장 이해하기 어려운 부분이다.

　기운생동이라는 용어의 함의는 시대와 작자에 따라 그 뜻이 다양하게 운용되었다. 기운은 정운(情韻)·신기(神氣) 등의 용어와 유사하여 대상의 풍정(風情)·개성·생명과 같은 뜻이 있고, 기운생동이란 묘사할 대상의 기질·성격이 화면에 생생하게 표현되는 것을 뜻하였다. 기운이란 말이 주로 인물화에 대하여 쓰여 졌다는 것과, 사실(寫實)과 반드시 대립하는 것이 아니라는 점이 육조시대(六朝時代)에 있어서 기운의 특질이었다. 독법은 기운생동을 한 글자씩 읽는 경우와 두 글자씩 작을 지어 기운과 생동으로 읽는 경우가 있다.

　의미 내용에 최초의 변화가 나타난 것은 당나라 화가 장언원(張彦遠)의 『역대명화기(歷代名畵記)』에서였다. 기운을 묘사할 대상에 부수한다고 생각한 육조의 원래 뜻을 보존하면서, 골법과 합하여 골기(骨氣)라는 용어를 써서 사실(寫實·形似)과 대립시켰다. 그는 육법(六法)을 논할 때 "옛날의 그림은 간혹 그 형사를 옮기고 그 골기(骨氣)를 숭상하였는데 형사의 밖에서 그 그림을 찾는 것은 속인들과 말하기 어려운 것이다"라고 하였는데 이 골기는 풍골을 가리키는 것이기도 또한 신사를 가리켜 말한 것이기도 하다. 사혁의 "기운생동(氣韻生動)"을 장언원은 "골기"라고 불렀다. 여기서 나아가 작가의 인격과 마음가짐이 기운획득의 조건이라고 주장하게 되었다. 이러한 주장은 북송(北宋)의 곽약허(郭若虛)의 『도화견문지(圖畵見聞志)』에서 뚜렷하게 부각되었다. 원(元) 양유정(楊維楨, 1296~1370)은 『도회보감서(圖繪寶鑑序)』에서 "정신을 전한다는 것은 기운의 생동함이다(傳神者, 氣韻生動也)"라고 하였다. 기운은 고아한 작가의 인격이 화면에 반영된 것, 천부적 소질이 내재된 것으로 소재가 무엇이 되든 전혀 문제 삼지 않았다. 이 기운론은 문인화의 주장의 핵심이 되어 명·청 시대로 이어졌고, 다시 회화의 1점 1획이 모두 작가의 인격을 반영한다고 보았다. 동기창(董其昌)은 화론에서 기운생동을 매우 중요한 개념으로 여겼다. (오태석)

기운생동, 사혁(謝赫), 동기창(董其昌), 기운, 생동, 화론

참고문헌
서복관(徐復觀), 권덕주 역, 『중국예술정신』, 東文選, 1990.
오태석, 『중국문학의 인식과 지평』, 역락, 2001.

기지(機智, Wit)

기지는 영어로 'wit', 프랑스어로 'esprit', 독일어로 'Witz'라 한다. 기지는 말의 재치이다. 말을 무기로 하여 대상을 조소(嘲笑)로 공격하는데서 기원된 것으로 골계(滑稽)의 일종으로 본다. 표현의 대상이 말 자체이기 때문에 말을 골계화 하여 사용하는 해학이며 골계화에 의한 지적 유희이자 지적 조작으로서 경박한 것으로 보지 않고 아이러니(irony)를 만들어 내는 정신작용이다. 서로 이질적으로 여겨지는 관념을 연결시켜 그 모순과 해결방법을 순간적으로 바꾸어서 웃기는 효과를 나타내는 기지의 표현법은 신기(神奇), 경이(驚愕)는 물론 겉으로 나타내고자 한 말과 실제적인 의미 사이에 모순과 해결이 동반함으로 지적인 빛을 나타낸다.

말의 형상을 골계화하여 동음이의(同音異義, pun)의 방법이나, 성음형상(聲音形象)에 의한 기지(kalanbur), 성음형상과 의미 사이의 관련에 의한 기지(parody, 의장(擬裝), 가장(假裝)), 의미 관련에 의한 기지(착각(錯覺), 부정(否定))등으로 표현된다. 문장 속에서 한 단어가 본래 표현하고자 하는 뜻과는 관계없이 전혀 다른 뜻으로 나타나게 하는 수사법인 중의법(重義法)도 기지에 속하며 겸용법(兼用法), 액어법(軛語法)도 이에 해당한다.

말의 골계화는 진지한 언어적 표현이 농담조와 같은 언어 표현으로 바꾸어지는 일종의 쾌감이기도 하여 언어의 우월성을 지니는 감정도 동반한다. (조병무)

골계, 아이러니, 중의법

참고문헌
문덕수 외 편, 『세계문예대사전』, 성문각, 1985.
신희천 · 조성준 편저, 『문학용어사전』, 청어, 2001.

기표(記標, Signifiant)/기의(記意, Signifié)

소쉬르(F. Saussure)는 언어가 하나의 기호체계이며, 기호는 기표(記標)와 기의(記意)의 결합이라고 했다. 기호의 양면 중 감각으로 지각되는 소리의 면을 기표(signifiant)라 하고, 감각으로 지각할 수 없는 뜻의 면을 기의(signifié)라 한다. 즉 언어기호란 기표와 기의의 양면을 가진 심리적 실체로서, 인간의 의식 속에 존재하는 불가분의 결합체이다.

언어기호를 구성하는 두 성분인 기표와 기의는 동전의 양면과 같아서 기의 없는 기표를 상정할 수 없고 기표 없는 기의를 상정할 수 없다. 이 양면 사이의 관계는 기호를 사용하는 개인이 변경할 수 없고, 일정 시점(時點)의 언어 체계 내에서는 필연적인 관계로 묶여 있다.

소쉬르는 기표와 기의의 관계가 자의적(恣意的)이라고 보았다. 이것은 그 두 측면이 필연적인 관계로 맺어진 것이 아님을 의미한다. 한국어의 '개', 영어의 'dog', 불어의 'chien', 독일어의 'hund'를 비교해 보면 '개(犬, 네 발 달린 털 짐승)'라는 기의와 그것을 지칭하는 기표 사이에 필연성이 없음을 알 수 있다. 어떤 기표가 어떤 기의와 관계를 맺는가는 그 언어기호가 사용되는 언어 공동체마다 다르므로 그 관계는 관습적 성격을 띤다. 기호의 양면이 관습적인 성격으로 결합되는 것을 언어기호의 자의성이라고 한다.

또한 소쉬르는 언어를 랑그(langue)와 빠롤(parole)로 구별하였다. 랑그는 발화 이전에 존재하는 언어 체계이고, 빠롤은 개인의 구체적인 발화 현상이다. 소쉬르 언어학의 주된 목적은 개인의 발화가 아닌 어떤 특정한 표현 행위의 근간을 이루는 체계를 구명하는 것이다. 이와 같은 소쉬르의 언어학 이론은 문학이나 문화를 기호체계로 분석하는 구조주의에 많은 영향을 끼쳤다. (이숭원)

소쉬르, 기호, 언어, 랑그, 빠롤, 구조주의

참고문헌
이정민·배영남, 『언어학사전』, 박영사, 1993.
김경용, 『기호학이란 무엇인가』, 민음사, 1994.
페르디낭 드 소쉬르, 최승언 역, 『일반언어학 강의』, 민음사, 1997.
이익섭, 『국어학개설』, 학연사, 2003.

기하학(幾何學, Geometry)

기하학(幾何學, Geometry)은 공간의 수리적 성질을 연구하는 수학의 한 분야이다. 기하학은 영어로 'Geometry'라 하는데 'geo-'는 토지를, '-metry'는 측량을 뜻한다. 고대 이집트인은 홍수로 나일강이 범람한 후에도 토지를 적절하게 재분배하기 위하여 측량이 필요하였는데 토지 측량에 의한 도형의 연구를 기하학의 기원으로 보고 있다. 고대 이집트에서 시작된 이래 현재에 이르기까지 그 연구의 대상 및 방법은 다양하다.

이집트인이 개발한 이와 같은 도형에 관한 지식은 지중해를 건너 그리스로 전파되었고, 경험적이었던 이집트인에 반해 추상적인 그리스인들은 도형에 대한 개념을 새로이 형성하고 연역적으로 이를 논하였는데, 특히 탈레스(Thales)와 피타고라스(Pythagoras)의 의해 비약적 발전을 이룬다.

그 당시의 기하학에 관한 지식은 플라톤 학파의 제자였던 유클리드(Euclid)에 의해 『기하학 원본 Stoicheia』에 집대성됨으로써 유클리드 기하학이 완성되기에 이른다. 기하학에 대한 유클리드의 접근 방법은 거의 이 천년 동안이나 기하학의 교육을 지배하게 된다.

유클리드 기하학은 평면상의 대상을 다루는 일반적인 직관에 가까운 기하학이며, 유클리드 기하학을 따르지 않는 기하학을 통칭하여 비유클리드 기하학이라고 부른다. 유클리드 기하학과 비유클리드 기하학은 서로 어느 것이 옳고, 그른지 따질 수 없는 두 개의 독립된 기하학이다. 평면이자 찌그러짐이 없는 공간 도형의 성질을 다루는 것이 유클리드 기하학이라면 곡면이나 휘어진 공간 등의 도형을 탐구하는 것이 비유클리드 기하학이다.

일반적으로 많은 양의 복잡한 정보를 시각적 모델로 바꿔놓으면 처리하기 쉬워지는 경우가 많다. 이를테면 통계자료를 그래프로 그려놓으면 한눈에 알아볼 수 있고, 컴퓨터의 운영체계를 도스에서 윈도즈로 바꿔놓으면 다루기 편해진다. 이것은 인간이 가진 시각적 직관이라는 신비한 능력 때문이다. 수학이나 과학의 여러 분야에서 등장하는 문제를 시각적 모델로 바꾼 후, 수학적으로 검증된 시각적 직관을 이용해서 해결하는 것이 기하학이다. 따라서 어떤 주어진 문제를 시각적 모델로 바꾸는 것과, 아울러 얻어진 시각적 모델에 대한 시각적 직관을 수학적으로 엄밀히 검증하는 일이 기하학의 주요한 작업이다.

한국문학에서 일반적으로 유클리드 기하학이 대입 가능한 것이 이상의 문학이다.「오감도」와 연관된 일련의 기호체계에서 막다른 골목을 향해 절망적으로 질주하는 '두려워하는 아이'와 '두려운 아이'들의 질주는 유클리드 기하학의 도식 속에 펼쳐져 있다. 이상에게 있어 글쓰기는 죽음을 벗어나기 위한 필사의 도주이며, 바로 이러한 이상 문학의 속성은 단절성과 불연속성으로 대표되는 모더니즘과 연결된다. 불연속성의 세계관에 따른다면, 생명적 예술에서 기하학적 예술로의 전환은 불가피하다.(진선영)

유클리드 기하학, 비유클리드 기하학, 모더니즘, 이상

참고문헌
김윤식·정호웅,『한국소설사』, 문학동네, 2000.
레오나르드 믈로디노프, 전대호 역,『유클리드의 창』, 까치글방, 2002.

기행문(紀行文)

기행문은 여행을 하면서 보고 듣고 느낀바 새로운 체험과 견문, 감상 등을 기록하는 1인칭 고백형식의 성격을 띤 문장으로 어떠한 형식적 구애를 받지 않는 사실적 기록이다. 특히 지방의 특이한 풍물을 접하였을 때, 새롭다거나 특징적인 인상, 그 지역만의 민속과 역사 등의 자료적 가치를 기록한다. 기행문은 여행지의 출발에서부터 목적지까지의 노정을 구체적으로 기록하는 것이 원칙이고 귀로의 인상도 남기는 형식을 취한다.

대체로 기행문은 일기체나 편지형식을 택하거나 수필, 혹은 보고서 형식으로 기술한다. 서술에 있어서 공간적 시간적 순서에 의해 이동하는 장소를 따르면서 기록하는 것도 있고, 날짜와 이동 시간대별로 기록하기도 한다. 여행지에서 보고 느낀 시나 시조 등을 삽입하여 그 감흥과 흥치를 인상 깊게 하는 수도 있고, 그림을 곁들여 그 멋을 더하기도 한다.

기행문은 자전적 문학으로 문학작품이라는 의식에 의해 기록될 때 문학작품으로서의 예술적 가치도 인정받고 있다. 이는 기행문학으로 기록된다. 호메로스(Homeros)의『오디세이』는 기행문학의 형식과 요소로 기술됨으로 문학적 가치를 인정받고 있다. 몽테뉴(Montaigne)의『여행일기』,

괴테(Goethe)의 『이탈리아 기행』, 체홉(Chekhov)의 『시베리아 여행』 등이 있으며 송나라의 법현(法顯)의 『불국기』는 인도를 왕복하여 쓴 기행문학이다.

조선시대의 박지원(朴趾源)의 『열하일기』는 한문으로 쓰여진 기행문학이며, 김진형(金鎭衡)의 『북천가』, 김인겸(金仁謙)의 『일동장유가』가 있으며, 정송강(鄭松江)의 『관동별곡』은 관동팔경의 해, 내금강과 절승지를 유람하며 읊은 기행가사다. 근대에 기록되는 최초의 기행문은 유길준(兪吉濬)의 『서유견문』이며, 최남선(崔南善)의 『백두산 근참기』 등은 기행수필의 하나로 기록된다. (조병무)

기행문학, 기행가사

참고문헌
문덕수 외 편, 『세계문예대사전』, 성문각, 1985.
신희천 · 조성준 편저, 『문학용어사전』, 청어, 2001.

기호(記號, Sign, 프 Signe, 독 Zeichen)

기호란 '다른 무엇인가를 대신하는 모든 것'을 의미하며 일정한 내용을 표시하기 위한 문장, 표장(標章), 부호 등을 이른다. 인간이 자신의 의지, 감정, 지식 등을 다른 사람에게 전달하고자 할 때 그 지식의 내용이나 의식의 핵심, 감정의 움직임 등은 무형적이기 때문에 유형적인 것으로 바꾸어 표현해야 한다. 인간은 그렇게 표현된 기호를 통하여 다른 사람의 생각을 읽고 서로 의사소통을 할 수 있다.

기호는 철학적으로는 라틴어의 Signum에서 유래되었다. 즉 A를 보고 B를 알 수 있을 때에 A가 B의 기호라고 했던 것이다. 이런 뜻에서는 상형문자, 숫자, 그림 등이 기호의 대표적인 예이다. 논리 기호나 화학 기호와 같이 전문가가 아니면 그 사용 방법을 잘 알 수 없는 것을 대표적인 기호로 생각하는 사람도 많다. 하지만 표음문자와 같이 그 자체로는 의미가 없으면서 내용을 표시하는 재료가 되는 것도 기호라고 할 수 있다. 또 의식(儀式, ritual)과 같이 공유할 수 있는 현상을 기호에 포함시키는 경우도 있다. 이처럼 현대에 와서 기호는 매우 폭넓은 개념으로 사용된다.

기호라는 용어는 19세기 말 독일의 현상학자 후설(Husserl)이 처음 사용했지만 20세기에 스위스의 언어학자이자 기호학의 창시자인 소쉬르(Saussure)의 지지자들이 널리 통용시켰다. 미국의 기호학 창시자인 퍼스(Peirce)의 기호이론도 유용하다. 소쉬르의 기호학은 원래 언어학에서 출발하였고, 언어기호를 통해 의사소통이 이루어지는 메커니즘을 해명하는 데 그 목적이 있다. 그러나 퍼스의 기호학은 철학적 배경과 인식론적 관심에서 비롯되었기 때문에 실재에 관한 탐구의 논리를 터득하는 데 그 목적이 있다. 기호의 본질과 구성요소 그리고 그 의미작용을 지배하는 법칙을 연구하는 기호학의 특성은 공유하면서도 소쉬르의 기호학이 기호의 지시대상을 배제하는 것과는 대조적으로, 퍼스의 기호학은 지시대상을 보다 정확하게 재현하기 위한 기호작용을 중요시한다. (이숭원)

후설, 소쉬르, C. S. 퍼스, 기호학, 소통

참고문헌

이명섭, 세계문학비평용어사전, 을유문화사, 1998.

움베르토 에코, 김광현 역, 『기호, 개념과 역사』, 열린책들, 2000.

Abrams, Meyer Howard, 권택영·최동호 역, 『문학비평용어사전』, 새문사, 2000.

De Saussure, Ferdinand, 최승언 역, 『일반언어학강의』, 민음사, 1990.

기호론(記號論, Semiology) ☞ 기호학

기호적 약호(記號的 略號)

소쉬르가 죽은 지 16년 후에 제자들이 그의 필기노트를 모아서 펴낸 『일반언어학 강의』의 내용에 따르면, 소쉬르는 언어를 랑그(langue)와 파롤(parol)로 구분하여 언어의 기호학적 성질을 설명하였다. 파롤(parol)이란 우리가 실제 사용하고 있는 개인적 발화를 말하며, 랑그(langue)란 개인적 발화에 의미를 부여해주고 발화 행위를 가능케 해주는 추상적 체계를 의미한다.

랑그(langue)의 본질은 그때그때 나타나는 파롤(parol)의 성질을 넘어서서 존재하며 언어능력의 사회적 산물인 동시에 개인이 그 능력을 행사할 수 있도록 해 주는 사회단체에 의해서 채용되고 있는 필요한 약정(convention)의 집합이다. 우리가 말을 할 때 발화행위가 상대방에게 이해되기 위해서는 구성원 모두가 공유하는 언어의 사회적 관습이나 약속, 즉 어휘나 문법체계 등이 있어야 한다. 랑그란 바로 이러한 언어규칙이자 사회의 약속이다. 우리가 언어의 단어체계나 음운체계, 문법체계 등에 관한 지식이 없으면 상대방과 의사소통을 할 수 없다. 왜냐하면 말을 이해시키려면 상대방과 그 언어의 코드를 같이 해야 하기 때문이다. 그런데 인간은 한정된 체계를 이용하여 무한한 개인적 발화를 만들어낸다. 그것은 체계, 즉 공통의 코드에 의존하여 그것들을 결합할 뿐 창조하지는 못하기 때문이다. 따라서 개인적 발화행위는 체계와 관련해서만 의미를 갖게 된다.

이처럼 소쉬르는 기존의 언어관에 반대하여 새로운 언어관을 제시했다. 즉 소쉬르는 낱말들이란 지시 대상(referent)에 상응하는 기호(symbol)가 아니라 기표와 기의로 이루어진 기호(sign)라고 말한다. 기표(기호 표현)는 쓰거나 말해진 하나의 표시이며, 기의(기호 내용)는 그 표시가 만들어질 때의 생각, 즉 하나의 개념이다. 기표와 기의 관계는 자의적이며, 일정한 차이(difference)를 표시함으로써 의미를 띤다. 차이란 대립 및 대조의 체계 내에서의 구별이라 할 수 있다.

기호학에서 언어는 정보의 저장과 전달이라는 목표를 수행하는 기호전달의 메카니즘으로 정의된다. 기호의 개념은 모든 언어의 바탕에 깔려 있다. 기호는 그 형식적 측면을 구성하는 물질적 표현과 물질적 표현이 연상시켜주는 개념으로 구성되어 있다.

기호내용과 기호표현의 두 요소로 구성된 기호는 두 가지 의미에서 자의적 성격을 지닌다. 소쉬르는 기호표현과 기호내용의 결합은 특수한 경우를 제외하고는 자연적 결합이 아닌 언어적 관례의 소산이

며 기호 전체와 기호가 지시하는 지시대상 사이에도 어떤 자연적 관계도 없다고 설명한다. (문화라)

기표, 기의, 구조 언어학, 기호학

참고문헌
소쉬르, 최승언 역, 『일반언어학 강의』, 민음사, 1990.
움베르토 에코, 『기호학 이론』, 민음사, 1985.
조나던 컬러, 『소쉬르』, 시공사, 1998.

기호태/상징태(記號態/象徵態) ☞ 세미오틱/쌩볼릭

기호학(記號學, Semiotics, 프 Semiotique, 독 Semiotik)

기호란 어떤 개념이나 명제 혹은 수식 따위를 쉽게 전하기 위해 만들어 쓰는 부호를 말한다. 예컨대 ×, ÷, ∴, ※, ∞ 등이 기호이다. 사람들은 이런 부호뿐만 아니라 언어, 규약(code), 신호 등 표시 등 다양한 모양으로 만들어 의사소통에 이용한다. 기호학이란 사람들이 사용하는 기호를 지배하는 법칙과 기호 사이의 관계를 규명하고, 기호를 통해 의미를 생산하고 해석하며 공유하는 행위와, 그 정신적인 과정을 연구하는 학문이다. 좀더 구체적으로 말한다면 기호의 기능과 본성, 기호의 의미 작용과 표현 방식, 나아가 기호를 통해 인간 상호간 의사 전달을 하는 동안에 형성된 다양한 체계를 연구하는 학문 분야이다.

학문으로서의 기호학은 과학적 경험주의, 즉 논리실증주의가 발전하는 과정에서 체계화되었는데, F. de 소쉬르(Saussure)의 작업으로 기초가 마련되었다. 소쉬르는 인간이 사회생활을 하면서 만들어 써온 '기호의 삶'을 연구하는 과학인 기호학의 토대를 세운 사람으로 이런 말을 했다.

> 언어는 관념을 나타내는 기호의 체계이다. 따라서 문자 체계, 농아의 수화법, 상징적 의식, 예법, 군용 신호 등과 비견될 만하다. 언어란 단지 이들 체계 중에서 가장 중요한 것일 뿐이다. 그러므로 사회생활 속에 있는 기호의 삶을 연구하는 과학을 생각할 수 있다. 즉, 이는 일반 심리학의 일부분을 이룰 것이며, 우리는 이를 기호학(그리스어 semeîon에서 유래)이라고 부르기로 한다.

인간은 문자를 포함한 상징(symbol)과 도상(icon), 지표(index)를 갖고 자신의 생각을 표현하고, 다른 사람의 생각을 읽으며, 서로 의사를 소통한다. 여기서 자기 생각을 표현하거나 다른 사람의 생각을 읽어 내는 행위를 의미작용(signification)이라 하고, 의미 작용과 기호를 통해 서로 메시지를 주고받는 행위를 커뮤니케이션이라 하며, 이 둘을 합하여 기호 작용(semiosis)이라 한다. 기호학은 이 기호 작용에 관한 학문이다. 오늘날 기호학은 독립된 학문의 한 분야로 성장하였고, 언어기호학·시각기호학·건축기호학·음악기호학·연극기호학·문학기호학·텍스트기호학 등 다양한 분야로 발전하고 있다. 삶을 포함하여 인간과 관련된 모든 것은 기호로 이루어져 있다고 해도 틀린 말이 아닐 것이다. (이승하)

참고문헌
안느 에노, 박인철 역, 『기호학사』, (주)도서출판 한길사, 2000.
캐롤 샌더스, 김현권 역, 『소쉬르의 일반언어학 강의』, 어문학사, 1996.
페르디낭 드 소쉬르, 최승언 역, 『일반언어학 강의』, 민음사, 1990.
프랑수아즈 가데, 김용숙・임정혜 역, 『소쉬르와 언어과학』, 동문선, 2001.

기호학적 사각형(記號學的 四角形, Semiotic rectangle)

파리 기호학파의 창시자 A. J. 그레마스(Greimas, 1917~1992)는 기호학계와 언어학계에서 중요한 저작으로 평가되는 『구조의미론 Structural Semantics』을 1966년에 간행했다. 60년대 말에 발표한 논문 「기호학적 제약의 놀이들 "Les jeux des contraintes sémiotiques", in : Du Sens」에 등장하는 용어 '기호학적 사각형'이란, 대수적(代數的)인 기호를 처음으로 사용함으로써 참된 의미의 기호학적인 '모델'을 제안한 것이다.

기호학적 사각형은 처음에는 하나의 동일 범주에 속하는 네 개의 극점－예컨대 허락, 금지, 비(非)허락, 비(非)금지－이 각각 차지하는 위치를 공간적으로 나타내기 위해 사용되었다. 그러나 1971년부터 이 도식 안에 대립관계들뿐 아니라 이 관계들을 만들어내는 조작도 아울러 기록할 수 있음을 지적했다. 이때부터 기호학적 사각형은 발전적인 과정, 변형 행위를 수행하는 조작 주체의 행정을 표현할 수 있게 되었다. 소쉬르의 진정한 계승자로 평가되는 그레마스는 이처럼 기호학을 시각화했던 것이다.

<도표>

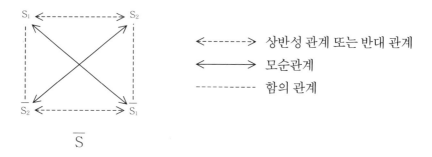

대문자 S는 기표의 총체성의 세계를 지칭한다. 그 첫 단계에서는 의미의 부재 S가 모순항으로 설정될 수 있다. S축이 내용의 형식 수준에서 분절된다는 것을 수용하면 두 개의 상반된 의소(sème)로 분절된다. 이 모델은 구조적 관계를 해석하기 위해 연접(conjonction)과 이접(disjonction)이라는 개념을 사용하며, 두 가지 유형의 이접, 즉 상반항들(contraires)의 이접과 모순항들(contradictoires)의 이접을 도입한다. 기호학적 사각형 모델은 의미 작용의 다양한 양식을 설명하는 내용의 구성 모델로서, 일종의 연역적 모델이라 할 수 있다.

다시 말해 기호학적 4각형이란 의미 작용의 기본 구조를 표상하기 위해 고안된 모사물(模寫物)로 간주될 수 있으며, 의미론적 범주의 논리적 분절을 가시적으로 표상한 모델로 정의할 수 있다. 실상 그레마스의 대상은 '기호'가 아니었다. 그의 조준점은 기호를 소멸시키고 기호를 통합하는 관계들의 망을 기술하는 데 있었다. (이승하)

참고문헌
김성도, 『구조에서 감성으로–그레마스의 기호학 및 일반 의미론의 연구』, 고려대학교 출판부, 2002.
안느 에노, 박인철 역, 『기호학사』, (주)도서출판 한길사, 2000.

긴장(緊張, Tension)

이 용어를 처음으로 사용한 사람은 미국의 신비평가인 알렌 테이트(A. Tate)이다. 그는 논리학의 용어인 문자적 의미(extension)와 비유적 의미(intension)에서 접두사를 제거하여 긴장(tension)이라는 용어를 만들어냈다. 그에 따르면 긴장(tension)이란 '시 속에서 발견되는 모든 문자적 의미(extension)와 비유적 의미(intension)를 유기적으로 조직한 총체'라고 이해할 수 있다.

본래 논리학에서 어떤 단어의 비유적 의미(intension)란 그 말이 축어적으로 사용될 수 있는 대상이 지녀야 할 일단의 추상적인 속성의 집합이고, 어떤 단어의 문자적 의미(extension)란 그 단어가 축어적으로 사용되는 특정한 부류의 대상들을 의미한다. 따라서 언어의 문자적 의미는 작품의 외적 세계를 향해 있고, 언어의 비유적 의미는 작품의 내부를 향하고 있다. 그리고 이 두 힘이 서로 같은 구조로 작용하는 경우에 긴장이 생기고 역동적인 상태가 이루어지게 된다.

알렌 테이트(A. Tate)는 "훌륭한 시란 긴장(tension) 관계, 즉, 우리가 그 시에서 발견할 수 있는 모든 문자적 의미(extension)와 비유적 의미(intension)의 전 조직체 이다"라고 언급하였다. 즉, 이 말은 훌륭한 시란 추상적인 것과 구체적인 것, 일반적인 관념과 특수한 이미지를 통일된 전체 속에서 통합시킨다는 뜻으로 볼 수 있다.

반면 휠라이트(P. Wheelwright)는 긴장이라는 관점에서 문학적 언어를 구분하였다. 이는 언어와 언어사이, 언어와 언어를 사용하는 주체의 사이, 언어와 대상과의 사이에서 일어나는 긴장을 말한다. 그는 언어의 긴장 관계를 통해 닫힌 언어와 열린 언어를 구별하였다. 닫힌 언어란 판에 박힌 언어라고도 하며, 습관이나 규약에 의하여 비자각적이고 경직된 관계를 이루고 있을 때의 언어를 말한다. 이에 반하여 열린 언어는 느슨하고 모호할지 모르나 팽팽하고 살아있는 언어를 의미한다. (문화라)

신비평, 아이러니, 알렌 테이트(A. Tate)

참고문헌
Allen Tate, 김수영 역, 『현대 문학의 영역』, 중앙문화사, 1962.
Brooks, Cleanth, 이경수 역, 『신비평과 형식주의』, 고려원, 1996.
P. H. Wheelwright, 김태옥 역, 『은유와 실재』, 문학과 지성사, 1993.

꿈(Dream)

『꿈의 해석』이라는 제목이 보여주듯이 프로이트에게 꿈은 '해석'으로 존재한다. 꿈이 해석이라는 말은 우선 꿈의 모든 요소가 해석가능한 의미의 결정체라는 뜻이다. 꿈은 의미로 충만하며 해석은 억압을 걷어내어 의미를 복구하는 절차이다. 이 단계에서 정신분석은 오래된 유물을 발굴하는 고고학적 작업이 된다. 그러나 프로이트는 곧 꿈의 의미의 탐구가 온전한 형태로 이루어질 수 없음을 토로한다. "꿈에 관한 기억은 파편적이고 부정확하며 틀리기 쉽고" "꿈속에서 실제로 발생하는 일은 확실히 알 수 없다."(SE 5, 512) 프로이트는 해석의 불충분함이나 부정확성 또는 왜곡의 가능성이 아니라 꿈의 존재론적 위상을 말하고 있다. 꿈은 파편적이며 "해석이 꿈의 왜곡을 초래하는 것이 아니라 꿈이 처음부터 왜곡된 형태(Entstellung)로만 존재한다."(SE 5, 514) 이제 해석은 왜곡되지 않은 의미의 복원이라기보다는 왜곡된 형식에 대한 탐구가 된다. 꿈이 자신과는 다른 모습으로만 드러날 수 있으며(왜곡된) 해석을 통해서만 구성될 수 있다는 생각은 결국 꿈 속에는 의미화될 수 없는 부분이 있다는 주장에 이르게 된다. "가장 완벽하게 해석된 꿈에서도 여전히 알 수 없는 부분이 남아 있다."(SE 5, 525) 프로이트는 의미나 지식으로 환원될 수 없는 부분을 "꿈의 배꼽"(SE 5, 52 5)이라 부른다. 꿈은 자신의 한 가운데에 자신이 알 수 없는 부분을 가지고 있다. 그러나 해석할 수 없는 이 부분이 해석의 가능 조건이다. 꿈의 배꼽은 꿈이 자기충족적인 의미 체계가 될 수 없도록 하지만 그 텅빔으로 말미암아 꿈의 의미를 가능하게 한다. 해석은 최종적 의미를 찾는 것이 아니라 반복을 통해 의미를 재구성하는 것이다. 의미 생성 원칙으로서의 반복은 소망 충족으로 이해될 수 없는 꿈을 설명해 준다. 고통스런 경험을 반복하는 꿈은 쾌락 원칙을 넘어서 있다. 이제 잠을 연장하는 꿈이 아니라 외상적 깨어남이 중요하게 되고 불면이 꿈의 진실이 된다. 꿈의 해석이 외상 해석(Traumadeutung)과 겹칠 때 우리는 꿈의 이중성에 이르게 된다. (민승기)

프로이트, 꿈의 해석

참고문헌

Freud, Sigmund. The Interpretation of Dreams, Standard Edition. vol. IV and V.

Weber, Samuel. "The Blindness of the Seeing Eye : Psychoanalysis, Hermeneutics, Entstellung," Institution and Interpretation. Minnesota : Univ. of Minnesota Press, 1987. pp.73~84.

_____, Return to Freud. trans. Michael Levine. Cambridge : Cambridge Univ. Press. 1991.

나르시시즘(Narcissism, 독 Narziβmus)

　정신분석에서 주체형성이론에 해당되는 용어로서 근원적 나르시시즘(primary narcissism)과 이차적 나르시시즘(secondary narcissism)으로 나누어 생각해볼 수 있다. 인간이 유아기를 지나면 부모의 곁을 떠나 사회 속의 한 인간으로 성장하는데 이에 따라 리비도의 분배가 일어나게 된다. 프로이트는 그의 글, 「나르시시즘에 대하여」(On Narcissism, SE 14 : 73~102)에서 2살에서 4살 사이의 유아가 갖는 자발적 성애(auto-eroticism)의 단계를 근원적 나르시시즘으로 설정한다. 아이의 온몸이 성감대가 되는 완벽한 자아충만의 시기이다. 프로이트는 성본능과 자아본능이 일치하는 이때를 가장 행복한 시기라고 말한다. 4세 이후부터 이런 유아의 행복이 흔들리고 억압이 일어난다. 자아 속에 고인 리비도, 자발성 성애는 무너지며 유아는 흠모와 적대감 속에서 대상을 향해 리비도를 옮긴다. 대상을 향한 성본능과 자아본능이 분리되면서 인간은 복잡한 갈등의 사회 속으로 들어선다.

　사회는 근친상간을 금하고 유아는 어머니를 단념하면서 어머니의 대체물인 대상을 향해 리비도를 투사하는데 이때 대상은 결코 어머니가 될 수 없다. 유아기의 이상적 자아(ideal ego)였던 어머니와 그가 사랑하는 대상인 자아이상(ego-ideal)은 다르다. 그러나 근원적 나르시시즘은 억압되어도 제거되지 않기에 인간은 사랑하면서도 증오하고 질투하고 낙담하는 갈등을 겪게 된다. 사랑을 받으면 자존심이 상승하고 사랑 받지 못하면 살아갈 힘을 잃는 것은 모두 이차적 나르시시즘 때문이다. 연인은 남인데 사랑에 빠진 자아는 유아기처럼 자기 자신이라고 착각하는 것이다. 자아이상은 그렇게 되고 싶은 대상이면서 동시에 갖고 싶은 대상이다. 그러기에 연인의 사랑을 받으면 내가 자아이상이 되고 사랑 받지 못하면 추락하기에 자신을 미워하고 비난하게 된다. 자기비난은 대상에 대한 미움과 비난으로 옮겨지기도 한다. 연인의 얼굴에서 자기모습만을 보는 근원적 나르시시즘을 알고 이를 억제하지 못하면 사랑은 두 사람 모두에게 상처와 고통이 된다.

　프로이트는 나르시시즘은 여성보다 남성에게 더 강하다고 말한다. 여성은 자아에게 집중하는 데 비해 남성은 대상에게 많은 것을 기대하고 지나치게 이상화하여 상처를 주거나 입는다. 착각이나 과대평가가 심할수록 위험하다. 결국 사랑이란 자기애에서 출발하기에 자기애가 강한 사람일수록 이상화가 심하고 사랑 받지 못하면 대상을 증오하고 자신을 증오하게 된다. 사랑이 강할수록 증오도 강한 것은 성장해서도 결코 제거되지 않는 이차적 나르시시즘 때문이다. 리비도는 늘 이렇게 대상을 향했다가 자신에게 되돌아오는 반복을 한다. 대상을 향한 성 본능과 자아를 향한 보존 본능은 유아기처럼 하나가 될 수 없지만 그렇다고 완전히 분리될 수도 없기에 리비도는 대상과 자아 사이를 오간다. 상처받으면 움츠러들고 그러면서도 리비도가 자아에 머물면 우울증으로 위험해지니까 다시 대상을 향해 투사하기를 반복하는 것이 우리의 사랑이고 삶이다.

리비도의 분배는 이렇게 중요하다. 연인이란 자신을 이상화한 타인이다. 그러므로 인간이 현실 속에서도 여전히 근원적 나르시시즘을 벗어나지 못한다는 것을 알면 리비도를 몽땅 대상에게 옮기지도 말고 몽땅 자아에게 고이도록 해서도 안 된다. 승화(sublimation)란 바로 리비도의 분배를 안전하게 유지하는 지혜이다. 나르시시즘의 대상은 반드시 연인만은 아니다. 삶의 목표가 되는 모든 대상이다. 우리가 목숨걸고 얻으려는 모든 것이 나르시시즘의 대상이다. 그것의 본질이 에로스이기 때문이다. 공격성, 이기적 자기애, 소유의 욕망, 파시즘, 제국주의 등은 모두 나르시시즘이다. 최근 문화비평은 정신분석의 나르시시즘에서 저항이론을 창조해냈다. 호미 바바(Homi Bhabha)를 비롯한 탈식민주의 이론가, 줄리아 크리스테바, 가야트리 스피박 등, 페미니즘 이론가들은 나르시시즘을 제국주의의 획일성, 남성우월주의의 동일시에 적용하여 저항이론을 만들었다. (권택영)

나르시스 신화, 사도 – 마조히즘, 거울단계, 응시

참고문헌

Freud. Sigmund. "On Narcissism : An Introduction." SEXIV. London : Hogarth Press, 1973.
제레미 홈즈, 유원기 역, 『나르시시즘』, 이제이북스, 2002.

나오키상(直木賞)

이 상은 일본의 소설가 나오키 산쥬고로(直木三十五, 1891~1943)의 이름을 기념하여 대중문예의 신진작가에게 주기 위해 제정된 상이다. 역시 이 상도 아쿠타가와상과 마찬가지로 1935년, 나오키의 친구였던 기쿠치 간(菊池寬)이 문예춘추사(文藝春秋社)의 사업으로 시작했다. 1년에 2회 수상하며, 상반기(12월~5월) 하반기(6월~11월)로 나뉘어진다. 처음에는 문예춘추사에서 주관하였으나, 1913년부터는 일본문학진흥회(日本文學振興會)에서 이 사업을 맡았다. 이 상은 신인상이라고는 하지만, 대중 문학상이라는 상의 성격상 무명작가보다는 평소부터 하마평에 오르내리는 신진작가에게 많이 주는 경향을 보이고 있다. 역시 전시체제의 강화에 따라서 제약이 나타나기도 했으며, 세계 2차 대전 중이던 1945년에서 1948년에는 시상이 중단되기도 했다. 해당작이 없는 경우도 있었다.

제1회 수상자는『쓰루하치쓰루지로 鶴八鶴次郎』의 가와구치 마쓰타로(川口松太郎)였다. 가이온지 초고로(海音寺潮五郎, 3회), 이부세 마쓰지(井伏鱒二, 6회) 등도 초기에 수상한 작가로 대중문학 작가로 명성을 날렸던 사람들이다. 전후의 수상 작가이며 대중 작가로서의 명성을 확보한 소설가는『강력전 强力傳』의 니타 지로(新田次郎, 34회)와『홍콩 香港』의 규 에이칸(邱永漢, 34회),『오긴사마 お吟さま』의 곤 도코(今東光, 36회),『올빼미의 성 梟の城』의 시바 료타로(司馬遼太郎, 42회),『기러기 절 雁の寺』의 미즈카미 쓰토무(水上勉, 45회),『에부리만 씨의 우아한 생활 江分利満氏の優雅な生活』의 야마구치 히토미(山口瞳, 48회),『하얀 양귀비 白い罌粟』의 다치하라 세이슈(立原正秋, 55회),『새파래진 말을 보라 蒼ざめた馬を見よ』의 이쓰키 히로유키(五木寛之, 56회),『청옥사자향로 青玉獅子香爐』의 친슌신(陳舜臣, 60회),『꽃 이름 花の名前』의 무코다 구니코(向田邦子, 83회) 등이 있다. 이들 중 다치하라 세이슈는 한국인 김윤규(金胤奎)로 알려진 사람이기도 하다. 이들 수상 작가들은 일본문학에 활기를 불어넣었을 뿐 아니라, 일본 대중문학의 발전에도 크게 기여했다. 최근에는 대중문학이 일본인들 사이에 크게 호응을 받으면서 수상의 대상도 크게 넓혀졌다는 평가를 받는다. (오석윤)

아쿠타가와상, 대중문학, 나오키 산쥬고로

참고문헌
日本近代文學館 편,『日本近代文學大事典』제4권, 講談社, 1984.
『日本現代文學大事典』, 明治書院, 1994.

낙관주의(樂觀主義, Optimism)

optimism은 '가장 좋은'을 뜻하는 라틴어 'optimum'에서 유래한 단어로 낙관주의, 낙천주의 등으로 번역되며, 염세주의와 대립되는 말이다. 현세를 최선으로 보는 관점으로 최선관(最善觀)이라고도 하며, 개인의 노력에 의하여 최선에 도달할 수 있다고 보는 개선관(改善觀, meliorism)도 그 일종이다. 세계와 인생에서 여러 가지 모순과 악덕의 존재를 인정하면서도 광명적 방면만을 보고 모든 것을 긍정적으로 생각하는 사상을 일컫는다. 즉, 세계와 인생의 전체적 가치평가에서 악(惡)·반가치(反價値)의 존재를 인정하면서도 현실을 있을 수 있는 가장 좋은 세계라고 보는 입장의 사상을 말한다. 최선관은 직접적으로는 전지전능한 신앙은 아니지만, 선을 향해 노력하는 인간 본성에 대한 무조건적인 신앙에 기초한다. 이와 같은 관점은 결국 사회악을 긍정한다든가 또는 경시한다든가 하는 태도에 그치고 말아 그 본질상 현존하는 사회의 모순·해악·궁핍으로 고통 받는 민중의 입장은 아니다.

마르크스-레닌주의 세계관도 근본적으로는 확실히 낙관주의적이라고 말할 수 있다. 그러나 여기에서의 낙관주의는 인간 사회의 발전 법칙의 구체적인 규명에 기초하여 이루어진 것이며, 견딜 수 없는 악에 의해 고통 받고 있는 근로 인민의 계급투쟁에 의한 사회의 개혁 및 혁명의 종국적 승리에 대한 일관된 확신에 의해 생겨난 것이다.

낙관주의는 그 견해에 따라 다음과 같이 분류된다.

첫째, 쾌락설적 낙관주의로 이는 말르브랑슈(Malebranche)가 주장한 것으로 인생 최상의 목적은 쾌락이며 쾌락 추구에서 겪는 많은 고초를 극복하는데 더욱 쾌락을 느낀다는 설이다. 둘째로 도덕적 낙관주의는 도덕적 이상이 실현 가능하다고 보는 견해인데, 이 설은 인간의 자연성을 선으로 보는 샤아프츠베리(Shaftesbury), 라이프니츠(Leibniz), 스토아(Stoa) 등의 견해와, 인간의 자연성을 악으로 보는 홉즈(T. Hobbes), 뒤이링(E. Dühring) 등의 견해로 나뉘어 진다. 셋째로 하르트만(Hartmann)의 쾌락적 염세주의와 도덕적 낙관주의를 종합한 개선설이 있다.

이 중에서 라이프니츠의 철학이 대표적으로 가장 잘 알려진 이론인데, 라이프니츠에 의하면 우리의 세계는 가능한 세계들 가운데 최선의 세계이며, 세계는 신이 창조한 것이기 때문에 최선의 것은 선택되어지기 마련이고, 미미한 악은 오히려 그것을 돋보이게 할 뿐이라는 것이다. 이러한 라이프니츠의 낙관주의는 볼테르(Voltaire) 등에 의해서 비판받기도 하는데, 볼테르는 그의 '철학적 콩트'인 『캉디드 혹은 낙관주의』에서, 캉디드라는 순진하고 단순한 청년의 인생유전을 통해 1700년대에 유행했던 라이프니츠류의 낙관주의, 즉 현세계가 최선의 세계라는 주장을 공박한다. (고인환)

낙천주의, 최선관, 개선관, 염세주의

참고문헌
편집부, 『세계철학대사전』, 고려출판사, 1992.
조지 맥도널드 로스, 문창옥 역, 『라이프니츠』, 시공사, 2000.
볼테르, 윤미기 역, 『캉디드 혹은 낙관주의』, 한울, 1999.
임석진 외, 『철학사전』, 중원문화, 1987.

낙원의식 ☞ 유토피아

낙이불음 애이불상(樂而不淫 哀而不傷)

공자(孔子, 전552~전479)가 『시경』의 「관저(關雎)」편에 대해 붙인 논평. 『논어 · 팔일(八佾)』편에 수록되어 있다.

"관저의 시는 즐거우면서도 음란하지 않고, 슬프면서도 마음을 상하지는 않는다.(關雎 樂而不淫 哀而不傷)"

『논어집해(論語集解)』에 실린 공안국(孔安國, ?~?)의 주에 보면 "즐거우면서도 음란한 데 이르지 않고, 슬프면서도 마음을 상하는 데 이르지 않았다는 것은 조화로움을 말한 것(樂不至淫

哀不至傷 言其和也)"이라 하였고, 주희(朱熹, 1130~1200)는 「시집전서(詩集傳序)」에서 "음란하다는 것은 즐거움이 지나쳐서 정도를 잃은 것이다. 마음을 상했다는 것은 슬픔이 지나쳐서 조화를 해친 것(淫者 樂之過而失其正者也 傷者 哀之過而害其和者也"이라고 설명하였다. 두 사람이 해석하면서 보여준 기본적인 정신은 「관저」편의 즐거움과 슬픔은 분수를 넘어서지 않고 절제가 있다는 것인데, 유가에서 문학을 평가하는 온유돈후(溫柔敦厚)한 시교(詩敎)와 부합하는 입장이다.

공자가 「관저」에 대해 내린 이러한 평가를 통해서 그의 중요한 문예 이론 가운데 하나를 알 수 있다. 즉 문예 이론으로서 중화의 아름다움(中和之美)을 주장하고 있다는 사실이다. 공자는 '낙이불음 애이불상'이라는 중화지미에 입각한 비평적 원칙을 제시하면서 예술은 슬픔이나 기쁨과 같은 정서를 표현하는 특징이 있다는 사실을 인정하고, 정서의 중화지미를 강조했던 것이다. 이러한 공자의 문예 이론은 후대에 많은 영향을 끼쳤다. 본질적으로 공자의 이러한 관점은 그가 자신의 철학을 전개하면서 강조한 중용지도(中庸之道)가 문예 사상에 반영된 것이다. (임종욱)

공자, 시경, 관저, 온유돈후(溫柔敦厚), 중용지도(中庸之道)

참고문헌
임종욱, 『동양문학비평용어사전−중국편』, 범우사, 1997.
_____, 『중국의 문예인식』, 이회, 2001.
_____, 『중국문학에서의 문장체제 인물 유파 풍격』, 이회, 2001.
주훈초, 『중국문학비평사』, 이론과실천, 1992.

난해성(難解性, Obscurity)

난해성이란 문학작품의 의미 해석이 쉽지 않는 경우를 일컫는다. 즉, 문학작품이 쉽게 읽혀지지 않는 경우나 혹은 이해되지 않은 성질을 말한다. 문학은 기본적으로 함축적인 의미를 지니고 있기 때문에 근본적으로 난해성을 지니게 된다. 난해성은 주로 언어의 표면적 논리의 조직적인 파괴로부터 기인하는데 문학의 언어는 과학적 언어와 달리 다양한 의미를 함축하고 있기 때문에 발생한다. 또한 이와 별도로 일부작가들은 의도적으로 작품을 쉽게 쓰지 않는 경우도 있다.

러시아 형식주의자들은 문학을 특별한 언어 그룹으로 보고 문학적 언어와 일상 언어 사이에는 근본적 차이가 있다고 주장한다. 일상 언어의 본질적 기능은 메시지나 정보를 상대방에게 전달·교환하는 것인데 반해 문학 언어는 자기 집중적인 특징을 지니고 있다. 따라서 문학 언어의 주요 기능은 외부 세계와의 관련성이 아니라 언어 자체가 지닌 '형식적' 특성 이므로 형식주의는 언어학적 기호들 사이의 상호 관련성을 중시한다. 이들은 문학이 언어 과학에 의해 비평적으로 분석되는 대상이지만 일상 담화에 적용된 것과는 다른 종류의 언어학에 의해서 이루어져야 한다고 주장한다.

러시아 형식주의의 대표적인 학자 중의 한 명인 쉬클로프스키(Victor Chklovski)는 『도구로서의 예술(Art as Device)』에서 진실을 기형화하는 것, 혹은 '낯설게 하기(making strange)'가 모든 예술의 중심 과제라고 강조하였다. 그는 예술이란 난해성을 창조해내야 하며, 이 난해성을 인식하는 것이 미학적 체험의 본분이라고 주장하였다. 예술의 여러 테크닉은 사물을 낯설게 하고 지각(知覺)을 어렵게 하며 결과적으로 지각하는 데에 소요되는 시간을 증대시켜 난해성을 발생시킨다.

한편 한국문학에서 난해성은 모더니즘 문학과 관계가 있다. 시의 경우, 1930년대 김기림의 시나 이상의 시 「오감도」, 1950년대 김수영, 박태건, 김춘수 등의 시인들의 작품들은 난해성을 지니고 있다. 특히 이상과 삼사문학을 모방한 1950년대 모더니즘 계열시인들은 자기의식 부재 등으로 인한 난해성으로 비판을 받기도 하였다. 무엇보다도 전위적 실험성을 강조하는 모더니즘은 불가피하게 난해성을 지닐 수밖에 없다. 이러한 난해성은 대중을 도외시한 채 고도의 예술적 심미안을 지닌 일부 특권층 독자들을 대상으로 삼는 엘리트주의적 예술이라는 비난을 받기도 하였다. (문화라)

모더니즘, 애매성, 러시아 형식주의, 낯설게 하기

참고문헌
Victor Chklovski, 문학과 사회연구소 역, 『러시아 형식주의 문학이론』, 청하, 1986.
H. Read, 『Obscurity in Poetry』, Collected Essays in Literary Critism ,London, 1950.

남근(男根, Phallus, 독 Penis)

음경(페니스)이 생물학적 기관인 남성 성기를 지칭한다면, 남근은 인간의 의식과 문화에서 가지는 상징적 의미를 가진다. 프로이트는 남자 아이와 여자 아이가 자신의 성적 정체성을 인식하는 과정에서 남근이 핵심적 역할을 한다고 본다. 프로이트는 이런 남근의 보편적 기능에 대한 정당성을 여자 아이가 어렸을 때는 보이지 않는 질(vagina)의 존재를 의식할 수 없기 때문에 여자 아이도 남근을 성기의 기준으로 생각한다는 가설을 통해 증명하려고 하였다. 남근은 프로이트 이론에서 남자 아이는 "남근을 가진 것"(having the phallus)으로, 여자 아이는 "거세된 것"(being castrated)으로 성 정체성을 구분시키는 기준점이 된다.

프로이트의 최고 업적인 무의식의 개념을 살리고 프로이트 당대에 중시되지 않은 언어학 모델을 이용해 정신분석을 현대화시킨 라캉도 역시 프로이트처럼 남근을 그의 이론의 핵심 기제로 삼았다. 라캉은 남근과 음경을 서로 다른 것으로 규정하면서, 남근을 하나의 기표로 삼았다. 라캉 이론에서 남근은 수학에서 불가능한 허수(−1의 제곱근)처럼 불가능성을 상징하는 기표로서 언어체계의 기표들과 달리 그 체계에 속하지 않은 채, 그 체계의 기표들이 상징적 관계를 가질 수 있게 하는 기표이다. 예를 들어, 라캉은 남근이 성적 정체성을 규정하는 관계를 설명하면서, 남성은 불가능한 남근을 <가지다>(having)의 착각을 하는 축에 들어가고, 여성은 남성들의 무의식적 환상에서 남성 자신이 실제로 가지지 않은 남근<이다>(being)라는 착각으로 재현되기 때문에 그 남근<이다>의 역할을 위해 여성성을 '위장'해야 하는 축에 들어가는 것으로 설명한다. 라캉에 의하면, 이런 문맥에서의 남근은 '상징계적 남근'(the symbolic phallus)으로서, 한 체계로서 존재하기 위해 자신이 갖지 않은 팰러스라는 기표에 의존하는 "대타자의 욕망의 기표"이다. 반면에, 일반적으로 "거세콤플렉스와 오이디푸스 콤플렉스는 상상계적 남근(imaginary phallus) 주위를 맴돈다"(Evans, 142). 여기서 상상계적 남근이란 실제의 음경이 아니라 몸으로부터 분리되어질 수 있다고 상상되는 점에서 음경이 이미지 차원에서 가지는 기능을 의미하며, 어린아이가 어머니가 소유하고 있다고 생각하는 환상에서와 같이 아이에 의해 어머니가 가졌다고 상상되어지는 이미지적 남근이다. (신명아)

거세콤플렉스, 오이디푸스 콤플렉스, 상징계, 상상계

참고문헌

Evans, Dylan, An Introductory Dictionary of Lacanian Psychoanalysis, London : Routledge, 1996.

Laplanche J. and J.−B. Pontalis. The Language of Psychoanalysis, Tr. Donald Nicholson−Smith. New York : Norton, 1973.

남근선망(男根羨望, Penis envy, 독 Penisneid)

프로이트의 오이디푸스 콤플렉스 이론과 여성성 이론에서 핵심적인 개념이다. 프로이트는 남근의 존재가 여성과 남성의 성정체성을 결정짓는 결정적 요소로 본다. 프로이트는 여자 아이가 원래 자신이 페니스를 가지고 있는 줄 알았지만("어린 여아(little girl)는 어린 남자(little man)이다"), 최초로 남자 아이의 성기를 보고 자신이 거세되었다는 사실을 인식한 후, 남근선망을 가지면서 세 가지 현상으로 발전한다고 본다. 그 첫 번째 현상은 성적 장애와 신경증으로 발전되는 과정이다. 이것은 "지금까지 여자 아이는 남성적 방법으로 살았고 자신의 클리토리스의 자극을 통해 쾌락을 얻었으며, 이런 행동을 어머니를 향한 성적 소망과 관련하여" 발전시키는데, 이제 남근선망으로 이런 남근적 성욕성도 잃고, 자기애 감정도 남자 아이의 남근의 우월성에 의해 상처를 받게 되는 과정이다(Freud, New Introductory Lectures, 126). 두 번째 현상은 남근선망으로 인해 '남성성 콤플렉스'(masculinity complex)를 가지게 되면서 성격의 변화가 일어나는 과정이다. 프로이트에 의하면, 이 과정에서 여자 아이는 자신의 거세를 거부하고 반항적이 되며, 원래 "자신의 클리토리스적 활동"을 강조하면서 남근적 어머니나 아버지와 동일시하게 된다고 한다. 이런 발달 단계적 특성은 때로 여성 동성애로 인도된다. 세 번째 현상은 앞의 두 현상이 신경증적이거나 비이성애적인 탈규범적 관계로 진전되는 것과 달리 정상적으로 여성성을 찾게 되는 과정이다. 이 과정은 여자 아이가 자신이 거세된 것을 인정하고, 이 남근을 자신에게 주지 않은 어머니를 미워하면서 원래 남녀 양쪽 다 아이들이 가지는 어머니에 대한 집착과 사랑을 극복하고 남근을 가진 아버지를 좋아하는 '긍정적 오이디푸스 콤플렉스'를 가지게 되는 과정을 의미한다. 여자 아이의 이런 오이디푸스 콤플렉스의 발달은 남자 아이의 어머니에 대한 오이디푸스 콤플렉스와 반대로 거세의 공포에 시달리지는 않지만, 현실적으로 아버지로부터 남근을 획득할 수 없다는 사실을 근친상간에 대한 금기로부터 자극받아 아버지 대신에 자기가 낳은 남자 아이로부터 가지겠다는 욕망을 가지게 되면서 전형적인 여성성의 속성을 발달시키게 된다. (신명아)

오이디푸스 콤플렉스, 남근, 클리토리스, 이성애, 동성애

참고문헌

Freud, Sigmund. New Introductory Lectures on Psychoanalysis, Tr. James Strachey, New York : Norton, 1964.
지그문트 프로이트, 『성욕에 관한 세 편의 에세이』, 김정일 역, 열린책들, 2003.

남근중심주의(男根中心主義, Phallocentrism)

남근중심주의는 주로 프로이트의 논문들, 「이성간의 해부학적 차이의 정신적 결과들」(SE 19, 235), 「여성적 성욕성」(SE 21, 221) 등의 논문들 통해 드러나는 다양한 개념들에서 발견된다. 프로이트는 거세된 여성은 '성기적 결함'으로 인해 수치심이 발달되었고, 거세될 것이 없어 거세공포를 갖지 않으므로 도덕심이 결여되었으며, 남근선망이 변형되어 나타나는 질투심으로 질투에만 사로잡혀 정의감이 부족하다는 전형적 남근중심주의 시각을 견지한다. 프로이트의 이런 편견은 남근을 기준으로 한 "해부학적 구조는 운명이다"(Anatomy is Destiny)는 편견에 기초한다. 이런 남근중심주의는 눈에 보이는 남근에 기초한다는 점에서 루스 이리가라이 같은 페미니스트에 의해 돌출된 남성성기에 집착하는 시각중심주의(ocularcentrism)라고 비난받기도 한다. 쥬디드 버틀러 같은 페미니스트는 남근이라는 신체의 일부에 입각한 프로이트와 라캉의 담론은 신체의 부위에 집착한 일종의 나르시시즘이자 건강염려증(hypochon-dria)에 다름 아니라고 주장한다. 특히 프로이트는 자연의 섭리라는 자의적 해석까지 첨부시켜서, 리비도는 남성적이며, "자연은 남성적 기능의 요구보다 [여성적 기능의] 요구에 덜 신경을 쓴다"(Freud, "여성성," 131)라고 주장한다. 또한 그는 역사와 문화를 주도해 온 것이 남성이었고, "가족과 성생활의 이익을 대변하는" 여성은 공헌은 커녕 오히려 "문명의 반대쪽에 서서 자기들의 낙후되고 억압적인 영향력을 행사한다"(Freud, 『문명과 그 적들』, SE 21, 103)고 보았다.

프로이트의 남근중심적 편견은 다양한 인류 문화사적 양상의 연구에서도 드러난다. 그는 레오나르도 다 빈치의 동성애적 성향의 연구에서 남자 아이의 어머니에 대한 성애적 집착은 아이가 페니스로 착각하는 어머니의 성기에 대한 욕망으로 절정을 이루는데, 어머니가 이것을 결여하고 있다는 사실이 발견되면서, 성애적 감정은 혐오감으로 반전되어 여성혐오와 영구적인 동성애적 성향으로 발전된다고 주장한다(「레오나르도 다 빈치」, SE 11, 96). 프로이트는 거세된 "불행한 피조물"(여성)에 대한 남자 아이의 경멸을 설명하면서, 유럽에 만연해 있는 반-유대주의는 바로 할례라는 형태로 거세된 민족에 대한 증오라고 설명하고 있다(「레오나르도 다 빈치」,

SE 11, 95~96). 라캉도 불가능의 기표를 남근과 연루하여 설명한 점에서 남근중심주의의 의혹을 받고 있다. 쥴리엣 미첼이 프로이트의 이론은 단지 사회의 가부장적 양상을 기술한 것에 지나지 않는다고 옹호하듯이, 엘리 랙랜드—설리반은 라캉의 남근은 신체의 부분이 아니라 중립적인 하나의 기능만을 의미한다고 옹호한다. (신명아)

여성혐오(misogyny), 남근, 가부장제

참고문헌

Freud, Sigmund, "Feminity." New Introductory Lectures on Psychoanalysis. New York : W. W. Norton, 1965.

_____, "Leonardo Da Vinci and a Memory of His Childhood." The Standard Edition of the Complete Psychological Works of Sigmund Freud. Vol.11. London, Hogarth, 1974.

_____, "Anatomical Distinction Between the Sexes." Vol. 19.

_____, Civilization and its Discontents. Vol. 21.

Irigaray, Luce. "Women's Exile. Interview with Luce Irigaray," in Feminist Critique of Language. Ed. Deborah Cameron. London : Routledge, 1990.

남성성(Masculinity)

페미니즘 이론의 발전과 더불어 성별 정체성에 대한 다방면의 탐구가 이루어져 왔으며, 이에 따라 기존의 여성성 및 남성성을 재구성하려는 활발한 시도가 이루어졌다. 낸시(Nancy)에 따르면 추상적 남성미는 상호 배타적인 이중성을 강조하는 하나의 개념화 유형이다. 그녀는 이것이 성역할 지배를 지지하는 사회제도 내에서 계급적 이원주의를 설명한다고 시사한다. 남성미는 남성의 '실제' 정체성과 차이를 바탕으로 형성된 것이 아니라, 근본적으로 남성을 타자와 문화적으로 구분함으로써 구조된 '이상적' 차이를 바탕으로 생겨난 것이다. 초도로우(Chodorow)는 남성이 스스로 여성이 아니고 어머니가 아닌 것으로 규정짓도록 배웠기 때문에 남성성은 필연적으로 부정적인 정체성이라고 규정한다. 초도로우는 프로이트(Freud)의 오이디푸스기에 대비되는 '전(前)오이디푸스기'를 통해 여성의 정체성 형성과정을 설명하는데, 이는 또한 남성성이 선천적으로 주어진 것이 아닌, 양육과정을 통해 재구성된 것임을 확인시킨다. 초도로우에 의하면 논리와 이성이 있기 '이전'의 시간은 여성의 시간이다. '인류'의 발생 계통 기원에 관한 담화에서 '선사 이전'의 시기가 망각된 여성의 구술 역사로, 남성적인 것으로 상징되는 문서 기록이라는 언어 법칙이 역사를 기술하기 이전의 모계 중심 시기를 지칭한다. 마찬가지로 정신분석학의 존재발생학 담화에서도 '전(前)오이디푸스' 시기는, 가부장제 시기의 단순한 서곡으로 간주되면서, 정신 발달의 초기인 모성 중심 시기의 중요성은 희석되거나 은폐되었다. 어머니를 중심으로 하는 페미니즘 정신분석학은, 남성 자아가 독자적이고도 독립적인 자아 창출이라는 남성 신화를 유지하기 위해, 여성적 과거 기억을 억압하고 단절을 조장하는 것은 충격임을 강조함으로써, 남성의 성정체성 발전 과정이 선천적으로 주어진 것이 아니라 후천적으로 만들어지는 것으로 파악한다. 해리 보드(Harry Bord)에 의하면 아들은 자신의 주체를 아버지와 동일시하고,

미래에 소유할 힘을 위해 기꺼이 현재의 쾌락을 포기하는데, 이는 가부장제도와 자본주의가 필수조건으로 신봉하는 만족감 연기라는 윤리가 된다. 프로이트에게 남성의 성정체성은 가장 중요한 규범인데 반해, 페미니즘 정신분석학에서는 남성성은 단순히 반발적이고, 부스러지기 쉽고, 그래서 결코 달성되지 않는 것으로 그려진다. 공격적 남성성은 여성의 동일시에 대한 방어 혹은 항의에 불과하다. 마르크스주의 페미니스트들은 남성성이란 이데올로기가 역사적으로 진전되어 나오면서 노동 구분에 결정적인 역할을 해왔으며, 우리 문화에 침투된 남성성(그리고 여성성)에 대한 정의는 현저하게 가족 이데올로기 안에서 구성되었다고 주장한다. (고인환)

남성 중심적, 남성 중심주의, 가부장제, 여성성

참고문헌
메기 험, 심정순·염경숙 역, 『페미니즘 이론 사전』, 삼신각, 1995.
엘리자베스 라이트 편, 박찬부·정정호 외 역, 『페미니즘과 정신분석학 사전』, 한신문화사, 1997.
Chodorow, Nancy, The Reproduction of Mothering : Psychoanalysis and the Sociology of Gender, Berkeley : University of California Press, 1978.
Bord, Harry, The Making of Masculinities : The New Men's Studies. London and Boston : Unwin Hyman, 1987.

남성학(Mens Studies)

남성학은 남성(man), 남성됨(manhood), 남성성(masculinity) 등을 연구 대상으로 다루는 새로운 학문 분야이다. 여성학과 마찬가지로 젠더(gender)의 관점에서 남성과 여성의 성차를 다루는 남성학은 성별이 사회적 구축물이며, 성적 정체성 역시 역사적으로 구성된다고 파악한다. 기존의 학문 체제가 남성을 인류 경험의 보편적 주체로 설정한 결과 실제로 남성 자체에 대해서는 아무런 설명을 하지 못한다는 전제 하에 남성학은 구체적이며 다양한 사회, 역사, 문화적 구성물로서의 남성다움과 남성의 경험에 대한 연구를 그 대상으로 삼고 자 한다.

미국에서는 1980년대에, 일본에서는 1990년대에 이르러 남성학이 본격적인 학문의 주제로 부상하기 시작했다. 여성학의 발전과 전개에 힘입은 남성학은 남성운동과 함께 성장해왔다. 오늘날 남성연구는 남성의 정체성과 주체성이 어떻게 언어와 문화 속에서 정의되는가를 중심으로 여성학, 퀴어 이론 등과 접목되면서 개인적 심리적 변화와 정치적 변화의 복합적인 관계를 인식하는 성의 정치학으로 심화되고 있다.

인류학, 문학비평, 역사학, 심리학과 함께 보다 경험적인 사회과학, 사회학, 인구학 등 다양한 학문적 방법론이 통합적으로 만나는 가운데 연구되는 남성학은 가족 환경 속의 남성, 남성과 여성의 관계, 남성성의 문학적 표상, 연령, 인종, 성적 지향, 계급에 따른 차이의 맥락 속에서 형성되는 남성다움 등을 다루며 새로운 남성성의 창출을 모색한다. (장은영)

남성운동, 남성성

참고문헌
Kimmel, Michael S. ed. Changing Men : New Directions in Research on Men and Masculinity. Newbury Park, Calif. :

Sage Publications, 1987.

Segal, Lynne. Slow Motion:Changing Masculinites, Changing Men. London : Virago, 1990.

Clyde W. Franklin, 정채기 역, 『남성학이란 무엇인가?』, 삼선, 1996.

정채기 외, 『남성학과 남성운동』, 동문사, 2000.

남희(南戲)

북송 말엽부터 원말명초에 이르기까지 중국의 남방에서 유행한 희곡 형식을 지칭한다. 음악적으로 남곡(南曲)에 속하기 때문에 남희라고 하였는데, 희문(戲文), 남곡(南曲), 남곡희문(南曲戲文), 남희문(南戲文), 온주잡극(溫州雜劇), 영가잡극(永嘉雜劇) 또는 골령성수(鶻伶聲嗽) 등의 다양한 이름으로 불려졌다.

서위(徐渭)가 『남사서록(南詞敍錄)』에서 "농사꾼과 아낙네들이 입에서 나오는 대로 부르는 것을 취했을 뿐이다(徒取其畸農市女順口歌而已)"고 한 것을 보면 남희는 민간의 가요를 바탕으로 출발하였으며, 여기에 송잡극(宋雜劇), 창잠(唱賺), 송사(宋詞), 민간가요 등이 융합되고 발전하여 이루어진 체제이다. 남희는 절강성 온주 일대에서 시작되었는데, 온주는 절강성에 위치했기 때문에 북송 후기에 전란의 피해를 입지 않았으며, 또 해외무역의 통상항구였기 때문에 상업이 발달하고 경제가 번영하여 남희가 성장할 수 있는 온상이 되었다.

남희가 출현한 시기에 대해서는 두 가지의 기록이 존재한다. 축윤명(祝允明)은 북송 말기에 출현했다고 하였으니, 『외담(猥談)』에서 "南戲出於宣和之後, 南渡之際, 謂之溫州雜劇."이라고 기록하여 선화(1119~1125)이후 남도할 무렵(1127)에 생겼다고 했다. 서위(徐渭)의 『남사서록(南詞敍錄)』에는 "南戲始於宋光宗朝, 永嘉人所作『趙貞女』, 『王魁』二種實首之, …… 號曰永嘉雜劇."이라고 적고 있다. 광종조(光宗朝, 1190~1194)에 지어진 『조정녀(趙貞女)』와 『왕괴(王魁)』가 최초의 작품이라고 하고 있어서, 축윤명의 주장과 70년의 시간적 차이가 있다. 이 두 기록은 남희가 가무희적인 초기형태로부터 완정한 희곡형식을 갖추기까지의 과정으로 이해되고 있다.

온주에서 시작된 남희는 남부의 여러 지역으로 전파되고 유행하면서 발전하였는데, 남송의 수도인 임안(臨安, 지금의 항주)은 특히 남희 발전의 터전이 되었다. 임안에는 수많은 와사·구란이 있었을 뿐만 아니라, 북방의 각종 기예가 이곳으로 유입되고 남방의 것과 경쟁하고 교류함으로서, 남희가 북방 잡극의 예술적 성취까지를 흡수하여 발전할 수 있는 여건을 제공하였다. 임안에는 또한 각종 기예의 공연 단체가 여럿 출현하여 남희의 발전을 촉진하기도 하였다. 『무림기사(武林紀事)』의 기록에 의하면 잡극 전문 단체인 '비록사(緋綠社)', 창잠 전문 단체인 '알운사(遏雲社)', 그림자극 전문 단체인 '회혁사(繪革社)' 등이 있었다고 하는데, 이것들이 각종 기예의 발전을 촉진시킴으로써 남희의 발전에 기여하였다. 서회(書會)의 발전과 작가들의 증가도 남희의 발전에 기여하였다.

일반적으로 남희는 중국 희곡에 있어 비교적 성숙한 형식을 갖춘 최초의 양식이라고 인식되고 있다. 원대에 이르자 잡극만큼 널리 유행하지는 않았지만, 남희는 북방의 도시까지도 유포되었고, 점차 상층 문인과 사대부의 관심을 끌기 시작하였고, 원말명초의 문인인 고명(高明)에 의하여 『비파기(琵琶記)』가 지어지게 됨으로써, 남희는 완정한 희곡으로 자리잡게 되었다. 명대의 성화홍치(成化, 弘治) 이후 남희는 진일보하여 전기(傳奇)로 발전되었으며, 명청 양대의 희곡에 대하여 적지 않은 영향을 끼쳤다.

현재 전해지는 남희의 극본은 그리 많지 않다. 『영락대전(永樂大典)』『남사서록(南詞敍錄)』 『옹희악부(雍熙樂府)』 등을 통하여 수집된 남희의 극목(劇目)은 238개 가량 되는데, 완본이 전하는 것으로는 『영락대전희문3종(永樂大典戲文三種)』『소손도(小孫屠)』『장협상원(張協狀元)』 『환문자제착입신(宦門子弟錯立身)』, 『목양기(牧羊記)』『배월정(拜月亭)』『형차기(荊釵記)』『백토기(白兎記)』『살구기(殺狗記)』『비파기(琵琶記)』 등이 있을 뿐인데, 이것들 또한 대부분은 명대의 개편을 거친 것이다.

남희는 내용에 있어 송원 양대의 사회상을 반영하고 있는데, 혼인문제를 소재로 작품이 가장 많고, 전란을 배경으로 하여 가정의 이산과 애정의 파란을 그린 작품도 적지 않다. 남희가 하층 문인이나 예인에 의해 창작되었으며, 일반 민중을 관객으로 하였기 때문에 사회적으로 약자인 사람들의 시각으로 바라보는 세상을 그리고 있다.

남희는 그 형식에 있어 북방의 잡극보다는 자유롭다. 남희의 음악은 초기에는 민가(民歌)를 바탕으로 하였지만, 도시로 유포되기 시작하면서 송대에 유행하던 사체가곡(詞體歌曲)의 비중이 커지기 시작하였다. 왕국유(王國維)는 『송원희곡고(宋元戲曲考)』에서 남희의 곡조 543수 가운데 190수가 사(詞)로부터 온 것이라고 했다. 이외에도 남희의 음악에는 대곡(大曲), 제궁조(諸宮調), 창잠(唱賺) 등 다양한 전통음악의 성분이 융합되어 있는데, 이 점은 남희로 하여금 다양하고 풍부한 표현을 가능하도록 하였다. 또한 남희에서는 모든 각색이 노래하였기 때문에, 남희로 하여금 다양하고 생동감 넘치는 노래를 갖도록 하였고, 또한 창(唱), 과(科), 백(白) 등 각종 표현수단의 원활한 운용을 가능하게 하였다.

궁조(宮調)와 투수(套數)의 운용에 있어서도 비교적 자유로웠기 때문에 분장(分場)의 형식을 취함과 동시에 극의 흐름의 필요에 따라 매 척(齣)의 길이를 달리함으로써 융통성있게 극을 전개할 수 있었다. 전체적인 구성을 보면, 본극은 第2齣부터 시작되고, 극본의 첫머리인 第1齣은 작자의 창작의도를 밝히거나 극의 줄거리를 소개하는 개장희(開場戲)로 배치되는데, 이것을 부말개장(副末開場) 혹은 가문대의(家門大意)라고 하였는데, 이같은 방식은 명대의 전기(傳奇)까지 계승되었다.

남희의 각색항당(脚色行當)은 생(生), 단(旦), 정(淨), 축(丑), 외(外), 말(末), 첩(貼)의 7종을 구비하고 있는데, 생과 단은 정극각색(正劇脚色)이고, 정과 축은 희극각색(喜劇脚色)으로서 생, 단과 대조를 이루면서 생, 단을 주축으로 하는 체제를 형성한다. 무대의 설정과 전환에 있어서는 허의적(戱擬的)인 수법을 채택한다. 즉 구체적으로 무대장치는 하는 것이 아니고, 무대는 비워 둔 채 연기자의 말이나 상징적인 동작을 통해 공간이나 시간을 제시한다. 때문에 남희에서는 순식간에 시간과 공간을 전환시킬 수가 있어서 극의 진행에 있어 시간과 공간의 제약을 거의 받지 않는다. 이같은 남희의 연출 형식은 잡극의 그것과 융합되면서 후대 중국 희곡의 핵심적 형식으로 발전하게 된다. (위행복)

남희(南戲), 강창, 경극, 의화본, 잡극, 전기, 화본

참고문헌
김학주 저, 『중국문학개론』, 신아사, 1977.
양회석 저, 『중국희곡』, 민음사, 1994.
신지영 저, 『중국 전통극의 이해』, 범우사, 2002.

낫푸(NAPF)

낫푸는 두 가지 의미로 생각할 수 있다. 하나는, 「전일본무산자예술연맹」(全日本無産者藝術聯盟, 1928년 3월 결성) 및 그것이 개조(改組), 개칭(改稱)된 「전일본무산자예술단체협의회」(全日本無産者藝術團體協議會, 1928년 12월 결성)의 약칭을 가리키는 말이다. 영문은 Nippon Artista Proleta Federacio. 일본공산당을 지지한 낫푸는, 1931년 11월에 「일본프롤레타리아 문화연맹」(콧푸, コップ)이 결성될 때까지 일본 프롤레타리아 예술운동의 중심적인 조직으로서의 역할을 수행했던 예술단체이다. 낫푸의 또 하나의 의미는 1930년 9월에서 1931년 11월까지 「전일본무산자예술단체협의회」가 펴낸 기관지(機關誌) 『낫푸 ナップ』를 가리킬 때 쓰는 말이다. 낫푸가 처음에 기관지로써 펴낸 것은 1928년 5월 창간의 『전기 戰旗』였다. 이 잡지는 프롤레타리아 예술 운동의 발전을 이루어내는데 상당한 공헌을 했으나, 기관지 『낫푸』가 나오고 나서는 주로 대중적인 계몽지의 성격을 갖게 되었다.

낫푸는 당시의 이른바 「문예전선파」(文藝戰線派)인 「노농예술가동맹」(勞農藝術家同盟)이 지향하던 사회민주주의적 경향에 대립했다. 그들은 사회적·정치적 자각을 공산주의적 입장으로 규명했으며, 천황제 하에 자행되는 탄압에 항거하면서 새로운 인간상을 추구하고자 했다. 이들의 활동 기간이 비록 길지는 않았다 하더라도, 당시 활발한 창작 활동으로 문단을 압도했다는 것은 부정할 수 없는 사실이다.

낫푸를 대표하는 사람으로는 문예이론의 지도자 역할을 한 구라하라 고레히토(藏原惟人)를 들 수 있다. 그는 「프롤레타리아·리얼리즘으로의 길」을 비롯해, 「낫푸 예술가의 새로운 임무」, 「예술적 방법에 대한 감상(感想)」 등의 글을 써서 끊임없이 지도자적 입장을 견지했다. 낫푸 발족 당시 구성원들이 직면했던 문제는 통일조직으로도 해결되지 못한 예술 이론상 및 운동론상의 대립을 해결하는 것이었다. 한국인들에게 시(詩) 「비 내리는 시나가와역(品川驛)」으로 잘 알려진 프롤레타리아 시인이자 평론가이며 소설가인 나카노 시게하루(中野重治)와 구라하라 고레히토 사이에 벌어진 「예술 대중화 논쟁」은 잘 알려진 논쟁으로 기록되고 있다.

낫푸를 대표하는 문학 작품은 고바야시 다키지(小林多喜二)의 『1928년 3월15일 一九二八年三月十五日』, 『가니코센 蟹工船』, 도쿠나가 스나오(德永直)의 『태양이 없는 거리 太陽のない街』, 가타오카 뎃페이(片岡鐵兵)의 『아야자토무라 쾌거록 綾里村 快擧錄』등이 있다. 미술에서는 정치만화를 그린 야나세 마사무(柳瀬正夢)가 있다. (오석윤)

일본공산당, 프롤레타리아 문학, 카프

참고문헌

日本近代文學館 편, 『日本近代文學大事典』 제4권, 講談社, 1984.

『日本現代文學大事典』, 明治書院, 1994.

久松潛一편, 『增補 新版 日本文學史 近代 Ⅰ·Ⅱ』 6권, 7권, 至文堂, 1975.

平野 謙, 『昭和文學史』, 筑摩叢書 15, 1963.

낭만적 아이러니(Romantic irony)

낭만적 아이러니는 전통적인 수사학에서의 정의처럼 표면적인 의미와 함축적인 의미 간의 모순적 충돌만을 뜻하진 않는다. 낭만적 아이러니에는 의식 철학적 사유뿐만 아니라 텍스트 해석의 해결불가능성까지도 포함된다. 우선 의식철학적 차원에서 아이러니는 현실과 이상 간의 모순에서 출발한다. 낭만적 아이러니를 이론적으로 정립한 독일 낭만주의자인 프리드리히 슐레겔(F. Schlegel)에 의하면, "아이러니의 경우 모순은 필요불가결한 조건이며, 영혼이며 근원이며 원칙"이라고 강조되고 있다. 따라서 모순이 사라질 경우 아이러니는 더 이상 아이러니가 아니다.

낭만적 아아러니에 내재해 있는 모순은 "자기창조와 자기파괴의 변화"(슐레겔)로 서술되기도 한다. 그러한 변화는 어떤 종점(목적, 조화)을 향하는 것이 부조화, 모순 자체로만 머무는 변화를 뜻한다. 그런데 그 변화를 특정한 주체(화자나 서술자 등)의 의식에만 국한시킨다면 낭만적 아이러니는 피상적으로 파악되고 만다. 낭만적 아이러니는 창조와 파괴의 변화를 끊임없이 전개하는 모든 예술작품, 텍스트 자체의 움직임과 관계한다. 다르게 표현하자면, 모든 문학적 글쓰기 자체가 창조와 파괴를 끊임없이 전개하는 기표의 움직임, 즉 아이러니라고 할 수 있다.

아이러니를 흔히 절대적인 작가가 자의적으로 즐기는 유희로 인식할 수도 있는데, 그것은 낭만적 아이러니를 주체의 의식 차원에만 고정시킨 잘못된 이해다. 그러한 예는 헤겔이나 루카치에게서 찾을 수 있는데, 『미학 강의』에서 헤겔은 절대적 자아에 관한 피히테(Fichte)의 주관 철학이 문학적으로 전이됨으로써 낭만적 아이러니가 발생하였다고 보았다. 그런 연유에서 그는 동시대의 낭만주의 문학을 아이러니의 산물이라고 부정적으로 비난하였다. 헤겔이 진지한 철학자의 입장에서, 즉 현실과 이념 간의 조화를 지나치게 강조하는 입장에서 조화와 통일을 부정하였던 아이러니에 적대적이었다면, 키에르케고르(Kierkegaard)는 조화론과 목적론을 비판하면서 부정성"과 "무"(無)의 관점을 토대로 아이러니를 긍정적으로 해석하였다. "아이러니의 경우 모든 것이 무다 (……) 아이러니컬한 무는 깊은 정적이다. 그 정적 속에서 아이러니는 원귀(寃鬼)로서 유령을 만들어 낸다"(『아이러니에 관하여 Über den Begriff der Ironie』)라는 키에르케고르의 관점은 본질의 부재로서의 아이러니를 가장 적절하게 서술해 주고 있다. (최문규)

수사학, 자기창조와 자기파괴, 헤겔, 키에르케고르

참고문헌
F. Schlegel, Athenäum, 1798.
Hegle, Vorlesungen über die Ästhetik.
S. Kierkegaard, Über den Begriff der Ironie, 1841.

낭만주의(Romanticism)

낭만주의는 19세기 유럽의 문학적, 철학적 사상으로 정의될 수 있지만 낭만주의 근원은 18세기 말 독일에서 시작한다. 시기적으로는 프랑스 혁명이 발발한 이후 1795년경에 독일 고전주의와 낭만주의가 동시적으로 형성된다. 바이마르(Weimar)를 중심으로 괴테와 쉴러가 고전주의를 대표하였다면, 예나(Jena)에 모여들었던 아방가르드적 의식을 지닌 일군의 젊은 문인과 사상가들이 낭만주의를 형성하게 된다. 슐레겔 형제(아우구스트 빌헬름 슐레겔, 프리드리히 슐레겔), 노발리스, 바켄로더, 틱, 셸링, 슐라이어마허 등을 중심으로 초기 낭만주의가 싹트며, 19세기로 접어들면서 문학적 활동 무대가 하이델베르크, 베를린 등으로 옮겨지면서 아르님, 브렌타도, 아이헨도르프, 푸케, 샤미소 등이 후기낭만주의를 주도하게 된다. 초기 낭만주의가 프랑스 혁명과 관련된 인식론적 사유를 펼쳤다면, 후기낭만주의는 민족주의와 왕정복고를 옹호하는 반동적 정치성을 띤다. 흔히 낭만주의가 민족주의적 이데올로기를 취했다는 시각은 후기낭만주의와 관련된 것이다.

초기 낭만주의자가 표방하였던 '낭만적'이라는 개념은 사실 '고대적'인 것과의 차별성을 갖기 위해서 사용되었다. 다시 말하면, 낭만적이란 더 이상 고대를 모방하지 않은 '현대성'을 지칭하는 개념이다. 17세기 후반 프랑스에서 시작했던 신구논쟁의 연속선상에서 파악하면 낭만주의가 고대의 모범이 아니라 현대를 옹호하였음 말해 준다. 이 밖에도 '낭만적'이란 현대적인 예술의 기본 특성을 말해 주는데, 슐레겔은 "낭만적이란 감상적 소재를 환상적인 형식으로 서술하는 것"이라고도 정의하고 있다. 여기서 "감상적 소재"란 단순히 감정에 호소하는 일상적인 소재를 뜻하는 것이 아니라 정신적인 추구를 뜻하며, "환상적 형식"이란 아라베스크, 알레고리, 그로테스크 같은 새로운 예술 형식을 뜻한다.

낭만주의와 고전주의의 결정적인 차이점은 현실과 이상의 괴리를 극복할 수 있느냐에 따라서 구분된다. 고전주의의 경우 그 괴리를 극복하고 이상적인 조화 상태에 도달할 수 있다는 믿음이 중시된다면, 낭만주의는 그 괴리가 극복되지 않은 채 부조화, 혼돈의 상태에 머문다. 그럼으로써 낭만주의를 나타내는 핵심적인 개념은 질서보다는 "혼돈"이라고 할 수 있다.

낭만주의의 또 다른 특징은 그것이 단순히 고전주의에 대한 대항이라기보다는 서구 계몽주의에 대한 비판적 의식이라는 것이다. 데카르트 이후 인간 개개인을 억압하는 종교적, 정치적 권위와 권력에 저항하여 개인의 독자적인 사유를 강조한 계몽주의가 점차 합리적인 사유와 도구적 이성만을 강조하는 경향을 띠게 되었는데, 그러한 경향은 사회적으로 시민 자본주의적 질서를 강화시키는 결과를 초래하였다. "정치 또는 경제가 있는 곳에 도덕이란 존재하지 않는다"라는 슐레겔의 언술은 당시에 작동되고 있던 합리주의적 사유와 자본주의적 질서 간의 유착 관계를 비판적으로 읽은 것이며, 초기 낭만주의가 성찰(Reflexion)이나 이성을 비판하고 그 대신 감정, 느낌을 강조한 것도 그러한 맥락에서 출발한다. 예를 들면 노발리스는 미완성 소설『자이스의 제자들 Lehrlinge zu Sais』에서 "사유란 느낌의 꿈, 무감각한 꿈, 연약한 잿빛 삶일 뿐"이라고 말한 대목도 사유를 절대적인 중심으로 삼았던 계몽주의적 경향에 대한 비판으로 파악된다.

독일 초기 낭만주의는 "이성의 파괴"(루카치)라는 식의 잘못된 수용에서 벗어나 도구적 이성을 비판하였던 프랑크푸르트 학파와의 연결 선상에서 해석되거나 로고스중심주의를 비판하는 해체론적 사유에서 활성화되고 있다. (최문규)

고전주의, 낭만적, 신구논쟁, 계몽주의, 프랑크푸르트 학파, 해체론

참고문헌

F. Schlegel, Gespräch über die Poesie, 1800.

Ph. Lacoue-Labarthe / J.-L. Nancy, L'absolu littérature : théorie de al littérature du romantisme allemand, 1978.

M. Frank, Einführung in die frühromantische Ästhetik, 1989.

볼프강 보이틴 외, 허창운 역,『독일문학사』, 삼영사. 1993.

낯설게 하기(Defamilarization)

러시아 형식주의자들에 의해 처음 사용된 용어로서, 문학적 장치에 한정적으로 사용되기보다는 문학이나 예술 일반의 기법에 관련되어 있는 용어이다. '낯설게 하기'는 축자적으로는 '이상하게 만들기(make strange)'를 의미한다. 쉬클로프스키에 따르면 문학은 일상언어와 습관적인 지각양식을 교란한다. 문학의 목적은 재현의 관습적 코드들로 인해 지각이 무디어지게 놓아두는 것이라기보다는 "대상을 친숙하지 않게 만들고, 형태를 난해하게 만들고, 지각 과정을 더욱 곤란하고 길어지게 하는 것"이다.

쉬클로프스키를 중심으로 한 러시아 형식주의자들은 문학이 왜 문학인가를 밝히는 작업의 첫 단계로 일상어와 문학어를 구분한다. 언어의 기능 가운데서 의사소통을 목적으로 하는 일상어에서는 음이 의미의 부산물이지만 시에서는 음이 독립적 가치를 갖는다는 것이다. 시에서 음, 리듬, 각운 등의 형식적 요소들은 그 자체의 목적을 가지고 존재하기에 의미가 오히려 형식의 부산물이 된다. 문학어는, 원활한 의사소통이라는 목적 때문에 자동화되어 버린 일상어와 반대로, 의사소통을 방해하고 늦추고 힘들게 만든 것이기 때문이다.

일상어와 문학어의 구별이 서사물에서는 스토리와 플롯의 구별이 된다. 일상어가 의사소통을 목적으로 한 것이듯 스토리는 작품의 내용이 이해하기 쉽게 전달되는 것이다. 따라서 시간 순서로 사건이 전달된다. 이에 비하여 플롯은 의사소통을 늦추고 방해하기 위해 사건을 재배열한 작품의 형식이다. 스토리가 무엇이 일어났는가에 관한 것이라면 후자는 일어난 사건을 어떻게 전달하는가의 문제다. 작가는 무엇에 관해 쓰겠다는 아이디어를 미학적인 구성을 통해 독자 앞에 내놓는다. 독자는 이 표층구조를 경험하고 나름대로 의미를 산출해낸다. 이 과정에서 독자가 경험하는 표층구조가 플롯이고 미학성을 좌우하는 형식이다. 다시 말하면 플롯 혹은 형식은, 작가가 의사소통을 늦추고 방해하기 위해 스토리를 일부러 낯설게 재배열한 것이다.

낯설게 하기는 문학 언어를 일상 언어와 구별시킬 뿐만 아니라 문학 내부의 역학(力學)을 가리키기도 한다. 한 지배적인 문학형식이 지나치게 자주 사용되어 당연하게 여겨지고 일상 언어처럼 취급되면 종전에 종속적인 위치에 있었던 형식이 전경화 되어 그 문학적 상황을 낯설게 만들고 문학 발전과 변화를 야기하게 된다. (곽승미)

러시아형식주의, 신비평, 전경화

참고문헌
V. Chklovski, 문학과 사회 연구소 역, 『러시아형식주의 문학이론』, 청하, 1986.

내간(內簡)

내간(內簡)이란 조선시대 부녀자들이 서로 주고받거나 받아 볼 수 있도록 한글로 쓰여진 편지로 다른 말로 내찰(內札), 안편지라고도 한다. 또한 순 언문으로 쓰여졌기 때문에 언간(諺簡), 언찰(諺札)이라고도 하며 순수한 우리말로는 유무, 글발이라고도 불렀다.

언문서찰은 훈민정음이 창제 된 이후 궁중에서 주로 궁인들에 의해 시작되었는데 성종과 선조 대에 이르러서는 점차 일반 사녀층(士女層)에까지 확산되기에 이르렀다. 당시 여성들은 해독이 용이한 언문을 선택하여 의사전달의 수단으로 삼게 되었는데 인조와 숙종 대에 이르러서 내간은 내방가사, 언문소설과 함께 중요한 문학적 정서 생활을 향유하는 요소가 되었다.

내간은 거의 대부분 수신과 발신의 주체가 여성이거나 최소한 수신, 발신 중 어느 한편이 여성인 경우가 보통이었다. 흔히 내간은 편지 사연에 따라 다섯 가지로 분류할 수 있다.

첫째, 문안지(問安紙)로 이는 신부 문안지와 일반 문안지로 나눌 수 있다. 신부 문안지는 초례는 올렸지만 아직 신행은 가기 전인 신부가 한번도 상면하지 못한 시집식구들에게 처음 문안을 드리는 편지이다. 둘째, 사돈지(查頓紙)는 주로 안사돈끼리 내왕하는 편지로 먼저 신부 어머니가 신랑어머니에게 올리는 것으로 시작한다.

셋째, 하장(賀狀)은 친정이나 시댁, 아니면 사돈집에 경사가 있을 경우 이를 축하하는 인사의 편지를 말한다. 넷째, 조장(弔狀)과 위장(慰狀)은 상사(喪事)에 편지로 조문하는 것을 의미한다. 시부모나 친정부모, 남편의 상사 시에 조문하는 편지를 조장(弔狀)이라 하고, 시댁이나 친정의 조무모, 백숙부모, 아내, 형제, 며느리, 자식의 상사 시에 위로하는 편지를 위장(慰狀)이라 한다. 다섯째, 기타 집안 잔치 등으로 친척을 초대하거나 여러 방물 등을 구해 보내면서 사연을 적은 편지가 있다.

　내간의 형식은 신부 문안지의 경우만 완전히 형식적인 틀에 맞추어 썼고 그 밖의 편지, 특히 친정으로 보내는 편지는 형식 없이 사연을 있는 그대로 적었다. 내간은 조선시대 식자층인 사대부로부터 천대받던 언문이 부녀자들에 의해 사용되면서 세련미를 보여주는 내간체 문장형식으로 완성되었다. 내간체 문장은 수기문학(手記文學)발생의 연원과 모태가 되었을 뿐 아니라 내방가사, 언문소설과 함께 규방문학을 대표하게 되었다. 이로써 내간문학은 한글의 보존과 전수를 가능하게 하였을 뿐 아니라 조선시대 여성의 생활상을 살펴볼 수 있는 자료로서의 의의를 지니고 있다. (문화라)

내찰, 언찰, 언간, 내방가사

참고문헌
이병기, 『근대내간문선』, 국제문화관, 1948.
김일근, 『언간의 연구』, 건국대출판부, 1988.

내면성(內面性)

　인간의 내적 심리와 감정이 지니는 성격으로서, 인간의 주관성에 근거를 두며, 객관적 사실로 드러나는 실천적 행위, 또는 그 행위의 주체로서 인간이 위치하는 현실 세계와 대립하는 개념으로 파악된다.

　내면성을 먼저 문제삼은 것은 헤겔이었다. 헤겔은 내면성의 출현을 소크라테스의 데이몬에게서 보는데, 이때 데이몬이란 '외적인 신탁과 내적인 정신 사이에 형성되는 양심' 같은 것이지만, 보편적인 차원에 머물지 않고 보편과 개별 사이에 형성되는 특수한 것으로 간주한다. 곧 내면성은 추상적인 양심 자체라기보다 그것이 현실의 구체성과 접촉하여 형성되는 정신의 성격이라는 것이다. 그러나 이는 외적으로 드러나지도 실천되지도 못하는 차원에 머무는 것이기도 하다. 이 점에서 내면성은 소크라테스적인 고뇌와 연결된다. 추상적 이상과 구체적 현실이 화해하지 못하는 상황에서 정신은 내면성을 갖게 된다는 것이다. 헤겔에게서 이러한 내면성은 낭만주의 비판으로 이어지거니와, 키에르케고르의 실존적 인간론은 헤겔의 이러한 내면성 논의를 비판적으로 계승한 것이다. 그는 실존적 인간이 미적 단계에서 윤리적 단계로, 다시 종교적 단계로 승화해 나가는 것은 내면성의 결단에 의해 이루어진 것이라 본다.

　헤겔의 미학적 계승자였던 게오르그 루카치의 『소설의 이론』에서도 유사한 구도의 논의가 이루어진다. 루카치는 소설의 발달 단계에 대한 논의에서 '추상적 이상주의'와 '환멸의 낭만주의'를 구별한다. 이때 플로베르의 『감정교육』을 대표로 하는 이 환멸의 낭만주의란 내면성을 가진 영혼의 상태를 가리키는 것으로서, 이상을 허용하지 않는 세계에 대해 주체가 지니는 부정적인 태도를 의미하는 것이다.

이러한 점을 볼 때 내면성은 근대 소설의 가장 중요한 본질이라고 할 수 있다. 주지하듯이 소설이 자아와 세계 간의 갈등을 다루는 것이라면, 그러한 갈등은 고전소설에서처럼 잘 해소되지 않고 항상 미완의 상태로 남을 수밖에 없으며, 이를 소설적으로 표현할 때 내면의 고뇌어린 심리가 주조로 될 수밖에 없기 때문이다.

한편 내면성에 대한 다른 방향의 논의가 후기구조주의 특히 가라타니 고진에 의해 이루어지기도 하였다. 그는 내면이 먼저 있고 이를 근대소설이 포착한 것이 아니라, 반대로 근대소설이라는 제도가 먼저 있고 이에 의해 내면이 '발견'된 것으로 본다. 이러한 논의는 주체 중심적인 내면성 논의를 넘어 내면 형성의 사회적 기제를 드러낸 것이라는 점에 의미가 있다.

한국근대소설사에서 내면성이 중요 테마로 등장한 것은 1910년대 후반 이후이다. 이 내면성은 이광수의 『무정』에서 근대와 봉건 사이에서 고뇌하는 형식의 심리로 또는 현상윤의 단편 「핍박」 등에서 현실과 이상 사이의 괴리를 고뇌하는 주인공의 심리로 미흡하게나마 처음 나났던 것이다. 이후 내면성의 문제는 김동인의 초기 소설을 거쳐 「표본실의 청개구리」와 『만세전』 등 염상섭의 초기 소설들에서 본격적으로 다루어졌으며, 이후 1930년대에는 박태원, 최명익, 허준 등 모더니즘 계열의 소설에서 식민지 지식인의 내면성이 가장 중요한 테마가 되었다. (장수익)

근대소설, 추상적 이상주의, 환멸의 낭만주의, 내면의 발견

참고문헌

G. W. F Hegel, "Paenomenologie des Geistes", Gesammelte Werke Bd. 9, Felix Meine Verlag, 1980.
키에르케고르, 임춘갑 역, 『불안의 개념』, 종로서적, 1981.
장남준, 『독일 낭만주의 연구』, 나남, 1989.
게오르그 루카치, 반성완 역, 『소설의 이론』, 심설당, 1985.
가라타니 고진, 박유하 역, 『일본 근대문학의 기원』, 민음사, 1999.

내성소설

현대 한국문학사에서 내성소설에 대한 창작방법론 논의를 본격 시도한 것은 임화(林和, 1908. 10. 13~1953. 8. 6, 시인·문학평론가)였다. 1926년 카프에 가입한 이래 조직활동에서 줄곧 중추적 역할을 한 그는 1932년 김남천(金南天) 등과 함께 카프의 제2차 방향전환을 주도한 후 서기장이 되었으며, 1935년에는 카프 해소파의 주류를 형성, 카프 해산을 관철시키기도 했다. 시인으로서 두각을 나타내기 시작한 것은 1929년 무렵부터이며, 카프를 중심으로 하는 그의 비평은 조직론에서부터 창작방법론에 이르기까지 모든 분야에 걸쳐 가장 강력한 지도성을 발휘하였다.

1930년대 후반기에 들어서면서 정세악화로 카프가 해산되고 정치투쟁에의 길이 봉쇄되자, 그의 평론활동은 좀더 문학내적 방향으로 회귀하게 되고, 여기서 세태소설론 · 내성소설론 · 통속소설론 · 본격소설론 등 일련의 '소설론'을 제기하였다. 이 가운데, 그는 성격과 환경이 조화를 이루는 본격소설을 문학의 정도(正道)로 파악하고, 이에 이르는 방법으로서의 리얼리즘론을 전개했으며, 다른 한편으로 신문학사의 서술에도 관심을 기울였다.

카프가 해체된 이후 프로문학운동은 시련과 혼란에 부딪쳤다. 현실적인 탄압이 가혹해졌을 뿐만 아니라 조직을 상실한 이후 방향성의 혼돈을 겪게 되었던 것이다. 1930년대 후반에 이르러 구(舊)카프 이론가들이 일제히 리얼리즘논의에 집중한 것은 이런 이유에서였다. 이들의 리얼리즘론은 혼란스러운 방향성을 회복하고 그와 함께 과거의 프로문학이 가졌던 관념성을 극복하려는 목표가 있었다. 이 같은 이중적 과제의 해결방안은 주체의 재건이라는 이름으로 임화 · 김남천(金南天) · 안함광(安含光) 등에 의해 치열하게 모색되었다. 물론 이들의 논의는 제반 정치활동과 사회운동이 침체된 상황에서 실천적 과제와는 불가피하게 괴리되었는데, 그럼에도 불구하고 매우 정교하고 체계화된 리얼리즘의 이론적 성과를 획득할 수 있었다.

1930년대 후반의 리얼리즘논의가 창작적 실천을 주도하지 못한 가운데서도 임화의 「세태소설론」· 「본격소설론」 등은 당대의 문학적 현실을 올바르게 진단하였다는 점에서 주목을 끈다. 임화는 1930년대 후반에 나타난 소설들을 내성소설과 세태소설로 구분하면서, 이 소설들은 외견상 반대되는 형식적 편향성을 지니지만, 1930년 전반 이전의 본격소설 지향이 와해된 결과 나타난 것으로 공통적인 정신적 기반을 갖는다고 논하였다.

내성소설은 김남천 · 이상 · 박태원(『소설가 구보씨의 일일』 유형) 등에서 보는 것처럼 인물의 내성심리에 치우친 소설이며, 세태소설은 박태원(『천변풍경』 유형) · 채만식 · 김유정 등의 작품처럼 세태묘사에 쏠려 있는 소설이다. 내성 · 세태소설은 각각 주관주의와 객관주의(관조주의)에 함몰됨으로써 주체의 올바른 세계관에 매개되지 않은 주관적 경험이나 파편적 현상의 반영에 머물렀다고 평가되었다. 임화에 의하면 이러한 소설적 현상이 나타난 것은 "이상과 현실의 분열이 희유(稀有)의 거리를 가진 데 반하여 인간(주체)의 힘은 어느 시기보다 약화되어 있는" 현실 때문이었다.

임화가 말한 내성소설 중에는 룸펜 지식인을 주인공으로 한 모더니즘소설과 출감한 사회주의자의 후일담을 다룬 또 다른 종류가 포함되어 있다. 이상의 「지주회시」· 「날개」(1936년)와 박태원의 「소설가 구보씨의 일일」· 「딱한 사람들」(1934년) 등의 모더니즘 소설은 외부행동이 거의 소멸된 대신 내면심리의 제시에 중점을 두는 내성소설의 극단적인 경우라고 할 수 있다.

이 소설들은 외견상 서구의 의식의 흐름을 다룬 소설 유형과 유사하다. 그러나 현실로부터 소외된 룸펜 지식인을 주인공으로 다룸으로써 환경으로부터 단절된 그의 삶의 양상에서 심리편향의 형식적 특성이 나타난다는 점에서 서구의 모더니즘과는 구별된다. 특히 박태원의 「딱한 사람들」과 이상의 「날개」는 주인공이 환경으로부터 소외된 요인으로 극심한 궁핍과 사물화현상 등을 설정함으로써 당대 현실의 본질적 모순을 얼마간 반영하고 있다. 물론 이 소설들은 식민지 현실을 폭넓게 보여주지는 못하였는데, 이것이 이러한 유형의 소설이 지닌 근본적인 한계였다.

또한 출감한 사회주의자 지식인을 다룬 내성소설로는 김남천의 「처를 때리고」·「춤추는 남편」(1937년), 한설야의 「이녕」(1939년)·「모색」(1940년) 등이 있다.

이처럼 임화는 1930년대 후반의 소설들이 심리묘사나 세태묘사의 편향성을 지니게 된 점과 그렇게 된 요인이 시대적 압력으로 인한 본격소설의 해체에 있음을 밝히는 등 당대의 소설적 현상을 정확하게 분석하였다. 그러나 임화의 논의는 인물과 환경의 교호작용의 결과로서 성격과 환경이 뚜렷하게 떠오르는 본격소설의 모델에 집착함으로써, 또 다른 우회적 방법으로 리얼리즘을 성취할 수 있는 가능성을 배제하였다. (나은진)

내용(內容, Content)

일반적으로는 사물(事物)의 요지(要旨)를 가리키는 말이라 사전적으로 규정된다. 그러나 철학과 문화예술의 관점에서는 언제나 '형식'과 함께 대비되어 수용되어 왔다.

특히 철학에서는 전통적으로 항상 형식과 상관적(相關的)으로 사용되었다. 내용과 형식에 대한 문제는 고대 그리스시대부터 시작되었다. 플라톤의 동굴의 비유에서 동굴 안쪽에 비치는 그림자는 형식으로, 동굴 외부에 존재하는 본질은 내용의 차원으로 여겨졌으며, 형식과 내용의 대비는 그 이래로 종종 허위와 진실의 대립항으로 병치되기도 하였다. 플라톤의 이데아론(論)을 발전시킨 아리스토텔레스는 형상(形相, 에이도스 또는 이데아)과 질료(質料, 힐레)의 대립으로서 명확화 시켰다.

근대철학에서 I. 칸트는 선천적인 인식작용 및 법칙성(法則性)을 형식으로 하여 후천적인 질료에 대립시켰으며, G. W. F. 헤겔은 내용과 형식과의 상관적 변증법을 반복함으로써 보편성으로 도달할 수 있다는 설을 내세웠다. F. 브렌타노 이후의 현상학(現象學)에서는 내용을 작용과 구별하였고, 의식에서는 '의식된 것'과 '의식하는 체험'으로 나누어 전자를 내용, 후자를 작용이라 하였다. 따라서 현상학 이후 '내용'은 선험적이자 본질적인 고정적 대상이 아니라 상대적 현존에 의해 자신을 형성하는 것으로 간주되었다.

현대의 정보통신 계열에서는 '내용'이라는 단어는 문학과 문화 분야에 적용시키고, 하드웨어와 대비되는 소프트웨어의 개념으로서 외래어 '콘텐츠(contents)'라는 용어를 유포하고 있다.

콘텐츠는 인터넷이나 컴퓨터 통신 등을 통하여 제공되는 각종 정보나 그 내용물로서 일차 규정될 수 있다. 광범위하게 정의하자면 유무선 전기 통신망에서 사용하기 위하여 문자·부호·음성·음향·이미지·영상 등을 디지털 방식으로 제작해 처리·유통하는 각종 정보 또는 그 내용물을 통틀어 이르는 개념이다. 콘텐츠는 본래 문서·연설 등의 내용이나 목차·요지를 뜻하는 말이었다. 그러다 정보통신 기술이 빠르게 발달하면서 각종 유무선 통신망을 통해 제공되는 디지털 정보나 그러한 내용물을 총칭하는 용어로 널리 쓰이게 되었다.

콘텐츠는 크게 디지털 콘텐츠와 멀티미디어 콘텐츠로 분류된다. 디지털 콘텐츠는 구입·결제·이용에 이르기까지 모두 네트워크와 퍼스널컴퓨터(PC)를 통해 이루어지기 때문에 기존의 통신판매 범위를 훨씬 뛰어넘어 전자상거래의 새로운 형태로 확고한 자리를 잡았고, 갈수록 시장 수요도 확대되고 있다.

멀티미디어 콘텐츠는 콤팩트디스크·CD-ROM·비디오테이프 등에 담긴 사진·미술·음악·영화·게임 등 읽기 전용의 다중매체 저작물과 광대역통신망이나 고속 데이터망을 통해 양방향으로 송수신되는 각종 정보 또는 내용물, 디지털화되어 정보기기를 통해 제작·판매·이용되는 정보 등을 말한다.

보통 멀티미디어 소프트웨어를 만드는 데 필요한 자료·정보 등을 모아 수록한 데이터를 '콘텐츠 라이브러리'라 하고, 이 콘텐츠 라이브러리를 제공하는 사람을 '콘텐츠 제공자'라고 한다. (나은진)

내용·형식 논쟁

프롤레타리아 문예비평은 처음부터 논쟁으로 시작되었다. 형식과 내용에 관한 김기진과 박영희 논쟁이 그것이다. 이 논쟁은 대체적으로 김기진이 '어떻게'라는 형식주의에 근거한 문학론을 말했다면, 박영희는 '무엇'의 입장에서, 각기 축을 달리한 주장을 했다. 즉 김기진이 '형식'의 문제로 박영희의 작품에 접근한 반면 박영희는 '내용'으로 대응하는, 주체의 대상이 빗나간 상태에서의 논쟁이었다.

이 논쟁의 발단은 1926년 11월 ≪조선지광≫에 발표된 박영희의 단편 「철야」를 김기진이 동지 12월호의 「문예월평」에서 "소설이란 한 개의 건축이다. 기둥도 없이, 서까래 없이, 붉은 지붕만 입히어 놓은 건축이 있는가?"라고 비난한 데서 비롯되었다. 그의 평을 요약하면 소설도 여러 가지 재료를 구비하여 균형 있게 만든 건축물 같아야 되는데 박영희의 소설은 기둥과 서까래도 없이 지붕만 입혀 놓은 것이기 때문에 소설이 아니라는 것이었다. 이와 같이 김기진은 어떠한 소설이든 일정한 소설적 형상화와 구성 및 표현 등을 통하여 이루어져야 한다는 입장이었다.

김기진의 이와 같은 비평에 박영희는 즉시 '동무 김기진 군의 평론을 읽고'라는 부제를 단 「투쟁기에 있는 문예비평가의 태도」(≪조선지광≫ 1927. 1)를 통하여 "프로작가가 계급의식을 초월할 수 없는 것과 같이 역시 문예비평가도 계급을 초월할 수 없다"라고 하면서 김기진의 논의와는 다소 다른 방식으로 이를 비판했다. 김기진은 프로문단도 이제 본무대로 들어섰다고 인식한 데 비해서 박영희는 여전히 투쟁기라는 인식으로 투쟁성에 중심을 두어야 한다는 입장이었던 것이다. 이러한 박영희의 반박에 대해서 김기진은 조심스런 반응을 보였다. 다만 박영희가 "소설이란 한 개의 건축이다"라는 말을 제멋대로 해석했다고 비판했을 뿐이었다. 결국 문제는 선전문학에 대한 논쟁으로 전환되어 갔다. 그는 「무산문예작품과 무산문예비평」(≪조선지광≫1927. 2)을 통해 프롤레타리아 문학을 인정하면서 "특별히 '선전을 위한 소설'이라든가 '선전을 위한 시'라든가 그 외의 무엇이라든가 하는 일종의 문학상 기계론은 성립할 수 없는 것으로 알고 거절하며 따라서 무산문예에 대한 견해에 있어서도 나는 이것을 고집한다. 개념의 추상적 설명만으로 시종하는 것은 소설이 아니다. 부르조아 문학에 서도 그러하였음과 프롤레타리아 문학에 있어서도 그러하다"고 박영희보다 진전된 논리로 반박했다.

이러한 김기진과 박영희의 논쟁은 뒤이어 아나키즘계와 민족주의계 등 전 문단의 쟁점으로 비화되었다. 이들 논쟁의 결말은 이론에 앞섰던 김기진이 당시의 사회적 현상, 즉 문단외적인 사회주의 단체의 압력으로, 동지들 앞에서 고개를 숙이는 것으로 일단락되었다. 그러나, 두 사람의 논쟁에 권구현, 양주동, 김화산, 염상섭 등이 가담하여 소위 양주동의 '절충론'이 등장하기도 했다. (나은진)

내재적인 것(The immanent)/초월적인 것(The transcendence)

내재(內在, Immanence)란 일반적으로 어떤 현상이 그 근거나 원인을 자기 자신의 내부에 가지고 있는 상태를 지칭하는 말로써, 초월(超越, Transcendence)과 대립되는 개념이다.

형이상학적·신학적 의미에서 볼 때 내재적인 것은 모든 운동의 근거를 신(神) 또는 일자에게서 구하고 이와 같은 신이 세계나 자연 가운데에서 작용한다고 할 때(아리스토텔레스의 內在因, 그 기독교적 발전으로서의 汎神論 등)를 말하며, 또한 아리스토텔레스의 이데아론 비판과 같이, 실체와 그 속성의 관계에서 후자가 전자 가운데에 내포되어 있다고 할 때를 말한다.

칸트(Kant)의 인식론에서 내재는 가능적 경험의 한계에서만 성립되는 대상의 실재성(實在性)을 말한다. 이 경우 내재는 초월뿐 아니라 선험적(先驗的)인 것과도 대립된다. 여기서 19세기말의 내재철학이 나왔다. 후설(Husserl)의 현상학(現象學)에서는 대상이나 의미가 이미 의식 속에 지향적으로 존재한다고 언급하고 이것을 내재라고 하였다.

내재철학(Immanenzphilosophie)은 19세기 말 유럽에서 대두한 의식일원론(意識一元論)을 지칭한다. 이 사상의 출발점은 전체 경험은 인간의식에 내재적인 것이며, 따라서 경험일반 곧 자기 의식내용의 주관적 경험을 원칙으로 한다는 것이다. 인식하는 사유(思惟) 없이는 어떠한 경험도 존재하지 않으며, 의식 없이는 어떠한 것도 존재하지 않는다. 현실적이란 의식되고 있다는 것이며, 객관이란 표상(表象)이다.

이러한 내재와 대립되는 개념이 초월이다. 초월(超越, Transcendence)은 넘어설 수 있는 영역에 따라 그 내용이 달라지지만, 일반적으로 여러 가지 의미에서 어떤 영역을 넘어서는 것, 또는 넘어선 맨 앞의 것을 의미한다. 신이 현실 세계의 밖에, 그 위에 존재한다고 생각하는 것, 또한 인간의 의식 밖에, 그것과는 독립되어 존재한다고 사고하는 것이다.

스콜라 학파에 의하면 초월이란 보통 사고 범주 이상의 것으로서 존재의 보편적이고 초감각적인 제 성질을 가리키며 지적 직관으로 파악되는 것을 가리킨다.

칸트 철학에서는 Transcendental은 '선험적'이라 하여 인간 지식의 성립 기초로 이해하였고, Transcendent는 '초월적'이라 하여 인간의 지식이 도달할 수 없는 영역을 가리키는 것, 인간의 실천적 행위를 규제하는 기초(자유의지, 영혼불멸, 신)로 보았다.

초월은 인간으로서는 절대로 경험할 수 없는 것에의 초월을 뜻한다. 예를 들면 기독교에서의 숨은 신이나 또는 칸트의 '물자체'가 그러한 초월자에 해당한다. 플라톤의 이데아도 현상계(現象界)를 초월한 존재로서의 초월자이며, 중세 스콜라철학에서는 '일(一)'이라든가, '진(眞)', '선(善)'이 하나 하나의 술어나 카테고리를 넘어선 초월개념이다. 그 중에서 존재(存在)가 가장 보편적인 초월개념이다.

실존주의 철학에서도 키에르케고르(Kierkegaard)의 신, 야스퍼스(Jaspers)의 포괄자에서 초월의 개념을 찾아볼 수 있으며, 하이데거(Heidegger)나 샤르트르(Sartre) 등은 실존이 그 존재방식으로서 끊임없이 현실을 뛰어넘어 가는 것에 '초월한다'라는 표현을 쓰고 있다. (고인환)

내재인, 내재철학, 초월자, 선험적

참고문헌
질 들뢰즈, 박기순 역, 『스피노자의 철학』, 민음사, 2001.
임마누엘 칸트, 김석수 역, 『순수이성비판 서문』, 책세상, 2002.
정영도 엮음, 『야스퍼스 철학의 근본문제』, 이문출판사, 1998.
한자경, 『칸트와 초월철학 : 인간이란 무엇인가』, 서광사, 1992.

내적 거리(內的 距離)

거리는 본질적으로 공간적, 시간적 개념이라기보다는 미적, 심리적 개념이다. 곧 거리는 예술의 감상에 필수적인 관조의 태도이기 때문에 미적 거리가 되며, 인간의 내면 속에서 나타나기 때문에 심리적 거리가 되는 것이다. 한 개인이 자신에 대한 어떤 사적이고 실제적인 관심으로부터 분리되어 한 대상을 관조할 때 그 대상을 향한 그의 태도나 조망을 기술한 것이 거리이다. 시에서 거리는 비평가나 시인이 예술적 대상을 관조하는데 필수불가결한 요소이다.

텍스트 내부 제 요소와의 미적 거리의 상호작용은 일반적으로 내적 거리로서 규정되며, 텍스트 경계선을 넘어서서 텍스트 내부와 외부와의 미적 거리는 상대적인 관점에서 외적 거리라 불리기도 한다.

이상(李箱)의 「꽃나무」에선 거리 조정이 잘 나타나고 있다. '벌판 한복판에 꽃나무 하나가 있소. 근처(近處)에는 꽃나무가 하나도 없소. 꽃나무는 제가 생각하는 꽃나무를 열심(熱心)으로 생각하는 것처럼 열심(熱心)으로 꽃을 피워 가지고 섰소……'라는 이상의 시에서 미적 거리의 간격은 극대화되어 있다. 말하자면 시적 화자가 진술하는 시적 대상 속으로 들어가서 대상의 일부가 되는 것이 아니라 작품 밖에 서서 독자와 동일한 거리에서 대상을 객관적으로 바라보고 있으며, 이미지와 장면들 간의 논리적 연결이 없고, 시인의 감정을 나타내는 형용사를 사용하지 않는다는 점에서 시적 대상에 대하여 거리를 두고 있다.

시 작품에서 시적 대상에 대해 설정된 거리는 특별한 문학적 효과를 계획하지 않는 한 작품 전체를 통해서 일정하게 유지되는 것이 바람직하다. 왜냐하면 이와 같은 거리의 변화는 독자로 하여금 혼란을 느끼게 만들고 결국 독자에게 줄 감동과 시적 효과를 저하시키기 때문이다.

소설에 있어서 미적 거리는 서술자(나레이터)와 서술대상(등장인물 포함), 독자와 작품 속의 서술대상 사이의 심적. 미적 거리를 말한다. 즉 작가가 독자를, 작가가 등장인물을, 작중 인물이 독자를 어느 정도 사건 속에 끌어들이는가 하는 정도를 말한다. 시점(視點)에 따라 소설의 서술 방법이 달라지듯, 서술자와 서술 대상과의 거리에 따라서도 서술 방법이 달라진다.

말하기(telling) 기법은 서술자가 작중 인물의 심리나 감정을 그대로 드러낼 수 있는 방법이기에 서술 대상(등장인물)과의 거리가 거의 없는('가까운') 방법이고, 보여주기(showing)기법은 서술자가 작중 인물과 일정한 거리를 유지하면서 관찰하는 입장이므로 서술자와 서술 대상(등장인물) 사이에는 거리가 다소 멀게 느껴진다. (나은진)

내적 독백(內的 獨白, Interior monologue)

내적 독백은 인물의 발화되지 않은 지각이나 인지를 중개되지 않은 상태로 제시하는 소설의 기법을 말한다. 즉, 어떤 인물의 비언어적인 감정들이 분명치 않은 단어들로 변형될 수도 있다는 가능성에 착안해서 비롯된 수단인 것이다. 용어는 원래 프랑스의 뒤마 페르 Dumas pere에 의해 만들어진 내적 독백(monologue interieur)이라는 말에서 비롯된 것으로 알려져 있는데, 일반적으로는 에두아르 뒤자르댕(Edouard Dujardin)의 소설 『월계수 베어지다』라는 소설에서 처음으로 쓰인 것으로 간주되고 있다.

아우얼바하는 내적 독백을 "변화하는 인상의 흐름에 떠도는 의식의 흐름과 활동……자연스런 그리고 무목적적인 자유로움 속에서 의식의 지속적인 반추……어떤 목적에 의해 제한되거나 특정한 화제에 의해 조종되지 않는 자체의 특별한 자유 속에서의 그러한 과정의 자연스러운 표현" 등으로 이야기하는데, 그것은 일반적으로 그 통사구조에 의해 구분된다. 일반적으로 인물의 속생각—언어화된 생각은 "그는 생각했다"와 같은 부가구절을 동반하는데, 내적 독백의 경우는 이런 부가구절이 생략됨으로써 이야기 순간과 담화 순간이 동일하게 되는 효과를 발산한다. 이런 효과 때문에 이것은 '자유연상' 또는 '자유직접사고'로도 불린다. 내적 독백은 인물의 순수한 지각의 기록이므로 인물의 자기 언급이 거의 없으며, 독백이 어떤 청중을 상정하는 것에 비해 청중을 상정하지 않는다. 따라서 설령 독자 편에서 어떤 설명을 요구할 권리가 전혀 없으며, 그 또한 듣는 이의 무지 따위에는 아랑곳하지 않는다.

미국에서는 윌리암 제임스의 『심리학의 원리』에서 사용된 의식의 흐름(stream of consciousness)이라는 용어를 사용하고 있는데, 로버트 험프리 같은 사람은 이것을 "일차적으로 등장인물들의 심리적·정신적 실재를 드러내기 위하여 언표 이전 수준의 의식상태를 탐험하는 일을 근본적으로 강조하는 유형의 소설"로 말함으로써 기법으로서의 내적 독백과 소설의 한 하위장르로서의 의식의 흐름 소설을 구별하고 있기도 하다. 상대적으로 내적 독백이라는 말은 축어적으로 이런 류의 기법을 일컫는 의미가 강하고 의식의 흐름이라는 용어는 작품의 최소한의 일관성에 보다 의미를 부여하는 용어로 보이지만, 역사적으로는 동일한 텍스트에서 동시에 발생하는 경향이 많다. 버지니아 울프 및 헨리 제임스의 소설 기법에 대해 많이 거론되며, 한국어의 구조상 우리 소설에서는 그 예가 거의 없다고 할 수 있다. (김경수)

의식의 흐름, 자유연상, 자유직접사고.

참고문헌
에리히 아우얼바하, 백낙청 역, 『문학과 예술의 사회사』, 창작과비평사, 1999.
로버트 험프리, 천승걸 역, 『현대소설과 의식의 흐름』, 삼성문화문고, 1984.
시모어 채트먼, 김경수 역, 『영화와 소설의 서사구조』, 민음사, 1999.

내투사(Introjection) ☞ 투사

내포/외연(內包/外延, Connotation/Denotation, 프 Compréhension/Extension, 독 Inhalt/Extension)

논리학에서 말하는 '내포'란 어떤 개념의 내용이 되는 여러 가지 속성을 가리키는 용어이다. 다시 말해 개념이 적용되는 범위(총체적으로 '외연'이라고 하는)에 속하는 여러 사물이 공통적으로 가지고 있는 어떤 필연적 성질의 전체를 가리킨다.

한편 외연이란 어떤 개념이 적용되는 대상 범위로서, 예컨대 동물이라는 개념의 외연은 소·말·개·고양이·호랑이 따위다. 인간이라는 개념의 외연은 과거에 존재했던 개개의 인간, 현재 생존하고 있는 개개의 인간, 장차 태어나게 될 개개의 인간들 전체가 된다. 이것을 확장하여 '아무개는……'이라는 형식의 조건문을 충족시키는 전체를 이 조건문의 외연이라고 한다. 외연의 개념을 새롭게 정리하여 얻은 개념이 '집합(集合)'이다.

논리학에 있어 일반적으로 내포와 외연은 반대되는 방향으로 증감한다. 이를테면 '학자'라는 개념은 철학가·문인·과학자·경제학자 등의 온갖 종류를 그 외연에 포괄하는데, 학자라는 개념의 내포에 '철학을 연구하는'이라는 성질을 더하여 '철학가'라는 개념으로 한정한다면 내포는 그만큼 증가하지만 한편으로는 문인·과학자들이 제외되므로 외연은 반대로 감소되는 것이다.

내포와 외연은 전통적으로 명사(名詞)에 관하여 말하지만 현대에는 명제(命題)에 대해서도 사용된다. 어떤 명제가 주장하는 '경우의 집합'을 그것의 외연이라고 생각한다면 그 의미, 즉 주장하는 내용은 그것의 내포라고 할 수 있다.

시에서는 외연보다 내포가 더욱 중요하다. 사전에 정의된 대로의 의미가 외연이라고 한다면 내포는 그 낱말이 독자에게 불러일으키는 정서적인 반응, 암시나 연상, 함축의 결과로 생기는 반응 등을 포함하여 낱말의 소리가 일으키는 연상, 낱말의 상징적 의미가 일으키는 여러 가지 반응을 포함한다. 즉, 내포는 낱말이 초론리적으로 사용된 결과를 의미한다.

이상화의 시「빼앗긴 들에도 봄은 오는가」의 제1행 "지금은 남의 땅—빼앗긴 들에도 봄은 오는가"의 '봄'을 4계절 중 하나로만 인식하면 안 된다. 광복의 봄, 민족 해방의 봄, 긴 겨울 뒤에야 오는 봄, 씨를 뿌릴 수 있는 봄 등 다양한 해석이 가능하다. W. 엠퍼슨(Empson)이 편 애매성(Ambiguity) 이론도 언어의 내포적 의미에 근거를 둔 것이다. 내포는 내연(內延)이라고 표기하기도 한다. (이승하)

참고문헌
김용직, 『문예비평용어사전』, 탐구당, 1985.
클리언스 브룩스, 이경수 역, 『잘 빚어진 항아리』, 문예출판사, 1997.

내포독자(Implied reader, 독 der implizierte Leser)

독자반응비평(讀者反應批評, reader—response criticism)은 독자가 문학작품을 읽는 행위에 비평적 관심을 두는 비평이론이다. 이 이론은 어느 한 유파의 비평이론이나 특정 방법을 가리키는 것이 아니라 1960년대 이후 두드러지게 나타나는 미국과 유럽의 여러 비평이론이 공유하는 현상을 말한다. 독자반응비평의 주된 관심은 개별 독자들 또는 계급·성별·종족과 같은 특정한 범주에 속하는 독자들에 의한 문학작품 수용 방식을 이해하고 이론화하는 데에 있다. 독자반응비평에서 활발한 활동을 전개한 비평가로는 독서 과정의 현상학적 분석을 발전시킨 독일의 비평가 볼프강 이저(Wolfgang Iser), 구조주의 비평가 조너선 컬러(Jonathan Culler), 정신분석학의 개념으로 독자반응을 설명한 미국의 노먼 홀런드(Norman Holland)와 해럴드 블룸(Harold Bloom), 독서행위를 정서적 문체론으로 설명한 스탠리 피시(Stanley Fish) 등이 있다.

볼프강 이저에 의하면, 비평가가 할 일이란 텍스트를 하나의 대상물로만 설명하는 것이 아니라 독자에 끼치는 텍스트의 영향을 설명하는 것이다. '독자'란 낱말은 '내포독자'와 '실제독자'로 구분할 수 있으며, 전자는 텍스트 자체가 우리들로 하여금 어떤 방법의 반응을 유발하도록 구조적으로 한정시켜 주는 독자이다. '실제독자'는 텍스트를 읽는 동안 어떤 정신적 이미지를 받지만, 그것은 그 독자의 경험 요소와 어쩔 수 없이 채색될 것이다. 무신론자가 성경의 시편을 읽을 때와 기독교인이 읽을 때와는 느낌이 다를 터인데, 이는 독서 경험이 우리의 과거의 경험에 의해 달라지는 데 연유한다.

내포독자는 실재하는 독자가 아니다. 내포독자는 허구에 지나지 않는 텍스트가 그의 가능한 독자들에게 수용 조건으로 제공하는 예비 기준의 총체를 구체화하기 때문이다. 따라서 내포독자는 경험적 토대에 고정된 것이 아니라 텍스트 구조 자체에 기초한다. 이 말을 좀 쉽게 풀어서 설명해본다. 텍스트라는 것이 읽혀짐으로써 비로소 그 실제성을 얻는다는 것이 확실하다면, 텍스트가 쓰여졌다는 것은 텍스트를 받아들이는 사람의 수용 의식에서 그 의미를 구성하게 하는 활성화 조건들이 틀림없이 함께 기입되어 있음을 뜻한다. 그렇기 때문에 내포독자의 개념은 수신자가 이미 언제나 상정된 텍스트의 '구조'를 가리킨다. 독자가 책을 읽어 나감에 따라 독자의 기존 의식 구조는 어떤 내면적인 수정의 과정을 겪게 되며, 텍스트에 나타난 생소한 관점들을 소화시키고 정리하게 된다. 이런 상황과 관련시켜 볼 때, 독자는 부분적으로 불분명한 텍스트 내의 문제점들을 내면화하고 수정하고 구현해 나가게 되며, 그 결과 독자의 세계관이 얼마든지 수정·보완될 수 있다. (이승하)

참고문헌
레이먼 셀던, 현대문학이론연구회 역, 『현대 문학 이론』, 문학과지성사, 1987.
볼프강 이저, 이유선 역, 『독서행위』, 신원문화사, 1993.

내포작가(Implied author)

내포작가를 용어를 처음 사용한 사람은 웨인 부쓰이다. 웨인 부쓰는 『소설의 수사학』에서 이야기의 전달 과정을 통제하고 이야기를 만들거나 꾸미는 어떤 존재, 즉 실제 작가와 구분되는 이 존재를 '내포작가(implied author)' 또는 '공식적 기록자', '제2의 자아'라고 불렀다. 웨인 부쓰는 대부분의 내포작가란 실제작가와는 구별됨을 주장하였다. 그 이유는 실제 작가는 자신의 작품을 창조하기 위하여 자신보다 우수한 유형의 내포작가를 만들어 내는 경우가 많으며 작품 전체의 가치관이나 주제를 통제함에 있어 실제작가보다 더 윤리적이거나 도덕적인 경우가 많기 때문이라고 말한다.

내포작가는 목소리도 없고, 모습도 없다. 내포작가는 추상적인 수준에서만 작품 내에 존재한다. 작품에서 표현된 것은 내포작가의 것인데, 추상적인 차원에서 작가의 의식과 가깝다. 작가가 아무리 개인의 차원을 넘어서서 작품에 뛰어 들려 해도 독자는 불가피하게 내포작가를 상정하게 된다는 것이다.

반면 채트먼은 『story and discourse』에서 부쓰의 주장처럼 내포작가가 윤리적이기만 한 것은 아니라고 설명한다. 채트먼은 서사텍스트의 내부존재와 외부존재를 나누면서 실제 작가와 내포작가를 구분하였다. 이 때 실제 작가와 실제 독자는 소통 과정의 가장 외부에 존재한다. 반면 그 사이에는 내포작가는 내포 독자를 설정하였는데 내포작가는 유추적인 존재이다. 마찬가지로 내포독자도 예상되는 어떤 청중일 뿐, 실제 모습을 갖지는 않는다. 서술자와 피서술자는 부재할 수도 있으므로 괄호 안에 넣어 소통이론을 설정하였다.

서사론적인 측면에서 이야기 자체는 서술자와 피서술자 사이에서 소통된다. 서술자가 피서술자에게 하는 이야기가 내포작가에 의해 통제되고 실제 작가에 의해 문장화된다. 채트먼에 따르면 내포작가는 서사물 속에서 독자에 의해 재구축된다. 내포작가는 서술자가 아니며, 서사물의 다른 모든 것과 더불어 서술자를 창조하고, 특별한 방식으로 이야기를 이끌어간다. 서술자와는 달리 내포작가는 독자에게 아무런 이야기도 해줄 수 없고, 목소리가 없으며, 직접적인 소통 수단을 가지고 있지 않다.

일반적으로 구조 시학에서는 문학작품의 실제 작가를 내포작가 및 서술자와 명확히 구분한다. 내포작가는 작가의 진술 토대 위에 재구축된, 오직 텍스트 안에서만 존재 가능한 작가이다. 내포작가는 텍스트와 불가분하게 묶여 있지만, 실제 작가는 그렇지 않다. 작품 속에 표현되어 있는 개념들과 견해들은 내포작가의 것이기는 하지만 그것이 반드시 실제 작가의 그것과 일치한다고 보지는 않는다. 서술자는 보통 내포작가와 서사물 사이를 연결하는 역할을 하는 존재로, 서술된 사건에 참여하거나 그것들에 대해 알고 있는 인물로 가정된다. 서술자에 해당하는 등장인물이 작품 속에 극화되어 있지 않을 때에도 서술자는 여전히 텍스트 안에 존재한다. 이처럼 실제 작가는 작품 외부의 존재이지만 내포작가는 서술자와 함께 작품의 예술적 전달을 이루는 하나의 성분요소인 것이다. (문화라)

내포독자, 서술자, 소통이론

참고문헌
W. C. Booth, 최상규 역, 『소설의 수사학』, 예림기획, 1999.
시모어 채트먼, 김경수 역, 『영화와 소설의 서사구조』, 민음사, 1994.

네 가지 담론들(Four discourses)

라캉은 1969년부터 1973년까지 중국인 후랑스와 쳉(Francois Cheung)의 도움으로 도(Tao) 텍스트를 읽는다. 자신의 <실재계>를 어떻게 상상계와 상징계로 이어줄 것인가 고민했던 라캉은 "보로메오 매듭"이라든가, 노장 사상의 "무위"개념에서 암시를 얻는다(Roudinesco 351~352). 라캉은 세미나 17권, 『정신분석의 대칭관계』에서 네 가지 담론을 소개했다. 그리고 주인담론과 분석가 담론을 대조하면서 진정한 혁명은 주인담론이 아니라 분석가 담론이어야 한다고 말한다. 그리고 1972년의 세미나에서 네 가지 담론의 도표를 발표한다. 네 가지 담론은 복합적이고 난해한 도표이다(S20:16). 사계절의 순환이나, 음양오행설처럼 네 개의 담론이 배열된다. 아래쪽에 히스테리환자 담론과 분석가 담론이 있다. 위쪽에 대학담론과 주인담론이 있다.

대학담론은 히스테리환자 담론과 마주보고, 주인담론은 분석가담론과 마주본다. 주체가 대상에게 어떤 담론으로 이야기하는가에 따라 생성되는 결과물이 다르다. 분석가 담론은 어둠을 아는 신화적 지식을 낳고, 대학담론은 어둠을 모르는 주인기표를 낳으며, 주인담론은 잉여쾌락을 모르기에 주체의 거세(죽음)를 낳는다. 거세된 주체는 히스테리환자 담론에서 잉여물인 <오브제 아>를 낳고 분석가 담론으로 옮겨진다.

　분석가 담론과 주인담론은 서로 대칭되면서 지배적 담론과 민주적 담론으로 비유된다. 대학담론과 히스테리환자 담론은 지식을 지배적으로 만드는 담론과, 죽은 주체에서 새싹이 돋는 부활의 담론으로 대조된다. 브라커(Mark Bracher)는 『정신분석의 대칭관계』를 다룬 세미나17권을 영어로 해설하고 대학교육이 주인 담론이 아닌 분석가 담론이 되어야한다고 주장한다. 그리고 분석가 담론이 교육에서 어떻게 활용될 수 있는지 연구한다(Bracher 107~128). 세미나 20권에서 라캉은 네 가지 담론이 시계바늘과 반대 방향으로 회전하는 것을 암시한다. 이것은 네 가지 담론의 적용을 무한히 확장시킬 수 있는 암시이다. 대학담론은 지식이 권력을 낳고 주인담론은 권력이 쾌락의 종말인 죽음을 낳고 히스테리환자 담론은 죽음에서 부활의 상징인 오브제 아를 낳고 분석가 담론은 오브제 아에서 신화적 지식을 낳는다.

　라캉은 "신화적 형태의 지식"을 중시한다. 우리의 지식이 어둠이나 증오를 배제할 수 있다고 믿으면 안 된다는 정신분석의 윤리도 바로 이 지식에 근거한다. 라캉이 모던주체나 에고 심리학을 비판하는 이유는 그가 아리스토텔레스나 칸트의 전통 윤리학을 비판하는 것과 같다. 즉, 지식이 스스로가 지닌 여분, 혹은 잉여물인 <타자>를 모르면 나치즘과 같은 파시즘으로 변질되고 그것은 주인담론으로 폭력과 파멸로 향한다고 믿었기 때문이다. (권택영)

보오메오 매듭, 실재계, 무위, 잉여쾌락, 주이상스

참고문헌

Bracher, Mark. Lacanian Theory of Discourse. New York and London : New York Univ. Press, 1994.
Lacan, Jacques. The Seminar of Jacques Lacan Book XX(On Feminine Sexuality : The Limits of Love and Knowledge 1972~1973). New York and London : W. W. Norton, 1998.
Roudinesco, Elisabeth. Jacques Lacan. New York : Columbia Univ. Press, 1997.

네그리튀드(Negritude)

　네그리튀드란 아프리카 흑인 시인들이 일으킨 문화 운동으로 이 운동의 대표적 인물로는 세네갈 출신의 L. S. 상고르, 마르티니크섬 출신의 시인 A. 세제르 등 파리에 거주하는 아프리카계 지식인들이다. 이 운동은 1930년부터 1950년까지 프랑스어권의 아프리카와 카리브 지역의 흑인 작가들을 중심으로 두드러졌으며, 강력한 문화적 정치적 함의를 가진 운동이었다.

　이 용어가 처음 사용된 때는 프랑스 식민지 통치하의 아프리카와 프랑스령인 앤틸리스 제도에서 파리로 유학 온 유학생들이 1934~1940년에 발행한 잡지 <흑인학생>의 슬로건에서 처음 사용되었으나 그 후 세제르가 1939년에 발행한 시집 『귀향수첩(Cahier d'un retour au pays natal)』에서 조어로서 사용되었다.

상고르는 네그리튀드를 "아프리카 흑인문명의 문화적 유산과 가치관 특히 정신"이라고 정의하였다. 이는 프랑스 식민지 정책의 하나인 동화주의에 대한 반작용으로서 프랑스를 포함한 유럽문화의 본질적 우위성을 부정하며 아프리카 문화의 전통적 풍요를 강조하였다. 이들은 개인주의와 물질문명의 노예가 된 유럽의 모든 가치를 거부하고 아프리카의 전통적 사회에 뿌리를 둔 공동체 정신으로 돌아갈 것을 주장하였다. 또한 그리스적인 이성보다는 직관력과 독창적인 예술적 감성을 지닌 흑인의 심성과 흑인적 가치가 문화의 혼혈을 통해 새로운 세계문명의 토대가 되리라 기대하였다. 이 운동은 예술적으로 초현실주의를, 정치적으로는 맑스주의를 활용하여 서양의 물질주의나 개인주의를 비판하고 이와 대비하여 집단과 부족의 단결, 예술과 시에 있어서의 리듬과 상징, 평화로움과 자연과의 친화라는 아프리카적 가치를 내세웠다.

제2차 세계대전 후 파리에서 창설된 아프리카인 문화단체 '프레자스 아프리케느'는 기관지를 통해 네그리튀드 운동을 전개하여 네그리튀드를 프랑스어권 아프리카의 주체적 이데올로기의 중심개념으로까지 발전시켰다. 이런 과정에서 네그리튀드는 문화적 차원 뿐만 아니라 정체적 경제적 차원에서도 중시되었다.

반면 네그리튀드가 프랑스어인 '흑인'과 상태나 태도를 뜻하는 접미어가 합성된 말이기 때문에 새로운 인종차별을 만들어낸다는 비판도 있다. 또한 이 운동이 식민지 현실을 극복하는 실천적 성격이 결여된 문화주의적 오류에 빠져있다는 비판이 알제리 혁명가 F. 파농에 의해 제기되기도 하였다. (문화라)

포스트식민주의(post colonialism), 상고르, 세제르

참고문헌
NgugiWa Thiongo, 이석호 역, 『탈식민주의와 아프리카 문학』, 인간사랑, 1999.
Kesteloot, Lilyan. 『Black Writers in French : A literary of Negritude』, Trans. Ellen Conroy Kennedy. Philadelphia, Temple University Press, 1974.

네오 리얼리즘(Neo realism)

이탈리아 영화에 있어서 '네오 리얼리즘'은 중요한 의미를 지닌다. 여타의 영화 운동과 달리 공동 결의나 성명서 따위가 없었다. 즉, 그것은 시대의 자연스러운 산물이었다.

네오 리얼리즘은 뭇솔리니 정권에 의해 장려된 국책선전물·오락물 영화가 지나치게 현실도피적이라는 데서 비롯하였다. 이탈리아의 비참한 현실, 민중적인 삶의 실상 등을 있는 그대로 묘파해야겠다는 객관적 재현, 진실 추구의 정신이 그것의 시발점이 된다고 할 수 있다.

네오 리얼리즘 영화를 내용적인 면에서 볼 때, 우선 소재는 노동자·농민·도시빈민 등의 생활 현장을 다루고 있다. 이 운동에 관여하고 있는 감독들은 대체로 기독교와 마르크스주의를 인간주의적인 관점에서 결합시키면서, 파시즘의 폐단과 전쟁의 황폐함과, 또한 빈곤·실업·매춘 등의 사회 문제를 폭로하고 있다. 형식적인 측면에서 볼 때, 네오 리얼리즘 영화는 잘 짜여진 극적 구성 대신에 느슨함 에피소드식 구성을 선호하며, 스튜디오의 조명이나 세트가 아닌 야외 로케이션과 자연광을 자주 사용하며, 직업/비직업 배우들을 적절히 배합해 운용한다. 대사는 일상적인 언어로 구사된다.

로베르트 로셀리니의 「무방비 도시」는 네오 리얼리즘의 공식적인 출발점으로 삼는 영화이다. 이것은 이차 대전 중에 일어난 한 신부의 처형 사건을 다룬 것이다. 이 영화의 주인공 안나 마냐니는 지중해 여인 특유의, 존재에서부터 뿜어나오는 듯한 힘과 열정, 그리고 무한한 그 깊이로 비극의 새로운 차원을 열었다고 평가되고 있다.

빅토리오 데 시카의 「자전거 도둑들」, 루키노 비스콜티의 「흔들이는 대지」, 페데리코 펠리니의 「길」 등은 네오 리얼리즘의 주옥 같은 명편으로 기억되고 있다. 변화하는 전후 이탈리아 사회와 역사적 경험과 현실을 얼마만큼 충실하게 재현해야 하는가, 주인공 개인의 삶을 결정하는 한 공동체의 운명에 대한 연대의식을, 영화를 통해 어떻게 실현시켜야 하는가 하는 점들이 그것의 가장 중요한 과제였다고 할 수 있다. (송희복)

네오 리얼리즘, 전후 이탈리아, 재현, 무방비 도시, 연대의식

참고문헌
정재형, 『정재형 교수의 영화 강의』, 영화언어, 1996.
임정택 외, 『세계영화사 강의』, 연세대 출판부, 2001.

네트워크 사회

네크워크란 상호연결된 결절(node)들의 집합을 말한다. 네트워크는 동일한 커뮤니케이션의 코드로 연결되는 한에서 무한히 새로운 결절들을 추가할 수 있는 개방적인 구조가 특징이다. 네트워크 사회는 컴퓨터 네트워크에 기반을 둔 전자적이고 상호작용하는 커뮤니케이션 기술들에 의해 현대사회가 지역적·국가적·전 지구적 차원에서 네트워크들을 중심으로 형성되어 있다는 것을 묘사하기 위해 도입된 개념이다.

이 개념을 주창한 마뉴엘 카스텔(Manuel Castelles)은 정보사회라는 개념과의 비교를 통해 네트워크사회의 특징을 설명한다. 기존 정보사회라는 개념이 사회변화를 추동하는 힘으로써 정보, 혹은 정보기술을 강조하는 수준에 머물렀다면, 네트워크 사회는 정보기술의 확산과 더불어 새롭게 등장하는 사회가 모든 부분에서 '네트워크화'(networking)가 이루어지고 있다는 점을 강조한다. 카스텔에 따르면 현대사회의 구조는 네트워크로 조직되고 네트워크적 작동원리에 따라 운영된다는 점에서 과거 사회와 다르다. 그러나 카스텔은 네트워크사회가 정보기술의 혁신에 따른 새로운 사회가 아닌 사회의 구조가 바뀐 자본주의 사회임을 주장한다. (차선일)

노동(勞動, Labour, 프 Travail, 독 Arbeit)

철학적 맥락에서 노동이란, 그것이 육체적 힘을 요구하든 정신적 힘을 요구하든, 목적에 합당하다고 생각되는 대상물(예를 들어 생산재나 소비재 등)이나 상황들(예를 들어 지식, 안전, 질서 등)을 창출하는 데 기여하는 계획적인 인간 행위를 총칭한다. 언어행위능력을 가지고 계획에 따라 사회적으로 자신이 정립한 목적을 지향하여 행위할 수 있는 유일한 존재자이기 때문에 노동을 할 수 있는 것은 인간뿐이다. 오직 노동을 통해서만 인간들은 욕구를 가진 결핍된 존재로서의 자신의 처지를 지양할 수 있다. 나아가 인간은 노동을 통해 자연을 자신의 목적에 맞게 개조할 수 있기 때문에 노동은 적극적 의미에서 인간의 자기실현의 방식이다. 바로 이런 필연성 때문에 노동은 인간에게 일종의 권리로 인정된다.

경제적 맥락에서 노동은 특정 대상이나 욕구를 '소재'로 하고 여러 가지 인적, 물적 '도구'를 사용하여 특정한 '가치'(사용가치 및 교환가치)를 생산하는 인간의 육체적, 정신적 행위로 규정된다. 이 때 개인이 수행하는 생산 또는 제작 활동으로서 노동은 일단 그것이 기획되고 개시되는 전체 과정에서 사회적 성격을 띤다. 왜냐하면 노동을 하는 데 필요한 능력의 함양, 즉 교육에서부터, 노동과정에서 반드시 필요로 하는 타인 노동의 동원, 그리고 노동에 들어가는 재료의 공급 등은 모두 다른 사회구성원과의 관계에 의존하기 때문이다. 이런 생산활동 전반으로서 특정 인간의 노동 활동은 그것의 소모를 일정 시간에 따라 구획하여 그 시간대의 길이에 따라 가격이 매겨지면서 '노동력'이라는 상품이 되어 '노동 시장'에서 교환될 수 있는 것이 된다.

노동이 철학과 과학의 한 기본개념으로 부각된 것은 전적으로 계몽주의와 현대 산업사회의 발전에서 기인한다. 현대 이전에 노동은 권리를 가진 인간이 자기 공동체 안에서 자신의 뜻을 펼치는 활동인 정치적 행위와 엄격하게 구별되면서 오직 노예만이 해야할 필요물의 생산과 공급의 과정으로 취급되었다. 따라서 노동은 각 가계에서 해결해야 할 사적인 활동이었다. 이에 반해 현대 산업 사회는 사회 구성원 대다수가 노동을 하는 것으로 간주되는 경제활동을 핵심으로 생활질서가 짜여진다는 점에서 고대 공동체 구조와 질적으로 구별된다. (홍윤기)

공 / 사, 공공영역, 노동시장

참고문헌
루이 뒤프레, 홍윤기 역, 『마르크스주의의 철학적 기초』, 미래사, 1986.
칼 마르크스, 김수행 역, 『자본론』1~3권(전5책), 비봉출판사, 2001, 제2개역판.
헬무트 쉬나이더, 한정숙 역, 『노동의 역사. 고대 이집트에서 현대 산업사회까지』, 한길사, 1982.
한나 아렌트, 이진우 · 태정호 역, 『인간의 조건』, 한길사, 1996.

노동문학(勞動文學)

노동문학은 노동문제 전반을 다루는 가운데 특히 노동자들의 삶과 노동이 내포하고 있는 바람직한 가치들을 문학적으로 형상화한 문학을 총체적으로 일컫는 개념이다. 근대 자본주의의 성립과 더불어 노동이 문학의 주제로 된 이래 노동문학은 단계적으로 발전해왔다. 한국의 경우, 노동문학을 알기 위해서는 그 전신(前身)이라 할 수 있는 민중문학과의 연결고리를 살필 필요가 있다.

본격적인 산업화 시대에 접어든 1970년대에 경제적인 부(富)는 소수의 권력층과 자본가들에 의해 독점되었고, 노동자들은 부를 축적하는 수단으로 전락했다. 노동자들은 인권을 위협하는 노동현장에서의 고된 노동과 저임금으로 고통받았고, 사회 전반에 걸친 계층 간의 갈등은 심화되었다. 이 시기에, 인간답게 살고 싶다는 노동자들의 요구와 사회 지배층의 부정부패, 군부타도 등을 주요 내용으로 다루면서 등장한 것이 민중문학이다. 1970년 문학 흐름의 주요한 갈래를 형성하였던 민중문학의 입장에서, 유신시절 민주화운동과 민중운동에 투신하였던 김지하(金芝河)·김남주(金南柱)와 같은 실천적인 지식인들이 주로 활동하였다. 1980년대에 접어들면서 민중문학은 더욱 구체적인 모습을 띠게 되는데 이 때 등장한 것이 노동문학이다. 노동문학은 노동현장에서 일어나는 여러 모순과 문제점들, 노동자들의 피폐한 삶, 자본주의가 빚어내는 각종 병폐 등을 직설적으로 지적했고, 비틀기와 풍자를 통해 사회 지배층을 혹독하게 비판하기도 했다. 80년대가 요구하는 준엄한 자기인식과 현실인식을 기반으로 활동한 대표적인 작가 중에는 노동현장 출신의 시인 박노해, 백무산, 김해화 등이 있다. 교양있는 지식인 계층의 '노동자를 위한 문학'이 아닌 '노동자의 문학'을 쓴 박노해는『시다의 꿈』(1983)과『노동의 새벽』(1984)를 출간하면서 노동문학의 지평을 열었다. 백무산은『지옥선』(1984)들을 통해 현장 노동자의 정서를 표출하였고, 김해화의 시집으로『인부수첩』(1986)이 있다. 그 외에 방현석, 김하경, 엄우흠, 김재호 등의 작가들이 활동하였다. 노동문학은 1990년대 중반이후 쇠퇴하기 시작해 기존의 민중문학과 함께 다른 문학으로 편입되거나 새로운 방향으로 모색하고 있다. (김종회)

민족문학, 민중문학, 프롤레타리아 문학

참고문헌
김재용,『민족문학운동의 역사와 이론』, 한길사, 1996.
김인환,『비평의 원리』, 나남출판, 1999.
신승엽,『민족문학을 넘어서』, 소명출판, 2000.
정남영,「민족문학과 노동자계급문학」, 창작과 비평, 1989 가을호.
참고할 만한 문헌
게오르그 루카치, 반성완 역,『소설의 이론』, 심설당, 1989.

노래

가사에 악곡을 붙인 형식 전반을 지칭하는 용어. 음악은 말이 지니지 못한 열정과 표현법을 지녔기 때문에 말의 효과를 높이는 역할을 해왔다.

노래 부르는 양식은 문화마다 차이가 있는데, 이것은 사회구조, 교육 정도, 언어, 심지어 성(性)에 대한 사회관습과 같은 여러 요인들이 노래에 반영되기 때문이다. 가사가 있는 독창곡은 기술적으로 진보되고 중앙집권제가 고도로 발달한 사회에서 흔히 볼 수 있는 반면, 그렇지 않은 원시적 문화에서는 종종 합창에 비중을 많이 두는 까닭에 가사가 불분명한 것이 많다.

서양음악에서는 관례상 민요와 예술가곡을 구별한다. 민요는 보통 반주 없이 부르거나 간단한 반주에 맞추어 부른다. 대개 민요는 들어서 익히기 때문에 악보에 기록된 것이 매우 드물고, 구전으로 전해지기 때문에 노랫말이나 악곡이 일정치 않은 경우가 많다. 그 반면, 예술가곡은 전문 음악가가 연주하거나 적어도 일정한 숙련을 통해 습득하는 것으로, 보통 피아노 반주나 다른 악기들의 합주에 맞춰 부른다. 또한 악보에 기록되므로 곡조나 가사가 많은 변화를 겪지 않는다.

대중가요는 근대와 더불어 부상된 대표적인 노래양식인데, 음악적 세련성, 가사의 표현력, 등의 측면에서 볼 때 민요와 예술가곡의 중간쯤을 차지한다. 20세기 이후 대중가요가 노래의 대명사가 되면서 민요와 가곡의 영향력은 현저히 축소되고 말았다. (고미숙)

민요, 예술가곡, 대중가요

참고문헌
김흥규, 『한국문학의 이해』, 민음사, 1986.
정병욱, 『한국고전시가론』, 신구문학사, 1977.

노블(Novel)

한국어로 보통 소설 혹은 장편소설로 번역되는 영어의 노블(novel)이나 불어의 로망(roman)은, 그러나 한자문화권에서 통용되었던 소설(小說)이라는 용어의 본래적 의미와는 구별하여, 근대 유럽 문화의 특수한 산물로서 이해하는 것이 옳다. 말하자면, 노블은 근대 유럽의 다양하고도 착잡한 역사적 경험을 바탕으로 형성된 고유한 형식으로 보아야 한다는 것이다. 알다시피 노블은 본래 18세기 전후 서유럽의 특정 지역에서 발흥한 장편 산문 형식을 가리키는 말이었다. 그것은 대체로 인간의 감각적 능력에 부합하는 사실의 재현을 전제로 부르주아적 개인의 특정한 경험을 재구성하는 서사 형식이다. 여기에서 재구성의 준거가 되는 것은 한 개인의 주관 내지 경험적 시선이다. 통상적인 노블에서 그것은 서술자의 모습으로 전면에 등장하고 있다. 이는 무엇보다 근대에 들어서 구축된 시간관념에 대한 선조적 인식과 밀접한 관련을 가지는 것이지만, 동시에 노블이라는 형식 자체가 인간의 주관성에 대한 일정한 신뢰를 바탕으로 성립되었다는 사실을 예증한다.

따라서 노블은 철저하게 유럽의 경험을 재현하는 단성적 목소리를 발산한다. 그것은 무엇보다 국민국가의 상징적 형식으로써, 그것의 현존을 경험하게 한다. 또한 노블만큼 자본주의와 긴밀하게 결착되어 있는 형식은 없다. 노블의 배태와 성장이 유럽의 부르주아 계급이 선도하는 자본주의 경제 체제의 형성 및 세계 체제의 전지구적 확산 과정과 밀접하게 결부되어 있다는 사실은 이제 상식에 가깝다. 이언 와트의 표준적인 설명에 따르면 복제기술(인쇄)의 발전으로 인한 대량생산 체제의 확립 및 국가 언어의 지위 상승에 따른 독서 인구의 확대는 소설이라는 단일 형식의 유례없는 번성을 가져왔다. 그것은 노블의 리얼리즘적 형식이 근본적으로 부르주아적 세계관을 반영하고 있는 것이기 때문에 비로소 가능한 것이었다. 하나의 개성이 성장에 따르는 통과의례의 과정을 경유하여, 건전한 부르주아로서의 계급 범주의 전체로 육성되는 자발적 · 내면적 과정을 성형하는 교양소설(bildungsroman)은 소설 형식의 자본주의적 근친성을 단적으로 표상하는 또 다른 사례가 된다. 궁극적으로 이러한 노블의 확산은 역사상 유례없는 유럽문학의 통일화를 가져왔을 뿐더러, 유럽의 정치경제적 영향력의 증대와 함께 비유럽지역에 대한 노블 형식의 수용을 강요하는 결과를 낳았다.

19세기 후반, 근대 세계체제의 확대 개편의 타자로서 순차적인 편입의 과정을 거친 동아시아 3개국에서도 사정은 마찬가지였다. 노블을 번역하는데 노블의 본의와는 다소 거리가 있는 '소설(小說)'이라는 말을 채택한 한 · 중 · 일 3개국은 처음에 소설을 문명개화를 견인하는 유용한 문화적 도구로 간주했다는 점에서 공통적이었다. 그것이 비록 오해에서 비롯된 것이라고 할지라도, 이러한 생각이 기본적으로 노블이라는 형식이 근대를 불러온다는 발상에 근거하고 있었다는 점에서, 근대라는 특정한 시대와 결착되어 있는 노블의 효용과 본질만은 정확하게 간파하고 있었던 셈이다. 그러나 한국에서 노블의 수용과 성립은 소설이 가지는 주관성 · 미학성에 주목한 이광수, 김동인, 염상섭 등의 문학적 실천을 통해서 비로소 이루어졌다고 할 수 있을 것이다. (황종연)

소설, 근대소설, 로맨스, 서사시, 허구

참고문헌
백낙청 편, 『서구 리얼리즘 소설 연구』, 창작과비평사, 1982.
황종연, 「노블 · 청년 · 제국」, 《상허학보》 14집, 상허학회, 2005.
노스럽 프라이, 임철규 역, 『비평의 해부』, 한길사, 2000.
르네 지라르, 김치수 · 송의경 역, 『낭만적 거짓과 소설적 진실』, 한길사, 2001.
게오르그 루카치, 반성완 역, 『소설의 이론』, 심설당, 1985.
Franco Moretti, Altas of the European novel 1800~1900, London : Verso, 1998.
이언 와트, 전철민 역, 『소설의 발생』, 열린책들, 1998.

노에마(Noema)/노에시스(Noesis)

에드문트 후설(1859~1938)은 원래 수학 전공자였다. 라이프치히 및 베를린대학에서 수학을 전공하여 박사학위와 교수자격을 취득했으나 빈대학에서 다시금 철학을 공부하여 수학철학으로 철학계에 입문하였다. 그는 현상학이라는 특유의 철학 방법을 창안, 전개, 심화하는 데 전생애를 바쳤고 현상학은 데카르트와 사르트르 철학의 원천이 되었다.

현상학이란 순수한 '의식'의 본질적 구조를 분석하여 기술하는 학문이다. 달리 말해 본질이나 본체와 구별되는 '현상'에 관한 학문이다. 현상학은 의식 외부의 대상에 대해 자연적 태도에 따라 판단하기를 그만두고, 의식 내부의 영역으로 들어간다. 그리고 의식 내부의 영역에서는 경험 주관을 괄호로 묶어두고 선험적 주관으로 거슬러 올라간다. 그리고 선험적 주관의 작동 방식을 알아냄으로써 대상들이 어떻게 만들어지는지 이해하려고 한다. 후설은 의식을 '내용'과 '작용'으로 구분하여 설명하였다.

의식 내용은 어떤 대상을 보고 얻은 '표상'이며 의식 작용은 두 개의 표상을 비교하고 판단하는 '작용'이다. 후설에게 있어 의식 작용은 인식을 형성해주는 궁극적인 원천이다. 모든 경험에 앞서며, 인식 형성의 궁극적인 원천을 이루는 의식 작용을 그는 '선험적 의식(작용)'이라고 불렀다.

후설에 의하면 순수의식의 대상은 질료와 노에마와 노에시스를 통한 '구성'에 의해 이뤄진다. 이 가운데 질료는 우리 감각에 주어지는 여러 감각의 여건들이다. 노에시스는 이 질료에 의미를 부여함으로써 지향적 대상을 성립케 하는 대상 형성 작용이다. 한편 노에마는 노에시스의 대상 형성 작용에 의해 성립된 대상 그 자체이다. '구성'이란 노에스시가 질료를 소재로 하여 노에마를 형성하는 것이다. 의식 작용인 노에시스와 그것이 만들어낸 대상인 '노에마'는 뗄 수 없이 연관되어 있는데, 여기서 노에시스가 만들어낸 노에마가 바로 '현상'이다. 의식 작용과 대상이 이처럼 긴밀히 연관되어 있다는 점을 분명하게 인식한다면 의식과 대상을 분리하고, 정신과 육체를 분리하는 데카르트식의 이원론을 넘어설 수 있다. 이렇게 해야만 정신만 강조하는 관념론이나 물질만 강조하는 유물론을 넘어설 수 있다고 후설은 생각했던 것이다. (이승하)

참고문헌
이진경, 『철학의 모험』, 푸른숲, 2000.
후설, 신오현 역, 『현상학적 심리학 강의』, 민음사, 1992.
____, 신오현 편역, 『심리현상학에서 선험현상학으로』, 민음사, 1994.

노오(能, Nō, Noh)

노오(能)는 교겐(狂言, Kyōgen), 분라쿠(文樂, Bunraku), 가부키(歌舞伎, Kabuki)와 더불어 일본 전통극의 한 양식으로, 노오가쿠(能樂)라고도 불린다. 노오는 엄숙하고 제의적인 가무극(歌舞劇)의 일종으로, 일본의 남북조시대(南北朝時代, 1336~1392)부터 무로마치시대(室町時代, 1392~1573)에 걸쳐 성립되었다. 노오는 풍농을 기원하는 농민의 놀이인 뎅가쿠(田樂)와 익살스러운 흉내내기 중심의 사루가쿠(猿樂)를 그 원형으로 삼아 성립되었지만, 그 이면에는 7세기의 기악(伎樂)이나 무악(舞樂), 산악(散樂) 등의 전통이 자리잡고 있다. 노오가 본격적으로 발달, 정리된 것은 14세기 간나미(觀阿彌)와 제아미(世阿彌) 부자(父子)에 의해서였다. 간나미는 흉내내기 위주였던 사루가쿠에 뎅가쿠의 가무적 요소를 도입했고, 쿠세마이(曲舞)라고 하는 당시 유행하던 가무의 곡절을 도입하여 노오를 새로운 차원으로 발달시켰다. 제아미는 우수한 노오의 각본을 창작하였고, 노오에 대한 이론서(『風姿花傳』(일명 花傳書), 『至花道』, 『花鏡』 등)를 저술하는 등 노오를 한층 우아한 무대예술로 승화시켰다.

노오는 제의적인 요소를 다분히 지니고 있어서 그 공연은 엄숙하고 정적인 분위기에서 진행된다. 가무(歌舞) 위주인 노오에서 주역 배우인 시테(爲手, Shite)는 대개의 경우 노오멘(能面) 혹은 오모테라고 하는 가면을 쓰고 연희한다. 노오는 주역인 시테 외에 조역인 와키(脇, Waki), 시테와 와키에 붙는 동반자인 쓰레(連), 악사들 및 합창단으로 구성된다. 또한 노오는 구성상 서(序), 파(破), 급(急)의 단계를 갖게 되는데, 서(序)는 도입부, 파(破)는 전개부, 급(急)은 클라이맥스에 해당한다. 노오는 별다른 장치가 없는 마루무대를 활용하고 있는데, 관객석과 마주하고 있는 정면의 벽면은 경판(鏡板)으로 소나무가 그려져 있고, 무대 좌측에는 하시카가리(橋掛)라고 칭하는 통로가 있고, 통로 앞쪽으로는 각각 세 그루의 소나무가 심어져 있다. 특히 무대에서 가까운 첫째 소나무 앞에서는 와키와 시테가 멈춰서 자신을 소개하고, 자기의 사연을 설명하게 된다. 또한 무대에는 악사들, 합창단, 와키, 시테 등이 연희하게 될 위치가 정해져 있으며, 이들의 등·퇴장 순서 또한 고정되어 있다.

노오의 연희곡목은 크게 다섯 종류로 분류되는데, 첫째는 와키노오(脇能, Wakino)로 신화나 전설을 바탕으로 한 신들의 이야기로 제의적인 축연으로 시작된다. 둘째는 수라(修羅)거리라고 하는데, 남자 특히 무사를 주인공으로 한 전쟁물로 특히 平安朝시대(794~1192)의 겐지(源氏)가와 헤이케(平氏)가의 권력싸움을 소재로 한 역사물이 많다. 셋째는 보통 가즈라 거리라고 하는데, 여성을 중심으로 하여 우미한 정서가 배어있다. 넷째는 인간의 집념을 그린 狂亂態나 망령세계를 소재로 하고, 다섯째는 귀신이나 괴물 등 비인간적 존재를 소재로 한다. 공연시에는 이들 5가지를 차례로 연희한 후 그 사이사이에 막간극으로 희극인 교겡을 연희한다. (이신정)

동양전통극, 일본전통극, 교겡, 분라쿠, 가부키

참고문헌
김학현, 『能』, 열화당, 1991.
김세영 외, 『연극의 이해』, 새문사, 1988.

노이즈(noise)

노이즈라는 말은 원래 소음·잡음을 의미하는데, 이 말은 각 분야에서 여러 가지 의미로 쓰인다. 전자공학이나 기계제어 분야에서는 주로 기계의 동작을 방해하는 전기신호를 가리킨다. 그밖에 무선통신 분야에서는 불규칙한 파동으로 이루어져 불쾌한 느낌을 주거나 통신, 라디오 등의 청취를 방해하는 소리를 뜻한다. 또, 측정 분야에서는 측정계에 혼입되거나 혹은 측정계 내에서 발생하여 신호의 전달 또는 수신을 방해하는 신호를 의미한다. 음향에서의 잡음은 극단으로 짧은 진동이나 불규칙하게 진동하는 음으로서, 고른음같이 부분음의 명확한 스펙트럼(선스펙트럼)으로 분석되지 않는 것(연속 스펙트럼)이 많다. 유리가 깨지는 소리나 자갈 위를 달리는 소리, 꽹과리·심벌즈 등 타악기류에 많이 있는 음으로서, 음빛깔에는 강한 개성이 있으나 명확한 높이가 없다. 음악에는 고른음만이 아니라 많은 잡음도 쓰인다.

소음으로서의 노이즈는 20세기의 기계문명과 함께 탄생했다. 노이즈는 고전적 질서와 대척되는 지점에서 반질서, 질서에 대한 혼돈으로 의미화되기도 한다. 이탈리아 미래파 예술가인 루솔로(Luigi Russolo)는 1913년 '소음예술 선언'에서 군중의 수군거림이나 공장의 소음을 예술의 틀 안으로 끌어들여 버저나 확성기로 이루어진 오케스트라를 조직했다. 이때 노이즈는 단지 음의 문제가 아니라 고상한 예술 형식이나 질서를 뒤흔드는 무기라는 의미를 띠었다. 소음으로서 꺼려지는 노이즈 자체를 예술로 삼는 것, 그것은 기성의 가치관을 전복시켜 보여주는 것이었다. 제1차 세계대전 때부터 유럽과 미국을 중심으로 반미학, 반도덕적 태도를 견지하며 현실에 대한 분노와 부정, 파괴 정신을 호소한 다다이즘 또한 소음을 예술의 도구로 승화시켰다. 스위스 취리히를 중심으로 활동한 트리스탄 짜라, 휴고 발, 리하르트 휠젠백, 장 아르프, 마르셀 장코 등의 다다이스트들은 기계의 요란한 소음 속에서 자유연상시를 낭독하기도 했으며, 시인 짜라(T. Tzara)의 경우, 시를 불어로 낭송하면서 노래 부르고 지껄이고, 때로는 외침, 흐느낌, 휘파람 등을 섞기도 했으며, 테이블 위에 놓인 종이나 북을 울림으로써 내는 소리로 관객의 참여를 유도하는 등, 소음음악의 선구자가 되었다. 또한 휠젠백은 그가 작곡한 몽상하는 기도의 곡조에 따라 박자를 맞추어 가며 말채찍을 휘두르기도 했다. 이러한 다다이스트들의 무질서하고 혼돈스러운 예술 행위는 기존의 전통, 규칙, 논리적 근거, 질서, 조화, 미개념 등을 전복하면서 새로운 의미를 창출하고자 했다.

현대 음악가 존 케이지(John Cage)는 <4분 33초>라는 곡을 통해, 관객의 소음이 창조하는 새로운 음악의 가능성을 제시했다. 무대에 등장한 피아니스트가 피아노를 앞에 두고 아무것도 치지 않고 4분 33초 동안 가만히 앉아 있는 이 곡은 청중의 어이없어 놀라며 수군거리는 소리들을 음악으로 명명한다. 이는 미적이고 정확하며 근거가 분명한 고전적인 예술은 사실 언제나 왁자지껄하고 혼돈된 노이즈에 휩싸여 있다는, 극히 당연한 사실에 주의를 환기시킨다.

노이즈와 질서의 관계, 그것은 예술이라는 틀 안에 머무르지 않고 정보이론이나 철학으로 확대되는 중요한 문제를 제기한다. 정보를 정확하게 전달하려 할 때 노이즈는 말 그대로 성가신 방해물로 생각되는 것이 보통이나 정보이론의 체계화를 시도한 클로드 섀넌(Claude Elwood Shannon)은 정보의 내용이 잘 전달되려면 노이즈로 가득 찬 무질서 속으로 나아가는 것이 좋다고 말한다. 최근 생명과학계도 "질서는 노이즈에서 생겨난다"는 원리를 주장하는데, 생명체를 자기 조직에 의한 시스템으로 간주할 때, 질서는 외부의 무질서와 관련되지 않고는 생성되지 않는다는 것이다. (윤송아)

소음예술, 무질서, 미래파, 다다이즘

참고문헌
이시하라 치아키 외, 송태욱 역, 『매혹의 인문학 사전』, 앨피, 2009.

노장사상(老莊思想)

노장사상은 도가의 중심인물인 노자(老子)와 장자(莊子)에 의하여 형성된 사상을 의미한다. 도가는 봉건적 신분제도를 도덕적으로 확립할 것을 이상으로 여기는 공맹의 예치주의사상에 반대하고, 자연의 도, 즉 자연법칙을 이해하고 잡다한 인간적인 일들을 초월하는 평이한 생활을 주장하였다.

장자는 주나라 말기 전국시대의 혼란이 지식에 대한 지나친 관심에 있다고 주장하고 현실적인 행동의 규범을 추구할 것을 주장한 현실주의자였다. 또한 그는 지식에 대한 지나친 관심이 서로 상반되는 이론의 논쟁 밖에는 일으키지 못하므로 이를 제합할 것을 주장하였다. 그는 이러한 논쟁은 인간을 회의에 빠지게 할 뿐이므로 이러한 지식을 버리고 지식에 대한 집착을 초월하여야 한다고 주장하였다. 이처럼 현실비판에서 출발한 장자는 도리어 현실을 도피하여 관념적 자유를 구하였다.

노자는 지식을 부정하고 초월하는 장자의 사상에서 한 단계 더 나아가 지식을 형성하는 인간 의식을 문제 삼았다. 노자에 따르면 인간은 생에 얽매인 의식과 생의 수단인 감각으로 인해 물욕(物慾)을 가지게 되고 자기 자신을 망각하게 된다고 주장 하였다.

노장사상을 요약하자면 철학적 차원, 종교적 차원, 이념의 차원인 세 가지로 나누어 살펴볼 수 있다. 노장사상에서 철학적 측면을 나타내는 중심개념은 도(道)이고, 종교적 측면을 드러내는 핵심개념은 무위(無爲), 이념적 측면을 나타내는 중심개념은 소요(逍遙)라고 볼 수 있다. 도(道)라는 개념은 존재에 대한 개념으로 궁극적인 실체의 존재 양식을 의미한다. 노장사상에서 말하는 도(道)란 현상 그 자체 외에는 아무것도 아니며 우리가 자연이라고 말하고 있는 그대로의 것에 지나지 않는다. 특히 노자는 도(道)를 자연으로 보고 있는데 도는 자연을 본받는다라는 도법자연(道法自然)을 주장한다.

또한 노장사상에 있어서 무위(無爲)는 인간이 따라가야 할 행동에 관한 궁극적 원칙을 말한다. 인간 우환의 궁극적 해결을 위해서는 '행동하지 않고' 행동하라는 것인데 이는 노장사상의 핵심이 궁극적 가치를 자연과의 완전한 조화에서 찾으려 했기 때문이다. 노장사상에서 삶은 소요(逍遙), 즉 하나의 놀음이라고 본다. 이러한 소요의 경지는 우주적 차원에서 모든 것을 보는 것으로 우리 스스로를 대자연의 변화 속에 맡기고 억지없이 자연대로 살아가는 것을 뜻한다. (문화라)

무위, 소요, 도, 노자, 장자

참고문헌
박이문, 『노장사상』, 문학과 지성사, 1980.
박종호, 『노장철학』, 일지사, 1981.

노출증(Exhibitionism)과 관음증(Voyeurism)

노출증과 관음증은 일반적으로 성도착증(sexual perversion)의 유형으로 인식된다. 노출증은 남성이 자신의 성기를 여성에게 보여주려는 유형과 "보여지는 것(being looked at), 자기－현시 (자기－선전)(self－display), 과시(showing off)가 주는 쾌락을 위한"(Crycroft, 47) 다양한 행위들의 유형으로 나타난다. 이런 유형들은 어떤 무의식적 욕망들을 방어하는 목적과 "다른 대상이 반응하게 만듦으로써 자기도 무엇인가를 가졌다는 것을 증명하는 기능"(Rycroft, 47)을 가지는 신경증적 증후의 일환이다. 원래 프로이트는 노출증이 유아기적 '구성요소본능'(component instinct)의 하나로서 정상적인 본능으로 보았다. 소위 여성이 일반적으로 가졌다고 논의되는 노출증은 여성의 "남근선망"에서 파생된 것으로서, 여성들이 남근을 가지지는 않았지만 여전히 무엇인가를 가졌다는 것을 증명해야하는 필요 때문에 생긴다는 남근중심주의적 편견에 기초한 인식이다. 최근의 분석가들은 노출증이 "우울증, 불감증(frigidity) 혹은 정체성의 상실에 대한 공포에 대항하는 조증적 방어(manic defense)"(Rycroft, 47)로 간주한다.

관음증은 성적 부위나 다른 사람의 행동들을 보는 쾌락에 빠져 있는 도착증을 의미한다. 프로이트는 관음증(voyeurism)도 역시 유아기적 '구성요소본능'의 하나인 '관음증(scopophilia)' 본능에서 파생된 것으로 본다. 프로이트는 「매맞는 아이 : 성도착의 근원에 대한 연구에의 기여」("A child is Being Beaten : A Contribution to the Study of the Origin of Sexual Perversions)(SE 17, 175)에서 가학성이 피가학성과 뫼비우스적 띠의 관계를 이루고 있음을 보여준다. 즉 프로이트는 외양적으로 '매맞는 아이'의 피가학적 환상은 사실 이 아이가 자기가 중오하는 아이이거나 자신의 근친상간적인 가학적 감정에 대한 죄책감 때문에 징벌당하고 있는 바로 자신일 수 있다는 점에서 가학적 환상과도 연결된다. 이와 마찬가지로 노출증의 피가학성과 관음증의 가학성도 뫼비우스의 띠의 관계를 이루어서, 노출증은 관음증의 "능동적 양태"(active version)이고 관음증은 노출증의 "수동적 양태"라고 인식된다. (신명아)

도착증, 가학성, 피가학성, 근친상간, 우울증, 조증, 불감증

참고문헌

Freud, Sigmund. The Standard Edition of the Complete Psychological Works of Sigmund Freud Vol 17(1919), London : Hogarth Press, 1955.

Rycroft, Chris. A Critical Dictionary of Psychoanalysis, Totowa, NJ : Littlefield, Adams & Co., 1973.

녹색혁명(綠色革命, Green revolution)

녹색혁명이란 농업의 생산성 향상이나 식량 생산량의 급속한 중대를 위한 농업상의 여러 개혁을 의미한다. 개발도상국은 제2차 세계대전 이후 인구의 폭발적인 증가로 인하여 심각한 식량문제에 직면하게 되었다. 식량문제는 경제발전과 공업화에도 커다란 장애 요인이 되었다. 이로 인해 개발도상국은 식량생산량의 발전에 의한 식량 자급이 가장 중요한 문제로 대두되었다.

그러던 중 1960년대 후반에 이르러 같은 면적에서 원래의 종보다 배 이상의 수확량을 얻을 수 있는 신품종이 필리핀과 멕시코에서 개발되었고 이로 인해 비약적인 농업증산을 이루게 되었다. 이러한 신품종에 의한 개발도상국의 급속한 식량증산을 녹색혁명(green revolution)이라고 부르게 되었다.

1960년대에 들어오면서 미국을 비롯한 선진국의 농업연구에서는 옥수수나 밀, 벼 등의 품종개량 특히 수확량이 많은 개량품종의 개발이 추진되었다. 그 중에서도 록펠러, 포드 두 재단의 원조로 1962년에 필리핀에 설립된 국제벼 연구서(IRRI)에서는 1966년에 IR-8이 개발되었고, 또 같은 재단의 원조로 1963년에 멕시코에 설립된 국제 옥수수·밀개량센타(CIMMYT)에서는 멕시코밀이라 불리우는 다수확 품종이 개발되었다. 이들 신품종은 개발도상국에서의 식량부족을 해소하고, 나아가서는 식량증산에 의한 자급체제를 확립하는 것을 목적으로 개발도상국에 적극적으로 도입되었다. 동남아시아에서는 주로 IR-8이 도입되었다. 그러나 이 신품종은 수확량을 종래 품종의 약 2배로 증가시킬 수는 있지만, 대량의 비료와 농약 살포, 관개설비(灌漑設備)와 농기구의 충실 등 근대적 농업기술의 도입을 전제로 해야하고 많은 투자를 필요로 하는 것이었다. 그 때문에 신품종을 도입할 수 있는 농민과 지역의 능력여부가 농촌내부의 계층간, 지역간의 소득격차를 확대시켰다. 그리고 화학비료, 농약의 대량 투여에 의해 환경오염을 불러일으킨다라는 지적과 함께 우기의 델타지역에는 부적당하다는 결점도 지적되었다.

한국에서는 국제벼 연구소(IRRI)에서 개발한 '기적의 볍씨(miracle rice)IR 8'을 들여와 연구를 거듭한 결과, 한국 실정에 맞는 통일벼 계통의 신품종 개발에 성공하였다. 이후 1974년부터 보급에 주력함으로써 미곡증산의 실적을 올리게 되었다. (문화라)

식량증산, 품종개량, IR-8

참고문헌
Charles A. Reich, 노병식 역, 『녹색혁명』, 청산문화사, 1974.
박형구, 『녹색혁명』, 한국서적공사, 1995.

논리실증주의(論理實證主義, Logical positivism)

논리실증주의는 1924년 경 M. 슐리크(M. Schlick)를 중심으로 결성된 빈학파(Vienna Circle)에 의해 제기된 철학논리이다. 빈 학파에 해당하는 대표적인 인물은 M. 슐리크(M. Schlick), 카르납(Carnap), 바이스만(Waismann)등이 있다. 이들의 핵심적 주장은 비트겐슈타인(Wittgenstein)의 영향에 의해 채택된 것으로서 명제는 그 명제를 참이 되게 하는 경험들의 총체라는 것이다. 또한 명제의 의미는 그 명제를 검증(檢證, verification)하는 방법과 동일함을 주장하였는데 어떤 것이 경험적으로 오관을 통한 관찰에 의하여 검증될 수 있거나 논리학이나 수학의 동어반복이어야 의미가 있다고 강조하였다. 이 경험은 실제적일 필요는 없고 다만 원칙적으로 가능하기만 하면 되므로 이를 검증가능성원리라고 일컬었다.

이 논의의 가장 큰 문제점은 검증할 수 없는 명제는 무의미하게 된다는 것인데, 일반적으로 경험적 검증이 불가능한 범주의 명제들이 다수 존재한다. 예를 들어 "모든 까마귀는 검다"와 같은 생물학적 명제는 일반적인 명제이므로 미래의 경우까지 포함된다. 이와 같은 명제는 현재의 경우를 검증한다고 할지라도 미래의 경우까지는 원칙적으로 검증할 수 없게 된다. 그리하여 논리실증주의학파들은 검증원리를 확인가능성으로 대치하게 된다.

'검증한다'라는 말은 '사실임을 발견하다' 또는 '참인지 시험할 수 있다'를 의미할 수 있다. 포포는 과학에서 중요하다고 생각한 '모든 백조는 희다'와 같은 전칭 긍정문에 있어서는 참 진술을 검증하기보다는 거짓 진술이 거짓임을 증명하는 것이 더 쉽다고 주장하였다. 그는 이와 같은 반증가능성을 강조하기도 하였다.

반면 카르납은 통일과학을 강조하였는데 그에 따르면 모든 과학적 진술은 물리적 사물들이나 공간 시각적 점들에 관한 진술로 옮겨 놓을 수 있다는 것이다. 그는 또한 의미있는 진술들이 한 사람에 의해서가 아니라 모든 사람에 의해서 검증될 수 있어야 한다고 주장했다.

논리실증주의적 입장에 따르면 지식을 얻는 두 가지 방법은 논리적 추론과 실험적 경험에 의해서이다. 수학과 같이 형식논리로 환원 가능한 종류의 지식은 논리적 추론을 통해 얻을 수 있는 지식이며, 물리학, 생물학, 심리학 등은 경험적 지식에 속하는 지식이다. 빈학파는 M. 슐리크와 R. 카르납 등을 중심으로 과학을 수학과 논리학, 이론물리학 등의 관점에서 통합적으로 파악하고자 하였다.

논리실증주의는 그 짧은 활동기간에도 불구하고 분석철학으로 알려진 20세기의 경험주의 발전에 기여하였다. 의미론을 통한 논리와 세계의 관계, 수학과 논리명제 이해의 시도 등은 후세대 작업의 기초를 마련하였다.

한편 미국의 신비평가들은 실증주의자들의 환원주의에 반대하면서 검증될 수 있는 양자택일의 과학적 진술로 표현될 수 없는 양자긍정의 언어인 역설과 아이러니 구조로서의 문학을 옹호하였다. (문화라)

논리경험주의, 실증주의, 빈학파, 검증가능성원리

참고문헌

Brown Herold I, 신중섭 역, 『논리실증주의와 과학철학과 새로운 과학철학』, 서광사, 1987.

M. Schlick 『Meaning and Verification』 Philosophical Review, 1936.

논리학(論理學, Logic)

논리학은 지식활동에 관련된 특정한 종류의 원리들을 분석하고 명제화하며 이들을 체계화하는 분야의 학문을 지칭한다. 논리학은 크게 귀납논리학(歸納論理學)과 연역논리학(演繹論理學)

으로 구분된다. 양자는 아리스토텔레스로부터의 긴 역사를 가지고 있지만, 특히 후자는 19세기 말부터 크게 발전하였고 대부분의 논리학 교재는 이를 중점적으로 다룬다.

연역논리학은 연역적 추리에 관련된 많은 문제를 다룬다. 애매와 모호의 구조를 밝히고 오류의 유형을 나누며 추상·정의·분류의 개념을 명확히 한다. 의미의 표준을 제시하고 번역의 가능성을 논의한다. 이러한 추리의 기술 및 장치는 아리스토텔레스가 삼단논법(三段論法)을 유형별로 논의한 데서 비롯되었으며, 현대에 와서는 기호체계(記號體系)를 이루어 강력한 장치를 갖게 되었다.

귀납논리학은 현재의 관찰된 사실로부터 어떤 보편적인 명제를 끌어내는 추리에 관한 연구 학문이다. 이 보편적인 명제는 현재 아직 관찰되지 않은 경우를 포함하며, 아직 발생하지 않은 미래의 경우도 포함한다.

논리학은 또한 형식논리학과 인식론적 논리학으로 나누어 볼 수 있다. 전자는 사고의 내용으로부터 분리되어 기호적으로 표현할 수 있는 사고(판단, 추리 등)의 형식·법칙을 연구한다. 후자는 대상 인식을 위한 사고의 형식, 법칙을 연구하는 것으로, 인식의 본질, 인식의 발전과정, 진리의 기준 및 범주 등의 연구를 포함한다. 따라서 이 경우의 형식은 내용과 분리되어 있지는 않다.

사고의 형식을 처음으로 포괄적으로 연구한 이는 아리스토텔레스이다. 그의 논리학에는 여러 가지 풍부한 맹아가 깃들여 있으며, 연역추리에 대한 형식의 연구를 그 중심내용으로 한다. 그는 형식논리학의 시조이나, 그의 논리학은 그리스의 존재론과 결부되어 전개되었던 것으로 단지 형식적인 것은 아니었다. 그것이 중세 스콜라 철학자에 의해서 정밀화되면서 순수 형식적인 논증수단으로 되었다.

중세 말부터 근세 초에 걸쳐 베이컨(Bacon), 갈릴레이(Galilei), 데카르트(Descartes) 등에 의해 연역추리의 한계가 지적되었다. 베이컨은 발견의 논리로서의 귀납적 논리학의 윤곽을 제시하였으며 이는 후에 밀에 의해 체계화되었다. 칸트(Kant)는 근대 자연과학의 기초를 위해 선험적 관념론의 입장에서 인식론적 논리학(선험적 논리학)을 주장하였다. 헤겔(Hegel)은 칸트를 비판하고 절대적 관념론의 입장에서 변증법적 논리학을 수립하였다. 이 논리학은 관념론적인 존재론으로서의 의미와 심오한 통찰을 내포한 것이었다. 그 신비적인 외피를 벗기고 유물론의 입장에서 그 합리적인 핵심을 드러내어 발전시킨 것이 마르크스주의의 변증법적 논리학이다. (고인환)

연역논리학, 귀납논리학, 형식논리학, 인식론적 논리학

참고문헌
조나단 반즈, 문계석 역, 『아리스토텔레스의 철학』, 서광사, 1989.
마르틴 하이데거, 이기상 역, 『논리학』, 까치글방, 2000.
게오르크 W. F. 헤겔, 김소영 역, 『논리학 서론. 철학백과 서론』, 책세상, 2002.
Lutz Geldsetzer, 문성화 역, 『논리학』, 계명대학교출판부, 2002.
류명걸, 『일반논리학』, 형설출판사, 2003.

논변(論辯)

고대 논설문의 통칭. 주로 의론(議論)이나 설리(說理)를 위한 문장에 쓰여 졌으며, 논(論)과 설(說), 박(駁), 변(辯), 해(解), 고(考), 원(原), 평(評) 등 많은 하위 갈래를 포괄하고 있다.

논은 사물의 이치를 논단(論斷)하는 문장으로, 주로 정치나 역사·학문 등에 대해 논란할 때 쓰였다. 예컨대 가의(賈誼, 전200~전168)의 「과진론(過秦論)」과 소식(蘇軾, 1037~1101)의 「유후론(留侯論)」 등은 사론(史論)의 특성이 있다. 변은 옳고 그름을 가리고 논박하는 데 쓰여 변론적(辯論的) 성향을 띠었다. 때로 어떤 한 관점에 대해 자신의 주장을 제시하면서 비판하고 반박하는 방향을 취하기도 하는데, 유종원(柳宗元, 773~819)의 「동섭봉제변(桐葉封弟辯)」은 『여씨춘추(呂氏春秋)』 등에 기술된 주공(周公)의 오류를 반박한 글이다.

논과 변은 일반적으로 결합되어 있는 것이 보통이다. 그밖에 몇 가지 글은 이름은 비록 다르더라도 논의하고 이치를 밝히는 특징은 동일하다. 다만 강조하는 관점이나 논술의 각도가 다른 정도의 차이가 있을 뿐이다. 설은 설명에 중점을 두며 여러 가지 생각을 담는 잡문적인 성격이 강한데, 주돈이(周敦頤, 1017~1073)의 「애련설(愛蓮說)」이 대표적인 문장이다. 원은 본질을 찾고 근원을 캐낸다는 의미가 내포된 문장으로, 한유(韓愈, 768~824)의 「원훼(原毁)」와 「원도(原道)」, 「원인(原人)」이 있다. 해는 의문스러운 사항을 푼다는 뜻으로, 양웅(揚雄, 전53~후18)의 「해조(解嘲)」가 대표적이다. 의는 조정에서 문제를 논의하면서 서로 다른 의견을 진술하는 성격의 글인데, 유종원의 「박복구의(駁復仇議)」가 있다.

논변은 중국의 고문에서 대단히 폭넓게 쓰인 일상적인 문체다. 내용은 비록 정치와 역사, 철학 등 다방면에 걸쳐 있지만, 언어상으로 모두 문장이 간결하고 논리가 분명하며 이치가 충분히 개진되어야 한다는 요건을 갖추어야 한다. 때문에 논변은 비교적 강한 설득력을 지니고 있는 동시에 선명한 문학적 색채도 보여 준다. 그래서 선진(先秦)의 제자산문(諸子散文)이나 역사산문(歷史散文) 등의 적지 않은 문장이 문학 작품으로서 읽혀지기도 한다. (임종욱)

논설문, 제자산문(諸子散文), 역사산문(歷史散文)

참고문헌
임종욱, 『동양문학비평용어사전-중국편』, 범우사, 1997.
_____, 『중국의 문예인식』, 이회, 2001.
_____, 『중국문학에서의 문장체제 인물 유파 풍격』, 이회, 2001.
주훈초, 『중국문학비평사』, 이론과실천, 1992.

논시시(論詩詩)

중국에서 논시시(論詩詩)는 시로써 시를 품평하는 새로운 시비평 양식이다. 최초의 논시시인은 두보(杜甫, 711~770)로서, 도연명(陶淵明), 포조(鮑照), 사령운(謝靈運) 등 유명 시인들을 시로써 품평한 「희위육절구(戲爲六絶句)」가 최초의 작품이다. 논시시는 짧은 편폭에 형상적 언어로써 평론의 새로운 경지를 열어놓은 계기가 되었으며, 이에 이어 왕약허와 대복고(戴復高, 1167~?)가 계승하였고, 원호문(元好問, 1190~1258)의 「논시절구 30수(論詩絶句三十首)」가 나온 뒤로 청대에 이르기까지 많은 사람들이 이러한 시체를 이용하여 하나의 시 비평 양식으로 자리를 굳히게 되었다.

왕약허 역시 송대 시단을 풍미하였던 황정견과 강서시파 및 백거이에 대해 8수의 논시시를 지었는데, 8수 중에서 앞의 4수는 황정견 및 강서시파 시인들을 비판하였고, 뒤의 4수는 백거이를 칭송하였다. 이 중 한수를 통해 논시시의 구체를 예제 삼아 보도록 한다.

「논시사절(論詩四絶)」 서문과 제1수
서 : 산곡은 시에 있어서 매양 동파에게 대들고자 하였고, 문인 친당들은 결국 동파보다 낫다고 여기게 되었다. 그리고 지금의 작자들 역시 대개 그렇다고들 여긴다. 나는 일찍이 희롱하여 절구시 4수를 지었다.

駿步由來不可追,	(소식의) 빼어난 발걸음 좇을 수 없어,
汗流餘子費奔馳,	땀 흘리며 나머지 무리들 바삐 달린다.
誰言直待南遷後,	그 누가 말했던가,
始是江西不幸時	(소식의) 남행 이후로 강서의 불행이 시작되었노라고?

(『滹南集』권45,「山谷于詩, 每與東坡相抗, 門人親黨遂謂過之. 而今之作者, 亦多以爲然. 予嘗戲作四絶」云, ① '駿步由來不可追, 汗流餘子費奔馳, 誰言直待南遷後, 始是江西不幸時)

(오태석)

논시시, 두보, 희위육절구, 원호문, 논시절구, 시비평

참고문헌
이종한,『歷代論詩絶句研究』, 서울대학교 석사학위논문, 1983.
彭會資,『中國文論大辭典』, 百花文藝出版社, 桂林, 1990.

논증(論證)

그리스어인 아포데익시스는 논증(論證) 혹은 증명(證明)을 의미하는 말이다. 논증이란 하나나 그 이상의 명제(命題)를 증거로 들어서 또 다른 진술 하나가 참이라는 것을 주장하는 활동으로, 일반적으로 하나보다 많은 증거와 하나의 결론으로 이루어진다. 논증의 결론은 전제에 비추어 진리가 되는 진술인데, 이때의 전제란 논증에서 증거로 사용되는 진리에서 도출된 진술을 의미한다. 즉, 아포데익시스란 전제에 비추어 결론이 바로 진리라는 것을 증명하는 것을 뜻한다. 직시(直視)의 의미를 지닌 데익시스(deixis)가 상호텍스트들이나 개념들과 때때로 행하는 보다 넓은 의미의 미묘한 표시작용을 의미하기도 한다.

아포데익시스의 방법으로는 일반적으로 귀납적(歸納的) 추론과 연역적(演繹的) 추론이 사용된다. 귀납적 추론이란 충분한 양의 특수한 사례들을 검토하여 일반적인 사실이나 진리를 그 결론으로 이끌어내는 방법이다. 귀납적 추론에는 일반적인 사례에 의거하여 나머지 비슷한 종류의 사례들도 모두 같으리라고 결론을 내리는 일반화와, 두 사례가 일정한 수의 방면에 있어서 비슷하므로 다른 나머지 면에서도 비슷하리라고 결론을 내리는 유추의 방식이 있다. 연역적 추론이란 일반적인 원리를 전제로 하여 특수한 사실을 결론으로 이끌어 내는 방법으로, 참인 대전제를 사용하는 삼단논법(三段論法)이 가장 전형적인 방식으로 사용된다.

아리스토텔레스는 아포데익시스를 변증적(辨證的) 추론이나 쟁론적(爭論的) 추론과 구별하여 추론의 세 유형 중 하나라고 인식하였다. 아포데익시스는 결론을 이끌어내기 위해 진리에서 도출된 전제에서 시작한다. 그러므로 일반적인 의견에서 시작하는 변증적 추론이나 일반적으로 받아들여진다고 보이나 사실은 그렇지 않다는 전제에서 시작되는 쟁론적 추론과는 정반대의 성격을 지닌다. 마이클 리파테르(M. Riffaterre) 같은 학자는 아포데익시스적 진술은 이처럼 진리라고 가정된 무엇인가를 전제로 시작되기 때문에 독자로부터 그 진술을 의심할 모든 근거를 박탈하여 진리처럼 보이게 한다고 주장하였다. (강진호)

귀납적 추론, 연역적 추론

참고문헌
이대규, 『수사학』, 신구문화사, 1995.
게르트 위딩, 박성철 역, 『고전수사학』, 동문선 현대신서, 2003.
조셉칠더스·게리 헨치 엮음, 황종연 역, 『현대문학문화비평용어사전』, 문학동네, 1999.

논픽션(Nonfiction)

논픽션은 1912년 미국 잡지 『퍼블리셔즈 위클리』가 베스트셀러를 발표할 때 픽션과 논픽션으로 분류하여 발표한 것에서 유래한 개념이다. 논픽션(nonfiction)은 글자 그대로 픽션(fiction)이 아닌 모든 것을 지칭한다. 따라서 논픽션이 무엇인가를 분명히 하려면 픽션이 무엇인가를 먼저 분명히 해야 할 것이다.

'fiction'은 라틴어 '픽티오(fictio, 형성하는 것)'에서 유래했다. 픽션은 허구 가운데 특히 소설을 이르는 말로, '창작해낸 허구의 이야기'를 가리킨다. 예컨대 장편과 단편을 포함한 소설류, 신화와 우화, 드라마 등이 픽션에 속한다. 이러한 픽션을 제외한 모든 글이 논픽션에 해당되는데, 있는 사실을 그대로 서술하는 형식의 이야기 내용까지도 포함한다. 소설이 장르 용어임에 비해서 논픽션은 좀더 포괄적인 용어라고 할 수 있는데, 이는 논픽션이 문학뿐만이 아니라 영화, 드라마 등에서도 널리 쓰이며 '사실성' 혹은 '사실적'이라는 행위 자체를 나타내는데 쓰일 수 있다는 점에서 그러하다. 기록문학, 기록영화, 기록연극이 이 범주에 포함된다. 그러나 문학 용어로서 논픽션을 정의하자면 그 범위를 다소 좁혀 '사실(실제)을 주체로 한 기록적 성격을 지닌 표현력에 의해 감동을 줄 수 있는 문학적 가치를 지닌 문학장르'라고 할 수 있을 것이며, 그 범주에

르포르타주 · 여행기 · 전기 · 일기 · 수필 등이 포함된다.

　서양 문학의 출발점이 비극과 서사시라는 점을 감안한다면, 논픽션 장르가 처음부터 문학으로서의 가치를 가진 것은 아니라고 할 수 있다. 근대에 접어들면서 논픽션 문학이 하나의 중요 장르로서 확립될 수 있었는데 이는, '사실'이 지니는 중요성은 다른 것과 바꿀 수 없는 것으로 소설적 허구에 의하여 대용될 수 없는 섬세하고 치밀한 현실감을 가지고 있다는 명백한 인식에서 비롯한다. '허구성이 없다'는 논픽션의 특징을 가장 잘 보여주는 대표적인 문학 장르로 한국의 수필(essay)을 꼽을 수 있으며, 일본의 경우 일본만의 독특한 장르인 사소설(私小說)이 이 범주에 속한다. (김종회)

기록문학, 다큐멘터리, 르포르타주, 픽션

참고문헌
공덕룡, 『영미어 · 문학자료 사전』, 단국대학교 출판부, 1997.
Jacobs, Hayes B. 김병원 역, 『논픽션 쓰는 법』, 효성사, 1993.
Browne, Joseph, A book of nonfiction, Macmillan
참고할 만한 문헌
빅토르 츠메가치 · 디터보르흐마이어, 『현대 문학의 근본 개념 사전』, 솔출판사, 1996.
K. K. Ruben, 윤교찬 역, 『문학비평의 전제』, 1998.

놀이(Play)

　놀이란 인간의 생존과 관련 있는 활동과 일을 제외한 신체적 · 정신적인 모든 활동을 의미한다. 놀이는 생활상의 이해관계를 떠나서 자발적으로 참여하는 무목적적 활동으로 즐거움과 흥겨움을 동반하는 가장 자유롭고 해방된 인간 활동이다. 놀이는 일정한 육체적, 정신적 활동을 전제로 하며 정서적 공감력과 정신적 만족감을 바탕으로 이루어진다. 또한 인간으로서의 삶의 재미를 적극적으로 추구하고 즐기고자 하는 의지적인 활동이기도 하다. 놀이는 피로를 풀어주고 원기를 회복시켜 생활에 탄력을 주고, 삶의 기쁨을 표현하는 계기를 제공한다.

　J. 호이징가(Huizinga, Johan)는 인간을 호모루덴스라고 정의하였다. 놀이란 자유로운 행위이며 물질적 이익이나 효용과는 관계가 없으며 자기가 만들어낸 한정된 시간과 공간 안에서 일정한 규칙에 따라 질서정연하게 이루어지는 것이라고 주장하였다. 그는 놀이란 모든 합리적이고 문화적인 구조에 선행하는 삶의 특징이라고 밝혔다. 놀이가 인간에게만 국한되지 않는다고 생각한 호이징가는 이를 광범위한 문화활동에 기본적인 것이라고 분석했다.

　호이징가를 비판적으로 계승한 R. 카이우아는 놀이를 자유로우며 격리되고 미확정적이고 비생산적인 규칙을 가진 허구의 활동이라고 정의하였다. 놀이가 일상성, 즉 속세에 대한 것이라고 한다면 성스런 세계와의 관계가 문제시된다. 호이징가는 성스러운 행위가 격리된 장소에서 특정한 규율에 따라 실생활 외의 일시적인 허구세계에서 이루어지는 것이라고 지적하면서 놀이와 성스러운 행위의 유사성을 언급하였다. 그는 놀이만이 인간의 기본적 행위이며 성스러운 행위는 그 표현으로 나타난 것이라 생각하였다.

반면 카이우아는 놀이와 성스러운 행위는 함께 속세생활에 대치되지만 놀이와 성스러운 행위는 속세 행위를 주축으로 대칭적 위치에 있다고 주장한다. 그는 성스러운 것, 속세, 놀이라는 히에라르키(계층제도)를 상정하였다. 그리하여 카이우아는 놀이를 네 종류로 나누었는데 이는 경쟁, 운, 모방, 현훈으로 나뉜다. 경쟁은 인위적인 평등조건을 설정하고 속도나 인내력, 체력, 기억력, 기술 등을 겨루는 것을 말한다. 즉, 스포츠나 바둑 장기 등이 여기에 해당된다. 운은 유희자의 지능이나 지력, 훈련 등의 의미는 없어지고 오로지 운에 의해서만 내기하는 것을 말한다. 모방은 유희자 자신이 자기를 변신시키는 놀이인데 어린이의 흉내내기가 여기에 해당될 수 있다. 현훈이란 아찔함의 추구, 즉 지각을 불안상태에 빠뜨려 의식에 공포감을 일으켜서 실신상태를 즐기는 것으로 유원지의 제트 코스터 등의 놀이가 여기에 해당된다. 카이우아는 놀이 안에 파이디아와 루도스라는 대립하는 개념을 도입하였다. 파이디아는 해방이나 기분 전화, 자유분방에 대한 욕구이며 루도스란 곤란, 고통 등에서 기쁨을 찾는 것을 말한다. (문화라)

호모 루덴스, 카니발 레스크, J. 호이징가(Huizinga, Johan)

참고문헌

Huizinga, Johan, 김윤수 역, 『호모 루덴스』, 까치, 1981.
Caillois Roger, 이상률 역, 『놀이와 인간』, 문예출판사, 1994.

농민소설(農民小說)

농민소설(農民小說)이란 농민을 주인공으로 하여 농촌사회의 문제점을 파헤친 소설을 말한다. 그러나 농민 소설은 전원적이고 향토적인 공간으로서의 농촌을 배경으로 하거나 단순히 농민을 주인공으로 설정한 농촌 소설과는 달리, 당대의 농촌이 안고 있는 구조적인 모순이나 농민의식의 성장 등을 다룬다는 점에서 차별성을 갖는다. 따라서 1930년대 농촌 계몽 운동의 방편으로 쓰여진 소설과 프롤레타리아 혁명의 일환으로서의 농민 해방을 목적으로 씌어진 소설들, 그리고 1970년대 이후의 산업화와 도시화의 과정에서 소외되고 황폐화된 농촌의 현실과 농민 문제를 다룬 소설 등이 모두 농민 소설에 포함된다고 할 수 있다.

1920년대 문단에서는 조명희, 이광수, 심훈, 이기영 등이 주축을 이루어 문예적 차원에서도 농민을 중심으로 농촌을 계몽하여야 한다는 논의를 펼쳐기 시작하였다. 한국 비평사에서 농민 소설이란 말이 처음 사용된 것은 1923년 1월1일 동아일보 '신년문단에 바람'이라는 황석우의 글에서부터이다. 이 글에서 황석우는 농민문학을 일으켜야 한다는 주장을 하였다. 이후 1930년대에 동아일보가 전개한 브 나로드(V. Narod)운동과 함께 농촌계몽을 목적으로 하는 문학들이 상당수 등장하게 된다. 이 시기 대표적인 농민소설로는 이광수의 『흙』, 심훈의 『상록수』, 이무영의 『제일과 제일장』, 김정한의 『사하촌』, 이근영 『고향사람들』등을 들 수 있다.

이광수의 『흙』과 심훈의 『상록수』는 지식인 청년들의 농촌 계몽운동을 다루고 있다는 점에서 공통점을 가진다. 반면 이기영을 중심으로 한 프로 문학 측의 농민 소설은 관념적이고 엘리트적이며 시혜적인 농촌 인식으로부터 벗어나 당대의 농촌 현실에 보다 가까이 접근하고 있다. 이기영의 『고향』, 조명희의 『낙동강』등이 여기에 해당되는 작품들로 당대 농촌의 구조적인 모순을 밝히려고 시도한 작품들이다. 이 작품들은 일제 식민지하의 농촌이 겪고 있는 황폐화와 급속한 계급 분화, 지주와 소작인의 대립, 그리고 농민들의 투쟁을 주된 테마로 설정하여 문학적으로 형상화하였다.

반면 김정한의 『사하촌』과 이근영 『고향사람들』은 한국의 농촌사회가 당면하고 있는 현실을 냉철히 관찰하고 그 문제점을 드러내어 사회에 고발하고 있는 작품들이다. 이무영은 스스로 농촌으로 내려가서 농민의 생활을 직접 체험하고 그 체험을 바탕으로 농민의 삶을 문학적으로 재현하려고 노력한 작가라는 점에서도 의의를 지닌다.

이처럼 1930년대의 농민소설들은 농촌의 낙후성과 농민의 무지함을 일깨우는 계몽주의적 색채가 강하였다. 또한 보편적인 삶의 현장으로서 농촌과 농민에 대한 현실적 이해, 새로운 농민상을 정립하기 위한 노력이 농민소설을 통해 이루어졌다. 또한 고발 문학적 성향을 가진 농민소설들도 찾아볼 수 있는데 이 소설들에서는 일제에 의해 상행된 토지조사사업으로 인한 농민의 피해, 일본의 식량조달을 위한 농민들의 착취, 소수 지주들에 의한 횡포 등의 고발 내용이 담겨져 있기도 하다.

1960년대 후반에 접어들면서 일제 식민지하에서의 농촌과는 달리 산업화, 도시화의 과정에서 소외되고 황폐화된 농촌의 현실을 그린 일련의 농민 소설이 나타나게 되었다. 하근찬, 박경수, 이문구 등이 이 시기의 대표적인 농민 소설 작가들로 이들은 산업화가 몰고 온 급격한 이농현상과 농촌의 붕괴, 근대화의 혼란으로 인한 의식과 가치의 전도 현상 등을 날카롭게 포착하여 작품화하고 있다. (문화라)

농촌소설, 브나로드 운동, 귀향소설

참고문헌
백철, 『신문학사조사』, 신구문화사, 1968.
오양호, 『한국농민소설연구』, 효성여대출판부, 1981.
김준, 『한국농민소설연구』, 태학사, 1990.

농촌계몽운동 ☞ 브나로드

농촌문학/농민문학
농촌문학이란 전원적이고 향토적인 공간으로서의 농촌을 배경으로 하거나 단순히 농민을 주인공으로 설정한 문학을 말한다. 반면 농민문학은 농민과 농촌의 문제를 소재로 하여 씌여진 소설로서 당대의 농촌이 안고 있는 구조적인 모순이나 농민의 문제를 두루 다루는 문학이다.(오양호, 농민소설론) 이 두 용어에 대한 근본입장은 후자는 주인공과 주제적인 면을 중심으로, 전자는 소재와 공간적인 면을 중심으로 내려진 명칭이다.

1970년대에 와서 소수의 비평가들이 「흙」, 「상록수」등의 작품을 농촌소설이라는 용어를 사용하여 논의를 전개해 나가기 시작하면서, 비평 용어로서 농촌문학 또는 농촌소설이라는 용어가 자주 쓰이게 되었다. 그러나 이들이 그와 같은 용어를 들고 나온 적극적인 이유가 발견되지 않는다. 따라서 이 경우 농촌소설을 농민소설이라 해도 크게 지장은 없을 것 같다. 왜냐하면 용어로 인해 이들 논조의 실제 개념이 달라지고 있는 것은 아니기 때문이다. 1970년대에 제기된 농촌소설론에서의 '농촌'이란, 소위 근대화과정에서 소외된 지대로서의 농촌이고, 그 농촌이 사실은 국민의 절대 다수란 점에서, 겉으로 나타난 근대화가 실상은 얼마나 허망한가를 보여주려는 리얼리즘문학의 한 양상이다. 문단복귀를 하면서 내 놓은 김정한의 농촌 소재 소설이나 박경수의 「동토」가 '농민의 문제를 다룬 소설'이라는 점에서, 역시 농민소설이고, 농촌소설이다. 두 용어가 달리 나타나게 된 또 하나의 입장은, 농민소설과 농촌소설이 전자가 인물 위주로, 후자가 배경 위주로 사용하는 데서 빚어지는 혼란이다. 농민소설이란 '농민의 문제를 다룬 소설이다'란 입장에서 용어가 사용된 것은 농민소설론의 제창기, 논쟁기, 창작기, 변질기에 일관되게 나타난다.

1930년대 농민문학은 크게 계몽형, 투쟁형, 보수형, 이농형 농민문학으로 나눌 수 있다. 계몽형 농민문학은 동아일보가 전개한 브나로드운동에 발맞추어 농촌 계몽운동이라는 일종의 민족운동의 관점에서 쓴 농민문학을 말한다. 여기서 '브나로드'란 말은 '민중' 또는 '농민'이란 뜻이고 '브나로드'란 '민중 속으로!', '농민 속으로!'란 의미의 러시아어다. 1931년 7월 16일 처음으로 '학생 하기(夏期) 브나로드 운동'이란 6단 기사가 사고(社告)로 나오던 날, 동아일보의 사설은 여름 휴가를 떠나는 모든 학생들은 농어촌으로 들어가 계몽운동을 하라고 당부한다. 이런 농 · 어촌에로의 귀향의 주창은 러시아가 1869년에서 1872년 사이 4년간 전개했던 '브나로드 운동'과 동일한 발상에서 출발하고 있다. 이광수가 당시 동아일보 편집국장으로 있으면서 '브나로드'라는 용어를 처음 사용함과 동시에 이 일을 주도하였다. 여기에 속하는 작품으로는 이광수의 「흙(동아일보, 1932)」, 심훈의 「상록수(동아일보, 1935), 서오봉의 「와룡동」을 들 수 있다.

다음으로 투쟁형 농민문학은 농촌의 비참한 생활상을 고발하는 프롤레타리아 문학의 한 부류로서의 농민문학을 말한다. 여기에 속하는 작품이 이기영의 「서화(조선일보, 1933. 6)」, 「고향(조선일보, 1933. 11)」, 프로측 작가들의 엔솔로지인 「농민소설집」의 작품이 이 그룹에 속한다. 이중 이기영의 「고향」은 식민지 농촌의 궁핍화 속에 투쟁하는 주인공을 내세워 농민의 삶을 본질적으로 뒤집는 프로문학의 한 전형을 형성한 작품이다.

이무영(1908~1960)은 도시생활을 청산하고 농촌으로 돌아가, 다른 소설은 그만두고 농촌소설을 쓰는 것을 신앙처럼 지녔던 작가이다. 1932년 9월에 <신동아>에 발표한 「흙을 그리는 마음」이 이무영 문학의 이런 성향을 잘 나타낸다. 그의 「제 일과 제 일장」은 도시를 떠나 농촌으로 돌아가는 지식인을 문제 삼는다. 대표적인 보수형 농민문학이다.

이농형 농민문학은 안수길의 창작집 「북원(1944)」에서 그 문학적 특징이 잘 나타난다. 만주·간도가 배경이 된 농민소설이다. (오양호)

누벨바그(프 Nouvelle vague)

누벨 바그는 '새로운 물결'이란 뜻의 불어이다. 이것은 1950년대 후반에서 1960년대 초반에 활약한 젊은 영화감독이 프랑스 영화의 역사에 있어서 획기적인 질적 변화를 도모했던 운동의 개념을 의미한다. 즉, 새로운 물결은 새로운 세대의 동의어로 쓰여지고 있다.

1956년 11월 28일, 기자 출신의 감독인 로저 바딤이 만든 영화 한 편이 프랑스 전역에 개봉되었다. 영화의 제목은 「그리고 신은 여자를 창조했다」였다. 이 영화의 히로인은 22세의 젊은 여배우 브리짓 바르도였다. 영화를 통해 드러난 그녀의 새로운 이미지는, 자유롭고 해방된 여자의 몸, 단순한 관능을 보여주는 것이 아닌 건강하게 살아 움직이는 몸이었다. 영화 속의 인물인 한 여자가 몸의 이미지를 완전히 바꾸었듯이, 영화 역시 현저한 발상의 전환을 급진적으로 요구했다. 누벨 바그는 이렇게 시작되었던 것이다.

누벨 바그의 젊은 감독들은 대체로, 영화잡지인 『카이에 뒤 시네마』의 비평가로 출발했고, 소위 작가주의(auteurism)를 지지했다.

장 뤽 고다르(Jean-Luc Godard)는 누벨 바그의 가장 대표적인 감독이었다. 그는 새로운 스타일의 창출을 위해 끊임없이 실험과 도전을 벌여 왔다. 그의 영화는 1959년 「네 멋대로 해라」에서 비롯되었다. 즉흥 연출, 파격적인 양식, 핸드 핸드 카메라에 의한 흔들리는 숏의 제시 등은 당시로선 엄청난 충격파를 가져왔다. 그 후에도 고다르는 계속적으로 이어지는 문제작을 발표했다. 고다르 영화의 가장 중요한 특징은 소격효과이다. 그는 관객들을 영화에 몰입시켜 현실을 잊게 함으로써 부르주아 가치에 부합하는 영화를 비판하면서, 소격효과의 개념으로써, 관객의 몰입을 의도적으로 차단하려고 하였다. 그는 그밖에 다큐멘터리와 픽션의 융합, 르포타주의 성격을 부각시키기 위해 인터뷰 장면의 삽입, 사실적인 '빛'에 대한 탐구 등과 관련된 방법을 빈번히 사용했다. 누벨 바그 가운데 가장 현저하게, 그리고 가장 큰 선을 그은 사람은 고다르이다. 고다르 이전의 영화가 있었고 고다르 이후의 영화가 있다는 에피그램이 있을 정도이다.

그러나, 작가라는 의미의 부여, 누벨 바그라는 용어의 주창, 칸느 페스티벌의 선언 등에 적극적으로 가담했던 이는 프랑수아 트뤼포(Francois Truffaut)이다. 그는 불우하고 반항적이고 문제가 많은 성장기를 보냈다. 그러던 그의 인생은 영화로 구원을 받는다. 그의 영화 초기작에 해당되는 「400번의 구타」, 「피아니스트를 쏴라」, 「줄 앤 짐」은 기존의 영화에서 볼 수 없었던 새로운 양식을 선보였던 것으로서 비평과 흥행에서 커다란 성공을 거두었다. 그는 새로운 시대의 감성을 새로운 영화 형식에 담아내는 데 탁월한 감각을 보여주었다.

누벨 바그의 대표적인 감독으로, 그밖에, 범죄영화 장르에 대한 집요한 탐구를 보여준 클로드 샤브롤(Claude Chabrol), 감정과 심리의 일상 철학자로 불리우는 에릭 로메르(Eric Rohmer), 시간을 해체하고 재구성함으로써 기억과 망각의 세계를 묘파한 알랭 레네(Alain Resnais), 스크린의 페미니스트 아네스 바르다(Agnes Varda) 등이 있다.

누벨 바그 영화는 몇 가지 공통점을 지니고 있었다. 무대 세트보다 로케이션 촬영을 선호했던 점, 스튜디오의 조명 대신에 자연광이 이용되었다는 점, 배우들의 연기가 즉흥적으로 권장되었다는 점, 사건들의 인과적인 연결이 느슨하여 불연속적이고 단편적이어서 결말이 항상 모호하다는 점 등이 구체적인 사례라고 할 수 있겠다.

누벨 바그는 정치적으로 좌파적 성향이 짙었다. 이 운동의 진보성은 68혁명에 영향을 끼쳤고, 그리고 68혁명과 함께 막을 내렸다. (송희복)

작가주의, 장 뤼 고다르, 프랑수아 트뤼포, 소격효과, 68혁명

참고문헌
임정택 외, 『세계영화사 강의』, 연세대학교 출판부, 2001.
김호영, 『프랑스 영화의 이해』, 연극과 인간, 2003.

누보로망(Nouveau roman)

누보로망이라는 말을 제일 먼저 사용한 사람이 누구인지 밝히기는 어렵지만, 그 말의 기원이 된 앙티로망 anti-roman이라는 말을 최초로 사용한 사람은 사르트르 J. P. Sartre이다 그는 1947년에 발표된 나탈리 사로트 N. Sarraute의 『어느 미지인의 초상화』의 서문에서 그 책을 '앙티로망'이라고 부른다. 그것은 전통적인 소설을 거부한다는 '반소설'을 의미하기 위해 사용된 표현이데, 그 후 전통적인 소설을 거부하고자 하는 의도로 씌어진 일련의 소설을 '누보로망' '앙티로망', '시선학파' 등의 이름으로 언론 매체에서 부르게 되었고 그것을 나중에 작가들이 수용하면서 공식적인 이름이 되었다. 로브-그리예 Robbe-Grillet 자신이 1953년부터 1963년 사이에 10년 동안 발표한 도전적이고 논쟁적인 글에서 20세기 중반에 1세기 전의 전통소설을 어떻게 쓸 수 있는가 반문하면서 '누보로망'을 써야 한다고 강변하고, 많은 독자들이 이해하지 못하겠다고 불평하는 자신의 작품이 '누보로망'이라고 주장한다. 그는 1963년 자신의 산문집에 『누보로망을 위하여』라는 제목을 붙인다. 그는 이 책에서 '작중인물', '이야기', '인본주의', '사실주의' 등의 개념이 19세기적인 낡은 개념이라고 주장하고 전통소설에서 이야기로서 자연스런 내용이나 형식이 모두 20세기에는 자연스런 것이 아니라는 점을 상기시킨다. 그래서 있는 그대로의 현실을 묘사하고 제시하고자 하는 노력이 소설의 반성을 가져왔고 그 결과 누보로망만이 새로운 인간조건과 세계의 모습을 제시할 수 있다고 주장한다. 그렇기 때문에 그들에게는 공통의 선언도 없고 방법론도 없다. 누보로망 작가로 불리는 사람 각자의 작품들은 서로 어떤 유사성을 가지고 있지 않고 문체나 구성이나 인물의 공통점도 가지고 있지 않다. 그들 작품의 유일한 공통점이라고 한다면 그 방법은 서로 다르지만, 세계와 인간조건에 대한 새로운 탐구로서의 소설의 가능성을 제시하고자 한다는 것이다. 다시 말하면 소설의 새로운 현실에 대한 탐구이다. 따라서 소설의 전통적 형식과 결별하고 소설문학의 방법과 내용을 개선하고자 하는 노력이 소설 속에서 추구되고 있는 소설을 누보로망이라 할 수 있다. 누보로망 특집을 제일 먼저 기획한 사람은 미셸 푸코로서 그는 1958년『에스프리』7월―8월호에서 누보로망 작가 리스트를 최초로 작성했다. 물론 그가 작성한 리스트에 들어간 사람도 자신이 누보로망 작가로 불리는 것을 거부한 사람도 있기 때문에 누가 누보로망 작가인지 확정짓는 것이 쉽지 않았다. 1971년 스리지 라살에서 '누보로망, 어제와 오늘'이라는 주제로 국제 심포지움이 개최되었는데, 그때 그 동안 각종 미디어에 누보로망 작가로 등장한 모든 작가들에게 스스로 누보로망 작가로 불리기를 원하는지 앙케트를 실시한 결과 일곱 명의 작가가 여기에 동의함으로써 작가 리스트가 확정되었다. 즉 알랭 로브―그리예, 미셸 뷔토르, 나탈리 사로트, 클로드 시몽, 클로드 올리에, 로베르 팽제, 장 리카르두 등이다. 이들로 인해서 누보로망은 문학사에서 고유명사가 될 수 있었지만, 그들은 작가생활을 계속할수록 새로운 작품을 끊임없이 시도해야하는 운명에 처하게 된다. 이미 반세기 전에 초현실주의자에 의해 '후작 부인은 오후 5시에 외출하였다'와 같은 소설을 되풀이해서 쓸 수 없다고 선언한 이후 누보로망 작가들도 그 명제와 싸우지 않으면 안되었다. 이러한 누보로망의 정신은 현대소설에 막대한 영향을 미치면서 소설의 모습을 완전히 바꿔 놓았다. 그래서 초기에는 그 전위적이고 전복적인 성격 때문에 독자들의 열렬한 지지를 받았지만 시간이 흐를수록 전문 독자를 제외한 일반 독자들로부터 외면을 당하기 시작하여 클로드 시몽이 노벨 문학상을 받은 뒤부터 현저하게 독자 감소현상에 직면한다. 누보로망이 노벨문학상을 받았다는 것은 그것이 이미 제도권에 들어감으로써 누보로망이 아니라는 것을 의미한다. 한국에서 소설적 반성을 주제로 다룬 작가를 든다면 이청준, 이인성, 최수철, 서정인 등을 꼽을 수 있지만, 누보로망이 고유명사라는 것을 상기하면 이들의 작품은 다른 이름으로 명명되어야 할 것이다. (김치수)

메타소설, 포스트모더니즘

참고문헌
로브―그리예, 김치수 역, 『누보로망을 위하여』, 문학과지성사, 1992.
J. Ricardou, Nouveau roman par lui―même, Seuil
Collectifs, Nouveau roman, hier et aujourdhui, 10/18

뉴 아메리칸 시네마(New American cinema)

1967년에 발표된 아서 펜의 「우리에게 내일은 없다(Bonnie and Clyde)」는 뉴 아메리칸 시네마의 도래를 알리는 의미있는 작품이 되었다. 이 용어는 좁은 의미에서 1960년대 뉴욕을 중심으로 활동했던 실험영화, 언더그라운드 영화, 인디펜던트 영화를 지칭하며, 넓은 의미에서 볼 때 첨예한 사회의식과 혁신적인 스타일을 보여준 소위 '뉴 할리우드'와 할리우드의 작가주의 영화를 포함하기도 한다.

뉴 아메리칸 시네마는 1960년대 미국 사회의 혼돈·소란·동요와 이를 배경으로 성장한 반문화 운동, 소수자(minority)의 주체적인 투쟁 등과 밀접한 관련성을 맺고 있다. 때문에 이 영화 운동은 반전, 세대 문제, 흑백 인종의 갈등 등의 문제를 두루 다루면서 내용의 영역을 확대해 갔다.

뉴 할리우드 영화 가운데 정치적인 불온의 징후가 엿보이기 시작한 것도 뉴 아메리칸 시네마의 특징으로 지적된다. 1960년대 말 3년간에 걸쳐 발표된 일련의 영화들, 이를테면, 아서 펜의 「우리에게 내일은 없다」, 마이크 니콜스의 「졸업」, 스탠리 큐브릭의 「2001 스페이스 오딧세이」, 데니스 호퍼의 「이지 라이더」, 샘 페킨파의 「와일드 번치」 등에는 은밀한 좌익성의 함께 새로운 영화의 바람을 일으켰다. (송희복)

아서 펜, 뉴 할리우드, 1960년대 미국 사회.

참고문헌
태혜숙, 『미국문화의 이해』, 중명, 1997.
임정택, 『세계영화사 강의』, 연세대 출판부, 2001.

뉴에이지 역사소설

2000년대 한국 문단에 등장한 새로운 경향의 역사소설을 이르는 말. 2007년 평론가 서영채는 신경숙의 장편소설 『리진』의 작품 해설 「뒤늦은 애도, 한 고결함의 죽음에 관하여」에서 '뉴에이지 역사소설'이라는 용어를 사용한다. 뉴에이지 역사소설은 "단순한 흥미만을 겨냥한 것도 아니면서 또한 동시에 그 어떤 목적론적 역사의식에서부터 벗어나 있는 어떤 지점을, 현재적인 지반에서 유래한 다양한 문제의식과 윤리적 감각이 구현되고 있는, 현대성의 다양한 방면들이 표현되고 있는 완결성의 작은 공간을 보여주고" 있는 새로운 경향의 역사소설을 뜻한다.

2007년 여름 『창작과비평』은 한국문학이 맞고 있는 위기에서 벗어나기 위한 대안으로 장편소설을 활성화시킬 것에 대해 논의한다. 평론가 권성우는 창비주간논평 「장편소설 대망론에 거는 기대와 우려에서 "한겨레신문 최재봉 기자의 「한국소설, 장편으로 진화하라!」(≪한겨레≫ 2007. 1. 1)로 촉발된 이러한 논의는, 문학평론가 남진우의 「장편소설의 시대를 열기 위하여」(≪한국일보≫ 2007. 1. 10)에 이어 ≪창작과비평≫ 2007년 여름호의 특집기획 '한국 장편소설의 미래를 열자'를 통해 한층 구체적이며 포괄적으로 진행되고 있다"고 언급한다. ≪창작과비평≫ 2007년 여름호의 특집에서 서영채는 최원식과의 대담 「창조적 장편의 시대를 대망한다」에서 "새로운 스타일의 역사소설이 대두된 것도 우리 시대를 이야기할 수 있는 중요한 지표"라고 언급하며 이러한 새로운 역사소설이 장편소설을 활성화하고 한국 문학의 위기를 극복할 수 있는 가능성을 가진 것으로 보았다.

서영채는 이 대담에서 김훈의 『칼의 노래』, 황석영의 『심청』, 김영하의 『검은 꽃』, 성석제의 『인간의 힘』, 김연수와 신경숙의 소설 등 당시 역사소설 붐을 형성했던 작품들을 뉴에이지 역사소설이라고 지칭했다. 기존의 역사소설에는 역사 자체에 흥미를 보이는 사담(史談)류와 작가 자신의 이념이나 역사에 대한 전망이 역으로 투사되어서 비유적 혹은 알레고리적으로 이야기를 만들어내는 역사소설이 있었는데, 뉴에이지 역사소설은 이러한 흐름과는 다른 모습을 지니고 있다는 것이다. 그에 의하면 뉴에이지 역사소설에서는 "역사가 이제는 이념이나 흥미의 차원이 아니라 서로 다른 스타일의 개성과 상상력의 차원에서 미적인 것으로 전유되고" 있다.

당시 출판계에서는 김훈의 『칼의 노래』, 조두진의 『도모유키』, 김영하의 『검은 꽃』, 전경린의 『황진이』, 김별아의 『미실』 등을 시작으로 조정래의 『오 하느님』, 김훈의 『남한산성』, 신경숙의 『리진』, 김탁환의 『리심』, 김경욱의 『천년의 왕국』이 역사소설 붐을 형성했다. 홍석중의 『황진이』, 박태원의 『임진조국전쟁』같은 북한에서 출간되었던 소설들도 이러한 경향에 따라 재출간되었다.

평론가 방민호는 「왜 역사소설인가」에서 "젊은 작가들, 상승 중에 있는 작가들이 역사소설에 매달"리면서 대중적인 기반을 얻을 수 있었다고 분석하면서 "역사소설이 소재, 주제 면에서 협소함과 빈곤함을 면치 못하고 있는 한국 문단에 새로운 활력소가 되고 있"으며 "한국 소설이 보여주는 현재적 현실의 깊이 없음, 넓이 없음에 지친 독자들을 다시 한 번 문학 쪽으로 끌어들이는" 역할을 하고 있다고 주장한다. 또한 최근의 역사소설들은 이전의 역사소설과 비교했을 때 "이념적"이지 않으며 "우리 역사소설에 전통적인 공동체 및 이념지향적인 속성을 뚫고 한국의 역사와 한국인의 삶을 독특하면서도 보편적인 시각에 개방하려는" 의도를 지닌다고 평한다. (추선진)

참고문헌
서영채, 「뒤늦은 애도, 한 고결함의 죽음에 관하여」, 『리진2』, 문학동네, 2007.
서영채·성석제, 「왜 다시 역사소설인가」, 『경향신문』 2011. 5. 23.
창작과비평사, 『창작과비평』, 2007. 봄.
방민호, 「왜 역사소설인가」, 『한겨레21』, 667호 2007. 7. 5.

뉴 웨이브(New wave)

뉴 웨이브(New wave)란 용어는 1960년대 초에 사용되던 영화 비평 용어를 차용한 것인데, 장 뤽 고다르와 프랑소아 트뤼포 감독의 실험적 작풍을 가리키는 누벨바그(nouvelle vague)를 영어로 번역한 것이다. 누벨바그는 장 뤽 고다르, 에릭 로메르, 클로드 샤브롤, 자크 리베트 같은 1950년대 후반부터 1960년대 초반에 걸쳐 활약한 영화감독들의 작품을 뜻한다. 이들은 모두 1950년대 프랑스의 영화잡지 『카이에 뒤 시네마 Cahiers du Cinema』의 비평가로 출발했고 작가주의 태도를 지향하였다.

한편 SF문학에서 뉴웨이브(New wave)란 1960년대 영국에서 시작된 새로운 흐름을 일컫는다. '뉴 웨이브'가 최초로 구심력있는 운동 형태를 갖추게 된 계기는 영국의 SF작가 마이클 무어콕(Michael Moorcock)이 1964년 잡지 「뉴 월즈(New Worlds)」의 편집장을 맡게 되면서부터다.

뉴 웨이브의 선두 주자는 고도의 상징성과 시각 이미지를 다용한 전위적인 작풍으로 잘 알려진 J. G. 발라드이다. 그는 1930년에 중국 상하이의 영국인 조계에서 태어나 태평양 전쟁 발발 후에는 중국에 있는 일본군의 적성 외국인 수용소에서 억류생활을 해야 했다. 억류되었을 당시 12세에 불과했던 발라드는 후식민주의의 모순과 전란 속에서 살아남기 위해 고투해야 했고, 그의 뇌리에 아로새겨진 소년 시절의 트라우마는 자전적 소설인 『태양의 제국(The Empire of the Sun)』을 통해 재구성되었다.

전통적인 SF가 우주공간으로 대표되는 외우주 지향의 문학이었다면, 무어콕이 발굴한 작품들은 인간의 내면에 펼쳐지는 의식, 무의식과 외부 환경의 상호 작용에 초점을 맞추고 있다. 내용면에서는 심리학과 기호학으로 대표되는 인문과학적 주제의 도입이 눈에 띄었고, 주제 전달 매체로서의 스타일이 강조되었다. 무어콕은 매호마다 발라드와 그의 라이벌이었던 브라이언 올디스의 작품과 평론을 게재함으로써 창작과 비평을 활성화시켰다. 이들 작가의 비평적 성공이 침체의 늪에 빠져 있던 SF계 내부에 일종의 공명(共鳴) 작용을 일으켜 아메리칸 뉴웨이브, 혹은 포스트 뉴웨이브라고 불리는 미국 SF의 르네상스를 유발하게 되었다. (문화라)

누벨바그(nouvelle vague), 포스트 뉴웨이브, 아메리칸 뉴웨이브

참고문헌
모나코 제임스, 권영성 · 민현준 · 주은우 공역, 『뉴 웨이브』, 한나래, 1996.
박상준, 『SF테마기행』, 미라지 미디어, 2001.

뉴미디어 ☞ 멀티미디어

뉴크리티시즘(新批評, New criticism)

1930년대에서 1960년대에 이르는 미국의 문학비평운동 및 방법론으로, 문학작품을 독립적이고 자율적 존재로 보고 작품 그 자체로 평가하고 판단하고자 했다. 이 용어는 랜섬(John Crowe Ransom)의 『신비평(The New Criticism)』(1941)이 출간된 후 통용되었다.

신비평가들은 서로 차이가 있기는 했지만 "우선 다른 무엇이 아닌 시로서 취급되어야 한다"(T. S. Eliot)는 이론적 가정을 공유하고 있었다. 시는 자기충족적인 대상이며, 비평가는 그 자율성을 알아보고 작품이 그 자체를 목적으로 존재한다는 것을 인정해야 한다. 작품을 분석 · 평가함에 있어서 그들은 작품이 씌어질 당시의 사회 상황, 작품이 독자에게 끼치는 심리적, 도덕적 영향에 대해서는 관심을 갖지 않으며, 또한 장르와 주제의 역사에 대한 의존도도 극소화하려 한다.

신비평은 자연히 문학작품의 언어조직에 많은 관심을 기울였다. 신비평의 독특한 특징 중의 하나는 '자세히 읽기'(close reading)인데, 작품의 형식과 내용의 복합적인 상관관계와 애매성 (ambiguity)을 정치하게 분석하는 방법이다. 신비평가들은 어떠한 작품이든 본질적인 성분은 언어와 언어의 작용이라는 층위에 존재한다고 주장했다. 따라서 중요한 것은 인물, 사상, 구성 이 아니라 단어, 이미지, 상징이었다. 이러한 언어적 요소들이 중심 테마를 축으로 하여 조직되 고, '다양한 충돌들의 화해' 또는 '대립하는 힘들의 균형' 안에서 긴장(tension), 반어(irony), 역설 (paradox)을 구현한다고 보는 것이다.

신비평의 주요 비평가는 브룩스(Cleanth Brooks)와 워렌(Robert Penn Warren)이며, 그들의 텍 스트 『시의 이해(Understandin Poetry)』(1938)는 미국에서 신비평을 지배적인 관점으로 만들어 놓는 데 결정적인 역할을 하였다. 브룩스의 『잘 빚어진 항아리(The Well Wrought Urn)』(1947) 와 윔섯(William K. Wimsatt, Jr)의 『말의 도상(The Verbal Icon)』(1954), 웰렉·워런의 『문학의 이론(Theory of Literature)』(1973)은 신비평의 주요 저작이다. 근래 들어 신비평은 몰역사적이고 형식주의적이라고 비판받았으나, 철저한 원전 분석과 다양하고 정밀한 방법론으로 전기적·역 사적 비평을 대체했다는 데에 그 의의가 있다. (권채린)

형식주의(Formalism), 분석주의, 맥락비평

참고문헌
프랭크 렌트리키아, 『신비평 이후의 비평이론』, 이태동, 문예출판사, 1994.
Wellk, René, 『A History of Modern Criticism』 vol.6. New Heaven : Yale University Press, 1986.
_____, 이경수 역, 『문학의 이론』, 문예출판사, 1989.

느낌구조(Structure of Feeling)

특정 집단에 의해 공유되는 특정 시기의 생활철학을 말하는 것으로 감정의 구조라고도 한다. 이는 영국의 문화비평가인 레이먼드 윌리엄스(Raymond Williams)가 처음 사용한 용어였으며, 1961년에는 자신의 책 『기나긴 혁명(The Long Revolution)』에서 일종의 방법적 개념으로 발전 시켰다. 예를 들어, 세대 차이에서 볼 수 있는 것처럼 동일한 시대의 문화 환경에서 자란 사회구 성원들도 그 또래 집단만의 특정한 반응을 만들어낸다. 이것은 우리가 공통의 문화 속에서도 서 로 다르다는 것을 인식한다는 증거인데 바로 이렇게 공통성 속에서도 존재하는 차이가 느낌구 조이다. 따라서 이것은 집단적·문화적 무의식과 사회적 이데올로기의 중간 지점에 위치한다.

개인적이고 주관적인 '느낌'을 사회적이고 객관적인 틀인 '구조'로 설명하는 것의 난점에 대 해서 윌리엄스는 실제 건축물이나 패션, 문학작품 등의 자료를 통해 이것을 분명히 읽어낼 수 있다고 주장한다. 그 자료들 속에 개개인이 말로는 설명하지 못하는 공통된 생각과 감정이 반영 되어있고 바로 이런 느낌구조를 읽어내야 하는 것이 그가 말한 문화분석의 목적이 된다. 그러나 이 개념에 지나치게 의존한 나머지 경험을 문화에 대한 지식의 필수 조건으로 삼았던 점은 『뉴 레프트 리뷰(New Left Review)』와의 인터뷰에서 상당한 비판을 받기도 했다. (남승원)

감정구조, 레이먼드 윌리엄스, 기나긴 혁명

참고문헌
레이먼드 윌리엄스, 성은애 역, 『기나긴 혁명』, 문학동네, 2007.

니힐리즘

전통적인 진리·도덕·문화·생활양식 등 일체의 관습적 가치를 부정하는 사상. '아무것도 아님(nothing)'을 의미하는 라틴어 '니힐(Nihil)'에서 유래되었으며, 흔히 허무주의(虛無主義)라고 번역된다. 니힐리즘의 사상적 연원은 그리스의 소피스트 고르기아스나 로마 시대의 철학자 아우구스티누스까지 거슬러 올라가지만, 하나의 사상으로서 뚜렷한 의미를 갖게 된 것은 19세기 이후의 일이다.

유럽에서 19세기 전반기까지 니힐리즘은 계몽사상의 해로운 부산물로 이해되었으며, 니힐리스트는 환멸에 젖은 청년 지식인들을 냉소적으로 일컫는 말이었다. 이 용어와 연관된 부정적 이미지는 바자로프라는 주인공을 통해 니힐리스트의 전형을 처음으로 제시했다고 평가되는 투르게네프(I. Turgenev)의 『아버지와 아들』이 출간된 이후 다소 완화되었다. 그의 고전적인 정의에 따르면 "니힐리스트란 어떤 권위에도 굴하지 않고, 비록 그것이 존중할만한 가치가 있다고 하더라도 액면 그대로는 어떤 원리도 받아들이지 않는 자"를 가리킨다.

한편 니힐리즘의 가장 영향력 있는 철학자 프리드리히 니체(F. Nietzsche)는 붕괴된 가치체계 속에서 무의미한 삶을 살아가는 '소극적 니힐리즘' 대신에 기성 가치의 전복을 지향하는 '적극적(active) 니힐리즘'을 주창하였다. 이러한 적극적 니힐리즘의 흐름은 2차대전 이후 알베르 까뮈(A. Camus), 장 폴 사르트르(J. P. Sartre)의 현실참여적 실존주의로 이어지며, '참된 기독교'에 의해 현대인의 절망과 환멸을 극복하려 했던 키에르케고르, 칼 야스퍼스 등과 더불어 니힐리즘의 양대 조류를 이룬다고 할 수 있다.

한국문학의 경우 김동리의 「황토기」에서 동양적인 니힐리즘의 한 양상을 발견할 수 있으며, 손창섭은 1950년대에 「잉여인간」 등의 작품을 통해 전후의 폐허상황에 처한 한국인의 순응적 니힐리즘을 형상화했다. (진정석)

허무주의, 실존주의, 무정부주의

참고문헌
요한 고드스블롬, 천형균 역, 『니힐리즘과 문화』, 문학과지성사, 1990.
프리드리히 니체, 김대경 역, 『비극의 탄생/바그너의 경우/니체 대 바그너』, 청하, 1982.

닌교 조루리(人形浄瑠璃)/분라쿠(文楽)

노(能), 가부키(歌舞伎)와 더불어 일본 3대 전통극의 하나로 근세초에 성립된 서민을 위한 인형극이다. 근자에는 분라쿠(文楽)라고도 불리운다.

중세부터 조루리라는 서사적인 노래 이야기가 있어 서민들 사이에 유행하였는데, 여기에 재래의 인형극이 시각적 요소로 더해지고, 16세기 후반 류큐에서 전래된 샤미센(三味線)이 반주악기가 됨으로써, 조루리·인형·샤미센에 의한 3자일치의 연극으로 성립되었다.

17세기 중반의 고조루리(古浄瑠璃) 융성기를 지나 겐로쿠(元禄)시기에 조루리를 부르는 다케모토 기다유(竹本義太夫)와 극작가 지카마쓰 몬자에몬(近松門左衛門)의 제휴로 본격적으로 발전한다. 다케모토는 조루리 유파인 기다유부시(義太夫節)를 확립하고, 지카마쓰는 고조루리에서 다루는 영험담이나 전기물 등의 중세적 색채에서 벗어나 봉건사회의 제약과 인간성과의 대립을 주제로 한 근세서민을 위한 작품을 썼다. 그중 의리와 인정사이의 갈등에서 발생하는 비극을 그린 『소네자키 신주』(曾根崎心中)는 유명하다. 18세기 중엽에는 조루리 3대 명작으로 불리는 『가나데혼 주신구라』(仮名手本忠臣蔵)·『스가와라 전수 학문의 귀감』(菅原伝授手習鑑)·『요시쓰네 천그루 벚꽃』(義経千本桜)이 되어 조루리의 황금시대를 맞이한다. 이들 3대 명작은 그대로 가부키화되어 가부키의 명작도 된다. 18세기 후반부터 급격히 쇠퇴하여 가부키에 주도권을 양도하지만, 조루리의 대본, 연출법, 음악성 등이 가부키에 끼친 영향은 커다란 것이었다. 이처럼 가부키와 닌교 조루리는 성립기부터 병행하여 서로 영향을 주고 받고, 작자·작품·관객층을 공유하며, 어느 한쪽이 쇠퇴하면 다른 쪽이 융성하는 형태로 번갈아가며 발전을 도모하여 왔다.

19세기 초, 우에무라 분라쿠켄(植村文楽軒)이 오사카에 자신의 이름을 딴 분라쿠좌(文楽座)를 개설하여 조루리의 명맥을 이어갔고, 메이지시대에 분라쿠좌가 융성하게 되면서 닌교조루리의 별칭을 분라쿠라고 부르게 되었다. (최관)

샤미센, 고조루리, 다케모토 기다유, 기다유부시, 지카마쓰 몬자에몬, 우에무라 분라쿠켄, 분라쿠

참고문헌
河竹繁俊, 『日本演劇全史』, 岩波書店, 1959.

닌조본(人情本)

에도시대 말기를 풍미한 대표적인 소설 장르. 당대의 풍속을 사실적으로 묘사하면서 남녀간 애정의 여러 양상을 그린 장편 풍속소설이며 대중소설이다. 일반서민의 생활을 그린 연애이야기로서 닌조본은 여성독자에게도 인기를 끌었고, 그 내용이 아녀자들의 눈물을 자아낸다고 하여 「울음책」(泣本)이라고도 불리었다. 닌조본이라는 호칭은 「닌조본의 원조」(人情本の元祖)라고 자신의 소설에 쓴 다메나가 슌스이(為永春水)의 명명에 의한다.

닌조본은 덴포(天保, 1830~1844) 연간에 대표작가인 다메나가 슌스이를 중심으로 하여 전성기를 맞이한다. 슌스이는 닌조본의 대표작으로 평가받은 『봄을 알리는 매화』(春色梅児誉美)와 그 후속작들을 연이어 간행함으로써 자타가 공인하는 닌조본의 최고 작가가 되지만, 1841년

막부의 권위와 재정을 재건하려는 이른바 「덴포 개혁」(天保改革)이 각 분야에서 시행되면서 닌조본은 풍속 단속의 차원에서 막부의 엄한 탄압을 받게 된다. 슌스이도 심문을 받고 50일간 쇠사슬에 묶이는 벌을 받고, 다음해 우울과 번민 끝에 슌스이는 사망해 버린다. 이후 뛰어난 닌조본 작품은 발표되지 않았지만 폭넓은 서민의 사랑을 받은 통속소설로서 생명력을 유지하면서 메이지시대 초반까지 쓰여지고 읽혀졌었다.

닌조본은 분명히 통속적인 오락소설이기는 하지만, 에도 서민의 인정과 세태를 극명하게 묘사한 점, 생생한 회화체의 사용 등은 근대 일본소설에 적지 않은 영향을 주게 된다. 근대 사실주의소설을 이론적으로 제시한 쓰보우치 쇼요(坪内逍遥)는 그의 저서 『소설신수』(小説神髄)에서 슌스이의 작품을 높이 평가하였으며, 특히 근대 대중소설을 이끈 모임인 겐유샤(硯友社)의 소설에 끼친 영향은 큰 것이었다. 또한 대표적인 탐미파 소설가로 알려진 나가이 가후(永井荷風)의 슌스이에 대한 애착과 비평은 널리 알려져 있다. 이처럼 닌조본은 근세문학과 근대문학을 잇는 연결고리와 같은 역할을 수행하였던 것이다. (최관)

울음책, 여성독자, 다메나가 슌스이, 덴포 개혁, 소설신수, 겐유샤, 나가이 가후, 인정

참고문헌
神保五弥, 『為永春水の研究』, 白日社, 1964.
『洒落本・滑稽本・人情本』解説 『日本古典文学全集』, 小学館, 1971.

닛키(日記)

닛키(日記)는 일본의 일기를 칭한다. 개인이나 공사(公私)의 기관이 날마다 사건을 기록하는 것을 일기라고 부른다. 또 이외에도 문학작품으로써 일기나 어떤 특별한 사건에 대한 기록, 조서를 일기라고 부르는 예도 있다. 일반적으로 일기를 개인적인 것으로, 그날 그날 생긴 일이나 감상을 날짜에 따라 적은 것이라 정의하다면 닛키는 현대의 일기 개념과는 약간의 차이가 있다.

닛키의 유래는 일본의 상대【上代, 794년 헤이안쿄로 천도하기까지의 야마토 시대】까지 거슬러 올라간다. 일본에 현존하는 닛키의 최초의 예는 니혼 쇼키(日本書紀)의 654년이나 659년에 인용된 이키노하카토코노쇼(伊吉博德書)라 할 수 있다. 이것은 '이키노하카토코'라는 사람이 중국에 유학을 갔다가 돌아와서, 유학한 곳에 대한 기록을 정부에 제출한 것이다. 이외에도 니혼 쇼키의 주석서에 일기책이 하나 더 존재한다.

중고【中古, 헤이안으로 천도한 794년부터 1192년 가마쿠라 막부의 개설 전까지의 약 400년간, 일명 헤이안 시대】시대 특히 9세기 말이면 일기가 급증하고 현재까지 전해지는 것은 거의 이 시대의 닛키이다. 헤이안 시대야 말로 닛키의 가장 대표적인 시대라 할 수 있으며 이 시대의 기록으로서 닛키의 방법이 후대에도 이어진다. 이 시대의 닛키에는 공적(公的) 기관에서 공공의 업무를 기록하고 행사 및 날짜의 기록을 위해 기록한 공일기(公日記)와 개인으로서 기록한 사일기(私日記)가 있다. 헤이안 시대의 대표적인 공일기는 게기닛키(外記日記)와 텐조닛키(殿上日記)로 조정의 관리의 일기이다. 현재 그 원본은 전해지지 않고 다른 책에 기록된 소략의 내용만이 전한다. 이러한 공일기보다는 사일기가 압도적으로 많고 그 대부분이 천황이나 귀족, 신하들이 기록한 일기이다. 하지만 사일기 또한 개인적인 감정이나 느낌 등을 적은 것이 아니라, 정부의 행사나 가문의 행사 등의 공적인 내용을 개인이 기록한 것이다. 일기라는 명칭은 그 시대에 붙여진 것이 아니라 후대에 붙였던 것이 많고, 그래서 보통 하나내지 몇 개의 다른 이명(異名)이 있는데 대개 일기 쓴 사람의 이름이나, 가문명, 관리의 이름이나, 그 관리가 속해있던 부서, 직무의 명칭을 따 일기의 명칭으로 사용하였다. 이 헤이안 시대의 일기는 공사(公事)가 우선으로 나중에 행사에 도움이 되는 것이 목적이었다. 보통 구쥬-레키(매일의 길흉 등을 기입한 달력)의 여백 부분에 섰으며 부족하면 그 날의 뒷면에 섰다. 일기는 모두 한자로 썼지만 사용하는 글자나 문체는 한문이 아니라 그 시대의 일본문자로 기록되었다. 지금까지 살핀 일기외에도 통상 형태의 일기는 아니지만 특별히 주의해야 할 행사에 대해 구별해 자세하게 쓴 별기(別記)라는 것과 일기 내용을 사항별로 분류 정리해 조사하기 쉽게 만든 부류기(部類記)라는 것이 있다. 별기에는 원래 일기(원본)을 오래서 다른 별도의 일기를 만든 경우나, 다른 가문의 일기를 모사하여 만든 것 등이 있다. 공일기는 헤이안 시대 말기에 이르면 모두 사라진다. 사일기가 대단히 유행했기 때문에 또다른 제반사항을 기록할 필요가 없어졌던 것이 그 원인으로 생각된다. 사일기는 각자의 가문에서 소장하여 그 후손에게 전해졌다.

중세【中世, 가마쿠라 막부 설립(1192)부터 17세기 초 에도막부 설립(1603) 이전까지의 약 400년간】 시대에도 일기의 주류는 여전히 귀족이나 가문 중심이었다. 남북조 시대(1334~1573) 이후에는 신사와 절, 승려의 일기도 늘어났다. 또 여관(女官)이 쓴 카나(假名) 글 등 특징이 있는 것도 있지만 무가(武家) 관력의 일기는 적었다.

근세【近世, 에도막부 성립(1603)으로부터 에도막부 멸망(1867)까지의 약 260년간】 가 되면 막부의 공적인 일기를 위시하여 종류가 다양해지고 그 수도 방대하게 된다. 즉 정치가의 일기, 취미로 쓴 일기, 승려나 학자 등의 일기, 여성의 일기 등 일기의 종류가 다양해졌다.

지금까지 역사적으로 살펴 본 닛키는 현재 원본 전체가 전해지는 것은 없지만 그 수에 있어서 많은 닛키가 전해져 10세기 이후의 역사를 고증하는데 있어 훌륭한 자료로 참고되고 있다. 당대의 일기를 통해 시대적 상황은 물론 사용되었던 말, 문체 등을 통해 고어 연구의 자료로써 훌륭한 가치를 가진다.

이러한 일기가 문학 장르로 편입된 것이 일기문학(日記文學)이다. 일기 중에서 특히 작가가 자신의 행위나 인생관을 강하게 표현해 내성적, 감동적인 내용을 기록한 것으로 헤이안 시대에 성립한 문학 장르중의 하나이다. 헤이안 시대의 일기 문학은 한 명의 인생을 모두 혹은 특정의 체험에 의거해 그 인생을 재구성해 내면을 표출한 것으로 인생을 좀 더 깊게 표현하기 위해서 허구를 더하는 경우도 있었다. 한자, 한문으로 쓴 일기와는 달라 카나나 일문으로 썼다. (진선영)

공일기, 사일기, 일기, 일기문학

참고문헌
장남호, 『일본근현대문학입문』, 충남대출판부, 2004.
정형·이이범 공저, 『일본 사회문화의 이해』, 보고사, 2004.

文·學·批·評·用·語·事·典

ㄷ

-다 체

'-다', 특히 '-ㅆ다'라는 종결 어미 사용을 기본으로 하는 문장. 근대 한국어 문장은 모두 '-다' 체로 씌어졌다 해도 과언이 아니다. 한국 소설사에서 '-다'라는 종결어미가 처음 등장한 것은 신소설에서부터이다. '-다'체는 현장 감각에 의거한 묘사와 직결되는 문체라는 점에서 관습적 묘사로 특징지어지는 전대 소설의 '-더라'체와 구별된다. '-더라'를 기본형으로 하는 '-이라', '-도다', '-더라'체에서 서술자는 모든 일을 이미 알고 있는 존재이다. 구체적인 시·공간의 제약을 받지 않는 이 서술자에게 소설의 서사는 예정된 결말을 향해 나아가는 것일 뿐이어서 '-더라'체에는 본질적으로 시간성의 표지가 없다. 신소설은 전대 소설의 '-더라'체에 새로운 어투인 '-다'체가 종종 끼여드는 양상을 보인다. 특히 서술자가 곧 목격자로 등장하면서 시각적 묘사가 두드러지는 신소설 서두에서 '-다'체가 적극 활용된다. 구체적 시·공간을 세부적으로 묘사하고 있는 이인직의 『혈의 누』, 이해조의 『구마검』, 김교제의 『목단화』 등의 서두 부분에서 서술자는 더 이상 전대 소설에서와 같은 초월자가 아닌 현장의 목격자로 기능한다.

이어 언문일치체를 확립한 것으로 평가되는 김동인은 1929년 「한국근대소설고」에서 구어체의 정도를 철저히 인식하려는 의식에서 나온 것이 '-다'체라고 밝혔다. 사실 김동인에게 있어 구어란 오히려 조선말이 아닌 일본말이었음을 감안한다면 '-다'체는 일본어의 '-타'체를 번역한 것일 가능성도 있다. 한국어의 '-다'체는 일본어의 '-타'체와 마찬가지로 특별히 구어적이라고 보기 힘들지만 원래 문어란 어떤 구어와도 닮지 않은 인공의 언어이므로 역시 인공의 어투인 '-다'체가 언문일치의 문체로 주장되고 실천되었다.

'-다'체는 1인칭 서술자인 '나'와 호응한다는 점에서도 초월적 말투인 '-더라'체와 구별된다. 본질적으로 그것은 고립된 개인의 어투로서 소설이 내면 탐색의 글쓰기로 기능하게끔 만들었다. 특히 김동인은 '-더라'체와는 달리 시제를 요청하는 '-다'체에서 과거형인 '-었(았)다'야말로 소설의 <현실성>을 증폭시키는 역할을 한다고 말했다. (권보드래)

신소설, 언문일치, 김동인

참고문헌
권보드래, 『한국 근대소설의 기원』, 소명출판, 2000.
김윤식·정호웅, 『한국소설선』, 문학동네, 2000.

다다이즘(Dadaism, 프 Dadaisme, 독 Dadaismus)

제1차 세계대전(1914~1918) 말엽부터 유럽과 미국을 중심으로 일어난 전위 예술운동을 말하며, '다다(dada)'라고도 한다. '다다'란 본래 프랑스어로 어린이들이 타고 노는 목마를 가리키는 말 혹은 무의미하게 중얼거리는 소리를 흉내낸 말에 기원을 두고 있다는 가설에서 알 수 있듯이 다다이즘의 본질은 '무의미의 의미화'에 있다.

다다이즘은 처음 스위스의 취리히에서 1916년 2월 작가 후고 발이 카바레 '볼테르'를 개점하면서 시인인 트리스탄 차라, 리하르트 후엘젠벡 등과 함께 과거의 모든 예술형식과 가치를 부정하고 비합리성·반도덕·비심미적인 것을 찬미하면서 시작된다. 차라는 "새로운 예술가는 항의한다. 새로운 예술가는 이미 설명적·상징적인 복제를 그리는 것이 아니다. 그는 돌이나 나무나 쇠로 직접 창조한다. 특급기관차와 같은 새로운 예술가의 유기체는 순간적인 감동을 싣고 모든 방향으로 향할 수 있는 것이다"라고 선언하여, 기존 예술 형식의 거부와 전위적 창조 행위를 천명한다.

차라의 선언에서도 알 수 있듯 다다이즘은 우선 제1차 세계대전의 잔인성에 대한 항변이고, 비인간화를 조장하는 부르조아 산업주의와 거기에 동조하거나 방관하는 예술에 대한 반발이다. 그들은 사실주의 문학에 반발하면서 전통적인 인쇄물의 방법만을 택하지 않고 몸짓이나 육성으로 문학과 예술을 공연하고, 아무렇게나 주위 모은 듯한 사물이나 낱말들을 제멋대로 연결시켜 완전히 무의미한 비사실적 창작물을 만들어낸다. 뿐만 아니라 넌센스에 가까운 선언문들을 많이 발표하기도 한다.

다다이즘은 전쟁의 잔인성을 증오하고 합리적 기술 문명을 부정하며, 일체의 제약을 거부하고 기존 질서를 파괴하는 과격한 실험주의적 경향으로, 예술에서 모든 전통과 가치 기준의 파괴를 지향한다. 그들은 기성 예술의 인습과 철학, 논리 등을 부정하고 전쟁의 어리석음과 잔인성에 항변한다. 이후 환상과 파괴 사이를 방황하다가 1922년 공식적으로 다다이즘이 사명을 다한 것으로 선포하고 장례식을 치렀으며, 그 추종자들은 1924년 경에 초현실주의에 흡수된다. 당대적 운동으로서의 다다이즘은 사라졌지만 그들이 지향했던 전위적 경향의 자세는 여러 해프닝 예술로 변주되면서 지금도 이어지고 있다. (오태호)

초현실주의, 해프닝, 전위주의

참고문헌
트리스탕 자라·앙드레 브르통, 송재영 역, 『다다/쉬르레알리슴 선언』, 문학과지성사, 1996.
매슈 게일, 오진경 역, 『다다와 초현실주의』, 한길아트, 2001.

다문화주의(Multiculturalism)

다문화주의(multiculturalism)는 '탈중심'과 '경계해체'를 주창했던 포스트모던 인식으로부터 비롯되었으며, 다인종 사회인 미국과 캐나다에서 시작되어 최근 전 세계로 퍼져 나가고 있다. 모더니즘 시대의 지배문화였던 서구문화와 백인문화 중심에서 벗어나, 비서구, 소수인종 문화를 부상시킨 다문화주의는 서구문화와 동양문화, 그리고 백인문화와 유색인문화의 동등한 공존을 주창하는 사조로 20세기 후반 문화예술계의 인식변화에 지대한 영향을 끼쳤다.

다문화주의는 또한 탈식민주의(postcolonialism)와 문화연구(cultural studies)의 부상과 더불어 이론적으로도 확고한 위치를 점하게 되었다. 예컨대 포스트식민주의는 제국의 지배문화가 아닌 식민지들의 피지배문화를 부각시켰고, 문화연구는 엘리트 고급문화가 아닌 일반인들의 대중문화를 새롭게 조명했는데, 그와 같은 인식의 변화는 소수의 표준 중앙문화로부터 벗어나 다양한 주변부 문화들의 동등한 위치와 권리를 주장하는 다문화주의의 발전을 촉진하는 강력한 자극제가 되었다.

다문화주의는 특히 각급 학교의 교과과정에 혁명적인 변화를 불러왔으며, 교수나 교사 채용에도 현저한 변화를 초래했다. 예컨대 '다문화 교육'이라 불리는 새로운 페다고지는 백인중심의 유럽문화로 이루어져온 종래의 교과과정을 대폭 수정해, 소수인종 문화를 연구하고 가르치는 과목들을 코어과목으로 만들었는데, 그 과정에서 소수인종 / 여성 교수나 교사들을 대거 채용하는 새로운 현상이 일어나게 되었다. 다문화주의는 또 그동안 소위 정전(canon)에 속해있던 서구 백인 작가들의 작품 대신, 비정전으로 분류되어 주류에서 제외되었던 비서구 소수인종 작가들의 작품들을 새롭게 조명하거나 교과과정에 삽입했다.

리비 모리스와 새미 파커가 『학계에서의 다문화주의』에서 지적하고 있듯이, 다문화주의는 '차이'와 '연결'에 대한 인정을 그 기본 접근법으로 한다. 즉 다문화주의는 사람들로 하여금 다른 문화권의 사람들과 자신들이 역사적, 문화적으로 어떻게 다르며, 또 동시에 어떻게 서로 연결되어 있는가를 깨닫도록 해준다는 것이다. 바로 거기에, 각기 다른 문화에 대한 이해를 가르치되, 궁극적으로는 주류문화로의 전이와 통합을 목적으로 하던 기존의 1960년대 식 소수인종문화 연구와 1990년대 식 다문화주의 사이의 근본적인 차이가 있다. (김성곤)

포스트모더니즘, 탈식민주의, 문화연구, 소수인종문화, 정전, PC(Political Correctness)

참고문헌

마르티 마르티노엘로, 윤진 역, 『현대사회와 다문화주의』, 한울아카데미, 2002.

Joe L. Kincheloe and Shirley R. Steinberg, Changing Multiculturalism. Buck-ingham : Open UP, 1997.

Thomas J. La Belle and Christopher R. Ward, Ethnic Studies and Multicultur-alism. Albany : SUNY Press, 1996.

Libby V. Morris and Sammy Parker, Multiculturalism in Academe : A Source Book. New York : Garland Publishing, Inc., 1996.

다성(多聲, Polyphony, 러 Polifoničnost), 다성적(多聲的, Polyphonic), 다성적 소설(多聲的 小說, The polyphonic novel)

'다성' 혹은 '다성적 소설'이라는 용어는 특히 미하일 바흐친(Mikhail Bakhtin)이 도스토예프키 소설에 관한 저작에서 중요하게 사용하였다. 다성은 원래 퓨그, 캐논, 대위법과 같이, 여러 가지 멜로디가 각자 독립성을 유지하면서도 전체적으로 조화를 이루는 음악형식이다. 바흐친은 음악의 비유를 사용하여, 저자가 특권적 위치를 차지하지 않고, 등장인물과 동등한 입장에서 대화적으로 상호작용하는 방식의 소설을 '다성적 소설'이라고 지칭하였다. 바흐친은 도스토예프스키를 최초로 다성적 소설을 창시한 작가로 간주한다. 톨스토이의 소설이 상대적으로 독백적임에 비해, 도스토예프스키의 소설은 대화적이고 다성적이다. 도스토예프스키 이전의 소설 양식에서 저자는 작중인물에 대해 '잉여적 전망'(surplus of vision)을 지니는 특권적인 위치에 있었다. 전통적 소설에서 저자는 작품 속에서 벌어지는 일에 대해 더 많은 것을 알고 있을 뿐만 아니라, 작중인물의 장래 운명을 미리 알고 결정한다. 그러나 도스토예프스키 소설에서 저자는 등장인물보다 더 많은 것을 알지 못하며, 후자와 마찬가지로 제한되고 상대적인 입장에 처해 있다. 도스토예프스키는 저자로서의 특권을 포기하고, 작중인물들이 스스로 자유롭게 생각하고 행동하고 자신의 운명을 결정할 수 있는 자율권을 부여하였다. 등장인물들 사이의 관계도 마찬가지이다. 각 인물의 의식, 혹은 자의식은 타자의 의식, 혹은 타자의 '외적 언어'와의 끊임없는 '내적 대화'(internal dialogism)의 과정에 연루되어 있다. 각 인물들의 내적 대화의 목소리는 다른 인물들의 다양한 목소리와 '카니발적'으로 공존하면서 상호작용하는 가운데, 전체적으로 다성적 소설의 '큰 대화' 구조를 형성한다. 도스토예프스키의 다성적 소설은 저자와 작중인물들의 여러 가지 다른 목소리가 대화적으로 공존하는 포스트모던적인 다원성의 세계를 경축한다. 다성적 목소리는 저자와 인물들의 다른 세계관, 다른 이데올로기를 대변한다. 과연 바흐친의 주장대로, 도스토예프스키가 다성적 소설의 창시자인지, 혹은 톨스토이가 그렇게 독백적인 작가인지에 대해서는 논란의 여지가 있을 수 있다. 그러나 '대화', '카니발' 등과 함께, 바흐친의 '다성적 소설'의 개념은 소설적 담론을 분석하는데 있어 독특한 준거 틀이 될 수 있다. (여홍상)

참고문헌
미하일 바흐친, 김근식 역, 『도스토예프스키 시학』, 서울 : 정음사, 1988.
김욱동, 「단성적 문학과 다성적 문학」, 『대화적 상상력』, 서울 : 문학과 지성사, 1988.
Caryl Emerson, "Polyphony, Dialogism, Dostoevsky," The First Hundred Years of Mikhail Bakhtin, Princeton : Princeton UP, 1997.
Lynne Pearce, "Dialogism and Gender : The Polyphonic Text," Reading Dialog-ics, London : Edward Arnold, 1994.

다수성(multiplicity)

일자(一者)와 다자(多者)라는 대립 구도로부터 벗어난 개념. 전통적인 존재론의 테마에서 일자와 다자는 대립되는 개념이다. 그러나 들뢰즈는 다수성에 대해 말하며 '하나도 아니고 여럿도 아니다'라고 한다. 다수성은 양적이거나 수적인 개념이 아니라 생성과 차이를 발생시키는 생기적이며 잠재적인 상태이다. 전체나 일자에로 통합되지 않고 그 자체로 긍정되는 다수성이 들뢰즈가 말한 '차이의 철학'의 근간을 이룬다. 들뢰즈는 니체의 '영원회귀'를 이러한 다수성으로 재해석해 낸다. "영원회귀란 존재하는 어떤 것의 회귀, 하나인 어떤 것 혹은 동일한 어떤 것의 회귀로 이해되어서는 안 된다. 되돌아오는 것, 즉 회귀하는 것은 존재가 아니라 생성과 지나가는 것으로 긍정되는 한해서 존재를 구성하는 되돌아옴 자체이다."라고 설명한다. 긍정은 그 자체로 다수성이며 동시에 긍정은 그 자체로 생성한다는 것을 의미한다. 따라서 동일자는 차이를 긍정하고 또 다른 차이를 생성하는 행위를 반복한다. 차이는 반복되어 다른 차이를 생성하고, 이러한 과정 자체가 동일자로서 영원회귀하는 것이다. 그러나 알랭 바디우는 들뢰즈를 비판하면서 그의 사유가 일자로서의 존재에 대한 존재론적 선이해의 기반 위에서 행해진다고 주장한다. 바디우는 결코 우주적인 의미의 집합도, 전체도, 일자도 존재치 않으며 오로지 순수하게 분산된 다수만이 있다고 말한다. 즉 실재하는 것은 다수일 뿐 하나의 존재란 없으며, 하나는 상황 속에서 작용으로서만 기능한다는 것이다.(권채린)

참고문헌
질 들뢰즈, 『니체와 철학』, 민음사, 1999.
알랭 바디우, 『들뢰즈-존재의 함성』, 이학사, 2001.

다원주의

철학적 원리로서 다원주의는 진리 또는 실재가 둘 이상 존재한다는 입장에서 세계와 인간 삶을 설명하려는 세계관이다. 정치적 사상으로서 다원주의는 개인이나 집단이 내세우는 기본적인 원칙이나 목표가 서로 다를 수 있음을 인정하고, 사회가 독립적인 이익집단이나 결사체 간 경쟁, 갈등, 협력 등에 의해 민주주의 방식으로 운영되어야 한다는 보는 입장으로 표현된다.

다원주의가 반대하는 것은 하나의 진리, 하나의 가치가 인간의 삶과 사회를 단일하게 지배한다는 신념이다. 진리, 실재, 가치 등은 객관적으로 존재하지만, 그것들은 서로 분리된 별개의 다수로 존재한다. 서로 독립된 진리들, 실재들, 가치들 사이에는 비교할 수 있는 합리적인 척도가 없으므로 상호 간 통약불가능한 갈등을 일으키는 것은 피할 수 없다. 따라서 외견상 다원주의는 보편주의적 합의의 가능성을 원천적으로 부정하는 것처럼 보인다. 그러나 이는 상대주의자의 태도이지 다원주의자의 입장은 아니다.

상대주의와 다원주의는 둘 다 진리와 가치를 판단하는 유일한 척도는 없다고 보는 관점에서 일치한다. 그러나 상대주의가 서로 다른 관점과 입장들 사이에 공통의 척도가 존재할 수 없다고 보는 반면 다원주의는 다양한 입장들과 가치들이 서로 조화를 이룰 수 있는 가능성을 수용한다는 점에서 차이가 있다. 다원주의자들은 다양성을 관통하는 공통의 척도로서 인간의 행복, 복지, 번영, 공

공성 등을 내세우며, 이러한 것들이 다원적 입장들에 일정한 한계를 부여한다고 말한다. (차선일)

다의성(多義性, Ambiguity) ☞ 애매성

다중/다중성(multitude/multiplicity)

안토니오 네그리(Antonio Negri)와 마이클 하트(Michael Hardt)의 개념으로, '제국(Empire)' 속에서의 대안이자 제국에 대항하는 주체성을 말한다. 네그리－하트는 맑스에게 나타난 '자본' 과 '노동'이라는 개념 쌍을 '제국'과 '다중'이라는 개념 쌍으로 전환시켰다. 지배권력(자본)이건 대항세력(노동)이건 권력의 계급적 동질성과 구심력보다는 차이와 분산에 주목한 이 이론은, 당파적이고 제도화된 전체주의적 맑스주의, 19세기 과학주의적 맑스주의를 넘어서 노동대중의 내적 다양성과 차이에서 기인하는 자율적 · 생활양식적인 정치행위에서 전복의 가능성을 본다. 네그리－하트는 근대 권력에 의해 실천되었던 '제국주의' 대신, '세계화'라는 전지구적 압력의 배후에서 선진제국의 자본 · 군사 · 정치적 네트워크가 전 지구를 장악해가는 양상을 '제국'이 라 불렀다. 이에 따라 제국주의 시대에 지배권력의 대항자로 지칭되었던 인민(people), 대중 (mass), 노동계급(proletariat)의 개념도 '다중'(Multitude)으로 대체된다. 민중이 다양성을 통일성 으로 환원하며 인구를 하나의 동일성으로 파악하는 개념이라면, 다중은 단일한 동일성으로 결 코 환원될 수 없는 수많은 내적 차이로 구성되어 있다. 다양한 문화들, 인종들, 민족들, 성별들, 성적 지향성들과 같은 모든 특이한 차이들의 다양체(multiplicity)가 다중이다. 대중은 다양한 사 회적 주체들로 구성되어 있지만 본질적으로 무차별적인 동형의 집합체를 형성한다. 이에 비해 다중에서 사회적 차이들은 서로 다른 상태로 남아있다. 또한 노동계급은 생활을 유지하기 위해 일할 필요가 없는 소유주들과 노동자들을 구별할 뿐만 아니라 노동계급을 노동을 하는 다른 사 람들로부터도 분리하는 배타적 개념이다. 이와 달리 다중은 개방적이며 포함적인 개념이다. 요 컨대 차이와 다수성과 다양성을 특징으로 한다는 점에서 '다중'은 민중 · 대중 · 노동계급과 구 별된다. '다중'은 인종 · 민족 · 지역 · 성별을 포괄하는 자유주의적 계급 개념을 수용한 것이며, 오히려 이들의 차이성에서 나오는 잠재력에 주목한 것이다. 인터넷의 발달과 함께 다중은 전지 구적인 네트워크와 분산된 개방성을 지닌 현대의 거대한 계급으로 등장했다. (권채린)

참고문헌
안토니오 네그리 · 마이클 하트, 『다중』, 세종서적, 2008.
_____, 『제국』, 이학사, 2001.

다큐멘터리(Documentary novel)

넓은 의미의 다큐멘터리는 문자매체나 방송 · 영상매체 등을 활용하여 제작 또는 구성한 주 제가 있는 기록물을 말한다. 문학이나 영화용어로서의 다큐멘터리는 기록문학을 뜻하며 기록하는 주인공으로 가공인물을 등장시키는 허구적인 것까지 포함하는 경우도 있다.

문서·증서를 뜻하는 라틴어 'documentum'에서 유래한 다큐멘터리 즉 기록문학은 주관이나 허구를 배격하고 실제 사건이나 상황을 그대로 전하는 방법인데, 현상을 그대로 묘사하는 것이 아니라 사실에 나타난 그 자체의 본질을 포착하는 것이다. 특히 다큐멘터리 소설은 사건과 현상을 객관적으로 관찰하고 조사하여 실상을 객관적으로 기술한 문학으로, 신문기사나 재판 기록, 공문서 등과 같이 기록되어진 자료나 개인적 체험을 바탕으로 해서 씌어진 소설의 한 형태이다. 일반적으로 소설에서의 현실이 작가의 상상력에 의해 꾸며지고 재구성된 허구임에 반해, 다큐멘터리 소설에서의 현실은 실제적인 사건이나 경험을 충실하게 재현한 것이다. 다큐멘터리 소설은 흔히 어떤 사건에 대한 정보나 사실을 전달하기 위해 씌어지는데, 발생한 현실의 경험으로부터 직접 취한 소재를 가능한 한 정확하게 기록하는 것을 그 특징으로 한다. 다큐멘터리 소설이 픽션이 아닌 논픽션의 성격을 띠게 되는 것은 바로 이러한 특징에서 연유한다.

이러한 기록문학이 문학에 있어서 하나의 중요 분야로 확립된 것은 근대에 들어서면서부터이다. 최근에 이를수록 그 중요성을 더욱 인정받고 있는데, 그 이유 중의 하나는 20세기가 되면서 역사의 진행이 급속도로 빨라지고 복잡해지고 있는데서 기인한다. 현대의 여러 사건은 전체적인 상황을 포착하여 여유 있게 예술적인 승화를 기다리기가 어려워졌다. 이런 상황에서 생생한 사실을 기록적으로 기술해 가는 방법이 현대의 여러 상황을 효과적으로 전달할 수 있다는 효용성을 인정받게 되었다. 기록문학의 범주에는 종군기·전기·자서전·일기·서간문·생활기록·회상록·견문록·탐험기·여행기·역사 등이 속한다. (김종회)

기록문학, 논픽션, 르포르타주

참고문헌
한용환, 『소설학 사전』, 문예출판사, 1999.
빅토르 츠메가치 외, 류종영 외 공역, 『현대 문학의 근본 개념 사전』, 솔출판사, 1996.
신희천 외 편저, 『문학용어 사전』, 청어출판사, 2001.
Alan Rosental, 안정인 역, 『다큐멘터리, 기획에서 제작까지』, 한국방송개발공사, 1997.
참고할만한 문헌
이명섭, 『세계 문학비평 용어사전』, 을서문화사, 1985.
Rabiger, Michael, 조재형·홍형숙 역, 『다큐멘터리』, 지호, 1997.

다학제적 접근

학제(學際)란, 말 그대로 '학문과 학문 사이'를 뜻한다. 이것은 나라와 나라 사이를 '국제'(國際)라고 말하는 것과 동일한 의미이다. 근대 학문이 세분화되고 전문화하면서 크게 발전하게 되었지만, 그 결과로 전문 영역이 지나치게 좁아지게 되었다. 이 때문에 날로 복잡, 다양해지는 현실문제에 대해, 도무지 대처하지 못하게 되는 경우가 흔히 발생하게 되었다. 여기에서 나타난 움직임이 바로 학제적(學際的) 접근이다.

학제적이란 '전혀 다른 것으로 간주되었던 분야의 학문들이 서로의 연구 성과를 공유하고, 각 분야에 대하여 새로운 시각으로 접근하여 연구하는 경향'을 뜻한다. 다시 한 걸음 더 나아가, 단순한 학문 간의 협업 관계 정도가 아니라, 인문·사회과학과 자연과학 등 학문의 큰 범주를 넘나들고, 미시·거시적인 접근을 포괄하여, 총체적인 학문 영역간 협력 활동까지 등장하였다. 이를 '다학제적'(多學際的, multi and inter-disciplinary) 연구라고 한다. (진선영)

　다학제적, 전문화, 학제적, 학제적 접근

다형도착(多形倒錯)

　다형도착은 성기 하나만으로 성적 쾌감을 구하지 않고 온몸을 통한 '놀이로서의 섹스'를 추구하여, '전신적 쾌감'을 구하는 것을 가리킨다. 다형도착은 여러 가지 비생식적(非生殖的) 성욕, 즉 자기애, 구강성욕, 사디즘, 마조히즘, 페티시즘 등이 한데 얽혀 총체적 성감을 형성하고 있는 것을 말한다. 프로이드는 다형도착을 이성의 성기적 성행위로부터 일탈된 모든 형태의 성적인 행동으로 정의하면서 일차적 나르시시즘의 단계로 설명한다. 유아의 발달단계에서 확인되는바 일차적 나르시시즘에서는 세계와 자아는 분리되어 있지 않으며 욕망이 어떠한 대상으로도 향하기 전에 존재한다. 라캉(Jaques Lacan)은 다형도착을 거세에 대한 부인과 욕동의 대상으로서, 타자의 향락의 도구로서 주체를 위치하는데서 찾는다. 도착증 환자는 거세를 부인한다. 즉 그는 어머니한테 남근이 결여되어 있다는 것을 지각하면서 동시에 이러한 외상적 지각의 현실을 받아들이지 못하고 거부한다. 여기서 절편음란증이 발생한다. 음란절편(fetish)은 어머니한테 결여된 남근의 상징적 대체물로 기능한다. 또한 다형도착은 주체가 자신의 쾌락을 위해 활동하지 않고 대타자의 쾌락을 위해 활동하는 상태이다. 노출증과 관음증, 사디즘과 마조히즘에서 주체는 자신을 욕동의 대상으로 위치시킨다. 그는 대타의 즐거움을 위해 일하는 정확히 이러한 도구화에서 즐거움을 찾는다. 도착증 환자는 자신의 행위가 대타자의 향락에 기여한다는 것을 의심하지 않는다. (이훈)

　사디즘, 마조히즘, 노출증, 관음증

참고문헌
프로이드, 『쾌락원칙을 넘어서』, 열린책들, 1997.
자크 라캉, 『자크 라캉 세미나』, 새물결, 2008.
자크 라캉, 『욕망 이론』, 문예출판사, 1994.

단시(Epigram)

　단시(短詩)는 경구(警句)·비시(碑詩)라고도 하며 그리스어의 에피그라마(epigramma, 表書)에서 유래하였다. 로마의 시인 마르티알리스를 근원으로 하여 영시(英詩)에서는 16세기의 시인 J. 헤이우드에서 B. 존슨을 거쳐 18세기의 명인(名人) 포프에 이른다. 프랑스의 대표적인 단시

시인으로는 볼테르, 독일에서는 로가우를 들 수 있다. 현재는 산문에서 발췌한 1행으로 된 것도 단시라고 부르며 격언이나 속담보다 개성적이며 예리한 기지와 풍자가 내포되어 있다.

자연의 아름다움이나 다양하고 풍성한 이미지에 탐닉하기보다는 자본주의와의 싸움에 투신할 때 진정으로 가치 있고 위대하고 힘찬 시가 씌어지리라고 주장한 브레히트(Brecht, Bertolt, 1898. 2. 10~1956. 8. 14)는 이러한 단시의 기법을 전략적으로 사용한 경우이다. 『스벤보로 시편』의 1부에 수록된 「독일전쟁 안내 Deutsche Kriegsfibel」에서 이를 확인할 수 있다. 이 시편들은 독일 전쟁의 본질을 하층 민중들에게 폭로하기 위해 간결한 형식과 명확한 논리, 소박한 언어를 사용한 단시들이다. 유럽에서 오랜 전통을 가진 격언식 단시를 브레히트는 여기서 반파시즘 투쟁의 무기로 삼고 있다. 여기서 사용된 단시 형식은 또한 비합법 투쟁을 위해 재빨리 읽거나 듣고 다른 곳으로 옮길 수 있는 기동성을 고려한 것이었다. 브레히트는 망명지에서 이 시들을 선전·선동용 삐라나 반나치 방송을 위해 썼고 만약 이 시들이 독자의 손에 들어가거나 귀에 들릴 때 금방 그것을 이해하고 깊은 인상과 깨우침을 줄 수 있도록 배려했다.

한국시사에서는 70년대 민족문학운동의 전진과 함께 시의 서사적 경향이 강화되었는데, 혁명적 낙관주의나 타령조에 대한 대안으로서의 단형 서정시, 즉 단시가 이시영과 같은 시인에게서 발견된다. 처녀시집 『만월』에 수록된 「서시」 「백로」나 「들국」 「가을에」 등에 이르기까지 단시는 이야기시에 대비되어 짧고 정제된 형식 속에 시적 긴장을 증폭시키는 기법으로 사용되고 있다. 이시영의 단시는 그가 1969년 시조로 등단한 사실에서도 알 수 있듯 우리 민족의 전통적 서정시 형식인 시조와의 관련성이 두드러진다는 점에서 주목된다.

저항적 시인에게 있어서 단시가 차용되는 비근한 예를 우리는 김남주의 옥중시에서 발견할 수 있다. 「저 창살에 햇살이2」, 「옥좌」 같은 단시는 쉽고 일상적인 말을 쓰지만 일순간에 일상적 사고를 역전시키고 뒤집어버리는 수법이나 날카로운 대조법의 전형을 보여준다. 김남주 옥중시전집 『저 창살에 햇살이』에는 특히 풍자와 단상을 제6부로 모아놓고 있는데 여기 수록된 「맨주먹 맨손으로」, 「다시 와서 이제 그들은」, 「개털들」, 「읽을 줄도 쓸 줄도 모르는 어느 백성의 이야기」, 「남과 북」, 「세상 참」 등의 단시들은 김남주의 시적 성취를 대표하면서 80년대 한국시의 한 중요한 성취를 이룬다. 복잡한 비유나 시각적 이미지보다는 청각적 효과에 주로 의존하는 김남주의 단시는 노래로 부르기에 적합하고 대중집회에서 낭송될 때 엄청난 감동을 증폭시키는 효과를 낳는 관계로 시를 혁명의 도구로 사용하고자 하는 시인의 의도에 부응하는 결과를 낳았다. (권도경)

경구, 비시, 에피그라마

참고문헌

정귀영, 「장시와 단시」, 『문예운동』19, 1970.

김동철, 「[단시] 무게·힘」, 『중국조선어문』1987년 01호, 1987.

최원식, 「이야기시와 단시의 긴장」, 『시와시학』, 1992 가을호.
정지창, 「서정시를 쓰기 힘든 시대의 시인들-김남주의 옥중시와 브레히트의 망명시」, 『독일어문학』11, 2000.

단자 ☞ 모나드

단카(短歌)

단카는 하이쿠(俳句)와 더불어 일본의 전통적 시가를 대표하는 정형시로 5구 31음절로 되어 있다. 단카라는 호칭이 사용된 것은 메이지유신(明治維新) 이후부터이다. 조카(長歌)에 대응한 용어로서 엄밀하게 말하여 와카(和歌)를 그대로 단카라 할 수는 없으나 『고킨슈(古今集)』가 나온 무렵부터 와카 가운데 5구 31음절의 형식이 대부분을 차지하게 되면서 단카라는 용어가 확립되었다.

메이지혁명 이전 일본에서의 시문학 장르는 한시(漢詩), 와카(和歌), 렌가(連歌), 하이카이(俳諧), 교카(狂歌), 센류(川柳), 가요(歌謠), 민요(民謠) 등으로 되어있다. 한시는 중국의 한시가 7세기 후반에 일본에 전래되어 8세기 전반에 일본문단에 뿌리내려진 것으로 그 후 주로 승려, 유학자들에 의해 쓰여져 왔다. 단가는 일본에 한자가 들어가기 이전부터 구전되어 오던 민요나 혹은 당대의 노래가 한시 전래 이후인 8세기 전반에 정형시로 성립되어 귀족, 승려층을 통해서 계승된 장르이다.

한국시사에서는 일제 강점기 재일 한국인이 쓴 일어시에서 단카가 등장한다. 대표적인 경우가 주요한(朱耀翰 : 1900~1979)이다. 주요한은 주요한이 국어로 작품을 쓰기 이전에 일본 유학 시절 동안 일어로 상당한 문학 활동을 펼쳤는데 주요한은 나이 12세 때인 1912년에 재일 유학생의 선교사로 일본에 가는 아버지를 따라 도일한 후, 1913년에 동경의 메이지학원(明治學園)에 입학하여 5년 과정의 중학시절을 보내면서 상당수의 일어시 작품을 일본문단에 발표했다. 현재까지 밝혀진 주요한의 일어시 작품은 1916년 6월부터 1919년 2월까지 발표된 것으로 41편에 이르는데 여기에 단카도 상당수 포함되어 있다.

단카는 일제 강점기를 거치면서 형성된 한국근대시사의 특성상 한 연결고리의 역할을 했다고 할 수 있다. (권도경)

일본 전통시가, 정형시, 와카

참고문헌
김채수, 『동아시아의 문화와 문학(1)』, 보고사, 2001.
박경수, 「일제 강점기 재일 한국인의 일어시에 나타난 민족적 정체성」, 『우리말글』21, 2001.

단편서사시(短篇敍事詩)

단편서사시는 노동대중이 쉽게 공감할 수 있는 실제적인 사건을 극적으로 다루되 등장인물들 간의 일정한 역할분담을 통해 그 전달 효과를 극대화하고, 성장하는 프롤레타리아 의식을 반영하려는 시인의 뚜렷한 목적과 함께 계급적 비전을 담고 있는 새로운 형태의 서정시라고 정의할 수 있다.

단편서사시란 짧은 서사시로 종래의 서사시가 영웅들의 세계를 노래한 반면 단편서사시는 계급투쟁에서 비롯되는 혁명적인 사건을 취급하거나 화자를 시 속에 끌어들여 표현하는 서간체 형식을 취하고 있다. 주제적으로는 강한 계급의식과 현실에 대한 투쟁, 개혁의지가 주로 담겨있다. 단편서사시는 시의 소재를 프롤레타리아 의식과 생활에서 발굴하되 사건적이고 소설적으로 표현하고자 한 것이다. 인상적, 암시적 비약에 의해 소설적 사건이 시적인 성격을 갖출 수 있다고 설명된다.

일단 단편서사시는 허구적이고 극적인 사건의 완결성에 초점을 두며, 독자들이 구체적으로 실감할 수 있는 실제적, 객관적 의미를 가진 사건을 다룬 장르이다. 시 속에 등장하는 인물들은 각기 일정한 역할을 지니고 있으며 이를 통해 독자에게 구체적인 실감을 던져주어야 하는 임무를 맡는다. 다시 말해 단편 서사시는 단순히 사건의 내용이나 전달하는 이야기 자체 또는 이야기 진행에 중점을 두는 것이 아니라 그 이야기와 사건이 벌어지고 있는 객관적인 상황이나 그 정서, 즉 사건을 중심으로 한 분위기를 전달하는데 초점을 맞추고자 한다. 이를 통해 단편서사시가 궁극적으로 의도하는 것은 극적 완결성을 통한 독자들의 정서적 공감 확대와 프롤레타리아 의식의 리얼리즘적 반영이다. 단편서사시는 노동대중이 쉽게 공감할 수 있는 실제적인 사건을 극적으로 다루되 등장인물들 간의 일정한 역할분담을 통해 그 전달 효과를 극대화하고 성장하는 프롤레타리아 의식을 반영하려는 시인의 뚜렷한 목적과 함께 계급적 비전을 담고 있는 새로운 형태의 서정시라고 정의할 수 있다.

단편서사시는 이전 시 양식에서 문제시되었던 로맨티시즘시의 정서적 과잉 현상을 배제하고 사건적 요소를 강조하여 문학의 대중화 수단으로 출발했다. 즉 1930년을 전후하여 점차 악화되는 식민지적 상황을 수용할 만한 현실적 대안으로 출현한 것이다. 이러한 태생적 배경 때문에 단편서사시는 문학의 특정 양식에 대한 관심보다는 일제의 검열과 같은 당면한 현실적 제약을 슬기롭게 극복하고자 하는 방안의 일환이었다고 할 수 있다.

그 개념은 임화(1908~1953)가 1992년부터 발표한 일련의 독특한 프로시에 대해 김기진이 '단편서사시'라고 명명하면서 비롯된 것으로 1930년대 프로 비평의 한 국면을 차지하고 있으며 근대 리얼리즘 시론의 발전 과정과도 관계되어 있다. 문학대중화론의 전술적 차원에서 리얼리즘시의 창작방법의 하나로 널리 수용된 단편서사시는 당대의 모순을 반영하기 위한 시형으로 정착되었다. 임화의 자기 비판적인 메타비평과 카프의 와해에 의해 생산적인 비평적 논의로 확대되지 못했으나 이후 다양한 형태로 변형되면서 리얼리즘시의 한 국면을 담당했다. (권도경)

프롤레타리아 의식, 계급적 비전, 계급투쟁, 혁명적 사건, 서간체 형식, 사건적, 소설적, 객관적 의미, 객관적인 상황, 극적 완결성, 노동대중, 문학의 대중화, 프로시, 근대 리얼리즘 시론, 문학대

중화론

참고문헌
정효구, 「임화의 단편서사시에 나타난 방법적 특성의 고찰」, 『인문학지』9, 1993.
김정훈, 「단편서사시의 개념, 대상, 범주 고찰」, 『국제어문』16, 1995.
최명표, 「단편서사시론」, 『한국문학논총』24, 1999.
장도준, 「한국 근대 서사시와 단편서사시의 장르적 특성 연구」, 『국어국문학』126, 2000.

단편소설(Short story)

단편소설은 영어의 short story나 독일어의 Novelle, Kurzgeschichte에 해당한다. 단편소설에 대한 정의는 에드가 알란 포우가 가장 먼저 내린 것으로 되어 있다. 그는 앉은 자리에서 30분에서 두 시간 동안에 읽을 수 있고 모든 세부사항을 통괄하는 특이하거나 단일한 효과에만 국한되어 있는 설화의 일종이라고 정의하였고 이것이 상식처럼 통용되고 있다. 단편소설보다 짧은 양식으로 꽁트가 있고 긴 것으로는 중편소설과 장편소설이 있다. 에이브럼즈는 『문학용어사전』에서 서양의 단편소설의 전대 양식으로 우화(fable), 교훈예화(exemplum), 민담, 우화시 등을 들었다. 서양에서 단편소설에 접근한 양식은 미국의 워싱턴 어빙, 나타니엘 호오돈, 에드가 알란 포우, 영국의 월터 스코트, 프랑스의 오노레 드 발자크, 러시아의 고골리, 트르게네프 등에 의해 개척되었다. 이안 라이드(Ian Reid)는 브랜더 매튜즈(Brander Matthews)의 『단편소설원론』과 포우의 말을 종합하여 단편소설의 특징으로 인상의 통일성, 디자인의 균형을 들었다. 디자인의 균형이란 특징은 단편소설에서 플롯은 필수요소임을 강조하게 한다. 문학양식에도 서론, 본론, 결론과 같은 구성법칙이 있다는 주장은 단편소설에도 그대로 적용되어야 한다는 것이다.

양적인 기준에서 소설의 종류를 나누는 방법은 가장 오래된 것이다. 소설은 길이에 따라 엽편, 장편, 단편, 중편, 장편, 대하소설 등으로 나누어진다. 단편은 대략 200자 원고지 100매 내외로 알려져 있다. 개화기 이래 우리소설은 1970년대까지 단편소설 중심으로 전개되어 왔다. 1970년대 이후로 중편소설이나 장편소설 쪽으로 무게 중심이 옮겨 갔다.

한국에서 소설로 총칭해서 사용하는 노벨은 서양에서는 쇼트 스토리와 구별해서 장편소설을 가리키는 것으로 사용한다. 단편소설에 대한 정의는 장편소설과의 대비를 통하는 방법이 효과적일 수가 있다. 알베르토 모라비아(Alberto Morabia)는 「쇼트 스토리와 노벨」에서 쇼트 스토리와 노벨을 다각도로 대비하였다. "단편소설에서의 인물이 서정적 직관(lyrical intuition)의 산물인 반면 노벨의 인물은 상징이다. 문학적 방법은 단편소설이 노벨보다는 순수하고 본질적이고 서정적이고 집중적이고 절대적이다. 반면 리얼리티의 표현 면에서는 노벨은 단편소설보다는 깊고 복잡하고 변증법적이고 다면적이고 형이상학적이다. 단편소설은 서정시가 되려는 경향이 있는 반면, 노벨은 에세이나 철학적 담론과 어깨를 맞대는 경향이 있다"는 대비는 장편소설을 단편소설의 발전양태로 보는 대신 단편소설과 장편소설을 나란히 가는 것으로 파악하고 있다.

유동준은 「소설문학의 양상」(『현대문학』, 1957. 9)에서 1920년대와 1930년대에 장편소설이 통속소설로 빠져 버리는 틈에 단편소설이 중심을 이루게 되었다고 하면서 구체적으로 소설문학의 전통이 없이 작가들이 안이한 소설양식에 빠져 단편소설양식이 발전하였다든가 일본의 영향을 받아 단편소설이 중심이 되었다든가 장편소설의 발표기관이 없었다든가 하는 주장을 펼쳤다. 유동준은 단편소설중심은 장편소설중심으로 극복이 되어야 할 과도기적 현상이나 일시적 현상이라고 주장하였다. (조남현)

소설, 장편소설, 우화, 민담

참고문헌

조남현, 『소설신론』, 서울대 출판부, 2004.

Alberto Morabia, "The Short Story and the Novel", ≪Short Story Theories≫, edited by Charles E. Mary, Ohio University Press, 1969.

Ian Reid, 김종운 역, 『The Short Story』, 서울대학교 출판부, 1979.

M. H. Abrams, A Glossary of Literary Terms, Holt, Rinehart and Winston, Inc, 1971.

단편화(斷片化) ☞ 파편화

닫힌 텍스트/열린 텍스트

볼프강 이져는 『독서행위』에서 텍스트에는 독자만이 채울 수 있는 공백이 있다고 주장한다. 그리고 이 빈자리는 수용자의 해석행위로 채워진다고 보았다. 한편 인가르덴은 이를 수용자의 '공간 메우기'라고 부른다. 이처럼 텍스트는 스펙트럼처럼 다양한 해독을 가능케 한다. 이들의 공통점은 수용자가 텍스트의 의미를 자의적으로 해석하거나 텍스트 속의 작가 의도를 완전히 뒤집어 해석하는 등 독자가 텍스트의 의미를 해석하는 경우에는 다양한 결과가 도출될 수 있다는 점이다. 이와 같이 수용자가 텍스트의 의미형성에 참여하는 것을 강조하는 비평을 수용자 중심비평, 혹은 수용자 비평이라고 부른다. 문학에서는 흔히 독자 중심비평이라고 부른다.

사실 수용자라는 말에는 적극성보다는 수동성, 혹은 중립성의 뜻이 더 강하게 배어있다. 그래서 수용자의 적극성을 강조하자는 의미에서는 독자라는 말을 사용하기도 한다. 즉, 독자란 문학적 텍스트를 바라보기만 하는 존재가 아니라 읽어내는 존재라는 것이다. 이처럼 수용자 중심비평에서는 수용자에게 이전보다 훨씬 많은 적극성과 능동성을 부여한다.

움베르트 에코는 텍스트를 열린 텍스트와 닫힌 텍스트로 나누어 분류했다. 열린 텍스트는 의미를 생산하는 과정에서 독자의 협조가 유도되는 텍스트를 말한다. 즉 독자가 저자의 입장에서 텍스트를 대하는 경우인 것이다. 따라서 열린 텍스트를 '저자적 텍스트'라고도 부른다.

그에 비해 닫힌 텍스트는 텍스트가 수용자의 반응을 미리 정해놓는 경우를 의미한다. 닫힌 텍스트는 수용자들의 적극적인 개입을 유도하지 않고 수동적인 독자의 입장에서 텍스트를 대

하도록 구성되어 있기에 '독자적 텍스트(readerly text)'라고 부른다. (문화라)

수용미학, 독자 중심 비평, 수용자 비평

참고문헌
볼프강 이져, 이유선 역, 『독서행위』, 신원문화사, 1993.
차봉희, 『수용미학』, 문학과 지성사, 1985.

담론(談論)

　담론은 일반적으로 말로 하는 언어에서는 한 마디의 말보다 큰 일련의 말들을 가리키고, 글로 쓰는 언어에서는 한 문장보다 큰 일련의 문장들을 가리키는 언어학적 용어이다. 특정한 시점에서 인간의 언어행위를 규제하는 모든 관계를 포괄한다. 세계에 대한 인간의 관계는 언어를 통해 재현되기 때문에 포괄적인 의미의 담론은 인간의 모든 언어행위와 이로 인해 이루어지는 모든 관계를 포괄한다.

　오늘날 담론이라는 용어는 말하기나 글쓰기에서 정격(正格) 표현이라고 할 수 있는 전통적 의미와는 그 뜻이 다른 다양한 의미를 지니게 되었다. 현재 담론은 언어를 통해 표현되는 인간의 모든 관계와 동시에 이를 분석할 수 있는 개념적 도구로 사용되고 있다. 지성계의 지각변동을 일으킨 포스트모더니즘과 더불어 가장 빈번하게 사용되고 있는 개념 중의 하나이다.

　담론에는 언어적 표현으로서의 담론과 언어유희에 함축되어 있는 현실 재현으로서의 담론으로 크게 구분할 수 있다. 전통적 담론이 인간관계의 언어적 표현에 관심을 가지고 진리를 구성하는 언어규칙을 서술하는 과정이다. 즉 언어를 통해 매개되는 진리의 형성과정을 지칭한다. 이런 맥락에서 담론은 개별적 경험사실을 비교, 반성, 추상하여 일반적 진리에 도달하는 합리적인 과정과 절차를 말한다. 반면 포스트모던적 담론은 진리를 진리로서 가능하게 하는 권력관계, 즉 지식과 권력의 상관관계를 구성하는 언어규칙을 뜻한다.

　언어학에서의 담론이란 한 문장보다 긴 언어의 복합적 단위를 가리킨다. 언어학자들은 응집(cohesion), 전방 조응(anaphora), 문장 간의 연결성 같은 문법적 · 음운론적 · 의미론적 기준을 이용하여 담론의 언어적 규칙성을 발견하려는 담론분석을 시도하였다. 담론분석은 씌어지거나 말해진 언어에 들어 있는 단위들의 관계에 관한 연구이다. 이 분석대상에는 하나의 문학작품만이 아니라 대화, 농담, 설교, 면담 등도 포함된다.

　서사학에서 담론은 서술(narration) 또는 텍스트의 언어를 가리킨다. 포스트구조주의자들에게 담론은 텍스트뿐만 아니라 언어의 의미작용 일반도 가리킨다. 때로 담론은 텍스트를 실질적으로 대체하여, 포스트구조주의에서 말하는, 문학작품과 비문학작품의 자의적이고 작위적인 구별을 강조하거나 해체하는 데에 도움을 준다.

　한편, 담론은 사용 중인 언어를 가리키기도 하는데, 이는 포스트구조주의 이론가인 미셸 푸코(Michel Foucault)의 영향에 따른 것이다. 미셸 푸코는 담론을 특정 대상이나 개념에 대한 지식을 생성시킴으로써 현실에 관한 설명을 산출하는 언표들의 응집력 있고 자기지시적인 집합체로 간주하였다. 따라서 '법률적 담론', '미학적 담론', '의학적 담론'과 같은 말이 생겨나게 된다. 이러한 언표와 규칙의 집합체인 담론은 역사적으로 존재하며 물리적 조건에 따라 변화한다. 미셸 푸코는 이러한 의미에서의 담론은 개인들 간의 교환에 의해 규정되는 것이 아니라 익명성의 층위에 존재한다고 주장하였다. (권도경)

언어행위, 포스트모더니즘, 전방조응, 응집, 서술, 포스트구조주의

참고문헌
김인환, 「줄리아 크리스테바의 담론 연구관조적 담론과 텍스트–실천적 담론을 중심으로」, 『불어불문학연구』 30, 1995.
이진우, 「담론이란 무엇인가–담론개념에 관한 학제 간 연구–」, 『철학연구』56, 1996.
변학수, 「인식의 담론에서 문화의 담론으로–딜타이의 인문과학」, 『독일문학』74, 2000.
이득재, 「문화연구의 담론지형」, 『문화과학』29, 2002.

당성, 노동계급성, 인민성

북한에서 당성이란 당에 대한 무조건적이고 끝없는 충실성을 뜻한다. 당이 혁명의 참모부이자 전위부대이기에, 당성은 사회주의 문학예술이 수행해야 할 혁명적 역할과 전투적 기능의 원천이라는 것이다. 당에 충실함으로써 당 원칙의 철저성을 보장하려는 당성은 이론을 계급적 이해의 반영으로 보는 기왕의 당파성(黨派性)이나 경향성과 구별되는 개념이다.

당에 충실하는 것은 곧 수령에 끝없이 충실하는 것을 의미했다. 왜냐하면 수령은 당의 창건자이자 조직자이고 영도자이기 때문이라는 것이다. 당이 노동계급의 최고 조직이라면 수령은 당의 최고 뇌수(腦髓)이고 심장이었다. 결과적이란 당성이란 수령의 사상과 교시를 절대화하고 그것의 무조건한 집행을 철칙으로 삼는 태도가 된다.

노동계급성은 문학예술의 본성으로 설명되었다. 문학예술에는 일정한 시대와 사람들의 사상 감정 및 바람이 반영되지 않을 수 없으며, 그들의 계급적 이해관계가 표현되지 않을 수 없다는 것이다. 특히 노동계급의 혁명투쟁과 더불어 발생, 발전한 사회주의 문학예술은 철저하게 노동계급적 성격을 띄게 마련이었다. 작가 예술가가 노동계급의 혁명적 세계관으로 철저히 무장해야 한다는 것은 거듭 요구되었던 바다. 등장인물의 사회계급적 본질을 뚜렷이 드러내는 것 역시 노동계급성을 구현하는 방법으로 간주되었다.

인민성의 내용은 문학예술이 인민대중의 사상감정이나 정서에 맞게 창조되고 발전되어야 하며 인민대중을 위해 복무해야 한다는 것이다. 인민성의 확보는 문학예술작품에서 고상한 정치 사상적 내용의 구현을 가능하게 하는 조건으로 설명되었다. 왜냐하면 인민들은 깊은 지혜와 무궁한 정신적 힘, 아름답고 고상한 사상감정을 갖고 있기 때문이었다.

당성과 노동계급성, 인민성은 불가분하게 연결되어 있는 개념이다. 당이 노동계급의 전위라면 노동계급은 근로인민대중 가운데 가장 혁명적이며 선진적인 계급이었다. 따라서 당성을 강화하는 것은 노동계급성과 인민성을 강화하는 것이며, 노동계급성과 인민성이 높은 작품은 당성도 높을 수밖에 없다는 것이다. 그러나 당성은 노동계급성이나 인민성보다 우위의 개념으로 간주되었다. 반면 노동계급성이나 인민성은 당성을 통하여 집중적으로 표현될 수 있는 것으로 설명되었다. (신형기)

당파성, 경향성, 전위

참고문헌
김정웅, 『위대한 수령 김일성 동지께서 창시하신 사회주의적 문학예술의 당성, 노동계급성, 인민성에 관한 독창적인 사상』, 사회과학출판사, 1976.
이종석, 『현대 북한의 이해』, 역사비평사, 2000.

당송고문운동(唐宋古文運動)

당송 시대에 일어난 문학 혁신 운동. 주요 내용은 유학을 부흥시키는 데 있었고, 형식상으로는 병려문(騈儷文)을 반대하고 고문(古文)을 제창하였다.

고문이란 병려문에 대칭해서 쓰던 말이다. 선진양한(先秦兩漢) 시대의 산문은 특히 질박하고 자유로워 문체가 단구(單句)를 중심으로 이루어졌기 때문에 격식에 구애받지 않아 현실 생활을 반영하고 자신의 생각을 표현하기에 적합했다. 그러나 병려문은 대우(對偶)와 성률(聲律), 전고(典故), 사조(詞藻) 등 형식에 치우쳐 화려하긴 했지만 내실이 없어서 실용적으로 쓰이기에는 적합하지 않았다. 그래서 수문제(隋文帝) 때도 포고령을 내려 "문장이 겉만 화려하고 아름다운 것(文表華艶)"을 금지하고, 이악(李諤)은 글을 올려 화려한 문체를 개혁할 것을 건의했는데, 모두 그릇된 풍조를 바로잡지는 못했다. 그러던 것이 당나라로 접어들면서 많은 문인들에 의해 그 개혁의 신호탄이 올려졌다.

한유와 유종원은 당나라 고문 운동의 대표적인 인물이었다. 그들은 고문을 통해 과거의 전범적인 도를 실천해야 한다고 주장하는 한편 유학의 진흥을 위해 노력하였다. 한유는 "과거의 도를 배워서 그 문체에 통달하고자 한다. 문체에 통달한다는 것은 바로 과거의 도에 뜻을 두는 일(學古道而欲兼通其辭　通其辭者　本志乎古道者也)"(「제구양생애사후(題歐陽生哀辭後)」)이라고 힘주어 말했다. 때문에 그들의 고문 이론은 도를 밝히는 일을 가장 우선시하였는데, 한유는 특히 유가의 인의(仁義)와 도통(道通)을 강조하였다. 유종원은 "시대를 보완해서 만물에 미치는 것이 도(以輔時及物爲道)"(「답오무릉논비국어서(答吳武陵論非國語書)」)라는 주장을 내세웠다.

한유와 유종원이 제창한 고문은 당시 한 차례 논쟁을 거친 것이었다. 한유는 "내가 글을 쓴지 오래 되었는데, 매번 스스로 의중을 헤아려서 좋다고 생각되면 사람들은 반드시 나쁘다고 여겼다. 조금만 뜻을 드러내면 사람들도 조금 괴이하게 여기고 많이 드러내면 사람들도 반드시 크게 괴이하게 여겼다.(僕爲文久 每自測意中以爲好 則人必以爲惡矣 小稱意 人亦小怪之 大稱意 則人必大怪之也"(「여풍숙논문서(與馮宿論文書)」) 그러나 당시 사람들의 비난과 조소를 받으면서도 한유는 조금도 자신의 뜻을 굽히지 않았다. "떨쳐 일어나 세속의 흐름을 돌아보지 않았으며, 조소와 비난을 받아도 후학들을 불러모으면서(奮不顧流俗 犯笑侮 收召後學)"(유종원의 「답위중립론사도서」), 끊임없이 고문 운동의 대오를 확산시켰다. 한유의 제자들로 이고(李翶)와 황보식(皇甫湜), 이한(李漢) 등이 있는데, 이들은 서로를 격려하면서 고문 운동이 성공적으로 달성되도록 노력을 아끼지 않았다. 그들은 구어 가운데 담겨 있는 신선한 어휘를 흡수해서 구어에 접근한 새로운 산문 어휘를 개발하였고, 이를 바탕으로 많은 작품을 남겨 산문 언어의 표현 능력을 확대하여 중국 문학사상 새로운 산문 전통을 개창하였다. 당나라 말기의 피일휴(皮日休)와 육구몽(陸龜蒙), 나은(羅隱) 등이 발표한 현실을 풍자했던 일련의 소품문(小品文)도 모두 고문체에 바탕을 둔 것으로, 고문 운동의 영향을 계승한 것이라고 하겠다.

중당 시기 고문 운동은 비록 당시 문단에서 빛나는 성과를 거두었지만, 병려문이 완전히 자취를 감춘 것은 아니어서 만당(晚唐) 시기에 접어들자 다시 병문이 고개를 쳐들기 시작하였다. 오대五代부터 송나라 초기까지 부화하고 미려하며 화려한 문풍이 다시 범람하기 시작해 전촉(前蜀)의 우희제(牛希濟, ?~?)는 자신의 「문장론(文章論)」에서 당시 문장은 "교화의 도리를 잊고 요사스럽고 부염한 것을 능사로 안다(忘于敎化之道 以妖艶爲勝)"고 개탄하였다. 송나라 초기 왕우칭(王禹偁)과 유개(柳開)가 다시 고문을 제창하면서 문장과 도가 합일해야 한다는 주장을 펼쳤는데, 이들의 주장은 호응하는 사람이 없어서 운동으로까지 발전하지는 못했다. 송나라의 고문 부흥은 구양수(歐陽修, 1007~1072)에 의해 주도된 이후에야 비로소 하나의 운동으로 부상하였다.

구양수는 자신의 정치적 위치를 빌어 고문을 힘차게 제창하면서 일련의 창작 집단을 소집하였다. 그와 뜻을 같이 한 인물로는 소순(蘇洵)이 있었고, 제자에는 소식(蘇軾)과 소철(蘇轍), 왕안석(王安石), 증공(曾鞏)이 있었으며, 소식의 문하에 황정견(黃庭堅)과 진사도(陳師道), 장뢰(張耒), 진관(秦觀), 조보지(晁補之) 등이 나왔다. 이들은 모두 고문의 대가들로 각자 기치를 세워 영향력을 넓혔기 때문에 송대의 고문 운동은 활발하게 전개되기에 이르렀다. 당송 고문 운동은 중국 산문 발전에 있어서 중요한 자리를 차지한다고 말할 수 있다. (임종욱)

병려문(駢儷文), 한유, 유종원, 당송팔대가, 중국산문발달사

참고문헌
임종욱, 『동양문학비평용어사전-중국편』, 범우사, 1997.
_____, 『중국의 문예인식』, 이회, 2001.
_____, 『중국문학에서의 문장체제 인물 유파 풍격』, 이회, 2001.
주훈초, 『중국문학비평사』, 이론과실천, 1992.

당송파(唐宋派)

명나라 때의 문학 유파. 대표적인 인물은 왕신중(王愼中, 1509~1559)과 당순지(唐順之, 1507~1560), 모곤(茅坤, 1512~1601), 귀유광(歸有光, 1506~1571) 등이다.

전칠자(前七子) 등이 복고주의를 표방한 이후 산문은 옛 사람을 모방하는 것이 위주가 되어 사상은 결핍되었고 문장은 난삽하여 읽기가 어렵게 되는 등 폐단이 극심해졌다. 이에 왕신중과 당순지 및 이개선(李開先), 진속(陳束), 조시춘(趙時春), 임한(任翰), 웅과(熊過), 여고(呂高) 등이 그 폐단을 바로잡으려는 의도 아래 구양수(歐陽修, 1007~1072)와 증공(曾鞏, 1019~1083)의 문장을 배울 것을 주장하였다. 그러나 후칠자가 전칠자의 이념을 계승하면서 다시 복고 사조가 활개를 치면서 옛 사람의 글을 표절하는 풍토가 문단을 지배해서 천하에 왕성하게 한 풍조를 조성하였다. 당송파는 삼대(三代)와 양한(兩漢) 시대의 문장이 지닌 전통적 지위를 높이 평가한 데다 당송문이 이를 계승, 발전시킨 것을 인정하였다. 왕신중은 "육경과 『사기』, 『한서』를 배워 취지와 근원을 가장 잘 배운 사람으로 한유와 구양수, 증공, 소식만한 이가 없다.(學六經史漢最得旨趣根源者 莫如韓歐曾蘇諸名家)"(「기도원제서기(寄道原弟書幾)」)고 했고, 당순지의 『문편(文編)』에는 『좌전』과 『국어』, 『사기』 등의 고문과 한유와 유종원, 구양수, 소식, 증공, 왕안석 등의 문장이 대량으로 선별되어 있다. 모곤은 한 걸음 더 나아가 『당송팔대가문초(唐宋八大家文鈔)』164권을 편찬하면서 긍정적으로 당송문을 제창했는데, 영향이 상당히 널리 파급되어 이 책이 크게 성행하였다. 당송파는 진한을 배우는 태도를 바꿔 구양수와 증공을 배우게 하였고, 난삽해서 이해하기 어려운 문풍을 문장이 글자를 좇아 순조롭게 이해되는 방향으로 전환시켰는데, 이런 점은 한 단계 진보한 성과였다.

당송파는 산문에서도 작가의 감정과 사상을 표현하는 기술 방식을 중시하였다. 또한 복고파들의 모방하는 풍조를 비판하면서 문장은 직접적으로 마음에 담긴 생각을 서술해야 자신의 진면모가 드러난다고 주장하였다. 왕신중은 문장은 "마음 속에서 말하고자 하는 바를 말해야(道其中之所欲言)"(「증남풍문수서(曾南豊文粹序)」) 한다고 천명했는데, 이는 작가의 참된 마음의 소리를 적어야 한다는 의미였다. 당순지는 "문자가 공교롭고 졸렬해지는 것은 마음의 바탕에 있다.(文字工拙在心源)"고 하면서 작가는 "마음이 초현해야(心地超然)", "제대로 된 안목을 지닌 사람(千古只眼人)"이 될 수 있다고 보았다.

당송파는 복고파에 대해 예리한 비판을 가했다. 당순지는 「답채가천서(答蔡可泉書)」에서 복고파의 작품은 "원래 정교한 빛이 없어 마침내 쇠약해지고 끊겨 버렸다.(本無精光 遂爾銷歇)"고 하면서, 자신의 사상과 영혼이 결여되는 위험에 놓였다고 지적하였다. 산문으로 가장 성과를 올린 사람은 귀유광이었다. 그는 서정이나 기사(記事)에 모두 능했고, 사소한 일을 소재로 해서도 곡진하게 서술하는 데 뛰어났지만, 글자를 조탁하는 일에 얽매이지 않아 풍미(風味)가 초연하였다. 당송파의 산문 창작은 비교적 후세에 영향을 끼쳐 청나라 때의 동성파(桐城派)가 그들의 전

통을 직접 계승한 유파이다. (임종욱)

전칠자, 당송팔대가, 왕신중, 당순지, 모곤, 동성파(桐城派).

참고문헌
임종욱, 『동양문학비평용어사전-중국편』, 범우사, 1997.
_____, 『중국의 문예인식』, 이회, 2001.
_____, 『중국문학에서의 문장체제 인물 유파 풍격』, 이회, 2001.
주훈초, 『중국문학비평사』, 이론과실천, 1992.

당송팔대가(唐宋八大家)

당나라 때의 문인 한유(韓愈, 768~824)와 유종원(柳宗元, 773~819), 송나라 때의 문인 구양수(歐陽修, 1007~1072)와 소순(蘇洵, 1009~1066), 소식(蘇軾, 1037~1101), 소철(蘇轍, 1039~1112), 증공(曾鞏, 1019~1083), 왕안석(王安石, 1021~1068) 여덟 사람을 합칭해 부르는 이름. 명나라의 모곤(茅坤, 1512~1601)이 『당송팔대가문초(唐宋八大家文鈔)』를 편집하면서 시작되었는데, 일반화된 것은 송나라의 진서산(眞西山)이 「독서기(讀書記)」에서 처음 사용하고 난 뒤부터다. 이들 여덟 사람은 문학에서 혁신운동을 이끌었을 뿐만 아니라, 알기 쉽고 유창한 문학, 즉 모든 사람들이 골고루 접하고 이해할 수 있는 문학을 하려고 노력하였다. 당송 이전의 문장들이 화려하기는 하지만 다소 공허한 성격을 띠고 있었던 것에 비해 이들은 순수문학을 주창하고 나섰던 것이다.

명나라 사람들이 당송팔대가에 대한 기준을 제시한 이래 고문을 논의할 때면 항상 이들을 으뜸으로 삼아 거론하였다. 청나라 동성파(桐城派)의 한 사람 방포(方苞, 1668~1749)는 『고문약선(古文約選)』을 편찬했고, 요내(姚鼐, 1732~1815)는 『고문사류찬(古文辭類纂)』을 편찬했는데, 이 가운데에서 팔가의 고문이 가장 큰 비중을 차지하고 있었다. 저흔(儲欣)은 팔가 외에도 이고(李翺)와 손초(孫樵)를 추가해 십가(十家)를 설정하였다. 애신각라홍력(愛新覺羅弘歷)은 또 10가문을 뽑아 『당송문순(唐宋文醇)』을 만들었는데, 청나라 때 어정과본(御定課本)이 되어 영향력이 대단히 컸다.

현재 통용되고 있는 『당송팔대가문초』 164권은 명나라의 만력각본(萬曆刻本)과 청나라의 서방각본(書坊刻本)이 있다. 청나라의 위원(魏源, 1794~1857)은 『찬평당송팔대가문독본(纂評唐宋八大家文讀本)』8권을 만들었다. (임종욱)

한유, 유종원, 구양수, 소순, 소식, 소철, 증공, 왕안석, 진서산(眞西山), 독서기

참고문헌
임종욱, 『동양문학비평용어사전-중국편』, 범우사, 1997.
_____, 『중국의 문예인식』, 이회, 2001.
_____, 『중국문학에서의 문장체제 인물 유파 풍격』, 이회, 2001.
주훈초, 『중국문학비평사』, 이론과실천, 1992.

당파성(黨派性)

당파성이란 계급사회에서 모든 형태의 사회적 의식이 지니고 있는 본질적 특징을 가리킨다. 계급적 성격 및 계급 구속성의 표현으로서 나온 마르크스-레닌주의 개념이다. 당파성은 당과의 이념적·조직적 결속이다. 마르크스주의에서의 당파성은 일반적인 의미에서의 민족계급의 대립 문제로서 보다 이데올로기론으로서 제기되고 있다. 계급투쟁 논리에서 또는 사회생활 과정에서 사회적 의식이 갖게 되는 본질적 특징으로서의 계급적 성격의 표현으로 당파성이 나왔다고 보는 관점인 것이다. 그러나 마르크스주의가 표방하는 과학적 사회주의의 문제는 이론의 역사성과 계급성을 앞세우고 이를 기초로 시민사회의 이론, 사상의 이데올로기적 성격을 폭로한다는 전투적 역할을 포함하고 있다.

레닌은 객관적으로 보이는 이론이나 예술에도 계급 대립에 의한 당파성이 있다고 강조하였다. 따라서 적대 계급의 타도를 위해서는 노동계급의 당파성을 투철히 하는 것이 오히려 객관적이라고 주장하였다. 그러나 레닌의 당은 제정 러시아 전제에 대항하는 전위당이었으므로 단결을 필요로 하였다. 뿐만 아니라 그 때문에 당파성 개념은 당내 개인의 자유와 대립하게 되어 조직의 결정 없이는 아무 발언도 할 수 없는 인간들을 만들어냈다.

식민사관의 당파성론은 타율성론, 정체성과 함께 일제에 의해 제기되었다. 이 주장은 조선의 문화수준이 낮다는 것을 전제로 하고 이처럼 발전하지 못한 까닭은 잘못된 민족성을 지닌 탓으로 자신의 이익을 위하여 파벌을 만들어 싸웠기 때문이라고 주장하면서 당쟁과 사화를 그 예로 들었다. 식민사관의 당파성론은 한반도의 소위 '반도적 성격론'을 바탕으로 하여 그럴 듯하게 꾸며졌고, 또 근대역사학적 실증주의적 방법론에 의해 논증된 것같이 여겨졌다. 그리하여 그것은 객관성 있는 논리로 받아들여지기도 했으며, 따라서 일제 시대는 물론 해방 이후에도 상당한 기간까지 그 영향을 남겼다.

문학에서 당파성의 문제는 특정 시대의 역사적 개념이나 이데올로기에 국한되지 않고 일반적 문학 원칙 혹은 미적 원리로 논의된다. 즉 당파성은 주체의 진보적 성질, 창작과 비평의 방법 문제의 기본 태도를 지칭하는 것이다. 문학이 사회적 모순이나 경향적 발전을 역사적으로 보아 객관적으로 반영하기 위해서는 계급적 실천과 전망에 기초하는 당파성의 문제를 고려하지 않을 수 없다. 계급 간 이해다툼, 보수와 진보의 경향적 대립이 첨예하게 이루어지는 사회에서 어느 한쪽을 예술적으로 긍정 혹은 부정하지 않고서는 그 사회의 현실을 올바르게 반영해내는 것이 불가능하기 때문이다. 미적 범주로서의 당파성의 객관적 근거는 바로 여기에 있다. 따라서 당파성은 작가의 세계관으로부터 예술적 형상화의 방법에 이르기까지 예술적 실천의 모든 국면에서 그 진리성 여부를 검증하는 본질적 기준이 된다.

당파성의 문제가 명확히 개념화되고 활발히 논의되기 시작한 것은 1930년대 사회주의 정립기와 인민 전선적 문학운동이 이루어지던 무렵이다. 한국문학사에서는 카프와 함께 논의가 촉발되었다가 1930년대 중반 그들의 해산과 함께 그 논의가 자취를 감추었다. 이후 1945년 8.15 직후 민족 문학론에서 다시 부활하기 시작했다.

한국문학사에서 당파성의 문제는 정치사회와 민중운동, 보수와 진보의 대립과 함께 단절과 발전의 역사를 보여주었다고 할 수 있다. (권도경)

사회적 의식, 계급, 계급성, 마르크스 레닌주의, 역사성, 식민사관, 타율성론, 정체성, 반도적 성격론, 미적 원리, 진보적 성질, 사회적 모순, 계급적 실천, 인민전선적 문학운동, 민족 문학론

참고문헌

임규찬, 「8·15직후 민족문학론에 있어서 민중성과 당파성의 문제」, 『실천문학』, 1988 겨울호.

문성원, 「특집 : 한국 현실과 철학 운동의 과제 : 당파성과 철학」, 『시대와 철학』1, 1990.

P. S. 브이호드쩨프, 「기획번역 : 사회주의 리얼리즘 강의(3)당파성의 문제」, 『러시아소비에트문학』3, 1992.

윤지관, 「해방의 서사와 세기말의 문학−다시 당파성을 생각하며」, 『당대비평』, 1997.

박배식, 「임화의 문학론과 현실인식」, 『한국문학이론과 비평』6, 1999.

대단원(大團圓)

대단원(de'nouement)란 말은 라틴어의 'knot'로부터 유래한 프랑스 말에서 나왔다. 해결하다란 사전적 의미를 지니고 있다. 영어로는 'catastrophe'라고 한다. 이는 연극에 있어서 모든 갈등이 최종적으로 해결됨 혹은 흐트러진 결말을 결속시킨다는 의미를 지니고 있으며, 일반적으로 마지막 막에서 이루어진다. 때때로 서사체 소설의 플롯을 해결하는 결말에 이 용어가 쓰여 지기도 한다.

대단원은 발단, 전개, 절정(클라이막스, climax), 하강, 대단원 순으로 짜여지는 희곡의 플롯 중 종결부에 해당한다. 플롯을 끝맺는 부분으로 상승에서 정점, 하강을 거쳐 온 갈등이 해결되어서 파국을 형성하는 부분이다. 극 전체의 후반부에서 전개된 사건들과 행동들이 총결산되는 단계이다. 대단원에서는 극의 전체적 종결과 함께 관객의 긴장이 끝나는 부분으로서 흥미의 완전한 종결이 아니라 그 여운을 가슴 속에 남겨두는 단계이다. 관객은 갈등의 해결로 긴장을 풀게 되며 극의 흥미와 주제를 재음미하게 된다.

고전극에서는 필수적이라고 여겨졌던 대단원은 현대 작가들에 의해 회피의 대상이 되고 있기도 하다. 클라이막스가 놓여 질 자리에 그것을 위치시키지 않음으로써 아무것도 해결되지 않는 자유롭고도 모호한 결말을 선호하는 추세이다. (권도경)

갈등, 플롯, 클라이막스, 하강, 종결부

참고문헌

Volker Klotz, 송윤엽 역, 『現代戲曲論 : Geschlossene und offene Form im Drama』, 탑출판사, 1981.

민병욱, 『현대희곡론』, 삼영사, 2001.

대력십재자(大曆十才子)

당나라 대종(代宗) 때의 연호 대력(766~779) 연간에 활동한 열 사람의 시인으로 대표되는 시가 유파의 하나. 이들의 공통점은 모두 시가의 형식적 기교에 큰 관심을 가졌다는 점이다.

명단은 요합(姚合, 779?~846?)의 『극현집(極玄集)』 상권에 이단(李端)의 이름 아래 주석으로 붙어 있다. 이단을 비롯하여 노륜(盧綸)과 길중부(吉中孚), 한익(韓翊), 전기(錢起), 사공서(司空曙), 묘발(苗發), 최동(崔洞, 또는 崔峒), 경위(耿湋), 하후심(夏侯審) 등이 서로 작품을 지어 불렀는데, 10재자로 불려졌다는 기록이 있다. 『신당서 · 노륜전』에도 그가 나머지 아홉 사람과 함께 시로 이름을 함께 해서 10재자로 불렸다는 기록이 있다. 갈립방(葛立方, ?~1164)은 『운어양추(韻語陽秋)』에서, 조공무(晁公武)는 『군재독서지(郡齋讀書志)』에서, 왕응린(王應麟)은 『옥해(玉海)』에서 역시 같은 설을 주장하였다.

10재자는 대개 실의한 중하층의 사대부들로, 반수는 권문세가의 청객(淸客)으로 살았다. 명나라의 호진형(胡震亨)은 『당시계첨(唐詩癸籤)』에서 "10재자 중 사공서는 원재의 문하에 의지했고, 노륜은 위거모의 추천을 받았으며, 전기와 이단은 곽씨 귀주의 막하로 들어가는 등 모두 권문세가로부터 멀어지지 못했다(十才子如司空附元載之門 盧綸受韋渠牟之薦 錢起.李端入郭氏貴主之幕 皆不能自遠權勢)"고 말했다. 이로 인해 그들에게는 윗사람에게 바치거나 응답한 작품이 많았다. 그러나 그들이 관직을 얻지 못해 방황하고 전란의 와중에서 떠돌이 생활을 하면서 살았기 때문에 간혹 현실 속에서 체험한 경험을 토로한 진실한 작품도 없지는 않다. 그들은 모두 5언으로 된 근체시에 뛰어났으며, 자연 경물과 마을의 정취, 나그네의 향수 등을 묘사하는 솜씨가 남달랐다. 시어는 우아하고 아름다우며 음률에 있어서도 조화를 이루었지만, 제재를 취하는 것이나 풍격은 비교적 단조로웠다. 관세명은 "대력 연간의 시인들은 실로 처음으로 자구의 공교로움을 다투었는데, 힘차서 단련하는 것을 해치지 않았고, 기교가 섬세함을 해치지도 않았다. 또 시의 체제에 통달한 데다 우아하고 아름다우며 온화하고 순수해서 사람들이 읊조리기에 족했다(大曆諸子實始爭工字句 然雋不傷煉 巧不傷纖 又通體仍必雅令溫醇耐人吟風)"(『독설산방당시초』)고 했는데, 이 점 역시 이들이 공통적으로 지닌 예술적 특징이라고 할 수 있다. (임종욱)

대력(766~779) 연간, 이단(李端), 노륜(盧綸), 길중부(吉中孚), 한익(韓翊), 전기(錢起), 사공서(司空曙), 묘발(苗發), 최동(崔洞, 또는 崔峒), 경위(耿湋), 하후심(夏侯審)

참고문헌
임종욱, 『동양문학비평용어사전-중국편』, 범우사, 1997.
_____, 『중국의 문예인식』, 이회, 2001.
_____, 『중국문학에서의 문장체제 인물 유파 풍격』, 이회, 2001.
주훈초, 『중국문학비평사』, 이론과 실천, 1992.

대리만족(代理滿足)

대리만족은 정확한 용어로 대상행동(substitute behavior)이라고 한다. 대상행동은 한 목표가 어떤 장애로 저지(沮止)되어 그 목표달성이 안 되었을 때 이에 대신하는 다른 목표를 달성함으로써 처음에 가졌던 욕구를 충족시키는 행동이다. 본래의 행동과 그 유사도(類似度)가 다른 각 종 대상행동이 있을 수 있습니다. 또 유사도가 크면 클수록 만족을 주는 대상의 정도, 즉 대상가(代償價)도 커지게 된다.

방어기제를 설명하는 프로이드의 정신분석학 이론 중 동일시(同一視), 전이(轉移), 투사(投射) 승화(昇華) 등도 일반적으로 대상행동에 속한다. 동일시는 좋아하거나 존경하는 대상과 자기 자신 또는 그 외의 대상을 같은 것으로 인식하는 것을 말하며 감정전이는 자신이 느낀 감정을 다른 대상에게 표출하는 것이다. 투사는 사회적으로 인정받을 수 없는 자신의 행동과 생각을 마치 다른 사람의 것인 양 생각하고 남을 탓하는 것이며 승화는 당장의 욕망충족을 보류함으로써 궁극적으로 더 높은 수준의 과업을 성취하는 것이다. 이러한 네 가지 기제들을 통해 인간은 현실 속에서 그 실현이 금기시 되어왔거나 연기되거나 좌절된 욕망을 대리충족한다.

문학텍스트의 창작과 독서 과정도 이러한 심리 기제들과 관련되어 있다. 작가는 자신의 경험을 투사하여 사건과 캐릭터를 창조하며, 독자는 캐릭터에게 자신의 감정을 전이하여 동일시함으로써 현실에서 이루지 못했던 욕망을 대리만족한다. (권도경)

대상행동, 대상가, 방어기제, 정신분석학, 동일시, 전이, 투사, 욕망충족

참고문헌
테리 이글턴, 『문학이론입문』, 김명환・정남영・장남수 공역, 창작사, 1986.
미하일 바흐친 외, 『현대문학비평론』, 김용권・김우창・유종호・이상옥 외 공역, 한신문화사, 1994.

대리보충

대리보충(supplement)이란 데리다의 해체주의에서 나온 용어로 원래의 것을 대신해서 보충하는 것을 말한다. 해체는 우선 구조주의가 형이상학의 역사에 나오는 또 하나의 에피소드에 지나지 않는다고 보는 구조주의 비판이다. 데리다는 논리에 따르면, 중심은 구조 속에 현전하는 동시에 구조에서 독립되어 있다고 이해되며, 중심과 구조의 관계는 그 가장 단순한 형태에서는 서열적 대립으로 나타난다. 이 대립에서 한쪽 항목은 진리를 구현하고 있는 것으로 이해되고 다른 한쪽 항목은 어슴푸레한 사본에 지나지 않는 것으로 간주된다.

그러나 구조의 필요에 의해 열등한 것으로 요청되는 사본 가령 '말'과 대비되는 '문자', '남성'과 대비되는 '여성', '자연'과 대비되는 '문명'은 결국 그것이 구조를 지탱해주는 핵심임이 드러나면서 이항대립 자체를 흔들어버리게 되는데 이것이 바로 대리보충의 논리이다. 이러한 대리보충은 원래의 것을 보충하는 원본의 순수성이 훼손된 형태를 말하지만, 데리다는 순수한 원본이란 일종의 환영이며 대리보충의 원리가 더 핵심적이라고 말한다. 예컨대 사투리는 표준말의 대리보충이라고 할 수 있으나, 표준말이란 추상적인 원본일 뿐이며 그것을 보충하는 사투리의 작동원리가 더 현실적이라고 할 수 있다.

이 대립들은 대리보충이라는 기묘한 논리를 보여준다. 해체적 독해에 의해 폭로되는 대리보충의 논리는 글에서 의미가 생산되는 과정을 전복하는 것으로 이해할 수 있다. (권도경)

해체주의, 중심, 구조, 이항대립, 보충, 원본

참고문헌
Llewelyn, John 저, 서우석・김세중 역, 『데리다의 해체주의』, 문학과 지성사, 1988.
이광래, 『해체주의란 무엇인가』, 교보문고, 1989.

대립적 비평

문학평론가 해럴드 블룸(Harold Bloom)이 사용한 비평 용어이다. 블룸은 "모든 시는 선행시(先行詩)의 잘못된 해석이다"라고 생각하고 있기 때문에 문학비평가는 대립적 비평(antithcal criticism)을 해야 한다고 주장한다. 즉 어떠한 시든지 그것을 선배시 또는 시 일반에 대한 그 시인인의 시인으로서의 고의적인 잘못된 해석으로 읽을 줄 알아야 한다는 것이다.

불룸은 선배의 시를 읽는 데 작용하는 여섯 가지 왜곡의 과정을 든다. 모든 해석은 필연적 은닉이며 독서는 그 때문에 오독이라는 것이 블룸의 결론이다. 그리고 약한 오독은 텍스트의 진정한 의미에 도달하려는 시도로 실패하기 마련인 반면, 강한 오독은 개개 독자의 자기방위심리가 상대하고 있는 텍스트에게 극단적인 폭력행위를 하는 것이 허락되어 있는 것이라고 하였다. 이러한 강한 오독의 결과는 시인 자신이 의도했다고 생각하는 것과 표준적인 약한 오독이 해석해낸 것, 두 가지 모두에게 대립적인 것이 된다.

블룸은 비평가는 독자의 입장에서 선배 비평가들이 자신에게 끼친 영향에 관한 자신의 우려에 대해 방어책을 강구하지 않을 수 없으며, 그렇기 때문에 선배 비평가에 대한 후대 비평가의 해석 역시 필연적으로 오독의 영역을 벗어날 수 없다는 것이다. 후대 비평가의 태도는 자율성과 독창성에 대한 강압적인 필요를 느끼기 때문에 자기 자신도 의식적으로 인정할 수 없을 정도로 선배 시인의 작품을 왜곡하는 식으로, 즉 방어적으로 그 시를 읽음으로써 자신의 자율성과 우선성의 느낌을 보전하고자 한다. 그럼에도 불구하고 후대 비평가는 선배의 비평을 그보다 우월한 글을 쓰기 위한 그의 시도 속에서 구체화하지 않을 수 없다는 것이다. 결과적으로 대립적 비평은 강한 오독이고 그 과정에서 독창성을 확보해나가는 오독이라고 할 수 있다. (권도경)

선행시, 왜곡, 은닉, 오독, 약한 오독, 강한 오독

참고문헌
Salusinszky, 『Criticism in society』, Methuen, 1987.
이광래, 『해체주의란 무엇인가』, 교보문고, 1989.
Peter Noever, 김경준 역, 『뉴모더니즘과 해체주의』, 서울 : 청람, 1996.

대사(臺詞, 臺辭)

대사는 문학작품의 등장인물들 사이에서 의사소통을 위해 이루어지는 인물들의 발언이다.

특히 대사의 기능이 중요한 문학 장르는 희곡이다. 희곡의 대사는 읽기 위한 말이 아니라 발언하기 위한 말이므로 일상적인 담화는 물론 문학적인 담화와도 다르다.

문학의 대사는 기본적으로 사건 전개의 기능을 가지고 있다. 대사는 극적인 사건을 전개시켜나가며, 특정한 극적 상황 속에서 행해지는 인물의 행동을 결정하여 사건을 진전시켜 나가는 것이다. 단순히 사건만을 전개시킬 뿐만 아니라 대사는 줄거리에 대한 인물의 관계, 즉 인물의 극적 행동을 줄거리 속에 실현시켜 나가는 기능을 한다.

대사는 정보 제공의 기능을 가지고 있다. 그 정보는 등장인물의 성격과 행동양식 에컨대 의견, 감정상태, 심적 상황 및 반응 등에 관한 지식을 관객에게 전달한다. (권도경)

희곡, 사건 전개, 극적 행동, 정보 제공

참고문헌
민병욱, 『현대희곡론』, 삼영사, 2003.
Volker Klotz, 송윤엽 역, 『現代戲曲論 : Geschlossene und offene Form im Drama』, 탑출판사, 1981.

대상(對象, Object)

대상(object)이란 주체(subject)에 대응되는 개념으로서 주체의 물질적 활동이나 인식활동이 지향하는 것을 의미하며, 사상(事象), 사물, 객체 등의 개념과 동의어로 사용하기도 한다. 그 어원은 '앞으로 던지다'를 뜻하는 라틴어 'objicere'에서 나왔다. 대상은 사유하는 행위와 대립하여 사유되는 것을 일컫는 것으로서 존재하는 모든 것은 그것을 표상하는 주체에 대한 대상이라 할 수 있다. 유물론에서 객관적 실재는 주체와의 관계에서는 주체의 대상이 되지만 그 자체로서 주체와 관계없이 존재한다고 본다. 또한 대상은 물질적 대상과 관념적 대상으로 나뉠 수 있으며, 관념적 대상은 물질적 대상에 그 근거를 두고 있다. 대상은 해당 주체가 탐구하는 특정한 객체들의 속성, 구조 법칙, 운동 법칙 등의 총체를 의미한다. 또한 대상이 일정한 방식으로 존재하고 있다는 사실, 대상이 일정한 속성을 가지고 있으며 다른 대상과 특정한 관계를 맺고 있다는 사실 등은 언표를 통해 우리 의식 속에 반영된다. 또한 대상화(objectivation)는 인간이 사유하거나 행위 하기 위해 어떤 존재를 재료로 삼는 것을 말한다.

심리학에 있어서 대상은 본능적 욕동이 목적을 획득하는데 필요한 수단을 지시한다. 프로이트는 이에 대해, 첫째 주체와 구별되는 실제로 있고 만질 수 있는 사람이나 사물, 둘째 다른 사람이나 사물에 대한 정신적 이미지, 셋째 실제 사람이나 경험적 내용과 구별되는 이론적 구성물 등의 의미로 사용한 바 있다. 대상은 주체와 구별되며 주체에게 심리적 중요성을 갖게 되며, 대상은 생물 혹은 무생물일 수 있으며 외부에 있다. 또한 주체의 마음속에 존재하는 대상은 내적 대상이며 대상 표상이라고 불리기도 한다. 대상 개념은 프로이트의 본능 이론 안에서 발달하였는데, 프로이트는 본능의 목표는 대상을 통해 에너지를 방출하거나 쾌락을 얻는 것이라고 보았다. 최초의 대상은 부분 대상(part object), 즉 어머니의 젖가슴이고 이후의 발달 단계에서는 전체 대상에 리비도가 집중된다. 또한 대상관계(object relations)란 대상에 대한 주체의 태도와 행동을 가리키는 것으로서, 특히 마음속의 대상표상과 관련된 심리적 현상을 일컫는다.(이신정)

사물, 객체, 객관, 주체, 대상 표상, 부분 대상, 대상관계

참고문헌
지그문트 프로이트, 윤희기 · 박찬부 역, 『정신분석학의 근본개념』, 열린책들, 2003.
미국정신분석학회 편, 이재훈 역, 『정신분석 용어사전』, 한국심리치료연구소, 2002.
한국철학사상연구회, 『철학사전』, 동녘, 1989.

대상관계(Object relation, 독 Objektbeziehung)

대상관계라는 개념은 프로이트의 욕동이론으로부터 유래한다. 비록 그의 후기 이론에서 '대상'이 공격적 욕동의 대상을 의미하기도 했지만(SE 18 : 67~143), 원래 그의 용어법에서 대상은 리비도적 대상을 의미하고 대상관계는 대상선택(object choice)의 문제이다(SE 14 : 111~40). 그가 말하는 대상이라는 용어는 이중적인데, 사물이라는 의미와 함께 목표라는 뜻을 동시에 담고 있다. 대상은 욕동의 목표가 되는 사물을 말한다. 이처럼 프로이트는 대상을 욕동 개념과 연결하여 사용했다.

바로 이 대목이 오늘날 대상관계 개념의 복잡성과 '대상관계 이론(object-relations theory)'의 다기성을 가름하는 중요한 논점이다. 이와 관련하여 클라인(Klein)과 그녀로부터 영향을 받은 사람들(Mahler, Jacobson, Kernberg)과 같이 기본적으로 프로이트의 욕동이론을 지지하면서 대상의 역할에 관심을 갖고 대상관계의 문제점을 해결하려고 노력한 분석가들이 있다. 이들이 주장한 대상 개념의 핵심은 대상을 실제의 사물이나 사람이 아니라 그에 대한 정신적 표상에 공격적 또는 성적 에너지가 충당된(cathected) 것으로 보는 것이다. 특히 클라인은 대상관계의 성격을 결정하는 것은 이러한 특정한 정신적 표상과 연계되어 있는 무의식적 환상이라고 규정한 바 있다(Klein 1958 : 236~46). 반면에 페어베어른(Fairbairn)이나 설리반(Sullivan)의 학설에 기반한 현대의 '대상관계 이론'이나 '대인관계 정신분석(interpersonal psychoanalysis)'은 프로이트의 욕동이론을 받아들이지 않은 채 대상이나 대상관계에 대한 이론을 발전시켰다. 페어베어른은 욕동 개념이 인간행위의 동기화에 핵심적이라는 전제를 포기해야 한다는 맥락에서 정신분석학을 자아와 자아 내부에 내재화된 대상과의 관계를 연구하는 것이라고 규정했다(Fairbairn 1952). 나아가 설리반은 정신분석의 기본 단위를 개인의 정신역동이 아니라 자기와 타자의 심리적 상호작용, 즉 대인관계의 장으로 변형시켰다(Sullivan 1953).

이렇게 표면상 대상관계라는 용어는 욕동구조모델을 지지하는 학파와 그렇지 않은 학파를 나누는 이론적 경계선처럼 보인다. 이 때문에 대상관계에 대한 협소한 정의는 그 유효성을 상실한다. 대상관계는 보다 광범위하게 정의될 필요가 있다. 그렇다면 대상관계는 주체가 외부의 상징적 타자들은 물론 내적인 상상적 타자들과 이루는 상호작용이라고 볼 수 있다. 이러한 정의를 뒷받침하는 근거로서 첫째, 대상관계 개념은 외부 세계 및 내적으로 형성된 세계에 대한 정신적 이미지 모두를 포괄하는 용어로 사용되어 왔다. 이러한 이중적 의미는 분석치료에서 발생하는 안과 밖의 교류를 묘사하는데 유용하다. 둘째, 대상이란 말이 특정한 타자가 아니라 일반적 타자까지 아우르는 용어이기 때문에, 대상관계는 이미 타자들과의 만남에서 얻은 다양한 경험들을 포괄한다는 의미가 담겨져 있다. 셋째, 대상관계는 실재하는 존재들의 관계 또는 표상이다. 이러한 의미는 환자들의 내적 대상과의 소통이 외부 세계에서 일어나는 교환만큼이나 경험적 사실성을 가진다는 점을 설명하기에 적합하다. 넷째, 대상관계는 주체가 그것을 조종하거나 변경할 수 있다는 뜻을 담고 있다. 이러한 의미는 대상들에게 미치는 정신작용을 보고하는 환자들의 경험을 설명하는데 적절하다. (이만우)

대상선택(object – choice), 욕동이론, 대인관계 정신분석

참고문헌

Fairbairn, W. R. D.(1952), An Object Relations Theory of the Pesronality, New York : Basic Books.
Freud, Sigmund(1915), Instincts and their vicissitudes, SE 14, London : The Hogarth Press, 1957.
_____(1921), Group Psychology and the Analysis of the Ego, SE 18, London : The Hogarth Press, 1955.
Klein, Melanie(1958), On the Development of Mental Functioning, The Writings of Melanie Klein, vol. 3, London : The Hogarth Press, 1975.
Sullivan, H. S.(1953), The Interpersonal Theory of Psychiatry, New York: Norton.

대서사 ☞ 거대서사

대안영화

영화는 우리가 영화를 통해 세계 내적(內的) 존재로서의 자아 정체성을 생각하고, 타인들의 삶 속에서 자기의 삶을 진지하게 성찰해 볼 때 그 의의를 가진다. 그러나 일반적으로 영화를 소일거리나 오락물로 생각하는 사람들의 적지 않다. 이들은 영화를 진지하게 생각하며 삶이 무엇인가를 찾기보다는 자기 소모적인 즐김의 세계에 빠져드는 것이다. 이런 사람들이 대다수인 상황에서 영화의 정체성 찾기의 하나로 대안영화가 탄생되었다.

대안영화란 영화가 만들어지는 가운데 그 내용의 저급함과 이에 대한 각성으로 나온 것이다. 기존의 영화의 한계적 상황에의 인식과 자각을 전제로 하는 것을 소위 대안영화라고 부를 수 있다. 상업적 유통 과정에서의 대안영화는 이미 오래 전에 독립영화의 형태로 나타났다. 매체 변화의 관점에서 볼 때 저예산 실험영화가 대안영화로 간주될 수 있다면 이즈음 '디지털 카메라'에 의한 새로운 영화의 등장도 대안영화라는 적절한 표현을 얻을 수 있을 것이다.

최근의 영화사(映畵史)를 돌이켜 볼 때, 어떠한 인공적인 조명도 배제한 채, 온전한 자연광(自然光)만을 통해 '들고찍기(핸드헬드)'로써 촬영해야 한다는, 소위 '도그마 95 선언'이 있었다. 새로운 돌파구를 찾으려고 하는 노력들이 하나의 '대안'의 분위기를 조성한다. 이런 점에서 볼 때, 앞으로 관객들에게 자기 소모적인 것을 부추기는 영화가 의미 생성적인 것을 확인시켜 주는 영화로 전환될 것이 기대된다.

그리고 예술적으로 완성도 높은 작품은 관객에 의해 외면 받고 있는 실정인데, 이는 아마도 영화가 관객들에게 어렵고 난해하게 느껴지기 때문이다. 따라서 학습을 해야한다. 대화나 토론도 비평적인 안목을 높이는 데 큰 도움이 될 것이다.

대중의 호응을 얻고 있는 할리우드 영화에 관련해 시들어 가는 다른 영화가 가져야할 구체적인 노력들이 무엇보다 필요하다. 위에서 언급한 '대안영화'도 하나의 방법이라 할 수 있다. (송희복)

독립영화, 디지털 카메라, 들고찍기

참고문헌
로버트 로드리거스, 고영범 역, 「독립영화 만들기」, 황금가리, 1998.
송희복, 『영상문학의 이해』, 도서출판 두남. 2002.

대음희성(大音希聲)

중국 고대 문학 이론 가운데 미학상 관념의 하나. 노자(老子)가 처음 제시하였다. 『도덕경(道德經)』에 보인다.

"큰 네모는 귀퉁이가 없고, 큰 그릇은 더디게 만들어진다. 큰 소리는 소리가 들리지 않으며, 큰 형상은 모양이 없다(大方無隅 大器晚成 大音希聲 大象無形)."

이 글의 주석에 "들어도 들리지 않는 것을 일러 희라 한다(聽之不聞名曰希)"는 말이 있다. 왕필(王弼, 226~249)은 주에서 "큰 소리는 능히 들을 수 없는 소리다. 소리가 있으면 즉 구분이 있고, 구분이 있으면 즉 궁음이 아니면 상음이다. 구분하면 능히 모든 것을 통제할 수 없으니, 때문에 소리가 있는 것은 큰 소리가 아니다(大音 不可得聞之音也 有聲則有分 有分則不宮而商矣 分則不能統衆 故有聲者非大音也)"(『왕필집교석(王弼集校釋)』)라고 하였다. 이 말의 뜻은 구체적이고 부분적인 소리의 아름다움은 소리의 자연스럽고 온전한 아름다움을 해친다는 것이다. 노자는 가장 아름다운 음악은 자연스럽고 온전한 소리의 아름다움이며 인위적이고 부분적인 아름다움이 아니라고 보았다. 이는 그가 말한 "도를 말할 수 있으면 도가 아니고 이름을 이름지을 수 있으면 이름이 아니다(道可道 非常道 名可名 非常名)"(『도덕경』)는 견해와 일치하고, 나아가 "행함이 없어도 저절로 조화한다.(無爲自化)"(『사기 · 노장신한열전(老莊申韓列傳)』)는 사상과도 완전히 일치하는 것이다.

노자를 이어서 장자莊子가 이 관점을 발전시켰다. 그의 「제물론齊物論」에 보면 그는 소리의 아름다움을 세 가지로 분류해 인뢰人籟와 지뢰地籟, 천뢰天籟가 있다고 하였다.

노자와 장자가 이렇게 자연스럽고 온전한 아름다움을 제창하자 후대에 이에 영향을 받은 사람들이 많이 나왔다. 이런 영향은 문학가나 예술가들이 자연스럽고 하늘이 성취한 경지를 숭상하고 조탁이나 퇴고를 일삼지 않는 예술 세계를 만들어내게 하였다. 종영(鍾嶸, 466?~518)이 「시품서(詩品序)」에서 자연과 진미(眞美)를 주장한 것이나, 원결(元結, 723~772)이 「정사락씨(訂司樂氏)」에서 높이 평가한 자연스럽고 "소리를 온전히 지킨(全聲)"아름다움을 숭상한 것, 사공도(司空圖, 837~908)가 「여이생논시서(與李生論詩序)」에서 "미를 온전히 하는 것으로 공교로움을 삼는다.(以全美爲工)"는 주장이 그것이다. (임종욱)

노자, 도덕경, 장자, 인뢰, 지뢰, 천뢰, 사공도

참고문헌
임종욱, 『동양문학비평용어사전-중국편』, 범우사, 1997.
_____, 『중국의 문예인식』, 이회, 2001.
_____, 『중국문학에서의 문장체제 인물 유파 풍격』, 이회, 2001.
주훈초, 『중국문학비평사』, 이론과실천, 1992.

대중 문학(大衆文學)

레이먼드 윌리엄즈는 '대중적(popular)'이란 용어의 쓰임새에 대해 '많은 사람들이 좋아하는 것', '열등한 작품들', '사람들의 선호에 일부러 맞춘 것', '사람들이 자신들을 위해 만들어낸 것'을 제시했다. 그러므로 대중문학의 뜻도 이런 다양한 요소들과 '문학'을 조합한 종류가 될 것이다. 대중매체인 인쇄물을 도구로 하면서도 고급과 저급, 순수와 통속의 이분법에서 후자에 해당하는 의미를 담고 있다. 이것은 문화적이지 못한 다수의 사람들이 사용하는 상징물이라는 함의를 지닌 'mass culture'라는 폄하된 시선에서 대중문학을 보는 것을 의미한다.

그러나 일찍이 바흐친은 소설의 특성이 다성성(polyphony)에 바탕을 둔 대화적 상상력이라고 주장한 바 있다. 즉 단성적이고 권위적인 목소리가 아니라 작가와 등장인물들의 상이한 목소리들의 중첩으로 이루어진 소설은 본질상 공식적인 목소리에 대항하는 비공식적(informal)이며 현실의 다른 글쓰기들을 아우르며 그것을 향해 열려 있는 문학임을 강조한다. 소설은 서사시 같은 고급문학의 외부에서 당대의 현실과 접촉하며 각기 다른 세계관들 사이를 유동적으로 융합하는 문학 장르이다. 기실 인쇄물이란 대중매체에 실려 있으며 공식적이며 귀족적인 것에 대한 저항으로 열려 있는 문학의 대중성을 무조건 폄하하는 것은 자가당착이다.

때문에 대중문학이란 용어를 쓰지 않고 통속문학, 오락문학이란 용어를 쓰는 경우도 있다. 이런 문학들은 한 사회의 고유한 규범과 질서를 강화하려는 욕망을 지닌 대중들의 오락 욕구를 충족시켜주는 한편 기존 질서로부터 도피하려는 욕구를 충족시켜준다.

그러나 이 경우도 '오락성'을 무시하는 의도가 숨어 있다. 문학에는 각성의 미학과 재미의 미학이 있다 하겠다. 재미있음을 저급함과 동일하게 취급되어서는 안 된다. 단순한 대리만족의 도구라고 비판하기 전에 그 과정에 녹아있는, 현실의 모순에 절망하면서도 자신의 삶의 기반이 되는 현실을 긍정하고자 하는 인간의 욕망이 화해하는 순간의 긴장감 또한 존중해야 할 것이다.

통속성에 드러나는 독자의 수용 태도를 분석하는 것도 대중문학의 본질을 올바로 아는데 도움이 될 수 있다. 동일 모티프를 반복함으로써 심리적 안정감을 찾는 상투성의 미학, 등장인물과 독자간의 심리적 거리를 붕괴시키는 자기향수(self−enjoyment), 의사 현실(擬似現實)과 의사 전망(擬似展望)으로 현실과의 화해를 도모하려는 방식 등이 주는 의미를 분석하는 것도 한 방법이다. (최혜실)

통속문학, 상투성, 다성성

참고문헌
여홍상 엮음, 『바흐친과 문화 이론』, 문학과지성사, 1997.
최혜실, 『디지털 시대의 문화읽기』, 소명, 2001.
이정옥, 『1930년대 한국 대중소설의 이해』, 국학자료원, 2000.

대중(Mass, 大衆)

단순하고 일반적인 사회적 집합 형태로서의 대중과 일정한 사회정치적 의미를 획득한 세력, 예를 들어 '민중'과 같은 개념으로서 대중이 있는데 여기에서는 전자의 경우에 입각해서 설명하고자 한다. 영어로 대중을 뜻하는 'mass'는 독일어인 'Masse'에서 유래한 것으로 교육받지 못한 계층을 지칭하는 말이었던 것이 산업혁명이후 형성된 새로운 계층을 지칭하는 말로 변모하였다.

르 봉(Gustave Le Bon)은 대중을 소수의 지적 귀족에 의해 창조되고 이끌어지는 문화를 훼손시키는 군중으로 여겼고 오르테가 이 가세트(Jose Ortega y Gassete)는 지성인이 소수의 창조자이며 대중은 자격이 없다고 주장했다. 마르쿠제 또한 '일차원적 인간'으로 대중이 빠지기 쉬운 천박성을 경계했다.

현대 사회라고 불리는 기술, 산업적 복합체는 점차 거대하고 고도로 분할된 상부구조로 바뀜으로써 종래 소규모 공동체에서 자신에 뚜렷한 정체감을 지니고 살던 인간은 사회를 낯설고 이상한 곳으로 여기게 된다. 현대인은 더 이상 세계의 구성적 성분으로 자신을 경험하지 못한다. 그는 자연에서 독립되어 있으며 사회에서도 대립된 존재이다. 가족이나 종교, 교육 등 사회제도들이 인간으로부터 독립되어 자율성을 획득하는 것이다. 그 결과 현대인은 제도의 부분적 결속에만 집착할 뿐 정체감을 상실하는데 이 상실감과 소외감이 인간의 의식을 변화시켰다.

이렇게 총체적인 경험을 하지 못하고 분자로 떠돌며 대량생산의 평준화된 의식을 지닌 대중은 상품의 교환과 소비의 와중에서 휘둘리게 된다. 상품이 진정한 사용가치를 인정받지 못하고 교환가치나 기호가치에 의존할 때 대중은 발달된 대중매체에 의해 소비욕구가 조장되고 조작된다. 이제 진정한 공동체가 사라진 사회에서 대중은 좋아하는 스타에 열광하거나 특정 브랜드를 선호하는 의사 공동체를 형성하게 된다. (최혜실)

대중문화, 대중문학, 대중예술, 르 봉(Gustave Le Bon), 오르테가 이 가세트(Jose Ortega y

Gassete), 허버트 마르쿠제(H. Marcuse)

참고문헌

발터 벤야민, 이태동 역, 『문예비평과 이론』, 문예출판사, 1987.

게오르그 짐멜, 안준섭 역, 『돈의 철학』, 한길사, 1983.

Wolfgang F. Haug, 김문환 역, 『상품미학 비판』, 이론과실천, 1991.

대중극

대중극(大衆劇)이란 대중과의 친연성 즉 대중성을 지닌 연극을 통칭한다. 대중극은 전위극이나 실험극(1930년대는 研究劇이라고도 했다)과 같은 진보적인 연극에 대칭하는 개념이다. 또한 민속극, 민중극, 고전극과 구별된다. 대중 취향의 즐거운 연극, 상업주의적인 연극, 대중적 화제를 우선한 연극, 특히 감각적인 성적(性的) 함의를 노출시키는 연극 등을 통칭한다. 서양에서 대중극은 전통적으로 뮤직 홀, 보드빌, 벌레스크, 폴리, 레뷔, 서커스, 뮤지컬 코메디, 음악연주를 기반으로 한 실제 공연(live performance) 등을 가리키며, 정통적이고 수준 높고 예술적인 연극과는 구별된다. 대중극을 주도하는 가수, 무용수, 희극배우, 광대, 인형사, 마술사, 곡예사, 마법사, 복화술사들을 '쇼 전업자(專業者)'라고도 한다. 음악, 몸짓을 포함한 움직임, 그리고 유머는 역사 전체를 놓고 보았을 때 대중극에서 사용되는 가장 핵심적인 요소들이다. 신체적 요소는 에로티시즘, 과장, 곡예, 마임 등을 통하여 드러난다. 영국의 뮤직 홀은 보드빌(노래와 춤이 낀 짧은 희극)의 이상적인 형태로서 노동자 계층의 선술집에 근원을 두고 발전했으나 사회 모든 계층을 위한 일반적인 위안거리가 되었다. 벌레스크(말장난 위주의 익살극), 폴리(어리석은 짓거리 위주의 익살극), 레뷔(짧은 희극) 역시 희극적인 요소들을 다양하게 응용했다. 찰리 채플린(Charlie Chaplin)과 버스터 키튼(Buster Keaton)이 대중극의 가장 좋은 사례이다.

1930년대 한국연극에는 신파극, 구파극, 신극, 변사극, 홍행극, 중간극, 상업극, 시대극, 모성비극, 가정비극, 사회비극, 멜로극(멜로드라마), 낭만극, 인정극, 정극(正劇), 희극, 만담극, 희가극, 희비극, 정희극(正喜劇), 창희극, 사회극, 풍자극, 폭소극, 넌센스희극, 레뷔, 스케치, 악극, 가극, 쇼, 막간, 버라이어티 쇼, 탐정활극, 애욕극, 향토극, 풍자만극 같은 용어들을 작품제목 앞에 붙여 빈번하게 사용했다. 이상의 용어에서 신파조극, 창극, 신극(사실주의), 악극처럼 양식개념이 분명한 것들을 제외하면, 나머지 용어들은 작품의 실체로 보아서 멜로드라마(melodrama, 激情劇, 通俗劇)와 파스(farce, 笑劇) 중심으로 양대분할 수 있다. 멜로드라마와 파스는 물론 서양의 전통적 형식이었다. 이런 형식이 30년대의 한국에서 '시대를 대표하는 대중극형식' 즉 양식으로 자리를 잡았다. 당시 정극은 '본격적인 멜로드라마'를 지칭했고, 이대 대하여 정희극은 '본격적인 파스'를 지칭했다. 그리고 어떤 형식이든 홍행성(상업성)을 중시하고, 어떤 극단이든 배우의 직업화와 연극의 기업화를 중시한 점에서 동일했다. '신극과 홍행극'으로 연극계를 양대분한 것도 당시 대중극의 위상을 시사한다. (서연호)

민속극, 민중극, 고전극

참고문헌
서연호, 『한국연극사(근대편)』, 연극과인간, 2003.
서항석, 『중간극들의 정체』, 동아일보, 1937.
김만수, 『일제강점기 유성기음반 속의 대중희극』, 태학사, 1997.
고설봉 증언, 장원재 정리, 『증언연극사』, 도서출판 진양, 1990.
The New Encyclopaedia Britannica(Popular Theater), 1994.
한상철(외), 『연극사전』, 한국문화예술진흥원, 1981.
Martin Banham, The Cambridge Gaide to World Theatre, Cambridge University Press, 1988.
早稻田大學演劇博物館編, 演劇百科大事典(제1, 2, 5권), 平凡社, 1990.

대중매체(大衆媒體)

신문, TV, 라디오, 영화, 인터넷 등 대중적인 의사소통 수단을 말한다. 미디엄(medium)이란 단어는 라틴어인 메디우스(medius)에서 유래한 단어로 '중간'이란 뜻이다. 미디어는 송신자와 메시지, 수신자와 메시지 사이의 커뮤니케이션 관계를 활성화하는 기술적 과정이다.

매스 미디어는 수많은 익명의 수용자를 갖는다. 편지, 전보, 전화는 특정인이 수신하므로 매스 미디어가 아니다. 방송국의 프로듀서는 누가 TV를 시청하는지 모르고 작가나 출판인은 누가 그 책을 읽을지 모른다. 또 누가 CD를 사고 인터넷을 검색하는지 모른다. 이런 익명성은 대중 매체의 독특한 특성을 형성한다.

15세기이후 최근까지 가장 대표적인 대중매체는 인쇄매체였다. 수 세기동안 책이나 신문 같은 인쇄매체는 먼 거리의 광범위한 수용자들이 접할 수 있는 유일한 수단이었다. 그러나 정보 전송수단으로서 이것은 많은 한계를 지니고 있었다. 1843년에 전신기술이 발명되었으나 대중매체는 아니었고 1877년 에디슨이 전축을 발명하면서 음악은 두 번째의 대중매체가 되었다. 전축용 레코드와 카세트가 뒤이어 발명되고 1990년대에 이르러 디지털 방식의 MP3의 발명으로 인터넷을 통해 음악이 빠르게 보급되었다.

20세기 들어 라디오가 등장하자 책이나 신문, CD등의 구체적인 상품이 아니라 주파수를 통해 미디어 상품이 팔리게 되었다. 이어 TV가 등장하면서 미디어 소비 유형은 새로운 전기를 맞는다. 최근의 디지털 기술은 미디어 소비 방식을 다시 한번 바꾼다. 쌍방향성의 매체적 특성 등으로 종래 중앙에서 다수의 소비자를 향해 전달되는 방식이 소수의 세분화된 수용자로 바뀌게 되면서 생산자와 소비자의 경계가 모호한 프로수머(prosumer)가 탄생한다. 지금 기술자들은 전화, TV, 팩스, 전축, 디지털, 영상, 컴퓨터 등을 하나의 미디어 센터로 묶으려 한다. 특히 인터넷은 빠르게 변화하고 있다. 정보 검색이나 콘텐츠 감상 뿐 아니라 전자 상거래가 붐을 이루면서 인터넷 광고의 양은 갈수록 많아지고 있다.

현대 사회에서 우리의 사회관계를 형성하는데 대중매체의 영향력은 지대하다. 우리는 정부의 일을 경험이 아니라 뉴스를 통해 접하고 집에서 스포츠를 관람하며 음악을 감상한다. 현대 사회에서 개인의 사생활과 그들의 사회관계를 가장 빈번하게 연결시켜주는 것이 대중매체이다. (최혜실)

대중, 대중문화, 대중예술, 대중문학, 인터넷

참고문헌
데이비드 크로토·윌리엄 호인스, 전석호 역, 『미디어 소사이어티』, 사계절, 2001.
강준만, 『대중매체 이론과 사상』, 개마고원, 2001.

대중문화(Popular culture)

대중문화에 대해 지금까지 알려진 여섯 가지의 정의를 요약하면, 첫째, 단순히 많은 사람들이 폭넓게 좋아하는 문화라는 정의. 너무 포괄적이다. 이 경우 명백히 고급문화인 고전 음악의 음반도 많이 팔리면 대중문화가 되고 텔레비전 드라마도 시청률이 높으면 대중문화가 된다.

둘째, 고급문화라고 결정된 것 이외의 문화를 모으는 방법이 있다. 여기서 대중문화는 고급문화가 요구하는 수준을 통과하지 못한 나머지 문화적 텍스트와 실천 행위를 말한다. 그 판별 기준으로 형식적 복잡성이나 도덕적 가치, 비판적 통찰력 등이 채택된다. 문화적으로 가치 있기 위해서는 어려워야 하는데 이 어려움 때문에 대중이 배제되며 그 관객의 배타성이 확고해진다. 피에르 부르디외는 고급문화가 대중을 배제시킴으로써 계층의 구분을 유지하는 방법으로 이용된다고 주장한다. 문화의 소비가 일종의 계층을 낳는 경우이다. 그러나 셰익스피어가 현재에는 고급문화의 전형으로 꼽히지만 당시에는 대중 연극에 불과했다. 그 반대로 일어나는 상호작용의 예로 파바로티의 음악은 고급문화의 영역에 속하지만 영국 음반 판매 1위를 기록하였다. 그리고 이 상업성 때문에 파바로티의 곡을 연주하기를 꺼린다는 일화가 있다.

세 번째 정의는 대중문화가 대량문화라는 주장이다. 이것은 대량소비를 위해 생산된 것이며 관중은 무분별한 대량 소비자 집단이다. 여기서 문화는 공식에 의해 만들어지며 조작적이라는 것이다. 그러나 엄청난 광고에도 불구하고 흥행에 성공하는 영화는 얼마 되지 않는다. 이런 견해는 대중의 문화 소비가 기계적이고 수동적임을 지적하며 문화적 행태가 달랐던 '황금기'와 현재를 비교한다. 잃어버린 유기적 공동체나 사라져 버린 민속 문화를 아쉬워하는 것이 그 예이다. 그러나 자본주의 사회에서는 그 속성상 대량 문화의 비정통적 성격과 대비되는 정통적 민속 문화가 존재하지 않기 때문에 이런 태도는 쓸모없는 낭만적 향수병에 불과하다.

한편 대량 문화의 대부분이 미국 문화라는 점을 강조하는 연구자들이 있다. 대중문화의 많은 부분이 미국에서 제조되었고 그것의 유포는 '미국화'를 낳는다. 다른 국가의 문화는 이 미국 문화의 영향으로 동질화하고 퇴화하였다는 것이다. 어느 정도 맞는 견해이지만 1950년대, 영국의 젊은이들이 미국문화를 암울한 현실에 대한 해방의 힘으로 여겼다는 점도 짚고 넘어가야 한다.

네 번째 정의로 대중문화가 민중으로부터 발생된다는 견해가 있다. 이는 민속문화로서 대중 문화이며 사람들을 위한 사람들의 문화이다. 대중문화를 현대 자본주의 사회에 대한 상징적 저항이 나타나며 낭만화된 노동계급 문화라고 보는 견해도 여기에 포함된다. 그러나 이 경우 민중이 누구이며 실제로 얼마나 존재하는가에 대한 객관적 근거가 부족하다. 또 대중문화는 민중이 자발적으로 만드는 문화가 아니라 상업적으로 제공된 것이다.

다섯 번째로 안토니오 그람시는 대중문화를 사회 피지배층의 저항력과 피지배 계층의 통합력 사이의 투쟁의 장으로 본다. 대중문화는 위로부터 강요된 문화도 아니며 자발적으로 일어난 대항문화도 아니다. 이것은 이 둘 사이의 교환이 일어나는 영역이며 이 영역은 저항과 통합으로 표현된다. 예를 들어 바닷가의 휴가는 처음에는 귀족들의 행사였다가 100년 후에는 대중문화가 되었다. 느와르 영화는 멸시받는 대중영화에서 출발하여 30년내에 예술 영화가 되었다. 대중문화는 지배─피지배 계급간 지배─피지배 문화간의 이데올로기적 투쟁이 일어나는 영역이다. 이런 헤게모니 이론은 인종, 성, 지역, 세대, 성별 선호 같은 갈등─공식적 또는 지배적 문화가 동일화하려고 하는 통합력에 대해 투쟁을 벌이고 있는 모든 형태들을 탐구하고 설명하는데 사용될 수 있다.

마지막으로 고급문화와 대중문화의 차이를 더 이상 인정하지 않는 견해가 있다. 포스트모더니스트들은 모든 문화가 상업문화라고 단언하며 진정한 민속 문화를 찾거나 이상적인 문화가 존재하던 시기를 찾아 그를 옹호하려 하지 않는다. 상업과 문화의 상호침투의 예로 꼽히는 것이 TV광고와 팝 음악의 관계이다. 어떤 팝 음악은 상품 광고에 나왔기 때문에 음반이 많이 팔렸고 상품은 음악의 분위기에 힘입어 매상고가 올랐다. 그리고 이 모든 정의에 함축되어 있는 공통점은 대중문화가 자본주의 시장경제와 관계있다는 것이다. (최혜실)

대중, 대중문학, 대중문화, 대중예술
참고문헌
존 스토리, 박모 역,『문화연구와 문화이론』, 현실문화연구, 1994.
하버트 J. 갠스, 강현두 역,『대중문화와 고급문화』, 나남, 1998.

대중예술(大衆藝術)

순수 예술, 고급 예술에 대립되는 개념으로 쓰였으나 최근 기술복제와 대량 생산의 심화로 그 경계가 모호해지고 있는 상황이다. 최근에 이루어진 기술 발전으로 예술은 반복 재생산이 가능해짐으로써 종래 순수 / 대중의 이분법이 사라지게 된다.

원래 근대 예술에는 분업과 대량생산에 대한 반발로 예술가의 전문성과 작품의 일회성이 강조되었고 이 상황은 예술가를 신비에 싸인 존재로 몰고 간다. 여기에 편승해서 예술이 목적성에서 자유롭게, 그 자체가 목적이 된다. 예술이 이전처럼 종교에 봉사하는 부속물이거나 공예품이기를 벗어나 독자의 아우라를 가지게 된 것이다.

그런데 이즈음은 한 걸음 더 나아가 기술복제 시대에 예술의 일회성이 사라지므로 아우라가 상실된다는 발터 벤야민(Walter Benjamin)의 주장이 디지털 매체에는 의미가 없어졌다. 모든 정보가 전자의 꺼짐과 켜짐으로 저장되기 때문에 컴퓨터의 모니터를 백 번 켜도 늘 같은 작품이 떠오른다. 초기 원본과 복사본의 구분이 있었던 시대에 예술의 특성이 그것의 복사본과 대립되어 두드러지는 것이지 이 상황에서 일회성은 의미를 상실하는 것이다.

또 지금까지 상품으로 간주되던 것에 기호, 상징의 요소가 중시되면서 상품과 예술의 경계가 사라지게 된다. 우리는 일상의 공간에서 폭격에 가까운 기호의 세례에 둘러싸여 살아가고 있다. 물론 이 현상은 처음에는 소비자가 상품의 '진가'를 알지 못하고 광고 등에 의해 조작된 기호 가치에 함몰된다는 비판으로 인용되어 왔다.

그렇다면 이제 이 '조작된 기호가치'를 예술의 미감으로 바꾸어야 할 시대가 도래했다. 그 징후 중 하나가 키치(Kitsch)이다. 원래 대량으로 복제되는 저속하고 조야한 대중문화상품이었으나 최근 중요한 문화현상으로 대두되었다. 대량으로 유포되는 만화, 드라마, 포르노, 무협 소설, 유행가 등 다양한 장르를 포함한 키치는 '미적인 것'이 엘리트 문화에만 속하는 것이 아니라 대량으로 생산되고 소유될 수 있다는 의식을 형성시켰다.

키치는 문화의 변두리에서 무시되어 온 타자였기 때문에 전통적인 문화의 중심을 교란하고 새로운 에너지를 생성시킬 수 있었다. 예를 들어, 팝 아티스트인 앤디 워홀은 대중적인 오브제를 변용하여 규범적 의식을 흔들어 놓았다. 예술과 상품, 고급과 저급이 사라진 시대에 대중예술의 개념이 새롭게 정립되어야 할 때이다. (최혜실)

순수예술, 키치

참고문헌
2000년을 여는 젊은 작가포럼, 『21세기 문학이란 무엇인가』, 민음사, 1999.
최혜실, 『디지털 시대의 문화읽기』, 소명, 2001.
_____, 『한국 현대소설의 이론』, 국학자료원, 1994.

대중적 환상(大衆的 幻像)

대중적 환상(大衆的 幻像)이란 대중에 대한 지배권 혹은 영향력을 공고히 할 목적으로 지배 이데올로기에 의해 만들어진 일종의 환상, 혹은 허위의식을 의미한다. 예를 들면 나치스 정권의 반유대주의적 전략이 대표적이다. 나치스 정권은 사회적 적대감을 감추기 위해 유대인에게, 독일 국민 전체의 존재를 위협하는, 지구상에서 말살되어야 할 존재라는 대중적 환상을 부여한다. 결국 유대인이란 인물 덕분에 당대의 독일 대중은 사회적 전체를 유기적 통일체로 인식할 수 있게 되며 이는 나치스라는 전체주의 정권의 지배 이데올로기를 공고히 하는 토대가 된다. 최근 미국 정부의 이슬람 테러리스트에 대한 견해도 이와 비슷한 예이다.

대중적 환상은 전체주의 정권에 의해 행해진 광범위한 문화 조작과 유사한 방식으로 현대 대중문화 속에서도 등장한다. 이에 대하여 호르크하이머(M. Horkheimer), 아도르노(T. Adorno) 등은 미국 대중문화 분석을 통해, 이데올로기적 대중문화가 기존 체제의 사회적 관계를 재생산하고, 체제의 사회경제적, 정치적 질서를 위한 선전장치로 봉사하고 있음을 밝혀냈다. 그들은 제1차 세계대전 후 사회주의 혁명의 실패와 파시즘의 등장에 대해 연구하면서 대중사회를 전체주의의 온상으로 규정한다. 자본주의 사회의 산업화된 대중문화는 질적인 차이를 양적인 차이로, 인간적인 것을 사물적인 것으로, 같지 않은 것을 같은 것으로 환원시키는 사물화된 의식을 조장하고 숙명론과 무력감을 심어준다. 또한 이로 인해 현대 독점자본주의 체제가 유지되고 재생산된다. 사물화된 세계에서 대중은 깊은 무력감과 소외를 경험하지만 대중문화가 제공하는 환상 속으로 도피하면서 그러한 모순을 깨닫지 못하고 현실에 안주하게 된다. 그런 의미에서 대중문화는 사회 전체를 유지하는 일종의 사회적 시멘트 역할을 하게 된다. 결국 이윤을 위해 조작된 허위적 욕구의 산물인 대중문화의 텍스트와 실천행위들은 대중적 환상의 형태로 나타나, 대중의 환상을 실재화하여 대중의 의식에 영향력을 미친다. (이신정)

대중사회, 전체주의, 대중문화, 호르크하이머, 아도르노

참고문헌
아도르노, 호르크하이머, 김유동 역, 『계몽의 변증법』, 문학과 지성사, 2001.
김창남, 『대중문화의 이해』, 한울아카데미, 1998.
이강수 편, 『대중문화와 문화산업론』, 나남출판, 1998.

대중화론(大衆化論)

1920년대 후반부터 1930년대 초반까지 계속된 카프 내부에서의 논쟁이다. 김기진에 의해 제기된 이 논의는 임화, 권환, 안막 등에 의해 반론이 제기되면서 논쟁으로 이어졌고, 카프의 새로운 조직 변화 및 운동노선의 변화로 확산되었다.

1920년대 후반에 들어서면 김기진은 <통속소설소고>에서 카프문학의 위기를 타개하는 방안으로 작품에 통속성을 수용할 것을 주장한다. 이런 시도는 1920년대 후반 일본의 예술대중화운동과 관련된 것으로, 당시 조선에서 대중들로부터 큰 환영을 받고 있던 이광수와 최독견의 소설이 가진 통속적 요소들을 수용할 것을 제안한다. 이러한 김기진의 주장은 당시 프로문학이 도식주의에 빠져 문학으로서의 조건을 갖추지 못했고 독자들로부터도 외면당하고 있었다는 점을 중시한 것이다.

그리하여 김기진은 <대중소설론>에서 대중의 향락적 요구에 응하면서도 그들을 모든 마취제로부터 구출하고 그들로 하여금 세계사의 현 단계에 주인공의 임무를 다하도록 끌어올리고 결정케 하는 소설로 '대중소설'을 요청한다. 그는 대중소설에 요구되는 문장과 표현수법으로 7개 항목을 들었다. 문장이 평이할 것, 한 구절이 너무 길지 않을 것, 문장이 운문적일 것, 문장이 화려할 것, 묘사와 설명이 간결할 것, 성격묘사보다 사건의 기복에 중점을 둘 것, 전체의 구상과 표현수법은 객관적이고 현실적이며 실재적이고 구체적인 태도를 취할 것 등이 그것이다.

임화, 안막, 권환, 김두용 등은 김기진의 대중화론은 마르크스주의적 투쟁 원칙을 벗어나 현실 추수적 합법 투쟁을 제안한 것으로, 전선을 회피한 도피적 태도라는 점에서 비판했다. 이 시기 예술대중화 논쟁은 1930년대의 본격적인 창작방법론과 사실주의 논쟁 등으로 이어진다. (곽승미)

내용・형식 논쟁, 볼셰비키화, 방향전환론

참고문헌
김기진, 「통속소설소고」, 조선일보, 1928. 11. 9~20.
_____, 「대중소설론」, 동아일보, 1929. 4. 14~20.
김영민, 『한국근대문학비평사』, 소명, 1999.

대체현실

대체현실(代替現實)이란 말 그대로 현실을 대신하거나 다른 것으로 바꾸는 것을 뜻한다. 삶의 모순으로 인해 현실이 불만족스럽거나 주체와 여러 조건이 더 이상 현실을 수정할 수 없는 상황이라고 판단될 때 인간은 일반적으로 우회적인 방식으로 자신의 욕망을 대체한다. 이 현실에서의 이상향 추구는 개인이 생각하는 이상적인 이념이 존재하는 공간이나, 어떤 집단적이거나 이데올로기적 억압이 없이 개인적인 안위를 보장하는 평안한 공간을 찾아가는 방법으로서 작품 속에서 여러 가지 모습으로 변형되어 나타난다. 현실 대응 방식으로서의 욕망의 대체 양상을 보면 첫째 현실에서 지금과 다른 공간을 이상향으로 상정하고 찾아간다. 둘째 현실에서의 이상향이 좌절되자 의식 속의 이상향, 즉 체제나 이념에 의해 파괴되기 전의 유년기를 회상하거나 비현실적인 환상으로 빠져든다. 셋째, 유년기의 연장선상에서 더 근원적인 세계, 즉 원시적인 세계를 이상향으로 상정하여 동경한다. 원시의 세계는 감성이 우위에 있는 시기로서 이데올로기에 의한 억압도 없는 곳이다. 넷째 완벽한 세계인 독서의 세계로 망명한다. 현실과는 달리 모든 것이 정돈되어 있고 이해와 수용 가능한 책 속의 세계는 인물에게 이상향으로 제시되고 인물들은 독서를 통해 모순적이고 이해불가능하며 억압적인 현실에서 벗어나 일시적이나마 평안함을 얻는다. 독서를 통해 인물은 자기 스스로 새로운 세상을 만들어낸다. 이것은 환상이다. 때문에 독서로의 망명은 두 번째로 지적했던 비현실적 공간에서의 이상향 설정인 환상으로의 몰입과도 통하게 된다.

대체현실은 이러한 이유로 환상소설이라는 장르 설정을 가능케 한다. 환상소설은 예술과 현실의 문제, 인간의 인식 능력을 벗어나는 미로와 같은 유동적인 현실과 우리가 사는 현실은 허구보다도 더 허구적일 수 있다는 현실의 틈을 보여준다. 현실의 균열과 틈을 보여주는 것이 환상 소설이다. 환상을 통해 독자에게 무한한 상상력과 변형의 놀이를 보여줌으로써 현실을 대처하는 우리의 인식의 폭을 넓혀준다. 따라서 이러한 방법을 채택하는 작가의 텍스트 속에는 이러한 글쓰기에 열망이 현실의 문제화 함께 들어 있다.

루카치는 대체현실에 대해 진보적 유토피아라는 개념을 설정한다. 한 사회의 구조적 모순이 점차 심화됨에 따라 그 모순을 해결하고자 하는 노력들이 일정한 벽에 부딪히게 될 때 그 사회의 진보적 운동의 주체들은 자신들이 지향하는 이상 사회의 역사적 모범이 되거나 그러한 요소들을 지닌 과거로 돌아가고자 한다. 미래의 혁명적 과제로서 과거를 실현하고 그를 통해 현재의 현실적 모순을 지양할 수 있다고 인식하는 점에서 일종의 이중적 환상이다. 그러나 이 이중적 환상은 현실의 벽에 부딪힌 진보적 지식인들의 치열한 투쟁의 한 양상이며 당대 사회의 모순을 이 모순이 아직 태어나지 않은 사회로 되돌려 보냄으로써 해결하고자 하는 소망의 표현이다. 이러한 경향을 루카치는 진보적 유토피아사상으로 보고 있다. (진선영)

진보적 유토피아, 환상소설, 현실대체

참고문헌
마르쿠제, 김인환 역, 『에로스와 문명』, 나남출판사, 1996.
블랑쇼, 박혜영 역, 『문학의 공간』, 책세상, 1990.
오세인, 『영상매체란 무엇인가』, 커뮤니케이션북스, 2004.

대표 ☞ 재현

대하 소설(大河小說, 프 Roman-fleuve)

장편소설보다는 분량이 방대한 소설 형식을 대하소설이라 한다. 작가가 선택한 특정 시대의 역사 속에서 수많은 인물이 등장해 도도한 강물이 흐르듯 서사가 이뤄진다. 프랑스의 소설가이자 평론가인 앙드레 모루아(Andre Morua)가 처음 '로망 플뢰브(roman fleuve)'란 용어를 사용해 일반화됐다. 큰 강물의 흐름처럼 유장한 시간이 소설의 중요한 배경으로 설정돼 있다.

대하소설은 다양한 작중 인물들이 등장해 여러 사건들의 전개 과정에서 서로 만나기도 하고 얽히기도 하는 복합구조를 지니고 있다. 인물들은 시대의 흐름과 조응하면서 시대정신, 사회의식 등을 발현시킨다. 이를 통해 시대와 개인의 갈등, 집단과 개인의 충돌, 이념과 현실의 대립 등이 총체성을 띠며 형성화된다. 한국문학의 경우 '대하소설'은 보통 역사적 사실에 기반한 대서사의 형식, 동양적 영웅소설의 형식, 시대적 변천과 가족사의 변화를 연관시킨 가족사 소설의 형식 등이 주류를 이루고 있다.

대하소설의 대표적인 작품으로는 에밀 졸라(Emile Zola)의 『루공 마카르 총서』, 로망 롤랑(Romain Rolland)의 『장 크리스토프』, 마르탱 뒤 가르(Roger Martin du Gard)의 『장 크리스토프』 등을 거론할 수 있다. 1930년대 1940년대 한국문학에서는 연대기소설이나, 가족사 소설, 그리고 역사소설을 통칭하는 의미로 쓰였다. 염상섭의 『삼대』, 채만식의 『태평천하』, 이기영의 『봄』, 한설야의 『탑』 등의 작품이 이에 속한다. 이들 작품들은 개화기에서 일제 식민지 지배시대에 걸친 기간 동안 가족내 여러 세대간의 갈등 과정을 보여주고 있다. 이를 통해 세대간의 차이와 사회적 변화 과정, 그리고 시대의 풍속을 묘사했다. 이후 홍명희의『임꺽정』, 유주현의『대원군』·『조선총독부』, 박경리의『토지』를 거치면서 1970년대 장편역사소설 창작이 가속화됐다. 이 시기부터 분량이 방대한 역사소설을 '대하(역사)소설'이라고 지칭하는 것이 보편화됐다. 한국의 대표적인 대하소설로는 황석영의『장길산』, 홍명희의『임꺽정』, 이기영의『두만강』, 박경리의『토지』, 홍성원의『육이오』(이후『남과 북』으로 개작), 박태원의『갑오농민전쟁』, 이병주의『지리산』, 김주영의『객주』, 조정래의『태백산맥』·『아리랑』·『한강』 등을 꼽을 수 있다. (임헌영)

영웅소설, 가족사 소설, 연대기 소설, 역사소설

참고문헌
신희전·조성준 편저,『문학용어사전』, 청어, 2001.
이남호,『한국 대하소설 연구』, 집문당, 1997.
이명섭 편,『세계문학비평용어사전』, 을유문화사, 1995.
장세진,『한국 대하역사소설 연구』, 훈민, 1998.
정신문화연구원,『한국민족문화대백과사전』, 정신문화연구원, 1991.
한용환,『소설학 사전』, 고려원, 1992.

대학(大學, University)

대학은 고등 교육과 연구를 위한 기관이다. 국가마다 채택하고 있는 교육 기간, 이념, 학제가 조금씩 다르지만 대체로 18세 이상의 학생들이 입학하며 필요한 교양과목과 전공과목을 이수한 학생에게 각각의 전공 분야에서 학위를 수여한다. 한국의 경우, 고등학교 졸업자 또는 이와 동등한 자격을 갖춘 사람이 입학하며 수업 연한은 의과대학 등 몇몇 단과대학을 빼면 2년에서 4년 사이이다.

서양의 대학은 성직자나 수도사들을 재교육하려는 목적에서 생겨났다. 이러한 전통은 18세기 말까지 이어져 대학의 주요 기능을 교회나 국가에 성실히 복무할 수 있는 젊은이들을 교육하는 것으로 인식하였다. 종교 개혁 이래로 교회의 영향에서 서서히 벗어나게 된 대학은 근대적 의미의 단과(單科) 중심의 직업교육대학의 통합체적인 성격을 가지게 되었다. 이후 지식의 팽창과 복잡해진 사회의 요구로 전통적인 학술을 계승·보전하고, 전문적 기능이나 이론을 습득하며, 시민적 자질과 교양인의 품성을 기르는 등 교육적 기능을 중시하게 되었다.

한국의 경우, 전통적인 고등교육기관으로 고구려의 태학(太學), 통일신라의 국학(國學), 고려의 국자감(國子監), 조선의 성균관(成均館) 등을 들 수 있다. 전통적인 고등교육은 중국의 교육제도를 바탕으로 소수 지배 엘리트 중심의 유교 교육이었으며 관리 양성과 직결되어 있었다. 19세기말 개화기 이후 근대식 학교제도가 유입되었고, 일제에 의해 경성제국대학이 설립되어 최초의 대학교육이 시작되었다. 현행 교육법상 대학은 국가와 인류사회 발전에 필요한 학술의 심오한 이론과 그 광범위하고 정밀한 응용방법을 교수·연구하며 지도적 인격을 도야하는 것을 목적으로 하고 있다. 1997년 말 제정된 고등교육법에 의하면 고등교육기관은 종별로 4년제 대학(교), 전문대학, 교육대학, 방송통신대학, 산업대학의 5종류로 구성되고, 4년제 대학(교)은 원칙적으로 단과대학과 종합대학교로 구분되며 후자는 3개 이상의 단과대학을 가지고 대학원을 갖추고 있다. 대학의 급속한 양적 성장으로 대학이 대중화되면서 다양한 교육적 욕구를 충족시킴과 동시에 21세기 지식기반 사회에 대응할 수 있는 국제 수준의 연구 기능을 갖추도록 교육의 질을 향상시켜야 하는 이중 과제를 안고 있다. (김진해)

고등교육, 직업교육, 태학 / 국학 / 국자감 / 성균관

참고문헌
그룬트만, 이광주 역, 『중세대학의 기원』, 탐구당, 1988.
이석우, 『대학의 역사』, 한길사, 1998.
크리스토프 샤를 외, 김정인 역, 『대학의 역사』, 한길사, 1999.

대항문화(對抗文化)

대항문화(counterculture)란 한 사회의 지배문화에 순응하지 않고 이에 반대하거나 충돌을 일으키는 하위문화(subculture)를 의미하며, 반문화(contraculture)와 동일한 개념으로 사용되기도 한다. 대표적인 예로는 1960년대 기성사회의 주류 문화에 대해 대안적 삶의 방식과 의미 체계를 제시한 사회운동들, 즉 비트(Beat) 세대의 등장, 록문화, 성혁명, 약물문화, 히피문화 등을 들 수 있다. 대항문화라는 용어는 1960년에 J. M. 잉어(J. Milton Yinger)에 의해 일반적인 하위문화와 구별되는 개념으로 도입된 바 있으며, 1968년 로작(Theodore Roszak)에 의해 본격적인 연구가 이루어졌다. 로작은 『대항문화의 형성(The Making of Counter Culture)』에서 대항문화를 기본적으로 청년문화로 규정하고, 소외심리, 동양적 신비주의, 환각약물, 공동체적 실험에 대한 젊은이들의 관심을 포함한 다양한 문화양식으로서 주류의 지배적 가치질서로부터 이탈하려는 문화적 충동과 그 결과를 의미하는 것으로 파악했다.

대항문화는 어떤 집단, 즉 자신들만의 독특한 의미체계, 감정, 행위양식을 가진 작은 집단구성원들의 가치체계가 전체 사회의 규범체계와 갈등을 빚게 될 때는 언제든지 출현한다. 지배문화의 입장에서 본다면 대항문화는 일탈적이고 비정상적, 병리적 현상으로 간주되지만, 대항문화는 의도적으로 지배문화의 규범을 위반하고 그 의미체계의 정당성을 거부하는 것이다. 그리고 이러한 대항 문화적 실천행위는 자신의 행동이 옳다는 것을 가정함으로써 지배문화에 대한 우월성, 정당성을 전제로 한다. 또한 대항문화는 지배문화를 비판하면서 이에 반대되는 의미체계와 가치질서를 통해 문화적 청사진을 제공한다는 점에서 일종의 대안문화(alternative culture)라고도 할 수 있다. 대항문화는 지배문화에 대해 비판과 대안을 제시함으로써 전체 사회문화의 역동성에 기여하는 한편, 문화의 변화를 유도하여 문화적 다양성을 유지해주는 역할을 한다. 나아가 일상생활의 가치질서를 소중히 여기고, 각 계층, 인종, 성, 세대간의 다양한 문화를 인정하는, 즉 다문화주의(multi-culturalism)의 지적, 문화적 뿌리가 되었다는 의의를 가진다. (이신정)

반문화, 하위문화, 록문화, 성혁명, 약물문화, 히피문화

참고문헌

김덕호·김연진 편, 『현대 미국의 사회운동』, 비봉출판사, 2001.

Theodore Roszak, 『The Making of Counter Cultur』, Doubleday & Company, 1968.

대화(對話, Dialogue, 러 Dialog), 대화적(對話的, Dialogic, Dialogical), 대화주의(對話主義, Dialogism, 러 Dialogizm), 대화론(對話論, Dialogics)

'대화'는 미하일 바흐친(Mikhail M. Bakhtin)에 의해 현대 비평에서 중요한 개념으로 자리 잡았다. 바흐친에게 있어 대화는 일상생활이나 희곡 장르에서와 같이, 피상적인 의미에서 두 사람 사이의 말의 교환이라는 뜻을 넘어서서, 인간의 언어 일반과 소설적 담론의 본질적 특성이며, 나아가서 그의 초기와 말기 저작이 암시하듯이, 미학적, 윤리학적, 존재론적 의미를 지닌다. 바흐친의 열린 대화 개념은 궁극적으로 닫힌 종결을 지향하는 변증법(dialectic)과도 구분된다. 바흐친의 대화는 '독백'(獨白, monologue)과 대립되는 좁은 의미에서의 대화, 그리고 넓은 의미에서 인간 언어의 일반적 특성으로서의 '내적 대화'(internal dialogism) 개념으로 나누어볼 수 있다.

첫 번째 좁은 의미에서, 바흐친은, 서사시는 과거의 완결된 세계를 재현하는 '독백적' 장르임에 비해, 소설은 항상 '형성중인 장르'로서, 아직 완결되지 않은 미래 세계를 지향하는 '대화적' 장르라고 정의함으로써, 루카치와 대조적으로 소설을 서사시보다 우위에 둔다. 루카치가 소설의 기원을 서사시에 두었다면, 바흐친에게 있어 대화적 담론으로서의 소설의(전)역사([前]歷史)는 고대에서 소크라테스의 대화와 메니푸스식 풍자의 '진지-희극적'(serio-comic) 전통으로 거슬러 올라가며, 르네상스 시기 유럽문학을 대표하는 셰익스피어, 세르반테스, 보카치오, 라블레를 거쳐서, 로렌스 스턴으로 대표되는 18세기 영국소설의 희극적 전통과 19세기 찰즈 디킨즈의 소설, 그리고 뚜르게네프, 괴테, 뿌쉬킨, 그리고 도스토예프스키의 '다성적 소설'(the poly-phonic novel)로 이어진다. 바흐친은 통시적으로 '역사언어학'(historical linguistics)과 공시적으로 '초언어학'(metalinguistics)의 입장에서, 전통적인 '시학'(poetics)을 넘어서서 소설적 담론의 '산문학'(prosaics)을 추구한다. 소설장르의 특징으로서의 '대화주의' 혹은 대화적 담론은 한 언어내부에서 사회적으로 분화된 '이종어'(heteroglo-ssia)의 다양한 목소리들을 마치 오케스트라처럼 교차시키고, 상호조명하고 상호활성화한다. 대화화된 소설적 담론에서, 다양한 사회적 이종어들은 이중목소리와 이중강세로 뒤섞이고 패러디되며, 저자 혹은 서술자의 목소리는 작중인물들의 목소리와 대등한 위치에서 상호 다성적이고 카니발적인 대화를 형성한다. 예컨대, 디킨즈의 소설은 서술자와 대중의 목소리를 뒤섞음으로써, 대중의 의견을 희화화하고 풍자하며, 도스토예프스키의 소설은 각 인물의 미시적인 내면적 대화와 다른 인물들과 저자 사이의 다성적인 큰 대화의 이중적 대화 구조를 구현한다. 바흐친의 대화 개념을 한국문학 비평에 적용시킨 예로,

양귀자의 「숨은 꽃」에 나타난 여성생태론적 대화주의, 최인훈의 『광장』의 상대적 독백주의, 프로문학의 '단편서사시'가 함축하는 대화주의 등에 대한 분석이 있다.

두 번째 넓은 의미에서 대화는 소설장르를 넘어서서 서정시, 서사시, 희곡과 같은 겉보기에 독백적인 문학 장르를 포함하여 인간 언어 일반의 근본적 특성으로 간주된다. 바흐친에게 있어서 인간의 언어일반과 세계에 대한 이해는 근본적으로 내적 대화성을 지닌다. 일상언어에 있어 화자의 말은 언술의 대상 자체보다는 청자의 적극적 이해의 지평을 배경으로 하는 타자의 낯선 말을 지향하며, 그의 통각(統覺, appercep-tion) 영역에 침투하여 자신의 말을 구축한다. 말은 항상 이미 타자의 목소리와 강세의 흔적을 지니고 있으며, 화자의 언술은 이러한 타자의 말을 전유하고, 식민화하고 재강세함으로써, 자신의 말로 '저자화'(著著化, authoring)하려는 행위이다. 언술행위는 타자의 권위적인 '외적 언어'를 내면적으로 설득력 있는 화자 자신의 '내적 언어'로 변용시킨다. 서정시와 같은 독백적 장르의 시적 담론을 포함하여, 인간의 언어와 세계에 대한 인식은 일반적으로 이러한 내적 대화성을 함축한다. 그러나 다양한 이종어의 예술적 이미지를 대화적으로 굴절시키는 소설장르의 담론이 이러한 대화성을 가장 명시적으로 구현한다. 바흐친의 대화 개념은 바흐친 학파의 프로이트 비판과 마르크스주의 언어철학에도 깊이 스며들어 있다. 볼로쉬노프는 프로이트의 의식과 무의식의 관계를 부르주아의 공식적 의식/이데올로기와 플로레타리아의 비공식적 의식 / 이데올로기 사이의 대화적 투쟁관계로 파악하였으며, 나아가서 인간의 언어는 철저히 이데올로기에 의해 삼투되어 있고, 계급적으로 분화된 이종어 사이의 대화적 투쟁관계를 드러낸다고 주장하였다. 바흐친의 대화와 독백의 구분은 사회언어학적 입장에서 하나의 단일한 권위적, 지배적 언어의 중심으로 통합하고자 하는 '구심적 힘' (centripetal force)과 이를 탈중심화하고 전복하고자 하는 다양한 이종어의 '원심적 힘'(centrifugal force) 사이의 구분과 연관된다. (여홍상)

참고문헌
권오룡, 「소설의 대화주의와 그 문학사적 의미 : 바흐친의 소설 이론」, 『바흐친과 대화주의』, 『세계의 문학』 38, 1985.
김욱동, 『대화적 상상력 : 바흐친의 문학 이론』, 서울 : 문학과 지성사, 1988.
_____ 편, 『바흐친과 대화주의』, 서울 : 나남, 1990(『바흐친과 대화주의』로 약칭).
미하일 바흐친, 전승희 외 공역, 『장편 소설과 민중 언어』, 서울 : 창작과 비평사, 1988.
_____, 김근식 역, 『도스토예프스키 시학』, 서울 : 정음사, 1988.
_____, 이득재 역, 『바흐친의 소설 미학』, 서울 : 열린 책들, 1988.
송기한, 「 '단편서사시'의 대화적 담론 구조」, 『한국문학이론과 비평』 5. 3(2001. 12).
안숙원, 「바흐쩐, 생태주의, 그리고 페미니즘 : 「숨은 꽃」을 대상으로」, 『한국문학이론과 비평』 5. 3(2001. 12).
여홍상, 「대화와 카니발 : 김소월, 김지하, 최인훈의 바흐쩐적 독해」, 『한국문학이론과 비평』 5. 3(2001. 12).
_____ 편, 「대화주의와 학제적 연구」, 『바흐친과 문학이론』, 제3부, 서울 : 문학과 지성사, 1997.
이득재, 『바흐친 읽기』, 서울 : 문화과학사, 2003.
츠베탕 토도로프, 최현무 역, 『바흐친 : 문학사회학과 대화 이론』, 서울 : 까치, 1987.
Lynn Pearce, Reading Dialogics, London : Edward Arnold, 1994.

Michael Holquist, Dialogism : Bakhtin and His World, London : Routledge, 1990.

Michael Macovski, ed., Dialogue and Critical Discourse : Language, Culture, Critical Theory, New York : Oxford UP, 1997.

댄디(Dandy)

우아한 복장과 세련된 몸가짐으로 대중에 대한 정신적 우월감을 은연중에 과시하는 멋쟁이를 가리키는 말로서, 이러한 태도를 댄디즘이라 부른다.

댄디즘의 유행은 원래 19세기 초반 영국 사교계에서 처음 시작되었으며, 곧바로 프랑스로 건너가 문학청년들 사이에서 크게 성행한 바 있다. 당시 대부분의 댄디 청년들이 겉으로 드러나는 우아함에 집착한 반면, 보들레르(Charles Baudelaire)는 내적인 삶의 충실함을 중시하여 댄디즘을 일종의 정신적 태도 혹은 예술가의 모랄로 격상시켰다. 그에게 댄디의 세련된 겉모습은 정신적 우월함의 상징에 불과할 뿐이며, 진정한 댄디즘은 '조끼'나 '넥타이'가 아니라 내적인 정신 속에 있는 것이다. 보들레르에 따르면 댄디는 "스스로 독창성을 이루고자 하는 열렬한 욕구"에 사로잡힌 "정신적 귀족주의자"이며, 댄디즘은 "퇴폐 가운데 빛나는 마지막 영웅주의의 섬광"이다. 이러한 진술 속에는 무지한 대중과 천박한 부르주아에 대한 멸시, '미'와 '예술' 이외의 모든 실용적 추구에 대한 무관심, 자신의 존재를 하나의 예술작품으로 격상시키려는 엄격한 금욕주의 등이 내포되어 있다. 한편 미셸 푸코(M. Foucault)는 댄디즘과 현대성(modernity)의 관계에 주목하여 '현대적'으로 된다는 것은 시대를 그대로 받아들이지 않고 자기 자신을 공들여 만들어내기 위해 애쓰는 것이며, 이것이 19세기의 댄디즘으로 드러났다고 평가한다.

댄디라는 인물형의 등장은 초기 산업자본주의 시기에 신흥계급으로 부상하던 부르주아의 천박한 물질주의, 속물 취미에 대한 정신적 반발, 심미적 저항이라는 의미를 갖는다. 그러나 문화산업과 상품미학의 광범위하게 확산된 20세기 이후 소비자본주의 단계에서 남들과 구별되는 자기만의 독특한 개성을 추구하는 댄디적 열망은 자본주의적 상품판매 전략의 주요한 표적이 되고 있기도 하다.

한국문학에서는 1930년대의 모더니스트 김기림과 박태원을 통해 댄디즘적 태도와 양상을 확인할 수 있으며, 1980년대의 이념형적 인물군을 대체한 1990년대 소설의 주인공들에서도 이러한 태도가 특징적으로 드러난다. (진정석)

딜레탕트, 문화산업, 보헤미안, 심미주의

참고문헌

보들레르, 「현대적 생의 화가」, 이환 역, 『나심(裸心)』, 서문당, 1973.

미셸 푸코, 이광래 역, 『말과 사물 : 인문과학의 고고학』, 민음사, 1993.

데자부 ☞ 기시감

데카당스(프 Décadence)

19세기 후반 프랑스에서 시작되어 유럽 전역으로 전파된 퇴폐적인 경향 또는 예술운동을 가리키는 용어.

고전주의가 고대 그리스의 예술을 이상화하고 낭만주의가 중세를 동경했듯이, 데카당스는 로마 말기의 문화를 모델로 삼는다. 19세기 후반 영국과 프랑스를 중심으로 활동했던 일군의 유미주의자들은 '조화'와 '균형'을 중시하는 고전주의적 미의식을 거부하고, 융성기의 문화보다는 몰락기의 퇴폐적 문화에서 새로운 미의 기준을 수립하고자 했다. 그리하여 병적인 상태에 대한 탐닉, 기괴한 제재에 대한 흥미, 관능주의적 성향, 성적인 도착증, 과민한 자의식, 현실 사회에 대한 반감, 예술을 위한 예술의 강조, 자연미의 거부와 인공적 스타일의 추구 등은 데카당파 예술가들의 공통된 특징이 된다. 보들레르의『악의 꽃 Les Fleurs du Mal』과 오스카 와일드의『도리언 그레이의 초상 The Picture of Dorian Gray』은 이 유파의 가장 널리 알려진 작품이며, 그 외에도 고티에(Gautier), 랭보(Rimbaud) 베를렌느(Verlaine) 등 당대의 일급 시인 · 작가들이 데카당에 경도되었다.

역사적 예술운동으로서의 데카당스는 '세기말(fin de siécle)'이라는 별칭이 생길 정도로 19세기 말의 20년 동안 절정에 달했다가 점차 쇠퇴해갔다. 그러나 데카당스적인 태도와 정신은 기존 체제가 몰락하고 새로운 질서가 미처 형성되지 않은 역사적 과도기마다 유형적으로 반복되는 양상을 보여준다. 제2차 세계대전 직후 비트(Beat) 세대의 등장이나 1960년대 미국의 히피문화 등은 데카당스의 20세기적 변형이라고 할 수 있다.

한국문학의 경우 1920년대 초반『백조』,『폐허』등의 동인지 문학에서 이런 경향을 찾아볼 수 있지만, 내적 근거가 부족한 상태에서 서구 데카당스의 일시적 모방에 그쳤을 뿐 지속성을 띤 예술운동으로 전개되지는 못했다. (진정석)

댄디, 딜레탕트, 보헤미안, 상징주의, 세기말, 예술을 위한 예술, 유미주의

참고문헌
M. 칼리니스쿠, 이영욱 역,『모더니티의 다섯얼굴』, 시각과언어, 1998.
빅토르 츠메가치 · 디터 보르흐마이어 편저, 류종영 역,『현대 문학의 근본 개념 사전』, 솔, 1996.

데카르트주의(Cartesianism)

데카르트주의(Cartesianism)란 데카르트의 학설과 17, 18세기에 이루어진 그의 철학의 계승을 일컫는다. 데카르트는 방법론적 회의를 통하여 제기된 인식론적 문제를 해결하기 위해 사유하는 실체로서의 자아의 존재를 표명하고, 순전히 주관인 자아의 의식을 인식의 출발점으로 삼는다. 또한 지성의 진리인식 능력을 확실시하기 위해 '마음 안에 저절로 생긴 관념'이라 볼 수 있는 본유관념(本有觀念)을 통해 신의 존재를 증명함으로써, 자연계를 구성하는 존재들에 관한 지식에 도달할 수 있는 마음의 권리와 능력을 확인하게 된다. 이렇듯 합리론자로서의 데카르트는, 지성에 대해 감각이 발생시키는 혼란을 떠나서 독자적인 힘으로 관념을 형성하고 선천적 진리에 도달할 능력을 가졌다고 주장한다. 데카르트에게 있어서 인식의 대상이 되는 물체 혹은 자연물의 본질은 삼차원으로 된 연장(延長), 즉 '부피'의 관념 및 이 세부의 구체적인 세부에 해당하는 모든 관념이고, 모든 자연물은 연장된 실체로 여겨진다. 세계를 이원론적으로 파악한 데카르트는 모든 실재는 정신이거나 물체, 즉 정신적 실체이거나 물질적 실체라는 신념, 즉 정신은 사유하고 연장(延長)이 없는 실체이고, 물체는 사유하지 않고 연장을 가진 실체라고 본다. 그러나 인간에 대해서는 정신과 물체의 결합으로서 존재의 두 영역에 속하는 것으로 파악한다. 이때 인간의 정신과 육체는 송과선(松果腺)이라는 조그마한 기관을 통해 상호작용을 일으킨다.

데카르트주의의 역사는 주로 철학과 신학, 자연과학을 중심으로 전개되는데, 1640년경 앙리 레니에(Henri Regnier), 앙리 르 루아(Henri Le Roy), 욘 클라우베르크(John Clauberg), 발타자르 베커(Balthasar Bekker) 등을 중심으로 데카르트주의적인 관점에서의 해석이 이루어지기 시작했다. 특히 겔링크스(Guelincx), 스피노자(Spinoza), 말브랑슈(Malebranche), 라이프니츠(Leibnitz) 등은 데카르트의 학설을 계승했으나 이에 머물지 않고 한 단계 도약했다. 데카르트의 학설 중 특히 논의의 대상이 되었던 것은 정신과 육체의 관계에 관한 문제였다. 그의 상호작용설에 대해 스피노자는 철저히 비판했으나, 겔링크스의 경우 인간의 정신과 육체가 서로 영향을 미칠 수는 없지만 신의 통제에 의해 서로 영향을 주는 것처럼 움직일 수 있다는 '기회 원인설(機會 原因設, occationalism)을 주장했다. 또한 라이프니츠는 의식만이 실재하고 물질은 가상이라는 유심론(唯心論)으로 그것을 대치했다. 그러나 무엇보다도 데카르트는 근본적으로 인간 본질을 순수 사유로 환원했다는 점에서 근세 관념론의 출발점으로 일컬어진다. (이신정)

데카르트, 합리론, 관념론, 겔링크스, 말브랑슈, 스피노자, 라이프니츠

참고문헌
F. 코플스톤, 김성호 역, 『합리론』, 서광사, 1994.
에티엔느 질송, 박영도 역, 『존재와 사유』, 이문출판사, 1985.
스털링 P. 램프레히트, 김태길 역, 『서양철학사』, 을유문화사, 1992.

도가니(Melting Pot)

문화 융합의 과정을 연금술적인 이미지로 차용하여 표현한 용어이다. 역사적으로 보면 계몽주의자였던 존 드 크레브쾨르(John de Crevecoeur)는 ≪미국 농부의 편지(Letters from an American Farmer)≫(1782)에서 미국이야말로 평화, 부, 자부심 등의 기회를 제공한다고 말한다. 그는 식민지 이주민들의 근면성, 인내심, 점진적 번영 등을 높이 평가했다. 이 편지에서 미국은 농업의 천국으로 서술되고 있다. 이러한 관점은 이후 토머스 제퍼슨과 랠프 월도 에머슨을 비롯한 수많은 작가들에게 영감을 주었다. 크레브쾨르는 미국의 새로운 특성에 대해 사려 깊은 관점을 피력한 최초의 유럽인이었다. 미국의 특징을 묘사하는 용광로(melting-pot) 이미지에 대해 "미국인, 이 새로운 인류는 누구인가? 그는 유럽인이거나 유럽인의 후손 둘 중 하나, 따라서 다른 나라에서는 찾아볼 수 없는, 혈통이 이상하게 섞인 사람이다. 나는 당신에게 네덜란드 출신 부인을 둔 영국인 노인과 프랑스 여성과 결혼한 그의 아들, 그리고 각기 다른 나라에서 온 네 명의 부인과 같이 살고 있는 손자들이 있는 가정을 소개할 수 있다. 이곳에서 모든 국가의 개인들이 새로운 인종의 사람들과 섞이게 되고 그들의 자손들은 언젠가 세상에 변화를 가져올 것이다."라고 단언한다. 도가니의 관념은 차별적 인식을 없애고 새로운 활력소로 기능한다는 것이다. 그러나 도가니라는 관념은 이후 다양한 인종들의 정체성과 개별적 차이를 지워버리는 폭력적인 개념이라는 비판도 같이 제기되고 있다. (이훈)

알렌 로크, 정체성, 다문화

참고문헌
벤저민 프랭클린, 『덕의 기술』, 21세기북스, 2004.
도리스 컨즈 굿윈, 『권력의 조건』, 21세기북스, 2007.
마르코 마르티니엘로, 『현대사회와 다문화주의』, 한울, 2008.

도교(道教)

도교는 노자와 장자의 도가 사상을 근거로 하여 이를 종교적으로 교리화한 개념이다. 그러므로 도교의 창시자는 노자(老子)라고 할 수 있다. 도가가 지닌 중요한 통찰은 변용(變容)과 변화(變化)가 자연의 본질적 모습이라는 것으로, 도가들은 자연 속의 모든 변화를 음(陰)과 양(陽)의 역동적인 상호작용이 빚어낸 것으로 보았다. 음과 양의 대조는 중국문화를 일관하는 기본적 질서원리이다. 도교 사상은 추론적인 지식보다 직관적인 지혜에 흥미를 가져, 유가에 대항 논리로서 자리 잡아 중국 사상의 유도 상호 보완적 구도를 완성케 한다. 유교가 이성적·남성적·행동적·지배적이라면, 도교는 직관적·여성적·신비적·순응적인 속성을 지닌다. 문화사적 측면에서 도교는 중심부적인 유교에 대항하는 주변부적 대립 보완의 의미를 지니며 중국문화에 작용해 왔다.

종교로서의 도교가 성립된 것은 후한 시대 패국(沛國)의 풍읍(豊邑)에서 태어난 장도릉(張道陵)에 의해서이다. 장도릉 등이 도교를 일으킨 초기에는 종교라기보다도 비공식적 집단에 불과했다. 그러나 일반 민중뿐 아니라 상류 지식층 사이에도 널리 전파되자 체계적인 교리와 합리적인 이론 체계를 갖추기 시작했는데, 그 시기는 3~4세기 무렵 위백양(魏伯陽)과 갈홍(葛洪)이 학술적인 기초를 제공하면서부터였다. 그리고 구겸지(寇謙之)가 전래 종교인 불교의 자극을 받아 그 의례(儀禮)의 측면을 대폭 채택함으로써 종교적인 교리와 조직이 비로소 정비되었다.

도교에서 받드는 신들은 매우 잡다할 뿐 아니라 시대에 따라서 그것은 새로이 생기기도 하고 없어지기도 하는 등 체계를 잡기가 힘들다. 도교는 교조인 노자, 곧 노군(老君)도 원시 천존의 화신(化身)이라고 믿는다. 도교의 경전을 통틀어서 도장(道藏)이라고 하는데, 그 내용을 분류하면 신부(神符, 부적), 옥결(玉訣, 秘試), 영도(靈圖, 鬼神像), 보록(譜錄, 敎法의 연혁), 계율(戒律, 修道의 율법), 위의(威儀, 齋戒 등의 의식), 방법(方法, 귀신을 쫓는 術策)·중술(衆術·鍊丹類), 기전(紀傳, 老子 등의 전기), 찬송(讚頌, 神典의 偈), 표주(表奏, 귀신에게 奏上하는 祈願文) 등이다.

도교에서는 장생불사(長生不死)를 염원하면서 이를 이룰 수 있다는 여러 가지 방법을 실천하는 외에 적덕행선(積德行善)하고 계율을 지켜야 진선(眞仙)이 된다고 하여 도덕적 측면을 강조하기도 하였다. 도교가 중국에서 한국으로 전래된 것은 삼국시대(624年, 고구려 영류왕 7년)이다. 한국의 도교는 중국으로부터 전래된 이후 의식 도교와 수련 도교의 두 맥을 이루면서 종교 사상은 물론 문학·예술 등 생활 전반에 걸쳐 많은 영향을 끼치면서 오늘에 이르렀다.

도교는 노신(魯迅)도 말했듯이 중국 문화의 근저(根底)이며, 또한 원류적 힘이기도 하다. 아울러 그것은 중국의 무의식이며 상상력의 총체이다. 따라서 우리가 중국의 문화를 파악함에 있어 도교를 도외시한다면 그것은 한 사회의 표면만 볼 뿐 이면을 인식하지 못하는 것이 된다. 도교는 장생불사, 곧 죽음의 현세적 극복에 대해 끊임없이 이야기하는데, 장생불사란 현실적 차원에서 허구로 여겨질 수밖에 없으며 그것을 끊임없이 이야기하는 도교는 상상적인 허구의 예술, 곧 문학을 통해 쉽게 그 본질을 드러내기도 하고, 문학 역시 도교를 통해 그 원리를 잘 예시한다. 특히 장자의 우언(寓言)은 허구 장르의 발전에 큰 기여를 했다. (오태석)

도교, 노자, 주변부, 장생불사, 오두미도, 진선(眞仙), 중국문화의 근저(根底)

참고문헌
홈스 웰치 외, 윤찬원 역, 『도교의 세계』, 사회평론, 2001.
도광순, 『도가사상과 도교』, 범우사, 1994.

도교(道敎)와 문학(文學)

유교와 불교가 지배층의 문화로서 중국인의 의식을 지배했다면, 도교는 민중의 종교로 무의식을 장악했다고 해도 과언이 아니다. 도가는 본래 무위자연의 노장사상을 가리키는 말이다. 여기서 무는 유에 대한 상대적 개념의 범주에 그치는 것이 아니라, 유를 넘어서는 존재의 또 다른 원천과 의미를 지칭한다. 또한 노자는 "말하여 질 수 있는 도는 진정한 도가 아니다(道可道非常道)"라고 하였는데, 언뜻 언어에 대한 불신으로 보이는 이 문구에서 우리는 언어의 불완전성과 그들이 추구했던 진정한 도의 위대성을 함께 읽어낼 수 있다. 언어 지칭의 한계는 함축과 기호의 미학 체계를 심화시켰다. 동양의 문예 미학에서 도교의 미의식은 왕왕 최고의 심미적 경지로 인정되었다. 미묘하고 담백한 것을 으뜸으로 치는 미의식은 회화(繪畫), 시(詩), 선학(禪學) 등과 연계되며 사유와 심미 지평을 확장해 나갔다.

또한 장자는 우언(寓言)을 사용하여 인위적으로 설정된 현실의 한계를 벗어나는데 크게 기여했다. 장자의 소요유(逍遙遊)에서 보듯이 자유롭고 허구적인 상상력의 발휘를 통해, 사실을 중시하던 유가 중심의 문예관은 일정한 숨통을 틔우게 되었다. 도가적 사유가 지니는 또 다른 특색은 정(正)과 반(反)에 관한 뒤집어 보기식 역설의 사유이다. 이상의 도가적 사유를 통해 유가적 중심부는 도불적 주변부와 지속적인 소통을 통해 수혈 받으며 문화적 자족 구조를 갖추게 되었다.

장르적으로는 소설에 대한 영향이 가장 컸는데, 소설과 유선시에 대해 다음과 같이 요약할 수 있다.

* 중국소설 : 중국 문학에서 소설 장르의 출발은 보통 위진남북조 시대의 지괴(志怪)로 본다. 그런데 이 지괴소설의 주요 내용은 도교 설화이며, 대부분의 작자 역시 방사(方士)혹은 방사 성향의 문인들이었다. 이들 소설의 내용은 유교 인문주의적 인식에 대한 비판적 의미를 띠고 있었는데, 지괴소설의 대표작이라고 할 「수신기(搜神記)」의 작자 간보(干寶), 「신선전」을 지은 갈홍 등은 모두 그러한 의식의 소유자들이었다.

한국 고소설 : 최초의 한문소설인 「금오신화(金鰲神話)」는 도교적 색채가 농후하며, 작자인 김시습(金時習)은 조선 단학파(丹學派)의 개조(開祖)였다. 또한 최초의 국문소설인 「홍길동전」의 저자 허균(許筠) 역시 도교에 조예가 깊었다.

유선시(遊仙詩) : 시에서 가장 도교의 영향을 짙게 받은 부분은 유선시이다. 대부분 작자의 불우한 처지에서 오는 감개(感慨)를 환상적인 신선 세계에 기탁하여 지었다. 유선시의 시발은 초사(楚辭)의 「원유(遠遊)」 등에서 보이며, 조식(曹植)의 「승천행(升天行)」 등을 거쳐 동진(東晉) 곽박(郭璞)의 「유선시」14수에 이른다. 이들은 곤경 중에서 그 상황을 초탈하고자 하는 심리를 드러내고 있다. 곽박 이후 당대(唐代)에 이르러 도교가 국교로 정해지면서 유선시가 대량으로 창작되며 성황을 이루는데 이때는 주로 연애시의 변형된 형태로 씌었다.

한국의 유선시 : 조선 중기 당시풍(唐詩風)의 진작과 더불어 유행하여 16·17세기에 일시적인 흥성을 맞았다. 그러나 그 현실적 토대와 표현 의식은 달랐다. 조선 유선시의 의식세계는 불우에 대한 통한과 임진왜란의 아픔을 유선적 환상으로 승화시킨 현실적 의미가 강했다. 허초희(許楚姬)·허균·권필(權韠)·정두경(鄭斗卿)·권극중(權克中) 등이 대표적인 유선시의 작가들이다.

이밖에 원대(元代) 전진교(全眞敎)의 도통(道統)설화를 바탕으로 성립된 신선도화극(神仙道化劇)은 도교와 깊게 관련된 희곡이라 할 수 있다. 즉 중국에서 도교는 민중적인 부분은 민중적인대로, 문인적인 부분은 문인적인대로 도교적 특성을 발휘하면서 각 시대의 문예와 만나는 가운데 자기 색깔을 형성해나갔다. (오태석)

도교, 도가, 상상력, 허구, 역설적 사유, 반면(反面) 사유

참고문헌
오태석, 『중국문학의 인식과 지평』, 역락, 2001.

노　자,『도덕경』, 오강남 해역, 현암사, 1995.
정재서,『도교와 문학 그리고 상상력』, 푸른숲, 2000.

도구적 이성(道具的 理性, Instrumental reason)

도구적 이성이란 호르크하이머 / 아도르노가 서구의 계몽적, 문명적 발전을 비판하기 위해 사용했던 개념이다. 서구의 계몽 과정을 이끈 행위와 사유가 목적정향적이고 합리적인 특성을 띠었다는 의미에서, 다시 말하면 이성이 점차 도구적인 기능으로 전락하였다는 의미에서 호르크하이머 / 아도르노는 서구 계몽 과정을 강하게 비판하였다. 그러한 도구적 이성의 예는 자기 보존의 목적 하에서 자연을 지배하려 했던 신화적 인물 "오디세우스"에 잘 드러나고 있다. 사실 도구적 이성에 대한 비판은 주관적 이성에 대한 비판으로 이해된다. 주관적 이성은 서구 전통의 객관적-형이상학적 철학이나 믿음을 대체하는 과정에서 싹트는데, 그러한 주관적 이성은 마침내 자연을 지배하는 모습을 띠게 된다. 하버마스는 호르크하이머 / 아도르노가 전개한 도구적 이성에 대한 비판을 "물화" 과정에 대한 루카치의 비판을 더욱 폭넓게 전개시킨 것으로 해석하고 있다. 즉 도구적 이성에 대한 비판은 단순히 자본주의의 역사적 과정이나 인간 상호 관계에만 제한되는 것이 아니라 역사적 과정 전체로 보편적으로 확장되는데, 요컨대 "도구적 이성이라는 개념에 의해 주관성의 근원적 역사와 자아 정체성이라는 형성 과정이 역사철학적인 포괄적 관점 하에서 파악될 수 있다"(하버마스,『소통행위이론 Theorie des kommunkativen Handelns』)는 것이다.

주관적 이성이 도구적 이성으로 변질될 때 거기에는 무엇보다도 주체의 맹목적인 "자기보존"이라는 이데올로기가 작동한다. 계몽 과정에서 자아는 이성적이고 합리적인 주체로서 등장하지만, 자신을 위협하는 자연과 마주할 경우 그 자아는 외적 자연을 자신에 종속시키고 생산력을 배가하면서 자신의 주변 세계를 탈주술화 한다. 그러나 탈주술화 과정 중에 주체는 외적 자연뿐만 아니라 내적 자연까지도 지배하고 만다. 흥미로운 점은 주체가 자기 자신을 부정하는 방식을 통해서 자신을 보존하고 있으며, 이러한 측면은 이성적 주체의 책략을 드러내고 있다(이 점은『계몽의 변증법』중 괴물 폴리페모스로부터 탈출하는 오디세우스의 모습에 잘 드러나 있다). 주체의 자기보존은 주관적이고 도구적인, 자연 지배적인 이성과 분리될 수 없음을 말해 주며, 요컨대 "이성이 인간에 의한 인간적 자연과 인간 외적인 자연의 지배도구로 된 이후-아주 초기부터-진리를 발견하려는 이성의 본래 의도는 좌절되고 말았다."(호르크하이머,『도구적 이성의 비판에 관하여 Zur Kritik der instrumentellen Vernunft』)(최문규)

오디세우스, 주관적 이성, 자기보존

참고문헌

Horkheimer · Adorno, Dialektik der Aufklärung, 1947.
아도르노 · 호르크하이머, 김유동 역,『계몽의 변증법』, 문학과지성사. 2001.

M. Horkheimer, Zur Kritik der instrumentellen Vernunft, 1967.

도덕(道德, Morality, 프 Moralité, 독 Sittlichkeit)

넓은 의미에서 도덕은 인간이 지켜야 할 도리 및 이에 따른 행위를 가리키는 것으로 사회발전과 개인적 욕망의 실현에 있어 한 인간이 어떻게 행동할 것인가를 지시하는 기준이자 규범에 해당한다. 인간의 행위 규범이자 판단 원리로서 도덕의 기원은 관습이나 풍습 같은 전통과 밀접하게 관련되어 있다. 처음에 관습 혹은 풍습의 형태로 나타나기 시작한 도덕은 이후 그것들로부터 분화, 발전의 과정을 거치면서 오늘에 이르게 되었다.

문학 쪽에서 이 도덕이라는 요소는 작품을 감상하는 방법의 하나로서 '도덕적 관점'을 제공하고 있다. 작품 감상의 방법으로서 도덕적 관점은 문학의 가치를 도덕의 표현이라는 차원에서 읽어내는 것을 의미한다. 도덕적 관점은 좁게는 작품이 담고 있는 도덕관을, 넓게는 세계관 · 이념 등의 의미 파악에 주안점을 두고 있으며 공자나 플라톤이 가졌던 문학관이 이에 해당한다. 이런 관점은 후대에 이르러 사회윤리(문화)주의라는 문학비평 혹은 문학연구의 방법론 형성에 있어 이론적 근거를 이루고 있는 것이기도 하다.

도덕적 요소의 문학적 수용은 서양의 경우 도덕극(morality play)이라는 형식을 통해 확인할 수 있다. 중세 유럽의 기독교 교회를 중심으로 성행한 도덕극은 교회 신자들에게 도덕적 가치관을 가르칠 목적으로 만들어진 것이다. 인간이 겪는 선악의 투쟁과 구원, 죽음 등의 문제를 주로 다루고 있는 도덕극의 대표 작품으로는 「보통 사람」(Everyman), 「인내의 성(成)」(The castle of Perseverence) 등이 있다.

한국의 경우, 도덕적 요소의 문학적 수용 사례를 보여주고 있는 것은 가사문학이다. 중국의 성현이 말하고 있는 인의예지의 도덕으로 지은 집 구경을 하고 후생들도 이런 집을 짓도록 유념하라는 내용을 되어 있는 「도덕가」와 함께, 동학 포덕의 내용을 담고 있는 수운 최제우의 동학 가사가 현재 전해지고 있다. (임영봉)

도덕적 관점, 도덕극, 도덕가

참고문헌
제임스 레이첼즈, 김기순 역, 『도덕철학』, 서광사, 1989.
이선영 편, 『문학비평의 방법과 실제』, 동천사, 1987.

도덕극(道德劇, Morality play)

도덕극(morality play)은 중세 유행한 연극 양식의 일종으로, 우화적인 등장인물을 통하여 도덕적 교훈을 주고자 하는 일종의 우의극(寓意劇)이다. 우의적 수법 속에 미덕, 악, 애정, 우정 등 추상적인 개념을 상징하는 등장인물을 등장시키고, 이들은 종종 여행을 떠나며 그 여행을 통해 도덕적인 교훈을 배우게 된다. 1400년에서 1550년 사이에 융성한 도덕극은 당시 유행했던 신비극(the Mystery Play)이나 기적극(Miracle Plays)처럼 성서적인 인물이나 성인을 등장시키지 않고 평범한 인물의 정신적 시련을 극화하고 있는 까닭에 중세말에 이르면 세속극으로 전환하게 된다. 대표적인 도덕극으로는 『삶의 긍지』(Pride of Life, 1410경), 『인내의 성』(The Castle of Perseverance, 1425경), 『인류』(Mankind, 1475경), 『에브리맨』(Everyman, 1500경)이 있다. 이들은 모두 선과 악의 갈림길에서 도덕적 유혹을 받고 있는 인간에 대한 우화이다. 도덕극에서는 행동을 일어나는 장소가 인간의 영혼이며, 인간을 둘러싼 등장인물들은 모두 인간의 본능과 동기가 형상화된 것이다. 이후 도덕극은 인물 성격의 개념을 발전시키는 데 기여하게 되는데, 인간 유형을 개성화시키는 다양한 악의 묘사에 능하였다. 벤 존슨(Ben Jonson) 등 몇몇 작가들이 개발한 익살 희극도 한편으로는 이러한 수법을 적용하였는데, 예를 들어 화내는 인간의 모습은 분노나 노여움의 악과 연관을 가진다.

가장 유명한 도덕극인 『에브리맨』(Everyman)은 인간의 전 생애가 아니라 죽음에 대한 준비를 다루고 있다. 보통의 인간을 상징하는 등장인물은 갑작스럽게 하나님의 전령인 '죽음'으로부터 지상에서의 삶이 끝났다는 선고를 듣는다. 죽음을 준비하지도 못한 채 저 세상으로 가는 것이 두려워진 그는 무덤까지 동행할 동료를 찾는다. '친절', '재산', '아름다움', '힘', '분별력', '오감' 등에게 부탁하지만 '선행'을 제외한 누구도 그와 동행하려 하지 않는다. 결국 이는 인간이 죽음에 이르게 되면 오직 '선행'만이 도움을 줄 수 있다는 도덕적 교훈을 주기 위한 것이다. (이신정)

중세연극, 신비극, 기적극, 우의극

참고문헌
에드윈 윌슨·알빈 골드파브, 김동욱 역, 『세계연극사』, 한신문화사, 2000.
오스카 G. 브로케트, 김윤철 역, 『연극개론』, 한신문화사, 2003.

도덕적 자율성(道德的 自律性, Moral autonomy)

교육의 목적은 도덕적, 인지적인 면에서 자율적인 능력을 갖춘 인간을 육성하는 것이다. 타율적이라 함은 누군가 다른 사람에 의해 지배받음을 뜻하고 자율적이라 함은 자기 자신에 의해 자신을 지배함을 의미한다. 이때 도덕적 자율성이란 상호성에 의한 제재를 성인과 아동간 상호 존중의 맥락에 적용하는데서 기인한다. 상이나 처벌과는 달리, 상호성에 의한 제재는 아동으로 하여금 다른 사람의 관점을 고려하도록 하며 다른 사람들과 의견을 조절해서 행위 규칙을 구성하려는 동기를 부여한다.

도덕 교육에 대해 인지론적으로 접근한 대표적인 학자로 장 피아제(Jean Piaget)를 들 수 있다. 피아제는 행동의 결과보다는 도덕적 결정에 대한 추론과정의 양상에 대해 보다 집중적으로 연구함으로써 도덕적 발달에 대한 전반적인 모습을 보여준다. 피아제의 이론에서 인지 발달은 인간의 정신이 그것의 작용을 일관성 있는 체계로 조직화하고, 그 체계를 변화하는 환경의 자극에 적응 시키는 인간 정신의 성향과 밀접하게 관련되어 있다. 피아제는 도덕성 발달에 대한 연구에서 경기 규칙, 도둑질, 거짓말에 대한 아동의 언어적 표현과 태도를 분석했다. 분석 연구의 결과 도덕성은 타율적 단계로부터 자율적 단계로 발달하게 되며 각 단계 마다 아동은 도덕 규칙과 처벌에 대해 상이한 인식과 태도를 취한다고 보았다. 도덕적 발달이란 규칙과 덕목을 단순히 재현해 내는 과정이 아니고 인지구조의 변화 과정이며 또한 인지 발달 정도와 사회적 환경의 자극에 따라 달라질 수도 있는 것이다.

아동이 도덕적 가치를 배우는 방법에 대한 피아제의 설명에 따르면, 아동들은 환경과의 상호작용을 통해서 내부로부터 가치를 구성함으로써 가치를 형성하게 된다고 한다. 아동들은 피아제의 지적대로 지식을 획득하는 것과 비슷한 방식으로 도덕적 가치를 획득한다. 즉 환경과의 상호작용을 통해서 내적으로 신념을 구성함으로 해서 도덕적 가치를 획득하는 것이다.

피아제가 전제하는 교육의 가장 큰 목적은 인지적, 도덕적 자율성에 있다. 이러한 목적은 지식 전달을 목표로 하는 전통적인 학교와는 대조되는 것이다. 피아제는 도덕적 자율성에 대한 일반적인 예를 제시했다. 자신의 연구에서 6세 된 아동과 14세 된 아동에게 질문을 했다. 어른에게 거짓말한 것과 아이들에게 거짓말 한 것 중 어느 것이 더 나쁜가라는 질문에 6세 된 아동은 어른에게 거짓말하는 것이 더욱 나쁘다고 일관성있게 대답한다. 왜 더 나쁜가라는 질문에 어른들은 그 말의 진실여부를 알 수 있기 때문이라고 말한다. 반면에 14세 된 아동은 어른에게 거짓말을 할 수도 있다고 대답한다. 자율적인 사람에게 있어서 보상체계, 어른의 권위 및 잘못을 지적받을 가능성 여부에 관계없이 거짓말은 나쁘다는 것이다.

도덕적 자율성은 모든 외재적 압력으로부터 벗어난 생각이 필요하다고 느낄 때 발상한다. 그러나 다른 사람들과의 관계를 떠나서는 어떠한 도덕성도 필요치 않다. 자율성은 상호성이 있을 때 발생한다. 즉 상호존중의 분위기가 지배할 때 각 개인은 자기 자신이 대접받기를 원하듯 다른 사람을 대하려는 욕구를 내부로부터 느끼게 되며 이런 심리상태에서 자율성은 발생한다.

피아제 이론에 의하면 성인이 아동들에게 상과 벌을 지속적으로 사용할 때 타율성이 강화되는 반면 아동들과 대등한 입장에서 상호 의견을 교환할 때 자율성의 발달을 촉진된다고 하였다. 처벌은 아동의 타율성을 강화시키고 자율성의 발달은 막는 결과를 초래한다. 아동의 도덕적 자율성을 발달시키고자 한다면 보상과 처벌을 이용해서 성인의 영향력을 행사하는 것을 최대한 억제하고 대신에 아동 스스로 자신의 가치를 구성할 수 있도록 도와주어야 한다. 자율성의 핵심은 아동이 스스로 결정할 수 있는 능력을 갖게 됨을 의미한다. 자율성에 근거한 결정이란 관련된 모든 사람에게 가장 적절한 행위는 무엇인지를 결정하는데 있어서 관련된 모든 요소를 깊이 고려한다는 것을 의미한다. 개인이 자기 자신의 관점만을 고려대상에 넣는다면 그런 경우는 도덕성이란 있을 수 없는 것이다. (진선영)

상호성, 자율성, 장 피아제, 타율성

참고문헌

R. S. 피터스, 남궁달화 역, 『도덕발달과 도덕교육』, 문음사, 1993.

박덕규, 『피아제의 발생학적 인식론과 구조론』, 민성사, 1992.

로널드 더스카 · 마릴린 힐린, 정경사 편집실 역, 『삐아제-콜버 도덕발달 입문』, 정경사, 1984.

정상호, 『발생적 인식론과 교육』, 교육과학사, 1991.

도미노(Domino)

도미노(domino) 이론은 18세기 이탈리아에서 시작된 도미노 카드놀이에서 유래되었다. 도미노 카드놀이는 상아로 만든 도미노 골패(骨牌)들 중 세워놓은 하나의 골패를 쓰러뜨리면 잇따라 다른 골패들이 차례로 쓰러지게 되는 놀이를 가리킨다. 이러한 놀이형식을 띤 도미노 이론은 다시 도미노 현상으로 발전해 사용된다. 즉 어떤 하나의 사태가 원인이 되어 주변에 잇따라 비슷한 사태를 불러일으키며 확산되는 현상을 지칭한다.

도미노 이론은 일반적으로 정치학 분야에 관련된 용어로 전용된다. 즉 한 나라의 정치 체제가 붕괴되면 그 강한 파급 효과가 이웃 나라에 미친다는 것이다. 1945년 봄 프랑스가 인도차이나에서 베트민(베트남 공산주의 세력)에 패전을 거듭하고 있을 때 미국 지도층은 사태를 방치할 경우 동남아 전체가 공산주의의 위협아래 놓일 것이라는 두려움에 사로잡혔다. 아이젠하워(Eisenhower) 대통령은 이것은 도미노에 비유해 최초의 도미노가 넘어지면 그것이 옆의 말을 쓰러뜨린다고 설명한 데서 이 이론이 생겨났다. 이 이론에 입각해 미국 케네디(Kennedy) 정부는 패퇴하는 프랑스군을 대신해 미군을 베트남에 파견했다.

1949년 중국 대륙에서 공산군의 승리, 중 · 소 양국과 하노이 정권의 상호 승인, 그리고 다음해인 1950년의 한국전쟁의 발발은 공산 세력의 신장을 우려하는 미국을 결국에 프랑스에 대한 원조로 나서게 했고, 국지적인 식민지 전쟁이었던 분쟁이 마침내 국제화되게 된 것이다.

아이젠하워 정권(1953~1960)은 처음부터 인도차이나 문제 교섭에 의한 해결에 반대하고 전쟁의 판도를 바로잡기 위해 미군 투입을 검토한다. '제네바 협정'은 자유 진영에 있어서 커다란 재액이라고 생각한 미국 정부는 이후 20년 동안에 걸쳐 미국의 '동남아세아정책'을 규정하는 도미노 이론에 따라 월남을 공산주의자에게 뺏기지 않도록 결정하고 월남(越南, 베트남 공화국, 남부 베트남)에 대해서는 군사 경제원조를 하며 월맹(越盟, 베트남 민주 공화국)에 대해서는 파괴공작, 테러활동을 개시하게 된다.

도미노 이론은 미국의 월남전 개입을 정당화하는 이론으로, 결국 인도차이나 반도 3국의 공산화는 이 이론의 좋은 예라 할 수 있다. 남베트남을 공산주의자로의 침략으로부터 지킨다는 대의명분을 걸고 미국은 총력전을 펼쳤지만 결국 수포로 돌아갔고, 캄보디아의 공산화에 이어 1975년 베트남과 라오스가 1개월도 안 되는 사이에 차례로 공산화 되고 말았다.

역(逆) 도미노 이론도 있다. '한 나라가 민주화 되면 인접한 나라들도 민주화되어 공산세력을 봉쇄할 수 있다'는 이론이다. 즉 도미노 이론의 반대 개념인 것이다. 이것은 현재 동북아와 동남아의 정치·경제 기류에서 나타나는 현상을 과거의 도미노 이론에 빗대어 조명한 용어이다. (진선영)

아이젠하워, 제네바 협정, 월맹, 월남, 베트남전쟁, 역 도미노 이론

참고문헌
박영민, 『아시아 민족운동사』, 백산서당, 1988.

도상(圖像, Icon)

도상(圖像, Icon)은 종교, 신화 및 그 밖의 관념체계 상 어떤 특정한 의의를 지니고 제작된 미술품에 나타난 인물 또는 그 형상이다. 도상은 가장 일반적인 용법에 따라 말하면 단지 이미지, 형상 혹은 닮은 꼴이다. 이 정의에는 비슷함(resemblance)이라는 개념이 묶여 있다. 도상은 그것이 표시하는 것과 비슷한 기호이며, 종종 그것이 표시하는 물체와 동일시된다. 도상과 그 지시체(referent)와의 비슷함은 회화적일 수도 있고, 아니면 도상과 그것이 표상하는 물체가 공유하는 것은—예를들면 모양같은—어떤 특징일 수도 있다. 도상의 비근한 예는 기독교의 십자가이다.

도상 기호의 기능은 비슷함에 근거하기 때문에 도상에 관한 많은 이론적 고찰은 예술비평에서 나왔다. 중세 및 근대 초기 예술에서 도상적 표상을 둘러싼 논의의 대부분은 논문, 계약서, 혹은 예술가가 실행에 옮기려고 했던, 그리고 작품 이해의 안내 구실을 했던 계획서에 정리된 의미 작용의 복합적인 체계에 의존하여 매우 형식화되어 있다. 회화·조각·공예품 등에 나타난 형상은 특정한 뜻을 지니고 있음은 물론, 그 구도가 일정한 양식에 의해 유형화되어 있다. 그리스도교, 불교에도 각각 특유한 유형의 도상이 있고, 한국의 산신도나 무신도의 산신, 무신 등에도 특유한 도상이 있다.

모든 사람들을 쉽게 이해시키고자 하는 종교의 경전들이 문자와 더불어 시각적 형상화를 통한 표현방식을 채택하는 것은 당연히 이유이다. 문자 습득 이전부터 종교적 훈육을 위해서 시각적 상징들과 그림문자들이 사용되었다. 종교가들은 이러한 도상을 통해 제의 과정이나 절차, 금기와 그 위반에 따르는 처벌의 고통을 각인시키고자 했다. 일반적으로 많은 경전에도 불구하고 <심우도>나 <영산회상도> 등은 그것에 대한 매우 확고한 증거가 된다. 또 십자가상 등의 아이콘이 성물로 받아들여지는 현상은 도상이 문자 텍스트 경전보다 더 폭 넓게 활용된 경전 위치에 있는 또 하나의 경전일 수 있음을 말한다.

<심우도>는 불교의 대표적 도상으로 중생 교화의 목적을 지니고 있다. <심우도>의 경우 선시 연구와 더불어 높은 성취를 얻어온 것으로 인정된다. '중생본유'(衆生本有)라는 불가의 인간관이 각성의 한 방편으로 윤회의 고통에서 깨어나 '사생'(四生)의 윤회를 벗어버리기 위해 존재한다. 한문 경전의 독해가 불가능한 범인들의 오독과 오해를 막고, 쉽게 깨닫게 하기 위해 만

든 것이 <심우도>의 기능이며, 목적이다. 그것을 달성하기 위해 문자보다 덜 추상적이고, 쉽게 해석할 수 있는 도상을 매체단위를 활용한 것이다. 그러므로 대부분의 도상들은 종교적 의미와 예술적 형태를 구유한다. (진선영)

아이콘, 상징, 미술사, 심우도, 영신회상도

참고문헌
에르빈 파노프스키, 이한순 역,『도상학과 도상해석학』, 에케하르트 케멀링 편집, 사계절, 1997.
고위공,「문학과 조형예술의 관계에 대한 이론적 고찰」,『미학예술학연구』10권, 1999.
김운학,『불교문학의 이론』, 일지사, 1981.

도상학(圖像學, Iconography)

도상학은 작품의 의미나 모티브를 다루는 미술사의 한 분야이다. 도상학이란 단어는 그리스어인 '아이코노그라피아'(Ikonographie)에서 유래되었고 현대어로 미술 작품의 내용적 서술과 해석을 의미하기 때문에 그 역사는 관념사에 속한다. 도상학의 두 가지 개념적 유형은 '의지적 또는 무의식적으로 함축된 도상학'과 '해석적 도상학'으로 구분된다.

도상학은 미술작품을 단지 그것이 담고 있는 내용에 준하여 연구하는 미술사학의 한 특수 분야이다. 그것은 작품 속에 구현된 이념을 그 내용과 기원, 더 나아가 전개 과정 차원에서 분석하여 그림이 함축하고 있는 것에 대한 올바른 이해를 도모한다. 또한 구체적인 형체를 갖추고 어떠한 이념을 함축하는 기호적 의미를 지닌 구상 미술 작품에 한해서만 적용할 수 있다. 어떤 그림이 단지 형태만을 드러내는 것인지, 아니면 어떤 의미를 전달하는 것인지가 불분명하다. 그러므로 단순한 장식적 요소와 의미 함축적인 기호를 구별하는 것이야말로 도상학의 가장 중요한 과제라고 할 것이다.

도상학은 그림, 이미지들을 분류하고 서술하는 작업으로 이해할 수 있다. 도상학의 도움으로 우리는 십자가에 매달린 예수가 어느 시기, 어느 지역에서는 짧은 두건 치마를 둘렀고, 또 다른 시기, 다른 지역에서는 길게 늘어진 차림으로 등장한다는 정보를 배우기도 하고, 예수에 박은 쇠목이 세 개 또는 네 개가 되는 시점과 지역에 관한 정보를 얻기도 한다. 즉 시간과 공간의 변화에 따라 어떻게 모양이 바뀌는지도 배운다. 이처럼 도상학은 작품의 연대 측정, 발생환경, 때로는 진위 여부를 가리는 문제에 이르기까지 귀중한 도움을 준다.

조형미술 작품을 역사적인 시각으로 조망하고 당시의 문화적 문맥으로 돌아가서 그때 사람들의 눈에는 작품의 내용이 어떤 의미로 비쳤을지, 또는 어떤 의미에 빗대어 작품이 표현되었는지 밝혀내는 작업이 바로 도상학이다. 도상학이 학문의 한 갈래로 등장해서 독자적인 연구 영역을 점유한 것은 19세기의 일이다. 작품과 그 시대의 정신적 상황을 제대로 연결시키고 큰 울타리 안에서 작품 해석을 시도하는 일은 19세기나 지금이나 도상학의 중심과제가 아닐 수 없다. 구상적으로 재현된 그림이나 조각 작품을 두고 그 주제를 제대로 읽어내려면, 미술 작품에 재현된 인물이 누구인지, 또는 재현된 사건이 무슨 줄거리인지 해당 문헌 자료를 찾아서 작품의 주제를 우선 읽어야 하고, 그 다음에 동일한 주제를 다룬 동시대의 다른 작품들의 유형에 비교하는 유형사적 검증을 거쳐서 주제를 오판하지 않았나 확인하는 작업이 진행되는데 여기까지가 도상학적 연구의 첫 번째 중요한 걸음이다. 도상학적 연구의 두 번째 걸음은 작품에 재현된 주제들을 특정한 분류기준으로 나누는 일이다.

도상학 단계의 확인 작업은 오히려 역사학적 경로를 통해 잊혀진 과거의 지적 환경을 재구성하는 일에 가깝다. 이처럼 도상학적 연구는 매체간의 우회 경로를 통한 간접적인 확인 작업이다. 보편적 또는 전문적 지적 환경으로부터 떨어져나간 어떤 사실 내용을―예컨대 성서, 신화, 역사적 사건 따위―언어 기호로 기록된 문헌 텍스트의 우회로를 거쳐서 간접적으로 확인하고 확인된 사실 내용을 조형작품과 맞추어보고, 문헌에 기록된 주제 모티프가 조형 작품에 재현된 내용, 다시 말해 시각 형상적 기록과 일치하는지 비교한다.

도상학을 문학연구방법으로 활용하기 위해서는 언어예술인 문학과 형상예술인 조형을 동일 지평에 적용할 수 있는 방법적 준거와 틀을 가져야 한다. 문학예술과 형상예술은 예술적 소원에 있어 동일한 갈래를 가졌으므로 그 본질에 있어서 같다고 인정되지만, 완벽하게 증명하기 힘든 미해결의 난제이다. (진선영)

도상, 아이코노그라피아, 해석적 도상학

참고문헌
에르빈 파노프스키, 이한순 역, 『도상학과 도상해석학』, 에케하르트 케멀링 편집, 사계절, 1997.
신철하, 『상징과 해석 : 무엇을 어떻게 읽을 것인가』, 이회문화사, 2001.
토도로프, 신진 · 윤여복 역, 『상징과 해석』, 동아대학교 출판부, 1987.

도성문지(道成文至)

송나라의 구양수(歐陽修, 1007~1072)가 문장과 도의 관련에 대해 말하면서 내놓은 관점. 이 말은 「답오충수재서(答吳充秀才書)」에 나온다.

"성인의 문장에는 비록 미칠 수 없지만, 대개 도가 풍성한 사람은 문장도 어렵지 않게 저절로 지극해질 수 있다(聖人之文 雖不可及 然大抵道盛者文不難而自至也)."

여기서 지적한 "도가 풍성한 사람은 문장도 어렵지 않게 저절로 지극해질 수 있다."는 말은 도덕적 수양을 강조한 것으로, 글을 위한 글쓰기에 힘쓰지 말고 도를 중시하는 글쓰기를 해야 한다는 뜻이다. 즉 사상이 정확하고 충실하면 문장은 자연스럽게 광채를 발휘한다는 말이다. 이런 각도에서 보면 구양수는 도가 본질이고 문장은 지엽이니 도를 배우는 것이야말로 문장의 내용을 충실하게 다지는 관건으로 보았던 것을 알 수 있다. 물론 궁극적인 목적은 글쓰기에 있었다고 해도 도를 중시할 때 비로소 문장 역시 중시될 수 있다는 입장에 서 있었던 것이다.

이런 주장에 힘입어 후대의 도학가들은 문장은 경시하고 도만 중시하게 되었으며, 심지어 글쓰기는 도를 해친다고까지 인식해서 도와 문장은 대립적인 존재라고 파악하기에 이르렀다. 이리하여 제기 방식에 있어서 근본적인 구별이 나오게 되었다. 이 밖에도 "덕이 있는 사람은 반드시 말다운 말이 있다(有德者 必有言)"는 식의 주장이 나오게 되었는데, 이 말은 도(혹은 덕)가 있으면 반드시 거기에 합당한 문(혹은 말)이 있다는 식으로 일종의 인과 관계에 입각한 설명이다. 이것은 문장이 지극해지는 일은 어렵다는 말로 간추릴 수 있다. 그 뜻은 작가는 문장에 탐닉해서 도덕적인 수양을 경시해서는 안 된다는 사실을 강조한 것이다. 구양수는 「답오충수재서」에서 "학자가 탐닉에 빠지는(學者有所溺)" 현상에 대해 이렇게 상술하였다.

"대개 문장이 말이 되는 데 있어서 공교로우면서 기뻐할 만하기는 어렵고 즐거워하면서 자족하기는 쉽다. 세상의 학자들이 왕왕 이에 빠지니 하나라도 공교로운 것이 있으면 나의 학문은 족하다고 한다. 그래서 심한 사람은 모든 일을 버려 버리고 마음에 두지 않으면서도 자신은 문사라고 떠벌이며 문장을 쓰는 데 직분을 둘 뿐이라고 한다. 이것이 바로 지극한 문장이 드문 이유다(蓋文之爲言 難工而可喜 易悅而自足 世之學者 往往溺之 一有工焉 則曰 吾學足矣 甚者至棄百事不關于心 曰吾文士也 職于文而已 此其所以至文之鮮也)."

이렇게 구양수는 글 쓰는 이가 "즐거워하며 자족하기 쉬워(易悅而自足)" 스스로 그릇된 풍조에 얽매이는 오류를 지적하는 동시에 글 쓰는 사람은 모름지기 도를 중시하고 많이 배워야 할 필요성을 역설했던 것이다. (임종욱)

구양수, 답오충수재서(答吳充秀才書), 문장론

참고문헌
임종욱, 『동양문학비평용어사전-중국편』, 범우사, 1997.
_____, 『중국의 문예인식』, 이회, 2001.
_____, 『중국문학에서의 문장체제 인물 유파 풍격』, 이회, 2001.
주훈초, 『중국문학비평사』, 이론과실천, 1992.

도시문학(都市文學)

농촌문학이 농촌을 배경으로 농민들의 삶과 다양한 가치들을 형상화하고 있듯이, 도시문학은 도시를 배경으로 하고 도시적인 삶의 양상을 주요 내용으로 하는 문학이다. 빈부의 갈등·공해와 질병·범죄와 폭력·도시민들 간의 동질성 상실·윤리적 이중 구조에서 생겨나는 세대간의 갈등·감각주의와 상업주의의 범람 등이 도시문학의 핵심적 주제를 이루는 요소들이다. 도시문학의 개념을 정의하면서 중요한 것은 '도시'의 개념을 공간적 배경의 문제로 국한시키느냐, 혹은 그 이상으로 '도시'가 주는 다양한 메시지들과 이미지들까지 포함하느냐의 문제일 것이다. 전자에 기운다면 도시문학은 소재적인 측면만 부각시키고 문학의 총체적인 면을 간과한 개념으로 협소화될 것이며, 후자를 수용한다면 굳이 도시문학이라는 소재적 개념보다는 포괄적으로 인간의 의식을 문제삼을 수 있는 개념, 말하자면 당대 '모더니즘'의 한 양상으로 이해하는 것이 적절하다고 볼 수 도 있다. 특히 한국 문학사에서 일반적으로 모더니즘이 발흥하면서 소재적 차원이나 정신적 영역이 도시를 중심으로 이루어졌다는 점만으로 '도시문학'이라는 개념어를 설정하기가 수월치 않다는 목소리가 많다.

그럼에도 불구하고 '도시문학'이라는 개념어를 군이 사용하는 이유는 그것이 우리에게 환기시키는 전통사회와 구별되는 도시적 감수성이나, 우리의 역사에 있어서 근대화의 산물로서의 도시적 이미지라는 독특한 뉘앙스 때문이다. 특히 20세기 초반 일제 치하에서 '도시'는 급격한 근대화의 상징이었으며 한국사회가 전통적인 농경사회에서 산업사회로 변모해 가는 선두에 있었다는 점에서, 도시는 낯설고 신선한 충격이었다. 일제에 의한 강제적인 도시계획과 시행, 일본이 도시계획법으로 모방한 근대도시화는 전통적인 가치관 속에서 살아온 당대인들에게 충격과 혼돈을 안겨주었다. 당대 사회는 전통과 근대가 맞물린 과도기적 사회였고 일정한 경험적 시간으로서 축적된 전통에 비해, 외압적인 형태로 접목된 '근대'는 아직 내면화가 이루어지지 않은 '환경'에 지나지 않았다. 따라서 당대의 작가들에게 근대성은 의식의 차원보다는 환경의 차원에서 먼저 받아들여졌을 가능성이 높다. 그리고 그 근대적 환경을 가장 풍부하게 지니고 있던 것이 당대의 '도시'였음을 생각해본다면 도시문학은 본격적인 근대문학으로의 발돋움이라는 의미를 지닌다. 이 시기의 대표적인 작품으로는 근대 도시 경성을 배경으로 하여 도시적인 속성과 당대인들의 내면을 그린 염상섭의 「암야(闇夜)」와 박태원의 「소설가 구보씨의 일일」을 꼽을 수 있다.

1930년대에 시작된 한국의 도시문학은 1970년대에 이르러 본격적인 궤도에 이르게 되는데, 1970년대 작가 중에서 도시 문학과 가장 선명하게 연결 지어지는 작가는 박완서이다. 「엄마의 말뚝」, 「목마른 계절」, 「나목」에서부터 1970년대 후반의 「도시의 흉년」에 이르기까지 서울이라는 도시적 외관과 그것에 따라 변하는 도시인의 내면적 황폐화 양상, 본격적인 근대화의 단계에 들어선 도시의 생태를 다각적으로 형상화시키고 있다. 현대의 도시생활에서 소재를 구해온 시문학으로는 최승호의 「밥숟갈을 닮았다」, 박용하의 「그러나 서울에 비가 내린다」 등이 있다. 이들 작품에서는 인간의 욕망을 병적으로 팽창시키는 현대 도시 문명에 대한 비판적인 시각이 드러난다.

그 장르가 소설이건 시이건 간에 도시문학에서 현대의 도시는 예찬의 대상이기보다는 비판의 대상으로 등장하는 것이 대부분이다. 도시가 부정적으로 그려지는 이유는 현대 문명 자체가 물질주의적 기반 위에 세워졌다는 데 있다. 물질만능의 자본주의적 가치관을 채택한 산업 사회의 필연적인 귀결이 소외와 절망. 폭력과 속임수가 판을 치는 부정적 도시를 만들어 낸 것이다. 따라서 도시문학의 공간은 희망과 안락한 공간의 시학으로서보다는 폐쇄와 전락과 결핍과 소외 그리고 폐쇄된 개인주의, 자아상실과 익명성으로서 편재되어 있는 것이다. (김종회)

근대화, 농촌문학, 모더니즘

참고문헌

한용환, 『소설학 사전』, 문예출판사, 1999.

이재선, 『현대 한국 소설사』, 민음사, 1991.

서준섭, 『한국 모더니즘 문학 연구』, 일지사, 2000.

이진경, 『근대적 시공간의 탄생』, 푸른숲, 2001.

참고할 만한 문헌

City Signs : Toward A definition of Urban Literature(Diane Wolfe Levy : Modern Fiction Studies, 1978, Spring)

Paris as Subjectivity in Sartre's Road to Freedom(Prescott, S.Nichols : Modern Fiction Studies, 1978, Spring)

도시성

도시란 일반적으로 이질적인 개인들의 밀집적이고 상주적인 거주형태의 생활공간을 뜻한다. 따라서 이러한 개념의 틀 속에는 의당 인구 구성의 잡다한 이성분(異性分), 삶의 측면이나 행위에 있어서의 분화, 무명성(無名性)과 상호 관계에 있어서의 비개성화와 삶의 규격화 등의 사회학적 현상이 포함되게 마련이다. 즉 도시는 토지로서 이루어지기보다는 잡다한 많은 이질적인 개인들의 이주와 왕래에 의해 이루어지며 이러한 대량적 인구의 폭은 자연히 삶의 방법이나 유형에 있어서도 시장적인 문화현상을 가져오게 하는 것이다.

도시성은 앞서 살핀 도시의 독특한 생활양식을 구성하는 집합적 속성들의 복합체이다. 도시성 혹은 도시주의라는 용어는 미국의 도시사회학자인 워스가 도시 생활 양식으로서의 어버니즘 이론을 제창하고부터 널리 쓰이게 되었다.

워스는 현대문명에 있어서의 사회생활의 특질로서 도시의 발달과 세계의 도시화에 주목하였다. 지역을 같이하는 취락적 공동생활에 있어서 인구량, 인구밀도, 인구의 이질성의 증대가 촌락생활에서 나타나는 것과는 대조적으로 도시사회 특유의 생활양식을 만들어 낸다고 주장하면서 이것을 도시성이라는 용어로 정의하였다. 도시성의 특징은 인격적 연대를 대신하는 개인 간 경쟁의 격화, 전통이나 관습과 대치되는 법률제도 등 공적 통제기구의 발달, 사회적 접촉의 비인격화와 익명성의 증대나 직업의 분화, 전문화, 직장과 가정의 분리 등을 들 수 있다. 또 사회적 여러 세력의 투쟁과 상호착취의 전개, 사회 계층의 분화와 계층 간 이동의 증대, 유동적 대중의 형성과 비개성화, 획일화 및 인격적 관계에 대치되는 화폐적 결합관계의 진전, 정치에서의 근대적 선전 기술의 발달 등을 지적할 수 있다. 이 같은 특성에 의해서 규정되는 사회생활 안에서 도시적 퍼스널리티가 형성된다. 워스는 도시 특유의 인간관계, 행동양식, 의식형태 등의 여러 특성의 총체가 어버니즘(urbanism)이라고 정의하였다.

이러한 도시성은 현대문학에 있어서도 중요한 의미와 기능을 가지고 있다. 먼저 도시는 문명과 산업화된 현대 사회를 상징한다. 한편으로 도시는 현대사회의 병리와 뿌리뽑힌 삶의 궁지를 집약적으로 상징하기도 하는 것이다. 그래서 소설의 전경과 배경이 되고 있는 도시의 관상학적인 혼잡스러움은 바로 그 속에 살고 있는 인간의 정신적이고 도덕적인 혼미나 비인간화의 한 세계화를 객관화의 성격을 가지고 있는 것이다.

도시가 단순히 주거와 활동의 물질적 공간에 그치지 않고 무엇인가 인간 경험의 본질적이고 내밀한 부분에 연결되어 있다고 믿어지는 시대의 소설에서는 더욱더 그러하다. 발자크의 파리, 디킨즈의 런던, 도스토예프스키의 페테르부르크는 바로 그런 도시들이다.

도시 경험이 현대 사회에서의 개체적, 사회적 삶의 성격을 결정한다는 믿음을 전제로 도시의 현상과 풍속을 탐구하는 소설을 도시소설이라 한다. 이러한 경향을 보여주는 대표적인 예로 블랑쉬 겔팡트를 손꼽을 수 있다. 겔팡트는 사회학자들이 보통 도시성(urbanity)이라고 부르는 도시 생활의 전형적 특징들—예컨대 인간의 고립과 소외, 공동체의 붕괴, 전통적 규범의 소멸, 아이덴티티의 위기 등—을 반영하는 소설을 도시소설이라고 규정하였다.

현대적인 의식이 깊게 잠재된 현대의 도시적 삶의 긴장과 복잡성이 가장 현저하게 나타나게 된 것은 모더니즘에서이다. 근대성의 경험에 대한 반응인 모더니즘의 지리학은 도시이다. 모더니즘의 문학은 도시 속에서의 경험을 혼용하려는 강한 경향을 지니고 있으며 도시 소설이나 도시 시의 중요 형태까지 산출시키고 있는 것이 사실이다. 그 때문에 현대 문학에 있어서는 이른바 도시 문학이라는 용어 생성이 가능한 것이다.

우리 소설에서 근대 도시를 배경으로 한 사람의 생태학적 인식이 대두된 것은 대략 1920년대부터이다. 이는 리얼리즘의 현실 인식에서 기인된다. 사람들의 도시로의 이주를 다룬 1920년대의 현상에 이어서 1930년대 우리의 소설 문학에서는 문학적인 공간화에 있어서 도시 쓰기 내지 도시화가 현저해진다. 그리고 도시의 이중 의미를 동시에 문제 삼게 된다.

김광균의 「와사등」, 「외인촌」, 김기림의 「옥상정원」에서 알 수 있듯이 1930년대 모더니스트들은 자연 서정보다는 도시와 근대문명에 대한 예찬 또는 도시적인 고독과 익명성과 소외를 통해서 현대 문명의 파괴적인 국면을 비판하기도 한다. 이와 마찬가지로 1930년대 소설에서도 도시를 공간적인 배경으로 삼고 있을 뿐만 아니라, 도시의 보편적인 삶의 양식으로서 가난, 범죄, 쾌락과 매춘, 인간관계의 생태적인 마찰과 심리적 긴장, 소외감, 개인적인 분열 증상은 물론 자유의 공간이 막혀버린 식민지 사회의 축도로서의 도시의 분위기가 많이 제시되고 있다. 이러한 계열의 작품으로 채만식의 「레디메이드 인생」(1934), 「치숙」(1938), 「탁류」(1937), 유진오의 「수난의 기록」, 「화상보」, 이효석의 「깨뜨려지는 홍등」, 「장미 병들다」, 박태원의 「천변풍경」, 「소설가 구보씨의 일일」 등이 있다. 이 문학들은 대부분 도시 사회의 생활 양식이 지니고 있는 현실적인 상태를 다루고 있는 것이다. 요컨대 이들 작품은 비교문학적 영향과 함께 식민지 치하의 도시적 질서에서의 경제적ㆍ지적인 갈등에서 그 발생론적 근거를 찾을 수 있다. (진선영)

도시, 도시주의, 워스, 어버니즘, 도시소설, 모더니즘

참고문헌
이재선, 『한국소설사』, 민음사, 2000.
피터 손더스, 『도시와 사회이론』, 한울, 1998.
할베이, 『도시와 교외 도시사회학 개론』, 홍익출판사, 1989.

도시화(都市化, Urbanization)

도시의 보편적인 사회적 문화적 보편성으로서의 어버니즘(urbanism)이 확대 발전되어 가는 과정이 도시화이다. 도시화의 내용은 도시성을 규정하는 방법에 따라 달라진다. 워스는 도시성을 물리적·생태학적 특성, 사회조직의 형태적 특성, 사회 심리학적 특성으로 분류하고, 이러한 여러 특성의 발전 확대과정을 도시화라고 정의하였다. 이 규정의 보편성에 관해서는 비교도시 연구 분야로부터 의문이 제기되어 보편적 특성을 생태학적·인구학적 과정에 한정할 것이 주장되었으나 쌍방이 항상 서로를 배제하는 것은 아니다.

도시화와 관련한 대표적인 사회학자인 워스는 시카고 학파의 19세기 생물학적 사고, 진화적 유기체적 사고를 이어받아 도시의 단위적 성격과 부분들의 상호 의존성을 강조하였다. 그는 특히 게오르그 짐멜과 파크의 영향을 많이 받았는데 파크는 짐멜의 제자였다.

워스의 대도시에 관한 연구에서 농촌-도시 이분법, 도시생활에 대한 주관적 경험, 도시에서의 인간군집에 관한 관심, 분업으로부터의 이질성, 규모 등은 짐멜로부터 영향을 받은 결과이다. 그리고 파크로부터의 영향은 도시생활분석에서의 인간 생태학적 관점이다. 이것은 자연 생태계에서 다양한 생태종들이 벌이는 정주체계에서의 지배를 위한 경쟁적 속성의 원리를 인간 생활에 적용한 것이다. 즉 도시민들이 환경에 적응하는 방식에 관한 이론적 문제를 생물학적 환원주의 관점에서 다룬다. 워스는 문화연구의 복원자로서 도시화에 관심을 가졌는데, 도시화에 대한 그의 접근은 모든 도시에 일반적으로 적용 가능한 공통의 속성을 밝혀내는데 그 목적이 있다.

워스의 정의에 있어 핵심적인 항목은 큰 규모, 높은 밀도, 사회적 이질성 등으로 지역사회의 인구와 관련된 것이다. 워스의 정의는 인간 생태학의 두 요소인 인구와 환경의 속성에 바탕을 두고 있다. 워스는 도시와 현대문명을 언급하면서 서구 문명의 시작은 이전 지중해 연안 유목민이 항구적 정착을 이룩했던 것으로 특징 지워지며 현대문명의 시작은 대도시의 성장으로 가장 잘 표시된다고 주장하였다.

최근에 와서 도시화와 관련된 특성을 사회의 역사적 발전, 즉 사회적 변동과 어떻게 관련시키는가에 문제의 초점이 맞추어지고 있다. 그 결과 첫째, 근대화의 하위 체계로서 도시화의 여러 특성을 뒷받침하는 근대사관, 둘째, 도시화를 축으로 하고 그 여러 특성과 타 사회체계의 여러 기능을 관련시키는 사회·문화사관, 셋째, 생산양식 발전단계와의 관련으로 그 여러 특성을 뒷받침하는 유물사관 등을 기반으로 도시화를 규정하려는 입장이 정립되어가고 있다. (진선영)

도시, 도시성, 워스, 짐멜, 파크

참고문헌
이재선, 『한국소설사』, 민음사, 2000.
피터 손더스, 『도시와 사회이론』, 한울, 1998.
할베이, 『도시와 교외 도시사회학 개론』, 홍익출판사, 1989.

도식(圖式, Schema)

도식은 그리스어인 '스커마'(Schema)에서 유래한 도해, 약도, 개요, 형식 등을 뜻하는 말로써, 일반적으로 내용을 어떤 형식에 따라 과학적으로 정리 또는 체계화시키는 틀을 이르는 말이다. 이 경우 내용은 단순한 소재가 된다. 하지만 이러한 일반적 도식이 인식론적·철학적으로 사용될때에는 칸트의 선험적 도식을 지칭하게 된다. 칸트의 '도식론'은 그의 주저 『순수이성비판』 요소론의 2부인 '선험적 논리학' 가운데 '원칙의 분석론'의 첫째 장으로 제2장인 '원칙론'과 더불어 주요 부분을 구성한다.

칸트에 의하면 인식은 질료와 형식의 결합이다. 질료는 감성을 통해 들어온 경험적(후천적)인 것이고, 형식은 경험에서 도출할 수 없는 선험적인 것이다. 선험적이라 함은 대상을 경험하기 이전에 주어진 것으로 경험에서 독립하여 주어진 것이요, 필연성을 가진 동시에 엄격한 보편성을 가진 것이다. 즉 질료라 함은 감성을 통해 들어온 감각적이며 지각적인 자료이며, 형식은 질료를 질서지우는 오성의 작용이다. 감성과 오성은 인식의 두 원천으로서 이 양자가 결합하여야만 인식이 성립한다.

인식에 있어 감성과 오성은 연합되어야만 하지만 이 둘 사이에 어떤 공통적 요소가 있는 것은 아니며, 이 둘이 가진 기능은 서로 독립적이다. 이러한 이유로 감성과 오성은 사유의 두 원천이 되는 것이다. 감성은 우리가 대상에 의해 자극되는 방식을 통해서 표상을 받아들이는 능력, 즉 수용성이다. 인식의 또 다른 근원이며, 대상을 사고하는 능력인 오성은 판단을 함에 있어 내용(감각적 자료)을 개념적으로 규정하는 인식 능력이다. 그리고 감성과는 달리 자발적인 인식 능력이다.

인식에 있어 이 두 조건은 필연적이며 또한 서로 독립적이고 이질적이다. 이렇게 이질적인 능력인 오성의 범주를 감성에 적용하려면 매개가 필요한데, 이 매개 역할을 하는 것이 바로 구상력이다. 칸트는 이런 역할을 하는 구상력을 생산적 구상력이라 불렀고, 생산적 구상력은 도식을 산출하고 이 도식을 통해 오성과 감성의 만남이 이루어진다.

칸트는 개념에 이미지를 부여하는 구상력의 일반적 방법을 개념에 대한 도식이라 불렀다. 예를 들어 도식은 개(犬, dog)의 개념에 따라 네 발 달린 짐승의 형태를 그릴 수 있는 보편적 방법이다. 그러나 개의 도식은 개의 형상과는 다르다. 개의 형상 즉 개의 이미지는 경험을 통해 생겨난 특수하고 구체적인 형태인 것이다. 우리가 일반적으로 어떠한 생물체를 개라는 개념 아래 인식 할 수 있는 것은 도식 때문인 것이다. 하이데거에 따르면 도식은 그 각각의 경우에 알맞은 모든 형상을 만들어내는 규칙의 색인인 것이다.

생산적 구상력은 개의 도식과 같은 경험적 도식이 아니라 선험적 도식을 만들어낸다. 선험적 도식은 네 가지로 구분되는데 분량 범주들에는 '수의 도식'이, 성질 범주들에는 '정도의 도식'이, 관계 범주들에는 '지속성, 결과, 동시존재의 도식'이, 양상 범주들에는 '어떤 시간에서의 존재, 특정 시간에서의 존재, 모든 시간에서의 존재라는 도식'이 필요하다.

보편성과 추상성을 띤 개념 또는 이념에 개별성과 구체성을 부여하는 도식의 기능은 수용성과 자발성을 공유하는 상상력의 산물이며 개념 또는 이념에 대응하는 '약도'(Monogramm)이다. 인간의 인식은 도식 작용을 통해 서로 대립적인 요소들을 서로 매개하여 종합하고 동화시키는 과정 속에서 드러난다. (진선영)

스커마, 도해, 약도, 개요, 형식, 순수이성비판, 칸트, 감성, 오성, 생산적 구상력

참고문헌
H. M. 바움 가르트너, 임혁재·맹주만 역, 『칸트의 순수이성비판 읽기』, 철학과현실사, 2004.
진은영, 『순수이성비판 이성을 법정에 세우다』, 그린비, 2004.
하영석 외 공저, 『칸트 철학과 현대사상』, 형설출판사, 1984.

도착(倒着, Perversion, 독 Perversion)

도착은 정상적인 성적 결합을 위한 신체의 영역을 넘어서 확장된 성적 행위이다(SE 7, 130). 모든 인간은 문명이 소위 정상이라고 간주하는 것으로서 남성과 여성의 성기의 결합 이외에, 예컨대 동성애와 같은 또 다른 방식으로 얼마든지 충동의 만족을 얻을 수 있다. 동성애는 충동이 비정상적으로 문제가 되는 것이 아니라, 대상선택의 과정에서 특이성을 보여주는 것이다. 그리고 그런 도착의 성향은 유아기 때부터 다각적인 형태로 드러난다(SE 7, 191). 도착의 예로는 관음증, 노출증, 페티시즘, 의상도착 등이 있다. 도착은 리비도, 충동이 어느 한 대상에 고착되지 않고 유동적임을 보여준다. 라캉에 따르면, 충동은 한 '대상'을 소유하려는 것에 얽매이지 않고 원래의 성적인 목적에서 벗어나서 오브제 아라는 대상 주변을 맴돌 뿐이다(S 11, 194). 넓은 의미에서 도착은 충동이 잉여-주이상스를 즐기는 방식이다. 그런데 프로이트는 이런 넓은 의미의 도착 이외에, 엄밀히 말해서 대상에게 굴욕을 주고 학대하며 만족을 얻는 극단적인 경우를 역시 도착이라고 정의한다(SE 7, 158). 사디즘과 마조히즘 같은 도착은 명령, 금지로서의 대타자를 필요로 하는 특징이 있다(Miller, 317~318). 명령과 금지로서의 대타자는 주이상스를 금지시키지만 이 도착의 주체는 바로 그 억압적 금지의 대타자에 복종하면서 역설적으로 주이상스의 만족을 얻는다. 라캉이 도착을 '아버지의 변형판(père-version)'이라고 언급한 것도 바로 이 후자의 도착을 일컫는 것이다(Miller, 308). 아버지의 법이 충분히 발현되길 원하는 이 도착의 주체는 대타자가 거세되고 결핍되어 있다는 것을 부인하려 한다. 넓은 의미에서의 도착의 주체는 대타자의 금지와 법에 얽매이지 않으면서 충동의 만족을 얻는다. 그러나 후자의 경우엔 주체 혹은 상대편이 가혹한 초자아의 법을 명령하는 대타자의 위치에 서며, 서로 대타자의 주이상스를 위한 도구가 된다(S 11, 320). 이 도착은 금지와 법을 명령하는 대타자를 필수적으로 요구하기에 금지로서의 대타자에 밀착해 있고, 법속에서 주이상스를 찾기에 외설적인 도착이다(Žižek, 117). (정진만)

관음증, 노출증, 페티시즘, 의상도착, 사디즘, 마조히즘

참고문헌

Freud, Sigmund. "Three Essays on the Theory of Sexuality(1905)." SEVII. London : Hogarth Press, 1973.
Lacan, Jacques. The Seminar of Jacques Lacan Book XI(The Four Fundamen-tal Concepts of Psychoanalysis). New York and London : W. W. Norton, 1978.
Miller, Jacques-Alain. "On Perversion." Reading Seminar I and II. Albany : SUNY Press, 1996.
Žižek, Slavoj. The Žižek Reader. Oxford : Blackwell, 1999.

도학(道學)

도덕에 관한 학문을 의미한다. 도학이란 말은 송나라 시절의 유학자들에 의해 사용되기 시작하면서 학문의 영역으로 발전해 나갔다. 도덕에 관한 학문으로서의 도학은 중국 송나라 때의 정주학파(程朱學派)의 학문, 즉 심성(心性)과 이기(理氣)의 학을 가리킨다. 도학의 형성은 유교(儒敎)가 제시하고 있는 도(道)의 의미에 근거를 둔 것으로 송나라 시절의 유학자 주염계周濂溪, 장횡거張横渠로부터 비롯되어 정자程子를 거쳐 주자朱子에 의해 집대성되었다

도학의 근본적 물음은 도의란 무엇인가 하는 문제로서 도학의 본질은 도통(道統)의 관념에서 찾을 수 있다. 도통은 성인의 도가 후대에 계승되고 있는 맥락을 가리키고 있는 데 그 흐름은 공자, 증자曾子, 자사, 맹자로 이어지고 있다. 맹자 이후 한동안 단절되어 오던 이 도의 학문은 송대의 주염계, 장횡거, 정자, 주자 등이『예기禮記』중에서『대학』과『중용』두 편을 독립시키고 이를『논어』,『맹자』와 함께 사서로 삼으면서 자신의 학문적 맥락을 회복하게 된다. 도학의 목적은 모든 인간이 이(理)를 규명하고 성(性)을 다하여 성인(聖人)이 될 수 있는 실천 윤리를 방법론적으로 확립하는 데 있었다.

도의 이념은 인륜의 도가 인간의 본성에 근거를 둔 것이며, 본성은 우주의 이법(理法)에 깊이 합치하는 것임을 이론적으로 규명하는 데서 확립되었다. 그리고 공맹(孔孟) 학문의 정통을 계승한 신유학의 대두는 이러한 도의 발견에서 비롯된 것으로 그 내용은『중용장구中庸章句』의「서序」가 말하고 있는 주자의 도통론(道統論)으로 모아진다. 이것은 송학을 도학(道學)이라고도 하고, 송사(宋史)에 이르러 비로소 도학전(道學傳)을 두게 된 이유이기도 하다. 송대 도학의 정립과정은 유학을 형이상학화 · 내면화하여 송학 혹은 주자학으로 불리는 신(新)유학 형성의 기틀이 되었다고 평가된다.

한국에서 도학파라는 용어는 조선시대 조광조를 중심으로 한 학파를 가리키는 것으로 사용

되고 있다. 조광조 중심의 도학파는 우주와 인생의 근원적 이치를 탐구하고, 심성을 올바르게 하는 수단으로 문학을 내세웠는데 여기서 근본을 이루는 것은 어디까지나 도이고 문장은 부수적 차원에 놓인다. 그들은 자신의 그런 입장을 도본문말(道本文末)의 명제로 집약했다. (임영봉)

도통, 도학파, 주자학, 신유학

참고문헌
한국도교사상연구회, 『한국도교와 도가사상』, 아세아문화사, 1992.
_____, 『노장사상과 동양문화』, 아세아문화사, 1995.

독백(獨白, Monologue)

독백이란 한 사람의 인물에 의해 행해지는, 누구로부터도 방해받거나 매개되지 않는 다소 긴 발화를 말한다. 독백은 방백(傍白, solioquy)과 자주 혼동된다. 두 용어 모두 드라마로부터 파생된 용어로서, 독백은 일반적으로 듣는 사람을 상정한 것으로 이해되며, 방백은 독자 외에는 어떤 청중도 상정하지 않는 것으로 받아들여지고 있다. 로버트 험프리는 이것을 "한 인물의 정신적 내용과 과정을 작가의 출현 없이 인물로부터 독자에게 직접 제시하는, 그러나 암암리에 한 사람의 청중이 상정된 기술"로 정의한다. 물론 그렇다고 해서 인물이 반드시 한 사람의 청중을 호명해야 할 필요는 없다.

실제 삶에서 누군가의 기나긴 독백은 다소 지루하게 받아들여지지만, 소설에서는 다른 인물들이 누군가의 독백을 지루하게 느낀다 하더라도 그것이 플롯 전개에 필수적인 정보를 제공할 수도 있다는 점에서 그 중요성이 남다르다. 많은 경우 그것은 종종 인물의 상황에 대한 설명을 구성하거나 주석을 이룬다. 그러나 독백은 그것이 인물의 입을 통해 발화된 말이므로 그의 생각과는 분명히 구별되어야 하며, 뿐만 아니라 그것이 단순한 생각이나 말을 넘어서는 양식화되고 표현적인 형식으로 인지되어야 하기 때문에 활용하기가 그리 자유로운 것은 아니다.

많은 평론가들은 독백의 기법을 사용한 대표적인 작품으로 『햄릿』이나 『맥베드』와 같은 셰익스피어의 주요 희곡작품들이라든가 버지니아 울프의 「파도」, 그리고 포크너의 「내 누워 죽을 때」와 같은 작품들을 들고 있다. 우리 소설에서는 인물의 내적 사고의 제시와 확연하게 구별되는 독백의 용례를 사용하기가 매우 힘들지만, 박상륭의 초기작 「남도 · 1」의 경우는 작품 전편이 한 인물의 독백으로 되어 있는 특이한 예라고 할 수 있다. 이 작품에서 우리는 자신의 죽음을 기다리는 한 노인의 과거에 대한 해석적 회상과 현재 심사를 어떤 중개자도 없이 단지 그의 입을 통해서만 듣게 된다.

이 경우에서 알 수 있는 것처럼, 독백은 일단 누군가에 의해 구어로 말해진 것이 기술(記述) 텍스트로 변형되는 관습에 의존하고 있다. 그리고 그런 만큼 독백은 표현적인 서사물을 지칭하는 데 있어서 특별한 변별성을 지니고 있는 용어라고 할 수 있다. (김경수)

독백, 방백, 내적 독백, 내적 사고의 기록

참고문헌
로버트 험프리, 천승걸 역,『현대소설과 의식의 흐름』, 삼성문화문고, 1984.
시모어 채트먼, 김경수 역,『영화와 소설의 서사구조』, 민음사, 1999.

독사(Doxa)

'독사'는 공통된 의견이나 관례, 기존사회의 낡고 경직된 통념이라는 뜻. 이 말을 애용했던 롤랑 바르트는 "세간의 통념", "여론", "다수의 정신", "소시민의 합의", "자연스러운 것의 목소리", "편견의 폭력" 등으로 정의하고 있다.

롤랑 바르트가 일생을 두고 끈질기게 문제삼아온 '독사'는 예술가나 비평가의 창조적인 사고를 위협하는 인식의 장애물이다. 그런 이유에서 바르트는 텍스트 비평의 목표를 독사의 혁신, 곧 패러독스(para-doxa)의 창출에 둔다. 하지만, 비평가들의 창조적인 인식으로 만들어진 패러독스조차 하나의 관례로 자리 잡게 되면 그 자체도 하나의 독사로 기능하게 된다. 따라서 패러독스조차 또 다른 패러독스로 대체될 운명을 겪는다. 바르트는 문학의 글쓰기 행위에서 독사가 갖는 비중은 언제나 무효화하거나 전복하기 위한 낡은 통념과 대결하는 모험적 가치의 대상이다. 이런 관점에서 바르트의 이론적 기획은 독사의 끝없는 전복과 해체를 지속하는 영구혁명의 지평을 전제로 삼고 있는 것이다.

'독사'라는 이론적 기획은 문학비평이나 문학사, 여타 하위 장르의 역사를 기술하는 데에도 통용 가능하다. 문학비평, 문학사, 하위장르의 역사가 끊임없이 비판되고 다시 쓰여 지는 과정은 경직된 통념을 혁신하는 패러독스의 창출과 크게 다르지 않다. 이런 관점에서 독사는 글쓰기와 관련된 창조적 자의식을 가로막는 온갖 통념과 관례들을 대상화한 개념이다. (유임하)

통념, 패러독스, 편견

참고문헌
롤랑 바르트, 이상빈 역,『롤랑 바르트가 쓴 롤랑 바르트』, 도서출판 강, 1997.
_____, 이화여자대학교 기호학연구소 역,『현대의 신화』, 동문선, 1997.

독자(讀者)

독자는 작품, 작가, 세계와 함께 문학을 이루는 한 주축이 된다. 범박하게 말하면 독자는 작가에 의해 쓰여진 문학작품을 읽는 사람이다. 그러나 독자가 없으면 작가도 존재할 수 없다는 점에서 독자는 작가와 마찬가지로 문학적 현상을 가능케 하는 한 주체가 된다. 독자와 작가란 두 주체는 상호 의존적인 관계인 것이다.

적극적인 입장에서 보면 독자는 단순히 수동적인 수용자가 아니라 작품의 미적 가치를 창조하는 과정에 능동적으로 참여함으로써 문학사의 연속성과 문학작품의 재생산에 기여하는 존재로 규정할 수도 있다. 독자는 그의 능동적인 작품 이해에 의해 문학사를 쓰는 문학 현상의 한 창조자가 되기도 하는 것이다.

독자의 독서 행위는 사건을 직접적으로 체험하는 것이 아니라 작중인물이 겪는 사건을 관념적으로 겪는 간접체험이다. 독자는 작품 속의 사건과 무관한 한 개인으로서가 아니라 무의식적으로 작중인물을 자신과 동일한 사람으로 간주하거나 이와는 반대로 어느 정도 거리를 두고 작품 속의 사건을 경험한다. 독자는 작품 속의 삶의 모습과 자신의 현실 체험을 끊임없이 비교함으로써 동질적인 면과 이질적인 면을 발견하게 되고 이에 따라 심리적인 효과가 달라질 수 있다.

독자의 위상 혹은 작가와 독자의 관계는 시대와 작가, 장르에 따라 얼마든지 변할 수 있다. 계몽주의 작품에서 독자가 작가에게 한 수 배워야 하는 열등한 위치에 있다면 비판적 · 생산적 독서가 가능한 독자는 작가에게 일정한 피드백을 미칠 수 있는 위치로까지 그 위상이 올라간다. 생산적 독자의 독서행위는 그 자체로 작가에게 영향을 미칠 수 있는 강력한 비평이 될 수 있다. 한편 대중문학의 독자는 스스로 자신의 위상을 낮추고 작가와 출판사의 상업적 의도에 좌지우지 되는 경우이다. 베스트셀러 문학의 독자는 자신의 위상이 작가보다 열등한 것으로 인정하고 작품의 선택과 감상의 주체성을 작가나 출판사에게 내준 수동적인 존재인 것이다. (권도경)

작가, 생산적 독자, 대중문학의 독자

참고문헌

김지원, 「문학과 독자—독자 중심의 문학이론 재조명」, 『영어영문학』37, 1991.
윤병로, 「소설과 독자 : 소설 독자의 문학 수용 취향과 독자의 위상」, 『현대소설연구』4, 1996.
김창식, 「대중문학과 독자」, 『한국문학논총』25, 1999.

독자반응비평

독자반응비평은 주로 본문과 수신자들 즉 독자들 사이의 역동적인 상호관계에 관심을 기울이는 비평이론이다. 이 비평이론에서는 독자가 본문의 의미를 결정하는데 중요한 역할을 한다고 본다. 독자반응비평은 독자 사이의 상호 작용에서 독자의 반응의 관점에서 본문에 접근한다. 따라서 독자 반응 비평에서 본문의 의미는 저자가 본문에 표현했거나 본문의 표현 속에 있는 것이 아니라 독자가 본문을 읽는 동안에 본문과 독자가 만나는 점에서 생겨나는 것으로 여긴다.

독자반응비평은 신비평이 '본문자체' 즉 본문으로써 본문의 자율적인 상태를 강조하는 데 대해서 반대하고 본문이 독자와 상호 작용하는 방법에 집중한다. 독자반응비평은 수용이론에 상응하며 발전해왔다. 문학이 사회에 끼치는 영향을 강조하는 문학의 사회학, 어느 개인이 한 본문의 잠재적 의미를 모두 파악할 수 없으므로 각자 해석은 다른 사람들이 그 본문을 해석 한 것으로 상대화되고 보완된다는 철학적 해석학의 영향사적 관점, 프라하의 구조주의 등이 수용이론과 관련되어 있다.

독자반응비평과 직접적으로 영향관계에 있는 분야로는 해석학, 구조주의와 탈구조주의, 현상학 등을 들 수 있다. 독자반응비평의 일부 모형에는 본문에 대한 이해란 본문 안에 들어 있는 내적인 의미를 발견하는 것뿐만 아니라 본문이 가리키는 존재에 대한 가능성을 드러내는 것이라는 하이데거의 해석학 사상이 반영되어 있다. 문학작품을 조직된 전체로 보는 구조주의의 견해는 문화와 개인을 문학 작품에 연관시킨 방식에 영향을 미쳤다. 독자는 더 이상 사회적인 의미에 사적으로 연관된 부적절한 개인이 아니라 처음부터 의미에 반드시 필요한 능동적인 힘으로 보는 관점은 독자반응비평의 일부 토대가 되었다. 문학작품은 이해하기가 복잡하므로 독자가 이해한 구성 요소들이 모두 똑같을 수 없으므로 다양하게 경험되고 합쳐져서 짜여진 소수의 행위만 핵심적인 것이 되고 나머지는 경험 될 뿐이라는 현상학은 본문의 해석이 독자의 경험에 따라 항상 변화할 수 있다는 독자반응비평과 연결된다.

독자반응비평의 주요한 개념들로는 실제 저자와 실제 독자, 내재된 저자와 내재된 독자, 읽기 체험과 읽기 전략, 본문의 틈과 불확실성, 예상과 회상 등을 들 수 있다. 실제 저자와 실제 독자에 반대되는 개념인 내재된 저자와 내재된 독자는 가장 성공적인 독자는 자신 안에 창조된 자아와 저자와 독자가 완전히 일치할 수 있다는 것이다. 읽기 체험이란 시간이 흐르면서 기본적으로 일어나는 시간적인 체험을 가리키며, 읽기 전략에는 본문 '배후의' 세계를 읽으려고 하는 역사적 읽기, 본문에 '관한' 세계를 읽으려고 하는 교리적 읽기, 그리고 본문 '앞의' 세계를 읽으려고 하는 문학적 읽기가 있다. 본문의 틈은 독자가 본문을 읽는 동안에 발견하는 것으로 독자는 자신이 가지고 있는 지식을 통해서 이 틈을 메우며 자기 나름대로 의미를 이어나가기 때문에 그 의미는 확정되어 있지 않고 불확실성 속에 놓여 있다. 예상과 회상은 독자의 독서과정에서 예상이 맞으면 계속해서 읽어나가고 예상이 틀리면 예상과 회상을 통해서 그 예상을 고친 후 본문을 계속해서 읽는 것을 가리킨다. (권도경)

수용이론, 실제 저자, 실제 독자, 내재된 저자, 내재된 독자, 읽기 체험, 읽기 전략, 본문의 틈, 불확실성, 예상, 회상

참고문헌
차봉희, 『독자반응비평』, 고려원, 1993.
한용환, 『서사 이론과 그 쟁점들』, 2002.

독직(瀆職, Misprision)

독직이란 말의 어원상 의미는 공무원이 지위나 직무를 남용해서 비행을 저지르는 일, 즉 '직무 태만'이나 '범죄의 은닉'을 뜻하는 것으로 문학비평에서는 독자 혹은 문학비평가에게 요구되는 창조적인 오독 행위를 가리키는 말로 사용되고 있다.

독직이란 용어의 개념화는 미국의 문학평론가 헤럴드 블룸Harold Bloom에 의해 제기되었다. 블룸은 시에서의 영향 관계를 다루고 있는 자신의 주저 『시적 영향에 대한 불안』이라는 책에서

한 시인이 선배들의 작품을 수정하여 받아들이는 태도와 방식에 대해 설명하고 있는데 그에 따르자면, 열정적인 시인은 선구자의 힘과 권위를 흡수하거나 변형시킬 뿐만 아니라 때로는 파괴를 통해 영향력을 수용한다. 이러한 블룸의 주장은 한 명의 시인이 자신의 선배에 대한 투쟁을 통해 자신의 세계를 정립해나가는 측면을 강조하고 있는 경우이다.

이러한 생각으로부터 블룸은 독서과정에 대한 새로운 개념을 이끌어냈다. 블룸은 선배들에 대한 시인의 영향 관계가 "항상 과거의 시인을 오독함으로써, 즉 잘못된 해석으로 볼 수 있는 창조적인 교정 행위를 통해 이루어 진다"고 주장하고 있다. "시인들의 잘못된 해석 혹은 시는 비평가들의 잘못된 해석 혹은 비평보다 격렬하다. 그러나 이것은 종류의 차이가 아니라 정도의 차이이다. 해석이란 없으며 다만 잘못된 해석만이 있을 뿐이다." 독직의 개념화는 이와 같은 의미의 오류 이론을 일반 독자와 문학비평가의 독서과정에 그대로 적용시킨 데서 비롯된 것이다. 블룸은 독직이란 말을 통해 독서행위에 있어 열정적인 시인에 버금가는 오이디푸스적인 저항이 요구됨을 강조한다.

『오독의 지도』등의 다른 책에서 블룸은, 평판을 얻고 있는 시 해석들이란 단순한 실수 이상의 의미를 가진 '창조적' 오독에 해당하는 경우이며 모든 독서행위 또한 클리나멘, 즉 시적인 오독에 속한다는 자신의 주장을 반복하고 있다. 그리고 이런 시적인 오독 행위는 궁극적으로 독자 혹은 비평가에게 있어 필연적으로 요구되는 '정당한' 직무태만과 본질상 다르지 않다. (임영봉)

영향에의 불안, 창조적 오독, 독서행위

참고문헌
해럴드 블룸, 윤호병 역, 『시적 영향에 대한 불안』, 고려원, 1991.
Vincent B. Leitch, 김성곤 역, 『현대미국문학비평』, 한신문화사, 1993.

독창성(獨創性, Originality, 프 Originalité, 독 Originalität)

넓은 뜻에서 독창성은 모방이나 파생에 의한 것이 아니라 자기의 개성과 고유의 능력에 의해 가치를 새롭게 창조하는 것을 의미하는 것으로 예술 분야를 비롯하여 인간의 정신문화 창조 전반에 적용되는 평가의 기준이다. 독창성의 의미는 이 용어를 좁은 뜻으로 사용할 때 보다 구체적인 것으로 나타난다. 협의의 차원에서 독창성이란 예술 창작의 모든 측면에 있어서 모방이나 표절 등에 의하지 않고 오로지 자기 고유의 힘과 개성에 입각하여 새로운 것을 만들어 내려는 성향이나 성질을 가리킨다.

모방이나 표절이 아니라 개성이라는 자신의 힘에 의거하여 작품을 창작해야 한다는 생각은 오래된 것이지만 그것이 보편적인 하나의 원리로서 강조되기 시작한 것은 르네상스 이후의 일이다. 미술 분야에서 화가가 자기의 작품에 서명을 시작한 것은 15세기 이후의 일이고 이런 전통은 18세기에 접어들어 확고하게 정립되었다. 1677년 프랑스에서 originalité라는 용어가 처음 등장했고 1742년부터 originality라는 용어가 일반적으로 사용되기 시작한다. 1759년에는 영국의 시인 E. 영의 『독창적 작품에 대한 고찰』이 출판되어 미학의 주요 개념으로 널리 수용되었다. 영은 독창적 작품을 자연에 뿌리를 내린 예술가로부터 나올 수 있는 어떤 것으로 설명하고 있다. 그에 의하면, 독창성이란 뛰어난 개인에게서만 찾을 수 있는 그만이 지닌 창조적 특징이다. 칸트 또한 독창성을 한 개인의 천재성과 연결하여 설명하고 있는데 그에 따르자면 천재란 예술적 인격의 주관적 본질인 독창성을 전형적으로 표현하고 있는 경우이다. 헤겔의 경우, 예술 생산의 객관 원리로서의 독창성에 대해 천재의 주관성과 예술적 표현의 객관성이라는 두 차원의 종합으로 보았다.

　독창성의 개념은 20세기 이후 수정보완 되었다. T. S. 엘리엇은 완전히 독창적인 것은 절대 악이라는 주장을 펼쳤다. 엘리엇은 예술가는 자신이 속해 있는 공동체와 그 전통에 근거하여 성장 발전해 나감을 강조한다. 예술가는 역사적인 공유를 통해 자신의 예술세계를 구축해나가고 또 거기서 자신의 새로움을 이끌어내기 때문에 새로움이란 순수하게 독창적인 것이 아니라 재편성을 의미하는 것이다. 엘리엇의 견해는 독창성의 의미를 동화(同化)와 변형의 과정에서 찾음으로써 그것이 천재성이나 신비성의 표현이라는 시각과 분명한 거리를 보여준다. 예술 창조와 활동에 있어 주요한 원리로서 거론되는 독창성의 가치와 의미는 현재 역사적, 문화적 시각에서 재정립되는 과정을 통해 적극적으로 수용되고 있다. (임영봉)

개성, 천재성, 신비성

참고문헌
T. S. 엘리어트, 이경식 역, 『문예비평론』, 범조사, 1983.
버질 C. 올드리치, 오병남 역, 『예술철학』, 종로서적, 1990.

돈황가사(敦煌歌辭)

　돈황에서 발굴된 당나라 때의 통속 문학의 한 종류. 보통 돈황곡자사(敦煌曲子詞)라고 하며, 돈황에서 발견된 유서(遺書) 가운데 돈황곡(敦煌曲)과 곡자조(曲子調), 속곡(俗曲), 소곡(小曲), 곡자(曲子), 사(詞)를 모두 포괄한다. 이들은 가락에 의거하여 문장을 정하고, 음악에 따라 글을 정하는 원칙을 지켰으며, 곡조에 맞춰 악기와 합주하여 가창할 수 있었다. 때문에 돈황가사로 통칭하는 것이다.

　돈황가사가 언제 지어졌는가는 정확하지 않지만, 단지 돈황 장경동(藏經洞)의 역사에 의거하여 대개 당말오대(唐末五代) 사이에 지어졌고, 늦어도 북송 때의 작품은 없을 것으로 추측된다. 그 중 일부분은 원정 나간 군인이 전쟁에 염증을 느끼거나 그 아내가 원망하며 그리워하는 내용, 연회의 즐거움과 가희(歌姬)나 악대들이 웃음을 팔며 생활하는 모습을 담은 작품이 있는데, 대략 성당 시기의 작품으로 단정할 수 있다. 임이북(任二北)은 『돈황곡초탐(敦煌曲初探)』에서 돈황의 조명(調名)에는 69개가 알려져 있는데, 그 중 45개가 최령(崔令, ?~?)의 『교방기(教坊記)』에도 보인다고 지적하였다. 『교방기』에 수록된 것은 모두 천보(天寶, 玄宗 때의 연호, 742~756) 연간에 유행한 것인데, 이를 통해 이들 가사의 창작 시기와 유행한 연대를 추론할 수 있다.

돈황가사에는 비록 소수이긴 하지만 작자의 이름이 밝혀진 경우도 있다. 온정균(溫庭鈞, 812?~866)의 「경루장(更漏長)」 1수와 당나라 소종(昭宗) 이엽(李曄)의 「보살만(菩薩蠻)」 2수, 구양형(歐陽炯)의 「경루장」과 「보살만」 1수, 가서한(哥舒翰)과 잠삼(岑參), 심우(沈宇), 소파(蘇妃), 신회(神會), 법조(法照) 등의 몇몇 작품이 그것이다. 그러나 절대 다수의 작품들이 작자가 없거나 고증할 수 없는 경우에 해당한다. 왕중민(王重民)은 가사의 내용에 따라 작가군을 추측해서 "변방을 떠돌던 나그네의 슬픈 심정이나 충신 의사의 비장한 노래, 은일 군자의 애환이 담긴 작품, 젊은 학자의 희망과 좌절에서 부처를 찬송하거나 의사들이 비방을 구가한 내용이 있는 사실"(『돈황곡자사집(敦煌曲子詞集)·서록(敍錄)』)을 근거로 작가층이 광범위했으리라고 보았다.

돈황가사는 대개가 민간에 기원을 두고 있어서 비교적 당시의 사회 상황과 하층민들의 정서가 진지하게 반영되어 있다. 그 중 전쟁을 묘사한 가사는 한편으로 당나라 제국이 변방을 정복하기 위해 해마다 전쟁을 벌여 말 못할 고생을 했던 민중들의 재난을 보여주었다. 이밖에도 변방에 나가 용감하게 싸우는 영웅적인 기개와 죽음을 초개와 같이 버리는 두려움 없는 기상을 씩씩하게 노래한 작품도 있다. 아울러 부녀자들의 생활과 애정을 노래한 작품 또한 돈황가사의 중요한 내용이다. 이들 작품은 때로 부녀자를 경시하고 희롱거리로 생각하는 문인들의 편견이 드러나 있기도 하는데, 각 계층 부녀자들이 겪었던 고충과 불만이 울려 나오고 있다. 때로는 직설적으로 감정을 토로하기도 하고, 비유를 들어 상처받은 심정을 하소연하면서 남편을 전쟁터로 보낸 아낙네의 서러움과 한이 여성의 목소리를 빌어 반항적으로 묘사되어 있다. 돈황가사 중에는 장사꾼이나 나그네, 고용살이꾼들이 "부유해도 돌아가지 못하고(富不歸)", "가난해도 돌아가지 못하며(貧不歸)", "죽어도 돌아가지 못하는(死不歸)"(「장상사(長相思)」) 각기 다른 운명을 반영한 작품도 있다. 아울러 궁벽한 처지에 놓인 유생이 우울한 감정을 토로하고 세상의 그릇된 모습에 분노하며 질시하여 영원히 "임금에게 조회하지 않겠다(不朝天)."(「완계사(浣溪沙)」)는 의지를 노래한 작품도 보인다. 그밖에도 어부나 협객, 승려, 도사, 바람둥이, 방앗간 처녀와 같은 인간 군상들을 묘사하고 말이나 칼을 노래하거나 풍자하고 희롱하는 작품, 서정과 서경을 주조로 하는 작품 등이 있는데, 모두 제재가 풍부하고 시어가 통속적이어서 민중들의 생활 모습과 정서가 살아 숨쉬고 있다. 한편 부분적으로는 불교의 교리를 선양한 불교가사도 있는데, 「산화락(散花樂)」과 「귀거래(歸去來)」, 「실담송(悉曇頌)」 등이 그것이다. 이들 작품에는 중생을 교화하고 선행을 권하며 효를 행하라는 가르침과 육도윤회六道輪廻와 인과응보因果應報 등과 같은 종교적 이치가 담겨 있는데, 그 중에는 사회에 만연한 빈부의 불평등과 민중들의 고통을 반영한

경우도 있다. (임종욱)

**돈황, 돈황곡자사(敦煌曲子詞), 장경동(藏經洞), 당말오대(唐末五代), 육도윤회(六道輪廻),
인과응보(因果應報)**

참고문헌
임종욱, 『동양문학비평용어사전-중국편』, 범우사, 1997.
_____, 『중국의 문예인식』, 이회, 2001.
_____, 『중국문학에서의 문장체제 인물 유파 풍격』, 이회, 2001.
주훈초, 『중국문학비평사』, 이론과실천, 1992.

돈황문학(敦煌文學)

중국의 돈황에서 발굴된 문학을 가리킨다. 행정구역상 감숙성에 속해 있는 돈황은 과거 중앙 아시아와 중국을 잇는 교통로에 위치해 있는 곳으로 옛날의 돈황군 일대를 가리킨다. 돈황에는 역사적 유물과 문헌자료가 곳곳에 산재해 있는데 그 중에서도 돈황 막고굴은 예술의 보고로 널리 알려져 있다. 돈황 막고굴에는 가장 오래된 것으로 부진(苻秦)의 비문에서부터 북위(北魏)와 북주(北周), 수당오대(隋唐五代), 북송(北宋), 서하(西夏), 원(元), 명대(明代)의 문화 유적이 흩어져 있다.

돈황에서 발견된 문학작품으로는 왕범지王梵志의 시와 위장韋莊의 장시 「진부음」(秦婦吟)을 비롯하여 많은 변문과 곡자사(曲子詞)를 들 수 있다. 이 가운데서 최근에 발견된 돈황의 곡자사는 당대를 전후하여 민간에 유포된 것으로서 중국 사(詞)의 기원을 연구하는데 있어 매우 중요한 의미를 가진 자료들로 평가되고 있다. 돈황 곡자사는 돈황곡(敦煌曲)과 곡자조(曲子調), 속곡(俗曲), 소곡(小曲), 곡자(曲子), 사(詞)를 모두 포괄한다. 이 작품들은 가락에 따라 문장을 정하고, 음악에 따라 글을 정하는 원칙을 지켰으며 곡조에 맞춰 악기와 합주하여 가창할 수 있었기 때문에 돈황가사(敦煌歌辭)로 통칭되기도 한다.

돈황가사의 창작 연대에 대해서는 정확히 밝혀진 바가 없지만, 돈황 장경동(藏經洞)의 역사에 근거하여 대체로 당말오대(唐末五代) 사이에 지어진 것으로 추측되고 있다. 돈황가사의 창작자 또한 미상인 경우가 많지만 드물게 작자의 이름을 확인할 수 있는 경우도 있다. 가사의 내용을 유추해볼 때 창작자는 나그네, 충신, 은둔 군자, 젊은 학자 등 다양한 계층을 망라하는 것으로 확인되고 있다.

돈황가사는 주로 민간에 뿌리를 두고 당시의 사회상황과 하층민의 정서를 비교적 생생하게 재현하고 있다. 전쟁으로 인한 민중의 고통을 그린 작품과 함께 전쟁터에서 용감하게 싸우는 자의 영웅적 형상을 노래한 「검기사」(劍器詞)같은 작품도 있다. 돈황가사에는 부녀자들의 생활과 애정을 노래한 작품들도 많다. 이들 작품에서 부녀자들이 겪고 있는 고통과 불만은 여러 가지 각도에서 다양하게 묘사되고 있다. 돈황가사 중에는 장사꾼이나 나그네, 고용살이꾼의 삶을 그린 작품도 있으며 그밖에 어부나 협객, 승려, 도사, 바람둥이, 방앗간 처녀와 같은 다양한 인간 군상들을 묘사하고 있는 작품들과 말이나 칼을 노래하거나 풍자하고 있는 작품, 서경과 서정을 주조로 하는 작품 등이 있다. (임영봉)

돈황가사, 사(詞), 곡자사

참고문헌
문지성 외, 『중국문학의 주제탐구』, 한국문화사, 2004.
이철리 편저, 『중국문학개설』, 경남대출판부, 2001.

동기부여(Motivation)

러시아 형식주의자들이 쓴 용어이다. 한 작품의 주제를 구성하는 모티프의 미적 통일을 구성하기 위해서 각각의 모티프와 모티프 전체의 총체화를 정당화하는 수법의 방식을 말한다. 모티프란 창작 혹은 표현의 기본적인 동기를 의미하는데, 보통 일정한 소재를 예술적 관점에서 해석한 것이 표현의 동기가 되고 다시 그것이 소재를 구체적으로 전개하기 위해 인물과 상황을 조직하여 일정한 플롯의 전개를 준비할 때 이것을 모티프라고 한다. 소재가 개별적이고 구체적인 사건의 성격이라면 모티프는 정신적인 것을 실질적 내용으로 하는 것이 그 특징이다. 추상적이며 개념적인 주제에 대해서는 인물과 상황의 결합을 이루는 것으로써 그 주제를 구체화한다. 관점에 따라 하나의 소재에서 여러 가지 모티프가 있을 수 있으며, 또 하나의 모티프가 다양하게 다른 여러 가지의 소재와 공존할 수 있다. 또 모티프는 고정된 형이 되어 각 장르에서 역사적으로 되풀이되는 경우도 있다.

한 작품의 테마를 구성하는 모티프의 조직은 미적 통일을 이루지 않으면 안 된다. 이를 위해서는 모든 개개의 모티프의 도입이 정당화되어야 하는데, 이러한 방식을 동기부여라고 한다. 다시 말해서 한 편의 이야기가 보다 그럴 듯하고 흥미진진하게 보이도록 하기위해서 이야기의 요소들, 즉 작품의 주제를 결정하는데 기여하는 모티프들의 도입을 정당화하는 방식을 가리킨다. 동기부여란 모티프들에 내적 통일성을 부여하는 과정으로 지나간 사건들과 잇달아 일어나는 사건들을 합리적 연결의 토대 위에서 그럴 듯하게 만드는 결합 방식을 의미하는 것이다.

대체로 동기부여는 독자로 하여금 서사의 흐름을 자연스럽고 재미있게 느끼도록 하는 기능을 담당한다. 이야기의 주요 흐름이 적절히 동기부여된 작품에서 독자는 주어진 인물이나 상황 속에서 잇달아 이어지는 행위들을 이야기 흐름의 자연스러운 결과라고 인식하게 된다. 동기부여는 사건과 모티프들에 논리성과 일관성을 부여함으로써 하나의 이야기가 유기적으로 구조화되는데 결정적으로 기여하게 되는 것이다. 이러한 동기부여는 구성적 동기부여(compositional motivation)과 사실적 동기부여(realistic motivation), 예술적 동기부여(artistic motivation) 등으로 나누어진다. (권도경)

러시아 형식주의, 모티프, 모티프의 조직, 모티프의 도입, 총체화, 미적 통일, 구성적 동기부여, 사실적 동기부여, 예술적 동기부여

참고문헌
G Rcyle, 『The Concept of Mind』, London, 1949.
R. S. Peter, 『The Concept of Motivaton』, London, 1958.

동도서기(東道西器)

동도서기론(東道西器論)은 동양의 도덕, 윤리, 지배질서를 그대로 유지한 채 서양의 발달한 기술, 기계를 받아들여 부국강병을 이룩한다는 사상이다. 1880년에 들어와 동도서기론은 한층 체계화되고 국가 정책으로 채택되었다.

1988년 이후 일본의 압력이 가중되어 감에 따라 당대 지식인들은 양왜를 배격하는 일파(위정척사파)와 동도서기를 주장하는 일파(온건개화파)로 나뉘기 시작한다. 처음에는 이항로, 최익현 등을 중심으로 하는 양왜배격론이 우세하였으나 점차로 서양의 기술만을 배워야 한다는 주장이 대두되기 시작하면서 두 유파는 팽팽한 균형을 유지한다.

온건개화파가 주장하는 동도서기론은 대체적으로 청국에 갔다 온 인사들에 의해 제기되었다. 1872년에 입연(入燕)했던 박규수의 보고, 1873년의 민영목의 "자뢰(資賴)하여 이(利)가 되는 것은 곧 공사기교(기술)이다"라는 결론, 1880년 김홍집이 일본에서 가져온 황준헌의 『조선책략』에 기록된 "친(親)중국, 결(結)일본, 연(聯)미국"의 외교정책, 1881년의 일본 시찰단의 구성, 1882년 박기종, 변옥금, 윤선학의 "기(器)는 이로운"것인 즉 받아들여야 한다는 것 등이 모두 동도서기론으로 발전한다. 결론적으로 말해서 동도서기론은 북학파의 이용후생론(利用厚生論)과 맥락이 닿는 논의인데, 근 일백여년 만에 제도적 개혁의 방안으로 제시된 것이었다.

하지만 이러한 동도서기적 사고는 비단 조선에만 한정된 것이 아니었다. 서양과학과 기술이 물밀 듯이 밀려오던 17~18세기에 중국인들은 서양 과학이 본래 중국 것이었는데 잠시 서양에 건너갔다가 다시 들어온다는 서학중원(西學中源) 이론을 발전시켰다. 그후 서양의 기술(用)을 가지고 국가를 부강하게 하면서 중국의 가치와 문화(體)를 발전시킨다는 중체서용(中體西用) 철학이 나왔다. 이러한 '중체서용'의 일본판이 '화혼양재'(和魂洋才)이고 한국판이 '동도서기'(東道西器)이다. 동아시아의 전통적인 가치, 문화, 세계관을 보존하고 이것과 서양의 과학기술을 결합시킨다는 생각은 우리에게도 낯설지 않다. 동도서기, 중체서용, 화혼양재의 철학은 모두 서양의 과학기술을 기(器), 용(用), 재(才)로 보고 부국강병과 경제 발전을 위한 수단으로 생각하는 것이다.

동도서기론은 사상사적 측면에서는 성리학의 이기론적 우위관을 고수함으로써 동양의 정신적 우월감을 포기하지 않는다. 문화적 측면에서는 존왕양이를 표방하는 소중화사상인 화이론적 세계관에 기초한다. 결국 동도서기론은 전통적 지배질서와 이해관계를 온존시키면서 부국

강병을 모색하고자 했던 보수적 개량주의 이론인 것이다. 그러나 이러한 동도서기적 개화논리도 당시로서는 급진적으로 받아들여졌고, 따라서 위정척사론자들과 민중의 거센 반반을 일으켰다. 1882년까지 부국강병을 위한 개화를 주장하던 이들은 대체로 이같은 동도서기론의 논리 위에 서 있다. (진선영)

위정척사파, 온건개화파, 양왜배격론, 이용후생, 중체서용, 화혼양재

참고문헌
김윤식·김현, 『한국문학사』, 민음사, 1973.
한우근, 『한국개항기의 상업 연구』, 일조각, 1970.
김경태, 『한국사』11, 한길사, 1994.

동반자문학(同伴者文學)

동반자문학은 사회주의 운동에 직접적인 조직의 일원으로 참여하지는 않으나 사회주의 문학의 대의에는 동조하는 자유스러운 문학을 가리킨다. 이 명칭은 본래 1920년대 초반 러시아의 문학적 상황에서 비롯되었다. 예세닌(Esenin), 톨스토이(A. Tolstoi)등과 같은 작가들은 러시아의 혁명적 환경 속에서 자신들의 계급적·문학적 조건들이 이질적이기는 하지만, 사회주의적 세계 건설과 혁명 문학에 참여할 뜻을 밝힌다. 즉 그들은 혁명이 시대적으로 필요하다는 의견에 공감하였으나, 사회주의라는 사상과는 무관한 위치에 있었다. 그들은 긍정적인 의미에서 혁명의 동반자, 즉 동반자 작가(파프도키)라는 명칭을 얻게 된다. 더욱이 동반자문학은 사회주의에 동조하는 유럽 작가들에 의해 세계 문학의 흐름으로 대두하게 된다. 이것은 일본을 거쳐 우리 문학의 신경향파 성립에도 영향을 미친다.

사회주의 문학은 1920~1930년대에 프롤레타리아 문학, 프롤레타리아적·혁명적 문학이란 이름 아래 세계적으로 전개되었다. 프롤레타리아의 생활을 제재로 하며, 그들의 계급적 자각에 의한 계급 대립의 현실을 사회주의 리얼리즘의 입장에서 표현했다는 점에서 같은 입장을 표현한다. '동반자'라는 말은 어떤 운동에 어느 정도의 조력을 하는 사람 즉 동조자와 같은 의미이다. 한국문학의 경우 1925년 전후의 신경향파 작가들도 엄밀한 의미에서는 동반자 작가라고 할 수 있으나, 동반자문학에 대한 관심은 1929년 이후에 나타나기 시작했다. 카프에서 동반자 작가로 인정한 작가로서는 이효석(李孝石)과 유진오(兪鎭午)였다. 이들은 본격적으로 프로문학 운동에 참여하지는 않았으나 카프의 방침에 협조하였다. 본격적으로 동반자문학이 논의되는 것은 1933년 카프 내의 논쟁에서부터이다. 이는 결국 채만식(蔡萬植)과 이갑기(李甲基)사이의 논쟁을 야기 시켰고 백철(白鐵)·안함광(安含光)·임화(林和) 등의 논쟁을 거쳐 그 범위가 확대되었다. 이효석의 「노령근해」, 「행진곡」, 유진오의 「갑수의 연애」, 「빌딩과 여명」, 「여직공」, 박화성의 「추석 전야」 등이 동반자적 소설에 포함된다. 한국문학에서는 이러한 동반자 문학의 의미가 1920년대 말기에서 1930년대 초반기 약 4~5년 동안만 가능했을 뿐이다. 프로문학이 객관

적 정세 약화에 봉착한 1931년 이후부터는 동반자 문학의 의미는 거의 상실되었기 때문이다. (김종회)

신경향파, 프롤레타리아문학, 카프

참고문헌
반교어문학회, 『근현대 문학의 사적전개와 미적 양상(1)』, 보고사, 2000.
김재용, 『카프비평의 이해』, 풀빛, 1989.
조동일, 『한국문학통사 5』, 지식산업사, 1983.
참고할만한 문헌
역사문제연구소, 『카프문학운동연구』, 역사비평사, 1989.

동성애(同姓愛, Homosexuality, 독 Homosexualität)

어원학적으로 이 용어는 "이성애"(heterosexuality)의 반대어이며, 그리스어인 homo와 라틴어인 sexualis의 합성어다. Homosexualität는 1869년 남색반대(antisodomy)를 주장하는 독일의 팜플렛에서 처음 나타났으며 독일의 성과학자들에 의해 정식으로 채택되었다. 푸코는 『성의 역사, 제1권』에서 의학담론이 이 용어를 전유하면서, '동성애'는 남색과 같은 일시적인 일탈이 아닌, 정체성과 같은 것임을 지시했다. 페미니즘과 퀴어 이론에서 동성애는 호모에로티시즘(homoeroticism), 남성간의 우정(male bonding), 게이(gay), 레즈비언(lesbian), 복장도착자(transvestite), 성도착자(transsex-ual), 이성애자(heterosexual), 동성사회(homosocial), 남색, 댄디(dandy), 양성애자(bisexual), 톰보이(tom boy) 등과 같은 어휘 지도를 그리면서 의미론적 경계를 구성한다. 이처럼 동성애는 동성간의 실제적인 성행위에만 국한되지 않고, 반규범적 성행위 전반을 지시하는 문화적 개념으로 활용되고 있다.

페미니즘 비평 내에서 동성애는 페미니즘적 기획과 부합하기도 혹은 부합하지 않기도 하다. 레즈비언 페미니즘에서 레즈비어니즘(lesbianism)은 남성과 가부장제를 거부하기 때문에 여성 섹슈얼리티를 해방시키는 유일한 형식이라고 주장한다. 이리가라이(Luce Irigaray)는 『하나이지 않은 성 This Sex Which Is Not One』에서 남근중심적 문화에서 모든 섹슈얼리티는 이미 남성 동성애적(프랑스 철자법을 활용하면 ho(m)mo-sexuality는 남성 섹슈얼리티로 해석될 수 있다)이며, 이성애적 교환은 다만 이러한 구조화인 동성애를 활성화하는 역할을 할뿐이라고 주장한다. 세지윅(Eve Kosovsky Sedgwick)은 『남자들끼리Between Men』에서 한 여성을 사이에 둔 남자들간의 경쟁은 여성에 대한 욕망에 필적할 만한 서로에 대한 욕망을 생산한다고 보았다. 이처럼 페미니즘 비평 내에서도 동성애는 다양하게 논의되고 있다. 반면에 카자 실버만(Kaja Silverman)과 같은 페미니스트는 남성 동성애는 아직 페미니즘에서 다룰 수 있는 주제가 아니라고 주장하기도 한다.

한국 문학에서 동성애는 소재적인 차원에서 부분적으로 다루어졌다. 이광수의 『무정』에서 나타나는 영채의 육체적 접촉을 동성애로 보기도 하지만, 그것이 작품 전체에 대한 해석의 차원으로까지 확대되기는 어렵다고 본다. 1990년대 이남희의 「플라스틱 섹스」를 비롯해서 몇몇 여성작가의 작품에서 여성 동성애가 나타나기는 하지만 역시 본격적인 동성애 문학으로 보기는 어렵다. 오히려 기존의 정전을 동성애적 코드로 재해석하는 방식을 통해 '동성애'가 우리 문학의 무의식적 지층을 형성하고 있음을 지적하는 것이 효과적이다. (심진경)

게이, 레즈비언, 이성애, 퀴어 이론

참고문헌

제프리 웍스, 서동진·채규형 역, 『섹슈얼리티 : 성의 정치』, 현실문화연구, 1994.

Bristow, Josepf, ed., Sexual Sameness : Textual Difference in Lesbian and Gay Writing, Routledge, 1992.

Lilly, Mark, Gay Men's Literature in the Twentieth Century, Macmillan, 1993.

동성애비평(同性愛批評)

게이 비평(Gay Criticism)과 레즈비언 비평(Lesbian Criticism)을 포괄하는 개념으로, 성적 소수 집단에 대한 박해와 차별에 저항했던 1960년대의 급진적 운동들에 그 기원을 두고 있다.

게이 비평은 좁은 의미에서 문학과 문화적 텍스트에 나타난 남성의 동성애적 욕망을 연구하는 이론이다. 하지만 넓은 의미에서 성적인 것(Sexuality)이 역사적으로 어떻게 생산되었는가를 고찰하고 또 그것이 사회 내에서 어떤 방식으로 재생산되는지를 분석하는 것까지를 포함한다. 이러한 게이 이론에 커다란 영향을 끼친 두 사람은 프로이트와 푸코이다. 프로이트는 남성이 여성에게서 성적 관심을 찾는 것은 자명한 사실이 아니라고 함으로써, 서구 문화의 근간에 위치한 기독교적 이성애의 관념을 흔들어 놓았다. 푸코는 담론과 역사 안에서 동성애를 정의하는 문제를 제기하면서, 사회 규범이 동성애를 금지된 행위로 정하고 그들을 제재의 대상으로 규정하는 방식을 고찰하였다. 현대의 게이 비평 이론은 남성과 여성이라는 이분법, 가족이라는 제도의 역사적 의의를 파헤치는 데 초점을 맞추고 있다. 또 동성애적 주제나 동성애를 혐오하는 주제들이 문학 텍스트에 형상화되는 방식을 분석하기도 한다.

레즈비언 비평은 이성애를 주류로 인정하는 사회적 흐름과 여성차별적인 게이 해방 운동에 반발하여 여성의 동성애를 긍정적으로 평가하고 그것을 중심으로 문학 텍스트를 다루는 이론이다. 특히 가부장제와 가부장제 내에서 여성의 억압을 유지시키는 중심적인 제도로서의 이성애를 끊임없이 문제시하였다. 이 이론은 '강제적인 이성애'(compulsory heterosexuality)에 대한 비판, '여성 동일시'(woman identification)에 대한 강조, 대안적인 여성 공동체의 창조로 대표되는 몇 가지 특징들을 지닌다. 최근의 레즈비언 비평은 어떻게 텍스트가 이성애주의를 내면화하며, 어떻게 레즈비언 문학 전략들이 이성애주의의 규범들을 전복시킬 수 있는가 하는 문제를 제기해 왔다. 상호 텍스트성이나 탈식민주의적인 담론들과의 상호 교차 연구 등이 대표적이다. (권채린)

게이 비평, 레즈비언 비평, 레즈비언 페미니즘, 퀴어 이론

참고문헌

주디스 버틀러, 김윤상 역, 『의미를 체현하는 육체』, 인간사랑, 2003.

라만 셀던 외, 정정호 역, 『현대문학이론 개관』, 한신문화사, 1998.

Abelove, Henry, et al., 『The Lesbian and Gay Studies Reader』, Routledge, London, 1993.

동성파(桐城派)

청대의 산문 유파. 창시자는 방포(方苞, 1668~1749)인데, 계승자로 많은 사람이 있지만 영향력으로 볼 때 유대괴(劉大櫆, 1698~1779)와 요내(姚鼐, 1732~1815)를 들 수 있다. 이들 세 사람이 모두 안휘성 동성 사람이었기 때문에 정진방(程晉芳)과 주영년(周永年) 등이 요내에게 농담으로 "옛날에는 방시랑이 있었고 지금은 유선생이 있으니, 천하의 문장가는 모두 동성에서 나오느냐?(昔有方侍郎 今有劉先生 天下文章 其出于桐城乎)"(요내의 「유해봉선생80수서(劉海峰先生八十壽序)」)고 했는데, 이 때부터 이 말이 학자들 사이에 전해져 동성파라는 명칭이 생겼으며, 시기는 건륭(乾隆, 高宗의 연호, 1736~1795) 말기에 해당한다.

요내는 동성파의 문학 이론을 집대성한 사람이다. 그는 한편으로 "의리를 말하는 것이 지나치게 되면 그 말투는 거칠고 잡스러우며 비속하고 흔해 마치 어록이 글답지 못한 것과 같다. 고증에 빠져 지나치게 되면 지극히 번다하고 조각나 있으며 얽혀있고 에둘러 가서 말이 마땅한 바에서 끝나지 못하는(言義理之過者 其辭蕪雜俚近 如語錄而不文 爲考證之過者 至繁碎繳繞 而語不可了當)" 폐단을 지적하면서 의리와 고증과 문장이 합일되어 "능히 이 모두를 겸비하는 것이 가장 좋다(以能兼者爲貴)"고 주장하였다. 한편으로 그는 신기설을 더욱 발전시켰다. 그는 "무릇 문장의 체제는 열세 가지로 나눠지는데, 문장답게 하는 것이 여덟이다. 신ㆍ리ㆍ기ㆍ미ㆍ격ㆍ률ㆍ성ㆍ색이 그것이다. 신ㆍ리ㆍ기ㆍ미는 문장의 정수이고, 격ㆍ률ㆍ성ㆍ색은 문장의 거친 것이다. 그러나 진실로 그 거친 것을 버린다면 정교한 것이 어찌 또한 머물 수 있겠는가!(凡文之體類十三 而所以爲文者八 曰神理氣味格律聲色 神理氣味者 文之精也 格律聲色者 文之粗也 然苟舍其粗 則精者亦胡以寓焉)"(「고문사류편서(古文辭類編序)」)라고 말했다. 그는 무수히 많은 문장의 풍격을 정리해서 양강陽剛과 음유陰柔 둘로 나누었다. 실제로 다수 사람들의 창작은 음유의 아름다움에 치우쳐 있다고 보았기 때문에 "문장이 웅장하고 우뚝하며 강직한 것은 반드시 따뜻하고 깊으며 부드럽고 아름다운 것을 귀하게 여겨야 한다(文之雄偉而勁直者 必貴于溫深而徐婉)"(「해우시초서(海愚詩鈔序)」)고 인식하였다.

동성파의 문장은 사상적으로 "도학을 밝히고 교학을 돕는(闡道翼敎)" 입장에서 주로 지어졌으며, 문풍은 소재를 가려 취하고 시어를 잘 운용하지만 간명한 표현으로 뜻이 통하고 조목과 예문이 맑고 밝을 것을 추구하였다. 재료를 중복되게 나열하고 미사여구를 쌓아올리는 일 따위는 중시하지 않았다. 시사(詩詞)나 병구(駢句)를 쓰지 않고 "맑고 진실하며 우아하고 바른(淸眞雅

正)" 문학을 힘써 추구했는데, 이런 점이 동성파의 중요한 특징이라고 할 수 있다. 동성파의 문장은 일반적으로 맑고 순조로우며 트이고 화창한 점을 들 수 있다. 특히 몇몇 기서문(記敍文)과 방포의 「옥중잡기(獄中雜記)」, 「좌충의공일사(左忠毅公逸事)」, 요내의 「등태산기(登泰山記)」 등은 모두 이들의 대표적인 작품이다.

　동성파는 청대 문단에 커다란 영향을 끼쳤다. 시간적으로 강희 시기부터 청나라 말기까지, 지역적으로는 동성 일대를 넘어서서 전국적으로 파급되었다. 중요 인물로는 방포, 유대괴, 요범(姚範), 요내 네 사람 외에도 방포의 문인인 뇌횡(雷鋐)과 심동(沈彤), 왕우박(王又朴), 심정방(沈庭芳), 왕조부(王兆符), 진대수(陳大受), 이학유(李學裕)가 있고, 유대괴의 문인인 전백경(錢伯坰)과 왕작(王灼), 오정(吳定), 정진방(程晉芳) 등이 있으며, 요내의 문인인 관동(管同)과 매증량(梅曾亮), 방동수(方東樹), 요영(姚瑩) 등이 있다. (임종욱)

　　방포(方苞), 유대괴(劉大櫆), 요내(姚鼐), 천도익교(闡道翼敎), 청진아정(淸眞雅正)

참고문헌
임종욱, 『동양문학비평용어사전－중국편』, 범우사, 1997.
＿＿＿, 『중국의 문예인식』, 이회, 2001.
＿＿＿, 『중국문학에서의 문장체제 인물 유파 풍격』, 이회, 2001.
주훈초, 『중국문학비평사』, 이론과실천, 1992.

동시(童詩)

　동시는 어른이 어린이를 위해 쓴 시의 형식을 말한다. 동시는 어린이의 감정이나 심리, 그리고 어린이가 생각하는 세계에 충실하게 표현하는 과정을 중요시한다. 대체로 그 제재 역시 어린이의 세계에서 찾으며 어린이가 이해할 수 있어야 한다. 동시의 특색은 어른이 쓴 것이지만 어린이를 닮고 어린이다운 생각이 담겨야 한다. 동시는 동요에서 지닌 정형율을 생각할 필요 없이 내재율과 산문율에 의해 자유롭게 쓰여진 작품이다.

　동시는 사실 어린이가 직접 쓴 경우와 어른이 쓴 경우가 있고 둘 다 동시의 개념이지만 일반적으로 어른이 쓴 작품을 동시의 개념으로 보고 있다. 동시가 쓰여지기 전에는 동요로 창작되어졌으며 한국의 동요는 갑오경장에서 1925년 무렵에 이르기까지 동요의 황금기를 이루었으나 대부분이 창가조의 동요가 주된 형식이고 내용이었다. 이 무렵의 창가는 계몽적인 성격을 많이 지녔기 때문에 동요의 형식을 지녔을 뿐 창가의 범주를 벗어나지 못했다.

　동시의 형태에 있어서도 서정적 내용, 서사적 내용, 서경적 내용 등 다양하게 시도되고 있으며 형식으로 산문동시가 있고, 내용 면에서 이야기를 담은 동화시도 있다.

　동시가 본격적으로 자리를 잡기 시작한 것은 1933년 윤석중(尹石重)의 동시집 『잃어버린 댕기』가 발간되면서 자리 잡기 시작했으나 이 역시 동요의 범주를 크게 벗어나지 못했다.

<달밤에 기러기가 / 글씨 공부하지요. // 아까전에 본건 기역자. / 시방쓴건 한일자. // 기럭아 / 기럭아 / 내 이름자도 써 봐아라.>

작품「기러기 글씨」의 전문−윤석중의 동시집에서

동요에서 동시로 나아가 형식으로 정형적 요소와 정형을 벗어나는 자유시적 요소가 판별이 어려운 과도기적 시대라 하겠다.

동시는 일제와 6·25를 거치면서 아동문학의 장르로 되었다. 1937년 이후 박목월(朴木月) 김영일(金英一)이 동시의 자유시론을 주장한 이후 이원수(李元壽), 강소천(姜小泉), 박화목(朴和穆), 어효선(魚孝善), 이응찬(李應昌) 등이 광복전까지 본격적으로 활동했으며 1950년대 이후 최계락(崔啓洛), 박홍근(朴洪根), 조유로(曺有路), 신현득(申鉉得), 유경환(劉庚煥), 이상현(李相鉉), 석용원(石庸源), 엄기원(嚴基元), 이오덕(李五德), 조대현(曺大鉉) 등이 있다. (조병무)

동요, 산문동시, 동화시

참고문헌
이재철, 『아동문학개론』, 서문당, 1983.
신현득, 『한국동시사연구』, 단국대학교출판부, 2002.

동심설(童心說)

명말(明末) 이지(李贄, 1527~1602)가 제창한 문학 이론. 동심은 바로 참된 마음(眞心)이며, 어린아이의 마음(赤子之心)이라고도 부른다. 그의「동심설」에서의 기성 이념의 영향에서 자유로운 진술한 정신을 지향한다. 동심(童心)이란 거짓을 끊고 참됨을 순수하게 만드는 최초의 한결 같은 생각이 지닌 본연의 마음"이라고 지적하면서, 그는 이 같은 참된 마음을 지니고 있을 때 비로소 '천하의 지극한 문장'을 쓸 수 있다고 생각하였다. 그는 동심을 잃게 되는 근본적 까닭은 유가 경전을 공부하여 그 이론에 탐닉하기 때문이며 유가에서 전해지는 경전이나 정주(程朱)의 이학(理學)은 모두 거짓 사람이 거짓 이야기를 하는 것이라 보고 동심은 이와는 서로 대립되고 배척하는 위치에 서있다고 보았다. 이지는 동심설을 무기로 삼아 거짓된 도학과 문학을 반대하는 풍조를 일으켰고, 당시 봉건 사회에 고질적으로 뿌리 박혀 있던 도(道)를 바탕으로 문(文)을 통제하는 정통 이론을 대대적으로 공격하였다.

그는 전통 유가의 문학론을 강하게 비판하여 "육경(六經)과「논어」및「맹자」는 바로 도학에 대한 잡설로, 거짓된 사람들의 연못이자 숲"이라고 하면서 거짓되지 않은 것이 없어서 "만세에 길이 전할 지극한 논의가 될 수 없다"고 못박았다. 이를 근거로 문학상의 복고주의를 배격하였고, 동심에서 우러난 작품이라면 시대와 체재에 관계없이 지극히 참된 문장이라고 주장하였다. 때문에 그는「서상기(西廂記)」와「수호전(水滸傳)」같은 작품에는 참된 정서(眞情)가 드러나 있다고 하면서 높은 평가를 내렸다.

이지(李贄)는 동심설을 통해 시비(是非)보다는 진솔한 감정의 서술이 중요하다는 입장을 보인 것인데, 이러한 사조는 명대 자본주의의 발달과 양명학의 영향, 특히 왕학 좌파인 태주학파(泰州學派) 왕간(王艮)의 영향에 힘입은 것이었다. 이들의 주장은 원굉도(袁宏道) 등 원씨 삼형제를 통해 공안파(公安派)라는 이름으로 세력을 떨쳤다. 그들은 허위의식에 가득 찬 설교투의 문학을 거부했으며, 복고적이고 모방에 급급한 의고주의(擬古主義)를 부정했으며, 소설과 희곡 등 통속문학 장르에 대한 가치를 높이 세웠다.

이들의 낭만주의적 이론은 대단히 논쟁적이어서 당시의 정통 사상에 상당한 충격을 주어 문학적 범주를 넘어 사상과 의식 전반을 개편하는 결과까지 빚었으며, 반(反) 복고운동이 전개되는데 선도적인 역할을 담당하였다. 이 점이 바로 이지가 사상사적으로 중요한 위치를 차지하는 이유이기도 하다. (오태석)

동심설, 이지(李贄), 공안파(公安派), 양명학, 반의고주의

참고문헌
주훈초 외, 중국학연구회 고대문학분과 역, 『중국문학비평사』, 이론과 실천, 1994.
임종욱, 『동양문학비평용어사전』, 범우사, 1997.
김학주, 『중국문학사』, 신아사, 2000.

동양, 동양학, 동양주의

이 용어가 처음 등장했을 때의 의미는 중국 상인들이 자바 주변의 해역을 지칭했을 가능성이 큰 것으로 알려져 있다. 지리·문화적 존재로서의 동양은 본질적으로 20세기 일본의 관념이다. 동쪽 바다를 지칭하던 이 용어가 유럽(서구)을 자각하면서 변하기 시작하여 지리·문화 영역의 동일자의 개념으로 전환하게 되었다. 19세기 중반에는 동양적 가치라는 모호한 개념을 지칭하는 용법으로 사용되다가 20세기에 들어서서 이노우에 데쓰지로, 도쿠토미 소호, 시라토리 구라키치 등에 의해서 서양의 반대 측면을 표상하는 개념으로 사용되었다.

일본의 근대 사가들은 지리 문화 영역으로서의 동양의 구성을 통해 근대 국민국가 일본의 역사적 내러티브의 기원을 찾았다. 시라토리 구라키치 등의 동양(사)학자들은 서양에 대한 대립 개념으로서의 동양의 역사를 강조함으로써 두 지역간의 지리 문화적 구분을 수용하고 유지했다. 그러나 '동양'이란 용어는 '오리엔트'와 달리 문화적 차이만 수용했을 뿐 내재적 후진성을 인정하지 않았다. 근대 일본의 학문분과인 '동양사'는 우선 동양을 서양과 구분하고 새롭게 구성된 동양 안에서도 일본이 유럽과 대등한 나라이며, 낡은 '지나'(중국)와 다를뿐 아니라 문화적·지적·구조적으로 더 우월하다는 사실을 확립했다.

이와 같은 지리 문화적 동일자를 전제하는 '동양주의'는 현재 서구에서 통용되는 '오리엔탈리즘'의 의미와는 다른 개념이다. 20세기 전반까지 아시아에서의 동양주의는 19세기 말경 서구에 대해 위기를 느낀 일본이 아시아의 연대를 주장하며 내세운 '아시아주의'에 연원을 둔 용어였다. 이후 이 용어는 1930년대 제국 일본의 팽창과 더불어 서구 중심의 보편사를 비판하며 복수의 보편사를 제창하는 <근대초극>의 담론장 속에서 제국의 이데올로기로 활용되었다. 동양주의는 현실정치에서는 '동아협동체', '동아연맹론', '대동아공영권론' 등의 지역 구상으로 등장하였고, 지적영역 일반에서는 '서양(근대=자본주의=민주주의)'을 타자화하며 그것의 대안을 '동양'에서 찾는 <근대초극>의 사상으로 외화하였다. 동양주의에 바탕한 <근대초극>의 논의는 일본 제국의 이데올로기였지만, 사상사적으로는 근래의 포스트모더니즘의 세계인식과도 유사한 맥락의 문제의식을 공유하고 있는 것도 사실이다. (황종연)

참고문헌
스테판 다나카, 박영재·함동주 역, 『일본 동양학의 구조』, 문학과 지성사, 2004.
히로마쓰 와타루, 김항 역, 『근대초극론』, 민음사, 2003.
최원식 외 지음, 『동아시아인의 동양인식 : 19~20세기』(동양학술총서 4), 문학과 지성사, 1997.

동위태(同位態, Isotopy)

그리스어에서 '동일함'이라는 뜻을 지닌 'isos'라는 말과 '장소'라는 뜻을 지닌 'topos'라는 말이 합성되어 만들어진 동위태 혹은 동위소라는 용어는, 그레마스의 초기 저작인 『의미구조론』(1966)에서 처음 도입된 것으로 현재는 파리 기호학파의 핵심 용어가 되어 있다. 이 용어는 주어진 특정 텍스트의 동질성을 보장하고, 여러 가지 요소들의 다양함에도 불구하고 의미의 일관성을 보장해줌으로써 한 가지 방향으로의 독서를 가능케 하는 의미론적 범주의 반복성을 의미한다. 예를 들어 어느 특정 텍스트 내에서 빵, 고기, 먹다, 식당 등의 어휘는 '음식'이라고 하는 동위태로 요약될 수 있다. 문학의 예를 들자면 주어진 특정 시적 담화가 그 속에 일정한 의미의 반복이 여러 가지 층위에서 나타나지 않는다면 그 시는 해석 불가능한 작품이 되어버리는 것이 되어버린다.

프롭의 기능 연구를 더 밀고 나가 이른바 행위소 모델을 제안하기도 했던 그레마스는 이야기의 변형의 모델에 대한 탐구로 이어졌는데, 이 과정에서 그는 텍스트의 의미론적 구조가 텍스트의 의미에 선행한다는 전제에서 의미소들의 관계와 구속의 망을 조사하기 시작한다. 분석의 범주는 개념들간의 모순과 반대, 그리고 혹은 대립의 연관관계에 의해 설명되는데, 이 연관을 그는 소위 기호학적 사각형이라고 불리는 하나의 사각형으로 표시한다. 따라서 동위태란 용어는 이 기호학적 사각형 또는 의미작용의 기본구조를 구성하는 네 항목의 동의어적 성질을 가리키기도 하며, 넓은 의미로는 하나의 관념이 다른 층위에서 서로 다른 기호들을 통하여 텍스트 속에서 반복되는 현상을 가리키기도 한다.

동위태는 여러 가지 층위나 요소들 속에서 드러날 수 있는데, 내용의 층위뿐만 아니라 표현의 층위에서도 가능하다. 또한 이 동위태는 매우 반복적이거나 혹은 군말이 많은(redondant) 편이기도 한데, 이 점에서 그것은 내용의 층위에서도 문맥 의미소의 잉여반복에 의한 의미론적 동위태, 핵심 의미소의 반복에 의한 기호적 동위태, 담화적 층위에서의 문채적 동위태, 그리고 주제적 동위태 등으로 나타날 수 있다. 이 동위태가 텍스트에 일관성을 부여하는 것은 사실이지만, 그러나 움베르토 에코와 그밖의 학자들은 그레마스와 그의 지지자들이 동위태라고 규정한 것이 실제로는 서로 다른 구조와 관계를 가지고 있으므로 정확히 동의어적이지는 않다고 주장한다. (김경수)

기호학적 사각형, 의미소

참고문헌
서인석, 『성서와 언어과학』, 성바오로 출판사, 1984.
김준오 외, 『구조주의』, 고려원, 1992.

동일시(同一視, Identification, 독 Identifizierung)

동일시는 주체가 다른 사람의 특성을 받아들여 자아의 인격을 형성해내는 과정이다. 프로이트에 따르면, 유아기의 일차적 동일시(the first identification)를 통해서 자아가 형성되고 그것은 자아이상의 기원이 된다. 일차적 동일시는 직접적이고 즉각적인 동일시이며 어떤 대상-카덱시스보다도 이전에 발생한다. 동일시는 대상이 되는 사람으로부터 '단일한 특성(einzigen Zug, a single trait)만을 빌어온다(SE 18, 107). 프로이트는 동일시의 세 가지 양상을 구분한다. 첫째, 동일시는 대상과 감정적 유대를 갖는 근원적 형태이다. 둘째, 퇴행적 방식 속에서 동일시는 대상을 자아로 내투사시켜 리비도의 대상-연결을 대체한다. 한 예로 프로이트는 고양이를 사랑했던 한 꼬마가 그 고양이를 잃자 자신이 스스로 고양이가 되어 기어다니는 사례를 제시한다. 상실한 대상을 자아로 내투사시키는 우울증도 여기에 속한다. 셋째, 동일시는 성충동의 대상이 아닌 다른 사람과 공유되는 공통적 특성을 새롭게 인식함으로써 일어난다. 이 동일시는 집단의 구성원들의 자아이상, 즉 그들보다 우월한 이상적 지도자를 사랑하는 구성원들끼리 서로 결속하게 만드는 메카니즘이기도 하다.

라캉에 따르면, 유아는 거울 앞에서 아이를 안고 있는 부모의 형상을 보며 타인을 자기 자신으로 상상하며 오인한다. 이 초기 나르시시즘적 동일시, 상상적 동일시(imaginary identification)를 통해 이상적 자아가 형성된다. 그리고 그것은 향후 주체의 상징적 동일시(symbolic identification), 이차적 동일시를 통해 금지의 아버지, 규범, 법, 이상적 가치를 내면화하면서 자아이상을 형성케 하는 토대가 된다. 임상적 차원에서 환자 혹은 피분석자는 자신의 무의식에 관한 지식을 분석자라는 대타자가 알고 있다고 가정하는 전이를 일으킨다. 따라서 그는 분석자를 자신의 자아이상으로 간주하고 그와 동일시하는 일종의 최면상태에 빠질 수 있다. 그러나 라캉은 분석의 종결에서 피분석자가 그런 동일시를 하지 못하도록 분석자가 거리를 두어야 한다고 강조한다(S 11, 273). (정진만)

자아이상, 나르시시즘적 동일시

참고문헌

Freud, Sigmund. "Group Psychology and the Analysis of the Ego(1921)." SEXVIII. London : Hogarth Press, 1973.

Lacan, Jacques. The Seminar of Jacques Lacan Book XI(The Four Fundamental Concepts of Psychoanalysis). New York and London : W. W. Norton, 1978.

동일화 ☞ 동일시

동정(同情, Sympathy, 프 Sympathie, 독 Sympathie)

동정 혹은 공감은 인간 사이의 동류의식을 뜻한다. 그것은 타인이나 인간적 속성을 가진 존재에 대하여 그들이 가진 정신이나 감정을 '함께' 느끼면서 경험하는 행위를 의미한다. 이런 점에서 동정은 감정이입과 구별되는 특별한 의식의 상태를 가리킨다. 감정이입이 소설의 독자가 이야기 속에 등장하는 주인공과 자신을 동일시하는 경우에 해당하는 것으로 육체적이고 본능적인 성격을 가지고 있다면, 동정은 정신적이며 지적인 성격을 띠고 있는 것으로 나타난다.

동정은 『햄릿』을 읽을 때 독자의 입장에서 주인공의 고민에 공감하고 불쌍히 여기는 마음의 움직임으로 제3자의 입장에서 느끼게 되는 감정을 의미한다. 이런 감정의 변화는 예컨대 조세희의 『난장이가 쏘아올린 작은 공』을 읽을 때도 마찬가지로 발생한다. 조세희의 소설 가운데서 난장이 아버지가 벽돌공장 굴뚝 위에 올라가 자살하는 대목에 이르러 독자는 깊은 동정심 속에서 그가 가진 절망감과 슬픔을 절실하게 느끼게 된다.

동정은 독자의 작품 수용, 즉 독서과정 속에서 매우 중요한 역할을 하는 요소이다. 극단적으로 말하자면, 공감의 능력이 없는 독자는 작품을 읽을 수 없게 된다. 그러니까 공감은 하나의 작품을 독자에게 전달하는 작용을 한다. 예술가들은 항상 자신의 작품 속에 독자의 공감을 유도하거나 적절하게 통제하며, 경우에 따라서는 반감을 가지도록 이끄는 장치를 설정해 놓고 있다. 이러한 동정적 감정의 스펙트럼은 채만식의 『태평천하』에 대한 독자의 반응에서 확인할 수 있다. 『태평천하』에 등장하는 윤직원 영감과 주변 인물들에 대해 독자들이 반감을 가지고 부정적으로 인식하도록 이끄는 힘 또한 동정에서 비롯되고 있다.

한편, 베르톨트 브레히트의 경우 연극이 재현하는 사회적 현실에 대한 관객의 비판적 태도를 이끌어내기 위해 오히려 관객의 감정이입과 동정심의 요소를 철저하게 배제하는 문학이론을 주장하기도 했다. (임영봉)

공감, 감정이입, 독서과정

참고문헌

마광수 편, 『심리주의 비평의 이해』, 청하, 1987.

김천혜, 『소설구조의 이론』, 문학과지성사, 1990.

동학(東學)

경북 경주에서 출생한 최제우崔濟愚에 의해 창도된 조선 후기의 신흥 종교이다. 최제우에 의해 창도된 동학은 당시의 여러 가지 사회적 정황, 즉 일본을 비롯한 외세의 간섭, 유교·불교의 쇠퇴, 조정의 부패, 서학(천주교)의 전파에 따른 전통 사상의 위축 등을 배경으로 한 것이다. 이러한 상황 속에서 최제우는 민족의 주체성과 국권을 세우기 위한 새로운 도(道)가 필요하다고 판단하여 구세제민(救世濟民)의 큰 뜻을 품고 수도하던 중에 한울님(上帝)의 계시를 받아 동학이라는 대도(大道)를 깨닫게 되었다고 한다.

동학은 서학에 대하여 동쪽나라 한국의 종교를 의미하는 것으로 그 사상의 기본은 종래의 풍수사상과 유(儒)·불(佛)·선(仙, 道敎)의 교리에 토대를 둔 '인내천(人乃天) 천심즉인심(天心卽人心)'이다. 인내천 사상은 인간의 주체성을 강조하는 지상천국(地上天國)의 이념과 만민평등의 이상을 나타내는 것으로, 여기에는 종래의 유교적 윤리와 퇴폐한 양반사회의 질서를 부정하는 반봉건적이며 혁명적인 성격이 내포되어 있었다. 동학사상의 내용과 그 본질을 잘 담고 있는 것은 『용담유사』와 『동경대전』이라는 문헌이다. 특히 동학의 사상적 복잡성을 잘 담고 있는 『용담유사』의 경우, 「용담가」·「교훈가」·「몽중노소문답가」·「도수가」(道修歌)·「권학가」·「도덕가」 등 가사(歌詞)의 형식을 취하고 있다는 점에서 문학적인 측면에서도 주목되는 바가 있다.

동학이 가진 혁명적 성격은 당시의 사회적 상황 속에서 일반 민중의 광범위한 공감을 얻게 됨으로써 삼남지방을 중심으로 급속하게 전파되었다. 포교를 시작한 지 불과 3,4년 사이에 교세는 경상도·충청도·전라도 지방으로 확산되었고 이런 움직임에 위협을 느낀 조정에서는 동학을 불온한 사교(邪敎)로 단정하고 탄압을 가하기 시작한다. 1863년 최제우를 비롯한 20여 명의 동학 교도들이 혹세무민(惑世誣民)의 죄목으로 체포되고, 최제우는 이듬해 대구에서 사형에 처해졌다. 최제우의 죽음 이후 2세 교주 최시형崔時亨(海月)이 조정의 탄압을 피하여 태백산과 소백산 지역에서 은밀하게 교세를 정비·강화해나갔다.

당대 민중 계층의 적극적인 참여를 기반으로 사회의 부패와 부정에 저항하고자 했던 동학의 혁명성은 1894년(고종 31)에 발생한 '동학농민전쟁'으로 나타나게 되었고, 이 때 2세 교조 최시형은 사형에 처해졌다. 이후 3세 교주 손병희孫秉熙에 의해 동학은 천도교(天道敎)로 개칭되어 오늘날에 이르고 있다. (임영봉)

서학(西學), 용담유사, 천도교

참고문헌
황명선 외, 『한국근대민중종교사상』, 학민사, 1983.
이을호 외, 『한사상과 민족종교』, 일지사, 1990.

동화(童話, Fairy tale)

동화는 어린이를 위한 이야기로서 어린이의 심리에 감동을 주는 형식으로 재미있는 내용으로 짜여진 이야기다. 동화라는 말이 있기 전에는 '옛날 이야기', '옛 이야기', '옛말'이라고 했으며, 현실의 이야기보다 다른 세계의 이야기나 옛 전설이나 설화, 민담에서 꾸며진 이야기이다. 자신이 살고 있지 않은 다른 지역에서 일어나는 형식으로 어른이 어린 아이에게 현실이 아닌 이야기를 들려주는 구전이야기다.

대체로 동화는 초자연적이며, 꿈과 같은 이야기로 나쁜 사람은 벌받고 착한 사람은 행복해진다는 줄거리로 짜여진다. 그래서 등장인물도 선녀, 공주, 왕자, 임금님, 도깨비, 요술쟁이, 형과 동생, 심술쟁이, 바보, 동물이나 나무 등 다양하며, 하늘을 나는 능력을 지녔고, 무엇이든 마음대로 만들어 내는 초능력적인 인물로 꾸며진다. 이러한 인물은 현대동화에서도 비과학적 상상을 동원하여 우주를 누비는 인물이 탄생하기도 한다. 어린이로 하여금 꿈을 심어 주며 그 꿈이 자신이 이루어 내는 현실로 인식되도록 한다.

자연을 신으로 믿게 하고 그 신의 의사에 의해 모든 것이 해결되고 이루어지도록 하는 의인체의 이야기가 많은 이유는 어린이의 흥미를 돋우고 그것이 교육적 목적을 만족시킨다는 동화의 특징을 갖고 있기 때문이다. 현대 창작 동화에서는 새로운 문학 작품으로 압축된 소설적 수법을 구사하여 새로운 어린이의 심리적 흥미를 나타내고 있는 작품으로 평가받고 있다.

한국의 고전인 『심청전』, 『장화홍련전』, 『별주부전』 등은 아이들에게 들려주는 전래동화로 새롭게 구성하여 옛 이야기의 구실을 함으로 우리나라 동화의 시금석이 되기도 했다. 이후 창작동화가 나오게 된 1920년대에 마해송(馬海松)의 『어머님의 선물』, 진장섭(秦長燮)의 『생명수』, 그리고 1923년을 전후한 『어린이』, 『별나라』 등이다. 페르시아, 에집트, 인도 등에서 이야기로 꾸며진 『천일야화』, 『걸리버의 여행기』, 『이솝우화』 등이 8세기에서 16세기에 이르고, 안데르센(andersen) 등은 현대 동화를 세운 기둥이다. 방정환(方定煥), 주요섭(朱耀燮), 박화목(朴和穆), 이주홍(李周洪), 강소천(姜小泉), 이원수(李元壽), 김영일(金英一), 최태호(崔台鎬), 장수철(張壽哲), 김요섭(金耀燮), 이녕희(李寧熙) 등의 작가가 있다. (조병무)

옛날 이야기, 전래동화, 창작동화

참고문헌
조대현 외, 『아동문학창작론』, 학연사, 1999.
신현득, 『한국동시사연구』, 단국대학교출판부, 2002.
이재철, 『세계아동문학사전』, 계몽사, 1989.

동화(同化)/투사(投射)

동화 / 투사란 자아가 받아들일 수 없는 충동이나 생각을 외부 세계로 옮겨놓는 정신과정을 말하는 것으로 이는 일종의 방어기제(Defense Mechanism)에 속하는 것이다. 이는 개인이 자신의 욕망이나 흥미, 감정, 소망, 자질 등을 용인할 수 없거나 용인하고 싶지 않을 때, 그러한 감정 등이 자신이 아니라 타인이나 사물에게 속한 것처럼 지각하는, 즉 '투영'하는 작용을 말한다. 또한 자신의 심리적 경험이 실제 현실인 것처럼 지각하는 현상을 포함한다. 예를 들어 자신의 배우자에게 충실치 못했던(혹은 그렇게 느끼는) 사람이 그 배우자가 충실하지 못했다고 비난함으로써 스스로를 죄책감으로부터 방어할 수 있다. 이는 편집증이나 공포증을 일으키는 메커니즘으로 설명할 수도 있다. 예를 들면 사람의 시선을 두려워하는 정시공포는 주위에 대한 공격성 동화/투사이며, 자신의 결점을 타인에게서 쉽게 발견하는 것도 일종의 동화 / 투사이다.

프로이트와 많은 정신분석가들은 동화 / 투사를 정신병과 신경증 모두에서 나타나는 기제로 묘사하고 있으나, 반면 라깡의 경우에는 동화 / 투사를 순수하게 신경증적 기제로 이해하며, 동화/투사가 자아와 유사자 사이의 상상적 이자관계에 뿌리를 두고 있다고 본다. 프로이트는 쉬레버라는 편집증 환자에 대한 설명에서 투사 과정에 대해 설명한 바 있다. 그는 자신의 성적 공격적 성향을 신에게 투사하여 신에게 박해받는다는 망상에 시달리고 있었는데, 이는 자신의 동성애적 사랑을 무의식적으로 증오로 변형시키고 이러한 왜곡된 대체물을 신과 다른 사람에게 투사한 결과이다. 즉 자아가 용인할 수 없는 생각이나 느낌들은 편집증적 투사의 경우에서처럼 투사되기 전에 무의식적 변형의 과정을 거친다. 투사는 만족스럽게 작용하지 않을 때 뚜렷이 드러나게 되며, 특히 편집증적 성향을 가진 개인에게서 두드러진다. 이로 인해 투사는 종종 부정적인 방어기제로 인식되지만 실제로는 정상적인 상태와 병리적인 상태 모두에서 나타날 수 있다. 단지 정상과 병리적인 것의 차이는 개인이 투사된 내용을 타당한 것으로 믿는 정도에 달려 있다. (이신정)

방어, 방어기제, 동일시, 내사, 프로이트, 라깡

참고문헌
이부영, 『그림자―우리 마음 속의 어두운 반려자』, 한길사, 1999.
지그문트 프로이트, 윤희기, 박찬부 역, 『정신분석학의 근본개념』, 열린책들, 2003.
미국정신분석학회 편, 이재훈 역, 『정신분석 용어사전』, 한국심리치료연구소, 2002.

두운(頭韻, alliteration)

연속되는 두 개 이상의 낱말에서 강세가 있는 첫음절의 첫소리가 같은 현상을 말한다.

이탈리아의 인문주의자 요한 요비안 폰타누스의 유고인 대화편 『악티우스』(1556년 발간)에서 처음으로 사용된 이 용어는 18세기에 비로소 도이치어 형태의 전문용어로 정착되었다. 두운은 주술문이나 기도문 등 마술적·종교적 영역이 그 근원을 두고 있으며, 고래로부터 내려오던 유음중첩법과 어근반복법으로부터 발전해 나온 것이라고 추측된다. 고대 이탈리아 문학, 고대 아일랜드 문학, 그리고 고대 게르만 문학(리듬을 살린 속담이나 장엄한 판결문 등 비문학적 텍스트도 포함)에서 두운을 운문구성의 원리로 사용한 것은 이들 언어들이 단어의 첫 음절에 강세가 온다는 특성 때문이다. 그리스어 시와 라틴어 시, 그리고 예술산문에서는 호메로스 이래로 '두운'을 음의 강도를 높이는 수단으로 사용했다. 신고도이치어 문학에서 푸케, 바그너 등이 게르만의 두운시구를 부활시키려고 시도했던 것을 제외하면, 두운은 오직 음향독식으로만 간주되었다.

음향형상으로서의 두운은 두 가지 기능을 지닌다. 첫째, 두운은 대등한 개념을 강조함으로써 그룹으로 영향력을 발휘한다("암사슴도 숫사슴도 그를 피하지 못했다 hirze oder hinden/kunde im wenic engan",『니벨룽노래』) 또는 한 개의 명사와 거기에 속하는 전형적인 수식어의 결합을 고정시킴으로써 낱말들을 모아 주는 기능을 한다.("사랑스런 처녀 diu minnecliche meit",『니벨룽노래』) 그러나 대개의 경우에 두운은 의성어이거나 언어 음악적인 의미를 지닌다.

고대 영어의 두운률(alliterative metre)에 있어서 두운법은 시행 구성의 가장 중요한 수법이었다. 즉 각 시행은 결정적 휴지(decisive pause 또는 caesura)에 의해서 두 개의 강세를 갖는 두 개의 반행으로 나뉜다. 그리고 보통 둘 다이지만 두 개의 강세가 주어진 전반행의 음절 중에서 최소한 하나만은 후반행의 강세 음절의 첫째 것과 두운을 이루어야 한다. 그 이후의 영어 운율법에 있어서 두운법은 의미를 강화한다거나, 연관된 단어를 연결시키거나, 음색을 낸다거나 하는 특별한 문체적 효과를 위해서만 사용된다. 연속적인 자음의 반복이 나타나는 것을 '자운(子韻)', 근접한 단어의 연속에 있어서 동일하거나 유사한 모음 음성의 반복은 '모운(母韻)'으로 세분화하기도 한다. (윤송아)

운율, 각운

참고문헌
김병옥, 안삼환, 안문영 엮음,『도이치문학 용어사전』, 서울대학교 출판부, 2001.
M. H. Abrams, 최상규 역,『문학용어사전』, 예림기획, 1997.
이상섭,『문학비평용어사전』, 민음사, 2001.

드라마(Drama) ☞ 희곡

드라마적인 것/서사적인 것

서양에서는 드라마(drama, 연극)와 드라마적인 것(dramatic, 연극적)을 연관성 있게 사용한다. 삶과 유사하게 만들어진 하나의 통일된 갈등구조(작품)를 드라마라고 하고, 드라마는 아니지만 드라마와 유사한 갈등현상(사태)을 드라마적인 것이라고 한다. '드라마틱한 인생'이니 '드라마틱한 사건'이니 '드라마틱한 체험'이니 하는 것이 이런 유이다. 양자는 매우 깊은 관계를 유지하면서 서양문화에 영향을 끼쳤다. 그리스 사람들은 드라마틱한 상황 속에서 드라마를 성립시켰고, 또한 이후 드라마를 통해서 관중에게 드라마틱한 인생의 진실을 일깨웠다. 즉 연극적 진실은 일상적 진실에 상응한다는 논리다. 아리스토텔레스의 비극론이 실린『시학』에는 이러한 논리와 개념이 기술돼 있다.

드라마적인 것의 상대적인 개념으로 볼 때 서사적인 것(epic)은 이야기, 설명, 묘사, 서술, 해설 같은 영역에 해당한다. 갈등하는 행동이기보다는 설명되는 이야기다. 그러나 플롯을 중시하는 연극에서 서사적인 것은 완전히 배제될 수 없으며, 더구나 브레히트의 서사극에서 서사(에피소드)는 드라마를 만드는 중요한 요소가 된다. 과거형의 사건 즉 서사들은 무대 위에 재현됨으로써 새로운 판단의 신선한 자료로 작용하기 때문이다. 따라서 양자는 반드시 대립항으로서만 작용하지 않는다. (서연호)

서사, 에피소드

참고문헌
빠트리스 파비스, 신현숙 역, 『연극학사전』, 현대미학사, 1999.
Martin Banham, The Cambridge Gaide to World Theatre, Cambridge University Press, 1988.

드라마투르기(Dramaturgy)

드라마투르기(dramaturgy)란 본래 희곡작법, 극작술을 뜻하는 것이나, 일반적으로 연극이론, 혹은 희곡을 공연하는 방법 즉 연출법 등을 의미한다. 그 어원은 '각본의 상연'을 뜻하는 그리스어인 드라마투르기아(dramaturgia)이다. 드라마투르기가 희곡작법, 극작술 등을 의미할 때, 그것은 졸라(E. Zola)나 브레히트(B. Brecht)처럼 특정한 극작가나 희곡작품 내에서 작동하는 극적 구조 또는 무대약속을 지시하고, 배우의 연기, 장르, 성격화, 의상, 무대장치, 조명 등 제작의 요소까지 포함하는 총체적 개념이다. 드라마투르기는 이렇게 각각의 희곡에서 나타나는 시대 및 양식상의 차이점을 드러내고, 이러한 연극적 구조가 한 작품 안에서 다른 요소들과 어떻게 결합하여 의미를 생산하는지 보여준다. 따라서 희곡, 극작가, 혹은 공연의 드라마투르기를 분석함으로써 작품 구성 원리 외에도 관객에 대한 영향을 파악할 수 있게 된다. 또한 연극 이론 면에서는 플라톤(Plato), 아리스토텔레스(Aristotle)까지로 거슬러 올라갈 수 있으며, 특히 아리스토텔레스의 <시학>은 이후 서양 연극사에서 주도적 영향력을 행사하고 있다.

나아가 희곡을 공연하는 방법 즉 연출법으로서의 드라마투르기의 개념은 레싱(G. E. Lessing)의 『함부르크 드라마투르기』(Hamburg Dramaturgy)와 더불어 활성화되었다고 볼 수 있다. 레싱은 자국의 연극이나 셰익스피어 등의 고전작가의 작품에 대해 분석하는 대신 프랑스 신고전주의연극과 감상적인 부르주아지 연극을 지지하는 당대 관객들의 취향으로 시선을 돌렸다. 이로써 드라마투르기는 연극 자체의 한계를 넘어서 대중적 자의식으로 옮겨간다. 오늘날 드라마투르기에 종사하는 사람은 '드라마터그'(dramaturg / dramaturge)라는 명칭으로 불리는데, 이들은 연극의 역사, 이론, 실제에 대한 지식을 가지고 연출가, 디자이너, 극작가, 배우 등이 자신의 의도를 작품을 통해 실현할 수 있도록 돕는다. 드라마터그는 극작가의 열정이나 연출가의 비전을 인지하고 있는 일종의 예술적 컨설턴트로서, 고전 혹은 새로운 극작가의 작품을 읽은 후 공연할 작품을 추천하고, 필요에 따라 문학적 충고 및 대본 각색에 관여하며, 연출가에게 충분한 연구 및 조사를 제공하여 작품에 대한 새로운 해석을 가능하게 한다. 또한 이들은 레퍼토리의 선정과 해석, 프로그램 노트, 포스터, 강연회 조직, 홍보 등에도 관여함으로써 총체적인 연극적 경험을 고양시킨다. (이신정)

희곡작법, 극작술, 연극이론, 연출법, 드라마터그, 아리스토텔레스, 레싱

참고문헌

오스카 G. 브로케트, 김윤철 역, 『연극개론』, 한신문화사, 2003.
아리스토텔레스, 손명현 역, 『시학』, 박영사, 1975.
G. E. Lessing, 『Hamburg Dramaturgy』, Dover Publications. Inc., 1962.

드러난 화자

드러난 화자는 텍스트 속에서 그 존재가 분명히 인식되는 서술의 주체를 가리킨다. 텍스트 내부에 드러나는 목소리와 숨은 목소리의 정도 등에 따라서 이해되는 화자의 개념이다. 모든 문학작품의 기본구조는 원칙적으로 화자가 어떤 유형의 이야기를 청자나 독자에게 들려주는 것으로 되어 있다. 서사문학의 경우 이는 더욱 두드러지지만 서정시의 경우는 화자의 존재가 서사문학처럼 명확하게 드러나지 않을 때가 있다. 시의 화자가 자기의 모습을 독자에게 명확히 드러내지 않고 작품 속에 숨어있는 경우가 많기 때문이다.

드러난 화자의 대표적인 예가 화자가 시인과 등가관계에 있는 경우이다. 이 때 드러난 화자는 경험적 자아로서의 화자가 된다. 액자소설의 형식에서 주로 나타나는 화자로 1인칭 주인공이거나 1인칭 관찰자 시점에서 등장한다. 여기서 화자는 '나'라는 분명한 얼굴로 자신의 이야기를 들려준다. 이러한 경험적 화자는 독자로 하여금 작품의 내용을 사실로 믿게 하는 효과가 있다. 경험적 자아로서 드러난 화자의 이야기를 작가의 실제 작가의 체험인 것으로 받아들이게 하는 측면이 있는 것이다. 이는 경험적 화자의 화법이 고백적이라는 사실에 기인하는 바가 크다. 고백적 화법은 독자에게 진술함을 느끼게 하며 드러난 화자에게 인간적인 연민의 감정을 느끼게 하기도 한다. 이처럼 드러난 화자는 독자로 하여금 그의 육성을 직접 듣고 있는 것처럼 생각하게 하며, 이러한 과정 속에서 독자와 작가의 미적 거리는 심리적으로 매우 가까워지게 된다.

시인이 화자의 페르소나 뒤에 숨어있는 허구적 화자 중에서도 '나'를 전면에 드러내는 경우가 있다. 이러한 화자는 작가와 동일체로 보이기는 하나 성별, 인격, 환경 등에서 확연히 다르다. 드러난 화자가 작가에 의해 창조된 허구적 인물일 때 작가가 말하고자 하는 바는 더욱 다양해질 수 있다. 경험적 자아의 속박에서 풀려나는 것이 시적 상상력의 폭을 넓혀주는데 도움이 될 수 있기 때문이다.

드러난 화자에 의한 서술의 형태로는 복합적 묘사, 시간의 요약, 논평 등이 있다. 복합적 묘사에서는 서술 중에서 드러난 화자가 가장 미약하게 인식되는데 이는 묘사가 등장인물의 행동을 통해서만 나타나기 때문이다. 따라서 화자는 상대적으로 축소되고 단지 한 대상의 여러 국면에 대한 언어적 세부묘사 그 자체로 화자가 묘사를 의도하고 있음을 나타내거나, 등장인물을 고의로 모호하게 언급하여 오히려 드러난 화자를 내포하고 있음을 암시하는 형태를 취한다. 즉 하나의 묘사 속에서 인위적인 흔적을 발견하는 것 자체가 화자의 존재를 환기시킨다고 보는 것이다. 반면 요약이나 논평은 화자의 존재를 좀더 선명히 부각시키는 서술의 형태이다. 이야기 시간보다 담론의 시간이 짧은 요약에서는 본질적으로 여러 개의 사건 중에서 취사 선택을 거친 몇 개의 사건만이 화자의 이야기를 통해 전달되며 논평은 화자가 스스로 드러낸 자신의 발화를 통해서 핍진성을 획득해 내려는 시도라고 볼 수 있다. 특히 논평은 직접적인 것이기 때문에 명백한 자기 언급이 결핍되 어떠한 특징들보다도 더욱 분명하게 화자의 목소리를 드러나게 해준다. (권도경)

경험적 자아, 1인칭 주인공 시점, 1인칭 관찰자시점, 실제 작가, 고백적, 복합적 묘사, 시간의 요약, 논평

참고문헌
조래희, 「한국시의 화자유형」, 『국제어문』 6, 7단일호, 1986.
강남주, 「시적 화자와 독자의 반응」, 『한국문학논총』 10, 1989.
허 탁, 「시의 화자론」, 『국어국문학지』 28, 1991.
김승종, 「시의 화자 분류체계 연구」, 『국제어문』24, 2001.

등장인물(Character)

인물이라는 용어는 문학작품에 등장하는 사람이나 인격을 말한다. 인물은 반드시 인간의 표상일 필요는 없지만 어떤 점에서는 거의 변함없이 인간을 닮아 있다. 문학에 등장하는 인물에 관한 연구는 주체(subject)라는 보다 일반적인 문제, 그리고 개인주의(individualism)의 정치학과 관련이 있다. 리얼리즘 소설은 인물 설정을 중심으로 하는 경우가 빈번하기 때문에 리얼리즘 소설의 역사는 주체 문제 및 개인주의의 정치학과 하나로 묶여 있다. 예를 들면 19세기에 유행한 교양소설의 하위 장르들은 찰스 디킨즈의 『데이비드 카퍼필드 David Copperfield』나 『위대한 유산 Great Expecta−tions』에서 그렇듯이, 주인공이나 주(主)인물의 올바른 가치와 지력의 발전 및 안정에 관심을 두고 있다.

등장인물은 라틴어로 '퍼소나(persona)'로서 이는 '마스크' 또는 '역할'이란 의미를 가진다. 이 때에는 극에 등장하는 인물을 말하며 성격·인물·형상이라고 불리기도 한다. 등장인물은 극작가에 의해 창조되며 동시에 배우에 의해 현실화되고 형상화된 인물로서 만화가들이 정치적인 인물을 스케치하듯 몇 가지 핵심 부분만 그려지거나, 사진같이 자세하게 사실적으로 묘사되기도 하고 유화처럼 보다 많은 해석을 담아 입체적으로 표현되기도 한다.

포스트구조주의(poststructuralism) 비평가와 포스트모더니즘(postmodernism) 소설가 중에는 인물의 죽음을 선고한 사람들이 있다. 인물의 죽음을 선고하는 것은 인간이라는 개념을 의문에 부치는 것과 합치된다. 휴머니즘이 인간에게 갖추어져 있다고 여긴 행위력(agency) 혹은 고정성과 통일성을 인간이 갖고 있다고 더 이상 생각되지 않는 것과 마찬가지로, '인물'이나 그 인물이 열망하기로 되어 있었던 가치와 세계관은 지금까지 비판을 받아왔다. 그래서 프랑스의 이론가 롤랑 바르트는 『S / Z』에서 현대소설에 "쇠퇴하고 있는 것은 인물이다. 이제 쓰기 불가능한 것은 고유명사다"라고 선언했다. 인물에 대한 이러한 포스트구조주의적 이해는 인물을 텍스트에 의한 구축물이 아니라 마치 실재의 사람인 것처럼 논하는 데에 문제가 있음을 강조한다. (고봉준)

포스트구조주의, 포스트모더니즘, 행위력, 주체, 개인주의, 리얼리즘.

참고문헌
한용환, 『소설학 사전』, 문예출판사, 1999.
나병철, 『소설의 이해』, 문예출판사, 1998.
나병철 · 조정래, 『소설이란 무엇인가』, 평민사, 1991.

디스토피아 ☞ 반유토피아

디아노이아(Dianoia)

아리스토텔레스의 『시학』에서 나온 용어인 디아노이아는 일반적 의미에서 문학작품의 테마 내지 의미를 가리킨다. 이 용어는 노드롭 프라이가 채택하여 그의 『비평의 해부』에서 다양한 방식으로 사용했다. 프라이가 제시한 것은 의미의 다섯 유형이다. (1) 축자적(literal) 의미—작품의 상징들의 전체적 패턴 (2) 기술적(descriptive) 의미—작품 외부의 사실 혹은 명제와 작품의 상호관계 (3) 형식적(formal) 의미—작품의 테마 (4) 원형적(archetypal) 의미—작품의 문학적 관습 혹은 장르로서의 의미 (5) 신비적(anagogic) 의미—문학 경험의 총화에 대한 작품의 관계.

프라이는 『비평의 해부』에서 산문 픽션이라는 류(類, genus) 개념 밑에 네 개의 장르 종(種, species)을 설정하는데, 소설, 고백, 아나토미(Anatomy), 로만스가 그것들이다. 이 산문 픽션들은 다음과 같이 도식화할 수 있다.

	외향적	내향적
에토스 : 개인	소설	로만스
디아노이아 : 지적	아나토미	고백

위의 도식에서 두 쌍의 범주는 서로 상이한 원칙에 기초를 두고 있다. '개인적'이라는 말은 에토스(성격)을, '지적'이라는 말은 디아노이아(내용)를 가리킨다. 한편 외향적 · 내향적이라는 이 분법은 본질적으로 수사적 기법의 문제로서, 이 두 용어는 작가의 제시방법이 객관성을 향하는

가 주관성을 향하는가를 가리키는 말이다. 프라이에 따르면 전통적인 소설가가 주로 인간관계나 사회 현상에 대한 충실한 재현하는 반면, 지적인 주제와 태도를 취급하는 아나토미 작가는 당면 주제에 관계되는 방대한 지식을 차례로 동원해서 펼쳐 보이기도 하고, 또는 현학적인 적들에 대해서는 그들 자신의 전문어를 퍼부어서 꼼짝 못하게 하기도 함으로써 자신의 지적인 우월감을 과시한다. (고봉준)

시학, 신화비평, 원형, 아나토미, 로망스

참고문헌
아리스토텔레스, 천병희 역, 『시학』, 문예출판사, 1998.
노드롭 프라이, 임철규 역, 『비평의 해부』, 한길사, 1982.
조셉 칠더스 · 게리 헨치, 『현대문학 문화 비평 용어사전』, 문학동네, 1999.

디아스포라

'디아스포라'는 흩어진 사람들이라는 의미로서 전통적으로 유대인의 이산을 의미해왔으나 사프란, 코헨 등에 의해 사회과학적 개념으로 정립되었다. 즉 특정 인종 집단이 거주하던 지역을 자의로, 혹은 타의로 떠나 다른 곳으로 이동하는 현상이나 그 집단 구성원을 일컫는 용어가 되었다. 오늘날의 자본은 국가 단위를 넘어 초국적 금융 자본을 형성하고 있으며 이에 따라 인구 또한 국가의 경계를 넘어 이동하는 현상이 일반화되고 있다. 2000년대에 들어 여러 분야에서 '디아스포라'라는 용어가 광범위하게 사용되고 있는 것은 이러한 사회적 배경에 따라 '민족'이나 '국가' 개념에 대해 재고할 필요가 제기되고 있기 때문이다.

국내에서는 일제강점기부터 해외로 이주하여 2세대, 3세대를 이어 생활하고 있는 '코리안 디아스포라'를 연구하는 분야와 '다문화' 사회로의 이행에 따른 사회 · 문화적 현상 분석에서 '디아스포라' 개념이 유용하게 활용되고 있다. 하지만 지나치게 광범위한 의미로 인해 이주 집단의 특수한 '차이'를 드러내기에는 적합하지 않다는 문제가 있으며, '다문화주의'가 그러하듯 이주 지역의 주류 공동체로의 통합이 강조되면서 거기서 배제된 '소수자'에 대해서는 어떠한 유의성도 제공하지 못한다는 한계도 제기되고 있다.

인문학 분야에서 '디아스포라' 개념은 그 풍부한 상징성으로 인해 거시적이고 학제적인 관점을 제시하면서 이질적이고 다층적인 정체성의 문제와 더불어 '민족 / 국가' 개념에 발본적인 문제를 제기하는 도전적인 담론으로서 주목받고 있다. 국경을 넘는 이동으로 인해 동일적인 민족 / 국가 정체성에 균열을 일으키고 나아가 과연 지리적 영토와 문화적 동질성으로 규정되는 '민족 / 국가'란 무엇인가라는 질문에 다가서는 상징적인 개념으로 활용되고 있는 것이다. 하지만 위에서 지적한 대로 디아스포라가 유대인의 이산이라는 협의의 의미에서 점차 그 의미의 외연을 확장해온 것처럼 인간 보편의 존재론적 함의를 내포하는 데에 이르면서 그 '특수한' 의미의 상징성도 희석되고 있는 것이 사실이다. (차성연)

참고문헌
윤인진, 『코리안 디아스포라』, 고려대학교 출판부, 2004.
고부응, 「디아스포라의 전개과정과 현재적 의미」, ≪대산문화≫ 2005. 겨울.
김종회, 『디아스포라를 넘어서』, 민음사, 2007.

디에게시스(Diegesis) ☞ 미메시스/디에게시스

디오니소스적인 것/아폴론적인 것

그리스 신화를 원용하여 유럽 예술 경향을 분류하는 경우에 쓰이는 개념이다. 니체는 디오니소스 적인 것과 아폴론적인 것을 서로 환원될 수 없는 예술의 두 가지 근본 범주로 설정하고 모든 예술을 하나의 유일한 원리 속으로 끌어들이는 데 반대하면서 비판적으로 이 개념을 사용한다. 의식적으로 분별하는 주관적인 능력이 아폴론적인 것이라면, 주관이 도취의 상태로 고양되어 몰아의 경지에 이르는 것은 디오니소스적인 것이다.

아폴론은 빛의 신이며, 디오니소스는 빛으로 비출 수 없는 부분에 자리 잡고 있다. 빛으로 비춘다는 의미는 인간의 이성이 진리를 밝혀내는 것이므로, 아폴론은 로고스(Logos)의 상징이다. 그에 반해 디오니소스는 빛으로 비출 수 없는 존재, 즉 이성의 힘과는 다른 어떠한 것의 상징이다. 디오니소스는 황홀과 도취의 상징이다. 아폴론적 예술이란 조형적인 예술이며, 디오니소스적 예술이란 비조형적인 예술인 음악이다. 꿈은 아폴론적이며 도취는 디오니소스적이다.

위대한 조각가는 꿈속에서 현실의 세계보다 완전한 세계를 보게 되고, 그것을 드러낸다. 꿈속의 상태의 보다 높은 진리와 완전함을 추구하고, 그 진리에의 추구는 조형으로 발현된다. 아폴론은 자유와 조화, 평정을 추구한다. 아폴론은 근거의 원리인 것이다. 그러나 근거의 원리가 흔들리게 될 때, 인간은 현상에 대한 정확한 인식을 할 수 없고 공포를 느끼게 된다. 이럴 때 인간은 마취적 음료를 통하여 인간의 가장 깊은 곳으로부터 흘러나오는 가장 즐거운 황홀감을 느끼며, 이것이 인식에 있어서의 공포와 어우러져 디오니소스적인 것의 본질을 이룬다. 디오니소스적인 것은 질서 속에 묶인 노예를 자유인으로 만들어준다. 따라서 사람에 따라 작가의 창작 정신은 디오니소스적인 것이고, 작품을 형상화하는 단계에서는 아폴론적인 것이 필요하다고 주장하기도 한다.

아폴론은 인식할 수 있는 무엇이지만, 디오니소스는 인식의 체계 안에 머무르지 않는다. 아폴론적인 것은 로고스에 의한 것이지만, 디오니소스는 로고스의 이면을 지탱하고 있다. 아폴론적인 것을 자아라고 본다면, 바로 디오니소스적인 것이 타자성이라 할 수 있다. 사람들은 술에 의한 이성적 사고 중지 혹은 마비, 그리고 모든 것의 망각을 통하여 디오니소스적인 것을 체험한다. 디오니소스적인 것은 이성과 합리성의 기준으로는 설명할 수 없는 그 무엇이다.

니체는 모든 예술 활동의 발전은 디오니소스형과 아폴론형의 영원한 투쟁과정에 있다고 봤다. 이를테면 서구의 고전주의는 아폴론적인 것이며, 낭만주의는 디오니소스적인 것이다. 예술사는 아폴론적인 것과 디오니소스적인 것이라는 상이한 충동이 대립하면서 한 쪽의 상승을 가져오는 과정을 통해 예술은 새롭게 탄생한다. (곽승미)

인식론, 로고스중심주의

참고문헌

Nietzsche, 정동호 역, 『비극의 탄생』, 책세상, 2005.

디카시(디카詩, digital camera詩)

디카시는 디지털카메라의 약자인 디카와 시의 합성어로 디지털 시대의 새로운 시 양식이다.

인간은 커뮤니케이션을 위해 미디어를 사용해왔는데, 고대의 그림 문양에서부터 스마트폰에 이르기까지 미디어 기술은 진화를 거듭해 왔다. 근자에는 스마트폰이 환기하듯이 소셜 네트워크로 쌍방향 실시간 소통이 두드러지는 가운데 문자 미디어보다는 멀티 언어를 기반으로 하는 다매체 시대가 활짝 열렸다. 이런 디지털 환경에서 '미디어가 메시지'라는 마샬 맥루한의 말처럼 디카시 또한 뉴미디어와 함께 새롭게 드러난 시 양식이다.

시는 언어 예술로서 언어 기호만을 주된 대상으로 삼았지만 시가 언어 예술이라는 카테고리를 넘어서려는 시도 또한 계속 있어 왔다. 서양의 구체시 같은 경우가 대표적인 예이다. 한국에도 80년대 황지우의 형태시는 독일의 구체시 운동에 뿌리를 두고 전통적인 시형식의 해체와 전복을 시도했다. 이러한 탈언어적 상상력은 디지털 환경과 만나면서 디지털 미디어를 매개로 디지털 환경 자체를 시 쓰기의 도구로 적극 활용하여 상호텍스트성의 교섭 양상을 보여준다. 그 대표적인 양상이 디카시와 포토 포엠이다. 포토 포엠이 사진을 활용하여 기존 시 감상의 효과를 증대하기 위한 '시 사진'에 머문 것에 비하여 디카시는 사진을 활용한 시 창작이라는 새로운 '사진 시' 장르 양식으로 발현되었다.

시가 음성 미디어 시대에는 시가로 음악성이 강조되었고, 문자 미디어 시대에는 문자시로 문자성 자체가 강조 되었다. 멀티미디어 시대의 디카시는 문자와 함께 영상 또한 시의 언어로 멀티 언어성이 강조된다.

디카시는 실시간 소통하는 디지털 시대의 새로운 장르로 기존의 시가 언어 예술이라는 시의 범주를 확장한 멀티 언어 예술이라는 점에서 다매체 시대 새로운 시의 양식으로 드러난 것이다. 디카시는 디지털카메라로 자연이나 사물에서 시적 형상을 포착하여 찍은 영상과 함께 문자로 표현하여 곧바로 SNS로 실시간 소통하는 것을 지향한다. 스마트폰의 상용화와 함께 극 순간 찍고 쓰는 것이 가능해지면서 디카시는 쌍방향 소통의 생활문학으로써 대중들에게 친밀하게 다가간다.

창작 방식으로 5행 이내의 언술로 규정됨으로써 의미의 명징성이 돋보이며 또한 영상과의 조합으로 메시지의 확장성이 드러난다. 디카시는 그냥 지나칠 수 있는 일상의 모든 사물과 조우하며 교감하고 소통하게 함으로써 정서적 배양 효과를 극대화시켜 물신주의로 팽배한 현대사회에서 피폐해진 현대인의 정서를 고양하는 일에도 기여한다.

디카시는 2004년부터 경남 고성을 중심으로 일어난 지역 디지털 문예 운동의 산물이다. 디지털 시대의 첨단에 선, 고성을 발원지로 하는 디카시 운동은 1930년대 김광균 등의 모더니즘 시 운동이 그러했듯이, 고성의 '공룡 엑스포'와 더불어 지역적 명성을 강력하게 환기하는 문화 규범이요 축제적 성격을 지닌다.

매년 경남 고성 국제 디카시 페스티벌이 열리며, 이병주 하동국제문학제 디카시 공모전, 황순원문학제 디카시 공모전과 아울러, 진주 형평문학제와 개천예술제 디카시 백일장이 열리는 가운데 IT 강국 한국에서 태동한 디지털 시대의 고유한 시 양식인 디카시가 한국을 넘어 중국, 미국 등 해외에도 소개되고 있다.(이상옥)

참고문헌
김종회,『문학의 거울과 저울』, 민음사, 2016.
남송우 외,『문학과 문화, 디지털을 만나다』, 산지니, 2008.
채호석,『청소년을 위한 한국현대문학사』, 두리미디어, 2009.

딜레탕트 ☞ 댄디

딥 포커스(Deep focus)

딥 포커스는 카메라에 비교적 가까이 있는 물체로부터 멀리 떨어져 있는 물체에 이르기까지 모두 초점이 맞도록 촬영하는 기법을 말하는 용어이다. 우리나라에서는 그 동안 이 용어를 '전심초점(全深焦點)'이라고 이름하여 왔으나, 그저 '화면의 공간적 깊이'라고 하는 것이 좋겠다.

딥 포커스로 촬영된 화면은 특유한 깊이를 가지게 되는데, 표준 렌즈를 사용했을 경우에 이것은 우리가 일상생활 속에서 느끼는 시각체험과 가장 유사한 영화화면으로 나타난다. 관객의 입장에서 볼 때, 딥 포커스는 원경·중경·근경 가운데서 선택적으로 볼 수 있으며 능동적으로 영화 속의 공간을 체험할 수 있다는 이점이 있다.

이 편집 스타일을 객관적 리얼리즘으로 간주한 최초의 인물은 앙드레 바쟁이다. 비록 미국의 촬영 기사 그레그 톨랜드에 의해 1930년대 중반부터 딥 포커스의 리얼리즘이 연구되기는 했지만 말이다. 딥 포커스로 촬영한다는 것은 한 시퀀스 안에서 필요한 컷의 수가 줄어들어 관객이 덜 조작되고 내러티브에 덜 얽매이게 되어 자기 앞의 쇼트들을 해석하는 데 더욱 자유로울 수 있다는 것을 의미한다.

오손 웰즈의 「시민 케인」(1941)은 딥 포커스를 가장 잘 활용한 영화적 전범으로 손꼽히고 있으며, 히치콕의 「이창(裏窓 : 1944)」은 소위 '훔쳐보기(voyeurism)'의 메커니즘을 딥 포커스로 잘 구현했다는 평가를 받았다. 특히, 「시민 케인」의 경우를 보면, 화면 앞 부분에 어머니와 은행 후견인이 있고, 뒤편 창문 밖으로 어린 케인이 눈싸움을 하는 장면이 나온다. 여기서 전경과 후경은 완전히 초점이 맞춰져 있다. 또한, 전경에 나오는 어머니와 후견인의 내용은 후경의 케인과 밀접한 연관을 갖고 있다. 아이를 양도한다는 내용이 전경에서 전개되고, 이 사실을 모르고 놀이에만 열중하는 어린 소년의 불우함과 고독함이 이 한 장면에서 아주 절실하게 표현되고 있다. (송희복)

전심초점, 화면의 공간적 깊이, 오손 웰즈

참고문헌
정재형, 『정재형 교수의 영화강의』, 영화언어, 1996.
앙드레 바쟁, 성미숙 역, 『오손 웰즈의 영화미학』, 현대미학사, 1996.
송희복, 『영상문학의 이해』, 도서출판 두남, 2002.

딱지본(육전소설)

　1910년대 초반부터 구활자본으로 출간된 소설들로 책의 표지가 아이들 딱지처럼 울긋불긋하게 인쇄된 이야기책에서 유래된 말로, 당시 국수 한 그릇 정도의 싼값이라 '육전소설(六錢小說)'이라고도 했으며, 납활자로 인쇄했다고 해서 '구활자본 소설'이라고도 한다. 판형은 주로 4 · 6배판의 소형이고 값이 싸서 부담 없이 구입할 수 있고 휴대용으로 볼 수 있다는 특징이 있다.

　책 만드는 방법과 형태의 변화에 따라 소설의 특성과 소설을 둘러싼 문화 환경이 변했기 때문에 고소설류를 말할 때 필사, 방각, 구활자 등 책의 제작 방식이 소설의 장르처럼 기술되기도 한다. 필사본은 손으로 베껴 만든 책을 말한다. 이것은 활자 인쇄가 본격적으로 시작되기 전 가장 일반적인 책 만들기 방식이다. 필사본 이후 19세기에 가장 많이 읽히고 유통된 형태는 방각본이다. 이것은 국가의 공식 인쇄소가 아니라 영리를 목적으로 지방의 사적인 공간에서 만들어졌다. 전문적인 기술을 가진 '각수(刻手)'가 목판에 새긴 판본으로 찍어내는 책이 방각본이다.

　다음으로 서양 인쇄 기술의 도입과 함께 수입된 납활자를 사용한 조판인쇄는 공정이 매우 빠르고 비용이 저렴하게 들었기 때문에, 18, 19 세기에 유통되었던 고소설의 방각본 출판과 세책업에 비해 현저하게 신속하면서도 폭넓게 소설을 보급, 유통할 수 있었다. 특히 1900년대부터 전국적인 교통망의 확충, 상업 유통의 발달, 독서 대중의 형성에 힘입어 소설이 하나의 상품으로 자리 잡게 되었다. 이러한 시대적 조건을 바탕으로 종래의 방각본 소설이 활자본으로 전환된 것이 딱지본이다.

　딱지본 소설의 레퍼토리는 급조한 신소설류나 고소설류 등이 많았으나, 편집체제와 장정 면에서 이전과 다른 새로움을 보여주기도 했다. 띄어쓰기, 한자병기, 대화자 표기의 도입 등 표기 면에서의 근대문학적 지표들은 모두 딱지본을 통해 이루어졌다. 특히 그림이 동원된 책 편집과 장정이라는 근대적 출판물의 표지 또한 딱지본에서 시작되었다. 전통적인 민화와 서구적 회화

기법이 병행된 딱지본의 표지그림을 통해서 그림과 문자가 매체를 통해 본격적으로 결합하게 되는 것이다.

딱지본 소설은 책 읽기의 대중화·근대화에 결정적인 계기를 제공했다고 평가할 수 있다. 익숙한 옛 이야기나 새로운 이야기들을 대량 생산해서 값싸게 판매함으로써 문자문화 자체가 확산되고 취미로서의 독서가 일상생활 안에서 자리잡게 된 것이다. (곽승미)

신소설, 고소설, 근대문학

참고문헌
천정환, 『근대의 책읽기』, 푸른역사, 2003.

뜻겹침 ☞ 애매성

라이트 모티프(Leitmotif, 주도동기)

　　모티프는 문학에서 자주 반복되어 나타나는 하나의 요소이며 사건이나 기법이나 공식의 한 유형이다. 독일어로 라이트 모티프(주도동기)는 리하르트 바그너(Richard Wagner)의 오페라나 토마스 만(Tomas Mann), 제임스 조이스(James Joyce), 버지니아 울프(Virginia Woolf), 윌리엄 포크너(William Faulkner) 등의 소설에서처럼 한 단일한 작품 안에 있는 의미심장한 문구나 상투적인 묘사 및 이미지들의 복합을 자주 반복하는 데에도 사용된다.

　　주도동기라는 말의 현대적 용법은 작곡가 리하르트 바그너의 이론적 저작으로 거슬러 올라간다. 다만, 바그너가 실제로 사용한 말은 기본 모티프(grund−motiv)였다. 스스로 '악극(musical drama)이라고 부른 장대한 오페라곡을 조직하기 위해 바그너는 음악상의 맹아(萌芽)적인 관념들의 체계를 이용했다. 그 관념들 하나하나는 길이가 얼마 되지 않는 음표이고 특정 인물, 분위기 혹은 테마와 항상 결부되어 있다. 그러므로 주도동기는 통일성을 확립하기 위한 장치이며, 행동 중에 주어진 순간에 과거, 현재, 미래를 연결하는 역할을 한다.

　　모티프는 주제를 형성하는 데 직접 참여할 수도 있고 그렇지 않은 경우도 있다. 주제 형성에 직접적으로 참여하는 모티프를 보통은 음악 용어를 빌려와 라이트 모티프라 한다. 이범선의 「오발탄」에 나오는 "가자!" 모티프는 라이트 모티프에 해당된다. 주인공 '철호' 어머니의 이 짧은 독백은 텍스트에 매우 빈번하게 반복되어 작품의 주제에 긴밀하게 작용하게 된다. "가자!"모티프는 고향과 정상적인 생활을 상실하여 정신 이상자가 되어 버린 어머니의 처절한 절규이며, 지금 이곳에서의 삶이 아수라의 삶인 것을 역설적으로 부각시키는 작가의 목소리이자 작가의 의도된 장치이다.

　　또 한편으로 원형심상, 상징, 물질적 상상력 등을 모티프의 일종으로 보는 관점이 있는데, 이것은 형식주의자들의 관점에서 벗어나 모티프의 개념을 해방시켜 작품의 주제를 이루어 내고 통일감을 주는 주요 단위로 그 의미를 확정 시키려는 문학적 노력의 산물이자 성과라 할 수 있다. (이명재)

반복성, 통일성 확립, 주제 형성

참고문헌
이명섭 편, 『世界文學 批評用語 事典』, 을유문화사, 1985.
조셉 칠더즈·게리 헨치 편저, 황종연 역, 『현대문학·문화 비평용어사전』, 문학동네, 1999.
한용환, 『소설학 사전』, 문예출판사, 1999.

라이프 스타일(Life style)

라이프 스타일은 개인이나 가족의 가치관 때문에 나타나는 다양한 생활양식, 행동양식, 사고양식 등 생활의 모든 측면의 문화적·심리적 차이를 나타낸 말이다. 라이프 스타일 즉 생활양식은 근대세계, 혹은 근대성이라고 부루는 것의 특징이라는 전제에서 시작된다. 그것은 사람들을 구별하게 만드는 행위와 유형이며 사람들이 무엇을 하며, 왜 하며, 그리고 그것이 자신과 다른 사람들에게 무엇을 의미하는지 등에 관해 이해하는데 도움을 준다. 그러므로 생활양식은 근대세계의 일상적 사회생활의 일부이며, 근대사회에서 살지 않는 사람들에게는 이해할 수 없는 방식으로 상호작용 속에서 기능한다.

소벨(Sobel)은 생활양식이란 구별되고, 그래서 인식할 수 있는 생활의 방식이라고 정의하였다. 양식이란 보통 이성적인 다수의 사람들에 의해 공유되면서 표출적(expressive) 행위로 구성된다. 소벨은 미국의 역사에서 그러한 표출적 행위는 소비재와 서비스에 집중되었다고 말하며 이러한 근거로 생활양식이 근대성에 대한 기능적 대응으로 간주될 수 있다고 주장하였다. 소벨의 논의에 기대어 보더라도 생활양식은 대중사회에서 검증하는 사회적 불확실성에 대해 질서잡힌 통제형태로서 기능할 기대의 틀로 작용할 수 있다. 생활양식은 일상생활의 실천적 단어의 일부로서 인위적 창조나 채택이다. 그것은 설명을 위한 해석적 자료, 즉 대중사회의 정치에 필연적으로 근접한, 그러나 매우 중요한 국지적 지식의 형태이다.

라이프 스타일은 원래 사회학과 문화인류학에서 명확한 정의 없이 사용되던 말이었으나, 최근에는 마케팅과 소비자의 행동 연구 분야에서 관심을 가지게 되었다. 그 이유는 시장의 세분화에 있어서 인구 통계학적 분류 외에 소비자의 심리적 측면을 고려할 필요가 있기 때문이며, 나아가서는 제품의 새로운 의미부여, 신제품 개발 등에서도 소비자의 잠재적 요구를 파악할 필요가 있기 때문이다. 즉 소비자 행동을 결정하는 주체가 소비자로서 합리적인 경제원칙에 의거하여 행동할 뿐만 아니라 주체성을 가지고 자신의 생활을 설계하는 생활자로서의 의식을 갖는다는 것을 전제로 성립한 것이다.

생활양식의 사회적 현상은 근대성 발전과 함께 하는 통합적 특징이다. 이것은 특히 생활양식이 근대성을 규정하는 특징인 개인적 정체성에 대한 탐구의 주요한 표현인 것이다. 첫째 생활양식의 불안정성과 다양성 속에서, 사회적 담론의 설명으로서 사회구조적 형태를 권위적으로 서술하는 거대담론은 흔들리기 시작했고 둘째, 생산 및 분배의 조직은 국민적 경계를 넘어서는 발전에 의해 생활양식 관심에 봉사하며, 국민문화의 모든 관념을 조롱거리로 만들었다. 그리고 세 번째는 생활양식은 공적 및 사적 영역 사이의 확립된 구별을 희미하게 만들고 변형시키는데 작용한다. 그렇게 함으로써 생활양식은 사회적 존재의 개인적, 집단적 형태 사이의 관계에 대한 새로운 이해를 제공하고 구성하는데 작용한다. (진선영)

생활양식, 행동약식, 사고양식, 근대성, 일상성, 소벨

참고문헌
데이비드 체니, 김정로 역, 『라이프 스타일』, 일신사, 2004.
정준, 『가치관의 변화와 라이프 스타일의 변모』, 한국소비자보호원, 1997.

라쿠고(落語)

골계스런 내용을 재미있게 이야기하여 청중을 즐겁게하는 일본 특유의 예능의 하나이다. 오늘날에도 높은 시청률을 보여주는 텔레비전 방영 프로그램 등을 통하여 일본서민들의 사랑을 받고 있다. 연기 방식은 라쿠고를 전문으로 하는 예능인인 라쿠고가(落語家)가 기모노를 입고 방석에 앉아 부채나 수건을 이용하여 해학적인 이야기를 한다. 주로 골계가 중심인 회화 위주의 이야기로, 한 명의 라쿠고가가 여러 인물의 목소리를 내며 손짓·몸짓·표정 연기 등으로 관중을 즐겁게 한다. 이야기의 끝부분에 의외의 결말을 뜻하는 오치(落ち)가 있어서 효과적이고 문학적인 마무리를 던져준다.

라쿠고는 에도시대에는 이야기를 뜻하는 하나시(はなし, 噺, 咄), 오토시바나시(落しばなし), 가루쿠치(軽口), 골계바나시(滑稽ばなし)라고도 불리웠는데, 메이지시대에 들어서서 라쿠고라는 명칭으로 정착되었다.

그 시작은 중세말 영주나 쇼군 곁에서 말상대를 하던 재담가인 오토기슈(御伽衆)까지 거슬러 올라갈 수 있다. 그리고 17세기 초 여러 단편 이야기를 모아 간행한 『세이스이쇼』(醒睡笑)에는 라쿠고의 원형을 이루는 이야기가 많이 수록되어 있다.

에도시대 전기에는 사람들의 왕래가 많은 길거리에 서서 짧고 재미있는 이야기를 말하여 구경꾼이 던져주는 돈을 받는 예능인이 오사카·교토·에도 등의 근세도시에 나타났다. 이것이 본격적인 라쿠고의 시작으로, 재담·만담·야담 등을 들려주는 상설 옥내 공연장인 요세(寄席)가 발달하면서 뛰어난 능력을 지닌 직업적인 라쿠고가가 등장하여 일세를 풍미하였다. 이들 라쿠고가를 지탱하는 것은 입장료를 지불하며 요세를 찾는 서민층이었다. 이미 서민의 오락으로 정착하여 에도에만 백여 곳의 요세가 번영하였고, 덴포 개혁으로 탄압을 받아 일시 쇠퇴하지만 다시 부흥하여 메이지시대에는 더 큰 전성기를 누린다.

특히 근대 라쿠고의 아버지로 평가받고 있는 산유테이 엔초(三遊亭円朝)는 뛰어난 연기력과 창장력을 발휘하여 대단한 인기를 얻었다. 「괴담 모란등롱」을 비롯한 엔초의 라쿠고 상연을 그대로 필록한 속기록이 간행되어 메이지기의 언문일치 운동에 영향을 끼치기도 하였다. 근대 최초의 언문일치에 의한 사실주의 소설 『우키구모』(浮雲)를 쓴 후타바테이 시메이(二葉亭四迷)가 엔초의 속기록을 높이 평가 하였음은 라쿠고와 근대소설과의 관계를 보여주는 하나의 사실이라 할 것이다. (최관)

고단, 오토기슈, 세이스이쇼, 요세, 산유테이 엔초, 후타바테이 시메이, 하나시

라프(RAPP)

라프는 '러시아 프롤레타리아 작가동맹'의 약칭으로서 1925년 제1회 전연방 프롤레타리아 작가대회를 통해 결성되었다. 라프의 결성은 소련의 경제복구가 어느 정도 끝나가는 시점에서 당 지도부가 문화단체를 정비하고 점차 통제력을 강화해나가는 상황을 배경으로 한 것이다. 당시 소련의 당 지도부는 각종 문화예술단체를 적극적으로 조직, 정비해나가는데 그 중의 하나가 라프이다. 라프결성 직전의 러시아 문학계는 마야코프스키의 좌익예술전선(LEF)과 『문학과 예술』의 트로츠키파, 그리고 이에 대항하는 잡지 『붉은 처녀지』 세력으로 나뉘어져 있는 상태였다. 문학 분야에서 라프의 결성은 당시의 복잡한 문학적 흐름에 대한 일단의 정리를 의미했다.

라프의 결성은 1922년 조직된 '10월 그룹'을 모태로 삼고 있다. 10월 그룹은 '전러시아프롤레타리아작가연맹'(VAPP)의 소멸과 그 지도그룹격인 '대장간'의 형식주의 경향에 대항하여 조직된 바 있다. 10월 그룹을 모태로 결성된 초기 라프 조직의 중심 인물은 에르밀로프, 리베딘스키, 아우에르바하, 파제예프 등이다. 이들은 유물변증법적 창작방법과 프롤레타리아 문학운동의 볼세비키화를 기치로 내걸고 문예지 『나 리테라투르놈 포스투』를 창간(1923)하여 활동을 전개해 나갔다. 라프는 당시의 소련 내부에서 입장을 달리하는 다수의 문학운동 조직들에 대하여 당 지도부와 보조를 맞추면서 투쟁을 벌여 나갔다. 결성 초기 라프의 이런 활동은 당 지도부의 지지를 받았지만 차츰 기계적 창작방법의 강요와 분파적 조직론의 전개에 의해 문학의 발전을 가로막고 있다는 비판에 직면하게 된다.

당시 소비에트 문학권 내에서 가장 큰 규모와 영향력을 행사했던 라프는 자신의 정책적 목표를 프롤레타리아문학과 비프롤레타리아문학을 명확하게 구분하고 대립시키는 데 두고 있었는데 1931년 이와 관련하여 '동반자인가, 반(半)'프롤레타리아 작가인가 '라는 논쟁이 촉발되기도 했다. 30년대에 접어들면서 당 지도부의 방침과 라프의 정책은 상호 대립하기 시작하고, 1932년 4월 당중앙위원회의 「문학예술 조직의 개편에 대하여」라는 결정에 의해 라프 조직은 마침내 해산을 맞이하게 된다. 그 뒤 1934년 라프를 뒤이어 '소비에트 작가동맹'이 결성되었다. (임영봉)

10월 그룹, 볼세비키화, 소비에트 작가동맹

참고문헌

홀거 지이겔, 정재경 역, 『소비에트 문학이론』, 연구사, 1988.
C. V. James, 연희원 역, 『사회주의리얼리즘론』, 도서출판 녹진, 1990.

랑그(Langue)/파롤(Parole)

소쉬르는 인간 언어의 총체 중에서 언어학의 연구 대상에 속하는 측면을 랑그라 하고 직접 경험 관찰할 수 있는 연구 재료로서의 언어 현상을 파롤이라 한다. 소쉬르나 프라그 학파나 미국의 구조주의에게 있어서 랑그란 하나의 관계체계로서, 그 구성 요소들이 독립적으로는 어떤 가치도 가지고 있지 않은 서로 연결된 일련의 관계체계로 간주되었다. 개개의 랑그는 그 랑그의 화자들 전체에 공통적인 함축적 문법 체계를 제시한다. 소쉬르가 랑그라고 부른 것은 바로 이 체계이며, 개인적 다양성에 속하는 것은 파롤이다. 언어활동langage이란 모든 인간에게 공통적인 특성으로서 인간의 상징화하는 능력에 속하는 것으로서 랑그와 파롤이라는 두 구성인자를 제시한다. 따라서 랑그란 언어활동의 정해진 일부분이지만 본질적인 부분이다. 소쉬르가 정의한 바에 의하면 음운론자나 구조주의자들이 연결되어 있는 것은 바로 랑그의 연구이다.

이 이론에 의하면 랑그란 사회적 산물이고 반면에 파롤이란 '언어활동의 개인적 구성인자'로, '의지와 지성의 행위'로 정의된다. 랑그란 개인이 그것을 피동적으로 수탁한다는 의미에서 사회적 산물이다. 언어활동의 사회적인 이 부분은 개인 바깥에 있어서 개인은 그것을 창조할 수도 없고 수정할 수도 없다. 그렇기 때문에 공동체의 구성원들은 그들이 만일 의사소통을 하고자 한다면 거기에 통째로 복종해야 하는 집단적 계약이다. 소쉬르적 용어에서 랑그란 '동일한 공동체에 속한 주체들에게서 파롤의 실천으로 위탁된 보고'이며 '개개의 두뇌 속에 위탁된 각인들의 합계'이고 '모든 개인들에게 축적되어 있는 언어적 이미지들의 합계'이다. 이처럼 랑그란 언어학적 공동체의 모든 구성원들의 의식 속에 존재하는 언어활동의 일부로서 파롤의 수많은 구체적인 행위들의 사회적 실천으로 위탁된 각인들의 합계이다.

현대언어학에 본질적인 소쉬르의 원리들 가운데 하나는 랑그를 기호들의 한 체계로서 정의하는 것이다. 하나의 기호란 그것을 둘러싸고 있는 다른 기호들과의 관계에 의해 정의된다. 랑그의 상태에서는 모든 것이 기호들 사이의, 혹은 언어학적 단위들 사이의 관계들―대립관계들, 차별관계들, 결합관계들―에 근거를 두고, 이 관계들 전체는 상징들이나 기호들의 한 체계를, '그 고유의 순서만을 인정하는 하나의 체계'를, '그 모든 부분들이 공시적인 연대성 속에서 고려되어야 하는 하나의 체계'를 형성한다. 반면에 파롤이란 동일한 집단의 공동체에 속하는 개인들의 약호들을 사용하는 개인적인 방식으로서 언어활동의 개인적 부분, 개인이 누릴 수 있는 자유와 환상과 다양성의 영역이다.

소쉬르의 정의에 의하면 화자는 자신의 머리 속에 '기억'의 형태로 '저장되어 있는' 말(랑그)을 '의지적 지적 행동'을 통해 음성적 실체 속에 실현(파롤)시킨다. 즉 머리 속에 잠재적으로 존재하는 언어요소를 제한된 규칙에 의해, 의사소통의 요구에 따라 결합시켜 자신의 경험 사고 의사를 전달할 수 있는 발화체를 만들어낸다. 이처럼 적극적이고 창조적인 활동으로서의 언어실행이 파롤이다. 반면에 언어 사용자가 반복되는 언어 사용, 언어 활동을 통해 수동적으로 저장해 놓은 말, 필요에 따라서 사용하기 위한 잠재적 실체로서의 말이 랑그이다. 파롤은 언어활동의 적극적 활동적 측면을, 랑그는 그것의 소극적 수동적 측면을 나타낸다.

아리스토텔레스가 시학에서 감동의 원리를 찾고자 한 것이나 러시아 형식주의자들이 문학작품의 분석에서 '문학성 littérarité'을 찾고자 한 것은 문학에서의 랑그를 규명하고자 한 것이다. 그럼에도 불구하고 개개의 문학작품은 그 고유의 독창성을 지니고 있어서 문학의 랑그만으로 문학 작품의 비밀을 알 수 있는 것이 아니라 작가나 작품에 나타난 독창성을 발견할 때 그 작품의 참다운 비밀을 알 수 있다. (김치수)

화용론, 러시아형식주의

참고문헌
김치수 편역, 『구조주의와 문학비평』, 홍성사, 1980.
츠베탕 토도로프, 김치수 역, 『러시아형식주의—문학의 이론』, 이대출판부, 1988.
소쉬르, 최승언 역, 『일반언어학강좌』, 민음사, 1997.

러시아 형식주의

형식주의 formalisme이라는 말은 1915년~1916년에 발생해서 1920년대에 번성하다가 1930년대에 이르러 소비에트 정부에 의해 강제 해산된 문학운동이다. 이 운동의 모체는 1915년에 설립된 '모스크바 언어학 서클'과 1916년에 설립된 '시어연구회 Opoïaz'이다. 이 운동이 세계에 널리 알려진 것은 로만 야콥슨 Roman Jakobson 이 미국에 망명하여 서방 세계에 소개한 것과 함께 구조주의가 문학 연구의 과학화라는 꿈을 갖게 한 것을 계기로 삼고 있다.

초기의 형식주의 운동은 당시의 전위예술인 미래주의futurisme 시운동과 함께 전통적인 문학이론에서 중요시했던 '영감', '상상력', '천재' 등의 개념을 공론으로 취급하고 독특한 문학성이란 작가나 독자의 정신 속에 있는 것이 아니라 작품 자체 속에 있다는 관점으로부터 출발한다. 그들의 주장은 1) 문학 작품과 그 구성 요소들의 강조, 2) 문학 연구의 자율성의 주장으로 요약된다. 따라서 그들은 미학이나 철학, 사회학 등의 문제에 무관심하고 아름다움과 예술의 의미 문제를 낡은 문제로 삼는 반면 예술적 형식과 그 진화과정을 중요시한다. 슈클로브스키는 '기법으로서의 예술'이라는 글에서 시를 특징짓고 그 역사를 결정짓는 것은 이미지가 아니고 '문학적 재료를 정리하고 처리하는 방법'이라고 함으로써 문학의 형식 문제에 중요성을 부여한다. 그에 의하면 '예술이 이미지들에 의한 사고이다'라는 명제는 시적 언어와 산문언어를 구별하지 못한 데서 유래한다. 일상 언어가 간단해지려는 경향을 가지고 있고 그 언어행위가 습관화되고 자동화되려는 반면에 시적 언어는 단순해지기를 거부하고 그 언어행위가 습관적으로 이루어지는 것을 배격한다.

　여기에서 러시아형식주의자들의 낯설게 하기 singularisation 이론이 나온다. 정보 전달적 '산문'에서 은유는 대상을 독자들에게 가깝게 가져다주거나 혹은 적절하게 납득시킨다면, 시에서 은유는 의도한 미학적 효과를 강화하는 수단으로 사용된다. 시적 이미지는 낯선 것을 낯익은 용어로 번역하기보다 습관적인 것을 새로운 견지에서 표현하거나 또는 그것을 예기치 않은 문맥 속에 넣음으로써 낯설게 만든다. 묘사된 대상을 '낯설게 만든다'는 슈클로브스키의 이론은 이미지의 시적 사용으로부터 시적 예술의 기능으로 그 강조점을 바꾸어 놓는다. 그것은 대상을 새로운 인식 영역으로 이동시키는 것이며, 일상과 습관의 냉혹한 유혹에 맞서는 것이다. 따라서 시인은 상투적 표현과 거기에 따르는 기계적 반응을 결정적으로 거부함으로써 대상들에 대한 새로운 감각을 회복시킨다. 그 예를 든다면 톨스토이의 「홀스토머」라는 단편소설이다. 말이 화자인 이 작품에서는 말의 주인과 그 친구들이 보여주는 사회적 관습과 제도들, 인간들의 위선과 변덕들이 동물의 관점에서 인간을 부끄러운 존재로 인식하게 만든다.

　슈클로브스키는 예술이 존재하는 이유를 '생활감각을 되찾기 위하여', '돌이 정말로 돌이라는 것을 느끼기 위하여' 필요한 것이라는 데서 찾는다. '예술의 목적은 대상에 대한 감각을 인식으로서가 아니라 시각으로서 부여하는 것이다.' 그렇기 때문에 '예술의 기법은 대상들의 낯설게 하기 기법이고 의식의 자동화를 방지하는 기법이며 지각의 지속 가능성을 증가시키는 기법이다.'

　그들이 규명하고자 한 이론적 주제들은 1) 일상 언어와 시적 언어의 관계, 2) 시구의 음성학적 구성, 3) 시행의 구성원리로서 억양의 문제, 4) 시와 산문에 있어서 운율과 리듬, 5) 문학연구의 방법, 6) 옛날이야기의 형태학, 7) 서사 형태의 구조 등이다.

　그들은 문학 작품 속에 내포되어 있는 '사실들의 과학적 연구'를 통해 문학과학을 정립시키고자 한다. 그들에 의하면 '문학과학의 대상'은 총체로서의 문학이 아니라 '문학성 litterarite'이다. 문학성이란 어떤 작품을 문학 작품이게끔 만드는 것이다. 따라서 진정한 문학연구가라면 문학적 재료들의 독특한 특징들의 연구에 전념해야 한다는 것이다. 문학의 구성 원리에 대한 이들의 뚜렷한 이론은 1950년대 이후 구조주의 문학연구에 중요한 이론적 출발점을 제공하고 나아가서는 문학 기호학의 근거를 제공한다. (김치수)

미래주의, 낯설게 하기, 구조주의, 기호학

참고문헌
츠베탕 토도로프, 김치수 역, 『러시아형식주의—문학의 이론』, 이대출판부, 1988.
얼리치, 박거용 역, 『러시아형식주의』, 문학과지성사, 1995.

러시아-소비에트 미학

　1917년 러시아 혁명 이후의 소비에트연방 시기에 전개된 맑스—레닌주의 미학의 한 경향을 말한다. 초기(1920~1934)에는 체계로서의 미학의 수립이라는 과제보다는 예술이 사회 속에서 차지하는 위치를 해명하는 데 논의가 집중되었다. 그리하여 예술의 사회적 결정성, 이데올로기로서의 예술에 관심이 모아졌다. 이 시기의 미학은 소위 예술의 사회적 등가, 계급적 등가를 발견하려는 시도로 특징지어질 수 있으나, 예술에 대한 속류사회학주의적 이해라는 부정적 편향을 가지고 있었다.

그 후 1934년 소비에트작가동맹 제1대회에서 '사회주의 리얼리즘'이라는 창작방법론으로 정식화되면서 이전 시기의 속류사회학주의적 왜곡도 서서히 극복되기 시작한다. 이 시기(1934~1956)에 예술은 단순히 사회적 현상, 이데올로기적 현상이라는 인식수준을 넘어, 현실을 인식하고 반영하는 특수한 형식으로 이해된다. 이 시기에 소비에트 미학은 과거 리얼리즘의 유산과 인민의 미래에 대한 지향을 결합하여 새로운 이론적 지침으로서 사회주의 리얼리즘을 구체화하는 것을 기본 과제로 하고 있었다.

그 후로 이어지는 시기(1956~1966)는 체계로서의 미학을 수립하기 위한 모색기로 특징지어진다. 이 당시 대립의 양축을 이루고 있었던 것은, 미가 자연적 속성이라고 주장하는 '프리로드니키'(자연론자)와 미가 사회적 속성이라고 주장하는 '옵셰스트베니키'(사회론자)였다. 이 시기의 특징은, 예술이 이제 단순히 인식의 특수한 형식에 불과한 것이 아니라, 반영과 변형을 포함하는 현실 전유의 특수한 형식으로 파악되었다는 데 있다. 이로써 예술의 특수성에 대한 한층 포괄적인 접근방법에로의 길이 열리게 되었다.

논쟁 이후의 시기(1956년 이후)는 논쟁에서 얻어진 성과를 토대로 미와 예술에 대한 가치론적 접근방법이 주류를 이루게 되었다. M. S. 까간은 1963년에 기존의 두 입장을 비판하면서, '미적인 것'이란 주관과 객관이 특수한 방식으로 결합된 가치론적 범주라는 주장을 내놓았다. 그 후 1965년까지 소위 '가치 문제'를 둘러싼 논쟁이 벌어지고, 이 논쟁의 성과가 심포지엄 자료집(『맑스주의 철학에서 가치의 문제』, 1966)으로 정리되기도 했다. (권채린)

맑스-레닌주의 미학, 사회주의 리얼리즘

참고문헌
M. S. 까간, 진중권 역, 『미학 강의1·2』, 새길, 1998.
소비에트과학 아카데미 철학연구소, 최준혁 역, 『러시아 철학사1·2·3』, 녹두, 1989.

레닌주의(Leninism)

러시아 볼셰비키 혁명의 지도자였던 블라디미르 일리치 레닌이 설명한 원리들. 『공산당 선언』에서 칼 맑스와 프리드리히 엥겔스는 공산주의자와 그들의 당을 각국의 노동계급 정당들 가운데 가장 진보적이고 확고하며 다른 정당들에게 추진력을 제공하는 당으로 정의했다. 레닌의 사상은 이와 같은 개념에 바탕을 두었는데, 레닌에 의하면 공산주의자는 다음과 같이 설명된다. 첫째, 맑스주의 원리에 입각하여 역사와 사회를 과학적으로 이해하고, 둘째, 자본주의 체제 전복과 사회주의 건설에 헌신하며, 셋째, 정권을 획득한 후에도 위의 변화를 성취하기 위해 매진하고, 넷째, 필요하다면 폭력을 포함한 어떤 수단을 써서라도 정권을 획득하려고 노력하는 지극히 헌신적인 지적 엘리트이다. 레닌의 소수 정예에 대한 강조는 혁명운동에 있어서의 효율성과 분별력의 요청 및 그의 정치사상에 내재한 권위주의적 경향에서 유래했다.

사회주의 사회에 대한 레닌주의의 무절제한 추구는 소련이라는 전체주의 국가를 탄생시켰다. 후진 상태에 있던 러시아의 여건이 자연스럽게 사회주의를 이끌어내지 못했으므로 권력을 장악한 볼셰비키는 사회주의를 실현시킬 제반 법률을 제정하고 대중의 저항을 제압하기 위해 독재적인 권력과 강제력을 행사해야만 했다. 반대세력은 용인되지 않았고 정치적 · 경제적 · 문화적 · 지적 생활의 모든 국면은 당에 의하여 엄격하고 획일화된 방식으로 규제되었다. 사회주의 사회의 건설은 혁명 이전 시대를 지배했던 법규범이나 윤리 · 도덕에서 벗어나 공산당 관리들과 관료들의 새로운 독재체제 하에서 수행되었다. 본래 맑스—레닌주의는 프롤레타리아의 승리와 더불어 계급 투쟁이 끝날 것이기 때문에, 맑스가 부르주아 계급의 지배기관으로 정의했던 국가는 마침내 소멸해갈 것이라고 예측했다. 그러나 러시아에서의 공산당 지배는 엄청난 권력을 행사하는 국가기구를 낳았다. (고봉준)

프롤레타리아 독재, 신경제정책, 공산주의, 사회주의, 부르주아

참고문헌
임석진 외, 『철학사전』, 중원문화, 1987.
한국철학사상연구회, 『철학대사전』, 동녘, 1997.
레닌, 이길주 역, 『레닌의 문학예술론』, 논장, 1988.
────, 최호정 역, 『무엇을 할 것인가』, 박종철출판사, 1999.

레디 메이드 ☞ 기성품 예술

레이이단(靈異譚)

레이이단이란 기이(奇異)한 현상내지 종교적 영험(靈驗)으로 다분히 비사실적인 영이담(靈異譚記)을 가르킨다. 현존하는 일본 최고의 영이담은 일본 영이기(日本靈異記)에 실려 있다.

일본 영이기(日本靈異記)는 일본 최고의 불교 설화집으로 810~824년에 성립된 3권의 설화집이다. 이 설화집이 만들어진 시기를 추정해 보건대 하권순서에 787년을 기점으로 한 연대 계산이 있어 787년에 처음 편찬된 책이 성립이후 몇 번의 증보를 거쳐 현재의 형태가 성립된 것으로 생각된다. 각 권 모두와 하권 말미에 보면 케이카이(景戒)라는 이름이 있는 것으로 보여 이 사람이 편자로 추정된다. 케이카이는 아내와 아들이 있는 승려로써 바람기 있는 인물이다.

이 설화집의 형식을 보면 각 설화에는 표제가 붙어 있고, 본문은 한문체이며 가요, 정형시(和歌)는 카나로 표기된다. 설화의 제명은 가보나 선악을 어떻게 받게 되었는지 이유를 기술하는 것이 제명으로 붙여졌다. 이야기의 서술은 다양하지만 주인공, 장소, 시대, '옛날 옛적에'하는 순으로 서술하는 것이 일반적이다. 원본의 상권에는 24가지의 이야기가 있고, 중권에는 19가지, 하권에는 14가지의 이야기가 수록되어 있다. 하지만 현재 전해지고 있는 사본에는 상권에 35가지, 중권에 42가지, 하권에 39가지 이야기 있다. 이것은 원본의 이야기에 후대의 사람들이 증보한 것으로 증보한 설화에는 불교적 이야기와 더불어 불교와 상관없는 신기한 이야기도 상당부분 첨가 되었다.

구체적인 내용을 살펴보면 현보선악(現報善惡)과 영이(靈異)를 주제로 한 불교 설화가 많이 수록되어 있다. '현보'는 현세 행위의 과보가 내세가 아니라 현세에 재출현하는 것으로, 현보선악이라는 말은 좋은 과보뿐만 아니라 나쁜 과보도 출현한다는 것을 표현한 말이다. '영이'는 영묘의 의미이며 부처님의 힘이 구체적으로 현현하는 것을 뜻한다.

이 책은 특히 산보에(三寶絵, 984년에 지어진 불교 설화집)와 콘자쿠모노가타리슈(今昔物語集, 12세기 전반 편자미상의 고대 설화집)에 영향을 주었다. 그 밖에도 자서(사전), 사서(역사서), 다른 설화집에도 직·간접으로 영향을 주었다.

영이기의 원본은 존재하지 않는다. 조금 남아 있는 원본과 사본의 내용을 합쳐서 원본을 추정할 따름이다. 현재 5종류의 사본이 있는데 4종류는 절에서, 1종류는 특정가문에서 소장하고 있다. (진선영)

영이담, 불교 설화집, 케이카이, 산보에

참고문헌
구송잠일, 『일본문학평론사』, 지문당, 1936.
전촌원징, 노성환 역, 『일본고대불교관계사』, 학문사, 1985.
문명재, 『일본설화문학연구』, 보고사, 2003.

레제 드라마

레제 드라마(lese drama)는 '읽는 희곡', '독서용 연극', '안락의자 연극', '서재극'(書齋劇, closet drama)을 뜻한다. 공연보다는 읽혀지도록 쓰여진 텍스트이다. 무대적인 연출보다는 문학적인 아름다움, 깊이, 상상력, 시적인 표현 등에 관심을 가지고 감상한다. 최초의 작가는 로마시대의 세네카였지만, 이 양식이 유행한 것은 19세기 전반기며, 여유 있는 독서층의 형성과 관련이 있다. 뮈세의 <안락의자 연극>(1832), 셸리의 <첸치>(1819)와 <해방된 프로메테우스>(1820), 바이런의 <맨프레드>(1817) 등이 유명하다. 낭만주의시대는 감성과 자유, 이국취향을 중시했으므로 무대와는 상관없이 작가의 상상력을 통해서 복잡하고 기이하고 난해한 희곡을 발표하는 풍조가 있었다.

20세기 들어와서 실험주의, 전위주의 연극이 널리 확산되고, 모든 텍스트는 연출가에 의해 무대화 될 수 있다는 개방적인 사고에 의해 레제 드라마는 독자성을 잃게 되었다. 종래 레제 드라마로 지칭된 작품은 물론, 소설, 시, 신문기사, 일기, 답사기 같은 것들도 모두 각색되어 공연될 정도로 텍스트에 대한 개념이 확장되었다. 희곡의 문학성보다는 연극의 무대성이 드라마의 가치를 결정하는 방향으로 변화되었기 때문이다. 예컨대 폴 클로델의 <비단 신>(1924)은 레제 드라마였지만 무대에서 공연되어 주목 받았다. (서연호)

읽는 희곡, 독서용 연극, 안락의자 연극

참고문헌
빠트리스 파비스, 신현숙 역, 『연극학사전』, 현대미학사, 1999.
한상철(외), 『연극사전』, 한국문화예술진흥원, 1981.

레즈비언 비평(Lesbian criticism)

레즈비언 비평은 그 자체로 레즈비언 페미니즘과 레즈비언 문학의 부산물이다. 이러한 비평 방식은 최초의 레즈비언 단체인 DOB(Daughters of Bilitis)에서 만든 『사다리 Ladder』라는 잡지의 1957년 5월 특집("Lesbiana")에서 처음으로 사용되었다. 특히 마리온 짐머 브래들리(Marion Zimmer Bradley)는 비정상적인 것으로 치부되었던 '잊혀졌던' 레즈비언 텍스트를 분석한 쟈넷 포스터(Jeannette Forster)의 『문학 속에 나타난 다른 성의 여성들 Sex Variant Women in Literature』를 다루었다.

레즈비언 비평은 게이 비평과 마찬가지로 이성애주의에 대한 비판을 전제한다. 그러나 레즈비언 비평은 페미니즘 비평에서 분파되었지만 페미니즘 비평을 비판하면서 시작된다. 레즈비언 비평은 1980년대 학문의 독립성을 확보하기 이전에 페미니즘 비평의 하나로 나타났다. 그러나 페미니즘이 인종적·문화적·성적 차이를 수용하지 못한 채, 백인, 중산층, 이성애 여성들의 경험만을 보편화하는 주류적 경향을 보이자 흑인, 하층계급, 동성애 여성들의 비판을 받게 된다. 레즈비언 비평은 이러한 맥락에서 페미니즘이 인종과 계급, 성적 취향의 차이와 상관없이 본질적인 여성 정체성을 상정하는 방식을 비판한다. 특히 보니 짐머만(Bonnie Zimmerman)은 "What Has Never Been : An Overview of Lesbian Feminist Criticism"에서 이러한 페미니즘적 본질주의를 비판하면서, "이성애적 인식의 장막"으로 인해 진보적인 페미니스트들조차 레즈비언의 문제에 대해 생각하지 않는다(p.180)고 지적한다.

'고전적' 페미니즘과 레즈비어니즘간의 이러한 비평적 견해 차이를 어느 정도 완화시킨 사람이 바로 '레즈비언 연속체'라는 개념을 만들어낸 리치이다. 그러나 이 개념은 여성들 간의 비공식적인 네트워크 구성에서부터 여성들 간의 우정, 그리고 성적 관계까지 포괄하는 개념이기 때문에 이성애주의를 비판하는 레즈비언 비평의 본래 취지를 흐리게 할 수 있다. 그 결과 레즈비언 비평은 1980년대를 거치면서 주류 페미니즘으로부터 완전히 벗어나게 되고, 이후 제2의 레즈비어니즘으로 알려진 '퀴어 이론'과 연대하게 된다. (심진경)

게이 비평, 페미니즘 비평, 레즈비언 연속체, 퀴어 이론

참고문헌

Green, Gayle & Kahn, Coppelia eds., Making a Difference : Feminist Literary Criticism, Methuen, 1985.

Eve Kosovsky Sedgwick, Epistemology of the Closet, Harvester, 1991.

Munt, Sally, ed., New Lesbian Criticism : Literary and Cultural Readings, Harves—ter, 1992.

레즈비언 연속체(Lesbian continuum)

이 용어는 「강제적인 이성애와 레즈비언적 존재」("Compulsive heterosexuality and lesbian existence", 1980)에서 에이드리언 리치가 쓴 신조어로, 1970년대 페미니즘 담론 내에서 작동했던 레즈비어니즘(lesbianism)에 대한 협소한 기술에 저항한다. 리치는 여아에게 젖을 먹이는 것에서부터 여성적 우애까지, 나아가 생식기적 성관계에서부터 여성들간의 정치적 연대까지, 여성들의 관능적 행위의 폭넓은 '연속체'를 포괄하는 레즈비언적 존재의 특성을 분석하였다. 그리하여 "이는 단지 여성이 다른 여성과 생식기를 통한 성 관계를 갖거나 의식적으로 그것을 원한 적이 있다는 사실만을 가리키는 것은 아니다. 풍부한 내면생활을 공유하고, 남성의 횡포에 대항하여 단결하고, 실질적인 정치적 지원을 제공하는 것과 같은 여성끼리의 일차적이면서 다양한 결속까지를 포함시킬 수 있는 것이다. 그런 점에서 임상의학적인 협소한 '레즈비어니즘'이라는 개념으로 인해 간과하게 된 여성들의 역사나 심리 영역을 폭넓게 이해할 수 있게 된다." 따라서 리치에게 레즈비어니즘의 반대말은 '단순한' 이성애가 아니라, 레즈비언적 체험을 부정함으로써 여성들간의 관계를 와해시키는 '강제적인 이성애'가 된다.

리치는 여성적 관계 내에 존재하는 관능성을 "육체의 일부 혹은 육체 그 자체에 한정되지 않는 것"으로 재정의함으로써, 현존하는 문학적 · 역사적 학제를 구성하는 규범적인 이성애적 가정 때문에 접근불가능했던 레즈비언 텍스트를 재발견하고 재해석할 수 있는 가능성을 열어 놓았다. 이러한 리치의 시도로 인해 레즈비어니즘은 단순한 성적 의미를 넘어서 여성들간의 현실적이고 정치적인 연대를 구성하는 요소로 의미화된다. 그러나 리치의 연속체 개념을 비판하는 사람들은(특히 폴리나 파머 Paulina Palmer)이 개념이 레즈비언적 정체성의 역사적 · 정치적 · 성적 특수성을 삭제할 우려가 있다고 주장한다. 즉 레즈비어니즘으로부터 성적인 요소를 제거해버림으로써 레즈비어니즘 본래의 취지는 '소독되고 살균된 채' 다른 무엇으로 탈바꿈하게 된다는 것이다. (심진경)

레즈비언, 레즈비어니즘, 강제적인 이성애, 레즈비언적 체험

참고문헌

제프리 웍스, 서동진 · 채규영 역, 『섹슈얼리티 : 성의 정치』, 현실문화연구, 1994.

Rich. A(1980) "Compulsory Heterosexuality and Lesbian Existence", Signs, 5, 4 : 631~60.

렌카(連歌)

렌카는 와카(和歌)를 모태로 해서 중세에 유행, 발달한 시의 형식으로 우아하고 아름다운 노래이다. 렌카는 7~8명이 공동 제작하는 형태를 취하고 있는데 이러한 공동제작의 자리를 카이세키나 자(座)라고 부른다. 카이세키는 공동 제작에 참여하는 사람들이 마음을 맞추는 것과 동시에 서로의 기술을 경쟁하는 자리였기에 필연적으로 지도자와 집필자가 필요하게 되었고, 이러한 필요성으로 인해 전문적인 렌카시(連歌師)가 생겨났다.

렌카의 기본형식은 100구이다. 5·7·5자의 상구에 7·7자의 하구를 붙이고 다시 5·7·5자의 상구에 7·7자를 붙이면서, 이러한 형식을 계속해서 반복하여 100구를 이루는 것이다. 이렇게 연달아, 연속해서 만든다는 의미의 렌카는 천구(千句)나 만구(萬句)를 이루는 것도 있으나 그 기본단위는 백구라 할 수 있다.

렌카는 공동제작의 형식을 취하고 있기 때문에 참여하는 개인들의 독립성을 보장하면서도 전체적인 조화와 아름다움을 추구해야하는 예술이다. 참여자는 앞서 이루어진 구를 받아 자신의 생각과 감흥으로 자신의 구를 완성하는 동시에 전체의 진행과 정조에 위배되지 않는 구를 붙여야 하고, 자신의 구를 다양하게 변화 가능하지만 그 변화에도 절도와 조화가 필요하다. 한 명이 3~5번까지 전체 내용을 흔들지 않는 차원에서 연속 창작이 가능하다.

내용면으로 볼 때에는 사계절과 순유(巡遊, 여행, 유랑)의 시이며, 정신면으로 볼 때에는 연대(공동창작자들의 동류의식)와 풍아(風雅)의 시이다. 제재는 앞서 살핀 내용을 담을 수 있도록 사계절과 사랑과 여행 등에서 취했다.

렌카는 1086년 정도부터 1221년 사이에 시작된 것으로 추정된다. 이 시기에 처음으로 렌카의 항목과 렌카에 관한 이론이 나타났으며 이 시기의 말엽에 백구 형식이 등장했다. 렌카의 전성기는 가마쿠라 막부 시대로 1221년부터 1335년에 해당된다. 작법이 발달하고 전문적인 선생님이 출현하였으며, 아름다움과 유려함을 추구하면서 백구의 형식이 자리잡는다. 1336년부터 1466년에 해당되는 시기에는 렌카가 완전히 확립되면서 중세의 시로서 자리잡는다. 창작자들의 문학 의식이 상승되면서 뛰어난 지도자가 출현한다. 1467년부터 1603년에 이르면 렌카는 최고의 전성기를 맞게 된다. 그 정조에 있어 유현함과 우아함이 최고조에 달하게 되고 지역적으로 계층적으로 최고의 전성기를 맞이하게 된다. 이 시기의 렌카는 무사나 상인, 직업인 사이에도 유행했다. 넓게 유포되어 최고의 전성기가 되었지만 그 결과 렌카의 매력이 상실되었고 근세로 넘어오게 되면 우아하고 유려했던 렌카는 비속하거나 우스꽝스러운 렌카로 바뀌게 된다.

렌카는 일본의 근대문학 형성에 결정적인 기여를 하였다. 이소다 고이치(1931~1987, 문예비평가)는 렌카를 일본의 정통시라고 주장하며 경치를 묘사하고 정회를 읊는데 있어 렌카 만큼 뛰어난 것은 없다라고 기술하였다. 렌카를 일본의 현대시와 관련지어 생각해보면, 첫째, 렌카의 공동제작은 현대 시인들의 결사나 동인과 통하는 면이 있다. 둘째, 5·7·5자의 상구에 7·7자의

하구를 붙이고 이것이 연속되어 100구를 이루는 것은, 그 하나하나가 최단의 시형식으로 독립하면서도 풍부한 내용과 표현의 세련이 필요하다. 셋째, 앞에 구를 이어받아 개인 창작으로 구를 이어 붙이면서, 개인적인 소양과 능력의 최대치를 발휘한다. 넷째, 백구의 형식은 일견 자유로운 구조이면서도 그 세부까지 계산된 미적인 구조를 가진다. 이렇게 자유롭고 아름답지만 철저히 계산된 형식은 오늘날의 현대적인 일본 시형식에도 지대한 영향을 미쳤다고 할 수 있다. (진선영)

와카, 카이세키, 렌카시, 백구, 일본 현대시

참고문헌
스즈키 사다미, 김채수 역, 『일본의 문학개념 – 동서의 문학개념과 비교고찰』, 보고사, 2001.
임종석, 『일본문학사』, 제이앤씨, 2004.
한국일본학회 일본연구총서간행위원회, 『일본문학의 이해』, 시사일본어사, 2001.

로고스(Logos)

　로고스(logos)란 언어(말), 진리, 이성, 논리, 법칙, 관계, 비례, 설명, 계산 등의 개념을 포함하고 있는 그리스어로, 그 어원은 '말하다'(혹은 '말한 것')에서 나왔다. 로고스는 일상적 언어에서 차차 이성, 사유, 정신이라는 인간의 고유한 정신적 기능과 관련된 개념으로 발전하게 되고, 나아가 종교적인 개념으로 변형된다. 이때의 로고스는 두 가지 의미를 함께 내포하게 되는데, 우주 내부에 존재하는 인간 이성의 능력 혹은 사유로서의 로고스와 우주적인 실재 혹은 사물의 합리적인 근거 내지 법칙으로서의 로고스이다. 로고스는 그리스 철학과 기독교 철학에서 중요한 사상적 기반을 이루고 있는데, 그 개념에서는 차이를 보인다.

　그리스의 철학자인 헤라클레이토스는 로고스를 우주만물을 지배하는 원리로 받아들이고 있는데, 이때 로고스는 세계를 떠나서는 존재할 수 없으며 오직 세계 내에 있는 모든 사물과 인간 내부에 존재한다. 또한 로고스는 우주의 질서와 법칙이므로 세계와 만물은 로고스에 의해 생성, 변화하는 것으로 파악되고, 모든 인간이 사고를 통해 도달할 수 있는 것으로 인식되었다. 소크라테스, 플라톤, 아리스토텔레스 등에 있어서 로고스는 '사물의 근거', '비례', '사고 능력', '인간 정신'의 개념으로 쓰이기도 한다. 이때 로고스는 사물의 본성을 규정하고, 각각의 사물을 고유하고 일정한 것으로 만드는 근거로 작용하는데, 이것은 사물 상호간의 관계에 의해 가능해진다. 또한 고대 철학자 플로티노스(Plotinos)는 단순한 동물과 로고스를 가진 이성적 동물인 인간, 로고스를 초월한 '一者'로서의 신을 구별함으로써, 로고스를 동물과 신의 중간자로서의 인간적 특질로서 규정한다. 이때 로고스는 인간의 이성, 분별을 의미한다. 이에 비하여 기독교 철학에 있어서 로고스는 태초부터 존재했던, 초월적인 것으로서 세계 만물의 존재 근거로 파악된다. 로고스는 언어 특히 '신의 말씀'을 의미하는 것으로 사용되고 있으며 <요한복음>에서는 예수그리스도의 대명사로 한정되어 그의 성육신을 의미하기도 한다. 이때 로고스로서의 신은 모든 의미와 진리의 자족적인 기반이자 기준으로 간주된다. 나아가 로고스는 인간의 삶의 원리이자 가치

기준으로서 새로운 삶의 지평을 제공한다. 한편 헤겔은 로고스를 이성 활동이라고 간주한 바 있다. (이신정)

말씀, 진리, 이성, 그리스 철학, 기독교 철학, 헤라클레이토스, 플로티노스

참고문헌
강대석, 『그리스철학의 이해』, 한길사, 1987.
박종현, 『희랍사상의 이해』, 종로서적, 1986.

로고스중심주의(Logocentrism)

로고스중심주의(logocentrism)는 로고스(logos)라는 개념을 중심으로 서구 형이상학의 전통이 전개되어왔음을, 즉 로고스가 서구의 사회, 문화, 사상 등 모든 영역을 지배해왔음을 의미하는 것으로 자크 데리다(Jacques Derrida)가 처음으로 사용한 용어이다. 이때 로고스는 단지 언어, 논리뿐 아니라 이성, 질서, 합리성 등의 의미를 내포하고 있으며, 불변의 본질적, 절대적 권위를 의미한다고 볼 수 있다. 데리다는 로고스 중심적인 사고방식을 비판하고 이른바 해체(deconstruction)를 위해 반로고스중심주의적 사고를 지향한다. 로고스중심주의는 무엇보다도 음성중심주의(phonocentrism)과 불가분 연관되어 있는데, 여기에서는 글보다 말에 우선권을 주어 글은 말의 표상에 불과하다고 이해한다. 형이상학에서 말이 특권화되는 것은 이것이 현존(presence)하는 발화, 즉 특수한 의미의 고정을 보증하는 것처럼 보이는 상황 속의 발화이기 때문이다. 그러나 데리다는 어떤 결정적 의미의 현존이라는 추정적 관념이 사실은 환상적이라는 것을 보여주고자 노력한다. 먼저 그는 글이 음성적 발화의 기생적 파생물이 아니라, 음성적 발언이 글의 파생물이라고 볼 수 있다는 것을 증명함으로써 글에 대한 말의 우위성을 역전시킨다. 이어서 말해졌거나 쓰여진 한 언어의 기표와 기의는 그 자체의 실증적, 객관적 특색에서 기인한 것이 아니라 다른 기표 혹은 기의들과의 차이에서 비롯된 것이라는 소쉬르의 견해를 끌어온다. 여기서 데리다의 '차연(différance)'이라는 용어가 도출되는데, '차연'은 '차이'와 '지연(연기)'이라는 두 가지 의미를 포함한다. 이는 어떤 발화에 있어서건 의미의 효과는 무수한 대안적 의미들과의 차이에서 발생되며, 동시에 이 의미는 어떤 절대적 현존에 의존할 수 없기 때문에 끝없이 연기된다는 것이다. 결국 언어는 부단한 차연일 뿐이므로 우리가 말하거나 쓰거나 해석하는 어떤 발화에서 결정적인 의미, 심지어는 최종적인 일련의 대안적 의미들조차 규정할 수 없게 된다. 결국 데리다는 해체 전략을 적용하여 이러한 모순을 극복하고자 한다. (이신정)

로고스, 해체, 해체주의, 차연, 데리다, 소쉬르

참고문헌
자크 데리다, 김성도 역, 『그라마톨로지』, 민음사, 1996.
조나단 컬러, 이만식 역, 『해체비평』, 현대미학사, 1998.

로마네스크(Romanesque, 프 Romanesque, 독 Romantik)

로마네스크는 고딕미술에 앞서 중세 유럽 전역에 발달했던 미술 양식을 가리킨다. 처음에 로마네스크라는 용어는 로마건축의 흐름을 이어받은 중세 유럽건축의 한 양식을 지칭하는 뜻으로 구사되었지만 오늘날에는 하나의 독자적인 미술양식을 가리키는 의미로 자주 사용되고 있다. 로마네스크라는 명칭 또한 로마네스크 건축이 로마 건축에서 파생되었음을 가리키는 프랑스어 '로망'이라는 어휘에서 비롯된 것이다.

로마네스크 건축 양식의 특징은 절단면이 반원 아치를 이루고 있는 석조 궁륭(穹窿)에 있다. 이와 같은 아치의 만곡부(彎曲部)는 설계상 독특한 건축 기술을 요구하는 것이었는데 첨두궁륭(尖頭穹窿)과 교차궁륭(交差穹窿)의 고안이 그것이다. 로마네스크 건축은 10세기 말 이후 유럽의 각지로 전파되어 1100년을 전후하여 그 전성기를 이루었다. '황제의 돔'이라고 일컬어지는 슈파이어 · 보름스 · 밤베르크 등의 독일 성당은 3랑식(三廊式)으로 이중내진형식(二重內陣形式)을 즐겨 채택하였고, 이탈리아에서는 평활(平滑)한 정면을 갖춘 3랑식 · 5랑식의 바실리카 형식 등이 대표적인 사례이다. 로마네스크 양식은 프랑스 남부, 에스파냐 북부, 독일 남부, 이탈리아 등지에 남아 있는 수도원 건축에서도 찾아볼 수 있다.

미술 분야에서 로마네스크 양식은 사실성이 부족한 대신 강력한 색채 효과를 통해 솔직하고 강력한 정신을 표현하고 있다. 로마네스크 화가는 당시의 조각가처럼 형상을 조합하여 줄거리를 만드는데 아주 뛰어났다. 그들은 벽면, 양피지에 문자와 단어를 쓰듯이 회화의 운율과 기하학적 구도의 원칙에 따라 인물이나 기타 여러 형상을 구현해 나갔다. 구약 · 신약의 이야기, 사도를 비롯한 여러 성인의 전기적 회화, 특히 「마태복음」의 '최후의 심판', 「요한계시록」의 '계시'를 즐겨 다루었다.

간혹 로마네스크라는 양식 개념은 음악사상과 관련되는 경우도 있다. 특히 '그레고리오성가'나 '초기 다성(多聲)음악', 혹은 프랑스의 '트루바두르'(troubadour, 음유시인), 독일의 '미네젱거'(Minnesinger, 궁정시인)의 음악 등을 로마네스크 양식과 대응시키기도 한다.

문예용어로서 로마네스크는 사건과 심리의 측면에서 현실적 논리를 초월하여 독자의 상상력을 강력하게 자극하는 성질을 뜻하는 것으로 17세기 중엽 프랑스에서 사용되었다. 문학에서 로마네스크라는 용어는 그 자신의 기원에 해당하는 로망(roman)의 의미, 즉 소설적 · 공상적 · 정열적인 성격 그 자체를 가리키고 있다. (임영봉)

로마 건축, 프레 로마네스크, 석조 궁륭, 로망(roman)

참고문헌
앙리 포시용, 정진국 역, 『로마네스크와 고딕』, 까치, 2004.
이선영 편, 『문예사조사』, 민음사, 1997.

로망스(Romance) ☞ 로맨스

로맨스(로망스, Romance)

　서구 문학의 역사에서 로망스는 지금 여기와는 다른 아득한 시대나 장소를 배경으로 하며 초자연적인 요소를 포함한 중세의 기사모험담(narrative of chivalric adventure)에 그 원천을 두고 있다. 그러나 현대에 와서 로맨스의 의미의 영역은 대단히 넓어진다. 그것은 황당무계한 허구, 거짓과 동의어이기도 했으며 소설보다 저급한 장르로 치부되기도 했다. 오늘날 로맨스는 중세의 기사도 문학에서 현대의 대중문학인 할리퀸(Harlequin)에 이르기까지 폭넓은 영역에 두루 걸쳐 사용되고 있다.

　그러나 서사문학, 산문픽션의 한 유형으로서 로맨스의 의미를 확정짓고 의미를 부여한 것은 캐나다 비평가인 노드롭 프라이(Northrop Frye)의 저작에 의해서라고 볼 수 있다. 그의 방대한 저작인 『비평의 해부』에 따르면 산문픽션은 소설(novel), 로맨스(romance), 아나토미(anatomy), 고백(confession)이라는 네 개의 카테고리로 나눌 수 있다. 산문픽션의 네 개의 유형은 소설의 기원을 둘러싼 문제에서 로맨스가 차지하는 역할, 위상과 특히 관련이 있다.

　프라이에 따르면 소설과 로맨스 사이에는 본질적인 차이가 있다. 소설의 주인공이 실제의 인간을 모델로 해서 태어난다면, 로맨스의 주인공은 실제의 인간이 아니라 양식화된 인물, 즉 인간 심리의 원형과 본질을 대표적으로 반영하는 전형적 인물이다. 소설의 주인공은 대개 하나의 인격(personality), 즉 사회적인 가면을 쓰고 있다. 이에 비해 로맨스의 주인공은 인격이 아니라, 개성(individuality)에 가깝다고 할 수 있다. 이러한 경우 작중인물들은, 프라이의 말을 빌면, 진공 속에 존재하며, 몽상에 의해서 이상화된다. 로맨스에서는 융과 같은 비평가가 말하는 리비도, 아니마, 아니무스, 그림자 등이 각각의 주인공과 악당 등에 두루 투영되어 있으며, 따라서 그들로부터는 격렬한 주관성의 빛이 발산한다. 따라서 보통 개성을 특질로 하는 영웅이나 악당이 로맨스 소설의 주인공과 악역을 담당한다. 그리고 그러한 이유 때문에 로맨스는 독자들이 자신의 이상과 상상을 투영하기에 좋은 픽션의 한 유형이기도 하다. 세르반테스의 『돈키호테』와 플로베르의 『마담 보바리』의 주인공들이 각각 기사도 로맨스와 연애 로맨스의 주인공들과 쉽게 동일시될 수 있었던 것은 바로 그 때문이다.

　프라이에 따르면, 로맨스는 소설보다도 더 오래된 픽션의 형식이다. 역사적으로 볼 때, 로맨스는 귀족계급의 전유물이었지만, 낭만주의 시대에 와서 고풍스러운 봉건주의와 영웅 숭배(리비도의 이상화)로 향하는 낭만주의 문학의 한 부분으로서 화려하게 부활했다. 헤겔과 루카치의 말을 빌면, 소설은 부르주아지의 서사시이다. 따라서 근대소설의 효시로 꼽는 세르반테스의 『돈키호테』가 기사도 로맨스의 패러디이며, 『마담 보바리』가 낭만주의에 대한 비판을 담고 있다는 것은 소설이 로맨스와 그것의 이상에 대한 패러디라는 점에서 볼 때 그리 놀랄만한 일은 아니다.

그렇지만 로맨스가 소설의 등장으로 말미암아 주변적인 픽션장르로 밀려난 것은 아니었다. 근대소설의 역사에서 볼 때 낭만주의 시대의 역사소설은 로맨스라는 형식을 차용함으로써 상당히 번성한다. 로맨스는 수많은 신들과 영웅들, 악당들의 서사이며 그들이 활약하는 무대는 언제나 당대의 현실이 아니라 그 현실이 추출한 원형이자 현실에 대한 알레고리로서 다른 시간과 장소인 경우가 더 많다. 대부분의 근대역사소설 또한 당대의 현실을 무대화하기보다는 지금 여기의 현실에 대한 전형적인 알레고리로서 과거와 이국적인 역사적 무대를 빌리는 경우가 많으며, 등장인물들 역시 화려하게 부활한 과거의 영웅들을 모델로 선택한다. 로맨스로서의 역사소설은 건국서사시의 근대적 판본이자 부활이다. 따라서 로맨스는 민족국가라는 상상된 공동체를 창출하기 위해 동원된 가장 효과적인 허구의 수단이기도 했다. (황종연)

소설, 개성, 알레고리, 역사소설, 서사시

참고문헌
노드롭 프라이, 임철규 역, 『비평의 해부』, 한길사, 2000.

로에이 (朗詠)

로에이 즉 낭영은 아악의 일종으로 우수한 한시에 선율을 붙여 일본악기로 연주해 읊는 노래이다. 헤이안 시대에는 미카구라, 야마토우타, 구메우타, 아즈마 아소비 등의 황실계의 악무가 오늘날의 형태로 완성되는 한편, 일본어로 된 예술가곡이 생기기 시작했다. 헤이안 초기에 민요 등을 예술가곡화한 사이바라가 등장했고, 이어 헤이안 중기에 한시와 한문을 일본식으로 읽어 부르는 로에이가 생겼다.

로에이는 현악기를 사용하지 않고, 샤쿠보시도 없이 쇼 · 히치리키 · 류테키의 세 관악기만으로 반주한다. 사이바라와 로에이는 여러 명이 제창하지만 반주악기는 각각 한 명씩 구성되는 실내악적인 음악으로, 간겐과 더불어 교유나 귀족의 아소비에서 주로 연주되었다.

로에이는 관현 연주로 읊어 박절(拍節, 리듬의 일종, 어느 일정한 시간 단위에 근거해 구성되는 액센트의 주기적 반복)이 없는 자유 박자이다. 가법과 선율에는 오랜 전승으로 인한 변화가 있었으리라 추정되지만, 현대까지 계승되는 것은 시를 3부로 나누어 저마다 독창과 제창으로 읊는다.

시음(詩吟)에 일정한 선율을 붙인 인물은 미나모토노 마사노부(源雅信, 920~993)라고 알려졌고 가법에는 미나모토 가문과 후지와라 가문의 2대 유파가 있었지만 후지와라 가류는 현재 전해지지 않는다. 가마쿠라 시대 이후에는 쇠퇴하여 많은 전승이 분실되었고 근대까지 계승해 온 가문은 아야노코-지 가문과 지묘-인 가문이다. 이 2대 가문으로부터 약 7가문이 그것을 계승하고 있다. (진선영)

낭영, 아악, 사이바라, 샤쿠보시

참고문헌

기시베 시게오 외, 이지선 역주, 『일본음악의 역사와 이론』, 민속원, 2003.

최충희, 『일본시가문학사』, 태학사, 2004.

로코코(Rococo, 프 Rococo, 독 Rokoko)

1720년 무렵부터 1770년경까지 유행했던 유럽의 예술양식으로서 프랑스를 중심으로 독일과 오스트리아에서 성행했다. 로코코란 말은 패각(貝殼) 모양의 장식을 의미하는 프랑스어 로카이유(rocaille)에서 유래된 것이다.

처음에 로코코라는 말은 당시의 귀족계층을 위해 고안된 장식양식 내지 공예품을 가리키는 의미로 사용되다가 나중에는 프랑스 미술, 나아가서는 유럽미술 전반에 걸쳐 나타나는 일정한 양식을 의미하는 개념이 되었다. 오늘날 로코코는 어원상의 조소적(嘲笑的)인 의미가 아니라, 독자적인 형식과 이에 대응하는 창조적 · 자율적 가치를 가진 미술 양식을 가리키는 의미로 사용되고 있다. 로코코는 전(前)시대의 바로크 미술이 즐겨 쓰던 부정형(不定形)이나 유동적인 조형 요소를 계승하고 있기 때문에 어떤 측면에서는 바로크의 연장이라고 생각할 수도 있다. 다만 바로크가 지녔던 충만한 생동감이나 장중한 위압감은 로코코 시대에 접어들어 세련미나 화려한 유희적 정조로 바뀌게 된 것이 큰 차이에 해당한다. 그러니까 바로크가 남성적 · 의지적이라면, 로코코는 여성적 · 감각적인 데서 그 특징을 찾을 수 있다.

로코코 양식의 특징은 루이 15세의 궁정취미를 반영한 섬세하고 우아한 곡선적 장식이 특징이며 특히 실내 장식, 가구, 금은세공 등에 주로 이용되었다. 로코코 양식의 특색은 장식 미술, 특히 실내장식이나 가구류의 장식에 가장 현저하게 나타난다. 건축가들은 당시의 살롱 문화를 배경 삼아 로코코 특유의 곡선을 활용하여 실내공간 자체를 원형(타원형 또는 다각형)이 만들어내는 아름다운 선으로 처리하고 각 단면의 연결부분에도 분절이 드러나 보이지 않는 구조를 고안해냈다. 바로크가 지닌 중후성이나 오만성과 구별되는, 경쾌하고 화려한 취향으로 규정되는 로코코의 특색은 회화적이고 평면적인 성격에서 찾을 수 있다.

로코코의 실내장식은 실내에 있는 그림 · 조각 · 공예 · 거울 등의 모든 요소들을 하나의 기조 위에 통합하고자 하는 것이었기에 그 특색은 공예품에도 그대로 적용되었다. 가구나 집기류는 모두 경쾌하고 우아한 형태와 무늬들로 만들어지고, 자기(瓷器)에도 지나친 도안화를 피하는 대신 인간이나 식물 형태의 자연스러운 무늬가 활용되었다.

화화 분야의 경우, 이 시대는 귀족들만이 아니라 서민층에도 회화취미가 침투하여 전람회(살롱)를 통하여 화가와 대중의 교류가 이루어지기 시작하는 시점이었다. 엄격한 데생을 주장하는 푸생파(구파)와 색채의 중요성을 강조하는 루벤스파(신파)의 대립 과정에서 신파가 승리를 거두면서 경쾌한 필치와 풍요한 색채, 화려한 구도와 정서적인 표현방식 등의 요소가 나타나게 된다. 이들에 의해 색조가 밝고 부드러운 색조 감각의 파스텔화가 애호되면서 독립된 회화 형식으로 발전하게 되었다. 로코코조(調)는 와토의 「키테라섬의 순례」(1717)에서부터 비롯되어 부셰와 그의 제자 프라고나르 등에 의해 더욱 발전해나갔다. 샤르댕의 실내화와 정물화, 그뢰즈의 교훈화, 베르네의 풍경화가 유명하다. 조각의 경우, J. B. 피갈과 E. M. 팔코네를 들 수 있다.

로코코 시대의 문학은 에로틱하고 냉소적이며 윤리적 경향을 띠었다. 로코코는 문학의 경우, 과도한 문장의 수식으로 안정감을 잃은 시문(詩文)이나 문체를 '로코코 취미'라고 부르면서 경멸적 의미로 사용하는 경우도 있다. (임영봉)

바로크, 궁정취미, 로코코 취미

참고문헌
제르맹 바쟁, 김미정 역, 『바로크와 로코코』, 시공사, 1998.
김용직 · 김치수 · 김종철 편, 『문예사조』, 문학과지성사, 1987.

롱 테이크(Long take)

롱 테이크는 커트되지 아니한 단 한 번의 촬영이 평균적인 화면의 길이에 비해 상대적으로 긴 경우를 일컫는다. 딥 포커스와 롱 테이크는 카메라와 조명 기재가 발달하자 영화에 다량의 광량이 쓰이게 됨으로써 확실하게 영화미학으로 자리를 잡게 되었다. 따라서 이 두 가지의 기법은 미장센의 하위 개념으로 간주되기도 한다.

롱 테이크는 촬영에 있어서 될 수 있으면 끊지 않고 연속시키려는 경향을 중시하기 때문에, 몽타주에 반(反)하는 새로운 리얼리즘 미학에 근거한 영상언어로 정착되어 갔다. 이 기법은 미클로슈 얀초, 짐 자무쉬, 안드레이 타르코프스키, 빔 벤더스 등의 감독들에 의해 예술적으로 실현된 바 있다.

우리 나라에서 롱 테이크의 미학을 잘 제시한 사례로는 임권택 감독의 「서편제」에서 주인공들이 들판에서 '진도 아리랑'을 부르는 5분 10초의 장면이 대표적인 것이다. 그리고, 우리가 기억해두어야 할 사실은 팝 아트의 거장이기도 한 앤디 워홀이 연출한 「엠파이어 빌딩」에서 무려 8시간에 이르는 상영시간 내에 단 하나의 테이크로 작품을 실험적으로 완성했다는 것이다. 일반적으로는 앤디 워홀의 영화 「우울한 영화(Blue Movie)」에서 보여준 바 남녀 주인공의 35분간 러브 신은 가장 긴 롱 테이크로 기록되고 있다.

몽타주가 액션의 급박함을 보여준다면, 롱 테이크는 미장센의 여러 기교의 경우와 마찬가지로, 무용의 안무처럼 정교하게 짜여진 동작과 카메라 움직임을 길게 유지한다. 그것은 대단히 느린 리듬감을 가짐으로써 정적이고 명상적인 느낌을 부여한다. 서로 호응하면서 호흡을 맞추는 연극적인 앙상블 연기를 유도하기도 하며, 때로 억제되어 있어서 폐소 공포감을 환기하기도 한다. (송희복)

미클로슈 얀초, 짐 자무쉬, 안드레이 타르코프스키, 빔 벤더스

참고문헌
정재형, 『정재형 교수의 영화강의』, 영화언어, 1996.
송희복, 『영상문학의 이해』, 도서출판 두남, 2002.

룸펜 프롤레타리아(Lumpenproletariat/Lumpen Proletarian)

상대적 과잉 인구 중에서, 가장 밑바닥 층에 속하는 극빈층의 일부로서, 생산수단을 전혀 소유하고 있지 않고 노동력을 팔아야만 생활할 수 있는 사회적 위치에 있으면서도, 자기의 실업상황 속에서 고립되고 무기력해져 노동의 의욕을 상실하여 하루하루 전전하는 부랑자, 범죄인, 마약상습자, 매춘부 등의 실업자군을 말한다. 이들은 자본주의 사회에서는 필연적으로 생겨난다. 즉 생산력의 증대에 수반하여 노동력에 투하하는 가변자본은 절대적으로 증대하지만, 불변자본에 비교해 상대적으로 감소하여 그 결과, 인구는 과잉하게 되고 실업자가 생겨나며, 그 반복과정에서 일부 사람은 생활 기반을 상실하고 영락하여 투기적인 관심에 좌우되는 룸펜 프롤레타리아로 되어 간다.

노동 의욕과 능력을 상실했으므로 실업자와는 다르고, 장기간에 걸친 실업과 질병 등으로 상대적 과잉인구에서도 제외된 층이다. 그들은 근대적인 대공업 하에서의 노동자 계급처럼, 조직적으로 자본가 계급과 투쟁하는 사회적 세력이 될 수 없다. 또한 근로자로서의 규율도, 긍지도 잃고 있으므로 이미 프롤레타리아의 한 무리라고도 할 수 없다. 그들은 분산적이고 비조직적이라, 때로는 노동자 계급의 투쟁에 참가하는 경우가 있지만, 전(全)생활 상태에서 바라보면 반동적이며 지배계급에게 매수 당해 그들의 앞잡이가 되는 경우가 많다. 권력을 장악하려는 정치가는 자주 그들에게 돈과 술을 제공하고 반동적 운동에 동원하여 사회의 소란상태를 유발시키고 그 기회를 이용한다. 이 때에 그들은 역사에 등장하여 독재체제 형성의 한 요소가 된다. (고봉준)

생산수단, 노동력, 가변자본, 불변자본, 프롤레타리아, 과잉인구

참고문헌
임석진 외, 『철학사전』, 중원문화, 1987.
한국철학사상연구회, 『철학대사전』, 동녘, 1997.
K. 맑스・F. 엥겔스, 『맑스・엥겔스 저작선』, 김재기 역, 거름, 1988.

르네상스

주로 유럽에서 중세에 이어지는 역사적 시기를 일컫는 용어로서 학문 및 예술의 재생・부활이라는 의미를 지닌다. 프랑스어의 renaissance, 이탈리아어의 rinascenza, rinascimento에서 어원을 찾을 수 있다. 그리스의 고전 및 라틴문화를 이상적인 모델로 삼고 이들을 부흥시킴으로써 새로운 문화를 창출하려는 운동으로, 그 범위는 사상・문학・미술・건축 등 다방면에 걸친 것이었다. 언제 중세가 끝나고 르네상스가 시작되는가에 대해서는 수많은 논쟁이 존재한다. 가장 널리 알려진 견해는 14세기 후반에 시작되어 15, 16세기에 걸치는 것으로 보는 관점이다.

르네상스는 중세의 독단적인 교권의 영향으로부터 자유로운 새로운 정신의 발달, 즉 교회에 의해서 규정된 카톨릭적 세계관·인간관의 속박으로부터 해방된 인간성의 자유로운 활동과 발전을 꾀하고자 한 운동으로 인본주의를 바탕으로 하고 있다. 당연히 중세 시기를 야만시대, 인간성이 말살된 시대로 파악하고 고대의 부흥을 통하여 이 야만시대를 극복하려는 것을 특징으로 한다.

구체적으로 그 양상을 살펴보면 다음과 같다. 이 운동은 14세기 후반부터 15세기 전반에 걸쳐 이탈리아에서 시작되었는데, 프랑스·독일·영국 등 북유럽 지역에 전파되어 각각 특색있는 문화를 형성하였으며 근대 유럽문화 태동의 기반이 되었다. 이때의 르네상스 외에도 문화부흥 현상이 보인 기타의 시대에 대해서도 이 용어를 사용하는데, 카롤링거 왕조의 르네상스, 오토 왕조의 르네상스, 12세기의 르네상스, 상업의 르네상스, 로마법의 르네상스 등이 이에 속한다.

르네상스 사상의 기본요소는 이미 당대에 F. 페트라르카에 의해 구축되었다. 그는 고대를 문화의 절정기로 보는 반면, 중세를 인간의 창조성이 철저히 무시된 '암흑시대'라고 봄으로써 문명의 재흥(再興)과 사회의 개선은 고전학문의 부흥을 통하여 가능하다고 주장했다. 이러한 생각은 당시 인문주의자들이 가지고 있던 크나큰 확신이기도 했는데, 이들은 단순한 라틴 학문의 부흥에 그치는 것이 아니라 인간들의 지적(知的)·창조적 힘을 재흥시키려는 신념에 차 있었다.

당시 L. 브루니는 자기 시대의 학문의 부활에 대하여 기술하였고, 16세기의 미술가 G. 바자리는 저서 ≪이탈리아의 가장 뛰어난 화가·조각가·건축가의 생애≫에서 고대 세계의 몰락 이후 쇠퇴한 미술이 조토에 의해 부활했다고 하여 '재생(rinascita)'이라는 말을 쓰고 있다. 다시 볼테르는 14·15세기의 이탈리아에 학문과 예술이 부활했음을 지적했으며, J. 미슐레는 16세기의 유럽을 문화적으로 새로운 시대라고 하여 처음으로 르네상스라는 용어를 사용했다.

그러나 르네상스를 인간성의 해방과 인간의 재발견, 그리고 합리적인 사유(思惟)와 생활태도의 길을 열어 준 근대문화의 선구라고 보고 이와 같은 해석의 기초를 확고히 닦은 학자는 스위스의 문화사가 J. 부르크하르트라고 할 수 있다. 그는 1860년에 ≪이탈리아의 르네상스문화≫를 발표했는데, 여기에서 '시대'로서의 르네상스라는 사고방식이 정착하여 오늘까지의 연구에 큰 영향을 끼치게 되었다. 그는 르네상스와 중세를 완전히 대립된 것으로 파악하고, 근세의 시작은 중세로부터가 아닌 고대로부터라는 주장에 이르게 되었으며, 중세를 지극히 정체된 암흑시대라고 혹평하였다.

그러나 이와는 달리 르네상스의 싹을 고대에서 구할 것이 아니라 중세에서 찾아야 하며, 르네상스를 근대적으로 생각하는 것은 잘못이라는 주장도 대두되고 있다. 즉 중세에 대한 19세기적인 담론들에 대한 비판적인 문제제기가 이루어지는 것이다. 이러한 작업에 참여했던 대표적인 논자로는 Jules Michelet(1798~1874), J. A. Symonds(1840~93), G. G. Coulton (1858~1947), Jacob Burckhardt(1818~97), Walter Pater(1838~94) 등을 들 수 있다. (손종업)

신구논쟁, 중세(암흑시대), 그리스·로마의 고전문화, 인본주의

참고문헌
M. 칼리니스쿠, 이영욱 역,『모더니티의 다섯 얼굴』, 시각과 언어, 1996.
J. 부르크하르트, 정운용 역,『이탈리아 文藝復興史』, 을유문화사, 1976.

르네상스기 문학 및 예술이론

중세로부터 근세에 이르는 과도기에 유럽 전역에서, 그리스·로마의 문화를 이상적인 모델로 하여 일어난 고전주의적이면서 인간중심주의적인 문학 경향을 일컫는다. 이 시기를 문예부흥기라 부르는 만큼, 문학 및 예술분야에서 다양한 성과들이 발견된다. 물론 이 시기의 문학이 지나치게 과대평가되었다는 지적도 없지 않다. 이 시기 이후에 부르조아 혁명을 거쳐서 자본주의 시대로 이행한다는 점을 감안한다면 이 시기는 근대문학 및 예술에 대한 새로운 조짐들이 발견되는 시대라 할 수 있다.

문학에서도 르네상스는 14세기에 이르러 정착되었다고 보는 게 정설이지만, 어떤 논자들은 13세기 설을 선호하기도 한다. 어느 경우든 르네상스 문학은 근동무역을 통해 부를 축적한 이탈리아에서 시작되어 전유럽으로 퍼져나갔다는 사실에 대해서는 이견이 없다. 단테(1265~1321)는 그 대표적인 인물로 관념에서는 여전히 중세적이고 종교적이었으나, 교회 공용어인 라틴어 아닌 민족어인 토스카나어를 사용하여 예술적으로 뛰어난 시문(詩文)을 창조하려고 시도한 최초의 사람이었다.

이렇게 해서 시작된 르네상스 문학 및 예술의 주된 특징은 (1) 인본주의적인 성격, (2) 개인주의적 경향, (3) 자유주의 정신 (4) 고대문학에서 그 전범(典範)을 찾으려 했다는 점, (5) 유럽 각국에서 국어의 성립에 공헌했다는 점, (6) 인간에 대한 관점 속에 리얼리즘적 경향과 공상적 경향이 혼재했다는 점 등으로 요약할 수 있다.

대체로 이탈리아 르네상스는 보카치오(1313~1375)와 그의 소설『데카메론』으로 대표된다. 이외에도 페트라르카(1304~1374)와 아리오스토(1474~1533), 타소(1544~1595)와 같은 시인들이 인간의 정서를 자유롭게 노래한 서정시들을 발표한다. 그러나 16세기 말에 이르면 이러한 문화적 주도권은 스페인으로 옮겨간다. 이때 나타나는 중요한 경향은 중세문학의 기사도적(騎士道的)관념과 서민적 사실주의가 뒤섞여 나타난다는 점으로 S. 세르반테스의『돈키호테』는 이 시기 문학의 대표적인 작품이라 할 수 있다.

세르반테스와 함께 근대소설의 또 하나의 기원으로 언급되는 작가는 F. 라블레(1494?~1553?)로서 그는 프랑스어로 쓴『가르강튀아와 팡타그뤼엘』이라는 소설을 통해 중세

질서를 철저히 조소하기에 이른다. 이어 1549년경부터 P. 롱사르(1524~1585)를 맹주로 하는 플레이아드 시파(詩派)가 페트라르카풍(風)의 서정시를 창작하는 운동을 일으켰다. 종교전쟁으로 말미암아 이러한 문학은 기울기 시작하였으나, 이 어려운 시대를 어떻게 살아갈 것인가에 대해서 M. E. 몽테뉴(1533~1592)는 고대의 영지(英智)를 밑거름으로 하여 3권의≪수상록(隨想錄)≫을 집필, 인간성의 본질을 추구하였다.

영국의 르네상스는 네덜란드의≪우신예찬(愚神禮讚)≫의 저자인 에라스무스에 비교되는 인문학자 T. 모어의≪유토피아≫를 탄생시켰으며 엘리자베스 여왕시대에는 연극이 개화(開花), W. 셰익스피어, 벤 존슨 등이 출현하였다. 독일은 한스 작스의 사육제극(謝肉祭劇)을, 폴란드는 J. 코하노프스키의 서정시를 낳았다.

비록 이들이 중세에 대한 비판의식을 보여주고 있기는 하지만 이들의 문학이나 예술에는 보카치오나 라블레, 세르반테스에게서도 여전히 귀족취미적 경향이 발견된다는 사실을 잊어서는 안 될 것 같다. 이들의 문학은 여전히 소수 엘리트 계층의 문학이었기 때문이었다. 따라서 이 시기 문학 예술은 시간이 흐르면서 기교주의적인 형태로 변질되고 만다. (손종업)

민족어, 단테, 세르반테스와 라블레, 귀족취미, 복고풍

참고문헌
M. 칼리니스쿠, 이영욱 역, 『모더니티의 다섯 얼굴』, 시각과 언어, 1996.
J. 부르크하르트, 정운용 역, 『이탈리아 文藝復興史』, 을유문화사, 1976.

르상티망(프 Ressentiment)

원한(怨恨), 유한(遺恨), 복수심(復讐心)을 의미한다. F. W. 니체는 주인(귀족)의 도덕을 행하는 강자에 대한 약자(노예)의 감정을 뜻하는 용어로 사용했다. 니체는 노예의 도덕과 주인의 도덕을 나눈다. 주인의 도덕이 '좋음'에서 '나쁨'을 끌어내는 자발적이고 자기 긍정적인 성격을 지닌다면, 노예의 도덕은 상대를 '악'이라 규정하는 데서 시작하여 스스로를 '선'이라 정의하는 전도적인 성격을 가진다. 즉 약자는 타자에 대한 부정과 비난에서 시작함으로써 강자에 대한 반감을 마음속에 지니게 된다. 그리하여 주인에게 있어 '좋음'과 '나쁨'의 구분이 약자의 '선'과 '악'이라는 도덕적 의미로 전도된다.

니체에 있어서 근대철학의 '도덕' 관념은 기독교에 있어서 '금욕주의적 이상'의 변주에 지나지 않는다. 니체는 기독교가 '이기성', '자기 중심성' 등의 인간적 자연(본성)을 부인하고 자기 증오를 조장하는 것에 대해 비판했다. '이웃에 대한 사랑'도 사실은 자신이 유덕한 사람이라고 확신하기 위해 친절함을 나타내는 상징적 표어일 뿐 복수심의 숨겨진 정신적 태도에 지나지 않으며, '원수를 사랑하라'는 것도 실천력이 부족하거나 결여된 것을 상상의 복수로 갚는 인종과 관용의 모럴에 지나지 않는다는 것이다. 니체는 사회주의 사상도 기독교에 의거한다고 보아 배격했는데, 이러한 태도는 후에 셸러에 의해 계승되었다.

M. 셸러는 근대 사회의 시민도덕이나 그 발전형태의 사회주의 사상이야말로 소수지배자에 대한 대중의 르상티망의 결정이라고 하여 윤리적 프롤레타리아트의 의의를 강조하였다. 그 이후 이 개념은 사회심리학자들에게 받아들여져 사회주의를 심리주의적인 동기를 갖는 이론으로서 유행시켰다. 한편, S. 보부아르 등에 의하여 그 반동적 이데올로기성(性)이 비판되기도 했다. (권채린)

원한, 노예의 도덕, 니체, 셸러

참고문헌
니체, 김정현 역, 『선악의 저편/도덕의 계보』, 책세상, 2002.
Max Sheler, 『Das Ressentiment im Aufbau der Moral』, 1923.
이양호, 『막스 셸러의 철학』, 이문출판사, 1996.

르포 ☞ 르포르타주

르포르타주(르포, Reportage)

사회현상이나 사건을 충실히 기록하거나 서술하는 보고기사 또는 기록문학. 르포르타주란 원래 프랑스어로 탐방·보도·보고를 뜻하는 말이며, 약칭하여 '르포'라고도 한다. 흔히 논픽션과 같은 뜻으로 쓰이기도 하지만, 논픽션은 픽션의 상대어로서 좀더 포괄적인 개념이며, 르포르타주는 논픽션 중에서도 특히 저널리즘에 가까운 유형을 지칭한다.

르포르타주의 요소는 이미 계몽주의 시대의 여행기나 사회조사에서 나타나지만, 문화적인 중요성을 띠고 본격적으로 등장한 것은 20세기 이후의 일이다. 그 배경에는 교통과 매스컴의 발달, 정치·사회 문제에 대한 전지구적 관심의 확대, 그리고 사회주의 이념에 입각한 혁명적 기록문학의 등장 등이 자리잡고 있다.

문학적 형상성에 대한 배려보다는 사실 자체를 직접 제시하는 데 주력하는 르포르타주는 심미적 가치나 예술성의 측면에서 본격문학에 비해 열등한 것으로 여겨져 왔다. 그러나 경우에 따라서는 사건 자체에 대한 즉물적인 기록이 잘 다듬어진 예술적 허구보다 훨씬 더 박진감있는 흥미를 유발하기도 한다. 르포르타주의 대표적인 작품들은 모두 중요한 사회적 사건을 대상으로 하며 치밀한 취재와 구성, 그리고 현실에 대한 비판정신을 갖춘 두루 갖추고 있다.

미국의 저널리스트 존 리드(J. Reed)가 1917년의 러시아 혁명을 현장에서 목격하고 쓴 『세계를 뒤흔든 10일 Ten Days that Shook the World』과 에드가 스노우(E. Snow)가 중국 공산당의 연안장정(延安長征) 과정을 취재한 『중국의 붉은 별 Red Star over China』은 이 분야의 고전적인 저작이라 할 수 있다.

참여문학의 전통이 강한 한국의 현대문학은 사회비판적 르포르타주 방면에 풍부한 유산을 갖고 있다. 1970년대 후반에 집중적으로 출현한 노동자 자서전들도 넓은 의미의 르포르타주에 속하며, 1980년대에는 『르포시대』라는 부정기 간행물이 창간되기도 했다. 광주 항쟁의 전말을 핍진하게 기록한 황석영의 『죽음을 넘어, 시대의 어둠을 넘어』는 이 분야의 전범적인 작품이라고 할 수 있다. (진정석)

기록문학, 다큐멘타리, 논픽션, 저널리즘

참고문헌
빅토르 츠메가치 · 디터 보르흐마이어 편저, 류종영 역, 『현대 문학의 근본 개념 사전』, 솔, 1996.
신희천, 조성준 공저, 『문학용어사전』, 청어, 2001.

리듬(Rhythm)

음악에서는 율동 또는 절주(節奏)를 뜻하며 문학에서는 운율 또는 율격이라는 말이 쓰인다. 산문과 운문에서, 강조되거나 강조되지 않은 음절의 배열이나 그 음절들의 지속에 의해 전달되는 운동 및 운동의 감각을 말한다. 리듬은 그 운율적 규칙성에 의해 산문에 비해 운문 속에서 쉽게 발견되기는 하지만 산문 속에서도 리듬은 존재한다.

애초에는 '흐른다'라는 뜻의 동사 'rhein'을 어원으로 하는 그리스어 'rhythmos'에서 유래한 말이다. 넓은 뜻에서 보자면 리듬은 신체적 · 심리적 · 생리적 작용과 연관되어 있다. 당연히 리듬의 정의는 다양하게 나타날 수 있다.

가장 포괄적인 것으로는 플라톤의 《노모스(법률편)》에 있는 "운동의 질서"라는 정의가 가장 유명하다. 음악의 3요소라면 일반적으로 멜로디 · 화성 · 리듬을 말한다. 그러나 멜로디 · 화성을 가지지 않는 음악은 있어도, 리듬이 없는 음악은 존재하지 않는다. 이런 의미에서 "태초에 리듬이 있었다"라고 빌로가 말한 것처럼, 리듬은 음악의 가장 근원적 요소라고 할 수 있다.

그렇다면 리듬은 어떻게 문학과 연관되는가. 일련의 연속적인 사건들이 우리에게 제시될 때, 우리는 이를 리드미컬하게 파악하려는 경향을 지니고 있다. 즉 그 사건들의 실제 시제상의 연관 관계가 어떠하든 간에 우리는 이를 양식화하여 받아들이려는 경향을 지닌다. 언어체험에 있어서도 다르지 않다.

모든 문학작품은 두 말할 나위 없이 의미를 낳게 하는 음의 연속체로 정의할 수 있다. 언어는 소리와 의미가 일체를 이룬 것이다. 언어의 음악성이나 의미는 홀로 고립될 수 없으며 두 요소가 하나로 되어 시 또는 문학의 경이를 이룬다. 물론 언어학상의 리듬은 음악과 도무지 경쟁할 수 없지만 의미, 문맥, 어조 등과 결합하여 음악적 효과를 낼 수 있다. 시인은 이 음악적 효과를 창조하기 위하여 소리를 모형화한다. 소리의 모형화가 리듬이다. 언어의 형식이 소리이듯이 리듬의 근거에서 보면 시와 산문과의 절대적 차이는 없다. 그러나 시는 고도의 조직화 성향을 갖기 마련인데 이것은 바로 운율적 언어에서 가장 명백히 나타난다. 이 윤율적 언어의 사용은 시의 한 행에서 나타날 수 있는 모든 리듬이 동일한 시간적 지속의 규칙적 반복이라는 공통점을 지니고 있다. 이런 점에서 시간적 동일성의 반복이 리듬이라고 정의할 수 있다. 이처럼 서정시의 운문에서는 동일성 반복이라는 음악적인 장에 따라 단어들이 질서를 이루고 있다. 시가 체험의 질서화라고 할 때 이 질서화는 말할 필요 없이 시의 리듬에 있는 것이다. 리듬은 통일성과 연속성과 동일성의 감각을 준다. 물론 리듬의 중대성이 표면화되거나 극대화된 작품도 있으며 그와는 달리 쉽게 리듬을 발견할 수 없는 경우도 있다. 그러나, 이러한 경우에도 리듬은 문학 텍스트의 필요한 전제조건이 되고 있다. 예컨대, 드라이저의 소설과 포Poe의 시 사이의 리듬에 따른 구별은 오로지 양적인 차이만을 지닌다. 다만 산문에 비해서 시에서 리듬은 훨씬 더 절대적인 의미를 지닌다.

폴 발레리P. Valéry가 시와 산문을 '무용과 산보'에 비유했을 때 그는 시의 운율의 속성을 설명하고 있는 것으로 주목된다. 또한 위대한 시인은 언제나 기존의 리듬을 추수하기보다 새로운 리듬을 끊임없이 모색하지 않으면 그의 심미적 이념의 온전한 전달을 실현하는 데 언제나 부족과 기갈을 느낄 수밖에 없다. 현대시에서 리듬은 내재율의 형태로 추구된다.

리듬은 말소리의 모든 자질은 물론 휴지와 의미, 분행, 분절, 구두점의 종류 및 유무는 물론, 심지어 한글과 한자의 시각적 효과와도 불가분의 관계가 있다. 그러나 일반적으로 시의 리듬은 운율, 곧 운rhythm과 율meter을 지칭하는 개념이다. 운율은 율격만 가리키는 용어는 아니다. (손종업)

산문, 운문, 운율, 율격, 내재율, 서정시

참고문헌
R. 웰렉·A. 워렌, 宋寬植 외 역, 『문학의이론』, 한신문화사, 1982.
김준오, 『시론』, 문장, 1982.
조동일, 『한국시가의 전통과 율격』, 한길사, 1984.

리리시즘(Lyricism, 프 Lyrisme, 독 das Lyrische)

리리시즘이란 예술적 표현의 서정성을 의미한다. 가령 인간의 정서를 고조하였을 경우 또는 그 서정적 기분이나 수법을 추구하는 서정 정신을 리리시즘이라고 한다. 그리스어의 lyra(수금(竪琴))에서 발원한 용어로서, lyric(서정시(抒情詩)와 동일한 어원을 가진다. 어디까지나 주관적·개성적인 정서를 표현하는 혹은 추구하는 정신이나 문체(文體)를 총칭한다. 따라서 그것은 고유명사, 시간·공간의 한정, 사상 등의 유무와는 관계없이 내면적·연소적인 자기 체험의 직접 표현인 서정시에서 주류적으로 발견되는 경향이다.

용솟음치는 인간적인 기쁨·고뇌·분노·평온 등의 심정 고백이 그 현저한 사례이고, 자아의 투영이 담기므로 리드미컬한 음악성을 수반하게 되며, 동기는 자연적으로 생과 사·사랑·자연 등이 많이 나타난다. 또한 풍경을 묘사하는 데 있어서도 객관적 설명보다는 심상 풍경으로서의 상징성이 강해지는 경향을 갖는다. 이와 같은 성격은 낭만주의·상징주의·인상주의의 작품에서 현저하게 나타나지만, 시에 국한하지 않으며 다른 장르의 작품과도 결코 무관하지 않다.

주관적인 정서를 직접적으로 표현하는 서정적 표현 기법. 즉 서정시조, 서정시풍, 서정미, 서정주의 등을 가리킨다. 시 양식의 하나인데 오늘날에는 예술 전반에 걸쳐 널리 사용되고 있다. (유성호)

서정시, 낭만주의, 상징주의, 인상주의

참고문헌
카터 콜웰, 이재호 역, 『문학개론』, 을유문화사, 1991.
장도준, 『현대시론』, 태학사, 1995.
질베르 뒤랑, 진형준 역, 『상징적 상상력』, 문학과지성사, 1983.

리비도(Libido)

오스트리아의 정신의학자 S. 프로이트가 정신분석학에서 쓴 용어로, 욕망이나 생명적 충동 등 인간의 모든 행동 속에 숨어 있는 근원적 욕망을 뜻하는 말. 프로이트는 이 말을 '성욕 에너지'라고 하였는데, 초기 저작에서는 성적 에너지를 표현하는 말로 사용되었지만, 후에는 삶의 본능에 의해 사용되는 에너지의 형태라는 훨씬 넓은 뜻으로 사용했다. 그는 정신 현상을 생명본능(Life Instincts)과 죽음 본능(Death Instincts)으로 분류하고, 이 리비도를 성적 반응과 행위의 원동력으로 생각하였다.

리비도는 사춘기에 갑자기 생기는 것이 아니라 태어나면서부터 서서히 발달하는 것으로, 처음에는 자신의 육체로 향하나 성장하면서부터 자기 이외의 것으로 향한다고 하였다. 또한 성본능은 구순기나 항문기를 통해 5세 경에 절정을 이루며, 사회 생활을 하는 동안 이것이 억압되어 잠재한다고 보았다. 그러나 리비도는 성장하는 도중, 예를 들어, 아들이 어머니 외에는 사랑하지 않는 것처럼 새로운 사람이나 사물에 관심을 두지 않는 경우 발달이 중지(고착)되기도 하고, 발달했다가 다시 되돌아가기(퇴행)도 하는데, 자아로 향하는 경우에는 나르시즘적 리비도라고 하고, 다른 사람이나 사물로 향하는 것을 대상 리비도라고 한다.

스위스의 정신과 의사 C. G.융은 이것을 더욱 확대시켜 생명 보존 본능의 원동력인 생명의 에너지로 간주하고, 그것이 바깥으로 향하는가 안으로 향하는가에 따라서 인간의 기질을 내향적인 것과 외향적인 것으로 나누고 리비도라는 개념을 인격 형성의 결정적인 요인으로 생각하였다.

라깡은 융의 일원론을 거부하고 프로이트의 이원론을 확신하였다. 프로이트처럼 라깡은 리비도가 오로지 성적이라고 주장한다. 라깡은 리비도가 또한 전적으로 남성적이라고 주장하면서 프로이트를 뒤따른다. 그러나 1964년부터 리비도를 좀 더 실재계와 관련시켜 말하는 변화가 일어난다. 라깡은 일반적으로 리비도를 프로이트만큼 빈번히 사용하지는 않았으며, 성적 에너지를 향락의 관점에서 재개념화하고 있다. (고봉준)

욕망, 에로스, 타나토스, 나르시즘, 정신분석학, 향락

참고문헌
지그문트 프로이트, 박찬부 역, 『쾌락원칙을 넘어서』, 열린책들, 1997.
_____, 임홍빈·홍혜경 역, 『정신분석 강의』 상·하, 열린책들, 1997.
딜런 에반스, 김종주 역, 『라깡 정신분석 사전』, 인간사랑, 1998.
엘리자베스 라이트, 박찬부·정정호 역, 『페미니즘과 정신분석학 사전』, 한신문화사, 1997.

리얼리즘(Realism, Réalisme, Realismus)

사실주의(寫實主義). 라틴어 rēs(사물)에 어원을 두고 있다. 철학에서 리얼리즘은 사물의 실재성(reality)을 주장하는 입장을 통칭하는 개념이다. 중세 스콜라 철학에서는 플라톤 이래 일반 개념 및 관념적 실재를 인정하는 학설에 대한 호칭으로서, 유명론(normalism)과 대립되는 개념으로 사용되었으며(보편논쟁), 이 경우에는 보통 실재론이라 번역된다. 근대 이후에는 인식론에서 리얼리즘이 문제가 되는데, 인식론적 리얼리즘, 합리적 리얼리즘, 실천적 리얼리즘 등 다양한 심급의 리얼리즘론이 나타나게 된다.

이러한 리얼리즘의 개념이 현상 세계의 모사라는 예술적 개념으로 전환되는 것은 서양에서도 근대 이후이다. 초현세에 대해 현세, 이상에 대해 현실, 주관에 대해 객관, 내향(introversion)에 대해 외향(extraversion), 시적 명상에 대해 과학·경험을 주장하는 것이 근대 리얼리즘의 경향이며, 따라서 그 발상 자체는 어디까지나 몰개성적이고 객관적이다. 그 때문에 광의의 개념으로 문학상의 리얼리즘을 정의하면 중세의 초현세적 신비적 문학에 대해 현세적이고 경험적인 르네상스 이후의 근대 문학을 모두 지칭하는 것이 된다.

그러나 리얼리즘을 좁은 의미로 한정하면 19세기 프랑스에서 시작되어 전세계로 확대된, 일정한 경향을 지닌 문예 사조를 지칭하는 용어가 된다. 도미에(Honore Victorin Daumier), 쿠르베(Gustave Courbet) 등의 회화에서부터 리얼리즘은 시작되었는데 1856년 쿠르베의 그림 전시회 제목이 '리얼리즘에 대하여'였다. 문학에서는 메리메(Prosper Merimee), 스탕달(Stendhal), 발자크(Jean-Louis Guez de Balzac) 등을 선구자로 1850년경부터 낭만주의 문학의 서정주의, 비현실성, 과도한 공상성 등에 대한 반동으로 등장하여 평범한 현실의 충실하고 완전한 재현을 목표로 했다. 1857년 발표한 『보봐리부인』의 성공에 의해 플로베르는 자신의 뜻과는 상반되게 리얼리즘 문학의 대표로 추앙받게 되었고 이것을 발자크, 공쿠르(Goncourt) 형제, 이후에 자연주의로 이행하는 졸라(Emile Zola)가 계승하여 리얼리즘 문학의 꽃을 피운다. 비평 분야에서는 1860년대 이후 생트 뵈브(Charles Augustin Sainte-Beuve)가 작가 일상 생활의 세부적 사실에 중요성을 둔 전기 연구를 통해 리얼리즘 비평을 확립한다.

시대와의 재현적 연관성, 사회적·정치적·경제적·이념적 시대상에 대한 고찰, 작품 속에 그려진 사회적·개인적 삶의 형태간의 인과관계, 시간적·공간적 세부묘사의 정확성, 등장 인물의 자세한 심리묘사를 그 특징으로 하는 리얼리즘 문학의 등장은 당시 유럽 사회에 만연한 산업화의 여러 문제와 더불어 당대의 철학적 경향과 밀접한 관련을 가지고 있다. 그들은 관념주의 이후에 등장한 콩트(Auguste Comte)의 실증주의, 포이에르바하(Ludwig Andreas Feuerbach)의 철학, 텐느(Hippolyte-Adolphe Taine)의 비평, 다윈(Charles Robert Darwin)의 발전사적 생물학 등의 과학 존중과 사실 관찰의 정신으로부터 강한 영향을 받았다.

리얼리즘은 사회주의 국가인 구소련에서 루카치(G. Lukacs)의 작업을 원용한 사회주의 리얼리즘으로서 더욱 각광받았다. '예술을 위한 예술', 형식주의, 추상 예술, 초현실주의, 인상주의에 반대하여 국민적, 민중적, 민속적 예술을 주장하는 사회주의 리얼리즘은 예술이 사회적 의식의 한 형태이고 교육 수단이며 '내용은 프롤레타리아적, 형식은 국민적'(스탈린)인 교양임을 선언한다. 이는 예술, 문화를, 경제적 사회적 하부구조와 그것의 발전에 따른 필연적 모순을 반영하는 이데올로기적 상부구조라고 보는 마르크스주의 이론과 밀접한 관련을 가진다. 고리키(Maxim Gorky)가 그 대표적 작가이며 사회주의 리얼리즘은 1932년 4월, 러시아 공산당 중앙위원회가 채택한 구소련의 공식 문학 이념이었다.

전통적 리얼리즘과는 다소 거리를 둔 리얼리즘 문학도 존재하는데, 라틴 아메리카 작가 보르헤스(Jorge Luis Borges), 마르케스(Gabriel Garcia Marquez) 등은 사건 및 인물의 리얼리즘적 묘사와 환상문학의 요소들, 즉 꿈, 신화, 전설에서 끌어낸 요소들을 결합하여 마술적 리얼리즘을 전개하였다.

일본 문학에서 리얼리즘은 유파로는 나타나지 않으나, 근대 이전의 문학이 가진 비현실성, 전기성(傳奇性)을 배제하는 문학의 근대화 운동을 모두 지칭하는 넓은 의미의 리얼리즘이 '사실주의'라는 번역어로 존재했으며, 사조로서는 사회주의 문학이론의 등장과 함께 1920년대 후반에 모습을 드러낸다. 이에 비해 우리나라와 중국의 현대문학은 리얼리즘에 대해 좀더 자각적이었다. 한국에서는 1920년대의 김동인, 현진건 등이, 중국에서는 비슷한 시기의 루쉰이 리얼리즘 문학의 선구자로 거론된다. 그러나 한자 문화권에서 본격적인 리얼리즘은 사회 운동의 활성화와 관련되어 있다. 1930년대의 카프, 1970년대의 민족문학, 1980년대의 민중문학 등이 리얼리즘의 자장 속에 놓여 있었던 것으로도 이는 증명된다. (정호웅)

사실주의, 비판적 리얼리즘, 사회주의 리얼리즘, 마술적 리얼리즘

참고문헌
문덕수 편, 『세계문예대사전』, 교육출판공사, 1994.
김용직 외, 『문예사조』, 문학과지성사, 1977.
조셉 칠더스 외, 황종연 역, 『현대 문학·문화 비평 용어사전』, 문학동네, 1999.
中村光夫 外, 『新潮日本文學辭典』, 新潮社, 1988.
스테판 코올, 여균동 역, 『리얼리즘의 역사와 이론』, 미래사, 1982.
게오르그 루카치 외, 이춘길 편역, 『리얼리즘 미학의 기초이론』, 한길사, 1985.
_____, 이주영 역, 『미학』, 미술문화, 2000.

리얼리티(Reality, Réalité, Realität)

철학에서는 실재(實在) · 실재성을 의미하며 관념 · 관념성과 반대의 뜻을 가진다. 사고 속에만 있는 관념과는 독립하여 시간 · 공간적인 외계에 존재하는 모든 대상을 의미한다. 인식론에서 보면, 소박한 실재론에서는 인식과는 아무 관계가 없는 대상으로서 존재하는 사물을, 칸트의 비판주의 관점을 계승한 경험적 실재론에서는 경험에 있어서 경험 내용으로서 구성되는 대상을, 형이상학적 실재론에서는 플라톤의 이데아, 플로티노스의 일자(一者), 헤겔의 절대정신 같은 것을 리얼리티(실재성)라 지칭한다. 예술에서 리얼리티는 사실(事實), 사실성을 의미하며 표현될 대상으로서의 실재, 즉 의식과는 독립하여 객관적으로 존재하는 외부 세계와 그러한 외부 세계를 소재로 상상력에 의하여 허구의 과정을 거치는 동안에 질서화한 진실성 또는 진실감을 의미한다.

한자 문화권에서는 리얼리즘이 흔히 사실주의(寫實主義)로 번역되고 photography의 번역어가 사진(寫眞)이듯 사실주의는 리얼리티, 즉 사실(事實)을 모사(模寫)한다는 의미를 가진다. 따라서 사실주의에서는 리얼리티를 작품 바깥에 객관적으로 존재하는 것으로 보았으며 그것을 얼마나 충실히 모사하느냐에 따라 작품의 리얼리티가 결정되는 것으로 보았다. 이러한 견해는 리얼리즘이 시작된 서구에서도 마찬가지였다. 리얼리즘은 묘사의 정확성을 문학의 리얼리티로 보았기 때문에 사실에 대한 좀더 정확한 모사인 자연주의에 자신의 자리를 넘겨주지 않을 수 없었고 자연주의는 자연과학의 발전에 바탕을 두고 과학적 방법론에서 유추한 방법론에 입각하여 보다 높은 정확성과 포괄성을 주장하였다.

그러나 문학을 모사나 모방이 아니라, 상상력에 의한 창조물이라는 견지에서 보았을 때 문학상의 리얼리티는 묘사의 정확성이 아니라, 형식의 정확성을 통해 확보된다. 서사적 구조화, 상징적 유형화, 언어적 복합성 등이 그것인데, 20세기의 주요한 소설 이론, 예를 들면 조이스, 콘래드, 울프 등의 모더니즘 및 보르헤스 등의 마술적 리얼리즘은 예술 창작을 모방 이상의 허구를 창조하는 것이라는 새로운 이론에 입각한 것으로서 허구성을 오히려 부각시키고 있다. (정호웅)

실재성, 사실성, 리얼리즘, 허구성

참고문헌
문덕수 편, 『세계문예대사전』, 교육출판공사, 1994.
김윤식, 『문학비평용어사전』, 일지사, 1976.
조셉 칠더스 외, 황종연 역, 『현대 문학 · 문화 비평 용어사전』, 문학동네, 1999.
게오르그 루카치 외, 홍승용 역, 『문제는 리얼리즘이다』, 실천문학사, 1985.
_____, 이주영 역, 『미학』, 미술문화, 2000.

리얼리티의 환상(Illusion of reality) ☞ 현실의 환상

리좀(Rhyzome)

리좀은 줄기가 뿌리와 비슷하게 땅속으로 뻗어 나가는 땅속줄기 식물을 가리키는 식물학에서 온 개념으로 철학자 들뢰즈Deleuze와 가타리Guattari에 의해 수목으로 표상되는, 이분법적인 대립에 의해 발전하는 서열적이고 초월적인 구조와 대비되는 내재적이면서도 배척적이지 않은 관계들의 모델로서 사용되었다. 리좀은 마치 크랩그라스(crab-grass)처럼 수평으로 자라면서 덩굴들을 뻗는데 그것은 새로운 식물로 자라난다. 그리고 그것은 다시 새로운 줄기를 뻗는 방식으로 중심(center, 그러므로 그것은 한계 지어진 구조로부터 자유롭다). 또는 깊이(depth : 그러므로 그것은 주관하는 주체를 지니지 않는다)가 없이 불연속적인 표면으로 형성된다. 간략히 말하자면, 수목모델에서 리좀모델로 전환한다는 것은 경직된 조직이미지에서 유연한 조직이미지로의 이동을, 다수성의 지배체제에서 복수성의 지배체제로의 이동을 의미한다. 수목모델이 근대성의 표상방식이라면, 리좀모델은 포스트모던한 세계의 표상방식으로 전화되는 것이다. 들뢰즈와 가타리는 그들이 리좀의 성질이라고 주장하는 여섯 가지 원리를 제시하였다.

1. 접속(connection) : 수목 모델이 부분의 가능성들을 제약하는 위계와 질서를 세우는 것인 반면, 리좀은 어떤 다른 점과도 접속될 수 있고 접속되어야 한다. 그리고 그 접속의 결과는 항상 새로운 전체를 만들어낸다.

2. 이질성(heterogeneity) : 리좀적인 접속은 어떠한 동질성도 전제하지 않으며, 다양한 종류의 이질성이 결합하여 새로운 것, 새로운 이질성을 창출하게 된다. 동시에 그 속에서는 어떠한 결정적인 보편적 구조도 안정적인 상태로 남아있을 수 없다.

3. 다양성(multiplicity) : 리좀적 다양성은 차이가 어떤 하나의 중심, '일자'로 포섭되거나 동일화되지 않는 이질적인 것의 집합이며 따라서 하나가 추가될 경우 전체의 의미를 크게 다르게 만드는 그런 다양성을 의미한다. 배치라는 개념은 그런 리좀적 다양체를 함축한다.

4. 비의미적 단절(asignifying rupture or aparallel evolution) : 비록 리좀들이 의미작용의 구조들을 내포하더라도(그것을 들뢰즈와 가타리는 영토화(territorialization)라고 부른다) 그들은 또한 그 구조들을 파열시키고 탈영토화하는 비행의 선들을 내포한다. 이러한 비기표적인 단절은 리좀의 특징이라 할 수 있다. 왜냐하면 리좀은 어떤 근원적인 의미나 기원으로 거슬러 올라가지 않은 채, 떼어내 다른 것으로 만들어버리기 때문이다. 이런 일들은 두 언어 사이만이 아니라 언어와 비언어, 동물과 식물 등처럼 이질적인 지층들 사이에서 벌어지기도 한다. 말벌과 오르키데(orchid, 난초의 일종)의 관계가 흔히 예로 제시된다. 오르키데는 말벌을 유혹하기 위해서 말벌(wasp)의 색깔을 흉내냄으로써 자신을 탈영토화하고 말벌은 난초의 이미지를 재영토화하는데, 그러나 거기서 말벌은 꽃의 재생산시스템의 부분으로 탈영토화하고 꽃은 그 꽃가루가 다른 곳으로 옮겨질 때 재영토화된다. 리좀들은 이원론과 구조들을 횡단하지만, 결코 그것들로 환원되지는 않는다.

5. 지도그리기(cartography) : 리좀은 하나의 지도로서, 미리 수립된 한정된 중심 주변에서 구축된 발생적이거나 구조적인 모델의 흔적을 찾는 일이라기보다는, 실재와의 접촉을 통한 실험을 위해 형성되었다.

6. 데칼코마니(decalcomania) : 재현과 대비되는 말로, 모상(calque)을 정확히 옮기는 과정에서 대상의 변형이 일어나게 된다는(dé-calque)점을 강조한다. 이는 현실에 따라 지도를 그리지만, 그려지는 지도에 따라 변형되는 현실을 강조하려는 의도라 할 수 있다. (손종업)

수목모델, 초월적 서열구조, 탈영토화, 재영토화, 접속, 포스트모던

참고문헌
들뢰즈·가타리, 이진경 역,『천의 고원 : 자본주의와 정신분열증』, 연구공간 너머 자료실, 2000.
고길섶,『소수문화들의 정치학』, 문화과학사, 1998.
이진경,『노마디즘1·2』, 휴머니스트, 2002.

마당

전통 가면극이나 탈춤의 특징으로 가장 많이 거론되는 것은 열려진 원형의 마당에서 공연된다는 점이다. 마당이라는 공연공간은 특정 연극을 위해 특별히 제작한 무대와는 달리, 보통 땅바닥이나 열린 터에 관중들이 무언가를 구경하기 위해 둥글게 둘러선 원의 가운데 공간이다. 유동적이고 일시적으로 생겨났다가 소멸하는 극적 공간인 것이다. 따라서 열려진 야외의 원형 마당에서 펼쳐지는 전통극은 서구적 드라마와는 전혀 다른 시ㆍ공간적 운용 원리 하에서 진행된다.

지역마다 각각 탈춤, 탈놀이, 가면극 등의 이름으로 다르게 불리지만 전통극의 구성은 대개 비슷하다. 보통 5개에서 7개의 마당으로 이루어지고, 이것 역시 명칭에 있어 약간의 차이를 보이지만 사상좌 마당, 중 마당, 사당 마당, 노장 마당, 사자춤 마당, 양반 마당, 할미 마당으로 나뉜다. 마당 대신 과장으로 구분하기도 한다. 봉산탈춤의 경우 크게 일곱 마당으로 나뉘는데 제1마당은 사상좌춤으로 시작되고, 제 2마당은 팔목중 춤으로 건무가 있고, 제 3마당 사당춤에서는 사당과 거사의 춤과 노래가 이어진다. 제 4마당 노장춤에서는 노장과 소무놀이, 신장수와 취발이의 춤놀이가 있으며, 제 5마당은 사자춤, 제 6마당 양반춤에는 양반들이 말뚝이에게 여지없이 조롱당한다. 제 7마당 미얄춤의 미얄과 영감, 덜머리집과의 일부처첩의 싸움은 미얄의 죽음으로 끝나고 지노귀굿을 한다. 보통은 탈놀이가 시작되기 전에 먼저 길놀이와 고사가 있고 7개의 본마당이 끝나면 지노귀굿을 한다.

독자성을 가진 독립된 각각의 마당은 병렬식으로 배치됨으로써 에피소드식 구성을 취한다. 구적 연극에서의 플롯은 찾을 수 없지만, 전통극의 핵심적인 미학인 '통일성 속의 다양화'를 발견할 수 있다. (고봉준)

전통극, 본마당, 과장, 에피소드식 구성

참고문헌
박진태, 『한국가면극연구』, 새문사, 1985.
채희완, 『탈춤』, 대원사, 1992.
조동일, 『탈춤의 역사와 원리』, 기린원, 1988.
명인서, 『탈춤, 동양의 전통극, 서양의 실험극』, 연극과인간, 2002.

마당극

마당이나 실내의 넓은 공간에서 공연되는 새로운 연극형태. 1970년대에 형성된 한국의 진보적 연극운동의 주도적 양식이다. '마당'과 '극'의 합성어로 이루어진 이 용어가 처음 쓰인 것은 1978년 서울대학교 연극반의 『허생전』공연이었다. 그러나 마당극이라고 부를 수 있는 작품은 멀리는 1960년대 중반, 늦어도 1973년경부터 볼 수 있는데 『진오귀』(김지하 작ㆍ연출)를 그 첫 시도로 보기도 한다. 마당극은 4ㆍ19와 5ㆍ16 그리고 한일수교 등을 거치면서 민주주의 의식과 민족의식을 갖게 된 진보적인 대학연극반이 진보적인 리얼리즘과 탈춤ㆍ민요ㆍ판소리 등 전통 민속예술을 적극적으로 계승한 것이다. 따라서 마당극은 전통 민족극인 탈춤과 서구의 사실주의ㆍ서사극ㆍ표현주의 등 여러 극양식과 기타 민간의 연극 예술적 전통을 창조적으로 받아들여 만들어낸 한국 고유의 양식이다.

무대는 원형으로 만들고 관중은 그 주변에 둘러앉게 되어 4면 모두 객석이다. 객석과 무대 사이는 보통의 액자무대처럼 높지 않으며 단지 상상의 선으로 구분되어 있다. 사실주의와 같은 무대장치나 소도구들은 별로 사용하지 않으며, 야외나 강당과 같은 공간에서 공연하기 위해 깃발, 긴 광목천, 사물 등 단순한 소도구가 개성 있고 다양한 효과를 위해 사용되며, 공연의 의미를 전달하기 위한 걸개그림과 야간공연에는 횃불도 사용된다. 마당극은 풍물패를 앞세운 길놀이로 관객을 끌어 모으거나 판을 푸는 풍물연주로 시작하는 경우가 많다. 풍물패는 공연이 이루어지는 동안 마치 탈춤에서처럼 판 가장자리 객석 한쪽에 앉아서 극의 흐름에 따라 절적한 음향을 만들어 내거나 노래와 춤의 반주를 하며, 때로는 배우에게 관객을 대표해 간단한 대사를 주고받는 등의 역할을 한다. 춤과 노래가 극 속에서 자연스럽게 결합되는 경우가 많으며 작품에 따라서는 배우들의 연기도 춤처럼 이루어지기도 한다. 따라서 대사에 전적으로 의존하기보다는 배우의 연기, 춤동작, 노래를 통해 내용을 전달한다. 물론 이와 같은 특징은 기본적인 것이며, 3면 무대를 사용하거나 조명이나 비교적 사실적인 소도구, 문학적 대사의 의존도가 높고 풍물ㆍ춤ㆍ노래 등을 거의 사용하지 않은 작품들도 상당수 있다.

마당극의 두드러진 특성 중의 하나는 관중의 역할인데 탈춤ㆍ판소리ㆍ인형극ㆍ풍물 등 대부분의 전통민속 연희가 그러하듯이 처음부터 끝까지 관중의 집단적이고 자발적인 참여로 진행된다. 이러한 참여와 개입은 추임새 등으로 가시화되는 경우도 있으나, 추임새가 이루어지지 않는 경우에도 관중이 시종 연기자와 호흡을 주고받을 수 있는 장치가 되어 있다. 왜냐하면 마당극은 대본이나 연출, 연기 등에서 관중의 참여 가능성을 염두에 두고 만들어졌기 때문이며 따라서 관중들도 극의 흐름을 타면서 작품을 집단적으로 수용한다. 마당극의 집단적 신명성은 바로 여기에서 발생한다. 원형무대의 사용이나 객석과 무대의 가까운 거리, 다른 관중의 얼굴이 보이도록 배치된 객석과 조명 등은 극이 진행되는 과정에서 관중들이 계속 다른 관중들과 함께 관극하고 있다는 사실을 느끼게 하여 관중을 집단화시키기 때문이다.

마당극은 1970년대 중반 이후부터 매시기마다 첨예한 사회문제를 민중적이며 진보적 관점에서 형상화해옴에 따라 오늘날에는 한국 연극계에서 리얼리즘 정신을 올바르게 구현하는 중요한 연극적 맥을 형성하고 있다. 현재 연극계의 중심을 차지하고 있는 소위 신극의 맥은 역사적으로 기층민중에게는 제대로 수용되지 않았고 1960년대에 들어와 신파와 창극, 악극 등 유랑극단의 전통이 사라지자 민중들에게는 연극문화란 것이 거의 없어지게 되었다. 이에 비해 마당극은 양식 형성기인 1970년대 후반 이래 지금까지 계속 노동자·농민·빈민 등 민중과의 접촉을 시도하여 보다 민중의 생활감각이나 문화적 전통에 어울리는 양식으로 만들어졌다. 또한 오랫동안 민중의 생활 속에서 축적되었으나 기존의 예술에서는 잘 개발되지 않았던 고유의 말투와 상징, 표현법, 그리고 정서적 질감의 적극적 사용은 마당극의 중요한 특징 중의 하나이다. 따라서 마당극에서는 비사실적인 표현이나 상징 등이 많이 쓰이지만, 흔히 많은 현대 예술의 그것처럼 관념적이라거나 난해하다는 느낌을 주지 않는다. (고봉준)

탈춤, 민요, 판소리, 사실주의, 서사극, 표현주의

참고문헌
이영미, 『마당극 양식의 원리와 특성』, 시공사, 2001.
_____, 『마당극·리얼리즘·민족극』, 현대미학사, 1997.
정지창, 『서사극 마당극 민족극』, 창작과비평사, 1988

마당놀이

집의 둘레에 편편하게 닦아 놓은 빈터를 마당이라 한다. 서민들이 살던 전통가옥에서 앞마당은 개방형으로 넓고, 뒷마당은 폐쇄형으로 좁았다. 넓은 의미에서, 마당놀이는 야외에서 이루어지는 모든 놀이를 포함했다. 좁은 의미에서, 마당놀이는 농사주기에 따라 혹은 불교생활의 영향으로 벌어진 세시(歲時)풍속놀이를 지칭했다. 연초의 대보름놀이(음력)부터 초파일, 5월 단오, 7월 백중, 8월 추석, 연말의 서낭제에 이르기까지 농민들은 노동의 피로를 풀고 풍농과 행운을 기원하며 생산과 단결력을 증진시키기 위해 주기적으로 대동(大同)놀이와 대동의식을 거행했다. 무당굿과 지신밟기, 풍물두레와 판굿, 농요와 뱃노래, 각종 민요는 지방마다 발달한 헛튼춤과 더불어 상습적으로 연행하는 레파토리였다. 남성놀이인 씨름과 여성놀이인 강강수월래, 남녀가 함께 하는 마을대항 줄다리기는 대표적인 민속놀이였다. 탈춤은 농한기에 순회공연으로 이어졌고, 마을에 초빙된 명인명창 광대나 유랑광대의 놀이는 놀이판을 더욱 흥청거리게 했다. 재승(才僧)들이 공연한 불교연희들은 연등이나 탑돌이에 참여하는 서민들을 더욱 즐겁게 했다.

1960년대의 산업화와 도시화, 농촌붕괴와 이농(離農)은 놀이마당을 상실하게 했고, 마당놀이들은 현대양식에 걸맞게 극장에서 부활, 재생해야 하는 운명을 맞았다. 극장개념으로서의 마당예술운동은 대담한 도전이자 어려운 싸움이고 다양한 실험을 동반했다. 현대의 마당예술운동은 두 가지 방향으로 전개되었고, 방향에 따라 방법도 달리했다. 한 방향은 극장주의로서 마당놀이고, 다른 방향은 탈(비)극장주의로서 마당극이었다. 전통을 계승했지만, 전자가 복고적 요소가 짙고 총체적(總體的)인 데 반해, 후자는 진보적 요소가 짙고 연극성이 강했다. 동시에 전자가 비정치적인 예술지향에 비해, 후자는 정치성과 사회 지향적 성격이 두드러졌다. 물론, 마당 예술운동은 전통마당놀이들을 계승했으므로 서민, 민중, 시민문화적인 요소를 기반으로 삼았고, 아울러 시대정신을 통한 현실비판의 메시지를 공히 내포하고 있었다. 연희자들도 관중과 평등한 관계 속에서 연대의식을 지니고 현실개혁의 의지를 중시하며 일방통행(개인취향의 표현)이 아닌, 공급자와 수용자 관계의 쌍방통행(집단적인 공감의 표현)을 중시하고 추구해 나갔다. 이런 공통성을 지니고 있었지만, 실천력의 측면에서 전자는 대사보다 음악이나 무용적 표현을 중시하는 온건적 감성주의에 치중한 반면, 후자는 시사적(時事的) 대사와 저항적 비판을 중시하는 적극적 행동주의에 치중했다. 오늘날 마당놀이가 가무악극으로 발전하고, 마당극이 사실극으로 발전한 것은 이런 까닭이다. 마당굿은 이 두 양식의 복합형이다. (서연호)

참고문헌
서연호, 『한국연극사(현대편)』, 연극과인간, 2005.
_____, 『한국전승연희의 현장연구』, 집문당, 1997.
채희완, 임진택 편, 『한국의 민중극』, 창작과비평사, 1985.
이영미, 『마당극, 리얼리즘, 민족극』, 현대미학사, 1997.
이보형(외), 『한국의 축제』, 한국문화예술진흥원, 1987.

마르크스주의 비평(Marxist criticism)

마르크스주의 비평의 개념을 일괄적으로 정의하긴 매우 힘들다. 왜냐하면 마르크스주의 내부에는 서로 입장을 달리하는 다양한 패러다임들이 존재하기 때문이다. 그럼에도 불구하고 우리가 다른 이론과 변별되는 마르크스주의 비평의 범주를 설정할 수 있는 것은 이 다양성 속에도 일정한 공분모가 존재하기 때문이다.

마르크스주의 비평은 문학을 그것의 생산조건인 사회, 역사, 이데올로기적 맥락과의 총체적 연관 속에서 바라보고자 한다. 일부 속류(기계론적) 마르크스주의자들이 문학을 하부구조(물적 토대)의 직접적 반영으로 간주함에 반해, 대부분의 현대 마르크스주의자들은 문학이 계급, 권력, 이데올로기, 물적 토대 등과 불가피하게 맺고 있는 '복잡한' 관계에 대한 설명과 분석에 치중한다.

가령 마르크스(K. Marx)는 그의 『개요 Grundrisse』에서 상대적으로 저급한 단계의 생산력을 보유하고 있던 그리스 사회에서 높은 수준의 예술적 성취를 보여주고 있는 비극작품들이 쓰여진 것을 두고, 경제의 발전 법칙과 예술의 발전 법칙 사이에 일정한 불일치가 존재한다는 사실을 인정하였다. 1930년대에 폭넓은 영향력을 행사했던 헝가리의 마르크스주의 문학이론가인 루카치(G. Lukács)는 리얼리즘 이론을 체계화한 논자로 유명하다. 그에 의하면, 훌륭한 문학작품은 끊임 없이 변화, 발전하는 객관현실의 필연적 자기운동법칙을 총체적으로 반영 혹은 재현할 수 있어야 한다. 발자크(Balzac)나 톨스토이(Tolstoy)로 대표되는 리얼리즘 문학은 "전형적인(typical)" 인물과 환경의 재현을 통해 당대 사회의 모순과 흐름을 구체적이고도 정확하게 반영하는데 성공하였다. 그러나『문학생산이론 A Theory of Literary Production』의 저자인 마슈레(P. Macherey)는 문학을 현실과의 직접적인 관계가 아니라 이데올로기와의 관계로 보아야 한다고 주장하였다. 그에 의하면 문학작품은 알튀세(L. Althusser)의 주장처럼 이데올로기 안에서 생산되어짐과 동시에 그것과 거리를 취할 뿐만 아니라, 나아가 이데올로기에 허구적 형식(fictional form)을 부여함으로써 이데올로기의 모순을 드러낸다.

마르크스주의 비평은 한국에서 70, 80년대에 본격적으로 형성된 소위 민족문학, 민중문학 논쟁에도 적지 않은 영향을 미쳤다. 문학을 당대 사회, 역사와의 전체적인 연관에서 바라보고자 하며 문학의 실천적 현실 개입을 중시하는 마르크스주의 비평의 입장과, 민족, 민중문학의 정치적 입장 사이에 확고한 접점이 존재했기 때문이다. (오민석)

마르크스주의, 마르크스주의 비평, 프랑크푸르트학파

참고문헌

T. Eagleton, 이경덕 역,『반영이론과 생산이론』, 까치, 1989.

Raymond Williams, Marxism and Literature, Oxford : Oxford Univ. Press, 1977.

Terry Eagleton & Drew Milne, ed., Marxist Literary Theory, Cambridge : Blackwell Publishers Ltd, 1996.

마르크스주의 페미니즘 ☞ 사회주의 페미니즘

마르크스주의(Marxiam, 프 Marxisme, 독 Marxismus)

마르크스와 엥겔스가 창안한 마르크스주의는 사상적 · 논리적 기초가 되는 변증법적 유물론(辨證法的 唯物論)과 사적 유물론(史的 唯物論)을 바탕으로 경제학설인 잉여가치설 · 정치학설인 계급투쟁론 등이 유기적으로 결합된 포괄적 사상체계로 자본주의를 반대하며, 주체세력인 노동자계급의 계급투쟁으로 폭력에 의한 혁명을 일으킴으로써 계급 없는 이상사회를 건설할 수 있다고 주장한 프롤레타리아 계급투쟁 사상이다.

마르크스는 자연현상계에 있는 모든 사물들은 끊임없이 변화한다는 변증법을 적용 인간사회의 역사적 발전에 관한 일반적 법칙을 설명한 유물사관(唯物史觀)인 경제학과 노동가치설로 설명되는 잉여가치론(剩餘價値論)으로 분석된 자본주의의 경제적 운동법칙을 밝히려 했고 필연적으로 붕괴될 자본주의적 생산양식을 증명하기 위해 노력했다.

마르크스주의의 주요 주제들은 소외, 자본주의 비판, 유물론, 계급투쟁, 혁명이론, 프롤레타리아 독재론, 공산주의사회론 등이 있으며 20세기 노동운동과 사회주의운동의 이론적 기초가 되어 가장 영향력 있는 사상의 하나가 되었으나, 1991년 소련의 붕괴와 동구의 몰락으로 사라진 것 같지만 사라지지 않은, 존재하고 있지만 현실적이지 않은, 현실과 거리를 두면서 끊임없이 현실에 나타나는 존재로 여러 사상가들에 의해 다양하게 해석되어 왔다.

마르크스주의는 신자유주의가 확장돼가는 현대 자본주의 사회에서 소수자를 위한 인간주의적 입장을 지지 하는 이론이 되기 때문에 어떻게 인간성을 발견하고 확충할 것인가에 대한 마르크스주의의 문제의식은 공산주의가 무너진 오늘 날에도 여전히 유효한 사상이 되고 있다.

마르크시즘에 대한 새로운 해석으로 인간주의적 마르크시즘을 주창한 에른스트 폴로흐, 에릭 프롬이 있으며 사회과학적 마르크시즘(혁명이론 보다는 비판이론의 마르크시즘)으로 보는 프랑크푸르트학파가 있다. 소설로는 조지오웰의『동물농장』이 있다. (홍용희)

계급투쟁론, 공산주의, 변증법적 유물론, 사적 유물론, 신자유주의, 잉여가치설, 자본주의, 프롤레타리아

참고문헌
한국철학사상연구회,『현대사회와 마르크스주의 철학』, 동녘, 1998.

마술적 리얼리즘(Magic realism)

이 용어는 Franz Roh에 의해 조합된 것으로서 "Nach−expressionismus, magis−cher Realismus : Probleme der neuesten europäischer Malerei(1925)"라는 책의 제목에서 처음 사용되었다. 그는 당대 독일 화가들의 작품에서 어떤 초현실주의적 경향들을 지칭하는 것으로 이 용어를 사용하고 있다. 후에 1940년대 초에 이 용어는 미국에서 발견되는데 뉴욕의 현대예술박문관은 전시회를 열면서 "American Realists and Magic Realists"라는 표현을 사용하고 있다. 이후에 점차 이 용어는 특정한 종류의 허구들을 지칭하는 데 사용되기에 이른다.

문학에 있어서 이 용어가 활발하게 사용된 것은 주로 아르헨티나 등 중남미 지역에서 생산된 일련의 문학 경향을 설명하기 위해서라 할 수 있다. 우리 문학에서는 1990년대 이후 포스트모더니즘 논의와 더불어 관심의 대상이 되었다. 즉 포스트모더니즘이 다분히 현대세계에 대한 서구적인 문화의 대응 양상이라면, 마술적 리얼리즘은 이에 대한 제3세계적인 성찰과 밀접히 관련된다.

이러한 경향의 글쓰기를 보여준 대표적인 작가 보르헤스(1899~1988)는『또 다른 심문』(Otras inquisiciones)에서 "서구인에게 세계는 제대로 작동하는 코스모스이지만 아르헨티나인에게는 혼돈이다"라고 밝히고 있는데 마술적 리얼리즘은 이러한 문제의식을 통해 전통적인 리얼리즘을 해체ㆍ재구축하는 측면이 강하다. 이때 강조되는 것이 바로 환상성인데, 그것은 이들에게 서구 세계가 구축한 전통적인 재현의 법칙과는 다른 법칙 위에 기초한 또 다른 현실로 인식된다. 이밖에도 대표적인 작가로는『백년동안의 고독』등으로 알려진 가브리엘 가르시아 마르께즈(1928~)나 마리오 바르가스 요사 등과 이탈로 칼비노(1923~85)나 존 바스, 권터그라스(1927~), 엠마 떼넹(1938~), 안젤라 카터(1940~), 살만 루시디(1947~) 등을 들 수 있다.

대체로 환상성이 짙게 드러나면서도 현실성이 느껴지는 것으로, 이러한 종류의 소설들이 주된 특징은 사실적인 것과 환상적이거나 마술적인 것, 시간적 흐름 기법, 꼬인 미로형의 서사와 구조, 꿈과 신화와 요정이야기들의 다양한 사용, 표현주의적이거나 심지어는 초현실주의적인 기술, 불가해한 박학다식함, 경이와 느닷없는 충격, 공포와 불가해함 등을 뒤섞고 병치한다는 점이다. 1990년대 이후 우리 소설 속에서도 이러한 경향이 짙게 나타나고 있는데 대표적인 작품으로는 김영하의 『검은꽃』이나 황석영의 『손님』 등을 들 수 있다. 물론 이 이전의 소설들에서도 이러한 경향을 찾아볼 수 있는데 1930년대 이상의 작품들에서 최인호, 조세희, 박상륭의 경우들이 그러하다. 당연히 단순한 판타지 · 환상소설과는 구별되어 쓰인다. (손종업)

판타지, 환상소설, 환상성, 초현실주의, 재현(Representation), 제3세계 문학

참고문헌
김성곤편, 『소설의 죽음과 포스트모더니즘』, 글, 1992.
프랑코 모레티, 「세계체제, 근대의 서사시, 마술적 리얼리즘」, 《세계의문학》, 1999년 가을호.

마스크 ☞ 가면극

마오주의(Maoism)

마오쩌둥(모택동, 毛澤東)을 중심으로 하는 중국의 공산주의자들에 의해서 만들어진 중국 공산당의 지도 이념이다. 체계화된 정리가 없지만 그 본질은 '중국화 된 마르크스주의'라 할 수 있다. 모택동주의, 마오이즘(Maoism)이라고도 불리며 그 신봉자는 마오주의자로 불린다. 중국공산당은 1945년 9월의 제7차 전당대회에서 "중국 공산당은 마르크스-레닌주의의 이념과 중국혁명의 실천을 통일한 사상, '모택동 사상'을 당의 모든 지침으로 한다"라는 문구를 당규에 추가했다. 여기서 말하는 '모택동 사상'이란 이념으로서는 마르크스와 레닌이 확립한 공산주의를 지침으로 하면서, 그것을 중국의 실정에 적용시킨 농민 중심의 혁명방식을 말한다. 모택동 사상은 모택동이 젊은 시절부터 밀접하게 지낸 농촌사회의 관찰로부터 도출한 중국 발전을 위한 모든 이상을 포함한다. 내용으로는 대공무사(大公無私)(개인의 이익보다 공공의 복지를 우선한다), 대중노선(농촌대중의 의견에 정치적 지침을 요구하여, 그것을 이해시켜 모두 행동한다), 실사구시(현실로부터 배우고, 이론을 세운다) 등을 들 수 있다. 이 외에도 사회와 협조할 수 있는 개인주의, 성인의 협력, 농촌으로부터 봉기하고 도시를 둘러싸는 전술이론, '중간지대론' 등도 '모택동 사상'에 포함된다. 모택동이 농촌을 강조한 데에는 당시 농업중심의 중국사회에 대한 현실적인 고려가 놓여있다. 당시의 중국은 본래의 마르크스주의에서는 있을 수 없는 전(前)자본주의적 상황이 강하고, 주나라 시대에 주창된 평등주의인 대동사상의 요소가 있었다. 폭력에 긍정적이고 지식계급에 대한 증오가 드러난다는 점 또한 마오주의의 독특한 특징이지만, 이를 평가하는 사람들에게 비난의 근거가 되기도 했다. (권채린)

마코토(まこと)

일본에서 마코토의 의미는 각 시대를 통해 문학의 밑바닥에 존재하는 정신이라고 할 수 있지만, 특히 생활에 직결된 진실한 감동을 거짓없이 꾸밈없이 있는 그대로 솔직하게 표현한 소박하고 힘이 강한 상대문학(上代文學, 야마토 시대(大和時代)와 나라시대(奈良時代))의 이념을 나타내는 용어를 가리킨다. 근세 초기에 상대(上代)가 의식되었을 때, 에도시대(江戸時代)의 국학자이자 가인(歌人)인 가모노 마부치(賀茂眞淵)와 같은 사람들에 의해 설명된 문학이념용어이다. 가모노 마부치는 "옛 노래는 마코토이다(眞言也)"고 해서 상대 가요의 소박한 자연으로 복귀할 것을 주장했다.

마코토가 상대에는 몬무(文武) 천황 원년(元年) 즉위의 선명(宣命)에, "밝고(明) 깨끗하고(淨) 곧은(直) 성심(誠心)"(『속일본기 續日本紀』)이라고 되어 있는 것처럼, 문학이념 이라기보다는 오히려 윤리적, 종교적인 색채가 강했다. 상대문학에는 분명히 그 의미에 있어서 마코토가 가장 순일(純一)한 모습으로 나타났다고 말할 수 있다. 그러다가 마코토가 문학의 이념으로 자리잡게 된 것은 중고시대(中古時代)를 거쳐 에도시대인 근세(近世)에 들어와서이다. 에도시대의 가인인 우에지마 오니쓰라(上島鬼貫)를 거쳐, 에도시대의 하이쿠(俳句) 작가인 마쓰오 바쇼(松尾芭蕉) 및 그 문하생의 작품 경향인 쇼후(蕉風) 하이카이는 「풍아(風雅)의 마코토(誠)」를 하이카이의 근본이념으로 삼기에 이르렀다. (오석윤)

상대가요, 에도시대, 쇼후 하이카이

참고문헌

犬養 廉 외 편, 『和歌大辭典』, 明治書院, 1986.
『日本古典文學大辭典』 제5권, 岩波書店, 1983.

마쿠라코토바(枕詞)

마쿠라코토바는 주로 일본의 와카(和歌)나 기기가요(記紀歌謠)에 사용되던 수식구(修飾句)를 가리키는 말이다. 이것은 한 구(句)가 5음인 것이 대부분이나, 간혹 6, 4, 3음인 것도 있다. 마쿠라코토바의 구실은 특정한 말의 위에 위치해서 그 어구를 수식하거나, 그 노래의 성조(聲調)를 가지런히 하거나, 여운을 보태는 작용을 한다. 이 말의 대부분은 마쿠라코토바 다음에 오는 특정어구의 의미와 상관되는 말이 쓰여지는 것이 대부분이지만, 더러는 뜻과 상관없이 음(音)을 유도하기 위한 기능을 하는 경우도 있다. 『만엽집 萬葉集』(8세기 후반)에도 여러 가지 수사법이 구사되고 있으나, 마쿠라코토바는 『만엽집』에 약 300종이나 등장하여 만엽 노래의 커다란 특징이 되고 있다.

그 종류를 살펴보면, 첫째, 마쿠라코토바는 뒤따라 오는 말의 성질을 기준으로 (1) 신의 이름과 인명에 씌우는 마쿠라코토바 (2) 지명에 씌우는 마쿠라코토바 (3) 보통명사에 씌우는 마쿠라코토바 (4) 용언에 붙이는 마쿠라코토바가 있고, 둘째, 마쿠라코토바와 뒤에 오는 말과의 관계를 기준으로 해서는 (1) 뒤에 오는 말의 속성을 나타내는 마쿠라코토바 (2) 뒤에 오는 말과 유의

어(類義語)의 관계를 이루는 마쿠라코토바 (3) 뒤에 오는 말과 비유의 관계를 이루는 마쿠라코토바 (4) 뒤에 오는 말과 동음이의(同音異義)의 관계를 이루는 마쿠라코토바가 있다.

마쿠라코토바는 원래 신의 이름이나 지명, 인명, 소수의 보통명사에 씌워서 이것을 찬미하기 위해 쓰였던 독특한 수사법이고, 노래의 리듬을 고르는데 유익한 작용을 한 것은 틀림이 없으나, 헤이안 시대(平安時代, 794~1192)이후에는 한층 더 형식화해가며, 종류도 적어지는 양상을 보이게 된다. 그러나 오늘날의 단가에서도 사용되고 있음은 흥미롭다. 이처럼 마쿠라코토바는 일본의 수사법 중에서도 언어의 음악성과 고대인의 유머가 합쳐져서 이루어진 것으로, 일본 고대가요에 보이는 특이한 기법으로 평가받는다. (오석윤)

수식구, 와카, 기기가요, 단가, 죠코토바

참고문헌
김사엽, 『일본의 만엽집』, 민음사, 1983.
大養 廉 외 편, 『和歌大辭典』, 明治書院, 1986.
『日本古典文學大辭典』 제5권, 岩波書店, 1983.

막

막(幕)은 극작품의 시간과 행위를 일정하게 구분하는 단위, 혹은 17세기부터 사용된 무대를 가리키는 천막(커튼, curtain)을 일컫는다. 행위를 나타내는 말(actus)에서 유래했다. 천막을 사용하지 않는 경우는 암전, 음악, 플래카드, 배우의 설명 등을 응용해 막의 변화를 나타낸다. 시간과 막의 관계를 보면, 한 막은 하루종일, 하루의 어느 순간을 나타내며, 막의 전환을 통해서 긴 시간을 절약하고, 다음의 장면으로 넘어간다. 특히 고전주의시대에는 공연시간과 극중시간의 일치를 이상으로 했으므로, 되도록 짧은 시간(최대 24시간) 이내에 일어난 모든 행위를 2시간 정도의 무대에서 압축해 보여주려고 했다. 당시는 5막의 구성을 가장 균형감 있는 전개로 여겼다.

행위와 막의 관계를 보면, 극중사태의 기, 승, 전, 결을 잘 보일 수 있도록 막을 설정했다. 발단, 상승, 위기, 하강, 종결을 통해 플롯을 구성하고 사태의 전개와 전말을 보여주었다. 그리스극에서는 프로타시스(드라마적 요소들이 제시되고 전개되는 부분), 에피타시스(갈등이 복잡해지고 꼬이는 부분), 카타스트로프(갈등이 해결되고 정상적인 상황으로 돌아가는 부분)를 막 구분의 기준으로 중시했다. 그리스극은 무대장치도 없이 야외무대에서 공연되었고, 막의 구분이 없었다. 다만 코러스의 합창에 의해 장면의 변화와 전환을 암시했다. 천막을 사용하지 않고 막(즉 장)을 구분하는 방식은 현대에도 계승되고 있다. (서연호)

커튼, 플롯

참고문헌
빠트리스 파비스, 신현숙 역, 『연극학사전』, 현대미학사, 1999.
한상철(외), 『연극사전』, 한국문화예술진흥원, 1981.

만가(挽歌)

만가는 일본어로는 반카(ばんか)라고 읽는다. 『만엽집 萬葉集』(8세기 후반)에서 그 내용상의 분류에 따라 잡가(雜歌)나 상문(相聞)과 더불어 3대 분류중의 하나로 꼽는다. '만가'라는 명칭은 「문선 文選」이나 그 밖의 중국문헌에 보이는 「만가 挽歌」「만가시 挽歌詩」에서 따온 것이며, 본래는 관(棺)을 끌 때에 부르는 노래라는 뜻이다. 그러나 장례 때에 부르는 노래를 비롯해, 죽은 사람을 애석해하면서 부르는 노래나 사람이 죽을 때 지어서 남기는 사세가(辭世歌), 혹은 역사상 또는 전설상의 연고가 있는 곳과 묘지에서 불렀던 노래 등 만가의 세계는 다양한 전개를 보였다.

일본 고대의 장례 의식 때 가무(歌舞)를 한다는 것은, 『위지 魏志』 위인전(倭人傳) 등에 전해지는 사실이다. 그러나 그 가무는 주술적(呪術的)인 것이었으며, 그 전통이 그대로 만가로 이어지는 것은 아니었다. 만가는 죽은 사람을 애도하는 노래로, 중국문학의 매개(媒介)에 의해서 형성되어 간 새로운 노래의 영역이었다. 장례 의식 때의 가무와는 이질적(異質的)이며, 처음부터 서정(抒情)을 성격으로 하는 것이었다고 할 수 있다.

만가는 『만엽집』 권(卷)2, 3, 7, 9, 13, 14에 218수를 싣고 있으며, 그밖에도 제사·좌주(題詞·左注)에 만가라고 기록한 것이 20수 있는 등, 『만엽집』에는 총 267수를 볼 수 있다(장가 54수, 단가 213수). 다만 권 3의 434 이하의 4수의 단가를 만가에서 제외하는 설이 많다는 것은 참고로 해야 한다. 『고금집 古今集』(905) 이후에는 만가라는 명칭을 대신하여 '애상(哀傷)'이라는 말이 불려지게 된다. (오석윤)

잡가, 상문, 애상

참고문헌

犬養 廉 외 편, 『和歌大辭典』, 明治書院, 1986.
小町谷照彦 編, 『古典文學基礎知識必携』(「國文學」42), 學燈社, 1991.
『日本古典文學大辭典』 제5권, 岩波書店, 1983.

만당시파(晚唐詩派)

만당 시기의 시풍을 배울 것을 주장한 시가 유파. 주도자는 번증상(樊增祥, 1846~1931)과 이순정(易順鼎, 1858~1920)이다. 그들은 만당 시인인 이상은(李商隱, 812~858)과 온정균(溫庭筠, 812?~866), 한악(韓偓, 842~923)의 시풍을 중시해서, 한악의 향염체(香奩體)를 좇아 염체시(艷體詩)를 즐겨 지었다. 때문에 그들의 시는 대장(對仗)이 공교롭고 구성이 정밀하며 문채가 부화하고 아름다웠을 뿐만 아니라 시풍 또한 전아(典雅)하고 화려하며 짜임새가 빈틈이 없는 데다가 전반적으로 화려하였다.

번증상은 스스로 "성격이 아름다운 언어를 좋아하고(性耽綺語)", "시를 배울 때에는 향염체에서 출발하였다(學詩自香奩體入)"고 토로하였다. 시를 배우는 초기에는 "쌓아놓은 수천 백 수의 작품 가운데 절반은 원매(袁枚)와 조익(趙翼)의 것이었고, 나머지는 모두 향염체였다.(積詩數

千百首 大半小倉·甌北體 其餘皆香奩體也)"고 말했다.

이순정의 시는 "온정균과 이상은의 시풍에 가까운 것이 대부분이었는데(近于溫李者居多)" "만당을 배운 것이 가장 뛰어나다(以學晚唐者爲最佳)"고 평가되었다. 근체시는 "오직 대우를 엮어 신선하고 공교로우며 잘 짜여진 것을 위주로 했지만(惟以裁對鮮新工整爲主)", 만년에 들어서는 "춤추고 활을 쏘며 노래하는 마당에서 감정을 더욱 발산시켜(益縱情于舞榭歌場", "방탕하게 노닐면서 지은 작품이 많았다(多冶遊之作)."(『석유실시화(石遺室詩話)』) 만당시파에 속하는 문인으로는 이들 외에 삼다(三多)와 이희성(李希聖), 조원충(曹元忠) 등이 있다. (임종욱)

번증상(樊增祥), 이순정(易順鼎), 이상은(李商隱), 온정균(溫庭筠), 한악(韓偓), 향염체(香奩體), 염체시(艶體詩)

참고문헌
임종욱, 『동양문학비평용어사전-중국편』, 범우사, 1997.
_____, 『중국의 문예인식』, 이회, 2001.
_____, 『중국문학에서의 문장체제 인물 유파 풍격』, 이회, 2001.
주훈초, 『중국문학비평사』, 이론과실천, 1992.

말소(Erasure)

자크 데리다(Jacques Derrida)는 『그라마톨로지』에서 현전의 형이상학(metaphysics of presence)에 연결된 일정한 관념들을 의심한다. 데리다가 생각하기에 기원이나 진리의 계시나 결정 가능한 단일한 의미 등의 관념에 의존하고 있는 권위, 체계화, 그 밖의 해석상의 관습에 대한 호소를 의미상으로 나타내는 단어는 활자 상으로 검정색의 커다란 X를 찍어 표시한다. 데리다는 이러한 의식을 말소라고 명명한다. 말소는 원래 가시적이었던 각인의 흔적(trace)을 흔히 남긴다. 하지만 그러한 흔적은 각인 그 자체가 아니라 각인의 부재를 알려준다. 데리다가 어떤 말을 '말소기호 아래' 놓을 때는 그는 바로 그와 같은 단일한 의미, 진리, 혹은 기원이라는 것의 부재에 주의를 환기하기 위한 방법인 셈이다. 즉, 말을 삭제표시 해둠으로써 쓴 부분과 지워진 부분 둘 모두는 인쇄된다. 말은 부정확하고 불충분하기 때문에 지운다는 것이다. 말에다 X를 치는 데리다의 전략은 하이데거에게서 배웠다. 하이데거의 철학적 기획은 은폐되거나 망각된 존재(혹은 의미)가 복원 가능하다는 가정에 의지했던 반면 데리다는 물론 하이데거와 달리 그런 복원 자체를 가정하지 않았지만 말이다. 데리다는 의미나 진리는 오직 흔적으로 존재할 수 있음을 말하며, 그 흔적은 단어가 지닌 현전하지 않는 모든 의미를, 즉 단어가 지닌 모든 가능한 차연을 암시하는 것이다. (이훈)

차연, 형이상학, 기원

참고문헌
자크 데리다, 『그라마톨로지』, 민음사, 2010.
뉴턴 가버, 『데리다와 비트겐슈타인』, 동연, 2010.
이성원, 『데리다 읽기』, 문학과 지성사, 1997.

말장난(Signifyin(g))

서구 문학의 역사에서 인종의 문화적, 사회언어학적 개념의 중요성을 연구한 헨리 루이스 게이츠(Henry Louis Gates)가 그의 책 『의미화 하는 원숭이』에서 문학비평과 이론을 설명하기 위해 사용한 용어이다.

19세기 중엽까지 "지식인들 사이에서는 인종에 따라 인간의 생김새와 윤곽이 결정되었던 것과 마찬가지로 인간의 사고와 감정의 형태와 모양도 결정되기 때문에 인종은 도저히 바꿀 수 없는 '물건'이라는 가설"이 팽배해 있었다. 게이츠는 이러한 가설을 밝히기 위해 아프리카계 미국인이 가지고 있는 토착어가 어떠한 방식으로 혼합적(syncretic) 미학인 '전의(轉義) 속에 있는 전의(trope of tropes)'가 되는지, 또한 어떠한 경로를 통해 토착어가 단일 언어가 아닌 복합 언어의 성격을 가지는가에 대한 연구를 시작하면서 쓰여졌다.

이와 같이 말장난은 자유로운 언어를 사용하여 관습적으로 사용된 우세한 언어의 뜻을 전복시키는 우회, 암시, 은유적 추론 등 모든 수사적 표현 포함하는 일종의 메타비유(metafigure)이다.

이 말장난은 아프리카계 아메리카인 텍스트 내부나 텍스트들 사이에서 나타나며, 자신을 낮추다가 동시에 자기 자신을 스스로 칭찬하기도 하고 상대를 깔보다가 동시에 겸손한 태도로 양보하는 모습을 보인다.

이러한 행위는 대부분 언어의 표현에 나타난 행위가 실행됨(performative mode)을 뜻하며 행위가 실행된다는 것은 그 말을 듣는 사람의 위치나 장소 환경 등 우연적 조건에 따라 의미 해석이 다르게 됨을 의미한다. 게이츠는 "의미화"를 다음과 같이 설명한다.

"The black rhetorical tropes subsumed under signifying would include 'marking', 'loud−talking', 'specifying', 'testifying', 'calling out'(of one's name), 'sounding', 'rapping' and 'playing the dozens'("The Blackness" 286).

marking : 다른 사람의 모습을 흉내면서 비웃거나 빈정거리다.

loud talking : 다른 사람을 놀리면서 수다를 떤다. 두 사람이 일상적인 이야기를 나누다가 자신들의 이야기가 들리는 곳에 있는 다른 사람에 대한 비웃는 이야기를 하여 야유하다.

testiying : 경험한 것을 말하다.

calling out(of one's name) : 험담을 늘어놓으며 모욕하다. 상대방의 친인척 중 상대방의 어머니에 대해 험담을 늘어 놓는다.

sounding : 거칠게 욕하거나 농담을 하다.

rapping : 괜한 트집을 잡다. 모여서 수다를 떤다.

plying the dozens : 어머니를 욕하면 놀거나 상대방 어머니를 대상으로 짓궂게 욕하는 놀이를

하다. (홍용희)

참고문헌
조라 닐 허스튼, 『그들의 눈은 신을 지켜보고 있었다 Their Eyes Were Watching God』, 1939.
랄프 엘리슨, 『보이지 않는 사람 Invisible Mam』, 1952.
이슈멜 리드, 『멈보 점보 Mumbo Jumbo』, 1972.

말하기/보여주기

영미의 신 비평가들에게서 발견되는 개념. 이는 제라르 주네트의 '디에제시스'와 '미메시스'라는 용어와 상응한다. 간략히 말하자면 하나의 서사에서 서술이 일어나는 방식을 일컫는데 말하기는 무슨 일이 일어났는지에 대한 서술자의 단순한 설명이며 보여주기는 재현이나 모방을 의미한다.

이 개념의 기원은 플라톤의 『국가론』 제3편에서 찾을 수 있다. 그곳을 보면 소크라테스는 <디에게시스diegesis>와 <미메시스mimesis>라는 두 가지 대화 제시 방식을 구별하고 있다. 여기서 대화의 직접적 제시라는 좁은 의미에서 소크라테스가 사용한 '미메시스'는 현실을 재현 또는 모방할 수 있는 문학의 능력을 가리키게 되었다. 여기에서 간접화법을 지칭했던 '디에게시스'는 몇 사람의 현대 서사학자들에 의해 서술 행위로부터 분리되어 추상된 사건의 연속이라는 뜻으로 사용되게 되었다.

이 디에게시스와 미메시스의 양극화는 19세기말과 20세기초에 <말하기telling>와 <보여주기showing>라는 용어로 영미비평계에 다시 나타난다. 이는 <요약summary>과 <장면scene>이란 용어로 대체되기도 한다. <보여주기>란 사건이나 대화를 직접 보여 주는 것이라고 볼 수 있는데, 이때 화자는 사라지고(연극에서처럼) 독자는 자신이 <보고> <듣는> 것으로부터 자력으로 결론을 이끌어내야만 한다. 이와는 달리 <말하기>는 화자의 중재를 통한 제시인데, 이때 화자는 연극에서처럼 사건이나 대화를 직접 보여주는 대신에 거기 관해 이야기를 하기도 하고 또 그것을 요약하기도 한다. 러보크Lubbock는 <보여주기>를 허구적인 서사물이 지향해야 할 최고의 이상으로 떠받들었다. 이와는 달리 웨인 부스Wayne C. Booth는 『소설의 수사학』(1961)에서 <말하기>를 강조한다. 이렇게 볼 때 <말하기>와 <보여주기>는 서술기법의 두 차원으로 장단점을 지니는 것이며 그 상대적인 성공이나 실패는 주어진 작품 속에서의 기능function여하에 달려 있는 것임을 알 수 있다.

이와 관련하여 흔히 언급되는 것으로 소설에서 인물을 설정하고 성격을 묘사하는 두 가지 방식으로서 직접제시와 간접제시를 들 수 있다. 전자를 해석적 방법이라고 하는데 이는 서술자가 인물의 특성을 직접적으로 요약해서 설명하는 방식이다. 인물의 속성을 직접 열거하는데 이 방법의 효과는 서술의 단순성과 서술시간의 절약에 있다. 하지만 직접적으로 등장인물의 성격을 제시하면 독자의 상상력은 제한될 수밖에 없다. 이와는 달리 극적 방법, 즉 간접적인 방법은 인물들의 성격이 그들의 언어와 행동을 통해 스스로 독자들에게 드러나도록 한다. 극적 방법은 인물을 생생하게 묘사할 수 있어서 독자는 작가의 견해와 설명을 듣지 않고도 곧바로 등장인물에 대해 알 수 있게 된다. 용어의 특성상 혼란이 야기될 수 있으나, 간접제시는 보 여주기에 가깝고 직접제시는 말하기에 해당한다. (손종업)

디에제시스, 미메시스, 직접제시, 간접제시, 요약, 장면, 서술.

참고문헌

W. C. Booth, The Rhetoric of Fiction, penguin books, 1991.
김욱동, 『광장을 읽는 일곱 가지 방법』, 문학과지성사, 1996.

매개(媒介, Mediation, 프 Médiation, 독 Vermitittelung)

'직접성(直接性)'에 대응되는 말로서, 사물이 단순히 직접태로서가 아니라 다른 것들과의 관계 속에서 존재하는 것을 '매개'된다고 한다. 사물이나 개념은 고립되어 독립적으로 있는 것이 아니라 상호 관련 속에서만 존재하고 스스로를 성립시키며 또 그 속에서 변화해 가는 것이기 때문에, 어떤 사물은 다른 것과의 관련 속에서 비로소 스스로의 성질, 상태를 명확하게 나타낸다. 매개를 통해 추상이 구체로 되고, 현상에서 본질로 나아가는 사유의 이행이 이루어진다. 헤겔에 의하면, 매개는 사유의 원리이며 변증법적인 부정(否定)의 원리이며 실재전개의 원리이다.

'매개'의 의미는 직접성과의 관계를 통해 보다 잘 규명될 수 있다. 직접성이란 추론이나 증명에 의해 매개되지 않은 확실성을 말하는데, 현상 세계의 실재성에 대한 지식이나 믿음은 증명을 요구하지 않는 확실성을 포함한다. 이에 반해 헤겔은 이미 종교적인 영역에서는 중요성이 인정된, 신과 인간 사이의 매개뿐 아니라 정신과 육체, 국가와 개인 등에도 강한 대립이 존재하며 따라서 매개가 필요하다고 생각했다. 따라서 헤겔에게서 매개는 종종 서로 다른 두 항을 제3의 항으로 통일하는 것을 뜻한다. 가령 보편자와 개별자는 특수자에 의해 통일된다.

그러나 매개와 직접성의 대립도 그 자체에 매개가 필요한 것이며, 그 결과 순전히 직접적이거나 순전히 매개된 것도 없으며 모든 것은 직접적이면서 매개되어 있는 것이다. 예를 들어, '순수 존재'는 직접적인 것이지만 그것에 대한 사유가 '정신현상학'에 서술된 도야 과정의 결과물이며, 경험적인 세부 사항들에서 추상해내는 특별한 노력을 전제하는 한 매개된 것이기도 하다.

한편 어떤 것이 직접적인 것이 되는 데에는 두 가지 방식이 있다. 첫째, 씨앗이나 순수존재처럼 관련되는 매개 유형이 없는 경우. 둘째, 자신의 매개를 직접성으로 지양하는 경우. 가령 양분 · 환경 같은 성장조건들은 나무라는 직접성으로 지양한다. 따라서 '순수한 직접성−매개−매개된 직접성'이라는 순환구조가 성립한다. 이러한 과정은 나선형을 이루면서 반복된다. (권채린)

직접성, 변증법, 헤겔

참고문헌

게오르크 W. F. 헤겔, 김소영 역, 『논리학 서론 · 철학백과 서론』, 책세상, 2002.

_____, 임석진 역, 『정신현상학』, 한길사, 2005.
칼 마르크스, 『헤겔 법철학 비판』, 아침, 1989.

매너리즘(Mannerism, 프 Maniérisme, 독 Manierismus)

매너리즘이란 예술 창작이나 발상 측면에서 독창성을 잃고 평범한 경향으로 흘러 표현 수단이 고정되고 상식적으로 고착된 경향을 총칭한다. 가령 일정한 기법이나 형식 따위가 습관적으로 되풀이되어 독창성과 신선한 맛을 잃어버리는 것을 말한다. 오늘날에는 현상 유지 경향이나 자세를 가리켜 흔히 매너리즘에 빠졌다고도 말한다.

하인리히 뵐프린은 1520년 라파엘이 사망한 후 회화에는 완전한 뜻에서 고전적인 작품은 없다고 피력한 적이 있다. 그렇지만 1520년 이전의 작품에서도 이미 그런 경향은 부분적으로 지적될 수 있다. 비고전적 특징은 한동안 후기 르네상스적, 또는 전기 바로크적, 또는 매너리즘적이라고 불려왔다. 진정한 뜻에서 이들은 같은 시기에 유사한 경향을 가졌지만 상호 약간의 차이점을 띤 복합적인 방향으로 인정되어왔다. 그 중에서도 매너리즘적인 작품은 상당한 기간 동안 말기적 또는 퇴폐적이고 비창의적인 것으로 과소 평가되어왔다.

20세기초에 접어들어서야 막스 드보르작을 위시한 학자들에 의해 이런 부정적 시대 개념이 지양되고 매너리즘은 독자적인 하나의 미술 양식으로 재평가되었다. 피렌체의 폰토르모에서 출발하여, 파르미지아니노, 로소 피오렌티노, 브론치노, 후기의 미켈란젤로, 틴토레토, 쥬제페 아르침볼디, 엘 그레코, 몬수, 바사리로 이어지는 16 세기의 예술가들이 이에 해당한다. 그들은 그와 같은 비고전적인 경향 때문에 오늘날에 와서는 오히려 커다란 주목의 대상이 되기도 한다. 그것은 한 역사적 시기의 작가들이라는 매너리스트들로서의 평가에서 끝나는 것이 아니고 그야말로 그들의 진정한 예술 세계 때문에 현대인의 커다란 공감의 대상이 되어 현대에 와서 재발견되고 있다고 할 수 있다.

한편 시대어로서 모던이라는 말이 처음 사용된 이 매너리즘의 시대는 그런 뜻에서 이전의 가치 체계에 대한 하나의 반역의 시대로서 그런 특징이 생활 감정과 예술 전반에 다 함께 나타나고 있음을 본다. 그것은 전체적으로 봤을 때 비 고전적 내지는 반고전적인 것으로 주관주의와 기능주의를 그 근본 성격으로 한다. 그것은 주지주의적인 시대에 반주지주의로, 합리주의적인 시대에 반합리주의로 등장해 전자에 반대 입장을 가지면서 공존했다. 이런 특유한 현상은 르네상스 시대가 이상적인 고전적 예술이 개화될 수 있을 정도로 안정된 시대였다는 통념을 깨뜨리고 사실상 얼마나 실제적으로나 정신적으로 위기에 직면하고 있었던가를 잘 보여준다. 그런 관점에서 볼 때, 한 걸음 더 나아가 과거의 서양 미술에는 고전적 미술과 그것이 표방하는 질서와 균형과 적당한 척도의 절도 있는 시대에 혹은 공존하고 혹은 교체해 가면서 그에 반대되는 가치 체계가 존재하고 있었다는 사실도 함께 말해 주는 것이 된다.

이런 형상은 19세기 고전주의 시대에 공존 혹은 교체하면서 그런 고전주의적인 것에서 필연적으로 나오면서 이에 반발하게 되는 낭만주의가 등장하는 연유에서도 비슷한 경향을 찾아 볼 수 있다. 이와 같은 현상은 사실 과거부터 현재에 이르기까지 유럽 정신에 있어 한 요인으로 작용하고 있기도 하였다. 그것은 어떤 의미에서도 안정−융화−조화가 아니다. 그것은 상반되는 요소들의 자기 주장과 회의와 긴장에서 오는 대립의 결합을 말하는 하나의 위기 의식의 소산이라고 말할 수 있다. (유성호)

르네상스, 주지주의, 합리주의, 회의

참고문헌
윌프레드 게린, 정재완 역, 『문학의 이해와 비평』, 청록출판사, 1982.
루카치, 『우리 시대의 리얼리즘』, 인간사, 1986.
데이비드 로지 편, 윤지관 역, 『20세기 문학비평』, 까치, 1984.

매스 커뮤니케이션(Mass communication)

매스 커뮤니케이션은 매스 미디어를 이용해 많은 수의 사람들을 대상으로 하는 의사소통 시스템을 가리킨다. 흔히 '매스컴'이라는 말로도 많이 사용되고 있다. 보다 구체적으로 매스 커뮤니케이션은 기술적 장치를 통한 메시지의 생산이며 여러 사람에게 전하는 다중 유통을 의미한다. 이러한 정의가 제시하듯이 매스 커뮤니케이션은 매스 미디어 산업이라는 19세기 이후의 특정한 산업의 발달에 의해 수행된다. 매스 커뮤니케이션은 미디어 산업과 시장에 대한 의존, 큰 규모의 조직과 새로운 기술을 통한 문화 생산이라는 특징들을 통해 대중문화를 양산하는 데에 큰 영향력을 행사하고 있는 것으로 인식되었다. 또한 매스 커뮤니케이션은 '대중(mass)'을 수용자로 하는 대중사회의 질적 수준에 대한 책임을 지고 있다는 측면에서 부정적으로 평가 받기도 한다. 이는 대중문화에 대한 초기 비판이론에서 찾아볼 수 있는 견해들이다. 그러나 현재 전 세계는 매스 미디어를 홍보 도구로서, 정보 전달 수단으로서 이용하며 사회−문화적 융합 현상을 보이고 있으며 이러한 측면에서 매스 커뮤니케이션은 여전히 연구와 이론의 대상으로 적합하다는 점을 지적할 수 있다.

매스 커뮤니케이션에 대한 연구와 이론은 제임스 캐리(James Carey)가 제시한 커뮤니케이션 자체에 대한 이론에서 출발하여, 대중사회와 대중성과 연결된 문화의 이데올로기 현상을 분석하는 프랑크푸르트 학파의 비판이론과 그람시(Gramsci)의 헤게모니론, 후기 비판 문화 이론이라 할 수 있는 버밍햄 학파의 연구에까지 진행된다. 매스 커뮤니케이션에 대한 연구는 커뮤니케이션을 바탕으로 하여 진행되는 모든 학문에 걸쳐 있다. 문학의 경우, 문학 연구의 텍스트는 인간 커뮤니케이션의 텍스트이고, 인간의 역사가 커뮤니케이션 변천사 및 매체 발달사라는 점에서 매스 커뮤니케이션과 문학 및 역사학을 서로 맞물려 있는 학문의 영역으로 보고 매스 커뮤니케이션에서의 문학 연구, 문학에서의 매스 커뮤니케이션에 대한 연구를 진행하는 것이 가능하

다. (박명진)

미디어, 대중사회

참고문헌
강준만, 『대중매체의 이론과 사상』, 개마고원, 2003.
데니스 맥퀘일, 양승찬·강미은·도준호 공역, 『매스커뮤니케이션 이론』, 나남, 2002.
조셉 터로우, 고혜련 역, 『매스커뮤니케이션 개론』, 커뮤니케이션 북스, 2002.
한국사회언론연구회, 『현대사회와 매스커뮤니케이션』, 한울아카데미, 1996.

매스콘어(Mascon Words)

스티븐 핸더슨(Stephen Henderson)은 『새로운 흑인 시의 이해』라는 책 서문에서 미국 흑인들의 이야기가 주는 기이하고 매우 중요한 측면에 대해 설명한다. "어떤 말과 문장들은 정서적, 심리적 무게의 과도한 부담을 갖는 것처럼 보이며 그래서 그것들이 사용될 때마다 모든 종류의 종들이 울리고, 신경 세포 연접부가 툭 끊어진다."라며 거대하게 응집된 흑인 경험의 에너지를 내포하는 특징으로 설명한다. 이 말들은 "복잡한 연상에서 사용되며 따라서 외부인들의 이해를 거부하는 방식으로 의미 있는 총체를 형성한다. 나는 그러한 단어들을 미 항공우주국으로부터 차용하여 육중한 단어(Mascon Words)라고 부른다. 미 항공우주국은 위성에 대한 중력의 당김이 다른 장소보다 훨씬 강하다는 것을 관찰한 이후 달 표면 아래의 물질의 '육중한 집중'을 의미하기 위해 두문자어(頭文字語)를 발명하였다. 나는 그것을 흑인의 이야기, 노래 그리고 시의 의미에 상당한 영향을 미치는 흑인의 경험적 힘의 '육중한 집중'을 의미하기 위해 사용한다."라고 설명한다. 이어 그는 "그의 손을 잡아요. 변하지 않는 신의 손을" 이라는 찬송가의 구절을 블루스의 한 구절과 1950년대 페이 애덤스의 노래와 연관시킨다. 흑인들의 이런 표현은 결코 상투적인 징표가 아니다. 왜냐하면 그들은 여러 곳에서 이런 표현을 사용해 왔는데, 이는 명백히 소진되지 않는 실체, 매우 응축된 세속적, 종교적 경험의 반영이기 때문이다. 셜리 윌리엄즈도 흑인들의 시와 노래가 매스콘어를 사용하여 독특한 경험 영역들을 연결시키고 정서적인 공명을 이끌고 있음을 설명한다. (이훈)

흑인 영가, 내포, 상투성

참고문헌
김경집, 『생각의 프레임』, 현실문화, 2007.
벤자민 퀄스, 『미국흑인사』, 백산서당, 2002.
마틴 스미스, 『존 콜트레인』, 책갈피, 2004.

매스터 쇼트(Master Shot)

영화 용어로 삼중 촬영을 가리킨다. 대개 드라마적 성격을 갖춘 영화를 촬영하는 한 방식으로, 편집 시 선택하기 위해 해당 장면을 먼 거리, 중간 거리, 클로즈업 등으로 각각 액션을 반복해서 촬영하는 기법이다. 극적 액션을 단일한 롱 테이크로 촬영하여 공간의 구조와 사건의 인과 관계를 이해하기 쉽게 제시한 장면으로 이를 토대로 역동적인 장면을 얻기 위해 더 가까운 위치에서 다시 촬영한 액션을 섞는다. 즉 롱 테이크나 매스터 쇼트는, 미디엄 쇼트와 클로즈업을 삽입할 바탕이 되는 액션의 기본 단위를 제공한다. 매스터 쇼트를 찍고, 같은 쇼트의 요소들을 미디엄과 클로즈업으로 되풀이 조망된다. 배우들은 매치 커트가 가능하도록 서로 다른 테이크를 위해 동작과 대사를 되풀이한다. 이를 통해 편집자에게 극적 액션의 다양한 쇼트를 제공하여 다양한 선택을 가능하게 한다. 즉, 씬의 페이스를 설정하고 조절하거나 극적인 강조점을 배치하거나 동일한 액션에 대한 둘 이상의 시점을 넣어 시간을 확장하는 작업 등 다양한 선택을 준다. 스튜디오 시대에는 이러한 삼중 촬영이 보편적으로 행해졌는데 이는 당시 사람들에게 익숙했던 4 : 3 비율이 구도적으로 볼 때 씬 내에서의 활발한 편집을 가능하게 했던 이유에서이다. 삼중 촬영은 1950년대에 포맷이 다른 화면이 도입되면서 카메라를 더 오래 돌리는 촬영과 선별적 편집보다 시각적 조망에 강조를 두는 경향에 밀린다. 그러나 삼중 촬영은 텔레비전용 드라마 제작에서 여전히 인기 있는 촬영 방식이다. 스튜디오 시대와 텔레비전 촬영에서 보편적인 이 과정은 편집자가 다양한 선택의 여지를 갖고 극적인 강조를 배치할 수 있도록 해준다. 삼중 촬영은 일정 정도의 매치 커트를 허용하기도 한다. (이훈)

삼중촬영, 컷, 프레임

참고문헌
켄 댄시거, 『영화 편집』, 커뮤니케이션북스, 2010.
레옹 발쟈크, 『영화미술의 역사와 기술』, 집문당, 2001.
민병록, 『세계 영화영상기술 발달사』, 문학과 지성사, 2001.

매카시즘(McCarthysm)

1950~1954년 미국을 휩쓴 일련의 반(反)공산주의 선풍으로, 미국 위스콘신주 출신의 공화당 상원의원 J. R. 매카시의 이름에서 유래했다. 1950년 2월 "국무성 안에는 205명의 공산주의자가 있다"는 매카시의 폭탄적인 연설에서 발단해서, 수년에 걸쳐 매카시가 상원의 비미(非美)활동특별조사위원회를 무대로 하여 행한 공산주의자 적발 추방의 선풍을 의미한다. 제2차 세계대전 후의 냉전이 심각해지던 상황에서 전통적인 미국자본의 시장이던 중국의 공산화와 잇달아 발생한 한국의 6 · 25전쟁 등, 공산세력의 급격한 팽창에 위협을 느낀 미국 국민으로부터 그의 주장이 광범한 지지를 받았다.

현재에도 언론, 사상, 정치, 문화 등 광범위한 영역에서 매카시적 압력이 행해지고 있다. 흔히 공산주의 문제를 개인 또는 특정 집단의 소아병적 이익을 위해 정치적으로 악용하는 것뿐만 아니라, 논리적인 이론이나 사실의 근거 없이 정적을 비난하거나 특정한 낙인 하에 몰아 탄압하는 것을 포괄한다. 진보세력을 겨냥한 보수세력의 '색깔론' 비방, 노동자의 권익이나 소수인종의 인권 옹호에 대한 '마녀사냥'식의 압력행사, 성적인 기호나 취향이 보편에서 벗어나는 것을 죄악이며 매장되어야 할 것처럼 몰아가는 '섹슈얼 매카시즘' 등이 대표적이다. (권채린)

매카시, 매카시적 압력, 마녀사냥

참고문헌
로버트 그리피스, 『마녀사냥─매카시/매카시즘』, 백산서당, 1997.
진방식, 『분단한국의 매카시즘』, 형성사, 2004.

맥락비평(脈絡批評, Contextual criticism)

문학작품의 구성요소에 나타나는 유일한 상호관계 체계에 대한 연구로서 후기─신비평의 흐름에 속한다. 맥락비평은 문학작품에는 그 자체 내의 체계가 있다는 점, 작품 자체를 능가하는 어떤 형식이나 언어로 문학작품을 환원시킬 수 없다는 점을 주장함으로써 시작하였다. 작품 외적인 것에 의해 어떤 정의를 작품에 부여하고자 하는 비평가는 해당 작품이 갖는 자체의 형식적인 총체성을 거부하는 것이다. 즉, 비평가는 작품 자체의 고유한 의미를 소멸시키는 '초월적인 의미'를 작품에 부여해선 안된다. 또한 비평가가 자신의 언어로 작품을 설명하게 되면 그의 행위는 작품이 갖는 유일한 전후 관계에 적절치 않다.

맥락비평의 대표적 이론가인 머레이 크리거(Murray Krieger)는 맥락주의를 '시란 빈틈없고, 거부할 수 없으며, 마침내는 완결된 맥락이다'라는 주장으로 정의하였는바, 이것은 '우리가 그 이상의 지시대상이나 행위의 세계로 벗어나는 것'을 저지하고, 작품의 효율성을 미적 대상이라는 측면에서 판단해줄 것을 요구한다. 크리거는 소쉬르의 언어학, 야콥슨의 시학과 레비스트로스의 신화연구, 60년대와 그 이후의 프랑스 구조주의의 충격으로 인해 당시 문학연구의 경향이 문학자체에 대한 연구보다는 문학 외적인 연구에 더 많이 치중되었다는 점을 비판하였다. 그에 따르면 시적 담론은 특수하면서도 자동적인 체계이며, 각각의 시에 존재하는 하나의 체계로서 취급받아야 한다. 시적 담론이 정상적인 담론과 구분될 수 있는 것은 비지시체의 특수성에 의해 가능한 것이며, 이 모든 것은 시가 지니는 내적 상관성에서 비롯되는 것이다. (권채린)

신비평, 문맥주의(contextualism)

참고문헌
머레이 크리거, 윤호병 역, 『비평의 이론』, 현대미학사, 2005.
_____, 『The New Apologists for Poetry』, 1956.

멀티 미디어(Multi-media)

미디어를 결합하여 총제적인 시스템 내에서 동시 구현시키는 미디어 시스템을 말한다. 원래 커뮤니케이션의 여러 매체, 혹은 전달 수단을 의미했으나 오늘날에는 일반적으로 현대 커뮤니케이션 시스템의 두드러지는 경향인 멀티 방식과 디지털 통합 방식을 말한다.

컴퓨터에 의해 처리되는 정보는 수치화된 데이터 혹은 텍스트 뿐 아니라 이미지와 소리도 포함한다. 컴퓨터에서 정보는 전자의 꺼짐과 켜짐으로 표준화하므로 영상과 소리 등의 다른 매체의 통합이 쉽다. 누구나 손쉽고 값싸게 다 매체를 사용할 수 있게 되면서 이제 세계는 본격적인 영상의 시대에 돌입하게 된다.

두 번째로 멀티미디어란 말은 정보과학, 전화, 음반, 출판, 라디오, 사진 영화, TV와 같은 다양한 미디어와 관련된 디지털화의 경향을 가리킨다. 디지털화가 빠른 리듬으로 진행된다면 장기적으로 보아 모든 매체들은 통합될 것이다.

셋째, 영화가 하나 개봉되었을 때 같거나 비슷한 소재에서 비디오 게임, TV시리즈, 티셔츠나 장난감들이 촉발되는 경우도 멀티미디어의 속성과 관련이 있다. one-source-multi-use로도 불리는 최근의 문화산업의 경향은 다른 매체들의 상호 연결 및 통합과 관계가 있다. 이런 다중 방식 단일 미디어, 즉 디지털적이며 쌍방향 대화형인 통합적 커뮤니케이션의 기반 구조가 점진적으로 진행되고 있다.

멀티미디어는 뉴 미디어의 개념을 포괄하기에 부족한 부분이 많다. 주로 표현형태(텍스트, 이미지, 소리 등)나 매체 형태에 초점이 있기 때문이다. 반면 뉴 미디어는 정보장치(통신망, 흐름, 가상세계)와 대화형 공동 통신 기제, 즉 사람들 사이의 관계 양상이나 사회관계를 포괄한다.

멀티미디어는 근대 사회의 정보 소통에 중심 역할을 해온 인쇄 매체 산업에 위기 의식을 불러일으키고 있으며 이에 대한 타개책으로 전산편집 시스템의 개발이 급속히 이루어지고 있는 실정이다. (최혜실)

뉴 미디어, 아날로그 / 디지털, 쌍방향성

참고문헌

피에르 레비, 김도윤·조준형 역, 『사이버 문화』, 문예출판사, 2000.

박춘서, 송해룡 편역, 『미디어의 실제』, 커뮤니케이션 북스, 2001.

메타비평(Metacriticism)

기본적으로 메타(meta)는 '사이에, 뒤에, 넘어서'를 뜻하는 접두어로 어떤 대상에 대한 상대적 위치를 나타내는 의미로 여러 분야에서 쓰이고 있는 개념이다. 그 중에서도 메타비평은 '비평에 대한 비평', 실제적인 작품이 아닌 그에 대한 비평의 논리나 이론의 적용에 있어서의 문제들을 제기하는 형태의 비평으로 주로 문학에서의 현상을 가리키는 표현이다. 메타비평의 목적은 개개의 비평들을 종합, 분석하여 체계적인 형태의 비평이론을 정립하려는 데에 있다. 그러므로 메타비평은 '실천적·실제적 비평(Practical criticism)'의 범주와 구분하여 '이론적 비평(Theoretical criticism)' 혹은 비평이론의 다른 표현에 불과한 것으로 판단될 수도 있다. 이러한 메타비평의 이론 중심적 성격에 대하여 그것을 문학의 한 장르로 받아들일 것인가 아닌가의 문제 역시 제기되고 있다. 그러나 현재에 있어 메타비평은 문학과 영화를 비롯한 문화 전반에 걸친 이론 연구로 폭넓게 진행되고 있다.

한국에서 메타비평이 본격적으로 진행된 것은 1990년대 중반이다. 포스트모더니즘의 등장으로 다양한 이론에 대한 연구가 시작된 1990년대 중반 이후 한국의 문화이론은 메타비평, 즉 비평이론을 중심으로 하여 진행되었다. '이론이 아니라 이론화에 대한 노력이 비평의 힘을 만드는 것'이라는 주장 하에 비평이론과 메타비평에 대한 연구가 정당화되기도 한다. 한국 문학계에서 메타비평에 대한 문제가 제기된 것은 2000년대 들어 문학의 위기와 함께 제기된 문학권력, 비평권력에 대한 논의에서이다. 이 논의에서 논자들은 위와 같은 1990년대의 메타비평에 대한 지지들이 어떻게 비평을 권력을 양산해내는 도구로 이용하고 있는지를 분석, 비판하고 있다. 이론에 대한 연구라는 미명 아래 대상을 추상화시켜 그 실체를 쉽게 파악하지 못하게 하는 측면에서의 메타비평이 여기에서 문제의 대상으로 인식되는 것이다. 즉 메타비평의 유행은 문화 전반에 있어 실천성의 부족과 추상화를 통한 권력의 양산이라는 측면에서의 부정적 성격을 동반한다. (박명진)

메타언어, 문학권력

참고문헌
강준만 · 권성우, 『문학권력 : '한국 문학의 위기'는 과연 어디에서 비롯되고 있는가』, 개마고원, 2001.
고명철, 『쓰다의 정치학』, 새움, 2001.

메타소설 ☞ 메타픽션

메타시(Metapoetry)

메타시는 시에 관한 시 곧 시의 어떤 속성에 관한 반성과 성찰과 인식을 추구하는 시편들을 총칭한다. 가령 메타시의 정체성을 두고서 최근 한국 문단에서는 논란이 거듭되어 왔는데, 논쟁의 초점은 메타시를 시론시만으로 국한시켜야 할 것인지 아니면 시론시와 아울러 패러디시까지를, 더 나아가, <코드와 관련된 일체의 서정시>를 포함시켜야 할 것인지에 있었다. 모던한 사회에서의 매체성찰이 언어, 문학, 예술에 머물던 것이 후 · 탈현대의 시대에는 그것이 확대되어 문화코드 전반에 대한 반영과 성찰로 전개됨은 자연스런 발전 과정이다. 따라서 최근의 논쟁에서는 메타시의 축소론에 등을 돌리고 그것의 확대론이 주류를 이루고 있다.

시론시의 경우, 그 역사는 오래이다. 특히 이차대전 이후의 독어권 시인들의 작품 세계에 집중되어 나타난다. 시론시는 이 시기에 와서야 비로소 현대성을 첨예하게 띠고 있기 때문이다. 패러디시는 물론 시론적인 텍스트종으로서 편협하게 정의내리기에는 오늘날 너무나도 복합적인 요소를 함유한 장르로 확대되어 있다. 그렇기 때문에 그것을 람핑처럼 시론시의 종속으로 폄하시킬 수는 없다. 그러나 시론시마저 패러디시의 종으로서 함입시켜보려는 역공은 논의의 도리와 수위를 지키지 못했다고 해야 할 것이다. 메타시에 대한 람핑의 이분법은 그 나름대로 지

당한 분류법으로 받아들여져야 마땅하다고 판단된다. (유성호)

시론시, 패러디시, 서정시, 탈근대

참고문헌
김준오, 『시론』, 삼지원, 1995.
이승훈, 『시론』, 고려원, 1984.
질베르 뒤랑, 진형준 역, 『상징적 상상력』, 문학과지성사, 1983.

메타언어(Metalanguage)

　메타(meta)라는 말은 '더불어(with)' 또는 '뒤에(after)'를 뜻하는 그리스어이다. 따라서, 메타언어는 문자 그대로 해석하면 하나의 언어를 가진 언어, 또는 하나의 언어 다음에 오는 언어를 가리키거나, 다른 언어 뒤에서 그 단어를 지칭하는 언어를 말한다. 즉, 다른 언어에 관한 언어이다. 메타언어는 다른 담론들에 관한 명료화된 담론으로서, 말하자면 다른 발화 행위들이나 텍스트들을 다루는 발화 행위나 텍스트이다. 그러나 메타언어는 텍스트 외부에 있는 언어를 지칭할 뿐 아니라 텍스트 내의 다른 언어에 관한 것이기도 하다. 텍스트나 발화 행위들은 그 내부로부터 자신의 메타 언어를 산출할 수 있다. 예컨대 그 자신의 내러티브 과정들을 언급하는 내러티브를 들 수 있다. 이 자기 참조성(self-referentiality)이 메타언어를 만든다.

　일반적으로 메타라는 말은 한 단계 더 높은 곳에 있다는 의미로 사용된다. 예를 들어, 메타과학(meta-science)은 과학(science)을 연구하기 위한, 즉 과학이란 무엇인가를 연구하기 위한 과학(science)을 말한다. 즉 일반적인 분야의 과학보다 한 단계 높은, 그 과학이라는 자체를 연구하기 위한 과학을 말하는 것이다. 마찬가지로 언어보다 한 단계 높은 언어를 메타언어라 한다. 즉 언어를 기술하기 위한 언어를 메타언어라 한다. 좀 더 구체적으로 말하면 언어의 의미를 생성하는 규칙을 정의하는 언어를 말한다. 특정하게 표현된 언어는 어떤 의미를 지니고 있다. 이러한 의미는 자연적으로 혹은 임의적으로 생성되는 것이 아니고 특정한 규칙에 의해 생성된다. 이러한 의미 생성의 규칙을 메타언어라 한다. 예를 들어 "소가 불타는 짚을 먹었다."라는 문장은 어떤 의미를 지니고 있다. 이러한 의미는 단어의 의미와 순서를 특정한 규칙에 따라 해석함으로 인해서 생성된 것이다. 즉 문법적으로 해석함으로 인해서 생성된 것이다. 이러한 특정한 규칙, 즉 문법을 메타언어라 한다.

　언어학자 로만 야콥슨은 의사소통에 포함되어 있는 여섯 개의 요소(발신자, 수신자, 메시지, 공통의 코드, 접촉 및 의사소통의 매체, 그리고 메시지가 가리키는 맥락)를 구별하고 이 요소들 중 어디에 강조점이 놓이느냐에 따라 의사소통 행위를 분류한다. 코드 그 자체에 초점을 맞춘 메시지라면 그것은 메타언어적이라고 생각될 것이다. 문학비평은 전통적으로 일종의 메타언어이며, 그런 만큼 문학 그 자체와는 별개라고 생각된다. 그러나 소설 속의 서술자가 이야기의 구조에 대해 논평할 때처럼 문학이 메타 언어적 요소를 포함하는 경우도 아주 흔하다고 조나단 컬

러는 지적한다. (고봉준)

텍스트, 발신자, 수신자, 메시지, 코드, 의사소통, 내러티브

참고문헌
한국철학사상연구회, 『철학대사전』, 동녘, 1997.
조나단 컬러, 이만식 역, 『해체비평 : 구조주의 이후의 이론과 비평』, 현대미학사, 1998.
테리 이글턴, 김명환 역, 『문학이론입문』, 창작과비평사, 1986.
로만 야콥슨, 신문수 역, 『문학 속의 언어학』, 문학과지성사, 1989.

메타 역사(Metahistory)

메타 역사란 어떤 시대에도 적용되는 역사나 역사 철학에 내포된 독특한 시적 요소들을 말한다. 역사적 상상력의 심층 구조를 분석하면서 역사 연구를 서술적 산문의 담론 형식 속의 언어 구조로 파악한 헤이든 화이트(Hayden White)는 『메타역사(Metahistory : The Historical Imagination in Nineteenth-Century Europe, 1973)』에서 역사서술에 대하여 기호로서의 언어가 구조화됨으로써 형성된 텍스트로 이해하고, 역사 텍스트는 사건들의 의미를 시간적 순서에 따라 연관을 맺어주는 통일적인 담론의 형식인 이야기체로 이루어진다고 주장하였다. 화이트가 밝힌 역사서술은 플롯 구성의 형식 논증과 이데올로기적 측면과의 독특한 결합체의 표현으로, 이야기체는 네 개의 수사적 문체의 언어로 재현된다. 역사 서술의 시적 형식을 드러내는 은유, 제유, 환유, 아이러니라는 4가지 비유 양식이 그것이다.

역사에 대한 형식적 분석에 선행하는 시적 행위를 통해서 역사가는 분석의 대상을 창조하고 설명하기 위해 여러 형태의 간접적이며 비유적인 이야기를 전략적으로 사용한다. 화이트가 지적하는 역사서술은 역사가 시적 언어의 형식을 통해 구성된 이야기로 나타난다는 점에서 플롯을 띤 문학 작품과 유사한 개념으로 이해되고 있다. (장은영)

이야기 역사, 플롯

참고문헌
Hayden White, 천형균 역, 『19세기 유럽의 역사적 상상력』, 문학과 지성사, 1991.
김기봉, 『 '역사란 무엇인가'를 넘어서』, 푸른역사, 2000.

메타텍스트성(Metatextualism, 프 Métatextualité)

메타텍스트성은 후기 구조주의 문학이론과 포스트모더니즘 이론에서 주창된 용어의 하나로, 폭넓은 의미에서 자의식적이거나 자기 반영적인 텍스트의 성격과 관계를 지칭하는 용어이다. 그러나 이 용어는 여러 논자들에 의해 다양한 방식과 의미로 사용되고 있어서, 그 개념이 분명하게 정립된 것은 아니다.

메타텍스트라는 용어를 처음 사용한 것은 슬로바키아의 문학이론가 포포비치(A. Popovič)로 보인다. 그는 다른 텍스트에 근거하고 있는 텍스트를 지칭하는 말로 이 용어를 사용하였다. 그러나 이 말을 보다 분명하고 구체적인 의미로 사용한 것은 제라르 쥬네트(G. Genette)이다. 그는 텍스트성을 통텍스트성(transtextualité)의 관점에서 조명하면서, 이 통텍스트성을 간[상호]텍스트성(intertextualité), 곁텍스트성(paratex‒tualité), 메타텍스트성(métatextualité), 윗텍스트성(hypertextualité), 원텍스트성(arch‒itextualité) 등으로 구분지어 설명한다. 여기서 통텍스트성은 어떤 텍스트를 명백하게 또는 은밀하게 다른 텍스트들과 관련짓게 하는 모든 것을 가리키는데, 그 하위 개념의 하나인 메타텍스트성이란 로만 야콥슨의 '언어 / 메타언어'의 모델에 근거한 것으로, 텍스트의 주석이 그 텍스트에 대해 갖는 관계를 말한다. 이러한 설명에 따르면, 문학 비평가들이 생산한 비평서들은 모두 메타텍스트가 된다.

한편 앤 제퍼슨(Ann Jefferson)은 메타텍스트성을 어떤 작가의 전 작품 안에서 한 텍스트와 다른 텍스트 사이의 관계를 가리키는 용어로 사용하였다. 이것은 실비오 개기(Silvio Gaggi)가 '개인적 상호텍스트성'이라고 부른 것과 동일한데, 미국 작가 존 바스가 『편지』를 창작하면서 자신의 전작(前作)들에서 작중인물과 플롯, 주제 등을 빌려온 것이 그 대표적인 예로 거론된다.

메타텍스트성 개념의 또 다른 용법의 하나는 한 텍스트가 스스로에 대한 언급과 주석을 내포하고 있는 경우를 지칭하는 것이다. 작품 첫 부분에서 독자들에게 작품 내용에 대해 미리 짤막하게 언급하고 있는 고대 서사시 『일리아드』나, 제2부에서 등장인물들이 자신들이 묘사되어 있는 제1부의 내용이나 플롯에 대해 주석적 언급을 하고 있는 세르반테스의 『동키호테』 등을 그 예로 들 수 있다.

이처럼 작품 내부에 자기반영적인 언급이 내포되어 있는 작품들은 오랜 문학사의 흐름 속에서 쉽게 발견된다. 하지만 메타텍스트성을 본격적이고 의식적으로 추구하고 있는 실험적 경향은 현대 문학, 특히 메타픽션이나 메타연극의 범주로 분류되는 포스트모더니즘 계열 작품들의 특징적 현상이라고 보아야 할 것이다. 외부 세계보다는 텍스트 내부 세계를 반영하여 모방이론이 내포한 재현성과 미적 환상을 파괴하는 포스트모더니즘 작품들의 자의식적 경향은 20세기 후반의 시대정신을 반영하며 전통적인 문학 방법론과 관습을 벗어나고자 하는 시도로 대두되었기 때문이다. (전도현)

포스트모더니즘, 후기 구조주의, 상호텍스트성, 메타언어, 메타픽션, 메타연극

참고문헌
김 현, 『프랑스비평사‒근대편』, 문학과지성사, 1983.
김욱동, 『포스트모더니즘의 이론』, 민음사, 1992.
A. Popovič, Teória metatextov, Nitra, 1974.
G. Genette, Introduction á l'architexte, Seuil, 1979.
_____, Palimpseste, Seuil, 1982.

메타포(Metaphor) ☞ 은유

메타픽션(Metafiction)

메타픽션은 1971년 미국의 윌리엄 개스(William H. Gass)가 『픽션과 인생의 양태들 Fiction and the Figures of Life』이라는 책에서 언급함으로써 공식화된 용어이다. 하지만 메타픽션이라고 부를 수 있는 소설들이 나타난 시기는 대략 1950년대 중반부터이고 1960, 1970년대를 거치면서 '반(反)소설, 초(超)소설, 내향성 소설' 등으로 불리다가 1980년대에 들어서면서 메타픽션이라는 용어로 분명하게 정리되었다.

이 소설들의 특징은 종래의 관습적인 소설양식을 탈피하여 내용과 형식 모두에서 급격한 변화를 주어 질서정연한 구성이나 리얼리티의 재현, 보편적 진리 추구에 대한 지향 등을 폐기한다는 것이다. 따라서 이러한 소설들에는 진실의 제시나 질서의 회복은 이루어지지 않으며, 인물들은 무의미하고 파편적인 상황 속에서 방황하고 새로운 의미체계에 대해 회의한다. 이러한 소설의 변화는 소설이 더 이상 현실의 리얼리티와 진실을 제시할 수 없다는 인식에서부터 비롯되었다. 그와 같은 인식은 2차대전 이후의 여러 가지 폭력적 시대 상황들로 인해 실체에 대한 인식론적 한계, 객관적 진실에 대한 모호함이 실체와 허구의 구분을 무의미하게 만드는 실존적 상황을 불러왔다는 배경을 가지고 있다.

메타픽션은 픽션과 리얼리티 사이의 관계에 의문을 제기하면서 스스로가 하나의 인공품임을 의식적, 체계적으로 드러내는 소설쓰기이다. 작가는 스스로의 글쓰기 행위에 대해 비판하고 반성하는 자의식적 행위를 글 속에 드러낸다. 그것은 소설의 창작과 그 소설의 창작에 관한 진술을 동시에 하는 것으로 나타나며 자신의 텍스트에 대한 불신, 의혹, 상상, 환상 등의 방법을 동원한다. 외부세계를 향한 거울을 들고 있는 소설가들이 외부세계를 향해 들고 있는 거울을 향해 또 다른 거울을 들고 있는 '거울놀이'를 하는 것이다.

파트리샤 워는 메타픽션의 특성에 대해 네 가지로 정리하고 있다. 1. 예술과 언어의 재현능력에 대한 불신, 2. 언어, 문학형식, 창작행위에 대한 극도의 자의식, 3. 픽션과 리얼리티 사이의 관계에 대한 불안정, 4. 글쓰기에 있어서 패러디와 유희기법의 차용.

메타픽션은 패러디와 불가분의 관계를 가지기도 하는데, 하나의 창작이자 동시에 비평행위가 되는 패러디의 속성과 미로에서 길을 찾는 뒤틀린 자신의 모습을 바라보는 거울놀이로서의 메타픽션의 속성이 일치하기 때문이다.

파울즈의 『프랑스중위의 여인』, 스턴의 『트리스트럼 샌디』나 나보코프의 『세바스쳔 나잇의 참인생』, 보르헤스의 소설 등이 메타소설의 특성을 잘 나타내고 있는 대표적인 작품들이다. (노현주)

포스트모더니즘, 패러디

참고문헌
퍼트리샤 워, 『메타픽션』, 열음사, 1989.
권택영, 『포스트모더니즘이란 무엇인가』, 민음사, 1990.

메토니미(Metonymy) ☞ 환유

멜로 드라마

멜로 드라마(melodrama)는 통속극(通俗劇) 혹은 격정극(激情劇)이라고 번역하지만, 양식으로서의 오해를 피하기 위해 외래어를 그대로 사용하는 것이 좋다. 비극(tragedy)을 패러디한 비극양식의 일종으로서 대중성이 짙다. 침묵하는 등장인물의 감정을 표현하기 위해 가장 극적인 순간에 음악이 개입하는 방식이어서, 멜로디와 드라마의 합성어로 만들어졌다. 18세기 후반부터 19세기 전반기의 낭만주의시대에 성행했다. 스크리브의 이른바 '잘 만들어진 연극'(well-made play) 형식에 이르기까지 멜로 드라마는 발전했으며, 대중의 선호에 의해 연극의 대표적인 양식이 되었다. 현대의 모든 드라마에서 선호하는 양식이기도 하다.

멜로 드라마는 재미있고 아기자기한 줄거리를 바탕으로 격정적으로 과장되게 표현한다. 선악의 구분이 분명하고 처음에는 악한이 위세를 떨치다가 나중에 선인이 승리하는 해피 엔딩을 이룬다. 대중이 좋아하는 권선징악적인 주제를 설정하고 그들이 기대하는 심리에 맞추어 작품을 전개한다. 총이나 칼 같은 흉기를 가지고 대결, 결투하기를 즐기며, 폭력적이고 잔인한 반면에 무르녹는 연애와 사랑의 아름다움을 대조시킴으로써, 강약고저의 정서적인 정감을 고조시킨다. 한국 연극사에서는 1930년대 동양극장시대에 절정에 달했다. (서연호)

통속극, 격정극

참고문헌
빠트리스 파비스, 신현숙 역, 『연극학사전』, 현대미학사, 1999.
Martin Banham, The Cambridge Gaide to World Theatre, Cambridge University Press, 1988.
한상철 외, 『연극사전』, 한국문화예술진흥원, 1981.

멜로드라마 영화(Melodramatic movie)

멜로드라마는 16세기 이탈리아에서 음악을 가미한 연극으로부터 시작되었다. 통속적인 윤리관에 입각한 애정, 극악한 흉계로 인한 주인공의 고통, 강렬한 정서의 자극, 인위적인 관중의 소망적 사고에 영합하는 것 등을 특징으로 삼는다. 우리나라의 경우에 있어서는 장한몽(長恨夢), 홍도야 울지마라 유의 제재를 연극 무대에 극화하고 재구성함으로써 비롯되었다.

1950년대는 미국 영화가 멜로드라마의 황금 시대를 구가했던 시대였다. 이 시기 멜로드라마의 가장 대표적인 감독은 더글러스 서크이다. 그의 영화 가운데 「바람결에 씌여진(Written on the Wind : 1957)」은 석유 재벌가 상속자의 죽음으로부터 시작하여, 가문의 해체 과정을 치밀한 방식으로 제시한 서크 최대의 걸작으로 알려져 있다. 「순정에 맺은 사랑(All the Heaven Allows : 1956)은 표현주의적인 스타일로 계급간의 사랑의 불가능함을 절묘하게 강조했다. 이것은 훗날 파스빈더의 「불안은 영혼을 잠식한다」의 원안이 되었던 작품이다. 「슬픔은 그대 가습에(Imitation of Life : 1959)는 우리나라 관객들에게도 절절한 감동을 주었다. 가족과 사회 생활 사이에서 갈등하는 여성의 문제와 인종적인 문제를 제시했다는 것이 특징이다.

1950년대 멜로드라마 영화는 테크닉 컬러의 인위적인 화면과 양식적인 세트와 장르의 관습 등에 절대적으로 의존했다. 특히 더글러스 서크는 부르주아 세계의 화려함을 그리는 데 와이드 스크린과 테크닉 컬러의 화면이 적절하다는 것을 알고 있었다. 그는 사랑을 전면에 앞세우고, 사랑의 방해 요인이 되는 사회 환경과 조건을 배면에 돌려 놓았다. 그는 록 허드슨을 멜로드라마형 스타로 성장시키기도 했다. 그는 화려한 관습으로 인해 유치한 최루성 영화감독이라는 비판을 받게 된다.

1990년대 한국 영화는 멜로드라마의 전성기라고 할 수 있다. 이 시기의 멜로드라마로 관객의 주목을 받은 영화는,「결혼이야기」,「닥터 봉」,「지독한 사랑」,「러브 스토리」,「접속」,「편지」,「약속」,「정사」,「8월의 크리스마스」,「미술관 옆 동물원」 등이 손꼽힌다.

90년대 한국 멜로드라마 영화의 특징을 한마디로 요약하자면 그것은 비기획성(非企劃性)이라고 표현할 수 있다. 기획적인 인간상을 두고 근대적 인간상이라고 한다면, 위의 영화에 등장하는 인물들은 근대성의 역방향에 서 있다고 하겠다. 이들은 대체로 비기획적인 삶을 지향하기 위해 기획적인 사랑을 조롱한다.

근대적 현실은 사랑조차 기획하길 요구하며, 기획의 성격에 따라 승패가 갈리기도 한다. 이러한 비기획적인 사랑의 승리에 의하여 멜로드라마 영화의 매력은 진가를 발휘하곤 한다.

예컨대, 처형과 제부의 관계가 된 사람들의 사랑을 주제로 한「정사」에서는 해서는 안될 금기의 선을 넘는 숨막히는 희열이 비기획성으로 설정되어 있으며,「약속」에서는 여의사와 깡패의 사랑이 궁극적으로 이루어져서는 안 된다는 사회적 규칙의 준수를 초월해 제한적 사랑의 가능성이라는 비기획성이 제시된다. 따라서 1990년대식 멜로 영화의 성공이 근대적 삶과 제도를 성찰하려는 시도들을 파괴하는 과잉생산이었다는 시각도 존재하고 있다.

멜로드라마에서 멜로드라마 영화에 이르기까지의 역사적인 성격은 세 가지 관점에서 정리된다.

첫째, 멜로드라마는 부르주아 계급의 등장과 함께 윤리적인 명령을 비극적인 전망으로 대체한다. 그것은 그리스 비극에서처럼 왕조적이고 신화적인 신성함이 아니라, 가족적인 도덕관과 가치에 초점을 둠으로써 반봉건적이고 친부르주아적인 성격을 드러낸다.

둘째, 멜로드라마 영화는 성적 차이의 타협점을 모색할 여지를 남겨두게 되었다. 그것은 여성 관객을 유인하는 요인이 강하다. 여성 관객은 스크린에 투영된 이데올로기적인 모순을 보면서 쾌감을 느낀다. 그 모순들은 이들에게 자신의 경험이 반영된 미장센을 제공한다.

셋째, 최루성 영화로 알려진 여성 멜로드라마에서 중심 케릭터는 여성이며, 또한 여기에 여성적인 시각을 강하게 흡인한다. 여성 영화의 관객에 대한 호소력은 여성적 욕망의 미장센에 있다. 영화가 때로 여성적 피학증의 시나리오를 재생산하더라도, 그 미장센이 여성의 욕망을 주제화하고, 이에 따라 여성의 주체성을 산출하기도 한다. (송희복)

더글러스 서크, 비기획성, 여성 영화, 여성 관객

참고문헌

수잔 헤이워드, 이영기 역, 『영화사전』, 한나래, 1997.

이효인, 『영화 미학과 비평 입문』, 한양대 출판사, 1999.

Gledhill, C(ed.), 『Home is Where the Heart Is : Studies in Melodrama and Woman's Film』(London : British Film Institute Publishing, 1987).

Kaplan, E. A(ed.), 『Women and Film』(New York : Methuen, 1983).

명명하기

지배적인 사회 정체성의 기준 하에서 명명하기는 강요된 준칙, 범례의 모형을 통해 상징적으로 주변부를 포획하는 도구로 기능해왔다. 가령 지배적인 앵글로—아메리칸 문화 아래서 명명하기는 강요된 인종주의적 도구로 활용되었다. 킴벌리 벤스튼은 명명하기를 명명된 것을 정신적으로 소유하는 수단이라 규정 내린다. 당대 사회의 지배이데올로기가 헤게모니를 행사하는 이런 방법들을 통해 타자들은 고스란히 지배적 담론의 그물망 아래 놓인다. 그러나 명명하기는 누가 명명하느냐에 따라서 그 반대적 의미를 지닐 수도 있다. 즉, 자신에게 힘을 부여하는 판단과 정의의 지점으로 스스로의 정체성을 수정하고 강요된 기술을 거부하는 수단일수도 있다. 역사적으로 미국 해방 노예들의 개명은 그 자체로 강요된 정체성을 버리고 새로운 선언적 의미를 내포하고 있다.

한편 정신분석학에서는 명명하기는 자신이 아닌 것을 자신이라고 부르는 상징적 거세의 과정을 가리킨다. 발달단계에서 아이는 거세를 받아들일 것인가 아니면 거부할 것인가를 선택하는 지점에 봉착한다. 라캉은 거세를 받아들임으로써만이 주체는 어느 정도의 정신적 정상성에 도달할 수 있다고 말한다. 물론 거세를 '정상적' 위치로 받아들이는 것은 불가능하다. 때문에 모든 개인들은 신경증적 구조를 가지게 된다. 주체는 자신이 명명한 방법의 실패로 인해 끊임없이 이에 시달리게 된다. (이훈)

지배이데올로기, 인종주의, 상징적 거세, 신경증

참고문헌

박경태, 『인종주의』, 개념사, 2009.

킴벌리 벤스톤, 『Performing Blackness』, Routledge, 2000.

자크 라캉, 『에크리』, 살림, 2007.

모나드(Monad)

'모나드'란 라이프니츠(1646~1716)가 만년에 저작한 『모나드론』(La Monadologie)에서 분석한 핵심 개념으로, 원래 '1'(the one) 또는 '단위'를 뜻하는 그리스어 모나스(monas)에서 유래한 말이다. 모나드는 형이상학적으로 실재성의 측면에서 하나이고 자기자신과 동일하며 부식하지 않는 이데아를 가리키기 위하여 플라톤에 의하여 사용된 용어이지만, 라이프니츠에 의해 "무엇이 실체인가"라는 물음에 대한 해답으로 다시 활용된 개념이다.

모나드는 모든 존재의 기본 실체로서 단순하고 불가분(不可分)한 것이며, 원자와는 달리 비물질적인 실체로서 그 본질적인 작용은 표상(表象)이다. 표상에는 의식적인 것 외에 무의식적인 미소표상(微小表象)도 포함된다. 표상이란 외부의 것이 내부의 것에 포함되는 것으로, 모나드는 이 작용에 의해 자신의 단순성에도 불구하고 외부의 다양성에 관계를 가질 수 있다. 모나드에 의해 표상되는 다양성이란 세계 전체를 말한다. 모나드는 '우주의 살아 있는 거울'이라고도 하며, '소우주'를 이룬다. 이들 모나드는 각기 독립되어 있고 상호간에 인과관계를 가지지 않는다. 또한 입구와 창(窓)을 가지고 있지 않은 모나드가 각각 독립적으로 행하는 표상간에 조화와 통일이 있는 것은 신(神)이 미리 정한 법칙에 따라 모나드의 작용이 생기기 때문이다.

이러한 예정조화(豫定調和)의 사고에 따라 라이프니츠는 지각과 욕구를 지닌 모나드들을 구별하는데, 식물처럼 기억이 없는 모나드들, 동물처럼 기억을 지닌 모나드들, 인간처럼 이성과 통각, 즉 반성된 의식을 지닌 모나드들이 있다. 인간은 자신이 반사하는 세계의 조화를 파악할 수 있어서, 자신을 창조한 자의 관념에까지 스스로를 고양할 수 있다. 모나드는 자신에게 속해질 수 있는 모든 속성을 내재하고 있으며, 시간의 흐름에 따라 그 속성들이 실재화하여 표출된다. 주관적으로 보면 속성이 표출된다고 할 수 있지만, 객관적으로 보면 그 모나드에 어떤 사건이 일어나는 것으로 설명된다. 가령 봉오리만 가지고 있던 장미가 꽃을 피는 것은 원래 가지고 있던 '꽃피움'이라는 속성이 실재화하는 것이지만, 밖에서 볼 때에는 장미가 꽃을 피우는 사건을 일으키는 것이다. (오태호)

라이프니츠, 실체(substance), 단자, 모나드

참고문헌
이정우, 『주름, 갈래, 울림—라이프니츠와 철학』, 거름, 2001.
라이프니츠, 이정우 역, 「모나드론」, 『주름, 갈래, 울림—라이프니츠와 철학』, 거름, 2001.

모노 드라마

모노 드라마(monodrama)는 혼자서 하는 일인극을 말한다. 그리스어 모놀로그(독백, monologue)와 드라마의 합성어로서 시종 혼자서 만들어 가는 연극이다. 주로 배우의 명연기를 보여주기 위한 소품으로 공연되었고, 18세기에 루소의 <피그말리온>(1762) 같은 작품을 통해 성행했다. 20세기에는 장 콕토의 <목소리>(1930) 등이 공연되었다. 한국 현대극에서는 추송웅의 <빨간 피터의 고백>(1977), 김동훈의 <롤러 스케이트를 타는 오뚜기>(1969), 박정자의 <위기의 여자>(1986) 등이 유명하다. 사람은 외딴 장소에서 혼자서 말하는 경우가 흔하지 않으므로 연극의 독백은 특수한 기능을 의도한 것이다. 모놀로그의 유형에 따라 과거에 일어난 일을 직접적으로 제시하는 기술적 모놀로그, 마음속의 이야기를 털어놓는 서정적 모놀로그, 어떤 선택의 기로에서 번뇌를 제시하는 성찰적 모놀로그, 사회풍자와 비판을 주로 하는 골계적 모놀로그, 자신의 육체적인 기량을 자랑하는 곡예적 모놀로그, 명작의 내용을 다채롭게 소개하는 패러디적 모놀로그 등으로 분류할 수 있다. (서연호)

독백, 성찰적 모놀로그, 골계적 모놀로그, 곡예적 모놀로그, 패러디적 모놀로그

참고문헌
빠트리스 파비스, 신현숙 역, 『연극학사전』, 현대미학사, 1999.
오스카 G. 브로케트, 『연극개론』, 한신문화사, 1989.
한상철(외), 『연극사전』, 한국문화예술진흥원, 1981.

모노가타리(物語)

오늘날의 소설에 해당되는 일본 고전 문학 장르의 하나. 「모노(物)」란 불특정 사물이나 사실을 추상적이고 총괄적으로 부르는 말이며, 「가타리(語)」란 「이야기」 또는 「이야기함」이라는 뜻을 가진 말이다. 따라서 이러한 의미를 가진 두 말의 합성어인 이 「모노가타리(物語)」라는 말은, '뭔가를 누군가에게 이야기하는 것'이라는 뜻을 지닌다. 실제로 서술의 형태를 보면, 작자가 보고 들은 일이나 상상을 토대로 하여 뭔가를 누군가에게 이야기하는 식으로 서술되었음을 알 수가 있다.

이 모노가타리 문학이 특히 발달했던 시기는 일본 역사상 귀족 문화가 꽃피었던 헤이안(平安)시대이다. 이 시대에는 중국의 소설류가 전해져 그 영향을 받은 데다가, 산문에 의한 표현을 한결 용이하게 한 가나(仮名) 문자도 발생하여 창작 의욕이 폭발적으로 고양되어 갔다. 그 때까지 한문으로는 그 표현에 한계가 있어 입으로만 전해지던 전설이나 설화도 가나 문자가 쓰이게 되고부터는 활발하게 글로 정리되게 되었고, 가나 문자의 주요 사용자였던 궁중의 엘리트 여성들이 주축이 되어 일본 문학사상 유례가 없는 모노가타리 문학의 전성기를 맞이하기에 이르렀다.

현존 최고(最古)의 모노가타리 작품은, 전기적(傳奇的) 모노가타리로서 일본인들에게 친숙한 『다케토리모노가타리(竹取物語)』이며, 가장 대표적인 모노가타리 작품으로서는 국제적으로도 유명한 작품이 된 무라사키 시키부(紫式部)의 『겐지모노가타리(源氏物語)』를 꼽을 수 있겠다. 그 밖에도 『이세모노가타리(伊勢物語)』 『야마토모노가타리(大和物語)』 등이 유명하며, 수많은 모노가타리를 집대성한 『곤쟈쿠모노가타리슈(今昔物語集)』도 빼놓을 수 없다. 중세의 대표적 모노가타리 작품으로서는, 헤이안(平安) 말기의 집권 세력이었던 타이라씨(平氏) 일가가 망해 가는 과정을 그린 『헤이케모노가타리(平家物語)』를 들 수 있다. (김충영)

참고문헌
小西甚一, 『日本文藝史』, 講談社, 1986.

모노노아와레(もののあはれ)

헤이안(平安) 시대의 대표적 미의식 중의 하나로, 어떤 사물이나 사실에 대하여 감동이나 감흥을 느끼는 것을 가리킨 말이다. 본래는 와카에서 느끼는 감동을 가리키는 말이었는데,『겐지모노가타리(源氏物語)』로 대표되는 헤이안(平安) 왕조 문학의 미의식이나 정신을 이「모노노아와레」라는 표현으로 규정지었던 모토오리 노리나가(本居宣長)의 문예 사상 체계 속의 용어이기도 하다. 그래서 일반적으로는, 문학 속에 나타난 헤이안(平安) 시대 사람들의 온건하고도 조화로운 정서나, 우아하고도 섬세한 독자적인 미의식을 규정 짓는 술어로 쓰이는 말이다. 이를테면, 계절이 바뀌어 다음 계절로 이행되어 가는 것으로부터 느끼는 정취, 인생의 애별리고(愛別離苦), 불우한 자신의 처지, 어버이와 자식간의 애정 등, 갖가지 정황이나 사태를 겪는 사람의 마음 속에 생기는 감정의 원천을 이 모노노아와레로 지칭했던 것이다. 이와 같은 모노노아와레의 문학관은, 문학의 본질을 인간의 감동이라 하는 점에서 일본 문학의 근원을 이루는 하나의 중요한 사상 체계라 할 수 있다.

흔히 근세라 일컬어지는 에도(江戸) 시대의 국학자 모토오리 노리나가(本居宣長)는,「모든 와카(和歌)는 모노노아와레를 아는 것에서 창출되는 것이다.『이세모노가타리(伊勢物語)』나『겐지모노가타리(源氏物語)』등의 모노가타리 작품은 모두 모노노아와레를 써 담아서 사람들에게 모노노아와레를 알게 하는 것이라는 것을 알아야 한다」라 단언했다. 그리고, 그는 또『겐지모노가타리(源氏物語)』도 와카도 모두 본래 의미는 모노노아와레를 아는 것에 있다고도 했다. 이러한 그의 주장은 중세로부터 근세에 이르기까지, 불교나 유교적인 견지에 입각해서 이해되어 온『겐지모노가타리(源氏物語)』를 윤리적 틀로부터 해방시켜, 한 문예 작품으로서의 독자적인 가치를 특별히 부여한 이론적 체계로서의 의의를 인정받고 있다. (김충영)

모노가타리, 오카시

참고문헌
久松潛一,『日本文學史通說』, 有斐閣, 1953.

모더니즘 문학

모더니즘 문학이란 현대문학의 여러 경향 중에서 기성 문학의 형식과 관습에 대해 반발하는 실험적이고 전위적인 경향의 문학을 가리킨다. 상징주의를 비롯하여 주로 20세기 초반에 등장한 다다이즘, 초현실주의, 표현주의, 실존주의, 이미지즘, 주지주의 등의 다양한 유파가 모더니즘의 범주 속에서 논의되며, 아방가르드 운동도 이와 밀접한 연관을 지닌다.

서구에서 모더니즘 운동이 일어났던 시기는 크게 1890년부터 1945년까지로 잡을 수 있지만, 그 전성기는 제1차 세계대전 직후인 1920년대와 1930년대로 규정된다. 당시 모더니즘 운동의 바탕에는 니체, 마르크스, 프로이트 등의 사상가들에 의해 제기된, 기존 사회 체제와 종교, 도덕, 자아정체성에 대한 근본적인 회의가 깔려 있었다. 여기에 인명 살상과 정치 질서의 붕괴를 초래한 제1차 세계대전은 조화로운 사회 질서와 현대 문명에 대한 사람들의 신뢰를 결정적으로 흔들어 놓는 계기가 된다. 이러한 시대적 분위기 속에서 문학예술 분야에서는 기존의 지배적인 예술적 관습, 특히 19세기 후반에 융성하였던 리얼리즘의 방법론이 더 이상 혼돈과 허무에 빠진 세계를 묘사하는 적합한 문학적 형식으로 받아들여지지 않게 되었고, 이를 극복하기 위해 혁신과 실험을 강조하는 다양한 운동과 조류가 대두되었던 것이다.

대표적인 모더니즘 작가들로는 에즈라 파운드, W. 루이스, D. H. 로렌스, 제임스 조이스, 프란츠 카프카, T. S. 엘리어트 등을 들 수 있다. 제임스 조이스는『율리시즈』,『피네건의 경야(經夜)』와 같은 작품에서 이야기의 연속성과 통일성을 깨뜨리고 전통적인 인물 묘사 방법을 이탈하면서, '의식의 흐름'이라는 새로운 서사적 스타일을 실험하였다. 그리고 극작가이자 시인인 T. S. 엘리어트도『황무지』에서 수많은 고전의 인용과 인유를 구사하며 전통적인 시 형식에서는 찾아볼 수 없었던 단편적이면서도 고도로 함축적인 구성과 이미지를 통해 현대문명의 황폐함과 정신적 공허를 그려내었다.

이처럼 모더니스트들의 작품들은 대개 혁신적인 형식과 언어를 통해 개인의 소외와 고독, 정체성 등의 문제를 다루었다. 그것은 이들이 물질주의와 산업주의에 기반한 현대문명을 부패하고 파편화된 세계로 인식하였기 때문이다. 이 파편화된 세계에서 인간들 사이의 진정한 소통은 불가능하고, 개인의 극심한 소외는 자아정체성의 혼란으로 나타난다. 또한 현대사회에 대한 비관적인 관점을 기조로 하는 이들의 작품에서 미래는 흔히 반유토피아적인 묵시록적 세계상으로 그려진다.

우리나라에서 모더니즘 문학은 프롤레타리아 문학이 퇴조하고 일제의 군국주의가 노골화되던 1930년대 초에 처음으로 등장하였다. 김기림, 이양하, 최재서 등이 주로 영미 주지주의 이론을 바탕으로, 과거의 한국시를 자연발생적인 센티멘탈리즘으로 비판하면서 지성과 시각적인 이미지를 중시하는 이론을 펼쳤다. 정지용, 김기림, 김광균, 장만영 등의 시인과 소설가 이상, 박태원 등이 당대의 모더니즘 작가로 분류된다.

그리고 1949년을 전후해 모더니즘 운동이 다시 일어났는데, 후반기동인(後半期同人)으로 불리는 김규동, 김경린, 박인환, 조향, 김수영, 이봉래 등이 합동시집『새로운 도시와 시민들의 합창』을 펴낸 것이 그 대표적인 성과로 평가된다. 이들은 나름의 편차에도 불구하고, 당대 한국 시단의 주류를 이루던 주정적인 서정시를 거부하고 현대도시와 기계문명을 제재로 한 주지적인 경향의 작품을 발표하였다.

이후에도 1950년대 후반과 1960년대의 송욱, 김춘수, 박남수, 문덕수 등의 작품들이 모더니즘 계열로 평가되며, 1980년대의 해체시나 1990년대의 메타시까지 모더니즘의 범주에 포섭해

서 이해하려는 견해도 있다. (전도현)

다다이즘, 초현실주의, 표현주의, 실존주의, 이미지즘, 주지주의, 아방가르드, 리얼리즘

참고문헌
A. 아이스테인손,『모더니즘 문학론』, 현대미학사, 1996.
서준섭,『한국 모더니즘 문학 연구』, 일지사, 1988.

모더니즘 문학(일본)

일본의 모더니즘 문학은 전통주의(傳統主義)에 대립해서 현대적 문화생활을 반영한 주관적 예술을 가리키는 말이다. 1928년을 전후하여 1931년, 1932년에 걸쳐서 일본은 프롤레타리아 문학이 전성기를 이루고 있었다. 모더니즘 문학은 당시의 프롤레타리아 문학과 대립한 신흥 예술파의 사람들이 문학 작품에서 현대적인 풍속을 묘사했는데, 이러한 작품경향을 가진 문학을 총칭하여 모더니즘 문학이라고 한다. 프롤레타리아 문학이 기성문학에 대해서 이데올로기적으로 도전한 혁명의 문학이라고 한다면, 모더니즘 문학은 문학의 혁명에 중점을 두고서 새로운 문학 이념, 창작 방법의 탐구, 문체와 같은 측면으로 기존의 전통문학에 대해서 변혁을 꾀하고자 했다.

1920년대 중, 후반인 소화(昭和) 초기 무렵부터 일본은 서구의 문학을 받아들이고 또한 계승하고자 한 움직임이 있었다. 그러한 움직임에서 비롯되어, 서구 문학의 영향으로 생겨난 전후의 반자연주의문학(反自然主義文學)적인 문학 경향도 넓은 의미에서는 모더니즘 문학이라고 할 수 있다. 새로운 문학적 표현 형식을 추구한 모더니즘 문학은 예술 지상주의적인 사고를 중심으로 예술성의 옹호를 위해 노력했다.

모더니즘을 대표하는 작가로는 신감각파(新感覺派)로 분류되는『파리蠅』,『태양日輪』의 요코미쓰 리이치(橫光利一)와 1968년 노벨 문학상 수상자인『설국雪國』의 가와바타 야스나리(川端康成), 탐미파(耽美派) 작가인『문신刺靑』의 타니자키 준이치로(谷崎潤一郎),『미국 이야기あめりか物語』의 나가이 가후(永井荷風) 등이 있다. 또한 신흥 예술파(新興藝術派) 작가인『산초어山椒魚』의 이부세 마쓰지(井伏鱒二)와『레몬檸檬』의 가지이 모토지로(梶井基次郎)와, 신심리주의(新心理主義) 작가로『성가족聖家族』을 쓴 호리 다쓰오(堀辰雄)도 일본의 모더니즘 문학을 대표하는 작가이다. 시에서는, 시 동인지『시와 시론詩と詩論』,『시·현실詩·現實』,『문학文學』등이 당시의 모더니즘 계열 시를 생산하는데 중요한 역할을 담당했다. 니시와키 준자부로(西脇順三郎), 미요시 다쓰지(三好達治), 나카하라 츄아(中原中也) 등은 모더니즘 시를 쓴 사람들로 그 시절의 일본 시단을 대표하는 인물들이다. (오석윤)

전통주의, 반자연주의 문학, 예술 지상주의

참고문헌
日本近代文學館 편,『日本近代文學大事典』제4권, 講談社, 1984.

久松潛一 편,『增補 新版 日本文學史 近代 Ⅰ・Ⅱ』6권, 7권, 至文堂, 1975.

平野 謙,『昭和文學史』, 筑摩叢書 15, 1963.

모더니즘(Modernism)

어원으로 볼 때 'Modernism'의 어근이 되는 라틴어 'modo'는 'just now' 즉 '바로 지금'을 뜻하지만, 일반적으로 모더니즘은 1914년경 제1차 세계 대전을 전후하여 유럽에서 발생한 예술 사조를 지칭할 때 사용되는 용어이다. 모더니즘의 시기는 대체로 1890~1930년으로 볼 수 있으며, 모더니즘이 가장 왕성한 결실을 맺었던 때는 1920~1930년대이다. 세계 대전으로 인한 불안과 혼돈은 구질서에 대한 회의와 반발을 야기했으며, 모더니즘은 바로 그러한 기존의 체제와 양식에 대한 비판을 그 중심 내용으로 하고 있어서 흔히 아방가르드(Avant－garde)와 연관된다.

모더니즘 이론에 지적인 근거를 제공한 이들은 찰스 다윈, 제임스 프레이저, 프리드리히 니체, 칼 마르크스, 지그문트 프로이트와 같은 이들로, 이들은 지금까지의 사회, 종교, 도덕, 인간, 자아의 개념에 지주가 되어왔던 확실성에 의문을 제기한 인물들이다. 찰스 다윈은 진화론을 주장함으로써 기독교 전통을 뒤흔들어 놓았고, 프로이트는 인간의 심성을 바라보는 새로운 관점을 제공했다. 특히 니체의 '신은 죽었다'라는 명제는 19세기의 절대적인 가치 기준을 전복시킴으로써 모더니즘의 등장에 가장 큰 단초를 제공했다.

모더니즘은 19세기 리얼리즘은 말할 것도 없고, 이 무렵 부르주아 사회가 굳게 믿고 있던 사회적·경제적·도덕적·철학적 전통과 인습을 배격한다. 리얼리즘(Realism)이 우주나 자연 또는 삶의 실재를 '있는 그대로' 모방하거나 재현하는 것을 예술의 목표라고 생각했다면, 모더니즘은 삶의 실재를 객관적이고 불변하는 것이 아니라 주관적이고 상대적인 것으로 보았다. 리얼리즘 문학이 도덕적이고 윤리적인 태도를 취하며 문학의 사회적 기능을 강조하였다면, 모더니즘 문학은 '예술을 위한 예술'의 입장을 주장한 유미주의의 이론적 뒷받침을 받고 있다.

모더니즘은 문학뿐만 아니라 다양한 예술 일반에 걸쳐 일어난 운동으로 미술에서는 지금까지의 구상적 틀을 벗어난 조르주 브라크와 파블로 피카소의 큐비즘이 대표적이며, 음악에서는 전통적 멜로디와 리듬을 깨뜨린 스트라빈스키나 쇤베르크 같은 인물이 대표적이다. T. S. 엘리엇은『황무지』에서 언어의 표준적 흐름을 단편적 발언으로 바꾸었으며, 거기에는 삶을 무의미하고 공허한 것으로 바라보는 실존주의적 관점이 반영되어 있다. 제임스 조이스 역시『율리시즈』에서 '의식의 흐름'기법을 통하여 이야기의 연속성을 해체하며 기존의 표준 인물 묘사 방식을 이탈하고 있다. 모더니즘은 이처럼 기존의 관례와 적격(decorum)을 깨뜨림으로써 새로운 예술 형식과 문체를 창조했으며 그를 통하여 부르주아 문화의 규범과 경건성에 도전했다.

모더니즘 예술의 특징으로는 '기성 전통과의 단절', '주관적 경험과 개인주의', '문학의 독자성과 자기목적성', '실존주의적 인생관' 등을 꼽을 수 있으며, 객체보다는 주체를, 외적 경험보다는 내적 경험을, 집단 의식보다는 개인 의식을 훨씬 높게 평가한다. 그런 점에서 모더니즘 예술에서는 '창조적인 예술가'라는 개념이 강조된다.

모더니즘은 혁신적이었으나 역설적으로 보수성을 지니고 있었다. 전통과 인습에 맞서 혁명적인 태도를 보이던 모더니즘은 시간이 흐름에 따라 비판적인 기능을 잃고 일종의 전통으로 굳어지게 된다. 난해한 모더니즘 문학 작품들이 대학의 정규 과목이 되면서 전통에 대한 비판력을 잃어버린 모더니즘은 시효성(時效性)을 상실하고 20세기 후반 포스트모더니즘으로 대체된다.

한국의 모더니즘은 1930년대를 전후하여 발생하였다. '구인회'라는 단체가 그 중심에 있으며 정지용, 김기림, 이상, 박태원, 이효석, 김광균, 오장환, 최명익, 신성적, 장서언 등이 1930년대 모더니즘의 대표적 인물들이다. 정지용과 김광균은 이미지즘시를 창작하였으며, 박태원, 이상, 최명익 등의 소설가도 '의식의 흐름'이나 내적 독백에 의거한 심리주의 방법을 사용하기도 하였다. 모더니즘의 개념에는 다양한 시도들이 포함되지만 작품을 통해 도시적 소재와 근대 문명을 다루면서 도시적 생존 방식과 도시적 감수성을 작품 속에 쏟아 부었다는 점은 공통적이다. 모더니즘은 어쨌든 기존의 문학과는 달리 창작 기술의 혁신과 언어의 세련성 추구를 목표로 하였다.

1930년대 모더니즘은 김기림이 그 한계성을 시인하면서 소멸되지만 1950년대에 다시 모더니즘 운동이 전개된다. 1950년대는 한국 전쟁 이후 사회 전반에 절망감과 회의가 만연된 시기로 모더니즘은 그 속에서 새로움을 모색하고자 한 시도로 볼 수 있으며, '후반기 동인'의 활동이 그 주축을 이룬다. 김경린, 임호권, 박인환, 김수영, 양병식 등이 대표적인 모더니스트이다. 김수영의 실험정신, 김춘수의 실존에 대한 탐색, 박인환과 김종삼의 모더니즘적 서정으로서의 이국정서 등이 대표적인 예이다. (황종연)

모던 걸(Modern girl)

모던 걸이란 도시 문화가 본격적으로 형성되기 시작한 1930년대 경성에 주로 단발과 양장을 한 채 거리를 활보한 신식 여성들을 가리키는 말이다.

1930년대 경성에는 백화점, 카페, 바, 다방과 같은 소비 공간이 도시 문화의 핵심으로 자리잡으면서 카페나 바, 다방에 근무하는 카페 걸이나 마담과 같은 일군의 직업 여성들이 등장했다. 현대적인 패션으로 무장한 이들의 독특한 외양과 언행에 대한 찬사와 비난이 끊이지 않았다. 경성의 소비적인 도시 문화를 주도한 이러한 직업 여성들을 가리키는 말로 쓰이기 시작한 단어가 모던 걸이었다.

여성들 사이에 단발이 크게 유행하고 여학생이나 기생 가릴 것 없이 새로운 유행의 물결에 휩쓸리면서 모던 걸이라는 단어의 외연은 점차적으로 확장된다. 모던 걸이라고 하면 고루하고 세상물정 모르는 구식 여성과는 달리 도회적 문명이 가져 온 새로운 삶의 패턴을 받아들인 신식 여성 일반을 가리키는 말이 되었다. 단발과 양장으로 상징되는 모던 걸은, 양복에 백구두를 신은 모던 보이와 함께 현대적 인간형으로 자리잡았다. 이들은 패션과 스타일에 민감하게 반응하면서도 타인의 시선을 크게 의식하지 않는 대담한 언행을 보였다. 서구인의 외양을 모방하여 자신의 정체성을 채워나가는 듯 보이는 모던 걸에 대해 지식인들은 대체로 비판적인 시선은 보냈으나, 뜨거운 논란은 그만큼의 높은 관심을 드러내는 것이기도 했다. 시대의 첨단인 모던 걸은 특히 이상, 박태원, 김기림 등 모더니스트들의 문학, 유진오의 「나비」, 이효석의 「장미 병들다」 등의 작품에 영향을 미치면서 1930년대 한국 문학사에 흔적을 남긴다. (권보드래)

모던보이, 이상, 박태원, 김기림

참고문헌
김진송, 『서울에 딴스홀을 허하라』, 현실문화연구, 1999.
최혜실, 『한국 모더니즘 소설 연구』, 민지사, 1992.

모드(Mode)

소설문학에서 중요 인물들에 대해 상정되는 관습적인 행위의 힘, 또는 문학에서 작가가 자신의 청중에 대해서 상정하고 있는 그러한 태도를 말한다. 이러한 양식은 역사적인 맥락에서 지속되는 경향이 있는데, 문학이론에서 이 양식이라는 용어는 신화비평가인 노드롭 프라이(Nothrop Frye)가 그의 『비평의 해부』에서 문학장르의 역사적인 분류를 행하는 주요한 기준으로 삼으면서 정립되었다.

그는 "문학작품의 주인공은 작가가 그에게 요구하는 조건과 이 조건을 당연한 것으로 받아들이는 독자나 청중의 기대 하에 자신이 할 수 있는 일을 행할 수도 있고, 또 할 수 있었을는지도 모를 일을 행하지 못할 수도 있다. 따라서 도덕적으로가 아니라 주인공의 행동 능력, 다시 말하면 우리들보다 그 주인공이 행동능력이 더 큰가 작은가 하는 기준에 따라서 문학작품을 분류할 수도 있다"고 말하면서 이른바 양식의 이론을 전개한다. 이런 양식에 따른 분류는 아래와 같이 요약될 수 있다.

1) 신화 양식—다른 인물이나 주변 환경보다 질적으로 우월한 영웅의 이야기.

2) 로망스 양식—다른 인물이나 주위 환경보다 어느 정도 우월한 영웅의 이야기.

3) 상위 모방 양식—다른 인물보다 어느 정도 뛰어나지만 환경보다는 열등한 인물의 이야기.

4) 하위 모방 양식—다른 인물뿐만 아니라 환경보다도 열등한 인물의 이야기.

5) 아이러니—힘이나 지적인 면에서 우리들보다도 열등한 인물의 이야기.

프라이는 더 나아가 이 다섯 양식 하나 하나를 비극적 형식과 희극적 형식으로 구분하기도 하고, 다시 세계에 대한 기록과 리얼리티의 비전을 생성하는 데 있어서의 작가의 태도로부터 백과전서적 형식 및 삽화적 형식의 이야기를 구분하기도 한다. (김경수)

서사적 양식, 주제적 양식, 백과전서적 형식, 삽화적 형식

참고문헌

노드롭 프라이, 임철규 역, 『비평의 해부』, 한길사, 1982.
_____, 이상우 역, 『문학의 구조와 상상력』, 집문당, 1987.

모방(模倣, Imitation, 프 Imitation, 독 Nachamung)

문학이론에서 모방 개념은 크게 두 가지 층위에서 사용된다. 하나는 문학을 보편적 진리나 현실 존재의 모방이라고 보는 관점과 관련되며, 다른 하나는 한 문학 작품이 모범이 되는 다른 문학 작품을 본받아야 한다는 주장과 관련되어 사용된다.

우선 첫 번째 용법에서 모방은 예술의 본질과 연관된 미학 상의 문제를 제기하는데, 플라톤은 『국가』에서 이 말을 부정적인 의미로 사용하였다. 그에 따르면, 이 세계의 사물은 눈에 보이지 않는 불변하는 순수 관념인 실재(Idea)의 그림자 혹은 모방에 불과한데, 예술가들은 이 그림자 혹은 모방품을 다시 모방하여 작품을 창작한다고 하였다. 여기서 예술 작품은 진리로부터 3단계나 멀어진 사본의 모방으로 간주되어 배척의 대상으로 규정되었다.

이와 달리 아리스토텔레스는 『시학』에서 모방은 인간에게 즐거움을 주는 본능이며, 그 대상은 인간과 자연의 보편적인 양상 또는 법칙이라고 주장하였다. 이것은 근본적으로 그가 세계의 진리나 본질을 어떤 절대불변의 관념이 아니라, 자연과 인간의 삶 그 자체에서 발견할 수 있는 것으로 생각했기 때문이다. 이를테면 작품의 구성 원리인 플롯은 생명체의 유기체적 조직과 질서의 모방으로 설명된다. 이런 관점에서, 문학과 예술 작품은 보편적인 인생의 진실과 자연의 원리를 구현하는 가치 있는 것으로 옹호된다.

이처럼 예술의 기원을 모방으로 본 아리스토텔레스의 견해는 현대에 이르기까지 다양한 변용을 겪으며 이어지고 있다. 사물이나 인간 삶의 실제를 사실적으로 보여준다는 의미를 지닌 신고전주의 시대의 '재현'이나 19세기 사실주의에서 나타난 '반영' 개념은 그 대표적인 예이다. 현대에서는 R. S. 크레인을 비롯한 시카고 학파와 에리히 아우어바흐의 비평, 그리고 맑스주의 비평 등이 아리스토텔레스의 모방론에 뿌리를 두고 있는 이론이라 할 수 있다.

한편 두 번째 용법의 모방 개념은 후대 작가들이 선대의 모범적인 작품, 즉 '고전'을 모방하는 경우를 지칭하기 위해 사용되었다. 좋은 작품을 창작하기 위해서는 고대의 위대한 작품들이 지닌 규범적인 형식과 문체, 정신 등을 본받고 모방해야 한다는 생각은 오래 전부터 이어져 왔다. 완미한 그리스 작품을 모방하려 했던 로마 시대에서 시작된 이러한 전통은 르네상스와 신고전주의 시대에 특히 강조되었다. (전도현)

플롯, 재현, 반영, 사실주의, 고전, 르네상스, 신고전주의

참고문헌
에리히 아우어바흐, 『미메시스』, 민음사, 1987.
M. H. Abrams, The Mirror and the Lamp, Oxford University Press, 1953.

모방론적 비평(模倣批評)

비평사적인 입장에서 볼 때 문학논의를 위해 모방(模倣, imitation)이라는 말을 최초로 쓴 사람은 플라톤이었다. 플라톤은 그의 저서 「공화국(共和國)」 제 10 장에서 시인추방론(詩人追放論)을 내세운 바 있다. 그런데 그 전제가 되고 있는 것이 바로 모방에 관한 이론인 것이다. 플라톤은 시나 문학이 사물의 외형을 묘사하기 때문에 진리(眞理)에서 멀어진다고 생각했다. 반면에 아리스토텔레스는 인간이 지닌 모방본능이야말로 인간을 동물과 구별해주는 중요한 속성으로 생각하여 모방에 대해 긍정적인 태도를 보였다. 이처럼 플라톤과 아리스토텔레스에게서 처음으로 나타나는 이 비평양식은 현대 사실주의(realism) 문학 이론의 특징이 되기도 한다. 모방론적 비평은 문학작품을 세계와 인간생활의 모방, 반영(反映) 혹은 재현으로 본다. 그러므로 작품에 적용되는 기본적 판단기준은 그 작품이 재현(再現, representation)하거나 또는 재현해야만 하는 대상들에 대한 그 재현의 "진실성"이라는 것이다. 다시 말해서 작품이 성취하는 모방, 즉 묘사의 진실성에 각별한 중점이 부여되는 것이다. 모방이란 용어는 18세기 이후 문학용어로서 잘 사용되지 않았으며, 19세기 초에 시는 본질적으로 시인의 감정이나 상상과정의 표현이라는 로만주의의 이론이 나옴으로써 모방은 문학이론의 중심으로부터 차츰 자리를 물러나게 되었다. 그러나 R. S. 크레인(Crane), 프랜시스 퍼키슨, 시카고 비평가들에 의해서 비평용어로서의 위상을 다시 획득하였는데, 그들은 그들의 이론의 기초를 아리스토텔레스의 『시학』에 나타나 있는 분석방법과 기본 분류에 두고 있다. 다수의 마르크스주의 비평가도 문학을 모방, 또는 반영으로 보는 견해를 지지했다. 이러한 태도는 문학사회학과 깊은 관련이 있으며 언어를 모델로 삼아 작품의 구조를 분석하는데 중점을 두는 구조주의와는 대립된 양상이다. 그 후 모방비평은 주로 소설 및 산문극과 관련된 리얼리즘과 자연주의 이론으로 발전하게 되었다. 우리가 흔히 의존하는 리얼리즘의 판단기준은 그대로 모방이론의 현대적 정교화라 할 수 있다. (이명재)

반영(反映), 재현, 묘사의 진실성, 리얼리즘, 자연주의

참고문헌
유종호, 『문학이란 무엇인가(증보판)』, 민음사, 1997.
이명섭 편, 『世界文學 批評用語 事典』, 을유문화사, 1985.
이명재, 『문학비평의 이론과 실제』, 집문당, 1997.
정한모·김용직, 『文學槪論』, 박영사, 1981.
M. H. Abrams, 최상규 역, 『문학용어사전』, 예림기획, 1997.

모방비평 ☞ 모방론적 비평

모사(模寫) ☞ 모방

모성(母性, Motherhood)

모성은 강제적 이성애와 자본주의하에서 남성의 생산적 노동에 대응하는 여성의 재생산 능력을 가리키는 것으로, 일차적으로는 여성의 임신 · 출산 · 수유와 같은 생물학적 특성을 가리키는 것이다. 그러나 급격한 산업화와 도시화, 그리고 이로 인한 공/사 영역의 분리 과정에서 여성의 이러한 생물학적 자질은 여성을 아이 양육자라는 가정 내적인 존재로 규정짓도록 작용하였다. 그 결과 어머니는 가정의 천사 혹은 가부장제 이데올로기의 수호자 역할을 담당하게 되지만, 반대로 사회적으로 자신의 주체성을 확립하고 싶은 페미니스트들에게 모성은 떨쳐버려야 할 굴레로 간주되었다. 슐라미스 파이어스톤(Shulamith Firestone) 또한 『성의 변증법』(1970)에서 여성 억압의 원인을 생물학적인 모성으로 지목하고, 아이 양육으로부터 여성을 분리시킬 것을 주장하였다. 그러나 아드리엔느 리치(Adrienne Rich)와 같은 페미니스트는 모성을 단순히 억압적인 것으로 비난하기보다는, 모성성의 육체적 · 사회적 체험을 여성적 창조력의 실제적 혹은 은유적 재현으로 재의미화하였다. 즉 여성의 모성 체험은 여성적 힘의 원천으로 기능할 뿐만 아니라, 새로운 여성 문화의 토대를 제공해준다는 점에서 재평가되어야 한다는 것이다.

이러한 과정을 거치면서 모성은 가족 정책, 노동, 여성 섹슈얼리티와 결합되어 페미니즘적 분석의 틀 속에서 적극적으로 다루어지게 되었다. 낸시 초도로우(Nancy Chodolow)의 『어머니노릇의 재생산 Reproduction of Mothering』(1978)은 모성이 세대를 거쳐 재생산되는 사회적 · 심리적 추이를 밝히고 있고, 마리안 허쉬(Marianne Hirsch)는 『어머니−딸 서사 The Mother / Daughter Plot : Narrative, Psychoanalysis, Feminism』(1989)에서 서구 19세기 리얼리즘 소설부터 최근의 포스트모더니즘 소설을 대상으로, 어머니와 딸을 중심으로 하는 새로운 가족 구성방식인 '페미니즘 가족 로망스'라는 개념을 제시한다. 루스 이리가라이, 줄리아 크리스테바, 헬렌 씨수 또한 프로이트의 오이디푸스적 어머니−딸 관계에 대해 비판하면서, 전(前)오이디푸스 단계나 전(前)상징계 혹은 언어 이전의 기호계에서 형성되는 어머니−딸 관계의 혁명성과 전복성에 주목한다. 어머니−딸 관계에 근거해서 모성에 대해 새롭게 평가하는 접근방식은 오정희, 박완서는 물론 1990년대 여성작가들의 작품에도 적용해볼 수 있다.

그밖에 앤 카플란(E. Ann Kaplan)은 제도와 사회적 담론으로서의 모성이 어떻게 형성되었는가에 주목함으로써, 모성이 절대적이고 신비한 여성적 자질이 아니라 가부장제도와 자본주의 하에 구성된 사회역사적 구성물이라는 점을 밝히고 있다. 이는 이태준의 『성모』나 김원일의 『마당깊은 집』과 같은 식민화와 전쟁의 체험을 다룬 한국소설에서 모성이 극단적인 평가의 대상이 된다는 사실에서도 확인할 수 있다. (심진경)

어머니, 재생산, 가부장제, 어머니−딸 관계.

참고문헌
서강여성문학연구회 편, 『한국문학과 모성성』, 태학사, 1998.
Adrienne Rich, Of Woman Born, Verso, 1977.
Nancy Chodolow, Reproduction of Mothering, California University Press, 1978.
Marianne Hirsch, The Mother/Daughter Plot : Narrative, Psychoanalysis, Femin −ism, Indiana University Press, 1989.

E. Ann Kaplan, *Motherhood and Representation*, Routledge Press, 1992.

모순(矛盾, Contradiction)

　모순은 사고영역에 존재하는 논리적 모순과 사물·과정·체계 등의 객관적 실재에 속하고 모든 운동·변화·발전의 근원을 이루는 변증법적 모순으로 나뉜다. 논리학에서는, 두 개의 개념이나 명제 사이에 의미 내용이 서로 상반되는 관계를 말한다. 중국 전국시대의 초나라에서, 창과 방패를 파는 상인이 '이 창은 예리하여 어떤 방패라도 꿰뚫을 수가 있고, 이 방패는 견고하여 어떤 창이나 칼로도 꿰뚫지 못한다'고 자랑하였는데, 어떤 사람이 '자네의 창으로 자네의 방패를 찌르면 어떻게 되는가'라고 물었더니 상인은 대답하지 못하였다고 한다. 즉 한비자(韓非子) [난일(難一) 난세편(難世篇)]에 있는 이 고사는 법지상주의자인 한비가 유가의 덕치주의를 비판한 우화라고 볼 수 있다.

　'변증법적 모순'은 변증법의 기본적인 범주로 모든 운동·변화·발전의 근본을 이룬다. 모순을 사물의 내부에서 찾는가 그렇지 않은가로 변증법과 형이상학은 구분되는데, 변증법적 모순에 관해 레닌은 "본래적인 의미의 변증법은 대상의 본질, 그 자체에 관한 모순의 연구"라고 말한 바 있다. 모순에 관한 주요 저작 중 하나인 모순론에서 마오쩌둥은 1) 형이상학적 세계관과 유물변증법을 대조하면서 사물 발전의 근본 원인이 사물 내부에 있는 모순이고, 2) '모순의 보편성'으로서 마르크스–레닌주의 유물론의 핵심이 '모순의 운동법칙'임을 강조한 뒤, 3) '모순의 특수성'의 문제를 '물질의 운동형태', '발전과정', '발전단계'의 순서로 설명하면서 '근본 모순'과 '주요 모순'을 구분한다. 4) '근본 모순'이 발전적으로 본(本) 과정의 본질을 제시하는 모순임에 반하여, '주요 모순'이란 힘 관계에 있어서 본(本) 사물의 본질을 제시하는 모순인 동시에 힘의 관계를 나타내는 말로써 사용된다. 5) 모순의 두 측면 중 한 편이 주요한 측면이며, 사물의 성질은 지배적인 지위를 차지하고 있는 모순의 주요한 측면에 의해서 규정되며, 모순의 주요한 측면과 주요하지 않은 측면은 상호 전화(轉化)한다고 간주한다. 6) 모순의 두 측면은 서로 투쟁적이면서도 의존적이며, 그리고 이 동일성(의존성)은 일시적·조건적이지만, 투쟁성은 절대적·무조건적이라는 것, 그리고 사물의 운동에는 상대적으로 정지된 양적 변화의 상태와 현저히 변동하는 질적 변화의 상태가 있으며, 대립물의 통일은 조건적·일시적이지만, 대립물의 투쟁은 절대적이라고 설명한다. 7) 모순 안에는 부르주아와 프롤레타리아의 모순처럼 처음부터 끝까지 '적대적인 모순'이 있고, 사회주의 국가에 있어서의 프롤레타리아와 농민계급 사이의 모순처럼 처음부터 끝까지 '비적대적인 모순'이 있다고 설명한다. (오태호)

　변증법적 모순, 주요 모순, 근본 모순, 모순, 모순론

참고문헌
임석진 외, 『철학사전』, 중원문화, 1987.
마오쩌둥, 이동연 역, 『실천론·모순론』, 두레, 1989.

모순어법(矛盾語法, Oxymoron)

서로 모순 되는 어구를 나열하는 표현법으로 모순 어법, 모순 형용(矛盾語法, 矛盾形容, oxymoron)
이라고 한다.

그리스어 어원은 oxus=sharp, moros=foolish이다. 이 어원에서와 같이 이치에 어긋나거나 모
순 되는 진술(모순 형용)을 하지만 그 속에 절실한 뜻이 담기도록 하여 표현하는 것으로 극적인
긴장감을 조성하며 미묘한 정서적 반응을 일깨우는 효과가 있으며 모순어법에서 제시되는 두
가지 어휘는 모순 되듯이 보이지만 실제로는 결합되어 있다.

'쾌락의 고통', '사랑의 증오' 등 엘리자베스 시대의 연애시에 나오는 기발하고 독단적인 수사
형태이다. 이것은 또 인간의 지각과 논리를 초월하는 기독교적 신비를 드러내는 것으로서 종교
시에서 사용된 표현법이었다. 밀턴이 '실락원'에서 "당신의 옷자락은 어두우면서도 눈부시게
빛납니다."라고 하나님의 외모를 묘사하고 있는 것 등이 있다.

'상처뿐인 영광'이나 '밝게 빛나는 어둠'과 같은 모순어법은 시의 부분적 표현을 이룬다. 이것
은 현대시에서도 압축된 역설의 효과를 표현하는 기법으로서 널리 사용되고 있다.

우리시에 엿보이는 모순어법을 살펴보면 다음과 같다. 즉, '이것은 소리 없는 아우성(유치환,
「깃발」)', '나의 神經은 娼女보다 貞淑한 處女를 願하고 있었다(이상, 「수염」).

예) 찬란한 슬픔, 침묵의 웅변, 똑똑한 바보처럼, 가짜인 진짜처럼, 시를 쓰면 이미 시가 아니
다, 눈 뜬 장님, 도를 도라고 하면 도가 아니다, 아아 님은 갔지만 나는 님을 보내지 아니하였습
니다, 이것은 소리 없는 아우성, 용서한다는 것은 최대의 악덕이다, 겨울은 강철로 된 무지갠가
보다(홍용희).

모시서(毛詩序)

시경(詩經)』이 중국문학에서 차지하는 비중은 매우 크다. 시경의 통행본 중에서 공자에 의해
편찬된 「모시서(毛詩序)」는, 정치색이 강한 금문(今文)으로 쓰인 제시(齊詩), 노시(魯詩), 한시
(韓詩)가 시대가 흐르면서 모두 다 사라지고, 비교적 자의에 충실한 고문(古文) 판본으로 전해오
는 모시(毛詩)의 서문으로서, 전형적 유가(儒家)의 문학관이 표출되어 있다. 작자는 공자의 제자
자하(子夏)로 알려져 있으나, 이는 그 권위를 높이기 위한 방편으로 보이며, 실제로는 한대(漢
代)의 위굉(衛宏)이 지었다는 설이 유력하다.

모시서의 내용은 크게 네 가지로 나눌 수 있다. 먼저 시경 305편중 풍시(風詩)의 제1수로서
남녀가 짝을 구하는 짧은 시인 「관저(關雎)」편의 내용을 후비의 덕을 노래한 것으로서 시를 통
한 가르침[시교(詩敎)]이라고 견강부회했는데, 이러한 억지 해석은 시경을 경전화하여 통치 수
단을 활용하기 위한 하나의 방편이었다. 그 해석의 옳고 그름을 떠나, 이러한 왜곡을 통해 우리
는 고전시대를 살았던 중국인들의 사유 방식을 엿볼 수 있다.

다음으로 시의 발생론적 개념을 제시했는데, 시란 마음속에서 우러나는 뜻과 생각을 표현한 것이라는 유명한 '시언지(詩言志)설'을 밝혔다. 여기서 시란 음악과 동일시되는데, 공자를 비롯한 유가(儒家)들은 시, 즉 음악의 자연스런 감동 및 전파력을 중시하여 이를 정치 교화에 활용하려고 했던 것이다.

그리고 시와 시대 사회와의 관계를 치세(治世), 난세(亂世), 망국(亡國)으로 나누어 설명하면서, 시의 효용은 가정뿐만 아니라, 사회적 풍속을 바르게 하며, 귀신을 감동시킬 만큼 대단하다고 강조하였다. 이 부분에서는 문학과 사회의 상호 관계를 반영론과 효용론의 관점을 함께 포괄하며 조명하고 있다.

다음으로는 시경의 구체적 내용 소개에 들어가, 풍아송(風雅頌)의 체제와 부비흥(賦比興)의 작법을 설명하고, 끝에 가서는 다시 서문이 자리한 「관저」편의 의의가 즐거워하면서도 과도하지 않고[낙이불음(樂而不淫)], 애달파하면서도 자신을 손상시키지 않는[애이불상(哀而不傷)] 중용의 도리를 지니고 있다며 높게 평가하며 마무리했다.

모시서의 문학 관념은 정치와 문학을 서로 연계시키는 중국의 효용론적 문학관의 귀중한 모델로 자리잡아 청대가 끝날 때까지 깊고 폭넓은 영향을 주었다. (오태석)

모시서, 위굉, 공자, 시언지, 부비흥, 풍아송, 육의, 낙이불음, 애이불상(哀而不傷), 관저(關雎)

참고문헌
「모시서」: 『中國歷代文論選』.
周勛初 외, 중국학연구회 고대문학분과 역, 『중국문학비평사』, 이론과 실천, 1992.
김학주, 『중국문학사』, 신아사, 2000.

모의(模擬) ☞ 시뮬라시옹, 시뮬레이션

모티프(Motif, Motive)

모티프는 문학작품 속에서 자주 반복되어 나타나는 동일한 요소로서의 사건, 공식 등의 한 형태와 유사한 낱말, 문구, 내용을 말한다. 한 작품에서 나타날 수도 있고 한 작가 또는 한 시대, 또는 한 장르에서 생길 수도 있다. 한 작품 속에서도 계속 반복되어 그것이 느껴질 정도가 되는 모든 요소는 모티프라고 할 수 있다. 가령 나중에는 아름다운 공주가 되는 "못생긴 처녀"는 민간 전승에서 흔히 나타나는 모티프이다. 아름다운 여자에게 홀딱 반한 남자는 키츠(Keats)의 "무자비한 미녀(La Belle Dame sans Merci)"에 나오는 민간 전승에서 채택한 모티프이다. 또한 우리 민요나 설화에 자주 나타나는 두견새 이야기도 동양문학의 모티프가 되고 있다. 오늘날 신화 비평에서 거론되는 원형적 심상도 모티프의 일종이다.

러시아 형식주의자 토마셰프스키(Boris Tomashevsky)는 더 이상 분해가 불가능한 작은 부분의 테마 하나하나를 모티프라 불렀다. 다시 말해서 소설 전체를 최소의 의미 단위로 나누면 결국 여러 개의 문장에 이르게 되는데, 바로 이 문장 하나하나가 모티프이다. 모티프는 사건간의 연관성을 이루는 데 꼭 필요하냐 그렇지 않으냐에 따라 한정, 혹은 관련 모티프(bound motif)와 자유 모티프(free motif)로 나눌 수가 있다. 전자는 작품의 내용과 긴밀히 관련된 것으로 만일 이 것이 생략되면 이야기의 줄거리나 사건의 인과 관계를 파악하기가 어렵다. 후자는 스토리 형성에 직접적인 관계는 없으나 작가가 특별한 이유로써 끌어들인 것으로 이것 없이 형식이 있을 수 없다. 이야기에 있어서는 이 관련 모티프만이 중요하다. 그러나 테마 쪽에서 볼 때, 중요한 역할을 하여 작품의 구성을 결정하는 것은 이 자유 모티프이다. 가령 작품의 주변적 세부 묘사를 하는 것은 이 자유 모티프가 맡은 몫이며, 이 기능이 이른바 소설에서의 기법으로서의 예술적 측면에 관련된다.

또한 한 작품에서 상황의 변화를 가져오는 기능을 하면 동적(動的, dynamic) 모티프라 칭하며 그 기능이 없으면 정적(靜的, static) 모티프라 일컫는다. 주동인물들의 행위는 전자에 속하고 작품의 배경이나 인물 묘사 등은 후자에 속한다. 그러므로 한정 모티프는 동적 모티프와 연관되며 자유 모티프는 정적 모티프와 관계된다. 예를 들어 김승옥의 「무진기행」에는 주인공이 광주역에서 본 '미친 여자'에 대한 이야기가 나오는데, 이 부분은 한정 모티프이다. 왜냐하면 이 사건이야말로 주인공으로 하여금 지난 날 어두운 기억을 되살아나게 하였고, '안개'에 대한 남다른 의식으로 사람 살 데가 못 되는 곳이라는 어두운 의식에 사로잡히는 계기가 되었기 때문이다. 그러나 '안개'에 대한 자세한 묘사는 자유 모티프에 속한다. 그것은 주인공의 내면 의식을 드러내기 위해서 작가가 의도적으로 끌어들인 객관적 상관물이다. 현대소설에서는 안개 묘사와 같은 자유 모티프가 많이 이용되는 것이 하나의 특징이다. 현대소설은 이러한 상세한 묘사가 끼여들어 이야기가 낯설어지게 된다. 그런데 자유 모티프의 적절한 사용 여하에 따라 작품의 예술성은 이루어진다.

모티프는 작품의 주제를 구축하고 통일감을 주는 중요 단위로서 구실을 하며 현재의 신화비평에서 거론하는 원형적 심상도 모티프의 일종이라 할 수 있다. 그리고 상징주의자들의 반복적인 상징도 마찬가지이다. (이명재)

반복성, 한정모티프, 자유모티프, 주제형성

참고문헌
김윤식 편,『文學批評用語事典』, 일지사, 1976.
이명섭 편,『世界文學 批評用語 事典』, 을유문화사, 1985.
이상섭,『문학비평용어사전』, 민음사, 2001.
이상우·이기한·김순식,『문학비평의 이론과 실제』, 집문당, 2002.
쉬클로프스키 외 저, 한기찬 역,『러시아 형식주의 문학이론』, 월인제, 1980.
M. H. Abrams 저, 권택영, 최동호 편,『문학비평용어사전』, 새문사, 1985.

모험소설

　주인공의 모험적인 행동을 표현하여 독자의 호기심을 만족시켜 주는 흥미 본위의 소설을 가리킨다. 일반적으로 예술적 가치는 그리 크지가 않다. 대부분의 모험 소설에서 모험의 주인공들은 미성년(未成年)으로 설정되는데 이는 경이와 신비, 동경과 공포 등의 감정이 아직 낭만적 경험이 미숙한 청소년들에게 많은 공감을 불러일으키기 때문이다. 또한 사상성이나 심리성보다 주인공의 행동에 치중한다. 그래서 지식계층을 대상으로 하는 순문학이라기보다 대중문학이나 아동문학 분야에 성행하는 쟝르종이다.

　모험소설의 발생은 근대소설이 성립되기 시작한 19세기 이후에 속한다. 그러나 이 소설의 유형은 고대 그리스 시인 호메로스(Homeros)의 서사시『오디세이 Odyssey』에서 비롯되었다고 할 수 있다. 근세의 본격적인 모험소설로는 D. 디포(Defoe)의『로빈슨 크루소우 Robinson Crusoe』, J. 스위프트(Swift)의『걸리버 여행기 Gulliver's Travels』, R. 스티븐슨(Stevenson)의『보물섬 Treasure lsland』, M. 트웨인(Twain)의『톰 소여의 모험 The Adventures of Tom Sawyer』,『허클베리 핀 The Adventures of Huckleberry Finn』, A. M. 랜섬(Ransome)의『제비호와 아마존호 Swallows and Amazons』등과 H. 멜빌(Melville)의『모비 딕 Moby Dick』, E. 헤밍웨이(Hemingway)의『노인과 바다 The Old Man and the Sea』등의 작품을 이 계열에 놓을 수 있다.

　이 개념이 확대되어 적용될 때는 거의 모든 소설문학을 포괄할 수도 있다. 왜냐하면 순탄한 삶의 내력만을 이야기하고 있는 소설을 찾기란 어렵고, 소설에는 예외 없이 시련과 난관에 봉착해서 그것을 딛고 일어서려는 용기있는 작중 인물의 행동이 그려지게 마련이기 때문이다. 신념과 이상을 관철하기 위해서, 또는 뜻있는 삶의 목표를 발견하거나 추구하기 위해서 분투하는 모든 인간의 행동도 모험이라고 보아야 옳다.

　다시 말하자면 모험소설이라는 용어가 모든 소설을 포괄하고자 한다면 모험 소설이라는 용어가 창안되는 명분은 위축되고 만다. 따라서 모험 소설은 낭만적 정서, 낭만적인 세계관이 반영된 소설을 제한적으로 지칭하는 개념으로 규정함이 옳다. 따라서 모험소설이라고 규정되는 소설이 펼쳐 보이는 모험은 특수한 것이라고 이해되어야 한다. 그것은 일상으로부터 비일상을 향해, 기지로부터 미지로 나아가는 모험이다. 그렇기 때문에 모험소설은 본질적으로 경이로움, 신비, 동경, 감미로운 공포로 가득 찬 이야기이다.

　20세기에 이르러 모험소설은 탐정소설 · 탐험소설 · 공상과학소설 등의 분야로 갈라졌다. 문학사를 돌이켜 볼 때, 모험소설은 문학의 폐쇄적 경향을 돌파하는 가능성을 내포하고 있지만, 저급해지면 통속소설로 떨어진다. (오양호)

목가시(牧歌詩, Pastoral)

　목가는 전원시(田園詩)의 하나로서, 평화롭고 소박한 시골 생활과 전원의 흥취를 노래하는 서정시를 가리킨다. 흔히 목동들을 주인공이나 화자로 삼아 목가(牧歌, Pastoral)라는 명칭이 사용되었는데, 대체로 신화 상의 황금시대를 동경하고 이상적인 자연 속에서의 평화로운 생활을 찬미하는 내용을 지닌다.

목가의 창시자는 기원전 3세기의 그리스 시인 테오크리토스로 알려졌는데, 그의 작품 『전원시(Idylls)』는 고향 시칠리아 목동들의 생활과 전원 풍경을 묘사하였다. 그에 의해 시작된 목가 양식은 동향 후배인 모스코스에 의해 승계되었고 로마 시인 베르길리우스가 라틴어로 된 『전원시(Eclogues)』를 창작함으로써 그 전형적인 형태를 확립하였는데, 이 작품은 후세에 많은 영향을 미치며 모작을 낳기도 하였다.

르네상스 시기에 이르러 목가는 다른 문학 형식과 결합하며 풍자나 우의(寓意)의 수단으로 사용되기도 했고, 목가극과 목가적인 산문을 파생시키며 인접 장르로 확산되기도 하였다. 그러나 18세기 이후에 목가는 장르로서는 쇠퇴하였고, 현대에서는 복잡한 도시 생활과 대비되는 전원생활 혹은 자연의 평화를 주된 내용으로 하는 서정시를 지칭하는 용어로 흔히 쓰인다.

한국 현대시에서는 1930년대 초 시문학(詩文學) 동인으로 활동했던 신석정이 대표적인 목가 시인으로 불린다. 그는 주로 농촌에 살면서 어두운 시대 상황을 벗어날 수 있는 이상적인 세계로서의 전원생활과 자연귀의의 정신을 노래하였다. (전도현)

목가극, 풍자, 우의, 시문학, 자연귀의

참고문헌

Frank Kermode, English pastoral poetry from the beginnings to Marvell, G. G. Harrap, 1952.

Peter V. Marinelli, Pastoral, Methuen, 1971.

목소리(Voice)

이 용어는 비교적 근래에 발전된 것으로, 문학에서 목소리는 주로 서술 차원에서 관심의 대상이 된다. 모든 문학적 담론은 발화utterance를 포함한 다양한 목소리들을 담고 있다. 서사이론에서 목소리는 화자에서 청자에 이르는 과정 속에서 다양한 방식으로 드러나는 것이다. 이는 아리스토텔레스가 설득적인 웅변에서의 "기풍"(ethos)이라고 불렀던 것에 해당하는, 상상적 문학 내에서의 요소를 의미하며, 또 전통적 수사학자들이 육체적인 목소리에 관심을 기울여 왔다는 것을 암시해준다. 비평에 있어서 이 용어는 어떤 작품의 허구적 목소리들의 배후에 또 하나의 목소리가 있다는 사실, 그리고 일인칭 화자라는 인물까지도 포함하는 모든 등장인물들의 배후에 또 하나의 인물이 있다는 사실을 지적하는 것이다. 우리는 어떤 작품을 읽을 때, 그 작품 속에 들어있는 내용을 꼭 그런 방식으로 선택하고 배열하고 제시하고 표현한, 결정자로서의 지성과 도덕적 감성이라는, 전체 속에 스며들어 있는 어떤 존재를 의식한다. 이 개념을 다룬 비평가들 중에서 웨인 부스는 소설 작품의 독자는 이야기를 하는 목소리의 음색뿐만 아니라 인간적 현존 전체를 감지할 수 있다는 것을 좀더 명확히 지시하기 위하여, '목소리'라는 말보다도 '함축된 독자(implied author)'라는 말을 쓰고 있다. 부스의 견해는, 이 함축된 작자란 "실제 인간의 관념적, 문학적, 창작적 변형"이라는 것이다. 즉 함축된 작자는 특정한 화자인물과 마찬가지로 전체 허구의 일부이며, 작자는 작품을 구성해 나가는 과정을 통해서 이 함축된 작자의 존재를 점차적으로 부각시키며, 이 함축된 작자는 독자에게 미치는 작품 전체의 효과를 만들어내는 데 중요한 역할을 한다는 것이다. 다른 한 편으로 W. J. 옹(Ong)같은 비평가들은 작자의 "가짜목소리"(false voice)와 "진짜 목소리"(true voice)를 구별하고, 후자를 작자의 진정한 자아 또는 본체의 표현이라고 본다. 그들이 보는 바로는, 작가가 자신의 진짜 '목소리'를 발견한다는 것은 바로 자신을 발견하는 것이다. 그러나 이 모든 비평가들이 의견을 함께 하는 것은, 그 가치기준이나 신념이나 도덕적 비전이 한 작품 전체를 통한 함축적 통어력이 되는, 믿을 만한 작자의 현존을 의식한다는 것이 독자로 하여금 그 작품에 대한 무제한의 상상적 동의(그것이 없다면 한 편의 시나 소설은 복잡한 말놀이에 불과한 것이 되고 마는)를 하는 데 도움이 되어준다는 사실이다.

'목소리'는 러시아 형식주의자 중의 하나인 바흐찐의 이론과 일부 페미니즘 이론가들의 논의를 통해서 현대문학이론 속에서 중요한 요소로 자리잡게 된다.

소위 바흐찐 학파에 따르면 '말'은 활동적이고 역동적인 사회적 기호로서, 서로 다른 사회적 · 역사적 상황에서 서로 다른 계층에게 서로 다른 의미와 함축적 내용을 지닐 수 있다. 그는 언어를 생명력이 없고 중립적이며 정적인 탐구대상으로 간주하는 소쉬르를 포함한 언어학자들을 공격하였다. 그는 '실제의 언어적 상황으로부터 유리된 채, 가능한 종류의 활발한 반응 대신에 수동적인 이해에 국한된, 고립되고 완성된 독백적 언어'에 대한 개념을 전적으로 부정하였다. 그것은 이들에 의해 강한 사회적 뉘앙스를 지닌 표현으로 사용되고 있다. 언어적 기호는 끊임없이 진행되는 계급 투쟁의 장이다.

즉 지배계급은 언제나 단어의 의미를 축소하고 사회적 기호를 '단일 액센트'로 만들고자 시도하는 반면, 사회적으로 불안한 시대에는 여러 계층의 이해가 언어의 장에서 서로 충돌되고 교차됨에 따라 언어적 기호의 힘과 기본적 '복수 앤센트성'이 분명해진다. 이런 역동적 언어관의 의미를 문학 텍스트를 위해 발전시킨 사람이 바로 미하일 바흐찐이었다. 그는 텍스트가 어떻게 사회나 계층간의 이해를 반영하는가 하는 문제보다는 오히려 권위를 부정하고 그것을 대신할 수 있는 목소리를 해방시키기 위해 어떻게 언어가 사용되는가 하는 문제를 강조하였다. 이러한 관점을 통해 그는 독백적 유형의 소설과는 대조적인 도스토예프스키 소설의 특징을 설명하면서 '다성적polyphonic'이라는 새로운 형식을 발전시킨다. 그리고 그러한 탐구를 통해서 소설 속의 일련의 경향을 '카니발화 carnivalisation'이라는 용어로 설명한다.

한편, 페미니즘 이론가들은 문학 속에서 억압된 여성의 목소리에 주목하면서 거대담론으로서의 언어(Language), 그리고 주체형성과정에서 아버지의 위치를 가장 중요하고도 최후의 것인 이성의 자리에 위치시킨 프로이트의 정신분석학에 도전장을 던지고 있다. (손종업)

narrator, persona, viewpoint, 카니발, 함축된 독자

참고문헌
로저파울러, 김정신 역, 『언어학과 소설』, 문학과지성사, 1985.
M. H. 에이브럼즈, 최상규 역, 『문학용어사전』, 예림기획, 265−267.
S. Suleiman. Writing and Motherhood. The(M)other Tongue : Essays in Feminist Psychoanalytic Interpretation. ed S. N. Garner, C, Kahane, and M. Sprengne−ther. Ithaca. NY : Cornell University Press.

목적론(目的論, Teleology)

'목적론'은 그리스어로 '목적'을 뜻하는 'telos'와 '이성'을 뜻하는 'logos'에서 유래하였다. 세계 안에서 일어나는 모든 사건을 목적과 관련지어 설명하는 목적론은 인간에게 있어서 무한하게 넓은 자연의 모든 현상이 목적에 의해 질서화되어 있다고 보는 견해로 기계론과 대립된다. 인간 은 스스로 의식을 가지고 목적을 세워 행동하지만, 자연에는 무의식적으로 목적이 주어진다고 하는 것이다. 이와 같이 목적 하에 만물이 조정되어 존재한다는 것은 세계가 그것을 지배하는 신으로부터 연유한다고 하는 사고에 도달한다. 이것은 역으로 세계가 목적에 의해서 질서화되 어 있다는 것으로부터 신의 존재를 증명하고자 하는 의도로 나아간다(신의 존재 증명).

이 견해를 최초로 조직화하여 서술한 사람은 아리스토텔레스인데, 그는 그의 자연학에서 세 계의 운동과 변화를 내포한 감각적 사물의 원인으로 질료인 · 형상인 · 동력인 · 목적인 등의 4 원인을 들고, 질료(質料)가 형상(形相)을 실현하고 점차로 발전하는 것이 세계의 목적론적인 본 연의 모습이라고 보았다. 라이프니츠가 예정조화설을 내세웠던 것도 같은 사고에서 기인한다. 이 사고에 대해 세계는 기계적인 필연성 아래 있다고 하는 결정론(기계론)이 대립하는데, 스피 노자나 18세기 프랑스의 유물론자가 대표적이다.

생물학에 있어서도 17~19세기에는 목적론적인 사고가 지배적이었지만, 다윈의 진화론으로 생물계에 대한 과학적 설명이 이루어짐으로써 이는 깨어지기 시작했다. 그러나 그 후에도 신생 기설(新生氣說), 신(新)라마르크설 등에서 목적론적인 사고방식이 재현되었다. 사이버네틱스에 의하면, 목적적인 것은 환경에 사물이 보다 잘 적응하는 과정이라고 설명된다. 변증법적 유물론 은, 결정론의 입장에 서서 관념론적인 목적론을 인정하지 않는다고 말할 수는 없지만, 기계적인 필연성으로 빠지지 않으면서도 특히 인간 활동에 대해서는 객관적 사물의 필연적인 관계에 대 한 인식을 기초로 하여 주체적인 목적 실현을 인정하고 있다. (오태호)

질료인, 형상인, 동력인, 목적인

참고문헌
임석진 외, 『철학사전』, 중원문화, 1987.
스털링 P. 램프레히트, 김태길 · 윤명노 · 최명관 역, 『서양철학사(개정판)』, 을유문화사, 1963(1992 개정판).

목적문학(目的文學)

넓은 의미로는 특정한 이념, 사상, 신념체계를 선전하기 위해 쓰여진 문학적 경향을 일컫는다. 예술적 표현을 통해 정치적·종교적·도덕적 주장을 실현하려 하기에 내용 위주의 문학으로 흐르기 쉽다. 좁은 의미로는 프롤레타리아문학, 계급문학을 목적문학이라고 지칭한다. 목적문학은 문학의 효용적 가치를 극대화하려는 의지의 소산이라고 할 수 있다. 이는 문학을 교육·계몽·선전의 입장에서 바라보려는 태도이며, 작품 자체를 향유보다는 작품이 산출하는 효과에 더 관심을 갖는 입장이다.

목적문학은 비서구지역의 근대 문학 형성기에 나타나는 일반적 경향이다. 서구적 근대성을 획득하기 위한 사상문화운동에 문학의 역할은 막강했다. 비서구지역의 근대문학은 서구시민사회를 모델로 자유민권운동을 펼치면서 문학의 계몽적 효용성을 강조했다. 일본 근대문학이 민권운동을 주창한 정치소설을 통해 형성돼, 사회주의문학으로 발전했던 것도 넓은 의미의 목적문학적 경향이라고 할 수 있다. 한국문학도 신소설에 나타난 근대문명에 대한 찬양과 이광수 문학에 나타난 민족 계몽적 태도, 그리고 프롤레타리아 문학의 발전도 목적문학의 맥락으로 이해될 수 있다.

한국문학에서 목적 문학은 일반적으로 '신경향파 문학'과 '카프 계급문학'을 지칭한다. 특히 1927년 카프의 제1차 방향전환을 통해 목적문학이 주요 용어로 부각됐다. 당시 민족통일전선의 결과로 '신간회'가 결성되고, 일본문학에서도 후쿠모토 카즈오(福本和夫)의 목적의식적인 집단적 정치투쟁의 문학이 제기되면서 카프의 노선에 변화가 생겼다. 그 결과 이제까지 자연발생적이었던 경향파 문학을 목적의식적인 무산계급의 문학으로 전환할 것을 결의했으며, 조직적으로는 예술가 중심의 조직에서 대중조직으로 전화했다. 이 시기 카프의 변화를 '목적문학'이라고 지칭하는 이유는 문학을 계급론에 입각한 '문학운동'으로 사고함으로써 정치적 성격을 강하게 표명했기 때문이다. 문예운동이 곧 정치 운동이고 예술가의 활동은 정치운동의 일환이라는 당시의 주장은 문학의 내용·형식논쟁과 연관을 맺으면서 주목을 받았다. 일부에서는 당시 카프의 방향전환에 대해 식민지 상황이라는 특수성을 감안하더라도 목적의식적 무산계급문학을 주장한 것은 예술의 특수성을 간과한 것이었다고 비판하기도 한다. (임헌영)

계급문학, 사회주의 문학, 정치소설

참고문헌
김영민, 『한국 근대문학비평사』, 소명, 1999.
호쇼 마사오 외, 고재석 역, 『일본현대문학사(상)』, 문학과지성사, 1998.
문학사연구모임, 『카프문학 운동연구』, 역사비평사, 1989.

목적의식론(目的意識論)

목적의식론이란 일반적인 의미로는 말뜻 그대로 어떤 정치, 사회, 종교적 목적을 설정하고 이를 실현하기 위해 의식적인 노력을 기울여야 한다는 주장을 일컫는다. 하지만 한국문학사에서 이 용어는 구체적으로 프롤레타리아 문학 운동이 펼쳐졌던 카프(KAPF) 시기에 박영희 등에 의해 제기되었던 주장을 가리킨다.

1920년 초 신경향파 단계를 거친 한국의 계급문학 운동은 1925년 카프 결성을 계기로 본격화된다. 발족 초기 김기진과 내용·형식 논쟁을 벌인 후 카프의 주도적인 이론가로 자리 잡은 박영희는 1927년 목적의식론을 제기하며, 1차 방향 전환을 주도하였다. 그는 이전 시기의 신경향파 문학과 경제투쟁의 문학을 자연발생적 단계의 문학이라 규정짓고, 계급의식을 고취하기 위해서 자연 생장적 문학에서 목적의식적 문학으로 나아가야 한다고 주장하였다.

계급문학 운동과 관련된 목적의식론은 일본에서 먼저 제기되었는데, 아오노 스에키치(靑野季吉)의 논문 「自然生長と目的意識」(『문예전선』, 1926. 9)이 대표적이다. 그는 이 글에서 프롤레타리아 예술은 자연히 생장하지만, 이것이 하나의 운동이 되기 위해서는 계급투쟁 목적을 자각하는 목적의식적 단계로 끌어올려져야 한다고 주장하였다. 이를 기초로 하여 박영희는 보다 적극적이고 뚜렷한 목적의식을 지닌 운동으로 카프의 활동 방향을 전환코자 하였던 것이다.

이처럼 박영희의 목적의식론은 카프 문예 운동에서 계급문학의 이념성을 더욱 강조한 것이었지만, 정치투쟁과 문학을 동일한 것으로 보지는 않았다. 즉 그는 목적의식적 계급 문학운동을 주장하면서도 그것은 조선의 현실성을 말할 수 있는 것이어야 한다고 언급함으로써, 조선주의와 문학성을 배격하지 않는 태도를 취했다.

그러나 박영희의 주장은 정치성을 중심에 두고 문학의 효용성만을 강조하는 임화, 윤기정, 이북만 등 이른바 소장파의 목적의식론에 의해 비판된다. 이들 신진이론가들은 문학과 정치 투쟁을 일치시키며, 문학을 정치투쟁을 위한 매체 혹은 수단으로 간주하였다. 이러한 태도는 이후 예술운동의 볼셰비키화 주장으로 이어지며, 1930년 카프가 제2차 방향 전환을 이루는 계기가 되었다. (전도현)

계급문학 운동, 신경향파, 카프, 볼셰비키화

참고문헌
박영희, 「문예운동의 방향전환」, 『조선지광』, 1927년 4월호.
김윤식, 『한국근대문예비평사연구』, 일지사, 1976.

몰개성의 원리(沒個性의 原理)

몰개성(impersonality)의 원리란 정서의 절제와 표현의 구체성을 강조하는 모더니즘 이론의 하나이다. 이는 특히 영미의 주지주의에서 주창된 것으로, "시는 정서의 분출이 아니고 정서로부터의 도피이며, 개성의 표현이 아니라 개성으로부터의 도피다"라는 T. S. 엘리어트의 명제에서 잘 표현되고 있다.

이 몰개성론은 개인의 감정과 개성을 중시하는 19세기 낭만주의의 개성론에 반발하여 제기된 이론이다. 낭만주의의 개성론적 시관은 "시는 강한 감정의 자연발생적 유로"라는 워즈워스의 정의에서 알 수 있듯이, 시를 기본적으로 작가 자신의 감정이 그대로 투영되는 '심혼적인 자기표현' 양식으로 이해한다. 이처럼 시를 주관적이고 고백적인 장르로 생각하는 표현론적 관점에서는 시인과 화자, 실제 감정과 시의 정서가 동일시되고, 인생과 예술 사이의 연속성이 강조된다.

하지만 현대의 모더니스트들에게 삶과 문학의 등식화는 거부되며, 문학은 인생이나 실제 경험으로부터 독립된 자율적인 예술 체계로 인식된다. 몰개성론에서 시적 화자는 시인과는 엄격히 구별되는 허구적 가면(퍼소나, persona)으로 이해되며, 이에 따라 시의 목소리는 더 이상 시인의 고백적인 육성으로 받아들여지지 않는다. 또한 시의 정서는 시인이 실제로 생활하면서 갖게 되는 개인적인 감정과는 다른 구조적 정서로 설명된다. 다시 말해, 시의 정서는 시인의 주관적 감정이 직접 표출된 것이 아니라, 예술의 형식 속에서 객관화되어 표현된 것이라는 주장이 몰개성론의 요체이다.

엘리어트는 이와 관련하여 시적 객관화의 구체적인 방법으로 객관적 상관물(客觀的 相關物 objective correlative) 이론을 제시한다. "예술의 형식을 통해 정서를 표현하는 유일한 방법은 객관적 상관물을 발견하는 것이다. 다시 말해 특별한 정서의 공식이 될 수 있는, 일련의 대상이나 상황, 사건의 연속을 발견하는 것이다."라는 주장이 그것이다. 이러한 주장은 몰개성론과 함께 감정의 절제를 통해 시인의 현실적 감정을 예술적으로 형식화할 수 있는 객관적인 수단이나 매체를 강조한 주지주의 이론의 핵심으로 받아들여지고 있다. (전도현)

모더니즘, 주지주의, 낭만주의, 개성론, 퍼소나, 객관적 상관물

참고문헌
김준오, 『시론』, 이우출판사, 1988.
T. S. Eliot, The Sacred Wood, Methuen & Co. Ltd, 1976.

몰입(Immersion)

문학 텍스트나 가상현실을 접하는 과정에서 지각·심리적 인식이 외부 세계와 거의 완전히 차단된 상태로 텍스트에 참여하는 상태를 뜻하는 용어이다. 몰입은 기술적 장치에 의한 지각적 몰입과 기술 장치 없이 이용자 스스로 자발적으로 갖게 되는 심리적 몰입으로 나뉘는데 몰입이 최고조에 달하는 것은 이 두 형태가 결합될 때이다. 독서는 가장 대표적으로 심리적 몰입에만 그 효과를 주로 의존한다. 심리적인 몰입은 사용자의 자발적인 참여태도라고 말할 수 있다. fiction에 대한 독자의 자발적인 심리적인 몰입에 대한 가장 대표적인 언술은 콜러리지(Samuel Taylor Coleridge)의 '불신에 대한 자발적 중지(willing suspension of disbelief)'일 것이다.

문자예술에서 독자가 갖는 원격현전은 매체의 '표상'에 집중해 있다고 볼 수 있다. 그런데 표상으로서의 현실감은 매체의 내용이 실제로 발생할 수 있는가 하는 개연성과 관련된 사회적 현실감(social realism)과 대상이 실제 존재처럼 보이는가에 따라 지각적 현실감(perceptual realism)으로 나뉜다. 표상의 문제가 지각적 현실감과 사회적 현실감을 두 축으로 하고 있다는 것은 20세기 전반 서구에서의 문학적 리얼리즘의 논의가 세부묘사의 사실성으로서의 리얼리즘과 사회, 역사적 전망으로서의 리얼리즘에 대한 논란 속에서 확인된다. 보드리야르(J. Baudrillard)의 용어인 원본과 복사물의 구별 자체가 소멸해버린 상태를 뜻하는 시뮬라시옹(simulation)이나 현실보다 더욱 현실적인 것, 즉 '과잉현실'을 뜻하는 하이퍼리얼리티(hyperreality)가 구현된 것이 디지털 매체에 의해 창조된 가상현실이다. 문학 텍스트에 대한 독자의 몰입이 심리적 자발성에 의존하는 것에 반해 가상현실에서의 몰입은 심리적일 뿐 아니라 동시에 지각적이라는 점에서 서로 다르다. (곽봉재)

참여, 표상, 리얼리티

참고문헌
Best, S. & D. Kellner, 정일준 역, 『탈현대의 사회이론 Postmodern Theory : Critical Interroga—tions』, 서울 : 현대미학사, 1995.
J. Baudrillard, 배영달 역, 『보드리야르의 문화 읽기』, 백의, 1998.

몸(身體, 肉體, Body)

몸이라는 용어는 생물학적 개체, 정신적 · 성적 구성물, 문화적 산물 등의 여러 의미를 포함한다. 몸은 이 모든 것들의 총체를 의미하거나 이 모든 것을 한꺼번에 의미하기도 한다.

17세기 중엽 데카르트의 코기토로부터 영혼만이 참다운 실체로 인정된 이래 인간은 자신의 몸을 문제투성이로 느껴왔다. 왜냐하면 데카르트의 이원론은 인간의 정신을 문화의 영역에, 몸을 자연의 영역에 위치시킨다. 때문에 자연의 일부분인 몸은 인간의 의미작용과는 아무 관계가 없는 타자일 수밖에 없다. 그러나 몸은 인간의 존재 자체를 뒤흔드는 근원적인 경험 즉 탄생과 죽음을 경험하는 실체적 존재이므로 갈등을 일으킬 수밖에 없는 것이다.

몸과 분리된 인간은 이를 극복하기 위해 근대 이래로 끊임없이 문화의 영역 속에 몸을 편입시키고자 시도해왔다. 문화에 몸이 편입되는 것은 몸의 재현에 의해 이루어지는 것이므로 근대에서 탈근대로 이어지는 역사적 맥락 속에서, 서사물들은 몸을 텍스트 속에 묘사함으로써 몸으로부터의 소외를 극복하려 한다. 이제 몸은 의미의 원천이 되는 동시에 중심이며, 몸을 서술적 의미의 주매개로 삼지 않고는 이야기의 서술이 불가능해 진다. 몸은 정신적 갈등이 각인되는 장소이면서 인간 상징의 원천이기 때문이다. 몸은 상징화의 장소를 제공하는 동시에 언어 자체의 장소를 제공한다. 또한 언어화됨으로써 인간은 몸에서 분리되고 분리된 몸을 객관화하지만, 이때 분리된 몸은 인간과의 긴장 관계를 유지함으로써 정신과 언어로 하여금 몸을 회복해야 할 필요성을 환기시킨다.

성적인 면에서의 몸은 성차, 기원, 자아의식 등의 문제를 야기하며, 성에 대한 호기심은 지적 행위의 근원이 된다는 측면에서 서사물을 해석할 수 있다. 이야기 전개의 원동력이 되는 것이 몸에 대한 호기심, 그리고 자기 자신 혹은 타인의 육체가 쾌락, 지식, 권력 등에 대한 열쇠를 쥐고 있다는 환상에 있기 때문이다. (노현주)

탈근대, 몸철학

참고문헌
정화열, 『몸의 정치』, 민음사, 1995.
피터 브룩스, 『육체와 예술』, 문학과지성사, 2000.

몽상(夢想)

몽상은 합리적 · 과학적 사고보다는 직관, 또는 직접적 체험으로 되돌아감으로써 비로소 파악할 수 있는 것에 대해 사유하는 의식 작용이다. 객관 세계의 현상과 달리 인식 체계에 관련되었다는 점에서 현상학적 지향과 매우 유사한 개념이다. 의식의 지향성에 관한 성찰이 비단 브렌타노(Franz Brentano)나 훗설(Edmund Husserl) 당대에만 제기된 문제가 아니라 고대의 아리스토텔레스로부터 중세의 아퀴나스를 거쳐 근세로까지 이행된 문제이다.

니체(Nietzsche)는 사유주체(Cogito)에 대해 비판하면서, 의식 덕분에 주체가 사유와 감정(정서)을 지배한다는 주장에 대해 의문을 제기하고, 무의식적이고 비인격적인 사유가 존재한다고 주장한다. 이것은 쇼펜하우어가 인간의 궁극적 실재는 현상의 배후에 있는 본능이나 불안과 같은 불확실성 속에 존재한다고 본 문제제기와 관련된다. 이들의 생철학자들의 의의는 근대에서 현대로 이행하는 서구문명 전반에 확대되는 생의 모든 영역에서의 합리화 경향에 빠지지 않고, 오히려 그 근저에 있는 생의 비합리적 기반에 소행(遡行)하여 그 존재를 탐구한 데 있다. 후설은 브렌타노로부터 영향을 받으면서 대상의 지향적 내재에 관하여 지향적 대상과 지향적 작용은 병존하는 것이 아니라 하나의 지향적 체험에 불과하다고 하였다. 그리고 지향적 체험의 분석 · 작용에 있어 대상으로의 지향적 관계에 대한 분석은 현상학의 중심과제라고 보았다. 즉, 현상학적 분석은 지향적 내용의 분석이며 지향작용의 성질 · 질료(質料) · 본질이 문제가 되었다. 이들 생철학자와 현상학자들은 철학의 기본적인 방법으로서 직관을 중요시하고 직접적 · 직관적으로 되돌아감으로써 스스로의 고찰을 출발시키려고 한다. 직관의 외부에서 논리적 구조를 생각하는 것이 아니라 오히려 직관 그 자체가 성립되는 곳에서 논리적 구조의 소재를 찾으려고 하는 것이다. (곽봉재)

직관, 현상학, 생철학

참고문헌
한국하이데거학회, 『하이데거와 현대 철학자들』, 살림, 2003.
W. Marx, 『현상학』, 서광사, 1990.

몽유록(夢遊錄)

꿈속의 일을 소재로 하여 구성된 작품. 내용의 대부분은 작자가 꾼 꿈으로 이루어져 있다. 현실세계의 주인공이 꿈을 통해 다른 세계로 들어가 여러 가지 경험을 하고, 꿈에서 깨어 다시 현실 세계로 되돌아온다는 이야기이다. 그러므로 대부분 자연스럽게 현실, 꿈, 현실로 진행되는 액자구성을 취하고 있다.

꿈은 전통적으로 문학의 요긴한 소재가 되어 왔는데, 특히 몽유록은 조선시대 중엽에 크게 유행했다. 거의 한문으로 이루어져 있고 작자도 한문을 자유롭게 구사할 수 있었던 식자층의 인물들이다. 현실세계에서 느꼈던 소외감 및 불만 등을 그들은 꿈이라는 장치를 통해 진술했던 것이다. 따라서 몽유록의 작품 내적 분위기는 우울하거나 비탄적(悲嘆的) 정조를 띠게 된다. 결말 또한 허무한 것으로 끝나는 것이 일반적인 현상이다.≪금오신화(金鰲新話)≫가 그 초기적 편린(片鱗)을 보여주고 이후≪원생몽유록(元生夢遊錄)≫에서 그 유형성이 확립되었다. 후에는≪수성궁몽유록(壽聖宮夢遊錄)≫처럼 소설에 가까워진 경우도 있다.

몽유록은 글자 그대로 제목에 몽자(夢字)가 붙은 몽자류 소설과 구별된다. 서사구조에 있어서 몽자류 소설은 주인공이 입몽(入夢) 과정을 거쳐 꿈속에서 새로운 인물로 태어나 새로운 삶을 체험한 뒤 각몽(覺夢) 과정을 거쳐 심각한 깨달음을 얻게 된다는 환몽 구조를 지니고 있으며 그 이야기들이 3인칭 전지적 인물 또는 관찰자에 의해 서술된다면, 몽유록 소설에서는 서술자가 꿈꾸기 이전의 자신의 동일성과 의식을 유지한 채 꿈속의 세계로 나아가 일련의 일들을 겪은 뒤 본래의 현실로 귀환하여 그 체험 내용을 스스로 서술한다. 이를 환몽구조와 구별하여 몽유구조라 한다.

다시 말하자면 몽자류는 현실과 꿈이 별개여서 꿈 안에서는 새로운 인물로 탄생되어 인생을 체험하지만, 몽유록은 현실과 꿈이 이어진 것이어서 동일인이 꿈에서 일어난 일을 말한다. 때문에 몽자류의 현실 인식은 일장춘몽, 남가일몽의 성격이 강하고 몽유록은 현실 비판의식이 강하여 교술성, 서사성이 드러난다.

우리 문학사상 몽유형상은 몽유록 계통의 소설이 출현하기 이전에 벌써 수없이 나타나고 있다. 신라 조신(調信)의 설화(三國遺事 卷3, 洛山二大聖 觀音 正趣 調信)는 그 대표적 사례가 된다. 이규보(李奎報)의 『白雲小說』에도 이규보 자신의 선계로의 몽유가 서술되어 있다. 이와 같은 몽유의 문학적 전통을 이어받아 소설 '몽유록'이 나타나는 것을 김시습(金時習)의 『金鰲新話』에서 볼 수 있다. 「南炎浮洲志」는 바닷속의 한 섬인 남염부주라는 이계로의 몽유를 다루었고, 「龍宮赴宴錄」은 용궁에의 몽유를 다루었다. 위의 2편을 포함하여 현존하는 『금오신화』5편의 소설은 구성상 한결같이 몽유의 형상을 빌리고 있다.

『금오신화』이후 이를 계승하여 임제(林悌)의 『元生夢遊錄』이 본격적인 몽유록소설로 나타났다. 『금오신화』의 몽유가 단순한 환상이요 낭만이었던 것과는 대조적으로, 『원생몽유록』은 비록 몽유라는 낭만적 수법을 빌렸음에도 불구하고, 사회비판적인 사실적 세계를 그려냈다. 『원생몽유록』에 등장하는 인물들은 실존인물이면서 작자의 감정이나 의도로 말미암아 개성적인 인물로 성격화되었다. 『원생몽유록』 뒤에도 몽유록계 소설문학은 독자적인 발달 양상을 띠고 활발하게 제작되었다. 『大觀齋夢遊錄』은 조선 중종 때 사람 심의(沈義)가 쓴 한문소설로 일명 <大觀齊記夢>이라고 하는데, 주인공이 몽유하여 들어간 이계는 최치원(崔致遠)이 천자가 되고 역대의 문인들이 신하가 되어 있는 문장왕국(文章王國)인 것이 이채롭다. 즉 그 세계에서는 문장의 고하(高下)와 관작(官爵)의 고하가 등가적(等價的)으로 형상화됨으로써 작자 자신의 비평의 의도가 고도로 우유화(寓喩化)되어 있다.

그 밖의 몽유록으로 『泗水夢遊錄』, 『금화사몽유록』, 『江都夢遊錄』, 『彼生夢遊錄』, 윤계선(尹繼善)의 『達川夢遊錄』 등이 있으며 이러한 몽유록은 『雲英傳』으로 알려진 『壽聖宮夢遊錄』에 이르게 된다. (손종업)

몽자류 소설, 액자구성, 환몽구조, 몽유구조.

참고문헌
장덕순, 「몽유록 소고」, 『국문학통론』, 신구문화사, 1960.
서대석, 「몽유록의 장르적 성격과 문학사적 의의」, 『한국학논집』3, 계명대학교 한국학연구소, 1975.
조동일, 『한국문학통사』2, 지식산업사, 1983.
국어국문학회편, 『고전소설연구』, 정음문화사, 1984.

몽타주(Montage)

몽타주라는 용어는 프랑스어 '조립하다(Monter)'에서 파생된 것이다. 몽타주라는 용어가 넓게는 편집(editing)이라는 말과 동의어로 쓰이며, 보통은 '다른 자연과 확실히 구별되는 삽입장면'을 가리키거나, '쇼트와 쇼트를 연결하여 영화를 구성해 나아가는 작업'이라는 뜻으로 사용되어 왔다. 예컨대, 이 말은 A라는 장면과 B라는 장면을 결합시켜 전혀 새로운 제3의 장면을 보여주는 편집 기법의 묘미를 시도하고 있는 방법을 가리킨다.

몽타주는 1920년대 초 러시아의 실험영화를 통해 처음으로 선보였다. 이 개념을 이론적으로 창안한 사람은 레프 쿨레쇼프였다. 그는 영화 속의 모든 시각적 기호에는 충돌과 갈등이 존재해야 한다고 주장했다. 이 주장을 실제적으로 적용한 이는 푸도프킨과 에이젠슈타인이었다. 푸도프킨의 몽타주 개념은 단순한 연결의 총합인 것이며, 그 공식은 'A+B=AB'로 표시된다. 반면에 에이젠슈타인의 그것은 상호 충돌과 변증법적인 의미인 것이며, 그 공식은 'A+B=C'로 표시된다. 즉, 전자가 양적인 결합(축적)의 서술적 몽타주라면, 후자는 질적인 변화의 충돌적 몽타주라고 할 수 있다.

에이젠슈타인은 「전함 포템킨」 중의 '오뎃사의 계단'에서 제정 러시아군에게 무자비하게 유린되는 민중들의 모습을 몽타주 기법으로 보여주어 신선한 충격을 던져 주었을 뿐만 아니라 영화사의 한 획을 긋는 수사학의 발전을 가져다 주었다. 히치콕은 「사이코」에서 샤워를 하다가

피살을 당하는 여성의 모습을 샤워 꼭지에서 물이 세차게 떨어지는 것과 핏방울을 함께 섞어 소용돌이를 치면서 구멍으로 빨려 내려가는 장면을 번갈아가며 보여주는 몽타주를 시도해 공포감을 극대화했다는 평판을 받았다.

몽타주는 아트 시네마와 아방가르드 영화에서 널리 사용되지만, 주류 영화에서도 역시 스펙터클 효과를 위해 사용해 왔다. 예컨대, 스티븐 스필버그의 「죠스」(1975)에서처럼 말이다. 하지만 몽타주 편집이 재유행하면서 영화 및 TV 광고에서 이 원칙이 이용되었다. 요컨대, 몽타주는 촬영보다 편집에 더 비중을 두는 기법이다. 현대 영화에서도 편집에 의한 박진감과 서스펜스의 증가를 위해 많이 고려되어 왔다. 히치콕, 스필버그 등이 서스펜스를 조성할 때 러시아 몽타주로부터 영향을 적지 않게 받았던 것이다. (송희복)

몽타주, 편집, 에이젠슈타인.

참고문헌
더들리 안드류, 조희문 역, 『현대영화이론』, 한길사, 1988.
정재형, 『정재형 교수의 영화강의』, 영화언어, 1996.
송희복, 『영상문학의 이해』, 도서출판 두남, 2002.
수잔 헤이워드, 『영화사전』, 한나래.
Warren buckland, 『Film Studies』, Comtemporary Books.
Ira Konigsberg, 『The Complete Film Dictionary』, Penguin Books Ltd.

묘사(描寫, Description)

묘사란 언어에 의해 사물의 현상을 전달하고 물체의 독특한 행위와 인상을 감각적으로 표현하고 기술적, 의도적으로 그려 나타내는 양식이다. 모든 사물에는 그 사물이 지니고 있는 독특한 특징이 있으므로 그 특징의 인상을 관찰하여 이를 근접하게 표현하는 기술이 필요하다. 사물의 모양, 환경, 색채, 비교, 위치, 소리, 감촉, 관계 등에 의해 겉으로 드러나는 인상을 기술하고 내면의 변화를 찾아내 감정의 적절한 환경을 그려내는 심리적 양상도 포함될 수 있다.

근대문학에서 중요시 여기는 묘사는 배경과 인물의 묘사이다. 배경은 작품의 사건이 그려지고 있는 공간이다. 그 공간이 사건과 함께 독특하고 인상적으로 형성됨으로 이야기의 방향이 설정된다. 인물의 묘사 역시 인물의 외양이나 용모에 사실적 표현을 도입함으로 인물의 뚜렷한 색채와 세련된 모습을 나타낸다.

현대문학에서는 묘사를 가장 적절하게 세분화시킴으로써 섬세하고 강한 인상을 나타내고 세밀한 부분적 묘사와 강한 인상을 강조하는 방향으로 흐르고 있다. 사건과의 밀접한 관계가 있기 때문에 인물과 장면이 일치되는 영상적 수법과 구체적이며 정밀한 실감을 강조한다. 시각적, 촉각적, 후각적, 미각적 감각 기능적인 묘사는 중심핵을 이루고 있다.

결국 문학에서 이야기의 전개 과정을 구성하면서 인간의 참된 모습을 다 들추어 표현해내기란 어렵다는 주장도 있다. 그러한 다른 방법으로 인간 내면의 세계를 구체적이고 미세하게 묘사하는 심리학적 방법과 암시적이고 상징적인 차원을 추구하는 경향과 영상방법의 미적 색채적 투사 방법도 새로운 방법으로 응용된다.

이상섭은 묘사를 여실히 하기 위한 수법으로 (1) 가장 중심적인 인상(통일성)을 화정할 것. (2) 가장 적절한 관점(물리적 또는 심리적)을 선택하는 것. (3) 중심적 인상을 가장 효과적으로 창조할 특징적 세부들을 선택하는 것. (4) 독자의 다섯 감각들을 되도록 많이 자극하는 것 (5) 이러한 세부들을 공간적, 시간적, 수사학적, 또는 연상적(聯想的) 순서에 따라 연결시키는 것. (6) 직접적 진술이나 암시에 의해서 중심적 어조를 띠우도록 전체 문단(하나의 묘사 부분)을 완성하는 것 등의 방법을 구체적으로 제시한다.

묘사의 동기와 목적에 따라 암시적 묘사(暗示的, suggestive description), 기술적 묘사(技術的, technical description), 설명적 묘사(說明的, expository description), 주관적 묘사(主觀的, subjective description), 객관적 묘사(客觀的, objective description)<문덕수>로 나누기도 한다. (조병무)

배경, 인물, 심리, 성격

참고문헌
문덕수, 『문장강의』, 시문학사, 1987.
이상섭, 『문학비평용어사전』, 민음사, 2000.

묘오(妙悟)

중국 고대 시가이론 가운데 하나로 엄우(嚴羽, 1175?~1264?)의 『창랑시화(滄浪詩話)·시변(詩辯)』편에 처음 나온다. 엄우는 시를 당시 유행한 선(禪)에 대비시키면서 그 중요한 요체인 묘오(妙悟)를 중시했다. 그는 "오직 깨달음만이 핵심이고 본색"이라고 말했다. 그는 선학(禪學)에 대해 그렇게 정통하진 않았지만 선을 비유로 들어 몇 가지 문제에 있어서 시가의 예술적 특징을 표현하는 데 이용하였다.

묘오라는 것은 원래 불교에서 선정(禪靜)에 들어 도를 깨우치는 것을 가리키는 말로 돈오(頓悟)와 점오(漸悟)의 구분이 있는데 이를 통해 선정으로써 시를 비유하였다. 이는 실제에 있어 시를 배우는 것과 시를 쓰는 오묘한 경지를 포괄하는 용어로 시를 배우는 데에는 반드시 안목을 갖추어야 하는데, 이는 승려가 선정에 들면서 정법안장(正法眼藏)을 갖추어 최상승(最上乘)을 좇아 배움을 일으켜 불법(佛法)을 터득하는 것과 같은데, 먼저 이전 작가들의 작품을 감상하기 위해서는 깨달음(悟)이 있어야 한다고 주장하였다.

그는 한위 시대와 성당 시기의 시가를 높이 평가하면서 학습의 전범으로 정립시킨 뒤, 배움이란 무엇이고 어떤 문제를 배워야 할 것인가에 대해 논의하였다. 그가 당시를 추구한 것은 송시가 지나치게 의론화(議論爲詩), 산문화(以文爲詩), 재학화(以才爲詩)하는 경향에 대해 불만을 품은 때문이었다. 그는 시란 책읽기가 아니며 이론으로써 접근해서도 안 된다고 하면서 '묘오

(妙悟)'를 주장했는데, 이는 영감과 흥취를 중시하는 당시로의 회복으로 나타났다. 이 같은 주장의 이면에는 사조적으로 송대에 크게 유행했던 선학(禪學)의 영향이 컸다. 송대의 많은 시인들은 "시를 배우기를 선을 배우듯 해야 한다(學詩如學禪)"고 주장했는데, 실제로 시에서는 성리학의 영향으로 지나치게 관념화할 뿐 영롱한 정감의 표현에는 미온적이었던 데에 대한 불만이기도 하다.

엄우의 묘오설은 북송문단의 경향에 일침을 가하고 강서시파의 병폐에 대해서도 비판을 가해 문학의 의경과 풍격을 강조하는 적극적인 의의를 가져 후세의 문학에 커다란 영향력을 행사하였다. 그를 통해 후세 왕사정(王士禎)의 신운설(神韻說) 등에 영향을 주기도 했다. 한편 엄우의 주장은 당시의 병폐를 지적하기는 했으나, 역시 추상적이어서 실생활의 느낌을 형상화하거나 또는 문학과 시가의 예술적 특징에 대해 구체적 의미를 도출해내는데 일정한 한계를 보인 것도 사실이다. (오태석)

묘오, 신운설, 엄우(嚴羽), 선학(禪學), 반(反)강서시파

참고문헌
이병한 편, 『중국고전시학의 이해』, 문학과 지성사, 1990.
주훈초 외, 중국학연구회 고대문학분과 역, 『중국문학비평사』, 이론과 실천, 1994.
何文煥, 『歷代詩話』, 藝文印書館, 1977.

무가(巫歌)

무속의식에서 무당이 구연하는 사설이나 노래. 고대적 제전의 전통이 국가적인 차원에서 사라진 뒤 무속 신앙을 기반으로 하여 전승된 무속신화이자 서사시이다. 고대국가 형성 이전, 단군, 주몽, 혁거세 등의 국조신화(國祖神話)가 여러 부족들 사이에서 전승되면서 국가의 조상신 신화로 이입된 듯하고, 갖가지 신들의 내력을 서술하는 서사무가는 민간무속 제전(굿)을 통하여 오늘에까지 전승되었으리라 추정된다.

무가는 주술성, 신성성, 오락성 등을 가지며, 전승이 제한된다는 특징을 갖는다. 또한 지역에 따라 다르며, 같은 지역에서도 굿과 굿하는 이, 그리고 굿의 순서에 따라 다양한 방식이 존재한다. 무가는 문학적 형식과 내용에 따라 신의 내력을 담은 서사적 무가, 신에게 축복과 장수를 기원하는 서정적 무가, 신과 신 혹은 신과 인간, 동물과 인간의 의사소통을 내용으로 하는 희곡적 무가 등으로 나뉜다. 이런 점에 비추어, 무가는 신성성·주술성을 기본 속성으로 하되, 민간연희적 속성도 지니고 있음을 알 수 있다.

음악적으로는 장절(章節)의 구분 없이 길게 이어지는 통절무가(通節巫歌)와 장절의 구분이 있고 후렴이 붙기도 하는 장절무가(章節巫歌)로 구분되는데, <바리공주>, <군웅본풀이> 등은 통절무가에, <창부타령>, <노랫가락>, <제석풀이>, <염불요>, <서우제소리> 등은 장절무가에 해당된다.

음악적으로 볼 때, 무가는 전통음악의 원류로서 판소리나 산조 등의 예술음악 형성에도 크게 공헌하였으며, 문학적으로는 구비문학과 고대문학 및 종교제의를 엿볼 수 있는 중요한 자료가 된다는 점에서 큰 의의를 지닌다. 무속적 사고에서는 선계(仙界)·불계(佛界)·저승 등이 사람이 살고 있는 세계와 동일한 수평적 공간에 존재하며, 신·귀신·잡귀 등의 존재들도 보통 사람과 비슷한 감정 및 욕망을 지닌 것으로 인식된다. 따라서 무가의 주인공이 겪는 고난과 해결 방식은 현실적 경험의 차원을 넘어서는 것이면서 한편으로 매우 인간적이라는 특징을 갖는다. 그리고 여기에 때때로 세속적 삶의 결을 반영하는 삽화와 재담이 첨가됨으로써 익살스러운 분위기를 자아내기도 한다. (고미숙)

무당, 굿, 본풀이, 바리공주

참고문헌
서대석, 『한국무가의 연구』, 문학사상사, 1980.
김태곤, 『황천무가연구』, 창우사, 1966.
_____, 『한국무가집』1·2권, 원광대 민속학연구소, 1971·1976 : 3·4권, 집문당, 1979.

무당(巫堂)

신을 섬기는 일에 종사하여 길흉(吉凶)을 점치고 굿을 주관하는 사제자(司祭者). 무인(巫人)·무(巫)·무격(巫覡)·무녀(巫女)·단골·심방이라고도 하며, 특히 남자 무당을 지칭할 때는 격(覡) 또는 박수라고도 한다.

무당은 기본적으로 인간과 신의 사이를 연결해 주는 일을 직업적으로 맡는다. 원시적 샤머니즘에 따르면, 인간의 모든 화복(禍福)은 신의 뜻에 좌우되므로, 재화를 방지하기 위해서는 무당들을 통하여 신과 접촉하여 재난을 미리 탐지하고 방지해야 한다. 무당은 오랜 수련 과정을 통하여 인간의 뜻을 신에게 전달하고 소원을 성취시킬 수 있는 능력을 부여받았다고 믿어진다.

우리나라의 무당은 성격상 강신무(降神巫)와 세습무(世襲巫)로 구분된다. 강신무는 강신 체험을 통해 신의 영력을 행사하는 무당으로 중부와 북부에 주로 분포되어 있다. 세습무는 조상 대대로 세습되는 사제권(司祭權)을 행사하는 무당으로 남부지역(영호남, 영동, 제주도 지역)에 주로 분포되어 있다. 한편 제주도는 사제권의 세습과 강신 현상이 공존하는 이중성을 지닌다.

무당에 관한 가장 오래 된 기록은 『삼국유사』에서 "김대문(金大門)이 말한 차차웅이나 자충이라 함은 우리말로 무당을 말하며 사람들은 무당을 통하여 귀신을 섬기고 제사를 올린다(次次雄 或云慈充 金大門云 方言謂也 世人以巫事鬼神尙祭祀)"라는 대목인데, 이는 신라 초기부터 무당이 있었음을 의미한다. 그 밖에도 BC 1년(유리왕 19)에는 왕의 질병에, 고구려의 차대왕(次大王)·산상왕(山上王) 때에는 점복적인 예언에 각각 무당이 관여하였다는 기록이 있다. 백제 때도 의자왕이 무당을 불러 점을 친 사실이 있으며, 고려에 와서는 기우제·사은제(謝恩祭)·서낭제 및 질병구제를 위한 행사에 무당이 참가하였다. 조선 초에는 궁중 여인들이 별기은(別祈恩)

이라 하여 국내 명산에 무녀를 보내 제사를 지내도록 하였고, 관에서는 표면상으로는 무속을 금지하면서도 기우제 · 기양제(祈禳祭)에 무녀를 불러들여 제사를 집행하게 하였다. 그리하여 무당에 대한 인식은 민간신앙으로까지 깊이 뿌리내렸는데, 오늘날도 기우 · 기자(祈子) · 안택 · 대감놀이 등 기복무속과 질병퇴치기도 · 제액기도 등 재난을 쫓는 무속으로 남아 있다. (고미숙)

무가, 굿, 사제, 제의, 점복, 강신무, 세습무

참고문헌
김태곤, 『한국무가집』, 1~4권, 원광대 민속학연구소, 1971~1979.
서대석, 『한국 무가의 연구』, 문학사상사, 1980.

무대(舞臺)

연극, 무용, 연주 같은 것을 공연하고, 동시에 관객에게 잘 보이도록 관람장의 일정 부분을 비워 놓은 공간(장소)를 무대라고 한다. 원시적인 무대는 관람장의 흙이나 돌을 일정한 부피로 쌓아올려 그 위에서 공연할 수 있게 만든 공간이었다. 그리스시대 야외극장의 무대로부터 인공적인 구조와 공간이 만들어지기 시작했다. 한국에서는 1902년 8월부터 실내극장 무대공연이 시작되었지만, 현재까지도 야외무대와 가설무대가 널리 이용된다.

신라 진흥왕 때의 연등회(燃燈會)부터 야외에 산대(山臺)를 설치하고 연행했다는 기록이 전한다. 가설무대의 일종인 산대는 산과 같이 높은 무대, 산처럼 아름다운 무대라는 한자조어(造語)였다. 무대를 높게 만들어 관중에게 어디에서나 잘 보이게 하고, 후면에 장죽(長竹)과 채색한 천(布)으로 아름다운 산모양을 만든 까닭은 '신선(神仙)들이 유희하는 장소'에 비유한 것이다. 산대를 일명 채붕(彩棚, 綵棚) · 산붕(山棚) · 오산(鰲山)이라고 한 것은 이런 연유였다. 꼭두각시놀음의 무대는 야외에 포장(布帳)을 친 형태였다.

조선 광해군 때 이동무대로 산거(山車, 산차)가 사용된 기록이 전한다. 18세기 청나라 사신도 조선에 산거가 실연된 그림을 남겼다. 기록보다는 훨씬 이전부터 산거가 사용되었음을 동북아시아의 문화환경으로 보아 짐작할 수 있다. 산거는 바퀴가 달린 수레 위에 아름다운 산모양을 조성하고, 그 앞의 일부 공간에서 연희하는 진기하고 아름다운 무대였다.

그리스시대 이후 다양한 무대를 발전시킨 서양에 비해, 한국의 공연예술은 뒤늦게 20세기에 와서, 그것도 프로시니움아치극장의 무대에 치중된 양식에 순응하다보니 무대예술의 낙후성을 동반하게 되었다. 무대야말로 공연예술인들의 직장이자 창조의 산실이라는 원리는 동서고금의 진실이다. (서연호)

가설무대, 이동무대, 산대, 산거, 채붕, 산붕, 오산, 연등회, 프로시니움아치

참고문헌
서연호, 『꼭두각시놀음의 역사와 원리』, 연극과인간, 2001.
유민영, 『한국근대극장변천사』, 태학사, 1998.

전경욱, 『한국가면극』, 열화당, 1998.
早稲田大學演劇博物館編, 『연극백과대사전』, 平凡社, 1990.

무련시(A poem form)

무련시는 자유시(自由詩, free verse)의 일종으로 행 구분은 있되 연 구분은 없는 시이다. 자유시는 형식상 분련시(stanza form)와 무련시(a poem form)로 나누어지는데, 분련시란 연 구분과 행 구분이 있는 시이다. 정형시에서는 시의 한 단위가 보(步, foot)와 행(行, line)으로 이루어지지만, 자유시에서는 연(聯, stanza)으로 이루어진다.

그런데 한국시의 경우 행과 연 구분이 모두 없는 산문시와 행 구분은 있되 연 구분은 없는 무련시가 엄밀하게 구분되지는 않는다. 시인이 의도적으로 형식을 의식하면서 행 구분은 있되 연 구분은 없는 시를 쓰기도 하지만, 오래 전의 근대시에서는 산문시와 무련시의 차이에 대해 얼마나 자각을 가지고 시 형식을 구분해서 쓴 것인지 판단하기 어려운 경우가 있다. 산문시는 한국 현대시에서도 일반적으로 사용하는 용어이지만, 무련시는 우리 시의 특성에 잘 들어맞는다고 보기는 어려워 그다지 잘 쓰이지 않는다.

가령 한국시의 경우 김소월의 「진달래꽃」, 박목월의 「나그네」, 이용악의 「풀버렛소리 가득 차 있었다」 등이 분련시에 속하는 반면, 정지용의 「나븨」, 조지훈의 「고풍의상」, 백석의 「남신의주유동박시봉방」 등이 무련시에 속한다.

서구에서는 자유시 형식의 기원을 멀리는 성서의 「아가(雅歌)」에서 찾을 수 있고, 가까이는 보들레르가 산문시 『파리의 우울, Spleen de Paris』(1869)의 서문에서 자유시의 정신을 부르짖은 데서 출발했다고 할 수 있다. (이경수)

무련시, 분련시, 자유시, 산문시

무목적의 합목적성(無目的의 合目的性)

무목적의 합목적성(purposeless of purposiveness)이란 칸트의 용어로, 미적 경험은 실용적 목적이나 이해관계가 없이 그 자체가 목적이 될 때 경험할 수 있다는 것이다. 미는 다른 궁극적 목적에 의존하는 것이 아니라 자주성을 가진 범주라는 것이 칸트의 생각이었다. 이런 미적 경험이야말로 만족의 쾌감을 준다고 칸트는 보았다. 즉, 그의 이런 관점은 예술을 놀이로 보는 태도로 미적 쾌락을 중시하는 것이다.

이러한 칸트의 용어는 문학에서는 신비평의 이론, 에드가 알렌 포의 시론, 모더니즘의 문학의 자율성 이론 등에 미학적 근거로서 활용된다. 에드가 알렌 포는 시의 목적은 즐거움에 있으며, 시에서 도덕적·교훈적 요소는 배제해야 한다고 주장했다. 노동과 달리 예술은 그 자체를 목적으로 해야 한다는 에드가 알렌 포의 생각은 칸트의 '무목적의 합목적성'이라는 개념으로부

터 영향을 받은 것이다. (이경수)

미, 미적 경험, 쾌락, 문학의 자율성

참고문헌
칸트, 『판단력 비판』.

무신론(無神論, Atheism)

무신론은 초자연적인 것, 즉 각종의 영혼, 신, 내세 등에 대한 신앙을 거부하는 견해이다. 신관념(神觀念)의 기원을 객관적으로 설명함으로써 신의 존재를 부정하는 간접적인 무신론도 있다. 이러한 사고방식으로는 그리스의 에우에메로스가 인간을 기초로 하여 신관념을 합리적으로 해석한 것이 대표적이며, 다음의 여러 설은 거의 모두가 그에게서 나온 설들이다. 지배자가 정치적 의도에서 신을 발명했다고 하는 정치적 기만설(欺瞞說, 그리스의 크리티오스, 이탈리아의 마키아벨리, 러시아의 레닌 등), 공포가 신을 창조하였다고 하는 공포기원설(그리스의 데모크리토스, 루크레티우스, 영국의 흄 등), 마치 신이 존재하고 있는 것처럼 행동하는 것이 생활에 유용한 허구이며 신관념은 이 허구의 표상에 지나지 않는다고 하는 허구설(독일의 파이잉거), 신은 행복을 구하는 인간의 소망이며 상상으로써 그 소망이 충족된 것에 지나지 않는다는 환상설(포이어바흐, 프로이트 등), 모든 것을 경험적 사실의 관찰이나 실험만으로 설명하려 하고 초감성적인 것을 인정하지 않는 실증주의설(콩트) 등이 이에 해당된다. 이러한 무신론은 종교의 중심이 신관념에 있으므로 계몽에 의하여 무지를 극복함으로써 신을 부정하고 종교를 부정할 수 있다고 생각한다.

현대의 대표적인 무신론은 마르크스주의와 실존주의이다. 마르크스주의는 변증법적 유물론의 입장에서 인민을 현실적으로 행복하게 해 주기 위하여 환상적 행복인 종교를 멸절시키는 종교 투쟁을 주장한다. 이에 대하여 실존주의는 물질적이며 기계론적인 세계의 무의미함과 현실 세계의 밑바닥에 숨어 있는 허무를 자각하고 의지할 것이 아무 것도 없는 상황에서 실존을 지켜 그것으로 인간존재의 근본적 위기를 극복하려고 하는 결의를 가지고 신과의 대결을 지향하는 것이다. 니체는 '신의 죽음'과 그에 따른 모든 전통가치의 상실을 선포했다. 그는 유일하게 지지받을 수 있는 인간의 반응은 허무주의적 반응, 즉 신이 없음이며, 삶의 목적과 의미에 관한 문제에는 답이 없다고 주장했다. 니체에 따르면, 신의 죽음은 인간을 자유롭게 하고 자신을 완성하며 그 본질을 발견하게 한다는 것이다. 20세기에 장 폴 사르트르, 알베르 카뮈 등이 인간이란 우주에 홀로 있으며 자신의 가치기준을 자유로이 결정하는 존재라는 주제를 계속 주장했다. 사르트르는 인간의 자유는 신의 부정을 필요로 하는데, 이는 신의 존재가 자유로운 윤리적 선택을 통해 자신의 가치를 창출하려는 인간의 자유를 위협할 것이기 때문이라는 것이다. (오태호)

기만설, 환상설, 실증주의설

참고문헌

J. 드로우어, 이진구 역,『과학적 무신론의 전개』, 서광사, 1993.

포이어바흐, 강대석 역,『기독교의 본질』, 한길사, 1992.

그리스도교 철학연구소 편,『현대무신론』, 분도출판사, 1982.

다니엘 하버, 유원기 역,『지성인을 위한 무신론』, 이제이북스, 2002.

무언극(無言劇, Pantomime)

무언극은 대사 없이 몸짓의 표현만으로 감정과 사상을 표현하는 모든 연극적 형식을 가리키는 말이다. 팬터마임(pantomime)이나 묵극(黙劇)이라고도 한다. 팬터마임(pantomime)의 어의(語意)는 그리스어 판토(panto, 모든 것)와, 미모스(mimos, 흉내내는 사람)에서 유래했다고 한다. 팬터마임은 인도 · 이집트 · 그리스 등지에서 싹트기 시작했으나, 기원전 5세기경 그리스의 명배우 테레스가 손가락 몸짓으로 표현법을 완성한 것이 시초가 되었다고 한다. 이렇게 시작된 팬터마임이 로마 제정시대부터 명확하게 연극적 형태를 갖추고 선행하게 되었다. 이미 당시에 미메(mime), 미무스(mimus)라고 불리는 흉내 내기 본위의 연극이 있었지만, 그와 비슷한 것으로 무언의 흉내내기 극에 붙여진 이름이 팬터마임이었다. 로마의 팬터마임은 여러 종류의 악기와 코러스를 반주로 하는 비속하고 호색적인 내용의 오락연회였다.

로마의 팬터마임의 전통은 그 뒤 르네상스기를 거치면서 근대 유럽 제국의 각종 무대예술에 여러 가지 형태로 계승되어 흔적을 남기게 된다. 16세기 이탈리아에서 일어난 즉흥희극 콤메디아델라르테는 아를레키노 · 판탈로네 등과 같은 유형의 배역을 만들어냈는데, 이들은 나중에 팬터마임의 전형적 인물이 된다. 특히 페트로에이노에서 나온 피에로는 팬터마임의 중심적 인물이 되어 '피에로 무언극'이라는 형태로 전 유럽에 널리 퍼지게 된다. 18세기 영국에서는 본격적 희곡의 상연을 2개의 면허극장에만 한정시키고 나머지 극장에서는 대사를 쓰지 못하도록 금했다고 하니, 팬터마임이 융성하게 된 것은 당연한 일이었을 것이다.

20세기의 팬터마임 연기자로는 찰리 채플린, 장 루이, 드크루, 바로, 마르셀 마르소 등이 유명하다. 프랑스의 무언극 배우 드크루(Etienne Decroux, 1898~1991)는 '드뷔로 부자'로 대표되는 피에로의 팬터마임을 현대적 감각으로 개작하여 사실적이면서도 폭넓은 육체적 표현의 한 장르를 확립하였다. 그는 인간이나 기계의 동작을 자연주의적이면서 단순하고 완벽하게 모방하는 데 목적을 두었는데, 이러한 그의 연기를 '양식적 팬터마임'이라고 부른다. 그의 문하에 있던 J. L. 바로와 M. 마르소가 현대의 팬터마임을 더욱 발전시켰다.

바로(Jean-Louis Barrault, 1910~1994)는 그의 저서에서 재래의 팬터마임을 '벙어리의 연기'라고 한 반면, 새로운 팬터마임을 '침묵의 연기'라고 함으로써 몸짓이 단순한 언어의 대변자가 아님을 강조하였다. 그는 시적(詩的) 연극을 탐구했는데, 특히 클로델의 「크리스토퍼 콜럼버스의 서」에서 보인 완전연극의 시도와 카프카, 이오네스코, 보체 등의 상연이 이색적이었다. 그는 전위연극인에게도 문호를 널리 개방했으며, 동양에 대한 관심도 많았다. 또한 마르소(Marcel Marceau, 1923~)는 1947년 묵극 전문 극단을 결성하여 거의 잊혀졌던 팬터마임 예술의 부흥에 힘을 기울이는 한편, 단순하고 명쾌한 동작과 시간의 면밀한 계산에 의해 침묵의 시를 창조했다. 비프(Bip)라는 현대의 피에로를 창조하여 40여 년간 세계 각국을 순회하며 1만 회가 넘는 공연을 가졌다. 1978년에는 첫 내한공연을 가짐으로써 마임의 불모지였던 한국 문화계에 팬터마임 열풍을 가져왔고, 1994년 두 번째 내한공연에서 '양식(樣式)의 마임'이라는 명쾌한 연기를 보여 주어 원숙한 기량을 뽐냈다. (이경수)

묵극, 바로, 드크루, 마르소, 팬터마임, 피에로 무언극, 양식적 팬터마임

무운시(산문시)(無韻詩, Blank verse)

무운시는 각운(脚韻)이 없는 시로, 특히 스탄자(Stanza, 節·聯)로 나누어지지 않은 약강오 보격(弱强五步格, iambic pentameter)의 시형(詩形)을 가리킨다. 무운(無韻, blank)이란 말이 붙는 것은 그 때문이다. 예를 들면, For cáres / of kíngs / that rúle / as yóu / have rúl'd와 같은 것이다. 무운시는 모든 운문 형식 중에서 영어 대화의 본래의 리듬과 가장 가까우면서도 융통성이 있어서 다각적으로 사용되어 왔다. 엄밀한 의미에서의 각운이 없는 우리의 시에서는 무운시의 적절한 예를 찾기는 어렵다. 다만, 연으로 나누어지지 않는다는 점에서는 산문시와 형태상 유사해 보일 수 있다.

무운시는 16세기 초 이탈리아의 시인 트리시노가 처음 사용한 뒤, 무운(無韻) 고전시의 모방으로 발달했으며, 특히 극시나 서사시에 많이 사용되었다. 영시에서는 16세기 중엽 서리 백작이 베르길리우스의 『아에네이스』를 번역 소개할 때 처음으로 이 시형을 도입했으며, C. 말로가 『탬벌레인 대왕』이나 J. W. 괴테의 『파우스트』의 원전인 『포스터스 박사』 등에서 성공적으로 사용하였다. 무운시는 유연한 시형이 극적 긴장감을 표현하는 데 적합해서 이후 영시형의 주류가 되었다.

무운시의 기교는 W. 셰익스피어에 이르러 더욱 완숙해져서, 그는 극작품의 대부분에 이 시형을 썼다고 한다. J. 밀턴의 『실낙원(失樂園)』에 와서 무운시는 최고의 기교에 도달하였다. 『실낙원』은 인간의 원죄와 그 죄로 인한 낙원상실의 비극적 사건을 다룬 대서사시인데, "영원의 섭리를 설파하고, 인간에 대한 신의 길의 정당함을 역설하는" 목적을 이루는 데 최고로 발달한 무운시의 기교가 공헌한 것은 물론이다. 무운시는 그 후 한때 쇠퇴하였으나, 18세기에 이르러 독일과 이탈리아 시극의 표준 시형이 되었다.

19세기에 와서는 P. 셸리, A. 테니슨 등의 낭만파 시인에 의해 사용되었으며, 20세기에는 T. S. 엘리엇이 극시에서 무운시의 시형과 산문의 중간형식을 사용하였다. 반면, 산문시는 일정한 운율을 갖지 않고 자유로운 형식으로 내재율의 조화만 맞게 쓰는 산문 형식의 서정시로서 특히 프랑스의 문학에서 중요한 위치를 차지하였다. 샤를 피에르 보들레르가 『파리의 우울』(1869)을 발표한 이래 중요한 시 형식의 하나가 되었다. 보들레르는 『파리의 우울』의 서문에서 산문시의 특질에 관하여 "율동과 압운이 없지만 음악적이며 영혼의 서정적 억양과 환상의 파도와 의식의 도약에 적합한 유연성과 융통성을 겸비한 시적 산문의 기적"이라고 하였다. (이경수)

산문시, 약강오보격, 극시, 서사시, 밀턴

참고문헌
밀턴, 『실낙원』
보들레르, 『파리의 우울』, 1869.
Moody Prior, The Language of Tragedy, 1964.

무위(無爲)

도가의 중심 사상으로서 무위(無爲)는 비인위적인 자연성을 중시하는 것으로, 인위(人爲) 또는 작위(作爲)에 상대되는 개념으로서 무위자연(無爲自然)을 주장한다. 하지만 그 내면적 함의는 유위(有爲)에 대한 단순한 상대적 개념에 그치지 않는다. 그것은 만물을 생성케 하는 근원으로서의 태극의 개념과도 만난다.

노자(老子)는 인위(人爲)를 반대하고 소박한 자연을 숭상하며 인의예지(仁義禮智)를 버리고 대도(大道) 상덕(上德)으로 돌아갈 것을 주장한다. 무위는 인간이 목표로 삼아 추구해야할 행위의 규범으로, 인위와 조작은 천연의 아름다움에 이르는 장애이므로 일체의 법도를 버려야 한다(無爲)고 보며, 노자는 이 규범을 주로 나라를 다스리는 원리로 활용하였다. "무위를 하면 다스려지지 않음이 없을 것이다(爲無爲, 則無不治)"라고 하였는데, 노자는 법령으로 다스리는 것뿐 아니라 예(禮)로써 다스리는 것도 인위의 다스림으로 보았을 뿐만 아니라, 인의(仁義)로 다스리는 것도 인위(人爲)로 보았다.

노자는 제대로 된 사회에서는 인의(仁義)와 효자(孝慈)와 충신(忠臣)이 의미가 없다고 보았다. 이는 마치 태양이 떠있을 때 횃불이 의미 없는 것과 같다며 무위(無爲)로써 풀어 나갈 것을 주장하였다. 노자는 자연에 따라 자유자재로 살아가는 것을 이상시하였는데, 이것은 아무 것도 하지 않고 가만히 있는 것을 말하는 것이 아니라, 사물의 자연스러운 본성에 따르는 것을 말한다. 이처럼 사물이나 사람의 자연스러운 성질이나 성향에 따라 다스린다면 위대한 작품을 이루어낼 수도 있고, 훌륭한 논변이 될 수도 있다. 그래서 노자는 "대단히 솜씨 좋은 것은 서투른 듯 하고(大巧若拙), 위대한 논변은 어눌한 듯하며(大辯若訥), 믿음직한 말은 아름답지 않으며, 아름다운 말은 믿기 어렵다(信言不美, 美言不信)"라고 상궤에 어긋나는 듯한 역설적 논변을 폈다.

그는 성인(聖人)의 존재를 부정하고(絶聖棄智) 작은 원초와 소박(素朴)을 좋아하였다(小國寡民). 이 같은 원초적 회귀주의 사상은 현대 서구 문명에 대한 반성적 성찰을 제공해주며, 특히 탈중심적인 포스트모더니즘 사조와는 일정한 상관 관계를 갖는다는 점에서 현대에도 주목받는다.

역대로 도가의 무위 또는 좌망(坐忘)의 경지를 주장하거나, 자연에의 합일을 주장하는 문예론은 유가 중심주의에 대하여 일정한 피드백 작용을 해오며 중국 문예 심미에서 가장 높은 경지의 심미 표준으로 여겨져 왔으며, 동시에 폭넓은 영향을 끼쳐 왔다. 도연명(陶淵明)의 자연 회귀의 귀거래(歸去來)의 정신과 육조(六朝) 현학(玄學)에서 배태된 자연 심미적 경향들, 졸박미(拙朴美)의 추구, 여백과 함축미의 지향, 인위적 수사보다는 자연스러움 감추어진 공교(工巧)함을 찾는다거나, 불언(不言)의 미학 등은 모두 이러한 무위자연 사조 및 자연심미의 반영이다. (오태석)

무위, 무위자연, 자연심미, 대교약졸

참고문헌
오태석, 『중국문학의 인식과 지평』, 역락, 2001.
노자, 오강남 해역, 『도덕경』, 현암사, 1995.

무의식(無意識, The Unconscious, 독 das Unbewußte)

무의식은 프로이트가 발견한 가장 핵심적인 개념이다. 정신분석자로서 첫발을 내딛을 때 프로이트의 머리 속을 사로잡은 생각은 무의식이라는 새로운 영토를 어떤 식으로 발표할 것인가였다. 불안한 발표 앞에서 그는 먼저 『꿈의 해석』을 내놓았다. 히스테리 환자를 치료하면서 환자의 꿈을 분석하는 것은 환자의 의식 저편에 억압되어 있는 무의식을 끌어내어 말로 표현하게 하고 그것을 풀어주어 응어리를 제거하는 대화의 방식이다. 무의식이란 사회가 금기했지만 제거되지 않고 여전히 남아 의식을 지배하는 유아기적 소망이다. 유아기 소망이란 대상과 자아를 구별하지 못하고 대상에게 밀착하여 평화를 맛보는 쾌감원칙이다. 이런 유아기 소망을 프로이트는 아버지와 어머니의 관계라는 가족 로맨스로 풀었는데 유아가 한 몸이라고 착각하고 소망하는 어머니와 그것을 간섭하는 아버지의 삼각관계이다. 이것이 근친상간의 모티프인데 프로이트는 아버지를 모르고 죽이고 어머니와 결혼하는 오이디푸스의 비극에서 용어를 얻어 "오이디푸스 콤플렉스"라고 이름지었다. 무의식은 오이디푸스 켐플렉스이다.

인간은 사회적 동물이면서 언제나 무의식을 포기하지 못한다. 그것이 가장 근원적 나르시시즘이다. 어머니의 몸 안에서 느낀 무의식, 그리고 태어났지만 사회화되기 이전 유아기 무의식은 대상에 의해 흔들리지 않는 정지의 평화(inertia)이기 때문이다. 그러기에 무의식은 두 가지 특징을 지닌다. 자신을 돌봐주는 이상형에 대한 그리움과 그것이 사회에서 금기되어있다는 것이다. 이것이 아버지의 간섭인 "거세 위협"이다. 어머니에 대한 소망과 아버지의 간섭은 쾌감원칙과 현실원칙으로 인간은 평생 이 두 개의 갈등에서 벗어나지 못한다. 예를 들면 꿈의 분석에서 꿈은 사회가 금기한 오이디푸스의 소망이 의식의 고리가 헐거워진 것을 틈 타 그림으로 나타나는 것이다. 프로이트는 억압된 무의식을 꿈 사상이라하고 이것이 두단계로 표상된다고 보았다. 즉 꿈 사상을 우선 압축하여 그림으로 표현하고 그리고도 불안하여 옆의 것을 짚는다는 것이다(자리 바꿈). 은유와 환유, 혹은 압축과 전치는 꿈을 해석하는 두 단계이다. 그리고 이것은 문학을 비롯한 모든 예술과 언어의 비유체계이다.

무의식은 환자의 치료뿐 아니라 농담, 말실수 등 심리를 해석하는 근거가 되고 나아가 문학 등 예술의 창조에 응용되었다. 예를 들면 프로이트는 모든 예술작품은 유아기의 소망이 포기되지 않고 사회의 금기를 피하기 위한 장치라고 설명한다(「창조적 작가와 백일몽」). 그러므로 미학은 사회가 금기한 쾌락, 증오, 악, 육체, 성을 포함하면서 그것을 보편적인 윤리로 승화시키는 작업이다. 무의식이 그 이전의 윤리나 미학과 다른 점은 바로 우리는 행복해지기 위해 쾌락을 포기하지 않는다는 가설에 있다. 그러므로 선을 행하면 행복해진다는 전통 윤리와 다르다.

무의식은 하나의 가설이다. 그 가설은 우리는 행복을 그토록 추구하는데 왜 우울증에서 벗어나지 못하고 문명은 그토록 인간의 행복을 추구하는데 폭력과 불만에서 결코 벗어나지 못하는가라는 의문에서 출발한 가설이었다. 우리에게는 이성과 문명과 합리주의가 결코 해결하지 못하는 영역이 있다는 가설이다. 이 영역에 대한 이해와 통찰이 없으면 파괴와 폭력은 더욱 걷잡을 수 없이 증가할 것이다. 이것이 프로이트가 예견한 환상의 미래요, 문명 속의 함정이었다. 나치즘과 같은 파시즘은 우울증이나 죽음충동과 관련되는 의식 너머의 것이었다. 프로이트는 그의 글 전체에서 이런 무의식이 있다는 것을 증명하는 데 온힘을 기울였다. 신경증환자, 강박증, 파라노이아 환자의 치료 등, 근친상간 모티프는 작용하지 않는 데가 없다. 도라나 수레버에게 가장 깊숙히 묻힌 무의식은 동성애였다. 근친상간이란 반드시 어머니와 결혼한다는 것만이 아니라 사회가 금기한 모든 성을 포함하는 개념이다.

프로이트는 후기에 무의식을 쾌감원칙 너머에 있는 죽음충동과 반복강박으로 확장하여 또 한번 불안한 천재성을 드러냈다. 훗날 그를 재해석한 프랑스의 자크 라캉은 은유와 환유로 구조된 꿈의 작업에서 힌트를 얻어 그것을 구조주의 언어학과 연결시키고 새로운 패러다임으로 확장하였다. 특히 그는 대상을 인정하지 못하는 무의식이 지닌 에로스와 타나토스의 이중성에 초점을 맞추어 기호학과 동양의 노장사상등을 흡수하여 세가지 위상을 만들어 낸다. 무의식은 라캉의 상상계, 혹은 거울단계에 해당하는 개념이다. (권택영)

거울 단계, 상상계, 근원적 나르시시즘, 애정성향, 자발적 성애, 오이디푸스 콤플렉스, 쾌감원칙, 자아보존법칙, 꿈의 해석, 거세 위협, 근친상간

참고문헌
지그문트 프로이트, 김인숙 역, 『꿈의 해석』, 열린책들, 2003.
_____, 윤희기 역, 『무의식에 관하여』, 열린책들, 1997.

무저항주의(無抵抗主義, Nonviolent resistance)

무저항주의는 정치적 압박에 대하여 비폭력으로 저항하는 주의로서 러시아의 톨스토이와 인도의 간디 등이 주창했다. 무저항주의의 고전적인 예로는 '너의 오른쪽 뺨을 때리거든 왼쪽 뺨을 내밀라'고 한 예수 그리스도의 가르침을 들 수 있다. 비폭력주의(非暴力主義, non-violence)라고도 한다. 톨스토이는 『참회』(1879~1882)에서 '폭력에 의한 악에의 무저항'을 주장하고 사회적 악에 대한 저항운동을 부인하여 당시 인민 운동에 실패한 러시아 지식 계급의 공명을 얻었다. 톨스토이는 현대의 타락한 그리스도교를 배제하고 사해동포(四海同胞)의 이념에 투철한 원시 그리스도교에 복귀하여 근로 · 채식 · 금주 · 금연을 표방한 간소한 생활을 영위하였다. 또한 악에 대한 무저항주의와 자기완성을 신조로 한 사랑의 정신으로 전 세계의 복지에 기여하고자 하는 사상을 가지고 있었다. 그의 무저항주의는 사해동포의 이념으로부터 나온 것이라 할 수 있다.

간디의 무저항주의는 비폭력주의로 요약된다. 부정이나 압제, 폭력 등에 대응하기 위해 폭력을 사용하지 않고 저항하는 사상 · 주의를 비폭력주의라고 하는데, 이는 평화주의의 한 형태이다. 그는 영국의 압제에 대한 인도의 독립운동을 벌이며 무저항주의를 주장했다. 간디의 무저항주의, 즉 비폭력주의는 원래 자이나교의 대금계(大禁戒)에서 첫째로 꼽히는 불살생(不殺生) · 무해(無害), 즉 모든 생물을 살해하지 말며 또 남이 살해하는 것을 용인하지도 않는다는 사상에서 나온 것이다. 마하트마 간디(Mahatma Gandhi)는 이 사상에 깊이 공명했고, 톨스토이나 헨리 소로우 등의 영향을 받아 아힘사를 바탕으로 하는 사티아그라하 운동(비폭력저항투쟁)을 전개하여 영국으로부터 식민지 인도가 독립하는 데 기여했다. 대체로 시민의 불복종 운동이라는 형태로 나타났으나 간디 자신은 여러 차례에 걸쳐 목숨을 건 단식 투쟁을 시도하기도 했다.

간디의 무저항주의는 이후 미국의 흑인해방운동에도 영향을 미치게 된다. 미국 흑인운동의 지도자 마틴 루터 킹(Martin Luther King Jr.)은 대중적 시민불복종운동을 비폭력으로 조직하여 큰 반향을 불러일으켰다. 그는 국내문제로서의 비폭력운동을 국제문제로 확대시켜, 베트남 전쟁에 대한 반대를 주장하며 반전운동을 일으키기도 했다. (이경수)

비폭력주의, 간디, 톨스토이

참고문헌
톨스토이, 『참회』, 1879~1882.

무정부주의(無政府主義, Anarchism, 프 Anarchisme, 독 Anarchismus)

무정부주의는 희랍어 anarchos에서 유래한 권력 또는 통치나 지배의 부재를 의미한다. 고대 그리스에서 아나키즘은 '무권력(無權力)'이라는 의미로 사용되었으며, 19세기 말 러시아의 크로포트킨(Pyotr kropotkin)은 '정부 없는 사회'로 사용하기도 했다. 그러나 20세기 들어서서 '권력의 부정'이라는 의미로 주로 사용된다.

근대적 아나키즘의 이념을 명확히 한 고드윈(William Godwin)은 국가 권력과 불평등에 반대하고 개인 이성의 자율적 능력을 강조하고, 근대 아나키즘의 선구자로 평가받는 프루동

(Pierre-Joseph Proudhon)은 '재산은 모두 도둑질한 것'이라고 단언하고 생산자와 소비자의 협동조합 체계 즉, 상호부조론을 주장한다. 프루동의 제자 바쿠닌(Mikhail Bakunin)은 프롤레타리아계급에 의한 권력 획득을 목표로 한 마르크스에 반대하고, '동맹'의 강령으로 국가 철폐, 소유권 폐지, 평등주의, 무신론 등과 같은 아나키즘적 이념을 주장한다. 프루동과 생디칼리스트들에게 고무된 소렐(Georges Sorel)은 계급투쟁이 사회의 건전성과 활력에 기여하며 따라서 폭력도 용인된다고 주장하여, 프롤레타리아의 폭력성을 정당화한다.

한국에서는 1920년대 초 일제강점기의 강압적 식민 상황에서 독립 쟁취의 수단으로 무정부주의운동이 전개된다. 국내에서 시도된 최초의 아나키즘 조직은 흑노회(黑勞會)이며, 1920년대 중반 서울과 충주를 중심으로 조직된 흑기연맹(黑旗聯盟)과 대구에서 조직된 진우연맹이 본격적으로 활동한다. 당시의 무정부주의는 일본제국의 권력에 맞서기 위해 파괴, 폭파, 방화, 총살 등의 급진적 폭력이 주장되었다. 그러나 1930년대 후반 점차 세력을 확장하고 있던 공산주의와의 알력(軋轢)으로 무정부주의의 활동은 점차 축소된다. (황종연)

상호부조론, 마르크스주의, 생디칼리즘

참고문헌
무정부주의운동사편찬위원회 편, 『한국 아나키즘운동사-전편 : 민족해방투쟁』, 형설출판사, 1978.
장 프레포지에, 이소희 회역, 『아나키즘의 역사』, 이룸, 2003.
피에르 조제프 프루동, 이용재 역, 『소유란 무엇인가』, 아카넷, 2003.

무크운동(Mook 運動)

무크(mook)는 잡지(magazine)와 단행본(book)의 합성어로서, 단행본과 잡지의 특성을 모두 지닌 책을 뜻한다. 이 말이 처음 사용된 것은 1971년 영국 런던에서 개최된 국제잡지협회 18차 회의에 제출된 보고서에서였다. 미국에서는 매거북, 부커진이라고도 하며 뉴욕에는 부커진사(社)라는 배본점도 있다.

이를 운동의 개념에서 보자면, 의식(意識)을 같이하는 작가들이 모여 소책자를 통해 자신들의 문학적 입장을 밝히는 것을 지칭한다. 주로 젊은 작가·비평가들에 의해 주도된 우리 나라의 무크운동은 1970년대 초의 『창작과 비평』, 『문학과 지성』 등으로 출발해 1980년대의 『우리시대의 문학』, 『실천문학』으로 이어져 당시의 문학사에 적지 않은 기여를 했다. 1980년대 초 현실 비판적 정기간행물들이 줄줄이 폐간 당하던 암흑기에 진실을 갈망하는 대중의 욕구는 높아만 갔다. 한국 무크는 이런 시대적 상황 속에서 등록 절차 없이 '치고 빠지기식'유격전술 같은 출판형식이 붐을 이루며 시작됐다. 무크간행의 첫발을 내디딘 『실천문학』의 창간으로 인해 기존 매체에 대한 통제로 그동안 숨죽여 왔던 문학운동의 역량이 새로운 출구를 찾게 됐고, 『창작과 비평』과 『문학과 지성』의 폐간에 따른 지면보상 욕구가 작용하며 문학무크지의 발간은 성시를 이뤘다. 이에 점차 종교·민중문화 등을 주제로 담아낸 무크들이 등장하며 예술·학술·사회과학 분야까지 확산되는 양상을 보였다.

무크운동에서 문학 무크가 선편을 잡았다는 사실, 그리고 거기서도 시 동인 무크가 앞장을 선 것은, 문학이야말로 시대의 상처를 먼저 아파하는 동시에 새로운 시대의 징후를 먼저 파악하는 양식이라는 점에서, 그리고 그 중에서도 시는 산문적 현실인식 이전에 감각적으로 다가오는 현실의 고통을 직관적으로 담아낸다는 점에서 더 자연스러운 일이었다.

민중들의 지칠 줄 모르는 저항을 배경으로 한 이러한 문화적 저항은 결국 1984년 유화국면이라는 신군부의 '문화통치'를 이끌어냈고 그렇게 완화된 상황에서『현실과 전망』,『현장』등과 같은 본격적인 종합운동 무크의 출현이 가능해졌다. 마침내 1986년에『창작과 비평』이 복간되고, 1987년에는『문학과 지성』이『문학과 사회』로 재탄생하면서 다시 정기간행물 시대가 도래했다. 백낙청은 "무크시대라 일컬음직한 시기가 무한정 지속되어도 곤란한 일이다. 무크와 같은 일종의 변칙적 출판활동이 이 땅의 문화운동을 계속 주도할 수는 없다"고 함으로써 1980년대 초반 무크운동의 의의를 높이 평가하면서도 선을 명확히 그었다. 그러나『창작과 비평』과『문학과 지성』이라는 진지는 그동안 너무 비대해져 이제는 대항문화라기보다 스스로 하나의 기성문화이자 문화권력이 됐다고 볼 수 있다. 무크운동은 분명히 1980년대 초반의 특수하고 변칙적인 현상이긴 하지만, 2000년대에 접어든 지금 그 유격전적인 감수성과 의식은 인터넷 문화를 기반으로 해 여전히 대항이자 대안으로서 젊은 생동성을 견지하고 있다. (이정선)

대항문화, 유격전술식 출판

참고문헌
신희천 · 조성준 편저,『문학용어사전』, 청어, 2001.
동아일보출판기획팀,『현대시사용어사전』, 동아일보사, 2005.

무협소설 ☞ 무협지

무협지(武俠誌)

무협소설은 고대 중국의 강호(江湖)라는 가상적 시공간을 배경으로 의협(義俠)을 행하는 무사들의 이야기를 그린 대중소설의 한 분야이다. 대체로 장편소설 혹은 대하소설의 분량으로 씌어지며, 그 예술적 수준이 본격적인 '소설'에 미치지 못한다는 의미에서 무협지(武俠誌)라는 경멸적인 명칭이 사용되기도 한다.

무협소설의 장르적 기원으로는 당대(唐代)의 전기(傳奇)나 청대(清代)의 협의소설(俠義小說) 등이 거론되며,『삼국연의(三國演義)』,『수호전(水滸傳)』,『삼협오의(三俠五義)』등의 서사적 전통을 계승한다고 보는 것이 일반적이다. 그러나 서양 중세풍의 배경을 가진 판타지 소설이 중세문학에 속하지 않듯이, 무협소설 역시 고전문학의 연장이라기보다는 20세기 대중문학의 한 양식으로 보는 것이 좀더 타당하다.

20세기 초반부터 유행하기 시작한 중국의 현대 무협소설은 1949년 중국공산당의 대륙 통일을 기점으로 '구파(舊派)'와 '신파(新派)'로 나뉘어진다. 구파 무협소설은 환주루주(還珠樓主)·왕도려(王度廬)를 위시한 이른바 북파오대가(北派五大家)에 의해 대표되며, 신파 무협소설은 다시 김용(金庸)·양우생(梁羽生) 등 홍콩을 중심으로 활동한 작가들과, 와룡생(臥龍生)·고룡(古龍) 등의 대만 계열 작가들로 갈라진다. 중국 대륙에서는 사회주의 정권 수립 이후 무협소설이 한동안 금지되었다가 1980년대 이후부터 다시 성행하기 시작하는데, 정치성과 역사성이 강조되는 특징을 보여준다. 한국 최초의 무협소설은 1961년 김광주가 번안한 『정협지(情俠誌)로 알려져 있으며, 1970년대까지는 중국 무협소설의 번역물이 주류를 이루다가, 1980년대 이후 금강(金剛)·용대운(龍大雲)·좌백(佐伯) 등 국내 작가에 의한 이른바 '창작무협'이 씌어지기 시작한다.

광활한 중원 대륙을 배경으로 초인적인 무공을 지닌 기인(奇人)·협사(俠士)들이 벌이는 흥미진진한 모험과 로맨스는 무협소설만이 가진 매력이지만, 동시에 이 장르를 진지한 문학의 범주에서 제외하는 빌미가 되기도 한다. 지금까지 무협소설에 내려진 일반적인 비판은 비슷한 주제와 유형적 플롯을 반복함으로써 통속적인 읽을거리에 머문다는 점, 권태와 무력감에 시달리는 현대인들에게 현실 도피와 대리 만족이라는 가짜 해결책을 제시한다는 점 등이다. (진정석)

대중문학, 통속소설, 사이버 문화

참고문헌
대중문화연구회, 『무협소설이란 무엇인가』, 예림기획, 2001.
전형준, 『무협소설의 문화적 의미』, 서울대출판부, 2003.

문(文)

문장. 학문·문학·예술 등을 이르는 말이다. 여러 무늬를 엇갈려 그린 것이며, 그 뜻을 넓혀서 여러 글자로 뜻을 이룬 것을 역시 문(文)이라 하였다. 나아가 하나로 통합된 사상(思想)이나 느낌을 글자로 기록하여 나타내는 단어의 결합, 그 중에서도 자유로운 형식의 산문을 말하기도 한다. 이태준은 그의 『문장강화』에서 "문장이란 언어의 기록이다. 언어를 문자로 표현한 것이다. 언어, 즉 말을 빼여 놓고 글을 쓸 수 없다. 문자가 회화(繪畵)로 전화(轉化)되지 않는 한, 발음할 수 있는 문자(文字)인 한, 문장은 언어의 기록임을 벗어나지 못할 것"이라고 밝히고 있다.

언어학자 촘스키에 의하면 언어는 유한한 수단으로 무한한 문을 만들어낼 수 있는 것으로 이를 가능하게 하는 법칙을 문법이라고 부른다. 흔히 문학에서 문은 문체의 문제를 야기한다. 동양과 서양에서 '문'에 대한 관념은 상이한 형태로 나타난다. 동양의 경우 근대적인 개념으로 정착되는 과정에서 문학이라는 번역어가 전통적인 문(文) 혹은 문장(文章)의 개념을 압도하고 중심적 개념으로서 자리잡는 과정은 근대적 문학개념의 형성과정을 그대로 보여준다고 할 수 있다.

한편 문과 관련하여 서양에서 논란이 되는 용어로는 프랑스어 écriture가 있는데 이는 우리말에서 문맥에 따라 '쓰기' 혹은 '문자'로 번역된다. 쓰기는 입말(음성언어)이 아닌, 종이 위에 씌어진 글자를 말하는데, 이와 구별되는 개념으로는 '말'이 있다. 해체론자인 자크 데리다는 자신의 책 『그라마톨로지』에서 고대그리스로부터 최근의 후설, 소쉬르(Ferdinand de Saussure), 레비스트로스(Claude Lévi-Strauss)에 이르기까지 서구 형이상학이 지닌 말(speech)의 우월성에 대한 믿음을 통해, 우리의 사고방식 속에 깃들여 있는 '로고스 중심주의적' 편견을 해체적으로 읽으려고 시도한다.

말이 글(쓰기 혹은 문자)보다 우선한다는 가정은 순수하고 자기확정적인 지식이 있다는 생각과 함께 가는 것이며, 문자기호-종이 위에 씌어진 자의적인 표시에 지나지 않는 것-는 진리로부터 통탄할 정도로 일탈한 물건일 뿐이라는 서구의 뿌리 깊은 형이상학적 편견에 저항하여 데리다는 쓰기의 확산을 주장한다. (손종업)

문체반정, 로고스 중심주의, 쓰기 écriture

참고문헌
크리스토퍼 노리스, 이종인 역, 『데리다』, 시공사, 1999.

문기설(文氣說)

문기(文氣)란 작가의 문학적 기질 및 기운을 의미하며, 그것이 작품에 영향을 미친다는 입론이다. 이 이론이 본격 거론된 것은 위(魏) 조비(曹丕)의 『전론(典論)·논문(論文)』에서부터이다.

기(氣)는 서구에 없는 동양 특유의 개념으로서 일반론에서 시작하여 문예사상에까지 지속적으로 심화 발전해 왔다. 본래 기는 선진(先秦)시대 철학 관념에서 일종의 생명이나 생산적인 활력 및 정신을 체현하는, 형체가 없으면서 가득 찬 추상적 기운을 의미한다. 춘추 전국 시대까지도 기는 절대적인 무위에 이르는 추상화된 개념으로 인식되어 왔다. 그러나 맹자에 이르러 상반된 입장이 나타나 "나는 나의 호연지기를 잘 기른다"고 하며, 추상적인 기를 구체적이고 충실한 사상으로 전환시켰다. 두 가지의 공통점은 하나의 조물적(造物的)인 철학 개념인 기를 사상상의 원칙 개념으로 만들어 사람의 행위를 규제하는 정신으로 성립시켰다는 점이다. 맹자의 양기관(養氣觀)은 이후 작가들의 작품에 지대한 영향을 끼쳐 유가 문론(文論)의 전범적 역할을 하였다.

문학 비평에서 최초로 기의 개념을 사용한 사람은 조비(曹丕, 187~226)이다. 그는 「전론·논문(典論論文)」에서 "문장은 기를 위주로 하며 기에는 청탁은 본래적인 것으로서, 억지로 힘으로 밀어 붙여 체득하게 할 수는 없는 것이다"라고 하였는데, 이것이 바로 문기(文氣)이고, 문장에서 드러나는 작가의 정신적 기질이며, 구체적인 내용은 작가의 천부적인 개성과 재능을 말한다. 때문에 여기서 기는 선천적, 자생적, 독자적인 것으로서, 강제로 구하거나 억지로 전수할 수 없다는 점에서 맹자의 후천적 기운과는 구별된다. 이런 점에서 조비의 문기는 선천적 문학적 재능과 유사하다.

그는 이와 같은 문기를 문학 창작의 원동력이자 개성을 드러내는 특정으로 삼아 창작과 비평의 기준으로 삼았다. 그는 그의 휘하에 있던 건안칠자(建安七子)를 평가하여 말했는데, "서간(徐幹)에게는 때때로 제나라의 기운이 나온다(徐幹時有齊氣)"거나 "공융(孔融)의 체질과 기운은 높고 오묘하다(孔融體氣高妙)"고 했는데 이는 그들의 개성과 재능을 형성한 정신적 기질이 각자의 문장에 체현되었음을 가리키는 말로 이점이 바로 문장의 창작과 비평에 기의 개념을 최초로 사용한 근거이다 이에 따라 문기는 다시 고대 문론에서 중요한 개념과 용어로 쓰여지게 되었다. 육조 말 양(梁)나라 유협도「문심조룡」에서 기를 실질적으로 작가의 정신 기질로 사용하여 조비의 관점을 계승하였다. 그의 문기론은 작가의 천부적인 재질과 재능, 정신 기질은 작품을 쓰는 과정에 나타나고, 창작 과정을 완성하며, 작품의 특징과 작용을 체현한다는 점을 논한 것이다. 후에도 기론은 청대 섭섭(葉燮)의 「원시(原詩)」에 이르기까지 지속적으로 문학 비평의 중요 개념으로서 계승 발전해 나갔다. (오태석)

문기, 기, 조비, 개성, 기질, 건안칠자, 문심조룡

참고문헌
주훈초 외, 중국학연구회 고대문학분과 역,『중국문학비평사』, 이론과 실천, 1994.
김학주,『중국문학사』, 신아사, 2000.

문단(文壇, The literary world)

문학인으로 이루어진 사회적분야란 뜻으로 문림(文林), 문원(文苑), 문학계(文學界), 문장(文場), 사단(詞壇), 사림(詞林), 사장(詞場), 한묵장(翰墨場), 소단(騷壇) 등의 용어가 있다.

文壇은 '문단에 진출하다', '문단에 널리 알려지다'로 文林은 '文林 고을', '文林의 향맥', '문림불여장흥(文林不如長興)'등을 나타낼 때 쓰이며, 한묵장(翰墨場)은 붓과 먹을 가지고 시문(詩文)을 짓고 노는 자리라는 뜻으로, 여러 사람이 모여 시문(詩文)을 짓는 곳을 말한다. 또한 소단(騷壇)은 '그는 소단에서 제법 필력이 있는 작가로 소문이 나 있다'고 말할 때 쓰인다.

문단에는 세계의 문학계를 말하는 세계문단, 수도권을 중심으로 활동하는 중앙문단, 지역을 중심으로 활동하는 지역문단 등이 있다.

오늘날에는 네트워크의 발달과 초고속 인터넷 보급에 힘입어 가상세계에서 이루어지고 있는 하이퍼텍스트 문학인 네티즌문단, 사이버문단, 인터넷문단 등의 용어도 사용되고 있다.

일제강점기 한국문단을 암흑기(暗黑期)문단이라 하며 文壇이라는 이름으로 발행된 최초의 문예전문지는 조선문단(朝鮮文壇)으로 1924년 9월에 방인근이 창간한 범문단적 성향을 띠고 문단의 권위를 가졌던 잡지이다.

조선문단은 1920년대 우리나라의 대표 순문예지로 1920년 6월 25일에 창간된 카프의 프로문학과 민족주의적 노선을 걸었던 개벽(開闢)과 함께 한국문단의 양대 산맥을 구축하였으며 최서해와 같은 유망한 신인을 배출하였고, 자연주의 문학과 민족주의, 반계급주의의 경향을 취하였다. 총 26회 발간으로 1936년에 폐간되었다. (홍용희)

네티즌문단, 문림, 문원, 문장, 문학계, 문학인, 사단, 사림, 사이버문단, 사장, 소단, 인터넷문단, 한묵장

참고문헌
최혜실, 『디지털 시대의 영상문화』, 소명, 2003.
조지 p. 랜도우, 여국현 역, 『하이퍼텍스트 2. 0』, 문화과학, 2001.
『버전업』, 토마토, 1997. 여름호.

문도합일(文道合一)

송나라 초기의 유개(柳開, 947~1000)와 왕우칭(王禹偁, 954~1001), 석개(石介, 1005~1045) 등이 시문 혁신 운동 초기에 내놓은 관점의 하나. 문도합일은 명확하게 문학에 대해서만 한정되는 것은 아닌데, 다만 후세의 비평가들이 문학적 입장에서 정리한 것이다. 그 의미는 유가에서 말하는 도통(道統)과 문통(文統)이 합일한다는 말이다. 그러나 도는 목적이고 문은 도를 밝히는 수단일 뿐이다. 이렇게 목적과 수단이 서로를 보완하고 완성시켜 하나로 합치된다는 것이다. 유개는 「응책(應責)」에서 일찍이 "우리의 도는 공자·맹자·양웅·한유의 도이고, 우리 문은 공자·맹자·양웅·한유의 문(吾之道 孔子·孟軻·揚雄·韓愈之道 吾之文 孔子·孟軻·揚雄·韓愈之文也)"이라고 말했다. 이 글에서 유개는 도와 문은 한 몸에 모여 합일된다고 주장하였다.

문도합일에 대해서 그들의 이해는 비록 동일하긴 했지만 구체적으로 문과 도의 연관 관계에 이르게 되면 보는 방식에 다소간 차이가 있다. 유개는 도에 편중되어 있고, 왕우칭은 도도 중시했지만 문 또한 가볍게 여기지 않았다. (임종욱)

유개(柳開), 왕우칭(王禹偁), 석개(石介), 시문 혁신 운동

참고문헌
임종욱, 『동양문학비평용어사전-중국편』, 범우사, 1997.
_____, 『중국의 문예인식』, 이회, 2001.
_____, 『중국문학에서의 문장체제 인물 유파 풍격』, 이회, 2001.
주훈초, 『중국문학비평사』, 이론과실천, 1992.

문명(文明, Civilization, 프 Civilisation, 독 Zivilisation)

어원상 문명(文明)이라는 말은 명사가 아닌 형용사적 서술어였다. 『주역』에 몇 차례 등장하는 문명이라는 말은 모두 "인간이 공력을 가해 빛나게 되는 상태"를 뜻하는 '문명하다'의 의미로 사용되었다. 유길준의 『서유견문』에서도 '문물이 광명하다'라는 의미의 '문명하다'와 같은 전통적 표현이 등장한다.

문명(文明)이라는 용어의 어원은 이러하지만 1900년대에 쓰인 문명(文明)은 영어 'civilization'

의 번역어로서의 성격도 아울러 지니고 있었다. 서구어 문명 즉 civilization은 18세기 후반 프랑스와 영국의 계몽주의자들에 의해 적극 활용되었는데 이 말은 야만(미개)에 대한 대립 개념('정중함'이라든가 '예절')이자 진보를 향한 지속적인 과정을 뜻하는 것이었다. 서구어 civilization을 '문명'으로 번역해 다른 동아시아 국가로 전파한 것은 일본인데 19세기 후반 일본에서는 '문명(개화)'이라는 용어가 civilization의 번역어이자 '예의작법', '개인의 품행' 혹은 '사람들 사이의 교제'를 뜻하는 단어로 소개되었다.

한국의 경우에는 예절과 진보라는 문명의 두 축 중에서 후자에 속하는 '계속 진보의 도정을 거쳐 발전시켜 가야하는 과정'으로 문명을 이해하는 방식이 절대적이었다. 그것은 프랑스나 영국과 같은 선진 문명국들을 모범으로 삼아 자신도 그러한 문명국이 되고자 하는 비문명국 문명론의 특성이었다. 따라서 한국에서 사용된 문명이라는 말에서 예절이나 정중함이라는 의미는 사라지고 문명이란 전적으로 부국강병과 진보라는 의미로 통일되었다. 장지연의 「문약지폐」라는 글에 나오는 문명(文明)은 예악 제도가 제대로 갖추어져서 올바로 구현되고 있는 상태를 의미했는데 여기서 문명은 인류가 보편적으로 도달해야 할 진보의 상태를 뜻하는 것이었다. 실상 1900년대는 '문명의 시대'라 불러도 좋을 만큼 '문명' 혹은 '문명개화'라는 말이 신문, 잡지에 끊임없이 등장했는데 이는 대체로 생존경쟁과 약육강식의 틀 속에서 이해된 부국강병의 의미로 쓰여졌다.

culture의 번역어로서 1910년대 이후 등장한 문화(文化)라는 용어가 등장하면서 보편적인 진보의 원리로 상정되던 문명(文明)이라는 개념은 물질적 문명과 정신적 문명으로 나뉜다. 문명이 물질과 정신의 두 차원으로 나뉘고 물질에 대한 정신의 우위가 강조되면서, 윤리·도덕의 정신문명이 약육강식의 생존 논리로서의 문명관을 비판하는 근거로 작용했다. 정신적 가치를 중시하는 문화가 문명이라는 용어로부터 분리되어 사용된 예를 이광수에게서 찾을 수 있다. 이광수는 「우리의 이상」이라는 글에서 정신문명에 대한 물질문명의 우월을 비판하면서 한 민족의 역사상 위치는 '정치적 우월'과 '문화적 우월'에 의해 가려지는데 전자는 일시적인 반면 후자는 영원하다고 평가했다.

보편과 진보를 두 축으로 한 문명론은 이처럼 문화(文化)라는 개념의 등장으로 새로운 국면으로 접어들었다. 문명은 정신적 활동에 비해 비교적 일시적이고 비본질적인 영역으로 폄하되었고 문명-야만(미개)이라는 축 대신 문화적 독자성이라는 측면이 부각됐다. 인류 보편의 원리로서의 문명과 달리, 문화는 인격, 윤리, 이상과 같은 가치를 중시하면서 점차 개별 민족 내부의 문제6로 수렴되었다. 문학, 철학, 종교의 영역을 아우르는 문화(文化)라는 관념이 부각되면서 민족문학 혹은 국문학(國文學)이라는 개념 또한 성립할 수 있었던 것이다. (권보드래)

문화(文化), 국문학(國文學)

참고문헌
새뮤얼 헌팅턴, 이희재 역, 『문명의 충돌』, 김영사, 2000.

에드드리언 베리, 유진 역, 『문명의 수수께끼』, 하늘연못, 2005.

문명개화(文明開化, Civilization, Enlightenment)

　civilization의 번역어인 '문명'과 근대적·서구적 문물에 대한 개방의 의미를 지닌 '개화'가 결합되어 19세기 후반에서 20세기초에 걸쳐 한자 문화권에서 통용되던 용어이다. 원어인 civilization은 라틴어의 키비스(civis, 시민)나 키빌리타스(civilitas, 도시)에서 유래한 것으로 도시적 기원을 가지며 농촌적 기원을 가진 문화(culture)와 대치되어 사용되어 왔다. 한자 문화권에서 『역경(易經)』과 『서경(書經)』에서 文明이라는 한자어를 가져와 civilization의 역어로 사용한 것은 일본의 개화 지식인들이었다. 일본은 서양의 식민지가 되지 않기 위해 부국강병을 추구하며 '문명개화'를 기치로 내세웠다. 후쿠자와 유키치(福澤諭吉)의 『문명론의 개략(文明論之槪略)』에서 문명화가 서구화와 동일한 의미에서 사용된 것에서 알 수 있듯이 문명개화는 서구화와 뗄 수 없는 관계에 있었다.

　일본에서 만들어진 문명이라는 용어는 동아시아의 근대화와 더불어 우리나라와 중국에도 급속하게 유입된다. 개화파들에게 있어 문명개화는 식민지화의 위협 속에서 우리 민족이 나아가야 할 신성한 가치처럼 여겨졌다. 이중원이 「동심가」(『독립신문』, 1896)에서 '文明(문명) 開化(개화)하랴 하면 / 實狀(실샹) 일이 데일이라'라고 노래한 것에서도 볼 수 있듯이 문명개화는 근대 초창기 문학에서 절대적인 가치로 찬양되었다. 이후 문명개화론은 안창호의 실력양성론으로 이어졌고, 물산장려 운동, 민립대학 설립운동, 조선학 운동 등 민족 개량주의의 기본 사상이 되었다. <동우회>를 책임지고 있던 이광수의 「민족개조론」 등은 문명개화 사상이 극도로 표출된 글이라고 할 수 있다.

　그러나 반면에 후쿠자와 유키치의 『탈아론(脫亞論)』이나 서양의 '문명의 사명'이라는 것에서도 알 수 있듯이 문명개화론은 식민지화의 논리를 긍정하는 기능도 가지고 있었다. 제국주의는 '문명 / 야만'의 이분법을 통해 야만을 문명화시킨다는 구실로서 약소 민족들을 식민지화했다. 이광수의 사상이 식민지 통치 긍정론으로 흐른 것도 문명개화론이 가진 약점에서 비롯된 것이라 할 수 있다. (정호웅)

계몽, 문화, 민족 개량주의, 제국주의

참고문헌
문덕수 편, 『세계문예대사전』, 교육출판공사, 1994.
下中直也 編, 『哲學辭典』, 平凡社, 1971.
吉江喬松, 『世界文藝大辭典』, 中央公論社, 1937.
니시카와 나가오, 윤대석 역, 『국민이라는 괴물』, 소명, 2002.

문부(文賦)

부체(賦體)의 한 종류. 문은 고문(古文)을 가리킨다. 즉 병려문과 대비하여 고문을 이용한 부를 말하며, 배부(俳賦)와 대비하여 병우(騈偶)에 구애받지 않는 부를 말한다. 원나라의 축요(祝堯)는 "송나라 사람이 지은 부에는 그 체재가 둘이 있다. 하나는 배체이고 또 하나는 문체(宋人作賦 其體有二 曰俳體 曰文體)"라고 말했는데, 문체를 써서 부를 짓는다는 것은 "한 편의 짧은 글에 여러 개의 운을 놓는 것(則是一片之文 押幾箇韻爾)"(『고부변체(古賦辨體)』)으로 이해하였다. 그의 논리는 비록 송나라 때의 문부에 치우쳐 있긴 하지만, 문부의 체재상의 특징을 잘 제시하였다. 즉 부로 구성되면서 고문 언어로 쓰여진 운문을 말한다.

부의 한 변체로 만들어진 문부는 당송고문운동(唐宋古文運動)의 산물이다. 당나라 중기 때 한유(韓愈)와 유종원(柳宗元)은 고문운동을 창도하면서 복고의 기치 아래 병우체(騈偶體) 문장의 개혁에 앞장섰다. 그들이 지은 부는 한(漢)나라 때 고부(古賦)의 전통을 계승하여 발전시킨 것이다. 한유의 「진학해(進學解)」와 유종원의 「답문(答問)」, 「설어자대지백(設漁者對智伯)」과 같은 작품은 비록 부라고 이름을 붙이지는 않았지만 그 체재는 동방삭(東方朔, 전154~전93)의 「답객난(答客難)」이나 양웅(揚雄, 전53~후18)의 「해조(解嘲)」에서 취한 것으로, 『문선(文選)』에서 설론設論의 일종으로 정리한 고부의 체인 것이다. 이미 주인과 객이 문답을 주고받는 부의 구성을 띠고도 있지만 또한 비교적 수사가 정리되어 있고 대우(對偶)에 얽매이지 않은 고문 시어를 쓰고 있어 문부라고 해도 전혀 손색이 없다. 문부는 당나라 때 시작되었는데, 전형적인 작품으로 「아방궁부(阿房宮賦)」가 있다.

구양수(歐陽修, 1007~1072)로 대표되는 북송 시대의 고문운동은 한유와 유종원의 전통을 계승하고, 송나라 초기에 성행한 서곤파(西崑派)의 병우체 문풍을 반대하였다. 그리고 한 걸음 더 나아가 변문의 문학적 언어들을 대신해 가졌던 고문의 지위를 공고하게 다지고, 고문의 문학적 기능을 확대하였다. 그 성과 가운데 하나가 문부라는 부체(賦體)의 한 갈래를 성숙시키고 특색을 갖춘 문학 양식으로 발전시킨 것이었다. 대표적인 작품으로는 구양수의 「추성부(秋聲賦)」와 소식(蘇軾)의 전후 두 편의 「적벽부(赤壁賦)」다. 체재와 형식상으로 볼 때 「추성부」와 「전적벽부」는 모두 설론이라는 한부(漢賦)의 체재를 갖추고 있고, 주인과 객이 문답을 나누는 구성을 보이며, 한유의 「진학해」가 보여준 서사적인 성격을 섭취했다는 데 있다. 그러나 서사 부분은 확대되었고 경치를 묘사하면서 정서를 표출하는 부분은 증가하였다. 「후적벽부」의 경우는 한부의 영향에서 완전히 탈피해서 밤에 적벽을 노닐면서 산 정상을 등반하고 양자강에 배를 띄워 학을 만나고 꿈꾸는 시상이 파노라마식으로 엮어져 있다. 이 세 작품으로 대표되는 송나라의 문부가 보여주는 공통적인 특징은 서경과 서정, 서사, 의론(議論)이 혼연일체가 되어 있고, 수사상으로 상당히 정비된 고문투의 시어를 써서 음악적으로 조화를 이루는 운문을 구사하고 있다는 사실이다. (임종욱)

당송고문운동(唐宋古文運動), **아방궁부**(阿房宮賦), **추성부**(秋聲賦), **적벽부**(赤壁賦)

참고문헌
임종욱, 『동양문학비평용어사전-중국편』, 범우사, 1997.
_____, 『중국의 문예인식』, 이회, 2001.
_____, 『중국문학에서의 문장체제 인물 유파 풍격』, 이회, 2001.
주훈초, 『중국문학비평사』, 이론과실천, 1992.

문어(文語)/문어체(文語體)

문어(文語)는 구어(口語)에 대응되는 개념으로 글로 쓰여진 말을 뜻한다. 문어는 구어에 비해 상대적으로 변이가 적거나 느리다는 특징이 있다. 문학 용어로서의 문어체(文語體)는 역시 일상적 담화를 그대로 표현하는 구어체(口語體)에 대응되는 개념인데 일상적으로는 잘 쓰이지 않는 옛날 말투나 의고(擬古)적인 문체를 가리키는 경우가 많다.

한국에서 문어체는 개화 계몽기 시대 언문일치 제도의 확립 과정에서 구어체(口語體)에 대한 상대적 용어로 쓰이기 시작했다. 개화기의 언문일치는 난해하고 상투적인 한문 표현을 되도록 배제하고 살아 있는 일상의 용어로서 새로운 지식과 사상을 수용하자는 데서 출발했다. 언문일치를 통해 구어(口語)인 자국어를 문어(文語)인 한자로 번역하는 데서 빚어지는 언어생활의 이중성과 사고의 이중성을 극복하자는 것이었다.

언문일치 이전의 한국의 문어체는 관습적으로 굳어진 의고적 한문 문장이어서 실제 언어생활과의 괴리는 자못 컸다고 할 수 있다. 그러나 1894년 갑오개혁 이후 국문의 지위가 비약적으로 상승하면서 공식 문서와 신문, 잡지들이 앞 다투어 국한문 혹은 순국문체를 선택하자 전통 한학의 수양을 쌓은 지식인들은 낯선 문자 체계 앞에서 곤혹스러울 수밖에 없었다. 또한 순국문만으로는 변화하는 시대의 흐름을 제대로 포착하지 못하리라는 인식이 지식인들 사이에서 공유되면서 유길준에서 시작된 국한문체론은 이광수의 시대에 이르기까지 광범위한 지지를 받았다.

1900년대 국문의 가치를 역설한 주시경은 국한문체의 주장을 정면으로 반박하면서 음성 문자로서의 한글의 우월성을 증명하고자 했다. 그러나 순수한 음성 언어나 완벽한 언문일치의 관념은 환상에 불과하며 실상 국문 표기법은 국한문 혼용을 근간으로 하고 있으므로 주시경의 이상적 제안은 결국 실현되지 못했다. 문어(文語)로서의 한자는 지역별·계층별·개인별로 상이한 구어(口語)의 실제를 통제하는 데 적절한 수단이었으며 추상적인 학습을 통해 전달되는 만큼 변이도 그만큼 적었던 것이다. (권보드래)

구어, 구어체, 국한문체, 언문일치

참고문헌
권보드래, 『한국 근대소설의 기원』, 소명출판, 2000.
권영민, 『서사양식과 담론의 근대성』, 서울대출판부, 2000.

문예(文藝, 독 Dichtung)

문학과 예술, 학문과 예술, 예술로서의 문학을 일컫는 말로 예문(藝文), 사예(詞藝)등 용어가 있다.

여기에서 문학은 인간의 정서와 사상을 언어 또는 문자로써 표현한 예술 및 그 작품을 말하며 넓은 의미로는, 법률학 · 정치학 · 자연과학 · 경제학 등의 학문 이외의 학문을 통틀어 순문학(純文學) · 사학 · 철학 · 언어학을 문학의 범주에 넣지만 일반적인 사용은 좁은 의미의 수필 · 시 · 소설 · 희곡 · 평론 등을 말한다.

또한 예술은 어떤 물건의 제작 기술능력을 의미하고 있었지만 일반적인 쓰임은 '미적(美的) 작품을 창조하는 일'로 인간의 모든 활동을 여러 가지 방법으로 아름답게 표현하는 말로 쓰인다. 조형의 아름다운 표현(表現)은 건축 · 조각 · 회화 등이 있으며, 표정의 아름다운 표현은 무용과 연극이 있고, 자연의 소리를 아름답게 표현(表現)하는 음악, 인간의 정서와 사상을 문자로 아름답게 표현하는 하는 수필 · 시 · 소설 · 희곡 · 평론 등이 있다.

이러한 문학과 예술을 총칭하여 문예(文藝)라고 하며 또한 근대성에 입각한 문예운동으로 문학과 예술로 이념(理念)이나 구호를 내세우는 것이 아니라 내용이나 실질에 충실 하는 문예활동인 구체적문예운동(具體的文藝運動)이 있었으며, 문예(文藝)의 어휘를 사용한 잡지는 문예(文藝) 지로 1949년 8월 창간하여 54년 3월 통권 21호로 종간한 월간 순수문예 종합지가 있다. (홍용희)

문예운동, 문학, 사예, 사학, 소설, 수필, 순문학, 시, 언어학, 예문, 예술, 철학, 평론, 희곡

참고문헌
문덕수 · 황송문, 『문예사조사』, 국학자료원, 1997.

문예비평(文藝批評, Literary criticism, 프 Critique littéraire, 독 literarische Kritik) ☞ 문학비평

문예사조(文藝思潮)

문예사조란 문학과 예술이 지닌 어떤 시대에 있어 공통적인 문학의 경향, 유파, 문학운동과 사상의 시대적 흐름을 말한다. 문예사조는 사조가 발생한 시대와 문학의 성격과 문학 정신사적 형태를 파악하는 요소가 될 수 있고 그 의미와 근거를 작가와 작품에서 규명해야 한다. 문예사조는 문학이나 예술이 발생하는 한 시대나 장소에서 공통되는 정신이 촉발되어 영향을 받게 된다.

문예사조를 문학의 역사적 시대구분의 기준으로 파악하여 그 시대의 여러 형태의 문학적 경향을 기록한 경우도 있었다. 문예사조와 문학사 기술의 방법론이 대두되고 두 개념에 대한 명료성과 정확한 검토가 필요하며 사조(思潮)와 사(史)의 혼돈 요소를 제거해야 한다. 많은 문예사조의 저서가 문학사적 기술로 이루어져 왔다는 것은 이러한 의미 개념을 명확히 해야 함을 보여준다. 문예사조는 다만 어느 시대의 문학의 특성과 그 발생을 주의(主義)로 파악하여 역사적 발전과 역사적 사관이 근저에 깔려야 한다.

　문예사조를 단순한 유파나 경향의 문학운동으로 보느냐, 문학의 역사적 흐름과 함께 사적 기록이 이루어져야 하느냐하는 문제는 문예사조가 발생한 시대와 장소, 그리고 사적 기술자의 명확한 분석과 관점이 필요하다. 문단사, 문학운동사 등이 유파나 운동의 전개과정을 파악하고 자료적 가치로 그 의미를 발굴하며 문학연구의 새로운 방법을 모색하고 검토해야한다.

　17세기 말 복고주의의 표현으로 일기 시작한 문예운동이 고전주의, 낭만주의, 사실주의, 자연주의, 실존주의로 이어져 갔다. 고대 그리스와 로마의 고전을 모방 발전시키는 운동으로 문학의 형식과 이성을 바탕으로 시작한 문예운동이 인간의 자유와 자연으로의 복귀, 절대군주에 대한 체재를 무너뜨리고 개인의 자유를 부르짖는 시민사회의 운동, 현실도피, 감상주의, 퇴폐성, 낙천성 등 많은 형태가 나타났다. 19세기 전반에는 과학의 발달을 근저로 모든 사물과 생각과 생활을 과학적 토대 위에서 파악하려는 경향이 형성되고, 지적 언어에 대한 억제력과 언어의 율동과 음악적 감성을 얻으려는 순수성을 추구한다. 유신론적 입장과 무신론적 입장이 대두되는 문학의 철학적 사상의 흐름이 전개되기도 한다. 20세기에는 인간의 내면심리를 파헤치는 심층적 정신분석의 영향을 받아 잠재의식과 심리의 심층 분석을 꾀하였으며 계급투쟁과 유물론적 변증법에 의한 사회주의 활동을 문예창작의 주안점으로 삼기도 하였다.

　한국에서는 백철(白鐵)의 『신문학사조사(新文學史潮史)』에서 사조사라는 명칭을 사용하여 한국문학사를 정리하고 있다. 백철은 <문학사>가 아닌 <사조사>라는 명칭을 사용한 이유로 자신이 영향 받은 근대문학관과의 관련과 문학의 근원적 측면을 사상에 둠으로써 사조사를 문학사적 큰 방법론으로 생각하고, 한국의 신문학이 발전된 것이 사조사의 형식을 취한 데서 이루어졌기 때문에 사조사를 쓰게 되었음을 증명하고 있다. 한국의 근대문학의 형성은 서구보다 늦어 서구의 사조들이 몰려와 계몽주의, 낭만주의, 상징주의, 사실주의, 자연주의, 퇴폐주의, 감상주의, 모더니즘, 휴매니즘 등이 문학에 다루어졌고, 조연현(趙演鉉)은 『한국현대문학사(韓國現代文學史)』에서 항목으로 문예사조를 다루기도 했다.

　문예사조의 구분은 어문각판(語文閣版) 『세계문예사조사(世界文藝思潮史)』에서는 고전주의, 낭만주의, 사실주의, 자연주의, 신휴매니즘, 상징주의, 모더니즘, 심리주의, 실존주의로 나누었고, 김용직(金容稷), 김치수(金治洙), 김종철(金鍾哲)편의 『문예사조(文藝思潮)』에서 고전주의, 낭만주의, 사실주의, 자연주의, 표현주의, 실존주의, 구조주의로 구분하였으며, 문덕수(文德守)의 『문예사조(文藝思潮)』에서 고전주의, 노만주의(魯漫主義), 사실주의, 자연주의, 상징주의, 미래파와 입체파, 다다와 초현실주의 등으로 나누고 있다. (조병무)

계파, 유파, 문학운동, 경향

참고문헌
김용직 외, 『문예사조』, 문학과지성사, 1990.
문덕수 외, 『문예사조사』, 국학자료원, 1997.

서라벌예술학교 출판국 편, 『세계문예사조사』, 한국교육문화원, 1962.

문예학(文藝學, Science of literature, 프 Littér ature, 독 Literaturwissen schaft)

문예학이란 개념은 19세기 중엽부터 독일에서 처음 사용되기 시작했지만, 20세기에 들어서 비로소 '문학사'라는 개념과 더불어 전문용어로 정착되었다. 이 개념은 특히 제2차 세계대전 이래로 성행했던 형식미학 내지 반역사적 경향에 힘입어 활성화되었다. 때문에 일부 학자들은 문예학을 형태학적─해석학적 연구로 치부하는 경향이 있으나, 이러한 경향은─문예학을 그 역사성과 분리시킬 수 없다는 사실은 제쳐놓더라도─특정한 시기에 나타났던 일시적인 경향에 지나지 않을 뿐, 문예학 개념을 올바로 이해하는데는 별 도움을 주지 못한다.

이 개념은 우선 문학에 대한 학문적 연구 전반을 아우르는 개념이지만, "일반 문예학(allgemeine Literaturwissenschaft)"이라는 개념으로 사용될 경우에는 문학사 및 문헌학과 구분되며, 이런 의미에서 미학적 성격을 지닌다고 볼 수 있다. 문예학은 주로 언어창조의 일반 원리, 형식개발의 내적 법칙, 해석이론, 작품의 구조파악, 문학의 형식 및 주제 등을 연구대상으로 삼는다. 이 작업에서 문예학은 시학이나, 문체론, 문학사회학, 문학심리학, 문학철학 등과 같은 제반 학문의 방법과 결과들을 적절히 배합하고자 한다.

이런 점에서 볼 때 문예학의 관심은 문학작품에만 국한되는 것이 아니라, 문학에 관한 모든 텍스트로 확대된다. 따라서 문예학은 심지어 정치적, 역사적, 신학적 문헌들 또한 그 연구대상에 포함시켰던 영미의 "문학비평(literary criticism)"보다 넓은 연구범위를 가지고 있다고 말할 수 있다. 이러한 성격으로 인해 문예학에서는 철학, 심리학, 사회학 그리고 예술사와 연관된 학제적 연구도 커다란 비중을 차지한다. (임호일)

문학사, 형식미학, 해석이론

참고문헌
F. Menec / W. Solms(Hsrg.), Literaturwissenschaft heute, München 1979.

P. V. Zima, Kritik der Literatur─Soziologie, Deutsche Übersetzung, Frankfurt / M. 1978.

Siegfried J. Schmiedt, Literaturwissenschaft als argumentierenden Wissensch─aft, München, 1975.

문이관도(文以貫道)

흔히 문이재도(文以載道)와 대비되는 개념으로 당나라 때 문인인 한유의 제자인 이한(李漢)이 처음 사용했다. 이에 대한 주자의 반론이 문이재도설로 구체화된다. 이 이론은 후대의 문장가들에게 많은 영향을 주었다. 관도론과 재도론을 비교하면 다음과 같다.

첫째, 관도론이 당대에 주장되었다면, 재도론은 송대에 주장되었다. 육조말기 당초(唐初)에는 변려문이 성행한 시기로서, 내용보다는 형식을 중시하고 문장수식이 화려해져 문(文)이 질

(質)을 뛰어넘는 경향이 강하였다. 또 불교와 노장사상이 유입되어 유행하고 있었다. 이에 한유는 성현의 가르침을 회복하는 것이 자기의 임무라고 생각하고 고문운동을 주장했다. 그러나 문장과 도 사이의 관계는 비교적 자유로웠다. 그러나 송나라 때에는 성리학이 크게 유행하면서 문학에 있어서도 문과 도 사이의 관계는 제약될 수밖에 없었다.

둘째, 관도론이 유협의 '문원어도'에서 영향을 받은 것이라면 재도론은 유종원의 '문이익도', 중공의 '문이명도' 등의 영향을 받는다. 즉 관도론이 이론적으로 엉성한 반면에 재도론은 강한 이론적 경향을 특징으로 한다.

셋째, 貫과 載의 차이이다. 貫은 '꿴다'는 말은 文이 道를 포괄한다는 개념도 있는 것이다. 반면에 載는 약간의 수동적인 의미로 단지 '실어나르다'의 의미를 지닌다. 필연적으로 재도론보다는 관도론에서 문의 중요성이 더 크게 나타난다.

넷째, 우리나라의 경우 관도론보다는 재도론 쪽이 거의 절대적인 영향을 미쳤다. 이러한 경향을 가져온 대표적인 인물은 조선 왕조의 이념 · 제도 · 문화규범을 만들어낸 정도전이었다. 그는 전대의 문인들이 은사로서의 삶을 살아가는 데에 대해서 비판하면서 문학은 올바른 도리를 나타내 실현하게 하는 재도(載道)의 사명을 수행해야 한다고 주장했다. 그는 이제현이나 이색이 주장한 바, 관도지기(貫道之器)로서의 문학에 반대하여 「載道之器」를 주장하는데 이는 분명히 진보적인 태도라 평가할 수 있다. 그러나 이후에 그의 재도론은 문학을 형식화하는 데에 커다란 영향을 미친다.

관도와 재도는 논쟁을 통해 발전되었기 때문에 서로 상반되는 개념으로 알려져 있으나 두 이론은 상보적인 관점에서 접근해야 할 필요성이 있다. (손종업)

문이재도(文以載道), 고문운동, 정도전,

참고문헌
조동일, 『한국문학사상사시론』, 지식산업사, 1982.

문이재도(文以載道)

'문장은 도를 담아야 한다'는 논지로서 문학의 사회교육적 의의를 강조하는 개념이다. 공자(孔子) 이래 중국의 문학 사상은 대부분 유가 이념을 중심으로 전개되어 왔으며, 그 의의는 개인보다는 집단과 사회에 대한 기여를 중시하는 입장을 취하고 있다. 공자의 시설(詩說), 중당(中唐) 백거이(白居易)가 풍유시의 사회 계도적 효용을 강조한 신악부운동(新樂府運動), 당송대에 걸쳐 진행된 고문운동(古文運動)이 그러하다. 특히 중당 한유(韓愈)와 유종원(柳宗元)은 정신사적으로는 유가의 도에 대한 선양이었으나, 문체 방면에서는 육조 이래 널리 퍼진 변려문(騈儷文)의 폐해를 인식하여 구어와 문언의 간극을 좁히려는 시도로서의 의미도 지닌다.

이 중 문이재도론은 고문운동과 관계가 깊다. 한유는 도통론을 주장하며 맹자에서 끊어진 도통을 이어 도불의 폐해를 막아야 한다며 도(道) 일원론적 견해를 피력했으며, 유종원은 이보다는 유연하게 도와 문장 모두 중요하다는 견해를 밝혔으나, 중심은 도에 있었다. 도가 문학에 우선한다는 관념은 한유가 일으키고 송대 여러 사(士)에서 확실해졌다. 유불도 삼가(三家) 사상의 합일적 사상인 성리학이 주류를 이룬 송대에 문이재도론은 다시 부활한 것이다. 이들 문인 관료들은 위진남북조 시대 이래의 개인적 문인형 지식인들과는 달리, 사회를 올바르게 운영해가야 할 책임 의식을 가졌다. 그런 까닭에 그들은 문장을 짓는 데 있어서도 자신들의 개인적인 정서를 노래하기보다는 사회적인 책임 의식을 강조하는 내용을 담고자 하였다.

그들은 '문은 도를 싣는 것이다(文所以載道也)', 또는 '문장은 도의 지엽(枝葉)일 뿐이다.'라며 『대학(大學)』에서 언명한 '수신제가치국평천하(修身齊家治國平天下)'의 점층적 치세관을 피력했다. 「태극도설」을 지어 성리학을 제창한 북송 이학가(理學家) 주돈이(周敦頤) 역시 '문이재도(文以載道)'를 제창하여 문학의 사회적 효용을 순문학적 가치에 우선시했다. 이후 중국은 물론 한국의 경우에도 이러한 관점은 공식적으로 지지되었다. 문이명도(文以明道), 문이관도(文以觀道)의 주장도 사회적 효용에 주안점을 둔다는 점에서는 기본적으로 같다.

송대의 문학예술에서 인격 심미적 측면이 다시금 강조되고 여기에 사변적(思辨的) 경향을 띤 것은 이들 문인 관료들의 국가 사회에 대한 책임감의 성리학적 표현이다. 감성 표현이 강했던 당시와 달리, 송시는 철학적 경향을 띠며 정감 성분이 약해졌으며, 대신 이전의 정감들은 사(詞)에서 발휘되었다. 반면에 경제력의 발달로 민중들은 통속문예를 즐길 여력을 지니며 백화(白話)가 문학 언어로 사용되기 시작했으며 이에 따라 소설 희곡 등의 통속 장르가 역사의 전면에 대두하기 시작했다. (오태석)

문이재도, 한유, 유종원, 문이명도, 문이관도

참고문헌
정재서, 『도교와 문학 그리고 상상력』, 푸른숲, 2000.
주훈초 외, 중국학연구회 고대문학분과 역, 『중국문학비평사』, 이론과 실천, 1994.

문인(文人)

문인은 전근대 사회에서 인격의 완성을 위해 글을 선택하여 끊임없이 자기를 갈고 닦아 아름다운 문장을 남겨야 한다는 가치관을 지니고 학문에 입신(立身)한 지식인을 총칭하며 문인은 일반 민중과 구별되었고 일반 민중을 타자로 소외시키며 존재했다.

그러나 문인과 상대적인 의미를 지닌 작가는 일반 민중들에게 배타적인 자세로 소외시키는 태도가 아니라 일반 민중에게 다가서 그들과 호흡하고 그들의 정서에 의미를 두는 가치관을 가지고 배타적인 모습을 해체하는 예술노동자로서 작가(writer)라는 개념을 가지고 예술을 창작하는 사람들을 말한다.

이와 같이 문인은 전근대 사회에서 글과 학문으로 입신(立身)한 사람을 문인이라 했으나 현재는

문필이나 문예 창작에 종사하는 작가와 같이 쓰이고 있으며 반대개념은 무인(武人)이다. (홍용희)

무인, 예술노동자, 입신, 작가

참고문헌
이종호,『조선의 문인이 걸어온 길』, 한길사, 2004.

문장(文章, Sentence)

문장은 한 편의 글 속에서 완결된 생각이나 느낌을 표현하는 가장 작은 단위이다. 즉 문장은 의식 표현의 최소 단위이다.

경우에 따라서 문장은 한 편의 글을 의미하기도 한다. 예를 들어 문장을 실용적인 문장, 논리적인 문장, 문학적인 문장으로 나누기도 하는데 이럴 때 쓰인 '문장'은 한편의 '글'과 비슷한 의미를 갖는다. 문장론, 문장작법이라고 할 때의 '문장'이라는 말도 하나의 단문을 뜻하기보다는 전체 글을 뜻한다. 그러나 기본적으로 '문장'은 주어와 서술어로 이루어진 의미 단위를 말한다.

문장은 문법적으로 보았을 때 크게 홑문장(단문)과 겹문장(복문)으로 나눌 수 있다. 홑문장은 주어와 서술어의 관계가 한 번만 나타난 문장이며, 겹문장은 주어와 서술어의 관계가 두 번 이상 나타난 문장이다. 겹문장은 문장 속에 다른 홑문장이 성분으로 들어 있는 '안은 문장'과, 둘 이상의 홑문장이 연결 어미에 의해 결합된 '이어진 문장'으로 다시 나눈다.

글의 종류가 무엇이든 간에 그 글을 이루고 있는 문장이 좋은 문장이라고 불릴 수 있으려면 몇 가지 기본적인 조건을 갖추어야 한다. 즉 문장은 문법에 맞도록 정확하게 써야 한다. 문장은 장황해서는 안 되며, 필요한 낱말을 필요한 상황에 맞게 쓰되 가급적 간결한 문장으로 명료하게 쓰는 것이 좋다. 지나치게 단조로운 문장을 피하여, 뜻이 비슷하더라도 다양한 형식의 문장을 써서 효과를 살려야 한다. 동어 반복을 피하되, 뜻을 강조하고자 할 때에는 비슷한 구절을 열거하거나 어순을 바꾼다거나 대등한 단어나 구 등을 병치시킬 수 있다. (김진해)

단락(paragraph), 글, 주어 / 서술어

참고 문헌
김봉군,『문장기술론』, 삼영사, 1993.
박이도·김종회,『문예 창작 실기론』, 시와 시학사, 2003.
이태준, 임형택 해제,『문장강화』, 창작과 비평사, 1988.

문장경국지대업 불후지성사(文章經國之大業 不朽之盛事)

문장은 나라를 경영하는데 있어서 없어서는 안될 큰 사업이자 영원히 썩지 않을 성대한 사업이라는 문학적 주장. 조비(曹丕, 187~226)가 자신의 「전론·논문(典論論文)」에서 밝힌 문학에 대한 입장이다. 원래『전론』은 문학에 관한 이론서로 집필된 것인데, 지금은 없어지고 「논문」한 편과 「자서(自敍)」부분만 남아 전한다.

이 글은 엄격한 의미에서 문학에 대한 저술로서는 가장 오래된 것이라고 할 수 있다. 이전의 고대 문헌 가운데에도 문학 이론이나 비평이 뒤섞여 있는 경우가 적진 않지만 오로지 문학론만을 전개하고 작가 또는 문체에 대해 논리적으로 기술한 문헌은 없었다. 이와 비교할 때 「전론·논문」은 문학에 대해 전문적인 견해를 다루었을 뿐만 아니라 다양한 문체와 작가에 대해 종합적인 검토를 수행하면서 독창적인 견해를 풍부하게 담고 있다. 이런 점에서 이 저작의 출현은 문학의 자각 시대를 연 선구적인 업적이라고 할 수 있다.

「논문」은 비록 천 자도 안 되는 적은 분량이지만, 다루고 있는 분야는 광범위한데, 크게 네 방면으로 정리할 수 있다.

① 문학의 작용에 대한 논의 : 조비는 이전에는 없었던 평가를 만들었다. 그는 "문학은 국가를 경영하는 데 있어서 중요한 일일 뿐만 아니라 결코 썩지 않는 성대한 사업"이라고 했는데, 여기서 핵심은 불후(不朽)에 있다. 이 같은 관념은 문학의 사회 생활 속의 위치를 대단히 높여 놓았고, 필연적으로 문학 창작이 활발하게 이루어질 수 있도록 기틀을 다졌다.

② 문기(文氣)에 대한 논의 : 조비는 "문학은 기를 위주로 한다"는 유명한 가설을 제시하였다. 이른바 기는 작가의 기질과 재성(才性) 및 그것이 문학 작품 속에 표현된 상태를 아울러 말하는 것이다. 때문에 조비의 문기설은 사실상 문학 이론 가운데 중요한 문제, 즉 작품의 풍격과 작가의 개성 사이의 관련을 언급한 셈이다.

③ 문체에 대한 논의 : 「전론·논문」에 나오는 문체에 관한 언급은 고대 문학 문체론의 시발이라고 할 수 있다. 조비는 "문장은 본질은 동일하지만 말미에 다다르면 달라진다"고 지적하였다. 이는 각종 문체는 우선 공통되는 근원을 가지면서 동시에 서로 달라야 한다는 논자의 요구를 설명한 말이다. "대개 주의 奏議는 우아해야 마땅하고 서론書論은 이치가 바르게 이어져야 마땅하다. 명뢰 銘誄는 사실을 숭상하며 시부 詩賦는 아름답게 꾸미고자 애쓴다"고 그는 말했다. 그는 문체를 크게 4과8체 四科八體로 분류했는데, 너무 소략한 측면도 없진 않지만 이전 문학론자들과 비교하면 상당히 진보한 규정이었다.

④ 문학 비평에 대한 논의 : 조비는 문체에 대한 인식을 기초로 하여 자신의 비평론을 전개하였다. 그는 "문장이 한 체재만은 아니어서 그 잘하는 점들을 두루 갖추는 경우는 드물다"고 하면서 "때문에 이에 능한 사람도 치우쳐 있고, 오직 두루 통하는 재주를 가진 사람만이 그 체재를 갖출 수 있을 뿐"이라고 이해하였다. 문장의 체재는 이처럼 다양하고 한 작가가 이를 모두 갖추기란 대단히 어려운 일이어서 이른바 통재(通才)가 나오기란 극히 드문 노릇이다. 때문에 그는 "각자의 장점을 가지고 남의 단점을 가볍게 보는" 옛날부터 있어온 "문인들이 서로를 가볍게 보는" 잘못된 관습을 반대하고 "자신을 살펴 남을 헤아리는" 원칙을 제창한 것이다. 그는 작가가 모든 문체에 통달하기를 강요하지 않고 대신 개성적이고 독창적이며 참신한 문학을 창조하라고 권고하였다.

그의 이러한 문학에 대한 다양한 주장이 한 마디로 정리된 것이 바로 문장은 경국지대업이요 불후지성사라는 말이라고 할 수 있다. 결국 문학은 사회나 정치에 종속적이면서도 독자적인 가치와 영역을 가지는 예술임을 인정한 주장인 것이다. (임종욱)

조비(曹丕), **전론논문**(典論論文), **문기설**(文氣說).

참고문헌
임종욱, 『동양문학비평용어사전-중국편』, 범우사, 1997.
＿＿＿, 『중국의 문예인식』, 이회, 2001.
＿＿＿, 『중국문학에서의 문장체제 인물 유파 풍격』, 이회, 2001.
주훈초, 『중국문학비평사』, 이론과실천, 1992.

문제극(問題劇, Problem plays)

문제극은 그 시대의 특정한 사회 문제를 소재로 관중의 관심을 환기하고 토론을 유발하려는 연극의 한 유형이다.

19세기 이후 발달한 유형으로 그 시초는 프랑스의 극작가 A. 뒤마 피스(1824~1895)와 E. 오지에의 작품에서 볼 수 있다. 이들은 그 당시에 유행하던 극 형식인 '잘 만든 극(well-made-play)'을 단조롭고 교훈적이고 진지한 주제로 각색하여 '주제극(thesis play)'을 썼다. 창녀·여성 해방·부조리·직업윤리 등에 관한 주제를 다루었다.

그 후 문제극은 노르웨이의 극작가 H. 입센(1828~1906)의 작품에서 성숙되었다. 당시의 결혼을 비평한 <사랑의 희극>(1862)은 문제극에 속하는 입센의 첫 작품이었는데, 그다지 인정받지는 못했다. 그밖에도 그는 여러 작품에서 당시 사회의 부패상을 폭로하고 사람들의 위선과 탐욕을 그렸다. 입센을 전세계적으로 유명하게 만든 <인형의 집>(1879)에서는 "아내이며 어머니이기 이전에 한 사람의 인간으로서 살겠다."며 집을 뛰쳐나온 노라라는 새로운 여성상을 통해 여권 문제를 제기하였다. <유령>(1881)에서는 애정이 없는 불행한 결혼마저 신성시하는 전통을 공격했으며, <민중의 적>(1882)에서는 지방 소도시민들의 위선적인 도덕을 풍자했고, <들오리>(1884)에서는 이기적인 이상주의의 내면을 적나라하게 묘사하였다. 명실상부한 근대극의 일인자가 된 입센은 이런 작품들을 통해 유럽의 다른 여러 극작가들에게 영향을 끼친 것은 물론이고 근대 사상과 여성해방운동에도 영향을 미쳤다.

입센의 영향을 받은 스칸디나비아의 극작가들 중에서 A. 스트린드베리(1849~1912)는 여성의 성적 문제와 여성해방을 자유와 보수라는 두 가지 입장에서 다루었다. 그의 <율리에 아가씨>는 귀족 계급의 부패와 공허, 하층 계급의 야비함과 경박함을 폭로한 대표적인 근대극 중 하나이다. 독일의 G. 하우프트만(1862~1946)은 직공들의 반란을 다룬 군중극 <직조공들>에서 사회계층 전체의 문제를 극화하면서 입지를 다졌다. 그밖에도 프랑스의 E. 브리외(1858~1932)

는 사법제도의 결함을 공격한 문제극 <빨간 법복(法服)>을 남겼다.

　문제극의 한 변형이 토론극(討論劇, discussion play)인데, 토론극에서는 사회 문제가 플롯에 합체되어 있지 않고 작중인물들끼리의 긴 논쟁 속에서 극적인 대화를 통해 설명된다. 20세기에 들어선 이후에도 문제극은 많이 쓰여졌지만, 점차 자연주의와 표현주의 희곡에 자리를 양보하게 되었다. 그러나 이후의 연극에도 사회를 비평하는 문제극의 특성은 계승된다. (이경수)

주제극, 토론극, 자연주의, 입센, 스트린드베리

참고문헌
쇼우, 『입센사상의 정수 The Quintessence of Ibsenism』, 1891.

문제적 주인공(問題的 主人公, Problematic individual)

　루카치는 『소설의 이론』에서 '소설은 현대의 문제적 개인(주인공)이 본래의 정신적 고향과 삶의 의미를 찾아 길을 나서는 동경과 모험에 가득 찬 자기인식에로의 여정을 형상화하고 있는 형식이다'라고 정의하였다. 여기서 말하고 있는 문제적 주인공은 대개 근대 사회 이후에 나타난 소설의 새로운 주인공 유형을 일컫는다. 루카치에 따르면 소설의 주인공은 개인과 세계 사이에 놓인 내적인 괴리의 산물이며, 근대 사회의 소설 주인공들은 자신이 처한 세계가 행복하고 완결된 문화가 아니므로 여기에 반항하거나 갈등을 겪는다. 그 결과 소설의 주인공은 마성적인 성격에 사로잡히게 되는데, 마성적 성격이란 세계와 매혹적 풍경과 견고한 것들을 의미가 없는 것으로 메마른 것으로 바꿔버리는 삶의 타성을 의미하며, 따라서 소설의 주인공은 수동적이어서는 안 된다. 주인공이 사회의 보편적 가치 질서에 맞서는 이질적이고 소외된 인물로 나타나는 것은 그 때문이다. 궁극적으로 조화로운 삶을 향한 가치를 갈망하고 추구하는 과정을 통해 그 가치의 부재를 드러내는 문제적 주인공은 본질적으로 비극적 인물이다.

　골드만은 루카치의 개념을 적용하여 소설에 대해 '문제적 인물이 타락한 사회에서 타락한 방식으로 진정한 가치를 추구하는 서사 양식'이라고 정의하였다. 골드만에 의하면 예술가는 사용가치를 중시여기는 사람이므로 교환가치가 지배하는 타락한 사회에서 그와 대립하는 문제적 개인이 되며, 그가 창조한 주인공은 문제적 주인공이 된다. 이 문제적 주인공은 현대 산업사회가 요구하는 획일주의와 순응주의적인 가치체계에 적합하지 않을 뿐만 아니라, 광인이나 범죄자적인 성격을 지니는 등 비정상적인 방법으로 가치를 추구하기 때문에 진정한 가치에서 보면 타락한 인물이라고 말할 수도 있을 것이다. 주인공에게 있어서 사회의 타락은 주로 매개화 현상, 즉 진정한 가치가 내재적인 차원으로 환원되어 자명한 현실로서는 사라져버리는 현상으로 표현된다.

　이러한 문제적 주인공의 대표적 유형으로『적과 흑』의 줄리앙 소렐,『죄와 벌』의 라스콜리니코프, 『이방인』의 뫼르소 등과 함께 『광장』의 이명준, 『나무들 비탈에 서다』의 동호 같은 인물도 이 유형에 포함시킬 수 있다. (노현주)

교양소설, 역사적유물론

참고문헌
게오르그 루카치, 『소설의 이론』, 심설당, 1985.
루시앙 골드만, 『소설사회학을 위하여』, 청하, 1982.

문제틀(Problematic)

루이 알튀세르에 의하면 단어나 개념은 그 자체만을 고립시켜 생각할 수 없으며, 그것이 사용되는 이론적 또는 이데올로기적 틀, 즉 문제틀(=문제의식) 속에서 파악해야 현존과 부재의 의미를 규명해낼 수 있다. 따라서 사상사 특히 철학사는 체계들의 역사가 아니라 문제적으로(problematics) 조직된 개념들의 역사이며 그러한 문제틀의 공시적 결합은 재구성될 수 있는 것이다. 문제틀은 세계관이 '아니라'는 점을 강조해야 한다. 즉 문제틀은 경험적·일반론적 독해를 통해 원문으로부터 연역될 수 있는 개인이나 시대의 사유의 본질이 아니다. 문제틀은 현존하는 문제와 개념뿐 아니라 '부재하는' 문제와 개념에도 중심을 둔 개념이다. 따라서 문제틀을 파악하기 위해서는 프로이트적 분석가가 환자의 진술을 독해하는 모형에 의거한 '징후적 독해'를 진행해야 한다.

루이 알튀세르의 맑스주의 철학에서 문제틀이란 어떤 소정의 문제가 제기되도록 해주는 일정한 이론적 조건들의 집합이다. 알튀세르는 가스통 바슐라르, 미셸 푸코(미국에서는 토마스 쿤)와 같은 비맑스주의 사상가들과 마찬가지로 특정 문제에 관한 과학적 사상은 그보다 넓은 이론 구조 혹은 패러다임이라는 얼개에 좌우된다고 주장한다. 이 이론 구조 혹은 패러다임은 개념과 원칙을 제공할 뿐만 아니라 어느 시점에서 사고 가능한 것의 한계를 정하기도 한다. 이 구조적 한계 내지 '가능성의 조건'은 따라서 문제를 이해하는 방법에 결정적인 영향을 미친다. 그렇지만 문제틀이 무시간적인 것은 아니다. 알튀세르 사상의 극히 중요한 초점은 어떤 특별히 알맞은 역사적 순간에 낡은 문제틀이 새로운 문제틀에 밀려날 때 일어나는 '단절'이나 '결렬'에 맞춰져 있다. 알튀세르는 그러한 순간을 맑스의 저작이 초기의 헤겔적 이론 얼개에서 자본론의 보다 엄정하게 '과학적인' 사상으로 이행한 데서 찾아낸다. (오태호)

문제의식, 징후적 독해

참고문헌
루이 알튀세르, 김진엽 역, 『자본론을 읽는다』, 두레, 1991.
조셉 칠더스·게리 헨치 엮음, 황종연 역, 『현대문학·문화비평용어사전』, 문학동네, 1999.

문질(文質)

문질(文質)은 문(文)과 질(質)의 복합어로서, 보통 문은 외양, 수사, 꾸밈, 후천성을 뜻하고, 질은 바탕, 내용, 선천성(先天性)을 뜻한다. 중국 고대 문학론 가운데 기본적인 개념의 하나이다. 이 말은 공자(孔子, 기원전 552~기원전 479)의 '문질빈빈(文質彬彬)'에서 비롯된다. "바탕이 외양을 능가하면 야해지고(野), 외양이 바탕을 능가하여 문이 질을 이기면 사(史)해진다. 문질이 잘 조화를 이룬 다음에야 군자라고 할 수 있다(質勝文則野, 文勝質則史, 文質彬彬, 然後君子)"(『논어 · 옹야(雍也)』).

또 공자는 "문채는 바탕과 같고, 바탕은 문채와 같다(文猶質也 質猶文也)"(『논어 · 안연(顏淵)』)고 하여, 사람의 마음속에 내재해 있는 덕성과 인품이 그 사람의 말투나 행동거지에 나타난다는 점을 제시하며 양자의 상호 작용을 중시했다. 여기서 문은 밖으로 드러나는 표현, 질은 내면의 도덕적 품성을 가리킨다. 이같은 문과 질의 상호 보완적 작용을 가리키는 말로서 금상옥진(金相玉振)이 있다.

문질빈빈은 바탕(내용)과 꾸밈(형식)이 겸비되고 감정과 문식(文飾)이 함께 풍성하기를 주장한 이론이다. 질승문(質勝文)은 문채가 없거나 문채가 부족한 상태로, 문장은 조야(粗野)하고 생동감이 떨어지게 되는데, 이는 좋은 문장이라고 할 수 없으며 반대로 문승질(文勝質)은 내용이 공허하고 다만 언사(言辭)만 화려하고 요란한 상태로, 문장은 부화(浮華)하기만 할 뿐이어서 좋은 문장이라고 할 수 없다. 오직 문질빈빈한 경우에만 꾸밈과 바탕이 조화를 이뤄 풍성해져서 내용과 형식이 합일을 이루는데, 이것이 바로 군자가 글을 쓸 때 도달해야 할 경지라는 말이다. 이는 공자가 일관되게 주장했던 질문겸비(質文兼備)의 문예사상을 분명하게 드러낸 것으로 그는 일찍이 "말은 뜻을 나타내면 족하고, 문장은 말을 적어내면 족하다(言以足志 文以足言)", "말에 꾸밈이 없으면 실행되어도 멀리가지 못한다(言之無文, 行而不遠)", "감정은 믿음직스럽고자 힘쓰고, 언사는 교묘하고자 힘쓴다(情欲信 辭欲巧)" 등은 모두 이러한 맥락에서 나온 말들이다.

중국 문학비평에서 문질론은 매우 중요한 개념의 하나이다. 유협도 『문심조룡(文心雕龍) · 정채(情采)』편에서 "이치는 바탕을 도와 기둥을 세우고, 문사(文辭)는 가지를 드리워 무성하다(理扶質而立幹, 文垂條而結繁)"고 하여 문에 대한 질의 우위 속에 양자가 서로 조화하는 것이 필요하다고 주장했다. 문질론은 또한 시대적 양상과도 연결시켜 생각할 수도 있을 것이다. 이를테면 순무에 의식이 강했던 육조 시대는 문(文)의 시기로, 사상과 이치를 강조한 송대는 질(質)의 시기로 볼 수도 있다. (오태석)

문질, 문질빈빈, 형식과 내용

참고문헌
주훈초 외, 중국학연구회 고대문학분과 역, 『중국문학비평사』, 이론과 실천, 1994.
임종욱, 『동양문학비평용어사전』, 범우사, 1997.
김학주, 『중국문학사』, 신아사, 2000.

문질빈빈(文質彬彬)

공자(孔子)가 문학의 내용과 형식의 관련성에 대해 지적한 발언. 『논어 · 옹야(雍也)』편에 나온다. "공자께서 말씀하시기를, 바탕이 꾸밈을 이기면 야해지고, 꾸밈이 바탕을 이기면 사해진다. 꾸밈과 바탕이 조화를 이룬 뒤에야 군자라고 할 수 있다고 하셨다(子曰 質勝文則野 文勝質則史 文質彬彬 然後君子)."

문질빈빈은 바탕(내용)과 꾸밈(형식)이 겸비되고 감정과 문식(文飾)이 함께 풍성하기를 주장한 이론이다. 질승문(質勝文)은 문채가 없거나 문채가 부족한 상태로, 문장은 조야(粗野)하고 생동감이 떨어지게 되는데, 이는 좋은 문장이라고 할 수 없다. 반대로 문승질(文勝質)은 내용이 공허하고 다만 언사(言辭)만 화려하고 요란한 상태로, 문장은 부화(浮華)하기만 할 뿐인데, 이 또한 좋은 문장이라고 할 수 없다. 오직 '문질빈빈'한 경우에만 꾸밈과 바탕이 조화를 이뤄 풍성해져서 내용과 형식이 통일을 이루게 되는데, 이것이 바로 군자가 글을 쓸 때 지켜야 할 준칙이라는 말이다. 공자가 문질빈빈을 요구한 태도는 그가 일관되게 주장한 질문겸비(質文兼備)의 문예사상을 분명하게 드러낸 경우다. 그는 일찍이 "말은 뜻을 나타내면 족하고, 문장은 말을 적어내면 족하다(言以足志 文以足言)"거나 "말에 꾸밈이 없으면 실행되어도 멀리가지 못한다(言之無文 行而不遠).", "감정은 믿음직스럽고자 힘쓰고, 언사는 교묘하고자 힘쓴다(情欲信 辭欲巧)"는 등의 발언도 남겼는데, 모두 문장 속에 질문 質文이 함께 풍성하기를 주장한 것이다. (임종욱)

공자, 논어, 질승문(質勝文), 문승질(文勝質), 질문겸비(質文兼備)

참고문헌
임종욱, 『동양문학비평용어사전-중국편』, 범우사, 1997.
_____, 『중국의 문예인식』, 이회, 2001.
_____, 『중국문학에서의 문장체제 인물 유파 풍격』, 이회, 2001.
주훈초, 『중국문학비평사』, 이론과실천, 1992.

문채(文彩, Figure)

'문채(Figure)'는 그리스어의 'schema'를 라틴어 'figura'로 옮긴 것으로 체육 언어에서 차용되었다. 즉 'figura'는 운동선수나 무용수의 정해진 동작을 의미한다. 수사학에서 말하는 문채는 문체의 표현수단인데, 이 때문에 문채는 발레의 동작처럼 두 가지 성격을 지닌다. 우선 설명을 위해서 반드시 필요한 것은 아니라는 점에서 문채는 자유롭다. 또한 문채는 생략이 가능하며 약호화되어 있다. 이 두 가지 성격(자유로움과 약호화) 중 약호가 없다면 문채는 이해될 수 없으며, 자유가 없다면 문채는 문체적인 사실이 아니라 언어적인 사실이 되고 만다.

뒤마르세에 의하면 문채란 하나 또는 여러 개의 말들이 지니는 독특한 지형이다. 이러한 독특한 지형은 말과 문장들의 근본적인 상태와 관련되는데, 이러한 근본적인 상태에 대한 서로 다른 일탈들과 변형들이 여러 가지 문채들을 만드는 것이다. 따라서 말을 그 근본적인 상태에서 이해했을 때 단순한 의미가 생겨나며, 이러한 근본적인 상태들로부터 멀어졌을 때 문채가 생겨 나는 것이다. 문채에 대한 정의는 대체로 '형식'으로서의 문채보다 '일탈'로서의 문채를 강조하는 방향으로 나아간다. 그리하여 '규범'에 해당하는 언어의 층은 간단명료한 의사소통의 언어이기에 건조해질 우려가 있지만, '일탈'의 방식인 문채는 언어에 생기를 불어넣는 기능을 하는 것이다.

올리비에 르불은 문채를 단어의 문채(언어의 음성적인 재료와 관계), 은유와 같은 의미의 문채 혹은 전의(轉意, trope), 도치와 같은 구문의 문채(문장이나 담화의 순서와 관계), 아이러니와 같은 사고의 문채(발화문과 그 주체, 즉 변론가와 그 대상(지시체)와 관계)로 분류하여 설명한다. 그리하여 문채에 대하여 기표와 기의의 일치(말과 사물의 조화)로 보는 설명, 언어의 성공(지적 즐거움)으로 보는 설명, 유년시절로의 회귀(논리적 관계의 제거, 대체(代替)적 사유)로 보는 설명 등을 종합적으로 고찰할 때, 담화 속에서 문채의 힘이 발견된다고 설명한다. 결국 '문채'란 수사학의 일종이며, 문체와 표현술 등과 함께 설명되면서도 언어 규범을 벗어나려는 개성적 일탈의 양식인 것이다. (오태호)

문체, 수사학, 문체론, 문채

참고문헌
김욱동, 『수사학이란 무엇인가』, 민음사, 2002.
박성창, 『수사학과 현대 프랑스 문화이론』, 서울대학교 출판부, 2002.
올리비에 르불, 박인철 역, 『수사학』, 한길사, 1999.

문체(文體, Style, 프 Style, 독 Stil)

문체는 필자의 사상이나 개성이 글의 어구나 문장 등에 표현된 전체적인 특색이나 솜씨를 가리킨다. 고전 시학에서 '무엇인지 모를 그 무엇'으로 정의된 문체는 필자의 개성을 드러내는 역할을 한다. 문장은 그 의미하는 바의 내용이 동일하더라도 다른 인상을 주는 경우가 있는데, 이러한 차이를 생기게 하는 것은 문체 때문이다.

문체의 분류에는 통일된 기준은 없다. 관점의 차이에 따라 문체를 다르게 분류할 수 있다. 우선 "글은 곧 사람이다"라는 명제에 따라 문체가 글을 쓴 사람의 개성을 나타낸다는 입장이 있다. 문체론에서 취급되는 문체는 대개 이런 의미의 문체이다. 개인을 초월하여 어떤 언어에나 있을 수 있는 시대적인 문체라든지 특정 언어의 문체를 논의의 대상으로 삼는 경우도 있다.

수사학에서는 길이에 따라 간결체 · 만연체, 글이 주는 느낌에 따라 강건체 · 우유체, 수식의 유무에 따라 화려체 · 건조체 등으로 분류하기도 한다.

그 밖에도 문예양식에 따라 산문체 · 운문체 등으로 나뉘고, 특수한 용도나 사용 집단에 따라 서간문체 · 신문문체 · 속어체 · 아문체 등으로 나뉜다. 문법이나 어휘의 특징에 따라 구어체 · 문어체 · 한문체 · 국한문혼용체 등으로 나눌 수도 있다.

종래의 문체 이론은 문체를 솜씨로 볼 것이냐 버릇으로 볼 것이냐에 따라 두 가지로 나뉜다.

문학을 개성의 표현으로 보는 낭만주의 문학관에서는 올바른 문체에 도달하는 것과 올바른 문학을 창작하는 것이 동일시된다. 즉, 문체는 표현될 생각과 특유한 표현의 솜씨를 보이는 저자의 개성이 결합됨으로써 이루어진다는 것이다. 따라서 문장 구성의 방법이 그 문장의 뜻을 결정하고, 마찬가지로 저자가 표현하고자 하는 뜻이 문장의 형식을 결정한다고 본다.

반면에, 문체를 단순한 글버릇으로 보는 견해는 현대언어학의 발전에 자극을 받은 현대 문체론의 입장이다. 글버릇이 없는 글은 없으므로 모든 글은 문체 분석의 대상이 될 수 있다. 문체론은 의미 전달을 둘러싼 정황, 즉 넓은 의미의 문맥에 주의를 기울인다. 현대문체론은 언어학으로부터 심층 구조와 표면 구조의 개념을 도입하여 글에서 어떤 변형 규칙을 사용했는가를 분석한다. 현대문체론은 동질감을 주는 표면 구조가 눈에 띄는 '내세운' 요소들을 구체적인 문장들에서 실증적으로 추출한 결과 글버릇의 유형을 구별할 수 있다고 본다. 현대에 와서는 문체를 글버릇으로 보는 실증주의적 문체론이 우세하다. (이경수)

문체론, 언어학

참고문헌
Bernhard Sowinski, Stilistik. Stiltheorien und Stilanalysen (문체론), 이덕호 역, 한신문화사, 1999.
René Wellek & Austin Warren, Theory of Literature.

문체론(文體論, Stylistics, 프 Stylistique, 독 Stilistik)

20세기 초 뮌헨과 제네바에서 발생하여 성립된 문체에 관한 새로운 학문을 문체론이라고 한다. 문체론은 학문의 대상이 종합적일 뿐 아니라 학문의 구성요소가 먼저 발달하면서 구성요소에 대한 연구가 어느 정도까지 완성된 뒤에 문체론에 대한 연구의 윤곽이 잡히기 시작했기 때문에 학문으로서의 성립이 늦어졌다.

이탈리아의 철학자 크로체의 이론을 계승한 독일의 포슬러는 1904년『언어학에서의 실증주의와 관념론』을 저술하면서 그 저서에서 "언어예술품의 미학적 고찰"을 문체론이라고 이름 지었다. 그는 이듬해『창조와 발전으로서의 언어』에서 문체론의 윤곽을 더욱 분명히 했다. 한편 근대언어학의 시조인 소쉬르의 후계자 바이이는 1905년『문체론요설』에서 문체론의 목표를 제시하였다. 1909년『프랑스 문체론 개설』에서 문체론의 원리와 방법을 자세히 소개하였다.

문체론에 대한 바이이와 포슬러의 견해는 서로 달랐다. 바이이의 문체론이 어떠한 언어요소가 표현성을 발휘할 수 있는가를 연구대상으로 하는 가능성의 문체론이라면, 포슬러의 문체론은 작가가 표현의 가능성을 왜, 그리고 어떻게 발휘했는가를 고찰하는 실현의 문체론이라고 할 수 있다. 문체론에 대한 두 학자의 견해는 달랐지만 상호보완적인 관계를 가지고 있었다.

어떤 문장에 특히 효과적인 어구나 표현 요소를 문체소(文體素, stilisticum)라고 한다. 문체란 문체소의 유기적 결합이라고 할 수 있다. 따라서 문체론의 과제는 문학작품이나 글에서 문체소를 찾아내고, 그 문체소들이 어떤 효과를 발휘하며 왜 그런 효과를 발휘하는지 규명하는 것이다. 아울러 그 문장의 작가가 왜 그러한 문체소를 선택했는지를 해명하는 것 역시 문체론의 몫이다. (이경수)

문체, 문체소

참고문헌

Bernhard Sowinski, Stilistik. Stiltheorien und Stilanalysen (문체론), 이덕호 역, 한신문화사, 1999.
René Wellek & Austin Warren, Theory of Literature.

문필(文筆)

남북조(南北朝) 시대에 성행한 문학 이론의 하나. 간단히 말하면 문장의 종류를 문(文)과 필(筆) 두 가지로 나누는 방식을 일컫는다. 이 용어가 나오는 최초의 문헌은 『논형(論衡)』으로 왕충(王充, 27~97?)은 「초기(超奇)」편에서 "그리고 그 가운데 문필은 같은 무리에 넣을 수 없다(乃其中文筆不足類也)"고 하였다. 남조에 이르러 문필은 두 용어로 나뉘어졌다. 『남사(南史)·안연지전(顏延之傳)』에 "일을 마무리지을 때에는 필력이 있는 신하를 얻고, 일을 헤아릴 때에는 문력이 있는 신하를 얻으라(竣得臣筆 測得臣文)"는 말이 나온다. 이것이 문과 필을 나눈 최초의 기록이다. 안연지는 운이 있고 문채가 있는 작품을 문이라 보았고, 운이 없고 문채가 있는 작품을 필로 보았다. 그리고 문채도 없는 작품은 언(言)이라고 하였다. 유협(劉勰, 465?~520?)은 『문심조룡(文心雕龍)·총술(總術)』편에서 "지금 일상적으로 쓰는 말 가운데 문이 있고 필이 있는데, 운이 없으면 필이고, 운이 있으면 문(今之常言 有文有筆 以爲無韻者必也 有韻者文也)"이라고 하였다. 또 "안연년은 필은 체제를 갖춘 것이고, 언은 문채가 있는 것이라고 생각했다. 즉 모든 경전들은 언이지 필이 아니며, 반면에 경전에 대한 주석들은 필이지 언이 아니다(顏延年以爲筆之爲體 言之文也 經典則言而非筆 傳記則筆而非言)"고 보았다. 전기는 문채가 있기 때문에 필이고, 경전은 문채가 없기 때문에 언이라는 것이다. 그러나 유협은 그와는 다른 입장을 보였다. 그는 "『주역』의 「문언」이 어찌 문채를 갖춘 언이 아니라는 말인가? 만약 필이 문채를 갖춘 언이라면 그는 경전들이 필이 아니라고 말할 수는 없을 것(易之文言 豈非言文 若筆果言文 不得云經典非筆矣)"이라고 말했다. 유협은 경전 안에도 필이 있으니 경전은 필이 아니라고 할 수는 없다고 생각하였다.

문과 필의 구분은 당시 사람들이 문학 작품과 아닌 것에 대해 어떤 인식을 가지고 있었는가를 보여준다. 안연지의 생각은 언어 형식과 표현 방법 방면에 머물러 있었다. 이른바 운이 있고 없다거나 문채가 있고 없다는 것은 사실 문학 작품과 아닌 것을 정확하게 구분해주는 표지라고는 할 수 없다. 사람들의 이해가 깊어짐에 따라 문과 필의 구분 방법도 점차 형식적인 측면에서 문학적 성질 방향으로 바뀌어갔다. 유협은 『문심조룡·체성(體性)』편에서 풍격을 강조하였고,

「풍골(風骨)」편에서는 "이렇기 때문에 슬퍼하면서 감정을 서술하는 것은 반드시 풍에서 시작한다(是以怊悵述情 必始乎風)"고 하면서 감정을 풀어내고 풍격을 형성하는 것이 바로 문임을 강조하였다. 또 소역(蕭繹, 508~555)은 『금루자(金樓子)·입언(立言)』편에서 "굴원과 송옥, 매승, 사마상여와 같은 이들은 사부에 머물렀으니 일러 문이라 한다 …… 시짓기를 편하게 여기지 않은 염찬이나, 장주를 잘 지은 백송에 이르면 이들 무리들은 넓게 보아 필이라고 할 수 있다. 풍요를 읊고 노래하며 슬픈 감정이 흘러 이어지면 이를 문이라고 한다 …… 문과 같은 것은 오로지 아름다운 명주 위에 분가루가 펼쳐지고, 궁성과 치성이 아름다우며, 입술에 자연스럽게 모여지고 정서와 영감이 들끓어야 한다(屈原·宋玉·枚乘·長慶之徒 止于辭賦 則謂之文 …… 至如不便爲詩如閻纂 善爲章奏如伯松 若此之流 泛謂之筆 吟詠風謠 流連哀思者 謂之文 …… 至如文者 惟須綺縠紛披 宮徵靡曼 脣吻遒會 情靈搖蕩)"고 하였다. 이 말은 문의 성질은 정서로써 사람을 감동시키고, 표현상으로는 일정한 예술적 특징을 갖추어야 한다는 것이다. 이 같은 이해는 기존의 인식에 비해 상당히 진일보한 경우라고 하겠다.

남북조 시대에는 또 시와 필을 나란히 들어 이해하는 방식이 있었다. 소강(蕭綱, 503~551)은 「여상동왕서(與湘東王書)」에서 "시가 이미 이와 같다면 필 역시 마찬가지일 것(詩旣若此 筆又如之)"이라고 말했다. 당나라에 이르자 시와 필을 대거(對擧)하는 방식이 보편화되었다. "두보의 시와 한유의 필(杜詩韓筆)"이라는 말 등이 그것이다. 당나라 이후에는 시와 문으로 구분되었다. (임종욱)

남북조(南北朝) 시대, 논형, 왕충, 두시한필(杜詩韓筆)

참고문헌
임종욱, 『동양문학비평용어사전 – 중국편』, 범우사, 1997.
_____, 『중국의 문예인식』, 이회, 2001.
_____, 『중국문학에서의 문장체제 인물 유파 풍격』, 이회, 2001.
주훈초, 『중국문학비평사』, 이론과실천, 1992.

문학

과거에는 동서양을 막론하고 문학은 대체적으로 학문이라는 의미로 통용되었다. 그런데 그것이 학문의 발달과 더불어 점차 의미가 한정되어 자연과학이나 정치·법률·경제 등과 같은 학문 이외의 학문, 즉 순수문학·철학·역사학·사회학·언어학 등을 총칭하는 언어가 되었으나, 오늘날에는 그 의미가 더욱 한정되어 단순히 순수문학만을 가리킨다. 따라서 문학이란 문예와 같은 의미가 되어 다른 예술, 즉 음악·회화·무용 등의 예술과 구별하고, 언어 또는 문자에 의한 예술작품, 곧 종류별로는 시·소설·희곡·평론·수필·일기·르포르타주 등을 가리킨다.

원시시대에는 무용이나 음악과 일체였던 노래가 이윽고 분리되어 시(詩)가 되었는데, 시가 문자로 기록된 문학이라고 한다면 유럽에서 가장 오래된 문학은 호메로스의 서사시(敍事詩)이다. 이것은 그리스 비극과 더불어 신화를 모체로 하여 탄생하였다. 각 민족은 이와 같이 전승되어 온 신화를 모체로 한 문학을 가지고 있는 경우가 많은데, 독일의 ≪니벨룽겐의 노래≫(12세기)가 그 좋은 예라고 할 수 있다.

그리스도교의 등장으로 유럽의 중세문학은 현세의 허무함과 내세의 영원성을 구가하게 되었는데, 그 대표작으로 단테의 ≪신곡(神曲)≫(14세기)이 있다. 그러나 신앙이 쇠퇴함에 따라 문학은 종교상의 미신이나 인습과 싸우는 인간의 기쁨과 고뇌와 웃음을 그리게 되었다. 즉, 15~16세기에 재빨리 근대국가의 기초를 세운 나라들에서 라블레, 몽테뉴, 셰익스피어, 세르반테스 등이 활약하였다. 그들은 지적 회의(知的懷疑)에도 불구하고 성격과 행동 사이에 부조화를 발견하지 못하였다.

17세기 프랑스 고전주의의 확립과정에서 이성적 인간상이 추구된 후 18세기 후반에 이르러 이성에 대한 감정의 우위(優位)를 주장하는 낭만주의가 일어났다. 루소가 그 대표자이며 그 직접적인 영향으로 괴테의 ≪젊은 베르테르의 슬픔≫ 등이 탄생하였다. 그 당시에는 주관적인 개인의 감흥이나 환상이 영혼의 고백으로서 칭송된 결과 현실로부터 유리되었다. 그러나 괴테의 자전문학(自傳文學)에서는 성격과 행동의 불일치가 교양에 의하여 간신히 조화를 유지하였다.

19세기 정치와 산업부문의 혁명과정에서 새로이 등장한 부르주아계급이 그들의 자화상을 문학에서 구하려 하였을 때 발자크는 개성이나 인격보다도 사회구성원으로서의 인간의 생애나 운명을 묘사함으로써, 세르반테스에서 비롯한 근대소설을 크게 진전시켰다. (염철)

문학 당의정설(文學唐衣錠說)

문학의 기능 중 한 가지. "의사가 어린이에게 쑥탕을 먹이려 할 때 그릇의 거죽에 달콤한 꿀물을 칠해서 먹이는 것처럼, 문학도 꿀물과 같은 역할을 해서 시인이 말하려는 철학의 쓴 약을 꿀물인 달콤한 운문으로 독자 앞에 내놓아야 한다"는 설이다. 이 설은 로마의 시인 루크레티우스(Titus Lucretius Carus, B. C. 94?~B. C. 55?)가 그의 저서 「자연계(自然界, De rerum natura)」에서 표현한 문학관이다. 문학의 즐거움은 알약에 껍질(옷)로 입혀 놓은 당분과 같고, 담겨 있는 심오한 이치는 쓴 약 알맹이와 같다는 것이다. 이런 관점에서 볼 때, 문학의 쾌락적 요소는 유익한 사상전달의 수단으로 인식된다. 당의설(糖衣說)로 집약되는 그의 문학관은 고대ㆍ중세를 거쳐 현대에 이르기까지 커다란 영향력을 행사하고 있다. 호라티우스(Horace, Horatias)도 그의 문학관을 교훈과 쾌락의 결합이라 해서 당의설을 지지하였으며, 현대에 있어서도 톨스토이와 사르트르 등이 대표적으로 이 견해의 지지자라고 할 수 있다.

그러나 이렇게 쓰디쓴 약(진리)을 달콤한 노래(문학)에 담아서 제공한다는 생각은 궁극적으로 문학은 결국 아무런 독자적 내용을 가지지 못하는 순전히 껍데기에 지나지 않는다는 결론으로 귀착된다. 이 견해에 따르면 문학은 권선징악의 한 수단밖에 안 된다는 생각이나 어떤 특정

목적을 위한 도구 외에 다른 것이 될 수 없다는 생각들과 같이 되고 마는 것이다. 물론 인생의 심오한 진리나 의미를 깨닫는 것을 통해 문학의 즐거움이 더욱 깊어진다고 할 수도 있지만, 이와 더불어 또한 작품의 아름다움과 감동적 의미는 약 성분과 당분처럼 따로 나눌 수 있는 것이 아니다. 그렇기 때문에 오늘날 문학이론에 있어서도 그 영향력을 무시할 수는 없겠지만, 이렇듯 쾌락적 기능과 교훈적 기능을 명확하게 구분하여 어느 한 쪽만을 더 우월하게 보는 시각은 지양되고 있다고 볼 수 있다. (이정선)

교훈적 기능, 쾌락적 기능

참고문헌
신희천 · 조성준 편저, 『문학용어사전』, 청어, 2001.
박철희, 『문학개론』, 형설출판사, 1992.

문학 인간학(Literary anthropology)

인간학은 글자 그대로 "인간에 관한 학문"으로서 형태적, 생리적, 발생적 차원에서 다른 동물과의 비교를 통해 인간만이 지닌 고유한 자연적 특성을 탐구하는 데서 출발한다. 이와 달리 민속학적 시각에서 출발하는 인간학은 서로 다른 상이한 문화들을 비교하면서 인간의 공동체적 삶의 보편적 형태를 찾아내거나 혹은 특별한 지형학적, 역사적 조건을 고려하여 개별적인 타당성 있는 생활 형태를 찾으려 한다. 자연과학 및 사회과학의 연구 결과를 토대로 일반적인 생물체와는 완전히 다른 인간만의 특유한 "본질"을 규정하고자 할 때 그것은 "철학적 인간학"으로 불린다. 이 밖에도 교육학적 인간학, 사회학적 인간학 등도 있다. 사회화와 사회 변화를 설명하는 데 있어서 사회학적 인간학은 매우 중요한 의미를 지닌다.

인간학과 문학을 결합시키는 차원에서 볼프강 이저(W. Iser)는 "문학 인간학"이라는 용어를 사용하고 있다. 이저는 다양한 형태의 기존 인간학, 예컨대 철학적 인간학(A. Gehlen), 사회학적 인간학(H. Plessner), 발생적 인간학(E. Gans), 구조주의적 인간학(C. Lévi—Strauss) 등의 시각과 차별화를 시도한다. 위에서 언급된 다양한 인간학과는 차별되는 문학 인간학의 독특한 특징은 무엇일까? 우선 문학 인간학은 넓은 의미에서 "문학은 인간의 조형성을 보여주는 거울"이라는 테제에서 출발한다. 그렇다고 해서 그것이 곧 문학이 있는 그대로 자연적인 인간 자체의 반영을 뜻하진 않는다. 즉 문학에서는 인간의 조형성이 현재화되지만, 이 때 현재화란 대상화라는 틀에 구속되는 것을 뜻하진 않는다. 즉 문학이 인간의 조형성을 보여줄 때 거기에는 문학의 구성인자인 인간의 성향이 전제되는데, 그것은 다름 아닌 허구적인 것(das Fiktive)과 상상적인 것(das Imaginäre)이다. 이 두 가지 요소가 서로 혼합되고 나름대로의 구조를 형성할 때, 그리고 특별한 형식을 지닐 때 문학 텍스트는 인간의 조형성을 위한 혹은 역사를 위한 독특한 놀이 공간을 갖게 된다. 예컨대, 그의 문학 인간학적 시각에서는 "연출 행위"도 인간학적 범주로 작용하고 있다.

인간의 조형성은 결국 허구적인 것과 상상적인 것이 작동됨으로써만 가능하다. 이러한 측면을 강조함으로써 이저의 문학 인간학은 인간의 사회적, 역사적 특성이 문학 작품에 투영되었다는 식의 단순한 인간학적 사유 방식에서 탈피하고 있다. (최문규)

인간학, 허구적인 것, 상상적인 것

참고문헌
Wolfgang Iser, Das Fiktive und das Imaginäre, Frankfurt am Main 1991.
B. 몬딘, 허재윤 역, 『인간 : 철학적 인간학 입문』, 서광사, 1996.

문학비평(文學批評, Literary criticism)

문학비평은 문학이란 무엇이며, 한 편의 문학작품이 의미하는 바는 무엇이고, 작가의 세계관은 무엇인지, 어떤 창작기법이 쓰였고 미적 가치가 있는지 없는지 등을 논의하는 것이다. 즉, 문학에 관련된 일체의 논의를 넓은 의미의 문학비평이라고 할 수 있다.

넓은 의미의 문학비평은 크게 이론비평, 실제비평, 기술비평, 인상비평 등으로 나누어 볼 수 있다. 이론비평(theoretical criticism)은 어떤 보편적 원칙에 의거해 문학에 대한 논의의 체계와 방법 및 용어들을 수립하려는 비평을 가리킨다. 이론비평에서는 문학이란 무엇인가, 문학의 기능은 무엇인가, 좋은 문학이란 무엇인가 등과 같이 문학의 본질, 기능, 가치 평가의 기준 등이 핵심적인 과제가 된다. 이론비평에서는 구체적인 작가나 작품은 이론을 전개시키고 이론의 타당성을 증명하기 위한 1차 자료일 뿐 주된 관심의 대상이 되지는 않는다.

실제비평(practical criticism)은 실제로 구체적인 작품이나 작가에 대한 논의를 하는 비평이다. 실천비평 또는 응용비평이라고도 한다. 실제비평에도 그것을 뒷받침해 주는 이론이나 원칙이 있게 마련이지만, 그것을 표면에 드러내기보다는 실제 작품이나 작가에 대한 논의가 중심이 된다. 이론비평과 실제비평은 상보적이지만, 서로 잘 들어맞지 않고 어긋나는 경우도 종종 있다.

기술비평(technical criticism)은 실제 작품의 제작 기술에 관한 논의를 말한다. 소설 작법이라든지 시 창작방법에 관한 논의가 여기에 속한다. 작품 제작의 방법을 논한다는 점에서 이론비평에 가까워 보이기도 하지만, 기술비평은 실제 작품의 생산과 관련되어 있으므로 좀더 실용적이다. 과거의 기술비평은 작가에게 어떤 정해진 법칙을 강요하는 경향이 있었지만, 작가의 창작의 자유를 인정하는 현대에 와서는 우수한 작품의 제작 방법을 분석하여 기술하는 경우가 많아졌다.

인상비평(impressionistic criticism)은 이론적 뒷받침이 취약하고 개인적이고 주관적인 감상이 주로 나타나는 비평을 말한다. 작품의 가치에 대한 설득이나 설명보다는 비평가 개인의 감정을 전달하는 데 좀더 치중하는 비평이다. 과학적인 비평이라고 보기는 어렵고, 비평 이전의 단계인 감상문에 가깝다고 볼 수 있다.

그 밖에도 문학을 어떤 관점에서 보느냐에 따라 모방론적 비평, 효용론적 비평, 표현론적 비평, 존재론적 비평 등으로 나눌 수도 있다.

한국문학사에서는 1920년대의 카프 비평이나 1970~1980년대의 민족문학론, 민중문학론과 관련한 비평들이 대체로 이론 비평의 성향을 띤다고 볼 수 있다. 반면에 1990년대 이후 현실사회주의의 몰락과 함께 문학비평의 이론적·이념적 지향이 현저히 약화되면서 실제 비평이 성향하는 현상이 나타나기도 했다. 물론 1990년대 이후에도 여성주의 문학비평, 탈식민주의 문학비평과 같은 이론 비평이 꾸준히 시도되기는 했다. (이경수)

이론비평, 실제비평, 기술비평, 인상비평, 평가, 해석

참고문헌

René Wellek & Austin Warren, Theory of Literature

문학사(文學史, Literary history, 프 Histoire de littérature, 독 Literaturgeschichte)

문학에 나타난 민족의 정신과 상상력, 풍속과 사회상과 생활상 등의 역사적 전개과정을 살펴 기술하는 것을 문학사라고 한다.

근대적인 문학사의 서술이 이루어진 것은 19세기에 접어들어서였다. 프랑스의 문학사가 이폴리트 텐느가 실증주의 철학의 방법론에 입각해서 『영국문학사』(1863)를 기술하였다. 그는 사회의 변천이 문학사를 결정한다는 극단적인 실증주의를 주장하였다. 종족, 환경, 시기가 문학을 결정하는 세 가지 요소라고 본 그의 주장은 유명하다. 이후 많은 문학사가들이 텐느의 방법론에 따라 문학사를 서술했는데, 실증주의적 방법론은 곧 한계에 부딪히게 된다. 민족성이라는 것은 그렇게 단순하게 추출되지 않기 때문이다. 우리 민족의 특성을 은근과 끈기, 한으로 규정하는 견해도 비슷한 오류를 범하고 있다고 할 수 있다. 그렇게 막연한 특성은 모든 민족에게서 나타나는 것이기도 하다. 이렇게 볼 때 문학사는 고증학이나 서지학과 잘 구분되지 않는다.

문학사는 항상 새롭게 쓰여져야 한다거나, 문학사는 실체가 아니라 형태라는 입장은 실증주의 문학사에 대한 비판을 담고 있다. 이러한 입장에서는 문학사가의 관점과 문학사 기술방법을 중시한다. 정치사나 사회사에 종속되지 않는 문학의 역사를 기술하기 위해서는 문학사가의 관점이 무엇보다도 중요하다. 시대구분만 하더라도 정치사나 사회사의 시대구분을 그대로 따를 것이 아니라 문학 자체의 흐름을 중시하는 시대구분이 이루어져야 된다고 본다.

한국 문학사의 경우에는 고전문학사와 현대문학사를 분류해서 보는 경우가 적지 않은데, 궁극적으로 한국의 문학사를 연속의 관점에서 보느냐 단절의 관점에서 보느냐에 따라 문학사 전체를 통괄하는 시각이 달라질 수 있다. 임화는 『신문학사』에서 일찍이 동양의 근대문학사는 서구문학의 수입과 이식의 역사라고 단언함으로써 단절적 관점을 부각시켰고, 이후 조연현 등에 의해 이러한 견해가 계승되었다. 김윤식·김현의 『한국문학사』는 임화의 단절적 관점을 극복하기 위해 자생적 근대의 기점을 영·정조 시기까지 끌어올린 문학사였다. 근현대 문학을 대상으로 하면서 '한국문학사'라고 지칭한 것도 문학사에 대한 단절적 관점을 극복하기 위한 의도였을 것이다. 김윤식 · 김현의『한국문학사』는 한국문학사를 주변적인 것으로 보는 관점을 극복할 것을 제안한다. 그 밖에도 조동일은『한국문학통사』에서 고전문학으로부터 현대문학에 이어지는 문학사를 통괄하여 기술하였다. (이경수)

고증학, 서지학

참고문헌
임화,『신문학사』.
김윤식 · 김현,『한국문학사』, 민음사, 1973.
조동일,『한국문학통사』.
René Wellek & Austin Warren, Theory of Literature.

문학사회학(文學社會學, Sociology of literature)

문학 작품이 사회와 어떤 연관 관계를 가지는가를 밝히는 학문적 갈래를 일컫는 말. 어느 특정한 시대에서 산출된 문학은 그 시대의 독특한 역사적 · 사회적 상황의 현실에서 비롯된 것이라는 데에 관심을 두고, 문학 작품과 그 작품에서 반영된 사회와의 관계에 주의를 기울인다. G. 루카치나 H. 테느 등이 주창자로 꼽힌다. 골드만은『숨은 신』에서 변증법적 방법으로 '진정한 문학사회학'의 수립을 성취하였다. 그가 사용한 변증법적 방법은 작품의 현실을, 다시 말하면 문학 텍스트들과 그 텍스트들의 개념적 구조를 구체적으로 제시하는 것을 목표로 하며, 바로 그 작품의 현실을 가능하게 한 사회 자체의 합리적 총체성을 끌어내는 것을 목표로 한다. 골드만은 문학과 사회와의 관계를 논하면서 소설의 형태란 시장을 위한 생산으로부터 유래한 개인주의 사회에서 일상적 삶을 문학적 차원으로 전치한 것이라는 가설 아래, 소설의 문학적 형태는 인간이 일반적으로 재물과 맺고 있는 관계와 엄격한 대응관계에 놓여 있으며, 나아가서는 시장을 위한 생산사회에서 인간이 다른 인간들과 맺고 있는 관계와도 엄격한 대응관계에 놓여 있다고 주장한다. 이러한 이론적 근거 아래 골드만은 소설작품이 집단의식의 단순한 반영이 아니라, 사회구조와 소설구조 사이에는 '동질성'이 있고 그렇기 때문에 소설의 구조 분석을 통해서 사회의 구조 분석에 도달할 수 있으며 동시에 소설구조를 사회구조에다 대조시켜 봄으로써 소설의 발생론적 의미화가 가능하게 된다는 발생구조주의 이론을 발전시켰다. 문학 사회학은 크게 사회주의 리얼리즘에 입각한 문학 사회학, 작품의 생산 · 배분 · 소비의 측면을 연구하는 문학 사회학, 독자의 능동적 역할을 강조하는 수용 미학, 텍스트의 담론 구조를 강조하는 문학 사회학 등으로 나누어진다. 오늘날에는 문헌학, 경제학, 심리학 등과 밀접한 관계를 맺으면서 활발한 연구가 진행되고 있다. (윤송아)

루카치, 골드만, 발생구조주의

참고문헌
루카치 저, 반성완 역,『소설의 이론』, 심설당, 1998.
루시앙 골드만 저, 조경숙 역,『소설 사회학을 위하여』, 청하, 1982.
피에르 지마 저, 이건우 역,『문학텍스트의 사회학을 위하여』, 문학과지성사, 1983.
김치수 편저,『구조주의와 문학비평』, 기린원, 1989.

문학생산양식(文學生産樣式, Literary mode of production)

테리 이글턴은 문학이 하나의 예술품, 사회의식의 산물, 하나의 세계관일 수 있으나, 명백히 하나의 상품이라고 보았다. 이것은 엥겔스가 예술은 경제적 토대와의 관계에서 사회적 산물들 중 가장 고도로 매개된 것이라고 본 문학의 상부구조설을 정면으로 전복시킨다. 예술 역시 경제적 토대의 일부이며 한 종류의 경제적 실천이라는 이글턴의 관점은 문학을 포함한 예술이 기술복제시대, 대량생산의 시대에 탈신화화의 과정을 거쳐 소비의 대상이 되었음을 시사한 벤야민의 논의에 기대고 있다. 이러한 관점은 작가를 창조자가 아니라 생산자로 보며, 창조가 아닌 생산, 창조자가 아닌 생산자, 스스로 생산되는 것으로서의 작품에 관한 알튀세르와 피에르 마슈레의 이론과 맥을 함께 한다.

마슈레는 그의 『문학생산이론을 위하여』를 통해 문학생산양식 개념이 문학작품이 어떠한 제약도 받지 않는 천재적 개인의 창조물이 아니라 어떤 역사적 시기에 특정한 이데올로기의 매개에 의해 생산되는 것이라 하였다. 이때, 작품은 이데올로기로 환원되는 것이 아니라 그 이데올로기의 특성과 한계를 드러나게 해주는 역할을 한다. 작품은 현실을 총체적으로 반영하는 것이 아니라 선택적으로 반영하며, 이것은 곧 문학 작품이 필연적으로 반영하지 못하는 부분이 있다는 것을 반증하는 것이므로 작품은 반영과 반영의 부재를 동시에 포괄함으로써 이데올로기의 환상적 성격을 폭로하기 때문이다. 이러한 과정은 작가에 의해 의도적으로 수행되는 것이 아니라 일정하게 주어진 조건으로부터 생산되는 것이며, 생산자로서의 작가는 주어진 자료—언어로 작업하는 자이며 작가의 의도 또한 주어진 조건으로서의 이데올로기에 포함된다.

작가에 의해 창조되는 것이 아니라 주어진 역사상의 어느 시점에 다양한 선으로 표현되는 이데올로기들의 배치에 의해 생산되는 것이 문학작품이라는 이러한 논리는 문학작품이 고유한 생산관계와 생산력을 지니고 있음을 시사하는 것이다. 따라서 문학생산양식은 어느 특정 사회구성체 속에 존재하는 문학의 일정한 생산력과 사회적 생산관계의 통일체라고 정의할 수 있다. 마슈레는 이렇게 생산된 문학작품에는 특정한 의미로 환원되지 않는 성질, 이질적 요소들의 불균등한 결합과 그 자체의 자율성 사이에 침묵과 부재의 상태로 존재하는 빈 구멍, 즉 텍스트의 무의식이 있으며 그것을 밝히는 것이 과학적 비평의 임무라고 하였다. (노현주)

토대와 상부구조, 생산양식, 매개

참고문헌
테리 이글튼, 『문학비평 : 반영이론과 생산이론』, 까치, 1986.
루이 알튀세르, 『자본론을 읽는다』, 두레, 1991.
피에르 마슈레, 『문학생산이론을 위하여』, 백의, 1994.
홍성호, 『문학사회학, 골드만과 그 이후』, 문학과지성사, 1995.

문학이론

문학에 관한 이론. 문학이론을 설명하기 위해서는 폭 넓은 확대 정의가 필요하다. 먼저 문학이론은 문학 작품의 성격과 작품을 분석하는 방법에 대한 체계적인 설명이라고 할 수 있다. 여기에는 수사학, 시학, 서사학 등이 포함된다. 문학이론은 문학을 분석하는 관점과 태도를 지칭하는 말이기도 하다. 표현론적 관점, 수용론적 관점, 절대주의적 관점, 종합주의적 관점 등을 들 수 있다. 문학 이론은 역사, 정치, 철학, 언어학, 문화, 정신분석, 과학 등 이미 성립된 문학 주변의 외적인 영역과 문학 작품, 작가의 관련성을 논하는 행위와 그 결과를 포함한다. 정신분석적·사회학적·영상미학적 분석 등의 예가 그것이다.

문학은 언어를 질료로 인간의 내면과 사상을 드러내고, 통합하고, 허구를 창조한다. 이러한 과정에서 문학은 인간을 미학적으로 만족시키고 작품과 작가들은 상호 영향을 주고 받으며 서로를 반영하고 스스로를 성찰한다. 이를 설명하고 분석하고 향유하는 과정에 동원되는 사상, 이론의 체계는 모두 문학이론이 될 수 있다. 그러나 문학이론은 따로 분리된 사상들이 아니라 작가, 독자, 작품, 사회, 문화가 함께 작용하는 힘이라고 할 수도 있다. 그 힘은 역사적 사회적 제도와 체계 안에서 생성되기도 하고 유지되기도 하고 소멸하기도 한다. 러시아 형식주의, 신비평, 현상학, 구조주의, 후기구조주의, 해체론, 페미니스트이론, 정신분석학, 마르크스주의, 신역사주의, 문화유물론, 탈식민주의 이론, 소수 담론, 퀴어 이론 등을 들 수 있다. (이상숙)

문학 비평, 문학론

참고문헌
조너선 컬러, 『문학이론』, 동문선.

문학장

프랑스의 사회학자 피에르 부르디외의 개념으로 문학작품의 생산과 변화가 이루어지는 헤게모니 투쟁의 공간. 문학작품은 자본과 제도에 영합하고 투쟁하는 과정에서 이루어지고, 자본의 독점자들과 이에 맞서는 자들 간의 투쟁에 의해 변화한다. 문학적 혁명은 위치표명(prises de position, 작품, 정치적 성명 또는 시위) 공간이 급격하게 변한 것으로 이는 문학 장 안에서의 힘, 힘의 관계 즉 지식의 장과 권력의 장 사이의 관계 변화를 일으킨다. 여기에 생산자들의 의도, 대중의 기대가 작용한다. 부르디외는 문학의 장을 힘과 투쟁의 장소로 인식한다. 문학의 장은 기존세력의 관계를 변형하거나 유지하려는 목표를 가지고 움직이는 힘과 특수한 형태의 권력과 위신을 추구하는 투쟁이 공존하는 장소라는 것이다(현택수, 문화와 권력 참조). 지속적인 투쟁이란 신성화되고 제도화된 문학적 힘과 경합하고 투쟁하여 새롭게 "사회적 독점구조를 타파"하는 것을 지향한다. 사회독점적 구조란 "예술사·문학, 그리고 더 은밀하게는 철학이나 법학의 역사는 자신들의 독점을 악착같이 지키려고 눈을 부릅뜨고 감시하는 전문가들에 의해 방어되고 있는 성채"로서 이를 타파하기 위해 문학장의 규칙을 배워 문학장에 진입해야 한다. 언어, 관습, 문맥, 유행 등을 배워 가능성의 체계 속에 있어야 하고, 새로운 시도가 문학장의 구조적 결함을 메우기 위한 것으로 용인되어야한다.

최근 우리 문단에서는 문학장의 개념이 다양하게 논의되고 있으나 비판적인 논조가 대부분이다. 신춘문예, 신인 공모 등의 등단 제도나 중앙문단과 지역문단의 차등화 문제, 제도화된 문학 집단과 문단의 문학권력의 문제, 문학작품의 생산, 유통, 소비에 작동하는 문화자본의 문제 등이 그것이다. (이상숙)

아비투스, 부르디외

참고문헌
현택수 외, 『문화와 권력 : 부르디외 사회학의 이해』, 나남.

문학통신원(文學通信員)

'문학통신원'은 북한 사회의 다양한 분야에서 각자의 직업에 종사하면서 문학작품을 창작하는 신인을 말한다. 즉 문학통신원들은 공장 · 농촌 · 군대 · 학교 등 사회 여러 부문에 속하여 자신의 직업활동과 문학작품 창작을 동시에 진행한다는 점에서 창작을 전문으로 하는 작가와 구분된다. 따라서 노동자 · 농민 · 사무원 · 군인 · 학생 등 작품 창작을 지향하고 그에 적극 참가하려는 사람이면 누구나 다 문학통신원 자격이 있다.

문학통신원은 생산활동에 직접 참가하면서 창작을 하기 때문에 문학예술을 대중화하는 데 중요한 몫을 담당하는 것으로 평가된다. 이들의 역할이 적극화되고 그 대열이 점차 확대되는 과정을 통해 문학예술의 대중화가 실현될 수 있다는 것이다. 또한 문학 창작을 적극적으로 진행하는 과정에서 재능 있는 문학통신원들을 우수한 작가로 키울 수 있다는 이점이 있다. 여러 부문에서 문학통신원소조가 조직되고 문학작품 현상모집이 진행되며, 문학통신원들에 대한 당의 지도체계가 세워지기도 한다. 당의 구체적 개입은 '6월 4일 문학상'을 비롯한 포상과 출판 지원으로 나타난다.

문학통신원은 김정일이 "문학통신원들은 문학예술활동을 대중화하고 온 나라를 예술화할데 대한 당의 방침을 관철하는 선구자들이며 주체적 문학예술건설의 믿음직한 후비대입니다"(『주체혁명위업의 완성을 위하여』 4권 470쪽)라고 말한 바 있을 정도로 대중적 문예 활동에서 튼튼한 양적 · 질적 토대의 역할을 한다고 볼 수 있다. 또한 당의 노선과 정책이 관철되고 있는 현실 속에서 생활하면서 자신들이 보고 듣고 체험한 생활을 담은 작품을 창작함으로써 문학예술을 더욱 다양하고 풍부하게 꽃피우는 역할을 담당한다. 결국 문학통신원은 당의 정확한 문예정책과 세심한 보살핌을 통해 당의 요구에 부응하는 문예물들을 창작하는 주체들이 된다. 따라서 그들은 북한 사회의 주체사상화의 요구에 맞게 문학예술의 대중화와 예술화를 뒷받침하는 양적 토대가 된다. (오태호)

참고문헌
과학백과사전출판사 편, 『문학예술사전』 상, 과학백과사전출판사, 1988.

문헌학(文獻學, Philology)

문헌학이란 일차적으로 옛 문헌을 고증하여 이를 비평하고 해석하는 학문을 일컫는다. 즉 예로부터 전해지는 다양한 문헌을 고증하고 검토하여 이를 조직화하고 계통화한 뒤 비판하고 해석하는 작업을 의미한다. 그러나 문헌학이 단순히 고전문헌을 연구하는 학문만을 의미하는 것은 아니다. 오히려 문헌학이란 고증된 문헌을 다양하게 분류하고 해석하여 문헌에 담긴 시대상황과 삶의 모습을 밝히고, 이를 바탕으로 당대의 문화를 깊이 이해하는 학문의 자료적 토대를 형성하는 것을 통칭한다고 할 수 있다. 따라서 문헌학은 학문의 기본이 되는 인식과정으로 볼 수도 있다. 이때 문헌이란 활자화된 문헌만을 의미하는 것이 아니라 금석(金石) 등에 기재된 문자들까지 포함하여 전적(典籍), 서적(書籍), 서책(書冊), 도서(圖書), 금석(金石) 등을 두루 포함한다.

문헌학의 유래는 『논어』(論語)의 '문헌부족고야'(文獻不足故也)서 비롯했으며 여기에서 '문'(文)은 사실적인 기록을 '헌'(獻)은 현인들의 논평을 뜻한다. 이후에 송말원초(宋末元初)의 마단림(馬端臨)은 그의 저서 『문헌통고』(文獻通考)에서 그 유래를 보이고 있으며 우리의 경우, 『문헌비고』(文獻備考), 『동국문헌록』(東國文獻錄) 등에서 문물제도를 의미하는 용어로 사용되었다. 또한 『해동문헌록』(海東文獻錄)에서는 서적의 의미로도 쓰였다.

서구에서 philology는 '로고스에 대한 사랑'이라는 어원을 지닌 말로써 로고스를 통해 인간과 삶의 전반적인 문제를 다루는 학문을 의미하였다. 이것이 르네상스 시기에 들어 고전문헌이 재발견되고 이에 대한 연구를 중심으로 고대학(古代學)이 학문의 주류를 형성해 나가면서 주로 문헌에 대한 연구가 학문의 주된 연구대상으로 자리잡았다. 18세기에 접어들어 고전연구는 역사언어학과 비교언어학으로 정립되었고 이것은 근대문헌학으로서의 학문적 성격을 형성해 나간다. 독일의 볼프(Frendrich August Wolf)와 뵈크(August Bockh)는 문헌학의 근대적인 학문정립에 기여한 대표적인 학자들이다. 최근에 문헌학은 언어학, 문화인류학, 사회학 등이 저마다의 영역을 확립해 나감에 따라 문헌자료 자체에 대한 이해를 중심으로 연구되고 있다.

한국문학에 있어서 문헌학은 문헌자료에 대한 기초적인 이해를 중심으로 문헌 자체에 대한 연구와 문헌이 생산되고 유통된 시대에 대한 총체적인 조망이라는 관점에서 연구되고 있다. 원전확정이나 유통배경에 대한 이해를 중심으로 하는 문헌학은 우리의 경우 아직 보조적 학문의 성격을 지닌 분야로 이해되고 있는 것이 현실이다. (이선이)

고대학, 비교언어학, 역사언어학, 원전

참고문헌
유탁일, 『한국문헌학연구』, 아세아문화사, 1990.
정규복, 『구운몽연구』, 고려대출판부, 1974.

문화(Culture)

일반적으로 문화라고 부를 수 있는 인간 행위의 영역은 열거할 수 없을 정도로 다양하다. 신세대문화, 교통문화, 화장실 문화에서 세종문화회관, 문화예술진흥원, 민족문화에 이르기까지 그 쓰임의 범위가 너무 넓고 때로는 상반되는 함의를 갖기도 하기 때문에 그들을 포괄할 수 있는 정의를 내리는 것은 불가능해 보인다. 서구에서 문화라는 단어는 원래 작물이나 가축을 경작하고 기르는 과정을 가리키는 것이었다. 프란시스 베이컨의 "마음 밭을 경작하고 비료주기"(culture and manurance of minds) 라는 표현에서 보이듯이 적어도 16~17세기 까지는 문화가 사람에게 쓰일 때는 비유적인 의미로 쓰였다. 오늘날에도 박테리아 배양(bacteria culture) 같은 용어에 그 의미가 남아있다. 이것이 근대 시민사회 형성과 산업자본주의의 등장이라는 역사적 과정을 거치면서, '인간 내면의 발전과 성숙' 이라는 의미와 '한 공동체 속의 생활양식과 의미와 가치들을 습득하여, 공동체의 구성원이 되는 과정'이라는 두가지 의미로 쓰이게 된다. 앞의 것이 고전적인 인문학적 개념이라면, 뒤의 것은 문화인류학적 개념이라고 할 수 있다.

내면의 발전과 성숙의 과정 혹은 그 결과물로서의 문화의 개념은 산업자본주의 등장 이후 물질적 발전을 의미하는 문명(civilization)과의 구분을 통해서 형성되었다. 즉 봉건체제와의 투쟁을 통해 이룩한 새로운 근대 사회와 함께 등장한 자본주의 문명이 보다 자유롭고 풍요로운 삶을 보장해주는 것이 아니라, 인간의 삶을 기계에 예속시키고, 인간의 이성을 도구화 시킨다는 인식과 함께, 물질적 성취와 대비되는 인간의 내면의 영역에서의 발전과 성취가 강조되면서 고전적 인문학적 개념이 발전되었다. 특히 낭만주의자들에게 인간에게 가장 중요한 능력은 상징을 통해 새로운 세계를 구축하는 행위였으며, 이 상징이 축적되고, 그것을 통해 인간이 의미 있게 형성되는 장소가 바로 인간의 내면이었다. 인간은 이 내면 세계의 형성을 통해 자신을 발전시켜나가고 외부세계를 성공적으로 통제한다. 매튜 아놀드(Matthew Arnold)가 "이 세상에서 생각되고 말하여진 최상의 것"이라고 문화를 정의한 것이나 F. R.리비스(Leavis)가 인간경험의 위대한 기록이자 자기형성의 역동적이고도 영속적인 원천으로 문화를 기술한 것은 이러한 생각의 전통을 압축적으로 표현한 것이다.

신세대문화라는 용어에서 함축되어 있는 "특정한 공동체의 고유한 생활양식, 의미, 가치의 체계"라는 문화의 의미도 이전의 '경작하고 기른다'는 뜻에서 '습득하고 익히다'라는 뜻으로 발전되어 19세기 초반에 형성되었다. 19세기 독일 사회사상가인 구스타프 클렘은 10권 짜리 방대한 저작인 『인류의 사회문화사』에서 자신이 세계에 퍼져있는 각 종족들의 관습, 기술적 수준, 예술, 도구, 무기, 종교적 행위들을 관찰함으로서 인류의 점진적 발전의 체계적이고 포괄적인 설명을 시도했다고 밝혔다. 인류의 점진적 발전이라는 말에서 짐작할 수 있듯이 클렘은, 인류가 야만적 상태에서 발전되어 온 과정과 마찬가지로, 동시대의 다양한 문화 공동체도 야만적인 상태와 문명화된 상태로 비교 가능하다는 문화 절대론을 주장하게 된다. 그러나 19세기 말엽까지 이 문화절대론을 확인하고 증명하기 위해 지구상의 여러 종족과 공동체의 삶의 다양한 양식들을 연구하던 문화인류학자들은 개별적 문화는 다른 문화와 비교될 수 없는 고유한 원리와 구조를 가지고 있으며, 모든 문화현상은 그 구조에 따라 고유한 의미와 정당성을 가지고 있다는 문화상대주의에 도달하게 된다. 신세대문화와 같은 문화인류학적 개념은 이 문화 상대주의에 기반하고 있다.

최근의 인문학이나 문화연구에서 쓰이는 문화의 의미는 위에서 언급한 문화의 일상적 의미와 유사하면서 좀더 전문적이고 이론적인 함의를 가지고 있다. 이것을 압축해서 정의하면, 문화는 사회적 실재가 경험되고 소통되고 재생산되는 의미 생산과정을 가리킨다. 여기에서 사회적 실재란 한 공동체의 정치적 경제적 제도와 그 제도들을 해석하고 인정하고 지속시키거나 수정하는 상징체계를 모두 포함한다. 인간은 이 의미 생산의 망 속으로 태어나서 생존을 지속한다. 그리고 기존의 사회적 관계는 이 의미의 망을 통해 재생산되고 때로는 수정된다. 계급, 성, 인종 등에 있어서의 인간 집단 간의 불평등한 권력 관계가 정당한 것으로 재생산되거나 저항되는 것도 문화를 통해서이다. 따라서 문화는 정치적 차원을 갖는다. 현대 문화연구에서 의미생산의 체계로서의 문화는 헤게모니나 이데올로기와 유사한 의미로 사용된다. (여건종)

내면의 형성, 문화인류학, 이데올로기

참고문헌
존 스토리, 박모 역,『문화연구와 문화이론』, 현실문화연구, 1994.
김창남,『대중문화의 이해』, 한울아카데미, 1998.
크리스 젠크스, 김윤용 역,『문화란 무엇인가』, 현대미학사, 1996.

문화대혁명(文化大革命)

1966~1976년 사이에 중국에서 일어난 실패한 혁명이다. 1950년대 말 대약진운동이 좌절된 이후 중국공산당 내부에 사회주의 건설을 둘러싼 노선대립이 생겨났다. 최고지도자였던 마오쩌둥은 대중노선을 주장하였으나, 류사오치(劉少奇)·덩샤오핑(鄧小平) 등의 실용주의자들은 공업 및 전문가를 우선시 할 것을 주장하였다. 1962년 9월 중앙위원회 전체회의에서 마오쩌둥은 계급투쟁을 강조하고, 수정주의를 비판함으로써 반대파들을 공격하기 시작하였다. 1965년 상하이시 당위원회 서기였던 야오원위안(姚文元)은 베이징(北京)시 부시장이 쓴 역사극 해서파관(海瑞罷官)을 비판하였다. 이것은 마오쩌둥의 대약진운동을 비판하다가 실각한 국방부장 펑더화이(彭德懷)를 옹호하는 것이라는 이유에서다.

이를 계기로 실권파의 권력기반이었던 베이징시 당위원회와 삼가촌(三家村)그룹은 마오쩌둥 추종자들의 집중적인 비판의 표적이 되었다. 결국 1966년 4월 베이징 시장 펑전(彭眞)이 해임되고, 8월 8일 중국공산당 중앙위원회에서 마오쩌둥이 '프롤레타리아 문화대혁명에 관한 결정안 16개조'를 발표하며 본격적인 문화대혁명이 시작되었다. 1966년 8월 티엔안먼(天安門)광장에서 백만인 집회가 열렸고, 이곳에 모인 홍위병(紅衛兵)들은 학교를 폐쇄하고 모든 전통적인 가치와 부르주아적인 것을 공격하였다. 또한 당의 관료들을 공개적으로 비판하고, 전국 각지에서 실권파들이 장악한 권력을 무력으로 탈취하였다.

그러나 실권파들이 완강히 저항하고 홍위병에 내분이 발생하자, 1967년 1월 마오쩌둥은 린뱌오(林彪) 휘하의 인민해방군이 문화대혁명에 전면적으로 개입할 것을 지시하였다. 인민해방군은 각지의 학교·공장·정부기관을 접수하였을 뿐 아니라, 초기에 문화대혁명을 주도하였던 수백만 명의 홍위병들을 깊숙한 산골로 추방하였다. 혼미를 거듭하던 정국은 1968년 9월 전국 각지에 인민군대표, 홍위군대표, 당간부의 3자 결합으로 '혁명위원회'가 수립됨으로써 진정국면으로 들어섰다.

문화대혁명은 1969년 4월 제9기 전국인민대표대회에서 마오쩌둥의 절대적 권위가 확립되고, 국방장관 린뱌오가 후계자로 옹립됨으로써 절정에 달하였다. 그러나 1971년 린뱌오가 의문의 비행기 추락사를 당하고, 마오쩌둥에게 충성을 바쳤던 군부 지도자들이 대거 숙청되었다. 그러자 많은 사람들은 문화대혁명이 마오쩌둥의 개인적 권력욕에서 비롯된 것이 아닌가하는 의구심을 품게 되었다.

1973년 저우언라이(周恩來)의 추천으로 덩샤오핑이 권력에 복귀한 후부터, 문화대혁명의 정신은 여러 측면에서 공격받기 시작하였다. 마오쩌둥을 지지하는 세력은 이데올로기·계급투쟁·평등주의·배외주의를 강조한 반면, 저우언라이와 덩샤오핑을 지지 세력은 경제성장·교육개혁·실용주의 외교노선을 주장하였다. 결국 문화대혁명은 1976년 9월 마오쩌둥이 사망하고, 화귀펑(華國鋒)에 의해 마오쩌둥의 추종자인 4인방(四人幇：王洪文·張春橋·江靑·姚文元) 세력이 축출됨으로써 실질적으로 종결되었다.

문화대혁명은 한때 만민평등과 조직타파를 부르짖은 인류역사상 위대한 실험이라고 극찬을 받았으나, 결국 실패로 끝났다. 이 운동으로 약 300만 명의 당원이 숙청되었고, 경제는 피폐해지고 혼란과 부정부패가 만연하였다. 1981년 6월 중국공산당은 '건국 이래의 역사적 문제에 관한 당의 결의'에서 문화대혁명은 당·국가·인민에게 가장 심한 좌절과 손실을 가져다 준 마오쩌둥의 극좌적 오류며, 그의 책임이라고 규정하였다. 오늘날 많은 중국인들은 '문혁'을 현대 중국 현대사 발전을 가로막은 가장 큰 사건으로 보는데 주저가 없다. (오태석)

문화대혁명, 문혁, 마오쩌둥, 홍위병, 사인방

참고문헌
임춘성 편역, 『중국 근·현대 문학운동사』, 한길사, 1992.
김학주, 『중국문학사』, 신아사, 2000.

문화변용(Acculturation)

문화변용이란 문화와 배경이 다른 집단들이 직접적으로 접촉한 결과 그 한쪽 또는 쌍방이 원래의 문화 형태에 변화를 일으키는 현상이다. 문화의 접촉변화라고도 한다. 문화변용의 과정 동안 민족 집단은 단지 언어를 배우는 것처럼 지배문화 사회의 주요 문제 또는 행동만을 받아들일 수도 있고, 결혼과 같은 방법을 통하여 지배문화 사회와 보다 깊은 관계를 형성할 수도 있다. 많은 민족 집단이 자신들의 전통과 차이점을 높이 평가하고 지배 문화로 완전히 동화되지 않기 위해 적극적으로 노력하는 한편, 동시에 사회적·경제적 평등을 추구한다. 반면에 민족 집단 구성원 모두가 반드시 그 문화의 모든 면을 믿고 실천하는 것은 아니다.

문화변용의 문제는 1930년대부터 문화 인류학자에 의해 다루어졌다. 처음에는 유럽 문명의 확대과정에서 이에 접한 미개문화가 비참한 변화를 강요당할 수밖에 없는 데서 주목되기 시작하였다. 최근에는 단순히 소멸해 가는 미개문화의 문제뿐만 아니라, 소위 근대화 또는 산업화문제와 결부되어 문화인류학의 중심적 연구과제가 되었다. 문화변용의 내용은 그 종류가 다양하지만 조건으로서는 접촉하는 문화체계가 가지는 상호간의 성질, 수준의 차, 접촉방법이나 속도 등을 들 수 있다.

문화변용의 결과는 부분적 요소의 도입에 그치는 경우, 전체에 걸쳐 재조직되어 때로는 전적으로 서로 비슷한 문화체계가 이루어지는 경우, 반발적으로 접촉문화를 거부하는 과정에서 변용해가는 경우 등으로 나타난다. (차선일)

문화비평(文化批評)

현대의 비평 담론에서 문화는 의미작용의 체계와 의미 생산을 가리키는데, 문화가 사회의 물질적 생산일 뿐만 아니라 물질적으로 의미의 생산을 형성한다는 것이다. 과거 교양과 문화가 동일시되던 시대에 문화란 그때까지 알려진 것들 중 최고의 것(작품)을 지칭하는 것이었으나 현대에 들어서는 매스 커뮤니케이션, 특히 텔레비전이 사람들의 신변에 가까이 존재하게 되면서 문화는 그 용법에서 심대한 변화를 겪었다. 지배적 문화를 기준으로 유포된 취미와 감성에 관한 가정들과 규범들, 체계들에 반드시 일치하지 않는 활동, 태도, 미적 관념이 광범위하게 유포되고 사람들은 이들에 대해 겉으로는 아무런 제한 없이 다가갈 수 있으며 향유할 수 있다. 그 결과 상류, 중류, 하류 문화의 일찍이 아주 명확했던 구별이 점점 흐려지고 있다. 이러한 중첩 때문에 오늘날의 비평가들은 '문화'를 종종 민중문화 내지 '대중문화'의 약어로 사용하기도 한다.

비평가와 이론가들이 시대의 변화에 따른 문화에 관한 개념을 재고한 덕분에 문화의 사회적, 이데올로기적 효과를 비평하고 연구하는 새로운 학제적 방법들이 다양하게 출현하게 되었다. 문화 비평의 새로운 방법들은 대부분이 어떤 문화 현상에 대하여 고급문화인가 저급문화인가 하는 관념에 기초한 미적 평가를 피하려 한다. 오히려 현대의 미적 활동과 그에 대한 비평은 성별이나 계급, 인종 혹은 성(性) 같은, 사회가 특정하게 규정한 후 그에 대한 관념의 변화에 대해서 매우 정적인 사회적 구축물을 주목하고 그에 대하여 협력하거나 저항하는 방식에 초점을 맞추는 것이 일반적 현상이 되었다. (노현주)

소수문화, 문화연구

참고문헌
레이몬드 위리엄즈, 『문화와 사회』, 이화여자대학교출판부, 1988.
딕 헵디지, 『하위문화 : 스타일의 의미』, 현실문화연구, 1998.
그래엄 터너, 『문화연구입문』, 한나래, 1999.

문화사회학(Sociology of culture)

문화사회학은 상징행위를 통해서 사회적 관계가 재생산되는 방식을 연구의 대상으로 한다. 인간이 사회적 삶을 산다는 것은 그 안에서 의미 있는 행위와 표현이 일어나고, 그러한 행위와 표현을 통해 스스로에 대한 이해, 필연적으로 형성되는 타자와의 관계에 대한 이해를 지속적으로 생산하는 것을 의미한다. 인간은 언어를 통해, 몸의 움직임을 통해, 그리고 다양한 형태의 비언어적 표현 행위를 통해 의미를 만들어내고, 한 공동체 안의 다른 사람들과 의사소통하고, 경험과 관념과 신념들을 나누고 공유된 의미의 망을 형성한다.

언어 표현, 제사나 예배와 같은 제의적 행위, 장례식, 결혼식, 기념식 등의 양식화된 의식들, 축제, 그리고 예술 작품의 생산에 이르기까지의 인간의 모든 상징적 재현행위들은 항상 특정한 사회적, 역사적 상황 속에서 일어나는데, 이 때 이 사회적 역사적 공간은 인간과 인간 사이의 권력관계와 그것으로 인한 갈등과 긴장상태가 형성되어 있는 역동적 공간이다. 즉 동등한 조건을 가진 인간관계가 아니라, 서로 상이한 정도의 권위와 지배력, 결정권, 그리고 정치적, 경제적, 문화적 자원을 부여받은 개인 간에 상징 행위들이 소통되는 것이다. 이러한 권력관계의 불균형은 주로 사회적 집단을 통해 구조화되어 있다. 여성과 남성의 관계, 자본가와 노동자의 관계, 백인과 흑인의 관계, 신세대와 기성인들의 관계, 보다 지배적인 종교 집단과 억압된 종교집단의 관계 등을 통해 권력의 불균등한 분배가 이루어진다.

문화사회학은 문화연구와 사회학적 전통이 만나는 매우 다양한 이론적 체계들을 가리키겠지만 대체로 그 이론적 토대를 제공한 대표적인 연구는 피에르 부르디외의 상징자본에 대한 실증적 탐구라고 할 수 있다. 부르디외의 연구는 아비투스, 상징자본, 문화자본, 상징 권력 등의 개념을 통해 사회적 행위자가 사회적 공간의 위계화된 구조 속에서 기존의 상징질서를 내면화하는 과정을 분석하고 있다. (여건종)

상징행위, 피에르 부르디외, 아비투스, 문화 자본

참고문헌
피에르 부르디외, 최종철 역, 『구별짓기 : 문화와 취향의 사회학』, 새물결, 1995.
레이몬드 윌리암즈, 설준규, 송승철 역, 『문화사회학』, 까치, 1984.

문화산업(文化産業)

담론, 소리, 영상, 예술, 그리고 사회구성원인 인간에 의해 획득된 모든 다른 능력과 습관을 생산하고 상품화하는 산업활동을 말한다. 이 용어는 프랑크푸르트 학파에 속하는 아도르노와 호르트하이머가 1947년 처음 사용했다. 이들은 예술적 창조행위에 위협을 가하는 물화적 재화들의 대량생산을 비난하면서 인간의 마음속 깊이까지 이르는 문화를 전달하지 못하고 천박한 표준화로 환원되는 근대산업의 부정적인 면을 부각시켰다.

그러나 이미 현대 도시의 주요 미적 대상인 상품미(Warenschöne)의 가치에 대해 우리는 주목하지 않을 수 없다. 상품미란 이윤창출의 도구로 대량생산되는 상품을 둘러싼 미적 형식으로서 아도르노 등이 정당하다고 보는 예술 활동과 일정한 관련을 지니면서도 후기 산업사회의 왜곡된 일상 문화와 관련된다는 점을 부인할 수 없다.

문화산업은 다음과 같은 특징을 지니고 있다. 첫째, 많은 자본을 필요로 한다. 둘째, 대량 재생산 기술을 사용한다, 셋째, 문화를 상품화한다, 넷째, 창조자를 노동자로 문화를 문화적 생산품으로 변화시킨다.

지금까지 서로 접촉하며 교환관계를 맺어온 문화는 대량생산과 복제 기술, 정보통신의 발달로 발달된 기술을 지닌 몇몇 나라가 세계 곳곳에 대량으로 자신의 문화 요소와 다른 문화 요소들을 퍼뜨릴 수 있게 되었다. 이제 지구의 후미진 곳까지 상품 교역의 확장에 밀려 각국의 전통 문화는 이런 문화산업의 생산물에 의해 대치되고 있다. 시장의 법칙에 의해 문화산업은 점점 한 곳으로 집중된다. 이에 따라 우리는 세계의 '코카콜라 식민지화', '디즈닐랜드 문화'를 향해 가고 있다는 우려가 커지고 있다.

또 문화산업이 야기한 문화의 세계화는 단순한 문화 충돌이기 이전에 정치적 경제적 이해 관계의 충돌이기도 하다. 문화상품 생산자와 문화를 소비하며 새로운 문화를 창조하는 소비자간의 역동적인 소통관계의 성립이 시급하다. (최혜실)

상품미, 대중문화, 문화제국주의, 프랑크푸르트학파, 아도르노, 호르크하이머, 보드리야르, 하우크

참고문헌
장–피에르 바르니에, 주형일 역, 『문화의 세계화』, 한울, 2000.
미술비평연구회 대중시각매체연구분과, 『상품미학과 문화이론』, 눈빛, 1995.

문화 상대주의(文化相對主義)

각 문화의 다양성을 인정하고 사회적 · 역사적 맥락에서 이해해야한다는 견해. 모든 문화는 그 문화만의 독특하고 고유한 환경과 문화요인에 의해 형성된 것이므로 문화를 이해하고 판단할 때에는 그 문화의 고유한 입장에서 이루어져야 한다. 그 문화가 서로 다른 환경에 영향을 받은 상대적인 것이므로 그 가치 또한 상대적인 가치로서 존중되어야한다. 문화의 상대성을 부정하고 하나의 기준을 절대적 가치의 규준으로 삼아 다른 문화를 폄하하거나 배척하는 것은 자민족 중심주의, 국수주의 등의 편협한 태도라 할 수 있다.

문화인류학자 루스 F. 베네딕트(Ruth Fulton Benedict)는 저서 『문화의 패턴』에서 인간 행위를 지배하는 윤리가 사회의 관습에 따라 얼마나 다양한가를 설명한다. 베네딕트는 각 사회의 문화는 서로 상대적인 면을 가지고 있으며, 문화적 가치들은 사회적 조건에 따라 고유하며, 그에 따라 윤리가 형성된다고 하였다. 이는 도덕적 판단의 정당화 방식이나 또는 근거가 결국 문화적 환경의 표현이나 합리화 이상의 것이 아님을 보여주는 것이라 할 수 있다.

윌리엄 G. 섬너(William Graham Summner)는 도덕이란 어떤 이성적 관념의 체계에 속하는 것이 아니라 인간 사회의 일반적 생활양식 즉 풍습에 유래하는 것이라 했다. 풍습이란 인간의 필요를 충족시키려는 노력으로부터 생겨나는 집단적 습관 또는 사회적 습성을 말하는데, 이러한 풍습이 세련화 과정을 거쳐 특정 사회에서 사회적 정당성을 인정받는 고도로 세련된 풍습으로 발전한다면, 이는 관습으로 고정된다는 것이다. 섬너는 도덕이 한 사회의 개인적 또는 집단적 행위를 유발하고 지도하는 규범 기준을 포함하는 추상적 원리의 형태로 나타나더라도 그 근원은 관습에 있다고 하였다. 결국 도덕적 규범, 가치 또한 사회적, 경험적 모든 전제와 관련된 하나의 사회현상일 뿐 절대 불변의 보편타당한 원리는 아니라는 것이다. 도덕 원리의 정당성은 오로지 사회적 전통에서 나오며, 사회적 전통은 사회적 상황에 따라 변할 수 있으므로 결국 그 정당성의 근거 또한 가변적인 것이라고 설명한다. (이상숙)

윌리엄 섬너, 루스 베네딕트, 자민족 중심주의, 국수주의

참고문헌
루스 베네딕트, 『문화의 패턴』, 까치글방.

문화소양(Cultural literacy)

문화소양은 E. D. 허쉬(Hirsch)가 『문화소양 : 모든 미국인이 알고 있어야 할 것』(Cultural Literacy : What Every American Needs to Know)이라는 책에서 처음 소개한 개념으로, 직역하면 문화적 문자능력을 가리킨다. 허쉬에 의하면 진정한 문자능력은 기본적인 읽고 쓰는 기술적 능력을 넘어서서 한 사회가 공유하고 있는 정보와 지식을 습득하는 것을 가리킨다. 이러한 공유된 지식을 통해 한 공동체는 그 이전의 공동체가 이룬 성취를 유지하고 개선시킬 수 있게 된다. 허쉬는 자신의 사회가 이룬 민주주의의 성취를 공유시키고 시민을 형성하는데 가장 핵심적 요소가 문자문화이며, 문화적 문자능력은 궁극적으로 민주적 시민 사회의 일원이 되는 입장권과 같은 것이라고 말한다. 문화적 문자능력은 효과적인 소통의 필수적 요소이며 많은 사람들이 협동을 통해 공동체의 삶을 영위해 가는데 반드시 필요한 요소이다. 그는 더 나아가 국민적 문자능력(national literacy)의 중요성을 주장하고 당시의 미국 사회가 국민적 문자능력의 위기에 봉착해 있다고 진단한다. 허쉬는 같은 책에서 미국이라는 공동체의 일원이 되기 위해 알고 있어야 할 국민적 문자능력에 중요한 어휘들 5,000여개의 목록을 제시한다. 이 목록은 행크 아론이나 서울 같은 인명과 지명에서부터 핵가족, 독립선언, 아이러니 등의 전문용어도 포함하고 있다.

허쉬의 문화소양에 대한 주장은 큰 반향을 불러일으킨 만큼 많은 비판도 받았다. 정보와 지식의 축적, 공유된 지식의 필수사항의 목록을 정하고 그것을 근거로 습득하는 것이 인간의 창조적 능력과 상상력을 신장시킬 수 있는 교육과정을 제공할 수 있을 것인가의 비판이 인문학의 관점에서 제기되었다. 진보적 지식인들은 한 사회가 공유하고 있는 기본 지식을 습득하는 것이 강조되었을 때 그 사회의 기존의 지배적인 권력을 거부할 수 있는 비판적 능력이 약화된다는 점에서, 미국사회의 근본적인 문제점으로 지적해 왔던 인종문제, 가부장적 자본주의 문제, 종교적 근본주의 등의 문제들을 해결하기 보다는 더 악화시킬 수 있다고 비판한다. (여건종)

E. D. 허쉬, 문자능력

참고문헌

Hirsch, E. D. Cultural Literacy : What every American Needs to Know, Boston, 1987.

문화연구(Cultural studies)

문화연구는 학문적 제도이면서 구체적 실천의 기획을 가진 신념의 체계이다. 문화연구의 대상으로서 문화는 매우 다양하게 정의되고 있지만, 대체로 대중문화에 대한 새로운 접근법과 분석을 가리킨다. 문화연구를 태동시킨 정신의 핵심에 대중에 대한 새로운 인식, 대중이 향유하는 문화 생산물에 대한 새로운 접근, 대중의 일상적 삶의 과정에 대한 새로운 각성이 있다. 이러한 각성을 토대로 구체적 분석의 대상이 규정되고, 새로운 방법론이 시도되고 인정되고 축적되면서 분과학문으로서의 문화연구의 정체성이 1970년대 중반부터 서서히 형성되어 왔다. 대중의 일상적 삶에 대한 새로운 인식은 물론 변화된 역사적 조건의 요구이지겠지만, 대부분의 문화연구 소개서들은 그 출발점을 레이몬드 윌리암즈의 "문화는 일상적이다"라는 명제에서 찾는다.

"문화는 일상적"이라는 명제는 문화적 행위와 그 생산물을 인간 정신 능력의 예외적 성취로서의 예술이나 문학적 전통 속에 한정시켜 보는 관점에서, 일반사람들의 일상적 삶 속에서 일어나고 있는 다양한 형태의 상징적 행위로 확장시키는, 관점의 전환을 의미한다. 레이몬드 윌리암즈의 문화에 대한 새로운 정의는 그 이전의 문화에 대한 논의가 대체로 간과해 왔던 우리의 일상적 삶에 내재해 있는 창조적 과정에 새로운 의미를 부여하는 것으로 시작하고 있다. 일상적 삶의 상징적 창조성에 대한 윌리암즈의 새로운 생각은 문화비평 전통에 획기적인 전환을 가져오면서, 이후에 학문적 제도로서의 문화연구가 태동하는 정신적 토대를 제공하게 된다.

대중의 일상적 삶과 문화 생산물의 관계에 대한 새로운 인식에 기초한 대중문화 분석의 방법론을 본격이 시도되고 확립되기 시작한 것은 리차드 호가트(Richard Hoggart)에 의해 1964년 설립된 영국 버밍검 대학의 현대 문화연구 쎈터(CCCS) 였다. 호가트에 이어 이 연구소의 소장을 맡은 스튜어트 홀과 그의 이론적 영향을 받은 연구원들은 당시 영국의 다양한 대중문화 현상들에 대한 구체적인 분석들을 연구소 간행물인 『문화 연구 조사 논문집』(Working Papers in Cultural Studies)에 발표하면서 문화연구의 선구적 작업들을 수행하게 된다. 여기에서 시작된 구체적인 분석의 방법을 문화대중주의(cultural populism)라고 부른다.

현대 문화연구 쎈터 이전의 대중문화에 대한 논의는 대체로 F. R. 리비스(Leavis)의 영국문화 비평 전통과 푸랑크푸르트 학파로 대표되는 비판적 대중문화론이라고 할 있다. 따라서 보다 넓은 의미에서의 문화연구는 비판적 대중문화론을 포함한다. 비판적 대중문화론은 자본주의 사회에서 대중문화가 문화 상품의 소비자인 대중을 우민화시키고, 대중의 창조적 능력을 약화시켜, 자본주의 사회의 모순에 순응시켜가는 과정에 주목했다. 초기의 문화연구를 기초했던 문화 대중주의를 이전의 비판적 대중문화론과 뚜렷이 구분시키는 특징은 이 새로운 문화론이 가지는, 대중과 대중문화에 대한 복합적 관점이다. 이들은 상업적 대중문화로부터 긍정적 가능성을 찾아내고, 대중문화를 향유하고 있는 보통 사람들의 창조성과 쾌락을 적극적으로 인정한다.

80 년대 이후, TV 드라마(특히 저급하다고 생각되어왔던 연속극들), 대중가요, 대중 연애 소설, 신세대 청소년 문화 등의 분석에 광범위하게 적용되고 있는 이 접근법은 대중 문화 생산품을 대중의 무비판적이고 저급한 소비의 대상으로 보지 않고, 대중의 쾌락에 정당한 의미와 가치를 부여해 주고, 더 나아가서 그러한 문화 생산품의 창조적 소비를 통해서 대중이 그들 나름의 중요한 의미 생산을 하고 필요한 경우 지배적 가치체계(가부장적 혹은 자본주의적, 혹은 인종중심적)에 효과적인 저항을 생산한다고 주장한다. 대표적인 연구로는 스튜어트 홀의 TV 수용자 분석, 딕 헵디지(Dick Hebdige)의 70년대 펑크 족의 노동자 청년 하위문화 분석, 재니스 래드웨이(Janice Radway)의 대중 통속소설 연구, 이앤 앙(Ian Ang)의 TV 드라마 <달라스> 분석, 존 피스크(John Fiske)의 TV 프로그램 분석 등이 있다. (여건종)

대중문화, 문화대중주의, 레이몬드 윌리암즈, 현대문화연구쎈터

참고문헌
원용진, 『대중문화의 패러다임』, 한나래, 1998.
김창남, 『대중문화의 이해』, 한울아카데미, 1998.
앤드류 밀너, 이승렬 역, 『우리시대 문화이론』, 한뜻, 1996.

문화유물론(Cultural materialism)

문화 유물론은 서로 다른 지적 전통과 발전 과정을 가진 두 개의 핵심 개념을 통합하려는 시도이다. 즉, 문화는 물질적이라는 것이다. 문화가 물질적이라는 것은 문화에 대한 급진적인 재정의이면서 동시에 마르크스에 대한 근본적인 재해석이다. 문화 유물론이 최초로 이론적으로 체계화된 것으로 평가되는 『마르크스주의와 문학』(Marxism and Literature)에서 레이몬드 윌리암즈(Raymond Williams)는 물질성(materiality)의 개념을 기존의 마르크스주의자들이 경제적 생산양식을 가리키는 것으로 잘못 이해했다고 비판하고, 문화의 영역이 어떻게 물질성을 갖게 되는가를 설명한다. 마르크스에게 물질성은 인간의 생산행위가 일어나는 영역을 가리킨다. 인간은 자신의 욕구를 자연을 변형시켜 충족시키는데 이 자연과 인간을 매개하는 행위가 노동이며 생산이다. 인간의 가장 기본적이고 본질적인 행위인 노동을 통해 그는 자신의 생물적 존재를 지속시키며, 공동체를 만들고 역사를 만들어 간다. 따라서 생산은 물질적 재화의 생산만을 가리키는 것이 아니라 궁극적으로 자신의 존재조건을 만들어 나가는 모든 행위를 가리킨다.

문화가 물질적이라는 것은 그것이 미리 존재하는 현실을 반영, 재현하거나, 일반 사람들의 감상을 기다리는 고정된 생산물로 존재하는 것이 아니라, 인간의 삶을 창출하고 사회적 관계를 만들어가는 실천 행위의 형태로 사회 속에 존재한다는 것이다. 문화는 사회적 실재가 구성되는 과정 그 자체의 핵심적인 부분이며, 사회의 총체적 물질적 과정(the whole social material process)의 일부이다. 따라서 문화유물론은 문화적 실천 혹은 문화적 생산으로서의 문학을 접근하는 전혀 다른 방식을 제시한다. 문화유물론적 관점에서 문학은 우리에게 해석되고 감상되어야 할 대상으로서 존재하는 것이 아니라, 우리의 삶의 여러 관계와 조건들을, 가치와 의미들을 구성하고 만들어 주는 하나의 행위로 존재하게 된다. 레이몬드 윌리암즈는 이러한 관점의 변화를 "대상에서 행위로"라고 표현한다. 문학은 의미를 "생산"하고, 그에 따라 인간 주체를 생산하는 행위가 되는 것이다. (여건종)

물질성, 주체의 생산, 레이몬드 윌리암즈

참고문헌

Raymond Williams, Marxism and Literature, Oxford University Press, 1977.

문화 인류학/문화 정치학(文化人類學, Cultural anthropology)

인류의 생활 및 역사를 문화면에서 실증적(實證的)으로 연구하는 인류학의 한 부문. 자연인류학과 대치되는 용어로서 넓은 뜻으로는 선사적 고고학(先史的考古學), 인류학적 언어학, 민족학(民族學) · 민속학, 민속지(民族誌) 등 여러 분야가 포함되지만, 좁은 뜻으로는 사회인류학과 민족학의 두 분야를 지칭한다. 인류의 역사와 인류에 의한 소산(所産)을 대상으로 문화를 관찰하고 분석하여 종합하여 문화의 법칙성, 규칙성, 변이(變異)를 탐구하는 과학. 문화인류학이라는 용어를 사용하는 것은 미국의 경우이며, 영국에서는 사회인류학, 독일 오스트리아 그 밖의 유럽 여러 나라에서는 민족학이라고 부른다.

방법론으로는 문화진화론, 문화전파론, 문화사론(文化史論), 문화영역론, 문학통합형태론 · 문화기능론, 문화와 인격론, 문화구조론 등이 있다. 문화인류학은 18세기 후반의 프랑스에서 시작되어 19세기에는 이론적 기초가 세워졌다. 연구 대상은 주로 미개한 문화와 그 문화에 속한 사람들이지만, 최근에는 근대사회 문화를 담당하는 사람들과 역사적인 문화와 현재의 모든 문화가 그 대상이 되고 있다. 문자가 없는 미개한 문화 연구는 문헌 기록에 의지할 수 없으므로,

장기간에 걸친 현지조사, 유적과 유물 발굴 등으로 연구된다. 또 여러 다른 문화가 대상이 되므로 비교연구는 필수적이다. 19세기 후반 서구에서는 일부 인종과 일부 사회가 다른 인종과 사회보다 우월하다는 인종주의적 신념을 가지고 있었는데, 이는 1911년 보애스가 발표한 인류학의 일반원칙에 의해 무너졌다. 특정한 인종이 다른 인종보다 지적 활동에 더 적합한 두개골을 가지고 있다는 인종주의적 두개학의 오류를 밝히면서 문화의 차이는 전통과 환경에 의해 생겨나는 것이므로 우열을 가려 정할 수 없다고 하였다. (이상숙)

인류학, 문화상대주의

문화자본(Cultural capital)

한 공동체의 지배적인 권력 관계는 정치적, 경제적 자원의 불평등한 분배를 통해서 뿐만 아니라, 여러 가지 형태의 상징적 자원의 불평등한 분배를 통해 정당화되고 재생산된다. 프랑스 사회학자 피에르 부르디외는 이 상징적 자원의 핵심적인 부분을 문화적 자본이라고 부른다. 즉 인간의 문화적 행위가 한 사회의 위계적 질서를 유지하고 보존하는 권력의 기제가 된다는 것이다. 이러한 문화자본은 문자능력, 교육의 접근권, 문화예술 생산물의 향유능력 등 다양한 요소로 구성되어 있다. 개인의 기억에 따라 문화자본이 유지되던 선사시대와는 달리 문자는 '문화자본의 원시적 축적'을 가능하게 했다. 이때 문자능력을 습득한 소수의 지배 집단이 문자를 통해 전승되는 유산을 배타적으로 점유함으로서 한 사회가 공유하고 있는 의미와 가치의 생산을 성공적으로 통제하게 된다. 서구 중세사회의 지배 집단으로서의 중세 교회가 라틴어로 쓰여진 성경의 해석을 독점함으로서 봉건체제를 지속시킬 수 있었던 것이 한 예이다.

부르디외는 그의 대표적인 저작인 『구별짓기』(Distinction : A Social Critique of the Judgement of Taste)에서 문화자본과 사회적 계급에 대한 정교하고 실증적인 분석을 시도한다. 부르디외에 의하면 사회적 문화적 엘리트 집단은 가치 있는 문화와 그렇지 않은 문화의 구분을 통해 사회적 위계질서를 정당화하고 그것을 공고화시킨다. 즉 고급문화는 정교하고, 지적이며, 심각한 주제를 다루고, 영속적인 가치를 지닌 것으로 규정되는 반면, 대중문화는 사소하고, 지적으로 열등하고, 일시적 만족만을 주며, 퇴행적 효과를 가진다고 규정되는데, 이러한 구분은 곧 그것을 주로 향유하는 사회적 집단과 계층간의 사회적 경제적 차이를 인간의 보편적 능력과 지위의 차이로 전이시키는 기능을 하게 된다. 이 문화자본의 개념은 이후 문화연구의 실증적 작업에서 하위문화에서 일어나는 지배와 저항의 관계를 접근하는데 유용한 관점을 제공하게 된다. (여건종)

피에르 부르디외, 상징 자본, 문자능력, 하위문화

참고문헌

피에르 부르디외 외, 최종철 역, 『구별짓기 : 문화와 취향의 사회학』, 새물결, 1995.

문화적 페미니즘(Cultural feminism)

1960년대 후반과 1970년대 전반에 중심이 되었던 급진적 페미니즘에서 갈라져 나와 여성 고유의 문화를 발전시키고자 하는 페미니즘이다. 처음에는 비정치적인 급진적 페미니즘을 비판하기 위해 사용되었던 부정적 용어였다. 그러나 점차 남녀의 성차에 대한 인정과 더불어 남성들에 의해 왜곡되고 평가절하 되었던 여성적 특성을 보다 적극적으로 재평가한다는 긍정적 의미를 지니게 되었다. 때문에 이때의 여성문화는 하위문화나 종속문화가 아닌 대안문화로서의 의의를 갖는다.

역사적으로는 마가렛 풀러(Margaret Fuller)의 저서 『19세기의 여성 Woman in the Nineteenth Century』(1845)이 문화적 페미니즘의 전통을 창시했다. 이 책에서는 여성이 외부로부터의 지시를 받지 말고 스스로 자기 결정(self-determination)의 원리를 따라야 한다고 주장한다. 샬롯 퍼킨스 길만(Charlitte Perkins Gilman)은 『여성의 땅 Herland』(1915)에서 이런 주체적 여성 문화에 토대를 둔 모성적 유토피아를 구체적으로 형상화한다. 여성의 본질적 특성을 사랑, 창조성, 양육의 능력으로 보고 그 특성들은 여성이 아이를 낳음으로써 생기는 것이라고 규정한다. 그리고 이런 모성적 가치관을 토대로 평화와 생명의 긍정, 자연과의 친밀함, 타자에 대한 배려, 폭력의 종식, 협동과 화해 등을 이루려고 한다.

메리 데일리(Mary Daly)는 『여성 / 생태학 Gyn / Ecology』(1978)에서 남성중심적 이데올로기가 침투되어 있는 영어의 철자를 해체하여 여성중심적으로 재해석한다. 가령 기능부전(malfunctioning)에서 남성-기능(male-functioning)을, 임상의사(therapist)에서 겁탈자(the rapist)를 읽어내는 식이다. 그리고 '실잣기'라는 전통적인 여성의 활동을 통해 기존의 학문으로서는 감지할 수 없는 여성만의 제의, 상징, 언어를 지닌 새로운 문화를 창조할 수 있다고 보았다.

문화적 페미니즘의 이런 여성문화에 대한 강조는 여성적인 것을 긍정하면서 우월한 가치를 부여한다는 강점이 있다. 그러나 여성 억압적인 사회적 조건을 등한시함으로써 개인적인 차원에 머물게 하거나 성차에 대한 본질주의적인 태도로 인해 생물학적인 결정론에 빠지기 쉽다. 남성과 여성을 별개의 영역에 속하게 하는 분리주의적인 입장을 옹호할 위험도 지니게 된다. 그리고 여성 공통의 문화를 강조하다보니 여성들 사이에 존재하는 계급적·인종적 차이를 간과하는 약점도 있다.

1996년 한국에 소개되어 커다란 반향을 일으켰던 게르드 브란튼베르그(Gerd Brantenberg)의 소설 『이갈리아의 딸들 Egalia's Daughters』(1975)에서는 이갈리아라는 자유롭고 성취적이며 금기들이 없는 조화로운 여성중심 사회가 상정되어 있다. 신경숙의 「풍금이 있던 자리」나 최윤의 「속삭임 속삭임」 등에 나타나는 독특한 여성적 문체나 돌봄과 보살핌, 화해와 공존의 논리는 고유한 여성적 문화를 상정하게 한다. 김형경의 「푸른 나무의 기억」이나 한강의 「내 여자의 열매」, 이혜경의 「그늘바람꽃」 등에 나타나는 동물성에 대한 거부와 식물성에의 경도도 여성문화의 한 유형으로 볼 수 있다. (김미현)

페미니즘 비평, 문화, 여성성, 레즈비언 페미니즘, 급진적 페미니즘, 성차(性差)

참고문헌
캐롤 길리건, 허란주 역, 『다른 목소리로 : 심리 이론과 여성의 발달』, 동녘, 1997.

문화정치학(Cultural politics)

문화정치학은 문화적 행위나 문화 생산물이 가지는 정치적 성격에 대한 연구를 가리킨다. 이때 정치적이라는 것은 개인과 개인 혹은 인간 집단 간에 힘의 불균형, 권력관계, 지배와 종속의 관계가 형성되어있다는 것을 의미한다. "문화적인 것은 정치적이고 정치적인 것은 문화적이다"라는 말은 현대 문화연구에서 가장 핵심적인 명제 중의 하나이다. 인간의 문화적 행위와 그 생산물은 사회적 집단(계급, 성, 인종, 종교, 세대 등)간의 권력관계로부터 자유롭지 못하다는 점에서 근본적으로 정치적 과정이다. 그리고 그러한 권력관계가 형성되고 재생산되고 때로는 수정되고 전복되는 과정이 문화적 행위를 통해 진행된다는 점에서 정치적인 것은 문화적이다.

문화정치학은 문학을 포함한 문화 생산물을 주로 다양한 사회적 집단 간에 존재하는 지배, 종속, 전복의 관계에서 다루는 것이다. 페미니즘, 탈식민주의, 마르크스주의의 이론적 성과와 실제비평을 통해 전개되고 있는 이러한 작업에서 계급, 성, 인종은 문학을 비롯한 인간의 모든 상징적 재현행위를 접근하는 가장 기본적이고 독점적인 범주를 제공하게 되고, 지배, 종속, 저항, 전복, 봉쇄의 관계가 유기적 통일, 긴장관계, 플롯, 아이러니 등의 형식주의의 효과적 원리를 대치하게 된다. 문학작품은 특정한 해석적 도구와 능력을 습득한 사람들의 감상과 소비의 대상이 아닌, 사회적, 정치적 실천행위의 핵심적인 요소가 된다.

문화연구를 추진했던 근본적 동력 중의 하나가 현실에의 비판적 개입을 통한 지배적인 힘에 대한 저항을 만들어 내는 것이었다면, 권력관계가 우리 삶의 보다 깊은 층위에서 작용하는 방식을 인식하고 그것을 드러내는 작업은 문화연구의 기획에 핵심적인 부분이며, 후기구조주의와 마르크스주의의 지적 성과가 이러한 문화연구의 기획에 중요한 철학적 원천과 정치적 잠재력을 제공해왔다는 것은 부정할 수 없다. 그러나 문화의 정치적 성격이 지나치게 강조되면서 문화적 행위의 특수성이 정치적 요소로 환원되는 문제점에 대한 비판도 제기되고 있다. (여건종)

권력관계, 지배, 전복

참고문헌
안토니오 그람시, 이상훈 역, 『그람시의 옥중수고』, 거름, 1993.
Raymond Williams, Marxism and Literature, Oxford University Press, 1977.

문화 제국주의(文化帝國主義, Cultural imperialism)

부와 권력을 갖춘 발전된 자본주의국가와 상대적으로 힘이 약한 저발전국가(아시아, 아프리카, 남미, 제 3세계 국가 등) 사이의 지배와 종속의 문제가 문화에도 적용된다는 견해. 발전된 자본주의 국가의 상품, 유행 등의 문화가 저발전국가로 유입되고 종속 국가의 시장은 지배국가의 문화에 대한 수요와 소비를 창출하고 발전시키는 종속시장이 된다는 것이다. 이 과정에서 저개발국가의 고유한 문화는 외래문화, 지배국가의 문화에 의해 지배당하고 침탈되고 대체되며 도전받는다. 이 때 다국적 기업은 이때 매우 중요한 역할을 한다. 다국적기업은 자신의 생산물을 세계 경제를 통해 널리 확산시키려하고, 그를 위해 즉 자본주의 체제에 부합하는 이데올로기를 상품이나 문화와 함께 전파한다. 여기에 매스미디어의 영향 또한 중요하다. 문화제국주의는 강력한 커뮤니케이션을 장악하여 경제적 이익을 얻고 이차적으로 그 나라의 고유문화를 사장시켜 문화적 지배—종속의 질서를 영구화하려 한다. 매스미디어를 통해 신제국주의 국가의 소비, 가치, 생활 등을 호의적으로 묘사하고 전통사회구조의 해체와 전통적 가치지향에 대한 혼란을 촉진한다.

오늘날의 자본주의 문화는 문화영역에 자본이 침투하여 다른 산업과 마찬가지로 문화도 문화산업이라는 경제적 하부구조에 의해서 상품 생산과 교환 과정을 통해 경제적 잉여를 창출한다. 문화소비자로서 개인은, 자신에게 대리적인 만족이나 쾌락주의적 만족을 제공하는 자본주의 대중문화를 소비하면서 탈정치화되고, 자본주의 문화체계에 자연스레 편입된다. 자본주의 문화를 통한 문화적 종속은 세계자본주의 시장구조의 필요성에 의해 만들어진 세계시장이 최우선의 필요조건으로 하는 것이다. 문화적인 지배는 세계시장구조가 계속 지원 발전시키게 될 영속적인 지배이며, 문화제국주의는 자본주의 문화의 현실에 대한 여실한 정의라 할 수 있다. (이상숙)

지배 종속이론

참고문헌
존 톰린슨, 『문화제국주의』, 나남.

물감설(物感說)

허다한 문예이론서에서는 "사람은 나서 조용한데, 사물의 기운에 촉발되어 움직임이 일어난다"고 하였다. 이것이 인간과 자연과의 최초의 문예미학적 교감이라 할 수 있다. 육기(陸機)는 문학의 창작과정을 세밀하게 묘사한 「문부(文賦)」에서 작품을 구성하는 과정으로 경물로부터 감정이 생겨난다(卽景生情)는 논리를 제기했는데, 이는 문학이란 인간의 정감(情感)이 외부의 사물을 보고 거기서 일어나는 느낌이라고 본 것이다. 이것이 물감(物感) 이다. 모시서(毛詩序)에서는 "인간의 정감이 내부에서 운동하다가 언어로 표현되었다(情動於中而形於言)"고 했는데, 육기는 외부와의 접촉에 의한 감정의 발생과정을 유의한 것이다. 종영과 유협 역시 이러한 관점을 계승하여 체계화에 박차를 가하였다.

중국 고대의 문학이론 중에 정(情)·경(景)의 관계는 심(心)·물(物)관계로 말해지는데, 좁은 뜻의 "경"은 자연 경물을 가리키고 넓은 뜻의 "경"은 예술 작품 중의 형상을 가리킨다.

문학작품 특히 시가는 사람의 감정을 표현한다. 그러나 '정'은 '경'이 없으면 또한 예술이 되지 못하고 예술의 '정'의 탄생도 역시 '경'을 떠날 수 없다. 예술 작품의 '정'은 추상적으로 표현할 수 없으며, 그것은 필연적으로 일정한 '경'을 빌어서 나타날 수 있다는 것이다. 또 근본적으로 작가의 사상·감정은 결국 객관적인 현실 생활의 접촉을 받아야만 비로소 창작의 욕망이 생기기 때문에 이러한 사상·감정은 결국 일정한 현실 생활과 떼어놓을 수 없는 밀접한 관계를 갖는다. 예술 창작의 실제 상황에서 본다면, 설사 가장 순수한 서정일지라도 역시 결국 일정한 "정 속의 경(情中景)"이 있다.

두보는 「등악양루(登岳陽樓)」 시에서 "친한 벗은 한 글자도 없고, 늙고 병들어 외로운 배가 있네(親朋無一字, 老病有孤丹)"라고 하였다. 이것은 '정(情)'을 그린 것이지만 또한 구체적인 '경(景)'이 존재한다. 정은 다만 구체적이고 형상적인 '경'을 통해야만 비로소 사람들로 하여금 느끼고 체득할 수 있게 하고, 또 구체적이고 생생하며 투철하게 전달 할 수 있다. 경은 정을 접촉하고 정은 경을 움직이며, 이 양자의 조화로운 통일을 통해 예술성이 높아진다고 할 수 있다. 그러므로 '정(情)을 말하는 것'은 그저 일반적인 언정(言情)이 아니라 "경(景)을 그리는 심리로써 정을 말해야(以寫景之心理言情)"만 하는 것이다.

마음의 세계는 말로는 투철하게 표현하기 매우 어렵다. 이른바 "경을 그리는 심리로 정을 말한다"는 것은 '언정'이 구체성·형상성을 갖게 하고 정과 경이 서로 결합하게 할 수 있다는 뜻이다. 이 때문에 사진(謝榛)은 『사명시화(四溟詩話)』에서 "시를 짓는 것은 정과 경에 뿌리를 두고 있어서 혼자서는 스스로 이루어지지 않고 양자는 서로 어긋나지 않으며", "정과 경이 서로 접촉되어 시가 되는데 이것은 작가의 상례이다"라고 하였다. 나아가 왕국유(王國維)는 의경(意境)론을 제시하면서, 자연과 자아가 합일되는 무아지경(無我之境)의 융화경을 이상적 경지로 삼았다. 이러한 정경교융(情景交融)의 심미야말로 중국문예미학에서 궁극적으로 추구하는 경지이다. (오태석)

물감설, 정경교융, 무아지경, 『예기·악기』, 종영, 의경(意境)

참고문헌
周勳初, 중국학연구회 고대문학분과 역,『중국문학비평사』, 이론과 실천, 1992.
이병한 편,『중국고전시학의 이해』, 문학과 지성사, 1990.

물신주의 ☞ 페티시즘

물질적 상상력과 형태적 상상력

물질적 상상력은 물질의 내면성에 의해 유발되는 상상력이다. 물질적 상상력은 물질 표면의 피상적, 장식적인 인식에서 실체에 대한 각성으로 이어진다고 한다. 베르그송은 비현실적이고 존재하지 않는 사물들에 대한 구체적인 재현을 상상력이라고 했는데, 이러한 상상력을 통해 시인은 현실이나 기억, 지각으로부터 초월하여 새로운 이미지를 만들어 낼 수 있다. 바슐라르는 이미지를 형태적 측면(구조주의 언어학)이나 역사적이고 심리적인 측면에서 연구하는(심리 비평) 방법과는 확연히 갈라지는 새로운 방법론, 즉 이미지를 낳게 하는 근본적 동사적 힘의 차원에서 연구하는 방법의 원칙을 확립했다는 평가를 받으며, 상상력을 그런 차원에서 바라볼 때, 잡다해 보이고 자유로워 보이는 상상력에 일정한 논리가 있고, 분류화가 가능하다고 했다.

형태적 상상력이란 전통적인 경험론에서 표면에 드러나는 형태적 이미지만을 상상력의 대상으로 생각하여 대상을 기억하는 능력이다. (이상숙)

상상력, 바슐라르

참고문헌
바슐라르, 『대지 그리고 휴식의 몽상』, 문학동네.

물화/사물화(物化/事物化, Reification, 독 Verdinglichung)

자율적으로 자기결정에 따라 자유롭게 주체적으로 행위한다고 생각되는 인간의 행위나 사회적 존립상태가 특정 사회적 관계나 가치체계 안에서 자율성이나 주체성을 박탈당한 채 마치 인간 아닌(비인간적) 존재자나 물질처럼 취급되는 상태를 가리킨다.

이 개념은 맑스가 『자본론』에서 상품의 물신성을 논하면서, 상품의 유통을 통해 저절로 가치가 늘어나는 것처럼 보이는 과정이 실은 자본가가 노동자의 노동력을 투하시켜 상품을 만들면서 거기에 대해 충분히 대가를 지불하지 않고 시장에 유통시켜 거기에서 나온 이윤을 독점하는 과정으로 해명하면서 제기한 물상화(物像化 Versachlichung) 개념에서 유래한다. 즉 '임금을 지불한 노동력의 투하 → 상품 생산 → 소비자 구매 → 이윤실현'이라는 물건의 이동 과정은 '자본가 → 노동자 → 소비자 → 자본가' 로 이루어지는 인간들 사이의 사회적 관계, 이 경우 자본에 의한 노동의 착취라는 부정적 인간 관계가 물질적 관계처럼 보인 결과 나타난 현상이라는 것이다.

결국 이윤 추구를 최종 목적으로 하는 자본주의 인간관계를 상품의 물신화로 포착한 맑스의 물상화 개념이 제기된 이래 인간에 대한 비인간적 차별이나 착취, 또는 편견화의 상태와 그것을 조장하는 인간들 사이의 관계를 광범하게 포착하는 일반적 개념으로서 물화 개념이 사회학적 분석에 통용되었고, 역사적 현상을 분석하는 것으로도 그 적용 외연을 넓혔다. 이 경우 인간의 물화는 대체로 인간 개체를 통째로 노동도구나 노예 상품으로 취급하는 '인간 그 자체의 물화', 자기 행위에 있어서 자율성을 상실하거나 박탈당한 채 타율적인 조작의 대상으로 종속화되는 '인간 행위의 물화', 그리고 전반적인 생활연관에서 특정 시간대나 능력을 일정한 대가와 맞바꾸는 것으로 구획짓는 '인간능력의 물화'등으로 구분되어 고찰될 수 있다. (홍윤기)

노동, 소외, 물상화

참고문헌
게오르그 루카치, 박정호·조만영 역, 『역사와 계급의식』, 거름, 1992.

_____, 변상출 역,『이성의 파괴』1~2권, 백의, 1996.
칼 마르크스, 김수행 역,『자본론』제1권 제1책, 비봉출판사, 2001, 제2개역판.

물활론(物活論) ☞ 애니미즘

뮤즈(Muse)

제우스와 므네모시네(기억) 사이에서 태어난 딸들로 무사이 여신이라고도 한다. 뮤즈들은 미술, 음악, 문학의 여신으로, 나중에는 역사, 철학, 천문학 등 광범위한 지적활동을 맡아보는 여신이 되었다. 뮤즈들은 그녀들로부터 영감을 느끼고 그녀들의 도움을 열망한 시인들에게 인기가 있었다. 뮤즈들은 9명으로 칼리오페 Calliope는 '아름다운 목소리'라는 뜻으로 서사시를 담당했으며, 클레이오 Clieo는 '명성'이라는 뜻으로 역사를, 에우테르페 Euterte는 '기쁨'이라는 뜻으로 피리불기를, 테르프시코레 Terpsichore는 '춤의 기쁨'이라는 뜻으로 서정시 또는 춤을, 에라토 Erato는 '사랑스러움'이라는 뜻으로 서정시 또는 노래를, 메르포메네 Merpomene는 '노래하는 것'이라는 뜻으로 비극을, 타레이아 Thalia는 '풍요로운 환성'이라는 뜻으로 희극을, 폴림니아는 Polyhymnia는 '많은 노래'라는 뜻으로 홍내를, 그리고 우라니아 Urania는 '천공의'라는 뜻으로 천문을 담당했다.

이러한 전설에 의해 뮤즈는 시인, 무용가, 음악가, 작가들에게 영감을 일으키는 존재들이라는 의미로 사용되었다. 미술관(museum)이나 음악(music)의 어원도 여기에서 유래한 것이다. (이상숙)

영감, 시의 신

참고문헌
유경희,『예술가와 뮤즈』, 아트북스.

뮤지컬

1920년대 말기부터 현대음악극의 한 양식으로 뮤지컬이 나타나기 시작했다. 뮤지컬 드라마(musical drama)를 보통 뮤지컬이라 약칭한다. 1940년대 전반기 세계대전의 분위기 속에서 서양 뮤지컬은 대중극의 총아로서 확고히 자리를 굳혔다. 춤과 노래라는 감각적인 언어와 행위로 이야기를 전달한다는 특성 때문에 뮤지컬은 대중성을 담보한다. 한국에는 1960년대부터 뮤지컬 양식이 본격적으로 수용되기 시작했다. 1960년대 중반 무렵까지<오클라호마>, <쇼 보트>, <회전목마>, <왕과 나>, <남태평양>, <7인의 신부>, <지지>, <캉캉> 등의 뮤지컬 영화가 연이어 수입 상영되었다. 이에 따라 관객들은, 비록 무대는 아니지만, 영상매체를 통해 뮤지컬을 익히 관람할 수 있게 되었다. 브로드웨이 뮤지컬을 직접 관람하고 돌아온 유치진은 거슈인 작곡의 <포기와 베스>(1962. 8)를 이해랑 연출로 드라마센터 무대에서 올렸다. 극단 실험극장은 김형찬 작곡의 <갈대의 노래>(1964. 11)를 서사극형 뮤지컬로 시도했다. 서강대에서 학생들이 공연한 <성춘향>(1965. 4)은 윌리엄 H. 퀴어리 신부가 작사, 작곡, 연출까지 도맡아 제작한 것이다.

뮤지컬의 본격적인 시발은 소위 2차 예그린악단의 <살짜기 옵서예>(1966. 10)였고, 작곡과 지휘를 최창권이 전담했다. 예그린은 첫 작품으로 <삼천만의 향연>(1962. 1)을 시민회관에서 상연함으로써 일반에게 알려졌다. 이 공연 형식은 민요, 판소리, 농악, 민속무용에서부터 합창과 양악에 이르기까지 일관된 극적 줄거리 없이 엮은 '종합무대 구성'이었다. 김생려가 단장 겸 상임지휘자로 있었던 제1차 예그린악단은 뮤지컬도 악극도 아닌 이러한 공연을 6회 상연하고, 1963년 5월 해산되었다. <살짜기 옵서예>는 고전소설<배비장전>을 각색한 것으로, 전문 배우가 없었기 때문에 패티김, 곽규석, 김성원 등 연극, 음악, 무용계의 전문가들과 인기 연예인이 참여했다. 짧은 공연 기간에도 불구하고 많은 제작비를 상회할 만큼의 흥행 성적을 올렸다. 1980년대 들어서 뮤지컬을 본격적으로 받아들일 수 있는 사회적인 분위기가 형성되었다. 대표적인 현상으로는 극단 민중, 광장, 대중이 공동제작한<아가씨와 건달들>(1983. 12)의 흥행성공이었다. 우리극단 마당은 유승엽 작곡의 <님의 침묵>(1984. 3)을 무대에 올렸다. 시립가무단은 김희조, 장익환 작곡의 <양반전>(1986. 8)을 박지원의 원작을 바탕으로 새롭게 공연했다. 88서울올림픽을 겨냥한 새로운 관립 뮤지컬단인 88서울예술단은 총체극 <새불>(1987. 3)로 공연을 시작했다. 1990년 88서울예술단은 서울예술단으로 개명되어 문화부 산하의 재단법인으로 새롭게 태어났다. 90년대부터 뮤지컬을 전문으로 하는 제작사들이 생겨나고, 대중적인 연극을 주도하는 현상이 대두되었다. (서연호)

오페라, 연극

참고문헌
서연호, 『한국연극사(현대편)』, 연극과인간, 2005.
문호근, 『한국의 음악극, 한국의 공연예술』, 현대미학사, 1999.
최창권, 『뮤지컬』, 한국음악총람, 1991.
The New Encyclopaedia Britannica(Musical), 1994.
Martin Banham, The Cambridge Gaide to World Theatre, Cambridge University Press, 1988.

미(美, Beauty, 프 Beauté, 독 Schönheit)

미는 감각, 특히 시청(視聽)을 매개로 얻어지는 기쁨 · 쾌락의 근원적 체험을 주는 아름다움을 총칭한다. 지금까지 아름다움이 존재할 수 있는 원리는 조화나 균형에 있다고 여겨왔다. 플라톤에 의하면 모든 미적 대상은 '미'의 이데아를 분유(分有)함으로써 비로소 아름답다고 하였다. 미는 개체의 감각적 성질에 있는 것이 아니라 모든 미적 대상에 불변하는 '형태'로 나타나는 초감각적 존재이며 균형 · 절도 · 조화 등이 미의 원리라고 하였다. 중세의 아퀴나스는 미를 완전성 · 조화 · 빛남 속에서 구하였다. 즉 그는 "미는 완전성과 조화를 갖춘 사물이 거기에 간직된 형상의 빛남을 통해서 인식될 때 비로소 기쁨을 자아낸다. 미는 신의 빛이고 그 빛을 받아서 완전한 형태로서 빛나는 것"이라고 보았다. 그런데 이와 같은 고전적인 이념과는 달리 근대에 와서는 때때로 동적이고 발전적 생명감의 발로로서 혼돈된 전체 속에 미가 추구된다. 예를 들면 19세기의 낭만파 사람들은 고대인들이 추구한 조화의 이상을 버리고, 내면적 부조화 속에서 감정의 충일과 자아의 열광에 의해서 새로운 예술미가 창조된다고 생각하였다. 또한 미는 변하지 않는 형상에 있는 것이 아니라 단지 현상으로 나타나는 것으로, 숙명적으로 덧없는 성질을 가지고 있다고도 설명하였다. 또한 19세기 말의 예술가들에게는 미라는 것이 이미 일정한 규범에 입각한 영원부동의 원리가 아니라 그것은 오히려 관능의 도취를 가져오는 생명의 연소이며 찰나적인 감각의 충족감에 지나지 않았다.

　'영원'이란 관념을 가지지 않는 사람의 눈에는 '멸망하고 있는 것의 아름다움'도 비치지 않을 것이다. 덧없는 아름다움이 우리들 앞에 나타나는 현상의 배후에는 고전적 질서를 지향하는 아름다움의 좌절을 통해서 혼돈에의 불가피한 충동이 눈을 뜨게 된다는 생명의 역학(力學)이 숨어 있다. 미는 원래 '진·선·미'로 병칭되어, 인간이 추구해야 할 중요한 가치로 여겨왔다. 미는 특히 선과 밀접하게 관련된다. 플라톤은 미(칼로스, kalos)와 선(아가톤, agathon)이 하나가 된 상태로서 칼로카가티아(kalo−kagathia, 아름답고 선한 것)라는 이상을 내세우고 있다. 인생에 유용한 것, 목적에 합치된 것이 선인 동시에 미라고 여겼다. 이에 반해서 근대 미학에서 미는 오로지 우리들의 감성에 조응(照應)하는 것이라고 생각하였기 때문에 미를 선으로부터 분리시키는 경향을 나타냈다.

　칸트에 의하면 미는 단순히 감성적 인식으로서 주어지는 것이므로, 아름다움의 쾌감은 존재에 대한 무관심성에서 성립된다. 그것은 일반적인 쾌락과 같은 경향성에 의한 속박도 없고 존경에 의한 명령도 없으며, 사람의 마음속에 형성되는 만족감으로서 자유스러운 놀이의 상태에서 발견할 수 있다. 그런 뜻에서 선이나 유용성이 요구하는 합목적성으로부터 해방되어 있다. 미는 도덕법과 같이 보편적 승인을 요구하지 않으나, 승인을 기대한다. 쾌락에 대한 판단은 전적으로 주관적인 것이지만 미적 판단은 보편성·객관성이 요구된다. 그러나 그 보편성은 진(眞)이나 선(善)의 판단에서 요구되는 것과 같은 개념의 보편성은 아니다. 따라서 미는 '개념 없이 보편적으로 만족을 주는 것'으로 정의된다. 이와 같이 칸트의 이론에서 미는 독자적인 감성적 인식의 영역에서 그 위치를 차지한다. 그러나 미를 진이나 선에서 분리시키고 감성에 대응하는 면에서만 추구해갈 때에 미는 악과 결부되는 경향으로 흐르기 시작한다. 실제로 19세기 말의 데카당스나 위기시대의 보들레르나 와일드, 사르트르나 주네에 의해서 미와 악과의 결부가 추구되었던 것이다. 미가 진이나 선과 단절되면, 반대로 부조리나 악과 결합된다. 그만큼 미의 자율성을 확립하기란 곤란한 일이다. (유성호)

추, 미학, 쾌, 데카당스

참고문헌
자라 외, 송재영 역, 『다다, 쉬르레알리슴 선언』, 문학과지성사, 1987.
볼프강 카이저, 김윤섭 역, 『언어예술작품론』, 대방출판사, 1984.
현대문학사 편, 『시론』, 현대문학사, 1999.

미결정성(未決定性, Indeterminacy)

데리다의 중요 개념 중의 하나인 "미결정성"은 괴델의 고등수학론에서 차용된 용어이다. 괴델은 형식적 공리 체계는 필연적으로 불완전하며, 그것은 결정 불가능을 의미한다고 본다. 괴델의 이론은 어떤 공리 체계에서든 문제의 요소가 체계에 속하는지 속하지 않는지 결정할 수 없는 경우들이 공리에서 파생될 것이라는 점을 제시한다. 미결정성은 체계가 확장될 수 있다는 징표이며, 완결 과정은 결코 완결될 수 없다. 체계를 만들 수는 있지만 체계 자체도 확장의 필요성을 지닌 연속 과정에 속하며 연속과정이 있는 한, 연속 과정을 완벽한 요약적 형식으로 환원하는 일체의 최종적인 범례적 단일 체계는 반드시 불완전하며 잠재적으로 자체 모순적이게 된다. 과학과 논리학의 경우도 근본적으로 마찬가지 점이 시사된다. 데리다는 미결정성의 원리를 이용하여 삶의 모든 국면과 순간들을 만족시키고 세상만사에 궁극적 해답을 주는 단일 토대를 설정할 수 있다는 철학적 가설을 비판하고, 아울러 세상의 진리나 의미를 완벽하게 설명하는 형식적 · 논리적 공리 체계를 구축할 수 있다는 가설도 비판한다. 마르크스주의와 해체론을 비판적으로 접목시키고 있는 마이클 라이언에 의하면 미결정성이란 시간적 · 공간적 반복 작용, 차이 작용, 보충 작용, 관계 작용 등의 원리에 의하여 다양한 요소들이 복잡하게 얽히고 섥켜서 구성되는 물적 현실의 복합적 결정 관계를 단일한 방법이 아닌 구체적이고 복합적인 방법으로, 즉 지배적 요소에만 입각하여 다른 요소들을 생략 내지 배제하는 방법이 아니라 다양한 구성 요소들을 잘 헤아려 고려하는 방법으로 설명하는 것을 말한다. 라이언은 해체론이 제시하는 미결정성의 개념이 인식론적 허무주의와 정치 포기주의를 의미하는 것이 아니라 권위를 실체적 차원보다 기능으로 생각하고 실천해야 할 것이라는 점을 시사한다고 본다. (윤송아)

괴델, 데리다, 해체론

참고문헌
마이클 라이언 저, 윤효녕 역, 『마르크스주의와 해체론』, 한신문화사, 1997.
윤효녕 외, 『주체 개념의 비판』, 서울대학교출판부, 1999.
최용호, 『텍스트 의미론 강의』, 인간사랑, 2004.

미니멀리즘(Minimalism)

'최소한도의, 최소의, 극미의'라는 minimal에 'ism'을 덧붙인 미니멀리즘은 '최소한주의'라는 의미로 미술과 음악분야에서 처음으로 대두되어 사용되었으며, <더 적은 것이 더 많다> 또는

<작은 것이 아름답다>는 심미적 원칙에 기초를 두고 있는 예술전통을 말한다. '미니멀리즘'이라는 용어는 1960년대 중반 비평가 로즈(Babara Rose)가 처음으로 사용했다. 사물의 본질을 가장 단순하고도 최소한의 스케일로 표현한다는 미니멀리즘은 미술 분야에 있어서는 회화와 조각을 필수적인 것으로 환원시키는 근대적 목표를 의미하며, 이 경우 기하학적 추상의 필수적인 것만을 수용한다. 미니멀리즘이 본격적인 문학 현상으로 대두되기 시작한 것은 제2차 세계대전 이후의 일로서, 미국의 소설가 존 바스는 베트남 전쟁의 후유증, 1973~1976년의 에너지 위기와 그에 따른 과소비에 대한 비판, 글을 쓰고 읽는 능력의 저하, 책 읽는 시간의 감소 등 제2차 세계대전 이후 미국의 정치적·사회적 현실과 문화적 상황에서 그 원인을 찾는다. 최소한의 노력으로 최대한의 효과를 얻는다는 경제 원칙에 입각해 있는 미니멀리즘은 문자 그대로 절제와 응축 그리고 경제성을 가장 핵심적인 서술 전략으로 삼는다. 미니멀리즘 작가들은 어휘나 문장 구조 또는 수사학에 있어서는 말할 것도 없거니와, 작중인물이나 플롯 행위 등에 있어서도 경제 원칙을 적용한다. 프레드릭 R. 칼의 지적대로 미니멀리즘 작가들은 일견 불필요하다고 생각되는 부분을 과감하게 생략함으로써 오히려 더 많은 효과를 얻고자 시도한다. 미니멀리즘 작가들은 구체성이 결여되어 있는 추상적이고 막연한 이야기를 즐겨 구성한다. 따라서 미니멀리즘 작품에서는 인과관계에 따른 논리적이고 짜임새 있는 플롯보다는 오히려 에피소드에서 흔히 볼 수 있는 산만하고 느슨한 플롯이 많이 사용된다. 언어 사용에 있어서도 최대한 경제적으로 절제하여 사용할 뿐만 아니라 경우에 따라서는 언어보다 침묵을 지향한다. 추상적인 단어보다는 짧고 친근한 단어, 생략 구문, 파편적인 문장, 단문, 단순하고 소박한 비유나 수사, 반복적이고 단속적인 표현이나 상투적인 표현의 대화 등을 사용한다. 이렇게 경제적이고 축소지향적인 성격을 지니고 있는 미니멀리즘은 주로 단편소설이나 중편소설을 통해 가장 잘 구현된다. 미니멀리즘 소설은 미메시스 이론이나 그것에 기초를 둔 재현성을 거부하고 '낯설게 하기'기법을 핵심적 장치로 사용함으로써 재현성에 도전하고자 한다. 또한 서사시적 나열법이나 패러디 또는 독백과 같은 다양한 문학적 장치를 통하여 자기반영성을 강조함으로써 반재현성을 강조하기도 한다. (윤송아)

포스트모더니즘, 맥시멀리즘, 빙산이론

참고문헌

Cynthia Whitney Hallett, Minimalism and Short Story—Raymond Carver, Amy Hempel, and Mary Robison, New York : The Edwin Press, 1999.

김욱동, 「축소지향의 미학」, 『문학을 위한 변명』, 문예, 2002.

미디어 연구(Media studies)

미디어를 연구하는 학문. 라디오, TV, 신문, 잡지, 인터넷, 영화, 음악 등의 매스 미디어와 디지털 매체 등 뉴 미디어의 미학과 기술, 그것이 사회에 미치는 영향을 예술, 기술, 인문사회적 측면에서 다학제적으로 연구하는 학문이다.

미디어의 중요성은 마샬 맥루한의 매체 결정론에서 잘 드러난다. 그에 의하면 커뮤니케이션의 현상에서 본질적으로 중요한 것은 전달되는 메시지가 아니라 언어, 화폐, 활자, 사진, 영화, 텔레비전, 컴퓨터와 같은 매체이다. 한 사회에서 지배적으로 사용되는 매체의 특성이 그 사회의 구성원들이 생각하고 행동하는 방식을 결정한다. 이처럼 영향력이 큰 미디어가 인간의 학습 방식, 상호작용에 미치는 영향을 연구하거나 커뮤니케이션 현상으로 분석하는 방법, 기호론적, 미학적으로 접근하는 방법 등이 있다.

최근 MIT의 미디어 랩의 사례는 미디어 연구의 새로운 가능성을 열어놓고 있다. 경직된 사고로는 멀티미디어의 개념을 뛰어넘는 그 이상의 새로운 미디어 관련 개념화를 이룰 수 없다는 이념아래 다양한 학문이 교차하는 창조적 실험장으로서 운영되고 있다. 이 연구소의 목적은 단순한 소프트웨어나 하드웨어의 개발의 차원이 아니라 그것들이 구체적으로 하나의 현상에 접합되는 적절성을 지닌 창조적 개념화이다. 홀로그램 등의 3차원 연구, HD TV, 쌍방향 TV 등이 모두 이 연구소의 산물이다.

NIE 프로그램은 한 주제에 다학제적 연구가 필요함을 드러내는 좋은 예이다. 뉴스 제작의 효율성을 위한 연구로 첫째, 기술 분야, 둘째, 소비자 행동을 모델링하고 관찰하는 분야, 셋째, 뉴스의 제공 및 인터페이스 디자인, 넷째, 실생활의 효율성을 검증해보는 분야로 나뉜다. (최혜실)

멀티 미디어, 쌍방향성

참고문헌

Marchal Mcluhan, Understanding Media, Mc Graw / hill, 1964.
스튜어트 브랜드, 김창현·전범수 역, 『미디어 랩』, 한울, 1996.

미디어 연구로서의 문예학

새로운 미디어 환경으로 인해 인간 소통의 형태가 새롭게 요구되고 있다. 사진·화상·이미지들이 미디어로 이룩된 현실 속에서 물신화되어간다. 이럴 때면 항상 얘기되어지는 것이 문학의 위기에 관련한 담론이다.

텍스트 생산의 사회 조건의 변동은 신문·잡지·단행본 등의 문자 미디어가 영화·TV·비디오·통신망 등의 새로운 매체 형식에 의해 도전을 받는다. '미디어 연구(media studies)'로 이룩된 새로운 패러다임은, 하위문화에 대한 새로운 인식, 대중 커뮤니케이션에 있어서 이데올로기의 역할 및 주체(subject) 형성의 문제의식 등을 문제삼고 있다.

미디어 연구와 문예학의 학제적(學制的)인 상호 관련의 양상을 보이게 한 '미디어 연구로서의 문예학'은 문예학이 문학 텍스트를 연구하는 한, 미디어 사회로 진행된 사회 발전을 통해 새롭게 재편성되어야 한다는 관점에서 제기된 문예학의 특수한 영역이라고 하겠다.

오늘날에 있어서 문학 작품이 영화화되거나 TV드라마로 재구성되는 경우는 더욱 힘을 얻고 있다. 미디어 사회화 과정에서 문학이 그 나름대로 입지를 마련한다면 문학 연구도 정당하게 살아남을 여지와 권리를 누리게 될 것이라는 희망도 있다. 이 사실은 영상문학의 존재 의의를 분명히 밝힌 것이라고 해도 좋을 것이고, 상호미디어성 범주 속에서 문학 현상의 재맥락화를 이룩한 것이라고 간주해도 좋을 것이다. 미디어 연구로서의 문예학은 독일 구성주의 문예학에 간여한 학자들이 먼저 문제 제기했다. (송희복)

미디어 연구, 대중 커뮤니케이션, 영상문학, 상호미디어성.

참고문헌
차봉희, 「미디어학으로서의 문예학」(『문학사상』, 1995, 3), 문학사상사.
이효인, 『영화 미학과 비평 입문』, 한양대출판사, 1999.

미디어(Media)

미디어란 인간 사회에서 자신의 의사나 감정 또는 객관적 정보를 서로 주고받을 수 있도록 마련된 수단을 가리키는 말이다. 그러나 뉴 미디어의 등장과 매스미디어의 보급으로 인해 현대 사회에서의 미디어는 단순한 수단이 아니라 인간이 사는 사회 전체를 통괄하고 제어하는 기능까지도 떠맡게 되었다. 마샬 맥루한은 이러한 미디어의 특성을 '미디어는 메시지다'라는 문장을 통해 확인시켜준다. 맥루한은 모든 미디어가 우리 자신의 확장이며, 이 미디어의 개인적 및 사회적 영향은 우리 하나하나의 확장, 바꾸어 말한다면 새로운 테크놀로지 하나하나가 우리에게 도입되는 새로운 척도(尺度)로서 측정되어야 한다고 말한다. 즉 현대 사회에 있어 미디어는 인간의 상호 관계와 행동의 척도를 만들어내고 제어하는 것으로서, 인간에게 심리적, 사회적 영향을 미치는 것으로서 존재한다.

미디어에 대한 연구는 1950년대 이후 미국과 영국을 중심으로 하여 발전되었다. 특히 TV와 영화 분야에서의 학술적인 연구 성과는 영국에서 보다 두드러지게 나타난다. 미디어 연구는 미디어의 영향력 자체에 대한 관심에서 출발하여 점차 미디어 컨텐츠의 특성으로 옮겨지고, 각 특성들의 요소들과 '원인'에 대한 조직적 배경에 대한 연구로까지 진행되고 있다. 출발할 때에는 주로 뉴스를 중심으로 한 언론 분야에의 관심이 높았던 미디어 연구는 이후 드라마, 음악, 오락 등 언론 외적인 컨텐츠 생산에도 관심을 갖게 된다.

문학 연구자들은 뉴 미디어의 보급이 문학의 위기를 초래하였다고 진단한다. 과거 문학이 담당했던 정보와 오락 기능을 뉴 미디어가 대신함으로서 현대인들의 문학에 대한 외면이 시작되었다고 보는 것이다. 그러나 미디어의 보급과 그에 대한 연구의 진행은 문학 연구가 가진 견고한 정전(Canon)의 개념을 무너뜨리면서 문학 연구의 새로운 방향을 마련한다. 연구에 있어 매체 자체에 대한 폭넓은 선택이 가능해지면서 동시에 인간의 소통이라는 데에 관여하고 있다는 점에서 미디어 연구는 위기에 다다른 문학 연구의 또 다른 탈출구가 되었다. (박명진)

매스 커뮤니케이션, 매스 미디어, 뉴 미디어

참고문헌
데니스 맥퀘일, 양승찬 · 강미은 · 도준호 공역, 『매스커뮤니케이션 이론』, 나남, 2002.
마샬 맥루한, 박정규 역, 『미디어의 이해 : 인간의 확장』, 커뮤니케이션 북스, 1997.
조창화, 『21세기 방송론』, 나남, 1998.

미래주의(Futurism)

20세기 초에 일어난 이탈리아의 아방가르드운동으로 미래파라고도 하며, 이탈리아어로 '푸투리스모'라고 한다. 미래주의는 그 이름이 시사하는 것처럼 20세기의 예술을 주도하기 위해 처음부터 명확한 이념과 방법에 대한 의식을 가지고 등장한 아방가르드 운동의 최초의 형태이다. 미래주의자들은 입체파의 영향을 받았는데 1909년에 「미래주의 선언」을 프랑스의 『피가로 Le figaro』지에 발표한 마리네티에 의해 이 운동이 주도되었기 때문이다. 마리네티는 세계의 본질이 운동과 생명력에 있다고 파악하고 현대예술은 기존의 조화, 비례, 통일과 같은 고전적 미학교범을 파괴하고 전통을 부정하며 기하학적으로 고안된 언어형식을 통해 자동차나 기관총 소리, 계계의 소음, 폭력과 모험 등의 현대적 경험을 시에 도입해야 한다고 주장했다.

미래주의자들은 기계문명이 가져온 현대 도시의 운동성과 속도감을 새로운 미(美)로써 표현하려고 하였다. 특히 산업, 에너지, 속도, 빛의 감각 등을 전달하는 것에 많은 관심을 가졌으며, 그래서 그들이 상상하는 미래는 과거의 문화 및 사회와 완전히 결별할 수 있는 역동성의 추구에 기초하고 있었다. 이러한 경향은 전쟁을 찬미하기도 하고, 미술관이나 도서관을 묘지(墓地)로 단정, 그 파괴운동을 벌일 정도의 과격한 것이었고 일부는 파시즘 미학에 영향을 주기도 하였다.

마리네티를 이어 카를로 카라, 지아코모 발라, 지노 세베리니 등이 「미래주의회화 기술선언」을 발표함으로써 미래주의의 미술운동이 조직되었고, 이밖에도 「미래주의 제3선언」과 움베르토 보초니에 의한 「미래주의 조각기술선언」이 있었다.

이들은 여러 시점에서 파악한 이미지를 같은 화면에 중복시키고 '역선(力線)'이라고 불리는 힘찬 선으로 형체의 추이(推移)를 뚜렷하게 새겨 넣는 방법을 사용하였다. 그들은 이것을 '면(面)의 상호침투', '물리적 초월주의'라고 하였다. 여기에서 현대도시의 환경이 의식화되고 일상생활과 예술의 상호침투가 주장되었다. 특히 보초니는 공업 소재의 적극적인 활용에 의한 공간구성으로 환경의 새로운 창조를 시도하여 1950년대 후반부터 전개되는 움직이는 예술과 빛의 예술의 선구자가 되었고, 건축가 안토니오 산텔리아의 미래도시에 대한 계획은 새로운 공업 소재에 의한 거대한 기계와 같은 도시를 상정(想定)하고 있어, 미래주의가 어떤 면에서는 현대도시의 양상을 미리 내다보고 있었음을 알 수 있다.

이와 관계없이 1912년 러시아에서도 미래주의 운동이 일어났다. 블라디미르 마야코프스키가 주도한 미래주의 그룹은 매우 혁명적이었다. 볼세비키당원이었던 마야코프스키에게 혁명의 예찬은 새로운 사회를 위해 투쟁하라는 미래주의 이념을 실천하는 것이었다. 그러나 러시아의 미래파는 이탈리아 미래파보다 시의 형식적인 면과 언어 실험을 중시하였다. (노현주)

아방가르드, 입체파

참고문헌
문덕수・황송문, 『문예사조사』, 국학자료원, 1997.
니코스 스탠고스, 『현대미술의 개념』, 문예출판사, 1994.
르네 웰렉 외, 『문화와 아방가르드』, 열린책들, 1997.

미래파(未來派, Futurism) ☞ 미래주의

미메시스(Mimesis)/디에게시스(Diegesis)

서사 행위의 두 측면을 일컫는 용어로서, 미메시스는 '외부 대상의 모방 내지 재현'을, 디에게시스는 '서술자에 의한 서술'을 각각 의미한다. 미메시스는 작중 상황을 마치 그대로 보여주는 것처럼 전달하는 것을, 반면에 디에게시스는 서술자가 자신의 말로 작중 상황을 완전히 바꾸어 전달하는 것을 각각 가리키는 것이다.

그러나 이 두 용어는 항상 대립 관계로 연결되어 쓰이는 것만은 아니다. 특히 미메시스는 세계를 반영하는 현실성의 개념과 관련되어 독자적으로 쓰이는 경우가 많다. 미메시스와 디에게시스를 대립관계로 연결지어 쓰는 것은 플라톤에게서, 미메시스를 독립적으로 쓰는 것은 아리스토텔레스에게서 볼 수 있다.

플라톤은 『국가론』 제3권에서 호머가 인물의 직접 화법으로 다룬 장면을 서술자가 설명하는 장면으로 바꾸어 쓰면서 미메시스와 디에게시스를 구별해서 설명하기도 하였다. 그러나 플라톤에게 미메시스라는 말은 다분히 경멸적인 의미를 띠고 있었다. 그에게 이데아(Idea)의 모방인 세계를 다시 모방한 시(문학)는 이데아로부터 더욱 멀어진 불순한 존재로 간주된다. 그의 유명한 '시인추방론'은 이러한 관점에서 비롯한 것이다.

아리스토텔레스는 디에게시스라는 말을 쓰지 않고, 사실을 재현한 이야기라면 모두 '미메시스'로 보았다. 곧 그는 재현과 서술의 두 측면을 모두 미메시스의 하위 개념으로 본 셈이 된다. 미메시스에 대한 플라톤의 경멸적 관점 또한 아리스토텔레스에게서는 사라진다. 그는 예술이 이데아로부터 더욱 멀어진 것이 아니라, 이데아로 근접해 들어가는 것이라고 긍정적으로 평가하였다. 이른바 비극에 대한 '카타르시스' 이론이 그것이다.

이와 함께 아리스토텔레스는 미메시스를 개연성의 문제와 결합시켜 다룬다. 그는 역사가 사실의 기록임에 반해 시(문학)는 가능의 세계를 제시하는 것이라고 말했다. 이처럼 가능의 세계인 시가 참으로 받아들여질 수 있는 것은 보편성을 포착하기 때문이라 본 것이다. 이후 근대 사실주의 문학이 추구했던 현실성(reality)은 바로 이러한 아리스토텔레스의 미메시스 개념과 연결되어 있다. 세계를 모방 또는 반영하는 것이 문학의 본질이자 기능이라는 것이다.

한편, 미메시스와 디에게시스의 대립이 다시금 부각된 것은 영·미의 소설이론에서였다. 1920년대 중엽 퍼시 러보크 등의 논의에 의해, 미메시스는 '보여주기(showing)'에, 디에게시스는 '말하기-설명하기(telling)'에 각각 대응하는 것으로 파악되었다. 여기서 러보크가 중점을 둔 것은 보여주기 곧 미메시스가 더 우월한 또는 발전된 기법이라는 것이었다. 플로베르 이후 쓰였고, 헨리 제임스에 이르러 의식적으로 쓰였던 자유간접화법에 의한 인물의 심리 제시 기법은, 러보크에게 인물의 심리를 서술자가 설명하는 데 치중하는 이전 소설들보다 발전된 것으로 평가되었다. 그러나 러보크의 이러한 평가는 보여주기와 말하기는 모두 대등한 소설 기법일 뿐이라는 웨인 C. 부드의 비판을 받았다.

제라르 쥬네트를 비롯한 1960년대 이후의 서사학은 웨인 부드보다 더 명확하게 미메시스와 디에게시스는 어느 한쪽이 우월한 것이 아니라 사건의 서술(narrative of events)에 나타나는 두 측면일 뿐이라는 점을 강조한다. 곧 미메시스는 사건 자체를 직접 보여주는 것이 아니라 언어화된 모방이고, 그런 점에서 미메시스냐 디에게시스냐를 구별하는 문제는 말하기(디에게시스)의 정도 차이를 따지는 문제일 뿐이라는 것이다.

이러한 관점에서 제라르 쥬네트는 '정보＋정보자＝C'(C는 상수(常數)를 뜻함)라는 공식을 제시한다. 이 공식은 정보의 양과 정보자의 존재는 반비례한다는 것인데, 미메시스는 정보는 최대의 양이고 정보자는 최소로 자신을 드러내는 경우를, 디에게시스는 정보는 최소의 양이고 정보자는 최대로 자신을 드러내는 경우를 각각 뜻한다.

> 그 학생을 태우고 나선 김첨지의 다리는 이상하게 가뿐하였다. 달음질을 한다느니보다 거의 나는 듯하였다. 바퀴도 어떻게 속히 도는지 구른다느니 마치 얼음을 지쳐 나가는 스케이트 모양으로 미끄러져가는 듯하였다. 얼은 땅에 비가 내려 미끄럽기도 하였지만(중략).
> 집이 차차 멀어갈수록 김첨지의 걸음에는 다시금 신이 나기 시작하였다. 다리를 재게 놀려야만 쉴새없이 자기의 머리에 떠오르는 모든 근심과 걱정을 잊을듯이(현진건, 「운수좋은 날」에서).

위의 예문을 보면, 미메시스와 디에게시스의 양상을 확연히 알 수 있다. 앞의 단락은 서술자가 김첨지의 모습을 보여주듯이 미메시스를 위주로 쓴 것이며, 뒤의 단락은 서술자가 자신의 시각과 판단을 드러내는 디에게시스를 위주로 쓴 것이다. 그러나 두 단락 모두 미메시스와 디에게시스가 정도 차이는 있지만 섞여있다는 것도 부인할 수 없다. (장수익)

시인추방론, 카타르시스, 서사학, 서술자, 보여주기, 말하기, 자유간접화법, 시점

참고문헌

E. Auerbach, Mimesis, Princeton Univ. Press, 1974.
퍼시 러보크, 송욱 역, 『소설기술론』, 일조각, 1960.

제라르 쥬네트, 권택영 역, 『서사 담론』, 교보문고, 1992.
웨인 C. 부드, 최상규 역, 『소설의 수사학』, 새문사, 1985.

미술(美術)

오늘날 미술(美術)은 예술(藝術)의 한 하위 범주로서 색채와 조형에 관련되는 시각 예술을 의미한다. 그러나 미술(美術)이라는 용어는 애초에 예술(藝術) 및 공예(工藝)와 미분화된 상태에서 출발했다.

미술(美術)이라는 용어가 동아시아에서 처음 쓰인 것은 1873년 일본의 만국박람회 출품 목록에서이다. 이 출품 규정에서는 <공예 미술>을 의미하는 독일어 쿤스트게베르베(Kunstgewerbe)를 '미술'로 번역하면서 "서양에서 음악, 畵學, 상(像)을 만드는 기술, 詩學 등을 미술이라고 함"으로 풀이하고 있다. 그런데 <조형 미술>을 뜻하는 빌던데 쿤스트(Bildende Kunst) 또한 '미술'로 번역돼 있다. 미술(美術)이라는 말이 처음 쓰일 당시 미술(美術)은 예술(art)이자 공예이자 미술(fine art)이었던 셈이다. 그것은 실리 추구의 한 방편으로서의 공업 기술이면서 동시에 심미적 차원에 속하는 예술적 활동이기도 했다.

한국에서도 미술(美術)이라는 용어는 공예(工藝)와 밀접한 관련을 지닌 채 출현했다. 1910년대 국가가 주도하는 식산 흥업 정책의 일환으로 '미술'과 '제조'의 중요성이 함께 강조됐다. 1900년~1910년 사이에 열린 각종 박람회는 출품작들을 미적으로 감상하는 것보다는 실제적인 판매와 수출을 위한 것이었다. 출품작을 제조하는 것은 전적으로 수공업에 의존하는 것이었으므로 이 경우에는 예(藝)와 업(業)이 따로 분리될 수 없었다. 공예(工藝)와 공업(工業)이 동의어로 쓰인 경우도 있었고 공예(工藝)라는 말이 오늘날의 미술이나 예술까지를 포괄하는 상위 개념으로 사용되기도 했다. 1900년대에 미술과 예술, 미술과 공예, 공예와 공업은 미분화 상태에 있었고 1930년대 후반까지도 이러한 사정이 지속된다.

미술이라는 용어가 오늘날처럼 시각 예술이라는 뜻으로 축소된 것은 1910년대 공업 진흥책이 일제가 주도한 신민화 정책의 일환으로 전환되면서부터이다. 기계 공업이 수공업을 대체하면서 공업(工業)은 예(藝)가 아닌 단순한 기계 작업으로 변했다. 동시에 국운을 회복하자는 취지에서 국가가 주도하여 이루어지던 식산흥업의 빛이 바래면서 1910년 이후로는 미술(美術)과 공예(工藝)와의 연대는 급속히 약화되기 시작했다.

공업(工業)을 대신하여 미술(美術)이라는 용어를 지탱하는 새로운 축으로 등장한 것은 서화(書畵)였다. 일본의 영향이 일차적이었는데 1876년 미술학교를 설립한 일본은 회화, 조각, 공예를 미술의 하위 범주로 정립하면서 1890년대에 이르러서는 미술을 '시각 예술'이라는 한정된 의미의 용법으로 만들었다. 주권을 잃은 한국에 대한 일본의 영향력은 1910년 이후 더욱 강해지고 1910년 고희동을 시작으로 김관호, 김찬영, 나혜석 등이 도일(渡日), 전문적인 서양화 훈련을 받은 후 귀국하여 새로운 의미의 '미술'을 보급한다.

미술(美術)이 공예(工藝)와의 친연성을 끊고 시각 예술에 한정되자 그것은 좀 더 미(美)라는 개념에 근접해갔다. 미술은 미의식을 기른다는 목적을 중심으로 하여 재편될 수밖에 없었다. 비슷한 시기에 음악 역시 애국과 계몽의 정신을 고취한다는 애초의 목적에서 벗어나 미감을 함양한다는 새로운 지평에 들어섰다. 시각 예술로서의 미술과 청각 예술로서의 음악이 미(美)라는 가치를 새로운 기반으로 삼으면서 '예술'이라는 용어가 떠오르게 됐다. (권보드래)

공예, 예술

참고문헌
권보드래, 『한국 근대소설의 기원』, 소명출판, 2000.
이주헌, 『미술로 보는 20세기』, 학고재, 1998.
김원용·안휘준, 『한국미술의 역사』, 시공사, 2003.

미시(Micro)/거시(Macro)

미시적이라는 말은 자연과학에서 작은 대상에 대한 미세한 관찰과 이러한 관찰을 가능하게 하는 태도와 방법 등을 일컫는 말에서 유래하였다. 이와는 달리 거시적이라는 말은 총체적이고 종합적인 입장에서 대상을 파악하려는 입장을 의미한다. 자연과학의 이러한 방법이 경제학에 적용되면서 미시경제학, 거시경제학이 성립되었고 미시사회학, 거시사회학 등으로 파생되고 있다. 일반적으로 경제학에서 기업이나, 유통업자, 생산자 등 개별 경제주체의 활동을 다룬다면 미시경제학이 되며, 경제 전체의 총생산량과 총소득, 전체적인 물가동향, 투자의 흐름 등을 다룬다면 거시경제학이 된다. 또한 사회학에서는 일상생활에서의 대면적인 상호작용이나 집단에서의 개인행위 등에 초점을 맞추어 의미를 분석하고자 할 때, 미시사회학이라 하고, 이에 반해 사회 전체나, 사회체계, 사회구조 등에 대한 전반적인 분석에 초점을 맞추면 거시사회학으로 본다.

문학비평에 있어서 미시 / 거시 개념은 작품을 읽어내는 방식과 연관된다고 할 수 있다. 미시적인 분석은 주로 분석의 초점을 부분적, 개인적, 일면적인데 맞추면서 섬세하게 작품을 읽어내는 방식을 의미한다. 이에 반해 거시적 분석은 분석의 초점을 작품 전체의 총체적, 집합적, 사회적인 의미 파악에 둔다. 그러나 미시적인 분석과 거시적인 분석은 상충하는 개념이라기보다는 상호연관성을 갖고 있어서 명확하게 나누어지는 개념으로 보기는 어렵다. (이선이)

미시적 분석, 거시적 분석, 미시경제학, 거시경제학, 미시사회학, 거시사회학

참고문헌
이준구, 『미시경제학』, 법문사, 2004.
그레고리 맨큐, 김경환 등역, 『맨큐의 경제학』, 교보문고, 2001.

미야비(雅び)

세련되고도 도회적인 풍류심이 있는 행위를 가리킨 문학 이념이다. 일본의 옛 귀족 문화 시대에 성립된 개념이며, 본래의 의미는 세련되고도 도회적인 행위를 가리키지만, 주로 헤이안(平安)

시대로부터 전해진 교토(京都) 문화의 특질을 가리켜 말할 때 쓰일 경우가 많다. 「미야비(雅び)」라는 말의 어원은, 경어인 「미(御)」와 건물의 뜻을 지닌 「야(屋)」가 합해져서 「미야(宮)」로 되고, 거기에 「~인 듯하다,~답다」는 뜻인 「비(び)」가 결합하여 이루어졌으므로, 「宮인 듯하다, 宮답다」라는 뜻의 말이 되겠다. 따라서, 다분히 궁정(宮廷) 또는 궁중 문화를 의식하여 이루어진 말인 것이다. 이처럼 궁중을 의식하는 것은, 궁중을 중심으로 한 공간, 즉 도시의 성립과 밀접한 관계가 있다. 궁중의 일에 종사하고 있는 다양한 사람들은 나름대로 생활의 이념을 필요로 하여 추구했고, 그 결과로서의 문화적 이념이 바로 이 미야비(雅び)였던 것이다.

이 미야비(雅び)라는 이념이 처음 성립된 것은 교토(京都, 옛지명은 平安京) 이전의 수도였던 나라(奈良, 옛 지명은 平城京)에서의 일이다. 그리고 교토에서 궁중의 대표적 이념으로 정착했다.

이 미야비(雅び)라는 이념이 문학 속에 나타난 대표적 예는 『이세모노가타리(伊勢物語)』에서 찾을 수 있다. 이 작품에 실린 이야기들 중에서도 제 1화(=初段)는 미야비(雅び) 관련의 설명에 좋은 예가 되겠다. 여기에는 성인식을 맞이한 사내가 나라(奈良)의 가스가(春日) 마을에서 우연히 본 두 자매에게 몹시 반하여 느닷없이 입고 있던 옷의 자락을 잘라서는 거기에 연가(戀歌)를 적어 보냈다는 얘기가 적혀 있다. 그리고는 이야기의 말미에, 「옛사람들은 이리도 망설임 없이 재빠른 미야비(雅び)를 했다」는 평어(評語)가 부연적으로 적혀 있다. 「옛사람들은」 그러했다는 표현의 이면에는 지금 사람들은 그렇지 못하다는 식의 일종의 개탄이 깔려 있어, 미야비(雅び)라는 것에 대한 당시 사람들의 관심도를 헤아릴 수 있다. 그리고, 이 미야비(雅び)라는 것의 본질은, 대개 남자로부터 여자에게 보내지는 세련된 애정 표현 행위와 밀접히 이어지고 있었음도 아울러 헤아릴 수가 있다. (김충영)

모노가타리

참고문헌
久松潛一, 『日本文學史通說』, 有斐閣, 1953.

미언대의(微言大義)

미언(微言)은 짧은 말로서, 세언(細言) 또는 은어(隱語)와 같이 장래의 징험(徵驗)을 약속하는 은미(隱微)한 말이라는 뜻이다. 대의(大義)란 큰 뜻으로서, 인간의 계산된 노력(努力)이나 행위(行爲)로는 결코 이루지 못하는 커다란 뜻이다.

'미언대의(微言大義)'는 역사적 사건이나 인물에 대해 형식적이고 간결한 문장을 통해 엄격하게 포폄(褒貶)을 가한 춘추(春秋)의 독특한 필법, 즉 춘추필법(春秋筆法)에서 나온 말이다. 따라서 '대의명분(大義名分)을 밝혀 세우는 史筆의 준엄한 논법'이라 말해지는 춘추필법은 한 마디로 『春秋』에 담긴 孔子의 미언대의를 가리키는 것이라고 해도 과언이 아니다.

금문학파(今文學派)는 공자를 위대한 정치가로 보고 따라서 육경을 정치사회적 학설로 인식하고 경전자구(字句)의 연구보다는 경전에 담긴 숨은 뜻, 이른바 미언대의(微言大義)를 주석(註釋)한 바 있다. 금문학파는 공자의 편성으로 보는 육경(六經), 즉 『시(詩)』, 『서(書)』, 『역(易)』, 『춘추(春秋)』, 『주례(周禮)』, 『악기(樂記)』를 '경(經)'의 개념으로 보고, 그 안에 숨겨진 성인의 큰 뜻을 밝히려고 뜻을 풀어냈다. 한대 훈고학(訓詁學)의 주소(注疏)는 이 같은 경로로 나왔다.

춘추의 내용을 좀더 상세히 규명해 보자. 「춘추(春秋)」는 공자가 노나라의 왕실 사건을 토대로 각국의 역사를 참고하여 집필한 것이다. 이 책은 중국 최초의 편년사(編年史)이며, 세계 최초의 체계적 역사서라 할 수 있다. 간결하게 기록되어 있지만 용어 사용이 매우 신중하여 글자마다 풍부한 의미를 담고 있다. 따라서 옛 사람들은 이 책을 경전으로 받들었고, 소위 「춘추」중의 '미언대의'는 줄곧 중국 역사가의 최고 모범이 되어왔다.

「춘추」는 다음 다섯 가지 필법으로 지어졌다. 춘추필법의 대체를 요약하면, 직서법(直書法), 삭제법(削除法), 약론법(略論法), 은유법(隱喩法), 존칭법(尊稱法)이 있다(微而顯, 志而晦, 婉而成章, 盡而不汚, 懲惡而勸善, 非聖人誰能修之).

직서법은 춘추대의를 분명하게 밝히는 필법으로 사건의 주동자와 그 행위를 뚜렷이 밝혀 그 선행이나 죄상을 역사적으로 심판하는 문체이다. 삭제법은 허위로 조작한 사건은 역사자료로서의 가치가 없기 때문에 삭제하여 기록하지 않은 것으로 춘추필법의 제2의이다. 즉 춘추를 읽은 사람은 기록된 내용만 읽는 것이 아니라, 삭제된 내용까지 따져 읽어야 본의를 파악할 수 있다고 본 것이다. 약론법은 사실의 일단을 간략하게 논평하여 권선징악(勸善懲惡)하는 문체이다. 은유법은 사실의 성격을 은근히 다른 일에 비유하여 다소 비판하면서도 그 공적을 인정하는 문체이다. 어떤 사건이 뜻밖에 일이 잘되어 결과가 아주 좋으며, 별로 노력하지 않았어도 성공하고, 불행 속에서 행운을 잡아 전화위복(轉禍爲福)하면 그 허물을 덮어 주기 위해 비유법으로 암시만 하고 그 아름다운 성공을 인정하는 것이니, 곧 은악양선(隱惡揚善)의 필법이다. 끝으로 춘추필법에서 가장 특징적인 문체는 존칭법이다. 존칭은 조직의 핵심 주체 1인에게만 한정하고 그 이외에는 모두 평등하게 호칭하였으니 천자가 있는 자리에서는 천자가 주어이고, 그 이하 제후 및 경대부(卿大夫)는 종속어로 하였으며, 제후의 모임에 노나라 임금이 참석하면 반드시 노나라 임금을 공(公)이라고 칭하여 주어로 하고 제후 및 경대부는 종속어로 하였으니 춘추필법에 있어서 주어는 모임의 중심체요 회의의 주석임을 뜻한다.

「춘추」의 역사서술법은 사실에 근거한 시사(時事)문제를 논평하기 위해 편년체를 채택하였으며, 의미 없는 자료를 나열하는 것은 역사가 아니므로 역사의 문장 체재는 의미 있는 사건을 선택하여 서로의 연관성과 특징 및 상황변화를 확인해서 사건의 전개과정을 일목요연하게 서술해야 한다. 그러므로 사건을 선택하는 큰 안목과 사건의 개요를 요약 함축하여 간결 명확하게 표현하는 기사(記事)능력이 필요하다. 따라서 「춘추」는 의미 있는 사건은 연월일시를 갖추어 쓰고, 별로 중요한 일이 아니면 일월을 생략, 사건기록에 있어서도 내용의 중대성에 비추어 첨삭을 하였으니, 긴 문장은 45자나 되고, 짧은 문장은 단 한 자에 그쳤다. 이렇게 미언대의를 기조로 하는 춘추의 함축적 필법은 후대에 사실 중심의 역사 서술 뿐 아니라 일반 산문의 중요한 전범(典範)이 되었다. (오태석)

미언대의, 춘추필법, 기사, 산문

참고문헌
오태석, 『중국문학의 인식과 지평』, 역락, 2001.
주훈초 외, 중국학연구회 고대문학분과 역, 『중국문학비평사』, 이론과 실천, 1994.
김학주, 『중국문학사』, 신아사, 2000.

미의식(Aesthetic consciousness)

아름다움에 대하여 느끼고 판단하는 의식을 말한다. 이는 미를 향유하거나 창작할 때 나타나는 정신으로서 심리학에서는 미적 태도에 있어서의 의식과정을, 철학에서는 미적 가치에 대한 체험을 의미한다. 일반적으로 미란 자연미와 예술미로 나누어지는데, 아름다움에 대한 가치는 시대에 따라 변해 왔다. 고대나 중세에 있어서 미란 자연미로서, 초감각적인 미의 이념이 자연과 예술작품에 나타난다고 보았다. 이때 미의식은 주로 미적 관조나 미적 향유에 집중되는데, 여기에서 미에 대한 관조와 향유는 지극히 수동적이고 수용적인 활동으로 나타났다. 이러한 미의식을 칸트(I. Kant)는 '목적 없는 합목적성'과 '무관심성'이라는 말로 특징지었다. 이에 반해 근대에 접어들어 미학이 그 자체의 자율성을 확립해나가는 과정에서 미의식은 아름다움을 창조할 때 적극적으로 표출되는 주체의 창조적인 의식으로 인식되었다. 예술미는 이러한 미의식에 의해 포착되는데, 예술적 창작에 있어서 미의식은 어떤 목적의식에 지배되기도 하지만 동시에 목적의식이 없이도 가능하다. 따라서 미의식은 이성적이면서 동시에 감성적인 양면성을 지니고 있다고 하겠다.

바움가르텐(Alexander Gottlieb Baumgarten)은 철학체계에서 미학의 입지를 마련하면서 인간의 인식을 감성적 인식과 오성적 인식으로 나누고, 감성적 인식을 미적 인식으로 보았다. 그는 이성적 인식에 비해 저급한 것으로 평가되었던 감성적이고 감각적인 인식을 부각시키며 근대적 미학을 체계화하는데 결절적인 기여를 하였다. 이후 미의식은 미학에 있어서 가장 중요한 문제가 되었다.

미의식의 주요 요소로는 감각(感覺), 표상(表象), 연합(聯合), 상상(想像), 사고(思考), 의지(意志), 감정(感情) 등이 있으며 이들 요소가 어떻게 결합하느냐에 따라 미의식의 표출양상은 달라진다고 할 수 있다. 또한 미의식은 다른 의식에 비해 조화성, 직관성, 무관심성, 깊이, 창조성, 쾌감성을 갖는 특징을 보인다.

한국적 미의식을 표현하는 용어로는 탯갈, 맵시, 결, 맛, 멋, 그늘이나 은근과 끈기, 단아함, 청아함, 자연미, 온유미, 고졸함, 한, 신명 등이 있다. 이들 한국적 미의식은 전반적으로 인위적인 기교보다는 자연스러움을 존중하고 원숙한 미를 추구하는 경향을 보이는 것으로 평가된다. 이러한 미의식은 한국문학의 정신적인 지층을 형성하는 근원적인 요소로서 창작의 원천이 되고 있다. (이선이)

미학, 미적 태도, 미적 가치, 자연미, 예술미

참고문헌
헹크만·로터 엮음, 김진수 역, 『미학사전』, 예경, 1998.
편집부 엮음, 『미학사전』, 논장, 1988.

미자(美刺)

중국 고대문학 이론에서 문학의 사회적 효용에 대한 설명 중 하나이다. '미(美)'란 찬미 송축의 뜻이며, '자(刺)'란 비판과 풍자의 의미이다. 중국문학에서 대표적인 견해는 한대(漢代) 위굉(衛宏)이 지은 것으로 추정되는 「모시서(毛詩序)」에 나타나 있다. "번성한 덕의 효용을 찬미하여 그 성공을 천지신명에게 알리는 것"이라든가, "아랫사람들은 풍자를 통해 윗사람을 바판한다"는 논의가 그것이다. 이같은 견해는 그 이전에도 있었는데, 「국어(國語)·주어(周語)」 상편에는, 소공(召公)이 여왕(厲王)의 잘못을 간하면서 "천자가 정치를 듣는 방식은 공경에서 일반 선비에 이르기까지 시를 올리게 하여 …… 그런 이후에 왕이 짐작하는 것이다. 이렇기 때문에 일이 시행되어도 어긋나지 않는다"는 대목이 나온다. 시를 바치는 것은 천자의 일을 돕기 위해서이므로, 그러니 그 속에는 찬미하고 풍자하는 내용이 당연히 담겨 있어야 하는 것이다.

한나라에 이르자 미자로써 시를 논하는 방식은 보편적인 경향으로 자리잡았다. 청나라 때의 문인 정정조(程廷祚, 1691~1767)는 "한나라 유학자들이 시를 말한 것은 '미자' 두 글자를 벗어나지 않았다"(「논시십삼재론자시(論詩十三再論刺詩)」)고 했는데, 이 말은 한나라 때의 유학자들은 문학을 평가할 때 대개 미자의 작용을 중시했다는 의미이다.

그들은 "풍속을 살피고 득실을 아는"데 긴요한 역할을 한다는 사실을 깨닫고 있었기 때문에 "말한 사람은 죄가 없고 듣는 이는 족히 경계할 만하다(言之者無罪 聞之者足以戒)"고 하여 정치적인 효용을 전제했던 것이다. 그러나 그들은 통치자의 권위를 옹호하고 봉건 사회에서의 예교(禮敎)를 긍정하는 입장에서 출발했기 때문에 때로 자시에 대해 일련의 제제를 가하는 발언을 하기도 했는데 이는 자시가 제 기능을 발휘하지 못하도록 만든 요인이었다.

「모시서」는 미자에 대해 논하면서 동시에 정변(政變)론을 제기하였다. 찬미한 미시는 정으로 보고 자시는 변으로 보는 태도가 드러나는데 유학자들의 의식 속에서 미시는 정종(正宗)이고 자시는 변조(變調)라는 편향적 사고가 있었음을 알 수 있다. 그러나 이후 통치자들의 덕행을 노래한 미시는 절대다수가 문학적 가치를 유지하지 못했고, 진정한 가치는 현실적인 모순을 폭로하고 지적한 자시에서 찾을 수 있었다. 이러한 풍자적 전통은 이후 동양 문학사의 전개에 있어서 문학 창작상의 중요한 전범으로 자리매김 되어졌다.

하지만 한편에서 보면 순수한 연애시까지 후비의 덕을 노래한 시라고 왜곡하는 등, 문학을 정치적으로 이용했다는 점에서 문학 자체의 순수성을 떨어뜨리는 부작용도 없지 않다. 그럼에도 불구하고 공자(孔子)부터 강화된 문이재도적 관념은 중국에서 후세에까지 신악부운동, 고문운동, 그리고 청말 견책소설과 현대문학기에 이르기까지 일정한 흐름을 그리며 전개되어 왔다. (오태석)

미자, 모시서, 풍자, 교화, 문이재도(文以載道)

참고문헌
오태석, 『중국문학의 인식과 지평』, 역락, 2001.
임종욱, 『동양문학비평용어사전』, 범우사, 1997.

미장센(Mise-en-Scène)

미장센은 '장면(화면) 속에 무엇인가를 놓는다'라는 뜻의 프랑스에서 유래하였다. 이 말은 그동안 유럽에서 우리말의 '연출'에 해당하는 연극 용어로 쓰여져 왔다가, 여러 가지 구성요소들을 생각해내고, 화면 속에 배치함으로써 하나의 그림을 만들어내는 작업을 의미하는 영화 용어로 정착하였다.

연출가가 무대(stage)에 무엇을 놓을 것인가로부터 고민을 시작한다면, 영화감독은 '프레임'에 무엇을 채울 것인가로 부터 생각을 풀어 나간다. 따라서 미장센은 프레임 내부의 조형적 요소─배경, 인물, 조명, 의상, 분장, 카메라의 움직임 등과 이러한 요소를 적재적소에 배치하는 것을 뜻한다. 우리나라에서는 적확한 역어(譯語)는 아니지만 '화면구성'이라고 말해지는 것이 통례이다.

장면화(putting into the scene), 혹은 '장면의 무대화'라는 개념으로 시작되었던 미장센이 전후 프랑스 비평가들의 비평용어로 처음 사용되었다가, 누벨바그 감독들이 영화미학적으로 실천함으로써 일반화되었다. 『카이에 뒤 시네마』지(誌)의 앙드레 바쟁, 프랑수아 트뤼포 등은 이 개념을 몽타주 이론에 반하는 미학적 개념으로 개진하면서, 영화 리얼리즘 미학으로 정착되어 갔다.

흔히 몽타주와 미장센은 상대적인 개념으로 이해되고 있다. 몽타주가 쇼트와 쇼트를 결합시켜 특정한 의미나 효과를 얻으려는 작업이라면, 미장센은 단일한 쇼트, 또는 테이크, 즉 카메라가 장면을 찍기 시작해 멈추기까지의 시간 동안에 화면 속에 담기는 이미지를 만들어내는 작업이다. 몽타주가 이미지들간의 관계를 나타낸 것이라면, 미장센은 한 쇼트로 표현될 수 있는 이미지를 의미한다. 그리고, 몽타주가 편집의 양식을 통해 영화의 주제에 효과적으로 도달하려는 목표를 달성했다면, 미장센은 좀 더 섬세하고 적극적인 작가의 주관이 요구된 형식으로 인해 작가주의 영화에서 뚜렷한 족적을 남겼다.

미장센의 미학은 프랑스 감독 장 르누아르(J. Renoir)의 「게임의 규칙(La Règle du jeu, 1939)」

에서 처음으로 정립되었다고 보는 것이 대체적인 견해이다.

「게임의 규칙」은 미장센에 관한 거의 모든 정의를 담고 있다고 한다. 공간은 관객들을 향하여 180도 무대 방향으로 열려 있고 그 안에서 벌어지는 행위들은 그 배면에 인물들의 배치와 화면구성으로 새로운 의미를 만들어낸다. 르누아르는 미장센의 공간이 세상의 반영이며 사회구성체의 현실적 재현이라는 것을 보여준다. 그것은 몽타주와 마찬가지로 기술적(記述的)이고 수사학적인 용어지만 세계관의 반영과 세상의 모순에 대한 표상이다. 「게임의 규칙」이 영화사 속에서 공간·시선·이동·등장인물이라는 미장센의 네 가지 개념에 관한 모범적인 텍스트라면, 오손 웰즈의 「시민 케인」은 동시의 또 다른 미장센의 전범(典範)을 창출했다. 영화사 속에서 미장센은 두 가지의 상이한 전통을 얻게 된 것이다. (송희복)

연출, 화면구성, 장 르누아르.

참고문헌
이승구 외, 『영화용어해설집』, 영화진흥공사, 1990.
루이스 제네티, 김진해 역, 『영화의 이해』, 현암사, 1999.
송희복, 『영상문학의 이해』, 도서출판 두남, 2002.
Warren buckland, 『Film Studies』, Comtemporary Books.
Ira Konigsberg, 『The Complete Film Dictionary』, Penguin Books Ltd.

미적 거리(Aesthetic distance)

미적 경험을 위해 대상에 대한 주체의 시각을 효과적으로 조절하는 것을 말한다. 미를 인식함에 있어서 격정적이고 주관적인 감정에 사로잡히면 합리적이고 종합적이며 개별적인 특징에 대한 집중된 인식에 도달하기가 어렵다. 따라서 예술가가 대상을 인식하고 창작하는 과정에서뿐만 아니라 향유자가 대상을 창조적으로 향유하는 데에도 미적 거리는 반드시 필요하다. 대상과의 거리 갖기는 풍요로운 미적 경험을 위한 전제조건이라 할 수 있다. 이러한 미적 거리는 예술가의 창작과정에서 개입되는 도덕적, 정치적, 종교적 요청에 대해서뿐만 아니라 재현의 대상과 그 재현의 이데올로기적 목적에 대해서도 일정한 거리 갖기를 필요로 한다. 또한 비극과 희극, 풍자와 골계 등의 다양한 미적 범주를 드러내는 미학적 장치로서도 이해될 수 있다.

문학에서는 주로 '심리적 거리(psychic distance)' 혹은 '심적 거리'라는 말로 사용되는데 미적 쾌감을 위해서는 심리적으로 적절히 조정된 대상과의 거리가 필요하다. 대상과의 거리가 부족할 때 작품은 지나치게 사적으로 흐르기 쉽고 대상과의 거리가 초과될 때 작품은 관념적으로 치우치는 경향을 보인다. 미달된 거리조정이나 초과된 거리조정은 모두 미의식을 드러내는데 실패한다. 따라서 서술자 혹은 화자와 작가 사이, 서술자와 작중 인물 사이, 서술자와 독자 사이, 작가와 독자 사이 등에서 작품의 미적 완성도에 기여하는 거리조정이 필요하다.

이상의 시 <꽃나무>에서 낯설게 하기의 수법은 미적 거리를 극대화한 예라 할 수 있다. 또한 김소월의 시 <산유화>에서 '저만치'라는 시어가 갖는 미적 거리는 자연의 조화를 완벽하게 구현해내는 거리를 지칭한다고 할 수 있다. 모더니즘 소설의 대표작이라 할 수 있는 박태원의 『천변풍경』에서 산책자인 서술자는 재현 대상과의 철저한 거리유지를 통해 관찰자 시점을 완벽하게 구현해 내는데 기여한다. (이선이)

미적 경험, 심리적 거리, 서술자

참고문헌
김현자, 『한국시의 감각과 미적 거리』, 문학과지성사, 1997.
조남현, 『소설원론』, 고려원, 1989.
헹크만·로터 엮음, 김진수 역, 『미학사전』, 예경, 1998.

미적 경험(Aesthetic experience)

인간이 아름다움 혹은 이와 유사한 가치를 감각이나 내성을 통해 획득하는 전과정을 말한다. 경험이란 개인적이고 주관적인 체험에 비해 객관적이고 역사적인 맥락에서 감지되는 것으로, 근대 이후 과학적 방법과 이론이 인식론의 주류를 형성하면서 논의의 대상이 되었다. 특히 19세기에 접어들어 낭만주의가 천재적인 작가의 창조를 중시하고 예술가의 천재성의 표현인 예술작품은 판단의 대상이 아니라 추체험의 대상이라는 딜타이(Dilthey) 류의 미적 체험의 미학이 성립되었고, 이후 이러한 미적 체험과 작품해석의 필연적 연관성은 역사적 지평을 달리하는 해석자와 작품의 대화라는 관점에서 심리학적 체험개념을 비판하고 해석학적 지평확보가 가능하게 되었다. 따라서 미적 경험이란 예술작품의 해석에 있어서 향유자가 작품이 보여주는 세계 안에서 자신의 가능성을 찾고 이를 삶의 능동적인 힘으로 옮겨놓는 것을 의미한다.

가다머(Gadamer)는 그의 저서 『진리와 방법 Wahrheit und Methode』에서 미적 경험이란, 서로 다른 역사적 배경에 속한 해석자와 예술작품이 대화를 통해서 새로운 지평 위에서 융합하는 역사적 과정으로 보았다. 그에 의하면 인간의 경험은 본질적으로 언어로 가능하며 따라서 진리는 언어로만 표현가능하다. 또한 언어는 역사적인 산물이기 때문에 인간 경험은 언어나 역사 속에 있는 것이라 할 수 있는데, 이때 해석은 인간과 역사가 상호 질의를 통해 객관적인 이해에 도달하는 변증법적 행위이다. 그에 따르면 미적 경험을 위해서는 예술작품이 지닌 유의미한 세계를 적극적으로 해석하는 행위가 필요하다. 이처럼 미적 경험이란 해석의 지적 영위로 매개된 역동적이고 창조적인 경험으로서 자율적인 영역을 형성하면서 삶의 심연으로 향유자를 인도하는 내적 충실의 경험이라 할 수 있다. 이와는 달리 미적 경험을 감정이입의 경험이라고 보는 견해도 있는데, 예술작품은 어떤 특정한 정서를 무의식 속에 던져 넣음으로써 강렬한 정서적 결합을 가능하게 한다는 점에서 이를 미적 경험과 같은 의미로 인식하는 경향이 있다.

문학에서 미적 경험은 단순히 아름다움에 대한 경험만을 따로 분리시켜 형식화할 수 있는 것은 아니며, 오히려 문학에 있어서 미적 경험은 역사적이고 윤리적인 문제들과 결부되어 있어서

이를 조금 다른 맥락에서 인식할 필요가 있다. (이선이)

낭만주의, 추체험, 해석학, 미적 체험

참고문헌
빌헬름 딜타이, 김진수 역, 『체험·표현·이해』, 책세상, 2002.
한스 게오르크 가다머, 이길우 등역, 『진리와 방법』, 문학동네, 2000.

미적 교육(Aesthetic education)

아름다움에 대한 교육과 아름다움을 통한 교육 모두를 지칭한다. 일반적으로 미적 교육은 단순한 자기표현의 기술적인 습득에서부터 출발하여 인식과 예술작품의 매개, 취미나 취향을 포함한 미적 판단능력의 육성, 창조적 잠재력의 개발과 촉진 과정에서 필요로 하는 교육적인 개입을 의미한다. 여기에서 중요한 것은 미적 교육의 목표를 어떻게 설정하느냐하는 문제라 할 수 있다. 미적 교육을 단순히 자기표현능력을 확장하는 개성의 표현으로 볼 것이냐 아니면 조화롭고 통일적인 인간성의 완성을 위한 과정이자 도구로 볼 것이냐에 따라 그 내용은 달라질 수 있다.

미적 교육을 개인의 자기표현과 개성의 신장 혹은 자율적인 자기실현과정으로 볼 때, 이는 인간의 내면적인 새로운 어떤 것을 불러내고 이를 통해 아름다움을 완성하는 과정으로 볼 수 있다. 쉴러(Schiller)는 미적 교육에 대한 구상은 현재적인 쾌락의 유지가 아니라 미래적인 자유의 실현을 목표로 한다고 보았다. 그에 의하면 정치적인 것의 개선은 개인의 고상함에서 나오는 것으로, 예술은 이성과 감성, 질료 충동과 형식 충동의 불균형을 지양하는 도구로서, 자유에의 도정에는 필연적으로 미(美)를 거쳐야 한다고 보았다. 또한 마르쿠제(Marcuse)는 미적 교육을 새로운 감수성의 확보로 보고, 성의 억압이나 공격과 채무 등에서 자유로워지려는 인간적 충동구조의 육성으로 이를 정의하였다.

미적 교육을 조화로운 인간성의 완성을 위한 과정이자 도구로 볼 때, 이는 정치적이고 역사적인 맥락과 깊이 연관되어 있다. 고대미학에서는 이상국의 정치적인 목적에 부합하도록 예술교육에 일정한 검열이 가해졌다. 예를 들면 아리스토텔레스(Aristotle)의 카타르시스이론은 연민과 공포의 정화를 통해 감정의 지배 또는 감정의 배제라는 의미로 변화되거나, 비극에서 격정과 그 격정의 마무리 묘사는 이성적 자기 통제로서의 평정심을 갖도록 교육되어야 할 대상이 되곤 했다.

루카치(Lukacs)는 미적 교육에 있어서 이러한 인문주의적 구상이나 고전적인 목적을 기만적인 것으로 간주하고 이를 오직 정치적 행위의 실천적, 감각적 활동으로 보았다.

문학에 있어서 미적 교육은 문학작품의 미적 구조를 이해하고 작품의 창작과 감상에 있어서 미의식의 심화된 경험을 가능하게 하는 훈련과정을 의미한다. (이선이)

고대미학, 카타르시스 이론, 미적 구조, 미의식, 취향

참고문헌

프리드리히 쉴러, 최익히 역,『인간의 미적 교육에 관한 서한』, 이진, 1999.
헹크만·로터 엮음, 김진수 역,『미학사전』, 예경, 1998.

미적 자율성(美的 自律性)

미적 경험이나 예술은 정치·도덕·종교 등 인간 행위의 다른 영역과 구분되는 스스로의 고유한 원리를 따른다는 사상.

19세기 초의 독일 관념론, 특히 심미적 판단은 실용적 목적을 초월하는 사심없는 (disinterested) 행위라는 칸트의『판단력 비판』에 이론적 뿌리를 두고 있으며, 19세기 말의 예술 지상주의 운동부터 1960년대 미국의 신비평(New Criticism)에 이르기까지 현대예술의 중요한 이론적 거점 가운데 하나를 형성하고 있다. 또한 보들레르, 플로베르, 말라르메, W. B. 예이츠 (Yeats), T. E. 흄(Hulme), T. S. 엘리어트(Eliot), W. 페이터 등 현대문학의 중요한 거장들이 다양한 방식으로 이 원리를 옹호한 바 있다.

미적 자율성 개념은 18세기 후반 처음 등장한 이래 자율성론자(autonomist)와 타율성론자 (heteronomist) 사이에 끊임없는 논쟁의 대상이 되기도 했다. 지금까지 진행된 논점은 크게 두가지 정도로 정리할 수 있는데, 첫째는 미적 경험과 예술의 창조성이 독자적인 가치의 원천인가 아니면 도덕·유용성·진리 등의 다른 가치들로부터 연역되는 것인가 하는 문제이고, 둘째는 미적·예술적 현상의 자립성과 심리적·경제적·사회적·정치적 요소의 영향 가운데 어느 쪽을 우선시할 것인가 하는 문제이다.

한국문학은 유교적 전통과 식민지 상황에 대한 응전의 요구 때문에 미적 자율성에 관한 사유를 풍부하게 전개하지 못한 편이다. 가령 한국 근대문학사에서 미적 자율성을 가장 적극적으로 옹호한 '순수문학파'의 경우, 교훈주의·계몽주의의 전횡을 견제한 공적이 있지만, 다른 한편으로는 예술의 독자성이라는 명목 아래 문학의 사회적 책임을 외면하고 현실 정치의 압력에 순응했다는 부정적 측면도 적지 않다. (진정석)

심미주의, 예술을 위한 예술, 무사심성, 낭만주의

참고문헌
임마누엘 칸트, 이석윤 역,『판단력 비판』, 박영사, 1974.
아도르노, 홍승용 역,『미학이론』, 문학과지성사, 1984.

미적 태도(Aesthetic attitude)

미적 경험을 확장시키거나 유지하는 데 있어서 필수적인 자세나 성향을 의미한다. 이것은 삶 자체에 대한 태도에서 출발하여 자연과 사회에 대한 태도 및 세계관으로까지 확대될 수 있다. 여기에서 미적 태도는 삶의 미적인 완성과 향유의 촉진을 최상의 가치로 삼는다. 미적 태도를 취할 경우, 인간은 일상적인 삶에서 벗어나 하나의 예술적 향유에 몰입함으로써 주체의 해방과 더불어 새로운 삶의 국면을 발견하고 다른 차원으로의 존재전이를 느끼게 된다. 이렇게 일상적 삶과 다른 미적 세계로의 몰입을 통해 인간은 일상적 삶에 일정한 거리를 둠과 동시에 현실을 다른 차원의 삶으로 변화시키는 행위를 경험하게 된다.

심리학적 미학에서는 다수의 개별적 변화로 나타날 수 있는 개인적인 심리적 성향을 미적 태도로 보았으며, 구조주의적 미학에서는 세계에 대한 근본적으로 가능한 의식의 태도를 말하지만, 대부분의 미학적 입장들은 미적 태도를 미적 경험의 필요조건으로 보고 있다.

미적 태도의 일반적인 예로는 예술작품에 대한 자아의 거리 가지기를 통해 대상의 충만함을 향유하는 미적 관조를 꼽을 수 있다. 이는 극히 수동적인 미적 태도로서 미적 경험이 어떤 태도로 이루어지는가를 보여주는 하나의 예라 할 수 있다.

문학에서 미적 태도의 문제는 일차적으로 작품의 창작과 향유에 있어서 아름다움을 적극적으로 실천하기 위해 필요한 전제라 할 수 있다. 그러나 미적 태도란 이것만을 의미하는 것은 아니다. 여기에서 더 나아가 미적 태도는 문학작품을 분석하는 하나의 잣대로서 기능하는데, 서사적인 미적 태도나 서정적인 미적 태도는 세계와 인간의 존재양상을 미학적인 태도로 나누어 살피는 예라 할 수 있다. 인간이 세계와 어떻게 관련을 맺는가는 하나의 태도로서 볼 수 있다면 특히 미적인 태도의 문제는 미학적인 완성도가 높은 작품을 분석할 때 가능한 하나의 분석방법이 될 수 있다. (이선이)

미적 경험, 세계관, 심리주의 미학, 구조주의

참고문헌
죠지 딕키, 오병남 등역, 『미학입문』, 서광사, 1983.
M. C. Beardsley, 『The Aesthetic Point of View』, Cornell, 1982.

미적판단

미적 판단이란 예술 작품의 향수 및 가치 판단을 포괄하는 개념이라 할 수 있다. 이 개념은 선험적 미학과 심리학적 미학 사이에 근본적인 차이가 있다. 전자의 경우는 칸트처럼 미의식 자체를 일종의 판으로서 고찰한다. 칸트에 의하면 미적 판단이란 직접적인 쾌 · 불쾌의 감정과 관련된 미적 가치의 주관적인 판정으로 규정된다. 그는 이러한 미적판단이 주관의 인식능력에 내재하는 형식적인 합목적성에 의해 가능다고 주장한다.

이에 반해 심리학적 미학의 입장에서는 미적 판단을 미적 향수에 참여하거나 혹은 그에 수반하는 하나의 요소로서 파악한다. 그들에 의하면 미적 판단은 가치판단과 이해판단을 포함하는 것이 된다. 가치판단은 주관적인 가치 감정을 판단의 형식으로 하는 것과 객관적인 타당성을 가지고 예술 작품이 지닌 미적 가치를 판단하는 것을 포함한다.

한편 이해판단은 특히 역사적, 신화적인 제재를 다룬 작품이나 우의적인 작품의 내용의 이해와 관련된 판단을 의미하는 것으로서 본래적인 의미의 미적 판단은 아니라고 할 수 있다. 하지만 이는 미적 향수에 필요한 준비과정, 혹은 그에 수반하는 감정효과와 관련된다는 측면에서 미적 판단에 포함시킬 수도 있을 것이다. (염철)

미토스(Mythos)/에토스(Ethos)/디아노이아(Dianoia)

장르(genre)항에서 설명한 것처럼, 프라이는 기존의 장르 분류법과는 달리 양식에 따른 분류법을 채택한다. 그리하여 서정, 서사, 드라마와 같은 기존의 장르 명칭보다는 비극, 희극, 로망스, 아이러니와 같은 용어를 새롭게 정립한다. 이 과정에서 그는 주제적 양식에 따라 작품들을 분류하면서 기왕의 용어 대신 그리이스어에 어원을 둔 몇 개의 용어를 차용한다. 플롯을 대신하는 '미토스', 문학작품 내에서의 사회적인 맥락을 지칭하는 '에토스', 그리고 하나의 문학작품이 갖는 의미를 지칭하는 '디아노이아'라는 용어가 그것이다.

미토스라는 말은 플롯을 의미하는 미토이(mythoi)라는 말의 복수형으로, 문학작품의 서술적인 면(축어적 의미)에서부터 행동의 이차적 모방(원형적인 서술), 그리고 전능한 신이나 인간 사회의 상상할 수 있는 모든 행위의 모방(신비적 서술)을 의미한다. 그가 희극적, 비극적, 낭만적, 그리고 아이러니적이라고 분류한 것들은 그것 하나하나가 서사물들의 미토이인 셈이다. 이 용어는 초기에는 플롯을 의미하다가 점차 서술을 의미하는 경향을 띠고 있다.

문학작품 내에서의 사회적 맥락을 의미하는 에토스란 문학작품에서 허구적 작가가 자신의 독자 내지는 청중들에 대해 지니는 관계 및 허구 문학의 배경과 인물화를 의미하는, 한 작품의 내적인 사회적 맥락을 지칭한다. 윤리(ethics)라는 말이 파생되어 나온 어원이기도 한 에토스라는 용어는 로고스·파토스와 더불어 설득의 세 가지 유형 가운데 하나로 인식되고 있는데, 프라이의 어법에서도 거의 비슷하게 인물들이 자신의 말에 가치를 부여하고, 그럼으로써 자신의 논증에 대한 증거와 토대를 제공하는 것이다.

디아노이아란 한 작품이 갖는 관념 또는 시적 사상을 의미하는데, 특정 작품에 있어서 여러 상징들이 갖는 전체적인 패턴(축자적인 의미), 해당 문학작품이 바깥 현실의 명제나 사실과 같는 상관관계(형식적인 의미), 그리고 문학상의 관습 또는 장르로서의 그 작품의 의의(원형적인 의미), 그리고 총체적인 문학 경험에 대한 관계(신비적인 의미) 등을 의미한다. 프라이는 또한 이와 같은 관념적 또는 개념적 관심을 가진 문학을 <주제적> 문학이라고 일컫는다. (김경수)

미토이, 테크네(teche), 노에시스(noesis), 아나그노리시스(anagnorisis)

참고문헌
노드롭 프라이, 임철규 역, 『비평의 해부』, 한길사, 1982.
_____, 이상우 역, 『문학의 구조와 상상력』, 집문당, 1987.

미학 이데올로기(Aesthetic Ideology)

문학 텍스트의 평가와 미학적 고찰의 존중을 포함하여 문학 및 문학비평 생산의 조건이 되는 일군의 신념과 관행을 가리킨다. 미학 이데올로기에 관한 이론은 테리 이글튼에 의해 가장 완벽하게 정리되었다. 그에 따르면 미학 이데올로기는 '일반 이데올로기(general ideology)' 가운데에서 예술과 관계된 영역에 존재한다고 한다. 미학 이데올로기는 일반 이데올로기에 의해 최종적으로는 지배와 종속의 관계로 결정되지만, 윤리적 · 종교적 영역과는 구분된다. 미학 이데올로기는 복잡한 내부구조를 지니고 있는데, 문학을 비롯해서 다양한 하부구조를 포함한다. 이 문학의 하부구조도 복잡해서 문학이론, 문학평론, 문학전통, 장르, 문학적 관습, 기법, 문체 등 다양한 층위로 구성되어 있다. 미학 이데올로기에는 어떤 사회체제에서 미적인 것이 지닌 기능, 의미, 가치를 나타내는 미의 이데올로기가 포함되는데, 그것은 일반 이데올로기에 포함되는 문화 이데올로기의 일부를 이룬다.

테리 이글턴에 따르면 '미'라는 것이 계몽주의 시대에 등장한 부르주아적 개념이다. 이 '미'의 범주가 현대 유럽에서 중요한 위치를 차지하게 된 것은, 예술이 부르주아의 정치적 헤게모니를 위한 투쟁의 핵심에 놓이게 되면서부터이다. 초기 부르주아 사회에서 사회적인 삶의 현상은 사물화에 시달리게 되는데, 그렇게 되면 전통적인 철학의 개념인 정체성 개념은 더 이상 가치에 관한 담론들의 적절한 출발점이 되지 못하게 된다. 따라서 그러한 담론은 관념주의적인 것이 되고 만다. 가치라는 것은 그 자체에 기초를 두거나 직관에 의거해서 만들어질 수밖에 없는데, '미'의 개념은 그 두 가지 방식에 중요한 모델이 된다.

바로 이러한 '미'의 범주가 등장하게 된 것은 부르주아 사회 초기 단계에서 문화적 생산이 자율적인 것이 되도록 하는 물질적 과정과 밀접하게 관련되어 있다는 것이 테리 이글턴의 생각이다. 물론 '미'의 범주는 전통적으로 문화적 생산이 담당해 온 여러 사회적 기능들로부터 자율적인 것이다. 일단 문화적 생산물들이 시장의 상품이 되면, 그것들은 특정한 개인을 위해 존재하는 것이 아니라, 그 자체로 존재하는 것으로 합리화된다. '미학'이라는 새로운 담론이 주된 논의의 대상으로 삼았던 것은 바로 그러한 자율성 또는 자기준거성의 개념이다. 문화적 생산물이 스스로를 규제하고 결정하는 존재양식을 지니고 있다는 자율성의 개념은, 부르주아에게 물질적 활동들에 필요한 주체성의 이데올로기적 모델을 제공한다.

그러나 한편으로는 그러한 자율성의 개념은 칼 맑스나 다른 사상가의 저작들에서 알 수 있듯이, 부르주아적인 공리성에 대한 혁명적 저항의 인간학적 토대가 되는, 인간의 힘과 능력에 내재된 자결적 본성 또한 강조한다. 테리 이글턴은 바로 이러한 '미학'의 양가성이야말로 미학 이데올로기라고 본다. 그는 미적인 것은 초기 자본주의 사회에서 인간 주체성의 내밀한 원형이자, 동시에 인간의 에너지들을 근본적으로 그 자체가 목적인 것으로, 모든 헤게모니적이고 도구주의적인 사고의 적수로 보는 비전이라고 한다. 한편으로는 구체적 특수성에 대한 해방적인 관심,

다른 한편으로는 보편주의의 사이비 형태를 대변하는 것, 그것이 바로 미학 이데올로기하고 한다.

테리 이글턴은 맑스주의 비평의 과제 중의 하나는 미학 이데올로기를 분석하고, 그 이데올로기의 기능과, 미학 이데올로기를 일부 포함하는 일반 이데올로기와 관련하여 분석하는 것이다. 근래에 들어, 제롬 J. 맥간은 현재 우세한 미학 이데올로기가 낭만주의에서 파생되었다는 논의를 펼치고 있다. (황종연)

참고문헌
테리 이글턴(Terry Eagleton), 윤희기 역, 『비평과 이데올로기』, 열린책들, 1987.
_____, 방대원 역, 『미학사상』, 한시문화사, 1995.

미학(美學, Aesthetic, 프 Esthétique, Ästhetik)

미학은 우선 아름다움, 즉 미를 감상하는 능력의 문제, 예술의 창조, 미에 대한 감정이입현상을 대상으로 하는 학문과, 아름다움의 법칙성, 아름다움의 형식과 규범을 대상으로 하는 학문을 모두 가리키는 용어이다. 이 용어는 알렉산더 바움가르텐(Alexan−der Baumgarten 1714~1762)이 쓴 두 권의 책인 『에스테티카(Aestheticá)』(1750~1758)의 라틴어 책 이름에서 유래한다. 이 책에서 바움가르텐은 '미'를 "지각할 수 있는 사물이 지닌 완전성"이라고 정의한다. 예술사상의 측면에서 보자면 이러한 정의는 감각을 인식의 준거로 중시한다는 점에서 중요한 의미를 지닌다. 바로 이 점에서 바움가르텐의 이 미학이라는 용어가 "감각에 의한 지각"을 의미하는 그리스어 '에이스테시스(aisthesis)'를 어원으로 한다는 사실은 의미심장하다. 그리스어에서 이 '에이스테시'는 우선 실체성을 갖춘 것, 감각으로 지각할 수 있는 사물에 대한 지각을 가리키며, 물질성을 지니지 않은 것, 개념으로서만 존재하지 않는 것에 대한 지각은 포함하지 않는다. 바움가르텐의 새로운 용법은 감각활동의 주관성, 인간의 예술적 창조력의 특수성을 강조하고 있고, 이러한 그의 관점은 넓게는 예술의 여러 분야에 미치고 있다. 바로 이러한 사정에서 그의 책 이름이 그대로 하나의 용어로 정착하게 되었다.

이후 칸트(I. Kant)는 미와 예술에 대한 감정적인 판단이 인간의 중요한 정신적 능력 가운데 하나임을 밝히는 한편으로 예술적인 세계의 자율성을 확립함으로써, 근대적인 미학의 기틀을 마련했다. 칸트는 미와 예술에 대한 감정적인 판단의 능력이, 오성과 이성을 매개하는 제3의 정신적 능력이라고 보고, 그러한 능력을 '판단력'이라고 명명했다. 칸트에 따르면 이 판단력은 오성이나 이성과 마찬가지로 독자적인 선험론의 원리를 따르는 특수한 인식능력이다. 흔히 선험론적 미학 혹은 비판주의적 미학이라고 하는 칸트의 미학은, 이후 셸링(F. W. J. Schelling), 헤겔(G. W. F. Hegel)을 거쳐서 쇼펜하우어(A. Schopenhauer)에 이르는 관념론 미학의 근간이 된다.

19세기 후반에 이르면 페흐너(G. T. Fechner)가 실험적인 방법에 근간한 경험주의적이고 심리학적 미학을 확립한다. 페흐너에 이어 립스(T. Lips), 폴켈트(T. Volkelt)는 감정이입이론

(Einfühlungstheorie)을 통해 미의식을 감각·지각·표상·연상·사고·의지·감정 등 단순한 심리적 요소 분해하여 미적 향수나 예술창작의 심리적 과정, 미의 여러 가지 양태 예술의 기원 등의 문제를 분석적으로 고찰했다. 한편 이러한 미학의 경향은 프랑스의 이뽈리 멘느(H. Tainne)와 같은 문학연구자에게도 영감을 주었을 뿐만 아니라, 예술의 사회적 의의와 효과, 예술가와 대중의 관계, 예술활동의 사회·경제적 제약, 예술의 계급성 등을 연구해서, 플레하노프(G. V. Plekhanov), 루나차르스키(A. V. Lunacharskii) 등의 맑스주의 미학자들에게도 큰 영향을 미쳐 사회학적 미학의 형성을 가능하게 했다. 한편 가이거(M. Geiger)와 오데브레히트(R. odebrecht)와 함께 훗설(E. Husserl)의 현상학과 하이데거(M. Heideger)의 존재론적 입장에서 미의 본질을 규명하는 현상학적 미학을 확립했다. 이들은 미의 현상에 대한 체험을 관념론 미학이나, 사회학적 미학의 이성중심주의에 반대하여, 미의 체험이 구체적 전체성에 근거해서 이해해야 한다고 보고, 가치체험으로서 미의 체험을 직관으로 이해하고, 그 본질적 구조를 해명하려고 하는 방법론을 제시했다. 그러나 하이데거의 철학은 미를 인간존재의 근원적 의의와 관련해서 예술을 존재의 창조라든가 실존해명이라고 하는 존재론적 사명의 관점에서 이해하는 존재론적 미학의 가능성을 열어 놓기도 했다. 그러나 영·미의 미학은 관념론철학이나 실존철학에 대립하는 분석철학과 기호론적 논리학의 방법을 미학으로 도입하여 현대문학의 중요한 조류를 형성했다. 랭거(S. Langer)나 리드(H. Read) 등은 미의 대상이 지닌 형상을 하나의 상징으로서, 언어와 같은 기호로 보고 그것을 분석하고자 했다. 이들의 미학은 예술의미론, 혹은 기호론적 미학이라고 한다. (황종연)

참고문헌

Gordon Graham, Philosophy of the Arts : An Introduction to Aesthetics, NY : Routledge, 2000.

Noel Carroll, Philosophy of Art : A Contemporary Introduction(Routledge Con −temporary Introductions to Philosophy), NY : Routledge, 1999.

Raymond Williams, Key Words : A Vocabulary of Culture and Society, London : Oxford University Press, 1985.

민담(구변예술)

이는 넓은 의미에서 말로 된 문학을 가리키는 개념으로 사용되는 것으로서 한국에서는 구비문학이라는 용어가 보다 일반적으로 사용되고 있다. 구비문학은 구전문학이라고도 한다. 구비와 구전은 일반적으로 거의 동의어로 인식되고 있지만 굳이 구별하자면 구전은 말로 전함이라는 의미를 갖는데 그치는 반면 구비는 대대로 전하여 내려오는 말이라는 폭넓은 의미로 사용된다고 하겠다.

구비문학은 유동문학, 표박문학, 적층문학 등으로 불려지기도 하는데, 이런 용어들은 대체로 구비문학이 계속 변화하며, 그 변화의 누적 과정에 의해 작품이 존재한다는 특징을 드러내기 위해 사용된다, 하지만 이는 구비문학이 갖는 포괄적인 의미를 다 담아내기에는 미흡한 용어들이라 할 수 있다. 한편 구비문학을 민속문학이라고 부르기도 하는데, 이는 구비문학을 민속학적인 관점에서 다루고자 하는 의도에서 생겨난 개념이다. 하지만 이 역시 문학 본래의 의미를 제대로 담아내기는 어렵다는 한계를 지닌다고 하겠다.

그런데 구술문학 또는 민속 문학이라고 불리고 있는 작품들 가운데서 산문 서사문학(散文敍事文學)의 테두리에 드는 것을 통틀어 '민담'으로 규정하기도 한다. 국내 학계에서 더러는 설화(說話)라는 말로 바꾸어 부르기도 한다. 한국 민속의 현장에서 원래 민담이라는 말이 쓰인 것은 아니다. 단순히 '이야기' 또는 '옛이야기', '전해오는 이야기' 등으로 불리어 왔으며, 지방에 따라서는 '이바구'라 하기도 하였다. 이 옛이야기에는 동화는 물론, 지역전설 이외에 야사(야담)들이 포함되어 있었으나 그 밖에 일화(逸話)나 우화(寓話), 우스갯소리, 그리고 성인들 사이의 성(性)을 소재로 한 이야기들도 포함되어 있었다.

민담은 민속문학적인 성격을 지닌다고 할 수 있다. 그것은 민담이 민중 사이에서 창작되고 민중 사이에서 전해진 서사문학임을 뜻하면서 동시에 민중들의 입과 입으로 전해진 서사문학임을 뜻하고 있다. 이같이 지은이와 듣는 이(즐기는 이), 양쪽에 걸친 민중성(民衆性)과 구전성은 민담이 지닌 양대 특성이다. 이 가운데 지은이의 민중성은 무명성(無名性)과 관련되어 있다. 민담은 언제 누가 지었는지도 모르게 그저 옛날부터 사람들 사이에서 전해진 옛이야기이고, 동시에 들은 그대로를 남들에게 전해 주는 옛이야기이다.

지역성과 시대성, 그리고 전하는 사람의 개성이나 생활사 등에 의해서 변화를 일으키면서 민담은 전해져 가되, 그 변화의 밑에 변화하지 않는 불변의 보편성을 동시에 가지고 있다. 이와 같은 변화하지 않은 보편성을 흔히 규범형식(規範形式)이라고 부른다. 민담을 신화 · 전설 · 동화로 가르는 것은 민속학에서 가장 오래된 고전적인 3분법이다. (염철)

민담(Folktale)

이 말은 원래는 민간에 전승되는 민중들의 이야기를 통칭하는 말이었다. 하지만 오늘날 민담이란 용어는 훨씬 더 제한된 개념으로 쓰여지고 있다. 다시 말해서 민간의 이야기를 지칭하는 용어로는 '설화'가 사용되고, 이 설화의 하위 범주로서 '민담'이라는 용어가 사용되고 있는 것이다. 설화의 하위 범주로서의 민담의 의미는 신화, 전설 등 설화의 다른 하위 범주들과의 비교를 통해 그 의미가 분명하게 드러날 수 있을 것이다. 신화나 전설과 다른 민담의 특징은 크게 세 가지 정도로 정리해 볼 수 있다.

첫째, 신화나 전설은 과거의 특정 시대에 일어났던 일회적인 사건을 그리는 데 비해, 민담은 언제 어디서나 몇 번이고 일어날 수 있는 과거의 전형적인 사건을 그린다. 둘째, 신화나 전설이 현존 증거물을 가지고 과거에 일어났던 사건과 경험을 설명하려고 하는 객관성을 지닌 데 비하여 민담은 경험하는 자, 즉 작중인물의 연속적이고 다양한 운명을 주관적으로 서술한다. 셋째,

신화나 전설에 등장하는 초자연적인 존재는 피안 관념을 불러일으키기 위해 존재하지만, 민담에서는 주인공을 돕거나 해를 가하면서 주인공을 정했던 목표로 이끄는 역할을 하고 있다.

그러나 신화, 전설, 민담 사이에 이와 같은 차이가 언제나 확연하게 드러나는 것은 아니다. 모티프로만 보자면 이 셋 사이에 본질적인 차이는 없다고 할 수 있다. 설화를 내용 자체로만 분류하자면, 신화, 전설, 민담으로의 세분은 매우 어려운 문제가 아닐 수 없다. 민담이 전설이나 신화의 세계로 편입되거나, 혹은 그 정반대의 경우도 있기 때문이다. (염철)

민속(民俗)

민속은 민중에 의해 역사적으로 전승되어 온 유형, 무형의 전통적, 보편적 문화를 뜻한다. <삼국사기> 유리 이사금조에 '민속이 환강하여 처음으로 도솔가를 지어 부르니 이것이 가악의 시초다'라는 내용에서 '민속'이라는 용어가 처음으로 등장한 이래, <삼국유사>, <성호사설>, <오주연문장전산고> 등을 비롯한 여러 문헌에 민속에 관한 자료가 나타난다.

민속에서 가장 두드러진 논의 중 하나는 민속의 분류 문제였다. 민속의 분류에는 나라마다 차이는 있으나 도슨(Dorson, R)의 <민속과 생활>을 보면, 구비문학(oral literature), 물질문화(material culture), 사회적인 민속관습(social folk custom), 연행되는 민속 예술(performing folk art)로 나누고 있다. 우리나라는 조지훈에 의하여 민속학 강의가 시작되면서 체계적인 분류가 시작되어 논란을 거듭하다가 1983년 제 2차 한국민속학술회의에서 '한국 민속학의 연구방법'이라는 주제로 민속학의 영역별 방법론을 논의한 결과, 민속 문학, 민속사회, 민속종교, 민속예술, 민속 물질 등 다섯 개의 영역으로 나누고 있다.

1980년대 '민중'이라는 용어가 대두되면서 민속의 전승자에 대한 논의도 활발해져 민중, 민간, 서민, 백성, 국민 대중, 인민 등 여러 용어가 거론되면서 개념을 규정하고자 하였다. 그러나 뚜렷한 결론을 내지 못한 상태에서 민중, 민간 등의 용어가 혼재되고 있는 실정이다.

민속은 상층문화에 대한 하층문화, 기층문화를 일컫는다. 상층 문화가 외래적 성격이 강한 반면 기층문화는 그 나라의 고유성을 강하게 드러낸다. 따라서 민속이란 상층보다는 기층에, 도시보다는 농어촌에 많이 존재하게 되며, 신석기 이래로 지금까지 6000년간을 일관해 온 농경문화는 한국 민속의 가장 큰 특징을 형성하기에 이르렀다. 그러나 도시화, 기계화, 서구화, 국제화 등 일련의 변동과 함께 민속은 커다란 변화를 겪고 있다. 민속을 과거적인 문화의 한 부분적 정체현상으로 인식한 결과 <잔존문화>나 <민간전승체>로 규정해 온 종래의 견해를 비판하면서 도시나 현대 문명 속의 문화 즉, 도시 민속까지 포괄하게 된 것은 그러한 고민과 노력을 반영한다. 이러한 문제는 비단 우리나라만의 문제는 아니며 비서구적인 모든 나라들이 전통문화와 현대화 사이의 갈등의 해결, 또는 모순의 조화적 해결이라는 문제를 안고 있다. (진은진)

전통, 민속학, 인류학, 도시 민속학, 민족학

참고문헌
김태곤, 『한국민속학원론』, 시인사, 1984.
최운식 외, 『한국민속학 개론』, 민속원, 1998.
이두현 외, 『한국민속학개설』, 민중서관, 1975.
성병희·임재해, 『한국민속학의 방향과 과제』, 정음사, 1986.

민속극(民俗劇)

민간전승하는 유희극으로서 가장(假裝)한 배우가 대사와 몸짓으로 사건을 표현하며 여기에 음악이 결합된다. 민속극은 농경의례, 장례의식 등 각종 원시종교의식에서 시작되었다고 보는데, 그 기원에 관해서는 농경의식설(農耕儀式說), 산대희설(山臺戲說), 기악설(伎樂說), 절충설(折衷說) 등이 전해진다. 조선시대 정조 때의 유득공(柳得恭)은 그의 저서 『경도잡기(京都雜記)』에서 한국의 연극을 산희(山戲)와 야희(野戲)로 나누어 설명하였다. 산희는 사자, 호랑이, 만석(曼碩) 같은 것을 만들어 춤을 추는 것으로 지금의 꼭두각시, 인형극이 여기에 속한다. 야희는 당녀(唐女)와 소매(小梅)로 각각 분장하고 춤을 추는 것으로 지금의 가면극이다.

가면극의 가장 오래된 기록은 『삼국사기』에 나오는데 고려의 산대희, 조선의 산대도감극으로 이어졌고, 오늘날에는 양주 별산대놀이, 봉산탈춤, 통영 오광대 등으로 전승되었다. 가장 대표적인 인형극은 꼭두각시극이다. 꼭두각시극은 산대놀이와 함께 조선 중엽부터 시작된 것으로 보고 있다. 풍자의 특성 때문에 서민들의 인기를 모았고 꼭두각시놀음, 만석중놀이 등이 전해지고 있다. 이 외에도 그림자극, 판소리 등이 있으며 민속극의 범위를 넓게 보면 농악, 굿, 난장, 잡색놀이 등도 민속극의 범주에 넣을 수 있다.

조선 후기의 민속극은 상업과 교통이 발달함에 따라 교역의 중심지로 자란 상업 도시에서 상인들이 많이 모여들도록 탈춤을 육성하고 자기들의 취미에 맞는 구경거리로 즐기게 됨으로써 발전하게 되었다. 민속극은 민중을 주인공으로 민중의 생활을 바탕으로 하며, 여기에는 서민들의 언어와 삶의 모습이 생생히 드러나 있다. 해학과 넉살, 신명이 있고 연희자와 관중 모두가 한데 어우러져 즐거움을 누리는 마당 형식으로 이루어져 있다. 이러한 민속극에는 현실에서 고달픈 일상을 살아가는 서민들이 가진 양반에 대한 신랄한 비판의식이 들어 있다. 지배층에 대한 비판은 물론 외세에 대한 비판의 내용을 담고 있는 것도 있다. 허위의식에 가득 찬 양반 계층을 비판하고 조롱하는 것은 조선 후기 서민의식의 성장과 관련이 된다. 이런 비판적 향유는 가면(탈)이라는 장치를 통해 효율적으로 이루어졌다. 가면을 통해 익명성을 보장받고 남녀, 노소, 신분의 차이가 무의미해짐은 물론 놀이에 무게중심이 실림으로써 갈등을 신명으로 풀어내어 중화하는 효과를 가져왔다. (노현주)

가면극, 인형극, 판소리

참고문헌

박진태, 『한국민속극의 실천』, 역락, 1999.
_____, 『탈놀이의 기원과 구조』, 새문사, 1991.
전경욱, 『한국 가면극 : 그 역사와 원리』, 열화당, 1998.

민속문학(Folk literature)

오랜 시간 동안 민간에서 전해져 온 민족의 생활과 풍습을 고스란히 담아내는 문학을 일컫는다. 이는 민속문학, 민속사회, 민속예술, 민속종교, 민속물질 등으로 나누어지는 민속학의 한 하위 항목으로서, 주로 신화, 전설, 민담, 속담, 무가(巫歌) 등이 여기에 속한다. 또한 민속문학은 기층 민중들이 향유한 문학이라는 의미에서 기층문학(基層文學) 혹은 태고 이래로 지금까지 남아있는 문학이라는 의미에서 잔존문학(殘存文學)이라고도 일컬어지며 주로 입에서 입으로 전해지는 구비전승(口碑傳承)의 특징을 보이고 있어서 구비문학(口碑文學)이라고도 지칭된다.

일반적으로 민속문학은 독자적인 민족의 정서를 내포하고 있으며 지배문화 혹은 상층문화와는 다르게 전승되는 민중적, 하층적 계층문학으로서의 성격을 가진다. 또한 장구한 시간의 흐름에 따라 형성되었기 때문에 역사적인 변화성을 보여주며 개인 창작과 집단창작이 유기적으로 매개되는 공동체 문화적 성격을 띠고 있다. 특히 민속은 사회경제적인 생산체계와 깊이 연관되어 있어서 민속 문학은 생산문화와 밀접한 연관성을 갖고 있다.

한국문학에 있어서 민속문학은 무가, 신화, 설화, 민담 등의 구조와 이들의 구비전승 과정 혹은 이본(異本) 연구 등을 민족의 생활과 풍속사와 연관시켜 연구하고 있다. 여기에서는 주로 구비 전승된 자료가 많이 활용되는데, 현대에 와서는 기록문학이 압도적인 우세를 보이고 있어서 구비문학이 활력과 기력을 얻기 어렵지만 전통문화를 이해하는 데 있어서는 이들은 중요한 자료라 할 수 있다.

한국문학에서 대표적인 민속 문학으로는 서사무가의 하나인 『바리공주 무가』나 『삼국유사』에 실려 있는 다양한 변신설화 등을 꼽을 수 있다. (이선이)

민속학, 구비문학, 신화, 설화, 무가

참고문헌
김열규 외, 『우리 민속문학의 이해』, 개문사, 1980.
민속학회 편, 『한국 민속문학의 이해』, 민속학회, 1994.

민속학(民俗學, Folklore)

민속학은 민간에 전승되어 온 기층 생활문화 곧 민속 제반 현상인 신앙, 제도, 생활양식, 습관, 종교의례, 민간전승 등을 구체적으로 연구하는 학문이다.

민속학이라는 명칭은 영어의 Folklore, 프랑스어의 Tradition Populaire, 독일어의 Volkskunde 와 같은 말인데 단순한 민간전승을 일컫던 Folklore라는 용어는 영국의 톰스(William J. Thoms)이 민간의 옛 풍습이나 민간문예를 총괄하고 대신하는 말로 사용하기를 제창한 데서 비롯되었다. 이처럼 영국에서의 민속학 연구는 민속을 고대의 유습으로 보았기 때문에 비교민속학적인 방향으로 전개된 데 비하여 독일 민속학은 영국과는 달리 민족주의적인 입장을 취하면서 태동하였다.

동양에서 민속학을 제일 먼저 수입한 나라는 일본이다. 일본에서는 1900년대 초기에 민속학을 향토 연구라는 의미로 사용하였다. 그러다가 1928년에 <민간예술>이 발간되고, 그 이듬해에 민속학회가 창립됨으로써 본격적인 민속학 연구가 시작된다.

우리 나라의 경우, '민속학'이라는 용어가 제일 먼저 보이는 것은 최남선의 『삼국유사 해제』하고는 하나 학문의 명칭으로서의 '민속학'이라는 용어는 최남선이나 손진태 등 일제 강점기의 민속학자들이 일본에서 수입해 온 것으로 추정하고 있다. 1920년에 최남선의 <살만교차기>, 이능화의 <조선무속고>, 손진태의 <조선의 설화> 등이 발표되면서 민속학이 본궤도에 오르기 시작했고, 이 시기에 고정옥, 김사엽, 최상수 등에 의해 우리의 민요가 채록되기 시작하였다. 이들이 민속연구에 심혈을 기울인 것은 일제의 억압에 대항하여 민족의 주체성을 인식한 결과였다.

광복 이후 1946년 설립된 전설학회가 1954년 민속학회로 개칭하여 학회를 발족하면서 기관지인 <민속학보>를 발간하였고, 1958년에는 한국문화인류학회가 결성되어 민속학에서 인류학으로 방향을 전환하면서 민속학과 인류학의 모든 문제를 광범위하게 다루기도 하였다. 이러한 발전에 힘입어 1946년 국학대학을 시작으로 숙명여자대학교와 경희대, 서울대 등에 민속학 강좌가 개설되다가 1969년 한국민속학회의 창립과 함께 여러 대학에 연구소들이 창설되었다. 1978년, 안동 대학에 우리나라 유일의 민속학과가 개설된 것은 민속학의 꾸준한 발전의 결실이라고 할 수 있다.

1971년 원광대학교에 최초의 민속학연구소를 개설하기도 하였던 김태곤은 민속학이 각기 다른 역사적, 사회적 상황 속에서 성립되어 온 이상 한국의 민속학이 구태여 영국의 Folklore나 독일어의 Volkskunde나 일본의 민속학과 궤도를 같이해야 할 필요는 없다고 하면서 한국 민속학은 한 민족을 연구 대상으로 하는 과학, 즉 한국 민족학이 되어야 한다고 주장하기도 했다. (진은진)

민속학, 인류학, 민족학, 문화 인류학, 민족학

참고문헌
김태곤, 『한국민속학원론』, 시인사, 1984.
인권환, 『한국민속학사』, 열화당, 1978.
이두현 외, 『한국민속학개설』, 민중서관, 1975.
P. Saintyves, Manual de Folklore, Paris, 1936.

민요

입에서 입으로 전승되는 노래 일체를 가리키는 개념이라 할 수 있다. 민요는 한 개인의 시적 감흥을 표현하기보다는 하나의 동질적인 집단의 정서적 표현이다. 농사나 수렵 혹은 천렵 등의 노동 과정에서 부르는 노동요, 민중들이 일상 속에서 느끼는 희로애락을 표현하는 서정적인 노래, 노래 속에 이야기가가 들어있는 담시, 자장가, 종교적인 노래, 무당의 서사무가, 줄넘기노래와 같이 유희 과정에서 부르는 노래, 세태에 대한 풍자적인 노래, 강강수월래처럼 무용이나 특수한 동작을 수반하는 노래 등이 모두 민요에 포함된다고 할 수 있다.

민요는 문자문명이 발생하기 전에 가장 융성했던 예술 갈래 중 하나였지만 문자문화가 발달하고, 특히 대중매체가 발달하면서 거의 사라져가는 예술 갈래가 되고 있다. 동질적인 공동체의 일원으로서 함께 흥을 나눈다는 의식이 없다면 민요의 본래 의미는 퇴색할 수밖에 없다. 아무리 민요의 대가라 할지라도 학술적인 관심을 지닌 청중 앞에서 부르는 민요가 참된 의미의 민요라고 할 수는 없을 것이다.

민요는 무엇보다도 개인의 창작물이라는 인식이 생겨서는 안 된다. 민요는 작자가 알려진 경우가 드물기는 하지만 애초의 창작은 당연히 한 개인으로부터 비롯되었을 것이다. 그렇다고 하더라도 민요 자체가 한 개인의 창작품이라는 의식은 들지 않아야 한다는 것이다. 다시 말해서 민요란 공동체 구성원의 공통된 감성을 노래한 것이라는 생각을 전제로 한다는 것이다. (염철)

민요시(民謠詩)

민간 사이에서 자연적으로 발생한 단순하고 소박한 생활 감정이나 민족 정서가 집약되어 구전된 가요를 시로 형상화한 것이다. 민요와 공통적인 특질을 가지면서도 개인의 주관적 성격이 배어 있는 창작품이라는 점에서 '민요(民謠)'와 구별된다. 작품으로는 독일의 낭만파 시인 W. 뮐러의 '아름다운 물방앗간 소녀', '겨울 나그네' 등을 비롯하여 G. 시바프의 『고대 민화집(古代民話集)』이 유명하다.

우리 나라의 민요시는 특히, 1920년대 민요와 더불어 일제에 대한 항거의 의지를 나타내는 역할을 하기도 하였다. 주요한, 김소월, 김억, 홍사용, 김동환, 김영랑 등은 민요조의 형태와 정서를 빌어 현대시로 형상화한 대표적인 시인이다. 예를 들어 김소월의 <접동새>는 의붓어미의 시샘에 죽은 누나가 동생들을 잊지 못해 접동새가 되었다는 '접동새 설화'를 바탕으로 지은 민요시로서, 우리 민족의 정조와 가락을 근대시로 이끌어낸 대표적인 민요시로 꼽힌다. 1920년대 이후 민요시를 쓴 시인들의 민요인식의 대상은 크게 두 가지 범주로 파악될 수 있는데, 하나는 개화기 이후 폭넓게 확산되고 유행한 비기능의 민요와 잡가이며, 또 하나는 식민지시대의 역사현실에 반응하여 새롭게 형성된 항일·비판민요이다. 전자의 비기능 민요와 잡가는 애상적이고 유흥적인 성격을 강하게 띤 민요로서, 정주, 평양 등 서도지역을 성장공간이자 문화적 체험공간으로 공유한 김억, 주요한, 김소월 등의 시적 인식에 많은 영향을 끼친 것으로 여겨진다. <수심가>, <엮음수심가>, <영변가> 등의 서도잡가는 김억의 <무심>, <수심가>, 주요한의 <불놀이>, 김소월의 <진달래꽃> 등의 민요시와 강한 상호텍스트성을 형성하고 있어, 근대 민요시 중 상당수의 작품이 서도잡가 등의 직·간접적인 영향관계 아래 놓이면서, 민요시의 근간을 형성했던 것으로 파악된다. 다음으로 항일 · 비판민요를 긍정적으로 인식, 수용한 민요시인의 경우로는 김동환을 들 수 있다. 김동환을 비롯한 양우정, 허삼봉 등은 항일 · 비판의식을 널리 고취시키면서 민중적 공감대를 확보하기 위하여 전통적 민요가락을 이용하여 시를 창작할 것을 주장하였으며 <경복궁 타령>, <아리랑 고개> 등의 민요시들은 역사와 현실에 대한 적극적인 반응체로서의 역할을 담당하면서 농민시 내지 민중시, 그리고 민족시로서의 문학사적 위상을 가지며 전개되었다. (윤송아)

민요, 김소월, 김억, 홍사용, 김동환, 김영랑

참고문헌
박경수, 『한국근대민요시연구』, 한국문화사, 1998.
_____, 『한국 민요의 유형과 성격』, 국학자료원, 1998.

민족(民族)

민족은 남들과 구별되는 자기 인식적 문화공동체를 지칭한다. 역사적 의미를 지니는 영토, 기원에 대한 공동의 기억, 신화를 바탕으로 한 유대감이 민족 정체성을 형성시킨다. 민족 구성원들은 우의의 감정, 충분한 차별성, 공동의 조상과 지속적 혈통에 대한 믿음을 공유한다. 그러므로 일정한 지역에 장기간 거주했다는 지리적 범위, 공동생활이라는 경제공동체, 문화적으로 공유된 기억, 역사적으로 구성된 집단귀속의식 등이 중요한 민족형성의 요인이다. 이러한 요인들에 기반해 있는 민족은 다른 사람들과의 차별화를 특징으로 하는 집합적 단위이다. 또한, 자신들이 하나로 통합될 것으로 믿는, 자신들의 국가를 창출하거나 유지하려고 노력하는, 사회적으로 동원된 사람들의 집단으로 규정하기도 한다.

민족이 '우리'라는 공동체와 '그들'이라는 타자를 구분하기 위한 필요성에 나온 것이라는 주장이 있다. 민족을 구별짓는 포괄적 의미의 문화는 언어에만 국한되지 않고 종교 · 세계관 · 사회조직 · 경제생활 등 생활양식 전반을 포괄한다. 대내적 동질성과 대외적 이질성이 중첩돼 있는 '민족'이라는 용어는 애초부터 차별적 특징을 갖는 한정적 집단을 지칭한다고 할 수 있다. 이러한 맥락에서 볼 때 민족은 '한정적, 배타적 공동체'다. 민족 구성원들 간의 유대와 공유된 기억들도 국가와 연관돼 정치적 의미의 정체성을 강화시킨다. 따라서 민족은 기본적으로 문화적 특징을 지표로 하는 범주로서 민족관념 자체가 문화적 소산이기는 하지만 정치공동체의 특징을 함께 한다. 즉 민족 공동체는 국가를 전제로 하지 않고는 성립이 불가능하다는 고도의 정치적 성격을 지니고 있다. 그러나 민족과 국가는 동일 개념으로 등치될 수 없다.

최근 베네딕트 앤더슨(Benedict Anderson)은 민족이 '제한되고 주권을 가진 것으로 상상된 정치 공동체'라는 구성주의적 입장을 제시했다. 민족이 영속성을 갖는 초역사적인 자연적 실재가 아니라, 근대 성립기를 거치면서 국가지배의 정당화를 위한 정치적 수단이었다는 것이다. 민족

개념에 대한 이러한 앤더슨의 논의는 민족을 탈신화화하면서 '진정한' 민족이나 '정당한' 민족 같은 것은 없다는 점을 주장하고 있다. 최근의 민족 연구는 근대성에 관한 논의들, 문화들간의 관계에 관한 연구들, 그리고 국제 관계에 관한 연구들과 결합해 확장되는 추세를 보여주고 있다. (임헌영)

국가, 민족국가, 문화공동체, 근대성, 정체성

참고문헌

베네딕트 앤더슨, 윤형숙 역, 『민족주의의 기원과 전파』, 나남, 1991.
정호영, 「민족 정체성 형성에 관한 정치사회학적 연구」, 고려대 대학원 박사학위논문, 2001.
에릭 홉스봄, 강명세 역, 『1780년 이후의 민족과 민족주의』, 창작과 비평사, 1998.
신용하, 『민족이론』, 문학과지성사, 1985.

민족개조론(民族改造論)

이광수가 1922년 『개벽』에 발표한 논설문으로, 민족성의 개조(改造)를 역설한 글이다.

20년대 중반에 오면 국내의 민족운동이 민족주의 진영과 사회주의 진영으로 크게 양분되며 일종의 대립의식을 형성하기 시작하는데, 이 글은 바로 그 초입단계에 발표되어 많은 논란을 불러일으켰다. 이광수의 민족관을 엿보게 하는 글이다.

「민족개조론」은 상·중·하로 된 장편논문이며, 글머리에는 변언(辯言), 끝에는 결론이 붙어 있다. <상>은 '민족개조의 의의', '역사상으로 본 민족개조 운동', '갑신 이래의 조선의 개조운동', <중>은 '민족개조는 도덕적일 것', '민족성의 개조는 가능한가', '민족성의 개조는 얼마나 한 시간을 요할까', <하>는 '개조의 내용', '개조의 방법' 등으로 구성되어 있다. 전체적으로 보아, 민족 개조의 의의와 그 방법을 제시하는 데 주력하고 있는 글이다. 이 가운데 변언의 한 구절은 많은 논란을 불러일으켰는데, 거기서 이광수는 "민족개조의 사상과 계획은 재외동포 중에서 발생한 것으로서 내 것과 일치하여 내 힘과 나의 일생의 목적을 이루게 된 것"이라고 주장하고 있기 때문이다. 여기서의 재외동포란 상해의 도산 안창호와 그가 이끄는 홍사단이었는데, 해외망명객들이 춘원으로 하여금 「민족개조론」을 쓰도록 종용했다는 주장은 당시 젊은 식자층에게 도저히 용납될 수 없는 것이었다. 변언의 말미에 "태평양회의가 열리는 날에" 그 글이 씌어 졌음을 덧붙이고 있는 점도 집필의도에 관한 의혹을 증폭시키는 요소가 되었다.

이광수는 민족쇠퇴의 원인을 민족성의 타락 때문으로 보았다. 이에 그는 "민족의 생활의 진로의 방향전환, 즉 그 목적과 계획의 근본적이고 조직적인 변경"을 민족개조의 방향으로 제시한다. 즉 일본의 식민지 지배보다 타락한 민족성이 민족을 쇠락하게 한 근본원인이기 때문에 민족해방운동은 문화운동으로 방향을 전환해야 한다고 주장한 것이다. 그러나 '타락한 민족성'을 가진 조선인을 비판하며 민족성을 개조하자는 「민족개조론」의 시각은 이후 「병역과 국어와 조선인」(『신시대, 1942.)에 이르면 심각하게 굴절되어 나타난다. 그 개조의 모델이 일본적인 것으로 귀결됨으로써, 한국인을 개조하는 것이라기보다는 한국인임을 망각하거나 포기하여 일본인과 하나가 되자는 주장으로 변질되었기 때문이다. (배수정)

『개벽』, 민족, 민족해방운동

참고문헌
이경훈, 『이광수의 친일문학 연구』, 태학사, 1998.
김윤식, 『이광수와 그의 시대』, 솔, 1999.

민족국가

　민족을 기반으로 하여 형성된 국가라는 의미이다. 이는 혈연적 근친(近親)의식에 바탕을 두고, 공동의 사회·경제 생활을 영위하며 동일한 언어를 사용하고 동일한 문화와 전통적 심리를 바탕으로 하여 형성된 인간 공동체로 국민국가라고도 한다.

　이러한 국가는 중세 말기에 자연경제의 붕괴, 상업의 발달, 자본주의적 생산의 발전과 더불어 출현하였다. 서유럽 제국의 왕권은 14~15세기 무렵부터 급속히 세력을 신장하여, 생산과 교환의 자유를 바라던 신흥 상공업자와 손을 잡고 봉건귀족의 세력을 눌러, 민족의 국가적·정치적 통일을 성취하였다. 당시에 자주 발생한 대외전쟁도 국민의식을 성장시켰고, 또 신분제 의회 역시 국내의 각 세력 사이에서 국민적 단결의 감정을 불러일으켜 중앙집권적 통일을 촉진시켰다. 그러나 이렇게 하여 근대 국민국가의 형식이 마련되기는 하였지만 그것은 어디까지나 봉건적 사회질서를 기반으로 하는 것(절대주의)이어서, 귀족은 문벌적 특권에 의하여 국가의 중요 위치에 참여할 수 있었다. 그러나 평민은 조세의 부담자로서 국가의 중요한 기반이 되고 있으면서도 정치적으로는 거의 권리를 가지지 못하는 위치에 머물렀다.

　자본주의가 한층 성숙하여 시민계급이 성장하자, 그들은 노동자·농민과 함께 정치적 자유의 획득과 봉건적 사회질서의 변혁을 외치면서 보수적 세력에 도전하였다. 이것이 시민혁명이었고, 이어서 참다운 근대사회가 성립하여 입헌정치·의회제·내각책임제가 실현되었다. 이것이 민족국가의 더욱 발전된 모습인데 영국에서는 17세기, 프랑스에서는 18세기 말기 이후가 이에 해당한다.

　이에 비하여 중세 이래로 정치적 분열을 계속한 독일과 이탈리아는 19세기에 들어서면서부터 국가통일을 바라는 민족주의운동과 정치적 자유를 바라는 민주주의운동이 서로 얽히며 발전하다가 19세기 후반에 일단 민족국가를 만들기는 하였으나, 그것은 매우 불완전하여 봉건적 성격이 남아 있었다.

　그리고 장구한 세월을 선진제국의 압박에 시달리던 식민지·반식민지에서는 민족자본가의 성장과 더불어 민족해방과 독립을 요구하는 민족주의운동이 일어났고, 이들 약소민족들은 새로운 민족국가를 건설하였다. (염철)

민족문학(民族文學)

민족이라는 단위로 묶여 있는 구성원들에 의해 창작되고 향유되는 문학을 민족문학이라고 한다. 서구적 의미에서 민족문학은 근대 민족국가 성립과정에서 형성된 국민문학을 지칭한다. 민족의 정체성 형성에서 문화공동체의 역할을 강조한 헤르더·괴테 등에 의해 '민족문학'은 민족적 전통을 전승하는 중요한 문화적 장치로 강조됐다. 유럽에서 국민문학은 민족통일을 달성한 광범위한 국민 층의 자기표현에의 욕구와 연관이 있다. 따라서 민족 영웅의 형상화, 민족 고유의 전통을 재현한 민중 생활, 그리고 민족통일의 대서사가 국민문학의 주요 내용이었다. 그러나 한국의 경우 '민족문학'은 서구적 의미의 '국민문학'과 차별성을 갖는다. 한국에서는 일제강점기와 민족분단을 겪으면서 서구의 국민문학이 큰 의미를 획득하지 못했다. 아시아 내부에서 이뤄진 일본 제국주의에 의한 식민지 조선의 지배라는 특수성과 이데올로기에 의한 민족 분단이라는 아픔을 경험한 한국은 민족의 역사적 해결 과제를 내포하는 민족문학이 독자적인 문학 이념으로 제기되었다.

처음 민족문학은 '민족주의 문학'의 형태로 제기됐으며, 계몽주의적 성격을 지녔다. 최남선·이광수 등이 문학을 통해 민족의식의 개조와 각성을 촉구하는 문학운동을 전개했고, 이후 1920년대에 들어서면서 억압적 민족현실에 대해 각성한 카프 진영에 의해 계급주의 문학이념이 형성되기 시작했다. 그러나 객관적 정세의 악화로 1930년대에 접어들어서는 계급문학운동이 퇴조하고 말았다.

민족문학이 한국문학사의 전면에 제기된 것은 해방직후에 조직된 조선문학가동맹의 문학이념에서부터였다. 임화(林和)는 해방기 민족문학의 핵심적 과제로 대중성을 제기하면서, 민주적 정치 개혁과 민족문학의 수립을 제창했다. 이는 임화를 중심으로 한 좌파 성향의 조선문학건설본부가 계급성보다는 민족성을 강조해 민족연합전선을 구축하려 했던 노력의 소산이었다. 그러나 한국전쟁에 이은 남북분단 고착화로 인해 해방기 민족문학 이념 수립은 실패하고 말았다. 이와는 별도로 김동리는 민족문학과 순수문학, 그리고 휴머니즘을 연결해 우파 민족문학론을 주창하기도 했다. 김동리의 민족문학론은 1950년대까지 남한 민족문학론의 주요 흐름으로 자리잡았다.

1950년대 말 최일수의 「우리문학의 현대적 방향」(1956)을 전환점으로 민족문학론은 새로운 전기를 맞게 된다. 최일수는 민족문학을 리얼리즘론 문학과 연관지어 논의하면서 남북한의 분단 극복을 위한 논의의 토대로 삼으려 했다. 1960년대 참여문학론을 거쳐 1970년대 민족문학론은 한국문학사 전개의 특수성과 과제를 규명하려는 구체적 노력을 보여주었다. 1970년대 민족문학 논의는 백낙청·김병걸·구중서·임헌영·염무웅 등이 주도했다. 이중 백낙청은 민족문학론의 체계화와 발전에 핵심적 역할을 수행했다. 백낙청은 「시민문학론」(1969), 「민족문학 개념의 정립을 위해」(1974), 「민족문학의 현단계」(1975), 「인간 해방과 민족 문화 운동」(1978)

등을 통해 민족문학의 이념을 갱신해 나갔다. 그는 민족문학이 한국 민족의 역사적 과제와 결합된 개념임을 강조했으며, 민족 상황의 변화에 따라 새로운 과제가 부가될 수 있는 변이 가능한 개념으로 보았다. 그는 민족문학론을 '대다수 민족 구성원들의 진정으로 인간다운 삶'을 위한 문학으로 정의했다. 이후 민족문학론은 리얼리즘론·제3세계문학론·민중문학론과 결합하면서 문학이론의 면모를 확실히 나갔다.

1980년대에 민족문학론은 민중에 대한 관심이 높아지면서 분화의 양상을 보였다. 이는 1980년 5월 광주민주화운동의 영향으로 한국 사회 변혁에 대한 열망이 높아지면서, 민중에 대한 재인식이 심화되었기 때문이다. 이 때부터 민족문학론은 계급적 시각이 가미됐으며 문학운동의 차원으로 변화되기 시작했다. 채광석은 민족문학론을 민중적 민족문학론으로 전화할 것을 주장하면서 창작주체에 관한 논의의 포문을 열었다. 이후 민족문학론은 민중적 민족문학론·민주주의 민족문학론·민족해방 민족문학론·노동해방 문학론 등으로 분화되는 양상을 보였으며, 이들 민족문학론은 사회운동과 연관된 문학운동 논의였다는 특징을 갖고 있었다. 그러나 1990년대 초부터 수그러들기 시작한 변혁운동의 열기는 문학운동에도 영향을 미쳐, 민족문학론은 근원적 성찰을 요구받고 있다. 현 시기 민족문학론의 생명력은 민족의 현실을 어떻게 과학적으로 분석해서 문학이론으로 수렴해낼 것인가에 달려 있다. (임헌영)

국민문학, 계몽주의, 순수문학, 휴머니즘, 리얼리즘론, 제3세계문학론, 민중문학론

참고문헌
백낙청, 『민족문학과 세계문학 ⅠⅡ』, 창작과 비평사, 1978·1985.
김재남 엮음, 『민족문학의 이해』, 태학사, 1990.
김병걸·채광석 편, 『민족, 민중 그리고 문학』, 지양사, 1985.
김영민, 『한국 현대문학비평사』, 소명출판, 2000.

민족문화(民族文化)

한 민족이 생산해낸 사고체계와 창조적 유산, 그리고 예술적 생산물을 지칭한다. 그것은 과거적인 것뿐만 아니라 현대적 양상 모두를 포괄한다. 민족문화는 민족이 점유하고 있는 영토의 안팎에서 민족 구성원들에 의해 역사적으로 축적된 것이기에 흔히 고유한 특성이 강조되는 경향이 있다. 서구적 의미의 민족문화는 시기상 18~19세기 근대형성기에 중요성이 부각되기 시작했다.

민족문화는 민족정체성을 확립하고 유지하려는 민족주의적 경향과 밀접한 관련이 있다. 민족 공동체는 민족문화를 통해 과거 문화를 발굴해 존중하고 순수화하려고 한다. 이렇게 순수화한 문화는 민족관념을 유지하는 정치적 성격을 강하게 띤다. 더불어 민족문화는 선민의식을 보편화하려는 경향성을 지닌다. 자신의 민족이 선택받은 민족이라는 믿음은 민족문화를 통해 보편화된다. 또한, 민족문화를 통한 집단적 기억의 공유는 영토성과 연관된 경외심과 존경심을 불러일으키게 한다. 민족문화는 산, 강, 자연물 등을 신성한 것으로 기억하게 하는 관념을 만들어 냄으로써 민족의 지속성을 보장하려 한다. 민족문화는 문화적 정체성을 구성하려는 노력을 통해 민족주의에 복무해 왔다.

그러나 제국과 식민지의 관계에서 민족문화는 다른 맥락을 형성한다. 근대 제국주의 민족문화는 위에서 말한 선민의식 등에 바탕해 식민지 지배를 정당화해 왔으나, 식민지에서는 저항적 민족문화를 발생시켰다. 프란츠 파농(Fanon, Frantz Omar)은 식민주의와 연관해 민족문화를 "민족의 주체인 민중이 자신을 창조하고 그 자체를 보존하는 행동을 기술하고 정당화하고 찬미하기 위한 사고의 영역에서 민중이 행하는 노력의 총체"로 정의한다. 제국주의는 식민지의 문화를 파괴하거나 동화시킴으로써 지배를 영속화하려한다. 따라서 피식민지의 민중들은 제국의 지배에 전면 도전하기 위해 민족문화 옹호 투쟁을 해방투쟁의 핵심으로 간주했다. 파농이 '민족문화에 활력을 주고 창조의 문을 여는 것도 민족존립을 위한 투쟁'이라고 강조한 이유가 여기에 있다. 더불어 파농은 민족문화의 미래적 성격을 중시한다. 민족문학이 과거 전통으로 회귀하면 현재적 성격을 간과하게 되어 제국주의에 대한 수동적 저항으로 빠지기 쉽다고 파농은 경고했다. 파농의 민족문화론이 다시 쟁점화되는 이유는 탈식민주의(post−colonialism)의 논의와 관련해 문화적 저항이 갖는 의미에 대해 많은 시사점을 제공해주고 있기 때문이다. (임헌영)

민중, 제국주의, 식민주의, 탈식민주의

참고문헌
프란츠 파농, 박종렬 역, 『대지의 저주받은 자들』, 광민사, 1979.
정호영, 「민족 정체성 형성에 관한 정치사회학적 연구」, 고려대 대학원 박사학위논문, 2001.
Smith, Anthony D, 1996, "Culture, Community and Territory : The Politics of Ethnicity and Nationalism", International Affairs, 72,3.

민족주의(民族主義)

민족주의는 민족에 기반한 국가 형성을 당위적인 것으로 사고하는 신념이나 정치적 견해이다. 민족주의에는 상호 독립적인 실체라고 할 수 있는 민족과 국가가 일치해야 한다는 신념이 내재해 있다. 이러한 견해는 국가와 민족의 관계를 숙명적인 것으로 만들어서 민족국가를 탄생시키는 근거로 작용한다. 따라서 민족주의는 민족의 상징적 문화 구성을 위한 수단이 된다.

민족주의는 국가의 측면에서는 정치적 정당화에, 사회의 측면에서는 근대로의 이행에 중요한 역할을 수행했다. 국가와 민족이 일치해야 한다는 주장을 담고 있는 민족주의는 국가 권력을 정당화하는 이데올로기를 생산해내야 했다. 국가 권력이 민족이라는 문화정체성 내에서 정당성을 획득하기 위해서는 민주적 긴장을 형성하게 된다. 그러므로 근대 이행기의 대중 정치라는 조건하에서 정치적 권위의 유지를 위해 민족주의와 민주주의는 정치 시스템에 의해 결합됐다. 민족주의에 의해 형성된 민족정체성이 훼손될 경우 국가의 정치적 정당성이 무너져 결국 민족국가가 붕괴되는 상황이 발생하기도 했다. 19세기의 급속한 서구 근대화는 농촌공동체의 해체와 전통적 혈연공동체의 붕괴를 가져왔다. 근대의 개별화된 개인의 극심한 소외는 실존적 위기를 초래했는데 상상된 공동체와 연관된 민족주의는 문화적 공동체 형성을 통해 근대의 위기를 극복하는 역할을 수행했다. 사회적으로 근대 자본주의로의 이행과정에서 나타나는 개인들의 불안을 해결해주는 결속의 역할을 민족주의가 맡았다. 즉, 민족주의는 중세의 공동체 사회가 붕괴된 이후 산업 자본주의 시대의 시민 공동체로서의 이념 역할을 수행했던 것이다.

역사적으로 볼 때 민족주의는 18세기 말 프랑스 혁명을 계기로 발전하기 시작했으며, 1830년대부터 유럽 곳곳에서 대중적 민족주의가 발견되기 시작했다. 근대적 정치 문화 원리로서 민족주의는 계몽주의와 연관돼 있으며 민주국가를 발전시키는 새로운 힘으로 작용하기도 했다. 장 자크 루소(Roussean, Jean-Jacques)와 요한 고트프리트 헤르더(Herder, Johann Gottfried von)가 민족주의와 시민적 자유주의, 그리고 민주주의의 관계를 긍정적으로 해석한 대표적 사상가들이다. 루소는 국민주권이라는 민주주의 원리와 민족의지와 연관된 공동체 형성을 강조해 프랑스 민족주의의 이론적 바탕을 제공했으며, 헤르더는 정체성을 규정하는 핵심적 요소로 민간 전승과 민족적 전통, 그리고 문화공동체를 강조해 초기 민족주의 사상을 발전시켰다. 이후 미국 독립혁명과 프랑스 혁명으로 인해 19세기 유럽은 민족주의의 시대로 불리었다.

20세기 초 서구 민족주의는 제국주의와 결합하면서 대외침략과 제국주의 전쟁을 미화하는 근거로 작용했다. 이러한 민족주의의 반동화는 파시즘과 연관돼 절정에 이르렀다. 이때 아시아·아프리카에서는 식민지·반식민지에 대한 저항에 기반한 반제국주의적 성향의 식민지 민족주의가 발전했다. 1차 세계 대전 이후 민족에 의한 국가 형성을 목적으로 한 민족주의 운동이 이들 지역에서 발전하였으며, 제2차 세계 대전 이후에는 전세계적으로 퍼져, 동유럽의 사회주의 권역에서의 탈피, 아프리카에서의 독립 운동, 기타 소수 민족들의 독립 등 이민족에 대한 자국 민족의 독립 운동으로 전개되었다. 1970년대에 이르러 민족주의 문제는 제3세계의 대부분의 국가가 근대적 의미의 민족국가를 형성해 주요 쟁점에서 멀어졌다. 그러나 1991년 소연방의 해체와 동구 사회주의권의 붕괴로 사회주의권 내 민족국가 분리가 가속되면서 다시 쟁점으로 부상했다. 최근 서구사회에서도 소수 민족 분리운동이 거세지고, 세계 곳곳에서 민족문제로 분규가 일어나면서 민족주의는 여전히 정치적 삶의 핵심문제로 간주되고 있다.

근대적 의미의 한국 민족주의는 19세기 후반 '동학농민전쟁'을 거쳐 3·1운동이라는 역사적 사건을 거치면서 성립되었다. 한국 민족주의는 반제·반봉건적 민족의식이 표출되면서 민족주의의 저변이 확대되었고, 민중주도의 국민주권운동과 민중주의에 입각해 있다는 특징을 지니고 있다. 근대화된 민주적 정치주체를 '민족'으로 상정한 한국 근대 민족주의는 36년간의 일본 제국주의의 식민지 지배라는 억압 과정을 통해 강화됐다. 분단 이후 한국 민족주의의 과제로는

'일제 잔재 청산', '자주적 민족통일', '민주적 민족공동체의 형성', '근대성의 완성' 등이 거론되고 있다. 이러한 과제들은 세계 경제로부터의 자율성을 추구하고, 평등주의적이며 민중주의적 요구를 충족시키기 위한 한국 민족주의의 발전 계획을 위한 모색과 연관돼 있다. (임헌영)

문화공동체, 프랑스 혁명, 제국주의, 식민주의, 근대성

참고문헌
김동성, 『한국민족주의 연구』, 오름, 1995.
백낙청 편, 『민족주의란 무엇인가』, 창작과비평사, 1981.
신용하, 『민족이론』, 문학과지성사, 1985.
베네딕트 앤더슨, 윤형숙 역, 『민족주의의 기원과 전파』, 나남, 1991.
정호영, 「민족 정체성 형성에 관한 정치사회학적 연구」, 고려대 대학원 박사학위논문, 2001.
에릭 홉스봄, 강명세 역, 『1780년 이후의 민족과 민족주의』, 창작과 비평사, 1998.

민족해방서사

제국주의의 억압으로부터 민족을 구원하는 해방의 이야기. 민족해방서사는 그것이 도덕적 담론에 기초하는 한 흔히는 민족을 대표하는 인격적 존재로서의 민족적 영웅을 해방의 주체로 내세우게 마련이다. 민족해방서사가 민족해방의 실현을 기대하고 그것의 당위를 상상적으로 실현하려 할 때 민족적 영웅은 모든 긍정성을 집중적으로 구현한 형상으로, 모든 민족구성원의 염원을 한 몸에 모은 주인공이 될 수 있다.

북한은 애당초 사회주의 체제를 지향했지만 북한문학은 해방과 더불어 '개선(凱旋)'한 김일성을 민족적 영웅으로 그리는 민족해방서사를 펼쳤다. 그것은 김일성이 전위적 프롤레타리아가 아니라 항일무장투쟁을 이끈 '장군'이었던 데 말미암은 것으로 보인다. 이로써 민족해방서사가 기왕의 프롤레타리아 서사를 흡수해버리는 양상이 초래되었다. 실로 계급해방이 민족해방을 목적으로 하는 것이라면 무장투쟁은 프롤레타리아의 과제이기도 한 가장 높은 단계의 투쟁이었다. 따라서 빨치산 전사들은 프롤레타리아보다 더 앞서간 민족해방의 영웅들이 되고 빨치산 장군 김일성은 투쟁의 전 전선을 총괄한 궁극적 기획자가 될 수 있었다. 안함광이 김일성을 "최고의 전형"으로 간주했던 것은 이런 문맥에서였다. 반면 프롤레타리아 전위는 더 이상 스스로 진리를 확보하고 담지하는 주체일 수 없게 된다. 진리의 길은 오직 김일성이라는 '최고의 전형'을 좇을 때 열릴 것이었다. 프롤레타리아 전위란 이 민족적 영웅에 의해 지도되어야 할 혁명적 대오의 한 부분에 지나지 않는 존재였다.

민족해방서사가 프롤레타리아 서사를 흡수해버리는 구도는 구한말 이래의 민족해방투쟁사를 그린 이기영의 『두만강』(1953~1961)에서도 확인된다. 이 대하장편소설은 탄광노동자로 파업을 주도하고 농민들의 추수폭동을 이끄는 '씨동'이 김일성의 유격대원으로 들어가는 데서 끝나는데, 이로써 김일성의 무장투쟁은 그 이전의 모든 항일투쟁을 수렴하여 새로운 단계에 올려놓은 것이 된다. 『두만강』은 김일성의 무장투쟁이 민족해방투쟁의 진정한 출발점을 마련한 것이었다고 말하고 있는 것이다. 프롤레타리아는 김일성의 지도를 받고 그를 좇음으로써만 민족 해방을 위한 혁명의 길에 나설 수 있었다. (신형기)

제국주의 프롤레타리아 서사, 빨치산

참고문헌
안함광, 「8. 15해방이후 소설문학의 발전과정」, 『문학의 전진』, 문화전선사, 1950.
신형기 · 오성호, 『북한문학사』, 평민사, 2000.

민족혼(民族魂)

'민족혼'은 종교사상가 함석헌이 민족적인 사상과 삶을 모색하면서 강조한 말이다. 그는 일제시대에도 "국가라는 외형은 잃었더라도 정신만 살아 있으면 민족은 살아 있는 것이며 따라서 언제고 반드시 독립을 되찾을 수 있다"며 민족혼, 민족의 정신을 강조하였다. 민족혼과 정신을 일깨우고 그 주체성을 되찾으려 한다는 점에서 그의 역사철학은 민족사관, 정신사관의 입장에서 있다고 평가받아왔다.

씨알사상을 정립하고 반독재 민주화 운동에도 지대한 영향을 미친 사상가 함석헌은 민족의 얼과 정신, 즉 민족혼이 역사를 이끄는 원동력이 된다고 보았다. 이 땅의 '씨알'인 민중은 수천년, 수만 년 고난과 시련의 역사를 거치면서 속으로 다져진 엄청난 생명 에너지를 품고 있다는 것이다. 씨알의 그 생명력은 바로 민족의 정신, 민족혼에 서려 있고, 그 강인한 정신이 새로운 역사창조의 능력으로 승화될 것이므로, 역사의 주체는 민중, 곧 씨알이 될 것이라고 그는 예견했다. 이와 같이 함석헌은 "민중의 본바탕을 밝혀내기만 하면 큰 기적을 행할 것"이라고 역설하는데, 이 때 문제는 '내' 속에 살아있는 민중의 본바탕, 즉 민족혼을 살려내는 방법을 찾는 데 있었다.

한민족의 가슴 속에 묻혀 있는 혼(얼)을 어떻게 살려내는가? 함석헌은 민족정신과 기독교 신앙을 결합하여 세 가지 방법을 제시한다. '나와 예수의 일치', '생각하는 이성', '십자가 신앙과 한민족의 세계적 사명'이 그것이다. 민족혼이 바로 서려면 인격이 바로 서야 하고, 인격이 바로 서려면 바로 믿어야 한다. 함석헌은 믿음의 대상인 예수와 믿는 '나'를 일치시켜야 한다고 말한다. 또 그는 생각함으로써 민족혼이 살아나고, 생각하는 백성만이 역사의 주체로 살 수 있다고 보았다. 민중이 역사의 주인노릇을 하려면 역사를 꿰뚫어보아야 하는데, 그러기 위해서는 주체적으로 생각하고 살아야 한다는 것이다. 또한 함석헌은 세계평화를 위한 한민족의 사명을 제시함으로써 한민족의 착하고 평화적인 성품을 실천적이고 적극적으로 살려내려 하였다. 이런 점에서 함석헌이 주창하는 '민족혼'이라는 개념은 민족주의를 넘어서 세계평화주의를 향하는 것이라고도 볼 수 있을 것이다. (배수정)

민족사관, 민중, 씨알사상

참고문헌
함석헌, 『함석헌 전집』, 한길사, 1983.

함석헌기념사업회 편, 『함석헌 사상을 찾아서』, 삼인, 2001.

민주주의(Democracy)

국민 다수가 주권을 행사하여 의사를 결정하는 정치형태 또는 그것을 보장하는 정치제도나 사상을 말한다. 'democracy'의 어원은 그리스어에서 인민 혹은 국민을 의미하는 'demos'와 권력을 의미하는 'kratia'에서 유래하였으며, 따라서 이 말은 국민에 의한 지배를 뜻한다.

민주주의의 원형은 고대 그리스의 도시국가에서 찾아볼 수 있지만, 이것이 역사의 문맥에서 결정적인 사상과 제도로 자리 잡은 것은 17~18세기 시민혁명 이후의 일이라 할 수 있다. 민주주의는 절대왕권을 무너뜨린 시민계급이 중심이 되어 건설한 근대국가에서 인간의 기본권과 국민주권주의, 법의 지배 등이 확고하게 제도화되면서 꽃을 피우게 되었다.

근대적 민주주의 이론을 최초로 제기한 사람은 홉스(Hobbes)로 그의 저서 『리바이어던 The Leviathan』에서 인권보장을 주창하게 되면서 출발하였다. 그는 민주주의를 위해서 공동사회를 운영하는 주권자와 법의 지배 등이 필요하다고 봄으로서 오늘날의 민주적인 정치형태를 모색 가능하게 하는 이론적 계기를 마련하였다. 또한 국민주권에 대해 이론을 보다 진전시켜 전개해 나간 사람은 루소(Rousseau)로 그의 사상은 프랑스 혁명의 정신적인 모태가 되었다.

오늘날에 와서 민주주의는 각국의 실정에 맞게 다양하게 실행되고 있지만 주로 보편적 선거권의 기초로서 자유롭고 공정한 선거, 집회와 표현의 자유, 정부통제로부터의 독립성, 정부행정의 투명성, 효율적인 사법체계, 의사결정에 관여하는 매체나 그 밖의 방식에 대한 국민의 참여 가능성 등을 그 내용으로 하고 있다.

한국문학에서 이러한 민주주의의 문제는 4·19혁명과 5·18광주민주화운동을 다루는 작품 속에 주로 드러나고 있다. 4·19혁명은 이승만 독재부패정권에 대한 항거로서 학생과 시민이 연합하여 자유와 평등의 기치 아래 부패한 자유당을 몰락하게 한 사건이다. 김수영은 그의 시 <푸른 하늘을>에서 이러한 혁명 정신을 '어째서 자유에는 / 피의 냄새가 섞여 있는가를 / 혁명은 / 왜 고독한 것인가를'이라고 노래하며 폭력에 항거하며 자유를 갈망하는 인간의지를 그려냄으로써 참여시의 한 전형을 보여주었다. 그의 민주주의에 대한 열망은 김지하, 고은 등으로 이어지며 현실 참여문학의 계보를 이어갔다. 5·18광주1민주화운동은 장기 집권해온 박정희 군부독재와 연이어 들어선 전두환 정권에 대한 저항과 민주세력 탄압에 대한 반발에서 촉발되었으며 민주화의 열망이 다시 한번 현대사의 전면에 폭발적인 힘을 보여준 사건이다. 이를 문학적으로 형상화한 대표적인 소설집으로는 홍희담의 『깃발』, 최윤의 『저기 소리없이 한 점 꽃잎이 지고』 등이 있으며 장편소설로는 임철우의 『봄날』 등을 꼽을 수 있다. (이선이)

근대국가, 4·19문학, 참여시, 참여문학

참고문헌

파도버, 양호민 역,『민주주의의 이념』, 탐구당, 1991.
권영민,『한국현대문학사』, 민음사, 1993.

민중(民衆)

역사를 창조해온 직접적인 주체이면서도 역사의 주인이 되지 못한 사회적 실체를 지칭하는 말로 쓰인다. 정치적 · 문화적 · 경제적 지배관계에서 종속계급 · 피지배계급에 속해왔다. 민중은 고정된 계급을 지칭하는 것이 아니며, 역사 속에서 각기 다른 모습으로 파악되는 유동적인 계급 · 계층의 연합이다. 따라서 계급 · 계층 · 시민 등 여러 개념을 포용하는 상위개념이라고 할 수 있다. 근대 자본주의 사회 이후 민중은 봉건제 사회 등 이전 사회보다 자기해방의 가능성이 높아졌다고 할 수 있다. 근대사회가 형식적 민주주의를 실현해나감에 따라 신분적 제약에서 해방돼 대중민주주의의 대등한 권리를 획득했기 때문이다. 따라서 근대 사회에서 민중은 역사적 과정에서 자신의 모순된 위치를 주체적으로 인식하고 이를 극복하려는 의식적 노력이 강화되고 있다.

민중은 대중과 구별되는 용어로 쓰이기도 한다. 1950년대 미국 사회학에서 중요 개념으로 떠오른 대중은 익명성을 특징으로 하며, 서로 분리된 채 조직도 없고, 단합된 행동능력도 없는 집합체를 지칭한다. 그러나 민중은 정치적으로 활성화될 잠재력을 지닌 채 역사적 경험에 근거하여 의식을 공유하고, 실천지향적인 집합체라는 특징을 가진다. 또 민중은 계급 개념과도 대비된다. 민중은 공유하는 역사적 경험에 근거하여 계급 이전의 형태, 혹은 계급의 경계를 넘어서는 다양한 사회집단들의 연합으로 이루어질 수도 있다. 예를 들면 현대 산업사회의 민중은 노동자, 농민, 소상공업자, 도시빈민, 일부 지식인 등 계급 · 계층의 연합이라고 보는 견해가 지배적이다.

한국 근대 자본주의 성립 이후, 민중은 '실천운동'과 연관을 맺으면서 구체적 의미를 획득했다. 1970년 청계피복 노동자 전태일의 분신 이후 지식인과 민중의 결합이 한국 사회의 중요한 쟁점이 됐다. 게다가 1971년에는 '광주 대단지 사건'으로 인해 도시빈민문제가 발생해 민중의 자각이 촉진됐으며, 사회적 실천운동에서 '민중의식'이 대항 이데올로기적 역할을 수행하게 되었다. 이후 민중주체의 변혁이론인 민중민주주의혁명(PDR)론이 1980년대 사회운동의 이념적 지표가 되기도 했다. 그러나 1989년 동구 사회주의권의 붕괴와 1991년 소연방의 해체로 인해 노동자 중심의 사회실천운동은 '시민'주도의 사회실천운동으로 점차 전환되는 경향을 보여주고 있다. '민중'은 담론영역에서 민중문학 · 민중신학 · 민중불교 · 민중미술 · 민중가요 등 여러 부문에 걸쳐 있어 지적 · 문화적 힘을 지속적으로 발휘하고 있다. (임헌영)

대중, 계급, 계층, 민중의식, 민중민주주의

참고문헌
윤재천 편,『민중』, 문학과지성사, 1984.
김병걸 · 채광석 편,『민족, 민중 그리고 문학』, 지양사, 1985.

조항제, 「한국 민중문화현상에 대한 일고찰」, 서울대 석사학위논문, 1986.
박현채, 「민중과 역사」, 『한국자본주의와 민족운동』, 한길사, 1984.

민중극

민중극(民衆劇)은 대중극, 민족극, 국민극, 서민극 등과 자주 혼용되는 명칭이다. 연극 자체의 양식개념이 아니고 사회문화적인 개념이어서 시대와 지역과 사용자에 따라 의미에 차이가 있다. 집단적인 측면에서 다수가 선호하는 연극을 지칭하고, 대중극과 혼돈을 일으킨다. 대중극은 현대적인 개념이고 민중극(혹은 국민극)은 19세기 말부터 20세기 초엽의 연극을 일컫는다. 정치적인 측면에서 지배층과 피지배층의 차이를 나타내며, 목적극(혹은 국민극)과 혼돈을 일으킨다. 목적극이나 국민극은 정치적 선동을 위한 개념이고 민중극(혹은 민족극)은 반체제적, 반독재적 연극을 일컫는다. 서민극은 귀족극의 상대어로서 르네상스 이후 18세기까지 상류층 연극에 대한 대칭 개념이다.

한국연극사를 놓고 볼 때, 조선시대의 탈춤이나 꼭두각시놀음은 서민층이 즐긴 민중극(혹은 서민극)이었다. 일제시대의 연극 일부는 일제에 대한 저항으로서의 민중극 혹은 민족극이었다. 1970, 1980년대의 마당극은 군부독재에 대한 반항으로서의 민중극(혹은 노동극)이었고, 나아가서는 민족통일을 염원하는 민족극이었다. (서연호)

대중극, 민족극, 국민극, 서민극

참고문헌
빠트리스 파비스, 신현숙 역, 『연극학사전』, 현대미학사, 1999.
Martin Banham, The Cambridge Gaide to World Theatre, Cambridge University Press, 1988.
早稻田大學演劇博物館編, 演劇百科大事典(제5권), 平凡社, 1990.

민중문학(民衆文學)

민중이라고 할 수 있는 노동자, 농민, 진보적 지식인에 의해 생산되었거나, 민중을 지향하는 시인·작가에 의해 민중의 현실이 형상화된 문학을 지칭한다. 민중문학이 명실상부한 '민중의 문학, 민중을 위한 문학'이 되기 위해서는 작가가 민중 속에 있어야 한다. 그래야만 민중과 함께 하면서 민중의 감정과 사상을 표현할 수 있기 때문이다.

보다 엄밀한 민중문학의 개념은 '민중 자신이 창조하고 향유하는 문학'이다. 그렇다고해서 민중이 창작한 모든 문학작품이 민중문학이 되는 것은 아니다. 민중의 입장에서 민중의 이해와 요구를 반영해 지배이데올로기에 대항하는 문학이라야 '민중문학'이라고 할 수 있다. 따라서 민중문학의 제한적 정의는 '민중 스스로가 지배이데올로기에 대항하기 위해 창작한 민중 민주주의적인 문학'이다.

한국에서 민중문학은 민족문학론·제3세계 문학론과 관계를 맺으며 1980년대 문학비평의 중심개념으로 부상했다. 처음에는 민족문학론과 제3세계문학론이 '민중'과 '민중문학' 개념을 수용하는 형태를 취했으며 이것이 민중문학론을 심화·확산되는 계기로 작용했다. 1980년대 채광석, 이재현, 현준만, 김명인 등은 현장성과 운동성에 주목해 민중문학론을 제창한 대표적인 평론가들이다. 채광석은 「찢김의 문화에서 만남의 문화」(1983)에서 '민중·민족문화'를 제창하며 기층 민중이 역사의 주체로 일어나려고 하는 열망과 움직임에 주목해야 한다고 주장했다. 이어 김도연은 「장르 확산을 위하여」(1984)에서 민중이 주체가 된 생활문학을 민중문학과 병립할 수 있는 개념으로 제기했다. 김도연의 논의는 '민중 자신이 생산의 주체인 문학'으로서의 '생활문학'을 제창해 제도화된 장르 개념을 탈피했다는데 의의가 있다. 이후 채광석은 「민족문학과 민중문학」(1984)에서 민족문학이 민중에 기초한 민중문학에 의해 구체화될 수 있다고 주장했다. 또, 노동자들의 수기나 일기 등 체험문학이 민중해방의 미래적 전망에 육박하고 있다고 주장했다. 이 시기 대표적인 민중문학 작품으로는 석정남의 「불타는 눈물」, 유동우의 체험수기 「어느 돌멩이의 외침」, 박노해의 「손무덤」 등이 있다. (임헌영)

민족문학, 제3세계문학, 생활문학

참고문헌
성민엽, 『민중문학론』, 문학과지성사, 1984.
김영민, 『한국 현대문학비평사』, 소명, 2000.
김병걸·채광석 편, 『민족, 민중 그리고 문학』, 지양사, 1985.

민중문화(民衆文化)

종속계급 혹은 피지배 계급의 삶과 일상적 정서에 근거를 둔 문화를 지칭한다. 민중문화는 민중의 태도·일상·행동 코드 등의 복합물이며, 정신공간(사상·신앙·세계관)의 표현물이다. 역사적으로는 구비전승(口碑傳承)되는 특징을 지닌다. 근대 이후에는 지배계급의 공식문화 혹은 교양계층의 문화에 대립하는 저항적 의미를 지닌 것으로 해석된다.

민중문화는 대중문화와 대비되는 개념으로 사용되기도 한다. 대중문화는 문화산업에 의한 소비문화로 규정되는 반면 민중문화는 공동운명과 공동생활의 역사적 경험이 내재돼 있는 공동체 문화로 불려진다. 기술적 합리성에 의해 대량복제가 가능한 대중문화는 사회통합 기제로 작용하면서 정치적으로는 대중동원에 이용되었다. 대중문화에 대항하는 운동으로서의 민중문화는 역사적 억압 속에서도 면면히 이어온 민중의 창조적 저항정신과 연관해 대항적 의미가 강조되고 있다. 민중문화에 대한 바흐친(Michael Bakhtin)의 해석은 이런 측면에서 주목할 만하다. 바흐친은 사육제(謝肉祭)를 통해 민중문화의 특징을 날카롭게 묘사한 바 있다. 민중문화는 다산(多産)과 풍요를 찬미하며, 축제의 공간에서 혁명적 전복을 기획한다. 축제 공간에서는 모든 가치와 위계질서에 대한 익살맞은 전도가 가능하며, 시간의 파괴와 재생을 반복하는 우주론적 감각이 유감없이 발휘된다. 이는 현실의 공간을 전복할 수 있도록 특권지어진 축제의 공간이 신화와 제의(祭儀)로 충만하기 때문에 가능하다. 이러한 전복적이면서도 전도 가능한 혁명성이 민중문화의 특징이기에 지배문화와 대립하는 대항헤게모니를 생성할 수 있다는 것이다.

한국의 경우 민중문화에 대한 관심은 산업화가 진행되던 1970년대부터 일어나기 시작했다. 대학가를 중심으로 '탈춤부흥운동'이 시작되면서 민족문화와 민중문화에 대한 의식적 접근이 이뤄졌다. 이후 1980년대 마당굿 · 마당극 · 사물놀이 등 민중적 연희가 부활했고, 민중문화에 대한 시각도 '일하는 것'과 '노는 것'이 일치하는 긍정적 문화로 변화해 갔다. 당시 민중문화는 역사의 주체가 민중이라는 시각 아래 지배문화에 대항하는 대항문화로 자리매김 되었다. 1970 · 1980년대 민중문화에 대한 적극적인 의미부여는 채희완, 김정환, 이재현, 채광석 등에 의해 이뤄졌다. (임헌영)

대중문화, 민족문화, 사육제, 축제

참고문헌
미하일 바흐찐, 『프랑수아 라블레의 작품과 중세 및 르네상스의 민중문화』, 아카넷, 2001.
김성기, 「우리 시대의 민중문화와 문화운동」, 『현상과인식』11호, 한국인문사회과학원, 1987.
칼로로 진즈부르그, 『치즈와 구더기』, 문학과지성사, 2001.

민중주의(民衆主義, Populism)

일반적으로 지배계급에 대항해 피지배계급, 혹은 종속계급이 펼치는 계급 · 계층적 투쟁의 이념적 지표를 지칭한다. 계급적 대립관계에서 피지배 계급이 주도권을 갖기 위하여 지배계급 및 지배질서에 대항하면서 생성되는 일종의 이데올로기이기도 하다. 민중주의는 실천적 대상이나 주체를 민중으로 상정하고 있다. 여기서 민중은 단일 계급을 넘어선 광범위한 계급 · 계층의 연합적 성격을 띠고 있다.

초기 민중주의는 자본주의 근대화에 따른 사회 변화에 저항하여 근대 이전의 경제 · 사회관계를 이상화하는 유토피아적 성격을 지녔었다. 근대 이전의 토착적인 사회성격에다 전통성과 근대성을 결합하려 했으며, 이러한 이상의 실현을 위해서 광범한 대중을 실천적 주체로 하여 지식 계층이 주도하는 민중적 민족주의 운동을 펼쳤다. 사회주의 사상이 견고한 세계관적인 내용을 갖고 있음에 비해 민중주의는 느슨한 사상체계를 특징으로 한다. 강력한 이데올로기적 지표를 갖거나 프롤레타리아 독재와 같은 견고한 조직을 지향하지도 않는다. 따라서 흔히 민중주의는 과도기적 성격으로 간주되기도 하며, 종국에는 여타의 다른 사상체계에 흡수될 운명을 지닌 것으로 파악되기도 한다. 이런 특성 때문에 민중주의는 모택동주의에서 나치즘에 이르기까지, 페론에서 마르쿠제에 이르기까지 광범위하게 적용되고 있다. 민중주의는 저항적 민족주의의 보편적 모습이라고 일컬어지기도 한다. 20세기 초중반 아시아 아프리카의 신생독립국가들은 민중주의를 통해 민족주의를 실현하려 했다. 지식계층이 민중주의와 민족주의의 결합에 적극적이었는데 이는 민중과 결합해 민족국가를 형성하려는 개혁적 의지의 소산이었다.

세계적 차원에서 민중주의는 미국과 러시아에서 거의 동시에 일어났다. 미국에서는 19세기 후반 파퓰리스트(populist)운동으로, 러시아에서는 나로드니키스트보(narodn—ichestvo)운동으로 발생했다. 이 두 운동에서 유래한 것이 지금은 하나의 사상·운동을 지칭하는 민중주의로 명명되고 있다. 19세기 후반 러시아 민중주의는 농민이데올로기와 농민의 가치를 앞세운 인텔리겐챠가 주도했다. 1890년대 미국에 있어서는 농산물 가격 하락에 따른 농민들의 불만에서 촉발돼 농민·노동자 주도의 자발적 운동으로, 1930년대 전반 라틴 아메리카는 노동자들의 열악한 노동환경을 개선하기 위한 학생 지도자들의 계몽운동으로 민중주의가 등장했다. 이들 모두 다(多)계급적이거나 계급간 연합을 지향하는 운동이었으며, 선거를 통한 정권 획득을 목표로 삼았다는 점에서 특징적이다.

한국 근대 민중주의는 1894년 동학농민전쟁 이후 일제시대 저항 담론인 민족주의와 사회주의, 그리고 해방기 민족운동, 1960년대 산업화 과정에서 진행된 민주주의 운동과 1970·80년대 민중운동의 중요한 사상적 근거로 작용했다. 해방 후 한국 민중주의는 학생운동의 민중 지향적 전환에서 계기를 마련했다. 1970년대 청계피복 노동자 전태일의 분신과 '광주 대단지 사건' 등으로 지식인들의 기층민중에 대한 관심이 높아지면서 '민중'이라는 용어가 학생운동 진영내에 등장하기 시작했다. 이후 민중주의는 이론적으로 급진적 사회학과 네오 마르크시즘, 비판이론, 신좌파이론, 종속이론, 해방신학과 결합하면서 체계화되었다. 사회과학적이면서 계급적 체계를 획득한 민중주의는 1970년대 이후의 산업화와 빈부 격차, 권위주의적 정치체제인 유신체제 반대 운동으로 정당성을 획득했다. 이것이 1980년 광주민주화운동을 거치면서 민중민주주의 민족혁명이론으로 전화해 한국 민중주의는 절정에 이르렀다. 그러나 변혁이론으로서의 민중주의는 1991년 소연방의 해체 이후 쇠퇴했으며, 현재는 제도정치와 결합한 민중주의가 정당운동의 형태로 지속되고 있다. 이러한 역사적 상황을 종합해 볼 때 한국 민중주의는 동학농민전쟁, 항일운동, 4·19혁명, 유신체제 반대운동, 광주민중항쟁, 1987년 6월 시민항쟁 등 변혁적 전통 속에서 형성됐다고 할 수 있다. (임헌영)

근대성, 산업화, 민중적 민족주의

참고문헌
문성호, 「한국 근현대 민중정치사상의 유형적 연구」, 성균관대 박사학위논문, 1995.
유재천 편, 『민중』, 문학과지성사, 1984.
이정복 외, 『한국민중론연구』, 한국정신문화연구원, 1990.
노재봉, 「Populism(민중주의) 논고」, 『서울대 국제문제연구소 논문집』 8, 1984.12.

믿을 수 있는(없는) 화자

문학적 표현의 소통 관계를 밝혀주는 중요한 개념 중의 하나로서, '믿을 수 있는 화자'란, 그 자신의 서술이나 스토리에 대한 논평이, 전체 이야기 구조나 텍스트가 지니고 있는 허구적 진실에 대한 신뢰할 만한 설명이라고 독자들이 받아들이게 되는 화자를 말하며, '믿을 수 없는 화자'는 그 반대, 즉 그의 서술이나 논평을 독자들이 신뢰할 수 없거나 의혹을 가지게 되는 화자를 말한다. 웨인 C. 부스는 화자, 작가, 독자, 작중 인물들 간의 다양한 거리의 형태를 언급하면서 실제 비평을 위해 가장 중요한 것은 속기 쉽거나 신빙성이 없는 화자와 화자를 판단함에 있어서 독자를 끌고 나가는 함축된 작가 사이의 거리라고 주장한다. 문학적 효과를 이끌어냄에 있어서 화자의 도덕적, 지적 특성이 가장 중요한 판단 기준이라는 것이다. 부스는 화자가 그 작품의 규범, 다시 말해서 함축된 작가의 규범을 대변하고 거기에 따라 행동할 때는 믿을 수 있는 화자(신빙성 있는 화자)라고 부르고, 그렇지 않을 때는 믿을 수 없는 화자(신빙성 없는 화자)라고 부른다. 믿을 수 있는 화자란 저자의 의도에 맞는, 그래서 독자가 기댈 수 있게 느껴지는 화자이다. 믿을 수 없다는 것은 단순히 거짓말을 한다는 것이 아니라, 무자각의 문제를 가리킨다. 즉 화자가 잘못 알고 있거나, 작가가 그에게 거절한 특성을 화자는 자기가 가지고 있다고 믿는 것을 말한다. 믿을 수 없는 화자는 주로 악인이나 지적 수준이 아주 낮은 화자, 그리고 순진한 어린이가 화자로 기용될 때 이루어진다. 제럴드 프랜스는 화자를 신빙성(reliability)의 차이에 따라 신빙성이 없는 화자와 신빙성이 있는 화자로 구분한다. 까뮈의 소설 『전락』에 등장하는 클라망스를 우리는 신빙성이 없는 화자라고 규정지을 수 있는데 그는 상습적인 거짓말쟁이이며 항상 고의적으로 모순된 말을 한다. 그의 이야기의 대부분은 액면가 그대로 받아들여서는 안 된다. 반면 신빙성 있는 화자의 경우, 최소한 그 소설 내에서는 화자의 이야기나 판단의 타당성에 대해 의심을 할 이유가 없다. 그러나 유의해야 할 것은, 신빙성이 있는 화자가 반드시 독자와 견해가 일치하는 화자는 아니라는 것이다. 요컨대 그 화자가 아무리 정직하고 성실한 사람으로 표현되어 있다 할지라도 그의 가치관은 독자에게 반감을 불러일으킬 수도 있고 그가 내리는 결론들이 독자가 보기에 어리석은 수작일 수도 있다. 그와 반대로 신빙성이 없는 화자의 태도가 독자에게 더욱 공감을 불러일으킬 수도 있다. 채트먼은 믿을 수 없는 화자의 특성으로 탐욕, 크레틴병(정신병), 멍청함, 심리적 도덕적 우둔함, 혼란과 세상물정 모름, 천진무구 등을 제시한다. S. 리몬 케넌의 경우에는 믿을 수 없는 화자의 주요한 근거로 화자의 제한된 지식, 개인적 연루 관계, 문제성이 있는 가치 기준의 세 가지를 제시한다. (윤송아)

화자, 서사학, 서사 행위

참고문헌
웨인 C. 부스 저, 최상규 역, 『소설의 수사학』, 예림기획, 1999.
제럴드 프랜스 저, 최상규 역, 『서사학』, 문학과지성사, 1988.
한용환, 『소설학 사전』, 문예출판사, 1999.

文·學·批·評·用·語·事·典

ㅂ

바로크(프 Baroque, 독 Barock)

포르투갈어(barocco)로 일그러진 진주라는 뜻을 지닌 바로크는 르네상스의 뒤를 이어 1600년 경에 유럽 및 유럽의 식민지 전역에 걸쳐 나타난 예술양식으로—이 양식에는 영국과 프랑스의 고전주의도 포함된다—, 조형예술 분야에서는 이 양식이 대체로 1770년경에 사라진다. 바로크 라는 용어는 원래 17세기의 건축술과 조형예술에만 사용되던 명칭이지만, 훗날에는 문학과 음 악 분야에서도 사용되었다. 바로크는 명료하고 조화로운 르네상스의 형식을 거부하고 불명료 하고 현란한 장식미와 역동성 및 풍요함을 추구한다.

바로크 음악은 16세기 말에서 18세기 중엽에 이르는 시기를 풍미했는데, 대표적인 음악가로 는 이탈리아의 비발디(Vivaldi)와 독일의 바하(J. S. Bach), 헨델(Händel) 등이 있다.

바로크라는 예술양식 개념을 최초로 문학에 적용시킨 사람은 슈트리히(F. Strich)이다. 바로 크 문학은 강한 대립과 긴장이 주조를 이룬다. 삶에 대한 기쁨과 죽음에 대한 공포가 병존하는 가하면, 세계긍정과 동시에 세계경시 풍조가 공존하기도 한다. 강한 종교적 색채를 띤 바로크 문학의 기본 특징은—특히 30년 전쟁의 공포를 통해 감지되는—속세의 덧없음에 대한 경험을 형상화하는 것이다. 바로크 문학은 1720년대에 접어들어 계몽주의 기운이 문학에 밀려들기 시 작하면서 그 자취를 감춘다.

바로크 문학의 대표적인 작가로는 스페인의 세르반테스(Cervantes), 베가(Lope de Vega), 칼데론 (Calderon)과 이탈리아의 타소(Tasso), 마리노(Marino), 프랑스의 라신느(Racine), 몰리에르(Molièr) 독일의 오피츠(M. Optiz), 그뤼피우스(Gryphius) 등이 있다. (임호일)

현란한 장식미, 역동성, 슈트리히, 대립과 긴장

참고문헌

K. Kunze / H. Obländer, Grundwissen. Deutsche Literatur, Stuttgart 1969.

Metzlerlexikon. Literatur- und Kulturtheorie(Hrsg. v. A. Nünning), Stuttgart 1998.

Meyers großes Taschenlexikon in 24 Bänden(Chefredaktion : W. Digel, G. Kwiat-owski), Mannheim 1981.

바우하우스(독 Bauhaus)

1919년 건축가 발터 그로피우스(Walter Gropius)가 미술학교와 공예학교를 병합하여 설립하였다. '바우하우스(Bauhaus)'라는 이름은 독일어로 '집을 짓는다'는 뜻의 하우스바우(Hausbau)를 도치시킨 것이다. 건축을 주축으로 삼고 예술과 기술을 종합하려는 것이 주요 이념이었다. 바이마르에서 출발한 바우하우스에서는 요하네스 이텐(Johannes Itten), 라이오넬 파이닝거(Lyonel Feininger), 폴 클레(Paul Klee), 오스카 슐레머(Oskar Schlemmer), 바실리 칸딘스키(Wassily Kandinsky) 등이 교육을 담당하였다. 초기에는 공예학교 성격을 띠다가 1923년에 이르러서야 예술과 기술의 통일이라는 연구 성과를 평가받기 시작하였다. 모호이너지(László Moholy-Nagy)가 후임으로 참가한 이후 교과과정이 확립되었는데, 우선 예비과정에서 반년 간 기초 조형훈련을 받고 토목·목석조각·금속·도자기·벽화·글라스그림·직물·인쇄의 각 공방으로 진급한 다음 거기서 형태교사에게 조형 이념을 배우면서 공작교사에게 실제적인 기술을 배워 익혔다. 1925년 경제적 불황과 우파의 출현, 정부의 압박 등으로 폐쇄 위기에 처했으나 데사우시(市)의 주선으로 시립 바우하우스로 재출발하게 되는데, 이 시기를 데사우기(期)로 부른다. 이 시기부터는 이미 종합적 안목을 갖춘 인재를 육성하였기 때문에 각 공방에서의 3년 과정 이수 후 모든 것을 통괄하는 건축과정으로 넘어갔다. 바이마르 시절의 졸업생들이 교수진으로 참여하면서 바우하우스는 다시 활기를 띠기 시작하였고, 새로운 생산방식에 따른 디자인 방식의 도입은 물론, 공업화를 추구해 실제로 산업계와 제휴하기도 하였다. 1928년 부임한 한네스 마이어(Hannes Meyer)는 바우하우스의 형식주의적인 면을 공격하고, 민중에 대한 봉사야말로 디자인의 역할이라는 것을 강조하면서, 건축이 모든 의미의 미적 과정이라고 역설하였다. 1933년에 나치에 의해 완전히 폐쇄되기는 했지만, 바우하우스에서 제작한 제품들은 많은 곳에서 모방되었다. 일상생활에 사용하는 물건들을 단순하고 편리하게 설계하는 방법 역시 바우하우스의 영향을 받은 것이며, 교수법과 교육이념 또한 세계 곳곳에 널리 보급되어 오늘날에도 대부분의 예술 교육과정에 포함될 만큼 현대 조형예술 분야에 많은 영향을 미쳤다. (윤송아)

발터 그로피우스, 바실리 칸딘스키, 모호이너지, 한네스 마이어

참고문헌
로즈메리 람버트저, 이석우 역, 『20세기 미술사』, 형설당, 1986.
권명광, 『바우하우스』, 미진사, 1996.

박물학(博物學, Natural history)

동물·식물·광물 등 자연물의 종류·성질·분포·생태 등을 연구하는 학문. 좁은 뜻으로는 동물학·식물학·광물학·지질학의 총칭이다. 현재에는 자연사(自然史)라는 용어가 주로 쓰이고 있으며, 자연물에 관한 각 분야의 과학이 고도로 분화·발달했기 때문에 동물학·식물학·광물학·지질학 등의 총칭으로 박물학이 쓰이는 경우는 거의 없다. 박물학은 관찰을 바탕으로 하여 사물의 특징을 기술하는 학문이다. 여기서 기술되는 특징은 사물 자체의 고유한 속성을 넘어 만물의 일람표 속에서 그 대상의 위치를 구별짓는 것을 말한다. 그것은 사물을 단순히 바라보는 대상에서 측정의 대상으로 전환시킴으로써 이루어진다. 박물학은 사물을 일정한 질서의 세계 속으로 편입시키는 작업이며 하나의 유형으로 환원시키는 정신의 작용이라고 할 수 있다. 이러한 유형화의 과정을 통해 사물은 하나의 통제된 체계 속으로 들어오게 된다. 박물학이 보여주는 이러한 지적 과정은 철학·역사학·인류학 등 다양한 학문의 저술 속에서 쉽게 확인할 수 있는 특징이다. 사물들을 다양한 특징으로 분류하고 체계화하는 것은 근대 학문이 정립되는 과정에서 필수적으로 동반된 과정이다. 물론 이러한 과정 속에 사물들을 관찰하고 분류하는 관찰자, 혹은 기술자로서의 박물학자의 관점이 작용하는 것은 당연하다. 문학은 사물들을 관찰하고 기술하는 박물학의 성격을 갖고 있으면서, 동시에 특정한 통제 체계에 저항하며 사물들을 이로부터 해방시키려 한다는 점에서 반−박물학적인 성격을 함께 지닌 것이라고 할 수 있다. (김문주)

식물학, 지질학, 자연사, 백과사전

참고문헌
미셸 푸코, 『말과 사물』.
에드워드 사이드, 『오리엔탈리즘』.

박애주의(博愛主義, Philanthropia)

그리스의 비극작가 아이스킬로스가 신보다 인간을 사랑하는 것을 philanthropia(인간애)라고 부른 데서 기원한 말. 아리스토텔레스는 『시학』에서 악한 사람에까지 미치는 사랑의 아픔을 philanthropia로 보았다. 로마 시대에 이르러 이 말은 'humanitas'로 번역되어 '인간애'만이 아니라 교양을 나타내는 의미로 사용되다가 후에 휴머니즘이라는 뜻으로 변하였다. 박애주의는 서구의 기독교에 의해 본격화되었으며, 대부분의 종교에 공통적인 사상이라 할 수 있다. 박애주의는 자신의 인격을 존중히 여기는 것처럼 다른 사람을 사랑해야 한다는 것으로, 사랑에서의 평등을 강조한 데서 출발한다. 사상사적인 관점에서 박애주의는 만인을 평등한 관점에서 바라보려는 시각에 뿌리를 두고 있다. 동양에서는 기원전 5세기 묵자의 겸애(兼愛) 사상에서 본격적으로 제기되었다. 묵자는 혈연을 중심으로 한 공자의 인(仁)을 비판하며 천하 만민을 두루 평등하게 사랑하는 겸애를 주장하였다. 서양에서는 이성을 모든 민중의 뜻으로 파악하고 윤리적 성선설을 주창한 루소에 의해 주창되었는데, 그는 모든 사람에게 내재한 이성을 인간의 선한 마음의 전제라고 보았다. 인간의 본래 모습, 즉 자연 상태로의 복귀를 주장한 루소는 이성에 대한 신뢰를 바탕으로 모든 사람을 평등하게 바라보는 사상을 정초하였다. 그의 자유·평등·박애 사상은 후에 프랑스 혁명의 이념이 되었다. 박애주의는 본질적으로 자유·평등의 이념과 긴밀하게 닿아 있는 것으로, 민주주의 발전과 궤를 같이 한 것이었다. 마하트마 간디의 '무저항주의', 마틴 루터 킹 목사의 '비폭력 운동', 슈바이치의 '생명의 외경(畏敬)' 등은 박애주의에 기초한 사상이라 할 수 있다. 박애주의는 이상적 사회를 지향하는 문학에 저류를 흐르는 중심 사유로서 수많은 작품들에 배경이 된 사상이다. 특히 톨스토이는 모든 인류가 선악에 관계없이 나와 별로 다르지 않은 형제들이기 때문에 용서하고 사랑해야 할 대상이라는 관점을 견지하였다. 사해동포주의에 투철한 원시 그리스도교의 삶을 실현하려 했던 톨스토이의 사상은 한국 근대문학의 많은 작가들에게 중대한 영향을 주었다. 최남선이나 이광수 등은 박애주의·비폭력주의·무저항주의를 주창했던 톨스토이즘에 깊이 침윤되었으며, 그들의 문학작품에 나타나는 계몽주의는 이러한 박애 사상과 관련된 것이라고 할 수 있다. (김문주)

휴머니즘, 겸애(兼愛), 톨스토이즘, 범애(汎愛)

참고문헌
아리스토텔레스, 『시학』.

반기억(反記憶, Counter-memory)

프랑스의 철학자 미셸 푸코(Michel Foucault)의 역사 기술, 즉 고고학(考古學) 또는 계보학(系譜學)의 특징을 구명하려는 시도로서 사용된 용어. 접두사 'counter'와 기억을 뜻하는 'memory'를 합성하여 만든 말이다. 전통적인 역사 연구는 연속성을 강조하고 인간의 삶을 단일한 집합적 기획으로서 파악한다. 이러한 점에서 종래의 역사 기술 방식은 자기 정체성을 유지하게 하는 개인의 기억과 유사하다. 오랜 세월 동안 인간 집단의 정체성을 그 집단의 특수한 관념과 함께 정립하려는 역사 저술의 의도는 개인이 일생 동안 안정된 자기 정체성을 갖게 하는 기억의 작용과 동일하다. 그러한 점에서 종래의 역사 기술은 안정된 정체성을 지향하는 기억에 해당한다. 푸코는 인간의 삶을 특정한 기획으로서 파악하려는 이러한 역사 기술에 반대하며, 그러한 담론의 허구성을 증명하려고 하였다. 그는 기원에 대한 탐구, 사물의 본질과 동일성을 지향하는 태도를 비판하며 미시적인 사건의 유대와 발생 과정을 추적한다. 이러한 시각은 프리드리히 니체(Friedrich Niezsche)가 그의 계보학에서 사용했던 반체계적인 방법에 의해 시도되었는데, 역사의 단절과 불연속성에 주목하는 특징을 보여주었다. 푸코의 계보학은 역사 발전의 연속성과 패턴을 발견하려는 태도를 지양하고, 역사상의 차이를 강조하며 성(性)이나 광기와 같은 특수성을 강조하는 관점에서 기술되었다. 푸코의 「지식의 고고학」, 「광기의 역사」, 「성의 역사」 등은 이러한 반기억적인 입장 위에서 기술된 역사 저술들이라고 할 수 있다. 연속적이고 통일적인 정체성에 반하는 반기억은 주체의 내면이나 의식에 집중하는 문학 작품들에서 빈번하게 발견된다. 이러한 작품들은 사유의 과정이나 순간적인 인상, 조각난 회상 등을 형상화하며, 체계적이고 뿌리깊은 기억 대신 대상을 따라 끊임없이 떠다니는 의식의 표면을 기술한다. 그것은 원근감이 배제된 평면화된 기억으로 자기 정체성을 떠받치는 일관된 기억의 체계와 무관한 파편적인 것이라 할 수 있다. (김문주)

계보학, 고고학, 타자성

참고문헌
미셸 푸코, 『지식의 고고학』.
이진경, 『노마디즘』, 휴머니스트, 2002.

반복(Repetition)

반복은 문학적 효과의 중심이다. 반복 어법은 수사학에서 문장이나 담화의 구성과 관련된 구문의 문채(文彩)의 하나로 분류되어 왔다. 기술적인 잉여로서의 반복어법은 산문에서는 경제성의 원칙에 어긋나는 바람직하지 않은 것으로 여겨졌고, 구어(口語)에서는 실수를 방지하기 위한 오류 경계 기능으로 작용하였다. 문학에서 반복은 이러한 기능을 넘어 중요한 미학적 의미를 지니고 있는데, 이는 러시아 형식주의에 이르러 수사학의 범주에서 벗어나 본격적인 이론으로서의 체계를 갖추기 시작한다. 러시아 형식주의에서 반복은 시의 핵심적인 어법으로 인식되면서 운율 형성의 기본적인 자질로서, 나아가 시적 언술 구성의 원리로서 인식된다. 유리 로트만(J. Lotman)은 반복을 산문과 구별되는 시의 리듬 구성의 원리로 보았으며, 예술 작품을 어떤 규칙들의 실현과 위반의 체계라는 반복의 관점에서 설명하였다. 이러한 관점에서 벗어나 데리다(J. Derrida)는 반복이 의미론적 단위의 동일성을 파괴하거나 적어도 의심쩍게 만든다고 주장하였다. 한편 들뢰즈(Deleuze)는 철학사적인 관점에서 니체의 '영원 회귀'에 관한 해석을 통해, 반복이 동일성을 위해 실행되는 것이 아니라 차이를 위해 이루어진다는 관점을 제기하였다. 들뢰즈에 의해 제시된 차이를 내포한 반복이라는 개념은 미학적 장치로서의 반복어법을 유사성이 아닌 차이라는 관점에서 볼 수 있는 시각을 제공하였다.

반복 어법을 주요한 미학적 원리로 삼는 시의 경우, 반복은 리듬의 차원에서는 자음이나 모음, 음절, 단어, 구절, 시행, 연 등의 단위에서 이루어지는 형식적 요소이자 원리로서, 언술의 차원에서는 작품의 의미 구조 생성에 기여하는 방식이라는 광범위한 관점에서 접근할 수 있다. 시에서 반복은 정서의 변화, 혹은 발전을 나타내거나 시인이 인식한 내용을 효과적으로 전달하는 장치라 할 수 있다. (김문주)

반복충동, 잉여, 리듬

참고문헌
이경수, 「한국 현대시의 반복 기법과 언술 구조」, 고려대 박사논문.
힐리스 밀러, 『소설과 반복』.
서동욱, 『차이와 타자』, 문학과지성사, 2000.

반복강박(Repetition compulsion)

무의식이 초기부터 프로이트가 증명하려고 애쓴 가설이었다면 반복강박은 그의 후기 사상을 대표하는 핵심사상이다. 반복강박은 프로이트가 손주의 "포르트-다" 게임을 지켜보면서 발견한 가설로 알려져 있다. 어느 날 그는 손주가 실패를 던졌다가 다시 끌어당기면서 보이면 "포르트," 사라지면 "다"라고 소리치는 모습을 본다. 그 아이는 시장에 간 어머니를 기다리면서 그런 게임을 되풀이하고 있었다. 그것은 바로 인간이 어머니의 부재를 견디는 방식이었다. 어머니는 이마고요 자아이상이다. 인간이 사회화되면서 잃어버린 이상적 자아이다. 그러나 인간은 결코 그 어머니를 포기하지 않기 때문에 삶의 목표, 혹은 얻으려는 대상을 갖게 되고 그것에 닿으려는 노력을 포기하지 않는다. 그런데 그 대상은 상실한 어머니가 아닌 대체물이기에 잡으면 허상으로 나타난다. 그리고 살기위해 대상은 신기루처럼 저만큼 물러나고 우리는 또 다시 그것을 잡으려 애쓴다. 이것이 반복강박이다.

유아가 어머니의 부재를 견디는 방식은 우리가 삶을 견디는 방식이었다. 프로이트는 1919년 이런 반복강박으로 문학을 해석한 「언케니」라는 글을 발표했다. 『모래인간』에서 어떻게 무의식이 반복하여 다른 모습으로 나타나는 가를 보여주는 해석이다. 그리고 1920년 유명한 『쾌락원칙을 넘어서』라는 글에서 반복강박과 죽음충동이 연관되어있음을 보여준다. 즉 인간은 쾌락원칙 너머에 정지를 향해가려는 강렬한 충동이 있는데 그것이 죽음을 지향하는 충동이고 이것에서 바로 삶이 태어난다. 그 삶은 반복의 양식을 지닌다는 것이다. 살아가면서 우리는 어딘가 앞선 것을 반복하는 자신의 행위를 의식하는 순간들이 있다. 또는 앞 선 것과 닮은 대상을 추구하는 경우도 있다. 삶이란 죽음을 지연하기 위한 반복행위이다. 그리고 이것은 강박적이다. 죽음에 대한 저항이기 때문이다.

반복강박은 삶 충동이면서 동시에 세상의 온갖 현상들을 지배하는 패턴이다. 라캉은 반복강박으로 욕망이론을 만들었다. 그가 상징계의 시작을 18개월 이후로 잡은 이유는 그것이 언어를 배우기 시작하는 시기 때문만이 아니라 프로이트의 손주가 게임을 하던 나이였기 때문이 아니었을까. 반복을 배우기 시작하는 것은 바로 상징계로 들어서는 기점이기 때문이다. 미국의 유명한 서사학자 피터 브룩스(Peter Brooks)는 그의 책, 『플롯을 따라 읽기』(Reading for the Plot)에서 서구의 리얼리즘과 모더니즘소설들에 나타난 반복적인 패턴을 탐색했다. 소설이 어떻게 앞선 사건들을 반복하는가를 보고 리얼리즘과 모더니즘소설의 다른 양상을 드러낸 이론서이다. (권택영)

삶충동, 상징계

참고문헌

지그문트 프로이트, 황보석 역, 『정신병리학의 문제들』, 열린책들, 2003.
_____, 박찬부 역, 『쾌락 원칙을 넘어서』, 열린책들, 1997.

반서사(Anti-narrative)

시간에 따라 연속적으로 전개되는 이야기에 반하는 변화된 서사 방식을 이르는 말. 전통적인 서사 양식은 이야기의 선(線)적인 전개 속에 객관적인 현실을 재현하고 미래를 전망한다. 그러나 반서사적인 전략을 취하는 작가들은 객관적인 현실은 재현할 수 없으며 이를 재현하려는 의도는 나쁘다고 보았다. 그들은 현실을 파악할 수 있다는 시각은 환상이며 역사에 대한 허구화이자 전체주의라고 공격한다. 선적 계기에 의해 전개되는 서사는 복잡한 세계를 단순화시키고 인간 역사를 특정한 지점을 향해 진행되는 질서정연한 것으로 믿게 만든다고 보았다. 이는 현실에 대한 조작이며 왜곡이라는 것이다. 현실은 혼란스럽고 인과 관계도 의미도 알 수 없는 불가해한 세계라고 그들은 생각한다. 반서사를 지향하는 문학은 현실 세계에 의미를 부여하는 일체의 전략을 부정한다. 따라서 반서사, 혹은 탈서사적인 성향을 띠는 작품은 필연적인 계기에 따라 진행되는 소설과 달리 우연성과 일회적인 성격의 사건들을 묘사한다. 플롯의 부재, 산만한 에피소드, 사상(事象)에 대한 극사실적인 묘사, 계속되는 반복, 신체 경험에 대한 집요한 묘사, 순환적인 구조, 문장의 다양한 변주 등 다양한 실험성을 보이는 이러한 소설들은 서사를 지배하는 관념을 배제하고, 종래의 소설 개념을 벗어나려는 특징을 보인다. 아울러 이러한 소설들은 글쓰기에 대해 자의식적이다. 기존의 소설들이 사회적 현실을 서사 속에 재현하려는 욕망을 보이는 데 반해, 반서사적인 작품들은 서사의 허구성을 드러냄으로써 소설의 기만성을 폭로하려 한다. 따라서 이 소설들은 사회적 현실을 대상으로 하기보다 글쓰기 자체 혹은 작가 자신을 대상으로 하는 메타소설적인 성격을 띤다. 아울러 작품을 통해 독자와 직접적인 소통을 시도하며 자기노출을 감행하려 한다. 이는 전통적인 관점에서 작가의 죽음이라 할 수 있다. 프랑스의 소설가 로브그리에나 S. 베케트가 이 계열에 속하며 우리 나라의 대표적인 반소설 작품으로는 하일지의 「경마장 가는 길」이나 이인성의 「한없이 낮은 숨결」 등이 있다. (김문주)

앙티 로망(anti-roman), 메타픽션(meta-fiction), 신사실주의(neouveau réalisme)

참고문헌
박이문, 「思潮로서의 앙띠로망」, 『사상계』, 1961. 3.
김붕구, 「앙띠로망 비판」, 『사상계』, 1961. 3.

반소설 ☞ 누보로망

반어(反語) ☞ 아이러니

반언어중심주의(反-言語中心主義)

언어가 실재를 구성한다는 언어중심주의와 언어의 차이에 따라 실재도 상이하다는 생각에 반하는 사고. 데리다(J. Derrida)에 의해 본격적으로 제기된 반-언어중심주의는 로고스중심주의(logocentrism)에 대한 비판에서 비롯된다. 로고스중심주의는 언어의 의미가 객관적·주관적 실재, 신(神), 형상적 본질, 절대정신 등 언어 외적인 데서 유래한다고 본다. 데리다는 진리·실재·본질 등의 궁극적 중심어를 환상이며 허구라고 주장한다. 이러한 데리다의 관점은 소쉬르(Ferdinand de Saussure)의 구조주의 언어학의 영향을 받은 것이면서 동시에 구조주의 언어학을 비판한 것이다. 구조주의 언어학을 성립시킨 소쉬르는 기호가 어떠한 대상을 지시한다는 재현주의 언어관을 거부한다. 그는 사회적 언어 체계인 랑그(langue)를 강조하고 주체가 이 랑그에 의해 사고한다고 주장하여 주체를 탈중심화함으로써 근대의 주체주의를 비판한다. 소쉬르의 언어학은 언어의 의미를 언어 외적인 데서 찾지 않고 언어의 체계 안에서 구성된다고 보았지만, 언어 체계라고 하는 선험적인 구조를 상정한다는 점에서 여전히 고정된 중심을 전제한 것이라 할 수 있다. 데리다는 기호들간의 차이에 의해 의미가 결정된다는 소쉬르의 명제에 입각하여 그의 언어관을 전복한다. 데리다에 의하면 어떤 기호는 다른 기호들과의 차이에 따라 그 의미가 결정될 뿐만 아니라 이미 나타난 기호는 앞으로 나타날 기호들과의 관계에 따라 의미가 결정된다. 결국 기호의 최종적 의미는 공간적 차이와 시간적 지연에 의해 끝없이 연기될 수밖에 없다는 것이다. 데리다는 차이와 지연의 의미를 통합한 차연(差延·differance)이라는 개념을 통해 고정된 의미, 혹은 의미의 재현 가능성을 근본적으로 부정한다. 데리다는 의미의 원천으로서의 어떠한 중심이나 기준도 인정하지 않기 때문에 그에게 있어서 의미는 항상 끊임없는 기호의 연쇄 속으로 분산됨으로써, 최종적 의미는 끊임없이 미끄러지면서 오직 부단한 해석이 있을 뿐이다. 모든 사회 현상을 텍스트로 본 데리다는 세계 속에서 지식을 발견하는 것이 아니라 시니피앙과 시니피에의 유희를 통해서 새로운 해석을 창조할 뿐이라고 주장한다. 이러한 데리다의 관점은 언어적 유희를 통해 고정된 중심을 해체하려는 문학 작품들의 의도와 상통한다. 이상(李箱)이나 박남철, 황지우 등의 작품에서 발견되는 해체주의 전략 등은 언어의 고정된 의미를 파괴하려는 반언어중심주의적 경향에 속한 것이다. (김문주)

로고스중심주의, 해체주의, 차연

참고문헌
데리다, 『그라마톨로지』.
리처드 로티, 『실용주의의 결과』.
소쉬르, 『일반언어학 강의』.

반영론(反映論, Reflection theory, Widerspiegelungstheorie)

모사론(模寫論) 혹은 모상론(模像論)으로도 불리는 반영론은, 인식론적으로는 인간의 인식 과정을 본질적으로 반영 과정으로 보고, 인식을 인간의 의식 속에 객관적 실재가 반영된 것으로 보는 견해를 지칭한다. 반영론은 근본적으로 유물론적 입장을 취하고 있는데 인식 대상이 의식으로부터 독립하여 의식 외부에 물질적으로 존재한다는 것과 그 대상이 주관의 감각과 사유를 통하여 주관의 의식에 반영된다는 것을 인정하기 때문이다. 고대 그리스의 데모크리토스에서 그 기원을 찾을 수 있는 인식론적 반영론은 홉스(Thomas Hobbes)·로크(John Locke)의 유물론적 감각론, 버클리(George Berkeley)·흄(David Hume)의 내적 모사론, 포이에르바하(Ludwig Andreas Feuer—bach)의 유물론적 반영론을 거쳐 마르크스·엥겔스의 변증법적 유물론에서 정점에 달한다. 소박한 모사론을 극복했다고 하는 마르크스주의의 반영론에 따르면 외계의 반영은 인간의 능동적 실천, 즉 현실의 변혁에 의해 매개되어 표면적 현상의 반영에서 내면적 본질로의 반영으로 나아간다. 따라서 반영은 객관적 대상의 반영인 동시에 인간의 주체적 존재(실천)의 반영인 것이다.

예술상의 반영론은 예술과 문학을 인간의 의식 활동 가운데 하나로 파악하고, 이것을 객관적 세계의 반영으로 파악하는 입장을 지칭하며, 리얼리즘의 이론적 근거를 이룬다. 이 견해는 '예술은 자연의 모사'라고 하는 아리스토텔레스의 모사설을 그 기원으로 하고 근대 리얼리즘과 더불어 문학 예술을 바라보는 중요한 관점으로 인정받는다. 그러나 예술은 사회를 반영·모방한다는 소박한 모사설이 기계론적 반영론, 속류 사회학적 방법으로 비판·극복되는 것은 마르크스주의 이후이다. '리얼리즘이란 세부 묘사의 진실성 외에 전형적 환경에 있어서의 전형적 성격의 창출'이라는 엥겔스의 말에서 볼 수 있듯이 마르크스주의 비평은 객관적 대상에 대한 반영뿐이 아니라 전형으로 표현되는 주체적 존재에 대한 반영도 고려한다. 마르크스주의적 반영론을 철학적으로 심화시킨 루카치(Georg Lukacs)는 구체적인 역동적 관계 속에서의 반영을 강조함으로써 문학·예술의 상대적 자율성을 옹호하고 소박한 반영론을 속류 사회학으로 비판하였다. (정호웅)

모사론, 마르크스주의, 리얼리즘

참고문헌
신희천 외, 『문학용어사전』, 청어, 2001.
문덕수 편, 『세계문예대사전』, 교육출판공사, 1994.
한국철학사상연구회 편, 『철학대사전』, 동녘, 1989.
스테판 코올, 여균동 역, 『리얼리즘의 역사와 이론』, 미래사, 1982.
게오르그 루카치, 이주영 역, 『미학』, 미술문화, 2000.

반영웅

전통적인 서사물에서 비범하고 초자연적인 능력을 발휘하던 영웅적 주인공들이 근대적 서사양식의 등장과 더불어 범속하고 왜소한 인물들로 바뀌게 된 현상을 지칭한다. 반영웅이라는 개념은, 근대사회의 발전과정 속에서 개인의 운명이 집단화된 가치규범에 귀속되는 전통적인 삶의 양식이 점차 소멸의 길을 걷게 되면서 개인적 삶과 집단적 삶 사이의 이념적 결속력이 뚜렷하게 약화되어가는 현상과 깊은 관련을 맺고 있다. 전통적인 서사양식이 개인의 운명이 아닌 공동체의 운명을 체현하는 영웅적 주인공들을 등장시켜 개인과 집단간의 이념적 결속력을 다지고, 공동체의 이념적 이상을 효과적으로 구현하는 데 그 목적을 두고 있었다면, 반영웅적 주인공들의 등장은 전통사회를 지탱하던 공동체적인 가치규범의 상실과 더불어 소설이 추상적이고 집단화된 가치규범보다는 개개인의 세속적이고 일상화된 경험적 현실을 중시하게 되었다는 점과 관련이 있다. 정신적으로나 육체적으로 비범한 힘을 지니고 자신에게 닥쳐오는 고난과 시련을 영웅적으로 헤쳐나가는 전통적 주인공들과 달리 근대소설의 일반화된 주인공 유형을 이루는 반영웅적 주인공들은 일상생활에서 흔히 만날 수 있는 범속하고 평균적인 인물유형을 이루고 있다.

반영웅적 주인공들의 등장을 둘러싼 사회문화적 배경은 대략 다음 세 가지 요인으로 정리할 수 있다. 그 하나가 집단의 운명보다는 개인의 운명이 사회구성원들의 보다 주요한 관심 영역으로 자리 잡기 시작한 근대사회의 전반적인 변화양상이라고 한다면, 두 번째 요인은 인쇄업의 발달 등으로 문학이 근대적인 유통망을 갖추게 되면서 귀족계급으로부터 일반 독자들 쪽으로 문학의 주 소비층이 옮아오게 된 현상이다. 세 번째 요인으로는 개인의 비속한 욕망과 감각적 체험들로 이루어진 현실세계를 바탕으로 작중인물들의 행동양식을 결정하는 요소로서 도덕적이고 규범화된 동기보다 경제적이고 현실적인 동기를 중시하는 사실주의적 서사양식의 등장을 들 수 있다. 반영웅적 주인공들은 종종 문제적 주인공의 특성을 공유하기도 하지만, 문제적 주인공이 진정한 가치추구와 관련된 뚜렷한 가치지향적 개념을 내포하는 반면, 반영웅적 주인공은 영웅적 주인공과 대비되는 유형적 특성 그 자체만을 지칭하는 개념이라는 점에서, 문제적 주인공보다 더 포괄적인 개념으로 분류된다. 한국소설에 등장하는 반영웅적 주인공들은 일일이 거명할 수 없을 정도로 그 수가 많다. 그 중에서 손창섭의 소설들에 등장하는 거의 모든 인물들이나, 조세희의『난장이가 쏘아올린 작은 공』에 등장하는 난쟁이 등을 그 대표적인 예로 꼽을 수 있을 것이다. (박혜경)

영웅, 문제적 주인공

참고문헌

A. 하우저, 염무웅・반성완 역,『문학과 예술의 사회사 3』, 창작과비평사, 1999.

이언 와트, 전철민 역,『소설의 발생』, 열린책들, 1988.

M. Zéraffa, Fictions : The Novel and Social Reality, Penguin Books, 1976.

반유토피아(Dystopia)

유토피아를 반대하는 사유. 유토피아와 관련된 사고는 긍정적 유토피아, 부정적 유토피아, 반유토피아 등 셋으로 나눌 수 있다. 긍정적 유토피아는 인류가 지향하는 가상적인 이상 사회를 그린 것으로 도연명의 「도화원기」, 허균의 「홍길동전」, 토마스 모어의 「유토피아」 등의 작품 속에 형상화되었다. 마르크스−엥겔스의 사회주의 이상 사회나 기술 유토피아(technopia) 등이 여기에 해당된다. 부정적 유토피아는 작가가 처한 비참한 상황을 고발하기 위해 미래의 가상현실을 충격적으로 보여준다. 19세기 이후 집중적으로 등장하는 이 계열의 작품들은 끔찍한 사회상을 묘사함으로써 현실에 대한 비판적 기능을 수행한다. 죠지 오엘의 「1984년」이나 올더스 헉슬리의 「멋진 신세계」 등은 전체주의 사회와 진보한 기술 세계의 현실을 부정적으로 형상화하였다. 긍정적 유토피아와 부정적 유토피아는 문학적 현실을 긍정적 혹은 부정적으로 묘사한다는 점에서 대비되지만, 작가의 특정한 의도나 세계관이 내재되어 있다는 점에서 유사하다. 다시 말해 긍정적·부정적 유토피아 속에는 보다 차원 높은 사회를 건설하려는 작가의 의도가 개입되어 있다. 이상적 사유를 전제로 한 긍정적·부정적 유토피아와 달리, 디스토피아는 유토피아를 반대하는 사고라 할 수 있다. 즉 이상적 사고에 대한 비판을 유토피아를 통해 표현한 것이다. 작가는 부정적 현실을 바로잡기 위한 방법으로 두려운 가상현실을 그리는 것이 아니라, 유토피아를 지향하는 사고가 불러올 참담한 현실을 경고하기 위해 가상현실을 형상화한다. 반유토피아적 사고는 이상 사회를 추구하는 인간 사유의 맹점을 비판한다. 긍정적 유토피아와 부정적 유토피아는 작품에 형상화된 사회상의 성격에 따라 구분할 수 있으며 이상적 사고 자체를 부인하지 않는다는 점에서 유토피아 문학에 속하지만, 디스토피아는 이상적 사고 자체를 부정한다는 점에서 유토피아 문학의 대척 지점에 존재한다. 디스토피아는 이상적 사고의 가치를 부정하는 관점이라 할 수 있다. 이청준의 「당신들의 천국」, 「이어도」, 복거일의 「비명을 찾아서」 등이 이 계열의 작품에 속한다. (김문주)

유토피아, 부정적 유토피아, 테크노피아.

참고문헌
L. Mumford, The story of Utopias, K. Mannheim, Ideoiogy and Utopia.

반전(Peripeteia/Reversal of fortune)

어떤 일이 한 상태로부터 그 반대 상태로 급격히 변화하는 것을 말하는 것으로 아리스토텔레스의 『시학』에서 '운명의 급전'이란 뜻으로 사용된 용어이다. 사건을 예상 밖의 방향으로 급전시킴으로써 독자에게 강한 충격과 함께 주제를 효과적으로 전달하는 방법이다. 아리스토텔레스는 무지의 상태에서 깨달음의 상태에 이르게 하는 '발견(discovery)'의 탁월한 방법으로 반전을 꼽았다. 인물의 운명이 행복의 상태로 진행하는 것처럼 보이다가 갑자기 불행 쪽으로 방향을 바꾸거나, 불행을 향하여 진행하는 것처럼 보이다가 갑자기 행복 쪽으로 완전히 역전되는 구성 방식을 통해 주제가 효과적으로 전달될 수 있다는 것이다. 아리스토텔레스는 전자를 '불운-복합(fatal-complex)', 후자를 '행운-복합(fortune-complex)'이라고 명명했다. 반전은 비극에서는 주인공을 파멸로 몰고 가는 방식으로, 희극에서는 주로 부정적인 대상이 제거되고 행복한 결말에 이르는 방식으로 전개된다. 그리스의 비극 「오이디푸스」에서 왕을 돕기 위해 도착한 사자

(使者)에 의해, 아버지를 죽이고 어머니와 결혼한 오이디푸스왕의 정체가 드러나는 구성 방식은 동정심과 공포감을 동반하면서 운명의 비극성을 충격적으로 깨닫게 하는 구성 방식이라 할 수 있다. 이와 같은 구성은 현진건의 「운수 좋은 날」에서도 효과적으로 사용된 바 있다. 아내가 먹고 싶었던 설렁탕을 들고 귀가한 주인공이 아내의 죽음을 확인하게 된다는 소설의 결말은 현실의 비극성을 극적으로 제시한다. 반면 오 헨리의 소설 「크리스마스 선물」이나 오영진의 희곡 「시집가는 날」은 사랑의 의미를 극적인 반전을 통해 전달한다. 이를테면 「시집가는 날」의 경우, 가문의 영달을 위해 자신의 딸 갑분이를 김판서 댁으로 시집보내려고 했던 맹진사가 딸의 혼인 상대가 다리 병신이라는 소문을 듣고 딸의 몸종을 혼례식장에 대신 보냄으로써 파국에 이르게 되는 구성은 인간의 위선을 신랄하게 풍자하면서 동시에 사랑의 참뜻과 인간성 회복이라는 교훈을 효과적으로 전달한다. 이처럼 반전은 작가의 의도를 강하고 효과적으로 전달할 수 있는 구성 방식이라 할 수 있다. (김문주)

페리페티어(peripeteia), 꽁트, 비희극(Tragicomedy)

참고문헌
아리스토텔레스, 『시학』.

반종파투쟁

반종파투쟁은 일반적으로 대중으로부터 유리된 섹트주의를 뜻하는 종파주의(宗派主義)에 대한 투쟁을 뜻하지만 북한의 경우 이는 주로 1956년 8월 당중앙위원회 전원회의에서 있은 이른바 '8월 종파 사건'에 대한 반대투쟁을 의미하는 것이다. 스탈린 사후 소련에서 인 '해빙(解氷)'의 영향 아래 최창익, 박창옥, 서휘 등의 당내 반김일성 세력의 연대가 진행되었고 마침내 8월 전원회의에서 공개적인 도전이 이루어졌다. 그러나 그들의 움직임은 '반당종파행위'로 규정되었으니 이것이 '8월 종파 사건'이다. 김일성은 이후 반대파를 숙청, 제거하면서 이 과정을 사상투쟁 및 경제적 건설 사업과 연계시켰다. 이런 맥락에서 발기되었던 것이 사회주의적 대중운동인 천리마 운동이었다. 즉 반종파투쟁은 사상의 전면적 쇄신과 생산의 비약을 요구하게 된 것이다. 결과적으로 반종파투쟁은 김일성에 대한 비판의 가능성을 일소하면서 김일성의 단일지도체계의 확립을 위한 대중적 토대를 마련하는 계기가 되었다.

반종파투쟁에 따른 사상적 쇄신의 요구는 구체적으로 공산주의 교양을 의미했고 본받아야 할 공산주의자의 전형으로 간주된 것은 항일 빨치산들이었다. 이로써 항일무장투쟁사의 발굴 또한 본격화될 수 있었다. 1959년부터 모두 12권이 나온 <항일 빨치산 참가자들의 회상기>는 대표적인 것이다. 그런데 이들 회상의 주인공들에 의하면 그들의 투쟁은 오직 김일성의 지도로 가능했던 것이었다. 김일성은 단지 전략적인 수준에서가 아니라 사상적으로 항일 빨치산들을 이끈 장군이었다. 공산주의는 그의 사상이었다.

해빙을 맞은 소련의 정치, 문화적 동향은 수정주의적인 것으로 비판되었다. 수정주의를 배격해야 한다는 입장에서 '주체화'는 필연적인 선택이 되었다. 수령이 모든 인민의 어버이라는 혁명적 대가정론은 이미 이 시기에 구체화되었다. 반종파투쟁은 주체시대로의 길을 열었다. (신형기)

천리마운동, 빨치산, 수정주의

참고문헌
『공산주의 교양과 창작 문제』, 조선작가동맹출판사, 1959.
이종석, 『현대북한의 이해』, 역사비평사, 2000.

반주인공(Anti-hero)

전통적인 서사나 극 양식에 등장하는 영웅과 대비되는 자질을 가진 주인공을 이르는 말. 17세기 말까지 서양 문학의 비극은 대체로 개인의 운명이 국가의 운명에까지 영향을 주는 높은 지위의 인물들을 주인공으로 삼았다. 그러나 18세기에 이르러 부르주아 비극이 보급되면서 평범한 인물들을 주인공으로 삼는 작품들이 대거 출현하게 된다. 이러한 작품 속의 인물들은 비극적 오류를 범하는 선한 인물이 아니라 중류나 하류 계급에 속하는 인물로서 존재의 위기를 느끼며 의지가 상실된 인간상을 보여준다. 이러한 계열의 작품 중에서 주목할 만한 작품으로 아더 밀러(Arther Miller)의 「어느 세일즈맨의 죽음」(The Death of a Salesman · 1949)이 있다. 이 작품은 상업주의 사회에서 잘못된 가치관을 갖고 갈팡질팡하는 평범한 주인공의 비극적인 현실을 묘사한다. 여기에 등장하는 주인공은 운명에 맞서 영웅적 행위를 보이는 전통적인 비극의 주인공과 달리, 왜소하고 비굴하며 수동적인 인물이다. 이러한 보잘것없는 인물을 주인공으로 삼는 극이나 서사 문학은 이를 향유하는 평범한 사람들과 같은 눈높이에서 그들의 문제를 제시함으로써 삶을 반성하고 통찰할 수 있는 계기를 제공한다. 이는 추상적이고 거대한 주제로부터 평범한 사람들의 일상적인 문제로 관점이 전환된 것이라 할 수 있다. 이러한 왜소한 인물의 극단적인 모습은 부조리 문학에서 자주 다루어진다. 이를테면 대표적인 부조리 작품의 하나인 사무엘 베케트(Samuel Beckett)의 「고도를 기다리며」(Wating for Godot)의 주인공인 두 부랑자는 고도를 기다리며 무의미한 행위를 계속하는 무력한 주변인에 불과하다. 이들은 극의 흐름에 아무런 영향을 미치지 못하며 삶에 아무런 의미를 찾지 못하는 군상이라 할 수 있다. 한편 이러한 반주인공적인 인물은 작품 속에 살아서 행동하는 인물들과 달리 세계를 관찰하고 탐색하면서 자신의 내면에서 일어나는 감정이나 감각을 음미하는 모습으로 형상화되기도 한다. 한국 소설에서 반주인공의 성격을 잘 보여주는 작품으로는 손창섭의 「잉여인간」이나 이태준의 「복덕방」 등이 있다. (김문주)

부조리 문학, 반동인물, 세네카풍 비극(senecan tragedy), 비희극(Tragicomedy)

참고문헌
Elder Olson, Tragedy and the Theort of Drama. N. J. Muller, The Spirit of Tragedy.

발분설(發憤說)

예술 작품의 창작 동기를 설명하는 이론 중의 하나이다. 불행이나 고통이 창작에 중요한 계기가 된다는 생각은 동서양을 막론하고 오래 전부터 제기되었던 관점이다. 서양에서는 광기와 관련한 상상력의 이론으로 전개되었고, 동양에서는 그 자체가 창작의 동인이라는 시각에서 중요하게 다루어졌다. 발분설은 고대 중국의 사마천(司馬遷, B. C 145~86)에 의해 본격적으로 제기된 이론이다. 그는 철학이건 문학이건 뛰어난 저술은 좌절을 경험한 사람의 발분에 의해 탄생하게 된 것이라고 주장하였다. 즉 '마음 속에 막혀 맺힌 것이 있어도 통할 길을 얻지 못하면 분함을 발하여 작품을 쓰게 된다'는 것이다. 이는 중국의 비극적 낭만주의를 열었던 굴원의 "분함을 발하여 감정을 서술한다"(發憤以抒情)는 견해에 닿아있는 것으로서, 이후 한유(韓愈)나 구양수(歐陽修) 등 많은 이들에 의해 계승되었다. 한유는 "평화로운 때에 씌어진 소리는 담담하고 옅으며, 우수에 젖은 소리는 묘하게 된다. 기쁨에 휩싸여 제작된 표현은 공교롭기 어렵고 궁핍하고 괴로울 때 만들어진 작품은 쉽게 좋아진다"(和平之音淡薄 而愁思之聲要妙 歡愉之詞難工 而窮苦之言易好)고 하였다. 특히 "시는 궁핍해진 뒤에야 공교로워진다"(詩窮而後工說)는 구양수의 견해는 '궁이후공설(窮而後工說)'로 발전함으로써 불운을 창작의 주요 동인으로 보는 관점을 형성하였다. 물론 이는 시인이 불행한 자라거나 시가 사람을 곤궁하게 만든다는 것이 아니라 불운한 상태가 작품을 더욱 공교롭게 한다는 것이다. 발분설은 정서를 표현하는 시가 장르뿐만 아니라 서사나 교술 장르 등 문학을 포함하여 예술 작품의 창작에 두루 적용될 수 있는 창작 배경론이라 할 수 있다. 물론 작가의 불행은 개인적인 것만이 아닌 사회적 성격을 띤 것이어서 발분에 의해 창작된 작품은 현실 비판적인 성격을 띤 것이기도 하다. 관료지향적인 유가 문화의 예술인들에게 문학 작품은 현실참여 의지를 간접적으로 표출할 수 있는 장이었다. 출구가 막힌 지식인 예술가들의 좌절의식, 현실 비판의식, 혹은 현실 개혁 욕망을 드러내는 기능을 예술이 담당하였다는 점에서, 발분설은 현실의 모순에 대해 저항하고 비판하는 문학의 기본 성격에 해당하는 것이라 할 수 있다. (김문주)

불평즉명(不平則鳴), 궁이후공(窮而後工), 비분시(悲憤詩)

참고문헌
굴 원, 「惜誦」.
사마천, 『史記・太史公自序』.
한 유, 「送孟東野序」.
구양수, 「梅聖俞詩集序」.s

발분저서(發憤著書)

사전적인 의미로 풀어 본다면 '억울한 일을 당해 마음이 자극되어 명작을 남긴다'는 이야기이다. 사마천(司馬遷)의 『사기(史記)』로부터 그 기원을 찾을 수 있고, 유사한 문학 관념으로는 당대 한유(韓愈)의 '불평즉명(不平則鳴)', 송대 구양수(歐陽修)의 '시궁이후공(詩窮而後工, 시인은 어려운 일을 당해야 시가 훌륭해진다)' 등이 있다.

사마천은 그가 흉노(匈奴)와의 전투에서 투항했던 어느 장수를 변호하다 황제의 노여움을 사서 사형에 처해지게 되었다. 그는 사형 대신 거세형을 택했는데, 이는 유교 사회에서의 실질적인 목숨을 포기한 것이나 같다. 이 같은 절망에도 불구하고 그는 『사기』를 완성했다. 사마천은 서문에서 서백(西伯)이 『주역(周易)』을, 공자가 『춘추(春秋)』를, 굴원은 「이소(離騷)」를, 그리고 좌구명(左丘明)이 『국어(國語)』를 지은 것 들은 모두 곤경을 딛고 일어선 결과라고 하여, 자신의 심경을 토로했다. 본기(本紀), 표(表), 서(書), 열전(列傳)등의 다섯 부분으로 구성된 『사기』는 1백30편, 모두 52만 6천여 자라는 방대한 양을 통해 전설시대인 황제(黃帝) 때부터 한의 무제까지 약 3천여 년의 역사를 기록했다. 이러한 사건이 발분저서의 기원이 된다. 그는 자신의 풍부한 지식과 경험을 바탕으로 사료를 직접 체험 수집하면서 집필에 임했고 엄밀한 태도와 개인적 애증이 문체에 투영됨으로써 '발분저서'의 전형을 보여주고 있다.

중국의 전통적 문학 관념은 실용주의 문학관과 표현주의 문학관으로 크게 나뉜다. 실용주의 문학관은 문학을 이용하여 정치적인 목적에 활용하기 위한 시교(詩敎)의 도리를 중시하고, 표현주의 문학관은 도가적 낭만성 속에서 문학의 정감 표현을 중시한다. 다시 말해, 문학관은 정감이 현실 문제와 관련되어 있으면 실용주의 정신이 담기는 것이고, 단순한 개인적 감정이라면 순수한 서정이 담기는 것으로 볼 수 있다. 또한 현실주의 문학관이 창작의 효과를 중시했다면, 표현주의 문학관은 창작의 동기에 보다 중점을 두고 있다. 사마천의 발분저서의 문학관은 후자에 속하는 문학관에 속하며, 사료적 가치 뿐 아니라, 사실적 실질적 글쓰기의 한 전범이 되었다. (오태석)

발분저서, 사마천, 사기(史記), 구양수, 부득평즉명, 시궁이후공

참고문헌
사마천(司馬遷), 『사기(史記)』.
천퉁성 저, 김은희·이주노 역, 『司馬遷』, 2002.
彭會資, 桂林 역, 『中國文論大辭典』, 百花文藝出版社, 1990.

발화(發話, Locution)

사람이 말하는 단어의 연속을 지칭함. 의미내용의 언어적 표현이라는 점에서 언표라고도 함. 특히 담화(談話)에서 앞과 뒤가 침묵으로 구분되어서 일정한 독립성을 갖는 단어 연속을 뜻한다. 발화는 어떤 의미를 가진 문장을 말하는 것과 관련되고, 하나 또는 둘 이상의 문장을 포함할 수 있다. 분석의 출발점으로 간주된다.

우리가 말을 통해 성취하려는 것—정보 전달, 부탁, 명령, 설득, 격려—을 의사소통 의도(communicative intention)라고 부른다. 그리고 의사소통 의도를 실현시키기 위해 어떤 것을 말하는 것이 어떤 것을 행하게 된다고 할 때 '어떤 것을 말함'의 행위를 발화 행위(speech act)라고 한다.

발화는 흔히 참이나 거짓의 문제 또는 말로써 무엇인가를 단순히 말하는 것으로 이해하기 쉽다. 그러나 오스틴(John. L. Austin)에 따르면, 발화를 하는 것이 참과 거짓의 문제가 아니라 행위라는 것, 즉 우리가 말로써 무엇인가를 행하는 것이라고 한다. 그는 『말과 행위』에서 발화 행위를 다섯 가지로 구분한다. 'convict(유죄를 선고하다)'와 'understand(이해하다)'와 같은 판정발화(Verdictives)는 판단을 행사하는 것이며, 'dismiss(해고하다)'와 'command(명령하다)'와 같은 행사발화(Exercitives)는 영향력의 주장이나 권능의 행사이며, 'promise(약속하다)'와 'contract(계약하다)'와 같은 언약발화(Commissives)는 책임을 지거나 의도를 선언하는 것이며, 'blame(비판하다)' 'welcome(환영하다)' 행태발화(Behabitives)는 태도를 취하는 것이며, 그리고 'affirm (긍정하다)'과 'mention(언급하다)'과 같은 평서발화(Expositives)는 이유, 논의 그리고 의사소통을 분명히 하는 것이다.

오스틴의 제자인 철학자 Jhon Searle은 발화행위의 유형을 주장형(assertive), 지시형(directive), 공약형(commissive), 표현형(expressive), 선언형(declarative) 등 다섯 가지로 재분류하기도 했다. (강정구)

오스틴(John. L. Austin), 언표, 담화, 발화 행위

참고문헌
John. L. Austin, 김영진 역, 『말과 행위』, 서광사, 1992.
Rene Dirben, Marjolijn Verspoor, 이기동 외 역, 『언어와 언어학 : 인지적 탐색』, 한국문화사, 1999.

방각본(坊刻本)

방각본은 조선 시대에 판매를 목적으로 민간에서 간행한 서적이다. 이를 달리 방간본(坊刊本)·목판본(木版本)·판본(板本)·판각본(板刻本)이라고도 부른다. 방각본이란 본래 중국의 남송(南宋) 시대에 영리를 위해 서점에서 출판한 사각본(私刻本)을 일컫던 말이다. 한국에서 방각본이 처음 출간된 시기는 조선 중기 이후로 추정되는데, 이에 관해서는 학자마다 견해가 다르다. 간행 기록이 분명한 최초의 방각본은 1576년(선조 9년)에 간행된 『고사촬요(攷事撮要)』이다. 이 서적은 요즘의 백과사전에 해당하는 책으로서 당시 많은 사람들이 읽었던 것으로 추측된다.

방각본의 출판이 주로 이루어진 곳은 서울, 전주, 안성 등지이다. 이곳에서 간행된 방각본을 각각 경판본(京板本), 완판본(完板本), 안성판본(安城板本)이라 구별하여 지칭한다. 이들 지역은 서적의 보급이 활발하거나 종이가 생산되는 곳이거나 상업 지역이었다. 방각본이 본격적으로 출판되기 시작한 것은 병자호란 이후이다. 주로 『천자문』, 『동몽선습(童蒙先習)』, 사서삼경 등의 아동 교육서나 『전운옥편(全韻玉篇)』 등의 참고서류, 관혼상제 등 가정 생활에 필요한 내용을 다룬 서적들이 간행됐다. 19세기 후반부터는 소설 독자층이 광범위하게 형성되면서 이른바 방각본 소설을 활발하게 출판했다.『심청전』,『춘향전』,『구운몽』,『사씨남정기』,『삼국지』,『수호지』등이 대표적 작품들이다. 현재 전해지는 방각본 소설은 김동욱이 집대성한『고소설판각본전집(古小說板刻本全集)』107책과 영국 대영박물관의 이판(異板) 26책, 파리 동양어학교의 이판 20책 등 모두 50여 종 160여 책에 달한다.

방각본 소설의 등장은 소설사적으로 큰 의미를 갖는다. 이는 소설을 대량으로 인쇄해 판매한 사실에서 짐작할 수 있듯 소설이 상품으로서의 가치를 지니게 되었으며, 일반 독자들의 소설에 대한 요구가 상당했음을 말해 주는 것이다. 방각본 소설은 독자의 기호에 영합하는 오락적인 소설의 출판을 가속화했다는 문제점에도 불구하고, 일부 계층에 한정되어 읽히던 소설을 서민층까지 널리 즐길 수 있게 소설 작품의 저변을 확대했다는 점에서 큰 의의를 지닌다고 하겠다. (이성우)

목판본(木版本), 방간본(坊刊本), 사각본(私刻本), 판각본(板刻本), 판본(板本)

참고문헌
김동욱,「한글소설 방각본의 성립에 대하여」,『향토서울』제8호, 서울특별시사편찬위원회, 1960. 7.
안춘근,「방각본 논고」,『서지학』제1호, 한국서지연구회, 1968.
김동욱,「방각본에 대하여」,『동방학지』제11집, 연세대학교 동방학연구소, 1970. 12.
최영무,「방각본과 소설의 발달」,『목멱어문』제5집, 동국대학교 사범대학 국어교육과, 1993. 3.
부길만,『조선시대 방각본 출판 연구』, 서울출판미디어, 2003.

방기(放棄) ☞ 폐기

방랑문인(放浪文人)/방랑시인(放浪詩人)

방랑문인, 방랑시인은 어떤 목적과 거처를 정하지 않은 채 떠돌아다니는 문인이나 시인을 가리키는 말이다. 한국의 전통 문화권에서 방랑문인이나 방랑시인이 되는 과정에는 권위적인 사회와 집단, 가정으로부터 배척당한 구체적 체험이 개입되는 경우가 많다. 이 점에서 한국의 방랑문인은 개인주의와 반자본주의적 태도를 전형으로 하는 서구의 보헤메(Boheme)와는 구별되는 성격을 띤다. 한국 사회에서 방랑문인은 자신의 천성을 인식한 결과일 수도 있으나 대부분의 경우에는 사회역사적인 외부 요인이 더 큰 변수로 작용한다는 것이다. 이를테면 조선 후기의 봉건 체제하에서 다수의 지식인이 배출되었지만 그들을 수용할 만한 직업은 분화 발전하지 못하였기 때문에 많은 지식인들은 삶의 기반을 상실한 채 이리저리 떠돌아야 했다. 과객(過客)이라 불리기도 한 그들은 사회의 구조적 문제로 양산된 방랑문인이라 할 수 있다. 좀더 개인사적인 경험이 결부되지만, 한국에서 가장 널리 알려진 방랑시인은 김삿갓(본명 金炳淵)이다. 그는 홍경래의 난 때 반란군에 항복한 평안도 선천(宣川) 부사 김익순의 손자로서 할아버지를 조롱하는 과시(科詩)로 향시(鄕詩)에서 장원을 하지만, 조상을 욕되게 한 죄인이라는 자책과 폐족의 자식이라는 세상의 멸시를 견디다 못해 삿갓을 쓰고 떠돌아다니는 방랑시인으로 생을 마감한다. 강위(姜瑋) 역시 대표적인 방랑문인이다. 그는 조선 말기에 삼정(三政)의 문란으로 인한 백성들의 핍박을 통감하고 삼정책(三政策)을 지어 내놓았으나 그의 개혁안은 받아들여지지 않는다. 이에 낙담하여 전국을 떠돌며 시와 술을 벗삼는 방랑문인이 되었다.

방랑문인들은 자기 신세의 외로움, 허탈감, 처량함, 울분 등을 한시로 표출하기도 했다. 기성 체제와 인간상에 대한 냉소나 항변이 극단에 이를 때에는 시의 내용이 한시의 기본 테두리를 벗어날 뿐 아니라 그 형식조차 파괴되기에 이른다. 사대부 계급의 가장 전형적인 장르인 한시의 형식을 파괴했다는 사실은 사대부 사회를 문제시하거나 간접적으로 파괴하는 의미를 내포하는 것이다. 희작(戲作)의 성격을 띠기 십상인 이 작품들은 풍자하고 파괴하는 힘은 지녔지만 일관된 인식과 감정을 형상화하거나 대안을 제시하지는 못했다는 점에서 한계를 드러낸다. (이성우)

강위(姜瑋), **김삿갓**(金炳淵), **방외인문학**(方外人文學), **보헤메**(Boheme)

참고문헌
임형택, 임형택·최원식 엮음, 「이조 말 지식인의 분화와 문학의 희작화(戲作化) 경향」, 『전환기의 동아시아 문학』, 창작과비평사, 1985.
장선희, 「한국 근대의 한시 연구 : 강위(姜瑋)의 시 활동을 중심으로」, 전남대학교 대학원 박사학위논문, 1997. 8.
김병연, 『김삿갓 풍자시 전집』, 실천문학사, 2000.
이건호, 「김병연 시 연구」, 조선대학교 대학원 박사학위논문, 2004. 8.

방백

방백(傍白, aside)과 독백(獨白, monologue)은 자주 혼동된다. 무대에서 배우가 혼자서 말하는 경우가 독백이다. 방백은 곁에 사람을 두고도 혼자서 지껄이는 말이다. 이때 곁에 사람이 그 말을 알아듣지 못하는 경우에 방백의 효과는 살아난다. 즉 방백은 관객을 향한 말이다. 독백이나 방백이나 일종의 연극적 약속인 셈이다. 관객은 방백을 통해서 어떤 정보, 예측, 기대심리를 갖게 되고, 연극의 발전에 기여하게 된다. 로마시대부터 이 방백이 발달했다. 19세기 말기 자연주의 연극에 이르러 방백은 자연스럽지 못한, 즉 사실적이고 자연과학적인 아닌 언어행위로 간주되어 사용하지 않게 되었다. 그러나 작품에 따라서, 무대적인 필요에 따라 현대극에서도 방백이 사용되고 있다. (서연호)

독백, 모놀로그

참고문헌
빠트리스 파비스, 신현숙 역, 『연극학사전』, 현대미학사, 1999.
오스카 G. 브로케트, 김윤철 역, s『연극개론』, 한신문화사, 1989.
한상철(외), 『연극사전』, 한국문화예술진흥원, 1981.

방법론

오늘날 방법론은 방법에 관한 연구나 과학이라기보다는 어떤 대상을 인식하거나 연구하기 위한 방법이라는 의미로 주로 쓰인다. 방법론은 넓게 보아 논리학의 한 부분이라 할 수 있다. 플라톤의 대화편(對話篇)에는 소피스트의 방법과 소크라테스의 방법의 차이점에 관한 논의가 많이 나오며, 아리스토텔레스의 ≪형이상학(形而上學)≫에서도 방법에 관한 이야기로부터 시작된다. 중세에는 신학적 방법과 철학적 방법의 차이점이 논의되었다. 또 동양에서도 방법론에 대해 깊은 생각을 한 사상가는 많다. 그러나 현대인이 '방법론'이라는 이름에 관심을 가진 것은 주로 과학방법론이라고 생각된다. 근세에 들어와서 새로운 인식방법으로서의 자연과학이 등장함에 따라 많은 철학자가 이 새로운 학문방법의 성격을 구하고자 하였다. F. 베이컨, R. 데카르트, G. W. F. 라이프니츠, I. 칸트 등은 특히 방법론적 관심이 많았다.

그러나 새로운 방법의 의미를 적확하게 간파한 사람은 역시 과학자이며, G. 갈릴레이, 보일, I. 뉴턴 등은 방법론상에서도 뛰어난 발언을 많이 했다. 자연과학의 방법이 성공한 비밀 중의 하나는, 말할 나위 없이 실험과 관찰을 중시한 일이었으나 그 외에도 수학, 논리를 중요시하였고, 더구나 카테고리를 시간·공간·질량에 관한 것에 한정하였다는 것이 중요하다. 그리하여 사회과학이나 인문과학 영역에도 위의 세 가지 특색을 갖춘 방법을 도입하여 새로운 면을 개척하고자 하는 시도가 19세기에 들어와서 널리 퍼졌다.

그러나 이러한 시도는 별로 성공하지 못하였으며, 따라서 이 영역에서는 다른 방법이 필요하다고 하는 의견도 많았다. 최근에 와서 카테고리의 제한에 구애됨 없이 논리적인 면에 주목함으로써 모든 과학으로 통하는 방법을 통일적으로 논하고자 하는 사고방식이 등장하였다. 이것은 한편으로는 논리학의 발전, 또 한편으로는 이른바 수리과학(數理科學)의 발전과 관계가 있는 것이다. (염철)

방향전환론(方向轉換論)

방향전환론이란 1920년대 중·후반부터 1930년대 초에 이르는 시기에 조선프롤레타리아예술가동맹(KAPF) 내부에서 두 차례에 걸쳐 이루어진 문예 운동의 이념 정립과 방향 전환에 관한 일련의 논의를 가리키는 용어이다. 방향전환론은 프롤레타리아 문학 운동에서 핵심 요소인 자연발생적 프로문학과 목적 의식에 바탕을 둔 프로문학 운동의 구별, 더 나아가 예술 활동과 정치 투쟁 사이에서 우선 순위를 어디에 둘 것인가 하는 중요한 문제들을 내포하고 있다.

제1차 방향전환론은 1927년 박영희의 「문예운동의 방향전환」이란 글을 통해 표면화된다. 박영희는 이 글에서 현실의 정치 변화에 효과적으로 대처하기 위해서는 자연 생장적인 프로문학에서 목적의식을 지닌 프로문학 운동으로 방향을 전환해야 한다고 주장했다. 박영희는 처음부터 문학 자체를 완전히 포기한 것은 아니었다. 그의 이러한 태도는 조중곤, 이북만 등 제3전선파에 의해 비판당한다. 이들의 주장에 의하면 방향전환은 변혁 운동이 당면한 객관적 정세의 분석에 토대를 두어야 하며, 올바른 방향전환은 필연적으로 정치 투쟁을 지향해야 한다는 것이었다. 1931년을 전후한 제2차 방향전환론은 '당의 문학'과 '전위의 눈으로 사물을 보라'는 명제를 내세우며 안막, 김남천, 임화, 권환 등이 주창한 프로문학의 볼셰비키화로 요약할 수 있다. 이때부터 KAPF의 실권은 임화에게로 넘어가며, 방향전환론은 문예 운동에서 볼셰비키 정치 투쟁으로 그 영역을 옮겨가게 된다.

KAPF의 두 번에 걸친 방향전환론은 조직 내의 많은 이견 때문에 논쟁과 분파의 성격을 띨 수밖에 없었다. 특히 프로문학 진영 내부에서 논쟁 과정 중에 아나키스트 계열을 배제하자는 주장이 나왔다는 사실은 방향전환론이 단지 문학 논쟁에 그친 것이 아니라 정치 투쟁의 성격을 지니고 있었음을 분명히 보여 준다. 결국 방향전환론은 KAPF 조직 차원에서는 문예 운동에서 정치 투쟁으로 노선을 전환하는 계기가 되었으며, 문예 운동의 차원에서는 문학예술을 선전 선동의 수단으로 인식하는 본격적인 시발점이 되었다고 평가할 수 있다. (이성우)

당의 문학, 문예 운동, 볼셰비키화, 아나키스트, 조선프롤레타리아예술가동맹(KAPF), 프로문학

참고문헌
김윤식, 『한국근대문예비평사연구』, 일지사, 1976.
정홍섭, 「1920~30년대 문예운동에 있어서의 방향전환론 연구」, 서울대학교 대학원 석사학위논문, 1989.
조진기, 「1920년대 프로문학과 방향전환론」, 『영남어문학』 제25집, 영남어문학회, 1994. 8.
이기인, 「카프 방향전환론의 재검토」, 『한국언어문학』 제52권, 한국언어문학회, 2004. 6.

배경(背景, Setting)

배경은 문학 작품에서 등장인물이나 의인화된 생물, 사물 등의 행위가 일어나는 물리적 또는 정신적 장소를 뜻한다. 보다 넓은 의미에서 배경은 실제의 지리적 · 물리적 공간은 물론 인물들의 일상적인 생활 방식이나 하는 일, 사건이 일어난 시기, 인물들이 처한 종교적 · 도덕적 · 사상적 · 사회적 · 정서적 상황 등의 무형의 배경을 모두 포함한다. 인물, 사건과 더불어 배경은 이야기 문학에서 구성의 3대 요소로 불린다.

사람의 행위가 벌어지기 위해서는 장소가 반드시 필요하다. 그러나 장소라는 것이 단지 행위가 일어나는 곳으로서의 중요성만을 갖는 것은 아니다. 작품에 따라서는 배경이 오히려 행위를 통제하는 경우도 있기 때문이다. 또한 어느 시대에든 개인은 일체의 물리적 · 정신적 환경의 지배에서 완전히 자유로울 수 없는 존재이다. 이 때문에 작가들은 등장인물의 행위에 합당한 사실성을 배경의 사실적인 설정에 의해 획득하곤 한다. 이를테면 사실주의 계열의 작품에서는 사회 환경의 묘사로 인물의 행위를 설명하고, 자연주의는 물리적 환경과 사람의 동물적 본능을 개인의 행위를 결정하는 요인으로 본다. 특히 알레고리 기법을 채택한 작품들은 인물의 행위와 주제 의식에 어울리는 상징적 배경을 설정한다. 이에 비해 낭만주의 작품은 사실적인 배경에서 해방된 순수한 행위를 묘사하는 경향이 강하다.

예컨대 이태준의 장편소설 『사상의 월야』(1941)에서 공간적 배경의 이동과 변화는 시간의 추이와 더불어 이 작품을 관통하는 중심선으로 작용한다. 국외−국내−국외로 이어지는 공간 배경은 천신만고 끝에 아들이 아버지의 유업을 계승한다는 주제에 부합하고 있다. 또한 서정주의 시집 『질마재 신화』(1975)에서 공간 배경인 질마재는 시인의 고향 마을이라는 지리적 의미에 그치지 않는다. 질마재는 이 시집에서 샤머니즘의 세계관이 자연스럽게 통용되는 범속화된 신화 공간으로 재창조되어 있다. 문학 작품에서 배경의 역할은 그리 중요하지 않거나 부차적인 의미를 지닐 뿐이라고 간주하는 경향이 있는 것도 사실이다. 하지만 뛰어난 시인, 작가일수록 말을 많이 사용하지 않고서도 적절한 배경을 통해 훨씬 더 많은 의미를 산출해 낸다는 것 역시 부인할 수 없는 사실이다. (이성우)

구성, 사건, 인물

참고문헌
박성의, 『한국문학배경연구』, 현암사, 1972.
이상섭, 「배경의 상징성 : 쵸서의 Franklin's Tale의 경우」, 『인문과학』 제27·28집, 연세대학교 인문과학연구소, 1972. 12.
조남현, 『소설원론』, 고려원, 1982.
이창민, 「'사상의 월야'의 공간적 배경과 주제」, 『한국문학연구』 제2호, 고려대학교 민족문화연구원 한국문학연구소, 2001. 12.
이계윤, 「서정주의 『질마재 신화』 연구」, 고려대학교 대학원 석사학위논문, 2002. 8.

배역시(配役詩, 독 Rollengedichte)

배역시란 시인 자신의 직접적인 목소리가 아니라 작품 속의 특정한 인물을 통해 생각과 느낌을 전달하는 시를 가리킨다. 배역시에서 시의 화자는 시인 자신을 연상시키는 서정적 자아라기보다는 허구화된 극적 화자에 더 가깝다. 뮐러가 배역시에서는 언어를 창조하는 주체와 언어 사이의 긴밀한 결합이라는 의미에서의 서정성이 결여되어 있다고 본 것은 바로 이 때문이다. 시를 세 가지 목소리로 구분한 T. S. 엘리엇의 기준에 따르면 배역시는 세 번째 유형인 극시에 해당한다. 시인이 창조한 극 중의 인물로 하여금 시로써 말을 하게 하는 극시의 특성이 곧 배역시와 통한다는 것이다.

서양의 경우에 배역시는 근대 이전으로 거슬러 올라갈수록 융성하였다. 볼프강 카이저는 시에서 배역의 성격을 분석해 내는 일이 작품과 독자 사이의 관계뿐만 아니라 문학의 사회적 측면의 일단을 밝히는 열쇠가 된다고 주장한 바 있다. 근대시 즉 낭만주의 시대로 내려오면서 배역시는 뒷걸음치는 대신 시인 자신의 목소리에 치중하는 시가 증대하기 시작한다. 낭만주의의 제2기 운동으로 규정되는 프랑스 상징주의 시가 그 전형적 사례이다. 한국의 현대 시사에서 배역시는 1900년대 최남선의 시와 1920년대 임화의 시, 그리고 1980년대에 특히 활발했던 민중시에서 그 뚜렷한 흐름을 발견할 수 있다.

배역시를 통해 의도한 효과를 거두기 위해서는 배역을 맡은 인물의 성격과 언어 사용 등이 독자들에게 썩 그럴듯하다고 인정을 받아야 한다. 배역시를 쓸 때에는 시인 자신의 개성을 드러내는 것보다 오히려 작중인물의 존재에 개연성을 부여하는 일이 더 시급한 과제가 된다. 따라서 서사 문학에서나 다루어질 법한 허구의 문제가 배역시에서는 빠트릴 수 없는 중요한 개념으로 대두한다. (이성우)

논증시, 서정적 자아, 시의 세 가지 목소리, 체험시, 허구, 화자

참고문헌
T. S. 엘리어트, 최창호 역, 황동규 엮음, 「시의 세 가지 음성」, 『엘리어트』, 문학과지성사, 1978.
김윤식, 「1910년대의 시와 그 인식」, 『한국현대시론비판』, 증보판, 일지사, 1986.
볼프강 카이저, 『언어예술작품론』, 김윤섭 역, 시인사, 1988.
정두홍, 오한진 외 엮음, 「서정적 자아」, 『문학과 진실』, 월인, 2000.

배우

동양에서는 고대부터 우인(優人), 배우(俳優)라는 용어를 사용했다. 서양의 배우는 행동(actus)하는 인간(actor)이라는 의미다. 연기자로 지칭되기도 한다. 연극은 본래 배우의 예술이었다. 배우가 연극을 시작하고 내용을 꾸미고 소박하게 연출했던 것이다. 극작가가 대두되면서 작품의 구조와 내용과 규모를 갖추게 되었다. 르네상스시대에 이르러 배우는 직업적으로 독립하고 정기적인 급료와 세금을 내는 사회적 지위를 갖게 되었다. 셰익스피어는 배우이면서 극작을 했으므로 무대에서 배우를 훌륭하게 살리는 명작을 만들어낼 수 있었다. 19세기부터 연출가라는 새로운 예술가가 등장하고, 배우는 연출가의 통제를 받는 처지에 놓였다. 연극은 예술적으로 발전했지만, 내적으로는 배우와 연출가 사이에 예술적 갈등과 긴장이 생기게 된 것이다.

연극양식과 종류에 따라 배우는 다양한 기량을 갖추어야 했으며, 이른바 유명한 배우와 전문 배우가 탄생했다. 상대적으로 배우의 기량에 의해 연극양식이 변화하고 아울러 특이한 관습도 이루어졌다. 19세기 전반기 교통기관의 발달에 힘입어 극단들은 전 유럽과 미국을 순회할 수 있었다. 작품 하나로 거금을 벌 수 있었고, 배우는 세계적인 존재가 되었다. 당시 주연배우에게는 독방을 배정했고, 방문에 별표를 붙였다. 이것이 스타(star, 별처럼 빛나는 사람)의 기원이다. 한국에서는 1930년대 후반 동양극장의 배우들이 스타로 부상했다. 이 스타들이 연극계를 주도했고, 1950년대 후반 한국연화의 붐을 만드는 주역이었다. (서연호)

우인, 스타

참고문헌
빠트리스 파비스, 신현숙 역, 『연극학사전』, 현대미학사, 1999.
양회석, 『중국 희곡』, 민음사, 1994.
고승길, 동양연극연구, 중앙대출판부, 1993.
James R. Brandon, Theatre in Southeast Asia, Harvard University Press, 1967.
오스카 G. 브로케트, 『연극개론』, 한신문화사, 1989.
한상철(외), 『연극사전』, 한국문화예술진흥원, 1981.

배치

들뢰즈 / 가타리는 모든 존재를 '기계(machine)'로 이해하는데 이는 단순한 '메카닉'이 아니라 욕망하는 기계들을 의미한다. 이러한 존재론은 서구 형이상학의 전통인 고정적인 동일적 주체를 부정하는 것으로서, 누층적인 과정을 통과하여 그 발생적 요소를 포함하고 있는 생성적 존재론이라 할 수 있다. 기계들은 서로 접속하여 하나의 선들=계열들을 만들고 그것이 다시 서로 연관되면서 장(場)을 형성한다. "이렇게 기계들이 서로 접속해서 이루어지는 선들, 그리고 선들이 모여 형성되는 장, 이것들이 곧 '기계적 배치'이다. 이 기계적 배치가 『천의 고원』의 일차적인 사유 대상이다." 배치에는 기계적 배치만이 아니라 언표적 배치가 존재해서 함께 하나의 '배치'를 만들어낸다. 기계적 배치의 형식과 언표적 배치의 형식을 포괄하는 추상적 형식을 '디아그램'이라 하고 이러한 디아그램을 통해서 결합되어 있는 장이 다양체로서, 배치는 일종의 다양체이기도 하다. 또한 배치는 복잡한 사건이다. 일상에서 일어나는 식사, 논쟁, 부부싸움 등이 모두 기계적 배치와 언표적 배치가 얽혀 만들어낸 사건이다. 이렇게 "우리의 삶을 가득 채우고 있는 배치들, 사건들에 더 적절하고 참신한 조재론을 부여하기. 그리고 그런 존재론으로 파악된 삶으로부터 윤리학적—정치학적 귀결들을 이끌어내기. 요컨대 배치의 존재론을 수립하고 그에 근거해 새로운 실천철학= '에티카'를 이끌어내기, 이것이 『천의 고원』의 목적이다."

'기계들'이 일정한 방식으로 접속해 배치될 때 '영토화(territorialite)'가 일어난다면, 기계들은 모두 욕망하는 기계들이기 때문에 배치가 달라질 수밖에 없고 그것을 '탈영토화(drterritorialite)'라 할 수 있다. 또 배치에서 벗어나면 '탈주', 배치를 바꾸고 싶은 욕망, 다른 삶으로의 이행의 과정을 '되기(becoming)'라고 말할 수 있겠다. 이 '되기'의 존재론이 '소수자 되기'로 나아가면 윤리학적 실천의 사유가 펼쳐진다. (차성연)

참고문헌
들뢰즈 / 가타리, 김재인 역, 『천의 고원』, 새물결, 2001.
이정우, 『천 하나의 고원』, 돌베개, 2008.

백화(白話)

'백화문(白話文)'이라고도 한다. '문언(文言)'과 상대되는 개념으로 중국어 글말 중의 하나이다. 아주 오랜 기간 동안 중국어의 글말형식은 문언문이었다. 문언문은 선진(先秦)시기의 입말을 기초로 형성된 것으로서, 본래 고인들의 입말을 적어 표현한 것이었지만, 후대로 갈수록 점차 입말과 괴리가 생기면서 한위(漢魏) 시대에는 더욱 심해져, 결국 언어의 발전은 사회와 서로 적응하지 못하게 되었다. 백화는 대체로 당송대 특히 송원(宋元)이래의 북방 입말을 기초로 형성되었으며, 당시의 입말에 가까웠기 때문에 그 시댐 치 후대 사람들에게 널리 받아 들여져 사용되었다. 당송대 이후에는 백화체 글말이 점차 강세를 띠면서 당대(唐代)의 변문(變文) · 송원명청대의 화본(話本)과 소설 및 기타 통속문학 작품 그리고 송원대 이후의 일부 학술 저작 및 관방(官方)의 문서 등이 백화문(白話文) 형식을 취했다. 근대에 이르러 많은 학자들이 부단히 글말과 입말을 일치시킬 것을 주장하였다. 하지만, 이러한 노력에도 불구하고 문언문의 절대적 위치를 바꾸지는 못했다. 이러한 상황을 바꾸고자 호적(胡適)·진독수(陳獨秀)·이대교(李大釗)·전현동(錢玄同)·노신(魯迅) 등은 '문학혁명'의 구호 아래 1917년~1918년간에 『신청년(新青年)』이라는 잡지를 주요 근거로 삼아 백화문 운동을 전개하면서, 문언문을 옹호하던 임서(林紓)와 호선숙(胡先驌) 등 구파와 논쟁을 벌였다. 1919년에 5·4 운동이 일어나면서 백화문 운동은 크게 번져 4백 여 종의 백화체 신문도 발행하고 초등학교 교과서도 백화체로 바꾸어 쓰게 되었다. 하지만 백화문 운동은 2차 세계대전까지만 보더라도 철저하게 성공한 것은 아니었기 때문에, 정부의 공문·법률·신문 등에는 여전히 문언문을 사용하거나 문언문에 가까운 문장을 사용해 왔다. 이후에 지속적이고 대중적인 어문운동을 펼쳐 1949년 이후에 일반 매체에서도 백화문을 사용하게 되었다. 결국 현대 중국어 글말의 법적 지위까지 얻게 되었으며, 점차 발전되어 현대의 백화가 되었다. (오태석)

백화, 입말, 문언, 변문, 화본, 백화문운동, 문학혁명

참고문헌
『中國語言學大辭典』, 江西教育出版社, 1991.
『語言學百科詞典』, 上海辭書出版社, 1993.

백화문(白話文) ☞ 백화

번안(飜案, Adaptation)

외국의 문학 작품을 자국의 언어로 옮기는 과정에서 스토리나 구성은 그대로 따르되 작품 무대나 등장인물 등은 자국의 것으로 바꾸어 놓은 것을 지칭한다. 언어만을 객관적으로 옮기는 번역(飜譯)과는 달리 번안은 옮기기의 과정에서 번안자의 주관적인 상상 개입이 두드러진다. 번안자의 주관적 개입 정도에 따라 작품은 원전과 달라질 수 있다. 번안자의 주관적 상상력이 심하게 투영되면 원전은 상당부분 변형되거나 손상된다.

소설의 경우 외국의 소설을 자국의 현실에 맞게 각색해서 옮긴 소설을 가리켜 번안 소설이라 칭한다. 우리나라의 경우 신문학 초기에 주로 일본 소설들이 번안되었다. 구연학(具然學)의 『雪中梅』는 스에히로 텟초오의 동명소설을 번안한 것이고 조중환의 『장한몽』은 오자키 고오요의 『금색야차』를 번안한 것이며, 『쌍옥루』는 기쿠치유오효오의 『오스가쓰미』를 번안한 것이다. 또한 이상협의 『해왕성』과 김내성의 『진주탑』의 원작은 뒤마 페르의 『몽테크리스토 백작』이며 민태원의 『부평초』는 H. 말로의 『집 없는 아이』를 번안한 것이다. (이명재)

번역, 주관적 상상, 개작

참고문헌

이명섭 편, 『世界文學 批評用語 事典』, 을유문화사, 1985.
한용환, 『소설학 사전』, 문예출판사, 1999.

번역(飜譯, Translation)

한 나라의 말로 된 글이나 작품을 다른 나라말로 옮긴 작업이나 행위를 이른다. 일반적으로 번역이라고 인식되고 있는 것은 1차 언어 원문(原文)을 2차 언어 번역문으로 만들어, 이 둘의 표면적인 내용이 대략적으로 비슷해지고, 번역문의 구조가 지나치게 왜곡되지 않는 범위 내에서 원문의 구조가 가능한 원형 그대로 확실히 보존되도록 하는 것을 의미한다.

로만 야콥슨(Roman Jacobson)은 그의 논문 「On Linguistic Aspects of Transla−tion」에서 번역을 세 가지 유형으로 분류하였다. 언어 내적 번역 또는 단어바꾸기 즉, 같은 언어의 다른 기호를 사용해서 언어적 기호를 해석하기와 다른 언어를 사용해서 언어적 기호(記號)를 해석하는 언어 상호적 번역, 그리고 언어가 아닌 기호를 사용해서 언어적 기호를 해석하는 기호 상호적 번역 또는 변형으로 나뉘었다.

한편, 번역의 유형은 원문 그대로 옮기는 직역(直譯)과 이해하기 쉽도록 의미를 해석하는 의역(意譯), 줄거리만을 간추려서 알리는 경개역(梗槪譯) 및 내용을 줄여서 번역하는 축역(縮譯) 등으로 나누어 볼 수도 있다.

다른 매체를 통한 의미의 전달을 목표로 하는 번역에 대해 시인 프로스트는 시를 "번역을 하고서도 그대로 남은 것"이라고 정의할 만큼 번역의 가능성을 의문시했다. 이러한 그의 태도는 번역이 문학의 본질까지는 닿지 못한다는 것을 역설하는 것이다. 번역은 문학작품의 뜻을 풀어 새김으로서 작품에 대한 설명을 가능하게 하고 그 작품 자체를 감상하도록 유도할 수 있게 한다. 그러나 번역은 번안(飜案, adaptation)과는 달리 주관성이 배제된 객관적 태도를 취한다.

번역은 제 2의 창작이라고 한다. 이 말은 번역의 어려움과 좋은 번역의 문학적 가치를 높이는 말이기도 하고, 번역이 원작으로부터 멀리 떨어진 또 다른 창작, 즉 원작에 충실치 않은 못 믿을 것이라는 비난이기도 하다. 그러므로 엄밀한 의미에서 모든 번역은 번안이 되는 것이다.

구조주의적 사고 방법에 따르자면 번역은 서로 다른 의미 체계의 비교를 전제로 한다. 각국 문학은 각기 의미 전달의 기호를 달리 사용하고 있지만, 심층에 들어가면 의미 생성의 토대는 보편성을 띤다. 기호사용의 규칙이 다를 뿐이다. 이 보편적인 토대까지 파헤쳐 들어가면 각국의 문학의 뿌리는 만나고 있다.

우리 나라의 경우 번역문학은 개화기에 외래의 문물과 문학에 대한 지식욕과 계몽의 필요성에 의하여 활발하게 전개되었다. 영국의 J. 번연 원작 『천로역정(天路歷程, The Pilgrim's Progress)』과 같은 소설이 번역되었으며, 독일의 실러 원작 『빌헬름 텔』이 『서사건국지(瑞士建國誌)』로, 영국의 D. 디포 원작 『로빈슨크르소우』가 『나빈손표류기(羅賓孫漂流記)』로, 『이솝우화』가 『이색

우언(伊索寓言)』으로 영국의 J. 스위프트 원작 『걸리버 여행기』가 『껄리바 유람기』로 러시아의 톨스토이 원작 『부활(復活)』이 『카추샤 애화해당화(哀話海棠花)』등으로 번역, 소개되었다. (이명재)

의미전달, 객관적 태도, 제2의 창작

참고문헌

수잔 배스넷 맥과이어 저, 엄재호 역, 『번역학 개론』, 인간사랑, 1993.

신희천·조성준 편저, 『문학용어 사전』, 청어, 2001.

이상섭, 『문학비평용어사전』, 민음사, 2001.

번역문학(飜譯文學)

번역문학이란 어떤 언어로 된 문학 작품을 다른 언어로 옮기는 작업이 문학적으로 승화된 것을 가리킨다. 문학 작품은 해당 언어로 읽는 것이 이상적이지만, 세계 여러 나라의 작품을 읽기 위해 그때마다 다른 언어를 익힌다는 것은 현실적으로 불가능하다. 따라서 문학 작품의 번역이 필요하다. 언어마다 어휘의 의미와 문법 구조가 다르고 역사와 관습에 차이가 있다. 이 때문에 원문의 뜻을 적절히 옮기려면 고도의 어문학적 자질과 그 나라의 역사와 문화에 대한 깊은 이해가 필요하다. 더욱이 언어 사용이 함축적인 시를 번역한다는 것은 직역(直譯)이든 의역(意譯)이든 매우 어려운 일이다. 번역과는 달리, 외국 문학 작품의 줄거리나 사건은 그대로 두고 인물, 장소, 풍속, 인정(人情) 등을 자기 나라 것으로 바꾸어 쓰는 일을 번안(飜案)이라 한다.

한국에서 번역은 중국 문화와 접촉하는 데에 필요한 중국어나 한문을 번역하는 일에서 시작되었다. 현존하는 최초의 번역서는 1395년(태조 4년) 이두(吏讀)로 번역된 『대명률직해(大明律直解)』이다. 한글로 처음 번역된 것은 세종 시대의 『훈민정음언해(訓民正音諺解)』이며, 첫 번역 시집은 1482년(성종 13년) 유윤겸 등이 한글로 옮긴 『두시언해(杜詩諺解)』이다. 근대 최초의 번역 소설은 캐나다 선교사 J. S. 게일이 1895년 번역한 J. 버니언의 『천로역정(天路歷程)』이다. 근대 최초의 번역 시집으로는 1921년 출간된 김억(金億)의 『오뇌(懊惱)의 무도(舞蹈)』가 꼽힌다. 이 번역 시집은 오역이 많다는 비판에도 불구하고 서유럽의 시를 처음으로 한국에 소개했으며 베를렌의 「작시론(作詩論)」을 통해 시작법에 대한 관심을 불러일으켰다는 점을 높이 평가할 만하다.

번역을 제2의 창작이라고 하는 것은 문학 작품 번역의 어려움과 좋은 번역의 문학적 가치를 높이는 말이기도 하고, 번역과 원작 사이의 뛰어넘을 수 없는 간극을 일깨우는 말이기도 할 것이다. (이성우)

번안 소설(飜案小說), 비교문학, 외국문학

참고문헌

김병철, 『한국근대번역문학사연구』, 을유문화사, 1975.

김성일, 「문학작품의 번역에 관한 연구 : 시 번역 문제로의 접근」, 서울대학교 대학원 석사학위논문, 1997. 8.

윤지관, 「번역의 정치학 : 외국문학 번역과 근대성」, 『안과밖』 제10호, 영미문학연구회, 2001. 상반기.

봉준수 외, 『한국문학의 외국어 번역』, 연세대학교 출판부, 2004.

번역문학(飜譯文學)(일본)

일본의 번역문학은 일반적으로 1968년 메이지유신(明治維新) 이후의 서구 문화 개방과 함께 꾸준히 들어온 서구문학(西歐文學)의 일본어 번역을 가리키는 문예용어이다. 이때부터 들어온 서구 문학은 일본 근대문학 발전에 중요한 계기를 제공함은 물론이거니와, 이들 서구 문학의 소화(消化)를 통해 일본적인 것으로 만들어가고자 했던 여러 문학자들에게 자극을 주었다는 점에서 그 문학사적 의의는 자못 크다. 또한 이들의 번역 작품이 그 당시 작가들의 창작보다도 결코 그 수준이 낮지 않다고 보는 것이 일반적인 평가이기도 하다.

원작 이상의 걸작이라고 평가받는 작품으로는, 러시아 문학을 소개하면서 청신한 자연묘사와 보다 세련된 언문일치의 문체로 사람들의 마음을 사로잡았던 후타바테이 시메이(二葉亭四迷)의 『아히비키 あひびき』(1888), 『메구리아히 めぐりあひ』(1888)를 들 수 있다. 또한 프랑스 시인의 시와 독일 시인의 시를 번역 소개하여, 일본 시단의 상징시풍에 커다란 영향을 주었던 우에다 빈(上田敏)의 『해조음 海潮音』(1905)과, 유럽 시를 와카(和歌)식으로 번역하여 유럽 낭만주의의 모습을 전하고자 한 모리 오가이(森鷗外)의 『오모카게 於母影』(1889), 그리고 나가이 가후(永井荷風)의 『산호집 珊瑚集』(1913), 호리구치 다이가쿠(堀口大學)의 『월하의 일군 月下の一群』(1925)도 명역으로 꼽힌다. 그러나 메이지 초기에 일본으로 유입된 서구문학은 다분히 계몽적 성격을 갖는 것이 많았고, 순문학의 작품은 그다지 찾아볼 수가 없었다. 그 당시 일본 국내에서 무르익기 시작한 자유민권운동의 고양(高揚)에 따라서, 그 사상침투를 목적으로 한 정치소설이 생겨나기 시작했다는 것도 번역문학이 가져다 준 하나의 결과였다. 물론 이러한 정치소설은 문학적으로는 커다란 평가를 받지 못했다.

명치 40년대 이후(1907년 이후)의 번역은 일본 내의 문학운동이나 여러 문예사조와 서로 맞물리면서 고전에서 현대물까지의 시대적 다양성을 드러내기에 이른다. 그리하여 대정(大正) 말기(1925년 이후)에서 소화(昭和) 시대로 접어들면, 세계명작전집 등이 출간되어 번역문학은 이미 일반인들의 교양으로 정착하게 된다. 전후에는 실존주의(實存主義)를 유행시킨 사르트르의 『구토 嘔吐』(1938)가 주목을 받았으며, 이 때문에 같은 무렵 발표된 시이나 린조(椎名麟三)의 『심야의 주연 深夜の酒宴』(1947)이 실존주의 작품으로 평가받기도 한다. 미국 문학에 대한 관심이 높아지는 것도 전후 번역문학의 한 특징으로 꼽을 만 하다. 일본의 번역문학은 명치 시대나 대정 시대와 같은 영향력을 상실한 채 대중화, 양산화(量産化), 매스컴화 시대를 맞이하며 오늘날에 이르고 있다. (오석윤)

서구문학, 자유민권운동, 메이지유신

참고문헌
日本近代文學館 편, 『日本近代文學大事典』 제4권, 講談社, 1984.
『日本現代文學大事典』, 明治書院, 1994.

범신론(汎神論, Pantheism)

자연(세계, 우주)의 모든 것이 신이라는 주장. 기독교의 경우처럼 자연의 밖에 존재하는 인격적인 초월자(超越者)를 인정하지 않고, 자연이 곧 비인격적인 신이라는 것이다. 이처럼 범신론은 세계의 통일성을 신으로 환원시키는 일원론(一元論, Monism-us)이다.

18세기 영국의 사상가 J. 톨런드는 그리스어의 '전체'를 의미하는 pan과 '신'을 의미하는 theos를 결합해 pantheism이라는 술어를 만들어서 사용하기 시작했으며, 관념론적 범신론과 유물론적 범신론으로 형태로 전개되었다. 관념론적 범신론이란 본질적으로 종교사상이 철학적 형태로 재생된 것이었다. 즉 세계가 신(하느님, 우주, 절대정신 등)으로부터 유래되었다는 것이다. 그렇지만 유물론적 범신론이란 종교와 대립하는 입장이다. 신은 세계 전체이지 세계를 창조한 존재가 아니라는 것이다.

역사상 최초의 범신론은 크세노파네스(Xenophanes)에 의해서 시작되었다. 그는 다신론적(多神論的)인 민족종교와 호메로스의 신들과 대립하여 신은 하나이며 모든 것이라고 주장했다. 스토아 학파는 헤라클레이토스(Herakleitos))의 사상에 근거해서 자연의 근본물질을 불로 생각했는데, 이 불이 스스로 일정한 이법(理法)에 따라 생성하고 이것을 신이라고 생각했다. 즉 모든 사물은 신의 이법에 의해 지배되고 있다는 것이다.

무엇보다도 범신론은 스피노자(B. Spinoza)의 철학에서 완성된 형태를 보여줬다. 그에 따르면 실체는 자신의 존재를 위하여 다른 아무 것도 필요로 하지 않는 그러한 것이다. 실체는 존재하는 모든 것의 근원적 근거이므로, 실로 모든 것은 실체 자체이다. 따라서 실체=자연=신(Substantia sive natura sive deus)라는 범신론이 귀결된다. (강정구)

일원론, 신, 스피노자(B. Spinoza)

참고문헌
서양근대철학회, 『서양근대철학』, 창비, 2001.
Curt Friedlein, 강영계 역, 『서양철학사』, 서광사, 1985.

범주(範疇, Category)

사물의 개념을 분류할 때 더 이상 일반화할 수 없다고 생각되는 최고의 유개념(類概念). '카테고리(category)'란 말은 '지시(指示)'를 뜻하는 그리스어 카테고리아(katego-ria)에서 유래했다. '범주(範疇)'란 말은 서경(書經) 홍범편(洪範編)의 홍범구주(洪範九疇)에서 나왔다. 홍범(洪範)이란 천지(天地)의 대법(大法), 구주(九疇)란 전답을 구분하는 두렁길을 의미한다.

범주가 만들어지면, 그것을 근거로 사상(事象)을 인식하게 된다. 고대 인도의 육파철학에서는 실(實:실체), 덕(德:성질), 업(業:운동), 동(同:보편), 이(異:특수), 화합(和合:內屬)이라는 여섯 범주를 설정하여 논의를 전개했다. 그리스의 이오니아 학파, 피타고라스, 플라톤 등의 철학에서도 범주적 사고의 흔적을 살펴볼 수 있다. 특히 아리스토텔레스(Aristotle)는 개념을 범주화하면서 논리학의 중요한 한 요소로써 생각했다. 그의 『기관』(Organon)이라는 저술에 따르면, 각 개념은 다음의 보편 개념으로 되돌아가서 결국 모든 개념들은 특정한 최상의 개념, 즉 범주들에 종속된다. 예컨대 말(馬)은 기제류(奇蹄類)-포유동물-동물-유기체-육체-실체로 범주화된다. 이러한 범주는 실체 이외에도, 관계, 성질, 양, 장소, 시간, 행위, 수동, 상태, 위치 등 총 10가지이다.

근대에 들어와서 칸트(I. Kant)는 범주의 선험성을 주장했다. 그에 따르면, 개별적인 사유 과정(판단)의 근본적 고유성에 대해 탐구할 때에 사유의 선험적 형식인 범주가 발견된다. 모든 판단의 형식은 특정한 양, 성질, 관계, 양태를 표현하고 네 항목은 각각 단일성·수다성·전체성, 실재·부정·제한, 실체성·인과율·상호작용, 가능성·현존·필연성의 12개 범주로 나뉜다. (강정구)

유개념, 보편, 칸트(I. Kant)

참고문헌
Curt Friedlein, 강영계 역, 『서양철학사』, 서광사, 1985.
I. Kant, 최재희 역, 『순수이성비판』, 박영사, 2002.

법고창신

이는 옛것을 본받아 새로운 것을 만들어 낸다는 의미로서 논어에 나오는 온고지신과 유사한 의미를 지니고 있다. 법고 창신은 특히 동양에서 문학 창작의 중요한 방법론이 되어 왔다. 이 개념은 특히 연암 박지원에게서 중요한 의미를 지닌 것으로 사용되었다.

그는 매우 적극적인 언어관을 가지고 있었다. 자연 전체를 이기(理氣)로 설명할 수 있다고 할 때, 언어란 바로 그 이기의 모습과 소리라고 보았다. 그는 언어가 대상들 상호간을 매개하여 그것들을 비교할 수 있게 하고, 이를 통해 대상(세계)을 인식할 수 있게 하는 도구라고 보았던 것이다. 이러한 언어관이야 말로 그의 문학중시 태도, 나아가 그의 문학관 전체를 결정하는 기초라고 할 수 있다. 결국 언어는 세계를 인식하는 도구이고, 언어로 구성된 문학은 세계인식이라는 중요한 기능을 갖는다.

이럴 경우 문학은 세계에 대한 사실적 묘사를 중요한 목표로 하지 않을 수 없게 된다. 글을 쓰는 이는 아무리 하찮은 것일지라도 있는 그대로의 참모습을 그려내야만 참다운 글을 쓸 수 있다고 보았다. 그리하여 그에게서는 벽돌과 기와, 똥부스러기까지 모두 묘사의 대상이 되었다. 그리고 이러한 새로운 내용을 담기 위해서는 새로운 형식, 즉 방언과 비속어의 과감한 채용 등 문체상의 혁신도 필요하게 되었다. 이렇게 하여 이룩된 것이 바로 『열하일기』이다.

그런데 이러한 문학관을 실현하는 데 있어서 굴레가 되는 것은 고전이었다. 당시의 문학은 대부분 진학(秦學)의 문장과 당송(唐宋)의 시를 모범으로 여기는 이른바 고문가(古文家)들에 의해 주도되었다. 박지원에 의하자면 그들은 글을 쓸 때마다. "문득 고어를 생각하고 억지로 경전의 뜻을 찾아서, 근엄함을 가장하고 글자 하나하나마다 위엄을 뽐낸다." 이러한 관행은 대상에 대한 참다운 묘사를 방해할 뿐이다. 그리하여 그는 고문에 대한 단순한 모방 즉 '방고(倣古)'를 그 무엇보다도 경계하였는데, 이점이 그의 문학방법론에서 가장 두드러진 부분이라고 할 수 있다.

그러나 박지원이 문장의 모범으로서의 고문의 가치를 천적으로 부인한 것은 아니다. 그 스스로 평생에 걸쳐 고문의 문투를 따르는 글을 많이 남겨놓았고, 조선의 말을 채용해야 한다는 그의 주장도 일정한 한계를 가지고 있는 것이었다. 일례로 그는 일부 지식인들에게서 시도되던 한글 저작을 남긴 바가 없다. 그는 여전히 한문을, 그중에서도 구문을 문장의 모범으로써 본받을 가치가 있는 것으로 생각했으되, 다만 그것의 단순한 모방만을 반대했던 것이다. 이에 제기된 창작방법론이 바로 '법고창신(法古創新)'론이다.

그가 볼 때 '법고'란 옛 것을 본받는 것으로서 옛 자취에서 헤어나지 못하는 문제점이 있고 '창신'이란 옛 것을 버리고 새로이 창제하는 것으로서 상도(常道)를 벗어나기 쉬운 문제점이 있다. 그러나 예 것을 본받으면서도 변통할 줄을 알고 새로이 창제하면서도 법을 지킬 줄 안다면, 다시 말해 법고와 창신을 병행한다면 오늘날에도 고문과 같은 훌륭한 글을 지을 수 있다는 것이다.

그는 박제가의 글이 창신이 지나치다고 하면서 차라리 법고가 지나친 것만 못하다고 한 바 있다. 이렇듯 그는 창신은 한계를 분명히 상정 하였지만, 그럼에도 불구하고 당시의 상황에서 그 논의의 강조점이 법고보다 창신에 있었다는 사실은 의심할 여지가 없는 일이다. 그리고 그 창신이라는 것은 문학적창작에서 고전이 가해왔던 구속으로부터의 해방을 치향하는 것이고, 객관적 사실묘사를 위한 소재와 문체의 자유를 지향하는 것이고, 객관적 사실묘사를 위한 소재와 문체의 자유를 지향하는 것이라고 할 수 있다. 따라서 법고창신론은 중세적 이념과 결합되어 있던 복고주의적 창작방법론과는 달리 객관대상에 대한 사실적 묘사를 중시하는 방법론이라는 데 큰 의의가 있다.(염철)

베스트셀러(Best seller)

베스트셀러는 일정 기간에 가장 많이 팔린 책을 가리키는 말이다. 1895년에 창간된 미국의 문예비평지 『북맨(Bookman)』이 '베스트 셀링 북스'라는 목록을 만들어 게재한 것이 그 시초이다. 이로부터 '베스트 셀러'라는 말이 유래하여 1920년대에는 국제적으로 널리 사용되었다. 처음에는 책에 국한된 용어였으나 곧 다른 상품으로까지 확대되었다. 한국에서는 1945년 광복 이후부터 베스트셀러라는 말이 사용되었다.

베스트셀러는 출판 문화의 발달과 유통 시장의 확대를 반영하는 자본주의적 현상으로서 독서의 사회적 측면을 강조한다. 일정 기간, 특정 사회라는 단서가 붙기 때문에 베스트셀러는 고전, 스테디셀러와 구별된다. 특히 고전이라는 용어는 가치 평가를 내재한다는 점에서 명작이나 걸작의 부류에 속한다. 이 점은 베스트셀러가 반드시 베스트북은 아니라는 사실을 암시한다. 또한 스테디셀러는 지속적으로 꾸준하게 잘 팔린다는 점에서 일회성, 일과성을 주요 속성으로 하는 베스트셀러와 구별된다.

미국에서 가장 권위 있는 베스트셀러 목록은 『퍼블리셔스 위클리(Publisher's Weekly)』와 『뉴욕 타임스』가 작성하는 목록이다. 한국에서는 주로 교보문고와 예스24 등 대형 서점에서 베스트셀러 현황을 집계하는데, 이들 목록은 매장과 인터넷에 게시되거나 일간 신문과 서평 잡지 등에 수록된다. 베스트셀러는 그 특성상 시기적으로 변동이 크며 소설 작품이 다수를 차지해 왔다. 1950년대 최고의 베스트셀러이자 사회적으로도 많은 논란의 대상이 되었던 정비석의 『자유부인』(1954)을 비롯해 최인호의 『별들의 고향』(1973), 조세희의 『난장이가 쏘아올린 작은 공』(1978), 이문열의 『사람의 아들』(1979), 조정래의 『태백산맥』(1988) 등이 대표적 예이다. 1980년대 이후에는 시집도 소설에 못지않은 베스트셀러가 될 수 있음을 입증했다. 예컨대 도종환의 『접시꽃 당신』(1986)과 서정윤의 『홀로서기』(1987), 최영미의 『서른, 잔치는 끝났다』(1994)와 같은 시집들이다. 이밖에 성서와 초·중·고등학교 참고서들도 판매 부수로 보자면 엄연한 베스트셀러이다. 참고서가 베스트셀러에 들어가는 것은 한국의 특수한 교육 문화적인 환경 때문이다. 베스트셀러 작품은 전문 비평가들로부터 문학적 가치가 떨어지는 것으로 간주되어 왔다. 그러나 이러한 생각이 반드시 옳은 것은 아니다. (이성우)

고전(classic), 스테디셀러(steady seller), 정전(canon)

참고문헌
앨리스 페인 해케트 외, 이임자 편역, 『베스트셀러의 진실』, 경인문화사, 1998.
김미현, 「쉘 위 리드? Shall We Read? : 최근 베스트 셀러 소설의 명암」, 『세계의 문학』, 2001. 봄.
최을영 외, 『베스트셀러와 작가들』, 인물과사상사, 2001.
김선남, 『독서문화와 베스트셀러』, 일진사, 2002.

변려문(騈儷文)

남북조시대에는 유미주의·형식주의의 문학이 성행하였다. 이러한 문학의 특색은 내용보다는 형식의 미를 추구하는 것이어서 변려문(騈儷文)이 발달하게 된다. 왕왕 '병려문'이라고 발음하는데, 우리말 속음이다. 변려문이라고 발음하는 것이 옳다. 줄여서 '변문(騈文)'이라고 하는데, 변문(騈文)과 혼동되기 쉬우므로 이 경우 한자를 병기할 필요가 있다. 4-6자로 구성되므로 '사륙변려문'으로도 부른다.

글자 뜻은 말이 가지런히 짝을 이루어 달린다는 뜻으로서, 4-4, 4-6 또는 6-6으로 대구를 이루고, 구내 및 구간에는 평측을 따져 지으므로, 쉽게 짓기는 어려우나, 글짓기의 아름다움을 맛본다는 점에서 육조(六朝) 시대 미문(美文) 경향을 부추겼다. 변려문은 일종의 문자의 조직 방식으로, 대구·음률·전고·문사의 아름다움을 추구하는 문장이다. 시와 산문의 중간적 위상을 지니며, 문체적으로 한부의 영향을 일부 받았다. 이렇게 하여 육조시대에는 운이 있는 문장을 문(文)이라 부르고, 운이 없는 산문을 필(筆)이라고 문체적으로 구분하기도 했다.

동한 말부터 문장 가운데 대구가 많이 사용되기 시작하고, 위진에 이르러 이러한 경향이 더욱 뚜렷해진다. 남북조에 이르러서는 본격적인 변려문이 극성하여 일체의 문장이 거의 모두 변려화 하였다. 문학작품은 물론이거니와, 비문학적인 글들, 예컨대 조서(詔書)·장표(章表)·서간(書簡) 또는 학술적인 저서들이 모두 변려문으로 쓰여졌다. 그러나 변려문은 외형적인 형식미를 지나치게 추구하여 내용은 자연히 공허하고 빈약하게 되어버려서, 문학적으로는 높은 가치를 지닌 것은 극히 드물다.

변려문 가운데서 유명한 것으로는 공치규(孔稚圭)의 「북산이문(北山移文)」과 구지(丘遲)의 「여진백지서(與陳伯之書)」, 그리고 오균(吳均)·도홍경(陶弘景) 등의 짧은 서간문이 있다. 서릉(徐陵)과 유신(庾信)은 변려문의 형식과 기교를 더욱 완숙하게 하였으며, 지나치게 형식만 아름다운 것은 피해야 한다는 이론 주장을 펼치던 육기(陸機)의 「문부(文賦)」, 유협의 『문심조룡』, 종영의 『시품』도 모두 변려문을 구사할 정도였다.

산문은 동한 이래로 변려화 되어갔다. 위진시대에는 그래도 완적(阮籍)의 「대인선생전(大人先生傳)」, 왕희지(王羲之)의 「난정집서(蘭亭集序)」, 도연명의 「도화원기(桃花源記)」 등 몇 편의 산문이 있으나, 제·양에 이르러서는 앞에서 말한 바와 같이 변려문이 극성하여 산문은 거의 찾아볼 수 없다.

그러나 북조에서는 훌륭한 산문체의 작품이 나왔으니, 북위(北魏) 역도원(酈道元)의 『수경주(水經注)』와 양현지(楊衒之)의 『낙양가람기(洛陽伽藍記)』, 북제(北齊) 안지추(顔之推)의 『안씨가훈(顔氏家訓)』이 그것이다. 『수경주』는 산수의 경치와 전설·풍물 등을 묘사한 것이 청려(淸麗)하고 생동감이 넘친다. 『낙양가람기』는 번영했던 당시의 낙양의 풍모와 생활상을 기록한 것으로 문장이 질박 간결하다. 위의 두 책은 후대 유기(遊記)문학과 소품문(小品文)에 영향을 주었다. 『안씨가훈』의 문장은 질박 평이하며, 특히 「문장편(文章篇)」은 제·양의 부화(浮華)한 문학사조에 강한 반대를 하고 있다.

초당대에도 이러한 기풍은 계속되어 왕발(王勃)의 「등왕각서」 같은 명문도 변려문으로 이루어 졌다. 후에 중당 한유와 유종원등이 질박한 글쓰기 운동인 고문운동을 추진하면서, 그 힘을 잃게 되었다. (오태석)

변려문, 변문(騈文), 사륙변려문, 문(文), 필(筆), 미문(美文)

참고문헌
김학주, 『중국문학사』, 신아사, 1989.
王力, 『古漢語文選』, 1981

변문(變文)

감숙성(甘肅省) 돈황(敦煌)의 막고굴(莫高窟)에서 추발굴된 자료의 일부로서, 1907년과 1908년 스타인(Stein)과 펠리오(Pelliot)가 가치를 모르는 중국인으로부터 헐값에 사서 각기 영국과 프랑스에 대량으로 가져가면서 인식된 자료들로서 민간 문예의 보고(寶庫)이다. 이후 이와 관련된 연구를 돈황학(敦煌學)이라고 부르게 되었다.

당대(唐代)에는 민간 문예 양식이 '변문'(變文)이 발흥한 것으로 추정된다. 이는 불교의 포교와 관련된 것으로 산문과 운문을 적절히 섞어 강창(講唱)하는 매우 색다른 형식이다. 강창이란 이야기 부분인 강(講)과 노래 부분인 창(唱)의 혼합적 공연 문예 양식이다. 처음에는 주로 불교 고사를 대상으로 했으나, 나중에는 중국의 역사고사와 민간전설에서 재미있는 부분을 뽑아 강창 했다. 불교 고사를 속세에서 강창하는 것을 속강(俗講)이라고 한다. 변문은 후대 소설과 희곡의 발전에 지대한 영향을 미쳤다. 변문(變文)의 변(變)의 해석에 대해서는 여러 가지 논의가 있으나, 변상(變相)에서 나왔다고 하는 설이 우세하다.

변문은 그 구성이 산문과 운문으로 되었는데 육명기(六冥記)나 추호변문(秋胡變文)처럼 강설되는 산문부분에 백화적 요소가 증대하면서 화본소설로 발전한 것이다. 그러나 당대의 이 같은 변문은 여전히 불교적 경향을 완전히 탈피하지는 못했다고 보여진다. 송대에는 사회경제의 발전으로 시민계층이 주요하게 대두되고 이들의 오락적 요구가 증대하면서, 오락 예술이 다양한 형태로 발전하게 되었다. 이러한 관계로 변문에서 비롯된 강창문학이 번영하고, 설화인의 대본에도 이 의 주요 향수자였던 시민계층의 정서에 부합되는 내용과 백화 요소가 보다 많아지게 되었다. 그러므로 화본소설이 극성하게 되었다. 이는 백화소설의 기원과 밀접한 관련이 있다.

변문(變文)중 비불교적인 것이 속강(俗講)으로 발전하고 속강이 강창(講唱)의 문학형태로 변하게 되는데, 백화소설은 바로 이 강창(講唱)의 대본(話本)에서 기원했다. 특히 강창 중에서도 가창(歌唱)보다 강설(講說)을 통한 고사의 전달에 중점을 두었던 설화(說話)의 대본은 바로 소설로 변신할 수 있는 것이었다. 즉 강창의 설화는 다시 단편 소설인 소설(小說 : 은자아(銀字兒), 설공안(說公案), 설경(說經), 설철기아(說鐵騎兒), 설참청(說參請), 그리고 장편 역사소설인 강사(講史) 등이 있는데 이중 은자아(銀字兒)는 단편 백화소설로, 강사(講史)는 장편소설로 발전했다. (오태석)

변문(變文), 돈황(敦煌), 막고굴, 화본(話本), 민간 문예, 강창, 속강(俗講), 스타인, 펠리오.

참고문헌
Endymion Wilkinson, 『中國歷史手冊』, Harvard University Asian Center, 1998.
김학주, 『중국문학사』, 신아사, 1989.

변새시(邊塞詩)

국경의 군인 및 고향의 여인을 소재로 한 시이다. 당(唐) 현종(玄宗)의 시대이며 극성기였던 개원(開元), 천보(天寶) 연간에 강토가 넓어짐에 따라 변경에 주둔하고 있는 군대들도 많아졌다. 대외 전쟁이 빈번해졌고 정치, 경제, 문화면에서 소수 민족들과의 관계도 밀접해졌다. 변새시는 이러한 시대적 상황을 반영하는 문학의 형태로서, 주로 변경의 풍경과 군대 생활을 주요 내용으로 하고 있으며, 수나라와 초당 때에 크게 발전하였다.

이 시기 문인들이 변새에 나가 일할 기회를 갖게 되어 점차 변경 생활에 대한 이해와 관심이 깊어갔으며, 개중에는 공명 출세 해보자는 의지도 나타났다. 이와 같은 환경에서 일부 시인들은 남북조와 당대 초기 시인들, 예를 들면 진자앙(陳子昻) 등의 변새시 전통을 계승하여 변새 생활을 주제 사상적 내용으로 한 많은 변새시를 쓰게 되었다. 그들의 시는 자신의 변새 생활에 기초하여 쓴 것이기 때문에 독자적으로 시의 경지를 개척하였으며 예술적으로도 새로운 면모를 보여주었다.

대표적인 변새시인으로는 고적(高適), 잠삼(岑參), 왕창령(王昌齡) 등이 있다. 간단히 소개하면, 고적(高適, 706~765)은 자가 달부(達夫)이고 덕주수(德州수)사람이다. 고적은 20여수의 변새시를 남겼고, 대표작으로는 『연가행(燕歌行)』으로, 정치가의 시각으로 변방의 문제를 분석하였다. 고적은 특히 칠언가행에 뛰어났으며 풍격이 웅혼하고 필치가 호방하다.

잠삼(岑參, 715~770)은 강릉(江陵)사람으로, 오랫동안 서북지방에서 생활하여 변방의 자연, 풍토와 인정, 군대생활에 대해 깊이 체험하고 있어, 우수한 시를 창작할 수 있었다. 그의 변새시는 변방의 광활하고 기이한 자연 경치를 생동적으로 묘사하면서 조국을 지키기 위한 의로운 전쟁을 노래했으며 다른 한편으론 병사들의 고통을 반영하기도 하였다.

왕창령(王昌齡, 698~약756)의 자는 소백(少伯)으로 장안 사람이다. 그의 변새시는 변방의 풍경과 군대의 생활을 묘사하면서 병사들의 애국·공적이나 향수(鄕愁)를 피력하고 있는데, 기세가 웅혼하고 자연스러우며 정취가 격렬하고 비장하다. 왕창령은 특히 칠언절구에 뛰어나 후세에 '칠언절구의 명수'라 일컬어 졌다.

변새시의 대표적인 주제는 먼저, 변경의 삭막하고 외로운 심경을 그린 것, 고향의 여인 및 군인의 향수와 그리움을 때로는 여성적 필치로 읊은 것, 강개한 군사의 지기(志氣)를 노래한 것으로 나눌 수 있다. (오태석)

변새시, 고적, 잠삼, 왕창령, 향수, 그리움

참고문헌
김학주, 『중국문학사』, 신아사, 1989.
『唐詩三百首』, 삼민서국, 1980.

변신(變身, Metamorphosis)

본체를 떠나 변모된 모습. 변화, 변전, 전환, 변태, 둔갑, 변신이라는 용어를 포괄하는 명칭이다. 변신은 인간이 다른 인간 내지는 초자연적인 것, 또는 동식물이나 광물로 형태가 바뀌는 경우나 그 반대의 경우를 의미한다.

변신에 대한 물음은, 섀퍼(A. Schaefer)가 그의 『변신론』에서 지적하듯이 "인간의 보편적인 신앙 표상의 바닥"에 있는 것이고, 동시에 환상을 즐기려는 놀이 본능과 결부되어 있는 것이다. 변신은 인류의 역사와 함께 시작된다. 제의는 변신의 관문이고, 주술은 변신의 한 기술이 되기 때문이다. 계절에 따라 풍년을 비는 풍요제의와 출산, 장례식과 같은 통과의례, 신이 내려 무당이 되는 입무식(入巫式) 같은 절차에는 언제나 변신의 요소와 절차가 있었던 것이다.

고대에서는 모든 신들의 속성이 변신과 둔갑 능력으로 드러난다. 이집트의 오시리스신은 동물 형태의 변신을 처음으로 만들어낸 신이다. 그리스 신화에서도 월계수가 된 다프네, 아네모네의 꽃이 된 미소년 아도니스, 수선화가 된 나르시스 등은 식물변신을 보여준다. 이 변신설화 속에는 옛 사람들이 식물을 생명 영속의 상징으로 생각한 의식이 반영 되어있다.

서양에서 신과 영웅의 변신을 다룬 오비디우스(Ovidius Naso)의 『변신(Metamor-phose)』이 대표적인 변신설화이다. 우리나라의 경우에도 수많은 변신설화가 있다. 단군신화의 '웅녀'는 지극한 정성을 기울인 끝에 사람의 몸으로 변하기도 하고, 주몽신화의 '유화'나 박혁거세 신화의 '알영'은 비정상적으로 긴 입술이 떨어져 나감으로써 정상적인 모습을 갖추게 되기도 한다. 또한 전우치전에서 '전우치'는 비범한 도술로써 스스로 변신하고 남도 변신시켜 사회의 불의와 개인의 부도덕을 응징하기도 하고, 해모수신화의 '해모수'와 '하백', 김수로신화의 '김수로'와 '석탈해' 등은 자기 능력을 과시하여 상대방을 굴복시키거나 쫓아내기도 한다.

변신은 설화 속에서 하나의 모티프(motif)가 되기도 한다. 변신 주체에 따라서 사람이 다른 종류로 바뀌는 '인간변신형', 동물이 변신하는 '동물변신형', 꽃과 나무가 변화하는 '식물변신형', 바위나 별이 변신하는 '광물변신형', 정령이 다른 존재로 둔갑하는 '정령변신형'으로 구별된다. (강정구)

단군신화, 모티프, 설화

참고문헌
이상일, 『변신이야기』, 밀알, 1994.
Ovidius Naso, 천병희 역, 『원전으로 읽는 변신이야기』, 숲, 2005.

변증법(辨證法, Dialectic, 프 Dialectique, 독 Dialektik)

동북아시아권 철학계에서 변증법은 참으로 이상하게도, "하나의 사물을 대립하는 2가지 규정의 통일로서 파악하는 방법" 정도로 오해되어 그에 대한 진지한 철학 담론이 불가능할 정도로 곡해되고 있다. 그 원인은 흔히 변증법을 이해시킬 때 동일물(同一物)이 대립된 규정을 갖는 속담이나 어떠한 것에든 일면적(一面的)인 견해를 가져서는 안 된다고 훈계하는 전승문학(傳承

文學)이 동원되는 데서도 찾아진다. 그리하여 변증법은 사물이나 인간사의 갖가지 면모를 두루 두루 보살피라는 생활의 지혜 정도로 격하되어 결국 진리로서 진지하게 취급되어질 어떤 내용도 갖지 않은 것으로 무시되기에 이르렀다.

변증법은 철학사, 특히 서양 철학사에서 새로운 시대의 진리 패러다임이 등장할 때마다 그것을 정당화하는 방식으로서 새로운 세계관을 도입하는 데 투입되었는데, 이 때마다 그 이전의 변증법과 구별하기 힘들 정도의 의미변용이나 작동구조의 개편을 거쳐 왔다. 변증법의 자각적 원조가 되는 플라톤과 고대 그리스 철학 수준에서 그것을 체계적으로 정리한 아리스토텔레스의 변증법 형태는 근대 의식철학 패러다임 안에서 개발된 칸트의 선험론적 변증법이나 헤겔의 관념론적 변증법과 형태상으로는 거의 공통점이 없다. 맑스와 엥겔스의 유물변증법이나 20세기 실존철학에서 제기하는 실존변증법, 나아가 발달된 언어이론을 배경으로 하고 과학주의적 경험을 염두에 두면서 변증법의 원초적 담론구조를 재구성하려는 20세기 말의 화용론적 시도 등도 '변증법' 범주로 묶기에 어색한 감이 있다. 그럼에도 불구하고 변증법은 관련된 맥락 전체와 연관시켜 문제 사태의 실상을 파악하고 그에 따라 진리를 추구하는 방법이라는 개념적 핵심을 거의 그대로 유지해 왔다.

플라톤이래 변증법의 핵심적 출발점은 세계의 실상을 파악하는 일과 그에 따른 진리의 획득이 인간 인식 능력의 유한성 때문에 처음부터 성공이 보장되지는 않는다는 것이다. 나아가 오히려 이런 진리 인식 작업은 관심의 대상인 세계상이나 주제에 관해 전적으로 모순 된 국면들이나 주장들이 동시에 제시됨으로써 큰 혼란에 빠지는 것이 다반사이다. 그러나 만약 여기에서 인식 활동을 중단한다면 인간은 사태의 실상이나 문제의 진리와 영원히 단절된다. 따라서 관련된 문제쟁점(topics)에 관한 판단들 사이에서 그것들의 모순과 대립만이 가장 확실하게 확인되는 지적인 한계상황을 진리 인식의 출발점으로 삼는다는 것이 다른 인식구도와 구별되는 변증법 구도의 특징이다.

1) 우선 변증법은 진리를 결론으로 추구한다는 점에서 넓은 의미의 '논리학'이다. 그러나 집합적으로 정렬된 전제들에서 추론의 타당성 구조에 따라 결론이 나오며, 이 결론의 진리 값이 전제들의 진리 값을 결코 넘어서지 못하는 연역법 및 귀납법 같은 일반적 형식논리학과는 달리 변증법의 전제들은 서로 모순 되는 내용을 가진 명제들과 아울러 그 명제들을 주장하는 인간 주체들이 동시에 주어짐으로써 전제 상황에서 확보하는 진리 값은 거의 영점(제로 포인트)에서 시작한다는 점이 특이하다. 또한 변증법은 서로가 서로의 주장을 거짓이라고 주장하는 상황에서 최종적으로는 그것들 모두의 진리 값을 넘어서는 진리 값을 가진 진리명제를 결론으로 추구한다. 이 때 전제에 내장된 모순관계는 전제에 관련된 명제들과 그것들의 주장자들이 터잡고 있는 '근거'로의 반성을 촉구한다. 명제와 그 근거에 대한 종합적 반성을 통해 본래 제기되었던 주

장명제들은 사실상 근거가 보유한 일정 한계 안에서 불충분한 사고를 통해 표출된 것임이 입증된다. 이에 따라 애초의 주장들은 모두 폐기됨과 동시에 새로운 참된 주장을 제기하기 위한 '새로운 근거의 창출'이 시도된다. 이 새로운 근거의 창출은 상당 정도 논리적 추론이 아닌 실험적으로 시도되고 비판적으로 검증되는 사변적 상상에 의존한다. 따라서 일반논리학에서 전제와 결론의 관계는 '도출'임에 반해, 변증법적 논리학에서 전제와 결론의 관계는 '논증적 의사소통과정에 의한 동의'이다. 플라톤이 전하는 소크라테스의 변증술(dialektike)이 흔히 문답법이라고 불리면서 동시에 진리라는 아이의 분만을 돕는 산파술(maieutike)에 비유되는 것은 진리가 전혀 없는 듯이 보이는 모순을 전제로 하여 변증법이 추구하는 진리의 성질을 잘 표현해 주며, 바로 이 때문에 변증법을 '모순의 논리학'이라고도 부른다.

2) 그리고 변증법은 실제 내용을 가진 진리를 추구한다는 점에서, 형식적인 타당성 구조에 따라 결론을 도출하면서 그 결론의 내용에는 개입하지 않는 형식논리학과 구별됨과 동시에, 특정 문제에 관해 실질적인 해답을 추구하는 현대 과학의 방법론과 유사한 형태를 지닌다. 다시 말해 변증법에서 추구하는 결론은 그 자체 내용을 가져야 한다. 그런데 이 내용은 어떤 경우에도 변증법적 과정을 출발시킨 본래의 모순과 연관되어 그것을 근본적으로 해결하는('지양') 그런 '상호연관적' 내용이라야 한다는 점에서 세계의 '객관적' 실재를 재현하려는 과학의 목표와 상당 정도 구별된다. 바로 이런 관점에서 헤겔의 변증법은 보편적으로 상정된 인간 정신 안에다 인류가 각 역사시대별로 겪은 진리 체험들을 모순의 극복이라는 일관된 발전 경로로 편성함으로써 그 어떤 문제에도 해답을 창안해내면서 인간 자신도 자유와 자족의 상태로 인도하는 '절대정신'을 구상해낼 수 있었다. 이럼으로써 변증법은 항상 '보다 진리다운 진리'를 획득하려는 인간의 각종 노력을 미시적인 부분까지 거시적으로 체계화시키려는 일종의 전체론적 시각을 확보한다.

3) 그러면서 변증법은 세계의 객관적 실재를 파악하는 일에서도 그 세계가 그것을 파악하려는 인간의 주체적 활동과 연관되어 비판적으로 구성되는 측면을 포함시킴으로써 객관적 세계 그 자체의 '실천연관성'을 시야에서 놓치지 않으려는 탐구의 자세와 아울러 이 세계의 생동성을 부각하는 세계관을 일정 정도 부각시킨다. 특히 인간의 역사세계를 포착할 때, 그 안에서 생활하고 활동하는 각종 유형의 인간들 사이의 관계를, 상호모순을 중심으로 전체지향적으로 묘출하여 부정적 현재와 유토피아적 미래를 동시에 현전시킴으로써 인간의 변혁적 활동에 인식론적 동력을 급유하는 것은 변증법적 인식이 끝까지 놓칠 수 없는 해방적 특성이라고 하겠다. 맑스가 자본주의적 사회관계를 파악하고자 할 때 동원한 변증법적 분석과 그에 기초한 자본주의적 계급 대립의 비판적 묘출은 탐구와 기술의 절묘한 종합을 보임으로써 거의 1세기에 걸친 탈자본주의 대안운동의 상상력을 자극할 수 있었다.

하지만 2차대전 이후 전개된 현실사회주의의 경직화와 변혁운동권 세력의 제도화를 목격하면서, 변증법이 모순과의 연관을 끝까지 떨칠 수 없는 성격을 가짐으로 인해 역설적으로 모순과의 타협을 조장하는 측면을 태생적으로 내장하고 있다는 변증법 비판이 제기되었다. 아도르노는 이렇게 모순적인 현실과의 타협을 방조 내지 조장하는 헤겔과 맑스의 모순 변증법 대신 급진적인 부정을 통해 모순적인 현실의 오염을 벗어나고자 하는 '부정적 변증법론'을 제시하였고, 이런 것에 자극받아 변증법의 타당성 전체를 급진적으로 부인하는 포스트모던적 회의주의가 제기되기도 하였다. (홍윤기)

헤겔주의, 주관 / 객관, 선험론적 변증법, 관념론적 변증법, 유물변증법

참고문헌
칼 마르크스, 김수행 역, 『자본론』1~3권(전5책), 비봉출판사, 2001, 제2개역판.
아도르노, 홍승용 역, 『부정변증법』, 한길사, 1999.
아리스토텔레스, 김재홍 역, 『변증론』, 까치, 1998.
플라톤, 박종현 역주, 『국가(政體)』, 서광사, 1997.
홍윤기, 「변증법」, 『철학과 현실』 제27호, 철학과현실사, 1995. 겨울호.
_____, 「변증법의 타당성 근거의 재정립 : 사회화용론을 통한 진리이론적 변증법 파악」, 『철학』 제70집, 한국철학회, 2002. 봄호.
G. W. Fr. Hegel, Wissenschaft der Logik I(1832) 및 II(1816), III(1821).

변증법적 리얼리즘(辨證法的 寫實主義, Dialectic realism)

변증법적 리얼리즘이란 현실에 대한 변증법적 인식을 철학적 기반으로 삼고 사실주의를 표현 수단으로 내세우는 리얼리즘을 지칭한다. 오늘날 리얼리즘이 비판적 리얼리즘과 사회주의적 리얼리즘이란 두 개의 범주를 중심으로 해명된다는 사실에서 알 수 있듯, 변증법적 리얼리즘은 리얼리즘 앞에 붙는 무수한 한정어 중에서 '변증법적'이란 수식을 달고 있는 특수한 리얼리즘의 하나라고 할 수 있다.

변증법적 리얼리즘은 한국의 리얼리즘 이론의 전개 과정에서 중요한 의의를 갖는다. 1920년대 말에서 1930년대 초반까지 프로문학의 양식을 규정하는 주요한 범주로 작용했기 때문이다. 당시 프로 문단은 종래의 사실주의 문학이 현실의 표피만을 묘사하는 고착적 리얼리즘에 빠져 있다고 비판하면서 그에 대한 안티테제로서 변증법적 리얼리즘이란 자신들의 문학 양식을 제시했다.

당시 김기진은 '변증적 사실주의', 안막은 '프롤레타리아 리얼리즘', 한설야는 '변증법적 사실주의', 백철은 '유물변증법적 창작 방법'이라는 서로 다른 이름을 붙였지만, 그 요체는 현실을 올바르게 인식할 수 있는 유일한 방법인 변증법에 기초해서 세계를 파악하고 그 인식 내용을 사실주의적 수법으로 표현한다는 것이었다. 그들은 새로운 세계관에 따라 문학의 양식도 바뀌어야 한다는 관점에서 자신들의 문학이 변증법적 리얼리즘이 되어야 한다고 규정했던 것이다. 변증법적 리얼리즘이라는 용어가 오늘의 문학비평에서도 여전히 유효한가에 대해서는 이론의 여지가 있다. (이성우)

비판적 리얼리즘, 사회주의적 리얼리즘, 환상적 리얼리즘

참고문헌

프레드릭 제임슨, 여홍상·김영희 역, 『변증법적 문학이론의 전개』, 창작과비평사, 1984.

최유찬, 「1930년대 한국리얼리즘론 연구」, 연세대학교 대학원 박사학위논문, 1987. 2.

조금현, 「한국 프로문예비평에 있어서 변증법적 리얼리즘 연구」, 중앙대학교 대학원 석사학위논문, 1989. 2.

변증법적 유물론(辨證法的唯物論, Dialectical materialism)

자연과 세계의 역사적 발전을 물질적 존재의 역사적 발전으로 해석하는 마르크스와 엥겔스의 이론이다. 유물론은 추상적인 정신세계로부터 독립된 물질세계가 감각으로 지각할 수 있는 객관적 실재성을 갖고 있다는 이론이다. 즉, 관념은 물질적 조건의 반영이다. 마르크스와 엥겔스는 유물론을 관념론에 대립하는 개념으로 설명한다. 그들은 유물론적 견해와 관념론적 견해가 철학의 발달사를 통해 화해할 수 없이 대립했다고 인식한다. 그들에 의하면 관념론은 정신이 물질에서 독립하여 존재할 수 있는 것으로 해석하는 이론이다. 그러므로 유물론과 관념론을 융합하려는 노력은 정합성을 잃어버릴 수밖에 없다.

마르크스와 엥겔스의 변증법 개념은 헤겔의 변증법과 깊은 관계가 있다. 헤겔에게 변증법은 모순과 부정의 끊임없는 사유이다. 사유는 모순과 부정에 의해 발전된다. 이것이 헤겔의 정·반·합의 논리이다. 사물을 추상적으로 인지하고 독립되고 고정된 속성으로 인식하는 '형이상학적'사유 양식과는 반대로, 헤겔의 변증법은 사물을 운동과 변화, 상호관계와 상호작용 속에서 인식한다. 끊임없이 생성·소멸하는 과정을 통해 모든 사물은 영원성을 획득할 수 없다. 즉, 모든 사물은 모순된 성격으로 인해 갈등 상황을 야기하고 변형되거나 해체된다. 헤겔이 변화와 발전을 자연과 인간 사회 속에서 자아를 실현하는 세계정신으로 인식한 반면, 마르크스와 엥겔스는 변화와 발전을 물질세계의 본성에 내재한 것으로 생각한다. 따라서 그들은 헤겔처럼 '변증법 원리'에서 사건의 실제를 연역하지 않고 이 원리를 사건에서 추론해야 한다고 주장한다. 그들의 인식론은 모든 인식이 감각에서 나온다는 유물론적 전제에서 출발한다. 그러나 주어진 감각만을 인식의 근거로 삼는 기계론적 견해와는 달리, 그들은 현실적이고 구체적인 활동을 하는 인식의 변증법적 발전을 강조한다. 인간은 사물과 실천적으로 상호작용하고 관념을 실천에 적용함으로써 그 사물에 대한 인식을 얻을 수 있다는 것이다. 따라서 관념과 실재의 통합 즉 진리를 검증하는 기준은 사회적 실천뿐이다. 이러한 인식론은 우리가 감각할 수 있는 모습만 인식할 수 있을 뿐 물질자체는 우리의 능력을 넘어서 있다는 주관적 관념론에 반대하고 우리가 초감각적 실재를 감각과 독립된 순수 직관 또는 사유로 인식할 수 있다는 객관적 관념론에도 반대한다.

한편 추론방법의 이론적 기초인 변증법적 유물론이라는 개념을 역사적 유물론과 혼동해서는 안 된다. 역사적 유물론은 계급투쟁의 관점에서 본 마르크스주의적 역사 해석이다. (최경희)

변증법, 유물론, 관념론, 자본론, 역사적 유물론

참고문헌
마르크스, 김수행 역, 『자본론』, 비봉, 2002.
윤정윤, 『변증법적 유물론』, 동녘, 1990.
디이터 반트슈나이더, 이재성 역, 『변증법 이론의 근본구조』, 다산글방, 2002.
레닌, 박정호 역, 『유물론과 경험비판론』, 돌베개, 1992.

변형생성문법 ☞ 생성문법

병려체(併驪體) ☞ 병려문

병리 소설(病理小說)

병리 소설은 병을 앓고 있거나 병적 상태에 처해 있는 인간의 육체적, 정신적 이상을 주요 모티프로 삼는 소설을 가리킨다. 현대 소설에서 취급되는 병리 현상들은 대부분 인간의 삶에 내재한 비정상성이나 불합리성의 상징이라 할 수 있다.

인간의 병리학적 성격과 행동에 대한 관심이 높아진 것은 서양의 합리주의적 세계관의 동요와 관련이 깊다. 아울러 이성적 원칙을 벗어난 행동에서 인간의 진정성과 숭고함을 찾는 낭만주의 문학의 전통, 그리고 병리적 상태에서 인간 정신의 심오함과 창조성을 발견하고자 했던 니체도 병리 소설의 대두에 적지 않은 영향을 끼쳤다. 이를테면 도스토예프스키의 『백치』에서 간질병 환자 무쉬킨의 광란과 정신의 고양은 표리 관계를 이룬다. 토마스 만의 『마의 산』은 병이 내포하는 쇠퇴와 몰락의 알레고리를 확대하여 근대 문명의 위기적 상황을 진단한 경우에 해당한다.

한국 소설에서 병리 현상에 대한 관심은 1920년대에 이미 나타나기 시작하는데 염상섭의 「표본실의 청개구리」가 그 대표적 예이다. 1930년대에는 이상과 박태원이 병든 일상의 세계에 주목한 일련의 작품을 내놓았다. 광복 이후 소설에서는 손창섭이 병 앓는 인물들을 빈번히 등장시켰다. 1960년대 이후의 병 혹은 병적 징후들은 개인 차원을 넘어 사회적, 정치적 차원의 고통을 표상하는 경우가 많아졌다. 강용준의 「광인일기」에서의 정신 착락, 서정인의 「후송」에서 이명중, 이청준의 「황홀한 실종」에서 정신분열증은 이미 잘 알려진 사례들이다. 한국 소설에서 병리 현상은 낭만적 해석보다는 도덕적, 정치적 알레고리로 해석되는 경우가 훨씬 더 많다는 것도 중요한 특성이라 할 수 있다. (이성우)

이성 중심주의, 정신분석, 합리주의

참고문헌
김종은, 「이상(李箱)의 이상(理想)과 이상(異常)」, 『문학사상』, 1974. 5.
한용환, 『소설학 사전』, 문예출판사, 1999.
김형중, 『소설과 정신분석』, 푸른사상, 2003.
조두영, 『목석의 울음 : 손창섭 문학의 정신분석』, 서울대학교 출판부, 2004.

병리학(病理學, Pathology)

'비정상'을 다루는 생물학(Abnormal biology)의 일종. 질병의 원인을 밝히고 질병이 발생하는 메커니즘, 또는 시간 경과에 따르는 장기(臟器) 조직의 변화를 육안적 · 현미경학적으로 관찰하면서 기능적 변화를 연구하는 학문이다. 병리학의 목표는 질병의 확실한 진단을 위해 질병의 진행과정을 밝히는 것이다.

병리학은 르네상스 시대 이탈리아의 해부학 강단에서 그 학문적인 기원을 찾는다. 1761년에 모르가니(Morgagni)는 『질병의 근원과 원인(Seats and Causes of Disease)』을 출간하였는데, 이 저서에서 각 장기에 나타나는 병변과 임상증상 사이의 연관성을 규명했다. 이 저서가 발간되기 전까지는 질병을 체액(體液)의 불균형으로 설명했으나, 이 때부터 특정 질병의 발생과 장기의 관계를 논의했다. 이후 1858년에 루돌프 피르호(Rudolf Virchow)가 질병은 병든 세포를 현미경으로 분석함으로써 이해할 수 있다고 주장함으로써 과학적인 세포이론이 싹텄다. 19세기 후반에는 루이 파스퇴르(Louis Pasteur)와 로베르트 코흐(Robert Koch)가 질병에 대한 세균학이론을 세웠는데, 이 이론은 많은 질병의 진행과정을 이해하는 실마리가 되었다. 19세기 말에는 독립된 전문 분야로 완전하게 정립되었다.

병리학은 인체병리학(human pathology), 실험병리학(experiomental pathology), 해부병리학(anatomical pathology), 임상병리학(clinical pathology) 등의 하위학문이 있다. 병리학에서는 병인론(病因論, pathologenesis), 세포손상 및 대사장애, 염증, 종양학, 유전성 질환, 면역성 질환, 감염성 질환, 물리 화학적 손상, 영양장애 등과, 각 장기의 특수한 질환인 순환기계, 조혈계, 소화기계, 호흡기계, 비뇨기계, 생식기계, 내분비계, 신경계, 근골격계, 피부질환 등을 연구한다. (강정구)

생물학, 비정상, 해부학

참고문헌
박남용, 『최신 수의 병리학 총론』, 전남대학교 출판부, 2003.
보건과학연구회, 『(알기 쉬운) 병리학』, 홍, 2001.

병치은유/치환은유(竝置隱喩/置換隱喩, Diaphor/Epiphor)

병치은유와 치환은유는 은유를 명칭의 전이 양식으로 파악한 아리스토텔레스의 이론에 기초하여 그 어원 'metaphor'를 병치와 치환의 방식으로 구분하여 P. 휠라이트가 만들어 낸 말이다.

먼저 병치은유는 서로 다른 사물들이 당돌하게 병치됨으로써 빚어지는 새로운 결합의 형태이다. 전이가 아닌 병치가 은유의 한 형태로 성립되는 근거는 휠라이트가 은유를 어디까지나 의미론적 변용 작용으로 본 데 있다. 자연계의 요소들이 새로운 방법으로 결합하여 새로운 자질을 생성하듯이 시에서도 이전에 없었던 방법으로 언어와 이미지들을 병치시킴으로써 새로운 의미가 생성될 수 있다는 것이다. 휠라이트는 병치은유의 예로 "군중 속에서 유령처럼 나타나는 이 얼굴들, / 까맣게 젖은 나뭇가지 위의 꽃잎들"(「지하철 정거장에서」)이란 에즈라 파운드의 시를 인용했다. 이 시에서 병치되어 있는 것은 '얼굴들'과 '꽃잎들'이다. 이 두 가지가 서로 같은 것인지 또는 다른 것인지 판단이 유보된다는 점에서 병치은유는 해체주의적 관심까지 불러일으킨다. 한국 현대시에서는 김춘수의 무의미시, 이승훈의 비대상시 등이 대표적인 예에 해당한다. 휠라이트는 순수한 병치은유가 비모방적 음악이나 추상화에서 발현된다고 했다. 곧 병치은유는 일상적이고 논리적인 의미를 배제하는 원리이며, 예술을 독자적이게 만드는 원리라고 할 수 있다.

이에 비해 치환은유는 'A는 B다' 식의 은유로서, 보다 가치 있고 중요하지만 아직 모호하고 불확실한 것(원관념)으로부터 상대적으로 이미 잘 알려져 있거나 구체적인 것(보조관념)으로 옮겨지는 의미론적 전이를 특징으로 한다. 치환은유에는 세 가지 형태가 있다. 첫째는 하나의 원관념에 하나의 보조관념이 연결된 단순 은유, 둘째는 하나의 원관념에 두 개 이상의 보조관념이 연결된 확장 은유, 셋째는 은유 속에 또 은유가 들어 있어 이중 삼중의 현상을 나타내는 액자식 은유가 그것이다. 자연과 현실의 모방이든 관념의 묘사이든 또는 선행 예술의 모방이든, 모든 모방의 요소가 있을 때에는 치환은유가 발현될 수 있다.

치환은유가 전통 은유라면 병치은유는 새로운 은유 형태이다. 치환은유가 '의미의 시'를 지향한다면 병치은유는 '무의미의 시' 또는 '존재의 시'가 되게 한다. 결론적으로 치환은유가 시 속에서 맡는 역할은 의미를 암시하는 데 있고, 병치은유의 역할은 존재를 창조하는 데 있다. 따라서 진정한 은유는 치환과 병치 두 가지를 모두 요구한다고 할 수 있다. (이성우)

무의미시, 보조관념, 비대상시, 원관념, 은유(metaphor)

참고문헌

Philip Ellis Wheelwright, Metaphor and Reality, Bloomington : Indiana University Press, 1962.
이승훈, 『시론』, 재판, 고려원, 1990.
김준오, 『시론』, 제4판, 삼지원, 1997.
유종호 · 최동호 편저, 「시와 은유」, 『시를 어떻게 만날 것인가』, 작가, 2005.

보고문학(報告文學)

보고문학이란 주로 1930년대 중국의 문예대중화 운동의 일환으로 전선에서 일어난 일들을 속히 인민대중에게 알리는 르뽀 형식의 단편 문장 형식의 문학 형태를 지칭한다. 어떤 사건의 진상을 진실하고 정확하며 신속하게 알리는 것을 목적으로 하며 거친 표현 그대로 나타나므로, 문학 작품이라고 하기 어려운 것들도 있다. 보고문학의 한계는 매우 애매하여 신문보도성을 지닌 문장 모두를 보고문학이라고 할 수도 없고, 또 그 문장에 예술적 기법이 가미되어 있어야 한다고 규정하더라도 예술성의 유무를 어떻게 판정할 것인가 하는 어려움이 있다.

중국의 보고문학 관계 서적에 의하면 시기를 넓게 잡아, 1919년부터 1927년까지를 보고문학의 흥기시기, 1927년부터 1937년까지를 성장기, 1937년부터 1949년까지를 발전기로 분류하고 있다. 사실 보고문학이라는 용어가 중국 문단에 성행한 것은 중일전쟁 이후라고 하겠으며, 그것은 항일애국운동이 본격적으로 전개되면서부터라고 하겠다. 호풍(胡風)은 「전쟁시기의 한 전투적 문예형식을 논함(論戰爭的一個戰鬪的文藝形式)」이라는 글에서 "위대한 고난의 시대에 우리 작가들이 가져야 할 것은 '보고문학'이라는 전투적 형식이다"고 한 것을 보면, 전쟁이라는 비상시를 맞아 작가들이 사용한 특수한 문학형식임을 알 수 있다.

보고문학은 내용별로, 전선에서 병사들의 영웅적인 전투장면을 묘사한 것, 국민들이 일본군의 침략을 받아 삶의 터전을 잃고 유랑하는 참상을 묘사한 것, 현실사회의 암흑을 폭로하기 위하여 어떤 특정사건이나 특정인물을 비판하는 것, 특정한 정치사상을 선전하는 것 등 네 가지로 분류할 수 있다.

보고문학작품으로는 구동평(丘東平)의 「제7중대(第七連)」(1937), 벽야(碧野)의 「북방의 벌판(北方的原野)」(1938), 낙빈기(駱賓基)의 「대상하이의 하루(大上海的一日)」(1938), 조백(曹白)의 「호흡(呼吸)」(1938) 등이 있다. (오태석)

보고문학, 전선, 르뽀, 문예대중화, 호풍(胡風)

참고문헌
김시준 저, 『中國現代文學史』, (주)지식산업사, 1992.
趙遐秋, 『중국보고문학사』, 中國報告文學史, 中國人民大學出版社, 1987.

보권(寶卷)

명대 이후 강창의 주류는 보권(寶卷), 탄사(彈詞), 고사(鼓詞)로 나눌 수 있다. 이중 보권은 중국의 불교 계통의 강창문학(講唱文學)의 한 형태이다. 당대(唐代) 중기 이후 도시의 사원에서 승려가 통속적인 설법을 하는 이른바 속강(俗講)이 유행하여 그것이 뒤에는 여러 가지 소재를 다루는 강담(講談)으로 발달하였는데, 보권은 그 속강의 직계로서 불교의 교리, 경전, 인연담 등을 통속적으로 해석한 이야기를 지문(地文)과 가사(歌詞)를 섞어서 강창하였다. 송대 진종(眞宗, 998~1022)연간에 騈文의 강창이 금지되자 승려들은 와사(瓦舍)로 들어가 설경(說經)하였다. 그러다가 명청대를 거치는 동안에 불교뿐 아니라 도교(道敎) 등의 신흥 종교가 포교의 방식으로 이 형식을 이용하여 크게 유행하게 되었다.

구체적으로 세분하면, 불교적 작품과 비불교적 작품으로 나뉘는데, 전자는 권세경문(勸世經文)과 불교 고사를 다룬 것이 있고, 후자에는 신선 도교 및 민간 고사 및 잡권(雜卷)이 있다. 이중 불교 고사를 이야기한 것이 주류이다. 대표적 작품으로는 「탄세무위보권(嘆世無爲寶卷)」, 「입원보권(立願寶卷)」 등이 있으며, 민간 전설을 보권체(寶卷體)로 개작한 『뇌봉탑보권(雷峰塔寶卷)』 『맹강녀보권(孟姜女寶卷)』 등의 작품도 있다. 민간 고사는 보권 이외에도 화본(話本)이나 희곡 소설 및 탄사(彈詞) 형태로도 민간에 유행하였다.

이밖에 탄사(彈詞)는 중국 남부지방에 유행한 강창 형식으로서, 복건(福建) 지역의 평화(評

話), 광동(廣東) 지역의 목어서(木魚書) 등이 포함된다. 현악기가 중심이 된다. 그리고 타악기 위주의 고사(鼓詞)는 북방 계열이다. 병마(兵馬)를 위주로 하여 남성적 기상으로 씩씩하다. (오태석)

보권, 탄사, 고사, 불교 고사, 강창

참고문헌
김학주, 『중국문학사』, 신아사, 1989.
양회석, 『중국희곡』, 민음사, 1949.

보나파르티즘(프 Bonapartisme)

나폴레옹 보나파르트와 루이 나폴레옹 보나파르트(나폴레옹 3세)의 정치체제와 정책 전체. 그들의 이름을 따서 보나파르티즘, 혹은 보나파르트 국가체제라고 부르고, 주로 나폴레옹 3세의 정치체제를 지칭한다. 구체적으로는 나폴레옹 3세가 1851년 12월에 쿠데타를 일으켜 왕당파를 일소하면서 독재 권력을 장악하고 1852년 11월 국민투표로 황제 자리에 오른 뒤부터 시작하여, 1970년 9월에 프랑스의 한 도시 스당(Sedan)에서 독일군에 의한 참패와 노동자 주축의 혁명운동으로 인해 몰락할 때까지의 제2제정(第二帝政)을 말한다.

제2제정은 부르주아 국가인 동시에 전제국가라는 독특한 구조를 갖고 있다. 부르주아지는 노동계급에 대한 통제가 어려워진 상황에서 강력한 국가기구가 필요했기 때문에 나폴레옹 3세의 쿠테타를 압도적으로 승인했고, 모르니(Morny)와 푸(Fould)와 같은 대부르주아지는 거사에 필한 자금을 공급하기도 했다. 이러한 국가성립의 배경 때문에 제2제정 하에서는 국민주권의 원리가 무시되었고 의회주의 체제도 포기되었으며 국민의 자유도 억압당했다. 이러한 사실은 지배계급인 부르주아가 권력의 배후에 있고, 겉으로는 중립적인 관료들과 강력한 군대를 근간으로 하는 독재적인 황제가 그들의 대리인으로 군림했음을 의미했다.

이러한 보나파르티즘은 처음부터 여러 사회계급들의 갈등을 지니고 있었다. 이런 갈등의 위기를 극복하기 위해서 나폴레옹 3세는 외교·군사 면에서 여러 가지 정책을 시도했다. 1860년부터는 의회의 권한을 강화하는 방식으로 '권위 제국'에서 '자유 제국'으로 전환을 시도하는 한편, 노동자계급에 대해 온정주의와 탄압이라는 이중의 정책을 폈다.

마르크스(K. Marx)는 보나파르티즘을 두고서 국민을 지배하는 능력을 부르주아지가 잃고 노동계급이 아직 지배능력을 갖지 않은 시기에 실시할 수 있는 유일한 정부형태라고 지적한 바 있었다. 또한 엥겔스(F. Angels)는 『가족 사유재산 국가의 기원』에서 지배계급의 도구로서의 국가에는 '예외국가'가 있는데 그것이 절대왕정과 보나파르티즘이라고 주장했다. 보나파르티즘은 부르주아지에 대해서는 프롤레타리아의 역할을 하고 프롤레타리아에 대해서는 부르주아지의 역할을 한다고 논의한 바 있다. (강정구)

마르크스(K. Marx), 엥겔스(F. Angels), 제2제정

참고문헌
김금수, 「민중권력 파리 코뮌의 성립」, 『노동사회』, 한국노동사회연구소, 2002. 2.
김경근, 『프랑스 근대사연구』, 한울아카데미, 1998.
F. Angels, 김대웅, 『가족 사유재산 국가의 기원』, 아침, 2002.

보들러라이즈(Bowdlerize)

삭제한다는 의미를 갖고 있는 영어 bowdlerize는 영국의 의사이자 자선사업가이며 편집자인 토머스 보들러(1754~1825)의 이름에서 유래한 단어이다. 보들러는 『가족용 셰익스피어』(1818)을 펴내면서 "가족과 함께 소리 내어 읽기에 부적절한 단어와 표현들"을 편집하였다. 뿐만 아니라 토머스 보들러는 『로마 제국 쇠망사』, 『구약』에서도 "외설적이거나 불온한 부분을 삭제"하였다. 여기에서 텍스트의 일부분을 생략하거나 부적절한 부분을 수정하여 편집하는 것을 보들러라이즈라고 일컫게 되었다. 저작물의 무단 삭제나 수정을 보들러리즘(bowdlerism)이라고도 말한다. (장은영)

보들러리즘, 삭제, 편집

참고문헌
Arthur Goldwag, 이경아 역, 『이즘과 올로지』, 랜덤하우스코리아, 2009.

보바리즘(프 Bovarysme)

법정 소송을 거치며 더욱 유명해진 소설 『보바리 부인』은 '보바리즘'이라는 신조어를 탄생시킨다. 프랑스의 철학자 쥘 드 고띠에(Jules de Gautier)가 G. 플로베르의 소설 『보바리 부인』의 여주인공의 성격에서 따온 말이다. 『보바리 부인』의 주인공 엠마는 과다한 꿈에 휩쓸리고 언제나 그 꿈에 좌절되는 인물이다. 그녀는 소녀 시절 무분별하게 읽은 낭만적 경향의 소설로 인해 소설 속 허구의 세계를 현실로 간주한 나머지 자신의 삶도 소설처럼 모든 것이 아름답고 멋진 세계로 만들고자 했다. 하지만 현실은 끊임없이 그녀의 꿈을 배반한다. 결혼과 출산, 그리고 두 번의 불륜을 거치치만 그 어느 것도 그녀의 열망에 답해 주지 않았다. 일상으로부터 탈출하기 위한 마지막 출구였던 불륜마저 진부해져 가면서 엠마는 심각한 낭비벽에 빠져들고 결국 경제적 파산으로 음독자살에 이른다.

이와 관련하여 고띠에(Jules de Gautier)는 '보바리즘'에 대해 사람이 그 자신을 지금의 자신과 다르다고 믿는 능력'과 연관시키면서 그것에 대해 근대문명의 기초가 되는 믿음, 즉 '사람이 스스로 자유롭다고 생각하는 믿음'이라는 정의를 내렸다. 스스로 있는 그대로의 자신과 다르게 상상하는 기능인 보바리즘은 일종의 환상이 자아내는 병이라 할 수 있는데 이런 성격을 가진 인물은 "이상(理想)"이라는 안경을 쓰고 현실을 바라봄으로써 현실을 변형시키게 된다. 곧 인간이

자기 자신을 속이고 자신을 정도 이상으로 생각하려는 경향을 지칭하며, 오늘날 '과대 망상' 혹은 '자기 환상' 등으로 그 뜻이 일반화되었다. 따라서 보바리즘이란 과거에 대한 추억, 미래에 대한 꿈이 현재를 지배하는 정신병을 말한다. 히스테리와 유사한 병이지만, 외적 발작이 일어나지 않는 점이 다르다. 즉, 과거에 대한 추억 때문에 미래가 이상화되어 현재란 끝없는 환멸과 기쁨의 연속이며 현실 도피의 세계로밖에는 존재하지 않는다.

플로베르는 이 소설 속에서 소박한 현실을 꿈으로 새롭게 만들어 내는 그 과정에 주요한 몫을 할애했다. 작가 플로베르는 이 '보바리즘'을 통해, 현실과 이상 사이에 어떤 매개도 없이 현실 자체를 변질시키고 외면하게 만드는 동시대의 정신적 질병인 낭만주의적 몽상의 본질을 유감없이 해부하고자 했다. (이정선)

낭만주의적 환상, 과대망상, 자기 환상

참고문헌
신희천 · 조성준 편저, 『문학용어사전』, 청어, 2001.
다니엘 페나크, 이정임 역, 『소설처럼』, 문학과 지성사, 2004.

보수주의(保守主義, Conservatism)

진보주의에 대응하는 개념. 보수(保守)라는 말은 새로운 것을 반대하고 재래의 것을 중시하여 유지하려는 것으로서, 실험보다는 경험을 중시하고 변화보다는 안정을 꾀하려는 태도나 심리상태를 의미한다. 보수주의란 이와 같은 인간과 사회의 욕구가 하나의 사회적 · 정치적 관점이나 태도로써 표출된 것을 지칭한다.

보수주의는 전통 자체가 붕괴의 위기에 직면할 때 생긴다. 그런데 역사적으로 볼 때 특정한 시기의 전통이 서로 다르기 때문에 보수주의의 함의도 서로 달라진다. 근대 보수주의의 시조라고 할 수 있는 버크(E. Burke)는 프랑스혁명이 프랑스 국가의 역사적 연속성을 단절시켰기 때문에 참혹한 결과를 가져왔다고 주장했다. 그는 프랑스 혁명을 19세기 정치사상의 특징인 이성과 자연법사상의 오류적인 추론의 산물로 평가했고, 추상적인 이성 대신에 전통, 관습, 편견 등이 인간행위의 안내가 된다고 생각했다.

보수주의라는 용어가 사용되기 시작한 것은 1818년 프랑스의 샤토브리앙(F. R. Chateaubriand)이 발행한 『보수주의자(Le Conservateur)』라는 잡지명에서였다. 이 당시의 보수주의는 나폴레옹의 몰락 이후 민주주의 이념의 확산을 막고 왕정복고의 정당성을 옹호하는 태도를 가리켰다. 20세기에 이르러 사회주의가 등장하고 파시즘이 출현했을 때 자유주의는 평등주의의 위협을 받았는데, 이 때 자유주의를 옹호한 일군의 세력은 자유주의적 보수주의로 불렸다. 이후 1970년대에는 케인즈주의의 실패에 바탕을 두는 신보수주의(新保守主義)가 등장하기도 했다. (강정구)

보수, 보수주의자, 신보수주의

참고문헌

박준영 외, 『정치학』, 박영사, 2001.

R. Nisbet, C. B. Macpherson, 강정인 · 김상우 공역, 『에드먼드 버크와 보수주의』, 문학과지성사, 1997.

William R. Harbour, 정연식 역, 『보수주의 사상의 이론적 기초』, 경북대학교 출판부, 1994.

보편논쟁(普遍論爭, 독 Universalienstreit)

보편논쟁이란 유럽의 중세 철학에서 '보편'의 존재 여부에 관한 실재론(實在論)과 유명론(唯名論)의 대립을 말한다. 실재론은 실체나 본질이 존재한다고 믿는 것으로 '나무'의 실체, '삼각형'의 실체와 같은 보편적인 것(보편자)이 실재한다는 이론이다. 반면에 유명론은 실체라는 것은 이름일 뿐이며 실제로 존재하지 않으며, 존재하는 것은 오로지 개별적인 것뿐이라는 주장이다.

이러한 보편논쟁은 플라톤(Plato)의 이데아론에서 출발한다. 세상 만물은 그림자에 불과하고 진정한 실체는 따로 있다고 했던 플라톤은 극단적 실재론자였다. 아리스토텔레스(Aristotle)의 『범주론 Categoriae』에 대해 5세기 로마의 철학자 보에티우스(Boethius)가 의문을 제기한 것이 보편논쟁의 계기가 되었다. 그 후 11~12세기에 보편에 대한 다양한 존재론적 · 논리학적 입장들이 등장하여 대립하였다. 유명론은 보편은 단순한 '명칭'에 불과하며 실체로서 존재하는 것은 개별 사물뿐이라고 주장한다. 12세기 초 아벨라르두스(P. Abelard)는 아리스토텔레스의 사상을 바탕으로 중도적 실재론을 주장했다. 그는 보편적인 것은 존재하지만 개별적인 것과 무관하게 존재할 수 없으며, 보편은 개별을 통해서만 모습을 드러내고, 개별은 보편 없이 존재할 수 없다는 개념론을 만들었다. 보편을 둘러싼 논쟁은 13세기 아퀴나스(T. Aquinas)의 실재론에 대항하는 14세기 오컴(W. Ockam)의 유명론에서 그 정점에 이른다. 중세 초기에는 기독교의 기본 교리인 삼위일체를 주창했던 스콜라철학에 의해 실재론이 우세하였으나, 후기에 이르러 신이란 인간의 인식의 산물에 불과하다며 신의 존재를 부정하는 유명론자에 의해 보편논쟁이 본격화되었다. 중세 기독교 철학을 대표하였던 실재론에 맞서 유명론은 중세 교회의 존립 기반을 파괴하였으며, 신학적 · 관념론적인 봉건적 세계상을 공격하는 진보적인 견해를 보여주었다. 개별자를 강조하는 유명론은 르네상스 이후 인간의 개체성을 부각시킴으로써 근대적 인간상의 확립에 결정적인 기여를 하였다. 보편자에 관한 중세의 보편논쟁은 20세기 수학철학에서 논리주의, 직관주의, 형식주의라는 새로운 이름으로 논의되고 있다. (여태천)

실재론, 유명론, 개념론

참고문헌
J. R. 와인버그, 강영계 역, 『중세철학사』, 민음사, 1984.

이진경, 『철학과 굴뚝청소부』, 그린비, 2002.

보편주의

보편자(또는 전체)를 개별자(또는 개인)보다 상위에 두고, 개별자는 보편자와의 관계에서만 그 존재이유와 의의를 가진다고 하는 입장을 가리킨다. 개체주의 또는 개인주의와 상대되는 말이다. 여러 의미로 쓰이는 개념으로, 참의 존재는 이데아라고 하여 현상 세계는 존재와 비존재의 혼합에 불과한 것이라고 한 플라톤은 보편주의의 입장에 있다 하겠고, 개별적 존재야말로 실재하는 것이라고 한 아리스토텔레스는 개체주의의 입장에 있다고 할 수 있다.

R. 데카르트의 '나는 생각한다. 고로 나는 존재 한다'은 I. 칸트의 의식 일반에 계승되고, G. W. F. 헤겔에 의해 역사발전의 주체인 정신으로 이어졌으나, 헤겔은 보편주의 입장을 취하였다. 이에 비해 칸트의 흐름을 잇는 M. 베버는 주관에 의한 구성으로써 인식이 성립된다고 하는 구성설의 입장을 취하며, 또한 주관이 자신의 근거로 삼는 궁극적 가치가 역사적으로 변화하고 따라서 궁극적으로는 모든 개인에 따라 다르다고 주장하였다.

그런데 보편주의에 있어서 보편의 개념을 어떻게 보느냐에 따라 그 내용이 매우 상이하다고 하겠다. 이와 관련하여 중세 스콜라 철학에서 일어난 '보편논쟁'을 떠올려 볼 수 있다. 보편은 실체로서 존재하는가 아니면 인간의 사고 속에서만 존재하는가라는 문제가 바로 그것이다. 당시 보편을 실재라고 주장하는 실념론과 보편은 명목에 불과하다는 유명론이 첨예하게 대립되었으며, 오늘날에도 이 문제가 쉽사리 해결되기는 어려울 것으로 보인다. (염철)

보헤미안(Bohemian)/보헤미안주의(Bohemianism)

세속적인 규범이나 행동양식을 따르지 않고 자유분방한 생활을 추구하는 사람, 또는 그러한 삶의 양식. 어원은 프랑스어 보엠(Boheme)이며, 원래는 15세기 경에 보헤미아 지방의 집시들을 가리키던 명칭이다.

집시처럼 방탕한 습관, 방랑자, 부랑배 등을 부정적으로 지칭하던 이 용어는 18세기 이후 새로운 평가를 받게 된다. 1851년 뮈르제(H. Murger)는『집시들이 살아가는 모습 Scènes de la Vie de Bohème』을 출간하여 보헤미안을 자유예술가 그룹 및 그들의 삶의 형태와 연결시켰으며, 이후 시민사회와 거리를 둔 예술가를 이상화한 낭만주의 사조의 영향을 받아 푸치니(Puccini)의 오페라『라 보엠 La Boheme』등 여러 장르를 통해 다양한 표현을 얻게 된다.

보헤미안 개념이 확산된 배경에는 봉건체제의 해체와 자본주의의 등장이라는 역사적 조건이 자리잡고 있다. 예술가 후원 제도(Patron)의 소멸과 더불어 경제적으로 몰락한 지식인과 자유예술가 그룹이 한꺼번에 대도시로 몰려들었고, 그들의 삶의 양식을 바탕으로 자본주의적 시민사회의 외곽에 주변적인 하위문화가 형성되었던 것이다.

보헤미안들의 입장과 태도에서 가장 특징적인 것은 급진적인 개인주의와 자본주의적 화폐경제에 대한 반발이다. 그들은 학교·가족·직장 등 시민사회의 안정된 환경에 의식적으로 등을 돌리는 경향이 있으며, 술집·서점·화랑·살롱 등을 중심으로 시민사회의 규범과 통제를 벗어난 자유로운 예술가 집단을 형성한다. 때로 급진적인 정치운동과 연결되기도 하지만 대체로 무정부주의에 가까운 성향을 갖고 있으며, 대체로 루소적 평화주의, 반문명적 태도를 공유하는 편이다. 예술사적으로 볼 때, 보헤미안은 자기들만의 고유한 예술양식을 발전시키지는 못했지만, 대부분의 아방가르드 운동에 예술적 자양분을 공급하는 미적 토양이 되었다는 의의를 갖고 있다.

19세기와 20세기에도 보헤미안적 경향은 수많은 나라와 대도시에서 다양한 형태로 발견된다. 산업사회를 거부하고 원시적 개성을 옹호한 2차 대전 직후의 비트 세대(Beat Generation)를 비롯, 1960년대 미국에서 성행한 히피(Hippie)들의 반문화적 대중운동에 이르기까지 보헤미안 개념은 현대 문학과 문화에 적지 않은 영향을 미치고 있다. (진정석)

비트세대, 아방가르드, 하위문화, 히피

참고문헌
아놀드 하우저, 백낙청·염무웅 역, 『문학과 예술의 사회사 3』, 창작과비평사, 1999.
데이비드 브룩스, 형선호 역, 『보보스』, 동방미디어, 2001.

복고주의(復古主義, Restoration)

복고(復古)란 단순한 회귀라기보다는 현재의 문제점을 해소 또는 극복하고자 과거의 체제나 사상·전통 따위로 돌아감을 의미한다. 복고주의란 좁은 의미로 볼 때에 유럽에서 일어난 정치적·문화적인 복고의 경향을, 그리고 넓은 의미로 볼 때에 모든 시대를 초월해서 과거로 돌아가자는 경향을 총칭하는 것.

정치적 의미에서 복고주의란 유럽의 왕정복고, 즉 혁명이나 쿠데타 등으로 인해 폐지되었던 왕정이 부활되는 일을 지칭한다. 영국에서는 1658년에 호국경(護國卿)인 크롬웰이 죽은 뒤 의회와 군대와 반대로 둘째 아들 리처드가 사임한 혼란을 틈타서, 스코틀랜드 주둔군의 지휘관인 멍크가 런던을 장악하고 찰스를 왕위에 오르게 하였다. 프랑스에서는 1814년 나폴레옹 1세의 퇴위와 빈회의의 결과로 전통왕조가 부활되었다. 루이 16세의 동생인 프로방스 백작이 루이 18세로 즉위한 것이 제1차 왕정복고이고, 나폴레옹의 '백일천하' 이후 샤를 10세가 즉위한 것이 제2차 왕정복고였다.

독일에서는 1815년부터 혁명의 물결이 1848년 3월까지 전국토를 흔들었는데, 이 시기를 복고주의 시대로 불렀다. 나폴레옹 이전의 정치적·사회적 패턴으로 돌아가자는 운동이었지만, 문화적 차원의 움직임도 활발하였다. 복고주의는 새로 등장한 개혁 의지에 대한 과거 지향적인 반동의 기운, 또한 미래를 향한 개방성에 반하여 일단 보수적인 태도를 보여주었다. 1850년 전후의 독일철학에서는 유물론자들이 모두 헤겔의 제자라고 주장하면서 후기 헤겔학파가 성립되었고, 니체(Friedrich Nietzsche)는 그리스 철학과 문학에 관심을 가졌으며, 19세기 중엽부터 신스콜라학파는 고대와 스콜라적인 전통을 재인식했다. 문학 분야에서는 쉬티프터, 드루스테 휠스호프, 뫼리케, 곳트헬프는 전통적인 인간의 가치를 보존하려는 전형적인 후기낭만주의의 특징을 가지고 있었다. 음악 분야에서도 후기낭만주의자인 브람스, 브루크너, 멘델스존, 바르톨디 등이 앞 세대의 음악전통을 이어받아 피아노 음악, 실내음악, 협주곡, 그리고 교향곡들을 중점적으로 작곡했다.

이러한 근세 유럽의 복고주의는 문화 전반에 걸쳐서 시공간을 초월한 보통명사로 사용되는 경향을 보인다. 복고주의는 과거의 역사에 대한 새로운 인식과 회귀라는 움직임을 총칭하는 개념이 된 것이다. (강정구)

왕정복고, 복고, 전통

참고문헌
노명식, 『프랑스혁명에서 파리코뮌까지 1789~1871』, 까치, 1993.
Mary Fulbrook, 김학이 역, 『분열과 통일의 독일사』, 개마고원, 2000.
W. Gossmann, 양도원 역, 『독일문화사』, 아바벨, 1998.

복기지(複記紙, Palimpsest)

썼던 글자를 지우고 그 위에 다시 글을 쓸 수 있도록 만든 양피지. 샌드라 길버트(Sandra Gilbert)와 수잔 구바(Susan Gubar)의 『다락방의 미친 여자 The Madwoman in the attic』(1971)에서 19세기 영미 여성작가들 샬롯브론테, 제인오스틴, 죠지엘리엇, 에밀리디킨슨 등의 문학을 분석하면서 제시한 용어. 복기지(複記紙)는 당시까지 남성들이 주류가 됐던 문학 행위 속에 참여하는 여성 작가들이 느꼈던 불안이나 불만, 저항성을 표출하는 공간을 의미한다.

길버트와 구바는, 당시 남성 위주의 가부장적 글쓰기에 대한 강한 문제의식을 제기하였다. 그들은 남성작가들이 여성작가들에게 천사와 같은 모습이 되기를 강요하였으며 가부장적 권위에 반기를 드는 여성들을 괴물(the monster)로 취급하였다고 보았다. 그리고 그 명백한 증거의 하나로 그림(Grimm)의 『백설공주 Sneewittchen』(1812~1857)에 나타난 여성의 천사 / 마녀의 이분법을 들었다. 『백설공주』에서 멸시의 대상인 계모는, 누구보다 자각적인 여성임에도 불구하고 남성들이 강요하여 만든 순백의 인형같은 백설공주로 말미암아 마녀의 표상으로 나락하고 있다는 것이다. 그 점에서 그 소설에 나타난 계모는 남성들의 억압 문화가 창조한 왜곡적 여성상이며, 여성 작가 자신의 불안과 분노의 표상이라는 것이다.

여기서 길버트와 구바는 페미니스트 시학으로서의 복기지의 의미를 분명히 한다. 그것은 늘 남성에 의해 명령화되고 무시당한 여성들이 자신들의 욕망을 내밀하게 드러낼 수 있는 모종의 양피지로서 여성 작가들이 가부장적 규범에 표층적으로 동의하는 듯한 태도를 보이지만, 궁극적으로는 그 양피지에 억압에 저항하는 광기를 끼워넣을 수 있는 여백이다. 길버트와 구바는 이런 저항의 욕망이 페미니스트 시학의 본보기가 된다고 보았다. 그것은 모종의 위장 전략을 통해 원래의 여성성을 복원하는 장치로 볼 수 있다는 것이다. 그것은 작가가 부정하는 것을 긍정하는 듯 보여주고, 긍정하는 것을 심층화시키는 담론을 생성한다는 점에서 질곡의 상황에서 여성 글쓰기 주체들의 욕망을 반어적으로 표출한다. 『다락방의 미친 여자』에서 '다락방'이 여성을 억압하는 남성 중심의 상황을 의미한다고 볼 때, 그 방에 유폐된 여성 작가들이 자신들의 복기지를 만드는 것은 남성들이 강요한 다락방의 질서와 명령에 반하는 저항과 광기의 서사이다.

예컨대, 입센의 『인형의 집 Et dukkehjem』(1879)에서 노라가 그녀를 길들이는 남편 헬머에게 저항하는 욕망의 담론이 기록된 것이 복기지라는 의미이다. 헬머에 의해 인형으로 길들여진 자신을 자각하는 노라의 가출은, 가부장적 시각으로 보면 비윤리적으로 비춰질 수 있겠으나 길버트와 구바에 따르면 저항의 에네르기를 담보한 광기이며 여성의 참된 자각이다. 분노와 울분이 기입된 그녀의 가출은 남성 중심의 로고스, 즉 이성적이고도 억압적 서사에 저항할 수 있는 글쓰기의 아우라이며 모종의 복기지이다.

길버트와 구바의 페미니즘 시학은 남근(男根)의 현존과 부재에 의해 가부장적 위상에 특권을 부여해 온 프로이드 이론에 대한 저항일 수 있다. 하지만 자크 라캉(Lacan)적 의미에서 상징계의 오이디푸스적 남근이 남성과 여성 모두에게 작용하는 결핍의 기표라 한다면, 남성성과 여성성을 흑백적으로 대상화하는 길버트와 구바의 논의는 현대적인 입지가 희박해질 수도 있다. 포스트페미니즘 등의 여러 현대적 해석학이 라캉의 욕망 이론을 텍스트 분석에 활용하고 있으며 남근의 유무보다는 여성이 독특하게 차지하는 차이의 위상이 무엇인가를 밝히려는 노력을 하고 있기 때문이다. 그점에서 길버트와 구바가 보여준 초기페미니즘 이론은 문학 분석에 있어 비판적으로 계승되어야 할 과제를 남기고 있다. (최종환)

양피지, 광기, 욕망, 페미니즘

참고문헌
안혜련, 『페미니즘의 거울』, 인간사랑, 2001.
최희자, 『영미 페미니즘문학 비평』, 경북대학교대학원 석사논문, 1996.
엘리자베스 라이트, 이소희 역, 『라캉과 포스트페미니즘』, 이제이북스, 2002.

복선(伏線, Preparation)

복선이란 소설작법에서 앞으로 일어날 사건이나 상황을 미리 암시하는 서사적 장치를 말한다. 일반적으로 복선은 예시적인 주변 사건이나 상황을 주로 활용하여 서사의 윤곽과 방향을 제시한다. 독자들은 복선을 통해 다가올 사건이 우연적이거나 우발적인 것이 아니라고 생각하게 된다. 때로 복선은 상황제시를 통해 작가의 믿음을 슬며시 보여주거나 인물의 감정 상태를 대신하기도 한다. 복선은 중심 스토리 라인 외에 겹치거나 꼬이거나 평행을 이루는 다른 스토리 라인이다. 이러한 복선은 주제를 암시하며, 여러 차례 끼어들기를 반복하면서 하나의 의미를 형성한다. 이때의 의미는 중심 스토리 라인과 만날 때 상징적으로 드러난다.

단도(短刀) 또는 깨끼칼, 우리는 인숙이네 아버지를 그렇게 불렀다. 스스로 5·16재건대 출신이라고 밝히는 그는 칼을 다루는 솜씨가 놀라웠다. 그렇다고 그가 무슨 망나니 칼춤에 대단한 솜씨를 가졌다는 뜻은 아니었다. 그는 언제나 한 뼘 길이가 채 못되는 조그만 손칼 하나를 지니고 있었다.

─이병천, 「단도의 집」 중에서

「단도의 집」은 원래 힘의 지배를 다룬 소설이다. 도둑의 이야기로 그 주제를 형성해나가는데, '칼'에 대한 이야기를 복선으로 깔고 있다. 인용한 부분은 중심 스토리 라인에 끼어듦으로써 '칼'이 '욕망'과 '복수', 그리고 '자기방어'의 상징적인 의미를 지니고 있음을 보여준다. (여태천)

암시, 삽화, 소도구

참고문헌
한용환, 『소설의 이론』, 문화아카데미, 1990.
조남현, 『소설원론』, 고려원, 1991.
송하춘, 『발견으로서의 소설기법』, 현대문학, 1993.

복제(複製, Copy)

원저작물의 모사본(模寫本)을 생산하는 행위. 모조, 모방을 뜻하는 라틴어 copia에서 유래한 단어. 재생행위로서의 복제는 물질적 대상으로부터 예술 대상으로부터 생명체의 영역에서도 시도되고 있다. 창작물의 경우엔 음반이나 문학 저작물의 기계 복제가 일반적인 예가 될 수 있겠는데 라이팅기나 등사기, 또는 복사기 등을 사용하여 원본에 완벽히 가까운 수준으로 재생산하는 것이다. 복제 음반의 경우엔 원음과 아주 미세한 차이밖에 존재하지 않으며, 복제 기술의 비약적 진보에 따라 그 차이마저도 극복되고 있다.

복제에는 아날로그적 방식과 디지털 방식이 있다. 아날로그적 방식은 판화와 같이 원래 주형이 존재하고 거기에 재료를 대어 만들어내는 것이다. 복사기라는 기계매체를 경유할 경우 육안으로 구분하기에 어려울 정도의 복제품이 생산된다. 디지털 기술을 이용한 복제 기술은 원본과 복제본의 구별이 불가능할 정도의 미세복제까지 가능하게 한다.

예술 작품 복제와 관련하여 발터 벤야민(Walter Benjamin)은 '아우라'(Aura)의 개념을 강조하였다. 아우라는 사물과 관찰자 사이를 오가는 신비한 느낌의 기운을 의미한다. 그는 복제될 경우 1회성으로서의 현존성을 보장하는 아우라가 상쇄됨으로 예술작품이 원래의 감동과 교감을 잃게 된다고 주장하였다. 그러나 하이퍼리얼리티(과잉실재)가 흥왕하는 20세기의 웹 공간 속에서 그의 말이 더 이상 설득력을 띠지 못한다는 견해 또한 우세하다. 디지털 복제물은 아날로그와 같이 선형성이 아닌 전후방에서 입체적으로 짜여지는 웹망을 통해 이루어지는 것인 만큼 원본과 전혀 차이가 없다고 보는 시각이 설득력을 얻고 있기 때문이다.

디지털미디어 화두로 떠오른 사이버 문학이나 전자책(e-book) 등도 디지털 복제 사회 속에서 새로운 감성이 형성된 주체들의 목소리가 반영돼 있다는 점에서 특징적이다. 복제를 위한 블록쒸우기와 자유저장 공간의 환경에 익숙한 디지털 문학 세대들은 복제 원리를 활용한 '패러디'를 활용하기도 하며 포스트모더니즘적 복제술인 '혼성모방' 기법까지 창작에 도입하기도 한다. 복제 기술을 선용하면 창작된 작품을 저렴하고 신속하게 배포하여 누구나 감상에 참여할 수 있게 하는 자료 접근의 민주화를 유도할 수 있지만, 악용될 경우 크나 큰 필화나 재앙의 불씨로 확산될 수 있다는 점에서 복제의 문제는 디지털 시대의 새로운 아포리아로 떠오르고 있다.

과학 미디어 사회에서 사회문제로 부각되고 있는 복제는 그 범위를 생명 세계에까지 확대해 나가고 있다. 생명공학 기술이 진보하고 유전자 게놈(Genom) 암호가 대부분 해독되면서 복제의 욕망이 생명 영역에까지 미치고 있는 것이다. 생명체 복제의 방식은 생식세포의 복제와 체세포의 복제 방법 두 가지가 있다. 전자는 수정란을 이용하여 핵치환을 시도하는 방식이고 후자는 성장한 체세포를 이용, 전기 충격을 가하여 세포가 분화되도록 하는 방식으로 알려져 있다.

이같은 과학 복제의 행보는 현대 윤리학의 기반을 다시 정립시킬 공산도 있다. 복제의 문제는 급변하는 현대 사회에서 피할 수 없는 한 사회, 문화 현상으로 확대되고 있으며 인간 의식의 구조를 재정립시킬 수 있는 중대 사안으로 떠오르고 있기 때문이다.

문학 예술에 반영된 복제의 문제는 주로 생명체나 인간 복제의 화두와 관련되어 있다. 한국 문학에선 아직까지 디지털 복제와 관련된 화두가 많지 않지만, 서구 문학이나 영화 시나리오에선 그 주제 의식이 적지 않게 나타나고 있다. 영화나 소설 텍스트로서 <여섯번째 날The 6th Day>, <닥터모로의 섬>, <플라이Fly>, <멋진신세계>, <주라기 공원> 등이 그것이다. (최종환)

아우라, 게놈, 생명복제, 패러디, 디지털사이언스

참고문헌
발터 벤야민, 반성완 편역, 『발터벤야민의 문예이론』, 민음사, 1998.
김욱동 편, 『포스트모더니즘의 이해』, 문학과지성사, 2001.
안종주, 『인간복제 그 빛과 그림자』, 궁리, 2003.

복화술(腹話術, Ventriloquism)

복화술이란 원래 예언자들이나 샤먼들이 입을 가만히 둔 채 배를 통해서 소리를 내어 목소리의 출처를 은폐하는 기술을 말한다. 실제 발화자가 아닌 다른 원천으로부터 목소리가 나오는 것처럼 말하는 이 기술은 특히 인형이 등장할 때 많이 사용되는데, 입을 움직이지 않는 것처럼 하여 마치 그 인형이 말하는 것처럼 느끼게 만든다. 목소리 연기자는 자신의 대사와 인형의 대사를 서로 다른 음색으로 말하면서도 인형이 직접 말하는 것처럼 보이게 한다. 이러한 복화술 인형극은 인형과 조종하는 조종사가 한자리에서 대화극처럼 서로 주고받는 즉석 대화에 그 매력과 생명이 있다. 발화 원천인 목소리 연기자가 눈앞에 등장하고 있지만 그가 실제로 말하고 있는지 눈치 챌 수 없다.

커비(E. T. Kirby)는 여러 나라의 무속적 연극을 고찰하는 가운데, 트랜스 상태에서의 다양한 무당의 발화가 변별되는 여러 목소리로 나타나는 것에 주목하고 이를 복화술의 기원으로 보았다. 복화술은 고대 이집트·헤브라이·그리스 등에서 근원을 찾아볼 수 있는데, 사제나 예언자가 이 방법으로 신탁이나 기적을 행하였으리라 짐작된다. 현재도 아프리카의 줄루족, 뉴질랜드의 마오리족 등 미개 민족 사이에 복화술이 남아 있다.

우리나라 가면극에서도 복화술의 사례를 발견할 수 있다. 가령, 봉산탈춤에 등장하는 취발이는 복화술로 아이 목소리를 낸다. 이는 샤머니즘의 영향으로 볼 수 있다. 8·15광복 후 윤부길(尹富吉)이 처음으로 인형을 이용한 복화술을 보여주었다. 현대소설에서 발화자의 발화를 통하여 전달된 사고나 가치가 시·공간을 초월하여 다른 이의 발화에 용해되어 발화되는 양상을 볼 수 있는데, 이를 복화술을 이용한 의사소통으로 볼 수 있다. (여태천)

인형극, 발화, 의사소통

참고문헌
신관홍, 『인형극의 이론과 실제』, 에벤에셀, 1997.
E. T. Kirby, Ur-Drama : The origin of Theater, New York University Press, 1975.

본격문학(本格文學)

본격문학이란 흔히 사회적 목적이나 효용으로 활용하는 삶을 위한 문학이기보다는 본래적인 예술을 위한 문학을 가리키는 용어이다. 일명 순수문학이라고도 부를 수 있는 것으로서 참여문학이나 사회주의적인 목적문학과 대칭되는 개념이다. 본격문학은 흔히 예술성을 외면한 통속적 대중문학의 반대 개념으로도 쓰여지고 있다. 보통 본격문학은 당파적 의도나 상업적 의도가 개입되지 않는 것으로 이해된다.

김동리(金東里)는 1948년 8월에 발표한 「민족문학론」에서 순수문학론을 민족문학론과 연결시켰다. 이 글에서 그는 순수문학 대신 본격문학을 민족문학과 연결짓는다. 하지만 「순수문학과 제3세계관」 등에서 김동리는 순수문학을 본격문학과 거의 유사한 개념으로 사용한 바 있다. 김동리는 민족문학에는 세 가지 계통이 있음을 지적하였다. 첫째는 계급투쟁으로서의 민족문학이고, 둘째는 민족주의 문학으로서의 민족문학이며 셋째가 본격문학으로서의 민족문학이다.

김동리는 참된 민족문학의 기준으로 '민족성', '세계성', '영구성'이라는 세 가지 조건을 내세웠다. 민족성은 민족적 개성을 의미하는데 민족적 개성은 세계적 보편성을 지녀야 가치가 있다. 진정한 의미의 민족문학이 요구하는 민족적 개성이란 인간 공유의 일반적 운명에 기반을 두어야 하기 때문이다. 여기에 영구성을 갖출 때 진정한 민족문학이 된다. 이런 점에서 볼 때, 민족문학은 계급문학도 민족주의 문학도 아닌 본격문학으로서의 영구성을 가진 문학이어야 한다고 언급했다. 그리하여 시공간의 제약성을 초월할 수 있는 문학, 인간의 기본적 생활의식에 입각한 문학이야말로 본격문학으로서 참된 민족문학이 될 수 있다는 것이 김동리의 결론적 주장이다. (이명재)

순수문학, 민족문학, 영구성

참고문헌
신희천, 조성준 편저, 『문학용어 사전』, 청어, 2001.
김영민, 『한국 현대문학 비평사』, 소명출판, 2000.
한용환, 『소설학 사전』, 문예출판사, 1999.

본능

본능은 전통적으로 종(種)에 특유한, 변화를 거부하는 유전적 행위패턴을 가리킨다. 하지만 오늘날 이 용어는 정신분석학에서 독일어 트리프(충동)의 번역어로서 보다 한정적인 의미를 가지고 사용되고 있다.

일반적으로 본능은 가르쳐주지 않아도 아기가 어머니의 젖을 빨고, 병아리가 달걀 껍질을 깨뜨리고 나오는 것과 같은 생득적 행동을 말한다. 그 중에는 계통발생(系統發生)이 낮은 단계에서도 볼 수 있는 반사(反射)나 주성(走性)이 있는데, 본능 행동은 이러한 것을 부분적인 것보다 광범위하고 복잡한 반응을 의미한다. 본능 행동을 '반사의 연쇄(chained reflexes)'라고 한 견해도 있었으나 오늘날에는 그 밖의 특성도 발견되었다. 눈꺼풀의 작용이나 타액분비와 같은 반사는 비교적 국부적인 반응으로서 일정한 자극 강도에 의존하고 있음에 대하여, 본능 행동은 전체적 반응으로서 환경의 변화, 사물의 특성에 의하여 생긴다.

쥐가 고양이를 무서워하는 것은 도주본능(逃走本能)에 의한 것이지만 이 공포 반응은 고양이의 특정 부분에서 유발되는 것이 아니라, 고양이의 전신(全身), 앞발, 뒷발, 울음소리, 발소리 뿐만 아니라 실물이 아닌 그림자에서까지 일어난다. 주성은 전신 반응이라는 점에서 본능과 비슷하지만, 나방이 불빛 쪽으로 모여들거나, 바퀴벌레가 불빛을 피하는 것과 같은 주성은 신경계(神經系)가 분화되지 못한 하등동물의 행동양식이며, 본능은 신경계가 발달한 고등동물에도 나타난다. 또 반사나 주성은 환경자극에 대한 비교적 고정된 반응이지만, 본능은 생활체의 내적 조건에 강하게 지배되어 그 종(種)에 특유한 행동이라 할지라도 하나하나의 반응은 가소성(可塑性)을 지니고 있다. 본능은 경험으로 습득할 수 없는 능력으로서 학습과 대립하여 논의되지만 실제 행동에서 본능과 학습을 구별한다는 것은 쉬운 일이 아니다. 특히 동물의 발전단계가 고등화됨에 따라서 성숙(成熟)에서 오는 본능행동과 학습에서 오는 행동은 구별하기 어렵다.

꿀벌이나 비둘기가 먼 곳에서 집으로 돌아오는 것은 귀소본능(歸巢本能) 때문이라고 하지만, 이러한 행동도 여러 번 횟수를 거듭하여 촉진된다는 것이 알려졌다. 본능은 정동적(情動的)이라는 점에서 지성이나 지능과 대립하는 말로 보는 일이 있다. W. 맥두걸은 본능을 분류하면서 거부본능―혐오, 투쟁본능―분노 등 각각 대응하는 정동개념(情動概念)을 인정하였다. 프로이트도 본능을 생물학적 에너지라고 생각하여, 생물이 무기상태(無機狀態)로 돌아가려는 죽음의 본능과 유기상태(有機狀態)를 회복하는 삶의 본능을 구별하였다. (염철)

본질(本質, The essence)

대상의 근본적 성질이나 중요한 내질. 본질을 의미하는 'the essence'는 라틴어의 'essentia'였으며, 프랑스어의 '-이다 / -있다' 동사인 'esse'와 유관성을 맺고 있다.

본질은 서양 고대철학때부터 탐구해 온 존재론적 화두이다. 서구 철학에선 존재를 실체적인 것, 그때그때 변하는 피상적인 속성인 우유성(偶有性)과 다른 것으로서 인식해 왔다. 희랍의 자연철학자들은 본질을 현상계의 제반 대상들을 근거짓는 '1의적 주어'로서 보았다. 그리스 철학자 중 진리성과 관련된 본질의 화두에 대해 정교한 언급을 보여준 것은 플라톤과 아리스토텔레스였다. 그들은 형이상학적 사유를 전개하는 과정에서 본질을 현실계의 성격과 대비하면서 규명하려는 노력을 보여주었다.

플라톤(Plato)에게 참된 본질은 변화하는 물질적 대상들로부터 멀리 떨어져 있는 이데아(idea)이다. 그것은 다자(多者)로 나타나는 현상들 밖에 있으며 상대적인 존재자들을 가장 근원적인 지점에서 정위하는 형상(形相)이다. 예컨대 원(圓)에 대한 본질은, 다자(多者)적 형태로 존재하는 현실계의 원을 뛰어넘는 근원적 형상으로서의 원(圓)이다. 여기서 원의 본질은 '평면위의 한 정점에서 일정한 거리에 있는 점들의 집합'이 된다.

플라톤에게 실재적인 세계는 가시계(可視界)가 아닌 가지계(可知界)이며 후자에 의해 참된 선(善)의 본질이 나온다. 영원한 형상들로 구성된 가지계만이 실재적인 본질임에 비해, 우리가 사는 세계는 영원한 본질계의 모사에 불과하므로 비본질계라는 것이다. 따라서 현상계에선 완전한 본질인 로고스(logos)를 체험할 수 없다고 보았다.

아리스토텔레스(Aristotle)는 플라톤의 본질 이념을 자기이념화하면서 독특하게 변형시켰다. 그에게 참된 본질인 형상은 질료로 채워진 현상계의 질서를 분유(分有)하고 있다. 예컨대, 김소월이 현실상에 존재하는 「산유화 山有花」를 통해 피고지는 우주적 본질을 보아낸 것과 같은 이치이다. 우주적인 것으로 은유화되는 불변의 본질은 우리가 살고 있는 현상계의 질서 속에 편재해 있다고 본 것이다. 형상으로서의 본질이 우유적인 개체로부터 동떨어져 존재하는 것이 아니라 가시적 현실 자체 내에서만 발견될 수 있다는 것이다.

그러나 그리스 철학자들 중 소피스트(Sophist) 그룹은 본질조차도 인식하는 자의 주관적 척도에 따라 달라질 수 있는 것이라 주장하였다. 그들의 상대주의적 인식은 현대철학자인 니체(Nietche)의 '관점주의'와 유사한 맥락을 맺고 있다.

서양의 형이상학은 현대로 나아오며 본질 직관이나 유추 등의 방법론적 추구를 통해 본질에 관한 물음을 연장시켰다. 프랜시스 베이컨(Bacon)은 귀납법을 통해 선별한 자료를 배제하는 방법으로 본질 문제를 천착해 들어갔으며, 철학자 앙리 베르그송(Bergson)은 본질이 관찰이나 분석을 통해 발견될 수 없는 어떤 것이라 주장하였다. 베르그송은 본질이 주위를 맴도는 행위가 아닌 대상의 안에 들어가는 직관을 통해 발견될 수 있다고 본 것이다. 예컨대 닭의 본질을 파악하려고 할 때, 분석과 관찰을 통해 얻어낸 것은 계사(鷄舍)에 있는 실물로서의 닭이 아니다. 닭의 온전한 본질은 역동적이고 생동적이며 연속적인 존재로서의 닭, 즉 생의 창조적 지속(durée) 속에서만 나타나는 것이다.

실존주의적 차원에서 본질의 문제를 천착하는 현대 철학자들도 존재한다. 키에르케고르(Kierkegaard)와 사르트르(Sartre)의 경우가 그 예이다. 키에르케고르는 인간이 신의 섭리에 참여할 때 그의 본질을 소유하게 되며 신으로부터 분리될 때 타락한 '실존'으로 나락하게 된다고 보았다.

불교(佛教)에서는 본질을 생기거나 없어지거나 더럽혀지거나 깨끗해지지도 않는 것, 늙지도 죽지도 않는 대상으로서의 공(空)으로 보고 있다.(최종환)

본질, 형상, 일자, 다자

참고문헌
스털링, P. 램프레히트, 김태길 역, 『서양철학사』, 개정판, 을유문화사, 1992.
오쇼 라즈니쉬, 손민규 역, 『반야심경』, 태일출판사, 1999.

본질주의(本質主義, Essentialism)

진리 담론을 욕망하는 서구 철학의 의지로부터 배태된 관념. 좁은 의미로는 플라톤류의 형상이론(이데아론)에서 연원한 이데올로기를 의미한다. 플라톤(Plato)은 다양한 모사물(模寫物)이 존재하는 현실계가 대응 이데아가 존재하는 형상계에 종속된다고 보았다. 여기서 형상(形相)이란 '본질'이자 어떠한 우유성(偶有性)으로도 귀속되지 않는 '실재'이다.

본질주의는 희랍철학으로부터 시작하여 20세기 포스트모더니즘과 디지털 사이언스 시대에 이르기까지 진리의 시금석으로서 존중돼오고 있다. 이는, 본질주의가 인간 의식의 명증성을 주장하는 데카르트의 존재론을 경유하여 서구 인식론의 거대 서사를 구성해 온 것과 무관치 않다. 무엇보다 본질주의는 서구의 철학과 신학에서 그 기반이 완성되었고 수천년 동안 인류의 무의식에 확고한 진리의 토대를 제시했기 때문이다. 그것은 사물의 불변하는 본체적(noumenal) 현상이나 어떤 것의 필수적인 자질을 설명할 때 사용되는 이념으로 수용돼 왔다.

서구의 윤리철학은 플라톤류의 '본체론적 본질주의'에 영향을 받아온 것이라해도 과언은 아니다. 아리스토텔레스가 신을 '부동(不動)의 동자(動者)'라 명명했던 것도 신이 모든 것에 운동을 부여하지만 스스로는 어느 것에도 영향을 받지 않는 본체적 본질임을 강조한 것이다.

형상(形相)적 실재를 인간 인식의 최상위에 놓는 본질주의는 철학뿐만이 아니라 프로이트(Freud)의 정신분석학에도 영향을 끼쳤다. 프로이드는 남성과 여성의 성적 지위를 제시하는 과정에서 남근(男根)의 현존과 부재를 제시하고 남근성의 지위를 본질적인 것으로 정위하였다. 남근의 유무와 관계된 해부학적 차이에 의해서 인간 퍼스낼리티의 역학이 결정된다는 그의 논점은 운명적으로 결정된 성차(性差)가 본질적인 요소이므로 어떤 외적 수단으로도 변경시킬 수 없다는 심리학적 본질주의를 구성한다. '남근중심주의' 또는 '생물학주의'로 요약되기도 하는 본질주의는 이후 자크 라캉(Lacan)에 의해 극복되기는 하였지만 여전히 정신분석학에서 난제로 남아있는 부분이다.

서구와 동양을 막론하고 현실의 제상을 부조리한 것으로 인식하고 보다 높은 초월적 본질계를 탐구하려는 노력은 본질주의의 형성 배경이 되었다. 동양의 성리학 또한 이에서 예외일 수 없다. 본질에 대한 집착 때문에 동서양의 역사엔 고답적이며 초월적인 메타 담론이 생성되어 온 것이다.

그러나 20세기에 들어, 본질주의가 강요하는 거대 서사를 비판적으로 점검하는 담론들이 형성되기도 하였다. 정신분석학이나 구조주의, 그리고 페미니즘 등에 힘입어 논리를 구성한 포스트모더니즘은 지금까지 문학이나 문화사를 끌어온 주류로서의 본질이 실재가 아닌 허구라 보았다. J. P. 리오타르나 J. 보드리야르 등은 본질 관련 담론을 구성하는 기표란, 그 기의가 유동하거나 아예 없기 때문에 인간이 과거처럼 의지하고 신뢰할 수 있는 본질주의적 텍스트는 확고성이 보장될 수 없다고 주장하였다. 따라서 이후 문학과 문화가 지향해야 할 담론은 우리를 끌어왔던 본질주의가 허구임을 밝히는 담론이며, 플라톤의 로고스 중심주의적 강박에서 주변부로 탈중심화되어야 한다고 보았다. 이 문제와 관련하여 본질주의의 불합리성을 인식한 J. 데리다는 본질 / 비본질의 양분된 텍스트를 해체하는 작업을 그 대안으로 제시하였다. (최종환)

본질주의, 본체론주의, 생물학주의, 메타서사. 성리학

참고문헌
요하네스 힐쉬베르거, 강성위 역, 『서양철학사(하)』, 1983.
리샤 터틀, 유혜련, 호승희 역, 『페미니즘사전』, 동문선, 1999.
장프랑소와 리오타르, 유정완 등 역, 『포스트모던의 조건』, 민음사, 1999.
자크 데리다, 김보현 편역, 『해체』, 문예출판사, 1996.
장 보드리야르, 이규현 역, 『기호의 정치경제학 비판』, 문학과 지성사, 1992.

본체론주의 ☞ 본질주의

볼셰비키/볼셰비즘(러 Bolsheviki)

볼셰비키(Bolsheviki)는 러시아 말로 다수파를 뜻하며 과격한 혁명주의자 또는 과격파의 뜻으로도 쓰인다. 1903년 러시아 사회민주노동당 제2차 대회에서 당원자격 및 투쟁방식을 둘러싸고, 레닌(N. Lenin)을 중심으로 하는 혁명파와 마르토프(L. Martov)를 중심으로 하는 온건파가 대립하여 내적 갈등이 첨예화하였다. 이때 레닌은 자신의 집단을 다수파라는 의미인 볼셰비키로 부르고, 마르토프를 중심으로 한 소수파를 멘셰비키(Mensheviki)로 불렀다. 누구나 당원이 될 수 있다는 멘셰비키와는 다르게 볼셰비키는 당을 소수정예의 직업혁명가들로 구성된 비밀조직으로 보았다. 정통적 서구마르크스주의의 영향을 받은 멘셰비키가 부르주아 민주주의혁명을 당면과제로 삼아 민주적 투쟁방식을 강조한 데 반하여 볼셰비키는 민주적 자유주의의 단계를 거치지 않는 무산계급에 의한 폭력적 정권탈취와 체제변혁을 위하여 혁명적 전략전술을 창안했다. 멘셰비키는 본격적인 사회주의 혁명이 일어날 수 있는 조건이 성숙되기까지 노동자들이 기다려야 한다고 했지만, 볼셰비키는 부르주아 혁명의 주도권이 프롤레타리아에게 있음을 주장하여 농민들과 프롤레타리아가 동맹을 맺어야 함을 역설했다. 볼셰비키는 의식 있는 소수 정예의 직업적 혁명가들에 의한 중앙집권화된 당조직의 필요성을 강조하며, 이들로 구성된 혁명당에 의한 폭력혁명과 독재정치의 이론을 펼쳤다. 그 후 볼셰비키는 혁명운동의 주도권을 잡아 1917년 러시아 혁명을 성공시켰다(1917~1923). 이러한 볼셰비키의 혁명사상을 볼셰비즘이라고 한다. 이 볼셰비즘은 마르크스주의를 러시아라는 특수한 역사적 상황에 변용시켜 재정립하였다. 그러나 볼셰비키는 혁명 이후 취약한 대중적 지지기반 때문에 체제수립과정 속에서 당독재 이론을 더욱 강력하게 적용하였다. 사회주의국가인 소련은 볼셰비즘을 세계혁명이론으로 보편화 · 세계화시키는 데 앞장섰다. (여태천)

멘셰비키, 레닌, 러시아 혁명

참고문헌
E. H. 카아, 이지환 역, 『볼셰비키 혁명사』, 화다, 1985.
황인평 엮음, 『볼셰비키와 러시아 혁명』 1 · 2 · 3, 거름, 1985.

봉건제(封建制, Feudalism)

서구의 중세 7~8세기경부터 영주-종사간에 충성과 헌신의 서약을 계약으로 맺은 제도. 주군은 그의 영토를 지켜주는 종사인 바쌀(Vassal)에게 은대지를 봉토로 주었다. 그 은대지를 로만스 계열어로 페오스(feos) 혹은 피이프(fief)로 불렀으며 라틴어로는 페오둠(feodum) 또는 페오둠(feudum)으로 부르기도 하였다. 그리고 이 용어가 프랑스어로 정식화되면서 feudal, féodal의 형용사로 변하였고 페오달리떼(féodalité)라는 봉건제도를 의미하는 말로 굳어졌다.

봉건제를 성립시킨 경제적 기반은 토지이며 그것을 중심으로 성립된 제도가 장원제이다. 주군으로서의 왕이나 영주는 자신의 토지를 수호하고 이방 영주의 토지를 노리기 위하여 전사(戰士)들을 거느리지 않으면 안되었다. 주군들은 그들을 지켜줄 종사들을 필요로 하였기 때문이다. 그 과정에서 주군은 그들의 생계를 책임져 주어야 했는데 그 대가로 준 것이 토지였다. 종사 및 하급 기사들은 그에 보답하기 위해 목숨을 바쳐 전쟁에 나가고 주군을 수호하였지만 그것은 어디까지나 쌍무적 계약의 범위 내에서였다. 둘 중의 어느 하나가 계약을 이행하지 않으면 그 계약은 자동 파기되는 것이었다.

시간이 흐르며 종사나 기사들의 임무였던 전쟁 참여가 직업적인 돈벌이 방편으로 변질되고 그들의 역할을 대신 해줄 용병대장이나 청부폭력배들이 등장하면서 종사들의 위신은 실추되었다. 신뢰를 바탕으로 한 주군–종사 간의 계약은 오로지 두 계급 간에만 이루어지는 것이었고 하층 계급에게는 적용되지 않았기에 사회엔 극심한 아노미 현상까지 발생하기도 하였다. 종사나 기사들은 심한 소작료를 요구하기도 하고 심지어 농민들을 죽이기까지 하였다. 더러 여자들에 대한 남자들의 횡포가 심화되는 등의 심각한 상황이 발행하기도 하였다.

14세기엔 전 유럽을 휩쓸었던 흑사병으로 인해 농민수가 급감하였다. 그리고 그 때문에 일어난 노동력의 부족과 인플레이션 등의 악재가 발생하였다. 그 와중에서도 귀족들은 기득 이익을 지키기 위해 농민의 임금을 삭감하거나 이전보다 큰 속박의 굴레를 씌웠다. 애초부터 봉건 사회의 구조는 선택된 소수층, 주군이나 귀족, 아니면 성별된 그룹인 성직자 위주의 것이었으며 다수를 차지하던 일반 농민과 수공업자, 상인들을 위한 것은 아니었기에 특권층의 억압과 관련된 악상황은 개선될 수 없었다. 결국 그같은 폭압적인 사회 구조는 결과적으로 일어난 농민봉기와 부르주아혁명을 초래하는 원인이 되었다. 장원제의 기반이 흔들리면서 지대가 화폐의 형태로 변화하고 있었고, 그에 따른 교환 가치의 이득을 민중 계급이 간파하고 있었다. 그러면서 혁명의 움직임이 일어나게 된 것이다. 더구나 당시엔 경제적 기반이 위축된 왕과 귀족이 나타났으며 그들은 민중들의 봉기에 실제 대항할 힘까지 미미하였다. 시간이 흘러 도시의 부흥과 상업을 통한 중간계층이 발흥하면서 중세의 봉건제는 서서히 해체의 길로 접어들었다.

한국의 고대나 중세 국가들의 경우에도 봉건 제도를 기반으로 한 정치 이념을 구현해 왔다. 지배계급은 민중계급의 저항을 의식하여 체제 구성 과정에서 신화 이데올로기를 생성시켰다. 단군신화가 그 대표적 예라 할 수 있다. 한국사에서 봉건 제도가 강화된 것은 성리학을 통치 이념으로 살았던 조선사회에서였다. 성리학적 유교 이념을 금과옥조로 삼은 조선 사회는 인도의 카스트 제도와 흡사한 숙명론적 위계 구조를 강요하고 신분 차별을 합리화하였다. 그리고 그 차별은 봉건 이데올로기의 내면화 과정에서 공고화되었다. 그 지배 욕망은 봉건 윤리의 전개 과정에서 종종 천리(天理)와 동일시되었다. 일례로 조선의 악장문학 「용비어천가」에 반복되는 '하늘 뜯'이란 단어가 그러한 봉건제의 무의식을 대변해 주는 것이라 볼 수 있다. 성리학에 기반한 조선 사대부의 봉건적 지위가 와해되는 과정은 조선 후기 박지원의 『열하일기』나 탈춤 대본인 「봉산탈춤」 등에 반영되어 있다. (최종환)

봉건제, 장원제, 쌍무계약, 숙명론, 성리학

참고문헌
나종일 편, 『봉건제』, 까치 2판, 1990.
진원숙 편역, 『서구의 봉건제도』, 계명대학교출판부, 1985.
패리 앤더슨, 유재건·한정숙 공역, 『고대에서 봉건제로의 이행』, 창작과비평사, 1990.

봉쇄책략(封鎖策略, Straterestegy of containment)

봉쇄책략은 프레드릭 제임슨이 처음으로 사용한 용어이다. 이 개념은 문학작품을 비평하는

데 있어서 사회의 전체성과 관련하여 해석하지 않는다면 완전하지 못하다는 개념이다. 프레드릭 제임슨은 봉쇄책략의 개념을 헤겔의 변증법을 가지고 논의를 전개한다. 헤겔에 의하면 사유와 존재는 긍정(정립), 부정(반정립), 부정의 부정(종합)이라는 구원적 리듬에 따라 변증법적으로 발전한다. 이 과정에서 앞선 두 계기는 초극되는 동시에 보존된다. 즉, 정(正)의 단계란 그 자체에 모순을 내포하고 있음에도 불구하고 모순을 알아채지 못하고 있는 단계이며, 반(反)의 단계란 모순이 자각되어 밖으로 드러나는 단계이다. 그리고 이와 같이 모순에 부딪침으로써 제3의 합(合)의 단계로 전개해 나간다. 이 합의 단계는 정과 반이 종합 통일된 단계이며, 여기서는 정과 반에서 볼 수 있었던 두 개의 규정이 함께 부정되면서 또한 함께 살아나서 통일된다. 이와 같이 존재에 관해서도 변증법적 전개가 가능하다고 생각한다면 존재 그 자체에 모순이 실재한다는 결과가 되기 때문에, 변증법은 모순율을 부정하는 특별한 논리이다.

다시 말해 변증법은 역사속에서 작동하는 부정의 논리이다. 헤겔에 의하면 변증법은 사유의 현실적 운동과 관련을 맺는다. 마르크스는 모순에 의한 운동이라는 이 주제를 발전시켰다. 그러나 헤겔에게 역사를 활성화하는 모순이 정신의 모순인데 반해 마르크스에게는 사회적·물질적 모순이다. 즉, 마르크스에게 역사적 원동력은 계급투쟁이다.

프레드릭 제임슨은 여러 가지 문학작품의 비평 방법들이 문학작품의 독해가 자족적이라는 환상을 심어주었다고 지적한다. 그는 고전적 정치경제학파가 자신들의 최선의 통찰이 가져오는 결과를 어떻게 회피했는가에 관한 맑스의 해석을 빌어 이 개념을 만들었다. 즉 봉쇄책략은 이데올로기의 작용을 분석하는 도구이다. (최경희)

변증법, 변증법적 유물론

참고문헌
프레드릭 제임슨, 김유동 역, 『후기 마르크스주의』, 한길사, 2000.
숀 호머, 이택광 역, 『프레드릭 제임슨 : 맑스주의 해석학 포스트모더니즘』, 문화과학사, 2000.

봉합지점(Quilting Point, 프 Point de Capiton)

봉합지점은 라캉의 정신분석에서 발견되는 용어이다. 라캉은 프로이트의 무의식을 상상계, 혹은 거울 단계로 재해석하면서 소쉬르의 구조주의 언어학을 적용했다. 그가 "무의식은 언어처럼 구조되어있다"라고 말할 때 그 말은 무의식이 은유와 환유의 두 축으로 구조되어있다는 구조주의 언어학을 반영하면서 동시에 무의식이 기표의 지배를 받는다는 뜻이다. 소쉬르는 처음으로 언어가 기표(signifier)와 기의(signified)로 이루어진다고 밝혔다. 의미가 절대적이 아니고 자의적임을 암시하는 이 말에서 라캉은 초월기표라는 개념을 만들어낸다. 즉 하나의 기표는 시간과 장소에 따라 수많은 기의를 지닌다는 것이다. 은유는 환유에 종속되고 기표는 잠정적이다. 봉합지점이란 강물처럼 흐르는 의미들에 기표라는 그물을 던져 하나의 의미를 건져올리는 지점이다. 혹은 거울단계가 거세를 받아들여 자아가 상징계로 진입하는 지점을 가리킨다. 거울단계에서 자아는 대상을 인정하지 않기에 수많은 신들의 라이벌이 된다. 즉 자아와 대상을 동일시하기에 쌍둥이가 되어 먹고 먹히는 라이벌관계를 형성한다. 거울단계는 공격성으로 규정된다. 이 공격성을 억압하고 대상을 인정하려면 기표에 의해 거울단계가 봉합되어야 한다. 봉합지점이란 프로이트의 거세, 혹은 억압과 같은 용어이다. 라캉이 봉합지점이란 용어를 쓰는 이유는 거울단계의 공격성이 기표에 의해 꿰매지면서 인간은 대상을 인정하는 상징계로 들어서고 비로소 주체가 탄생하기 때문이다. 만약 꿰매는 작업이 일어나지 않으면 인간은 정신병(psychosis)에 빠진다. 그런데 여기에서 조심할 것은 이 꿰매는 작업은 너무 단단해서 흔적이 없어지면 안 된다는 것이다. 꿰맨 흔적 사이로 보이는 것이 타자(the other)이다. 주체가 타자를 인정하지 않으면 도착증(perversion)에 빠진다. 결국 봉합지점은 주체와 타자가 탄생하는 지점이며 거울단계가 억압되는 지점이며 의미가 형성되는 지점이다. (권택영)

아버지의 이름, 초월기표, 상징계, 주체와 타자, 억압, 거세

참고문헌
딜런 에반스, 김종주 역, 『라깡 정신분석사전』, 인간사랑, 1998.
자크 라캉, 『욕망 이론』, 문예출판사, 1994.

부(賦)

문체 이름. 부에 담긴 뜻은 한 차례의 변화 과정이 있었다. 『좌전(左傳)』에 보면 어떤 사람이 어떤 작품을 부했다는 기록이 자주 나오는데, 이 때 부는 암송해 외었다는 뜻이지 문체를 가리키는 것은 아니었다. 『한서 · 예문지』에서 말한 "노래하지 않고 암송하는 것을 일러 부라 한다(不歌而誦謂之賦)"는 말도 이런 의미에서였다. 「시대서(詩大序)」에서는 6의(六義)라 하여 풍(風) · 아(雅) · 송(頌) · 부(賦) · 비(比) · 흥(興)을 들고 있는데, 정현(鄭玄, 127~200)의 설명에 따르면 부는 펼친다(鋪)는 뜻이지, 문체를 가리키지는 않았다.

부가 문학의 체제가 된 것은 초사(楚辭)에까지 소급할 수 있다. 전국시대 중기에 굴원(屈原, 전339~전278)의 「이소(離騷)」와 「구가(九歌)」 등은 당시에 부라는 명칭을 붙이지는 않았지만, 한나라의 유향(劉向, 전79~전8)과 유흠(劉歆, ?~23)이 비서각(秘書閣)의 서적을 교정할 때 굴원의 작품을 편집하면서 처음으로 굴원부(屈原賦) 25편이라고 하여 『한서 · 예문지』에 수록되었는데, 함께 수록되지 않은 작품에는 송옥부(宋玉賦) 16편, 당륵부(唐勒賦) 4편이 있었다. 초사와 부 사이에는 확실히 긴밀한 관련성이 있었기 때문에 후대에 문체를 분류할 때에는 사부(辭賦)로 합칭했고, 굴원을 사부의 시조로 인정하게 되었다.

부의 특징에 대해 『문심조룡·전부(詮賦)』편에는 "부란 펼쳐 서술하는 것이다. 문채를 펼쳐서 문장을 아름답게 엮고, 사물을 체득하고 관찰해서 감정과 사상을 표현한 것(賦者 鋪也 鋪采摛文

體物寫志也)"이라고 하였다. 한나라의 대부에는 산수를 모사하고 궁원(宮苑)에서 수렵을 하는 장면을 서술한 작품이 부쩍 많아지며, 각종 진귀한 새와 기이한 짐승, 이름난 꽃과 이상한 나무, 벌레와 물고기와 어족들, 수레와 깃발들과 의장(儀仗) 등에 대한 이름이 번다할 정도로 대량으로 나열된다. 이 때문에 육기(陸機, 261~303)는 「문부(文賦)」에서 "시는 감정을 좇아 아름답게 수놓여지고, 부는 사물을 체득하여 묘사하여 맑고 밝다(詩緣情而綺靡 賦體物而瀏亮)"고 말했던 것이다.

부는 내용상으로 볼 때 체물(采物)과 사지(寫志)를 반드시 갖추어야 하고, 예술적인 표현의 문제에서는 필연적으로 포진에 주의를 기울여 사물의 외형과 내적인 이치(內理)를 잘 형상화해야 한다. 포서(鋪敍)와 형용을 중시하기 때문에 언어에 있어서는 화려하고 아름다운 문채를 구사하지 않을 수 없어서 곱고 화려한 색채를 띠게 된다. 이 밖에 부는 성운(聲韻)의 아름다움에도 많은 관심을 가지고 있는데, 산문의 서술 기법과 구성 방식, 운문 시가의 성률과 리듬을 결합하고 길고 짧게 이어지는 시구와 생동감 넘치게 다양하게 변하는 각운 및 대구법, 대우(對偶) 등을 활용한다.

부체(賦體, 辭賦)는 시기에 따라 소체(騷體)와 한부(漢賦), 병부(駢賦), 율부(律賦), 문부(文賦) 등 다양한 단계를 거쳐 발전하였다.

당송 시대에는 고문운동의 영향을 받아 부분적으로 부도 병려문을 쓰던 흐름에서 선회하여 산문체를 구사하는 경향을 나타내 대구나 음률, 문채, 전고에만 매달리지 않게 되었다. 아울러 작풍이 개방적이고 유창해지며 형식에 있어서도 단락마다 변화가 두드러지고, 압운의 제약도 비교적 자유로워지면서, 산문체의 청신하고 창쾌(暢快)한 기세가 형성되었다. 이를 일러 문부라고 하였다. 두목(杜牧, 803~852)의 「아방궁부(阿房宮賦)」와 구양수(歐陽修, 1007~1072)의 「추성부(秋聲賦)」, 소식(蘇軾, 1037~1101)의 「적벽부(赤壁賦)」 등이 모두 대표적인 작품이다. (임종욱)

좌전, 초사, 육의(六義), 대우(對偶), 아방궁부, 추성부, 적벽부.

참고문헌
임종욱, 『동양문학비평용어사전-중국편』, 범우사, 1997.
_____, 『중국의 문예인식』, 이회, 2001.
_____, 『중국문학에서의 문장체제 인물 유파 풍격』, 이회, 2001.
주훈초, 『중국문학비평사』, 이론과실천, 1992.

부(賦)/비(比)/흥(興)

중국 고대의 시론(詩論)으로서, 육의(六義)중 세 가지 문체를 일컫는다. 후한의 위굉(衛宏)이 지은 『모시서(毛詩序)』에서는 '시에는 풍(風)·부(賦)·비(比)·흥(興)·아(雅)·송(頌) 육의가 있다'고 되어 있으며, 작자의 정치목적을 위주로 하여 '풍은 풍자, 아는 바로잡음, 송은 신에게 고함'이라고 해설하고 있다.

육의는 『모시』가 지니는 경서로서의 권위와 더불어 오래도록 시 창작상의 전범(典範)이 되었지만, 부·비·흥에 대한 명확한 해설이 없었으므로 갖가지 상이한 해석을 낳았으며, 특히 흥에 대하여 그러하다. 오늘날의 학설에 의하면, 각 지방의 풍속 민요인 풍(風), 조정의 연회가(宴會歌)인 아(雅), 제례용(祭禮用)용인 송(頌)의 구분은 주로 용도에 따른 양식별이며, 부와 흥은 고대에 특유한 시의 표현법상의 2대별이다.

부(賦)는 신의 말씀을 전하거나 신을 찬양할 때 직접적으로 이를 서술하는 것으로, 서사시로 전개된다. 흥(興)은 신과 사람을 매개하는 사물을 빌려 기원·축계(祝)·불운을 말하는 데서 비롯된 것으로, 그 서술이 상징적 의미를 가지고 통용되며, 서정시가 이로부터 전개된다. 한대(漢代)에는 직서성의 묘사체로서 하나의 문체명으로 정착되었다. 비(比)는 흥에서 발전한 수사(修辭) 기교의 비유이다. 후인들은 비흥을 함께 아우르며 사용했다. 굴원(屈原)의 「이소(離騷)」가 비흥에 뛰어나다고 하는 평이 그러한 예이다.

후에 『시경』에서는 이 육의(六義)에서의 부(賦)·비(比)·흥(興)에 대하여 다음과 같이 이야기 하고 있다. '풍, 아, 송'이라는 분류 외에도 부(賦), 비(比), 흥(興)'으로도 나누어진다. 주희(朱熹)의 견해에 따르면, '부'는 대상을 직접 길게 펼쳐 쓰는 것이고, '비'는 빗대는 것, '흥'은 먼저 다른 대상을 읊은 다음 읊고 싶은 대상을 읊는 것이라 한다. 이러한 견해는 『시경』을 문자화 이후의 읽는 시로만 잘못 생각하여 그 표현방식을 나누어 본 것이다.

그러나 『시경』은 원래 악가(樂歌)였으므로 『시경』을 문자화 이전의 노래로 볼 때 '부, 비, 흥'은 시의 표현방식이 아니라 노래 또는 연주의 표현방식으로 보기도 한다. 이렇게 보면 주희의 견해는 이렇게 정리되기도 한다. '부'는 독창, '비'는 주고받는 노래(對唱), '흥'은 먹이고 받는 노래(독창+중창)라는 설이다.

『주례(周禮)』에서 '육시(六詩)'라 하여 '풍·아·송'과 '부·비·흥'을 나누지 않고 함께 언급하면서도 그 순서도 '풍·부·비·흥·아·송'으로 뒤섞어 놓았던 것은 기본적으로 육시 전체를 음악적으로 다룬 것이었다. 그 후 한대(漢代)에 이르러 『시경』은 이미 가사만 남아 있었기 때문에 음악적 기준에 따른 '부·비·흥'의 분류는 불가능했다. 그래서 지금 우리가 보는 『시경』을 최초로 해석한 한대의 『모전(毛傳)』도 '부·비·흥'에 대한 설명은 하지 못한 채 사승 관계에 따라 물려받은 대로 작품들을 각기 '부·비·흥'으로 나누고 있을 뿐이다. (오태석)

부비흥, 시경, 육의(六義), 비흥(比興), 체재, 문체, 부(賦)

참고문헌
김학주, 『중국문학의 이해』, 신아사, 1996.
「毛詩序」, 衛宏

부르주아(有産者, Bourgeois)

생산수단을 소유하지 못한 무산계급(proletariat)에 대한 반동적 자의식을 가진 유산 계급. Bourg는 프랑스어로 성(城)을 의미하는 바, '성 안에 거주하는 부유한 자'들이란 의미로 풀이하는 것이 일반적인 정의이다. 부르주아(Bourgeois) 계급은 구체적으로 16세기 지리상의 발견이나 해상 무역의 확대로 인해 경제적 실권을 쥐게 된 상인이나 지주 계층을 의미한다. 일반적으로, 부르주아 계급은 14, 15세기 이후 교회와 영주의 권력을 떠받들던 봉건적 체제가 흔들리며 농노 해방이 이루어지는 무드를 타고 나타나기 시작하였다. 부르주아는 이데올로기가 강화된 용어이며, 마르크스주의 이데올로기에 의해 생성된 것인 만큼 사회주의적 관점에서 보다 잘 해명될 수 있다.

부르주아는 무산계급의 값싼 노동력을 활용하여 이익을 극대화하는 계층이다. 중세의 신흥 부르주아 계급엔 자영농민층(自營農民層), 직인(職人), 도제(徒弟), 상인자본가 등이 포함되어 있었다고 보는 시각이 지배적이다. 금권을 쥔 그들은, 무산 계급을 자신들의 이해 관계에 따라 자유롭게 해고할 수 있었기 때문에 무산자 계급을 착취하는 주체로서 성장하였다. 부르주아지는 상업을 통해 축적한 막대한 자본으로 다른 생산수단을 매입하고, 발생하는 잉여 이익을 재독점하면서 자본주의 경제 구조를 축조하기 시작하였다. 그들 중의 일부는 생산력을 극대화하기 위해 노동자들에게 돌아가야 할 보수를 삭감하거나 몰수하기도 하여 무산 계급의 집단적 반발을 사기도 하였다.

부르주아지와 프롤레타리아 간의 착취 / 피착취 구조는 마르크스에 의해 과학적 규명 작업이 시도되었다. 먼저 마르크스는 사적 유물론의 전개를 통해 자본주의를 역사 발전의 한 단계로 정립시켰다. 그의 문제의식은, 원시적 채집 경제나 농경 경제 또는 중세의 봉건주의 경제구조와는 달리 부르주아가 주도하는 시장 경제는 '땀을 흘리거나 손이 부지런한 만큼 개인 자산이 증가하는' 전근대적 경제구조와는 다르다는 데 있었다. 부르주아가 끄는 자본주의 경제는 자본 자체가 상품화되는 독특한 구조로 발전되었다는 점에 특징이 있다는 것이다. 마르크스는 그 때문에 부르주아 경제 체제가 자기모순으로 인하여 결국 전복될 것이라는 전망을 제시하였다.

그러나 근대 이후 부르주아 계급은 여러 형태의 프롤레타리아 혁명이 시도됐음에도 불구하고 붕괴되지 않았다. 그 점에서 역사의 변증법에 의해 자본주의적 토대가 사회주의적 토대로 전환될 것이라고 했던 마르크스의 이론은 수정되어야 했다. 이후 제2 인터내셔널기의 로자룩셈부르크나 안토니오 그람시, 루이 알튀세 같은 후기 막시스트들이 마르크스 이론의 공백을 발견하려는 의지를 보여주었다. 그들이 발견한 것은, 부르주아지는 자기 욕망을 합리화하는 이데올로기를 빠른 속도로 사회에 유포한다는 점이었다. 즉, 부르주아는 자본주의에 도전하는 사회주의 이데올로기를 포용하고 파편화된 자기 이데올로기를 복구할 수 있는 능력을 가진 계급으로서 스스로의 욕망을 합리화하는 부르주아 윤리를 생산한다.

그러나 부르주아 계급이 중세의 숙명론적 봉건 윤리를 퇴장시키고 소유의 욕망을 긍정하여 역사 발전을 진보시킨 점만큼은 긍정되어야 한다. 무엇보다 부르주아지는 자본 증식의 욕망을 종교적으로 합리화한 캘빈의 청부(靑富) 사상을 수용하여 근대 시민 사회를 여는 데 일조한 계급이란 점에서 그렇다. 부르주아지 이데올로기는 재화 이윤을 합법적으로 극대화하기 위해 그들 중심의 윤리를 사회에 유포시켰지만, 결국 그 이데올로기가 봉건 사회 구조를 해체시키는 결과를 불러온 것이다. 이후 그들은 산업혁명을 주도하여 근대 자본주의 경제체제를 구현시켰다. (최종환)

부르주아, 프로레타리아, 마르크스, 시민사회

참고문헌
안토니오 그람시, 이상훈 역, 『옥중수고』, 거름, 1993.
리오휴버먼, 장상환 역, 『자본주의역사바로알기』, 책벌레, 2000.

부르주아 문학(Bourgeois literature)

일반적으로 부르주아 문학이란 근대 시민의식이 반영된 18~19세기 유럽의 문학을 말한다. 근대 시민사회가 유럽에서 태동하면서 신흥 부르주아들은 절대군주와 궁정(宮廷)의 상징성으로부터 벗어나 시민사회의 원천인 공공성에 대한 자의식을 갖게 되었다. 근대 시민사회의 담당자인 시민들은 스스로 일상적인 삶의 여러 관심사들을 비판할 수 있게 되었으며, 중산계급의 문화활동 역시 대중화·세속화되었다. 이들은 17세기 말에서 18세기 중엽까지 시민담화의 형식인 신문 에세이를 통해 상당한 문화적 영향력을 행사기 시작했다. 18세기 말 이후, 일부 상류 특권계급의 소유물이었던 문학은 점차 민중의 손에 맡겨지게 되어 궁정에서 가정으로 옮겨졌다. 그 이후 18~19세기에 근대 시민의식을 반영한 문학을 일반적으로 '부르주아 문학'이라고 지칭한다. 개인적이고 합리적인 색채가 강한 이 시기의 문학을 '시민문학'이라고도 하는데, 대부분 중산층의 생활과 기질을 매우 사실적으로 묘사하여 사실주의 문학의 모태가 되기도 했다. 이러한 문학 양식은 영국과 프랑스에서 특히 발달하였다. 예를 들면 디포(D. Defoe)의 유명한 소설 『로빈슨 크루소 Robinson Crusoe』(1719)는 사건을 사실적으로 나열하는 가운데 당시 영국의 신흥 중산층들의 기질을 여실히 드러냈다고 평가받고 있다. 1920~1930년대에 세계적으로 전개된 프롤레타리아 문학(proletarian literature)에 의해 비판적 의미로 사용되기도 하지만, 넓은 뜻으로는 19세기 유럽문학 일반에 걸친 새로운 문학을 곧 부르주아문학이라고 부른다. (여태천)

시민문학, 프롤레타리아문학, 사실주의

참고문헌
A. 하우저, 백낙청 역, 『문학과 예술의 사회사』 1·2·3·4, 창작과비평, 1999.
E. 푹스, 이기웅 역, 『풍속의 역사 : 부르주아의 시대』, 까치, 2001.

부르주아의 서사시(Bourgeois epic)

마르크스 비평가인 루카치(G. Lukacs)는 사회적 현실을 반영하는 19세기 장편소설을 처음으로 '부르주아의 서사시'로 명명하였다. 그는 헤겔(G. W. F. Hegel)이 말한 '완전히 통일된 전체

fully unified whole'로서의 고대 서사시의 총체성을 19세기 리얼리즘 소설의 해석 방식으로 활용하였다. 그는 서사시가 고대 사회의 전형적 형식이었으나 자본주의 사회와 경제체제 안에서 완전히 붕괴되고, 그 대체적 장르로 장편소설이 등장하였다고 보았다. 루카치에 의하면 장편소설은 총체성의 세계가 완전히 파괴된 근대 사회의 대표적인 문학 장르다. 장편소설에는 사회와 역사 전체를 대표하는 영웅적 인물은 사라졌으나 대신 한 개인의 성격과 행위가 집단과 계급을 대표한다. 장편소설은 파편적 세계를 그리면서도 총체적 세계에 대한 회귀의식을 지니고 있다는 점에서 고대 서사시가 지니고 있었던 총체성을 환기시킨다. 개인의 운명과 사회의 모순을 재현하는 장편소설의 통일성은 서사시가 지닌 총체성과 동질적이거나 적어도 그러한 세계를 지향한다. 따라서 장편소설은 자본주의 사회의 총체적 모순을 생생하게 그려내는 근대사회의 '서사시'인 셈이다. 루카치는 장편소설의 장르적 특성이 서사시가 지니는 미학적 원리를 충실히 반영하고 있다는 점에서 '부르주아의 서사시'라고 불렀던 것이다. 우리 문학에서 이광수의 『무정』(1917), 홍명희의 『임꺽정』, 이기영의 『고향』(1933) 등은 당대 사회의 총체성을 잘 보여준다는 점에서 '부르주아의 서사시'적 특성을 지닌다고 할 수 있다. (여태천)

서사시, 영웅적 인물, 장편소설, 총체성

참고문헌

G. 루카치, 반성완 역, 『소설의 이론』, 심설당, 1985.

G. W. F. 헤겔, 두행숙 역, 『헤겔 미학』, 나남, 1996.

부르주아혁명(Bourgeois revolution)

16~18C에 봉건제의 모순 구조를 혁파하기 위해 부유한 평민들과 신흥지주들이 일으킨 혁명. 1648년과 1688년 일어난 영국의 시민혁명, 1789년 프랑스혁명이 그 대표적 예이다. 중세 봉건제 사회에서 성직자와 귀족은 특권을 누리는 제 1신분과 제 2신분으로서 세금 면제 특권부터 다양한 혜택을 누리는 소수층이었다. 그러나 제 3신분이었던 민중은 비특권계급으로 분류되어 국민의 대다수인 2500만을 차지하고 있었다. 그 중에 25만명 정도의 상층 중간계급이 존재했고 도시에 사는 장인들이 존재하였다. 그 중간 계급이 부르주아였으며 그들은 자신들의 경제적 이익의 실현을 위해 촉각을 곤두세우고 있었다.

18세기 프랑스 정부는 중간 계급의 세금을 부정과 부패로 모두 써버렸으며, 새 대륙의 발견이나 시장의 확대로 인하여 그 계급에게 부(富)를 증식시켜 줄 수도 있었음에도 그것을 꺼려하였다. 영주와 귀족은 농민에게 품삯을 제대로 주지 않았으며 여전히 권위적인 봉건제의 인습을 강화하고 있었다. 봉건제의 사회구조가 점차로 와해되어 가고 있음을 간파하고 있었던 농민들과 상인들은 그네들의 경제적 이익을 실현할 만한 기회를 마련해 달라고 호소하였으나 그마저 묵살되었다. 그때, 먼저 농민 계급의 저항이 일어나게 되었고 부르주아 계급이었던 상인이나 직인, 자영부농층이 그 분위기에 적극 동참하기 시작하였다. 그들은 혁명에 필요한 물질적인 것들을 적극 지원하였다. 그것은 표면적으로는 농민의 요청에 대한 협력이었지만 이면적으로는 농민 계급의 저항을 업고 자신들의 부(富)를 실현할 수 있는 근대적 경제 체제를 구성하기 위함이었다.

교육받은 중간 계급으로서 문화를 향유하고 경제적 여유까지 있었던 부르주아지는 상공업에서 자유를 가져다 줄 새로운 시대 질서를 원하였다. 그리고 그들의 사회적 법적 지위를 확보하기 위한 그 욕망을 '이성의 요구'란 말로 정식화하였다. 국가에 세금을 낸 돈을 국가가 유용하는 것을 보고 두려워진 부르주아지는 재정 참정권을 스스로 쟁취하고자 하였다. 그들은 농민 계급의 요구에 부응하여 혁명을 일으킴으로 말미암아 결국 기회를 붙잡게 된다. 프랑스혁명이 그 대표적인 예였다. 그들은 소외된 민중을 앞세우고 그들을 지원함으로 자신들을 억누르는 봉건 귀족과 성직자에게 저항을 하였다. 중간계급으로서의 부르주아가 보였던 분노는 여러 형태의 혁명으로 분출되었으며 18세기 말에 와서 마침내 낡은 봉건 질서를 혁파할 정도로 그들의 힘은 성숙되었다.

영주에게 대부분의 토지가 종속된 봉건적 장원제는 중세의 사회−문화적 위계질서를 형성시키는 근간 제도였다. 그러나 부르주아 혁명이 일어났던 것은 당시 봉건 제도 안에 '분열의 조짐'이 가시화되고 있었기 때문이었다. 봉건제가 불러온 상−하 관계는 심지어 하층 민중의 억압이나 여성에 대한 가부장적 문화를 형성하였고 제 3계급이었던 일반 농민이나 중간 계층인 도시의 수공업자에게도 원성을 살 만한 측면으로 작용하고 있었다. 사법권은 영주가 쥐고 있었으며 그들이 관심을 둔 것은 전쟁에서의 승리였으며 이웃 영토의 탈취였다. 영주들은 생산계급에게 끊임없는 세금을 요구하였고 점점 더 특혜를 누리길 원했던 것이다. 국가의 대부분을 구성하는 민중들의 세금(稅金) 감면의 요구나 부(富)의 증식을 갈망하는 신흥 중간계급의 상업적 요구가 억압되는 상황에서 부르주아 계급의 반발은 자연스런 것이었다. 봉건적 경제 구조는 지리상의 발견이나 각종 무역을 통해 힘을 얻기 시작한 수공업자들이나 지대를 화폐로 내기 시작하면서 교환가치에 새롭게 눈을 뜨게 된 농민이나 부르주아지에게 붕괴의 빌미를 내주고 있었던 것이다. 부르주아지는 그 허점을 공략하려 하였고 그들과 요구 조건이 비슷한 민중들을 포섭하여 자신의 욕망을 실현하는 데 성공하였다.

근대 시민 사회와 평등 이념의 전파는 그들의 참여에 많은 부분 빚지고 있다는 점에서 부르주아 혁명이 중세에서 근대에로의 역사를 이동시킨 과정은 인정되어야 한다. 그러나 그들의 혁명은 부정적인 면모로 귀착되었다고 보는 시각도 있다.

혁명의 종식 후 부르주아지는 혁명 과정에서 교회와 귀족에게서 거두어들인 토지로 고리대금업을 하거나 부정한 납품 계약 등을 통해 중세의 특권 계급보다 더 큰 부(富)를 축적하였기 때문이다. 증식하는 부르주아지의 욕망은 결국 그들을 도운 농민 계급을 배반하는 욕망으로 나타난 것이다. 자유, 평등, 박애를 주창했던 그들의 초기 명분이 결국 민중 계급을 억압하는 이데올로기로 귀착됐다는 점은 부르주아 계급이 지닌 근원적 한계였다. (최종환)

부르주아혁명, 중간계급, 교환가치, 시민사회

참고문헌
브라이언 타이어니・시드니페인터, 임연규 역, 『서양중세사』, 집문당, 1986.
리오 휴버만, 장상환 역, 『자본주의역사바로알기』, 책벌레, 2000.

부인(否認, Disavowal)

프로이트 정신분석학에서 부인은 충격과 외상을 불러일으키는 현실의 지각을 부정하는 특수한 방어형태를 의미한다. 프로이트는 『물신주의』(1927)에서 부인을, 특히 여자의 남근 부재 현실을 부정하는 방어 수단으로 해석하며, 이를 바탕으로 물신주의(fetishism)의 심리적 기제를 해명한다. 물신주의자는 여자의 남근 부재를 부인하고 여자의 남근의 대체물로서 물신을 채택한다. 프로이트에 따르면 이는 '여성의 거세' 사실을 인정하지 않음으로써 거세 위협에 대해 승리감을 표시하고 이를 방어하기 위함이다.(SE 21, 154) 여성의 남근 부재를 아버지에 의한 거세의 가능성에 대한 암시로 받아들인 주체는, 거세 가능성이라는 실제적 위험을 인식하고 근친상간의 욕망을 포기하든가, 아니면 여자의 거세 사실을 부인해야 한다. 여자의 남근의 대체물로서의 물신은 거세 위협을 느끼지 않으면서도 근친상간을 욕망할 수 있는 구실을 물신주의자에게 제공한다. 물신주의자는 부인 기제를 통해 여자의 거세와 남근을 가진 여자라는 서로 상반되는 인식이 서로 영향을 주지 않은 채 공존할 수 있도록 한다. 프로이트는 이러한 부인 기제와 관련해 자아의 분열을 말한다. 프로이트가 부인 혹은 자아분열을 성도착, 물신주의에 특유한 현상으로 보았지만, 그럼에도 불구하고 이것을 정신병, 신경증을 설명하는 기제로 확대해 논했다면, 라캉은 부인을 특히 성도착에 고유한 기제로 엄격히 정의한다. 라캉에 따르면 신경증과 정신병에 고유한 기제는 각각 억압(repression), 배척(forclusion)이다. 부인 기제에서 라캉은 물신이 어머니의 욕망과 향유에 대한 방어라는 사실을 강조한다. 물신주의자는 어머니의 남근 부재를 부인함으로써, 달리 말하면 남근을 가진 어머니를 상정함으로써, 결여된 어머니가 주체에게 제공하는 불안, 삼킴의 위협으로부터 벗어나려고 한다. "만약 거세라는 것이 존재한다면 그것은 오이디푸스 콤플렉스가 거세인 한에서이다. 거세는……아버지와 관련이 있는 것만큼이나 어머니와도 관련이 있다. 어머니의 거세는 아이에게 삼켜짐과 물어뜯김의 가능성을 의미한다. 어머니의 거세가 선행하며 아버지의 거세는 그 대체물이다"(Sém. IV, p.367). (홍준기)

물신주의, 성도착, 오이디푸스 콤플렉스

참고문헌
홍준기, 「자끄 라깡, 프로이트로의 복귀−프로이트・라깡 정신분석학 : 이론과 임상」, in : 김상환・홍준기 엮음, 『라깡의 재탄생』, 창작과비평사, 2002.

S. Freud, Fetishism(1927), SE 21, London : Hogarth Press, 1973.
S. Freud, The Splitting of ego in the process of defense(1938), SE 23, London : Hogarth Press, 1973.
J. Lacan, Le Séminaire livre IV. Le Relation d'objet, Paris : Seuil, 1994.

부재(Absence)/현존(Presence)

해체주의(Deconstruction) 철학자인 자끄 데리다(Jacques Derrida. 1930~2004)는 기존 서구철학이 주장한 모든 진리를 우상으로 보고 철저히 파괴하고자 하였다. 데리다는 우상을 현전(現前, 現存)의 형이상학이나 로고스 중심주의로 부르고, 그 우상을 공격 · 파괴하는 철학을 정립하고자 한다. 데리다가 볼 때 역사적으로 서구철학은 비이성에 대한 이성, 차이에 대한 동일성, 부재(absence)에 대한 현전(현존, presence)을 진리 근거로 주장해왔다. 서구철학은 본질/현상의 이원적 대립구조를 근저에 두고 진리－권력의 전략을 펼친 것이다. 본질을 현상에 대해 우선적인 것으로 보고 현상을 본질로부터 파생된 이차적인 것으로 설명함으로써 본질에 특권을 부여하고 그 특권이 그 대립항을 지배하는 것을 정당화 시켜 왔다. 본질은 현상을 배제하고 동일성은 차이를, 현존은 부재를 배제함으로써 진리가 되었기 때문에, 서구 형이상학의 진리 자체는 억압을 내포하고 있는 폭력적인 것이 된다. 데리다는 '이성', '동일성', '현존'에 대비되는 '비이성', '차이', '부재'라는 타자(他者)들을 해방시키고자 한다. 이것은 억압적이고 기만적인 이성에 대한 비판에 그치는 것이 아니라, 경제적 착취 · 성적 불평등 · 인종적 차별 등에 대해 투쟁하는 것이다.

그러나 데리다는 우상을 공격 · 파괴하지만 기존의 철학자들처럼 앞선 우상을 대체할 새로운 진리를 내세우지 않는다. 다시 우상으로 전락할 자신의 진리를 제시하지 않기 때문에 자신은 비판받지 않는 유리한 입장 확보하지만, 한편에서는 허무주의적 철학이라는 비판을 받기도 한다. 데리다의 '현존'과 '부재'의 개념도 서로를 대체하는 이분법적 개념이 아니다. 현전적 존재가 존재할 수 있는 것은 현전적 존재자를 현전화시키는 존재(부재)이며, 이 존재가 현전적 존재자와 관계할 때 존재론적 차이가 발생한다. 따라서 모든 현존(presence) 개념은 부재(absence)에 필연적으로 이르게 된다. 데리다에 의하면 "이것 아니면 저것의 부재가 아니라 현존으로 나타나는 모든 것의 부재인 오직 순수 부재만이 영감을 주고 영향을 미친다." (문경연)

데리다, 해체철학, 차연, 로고스중심주의

참고문헌
자끄 데리다, 남수인 역, 『글쓰기와 차이』, 동문선, 2001.
_____, 『그라마톨로지에 대하여』, 동문선, 2004.
김상환, 『해체론시대의 철학』, 문학과 지성사, 1996.

부정(否定, Negation)

정립된 명제의 진리가를 거부하거나 부인하는 행위. 영어로 '부정'을 의미하는 negation은 부인, 거절, 반대를 뜻하는 라틴어 negatio에서 유래하였다. 부정엔 <논리적 부정>과 <실존주

적 부정>, 그리고 '부정의 부정'으로서의 <변증법적 부정>이 존재한다. 이는 차례로 정반대 의미값으로서의 부정, 저항이나 부인(否認)의 의미에서의 부정, 변증법적 계기로서의 부정 등으로 요약된다.

<논리적 부정>은 논리학에서 A≠−A라는 모순율의 공리(公理)를 통해 제시될 수 있는 성격의 것이다. 우항의 −A를 부정하여 −(−A)로 정식화하는 순간에 좌항의 A값이 도출된다. 예컨대, '깨끗하다'가 '더럽다'의 반대 의미로 정립된 것이라면 '더럽다'를 다시 부정하여 전자의 의미를 확보할 수 있다. 그 때문에 둘 사이엔 논리적 부정 관계가 성립되며 좌항과 우항은 표리성을 맺는다. 논리적 부정은 인지적(認知的) 요소를 통해 작동하기 때문에 수학적 진리가나 논리성을 따질 때 유효하다.

<실존주의적 부정>은 부조리에 저항함으로써 인간적 자유를 확보하는 의지 행위로서의 부정이다. 문학의 경우 까뮈(A. Camus)의 『이방인l'étranger』 등에 나타난 부정이라 말해볼 수 있다. 부조리한 실존에 대응하는 이같은 부정엔 반드시 논리적 모순에서와 같은 반대의 진리값이 결과로 도출되는 것은 아니다. 실존주의적 부정은 정의적(情宜的) 요소나 의식의 능동성과 관련된 화두와 결합하며 작동하기 때문이다. 문학을 모순된 현실 질서를 부정하는 욕망의 언어라 정의한다면, 이같은 부정의 능력은 세계와 자신의 실존을 새로이 열어가는 힘으로 작용한다. 일례로, 80년대 한국문학의 한 주류였던 민중문학이나 노동 문학 담론은 현실을 꿈이나 환상의 프리즘으로 이해하려 했던 기존 문학의 욕망들을 전복하는 부정의 담론이라 할 수 있다.

셋째, 역사 발전이나 의식의 발전 단계에서는 '부정의 부정'을 통해 전개되는 <변증법적 부정>이 있다. 이 경우의 '부정'은 '변증법'의 문제와 불가분의 관계성을 띤다. 헤겔(Hegel)은 『정신현상학Phanomenologie des Geistes』에서 역사의 절대정신이 전개되어 나가는 과정을 '변증법'의 속성 때문이라 보았다. 모순된 정(正)과 반(反)이 상호 부정되면서 동일한 것으로 지양되는 운동의 속성이 그것이다. 지양된 결과물이 다시 정(正)으로 정립되고 새로이 나타난 반(反)과 길항하며 목표지향적으로 통합되는 것이 '부정의 부정' 원리 때문이라 본 것이다. 따라서 이같은 부정의 경우엔 대립물들이 결과적으로 한 방향을 향해 나아가는 결과를 낼 수도 있다. 부정의 부정은 기존의 주어진 대상을 대립물과 마주시킨 후 다시 지양하여 그 요소가 완전히 폐기되지 않는 새로운 합성물로 끌어올리기 때문이다.

'모순 구조'의 지양을 강조하는 변증법이 서구 철학에서 반드시 금과옥조로 통용된 것만은 아니었다. 헤겔류의 변증법을 주시한 아도르노(Adorno)는 『부정변증법Negative Dialektik』에서 헤겔이 정과 반, 주객의 '모순성'을 지나치게 강조한 후 폭력적으로 종합시키고 있다고 주장하였다. 그는 헤겔이 성급하게 종합해 올렸다고 생각되는 것들을 분류한 후, 변증법이 정(正)과 반(反)의 모순 구조보다는 '부정의 행위' 자체에서 성립하는 것이라 주장하였다. 모순된 반정립의 대상은 '부정의 부정'이 손쉽게 이루어지지 않거나, 이루어진다 해도 '종합'의 작용이 헤겔처럼 나타나지 않는다는 것이다. 독일 철학자인 마르쿠제나 피이테의 변증법에 나타난 부정 문제도 이와 비슷한 맥락을 보여준 예에 해당한다. (최종환)

부정, 실존, 저항, 자유, 변증법

참고문헌

김동일 편역, 『사회사상사 : 근대서양의 정치, 사회, 철학사상의 흐름』, 문음사, 1994.
N. 하르트만, 박만준 역, 『헤겔철학개념과 정신현상학』, 천지, 1990.
테오도르 아도르노, 홍승용 역, 『부정 변증법』, 한길사, 1999.

부정(의) 변증법

프랑크푸르트 학파의 일원인 아도르노의 저서 『부정 변증법 Negative Dialektik』에서 나온 이 개념은 헤겔의 변증법과 함께 하면서도 동시에 그것을 비판하는 개념이다. 즉 변증법적 사유를 이어받지만 긍정적인 변증법이 아니라 부정적인 변증법이다. 헤겔의 변증법은 궁극적으로 통일적이고 긍정적인 측면을 지니지만, "부정 변증법"은 그러한 긍정 변증법을 비판하는 특징을 지닌다.

우선 부정 변증법의 주체는 결코 "A는 A이다"라는 동일성 사유를 간직할 수 없다. 그러한 동일성 사유를 취하는 관념론적 철학의 주체는 일종의 허구로 비추어지는데, 『부정 변증법 Negative Dialektik』에서 아도르노는 "자기 자신의 지배력을 절대화하기 위해 자기 자신이 객관적으로 규정되고 있음을 부인하고 있기 때문에 주체는 허위이다. 그와 같은 자신의 허위를 벗어던져 버리며, 동일성에 빚지고 있는 자신의 힘에서 그 동일성의 판자때기를 자신으로부터 벗어던져 버리는 것이 아마도 주체일 것이다"라고 밝힌다. 자기 동일성을 소유하는 주체는 자신의 객관적인 규정을 도외시할 뿐만 아니라 궁극적으로 자신의 사유의 절대성과 고유성만을 주장함으로써 자신의 사유 자체를 무비판적인 공간 속에 안전하게 보호하는 맹목성에 젖을 수 있게 된다.

부정 변증법적 사유는 자기 자신에 대해서도 비판하고 저항하는 특성을 지닌다. 비판과 저항을 특징으로 삼는 부정하는 사유는 결코 지배적인, 고정될 수 있는 것이 아니라 끊임없이 변화되어 나간다. 다시 말하면, 부정 변증법적 사유란 "그 사유에 강요된 것에 대한 저항", "매개되지 않은 것이 자신에 굴복하라고 과도하게 요구할 때 그에 저항하는 것"(『부정 변증법』)을 뜻한다. 사유가 무비판적인 맹목성에 젖을 수 있기에 아도르노는 "진실하게 존재하기 위해서 사유는 자기 자신에 대항해서도 생각해야만 한다"(『부정 변증법』)라는 요청을 내세운다. 그 결과 자신의 사유에 비판적인 주체는 결코 자신의 동일성을 고수할 수 없는 모습을 띤다. 따라서 부정 변증법에서 변증법이란 아도르노의 경우 "비동일성에 대한 철저한 의식"(『부정 변증법』)을 뜻한다.

수많은 학자들이 "비동일성"이라는 개념의 의미와 의도를 밝히고자 했지만 사실 그 개념의 의미는 명확하게 정의될 수 없다. 개념 정의에 대한 어려움에도 불구하고 그 개념은 기본적으로 "대상" 혹은 객체(Objekt)의 자율성, 그것도 특수자로서의 객체를 구원하려는 의도를 지니며, 이런 연유에서 "자연"도 "비동일성"의 대표적인 객체로 해석될 수 있다. 난해하고도 수수께끼와도 같은 특징에도 불구하고 "비동일성"은 "비개념성", "특수자", "객체"를 구원해 내는 사유와 긴밀한 관계를 맺으며, 또한 자연과 이성의 관계에서 자연 지배의 방향으로 나가는 도구적 이성에 대항하여 아도르노는 자연의 "비동일성"을 강조하였던 것이다. (최문규)

변증법, 사유, 비동일성

참고문헌
Adorno, Negative Dialektik, 1967.
이순예, 『아도르노와 자본주의적 우울』, 풀빛, 2005.

부조리

  '조리가 맞지 않는다'는 정도의 소박한 의미로 쓰인 이 용어는 제2차 세계대전 발발 이후 프랑스에서 대단히 각별한 의미를 띤 철학적 용어로 탈바꿈한다. 전유럽과 세계를 전쟁의 공포로 몰아넣은 제2차 세계대전 직후 프랑스에서 인간 존재를 부조리의 산물로 보려는 견해가 서서히 나타난다.

  이런 견해를 문학적으로, 철학적으로 설명한 작가는 알제리 출신의 알베르 카뮈였다. 『표리』(1937)와 『결혼』(1938)에서 카뮈는 니체나 키에르케고르 철학의 주제였던 인간 존재의 부조리성을 현대적 감각으로 되살려 놓고 있다. 그런데 이와 같은 문제의식이 더 강하게 반영된 작품은 『이방인』(1942)이다. 카뮈는 완전히 무관심한 태도로 살다가 우연하게 살인을 하게 된 사나이의 삶과 죽음을 이야기하는 소설인 『이방인』(1942)에서 인간 존재의 부조리성을 극적으로 표방하고 있다. 카뮈는 『시지프스의 신화』(1942)에서 부조리 개념에 내포된 저항의 계기를 적극 평가한다. 카뮈는 이 책에서 부조리가 최고의 진리라고 말하면서 세계에 대한 인간의 근원적인 태도를 근본적으로 부조리로 규정했다. 인간은 시지프스 신화의 주인공 시지프스처럼 부조리한 상황을 숙명적인 삶의 조건으로 받아들이며 살아가야 한다는 것이 카뮈의 생각이었다. 그런데 카뮈의 부조리 철학은 궁극적으로 세계의 부정을 극복하려는 저항의 계기를 긍정적으로 주목한다는 점에서 비관주의적 철학이라고 할 수는 없다. 카뮈가 시지프스 신화에서 보려 한 것은 체념이 아니라 부조리한 조건을 피하지 않는 저항 정신이었다.

  카뮈에 이어 부조리의 개념을 심화 확대시킨 철학자는 장 폴 싸르트르였다. 싸르트르에 따르면, 신이 부재하는 상황에서 인간은 우연한 존재일 수밖에 없으며 인간과 세계의 관계도 우연에 불과한 것이다. 싸르트르는 인간 존재의 우연성과 무의미성의 문제를 기술한 『구토』(1938)에 이어 무신론적 실존주의의 관점에서 인간의 부조리를 논의한 『존재와 무』(1943)를 발표하면서 부조리의 철학을 완성한 작가이자 사상가로 평가받는다. 그런데 넓은 의미에서 부조리 개념의 강조는 데카르트 이래 유럽 지성들에게 지대한 영향을 미친 근대합리주의 철학에 반대하는 반합리주의 철학의 가치를 계승하는 의의를 띠기도 한다. (양진오)

부조리문학, 부조리연극, 실존주의

참고문헌
이태동, 『부조리와 인간의식』, 문예출판사, 1981.
알베르 까뮈, 김화영 역, 『시지프 신화』, 책세상, 1997.
올리비에 토드, 김진식 역, 『카뮈 : 부조리와 반항의 중심』, 책세상, 2000.

부조리문학

부조리의 사전적인 의미는 '도리에 어긋나거나 이치에 맞지 않는다'는 것이지만 부조리문학의 의미는 좀더 특수하고 구체적으로 정의될 수 있다. 흔히 부조리문학은 인간의 존재론적 조건은 기본적으로 부조리하다는 세계 제2차 세계대전 이후 유럽 전역에 광범위하게 풍미한 반휴머니즘적 인식을 핵심적인 주제로 표현하는 소설과 희곡작품을 일컫는다. 부조리문학은 제임스 조이스와 프란츠 카프카의 작품에 그 기원을 두고 있지만 이와 관련되는 대표적인 작가는 카뮈와 사르트르이다. 카뮈의 『이방인』, 사르트르의 『구토』 등이 부조리문학을 널리 확산시킨 작품들인데, 이 작품들은 공히 인간 존재를 부조리 상황에 무의미하게 존재하는 부조리적 존재로 파악한다.

그런데 부조리문학과 관련해서 더 주목해야 하는 장르는 희곡이다. 마틴 에슬린은 『부조리연극』(1961)에서 사무엘 베케트, 이오네스코, 아다모프, 장 주네 등의 희곡 작품을 거론하면서 이 작가들이 생의 무의미와 이상의 상실을 표현하면서 카뮈와 사르트르보다 더 참신한 형식으로 인간 존재의 비합리성, 부조리성을 표현했다고 호평했다. 그는 이들의 작품은 인간 존재의 무의미성, 의사소통의 차단, 인간 의지의 무력함, 인간의 야수성과 비생명성 즉 인간의 부조리를 보여준다고 말하고 있다. 일반적으로 부조리 연극은 그 구성도 부조리한 특징이 있다. 인간의 부조리성을 보여주기 위해 실험적인 형식 실험을 적극적으로 수용하는 까닭이다. 이들의 작품은 사실주의적 개연성, 일관적인 플롯, 합리적인 언어 등을 특징으로 하는 전통적인 희곡 작품들과는 그 성격이 다르다.

전세계에서 풍미한 부조리연극은 우리나라에서도 공연된다. 1960년 11월 동인제 극단인 실험극장이 이오네스코의 『수업』을 공연하며 부조리연극을 우리나라에 소개한다. 『고도를 기다리며』는 우리나라에서 공연된 부조리연극 중 가장 성공을 거둔 작품으로 1969년 최초 공연된 이래 30년 이상 무대에 올려졌다. 우리나라의 대표적인 극작가들인 박조열, 오태석, 이현화, 이강백의 작품들에서 부조리연극의 흔적을 발견할 수 있다. (양진오)

부조리, 부조리주의, 부조리연극

참고문헌

아놀드 힌클리프, 황동규 역, 『부조리문학』, 서울대학교 출판부, 1978.

서연호 편, 『한국연극의 새로운 탐구』, 연극과인간, 2001.

부친 살해(Patricide, 독 Vatertötung)

프로이트는 그의 유명한 글, 『토템과 타부』(Totem and Taboo)에서 문명의 시작을 이렇게 설명했다. 원시시대에 아버지는 모든 권력과 쾌락을 독차지했다. 그는 여자들을 독점했고 아들들을 지배했다. 아버지를 흠모하고 동시에 증오하는 아들들은 공모하여 아버지를 살해한다. 이제 아들들은 권력과 쾌락을 놓고 서로 다투게 되고 다시 아버지의 법이 필요함을 느끼게 된다. 그들은 죄의식으로 죽은 아버지를 토템으로 상징하고 숭배한다. 그리고 일 년에 한 번씩 의식을 통해 토템고기를 나누어 먹는다. 숭배하는 아버지의 몸을 나누어먹는다는 것은 그와 하나가 되는 의식이다. 프로이트는 여기에서 죽은 아버지가 더 강한 아버지임을 강조한다. 죽은 아버지는 법이 되어 문명이 탄생하고 사회가 이루어진다. 아들은 죄의식을 심게 되는데 이것이 초자아(super-ego)이다.

초자아는 인간의 마음에 심어진 양심이다. 자아는 초자아의 감시를 받으며 이드를 억압하고 사회적인 인간으로 탄생한다. 그런데 여기에서 중요한 것은 초자아 역시 이드의 일부라는 사실이다. 죽은 아버지의 원형은 무한히 쾌락에 탐닉하던 원시적 아버지였다. 그러므로 초자아는 적당히 인간을 억압해야한다. 만약 초자아가 너무 강하게 자아를 감시하고 꾸짖으면 자기 비난에 빠진다. 이것이 우울증이고 자아 비난이 심하면 공격성이 드러나 자살이나 방화, 타살 등 파괴적이 된다. 프로이트는 부친살해와 죄의식을 가장 잘 그린 작가로 도스토예프스키를 예로 들었다. 그의 우울증과 자기처벌의 삶은 부친살해에 대한 죄의식 때문이었다. 그리고 그가 쓴 『죄와 벌』이나 『카라마죠프의 형제』는 사회에 대한 증오, 아버지를 흠모하고 증오하는 아들의 라이벌의식 등을 반영한 것들이다. 도스토예프스키 만큼 증오와 흠모의 교차를 잘 보여준 작가는 드물고 그래서 그는 죄의 간수였다고 말한다(SE 21 : 177~196).

부친살해는 법과 문명의 시작이다. 라캉에게 이것은 상징계의 시작이다. 그는 "아버지의 이름"(the Name of Father)으로 부친살해를 표현했는데 이때 아버지는 텅빈 초월기표이다. 죽은 아버지라는 상징적 존재이다. 그러기에 아버지의 본래 얼굴인 주이상스적 아버지를 조심하지 않으면 싱징계는 도착증으로 변질된다고 경고한다. 파시즘은 이런 변형가운데 하나이다. (권택영)

도스토예프스키와 부친살해, 토템과 타부. 초자아, 현실원칙, 상징계, 아버지의 이름, 죽은 아버지, 초월기표, 도착증, 파시즘, 주이상스, 우울증

참고문헌

Freud, Sigmund. "Dostoevsky and Parricide(1928)." SEXXI. London : Hogarth Press, 1973.

지그문트 프로이트, 이윤기 역, 『종교의 기원』, 열린책들, 1997.

분단문학(分斷文學)

분단문학이라는 용어가 본격적으로 다루어지기 시작한 것은 1980년대로, 학자에 따라 범위나 시기 등의 규정이 약간씩 다르기는 하지만, 남북 분단 상황을 다루고 있다는 공통점을 지닌다. 광의의 분단문학은 분단시대의 모든 문학을 의미하는 것으로, 1945년 8월 15일 이후부터 장래의 우리 민족이 통일을 이루는 시점까지의 남북한 모든 문학이 분단문학에 포함된다. 즉 분단시대 문학의 준말에 해당하는 셈이다. 그러나 단순한 시대구분에 의해 포괄적으로 분단문학을 정의하는 것에는 허점이 있을 수밖에 없다. 협의의 분단문학은 분단으로 빚어진 민족의 모든 갈등과 모순을 파헤치면서 이를 극복하고자 하는 민중들의 사상과 정서를 담은 작품이나 그와 관련된 모든 문학활동을 말한다. 따라서 분단문학은 보다 정제된 의미에서는 민족의 분단 현실을 통일의 터전으로 끌어올리는데 유익한 내면적 가치와 힘을 내포하고 있는 문학이라고 할 수 있다. 분단문학이라는 용어는 문학이론에서 일반적으로 사용하는 보편어는 아니며 한반도를 비롯한 몇몇 특수한 지역의 분단역사와 그 시대상을 문학으로 반영하고 있는 특수한 문화현상이라고 할 수 있다.

해방이후 분단문학은 시대 상황의 변화에 대응하여 내적인 성숙을 이루어 왔으며, 오늘날 우리의 일상에 미치는 영향에 대한 탐구에 이르기까지 다면적인 전개과정을 밟아왔다. 1950년대에 발표된 황순원의 「목숨」, 김동리의 「귀환장정」, 모윤숙의 「국군은 죽어서 말한다」, 임옥인의 「월남전야」와 손창섭, 장용학, 이호철 등의 작품이 분단문학의 범주에 속한다. 1960년대에는 최인훈의 『광장』을 비롯한 김승옥과 서정인의 작품이 이에 해당되며, 1970년대에는 김원일의 「노을」, 전상국의 「아베의 가족」, 윤흥길의 「장마」 등이 분단문학의 대표작으로 꼽힌다. 1980년대 이후 1990년대에는 전쟁 미체험 세대의 시각이 드러나거나 분단과 이산 이후의 후대 가족사를 서술하는 작품들이 등장한다. 이전의 시기들이 역사의 바로잡음이라는 과거 지향적 성향이 초점에 맞추어졌다면, 이 시기는 교류의 새 시대를 여는 미래 지향적 의지를 담고 있다. 진정으로 올바른 분단문학이 되기 위해서는 투철한 민족적 입장을 견지하면서 올바른 역사인식을 바탕으로 하는 것이 전제되어야 한다. 또한 분단 상황을 극복하고 민족의 동질성을 회복하며 통일을 추구해 나가는 문화적 소명 업무를 다양하게 진행시켜 나가는 것이 앞으로의 과제이다. (김종회)

민족문학, 통일문학

참고문헌
권영민, 『한국현대문학사』, 민음사, 1993.
김종회, 『위기의 시대와 문학』, 세계사, 1996.
임헌영, 『분단시대의 문학』, 태학사, 1992.
참고할 만한 문헌
민족문학사 연구소, 『민족문학사 강좌(하)』, 창작과비평사, 1995.
평양출판사 편집위원회, 『통일문학』, 평양출판사, 1991.

분라쿠(文樂) ☞ 닌교 조루리

분리불안(分離不安)

분리불안이란 대상과 떨어짐으로 인해 생기는 불유쾌한 신체적·심리적 상태를 말한다. 분리불안은 정신분석학, 상황행동론, 행동수정론, 대상관계론 등에서 중요하게 다루어진다. 프로이트(S. Freud)는 분리불안을 불안의 한 형태로 이해하였다. 그에 따르면 분리불안은 외상적 상황에 의해 촉발되며, 외계의 위험에 대한 자연적이고도 합리적인 반응으로 자기보존 기능의 표현이다. 외상적 상황에 따른 유아의 분리불안은 대상으로서의 어머니 상실에 대한 두려움에서 온다. 이는 대상의 사랑을 잃는 것, 무엇보다도 '거세 castration'와 깊은 연관을 지닌다. 어머니로부터의 분리는 불안의 중요한 원인이 된다. 이러한 불안을 해소하기 위해 유아는 타인에게 의존하는 미숙하고 무기력한 반응을 보인다. 어머니가 유아에게 반응적이고 잘 대해주면 줄수록 유아의 분리불안은 강해진다. 프로이트는 분리불안이 심한 어린아이는 어머니가 과잉보호했기 때문이라고 보았다. 그러나 라깡(J. Lacan)은 불안을 야기하는 것이 어머니로부터의 분리가 아니라 그러한 분리의 실패라고 설명한다. 어린아이가 어머니로부터 시기적절하지 않거나, 갑작스럽게 분리되는 것은 외상적일 수 있으며 왜곡된 발달 및 적응을 가져올 수 있다. 그러나 분리불안을 개인이 대상으로부터 독립적으로 기능하는 구별된 존재로서 자신을 느끼는 과정으로 이해할 수 있다. 이 능력은 인간의 성장과 발달을 위해 필수적인 요소이다. 이처럼 분리불안은 인간발달에서 중요한 초기 경험으로 이후 애정, 대상관계의 원형이 된다. (여태천)

우울, 애도, 불안

참고문헌
J. 라깡, 민승기 역, 『욕망이론』, 문예출판사, 1994.
M. S. 말러, 『유아의 심리적 탄생』, 한국심리치료연구소, 1997.
남명자, 『부모의 양육태도와 아동의 성격장애』, 학지사, 2004.

분석(分析, Analysis)

분석은 서로 얽혀 있는 것을 여러 갈래로 풀어서 그 속의 요소들이나 성질들을 낱낱으로 나누어 분명하게 하는 행동을 가리킨다. 예를 들어 화학에서는 화합물, 홑원소, 원자의 상태를 정량적·정성적으로 결정하는 작업이 분석이다. 문학작품의 분석방법은 철학을 언어비판이라고 정의한 20세기의 분석철학의 영향을 받았다. 기호논리에 근거하는 논리학파의 분석개념보다 언어의 사회적 맥락에 근거하는 일상언어학파의 분석개념이 문학작품의 분석에 도움을 주었다. 의도나 목적을 앞세운 비평은 분석이 아니라 설명이다. 분석은 주어진 방법을 적용하는 것이 아니라 자세하게 거듭 읽음으로써 진실을 발견하는 것이다. 분석은 일차적으로 의미론에 속하는 작업이라고 할 수 있겠으나 섬세한 직관을 끝까지 보존하지 못하게 되면 기계적인 분해에 그치고 말게 될 염려가 있다. 자크 데리다는 아나(ana)를 탄생으로 향하는 고고학적 운동이라고 보고 뤼시스(lysis)를 죽음으로 향하는 종말론적 운동이라고 보아 어낼러시스(analysis)에는 처음과 끝이 포함된다고 규정하였다. 자본주의 사회의 근거와 한계를 분석한 맑스의『자본론』은 모든 분석의 범례가 된다. 20세기 초엽에 러시아 형식주의자들이 시의 운율을 집중적으로 분석하기 시작한 이후로 분석은 문학비평의 주제로 등장하였다. 예를 들어 한 편의 소설을 대할 경우에 독자는 먼저 그것을 하나의 의미체계라고 간주하고 읽기 시작해야 한다. 독서의 과정에서 통일의 결여가 드러난다 하더라도 일단 체계를 가정하지 않으면 작품을 온당하게 분석할 수 없다. 소설은 순차로 진행되는 시간적 운동이면서 동시에 중심으로부터 사방으로 퍼져나가는 공간적 형태이다. 시간적 운동과 공간적 형태가 복합된 것이 소설의 구조이다. 소설을 형성하는 요소들은 여러 가지 방식으로 조직되어 개방된 체계를 이루고 있다. 소설의 요소가 되는 설화의 단위를 화소(話素)라고 한다. 소설의 분석은 다음과 같은 두 가지 질문을 전제로 하고 있다.

1. 횡적으로 이어진 화소들은 서로 어떤 관계를 이루고 있는가?

2. 개개의 화소가 실제 소설에는 나타나지 않는 어떤 다른 화소들을 배제하고 있는가?

소설의 골격을 이루고 있기 때문에 삭제할 수 없는 화소를 의존화소(bound motif)라고 하고 자유롭게 의미를 확대하고 심화하는 화소를 자유화소(free motif)라고 한다. 한 편의 소설에 문학성을 부여하는 것은 언뜻 보아 이야기에 필요 없는 듯이 여겨지는 자유화소이다. 의존화소는 소설의 시간적 운동을 결정하고 자유화소는 소설의 공간적 형태를 결정한다. 소설의 분석은 화소들의 결합가능성과 기능적 대조를 해명하는 작업이다. (김인환)

소설의 구조, 화소, 의미체계

참고문헌
오탁번・이남호,『서사문학의 이해』, 고려대출판부, 1999.
베르나르 발레트,『소설분석(현대적 방법론과 기법)』, 동문선, 2004.

분석심리학(分析心理學, Analytical psychology)

분석심리학은 C. G. 융(Jung)이 S. 프로이트(Freud)의 정신분석학에 대한 비판적 검토를 통해 창시한 심리학의 분파이다.

프로이트는, 인간을 근원에서 움직이는 에네르기가 무의식의 에로스(eros)이며, 그것이 개인이 과거에 겪은 사적 기억에서 연원한다고 보았다. 인간은 유아기에 체험한 오이디푸스 콤플렉스(oedipus complex)의 극복 유무에 따라서 상이한 무의식의 내질을 형성한다고 본 것이다. 융은 이에 대한 비판적 입장을 견지하고 인간 무의식이 오이디푸스 컴플렉스만으로 설명될 수 없음을 극명히 하였다. 무의식은 비단 개인의 과거사에 끌려다니는 것이 아니며 오히려 그에게 어떠한 미래를 암시하는 전진적(前進的) 기능까지 담당한다고 보았다.

분석심리학에선 인간 무의식의 영역이 두 층으로 분석될 수 있다고 본다. 하나는 자아와 관련된 '개인무의식'이며 또 하나는 인간의 조상으로부터 유전된 '집단무의식'이다. 전자가 일상적 체험과 관련하여 발생한 에네르기의 공간이라면 후자는 시공간을 초월하여 누구에게나 존재하는 원형 공간이다. 그중 개인 무의식을 구성하는 가장 중요한 인자는 콤플렉스(Complex)이다. 콤플렉스는 인간 정신의 한쪽에 뭉친 비정상적 에네르기의 다발로서 그 자리에 닿는 순간 정상적 정신 에네르기는 지체된다.

분석심리학에서 집단 무의식과 구성인자로서의 '태고유형'은 핵심적 이론틀로 작용한다. 융에 따르면 태고유형은(1) 페르소나(the Persona), (2) 아니마(the Anima), (3) 아니무스(the Animus), (4) 그림자, (5) 자기(the Self)로 제시된다.

'페르소나'(the Persona)란 인간이 사회생활에서 필수적으로 써야 하는 가면(탈)으로서 사회가 유지되기 위해 필요한 심리 기제이다. '아니마'(the Anima)는 남성 속에 들은 이상적 여성의 이미지이며, '아니무스'(the Animus)는 여성 속에 들은 이상적 남성상이다. 그 둘은 출생 직후 어머니와 아버지를 통해 그 최초의 상이 투영된다. 인간이 이성에게 끌리는 이유도 아니마와 아니무스 때문이다. '그림자'(the Shadow)는 인간 내면에 잠복한 파괴적이고 어두운 본능으로서 프로이트가 말한 '죽음 욕망'과 비슷한 내질을 보여준다. 그림자는 영감으로 구성된 것인 만큼 예술 창작의 원동력이 된다. '자기'(the Self)는 분열되어 있던 인격 요소들이 변증법적 길항과 갈등을 통하여 궁극적으로 도착하는 전일성(全一性)의 공간이다. 융은 전일성을 확보한 온전한 인격이 자아(ego)에서 자기(self)로 나아갈 때 완성될 수 있다고 보았다. 자기(Self)는 인격의 각 요소가 개성화되고 조화롭게 통일될 때 가능하다. 또, 융은 인간마다 내면 태도와 퍼스낼리티적 기능에 따라 외향적 타입과 내향적 타입으로 분류될 수 있으며 각 향성(向性)은 사고지향적, 감정지향적, 감각지향적, 직관지향적 타입으로 분류화될 수 있다고 보았다. 인격은 (1) 외향적 사고타입, (2) 내향적 사고타입, (3) 외향적 감정타입, (4)내향적 감정타입, (5) 외향적 감각타입, (6) 내향적 감각타입, (7) 외향적 직관타입, (8) 내향적 직관타입의 퍼스낼리티로 나뉠 수 있다고 본 것이다. (최종환)

분석심리학(分析心理學), 콤플렉스(Complex), 집단무의식(集團無意識), 전일성(全一性)

참고문헌

C. S. 홀 外, 최현 역 2판, 『융심리학입문』, 범우사, 1993.
S. 프로이트, 이학 역, 『프로이트심리학연구』, 청목서적, 1987.

분석철학

근대에 들어 과학의 확장에 따른 철학의 정체현상, 철학의 고유한 학문적 대상에 대한 회의가 심화됨으로써 분석철학의 필요성이 제기되었다. 분석철학은 실증주의적 경험론을 이어받은 철학자들이 유효성을 상실한 관념주의적 합리론에 강한 반발을 일으킴으로써 형성된 현대 철학의 한 분파로써, <인식론>에 대한 <의미론>의 탐구를 강조한다는 점에서 언어유일주의적 철학관(linguistic conception of philosophy)이라고도 불린다.

분석철학은 언어가 더 이상 실재나 사물의 본질을 지시할 수 없으며 언어 자체나 인간의 경험적이고 심리적인 실재를 의미할 뿐이라는 문제의식에서부터 출발한다. 전통적인 분석이 사실과 그 사실에 대한 개념의 분석을 뜻하는 것이었다면 현대의 분석철학은 사실이나 실재의 지칭가능성을 배제한 개념과 그 개념들 간의 순수한 논리적 관계를 분석의 대상으로 삼는다. 분석철학의 대가로 불리는 비트겐슈타인은 <그림이론>을 주장하면서 철학의 대상은 한 장의 증명사진과 그곳에 찍힌 굳은 얼굴의 관계와 같다고 보았다. 그러나 후기 비트겐슈타인은 현대 언어학의 <화용론>을 흡수하여 <인공의 언어>만이 아니라 <일상의 언어>와 언어의 문맥적 의미에까지 점차 관심의 폭을 넓혀나가게 된다. "언어로 표현될 수 없는 것에는 침묵을 지켜야 한다."라고 하여 분석철학 내부에 <침묵의 언어>가 있음을 암시한 그의 유명한 발언은 신비주의로의 경도나 분석과의 결별이라기보다는 철학 자체에 대한 인식전환을 보여준 것이라고 하겠다.

참과 거짓을 따지기 전에 그것의 전제를 살펴야 한다는 인식을 보여준 퍼어스와 무어, 분석을 철학의 근본문제로 흡수한 프레게와 러셀, 1980년대 이후 퍼트남, 데이빗슨, 크립키 등의 이론이 모두 이에 속한다. (노희준)

참고문헌
한국분석철학회 편, 『비트겐슈타인과 분석철학의 전개』, 철학과 현실사, 1991.
엄정식 편역, 『비트겐슈타인과 분석철학』, 서광사, 1983.

분신(分身, Double, 독 Doppelgänger)

분신이란 원래의 자아에서 분리된 또 다른 자아를 말한다. 독일어로는 '이중으로 돌아다니는 사람(Doppelgänger)'이라는 뜻이다. 한 인물이 두 개의 독특하고 상반되는 인물로 나누어진 것을 분신이라고 하는데, 흔히 또 다른 자아는 본래 인물의 성질을 내포하면서 다른 성질까지 지닌다. 분신과 관련된 이야기는 세계 곳곳에서 전해져 오고 있는데, 지역에 따라서 상징이나 의미가 조금씩 다르기는 하지만 죽음과 관련된 것이 많다. 오늘날에는 정신적으로 큰 충격을 받거나 자신을 제대로 제어하지 못할 경우에 생기는 일종의 정신질환으로 보고 있다. 이러한 현상은 일반적으로 같은 공간과 시간에 나타나며, 자신의 실제 성격과 반대의 모습으로 나타나기도 하고, 평소 자신이 바라던 이상형 혹은 그 반대의 모습으로 나타나기도 한다.

오래전부터 분신은 문학작품이나 영화 등 각종 예술 작품의 중요한 소재로 이용되어 왔다. 도스토예프스키(F. M. Dostoyevsky)의 『분신 The Double』(1846)뿐만 아니라 스티븐슨(R. L. Stevenson)의 소설 『지킬 박사와 하이드 씨의 이상한 사건 The Strange Case of Dr. Jekyll and Mr. Hyde』

(1886) 등은 분신 이야기를 모티프로 한 대표적인 작품이다. 분신을 소재로 한 영화로는 똑같지만 다른 두 여인을 통해 이데올로기로 나누어진 두 개의 유럽을 그린 키에슬로프스키(K. Kieslowski)의 ≪베로니카의 이중생활 The Double Life of Veronique≫(1991)과 소심하면서도 불안감에 휩싸여 사는 과학자가 악마적 분신에 동화되는 과정에서 겪는 의식세계를 그린 구로사와 기요시(黑澤淸)의 ≪도플갱어 Doppelganger≫(2003) 등이 있다. 분신은 보편적인 인간의 자아가 단일하지 않고 매우 복잡함을 보여준다. 이는 인간 정신의 이중성을 반증하는 사례라고 할 수 있다. (여태천)

자아, 의식, 무의식

참고문헌
S. 프로이트, 정장진 역, 『예술·문학·정신분석』, 열린책들, 2003.
O. Rank, The Double : A Psychoanalytic Study, Karnac Books, 1989.
R. Robert, A psychoanalytic study of the double in literature, Detroit : Wayne State University Press, 1970.

분유(分有, partage)

분유(분할=공유)는 장 뤽 낭시의 『소리의 분유』(1982)에서 처음으로 제기되고 『무위(無爲)의 공동체』에서 일반화된 그의 정치철학의 핵심적 개념 중 하나로, 인간은 뿔뿔이 흩어져 분할되어 있지만 바로 그렇게 분할되어 있다는 것을 공유한다는 의미이다. 예컨대 죽음을 생각할 때, 이 문제는 더욱 첨예한 형태로 나타나는데, "죽음은 사람을 절대적으로 분리한다"(大澤眞幸). 실제로 나의 죽음은 나 이외의 누구의 것도 아니다. "그런데 죽음은 '나'가 독자적인 힘으로 행할 수 있는 행위가 아니다. 죽음은 행위불가능 상태로의 이행이기 때문이다." 바꿔 말하면 주체로서의 '나'는 도중에 소멸되어버리기 때문이다. 따라서 "죽음은 '나'에게 속하지 않는다." 오히려 "죽음을 사건으로서 완결시키는 것은 그것을 간취하는 타자이다." 물론, 그 '타자'에게 있어서 '나'의 죽음은 타자의 죽음일 수밖에 없으며, "우리는 본래적인 의미에서 타자의 죽음을 체험하지 않는다(하이데거)." 그러나 "죽음에 있어서 서로 어쩔 수 없이 분리되어 있다는 '한계'야말로 사람들 사이에서 분유되고 있는 것이다." 이것이 낭시가 생각하는 '무위의 공동체'의 근거이다.

장 뤽 낭시는 하이데거의 『존재와 시간』 26절에 나오는 공동존재(Mitsein)라는 개념과 조르주 바타유의 『저주의 몫』의 논의를 결합하면서 자유와 공동체에 대한 새로운 개념화를 시도하고 있다. 낭시가 하이데거의 공동존재라는 개념에 주목하는 이유는 이 개념을 통해 (현)존재보다 원초적인 공동존재, 존재의 문제에 선행하는 공동체의 문제를 비형이상학적인, 또는 비존재론적인 관점에서 다룰 수 있다고 보기 때문이다. 다시 말해 낭시에게서 중요한 것은 개체와 공동체에 대한 실체론적 관점에서 벗어나 실체에 대한 관계의 선행성, 존재에 대한 행위의 선행성을 사유하는 것이며, 여기에서 핵심적인 역할을 수행하는 것이 공동존재라는 개념을 보다 철저하게 밀고 나간 분유라는 개념이다.

분유는 관계에 앞서 이미 존재하는 개체들, 소유자들이 어떤 대상을 공유하거나 나누어가진다는 경험적 사태를 가리키는 것이 아니라, 존재의 유한성을 가리킨다. 낭시에 의하면 존재론은 두 가지의 형식적 가능성만을 지니고 있을 뿐이다. '존재는 단일하다'이거나(오직 존재만이 존재할 뿐이며, 이는 유일하고 이는 자신 안에 존재자들의 존재자성의 모든 공통의 실체를 재흡수한다. 그러나 이렇게 되면 이는 독특하지 않다는 점이 분명해진다. 만약 한 번만 존재할 뿐이라면, 결코 '한 번'이란 존재하지 않는 것이다) '독특성 이외에는 아무런 존재도 존재하지 않는다'이다. 매번 오직 이 한 번일 뿐이며, '매번 오직 이 한 번' 외에는 아무것도 일반적이거나 공통적이지 않은 것이다. 따라서 '매번 오직 이 한 번'은 연속적인 시간의 한 계기를 의미하는 것이 아니라 다른 모든 것으로부터 스스로를 분리시키고 잘라내는 작용을 의미한다. 그리고 바로 이러한 분리로서의 독특성을 통해 비로소 통속적인 시간관에서 전제되어 있는 연속성(이는 곧 위에서 말한 단일한 존재이다)에서 벗어나 관계를 사고하는 것이 가능해진다. 정의상 독특성은 '매번 오직 이 한 번'이며, 따라서 매번 독특하게, 상이하게 반복될 수밖에 없고, 이러한 상이성은 곧 관계의 가능조건이기 때문이다. 따라서 독특성으로서의 현존재는 항상 이미 공동존재이며, 존재는 항상 분유, 즉 분리하는 공유이다. (윤송아)

공동존재, 무위

참고문헌
장-뤽 낭시, 박준상 역, 『무위의 공동체』, 인간사랑, 2010.
자크 데리다·베르나르 스티클러, 『에코그라피-텔레비전에 관하여』, 민음사, 2002.
오카 마리, 송태욱 역, 「타자의 언어」, 『흔적』 2, 문화과학사, 2001.
아사다 아키라, 「공동체의 부정신학을 넘어서」,
(http://www.kojinkaratani.com/criticalspace/old/special/asada/011001.html).

분위기(雰圍氣, Atmosphere)

흔히 분위기는 작품의 주제와 인물에 긴밀히 연결되며, 한 작품을 일관하는 특징적인 인상, 혹은 그 작품을 전체적으로 이끌어가는 지배적인 정서를 가리킨다. 일반적으로 작품의 바닥에 깔리는 배경으로서의 분위기는 문학의 다양한 요소들에 의해 발생하여 사건 진로에 대한 독자의 예상을 만들어 낸다. 소설의 분위기는 배경에만 의존하는 것이 아니다. 스타일이나 톤, 작중 인물의 태도 등이 이에 작용하며, 또한 이들은 상호 결합되어 하나의 독특한 분위기를 제시한다. 그러므로 분위기란 하나의 원인에 의한 결과라기보다는 소설의 여러 요인의 결합에 의한 결과이다. 그 중에서도 물질적 배경인 자연적 환경과 사회적 환경은 여러 요소의 구심점이 된다. 이와 같은 배경이 궁극적으로 소설에 기여하는 바는 분위기를 통해서이다. 플롯을 중시하는 서사문학에서 배경에 대한 의식이 작가들 사이에서 싹튼 것은 근대의 일이다.

구체적으로 물질적인 시간과 공간의 소산물이면서도 보편적·추상적인 기분을 형성하여 작품의 정신을 물들이는 독특한 색조를 분위기라고 부르는데, 이는 물질적 장소의 개념이 작품의 정신에 접합되어 작품의 정신적 장소를 이루기도 한다. 에밀리 브론테(E. Bronte)의 『폭풍의 언덕 Wuthering Heights』(1847)에서 음울한 날씨와 흰 히스꽃, 그 속을 언제나 노한 듯 달리는 거센 바람은 파괴적이면 집념적인 인물 히스크리프에 오버랩 되면서 효과적인 분위기를 자아낸다. 한국 소설의 경우 김동리의 「무녀도」(1936)에서 폐가의 묘사가 주는 분위기는 폐가의 주인인 무녀 모화의 정신적 내부를 물질적인 외양으로 잘 보여준 예에 해당한다. (여태천)

배경, 암시

참고문헌
정한숙, 『현대소설 창작법』, 웅동, 2000.
E. M. 포스터, 이성호 역, 『소설의 이해』, 문예출판사, 1990.
C. Brooks · R. P. Warren, Understanding Fiction, New York : F. S. Crofts & company, 1943.

불가지론(Agnosis)

사물의 본질, 본체, 혹은 실재 그 자체를 인식하는 행위가 불가능하다는 입장. 인지, 혹은 영지(靈智)를 뜻하는 그노시스(gnosis)에 대해 이를 반대하는 입장을 아그노시스(agnosis), 불가지론이라 한다. 19세기의 실증주의자 헉슬리, 스펜서 등이 처음 사용한 말로 알려져 있다.

불가지론은 그리스 철학의 소피시트(sophist)에서 그 뿌리를 찾을 수 있다. 시간을 계속해서 줄여나가면 날아가던 화살도 정지하게 된다거나, 순수한 공간 속에서 토끼는 거북이를 절대로 이길 수 없다는 제논의 역설(Zenon's paradox) 등은 본질주의적인 인지론에 대한 근본적인 공격이다.

중세의 신학은 대표적인 불가지론이다. 카톨릭은 인간은 신이 존재한다는 사실을 선험적으로는 알 수 있으나 그 본질은 파악할 수 없다고 하여 신성을 불가지의 영역에 놓았다. 신은 언제나 지금-여기(now-here)에 존재하면서 동시에 어디에도 존재하지 않는(no-where) 존재다. 신은 에피파니(epipany, 현현)라는 특수하고 순간적인 현상을 통해서만 모습을 드러낸다. 근본적으로 신은 인간세계와는 다른 계에 속해 있으며 인식의 한계를 넘어서는 것이다.

18세기 이후로 불가지론은 주로 철학적 논의에 흡수되어 발전하게 된다.

회의주의로 유명한 흄은 <절대적 비연속성>이라는 개념을 토대로 실재를 ① 무기적 세계 ② 유기적 세계 ③ 가치의 세계로 나눈 다음 절대적인 지식이 가능한 ①, ③ 과 달리 ② 는 엄밀성을 결한 상대적인 세계라고 하였다. 여기서 ② 는 일종의 불가지 영역이다.

현상학적 전통에 있어서 불가지의 영역은 불가피하다. 칸트의 '물 자체(things itself)'는 인간이 결코 파악할 수 없는 사물의 본질을 지칭한 개념으로 유명하다. 훗설 역시 인식에는 일상적으로 파악 가능한 독사(Doxa, 신념, 억설(臆說)) 외에도 근본 독사(Ur-doxa)가 있다고 하여 불가지를 인정하였으며, 하이데거의 현존재(da-sein), 사르트르의 실존 등도 불가지를 감안하지 않고서는 설명할 수 없는 개념이다. (노희준)

불경(佛經)

불교의 가르침을 담은 책 전체를 총칭해서 불경(佛經)이라고 한다. 경(經)은 산스크리트어(語)의 수트라(Sūtra)를 번역한 것으로, 원래는 실이나 끈을 의미했는데 뒤에 자(尺)로 사용하는 끈, 교훈, 교리, 금언(金言)의 뜻으로 통용되었고, 중국에 와서 불변의 진리를 뜻하는 경(經)으로 받아들여졌다. 불경은 좁은 의미로는 부처와 그의 제자들이 설파한 교리를 담고 있는 서적을 의미하고, 넓은 의미로는 교단(教團)의 규율을 규정한 율(律)과 철학적 이론을 전개한 논(論), 고승들이 이들 경, 율, 논의 삼장(三藏)을 쉽게 이해할 수 있도록 해설을 붙인 불교 성전(聖典) 전부를 포함한다. 불교경전은 문체와 기술의 형식과 내용에 따라 12가지로 분류되는데 경(經), 고기송(孤起頌), 중송(重頌), 무문자설(無問自說), 미증유법(未曾有法), 여시어(如是語), 인연(因緣), 비유(譬喩), 본생(本生), 수기(授記), 논의(論議), 방과(方廣)가 그것이다.

삼국이 불교를 공인함과 동시에 우리나라에 불경이 전래되었고, 특히 중국에서 한역(韓譯)이 이루어지면서 동시적으로 유입되었다. 통일신라 전기에는 교학 연구가 가장 활발했던 시기로, 원효(元曉), 원측(圓測), 의상(義湘), 경흥(憬興), 둔륜(遁倫) 등의 뛰어난 고승들이 경전연구를 본격화하였다. 이 시기에 많이 연구되었던 경전으로 <대반야바라밀다경>, <금강반야경>, <법화경>, <화엄경>, <대무량수경>, <아미타경>, <열반경> 등이 있다. 특히 원효의 <대승기신론소>와 <금강삼매경론> 중에서 <금강삼매경>은 한국인 찬술 불교 관계 문헌 중 정식으로 논장에 편입된 유일한 저서이다. 고려 초기에는 화엄종이 성행하여 <화엄경> 연구가 활발히 이루어졌고, 대각국사(大覺國師)가 천태종(天台宗)을 세운 뒤에는 <법화경>의 연구가 집중되었다. 지눌(知訥)이 수선사(修禪社)를 설립하면서 <금강경>의 연구도 진행되었다. 조선왕조에서는 배불(排佛)정책으로 인해 불경연구가 크게 이루어지지 못했지만, 선종을 중심으로 불교연구가 이루어졌다. 중기 이후에는 선승들 사이에서 다시 경전 연구가 활발해졌고, 해인사, 백양사, 범어사, 통도사의 금강계단(金剛戒壇)을 중심으로 율맥이 이어졌다. (문경연)

논장(論藏), 역경(譯經)

참고문헌
이지관, 『韓國佛敎所依經典硏究』, 보연각, 1973.
동국대학교 불교문화연구소, 『한국불교선술문헌총록』, 1976.
이기영, 『불전해설』, 한국불교연구원, 1978.

불교(佛敎)

불교는 석가모니(釋迦牟尼)를 교조(教祖)로 삼아 그의 가르침을 신봉하는 종교이다. 부처의 가르침을 법(法)이라 하는데 그가 설파(說破)한 교법이라는 뜻에서 불법이라고도 하고, 부처가 되는 길이라는 의미로 불도(佛道)라고도 한다. 불(佛)은 각성(覺性)한 사람 즉 각자(覺者)라는 산스크리트어의 보통명사로, 고대 인도에서 널리 쓰이던 말인데 후대에 석가를 가리키는 말이 되었다. 불교의 교조인 석가모니가 35세에 보리수(菩提樹) 나무 아래에서 달마(dharma)를 깨침으로써 불타(buddha)가 된 뒤, 80세에 입적(入籍)할 때까지 거의 50년이 세월을 돌아다니며 사람들을 교화시켰던 교법이다. 부처가 탄생한 기원전 5세기부터 현재까지 2500년 동안 불교는 원시불교, 부파(部派)불교, 소승불교, 대승불교 등으로 다양하게 나뉘면서 아시아 각 국에 전파되어 발전했다. 기원전 후에 인도·스리랑카 등지로 전파되었고, 다시 동남아시아로, 서역(西域)을 거쳐 중국으로, 중국에서 한국으로 들어왔고, 한국에서 일본으로 교권(敎圈)이 확대되어 세계적 종교로서 자리를 굳혔다. 그리스도교·이슬람교와 함께 세계 3대 종교의 하나이다. 우리나라에는 삼국시대에 육로와 해로를 통해서 만주대륙과 한반도 등의 우리 민족 문화권으로 동류(東流)한 뒤, 우리나라의 지역과 풍토 및 민족성 안에서 독특하게 전개되었다.

불교의 특징을 보면, 일단 부처가 깨친 진리는 형이상학의 차원에 있는 것이 아니라 모든 것이 존재하는 구체적인 양식 즉 연기(緣起)로 설명된다. 이 세상은 신에 의해 창조된 것이 아니라 서로의 의존관계 속에서 인연에 따라 생멸한다는 것이다. 인간 생활의 실제 문제와 부딪쳤을 때 그 문제의 해결에 주력하는 것이 부처의 가르침이면서 불교의 교리가 된다. 불교의 교리는 역사에 따라 나라마다 다른 방식으로 전개되었는데, 이것은 불교의 관용성을 의미한다. 현재 우리나라에는 대한불교조계종(大韓佛敎曹溪宗)을 비롯하여 총 18개의 종단이 있다. (문경연)

종교, 석가모니, 불법(佛法)

참고문헌
이능화, 『조선불교통사』, 신문과, 1918.
안철현, 『한국불교사 연구』, 동화출판공사, 1982.
김영태, 『한국불교사개설』, 경서원, 1986.

불교문학(佛敎文學)

불교문학은 부처가 입적한 B. C 450년 이후에 그의 교설(敎說)을 편찬한 경전(經典) 전반과 부처의 세계관(世界觀)·종교사상 등을 주제로 한 문예작품을 함께 아우른다.

불교의 '경전'은 불교의 교리(敎理)를 설파하기 위해 인간사의 희(喜), 노(怒), 애(哀), 락(樂), 애(愛), 오(惡), 욕(慾)과 생로병사(生老病死)를 다루고 있기 때문에 문학작품이라 할 수 있다. 대표적인 불교문학 작품으로는 본생(本生)설화를 다룬 팔리어(Pali語) 경전 『자타카(Jātaka)』, 부다고사(Buddhagohsa)가 쓴 주석서(註釋書) 『담마파다타카타(Damapadatakata)』, 게송(偈頌)을 모아놓은 『법구경(法句經)』 등이 있다. 그 외에도 산스크리트 경전에 새로 불전(佛典)문학 및 찬불(讚佛)문학이 전개되면서 석가의 제자들의 이야기가 담긴 비유문학인 『아파다나(Apadāna)』와 같은 작품이 나타났다.

우리나라의 불교문학은 4~5세기경 중국으로부터 불교가 전래되면서 영향을 받았다. 승려들은 신라시대 이후 관직을 맡게 되면서 국속(國俗)을 주도했다. 이 시기에 각간(角干) 위홍(魏弘)

과 대구화상(大矩和尙)의 『삼대목(三代目)』이 집대성되었고, 향가(鄕歌)인 『도천수대비가(禱千手大悲歌)』, 『도솔가(兜率歌)』, 『원왕생가(願往生歌)』, 『안민가(安民歌)』 등이 창작되었다. 고려시대의 불교문학으로는 박인량(朴寅亮)의 『수이전(殊異傳)』에 실린 '보개(寶開)설화'와 균여(均如)의 『보현십원가(普賢十願歌)』, 나옹화상(懶翁和尙)의 『서왕가(西往歌)』 등이 있다. 조선시대에는 『월인석보(月印釋譜)』를 비롯하여, 산문작품으로 김시습(金時習)의 『남염부주지(南炎浮洲志)』, 김만중의 『구운몽(九雲夢)』이 있고, 『심청전』이나 『당태종전(唐太宗傳)』 등 불교를 주제로 한 소설이 창작되었다. 이 작품들은 제행무상(諸行無常), 윤회사상(輪回思想), 인과응보(因果應報), 현세발복(現世發福)과 같은 불교적안 사상과 내용을 담고 있다. 현대문학에서는 이광수(李光洙)의 소설 『이차돈(異次頓)의 사(死)』, 『원효대사』 등을 비롯하여, 한용운(韓龍雲) · 서정주(徐廷柱) · 조지훈(趙芝薰) 등의 시인들을 통해 불교문학이 이어져 내려오고 있다. (문경연)

불교, 불교가사, 불경

참고문헌
인권환, 『한국불교문학연구』, 고려대학교 출판부, 1999.
홍기삼, 『불교문학연구』, 집문당, 1997.

불립문자(不立文字)

문자로는 세울 수 없다. 진정한 깊은 진리는 말이나 글을 써서 전할 수 없다는 말이다. 즉 인간이 각고의 숙고 끝에 얻은 정신이나 사고는 언어를 통해 표출하면 원래의 모습을 훼손시킬 수밖에 없기 때문에 문자를 매개로 해서는 온전히 전달할 수 없다는 뜻이 담겨 있다. 주로 불가(佛家)에서 주장한 부처의 이치를 전하는 방식은 말이나 글이 아니고 마음에서 마음으로 전하는 것이 최상의 방법이라는 논리가 문학론으로 확장된 것이다. 그렇게 마음으로 진리를 전하는 것을 이심전심(以心傳心)이라고 관용적으로 표현한다. 이 말은 원래 "가르침 외에 따로 전했는데 문자로는 세울 수 없기 때문이다. 곧바로 인간의 마음을 꿰뚫어서 본성을 본다면 부처가 될 것이다(不立文字 敎外別傳 直指人心 見性成佛)"는 말의 한 구절이다.

『전등록(傳燈錄)』에 다음과 같은 말이 있다. "지선사가 말하기를 성은 곧 부처요 부처가 곧 성이니 때문에 성을 보면 부처가 된다고 하는 것이다(智禪師云 性卽佛 佛卽性 故云見性成佛)." 『석씨요람(釋氏要覽)』에도 "달마는 곧바로 인간의 마음을 꿰뚫어 성을 보고 부처가 된 사람이니 태어남이 없는 문제에 대하여 순식간에 명료해졌다(達摩 直指人心 乃見性成佛者 明頓了無生也)"고 하였다.

결국 진리의 본체는 문자나 언어로 전달할 수 있는 성질의 것이 아닐 때 가시적이고 판독 가능한 체계가 아닌 초월적이고 초감각적인 방법을 써야 한다는 것이다. 불가에서 언어도단(言語道斷)이라고 해서 말이 끊어진 곳, 공기를 통한 목청의 떨림인 파동이 아닌 고차원의 감각을 이용해서 절대적 경지를 표현하는 방식을 중요하게 취급한 것도 이런 맥락에서 이해할 수 있다. 선가(禪家)에서 할(喝)이나 방(棒)을 써서 제자를 깨우친다거나 논리적으로는 어처구니없는 이야기인 화두(話頭)로서 진리를 참구(參究)하는 방식이 나온 것도 이러한 문자가 지닌 본질적인 한계를 깨닫는 데서 비롯되었다고 할 수 있다.

이와 아울러 불가에서 설파하는 문학의 본질에 대한 논의로는 이언절려(離言絶慮)를 들 수 있다. 말로부터 떨어지고 생각을 끊어버린 경지에서 나온 사고와 언어야말로 참된 것이라는 역설의 논리가 이 말에는 담겨 있다. 스님네들이 남긴 오도송(悟道頌)이나 열반게(涅槃偈) 등이 이런 특징을 강하게 가지고 있다. 기교가 아닌 직서(直敍), 감추지 않고 솔직하게 드러내는 것, 이것이 어쩌면 진정한 불립문자를 바탕으로 한 이언절려의 경지에 도달하는 길이라고 볼 수 있을 것이다. (임종욱)

불교문학, 이심전심, 전등록, 이언절려, 오도송, 열반게

참고문헌
임종욱, 『동양문학비평용어사전−중국편』, 범우사, 1997.
＿＿＿, 『중국의 문예인식』, 이회, 2001.
＿＿＿, 『중국문학에서의 문장체제 인물 유파 풍격』, 이회, 2001.
주훈초, 『중국문학비평사』, 이론과실천, 1992.

불안(Anxiety)

내면세계와 외부세계의 불일치, 혹은 존재와 인식 사이의 괴리가 예상되거나 자각될 때 야기되는 심리적, 생리적 반응을 총칭하는 개념이다. 자신에게 위협을 가하는 구체적인 대상이나 명확한 실재 없이도 발생한다는 점에서 단순한 공포(fear)와 구분된다. 공포와 불안은 동시에 나타날 수도 있지만 이 경우에도 두 가지는 구분된다. 대체로 공포가 인과적이고 경험적이라면 불안은 근본적이고 선험적인 것으로 설명되는 경향이 있다.

프로이트는 불안의 원인을 주로 어머니와의 분리체험에서 찾는다. 어린아이는 고립의 두려움을 지성으로 억제하지 못하고 충족되지 않는 욕망을 불안으로 바꾸어 상황에 대처하는 경향이 있다. 이것이 건전한 리비도 전환을 방해하여 대상에로 향하게 되면 공포가 발생한다. 이 경우 대상은 불안의 대리물이며 공포의 진정한 원인은 아니다. 반면 라깡은 불안의 원인을 어머니와의 분리가 아니라 오히려 분리의 실패에서 온다고 설명함으로써 프로이트와의 차이점을 분명히 한다. 욕망은 결핍에서 생기는데, 만약 결핍(분리)이 사라지면 주체는 죽음의 위기에 봉착하게 되고 이때 불안이 발생한다. 따라서 주체는 이러한 불안을 두려움으로 전환하여 결핍의 결핍을 은폐해야만 한다. 이에 대한 병리적 증상이 곧 공포증이다.

실존주의에서 말하는 불안 역시 인간의 근본적인 모순에서 발생하는 정신현상이다. 키에르케고르는 불안을 유한과 무한, 시간과 영원성, 자유와 필연 등 인간의 근본적인 모순에서 비롯되는 것이라고 한다. 하이데거에게 불안은 현존재와 세계 사이에 가로놓여진 무의 자각에서 생겨난다. 사르트르는 즉자와 대자 사이에 선험적인 무가 있으며 따라서 주체는 존재와 비존재의 불일치를 근본적으로 해결할 수 없는 상황에 놓여 있는데 이러한 모순을 하나의 의식 속에 통일시키려는 노력 속에서 인간이 자신의 실존(불일치)에 불성실한 존재로 살아갈 때 불안이 발생한다고 보았다. 여기에서의 불안은 모두 단순한 심리현상이 아닌 인간존재의 불가피한 조건에 해당한다. (노희준)

참고문헌
프로이트, 김석희 역, 『문명 속의 불만』, 프로이트 전집 12, 열린 책들, 2004.
딜런 에반스, 김종주 역, 『라깡 정신분석 사전』, 인간사랑, 1998.
하이데거, 이기상 역, 『존재와 시간』, 까치, 1998.
샤르트르, 『존재와 무 I』, 삼성출판사, 1993.

불연속성(不連續性)

형이상학적인 것을 배제하고 인간적인 것과 자연적인 것 사이에 어떤 구별도 두지 않는 19세기의 연속성(Continuity) 이론은 20세기에 들어 불연속성(Discontinuity) 이론에 의해 비판받게 된다. 일반적으로 불연속성은 존재나 과정 속에 간격이나 비약이 없는 연속성과는 달리 간격이나 비약이 있는 것을 말한다. 불연속성은 수학, 물리학, 철학 등에서 널리 사용된다. 철학에서는 세계관과 관련하여 그 이전의 연속적 세계관에 맞서는 개념으로 이해된다. 흄(T. E. Hulme)에 의하면 불연속적 세계관이란 종래의 연속적 세계관을 거부하고 이 세계를 불연속적 · 기하학적 실재로 파악하는 관점을 말한다. 르네상스와 함께 서구를 지배하기 시작한 휴머니즘은 인간을 절대적인 표준으로 삼고 모든 것이 진보 · 발전한다고 믿었다. 이러한 세계관으로 볼 때 인간은 완전한 것으로 이해된다. 그러나 모든 생명적 · 인간적 요소를 배제하고자 했던 흄에게 그것은 오류에 해당한다. 특히, 종교적 영역에서의 신이나 절대자는 진보의 개념으로 설명되지 않는다. 흄을 기점으로 하는 신고전주의는 여기에 그들의 이론적 근거를 마련하여 상대주의에 의해 야기된 혼란을 극복하고자 했다. 이들은 문학에서도 휴머니즘적인 입장을 버리고 작가가 자신의 감정을 억제하는 지성적 태도를 견지해야 한다고 주장하였다. 넓게는 20세기 영(英) · 미(美) 시를 주도했던 이미지즘과 모더니즘 역시 이러한 세계관에서 출발하였다. 스페어즈(M. K. Spears)는 현대인의 의식에 강하게 자리 잡고 있는 것이 불연속성이라고 설명하고, 현대시에 나타나는 불연속적 양상을 '형이상학적 불연속성', '미학적 불연속성', '수사학적 불연속성', '시간의 불연속성' 등 네 가지로 나누었다. 우리 문학에서도 이상(李箱)을 비롯한 초기 모더니스트뿐 아니라 지금까지 많은 시인들의 작품 속에서 이러한 불연속성을 쉽게 발견할 수 있다. (여태천)

연속성, 불연속적 세계관, 모더니즘

참고문헌

T. E. 흄, 박상규 역, 『휴머니즘과 예술철학』, 삼성미술문화재단, 1984.

Monroe K. Spears, Dionysus and the city : modernism in twentieth-century poetry, New York : Oxford University Press, 1970.

불평즉명(不平則鳴)

당나라의 한유(韓愈, 768~824)가 작가의 생애와 창작과의 관련에 대해 논하면서 주장한 이론. 이 말은 「송맹동야서(送孟東野序)」에 나온다.

그는 사람들이 문학 작품을 창작할 때 언어로 표현을 하는 이유는 마음 속에 뭔가 평안하지 못한 것이 있거나 불합리한 사회적 지위, 또는 불공평한 대우를 받았을 때 이것을 표현하기 위해 나온다고 생각하였다. 그는 문학 작품의 창작은 작가가 처한 사회적 환경, 자신의 처지와 뗄래야 뗄 수 없는 관계가 있다고 주장하였다. 이러한 관계야말로 리얼리즘 문학이 생산되는 중요한 계기라는 것이다. 봉건 사회에서 사람의 재능이 펼쳐지지 못하고 정의가 실현되지 못해서 민중들의 고통을 해소하지 못하면, 재능을 지니고 민중을 동정하는 문학가는 예민하게 이 같은 모순을 간파하고 불합리한 현실에 대한 비판을 문학을 통해 진행하게 된다. "그 노래하는 것이 생각이 있고, 통곡하는 것에 회한이 담겼다(其歌也有思 其哭也有懷)"는 말은 격정적이고 진지한 감정이 토로되는 상황을 반영한다. 이것이 바로 불평이 울린다는 것이다.

한유는 또 각 시대의 우수한 시인과 작가들은 역사상의 훌륭하게 운 사람들이라고 주장하였다. "초나라는 큰 나라이기 때문에 망할 무렵에 굴원이 나와 울었으며(楚大國也 其亡也以屈原鳴)" 한나라 때에는 사마천(司馬遷)과 사마상여(司馬相如), 양웅(揚雄)이 잘 울었고, 당나라 때에는 진자앙(陳子昂)과 소원명(蘇源明), 원결(元結), 이백(李白), 두보(杜甫), 이관(李觀) 등이 모두 자신이 능한 분야에서 잘 울었다는 것이다. 그리고 지금 시대에는 맹교가 나와 비로소 시로써 운다고 결론지었다. 이들 잘 운 작가들에게는 공통점이 있는데, 그들의 작품에 현실 속에 존재하는 다양한 모순들이 반영되어 있다는 것이다. 그들은 불공평한 현실에 대해 항의하면서 억압받는 이들에게 무한한 동정을 보냈다. 그러므로 불평즉명은 사실상 문학이 현실의 모순에 대해 항거하고 투쟁하는 기본적인 원리를 반영한 논리다. 한유의 이와 같은 주장은 사마천이 밝힌 발분설(發憤說)을 계승한 것이다. 한유는 「형담창화시서(荊潭唱和詩序)」에서 "기쁘고 즐거운 말은 공교롭기 어렵고, 괴롭고 힘든 말은 좋기가 쉽다(歡愉之辭難工 而窮苦之言易好)"고 말했다. 이는 불평즉명을 주장한 그의 논리를 재확인해주는 글이다. 나중에 구양수(歐陽修)는 한유의 생각을 발전시켜 "시는 궁핍해진 뒤에야 공교로워진다(詩窮而後工)"(「매성유시집서(梅聖兪詩集序)」)고 결론지었다. 한유의 주장은 중국문학이론사에 상당한 영향력을 행사하였다. (임종욱)

한유, 송맹동야서(送孟東野序), 맹교(孟郊)

참고문헌
임종욱, 『동양문학비평용어사전-중국편』, 범우사, 1997.

_____,『중국의 문예인식』, 이회, 2001.
_____,『중국문학에서의 문장체제 인물 유파 풍격』, 이회, 2001.
주훈초,『중국문학비평사』, 이론과실천, 1992.

불행한 의식(Unhappy consciousness, 독 unglückliches Bewußtsein)

헤겔에 있어서 불행한 의식이란 주제는 '나'의 자기의식이 얼마나 풍부한 의식 내용을 갖고 자기의식으로서 자유롭게 존립할 수 있느냐 하는 문제와 관련된다. 이 문제가 다루어진『정신현상학』제4장에서 헤겔은 스토아 철학의 사례를 들어 사물과 의식에 관해 분별력을 발휘하여 그 차이들을 인식할 수 있는 "사고(생각)"를 의식 활동의 일차적 내용물로 꼽았다. 분명히 "사고 안에서 나는 자유롭게 존재한다."(Im Denken bin ich frei) 그러나 "생각하는 의식은 단지 추상적 자유만을 가질 뿐이며 다르게 존재하는 것을 불완전하게 부정할 따름이다." 따라서 '나'가 실제 "자립적으로 현존"하려면 자기의식으로서 가질 자유에 반하는 상태에 대해 철저한 부정을 감행해야 하는데, 문제는 바로 이런 철저한 부정의 연속이, 철학사에 있었던 회의주의에서 보듯이, 바로 그것을 행하는 자기의식 안에 "절대적인 변증법적 동요"를 조성한다는 것이다. 즉 자유를 확인하기 위해 자기의식이 감행한 부정은, 한 편으로는 이 모든 동요상태를 넘어서 더 완전한 것을 추구하는 "고양"(高揚)의 움직임을 촉발시키면서, 다른 한 편으로는 자기의식의 기존 상태 전체를 송두리째 "비본질적인 것"으로 만들어버린다. 그 결과 자기의식이 행하는 모든 행위와 언사는 "서로가 서로에 대해 모순된" 상태에 들어가며, 이로써 자기의식은 "자기 자신 안에서 모순을 일으키는 의식", "자기 자신 안에서 양분된 의식"이 된다. 그러나 이렇게 자기분열되었지만, 그럼에도 불구하고 의식은 어쨌든 "하나의 의식"(Ein Bewußtsein)이다. 바로 이렇게 그 자체 하나이면서도 완전한 자기존재를 추구하는 과정에서 자기분열에 빠져 의식으로서의 존립기반을 상실하면서 "좌절할" 위기에 놓인 그런 상태의 의식을 헤겔은 "불행한 의식"으로 묘출한다.

당연히 자기의식의 그 다음 행보는 이렇게 양분된 자기의식이 불행 속에서 겪는 여러 경험을 통해 어딘가에 어떤 상태로 있을 그 "하나의" 자기의식을 찾아나서는 고투의 과정이다. 이 과정은 바로 그 하나의 의식에 대한 "향수"를 중심으로 결집된 "욕망", 그 욕망의 충족을 위한 "노동" 및 그런 과정에 헌신하는 자신에 대한 "향유"를 통해 스스로를 이성적 본질체로 "교육"시키는 것으로 귀결된다. 즉 이성으로의 진화가 "자기의식으로서의 '나'가 갖게 되는 진리"이며, 바로 그것을 위해 자연적인 욕망, 의식을 분산시키는 소모적 종류의 노동, 그리고 비생산적 쾌락을 희생하여 그것들을 새로운 방향에 헌신하게 만드는 것이야말로 불행한 의식에서 벗어나는 진정한 길이 된다. 헤겔의 이런 '불행한 의식' 개념은 거기에 내재되어 있는 이성주의적 목적론의 함의에도 불구하고 현대 사회에서의 자기소외를 해명하는 사회학적 사고모델로 원용되었

다. (홍윤기)

물화, 주인과 노예(의 변증법), 소외

참고문헌

G. W. Fr. Hegel, Phänomenologie des Geistes, J. Hoffmeister 편(Hamburg : Felix Meiner Verlag, 1952, Neuauflage), 제IV장, 특히 pp.154~171.

A. Kojève, Introduction to the Reading of Hegel, tr. by J. Nicols, New York : Basic Books, 1969.

불협화음(不協和音, Dissonance)

불협화음(不協和音)이란 동시에 울리는 둘 이상의 음이 서로 어울리지 않아 불안정한 느낌을 주는 음을 지칭한다. 어울림음의 대칭으로 안어울림음이라고도 한다. 특히 두 음 사이에 대해서는 안어울림음정(不協和音程)이라 하며, 근대의 음악이론에서는 장·단 2도와 장·단 7도 및 모든 증·감 음정을 안어울림음정으로 하고 있다. 또한 한 개 이상의 안어울림음정을 포함하는 화음을 안어울림화음이라고 한다. 그러나 어울림·안어울림의 구분은 다분히 상대적인 것이다. 어울림음이란 이론적으로는 2음의 진동수가 단순한 정수비(整數比)를 이룰 만큼 어울리는 성질이 큰 것으로 정의되는데, 대단히 추상적인 정의에 그치고 있음을 알 수 있다.

어울림음에 비해서 안어울림음은 긴장감을 품은 불안정한 울림이므로, 고전적인 작곡이론에서는 그 사용에 일정한 조건이 과해지고, 다음에 안정된 어울림음으로 진행하기를 요구한다. 이것을 안어울림음의 해결이라고 한다. 근현대의 음악에서는 안어울림음이 부수적인 것이라는 생각이 타파되어, 안어울림음이 광범위하고 자유롭게 사용되고 있다.

불협화음이 처음 사용된 작품은 1785년 1월에 완성된 모차르트(Mozart)의 현악 4중주곡인 제19번 C장조(K. 465)이다. 이 작품은 제1악장 서두에 당시 사람의 귀에는 생소한 대담한 화성을 사용한 데서 '불협화음'이라는 부제가 붙었다고 한다. 실제로 연주된 작품의 선율에서는 음산한 느낌을 주고 있지만, 오늘날의 관점에서 보면 큰 저항감이 없다.

불협화음이 본격적으로 작곡에 사용된 것은 낭만주의 시대 이후부터이다. 그 시발점이 된 인물은 인상파의 드뷔시(Debussy, Achille Claude)라고 할 수 있다. 그의 1901년도의 작품인 「물의 장난 Jeux d'eau」은 인상주의적 수법에 의한 최초의 걸작으로서 단순한 3부분적 구성, 안어울림음의 색채적 사용, 아르페지오와 2도의 안어울림음의 동시적 사용, 글리산도·반음계(半音階) 등의 기법을 사용하여 회화적(繪畫的)으로 표현된 작품이다.

드뷔시 외에도 불협화음을 두드러지게 사용했던 작곡가로는 인상주의 음악가로 평가되고 있는 모리스 라벨(Maurice Ravel)이 있으며, 표현주의 작곡가로는 벨라 바르톡(Bela Bartok), 쇤베르크(Schönberg), 베르크(Berg) 등이 있다. 그리고 신고전주의 작곡가로 분류되는 스트라빈스키(Stravinsky), 힌데미트(Hindemith), 베베른(Webern) 등의 작곡가를 들 수 있다. (황치복)

안어울림음, 어울림음, 협화음, 화음, 음정

참고문헌
폴 그리피스, 신금선 역, 『현대음악사』, 이화여자대학교 출판부, 1994.
에릭 살즈만, 이찬해 역, 『20세기 현대음악』, 수문당, 2003.
칼 오토마 트라이브만, 성석태 역, 『현대음악의 구조』, 음악춘추사, 2005.

불확정성의 원리

양자역학의 개념. 관찰자와 관찰대상 사이에는 항상 일정한 정도의 불확정성이 존재한다는 원리이다. 특정인의 이론이라기보다는 양자론의 기본전제에 해당하는 것으로 보어, 크래머, 슬래터 등등의 연구 결과를 하이젠베르크가 정리했다.

불확정성은 물체의 위치, 운동량, 시간, 에너지 등을 관찰자의 의도대로 정확하게 측정할 수 있다는 고전물리학의 믿음이 미시물리학, 특히 양자론의 실험에서 깊은 회의와 의심을 받게 됨으로 해서 제기되었다. 이에 대해 빛의 <파동설 / 양자설>은 매우 유명한데, 파동이라는 전제 하에서 빛은 양자의 속성을 나타내고, 반대 경우에는 파동의 속성을 나타낸다. 마찬가지로 전자와 부딪쳐 되돌아온 광자로 전자의 운동을 파악하는 경우에도 우리는 실제 전자의 움직임에 대해서는 결코 알 수 없는데, 왜냐하면 우리가 관찰할 수 있는 것은 전자 그 자체의 운동이 아니라 광자와 충돌한 전자의 운동이기 때문이다. 이는 한 가지 요소의 모호성감소가 다른 요소의 모호성 증가로 나타난다는 것으로, 이를테면 양자역학에서 전자의 위치와 속도는 동시에 측정될 수 없다. 따라서 인간은 전자의 움직임을 파악하거나 예측할 수 없으며, 이원론적인 가정(파동/양자처럼)과 다양한 실험방법 및 조건 하에서 그것의 확률만을 알 수 있다는 것이다. 이것이 아인슈타인이 '신은 주사위 놀이를 하지 않는다.'라고 하여 반발한, <확률함수>의 배경이다.

G. 주커브에 따르면 아원자의 수준에서 우리는 그 대상을 변화시키지 않고 관찰할 수 없다는 것이 바로 불확정성원리의 제 1차적인 의의다. 하이젠베르크는 '관찰행위 자체가 관찰결과에 결정적 영향을 미친다'는 점을 강조하면서, 우리가 관찰하고 있는 것은 그 자체로서의 자연이 아니라 인간의 자연에 대한 질문방식 속에서 나타난 자연이라는 점을 분명히 한다. 이러한 인식은 근대 이후 철학의 근본적인 문제의식과 일맥상통하는 것이며, 자연과학뿐만 아니라 사회과학, 인문과학, 미학 분야에도 폭넓은 영향을 끼쳤다. (노희준)

참고문헌
하이젠베르크, 『물리학과 철학』, 온누리, 1993.
_____, 김용준 역, 『부분과 전체』, 지식산업사, 1999.
G. 주커브, 김영덕 역, 『춤추는 물리』, 범양사, 1995.

브나로드(V narod)

브나로드(v narod)란 원래 '민중 속으로'를 뜻하는 러시아 말로, 공동체 미르(mir, 러시아의 독자적인 농민자치공동체)를 기초로 하여 자본주의 단계를 거치지 않고 사회주의로의 이행이 가능하다고 믿는 지식계층이 민중계몽을 위해 농촌으로 파고들었을 때에 내세운 슬로건이다.

이 슬로건 아래 러시아에서는 1873년에서 1874년을 정점으로 하여 약 2,500명에 달하는 진취적인 젊은 지식인층이 교사 · 의사 · 점원 · 노동자가 되어 농민에게 나로드니키(Narodniki, 인민주의자라는 뜻의 러시아어로, 19세기 후반 러시아에서 사회주의혁명 운동을 실천한 세력을 지칭한다)의 혁명사상을 선전하였으나 기대한 만큼의 성과를 얻지 못하고 1874년 가을까지 많은 선동자들이 검거되어 이른바 '193인 재판'에서 처벌을 받았다. 이 운동은 농본주의적 급진사상으로 발전하는 1870년대의 혁명적 나로드니키의 출발점이 되었다.

국내의 계몽운동은 1920년대 초 서울의 학생과 문화단체, 도쿄(東京)의 유학생들이 중심이 되어 시작되었다. 대표적인 예로 1926년 천도교 조선농민사에서 펼친 귀농운동(歸農運動)과 1930년대 수원고등농림학교 한국학생들의 문맹퇴치운동을 들 수 있다. 이와 같은 농촌계몽운동과 함께 한글보급운동이 활발하게 전개되었는데, 1928년 동아일보사가 창간 8주년 행사의 하나로 문맹퇴치운동을 펼치려다 조선총독부에 의하여 좌절되었고 이듬해에는 조선일보사가 귀향남녀학생문자보급운동을 전개하였다.

1931년부터 1934년까지 동아일보사가 본격적으로 전개한 브나로드운동은 고등보통학교 4, 5학년 학생으로 이루어진 학생계몽대와 전문학교 이상의 학생으로 조직된 학생 강연대, 학생 기자대를 주축으로 하여 행해졌다. 이들은 야학을 열고 음악과 연극, 위생생활을 가르치면서 계몽운동과 문화운동을 병행해나갔다. 이들과는 별도로 1931년에 새로 조직된 조선어학회의 후원으로 전국 주요도시에서 조선어강습회를 열기도 하였다. 이러한 민중계몽운동은 언론계와 문화단체, 청년학생들이 힘을 모아 일제의 식민통치에 저항하고 독립의 기초를 다지기 위하여 전개하였던 거국적인 민족자강운동으로 평가된다. 브나로드 운동과 같은 농촌 계몽운동에 영향을 받아 이광수의 『흙』, 심훈의 『상록수』와 같은 작품이 발표되었다. (황치복)

나로드니키, 농촌계몽운동, 동아일보, 이광수, 심훈

참고문헌
권태억, 『근현대 한국탐사』, 역사비평사, 1994.
이무열, 『한 권으로 보는 러시아사 100장면』, 가람기획, 1998.
정진석, 『언론과 한국 현대사』, 커뮤니케이션북스, 2001.

브리콜라주(Bricolage)

프랑스의 구조주의 인류학자 클로드 레비-스트로스가 그의 저서 『야생의 사고』에서 신화(神話)와 의식(儀式)으로 대표되는 부족사회의 지적 활동의 성격을 나타내기 위해 사용한 용어.

브리콜라주는 원래 프랑스어로 '여러 가지 일에 손대기' 또는 '수리'라는 사전적 의미를 지닌 말이다. 레비-스트로스는 신화가 현대인의 논리적 사고와는 판이한 방식으로 세계를 설명하는 방식을 묘사하기 위해 이 개념을 도입했다. 그에 의하면 원시사회의 문화제작자인 브리콜뢰르(bricoleur)는 한정된 자료와 도구로 다양한 작업을 수행하기 위해 임시변통에 능통한 사람이다. 이와 정반대되는 인물형은 현대의 엔지니어(engineer)이다. 그는 자기가 만들고자 하는 기계에 대해 정확한 개념과 설계도를 가지고 시작하며, 또 철저하게 청사진을 이용하여 논리적 결론에 도달하는 사람이다.

그러나 데리다는 브리콜뢰르와 엔지니어의 양분법을 철저하지 못한 이항대립의 한 사례로 파악한다. 그는 레비-스트로스가 그려내는 엔지니어가 "자신을 자기 자신의 담론을 담아내는 절대적 기원"으로 간주하는 망상에 사로잡혀 있다고 비판하면서 "모든 유한한 담론"은 "특정한 브리콜라주와 얽혀 있다"고 주장한다.

특정한 문화구조 안에서 여러 전통적 요소를 조합하는 '브리콜라주' 개념은 최근 들어 현대의 지적·이론적 활동의 성격을 설명해주는 유용한 가설로 환영받고 있다. 현대의 많은 이론가들은 이제 이론의 실천이란 과거의 거대이론에서 찾아낸 개념과 사상을 새롭게 활용하는 일종의 브리콜라주라고 생각한다. 현대의 브리콜뢰르들은 그 거대이론의 체계가 내세우는 보편성의 주장은 불신하면서도, 그 체계가 공급하는 지적 자료들을 가지고 작업할 수밖에 없다. 오늘날과 같은 포스트모던 시대에는 보편적 체계를 창조할 수 있는 가능성 자체가 의심스러워졌기 때문이다. (진정석)

구조주의, 담론, 거대담론, 미시담론

참고문헌
클로드 레비-스트로스, 안정남 역, 『야생의 사고』, 한길사, 1996.
자크 데리다, 남수인 역, 『글쓰기와 차이』, 동문선, 2001.

블랙코미디(Black Comedy, 프 Comédie Noire, 독 Schwarze Komödie)

블랙코미디는 웃음을 통해 환멸과 냉소를 표현하는 드라마의 형식이다. 이는 인간 존재의 불확실성, 불완전성에 대한 인식을 형상화하는 것을 목적으로 한다. 그런 점에서 블랙코미디는 20세기 이후 등장하는 부조리문학, 부조리극이 지향하는 바와 상통하는 부분이 있다. 블랙코미디의 시초는 셰익스피어의 희비극(Tragicomedy)에서 찾을 수 있다. 「베니스의 상인(The Merchant of Venice)」, 「눈에는 눈으로(Measure for Measure)」 등이 그러하다. 희비극은 그 용어에서도 알 수 있듯이 희극과 비극이 혼합되어 있는 형태이다. 이 형식에는 심각한 것과 우스운 것, 절망과 유머가 혼재되어 있다. 그리고 극 속의 고통은 결국 기적적인 반전에 의해 극복되는 것으로 결말지어진다. 희비극이 번성했던 시기를 살펴보면 이러한 형식의 와해가 사회가치관의 극단적 변화와 관련이 있는 것임을 알 수 있다. 희비극이 인간 존재의 비극성에 대해 절망하는 모습을 보여주지만 이에 그치지 않고 새로운 희망을 암시한다는 점이 과도기적 시대를 살아가던 당대 관중들의 호응을 이끌어냈던 것이다.

장 아누이(Jean Anouilh)의 희곡들 「짐 없는 여행자(Voyageursans bagage)」, 「야만인(La Sauvage)」, 「투우사의 왈츠(La Valse des toréador)」, 「가난한 비토(Pauvre Bitos)」 등이 블랙코미디에 해당한다. 그리고 장 쥬네(Jean Genêt), 에드워드 올비(Edward Albee), 해럴드 핀터(Harold Pinter) 등의 작품들이 이에 해당한다.

이후 블랙코미디는 부조리 문학 속에서 등장한다. 현실 세계 속에서 인간의 조건은 본질적으로 부조리하다는 인식을 바탕으로 하고 있는 부조리 문학은 표현주의(Expressionism)와 초현실주의(Surréalisme)에 그 뿌리를 두고 있다. 조이스(Joyce)와 카프카(Kafka)의 소설들(「심판(Der Prozess)」, 「변신(Der Verwandlung」 등)이 이에 해당된다. 카뮈(Camus)와 사르트르(Sartre)의 소설들, 이오네스코(Ionesco)와 베킷(Beckett)의 희곡작품들도 부조리한 생존의 조건에 처해 있는 인간을 블랙코미디적인 요소를 통해 형상화해내고 있다. (추선진)

희비극, 부조리문학, 부조리극

참고문헌
Robert Willough Corrigan, 송옥 외 역, 『비극과 희극, 그 의미와 형식』, 고려대학교출판부, 1995.
이일범 외, 『연극의 이해와 실제』, 문음사, 1997.

비가(悲歌, Elegy)

비가(悲歌, elegy)란 죽은 사람에 대한 애도 또는 침통한 묵상의 시를 가리킨다. 그리스어의 엘레게이아(elegeiā, 애도가)에서 유래된 말로 비가(悲歌)·애가(哀歌)·만가(輓歌)라고도 한다. 6보격(步格)에 5보격을 붙인 2행(行)을 한 단위로 한다. 내용적으로는 애도, 철학적 논고, 죽은 사람의 위로로 구성되어 있으며, 친애하는 인간의 죽음을 계기로 해서 인생의 의미와 죽음에 대한 각오 등 작자의 생사관(生死觀)을 토로하는 시이다.

고대 소아시아의 애도가 양식이 그리스로 전해진 것이며 엘레게이온(elegeion)이라는 2행 연구(連句)의 시형을 갖추고 있어 간결하기 때문에 묘비명으로 사용되는 경우가 많았다. 이 시형은, 로마의 시인 사이에 계승되어 카툴루스(Catullus), 오비디우스(Ovidius) 등의 작품에서도 많이 볼 수 있으며, 그것은 다시 독일의 시인들에게 답습되었다. 그러나 근대에는 보통 내용에 중점을 두고 육친이나 친구·연인 등의 죽음이나 불행, 또는 실연당한 슬픔에 잠긴 심정을 읊은 시를 널리 엘레지라 부르게 되었다.

대표적인 작품으로는 괴테(Goethe)의 『로마 엘레지 Romische Elegien』, 밀턴(Mil-ton)의 『리시더스 Lycidas』, 토마스 그레이(Thomas Gray)의 『시골 묘지에서 읊은 만가 Elegy Written in a Country Churchyard』, 셸리(Shelley)의 『아도니스 Adonis』 등이 있으며, 20세기 최대의 엘레지는 릴케(Rilke)의 『두이노의 비가 Duineser Elegien』 등이 있다. 이 작품은 지금까지의 개인적인 슬픔을 노래한 엘레지와는 달리 무정하고도 가혹한 여러 가지 힘에 의해 지배된 인간의 슬픔을 비가적인 상황에서 다룬 것으로 현대시에 미친 영향이 크다. (황치복)

만가, 애가, 엘레게이아, 엘레지, 두이노의 비가

참고문헌
이현주, 『오비디우스』, 평민사, 1999.
헨리 퍼셀(Purcell, Henry), 『서양음악의 탄생 1—6』, 中央日報社, 1985.

비결정성(Undecidability/Indeterminacy)

소쉬르를 비롯한 구조주의자들은 비록 단어들이 다의적이기는 하지만, 그래도 맥락에 따라 고정된 의미를 가질 수 있다고 보았다. 그러나 자크 데리다는 자신의 해체이론에서 그 어느 단어도 고정된 의미를 가질 수는 없다고 말하며, 그것을 언어의 '비결정성(indeterminacy / undecidability)'이라고 부른다. 말라르메의 'hymen'이라는 단어를 예로 들면서, 데리다는 그것이 서로 모순되고 상충하는 의미를 갖고 있기 때문에, 둘 중 어느 하나를 올바른 의미라고 확정할 수가 없다고 말한다.

또 구조주의자들이나 형식주의자들은 작품 속의 모호성(ambiguity)은 인정했지만, 그것이 독자의 해석을 통해 명료해질 수 있고, 따라서 작품의 완벽한 해석이 가능하다고 보았다. 그러나 데리다는 해체이론에서, 작품 속의 모호성이나 모순은 결코 명료해질 수 없으며, 따라서 고정된 의미를 결정할 수도 없다고 말한다. 또 다른 해제주의자인 폴 드 만은, '불확정성'은 책읽기를 의미산출이나 결정과정으로 보는 관념 자체를 부정하는 것이라고 말한다. 즉 '불확정성'은 텍스트에 이미 내재해 있는 본성이기 때문에, 독자의 결정능력과는 아무 상관이 없다는 것이다. 형식주의자들의 '모호성'과 해체이론가들의 '비결정성'의 근본적인 차이도 바로 거기에 있다.

해체이론에서 데리다는 고정된 중심과 고정된 의미의 존재를 부인하고, 유연한 언어와 의미의 유희를 제안한다. 비결정성은 곧 무한한 가능성과 유연한 본질, 그리고 고갈되지 않는 새로운 해석을 가능하게 해준다는 점에서 긍정적이다. 그래서 비결정성 이론은 해석의 무한한 가능성을 인정한다는 의미에서, 현대해석학과 독일의 수용미학과 미국의 독자반응비평(Reader—Response Criticism)을 창출해내는 데 크게 기여했다. 비결정성 이론은 또 하이젠베르크의 '불확실성 이론'이나 아인슈타인의 '상대성 이론'과도 접목되면서, 절대적 진리의 억압과 횡포를 막아주는 긍정적 역할을 했다.

이와 같은 이론의 배경에는, 그동안 스스로를 절대적 진리로 생각하고 상대를 이단으로 폄하하고 차별했던 서구 제국주의, 나치즘, 파시즘, 기독교 등에 대한 서구인들의 반성이 자리잡고 있다고 볼 수 있다. 또한 비결정성은 과학기술에도 영향을 끼쳐, 스스로를 절대적 진리로 제시해왔던 과학이론들과 테크놀로지가 유연하고 겸허해지며, 상대주의를 인정하도록 하는데 크게 기여했다. (김성곤)

불확실성, 비결정성, 해체이론, 데리다

참고문헌
자크 데리다, 남수인 역, 『글쓰기와 차이』, 동문선, 2001.

_____, 김성도 역, 『그라마톨로지』, 민음사, 1996.
_____, 박성창 역, 『입장들』, 솔, 1996.
_____, 김보현 편역, 『해체』, 문예출판사, 1996.

비관주의(Pessimism)

세상에는 선보다 악이, 행복보다 고통이 더 많다고 보는 입장. 혹은 삶의 가치를 부정적으로 파악하는 철학의 한 흐름을 말한다. 원어는 <최악>을 뜻하는 라틴어 페시멈(pessimum)에서 유래했다. 세상의 부조리는 인간의 힘으로는 극복할 수 없다고 보고 있어서 세상은 가능성이 넘치는 곳이라는 낙관주의와 정반대된다. 극단적인 염세주의에서부터 미래는 불투명하므로 현재를 최대한 즐겨야 한다는 일종의 쾌락주의에 이르기까지 그 정도와 종류가 다양하다. 엄밀하게 말하자면 철학적 사상이라기보다는 삶과 철학에 대한 개인적인 태도에 더 가깝다.

고대 그리스의 대표적인 염세주의는 오르피즘이다. 오르페우스는 죽음(영혼)으로 사랑을 이루려 했다는 점에서 에로스와 정반대에 놓인다. 선과 악, 천국과 지옥 등의 구도로 이루어져 있는 기독교·이슬람교의 전통은 필연적으로 염세주의를 함축하고 있다. 인간은 죽음을 통해서만 존재의 가치를 실현시킬 수 있기 때문이다.

현대사상에서 비관주의는 종교적 관념이라기보다는 인생의 본질적인 가치에 대한 근본적인 질문으로 발전해왔다. 독일철학가 아더 쇼펜하우어는 현대적인 비관주의자의 가장 유명한 경우다. 그는 세계를 <불합리>의 공간으로 묘사하고 인간을 <맹목적 의지>의 희생자로 표현하면서 완전한 자기부정만이 인간을 세계로부터 구원할 수 있다고 보았다. (노희준)

비교문학(比較文學, Comparative literature, 프 Litterature Comparee, 독 Vergleichende Literaturwissenschaft)

비교문학이란 두 나라 이상의 문학을 비교하여 서로의 문학양식·사상·조류·영향 등을 연구하거나 각국의 문학 사이의 국제적 영향·교류·대응관계에 관해 연구하는 학문을 말한다. 18세기 말부터 일어난 민족주의의 영향을 받아, 유럽의 근대적 문학연구는 각국의 문학을 각각 개별적·독립적으로 일관된 흐름에 의해 파악하려는 방향으로 진행되었다. 그러나 19세기로 들어서자, 이러한 나라별 문학연구의 발전과 병행하여 한 나라의 범위 내에 완전히 수용할 수 없는, 국경을 초월한 문학의 이동·교류의 움직임을 중시하는 경향이 나타났다. 이것은 근대 유럽과 같이 여러 국가가 밀접한 정치적·문학적 교류단계에 있어서, 사람이나 정보의 왕래가 활발한 세계에서는 당연한 발상이었다.

이러한 경향은 일찍이 독일의 J. W. 괴테(Goethe), 프랑스의 스탈부인(Madame de Stael) 등에서 시작되었으며, 19세기 중엽부터 점차 독립된 학문 연구 분야로 발전되었다. 덴마크의 G. M. 브란데스(Brandes)의 『19세기 문학의 주조(主潮)』(1872~1890), 영국의 H. M. 포즈닛의 『비교문학』(1886), 독일의 M. 코흐의 『비교문학잡지』의 창간(1887) 등이 그 선구적 역할을 하였고,

그 중에서도 중심이 된 국가는 프랑스였다. 19세기 후반에 프랑스문학연구의 대가 F. 브륀티에르(Brunetiére)는 전유럽의 국제문학사의 구상을 제창하였고, 그의 제자 J. 텍스트는 논문 「J. J. 루소와 문학적 세계주의의 기원(1895)」으로 비교문학분야에서 최초로 박사학위를 취득, 1896년 리옹대학에 개설된 비교문학강좌의 교수가 되었다. 이로써 학문 연구 분야로서의 비교문학이 공인, 확립되었다.

처음에는 실증적 연구가 지배적이었으나 독일문예학의 정신사적 연구가 첨가되고 다시 작품 그 자체의 양식적(樣式的) 분석으로 향하는 경향을 섭취하여 세계문학적 시야를 갖는 원리론에 입각해 가면서 개개의 작품의 특수성 및 보편성이나 항구성을 연구하게 되었다. 그 방법에는 다음의 네 종류가 있다.

① 동일한 주제에 대한 각국 문학에서의 발현방법을 비교·해설·평가한다.

② 문학의 양식이나 각 장르의 형식, 발전의 과정을 각국 문학 속에서 찾아 거기서 작품의 가치판단, 문학사상의 위치 결정을 한다.

③ 특정 작품의 기원이나 유래를 타국의 문학 중에서 찾아보고 또 그 작품이 다른 문학에 준 영향을 연구한다.

④ 특정 작가나 작품을 포함한 문학운동이나 주의 주장의 횡적 단면을 세계문학의 시야에서 부각시킨다. (황치복)

문예학, 비교예술학, 세계문학, 양식, 브륀티에르

참고문헌
P. 방티겜, 김종원 역, 『비교문학』, 예림기획, 1999.
R. 웰렉·A. 워렌, 이경수 역, 『문학의 이론』, 문예출판사, 1987.
윤호병, 『비교문학』, 민음사, 1994.

비극(悲劇)

인생을 진지하고 엄숙하게 바라보는 입장(숭고미와 비장미의 관점)에서 비극이 생겼고, 즐겁고 우스꽝스럽게 바라보는 입장에서 희극이 생겼다. 연극을 만들어내는 요소들이 어떻게 결합되느냐에 따라 형식이 정립되었는데, 비극은 서양연극의 대표적인 전통형식이다. 비극과 같은 범주이지만 진지성보다는 관중의 소망적 사고에 영합하는 형식이 멜로드라마(melodrama, 통속극, 격정극)이다. 한국에서는 20세기 초부터 인정비극·가정비극·탐정비극·애정비극이라는 용어가 남발했다. 이런 연극들은 비극이 아니라 멜로드라마와 흡사한 일본 모방의 신파극을 지칭한 것이었다.

비극은 눈물, 슬픔, 비참 이상의 삶에 대한 진지성을 드러낸다. 아리스토텔레스(Aristotle)는 비극이 심각한 인간행위의 모방으로써 사람들에게 연민(憐憫)과 공포를 불러일으키고, 그것을 다시 정화(淨化)시켜 준다고 하였다. 비극에는 심각한 행위를 하는 인물이 등장하는데, 심각한 행위는 일상적인 행위가 아닌 비범한 행위이므로, 그 인물 역시 비범할 수밖에 없다는 것이다. 따라서 비극의 주인공은 보통사람보다 더 우수, 우월, 위대하다고 했다. 비극의 주인공은 비상한 용기를 지니고 있다. 그러나 용기 때문에 그는 지독한 고통을 겪어야 하며 또한 파멸에 이르게 된다. 주인공의 패배나 파멸은 항시 외부적인 원인에서 비롯되거나 우연에서 비롯되는 것이 아니다. 때로는 주인공 자신의 오판이나 실수, 편견이 원인이 될 수 있다.

아리스토텔레스는 비극이 주인공이 완전히 선해도 안 되고, 완전히 악해도 안 되고, 그릇된 판단 또는 성격적 결함이 얼마간 있어야 한다고 했다. 이것이 이른바 '비극적 결함'이라는 것이다. 비극의 주인공은 자신도 모르는 사이에 더욱더 자기 파멸로 가까이 간다. 그러면서도 그는 자기가 사태에 올바르게 대처하고 있다고 믿는다. 그가 옳다고 믿고 용기 있게 행한 행위가 전혀 엉뚱한 결과를 초래하는 것은 아이러니다. 이것을 '비극적 아이러니'라고 한다. 훌륭한 비극은 빈틈없는 전개와 타당한 결말에 의해 연민과 공포의 상극적(相剋的)인 정서의 체증을 깨끗하게 소화시켜 준다. 이것이 이른바 정화(catharsis)의 효과이다. 그리스시대의 아이스킬로스(Aeschylus)·소포클레스(Sophocles)·에우리피데스(Euripides), 엘리자베스시대의 셰익스피어(Shakes-peare)의 비극은 인류문화유산으로 평가된다.

17, 18세기 고전주의시대에는 내용적 박진감과 공공성, 인물의 계급적 본질과 고상한 인품, 대사의 우아함과 시적 리듬, 3일치의 법칙(공연장소와 극중장소, 공연시간과 극중시간, 실제행위와 극중행위의 일치), 5막의 플롯, 합리적 지성미와 형식적 균형감 등을 비극의 원리로 삼았다. 프랑스의 라신느(Racine)와 독일의 괴테(Goethe)는 고전주의 비극을 대표한다.

19세기 이후의 비극 역시 심각한 문제를 다루는 데는 변함이 없으나, 특별한 인물이 아닌, 개인의 문제나 사적인 문제가 보편적 심각성을 가질 수 있다고 믿게 되었다. 현대는 운명론이라는 말 대신에 결정론이라는 말을 자주 사용한다. 개인의 행불행은 사회환경에 의해 결정된다는 사상의 표현이다.

한국현대비극의 대표작인 천승세의 <만선>은 주인공인 어부 곰치의 만선에 대한 집착이 비극적 결함으로 작용한다는 점에서 고전비극과 유사하고, 그의 네 아들과 그가 임대한 배를 폭풍우와 거센 파도가 일시에 삼켜버린 다는 점에서는 절대적인 자연결정론의 작용도 보인다. 딸은 자살하고 아내는 미처버린 채, 곰치만이 바닷가에 홀로 남는 마지막 장면에서 비극적 정조는 더욱 고조된다. 아서 밀러(A. Miller)의 <세일즈맨의 죽음>은 주인공 윌리 로만에게 무슨 비극적 결함이 있었던 것이 아니고, 근본적으로 물질 위주의 자본주의 사회에 결함이 있어서 그의 불행이 초래되었다는 것이다. 물론 개인의 의지와 책임을 강조하는 현대극도 적지 않지만 결정론에 입각한 비극은 현대극의 대표적인 특징이라 하겠다. (서연호)

멜로드라마, 비극작가, 카타르시스, 3일치법칙, 비극적 결함, 비극적 아이러니

참고문헌

서연호, 『동시대적 삶과 연극』, 열음사, 1988.

필리스 하트놀(Phyllis Hartnoll), 서연호 역, 『세계의 연극』, 고려대출판부, 1989.

다케우치 도시오(竹內敏雄), 손현숙 역, 『미학·예술학사전』, 미진사, 1989.

빠트리스 파비스(Patrice Pavis), 신현숙 역, 『연극학사전』, 현대미학사, 1999.

R.B.Sewall, Tragedy : Modern Essay in Criticism, Prentice-Hall Inc. 1963.

비극적 결함 ☞ 비극

비극적 아이러니 ☞ 비극

비디오아트(Video art)

비디오아트(video art)란 텔레비전 화면·비디오 영상을 표현 매체로 이용하는 예술을 말한다. 매스미디어로서의 텔레비전 영상을 예술적으로 조작하는 이른바 텔레비전아트는 1960년대 초부터 시도되었으나, 비디오리코더가 개발되고 다시 카세트테이프가 보급됨에 따라 비디오가 아트미디어로서 급속히 발달하였다. 영화필름과 달리 쉽게 수록·편집·변화할 수 있어 브라운관의 영상표현에 한정되지 않고 리얼타임성(즉시성)을 살린 비디오퍼포먼스, 모니터를 공간적으로 배치하는 비디오인스털레이션, 비디오스칼프처, 나아가 원격지(遠隔地)와의 동시교신영상(同時交信映像)에 의한 비디오텔레커뮤니케이션 등의 예술 활동이 시도되고 있다.

비디오아트는 크게 나누어 테크놀로지(technology)의 예술적 가능성의 추구에서 생겨난 것과 형식주의적인 예술에 대한 반발에서 생겨난 것이 있다. 그러나 어느 쪽이나 제작자보다도 감상자의 주체를 중시하는 정보의 개념에 기초를 둔 표현을 추구하고 있다. 그러나 비디오 아트는 아직 확실한 형식이 이루어지지 않고 있다. 한편으로는 영화의 연장, 또 한편으로는 예술의 연장이라고도 할 수 있으며, 거기에 공간이나 환경의 구성과도 결부되어 있어 어떤 방향에 더 가능성이 있으며, 또 어느 방향으로 귀착될지는 아직 미지수이다.

그러나 비디오 아트는 현대예술의 새로운 장르로서 미술관이나 화랑 등에 전시되어 '움직이는 전자회화(電子繪畵)'라는 애칭으로 조용한 붐을 일으키고 있다. 비디오아트의 작가로는 한국의 백남준(白南準)을 비롯하여 케이드 소니어, 레스 레바인, 비토 아콘시 등이 유명하다. 백남준은 1963년 독일의 부퍼탈(Wuppertal)에 있는 갤러리파르나스(Galerie Parnass)에서 텔레비전을 이용한 최초의 전시회를 개최함으로써 비디오 아트의 선구자가 되었다. (황치복)

비디오 퍼포먼스, 비디오 인스털레이션, 비디오 스칼프처, 비디오 텔레커뮤니케이션, 전자회화

참고문헌

존 A. 워커, 정진국 역, 『대중매체 시대의 예술』, 열화당, 1987.

강준만, 『대중매체의 이론과 사상』, 개마고원, 2003.

최형순, 『현대미술을 위한 변명』, 해토, 2003.

비유(比喩/譬喩, Figure)

어떤 사물이나 현상을 그것과 비슷한 다른 사물이나 현상에 빗대어 나타낸 것을 비유라 한다. 특수한 의미 효과를 이끌어내기 위하여 일상적이거나 표준적인 의미연관으로부터 일탈하므로 문법적 언어사용 위에 언어의 무늬를 그린다는 뜻에서 문채(文彩)라고도 한다. 시를 읽다 보면 문장의 형식이 이상한 것은 아님에도 불구하고 일상생활에서 주고받는 문장 속에서는 함께 나타나지 않는 낱말들이 자연스럽게 어울리는 광경을 보게 된다. 일상 생활의 비유도 그 나름의 힘을 가지고 있다. 식당에 가서 "아줌마, 이 고기가 구두창이구려"라고 말하는 것은 고기가 질기다고 말하는 것보다 훨씬 강력한 표현이다. 현대시는 이러한 비유의 힘을 극단적으로 확장하려고 한다. 시인은 비유를 통하여 자신의 조각난 경험들을 통합한다. 보통사람들의 경험은 무질서하고 불규칙한 조각들의 더미이다. 그러나 시인에게는 경험들이 끊임없이 결합하므로 연애와 요리냄새와 원효와 컴퓨터가 새로운 비유를 구성할 수 있는 경험이 된다. 한시에서는 비유를 자안(字眼)이라고 하여 시를 시로서 성립하게 하는 본유개념의 하나로 간주해 왔다. 고려 예종 때 시인 강일용(康日用)은 여러 번 비를 맞으며 천수사(天壽寺) 남쪽 계곡에 가서 해오라기의 실경(實景)을 본 뒤에 "날아서 푸른 산의 허리를 가른다(飛割碧山腰)"란 시구를 얻고 "오늘에야 고인이 이르지 못한 곳에 도달하였다"고 했다. 한시의 자안은 하나의 시행을 시 전체의 중심으로 만드는 글자이다. "비할벽산요(飛割碧山腰)"에서 자를 할(割)자가 바로 자안이다. 비유는 두 개 이상의 낱말이나 문맥을 전제로 한다. 비유에는 이미지를 받는 말과 이미지를 주는 말이 있다. "의장은 토의를 쟁기질하였다"라는 비유에서 "의장은 회의를 어렵게 진행했다"는 문장이 이미지를 받는 말이고 "농부가 밭을 간다"는 문장은 이미지를 주는 말이다. 비유란 원래 감각경험을 표현하는 방법이므로 이미지 수령어와 이미지 제공어를 원관념과 보조관념이라고 하는 것은 바른 용법이 아니다. 이미지는 관념이 아니기 때문이다. 유사성과 차별성을 바탕으로 축합되고 변위되어 새로운 의미를 만들어 낸다. 비유는 원래 비교에서 나온 개념으로, 단순한 비유는 이미지 제공어가 이미지 수령어에 작용하여 의미 전환이 한 번 일어나 비교하는 이미지를 만들어내지만, 복잡한 비유는 이미지 제공어와 이미지 수령어 사이에 이중의 의미전환이 일어나 상호작용을 통해 서로를 조명하는 이미지를 만들어낸다.

비유는 네 가지 조건으로 규정된다. 첫째, 이미지 수령어와 이미지 제공어가 동시에 개입되는데, 그것들은 대부분의 경우에 독립된 낱말이 아니고 여러 의미 자질들로 성립된 문맥이다. 둘째, 이미지 제공어가 갖는 일련의 연상을 이미지 수령어에 적용함으로써 비유가 성립된다. 셋째, 이미지 제공어가 문맥의 흐름을 결정함으로써 이미지 수령어의 의미가 선택되고 강조되고 억제되며, 반드시 모든 경우는 아니더라도 대개 의미의 전환이 일어난다. 넷째, 복잡한 비유적 문맥에서는 이차적으로 이미지 수령어가 지니는 일련의 연상이 이미지 제공어에 작용하여 이미지 제공어의 의미 전환을 일으킨다. 이 때에는 이미지 수령어와 이미지 제공어가 엄밀히 구분되지 않는다. 전자장(電磁場)과 비슷한 물결무늬를 그리면서 주위로 파동쳐 나아가는 둘 이상의 문맥이 서로 연결되고 대립되며 화합하고 투쟁함으로써 새로운 방식의 의미 작용에 참가하는 것을 관찰할 수 있을 뿐이다.

비유의 문맥은 사물을 낯설게 하고 지각하는 데에 소요되는 시간을 증대시키며, 그렇게 함으로써 지각을 쇄신시키게 된다. 비유의 문맥에서 이미지 수령어는 대개 숨어 있으므로, 비유의 초점과 상호 작용하고 있는 이미지 제공어를 적절히 해석해 내어야 한다. 현대시는 유사성에 근거한 비유를 상호작용에 근거한 비유로 확대함으로써 비유의 영역을 무한히 개방하였다. 예이츠의 시 「조용한 처녀」에 나오는 "별들을 깨운 바람은 / 내 피 속으로 불고 있네(The winds that awakened the stars / Are blowing through my blood)"같은 시구가 상호작용의 비유이다. (김인환)

이미지, 자안(字眼), 문맥

참고문헌
조태일, 『시창작을 위한 시론』, 나남, 1994.
김인환, 『비평의 원리』, 나남, 1999.
올리비에 르불, 『수사학』, 한길사, 1999.

비은폐성(Unconcealment, 독 Unverborgenheit, 프 aletheia)

희랍어로 진리를 나타내기 위해서는 알레테이아(Aletheia)란 말이 사용되어졌다. 이 말은 망각을 의미하는 레테(Lethe)란 말에 부정적 접두사 아(A)가 붙어서 기억 또는 상기의 의미로 사용되었으며, 비은폐성이란 용어로 번역하기도 한다. 그러니까 상기(想起), 혹은 비은폐성(非隱蔽性)이란 그 어원에서부터 진리의 개념과 긴밀히 결부되어 있었다고 할 수 있다. 상기, 혹은 비은폐성이 가지고 있는 진리와의 관계에 대해서 가장 심도 있게 접근한 사람은 독일의 실존주의 철학자인 마르틴 하이데거(Martin Heidegger, 1889~1976)이다.

비은폐성이란 하이데거에게 있어서 진리와 예술의 존재 양식에 관한 개념이다. 하이데거의 생각에 의하면 전통 형이상학이 존재자 일반의 근거로 파악했던 것은 그것이 무엇이든 이미 존재자화된 것이다. 전통 형이상학이 망각하고 있는 것은 자기의 존립근거가 자기 안에 있지 않다는 사실인데, 자기가 자기 아닌 다른 것, 즉 하이데거가 '존재의 빛'이라고 부르면서 끊임없이 그것에로의 접근을 시도하는 것으로서의 '없음'의 존재와 위상에 대한 것이다. 모든 있음은 이 '없음'에 의해 가능한 것이며, 이 근원적 '없음' 없이는 있음의 사건 자체가 애당초 불가능하다는 생각을 하이데거는 결코 양보하려들지 않는다. 모든 있는 것의 있음은 그것의 존립근거로서 없음을 반드시 수반한다. 하이데거는 이렇게 반드시 존재자가 수반하는 없음을 그것이 언제나 자기를 숨기며, 그러나 그 숨김의 방식으로 자기를 드러내고 있다는 의미에서 '비은폐성(Unverborgenheit, Aletheia)'이라 했다.

그런데 하이데거는 널리 알려진 바와 같이 인식 혹은 진리를 예술의 궁극적인 기능으로 보고 있는 철학자이다. 그리고 그가 말하고 있는 참다운 인식 혹은 진리는 세계가 스스로 말할 때 성립되는 개념이다. 다시 말하면 존재자가 그것 자체로서 자기의 존재성을 개시하여 비은폐성 가운데로 나타날 때 비로소 참다운 인식이 생기는 것이며 바로 그 인식이 참다운 진리라는 것이다. 그런데 하이데거는 이와 같이 비은폐성으로 밝혀진 세계가 작품 속에 안배되었을 때 미(美)가 생긴다고 말한다. 그리하여 예술의 본질이란 존재자의 진리가 작품 가운데로 자기 정립하는데에 있으며, 예술은 미적인 것과 미(美)와의 관계에서 고찰할 것이 아니라 진리와의 관계에서 고찰되어야 하는 것이라는 주장이 성립하게 되었다. (황치복)

알레테이아, 존재자, 존재, 진리, 형이상학

참고문헌
마르틴 하이데거, 오병남 · 민형원 역, 『예술작품의 근원』, 경문사, 1979.
_____, 소광희 역, 『시와 철학』, 박영사, 1975.
_____, 이기상 역, 『진리의 본질에 관하여』, 까치, 2004.

비인간화(非人間化, Dehumanization)

현대사회의 대량생산체계는 인간 개개인을 기능적으로 평가하는 기계화(機械化), 상품처럼 생각하는 물량화(物量化), 필요에 따라 개조하고 만들 수 있다고 생각하는 규격화(規格化), 사회조직의 능률을 촉진시키기 위한 획일화(劃一化), 자동차보급과 정보 통신의 발달로 인한 익명화(匿名化)로 과학, 기계, 물질만능주의를 만들었다.

물질만능주의는 인간위에 군림 인간을 기계의 부품이나 소모품으로 생각하게 하여 인간의 윤리와 도덕적인 문제를 야기 하면서 진선미에 대한 가치추구와 인간애의 실천에 관심을 멀어지게 하였으며 지위, 권력, 금력 등이 주요한 삶의 목표가 되게 했다. 이는 인간을 윤리와 도덕적으로 타락시켰으며 自己(자기)를 卑下(비하)하거나 自己를 파괴(破壞)하기도 하는 난폭성이 나타나는 계기가 되며 인간고유의 개성과 주체성 나아가 정체성에 대한 존엄성마저 사라지게 만드는 것으로 인간성 위기 또는 인간 소외현상 이라고도 한다.

비인간화가 진행되고 있는 현대사회에는 칸트의 목적론적 인간관(目的論的 人間觀)과 인격주의 윤리설(人格主義 倫理說)의 실천은 좋은 해결방안이 될 것이다. 인간을 대하는 태도를 물적(物的)인 사용가치로만 따지는 수단이나 사물로서가 아니라 '하나의 인격체'로 인식하는 인간관(人間觀)이 필요하다. (홍용희)

규격화, 기계화, 목적론적 인간관, 물량화, 물질만능주의, 익명화, 인간성, 인격주의 윤리설, 인격체, 존엄성, 칸트, 획일화

참고문헌
고려대학교 출판부, 『예술의 비인간화』, 고려대학교출판부, 2004.
백욱인 · 홍성욱, 『2001 싸이버스페이스 오디쎄이』, 창비, 2001.

비장(悲壯)

비장이란 비장한 데서 느껴지는 아름다움을 총칭한다. 그 영화의 압권은 라스트 신의 비장미에 있다고 할 때 사용된다. 삶의 부당한 제약을 거부하고, 숭고한 이념을 긍정하려는 투쟁에서 오는 아름다움으로서 패배로 끝나는 경우가 많음. 슬픔이 극에 달한 상태나 한의 정서 표출로 인해 형상화되는 이미지이기도 하다.

대개 숭고미는 대상이 위대하고 웅장하고 우월하여 인간의 감성적 단계를 초월한 이념에 기반을 두며, 대상에 대해 주체의 인식이 처음에는 대립을 이루지만 곧 대상의 위대성을 인정하고 그에 순응하며 조화를 이루게 되면서 생겨나는 미이다. 우아미는 인간의 자유로운 조건에 따른 동적인 미의식으로 청초하면서도 소박한 아름다움이다. 결국 모든 존재들이 자유로운 조화를 이룰 때 나타나는 아름다움이다. 비장미는 적극적 가치가 침해되고 소멸되는 과정 및 그 결과에서 격렬한 고뇌가 생기면서 이루어지는 것인데, 부정적 계기에 의해서 가치 감정이 한층 더 강해지고 높아질 때 생겨나는 특수한 미를 뜻한다. 이러한 가치 감정은 비극적 주체가 이것을 침해하여 파괴로 이끌어갈 때의 계기들보다도 높은 가치 담당자이며, 또한 그의 몰락은 인간 존재 내지 세계의 본질적 구조 연관 속에서 필연적으로 생기는 것으로서, 어떠한 힘으로도 불가피할 만큼 더욱 더 강력한 것으로 된다. 골계미는 위대한 것을 헐뜯고 우월한 것을 깎아내리며 실추시키려는 인간의 요구에 대응하는 미이다. 현실과 이상의 갈등과 부조화 속에서 현실의 모순을 깨닫고 이를 공격적으로 비판하는 가운데 발생하는 웃음이 골계미를 이룬다.

비장의 사례로 황현의 「절명시」를 들 수 있는데, 이는 1910년 나라를 잃자 음독 자살을 하면서 남긴 이 시를 통해 조선 선비의 꿋꿋한 절개에 옷깃을 여미게 된다. 또한 김소월 「초혼」은 망자가 된 사랑하는 사람에게 다가갈 수 없는 비장의 힘을 느끼게 하는 시편이다. (유성호)

우아, 숭고, 골계

참고문헌
조동일, 한국 소설의 이론, 지식산업사, 1988.
이승훈, 『시론』, 고려원, 1984.
유종호, 『시란 무엇인가』, 민음사, 1995.

비전(Vision)

비전(vision)이란 원래 상상력, 직감력, 통찰력 등을 뜻하거나 미래상, 미래의 전망, 선견지명 등의 뜻을 가지고 있는 용어이지만, 예술적으로 사용될 경우 예술의 창작 및 향수(享受)에 있어서 마음에 나타나는 환상적인 현상을 지칭한다. 미적 비전으로서의 환상적인 현상은 예술 특유의 창조적 상상에 의해서 고도의 직관성(直觀性)과 생동성(生動性)을 가지고 나타나는 것을 특징으로 한다. 현대 미학에서 베네데토 크로체(Benedetto Croce, 1866~1952)는 본래의 예술 활동에서 미적 비전을 강조했지만, 이를 외면화(外面化)하는 일이라든가 기교(技巧)의 의의에 대해서는 경시하였다.

크로체에게 예술이란 상상력을 이용한 직관적 인식이다. 직관적 인식이란 지성을 이용한 논리적 인식과 구별된다. 논리적 인식은 보편자를 인식하지만, 직관적 인식인 예술은 개별자를 인식한다. 논리적 인식이 개념을 생산한다면, 직관적 인식인 예술은 개개의 사물의 이미지를 산출한다. 그런데 크로체에게 직관은 표상 혹은 이미지이다. 철학적으로 표상이란 더 이상 감각은 아니지만 아직 개념이 아닌 이미지이다. 따라서 그것은 이미 감각의 수준을 넘어선 정신적인 것, 혹은 관념적인 것이다. 즉, 직관이란 감각을 넘어서 어떤 정신적인 능력인 셈이다.

그런데 크로체는 예술적 직관이란 따로 존재하는 것이 아니라 일상적 직관으로 존재한다고 말한다. 따라서 미학은 누구나 가지고 있는 일상적 직관을 연구하는 학문이 된다. 크로체는 미학을 토대로 정신철학의 체계를 쌓아 올렸다. 그에게 직관적 인식이란 곧 미적 인식을 뜻하는데, 이러한 미적 인식, 즉 직관적 인식은 모든 인식의 출발점이 된다. 직관은 우리에게 현상을 제공하며, 개념은 예지계 즉 정신을 제공한다. 그러나 개념은 언제나 직관에서 출발하고, 또 그 안에는 언제나 직관이 스며들어 있기 마련이다. 그리고 이러한 직관에 의해서 예술적 행위는 창작 및 향수(享受)에 있어서 창작자나 독자의 마음에 환상적인 현상인 미적 비전을 현현하게 할 수 있는 것이다.

한편, 비전은 단순하게 시각상의 환각(幻覺)이나 환영(幻影)을 가리키기도 한다. 이 때에는 주관적인 시각이면서도 실물과 같은 실재감을 가지고 눈앞에 나타나는 것을 의미한다. 미적 비전은 고도의 직관성을 갖춘 환상적 형태로서 신비주의나 종교 등과 관련이 깊지만, 예술 체험에서도 중요한 개념이다. (황치복)

환상, 직관성, 생동성, 직관적 인식, 크로체

참고문헌
베네데토 크로체, 이해완 역, 『크로체의 미학』, 예전사, 1994.
진중권, 『미학 오디세이 1』, 휴머니스트, 2003.
_____, 『미학 오디세이 2』, 휴머니스트, 2003.

비트 세대(Beat generation)

비트 세대에 대한 일반적 의미는 대체로 비트닉(Beatnik), 즉 비트족으로서 상궤를 벗어난 행동과 옷차림을 하는 사람들을 지칭하지만, 실제로 비트 세대란 1920년대 대공황이 있었던 '상실의 시대(Lost Era)'에 태어나 제2차 세계대전을 직접 체험한 세대로서, 전후 1950년대와 1960년대에 삶에 안주하지 못하고 사회로부터 '매정한 대접(beating)'을 받았던, 특히 동시대의 사회와 문화구조에 저항한 특정한 문학가과 예술가의 그룹을 의미한다.

비트 세대에 의한 비트 문화 운동은 1950년대에 시작되었으며, 샌프란시스코의 노스비치, 캘리포니아의 베니스 웨스트, 뉴욕 시의 그리니치빌리지 등지의 보헤미아 예술가 그룹들이 그 중심이 되었다. 이 운동의 지지자들은 자신들의 스타일을 '비트'(원래는 '기진맥진한'이라는 뜻인

데, 후에는 '행복에 넘친'(beatific)이라고 해석되는 경우도 있었음)라고 자처했으나 사람들은 그
들을 비트닉스(beatniks)라는 조롱조의 명칭으로 불렀다. 그들은 자신들이 관습적이고 '획일적
인' 사회에서 벗어났다는 것을 보여주기 위해 한결같이 허름한 옷과 태도, 그리고 재즈 음악가
들에게서 빌려온 '히피' 어휘를 받아들였다. 일반적으로 정치와 사회적 문제에는 관심을 두지
않았으며 마약, 재즈, 섹스, 선불교(禪佛敎)의 수양 등으로 생기는 고도의 감각적 의식을 통한
개인적인 해방ㆍ정화ㆍ계시를 주창했다.

『부조리하게 자라다(Growing up absurd)』(1960)의 저자 폴 굿먼을 비롯한 비트족의 변호자
들은 현대사회가 즐거움도 목적도 없으므로 도피와 반항이 충분히 정당하다고 여겼다. 비트 시
인들은 시를 까다로운 강단에서 해방하여 '거리로 돌려보내자'고 했다. 그들의 시는 대개 혼란
스럽고 외설스러운 표현 투성이었지만, 때로는 앨런 긴즈버그의 「울부짖음 Howl」(1956)과 같
이 강한 힘과 감동을 지닌 작품도 있었다. 긴즈버그를 비롯해 소설가 잭 케루악 같은 비트 운동
의 주요인물들은 일종의 자유롭고 비구성적인 창작을 지지했다. 이것은 작가가 즉각적인 경험
을 전달하기 위해 자신의 사상과 감정을 아무런 구상이나 수정 없이 적어내려가는 방법이었다.
그러한 방식으로 인해 비트족의 모방자들은 전혀 규율이 없고 앞뒤가 맞지 않는 장황한 요설을
늘어놓게 되었다. 비트 운동은 그 일시적 유행이 사라지기 시작한 1960년대까지 흥미롭고 유망
한 작가들을 여러 명 배출했는데 예를 들면 퍼링게티, 그레고리 코르소, 필립 웨일런, 게리 스나
이더 등이다. (황치복)

비트닉, 저항, 히피, 반문화, 앨런 긴즈버그

참고문헌
김덕호ㆍ김연진, 『현대 미국의 사회운동』, 비봉출판사, 2001.
김성곤, 『J. D. 샐린저와 호밀밭의 파수꾼』, 살림, 2005.
앨런 브링클리, 황혜성 외 역, 『있는 그대로의 미국사 3』, 휴머니스트, 2005.

비판(批判, Criticism, 프 Critique, 독 Kritik)

동서를 막론하고 '비판'은 사전적으로, "① 비평하여 판정함. ② 인물ㆍ행위ㆍ판단ㆍ학설ㆍ
작품 따위를 평가ㆍ검토하여 그릇된 점을 밝혀내는 일. ③ 사물을 분석하여 각각의 의미ㆍ가치
를 인정하여, 전체의 뜻과의 관계를 밝히고, 그 존재의 논리적 기초를 밝히는 일" 등으로 풀이되
면서, 대체로 부정적 판단이 기조를 이루는 논증적 언술을 의미한다. 그런데 그 일상적 뉘앙스
의 부정성과는 상관없이 이 어법에서 한 가지 분명한 사실은 비판이 어떤 형태로 이루어지든 그
것이 '판단'의 일종이라는 것이다. 그리고 나아가 철학의 전통에서 비판은 진리의 발견이나 추구
를 본령으로 하는 인간의 판단 행위에서 핵심적 기능으로 간주된다. 이런 점들을 감안하여 엄밀
한 철학적 의미에서 비판을 정의하면 그것은, 참이라고 주장하는 것들에 대하여 인간의 이성 능
력을 투입하여 그것들의 정당한 근거를 검토하여 그 안에 있을 수 있는 오류와 실책들을 발견함

으로써 인간의 앎과 행위를 위한 이론과 실천을 개선시키고자 하는, 그런 판단 행위로 규정된다.

이렇게 되면 비판에는 당연히 파괴적 측면과 건설적 측면이 서로 내재적으로 연결된다. 즉, 일차적으로 파괴과정으로서의 비판은, 비판되기에 이른 문제대상들이나 생각들, 예를 들어 신, 자연, 인간 및 나아가 인식, 도덕, 법의 기초를 분석하여, 그것들이 주장하는 자체의 진리 내용과 비교하고, 그 맞고 그름을 판단 또는 판정하는 과정으로 출발한다. 결과적으로 비판은 건설과정으로서, 이성의 능력을 발휘하여 얻어진 합리성의 요구에 부응하여 사고와 행위의 방향을 체계적으로 새로이 설정하는 것으로 귀결한다. 어떤 경우에든 비판은 대상을 직접 경험함으로써 그 대상에 대한 모종의 앎들을 그 대상에서 바로 뽑아내는 일차적 지식은 아니지만, 그런 직접적인 지식들이 상호 연관하거나 인식 주관에 내면화되면서 발생할 수 있는 오해나 독단을 이차적 반성과정을 통하게 하여 해소함으로써 진정한 진리를 확정하는 데 필수적이다.

비판의 방법을 지적으로 능숙하게 구사하여 그 계몽적, 자각적 활력을 극대화시키는 일은 이미 소크라테스의 문답법에서 실현된 바 있었다. 그러나 인간이 전통과 권위에 억눌린 미신적 상황을 탈피하기 위해 지식계의 공론장에서 비판을 인식의 기본원칙으로 전면에 부상시킨 것은 현대에 들어와 계몽주의가 이룩한 가장 큰 기여 중의 하나이다. 칸트는 여기에서 한 걸음 더 나아가 비판을 단순한 지적 기술이 아니라, 지식을 추구하는 이성능력의 구조와 한계를 스스로 분석하여 반성하는 작업을 비판으로 정립하였다. 칸트가 개발한 자기반성모델로서의 비판 패러다임은 그 이후 현대 철학에서 나타난 모든 비판지향적 이론의 원류가 되었다. 특히 헤겔과 맑스에 와서 비판은 이런 반성 능력을 넘어 역사적으로 가변적인 인식 대상들에 적극적으로 개입하여 그 저류에 잠복한 실천적 동력을 발견하는 탐구의 방법으로 가동되었으며, 비트겐슈타인에 와서는 언어의 명확한 의미를 확정하는 언어비판으로 발전하였다. (홍윤기)

변증법, 판단, 계몽주의

참고문헌
신기철·신용철 편저, 『새우리말 큰사전·하』, 삼성출판사, 1980. 증보9판.
홍윤기, 「주석으로서의 학문과 비판으로서의 학문」, 철학연구회, 『哲學硏究』, 제47집, 1999. 겨울.
Cambridge International Dictionary of English, Cambridge University Press, 1995.
I. Kant, Kritik der reinen Vernunft, 1781, 1787.
K. Marx, Zur Kritik der politischen Ökonomie, 1859.
L. Wittgenstein, Tractatus logico-philosophicus, 1921.

비판이론(批判理論, Critical theory, Kritische Theorie)

1923년 프랑크푸르트에서 호르크하이머의 주도로 창립된 '사회조사연구소(Institut für Sozialforschung)'의 회원이든가 아니면 그와 가까운 입장에 선 철학자, 사회학자 및 문화비평가들에 의해 발전된 신(新)맑스주의적 철학 및 사회이론을 총칭하는 명칭으로서 '프랑크푸르트 학파'라고도 불린다. 본래 창립 초기에는 전통적 정치경제학에 입각하여 자본주의 사회를 계급주의적으로 비판하는 작업에 치중했으나, 호르크하이머와 아도르노가 전면에 나서면서 이들 이론은 프로이트의 정신분석과 맑스의 체제분석을 연관시키는 가운데 주로 헤겔의 변증법적 비판 개념을 기축으로 하는 이성 개념을 적용하여 후기 자본주의 사회의 의식 상황과 퇴행성을 내재적으로 비판하는 데 역점을 두었다. 이에 따라 비판이론이 출발한 1930년대를 기점으로 기존의 맑스주의 이론에서 제대로 포착하지 못한 새로운 억압현상, 즉 병든 대중의 권력의지가 병리적으로 표출된 파시즘, 정당과두제에 의해 왜곡되는 부르주아 민주주의, 당독재에 의해 탈선한 사회주의적 관료체제, 나아가 소비만능주의에 기초하여 광범한 착시효과를 유발하여 새로운 미신상태를 조장하는 대중사회의 문화산업 등이 심층적으로 분석되면서 비판이론은 20세기 후반기 사회철학과 사회이론의 한 주류를 형성하였다. 특히 서구 계몽주의가 자연지배를 일방적으로 강조하면서 자연과학과 산업기술을 편파적으로 발전시킴으로써 이성의 자기 반성적이고도 실천적 능력을 위축시킨 결과 도구적 이성의 절대화를 통해 계몽이 새로운 신화로 전락했다는 "계몽의 변증법" 및 그와 결부된 급진적 이성비판의 모델은 20세기 후반기에 일어난 탈현대적 발상을 자극하였다. 산업사회적 억압구조와 전쟁제국주의를 비판하는 마르쿠제를 통해 1968년 서구 학생혁명의 급진파를 정당화하기도 했던 비판이론은 1970년대 하버마스가 등장하면서 서구 현대 시민사회의 긍정적 측면을 집중적으로 정당화함으로써 현대의 해방적 성과를 굳히는 단계로 접어들었다. 기존의 의식비판이나 체제비판 모델 대신 하버마스는 언어사용에 거의 선험론적으로 내재하는 타당성 요구들(이해가능성, 진리성, 진실성, 책임성)을 체계적으로 부각시키는 '화용론적 전회'를 수행하고, 그 타당성 요구들을 중심으로 역사적으로 현존하는 사회운영원칙과 제도의 적합성을 재평가하기 시장하였다. 이에 따라 인권, 법치주의, 민주주의 등과 같은 시민혁명의 성과물들이 서구민주주의의 핵심적 정체성을 형성하고 전지구적 보편성을 갖는 것으로 부각되고, 전기 비판이론의 주도자들과는 달리 '국가'의 개조가 중요한 주제로 부상하였다. (홍윤기)

변증법, 헤겔주의, 물화, 소외, 공공영역, 공 / 사, 프랑크푸르트 학파

참고문헌
마틴 제이, 황재우 외 공역, 『변증법적 상상력 : 프랑크푸르트학파의 역사와 이론』, 돌베개, 1979.
발터 레제-쉐퍼, 선우현 역, 『하버마스 : 철학과 사회이론』, 나남, 1997.
신일철 편, 『프랑크푸르트학파』, 청람문화사, 1980.
홍윤기, 「하버마스의 언어철학」, 장춘익 外 지음, 『하버마스의 사상』, 나남, 1996.
_____, 「비판이론에서의 헤겔 사회철학 수용의 이론과 쟁점-마르쿠제, 아도르노 및 하버마스를 중심으로」, 『哲學論究』, 제23집, 서울대학교 철학과, 1995.

비판적 리얼리즘(Critical realism)

비판적 사실주의(批判的 寫實主義)라고도 하며 막심 고리끼(Maxim Gorky)에 의해 사용되기 시작한 용어이다. 이 용어의 개념은 사회주의 리얼리즘이 창안되기 전에 비판적 리얼리즘의 특질을 가장 명료하게 제시한 엥겔스(Engels)의 논의를 바탕으로 하고 있다.

사실주의라는 용어는 현실성·구체성·역사성을 근거로 삼고 있는데, 비판적 사실주의는 자본주의가 고도로 발전함에 따라 시민사회의 모순이 드러나고 특히 시민계급이 가졌던 이상이 더 이상 이루어질 수 없다는 인식이 팽배해지면서 대두되었다. 비판적 사실주의의 토대는 부패한 자본주의 사회에서 인간의 다양하고 자유로운 발전을 지향하는 휴머니즘과 민중 연대성에 있다. 무엇보다 봉건적·자본주의적 사회체제의 구조적 측면에 대해 생생하고도 비판적인 묘사를 중시하기 때문에, 추함과 비속함이 아름다움과 숭고함의 감상적인 이미지보다 강하게 드러난다. 따라서 풍자·아이러니·그로테스크 등의 미적 비판의 형태들을 문학의 효과적인 표현수단으로 사용한다. 그러나 이 비판적 사실주의는 부르주아 사회의 현실을 극복하는 길을 제시하지는 못했다는 점에서 사회주의적 사실주의와 구별된다.

비판적 사실주의의 확립과정에 있어서 대표적인 작가로 프랑스의 스탕달(Stendhal), 발자크(Honor de Balzac), 플로베르(Gustave Flaubert), 영국의 디킨즈(Charles John Huffam Dickens), 미국의 트웨인(Mark Twain) 등을 들 수 있다. 특히 19세기 러시아에 있어서 가장 장기간에 걸쳐 순조로운 발전을 하였다. 고골리를 선두로 한 비판시대가 푸슈킨의 생전에 이미 시작되고 이어 도스토예프스키(F. M. Dostoevskii), 톨스토이(L. N. Tolstoi), 체홉(A. P. Chekhov) 등 위대한 작가들을 거쳐 고리키에 이르러 그 전성기에 도달한다. 한국소설 가운데는 염상섭의 『삼대』, 채만식의 『탁류』, 『태평천하』 등이 이에 속한다. (김종회)

자연주의, 사실주의 리얼리즘

참고문헌
김종철, 「제3세계 문학과 리얼리즘」, 『시적 인간과 생태적 인간』, 삼인, 2000.
게오르그 루카치 외, 황석천 역, 『현대리얼리즘론』, 열음사, 1986.
백낙청, 『리얼리즘과 모더니즘』, 문학과지성사, 1984.
이선영 엮음, 『문예사조사』, 민음사, 1986.
참고할 만한 문헌
실천문학편집위원회, 『다시 문제는 리얼리즘이다』, 실천문학사.
Lee Baxandal, Stephen Morawski, Marx&Engels on literature&Art, Telos press.

비평(批評, Criticism, 프 Critique, 독 Kritik)

문학에서 비평(批評)이라 함은 문학작품은 정의하고 그 가치를 분석하며 판단하는 것이다. 비평은 작품과 작가를 평가하는 기준이 되며, 그 기준은 과거의 문학작품과 전통에서 가져온다. 비평의 기준은 시대마다 다를 수밖에 없으며, 비평의 준거틀 자체가 비평의 대상이 되기도 한다.

비평은 이론 비평(theorytical criticism)과 실천 비평(practical criticism)』으로 나눌 수 있다. '이론 비평'은 작품과 작가를 평가하는 규범이면서, 문학작품을 분석하고 해석하는 데 사용될 문학용어와 개념, 분석틀을 세우는 작업을 맡는다. 최초의 이론 비평서에 해당하는 것은 아리스토텔레스의 『시학(Poetics)』이다. 리처드(I. A. Richards)의 『문학비평원리(Principles of Literary Criticism)』(1924)과 노드럽 프라이(Northrop Frye)의 『비평의 해부(Anatomy of Criticism)』은 문학사 안에서 영향력이 가장 큰 비평서중의 하나였다. '실천비평'은 작품과 작가에 집중하는 비평 방법이다. 실천비평은 그 안에서 인상 비평(impressionistic criticism)과 재단 비평(Judicial criticism)으로 나뉘기도 한다. 실천비평은 분석틀이라든가 다른 어떤 확증에 근거를 두고 누구나 다 동의할 수 있는 판단을 내리고자 하기 때문에 기본적으로 객관적인 비평이다. 그럼에도 불구하고 비평은 비평가 자신의 개인적이고도 주관적인 방법을 완전히 배제할 수 없기 때문에 주관적이거나 인상주의적이라는 혐의를 벗을 수 없는 것도 사실이다. 실천 비평의 전범(典範)으로는 콜리지(Coleridge)가 『문학평전(Biogra−phia Literaria)』에서 쓴 워즈워드(Wordsworth)의 시와 셰익스피어 작품에 대한 비평, 매튜 아놀드(Matthew Arnold)의 『비평 에세이(Essays in Criticism)』, 브룩스(Brooks)의 『잘 빚은 항아리(The Well Wrought Urn)』(1947) 등을 꼽을 수 있다. 이상과 같은 전통적인 비평 이론위에서 현대의 역사 비형, 사회학적 비형, 정신분석 비평, 원형 비평, 독자−반은 비평, 형식주의 비평, 구조주의 비평 등이 탄생했다. (문경연)

비평이론, 시학

참고문헌
아리스토텔레스, 천병희 역, 『시학』, 문예출판사, 2002.
다니엘 베르제 외, 『문학비평방법론』, 동문선, 1997.
김윤식, 『한국현대문학비평사론』, 서울대 출판부, 2000.

비폭력주의(非暴力主義, Nonviolence)

비폭력주의는 자이나교의 대금계(大禁戒)에서 유래한다. 대금계에서는 첫째로 불살생(不殺生)과 무해(無害)를 꼽는다. 모든 살아있는 것을 살해하지 말며, 남이 살해하는 것을 묵인하지도 않는다는 이 사상은 마하트마 간디(Mahatma Gandhi)에 사상의 토대를 이루며 그에 의해 널리 세상에 알려지는 계기가 된다. 하지만 마하트마 간디 이전에 레프 톨스토이(Lev Tolstoi)나 헨리 소로(Henry Thoreau) 역시 비폭력주의적인 사상을 하나의 신념으로 가지고 있었다. 간디의 비폭력주의 사상은 이들의 영향을 받았다고 할 수 있다.

이처럼 간디는 인도의 도덕이나 종교의 기조 사상인 아힘사(ahimsa)를 바탕으로 비폭력저항운동인 '사티아그라하 운동'을 전개한다. 이 운동을 토대로 간디는 영국으로부터의 독립 및 민족의식을 고취하기에 이른다. 이 운동은 영국에 대한 인도인들의 광범위한 불복종운동의 형태로 나타난다. 이와 함께 간디는 박애정신에 입각하여 11회에 걸친 장기간의 단신을 감행한다. 간디의 사티아그라하 운동에 힘입어 인도에서는 민족의 독립이 평화적으로 추진된다. 간혹 그의 주저인 『인도의 자치』에서 표현되어 있는 반서구사상으로 인해 그의 비폭력 평화주의 사상이 왜곡되기도 하지만 이것은 그의 단편적인 편모에 지나지 않는다. 비폭력 무저항주의자로서의 그의 면모는 쉽게 빛이 바랠 정질의 것은 아니다.

간디의 이 정신은 미국의 흑인운동에 큰 영향을 미친다. 미국 흑인운동가인 마틴 루터 킹(Martin Luther King Jr)의 비폭력적인 대중적 시민불복종운동이 그 예이다. 그의 이 운동은 폭력의 문제를 국내를 넘어 국제적인 차원으로 확대되기에 이른다. 그는 미국이 당면하고 있는 인종, 빈곤, 도시, 청소년의 문제를 해결하는데 베트남 전쟁이 하나의 걸림돌로 작용하고 있다고 하면서 전쟁 자체를 국제적인 폭력이라고 규정한다. 그의 이러한 생각은 반전운동으로 이어진다.

간디로 대표되는 비폭력주의는 티베트의 지도자인 달라이 라마에게서도 나타난다. 이것은 그가 간디의 비폭력주의로부터 영향을 받았다는 것을 의미하지만 또 다른 한편으로 보면 그것은 불교 자체가 태생적으로 가지는 자비라는 비폭력적이고 평화지향적인 특성에서 기인한다고 볼 수 있다. 이런 맥락에서 우리의 동학 역시 비폭력주의적인 것을 지향하는 종교라고 할 수 있다. 동학의 이념인 인내천(人乃天)이나 이천식천(以天食天)이 내포하고 있는 공경과 모심의 의미가 바로 그것이다. 동학의 이러한 비폭력적이고 평화주의적인 사상은 무위당(無爲堂) 장일순 같은 생명사상가의 '한살림' 운동으로 나타난다. 그의 이 한살림 사상은 비폭력적인 토대 위에서 모든 사람과 모든 목숨붙이들이 차별 없이 평화롭게 공생하는 세계관을 지향한다고 할 수 있다. 그의 이 사상은 김지하의 '생명과 평화'의 사상으로 이어지면서 하나의 흐름을 형성한다. 김지하가 최근 주창하고 있는 '생명과 평화의 길'은 이런 맥락에서 배태된 것이라고 할 수 있다. (이재복)

무저항주의, 박애주의, 평화, 자비

참고문헌
가가반 이예르 편, 『비폭력 저항과 사회변혁』, 소명, 2004.
장일순, 『나락 한 알 속의 우주』, 녹색평론사, 1997.
김지하, 『생명과 평화의 길』, 문학과지성사, 2005.

비합리주의(非合理主義)

근대 이후 서구 사상은 전반적으로 합리주의적 특성을 지니며, 낭만주의, 허무주의, 생철학 같은 사상은 흔히 비합리주의로 명명된다. 합리주의가 오성적이고 논리적인 법칙으로 사물의 질서를 파악할 수 있다는 믿음을 지니고 있다면, 비합리주의는 그에 적대적이다. 즉 존재하는 것이란 비이성적인 특성(예를 들면 쇼펜하우어의 "삶에 대한 맹목적 의지")을 지니거나 개념적, 논리적 사유로 포착될 수 없는 특성을 지닌다. 논리적 법칙에 종속되지 않는 것으로서 비합리주의는 본능, 직관, 감정, 내면, 사랑, 의지 등을 내세운다. 비합리주의는 존재(진리, 현실 등)의 인식불가능성을 내세운 불가지론(Agnostizismus)과도 긴밀한 관계를 맺는다. 낭만주의자인 노발리스(Novalis)는 삶이란 개념적으로 "파악될 수 없다"고 말한 바 있다. 비합리적인 것을 이성 이전의 인식적 근원으로 파악한 셸링의 경우 다음과 같이 강조되고 있다. 비합리적인 것이란 "사물에 놓여 있는 파악될 수 없는 실제의 토대, 즉 온갖 노력을 기울여도 오성에 의해 풀리는 것이 아니라 영원히 근본에 머물고 있는 것을 말한다. 이러한 오성이 없는 것에서 본래 오성이 잉태된다.”

현실이 개념적 인식, 사유, 오성에 의해서 파악될 수 없다는 점, 그리고 지적이지 않은 것(체험, 직관, 감정 등)이 현실 인식에 관여한다는 점을 강조한 이로는 니체를 들 수 있다. 쇼펜하우어의 “의지 형이상학”과 다윈의 진화론을 계승한 니체는 의지를 강조하는 비합리주의적 사상을 강력하게 옹호하고 나섰다. 그에 의하면, 존재하는 모든 것뿐만 아니라 인간의 인식조차도 사실은 권력을 향한 의지의 현상 형식이며, 절대적인 존재란 존재하는 것이 아니라 존재는 곧 생성이라고 한다. 그리고 생성은 끝없는 새로운 생성이 아니라 이미 무한히 존재해 있던 것의 “영원한 회귀”라고 강조하였다.

비합리적인 것을 인정하면서도 그것을 합리적으로 설명하려는 시도가 제시되기도 하는데, 예컨대 비합리적인 것이란 이성의 체계적인 통일성에 의존된 “사유된 비합리적인 것”(Liebert)이라고 주장되기도 하며 혹은 비합리적인 본성은 합리적으로 극복될 수 있다고 주장되기도 한다(Zilsel). (최문규)

불가지론, 노발리스, 쇼펜하우어, 니체

참고문헌
Arthur Schopenhauer, 곽복록 역,『의지와 표상으로서의 세계』, 을유문화사, 1994.
감상환 외,『니체가 뒤흔든 철학 100년』, 민음사, 2000.

비확정적 언사(Assertorial lightness), 확정적 언사(Assertorial weightness)

비확정적 언사는 시의 언어의 특징을 가리키는 휠라이트(Wheelwright)의 용어이다. 그에 의하면 비확정적인 언사는 배중률(law or exclusive middle)의 구속으로부터 벗어난 언어를 말한다. 배중률이란 형식 논리학에서 보면 그것은 ‘A는 B도 아니고, 또 B가 아닌 것도 아니라는 것은 없다’라는 형식으로 규정할 수 있다. 이 형식이 드러내는 것은 A와 B 그 중간은 존재하지 않는다는 것이다. 즉 하나가 참이면 다른 하나는 거짓이고, 하나가 거짓이면 다른 하나는 참이라는 것이다. 이 논리 구조에서는 이것도 아니고 저것도 아닌 제 3자적인 것은 인정되지 않는다. 이런 점에서 배중률은 제3자 배제의 원리라고 할 수 있다.

비확정적인 언사는 이러한 배중률로부터 벗어난다. 이것은 비확정적인 언사가 제3자 혹은 중간자적인 것을 인정한다는 것을 의미한다. 따라서 비확정적인 언사는 모순의 원리를 토대로 한다. 그것은 비모순의 원리 곧 ‘A는 non A가 아니다’라는 형식의 논리를 배반한다. 비모순의 원리는 사고가 모순에 빠지는 것을 제거할 목적으로 설정된 것이다. 이를테면 ‘건강은 질병이 아니다’라는 진술은 ‘A는 non A가 아니다’의 논리를 충족시킨다. 하지만 ‘건강은 질병이다’라는 진술은 이 논리를 배반한다. 이 진술은 모순의 원리이며, 이것은 비모순의 원리로부터 자유로운 역설(paradox)의 형식을 띤다. 휠라이트는 엘리어트의 4중주(Four Quartets)에서 '우리의 유일한 건강은 질병이다'를 최고의 역설로 꼽는다.

비확정적인 언사와 역설이 서로 밀접한 관계를 유지하는 것은 그것이 이러한 모순 원리를 토대로 하고 있기 때문이다. 이 관계를 한 마디로 표현하면 그것은 '역설의 형식을 집약적으로 지닌 것에 모순어법(oxymorn)이 있다'가 될 것이다. 이 역설의 형식은 신비평가들에 의해서 강조된다. 신비평가들 가운데서도 C. 브룩스는 좋은 시의 일반적 특질이 역설에 있다고 주장한다. 그는 먼저 시를 과학과 대조되는 언어를 사용하는 것으로 보았다. 그를 통해서 역설은 과학과 상식이 빚어내는 좁은 시각에서 벗어나 포괄적 세계를 구축할 수 있는 것으로 새롭게 그 가치가 부여된다. 휠라이트는 이 역설을 세 가지로 분류한다. 표층적 역설(paradox of surface), 심층적 역설(paradox of depth) 그리고 구조적 역설(paradox of structure) 곧 시적 역설이 그것이다. 이중 시적 역설은 가장 특징적인 역설의 유형이다. 시적 역설은 진술 자체가 앞 뒤 모순되는 것이 아니라 진술과 이것이 가리키는 상황 사이에 명백한 모순이 나타나는 경우이다. 그래서 브룩스는 역설이 아이러니를 동반한다고 했다.

비확정적인 언사 혹은 역설을 통해 드러나는 모순은 세계에 대한 어떤 진리를 드러낸다고 할 수 있다. 모순은 인간과 세계를 해명하는 본질일 수도 있다. 다시 말하면 모순이 진리를 인식하고 진리를 드러내는 수단이 아니라 모순 그 자체가 진리가 되는 경우를 우리는 재발견하게 될 것이다. (이재복)

역설, 아이러니, 신비평

참고문헌
이승훈, 『시론』, 고려원, 1988.
김준오, 『시론』, 삼지원, 1982.
김용직, 『현대시원론』, 학연사, 1988.
D. C. Muecke, 『아이러니』, 서울대학교출판부, 1986.

빈궁소설(貧窮小說)

빈궁소설은 궁핍의 문제를 서술의 초점에 두고 전개되는 소설 일반을 가리킨다. 빈궁 혹은 궁핍이 하나의 제대로 특화될 수 있다는 점에서 개념의 변별성을 가진다. 궁핍의 문제는 그것이 관념이 아니라 구체적인 현실의 문제를 반영할 수밖에 없다는 점에서 사실주의적인 경향을 띨 수밖에 없다. 빈궁소설에서의 이 궁핍의 문제는 그 중심에 '밥'의 문제가 놓인다는 것을 의미한다. 인간의 삶의 가장 기본적인 토대인 밥의 문제가 해결되지 않음으로써 굶주림의 현실이 부각되고, 그 현실로부터 소외됨으로써 없는 자의 이상 심리를 드러내기에 이른다.

이러한 빈궁소설은 우리 문학사에서 탈이념적인 면과 이념적인 차원으로 구분되어 드러난다. 이 구분의 일정한 토대를 제공하는 것은 사회주의 사상이며, 이것은 우리 문학사에서 카프 (1925년 KAPF)의 결성과 맥을 같이 한다. 신경향파 소설이라고 하는 카프 이전의 소설과 그 이후의 소설은 일정한 차이를 보인다. 신경향파 소설로 분류할 수 있는 김기진의 「붉은 쥐」, 최서해의 「홍염」, 「기아와 살육」, 「박돌의 죽엄」, 「큰물진 뒤」, 나도향의 「물레방아」, 현진건의 「사립정신병원장」, 주요섭의 「살인」, 박영희의 「산양개」, 「실신」, 「바둑이」 등에서의 궁핍의 문제는 사회 계급적인 인식의 차원에서 다루어지지 않는다. 이 소설들의 주인공은 극도의 빈궁과 굴욕감을 가져다준 존재나 제도를 향해 물리적이며 직접적인 공격을 꾀하지만 그것이 사회 계급적인 인식의 차원에서 이루어지는 것이 아니라 주로 굶주림과 비인간적인 대우에 대한 직접적인 반발의 차원에서 이루어진다.

그러나 카프 이후의 소설에서는 그것이 사회 계급적인 인식의 차원으로 드러난다. 이기영의 『고향』이나 한설야의 『귀향』 같은 작품에서는 궁핍의 문제가 사회 제도의 모순과 부조리, 계급 모순의 차원으로 드러난다. 이것은 빈궁이 개인의 무지에서 일어나는 문제가 아니라 사회와 계급의 모순에서 비롯되는 문제라는 것을 인식하고 창작되었다는 것을 의미한다. 사회와 계급의 모순이라는 측면에서 도시빈민의 문제, 노동자의 파업, 자영농의 몰락, 소작쟁이 등의 문제가 소설의 중심적인 제재로 다루어지기 시작했으며, 그것이 전망 제시와 적극적인 이념적 태도와 결합하게 되었다는 것을 의미한다.

이처럼 궁핍의 문제는 1920년대를 기점으로 우리 소설에서 하나의 제재로 유행처럼 다루어져 온 것이 사실이다. 하지만 그것에 상응하는 소설적인 기법의 개발은 이루어지지 않았다. 빈궁이라는 제재의 유행은 그것이 생산적인 차원으로 이어진 것이 아니라 우리 소설사에서 문학 자체의 빈궁이라는 부정적인 차원으로 이어진 것 또한 숨길 수 없는 사실이다. 이 부정성은 김유정에 의해 어느 정도 극복이 되면서 1970년대로 접어들면서 한층 두터워지기에 이른다. 1970년대 이후 산업화 과정에서 빈궁의 문제는 노동자와 도시 빈민의 문제로 확대되면서 이문구의 『장한몽』, 박태순의 『외촌동 사람들』, 『정든 땅 언덕 위』, 조세희의 『난장이가 쏘아올린 작은 공』 같은 작품을 생산하기에 이른다. 빈궁에 대한 우리 작가들의 이러한 관심은 한국 사회의 구조적 모순을 탐색하는 소설에서 그것은 일종의 관습처럼 굳어져 왔다고 할 수 있다. 빈궁의 문제는 1980년대에도 여전히 하나의 소설적 제재이면서 문학적 쟁점으로 부각되고 있다. 빈궁이 시대를 달리하면서 끊임없이 우리 소설의 중요한 문제로 부각되는 것은 그것이 자본주의의 그늘이기 때문이다. (이재복)

궁핍소설, 경향소설, 신경향파, 카프, 소외

참고문헌
김윤식·정호웅, 『한국소설사』, 문학동네, 2000.
조남현, 『한국소설과 갈등』, 문학비평사, 1998.

빈도(Frequency)

　빈도란 파블라의 사건과 스토리의 사건 사이의 수적인 관계를 의미한다. 다시 좀더 쉽게 말하면 그것은 어떤 사건이 일어나는 횟수와 그 사건이 이야기되는 횟수 사이의 관계를 말한다. 이것을 유형화하면 다음과 같다.

1F / 1S	단수 : 하나의 사건, 한번의 제시
nF / nS	복(复)단수 : 여러 사건, 여러 번 제시
nF / mS	다(多)단수 : 여러 사건, 여러 번 제시
	숫자 불일치
1F / nS	반복적 : 하나의 사건, 여러 번 제시
nF / 1S	유추 반복적 : 여러 사건, 한 번의 제시

　(F : 파블라, S : 스토리, n : 복(复)단수, m : 다(多)단수)

　1F / 1S는 1회 일어난 사건을 1회 이야기하는 것이고, nF / nS는 n회 일어난 사건을 n회 이야기하는 것이다. 1F / 1S와 nF / nS는 단기적 이야기(singulative narrative)라고 명명된다. 그러나 1F / 1S는 단일한 사건을 한번 제시한다는 점에서 가장 자주 일어나는 빈도이다. 그런데 이처럼 한번의 제시들로 완전하게 구성된 스토리는 매우 특이하고 세련되지 못한 결과를 낳을 수 있다. nF / nS는 여러 사건이 일어나고 그때마다 제시하는 것으로 이때는 함축의 묘미가 떨어질 수 있다.

　nF / mS는 n회 일어난 사건을 m회 이야기하는 것으로 이것은 수적인 불균형의 형태를 드러낸다. 이런 빈도가 강력한 반복적 효과를 만들어 낼지 그렇지 않을지는 사건의 본질과 거기에 얼마나 노력을 기울이는가에 달려 있다. 1F / nS는 1회 일어난 사건을 n회 이야기하는 것으로 이것은 반복 혹은 반복적 이야기(repeating narrative)을 의미하며, 주로 실험소설에서 많이 사용된다. 18세기 서간체소설이나 포크너의 소설이 대표적인 예이다. 그러나 이 반복은 보다 신중하게 사용해야 한다. 이 반복을 보다 필연적인 것으로 보이기 위해서는 관점의 이동이라든가 문체의 변화 같은 것이 필요하다. nF / 1S는 여러 사건을 한 번 제시하는 것이다. 다시 말하면 이것은 동일한 사건의 모든 연쇄를 동시에 제시하는 것이다. 이런 점에서 nF / 1S는 괄복적 이야기(iterative narrative)라고 명명할 수 있다. 이러한 유추반복은 플로베르나 프루스트의 소설에 주로 볼 수 있다. (이재복)

파블라, 스토리, 사건

참고문헌
S, 채트먼, 『이야기와 담론』, 푸른사상, 2003.
한용환, 『소설학 사전』, 문예출판사, 1999.

빙의(憑依), 강신(降神)

빙의란 다른 영혼이 몸에 들어온 것으로 '귀신 들림', '귀신에 씌움'으로 불리는 심리적인 현상을 말한다. 서양에서는 이 빙의 현상을 포제션(possession)이라고 명명하고 있다. 절대적인 힘에 의해 전혀 다른 새로운 인격이 나타나 평소의 행동과는 판이하게 다른 모습을 보임으로써 일종의 정신병적인 징후를 드러낸다. 어떤 강력한 힘의 지배를 받기 때문에 몸에 이상 현상이 나타나게 된다. 그것은 마치 예기치 않은 뜻밖의 형상이나 형체를 목격하였을 때처럼 온몸에 전율을 느끼면서 등골이 오싹해지고, 이상한 소리가 들리고 헛것을 보며 헛소리를 내게 된다. 이것은 온몸에 음기(陰氣)나 귀기(鬼氣)가 엄습하기 때문에 일어난 이상 징후이다. 이러한 이상 징후는 광기어린 행동으로 드러난다.

빙의의 상태가 오래 지속되면 몸은 정기(精氣)보다 강한 사기(邪氣)나 살기(殺氣)를 띠게 된다. 이러한 빙의 현상에 걸리는 것은 자연적인 신 내림이나 귀기나 사기가 유난히 강한 환경 속에 놓일 때가 그 원인일 수도 있지만 인위적인 정신 자극으로 인해 피로가 누적되고 황폐해진 상태에서 발생할 수도 있다. 이런 점에서 볼 때 이 빙의는 환각이나 환청의 상태일 수도 있다.

이러한 빙의 현상은 신내림 곧 강신과 다른 것이 아니다. 강신이란 무당이 되기 전에 겪는 일종의 통과제의이다. 강신 상태에 이르면 자신의 의지대로 몸을 움직일 수 없으며 어떤 강한 힘에 이끌려 자신의 의지와는 상관없이 춤을 추거나 예언을 하게 된다. 그리고 굿하는 과정에서 신내림을 받은 무당은 신의 말인 공수를 내린다. 하지만 신내림이 없는 세습무에서는 반드시 대를 내려 신이 굿판에 강림했음을 확인해야 한다. 그리고 신과의 직접적인 교통인 대내림이 있고 이때 신내린 대잡이는 신의 뜻에 따라 대를 떨거나 특정한 사람이나 물건을 때려 신이 강림했음을 표현한다. 그런데 이 강신무에서는 반드시 무감을 입고 춤을 추는 절차가 있다. 보통 사람도 이 무감의 체험을 할 수 있다. 이때 무감 체험자는 쾌자나 장삼 같은 무복을 입고 춤을 추게 된다. 이 춤은 혼자 추기도 하고 집단적으로 추기도 한다.

빙의나 강신은 그것이 굿의 형태로 존재한다는 점에서 극의 한 양식으로 볼 수 있다. 그러나 이 빙의나 강신은 문학에서 글쓰기 주체의 한계를 넘어서는 하나의 행위로 표상되기도 한다. 그것은 주로 시에서 언어의 문제로 드러난다. 시에서의 언어는 일상의 평범한 상상력을 넘어서는 종합적이고 마술적인 능력의 산물이기 때문이다. 시인은 바로 이 규정하기 어려운 소리를 현실의 언어로 바꿔놓는 존재인 것이다. 우리가 흔히 시의 언어를 종합적이고 마술적인 능력의 산물로 간주할 때 예로 드는 시인이 미당 서정주이다. 서정주 시의 언어를 신내린 무감의 말로 비유하는 이유가 바로 여기에 있다. 이런 점에서 문학에서의 빙의나 강신은 그 자체가 예술적 영감이나 귀기어린 재능으로 볼 수 있을 것이다. (이재복)

더블, 굿, 무속, 무당, 신내림

참고문헌
김영민, 『샤머니즘의 이해』, 박이정, 1999.
조흥윤, 『한국의 샤머니즘』, 서울대출판부, 1999.
지그문트 프로이트, 『정신분석학의 근본개념』, 열린책들, 2004.

사(詞)/송사(宋詞)

사(詞)는 중국 근세에 유행하던 서정시를 통칭하는 용어로서, 한문(漢文)·당시(唐詩)·송사(宋詞)·원곡(元曲)등으로 불린다. 그러나 송대(宋代)에서 가장 유행하여서 송사(宋詞)라고 불리기도 한다. 원(元)·명(明)에 이르러서는 쇠퇴했다가 청대(淸代)에 이르러 다시 유행하였다.

본래 악곡(樂曲)의 가사로 불리던 것이었으므로 곡자사(曲子詞)라고 불리었으나, 점차 사(詞)라고 약칭(略稱)하게 되었다. 또한 전사(塡詞)·시여(詩餘)·의성(倚聲)·장단구(長短句)·악부(樂府) 등으로도 불린다. 초기의 작품으로는 중당(中唐: 8세기 말~9세기 초)의『어가자(漁歌子)』『망강남(望江南)』등까지 거슬러 올라갈 수 있으나, 시(詩)에서 독립한 장르로 의식적으로 많이 제작하게 된 것은 당말(唐末)로부터 오대(五代) 이후이다.

작품은 보통 완약(婉約)·호방(豪放)·전아(田雅)·영물(詠物) 등 여러 파로 나뉘는데, 내용적으로 반드시 좁은 것은 아니지만 본래의 특색은 시에서는 표현하기 곤란한 섬세한 미적 의식이나 정감을 개인의 독백 형식으로 진술하는 데 있다. 문학사적으로 보면 사의 표현범위는 시 가운데 그와 같은 요소를 추출하여 확대한 것이라고 할 수 있다. 표현형식에 있어서 당말(唐末)로부터 송초(宋初)의 작품에는 소령(小令)이라고 불리는 단시형(短詩形)이 많고 압운(押韻)의 변화·교착(交錯)이 현저하다. 북송(北宋) 중기 이후에는 만사(慢詞)라고 불리는 통속 장편이 주류가 되었고 한 구절 안에서 리듬은 다양하게 되었으나 압운의 형식은 오히려 단순화하였다. 소령(小令)과 만사의 중간적 성격을 띤 것을 중조(中調)라고 한다.

남송 말부터 반주음악이 점차 사라지고 원래 곡조 명으로 각 작품의 첫 머리에 있는 사조(詞調), 즉 사패(詞牌)는 단순히 한자의 사성(四聲)·평측(平仄)·압운·자수 등의 규칙을 표시하는 데 불과하였다. 이것은 문학으로서의 사가 음악으로부터 자립하여 독자적인 문예양식을 완성하였음을 의미하지만, 생생한 음악성은 약화되게 된다. 이미 정해진 사보(詞譜)의 성률에 따라 글자를 채워넣는 의성전사(依聲塡詞)의 방식으로 지어지게 되었다. 주요 작자로 온정균(溫庭筠)·위장(韋莊)·이욱(李煜)·유영(柳永)·소식(蘇軾)·주방언(周邦彦)·이청조(李淸照)·신기질(辛棄疾)·강

기(姜夔)·오문영(吳文英)·납란성덕(納蘭性德) 등이 있으며, 주요 사집으로는 『화간집(花間集)』,
『존전집(尊前集)』, 『절묘호사(絶妙好詞)』, 『사종(詞綜)』, 『사선(詞選)』 등이 있다.

　　* 시기별 주요 작가는 다음과 같다.

　　　　북송초 : 안수 안기도 구양수
　　　　악부사파 : 진관 하주 주방언
　　　　남송 전기 : 이청조 주돈유 육유 신기질
　　　　남송 후기 : 강기 사달조 오문영 왕기손
　　(오태석)

사(詞), 송사(宋史), 소령(小令), 의성전사(依聲塡詞), 완약사, 호방사, 만사(慢詞)

참고문헌
김학주, 『중국문학의 이해』, 신아사, 1996.
양해명(楊海明) 저, 『당송사풍격론』, 이종진 역, 신아사, 1994.

사건(Event)

　　통상적으로 사건이란 등장인물에 의해 야기되거나 체험되는 어떤 일, 또는 한 상황에서 다른 상황으로의 변화나 전이를 일컫는다. 말하자면 사건은 이야기를 추동시키는 소설의 기본 단위인 셈인데, 고전적인 의미에서는 플롯과 연관되어 이해되었다. 즉 아리스토텔레스는 작은 사건들의 배치를 플롯이라고 정의한 바 있는데, 이는 여러 개의 사건들의 연쇄가 이야기를 구성한다는 우리의 일반적인 이해와도 맞닿아 있는 것이다.

　　서사학에서 사건이 체계적으로 논의되기 시작한 것은 채트먼(Chatman)에 의해서라고 할 수 있다. 그는 서사적 작품을 이야기 층위와 담화 층위로 나누어 고찰하면서, 이야기를 구성하는 두 요소로 인물(내지는 사물들)과 사건을 구분한 바 있다. 서사학에서 사건이란 어떤 상황을 변화시키는 행동(action)이나 사태(happening)를 말한다. 그리고 이런 행동은 모두 상황을 진술하는 동태진술(process statement)로 말해진다. 행동은 행위자나 피행위자에게 영향을 끼치는, 누군가에 의해 야기되는 상황의 변화를 말하는 것으로, 그 주체나 수동자를 우리는 인물이라고 말한다. 반면에 사태란 인물과는 상관없이 우연히 벌어지는 현상으로, 이를테면 길거리의 입간판이 바람에 날려 쓰러진다던가 하여 주인공에게 영향을 미치는 그런 것을 말한다. 사건들은 한 작품 내에서 중요도의 측면에서 일정한 위계의 논리 속에 배치되어 있는데, 이야기를 진전시키는 데 중요한 사건들은 일반적으로 중핵(kernel)적 사건으로 불리고, 그렇지 못한 부차적인 사건들은 위성(satellite)적 사건이라고 불린다.

　　한편 프랑스의 서사학자 폴 리쾨르는 사건을 "주인공이 처한 외적 정황이라 할 만한 것, 주인공이 처한 운명이나 상황에 가시적 변화를 일으키는 주인공의 행위 이상의 것"이라고 정의하면서 "순수한 내면적 변화, 즉 감각과 감정의 시간적 진행에 영향을 주고, 궁극에는 자기반성에 의해 영향을 받을 수 있는, 최소한도로 조직적이고 의식적인 층위에까지 이르는 그런 변화들까지도 포함"하는 것으로 폭넓게 정의한다. 이 사건을 통해 인물들은 도덕적 변화를 겪거나 성장하면서, 복잡한 도덕적, 감정적 존재로 입사해 들어가는 것이다.

크고 작은 사건들은 서로 연관되면서 한 편의 이야기를 진행시키는데, 이 연관의 논리에서 그럴듯함이라고 하는 환상이 창조된다. 리얼리즘의 금과옥조처럼 되어 있는 핍진성, 생생함이라고 하는 것은 사실상 사건들의 결합이 누가 봐도 그럴 수밖에 없는 논리 하에서 서로 연관된 상태를 말하는데, 러시아 형식주의에서는 이것을 동기화(motivation)라고 부른다.(김경수)

핵사건, 위성사건, 자유모티프, 연결모티프

참고문헌
시모어 채트먼, 『영화와 소설의 서사구조』, 김경수 역, 민음사, 1999.
한용환, 『소설학 사전』, 고려원, 1992.
폴 리쾨르, 『시간과 이야기』, 김한식·이경래 역, 문학과지성사, 2001.

사달론(辭達論)

이는 공자의 언어에 대한 입장을 다룬 이론이다. 공자는 '교묘한 말은 덕을 어지럽힌다'고 보고, "말은 뜻이 전달되면 그만이다"고 말한다. 즉, 공자는 말의 정교함(辭巧)보다는 의미의 전달(辭達)에 역점을 두고 있는 것이다. 가능한 한 최소한의 언어를 사용하여 의미를 진실하게 전달해야 한다는 '언어 최소주의'의 입장을 견지하는 관점의 이론을 사달론(辭達論)이라 한다.

이러한 관점은 맹자에게서도 발견된다. 맹자는 "시(詩)를 읽을 때, 하나하나의 글자로써 말을 그르쳐서는 안 되며, 한 구 한 구의 말로써 뜻을 그르쳐서는 안 된다"고 말한다. 즉, 언어의 표피에 떠도는 자구(字句)에 집착하지 말고 발화자(작자)의 원래 의도를 파악해 내는 일에 역점을 두어야 한다는 뜻이다. 『주역』에서는 공자의 말에 기탁하여, "글은 말을 다 표현해 주지 못하고, 말은 뜻을 다 표현해 주지 못한다"고 적고 있다. 유가적 관점에서 볼 때, 문어(written language), 구어(verbal language), 그리고 의미(meaning)의 가치 서열은 '뜻(意) → 말(言) → 글(書)'의 순으로 정리될 수 있다.

지나친 수사를 싫어하는 '언어 최소주의'적 입장은 도가(道家)에서도 발견된다. 노자(老子)는 "진정으로 위대한 웅변은 마치 더듬거리는 것과 같다(大辯若訥)"고 하여, 말을 통하지 않는 가르침(不言之敎)을 숭상한다. 노자는 또 "아는 자는 말하지 않고, 말하는 자는 알지 못한다(知者不言, 言者不知)", "믿을 만한 말은 아름답지 아니하고, 아름다운 말은 믿을 만하지 못하다(信言不美, 美言不信)", "선한 자는 변론하지 아니하고, 변론하는 자는 선하지 못하다(善者不辯, 辯者不善)"고 하여 언어에 대한 강렬한 불신감을 토로한다. 장자(莊子) 역시, "언어의 궁극 목적은 의미의 전달에 있다. 의미를 얻고 나면 언어를 버려야 한다"고 말한다. 즉, 언어는 어디까지나 의미 전달에 필요한 최소한의 도구에 불과하다고 보는 것이다. '언어 최소주의'의 입장은 불교에서도 발견된다. 천태(天台)·화엄(華嚴)과 더불어 동양 불교의 삼족(三足)을 이루는 선종(禪宗)에서는 언어나 문자를 통하지 않고 즉각적인 깨달음을 얻는 '불립문자(不立文字)'를 견성(見性)에 이르는 최선의 방법으로 채택한다.

표현 면에서 동양의 언어 전통이 지닌 한 가지 주요한 특징은 '최소주의(minim -alism)'에 있다. 모든 기호체계가 그렇듯이, 언어는 진실을 전달하기 위하여 사용되기도 하지만 거짓말을 위해서 사용되기도 한다. 이런 점에서 언어는 축복이자 동시에 저주이다. 유불도(儒佛道)로 대표되는 동양의 지적 전통에서 '최소한의 언어'를 사용해서 '최대한의 진실'을 전달하려는 '언어 최소주의'를 선호하는 문화적인 전통을 배경으로 하고 있다. 중국 문학에서 자주 논의된 미언대의(微言大義), 말은 다하였는데 뜻은 다함이 없다는 언진이의부진(言盡而意不盡)론 등도 언어와 뜻 사이의 의미 범주적 고찰의 하나이다.

언어에 대한 불신은 상대적으로 눈빛·낯빛·몸짓과 같은 비언어적 기호 체계를 의사소통의 대안적 기제로 채택하게 만든다. '몸'은 '말'에 비해 상대적으로 진실하기 때문이다. 본고에서는 유가 전통에서 '몸'이 지니는 기호학적 의미를 고찰해 보려고 한다. '언어 최소주의'를 선호해 온 전통 동양의 기호체계를 올바로 이해하기 위해서는, 『주역』의 괘(卦)나 종교적 부적(符籍)과 같은 문화적 상징뿐 아니라, 눈빛·낯빛·몸짓과 같은 동작 기호에 관한 이해가 필수적으로 요청된다. 특히 '몸'은 권력이 행사되는 현실적인 작용점이 된다는 점에서, 몸의 기호에 관한 연구는 전통 동양 사회에 대한 우리의 이해를 한결 풍부하게 해줄 수 있을 것이다.(오태석)

사달론, 공자, 언어 최소주의, 주역, 언지이의부진, 미언대의

참고문헌

김 근, 『한자는 어떻게 중국을 지배했는가』, 민음사, 1999.

테리 이글턴, 『문학개론입문』, 김명환 등 역, 창작과비평사, 1989.

사대기서(四大奇書)

명나라 초기부터 쏟아져 나오기 시작한 중국 백화소설 가운데 『삼국지연의(三國志演義)』와 『수호전(水滸傳)』, 『서유기(西遊記)』, 『금병매(金瓶梅)』를 일컬어 부르는 말. 4대기서의 분류는 청나라 초의 이어(李漁, 1611-1679?)에게서 비롯되었다. 이른바 기(奇)는 내용과 형식상의 신기(新奇)함을 아우르면서 예술상의 독특한 성격과 그것이 사회에 끼친 영향 등도 포괄한다.

『삼국지연의』는 중국 최고의 장편 장회체(章回體) 역사 소설이다. 작자 나관중(羅貫中, ?-?)은 당시 민간에서 떠돌면서 "세 부분으로 나뉘어 전파되던(說三分)" 이야기를 종합하고 자신의 상상력을 가미해서 이 작품을 완성하였다. 따라서 『삼국지연의』는 민중 문학과 문인 문학이 결합해서 이루어낸 성과라고 할 수 있다. 작품은 위(魏)·촉(蜀)·오(吳) 세 나라의 흥망성쇠(興亡盛衰)를 중점적으로 서술하면서 후한(後漢) 영제(靈帝) 건녕(建寧) 2년(169)부터 진무제(晉武帝) 태강

(太康) 원년(280) 사이의 역사를 배경으로 삼았는데, 유비(劉備, 167~233)를 높이고 조조(曹操, 155~220)를 깎아 내리려는 경향이 강하다. 이 책은 특히 전투 장면의 묘사에 뛰어나서, 적벽대전(赤壁大戰) 장면은 누구나 암송할 정도로 유명한 이야기가 되었다. 등장인물의 묘사가 생동감이 넘쳐 각자의 개성이 사실적으로 묘사되고 있는데, 제갈량(諸葛亮)과 관우(關羽), 장비(張飛), 조조 등은 동양 문학사에 있어서 작품 창작상의 전형적인 인물로 간주될 만큼 형상화가 뛰어나다.

『수호전』은 농민들의 반란을 제재로 한 장편 장회 소설이다. 작가 시내암(施耐庵, ?~?)은 역사적 사실과 민간에 뿌리내린 전통 희곡과 화본(話本) 가운데 유관한 이야기를 정리해서 작품을 완성하였다. 작품은 108명의 영웅호걸이 양산박(梁山泊)에 모여 당시의 부패한 관료들과 무력 투쟁을 전개하면서 계급적 압박과 봉건제 통치의 모순을 폭로하는 방식으로 짜여져 있다. 이런 구성은 "관료가 핍박하면 농민은 반항한다.(官逼農反)"는 사회 현실을 보여주는 것인데, 소설로서 가장 독창적인 성과는 인물의 성격을 형상화하는 데 대단한 성공을 거두었다는 점이다. 그 중에서도 108명의 영웅호걸들에 대한 성격 묘사는 결코 흉내낼 수 없는 탁월한 부분으로 많은 사람들의 칭송을 한 몸에 받았다.

『서유기』는 장편 신화(神話) 소설로, 오승은(吳承恩, 1500?~1582?)의 저작이다. 당나라 때의 승려 현장(玄奘, 600~664)이 불교 경전을 얻기까지 겪었던 사실에서 취재했는데, 민간에 오랜 기간 전파되어 있던 전설을 작가가 개편하고 가공하여 완성하였다. 작품은 특히 손오공(孫悟空)의 눈부신 형상을 잘 부각시켜서 당시 민중들이 신권(神權)과 황권(皇權)을 무시했던 경향을 반영하였다. 동시에 사악한 권력을 타도하고 새로운 이상 사회를 건설하려는 염원이 담겨 있는 등 강렬한 현실 의식이 곳곳에 배여 있다. 이런 점에서 『서유기』는 중국 낭만주의 문학의 전개에 있어서 참신한 성과물로 손꼽는다.

『금병매』는 문인의 손에 의해 창작된 장편 애정 소설이다. 작자는 난릉(蘭陵)의 소소생(笑笑生)이 지었다고 되어 있다. 작품은 악당 서문경(西門慶)의 패륜과 적악(積惡)으로 일관된 생애를 다루면서 당시 봉건 사회의 부패상과 몰락상을 날카롭게 비판하였다. 예술적으로는 자연주의적 기법을 채용하여 이후 소설 문학사의 전개에 일정 정도 기여하였다. 특히 이 작품이 미덕으로 삼는 예술적인 방면에서의 성과는 뒤이어 나오는 『홍루몽(紅樓夢)』의 작가에 의해 직접적으로 계승되어 중국 애정 소설의 선구자역을 하였다. 이런 점에서 소설사상 중요한 위치를 차지한다고 평가할 수 있다.(임종욱)

삼국지연의, 수호지, 서유기, 금병매, 장회체(章回體) 소설, 홍루몽

참고문헌
임종욱, 『동양문학비평용어사전-중국편』, 범우사, 1997.
_____, 『중국의 문예인식』, 이회, 2001.
_____, 『중국문학에서의 문장체제 인물 유파 풍격』, 이회, 2001.
주훈초, 『중국문학비평사』, 이론과실천, 1992.

사대주의(事大主義)

사대주의의 사전적 의미는 '주체성 없이 세력이 큰 나라나, 강한 자에게 붙좇아 복종하고 섬기며, 자신의 존립을 유지하거나 빌붙고자 하는 의식'을 이른다. 출전(出典)은 『맹자(孟子)』 「梁惠王章句 下」의 제(齊) 선왕(宣王)이 맹자(孟子)에게 "웃 나라와 교린을 맺는 데에도 도(道)가 있습니까?"라고 묻자, 맹자가 대답해 이르기를 "(도가) 있습니다 … 오직 지혜로운 사람만이 작은 나라 임금으로서 큰 나라를 섬길 수 있습니다.(齊宣王 問日交隣國 有道乎. 孟子 對曰有. … 惟智者 爲能以小事大.)"라고 한 대화와, 손초(孫楚)가 "작고 약하나 크고 강한 자를 섬기지 아니함을 귀히 여긴다.(貴小不事大)"고 한 것에 근거한다.

특히 조선조 개국 이래의 사대교린(事大交隣)- "큰 나라를 섬겨 국가의 안위를 꾀하고(謹事大之禮), 이웃 나라인 왜국(倭國) 및 여진(女眞)과는 대등한 입장에서 사귄다(交隣)"-정책 역시 이에 근거한 당시 정치 현실이자 명분이었다. 따라서 중국에 대한 사대는 조선의 기본 법전인 『경국대전(經國大典)』에 올려 하정사(賀正使)·성절사(聖節使)·동지사(冬至使) 등 정규 사행 외에도 사은사(謝恩使)·주청사(奏請使)·진하사(進賀使)·진위사(陳慰使) 등 특별 사행을 뒷받침했다. 물론 이 같은 사행의 이면에는 방물·공물에 대한 회사(回賜)[우리의 방물, 혹은 공물에 대한 중국의 답례품] 사이의 물물교환이라는 관무역(官貿易)의 의의도 자못 컸다.

한편 일본 및 여진과의 교린은 국방 및 평화 유지를 우선으로 하되, 역시 상호 진상과 회사에 의한 물물교환을 위한 경제 수단이 그 실질적 목적이기도 했다.

이 같은 조선조 외교정책을 '예속사·사대성'운운하며 매도하는 식민사관은 고구려와 고려의 민족사·민족성을 도외시한 극단적 단면일 뿐, 통시적 결론이라 할 수 없다. 조선조 사대교린 정책은 유가적 명분론이자, 정치적 현실논리다. 그러므로 식민사관에 대한 대안논리는 선진 한문화(漢文化)와 동격이고자 한 모화주의(慕化主義)라 함이 온당하다.(김갑기)

사대교린(事大交隣), 모화주의(慕化主義)

참고문헌
이춘식, 『사대주의』, 고려대출판부, 1997.
박충석·유근호, 『조선조의 정치사상』, 평화출판사, 1982.

사디즘(加虐症, Sadism, 독 Sadismus)/마조히즘(被虐症, Masochism, 독 Masoch -ismus)

사디즘은 타인에게 고통 혹은 굴욕을 가하거나 타인을 지배함으로써 성적 만족을 얻는 성도착증(perversion)의 한 형태를 말한다. 크라프트 에빙(Krfft-Ebing)은 프랑스의 문필가인 사드(Sade)의 작품과 관련해 이를 사디즘(sadism)이라고 명명했으며, 프로이트는 크라프트 에빙, 엘리스(Ellis) 등 기존의 성학자(性學者)들의 사디즘 개념을 더욱 확대해, 사디즘을 병리적인 성도착자 뿐만 아니라 정상적인 인간에게서도 나타나는, 성적 충동의 근본적인 발현 형태로 간주했다. 『성 이론에 관한 세 개의 논문』에서 프로이트는 성충동과 타인에 대한 공격성의 결합이라는 관점에서 사디즘을 설명한다.(SE 7, 157-8) 경우에 따라서 그는 사디즘을 성적 만족과 무관한 폭력의 행사로서 간주함으로써 후일 멜라니 클라인 같은 분석가에게서 나타나듯이 사디즘과 공격성이 동의어로 사용되는 결과를 낳기도 했다. 프로이트에게 "본래적 사디즘"은 파괴 충동 혹은 지배 충동, 권력의지 등과 같은 충동이 "성기능에 직접 봉사"하는 것을 의미한다.(SE 19, 162)「충동과 충동들의 운명」에서 프로이트는 사디즘을 충동의 능동성으로, 마조히즘을 수동성과 연관시키며 사디즘과 마조히즘을 반대의 속성을 갖는 대립쌍(Gegensatzpaar)으로 설명한다." a) 사디즘은 대상으로의 타인에 대해 폭력과 권력 행사를 하는 것이다. b) 이 대상이 포기되고 본인으로 대체된다. 충동이 본인을 향함으로써 능동적인 충동의 목표 역시 수동적인 것으로 변화된다. c) 다시 대상으로서의 타자를 찾는다. 충동의 목표가 변화되었기 때문에 이 타자는 이제 주체의 역할을 행사한다. c의 경우가 일반적으로 마조히즘이라고 불리우는 경우이다"(SE 14, 127-8) 여기에서 알 수 있듯이 마조히즘은 타인을 향해 가해자는 능동적인 충동이 수동적으로 자신을 향해 전환되는 것인데, 이러한 입장에 따르면 사디즘은 마조히즘보다 더 원초적인 형태라고 할 수 있다. 이제 프로이트는 죽음의 충동 개념을 도입함으로써 새로운 설명을 시도한다. 「마조히즘의 경제적 문제」와 같은 후기 메타심리학 논문에서 프로이트는 죽음의 충동은 근본적으로는 주체 자신을 향한다는 점을 강조한다. 물론 죽음의 충동 역시 외부 세계를 향해 파괴적 본성을 발휘하지만, 죽음 충동의 일부는 유기체 내부에 남아 성적 자극의 도움을 받아 리비도와 결합한다. 프로이트는 이를 "원초적, 성애적 마조히즘"이라고 부른다.(SE19, 164)

마조히즘이란 주체가 자기 자신에게 가해지는 고통이나 굴욕에서 만족을 느끼는 성도착증의 한 형태이다. 크라프트 에빙은 오스트리아의 작가인 자허 마조흐(Sacher Masoch)로부터 마조히즘이라는 용어를 만들었다. 프로이트는 사디즘에서와 마찬가지로 마조히즘을 단순한 병리적 성도착으로 간주하는 전통적인 성학자들의 견해를 넘어서며, 마조히즘을 유아기 성의 본질적 특징 혹은 무의식적 처벌 욕망, 더 나아가 죽음의 충동의 표현으로 간주한다. 앞에서 말했듯이 프로이트는 후기 메타심리학 연구를 통해 일차적, 성애적 마조히즘 개념에 도달했으며 이와 더불어 다양한 형태의 일차적 마조히즘에 대해 언급한다. 여성적 마조히즘은 어떤 사람이 예를 들면 거세, 성교를 수동적으로 당함, 혹은 분만과 같은 여성적 특징을 지닌 사람으로, 그리고 무력하고 나쁜 유아로서 취급당하기를 원하는 경우를 지칭한다. 어떤 사람이 무의식적 죄의식에 의해 지배되는 상황을 프로이트는 도덕적 마조히즘이라고 부른다. 도덕적 마조히즘은 성적 만족과 가장 거리가 있는 마조히즘의 형태라고 할 수 있겠지만, 이것이 성애적 마조히즘 혹은 여성적 마조히즘과 결합되면 다시 성적 만족과 결합된다. 이를 통해 "도덕이 다시 성화되고 오이디푸스 콤플렉스가 다시 활성화된다."(SE19, 169) 이차적 마조히즘은 원래 사디즘적으로 사용되었어야 했을 충동이 사디즘적으로 발현되지 않고 자신으로 향하는 경우를 의미한다. 이차적 마조히즘은 한편으로는 일차적 마조히즘에 덧붙여 되며, 다른 한편으로는 초자아에 의해 받아들여짐으로써 초자아의 사디즘을 강화시킨다. 임상적 관점에서 본다면 프로이트의 마조히즘 이론은 강박증, 치료에 대한 부정적 반응, 외상 신경증의 해명을 위해 도입되었다.(홍준기)

성도착증, 죽음 충동

참고문헌
홍준기, 『라캉과 현대철학』, 문학과지성사, 1999.
S. Freud, Three Essays on the theory of sexuality(1905), in: SE, VII, London: Hogarth Press, 1973.
S. Freud, Instincts and their vissicitudes(1915), in: SE XIV, London: Hogarth Press, 1973.
S. Freud, The economic problem of Masochism(1924), in: SE XIX, London: Hogarth Press, 1973.
J. Lacan, The Seminar Book XI. The Four Fundamental Concepts of Psycho -analysis, New York, London: W. W. Norton & Company, 1978.

사랑(Love)

사랑은 역사적 · 지리적 · 종교적 그리고 관계 형태에 따라서 다양한 양상을 보여준다. 고대 그리스에서는 사랑은 에로스로서 육체적인 사랑에서 진리에 이르고자 하는 욕망을 의미한다. 그리스도교에서의 사랑, 즉 아가페는 이웃에 대한 사랑과 신에게 대한 사랑을 말한다. 르네상스 시대에서 말하는 사랑은 인간중심적인 세속화를 의미하는 것이었다. 또한 사랑은 인간의 원초적인 감정이라는 데서 힌두교에서의 카마, 유교에서의 인(仁), 불교에서의 자비를 가리킨다.

에리히 프롬은 『사랑의 기술』에서 사랑받는 대상에 따라 사랑을 형제애(兄弟愛), 모성애(母性愛), 성애(性愛), 자기애(自己愛), 신에 대한 사랑 등으로 나눈다. 형제애는 모든 인간에 대한 사랑이다. 이 사랑의 특색은 배타성이 없다는 것이다. 모성애는 어린애의 생명과 욕구에 대한 무조건적인 긍정이다. 성애는 완전한 융합, 곧 다른 한 사람과 결합하고자 하는 갈망이다. 자기애는 나 자신의 자아에 대한 사랑으로 다른 존재에 대한 사랑과 불과분의 관계를 갖는다. 신에 대한 사랑은 분리 상태를 극복하고 합일을 이룩하려는 욕구에서 생긴다.

프로이트에 의하면 사랑은 본질적으로 불합리한 현상이다. 그에 의하면 사랑은 비정상적인 정신현상이고 유년 시절의 사랑의 대상으로부터의 감정전이이다.

설리반에게 있어 사랑과 친밀감의 의미는 친밀감은 두 사람을 감싸고 있는 상황의 어떤 유형으로서 개인적 가치의 모든 구성요소를 확인시키는 것이다. 개인적 차이의 확인은 제휴라고 부르는 관계를 요구한다. 더욱더 접근하는 상호간의 만족의 추구에 있어서, 그리고 점점 더 유사해 가는 안전성의 조작의 유지에 있어서 상대가 표명한 욕구에 대해 어떤 사람이 명백히 정식화된 방식으로 행동을 적응시키는 것이다.

한국 소설사에서도 사랑을 주제로 가진 작품들이 있다. 이광수의 『무정』, 김동인의 『젊은 그들』, 심훈의 『상록수』, 강경애의 『인간문제』, 황순원의 『카인의 후예』, 신경숙의 『외딴방』 등은 사랑을 주제로 담고 있는 소설들이다.(최경희)

나르시시즘, 에로스, 루두스, 스토르지, 아가페, 마니아, 프라그마

참고문헌
롤랑 바르트, 『사랑의 단상』, 김희영 역, 동문선, 2004.
지그문트 프로이트, 『성욕에 관한 세 편의 에세이』, 김정일 역, 열린책들, 2004.
에리히 프롬, 『사랑의 기술』, 황문수 역, 문예출판사, 2000.

사령시파(四靈詩派)

　　중국 남송(南宋) 때의 시인 네 사람을 합칭해 부르는 말. 사령(四靈)이라고도 하는데, 이는 그들의 자나 호에 모두 영(靈)자가 들어 있기 때문이었다. 서조(徐照, ?~1211)와 서기(徐璣, 1162~1214), 옹권(翁卷, ?~?), 조사수(趙師秀, ?~1219)가 그들이다. 서조는 자가 도휘(道暉) 또는 영휘(靈暉)고, 서기는 자가 문연(文淵), 호는 영연(靈淵)이며, 옹권은 자가 속고(續古) 또는 영서(靈舒)고, 조사수는 자가 자지(紫芝) 호는 영수(靈秀)이다. 이들은 모두 만당(晚唐) 시대의 시풍을 표방하면서 가도(賈島, 779-843)와 요합(姚合, 779?-846?)의 문학을 배워 창작 유파를 형성하였다. 이 때문에 이들을 사령이라 부르게 되었는데, 이들은 또 모두 영가永嘉 사람이었기 때문에 달리 영가사령(永嘉四靈)이라고도 부른다.

　　사령학파의 등장과 송시(宋詩)의 변화 사이에는 상호 관련이 있다. 송나라 초기에는 만당파(晚唐派)가 나왔고, 나중에는 구양수(歐陽修, 1007-1072)와 매요신(梅堯臣, 1002-1060)이 등장해 한유(韓愈, 768-824)와 두보(杜甫, 712-770)를 배우자고 주장하면서, 혹은 다채롭고 기세가 당당하면서 경건(勁健)하거나 혹은 고담(古淡)하고 여위었으면서 굳센 시풍을 보이는 등 송시의 독자적인 면모를 개척하였다. 이러한 변화의 흐름은 소식(蘇軾, 1037-1101)과 황정견(黃庭堅, 1045-1105)에 이르러 완성되어 강서시파(江西詩派)에게까지 이어졌다. 강서시는 특히 이치를 말하는 데 탐닉해서 조야하고 딱딱하며 메마르고 수척한(粗硬枯瘠) 병폐를 드러내 차츰 사람들로부터 멀어지기 시작하였다. 이에 사람들의 시선이 만당의 시로 집중되어, 양만리(楊萬里, 1127 -1206)와 같은 이는 처음에는 강서시파에 매료되었다가 나중에 만당시로 돌아서서 대가가 되었다. 이것은 바로 부정의 부정에 의해 제 궤도로 돌아서는 과정이다. 사령시파의 등장은 이러한 시대 동향이 빚어낸 결과로, 이론적으로는 영가학파(永嘉學派)의 대학자인 섭적(葉適, 1150-1223)의 지지를 받았다.

　　이들의 시풍은 "맑고 야위고 거칠고 은밀하다.(淸瘦野逸)"는 말로 요약될 수 있다. 많은 시들이 자연의 소박한 경치를 묘사하였고, 일상 생활을 통해서 느낄 수 있는 고아한 정서와 정취를 담아 일종의 맑고 오싹하며 그윽하고 고즈넉한(淸苦幽寂) 의경(意境)을 형성하였다. 이런 시풍은 그들의 사회적 신분과 경력과도 관련이 있다. 서조와 옹권은 모두 포의(布衣)로 일생을 마쳤고, 조사수는 송태조의 8세손으로 주현(州縣) 사이를 오가다가 고안추관(高安推官)으로 세상을 떠났다. 서기는 주부(主簿)와 현령(縣令) 정도의 벼슬을 지냈다. 때문에 그들은 한가한 정취와 은일의 심경을 자주 시화하였는데, 문학적으로는 주로 송나라 초기 만당파의 자취를 좇아 율시를 많이 지었다. 전고가 많은 작품을 쓰기를 꺼렸고 경치의 묘사에 치중하였다. 『영규율수(瀛奎律髓)』에서는 "사령시파의 시는 대개 가운데 네 구는 단련하고 연마한 것이 공교로운데 제목으로 살펴보건대 처음과 끝도 대략 제목의 의미와 같았다.(大抵中四句鍛鍊磨瑩爲工 以題考之 首尾略如題意)" "가운데 네 구는 공교롭긴 하지만 다만 풍경이나 물상을 읊었을 뿐中(四句工 但俱詠景物而已)"이라고 평하고 있다. 강서시파는 뜻을 중시해 경치는 소홀히 하여 경물을 빌리지 않고 곧바로 가슴 속에 담긴 감정을 서술하는 일이 허다했다. 어떤 경우 규모가 큰 장편의 작품임에도 불구하고 뒤엉키고 생경한 시어의 배치에만 주력해서 세상 사람들이 차츰 이러한 메마르고 난삽하며, 고기(肉)는 없고 뼈대만 앙상한 작품에 신물을 내기 시작하였다. 이런 분위기 속에서 사령시파의 작품을 읽자 문득 가볍고 영묘하며 빼어나고 기교가 넘치는 활달함과 맑고 참신하며 우뚝하고 일탈한 시풍에 일순간 매료되었던 것이다. 그들 중 조사수의 성과가 가장 남다른데, 7언시는 허혼(許渾, ?-?)을 으뜸으로 여겼다.

그러나 사령시파의 시에도 넘을 수 없는 한계는 있었다. 그들은 강서시파의 종횡무진하고 웅장하며 호한한 시풍을 반대하여 시를 지었기 때문에 오로지 작품을 정교하게 다듬는 일에만 골몰하였고, 조탁하고 꾸미는 일을 능사로 삼았다. 섭적은 "무릇 아득히 멀고 광막한 것으로써 다만 헛되이 좇아서는 구하는 것을 충족시키기에 부족하다. 일찍이 목으로 울고 입으로 터뜨려 터럭 끝만한 기이함이라도 내어 먼 곳에서 돌아 다함이 없는 것만 같지 못하다. 때문에 근래의 학자들은 이미 다시 조금씩 당으로 나아가 얻은 바가 있는 것(以夫汗漫廣莫 徒栖然從之而不足以充其所求 曾不如胆鳴吻決 出毫芒之奇 可以遠轉而無極也 故近歲學者已復稍趨于唐而有獲焉)"(「서사원문집서(徐斯園文集序)」)이라고 말했다. 전자는 강서시파를 후자는 사령시파를 가리키는 것으로, 구분이 명확하다. 사령시파 스스로도 이런 논리를 가지고 있었다. 『사고제요(四庫提要)』에 보면 "사령시파의 시는 비록 마음을 새기고 신장을 바늘로 찌르면서 뜻을 부각시키기 위해 시어의 조탁에 부심했지만, 얻은 길이 너무 비좁아 끝내 깨지고 조각나며 부스러기나 씁쓰레한 맛만 남기는 병폐에서 벗어나지 못했다.(四靈之詩 雖鏤心鉥腎 刻意雕琢 而取徑太狹 終不免破碎塵酸之病)"는 지적이 나오는데, 사령시파의 문학적 한계를 정확하게 지적한 평가라고 말할 수 있다.(임종욱)

서조(徐照), 서기(徐璣), 옹권(翁卷), 조사수(趙師秀), 영가사령(永嘉四靈), 청수야일(淸瘦野逸)

참고문헌
임종욱, 『동양문학비평용어사전-중국편』, 범우사, 1997.
_____, 『중국의 문예인식』, 이회, 2001.
_____, 『중국문학에서의 문장체제 인물 유파 풍격』, 이회, 2001.
주훈초, 『중국문학비평사』, 이론과실천, 1992.

사무사(思無邪)

사무사(思無邪)를 있는 그대로 풀이하자면 '생각이 바르므로 사악함이 없음'이라는 의미를 가지고 있다. 공자는 『논어(論語)·위정(爲政)』편에서 '시경 삼백편은 한마디로 생각에 사특함이 없다'((詩三百, 一言而蔽之曰 思無邪)고 했는데, 한대(漢代) 이후의 중국시의 경향은 경전화(經典化) 하면서 시경은 문학성과 민중성이 왜곡되었다. 대부분의 전(傳), 서(序)에서 애정(愛情)을 충성(忠誠)으로 해석하게 되지만 사실 시경의 독법은 사실성(寫實性)과 진정성(眞正性)에 있었다. 마마도 공자는 이를 한마디로 평하여 '사무사(思無邪)'라 한 것으로 보인다.

자의면에서 '사무사(思無邪)'는 몇 가지 가능한 해석의 갈래를 보인다. 먼저 사(思)는 '누구의 생각인가?' 하는 문제이다. 작자인가, 독자인가? 또한 '무사(無邪)의 속성은 무엇인가?' 하는 점이다. 윤리도덕적인 올바름인가? 아니면 진솔한 정감의 발로인가 하는 갈래가 생길 수 있다. 여기서 전자 쪽으로 생각하면, 시언지(詩言志)의 문이재도(文以載道)적인 효용론적 방향으로 해석할 수 있게 되며, 후자 쪽으로 본다면, 공안파(公安派)등 낭만주의적 혹은 시연정(詩緣情)적 방향으로 해석 가능할 것이다.

이렇게 애매한 표현과 함의(含義)로 인해 역대 중국의 학자들은 그 해석을 서로 조금씩 달리 하면서도 결국 중국적 특징을 지니는 방향으로 문학론을 이룩하였다. 대체로 전통 유가는 전자의 방향으로 해석하였다. 공자는 또한 『논어·팔일(八佾)』편에서는 '관저(關雎)는 즐거우면서도 지나치지는 않고, 슬프면서도 상하게 하지는 않는다(關雎, 樂而不淫, 哀而不傷)'고 하였는데, 이 같은 사무사(思無邪)니 낙이불음(樂而不淫)과 애이불상(哀而不傷)의 비평적 기준들은 중국에서 유가 문예미학의 중심 개념으로 자리 잡았다.

『논어』의 대화들은 표현이 생동하고 있고 말하는 사람들의 성격이 뚜렷이 표출되어 있을 뿐만 아니라. 간결하면서도 극적인 구성을 이룬 대목들이 대부분이다. 특히 선진(先進)편의 자로(子路)·증석(曾晳)·염유(蒋有)·공서화(共西華)의 네 사람이 스승 공자를 모시고 자신의 득의(得意)한 일을 얘기하는 대목 같은 것은 연극의 한 토막을 보는 듯하다. 『논어』가 공자와 그의 제자들의 언행에 관한 짧은 글들을 아무런 체계도 없이 모아 놓은 책인데도 불구하고 어떤 전적보다도 세상에 널리 읽힌 것은, 이러한 생동하면서도 간결하고 뜻이 깊은 문장 때문이었을 것이다.(오태석)

사무사(思無邪), **낙이불음(樂而不淫)**, **애이불상(哀而不傷)**, **공자, 유가 미학, 시언지(詩言志)**

참고문헌
김학주, 『중국문학사』, 신아사, 1989.
오태석, 『중국문학의 인식과 지평』, 역락, 2001.

사물시(事物詩)

사물에 대한 객관적인 서술로 이루어지는, 언어에 의한 조형의 시. 랜섬(J.C.Ransom)이 형이상시(metaphysical poetry)에 반대되는 시를 사물시(physical poetry)와 관념시(platonic poetry)로 구분하면서부터 규정지어진 시의 한 유형이다. 랜섬은 사물시의 예로 이미지즘의 시를 들고 있다. 흄(T.E.Hulme)의 영향을 받은 파운드(E.L.Pound)가 주도했던 이미지즘 기법은 시에 있어서 시 속의 관념보다는 시어의 시각적인 이미지를 강조하는데 주력한다.

몽상적이고 낭만적이며 종교적인 시를 쓰던 릴케(R.M.Rilke)는 1902년 조각가 로댕(A.Rodin)과의 만남을 계기로 새로운 창작 방식을 시도하게 된다. 영감에 의지해야 하는 불안한 자신의 작업과는 달리 가시적인 조각의 세계에서 끊임없이 일하는 로댕의 작업은 부러움과 함께 깨달음을 주었기 때문이다. 이후 릴케는 언어에 조각과 같은 조형성을 부여하고자 한다. 조각의 특성은 공간성에 있지만 문학은 시간적이다. 이에 릴케는 동시성을 강조한다. 그는 조형 예술가와도 같은 자세로 언어에 대한 치밀한 탐구를 거쳐 시어를 고르고 정확한 관찰을 통해 객관적인 진술을 사용하여 시를 쓴다. 시어의 극단적인 절제, 구체적인 사물적 윤곽과 완결성을 지향하는 사물시는 사물을 대상으로 할 뿐만 아니라 시, 그 자체가 하나의 독립된 사물(事物)이 되는 것을 추구한다.

릴케는 사물에 대한 경건한 태도는 사물에 대해 인내심을 가지고 사랑으로 대하는 것이며, 이를 통해서 비로소 사물들의 마음을 열고 그 본질을 파악하여 하나의 예술사물로 변용시킬 수 있다고 본다. 이러한 릴케의 문학적 태도는 1907년 사물시집이라고도 불리는 『신시집』에 잘 나타난다. 이 시들 속에서는 주관적인 주체인 시적 자아는 뒤로 물러나 있고, 사물들은 엄격히 객관적인 모습으로 그려진다. 그래서 마치 그 사물의 본질대로 묘사되는 듯한 느낌을 준다. 그러나 이것 역시 근본적으로는 시적 자아의 주관에 의한 산물들이다. 객관적인 진술을 통해 주관적인 주체가 후퇴되어 있는 것은 시적 주체가 점차 문제시되어 가고 있음을 반증한다. 이러한 릴케의 영향을 받은 한국의 시인으로는 김춘수가 대표적이다. 특히 그의 초기작들이 그러하다. (추선진)

사물, 관념시, 이미지즘

참고문헌
라이너 마리아 릴케, 『릴케전집』, 김재혁 등 역, 책세상, 2000.
김재혁, 『릴케의 작가 정신과 예술적 변용』, 한국문화사, 1998.

사물화(事物化) ☞ 물화

사비(さび)

예스럽고 아취가 있다는 의미로 세련된 한적함을 말하는 하이카이(俳諧)의 근본 이념을 말한다. 사비는 한자로 한적할 [적](寂)이라고도 쓰는데, 이미 중세의 와카·렌가·와비차(わび茶) 속에 사비와 관계깊은 한적 지향의 정신이 있었고, 바쇼(芭蕉)의 하이카이에서는 미적 이념으로

까지 되었다. 바쇼 자신이 사비를 미적 이념으로까지 높힐 의지가 있었는가를 판정할 확실한 자료는 없지만, 그의 제자가 쓴 최고의 하이카이 이론서인 『교라이쇼』(去来抄)에는 사비는 하이카이 구(句)의 색(色, 빛깔)으로 단순히 한적한 구를 말하는 것이 아니라 화려한 구에도 조용한 구에도 있는 색을 말한다고 나와있다. 즉, 하이카이 안에 뿌리를 내리고 있는 내재된 것이다. 예를 들어 노인이 무장을 갖추어입고 싸우거나 멋진 의상을 걸치고 연회석에 임하거나 하여도 어디에나 늙은 모습이 있다는 것과 같은 것이다. 따라서 사비는 작자의 마음에 있고, 그것이 자연스럽게 밖으로 풍겨나오는 것이므로, 취향·말·소재 등을 모두 갖추었다고 하더라도 그것만으로는 결코 사비가 될 수 없다.

사비의 일반적 해석으로 「寂寥」「宿·老」「帯然」의 세 가지를 들고 있는데, 이를 부연하면 사비란 한적한 정취를 띨 정도로 충분한 시간이 경과하는 가운데 무한히 자기자신을 응시하며, 「와비」(わび)·「한적」(閑寂)함이 철저한 경지에서 모든 사물의 본질이 드러나는데, 그것이 바로 사비이다.(최관)

와비, 한적, 하이카이, 바쇼, 교라이쇼

참고문헌

復本一郎, 『芭蕉における「さび」の構造』, 塙書房, 1973.

사생문(寫生文)

사생문은 자연이나 인간과 관계되는 모든 것에 대한 세밀한 관찰, 묘사의 사생(寫生)을 주안으로 하는 산문이다. 말을 꾸미거나 과장을 덧붙이거나 하지 않고, 사실의 있는 그대로를 세부(細部)에 걸쳐서 자세히 그려낸 문장을 가리키는 문예용어다. 이것은 사실주의(寫實主義)의 기술방법을 나타냈다.

사생문이라는 말이 그 방향을 정한 것은 마사오카 시키(正岡子規, 1867-1902)가 1900년 1월, 신문 「일본 日本」에 실은 『서사문 敍事文』에 기인한다. 이것을 받아서 다카하마 교시(高浜虛子, 1874-1959)를 중심으로 한 잡지 「호토도기스」(1897~)를 실천의 장으로 추진된 문장 혁신운동, 더 나아가서는 문학운동의 양상을 나타냈다.

사생문이라는 이름을 정착시키고 발전시킨 사람은 다카하마 교시이지만, 앞선 말한 「호토도기스」는 사생문을 싹트게 하고 성장시킨 존재로 평가받는다. 이 잡지에는 「호토도기스」 동인인 문장회산회(文章會山會) 발표작과 일반지우(一般誌友)의 응모단문(應募短文)이 실렸다. 이 문장회산회의 주요 인물로는 다카하마 교시를 비롯해, 가와히가시 헤키고도(河東碧梧桐), 사카모토 시호다(坂本四方太), 이토 사치오(伊藤左千夫), 나가쓰카 다카시(長塚節), 데라다 도라히코(寺田寅彦), 스즈키 미에키치(鈴木三重吉) 등이 있었다. 그러나 문단과 분명하게 구별을 지었다는 점도 있어, 하이키이파(俳諧派), 여유파(余裕派) 라고 불리었으며, 주류에서 떨어져 나간 방계(傍系)였다. 자연주의보다 먼저, 사실(寫實)과 객관의 태도를 정착시킨 공적은 크지만, 당초 호의적이었던 자연주의 쪽은, 철저하게 객관에 그치고 인간을 그리지 않는다는 것을 비판했는데, 일본 자연주의 작가의 대표적인 다야마 가타이(田山花袋)는 사생문을 문장 단련의 한 단계에 불과하다고 평가했다. 전쟁 후까지도 그 명칭은 계속되었지만, 문장 혁신이 정착된 대정시대(大正時代) 이후에는 문학사적 의의가 미약하다.(오석윤)

사실주의, 문장혁신운동, 자연주의

참고문헌
日本近代文學館 편,『日本近代文學大事典』제4권, 講談社, 1984.
『日本現代文學大事典』, 明治書院, 1994.

사생아와 업둥이

마르트 로베르가『기원의 소설과 소설의 기원 Roman des origines et origines du roman』이라는 저서에서 사용한 용어. 마르트 로베르는 이 저서를 통해 소설에 대한 모든 정의가 불완전할 수밖에 없는 것은 '사실'과 '꾸며낸 것' 사이의 경계가 불분명하기 때문이라고 규정짓고, '소설적 거짓 Mensonge romanesque'이라는 개념을 모든 소설의 공통분모로 추출해낸다. 그에 따르면 뒤늦게 출발한 근대소설이 단시일 내에 놀라운 성공을 거두면서 가장 강력한 문학장르로 군림하게 된 것은 소설이 끊임없이 '시시하고 잡다한 이야기들'을 끌어모아 "언제나 사실의 이름으로, 그러나 오직 환상을 위하여" '깨어 있는 상태의 몽상', 즉 거짓말을 만들어내는 무궁무진한 힘을 지니고 있기 때문이다.

마르트 로베르는 이 책에서 아이들이 부모를 비롯한 어른들로부터 따돌림 당하고 있다는 느낌에서 비롯되는 유년기의 심리적 결핍을 보상받기 위해 만들어낸 거짓말의 두 가지 유형을 가리키는 사생아 batard와 업둥이 enfant trouve라는 말을 소설이 만들어내는 거짓말의 두 가지 유형을 지칭하는 용어로 사용한다. 자신은 원래 왕족이거나 고귀한 귀족의 자손인데, 어떤 계기에 의해 현재의 부모에게 양육됨으로써 비참한 처지에 빠지게 되었다는 것이 업둥이의 이야기라면, 자기의 친아버지는 고귀한 신분의 사람인데 어머니의 타락으로 의붓아버지와 함께 살게 되었다고 꾸미는 것이 사생아의 이야기이다. 양쪽 모두 이상화된 자기 이미지를 꾸며냄으로써 현실적 열등감을 보상받으려는 욕망의 지배를 받고 있지만, 전자가 부와 모 모두에 대한 완전부정의 의미를 지닌다면, 후자는 성(性)의 구별이 가능한 단계에서 부모의 역할이 서로 다르다는 인식에 바탕을 둔 일부부정의 성격을 지니게 된다. 따라서 업둥이의 경우에는 현실세계에 대한 부정이 극단적인 양상을 지니며, 따라서 거짓 이야기의 환상적 성격이 더욱 두드러지게 나타남으로써 낭만주의적인 환상소설이나 상징주의 소설들의 심리적 계기를 이루게 되는 반면, 사생아의 경우에는 현실과의 관련을 완전히 부정하지 않으면서 애증의 양면적 갈등을 해소하려는 경향을 지니게 되어 보다 사실주의적인 소설로 귀착된다는 것이다. 마르트 로베르에 의하면 "소설을 만들어내는 방식에는 엄밀히 말해 이 두 가지 방식만이 존재"하며, 세르반테스, 노발리스, 카프카, 멜빌 등이 전자에, 빅토르 위고, 톨스토이, 도스토예프스키, 프루스트, 포크너, 디킨스 등이 후자에 속하는 작가들이다.(박혜경)

몽상, 허위

참고문헌
마르트 로베르, 『기원의 소설과 소설의 기원』, 김치수 이윤옥 역, 문학과지성사, 1999.
위르겐 슈람케, 『현대 소설의 이론』, 원당희 외 역, 문예출판사, 1995.

사서삼경(四書三經)

사서삼경(四書三經)은 유교(儒敎)의 기본 경전을 말한다. 사서(四書)는 <대학(大學)>, <논어(論語)>, <맹자(孟子)>, <중용(中庸)>이, 삼경(三經)에는 <시경(詩經)>, <서경(書經)> <역경(易經)>이 포함된다.

<논어>는 유가(儒家)의 성전(聖典)으로 중국 최초의 어록(語錄)이다. 중국의 사상가 공자(孔子)의 가르침을 전하는 문헌인데, 공자와 제자 사이의 문답으로 구성되어 있으며 공자의 행적과 고제(高弟)의 발언이 함축적으로 기록되었다. <맹자>는 맹자의 사상을 그대로 담은 것으로, 맹자 사후 후대에 편찬되었다. 맹자의 사상을 알 수 있는 유일한 책으로 전국시대(戰國時代)의 역사를 배경으로 한 변론조(辯論調) 문체를 특징으로 갖는다. <대학>은 공자(孔子)의 가르침을 정통(正統)것으로 나타내는 경서(經書)로, 원래 <예기(禮記)> 제42편에 속하는 부분이었다. 이것을 송(宋)나라 사마광(司馬光)이 처음으로 따로 떼어서 ≪대학광의(大學廣義)≫를 만들었고, 나중에는 주자(朱子)가 다시 <대학장구(大學章句)>를 만들어 주석(註釋)을 가하면서 널리 퍼지게 되었다. <중용> 역시 원래 <예기(禮記)>에 실려 있었던 것으로 송(宋)나라 때 단행본이 되었다. 주자(朱子)는 <중용장구(中庸章句)>라고 하는 주석서(注釋書)를 지었다. 여기서 '중(中)'은 어느 한쪽으로 치우치지 않는 것, '용(庸)'은 평상(平常)을 뜻한다. 주자는 사서(四書)야말로 공문(孔門)의 사제전수(師弟傳授)의 도통(道統)을 보여주는 것이라고 높이 평가하였다.

<시경(詩經)>은 춘추 시대의 민요를 중심으로 하여 편찬한 중국의 가장 오래 된 시집이다. 주초(周初)부터 춘추(春秋) 초기까지의 시 305편을 수록되어 있는데, 국풍(國風)·소아(小雅)·대아(大雅)·송(頌)의 4부로 구성되었다. 시의 내용이 현실생활에서 정치비판까지 다양하기 때문에 문학사적으로도, 사적 사료로도 높은 평가를 받는다. <서경(書經)>은 우서(虞書)·하서(夏書)·상서(商書)·주서(周書) 등 당우(唐虞) 3대에 걸친 중국 고대사를 기록한 것이다. 이제삼왕(二帝三王)의 정권의 수수(授受)와 정교(政敎) 등이 기록되어 있기 때문에 고대의 사적(史的) 사실과 사상을 섭렵할 수 있는 귀중한 저서이다. 당시의 사관(史官)·사신(史臣)이 기록한 것을

공자가 편찬했다고 전해진다. <역경(易經)>은 <주역(周易)>이라고도 한다. 주역(周易)은 글자 그대로 주(周)나라 시대의 역(易)이라는 뜻이다. 여기서 역(易)은 변역(變易)의 의미로 천지만물이 끊임없이 변화하는 자연현상의 원리를 설명하고 풀이한 것이다. 일종의 점복(占卜)을 위한 원전(原典)으로 처세의 지혜를 알려주는 우주론적 철학에 속한다.(문경연)

사서, 삼경, 경전, 유교

참고문헌

금장태, 『유교사상과 종교문화』, 서울대학교출판부, 1994.

김준석, 『한국 중세 유교정치사상사론』, 지식산업사, 2005.

사설

사설이란 크게 세 가지 차원으로 정의할 수 있을 것이다. 첫째 가사의 내용을 이루는 말, 둘째 판소리 따위에서 연기자가 사이사이에 엮어 넣는 이야기, 셋째 창을 할 때 소리를 길게 꺾어 넘기지 않고 말마디를 몰아붙여 엮어 나가는 장단 등이 그것이다. 이와 같은 차원을 고려할 때 사설이란 일종의 말이며, 말 중에서도 장황하고 질서 잡히지 않는 혼돈의 양태로 존재하는 것을 일컫는다고 볼 수 있다. 따라서 사설은 노래보다는 언어에 가깝지만 우리 문학적인 전통에서 그것은 노래 혹은 음악과 밀접한 관계를 유지하고 있다고 할 수 있다.

이 사설이 우리 예술사에서 하나의 독립된 개념으로 존재할 수 있었던 것은 판소리 양식의 영향이 크다. 이런 점에서 판소리는 음악이 사설의 내용에 따르는 양식상의 특징을 강하게 드러내는 장르인 동시에 서사적인 내용을 가지면서도 음악이 사설 내용에 따르는 것이 두드러지지 않는 한국의 서사무가나 서사가사와는 변별되는 독특한 장르이다. 따라서 판소리는 서사무가나 서사가사보다 훨씬 표출력이 강한 예술이라고 할 수 있다.

판소리는 창과 사설의 결합에 근거한 독특한 서사양식이다. 좀더 정확히 말하면 판소리는 소리, 아니리, 발림으로 구성된 장르인 것이다. 이때 소리의 경우는 반드시 장단과 조(調)가 반드시 결합되고, 사설의 극적 상황이 변함에 따라 장단이나 조의 구성이 달라진다. 이를테면 사설의 내용이 비참한 정경이나 호소, 탄식이면 진양조+계면조, 중모리+계면조, 중중모리+계면조로 구성된다. 사설의 내용에 따라 느린 장단에 슬픈 느낌을 주는 선율인 계면조로 구성되는 것이다. 반면 사설의 내용이 영웅적인 인물의 호탕한 거동 및 웅지, 호대하고 유유한 정경으로 드러나면 진양조+우평조, 중모리+우평조로 구성된다. 사설의 내용에 따라 느린 장단에 화평정대(和平正大)한 느낌을 주는 우조나 혹은 평조로 구성되는 것이다. 또한 사설의 내용이 애절통곡하면 중중모리+계면조로, 열락무도(悅樂舞蹈)하면 중중모리+계면조로, 화창한 정경에는 중중모리+평조로, 구수한 정경에는 중중모리+추천목으로, 훤호(喧呼) 호라보하는 데는 중중모리+설렁제로 구성된다. 중간 속도의 장단에 슬픈 계면조, 화창한 평조, 구수한 추천목, 씩씩한 설렁제로 각각 사설의 상황에 맞은 음악적인 느낌을 갖는 조로 구성된다.

판소리에 드러난 사설의 이러한 특성은 우리 예술 전통의 독특한 미적 세계를 반영하는 것으로 볼 수 있다. 판소리의 사설은 그 자체로 풍부한 문학성을 드러내며, 이러한 문학적인 전통은 우리 문학으로 이어진다. 채만식과 김유정의 소설이 보여주는 서사의 세계라든지 김지하 등 주로 민족문학 작가 계열의 시인들이 보여준 시적 언술 속에 그것이 강하게 자리하고 있다. 채만식의 『태평천하』, 김유정의 『봄봄』, 김지하의 『대설 남』, 『황토』 등에 흐르는 정서나 서술 양태는 그것이 얼마나 판소리 사설의 전통을 계승하고 있는지를 잘 말해준다.(이재복)

판소리, 창, 사설시조, 가사

참고문헌
김흥규, 「판소리의 서사적 구조」, 『고전문학을 찾아서』, 문학과지성사, 1976.
이보형, 「판소리 사설의 극적 상황에 따른 장단조의 구성」, 『예술논문집』 14집, 예술원, 1975.

사성팔병(四聲八病)

남북조는 유기 이데올로기에서 탈피한 문학의 각성 시대이자 순수 문학 개화의 시기이다. 그 중에도 제(齊) 무제(武帝) 영명(永明: 483-493) 년간에는 시문이 유미주의로 흘러가는 풍조를 나타내었다. 당시 심약이 '사성팔병(四聲八病)'이란 성률설(聲律說)을 창시하여 시문을 쓰는 규범으로 삼았다. 이 성률설이 창시된 후에, 영명체(永明體)'라고 불리어지는 신체시가 곧 출현하여 양(梁), 진(陳)의 시에 영향을 끼쳤고, 당(唐)대의 율시(律詩)와 절구(絶句)의 기초를 건립하였다. 사성팔병의 구체적 내용은 율시를 지을 때 피해야할 성률과 압운상의 금기 규칙으로서, 평두(平頭), 상미(上尾), 봉요(蜂腰), 학슬(鶴膝), 대운(大韻), 소운(小韻), 방뉴(傍紐), 정뉴(正紐)이다.

심약(深約)의 '사성팔병설' 탄생의 언어학적 배경으로는 불경 번역 과정에서 인도의 음운학(音韻學)의 영향을 받은 점이 작용했으며, 격식을 갖춘 당대의 근체시(近體詩)가 성립하는 기초를 다졌다. 그러나 사성팔병설은 격률시 형성의 준비조건이 되었다는 시가 역사의 의의는 있지만, 그 내용이 지나치게 까다로울 뿐만 아니라 너무 형식에 얽매여 사상적 내용은 홀시하였으므로 화려하기만 하고 유약한 시풍을 조장하였다는 평을 받기도 한다.

심약은 『송서(宋書)·사령운전론(謝靈運傳論)』에서 '오음(五音)과 오색의 아름다운 배치는 자연의 아름다움에 비견된다'고 하며, 문학 작품에도 이 같은 조화미가 잘 드러나도록 노력해야 함을 주장했다. 이는 음양론적 사고에 근거한 문학을 자연의 한 부분으로 본 사유 방식에 기초하고 있다는 생각이다. 그리고 이 입론은 근체 율시의 성립 토대가 되었다. 이를 서구 문예이론과 연계시켜본다면, 동일하지는 않지만 러시아 형식주의 및 신비평적 사유방식과도 어느 정도 맥이 닿는다. 중국문학사에서 이러한 작품의 자연화라는 사유적 이입(移入)을 통해 위진 육조의 문예 사유는 한대와는 다른, '인격 심미'에서 '자연 심미'로의 심미적 전환을 해 나간 것으로 생각된다.

심미사적 측면에서 사성팔병설(四聲八病說)로 대표되는 육조의 형식 심미의 추구가 지니는 의미를 생각해 보면, 위진 이래 사람들은 자연 친화적인 현학에 경도되면서 영속성을 지닌 자연에 접근했으며, 그 아름다움을 글로 표현하는 데에 주력했다. 즉 위진 육조 미학은 완정한 자연을 읊는 자연시를 짓는데서 더 나아가, 작품을 하나의 자연의 일부이자 완정체로서 파악하려는 문예 창작상의 심미구조적 전이(轉移)를 보여주고 있다. 이는 '구체적 자연' 또는 '실제 자연'에서 '문학 작품'이라고 하는 '추상적 자연' 또는 '가상 자연'으로의 사유구조적 전이를 했다고 볼 수도 있을 것이다. 그렇다면 이는 심미사적으로 한대 이래의 인격 완성체로서의 사회적 의의를 강조하였던 사회 문예적 관점에서 벗어나, 독립체로서의 자연과 또 그 문예적 구현체로 상정된 작품의 순수미를 추구하는 순수 문예로의 이행을 의미한다.(오태석)

사성팔병설, 심약(沈約), 근체 율시, 작품의 자연화, 자연의 작품으로의 사유구조적 전이, 성률론

참고문헌
「위진남북조 문예사조론」:『중국어문학』38집, 영남중국어문학회, 2001.12.
김학주,『중국문학사』, 신아사, 1989.

사소설(私小說)

작가 자신을 주인공으로 하며 그 일상적 삶에서 취한 소재에서 예술적 감흥을 얻어 자기 체험을 문학적으로 추구하여 성립하는 소설을 지칭한다. 1인칭 뿐 아니라 3인칭으로 쓰이는 일도 많아 '1인칭소설'이나 '이히 · 로망' '자전(自伝)'등의 서구문학 개념으로 비교 · 고찰되기도 하나, 사소설 작품이 작품세계의 리얼리티의 보장을 자신의 체험의 진실성에서 구한다는 것이 유일한 공통적 특징이라고 할 수 있을 뿐이어서 그런 의미에서는 기본적으로 일본의 독자적 소설 형태 혹은 문학현상이라고 할 수 있다. 일반적으로는 음독하여 '시쇼세쓰(ししょうせつ)'로 읽으나, 일본문학사전이나 문단에서는 '<나>소설(わたくししょうせつ)'로 읽는 것이 통례이다.

역사적으로 보아 사소설이 활발하게 창작되고 문제가 된 시기는 3번 정도 된다. 첫 번째는 다이쇼(大正)시대, 즉 1910년대에서 20년대 전반으로 사토 하루오(佐藤春夫), 가사이 젠조(葛西善蔵), 나가이 가후(永井荷風), 마사무네 하쿠쵸(正宗白鳥), 무로 사이세이(室生犀星), 히로쓰 가즈오(広津和郎), 시가 나오야(志賀直哉), 우노 고지(宇野浩二) 등의 소위 '다이쇼 사소설'로 불리는 작품을 둘러싼 논의에서 시작되었다. 나카무라 무라오(中村武羅夫)는 이들 사소설은 본래의 소설이 아니라고 비판하며 협소한 자기로부터 리얼리티를 해방해야 한다고 주장하였다. 한편 구메 마사오(久米正雄)나 우노 고지(宇野浩二)는 문학수련과 인격수양을 같은 것으로 간주하여 예술지상주의라고도 할 수 있는 반 세속적 엘리트의식으로 이를 순수문학으로 옹호했다. 이러한 사소설 창작 및 논의는 1920년대에 본격적으로 대두된 이래 10년간 융성한 프롤레타리아문학을 중심으로 하는, 사회문제 해결을 주제로 하는 소설이 등장한 후 한 때 자취를 감춘다. 이는 고비야시 히데오(小林秀雄)가 「私小説論」(1935)에서 지적하고 있는 대로이다.

단 고바야시가 「私小説論」을 발표한 것은 당시 전향한 프로문학가들이, 자기의 내면을 파헤친 사소설적인 작품을 다수 발표하였기 때문으로, 이 시기를 일본에서의 사소설 융성의 제2기라고 할 수 있다. 고바야시는 프로벨 등 불란서 심리소설에 빗대어 사소설을 생각하는 한편, 전향작가들이 그려내는 '나'란 전에 프로문학이 스스로 타기한 것이 아닌가 묻고 있다. 그것을 다시 채택한 것은 서구 리얼리즘문학이 오랜 전통 가운데 배양해 온 완성된 심미안이 일본근대문학에 아직 자라지 않았기 때문이며 그런 점에서 전향작가가 그려내는 '나'도 봉건적인 문학의 산물에 지나지 않는다고 비판한 것이다.

세 번째는 제2차 세계대전 직후부터 일본근대문학의 봉건적 제도를 재검토하려는 논의가 이루어지면서 사소설의 역사적 계보가 고찰대상이 된 시기이다. 이토 세이(伊藤整)의 『小説의 方法』(1948), 히라노 겐(平野謙)의 「私小説의 二律背反」(1951), 나카무라 미쓰오(中村光夫)의 『風俗小説論』(1950) 등이 그 구체적 작업 예이다. 이토나 히라노는 고백과 허구, 에고와 환경과의 상관관계를 시야에 넣고, 조화형과 파멸형, 도망노예와 가면신사 등의 신조어로 사소설을 분류하고, 사소설 극복이라는 관점에서 사소설이 지속적으로 쓰여온 원인과 이유를 구명하고자 하였다. 나카무라 미쓰오도 사소설의 사적 계보를 조감하면서 일본근대 리얼리즘이 얼마나 파행적인 도정을 걸어왔는가를 지적했다. 패전 후 대표적 사소설을 남긴 작가로 평가되는 다자이 오사무(太宰治)가 왕성하게 창작활동을 전개한 것은 이 논의가 행해지던 시기이다.

여기까지의 정리로 알 수 있듯이 사소설이라는 용어는 실체가 있는 범주개념인 것처럼 사용되고 있으나 그것이 어떤 존재인가를 제시하는 면밀한 범주개념이 논자에 따라 애매하게 규정되어 있을 뿐이다. 또한 이들 논자 대부분이 사소설을 일본문학의 후진성의 상징으로 비판하고 있는 점도 주목된다. 즉, 단적으로 말해 근대 이후 일본작가들은 '내면'으로 거슬러 올라가려고 할 때, 늘 평론가나 문학사가로부터 '봉건적이다', '미성숙하다'는 낙인이 찍혀 좀더 심화할 수 있는 가능성을 부정 당해왔다고 하겠다. 1950년대와 60년대에 소위 '제3의 신인'이나 '내향의 세대'가 등장했을 때도 같은 현상이 벌어졌다. 그렇기 때문에 이와 같은 현상을 설명하려면 사소설 작품에 내재하는 특징을 지적하는 것만으로는 불충분하다 하겠다. 예를 들어 사소설연구 중 내로토로지(서사이론) 방법으로 작품의 속성을 설명하는 것도 있으나 원래 사소설에는 실제작품에나 또는 작품평가의 지적에나 전 시대의 산문형식을 수용한 점이 명백히 인정되기 때문에 서양 근대문학이 확립시킨 소설문법만으로는 해명되지 않는 요소가 다분히 존재한다.

사소설연구의 이러한 폐해를 극복하기 위해서는 사소설을 비판한 일본인 평론가나 문학사가들이 일본의 근대를 어떻게 파악하고 있는가를 언설 레벨에서 고찰할 필요가 있다. 근대화를 서양화와 동일시하는 시점에서는 당위적인 근대적 이상은 서양에 있으며 자신은 그것을 따라잡

으려는 주체로 설정된다. 이러한 시점은 비서양의 근대가 소위 서구의 충격으로부터 시작되었
다는 역사적 사실의 명백성 때문에 설득력이 있다 하겠다. 그러나 한편 그런 후발＝후진의식은
자기의 고유한 것을 과도하게 폄하하거나 혹은 역으로 과도하게 찬양하게 되기 쉽다. 그 자기비
하의 한 표현으로 근대이래의 일본문학계에 사소설비판이 있어왔던 것이라고 할 수 있다. 따라
서 금후에도 이와 같은 후진의식이 존재하는 한 사소설적인 소설작품이 등장하면 반드시 비슷
한 비판이 나타날 것이다. 이와 같은 현상을 '사소설 언설'이라고 명명한 것은 재미학자인 스즈
키 도미(鈴木登美)이나 근대에 대한 견해가 언설 레벨에서 크게 변화하지 않는 한 위와 같은 사
소설 언설은 앞으로도 재생산될 것이 틀림없다.(김춘미)

근대성, 순문학, 자전(自伝), 이히・로망

참고문헌
백철, 『비평의 이해』, 민중서관, 1971(현음사, 1982 / 小林秀雄 「私小説論」 번역본)
이토 세이 외, 유은경 역, 『일본 私小説의 이해』, 소화, 1997(伊藤整, 中村光夫, 平野謙, 三好行雄 들의 사소
설론 번역)
Edward Fowler, The rhetoric of confession : shishosetsu in early twentieth -century Japanese fiction, University of
California Press, 1988.
이르메라・日地谷＝키르슈네라이트(三島 외 역) 『私小説—自己暴露의 儀式』, 平凡社, 1992.
鈴木貞美, 『日本의 「文学」을 생각하다』, 角川書店, 1994.
鈴木登美(大内 외 역) , 『이야기된 자기 語られた自己—日本近代의 私小説言説』, 岩波書店, 2000.

사실(Fact)

기본적으로는 시간상, 공간상 실재하는 것으로 발견되는 존재, 또는 사건을 의미한다. 실제
적, 경험적, 개체적인 것으로 환상, 허구, 가능성, 필연성, 당위성 등과 대립하는 개념으로 받아
들여져 왔다. 사실은 실제로 있었던 일이라는 점에서 환상, 허구와 구분되며 자체의 의도를 갖
고 있지 않다는 점에서 '있을 법한 일' 혹은 '있어야 할 일'의 의미를 지니는 '진실(truth)'와 구분
된다. 그러나 통상 사실이라 할 때에는 단순한 실제로 있었던 일이 아닌 특정관점에서 의미 있
는 사건을 지시하게 된다. 예를 들어 과학적 사실은 '현상이나 실험을 통해 증명할 수 있는 사
건'. 법적 사실은 케이스와 관련되어서 일어났다고 추론할 수 있는 행위(act, deed)를 의미한다.
역사적 사실은 '진실이라고, 혹은 실제로 있었다고 알려진 사건(event)'이다. 19세기까지는 '사
실의 집적(랑케)'으로 여겨졌으나 현대에 들어오면서 '주관적 기술'이라는 관점이 지배적이 되
었다.

철학에서 인간은 사실을 실재, 혹은 물 자체(things itself)로 파악할 수 없다. 있는 그대로의 사
실이란 없다. 실재가 관념에 의해서 파악될 수 있을 때, 혹은 언어에 의해 의미를 생산할 수 있
을 때에만 그것을 사실이라 할 수 있다. 따라서 인간이 인식한 사실은 이미 사실이 아니다.

질 들뢰즈에 의하면 사건은 언제나 언어(의미)에 의해 이루어진다. 실재는 인간과 연관을 갖

지 않고 무의미하게 존재한다. 그러나 우발성에 의해 어떤 사실이 인간의 시간 속에 들어오게 되고 이것이 일정 정도의 효과(effect)를 발생시킬 때 그것은 사건이 된다. 만약 하늘에서 공사장에서 벽돌이 떨어졌음에도 그것을 아무도 보지 못했다면 없었던 일이나 마찬가지의 것이 되지만 만약 대통령의 머리에 떨어졌다면 사건이 된다는 것이다. 우발성은 즉각 필연성으로 전환하게 되며 언어에 의해 실제적 효과를 발생시킨다. 종료된 사건에 대해 의사는 물질(신체)을, 경찰은 관념(인과)을 다룬다.

현대 물리학(양자역학)에서도 사실이란 없다. '객관적 사실'이란 언제나 분석자의 선험적 주관에 의해, 미리 존재하는 관찰 도구에 의해 '분석된 사실'일뿐이다.(노희준)

사실성 ☞ 리얼리티

사실주의 ☞ 리얼리즘

사심(私心)없음(Disinterestedness)

사심 없음은 편견이나 관습에 얽매이지 않은 자유로운 사유적 비평이 가능한 상태를 의미한다. 이 용어는 19세기 영국 비평가들이 처음으로 사용한 용어로 현대비평에도 영향을 미쳤다. 특히 매슈 아놀드의 비평, 워즈워스, 셸리, 해즐릿 등의 낭만파 작가들에게 사심 없음은 다양한 의미로 사용되었다. 사심없음은 무관심한, 초월적인것과는 변별되는 몰아적인 태도, 기득권이나 관습적인 편견으로부터 독립적인 시각이 가능한 상태이다. 이것을 낭만주의자들은 공감이라고 부른다. 매슈 아놀드는 사심 없음이란 완전한 무이기성이 가능한 상태라고 상정하고, 이상적인 객관성과 중립성의 상태, 즉 '실제 있는 그대로'를 보여주는 것이라고 정의한다. 그에 있어서 사심 없음은 냉담성을 의미하는 무관심과는 다르다. 사심 없음은 시간을 초월한 객관주의적인 기준을 환기하는 시론의 초석이 된다. 이것은 그 후 월터 페이터와 오스카 와일드 등 아놀드의 계승자들을 비롯한 현대비평가들에게 비판의 대상이 된다. 이들은 반아놀드적 입장이 되어 이러한 용법에 대해 비판한다. 즉, 아름다움을 목적으로 예술을 창조하자는 유미주의를 주장하면서 예술에 있어서 모든 공리적이고 도덕적인 목적을 배격한다.

월터 페이터는 빅토리아 시대의 도덕주의에 대해서 뿐만 아니라 매슈아놀드의 사심없음에 대해서 저항하면서 인상주의 비평을 옹호한다. 인상주의 비평은 관습과 추상적인 이론으로부터의 자유를 목표로 경험적 사유에 대한 반응을 중시한다. 이러한 입장은 그 후 미국의 신비평에 영향을 미치면서 윌리엄 엠슨 등의 반이론적 비평가들에게 까지 영향을 미친다.(최경희)

유미주의, 낭만주의, 인상주의 비평

참고문헌
매슈 아놀드, 『삶의 비평』, 윤지관 역, 민지사, 1985.

이사야 벌린, 『낭만주의의 뿌리』, 나현영 역, 이제이북스, 2005.

아르놀트 하우저, 『문학과 예술의 사회사3: 로꼬꼬, 고전주의, 낭만주의』, 염무웅 외 역, 창작과비평사, 1999.

사용가치(使用價値, Use value)

마르크스는 상품성을 갖고 있는 것, 상품이 교환될 수 있는 조건으로 측정된 '교환가치(交換價値, exchange value)'와 그 상품을 소유하고 있는 사람이면 누구든지 간에 그것의 사용 조건과 유용성으로 측정된 '사용가치(使用價値, use value)'를 구별한다.

사용가치설과 교환가치설은 결국 재화의 유용성에 관한 경제학적 이론이다. 인간은 재화와 용역을 얻기 위해 경제생활을 하는데, 경제학은 그 재화의 용역의 가치를 구명하는 학문이다. 경제학에서 말하는 재화의 용역의 가치는 사용적(使用的) 측면에서의 '사용가치', 생산하는 데 소요되는 자원의 양적(量的) 측면에서의 '생산비용과 노동가치', 그리고 교환의 측면에서 나타나는 '교환가치'로 분류된다. 각각의 가치는 시장기능에 의해 밀접한 관련을 맺고 있다.

상품은 '가치'와 '사용가치'라는 두 요인이 결합된 것이다. 두 요인은 노동의 이중성에 대응되는데, 노동의 구체적 · 유용적인 속성은 사용가치를 생산하고 인간적인 속성은 상품가치를 형성한다. 모든 물건이 사용가치 없이는 가치를 획득할 수 없지만, 어떤 물건은 가치는 없으나 사용가치는 있을 수 있다. 공기나 숲은 노동으로 매개된 것이 아니기 때문에 가치는 없으나 사용가치는 가진다. 상품은 남을 위한 사용가치이고, 교환을 통해서 남에게 양도되는 사용가치이다. 화폐와 의복, 나무와 직물이 교환될 수 있는 것은 인간 노동의 지축, 즉 추상적 인간 노동(abstract human labour)이 양쪽 모두에게 전제되어 있기 때문이다. 필요노동량이 변하면 가치의 크기도 변하고 이에 따라 상품의 교환비율도 역시 변화한다. 가격은 화폐로 표현된 상품가치인 것이다.(문경연)

가치, 교환가치, 노동력, 생산비용, 재화

참고문헌

칼 마르크스, 『자본론』, 김수행 역, 비봉출판사, 2004.

김수행, 『알기 쉬운 정치경제학』, 서울대출판부, 2001.

사이버공간(Cyberspace)

컴퓨터 통신은 지금까지의 통신 방식과 달리 비동시성, 다대다 통신, 쌍방향성 등의 특징을 지닌다. 이런 독특한 성격으로 형성되는 일종의 심리적이며 사회적인 공간을 사이버 공간이라고 한다. <뉴로맨서>의 작가 윌리엄 깁슨이 처음 만들어낸 용어로 컴퓨터 네트워크가 형성하는 의사소통 관계를 설명하는 용어로서 널리 쓰이고 있다.

원래 공간에는 물리적 개념이 들어 있다. 그러나 사이버 공간에서는 실제 생활에서 사람들이 행하는 거의 모든 것을 행하지만 단 우리의 육체는 거기 거의 개입하지 않는다. 단지 키보드를 두드리는 행위만 있을 뿐 실제로 나타나는 것은 인지적인 경험과 새로운 사회관계일 뿐이다. 이 특수성 때문에 사이버 공간이 순수한 마음의 공간으로 물리 공간에 대비되는가, 일종의 환영, 혹은 착각으로서 특별한 경험인가, 아니면 정보의 바다로서 그 자체 고유한 의미를 지니는가에 대해 많은 논의가 있어왔다.

사이버 공간의 특성은 종교와 마약에 비교되어 고찰되기도 한다. 이 공간이 '비물질적 현존(demateral presence)'이라는 점에서 기독교와 관련된다. 사이버 공간은 정신이 찬양되고 물질과 육체가 천시되는 세계로서 물리적 현존이 해체되어 정보 패턴으로 대체된다.

이것은 전통적인 인간 주체성의 해체를 의미할 뿐 아니라 나아가 옛날 영지주의적 인간관의 부활을 가능하게 한다. 인간은 물리적, 생물적 주체라기보다 정보패턴의 사이버 주체로 파악되어야 한다 이제 나는 누구인가라는 정체성 질문에 대해 동일한 육체를 가졌다는 입장에서 동일한 패턴을 가졌다는 입장으로 간다. 그리고 인간의 의식의 확장을 추구하는 권리를 주장해온 티머시 리어리 박사가 종래 환각제 사용을 찬양하다가 컴퓨터 접속을 찬양한 것은 양자간의 유사성 때문이다.

또 사이버 공간은 가상현실(Virtual Reality)의 차이를 인식할 필요가 있다. 사이버 공간이 마이크로칩에 기초를 둔 리얼리티 엔지과 인간의 뇌에 있는 신경 리얼리티 엔진이 협동하여 만들어낸 세계라는 점에서 동일한 개념으로 보는 경우가 있는가 하면 가상현실이 신체의 전부를 사용하는 특별한 공간으로 가상현실을 구분하는 경우도 있다.(최혜실)

쌍방향성, 정보사회, 컴퓨터 통신, 인터넷, 윌리엄 깁슨, 티머시 리어리, 피에르 레비

참고문헌
홍성태, 『사이버 사회의 문화와 정치』, 문화과학사, 2000.
피에르 레비, 『집단지성』, 권수경 역, 문학과지성사, 2002.

사이버네틱스(Cybernetics)

소통과 통제의 동시적 과정으로서 메시지 교환이란 뜻으로 노버트 위너(Nobert Wiener)가 채택한 용어이다. 어원상으로 보면 이 용어는 키잡이를 뜻하는 그리스 'kubernetes'에서 유래했으며 뒤에 로마로 건너가 'governor'란 말을 낳았다. 어원상 사이버네틱스는 조종과 통제라는 두 가지 의미를 지닌다. 보통 인공두뇌학으로 번역되고 있다. 요즈음 하나의 유행으로 된 'cyber'란 접두어는 이 사이버네틱스의 약어이다.

세계를 살아가기 위해 유기체는 외부세계의 우발성에 대비할 수 있어야 하고 모든 것이 쇠망하고 마는 엔트로피의 작용을 저지할 수 있어야 한다. 그런데 유기체는 외부환경의 우발성에 대비하고 효과적으로 삶을 영위하기 위해 외계환경을 감지하고 적응하는 방식으로 정보를 교환한다.

그런데 기계와 인간은 엔트로피의 증가라는, 조직된 것을 붕괴하고 의미 있는 것을 파괴하려는 자연의 경향과 싸우고 있다는 점에서 동일하다. 이 같은 반엔트로피 체계로서 인간과 기계의 동등성은 정보의 교환 과정을 통해 구체화된다. 즉 메시지 교환 이론인 사이버네틱스를 통해 보면, 생물체의 신체 기능과 통신 기계의 행동과는 피드백을 통해서 엔트로피를 제어하려는 시도에 있어 방향성이 일치한다는 것이다.

외부로부터의 메시지는 그대로 모두 받아들여지는 것이 아니고 장치 내부의 변환 기구를 통해서만 수용된다. 이런 원리에 입각하여 사이버네틱스는 포괄적인 메시지 이론에서 생각하는 기계를 탐구하는 인공두뇌학으로 발전한다.

인간과 기계를 정보처리기계로 보는 이 원리를 가장 잘 구현하고 있는 것이 컴퓨터에 기반한 정보사회이다. 그러나 대중을 관리하는 도구로서 컴퓨터는 도구의 차원을 넘어서 그 도구를 사용하는 인간의 존재 자체를 동요시킨다. 이로부터 누가 누구를 관리하는 것인가의 문제가 제기된다.(최혜실)

사이버, 사이보그, 사이버스페이스, 정보사회

참고문헌
홍성태, 『사이버 사회의 문화와 정치』, 문화과학사, 2000.
홍성태 엮음, 『사이버 공간, 사이버 문화』, 문화과학사, 1997.
노르베르트 볼츠, 『컨트롤된 카오스』, 윤종석 역, 문예출판사, 2000.

사이버스페이스 ☞ 사이버공간

사이버페미니즘

사이버페미니즘은 페미니즘의 역사적 철학적 실천을 현시대의 지배적인 양식인 전자 미디어 속에서 재구축하려는 여성해방운동을 말한다. 이런 점에서 사이버페미니즘은 낡은 페미니즘에 대한 거부를 함의한다. 이런 사이버페미니즘의 관점에서 보면 낡은 페미니즘은 정치적인 강박증과 죄책감을 유발하는 것일 뿐만 아니라 새로운 테크놀로지 환경에 잘 부합되지 않는 그런 운동일 뿐이다. 하지만 사이버페미니즘은 아방가르드 페미니스트 운동의 많은 전략들을 실천적으로 차용해 왔다. 이것은 사이버페미니즘이 '전자 미디어는 완전히 새로운 테크놀로지이며 그것은 여성들이 처한 조건을 획기적으로 변화시켜 줄 것'이라는 인터넷 낙관주의와 연결되어 있다는 것을 의미한다.

실제로 전자 미디어는 여성들로 하여금 새로운 언어와 일정한 기반, 이미지, 유연한 정체성, 다원적인 정의, 프로그램의 확립들을 창조해 낼 수 있는 기회를 제공하고 있다. 이것은 전자 미디어가 삶의 조건을 변화시키고자 하는 여성의 욕구와 욕망을 재코드화하고 재구성할 수 있는 토대를 제공하고 있다는 것을 말한다. 페미니즘 앞에 사이버라는 말이 붙음으로써 이 말은 지휘, 통제, 조종과 같은 자동 시스템의 의미를 가지게 되어 기존의 페미니즘을 정치적, 사회적, 문화적 차원에서 새롭게 작동하고 규정하게 한 것 사실이다. 페미니즘이 사이버와 결합함으로써 새로운 무엇인가를 만들어 낼 수 있는 가능성으로 새롭게 규정되기에 이른 것이다. 더욱이 페미니즘이 사이버적인 속성과의 만남을 꾀하면서 신세계 질서(New World Order)를 형성하여 여성의 실질적인 삶과 경험에 영향을 미치는 어떤 가능성을 발견하기에 이른다.

세계 여러 나라에서 여성 인터넷 사용자가 늘어나면서 이들이 프로그래밍이나 정책결정, 인터넷의 내용 구성에 참여할 기회가 많이 주어지게 되고, 이들은 이러한 환경을 정치화(politicizing)하려는 의도를 강하게 드러내게 된다. 또한 인터넷 안에서의 페미니스트들은 이러한 정치성을 적절히 활용하여 자신들의 역사와 현재적 상황에 맞은 교육을 받기를 원한다. 이런 점에서 볼 때 인터넷 혹은 컴퓨터는 페미니스트들에게 다양한 의미와 용도를 제공하는 하나의 도구이자 그 자체가 하나의 새로운 환경인 것이다. 하지만 사이버페미니즘은 기존의 페미니즘과 단절된 새로운 여성해방 운동은 아니다. 그것은 기존의 페미니즘이 가지는 한계를 극복하면서 새로운 여성해방의 길을 모색하려는 운동이지만 이것을 실현하기 위해서는 지금까지 축적된 페미니즘의 지식, 경험, 분석 방법과 전략 등의 도움을 받아야 하는 그런 운동인 것이다. 아직 사이버페미니즘에 대한 정의는 유동적일 수밖에 없다. 그러나 그것이 한계나 일정한 제한을 의미하는 것은 아니다.

이러한 의미로 규정할 수 있는 사이버페미니즘은 생물학적인 또는 단일한 사회학적인 범주보다는 물리적, 상징적, 사회학적인 요인들의 중첩의 지점으로 파악된다. 이것은 사이버페미니즘에서의 여성이라는 주체가 단일하고 절대적인 본질로서가 아니라 다양한 성별, 종족, 연령, 성적인 기호 등이 교차되고 재교차되는 다층적이고 모순적인 복합체로 존재한다는 것을 의미한다. 이런 배경에서 1980년대 말부터 대두한 사이버 공간과 몸을 결합한 다나 해러웨이(Donna J, Haraway)와 이불의 작업이 주목된다고 할 수 있다.(이재복)

페미니즘, 에코페미니즘, 사이버스페이스, 테크놀로지

참고문헌
다나 해러웨이, 『유인원, 사이보그 그리고 여자』, 동문선, 2002.
주디 와츠맨, 『페미니즘과 기술』, 당대, 2001.

사이보그(Cyborg)

생물과 기계장치의 결합체를 뜻한다. cybernetic과 organism의 두 단어를 합성하여 만든 말이다. 이미 근전류(筋電流)로 움직이는 의족(義足) · 의수(義手) 등 생체기능대행(生體機能代行) 로봇이 개발되었으며, 인공심장이식도 행해지고 있다. 또 우주선 캡슐이라는 사이버네틱 유기체로서 기능하는 우주 비행사들의 예를 생각해 볼 때 이제 유기체와 기계의 합성은 전면적이고 총체적으로 이루어지고 있다고 볼 수 있다.

이러한 배경에서 우리의 휴머니즘적 문화의 전체성과 윤리적 의문은 인간과 기계의 새로운 시너지적 관계에 대한 요구로부터 생성된다고 해도 과언이 아니다. 영화 <터미네이터 2>와 같은 SF 영화에서 유기체와 비유기체의 혼합의 단초를 찾아볼 수 있다. 오늘날 컴퓨터 칩의 제작에는 단백질과 금속이 결합되는 기술이 도입되고 있는데 이는 자연이 하나의 구성 요소로서 기술 속에 진입하는 것을 의미한다.

이런 새로운 인류(post-human)에 대해 대너 해러웨이는 페미니즘과 연결시켜 새로운 주장을 개진한다. 그에 의하면 사이보그 복제는 유성생식이 아닌 무성생식이므로 지금까지의 재생산 체계에 의한 성차를 드러내지 않는다. 양치류 식물들과 무척추 동물들의 복제 방식이 복원하는 이 방식으로 이성애가 드러내는 남녀차별적인 속성을 사전에 예방할 수 있다는 것이다.

기원과 단계를 지니지 않는 사이보그의 세계는 따라서 전통과 근본의 구속으로부터 벗어날 수 있다. 원래 서양 신화는 통일성, 완전함, 환희를 지향하는데 그 통일성에서 차이가 생긴다. 그 예가 인간의 탄생이 남근적 어머니로부터 분리된다는 가설인데 이 분리로부터 개체 발생과 역사 발생이 일어난다. 그러나 사이보그는 이런 통일성의 단계가 없기 때문에 자연이 문화에 의한 전용이나 통합의 자원일 수 없다. 사이보그는 자신의 아버지가 낙원의 회복을 통해 즉 이성애의 짝의 제작을 통해 완성된 전체, 도시, 우주 속에서의 자신의 완성을 통해 자신을 구원하리라고 생각하지 않는다. 사이보그는 유기적 가족을 모델로 하는 공동체를 꿈꾸지 않는다. 위계와 서열이 없기 때문에 자신의 기원에 불충실하고 전체를 꿈꾸지 않으며 자연스런 연결관계를 선호한다는 것이다.(최혜실)

사이버네틱스, 성차, 젠더, 페미니즘

참고문헌
대너 J. 해러웨이, 『유인원, 사이보그, 그리고 여자』, 민경숙 역, 동문선, 2002.
홍성태 엮음, 『사이버 공간, 사이버 문화』, 문화과학사, 1997.
노르베르트 볼츠, 『컨트롤된 카오스』, 윤종석 역, 문예출판사, 2000.

사이코드라마(Psychodrama)

모레노(Jacob L Moreno)에 의해서 창안된 심리 요법의 일종. 심리극이라고 번역된다. 주로 역할자의 사적인 문제를 다룬다는 점에서 공공적인 문제를 주제로 하는 소시오드라마(Sociodrama)와 구분된다. 정신분석학에서는 환자의 심리적 치료를 위해 널리 사용한다. 예정된 줄거리 없이 등장인물이 무대 위에서 즉흥적으로 연기하는 과정에서 억압을 해소하고 무의식을 깨닫게 되는 등 일정한 치료효과를 노릴 수 있다. 분석자analyst와 피분석자analysant 간의 전이interference와 역전이를 통해 이루어지는 정신분석이 의사-환자의 주종관계에 의한 일방향적 소통이라면 사이코드라마는 맡은 역할에 의해 자유롭게 전개되는 쌍방향적 소통이다. 분석자와 피분석자의 역할 또한 교환될 수 있으므로 환자 스스로에 의한 치유가 가능하다. 이것이 바로 모레노의 <역할설>과 <자발성> 이론이다.

그러나 경우에 따라서는 증상이 더 악화되는 방향으로 전개될 수도 있다. 따라서 보조자아와 감독의 역할이 중요해진다. 보조자아는 환자의 상대역으로 주인공의 욕망과 요구를 잘 파악하여 행동해야 한다. 이때 무조건 환자가 원하는 데로 움직이지 않고 적절한 저항resistance을 주인공에게 부여하는 것이 중요하다. 감독은 보조자아와 환자의 관계를 주시하고 파악하여 최소한의 중지, 개입 등을 통해 극을 올바른 방향으로 이끌어가도록 노력해야 한다. 이러한 과정에서 감독-보조자아-환자 사이의 삼자간 전이가 일어나게 된다.

치료를 목적으로 하지 않고 지도자 및 단체의 훈련, 혹은 한 집단 내의 갈등을 해결할 목적으로 이루어지는 역할극(role-play)도 사이코드라마의 일종이다.(노희준)

사장(詞章, 辭章)

사장(詞章)은 문사(文詞)를 통칭하는 말이었으나 나중에는 시문(時文)·잡문(雜文) 등만을 가리키는 말이 되었다. 조선시대의 성리학(性理學)과 도학(道學)의 상대적 명칭으로 사장학(詞章學)이라고 불렸으며, 문장과 시부(詩賦)를 중시했던 이들이 사장파(詞章派)라고 불렸다.

고려시대의 사대부들은 경학(經學)보다 사장을 중요시했으나, 주자학이 전래되면서 새로운 학풍에 관심을 기울이게 된 신진유학자들은 사장 중심에서 경학 중심으로 학풍을 전환하려고 시도하였다. 사장학은 주자학을 기본이념으로 하는 16세기 신진사림들에게 공격의 대상이 되었으나, 사장론은 집권층과 결탁하여 조선 전기에 가장 득세한 논리이기도 했다. 문장은 관료정치에 필요한 수단이면서 왕조를 밝히고 국조를 빛낼 것이라는 사장옹호론이 조선 전기에 중심이 되었다. 그러다가 성리학과의 대립으로 사장학이 한때 다시 주춤했지만, 서거정(徐居正)이『필원잡기(筆苑雜記)』에서 "본조가 개국한 이래로 사장학을 다 폐지했는데, 1438년(세종20년)에 비로소 진사과를 두고, 중자에 사부를 쓰니, 이로부터 사학이 크게 이루어졌다."라고 기술한 것에 의하면, 다시 사장학이 흥한 것으로 보인다. 이후 중종 때 도학(道學)을 위주로 하는 조광조(趙光祖) 일파에 반대하여 최부(崔傅), 남효온(南孝溫), 이주(李胄), 김일손(金馹孫), 조위(曺偉), 남곤(南袞) 등이 사장파로서 시부(詩賦)를 옹호하였다. 사장파는 문장을 아름답게 쓸 수 있도록 하는 수련과 문학적 재능과 감성도 중요시되어야 한다고 주장했다.(문경연)

사장파, 도학파

참고문헌
김사엽, 『개고(改稿) 국문학사』, 정음사, 1953.
이 익, 『성호사설』, 최석기 역, 한길사, 1999.

사적 변증법(史的 辨證法, Historical dialectic) ☞ 역사유물론

사적 영역(私的 領域, Private territory)

이 용어는 인간이 경험하는 영역 가운데, 공적 영역(public territories)에 대응되는 개념으로 개인적이며, 은밀하고, 고유한 경험의 영역을 뜻한다. 여기서 말하는 '사적'이란 여러 가지 뜻으로 해석될 수 있으나, 로마시대부터 현대에 이르기까지의 미시적이고 사적 영역의 역사에 대한 방대한 저술인 『사생활의 역사』 편찬에 참여한 로제 샤르티에가 밝힌 것처럼, '사적'이라는 단어의 옛 동의어 가운데 하나가 'particu -ier'이며, 그것은 공적인 권위나 임무를 뜻하는 '공적'이라는 단어의 반대말임을 상기할 필요가 있다. 프랑스의 사전편찬자인 리슐레는 1679년 그가 편찬한 『사전』에서 '사적'이란 개념을 "고유한, 특수한, 어떠한 직무도 지니지 않은" 등의 의미로 정의한 바 있다.

조르주 뒤비는 『사생활의 역사』 1권 서문에서 "사생활의 영역은 자기에게만 속하는 소중한 것, 다른 사람들과는 아무 상관이 없는 것, 명예를 위해 대중 앞에 내보이는 겉모양과 사뭇 다르기 때문에 남 앞에 드러내거나 보여서는 안 되는 것들이 밀집해 있는 곳"으로 설명하고 있다. 또한 스콧(M. Scott)과 라이만(S. Lyman)은 인간의 경험 영역을 '공공영역', '상호작용영역', '주거영역', '신체영역'으로 구분하기도 하고 있다.

한편, 독일의 철학자 하버마스는 그의 『공론장의 구조와 변동』에서 "국가와 사회가 상호 침투함에 따라 핵가족 제도는 사회적 재생산 과정과 맺는 연관으로부터 벗어난다. 과거 사적 영역 일반의 중심이었던 사생활 영역은 사적 영역 자체가 사적 성격을 상실하는 한에서 말하자면 사적 영역의 주변부로 밀려난다. 자유주의 시대의 시민들은 직업과 가족에서 전형적으로 그들의 사적 생활을 영위했다. 상품교환과 사회적 노동의 분야는 경제적 기능으로부터 직접 벗어난 '가정'과 마찬가지로 사적 영역이었다. 그 당시 동일한 종류로 구조화되었던 이 두 영역은 이제 각기 반대방향으로 발전한다."고 말하고 있다.(이태희)

참고문헌
위르겐 하버마스, 『공론장의 구조와 변동』, 한승완 역, 나남출판, 2001.
폴 벤느 편, 『사생활의 역사 1』, 주명철·전수연 역, 새물결, 2002.
로제 샤르티에 편, 『사생활의 역사 3』, 이영림 역, 새물결, 2002.

사전체(史傳體)

이 용어는 역사 서술의 문체를 가리키는 것으로, 크게 편년체(編年體)와 기전체(紀傳體)로 구분할 수 있다. 편년체는 연월(年月)에 따라 기술하는 방식이며, 기전체는 본기(本紀)·열전(列傳)·지(志) 등으로 구성하여 서술하는 체재(體裁)를 말한다. 여기서 '紀傳'이라는 말은 본기(本紀)의 '기(紀)'와 열전(列傳)의 '전(傳)'을 따서 만든 말이다.

편년체의 원초적인 형태로 『춘추(春秋)』, 『좌씨전(左氏傳)』을 들 수 있으며, 기전체는 전한(前漢)의 사마천(司馬遷)이 쓴 『사기(史記)』에서 비롯되었다고 할 수 있다. 특히 기전체는 『사기

』이후 중국의 정사(正史)를 서술하는 기본체재가 되었다. 우리나라의 경우, 고려시대 김부식(金富軾)이 저술한 『삼국사기(三國史記)』와 조선시대 관찬사서인 『고려사(高麗史)』가 이 기전체를 따르고 있다.

유협은 『문심조룡』 제16장에서 '史傳'에 대해 언급하면서, "사(史)는 사(使)를 의미한다. 즉, 사관은 붓을 들고 임금의 좌우에 있으니, 임금이 그로 하여금 기록하도록 하는 것이다. 옛날에는, 왼쪽에 있는 사관은 임금의 행동을 기록하고 오른쪽에 있는 사관은 임금의 말을 기록했다. 말을 기록한 경서(經書)가 『상서(尚書)』이고, 행동을 기록한 경서가 『춘추(春秋)』이다."라고 하였으며, "전(傳)의 말뜻은 전(轉)이다. 다시 말해서 공자가 『춘추』에서 의도했던 뜻을 물려받아서 그것을 후세 사람들에게 전한다는 의미인 것이다."라고 하였다.

이러한 역사 서술의 문체는 후대 문학의 문체 형성에 영향을 끼쳤는데, 특히 인물의 평생 사적을 기록하는 산문문학인 '전기문학(傳記文學)'을 형성에 큰 영향을 주었다. 『사기』 속의 인물 전기에는 제왕과 장상(將相)은 물론 일반 평민들도 있으며, 정치가, 군사가, 사상가, 문학가, 협객, 자객, 배우, 연예인 등 다양한 계층의 인물이 망라되어 있다. 이러한 인물들은 진필상(陳必祥)이 지적한 것처럼 "사마천에 의해 선명한 개성을 지니게 되어 중국 전기체 산문문학의 찬란한 모범"이 되었다고 할 수 있다. 노신(魯迅) 또한 사마천의 『사기』를 가리켜 "역사가가 부른 최고의 명곡이자 운(韻)이 없는 <이소(離騷)>"라고 극찬한 바 있다.(이태희)

참고문헌
劉勰, 『문심조룡』, 최동호 역편, 민음사, 1994.
陳必祥, 『한문문체론』, 심경호 역, 이회, 1995.
임종욱, 『동양문학비평용어사전』, 범우사, 1997.

사조(思潮) ☞ 문예사조

사진(寫眞, Photography)

사진은 가시광선·자외선·적외선·전자선 등의 빛이나 복사 에너지의 작용을 통해 감광성의 물체(건판이나 필름) 위에 피사체의 영상을 기록하는 방법을 말한다. 사진을 가리키는 '포토그래피(photography)'라는 말은 그리스어 'photos'(빛)와 'graphien'(그리다)에서 유래한 말이라고 한다.

사진의 역사에서 1839년은 매우 중요한 해로 여겨진다. 이 해 8월 19일에, 프랑스의 다게르(1787~1851)에 의해 발명된 은판사진(銀版寫眞, daguerreotype)이 프랑스의 과학 아카데미에서 정식으로 발명품으로서 인정받았기 때문이다. 그러나 그 이전에도 사진의 발견을 위한 노력이 없었던 것은 아니다. 일찍이 레오나르도 다 빈치는 오늘날 사용하는 카메라의 원형에 해당하는 카메라 오브스큐라(camera obscura, 어둠상자)를 발명한 바 있다. 이것은 본디 그림을 정확하게 그리기 위한 복제도구로 사용되었다.

본래 예술의 복제를 위한 목적으로 출발하였지만, 현대에 와서 사진은 예술의 복제를 넘어서 복제예술(複製藝術)이라는 장르를 형성하고 있다. 현대 예술로서의 사진예술의 특성은 그것이 종래의 예술과 달리 과학과 결합된 것이라는 점에서 우선 찾아볼 수 있다. 말하자면, E.웨스턴이 '렌즈가 눈보다 더 잘 본다'고 지적한 것처럼, 사진예술은 종래의 예술이 그려내지 못했던 새로운 리얼리티의 세계를 확립하고 있는 것이다.

쇼펜하우어는 "겉으로 드러난 인간의 모습은 내면의 모습을 담고 있다. 특히 얼굴은 그 사람의 내면에 들어 있는 감성이나 특성을 더욱더 충분하게 드러낸다"고 하면서 "사진은 우리들의 호기심을 만족시켜주는 가장 완벽한 매개물"이라고 말하여 예술 사진의 가능성을 시사한 바 있다.

수잔 손탁은 그의 사진론에서 "사진의 힘은 이미지들과 사물, 복제품과 원제품들과의 차이에 따라서 우리들의 체험을 반영하기 위해서 현실을 점점 더 근사하지 않게 하는 힘, 즉 플라톤의 철학을 소멸시키는 힘"이라고 말함으로써 이미지를 '무상하고 유익성도 별로 없고 비물질적이며 현실의 사물들과 함께 존재하는 미망'이라고 본 플라톤의 이미지에 대한 파괴적인 태도를 지적하고 있다. 또한 사진이 지닌 이미지의 고유한 위력에 대하여 "이미지는 누구나 가질 수 있는 현실보다도 더 현실적"이라고 말하고 있다.(이태희)

참고문헌
롤랑 바르트 수잔 손탁, 『사진론』, 송숙자 역, 현대미학사, 1994.
장 클로드 르마니·앙드레 루이예 편저, 『세계사진사』, 정진국 역, 까치, 2003.

사진 시

사진을 활용하여 시를 창작하는 의미의 사진 시는 디카시를 지칭하는 일종의 관용구로 쓰이는 말이다. 디지털 미디어 시대가 되면서 디지털 카메라로 찍은 사진을 활용한 글쓰기가 등장하였는데 시로는 디카시가 있고 산문으로는 포토 에세이가 있다. 디지털 시대의 새로운 시의 장르인 디카시라는 명칭은 자연이나 사물에서 디지털 카메라로 시적 형상을 순간 포착하여 시를 쓰는 서정적 장르적 특성으로 인해 기능적 측면에서 붙여진 이름이다.

사진을 활용한 시 창작 하기는 2018학년도 중학교 1학년 국어(미래엔)와 고등학교 1학년 국어(천재교육)에 처음으로 도입되어, 그 맥락에서 디지털 시대 새로운 장르인 디카시가 소개되었다.

디카시는 시에 어울리는 사진을 곁들여 감상의 효과를 꾀하는 디지털 시대의 일종의 '시화'인 포토 포엠과는 뚜렷이 구별된다. 사진 시가 디카시를 뜻한다면 시 사진은 포토 포엠을 뜻한다. 디카시는 시 사진의 포토 포엠과는 달리 사진을 활용하여 시를 창작한 것으로 디카시의 사진과 문자는 하나의 텍스토로 둘은 각각 독립성을 지니지 못한다. 따라서 디카시의 문자는 사진과 분리되어서는 독립된 시로 존재할 수 없다. 디카시는 영상과 문자의 멀티 언어로 표현하는 멀티

언어 예술이다.(이상옥)

참고문헌
박영목 외, 『고등학교 국어』, 천재교육, 2018.
신유식 외, 『중학교 국어』, 미래엔, 2018.
최광임, 『세상에 하나뿐인 디카시』, 북투데이, 2016.

사패(詞牌)

발생론적으로 사(詞)는 돈황(敦煌)의 필사본인 곡자사와 관계가 깊다. 수당(隨唐) 이전 중국의 시는 일반적으로 모두 노래로 부르기 위해 만든 것이다. 그러나 당대(唐代: 960~1279)에 이르러, 시의 운율(韻律)은 기본적으로 고정된 격식으로 또한 천편일률적이고 단조롭게 변했다. 이러한 상황은 송대에 점차 변화가 생기기 시작하여 노래를 부르기 위해 필요한 운율은 각기 다른 사패(詞牌)가 나타나 자리를 잡아갔다.

본래 사의 음악 성분에 해당하는 곡조에는 각각 명칭이 있었는데, 이를 사패(詞牌) 또는 사조(詞調)라고 하였다. 「보살만(菩薩蠻)」, 「억강남(憶江南)」 같은 것이 사패이다. 각 사패의 격식은 고정되어서, 사 한 수에 몇 구, 한 구절에 몇 글자, 압운할 곳, 글자의 평측(平仄), 성조(聲調)의 안배 등으로 이루어진 일련의 엄격한 규정이 있었다. 만일 구정에 따라 가사를 채우지 않으면 노래를 부를 때 발음하기가 무척 어려웠다. 결국 사패는 사의 내용과는 무관한 곡조적 명칭이므로, 별도로 부제를 붙여 내용에 관계되는 제목을 알리는 경우가 많다.

처음에는 비교적 자유롭던 곡조들이 점차 형식을 갖춰가면서 고정된 틀이 생겨나면서 지정된 사보(詞譜)의 격률에 따라 가사를 채워 넣는 일을 의성전사(依聲塡詞)라고 한다. 가사를 채워 넣는 전사자(塡詞者)들은 할 수 없이 시구를 늘이거나 단축시켜서 음악의 박자 변화에 맞춰야만 하였다. 이런 이유로 사의 구절은 길거나 짧게 변하였다. 이런 특성 때문에 장단구(長短句)라고도 한다.

전사(塡詞)는 이미 형성된 곡 형식에 의거해 사어(詞語)를 맞춰 넣는 창작 방식이다. 문인 가운데 가장 먼저 가사를 채운(塡詞) 이는 이백(李白)이었다고 한다. 전사(塡詞)는 중국 운문에 형식의 고정성이란 특색을 지니게 하였다. 환언하면 내용에 대한 '형식 선결성'으로서, 지정된 양식에 내용을 짜 맞추는 선후 관계를 지닌다. 그리고 이러한 양상은 실제로는 이미 시에서는 율시의 완성으로 어느 정도 진행된 것이다. 즉 평측의 대강(大綱)이 이미 짜여져 있는 상태에서 시인은 자기의 생각을 풀어내야 하는 고난도의 문자 놀이인 셈이다.(오태석)

사패(詞牌), 사보(詞譜), 사율, 전사(塡詞), 의성전사(依聲塡詞)

참고문헌
양해명(楊海明) 저, 『당송사풍격론』, 이종진 역, 신아사, 1994.
김학주, 『중국문학사』, 신아사, 1989.
오태석, 『중국문학의 인식과 지평』, 역락, 2001.

사해동포주의(世界主義, Cosmopolitanism)

사해동포주의는 인류 전체를 하나의 세계의 시민으로 보는 입장을 말한다. 어원적으로 이 말은 르네상스 후기에 희랍어의 세계(kosmo)와 시민(polites)이 결합된 세계시민(cosmopolite)에서 유래한다. 우리가 흔히 말하는 코스모폴리탄이즘이나 코스코폴리탄(cosmopolitan)은 19세기 중반에서 정착된 것으로 보인다. 사회동포주의의 일차적인 의미는 지역적인 것을 넘어 국제적 세계적인 사람과 준거를 가리킨다고 할 수 있다. 이것은 이 말의 역사가 민족이나 국민국가의 형성이나 민족주의 운동보다 앞선다는 것을 말해준다. 이 사실은 코스모폴리탄이즘의 지향점이 단순히 국가나 민족을 넘어선다는 데에 있지 않고 영토나 언어, 문화 같은 것을 넘어서는 데에 있다는 것을 의미한다.

코스모폴리탄이즘의 이론적인 틀은 칸트와 맑스에 의해 성립되었다. 칸트는 인간을 코스모폴리탄적인 존재로 규정한다. 그는 당대의 절대왕정을 넘어서는 국가간의 연합을 제안하고 있다. 그의 이 코스모폴리탄이즘은 이성의 기획의 연장선상에 있는 이상적인 목표라고 할 수 있다. 맑스의 코스모폴리탄이즘은 칸트에 비해 보다 현실적이다. 그는 공산당 선언(1884)에서 '브르주아들이 세계시장의 착취를 통해 모든 나라의 생산과 소비에 코스모폴리탄적 성격(cosmopolitan character)을 부여했다'고 말하고 있다.

칸트의 코스모폴리탄이즘은 민족국가가 형성되기 이전에 성립된 것이기에 보편적인 이상의 차원으로 드러나며, 맑스의 그것은 민족국가 형성 이후이기 때문에 민족과 자본이 결합된 제국주의적인 것에 대한 성찰을 드러내기에 이른다. 그러나 이들의 코스모폴리탄이즘은 동양을 포함하고 있지 못하다는 점에서 오리엔탈리즘적인 요소를 가진다고 할 수 있다. 코스모폴리탄이즘의 이러한 성격은 그것이 민족 너머를 지향하고 있지만 그것을 온전히 넘어서는 것은 현실적으로 불가능하다는 것을 말해준다.

이런 맥락에서 볼 때 코스모폴리탄이즘을 지향하는 문학의 경우 그것 역시 민족을 배제하거나 그것을 온전히 넘어설 수 없다. 그것은 민족 단위의 문학과 늘 긴장 관계 속에서 성립될 수밖에 없다는 것을 함의한다. 코스모폴리탄이즘 문학이 지향하는 세계시민주의의 이면에 이런 민족에 대한 무조건적인 초월을 담고 있지 않다는 점은 그것이 전일적이고 획일화된 세계를 궁극적인 목표로 하고 있는 것이 아니라 국가나 민족이 담지하고 있는 폐쇄적이고 독단적인 이데올로기를 넘어 개방과 화해의 융화적인 세계를 목표로 하고 있다는 것을 잘 말해준다.(이재복)

민족주의, 세계시민, 국가주의

참고문헌

김용정, 『칸트철학』, 서광사, 1996.

조규형, 「코스모폴리탄 문학과 민족문학」, 『영미문학연구』 8권, 2001.

사회(社會, Society, 프 Société, 독 Gesellschaft)

일정한 경계가 설정된 영토에서 종교·가치관·규범·언어·문화 등을 상호 공유하고 특정한 제도와 조직을 형성하여 질서를 유지하고 성적 관계를 통하여 성원을 재생산하면서 존속하는 인간집단을 말한다. 특수한 목적을 띤 비밀결사와 같은 소규모 집단으로부터 가족과 친족만으로 형성된 자연적 공동체, 다수 언어와 다수 인종으로 구성된 대규모 집단에 이르기까지 그 용례가 다양하다. 또한 인류학, 사회학, 심리학, 정치학, 경제학 등 학문영역에 따라 한 측면이 과도 강조되는 방식으로 개념 정의가 달라지는 것이 상례이다. 사회학적 용례에 의하면, 사회는 신분제도와 경제외적 강제로 유지되어온 봉건시대의 집단적 특성인 공동체에 대비되는 개념으로 사용되기 시작하였으며, 이윤 추구를 지향하는 자유 교환 행위 및 자본주의 경제를 역사적 배경으로 형성된 것으로 본다. 다른 한편으로는 이타적 관계에 바탕을 둔 가족과 대비하여 가족과 가족, 집단과 집단 간의 경쟁적·이기적 관계로 이루어지는, 보다 큰 규모의 집단을 지칭하는 용어로 사용된다. 근대적 용례의 사회는 재산을 소유한 개별 인간과 이들의 상호작용 및 직업분화를 관할하는 질서·규범·제도의 복합체를 뜻한다. 시민사회는 바로 전근대적 의미의 신분사회와 대비하여 신분적 속박에서 벗어난 개별 성원들이 계약을 통하여 자유로운 교환행위를 이루어가는 생활의 장을 지칭한다. 사회학에서는 사회를 그 자체 생명을 가진 유기체로 비유하는 사회유기체설의 전통이 강하며 이를 발전시킨 사회진화론은 사회의 분화와 통합의 과정을 사회적 질서가 형성되고 보다 높은 단계로 진화하는 과정으로 간주한다. 현대사회이론에서는 보다 체계적인 분석을 시도한다. 먼저 구조기능론은 사회를 체계로 보고 정치·경제·문화·가치 등 네 개의 하위체계를 구분한다. 그리고 각 하위체계는 적응·목적·성취·통합·질서관리 및 재생산이라는 기능을 수행하는데, 각 하위체계 간에는 자원과 정보의 상호교환 과정이 존재하여 서로의 기능이 원활히 수행되도록 돕는다는 것이다. 이에 반하여, 사회는 갈등과정을 통해 발전한다는 마르크스의 사회관에 입각한 갈등이론은 사회집단 내부와 집단 간 진행되는 권력적 갈등현상이 사회의 동력이라고 보고 지배자와 피지배자, 지배집단과 피지배집단을 사회의 기본적 구성요소로 본다.(윤송아)

모계사회, 부계사회, 단순사회, 복합사회, 이익사회, 자본주의사회, 공산주의사회, 근대사회, 대중사회, 탈산업사회, 정보화사회, 탈현대사회

참고문헌
현택수 외 지음,『현대 비판사회이론의 흐름』, 김호기 엮음, 한울, 2001.
스티븐 사이드먼 저,『지식논쟁』, 박창호 역, 문예출판사, 1999.

사회계약론(社會契約論, 프 Du contrat social ＝ 사회계약설 社會契約說, Theory of social contract)

사회계약론은 루소(J.J. Rousseau)의 저서『사회 계약, 또는 정치권의 원리 Du contrat social, ou principes du droit politique)에서 이론적 토대를 형성한다. 루소는 이 저서에서 자연 상태하의 인간이 사회계약을 통해 사회와 국가를 형성하고 시민적 신분을 갖게 된다고 주장한다. 이것은 인간이 사회적 질서 속에서 살아갈 수밖에 없는 존재라는 것을 말해준다. 그는 이 사회적 질서를 신성한 권리로 보고 이것은 다른 모든 것의 기초를 이룬다고 말한다. 그런데 이 권리는 자연에서 나오는 것이 아니라 계약에 기초를 둔다는 것이 그의 주장이다.

인간이 사회를 이루며 그 질서 속에서 산다는 것이 속박이 아니라 신성한 권리이며, 그것이 자연이 아니라 계약에 기초하고 있다는 주장은 사회에 대한 인식을 바꿔놓은 혁명적인 선언이라고 할 수 있다. 루소의 이러한 사회계약론은 고대 그리스까지 그 연원을 소급할 수 있지만 근대적 정치이론으로서 그것이 틀을 갖춘 것은 근대 이후의 일이다. 루소 이전에도 토마스 홉스(Thomas Hobbes)가 이런 사회계약론을 주장한 바 있다. 그에 의하면 인간은 자연권을 포기하는 대신에 계약에 따라 사회의 질서와 법률, 도덕, 관습 같은 것을 만들었고 그것이 곧 사회나 국가라고 주장한다. 이런 점에서 보면 루소나 홉스의 사회계약론은 차이가 없다.

그러나 홉스의 사회계약론은 개인이 자신을 보호하고 이익을 극대화하기 위해 사회와 계약을 맺는다고 보는 반면 루소의 그것은 개인의 차원을 넘어 공공의 선을 실현하기 위해 사회와 계약을 맺는다고 본다. 이런 점에서 홉스의 사회계약론은 개인주의적인 성향을 강하게 드러내는 도덕적인 차원이 결핍된 것으로 볼 수 있다. 이에 반해 루소의 그것이 궁극적으로 공공선을 추구한다는 점에서 도덕적이라고 할 수 있다. 이것은 그가 인간이 계약을 통해서 형성한 사회나 국가를 도덕적인 차원에서 파악하고 있다는 것을 의미한다.

이러한 루소의 사회계약론은 사회 질서를 유지하고 그것을 정당화하기 위한 논리에 불과하다는 비판으로부터 자유롭지 못할 뿐만 아니라 공공선을 실현하기 위해 계약이 하나의 의무처럼 되어야 할 어떤 본질적인 이유가 없다는 점에서 논란의 여지를 가진다고 할 수 있다. 또한 루소의 계약을 통해 성립되는 사회나 국가는 갈등과 경쟁으로 성격 지워지는 개인의 욕구나 욕망을 간과함으로써 추상화된 이론적 구상에 불과할 수도 있다. 그리고 개인의 사회적 지위가 단지 공동체의 구성원이라는 차원으로 전락함으로써 개인의 개별적인 자유는 배제될 수 있다.

하지만 루소의 사회계약론은 이후 존 로크(John Locke)에게로 이어져 직접 민주주의와 근대 유럽 시민 혁명의 사상적 토대가 되었다. 그의 공공선의 실현을 목적으로 하는 사회 계약은 그 주체가 시민이라는 점에서 이미 그 안에 민주주의 혁명의 씨앗을 내장하고 있다고 볼 수 있다. 그의 이 사회계약론이 민주주의 사상의 고전으로 불리는 이유가 바로 여기에 있다.(이재복)

민주주의, 법철학, 자연, 프랑스 혁명

참고문헌
장자크 루소, 『사회계약론』, 서울대출판부, 1999.
한국사회 윤리 연구회 편, 『사회계약론 연구』, 철학과 현실사, 1993.

사회구성체(社會構成體)

특정한 역사 발전 단계에 있는 사회를 말하며 흔히 경제적 사회 구성체라고 말한다. 경제적 사회 구성체라는 개념은 역사적 유물론의 기본 개념으로서 유물론이 사회와 역사에 적용됨으로써 나타난다. 그것은 사람들이 자신들의 실천적인 사회생활의 과정 속에서 서로서로 사회적 관계를 맺게 된다는 사실을 표현하고 있다. 사회적 관계는 물질적 관계와 이데올로기적 관계로 구분될 수 있는데, 유물론의 견해에 따르면 이때 물질적 관계(물질적 생산 및 재생산 과정에서 형성되는 생산관계)가 근본적이고 근원적인 관계이다. 이것이 궁극적으로는 그때그때의 이데올로기적 관계를 규정한다. 하나의 사회 구성체는 사회적 관계들의 총체이다. 즉 그것은 역사적으로 특정한 물질적 생산 관계의 체계에 의해 특징지어진다. 이러한 생산관계는 각기 생산력의 일정한 발전 상태에 상응하며, 또 이에 알맞은 정치적, 법적 상부 구조와 그밖에 다른 관념, 제도들을 만들어 낸다. 그러므로 사회 구성체 개념에서 이론적, 방법론적으로 결정적인 핵심은 생산 관계, 즉 사회의 경제적 구조에 있다. 경제적 사회 구성체 개념은 사회와 역사에 관한 제반 학문에서 중요한 의의를 지닌다. 생산력과 생산 관계 및 상부 구조 사이에 물질적으로 제약된 연관이 있음을 증명하는 것은 인간의 표상이나 의지로부터 독립된, 객관적으로 실재하는 사회 과정 및 역사 과정을 분명히 볼 수 있게 해준다. 또한 사회 발전의 객관적 법칙성의 증명도 경제적 사회 구성체 이론과 밀접하게 결합되어 있다. 레닌은 '사회적 관계를 생산 관계로, 그리고 이것을 다시 그때그때의 생산력의 상태로 소급시킬 때야 비로소 사회 구성체의 발전을 자연사적 과정으로서 서술하기 위한 확고한 토대가 마련된다'고 지적한다. 모든 사회 구성체는 발생과 성장, 성숙 과정, 그리고 더 높은 사회 구성체로의 이행 과정에서 그 나름대로의 일정한 법칙성을 갖고 있으며, 이러한 법칙성은 구체적으로 연구되어야 한다.(윤송아)

사회, 사회주의와 공산주의

참고문헌
이진경, 『사회구성체론과 사회과학방법론』, 아침, 1989.
I. 왈러슈타인, 『세계자본주의 체제와 주변부 사회구성체』, 김영철 역, 인간사랑, 1987.

사회소설/사회학적 소설

작중 인물들이 살고 있는 사회의 성격, 기능 및 영향과 그 인물들에게 미치는 사회적인 힘들에 주로 주의를 집중하는 문제소설의 한 형태이다. 흔히 사회학적 소설은 어떤 명제를 제시하고 그것을 어떤 사회 문제의 해결책이라고 주장한다. 그렇지만, 그것은 결코 항상 선전소설의 성격을 띠는 것은 아니다. 산업혁명과 함께 사회 문제에 대한 진지한 검토가 픽션의 중요한 요소가 되었다. 이 소설은 노동자들과 그들의 가족의 상태에 주의를 집중하였고, 그 결과로 디킨즈(Dickens)의 「어려운 시대(Hard Times)」(1854), 킹즐리(Kingsley)의 「누룩(Yeast)」(1848), 개스컬(Gaskell)부인의 「메어리 바튼(Mary Barton)」(1848)과 같은 장편소설이 나왔다. 조지 엘리어트

(George Eliot)의 「미들마치(Middlemarch)」(1871)는 어떤 지방 소도시 전체를 사회학적으로 조사한다. 미국 장편소설가들은 항상 사회 문제에 대한 진지한 관심을 지녀왔다. 스토(Stowe)부인의 「톰 아저씨의 통나무집(Uncle Tom's Cabin)」(1852)은 흑인의 상태와 사회적 지위를 탐구했는데, 그것은 케이블(G.W.Cable)의 「그랜디심 가(The Grandissimes)」와 리처드 라이트(Richard Wright)와 랠프 엘리슨(Ralph Ellison)의 장편소설들과 같은 작품들을 통해 사회 문제로서 지속적인 흥미를 지니게 된 테마가 되었다. 세기의 전환기의 "추문 폭로 작가들(1901-1911년에 대기업과 정부의 부정직한 방법과 부도덕한 동기를 폭로한 일단의 미국 작가들. 대표적인 작가들은 타블, 스테픈즈, 로슨,설리번, 애덤즈 등이다)은 많은 사회학적 소설을 창안했는데, 최대 성공작은 업튼 싱클레어의 「정글」(1906)이다. 존 스타인벡(John Steinbeck), 존더스 패서스(John Dos Passos, 어스킨 콜드웰(Erskine Caldwell), 제임즈 T. 패럴(James T. Farrell)은 모두 사회학적인 함의를 지닌 중요한 문제들을 다룬 장편소설을 썼다. 우리나라의 「홍길동전」, 「전우치전」 등이 이에 속한다. 현대 소설의 경우 조세희의 「난장이가 쏘아 올린 작은 공」이 대표작이라 할 수 있다. 이 소설이 발표되면서 재벌과 정부의 유착문제가 사회의 이슈가 되었고 재벌들은 작가들을 모셔놓고 추문폭로를 자제해 줄 것을 당부하기도 했다. 방현석의 「새벽출정」도 이런 성격의 소설이다.(오양호)

사회주의 리얼리즘(Socialist realism)

사회주의 리얼리즘은 사회주의 이념의 실현을 창작 정신의 근간으로 하는 사실주의적 방법을 일컫는 용어이다. 사회주의 리얼리즘은 러시아 혁명 이후 특히 러시아미술가협회 설립 이후 (1922) 러시아에서 발전되고 계승된 문예 · 미술 전반의 기본적 창작방법이다. 1932년 소련작가동맹결성준비위원회에서 키르포친(V.Y.Kirpotin)이 「신단계에 서 있는 소련 문학」이라는 제목으로 행한 조직위원회 총회 보고에서 처음으로 이 용어가 사용되었고, 1934년 제1회 소비에트 작가회의에서 공식용어로 채택되어 기본 창작방법으로 받아들여졌다.

사회주의 리얼리즘은 단순한 현실의 재현을 지향하는 것이 아니라, 사회적 운동 전체에 대한 통찰을 바탕으로 사회주의적 충동을 불러일으키는 현실의 실천적인 반영을 목표로 한다. 소련 아카데미가 편찬한 『마르크스-레닌주의의 미학의 기초이론』은 사회주의적 사실주의 방법의 두 가지 기본 특징으로 사실주의와 사회주의적 당파성을 들고 있다. 이 둘의 결합에 의해 공산주의적 사상성, 인민성, 계급성, 당파성, 전형성이라는 다섯 가지 범주가 사회주의적 사실주의의 구성요소를 이루게 된다.

사회주의 리얼리즘의 가장 중요한 과제는 '계급 없는 사회의 건설'이다. 그러므로 작가는 사회를 묘사함에 있어 불완전함을 인정하기는 해도, 보다 폭넓은 역사와의 연관을 염두에 두고 긍정적이고 낙관적인 시각을 취해야 한다. 사회주의 리얼리즘의 필수적 요건은 온갖 장애와 난관에 맞서 분투하는 적극적·긍정적인 주인공이다. 사회주의 리얼리즘 창작방법의 효시로 막심 고리키(Maksim Gorkii)의 소설 『어머니』를 꼽을 수 있다. 이 작품에서는 당에 헌신하는 정치적으로 의식화된 프롤레타리아가 제시되고 긍정적인 인물이 등장한다.

한국에 사회주의 리얼리즘이 처음으로 소개된 것은 백철의 「문예시평」≪조선중앙일보 1933. 3.2 ~ 3.8≫에 의해서이다. 이후 1934~35년의 카프 해산을 전후해 사회주의 리얼리즘이 본격적으로 논의되기 시작했다. 사회주의 리얼리즘 문학 창작은 카프가 주도적 역할을 했고, 희곡에 있어 여러 작품을 남겼는데 김영팔의 「미쳐가는 처녀」, 송영의 「아편쟁이」등이 이에 포함되고, 일부에서는 최서해의 「탈출기」를 이 계보에 넣기도 한다.(김종회)

사회주의, 리얼리즘, 비판적 리얼리즘, 러시아 사실주의, 프롤레타리아 문학, 카프

참고문헌
김성수,『우리 문학과 사회주의 리얼리즘 논쟁』, 사계절, 1992.
김윤식,『한국근대리얼리즘 작가 연구』, 문학과지성사, 1988.
이선영,『리얼리즘을 넘어서』, 민음사, 1995.
최유찬,『리얼리즘 이론과 실제비평』, 두리, 1992.
John Burger,『사회주의 리얼리즘』, 김채현 역, 열화당, 1988.
참고할만한 문헌
게오르그 루카치 외,『현대리얼리즘론』, 황석천 역, 열음사, 1986.
실천문학편집위원회,『다시 문제는 리얼리즘이다』, 실천문학사, 1992.
백낙청,『리얼리즘과 모더니즘』, 창작과비평사, 1984.
Linda Nochlin,『리얼리즘』, 권원순 역, 미진사, 1992.

사회주의 문화혁명(社會主義 文化革命)

사회주의 문화혁명은 1966년부터 10년 간 중국의 최고지도자 마오쩌둥에 의해 주도된 극좌 사회주의 운동으로, 사회주의에서 계급투쟁을 강조하는 대중운동을 일으키고 그 힘을 빌어 중국 공산당 내부의 반대파들을 제거한 일종의 권력투쟁이다. 마오쩌둥 사망 후 중국공산당은 문화 대혁명에 대해 '극좌적 오류'였다는 공식적 평가를 내렸다. 문화혁명이 일어난 배경은 1950년대 말 대약진운동이 좌절된 이후로 이 시기 중국공산당 내부에 사회주의 건설을 둘러싼 노선대립이 생겨났다. 최고지도자였던 마오쩌둥은 대중노선을 주장하였으나, 류사오치·덩샤오핑 등의 실용주의자들은 공업 및 전문가를 우선시 할 것을 주장하였다. 1962년 9월 중앙위원회 전체회의에서 마오쩌둥은 계급투쟁을 강조하고, 수정주의를 비판함으로써 반대파들을 공격하였다.

1966년 8월 8일 중국공산당 중앙위원회에서 마오쩌둥이 '프롤레타리아 문화대혁명에 관한 결정안 16개조'를 발표함으로써 본격적인 문화혁명이 시작되었는데, 그 임무는 다음과 같다. '자본주의 도로를 걷고 있는 당권파를 투쟁해서 무너뜨리자', '자산계급의 반동적인 학술권위를 비판하자', '교육을 개혁하자', '문예를 개혁하자', '일체 사회주의 경제 기초에 맞지 않는 상부 구조를 개혁하자' 등으로 그 실질적인 내용은 이미 '문화'의 범위를 초월하고 있다. 문화혁명은 무산자계급전공하(無産階級專政下)의 단속혁명이론(斷續革命論)의 일환으로 전개된 것이며, 사회주의 혁명과 사회주의건설의 본보기라 할 수 있다. 그러나 문화혁명은 1976년 마오쩌둥이 사망하고 추종세력이 축출됨으로써 실질적으로 종결되었고, 1977년 8월 제11기 전국인민대표회의에서 그 종결이 선포되었다.

문화혁명은 한때 만민평등과 조직타파를 부르짖은 인류 역사상 위대한 실험이라고 극찬을 받았으나, 결국 실패로 끝났다. 이 운동으로 약 300만 명의 당원이 숙청되었고, 경제는 피폐해졌으며 혼란과 부정부패가 만연하였다. 1981년 6월 중국공산당은 '건국 이래의 역사적 문제에 관한 당의 결의'에서 문화대혁명은 당·국가·인민에게 가장 심한 좌절과 손실을 가져다 준 마오쩌둥의 극좌적 오류이며, 그의 책임이라고 규정하였다.

1980년대에 이르러 중국의 개방정책으로 문호가 열리면서 문학예술계에서는 사회주의 문화혁명과 관련된 작품이 조심스럽게 등장하기 시작했다. 문화말살과 인권박탈의 갖가지 상황을 주제로 한 소설과 시집이 반민주적인 체제고발이라는 소명 하에 발표되었다.(김종회)

마오쩌둥

참고문헌
히메다 미쯔요시 외, 『20세기 중국사』, 김순호 역, 돌베개, 1995.
Wolfgang Franke, 『중국의 문화혁명』, 신용철 역, 탐구당, 1985.
참고할만한 문헌
Wolfgang Brezinka, 『민주주의에 대한 문화혁명의 도전』, 안정수 역, 범우사, 1986.

사회주의 페미니즘

사회주의 페미니즘은 1970년대에 맑스주의 페미니스트들에 대한 반발에서 비롯되었다. 사회주의 페미니스트들은 맑스 주의자들이 성(性)문제를 인지하지 하고 성적 편견을 가지고 있다는 것, 급진주의자들은 생물학적인 성(性)에만 관심을 두고 가부장제를 심리적 문화적 상부구조로만 해석하고 있다고 비판한다.

사회주의 페미니즘 관점에서 보는 여성문제란 가부장제와 자본주의에서 기인한다. 또한 이들은 여성문제를 야기하는 주체를 남성과 자본가로 상정하고 다음과 같은 문제를 제기한다. ①육체적 재생산과 사회적 재생산과의 관계 ②가부장제는 계급관계를 발전시키고 유지할 수 있도록 어떠한 관계를 갖는가? ③여성억압은 남녀간의 성관계에서 발생하였는가 아니면 계급관계에 의해서 만들어졌는가? ④인종 억압, 계급억압, 성별억압 등은 어떻게 상호작용하는가? 이와 같이 사회주의 페미니스들은 여성문제를 성차별과 계급차별로 분리하지 않고 오히려 통합시켜서 해석한다.

사회주의 페미니즘은 여성을 억압하는 것이 계급사회의 구조만이 아니라는 점을 인식한다. 즉, 계급관계(자본주의)와 남녀관계(가부장제)를 통해 여성억압의 문제를 인지한다. 줄리엣 미첼은 자본주의와 가부장제의 해체가 여성문제의 해결을 가능하게 할 수 있다고 본다. 즉, 자본주의에서 사회주의로의 경제적 혁명의 전환이 정신 혁명으로 이어져 사회적인 억압으로부터 여성을 해방시킬 수 있다고 본다. 미첼 여성억압의 사례로 생산, 출산, 사회화, 성관계 등을 들고 이 문제들의 해결방법을 통하여 여성억압을 종식시킬 수 있다고 전망한다. 하이디 하트만은 미첼의 가부장제를 비판하면서 새로운 개념으로 확장한다. 즉, 가부장제의 물적 토대를 분석하고 가부장제의 물적 기반을 여성 노동력의 통제와 재생산능력 통제로 본다. 미첼은 오이디푸스 콤플렉스로 인해 나타나는 여성억압의 무의식적 형태를 살핀 반면, 하트만은 여성 노동력에 대한 남성들의 역사적 지배를 물적 토대에 근거한 사회내의 관계구조로 파악한다.

사회주의 페미니즘은 여성억압이 일차적으로는 경제적 요인에서 비롯된 것으로 인식한다. 이것은 마르크스주의 접근과 일치한다. 또한 여성억압을 재생산과 가족이라는 가부장 제도에서 찾았다는 점은 급진주의적 접근과 일치한다. 그러나 사회주의 페미니즘은 급진주의 페미니즘과 달리, 경제적 억압을 이차적인 것으로 보지 않는다. 또한 마르크스주의 페미니즘과는 달리 인종차별적 억압을 이차적인 것으로 다루는데 저항한다. 사회주의 페미니즘은 생산소유권뿐만 아니라 사회적 위치까지도 변해야할 필요성을 주장한다. 이것은 여성억압의 원인을 자본주의 경제체제에서 원인을 두고 있음을 의미한다.

이러한 계열의 한국문학 작품으로는 은희경의 「먼지속의 나비」, 차현숙의 「이브의 거울」, 신경숙의 「마당에 관한 짧은 얘기, 정길연의 「암전」, 하성란의 「꿈의 극장」 등이 있다.(최경희)

페미니즘, 급진적 페미니즘, 자유주의 페미니즘

참고문헌
로즈마리 퍼트남 통, 『페미니즘 사상』, 이소영 역, 한신문화사, 2001.
주디스 로버, 『젠더 불평등(페미니즘 이론과 정책)』, 최은정 역, 일신사, 2005.

사회주의(Socialism)

사회주의란 사회사상의 측면에서 볼 때, 자본주의의 경제적 원리인 개인주의를 사회주의로 대치함으로써 사회를 개조하려는 사상 또는 운동을 말한다. 이는 사회의 부를 생산하는데 필요한 재산의 사회에 의한 소유와, 노동에 바탕을 둔 공정한 사회를 실현하려는 사상이다.

사상과 운동의 역사상 사회주의와 공산주의의 구별은 엄격하지 않으나, 마르크스는 그의『고타강령비판』에서 "자본주의 사회로부터 방금 생겨난 공산주의"와 "그 자체의 토대 위에서 발전하는 공산주의"를 구분하고, 전자를 공산주의의 낮은 단계 즉 사회주의로, 후자를 공산주의의 높은 단계로 부르고 있다. 17·18세기의 자연법론자들도 이미 '사회주의'라는 개념을 사용하고 있지만, 반(反)자본주의라는 지향을 보다 분명히 담은 "근대적 사회주의 개념"의 발생은 오웬, 생시몽, 푸리에 등 이른바 공상적 사회주의자의 시도 및 사상과 관련되어 있다. 1830년쯤에 로버트 오웬이 근대적 개념의 사회주의(socialism)라는 말을 처음으로 사용했다. 오웬의 구상은 노동자들이 상호 부조 단체를 설립하고, 또 공장 재산의 일부를 분배받아야 한다는 것이다. 그는 실제로 모범 공장과 집단 주택을 미국과 영국에 세워 상당한 성과를 거두었지만 고용주들과 정부를 설득하는 데는 실패했다. 그래도 그 시대에 끼친 영향력은 커서, 그때부터 사회주의라는 말을 유행시켰다. 그 밖에 생시몽과 푸리에는 자본주의의 사적 소유 및 경쟁체제의 여러 해악을 비판하였으며, 과학적 진보와 생산의 증대에 입각한 생산자들의 조화로운 공동체(생시몽), 노동을 통한 인간의 내적 욕구의 해방(푸리에)을 추구하였다.

19세기 중반에 사회주의는 노동자 계급의 해방운동과 결부되었다. 여러 사회주의 사상이 나타났으나, 그 가운데 가장 영향력이 컸던 것은 칼 마르크스와 프리드리히 엥겔스의 마르크스주의였다. 그들은 사회주의를 사회의 발전법칙, 특히 자본주의 발전의 필연적 결과인 신사회로 규정하였다. 즉 자본주의에서 사회의 생산력은 급격하게 성장하고 대규모 생산은 사회적인 성격을 띠게 되지만, 이것은 생산수단의 사유, 자본가에 의한 노동자착취라는 모순이 심화되어 빈곤·실업·주기적 공황을 초래한다. 이 모순은 생산수단의 사유폐지와 그 사회화, 국민경제의 계획적·조직적 관리에 의해서만 해결된다. 그들에 의하면 자본주의에서 사회주의로의 이행은 혁명을 필요로 하며, 승리한 노동자 계급은 사회주의를 조직하고, 생산력을 급속하게 발전시키기 위해 자신들의 국가를 필요로 한다.

우리나라 문학사에 있어 사회주의 경향의 문학은 1924년 이후 백조파(白潮派)와 창조파(創造派)의 낭만주의 및 자연주의 경향을 비판하고 일어난 신경향파(新傾向派) 문학에 의해서이다. 이는 카프(KAPF)가 성립하기 전후 수년간에 나타난 한국문학의 새 국면으로, 곧 그것은 프롤레타리아 문학의 전기(前期) 현상이었다.

원래 경향문학(傾向文學, tendency literature)이라면 작품을 통하여 종교적·도덕적·정치적인 사상을 주장, 민중을 같은 방향으로 유도하려는데 목적을 둔 문학을 뜻하는데, 이와 같은 개념에 신(新)을 덧붙인 것이라고도 볼 수 있다. 구체적으로 '신경향파'라는 용어가 새로 등장한 것은 당시 박영희(朴英熙)가 잡지≪개벽(開闢)≫에 「신경향파의 문학과 그 문단적 지위」라는 문학론을 발표하였을 때부터이다. 신경향파에 드는 주요 작품을 들면 소설로는 김기진(金基鎭)의 「붉은쥐」(개벽, 1924년 11월), 박영희의 「전투」(개벽, 25년 1월), 「사냥개」(개벽, 25년 4월), 이익상의 「광란」(개벽, 25년 1월), 최학송의 「탈출기」(조선문단, 25년 3월), 이기영의 「농부 정도룡(鄭道龍)」(개벽, 26년 1월), 주요섭의 「살인」(개벽, 25년 6월)등이 있다. 시로는 김기진의 「백수의 탄식」(개벽, 24년 6월), 이상화의 「가상(街相)」(개벽, 25년 5월), 「빼앗긴 들에도 봄은 오는가」(개벽, 26년 6월), 김창술의 「촛불」(개벽, 25년 5월) 등이다.

사회주의 사상이 본격적으로 도입된 시기는 1925년~1935년에 조선프롤레타리아예술가동맹(KAPF)이 결성되면서부터이다. 카프는 사회주의 이념에 따라 계급 의식에 입각한 조직적인 프로 문학과 정치적인 계급 운동을 목적으로 활동한 사회주의 계열의 문예운동단체이자 한국 최초의 전국적인 문학예술가 조직으로, 당파성에 입각한 독자적인 프로문학 건설을 지향하였다. 박영희, 김기진의 내용과 형식 논쟁, 염상섭, 양주동의 소위 국민문학과 김화산의 아나키즘 논쟁, 제1·2차 방향전향 등의 이념 전개과정을 거쳐 볼세비키화론으로 귀착되었다. 이는 결국 이론적으로는 마르크스 레닌주의 미학을 확립하는 방향으로. 조직적으로는 전체적 사회변혁운동의 부분운동으로서의 문학과 예술 위상을 확립하는 방향으로 나아갔다. 이기영의 「고향」, 강경애의 「인간문제」 등이 이 시기에 산출된 대표작이다.(김종회)

자본주의, 공산주의, 마르크스-레닌주의, 카프

참고문헌
김윤식·김현, 『한국문학사』, 민음사, 1973.
서울사회과학연구소, 『사회주의 이론, 역사, 현실』, 민맥, 1991.
송병헌, 『왜 다시 사회주의인가』, 당대, 1999.
장흥순, 『사회주의 역사의 종말: 자본주의 2천년사 사회주의 5백년사』, 한가람서원, 2001.
한스 허만 호페, 『사회주의와 자본주의』, 이선환 역, 한국경제연구원, 1995.
한국서양사학회 편, 『사회주의운동의 역사적 변천』, 한국서양사학회, 1991.
참고할만한 문헌
송병헌, 『현대 사회주의 이론 연구 : 마르크스주의적 사회주의 이론의 역사적 분화』,오름, 2000.
블라디미르 일리치 레닌, 『국가와 혁명』, 돌베게, 1992.
알렉스 캘리니코스, 『마르크스의 혁명적 사상』, 책갈피, 1994.

사회학(社會學, Sociology, 프 Sociologie, 독 Soziologie)

사회학은 19세기 유럽에서 시작된 인간사회에 대한 학문으로, 콩트(A. Comte)와 스펜서(H. Spencer)에 의해 개척되었다. 콩트는 사회·역사적 문제에 대해 추상적 사변(思辨)을 배제하고, 과학적·수학적 방법에 의하여 설명하려고 하였다. 그렇기 때문에 과학적이며 실증적인 상대주의(相對主義)의 입장을 고수하였다. 스펜서는 1896년까지 36년간에 걸쳐『종합철학체계 The Synthetic Philosophy』를 전 10권에 걸쳐 서술하는데, 당시의 자연과학을 배경으로 하여, 성운(星雲)의 생성에서부터 인간사회의 도덕원리 전개에 이르기까지 모든 것을 진화(evolution)의 원리에 따라 조직적으로 서술하였다. 스펜서의 사회철학은 다윈주의 운동과 결합하면서 19세기를 풍미했다.

사회는 단순히 개인의 총합이라는 개체주의적 접근을 비판하고, 인간과 사회를 사변적으로만 이해하는 비과학적인 태도를 거부하면서, 사회의 질서와 변동에 대하여 이론적 관심을 보인 것이 사회학의 지적 전통이었다. 사회과학의 한 종류인 사회학은 사회전체에 대한 종합적 인식을 목적으로 하느냐, 특정부분의 분석적 인식을 목적으로 하느냐에 따라 '종합사회학'과 '특수과학적 사회학'으로 구분된다. 우리나라에 사회학이 들어온 것은 20세기 초반이다. 한편으로는 중국 대륙을 통해서, 다른 한편으로는 일본을 통해서 들어왔는데, 1909년 장지연(張志淵)의『만국사물기원역사』에 스펜서의 'Sociology'가 군학(群學)으로 번역되어 소개된 바 있다.(문경연)

　사회과학, 사회진화론, 논리실증주의, 콩트, 스펜서

참고문헌
앤서니 기든스,『현대사회학』, 김미숙 외 역, 을유문화사, 2003.
오귀스트 콩트,『실증주의 서설』, 김점석 역, 한길사, 2001.
I. M. 짜이틀린,『사회학 이론의 발달사』, 이경용 역, 한울, 2004.

사회학적 상상력

　라이트 밀즈의 개념으로 사회가 어떻게 돌아가는지를 이해하기 위해서는 개개인들의 삶의 모습에 영향을 미치는 사회역사적 과정에 대한 관계적(또는 구조적)·종합적 사고가 필요하다는 것을 역설하는 용어다.

　영국의 사회학자 기든스는 '사회학적 상상력'의 작동방식을 체계적으로 보여주기 위해 '역사적', '인류학적', '비판적' 상상력이라는 세 가지 형태를 제시하였다. 먼저 역사적 상상력은 현재 우리 사회의 모습이 과거의 역사적 유산 속에서 형성되었다는 점을 인식하면서 현재의 생활양식이 과거의 생활양식과 어떻게 다르며 어떠한 방식으로 변화해왔는지를 파악할 수 있도록 해준다. 인류학적(또는 비교사회학) 상상력은 각 나라들마다 얼마나 다양한 역사적 유산이 있으며, 이러한 유산의 다양성이 얼마나 다양한 사회의 모습을 낳고 있는지를 파악할 수 있게 해준다. 그리고 역사적 상상력·인류학적 상상력으로부터 현재 사회의 모습이 바람직한 것인지 바람직하지 않다면 어떠한 방향으로 변화되어야 하는지에 대한 판단이 생겨난다. 이러한 판단은 사회를 바라보는 기존의 눈을 바꾸면서 기존의 사회형태를 비판하고 대안적인 미래를 제시한다는 의미에서 비판적 상상력을 필요로 한다.

　사회학적 상상력이란 오늘날과 같이 정보 자체가 사람들의 관심을 지배하여 그것을 소화할 능력을 압도해버리는 때에, 그들이 실제로 필요하고, 필요하다고 느끼는 것은 세상이 어떻게 돌아가는지, 자신들 내부에서 무엇이 일어나고 있는지를 선명히 요약해낼 수 있도록 정보를 이용할 수 있게 하고 사고를 발전시킬 수 있게 해주는 정신적 자질이다.

　사회학적 상상력을 소유하고 있는 사람은 거대한 역사적 국면이 다양한 개인들의 내면생활과 외적 생에 어떤 의미를 갖고 있는가를 이해할 수 있다. 또한 개인이 어떻게 하여 그들의 일상적인 경험의 혼란 속에서 자신의 사회적 위치를 잘못 인식하는가를 고려할 수 있다. 사회학적 상상력은 우리들로 하여금 역사와 개인의 일생, 사회라는 테두리 속에서 이루어지는 양자 간의 관계를 파악할 수 있도록 해준다.

　사회학적 상상력이 작용하도록 하는 가장 생산적인 구별은 '생활환경에 대한 개인문제'와 '사회구조에 관한 공공문제'의 구별이다. '개인문제'는 한 개인의 성격 내에서 그리고 다른 사람과의 관계의 범위 내에서 발생한다. '공공문제'는 이와 같은 개인의 국지적 환경이나 자신의 내적 생활 범위를 초월하는 문제이다. 그것은 수많은 환경들이 하나의 전체적인 역사적 사회의 제도로 조직화된 것과 관계가 있으며 다양한 환경들이 상호 중복되고 침투하여 사회적 역사적 생활로 이루어진 보다 큰 구조를 형성하는 방법과 관계가 있다.

사람들은 제각기 다른 방식으로 살아간다. 거기에는 태어나서 자라난 환경이 다르고 교육 수준의 정도가 다르고 생활의 정도에 차이가 나는 등 여러 이유가 있겠지만 궁극적인 이유는 세상을 바라보는 안목에 차이가 있기 때문이다. 사회학적 상상력은 역사와 개인의 일생, 그리고 사회라는 테두리 속에서 이루어지는 양자 간의 관계를 파악하게 해주고, 사회학적 상상력의 구사의 이면에는 그 사회와 시대가 살고 있는 개인의 사회적 역사적 의미가 무엇인가를 알고자 하는 충동이 작용하고 있다.(차선일)

사후성(事後性, Deferred action, Afterwardsness, Nachtrglichkeit)

사후성(事後性)은 프로이트가 「어린 한스」, 「늑대 인간」 등에서 사용한 용어로서, 유년기에 겪었던 정신적 충격을 훗날 성장하는 과정에서 나름의 서사를 꾸며 합리화시키는 심리적 기제를 의미한다. 무의식 차원의 기억 흔적은 그 자체로는 아무런 의미도 지니지 않으며 오직 사후적으로만 의미를 생산한다는 점이 이 개념의 핵심이다. 이 개념을 재발견한 라플랑슈는 그것에 관하여 "경험과 인상 그리고 기억의 흔적들은 후일의 새로운 경험이나 새로운 발전 단계의 성취에 부합하도록 수정될 수 있다. 그 경우 그것들은 새로운 의미뿐만 아니라 정신적 효과까지도 부여받을 수 있다"고 주장한다.

「늑대인간」의 경우 어려서 보았던 원초적 장면을 이해하지 못하고 있다가 사후(事後)에 그 의미를 이해한다. 프로이트의 분석에 의하면, 늑대인간이 체험했던 부모의 성교 장면(원초적 장면)은 그것을 이해할 수 없었던 아이에게는 아무런 의미가 없는 것이었고, 그것은 네 살 때 꾼 늑대 꿈을 통해 일차적으로 기억되고, 그것이 20년 후 분석 현장에서 이차적으로 기억되면서 새롭게 해석되었다는 것이다. 어린 시절의 사건(원초적 장면)에 대한 이해와 해석은 '성장, 성적 자극, 그리고 성적 지식'에 의해 '사후적으로' 재구성·재해석된다는 것이다. '기억 흔적'으로 남아 있었지만 무의미한 상태에 머물던 원초적 사건을 재구성하고 재해석하여 일종의 트라우마 Trauma(정신적 상처)로 발전시킨 것이다. 성장을 통하여 생리적 변화와 문화적, 사회적 체험 속에서 새로운 언어와 지식을 제공해 원초적 사건을 바라보는 시각을 바꿔놓은 것이다. '기억 흔적'으로만 남아 있던 무의미한 원초적 장면을 그러한 새로운 시각으로 재구성하고 재해석하는 것이다. 그래서 프로이트는 "과거의 사건이 병이 되는 것은 그 자체의 병리적 성격에서 비롯될 뿐만 아니라, 그것을 읽어내는 현재의 서사적 담론, 언술, 이데올로기 등에 의한 현재의 '독서 방법'에 기인한다"고 주장했다. 따라서 중요한 것은 과거의 사건 그 자체가 아니라 그 사건을 기억하는 시점이다. 프로이트의 주장에 의하면, 히스테리 환자는 기억의 왜곡을 겪는데 그것은 치료의 과정에서 '사후적으로' 정정될 수 있으며, 이러한 정정(치료)은 기억의 분석적 재구성을 통하여 이루어질 수 있는 것이다. 이와 같이 신경증의 원인은 과거의 것이지만 현재의 욕망으로 이야기되기 때문에 과거는 결코 근원이 되지 못하며 언어의 환유적 속성에 의해서 끝없이 반복 가운데 재구성되는 것이다. 사후성의 논리에 따르면 과거는 고정된 실체로 존재하는 것이 아니라 현재에 의해 끊임없이 재구성·재해석 되는 것이다. 데리다는 사후성의 논리를 보충(supplement)의 논리와 동일시한다.(박기수)

트라우마, 지연된 행위, 서사적 진실narrative truth, 프로이트

참고문헌
박찬부, 『현대정신분석비평』, 민음사, 1996.
서동욱, 『들뢰즈의 철학』, 민음사, 2002.
지그문트 프로이트, 『꿈의 해석』, 김인순 역, 1998.

산곡(散曲)

산곡은 송대의 사(詞)를 이어 발달한 원대의 시가로서 음악에 맞추어 가창하던 양식인데, 음악적 성분에 있어서는 잡극과 동일하기 때문에 원곡(元曲)으로 통칭된다. 형식, 내용, 음악에 있어 새로운 요소들을 풍부히 갖추고 있어서 잡극(雜劇)과 더불어 원대 문학을 대표하는 양식이 되었다. 원,명대에 성행하였으며 시사(詩詞)와 마찬가지로 서정, 서경, 서사에 두루 쓰였는데, 대사나 동작이 없이 노래만 한다는 점에서 극곡(劇曲)과 달랐다. 산곡은 소령(小令)과 투곡(套曲, 또는 套數라고도 함)의 두 종류로 나뉘는데, 소령만을 칭하여 산곡이라고 부르는 경우도 있다.

산곡은 또한 청곡(淸曲)이라고도 하는데, 이는 과(科,동작)나 백(白,대화)이 없는 순수한 노래라는 뜻이다. 산곡은 그 구성에 따라 소령과 투수로 대별된다. 소령은 민간에서 유행하던 짧은 형식의 노래를 본뜬 것으로서, 산곡은 소령으로부터 출발했다. 소령은 본디 한 수의 노래로 구성되는 것이었는데, 서로 비슷한 두 세 곡의 노래를 연결시켜서 보다 길어진 한 곡의 노래로 만들어진 것을 대과곡(帶過曲)이라고 했다. 대과곡은 반드시 음률이 서로 잘 어울리는 소령들을 노래를 연결함으로써 자연스럽게 합쳐지도록 했는데, 북곡에서 먼저 시작되어 남곡에서도 대과곡이 출현하였으며, 남북곡이 이어지기도 하였다.

같은 궁조에 속하는 여러 소령들을 곡을 모아 대곡(大曲)으로 만든 것을 투수라고 한다. 투수는 투곡 또른 대령이라고도 하는데, 여러 개의 곡패를 일정한 규율에 의하여 배열하여 한 세트로 만든 것인데, 길이가 길기 때문에 복잡한 이야기의 서술에 알맞는 형식이다. 하나의 투수는 처음부터 끝가지 한가지 운(韻)으로 통일한다.

원명이래 각 종 곡조의 이름을 칭할 때는 곡패(曲牌, 또는 牌子라고도 하였음)라는 말을 사용하였다. 모든 곡패는 '점강순(點絳脣)', '후정화(後庭花)' 등과 같이 고유한 이름을 가지고 있으며,

지금가지 알려진 곡패는 수 천 종에 이른다. 모든 곡패는 정해진 곡조, 창법, 자수, 구법, 평측 등을 가지고 있는데, 이것들을 지키면서 가사를 바꿔 짓는 것을 진사(塡詞)라고 했다. 곡패는 대부분 민간에서 유래하였는데, 일부는 송대의 사(詞)로부터 발전되어 나오기도 하였다.

원대는 이민족인 몽고족이 무력으로 중국을 통치하던 시기이며, 78년간이나 과거시험을 중단함으로써 독서인들의 출로가 막혔으며, 원 세조(쿠빌라이칸, 忽必烈, 1264 -1296)의 경우 잦은 전쟁에 필요한 경비를 조달하기 위하여 '중통원보교초(中統元寶交鈔)'와 같은 지폐를 남발하여 경제 질서를 흔들었다. 이러한 정치적, 경제적 혼란 속에서 사상과 학술의 발전은 기대하기 어려웠으며 전통적 제도와 문화는 심하게 훼손되었는데, 이 같은 환경에서 민중문학이 성장하여 정통문학의 지위를 대신할 수 있는 토대가 되었다. 그리하여 문단에서는 고문이나 시사를 대신하여 산곡과 잡극이 선행하게 되었다. 송대에 성행하였던 사도 산곡처럼 민간의 가요에서 비롯되었지만, 사가 문인들에 의하여 세련되면서부터는 자유분방한 생기를 상실하자 다시 곡이 채택되었다.

오늘날 알려져 있는 산곡 작가들의 대부분은 그 생애를 자세히 알 수 없거나 이름조차 알 수 없는 사람들인데, 이는 산곡이 소외된 사람들의 문학체제였기 때문이다. 그래서 원나라 초반부터 중엽까지의 산곡은 그 형식이나 내용에 있어서도 기성의 것에 의한 제약을 별로 받지 않았다. 산곡은 정형시는 말할 것도 없고 장단구인 사와 비교하여도 글자수의 운용이 훨씬 자유스러워서, 한두 글자에서 수 십자에 이르는 구(句)들이 지어졌다. 산곡은 성운(聲韻)에 있어서도 자유스러웠으니, 입성이 사라지고 평, 상, 거성을 통압(通押)함으로써 용운의 제약을 받지 않았다. 여기에 더하여 통속적인 표현을 꺼리지 않았기 때문에 자유롭고 생동감 있는 표현이 가능했으며, 구어문학으로서의 특징을 살릴 수 있었다. 원대 전기를 대표하는 작가들로는 관한경(關漢卿), 왕실보(王實甫), 백박(白樸), 원호문(元好問), 마치원(馬致遠), 실운석(貫雲石) 등을 들 수 있다.

원대 중엽 이후의 산곡은 형식미를 중시하기 시작하였으며, 원말명초에 이르자 지나치게 수사 기교와 격율(格率)을 추구함으로써, 산곡이 본래 지녔던 소박하고 생동감 있는 생명력이 사라지게 되었다. 원대 후기를 대표할 수 있는 작가로는 장가구(張可久), 정광조(鄭光祖), 교길(喬吉), 종사성(鍾嗣成)등을 들 수 있으며 명대의 작가로는 주권(朱權), 주유돈(朱有燉), 강해(康海), 양신어(梁辰魚), 심경(沈璟) 등을 들 수 있을 것이다. 명대에 곤곡(崑曲)이 유행하면서부터 산곡은 고상한 표현과 형식미를 중시함으로써 생기없고 귀족적인 체제가 되었으며, 차츰 쇠퇴의 길을 걸었다.(위행복)

산곡, 송사, 잡극, 전기, 곤곡(崑曲)

참고문헌
김학주 저, 『중국문학개론』, 신아사, 1977.
양회석 저, 『중국희곡』, 민음사, 1994.
김학주 저, 『중국문학사』, 신아사, 1994.

산대, 산붕 ☞ 무대

산문(散文, Prose, 프 Prose, 독 Prosa)

산문(prose)은 운율적 단위로 정형화된 운문(verse)과는 다르게, 특별한 제약 없이 말이나 글로 된 모든 담화(discourse)를 가리키는 포괄적인 용어이다. 리듬이나 정형성에의 지향성이 나타나지 않으며 대체로 일상적인 표형방식이나 언어용법으로 짜여 있는 글 즉, 현대의 소설·희곡·평론·수필·일기·서간·각종 논문·역사 등이 산문에 속한다. 산문(prose)은 '진부한', '무미건조한'의 의미를 갖는 라틴어의 '프로루수스(prorusus)'에 어원을 두고 있다. 그래서 산문은 정서와 감정이 충만하게 표출되는 다양한 어조의 운문에 비해, 무미건조하고 진부한 사물을 표현할 때 사용되었다. 고대의 문학은 대부분 운문으로 서술되었고, 자리, 철학, 역사 등 비문학을 기술하는데 주로 산문이 쓰였다. 그렇기 때문에 산문문학의 발생은 역사적으로 훨씬 후대에 이루어진다. 고대 그리스는 B. C 6세기경에, 유럽은 중세 후기에 비로소 산문문학이 확립되었으며, 18세기에 이르러서야 운문과 견줄 수 있는 지위를 확보하게 되었다.

산문과 운문의 차이 못지않게 동질성의 가능성이 발견되기도 한다. 산문적 특질과 운문적 성격의 상호 침투성이 현실에서 나타나고 있다. 19세기의 산문시는 시행 구분 없이 연속적인 문장으로 쓰여 졌지만 압축미와 리듬감을 갖추고 있다. 대표적인 산문시로는 보들레르(Charles-Pierre Baudelaire)의 『산문 단시(短詩)집』, 랭보(Arthur Rimb -aud)의 『일루미나시옹(Les Illuminations)』등이 있다. 19세기 이후가 되면 산문은 근대 문학의 주역이 되는데, 외형적이고 강제적인 규범에서 벗어난 자유로운 문장을 필요로 하는 산문적 현실이 대두되었기 때문이었다. 이 바탕에는 문학대중의 확산, 저널리즘의 발달, 인쇄 자본주의의 발달 등이 작용했다. (문경연)

운문, 리듬, 산문시, 문체

참고문헌
조남현, 『소설원론』, 고려원, 1982.
샤를 보들레르, 『벌거벗은 내 마음』, 이건수 역, 문학과지성사, 2001.
츠베탕 토도로프, 『산문의 시학』, 신동욱 역, 문예출판사, 1998.

산문시(散文詩, Prose poetry)

산문시는 영어로 'prose poem', 프랑스어로 'Poeme en prose', 독일어로 'Gedicht in Prosa로 산문체 형식을 지닌 서정시다. 정형시와 같이 명확한 운율형식은 없고 자유시와 같은 뚜렷한 리듬이 없다. 리듬은 없어도 시의 형태상 압축과 응결에 의한 시정신을 필요 조건으로 해야 한다. 형식상으로는 산문의 요소를 지녔지만 내용은 시적 제반 요소를 갖추고 리듬의 단위를 시의 행에 두기 보다 문장의 한 문단에 둔다.

자유시는 행을 나누어 구분하지만 산문시는 행을 바꾸지 않아도 시 전체의 음절과 문장에 의해 통일적으로 구성한다. 자유시나 정형시는 행에 의한 구분으로 인하여 시를 읽기 위해서는 다소 호흡의 율동이 늦게 간격을 두고 나타나기도 하지만, 산문시는 그 속도와 간격이 이어지기 때문에 거침없이 진행되어 호흡이 빠르거나 가빠질 수도 있다.

라퐁텐(Jean de La Fontaine), 루소(Jean-Jacques Rousseau), 베르트랑(Louis Bertrand)은 근대 산문시의 선구자이며, 보들레르(Charles-pierre Baudelaire)가 시집 『파리의 우울(La Spleen de Paris』을 발표한 이래 산문시란 명칭을 썼다. 시집 서문에서 <율동과 압운은 표시되지 않지만 음악적이고, 서정성을 보인 영혼과 억양과 환상적인 파도, 의식의 도약이 적합된 유연한 산문의 기적>이라고 특질을 말하고 있다. 이후 자코브(Max Jacob), 르베르디(Pierre Reverdy), 앙드레 지드(Andre Gide), 투르게네프(Ivan Turgenev), 휘트먼(Walt Whitman)은 산문시인으로 알려졌다. 한국에서는 김억이 번역한 투르게네프의 작품 「비렁뱅이」를 『태서문예신보(泰西文藝新報)』에 게재한 것이 산문시로 처음이며, 이후에 한용운(韓龍雲)의 「임의 침묵」, 정지용의 「백록담(白鹿潭)」, 주요한(朱耀翰)의 「불놀이」 등이 있다.(조병무)

자유시, 태서문예신보

참고문헌
문덕수 편, 『세계문예대사전』, 성문각, 1985.
이명섭 편, 『세계 문학비평용어사전』, 을유문화사, 1985.

산문픽션(Prose fiction)

산문픽션이라는 말은 노드롭 프라이가 그의 주저 『비평의 해부』에서, 장르의 이론을 개진하면서 창안해 낸 신조어다. 그는 문학에서의 장르의 구별을 기본적인 제시(presentation)의 방식에 의거하고 있는 것으로 보고 있는데, 말이 관객 앞에서 직접 연행되는 경우, 듣는 사람 옆에서 이야기되는 경우, 노래로서 읊조려지거나 영창(詠唱)되는 경우 등이 상정된다. 기왕의 이런 제시의 방식을 취한 작품들은 물론 서정·서사·극이라는 전통적인 장르가 어느 정도 포괄하므로 문제가 없다. 그러나 오늘날 서적을 통해서 독자에게 이야기를 건네는 제시의 방식이 보편적이 되어버린 만큼, 현대의 장르이론은 이것에 적합한 장르명칭을 부여해야 한다는 것이 그의 문제의식의 출발이다.

이런 문제의식에서부터 그는 일차적으로 인쇄된 책의 장르를 나타내는 말로 픽션이라는 용어를 사용한다. 그는 픽션을 장르지표로 문법적인(semantic) 지속의 리듬이 지배적인 형식으로 간주하는데, 산문도 픽션도 아니면서 지속적인 리듬을 갖고 있는 작품들이 존재하는 까닭에 그러한 작품들과 구별되는 <산문픽션>이라는 용어를 창안한 것이다. 이렇게 되면 기왕에 산문픽션을 지칭했던 소설이라는 용어는 고유한 장르적 명칭으로서의 의미를 잃게 되고, 오히려 넓은 의미에서의 산문픽션의 하위 개념으로 자리잡게 된다.

프라이가 구별한 산문픽션은 소설과 로망스, 그리고 아나토미(해부)와 고백이라는 네 가지 주요 형태로 구분되는데, 이 네 유형의 구분은 그의 양식 이론의 근거인 제재에 의한 것이 아니라 이 분류를 지배하는 주제에 대한 작가의 시점 즉, 그 주제의 제시가 개인적 성격(에토스)에 의한 것인가 지적 내용에 의한 것인가, 그리고 작가가 세계에 대한 기록과 리얼리티의 비전을 제시하는데 있어서 내향적이거나 외향적인가 하는 두 개의 기준에 따라 이루어진 것이다. 프라이는 산문픽션의 형태는 종족 혈통같이 혼합되어 있으나 성별같이 분리되어 있지는 않다고 말한다. 이 네 가지 일차적인 유형들은 그것들 상호간에 결합했을 때 이차적으로 네 개의 유형을 새로 만들어낸다. 또한 이론적인 조합에 따른 경우의 수는 3개의 유형들이 혼합될 수도 있으므로 이론적으로는 더욱 늘어날 수 있는데, 프라이는 『비평의 해부』에서 이들 각 범주에 속하는 실제 작품들을 예증하고 있다.(김경수)

서정시, 에포스, 픽션, 논픽션, 자서전

참고문헌
노드롭 프라이, 『비평의 해부』, 임철규 역, 한길사, 1982.
한용환, 『소설학 사전』, 고려원, 1992.
윌리스 마틴, 『소설이론의 역사』, 김문현 역, 현대소설사, 1991.

산수시(山水詩)

현실을 등지고 산수를 노래하는 경향의 시를 산수시(山水詩)라 한다. 위진(魏晉) 이래로 지식인들은 어지러운 정국과 혼란한 시대를 등지고 자연에 귀의하여 음풍농월에 빠지기도 하였는데, 특히 동진(東晉) 이후로는 사회가 더욱 불안하여 지식인들의 은거(隱居)가 유행처럼 번졌다. 자연과 더욱 가까워지면서 글재주 있는 지식인들은 자연의 아름다움을 더욱 섬세하게 파악하여 글로 옮기게 되었으며 이로 인해 산수시(山水詩)는 공전의 발전을 이룩하게 된다.

삼국·위·진·남북조대(220~589)에는 문학적으로 좋은 소재가 많다. 또 위(魏)(220~265)부터 진(晉)(서진 265~316, 동진 317~419)까지는 청담(淸談)이 유행하였다. 위나라의 완적(阮籍) 등 칠현(七賢)이 죽림(竹林)에 숨어서 세속을 떠난 이야기로 지냈다는 것은 노장(老莊)사상에 따른 한적(閑適)의 문학이라고도 할 수 있으나, 사실은 변화하는 시대에 처하여 새로운 윤리를 확립할 수 없었던 지식인들의 고뇌를 상징하는 행동이었다고도 할 수 있다.

이 시대는 산수시를 비롯하여 다양한 형태의 시를 볼 수 있다. 진말(晉末)의 도연명(陶淵明)의 은둔적 전원시, 진초(晉初)의 육기(陸機)·육운(陸雲) 형제는 부(賦)의 기교를 써서 변려문 등이 있다. 또한 이 무렵의 소설은 간보(干寶)의 『수신기(搜神記)』처럼 현실이 아닌 귀신·괴이(怪異)의 세계를 그리거나 신비주의적 경향이 강했다. 이처럼 당시의 경향이 자연과 비현실을 향해 나아간 것은 당시의 혼란상에서 인간 세상의 염오에 대한 반작용이라고 할 수 있을 것이다.

산수시의 대표자로서는 육조 송(宋) 원가(元嘉) 년간의 사령운(謝靈運)을 들 수 있다. 그는 잠시 귀양간 시녕(始寧)의 산수의 아름다움에 심취하며, 복귀한 후에도 계속 산수시를 지었다. 특히 불리(佛理)에 심취하여 시 중에서도 산수 자연에 내재하는 영속적 상리(常理)를 찾고자 노력했는데, 단순한 외적 경관의 묘사에 그치지 않고 영속하는 자연의 섭리를 추구하려는 심도를 보여주었다는 점에서 심미사적 성취를 보여준다.(오태석)

산수시, 사령운, 전원시, 자연, 비현실, 은둔 심리, 영속성

참고문헌
김학주, 『중국문학사』, 신아사, 1989.
「위진남북조 문예사조론」 : 『중국어문학』38집, 영남중국어문학회, 2001.12.

산수전원시파(山水田園詩派)

당나라 중기 개원(開元, 玄宗 때의 연호, 713-741), 천보(天寶, 현종 때의 연호, 742-756) 연간에 형성된 시가 유파. 이 유파는 그 작품이 주로 산수와 전원에서 생활하는 정취를 노래하여 명성을 얻었다. 이 유파의 시인들은 성당(盛唐)이라는 사회적 조건 아래에서 살면서, 때로는 정치적으로 좌절을 겪기도 하고 사상적으로 불교와 도교 사상의 영향을 받아 전원에 은거하고 산수를 유람하면서 현실 도피적인 삶과 세상사에서의 초탈을 추구하였다. 이 때문에 그들은 모두 은일(隱逸)을 표방하고 산수의 아름다움을 노래하면서 진송(晋宋) 이래 도연명(陶淵明, 365-427)과 사령운(謝靈運, 385-433), 사조(謝脁, 464-499) 등이 일궈놓은 전원산수시의 전통을 계승, 발전시켰다. 아울러 그들은 전원에서의 은일 생활과 아름다운 자연 경관을 묘사한 많은 명작을 창작하였다. 이들 시가에는 한적하고 적막한 한거(閑居)의 정취가 짙게 배여 있으며, 세속의 흐름에 휩쓸리지 않는 고결함이 드러나 있고, 한편 소극적인 은둔 사상도 배경에 깔려 있다. 그러나 예술적 성취는 비교적 높아서 이미지가 선명하고 시어가 맑고 참신하며, 경치 속에 감정을 담고 의경(意境)이 온화하며 맛보면 맛볼수록 진미가 드러나는 풍격을 갖춘 작품을 쏟아냈다. 이들의 활동은 당나라 시가의 발전을 이끌었으며, 후세 산수시의 창작과 발전에도 눈부시게 기여하였다. 이 유파의 작가들에게도 물론 다른 제재를 이용한 작품이 없는 것도 아니고, 작가마다 풍격 역시 일정하지도 않지만, 전반적인 창작 경향은 일치되는 부분이 많기 때문에 산수전원시파로 통칭되었던 것이다. 왕유(王維, 701-761)와 맹호연(孟浩然, 689-740)이 이 유파의 걸출한 시인이기 때문에 문학사에서는 달리 왕맹시파(王孟詩派)라고도 부르며, 특히 이 두 사람을 짝지어 왕맹(王孟)이라고 하여 그들의 공적을 평가하였다. 이 밖에도 이 유파의 작가로는 저광희(儲光羲)와 상건(常建), 조영(祖詠), 배적(裵迪) 등이 있다.(임종욱)

왕맹시파(王孟詩派), **왕유**(王維), **맹호연**(孟浩然), **도연명**(陶淵明), **사령운**(謝靈運), **저광희**(儲光羲), **상건**(常建), **조영**(祖詠), **배적**(裵迪)

참고문헌

임종욱, 『동양문학비평용어사전-중국편』, 범우사, 1997.
_____, 『중국의 문예인식』, 이회, 2001.
_____, 『중국문학에서의 문장체제 인물 유파 풍격』, 이회, 2001.
주훈초, 『중국문학비평사』, 이론과실천, 1992.

산업사회(産業社會, Industrial society)

산업사회는 산업적 측면에서 본 사회유형의 하나를 말한다. 좁게는 공업사회라고 한다. 농경 중심의 전통사회가 공장제 공업의 발달로 그에 걸맞게 생활양식과 제도들이 조직화된 사회이다. 기계화와 관료제의 원리가 지배적이 사회로 과학기술의 추구, 기능의 전문화, 도시의 팽창, 소비문화의 확산 등의 특징을 보인다. 계층의 양극화, 노동자의 상대적 빈곤감, 도시로의 인구 집중, 슬럼화 등 산업사회가 안고 있는 문제점이 있다.

산업이 고도로 발달하면서 산업사회는 고도산업사회로 바뀐다. 일명 후기산업사회라고도 한다. 사회에서 공업으로 바뀌는 과정이 산업화라고 한다면, 고도산업화는 그 정도가 더 높은 것을 의미한다. 굴뚝 산업의 전통적인 중화학공업보다 지식을 창조·응용·분배하는 지식산업의 비중이 커지고 자동화가 보편화된다. 컴퓨터의 대량 보급과 인터넷 문화의 확산 속에 전세계가 동시적으로 연결되는 세계화의 시대가 도래 한다. 수동적이었던 현대인이 인터넷을 통해 자신의 개성을 주장하고, 대량의 지식이 유통되면서 집에서도 지식을 획득할 수 있는 시대가 도래 한다. 그렇지만 고도산업사회는 산업사회가 가진 문제점이 그대로 나타난다. 이에 덧붙여서 고도산업사회는 익명성의 증가, 지식정보의 편중과 독점화, 개인정보의 노출, 계층 양극화의 심화 등의 문제점이 나타난다. 이 중에서 특히 정보산업의 발달 속에 빅브라더에 의해 감시될 가능성이 있는 판옵티콘 사회와 일상생활에서도 감시가 일상화된 스몰 판옵티콘 사회에 대한 우려가 커지고 있다.

한국문학에서 고도산업사회에 대한 형상화는 김영하의 『엘리베이터에 낀 남자는 어떻게 되었나』, 유하의 시집 『바람부는 날이면 압구정동에 가야 한다』 등이 있다.(최강민)

산업혁명(産業革命, Industrial revolution)

산업혁명은 18세기 중엽 영국에서 시작된 기술혁신과 이에 수반하여 일어난 사회·경제 구조의 변혁을 의미한다. 넓은 의미의 산업혁명은 재화의 생산에 무생물적 자원을 폭넓게 이용하는 조직적 경제 과정으로 공업화라고 부르기도 한다. 또한 20세기 후반에 동남아시아, 아프리카, 라틴아메리카로 확산되는 점에 주목하여 점진적이고 연속적이며 아직 진행 중인 기술혁신의 과정으로 보기도 한다. 산업혁명을 통해 노동과정은 수공업적 노동에서 기계 체제를 갖춘 산업적 노동으로 바뀌었다. 이 때 산업혁명의 성격을 규정하는 1)작업기의 도입과 2)동력기의 도입이라는 두 가지 근본적인 기술혁명이 일어난다. 이것은 노동 수단의 유형과 노동의 사회적 조합 원리 모두를 포괄하는 사회 운영 방식의 전반적인 변혁을 야기했다.

16세기 중엽 이후의 목재자원이 고갈되면서 연료 위기가 찾아오자 이것을 극복하기 위하여 석탄을 활용하기 위한 기술적인 혁신이 일어나고, 그 결과 영국은 17세기 중엽에는 석탄 산업을 중심으로 한 여러 관련 산업의 발전과 엄청난 생산 확대를 가져오게 되었다. 석탄을 산업적으로 적극 활용하기 위하여 탄갱(炭坑)의 배수문제(排水問題), 석탄 수송문제, 철광석 용해에 있어서의 기술개발 문제가 제기되었다. 이러한 과제들을 기술적으로 해결해 나가는 가운데 산업혁명의 조건이 마련되었다. 이와 함께 농업부문에서도 인클로저 운동을 중심으로 하는 토지제도의 근대화 및 대농경영이 농업생산력의 비약적 발전도 눈여겨 보아야할 부분이다. 이러한 여러 조건이 정비되고 충실해지는 과정에서 산업혁명은 먼저 면공업(綿工業)에서 일어나게 되는데, 이것은 모든 산업의 발전을 촉진시키고 특히 기계생산을 중심으로 철공업·석탄업·기계공업의 발전을 이룩하였다. 면공업에서의 일련의 기술혁신이 노동력을 절감하기 위한 기술혁신이었던 반면, 철공업은 자본을 절약하기 위한 기술혁신이었다는 점이 특징이다.

산업혁명은 산업·경제적인 측면에서의 혁명적 변화뿐만 아니라, 정치·사회 구조적인 차원에서도 혁명적인 변화를 가져왔다. 정치적인 면에서는 산업 부르주아지의 발흥으로 인하여 종래의 지배층이었던 귀족·지주 등의 지배체제가 심하게 동요하기 시작했다. 신흥 산업 부르주아지는 피선거권을 획득했고, 노동자들도 일반남자의 보통 선거권을 요구하는 차티스트 운동을 벌였다. 이러한 권리 획득의 정치투쟁은 자본주의가 가지고 있는 자본과 임금노동의 모순과 연결되면서 영국 사회의 전복적 동요를 불러왔다. 이와 함께 산업 부르주아지는 정부가 취한 종래의 중상주의적인 규칙과 통제가 그들의 자유로운 경제활동을 방해한다며 이것의 철폐를 강력하게 주장하여 중상주의적인 모든 규칙은 점차 폐지되었다. 값싸고 질이 좋은 인도산 면제품의 수입에 대해서는 고율관세를 물리고 영국산 면제품 수출에는 저율관세를 부과함으로써 인도의 면업(綿業) 시장을 정복하는데 국가가 적극적인 역할을 하였다. 이러한 침략적 자유무역 제국주의가 등장하게 됨으로써 영국의 산업자본을 중심으로 하는 자유무역의 추진 실현과정에 있어, 세계경제는 선진적·자립적 공업국과 이에 종속된 식민지적·반식민지적 후진국으로 재편되었다. 이러한 과정을 통하여 영국의 산업혁명은 영국은 물론 전 세계적으로 자본주의를 성립시키는 중추적인 역할을 하였다. 산업혁명은 많은 사회문제를 야기하는데, 특히 기형적인 이농현상, 급격한 도시화, 공동체 사회의 붕괴, 남성 청장년층을 중심으로 한 노동시장의 개편, 자본 중심의 계급화, 자본가와 노동자의 극심한 빈부 격차로 인한 갈등의 격화 등 사회 전반에 걸쳐 저반적인 모순이 잉태 폭발하기도 하였다.(박기수)

계급갈등, 자유주의, 제국주의, 공업화, 마르크스

참고문헌
한국철학사상연구회, 『철학대사전』, 동녘, 1989.
에릭 홉스봄, 『혁명의 시대: 시민혁명과 산업혁명』, 한길사, 1998.

산업화(産業化, Industrialization)

산업화는 농업적인 전통사회가 공업생산을 바탕으로 하는 사회로 이행되는 과정을 의미한다. 산업화는 좁은 의미로 공업화라고도 한다. 18세기말 영국에서 수공업제에서 공장제공업이 출현하여 대규모적 생산력을 발휘하면서 경제 사회 조직의 혁명적 변화를 불러온 산업혁명이 일어난다. 영국에 이어 프랑스, 독일, 미국 등에서 연이어 산업화 바람이 불면서 사회 경제에서 혁명적 변화가 불어닥친다. 통상 각국의 경제 구조에서 공업의 역할이 비약적으로 증대한 산업화는 현재도 진행형이라고 할 수 있다. 역사적으로 19세기초에 섬유산업이, 20세기초에 자동차 산업이, 20세기 중반에 항공·전자 산업이, 20세기 후반에 정보산업이 등장해 사회에 많은 변화를 초래했다.

산업화 사회의 특징은 과학기술의 진보와 생산성의 향상 속에 핵가족의 증대, 부익부 빈익빈 계층구조, 소비 행태의 획일화, 농촌공동체의 붕괴와 도시화의 증가, 자본가와 노동자의 갈등 격화, 물신주의와 황금만능주의, 익명성과 소외의 증가 등이 보인다. 산업화는 인간을 봉건제에서 해방하여 개인이 자유로운 이익을 추구하는 자본주의적 체제로 바뀌게 만든 원동력이다. 그러나 산업화는 긍정적 변화를 많이 가져왔지만, 이에 못지 않게 인간 소외 현상이나 아노미적 가치 상실이라는 새로운 문제를 낳았다. 마르크스는 임노동 관계에서 발생하는 자본가와 노동자의 불평등성과 소외 현상에 주목했다. 한국은 1876년에 개항하면서 산업화에 눈을 떴고, 일제식민지시대에 군수기지로서의 산업화가, 1960년대에 경공업이, 1970년대에 중화학공업이, 1990년대에 정보산업이 발달하면서 많은 변화가 일어났다.

한국문학에서 산업화 과정에 초래한 문제점을 자각하기 시작한 것은 박정희 정권이 추진한 경제개발계획이 본 궤도에 오른 1970년대이다. 이 시기에 근대화로 인해 파괴되어가는 공동체 사회를 그린 황석영의 「삼포가는 길」, 노동자 착취를 통한 산업화의 모순을 본격적으로 형상화한 조세희의 『난장이가 쏘아올린 작은 공』, 산업화 시대에 지식인의 고민을 반영한 윤흥길의 『아홉켤레 구두로 남은 사내』, 현대인의 익명적 소외 현상을 그린 최인호의 「타인의 방」 등이 창작되었다. 1980년대에는 자본가와 노동자의 첨예한 갈등이 형상화된 방현석의 「새벽출정」·안재성의 『파업』 등이 창작되었다.(최강민)

산책자(散策者, Flàneur)

산책자는 근대가 창조한 환경과 공간, 특히 대도시에서 발생하는 생활 방식과 경험 구조를 비판적으로 개념화하기 위해 독일의 문예학자 발터 벤야민(Walter Benjamin)이 제안한 용어이다. 도시의 거리를 근대적 삶의 상징으로 간주한 벤야민은 산업화 시대의 부산물인 대도시의 군중(Menge)이라는 '현상'과 거리의 다양한 자극을 자신의 것으로 수용하는 산책자의 양가적 '시선'에 주목한다. 그가 말하는 군중이란 특정한 계급이나 집단이 아니라 행인이라는 무형의 무리, 즉 '거리의 군중'을 뜻하며, 산책자는 군중에게 매혹당한 집단의 일원인 동시에 그들로부터 거리를 두고 냉정하게 관찰하는 양면적 존재이다.

벤야민은 19세기 제2제정기의 파리를 분석한 일련의 글들을 통해 이러한 사유를 전개했는데, 이 작업에는 보들레르의 시와 에세이, 포(Poe)와 발자크의 소설, 마르크스의 물신화 이론, 파리에 관한 문서와 역사저술 등의 방대한 자료가 동원되었으며, 사회의 전체적인 구조보다는 산책자를 비롯한 쇼핑 아케이드, 세계박람회, 매춘부, 도박, 수집가, 패션, 이야기꾼 등 주변적이고 파편화된 현상들을 주요 관찰대상으로 삼았다. 벤야민의 산책자 개념은 좁은 의미에서 하나의 역사적 현상에 대한 분석이고, 특히 19세기 파리 거주민들의 한 유형에 대한 서술이지만, 넓은 의미에서 보면 대도시적 삶의 경험 구조에 대한 일반적인 표상이며, 특히 문학적 모티브의 측면에서 오늘날에도 활용할 여지가 적지 않다.

1930년대에 발표된 박태원의 중편소설 「소설가 구보씨의 일일」은 식민지의 수도 경성 거리를 배회하는 산책자의 시선을 통해 근대적 도시 경험의 한국적 수용 양상을 보여주는 작품이다.(진정석)

댄디, 보헤미안, 모더니즘

참고문헌
발터 벤야민, 「보들레르의 몇 가지 모티프에 관해서」, 『발터 벤야민의 문예이론』, 반성완 역, 민음사, 1983.
N. 볼츠, 빌렘 반 라이엔, 『발터 벤야민-예술, 종교, 역사철학』, 김득룡 역, 서광사, 2000.

살롱(Salon)문학

살롱은 이탈리아어 살로네(salone)에서 유래된 응접실이라는 의미의 프랑스어다. 17세기프랑스에서는 귀족이나 부르주아의 부인이 응접실을 개방하고, 취미나 기호를 같이하는 사람들을 초대하여 문학 · 예술 · 학문 전반에 대해 자유롭게 이야기를 즐기는 사교문화인 살롱(salon)문화가 발달하였는데, 그것은 나름의 독특한 생활 · 정신 · 관습을 만들어냄으로써 이후 2세기 동안 프랑스의 사회와 문화에 지대한 영향을 주었다. 살롱문학은 그러한 살롱문화의 한 갈래다. 1608년 랑부이에 후작 부인(Marquise de Rambouillet)이 연 살롱이 성공함에 따라 17세기 중반부터 후반에 이르기까지 이를 모방한 많은 살롱들이 열림으로써 귀족, 상류 부르주아 계급, 문인들의 교류는 물론 언어나 풍속의 세련됨에 많은 기여를 했다.

유명한 살롱에서 많은 시인들이 작품을 발표하였고 그곳의 평판이 작품의 성패를 결정하기도 하였기 때문에, 살롱에서는 다른 사람을 즐겁게 하는 독자적인 문학이 발달하게 되었다. 이를테면 살롱에 늘 찾아오는 사람들이 제각기 중세 전설에 나오는 기사의 이름을 붙여 고어(古語)로 편지를 교환하거나 롱도(rondeau)를 부활시켜 시인들이 서로 시를 겨루기도 하였다. 이 밖에도 편지, 짧고 경쾌한 시 등에 독특한 재치, 가벼운 풍자, 우아함이 깃들인 문학작품의 창작이 이루어졌다. 이러한 경향은 '프레시오지테(préciosité, 세련된 재치)'를 낳았고 그로 인해 섬세한 심리와 이상주의가 17세기 전반기 문학의 큰 특징이 되었다.

대표적인 작가로는 V. 부아튀르 J.F. 사라쟁. I. 방스라드 등을 들 수 있다. 살롱의 주인이 여성인 까닭에 여주인이나 그곳에 모이는 여성들을 찬양한 연애시가 많은데, 열렬하게 진심을 말하는 시가 아닌 가볍고 재치 있는 문구의 시였다. 반면 문학의 소재가 살롱에서 일어나는 사소한 사건·연애유희로 한정되어 정치와 종교, 철학적 문제 등이 배제되는 한계를 갖는다. 또한 살롱 여주인을 중심으로 한 사적인 사교모임이라는 형태가 안고 있는 부수적인 문제점들로 인하여 도덕적인 비판을 받기도 했으며, 이는 살롱 개념이 부정적으로 쓰이게 된 결정적인 역할을 한다. 그러나 살롱문학을 통해서 심리분석이 진보하고 인간의 행동을 지탱하는 심리적 메커니즘에 대한 접근이 보다 본격화될 수 있었다.

이러한 살롱 문학의 전형적인 작품이 연애모험담을 다룬 전원소설인 오노레 뒤르페(Honoré d'Urfé)의 『아스트레 L'Astrée』인데, 이 작품의 대성공은 많은 작가들의 모험소설을 창작붐을 조성하였다. 이러한 작품으로는 마들렌 드 스퀴데리(Madeleine de Scudéry)의 『아르타메네스 또는 키루스 대왕 Artamène ou le grand Cyrus』, 『클레리 Clélie, histoire romaine』가 있다. 또한 당시의 서간체 소설과 시도 살롱 문학의 특징을 잘 보여주는데, 서간체 소설에 있어서는 장 루이 게즈 드 발작(Jean-Louis Guez de Balzac)과 뱅상 부아튀르(Vincent Voiture)가, 시에 있어서는 역시 부아튀르가 그 대표적 작가였다.(박기수)

롱도(rondeau), 프레시오지테(préciosité), 서간체 소설

참고문헌
G. 랑송, P. 튀프로, 『불문학사』, 정기수 역, 을유문화사, 1983.
신미경, 『프랑스 문학사회학』, 동문선, 2003.

삶충동과 죽음충동 ☞ 충동

삼리삼별(三離三別)

두보(杜甫, 712-770)가 창작한 「신안리(新安吏)」와 「동관리(潼關吏)」, 「석호리(石壕吏)」 세 편의 작품과 「신혼별(新婚別)」과 「무가별(無家別)」, 「수로별(垂老別)」 세 작품을 합칭해 부르는 말. 당나라 숙종(肅宗) 건원(乾元, 758-760) 초에 당나라 정부군은 안사(安思)의 반란군과 업성(鄴城)에서 교전 끝에 패배하자 병력을 보충하기 위해 장정들을 닥치는대로 징발하였다. 당시 두보는 낙양(洛陽)에서 화주(華州)로 거처를 옮기면서 신안과 석호, 동관 등지를 거쳐갔는데, 이 때 삼리삼별의 소재가 되는 참혹한 현실을 목격하게 되었다.

그는 이 작품에서 당시 민중들이 얼마나 큰 고통 속에 허덕였는가를 여실히 보여주었다. 열 집 가운데 아홉 집은 비고 마을은 쑥밭이 되었으며, 사회기강은 전란에 무너지고 전쟁의 참혹상은 날로 더해만 가는 상황 속에서 백성들은 갈 곳을 잃고 헤매었고, 자식과 아내 또한 뿔뿔이 흩어진 지경이었다. 작가는 그런 난세를 살던 사람들이 겪을 수 있는 전형적인 사건과 인간의 운명을 형상화하여 재난으로 점철된 역사적 진실을 숨김없이 기록하였다. 그것은 당나라의 사회 현실을 한 폭의 영상 속에 담아 놓은 보고서라고도 할 수 있었다. 작가는 작품 속에서 당시 민중들의 끝없는 고통에 대해 동정을 아끼지 않았고, 동시에 전장에 나간 사람들의 노고를 위로하였다. 그리고 지칠 줄 모르는 관료들의 무자비한 착취와 박해를 거침없이 폭로하였다. 그런 가운데에서도 전란을 참고 견디면 반란도 종식되고 밝은 미래가 열리리라는 희망을 제시하기도 하였다. 이처럼 삼리삼별은 작가의 복잡하고 일면 모순된 사상이 범벅이 되어 얽혀 있다. 그러나 한 마디로 요약한다면 작가의 우국애민(憂國愛民)하는 사상적 면모가 새겨진 작품이라고 평가할 수 있을 것이다. 여기서는 그 중 「신혼별」 한 편을 읽어보도록 하자.

兎絲附蓬麻　새삼이 뺑대쑥에 붙어 자라면
引蔓故不長　치뻗는 그 덩굴 뻗질 못하고
嫁女與征夫　출정 군인에게 딸 시집보냄은
不如棄路傍　길가에 버림만 못하다더니…
結髮爲夫妻　머리를 얹어서 부부가 되자
席不暖君床　우리 자리 포근할 겨를도 없이
暮婚晨告別　저녁에 혼인하고 새벽에 갈림은
無乃太忽忙　아니 이보소, 너무 바쁘지 않소.
君行雖不遠　서방님 가시는 곳 멀지를 않아
守邊赴河陽　변방을 지키려 하양에 가고
妾身未分明　제 신분 분명치 못하고 보니
何以拜姑嫜　어떻게 시부모님 뵈온단 말요.
父母養我時　부모님 이 몸을 키우실 적엔
日夜令我臧　밤낮으로 착하다 쓰다듬으시며
生女有所歸　딸 낳으면 제 갈 곳 따로 있다고
鷄狗亦得將　개와 닭도 몫으로 챙기라 하셨소.
君今往死地　서방님 죽음터로 떠나가시니
沈痛迫中腸　걱정이 오장에 사무칩니다.
誓欲隨君去　맹세코 임 따라 좇으려 하나
形勢反蒼黃　형편이 도리어 기가 막히오.
婦人在軍中　아내가 군영에 있게 되오면
兵氣恐不揚　사기가 드나지 않을까 싶소.
勿爲新婚念　신혼을 염두에 두지 마시고
努力事戎行　힘써서 병무에 열중하시오.
自嗟貧家女　가엾소, 가난한 집 딸입니다만

久致羅襦裳　오랜만에 비단옷 얻어 입었소.
羅襦不復施　이 마당에 비단옷 부질없으니
對君洗紅粧　서방님 앞에서 화장을 씻소.
仰視百鳥飛　우러러 날아가는 새를 보자니
大小必雙翔　크고 작고 반드시 쌍쌍이구려.
人事多錯迕　인간사란 이다지 엇가는 건가
與君永相望　둘이서 물끄러미 바라봐야니.

삼리삼별은 "사건을 맞아 작품을 이름짓고 사건에 따라 작품을 쓰는(卽事名篇 緣事而發)" 신제악부(新題樂府)로, 한나라 때 발생한 악부시의 리얼리즘 전통을 계승, 발전시킨 공로가 있다고 할 것이다. 특히 당나라 후기에 등장하는 신악부운동(新樂府運動)에 끼친 영향은 막대하다고 하겠다.(임종욱)

두보(杜甫), **신안리**(新安吏), **동관리**(潼關吏), **석호리**(石壕吏), **신혼별**(新婚別), **무가별**(無家別), **수로별**(垂老別), **신악부운동**(新樂府運動)

참고문헌
임종욱, 『동양문학비평용어사전-중국편』, 범우사, 1997.
＿＿＿＿, 『중국의 문예인식』, 이회, 2001.
＿＿＿＿, 『중국문학에서의 문장체제 인물 유파 풍격』, 이회, 2001.
주훈초, 『중국문학비평사』, 이론과실천, 1992.

삼언이박(三言二拍)

명나라 때 창작된 다섯 종의 화본(話本)과 의화본(擬話本) 작품집을 합칭해 부르는 말. 풍몽룡(馮夢龍, 1574-1646)이 편찬한 『유세명언(喩世明言)』과 『경세통언(警世通言)』, 『성세항언(醒世恒言)』(이를 3언이라고 함)과 능몽초(凌蒙初, 1580-1644)가 지은 『초각박안경기(初刻拍案驚奇)』와 『이각박안경기(二刻拍案驚奇)』(이를 합칭해 2박이라고 함)를 포함한다.

3언은 송·원·명 시대의 화본, 의화본을 모은 선집으로, 풍몽룡이 편찬하면서 엄격하게 심사하고 취사선택을 해서 전체를 통일성 있게 정리, 가공, 윤색하였다. 물론 그 속에는 자신의 작품도 수록되어 있다. 수록한 작품의 내용은 광범위해서 사회 생활 다방면에 걸친 다양한 소재가 활용되고 있어, 당시 중하층민들이 겪었던 생활 속의 애환이 잘 반영되어 있다. 또한 당시 민중들이 낡은 제도와 예교(禮敎)에 반기를 들었던 시대상을 수용하고, 관료층들의 부패와 패덕, 과거제도의 모순, 지주들의 행패 등을 신랄하게 고발하였다. 남녀 사이의 애정 행각이 주제가 된 작품이 상당수를 차지하는데, 이 점은 특히 이 작품집의 중요한 특징으로 거론할 수 있다. 예컨대 「노십낭노침백보상(杜十娘怒沈百寶箱)」과 「매유랑독점화괴(賣油郎獨占花魁)」 등과 같은 작품이 대표적이다. 3언에 실려 있는 작품들은 한결같이 사건의 전개가 다채롭고 변화무쌍하면서 구성 또한 긴밀한 연관성을 맺고 있다. 언어 역시 소박하고 비근한 어휘와 표현을 즐겨 빌어 오고 있다. 후세의 희극에는 3언에서 소재를 차용한 작품이 적지 않았다. 2박은 능몽초가 3언을 모방해서 만든 작품이다. 그 중 초각은 사람들의 주변에서 일어난 사건의 서술이 중심이 되고 있으며, 이각은 귀신에 대한 이야기가 많이 기술되어 있다. 예술적 수준으로 보자면 3언에 비해 다소 떨어진다고 할 수 있다.

삼언이박에는 대단히 많은 우수한 작품들이 수록되어 있어, 명나라 화본소설의 최고 성과를 대표할 만하다. 다양한 인물 군상의 등장과 복잡하게 얽혀 있는 사건들은 명나라 때의 사회상을 입체적으로 보여주는 자료이기도 하며, 예술적으로도 충분히 감상할 가치가 있는 미학적인 아름다움을 갖추고 있다. 그러나 삼언이박에는 지나치게 색정적인 소재가 쓰였다거나 미신에 가까운 이야기가 나오며, 소극적인 출세주의를 앞세우는 등의 한계도 가지고 있다.(임종욱)

화본(話本), 의화본(擬話本), 풍몽룡(馮夢龍), 능몽초(凌蒙初), 유세명언(喩世明言), 경세통언(警世通言), 성세항언(醒世恒言), 초각박안경기(初刻拍案驚奇), 이각박안경기(二刻拍案驚奇)

참고문헌
임종욱, 『동양문학비평용어사전-중국편』, 범우사, 1997.
_____, 『중국의 문예인식』, 이회, 2001.
_____, 『중국문학에서의 문장체제 인물 유파 풍격』, 이회, 2001.
주훈초, 『중국문학비평사』, 이론과실천, 1992.

삼일치법칙

삼일치법칙(三一致法則)은 르네상스 이후부터 18세기까지의 고전주의 연극에서 주도적인 연극미학으로 활용되었다. 세익스피어(1616년 사망)가 삼일치법칙을 거부하고 자유롭게 창작했다는 것은 이 법칙이 애초부터 무리한 연극관에서 비롯되었을 반증한다. 그리스의 고전정신을 되살리는 과정에서 카스텔베트로(1570)는 아리스토텔레스의 '극행동의 일치'라는 개념에 '시간의 일치'와 '장소의 일치'를 추가함으로써 삼일치가 성립되었다. 당시 사람들은 연극의 실제성과 통일성, 개연성과 필연성을 최대로 살리는 길은 삼일치를 지키는 것으로 가능하다고 생각했다. 연극의 실제성(實際性)을 무대적 실제성에 한정시킨 오해에서 비롯된 것이다.

삼일치는 공연시간과 극중시간의 일치, 공연장소와 극중장소의 일치, 실제행위와 극중행위의 일치를 말한다. 그래서 2시간 동안의 공연시간에 가능한 24시간 이내에 벌어진 사건을 취급함으로써 동시성(同時性)을 높인다. 과거에 벌어진 사건은 별도로 취급하지 않고(플래쉬 백을 사용하지 않음) 대화 속에 넣어 설명함으로써 현재의 시간(결론)으로 압축한다. 무대에서 실제로 극중과 같은 사건이 벌어지는 것으로 착각하도록 만든다. 무대행위가 실제행위와 같은 것으로 여겨지도록 연기하고 전개한다. 이런 원리에 의해 원칙이 수립되기에 이른 것이다.(서연호)

극행동의 일치, 시간의 일치, 장소의 일치

참고문헌
빠트리스 파비스, 『연극학사전』, 신현숙 역, 현대미학사, 1999.
오스카 G. 브로케트, 『연극개론』, 김윤철 역, 한신문화사, 1989.
한상철 외, 『연극사전』, 한국문화예술진흥원, 1981.

삽화

몇 개의 이야기가 모여 한 편의 큰 이야기를 이룰 때, 그 작은 이야기들 중 하나를 뜻한다. 좁은 의미로는 긴 이야기나 연극 속에 끼어든, 작품의 전체 줄거리나 플롯, 중심적 갈등 구조와 큰 관계없이 끼어든 작은 사건을 가리킨다. 원래 이 말은 '바깥에서 들어온 것'이라는 뜻의 그리스어 'epeisodion'에서 온 것으로, 고대 그리스 극에서 두 개의 합창 사이에 제시되는 비극의 한 부분을 가리키는 말이었다.

소설에서 흔히 삽화는, 인물의 성격이나, 작중 배경의 의미를 서술자가 직접 제시하지 않고 독자가 작은 사건을 통해 스스로 추론하도록 만드는 기능을 한다.

> "이보게 응칠이, 아 내 말 좀 들어……"
> 그래서는 팔을 잡아 낚으며 살려달라 한다.(중략) 당장 먹을 게 없어 죽을 지경이나 노름밑천이나 하게 몇 푼 달라는 것이다. 그러나 벼를 털었으면 거저 먹을 게지 어둡지 않게 노름은……
> "그런 걸 왜 너보고 하랬어?"
> 하며 소리를 빽 지르다가 가만히 보니 눈에 눈물이 글썽하다. 잠자코 돈 이원을 꺼내 주었다.
> (김유정, 「만무방」에서)

위의 인용은 인물의 성격과 그가 처한 상황을 독자가 금방 깨달을 수 있도록 삽화라는 장치를 이용한 전형적인 예이다. 겉으로는 야비하고 말썽꾼이지만 속으로는 인정미가 남아있는 주인공인 응칠이의 복합적인 성격이 금방 전달되며, 아울러 응칠을 비롯한 농민들이 당시 처해 있었던 경제적으로 열악한 시대 상황이 상징적으로 전달되고 있는 것이다. 곧 삽화는 그런 점에서 중심 사건--「만무방」의 중심 사건은 벼의 추수를 둘러싼 형제간의 갈등과 해소 과정이다--에 대해 상대적으로 독립성을 지니더라도, 독자가 작중 상황을 쉽게 파악하도록 만드는 '보여주기'의 기법으로 쓰이고 있는 것이다.(장수익)

인물, 배경, 사건, 보여주기

참고문헌
한국현대소설학회, 『현대소설론』, 평민사, 1994.

삽화적 구성(Episodic plot)

삽화적 구성은 유기적 통합관계를 보이는 극적 구성과 대비되는 개념으로, 산만하고 느슨하게 짜여진 구성을 지칭하는 개념이다. 삽화란 전체 서사와 대비할 때 독립적인 의미와 형식으로 변별적 특징을 확보하고 있는 일련의 사건들을 통칭하는 말이다. 삽화와 삽화 사이, 사건과 사건 사이에 유기적인 통합관계가 매우 느슨한 상태로서 인과적 연속성이 거의 없는 구성 방식을 의미한다. 즉 긴밀한 유기적 상관과 통합을 통한 서사 전체의 완성도를 포기함으로써 사건 혹은 삽화 사이의 필연적 상관이나 개연적인 관계가 부재하는 구성 방식이다.

각각 독립적인 삽화의 결합이 통합체(syntagm)로서 하나의 독립적인 구조를 이루게 된다. 이때 각각의 삽화들은 그 자체로서 독립성과 전체 서사의 일부로서의 종속성을 동시에 갖는다. 삽화가 지니는 이러한 두 가지 속성 중에서 종속성이 강하게 되면 유기적인 통합체를 지향하게 되는 극적 구성이라고 하고, 삽화의 독립성이 강조되면 전체적으로 산만하고 이완된 형태의 구성이라고 하여 삽화적 구성이라 한다. 삽화적 구성은 삽화 하나하나가 독립적인 역할을 가지고 있어야 하며, 동시에 그 자체로서 완결적인 것이어야 제대로 기능할 수 있다. 즉 전체 서사의 유기적 완결을 통한 구조화를 포기하는 대신 각각의 삽화들이 충분히 그만큼의 역할을 해낼 수 있는 개별성이 확보되어야 하는 것이다.

삽화적 구성이 두드러진 것이 피카레스크 소설이다. 이것은 미천한 출신의 의지할 곳 없는 주인공(picaro)이 가정(혹은, 사회, 국가)을 떠나서 여러 가지 모험을 하는 내용을 삽화별로 나열하는 형식이다. 주인공이 모험을 통해 세상의 여러 영역을 체험하고 스승을 만나서 배우는 과정에서 사회의 다양한 부면과 세태가 구체적 생생하게 주인공의 눈을 통해 드러남으로써 사회풍자가 가능한 형식이다. 우리의 판소리계 소설의 경우 삽화적 구성이 부분적으로 드러난다. 『춘향전』이나 『흥부전』 등이 다수의 창작자들에 의해 누대에 걸쳐서 지속적으로 창작되는 과정에서 창작자들의 욕망이 개별 삽화를 통해 직접 투영된 결과이다.(박기수)

극적 구성, 서사, 통합체, 피가레스크 소설, 옴니버스 소설

참고문헌
제럴드 프린스, 『서사론사전』, 이기우·김용재 역, 민지사, 1992.
_____, 『서사학 : 서사물의 형식과 기능』, 최상규 역, 문학과지성사, 1988.

상관체(上官體)

당나라 때의 시인 상관의(上官儀, 608?-664)가 만든 시 형식. 상관의는 궁정의 대신을 역임한 대표적인 어용시인(御用詩人)이었다. 그가 지은 시는 거의 대부분이 궁정에서 임금의 명령을 받아 지은 응조(應詔)나 응제(應制) 또는 봉화(奉和)한 작품이었다. 이 때문에 작품의 내용 또한 궁정 생활을 묘사하거나 황제와 공주의 덕망을 송축하는 일에 편중되어 있었다. 형식적으로는 부염(浮艶)하고 전려(典麗)한 시풍을 추구하였기 때문에 지나친 수사와 화려한 시어로 가득차게 되었다. 그의 이와 같은 시풍은 당시 시단에 대단한 영향력을 발휘하였다. 화려하고 공교로우며 짜임새 있는 시풍은 궁정의 수요에 적합한 형태였기 때문에 사대부들도 다투어 이를 모방하기에 급급했다. 『구당서(舊唐書) · 상관의전』에 보면 그는 "본래 문장을 수사하는 데 있어 스스로 통달한 사람으로, 특히 5언시를 잘 지었는데, 즐겨 화려하고 복잡하며 아리따운 시풍을 근본으로 삼았다.(本以詞彩自達 工于五言詩 好以綺錯婉媚爲本)"면서 "그가 크게 출세를 하자 당시의 많은 문인들이 그의 시체를 본받았는데, 이를 당시 사람들은 상관체라고 불렀다.(儀旣顯貴 故當時多有效其體者 時人謂上官體)"는 기록이 나온다.

상관체는 사실상 상관의로 대표되는 궁체시(宮體詩)의 일파라고 할 수 있다. 그는 남조(南朝) 때 나온 사성팔병설(四聲八病說)을 기초로 육조(六朝) 시대에 만들어진 시가 창작에 있어서 대구 방법을 원용해서 창작상의 하나의 공식을 만들어냈다. 이른바 육대(六對)와 팔대(八對) 등으로 불리는 공식이 그것이다. 예컨대 천지(天地)가 일월(日月)과 대구를 이루면 이는 정명대(正名對)라거나, 화엽(花葉)이 초아(草芽)와 대구를 이루면 이는 동류대(同類對)라는 식을 말한다. 이밖에도 쌍성대(雙聲對, 黃槐와 綠柳)와 첩운대(疊韻對, 彷徨과 放曠)도 있다. 이와 같이 형식을 염두에 둔 방법은 비록 직접적으로는 화려하고 부화한 병려문(騈儷文)으로 이루어진 궁정 문학을 창작하는 일에 쓰였지만, 율시(律詩)의 창작에 있어서 일정 정도 기여를 한 점도 간과할 수 없다.(임종욱)

상관의(上官儀), **어용시인**(御用詩人), **궁체시**(宮體詩), **대구**(對句)

참고문헌
임종욱, 『동양문학비평용어사전-중국편』, 범우사, 1997.
_____, 『중국의 문예인식』, 이회, 2001.
_____, 『중국문학에서의 문장체제 인물 유파 풍격』, 이회, 2001.
주훈초, 『중국문학비평사』, 이론과실천, 1992.

상대성이론(相對性理論, Theory of relativity)

이 용어는 미국의 물리학자 알베르트 아인슈타인에 의하여 제창된 이론으로 상대론이라고도 한다. 이 상대성이론은 1905년에 제출된 특수상대성이론과 1916년에 정리된 일반상대성이론으로 구분된다.

특수상대성이론은 당시의 첨단이론이었던 맥스웰의 '전자기이론'과 뉴턴의 '갈릴리안 상대성이론' 사이의 모순을 해결하기 위해 고안된 것으로서, 시간과 공간에 대한 당시의 개념과는 다른 혁신적인 개념을 도입한 이론이다. 그 특징은 뉴턴역학 이래 물리학의 대전제였던 시간 · 공간의 절대성을 부정하고, 시공의 상대성을 적극적으로 밝힘으로써 서로 등속도로 운동하는 좌표계에 대하여, 모든 물리법칙이 불변인 형식을 가지도록 정식화(定式化)하였다는 점을 들 수 있다.

이 특수상대성이론의 중심적 내용은 모든 좌표계에서 빛의 속도가 일정하고 모든 자연 법칙이 똑같다면, 시간과 물체의 운동은 관찰자에 따라 상대적이라는 것이다. 특수상대성이론의 개념을 아인슈타인은 다음과 같은 수학적 표현으로 제시하였다. $E=mc^2$. 이 수식의 개념은, '어떤 양의 물질이 갖는 에너지는 그 물질의 질량에 빛의 속도의 제곱을 곱한 값과 같다'는 것이다.

한편, 일반상대성이론은 아인슈타인 자신이 발표한 특수상대성이론에 관성질량과 중력질량이 같다는 등가원리와 휘어진 공간의 기하학적 구조에 관한 중력이론을 더한 이론이다. 즉, 특수상대성이론의 두 개의 기본원리인 상대성원리와 광속도불변의 원리에, 관성질량(慣性質量)과 중력질량(重力質量)이 같다는 원리, 즉 등가원리(等價原理)를 합치고, 구부러진 공간의 기하학적 구조에 대한 중력이론을 더하여 전개한 것이다.

이 일반상대성이론이 갖는 의의는 특수상대성이론에서 밝힌 자연법칙의 절대성(絶對性)과 시간ㆍ공간의 상대성이라는 개념을 강화함과 동시에, 시간과 공간 자체가 물질의 존재와 밀접한 관련을 맺고 있음을 밝혔다는 데 있다고 한다.(이태희)

참고문헌
小野周 편, 『現代物理學事典』, 편집부 역, 전파과학사, 1995.
Parker, Barry, 『상대적으로 쉬운 상대성이론』, 이충환 역, 양문, 2003.

상대적 자율성(相對的 自律性, Relative autonomy)

상대적 자율성(relative autonomy)은 하나의 문화 안에서 작동하는 사회적 형식 혹은 구조들은 그 문화적 전체에 의해 완전히 결정되지도 않으며 그것으로부터 완전히 독립적이지도 않다는 개념이다. 상대적 자율성은 루이 알튀세르의 '이데올로기적 국가 기구(ideological state apparatus)'에 의해 설명될 수 있다. 마르크스주의에서 억압의 기구들(경찰, 근대, 감옥 등과 같은)로 구성되었다고 주장했던 국가는 그것들 외에 생산조건들을 재생산하는 이데올로기적 기구를 갖는다고 알튀세르는 주장했다. 알튀세르는 종교 제도, 교육 체계, 법 체계, 정당, 미디어, 가족을 포함하는 그러한 기구들을 통해 이데올로기는 개인들의 주체성을 구성하는 기능을 수행하고, 이러한 기능으로 이데올로기는 그들에게 자본주의 생산 체계 안의 특정한 역할을 배분한다고 했다. 알튀세르의 이론을 수용한 풀란차스는, 생산양식은 경제가 최종심급에서 규정하는 복합적 전체이며, 각 층위간의 관계는 중층결정(Overdetermination)의 관계를 맺고 있다고 주장한다. 또 자본주의 생산양식에서는 전자본주의적 생산양식과는 달리 잉여를 수취하는 데 있어 '경제 외적 강제'가 불필요하고, 생산과정 그 자체 속에서 잉여 수취가 자연스럽게 이루어지기 때문에 경제층위와 정치층위 사이의 관계는 '상대적 자율성'으로 특징지을 수 있다고 주장했다. 풀란차스는 국가가 경제로부터 상대적으로 자율적이라는 자신의 이론을 통해, 자본주의 국가의 법이데올로기는 사회 구성원들을 '계급구성원'으로서가 아니라, 평등하고 자유로운 '개인적 법적 주체'로 구성하게 만들고, 따라서 결국 계급관계를 은폐하는 '고립효과'ㆍ'개별화효과'를 낳는다고 했다. 국가가 지배계급에 대해 일정 부분 자율성을 갖고 있다는 사실이 결국 국가에서 '지배계급의 부재 상황'을 만들어 내고, 이것은 국가에 내재하는 계급모순을 은폐시키는 효과를 마련하는 것이다.(박기수)

이데올로기적 국가 기구(ideological state apparatus), 억압의 기구, 중층결정(Overde -termination), 알튀세르, 풀란차스

참고문헌
앤드류 에드거·피터 세스윅, 『문화 이론 사전』, 박명진 외 역, 한나래, 2003.
윤소영, 『알튀세르를 위한 강의』, 공감, 1996.

상대주의(相對主義, Relativism)

이 용어는 인식이나 가치의 판단에 있어 상대성을 주장하는 철학적 개념을 의미한다. 그러므로 상대주의는 절대주의와 대가 되는 개념으로, 인간의 인식과 가치판단 과정에 절대적으로 올바른 진리란 있을 수 없으며, 올바르다는 것은 그것을 정하는 기준에 의해 정해지는 것이라고 주장한다. 이와 같이 절대적 개념이나 판단의 기준이 존재하지 않으므로, 여러 대상·현상·과정 등의 상호관계와 상호연관만을 인식할 수 있을 뿐 인식대상·현상·과정 그 자체는 인식할 수 없다고 주장한다.

이 상대주의 관점에서 보면, 우리는 현실을 현실 그대로 인식할 수 없으며, 인식하는 의식에 의해서만 인식할 뿐이다. 또한 모든 이론적·실천적 가치는 주관적·심리적인 개인과의 관계에 있어서는 상대적일 뿐이며, 모든 진리·규범·가치는 각자의 입장에 따라 서로 다르게 해석할 수 있다고 주장한다.

이러한 상대주의는 사상사적으로 보면, 기원전 5세기 경의 수학자이자 철학자인 피타고라스가 말한 "인간은 만물의 척도다"라는 주장으로부터 유래한다고 할 수 있다. 이와 같은 태도는 당시 소피스트에 의해서 널리 주장되었으며 절대적 진리, 절대적 도덕가치의 존재를 부정하는 이론으로 정립되었다. 이 상대주의는 기성의 형이상학적 독단과, 신을 유일한 진리의 원천으로 본 신학적 세계관에 대한 강력한 비판의 이론이었으나, 객관적 진리를 부인한 탓에 회의론에 빠지기 쉬운 결함을 안고 있다.

현대 철학의 흐름, 특히 실증주의와 실용주의 이론에는 이 상대주의의 요소가 포함되어 있다고 할 수 있으며, 윤리학의 경우 상대주의는 보편 타당한 도덕규범이나 윤리가치를 부정하는 '윤리적 상대주의'로 나타난다. 또한 문화연구의 측면에 적용된 '문화 상대주의(cultural relativism)'는 <문화들은 다양하고(diverse), 각 문화는 그 자체 유일한 것(unique)이며, 각 문화들은 바람직하다고 여기는 개념들이 서로 다르다>는 입장을 취한다. 그러므로, 어떤 문화가 다른 문화보다 발전되었다거나 우월하다고 말할 수 없고, 가치의 기준은 그 문화 내에서만 의미를 가진다고 본다.(이태희)

참고문헌

최민홍·박유봉 편저, 『哲學大事典』, 휘문출판사, 1985.
제레미 M. 호손, 『현대문학이론용어사전』, 정정호 외 역, 동인, 2003.

상동성(相同性, Homology)

　본래 '상동성'은, 포유류의 앞다리와 조류의 날개처럼 기원은 동일하나 종류가 다른 기관을 가리키는 생물학 용어로서 '이체 동형(異體同形)' 또는 '동족관계', '상사관계(相似關係)'라는 말과 함께 사용된다. 루시앵 골드만은 이 말을 발생론적 구조주의에 입각한 그의 문학사회학에서, '작품의 발생이 사회의 집단의식이나 개인의식, 사회경제적 관계와 구조적으로 동일하다'는 뜻으로 사용했다. 그는 자본주의 사회에서 창조적 개인인 작가 및 예술가의 위상과 관련지어 소설이라는 문학 형식은 교환경제 속에 놓인 일상적인 삶의 형식과 엄격한 상동관계를 형성한다고 보았다.

　골드만은 주저의 하나인 『숨은 신』에서, 철학적 에세이인 파스칼의 『팡세』와 라신의 비극 『페드르』를 분석하면서 '상동성' 개념을 활용했다. 골드만은 파스칼이나 라신 같은 '예외적 개인'들이 펼친 개념적 사유와 상상적 표현이 17세기 프랑스 장세니즘의 집단의식인 비극적인 세계관을 보여주고 있으며, 이 세계관은 법복귀족의 사회경제적 토대와 상동관계를 이루는 것을 증명하고자 했다. 그러나 골드만은 『소설사회학을 위하여』에 이르러, 『숨은 신』에서 사용했던 '예외적 개인', '세계관' '집단의식'을 폐기하고 작가 및 예술가 개인과 사회현실을 직접 연계시켜 설명하고자 한다. 이것은 자본주의 사회가 교환경제 속에서 개인을 단자화시키기 때문에 더 이상 집단의식이나 세계관 개념이 통용되지 않는다고 보았기 때문이다.

　골드만에 따르면, 자본주의의 사회적 기원은 교환경제의 발생과 함께한다. 자본주의 사회 이전까지 작품은 집단의식의 층위에서 상동성을 지니고 있었으나 근대세계의 사물화는 개인의 단자화를 초래하고 그 결과 집단의식을 소멸시킨다. 그에 따라 더 이상 작품은 집단의식과 개인의식의 접점(곧 매개물)으로 나타나지 않는다. 자본주의 사회는 물신화를 강요하며 인간과 상품 사이에 건전한 사용가치를 철저하게 타락한 관계, 철저하게 수량적 가치만을 지닌 관계로 대체하는 타락한 현실이다. 이런 사회에서는 사용가치를 추구할 때 수량화와 교환가치라는 매개현상에 의해 타락한 형태로 표현될 수밖에 없다. 소설이라는 장르는 이런 사회에서 살아가는 사람들의 일상적인 삶의 양식이다. 따라서 자본주의 사회에서는 직접적으로 사용가치를 지향하는 모든 노력들이 타락한 개인, 곧 문제적 개인들을 만들어낸다.

　자본주의 사회에서 소설 구조와 교환구조는 상이한 두 차원에서 나타나는 동일구조, 곧 상동성을 형성한다. 근대소설을 서사시의 완결된 세계에서 타락한 세계로의 모험이며 그 본질을 아이러니라고 규정했던 루카치의 이론, 타락한 소설세계 속의 형이상학적 갈망을 유머로 규정한 르네 지라르의 소설이론을 참조하여, 골드만은 자본주의 사회에서 소설의 형식을 "시장 생산에 의해 이루어진 개인주의적 사회 내에서의 일상생활을 문학적 차원으로 전환시키는 것"(『소설사회학을 위하여』)이라고 규정한다. 소설이라는 문학 형식은, 시장사회 내에서 일반적으로 인간과 상품 사이에 형성되는 일상적 관계, 나아가서는 인간들과 다른 인간들 간의 일상적 관계 사이에 "엄격한 상동관계"를 가지고 존재한다는 것이다. 이런 맥락에서 골드만은 소설이라는 장르를 '타락한 세계에서 타락한 방식으로 내적으로 진정한 가치를 추구하는 문제적 개인에 관한 이야기'라고 규정한다.

박지원의 한문단편 「양반전」이나 판소리계 소설인 「춘향전」은 조선조 사회의 신분제 혼란과 민중들의 신분상승 의지는 사회구조와 상동관계를 형성한다고 말할 수 있다. 게다가 이같은 상동성에 따라 『무정』이나 『삼대』, 『탁류』와 같은 근대소설의 사례들이 유용하게 분석될 수 있다.(유임하)

이체동행, 예외적 개인, 아이러니

참고문헌
루시앙 골드만, 『숨은 신』, 정과리 송기형 공역, 인동, 1980.
_____, 『소설사회학을 위하여』, 조경숙 역, 청하, 1982.
홍성호, 『문학사회학, 골드만과 그 이후』, 문학과지성사, 1995.
김　현, 『문학사회학』, 김현문학전집 1권, 문학과지성사, 1995.

상문(相聞)

상문은 일본어로는 소몬(そうもん)이라고 읽는다. 『만엽집 萬葉集』(8세기 후반)에서 그 내용상의 분류에 따라 잡가(雜歌)나 만가(挽歌)와 더불어 3대 분류중의 하나로 꼽힌다. 노래의 숫자를 보면 잡가나 만가보다 많은 1750수나 된다.

상문이라는 말의 원뜻은, '서로 생각을 전달한다'는 뜻이다. 상문은 그 내용을 들여다보면, 남녀간의 애정을 노래하는 연가(戀歌)가 대부분이지만, 연애 이외의 노래도 약 80수가 있다. 부모 자식간, 형제 자매간, 친족, 친구 사이 등에서 서로 주고받는 노래도 실렸는데, 그러한 노래에는 친애, 사모, 슬픈 이별 등의 개인적인 정이 노래되고 있다. 잡가나 만가를, 공적 장소에서의 노래라고 한다면, 상문의 노래는 일상적인 인간관계 속에서 교류되어 온 개인적인 정을 노래한 것의 총칭이라고 할 수 있다. 상문은 표현법에 따른 분류로 세 가지로 나눌 수 있는데, 정술심서가(正述心緒歌), 기물진사가(寄物陳思歌), 비유가(譬喩歌)가 그것이다. 정술심서가는 자신의 심정을 노래한 것이며, 기물진사가는 무언인가 물건에 기탁해서 자기 심정을 노래한 것이다. 또한 비유가는 무엇인가에 비유해서 연정(戀情)을 내면에다 의탁한 것으로 완곡한 방법으로 아름답게 노래하고자 한 수법이라 볼 수 있다. 잡가나 만가가 「문선 文選」등의 중국시집에서 따온 것과는 달리, 상문이라는 말은, 「왕래수상문(往來數相聞)」<문선 권42등>과 같은 한시문(漢詩文) 중에서 종종 볼 수 있는 것처럼, 중국 일반의 통용어에서 그 근거를 찾을 수 있다.

상문은 그 성격 면에서 보면, 단가 형식의 작품이 대부분이라는 것은 당연하다고 할 수 있겠으나, 『만엽집』의 주요 가인(歌人)의 한 사람인 가키노모토노 히토마로(柿本人麻呂)에게는 「석견상문가 石見相聞歌」(권 2)와 같은 뛰어난 장가가 있기도 하다.(오석윤)

잡가, 만가, 정술심서가, 기물진사가, 비유가

참고문헌
小町谷照彦 編, 『古典文學基礎知識必携』(「國文學」42), 學燈社, 1991.
『日本古典文學大辭典』 제4권, 岩波書店, 1983.

상사(相似)

서로 모양이 비슷하거나 닮음을 이르는 말. 그런 점에서 '유사(類似)'와 상통하지만 둘 사이에는 분명한 차이가 있다. 미셸 푸코는 마그리트의 <이것은 파이프가 아니다>를 분석하면서 '유사성(ressemblance)'과 '상사성(similitude)'을 구분한다. 유사성은 '원본'에 대한 모방으로서, 원본과 재현물 사이의 관계 속에서 성립한다. 이에 비해 상사성은 차이 속에서 반복을 실현하는 것을 원리로 하며, 재현물과 재현물 사이의 관계 속에서 성립한다. 원본의 모델과 절연하고 기원도 목적도 없이 어느 방향으로도 나아갈 수 있고 어떤 서열에도 복종하지 않으면서 조금씩 퍼져 나가는 계열선을 따라 전개되는 예술의 내재적 원리이다. 유사성이 원본과 재현물의 일치라는 인식론적 요구를 함축한다면, 상사성은 굳이 원본을 증언할 인식론적 의무가 없는 것이다. 이런 점에서 푸코의 상사성은 들뢰즈의 '시뮬라크르'에 해당한다. 시뮬라크르는 하나의 복사물이 아니라 원본과 복사물의 관계 자체에 의문을 제기한다. 즉 원본이 존재하지 않으므로 모든 작품이 진품이 될 수 있는 차이들의 놀이가 시뮬라크르이며 상사성의 원리이다. 푸코는 마그리트의 그림이 유사의 의무를 포기하고 상사의 놀이를 지향한다고 말한다. 마그리트에게 파이프는 파이프라는 실물을 지시하지 않는다. 마그리트는 문자와 도상이 공존하고 충돌하는 칼리그램('이것은 파이프가 아니다')을 통해 현실의 재현으로서의 예술의 경향을 부정하고 하나의 이미지에 안에 들어있는 무한한 조형적 잠재성을 일깨워준다.(권채린)

참고문헌
미셸 푸코, 『이것은 파이프가 아니다』, 민음사, 1995.

상상계(想像界, Imaginary)

상상계는 상징계, 실재와 더불어 라캉 정신분석학의 세 기본 범주에 속한다. 특히 초기 라캉에게 상상계는 분열된 육체를 상상적으로 통합하는, 거울단계에서의 육체 이미지(image du corps)와 연관되는 개념이다. 생후 6개월~18개월 된 어린아이는 거울에 비친 자기 모습을 지각하고 환호성을 지르며 반응한다. 이는 거울에 비친 자신의 모습에 관심을 보이지 않는 침판지 같은 고등 포유 동물과는 다른 반응이다. 라캉에 따르면 거울에 비친 육체 이미지에 동일화함으로써 자아가 형성된다. 거울 이미지에 동일화함으로써 인간 주체는 자신을 전체적으로 경험, 파악하고 형성하지만, 이는 동시에 타자를 통한 자아의 형성이라는 소외의 과정이기도 한다. "나는 타자이다." 그리고 나, 자아는 자신의 '실재'를 망각, 오인함으로써 형성된다. 그러므로 자아의 자기 및 세계 인식(connaissance)은 오인(méconnaissance)이다. 분열된 육체를 정형외과적으로 통합하는 육체 이미지는 나르시시즘적 자아에 상응한다. 하지만 이러한 통합은 불완전하며, 심각한 경우 분열된 육체에 대한 환상으로 나타나 육체 이미지의 통일성을 파괴한다. 거울 단계에 내재한 공격성 및 공격적 분열을 극복하기 위해서는 상징계로의 진입이 필요하다. 라캉에게 상상계는 분열된 육체를 상상적으로 통합하는 총체적 이미지라는 의미와 더불어 이자(二者)관계, 의미의 고정, 나르시시즘, 자아, 차이 및 결여의 망각, 쾌락 원리 등을 모두 포괄적으로 설명하는 개념이며, 실재와 구분되는 현실도 상상계에 속한다. 하지만 시간이 지날수록 라캉은 단순히 상상계로 간주되었던 거울 이미지에 보다 긍정적 의미를 부여한다. 『세미나 제 10권: 불안』에서 라캉은 모든 것을 다 비추지 않는, 즉 결여를 전달하는 거울의 기능에 대해 언급한 바 있으며, 『세미나 제22권: R.S.I.(실재, 상징계, 상상계)』라는 후기 세미나에서도 라캉은 상상계에 보다 긍정적인 의미를 부여한다. 일관성(정합성)이 이러한 의미에서의 상상계이다. 여기에서 라캉은 직접적으로 표현할 수 없는 실재를, 어떻게 간접적이기는 하지만 일관성 있게 표현할 수 있는가에 관심을 갖고 있었다. 보로매우스의 매듭은 매듭의 결합 방식이 보여주는 '위태로움'을 가시적이고 일관적인 형태로 보여주며 라캉은 이를 실재적 일관성이라고 부른다.(홍준기)

상징계, 실재계

참고문헌

J. Lacan, Écrits, Paris: Seuil, 1966.

_____, Le Séminar livre X: L'angoisse. 미출간

_____, Le Séminaire livre XXII, in: Ornicar? n° 2, 3, Paris.

상상력(想像力, Imagination, 프 Imagination, 독 Phantasie)

상상력은 마음 속에서 눈에 보이지 않은 영상을 만들거나 경험을 초월한 세계를 만드는 정신적 능력을 의미한다. 르네상스 이전까지 플라톤과 아리스토텔레스가 이성을 중요시한 이래 상상력은 그 중요성을 인정받지 못했다. 르네상스 이후 인본주의적 사고와 경험주의가 결합되면서 상상력은 그 가치를 인정받게 되었다. P. 시드니는 신은 무(無)의 상태에서 세상을 창조했고 시인도 세상에 없는 형상들을 상상력을 통해 만들어낸다고 주장했다. 문학의 개인성과 주관성을 강조한 낭만주의 시대에 상상력은 천재 개념과 결합되어 신과 같은 창조력으로 숭상되었다. 20세기는 초현실주의 문학이 상상력을 중요시하게 여겼다. 프랑스의 문학자인 바슐라르는 물, 불, 공기, 땅이라는 4원소에 기인한 물질적 상상력을 주장하면 상상력의 중요성을 강조한다.

상상력에서 중요한 것은 그것이 비실재물을 마치 실재하는 것처럼 가까이 끌어당기는 능력

이다. 기억은 과거의 경험을 선택과 배제의 원리를 통해 현재에서 추출하는 것이므로 상상이라고 하지 않는다. 상상한 것이 현실에 없는 것이거나 있을 수 없는 허무맹랑한 것들은 상상이라고 하지 않고 공상이라고 한다. 그러나 달 여행은 처음에 공상이었지만 점차 상상으로 발전하더니 이제 현실이 되었다. 이처럼 상상과 공상의 경계는 시간과 상황에 따라 달라지는 유동성을 띠고 있다. 망상이나 환각은 있지도 않은 것을 현실로서 생각해낸다는 점에서 상상과 구별된다.

상상의 종류로 현실도피적 성향의 백일몽, 아이들이 막대를 칼로 생각하는 것과 같은 상징적 상상, 완성품을 상상하며 특정한 것을 만드는 목적적 상상, 과거의 경험을 재구성하여 새로운 것을 만들어내는 생산적 상상이 있다. 상상력의 기능은 2가지로 나눈다. 첫째, 지각과 기억에도 없는 새로운 세계를 구체적으로 표현하는 기능이다. 둘째, 체험을 표현하는 의식의 한 양식으로서의 기능이다.

한국문학에서 상상력의 즐거움을 느낄 수 있는 대표적인 작품으로 복거일의『비명을 찾아서』, 김영래의『숲의 왕』, 박민규의『지구영웅전설』등이 있다.(최강민)

상업주의(商業主義)

자본주의 사회에서는 물질적인 사용가치뿐만 아니라 교육·예술·사상·이데올로기·도덕 및 인간존재 그 자체가 이윤실현의 수단이 된다. 원래는 이윤추구의 장(場)이 될 수 없는 의료·복지·종교 등의 영역으로까지 도의적 한계를 넘어서 자본의 논리가 침투해 들어가는데, 이러한 경향을 상업주의라고 한다. 현대에는 이런 경향이 거대화된 매스미디어와 결합하여 사회기구·인간행동·문화구조의 심층부까지 침투하고 있다.

대중문학의 한 하위개념으로서 부정적인 기능을 상징하는 용어로 사용되고 있는 '상업주의 문학'이라는 용어는, 문학의 산업화 즉 문학의 시장화라는 물신화된 개념을 전제로 한다. 지극히 사적이며 미묘한 영혼의 움직임을 밝히는 작업인 문학에 컨베이어벨트 시스템, 연속적인 재생산, 상품의 공개적인 유통과 교환을 연상시키는 산업이라는 개념을 결합시킨 것이다. 문학의 상품화는 18세기 영국에서 작가와 귀족 사이의 후원체계(patron)가 무너지고, 출판업자와 서적상들이 지적 생활의 주요 매개자로 등장하면서 예고되었다. 이어 19세기가 되면 인류역사상 처음으로 한 국가(영국)의 인구 대다수가 글을 읽고 쓸 줄 아는 능력을 갖춤으로써 대중적인 서적시장의 발전을 목격하게 된다. 즉 19세기는 서적판매와 도서산업이 등장하여, 처음으로 대중을 대상으로 그들의 열망에 답하는 일종의 대량생산체제 산업이 된 시기인 것이다. 문학 중에서도 소설 장르는 18세기에 대두하여 19세기에 가장 절정을 이루었으며, 독자들이 소설에 기대하는 것은 순간적으로 누리는 세속적 만족이었다. 결국 세로운 문학적 힘의 균형은 전통적인 비평기준에 따르지 않고 손쉬운 오락물을 선호하는 경향으로 나타나게 되었다.

특히 후기 산업사회의 문학은 소비 상품으로서의 운명을 벗어날 수 없으며, 1960년대 이후 형성·발전해온 독점자본주의 체제가 80년대에 눈부신 성장을 이룩하면서 대중의 무의식과 욕망조차도 상품논리로 포섭되어 가고 있다. 또한 1990년대 가치관의 혼란을 부채질하는 세기말적 징후들의 틈을 비집고 포스트모더니즘이 혼란의 정도를 가중시켜왔다.

90년대의 한국문학의 현실도 이러한 맥락에서 벗어날 수는 없다. 출판업은 작가와 독자를 연결시켜주는 역할을 넘어선 지 이미 오래다. 독자들이 원하는 내용의 작품을 기획하고 작가들은 이에 맞춰 작품을 제작하며, 다시 출판사의 대대적인 홍보와 마케팅을 통해 독자들의 구미에 맞는 베스트셀러로 양산되고 있다. 이런 현실에서 작품의 문학성은 평가의 고유한 잣대가 될 수 없게 되었으며, 책의 판매와 작품의 완성도 사이에 놓인 간극이 점차 심하게 벌어지고 있다. 이런 사회문화적 현상을 담고 있는 작품으로는 이문열의 『추락하는 것은 날개가 있다』, 하일지의 『경마장 가는 길』, 마광수의 『권태』, 김한길의 『여자와 남자』, 김진명의 『무궁화꽃이 피었습니다』 등이 있다.(김종회)

물신화, 자본주의, 대중문학

참고문헌
김문환, 『19세기 문화의 상품화와 물신화』, 서울대학교 출판부, 1998.
김종회, 『문학과 사회』, 집문당, 1997.
W.F. 하우크, 『상품미학과 문화이론』, 백지숙 역, 눈빛, 1995.
참고할만한 문헌
이광수, 『상업주의 어떻게 극복할 것인가』, 중앙출판문화사, 1985.

상징(Symbol)

상징(symbol)의 어원은 '조립하다', '짜맞추다'를 뜻하는 그리스어 심발레인(symb -allein)이다. 이 말의 그리스어 명사형인 심볼론(symbolon)은 부호(mark), 증표(token), 기호(sign) 등을 의미한다. 이렇게 볼 때 상징은 다른 어떤 것을 대신하는 기능을 가진 일정한 기호라고 볼 수 있다.

그러나 문학 형식으로서의 상징은 일반적 의미의 상징과 구분할 필요가 있다. 문학적 상징은 한 나라의 국기가 국가를, 거수경례가 충성을, 각종 신호체계가 사회적 규율을 의미하는 방식의 제도적 상징과는 다르다. 문학적 상징은 외부적 규율과는 구분되는 개인의 내적 체계와 관련된다. 대체로 문학적 표현방식으로서의 상징은 불가시적인 것을 가시적인 것으로 암시하는 형식을 취한다. 사물로 관념적인 것을 표현하는 경우가 이에 속한다. 문학적 상징은 지시 대상이 그 자체의 의미를 유지하면서 보다 포괄적인 의미를 내포한다. 여기에서 상징은 하나의 단순한 의미로 환원되기보다는 여러 가지 의미를 환기하는 작용을 한다.

비유와 비교해볼 때 상징은 비유에서 원관념을 떼어버리고 보조관념만 남는 형태다. 비유가 원관념과 보조관념을 작품 표면에 직접적으로 제시하는 반면, 상징은 작품 표면에서 원관념(개념)은 숨고 보조관념(이미지)만 제시된다. 또한 비유가 원관념과 보조관념의 이질성 또는 유사성에 근거해 있는 데 반해, 상징은 이 둘의 관계가 분리되지 않고 일체가 된다. 상징은 개념을 드러내지만 또한 암시적이다. 이러한 암시성은 여러 개의 원관념을 환기시키는 상징의 다의적 속성과 연관된다. '내 마음은 호수요'(김동명, 「내 마음은」)에서 원관념(마음)과 보조관념(호수)은 작품 표면에서 비유의 관계를 형성한다. 이에 비해 '풀이 눕는다/비를 몰아오는 동풍에 나부껴/풀은 눕고/드디어 울었다/날이 흐려져 더 울다가/다시 누웠다'(김수영, 「풀」)에서 풀(보조관념)의 원관념은 작품 표면에 드러나 있지 않으며, 작품 전체 혹은 작가의 전텍스트와 유기적인 연관성을 지니면서 역동적 의미를 이끌어낸다. 그것은 민중이나 생명의 힘을 의미할 수도 있지만, 그렇다고 그것과 정확히 일치하는 것도 아닌 어떤 비의를 담고 있는 것이다.

또한 상징은 알레고리와도 구분된다. 낭만주의 시대의 비평가, 코울리지는 상징과 알레고리를 다음과 같이 구분한다. 알레고리는 일반적인 것을 위해 특수한 현상을 찾고, 그 현상을 개념으로 변형시킨 뒤, 다시 그 개념을 이미지로 변형시키는 과정을 통해 얻어진다. 반면에 상징은 알레고리처럼 현상을 관념으로 관념을 이미지로 변형시키지만 상징에서의 관념은 알레고리와는 다르게 이미지 속에서 풍요롭게 전개된다. 보조관념과 원관념의 관계로 바꾸어 생각해보면 알레고리의 경우 두 관념이 1:1의 관계를 이루는 반면, 상징에서는 1:多의 관계를 이루는 것이다.

상징은 여러 논자들에 의해 다르게 구분되어 왔다. 랑거(S. K. Langer)는 상징을 추리적 상징과 비추리적 상징으로 구분했고, 휠라이트(P. Wheelwright)는 약속상징(steno symbol)과 긴장상징(tensive symbol)으로, 휠러는(P. Wheeler)는 언어적 상징과 문학적 상징으로 구분한 바 있다. 여기에서 문학적 상징은 언어나 과학의 논리성에 의한 상징들(추리적 상징, 약속상징)과는 달리 암시하는 의미가 다양하게 해석될 수 있는 모호성을 가진 상징들(비추리적 상징, 긴장상징)을 의미한다.

문학적 상징은 그 환기력의 범위에 따라 다시 관습적 상징, 원형적 상징, 개인적 상징 등으로 유형화된다. 관습적 상징 또는 전통적 상징은 어떤 특정한 문화 안에서 이미 확정되어 있는 상징적 사물이나 인물들을 지시한다. 원형적 상징은 신화와 역사, 종교 등에서 수없이 되풀이되는 이미지나 모티브를 말한다. 프레이저는 『황금가지』란 저서에서 여러 나라의 신화와 제의 속에서 되풀이되는 근원적 패턴을 찾으려 했으며, 융은 심리학적 관점에서 신화를 정신현상의 투사로 보고 그 원형을 인간의 정신구조에서 탐구했다. 관습적 상징과 원형적 상징이 기존에 존재하는 상징체계를 활용한다면, 개인적 상징은 한 작품이나 여러 작품에서 자신만의 상징을 창조한다는 측면에서 이들과 구별된다. 인생을 강물이나 길로 표현할 때 이것은 이미 익숙한 상징으로 자리 잡고 있기 때문에 관습적 상징에 속한다. '쫓아오든 햇빛인데/지금 敎會堂 꼭대기/十字架에 걸리었습니다.//尖塔이 저렇게도 높은데/어떻게 올라갈 수 있을까요.'(윤동주, 「십자가(十字架)」)에서 십자가는 기독교를 상징한다는 점에서는 관습적 상징이며 작품의 문맥 안에서 화자

의 종교적, 도덕적 동경과 목표로 의미화된다는 점에서는 개인적 상징에 해당한다.(최동호)

관습적 상징, 개인적 상징, 낭만주의, 비유, 알레고리, 원형적 상징, 랑거, 코울리지, 휠라이트, 휠러

참고문헌

김준오, 『시론』, 삼지원, 1991.

이정일, 『시학사전』, 신원문화사, 1995.

M. H. 애브러함즈, 『세계문학비평용어사전』, 이명섭 역, 을유문화사, 1985.

P. 휠라이트, 『은유와 실재(Metaphor And Reality)』, 김태옥 역, 문학과지성사, 1982.

S. K. 랑거, 『예술이란 무엇인가』, 문예출판사, 1984.

상징계(象徵界, Symbolic)

상상계(Imaginary), 실재(Real)와 더불어 라캉 정신분석학의 삼위체(triade)를 이루는 개념이다. 상징계는 인간의 의식적, 무의식적 활동을 규율하는 포괄적이며, 자율적인 영역으로서 언어, 법, 규율의 세계를 지칭한다. 라캉은 물론 및 현대 철학자들의 견해에 따르면, 인간을 동물과 구분되는 인간 주체로 만드는 것이 상징이다. 이를 강조하기 위해 라캉은 인간을 '말하는 존재'(parlêtre)라고 부르기도 한다. 라캉은 '무의식은 언어처럼 구조지어져 있다'는 명제로써 인간과 언어와의 관계를 정리한다. 정신분석은 좁은 의미의 언어학이 아니다. 그럼에도 불구하고 정신분석이 언어에 관심을 갖는 이유는, 프로이트의 『초안』, 『히스테리 연구』, 『꿈의 해석』, 『일상 생활의 정신병리학』과 같은 저서들에서 잘 볼 수 있듯이 정신분석은 언어가 인간 주체의 형성, 그리고 신경증, 정신병 등 정신병리의 발생에 지대한 영향을 미친다는 사실을 발견했기 때문이다. 라캉은 레비-스트로스, 소쉬르 등 구조주의 이론을 받아들여 상징계에 관한 논의를 발전시킨다. 라캉에게 상징계는 무의식, 이자(二者)관계를 초월하는 대타자, 부재, 결여의 영역, 그리고 오이디푸스 콤플렉스와 같이 욕망을 규제하는 법, 더 나아가 법을 통해 사회적 관계를 형성시키는 협약의 영역을 의미한다. 라캉의 상징계 논의에서 중요한 점은 상징계가 결여를 도입한다는 점이다. 이는 정신분석이 말하는 오이디푸스 콤플렉스 개념을 생물학적 개념으로 축소할 수 없다는 것을 의미한다. 라캉은 프로이트의 오이디푸스 콤플렉스를 아이와 어머니 사이에 분리를 도입하는 상징계의 작용으로 해석한다. 언어와 그것이 지칭하는 대상을 분리시키는 것이 상징계의 작용이라면, 상징계로서의 아버지의 금지법은 아이를 어머니의 육체(사물, das Ding)으로부터 분리시키며, 완전한 향유의 대상이었던 어머니를 영원히 상실된 대상으로 만든다. 또한 라캉에게 상징계는 죽음의 충동의 영역이기도 하다. 이렇게 본다면 상징계는, 쾌락 원칙을 파괴하는 죽음의 충동으로 인해 영원히 상실한 대상을 "재발견하려는" 부단한 반복(repetition)의 장소이기도 하다.(홍준기)

상상계, 실재계

참고문헌

S. Freud, Project for scientific Psychology(1894), in: SE I, London: Hogarth Press, 1973.

_____, Studies on Hysteria, SE II, London: Hogarth Press, 1973.

_____, The Interpretaion of Dream(1999), SE VII, London: Hogarth Press, 1973.

J. Lacan, Écrits, Paris: Seuil, 1966.

상징주의(象徵主義, Symbolism)

19세기 말에서 20세기 초에 프랑스를 중심으로 발생한 상징파(象徵派)의 예술운동과 그 경향을 말한다. 상징주의는 일반적으로 표현이 불가능한 추상적인 사물들을 상징적인 언어로 발현한다. 상징주의는 합리적이고 구체적인 것보다는 불합리하고 추상적인 것을 통해 절대적인 영원성을 추구한다. 따라서 이미지나 의미보다는 암시성을 중시한다. 또한 언어의 규칙적성에 얽매이지 않는 자유로운 리듬을 창조한다. 여기에서 자유시와 산문시가 출현한다. 그러나 과잉된 개인주의에 빠진 결과 상징주의는 애매성과 퇴폐적 정서를 초래하기도 한다. 이러한 상징주의 성격은 현대시에 중요한 영향을 미친다. 이를테면 보들레르, 베를렌느, 발레리, 사르트르, 콕토, 프루스트, 엘리엇 등은 현대시에 있어서의 상징주의 기법에 영향을 끼친 작가들이다.

한편 상징주의는 소설에서도 많은 영향을 주었다. D.H. 로렌스, J.조이스, A.V.울프, E.M.포스터 등의 작가들은 전통적인 직설법의 문체에서 벗어나 감각적 심상의 암시성을 이용한 압축적인 문체로 등장인물의 복잡한 내면의식을 발현했다. 즉 소설속에 내포된 상징성은 의식의 흐름 기법같은 새로운 소설작법을 만들었다. 문학에 있어서 상징성은 비유와는 달리 포괄성과 형상성을 잘 결합시켜 주기 때문에 함축성과 암시성을 보여준다.

한국에서의 상징주의 문학은 김억(金億)·백대진(白大鎭)이 ≪태서문예신보(泰西文藝新報)≫ 제6호와 제7호에 베를렌의 ≪거리에 내리는 비≫, 예이츠의 ≪꿈≫ 등 상징파 시인의 작품을 게재하면서 처음으로 이론이 소개되었으며, 베를렌의 ≪작시론≫ 등을 비롯하여 일본 작가들의 작품이 ≪창조≫, ≪백조≫, ≪폐허≫를 통해 번역, 게재되었다. 또한 김억·황석우(黃錫禹)·박종화(朴鍾和)·박영희(朴英熙) 등의 작품에서도 상징주의적 기법을 찾아 볼 수 있다. 이밖에 상징적 심상이 잘 드러나 있는 작품으로는 윤동주(尹東珠)의 「십자가」, 이상화(李相和)의 「빼앗긴 들에도 봄은 오는가」, 한용운(韓龍雲)의 「침묵」 등이 있다.(최경희)

상징, 상징적 언어, 상징적 심상기법, 상징적 배경, 상징적 상상력

참고문헌

질 장티 외, 『상징주의와 아르누보』, 신성림 역, 창해, 2002.

강우식, 『한국 상징주의시 연구』, 문학아카데미, 1999.

상품(商品, Commodity)

상품은 시장에서 교환되는 유형·무형의 재화를 의미한다. 상품이란 욕망의 대상인 노동생산물이 교환관계에 놓일 경우에 비로소 나타나는 형태이다. 이 형태를 취하려면 사회적 분업의 존재와 생산수단의 사적·분산적 소유라는 조건이 필요하다.

산업사회의 성립 이전에는 한 사회의 경제에서 상품경제가 차지하는 위치는 부분적이었으며, 따라서 재화와 용역의 많은 부분이 상품으로 매매되지 않았다. 산업혁명을 거치면서 상품경제가 경제사회의 중심체제가 되고 자본주의 시장경제가 성립되었다. 노동자는 노동력의 대가로 임금을 받고 고용되며(노동력의 상품화) 그 임금으로 상품으로서의 생활수단을 구입한다.

상품은 사용·교환 가치의 2가지 요인을 갖는다. 사용가치란 상품 자체의 물리적 속성에 근거한 유용성을 말한다. 이에 반해 교환가치는 재화가 상품이라는 사회적 형태를 취함으로써 갖게 되는 가치를 말하며, 화폐가치로 측정되고 가격의 형태로 표시된다.

상품의 교환가치, 즉 가격이 궁극적으로 무엇에 의해 결정되는가를 논하는 가치론은 크게 노동가치설과 효용가치설로 대별된다. D. 리카도에 의해 제창되어 K. 마르크스에 의해 발전된 노동가치설에 의하면, 노동을 가치의 실체로 보고 상품의 가치는 그 상품생산에 투하된 노동량에 의해 결정된다고 한다. 효용가치설은 C.멩거와 W.S.제번스 등이 발전시킨 이론으로 소비자의 주관적 평가인 효용을 상품가치의 궁극으로 간주한다. 그러나 오늘날에는 노동시간과 효용이라는 특정의 생리학적·심리학적 실체에 가치, 즉 가격을 배제하고, 상품의 수요와 공급으로 이루어지는 시장의 시스템적인 상호작용에 따라 가격이 결정된다는 균형론적 설명이 일반적으로 받아들여지고 있다.

상품의 교환에는 그것이 아직 규칙성을 갖추지 못한 동안에는, 일반적으로 부등가(不等價)교환이 지배적인 형태다. 그러나 상품의 생산이나 유통이 전사회적인 규모에서 이루어지게 되면, 부등가교환은 점차 등가교환에 의해서 대치된다. 이때 상품교환은 각기 상품생산에 필요한 사회적·평균적 노동의 분량에 비례해서 행하여진다. 재화가 상품으로서 생산·교환되기 위해서는 생산력의 일정한 발전과 함께, 사회적 분업의 성립과 사유재산제의 확립이 성취되어야 한다.

이러한 상품교환도 생산력의 발전과 더불어 교환의 규칙적인 반복에 의해 필연적인 것으로 되었다. 원시공동체사회의 붕괴, 사회적 분업의 발달, 사유재산제의 확립, 상품교환을 매개하는 화폐의 성립 등에 의해 상품생산이 전사회적 규모로 행하여지는 경제적 조건이 성숙하였다. 이와 같이 상품생산은 자본주의의 성립에 선행하는 것으로서, 노예제사회나 봉건제사회에서도 그 사회체제 속에서 부수하여 발전되어 왔으나, 그 전면적인 발전은 자본주의 체제하에서 달성되었다.(최강민)

상품가치, 교환가치(交換價值, Value in exchange)

마르크스는 상품의 가치를 사용가치(use value)와 교환가치(exchange value)라는 두 가지 형식으로 파악했다. 사용가치는 확인 가능한 인간의 필요나 욕망을 충족시키는 재화의 유용성(有用性) 또는 효용을 의미하며, 교환가치는 상이한 가치를 지니는 상품들 간의 교환비율을 말한다.

사용가치가 인간의 다양한 욕망을 충족시켜줄 수 있는 상품이 가진 유용성(有用性)이라면, 교환 가치는 이러한 사용가치를 지닌 독립적인 상품 간의 교환비율이나 교환의 양적 관련을 말한다. 사회의 고도화에 따라 자급자족 경제가 무너지고 분업과 협업이 불가피해짐으로써 상품은 직접 생산자의 소비를 위하여 생산되는 것이 아니고, 타인이 생산하여 소유하는 상품이나 화폐와 교환하기 위해 생산되게 되었다. 따라서 상품은 다른 상품이나 화폐와 교환되는 값어치를 지니게 되는데 이것이 상품의 교환가치이고, 이 교환가치가 화폐량에 의해 측정된 것이 가격(價格)이다. 마르크스는 사용가치는 교환가치를 지니기 위한 필요조건이며, 교환가치는 상품생산조건의 반영임을 강조한다. 따라서 마르크스 경제학의 연구대상은 교환가치의 생산과 운동을 지배하는 법칙, 즉 가치를 지배하는 법칙이며, 교환가치로 나타나는 상품 고유의 특성이라고 주장한다.

마르크스의 노동 가치론에 따르면 상품의 가치는 그것을 생산하는데 소비된 노동시간의 양에 의해 결정된다. 마르크스는 사회적으로 필요한 노동시간에 주목하고, 이것은 주어진 사회의 표준적인 생산 조건과 평균 정도의 노동 기술과 강도를 전제로 하여 주어진 양의 상품을 생산하는 데 필요한 시간이라고 했다. 그는 교환가치를 이러한 조건에서 상이한 사용 가치를 지닌 상품들이 교환 될 때 발생하는 가치로 보았다. 이러한 견해에 따르면 종이 1Kg을 생산하는 데 1시간이 걸렸고 양복 1벌을 생산하는데 4시간이 걸렸다면, 종이 4kg이 양복 한 벌의 가치를 지니는 것이다.(박기수)

사용가치(value in use), D. 리카도, K. 마르크스, 노동가치론, 가격

참고문헌
앤드류 에드거·피터 세스윅, 『문화 이론 사전』, 박명진 외 역, 한나래, 2003.
톰 보토모어, 『마르크스 사상사전』, 임석진 편역, 청아출판사, 1988.
마르크스, 『자본론』 김수행 역, 비봉출판사, 2004.

상품물신숭배(商品物神崇拜, Commodity fetishism)

상품물신숭배란 상품에 초자연적인 힘을 발휘하여 인간을 지배하는 것처럼 보이는 것을 말한다. 페티시즘이란 원래 자연물 또는 인공물에는 초자연적·신비적 힘을 가지고 있다는 원시 종교 특유의 신앙에서 유래한 주물숭배(呪物崇拜)를 가리키지만, 그 후 마르크스의 『자본론(資本論)』 첫머리에 상품세계(商品世界)의 물신적(物神的) 성격에 관한 기술(記述)이 나옴으로써 사회과학 용어로서 일반화되었다.

그의 말에 의하면, 자본주의적인 생산체제 아래에서는 사람과 사람과의 관계가 물건과 물건과의 관계로 나타나고 사회관계가 물상화(物象化)되며, 물상적 의존관계(物象的依存關係)로 변질한다. 그래서 본시 인간이 노동에 의해 만들어내는 생산물에 지나지 않는 상품·화폐·자본 등의 물질이 마치 고유의 힘을 지니고, 그들 배후에 있는 사람과 사람과의 관계에서 떠나 독자적으로 행동하는 것처럼 생각되고, 상품·화폐·자본 등 인간노동의 생산물을 신앙 또는 숭배의 대상으로 여겨 이에 무릎을 꿇게 된다. 이와 같은 사태를 물신숭배라 하고, 그것이 자본주의 사회에 있어서는 일상적 종교가 되어 있다고 한다.

상품은 그 가치를 스스로 표현하지 못하고 다른 상품과의 교환관계에서 다른 상품의 사용가치에 따라서만 표현되는데, 상품세계의 공동사업으로 상품세계에서 배제되어 다른 여러 상품의 가치표현의 재료로서의 역할을 독점하게 된 상품이 돈이다. 이리하여 돈은 화폐가 된다. 상품물신은 다시 화폐물신으로 심화·발전한다. 이 물신성은 상품경제에 불가피한 현상이며 마르크스는 그 해명을 통해 자본주의의 본질을 밝혔다.

한국문학에서 물신성에 대해 형상화한 작품으로 최승호의 『세속도시의 즐거움』, 주종환의 『어느 도시거주자의 몰락』, 유하의 『바람부는 날이면 압구정동에 가야 한다』 등이 있다.(최강민)

상품미학(商品美學)

상품미학이라는 용어를 최초로 제기한 것은 독일의 철학자 하우크(W.F.Haug)이다. 상품미학은 사회적·미적 가상과 그로 인한 감성의 정형화(定型化) 현상으로 하우크는 특히 자본논리에 초점을 맞춰 상품미학 분석을 진행하면서, 인간의 감성을 주조하는 또 하나의 권력이 바로 자본임을 분명히 하고 있다. 즉 상품미학은, 미적 가상이 인간의 감성을 매혹함으로써 인간에 대한 지배를 확보하게 되는 메커니즘을 '감성의 기술지배'라는 용어로 포괄하면서 그 구체적인 지배과정을 드러내기 위해 만들어낸 새로운 조어이다. 상품미학은 사용가치의 미적 추상, 미적 혁신, 감성의 정형화 등의 개념과 연결된다.

서구 근대 미학의 출현과정에서 본 예술과 미학의 관계를 살펴보면, 상품미학은 예술과 달리 자본주의 체제의 현실원리를 고스란히 실현시키는 도구임을 알 수 있다. 18세기 시장과 함께 출현한 예술과 상품미학의 유사성 또한 미적 가상을 통한 지배의 재생산이나 예술의 노골적인 상품화 전략 추구에서 반증되기도 한다. 특히 예술의 유미주의와 상품의 심미화 현상은 등가로 볼 수도 있다. 둘 다 내용을 제거한 외관을 강조하는데, 예술은 이데올로기적 권력으로 지배질서를 표상한다. 그리고 상품미학은 유사이데올로기 권력으로서, 예술의 형식을 차용하여 쾌락과 행복의 가상을 통해 인간의 정체성을 형성하고, 파괴된 인간의 감성을 주조함으로써 지배를 확립한다. 특히 상품미는 형식과 내용의 괴리가 엄청나지만 외견상 예술미를 차용하여 예술미보다 더 풍부한 미적·예술적인 형식을 갖추고 있다.

상품미학의 대상영역은 순수예술작품, 영화, 사진, 만화, 비디오, 디자인 등 대중 예술품 그리고 일반적인 대중문화 현상들로, 대중들에게 설득력과 호소력을 갖는 텔레비전, 광고, 기타 매스커뮤니케이션 그리고 이 세 가지의 상호통합 양상으로 드러난다. 미학의 일상화를 실현시킨 상품미학은 그 광범위한 편재성으로 말미암아 양적으로는 '미학의 민주화와 대중화'를 가능하게 했다는 긍정적인 평가를 받고 있지만, 질적인 측면에서는 미학의 '하향평준화'를 이루었다는

비난 역시 동시에 받고 있다.(김종회)

상업주의, 상품미, 유미주의, 자본주의

참고문헌
스튜어트 유웬, 『이미지는 모든 것을 삼킨다』, 백지숙 역, 시각과 언어, 1996.
볼프강 F. 하우크, 『상품미학비판』, 김문환 역, 이론과실천, 1994.
참고할만한 문헌
미술비평 연구회 대중시각매체연구분과, 『상품미학과 문화이론』, 눈빛, 1992.

상호주관성(相互主觀性, Intersubjectivity)

이 용어를 설명하기 위해서는 우선, 주관 혹은 주체에 대한 개념이 선행되어야 할 것이다. 주관성 또는 주체성이라는 개념은 '객관성'에 상대되는 개념이다. 일반적으로 주관이란 '자기의 의지나 판단에 바탕을 둔 태도나 성격'을 가리키는 개념으로, 현대철학에서 존재론적 · 윤리적 · 실천적 의미에서 의식과 신체를 가진 존재자가 자발적 · 능동적으로 행위하며 실존하는 것을 의미한다. 임마누엘 칸트는 인식작용에서 주관이 객관을 구성한다고 하는 초월론적 주관성을 주장한 바 있다.

이런 맥락에서 볼 때, 상호주관성이라는 용어는 복수(複數)의 주관에서 볼 수 있는 구조나 인식의 공통점을 의미하며, 타인 역시도 자기처럼 주관으로 존재하고 있다는 점에서 이 용어는 '공동주관성(共同主觀性)' 또는 '간주관성(間主觀性)'으로 불리기도 한다. 이 상호주관성이라는 말은 독일의 철학자 에드문트 후설에 의하여 명명된 것인데, 후설은 그의 『데카르트적 성찰』 제5성찰에서 상호주관성의 현상학을 발전시키고 있다. 그에 따르면, 데카르트의 명제 '나는 생각한다'는 선험적 주관성에 해당한다고 말한다. 나아가 그는 "나는 타자들을, 변화할 수 있으나 일치하고 있는 다양한 경험들 속에서 실제로 존재하고 있는 것으로서 경험하고, 게다가 다른 한편으로는 세계의 객체들로서 경험"한다고 주장한다. 이러한 타자를 포함한 세계의 경험은 곧 "사적인 종합적 형성물로서가 아니라, 나에게는 생소한 즉 모든 사람에 대해 현존하고 있어서 그 속에 있는 객체들을 통해 모든 사람이 접근할 수 있는 상호주관적 세계로서의 세계"라는 것이다.

이와 같은 에드문트 후설의 이론은 몇몇 이론가들에 의해 '데카르트주의를 특징으로 하는 인식론 즉, 타자에 대한 자아의 절대적 우위의 전제에 입각해 있다'는 등의 비판을 받기도 하였으나, 타자의 경험을 내세운 그의 상호주관적 현상학은 인식론, 사회철학, 문화철학, 역사철학 등에 광범위한 영향을 끼치고 있는 것으로 평가되고 있다.

한편, 이 용어는 최근의 문학이론에서 '텍스트에 대한 독자의 경험이 수동적인 것이 아니라, 능동적이며, 독자 내부의 합일화를 통해 내재화하는 것이라는 관점'을 뜻하기도 한다. 즉, 작품에 대한 독자의 창조적 역할을 부여하는 개념으로 사용되는 것이다.(이태희)

참고문헌
에드문트 후설·오이겐 핑크, 『데카르트적 성찰』, 이종훈 역, 한길사, 2002.
제레미 M. 호손, 『현대문학이론용어사전』, 정정호 외 역, 동인, 2003.

상호텍스트성(Intertextuality)

이 용어는 일차적으로 텍스트와 텍스트의 관계 즉, 텍스트들 사이의 관계를 의미한다. 여기서 텍스트는 둘일 수도 있고, 그 이상일 수도 있다. 프랑스의 기호학자 줄리아 크리스테바(Julia Kristeva, 1941~)가 1966년에 소련의 문학이론가인 바흐찐에 관한 한 논문에서 처음 이 용어를 사용하였는데, 롤랑 바르트 등이 사용함으로써 널리 쓰이게 되었다.

이 용어의 가장 일반적인 의미는, 문학적 텍스트의 의미와 해석은 어떤 한 작가의 독창성이나 특수성에 귀속되는 것이 아니라, 기존의 개별적인 텍스트들 및 일반적인 문학적 규약과 관습들에 의존해 있다는 것을 말한다. 크리스테바는 상호텍스트성에 대하여 "모든 텍스트는 인용구들의 모자이크로 구축되며 모든 텍스트는 다른 텍스트를 받아들이고 변형시키는 것"이라고 언급한 바 있다.

여러 이론가들에 의해 사용된 상호텍스트성의 개념은 다양한 의미로 사용되는데, 가장 제한된 의미에서의 상호텍스트성이란 '주어진 텍스트 안에 다른 텍스트가 인용문이나 언급의 형태로 명시적으로 드러나 있는 경우'를 말하며, 가장 넓은 의미에서는 '텍스트와 텍스트, 혹은 주체와 주체 사이에서 일어나는 모든 지식의 총체'를 가리킨다. 후자의 경우 주어진 텍스트는 단순히 다른 문학 텍스트뿐만 아니라 다른 기호체계, 더 나아가서는 문화일반까지 포함한다.

또한 크리스테바는 텍스트를 기능작용면에서 현상텍스트와 생성텍스트로 구분하는데, 그녀에 따르면, 현상텍스트는 "구체적인 진술의 구조에서 그 자체로 나타나는 언어적인 현상"을 가리키고, 생성텍스트는 "언표 행위 주체의 구성에 적합한 논리적 작용을 위한 터전"으로서 "현상텍스트를 구성하는 장소"를 뜻한다.

한편, 이 텍스트의 이론은 매우 다양한 갈래를 보이며 전개되는데, 프랑스의 문학평론가인 제라르 주네트는 상호텍스트 그리고 그것과 중요한 관계를 맺는 텍스트를 함께 지칭하기 위해 '하이퍼텍스트'와 '히포텍스트'라는 용어를 사용하기도 한다.(이태희)

참고문헌
츠베탕 토도로프, 『바흐찐 : 문학사회학과 대화이론』, 최현무 역, 까치, 1987.
한용환, 『소설학 사전』, 고려원, 1992.
줄리아 크리스테바, 『사랑의 역사』, 김영 역, 민음사, 1995.
제레미 M. 호손, 『현대문학이론용어사전』, 정정호 외 역, 동인, 2003.

상흔문학(傷痕文學)

문화대혁명이 끝난 70년대 후반은 문화대혁명을 비판하고 폭로하는 반특권문학인 '상흔문학

(傷痕文學)'과 '반사문학(反思文學)'이 주류를 이루었다 문화 대혁명으로 박해 당한 사실들을 그려낸 '상흔문학'에서, 사상적인 이식으로부터 해방감을 주는, 아무 부담 없는 순수한 수정 문학에 전 중국 사람들은 봄바람을 맞은 것처럼 마음이 들떴었다. 문장의 기교에서는 대만의 20년 전 문학을 모방하기도 했다. 1970년대 말기부터 대륙에서 노출되기 시작한 상흔문학은, 대륙에서 대만에 이주하고 있는 중국 사람들에게 고향에 대한 새로운 변화를 알려 주어 과거의 잘못된 시절을 시인하는 역할을 했다

문화대혁명 기간에 비판받고 숙청된 작가들이 아직 복권되지 않은 상황에서 1978년 8월에 상해(上海) 복단대학(復旦大學) 학생 노신화(盧新華)의 단편소설「상흔(傷痕)」이 상해『문회보(文匯報)』에 발표되어 문단을 놀라게 했다. 이 소설은 문화대혁명이 단란한 한 가정에 반혁명이라는 무고를 씌워 가정을 파괴하고 한 젊은이에게 어떤 고통의 상처를 남겼는가를 고발한 내용으로 중국문학에 큰 변혁을 예고했다. 중공정부 수립 이후 중국문학의 금구(禁區)는 "사회의 암흑을 쓸 수 없고, 비극도 쓸 수 없다"고 규정하였다. 그러나 상흔은 사회의 암흑과 비극을 묘사함으로써 과거 중국의 문예 창작 규정을 전면으로 뒤엎은 것이다. 이 소설이 발표된 이후 문단에는 상흔문학(傷痕文學)이라는 새로운 용어가 나왔다. 상흔문학과 반사(反思) 사조는 이후에 전개된 심근(尋根) 사조 전개에 실마리를 제공해 주었다.

상흔문학의 대표적 작품으로는 중걸영(中杰英)의「나부산의 혈루제(羅浮山血淚祭)」, 종박(宗璞)의「나는 누구인가?(我是誰?)」, 장현량(張賢亮)의「노인과 개에 대한 이야기(邢老漢和狗的故事)」등을 들 수 있다.(오태석)

상흔문학, 상흔(傷痕), **반사문학**(反思文學), **심근사조**(尋根思潮), **노신화**(盧新華)

참고문헌
김시준 저,『中國當代文學思潮史研究』, 서울대학교출판부, 2001.

생명 본능(生命本能, Life instincts, 독 Lebentrieb) ☞ 생의 본능

생산양식(生産樣式, Mode of production, 독 Produktionsweise)

생산 양식은 사회발전의 일정 단계에 있어 인간이 생존을 위해 필요한 재화를 획득하는 양식을 의미한다. 인간은 생존에 필요한 모든 재화를 사회발전의 각 단계에 적합한 일정한 양식으로 생산해왔는데, 이 같은 역사적·사회적으로 규정된 재화의 획득방법을 생산양식이라 한다. 생산양식은 보다 좁은 의미에서는 노동과정의 기술적·사회적 조건에 의해 규정된 생산양식을 가리킨다. 생산양식을 인류사회의 발전적 견지에서 본다면, 그것은 생산력과 생산관계의 사회적·역사적 결합의 양식을 의미하는 것으로 한층 넓은 의미를 지닌다.

인간의 자연에 대한 의식적 활동으로서의 생산활동에서 생산력은 노동력과 생산수단이 사회

적으로 결합하여 형성되지만, 이 2가지가 어떻게 결부되어 생산력으로써 현실에 작용하는가를 결정하는 것은 생산관계이다. 생산관계는 생산에 임해서 인간 상호간에 맺는 관계이며 노동력 소유자와 생산수단 소유자의 사회적 결합관계이다. 생산양식은 이 생산력과 생산관계의 통일적 개념이며, 이 2가지가 어떻게 통일되었는가에 따라 인류사회의 발전은 여러 단계로 구별된다. 즉 원시공동체적·노예제적·봉건제적·자본주의적·사회주의적 생산양식 등이 생겼다.

생산과정에서 인간은 자연에 영향을 미치며 필수적인 물질적 재화를 산출한다. 인간은 생산을 통해서 자연에 영향을 미칠 뿐 아니라 항상 일정한 방식으로 상호 협력함으로써 서로 영향력을 행사한다. 그러므로 생산은 항상 특정 사회형태 내에서 인간이 자연을 자기화(自己化)하는 것이다. 생산과정에서 인간이 상호간에 맺는 기본적인 사회관계를 경제적 관계, 생산관계라고 한다. 생산양식이 변화되면 전체 사회생활이 변화된다. 생산양식이 변화되는 출발점은 자연에 대한 지배를 발전시키기 위한 인간의 능동적 활동에 의해 이루어지는 생산력의 발전이다. 그리하여 생산력은 생산양식 내에서 가장 활력적이고 혁명적인 요소이다. 생산력이 어떤 특정 단계에 도달하게 되면, 생산력의 발전을 지체시키는 이전의 생산관계는 필연적으로 변화되며, 모든 계급 사회에서 이러한 생산관계의 변화는 계급투쟁과 사회혁명에 의해 일어난다. 모든 사회관계의 변혁은 생산양식의 변혁과 관련되어 있다. 역사의 흐름 속에서 다양한 생산양식이 발생하고 해체되는 것은 합법칙적인 과정이다. 새로 발생하는 모든 생산양식은 선행하는 생산양식에 비해서 보다 고차적이며 진보된 것이다. 왜냐하면 그것은 보다 발전된 수준의 생산력에 근거하고 있으며 생산력에 보다 크고 자유로운 발전 가능성을 부여하기 때문이다.

문학과 생산양식이 결합한 문학생산양식은 문학작품이 천재적 개인의 창조물이 아니라 정해진 역사의 압력 아래 생겨난 이데올로기적 생산물임을 강조한다. 맑스주의 비평가들은 문학작품이 역사상의 어느 시점에 특유한 이데올로기의 작용에 의한 산물로 이해해야 한다고 주장한다. 테리 이글턴은 문학생산양식이 어느 특정 사회구성체 속에 존재하는 문학의 일정한 생산력과 사회적 생산관계의 통일체라고 규정한다.(최강민)

생성(生成)텍스트(Genotext)/현상(現象)텍스트(Phenotext)

쥴리아 크리스테파에 의하면 모든 텍스트는 텍스트의 표층구조인 현상텍스트와 심층구조 및 모든 의미의 원천인 생성텍스트로 이루어져 있다고 본다. 텍스트 분석은 현상텍스트를 생성텍스트에서 분해하거나 분리하고 의미의 감추어진 차원을 발견하는 작업이다. 그러나 과거, 현재, 미래의 언어가 지닌 모든 가능성을 함유하고 있는 생성텍스트는 결코 현전하지 않으며, 항상 현상텍스트의 가면을 쓰고 있는 까닭에 그것이 함유하고 있는 것을 입증하기란 불가능하다.

한국문학에서 생성텍스트와 현상텍스트를 뚜렷하게 볼 수 있는 작품은 이청준의 『병신과 머저리』, 하성란의 『루빈의 술잔』, 김영하의 『나는 나를 파괴할 권리가 있다』 등이 있다.(최강민)

참고문헌
줄리아 크리스테바, 『시적 언어의 혁명』, 김인환 역, 동문선, 2000.
_____, 『줄리아 크리스테바의 문학 탐색』, 김인환 역, 이대출판부, 2003.

생성문법(生成文法, Generative grammar)

생성문법은 '한 언어는 그 언어에 내재한 규칙에 의해 다양한 문장들을 생성해 낸다'는 문법 이론을 말한다. 일반적으로 이 생성문법은 1950년대에 미국의 언어학자 노엄 촘스키(Avram Noam Chomsky)에 의하여 비롯되었다. 종래의 구조언어학을 비판하면서 나온 이 문법이론은 심층의 내재된 언어 규칙에 의해 기본 문장에 다양하게 변형되면서 생성된다는 관점에서 '변형 생성문법(變形生成文法, transformational-gen -erative grammar)'으로 부르기도 한다.

종래의 구조언어학이 특정 언어의 현실적 발화를 자료로 출발하여, 그 주어진 자료의 구조를 분석, 기술하는 것을 궁극적 목표로 했다면, 이 생성문법에서는 특정 언어의 모국어화자가 적격 인 문장만을 모두 생성하고 부적격인 문장은 생성하지 않는다는 점에 주목하고 있다. 즉, 모국 어의 발화자가 문법적으로 옳은 문장만을 생성하는 언어규칙이 바로 그 언어의 문법이라고 간 주하고 있으며, 이 같은 문법을 만들어 내는 일을 연구의 목표로 삼고 있다.

촘스키는 그의 『언어에 대한 지식』에서 "전통문법과 구조문법은 '무엇이 언어에 대한 지식 을 구성하는가, 언어에 대한 지식은 어떻게 습득되고 어떻게 사용되는가' 하는 문제들을 다루지 않았다"고 지적하면서 그 이유를, 전통문법이 "은연중에 독자의 분석화되지 않은 지식에 의존" 했고, 구조문법은 "그 범위가 좁았기 때문"이라고 밝히고 있다.

이와 같이 생성문법에서는 인간의 두뇌 안에서 문법적(언어적) 지식이 어떻게 표현되고 처리 되는가에 주목하고 있으며, 문장 구조를 나타나는 단계를 바탕에 갈린 추상적인 심층구조(深層 構造, deep structure)와 실제 문장을 만드는 표면구조(表面構造, surface structure)로 나누어 설명 한다. 이 심층구조가 어떻게 표면구조로 변형되는가 하는 것을 밝히려는 것이 바로 생성문법이 지향하는 목표이다. 이때 변형은 단지 변형일 뿐만 아니라 창조적으로 생성된다는 것이다. 이 이론은 후에, 보편문법은 몇 개의 표시 층위와 그 층위간을 연결시켜주는 규칙으로 구성된다는 지배 결속 이론(支配 · 結束이론, Government and Binding Theory)으로 이어진다.(이태희)

참고문헌
노엄 촘스키, 『생성문법의 원리』, 이승환 ·이혜숙 역, 범한서적, 1984.
_____, 『언어에 대한 지식』, 이선우 역, 민음사, 1990.
이정민 ·배영남, 『언어학 사전』, 박영사, 1987.

생성시학(生成詩學, Generative poetics)

생성시학이라는 사이버네틱스(cybernetics)와 인공지능, 즉 컴퓨터 프로그래밍에 의해 만들어 진 시(詩)와 관련하여 문학현상을 설명하고자 하는 새로운 시도를 이르는 말이다. 저자에게는 텍스트를 구성할 능력을 제공하고, 독자에게는 텍스트를 이해하는 길을 열어주는 규칙 또는 과정을 설명하려는 시도로서 제기된 학문을 가리키는 용어이다.

텍스트의 생성분석(生成分析)은 텍스트의 생산과정 이론 또는 문법을 제시함으로써 문학의 현상을 설명하고자 하는 새로운 시도이다. 이는 미국의 언어학자이자 변형생성문법(變形生成文法)의 창시자인 노엄 촘스키(Noam Chomsky)가 문장의 형성과 변형을 가능하게 해주는 규칙의 집합을 검토하여 문장을 설명하는 가운데 발전시킨 생성문법의 원리와 다르지 않다.

이와 같은 원리로 생성시학은, 기계·동물·사회 등에 나타난 제어(制御)와 통신의 유사성을 찾아내어 인공두뇌의 실현과 오토메이션의 개량을 지향하는 사이버네틱스와 인공지능에 의해 만들어진 시와 관련하여 설명된다. 즉, 새로운 텍스트를 산출하도록 컴퓨터를 프로그래밍하려면 기존의 텍스트들이 어떠한 과정과 방법으로 생산되었는가를 이해하고 있어야 하기 때문이다.

그러나 조너선 컬러(Jonathan Culler)와 같은 일부 비평가들이 지적한 것처럼 생성시학에 관한 많은 작업은 텍스트를 형성하기 위한 논리적 규칙에 관한 설명이라기보다는 오히려 어떻게 하면 텍스트의 구축적 성질을 이해할 수 있는가에 초점이 맞추어져 있는 실정이다.

문학텍스트를 이해함에 있어 가장 보편화된 방법 중의 하나는 주제를 발견하는 작업이다. 이때 텍스트는 '작자의 의도'가 담겨진 일종의 용기로, 주제는 거기에 담기는 내용물로 비유될 수 있다. 해석학이 이와 같은 텍스트의 주제, 의미를 발견해내는 절차에 비중이 두어지는 방법이라면, 생성시학은 이 반대의 과정에 초점을 맞추는 관점이다. 즉, 생성시학은 주제를 바탕으로 텍스트가 생성되는 과정에 초점을 맞추는 관점이다. 이때 텍스트는 주제의 파생물로 이해될 수 있다. 해석학에서는 텍스트가 고정된 것이라면, 생성시학에서는 주제가 고정된 것이라 할 수 있다.(최강민)

참고문헌
신은경, 「생성시학(Generative Poetics)과 '두건'의 의미론」(『한국언어문학』43집, 1999. 12)

생의 본능(Life instinct)

프로이트는 인간의 본능을 크게 생의 본능과 죽음의 본능으로 나누었다. 생(삶)의 본능은 모든 신체적 욕구의 정신적 대표자이므로 생존과 번식을 위해서는 이러한 욕구를 만족시켜야 한다. 성의 본능은 생명의 본능 중에서 가장 많이 연구된 것이고 정신 분석의 인격 이론에서 매우 중요한 위치를 차지하고 있다. 성의 본능은 신체의 여러 곳에 그 원천이 있는데, 이러한 곳을 '성감대'라고 한다. 입, 항문, 생식기는 주요한 성감대이다. 성감대는 생식선에서 분비되는 화학 물질(호르몬)에 의해 감광되는 신체의 일부일 것이라고 프로이트는 생각했다. 성적 본능은 개인의 생활에서 서로 독립하여 생기며, 정상적으로 사춘기(성적 성숙기)에 생식을 위해 통합된다. 성적 본능은 또한 다른 생의 본능과 상호작용을 갖는다.

생의 본능이 사용하는 에너지 형태는 '리비도(libido)'라 불린다. 그러나 프로이트는 죽음의 본능이 사용하는 에너지에는 특별한 명칭을 붙이지 않았다. 생의 본능과 죽음의 본능 그리고 그 파생물들은 서로 연합하기도 하고 서로 중성화시키기도 하고 서로 교체될 수도 있다. 잠은 본능의 연합에 대한 한 예이다. 잠은 긴장 감소의 상태인 동시에 생명의 과정이 생기를 회복하는 과정이기 때문이다. 먹는 것은 생의 본능과 죽음의 본능의 파생물인 파괴성이 연합한 예이다. 생명은 음식을 먹음으로써 유지되지만 음식은 먹힘으로써 파괴되기 때문이다.

생의 본능은 죽음의 본능을 극복하고 지배권을 획득한다. 그것들은 계속해서 죽음으로의 하강을 방해하고 지연시킨다. 삶의 본능은 유기체로부터 생식 세포를 분리하여 이 두 세포체를 결합하고 삶의 위대한 통일의 확립과 보존을 향해 진행하면서 삶을 재생산하는 기능을 시작한다. 이렇게 해서 삶의 본능은 죽음에 대항하여 삶의 본질에 속한 잠재적 불멸성을 획득한다. 페니헬은 생의 본능과 죽음의 본능이라는 반대 명제가 원래 공통된 근원에서 분화된 것으로 파악했다.

한국문학에서 생의 본능이 드러난 작품으로 염재만의 『반노』, 장정일의 『너에게 나를 보낸다』, 정이현의 『낭만적 사랑과 사회』, 김초혜의 『사랑굿』, 강인봉의 시집 『첫사랑』 등이 있다. (최강민)

참고문헌
캘빈 S. 홀, 『프로이트 심리학입문』, 황문수 역, 범우사, 1977.
마르쿠제, 『에로스와 문명』, 김인환 역, 나남, 1989.

생철학(生哲學)

생철학이란 생(生)의 구체적이고 전체적인 자체의 속성에 따라서 철학적 사고를 진행하려는 철학으로, 종래의 철학의 주류가 이성을 중심으로 흘러갔던 것에 반대하여 등장한 철학이다. 생철학의 중심에는 언제나 생 자체가 존재하므로 이전까지 이성과 대비되어 그 가치가 절하되어 왔었던 비이성적인 측면들, 즉 자연적 존재로서 느낄 수 있는 본능적인 욕구나 감정, 충동적인 의지 등을 존중하는 태도를 취한다. 이때의 생은 자연성에 근거한 생명(生命)의 의미를 지니며, 종래의 지적이고 이성적인 가치로부터의 전환은 인간에게 우리의 생을 새롭게 고찰하고 규명해야 하는 과제를 제시한다.

생철학은 일반적으로 비 철학에서 찾아볼 수 있는 낭만주의적 경향과 비합리적인 특성이 결합하여 출발한 철학으로, 18세기 말 이후 니체(F.W. Nietzsche), 베르그송(H. bergson), 딜타이(W. Dilthey), 쇼펜하우어(A. Schopenhauer) 등에 이르러 본격적인 면모를 갖추게 된다. 이후 1·2차 세계대전을 치르면서 슈펭글러(O. Spengler), 레싱(G.E. Lessing) 등에 의하여 다양한 형태로의 전개가 이루어지는데, 이 때의 영향으로 실존주의(實存主義), 현상학(現象學), 해석학과 프랑크푸르트학파(Frankfurter schule)에까지 직·간접적으로 생철학이 도달하게 된다.

생철학은 크게 실증주의적(實證主義的) 생철학과 관념주의적(觀念主義的) 생철학으로 나누어 볼 수 있다. 실증주의적 생철학이 생물학적 삶을 극구 찬양하고 이성과 정신을 평가절하했다면, 이에 반해 관념주의적 생철학은 정신적인 삶의 힘을 강조하였다. 실증주의적 생철학의 대표적인 학자로는 생물학적 진화론을 주장하였던 다윈(C. Darwin)과 헥켈(E. Haeckle), 철학적 진화론을 주장하였던 분트(W. Wundt), 가치 전도의 생철학을 주장하였던 니체, 슈펭글러, 프로이트(G. Freud) 등을 꼽을 수 있다. 관념주의적 생철학의 대표적인 학자에는 독일의 딜타이와 짐멜(G. simmel), 오이겐(R.C. Eucken), 프랑스의 베르그송, 이탈리아의 크로체(B. croce)와 스페인의 오르테가 이 가세트(J. Ortega y Gasset), 러시아의 베르자예프(N. Berdyayew) 등이 있다. 이 중 특히 딜타이와 짐멜은 생철학에 의거하여 예술을 즐겨 논하고 풍부한 사상을 남김으로써 생철학과 미학이 본질적으로 친근한 관계에 있다는 이론을 정립시켰다.(강진호)

생명주의, 존재론

참고문헌
편집부 엮음, 『미학사전』, 논장, 1993.
홍일희, 『니체의 생철학 담론』, 전남대학교 출판부, 2002.
요하네스피셜, 『생철학』, 백승균 역, 서광사, 1988.

생체 권력

푸코는 범죄자의 처벌방식을 계보학적으로 분석하면서 권력의 작동방식이 점차 인간의 신체를 규율하는 방식으로 전환되고 있음을 설파한다. 봉건 군주제 하에서는 범죄자의 신체를 처형함으로써 공포를 불러일으키는 방식으로 통치 권력을 행사했지만 18세기에 들어서면서 훈육 위주의 처벌로 변화하였고 감시 체제가 발달하게 된다. 공리주의자 벤담의 원형 감옥(panopticon)이 이를 잘 보여주는데 소수의 감시자가 감시의 시선을 드러내지 않으면서 모든 수형자의 일거수일투족을 효과적으로 감시할 수 있는 시스템이다. 이처럼 근대의 통치 권력은 가시적인 통제와 억압, 공포를 통해 힘을 행사하는 것이 아니라 비가시적인 감시의 시선으로 개개인의 삶을 제어하고 있다. 곳곳에 설치된 CCTV나 차량 번호판까지 식별할 수 있는 인공위성과 같은 기술력이 권력과 결합되면서 감시의 시선은 더욱 은폐되고 치밀해지고 있다.

푸코는 더 나아가 인간의 생명, 신체적 건강 상태와 같은 것들을 관리하는 것이 권력의 주요 통치 수단이 되고 있음을 간파하여 이를 생체 권력(bio-power)이라 명하였다. 그는 『성의 역사』에서 "종(種)으로서의 신체, 즉 증식, 출생과 사망률, 건강수준, 수명, 장수와 더불어 그것들을 변화시킬 수 있는 조건으로서, 이들에 개입하고 이를 조절하는 '통제' 전체"(pp. 155-156)라고 생체권력을 설명하고 있다. 이처럼 생체권력이 중요해진 데는 자본주의 체제를 유지하기 위해 '건강한' 노동력을 확보해야하는 통치 권력의 요구가 작용하고 있다. 과거 군주의 생살여탈권은 백성들을 죽게 만들고(faire mourire) 살게 내버려둘(laisser vivre) 권리였지만 이제 살게 만들고(faire vivre) 죽게 내버려두는(laisser mourire) 권리로 바뀌게 된 것이다.

이에 따라 아감벤은 '호모 사케르'의 형상을 통해 통치 권력이 모든 생명을 관리하지는 않는 다는 점을, 포함하면서 배제되는 '벌거벗은 생명'의 존재가 생체 권력의 비밀임을 주장하면서, 푸코의 논의를 이어간다.(차성연)

참고문헌
미셸 푸코, 『성의 역사』, 나남, 2004.
양창렬, 「생명 권력인가 생명정치적 주권권력인가」, 《문학과 사회》, 2006.8.

생체정치학(Bio-politics)

권력/지식이 마치 기계장치처럼 신체에 직접적으로 작용하여 인간을 통제하는 메커니즘을 일컫는 말. 푸코는 '합리성'이니, '이성'이니, '도덕'이니 하는 것들이 근대 자본주의 사회의 성립 이후에 확립된 사회통제 메커니즘의 일종이라고 주장한다. 그는 근대 이후 인간은 감옥이나 군 대, 경찰 등 눈에 보이는 억압기제에 의해서라기보다는 '지식/권력'이란 이름으로 행해지는 각 종 사회적 교육에 의해 사회가 요구하는 규율과 규칙에 훈육됨으로써 주체 내지 인간으로 만들 어지 진다고 한다. 그런데 이 과정에서 인간들은 눈에 보이지 않는 권력에게 길들여짐으로써 무 의식적 자기 검열에 지배를 당하게 된다.

푸코는 생체 정치학의 작동 방식을 프로이트 이후 하나의 정설로 받아들여진 성에 관한 '억압 가설'을 비판하는 것을 통해 증명한다. 그는 『성의 역사』를 통해 성에 관한 담론들은 17세기 이 래 지속적으로 생산되어 왔는데, 그것들은 권력의 밖에서 또는 그것에 대항하기 위해서가 아니 라, 오히려 권력이 행사되고 있던 바로 거기에서 권력행사의 수단으로서 증가했음을 지적한다.

신체를 효율적으로 관리할 목적으로 19세기에 등장한 인간과학은 권력/지식의 담론체계에 기초한 사회적 권력을 새로운 단계에 접어들게 만든다. 푸코는 『성의 역사』에서 16세기 이후 성(性) 담론들을 통해 육체에 각인되는 다양한 형태의 권력의 작동 방식을 '여성', '어린이의 성', '생식 행동의 사회관리화', '도착적 쾌락의 정신의학으로의 편입' 등을 통해 분석한다. 성담론에 있어 이른바 '고백제도'는 개인의 내밀한 성을 '지식/권력'화 하는데, 이 과정에서 성과 주체의 성적 특성을 재생산한다. 다시 말해 성에 관한 담론은 육체를 관통하고 보다 포괄적으로 인구를 통제함으로써 개인의 일상적 삶까지 지배하게 된다는 것이다.

우리나라의 경우 '가족계획사업'이 대표적인 표본이라 할 수 있다. 가족계획사업은 남녀의 성 교를 성적 욕망과 분리된 객관적인 생식행위로 규정짓고 그 생식행위를 의료화한다. 성행위의 의료화로 인해 남녀의 성교는 해부학적 내지 생리학적 대상이 되었다. 부부간의 성행위는 각각 주체가 되어 행동하는 것처럼 보이지만 생식행위에 의해 통제되고 만다. 각종 계몽운동과 교육 및 예비군 훈련에서 행해진 남성의 정관수술, 그리고 불임 수술을 받은 저소득층에 대한 지원 대책 등은 생체정치학의 대표적인 사례라 할 수 있다.(강진구)

생체 권력, 성의 역사, 푸코

참고문헌

미셸푸코, 『성의 역사』, 나남, 1990.

홍은영, 『푸코와 몸에 대한 전략』, 철학과현실사, 2004.

생태문학

생태문제를 다루는 문학. 환경문학, 문학생태학, 녹색문학으로 일컬어지기도 한다. 이들 용어는 조금씩 의미의 차이는 있으나 지구 생태계의 위기 상황에 대해 문제를 제기하고 이를 극복하기 위한 의도를 가진 문학이라는 점에서 유사한 지향점을 가진다.

생태문학에 대한 논의를 적극적으로 제시한 김용민의 정의에 의하면, 생태문학은 "생태학적 인식을 바탕으로 생태문제를 성찰하고 비판하며 나아가 새로운 생태 사회를 꿈꾸는 문학"을 의미한다. 생태학적 인식은 인간과 다른 생물과의 대등한 관계망 속에서의 공존을 인정하고 공생하기 위해 노력하는 사고 체계다. 김용민은 생태문학의 핵심이 되는 '생태학적 인식'의 범위를 너무 엄격하게 적용하지 않고 넓게 이해할 것을 당부하며 생태문학을 몇 가지 유형으로 나누어 설명한다. 첫 번째 유형은 환경과 생태계의 파괴를 직접적·사실적으로 서술하는 유형으로 환경 오염 문제를 고발하는 작품들이 이에 해당되며 지금까지 나온 생태문학 중에서 가장 많은 비중을 차지하는 유형이다. 두 번째 유형은 생태학적 인식을 바탕으로 생태계의 현 상황을 사실적으로 그리면서 동시에 생태계 파괴의 원인을 성찰하는 유형으로 생태계 파괴에 대한 묘사 자체가 목적이 아니라 그 뒤에 있는 인간의 태도와 문명의 문제를 핵심으로 다룬다. 세 번째 유형으로는 자연이나 환경을 직접 드러내지는 않지만 생태계 문제를 심도 있게 다루고 있는 유형으로 생태계 파괴 현상을 고발하지는 않지만 생태계 위기를 가져온 원인에 대해 분석하고 고찰한다. 물질 문명과 산업 사회에 대한 비판, 기술 비판, 이성주의, 인간과 자연의 관계, 물질만능주의, 목적중심주의 등과 같은 가치에 대해 문제제기를 하는 작품이 이에 해당된다.

역사적으로 보았을 때, 생태문학은 1970년대 이후 나타났다. 그 전에도 생태를 주제로 한 문학이 없었던 것은 아니나 간헐적으로 등장했으며 생태 문제가 현실 문제로 등장하기 시작한 것이 1970년대 이후이므로, 1970년대 이후 등장한 생태문제를 다룬 문학을 생태문학이라고 정의할 수 있다. 1970년대 이후 환경 문제에 대한 인식이 확대되면서 '문학생태학'이라 불리는 새로운 경향의 문학이 미국에서 등장했고, 1980년대 중반부터 본격적인 연구서가 나타나기 시작하면서 생태시, 생태소설, 생태비평, 환경문학, 녹색문학, 생태문학 등의 이름들이 등장했고 1990년대 이후부터는 보다 활발한 논의가 진행되었다. 국내에서도 1990년대 이후 생태문학에 대한 논의가 활발하게 이루어지고 있다. 1990년 겨울 『외국문학』에 이동승이 독일의 생태시를 소개하고 같은 호에 김성곤이 「문학생태학을 위하여」라는 글을 실으면서 생태문학에 대한 본격적인 논의가 시작되었다. 그런데 생태문학의 개념에 대한 분명한 합의나 정의는 내려지지 않은 상태다. 그 이유에 대해 김용민은 환경 문제가 워낙 광범위하고 생태학이라는 학문 자체의 성격이 다양하기 때문이라고 진단한다.(추선진)

참고문헌
김용민, 생태문학, 책세상, 2003.
김해옥, 생태문학론, 세미, 2005.

생태 파시즘(eco-facism)

생태주의와 극우정치가 결합된 형태로서, 자본 축적의 위기에서 나타난 생태 위기를 완화시키기 위해 독재적이고 전체주의적인 수단을 추구하는 정치 이념을 말한다. 가장 고전적인 에코파시즘은 19세기 독일의 에른스트 모리츠 아른트(Ernst Moritz Arndt, 1769-1860)와 빌헬름 하인리히 릴(Vilhelm Heinrich Riehl, 1823-1897)에게서 나타났다. 그들은 현대적인 생태론적 사유의 최초의 예로서, 숲과 흙을 수탈하는 근대화를 비난하면서 자연과 인간은 통일체임을 강조했다. 그러나 이들의 환경주의는 외국인 혐오적인 민족주의와 관련되어 있었다. 생태론적 감수성에 대한 호소는 독일의 대지와 독일 민중의 복지라는 용어로 표현되었으며, 잡혼(雜婚)에 대항한 반복되는 논쟁, 독일인의 인종적 순수성의 요구, 프랑스와 슬라브 그리고 유대인에 대한 모멸적인 비난이 사상의 모든 측면을 특징지었다. 생태주의의 시초부터 '대지에 대한 사랑'과 '호전적인 인종주의'가 치명적으로 연계돼 있었던 것이다. 이들의 뒤를 이어 '생태학'(ecology)이란 말을 창안한 동물학자 에른스트 헤켈(Ernst Haeckel, 1834-1919)은 생태주의적 전망을 순수 독일주의적 전체주의와 결합시켰다. 헤켈은 생태주의적 전망을 인종주의와 민족주의와 제국주의를 옹호하는 이데올로기로 탄생시켰다. 이러한 이데올로기를 탁월하게 수행한 결정적인 견인차는 청년 운동이었다. 신낭만주의·자연신비주의·독일민족주의가 뒤엉킨 1920년대의 청년운동 '반데르푀겔(Wandervögel)'은 일종의 '우익 히피'로서 자연 숭배를 통해 반문화적 요소들을 강조했지만 결국 나치에 의해 흡수되었다. 나치의 이론가들에게 생태적 이념은 인종적 건강의 본질적 요소였다. 나치의 에코파시즘은 오늘날에도 각종 극우정치 운동에서 생태주의적 인종주의로 횡행하고 있다.(권채린)

참고문헌
자넷 빌 외, 『에코 파시즘』, 책으로 만나는 세상, 2003.

생태학(Ecology)

생태학이란 용어는 원래 1869년 에른스트 헤켈(Ernst Haekel)이 처음 사용했으며, 그 의미는 '생물과 환경, 또는 인간과 생물과의 관계를 논하는 과학'이었다. 그러나 1945년 7월 미국 뉴 멕시코주에서 실험한 핵폭탄과 함께 '생태학의 시대(The Age of Ecology)'가 시작되었다는 도널드

워스터(Donald Worster)의 말처럼, 현대적 의미의 생태학은 문명과 과학기술이 결국 지구를 파괴해 인류를 파멸시킬 것이라는 우려에서 비롯되었다.

생태학에 대한 관심은 1960년대부터 본격적으로 시작되었다는 것이 정설이다. 예컨대 조셉 미커는 1972년에 "생태학(ecology)"이라는 용어를 문학에 적용시켜 문학생태학의 가능성을 열었으며, 1974년에 그레고리 베이츤은 인간의 정신 생태계와 자연생태계의 유사성을 발견하고, 인간의 마음 생태계의 파괴를 경고하고, 훼손된 정신 생태계의 회복을 주장했다. 베이츤에 의하면 나치즘 같은 극우 이데올로기나 세계대전 같은 것들도 사실은 인간들의 정신 생태계가 파괴되었기 때문에 일어난 것이다. 이와 같이 자연 생태계의 층과, 인간의 정신 생태계의 층이 겹치면서 연결되는 것을 "심층 생태학"이라고 부른다.

요즘은 모든 학문분야에 "생태"라는 말이 붙어서, 예컨대 생태 정치학, 생태 사회학, 생태 여성학, 생태 문학 등의 용어들이 생겨나게 되었으며, 문학분야에서도 문학 생태학, 생태비평, 생태시학, 녹색문화연구, 환경문학비평 같은 말들이 생성되었다. 그리고 그와 같은 새로운 접근법은 자연이 인간을 위해 있는 것이 아니라, 인간이 자연을 위해 그리고 자연의 일부로서 존재한다는 사실을 깨우쳐주었으며, 또한 예술과 문학이 자연이나 환경과 대립되는 것이 아니라, 그것들과 상호 보충적이라는 사실을 깨우쳐주었다.

환경주의는 환경은 우리를 둘러싸고 있는 주위상황으로서, 인간의 행동에 따라 나빠질 수도 있고 노력에 의해 개선될 수도 있다고 태도를 갖고 있다. 그래서 환경주의는 오염된 환경을 과학기술을 이용해 개선할 수 있다고 믿고 있으며, 그런 점에서 다분히 낙관적이다. 반면, 생태주의는 인간과 자연과 사회가 상호 역동적으로 조화하며 존재하는 삶의 그물망이 바로 생태계이며, 일단 그 현상이 훼손되거나 파괴되면 지구의 생명체들은 돌이킬 수 없는 치명적 상처를 입게된다고 생각한다. 생태주의는 이 세상의 모든 것들이 "생태학적 연결망"을 통해 서로 긴밀히 연결되어 있는데, 만일 그 연결망이 찢어진다면 그 상처의 고통과 파멸에서 자유스러울 수 있는 존재는 하나도 없다고 말한다. 즉 하나가 다치면 모두가 고통받는다는 것이다. 그런 맥락에서 생태주의는 "나"와 "너"를 구분하거나 차별하지 않는다. 내 아픔이 곧 "타자"의 아픔이 되고, "타자"의 고통이 곧 내 고통이 되기 때문이다.

환경주의가 인간중심주의를 견지하고 과학기술을 신뢰한다면, 생태주의는 인간뿐 아니라 모든 생명체가 다 똑같은 존재 권리를 갖는다고 주장하며 테크놀로지의 오용과 남용을 경계한다. 또 환경주의가 인간의 환경에만 관심을 갖는 반면, 생태주의는 지구상의 모든 존재의 삶에 대해 관심을 갖는다. 그리고 주로 환경개선에 관심이 있는 환경주의와는 달리 생태주의는 생태계 전반을 아우르는 보다 더 복합적인 중층구조를 갖는다. 예컨대 자연에 대한 인간의 지배를 여성에 대한 남성의 지배와 연결시키는 에코 페미니즘은 생태주의의 그러한 중층구조를 잘 보여주는 좋은 예가 된다. 에코 페미니스트들은 자연에 대한 인간들의 생태학적 학대와 착취 속에서 여성에 대한 남성들의 학대와 착취를 보기 때문이다. 이렇듯 생태주의는 인간과 자연과 사회가 갖는 유기적 관계를 복합적인 시각으로 바라본다는 점에서 환경주의보다는 진일보한 사조라고 할 수 있다.

생태주의 작가들은 비단 생태계의 파괴에 대한 경고에 그치는 것이 아니라, 그러한 파괴를 야기시킨 근원적 이유에 대한 탐색으로까지 관심을 확대한다는 점에서 주목할만하다. 그리고 그 과정에서 그들은 자연에 대한 인간의 지배와 착취를, 선택받지 못한 계층에 대한 선택받은 계층의 지배와 착취와 연결시켜 중층구조와 두 겹의 시각으로 사물을 보려고 시도한다. 생태주의자들은 이제는 인간본위와 자기위주의 시각을 버리고, 이제는 모든 생명체가 서로 긴밀하게 연결되어 있다는 생태학적 인식을 가질 것을 촉구한다.(김성곤)

생태주의, 환경주의, 생태 정치학, 생태사회학, 생태여성학, 생태 문학, 문학생태학, 생태비평, 생태시학, 녹색문화연구, 환경문학비평

참고문헌
알랭 리피에츠, 『녹색희망 : 아직도 생태주의자가 되길 주저하는 좌파친구들에게』, 박지현·허남혁 역, 도서출판 이후, 2002.
한국기호학회 편, 『생태주의와 기호학』, 문학과 지성사, 2001.

생태학적 비평(Eco-crticism)

생태학적 비평이라는 용어는 1978년 윌리엄 루커트(William Rueckert)의 논문 「문학과 생태학 : 생태비평 시론」에서 처음 사용되었다고 알려져 있다. 그러나 이 용어가 현대적인 의미로 사용되고 본격적인 비평용어로 대두된 것은 1996년에 나온 『생태비평 논집 : 문학생태학의 기념비적 사건들(The Ecocriticism Reader: Landmarks in Literary Ecology)』(세릴 글랏펠티(Cherill Glotfelty)와 해롤드 프롬(Harold Fromm) 편집)이라는 책에서였다. 루커트는 처음으로 생태학적 개념을 문학비평에 적용하려했고, 글랏펠티와 프롬은 문학과 물리적 환경 사이의 관계를 천착해 진일보한 생태학적 비평의 길을 열었다.

60년대 초부터 서구에서 본격적으로 논의되기 시작한 환경문학은 인간의 삶의 조건인 환경의 중요성에 대한 인식에서부터 비롯되었다. 환경주의 또는 환경문학의 특징은 그것이 궁극적으로는 환경 개선과 환경 정화의 가능성을 믿는 낙관주의적 태도를 갖고 있다는 것이다. 즉 환경주의자들은 인간이 고도로 발달한 테크놀로지를 사용해 환경을 개선하거나, 다시금 예전의 깨끗한 환경을 회복할 수 있다는 낙관적인 생각을 갖고 있다는 것이다. 그런 의미에서 그들은 테크놀로지의 오용을 우려하고 그것의 제대로 된 사용을 권장하는 것이지, 테크놀로지 자체를 부정하는 것은 아니다.

반면, 생태주의자들은 한번 파괴된 생태계는 돌이킬 수 없다고(혹은 회복까지는 장구한 세월이 소요된다고) 생각하며, 생태계를 파괴하는 테크놀로지와 과학기술의 발전 자체에 깊은 불신을 갖고 있다. 그런 의미에서 생태주의는 환경주의보다 더 비관주의적 태도를 갖고 있다고 말할 수 있다. 또한 생태주의는 단순히 환경파괴 뿐만 아니라 생태계 전체의 파괴를 걱정한다는 점에서 환경주의보다 더 포괄적이고, 외부적 환경 훼손뿐 아니라 인간의 정신생태계의 파괴까지도 우려한다는 점에서 환경주의보다 더 심층적이고 복합적이다. 그래서 환경주의가 환경에 대한 관심 그 자체로 끝날 수도 있는데 반해, 생태주의는 환경을 포함해 생태계와 관련된 모든 학문 분야들-예컨대 문학, 철학, 사학, 종교학, 언어학, 정치학, 사회학, 경제학, 인류학, 심리학, 페미니즘, 그리고 여러 문예사조들-과 긴밀한 연관을 갖게 된다. 그래서 최근에는 거의 모든 학문에 생태학적 비전이 차용되기에 이르렀고, 그 결과 이제는 '생태(Eco-)'라는 접두어가 거의 모든 것에 붙게끔 되었다. 그 중에서도 문학생태학, 여성생태학, 정치생태학, 사회생태학 등은 그 대표적인 예가 된다.

녹색운동, 녹색문화 또는 녹색문학이라는 용어는 환경주의와 생태주의 모두를 포함하는 포괄적인 뜻으로 사용되지만, 실제로는 생태주의에 좀 더 가까운 개념으로 통용되고 있다. 예컨대 1996년에 나온 『생태비평 : 문학생태학의 기념비들』이라는 책은 현재 통용되고 있는 '환경문학(Environmental Literature)', '문학생태학(Eco-literature)', '녹색문화연구(Green Cultural Studies)', '생태비평(Eco-criticism)', '생태시학(Eco-poe -tics)' 같은 용어들을 '문학생태학'이나 '생태비평'이라는 용어로 통일할 것을 제안하고 있다. 그것은 곧 녹색운동과 생태주의가 같은 뿌리에 근거해 있다는 사실을 시사해주고 있다.

오늘날의 녹색운동과 생태주의가 그 뿌리를 두고있는 '심층생태학(Deep Ecology)'의 개념은 70년대 초에 노르웨이 철학자 안 네스(Arne Naess)가 발전시켰는데, 그는 "자연이란 인간을 위해 존재하는 것이 아니기 때문에 자연 역시 나름대로 훼손당하지 않을 권리를 갖고있다"고 설파했다. 안 네스는 또한 과학기술에 의존해 환경을 개선할 수 있다는 환경주의에 반대해 인간만이 아니라 생태계를 이루는 모든 요소가 다 동등하게 살아갈 권리가 있다고 말했다.

네스의 이와 같은 이론은 80년대 말에 오면 로더릭 내쉬(Roderick Nash) 같은 생태학자에 의해 진일보하게 되는데, 그는 "자연의 권리를 인정해야할 뿐만 아니라, 더 나아가 인간이 향유하고 있는 권리까지도 자연에게 부여해야만 한다"고 주장했다. 즉 녹색운동과 생태주의는 삼라만상이 인간을 위해 존재한다고 보았던 모더니즘적 인간중심주의에 강력한 제동을 걸고, 인간도 자연의 일부일 뿐이라는 포스트모던적 시각을 차용하게 된 것이다.

한편 사회과학자들은 다소 다른 견해를 보였는데, 예컨대 '사회생태학'을 창시한 머리 북친(Murray Bookchin)이라는 학자는 인간의 자연지배 보다는 인간의 인간지배가 생태계의 파괴를 초래했다고 보았다. 그와 같은 생각은 서구 근대사를 장식한 제국주의나 식민주의, 또는 파시즘이나 나치즘에 대한 비판으로 확대된다는 점에서 그레고리 베이튼(Gregory Bateson)의 『마음의 생태학(Steps to an Ecology of the Mind)』 이론이나, 미국작가 토머스 핀천(Thomas Pynchon)의 정신생태학 이론과도 상통하고 있다.

또 페미니스트들은 최근 여성에 대한 남성의 착취나 지배를 자연이나 대지에 대한 인간의 억압과 파괴로 보는 생태페미니즘을 주창했다. 생태페미니즘(Eco-feminism)은 독일 '녹색당'의 창시자 페트라 켈리의 주장처럼, 여성과 대지를 동일시하고 여성에 대한 능욕을 곧 대지에 대한 능욕으로 파악한다. 그러므로 이들은 남성 생태계 파괴자들이 상처 입힌 여성과 자연을 하루빨리 치유하고, 파괴된 생태계를 회복시켜야만 한다고 말한다. 여성생태계와 자연생태계의 파괴는 곧 필연적인 인류 절멸을 초래할 것이기 때문이다.

한국에서도 『녹색평론』이라는 문예지를 중심으로 생태비평이 진행되고 있으며, 최근에는 '문학과 환경학회'가 결성되어 『문학과 환경』이라는 반년간지가 나왔으며, 페미니즘 학회에서도 '에코 페미니즘'에 대한 연구를 활발히 진행하고 있다. 시인 김지하 역시 동양사상과 생태주의를 접목시킨 이론을 펴고 있다.(김성곤)

환경문학, 문학생태학, 녹색문화연구, 생태비평, 생태시학, 에코페미니즘

참고문헌
머레이 북친, 『사회생태주의란 무엇인가』, 박홍규 역, 민음사, 1998.
김태창, 『인간, 과학기술, 생태주의』, 나남출판, 1987.
장정렬, 『생태주의 시학』, 한국문화사, 2000.
송용구, 『현대시와 생태주의』, 새미, 2002.

생톰(Sinthome) ☞ 증상

생활세계(Life-world, 독 Lebenswelt)

19세기의 마지막 사반세기에 아베나리우스(R. Avenarius)와 마허(E. Macher)는 직접적이고 순수한 선학문적(先學問的) 경험으로 되돌아갈 것을 요구했다. 이 경험은 대상에 대한 편견 없는 기술을 통해 "자연적인 세계 개념"에 도달하는 과정에서 얻어지는데, 이 자연적인 세계가 곧 생활세계이다.

순수하고 근원적인 경험으로 되돌아갈 것을 요구를 한다는 점에서 후설(E. Husserl)의 현상학은 아베나리우스와 마허의 프로그램과 대체로 동일한 바탕에서 출발하지만, 도착점은 전혀 상반된 방향이다. 다시 말해 후설의 현상학은 자연적인 경험을 원래 주어진 것으로 파악하는데, 여기서는 심리적이고 주관적인 것의 고유한 본질이 실증주의적이고 자연과학적인 관찰방법을 통해 제거되지 않는다.

후기 후설의 사유를 비판적으로 계승하는 가운데 하이데거가 생활세계 개념을 그의 『존재와 시간 Sein und Zeit』에서 재조명한 이래로 이 개념은 현대철학의 핵심어가 되었다. 현대철학은 형이상학적, 선험철학적 전통에 등을 돌리고, 일정분야에서 하이데거의 사유를 동반하면서 철학을 선학문적 생활세계로 되돌려 놓으려고 시도한다. 예켄대 메를로 퐁티(Merleau-Ponty)는 『지각 현상학 Phänomenologie der Wahrneh -mung』에서 이런 시도를 한다.(임호일)

현상학, 자연세계, 선학문적 경험

참고문헌
R. Avenarius, Philosophie als Denken der Welt gemäß dem Prinzip des kleinsten Kraftmaßes. Prolegomena zu einer Kritik der reinen Erfahrung, 1917.
E. Husserl, Die Krisis der europäischen Wissenschaft und die transzenden -tale Phänomenologie. Husserlianna 6, Den Haag, 1962.
Historisches Wörterbuch der Philosophie(Hrsg. v. J. Ritter/K. Gründer), Berlin, 1992.

샤레본(洒落本)

에도시대 소설의 한 장르. 18세기 후반 에도를 중심으로 간행된 단편소설로, 주로 유곽을 무대로 하여 손님과 유녀의 생태를 회화 본위의 사실적인 문체로 묘사한 유곽문학이며, 그 묘사의 사이에서 생겨나는 웃음을 즐기는 골계문학이기도 한다. 샤레본이라는 명칭이 정해진 것은 1770년대 후반으로 그전까지는 당대의 미의식을 나타내는 쓰(通) 혹은 스이(粹)를 보여주는 책이라는 의미로 에도에서는 쓰쇼(通書), 교토 · 오사카에서는 스이쇼(粹書)라고 불리웠다.

샤레본의 출발은 지식인들이 18세기 전기에 중국의 유곽문학을 모방하여 쓴 한문체의 글이었는데, 점차 속어를 사용하는 회화중심의 문체로 변해가고, 1770년 『유시호겐』(遊子方言)의 출판을 계기로 당시 에도 서민의 미적 이념인 쓰의 시점에서 유곽에 출입하는 사람들의 양태를 관찰하고, 그것을 사실적으로 묘사하면서 신랄한 골계감을 표출하게 되었다. 미적 생활을 말하는 쓰(通)가 될 수 없는 한계를 지닌 한카쓰(半可通)를 폭로하여 웃음과 에도서민의 미적 생활를 위한 안내서 역할을 하였다. 그 중에서도 조닌(町人) 출신의 작가 산토 교덴(山東京伝)은 『쓰겐소마가키』(通言総籬), 『유녀를 사는 48가지 방법』(傾城買四十八手) 등 인간의 성정이나 심리의 미묘함을 잘 묘사한 작품을 연이어 발표하여 높은 평판을 얻었다. 그러나 간세이 개혁(寛政改革, 1787~93)에 의한 문교정책으로 산토 교덴은 처벌을 받고, 그의 샤레본은 절판 처분에 처해진다.

결국 샤레본은 정치적인 탄압에 의해 충분한 발전을 이루지 못한채로 장르의 수명이 끝나고, 뒤이은 닌조본이나 후기 곳케이본에 흡수되어 버린다.(최관)

유곽, 단편소설, 쓰, 스이, 한카쓰, 산토 교덴, 간세이 개혁

참고문헌
『洒落本 滑稽本 ·人情本』解説, 『日本古典文学全集』, 小学館, 1971.
『洒落本 黄表紙 滑稽本』解説, 『鑑賞日本古典文学』, 角川書店, 1978.

샤머니즘(Shamanism)

샤머니즘은 엑스터시(忘我·恍惚)와 같은 이상심리 상태에서 초자연적 존재와 직접 접촉함으로써 신이한 초자연적인 능력(점복·예언·치병·제의·사령 인도)을 행하는 종교현상을 말한다. 샤머니즘의 중심에는 샤먼이 있는데, 샤먼은 무격(巫覡)·주의(呪醫)·사제(司祭)·예언자, 신령(神靈)의 대변자, 사령(死靈)의 인도자 등의 역할을 한다. 엑스터시의 기술로 초인격적인 상태가 된 샤먼에게 초인적 능력이 있다고 사람들은 믿는다.

샤머니즘은 우리말로 무격신앙·무속(巫俗)신앙이라 하고, 샤먼을 무(巫)·무녀(巫女)·무당(巫堂)·무자(巫子)·단골·만신·박수·심방 등으로 부르지만, 대개는 남녀의 성에 따라 박수(남성)·무당(여성)의 호칭이 가장 많이 사용된다. 무당이 종교의식을 집행하며, 종교의식에 필요한 구비경전으로서의 무가(巫歌)가 있고 그 안에는 우주의 질서와 교리적 지침이 들어 있다. 한국 무속의 기원은 분명하지 않지만, 고대사회로부터 우리 민족의 주요한 신앙형태였다는 점만은 분명하다. 국조 단군이 무당이라는 설도 있고, 신라 2대왕 남해차차웅(南解次次雄)은 왕호(王號)이자 무칭(巫稱)을 의미하며, 이 외에도 ≪삼국사기≫, ≪삼국유사≫에는 단편적으로 무당에 대한 기록이 등장한다. 이렇듯 오랜 역사를 가진 무속은 오늘날까지 대다수 민중 속에서 크게 변질됨이 없이 존속되고 있다. 무당의 형태는 지역에 따라 다소의 차이를 보이는데, 남부지역은 혈통을 따라 대대로 무당의 사제권이 계승되는 세습무가 지배적인 데 비해, 중·북부지역은 신(神)의 영력(靈力)에 의해 무당이 되는 강신무가 지배적이다.

무속의 제의는 규모에 따라 '굿'과 '비손'으로 구분한다. 굿은 여러 명의 무와 반주자인 잽이가 합동으로 가무와 실연을 위주로 하는 제의이고, 비손은 한 사람의 무당이 축원을 위주로 하는 약식 제의다. 전자는 가무를 중심으로 해서 서서 제의를 진행한다고 '선굿'이라고 하고 후자는 앉아서 축원을 중심으로 진행한다 하여 '앉은굿'이라고도 한다. 무당이 신을 만나는 신성한 장소는 크게 1)무당 개인 신단, 2)신당(산신당, 성황당, 장군당 등), 3)민가의 신단 등이다. 무속제의는 청신과정(請神過程), 가무오신과정(歌舞娛神過程), 신탁축원과정(神託祝願過程), 송신과정(送神過程)으로 구성된다.(박기수)

엑스터시(忘我·恍惚), 샤먼, 무격, 무속신앙, 무가, 선굿, 앉은굿

참고문헌
한국민속사전편찬위원회, 『한국민속대사전』, 한국민속사전연구사, 1990.
조흥윤, 『한국의 샤머니즘』 서울대출판부, 1999.
엘리아데, 『샤머니즘』, 이윤기 역, 한길사, 1992.

서간체 소설(書簡體 小說, Epistolary fiction)

서간체 소설은 자기 고백적 서사 양식으로서 자기감정을 투사하여 독자에게 공감을 불러일으키는 서간문 형식의 소설을 말한다. 서간체 소설은 연결이라는 실용성을 서술적 전달로 받아들여 예술형태에 새로운 효과를 창조하면서 서간의 이야기 효과를 높인다. 이것은 독자에게 서간의 내용이 이야기가 아니라 실제라는 사실적 환상을 준다. 일반적으로 소설 속에 한두 편의 편지가 수록된 것은 서간체 소설로 부르지 않으며, 사건의 제시와 전개가 주로 작중 인물 간에 주고받는 편지에 의해 이루어지고 있는 소설만을 가리킨다. 서간체 소설은 서간체형식을 적극 활용하여 개인의 내면 심리를 심층적으로 해부하고 진솔한 감정의 흐름을 담을 수 있다는 장점으로 인하여 최근까지 적극 활용되는 형식이다. 또한 서간체 소설은 자기반영적인 글쓰기이며 동시에 수신자를 작품의 내적 요소로 등장시킨다는 점에서 다른 소설 유형과는 변별되는 특성이 있다. 서간체 소설은 쓴다는 사실과 특정의 수신자를 향해서 말하고 있음이 지속적으로 의식된다는 점에서 자기 반영성과 이야기의 구전성(orality)을 확보하는 것이다. 이러한 특성은 서간체 소설이 1)대상의 객관적 재현보다는 평가·분석하는 주석적 언어가 지배적임을 의미하며, 2)화자와 청자 사이의 대면적 상황을 강화하여 소통의 직접성을 환기함으로써 수신자의 정서적 감응과 동일시를 효과적으로 유도할 수 있다.

12세기의 『아벨라르와 엘로이즈의 서간』이 최초의 서간문학으로서 유명하며 17세기의 살롱생활이 서간체소설을 성행케 하였고 『포르투갈 수녀의 연서(戀書)』가 프랑스어로 번역되면서 더욱 활성화 되었다. 서간체 형식의 친근성과 박진성을 이용한 것이 몽테스키외의 『페르시아인의 편지』, S.리처드슨의 『패밀러』, 『클라리사 할로』, 루소의 『신(新)엘로이즈』, 괴테의 『젊은 베르테르의 슬픔』, 스타르 부인의 《델핀》 등의 소설이다. 「스캔들」로 영화화된 『위험한 관계』는 18세기 말 프랑스의 쇼데를르 드 라클로(Choderlos De Laclos)의 대표적인 서간체 소설이다. 우리 문학에서 대표적인 작품으로는 이광수의 『어린 벗에게』, 『유정』, 최서해의 『탈출기』, 황석영 『아우를 위하여』, 이문열 『타오르는 추억』, 신경숙 『풍금이 있던 자리』 등이 있다.(박기수)

자기반영성, 구전성, 정서적 감응, 주석적 언어

참고문헌
이명섭, 『세계문학비평용어사전』, 을유문화사, 1985.
조셉 칠더즈·게리 헨치, 『현대문학비평용어사전』, 황종연 역, 문학동네, 2000.

서경시(敍景詩)

서경시(descriptive poem)란 자연이나 풍경의 경치를 언어로 그리는 풍경화 형태의 서정시를 말한다. 감동과 정서를 주관적으로 표현하는 서정시와 허구의 사실이나 상황을 연속적으로 표현하는 서사시적 요소와 차별화 한다면 그 표현 의도가 풍경에 초점을 두고 시인의 감응 상태와 시정신의 지향성에 따라 표현된다. 일종의 자연의 묘사적, 문자적 심상에 충만한 시다. 유럽에서는 서경시를 묘사적 심상으로 보고 말하는 그림으로 생각하여 한 때 서경시가 유행했다. 일부 이미지스트들은 서경시 방법으로 작품을 표현했다.

서경시에서 자연의 경치를 표현하는데 주관적 관점에 치우치면 서정시적 요인에 가까워질 수 있고, 객관적 관점에 치우치면 서사시적 요인에 근접하기 쉽다. 서경시에서도 서정이나 정서가 깃들일 수는 있다. 그러나 정서적 관점보다 하나의 사물의 경치와 그 구조, 배치, 환경, 배경에 치중한다면 형체를 느끼는 것보다 그리는 쪽으로 기울게 될 것이다.

서경시에서 하나의 풍경이나 경치를 시적으로 표현하는 방법에 있어서도 소설의 시점(point of view)과 동일한 방법이 적용된다. 하나의 풍경을 작품으로 만들어 나가는 시점을 고정시점(固定視點, fixed point of view), 이동시점(移動視點, moving point of view), 회전시점(回轉視點, panoramic view), 영상조립시점(映像組立視點, frame image)으로 나눌 수 있다. 시인의 시선을 하나의 공간에 고정시킨 상태에서 자연 풍경을 그리는 고정 시점과 시인의 시선을 한 곳에서 일정한 공간을 보면서 서서히 주변의 풍경으로 옮겨가면서 그리는 이동시점, 시인은 하나의 일정한 공간에서 한 바퀴 빙 돌아보는 전반적인 공간을 그린다면 회전시점이 될 것이다. 마음속에 떠오르는 이미지를 통해 풍경의 사실적인 형상과는 다르게 시인의 의식 속에 잠재한 영상을 현재의 사실적 풍경과 연합·조립, 재구성해 내는 시점은 영상조립시점으로 영상적 이미지가 된다. 현대시에서는 목가적인 시, 자연 생태시, 환경시의 형태도 서경의 한 범주로 볼 수 있다. 한국에서는 오일도(吳一島), 신석정(辛夕汀)의 작품에서 자연 묘사에 의한 그림을 보여준다.(조병무)

서정시, 서사시, 자연시, 생태시, 목가시

참고문헌
오규원, 『현대시작법』, 문학과지성사, 1994.
권기호, 『시론』, 학문사, 1983.
문덕수, 『문장강의』, 시문학사, 1987.

서곤체(西崑體)

송초의 시단은 당시의 학습에서 시작하였다. 왕우칭(王禹偁) 이 백거이(白居易)를 학습하고, 구승(九僧)등은 가도(賈島) 요합(姚合) 등을 배웠다. 이들 후에 나타나 비교적 이름을 떨친 시인들이 서곤파(西崑派) 시인들이다. 이들은 본래 궁정의 관료 문인들로서 이들 18인이 서로 수창한 시 248수를 모아 『서곤수창집(西崑酬唱集)』이란 시집을 냈다. 서곤이란 서방선산(西方仙山)의 뜻이며, 그와 마찬가지로 그들의 시도 미사여구를 존중하고 내용이 공허한 비현실적인 것이었다. 그 중심인물은 양억(楊億 974-1020), 유균(劉筠), 전유연(錢惟演) 세 사람으로서, 이들의 시가 압도적으로 많다.

이 시집은 전편이 수창시로써 이루어졌으므로, 같은 제목으로 여러 수의 시가 있는 경우가 허다하고, 거의가 오칠언 배율(排律)로 이루어졌다. 기본 제재는 궁정 생활과 관각(館閣)에서의 응수와 영물을 한가롭게 읊은 것이 대부분이다. 시풍은 주로 이상은(李商隱)·온정균(溫庭筠)의 풍격 중에서도 높은 상징과 진실보다는 표피적 학습을 위주로 하여, 질적인 면에서 뛰어나지는 않다. 대신 화려한 수사와 전고(典故)를 많이 썼다. 시의(詩意)는 불분명하고 기세가 약하여 후인들의 비판을 많이 받았다. 하지만 이들의 위세는 시문혁신운동의 선구자인 구양수(歐陽修) 및 매요신(梅堯臣)등이 나타날 때까지 40년간 지속되며, 기본적으로 당시(唐詩)의 영향에서 벗어나지 못했다.

본래 서곤파는 백거이를 모방한 왕우칭등이 지닌 결점인, 서술의 지나친 평속성을 개선하려는 의도도 가지고서 출발하였다. 그러나 수사 기교상의 지나친 수식은 또 다른 병폐를 초래하여 결국 비판받기에 이른 것이다. 이 역시 아이러니가 아닐 수 없으나, 결국 그들의 시대와 신분상의 한계를 드러낸 것이다. 그럼에도 불구하고 서곤파의 전고의 다용, 화답과 수창시의 풍조는 송시의 주류 형성에 영향을 끼쳤다.(오태석)

서곤체, 서곤파, 양억(楊億), 유균(劉筠), 전유연(錢惟演), 전고(典故), 화답(和答詩)

참고문헌
김학주, 『중국문학사』, 신아사, 1989.
오태석, 『황정견시연구』, 경북대출판부, 1991.

서발(序跋)

고대 사회에서 기술물이나 저작의 앞뒤에 첨부되는 문장을 합칭해서 일컫는 말. 내용은 주로 작품을 쓰게 된 경위와 그 의도, 편찬 방식, 작자의 형편이나 작품에 대한 품평 등을 담았다. 동시에 문제에 대해 토론하고 질의하거나 사실에 대해 서술하는 특성도 갖추고 있다. 저작의 앞에 첨부되는 글을 서 또는 서(敍), 인(引)으로 불렀고, 작품의 말미에 오면 발 또는 후서(後序)라고 말했다. 이 두 가지는 체례(體例)가 대개 비슷하기 때문에 보통 합칭해 서발이라고 한다.

서는 한나라 이전에는 일반적으로 작품의 뒷부분에 부기되었다. 사마천(司馬遷, 전145-전86?)의 『사기 · 태사공자서(太史公自序)』나 유향(劉向, 전79-전8)의 「전국책서(戰國策序)」등이 그 예다. 그러나 문장의 길이가 짧은 경우에는 앞에 놓이기도 했는데, 예컨대 『사기』나 『한서(漢書)』의 일부를 구성하는 지(志)나 표(表), 서(書), 전(傳) 등에 붙는 짧은 서와 반고(班固, 32-92)의 「양도부서(兩都賦序)」가 그것이다. 위진(魏晋) 시대 이후부터는 서는 차츰 저작의 앞부분 오게 되었는데, 소명태자(昭明太子) 소통(蕭統, 501-531)의 「문선서(文選序)」와 구양수(歐陽修, 1007-1072)의 『신당서 · 예문지서(藝文志序)』등이 그 예다. 발은 글의 뒷부분에 쓰여지는데, 일반적으로 서에 비해 문장이 간결하고 포괄적이며, 주로 보충하고 설명하는 형식을 띠었다. 그러나 서사적인 성격이나 학술을 토론하는 성격도 담고 있는데, 독후감이나 저작 내용의 근원을 고증하고 진위를 가리는 역할도 담당하였다. 문천상(文天祥, 1236-1283)의 「지남록후서(指南錄後序)」와 구양수의 「집고록발미(集古錄跋尾)」등이 그것이다.(임종욱)

장르, 태사공자서(太史公自序), 전국책서(戰國策序), 양도부서(兩都賦序), 지남록후서(指南

錄後序), **집고록발미**(集古錄跋尾).

참고문헌
임종욱, 『동양문학비평용어사전-중국편』, 범우사, 1997.
_____, 『중국의 문예인식』, 이회, 2001.
_____, 『중국문학에서의 문장체제 인물 유파 풍격』, 이회, 2001.
주훈초, 『중국문학비평사』, 이론과실천, 1992.

서브텍스트(Subtext)

서브텍스트(subtext)란 대사로 표현되지 않은 생각, 느낌, 판단 등의 내용을 말하는 개념이다. 발화자가 자신의 견해나 감정 상태를 직접 말하지 않거나, 말한 내용이 사전적 의미와 상이한 경우가 있는데, 이처럼 발화 내용의 이면에 담긴 무언의 생각이나 감정이 발화상황을 통해 알 수 있거나, 나중에 밝혀지는 경우 말한다. 가령 "밥은 먹고 다니니?"라는 대사에는 여러 다른 서브텍스트가 있을 수 있다. "(그렇게 살인을 저지르면서도) 밥은 먹고 다니니?", "(혼자 생활하는 네가 걱정이 되어서 하는 말인데)밥은 먹고 다니니?", "(이러한 상황에서도) 밥은 먹고 다니니?" 등이 그것이다. 이처럼 서브텍스트는 인물들 사이에서 벌어지고 있는 일과 실제로 그들의 내면에서 벌어지고 있는 일 사이에 존재한다. 필요한 정보를 관객에게 조금씩 신중하게 누설하는데, 이 때 특정 인물이 모르는 사실을 다른 인물은 알고 있다는 것을 보여주고, 특정 행동을 다양한 각도에서 재조명함으로써, 장면을 풍성하게 하고 인물에 대한 이해도를 높일 뿐만 아니라 관객의 즐거움을 배가시킴으로써 참여도를 증대시킨다.

연극에서 이러한 대사 기법은 체홉의 근대극 이후에 본격화되는데, 현실 생활 속의 인물들이 자신의 견해나 감정을 직설적으로 드러내지 않는 현상과 상관된 것이다. 이것이 극적으로 주목받게 된 것은 러시아의 연출가 스타니슬랍스키가 "배우는 자신이 맡은 배역의 인물을 분석하는 과정에서 숨겨진 문맥을 세밀하게 표현할 줄 알아야 한다"고 주장하면서부터이다. 서브텍스트와 유사한 것으로 완곡어법(euphemism)이 있다. 일반적으로 완곡어법은 불유쾌하거나 무시무시하거나 비위에 거슬리는 것을 가리키는 데 쓰이는 솔직한 용어 대신에, 이보다 모호하거나 보다 우회적이거나 덜 구어체적인 용어를 사용하는 것을 일컫는다. 완곡어법은 죽음에 대해서 말할 때 자주 쓰인다.(박기수)

텍스트, 완곡어법(euphemism), 안톤 체홉, 근대극

참고문헌
이명섭, 『세계문학비평용어사전』, 을유문화사, 1985.
제럴드 프린스, 『서사론사전』, 이기우·김용재 역, 민지사, 1992.

서사(Narrative)

제라르 주네트(Gerard Genette)는 『서사담론』(Narrative Discourse)에서 서사를 "하나의 사건

이나 일련의 사건들을 글로 된 것이거나 말로 된 담론으로 진술하는 것", "실제적인 것이든 허구적인 것이든 연속적인 사건들이 담론의 주제가 된 것을 가리키거나 그 사건들이 연결되고 대립되고 반복되는 여러 관계들을 가리키는 것", "어떤 사건을 다시 한 번 언급하는 것을 말하는 것으로 그 사건은 누군가가 어떤 것을 이야기하는 식으로 되어 있는 것"으로 정의하였다. 첫 번째 의미로서의 서사는 서사적 진술로 요약되어 '담론으로서의 서사'로 바꿀 수 있으며 두 번째 의미로서의 서사는 사건들의 연속으로 요약되어 '스토리로서의 서사'로 바꿀 수 있으며 세 번째 의미로서의 서사는 '화자가 꾸미는 서사'로 요약된다.

세이모어 채트맨(Seymour Chatman)은 『스토리와 담론』에서 서사를 스토리(story, content)와 담론(discourse, expression)으로 대별한 다음, 이야기는 사건요소, 존재요소, 작가의 문화적 코드에 의해서 수용되기 이전의 사람과 사물들, 기타 등 세 가지 요소로 분류했다. 그리고 담론은 서사적 전이의 구조와 표현매체의 두 가지로 나누었다. 채트먼은 '사건요소'의 중심개념으로 계기성, 우발성, 인과성, 중심사건, 주변사건, 서스펜스, 플롯, 시간, 순서, 지속, 빈도 등을 제시했고 '존재요소'의 중심개념으로 공간, 인물, 배경 등을 제시했다. 스잔나 오네가와 호세 가르시아 란다가 편찬하고 서론을 쓴 『서사학 개론』(1996)의 서론은 서사학의 핵심을 들려 주고 있다. 서사는 시간적이며 인과론적인 경로에 따라 의미있게 연결된 일련의 사건들을 기호로 표상한 것이라고 정의할 수 있다는 것이다. 영화 연극 코미디 소설 뉴스영화 일기 연대기 등은 모두 넓은 의미의 서사에 포함되며 내러티브는 언어매체에만 의존하는 것은 아니라는 것이다. 그리하여 우리는 언어적 연극적 회화적 영화적 등과 같은 여러 종류의 서사텍스트를 말할 수 있다는 것이다. 제럴드 프랜스는 『서사학 사전』에서 소리, 기록, 신체언어, 정동화상, 몸짓, 음악 등과 같이 이야기를 전달할 수 있는 매체의 다양성을 인정하면서 장편소설, 로망스, 중단편소설, 역사, 전기, 자서전, 서사시, 신화, 민담, 전설, 담시, 신문기사 등과 같이 서사양식이 다양하다고 하였다.

노드럽 프라이(Northrop Frye)는 『비평의 해부』에서 산문허구를 노벨, 로망스, 해부, 고백 등 네 가지로 나누었는데 이때의 '산문허구'는 '서사'로 바꿀 수 있다. 프라이는 노벨의 특징을 외향적이면서 개인적인 경향, 로망스를 내성적이면서 개인적인 경향, 고백을 내성적이면서 지적인 경향, 해부를 외향적이면서 지적인 경향으로 정리한 다음, 이 네 가지의 서사양식의 여러 가지 조합의 경우를 제시하였다. 예컨대 로망스+해부의 예로 「모비딕」을 예로 들었고, 고백+해부의 예로 키에르케고르의 「이것이야 저것이냐」를 들었고, 노벨+로망스+해부의 예로 「돈키호테」를 들었다. 이를 보면 모든 장편소설은 최소 두 가지 이상의 서사양식이 결합해서 이루어지는 것이라고 할 수 있다.

로버트 스콜즈(Robert Scholes)와 로버트 켈로그(Robert Kellogg)는 『서사의 본질』에서 내러티브를 체계적으로 분류했다. 내러티브는 우선 경험적인 것(the empirical)과 허구적인 것(the fictional)으로 대별된다. '현실에의 충실'로 설명되는 경험적 내러티브는 다시 '역사적인 것'과 '모방적인 것'으로 갈라진다. 역사적인 서사는 현실을 빚어내거나 움직이는 동력과 실재했던 과거를 충실하게 서술하며 역사기록에서 제시된 시공간과 인과성을 그대로 따르는 것을 원칙으로 한다. 이에 비해 모방적 양식은 과거의 삶이든 당대의 삶이든 관계없이 삶의 단면을 드러내는 데 목표를 둔다. 전기와 자서전은 경험적 내러티브에 속하는 것으로, 전기에서는 역사적 충동이, 자서전에서는 모방적 충동이 지배한다. 경험적 내러티브가 역사적인 것과 모방적인 것으로 2분되는 것처럼, 허구적인 내러티브는 '낭만적인 것'과 '계몽적인 것'으로 갈라진다. 경험적 내러티브가 한 두 종류의 진리를 밝히는 것에 목표를 둔 데 비해 허구적 내러티브는 미나 선을 추구한다. 모방적 내러티브가 심리의 재현에 힘을 쓰는 것이라면 낭만적 내러티브는 수사법을 동원하여 사상을 드러내는데 힘쓴다. 계몽적 내러티브가 흔히 나타나는 우화가 주로 지적 도덕적 충동의 지배를 받는 반면 로망스는 주로 미의 조종을 받는다.(조남현)

스토리, 담론, 허구, 모방, 역사

참고문헌

조남현, 『소설신론』, 서울대 출판부, 1984

Gerald Prince, Dictionary of Narratology, University of Nebraska Press, 1987.

Gerard Genette, Narrative Discourse, translated by Jane E.Lewin, Cornell University Press, 1980.

Northrop Frye, Anatomy of Criticism, Princeton University Press, 1971.

Robert Scholes & Robert Kellogg, The Nature of Narrative, Oxford University Press, 1966.

Seymour Chatman, Story and Discourse, Cornell University Press, 1978.

서사/담론 ☞ 이스투아르/디스쿠르

서사구조(敍事構造, Narrative structure)

신화나 민담, 소설 같은 서사물에서 사건들이 결합하는 방식이나 서로 맺고 있는 연관 관계 또는 질서를 가리킨다. 달리 말해 이야기는 사건들의 결합 방식이나 연관 관계를 통하여 하나의 이야기로 완성되는 것인데, 이러한 결합 방식이나 연관 관계는 서사물의 표현 층위에서는 숨겨져 있는 것이 보통이다. 그런 점에서 서사물 분석에서 가장 중요한 부분이 서사구조를 밝히는 일이라고 할 수 있다.

이러한 서사 구조는 일단 사건들이 일어나는 시간적 순서에 따라 구분할 수 있다. 1)사건 이전의 평형 단계, 2)불안이나 자극으로 시작되는 출발 단계, 3)어떤 행위가 일어나는 진행 단계, 4)행위의 결과가 나타나는 종결 단계, 5)사건 이후의 평형 단계 등은 프로프가 제시한, 시간 순서에 따른 서사 구조의 전형적인 예이다. 곧 정적 상태에서 동적 상태로, 다시 정적 상태로 회귀하는 것이 서사라는 것이다.

전통적인 문예학에서 시간 순서에 따른 서사 구조는 [발단--위기--갈등--절정--대단원]의 다섯 단계로 흔히 분석된다. 이러한 다섯 단계와 유사한 것으로, 그레마스는 [시작 연쇄(계약의 파기)--자질 시험(경쟁)--주요 시험 또는 사기(수행)--찬양(희생)--최종 연쇄(새로운 계약)]로 서사 구조를 제시한 바 있다.

이와 같은 시간 순서에 따른 서사 구조는 흔히 플롯(구성) 개념과 연결된다. 플롯이란 세부 사건들을 연결하는 이야기의 큰 틀을 가리키는데, 전통적으로 플롯의 구성 원리로 간주되어온 것은 인과 관계이다. 아리스토텔레스의 미토스(mythos, 통일되고 완결된 행동의 재현) 개념이나 포스터의 플롯에 대한 논의가 바로 그것이다.

한편 서사 구조는 다층적으로 파악될 수도 있다. 쥬네트나 미키 발 등의 저작에서 보듯이, 서사 구조는 대개 [파불라(fabula)→수제(sujet)→텍스트(text)]라는 세 개의 층위로 분석될 수 있다. 여기서 파불라는 스토리 차원으로서 심층 구조에, 수제는 플롯 차원으로서 중간 구조에, 텍스트는 표현 차원으로서 표층 구조에 각각 해당한다. 이러한 다층 구조에서 파불라는 인물과 사건들이 연관되고 배치되는 질서나 규칙이 나타나는 차원으로, 수제는 스토리 시간과 구별되는 이야기 시간과 초점화가 나타나는 차원으로, 그리고 텍스트에 대한 구조 분석은 구체적인 서술자 및 화법(mood)이 관여하는 차원으로 각각 간주된다.(장수익)

모티프, 행위자, 초점화, 서사학, 미토스, 플롯, 파불라, 수제

참고문헌
츠베탕 토도로프, 『구조시학』, 곽광수 역, 문학과지성사, 1977.
제라르 쥬네트, 『서사 담론』, 권택영 역, 교보문고, 1992.
M. Bal. Narratology : introduction to the theory of narrative. Univ. of Toronto Press, 1985(『서사란 무엇인가』, 한용환 ·강덕화 역, 문예출판사, 1999).
A. J. 그레마스, 『의미에 관하여』, 김성도 역, 인간사랑, 1997.

서사극

서사극(epic theater)은 독일의 브레히트와 피스카토르가 1920년대에 시작한 새로운 연극양식이다. 흔히 브레히트의 연극이라고 한다. 종래의 연극이 플롯을 중심으로 원인과 결과의 관계를 밝히는 구조로 이루어진 것이었다면, 서사극은 플롯을 거부하고 서사, 즉 에피소드의 제시를 통해 관람자 스스로가 극적 진실을 판단하도록 하는 변증법적인 양식이다. 서사극에서 해설자는 중요한 역할을 한다. 에피소드를 제공하고 사태를 적절하게 논평하며 연극을 압축시키는 역할을 맡고 있기 때문이다. 이를테면 표면적인 안내자이자 진행자이고, 또한 역할을 맡기도 한다. 한편, 오늘날 아리스토텔레스식의 플롯 연극이 완전한 감정이입을 만들어낼 수 없는 것처럼, 서사극도 관객들이 서사에 감정적으로 몰입하는 것을 완전히 차단한다고 할 수 없다. 그러나 서사극은 20세기의 복잡한 사회에서 관객의 관찰력과 판단력을 확대시켜 연극의 사회적 교육성을 증진시켰다는 점에서 큰 의의가 있다. 서사극은 세계의 각지역마다 조금씩 다른 방식으로 변용되었다.

한국의 서사극은 1960년 이근삼의 <원고지>로부터 시작되었다. 그러나 60년대에 서사극이라는 용어는 찾아보기 어렵고 '브레히트의 연극'이 아니면 '실험극'이라는 말로 통칭되었다. 1960년대의 공연목록에서는 브레히트를 찾을 수 없다. 반공(反共)이 국시(國是)였고, 브레히트는 좌익작가로 분류되어 공연이나 출판검열을 통과할 수 없었기 때문이다. 1987년 세계저작권 협회에 가입함으로써 공연은 자유스럽게 되었다. 이근삼의 뒤를 이어 신명순의 <전하>(동인무대, 1962.5)와 <증인>(실험극장, 1966년 5월 공연예정이었으나 검열불통과로 중단), <북간도>(안수길 원작의 각색, 국립극단, 1968.3), 김의경의 <신병후보생>(신무대실험극회, 1962.6) 등이 서사극계열의 작품으로 발표되었다. 이근삼은 <위대한 실종>(1963.1), <일요일의 불청객>(1974. 12), <수렵사회>(1975.10, '국물 있사옵니다'의 개재) 등을 연이어 발표했다. 서사극은 70년대 이재현이 출현하면서 한층 심화된 단계로 나아간다. 그는 전대의 작가들과 달리, 보다 사회적이고 정치적인 현실을 다루기 시작했다. 1980년대에 접어들면서 김상수, 이상우, 윤대성, 이강백, 이윤택 등이 주목할 만한 작품을 발표했다. 오태석에 이르러 서사극의 문법은 한층 한국화되는 모습을 보였다. 연출가 김석만은 서사극 발전에 한층 기여했다. <한씨 연대기>(1985.4)는 분단시대의 상황을 구조적으로 투시하여 세대를 달리하는 숱한 관객들에게 감동을 안겼다. 1990년대 이후는 이만희의 작품이 돋보인다. 한국 현대극이 서사극의 정치적 이념성을 온전히 수용하게 된 것은 1980년대에 이르러서이다. 서사극은 독자적인 연극양식으로 존립하기보다는 다른 양식과 복합적으로 결합되는 길을 택했다. 정치적인 소재의 금기를 돌파하고 다양한 형식실험을 가능케 한 점에서 서사극이 현대극에 미친 영향은 실로 대단한 것이었다.(서연호)

실험극, 창극, 연극

참고문헌
서연호, 『한국연극사(현대편)』, 연극과인간, 2005.
송동준, 『브레히트의 서사극』, 서울대출판부, 1993.
정지창, 『서사극, 마당극, 민족극』, 창작과비평사, 1989.
빠트리스 파비스, 『연극학사전』, 신현숙 역, 현대미학사, 1999.
Martin Banham, The Cambridge Gaide to World Theatre, Cambridge University Press, 1988.

서사담론(敍事談論, Narrative discourse)

1960년대 들어서면서 서구에서 새롭게 대두된 소설이론과 당대의 철학이 공유한 사상 가운데 하나는 서사를 언술행위로 보아, 담론을 조정하는 서술자의 위치를 강조하는 데 있었다. 서사의 연구를 단순히 표면에 드러나는 내용과 양식에적인 구조, 즉 정적인 구조에만 두지 않고 말하는 자를 끌어들여 하나의 전략으로 보는 것이다.

이런 새로운 서사분석의 방향을 잘 정리한 사람은 주네트이다. 그는 일련의 사건들을 중시하는 기존의 서사분석 틀에서 벗어나서 그 서사가 누구에 의해 서술되었는가를 중시해야 한다고 말한다. 말하는 행위가 중요했음에도 불구하고 지금까지 서사는 서술과 그 내용에만 관심을 두었을 뿐 '누가' 서술하느냐가 무시되어 왔다는 것이다. 그에 따르면, 서사담론의 분석은 서술된 내용을 보는 것이며, 누구에 의한 서술인가, 그리고 누구에 의한 내용인가를 보는 것이다. 그러므로 서사담론은 서술자를 중심으로 서사라는 형식과 관점이라는 내용이 합쳐진 이론이다.

서사담론의 방법론은 형식의 측면에서 이야기의 시간과 서사의 시간을 살펴본다. 이야기에서 사건이 일어나는 순서와 서술에서 사건이 일어나는 순서는 어떻게 다른가, 둘 사이에서 사건이 지속되는 시간의 길이는 어떤가, 둘 사이에서 사건이 일어나는 빈도수는 어떤가를 살펴본다. 이를 살피게 되면 이야기를 담론화 하는 서술자의 전략이 드러나고, 한 서사에서 서술자가 갖는 특성이 자연스럽게 파악되게 된다. 그리고 내용(관점)의 측면에서는 등장인물과 서술자의 틈을 찾아 그것을 드러내 보인다. 서술자가 주인공인 1인칭 시점이라도 이야기 속의 주인공의 서사는 서술자에 의해 전략적으로 조정되고 있음을 확인할 수 있는데 이를 통해 서술자의 전략과 특성이 또한 자연스럽게 파악되게 된다.(최민성)

담론, 서술자, 서술전략

참고문헌
주네트 외, 『현대서술이론의 흐름』, 솔.
S. 채트, 『이야기와 담론』, 한용환 역, 푸른사상.

서사성(敍事性, Narrativity)

서사성이란 글을 전개하는 방식 중 서사의 특성을 살려 서술한 방식을 말한다. 서사(narrative)란 이련의 사건·행동 등을 시간의 흐름에 따라 서술해나가거나 이러한 사실이나 사건들 사이의 모종의 관계를 설정하는 것을 말한다. 일반적으로 이 말은 고대 서사시, 로망스(romance), 혹은 현대 소설과 단편에 국한되어 쓰이고 있다.

여기서 시간의 흐름에 따라 전개시킨다는 것이 반드시 순차적으로 진행(과거-현재-미래)하는 것을 의미하지 않는다. 서술자(narrator)의 전략에 따라 시간의 흐름은 적절히 조정되고 재배치된다. 그러나 주요 인물이 사건이나 행동을 진행해 나가는 과정을 기간의 진행에 따라 서술하는 것을 서사라고 보아야 하며 그 특성이 들어간 텍스트를 서사성의 텍스트라고 할 수 있다. 이렇듯 서사성이 확연한 글은 대게 설화를 들 수 있다. 설화는 그 주인공의 행적을 시간의 흐름에 따라서 전개되고 서술자의 회상에 의지한다. 회상은 언제나 하나의 완결된 이야기가 그 대상이 되므로 이야기적 구조, 즉 서사성이 비교적 명확할 수밖에 없다. 사단(事端)과 일의 결국(結局)이 이미 화자(회상자)의 마음속에서 순서 있게 배열되어 있어야 하는 것은 물론이고, 사건의 전모를 전체적으로 조감하여 그 의의와 위상이 파악되어 있는 것이 회상의 일반적인 성격이다. 이러한 특성을 서사성이라고 일컫는다.

그러므로 서사성은 반드시 서사적 양식에서만 드러나는 것은 아니다. 시와 같은 서정적 장르에서도 시간의 흐름이 강조되거나 회상을 통한 시공간적 계열성이 강화될 경우, 서사성을 발견할 수 있다. 대표적으로 신경림의 체험적 시는 서사성을 통해 시의 리얼리즘을 획득하는 조건을 형성한다.

소설과 관련하여 90년대 이후 서사성의 문제가 중요시되고 있다. 90년대 이후 소설이 주인물들의 내면적 풍경 속으로 침잠하면서 소설이 지니는 고유한 서사성이 약화되었다는 비판이 제기되는 것이다. 우리 현대소설에서 서사성의 확보는 새로운 화두로 등장하고 있다.(최민성)

서사, 서술자, 설화

참고문헌
한용환, 『서사 이론과 그 쟁점들』, 문예출판사.
S. 채트, 한용환 역, 『이야기와 담론』, 한용환 역, 푸른사상.

서사시

서사시는 한 민족이나 국가의 운명을 걺어지고 있는 영웅적인 존재를 주인공으로 설정하여 그가 주도하거나 참여한 건국, 전쟁, 혁명, 천재지변 등과 같은 역사적 사건을 장중하고 엄숙한 분위기로 서술하는 시로 알려져 있다. 에이브럼즈는 『문학용어사전』에서 서사시를 크게 1차적 서사시와 2차적 서사시로 나누었다. 전통적 서사시는 1차 서사시나 민속서사시로 불리운다. 2차 서사시는 1차 서사시를 모방하되 시인 개인의 뛰어난 솜씨로 재창조하거나 변용시킨 문학적 서사시라고 한다. 여러 학자들에 의해 1차적 서사시의 특징으로 주인공이 국가적이거나 민족적 영웅인 점, 배경이 세계로까지 확대될 수 있는 점, 비현실적이거나 초자연적 행위가 나타나는 점 등이 제시되어 왔다.

1차적 서사시 그 자체보다는 1차적 서사시에서 2차적 서사시로 넘어가는 과정을 주목하고 있는 커(W.P.Ker)는 『서사시와 로망스』에서 발라드를 서사시의 계승과 변용과정으로 파악하는 데서 시작하고 있다. 서사시는 초기에 민족이나 국가의 문제를 안고 있는 영웅을 다루었으나 시간의 경과에 따라 개인적인 차원의 문제를 다루게 되었다. 서사시가 단순한 이야기시(narrative poems)로 바뀌게 되었다는 것이다. 서사시와 서술시의 중간단계로 "예술적 서사시"(artificial epic)이라는 양식을 상정할 수 있다. 커가 제시한 서사시-예술적 서사시-서술시의 과정은 높이로서의 1차적 서사시가 넓이로서의 2차적 서사시로 나아가는 과정이라고 할 수 있다. 서사시가 다룬 설화는 한 민족의 전통, 시대적 요구, 시인 나름의 창작태도 등에 의해 얼마든지 다른 모습으로 나타나게 된다. 포스트 모더니즘 전에는 이러한 변용작업은 크게 보지는 않았으나 포스트 모더니즘에 와서 패러디나 상호텍스트성을 긍정적으로 보고 있다.

폴 머천트(Paul Merchant)는 『서사시』에서 서사시를 "역사를 내포한 시"로 포괄적으로 정의하게 된 내력을 다음과 같이 들려 주었다. 서사시는 1차적 서사시와 2차적 서사시로 나누어지는데 1차적인 서사시는 구전서사시로 불리우는 것으로 6음보격이나 그와 비슷한 운율로 짜여지며 영웅과 문화사적 대사건(로마제국, 기독교)을 이야기로 엮은 시를 말한다. 이에 반해 2차적인 서사시는 그밖에 서사시라고 부를 수 있는 것을 총칭한다. 서사시는 역사에 연결되기도 하고 일상성에 연결되기도 한다. 전자의 경우 서사시는 한 민족이나 집단의 연대기가 되거나 종족사 혹은 제도와 전통에 관한 기록이 된다. 후자의 경우 서사시는 누구나 알아들을 수 있게끔 만든 이야기책이란 뜻으로 해석된다. 결국 1차적 서사시가 2차적 서사시로 내려가는 그 사이에 '역사'라든가 '이야기'만 남게 되었다는 것이다.

서사시에서 시적인 요소가 약해지고 이야기적 요소가 강화되면서 특히 20세기에 들어와 서사시라는 개념으로 소설을 설명하려는 시도가 나타나게 되었다. 대표적인 소설이론가인 루카치와 바흐틴이 바로 이러한 시도를 보여 주었다. 루카치는 『소설의 이론』에서 서사시가 스스로 완결된 삶의 총체성을 형상화하는데 반해, 소설은 감추어진 삶의 총체성을 발견해 내려고 하고 구축하려 한다. 서사시와 비극은 범법도 모르고 광기도 알지 못한다, 소설은 서사시의 규범적인 아동기의 성격과 대조적으로 성숙한 남성의 형식이다, 소설은 신에 의해서 버림받은 세계의 서사시다 등과 같은 주장을 펼쳤다. 이처럼, 루카치는 서사시와 소설을 총체성 형상화/총체성 발견, 광기와 범법에 무지/광기와 범법에 중점, 어린아이의 형식/성숙한 남성성의 형식, 완성성/진행성 등과 같이 대비하였다.

『장편소설과 민중언어』(전승희 옮김)에 드러난 미하일 바흐틴의 서사시론은 다음과 같이 요약된다. 서사시의 특징은 민족의 과거가 제재로 사용되며 민족적 전통이 서사시의 원천으로 사용되는 데서 찾을 수 있다. 서사시는 완성되고 완결된 장르로 서사시에서의 시간개념은 가치론적인 시간적 범주들이다. 서사시적 세계 속에는 어떤 미완결성, 미해결성, 불확정성도 자리를 차지할 수 없다. 절대적인 완결성과 폐쇄성이야말로 시간적으로 가치평가 된 서사시적 과거의 특징이다. 서사시적 주인공은 어떠한 이데올로기적 주도권도 결여하고 있다. 서사시적 세계는 작가와 청중뿐만 아니라 등장인물에게도 강요되는 의심할 여지없는 진실로서의 단 하나의 통일된 세계관만을 알고 있을 따름이다. 이처럼 바흐틴은 서사시를 민족적 전통, 완성된 장르, 완결성, 폐쇄성, 통일된 세계관 등으로 인식하고 있다.(조남현)

로망스, 소설, 이야기시, 영웅소설

참고문헌
미하일 바흐틴, 『장편소설과 민중언어』, 전승희 외 역, 창작과 비평사, 1988.
조남현, 『소설신론』, 서울대출판부, 2004.

Georg Lukacs, Theorie des Romans, Luchterhand, 1971.

M.H.Abrams, A Glossary of Literary Terms, Holt, Rinehart and Winston, Inc, 1971.

Paul Merchant, The Epic, Methuen & Co Ltd, 1971.

W.P.Ker, Epic and Romance, Dover Publication, 1957.

서사약호(敍事略號, Narrative code)

서사물에서 독자가 의미의 해독을 수행할 수 있게 하는 공통의 규칙이나 관습, 규범을 가리킨다. 그리하여 정확한 암호 풀이 책을 가지고 있지 않은 독자라면, 약호에 따른 해독을 하지 못하기 때문에 제대로 작품을 읽을 수 없거나 읽는다 해도 오독하는 경우가 생긴다. 이처럼 약호를 중시하는 것은 야콥슨 이후의 구조주의 언어학 또는 기호학 이론에 따른 것이다.

코드는 언어처럼 그 언어를 사용하는 사람이라면 누구든지 공유하는 광범위한 경우도 있고, 특정한 집단 속에서만 공유되는 경우도 있으며, 개인 대 개인처럼 좁은 범위에서 공유되는 경우도 있다. 그런 점에서 서사물의 텍스트와 독자들은 텍스트를 사이에 두고 약호를 공유하는 '해석적 공동체(interpretative community)'를 형성한다고 볼 수 있다. 그렇지만 의사를 소통하는 양자 간에 약호가 완전히 일치하는 경우는 없기 때문에 의미 해독은 항상 유동적일 수밖에 없다.

롤랑 바르트는 『S/Z』에서 발자크의 소설 「사라진느」를 분석하면서, 서사 텍스트들이 드러내는 의미는 텍스트 자체에서만 나타나는 것이 아니라, 여러 약호들의 작용에 따라 형성되는 것임을 보여주었다. 바르트가 제시한 서사 약호는 다음과 같다.

1) 행위의 약호(proairetic code--수수께끼의 약호) : 독자가 문학 작품의 플롯을 구축하는 방법을 조정하는 약호.

2) 해석학적 약호(hermeneutic code--행동의 약호) : 특히 플롯의 수준에서 제기되는 의문에 대한 답변 같은 해석의 문제들을 포함하는 약호.

3) 의미적 약호(semic code--기호의 약호) : 문학의 성격들(인물들)에 대한 독자의 인지를 발전시키는 원문의 요소들에 관계된 약호.

4) 상징적 약호(symbolic code) : 독자가 상징적 의미를 구축하는 것을 지배하는 약호.

5) 참조적 약호(referential code) : 공인된 사회 규범이나 가치, 편견 등 문화적 현상에서 비롯한 약호.

이러한 견해에 따른다면, 서사물을 비롯한 문학 텍스트는 이미 결정되어 있는 코드들에 의존하면서 의미 작용을 이루어내는 것이 된다. 그러한 코드는 서사 자체의 규칙도 있지만, 서사 외의 사회적 영역에서도 동원된다고 할 수 있다.

그러나 위에 제시한 약호들이 바르트가 제시한 약호의 모든 종류는 아니다. 이후 바르트는 포우의 소설 「발드마 씨의 사례에 관한 여러 사실들」을 분석하는 자리에서 약호가 다섯 가지에 그치는 것이 아니라고 한 뒤, 또다른 약호들의 체계를 보여준 바 있는데, 이때 그가 든 약호는

초언어적 약호, 사회-윤리적 약호, 사회적 약호, 서사 약호, 문화적 약호, 과학적 약호, 과학-의
무론적 약호, 상징적 약호 등이다. '약호'라는 용어에 대한 이와 같은 다양한 용법을 보면, 바르
트가 약호에 의한 의사 소통이 단지 서사물에 국한되는 것이 아닌, 문화 현상 전반에 걸쳐 이루
어진다는 것을 말하고자 했음을 알 수 있다.(장수익)

약호, 기호학, 서사학, 의사소통, 약호화(encode), 약호 풀기(decode)

참고문헌
R. Barthes, S/Z, tr., R. Miller, New York : Hill & Wang, 1974.
_____, "Textual Analysis: Poe's 'Valdemar'", Modern Criticism and Theory : 172-295.
E. 에코,『기호학 이론』, 서우석 역, 문학과지성사, 1985.

서사학(Narratology)

narratology는 narrative+ology로 서사양식을 대상으로 한 학문이라는 뜻을 지닌다. 이따금 이
야기학이라는 용어가 사용되고는 있으나 서사학이라는 용어가 보편화되었다. 서사학은 소설연
구로 축소해서 부를 수도 있다. 소설연구의 출발점을 아리스토텔레스의『시학』에서 잡을 수 있
는 것처럼 서사학은 동서를 막론하고 오래전부터 있어 온 것이라고 할 수 있다. 그러나 내러톨
로지란 말은 1970년대 이후로 일반화되었다. 제랄드 프랭스는『서사학사전』의 서문에서 이 사
전을 만드는데, 아리스토텔레스, 영미의 헨리 제임스, 퍼시 라보크, 독일의 램레르트, 슈탄젤,
러시아 형식주의자들, 러시아의 기호학자, 프랑스의 구조주의자, 텔 아비브의 시학자 등에게서
배웠고 언어학자, 심리학자, 역사학자, 인공지능연구자들에 의한 서사론도 참고했다고 하였다.
그러면서도 지난 20년에 걸친 프랑스의 서사론자들의 성과에 크게 신세졌음은 부정할 수 없다
고 하였다.『서사학사전』을 만드는데 참고문헌을 두 권 이상 제시한 학자로 미에케 발, 롤랑 바
르트, 엠리 방브니스트, 끌로드 브레몽, 세이모아 채트맨, 보리스 아이헨바움, 노먼 프리드먼,
제라르 주네뜨, 린다 허천, 로만 야콥슨, 끌로드 레비 쉬트러스, 토마스 파벨, 제랄드 프랭스, 장
리카루드, 존 설, 빅토르 쉬클로브스키, 츠베탕 토도로프, 메어 스턴버그 등을 추릴 수 있다. 이
들의 저서와 이론이 서사학의 역사를 만들어 온 것이라고 할 수 있다.

제레미 호돈(Jeremy Hawthorn)은『현대문학이론 용어사전』에서 내러톨로지에 대해 다음과
같이 설명하였다. 서사론이라는 용어는 츠베탕 토도로프에 의해 주도되었다. 오네가 란다는 이
용어가 구조주의 작가들에 의해 보편화된 것은 1970년대라고 주장한다. 내러톨로지는 구조적
인 분석이나 보다 특별히는 구조주의자에 한정되는 것으로 정의된다. 제럴드 프랭스는 서사학
이 내러티브의 기능을 연구하는 구조주의자에 감응된 이론(structuralist-inspired theory)를 가리
킬 수 있다고 하였다. 그리고 서사능력이라든가 서사양식과 다른 양식의 공통점과 차이점 등으
로 규정하려고 노력한다. 미에케 발은 서사학은 그것이 서사일 때만 내러티브 텍스트를 연구하
는 것이라고 주장한다. 그리고 서사학은 특정 이야기를 구성하는 사건들이 어떻게 서술되는가

의 문제에만 관심을 갖기도 한다. 이상과 같은 호돈의 설명을 통해서 서사학의 개요를 짐작할 수 있다. 호돈은 종래의 소설연구자와 서사학자를 구분하려고 애썼다. 즉 종래의 소설연구자가 작품 속의 이야기의 내용과 기법을 허구적인 표현으로 파악하여 분석하고 해석하는데 치중한 것이라면 서사학자들은 인간의 사람과 사회에서의 이야기로 확대하여 그를 구조로서 체계로서 연구할 한다는 것이다. 조셉 칠더스(Joseph Childers)와 게리 헨치(Gary Hentzi)가 공편한 『현대 문학·문화비평 용어사전』에서는 서사학은 역사연구자, 철학자, 자연과학자에게 영향을 주고 있다고 지적하였다. 호돈에게서 암시된 바 있지만 서사학은 츠베탕 토도로프가 명명하고 쉴로 스 리몬 케넌, 제라르 주네트, 미에케 발, 제랄드 프랭스 등과 같은 이론가들에 의해서 틀이 갖추어진 것으로 요약할 수도 있다.(조남현)

서사, 구조주의, 기호학

참고문헌
조남현, 『소설신론』, 서울대 출판부, 2004.
조셉 칠더스·게리 헨치 편, 『현대문학 문화비평 용어사전』, 황종연 역, 문학동네, 1999.
Gerald Prince, Dictionary of Narratology, University of Nebraska Press, 1982.
Jeremy Hawthorn, A Glossary of Contemporary Literary Theory, A member of the Hodder Headline Group, 1998.

서술(敍述, Narration)

어떤 사건이나 사건들의 연쇄를 이야기하는 것을 목적으로 하는 글쓰기. 논증, 묘사, 설명과 함께 글쓰기의 대표적인 네 유형에 속한다. '사건'을 쓴다는 점에서 '서술'이라는 용어 대신 '서사(敍事)'라는 용어를 쓰는 경우도 많다.

서술은 그 자체로 사건만 쓰는 경우도 있지만, 대개 묘사와 같이 쓰이는 경우가 많다. 어떤 사건을 서술할 때, 인물의 생김새라든지 배경에 대한 묘사 따위가 동반되는 경우가 대부분인 것이다. 그러나 묘사가 공간적인 것이라면 서술은 시간적인 것이다. 시간의 진행에 따른 사건의 추이가 중심인 것은 서술에 속한다.

서술은 허구성 여부를 기준으로 두 가지 형태로 나눌 수 있다. 하나는 신문 기사처럼 사건을 시간 순으로 배열하여 쓰되, 사실을 객관적으로 전달할 뿐 허구성이 개입되지 않은 것이다. 이러한 형태를 '비허구적 서사' 또는 '단순 서사(simple narra -tive)'라고 하는데, 이때 서술을 하는 당사자는 개인적인 판단이나 느낌 등을 통해 자신의 존재를 드러내지 않는 것이 보통이다. 물론 단순 서사에서 서술된 내용이 거짓일 수도 있지만 의사소통의 관습상 독자는 이를 실제 일어났던 일로 받아들인다. 이와 함께 제시된 사건들도 서로 긴밀한 연관을 가지기보다는 단순하게 나열되는 경우가 대부분이다.

서술의 또 다른 형태는 옛날이야기나 소설처럼 허구성이 개입하며, 서술을 하는 당사자가 자신의 존재를 드러내는 경우이다. 이 두 번째 형태는 '허구적 서사' 또는 '구성된 서사(narrative with plot)'라고 한다. 이 '구성된 서사'에서는 사건들이 인과성과 같은 일정한 원칙 아래 긴밀하게 재배열되며, 서술하는 당사자 곧 서술자도 자신의 존재를 곧잘 드러낸다. 서술자의 개인적 판단이나 느낌, 원망 등이 명시적 또는 암시적으로 서술하는 가운데 드러나는 것이다. 허구적 서사에서는 제시된 내용이 작가에게는 실제 일어났던 일일 수도 있지만 의사소통의 관습상 독자들은 가공된 이야기로 받아들인다. 이 허구적 서사는 서술자의 유형에 따라 다시 두 가지 세부 형태로 나뉜다(그밖에 다른 기준으로도 분류할 수 있다). 그 하나는 서술자가 '나'로 이야기 속에 등장하는 1인칭 서술이며, 다른 하나는 서술자가 이야기 속에 등장하지 않는 3인칭 서술이다.

제라르 쥬네트는 '서술'의 유형을 초점화의 문제와 관련지어 제시한다. 그에 따르면, 서술은 두 가지 기준에 의거해 나눈다. 그 하나는 서술자의 위치에 따른 것으로, 이야기밖―서술(extra-diegetic)과, 이야기안―서술(intra-diegetic)이 구분된다. 한편 이 둘이 같이 나타날 경우에는 메타―서술(meta-diegetic)로 규정된다. 또다른 기준은 서술자의 문법적 인칭에 따르는 것으로, 이에 의해 3인칭에 의한 이종 서술(hetero-diegetic)과, 1인칭에 의한 동종 서술(homo-diegetic)이 구분된다. 이러한 유형 구분은, 서술자가 작중 상황을 바라보는 차원과 작중 상황을 말하는 차원을 구별함으로써 다양한 서술 방식의 차이들을 섬세하게 변별하는 틀을 제공했다는 데 있다.(장수익)

묘사, 허구성, 인칭, 시점, 서술자, 초점화, 초점자

참고문헌

S. Rimmon-Kenan, Narrative Fiction : Contemporary Poetics, New Accents, Methuen, 1983(『소설의 시학』, 최상규 역, 문학과지성사, 1985).

웨인 C. 부드, 『소설의 수사학』, 최상규 역, 새문사, 1985.

F. 슈탄젤, 『소설 형식의 기본유형』, 안삼환 역, 탐구당, 1982.

M. Bal, Narratology : introduction to the theory of narrative, Univ. of Toronto Press, 1985(『서사란 무엇인가』, 한용환·강덕화 역, 문예출판사, 1999).

서술시(敍述詩, Narrative poetry)

서술시는 이야기하는 시, 또는 이야기가 우세한 시를 의미한다. 다시 말해 서술시는 이야기나 사건의 내용이 서술적인 구조를 통하여 형상화된 시이다. 서술의 개념에는 서사자와 피서사자가 포함되는데, 넓게 보면 한 편의 시도 화자와 청자의 관계를 설정한 담화양식에 해당된다. 이야기를 가진 시, 곧 서술의 요소가 상대적으로 우세한 서술시는 시간적 조직이라는 점에서 산문서사와 공통된 특징을 지닌다.

이야기는 서사시에서 소설에 이르기까지 서사장르의 본질적 요소이지만, 서술이 서사장르에만 한정되지는 않는다. 시인은 시적 효과를 획득하기 위해 서정장르 안에 서술적 요소를 가져올 수 있으며 이 경우 서술적 특성은 서정장르의 요소가 된다. 따라서 서술시는 정형시, 자유시, 산문시의 구분처럼 시의 한 유형을 지칭하는 명칭이다.

윤여탁은 서술시가 기본적으로 서정시 장르에 속한다고 본다. 사건이나 이야기 자체보다는 이야기나 사건이 벌어지고 있는 객관적 상황이나 정서가 중요하다고 보고, 그러한 정서 전달의 극대화를 위해 서정시에 서사적 특성을 도입한 것이 서술시이다. 그러므로 서술시는 사건이나 이야기를 통하여 기술되는 서사시나 시인의 사상이나 감정을 직접적으로 서술하는 장시와도 구별된다. 장시는 어떤 상황이나 사건, 이야기에 대한 작가 자신의 생각이나 정서가 반복적으로 나열되지만, 서술시는 사건이나 이야기를 통해서 객관적인 사실을 전달하고 이를 통하여 독자의 정서나 감동을 유발하는 형식이다. 이러한 서술시는 리얼리즘 계열의 작품에서 가장 널리 사용되는 방식의 하나이다.

고현철은 서사시와 서술적 서정시는 구분된다고 본다. 서사시는 서술자에 의한 대상의 재현인 서술과 작중인물에 의한 대상의 재현인 대화가 교대되는 혼합화법을 취하는 반면, 서술적 서정시는 근본적으로 서술이라는 주석적 화법을 취한다. 서정적 서술시, 즉 서술시에서 이야기는 서사장르에서의 이야기와는 달리 함축적인 이야기가 된다. 서사시는 서사 장르에 속하지만, 서술시는 서정 장르에 속한다. 서술시에서 이야기와 서술은 시인이 적절한 시적 효과를 획득하기 위해 채용한 서정 장르의 한 장치인 것이다.

우리나라의 경우 서술시의 요건을 갖춘 작품들로 김동환의 『국경의 밤』, 김용호의 『낙동강』, 『남해찬가』, 신동엽의 『금강』을 들 수 있다. 또 이용악의 <낡은 집>, 임화의 <우리옵바와 火爐> 역시 이야기를 담고 있는 서술시로 볼 수 있다.(최동호)

서사시(epic), 서사학, 이야기, 장시, 김동환, 서정주, 신동엽, 이용악, 임화

참고문헌
고형진, 『한국 현대시의 서사지향성 연구』, 시와시학사, 1995.
김준오, 『시론』, 문장사, 1982.
_____, 『한국 현대 장르 비평론』, 문학과지성사, 1990.
이정일 편, 『시학사전』, 신원문화사, 1995.
현대시학회 편, 『한국 서술시의 시학』, 태학사, 1998.
김준오, 『한국문학의 양식론』, 한양출판, 1997.
민병욱, 『한국 서사시와 서사시인 연구』, 태학사, 1998.
앤터니 이스톱, 『시와 담론』, 박인기 역, 지식산업사, 1994.
제럴드 프린스, 『서사학사전』, 이기우·김용재 공역, 민지사, 1992.
폴 헤르나디, 『장르론-문학분류의 새 방법』, 김준오 역, 문장사, 1983.
Clare Regan Kinney, Strategies of Poetic Narrative, Cambridge Univ. Press, 1992.
Wallace Martin, Recent Theories of Narrative, Cornell University Press, 1986.

서술자(敍述者, Narrator)

넓은 의미에서 말이나 글로 이야기를 하는 사람을 가리킨다. 이러한 서술자 개념은 서사 이론에서 '시점' 또는 '초점화'와 연결되어 논해진다.

근대 이후의 소설에서 서술자는 좀더 기법적인 의미를 지닌다. 작중 사건과 인물에 대한 작가의 간섭 행위를 막고, 이안 와트가 말한 바의 '서술의 신뢰감'을 줄 수 있는 방법으로 다양한 서술자의 유형을 개발하기 시작한 것이다. 서술자의 유형은 여러 기준으로 구분해 볼 수 있다.

먼저 생각해 볼 수 있는 것은 인칭에 따른 구분이다. 여기에는 1인칭 서술자와 3인칭 서술자가 있다. 먼저 1인칭 서술자는 소설 속에서 이야기를 하고 있는 "나"가 서술자인 경우를 가리킨다. 이런 소설에서 서술자 "나"는, 주인공과 동일한 인물인 경우도 있고, 부수적 인물인 경우도 있으며, 아예 단역으로 잠깐 등장하는 인물에 지나지 않는 경우도 있다.

3인칭으로 서술되는 소설에서는 전지성의 정도에 따라 서술자의 유형이 구분된다. 작중 인물들의 생각이나 작중 상황의 추이를 훤히 알고 있는 전지적 서술자, 특정한 인물의 생각만 알고 있고 다른 인물의 생각은 서술하지 않는 제한-전지적 서술자, 아예 카메라처럼 아무런 전지성을 발휘하지 않고 외부로 드러난 것만 서술하는 제한적 서술자가 3인칭 서술자의 주요한 세 유형이다.

토도로프는 서술자와 인물 간의 정보량 비교를 통해 이러한 3인칭 시점의 세 유형을 구분한 바 있다. 그에 따르면 정보량이 "서술자〉인물"이라면 전지적인 서술자이며, "서술자＝인물"이라면 제한-전지적 서술자이고, "서술자〈인물"이라면 제한적 서술자가 되는 것이다. 이와 같은 토도로프의 구분은 노만 프리드만의 기준인 '전지성의 정도'와 상통하는 것이다.

한편 부드는 작중 상황에 등장하느냐 하지 않느냐를 기준으로 '극화된 서술자'와 '극화되지 않은 서술자'로 나누었는데, 이 가운데 전자는 1인칭 서술자에, 후자는 3인칭 서술자에 각각 대응한다. 그러나 부드가 제시한 서술자의 유형으로 더욱 중요한 것은, '신빙성 있는 서술자'와 '신빙성 없는 서술자'이다. 많은 소설들이 독자에게 서술자의 말을 믿고 받아들이도록 쓰이지만, 모든 소설이 그런 것은 아니다. 오히려 서술자의 말을 순진하게 그대로 믿어서는 소설을 오독할 우려가 있는 소설도 있는 것이다. 부드는 그런 예를 마크 트웨인의 『허클베리 핀』을 들고 있는데, 우리 소설의 경우는 채만식의 「치숙」 같은 작품을 들 수 있다. 부드는 이러한 신빙성 없는 서술자를 통해 실제 작가와도 구별되고 서술자와도 구별되는 '내포 작가(implied author)'라는 개념을 끌어내기도 하였다.

한편 제라르 쥬네트는 작품에의 등장 여부와 이야기 대상이라는 두 기준을 근거로 서술자의 유형을 다음 네 가지로 구분한 바 있다.

1) 작품에 등장하여 자신의 이야기를 하는 서술자(동종 서술 및 이야기안―서술의 결합),

2) 작품에 등장하여 남의 이야기를 하는 서술자(동종 서술 및 이야기밖―서술의 결합),

3) 작품에 등장하지 않고 자신의 이야기를 하는 서술자(이종 서술 및 이야기안―서술의 결합),

4) 작품에 등장하지 않고 남의 이야기를 하는 서술자(이종 서술 및 이야기밖―서술의 결합)

(장수익)

시점, 초점화, 전지성, 내포 작가

참고문헌
츠베탕 토도로프, 『구조시학』, 곽광수 역, 문학과지성사, 1977.
웨인 C. 부드, 『소설의 수사학』, 최상규 역, 새문사, 1985.
M. Bal. Narratology : introduction to the theory of narrative. Univ. of Toronto Press, 1985(『서사란 무엇인가』, 한용환 ·강덕화 역, 문예출판사, 1999).
수잔 S. 랜서, 『시점의 시학』, 김형민 역, 좋은날, 1998.

서정소설

소설 속에서 서정시를 가능케 하려는 의도로서, 어느 작가에게나 내재되어 있는 미적 형상화의 욕구가 낳은 양식이라고 할 수 있다. 장르론적으로 볼 때, 원래 서정성이란 소설이 가지는 서사성과 상반되는 영역에 속하는 것인데, 작가가 가지는 미적 형상화의 욕구는 소설 같은 서사예술에 서정성을 교묘하게 도입하는 시도를 촉발해왔다. 산문 서사, 특히 소설의 필연적 한계인 허구와 실제와의 괴리를 서정시가 지니는 강력한 이미지 결합을 통해 극복함으로써 두 양식의 통합과 보완을 꿈꾸는 것이 서정 소설의 주요한 본질이 된다. 서정 소설의 주요한 특징 중의 하나는 무엇보다도 인물이나 사건과 같은 서사적 요소를 이미지의 음악적, 회화적 디자인과 같은 서정적 요소와 결합시킨다는 데에 있다. 다시 말해 소설에서의 서정성의 기능이란 서정성이 가지는 강력한 이미지가 서사의 인과성이나 흐름을 도와주는 데에 있다.

괴테의 '젊은 베르테르의 슬픔'이나 노발리스의 '푸른 꽃'은 서정 소설의 대표적 유형이며, 우리나라에서는 최근작으로 양귀자의 '숨은 꽃', 신경숙의 '풍금이 있던 자리' 등이 이에 속한다고 할 수 있다.(최민성)

서정, 서사, 소설, 시, 괴테, 노발리스

참고문헌
김해옥, 『한국 현대 서정소설론』, 새미.
랠프 프리드먼·신동욱 역, 『서정소설론』, 현대문학.

서정시(抒情詩, Lyric)

서정시는 본래 악기에 맞추어 부르는 노래가사를 의미했으나 이후 주로 읽기 위해 씌어진, 개인적인 감정을 표현하는 짧은 시를 뜻하게 되었다. 서양에서 운문 문학은 길이, 소재, 제시 방법, 운율의 종류에 따라 극시, 서사시, 서정시로 구분되었다.

서정시는 시인의 주관적 정서나 내적 세계를 드러낸다. 슈타이거는 서정시는 통사적인 면에서보다 음악적으로 언어가 질서를 이루는 것이 더 강력하다고 본다. 서정시에서 리듬과 문장은 어울려 발생하므로 시의 내용과 형식을 나눌 수 없고 각 문장들은 독립된 것이 아니라 서정적인 흐름의 물결을 이룬다. 하나의 시가 보다 순수하게 서정적이면 서정적일수록 운율은 정조와 화음을 이루며 변화한다. 서정적인 글은 자아와 대상 사이의 대립이 없으므로 시인이 말하는 것과 시인 사이에 간격이 없다. 서정시는 객관 세계의 일이나 사건을 모두 자아 속에 흡수하여 내면화하며 주관과 객관의 융합을 추구한다. 세계의 자아화, 주관과 객관의 일치, 자아로의 회귀 등은 서정시의 이러한 특징을 설명한다. 서사시인이 외부 세계를 서술하는 반면, 서정시인은 내면세계를 서술하는데 이때 회감(回感, Erinnerung)은 주체와 객체의 사이에 간격이 존재하지 않으며 양자가 서정적으로 상호 융화한다는 것을 지시한다. 현재의 것, 과거의 것, 그리고 미래의 것도 서정시 속에 회감될 수 있다. 카이저 역시 자아와 세계가 자기 표현적 정조의 자극 속에서 융합하고 상호 침투하는 것, 곧 '대상성의 내면화'가 서정시의 본질이라고 보았다.

서정시는 음악성이 두드러진 시적 양식이다. 시에서 음악성이란 운과 운율을 통해 만들어낸 리듬을 뜻한다. 김경복은 20세기에 들어와 서정의 개념이 변하여 서정의 본질적 속성이 반드시 음악성과 결부되는 것은 아니지만, 서정의 근원을 논할 때 노래에서 발생되어 온 서정의 본질적 속성으로서 음악성이 지적되어야 한다고 말한다.

서정시 가운데 엘레지(elegy)는 비통을 의미하는 그리스어 엘레게이아(elegeia)에서 유래한다. 비가(悲歌), 혹은 애가(哀歌)로 번역되는 엘레지는 죽음이나 인생의 비극적인 양상을 관조하고 이에 암시를 받아 공적인 어조와 어법을 사용하여 쓴 서정시를 말한다.

빅토르 츠메가치와 디터 보르흐마이어는 서정시의 위대성은 작품에 구체화된 진실성에 근거한다고 본다. 헤겔은 서정시는 주관성의 예술이며, 서정 시인은 그 스스로가 주체로서 영향을 받은 것에 대하여 말한다고 하였다. 괴테로 대표되는 고전주의에서는 주관적인 감정, 대상, 생각 등이 서로 균형을 이루었던 반면, 낭만주의에서는 감정과 정서의 해방이 이루어졌다. 이때 비정치적인 시는 주로 음악적 형식 요소들의 자기 만족의 경향으로 흐르게 되었다. 빅토르 츠메가치와 디터 보르흐마이어는 서정시의 순수성과 참여성에 대해 기술한 바 있다. 이 같은 서정시의 이중성은 현재에 이르기까지 지속적으로 수반되어 나타난다.

한국의 경우 1930년대 김영랑을 중심으로 한 순수서정시 운동은 시를 현실초월적이며 순수한 인간정신 내면의 문제와 관련된 것으로 규정한다. 김영랑의 음악에 대한 동경과 미(美)에 대한 탐닉은 서정시의 본질을 주관적 자아의 심미적 전환으로 이해하는 태도이다. 급변하는 역사적 상황을 거치면서 서정시의 순수 개념에 대한 인식의 폭은 넓혀지게 된다. 해방 이후에 부각되었던 문학의 순수와 참여 논쟁, 70-80년대의 민족·민중문학의 대두는 순수와 참여라는 서정시의 이중성에 대한 갈등과 융합의 역사를 잘 보여준다. 또한 탈정치화가 이루어진 90년대 후반기의 시와 2000년대의 시에서 서정성이 두드러지게 나타난 것은 반 생태적인 문명에 대한 저항으로 해석된다.(최동호)

김영랑, 디터 보르흐마이어, 클리언스 브룩스, 빅토르 츠메가치, 에밀 슈타이거, 감정, 엘레지

참고문헌

김준오, 『시론』, 문장사, 1982.

이정일 편, 『시학사전』, 신원문화사, 1995.

최승호 편, 『서정시의 본질과 근대성 비판』, 다운샘, 1999.

빅토르 츠메가치·디터 보르흐마이어 편저, 『현대문학의 근본개념 사전』, 류종영·백종유·이주동·조정래 공역, 솔출판사, 1996.

볼프강 카이저, 『언어예술 작품론』, 김윤섭 역, 대방출판사, 1984.

디이터 람핑, 『서정시 : 이론과 역사』, 장영태 역, 문학과지성사, 1994.

에른스트 피셔, 『예술이란 무엇인가』, 김성기 역, 돌베개, 1984.

서지학(書誌學, The [Science of] bibliography)

서지학이란 책의 분류, 해제와 감정 같은 것을 주제로 연구하는 학문이다. 서지학을 구성하고 있는 bibliography는 그리스어에서 '책'을 의미하는 비블리온(biblion)과 '기술'을 의미하는 그라페인(graphein)의 합성어로써, 이는 서지학의 대상인 책의 중요성을 의미한다. bibliography는 다수의 문헌과 도서에 관련된 서지 사항을 수합하여 일정한 방식에 따라서 편성하고 배열한 리스트이다. 광의의 의미로는 도서나 논문, 기타의 자료에 관한 모든 리스트나 문헌 목록을 포함하는 말로 쓰인다. 그러나 일반적으로 목록에 비해서 개개의 문헌의 소재지나 소장처를 표시하지 않은 것을 말하고, 좁은 의미의 서지에는 개인서지나 주제 서지 등이 포함된다. 포괄적으로는 발행지나 판매 형태, 사용 언어 등을 기준으로 모으는데, 대개 저자, 주제, 이용자 계층 등의 항목을 기준으로 선택적으로 편집되는 경우가 많다. 새로 간행된 문헌들을 모아서 정기적으로 간행하는 것을 신간 서지(current bibliography)라고 하고, 특정한 주제에 대해서 과거에 발표된 문헌들을 한데 모아놓은 것을 소급 서지(retrospective bibliography)라고 한다.

서지학의 역사는 아주 오래 전부터 시작되었다. 한(漢)나라 유향부자의 목록학(目錄學), 당(唐)·송(宋)시대의 교감(校勘學)과 고염무 등이 청(淸)나라 때에 제창한 고증학(考證學) 등에서부터 그 뿌리를 찾아 볼 수 있다. 서지학이 하나의 과학적인 학문으로 정립된 것은 19세기 말에서 20세기 전반에 걸친 시기로, 주로 영국의 자연과학자들에 의해서이다. 특히 게스너(K. Gesner, 1516~1605) 이후에 세계의 모든 도서를 리스트하기 위해 국제 서지(universal bibliography)를 작성하기 위한 시도가 종종 있었다. 서구의 과학적인 서지학에 비해 그 시작이 늦기는 하나, 최근 한국에서도 '서지학회'가 창립되고, 많은 학자들이 우리 문헌의 사본과 간본에 관심을 두고 활발하게 연구하고 있다.(강진호)

도서학, 정보학

참고문헌

사공철, 『도서관학·정보학 용어사전』, 서울 한국 도서관협회, 1986.

_____, 『문헌정보학 용어사전』, 서울 한국 도서관협회, 1996.

하동호, 『한국근대문학의 서지연구』, 깊은샘, 1981.

석질화(石質化, petrification)

석질화 또는 석화작용은 원래 매몰된 생물체가 돌처럼 변하는 과정을 말하는 생물학 일반용어였으나, 언어학적 측면에서 석질화는 처음에 언어가 가지고 있는 급진적이고 혁신적인 힘이 오히려 제도화된 관습과 규범에 종속되어가는 역사상의 과정을 의미한다. 그 어떤 혁신적 글쓰기를 시도하던 작가도 시간이 경과하면 자신의 글쓰기를 통해 추구하고자 했던 새로운 의미들이 축소되고 공식화되는 석질화의 과정을 밟게 된다는 것이다. 롤랑 바르트(Roland Barthes)에게 석질화는 글쓰기에서 영도(零度)의 지점, 즉 공인된 언어의 질서에 의한 예속이 작용하는 동시에 그 예속에서 벗어나서 새로운 출발을 가능하게 만드는 지점이기도 하다. 그는 글의 의미 그 자체보다 그 의미가 생성되는 과정에 보다 주목하여 글쓰기를 이루는 배후의 의도를 밝혀내고 언어의 원형적 무의식의 세계―에로티시즘의 회복을 내세웠다. 이를 위해 그는 아이러니나 패러독스같은 일종의 교란장치를 통해 의미의 종결을 지연시키는 것이 석질화를 막을 수 있는 길이라고 보았다.(남승원)

석화작용, 글쓰기의 영도, 롤랑 바르트

참고문헌
롤랑 바르트(김웅권 옮김), 『글쓰기의 영도』, 동문선, 2007.

선(禪)

마음을 가다듬고 정신을 통일하여 무아정적(無我靜寂)의 경지에 도달하는 정신집중의 수행(修行)방법의 하나. 선은 팔리어(語) 자나(jhana)의 음역어로, 선나(禪那)의 준말이다. 타연나(馱衍那)로 음사되며, 정(定) · 정려(靜慮) · 기악(棄惡) · 사유수(思惟修) 등으로 번역되기도 하는데, 음사와 번역을 합하여 선정(禪定)이라고도 한다. 선의 기원은 B.C 1300년경 아리아족(族)이 인도에 침입하기 이전으로 추정되고 있다. 인도 원주민 문명인 인더스문명(B.C 2800~B.C 1800년경)의 유적지 모헨조다로에서 요가 수행을 하고 있는 시바신(神)의 모습을 새긴 인장이 발굴되었고, 선정에 들어가 있는 요가 수행자의 모습을 조각한 각종 석재 흉상 등이 이를 증명해 준다. 또한 아리아인의 경전≪리그 베다≫에도 요가라는 말이 나오며≪우파니샤드≫에서는 초자연적 신통력을 얻기 위한 방법으로 요가를 말하고 있다.

요가는 심사(深思) · 묵상(黙想)에 의해 마음의 통일을 구하는 방법으로 정신과 육체의 이원론의 입장에서 육체를 괴롭힘으로써 정신의 자유를 얻으려는 고행(苦行)사상과 결부되어 발전하였다. 이러한 사상이 체계화되어 아트만(atman : 개인의 원리)이 브라만(brahman : 우주의 원리)과 일치되기 위한 실천으로 제시되었다. 석가모니도 출가 후 당시 최고 수행자들로부터 선정(禪定)을 배웠으나 선정은 육체에 고통을 주어 사후의 해탈(解脫)을 구할 뿐, 현세에서의 해탈을 이룰 수 없다고 생각하여 홀로 명상을 통해 대각(大覺)을 이루었다고 한다.

불교에서는 삼학(三學 : 戒·定·慧), 사무량심(四無量心 : 慈·悲·喜·捨), 사념처(四念處: 身·愛·心·法) 사제(四諦 : 苦·集·滅·道), 그리고 팔정도(八正道 : 正見·正思·正語·正業·正命·正精進·正念·正定)를 선수행의 기본으로 삼고 있다. 그러나 대승불교에서는 이타(利他)의 정신에 입각한 선수행을 강조하였는데, 이것은 지(止)와 관(觀)을 같은 비중으로 본 것에서 비롯된다.

명상하는 수행방법으로서의 선이 인도에서 중국에 전해진 것은 후한시대(後漢時代 : 25~220)로 보이지만, 북위시대(北魏時代 : 386~534)의 달마(達磨)에 의해 전해진 선은 ≪능가경≫에 의한 이타적·능동적 선이었다. 달마의 사상은 그의 저서인 ≪이입사행론(二入四行論)≫에 나타난 바와 같이 벽관(壁觀)으로 유명하다. 이것은 외부로부터의 객진(客塵 : 번뇌)과 작위적 망념(作爲的 妄念)이 침입하지 않는 것을 벽에 비유한 것으로서, 본래의 청정한 마음을 직관(直觀)한다는 것이다.

선은 인도에서 발전한 것이지만 꽃은 중국에서 피웠다. 선사상은 중국사상과 접촉하여 송학(宋學)과 같은 철학이 생겨나는 원인이 되었으며, 예술·문학에도 큰 영향을 끼쳤다. 신라 때 우리나라에 전래되어, 고려시대에는 9산선문(九山禪門)으로 발전하였고, 지눌(知訥)과 같은 고승을 낳았다. 오늘날의 한국 불교도 크게 보아 선종이라 할 수 있다.(강진구)

참고문헌
아베 마사오·히사마쯔 신이찌(변선환) 편역, 『선과 현대철학』, 대원정사, 1996.
심재룡, 『동양의 지혜와 禪』, 세계사, 1990.
고익진, 『韓國 古代 佛敎思想史』, 東國大學校 出版部, 1989.

선동선전문학(煽動宣傳文學, Agitation propaganda literature)

대중의 신념이나 가치관의 변화를 유도하거나 직접적인 행위를 유발시키려는 목적의식성을 지닌 작품을 지칭한다. 문학 작품이 시대 상황과 밀착해 있으면서 특정의 사상이나 신념을 대변하는 경우에도 '선전선동문학'이라고 지칭된다. 흔히 교훈적인 문학과 비슷한 개념으로 쓰이기도 하지만 목적의식이 뚜렷해 문학의 자율성을 침해하는 경우가 종종 발생하기도 한다. 일부에서는 아지테이션(Agitation)과 프로파겐다(Propaganda)라는 용어를 그대로 사용해 '아지프로 문학'이라고 지칭하기도 한다.

선전은 특정문제에 대한 설명 내지 이데올로기적 설득을 지향하고, 선동은 대중의 감정을 고취하여 직접적인 행동화를 목적으로 한다. 이렇듯 선전과 선동은 동일한 개념이 아니지만, 보통 상호 교차해 사용하고 있다. 선전이란 용어는 1622년 6월 로마 교황 그레고리 15세가 개신교 이념에 대항하기 위해 카톨릭 교리를 적극적으로 전파할 목적으로 카톨릭 신앙선교회의를 만들면서 사용되기 시작했다. 이후 선전이란 개념은 1789년 프랑스 혁명과 함께 계급의 이익이나 이데올로기를 전파하기 위한 정치적 수단을 지칭하는 용어로 발전했다. 선전선동문학이 중요 개념으로 부각된 것은 러시아 사회주의 혁명 이후부터였다. 레닌이 "선전은 의식의 발전을 의미하고, 선동은 의식적 인간의 행위를 의미한다"고 규정하면서 문학이 주요한 선전선동의 수단이 되었다. 선전선동문학의 대표적인 작가로는 러시아의 혁명시인 블라지미르 마야코프스키, 독일의 극작가 베르톨트 브레히트를 거론할 수 있다. 이후 특수한 도덕적 정치적 문제에 대해 어떤 관점을 갖거나 직접적 행동을 취하도록 독자를 움직이려고 시도하는 문학적 경향을 포괄하는 용어로도 사용되고 있다. 예를 들어 미국 남북전쟁 이전 노예제도를 반대와 관련이 있는 스토우(Harriet Beecher Stowe)의 『톰 아저씨의 오두막집』, 육류 가공공장의 잔학함을 보여준 싱클레어(Upton Sinclair)의 『정글』 등과 같은 작품도 선전선동문학으로 지칭된다.

한국문학에서는 일반적으로 프롤레타리아 문학예술운동과 관련해 선동선전문학이라는 개념이 사용되었다. 일제 식민지 시대인 1920년대 경향파 작가 혹은 30년대 조선프롤레타리아 예술동맹 소속 작가들이 계급의식을 고취하거나 대중들의 직접적 행동을 촉구하기 위해 선전선동문학을 창작했다. 대표적인 작품으로는 최서해의 「탈출기」, 조명희의 「낙동강」, 임화의 「네거리의 순이」 등을 꼽는다.(임헌영)

경향파, 목적의식, 목적문학

참고문헌
M.H. 아브람스, 『문학용어사전』, 최상규 역, 보성출판사, 1990.
『정치학 대사전』, 박영사, 1994.
김영민, 『한국 근대문학비평사』, 소명출판, 1999.
서화교, 「레닌의 宣傳煽動論을 통해 본 볼세비키의 대중교화정책」, 한국외국어대학 석사학위논문, 1994.

선명(宣命)

일본어로는 '센묘(せんみょう)'라고 한다. 일본에서 선명이라고 하면, 원래 천황이 명령을 알린다는 뜻이지만, 중고시대(中古時代)인 헤이안 시대(平安時代)에 접어들면 천황이 명령을 알리는 문장을 뜻하는 말을 가리키게 되었다. 한문으로 쓰여지고 문서에 의해서 공포(公布)되는 것을 '조칙(詔勅)'이라고 부른 것에 대해서, 일본어 문장인 화문체(和文體)로 쓰여지고 입으로 선포되는 것을 선명이라고 불러서, 조칙과 의미상 차이를 두었다. 다시 말해 선명은 한문이 아닌 일본어 문장으로 쓰여진 조칙을 가리키는 말이다. 축사(祝詞)가 인간이 신에게 말씀드리는 말이라면, 선명은 천황이 즉위 등의 중요한 의식이 있을 때에 신의 명을 받아 신하에게 자신의 의사를 알리는 말이다.

일본 문학사에서 다루어지는 것으로 현존하는 선명 중에서 가장 오래 된 것은 『속일본기 續日本紀』에 수록되어 있는 62편이다. 이것은 몬무(文武)천황 즉위(697) 이후에 쓰여진 것이다. 그 후 선명은 근세까지 각 시대를 통해 행해졌다.

이들 선명은 즉위, 양위(讓位), 폐위(廢位), 개원(改元), 입태자(立太子), 폐태자(廢太子), 포상(褒賞), 조사(弔死), 임대신(任大臣) 등 여러 경우에 내려졌으며, 모두가 실제 용무와 관련된 것이었다. 하지만 그 자체가 문학작품으로 다루어지는 것은 아니다. 물론 그 중에는 인간미 넘치는 문예성이 풍부한 것도 볼 수 있는데, 이것을 신하에게 알릴 때는 일정한 곡절(曲節)을 붙인 것 같기도 하다. 또한 신에 대한 기도의 내용과 함께 불교 등 외래사상의 영향도 엿볼 수 있다. 사람들의 감동을 부르는 수사 기교(修辭技巧)를 존중했다는 점에서는 축사와 공통점이 있다.(오석윤)

조칙, 화문체, 천황, 수사기교

참고문헌
市古貞次 編, 『新古典文學硏究必携』(「國文學」 40), 學燈社, 1990.
『日本古典文學大辭典』 제3권, 岩波書店, 1983.

선문답(禪問答)

선문답이란 석가가 영산(靈山) 설법에서 말없이 꽃을 들자, 제자인 가섭(迦葉)이 그 뜻을 알았다는 데서 연유한 것으로, 이심전심(以心傳心), 즉 말을 통하지 않고 통하는 진리 또는 불립문자(不立文字), 즉 문자로 세울 수 없는 진리를 종지(宗旨)로 삼는 선종(禪宗)에서의 화두를 말한다.

선문답을 중시하는 선종의 태도의 기저에는 언어기호에 대한 근본적인 회의의 정신이 담겨 있다. 불가에서 말하는 해탈의 경지는 도저히 언어를 통해서 밝힐 수 없다고 보는 것이다. 그래서 일반적인 언어의 소통관계를 해체하고 전복하는 커뮤니케이션의 유형으로 선문답이 태생하게 되는 것이다.

기실 언어기호에 대한 회의는 동양 정신의 기본을 이루는 것이다. 『장자(莊子)』에는 수레 장인 --의 우화와 같은 문자가 지니는 한계에 대한 숱한 우화가 등장한다. 『주역(周易)』 계사전(繫辭傳)에도 聖人立象而眞意, 즉 성인은 상(象)을 통해 본 뜻을 밝힌다고 하여, 언어를 넘어서는 상징적 이미지의 가치를 강조한 바 있다. 이런 동양의 기본적 정신이 불가의 선이라는 수행방법과 결합되어 나타나는 것이 선문답이라고 할 수 있다.

선문답이 지니는 언어에 대한 회의 정신은 데리다를 비롯한 후기구조주의자들이 언어기호의 확정성을 의심하고 그것을 해체하려는 태도와 맞닿아 있다. 언어기호의 확정성에 대한 의심은 모더니즘이 지닌 인과성, 결정론적 세계관에 대한 해체 노력으로 이어지고 있다. 그래서 선문답과 불교의 불립문자(不立文字)하는 정신은 서구의 탈현대적 흐름에서 새롭게 조명되고 있다. 우리 문학에서도 김지하나 이승훈에 의해 선문답적 주제의식을 담은 시들이 새로이 창작되고 있다. 다만 김지하가 우리 전통에 기반을 두어서 선문답적 문제의식을 끌어온다면 이승훈은 탈현대적 서구철학의 흐름을 통해 우리 전통으로 돌아왔다는 점에서 차이가 있을 것이다.(최민성)

화두, 후기구조주의, 불립문자

참고문헌

『벽암록』, 안동림 역, 현암사.
이승훈, 『과정으로서의 나』, 푸른사상.

선시(禪詩)

선(禪)은 자아와 우주의 본질을 파악하여 참 자아를 깨닫는 불교수행의 한 방법이다. 선이 하나의 종파로 확립되고 철학적인 체계를 정립한 시기는 인도승 달마(達磨)가 중국에 건너온 때(AD520)부터이다. 선은 달마로부터 혜능(慧能)으로 이어지면서 발전했으며, 8·9세기 중국불교 발전의 모태가 된다.

선시는 선과 시의 관계로써 성립하는 문학형식이다. 넓게 보았을 때, 선시는 모든 형식이나 격식을 벗어나 직관으로 세계의 궁극적 깨달음에 다다르려는 수행방법으로서의 선(禪)이 시적 언어와 형식을 만나 이루어진 시라 할 수 있다. 선불교에서는 언어를 상대적이고 불완전하다고 보기 때문에 선시에는 역설·모순·비약 등과 같은 수사적 장치가 많이 사용된다. 선시의 세계는 문학적 감수성으로 쉽게 파악할 수 있는 세계가 아니며 일상어의 논리를 넘어서서 존재한다.

선과 시가 연결될 수 있는 가능성을 이론적으로 구축하기 시작한 것은 중국의 남송 때의 엄우(嚴羽)이다. 엄우는 『창랑시화(滄浪詩話)』에서 선과 시가 모두 오묘한 깨달음을 전제로 한다고 말하여 선과 시의 동질성을 지적하였다. 우리나라의 조선시대 천경(千鏡) 또한 선과 시의 합일에 대하여 논하고 있다. 그는 '시와 선은 같다. 선은 깨달음에서 들어갈 수 있고, 시는 신령스러운 해득을 귀하게 여긴다'고 하였다. 또한 현대에 들어 조지훈은 '부조화의 조화, 비논리의 논리, 무목적의 합목적'으로 선과 시의 유기적인 관계를 설명하면서 선과 시가 모두 생명을 접하는 도구가 됨을 역설하였다.

역사적으로 볼 때, 선시는 범어불전에 실린 운문들이 중국에서 한역되면서 한시적인 형식을 띠게 되었고, 이를 바탕으로 선시의 창작이 본격적으로 이루어지게 되었다. 중국에서 선시가 성행한 것은 대체로 당나라 시대로, 한산(寒山)의 「한산시(寒山詩)」가 나타났고, 선의 영향을 받은 이백, 왕유, 이하 등의 시인들이 선시풍의 시를 창작하게 되었다.

우리나라의 경우, 고려시대의 보조국사 지눌(知訥)이 지은 「수심결(修心訣)」과 혜심이 지은 『무의자집(無衣子集)』, 그리고 중국 선시 등을 집대성한 『선문염송집(禪門拈頌集)』은 선시가 발흥하게 된 계기가 되었다. 조선시대의 선시의 흐름은 대체로 매월당(梅月堂)과 청허당(淸虛堂) 서산대사(西山大師) 그리고 청매(靑梅) 인오선사(印悟禪師)로 이어졌다. 조선시대의 선시에서는 대체로 선적인 관조를 통해 자아와 자연이 합일되는 주객일여(主客一如)의 자연관이 발견된다.

근대로 들어오면서 선시의 전통을 잇는 시인으로 만해 한용운과 조지훈 등을 들 수 있다. '나는 禪師의 說法을 들었읍니다./「너는 사랑의 쇠사슬에 묶여서 苦痛을 받지 말고, 사랑의 줄을 끊어라. 그러면 너의 마음이 즐거우리라」고./그 禪師는 어지간히 어리석습니다./사랑의 줄에 묶이는 것이 아프기는 아프지만, 사랑의 줄을 끊으면 죽는 것보다 더 아픈 줄을 모르는 말입니다./ (……)/그러므로 大解脫은 束縛에서 얻은 것입니다.'(한용운, 「禪師의 說法」). 여기에서 한용운이 말하는 사랑과 '선사(禪師)'가 말하는 사랑은 서로 다른 것이다. 세속적 사랑의 속박을 끊어야 번민에서 벗어날 수 있으리라는 선사의 설법을 한용운은 받아들이지 않는다. 오히려 근원적 사랑은 사랑의 줄을 끊지 않아야 한다는 역설적 인식에 가닿아 있다. 이러한 역설적 인식은 중생에 대한 사랑이야말로 깨달음의 근원적 실천이라고 자각하는 한용운의 대승불교적 자세와 연결된다. '木魚를 두드리다/졸음에 겨워//고오운 상좌아이도/잠이 들었다//부처님은 말이 없이/웃으시는데//西域 萬里ㅅ 길/눈 부신 노을 아래//모란이 진다'(조지훈, 「古寺1」). 이 시에서 고요하고 적막한 풍경과 졸음에 겨워 잠이 든 '상좌아이'는 선적인 분위기 속에서 일체가 되어 있다. 불교적이면서 동시에 선적인 색채를 지니고 있는 조지훈의 시는 자연과 인간이 일체화된 모습을 구현하고 있다.(최동호)

불교, 선, 달마, 매월당, 엄우, 왕유, 이백, 이하, 인오선사, 조지훈, 지눌, 한용운, 혜심

참고문헌
권기호, 『선시의 세계』, 경북대출판부, 1991.
유약우, 『중국시학』, 이장우 역, 명문당, 1994.
유종호·최동호 편저, 『시를 어떻게 볼 것인가』, 현대문학, 1999.
이정일, 『시학사전』, 신원문화사, 1995.
인권환, 『한국 불교문학 연구』, 고려대출판부, 1999.
최동호, 『하나의 도에 이르는 시학』, 고려대출판부, 1997.
최승호 外, 『21세기 문학의 동양시학적 모색』, 새미, 2001.
한국정신문화연구원 편, 『한국민족문화대백과사전』, 한국정신문화연구원, 1991.
김달진 편역, 『한국선시』, 열화당, 1985.
_____ 역, 『한산시(寒山詩)』, 최동호 해설, 문학동네, 2001.
방동미, 『중국인의 생철학』, 정인재 역, 탐구당, 1983.
석지현, 『선시』, 현암사, 1975.
유약우, 『중국 문학의 이론』, 이장우 역, 범학, 1978.
조지훈, 『조지훈전집』, 나남출판, 1996.

선험적 주체

선험적 주체는 칸트가 근대철학을 완성하며 주체의 문제를 해명하기 위해 정립한 개념이다. 근대의 주체는 모든 인식의 출발점이었다. 그런데 문제는 근대적 주체가 어떻게 세계라는 진리에 다가갈 수 있느냐였다. 경험은 항상 '물자체'의 본질을 파악하는 데 방해가 된다. 그렇다면 주체의 진리 파악은 요원한 것이 되어버린다.

칸트는 이 문제를 재정의하는 방식을 통해 새로운 대안을 만든다. 그는 진리를 대상에서 찾는 것이 아니라 대상을 만드는 우리의 판단형식에서 찾아야 한다고 보았다. 대상이 인식을 만드는 게 아니라 인식이 대상을 만든다는 생각, 진리는 대상에서가 아니라 주관(주체)의 판단형식에서 찾아야 한다는 생각은 이전의 생각을 크게 뒤바꾼 것이다. 이를 두고 칸트는 스스로 철학적 문제의 '코페르니쿠스적 전환'이라고 주장했다. 이런 칸트의 철학을 통해 주체는 세계 판단의 규준으로 다시 재정립되게 되었다. 그에 의해 선험적 주체는 모든 주체에 공통되며, 경험이나 감각에 좌우되는 게 아니라 그것을 좌우하며, 확실하고 항구적이라는 특징을 갖게 되었다.

선험적 주체라는 관점에서 보면 세계를 만나 문학을 생산하고 미적 텍스트를 창출하는 작가의 위치가 중요해지는 것은 당연해 보인다. 감정의 자연스러운 발로를 이야기하는 낭만주의적 태도와 그 미학은 이런 선험적 주체의 특성에서 빚지는 바가 크다. 동양에서 사물을 대하는 작가의 기본적인 능력을 강조하는 태도도 비슷한 관점에서 이해할 수 있다.

또한 물자체의 특성을 '선험적 환원'을 통해 파악할 수 있다고 보는 후설의 현상학도 선험적 주체와 관련이 있다. 우리가 상식이나 과학을 통해 얻은 세계와 의식에 대한 선입견을 괄호 안에 넣으려는 '선험적 환원'의 방법론의 기저에는 주체의 선험적 능력에 대한 믿음이 존재한다. 그러므로 작가의 선험적 능력을 강조하는 현상학적 비평 태도 또한 선험적 주체와 관련을 맺게 된다.(최민성)

선험, 경험, 선험적 환원, 칸트, 후설

참고문헌
엘리자베스 클레망 외, 『철학사전』, 이정우 역, 동녘.
이진경, 『철학과 굴뚝청소부』, 새길.

선험적인 것

선험적 조건은 우리의 인식을 가능하게 해 주는 조건을 의미한다. 경험 바깥에 있는 이 선험적 인식 조건이 주체가 세계를 이해하는 출발점이 된다는 것이다. 이 개념은 특히 칸트에서 중요한 역할을 한다. <순수이성비판>의 '선험적 감성론'은 감성의 아프리오리한 형식적인 시간과 공간을 연구하고 있다. 경험의 모든 현상은 시간과 공간을 통해 우리에게 필연적으로 주어진다. '선험적 논리학'은 통일성, 인과율 같은 오성(悟性)의 순수한 개념들을 연구한다. 모든 현상은 이 개념들을 통해 필연적으로 사유된다. 칸트는 이런 방식으로 근대적 주체의 정체성을 확보했다.

그러나 우리 인식 능력의 원천이 선험적이고 경험으로부터 독립적이라 해도, 이 능력이 적용되고 유효성을 가지는 장(場)은 경험에 제한된다. 오성의 순수한 개념들이 가능한 모든 경험을 넘어서서 의미를 가진다고 주장하는 것은 오성을 초월적이고 비합법적으로 사용하는 것이다.

오늘날에는 인식을 가능하게 하는 조건이 의식의 틀이라고 보고 그 구조를 연구하는 분야를 '발생적 인식론'이라고 부른다. 후설, 메를로-퐁티, 피아제, 인지 과학 등이 이 부류에 속한다. 오늘날의 인식론에서는 인식의 가능성의 조건을 의식에서 찾지 않고 객관적인 조건들, 즉 이론의 구조나 과학적 개념, 논리, 사회-역사적 조건 등에서 찾는다. 이 같은 현대 철학의 경향은 '객관적 선험 철학'이라고 부를 수 있을 것이다. 푸코와 세르가 이 경향을 대변한다. 특히 인식론이 과학의 실제와 동떨어지지 않기 위해서는 과학이 실제 진행되어 온 역사, 즉 과학사에 대한 연구가 반드시 필요하다.

문학에서 선험적 조건으로 이야기되는 것은 작가의 선험적 의식에 관한 것이다. 그것은 세계와 조응하는 작가의 기본적 능력을 이야기한다. 동양에서 '신사(神思, 상상)'하는 작가의 능력을 이야기할 때 그 근본 조건은 선험적이다. 또는 '호명된 주체'로서 구조적으로 어떤 조건에 따라 사고하게 되는 측면을 강조할 때는 '객관적 선험철학'으로서 구조주의적 선험 조건을 따질 수도 있다.(최민성)

칸트, 아프리오리, 경험, 발생적 인식론

참고문헌
최인숙, 『칸트』, 살림.
이정우, 『개념-뿌리들』, 철학아카데미.

설명(說明, Explanation)

설명이란 일정한 사물이나 어떠한 문제를 알기 쉽게 풀이하거나 그 사실에 대해 자세하게 해명하여 그것의 실체가 무엇인가를 알게 해 주는 기술 양식이다. 논리적으로 'Q는 A이다'라고 진술하고, 다른 사람의 궁금증이나 의문을 알기 쉽게 풀어줌으로써 문제에 대한 이해를 돕는 기술이며, 누군가가 알고 싶어 하는 것의 실체에 대하여 개념화된 정보를 제공해 줄 수 있는 방식이다. 그러므로 설명은 과학적 근거에 바탕을 둔 객관적인 기술 양식이라 할 수 있다.

설명의 주된 방법으로는 정의, 비교와 대조, 예시, 분석과 분류, 특수화와 일반화, 질문과 답에 의한 전개 등의 방법이 있다. '정의'란 정의하려는 항과 정의되는 항으로 구성되는데 단어나 구(句), 또는 다루고자 하는 대상이나 개념에 대해 명확하게 제시하고 의도하는 바를 뚜렷하게 밝히는 방법이다. '비교'는 둘 이상의 대상들 사이에 존재하는 공통점을 중심으로 설명하는 방법이고, '대조'는 둘 이상의 대상들 사이에 존재하는 차이점을 중심으로 설명하는 방법이다. '비교'와 '대조'는 사물이나 의견간의 공통점과 차이점을 정확하게 이해하는 동시에 나름대로의 주관을 세울 수 있다는 장점이 있다. '예시'는 구체적인 사례를 제시함으로서 설명하는 방식이다. 동질성을 지니면서도 이질적인 사례를 제시하여 설명하고자 하는 바의 타당함을 다각도로 뒷받침할 수 있는 예시가 바람직한 예시의 방법이다. '분석'은 주로 묘사와 서사의 방법을 설명에 사용하는 것으로, 설명하고자 하는 대상의 성분, 즉 구성 인자를 나누어가며 설명하는 방법이고, '분류'는 한 무리의 대상을 일정한 기준에 따라 더 작은 무리로 묶어가며 설명하는 방법이다. '특수화와 일반화'의 방법은 귀납적(歸納的) 추론과 연역적(演繹的) 추론의 방식과 매우 유사하다. ‘특수화’는 일반적인 것을 이해시키기 위해서 예를 들어 설명하는 것이고, ‘일반화’는 여러 특수한 것들을 일반적인 것으로 요약하여 설명하는 방법이다. 질문과 답에 의한 전개는 설명뿐만이 아니라 논증이나 설득에도 널리 이용되는 방법으로, 알고자 하는 것에 대해 질문을 던지고 이에 답하는 형식으로 설명을 전개해 나가는 방법이다.(강진호)

해석, 논증

참고문헌
권영민,『우리문장강의』, 신구문화사, 1997.
김봉군,『문장기술론』, 삼영사, 2002.
신희천·조성준,『문학용어사전』, 청어, 2001.
이대규,『수사학』, 한글과 컴퓨터, 1994.
이명섭,『세계문학비평용어사전』, 을유문화사, 1985.
정기철,『문장의 기초』, 도서출판 역락, 2001.
A.H.아브람스,『문학용어사전』, 최상규 역, 보성출판사, 1994.

설자(楔子)

설자는 원 잡극에서 쓰였으며 작품의 첫머리에 배치되어 발단용으로 쓰이거나 중간에 삽입되어 다음 이야기를 끌어내는 역할을 하는 구성\단위이다. 즉 설자가 작품의 중간에 배치되는 경우에도 절과 절을 연결시키는 역할을 하는 것이 아니라, 다음 절의 이야기를 이끌어내는 역할을 한다. 설자의 연원을 거슬러 올라간다면 당송대의 강창예술을 시발로 삼아야 할 것이다. 당대의 강창에 ‘楔子’라는 명칭은 아직 쓰이지 않았지만 그 실질은 존재했던 것인데, 속강의 ‘압좌문(押座文)’이나 화본(話本)의 ‘입화(入話)’를 예로 들 수 있다.

속강이나 전변(轉變) 등의 강창연예에서 공연을 시작하기 전이나 끝낼 때 노래하는 운문이 압좌문(押座文, 또는 壓座文으로도 썼다)이다. 이것이 청중들을 안정시키는 역할을 했기 때문에 ‘자리를 진정시키는 글’이라는 의미의 ‘압좌문(壓座文)’이라는 이름을 붙였다. 화본이나 의화본의 도입부는 입화(入話), 득승두회(得勝頭回), 득승두회(得勝頭廻), 득승호로(得勝葫蘆), 득승이시두회(得勝利市頭回), 소사두회(笑耍頭回) 등의 다양한 이름으로 불리웠으며, 후대의 소설에서는 치어(致語), 개화(開話) 혹은 설자(楔子)라는 말도 쓰였다. ‘頭回’는 ‘첫머리’라는 뜻이며, ‘得勝’ ‘利市’ 등은 청중에 군인이나 상인이 많은 데서 연유한 길리화(吉利話)이다. 시나 사 혹은 간단한 이야기 등 다양한 형식을 사용하였는데 그 내용은 본문과 비슷하거나 대비되는 것이었다. 손님이 모이기를 기다리거나 장래를 정리하거나 이목을 끌어당기기는 데 쓰였다.

잡극의 설자는 잡극의 각 절(折)과 같은 비중을 가지는 성분이며 희극의 구성을 보다 긴밀하게 만드는 데 사용되었고, 한 작품의 고조(高潮)나 핵심내용이 설자에 담기는 경우가 많았다. 1개의 작품에서는 하나의 설자만을 이용하는 것이 원칙이었는데, 소수의 작품에서는 두 개의 설자를 이용하기도 하였다. 설자에는 북곡 선여궁(仙呂宮)의 『상화시(賞花時)』나 『단정호(端正好)』

곡패가 많이 쓰였는데, 원잡극의 3분의 2에는 설자가 채용되었다. 잡극의 설자는 음악적으로 투수를 사용하지 않으며, 1-2개의 소령만을 사용한다. 그리고 창자에 있어서는 주역으로 제한되지 않고 부말이나 다른 각색도 노래할 수 있었다.

남희나 전기에서는 제1척을 '가문(家門)' '부말대장('副末開場)' '가문대의(家門大意)' 등의 이름으로 불렀는데, 설자의 역할을 하였다. 남곡 계통에서는 공연이 시작될 때 한 명의 부말 각색이 무대에 올라 작가의 창작 의도나 극의 줄거리를 소개함으로써 관중들의 흥미를 끌고는 하였는데, 이것이 점차 고정된 격식으로 자리잡았다. 송대 악무(樂舞)에 대한 해설이었던 '치어(致語)'로부터 유래하였다고 보는 것이 일반적 견해이다.

본래 희곡에서 쓰였던 설자가 명대에 이르면서부터는 소설에서도 쓰이기 시작하였으니, 김성탄(金聖歎)의 70회본『수호전(水滸傳)』이나 오경재(吳敬梓)의『유림외사(儒林外史)』, 이보가(李寶嘉)의『문명소사(文明小史)』등이 그 예이다. 소설에서의 설자는 일반적으로 본 이야기가 시작되기 전에 이야기를 끌어내는 역할을 하는데, 대개는 작품의 유래나 제목에 대하여 설명을 가하고 있다.『수호전』의 경우 제1회에서 작중인물들이 출생하게 된 경위를 설명하고 있다. 설자라는 용어를 사용하지 않아도 설자의 역할을 하는 성분이 작품의 첫머리에 배치되기도 하였는데,『석두기(石頭記, 즉 紅樓夢)』제1회의 전반부는 작품이 어떻게 유래하였으며 어떠한 이유에서 '석두기'라는 제목이 정해졌는지를 설명하고 있다. 현대소설인 조수리(趙樹理)의『이유재판화(李有才板話)』는 총 10장 가운데 제1장인 '제목의 내력(書名的來歷)'에서 작중인물과 내용을 개괄적으로 설명하고 있는데, 이것 역시 설자로 볼 수 있을 것이다.(위행복)

설자, 속강, 의화본, 잡극, 전기, 화본

참고문헌
중국소설연구회 편,『중국소설사의 이해』, 학고방, 1994.
김학주,『중국문학사』, 신아사, 1994.
_____,『중국문학개론』, 신아사, 1977.
양회석,『중국희곡』, 민음사, 1994.

설화(說話)

특정 문화 집단이나 민족 속에서 구전되는 이야기를 총칭하는 개념. 설화는 대체로 신화(神話), 전설(傳說), 민담(民譚) 등으로 분류하기도 하는데, 신화와 전설은 신성성의 유무에 의해 구분되기도 한다. 신화는 신적 존재 및 그에 준하는 존재들의 활동을 다룬다는 점에서 초역사적인 시간 배경과 신성성(神聖性)을 갖는다. 반면, 전설은 신적 존재가 아닌 인간 및 인간의 행위들을 주로 다루며 신화의 신성성이 제거되고 대신 실제(fact)가 강조되고 있는 것이 특징이다. 민담은 신화의 신성성과 초역사성, 전설의 역사성과 사실성이 거세된 흥미본위의 이야기이다. 흥미 본위 속성으로 인해 민담은 허구적인 성격이 강하다.

설화는 구전이라는 독특한 전승방법에 의해 구전되는 동안 문화 집단 내부의 관습이나 구연자의 창의성이 개입되어 이야기의 골격을 훼손시키지 않는 범위 내에서 다양한 형태로 변형을 겪기도 한다. 이로 인해 설화에는 한 문화 집단의 생활, 감정, 풍습, 신념 등이 반영되어 있으며 초자연적이며 신비적인 특징이 두드러지기도 한다.

구전(口傳)되어 오다 문자로 기록된 설화를 문헌 설화라고 하는데, 우리나라에서는 고려시대 때부터 설화가 문헌으로 기록되었다. 단군신화(檀君神話)를 비롯한 수많은 신화·전설이 수록된 《삼국유사(三國遺事)》는 설화의 보고(寶庫)라 할 수 있으며, 고려 전기에 박인량(朴仁亮)의 설화집 《수이전(殊異傳)》을 비롯하여 《대동운부군옥(大東韻府群玉)》, 《해동고승전(海東高僧傳)》, 《태평통재(大平通載)》 등과 조선시대 《청구야담(靑邱野談)》, 《어우야담(於于野談)》 등이 대표적인 설화문헌이라 할 수 있다.

설화는 '유형(tyoe)'에 따라 '신데렐라 형', 야래자형(夜來煮型), 관탈민녀형(官奪民女型) 등으로 나뉘기도 한다.(강진구)

신화, 전설, 민담

참고문헌
국어국문학편, 『설화연구』, 태학사, 1998.
김화경, 『한국의 설화』, 지식산업사, 2002.
최운식, 『한국 서사의 전통과 설화문학』, 민속원, 2002.

설화사가(說話四家)

설화는 옛날이야기를 구술하는 것으로, 문학사에 있어서는 당송원(唐宋元)시 대에 행해졌던 민간 문학의 한 갈래다. 설화의 시작은 연원이 대단히 오래되었지만 기록으로 살펴 볼 때 직업적으로 민중 오락으로 설화가 출현한 것은 당나라 때였다. 원진(元稹, 779-831)의 시에 보면 장안(長安)에서 백거이(白居易)와 신창댁(新昌宅)에서 일지화화(一枝花話)를 들었다는 구절이 있고, 당나라 단성식(段成式, 803-863)의 『유양잡조(酉陽雜俎)』에도 시인소설(市人小說)이라는 기록이 보인다. 송나라 때에는 지방 경제가 발달하고 시민 계층이 확대됨에 따라 설화 또한 폭넓게 성행하였다. 남송 때 설화4가가 형성되었는데, 이는 설화를 구연한 예인층을 네 개 유파로 나눈 것으로, 각기 전문적이고 독보적인 제재를 구연해서 "각자가 문하생과 학습소를 갖추고(各有門庭)" "일가의 이야기 체계를 지켜나가는(各守家數)" 형세를 구축하였다. 설화4가란 말이 처음 나오는 문헌은 남송 때 내득옹(耐得翁)이 만든 『도성기승(都城紀勝)』이다.

"설화에는 네 유파가 있다. 하나는 소설로, 은자아라고 말한다. 영분·영괴·전기·설공안과 같은 것은 모두 박도와 간봉 및 발적 변태의 일이다. 설철기아는 병사가 군마를 타고 쇠북을 두드리는 일을 말한다. 설경은 불가의 책을 연회해 말하는 것이고, 설참청은 손님과 주인이 참선에 들어 도를 깨치는 등의 일을 말한다. 강사서는 전대의 역사서나 문인전에서 흥하고 사라지며 다투며 싸우는 일을 강한다.(說話有四家 一者小說 謂之銀字兒 如烟粉 · 靈怪 · 傳奇 · 說公案 皆是搏刀 · 杆棒及發迹變泰之事 說鐵騎兒謂士馬金鼓之事 說經謂演說佛書 說參請謂賓主參禪悟道等事 講史書講前代書史文傳興廢爭戰之事)"

청나라의 적호(翟灝)와 근세사람 호사영(胡士瑩)은 글 가운데 네 번에 걸쳐 나오는 지사(之事)와 등사(等事)란 표현을 근거로 소설 · 설철기아 · 설경(설참청 포함) · 강사서를 4가로 보았다.

소설은 연분 · 영괴 · 전기 · 공안 · 박도 · 간방 · 발적변태 등의 하위 범주를 포괄한다. 연분은 연화분대蓮花粉黛로, 대개 사람과 귀신이 이승과 저승을 오가면서 연애하는 이야기들이고, 영괴는 귀신과 괴물들이 요술을 부리는 이야기다. 전기는 살아가면서 겪는 슬픔과 기쁨, 헤어지고 만나는 특이한 이야기들이고, 공안은 간악한 무리를 제거하고 법정 문제들을 해결하는 이야기다. 박도는 간봉과 같이 도박과 관련된 일들을 주로 묘사한다.

설철기아는 송나라 때 일어난 정쟁을 소재로 한 이야기들로,『중흥명장전(中興名將傳)』에서 한세충(韓世忠)이나 악비(岳飛) 등과 같은 영웅이 금(金)나라와 항쟁했던 이야기가 그것이다.

설경은 불경과 관련 있는 이야기이고, 설참청은 불교에서 행하는 참선으로 문답을 주고받는 식의 이야기다.「동파거사불인선사어록문답(東坡居士佛引禪師語錄問答)」은 일반적으로 이 일파에 속하는 대표적인 저본으로 알려져 있는데, 작품 가운데 나오는 대화는 해학적이고 골계가 풍부한 것이 특징이다.

강사는 역사상의 흥망성쇠와 전투 장면, 권모술수에 얽힌 이야기들이다. 이들은 대개 역대의 정사(正史)에서 소재를 얻고는 있지만, 때로 민간의 전설을 첨가하기도 한다.『잔당오대사평화(殘唐五代史平話)』와『삼국지평화(三國志平話)』등이 그것이다.

설화4가의 형성은 설화라는 기예伎藝가 점차 발달했다는 증거로 내세울 수 있다. 설화인들의 성격과 기교가 더욱 세밀해지고 설화 예술의 높은 풍격을 갖춘 사실은 시민들의 감상 수준이 높아졌다는 사실 외에도 네 개 유파가 서로 경쟁하며 성장한 결과이기도 하다. 제재가 차츰 유형화된다는 점 또한 장기간에 걸쳐 시민들의 구미에 맞는 소재를 찾는 과정에서 이루어진 것이라고 할 수 있다.(임종욱)

원진(元稹), 단성식(段成式), 유양잡조(酉陽雜俎), 시인소설(市人小說), 내득옹(耐得翁), 도성기승(都城紀勝), 소설(小說), 설철기아(說鐵騎兒), 설경(說經), 강사성(講史書)

참고문헌
임종욱,『동양문학비평용어사전-중국편』, 범우사, 1997.
_____,『중국의 문예인식』, 이회, 2001.
_____,『중국문학에서의 문장체제 인물 유파 풍격』, 이회, 2001.
주훈초,『중국문학비평사』, 이론과실천, 1992.

성 역할(性役割)

전통적인 사회학에서 '성 역할'(sex role)은 생물학적 성을 근거로 남성과 여성에게 할당되는 서로 다른 사회적 역할을 가리킨다. 특히 산업화, 자본화에 따른 사회구조의 변화로 인해 여성은 가내수공업에서의 생산자 역할에서 벗어나 새로운 중산 계층의 소비자로 역할을 바꾸게 되는데, 이러한 역할 전이는 노동력의 성별 분할과 병치되어 나타난다. 그 결과 공적 사업장=남성적 영역, 사적 가정=여성적 영역이라는 성별에 따른 공/사 영역의 분리가 일어나고, 성 역할은 성별에 따른 노동의 분리로 인해 더욱 굳건해진다. 이러한 관습적인 성 역할은 여성의 사회 진출을 가로막는 최대의 걸림돌 중 하나였는데, 그러한 이유로 인해 초창기 자유주의 페미니즘의 최우선적 과제는 바로 이런 방식의 정형화된 성 역할에 대한 공격이 되었다.

시몬느 드 보봐르(Simone de Beauvoir)의 "여자는 태어나는 것이 아니라 만들어지는 것이다"라는 주장은 성별에 따른 역할 분담이 남/여의 생물학적 차이가 아니라, 여러 문화와 역사 속에서 지속되어온 남녀차별에서 기인한 것이라는 점을 다시 한번 입증해주고 있다. 그런 점에서 성 역할은 성차의 이데올로기에 의해 습득된 특질이자 할당된 지위일 뿐이다. 이러한 정형화된 성 역할은 여성에 대한 사회통제를 지속시킬 뿐만 아니라 남녀차별을 강화하는 기제로 작용해 왔다. 일종의 억압 형식으로서의 성 역할에 대한 비판은 이후 양성성에 대한 옹호나 남녀 성차의 폐기에 대한 주장 등으로 이어지기도 하였다.

페미니즘 문학에서 이러한 고정된 성 역할과 범주는 끊임없는 비판의 대상이 되어왔다. 여성 이미지 비평에 의하면, 가부장제 이데올로기 하에서 수동적이고 순종적인 어머니나 아내로 형상화된 여성은 '성녀'로, 반면에 어머니나 아내의 범주 바깥에 놓인 능동적이고 반항적인 여성은 '악녀'로 이분화된다. 이러한 이분화된 여성 이미지는 오늘날까지도 반복, 변주, 재생산되고 있는데, 특히 사회적으로 성공한 여성이나 성적 매력이 강한 여성을 악마화하는 방식은 사회적으로 고정된 성 역할이 여성(혹은 남성)에 대한 문학적 재현 방식에 어떤 영향을 미치는가를 잘 보여준다.(심진경)

성차 이데올로기, 공/사 영역의 분리, 여성 이미지 비평.

참고문헌
시몬느 드 보봐르, 『제2의 성』, 조홍식 역, 을유문화사, 1987.
로즈마리 통, 『페미니즘 사상-종합적 접근』, 이소영 역, 한신문화사, 1989.

성격(性格, Character, 프 Caractère, 독 Charakter)

성격은 연극이나 서사 작품에 제시되는 사람이나 인격이, 그들이 하는 대화(dialogue)와 그들이 하는 행동(action) 속에 표현하는 도덕적·기질적 특성을 말한다. 이같은 도덕적·기질적 특성이 바로 인물 그 자체가 된다. character라는 낱말이 곧장 등장인물로 해석되는 것은 그런 이유에서다. 인물의 성격은 수용자에 의하여 해석된다. 작품의 등장인물은 반드시 인간의 표상이 아닐 수도 있다. 그러나 그 근본적인 속성은 거의 변함없이 인간을 닮아 있다. 문학에 등장하는 인물에 관한 연구는 주체(subject)라는 보다 일반적인 문제, 그리고 서구에서 발전한 개인주의(individualism)의 정치학과 관련이 있다. 리얼리즘 소설은 인물 설정을 중심으로 하는 경우가 빈번하기 때문에 리얼리즘 소설의 역사는 주체 문제 및 개인주의의 정치학과 하나로 묶여 있다. 예를 들면 19세기에 유행한 교양소설의 하위 장르들은, 찰즈 디킨즈의 『데이비드 카퍼필드』나 『위대한 유산』에서 그렇듯이, 주인공이나 주인물의 올바른 가치와 지력의 발전 및 안정에 관심을 두고 있다. 『토지』와 같은 우리의 대하소설에서 주인공이 오랜 시련의 역사 속에서 하나의 완벽한 인간으로 발전하는 것에서도 이런 가치를 발견할 수 있다.

근대적 스펙트럼에서 벗어나려고 하는 포스트구조주의(post-structuralism) 비평가와 포스트모더니즘(post-mordernism) 소설가 중에는 인물의 죽음을 선고한 사람들이 있다. 인물의 죽음을 선고하는 것은 인간이라는 개념을 의문에 부치는 것과 합치된다. 휴머니즘이 인간에게 갖추어져 있다고 여긴 행위력 혹은 고정성과 통일성을 인간이 더 이상 갖고 있지 않다고 생각하는 것처럼, 인물이나 그 인물이 열망하기로 되어 있었던 가치와 세계관은 오늘날 의심되고 있다. 그래서 프랑스의 이론가 롤랑 바르트는 『S/Z』에서 현대소설에서 쇠퇴하는 명백한 개념으로 '인물'을 든 것은 그런 까닭이다. 이런 문제제기를 통해 우리는 인물을 역사적 혹은 개연적 인물로서가 아니라 담론의 측면에서, 텍스트의 구축물로 이해하는 유효한 시점을 획득할 수 있다.(최민성)

인물, 주체, 리얼리즘

참고문헌
박혜숙, 『소설의 등장인물』, 연세대 출판부.
르네 지라르, 『낭만적 거짓과 소설적 진실』, 김치수 송의경 역, 한길사.

성격창조(性格創造) ☞ 인물창조

성격화(性格化, Characterization) ☞ 인물창조

성령설(性靈說)

청대(淸代)도 명대(明代)와 마찬가지로 의고주의(擬古主義)가 성행하였다. 이러한 복고적인 경향은 학술부분, 문학부분을 막론하고 두드러지게 진행되었다. 그리하여 청대에는 시(詩)·문(文)·사(詞)·곡(曲)·소설(小說) 등 전대의 문학이 재검토되고 의작(擬作)되었다. 즉 청대는 중국의 고전문학의 계승적 정리기라고 할 수 있을 것이다.

성령설은 당시 문단의 복고적이고 모방하는 청대의 문풍에 대한 반발로 생겨났다. 일반적으로 성령설(性靈說)은 원매(袁枚, 1716-1797)의 시론으로 알려져 있으나, 사실은 동심설을 주장한 명대(明代)의 공안파(公安派)의 이론에서 계승·발전된 것이다. 그들의 이론은 "오직 성령만을 서술할 뿐, 격투에 얽매이지 않는다.(獨抒性靈, 不拘格套)"는 것으로, 여기에서 성령이란 성정과 비슷한 말로서, 외부 사물에 대한 작가 자신의 독특한 체득을 말하는 것이다. 양명학 좌파의 영향을 받아 진실한 감정과 개성의 표현을 강조하는 그들의 입장은 낭만주의적이며 반(反)전통적이다.

원매는 옛 격식의 속박에서 벗어나 작가의 솔직한 정서를 개성있게 표현하는 것이 중요하다며 문학 자체의 창조적 역량을 중시하였다. 그는 당시의 문단이 팽배해 있던 모방과 답습이라는 문학 풍조를 반대하고, 가식적인 도학(道學)을 반대하며, 진실한 감정을 표방한 것이다. 그렇기에 정통문학 또는 복고파(復古派)가 문단을 지배하고 있던 그 시기였기에 그의 성령설(性靈說)은 이단적인 학풍으로 취급받기도 했다.

성령설은 문학적으로는 자연스럽고 청신하며 평이한, 즉 질박(質朴)한 문풍을 주장하였다. 또한 진실한 감정과 체득된 느낌을 작품 속에 표현해 내는 것을 가장 중시하였기에, 전통적으로 민간 문학을 경시했던 지배계층의 편견을 불식시켰으며 동시에 희곡 소설 등의 통속 문학의 지위를 제고하였다.

물론 이러한 성령설도 여러 가지 문제점을 내포하고 있기는 하다. 우선 성령설은 문학의 감정 표현이라는 사실에만 지나치게 매달리다 보니, 감정만 진실하게 표현된다면 좋은 작품으로 치부하였다. 그들은 그 감정 속에 내재된 도덕규범조차 고려하지 않고 단순히 감정만을 기준의 대상으로 삼았기에, 결과적으로는 색정적인 궁체(宮體)풍의 작품까지도 긍정하는 사태까지 빚게 되었다. 또한 감정만 표현해 낼 수 있다면 하찮은 흥밋거리나 소일거리까지도 시가의 좋은 제재로 받아들임으로써 자못 지나치게 가볍고 무의미한 시가 창작론을 제시하기도 하였다.(오태석)

성령설, 공안파, 원매, 동심설, 성정

참고문헌
임종욱, 『동양문학비평용어사전』, 범우사, 1997.
주훈초 외, 『중국문학비평사』, 중국학연구회 고대문학분과 역, 이론과 실천, 1994.
김학주, 『중국문학사』, 신아사, 2000.

성률설(聲律說)

고대 중국에서 시가를 창작하면서 제시한 성조(聲調)와 음률(音律)에 대한 이론의 하나. 남조(南朝) 제(齊)나라의 심약(沈約, 441-513)과 주옹(周顒) 등이 제안하였다. 그 내용은 크게 두 가지로 구분된다. 하나는 4성(四聲)의 확립과 운용이고, 두 번째는 병범(病犯)에 대한 논의다. 심약은 「사성보(四聲譜)」를 지었고, 주옹은 『사성절운(四聲切韻)』을 남겼는데(둘 다 전하지 않음), 성률 이론을 전개한 저서다. 그들은 글을 지을 때 평상거입 4성을 분별할 것과 평두(平頭)와 상미(上尾), 봉요(蜂腰), 학슬(鶴膝) 등 성운이 조화를 이루지 않는 경우를 피할 것을 주장하였다. 두 사람 모두 남조 제나라 영명(永明, 武帝 때의 연호, 483-493) 연간의 작가였기 때문에 후세 사람들은 이것을 영명성병설(永明聲病說)이라고 불렀다.

성률설은 한진(漢晉) 시대부터 싹텄는데, 『서경잡기(西京雜記)』에 이미 궁상(宮商)에 관한 이야기가 나오고, 육기(陸機, 261-303)의 「문부(文賦)」에도 음성(音聲)에 대한 설명이 있다. 그러나 본격적인 발전은 남조 시기부터였고, 남조 영명 연간에 형성되었다. 몇 차례의 변천 과정을 거쳐 한위 육조 시대 시부(詩賦)와 병려문의 창작과 발전은 나날이 형식미를 추구하는 방향으로 나가면서 더욱 가속화되었다. 이 밖에 성률설의 성행은 당시 성운학(聲韻學)의 발전과도 밀접한 관련이 있다. 남조 때에는 불교가 크게 성행했는데, 문인들은 불경을 읽으면서 성운의 아름다움에 관심을 기울이는 과정에서 영향을 받았다. 이런 사실 또한 성률설이 완전한 이론 체계를 형성했던 시대적 흐름과 무관하지 않았다. 성률설은 이후 시부와 병려문에 성률을 적절하게 운용하고 음운미(音韻美)를 갖추는 데 기여하는 등 긍정적인 역할을 했으며, 중국 고대에 엄밀한 격률시의 형성과 발전에도 적극적인 공헌을 하였다. 그러나 성병설의 내용은 규칙이 너무 엄격하고 번잡해서 시가의 원활한 발전을 제약하기도 하였다. 때문에 유협(劉勰, 465?- 520?)은 『문심조룡(文心雕龍)·성률(聲律)』편에서 성률설에 대해 긍정적인 평가와 함께 주의할 점에 대해서도 언급한 것이며, 종영(鍾嶸, 466?-518) 역시 「시품서(詩品序)」에서 당시 문풍을 비판하는 가운데 성률설에 대해서도 "문장에 지나치게 제약과 금기가 많으면 참된 아름다움을 해치게 된다. (使文多拘忌 傷其眞美)"며 이의를 제기했던 것이다.(임종욱)

문학 이론, 심약(沈約), **주옹**(周顒), **사성보**(四聲譜), **사성절운**(四聲切韻), **영명성병설**(永明聲病說), **음운미**(音韻美).

참고문헌
임종욱, 『동양문학비평용어사전-중국편』, 범우사, 1997.
_____, 『중국의 문예인식』, 이회, 2001.
_____, 『중국문학에서의 문장체제 인물 유파 풍격』, 이회, 2001.
주훈초, 『중국문학비평사』, 이론과실천, 1992.

성리학(性理學)

성리학은 중국 송대(宋代)에 일어난 유학의 한 계통으로, 도학(道學)이며 이학(理學)이다. 춘추·전국시대의 선진 유학의 영향을 받았으나, 선진 유학이 실천적이고 윤리적인 측면에 많은 비중을 두고 있는 것과 달리 성리학에서는 인간 행위의 올바른 준칙으로서 그 원리와 근거를 깊이 탐구한다. 따라서 성리학은 매우 철학적이고 이론적이며 논리적인 학문의 성격을 지니고 있다. 성리학은 이기철학(理氣哲學)을 기본으로 이전의 훈고학(訓詁學)이 다루지 않았던 형이상학적(形而上學的), 내성적(內省的), 실천철학(實踐哲學)적인 여러 분야에서 새로운 유학 사상을 수립하였고, 그 내용은 크게 태극설(太極說), 이기설(理氣說), 심성론(心性論), 성경론(誠敬論)으로 구분해 볼 수 있다.

춘추·전국시대의 제자백가 시기부터 사회적·정치적으로 큰 영향력을 지녔던 유가는 이후 진나라 때 법가 이외의 사상이 모두 금지된 후 침체기를 겪다가 한나라 때에 다시 부활하여 발전기를 이루고, 한나라 멸망 후 이어지는 분열기와 수·당 시기에 그 명맥을 이어가면서 송대 학풍의 원류를 이루어간다. 960년 송나라의 건국과 함께 국가가 안정을 되찾으면서 학자들은 더 이상 훈고(訓詁)에 매달리지 않고 나름대로 성인(聖人)의 정신을 파악하려 노력하는데, 이러한 학풍이 바로 성리학을 일으켰다. 북송(北宋)의 주돈이로부터 발단하여 소옹, 장재, 정호, 정이를 거쳐 남송(南宋)의 주희에 이르러 종합적인 체계를 갖추게 된다.

주자학 일색이던 한국의 성리학은 서경덕(徐敬德)과 이언적(李彦迪)에 와서 자득적인 면모를 갖추고, 이후 이황(李滉)과 이이(李珥)를 거치면서 더욱 심오해진다. 조선 중기 이후에는 여러 학파를 중심으로 발전하는 모습을 보이는데, 크게 영남학파와 기호학파로 구분되고 영남학파 내에서 다시 퇴계학파와 남명학파로 나누어진다. 한국 성리학의 두 거두인 퇴계의 이기론은 심성론(心性論)에서 출발한 주리철학(主理哲學)이었고, 율곡의 이기론은 우주론에서 출발한 주기철학(主氣哲學)이었다. 공허한 관념에만 얽매이지 않고 현실과의 연관을 시도한 퇴계와 율곡의 성리학은 후세에 실학사상(實學思想) 전개의 바탕이 된다.(강진호)

주자학, 이기론, 형이상학

참고문헌
신희천·조성준, 『문학용어사전』, 청어, 2001.
이매태, 『한국인의 윤리와 교육』, 교육과학사, 1994.
조현규, 『동양윤리사상의 이해』, 새문사, 2003.
_____, 『한국윤리사상의 이해』, 새문사, 2002.

성의 정치(Sexual politics)

이 용어는 케이트 밀레트(Kate Millet)의 저서인 『성의 정치학 Sexual Politics』에서 가져온 것이다. 밀레트는 이 책에서 '성의 정치학'을 "지배적 성이 피지배적 성에 자신의 권력을 유지시켜 나가는 과정"(p.50)이라고 간단히 정의내리고 있다. 나아가 그녀는 '모든 개별적인 것은 정치적'이라는 슬로건에 입각하여, 그때까지 이항 대립으로 파악했던 '사적=성적', '공적=정치적'이라는 두 개의 영역을 결합시켰다. 그 결과 남녀간의 사적이고 개별적인 성 관계에서 발견할 수 있는 비대칭적 권력관계를 제도적·이데올로기적 차원으로까지 확대하여 해석할 수 있게 되었다. 이처럼 '성의 정치학'이란 기본적으로는 남녀간의 불평등한 권력관계에 대한 지적에 다름 아니다. 밀레트는 이처럼 정치학의 본질을 권력으로 정의내리면서, 비록 표면적으로 드러나지 않을지라도 성의 지배야말로 가장 광범위한 문화이데올로기이며 가장 기본적인 권력개념을 제시해준다는 점을 강조하였다.

밀레트는 이러한 양성간의 권력의 정치학이 작동하는 방식을 로렌스(D. H. Law -rence), 헨리 밀러(Henry Miller), 노먼 메일러(Norman Mailer), 쟝 쥬네(Jean Genet)의 작품 분석, 특히 섹스 장면에 대한 해석을 통해 보여주고 있다. 그에 따르면 남성들의 성의식 속에는 여성(혹은 여성적인 남성)을 지배하고 싶다는 충동이 자리잡고 있으며, 남녀간의 관능적 결합 과정에서 갈등을 일으키는 문제는 연애나 성애가 아니라 언제나 권력이다.

강제적 이성애에 기반한 가부장제가 군건하게 뿌리내리고 있는 한국사회에서 이러한 '성의 정치'를 발견하기란 어렵지 않다. 빈번한 강간 장면의 묘사라든가 남성 성장담에서 빠지지 않고 등장하는 창녀, 여성의 성적 수난을 민족 수난으로 은유화하는 방식 등, 한국문학 속에서 우리는 성관계를 통해 남녀간의 지배와 피지배의 권력관계를 암시적으로 혹은 명시적으로 보여주는 사례들을 자주 발견할 수 있다.(심진경)

케이트 밀레트, 권력관계, 가부장제, 이데올로기

참고문헌

케이트 밀레트, 『성의 정치학』, 정의숙·조정호 역, 현대사상사, 1976.
토릴 모이, 『성과 텍스트의 정치학』, 임옥희·이명호·정경심 역, 한신문화사, 1994.

성의 정치학 ☞ 성의 정치

성장소설

성장소설은 교양소설(Bildungsroman), 형성소설(Novel of Fomation), 입사소설(Initiation novel), 보존소설(Perservation novel), 그리고 발전소설(Entwicklungsroman) 이라고도 하며, 일반적으로 어린 주인공이 자아를 의식하고 차츰 외부세계와의 접촉 또는 대결을 해 나가는 중에 그의 자아가 인간세상의 삶의 법칙을 깨우쳐 세계 속에서 한 성숙한 인간으로 성장해 가는 과정을 그리고 있는 소설을 말한다.

성장소설은 앞서 말한 '교양/형성/입사/보존/발전'소설 등은 독일, 영국, 미국 등의 나라에서 자국의 문화적, 미학적 전통에 맞추어 사용한 개념들이다. 이렇듯 여러 소설 유형이 다층적인 요소로 구조화되어 있기 때문에 소설의 소재를 어떠한 직관적 표준이나 체험적 표준에서 보고 강조하고 정리하며 해설하느냐에 따라 다르게 이해된다. 이는 개념적, 갈래적 정의를 기대할 수 없는 충족치 못한 장르이면서 새로운 갈래의 생성을 기대할 수 있는 소설 유형이다.

그러나 성장소설은 변별적으로 인식되는 다른 소설 유형들과 서로 공유하는 성격을 담아내고 있으면서 한편으로 그 나름의 고유한 서사적 유형을 간직하고 있다. 성장소설만의 서사적 유형이란 바로 주인공의 변화 양상이 미숙에서 성숙으로, 불완전에서 완전으로, 결핍에서 충족으로 변화하는 과정을 담고 있는 이야기적 특질을 의미한다. 미숙하고 불완전한 존재가 변화하게 되는 계기와 과정, 그리고 그 결과로 구조화된 유형적 특질을 갖고 있는 서사 양식이 성장소설이다.

　한국 현대 성장 소설은 대부분이 순진한 1인칭 유년화자가 등장하여 그 순진한 시각을 통해 성장의 어려움과 불합리한 세계를 객관적으로 전달하고 있다. 윤흥길의 「장마」나 이문열의 「그해 겨울」, 「우리들의 일그러진 영웅」, 박완서의 「엄마의 말뚝」에서 잘나타난다. 그런데 1인칭 제한 시점을 사용하지 않는 3인칭 서술상황의 성장소설에서는 유년의 초점 인물과 내적 초점화를 통해 1인칭 유년화자의 성장소설과 거의 유사한 효과를 거두고 있다. 이는 김남천의 소설에서 많이 나타나며 「무자리」, 「소년행」, 「흰종이 수염」, 「별」 등이 좋은 예이다. 또한 '의사직접화법'의 사용을 통해 타자의 말을 마치 화자 자신이 전달하고 있는 듯한 생생함을 보여준다. 그리고 대부분의 한국 현대 성장소설은 기억과 회상을 통해 회고적인 시점에서 경험적 자아를 바라보는 서술 형태를 취한다. 이러한 형태는 과거의 자아와 현재의 자아를 상호 교섭의 방식으로 연결시켜 새로운 자아의 동일적 정체성을 정립하려는 의도 때문이다. 김소진의 「자전거 도둑」, 「원색생물학습도감」 등에 나타나며, 오정희의 「유년의 뜰」에서도 볼 수 있다. 그리고 이러한 기억과 회상의 방식을 바탕으로 한 성장 소설은 반성적 사유에 근거하여 창작된다. 이것은 소설 창작 시간과 소설 내적 시간의 불일치, 이야기하는 자아와 이야기되는 자아의 분리 때문에 가능한 것이다. 이처럼 성장소설은 고백의 담론 방식을 지배적인 서술 전략으로 채택하고 있다. 따라서 성장 소설은 액자소설의 구조를 갖고 있거나 서술의 시간과 사건 발생의 시간이 구별되어 제시된다. 결국 이러한 고백의 담론 방식은 과거의 문제를 생생하게 현재화하고 그것을 통해 현재의 문제를 통찰하고 해결하려는 의도가 강하게 제시된다. 김원일 「노을」이 좋은 예이다. (오양호)

성재체(誠齋體)

　남송(南宋) 때 시인 양만리(楊萬里, 1127-1206)가 개발한 신선하고 활발하며, 풍격(風格)이 자연스러운 시풍을 일컫는 용어. 성재는 그의 호다. 엄우(嚴羽, 1175?-1264?)가 『창랑시화(滄浪詩話)』에서 "양만리의 시풍은 처음에는 왕안석(王安石)과 진사도(陳師道)를 배우고, 나중에는 당나라 문인들의 절구를 배웠다. 그러다가 여러 문인들의 체제를 다 버리고 따로 자신만의 구성 방식을 만들어냈다.(楊誠齋體 其初學半山·後山 最後亦學絕句于唐人 已而盡棄諸家之體 而別出機杼)"고 말했다. 양만리는 여러 문인들의 장점을 두루 검토하여 나름대로 일가를 이루었는데, "유파를 전하고 으뜸을 전하는 일 나는 부끄러워 하노니, 작가라면 스스로 한 풍류를 가져야 한다.(傳派傳宗我替羞 作家各自一風流)"고 설명하였다. 성재체의 특징은 다음과 같다.

　첫 번째로 강서시파(江西詩派)가 전고(典故)나 어려운 말을 즐겨 쓰면서 학문과 재주를 자랑하는 병폐를 떨쳐버리고 자연 경물(景物)로부터 직접 소재를 얻어서 즉흥적으로 감정을 묘사했다는 점이다. 이른바 "산중에 있는 온갖 물건들이 모두 시의 제재이고(山中物物是詩題)" "진부한 말을 듣지 말고 하늘의 말을 들으라(不聽陳言只聽天)"는 주장이다. 그는 특히 농촌 풍경이나 전원 생활의 정취를 즐겨 묘사하였다. "개었다가 비가 오니 길도 따라 말랐다 젖고, 엷은 듯 짙은 듯 산은 거듭 연이어진다. 먼 풀밭에서는 풀 뜯는 소 등을 보이고, 새로 나물 심는 곳에는 사람 자취 남아 있다.(一晴一雨路乾濕 半淡半濃山疊重 遠草平中見牛背 新秧疏處有人踪)"는 구절은 맑고 신선하며 담담하고 우아해서 전혀 조탁한 흔적을 찾아볼 수 없다.

두 번째는 해학적이면서 그윽하고 묵묵한(詼諧幽黙) 풍취(風趣)가 충만해 있다는 점이다. 스스로 "늙은이 평생 동안 근심 풀 일 없었다.(老子平生不解愁)"고 말했을 정도로 그의 시는 낙관적이고 명랑한 색채가 풍부하다. 「격풍백(檄風伯)」 같은 작품을 읽어보면, 거센 바람과 험난한 파도에 몸을 맡기고도 느긋하고 당당해서 두려워하는 기색이 조금도 없다. 그의 시 가운데 조롱하고 풍자하는 등 해학적인 작품으로는 「조청정(嘲蜻蜓)」과 「희조성월(戲嘲星月)」, 「조회풍(嘲淮風)」 등 그 예가 적지 않다.

세 번째는 언어가 통속적이면서 친근하며 평이하고 자연스러운 점이다. 그는 작품 속에 민간의 어투나 어휘를 대량으로 수용하였다. "농부 모를 버리면 아내가 이를 줍고, 젖먹이 모를 뽑으면 꼬마놈이 다시 심는다.(田夫抛秧田婦接 小兒拔秧大兒揷)"(「삽앙가(揷秧歌)」)는 구절처럼 구어와 일상어들이 곳곳에서 발견되며, 심지어 "손은 바쁘고 발은 비꼬인다(手忙脚亂)"거나 "연달아 몇 자루 칼을 먹다(連吃數刀)"는 등의 속어를 사용하는 일도 꺼리지 않았다. 성재체는 강서시파와 강호파(江湖派)의 한계를 벗어나 새로운 국면을 개척하고 독자적인 풍격을 갖추어 당시 문단의 침울하고 막혀버린 풍조를 쇄신하는 등 후세에 긍정적인 영향을 끼쳤다. 그러나 그의 시에는 당시의 사회 상황을 반영하거나 민족 간의 갈등을 다룬 작품은 비교적 적은 편이었고, 사상적인 깊이도 결여되어 있었다. 그리고 즉흥적으로 쓰여지거나 손가는대로 창작한 작품이 많고, 고도의 문학적 세련미를 보여주지 못하고 조야하고 자잘한 타작(駄作)이 많아 독자의 심금을 울릴 수 있는 걸작은 상대적으로 적은 편이다. 한편 그는 강서시파가 시가 창작의 공통점을 위주로 결성된 것이지 지역적 차이에 따라 형성된 유파가 아님을 분명히 밝혀 시가 풍격상의 특징에 바탕을 두고 시가 유파를 연구할 것을 강조하기도 하였다.(임종욱)

양만리(楊萬里), 창랑시화(滄浪詩話), 회해유묵(詼諧幽黙), 풍격(風格)

참고문헌
임종욱, 『동양문학비평용어사전-중국편』, 범우사, 1997.
_____, 『중국의 문예인식』, 이회, 2001.
_____, 『중국문학에서의 문장체제 인물 유파 풍격』, 이회, 2001.
주훈초, 『중국문학비평사』, 이론과실천, 1992.

성적 차이(Sexual difference)

정신분석과 페미니즘에서 주로 부각된 말. 남녀간의 성적 차이에 대해 급진적 페미니스트나 사회주의 페미니스트는 인간생활에서 생물학적 요인은 적고, 교육이나 기타 사회 역사적 요인들에 그 원인이 있다고 지적했다. 남녀 사이에 어떤 신체적 성차가 있을지라도 두뇌 자체에는 성차가 없다고 하는 생각이다. 이들에게 여성다움, 남성다움의 이항 대립적 사고는 '여성다운' 행동과 그렇지 않은 행동을 이미 구별하는 태도로 비판받는다.

프로이드(Sigmund Freud)는 남녀간의 신체적 차이가 있는 것처럼 정신적 차이도 분명히 '현존'한다는 점을 지적했다. 그리고 그는 그런 차이가 형성되어져 온 과정을 연구했다. 본능적이고 자연적인 요소를 사회적인 요소와 상호 작용하는 복합적인 것으로 설명했다. 프로이드는 이를 거세 콤플렉스로 명명했다. 여아를 남근이 부재한 존재로 파악하며, 남근선망을 갖는다고 보는데 비해 남아는 자신의 음경을 빼앗길 것에 대한 두려움에 사로잡힌다고 보았다.

라깡(Jaques Lacan)은 여성성과 남성성은 생물학적 본질이 아니라 사회적이고 상징적인 기표들에 대한 역할과 입장으로 구성된다고 보았다. 여성과 남성의 두 가지 역할모델을 주체화하고 내면화하는 상징적 입장에서 성적 차이가 발생한다고 본 것이다. 프로이드는 오디푸스 콤플렉스에서 주체가 동일시하는 대상이 누구이냐에 따라 성적인 입장이 결정된다고 보았다. 즉 아버지와 자신을 동일시하면 남성적 태도를 지니게 되고 어머니와 동일시하면 여성적 태도를 지닌다고 보았다. 라깡은 이에 대해 '완성된 정상적인 성적입장'이 상징화될 수 없다고 보며, 주체의 성적 정체성은 불안정한 것으로 계속 스스로에 대해 질문을 하는 히스테리적 주체라고 보았다. (이훈)

여성성, 젠더, 성역할, 상징체계

참고문헌
윤가현, 『동성애의 심리학』, 학지사, 1997.
오조영란 홍성욱 편, 『남성의 과학을 넘어서』, 창작과 비평사, 1999.
캐롤 타브리스, 『여성과 남성이 다르지도 똑같지도 않은 이유』, 히스테리아 역, 또하나의 문화, 2001.

성전환

성전환(性轉換)이란 어떠한 생물의 발육(發育) 도중에 일어나는 이상으로 인해 개체의 성이 암컷에서 수컷으로, 혹은 수컷에서 암컷으로 바뀌는 현상을 의미한다. 사람에게 있어서는 이러한 경우가 매우 드물다. 성염색체가 여분의 Y염색체를 가진 XXY형인 클라인펠터 증후군은 성염색체의 구성상의 이상으로 인하여 외견상으로는 남성이지만 생물학적인 속성으로는 여성적인 징후를 나타내고, XO의 염색체를 지닌 터너 증후군은 여성 성기부전과 소인증을 나타내는 질환이다. 이 같은 경우를 제외하고 자연적인 성전환은 인간에게는 매우 드문 현상이지만 자웅동체와 자웅이체와의 경계에 있는 하등동물에게서는 종종 찾아볼 수 있는 현상이며, 어류나 조류에게서도 때때로 찾아볼 수 있는 현상이다. 예를 들어 자웅이체인 굴은 발육에 따라 난소에 정자가, 정소에 난자가 생기게 되고, 송사리의 치어도 자성 호르몬으로 기르냐 웅성(雄性) 호르몬으로 기르냐에 의해 암컷과 수컷의 성이 바뀔 수 있다.

인간의 경우, 이 같은 자연적인 성전환보다는 인위적인 성전환이 대부분이다. 이들을 성전환 중 환자라고 부르는데, 외국에서는 비록 성전환증에 대한 진단이 지극히 까다롭기는 하지만 그 래도 성전환증 환자라고 진단되는 사람들에게 성전환 수술을 해 주어야 한다는 입장을 취하고 있다. 그러나 아직 우리나라에는 성전환증 환자라고 진단해 줄 수 있는 의료기관이나 단체가 없 는 실정이다. 따라서 우리나라에서 이루어지는 성전환 수술의 동기는 대부분 생물학적 근거에 바탕하기보다 반대의 성을 지향하는 수술 희망자 본인의 진단에 의해 성전환이 이루어진다. 성 전환증 환자가 되는 이유는 유전, 혹은 호르몬의 이상이나 성장기 때의 갈등, 또는 자신의 성에 대한 혐오와 실망 등 여러 가지 설이 있으나 아직 정확한 원인은 밝혀지지 않고 있다. 성전환증 환자들은 성도착(性倒錯)자나 동성연애자들과는 확실하게 구분되어야 하며, 이러한 이유 때문 에 성전환 수술을 성확정 수술로 명명하여야 한다는 의견도 분분하다. 실제로 지금의 학계에서 는 두 가지 용어를 같은 뜻으로 사용하고 있다. 성전환증 환자의 대부분은 성 염색체상으로 본 래 소유하고 있는 성의 특징을 그대로 드러내고 있고, 생식기의 구조 역시 원래의 성 그대로이 므로 성전환 수술에는 법적인 문제나 윤리적인 문제가 심각하게 결부되어 있다.(강진호)

트랜스젠더, 성도착

참고문헌
김수신,『신세대 성형수술』, 행림출판, 1994.
정용재,『생물학용어사전』, 대광문화사, 1994.
한국생물과학협회,『생물학사전』, 아카데미서적, 2001.

성정(性情)

인간의 본성과 구체적인 감정의 시원(始原)에 대한 해석 및 양자의 관계를 일컫는 말. 성(性) 이란 개체가 선험적으로 구비하고 있는 본성 혹은 본질을 가리키고, 정(情)이란 외적 대상과의 접촉을 통해 얻어나는 희노애구애오욕(喜怒哀懼愛惡欲)을 지칭하는 개념이다. 성과 정이란 말 은『시경(詩經)』,『서경(書經)』,『주역(周易)』등에서부터 보이지만 이것을 철학적 개념으로 정 립한 인물은 공자(孔子)이다. 공자는『논어(論語)』에서 성(性)은 서로 가깝고, 습(習)은 멀다고 하였는데(性相近, 習相遠), 여기에서 성은 타고난 본성을 뜻하고, 습은 후천적인 학습을 의미한 다. 공자는 인간이 타고난 본성은 공통적인 성격을 갖고 있지만, 후천적인 경험이나 학습에 의 해서 사람의 성격이나 자질은 얼마든지 서로 다를 수 있음을 말하고 있다.

성정론은 맹자(孟子)를 거쳐 더욱 발전하였으며 한(漢)나라에 이르러서는 당시 유행하던 음 양오행설(陰陽五行說)의 영향을 받아 더욱 체계화 된 후, 송나라 유학자들에 의해 만개한다. 장 재(張載)는 <심통성정(心統性情)>의 이론을 제기하였고, 정이는 성과 정의 관계를 이(理)와 기 (氣)의 관계에 대비하였는데, 주희(朱熹)는 장재의 이론을 바탕으로 이체기용(理體氣用)의 논리 에다 성과 정의 관계를 대비시켜 성체정용(性體情用)을 주장하였다. 그는 성을 물에, 정을 물의 흐름에 비유하여 정은 성이 발현된 것이라고 규정하면서, 물욕(物慾)에 끌릴 때만 정이 약해진 다고 주장하였다.

우리나라에서는 성정론이 사단칠정론(四端七情論)에서 본격적으로 논의 되었다. 이황(李滉) 은 성을 본연지성과 기질지성으로 나누고, 정을 사단과 칠정으로 나누어 파악했다. 즉 사단을 이가 발하여 기가 따르는 것(理發而氣隨之)으로, 칠정을 기가 발하여 이가 타는 것(氣發而理乘 之)라고 규정했다. 이에 대해 이이(李珥)는 심성정의일로설(心性情意一路說)을 주장한다. 그는 마음이 발하지 않는 상태를 성, 이미 발한 상태를 정, 발한 뒤에 상량(商量)하는 것을 의라고 하 여 성·정·의는 마음의 경계에 따른 구분일 뿐이라고 주장한다.

이황과 이이의 주장은 후에 각각의 문인들에 의해 계승 발전되어 한국 성리학의 양대 조류를 형성하게 된다.(강진구)

기질지성, 본연지성, 사단, 사단칠정론

참고문헌
이승환, 『유교담론의 지형학』, 푸른숲, 2004.
금장태, 『한국유교사상사』, 한국학술정보, 2003.
김종석, 『퇴계학의 이해』, 일송미디어, 2001.

성정론(性情論)

인간의 본성과 구체적 감정의 시원(始源)에 대한 해석과 양자의 관계 및 선악에 대한 이론을 말한다. 유학에 있어 성정에 관한 학설은 중국에서 맹자(孟子)에 의해 시작되었고, 이후 송(宋) 나라 때 철학적인 논설이 활발하였다.

성정론이 문학과 연결되는 지점은 『시경』에 있어서다. 아리스토텔레스의 『시학』을 서구시 의 규범으로 삼는다면, 동양에서는 『시경』이 시의 근원을 밝힌 책이라 할 수 있다. 동양에서는 『시경』에 나오는 "사무사(思無邪)"나 "시언지(詩言志)" 같은 개념이 전통적인 시관(詩觀)의 개 념으로 내려왔다. 동양의 이런 개념은 교훈적이요 공리주의적인 성격을 띤 것이라고 할 수 있 다. 시란 어디까지나 덕성을 기르는 방편으로 삼아야 한다는 것이다. "낙이불음 애이불상(樂而 不淫 哀而不傷)"해야만 된다는 것이 중국 전통시가 주장하는 바였다.

이러한 공리주의적 입장은 "문이재도설(文以載道說)"이나 "시는 어디까지나 성정을 포함하 고 있어야 된다"는 주장과 일치한다. 특히 문(文)에 도(道)가 있어야 된다는 철학적 관점은 동양 시가 하나의 오묘한 진리를 바탕으로 인간의 심성을 맑게 하는 도구로서 존재함을 말해 주는 것 이라 하겠다.

또한 주자(朱子)의 성정론(性情論)이란 "움직이는 것은 정(情)이요, 움직이지 않는 것은 성 (性)"이라는 바탕으로 된 것인데, 물이 고요한 상태는 성에 속하고 움직여 물결이 출렁이는 상태 는 정이라고 규정하고 있다. 성이란 인(仁)·의(義)·예(禮)·지(智)·신(信)을 말하고, 희(喜)·

노(怒)·애(哀)·구(懼)·애(愛)·오(惡)·욕(欲)은 정을 일컫는다.

이런 말들은 시의 공리주의적인 면에 중점을 둔 것으로 시를 통한 사회적 교화, 정신적 교화를 이루어야 됨을 주장한 것이다. 즉 시가 성정으로 개인의 정서·욕망·소원 등에 해당하는 것을 표현하되, 이것이 많은 이들의 덕성을 기르고 사회적 병폐나 정치적 모순을 고발하는 데 기여해야 한다는 생각에 젖어 있음을 알 수 있다.

이와 같이 동양시가 성정에서 우러난다는 것은 우리나라 문인들 사이에도 변함없는 견해였다. 하지만 도학파(道學派)와 사장파(詞章派) 사이에 약간의 견해 차이도 없지 않았다. 남효온 등의 사장파가 "시를 지음으로써 성정 도야에 도움이 된다."는 견해를 내세운 데 반해, 정여창 등의 도학파들은 시보다는 성정 도야를 주목적으로 삼아야 되며, 시라는 것은 이런 상태에서 자연히 발생되는 것이어야 한다고 주장하였다.

그러나 이러한 갈등은 조선왕조 중기에 들어서면 문학의 본질을 추구하려는 노력이 뚜렷이 일어나서 도덕이나 윤리적인 차원을 떠나 문학작품에서 미의식을 찾으려는 경향으로 바뀐다. 그리고 이러한 경향의 문인으로는 김시습·허균·이수광, 삼당시인(三唐詩人)이었던 최경창·백광훈·이달 등을 꼽을 수 있다.

아무튼 조선왕조 후기로 내려오면서 정치·사회 전반에 걸쳐서 철학의 기틀이었던 주자학에 대한 모순이 드러나고 새로운 학문이라고 할 수 있는 실학이 싹튼다. 여기에서 관료적인 문인과 실학의 입장에 선 문인이 갈래를 지게 된다. 실학자들의 문학관은 공리공론을 일삼는 주자학에 반기를 든 문학관이기도 하지만 이들에게 민족문학적인 의식이 크게 그 영역을 넓혀가게 되는 것이다.(최민성)

맹자, 주희, 도학파, 사장파

참고문헌
맹자, 『孟子講說』, 이기동 역해, 성균관대학교출판부.
고지마 쓰요시, 『사대부의 시대』, 신현승 역, 동아시아.

성차별(性差別)

여성주의(feminism)의 관점에서 볼 때, 문학에서의 성차별은 문학 텍스트 내부에서 구조적으로 드러난다.

문학텍스트 속에서 남성들에 의해 행해지는 여성에 대한 왜곡된 묘사는 남성들이 여성의 종속을 정당화하기 위해 사용했던 전통적인 수단들 중 하나이다. 남성의 타자로 규정되는 여성의 결여적 정체성은 남성들이 인위적으로 여성성 속에 특정한 자질을 부여할 수 있도록 했다. 남성은 여성이란 타자적 이미지 속에 그들의 욕망과 두려움을 투사한다. 지배적인 성이자 규범이 되는 남성들의 재현은 사회문화적 진리로서 권위를 인정받는다. 그것은 보편적 관점으로 확산된다. 지배적인 남성성이 그리는 여성성의 이미지로 '유혹하는 여성', '더 연약한 그릇', '완벽한 여성', '악녀' 등으로 대표된다. 이런 인물들은 그대로 남성들의 두려움과 욕망에 기반을 둔 왜곡된 여성상을 확대재생산한다.

서사관점 또한 항상 남성적이다. 그것은 텍스트의 지배적인 가치들이나 가정들에 동의하도록 독자들을 끌어들인다. 즉 성적 차이를 불문하고 남성적 규범에 동조하도록 이끌어 간다. 또 플롯 구조는 현실인식을 보여준다. 전통적인 플롯구조들 속에서 여성의 운명이란 제한된 범위에서의 선택을 수동적으로 받아들이고 이로 인한 고통을 참아내는 것 또 죄를 지었을 경우 그에 때한 벌을 달게 받는 식으로 그려진다.

이런 지배적인 문학 텍스트 속의 차별을 극복하기 위해서 페미니즘적 문학 읽기나 쓰기가 강조된다. 한 사람의 여성으로 텍스트를 읽는다는 것은 텍스트의 남성적 의도에 저항하며 읽는 방법을 배우는 것이 된다. 또한 남성중심 사회문화가 낳은 남성적 정전(正典)과 문학제도를 의심하고 여성성의 입장에서 재해석하는 것이 필요해진다.(최민성)

여성주의, 여성성, 남성성, 정전(正典)

참고문헌
팸 모리스, 『문학과 페미니즘』, 강희원 역, 문예출판사.
김경수 외, 『페미니즘과 문학비평』, 고려원.

세계관(世界觀, World-view, 독 Weltanschauung)

형이상학적 관점에서 주체가 세계에 관해 통일적 파악을 행할 수 있는 의식적 자질을 의미한다. 세계관은 지적(知的) 측면뿐만 아니라 실천적·정서적 측면까지를 포함한 포괄적 세계 파악을 목적으로 한다.

세계관이라고 하면 주체가 세계를 대상(對象)으로만 바라보면서 이해하는 것처럼 흔히 생각할 수 있지만 사실은 그렇지 않다. 아무리 초월적인 관점에서 세계를 바라보는 사람이라 하더라도 그 자신이 세계의 한 구성 부분이 된다는 사실을 부정할 수는 없기 때문이다. 세계관은 주체가 역사적 현실과 조응하면서 형성되나 그것을 바탕으로 주체 주변의 역사를 바꾸어나가는 힘이 되기도 한다. 이런 의미에서 세계관을 통한 주체적·실천적 요소가 강조되기도 한다.

과학과 세계관의 대립이라는 것도 이러한 관점에서 문제 삼을 수 있다. 과학은 사물의 상호관계를 관찰하고 법칙적으로 기술(記述)할 뿐, 그런 방법으로 세계를 보는 인간의 주체적 현실을 고려하지 않는다. 그래서 과학은 우리에게 '세계상(世界像)'을 줄 수는 있지만 '세계관'을 줄 수는 없는 것이다.

이에 반해서 세계관은 객관적으로 대상을 이해하는 데 그치지 않고 보는 주체의 실천적 파악을 목적으로 한다. 따라서 세계관은 세계에서의 인간의 위치를 분별할 뿐만 아니라, 어떠한 방향으로 나아가야 하는가, 또 어떻게 살아야 하는가를 반성하는 경지에까지 이르지 않으면 안 된다. 다시 말해서 세계관은 근본적으로 인생관과 관련되었다고 할 수 있다.

문학에서 세계관은 작품을 형성하는 작가의 근원적 배경으로 작용한다. 화자의 선택에서부터 주제의 표출에 이르기까지 작가가 구체적 자기 세계에서 형성해온 세계관의 영향은 지대하다. 이런 작가의 세계관에 중심을 두고 문학 작품을 분석하는 것은 애이브럼즈가 말한 것처럼 문학의 표현적 측면에 초점을 맞추는 것이 된다. 또 생활세계(life-world) 속에서 형성된 작가 의식을 중점으로 보게 되면 현상학적 분석이 될 수도 있다.(최민성)

세계, 생활세계, 현상학

참고문헌
엘리자베스 클레망 외, 『철학사전』, 이정우 역, 동녘.
우리사상연구소, 『우리말 철학사전』, 지식산업사.

세계-내-존재(世界-內-存在, Being-in-the-world, 독 In-der-Welt-sein)

하이데거(Heidegger, Martin)의 기초적 존재론의 용어이자, 현존재(Dasein)의 본질적 구조를 말한다. 하이데거는 존재양식에 대한 사고가 어디에서 비롯되었는지, 그리고 존재양식이 스스로를 어떻게 자명한 것으로 보이게 하는지를 주목한다. 하이데거에 의하면 인간존재는 단순한 sein에 머무르지 않고 현실적으로 거기 눈앞에 있는 현존재, 또는 실재(實在)이다. 현존재는 실존하며, 우리들 자신 각각이 존재해야 할 존재를 의미한다. 현존재의 이러한 존재성격을 각자성이라고 부른다. 그런데 현존재가 실존과 각자성에 의해서 규정될 수 있으려면, 자기 자신의 존재는 물론 자기 자신이 아닌 다른 존재들의 존재도 이해하고 있어야 한다. 하이데거는 현존재의 기본적인 특성을 '세계-내-존재'로 파악한다. 현존재가 세계 속에서 처음 만나는 것은 도구로서의 존재물이다. 도구존재라고 불리우는 이것은 '무엇무엇을 위한 어떤 것의'라는 존재성격을 띠며, '손 가까이 있는 존재', '쓰이는 존재'라고 정의된다. 이 도구존재의 배경에 단지 바라만 보는 존재, 인간과는 몰교섭(沒交涉) 상태인 존재물이 있다. 이것을 다만 거기에 놓여있는 존재로서의 사물존재라고 한다.

하이데거는 "인간은 단순히 세계 속에 던져져 있을 뿐만이 아니라, 자아에 앞서 이미 세계에 존재해 있다"고 말한다. 현존재의 실존에는 세계, 말하자면 유의미성에 대한 선행적인 이해와 같은 어떤 것이 놓여 있다. 따라서 이러한 현존재의 실존에는 이미 세계의 실존이 전제한다. 현존재가 존재하는 한에서는, 다시 말해 실존적인 한에서만 세계가 존재한다. '세계-내-존재'에서 '안에 있다'는 것은 단순히 공간적 '안-존재'의 상태가 아니라, 인간의 경우 '관계로서의 있음'을 말한다. 그것은 만들며 사용하며 계획하고 관찰하는 상태이며 이를 '관심(Besorgen)'이라고 한다. 다시 말해 현존재는 '세계-내-존재'로서 세계 내적으로 존재하는 자 곁에(bei) 있는 존재,

곧 관심의 존재이며, 다른 자와 같이(mit) 있는 존재, 즉 '심려(Frsorge)'의 존재이다.

세계는 사물의 총체가 아니다. 인간이 그 속에 있다는 내재성은 단순히 두 개의 물체가 공간적으로 관계를 맺는 것이 아니라, '골몰하여 존재한다'는 것이다. 세계는 항시 타인과 '더불어 있는 세계'를 말한다. 여기에서 타인에 대한 배려라는 존재 방식이 '내―존재'의 의미이다. 존재하는 모든 것을 세계라고 부르기 때문에, 현존재는 어떤 식으로든 세계와 존재 연관을 맺고 있다. 현존재는 세계 속에 감싸여 있고, 세계는 현존재의 한계와도 같은 것이다. 그런데 현존재는 존재자의 존재를 이해하고, 그런 의미에서 존재자의 존재에로 초월해 있다. 하이데거는 이 현존재가 존재자의 존재에로 초월해 있다는 것을 현존재가 세계 안에 있다는 것으로 보아, '세계―내―존재'로 규정한다. 인간 존재는 항상 자신에 대해서 관심이라는 존재 양식을 취한다. 인간 존재는 이 관심을 통해서 비본질적인 존재 방식에서 본질적인 존재 방식으로 이행된다. 우리들이 세계 내에 존재한다는 것은 우리들이 존재자 일반의 존재를 이해하면서 존재한다는 것을 뜻한다. 이 존재자 일반에는 자신이 포함되어 있기 때문에, '세계―내―존재'는 결코 주관이나 객관과 같은 조각들로 나뉠 수 없다. 그러므로 "세계―내―존재"라는 합성된 표현은 우리들이 세계 내에 존재한다는 것이 통일적 현상임을 뜻하는 것이다.(신성환)

하이데거, 현존재, sein, 실존, 각자성, 관심(Besorgen), 심려(Frsorge), 존재와 시간

참고문헌
이기상, 『존재와 시간 용어해설』, 까치, 1998.
김종두, 『하이데거에 있어서 존재와 현존재』, 서광사, 2001.
소광희, 『하이데거 존재와 시간 강의』, 문예출판사, 2003.
김영한, 『하이데거에서 리꾀르까지』, 박영사, 1989.

세계문학(World literature, 독 Weltliteratur)

이 용어는 괴테(Johann Wolfgang von Goethe)가 1827년에 처음 사용한 이래로 용어에 대한 뚜렷한 개념정의가 이루어지지 않은 채 여러 가지 의미로 사용되어왔으나, 오늘날에 와서는 문예학 및 문헌정보학 그리고 신문방송학 등의 분야에서 대체로 모든 민족과 시대가 만들어낸 대표적인 문학작품과 작가를 의미하는 개념으로 사용되고 있다. 그런가 하면 다른 한편으로는 모든 국가와 시대의 문학을 통틀어 일컫는 용어로 사용되기도 한다. 물론 이러한 용어해석은 비판을 받기도 하지만―기존에 출판된 세계문학사 책들도 모든 국가의 문학을 총망라했다는 이유로 이러한 비판을 받는다―, 이 용어가 종종 이런 의미로 사용되는 이유는 아마도 아직까지 용어에 대한 구속력 있는 개념정의가 이루어지지 않고 있기 때문일 것이다.

괴테는 이 용어를 국제적으로 서로 영향을 미치는 문학에 대한 명칭으로 사용하는데, 일상언어에서는 이러한 의미의 세계문학 개념은 더 이상 사용되지 않는 반면에, 문예학자들은 아직도 비교적 빈번히 사용하고 있다.

세계문학이란 용어는 원래 그 출처가 독일이지만 다른 나라에서도 차용어(World Literature, littérature mondiale 등)로 사용하고 있으며, 종종 원어(Weltliteratur) 그 자체를 사용하기도 한다.(임호일)

보편성, 초시대성

참고문헌

괴테, 『카를 슈트렉푸스(Streckfuß)에게 보내는 편지』, 『괴테 기념출판 전집』 제21권, 1950-1952.

____, 『엑커만(Eckermann)과의 대화』, 『괴테 기념출판 전집』 제21권, 1950-1952.

____, 『칼라일(Thomas Carlyle)에게 보내는 편지』, 『괴테 기념출판 전집』 제21권, 1950-1952.

Arnold Hauser, 『예술과 문학의 사회사 Sozialgeschichte der Kunst und Litera -tur』 제2권, 1953.

세계시민주의(世界市民主義)

세계시민주의란 세계의 전 인류를 하나의 동포로 생각하고 전 세계를 고향으로 보는 사상으로 시민주의(市民主義), 사해동포주의(四海同胞主義), 만민주의(萬民主義), 세계주의(世界主義)라고도 한다. 세계시민주의를 뜻하는 Cosmopolitanism은 어원적으로 그리스어의 Cosmos(세계)와 Polites(시민)의 합성어로, 개인이 속한 민족·국민·국가 등의 특유한 가치 관념이나 편협한 애정, 편견 등을 초월하여 전 인류를 하나의 겨레로 보며 하나의 세계국가와 세계시민을 적극적인 원리로 삼는 사고이다. 궁극적으로는 고원(高遠)한 인류 사회의 통일을 꾀하려 하는 입장을 취하며, 여러 개인이 직접 세계와의 적극적인 결합을 이루어야 한다고 보는 개인주의적이면서도 보편적인 사상이라 할 수 있다. 세계시민주의자는 광의(廣義)의 의미로 국제인이라는 뜻으로 쓰이고 있는데, 이는 사상이나 행동반경이 국제적인 넓이를 가지거나 혹은 이러한 사상을 가져야 한다고 주장하는 사람을 지칭하는 말이다.

세계시민주의는 폴리스가 붕괴되어가고 있던 시기인 BC 4세기 그리스에서 시노페의 디오게네스(H.S. Diogenes)가 스스로를 코스모폴리테스(Kosmopolites: 세계를 고국으로 삼는 사람)라 지칭하면서 사회적 관습을 무시하고 자주 독립적인 생활을 한 것에서부터 연유되었다. 이후 이러한 사상이 스토아 학파의 근간으로 작용하면서 만인은 이성(理性)을 지니는 점에서 동일한 법칙을 따르고, 인종과 혈통에 구애되지 않는 세계의 시민이라는 사상이 확립되었다. 중세의 그리스도교에서도 신의 섭리에 의해 지배되는 우주 국가가 세속적인 국가를 규율하는 원리라는 종교적 세계시민주의를 주장하였고, 국제법(國際法)을 중시하여 그 최후적 이상으로서의 국제국가를 역설한 칸트(I. Kant)의 사상에서도 이러한 입장을 발견할 수 있다.

문학에서의 세계시민주의는 프랑스의 작가 모랑(P. Morand)에 의하여 주창되었다. 이는 한 국가의 테두리에만 한정되지 않는 국제간의 교류를 의미하며, 이것이 비교문학연구의 태도나 대상의 기본원리로서 작용한다.(강진호)

세계주의, 사해동포주의

참고문헌
문덕수, 『세계문예대사전』, 교육출판공사, 1994.
신희천·조성준, 『문학용어사전』, 청어, 2001.

세계체제

세계체제론에서 가장 기본적인 개념이다. 세계체제(world-system)는 물적 재화의 규칙적 교환이 이루어지는 영토적 연결망에 의해 경계 지워지고, 경제적·정치적·군사적·문화적·규범적 관계들에 의해 구성된 하나의 전체적 사회체계이다.

월러스틴(I. M. Wallerstein)에 따르면 하나의 사회체계는 다음과 같은 두 가지 특징적 기준에 의해 개념화된다. 첫째, 그 속에서의 생활이 자기충족적이라야 하고, 둘째, 그 발전의 동인이 대체로 내적이라야 한다. 이러한 기준을 충족시키는 체계는 국민국가, 민족사회, 공동체, 종족집단 중 어느 것도 아니며, 오직 소규모체제(mini-systems)와 세계체제뿐이라는 것이다.

세계체제에는 포괄적인 분업과 다양한 문화들이 있는 데 반해 소규모체제에는 이러한 것들이 없다. 세계체제는 다시 세계제국(world-empires)과 세계경제(world-economy)라는 두 가지 유형으로 나뉜다. 세계제국은 지리적(그리고 기능적)인 경제 연결망이 대개 단일한 정치구조 속에 봉쇄되어 있는 유형인 데 반하여, 세계경제는 그러한 지리적 경제 교역망이 국가 간 체제 혹은 다중의 정치, 문화구조 속에 정치적으로 구조화되어 있는 유형이다.

세계체제이론은 1960년대 종속이론과 근대화이론에 반대하면서 등장하였다. 월러스틴은 종속학자들이 세계를 핵심부와 주변부라는 두 가지 양식의 체제로 분류하는 것을 비판한다. 세계가 너무 복잡해서 핵심부나 주변부의 어느 범주에도 포함되지 않는 중간층의 국가들이 많이 있다는 것이다. 따라서 그는 세계를 핵심부, 반주변부, 그리고 주변부라는 세 가지 양식의 체제로 분류할 것을 제안한다. 반주변부는 중심부와 주변부의 특성이 모두 있는 혼합 형태를 가진 국가로서 한편으로는 중심부 경제에 의해 예속되고 착취당하면서, 다른 한편으로는 자본주의 국가로서 어느 정도의 경쟁력과 자율성을 가지고 있어서 주변부를 이용해 이득을 취하기도 한다.

반주변부는 세계적 위계구조 속에서 구조적 위치를 점하고 있으며, 자본주의 세계경제의 운용 과정에서 매우 중요한 역할을 담당하고 있다. 이런 반주변부는 전체 세계체제에서 아주 중요한 역할을 수행하는데, 그 중에서도 가장 중요한 것은 세계체제의 안정성에 기여하는 것이다. 우선 중심부에서 모자라는 값싸고 경쟁력 있는 노동력을 공급하거나 생산성이 떨어지는 산업체의 해외이전의 장소를 제공함으로써 중심부의 경제위기를 다소 완화시켜주는 것이나, 경제적 불평등에 대한 주변부 국가들의 불만에 대한 하나의 완충지대로서의 역할을 한다. 즉, 주변부에게도 저발전을 극복하고 발전을 이룰 수 있다는 희망을 제공함으로써 혁명이나 기존구조 타파를 위한 움직임에 제동을 거는 기능을 한다고 본다.

월러스틴은 자본주의 세계경제의 역사를 1945년을 전후로 하여 크게 두 시기로 나누는데 1945년 이후 자본주의 세계경제의 변화에서는 두 가지 점에서 주목할 만한 특징이 나타난다고 설명한다. 첫째, 인구나 생산력, 그리고 부의 축적 등 1945년 이후 약 40년간 세계경제가 확장된 규모는 1500년부터 1945년까지 400년이 훨씬 넘는 기간 동안 확장된 규모만큼 크다는 점이다. 생산력의 현저한 증대는 식량을 포함한 1차 상품을 생산하는 데 종사하는 세계인구의 비율이 엄청나게 감소하였음을 의미한다.

둘째, 반체제세력의 정치적 역량이 믿기 어려울 정도로 증대되었다. 1945년 이후 서양에서는 사회주의 국가들이 탄생하고 민족해방운동이 승리를 거두며, 사회민주당 혹은 노동당이 집권하는 등 반체제운동이 모든 분야에서 승리를 거두었다. 이러한 반체제운동의 특징으로는 해당 나라에서 민중세력이 급증한 결과로써 정권획득을 목표로 하여 경제성장을 이루는 한편, 내부에서의 평등을 진전시켰다는 정책목표들을 가졌다는 점이다.

마지막으로, 월러스틴은 '진정으로 평등한 민주세계'라는 향후 세계체제의 목표를 실현하기 위해서는 현재 국가수준에서 벌어지고 있는 민중운동을 새로운 세계수준의 계급운동으로 대처해야 한다고 주장한다. 또한 자본주의 세계경제의 발전이란 제로섬게임(zero-sum game)과 같아서 어느 국가가 성장하면 어디에선가 다른 국가는 희생당할 수밖에 없다. 따라서 월러스틴은 잉여의 흐름에 대하여 범세계적인 공격을 제안한다. 일례로, 노동의 가격 즉 임금이나 생산 담당자들에 의한 판매가격의 인상을 세계적으로 추구하는 것이다.

월러스틴은 근대 세계체제의 발전 과정에 있어 하나의 중심부 국가가 다른 중심부 국가들에 대한 생산, 상업, 금융 부문의 동시적 우월성에 기초하여 패권적 지위를 누렸던 기간이 주기적으로 존재했다고 보고 있다. 그의 지적처럼 '근대 세계체제의 국가 간 정치에 상당한 정도의 균형을 제공하고 그럼으로써 자본축적의 과정이 심각한 방해 없이 계속될 수 있도록 해준 것은 주기적인 패권국의 등장과 쇠퇴'였다. 결론적으로 세계체제론은 국가 간 체계의 자율성을 부인하고 국가와 국가 간 체계를 자본주의 세계경제의 작동에 기능적으로 기여하는 요소로 인식하고 있다는 중요한 특징을 갖는다.(차선일)

세계화 ☞ 지구화

세대론

각 세대가 지니는 사회적 성격의 갈등을 강조하여 거기에서 사회적 발전이나 역사발전의 원동력을 찾고자 하는 이론을 말한다. 미국 예술계의 경우, 헤밍웨이로 대표되는 로스트제너레이션(Lost Generation)이나 보헤미안적 문학예술가그룹을 지칭하는 비트제너레이션(beat generation) 등을 예로 들 수 있다.

특히 문학에서는 창작 활동이나 이론에 대한 입장 차이를 둘러싸고 세대 간에 벌어지는 논쟁을 의미한다. 우리 문학사에서도 신인과 기성문인 사이의 갈등을 보여주는 논쟁들이 심심치 않게 벌어졌는데, 이러한 과정에서 얻어진 문학 정신의 본질에 대한 숙고는 당대 문단에 매우 큰 영향을 미쳤다고 할 수 있다. 그러나 이러한 세대론이 주로 저널리즘에 의해 촉발되었으며, 활발한 논의에 비해서 신구 세대의 구별을 지을만한 특별한 성격이 없고, 그다지 신통한 결과를 낳지 못했다는 점은 한계로 지적된다. 한국문학에서 벌어진 세대론적 논의 중에서 가장 유명한 것으로는 1930년대 말 순수문학 논쟁과 1950년대 말 실존주의적 논쟁을 들 수 있다.

1939년 1월 『조광』이 기획한 신진 작가 좌담회에서 박노갑·허준·김소엽·계용묵 등은 기성의 권위를 무시하면서 조선문단의 작가적 전통을 부인하고 비평계에 대한 불만을 강하게 표출하였다. 1939년 4월 김동리는 『조광』에 실린 「문자우상」을 통해 기성 문인들이 잘 알지도 못하는 문자들을 쓰는 '문자병'에 걸렸다고 비판하였다. 이에 유진오는 1930년대 중반 이후 기성 문인의 입장에서 신인들을 공격하는 전면에 나서게 되는데, 「신진에게 갖는 기대」와 「'순수'에의 지향」을 통해 순수문학 논쟁의 계기를 제공하게 된다. 그가 주장하는 순수문학은 이른바 문단정치의 관심에서 벗어나 인간성 옹호의 문학정신을 계승하자는 말을 대변하는 용어인데, 이에 김동리는 「'순수' 이의(異意)」를 통해 '순수'야말로 진실한 신인작가들의 자기세계이며 기성 작가들에게 도전하는 정신이라고 규정하였다. 여기서 30대 기성 비평가인 김환태가 김동리의 이론을 옹호하고 나서면서, 이른바 순수문학이란 무엇인가라는 논의에까지 발전하게 된다. 이러한 순수논의는 임화의 「시단의 신세대」를 거쳐 1940년대까지 이어진다. 그러나 이 논쟁에 참여한 이론가들은 휴머니즘의 영향을 받아 모두 인간성 옹호를 문학정신의 본질이라고 규정하는 데에서 더 나아가, 이를 왜곡 수용하여 현실상황과는 전혀 무관한 순수문학론으로까지 변질되게 된다.

1950년대 후반에 이르러서는 이어령 등이 다시 세대론을 제기하였다. 4·19와 5·16 이후 기성 정치권력의 부패와 무력에 대한 새로운 세대들의 비판이 그 불씨가 되어 문단에서 신구 세대의 갈등이 야기되었다. 특히 이어령은 김동리와의 논쟁을 통해서 민족적 휴머니즘을 전통적인 정서와 토속에서 찾았던 순수주의의 기성적 문단을 비판하였다. 그러나 두 사람의 논쟁은 세대의 차이에 따른 본질적인 문제의 탐구라기보다는 실존주의에 대한 현학적 과시에 치우친 경향이 강했다. 즉 김동리와 조연현으로 대표되는 40년대 평단을 공격하는 데에는 어느 정도 성공하였으나, 별로 유용하고 새로운 비평의 전망을 제시하는 데에는 이르지 못했던 것이다.

1990년대 초반에는 한동안 '신세대문학론'에 대한 논의가 활발했던 적이 있다. 이성보다는 감성, 무거움보다는 가벼움, 창조보다는 모방, 질서보다는 무질서, 정신보다는 육체에 더 강조점을 두는 새로운 문학 세대의 사유방식과 행동양식에 대한 찬사와 비판이 동시에 이루어졌다.

그러나 신세대라고 묶이는 작가들 사이에서도 어떤 공통된 세계관이나 문학적 입장이 제대로 공유되지 못했으며, 내용상의 단절뿐만 아니라 '혼성모방'이라는 표절시비 문제까지 거론될 정도로 기존의 문학 법칙을 파괴하는 등의 파격이 이루어졌으나 그것은 단순한 일회성 유행에 그치고 만 경향이 강했다.(신성환)

로스트제너레이션, 비트제너레이션, 순수문학논쟁, 김동리, 이어령, 신세대문학론

참고문헌
김영민, 『한국문학비평논쟁사』, 한길사, 1992.
홍기돈, 「90년대 신세대문학론 비판」, 『비평과 전망』 창간호, 1999. 11.

세미오틱(Sémiotique)/쎙볼릭(Symbolique)

기호론(記號論)/기호학(記號學), 기호 및 기호가 의미를 산출하는 방식에 관한 연구이다. 19세기 말 미국 철학자 찰스 샌더즈 퍼어스(Peirce, Charles Sanders)가 만든 새로운 학문분야, 'semiotic'이란 용어에 그 기원을 두고 있다. 언어와 같이 명확하게 의사전달을 할 수 있는 체계뿐만 아니라 몸짓·옷차림·식사 예절·건축물 등 인간의 다양한 행동이나 생산물들은 모두 어떤 특정 문화집단의 구성원들에게 공통적인 '의미'를 전달하기 때문에, 여러 가지 종류의 의미체계 속에서 기능을 하는 기호로 분석할 수 있다. 기호론은 기호들이 사회적으로 기능하는 방식, 다시 말해 기호들이 언어와 코드(code) 같은 체계 내에서 어떻게 조직되고, 어떻게 생산·유포되는지를 연구한다. 그러나 기호학이 문학예술이나 사회 이론에 커다란 영향을 끼치기 시작한 것은 1960년대 구조주의(構造主義, structuralism)의 부각 이후, 극히 최근의 일이다. 오늘날에 기호학은 언어기호학·시각기호학·건축기호학·음악기호학·연극기호학·문학기호학·텍스트기호학 등 다양한 분야로 발전하고 있다.

언어는 가장 발달된 기호체계이므로, 기호학에서 가장 중요한 연구대상이 된다. 언어학은 기호학의 한 분야로 간주되지만, 다른 모든 사회적 기호체계의 연구에 요구되는 기본적인 용어와 방법들을 제공해 준다. 퍼스는 의미하는 항과 의미되는 항과의 관계에 따라, 기호를 세 가지로 분류하였다. 도상(icon)은 초상화처럼 유사성이나 공통적 특성을 기초로 하며, 지표(index)는 연기가 불을 가리키는 신호인 것처럼 인과관계를 기초로 하고, 기호(symbol)는 국기처럼 순전히 관습적이고 자의적(恣意的)인 관계에 의해 성립된다. 기호학의 발전에는 스위스의 언어학자 소쉬르(Saussure, Ferdin -and de)의 연구가 더욱 큰 업적을 남겼다. 언어에 대한 그의 연구는 특히 기표(sign, 언어음성)와 기의(signified, 기호의 의미)의 순전히 자의적인 관계를 기초로 하며, 언어학이나 기호론 연구의 목적은 빠롤(Parole, 랑그의 개인적인 수행)이 아니라 랑그(langue, 각 개인의 머릿속에 잠재하는 기호의 체계이자 문법 체계)를 연구하는 것이라고 밝혔다.

이러한 소쉬르의 작업을 토대로 하여, 현대 기호학은 1960년대 프랑스에서 일어난 기호학의 융성과 더불어 더욱 발전하였다. 레비 스트로스(Claude Lévi-Strauss)는 기호학을 문화인류학에 활용한 '프랑스 구조주의'를 창시하였으며, 롤랑 바르트(Roland Gérard Barthes)는 프로레슬링 ・여성복 패션・스트립 쇼와 같은 갖가지 사회문화현상에 기호론의 원리를 적용하였다. 또한 자끄 라깡(Lacan, Jacques)은 기호학을 정신분석학에 응용하여 무의식이 언어와 마찬가지로 기호의 구조를 취하고 있음을 밝혔고, 미셸 푸코(Foucault, Michel Paul)는 임상의학의 역사를 분석하기 위하여 기호론의 원리를 채택하였다. 이처럼 기호학자들 중 대부분은 구조주의자들이며, 그들은 텍스트에 내재한 의미작용 체계의 코드를 해독하게 해 주는 유용한 방법으로 기호론적 원리를 활용하였다.

한편 최근 포스트구조주의(post-structuralism)는 결정된 의미를 발견하려는 기호학의 방법을 비판하였다. 특히 데리다(Derrida, Jacques)는 소쉬르가 음성학적 기호들을 다른 모든 기호들의 본보기로 만듦으로써 심리학 내부에 일반 기호학을 각인시켰다고 언급한다. 크리스테바(Julia Kristeva)는 기호학이 '모델들의 생산'이라고 지적하며, 문학은 '특정한 기호학적 실천'이기 때문에 기호학을 위해 존재하는 것이 아니라고 주장한다. 하지만 아직도 기호학의 방법은 인문과학의 거의 모든 분야에서 유효성을 발휘하고 있으며, 특히 영화이론이나 문화연구(cultural study)는 이에 막대한 영향을 받고 있다.(신성환)

기호, 구조주의, 도상, 지표, 기호, 기표, 기의, 빠롤, 랑그, 포스트구조주의

참고문헌
베르나르 투쎈, 『기호학이란 무엇인가』, 윤학로 역, 청하, 1989.
테렌스 혹스, 『구조주의와 기호학』, 오원교 역, 신아사, 1986.
김경용, 『기호학이란 무엇인가』, 민음사, 1995.
자크 퐁타니유, 『기호학과 문학』, 김치수・장인봉 역, 이화여대 출판사, 2003.

세시기(歲時記)

세시기는 계어(季語)를 모아서 사계절 별로 또는 12개월로 나누어 분류 정리했고, 또한 거기에 해설을 덧붙이거나 예로 들고 있는 구(句)를 집대성한 것을 가리키는 용어이다. 이러한 것을 계기(季寄)라고 하는 경우도 있지만, 세시기와의 구별은 명확하지가 않다. 대부분은 이 두 가지를 합쳐서 세시기라고 부르는 경우가 많다.

세시기는 본래 사계절에 따른 사물이나 행사, 풍속 등을 기록한 책을 가리키는 중국 고래의 용어이다. 즉, 6세기 중국에서 만들어진 『형초세시기 荊楚歲時記』는 초(楚)나라의 일 년간의 연중행사를 기록한 것인데, 일본에서는 근세가 되어 가이바라 요시후루(貝原好古) 편의 『일본 세시기 日本歲時記』나 국학자인 사이토 겟신(齋藤月岑)의 『동도세시기 東都歲時記』등 세시기를 칭하고 있는 책이 나와 있지만, 그것들은 중국의 『형초세시기』의 혈통을 잇고 있는 것이라고 할 수 있다. 일본에서 계어를 모은 책에 세시기라는 이름을 붙인 것은 바킨(馬琴)의 『하이카이

세시기 俳諧歲時記』(1803)가 최초라고 일컬어지고 있다. 이 책은 종래의 것이 교토(京都) 중심이었던 것에 대해서, 처음으로 도쿄(東京) 중심으로 엮어진 세시기이다. 후에 이 책은 란테이 세이란(藍亭靑藍)에 의해『증보 하이카이세시기 시오리구사 增補俳諧歲時記栞草』(1851)로 개정되면서, 계제(季題) 수 3420여 개를 담고 있어 명치 이전의 가장 가치 있는 세시기로 평가받는다. 또한 이 책은 명치에 이르기까지 널리 이용되었다.

명치 이후에는 서양으로부터 새로운 문화가 들어오면서 새로운 계제가 많이 만들어지게 되었다. 그러다가 제2차 대전 후에는 자연과학이나 민속학, 기상학(氣象學) 등의 새로운 학식을 채용한 세시기가 나타났고, 널리 일반에도 풍물 및 서민생활의 사전(事典)으로 이용되게 되었다.(오석윤)

계어, 계기, 풍속

참고문헌

大養 廉 외 편, 『和歌大辭典』, 明治書院, 1986.

小町谷照彦 編, 『古典文學基礎知識必携』(「國文學」42), 學燈社, 1991.

『日本古典文學大辭典』제3권, 岩波書店, 1983.

『日本大百科典書』9, 小學館, 1985.

세이지쇼오세츠(政治小説) ☞ 정치소설(일본)

세태물(世話物)

근세 서민의 전통극인 닌교조루리(人形淨瑠璃)·가부키(歌舞伎)의 부류의 하나로, 시대물(時代物)에 대응하는 명칭이다. 에도시대 서민생활의 다양한 양상을 제재로 한 작품을 가리키며, 닌교조루리에서는 세태 조루리(世話淨瑠璃), 가부키에서는 세태 교겐(世話狂言)이라고도 한다.

에도시대 최초의 문화황금기인 겐로쿠(元禄)시대 교토·오사카에서 작자인 지카마쓰 몬자에몬, 인기배우인 사카타 도주로(坂田籘十郎), 여배우역을 전담한 요시자와 아야메(芳沢あやめ)가 동시대의 조닌(町人, 근세도시서민) 생활을 사실적으로 표현하고 연기함으로서 시작되었다. 특히 지카마쓰가 오사카 소네자키 숲에서 간장집 종업원과 유녀가 정사(情死)한 사건을 받아들여 극화한『소네자키 신주』(曾根崎心中)는 폭발적인 인기를 끌며 세태물을 독립된 분야로 확립시켰다. 또한『소네자키 신주』의 성공 이후 이른바 남녀의 동반자살을 다룬「신주물」(心中物)이 유행하였으며, 신주물은 세태물 속에서 중요한 위치를 차지하게 되었다.

가부키에서 세태물은 서민생활을 묘사하는 연출과 구성을 형식적으로는 시대물풍으로 처리하는 시대세태물과 극히 사실적으로 그대로 보여주는 생세태물(生世話物)로 나눌 수 있는데, 생세태물은 가부키 최후의 황금시대인 가세이(化政)시대(1804~29)에 나타났다. 에도에서 4대 쓰루야 난보쿠(鶴屋南北)가 5대 마쓰모토 고시로(松本幸四郎), 7대 이치카와 단주로(市川団十郎), 3대 오노에 기쿠고로(尾上菊五郎) 등 당대의 명배우들과 손을 잡고 밑바닥 생활을 하는 조닌들의 어두운 현실을 보다 사실적으로 연극화한 생세태물을 만들어, 퇴폐적인 시대풍조 속에서 크게 융성하였다. 생세태물의 대표작으로는 난보쿠의 『도카이도 요쓰야 괴담』(東海道四谷怪談)이 유명하다.

메이지시대 들어서는 상투를 틀지않고 가지런히 산발한 머리 모양을 잔기리(散切) 머리라 하여 당시 문명개화의 상징으로 여겨졌는데, 이처럼 당대 문명개화의 세상풍속을 사실적으로 묘사한 잔기리물(散切物)이 유행하였다. 이상과 같은 다양한 세태물이 시대상황에 맞추어 변모하여 왔지만, 오늘날에는 세태물도 이미 고전화되어 있다.(최관)

가부키, 조루리, 지카마쓰 몬자에몬, 소네자키 신주, 신주물, 쓰루야 난보쿠, 생세태물, 잔기리물

참고문헌
河竹繁俊, 『日本演劇全史』, 岩波書店, 1959.

세태소설 ☞ 풍속소설

섹슈얼리티(性, Sexuality)

성, 성적 총체, 성의식. 성이라는 단어는 매우 여러 가지의 뜻으로 사용된다. 성은 생물학적 성별과 함께 남성과 여성에 대해 사회가 요구하는 역할, 성욕, 성애의 대상, 성적인 매력, 성교 등을 포함한다. 이렇게 넓은 의미의 성을 섹슈얼리티로 부른다.

페미니즘은 젠더(Gender)가 생래적인 것이 아니라 사회에 의해 만들어지듯이 섹슈얼리티도 사회에 의해 구성된다고 보았다. 조안나 러스(Joanna Russ)는 섹슈얼리티를 두 가지 측면으로 나누었다. 첫째로 여성은 성적 억압으로 인해 고통받기 때문에 성혁명이 여성과 남성을 모두 해방시켜 준다는 입장이다. 즉 합의한 성행위이건 아니건 간에 성행위는 모든 금지된 것들에 대한 문제를 제기할 수 있다는 태도이다. 둘째는 성해방이 적어도 현재의 남성 중심적 문화에서 드러나는 방식이라면 여성에게 불리하고 남성의 특권만을 키워준다는 입장이다. 가부장적 사회질서에서 여성의 섹슈얼리티는 이처럼 쾌락과 위험의 측면이 있다는 것이 조안나 러스의 언급이다. 섹슈얼리티는 페미니스트들에게 자신들의 입장을 결정하는 관건이었다. 남성의 이성애는 여성 억압의 근본 원인이고, 포르노그라피, 성폭력 등은 그 단적인 예라는 것이다.

한편 마르쿠제(Herbert Marcuse)는 문명사회가 섹슈얼리티를 성기위주의 자본주의적 생산의 관점에서만 파악한다고 비판했다. 섹슈얼리티는 원래 육체적 성감대의 확산적 양상을 통해 쾌락을 얻는 전일적인 것인데, 사회에서는 성기위주의 성이 중심이 되면서 나머지 성적 본능과 쾌락을 서열화시켰다는 것이다. 따라서 섹슈얼리티를 그 자체의 에로스적 본능으로 되돌리는 '비억압적 승화'의 과정은 성의 진화에 기여한다는 입장이다. 성본능의 개혁은 비억압적인 사회를 만드는 사회 개혁과 함께 이루어진다고 보았다.(이훈)

레스비어니즘, 오르가즘, 포르노그라피, 서열화

참고문헌
심정순, 『섹슈얼리티와 대중문화』, 동인, 1994.
제프리 윅스, 『섹슈얼리티』, 서동진·채규혁 역, 현실문화연구, 1994.
송명희, 『섹슈얼리티·젠더·페미니즘』, 푸른사상, 2000.
게오르그 루카치, 『소설의 이론』, 반성완 역, 심설당, 1985.
포스터, 『소설의 이해』, 문예출판사, 1996.

센류(川柳)

에도시대 중기에 성립된 운문 장르. 하이카이(俳諧)와 똑같이 5·7·5의 17자로 된 짧은 정형시이지만, 하이카이에는 반드시 넣어야 할 계절을 나타내는 단어인 계어(季語) 등의 제약이 없고, 자유롭게 용어를 구사하여 사회의 모순이나 인정의 기미를 예리한 골계로 표현하는 서민문학이다.

센류의 형식은 역사적으로 마에쿠즈케(前句付: 제시된 7·7의 글귀 즉 마에쿠에 대하여 5·7·5의 글귀를 붙여 짝을 맞추어 한 수의 노래를 만드는 것)를 기원으로 한다. 마에쿠즈케는 본래 렌가나 하이카이에서 초보자를 위하여 고안된 방법이었는데, 점차 마에쿠(前句)에 붙이는 5·7·5인 쓰케쿠(付句)를 독립시켜도 의미·내용이 완결된 재미가 있음을 존중하는 경향이 생겨나 마침내는 쓰케쿠가 하나의 구로서 독립하여 문예형식으로 인정받게 된 것이다. 그 공로자는 마에쿠즈케의 우열을 가리어 평점을 하는 점자(点者)인 가라이 센류(柄井川柳)이다. 센류라는 명칭도 그의 이름에서 따온 것이다. 즉 가라이 센류의 평점이 다른 점자보다 인기가 있었기 때문에 이를 센류점 혹은 약하여 센류라 부르게 된데서 시작되었다. 가라이 센류가 고른 뛰어난 구를 편집하여 간행한 『하이후 야나기타루』(俳風柳多留, 1765)는 에도시대 후기 내내 대호평을 받아, 이후 167편을 계속하여 간행할 정도였다.

에도시대에는 센류점·마에쿠즈케·교쿠(狂句) 등으로 불리었는데, 메이지 시대의 신센류(新川柳)운동의 영향으로 센류라는 호칭이 일반적이 되었다. 오늘날에는 기세가 많이 약화되었지만 여전히 풍자문학의 일각을 점하고 있다.(최관)

하이카이, 마에쿠즈케, 쓰케쿠, 가라이 센류, 하이후 야나기타루

참고문헌
宮田正信, 『俳風柳多留』, 『新潮日本古典文学集成』, 新潮社, 1984.

센티멘탈리즘 ☞ 감상주의

소격효과 ☞ 소외효과

소극(笑劇)

소극이란 해학을 기발하게 표현하여 순전히 사람에게 웃음을 자아내게 할 목적으로 지은 비속한 연극을 뜻한다. 소극은 중세의 세속극(世俗劇)에서 발생한 희극의 가장 간단하고 비속한 형태로 파르스(farce)라고 하는데, 서양의 파르수스(farsus)라는 말은 본래 '빈틈을 틀어막는 잡동사니'라는 뜻을 가지고 있다.

소극은 여타의 고급 연극에서 볼 수 있는 지적 작업과 상상력을 필요로 하는 요소들을 일체 배제한 채 오로지 과장되고 터무니없는 상황이 빚어내는 즉각적인 웃음에만 의존한다. 따라서 소극은 개연성이 없고 우스꽝스럽거나 과장된 상황과 표현, 엉터리 소동, 노골적인 농담과 상스러운 유머, 혹은 난폭한 육체적인 놀이, 지극히 희화화된 등장인물들로 구성되며 개그, 슬랩스틱, 우연성, 황당무계함 등을 특징으로 갖는다. 순수한 소극은 마치 무언극처럼 언어에 의해서 전달되는 부분이 상당히 축소된 형태이고, 그렇기 때문에 소극의 유머를 '육체적 유머'라고 부르기도 한다. 그러나 근대 이후의 소극에는 인간의 존엄성이라는 것에 대한 조롱과 교우 관계나 신의와 사랑에 대한 비판도 포함되어 있다. 현재의 부조리극(不條理劇)에서 소극의 엉뚱함을 차용하는 이유도 바로 이러한 성격 때문이다. 웃음을 유발시킨다는 데에서 희극과 유사한 성격을 보이기도 하나, 희극은 작가가 웃음을 통해 어떠한 문제나 의견을 제기하고 비판하며 풍자를 수행하는 데 반해 소극은 단순히 웃음 그 자체를 목적으로 한다는 것에서 희극과 소극의 차이를 발견할 수 있다.

소극은 중세의 기적극의 희극적 에피소드의 한 구성 요소였으며, 르네상스 이탈리아의 즉흥 희극인 코메디아 델아르테의 소재였다. 영속적인 영국 드라마에서 소극은 흔히 보다 복합적인 희극의 형식 속에 있는 하나의 에피소드였으며, 미국에서는 한편의 희곡이 처음부터 끝까지 모두 소극인 경우도 있다. 이러한 과정을 거쳐 온 소극은 근대 이후 저속한 웃음에만 머물지 않고 인간의 부조리한 실존과 행위를 표현하기 위해 소극의 형태를 취하는 경우가 많이 생겨나게 되며, 이들은 위트와 풍자, 성격의 해학성(諧謔性) 등을 이용한다.(강진호)

희극, 풍자극

참고문헌
김윤식, 『문학비평용어사전』, 일지사, 1976.
문덕수, 『세계문예대사전』, 교육출판공사, 1994.
신희천·조성준, 『문학용어사전』, 청어, 2001.
이명섭, 『세계문학비평용어사전』, 을유문화사, 1985.
A.H.아브람스, 『문학용어사전』, 최상규 역, 보성출판사, 1994.

소급제시/사전제시 ☞ 회상/예상

소네트(Sonnet)

14행 1연으로 이루어진 서정시의 한 형식이다. 약강 5보격의 복잡한 운으로 짜여져 있다. 14행의 처음 8행을 옥타브(octave), 다음 6행을 세스테(sestet)라고 부른다. 주로 사랑의 주제를 다룬다.

소네트에는 이탈리아식 소네트와 영국식 소네트의 크게 두 종류가 있다. 이탈리아식 소네트는 14세기 이탈리아 시인인 페트라르카의 이름을 따서 페트라르칸 소네트라고도 불리는데, a b a a b b a의 운을 따르는 옥타브, c d e c d e나 c d c c d c로 변용되는 세스테의 형식을 가진다. 이후 밀턴, 워즈워드, 로제티 등의 시인에 의해 사용되었다.

영국식 소네트는 16세기 써어리(Surrey) 공작과 시인들에 의해 발달한 형태이다. 다른 한편 셰익스피어가 많이 사용한 형태로 셰익스피어적 소네트라고도 불린다. 3개의 4행연과 마지막의 2행연으로 a b a b c d c d f e f g g의 운을 사용한다.

주로 개인적인 사랑의 주제를 다루지만 존 던은 종교적 주제로, 밀턴은 인간성에 대한 진지한 주제로 그 영역을 넓혔다. 소네트는 로빈슨, 오든, 토머스 등 현대 시인에게도 여전히 인기가 있다. 이유는 소네트가 복잡한 서정시의 내용을 담기에 충분한 길이를 가지고 있으며 그러면서도 짧은 운을 통해 시적 기교를 실험하는 데에 있어서 매력을 가졌기 때문이다.(김옥란)

페트라르카, 셰익스피어, 서정시

참고문헌
신영수, 『셰익스피어 소네트의 이해』, 신영수, 한신문화사, 2000.
데브니 타운젠드, 『미학입문』, 이론과실천, 2000.

소리, 소리꾼

소리는 크게 두 가지 의미층위를 지니고 있다.

첫째는 노동 동작과 직접 결부된 우리 나라의 전통적인 민요를 의미한다. 목도소리, 낫소리, 달구소리, 투망소리, 노 젓는 소리 등이 거기에 해당된다. 소리는 엄밀한 의미에서 민요라기보다 민요적 요소를 많이 지니는 선율투라고 할 수 있다.

소리에서는 많은 경우 가사의 내용이 전개되지 않으며 노동의 성격에 어울리는 말마디(영차, 영치거, 어그야 디야 등)들로 이루어지는게 일반적이다. 선율에서도 노동의 동작과 결부된 억양만으로 이루어진 것들이 많다. 그 가운데는 짧고 단편적인 뜻을 가진 말과 선율적 토막들이 섞여 있는 것도 있다. 이러한 소리들은 노동민요들의 원형이라고도 말할 수 있다.

두 번째는 판소리창과 같은 의미를 지닌다. 판소리에 대해서는 판소리(항목)을 참조할 것. 이 경우 소리꾼이란 판소리 창을 전문적으로 하는 창자를 가리킨다. 광대라고도 불린다. 신분적으로는 천민에 해당되지만, 18세기 판소리의 융성과 더불어 평민에서 양반에 이르기까지 두루 사랑을 받는 전문적인 예능인으로 자리잡게 되었다.(고미숙)

민요, 선율, 판소리, 창자

참고문헌
김흥규, 『한국문학의 이해』, 민음사, 1986.
최진원, 『국문학과 자연』, 성대출판부, 1977.

소문사학사(蘇門四學士)

송나라 때의 문인 황정견(黃庭堅, 1045-1105)과 진관(秦觀, 1049- 1100), 조보지(晁補之, 1053-1110), 장뢰(張耒, 1054-1114)를 함께 일컫는 말. 송나라의 소식(蘇軾, 1037-1101)은 구양수(歐陽修, 1007-1072)의 뒤를 이어 묵송 문단의 지도자가 되면서 당시 작가들로부터 충심에 어린 존경을 받았다. 특히 그에게 지도를 받은 문인들이 상당수에 달했는데, 그 중 위의 네 사람은 모두 소식의 지도를 받아 추천을 거쳐 등용되었다. 소식은 자신의 수많은 문인과 숭배자 가운데 이들 네 사람을 가장 높이 평가하였다. 처음으로 이들 네 사람을 함께 거론한 사람은 소식 자신이었다. 그는 "노직 황정견과 무구 조보지, 태허 진관, 문잠 조보지 등은 모두 세상에는 알려져 있지 않았는데 내가 먼저 그들을 알았다.(如黃庭堅魯直 · 晁補之無咎 · 秦觀太虛 · 張耒文潛之類 皆世未知之 而軾獨先知之)"(「답이소사서(答李昭王巳書)」)고 하였다. 이렇게 소식의 추천을 거쳐 그들의 이름이 천하에 크게 떨쳤던 것이다. 『송사(宋史) · 문원전(文苑傳) 6 · 황정견전』에는 "황정견과 장뢰, 조보지, 진관은 모두 소식의 문하에서 공부했는데, 세상 사람들은 이들을 일러 4학사라고 불렀다.(黃庭堅)與張耒 · 晁補之 · 秦觀俱遊蘇軾門 天下稱爲四學士)"는 기록이 있다.

그러나 소문4학사란 명칭은 그들이 소식의 추천과 지도를 받고 소식의 문학론에서 영향을 받았다는 뜻이지 그들이 소식과 더불어 통일성 있는 문학 유파를 형성했다는 의미는 아니다. 사실상 4학사의 문학적 경향은 각기 달랐고, 소식으로부터 받은 영향력의 정도 역시 차이가 났으며, 문학적 풍격 또한 크게 같지는 않았다. 황정견이 나름대로 시에서 일가를 이루어 소식과 함께 소황(蘇黃)으로 불린 경우와 비교할 때, 진관은 주로 사(詞)에서 성과를 올렸다. 그러나 소식의 사풍(詞風)을 맹목적으로 좇은 것도 아니어서 섬세하고 화려하며 완미(婉美)하고 축약적인 사풍을 보여주었다.(임종욱)

소식, 황정견(黃庭堅), 진관(秦觀), 조보지(晁補之), 장뢰(張耒), 섬화완미(纖華婉美)

참고문헌
임종욱, 『동양문학비평용어사전-중국편』, 범우사, 1997.
_____, 『중국의 문예인식』, 이회, 2001.
_____, 『중국문학에서의 문장체제 인물 유파 풍격』, 이회, 2001.
주훈초, 『중국문학비평사』, 이론과실천, 1992.

소문자 대상 a ☞ 오브제(프티) 아

소문자 타자 ☞ 오브제(프티) 아

소박한 것과 감상적인 것(독 naiv und sentimetalisch)

독일 고전주의 작가 실러(F. Schiller)의 대표적인 미학이론서『소박문학과 감상문학에 관하여 Über naive und sentimentalsiche Dichtung』에서 따온 용어이다. 실러는 '감상적'인 현대문학의 특징을 '소박한' 고대문학과 구분짓고, 후자를 옹호하기 위해 이 글을 썼다. 실러에 의하면 전자는 사회-경제적 발전의 필연적인 결과라는 것이다.

여기서 실러는 작가와 자연간의 관계로부터 출발하는데, 가령 작가가 자연과 하나를 이루고, 정신과 감각세계가, 즉 자연이 아직 조화를 이루며 서로 연결되어있을 경우, 작가는 소박한 세계에 있다.(고대문학) 그러나 정신과 자연이 서로 분리되어 작가가 오로지 이념에 의존할 경우, 다시 말해 문화에 억눌려서 자신의 자연성을 잃어버린 후 그것을 의식적으로 찾을 경우, 문학은 감상적이 된다.(현대문학) 이렇게 되면 문학은 직접성과 풍요함을 잃는 대신에 품위를 얻게 된다. 이 양자는 자연의 풍요함(소박문학)과 이념을 통해 자신을 구현시키는 정신(감상문학) 사이의 조화를 추구하는 가운데 서로 보완관계를 유지한다.

실러는 자신과 클롭슈토크(Klopstock)를 감상문학 작가로 명명하는 한편, 호머와 셰익스피어, 괴테는 소박문학 작가라고 부른다. 어떤 의미에서 보면 전자는 아이디얼리스트이고 후자는 리얼리스트라고 할 수 있다.(임호일)

작가와 자연, 정신과 자연, 소박문학, 감상문학

참고문헌
박찬기,『독일문학사』, 일지사, 1989.
K. Kunze/H. Obländer, Grundwissen. Deutsche Literatur, Stuttgart, 1969.
Wörterbuch der Literaturwissenschaft(Hrsg. v. C. Träger), Leipzig, 1986.

소비사회(消費社會, Consumption communities)

상품을 대량으로 소비할 수 있게 된 사회를 말함. 제 2차 세계 대전 이후 세계 경제의 고도성장은 기존의 자본주의와 다른 새로운 자본주의를 탄생시켰는데, 프랑스 사회학자 장 보드리야르(Jean Baudrillard)는 이것을 '소비의 사회'라고 지칭하였다. 그는 경제학에서 정의하는 소비개념과는 다른 소비개념을 통해 현대사회를 분석하려 한다. 그에 따르면 상품(사물)의 소비란 사용가치의 소비를 포함하면서도 그것을 뛰어 넘는 어떤 행위이다. 그는 사물을 기호로 파악하고, 사회를 의미작용의 체계로 해석하면서 소비 행위를 특정한 상품(사물)에 대한 욕구가 아닌 차이에 대한 욕구로 규정한다.

사람들은 상품(사물)의 구입과 사용을 통해 자신을 타자와 구분하고 이것을 통해 사회적 지위와 위치를 인정받는다. 이러한 '사회적 차이'화로 인해 소비는 자율적인 주체의 자유로운 활동이 아니라 욕구를 발생시키는 생산 질서와 그것을 결정짓는 사회적 의미 작용의 질서에 지배를 받게 된다. 이러한 현상을 물신화(物神化)라 한다.

우리 나라의 경우, 1980년대에 이르러 컬러텔레비전의 등장으로 대변되는 산업의 발전과 1990년대 이후 '신세대', 'X세대' 등의 등장으로 소비시장은 급격히 발달하였다. 이로 인해 생존을 위한 소비가 아니라 자신을 드러내기 위한 소비-문화적 욕망을 충족시키는 소비-로 이행이 시작되었다. 소비가 효용성에 머물지 않고 감각적 쾌락을 추구하게 되면서 문학작품도 본격적으로 소비사회의 증후들을 포착하기 시작한다. 하재봉의 『비디오 / 천국』과 장정일의 『햄버거에 대한 명상』 등은 비디오, 컴퓨터, 리바이스, 백화점 등 소비사회의 기호들을 통해 소비 사회로 진입한 우리 사회의 모습을 보여주고 있다.(강진구)

장 보드리야르, 소비

참고문헌
쟝 보드리야르, 『소비의 사회』, 문예출판사, 1991.
김문환 외, 『19세기 문화의 상품화와 물신화』, 서울대학교출판부, 1998.
김성곤, 『뉴미디어 시대의 문학』, 민음사, 1996.

소설(Novel)

머조리 블턴(Marjorie Boulton)은 『소설의 해부』에서 『소옥스퍼드 영어사전』, 『웹스터판 새 대학사전』, 『콜린스사전』 등과 같은 고금의 주요 사전에서 "소설은 허구적 산문으로 된 긴 길이의 이야기로, 이 속에서 현실적 삶을 대표하는 인물들과 사건들은 다소간 복잡하게 얽힌 구성에 따라 그려진 것", "대체로 길고 복잡한 산문형식의 이야기로 연속되는 사건들을 통해 인간체험을 다룬 것", "삶과 성격의 다양함을 그리는 뜻에서 상상적인 인간들의 모험이나 감정을 다루는 허구적 산문담" 등과 같은 뜻을 인용소개하였다. 이러한 정의들은 소설은 산문형식, 허구성, 이야기 등의 요소로 짜여져야 한다는 조건을 공통적으로 내보이고 있다. 「장르로서의 소설」이라는 글에서 소설을 카멜레온과 같은 양식이라고 반복주장한 구스타보 피르마트(Gustavo Perez Firmat)는 소설은 복합장르다, 소설사는 제대로 기술하기 어렵다 등과 같은 특징을 제시했다.

노벨은 광의와 협의로 나누어진다. 광의의 노벨은 장편소설, 중편소설, 단편소설을 총칭하고 협의의 노벨은 장편소설을 가리킨다. 소설은 길이, 제재, 주제, 형식, 주인공, 구성요소 등을 기준으로하여 여러 유형으로 나누어질 수 있는 만큼 복합적인 양식이다. 동서고금에 통용되는 소설유형이 있는가 하면 한국문학만이 지니고 있는 소설유형이 있기도 하다.

레너드 데이비스는 "영국소설의 기원"이란 부제가 붙어 있는 『사실적 허구』라는 저서에서 소설의 기원은 진화론적 모델, 삼투형모델, 혼합형 모델 등 세 가지 방법으로 규명할 수 있다고 하였다. 진화론적 모델은 서사양식을 인류의 기원과 함께 시작된 것으로 보아 근대적인 소설양식을 로맨스에서 진화된 것으로 파악한다. 삼투형모델은 사회의 변화나 사상의 변화가 소설양식의 변화에 영향을 주는 것으로 보는 것을 말한다. 그리고 혼합형모델은 소설의 기원을 에세이, 로망스, 역사, 전기, 희극, 감상적 드라마 등 어떤 선행양식에서도 찾아 낼 수 있다고 믿는다. 혼합형모델을 믿는 사람들은 진화론적 모델이나 삼투형모델과 같은 단선적 시각을 부정한다.

중국에서 '소설'이란 말이 가장 먼저 나타난 것은『장자』잡편 외물 제 26에서였다. 장자의 소설(小說), 공자의 소도(小道), 도청도설(道聽塗說), 순자의 소가진설(小家珍說), 사설(邪說), 간언(奸言) 등은 소설에서의 '소'는 질적으로 낮은 것을 가리켰음을 공통적으로 일깨워 준다. 소설 양식에 대한 중국인들의 기본인식의 변화과정은 군자는 소설 따위는 읽어서는 안된다고 하는 시대, 소설에도 가히 볼 만한 것이 있다고 하는 시대, 소설가들이 이상한 것을 즐겨 표현한 시대, 소설을 뛰어난 표현양식으로 평가하는 시대, 소설을 최고의 문학양식으로 인정하는 시대 등으로 정리된다. 방정요는『중국소설비평사략』에서 환기이론(幻奇理論)-실록이론(實錄理論)-전도이론(傳道理論)-허실이론(虛實理論)-사실이론(事實理論) 등과 같이 중국인들의 소설관의 변화과정을 제시하였다. 우리 역사에서는 고려말 이규보의『백운소설』이란 책명에서 '소설'이라는 말의 첫 용례를 꼽고 있다. 조선조에 들어와서는 소설의 유사명칭으로 패설(稗說), 소록(小錄), 잡기(雜記), 총화(叢話), 쇄록(鎖錄), 야언(野言), 설림(說林) 등이 있다. 조선조때 부정론자들은 소설을 음란하고 황당한 이야기로 여겨 이러한 내용의 소설들이 혹시 유교적 질서를 해치지나 않을까 하고 염려하였다. 또 소설이 어느 정도 경전과 사서를 제치고 많은 사람들에 의해 수용되고 있다는 사실에 대해서도 대다수 유학적 지식인들은 바람직하지 않은 것으로 평가했다. 긍정론자들도 아직은 소설을 자족적이면서도 독립된 서술양식으로 평가하지 않았다. 긍정론자들도 소설을 역사서술의 보조양식으로 파악하는 태도에서 크게 나아가지 못하였다. 신채호는 「근금국문소설저자(近今國文小說著者)의 주의(注意)」에서 국민을 진보시키는 것, 도덕을 일으키는 것, 지식을 계발하는 것 등으로 천하대사업을 요약한 다음, 천하 대사업은 장군이나 영웅이 만드는 것이 아니라 부녀자나 어린이가 만드는 것, 사회대추향은 언문소설이 만드는 것, 소설은 인심을 바꿀 수 있는 능력은 갖추고 있는 것, 소설은 국민의 혼에 해당하는 것 등을 주장하였다.(조남현)

로망스, 허구, 백운소설, 잡기, 도청도설

참고문헌

조남현, 소설신론, 서울대 출판부, 2004.

Gustavo Perez Firmat, "The novel as genres", Genre, University of Oklahoma Press, 1979 fall.

Lennard Davis, Factual Fictions, Columbia University Press, 1983.

Marjorie Boulton, Anatomy of Novel, Routledge & Kegan Paul Ltd, 1975.

소설사회학(小說社會學, Sociology of novel)

뤼시앵 골드만(Lucien Goldmann)에 의해 이론적으로 체계화된 소설 형식에 관한 사회학적 접근을 가리키는 개념. 흔히 소설과 사회의 상관관계를 규명하려는 문학 연구를 통칭하는 개념으로 사용된다. 골드만은 실증주의 대신 구조주의(발생론적 구조주의)를 바탕으로 소설형식의 특성을 규명하려 했는데,『소설사회학을 위하여』(Pour une sociologie du romm, 1964)가 그것이다. 골드만은 소설의 구조를 그것을 발생하게 한 사회구조에 포함시켜 '시장'과 '교환가치'라는 개념으로 설명한다. 그는 자본주의 사회에서는 '직접적으로' 사용가치를 지향하는 모든 노력들은 타락한 개인(문제적 개인)들을 만들어 낼 수밖에 없는데, '소설이란 타락된 사회에서 타락된 형태로 진정한 가치를 추구하는 이야기'라고 선언함으로써 소설과 사회의 상동성(相同性)을 강조하였다.

소설 작품과 사회와의 구조적 상동성을 밝히기 위해 골드만은 끼워 넣기, 감싸기 등의 개념을 사용하여, 문학 창조의 주체는 개인이 아니라 사회 계급이라는 결론을 도출한다. 이광수, 이상(李箱)의 소설들은 작가 개인의 창조적 상상력의 산물이 아니라, 그들이 속해 있는 계급의 사상, 감정, 열망을 총체적으로 표현한 것에 불과하다는 것이다. 여기서 개별 작가란 자신이 속한 계급의 세계관을 작품에 표현하는 예외적 개인(individu exceptionnel)으로 전락한다.

골드만은 전체와의 관련을 도외시한 부분이나 계급의 세계관과 동떨어진 작가의 창조적 상상력 등은 인정하지 않았는데, 바로 이 점으로 인해 신비평과 수용미학으로부터 공격을 받기도 한다. 그러나 소설 사회학은 서구 자본주의 사회를 비판적으로 해부하고 구조화하여, 소설이 어떻게 그 구조 속에서 발생하고 상호 관계를 맺었는지를 밝히고 있다는 점에서 의의를 갖는다.

1970년대 후반≪세계의 문학≫을 통해서 우리 나라에 소개된 골드만의 소설 사회학은 김윤식 등 국문학자들에 의해 한국소설 연구의 다양한 해석 틀로 자리 잡으면서 많은 영향을 미치기도 했다.(강진구)

골드만

참고문헌
골드만,『소설 사회학을 위하여』, 조경숙 역, 청하, 1986.
피터 지마,『텍스트 사회학』, 허창운 역, 민음사, 1991.
홍성호,『문학사회학, 골드만과 그 이후』, 문학과지성사, 1995.

소설의 영화화(Novels in to film)

소설의 영화화는 읽을거리를 볼거리로 단순히 전환시키는 것만을 의미하는 것은 아니다.

소설의 영화화란 개념에 대하여 일찍이 한국적으로 탐색한 이는 조지 블루스턴(J.Bluestone)이다. 그는『소설의 영화화』(캘리포니아대 출판부:1975)라는 저서에서 "소설이 관념적(conceptual)인 형태라면, 영화는 지각적이며 재현적 형태의 예술이다."라고 서로의 차이를 대조한 바 있었다. 그리고, 영화가 소설을 아무리 충실하게 각색한다고 해도 각색은 근본적으로 창작인 것이며, 시나리오 작가는 언어적 감각에만 제한되어 있는 소설의 원작을 주관적으로 해석하여 알기 쉽게 해설한다는 점에서 창작인일 수밖에 없다고 그는 언급했다.

소설을 영화로 각색한다는 것은 단순한 시각적인 재현에만 만족할 수 없다는 데 그 어려움이 따른다. 소설을 영화적인 언어로 재창조해야 한다는 원칙과 당위성이 얼마만큼 충족시켜주어야 하느냐에 따라 각색의 성패 여부가 달려 있다.

사이드 필드(S.Field)는, 소설을 각색할 때 본래의 소설에 충실해야 한다는 규정이 없다는 점을 전제로 하면서, 책 그대로를 시나리오에 복사해서는 안 되며, 그것을 영상으로 설명되는 시나리오가 되게끔 시각화해야 한다고 주장하였다. 이 시각화가 바로 영상언어로의 재창조 작업인 것이다.

소설을 영화화할 때 고전적 문학의 작품성을 통해 영화의 질이나 품격을 높이는 경우는 극히 드물다. 사실상, 문학적으로 완성도가 높은 소설일수록 영화화되기가 어렵다. 원작 소설에 비해 영화가 실패하는 경우는 상업적인 문제와 제작여건의 어려움에 기인하는 바 적지 않지만, 정신적으로 심오한 내용은 다른 소설의 관념성(주제의식)을, 영화의 시각적인 이미지로 반영하기가 매체상의 특징으로 인해 힘들다는 것이 한결 타당한 이유가 되는 것이다.

밀란 쿤데라의 「참을 수 없는 존재의 가벼움」―인간의 본성을 탐구하려는 작가의 치열한 의도는 제목과 달리 무거움의 느낌으로 독자에게 다가오는 소설이다. 이 소설을 필립 카우프만에 의해 「프라하의 봄」이라는 제목으로 영화화했을 때, 과연 영화가 작가의 의도나 소설의 품성이 갖는 심미적 · 정신적인 기대치를 어느 정도 따를 수 있을지 하는 문제는 애초에 문제시되었다. 아닌게 아니라, 영화 「프라하의 봄」은 영화의 배역이나 영화 속 주인공들의 인간관계에 초점을 둠으로써 원작 소설의 예술적인 경지에 미치지 못한다.

이러한 경우는 움베르토 에코의 소설인 「장미의 이름」을 영화화한 사례에도 적용된다. 프랑스의 감독인 장 자크 아노(J.J.Annaud)는 「장미의 이름」이 영화화되기에 불가능하다는 세평에도 아랑곳하지 않고 용감하게 영화로 도정하였다. 결국은 원작자의 중세 사회 및 사상에 대한 분석력과 통찰력은 실종되고 중세를 배경으로 한 흥미로운 스릴러라는, 이종(異種)의 「장미의 이름」으로 거듭 나게 되었다. 더욱이, 할리우드적인 해피엔딩이란 폐쇄적인 끝맺음과 함께 기형적으로 구성되었다.(송희복)

소설의 원작, 각색, 영상언어, 관념성(주제의식)

참고문헌
사이드 필드, 『시나리오란 무엇인가』, 유지나 역, 민음사, 1992.
George Bluestone, 『Novels into Film』, johns Hopkins University Press, 1957.

소설의 죽음

1963년 레슬리 피들러(Fiedler, Leslie A.)가 주창한 개념으로, 소설 장르의 위기 혹은 종말에 대한 생각을 내포하고 있다. 사실 '소설의 죽음'에 대한 논의는 과거에도 빈번하게 등장해 왔는데, 1923년 "플로베르와 헨리 제임스로 소설은 끝났다"는 엘리어트(Eliot, Thomas Stearns)의 언급이나, 1948년 "예술의 비인간화와 중산층으로부터의 괴리로 인해 소설의 죽음이 임박해 있다"는 오르테가 이 가세트(José Ortega y Gasset)의 선언 등은 그 대표적인 사례이다. 하지만 피들러의 진단은 이전 것과는 다른 양상을 띤다. 즉 그는 작가를 지탱해주던 예술적 신념이 붕괴되고 독자들을 다른 이야기 매체가 흡수해버린 현상을 '소설의 죽음'이 초래된 원인으로 본다. 18세기에는 소설 장르가 현재의 텔레비전이나 만화처럼 대중적인 양식으로 사랑받았으나, 이후 미학적 엘리트주의의 소설, 소위 예술소설들이 성행하게 되면서 대중과 유리되고, 결국 죽음에 이르게 되었다는 것이다. 이처럼 '소설의 죽음'이라는 문학적 현실은 60년대 미국의 사회적·문화적 양상의 변화와 관련이 있다. 즉 이제 독자들에게 있어서 소설은 TV나 영화 같은 영상매체와 경쟁할 수 없는 고루한 양식으로 인식되는 것이다.

피들러가 강조한 '소설의 죽음'은 특히 마르셀 프루스트(Proust, Marcel)·프란츠 카프카(Kafka, Franz)·토마스 만(Mann, Thomas)·제임스 조이스(Joyce, James Augustine Aloysius) 등 모더니즘 소설가들의 난해한 예술소설들을 겨냥하고 있다. 그는 "인쇄되고 장정된 소설들은 제2의 인생들을 살고 있거나 아니면 두 종류의 삶을 살고 있다. 한편으로는 중·고등학교나 대학의 강의실에서 교재로 채택됨으로써 재미로보다는 의무와 요구사항으로 읽히게 되었고, 다른 한편으로는 책 속의 언어를 이해하지 못하는 독자들을 위해 TV나 영화 스크린 속의 시각적 이미지로 변환되었다"고 말한다. 대중문화의 옹호자인 그는 60년대 이후 본격화된 대중문화의 시대에서 상류문화층의 기호만을 만족시키는 귀족소설은 살아날 길이 없다고 믿었다. 기존의 소설 방식을 혁신했던 의식의 흐름 기법, 혹은 누보로망(nouveau roman)의 작품들은 비록 타락한 방법이나마 일정한 가치를 추구하던 문제적 인물마저 소멸시켰고, 그 결과 독자들에게 외면받게 되었다. 결국 피들러는 20세기 예술소설들이 소설의 대중적인 역할을 도외시하고 상아탑 속으로 침잠해 가고 있으며, 예전에는 소설이 담당하던 대중적인 역할을 다른 영상 매체들이 충족시키고 있는 현실을 심각하게 인식한 것이다.

존 바스(John Barth) 역시 1967년 「고갈의 문학」에서 '소설의 죽음' 논의를 펼쳤다. 그는 기존의 소설양식으로는 현재의 복잡하고 다변적이고 불가해한 리얼리티를 담아낼 수가 없으며, 모더니즘 소설은 이미 그 시효가 고갈되었다고 선언했다. 특히 인쇄매체의 몰락과 전자매체의 도래를 예견한 마샬 맥루헌(Marshall McLuhan)에 영향을 받아, 이제 새로운 상상력으로 새로운 소설쓰기를 모색해야 한다고 주장하였다. 그리하여 그는 그러한 새로운 소설양식의 한 가능성을 아르헨티나 소설가인 보르헤스(Borges, Jorge Luis)의 소설에서 찾고자 하였다.

1960년대 미국 문학계에서 다루어졌던 '소설의 죽음' 논의는 뉴저널리즘 소설과 자기반영적인 메타픽션을 통해 소설의 새로운 방향을 모색하려는 움직임으로 이어졌고, 이는 1970년대에 이르러 포스트모더니즘(postmodernism)을 출발시킨 하나의 동인이 되었다. 단적으로 말해 포스트모더니즘 소설은 이미 진부해지고 관습적이 되어버린 모더니즘 소설에 대한 부정과 함께 이루어진 새로운 형태의 소설 운동이라고 할 수 있다. 바스 역시 1980년 「소생의 문학」을 통해서 자신이 말한 것은 '모더니즘 미학의 고갈'이며, 포스트모더니즘 소설이 소생의 문학을 이룰 것을 확언하고 있다.(신성환)

예술소설, 고갈의 문학, 뉴저널리즘 소설, 메타픽션, 포스트모더니즘 소설

참고문헌
김성곤, 『포스트모더니즘과 현대미국소설』, 열음사, 1990.
_____ 편, 『소설의 죽음과 포스트모더니즘』, 글, 1992.

소수자(소수자 집단, 少數者集團, Minority group)

하나의 커다란 사회 안에서 문화적·인종적·민족적으로 구별되는 특수한 자나 집단을 말한다. 단순히 규모의 개념이라기보다는, 한 사회 내에서 지배집단에 종속되어 있는 성격에 따라 소수자집단이 규정된다. 소수자집단이 있다는 것은 보다 높은 사회적 지위와 특권을 소유한 우세한 지배집단이 있다는 것을 의미한다. 소수자집단은 대개 지배집단보다 빈곤하며 정치적으로 약하고 사회 참여의 기능이 제한되어 있다. 예를 들어, 오랫동안 남아프리카 공화국에서 백인은 수적으로 소수였고, 흑인은 다수였지만, 흑인들의 문화는 어떤 면에서도 다수적인 것이 되지 못했다. 셰익스피어의 『베니스의 상인』의 등장인물 샤일록은 이중적 의미의 소수자이다. 소수종교자인 동시에 외국인인 그에 대해 베니스 법정은 편파적인 판결을 내린다.

즉 다수성은 항상적인 것, 권력을 장악한 것, 척도의 위치를 차지한 것이라고 말할 수 있다. 이성에 입각하여 설정한 근대 다수자는 바로 '백인-남자-어른-이성애자-본토박이-건강인-지성인-표준어를 쓰는 사람'이며, 이들은 '유색인-여성-어린이-동성애자-이주민-환자-무지렁이-사투리를 쓰는 사람' 등을 배제하고 억압하는 권력과 연결된다. 소수자집단은 지배집단과 명확히 구별되는 규칙과 문화적인 특징을 가진다. 또한 소수자는 '주변인'과는 다른 개념이다. 주변인은 배제되고 소외된 사람들로 다수자들의 요건을 갖지 못한 사람들이지만, 그것은 현재의 상태에 의해서 정의되며 대개는 출세나 성공의 형태로 다수자가 누리는 것을 얻고자 한다. 반면 소수자는 다수자를 정의하는 척도 자체를 거부하고, 그와 다른 방향으로 삶을 생성해 나가는 사람들이다.

일반적으로 사회집단은 소수자집단에 대해서 2가지 자세를 취한다. 제거하거나 받아들이는 것이다. 제거의 극단적인 사례로는 2차대전 당시 나치가 수백만 명의 유태인을 살해한 것을 들 수 있다. 추방이나 탄압 외에도 소수집단을 제거하는 방법 중 하나는 그들을 동화(同化)시키는 것이다. 동화과정을 통해서 소수집단은 지배적인 다수 집단의 문화적 특성을 수용하게 된다.

19-20세기 초 미국 사회의 다수 집단은 미국으로 이주해 온 유럽인들이 지닌 고유한 문화적 특성들을 인정하지 않고 그들에게 지배문화를 주입했다. 하지만 동화 과정을 통해서 지배집단 역시 소수자집단이 지닌 문화의 여러 측면들을 흡수하여 점차 절충형의 문화를 구성하게 된다. 다원적 사회 체계 하에서 지배세력은 소수집단이 존재하는 것을 허용한다. 비록 지배집단이 소수집단을 혐오한다고 하더라도 다양한 정치적, 경제적, 도덕적 이유 때문에 소수집단을 제거할 수 없는 경우가 있다. 12-13세기 유럽의 일부 나라들은 유대인 상인들에게 경제적인 의존을 하고 있었기 때문에, 그들을 추방할 엄두를 내지 못했다.

소수자집단의 사회적 역할은 그가 소속된 사회 구조에 따라 달라진다. 개인의 역할과 기능이 전혀 이동할 수 없는 사회에서는 소수자집단의 역할은 축소되지만, 개인이 자신의 역할을 변화시킬 수 있는 열린사회에서는 소수자집단의 지위와 이동 정도가 강화될 수 있다.

자본주의에서 노동자는 기본적으로 다수인 자본가와 대비되어 소수자라고 할 수 있다. 노동운동은 그러한 소수자운동에서 시작되었다고도 볼 수 있다. 그러나 노동자 조직이 제도적으로 안정된 위치에 도달하게 되면, 이미 다수자가 되어 버린 노동자와 노동운동은 비정규직 노동자, 여성 노동자, 외국인 노동자 등 새로운 소수자의 집합을 만들어낸다.

들뢰즈(Deleuze, Gilles)와 가타리(Felix Guattari)는 "우리의 시대는 소수자의 시대가 되고 있다"고 말하며 소수자의 정치학을 언급한다. 즉 소수자는 접속과 생성으로 인한 다양화/배가(multiplication)에 의해서 구성되는 것이며, 다수자의 요건을 변형시키고 그것의 변이체를 만듦으로써 구성된다. 그래서 소수자는 예기치 않은 생성/되기를 향해 열려 있는 존재이다. 결국 소수자들의 투쟁은 다수자들의 지배를 넘어서는 것이기 때문에, 공리적 수준에서 벌어지는 모든 소수자들의 투쟁이 결정적이다. 그러나 여기서 중요한 것은 그러한 움직임이 국가나 공리적 과정을 통해 진행되는 것이 아니라, 자율주의, 곧 소수자들의 순수한 생성을 통해 진행되어야 한다는 점이다.(신성환)

다수성, 주변인, 동화, 열린사회, 소수자 운동, 배가

참고문헌
들뢰즈 가타리, 『카프카: 소수적인 문학을 위하여』, 이진경 역, 동문선, 2001.
이진경, 『노마디즘』, 휴머니스트, 2002.
윤수종, 『우리시대의 소수자 운동』, 이학사, 2005.

소외(疎外, Alienation, 프 Aliénation, 독 Entfremdung, 외화 Entäußerung)

소외라는 말의 라틴어 어원인 alienatio는 신으로부터 퇴락한다든가 세속적인 사물들에 등을 돌린다는 대단히 서술적인 뜻을 가졌지만 근대에 들어와 사회적으로 특정 양상의 분리 관계들에 적용되면서 다양한 의미를 지니게 되었다.

루소가 계약론의 맥락에서 프랑스어로 aliénation이라는 단어를 썼을 때 그것은 권리의 양도를 뜻했다. 헤겔은 법철학의 맥락에서는 이 말을 그대로 수용했으나 의식철학의 맥락에서는 자기의식의 발전을 위한 필수적 전제조건으로서 의식이 자기분화되는 국면을 묘출할 때 "자기에게서 자기 스스로를 낯설게 한다"는 이질화의 의미로서 소외라는 표현을 도입했다. 이런 자기이질화는 자기의식의 발전 과정에서 자기의식이 과정의 분절마다 예전에 확보했던 자기 정체성을 상실하면서 보다 높은 단계의 의식형태를 취하는 선행단계마다 등장하는 국면이었다.(대상화에로의 의식의 몰입, 욕망에 있어서 대상성에의 의존성, ─ 주인성과 노예성의 관계에서 확인되는 것과 같은 ─ 다른 자기의식에 대한 한 자기의식의 종속화 등) 그러면서 헤겔은 주관적 정신이 능동적으로 조성한 인륜적 실체들, 즉 국가권력이나 사회적 부가 일단 객관정신으로 자립화되면 더 이상 주관적 정신의 통제를 받지 않고 자기 고유의 법칙성으로 작동하는 상태 역시 이런 이질화의 과정 또는 정신의 "자기외화"로 표현하였다.

맑스와 루카치는 바로 이 마지막 의미로서의 자기외화 모델을 자본주의적 생산관계에서 이루어지는 상품의 생산 및 유통과정을 분석하는 데 도입하였다. 이에 따르면 생산수단의 사적 소유를 핵심으로 하는 자본주의적 생산관계에서 노동자의 노동 생산물이 상품의 형태를 취하면 노동자의 통제를 받지 않을 뿐만 아니라 오히려 노동자의 생활과정을 속박하고 억압하고 비인간화하는 "물신"으로 자립화하여 노동자의 삶 전체를 종속시킨다. 이에 노동은 노동자의 자기실현과정이 아니라 오히려 노동자를 1) 노동과정으로부터 소외시키며, 2)노동 생산물로부터 소외하고(착취), 3)같은 노동자로부터 소외시키고(분열), 4)궁극적으로는 노동자를 노동자 자신으로부터 소외시키면서(자기소외), 노동자를 오직 노동력 담지체로서 생산과정과 생산관계에 있어 기계의 노동을 보완하는 역할에 전인적으로 투신할 수밖에 없는 존재자로(사)물화시킨다. 바로 이런 노동소외론은 산업체제 속에서 원자화된 개인들로 이루어진 대중사회 속에서의 자아정체성과 사회적 병리현상을 설명하는 기본 패러다임으로 20세기 사회이론에 큰 영향을 미쳤다.(홍윤기)

물화, 주인과 노예(의 변증법), 불행한 의식, 노동

참고문헌
버텔 올만 등, 『마르크스주의 소외론 연구』, 김호기 역, 청아출판사, 1986.
정문길, 『소외론연구』, 문학과지성사, 1977.
프릿츠 파펜하임, 『현대인과 소외』, 진덕규 역, 학문과사상사, 1977.
에리히 프롬, 『자유로부터의 도피』, 이상두 역, 범우사, 1977.

소외효과

소외효과(疏外效果)를 소격(疏隔)효과라고도 한다. 러시아의 형식주의자인 쉬클로브스키의 '낯설게 하기'에서 유래한 개념이다. 식물학의 동화작용과 이화작용에 비유한다면, 이화작용과 가깝다. 기본적으로 연극은 관객에게 극적인 환상을 불러 일으킨다. 이 환상은 관객의 심리를 등장인물과 동화시켜 감정이입(感情移入)의 문을 자유롭게 개방한다. 극적인 연민, 고뇌, 감동, 카타르시스 같은 것은 이러한 감정이입의 여러 상태를 말한다. 그런데, 이러한 환상을 깨는 기법도 연극에서 개발되었다. 무대가 곧 현실이라는 인상을 깨고, 어디까지나 일시적으로 만들어진 작위적(作爲的)인 놀음에 불과하다는 인식을 심어주기 위해, 객석에 불을 켜 놓은 채 무대를 세우는 과정을 그대로 보이고, 아울러 배우들이 연극을 준비하는 모습을 그대로 노출시킴으로써(다른 연극과 낯설게 하기), 관객들은 연극을 연극으로 바라보는 일정한 심리적 거리를 유지할 수 있게 된다. 즉 연극과 일정한 거리를 유지시키고(소격), 무대적 행위와 진실을 분리시킴으로써(소외), 올바르게 연극적 진실에 이르게 하는 역설적인 대안이라고 할 수 있다. 브레히트는 러시아 형식주의자들이 시도한 이러한 소외효과를 서사극의 방법으로 발전시켜 타성에 젖은 기존 관객의 태도를 수정하고, 그들의 지각을 활성화 시켜 연극에서 재생산된 대상을 분명히 인식하도록 했다. 동화작용에 입각한 관객의 찬성적 태도를 비판적 태도로 전화시키고 동시에 정치적인 인식을 높이는 데 기여했다.(서연호)

소격효과

참고문헌
빠트리스 파비스, 『연극학사전』, 신현숙 역, 현대미학사, 1999.
오스카 G. 브로케트, 『연극개론』, 김윤철 역, 한신문화사, 1989.
한상철(외), 한국문화예술진흥원, 1981.

소원성취(所願成就, Wish-fulfillment, 독 Wunschtraum)

프로이트(Sigmund Freud)의 정신분석학에서 나온 개념으로 현실에서 실현할 수 없는 것이 꿈을 통해 해결되는 것을 말하는 개념. 히스테리성 공포증이나 강박관념 등 정신병리학적인 원인을 꿈에서 찾을 수 있다고 주장한 프로이트는 그의 저서 『꿈의 해석』을 통해 소원 성취(wish-fulfillment)로의 꿈의 기능에 대해 설명한다. 그는 어린 딸이 병이 나서 아무것도 먹지 못하게 되었을 때, 꾸게 되는 음식에 대한 꿈이나 일그러지고 희미해져서 쉽게 해석하기 어려운 꿈 등 현실의 바람을 반영하는 꿈을 소원성취라고 명명한다.

그런데 꿈은 무의식의 표현이지만 의식에 의한 압축 작업을 거쳐 표출된다는 점에서 망각, 퇴행, 억압 등이 작용하며 그 결과 정작 중요한 요소들이 전위를 통해 사소한 것으로 표현되기도 한다. 꿈의 이러한 특징으로 인해 프로이트는 꿈의 해석을 통해 개인의 심리적 상태는 물론이고 정신적 외상을 치료하는데 활용하기도 한다.

포로이트의 정신분석학은 우리나라에서도 문학이나 문화 분야에서 다양하게 활용되고 있는데 대표적인 것으로 이상(李箱)의 텍스트 분석을 들 수 있다. 1930년대 우리 문단에 커다란 파문을 일으키고 지금까지 논란의 대상이 되어온 이상은 아주 어릴 적부터 분리불안이라는 정신적 상처를 입었고 자라면서는 이복형과 큰 어머니 사이에서 심한 갈등을 겪으며 공포증에 줄곧 시달려 왔다. 이러한 관계로 이상은 스스로를 '박제가 되어 버린 천재'라고 외치며 자신을 일종의 정신분열자처럼 인정하고 이러한 상황에서도 "연애까지가 유쾌하다"며 사랑에 갈급해 하였다.

이러한 가운데 이상(李箱)은 자신의 정신적 불안을 억누르고 스스로에게 호소하며 실로 고통의 외침일 수밖에 없었던 그의 내면의 소리를 소설로, 시로, 수필로 형상화시켰는데, 이것은 꿈과 유사한 구조를 갖는다. 따라서 이상에게 있어서 작품 창작은 현실에 대한 그의 소원성취 였던 셈이다.(강진구)

프로이트, 꿈의 해석

참고문헌
김상환, 『니체, 프로이트, 맑스 이후』, 창비, 2002.
지그문트 프로이트, 『꿈의 해석』, 김인순역, 열린책들, 2004.
지그문트 프로이트, 『정신분석 강의』, 임홍빈 홍혜경 역, 열린책들, 2004.

소재(素材, Subject matter)

소재를 영어로 material, 프랑스어로 matiere, materiel, 독일어로 Stoff, Materie라하며, 소재 자체로 작품이 될 수 없고, 예술을 창조하는 예술가가 작품을 형상화할 때 그 자료가 되는 일체의 재료 또는 원료를 말한다. 소재는 창조되는 주제를 드러내기 위한 어떤 가치적 기준에 의해 통일된 미적 형상이나 구조를 찾아내기 이전의 감각적, 정신적, 미학적 재료다.

소재는 인간의 심리적 현상인 의식, 생각, 불안, 기쁨, 고독이나 사회, 경제, 국가, 가정, 자연, 우주 등 심리적, 물질적, 사회적 현상에 포괄적으로 보여지는 일체의 삼라만상이 된다.

소재는 두 가지로 나누어 구분할 수 있다. 매재(媒材, medium)와 제재(題材, theme and material)이다. 매제는 창작의 표현 수단으로서의 소재이며 어떠한 예술작품이 형성될 때 감각적, 물질적, 미학적 재료를 필요로 한다. 이러한 재료는 작품을 구성하고 형성하는 소재가 된다. 조각작품에서 철재, 목재, 석재 등은 모양과 구조, 재질, 형상에 따라 예술의 형성이 달라진다. 그림에서도 물감에 따라 그 선이나 색감, 형상이 형성되고, 문학은 문자 언어 등이 그것이다. 재료가 작품의 주제나 정신적 사고와 예술적 표현의 가치를 나타내고 작품 표현의 수단이 된다. 제재는 창작 작품의 표현대상으로서의 소재다. 하나의 사물을 재료로 하여 그 대상을 재현하는 것, 혹은 작중 묘사된 인물이나 표현, 행동과 사건 등을 그려내는 대상이다. 재료를 모사(模寫)하는 것이 아니라 창작의 주제에 의해 예술적 가치를 발견하고 그것을 형상화시키는 동시 관념적 심리적 제반 요소와 자연이나 역사, 사회적 제반 대상을 소재로 한다.

음악가나 작가의 감정적 요인, 기분 등의 내면적 체험형상도 예술적 창작행위의 원 재료의 활용되기 때문에 소재의 범주에 넣을 수 있다.(조병무)

매제, 제재, 모사

참고문헌

김윤식, 『문학비평용어사전』, 일지사, 1976.
문덕수, 『신문장강화』, 성문각, 1978.

소품(小品)

고대 산문의 일종. 이 명칭은 4세기 경에 구마라즙(鳩摩羅什, 344-413)이 『반야경(般若經)』을 번역하면서, 비교적 상세하게 번역한 27권본은 『대품반야(大品般若)』라 부르고, 간략하게 번역한 10권본은 『소품반야(小品般若)』라고 부른 데서 비롯되었다. 나중에는 길이가 짧은 잡기(雜記)를 가리키게 되었으며, 수필(隨筆)이나 잡감(雜感) 등도 포괄하게 되었다. 형식은 변화가 활발하고 다양한데, 서정과 서사, 설리(說理) 등이 혼합되어 있어서 서술과 함께 논의가 이루어져 간략하면서도 조탁이 짜임새가 있어 생동감이 넘친다. 심각한 내용을 다루다가도 가벼운 주제가 이어지는 등 풍취(風趣)가 자못 힘이 넘치고 유장한 멋을 풍긴다. 소품은 육조(六朝) 시대에 시작되었는데, 서경과 서정이 다양하게 점철된 산수소품(山水小品)이나 서정소품(抒情小品)이 주류를 이루었다. 만당(晩唐)의 피일휴(皮日休, 834-902)와 육구몽(陸龜蒙, ?-?), 나은(羅隱, 833-909) 등은 풍자소품(諷刺小品)에 뛰어났다. 청나라 말기에 이르러 소품은 다시 성행해서 특히 성령(性靈)을 서술한 유기소품(遊記小品)과 사물을 묘사하고 사건을 기록한 잡감소품(雜感小品)이 대표적인 형태였다. 장대(張岱, 1597-1676?)의 「호심정간설(湖心亭看雪)」과 귀유광(歸有光, 1506-1571)의 「항척헌지(項脊軒志)」, 위 학이 (魏學伊)의 「핵주기(核舟記)」, 방포(方苞, 1668-1749)의 「옥중잡기(獄中雜記)」 등의 작품이 괄목할 만한 성과로 전한다.(임종욱)

구마라즙(鳩摩羅什), 소품반야(小品般若), 잡기(雜記), 수필(隨筆), 잡감(雜感), 산수소품(山水小品), 서정소품(抒情小品), 풍자소품(諷刺小品)

참고문헌
임종욱, 『동양문학비평용어사전-중국편』, 범우사, 1997.
_____, 『중국의 문예인식』, 이회, 2001.
_____, 『중국문학에서의 문장체제 인물 유파 풍격』, 이회, 2001.
주훈초, 『중국문학비평사』, 이론과실천, 1992.

소품문(小品文)

고대 산문의 일종으로 사생(寫生)·수상(隨想) 등의 짧은 문장을 가리킴. 소품이란 명칭은 4세기경 구마라즙(鳩摩羅什)이 『반야경』을 10권으로 간략하게 번역한 것을 소품반야(小品般若)라고 부른 데서 비롯되었다. 나중에 길이가 짧은 잡기(雜記)와 수필(隨筆), 잡감(雜感)등도 포괄하는 개념으로 사용된다. 소품은 육조(六朝) 시대에 시작되었는데, 서경과 서정이 다양하게 점철된 산수소품(山水小品)이나 서정소품(抒情小品)이 주류를 이루었다.

소품은 청나라 말기에 성행하여 성령(性靈)을 서술한 유기소품(遊記小品)과 사물을 묘사하고 사건을 기록한 잡감소품(雜感小品)이 유행하기도 하기도 하지만 본격적인 것은 린위탕(林語堂)

을 중심으로 한 소품문 운동에 의해서이다. 린위탕은 1932년 유머 잡지≪논어(論語)≫를 창간하여 유머를 제창하고, 1934년에는 소품문 잡지≪인간세(人間世)≫를 발간하기도 한다.

우리 나라의 소품문은 명말청초(明末淸初)의 중국 소품문과 밀접한 관련이 있는데, 16세기 허균 등에게서 싹을 보이다가 18-19세기에 폭발적인 신장세를 보였다. 소품문 작가로는 연암 박지원과 박제가, 이덕무, 이용휴(李用休), 노긍(盧兢), 이옥(李鈺), 조희룡(趙熙龍) 등을 들 수 있다.

소품이 이처럼 조선후기에 일대 유행을 한 것은 고문(古文)에 대한 반발에서 비롯된 것이다. 한유나 유종원 같은 당송 8대가가 쓴 고문은 유가사상의 범주를 거의 벗어나지 않고 있으며, 지배집단의 논리를 적극적으로 추구하며 윤리지향성을 보였는데, 조선의 소품문은 바로 이러한 체제 지향적 고문에 대한 반발로서, 조선왕조가 금기시한 비판정신을 드러내고 있다.

학문을 특히 좋아한 정조는 문체반정(文體反正)을 표방하여 소품문을 금기시 했는데, 그 이유 역시 소품문의 체제비판 정신을 두려워했기 때문이다.(강진구)

이덕무, 문체반정

참고문헌
안대회,『조선후기 소품문(小品文)의 실체』, 태학사, 2003.
정범진 외,『중국문학입문』, 성균관대학교 출판부, 2002.
한양대학교 인문학연구소,『중국 명청시대의 문학과 예술』, 한양대학교 출판부, 2003.

소환(召喚, Interpellation)

프랑스 맑스주의 철학자 루이 알튀세르(Louis Althusser)가 발전시킨 이데올로기(ideology) 이론에서 파생된 말. 소환/호명은 이데올로기가 인간 개체를 주체(subject)화 하는 과정을 말한다. 알튀세르는 이데올로기를 인간의 허위의식이라고 봤던 전통적인 맑스주의 관점에서 탈피하여 이데올로기를 물질적 실체를 갖는 것으로 파악했는데, 이 과정에서 소환/호명은 중요한 의미를 담당한다. 그가 이데올로기를 독자적으로 작용하는 물질적 존재라 규정한 것은 동일시(identification) 때문이었다.

그는 호명에 의해 주체가 성립된다고 주장하면서 이데올로기적 국가장치에 의해 호명된 개인은 바로 그 호명에 의해 자신을 주체로 구성(동일시)하게 된다고 주장한다. 예를 들면 국가권력(경찰)이 지나가는 사람들을 향해 "여보시오, 거기 당신"이라고 부르면 그 개인은 자기도 모르게 돌아서게 되는데, 그 행위를 알튀세르는 개인이 권위의 힘에 의해 주체로서의 정체성을 승인하는 것으로 파악했다. 여기서 개인을 호명하는 이데올로기적 국가장치는 절대적 주체(Absolute Subject)가 된다. 그런데 이 절대적 주체(Absolute Subject)는 알튀세르에 따르면 주체가 동일시하는 동시에 복종하는 일종의 지고한 것으로 상상된다. 개인은 이 상상 속에서 자신을 사회적 관계에 알맞게 조정하는 주체가 된다.

그러나 이러한 알튀세르의 주장은 주체의 능동적인 참여를 배제하고 있다는 측면에서 비판을 받기도 한다. 즉 주체는 알튀세르가 밝혔듯 절대적 주체(Absolute Subject)의 호명에 의해 주체성을 구성하는 과정에서 동일시뿐만 아니라 반동일시(counter-identification), 역동일시(dis-identification)를 갖기도 한다.

알튀세르의 이데올로기 이론은 문학이나 문학연구 분야에서 독자나 관객들의 상상적인 자아가 어떻게 사회적인 주체로 구성되는가를 분석하는 중요한 분석 틀이 되었다. 우리 나라의 경우 반공이데올로기의 작동 방식 등을 밝히는 데 자주 사용되곤 한다.(강진구)

알튀세르, 이데올로기

참고문헌
루이 알튀세르, 『이데올로기와 이데올로기적 국가 기구』, 이진수 역, 백의, 1991.
윤소영, 『알튀세르를 위한 강의 : '마르크스주의의 일반화'를 위하여』, 공감, 1996.

속강(俗講)

속강은 수당오대에 불교를 전파하기 위해 사용된 체제로서, 운문과 산문을 섞어가며 불경을 해설하고 불교고사를 서술한 강창이었다. 속강이라는 용어는 당대 단성식(段成式)의 『유양잡조(酉陽雜俎)』에 처음 나타나는데 승려들이 속인들을 위하여 공연했기 때문에 속강이라고 하였다. 주로 사원에서 공연되었으며, 궁정이나 극장에서의 법사활동에서도 연출되었다. 일부 학자들이 '속강'이라는 용어를 변문을 포함하는 개념으로 사용하고, 혹은 '변문'이라는 용어를 속강까지를 포함하는 개념으로 사용하기도 하지만, 일반적으로는 속강과 변문은 구분하여 사용한다.

속강의 저본을 강경문(講經文)이라고 하였다. 불가의 포교방식인 전독(轉讀)과 범패(梵唄)의 음창(吟唱) 기법, 그리고 중국 고유의 민가 가락이 융합되어 강경문으로 발전하였다. 강경문은 경문(經文), 산설(散說)로써 해설하는 부분인 강(講), 노래로써 해설하는 창(唱), 그리고 압좌문(押座文, 壓座文)의 네 요소로 구성되는 것이 일반적인 형태였다. 경문, 강, 창의 세 부분은 반복적으로 이어지면서 강경문의 주된 부분을 형성하는데, 먼저 경문 한 단락을 읽은 다음 변려문(騈驪文) 혹은 산문(散文)으로써 경문의 대의를 설명하고, 같은 내용을 다시 7언 혹은 3언의 운문으로 노래하는 형식을 취했다. 강 부분에는 변려문이, 창 부분에는 7언이 주로 쓰였다.

압좌문은 속강이 시작되기 전과 자리를 마무리할 때 쓰이는 음창(吟唱)인데, 청중들을 안정시키는 역할을 했기 때문에 '좌중을 진정시키는 글'이라는 의미의 '압좌문'이라는 이름이 붙여졌다. 압좌문은 7언의 시구로 이루어진 것이 많았고 음악성이 풍부했는데, 속강이 전변(轉變)으로 전화된 이후에도 계속 쓰여졌다. 압좌문은 강경문을 구성하는 요소의 하나이기는 하였지만 강경문에 부속되지는 않았다. 즉 어떤 압좌문은 반드시 특정의 강경문에만 쓰인다는 것과 같은 제한은 없었다. 돈황필사본(敦煌筆寫本) 속에 남아있는 『팔상압좌문(八相押座文)』『삼신압좌문(三身押座文)』『고원감대사이십사효압좌문(故圓鑑大師二十四孝押座文)』등은 독립적으로 행세하였던 압좌문들이라고 할 수 있으며, 오늘날 남아있는 강경문이나 변문 가운데 압좌문이 붙어있지 않은 작품은 독립적인 작품으로 행세하는 압좌문을 사용했을 것으로 추측된다.

현존하는 당대의 강경문으로는 『쌍은기(雙恩記)』『유마힐경강경문(維摩詰經講經文)』『부모은중경강경문(父母恩重經講經文)』『불설아미타경강경문(佛說阿彌陀經講經文)』『장흥4년중흥전응성절강경문(長興四年中興殿應聖節講經文)』『묘법연화경강경문(妙法蓮華經講經文)』『금강반야바라밀다경강경문(金剛般若波羅蜜多經講經文)』『설삼귀오계강경문(說三歸五戒講經文)』『유마쇄금(維摩碎金)』등이 있다. 강경문의 풍부한 기법은 후대의 강창예술에 많은 영향을 끼쳤는데, 종교적인 내용을 소재로 다룸으로써 속강의 직계 후예를 형성한 후대의 강창으로는 송대의 설경(說經)과 설원경(說諢經), 그리고 명청대의 보권(寶卷)이 있었다.

속강이 속인들의 환영을 받자 속강과 같은 체제의 공연이 시정(市井)에서도 행해지게 되었는데, 이것을 전변(轉變)이라고 했다. 승려나 남녀 예인(藝人)이 공연하였으며 당나라에서 오대(五代)에 걸쳐 유행하였다. 전변은 그림을 번갈아 보여주면서 산설과 노래로써 서사를 진행하였는데, 여기에서 쓰인 그림을 변상(變相)이라고 했다. 전문공연장에서 공연되기도 하고 궁정, 저택, 사원, 요로(要路) 등지에서도 공연되었다.

전변의 저본을 변문(變文)이라고 하였는데 '변(變)', '연(緣)', '인영(因緣)', '연기(緣起)' 등으로도 칭해졌다. '변(變)'은 때로 변상(變相)을 칭하는 말로 쓰이기도 했다. '변문'이라는 이름은 '변상에 대한 해설'이라는 뜻에서 붙여졌다고 생각되고 있다. 변문이라는 말이 범어(梵語)의 번역어일 것이라는 주장도 있지만, 대응할 수 있는 범어를 제시하지 못하고 있어서 일반적으로 받아들여지고 있지는 않다. 전변이 속강으로부터 발전되어 나온 것인 만큼, 변문은 강경문의 체제를 유지하고 있다. 대부분의 변문은 산설과 노래를 섞어 쓰는 체제인데 먼저 압좌문을 노래한 다음, 산설로써 줄거리를 진행하고 노래로써는 변상을 해설하면서 본이야기를 진행하고, 끝부분에 다시 본이야기와 연관이 있는 노래나 변려문으로 된 산설을 배치하는 순서로 진행한다. 그러나 모든 변문(變文)의 체제가 일치하는 것은 아니어서 『유가태자변 劉家太子變』과 같은 산설체(散說體)의 작품도 있으며, 『순자지효변문(舜子至孝變文)』처럼 6언의 부체(賦體)가 기본을 이루는 작품도 있다. 또한 일부 작품에는 변문 자체에 삽화가 그려져 있기도 하는데, 『항마변문(降魔變文)』이 그 예이다.

현재까지 전해오는 변문 작품은 『팔상변(八相變)』『파마변(破魔變)』『대목건련명간구모변문(大目乾連冥間救母變文)』『오자서변문(伍子胥變文)』『왕소군변문(王昭君變文)』『이릉변문(李陵變文)』『순자지효변문(舜子至孝變文)』『추녀연기(醜女緣起)』『사수인연(四獸因緣)』『쌍희국왕연(雙喜國王緣)』등등 20여 편에 달하는데, 이것들은 모두 당나라나 오대(五代) 때에 지어진 것이다. 초기의 변문은 석가모니의 고사를 주된 제재로 하면서 불교와 관계된 인물이나 사건에 관한 이야기가 많았는데, 중당(中唐) 이후부터는 민간전설이나 역사고사 혹은 당시의 현실

사회로부터 취재하여 창작함으로써 속문학(俗文學)으로 변화되었다. 그리하여 변문은 후대의 민간곡예(民間曲藝) 예술을 출현시키게 되었으니, 송대의 설화(說話)와 고자사(鼓子詞)가 그 뒤를 이었고, 다시 백화소설과 강창문학으로 발전되었다.(위행복)

속강(俗講), 변문, 강창, 의화본, 장회소설, 화본

참고문헌
전인초, 『당대소설연구』, 연세대학교 출판부, 2000.
중국소설연구회 편, 『중국소설사의 이해』, 학고방, 1994.
김학주, 『중국문학사』, 신아사, 1994.
_____, 『중국문학개론』, 신아사, 1977.
양회석, 『중국희곡』, 민음사, 1994.

속도전

사회주의 건설이란 끊임없는 비약과 기적을 이룩해 가는 것이어야 한다는 관점에서 생산의 극대화를 위해 요구된 개념. 속도전은 천리마운동을 심화, 발전시킨 사업 원칙으로 설명되며 그것이 구체적으로 제기되는 시기는 1970년대 초다.

문학에 적용된 속도전은 작가의 혁명적 열정과 창조적 지혜를 적극 동원하여 모든 창작사업을 능동적이고 전투적으로 전개함으로써 가장 짧은 시일 내에 사상예술적으로 우수한 작품을 창작해야 한다는 것이다. 창작의 속도가 빨라도 질이 떨어지지 않게 하는 조건으로서 요구되었던 것은 혁명적 자각성이었다. 고도의 혁명적 자각성은 집중적 창작을 보장하며 동시에 질적 제고를 가능하게 한다는 것으로, 속도는 질을 전제하고 질은 속도에 의해 담보된다는 주장이다. 속도전이 공산주의자들의 고유한 창작 원칙일 수 있는 이유는 여기에 있다는 것이다.

속도전의 선결 요건으로 지목되었던 것은 종자다. 옳은 종자를 잡는 것은 작품을 확신 있게 만들어 가고 그 질을 보장할 수 있는 기초가 된다는 것이다. 집체적 지혜의 발양 역시 속도전의 형식으로 여겨졌다. 집체적 지혜는 한 사람의 힘과 지혜로는 해결하기 어려운 문제도 높은 수준에서 빨리 해결하게 함으로써 창작의 속도와 함께 작품의 질을 높게 한다는 주장이었다. 나아가 속도전을 위해 필요한 것은 옳은 조직 지도사업이었다. 특히 창작 과제가 방대하고 여러 작가, 예술인이 그에 참여할 경우, 조직지도가 없다면 창작 과정은 산발적으로 이루어지게 마련이라는 이유에서였다. 결국 속도전이란 고도로 조직화되고 계획화된 창작전투를 의미한다. 불후의 고전적 명작 「한 자위단원의 운명」을 불과 40일만에 영화화한 경우는 속도전의 성과로 선전된 것들 가운데 하나다.(신형기)

천리마 운동, 종자, 집체적 지혜

참고문헌
동근훈, 「속도전 이론을 창작에 훌륭히 구현하기 위하여」, 조선문학, 1976. 11.
김정웅, 『종자와 그 형상』, 문예출판사, 1988.

속물근성(俗物根性, Philistinism)

필리스티아 인 근성. 필리스티아인들은 팔레스타인 남쪽에서 살던 호전적인 족속이었다. 그들은 계속해서 이스라엘 사람들을 공격하곤 했다. 그래서 그 후에 필리스티아 인이란 말은 돈과 물질적인 것만을 숭배하고 정신적이고 도덕적인 것, 아름다움 등을 무시하고 관심 없어하는 속물들을 가리키는 말로 바뀌었다.

메튜 아놀드(Matthew Arnold)는 교양이 정신에 끼치는 정화 효과가 없다면, 온 세상은 현재는 물론 미래까지도 어쩔 수 없이 속물들에게 속하게 될 것이라며 영국의 부르주아 계급을 속물로 비판했다. 그러면서 자신의 위대성과 행복이 아주 부유하다는 사실로 증명된다고 믿는 사람들, 그리고 자신의 인생과 생각을 부자가 되는데 가장 많이 바친 사람들을 속물로 부르자고 말한다. 아놀드는 영국 부르주아의 정신적 빈곤을 꼬집는다. 아놀드는 "그들을 주의 깊게 살펴보세요. 그들이 읽는 문학, 그들에게 기쁨을 주는 것들, 그들의 입에서 나오는 말들, 그들의 정신의 알맹이가 되는 그들의 생각을 관찰해 보세요. 돈을 가지고 꼭 이런 사람들과 같이 된다면 아무리 많은 돈이라도 그걸 가질만한 가치가 있겠습니까?"라고 비판한다.

부르주아 계급의 물질숭배에 대한 비판으로 당시에 예술지상주의가 확산되기도 한다. 예술의 자율성을 주장하는 이면에는 당시 널리 퍼져 있던 실용주의적 사회철학과 산업시대의 추악성 및 속물근성에 대한 반발에서 기인한다. 예를 들어 18세기 독일의 철학자 임마누엘 칸트(Immanuel Kant)는 자체가 목적이 되는 '자유로운 예술'과 다른 목적을 지녀 노동 및 수단이 되는 '임금 예술'을 구별하면서 미학적 기준은 실용성, 쾌락 등에 얽매이지 않는 자율성을 지녀야 한다고 주장했다.(이훈)

필리스티아, 속물, 예술지상주의, 임금 예술

참고문헌
임마누엘 칸트, 『판단력 비판』, 이석윤 역, 박영사, 1978.
메튜 아놀드, 『교양과 무질서』, 이가형 역, 박영사, 2004.

속죄양 ☞ 파르마코스

손재주 ☞ 브리콜라주

송 ☞ 송가

송가(Ode, 송 頌)

송시(頌詩)라고도 한다. 공적이거나 사적인 엄숙한 행사에서 낭송하는 서정시의 일종으로 의례적인 성격이 강하다. 그리스어의 'ōidē(노래)'에서 유래한 말로, 엄숙한 주제와 품위 있는 문체, 그리고 정교한 스탠자(stanza) 구조를 갖는다. BC 7세기 알크만(Alkman)은 2개 이상의 행이 하나의 단위를 이루어 되풀이되는 운율체계를 만들었고, 스테시코로스(Stesichoros)는 첫 시절 다음에 같은 운율을 지닌 응답 시절이 나오고, 마지막에는 다른 운율을 지닌 절로 끝나는 3부 구조를 만들었다.

송가의 원형은 그리스의 시인 핀다로스(Pindaros)에 의해서 확립되었는데, 주로 연극에서 합창무용단(合唱舞踊團)에 의해서 불리어졌다. 이 합창 송시도 3부 구조를 지녔는데, 합창무용단이 춤의 리듬으로 왼편으로 돌면서 스트로피(strophe) 가장(歌章)을 부르고, 오른편으로 돌면서 응답(antistrophe) 가장을 부른 후, 멈추어서 종결(epode) 가장을 부르는 형식을 취하였다. 그리고 이 세 변화의 단위는 시인의 의도와 주제에 따라 몇 번이고 계속 반복될 수 있었다.

라틴어에서는 BC 1세기 호라티우스(Horatius Flaccus, Quintus) 시대까지 송가라는 말이 사용되지 않았다. 호라티우스풍의 송가는 조용하고 억제적이고, 대개 동일가장(homostrophic)의 간소한 형식으로 구성되었다. 그러나 그는 자신의 간결하고도 율동적인 문체를 거의 모든 대상에 잘 살려서 썼다. 특히 그의 『송가집』에는 100여 수의 시가 수록되어 있는데, 에피쿠르스(Epikouros)의 향락주의적 관점을 담은 술과 사랑 이야기, 그리고 로마제국 통치자들이 숭상하는 도덕을 노래하고 있다.

영어권에서 핀다로스풍의 경우, 스트로피 가장과 응답 가장은 하나의 스탠자 정형으로 쓰여지고, 종결 가장은 또 하나의 스탠자로 되어 있는 규칙성을 띤다. 반면 카울리(Cowley, Abraham)에 의해서 쓰여진 불규칙형에서는 반복적인 3부 가장 형식을 무시하고, 각 스탠자의 행의 길이, 행의 수, 각운의 체계가 각각 독자적인 패턴을 갖도록 하였다. 이는 주제와 분위기의 변화에 따라서 자유롭게 변화할 수 있는 형식이었기 때문에, 이후 영국의 송가에서 가장 일반적인 형식으로 사용되었다. 또한 초기의 영국 송가들은 핀다로스풍 송가와 마찬가지로 인물이나 음악, 시, 어떤 시간이나 추상적 개념을 찬미하는 주제를 담았다.

핀다로스와 호라티우스 풍의 송가 형식은 르네상스 시대에 부활되어 20세기까지 연연히 이어져왔다. 16세기에는 롱사르(Ronsard, Pierre de)·타소()Tasso, Torquato, 그 이후 괴테(Goethe, Johann Wolfgang von)·위고(Hugo, Victor-Marie)·뮈세(Musset, Louis-Charles-Alfred de)·푸시킨(Pushkin, Aleksandr Sergeevich)·밀턴(Milton, John)·워즈워드(Wordsworth, William)·셸리(Shelley, Percy Bysshe)·키츠(Keats, John)·테이트(Tate, John Orley Allen) 등 시인들이 이 형식을 즐겨 썼다. 특히 앨런 테이트의 「남군 전몰 장병에게 바치는 송시」와 워즈워드의 「어렸을 때를 추억하며 영원의 불멸을 아는 부(賦)」, 셸리의 「서풍」, 키츠의 「나이팅게일」 등은 대표적인 작품들로서, 송가 특유의 주제의 권위와 정서적 진지성을 훌륭하게 구현하고 있다.(신성환)

송시, 스탠자, 3부 구조, 합창무용단, 스트로피, 동일가장, 에피쿠로스

참고문헌
존 메이시, 『세계문학사』, 박준황 역, 종로서적, 1981.

송사(宋詞) ☞ 사(詞)

수기(手記)

　수기(手記)란 자신의 체험을 적은 글을 말한다. 수필이 일상생활 중에 느낀 기분, 정서 등을 바탕으로 쓰여진다면 수기는 특정한 경험을 생생히 전달하는 것을 목적으로 한다. 그러므로 수기(체험수기)를 읽는 일은 필자의 생생한 실존 체험을 간접적으로 경험할 수 있는 기회가 된다.

　수기에 쓰이는 소재로는 입시체험이나 상품 사용 후기와 같은 일상적인 것에서부터 전쟁이나 감옥 체험 등 일반인들에겐 쉽게 겪을 수 없는 특별한 경험담까지 다양하다. 우리나라의 경우 일반인이 경험키 힘든 북한의 실상과 관련된 체험담이나 사랑을 소재로 한 경험담들이 체험수기에 있어 흔히 등장하는 소재들이다.

　하루의 일과를 적는 일기 또한 넓은 의미의 수기 작품으로 볼 수 있다면 안네 프랑크의『안네의 일기』는 지금까지도 전 세계적으로 사랑을 받고 있는 대표적인 작품이다.『안네의 일기』는 2차 세계대전 중 네덜란드 암스테르담의 은신처에서 숨어지내야만 했던 한 유대계 소녀의 풍부한 감수성이 돋보이는 작품으로 유일한 생존자였던 아버지에 의해 1947년 출간되어 큰 호응을 얻었다.

　이밖에 필자의 체험이 직접 담긴 수기와는 다르지만 이러한 수기 형식을 빌어 쓰여진 소설들도 있다. 라이너 마리아 릴케 R.M.Rilke의『말테의 수기』, 표도르 미하일로비치 도스또예프스끼 F.M.Dostoyevsky의『지하로부터의 수기』등은 수기 형식으로 쓰여진 명작들로 꼽힌다. 1910년 파리에서 출간된『말테의 수기』는 릴케의 체험이 바탕이 된 일기체 소설로 고아 말테가 파리에서 겪는 일들이 수기의 형식으로 담겨 있다. 또한 19세기 러시아 지성사에 관한 지식이 없다면 읽어내기 어려운『지하로부터의 수기』는 고독하고 절망적인 하급관리의 입을 통해 도스또예프스키의 사상이 전개되어 있다. 물론 이들 소설들의 화자들은 작가가 만들어낸 가상의 인물들이지만 작가의 내면을 고스란히 대변하고 있어 이를 통해 독자들은 작가의 사상이나 세계관을 짐작할 수 있다.(김효석)

　　수필, 안네의 일기, 말테의 수기, 지하로부터의 수기

　　참고문헌
　　R.M.릴케,『말테의 수기』, 전영애 역, 서울대 출판부, 1997.
　　표도르 미하일로비치 도스또예프스끼,『지하로부터의 수기 외』, 이덕형 ·계동준 역, 열린책들, 2000.

수령영도문학

　1992년 김정일이 쓴『주체문학론』에서는 문학활동 전반을 규정하는 원리로서 '영도' 개념을 전폭적으로 내세우고 있다. 이 관점에 의하면 북한의 문학예술사는 다름 아닌 '수령의 영도사'라고 볼 수 있으며, "사회주의 문학은 수령을 중심으로 하여 하나의 전일체를 이루고 있는 수령·당·대중의 호상관계를 잘 그려야 한다"면서 두드러지게 수령관을 부각시킨다. 그리고 이 삼원 관계는 가족과 같은 유기적 통일체, 즉 사회정치적 생명체라고까지 설명된다. 종래의 사회주의체제에서 일방적으로 볼 수 있었던 당과 대중의 이원적 관계는 지양되고, '수령·당·대중의 삼원적 관계'가 성립된 것이다. 따라서 수령의 뜻은 인민대중의 의지와 욕구를 총화한 것이 되며, 수령의 뜻을 받드는 것이 곧 인민의 지향을 실현하는 것이 된다. 또한 당의 의도와 요구는 수령의 뜻에 합치되는 것이며, 인민의 지향도 수령의 의지에 대한 대답이 된다. 이러한 북한의 문학 활동에 대한 영도는 정치적 지도를 통해서도 수행되어, 당과 행동기관, 그리고 문예총의 3위 일체의 원칙이 중요시된다. 이는 현실 사회주의권의 붕괴 사태를 맞아 체제의 위기감을 느낀 북한의 다급한 입장이 담겨 있는 문학관이라고도 할 수 있다. 즉 다른 사회주의 국가가 어떤 방식으로 변하든, 우리만은 종전의 방식을 계승·발전시키면서 사회주의를 지속시켜야 한다는 필사적인 요구에 다름 아닌 것이다.

사실 1960년대 이후의 북한 문학은 그 이전의 슬로건과는 사뭇 다른 '유일사상 체계화의 주체 문학'을 주창하여 왔다. 주체문학론은 '사회정치적 생명체의 최고뇌수로서의 수령의 형상'을 부각시키는 데에 주력하는데,『주체문학론』에서는 수령 형상화 원칙을 일정하게 규정하고 있다. 즉 ①걸출한 사상이론가로서의 수령의 위대성, ②정치가·전략가·영도의 예술가로서의 수령의 위대성, ③인민의 자애로운 어버이로서의 수령의 위대성, ④당과 대중과의 연관관계 속에서의 수령의 위대성, ⑤수령의 혁명 역사와 업적, ⑥총서형식의 장편소설 창작과 형상화를 강조한다. 수령은 개인도 아니고 추상적인 존재도 아니라는 점에서 특수한 형상화 방법이 요구된다는 것이다. 수령은 "위대한 인간인 것으로 하여 주체문학의 제일 주인공으로 높이 세워져야 하며 수령의 빛나는 예술적 형상을 통해서 사람들은 그 위대한 풍모를 크나큰 감동 속에서 따라 배우게" 되어야 한다. 이는 수령의 위대성을 보여 줌으로써 인민대중의 혁명적 세계관이 강화되고 감화를 받아 행동양상이 달라진다는 소박한 효용론적 문학관이기도 하다. 이러한 대표적인 작품으로는『불멸의 역사』시리즈로 간행된, 김일성의 전기를 총서형식으로 엮은 장편소설들과 조기천의 시「백두산」을 들 수 있다.

한편 김재용은 1967년을 기준으로 북한 문학이 변화하는 양상을 지적하였다. 첫째, 가장 두드러지게 나타나는 점은 수령의 형상의 등장이며, 둘째, 혁명 전통을 형성할 때 항상 수령의 영도를 중심에 두고 그리며, 셋째, 집체 창작을 강조하며, 넷째, 항일혁명문학을 유일한 혁명전통으로 삼게 된다는 점이다. 이는 모두 수령관을 지향하는 방법론으로, 1967년 이전이 마르크스-레닌주의를 표방하고 있다면, 유일사상체계가 확립되는 1967년 이후의 문학은 바로 주체문예와 맥이 닿아 있다는 것이다.(신성환)

수령관, 유일사상, 주체문학론, 수령의 형상, 총서
참고문헌

김재용, 『북한문학의 역사적 이해』, 문학과지성사, 1994.
설성경, 『세계 속의 한국문학』, 새미, 2002.
이명재, 『북한 문학의 이념과 실체』, 국학자료원, 1998.
박태상, 『북한 문학의 동향』, 깊은 샘, 2003.

수령형상

수령형상이란 수령을 그려내는 데 대한 당의 방침에 의해 1980년대 초 제기된 개념. 수령형상의 근거가 되는 것은 혁명적 수령관이다. 즉 수령은 혁명의 뇌수로 사회정치적 생명의 중심이고 핵이기 때문에 수령을 그리는 것은 인물형상화에서 가장 높은 지위를 가져야 한다는 것이다. 이런 이유로 여태껏 수령형상이 혁명가의 전형 창조라는 틀 안에서 다루어져 온 것은 비판되었다. 수령은 혁명의 지도자들 가운데 하나가 아니라 혁명의 영도자이자 조직자였다. 수령형상의 의의는 그것이 수령의 영도를 받는 노동계급의 혁명투쟁의 본질을 심오하게 밝혀낼 뿐 아니라 그의 영도에 따라 전진해온 인민대중의 혁명투쟁 과정을 폭넓고 전면적으로 보여주는 데 있다는 주장이다.

수령형상은 무엇보다 수령의 위대성을 깊이 있고 감동적으로 보여줄 수 있어야 하며 그럼으로써 수령을 진심으로 흠모하고 수령의 영도를 충성으로 받들어 나가도록 인민들을 교양하는 것이 되어야 했다. 인민들로 하여금 수령에 대한 믿음을 신념으로 갖게 하고 수령에 대한 혁명적 의리를 간직하게 하는 데 수령형상의 근본적 목적이 있다는 것이다.

수령을 그리는 데는 위대한 혁명가로서 그의 정치적 측면과 고상한 인간적 측면을 아울러 그릴 것이 요구되었다. 수령형상은 꾸며낼 것이 아니라 탐구되어야 할 것이었다. 왜냐하면 수령과 같이 비범한 예지와 탁월한 영도력, 고매한 덕성을 갖고 혁명의 과정에서 위대한 업적을 쌓은 혁명가는 달리 없기 때문이라는 것이다. 아무리 재능 있는 작가라 해도 심오하고 풍부한 수령의 면모를 다 그려낼 수는 없다는 것이고, 그런 만큼 작가는 먼저 최대의 정중함과 충성심을 가져야 한다는 것이 강조되었다.

수령형상화가 집중적으로 시도된 것은 1970년대 이후다. 수령의 혁명역사를 담아 낸 장편소설 총서 <불멸의 력사>라든가 영화문학 「조선의 별」, 「민족의 태양」 등은 대표적인 것이다. (신형기)

형상화, 혁명투쟁, 혁명가

참고문헌
윤기덕, 『수령형상문학』, 문예출판사, 1991.
이종석, 『현대 북한의 이해』, 역사비평사, 2000.

수물부형(隨物賦形)

수물부형(隨物賦形)이란 소식(蘇軾: 1037-1101)이 제시한 이론으로서 객관적 사물의 본질을 살펴 사물의 형상을 묘사하거나 구현해내는 것을 말한다. 다시 말하자면, 사물의 묘사에 있어서 눈에 비춰지는 형태상의 묘사만을 하는 것이 아니라 묘사하는 대상의 본질을 포착하여, 개괄력 있고 우의(寓意)가 담겨 있는 작품을 만들어 내야 한다는 것이다.

소식은 「자평문(自評文)」 중에서 "나의 글은 충만한 샘의 근원 같아서 땅을 가리지 않고 솟아 나온다. 평지에서는 그득하게 넘쳐 흘러 하루에 천리라도 어렵지 않게 흘러나간다. 산과 바위의 굽이가 있는 곳에 이르면, 형세에 따라 모양새를 만들어〔隨物賦形〕, 어떤 모양으로 될 지 알 수가 없다. 다만 알 수 있는 것은 가야 할 경우에 나아가고, 멈춰야 할 데서는 멈춘다는 것일 뿐이다. 이밖에는 나 역시 알 도리가 없다."고 한 데서 비롯된다. 또 「여사민사추관서(與謝民師推官書)」에서는 사민사의 글이 "행운유수와 같이 정해진 형태가 없으며, 가야할 곳에서 가고 멈추어야 할 곳에서 멈추며, 문리(文理)가 자연스럽고, 모양새가 자유롭게 피어난다"하였는데, 이러한 경지는 객관 정세에 따라 자신이 생각한 것을 응변적(應變的)으로 표출해내는 천재적 재성에 의해 빛날 수 있었다.

문인화의 창시자이기도 한 소식은 그림으로 뛰어난 오도자(吳道子)의 인물화 그리는 솜씨에 대해 "법도의 가운데서 새로운 뜻을 펼쳐내고, 호방한 풍격 밖으로 묘한 이치를 보낸다"고 극찬했다. 이는 형식과 내용이 겸비되어 완성된 경지를 지칭하는 언표이다. 기존의 창작 규범 또는 장르 등을 무시하지 않는 중에서도 독창적으로 남이 하지 않은 자기류의 뜻을 펴내고, 자유정신의 구가 속에서 세상과 인생의 본원적 이치를 밝혀낸다는 의미는 기존의 것을 존중하면서 또한 그것을 넘어서는 강한 창조성이 필요하다는 소식다운 문예 이상론이다.

소식의 수물부형론은 기존의 창작 규범이나 장르 등을 무시하지 않는 가운데 독창적으로 자기류의 뜻을 펴내고, 자유정신 속에서 세상과 인생의 본원적 이치를 밝혀낸다는 것으로, 기존의 것을 존중하면서 또한 그것을 넘어서는 강한 창조성이 필요하다는 소식다운 문예 이상론이라 할 수 있다. 수물부형론은 중변론(中邊論) 형사(形似)와 신사(神似)론 등과 함께 중요한 문예론을 형성하는 중심 개념이다. 이같은 논의가 가능한 것은 시화선(詩畵禪) 삼자간의 상호 차감을 특징으로 하는 사변심미적 송대 문화의 토대위에서 가능했다.(오태석)

수물부형, 시화선(詩畵禪) 상호 차감(借鑑), 중변론(中邊論), 흉중성죽(胸中成竹)

참고문헌
오태석,『중국문학의 인식과 지평』, 역락, 2001.
주훈초 외 저,『중국문학비평사』, 중국학연구회 고대문학분과 역, 이론과실천, 1994.

수사 ☞ 수사학

수사학(Rhetoric)

수사학(修辭學)은 독자들에게 감동을 주기 위해 문장 · 사상 · 감정을 효과적으로 표현할 수 있는 언어수단들을 선택하고 그 이용 수법을 연구하는 학문이다. 서구에서 '수사(rhetoric)'는 본래 청중을 앞에 둔 사람의 웅변술을 뜻하는 것으로, 어떤 생각을 특별한 방식으로 전달하는 기술(art)을 의미했다. 이는 표현과 설득에 필요한 능란하고도 다양한 방식에 대한 숙달을 뜻하는 것이다. 수사학은 기원전 4~5세기 경부터 아테네를 중심으로 발전하였고 소피스트들에 의해 궤변술에 빠져 멸시되어 오다가 아리스토텔레스에 이르러 학문적으로 체계화되었다. 아리스토텔레스는 일찍이 언어를 논리와 수사, 시의 세 갈래로 나누고, 『수사학』을 따로 저술하였다. 『수사학』에서는 웅변의 종류, 그 각 종류에 따른 수사법, 말씨 등을 논했고, 수사를 삼대 요소로 나누었다. 말의 내용인 로고스, 말하는 사람의 인격과 태도인 에토스, 이를 받아들이는 청중들의 심정 태도를 파토스로 들고 있다.

　로마 시대에는 키케로 같은 대웅변가와 퀸틸리아누스 같은 수사학의 권위자들이 쓴 저술의 영향이 지대하여 모든 상류층의 기본교육 과목에 반드시 수사학이 포함되었다. 이 교육 전통은 중세, 르네상스를 지나 19세기까지 이어져서, 이 시기에 교육받은 사람이란 자기의 의견을 설득력 있게 발표할 수 있는 훈련을 받은 사람을 뜻했다. 로마의 시인 호라티우스의 『시의 기술』이라는 저서는 독자에게 어떤 특별한 영향을 미치기 위하여 시인이 조심하여야 할 조항들을 충고의 형식으로 나열하고 있다. 문학은 즐겁든가, 유익하든가 두 가지가 잘 화합하게 해야 한다는 그의 유명한 말은 문학론으로 보면 효용론에 속한다. 효용론은 궁극적으로는 독자의 마음을 어떻게 움직이고 설득할 것인가에 대한 관심을 갖는 수사학(웅변술)의 목적과 합치한다. 르네상스 시대에는 플라톤이 말한 시의 영감설과 아리스토텔레스의 모방론이 문학론으로 대두한 것은 사실이나, 이미 수사학적 관념이 강하게 박혀있던 터라 새로운 이론들도 모두 말에 의한 청중의 설득방법으로 이해되었다. 이후 낭만주의자들은 문학(시)을 독자에게 도덕을 설득하는 방법으로 보지 않고 개인적 정신의 표현으로 보았다. 이들은 시란 청중을 의식하지 않는 개인의 노래이고, 청중은 기껏해야 엿듣는 입장이라고 하였다. 영국 철학자 존 스튜어트 밀은 '웅변은 듣는 것, 시는 엿듣는 것'이라고 했다.

　19세기에 들어 실증주의와 낭만주의에 의해 수사학은 쇠퇴의 길을 걷다가 1960년대 다시 활발히 연구되기 시작했다. 19세기 이래 아리스토텔레스가 당초에 구상했던 것처럼 문학과 수사학을 구분하려는 끈질긴 노력이 있어왔지만, 현대문학에서 문학이란 정신이 아니라 글로 되어 있다는 것, 효과적으로 전달되는 독특한 구조라는 사실에 다시 관심을 갖게 된다. 내용을 전달하기 위한 형식으로서의 글재주라는 의미의 수사학적 관심은 극복되었으나, 문학은 그 독특한 구조로 인하여 매우 교묘한 전달 능력을 갖고 있고, 독자에게 다른 종류의 글에서 얻을 수 없는 어떤 독특한 인식을 안겨주는 힘의 덩어리라는 것이다.

　수사학의 고유한 문체(文體, style)와 논증의 접합을 잘 보여주는 것이 문채(文彩, figure)이다.

문채는 일상언어뿐만 아니라 시와 소설에서도 발견된다. 수사학은 문채의 의미로만 축소되어서는 안되지만, 설득의 도구인 문채에 의존한다. 문채는 수사법으로 빛이 나는데, 이는 크게 의미 전이, 소리, 문장 구조, 감정에 호소하는 네 가지로 나누어 볼 수 있다. 우선 가장 널리 사용되고 있는 것이 의미 전이에 따른 수사법이다. 흔히 비유법이라 일컫는데 은유법, 직유법, 환유법, 제유법, 의인법, 반어법, 역설법, 상징법 등이 있다. 소리에 따른 수사법으로는 의성법, 의태법, 가음법(加音法), 약음법(約音法), 두운법(頭韻法), 모운법(母韻法), 각운법(脚韻法) 등이 있다. 문장구조에 따른 수사법으로는 대조법(對照法), 전치법(轉置法), 치환법(置換法), 열거법(列擧法), 반복법(反復法), 점층법(漸層法), 점강법(漸降法), 연쇄법(連鎖法), 생략법(省略法) 등이 있다.(김종회)

문채(figure), 문체(style), 은유, 환유

참고문헌
김욱동, 『수사학이란 무엇인가』, 민음사, 2003.
올리비에 르불, 『수사학』, 한길사, 1999.
김욱동, 『은유와 환유』, 민음사, 2000.
Hernandez Guerrero 외, 『수사학의 역사』, 강필운 역, 문학과지성사, 2001.
참고할만한 문헌
박우수, 『수사학과 문학』, 동인, 1999.
Booth, Wayne C, 『소설의 수사학』, 이경우 최재석 역, 한신문화사, 1990.

수사학적 비평(修辭學的 批評, Rhetorical criticism)

수사라는 말은 고대 그리스에서 사용되어졌으며 수사학은 사상이나 감정 따위를 효과적·미적으로 표현할 수 있도록 문장과 언어의 사용법을 연구하는 학문으로 전통 수사학에서는 '주어진 주제에서 설득력을 발휘하는 작업' 또는 '효과적인 의사소통을 위해서 체계화된 대화의 기술' 등으로 정의되어 왔다. 수사학적비평은 청중의 마음에 호소하거나 그들의 마음을 지배할 수 있는 화자의 전략을 나타내는 것으로 수사학적 비평은 비유적 언어, 문체적 현상에 초점을 맞추었고 혹은 저자, 본문 그리고 청중사이의 상호관계를 드러내고자 하는 실용적인 분석비평이다.

여기에서 수사학의 다섯 분야는 연설이 행해지기까지의 과정으로 착상(inventio/논리학의 영역으로 말의 내용을 믿게 만드는 참이거나 참 같은 논거를 찾아내는 방식), 배열(dispositio/역사서술의 기법으로 논거를 연설 전체에서 효과적으로 배열하는 방식), 표현(elocutio/시학의 기법으로 찾아내어 순서가 잡힌 논거들에 언어의 옷을 입히는 방식-문체론), 암기(memoria/희곡론의 내용으로 착상해서 배열한 것에 옷을 입힌 다음 머리 속에 붙잡아두는 방식), 발표(actio-pronuntiatio/희곡론의 내용으로 암기해둔 내용에 걸맞게 목소리와 몸짓, 그리고 표정을 연출하는 방식)라는 다섯 부분으로 이루어져 있다.

수사학이 문학비평의 첫 번째 도구가 될 수 있었던 것은 바로 '표현'을 구성하고 있는 주개념인 문체(文體, style)와 문채(文彩, figure)를 통해서였다. 수사학에서 '문체의 종류'는 단순체, 보통체, 숭고체를 가지고 있으며 '문체 원칙'으로 정확성(puritas), 명확성(perspicuitas), 적절성(aptum), 장식성(ornatus)을 가지고 있다.

수사학적 비평은 1950년대 이후 나타난 독자와 작가사이의 소통을 작가 일방소통이 아닌 작가와 독자의 상호소통을 매개로 한 공적(公的) 행위로 보아야 한다는 인식의 전한에 의하여 수사적 비평은 발전했다.

지금까지 수사학은 문학적 표현과 해석을 위한 도구의 하나로 간주되어 왔다. 그러나 최근 활발하게 전개되고 있는 수사학에 대한 새로운 관점들은 '의사소통 행위', 즉 '언어 행위'의 가장 큰 특징으로 수사성에 주목하고 있으며, 이것을 통해 텍스트를 이해하고 분석하는 중요한 방법을 찾게 되었다. 웨인 C. 부스(Wayne C. Booth)는 『소설의 수사학 The Rhetoric of Fiction』(1961) 서문에서 이 저서의 주제가 서사시나 소설·단편 작가가 의식적·무의식적으로 자신의 허구적 세계를 독자에게 설득시키려 할 때 쓸 수 있는 여러 가지 수사학적 자료들임을 밝히고 있다. 근래의 많은 비평가들은 작품을 분석할 때, 작가가 독자의 감정을 잘 유도하여 어떻게 그들의 공감을 얻어내는가에 특별한 관심을 기울인다.

수사학적 비평은 일반적 수사학-법정적인 수사학, 권고적인 수사학, 경건주의 수사학이 있다.(홍용희)

참고문헌
양태종, 『수사학 이야기』, 동아대 출판부, 2000, p.142.
제임스 크로스화이트, 『이성의 수사학』, 오형엽 역, 고려대 출판부, 2001.
죠지 핏처, 『비트겐슈타인의 철학』, 박영식 역, 서광사, 1987.

수용미학(受容美學, Reception theory, Reader-response criticism, 독 Rezeption -sästhetik)

수용미학은 1960년대 말경에 독일과 영미계통에서 태동된 문학이론으로 독자의 역할에 중점을 둠으로써 형식주의 내지 구조주의 그리고 신비평(New Criticism)에 반기를 든다. 수용미학의 대표자들은 당대의 담론들이 문학텍스트를 유일한 자율적 대상으로 간주하고, 예술작품을 분석할 경우 작가의 의도나 독자의 반응과 같은 텍스트 외적인 요소들은 고려하지 않는다는 점에 이의를 제기한다.

수용미학이 문학작품 그 자체가 아닌 문학작품의 영향에 치중하는 이유는, 텍스트를 수용자를 향한 제반 호소구조의 그물망으로 이해하고 있기 때문이다. 수용미학에 의하면 텍스트는 독자와의 상호작용으로 이루어지는 독서과정에서—즉 독자에 의해 구체화될 때—비로소 완성된다.

수용미학은 현상학과 해석학으로부터 중요한 자극을 받는데, 이를테면 후설(E. Husserl)은 대상세계에 비해 우리의 의식에 담긴 내용의 의미를 중시하며, 하이데거(M. Heidegger)는 대상세계와 불가분의 관계를 맺고있는 우리 의식의 역사적 상황을 강조한다. 가다머(Hans-Gerog Gadamer)는 하이데거의 이러한 견해를 그의 철학적 해석학의 기본서인『진리와 방법Wahrheit und Methode』에 수용하여 문학이론에 적용하였다.

가다머에 의하면 문학작품은 완성된 미적 대상으로 제시되는 것이 아니라, 해석자에 의해 인지되어 이해되어야 한다. 여기서 이러한 과정은 독자의 역사적 상황의 영향을 받는데, 이유인즉슨 독서 과정에서 텍스트의 지평이 대화의 형식으로 독자의 지평과 만나기 때문이다.

야우스(H.R. Jauß)는 가다머의 이러한 견해를 다시금 그의 『도전으로서의 문학사 Literaturgeschichte als Provokation』(1970)에 수용하여 발전시켰다. 그의 수용미학은 기대지평 (Erwartungshorizont)이란 개념으로부터 출발한다.

여기서 기대지평이란 모든 수용과정에 앞서서 형성되는 독자의 사고 구조를 지칭하는 용어로, 독서를 주도하는 기능을 지닌다. 다시 말해 기대지평은 문학작품 평가에 필요한 척도를 독자에게 제공한다. 그러나 세월이 흐르면 지평에 변화가 오기 때문에 텍스트의 의미와 텍스트에 대한 평가도 달라지게 마련이다. 이런 이유로 텍스트가 정태적(靜態的)이고, 구체적이며, 최종적인 의미를 지닌다는 기존 견해들은 설득력을 잃게 된다.

수용미학에서 야우스와 쌍벽을 이루는 이저(W. Iser)도 이와 유사한 단초에서 출발한다. 그는 문학텍스트를 독자를 향한 호소로 이해한다. 다시 말해 텍스트는 구체화된 형태가 아닌 불확정성을 띤 형태로 제시되기 때문에, 독자에게는 이 "불확정부분(Unbestimmtheitstellen)"을 구체화해야할 임무가 주어진다. 최근에 이저는 그의 수용미학을 근거로 해서 문학적 인류학을 개진했다.(임호일)

독자, 현상학, 해석학, 지평

참고문헌

Hans Robert Jauß, Literatur als Provokation der Literaturwissenschaft, Frankfurt /M., 1970.

Hans-Georg Gadamer, Wahrheit und Methode. Grundzüge einer philosophis -chen Hermeneutik, Tübingen, 1986.

W. Iser, Der implizite Leser. Kommunikationsformen des Romans von Bunyan bis Beckett, München, 1994.

Metzlerlexikon. Literatur- und Kulturtheorie(Hrsg. v. A. Nünning), Stuttgart, 1998.

수정주의

19세기 말 에두아르트 베른슈타인은 마르크스의 이론이 독일의 상황에 맞지 않음을 지적하면서 그 이론을 수정하려 시도하였는데, 이를 두고 정통 마르크스주의자들이 '수정주의'라 이름하여 비판하였다. 볼셰비키 혁명 이후 이 용어는 이견을 매도하는 의미로 쓰이게 되었다.

하지만 탈식민주의 페미니스트인 가야트리 스피박은 인도의 서발턴 연구집단이 사용하는 마르크스주의 방법론이 특수한 서발턴(sulbaltern) 집단의 훨씬 더 복잡하고 차별화된 투쟁들에 거짓된 일관성을 부여한다고 주장한다. 스피박은 마르크스주의 사상을 전적으로 거부하지는 않지만 계급 정치학의 범주를 넘어 페미니즘 운동이나 농민 투쟁, 혹은 토착 소수민족의 권리 청원을 비롯한 다른 형태의 해방투쟁을 포함할 수 있도록 마르크스주의 사상의 범주를 수정했다. 서발턴 연구의 위험성 자체를 부인하는 것은 아니지만 서발턴을 대상화하고 통제하려고 해서는 안 된다는 것이다. 이러한 스피박의 '해체적 읽기'는 서발턴의 역사에 또 다른 서구 엘리트적 언어를 강요한다는 점에서 수정주의라고 비판받기도 했다.

한편 역사학계에서 수정주의는 전통적인 역사 해석에 대한 부정의 의미로 쓰인다. 역사 수정주의(Historical revisionism, negationism)는 새로운 해석을 제기함으로써 기존의 해석에 경종을 울리기도 하지만 종종 자료를 오독한다거나 과잉 해석함으로써 오류를 드러내기도 한다. 서구의 역사에서는 홀로코스트를 부인하는 입장이 대표적이며, 우리 역사에서는 브루스 커밍스 교수의 '6·25 북침설'이 대표적이다. 브루스 커밍스의 『한국전쟁의 기원』은 그때까지 반공주의적 시각에 갇혀있던 해방공간과 6·25에 대해 폭넓고 새로운 관점을 제시한 성과를 거두었지만 최근 수정주의라고 비판받고 있다.(전상인, 『고개 숙인 수정주의』, 전통과현대, 2001) 그러나 '북침설'에만 너무 초점을 맞추어 그의 이론의 성과를 축소하는 것 또한 문제가 있다는 반론도 있다.(차성연)

참고문헌
스티븐 모든, 이운경 역, 『스피박 넘기』, 앨피, 2005.
브루스 커밍스, 김자동 역, 『한국전쟁의 기원』, 일월서각, 1986.

수필(隨筆)

수필은 인생의 경험이나 사상, 판단, 체험을 형식적인 구애 없이 산문 양식으로 쓰는 글이다. 그래서 '생각나는 대로 붓 가는 대로' 쓰는 글로 알려져 있다. 무형식의 형식을 지닌 글로 비교적 분량이 짧으며 개인적 생각과 인생체험이 곁들여진다. 수필은 주어진 주제에 어떠한 구성상 기법이나 형식에 저촉되지 않고 자유롭게 생각을 이어가며 생각을 다듬는 글이다. 수필의 사고는 고도의 심각성과 우발적인 여유가 나타나기도 하고 긴장감을 조성하기도 한다.

수필은 개인적 양식의 글이기 때문에 논쟁을 필요로 하지 않는다. 마음의 산책을 하듯 나타나지 않는 독자와 대화를 하듯 기분과 정서를 적절하게 구사할 수 있는 지극히 개인적인 글이다. 수필은 서론, 본론, 결론의 논문의 양식을 필요로 하지 않는다. 수필에서 이용되는 언어는 학술적이고 설명적인 방법을 택하지 않아도 된다. 상식적이고 비전문적인 자신만의 말을 사용하여 다른 변별력을 가질 수도 있다. 수필은 수필을 창작하는 사람의 개인의 방을 꾸미는 글이며, 그 방은 화려할 수도 있고 조촐할 수도 있다. 수필은 인품과 인격과 덕성이 잘 드러나는 글이기 때문에 독자에게 솔직하고 친숙하며 호소력을 지니는 글이다.

수필(隨筆) 용어의 뜻은 영어로 'essay', 프랑스어로 'essai', 도이칠란트어로 'Essai, Essay'라 하고 동양에서는 중국 남송(南宋) 때 홍매(洪邁)의 『용재수필(容齋隨筆)』의 서문에서 써 왔고, 한국에서는 박지원(朴趾源)의 『열하일기(熱河日記)』에서 <일신수필(馹汛隨筆)>이라는 말이 처음 보인다. 서양에서 '에세이(essay)'를 처음 쓴 사람은 프랑스의 몽테뉴(Montaigne)이다. 자신의 저서의 이름을 『수상록(Les Essais)』으로 함으로써 에세이라는 산문이 나왔다.

수필의 양식은 다양하여 일반적 산문체 문장, 편지 형식의 글, 일기 형식의 글, 감상문, 기행문, 수상문 등과 같은 양식으로 기술되기도 하고 이러한 문장도 수필의 범주에 포함시킨다. 수필은 표현되는 내용과 기술 방법에 따라 사회적 관점, 논리적 체계, 지적 요소, 객관적 진술, 비판적 문제에 근접하는 글을 에세이(Essay)라 하고, 개인적 문제, 정서적 세계, 감성적 감각, 주관적 판단, 비비판적 문제 등 신변잡기에 근접하는 좁은 뜻의 수필을 미셀러니(miscellany)로 종류를 나누기도 하나 우리가 말하는 수필은 후자에 가깝다. 영문학에서는 포멀 에세이(formal essay)를 소평론 형식의 글, 인포멀 에세이(informal essay)를 정격(正格)이 아닌 일반적 의미의 수필에 해당한다고 보는 견해도 있다. 수필은 무거운 사회적, 도덕적, 비판적 문제를 다룬 중수필(重隨筆), 가벼운 유머와 풍자를 그린 만필 형식의 경수필(輕隨筆), 문제의 핵심을 깊이 사고하는 사색적(思索的) 수필, 부분적 문제를 소묘하는 스케치 수필(sketch, descriptive essay), 담화(談話)수필, 개인수필(personal essay), 연단수필(演壇隨筆, platform essay), 성격소묘수필(character sketch essay), 사설수필(editorial essay)로 나뉘기도 한다.

수필작품으로는 김만중(金萬重)의 『서포만필(西浦漫筆)』, 유형원(柳馨遠)의 『반계수록(磻溪隧錄)』, 이인로(李仁老)의 『파한집(破閑集)』, 최자(崔滋)의 『보한집(補閑集)』등이 있으며 근대의 수필로 유길준(兪吉濬)의 『서유견문(西遊見聞)』, 최남선(崔南善)의 『백두산근참기(白頭山覲參記)』, 『심춘순례(尋春巡禮)』, 이광수(李光洙)의 『금강산유기(金剛山遊記)』등은 기행 형식의 수필이다. 현대 수필에서는 김진섭(金晉燮)의 『생활인의철학』, 이양하(李敭河)의 『이양하수필집』등이 있으며, 이후 피천득(皮千得), 조연현(趙演鉉), 안병욱(安秉煜), 김소운(金素雲), 김형석(金亨錫), 이희승(李熙昇), 최신해(崔臣海), 김태길(金泰吉), 조경희(趙敬姬), 전숙희(田淑禧), 이어녕(李御寧), 윤재천(尹在天) 등 많은 수필가가 나왔다.(조병무)

에세이, 중수필, 경수필

참고문헌
윤재천 편저, 『수필작법론』, 세손출판사, 1994.
장백일·최승범 공저, 『수필문학론』, 한국방송통신대학교출판부, 1987.

수행적 발화

수행적 발화(遂行的 發話, performative utterance)는 수행문(performative) 또는 수행적 문장(performative sentence)이라고도 명명되는데 J.L. 오스틴은 그의 저서 『How to do Things with

Words』(Cambridge : Harvard Univ. Press, 1975.)에서 문장의 발화를 진위문(진위진술적 발화 constative utterance)과 수행문(행위수행적 발화)으로 구분하고 수행문에 대해 예문과 함께 상세한 분석을 시도하고 있다.

진위문이 참과 거짓을 기술하고 있다면 수행문 또는 수행적 발화는 '말하는 행위'를 수행한다. 그런데 오스틴은 '나는 이 배를 퀸 엘리자베스호로 명명한다. I name this ship the Queen Elizabeth.' '나는 이 시계를 나의 형제에게 주며 유증한다. I give and bequeath my watch to my brother.' '나는 내일 비가 올 것에 대해 6펜스를 걸고 내기한다. I bet you six pence it will rain tomorrow.'와 같은 참, 거짓과 관련 없는 문장들 또한 문장을 발화하는 것 자체가 어떤 행위를 수반하는 것이라 보고 이를 모두 수행문으로 분류하고 있다. 즉, 계약적 발화이거나 선언적 발화를 모두 수행적 발화의 한 형태로 보았다.

이처럼 그는 행위수행적 발화(수행문)를 중시하면서 기존의 철학자, 문법학자, 법학자 등이 수행문의 특징을 올바로 파악하지 못하고 수행문을 어떤 사태 또는 사실을 기술하거나 진술하는 것으로 착각해 왔다고 주장한다. 또한 수행문은 외견상 마치 진술문처럼 가장한다고 전제하면서 오용되지 않는 한 수행문은 진위문보다 열등하지 않으며 논리실증자들이 말하듯 무의미하지 않다는 사실을 강조한다.(J.L.오스틴, 말과 행위, 김영진 역, 서광사, 1992. 에 실린 「제 1 강의에 대한 해설」인용, 참조.)

결국 오스틴의 언어행위이론(speech act theopy)은 문장에 담겨진 내용에만 국한하지 않고 발화를 표출하는 행위자체에 주목한다. 이는 진위진술적 발화만이 의미가 있다는 기존의 낡은 언어관을 극복하려는 시도라 할 수 있다.(김효석)

J.L.오스틴, 언어행위이론, 수행문, 진위문

참고문헌
J.L.오스틴, 『말과 행위』, 김영진 역, 서광사, 1992.
존 R. 썰, 『言話行爲』, 이건원 역, 한신문화사, 1987.

숙명론(Fatalism)

숙명론이란 일반적으로 역사 속의 모든 사건들, 혹은 개인의 삶 속에서 일어나는 일들이 운명에 의해 정해져 있다는 견해를 의미한다. 고대세계에서 운명은 신들의 의지와 힘을 지배하고 넘어서는 완강한 필연으로 간주되거나, 우주의 운행을 주재하는 신들의 움직일 수 없는 율법으로 설명되기도 하고, 때로 운명의 신, 혹은 여신 등과 같은 특별한 신성(神性)으로 인격화되기도 했다. 그리스의 철학자 K. 제논은 '모든 일은 운명에 따라 발생 한다'고 말했으며, 그리스 비극작가들은 종종 인간을 운명에 의해 태어난 무력한 창조물로 묘사하곤 했다. 운명의 힘은 맹목적이고 독단적이며, 가혹하다. 이러한 운명은 때로 인간이 저지른 죄에 대한 업보이기도 하고, 그가 행한 과도한 선에 대한 보상이기도 하다. 각 개인들의 미래의 삶이 인간의 의지와 욕망이 관여할 수 없는 어떤 예정된 외부적 힘에 의해 엄격하게 결정되어 있다는 숙명론적 사고는 기독교나 이슬람교, 불교 등 전 세계의 거의 모든 종교적 사유체계 안에서 공통적으로 발견되는 것이다.

숙명론은 일반적으로 어떤 일의 원인을 그 일의 내부에서 찾기보다는 그로부터 멀리 떨어진 운명이라는 외부적이고 필연적인 요인들에서 찾으려는 경향이 있다. 숙명론자들에게 모든 변화는 변화불가능한 어떤 율법의 표현이며, 자연은 파괴할 수 없는 인과의 사슬이고 섭리는 그 사슬 속에 들어 있는 숨겨진 이치이다. 숙명론은 인간의 자유의지를 부정함으로써 필연적으로 도덕성의 토대를 무력화한다. 숙명론이 주장하는 신성한 율법에 따르면 죄의 주재자는 신이기 때문에 인간은 그의 행위에 아무런 책임을 질 필요가 없는 것이다. 존 스튜어트 밀은 이에 대해 (1)우리의 행동이 우리의 욕망이 아닌 어떤 초월적 힘에 좌우되는 것으로 여기는 순수한 pure, 혹은 동양적인 oriental 숙명론과, (2)우리의 운명은 우리의 의지에 따라 결정되고, 우리의 의지는 우리의 성격과 우리 위에서 작용하는 다양한 동기들에 따라 결정되지만, 그러나 우리의 성격은 우리에게 주어져 있는 것이라고 가르치는 수정된 modified 숙명론, (3)마지막으로 우리의 행동뿐만 아니라 우리의 성격 또한 우리의 의지에 의해 영향을 받는 것이므로 우리는 우리의 성격을 향상시킬 수 있다고 주장하는 그 자신의 결정론 determinism이라는 개념을 구분한다. 그러나 성격향상의 의지란 말 자체가 이미 주어져 있는 어떤 성격을 전제로 한다는 점에서 밀이 말한 결정론 또한 숙명론과 마찬가지로 인간에 의해 이루어진 행위의 최초 동인(動因)을 인간 자신에게 부여하고 있는 것은 아니다.(박혜경)

결정론, 수정된 숙명론

참고문헌
존 스튜어트 밀, 『자유론』, 김형철 역, 서광사, 1992.
Catholic Encyclopedia, Les Notions Philosophiques, dirigé par Sylvain Auroux, puf, 1990.

순문학

근대 이후 일본문단에서 사용되기 시작한 독특한 용어로 통상 통속문학이나 대중문학에 대해 독자에게 영합하지 않고 순수한 예술적 감흥에 의거하여 창작된 문학작품을 지칭한다. 따라서 '순문학'이라는 용어는 원래 문학작품의 형식이나 내용으로 규정되는 개념이 아니고, 작가의 창작 자세나 독자의 작품평가 등을 염두에 두고 사용된 호칭이라 할 수 있다. 개인의 창작물이 문학작품임을 통념으로 하는 것은 낭만주의의 통례이나, 이것이 정착하기 전의 일본 사상계, 예컨대 니시 아마네(西周)의 『百学連環』(1870~81) 등에서는 단순히 문자로 쓴 것을 '문학'(literature) 으로 규정하고 그 가운데서 미적으로 형성된 것을 '순문학'으로 하고 있다. 이는 현재 말하는 '미문 美文 belles-lettres'의 번역어이다. 기타무라 도코쿠(北村透谷) 등이 1890년대에 평론 등에서 사용한 '순문학'이라는 용어는 이미 이런 의미가 아닌, 현재 일본문단에서 사용하고 있는 의미와 동일한 것이다.

'순문학'이라는 용어를 생각하는데 있어서 문학사적으로는 다음 세 가지 사건이 중요할 것이다. 우선 첫 번째는 다이쇼(大正)시대, 1910년대부터 20년대 전반에 걸쳐 융성했던 사소설을 둘러싼 당시의 자리매김이다. 구메 마사오(久米正雄)는 「私小說과 心境小說」(1925) 등에서 예술의 기초는 '나'에 있으므로 다른 가탁없이 솔직하게 '나'를 표현한 것이 예술의 진수이며 사소설이야 말로 문예의 가장 기본적인 형태라고 언급하였다. 이처럼 순문학 개념은 폐쇄적인 문단에서의 작가의 사생활과 연결되는 것으로써 정착되어 갔다.

제2의 사건은 1930년대 중반에 전향한 프롤레타리아작가들이 자기의 내면이나 심리를 세밀하게 그린 소위 '전향문학'을 다수 발표하기 시작한 가운데 평론가인 고바야시 히데오(小林秀雄)가 「私小說論」(1935) 을, 또한 모더니즘작가인 요코미쓰 리이치(橫光利一)가 「純粹小說論」(1935) 등의 문학론을 발표하여 이에 대한 이의를 제기한 일이다. 고바야시는 전향작가가 그리는 '나'나 '내면'은 바로 그들이 전향하기 전에 프로문학이 타기한 다이쇼기의 사소설에 다름 아니냐고 묻고 있으며 요코미쓰는 앙드레지드의 영향 하에 사소설의 '나'의 편협함을 극복하기 위해 '자기를 보는 자기'라는 가구(仮構)의 작가의 자의식을 '제4인칭'으로 설정하여 제창했다. 고바야시도 요코미쓰도 단순소박한 심정토로인 산문이 아닌, 소설의 독자적 형식을 평론에서 모색한 것이라 하겠다.

제3의 사건은 1960년대에 오오카 쇼헤이(大岡昇平)와 히라노 겐(平野謙) 사이에 벌어진 '순문학논쟁', 즉 순문학의 변모를 역사적으로 어떻게 볼 것인가 하는 논의이다. 제2차대전 후의 저널리즘의 부흥에 맞춰 당시 문단에서 대중문학이 융성하던 상황을 오오카가 비판적으로 포착한데 대해 히라노는 대중문학을 고답적으로 포착하는 오오카의 자세를 비판하고 고바야시 히데오가 「私小說論」에서 제창한 '사회화된 <나>'에서 문학의 활로를 찾으며 순문학의 폐쇄성을 초월한 지점에서 작품의 리얼리티를 구해야 한다고 주장했다. 이와 같은 논쟁과정에서 에토 준(江藤淳)이나 요시모토 다카아키(吉本隆明), 후쿠다 쓰네아리(福田恒存) 등이 논쟁 자체의 폐쇄성을 지적하고, '<나>의 사회화'는 문단사적으로 논해져서는 안 된다고 주장하는 등 다양한 견해가 제시되었다.

이처럼 다양한 논의가 '순문학' 개념을 둘러싸고 전개되었으나 한편으로는 1970년대 이후의 일본문학계에서는 순문학과 대중문학의 경계를 의문시하게 만드는 작품이 잇달아 발표되어 종래의 기준으로는 '대중문학'으로 분류되었을 작품이 '엔터테인트먼트'라는 장르로 불리우며 광범위하게 독자를 획득하면서 사회적인 문제성을 환기시키는 현상이 이어지고 있다. 분명히 현재에 이르기까지 아쿠타가와상 등 소위 '순문학'에 수여되는 문학상은 몇 개 존재하나 어떤 종류의 소설작품들을 '순문학'으로 범주화할 것인가 하는 근거는 희박해진 지 오래다. 이 것을 보아도 '순문학'이라는 용어는 단순한 문단용어로서보다 하나의 언설로 일본문학계에서 기능해 왔다고 하겠다.(김춘미)

순수문학, 대중문학, 사소설, 산문장르

참고문헌
平野謙, 『純文學論爭以後』, 筑摩書房, 1972.
鈴木貞美, 『日本의 「文學」을 생각하다』, 角川書店, 1994.
＿＿＿＿, 『日本의 「文學」槪念』, 作品社, 1998.

순수문학(純粹文學, Pure literature)

문학의 현실 참여나 정치적 개입을 배격하고 문학의 자율성을 강조하는 경향을 지칭한다. 문학이 목적의식성이나 이데올로기적 지향성을 지녀서는 안된다는 강한 신념이 순수문학론에 내포돼 있다. 순수문학은 예술지상주의적 의미로 쓰이기도 하고, 이데올로기 비판에 입각한 '인간성 옹호의 문학정신'으로 이해되기도 한다. 한국문학에서 순수문학은 주로 1960년대 참여문학에 대한 비판을 통해 정체성을 형성했으며 정당성을 강화해 나갔다.

순수문학론은 문학의 사회적 성격을 외면하고 초월적인 것과 문학적 표현 기법에만 집착하는 태도로 지칭되는 경우도 있었다. 따라서 순수문학은 정신주의·형식주의·현실도피주의·소시민성 등으로 비판받기도 한다. 인간성 옹호라는 이름으로 동시대 현실 속의 인간을 간과하고 인간의 원형, 원초적 자연으로서의 인간을 찾는 태도를 보여주기도 했던 것이다. 1960년대 순수문학을 주장하던 이들이 신라정신이나 샤머니즘과 연관된 무녀도, 전설, 야담등을 들고 나온 것도 이러한 맥락에서 이해할 수 있다. 현실과 거리를 둔 '문학정신'의 구현과 인간성 옹호가 과연 가능한가에 대한 논란은 시대를 초월하여 지속되고 있기도 하다.

한국문학사에서 순수문학은 일제식민지 치하인 1930년대 카프 쇠퇴 이후 시문학파의 등장과 구인회의 결성으로 활성화되었다. 이는 식민지 현실에 대한 문학적 개입이 불가능해지면서, 문학의 미적·예술적 성격을 강조하게 된 현실과 무관하다고 할 수 없다. 순수문학은 1939년 유진오가 「순수에의 지향」을 발표하면서 한국문학사에서 문제적 개념으로 부각됐다. 이후 세대론과 연관해 유진오·김동리·김환태·이원조 등이 논쟁을 벌이면서 순수문학은 "휴머니즘과 연관된 인간성 옹호의 문학"으로 정리되었다. 순수문학론은 해방후 김동리에 의해 이데올로기 비판에 입각한 '인간성 옹호'로 주창되었다. 그러나 시대적 상황과 현실에 개입하지 않는 '인간성 옹호'는 공허하기 때문에 순수문학은 기형적일 수밖에 없다는 비판이 지속적으로 제기돼 왔다.

순수문학은 1950년대 후반부터 1970년대 초까지 한국비평계의 중요개념이었다. 바로 이 시기에 이른바 순수·참여 논쟁이 뜨겁게 펼쳐졌기 때문이다. 이 시기 순수문학론은 문학과 현실의 관계와 문학과 이데올로기의 관계에 대한 부정적 인식을 확장시켰다. 또한 참여문학이 프롤레타리아 이데올로기론과 연관된 문학이라고 주장하면서, 순수문학만이 문학의 본질에 충실한 문학임을 강조했다. 1960년대 순수문학을 옹호했던 주요 논자들은 김상일 · 원형갑 · 서정주 · 이형기 등이다.(임헌영)

참여문학, 예술지상주의, 세대론, 구인회, 시문학파

참고문헌
김영민, 『한국 근대문학비평사』, 소명출판, 1999.
_____, 『한국 현대문학비평사』, 소명출판, 2000.
김윤식, 『한국근대문학사상사』, 한길사, 1984.
임영봉, 『한국 현대문학비평사론』, 역락, 2000.

순환적 구도

문학 작품에서 이야기의 끝이 다시 앞으로 이어지는 반복과 순환적 형식을 지칭하는 개념이다. 순환적 형태는 문학의 시간과 관련이 깊다. 순환적인 시간 구조는 그 계기성이 무한히 양극을 향하여 확장한다는 선형적 시간의 경우와는 달리, 계기성이 일정한 길이로 확장된 다음에 다른 방향에서 확장된 시간과 서로 만난다는 인식이 깔려 있다. 이때 계기성은 원형을 지향하면서 계속 반복되는 양상으로 나타난다. 이러한 시간의 구조는 유한한 삶 속에서 무한을 재현하는 가장 기초적인 방식이 된다.

유한 속에서 무한을 재현한다는 것은 한 마디로 신화적 상상력의 세계를 전개한다는 말과 같은 뜻이다. 따라서 순환적 시간 구조는 일단 신화적 시간이라고 부를 수 있다. 신화적 시간은 성스러웠던 시간이 끊임없이 반복된다는 인식, 엘리아데에 의하면 그러한 반복 속에서 우리의 삶이 끊임없이 신성한 시간을 체험하며, 그러한 삶이야말로 소위 재생의 삶이 되는 것을 말한다. 모든 신화의 시간적 구조가 이와 같은 양상을 띤다.

또한 니체는 순환적 시간 구조에 대해 '동일자의 영겁 회귀'의 원리라고 불렀는데, 순환적 시간론은 문학뿐만 아니라 근대 사상의 다양한 분야에서 그 원리를 찾을 수 있다. 이는 우리가 유기체 세계에서 시간의 방향을 경험하는 탄생과 성장, 퇴조와 죽음이라는 순환을 따른다는 사실에서 유래했다. 특히 순환적 구도는 전생과 현생, 내세를 수직적 구도가 아닌 순환적 구도로 인식하는 동양의 특수한 윤회사상과 맞닿아 있다. 문학에서 순환적 시간론은 대체로 신비적 주제와 맞물려 있고, 역사적이고 시간적인 세계에 대해 가치중립적인 태도를 취한다.(조희권)

반복, 회귀, 신화, 순환적 시간론, 영겁 회귀, 윤회사상

참고문헌
이승훈, 『문학과 시간』, 이우출판사, 1983.
한스 마이어호프, 『문학 속의 시간』, 이종철 역, 문예출판사, 2003.

숨은 화자

아주 오래 전의 문학 작품이나 대부분의 현대 문학 작품에서 화자는 독자에게 친근한 존재였다. 화자에게는 이름이 붙여지고 인물화 되었으며, 작중인물의 개성을 전달하고 그에 대한 해석과 판단을 하는 역할을 담당하여왔다. 그러나 20세기의 소설에서 화자의 담론은 축소되기 시작하였으며, '목소리'는 희미해졌다. 이때 숨은, 혹은 눈에 띄지 않은 서술에서 사건, 인물, 배경을 말하는 목소리를 듣게 되지만 그 목소리의 소유자는 담론의 그늘에 숨은 채로 남게 된다. 화자가 명백하게 드러난 이야기와는 달리 숨겨진 채 서술되는 이야기는 작중인물의 말 또는 생각을 간접형식으로 표현한다. 다시 말하면 감탄, 질문, 군더더기 말, 명령, 반복과 강조, 해석, '예, 아니오'과 같은 단어, 구어체 등은 쓰지 않는다. 왜냐하면 화자 자신이 이런 형식을 사용한다면 결코 숨은 채로 남아 있지 못하기 때문이다. 특히 숨은 화자는 감탄문을 쓰기 어렵다. 감탄문들은 비난, 열정, 혹은 그 밖의 강렬한 감정을 나타내는데 사용하는 언어적 도구인 것이다. 따라서 숨은 화자는 스스로를 노출하여 드러난 존재가 되지 않도록 말하는 것에 주의해야 한다.

책을 읽는 독자들은 어쩔 수 없이 화자의 관점으로 모든 것을 판단할 수밖에 없기 때문에 현대 소설과 단편 소설들이 말하기보다는 보여주기로 나아가는 경향을 띤다. 심지어 어떤 작품은 인물의 발화를 기계적으로 모사하거나 기록하는 이상의 그 어떤 것도 하지 않는다. 순수한 대화로 이루어진 단편 소설이 바로 이러한 예에 속한다. 이는 분명히 화자에 의해 '말하거나 발화한다'기보다는 침묵하는 화자, 비(非) 디에게시스적 화자가 보여준다고 말하는 것이 옳다. 특히 헤밍웨이 같은 작가의 작품(예를 들어, 『살인청부업자』)에 대한 글을 쓴 여러 비평가들은 발화자가 아닌 시각적 기록자로서의 화자, 즉 '카메라의 눈'이라는 개념을 쓰기도 했다.(조희권)

화자, 저자, 작가, 저자의 죽음, 롤랑 바르트, 제시자, 미메시스, 디에게시스

참고문헌
시모아 채트먼, 『이야기와 담론』, 한용환 역, 푸른사상, 2003.
_____, 『영화와 소설의 수사학』, 한용환·강덕화 역, 동국대학교출판부, 2001.

숭고(崇高, Sublime, 그 Hypsos, 독 das Erhabene)

일명 롱기누스(Longinus)로 불리는 이의 본명은 아직도 정확하게 밝혀지지 않고 있다. 1세기경에 쓰여진 것으로 추측되는 롱기누스의 『숭고에 관하여 Vom Erhab -enen』는 수사학 저서로 간주되지만, 그 저서는 미학, 철학, 문학비평 같은 현대의 예술 영역에서 매우 중요한 의미를 차지한다. 비록 아리스토텔레스, 호라츠 같은 서구의 위대한 시학의 그늘 속에 가려져 있었지만 아마도 롱기누스의 『숭고에 관하여』야말로 문학과 미학을 이해하는 데 있어서 가장 근본적인 시학으로 간주될 수 있을 것이다.

롱기누스에게서 숭고는 인간의 숭고한 의식과 관련된 것이 아니라 "말의 힘"과 관련된다. 롱기누스는 숭고를 모든 문학과 담화의 척도로 삼고 있는데, 그것은 언어를 사용하는 문학과 담화의 근본적인 특성은 진리나 도덕을 전달하는 데 있는 것이 아니라 청자(혹은 독자)를 압도하는 데 있기 때문이다. 『숭고에 관하여』의 다음과 같은 대목은 그 점을 잘 보여주고 있다. "친구여,(...) 나는 숭고란 말의 특정한 절정이자 클라이맥스라는 사실을 더 이상 확인해 줄 필요가 없다고 보네. 위대한 시인과 작가들은 바로 이것을 통해서, 오로지 이것만을 통해서 상대방을 이겼고 불멸의 명성을 얻는다네. 압도하는 것은 청자에게 확신을 주는 것이 아니라 도취를 가져다 준다네. 우리를 놀라게 하고 전율을 가져다 주는 것은 설득적인 것과 호의적인 것보다 더욱 강력한 영향을 끼치기 마련이네. 우리의 확신과 불확신은 대개 우리 자신에게 달려 있지만, 우리를 압도하는 것은 저항할 수 없는 힘과 위력을 청자에게 가하고 그럼으로써 청자를 완전히 지배한다네.(...) 숭고는 적시에 나타나서 번개처럼 모든 사물을 파괴하면서 즉각 연설자의 간결한 위력을 보여준다네."

여기서 숭고는 상대방을 "압도"하며 "도취"를 야기하는, 아울러 "순간" 같은 시간성의 양식을 취하는 말의 힘을 뜻한다. 그러한 숭고의 예를 롱기누스는 다름 아닌 문학에서 찾고 있다. 상대방을 압도하는 언어의 힘을 숭고로 파악하고 있는 롱기누스의 시각은 설득이나 진리 전달에 초점을 맞춘 아리스토텔레스의 『수사학』과는 거리를 취하고 있는 셈이다.

롱기누스의 『숭고에 관하여』는 이후 서구 시학 및 미학에서 망각되어 왔지만 17세기 서구 문학계에서는 필독서로 간주된다. 그것의 기폭제는 브왈로(Boileau)의 불어 번역본(1674)이었는데, 특히 브왈로의 번역본은 감성을 중시하였던 영국에서 크게 인기를 끌었다(Dryden, Mulgrave, Pope). 에드먼드 버크(E. Burke)가 숭고함에 관한 저서(『Philosophical inquiry into the origin of our ideas od the sublime and beautiful』, 1756)를 새롭게 집필하게 된 데에도 브왈로의 영향이 컸다고 할 수 있다. 그러나 버크의 숭고함은 롱기누스의 그것과 다른 특징을 지닌다. 버크의 숭고는 언어적 힘이 아니라 어둡고, 불확실하고 전율을 불러일으키는 현상과 관계한다. 이러한 측면은 파괴적인 위력을 지닌 화산, 격앙하는 듯한 거대한 대양, 거대한 홍수 같은 자연 현상과 관련하여 숭고를 분석한 칸트의 『판단력 비판 Kritik der Urteilskraft』에서 반복한다. 칸트의 경우 무섭고 거대한 자연 현상이 불러일으키는 인간의 정서와 관련한 도덕적 의미가 숭고로 해석되고 있다. 이 밖에도 쉴러, 헤겔 같은 이상주의적 철학에서도 숭고가 분석되었지만 그것은 롱기누스의 숭고와는 근본적으로 다른 특징을 지닌다.

숭고는 포스트모더니즘과 해체론에서 다시 전성기를 맞고 있다. 장-프랑수아 리오타르의 경우 이성적이고 합리적인 의식이 정지된 상황(특히 예술작품)과 직면할 때의 감정을 숭고로 지칭하고 있으며, 문학비평에서는 폴 드 만이 마치 롱기누스를 의식한 듯 일종의 "수사학의 이데올로기"를 강조하고 있다. 드 만의 경우 모든 문학 작품이나 철학서에 엿보이는 이상화, 도덕화 같은 언술은 일종의 이데올로기서의 "말의 힘"으로 해체되고 있다.(최문규)

롱기누스, 말의 힘, 브왈로, 버크, 칸트, 리오타르

참고문헌

Pseudo-Longinos, Vom Erhabenen, Darmstadt 1983.

Kant, Kritik der Urteilskraft, 1790.

숭엄미(崇嚴美, Sublime)

숭고하고 존엄한 미를 뜻하는 문학 비평 용어로, 위대한 문학작품의 특징이 되는 고결한 사상 · 감정 · 정신을 일컫는 말이다. 흔히 숭고미라고도 불린다. 숭엄(숭고)라는 용어는 통상적으로 위대한 것에서 느끼는 사람의 경이로움과 외경(畏敬)을 표현할 때 쓰이는데, 우미(優美)와 더불어 가장 훌륭한 미적 범주에 속한다. 숭엄(숭고)에 대한 개념은 1세기의 그리스어 논문『숭고에 관하여』라는 책의 주제로 씌어질 정도로 오래되었다. 여기서 숭엄(숭고)는 '언어의 탁월함'과 '위대한 정신의 표현'을 일으키는 힘의 원천이라고 정의되며, 불멸의 명성을 얻은 천재적인 작가의 우수하고 탁월한 표현을 지칭하는 것이었다.

이후 이 개념은 근대 비평에 거의 영향을 미치지 못하다가 17세기말과 18세기에 들어서면서 미학적 성찰의 인기 있는 논제가 되었다. 에드먼드 버크, 데이빗 흄, 임마누엘 칸트 등에 의해 그 개념이 다듬어졌는데, 장대함이나 '광활함'의 경험에서 생겨나는 경이감 내지 외경감이 숭엄(숭고)에 동반된다고 보았다. 이후 이러한 숭엄(숭고)에 대한 개념은 헤르더, 리프스 등에 계승되어 각기의 미학적 관점에서 논의되고, 포켈트에 의하여 더욱 철저하게 고찰되었다. 하지만 숭엄(숭고)에 관한 18세기의 성찰은 가장 정교한 경우 숭고한 대상에서 독서하거나 지각하는 주체의 반응 쪽으로 주의를 돌리는, 미의 심리학에 대한 새로운 관심을 보여준다. 이때 숭엄(숭고)은 신고전주의(대략 1660-1789) 시대에 비로소 미와 대비되는 미적 범주의 개념으로 확립된다. 이런 점에서 숭엄(숭고)에 대한 관심은 낭만주의 시대의 중요한 전조(前兆)이다. 낭만주의 시대에 숭엄(숭고)의 경험은 초월성의 형태에 대한 그 시대 특유의 관심 속으로 흡수되어 간다. 더욱이 영국에서 셰익스피어의 극에 대한 새로운 관심과 때를 같이하여 유행하기 시작한 이 개념은 낭만주의 비평의 중요한 기초가 되었다.(조희권)

숭고, 신고전주의, 낭만주의, 롱기누스, 칸트, 신비평

참고문헌

임마누엘 칸트, 『판단력 비판』, 이석윤 역, 박영사, 1980.

리오타르, 『포스트모던의 조건』, 유정완·이삼출·민승기 역, 민음사, 1999.

슈투름 운트 드랑(Sturm und Drang)

슈투름 운트 드랑은 "질풍 노도"로 번역되며 본래 독일 작가 클링거(Klinger)가 1776년에 발표한 작품 제목이다. 1770-90년까지 전개된 문학 운동으로서 일명 "천재시대"로 불리는 슈투름

운트 드랑은 기존의 관습 체계, 도덕적 질서, 권위적 사회 체계 등에 저항하면서 개인의 해방과 독자성을 내세웠다. 이 시기의 대표적인 작품으로는 괴테의『젊은 베르테르의 슬픔 Die Leiden des jungen Werther』,「프로메테우스 Prometheus」를 손꼽을 수 있으며, 괴테 이외에도 헤르더 (Herder), 하만(Hamann) 등도 슈트름 운트 드랑에 가담하였다.

슈트름 운트 드랑은 문명과 문화 발전에 대해서 회의적이었고 그 대신 자연을 옹호하고 나섰는데, 그것은 신분적 차별, 소유, 문명 등이 개입되지 않은 자연적 상태를 옹호했던 루소의 영향으로 해석된다. 자연과 시인은 매우 밀접한 관계를 맺는데, 예를 들면 시인은 자연으로부터 "천재성"(Genie)을 부여받은 이로 간주된다. 슈트름 운트 드랑이 작가의 독자적이고도 천부적인 기질을 옹호한 것은 "자연"을 중시한 것에 기인하며 또한 당시의 지배적인 규칙시학 및 모방시학에 대한 저항적 의미를 지닌다. 슈트름 운트 드랑 시기의 문인들은 천부적 작가상으로 셰익스피어를 언급하곤 했는데, 그 대표적인 글로는 헤르더의「셰익스피어 Shakespeare」를 들 수 있다. 그 글에서 헤르더는 호머를 옹호했던 동시대 신고전주의적 이론가들을 비판하면서 천부적인 기질, 개성 있는 작가로 셰익스피어를 적극 변호하고 나선다. 또한「프로메테우스」라는 시에서 괴테는 "나 여기 앉아서 인간을 빚노라, / 내 모습을 본 따서, / 나와 비슷한 종족을, / 고통받고, 울며, / 즐기고 기뻐하고, / 그리고 나처럼 / 그대를 존경하지 않는 종족을"이라는 유명한 구절을 통해 창조적인 시인의 모습을 역설한 바 있다.

슈트름 운트 드랑의 성립 시기는 계몽주의 내에 자리잡고 있다. 문학사가들은 그것을 계몽주의와 대립하는 것으로 해석하거나 혹은 계몽주의의 비판과 계승이라고도 해석한다. 후자의 논리에 의하면, 개인적 감정과 자연을 중시한 슈트름 운트 드랑은 합리적 이성만을 강조했던 계몽주의를 보완하는 운동인 셈이다. 이와 달리 슈트름 운트 드랑은 낭만주의적 성향을 선취하는 운동으로도 해석된다.(최문규)

천재시대, 괴테, 헤르더, 셰익스피어, 계몽주의, 낭만주의

참고문헌
볼프강 보이틴 외,『독일문학사』, 허창운 역, 삼영사. 1993.
김병옥 외 편,『도이치문학용어사전』, 서울대학교출판부, 2001.

슈퍼리얼리즘 ☞ 하이퍼리얼리즘

스이(粹)/쓰(通)/이키(いき)

에도시대 서민들이 생활이나 행동상에서 지향한 미적 정신이나 태도를 말한다. 에도시대 전기는 스이(粹), 중기는 쓰(通), 후기는 이키(いき)로 보고 있다. 스이는 교토·오사카의 가나조시 (仮名草子)·우키요조시(浮世草子), 쓰는 에도의 샤레본(洒落本)·기뵤시(黄表紙)·곳케이본 (滑稽本), 이키는 에도의 닌조본(人情本)·가부키(歌舞伎)·음곡(音曲) 등에 주로 표출되어 있는

데, 기본적으로 비슷한 문학이념이었다. 그 내용은 주로 유곽에서 유흥의 내막, 유곽의 풍속·습관·인정에 통달하는 것이나 그런 사람을 가리킨다.

스이(粹)에는 순수함, 섞인 것이 없다는 의미의 [스이(粹)]와 상대의 기분이나 대응방법을 적절히 추찰한다는 의미의 [스이(推)]가 포함되어 있어서, 스이란 유곽에서의 행동이나 사정에 정통하여 노는 법을 잘 알고, 사람의 기분을 잘 추찰하는 마음가짐이 좋은 인물 혹은 그런 정신상태를 말한다. 넓게는 세태·인정에 통달하여 사물의 이치를 잘 알고 행동하는 사람을 뜻하여, 서민이 도달해야할 이상이었다. 그 구체적인 양상은 유녀평판기·우키요조시 등에 묘사되고 논평되어 있다.

쓰(通)는 에도시대 중기의 미적 이념으로, 세상의 지식에 정통한 사람, 인정의 기미에 통달한 사람, 이름이 통하는 사람 등을 도오리모노(通り者)라 불렀고, 이것이 나중에 쓰가 되었다. 쓰에 입각한 행동이나 태도를 취하는 사람을 말하는 쓰진(通人)이란 말도 생겨났다. 에도시대 전기 문학에 보이는 스이와 마찬가지로 유곽에서 생겨난 유희 개념으로, 스이와 쓰가 가리키는 내용을 엄밀히 구별하기는 쉽지 않고 오히려 공통적인 성격을 갖고 있다고 볼 수 있다. 18세기 중반부터 에도 유곽에서의 사람들의 행태를 그린 샤레본이 인기를 끌자, 유곽에 있어서 사람들의 흥미를 끌고 칭찬받을 태도를 지닌 소유자로서 쓰가 정착해갔다. 유곽의 시스템이나 남녀의 감정에 정통하여 적절하게 일을 처리하는 사람을 말하게 되었다.

쓰와 상대되는 의미로 멋없고 세련되지 않음을 말하는 야보(野暮), 쓰와 겉모습만이 비슷한 한카쓰(半可通)라는 개념이 생겨나, 이들이 유곽에서 초래하는 문제를 샤레본 등의 작품에서 다루었다. 시골뜨기로 유곽 물정을 모르는 야보는 하기 나름으로는 쓰가 될 수 있지만, 쓰인양 흉내만 내는 한카쓰는 도저히 쓰가 될 수 없는 대상으로 조소의 대상이 되었다.

이키(いき, 意気)는 에도시대 전기부터(사랑을 이루려는)오기, 의기, 마음가짐 등의 뜻으로 사용되었는데, 후기에 하나의 미의식으로 확립되었다. 단순한 마음의 존재양식, 행동양식을 넘어서, 마음의 구체적인 표출법 혹은 표현된 사물에까지 확장되어 사용되었다. 즉 내적으로는 사랑을 이루려는 의지를 갖고, 이를 밖으로 표출하는 언어·모습·복장·태도 등이 세련되어 불쾌감을 주지 않고 산뜻한 색기를 가지고 있는 멋진 상태를 말한다. 여기에 상대가 싫어하면 깨끗이 체념할 줄 아는 정신까지 갖추어 이키를 이루고 있다. 이키의 용례는 에도시대 후기문학에 많이 나타나 찬미의 대상이 되었고, 스이나 쓰보다는 훨씬 폭넓게 근세 서민사회의 미의식으로 받아들여져 복장, 색상, 언어표현 등 실 생활상에도 커다란 영향을 끼쳤다. 이키의 미의식은 메이지기를 거쳐 오늘날까지도 일본인들의 태도, 기풍, 사물을 판정하는 척도에 영향을 미치고 있다.(최관)

미적 이념, 미의식, 유곽, 도오리모노, 쓰진, 야보, 한카쓰

참고문헌

栗山理一編, 『日本文学における美の構造』, 雄山閣, 1976.
九鬼周造, 『いきの構造』, 岩波書店, 1982.

스코프 ☞ 궁정문학

스테레오 타입

이 용어는 특정한 문화에 의해 미리 유형화되고 사회적으로 공유된 관념, 혹은 이미지를 의미한다. 이 용어는 원래 인쇄기술에서 유래된 것으로 명백하게 한정된 의미를 지닌 것이다. 어떤 활자의 형체가 완성이 되면 그것으로 주물을 떠서 단단한 금속판을 주조해내는데, 그 금속판이 바로 스테레오타입이다. 그렇게 얻어진 인쇄의 판형은 원래 활자의 판형과 정확히 일치한다. 이러한 스테레오타입의 목적은 수많은 인쇄를 거듭할 수 있는 판형을 만들어내는 것이다. 따라서 스테레오타입은 '기술적으로 반복되는', 혹은 더 넓은 의미로는 '여러 번 써서 낡게 한다'거나 '흔해빠진'이라는 의미를 지니고 있다.

이 용어는 미국의 사회학자인 월터 리프만의 『여론』(1922)에 의해 여론 형성의 사회적 토대를 분석하기 위한 용어로 사용되었다. 이 책에서 리프만은 현대사회에서 정치지도자들과 일반시민들은 자신이 잘 알지 못하는 다양한 문제나 집단들에 대해 어떤 판단을 내려야 하는 상황에 직면하게 될 때, 그들이 그 집단에 대해 가지고 있는 생각이 그 집단의 실질적인 구성원 전체의 특성을 대변하는 것으로 간주한다는 것이다. 그러나 대개의 경우 그러한 생각들은 대상에 대한 직접적인 경험이 아닌 다른 경로를 통해 얻어진 스테레오타입이다. 리프만에 따르면 이러한 상황은 일반적으로 사람들이 스테레오타입에 속하는 대상들을 직접 경험한다고 해도 그다지 나아지지 않는다. "대개의 경우, 우리는 먼저 보고 나서 정의를 내리는 것이 아니라 먼저 정의를 내리고 나서 본다"라는 리프만의 말처럼, 사람들에게는 실제로 존재하는 것보다는 그들이 보려고 하는 것을 보려는 경향이 있기 때문이다.

스테레오타입이라는 말 속에는 (1)지나치게 단순화되어 있거나, (2)직접적인 경험이 아닌 불확실한 정보, 혹은 지식에 의존해서 과장되거나 왜곡되게 일반화 내지 범주화되어 있거나, (3)감정적 호오나 도덕적 선악과 관련된 강한 주관적 판단이 개입해 있거나, (4)새로운 경험이나 증거에 의해 쉽사리 수정되지 않는 것이라는 의미가 내포되어 있다. 리프먼은 스테레오타입이 쉽사리 수정되지 않는 이유에 대해, 인간의 환경적응과정에서 스테레오타입이 지닌 경제성과 더불어 스테레오타입이 인간의 사회적 아이덴티티의 형성과 자기방어의 메커니즘 형성에 깊게 관여하고 있기 때문인 것으로 풀이한다. 스테레오타입은 직접적인 경험에 의하지 않고도 낯설고 이질적인 대상들에 대한 개념정립을 가능케 해주며, 비록 그것이 왜곡된 것이라고 할지라도 그를 통해 혼란스럽게 헝클어져 있는 세계에 낯익은 질서를 부여하는 역할을 한다는 것이다.(박혜경)

여론, 증여론

참고문헌
월터 리프만, 『여론』, 김규환 역, 현대사상사, 1973.
마르셀 모스, 『증여론』, 이상률 역, 한길사, 2002.

스토리

스토리에 대해서 가장 먼저 명쾌하게 설명한 것은 포스터(E.M.Forster)의 『소설의 양상』(Aspects of the Novel)에서였다. 포스터는 스토리를 플롯과 비교하여 설명하는 방법을 취했다. 그는 스토리를 시간순서에 따라 배열된 사건의 서술이라고 했고 플롯을 인과관계에 중점을 둔 사건의 서술이라고 설명했다. 포스터는 스토리는 대부분의 독자들이 파악할 수 있지만 플롯은 누구나 다 파악할 수 있는 것은 아니라고 하였다. 스토리는 "그래서 또 그래서"만으로 호기심을 불러일으킬 수 있다고 하였다. 포스터는 스토리의 장점과 단점을 찾아내었다. 스토리의 장점으로는 다음에 무슨 일이 일어나나 하고 호기심을 자극하는 점을 들었고 단점으로는 다음에 무슨 일이 일어나는가에 대해 알고 싶지 않게 만든다고 하였다. 포스터가 스토리/플롯으로 나누는 방법을 취한 것과 달리 파블라(fabula)/슈제뜨(syuzhet)로 스토리를 설명하는 사람들도 있다. 르네 웰렉은 『문학의 이론』에서 파블라는 시간적 인과론적 연계로, 슈제뜨는 서사구조를 뜻하는 것으로 대비하였다. 대개는 스토리를 파블라와 비슷한 개념으로 파악한다. 메어 스턴버그(Meir Sternberg)는 「설명이란 무엇인가」라는 논문에서 스토리/플롯/파블라/슈제뜨를 존재양식, 표현순서, 연결양상, 시점 등 여러 각도에서 비교하였다. 예컨대 표현순서의 면에서 스토리는 연대기적, 플롯은 연대기적이거나 변형, 파블라는 연대기적, 슈제뜨는 반연대기적이거나 변형을 취한다고 비교하였다. 그리고 연결양상의 면에서는 스토리는 첨가의 형태, 플롯은 인과론의 형태, 파블라는 첨가적이면서 인과론적 형태, 슈제뜨는 첨가의 형태와 인과론적 형태와 공간적인 형태를 취하는 것으로 대비하였다.

리몬 케넌(Shlomith Rimmon-Kenan)은 『허구적 서사』(Narrative Fiction)(1980)에서 소설을 스토리, 텍스트, 내레이션의 3가지로 나눈 다음, 다시 스토리를 사건과 인물로, 텍스트를 시간과 성격창조와 초점화로, 내레이션을 수준과 목소리와 대화재현으로 나누었다. 이처럼 리몬 케넌이 허구적 서사를 스토리, 텍스트, 내레이션과 같이 3분한 것은 제라르 주네트가 역사, 이야기, 서술과 같이 나눈 것에서 암시받은 결과라고 할 수 있다. 리몬 케넌은 스토리를 "텍스트 내에서의 배치로부터 요약되고 연대기적 순서에 따라 재구성된 서술된 사건"이라고 정의하면서 스토리가 일련의 사건인데 반해 텍스트는 그 사건들을 이야기하고자 하는 기술적 담론이라고 대비하였다. 포스터가 스토리를 플롯과 대비하여 설명하는 방법을 취한 것과는 달리 리몬 케넌은 스토리를 텍스트와 연결지어 설명하는 방법을 취했다.

　세이모어 채트먼(Seymour Chatman)은 『스토리와 담론』(Story and Discourse)에서 서사구조를 크게 스토리와 담론으로 나누어 제2장과 3장에서 '스토리'를, 제 4장과 5장에서 '담론'을 논했다. 이야기를 사건요소와 존재요소와 작가의 문화적 코드에 의해서 수용되기 이전의 사람과 사물들과 같이 3가지로 나누었다. 그리고 사건요소를 계기성, 우발성, 인과성, 중심사건, 주변사건, 서스펜스, 플롯, 시간, 순서, 지속, 빈도 등으로 분석했고 존재요소의 중심개념으로 공간, 인물, 배경 등을 제시했다.

　호돈(Jeremy Hawthorn)은 『현대문학이론 용어사전』(1998)에서 이상과 같은 여러 학자들의 견해를 종합정리했다. 쥬네트는 스토리/담론/내레이션(목소리+초점화)으로 3분했고, 채트맨은 스토리/디스코스로 2분했고, 미에케 발은 파블라/스토리와 초점화/내레이션(+언어, +보이스)로 3분했고, 리몬 케넌은 스토리/텍스트/내레이션으로 3분했고, 제럴드 프랜스는 서술된 것/서술하고 있는 것으로 2분했다고 정리하였다. 제럴드 프랜스는 『서사학사전』에서 스토리를 이야기의 표현면인 담론과 대립하는 이야기내용, 슈제뜨나 플롯으로 배열되는 기본소재, 연대기적 순서에 중점을 두는 이야기, 문제해결이나 목표도달을 희구하는 한 명의 등장인물 혹은 복수의 등장인물에 직접적인 관계를 맺는 여러 사건의 인과적인 연쇄 등과 같이 여러 각도에서 설명했다.(조남현)

플롯, 파블라, 슈제뜨, 텍스트, 담론

참고문헌

E.M.Forster, Aspects of the Novel, Penguin Books, 1972.

Gerald Prince, Dictionary of Narratology, University of Nebraska Press, 1982.

Jeremy Hawthorn, A Glossary of Contemporary Literary Theory, A member of the Hodder Headline Group, 1998.

Meir Sternberg, What is exposition, The Theory of the Novel, edited by John Halperin, Oxford University Press, 1974.

Seymour Chatman, Story and Discourse, Cornell University Press, 1978.

Shlomith Rimmon-Kenan, Narrative Fiction, Methuen & Co.Ltd, 1984.

스토리텔링(Storytelling)

　'스토리(story) + 텔링(telling)'의 합성어로서 말 그대로 '이야기하다'라는 의미를 지닌다. 즉 상대방에게 알리고자 하는 바를 재미있고 생생한 이야기로 설득력 있게 전달하는 행위이다. 미국 영어교사 위원회(National Council of Teachers of English)에서는 스토리텔링을 음성(voice)과 행위(gesture)를 통해 청자들에게 이야기를 전달하는 것이라고 정의하는데, 대개 스토리텔러(storyteller)들은 이 단어를 이야기를 말하는 사람과 이야기를 듣고 상상력을 발휘하는 청자간의 인터랙티브한 과정이라 말한다. 셜리 레인즈(Shirly Raines, 스토리텔러)는 이야기(story), 청자(listener), 화자(teller)가 존재하고, 청자가 화자의 이야기에 참여하는 이벤트라고 주장하기도 한다.

　스토리텔링은 원래 문학이나 영화, 교육학 등에서 활용되던 방법이었다. 흔히 서사학이나 문학·영화에서 쓰이는 내러티브 혹은 플롯 개념과 동일한 개념으로 혼용되어 쓰이기도 하지만,

시간과 공간에서 발생하는 인과 관계로 엮어진 실제 혹은 허구적 사건들의 연결을 의미하는 내러티브나 플롯의 개념과는 구분된다.

오늘날 우리 일상생활에서 스토리텔링은 여러 가지로 유익하고 설득력 있는 수단으로 이용되고 있다. 인류가 등장한 이래 스토리텔링은 인간끼리의 의사소통에 있어 늘 중심적인 역할을 해왔기 때문이다. 스토리텔링은 매체의 특성에 따라 다양하게 발현되고 하는데, 영화·비디오·애니메이션·만화·게임·광고 등의 원천적인 콘텐츠로 활용되고 있다. 이때 스토리텔링은 지금까지의 텍스트 중심의 서사학에서 정의되어 온 개념들과는 다른 성격을 띤다. 즉 스토리텔링을 모든 서사 형식의 원형적인 질료로 상정하는 것이다. 특히 최근 들어 스토리텔링은 현대 조직 사회에서 효과적인 커뮤니케이션 방법으로 활용되기도 한다. 현재 미국에서는 교육, 비즈니스, 대인관계 등 여러 분야에서 응용되고 있다. 이때 이야기는 특정 부류를 타켓으로 하여야 효과가 크며 내용은 듣는 이의 흥미를 자극하며 새로운 것을 이해할 수 있는 계기를 마련해 주어야 한다.(조희권)

스토리, 내러티브, 플롯, 스토리텔러, 디지털스토리텔링, 인터랙티브, 설득, 화술

참고문헌
스티븐 데닝, 『기업 혁신을 위한 설득의 방법-스토리텔링』, 김민주 송희령 역, 에코리브르, 2003.
자넷 머레이, 『사이버 서사의 미래-인터랙티브 스토리텔링』, 한용환, 변지연 역, 안그라픽스, 2001.
김익현, 『인터넷 신문과 온라인 스토리텔링』, 커뮤니케이션북스, 2003.

스펙터클 사회(Spectacle society)

스펙터클은 기 드보르(Guy Debord,1931~1994)를 비롯한 상황주의자들에 의해 사용된 용어이다. ≪앵테르나시오날 시튀아시오니트(Internationale Situationniste)≫(1957~1972)를 중심으로 활동한 이들은 다다·초현실주의를 비롯한 역사적 아방가르드의 유산과 네오-마르크스주의를 비판적으로 접목시키는 작업을 진행시켰다. 스펙터클 사회란 1967년 출간된 기 드보르의 『스펙터클의 사회』를 통해 현대 사회를 설명하는 한 가지 방식으로 자리 잡게 된다. 스펙터클은 매스 미디어나 이미지와 동의어로 파악는데 이는 단순히 이미지들의 집합이 아니라 이미지들에 의해 매개되는 사람들간의 사회적 관계로 연장하여 파악되어야 한다. 현대 사회는 이미지가 실재적인 것으로 여겨지고 이미지 자체가 최고 형태의 유형적 세계임을 강요한다. 그리고 이처럼 이미지가 실재를 능가하는 사회에서 사람들은 더 이상 능동적이고 직접적인 삶을 영위하지 못한다. 현대적 생산조건이 지배하는 모든 사회들에서 삶 전체는 스펙터클들의 거대한 축적물로 나타나고 직접적으로 삶에 속했던 모든 것은 표상으로 물러난다. 직접적이고 생생한 경험은 이미지와 기호들의 세계로 변형되고 이제 각 개인들에게 허용되는 것은 단지 수동적인 관조뿐이다. 기 드보르는 이러한 현대 사회를 마르크스가 말한 상품 물신성의 단계에서 나아가 상품이 사회적 삶을 총체적으로 점령하기에 이르른 시기, 자본주의 이데올로기가 가장 첨예하게 내적 속성으로 현실화된 사회로 파악한다. 스펙터클 사회에 대한 이러한 그의 설명은 상품이 사회적 삶을 총체적으로 점령하기에 이른 사회를 가리키는 동시에 국가와 자본이 연출하는 스펙터클과 그 화려한 외양 속에서 발생하는 모순들의 은폐 과정 전체까지 포함한다. 드보르의 스펙터클 사회에 대한 이론은 동시대 자본주의 사회에 대한 비판적 입장에서 유래한 것이며 68년 혁명에도 영향을 미쳤다.(황종연)

참고문헌
기 드보르, 『스펙터클의 사회』, 이경숙 역, 현실문화연구, 1996.

스펙터클(Spectacle)

거대한 예산의 제작 기획, 서사시적 주제, 현란한 장관 혹은 볼거리로 관객의 시각을 자극하는 볼거리를 의미하며, 주로 스펙터클 영화(spectacle film)의 의미로 사용된다. 그러나 스펙터클은 영화의 장르라기보다 성격을 지칭하는 용어로 '스펙터클 액션', '스펙터클 SF' 등으로 많이 쓰인다. 초기 영화사에서는 이탈리아를 중심으로 한 신화영화, 역사영화를 스펙터클 영화로 보고 있으나 이후 영화산업이 미국으로 옮겨가며 헐리우드의 종교영화, 전쟁영화, 뮤지컬 등이 스펙터클 영화의 중심이 되었다. 현재에는 블록버스터라는 개념으로 일상화된 특수효과 영화나 판타지 영화가 주종을 이룬다.

영화를 설명하는 용어로서가 아니라 스펙터클이 사회 · 문화 전반에 있어 중요한 용어로 재등장하게 된 것은 프랑스의 상황주의 사상가 기 드보르(Guy Debord)에 와서이다. 기 드보르는 스펙터클을 자본주의를 구성하고 있는 모든 문화적, 정치적, 경제적 요소를 포함하는 개념으로 변형시킨다. 그에게 있어 스펙타클이란 자본주의를 구성하고 있는 모든 문화적, 경제적, 정치적 요소를 포괄하는 개념이다. 기 드보르는 스펙터클을 상품세계의 총체성이 하나의 전체로서, 보편적 등가물로 나타나는 곳에서 화폐의 발전된 현재적 보완물이라고 설명한다. 스펙터클은 '단지 바라보기만 하는 화폐'로서 상품세계의 모든 삶의 기제를 통합하는 작용을 한다. 진정한 욕구를 대체하는 상품, 그리고 상품을 대체하는 스펙터클이 우리를 '유혹'하고 지배하며 그 안에서 삶은 그 자체의 유기적인 순환성과 열정들을 차단당한다. 사람들은 이제 '노동자'로서 억압받고 착취당할 뿐만 아니라 '소비자'로서 우대받으면서 지배당하지만 스펙터클의 힘은 전복적인 힘들을 포섭한다. 기 드보르에게 있어 이러한 삶은 '삶의 사이비 사용'에 지나지 않는다. 이러한 사이비적 삶을 사는 우리는 스펙터클이 만들어내는 '외양의 지배'를 받으며 자본주의 사회에 순응한 채, 수동적인 관객의 모습으로 살아가게 되는 것이다.(박명진)

스펙터클 영화, 상황주의

참고문헌
기 드보르, 『스펙타클의 사회』, 이경숙 역, 현실문화연구, 1996.

승화

승화라는 말은 프로이드 정신분석학에서 성적인 충동이 원래의 목적이 아닌 다른 목적으로 전향되는, 그럼으로써 성적인 충동의 주체가 스스로 사회적이거나 종교적인, 혹은 도덕적 규범들에 순응하는 과정(대개는 무의식적인)을 의미한다. 이를테면 수녀들은 자신의 성적인 욕망을 신에 대한 사랑이나 가난한 사람을 돕는 방향으로 승화하고 위대한 예술작품들은 일반적으로 승화된 리비도를 재현하는 것이며, 외과수술이 폭력적 충동의 승화라면 운동경기는 공격적인 충동의 승화라는 것이다. 프로이드의 영향력있는 에세이들 가운데 하나인 '레오나르도 다 빈치의 유년기의 기억'은 잠재적이고 정신적인 동성애적 충동이 과학 탐구와 예술적 창조행위로 승화되는 과정에 대한 세심한 분석을 보여준다. 프로이드에게 모든 긍정적이고 창조적인 행위는 성적인 충동을 탁월하게 승화시킨 것이다.

프로이드는 승화가 욕망의 주체로 하여금 어떤 새로운 사회적 목적을 통해 성적인 갈등(혹은 성적 불만족)에 대응하려 한다는 점에서 승화를 질병으로부터의 보호라는 개념으로 규정짓는다. 정신분석학자들의 용법에 따르면, 승화는 본래 리비도의 왜곡된 양상들과 관련되어 있지만, 그로부터 전향된 목적은 사회구성원들에 의해 수용가능하거나 유용한 것으로 받아들여진다. 억압은 결코 종결되지 않는 것이기 때문에 욕망의 주체에게 지속적인 심리적 에너지를 강요하는 반면, 승화는 욕망의 주체로 하여금 내적인 갈등으로 야기된 긴장을 완화하고 무의식적인 욕망을 간접적으로 충족하게 하며, 무엇보다 초자아와의 불화상태에서 벗어날 수 있도록 하는 것이다. 승화는 욕망의 주체로 하여금 사라진 평정상태를 회복하고 사회적 환경과의 조화 속에 존재할 수 있게 하는 특별히 효과적인 방어 메커니즘이다.

프로이드에 따르면 인간의 문명은 근본적으로 이기적인 성적 충동을 보다 높은 사회적 목적으로 승화시켜온 과정이다. 프로이드는 「문명 속의 불만」(1930)에서 "본능의 승화는 문화발전의 가장 두드러진 특징들 가운데 하나를 구성한다. 그것은 과학적 예술적 이데올로기적 활동과 같은 고도의 정신활동을 통해 문명화된 삶 속에서 중요한 역할을 수행한다"고 말한다. 프로이드의 마지막 저작들에서 승화는 각 개인들의 본능적 에너지를 인류문화의 어려운 과제들에 바치기 위해 문명이 본능적 에너지에 가한 일종의 축출과정인 것처럼 보인다. 「문명 속의 불만」은 근대 서양사회의 경우에 그러한 축출의 과정이 매우 중요했으며, 신경증의 증식 또한 부분적으로 그와 관련해서 발생되는 것임을 입증하는 단계로까지 나아간다.(박혜경)

자아, 초자아, 이드, 탈승화

참고문헌
G. 프로이드, 『예술, 문학, 정신분석』, 정장진 역, 열린책들, 2004.
_____, 『문명 속의 불만』, 김석희 역, 열린책들, 2004.
A. 하우저, 『예술사의 철학』, 황지우 역, 돌베개, 1983.

시(詩, Poetry)

시(poem)의 어원은 '제작, 창작'(making)의 의미를 갖는 그리스어의 'poiesis'이다. 이는 원래 자연적인 것의 제작을 이르는 말인데, 이후 시(poetry)는 '말을 만든다'는 것으로 그 의미가 좁혀져 왔다.

문학은 일반적으로 리듬의 유무에 따라 운문과 산문으로 나뉜다. 운문은 리듬을 가진 문학형태이며 산문은 리듬이 없는 문학형태이다. 서정시, 서사시, 극시 세 장르는 운문이라는 공통점을 지니고 있다. 산문에 대립되는 장르로서의 시는 서구에서 원래 창작문학을 포괄하는 명칭으로 사용되었다. 이처럼 시는 운문과 창작이라는 두 가지 의미를 내포하고 있다.

오늘날 시라고 하면 일반적으로 서정시를 생각하는데, 서정시(lyric)란 어원적으로 음악과 밀접한 연관이 있다. 우리가 서사시, 극시와 구분해서 서정시라고 부르는 문학양식은 고대 서구에서는 하나의 독립된 장르로 확립되어 있지 않았다. 서정시는 문학을 크게 세 가지로 분류한 이후부터 문학의 기본형들 가운데 하나를 가리키는 용어로 사용되어 왔다. 그러나 시는 서정시라는 장르개념만으로 사용되지는 않는다. 장르개념이 아닌 형식개념으로서도 시란 명칭이 사용되고 있다.

일반적으로 시는 모방론, 표현론, 효용론, 구조론 등의 비평적 관점에서 다양하게 정의된다. 모방론은 시를 현실과 인생의 모방(반영, 재현)으로 보는 관점이다. 여기서 시의 가치기준은 작품이 재현하거나 재현해야 하는 대상들의 재현적 진실에 있다. 모방론은 고전주의와 사실주의의 핵심적 문학관이 되었다. 그러나 서정시는 주관적 장르이기 때문에 모방론은 서사문학이나 극문학의 비평에 있어서 보다 큰 효용을 지닌다.

표현론은 시를 시인의 자기표현으로 보는 관점이다. 따라서 시는 시인의 사상과 감정에 작용하는 상상력의 산물이다. 시를 시인의 자기표현이라고 여기는 관점은 낭만주의 예술관의 흐름 안에서 낭만주의 비평가를 중심으로 발전되었다. 모방론에서는 대상의 진실성이 가치기준이지만, 표현론에서는 예술가 자신의 진실성이 그 기준이 된다.

효용론은 시가 독자에게 끼친 어떤 '효과'에 초점을 두며 그러한 효과의 성공 여부에 따라 작품의 가치를 판단한다. 동양에서는 시를 인격수양의 수단이나 교화의 수단으로 보는 재도적(載道的) 문학관, 곧 풍교론이 지배적이었다. 이는 문학 자체의 가치보다 문학의 사회적 가치를 더 중요하게 생각하는 문학관이다.

구조론은 시를 그 자체로 취급하는 것, 곧 시인과 독자, 현실세계와 독립한 것으로 보는 태도이다. 이 같은 태도는 시가 독자적인 자율성을 지니고 있다고 여기는 사고에서 비롯된다. 구조론은 러시아 형식주의자와 미국의 신비평, 시카고학파를 포함해서 1920년 이후 많은 비평가들의 이론적 준거가 되어 왔다. 이들은 문학 외적인 조건, 예컨대 시가 생산된 시대의 역사적·사회적 조건과 작자나 독자의 심리적 반응 등과의 관계 속에서 시를 이해하려는 기존의 연구 태도에 반대하고 작품은 본질적 조건, 곧 언어와 리듬, 이미지, 비유, 상징, 어조 등 내적 조건에 의하여 연구되어야 한다고 주장한다.(최동호)

극시, 서사시, 서정시

참고문헌
김준오, 『시론』, 문장사, 1982.
이상섭, 『문학비평 용어사전』, 민음사, 2001.
볼프강 카이저, 『언어예술 작품론』, 김윤섭 역, 대방출판사, 1984.
아리스토텔레스, 『시학』, 천병희 역, 문예출판사, 1976.
에밀 슈타이거, 『시학의 근본개념』, 이유영·오현일 공역, 삼중당, 1978.
로만 인가르덴, 『문학예술작품론』, 이동승 역, 민음사, 1985.
미카엘 라파떼르, 『시의 기호학』, 유재천 역, 민음사, 1993.
클리언스 브룩스, 『잘 빚은 항아리』, 이명섭 역, 종로서적, 1983.

시각예술

시각예술은 회화, 조각, 건축처럼 인간의 시각으로 감상할 수 있는 예술의 총칭으로 정의된다. 본래 시각예술의 기원은 고대 동서양으로 거슬러 올라갈 수 있다. 고대 그리스와 중국, 인도 등에서 만들어진 건축과 회화 등은 시각예술의 기원이 되고 있다. 그리스의 파르테논 신전, 로마의 판테온, 그리스의 조각들이 모두 시각예술의 대상들이다. 뿐만 아니라 아프리카에서 발견된 가면 혹은 미국에서 발견된 인디언들의 동굴 벽화들도 시각예술의 기원으로 얘기될 수 있다. 이렇게 시각예술의 기원은 광범위하고 그 지역도 일부로 제한되지는 않는다. 시각예술은 흔히 공간예술로도 불리는데 빛의 원천, 색, 강도 그리고 방향과 같은 시각적 요소들이 공간에서 유기적으로 형태를 이루면서 미학적 형상을 취하는 까닭이다.

그런데 시각예술은 매체 기술의 급속한 발전에 힘입어 그 영역과 의미를 확장해 왔다. 그래서 현대적 의미의 시각예술은 전통적인 회화와 조각, 건축만이 아니라 사진, 영화, 디자인, 이벤트, 퍼포먼스, 비디오아트 등의 넓은 영역들을 포함하고 있다. 과거에는 시각예술의 대상이 신, 자연, 인간 등이었으나 매체 기술의 발달로 인해 시각예술의 대상은 인공적인 상품과 물건으로 확장되어 왔다. 특히 팝아트 계열의 화가들은 시각예술의 대상을 연재만화, 광고용 확대사진, 소인이 찍힌 소포 꾸러미, 광고용 게시판, 신문 등으로 그 영역을 넓혀 놓았다. 신과 인간, 자연 중심의 시각예술에서 인공물 중심의 시각예술로 시각예술의 대상은 변화해 온 것이다.

예로부터 인간은 자신의 경험을 시각으로 체험 가능한 사물 형태로 표현하려는 욕망을 가지고 있고 이런 욕망을 지닌 인간은 매체 기술의 발전에 힘입어 더 다양한 시각예술을 창조해 왔다. 백남준의 비디오아트가 이에 관한 훌륭한 예가 될 수 있다. 예술교육을 배운 사람이나 그렇지 않은 사람이나 모두 시각예술 작품을 선호하는 까닭에 시각예술 현상은 범지역적, 범민족적, 범계층적이라 할 수 있다.(양진오)

공간예술, 동굴벽화, 비디오아트

참고문헌
이광미 편저, 『시각예술의 이해』, 지구문화사, 1981.
김상숙, 『시각예술 문화읽기』, 재원, 2001.
에드워드 루시 스미스, 『20세기 시각예술』, 김금미 역, 예경, 2002.

시각쾌락증(視覺快樂症, Scopophilia)

시각쾌락증은 라틴어에서 영어로 들어온 개념으로, '보는 쾌락(pleasure in look -ing)'을 의미한다. 이는 프로이드에게 거리를 두고 캐묻듯이 바라보는 응시 속에 발현되는 성적 충동에 대한 명칭이었다. 이러한 응시는 신체적, 촉감적 쾌락과는 별개의 만족을 준다는 것이다. 이처럼 프로이드는 성적 대상을 보는 쾌락이 성적 충족으로 가는 길의 중단 단계라고 주장했다. 성적 대상을 보려는 욕망은 보는 것이 개인의 유일한 목표가 되는 경우 도착(倒錯)이 된다.

또한 영화이론가들에게 있어서 영화 관람은 그 시각쾌락증적 충동을 활성화하는 것과 마찬가지의 역할을 한다. 우리는 "다른 사람을 대상으로 취해 통제적이고 호기심 많은 응시를 복속시키는"데서 쾌락을 느끼는 것이다. 영화를 관람하는 관객은 영화관의 어두운 공간에서 타인의 어떤 사적인 세계를 은밀하게 관찰한다는 환상을 통해 시각적 쾌락(visual pleasure)을 경험한다. 그러나 많은 영화이론가에 따르면 대부분의 주류 영화는 시선(looking)과 대상화(objectification)에 따라 성차별적인 요소를 내포하고 있다고 본다. 이는 남성 권력의 문제를 시각이라는 재현 과정의 가장 본질적 측면으로 끌어들인 것이다. 남성은 보는 능동적 개인이고 여성은 보여지는 수동적 대상이 되며, 가부장제적 사회가 여성을 남성 관객의 '시선'의 대상으로 만들고 있는 것이다. 여성은 서사 안의 남성 관객의 시선에 의해 남성의 욕망을 위한 스펙터클로 창조된다. 이렇게 남성에 의한 여성의 대상화 과정과 이미지 통제 과정은 여성에 대한 남성의 '소유'권을 강화시키는 역할을 한다. 따라서 이러한 영화는 시각쾌락증적 욕망을 이용하여 어떤 특정한 여성 표상, 구체적으로 말해 여성에게 행위력과 복합성이 있음을 부정하는 여성 표상을 승인하는 것이다. 이때 여성은 남성 욕망의 대상이라는 관점을 내면화시키는 정체성을 만들어 낸다.(조희권)

쾌락, 도착, 성도착, 관객, 패티쉬, 패티쉬즘, 관음증

참고문헌
프로이트, 『성욕에 관한 세 편의 에세이-프로이트 전집 9』, 김정일 역, 열린책들, 1996.
수잔나 D 월터스, 『이미지와 현실 사이의 여성들』, 김현미 외 역, 또 하나의 문화, 1987.

시간(Time, 프 Temps, 독 Zeit)

시간이란 무엇인가? 그리고 시간은 실제로 존재하는가? 이와 같은 물음은 철학이나 시간 물리학의 영역에 속한다. 플라톤과 아리스토텔레스를 위시한 고대 그리스 철학자들이 시간에 대해 본격적인 물음을 제기한 이후로 많은 철학적 접근이 지속되어 왔지만 어떤 합의가 불가능

한, 오늘날에 이르기까지도 여전히 과학과 인간 상상력의 다양한 영역에서 고찰되고 있는 복합적인 주제 가운데 하나다. 문학과 시간의 본질적인 관계 또한 이런 오래된 역사적 주제 탐색의 연장선상에 놓여 있다. 그것은 일반적으로 시간이 어떤 행위나 사건이 발생하는 일정한 동안, 또는 그러한 행위나 사건들의 연쇄를 재현하는 하나의 차원으로 이해되는 만큼, 인간 정신의 규명을 책무로 삼은 문학의 목표와 분리될 수 없기 때문이다.

4세기에 성 어거스틴이 시간을 "인간의 정신이 경험하는 하나의 환영적인 산물"로 정의한 이후 시간은 인문과학의 중요한 주제로 부상했는데, 이후 시간의 기본적인 범주를 우주적 시간과 역사적 시간, 그리고 실존적 시간으로 나누어 고찰한 니콜라스 베르자예프와 시간의 질적 체험을 이야기하면서 순수 지속을 이야기한 프랑스의 생철학자 베르그송의 시간철학을 거치면서 문학연구의 주요한 테마로 자리 잡는다. 그리하여 마르셀 프루스트는 인간의 불수의적(不隨意的) 기억과 같은 관념에 몰두하여 기억과 회상 같은 주관적인 시간체험을 문학적 탐구의 대상으로 삼은 바 있다. 프루스트 이후 오늘날의 문학은 이런 시간관념에 몰두해 있는 형국이라 할 수 있는데, 그에 따라 시간은 문학연구 영역에 있어서도 주요한 연구 테마를 형성하고 있다.

소설은 대체로 외부의 시간에 대한 작가의 태도를 반영한다. 조르주 뿔레는 그의 저서 『인간적 시간에 관한 연구』(Studies in Human Times)에서 "비평가의 본질적인 책무는 한 작가가 인간의 시간성과 장소에 대해 갖고 있는 관심을 살핌으로써 작품의 전체적인 의미를 분별하는 것이다."라고 말한 바 있는데, 이런 전제 하에서 오늘날의 서사이론은 작품의 구성원리로서의 다양한 시간 조작에 대해 관심을 기울인다. 작품의 이야기 시간(story- time)과 담화 시간(discourse-time)의 구분 및 그것들이 한 작품 내에서 맺고 있는 다양한 관계에 대한 고찰이 서사학의 주요한 관심사가 되고 있는 이유는 바로 이 때문이다.(김경수)

이야기-시간, 담화-시간, 지속, 기억, 순서, 회상, 예상, 시간교란

참고문헌
한스 마이어호프, 『문학과 시간현상학』, 김준오 역, 삼영사, 1987.
제라르 쥬네트, 『서사담론』, 권택영 역, 교보문고, 1992.

시간교란(Anachrony)

서사론자들은 한 작품에서 이야기된 사건들의 실제 순서와 서술자가 그 사건들을 독자들에게 제시할 때 다시 배열되는 사건의 순서를 구별한다. 전자를 통상적으로 이야기(story)라고 부르고 후자를 담화(談話, discourse) 혹은 담론(談論)이라고도 부른다. 일정한 시간적 지속 속에서 인과관계와 선후관계를 지닌 이야기는 그것이 발생한 순서대로[abcd] 이야기될 수도 있지만, 서술자에 의해 재조정되어 앞뒤의 순서가 흐트러질[badc] 수도 있다. 프랑스의 서사학자 제라르 쥬네트는 이야기와 담화가 같은 순서를 지니는 정상적인 사건연쇄를 무시차(無時差, achrony)

로, 그리고 이야기와 담화의 순서가 어긋나는 것을 시간교란(anachrony)이라고 정의한다.

이야기하는 현재 시점에서 인물이나 서술자가 과거의 사건을 떠올리거나 환기하는 경우도 있을 수 있고, 더 나아가서는 전지적 서술자가 장차 주요한 인물들에게 닥칠 미래의 사건을 독자들에게 미리 알려주는 경우도 있을 수 있다. 이 경우 전자를 회상 또는 소급제시(analepse)라고 부르고 후자를 예시 혹은 사전제시(prolepse)라고 부른다. 회상이나 예시를 통해 시간교란을 일으키는 주된 목적은 독자들에게 이야기 속의 행위나 사건이 일어나기 이전에 존재했던 인물들과 사건들에 대한 필수적인 정보를 제공하거나(회상), 장차 일어날 사건에 비추어 현재 사건을 보는 해석의 방향을 정립시키려는 것이다. 또한 적절한 시간교란을 통해 서술자는 긴장과 놀라움을 창조하기도 한다.

회상과 예시라는 용어는 특히 영화 매체에서 그 효과를 발휘한다. 영화는 이른바 화면의 일그러짐이나 용암을 통해 시각적으로 뒤로 돌아가는(플래쉬백) 서사적 진행을 표현하는데, 더러는 화면 밖 목소리 해설(voice-over)을 통해 구현되기도 한다. 이런 시간교란은 특히 의식의 흐름 수법을 차용한 소설에서 종종 일어나는데, 그럼으로써 비선조적인(non-linear)인 효과를 창출하는데 기여한다. 그럼으로써 회상이나 사전제시는 설명(exposition)이라고 하는 기능을 담당한다.(김경수)

플래쉬백, 플래쉬포워드, 일치법(syllepsis), 전조, 예상

참고문헌
제라르 쥬네트, 『서사담론』, 권택영 역, 교보문고, 1992.
시모어 채트먼, 『영화와 소설의 서사구조』, 김경수 역, 민음사, 1999.

시교(詩敎)

중국문학의 여러 장르 중 음악과 관련되며 정통문학의 지위에 올라 문학 전반을 주도했던 시(詩)는 그 자체의 문학적 기능보다는 정치적인 효용성이 더욱 강조된 측면이 없지 않았다. 『예기(禮記) · 경해(經海)』에 "공자께서 말씀하시길, 그 나라에 들어가면 그 가르침을 알 수 있다. 그 사람의 됨됨이를 온유돈후하게 만드는 것이 시의 가르침이다.(孔子曰, 入其國, 其敎可知也, 其爲人也, 溫柔敦厚, 詩敎也)"라는 구절이 있는데, 바로 이 관점이 공자를 필두로 한 유가의 시교설(詩敎說)에 대한 기본 인식이다. 유가의 문예사상 하에서 시는 정치에 도움이 되고 아랫사람들을 교화하는 수단으로 쓰이는 것으로, 좁게는 자신의 수양을 통한 교화에서 넓게는 국가를 다스리고 통치하는 정치적 도구로써의 역할을 담당하고 있는 것이다.

비록 여러 가지 제약이 있긴 했지만, 시는 또한 아랫사람이 윗사람에게 자신의 고충을 개진할 수 있는 도구이기도 했다. 이는 후대의 작가들로 하여금 완곡하지만 풍자적 요소가 다분히 내포되어 있는 사회적 의의를 지닌 창작하는 데 큰 기여를 했다.

「모시서(毛詩序)」에서도 시와 음악은 일치하며, 정치의 득실에 관계되고, 시란 작가의 지취(志趣)를 말한 것[詩言志]이라고 했다. 또한 각 지방의 풍시(風詩)들에 대해서는 윗사람은 이로써 교화에 쓰고, 아랫사람들은 풍자하는데 사용한다고 했으며, 이를 들은 자는 교훈 삼을 만하고, 또 말한 자는 죄가 되지 않는다고 하였다. 그러나 예의에는 어긋나지 않게 표출해야 한다고 하여 중용의 도리를 지향하고 있다.

이러한 시교설은 후대의 문학 이론의 발전과 전개에 있어 그 영향이 지대했다. 역대의 문론가들은 이 관점을 계승하여 다양한 논의를 전개해 나갔고, 문학이 지니고 있는 사회 효용에 대한 치밀한 접근을 통해 문학창작의 이론을 펼쳐가기도 하였다. 그러나 유가의 이 문예사상은 문학을 단순히 정치적 도구로만 전락시켜 문학 자체에 대한 인식의 자각·작가의 개성적인 창작활동·문학의 다양한 발전이라는 측면에는 걸림돌 역할을 하기도 했다. 즉, 순수 문학이 존재할 여지가 없게 만드는 것이다. 또한 그들이 내세운 시교(詩敎)의 정치라는 것이 상·하의 의사소통이 쌍방향으로 전개된다기보다는, 주로 위에서 아래로 향하고 있다는 한계도 보여준다.(오태석)

시교, 예기, 공자, 모시서, 유가 사상, 풍시

참고문헌
주훈초 외, 『중국문학비평사』, 중국학연구회 고대문학분과 역, 이론과실천, 1994.
김학주, 『중국문학서설』, 신아사, 1995.

시궁이후공(詩窮而後工)

송대의 시단을 가장 본격적으로 이끌기 시작한 사람은 구양수(歐陽修, 1007-1072)이다. 그는 당대 고문운동의 장도자인 한유(韓愈, 768-824)의 문학정신을 계승하여, 역시 지나친 수사 위주의 문풍을 배척하며 시문혁신운동을 창도했다. 그는 한유의 시 경향을 계승은 하였으나, 나름의 송대적 특색을 구현해 나가 휘하에 많은 시인 문사들을 두었다. 문(文)과 도(道)의 관계에 있어서 구양수는 도의 중요성을 더욱 강조하였다. 그렇기 때문에 구양수는 문인들이 오로지 '문에만 전념하기'보다는 작가의 수양을 높이기 위해서 '온갖 일'에 관심을 기울여야 함을 강조하였다. 즉 경전을 학습하여 전통적인 문학관념을 배양하는 것뿐만 아니라 문인들이 현실에 대해 어떤 태도를 취해야 하는지에 대해서도 나름대로의 견해를 제시하였다. 따라서 송대의 이학가들과는 달리 문학의 내재적 의미도 간과하지 않았다. 최초의 본격적 시화집인 『육일시화(六一詩話)』역시 이러한 관심의 표명이다.

구양수는 시인들이 대개 어려운 인생역정을 거쳐간 점을 중시하여 "시는 곤궁해진 다음에야 비로소 공교해진다."라는 시궁이후공설(詩窮而後工說)고 했는데, 이 말은 「매성유시집서(梅聖兪詩集序)」에서 나온 것이다.

여기에서의 궁(窮)은 단순히 경제적인 빈곤을 의미하는 것이 아니라, 문인이 처한 현실에서 생기는 모순을 지적한 것으로, 즉 난관이 많아서 뜻을 이루지 못하고 이로 인해 생겨나는 불편한 감정을 말하는 것이다. 이는 즉 사회환경이 문학창작에 끼치는 영향을 지적해낸 것으로, 작가는 생활 속에서 이러한 궁벽함을 겪으면서 생겨나는 감정이 곧 좋은 시를 쓰게되는 결과를 낳는다는 비유적인 표현인 것이다. 그러므로 단순히 가난해야 좋은 시를 쓴다는 의미는 물론 아니다.

구양수의 시궁이후공설은 사마천의 '발분하여 글을 짓는다'는 발분저서설(發憤著書說)과 한유의 '사물이 평형을 잃으면 울림이 있다'는 물부득평즉명설(物不得平則鳴說)에서 촉발받은 것으로, 실제 생활에서 우러나온 시의 가치와 이성적 글쓰기를 중시한 것이다.(오태석)

시궁이후공, 구양수, 발분저서, 물부득평즉명

참고문헌
차주환,『중국문학의 향연』, 서울대학교출판부, 1996.
주훈초 외,『중국문학비평사』, 중국학연구회 고대문학분과 역, 이론과실천, 1994.
오태석,『중국문학의 인식과 지평』, 역락, 2001.

시그니파잉 ☞ 말장난

시나리오(Scenario)

시나리오는 영화의 각본(대본)이다. 시나리오는 '스크린 클레이', '스크립트'라고도 불리워진다. 중국에서는 시나리오를 극본(劇本)으로 번역했다. 시나리오가 전문화한 시대에 이르러, 줄거리는 물론 연출 · 촬영 · 편집에 관한 모든 계획과 메모를 기록한 문서, 즉 상세화된 시나리오가 생겨나게 되었다. 이를 '콘티뉴티'혹은 '데큐파주'라고 한다. 우리나라에선 '콘티'로 약칭되는 이 문서를 촬영용 대본의 동의어로 쓰이고 있다. 이 말은 무대나 장면을 가리키는 세나(scena)에서 유래된 것으로서 애초에는 즉흥극이나 공연시나 오페라의 배우들이 연기와 진행방식과 줄거리를 메모한 뜻으로 사용되었었다.

영화의 초창기에는 시나리오의 중요성이 인식되지 못하였다. 그 당시에는 영화가 치밀한 계획이나 구성에 의해 연출되거나 제작되는 것이 아니라 즉흥적으로 촬영되고 편집되었기 때문이다. 영화가 기술적으로 진보됨에 따라 영화의 줄거리도 계산적이고 합리적이어야 한다는 생각이 일반화되어갔고, 따라서 이와 함께 시나리오가 영화 제작의 기본적인 설계도로서의 기능과 중요성을 지닌 것으로 인식되지 않을 수 없었다.

시나리오가 연극의 대본인 희곡에 비해 문학성이 떨어진다는 의견이 있다. 그것은 희곡과 달리 읽히는 텍스트로서 독자성이 희박하기 때문에 한때 시나리오도 문학일 수 있는가 하는 논쟁이 일어나기도 했다.

시나리오의 문학성이 문제시된다고 해도 연행(演行) 예술로서 영화의 문학성에 대해 본질적으로 의심을 품는다는 것은 잘못된 판단이다. 흔히 문학 작품을 각색한 영화만을 두고 영상문학으로 규정하기도 하는데, 이 역시도 잘못된 판단이다. 소위 영상문학은 작품 작품을 각색한 문학적인 성격의 영화만을 뜻하지 않는다.

시나리오 중에서 문학 작품으로부터 창작의 영감을 얻지 않고 오로지 제작된 영화를 위해 순수하게 창작된 시나리오가 있는데, 이를 이른바 '오리지널 시나리오'라고 한다.

오리지널 시나리오에 의해 만들어진 영화 가운데서도 풍부한 문학성을 함유하고 있는 것들이 있다. 우리나라 영화사의 기념비적인 영화로 손꼽히고 있는「아리랑」·「만추」·「달마가 동쪽으로 간 까닭은」등등은 영화의 문학성을 최대치로 극대화시킨 결과로 보여 진다. 이 영화들이 오리지널 시나리오에 의거해 제작되었다는 사실은 이미 잘 알려져 있다.(송희복)

각본(대본), 문학성, 오리지널 시나리오

참고문헌
루이스 자네티, 『영화의 이해』, 김진해 역, 현암사, 1987.
조셉 보그스, 『영화 보기와 영화 읽기』, 이용관 역, 제3문학사, 1991.
사이드 필드, 『시나리오란 무엇인가』, 유지나 역, 민음사, 1992.

시네 페미니즘(Cine-feminism)

1970년대 초에 나타난 초기 페미니스트 영화 이론은 할리우드 주류 영화에서 보여준 여성 이미지에 초점을 맞추었다. 이 때문에 영화 속에 나타난 여성의 이미들이 실제 여성의 삶을 제대로 보여주고 있지 못하다는 비판을 받았다. 영화 연구에서 선구적인 페미니스트들이었던 몰리 하스켈, 마조리 로렌, 조운 멜린은 사회적이고 경험론적인 관점에서 영화 속에 나타난 여성 이미지를 연구했다. 영화는 사회를 반영하고 있으므로 영화에서의 여성 이미지는 여성이 어떻게 이데올로기적으로, 사회적으로 반영되고 있는지를 보여준다는 것이다. 이들은 잘못된 여성 이미지의 재현 대신에 진정한 여성들의 재현과 사실적이며 살아있는 여성들이 스크린을 메우기를 희망했다. 시네 페미니스트들은 주류 할리우드 영화에 내포되어 있는 가부장적 이데올로기의 작동 방식을 이해하고 그 양식을 해체함으로써 진정한 여성 영화를 만드는 것이 가능하다고 생각했다.

시네 페미니즘은 젠더를 축으로 한 관객의 시각적 쾌락 탐구라는 새로운 연구 자원을 제공함으로써 영화 이론은 물론, 일반 페미니즘 이론의 발전에도 크게 기여했다. 이처럼 가부장제 남성 중심 사회의 무의식적 논리가 영화의 언어 자체에 부호화되어 있음을 체계적으로 분석하기 위해 1970년대 초석을 마련한 시네 페미니즘의 방법론은 여성을 다양한 국면으로 분석해 보인다. 이러한 관점에 따라 이제 여성들은 남성들과 함께 영화 관람의 쾌감을 공유하게 되면서 각자 자신들의 다양성을 인정받고 그 다양성에 기초한 관람을 구축하는 기쁨까지 맛보게 되었다. 시네 페미니스트들은 여성 관람의 차원까지 어떻게 비판적으로 점검할 수 있는지 여성, 쾌락,

관객성까지 도출해 보여준 것이다.(조희권)

시네 페미니스트, 페미니즘, 젠더, 관음증, 패티쉬즘, 후기 구조주의, 절시증

참고문헌
안혜련, 『페미니즘의 거울』, 인간사랑, 2001.
김소영, 『시네-페미니즘, 대중영화 꼼꼼히 읽기』, 과학과사랑, 1995.
서인숙, 『씨네 페미니즘의 이론과 비평』, 책과 길, 2003.

시네로망(Cine-roman)

시네로망(cine-roman)에 대한 개념 규정은 다소 복잡하다. 축자적인 의미에서 볼 때 시네로망은 물론 영화와 소설이 결합된 복합개념이다. 그러나 예술의 매체적 형식을 염두에 둔다면 이 개념은 전연 불가능하다. 다만 시네로망에 관한 개념 규정이 가능하다면, 그것의 의미는 첫째, 소설을 원작으로 한 모든 영화, 둘째, 저본(底本)이 되는 시나리오를 문자언어로 옮긴 소설, 셋째, 성격 면에서 마치 시나리오와 흡사한 느낌을 주는 소설 정도가 될 것이다.

첫 번째의 경우는 보기가 광범위하기 때문에 특별하지 않다. 두 번째 경우의 대표적인 사례는 스티븐 스필버그의 「카프카」에서 오래 묵혀온 시나리오가 영화의 질적인 가치 평가를 받게 됨으로써 소설로 다시 구성되었다는 점이다. 이 소설 「카프카」는 국내에도 번역되었다. 우리나라의 경우에는 10년 전 곽재용의 「비오는 날의 수채화」가 영화로 먼저 상영된 후에 소설로 출간되었던 바 있다. 이를 계기로 한때 영상소설 시리즈가 간행되었다. 최근에는 외설로 문제시된 영화 「노랑머리」가 영화 상영을 앞두고, 시나리오를 소설화한 읽을거리가 먼저 출판해 영화를 홍보하는 나팔수의 역할을 담당했다. 세 번째의 경우는 예컨대, 영화를 전제로 하여 쓰여진 마이클 크라이튼의 「주라기 공원」이나 구효서의 「카사블랑카여 다시 한번」등으로 영화 대본을 보고 있는 듯한 느낌을 준다. 이러한 소설들은 영상시대의 독자들을 염두에 두고 만들어진 작품이란 점에서 영상 매체의 발전에 대처한 소설의 변화라고 할 수 있겠다. 이러한 소설을 가리켜 '스튜디오 소설'이라고도 한다.(송희복)

스튜디오 소설, 영상소설, 시나리오

참고문헌
여석기, 『씨네마니아』, 솔, 1996.
송희복, 『영상문학의 이해』, 도서출판 두남, 2002.

시네마토그라프(Cinmatographe)

시네마토그라프는 움직이는 영상(映像)을 스크린 위에 영사(映寫)하는 장치, 또는 그것을 사용하여 영사하는 장소를 뜻한다. 1895년 프랑스의 뤼미에르 형제가 발명한 최초의 영화촬영 겸 영사기에 시네마토그라프라는 명칭이 사용되었다. 이후 뤼미에르 방식의 장치로 영화를 영사하는 장소를 의미하는 말로도 쓰였다. 그러나 시네마토그라프라는 단어는 시네마토그라프가 첫 상영되기 3년 전에 이미 태어났다. 1892년 레옹 기욤 불리가 연속사진을 영사하는 광학기계의 발명특허를 내면서 그리스어 움직임(kinema)과 기록하다(grafhein)를 합성해 이 용어를 만들어낸 것이다. 그는 처음에는 cynematograghe로 등록했다가 다음해 새로 특허 등록을 하면서 Y를 i로 고쳤다. 하지만 이 단어가 너무 길어서 얼마 안 가 시네마(cinema)로 줄여 부르기 시작했다.

뤼미에르 형제의 새로운 발명품 시네마토그라프는 1885년 12월28일 프랑스 파리 카퓌신가 14번지 그랑카페 지하 '인디언 살롱'에서 파리 시민에게 유료로 공개됐다. 이 날 상영된 영화는 시네마토그라프로 첫 촬영한 영화 <공장 문을 나서는 노동자>를 비롯하여 <아이의 점심시간>, <바다에서 헤엄치는 사람들>, <카드놀이>, <물 뿌리는 사람> 등 10편으로 각각의 상영시간은 1분 정도(전체 상영 시간 25분)였다.

촬영장치이자 영상기인 시네마토그라피의 기초원리는 미국의 토마스 에디슨이 1891년에 발명한 '키네토스코프'였다고 한다. 그러나 뤼미에르 형제는 에디슨의 '키네토스코프'의 원리를 기초로 해서 현재의 영화와 같이 필름을 스크린에 영사하는 장치를 발명한 것이다. 뤼미에르의 발명품인 영화는 많은 관객이 동시에 영상을 볼 수 있는 것이었기에 당시로서는 획기적이었다. (조희권)

시네마, 뤼미에르, 에디슨, 멜리에스, 키네토스코프, 그랑 카페, 무성 영화, 프랑스 영화

참고문헌
제라르 베통, 『영화의 역사』, 유지나 역, 한길사, 1999.
앙마뉘엘 툴레, 『영화의 탄생』, 김희균 역, 시공사, 1996.

시네포엠(Cine-poem)

시네포엠(cine-poem)은 한마디로 말해 영상시이다. 시나리오 형식으로 쓰여진 시(詩)를 가리키는 용어로 사용되었는데 이제 이에 관한 개념의 변화도 불가피해졌다. 특정의 풍경을 화면에 담으면서 감정적인 기분과 정감을 솟아나게 하는 목적을 갖고 있는 '시적 영화(poetic film)'를 요즈음 소위 영상시(cine poeme)로 부르는 경향이 있다. 어쨌든 이러한 유의 영화는 대중적인 가치가 없기 때문에 예술적 가치를 고양시키려는 의도로 일부층에서 한정적으로 만들고 있는 실정이다.

시네포엠은 이것은 "영화의 기둥 줄거리를 이루고 있는 시나리오 형식으로 쓰여진 산문시나 영화를 지칭한다."라고 정의되기도 한다. 이럴 경우에, 일반 극영화가 흥미를 돋우기 위해 극적인 구도나 호화로운 무대 장치 등을 동원하는 방식에 반기를 들고 철저하게 '한편의 순수시를 대하는 것' 같은 객관성을 유지하려고 하는 것이 이 장르만의 특색이 되기도 한다. (송희복)

시적 영화, 산문시, 순수시

참고문헌
송희복, 『영화, 뮤즈의 언어』, 문예출판사. 1999.
_____, 『영상문학의 이해』, 도서출판 두남. 2002.

시대극

시대극(時代劇)과 역사극(歷史劇)은 혼용된다. 과거의 일정한 시대에 일어난 사건 자체에 흥미를 갖도록 만들어진 작품을 시대극(일본의 時代物)라 할 수 있다. 시대극은 지난 시대의 이야기 내용이나 소재, 즉 사건의 기이성(奇異性)·희소성(稀少性)·호사성(豪奢性)·자극성·오락성 등에 집착하는 속성이 있다. 과거 대부분의 역사극은 실제로 이런 시대극이었다. 시대극은 대중성과 잘 어울린다. 역사에 대한 편향성을 드러내기 일쑤이다. 그러나 시대극은 한편으로 대중과의 친연성을 유지하면서 항시 재미있는 오락을 제공함으로써, 드라마에서는 없어서는 안 될 장르가 되었다. 오늘날 텔레비전의 역사드라마는 대부분 시대극이다.

1928년 역사극운동의 선각자인 김진구는 시대극은 역사를 무대 위에서 극화하는 것이라 하였다. '우리 환경의 모든 정세로 보아서, 정신적 양식에 굶주린 백의민족에게, 특히 역사상식의 요구에 목마른 학생들에게 어떤 구실로든지, 수단 방법을 가릴 새 없이 시대극을 제공해야 한다'고 하였다. 아울러 그는 이러한 시대적 요구를 망각한 채 '오늘날 다수의 문학 예술인들이 연문학(軟文學)과 연애극(戀愛劇)이라야 인기가 집중된다는 피상적이고 안이한 생각에 함몰되어 있는 점'을 질타하였다. 이런 점에서 그의 시대극은 역사극과 동일한 의미임이 분명하다.

1934년 이헌구에 이르러 역사극은 분명히 정의되었다. '입센이 말함과 같이, 역사극은 역사를 재표현함이 아니요, 그 시대의 사상을 반영할 것이라고 한, 그 정신의 파악에 있는 것이기 때문에 단순한 역사적 사실의 나열(가령 어느 극단에서 상연한 단종애사)만을 가지고 이를 사극이라고 명명할 수 없다'고 했다. 이처럼 시대극(소재 나열)과 역사극(역사정신)을 구분한 것이다. 1920년 1월에 이광수는 천주교의 포교과정을 그린 희곡 <순교자>를 발표했다. 7월 「창조」지에는 아키타 우자쿠(秋田雨雀)작 김환역 <김옥균의 죽음>이 발표되었다. 프랑스 루이 16세를 다룬 작품은 <루이 16세의 최후>(박서몽역, 신천지, 21,11)와 <비극 루이 16세>(윤백남역, 시사평론, 23,1) 등 두 편이나 발표되었다. 23년 2월에는 윤백남역 <진시황>이 민중극단에서 공연되었다. 이렇게 역사극에 대하여 관심이 높아지는 가운데, 조명희의 희곡 <파사(婆娑)>(개벽, 1923.11-12)를 기점으로 역사극에 관한 인식이 정립되었다.(서연호)

역사극, 역사드라마

참고문헌
서연호, 『한국연극사(근대편, 현대편)』, 연극과인간, 2005.
김진구, 『시대극과 조선』, 동아일보, 1928.
김영수, 『역사물의 대두』, 조광, 1940.
유민영, 『한국근대연극사』, 단국대출판부, 1996.
早稲田大學演劇博物館編, 演劇百科大事典(제3권), 平凡社, 1990.

시대물(時代物)

근세 서민의 전통극인 닌교조루리(人形浄瑠璃)·가부키(歌舞伎)의 분류의 하나로, 세태물(世話物)에 대응하는 명칭이다. 닌교조루리에서는 시대 조루리(時代浄瑠璃), 가부키에서는 시대 교겐(時代狂言)이라고도 한다.

시기상으로는 에도시대 이전, 신분상으로는 조닌(町人, 근세도시서민)보다 상층의 귀족·승려·무가사회의 인물을 주인공으로 한 사건을 제재로 한 작품군을 말한다. 고조루리(古浄瑠璃, 지카마쓰 이전의 조루리)에는 잘 알려진 신불의 기적을 주제로 한「영험기」나 귀신 퇴치 등을 다룬「무용전」이 있는데, 이들은 초기 가부키에 영향을 끼친다.

가부키에서 시대물은 다음의 세 종류로 분류된다. 첫째 헤이안(平安) 시대(794~1192) 이전의 귀족사회를 다룬「왕조물」(王朝物), 12세기말의 겐페이(源平)동란에서 16세기말의 아즈치모모야마(安土桃山)시대까지의 무사 사회를 취급한 시대물, 그리고 에도시대의 다이묘(大名)계승이나 주군과 가신과의 사이에서 일어난 소동을 그린「오이에물」(お家物)이라 한다. 그중에서도 오이에물은 대부분이 권선징악을 테마로 하고있기 때문에 막부의 유교정책 하에 살아가던 조닌 사회에 폭넓게 받아들여 졌다.『가나데혼 주신구라』(仮名手本忠臣蔵)처럼 시대설정은 가마쿠라(鎌倉)시대나 무로마치(室町)시대로 하였지만, 동시대의 사건을 제재로 다루는 것과 마찬가지로 의상이나 말투를 당시대풍으로 하는 등 세태물적인 요소를 가미하여 서민들에게 받아들여지기 쉽게 하였다. 따라서 오이에물은 조닌생활의 묘사만으로는 단조롭게 되기 쉬운 세태물에 대신하여 현실의 다이묘 집안의 소동을 실록적으로 취급한 시대물과 세태물의 중간적인 작품이라고도 할 수 있다.

가부키의 시대물의 대부분은 시대 조루리가 차지하고 있어서, 황당무계하고 동시에 환상적·양식적·과장적인 닌교 조루리의 영향이 강하다. 덧붙여 메이지 시대에 생겨난 사실(史実)존중의「활력물」(活歴物)도 시대물의 일종이다.(최관)

세태물, 시대 교겐, 영험기, 왕조물, 오이에물, 활력물

시대정신(時代情神, Zeitgeist)

시대정신이란 어떤 시대에 살고 있는 사람들의 보편적인 정신자세나 태도를 말하는 것이라 할 수 있다. 시대정신을 역사적 맥락에서 고찰한 대표적인 철학자로는 헤겔을 꼽을 수 있다. 헤겔은『역사철학강의』에서 역사의 구극(究極)의 주체를 '세계정신'이라 부르고 세계정신이 역사의 실체적인 주체임을 말하고 있다. 또한 그에 의하면 국가에 있어서의 세계정신은 세가지 역사적 형태로 전개되는데 그것은 동방적인 것, 그리스·로마적인 것, 게르만적·그리스도교적인 것으로 구분된다. 이는 그가 국가형태를 아리스토텔레스의 유형론(類型論)에 근거하여 전제 정치, 민주정치, 군주정치로 도식화한 것과 상응된다.

사실 이러한 『역사철학 강의』의 세계사 인식은 비평가이면서 교육자로 널리 알려진 독일 철학자 J.G.헤르더(1744-1803)의 영향을 받은 것으로 알려져 있다. 동양과 서양을 아우르는 헤겔의 세계사 시기 구분 방법은 많은 부분 헤르더에 빚진 것으로 보인다. 헤르더는 역사의 목표를 '인간성'의 획득으로 보았는데 그의 『인류의 역사철학에 대한 이념』에 등장하는 '인간성' 강조는 괴테의 문학에도 영향을 준 것으로 알려져 있다. 또한 헤르더는 역사를 '인류의 환경을 형성하는 외부적 힘과 인간 정신으로서만, 혹은 더 정확하게는 동질적인 인류가 해체되는 다양한 민족정신으로서만 묘사될 수 있는 내적 힘의 상호작용'(J.G.헤르더, 강성호 역, 인류의 역사철학에 대한 이념, 책세상, 2002, p.83)으로 보았다. 그리고 이는 헤겔의 '민족 정신' 개념으로 연결된다.

헤겔은 '민족정신'을 역사발전의 일정한 단계에 나타났던 '세계 정신의 현현'으로 보고 민족의 역사는 세계사의 관점에서 이해되지 않으면 안되며 한 민족의 역사는 전인류의 발전에 얼마나 기여했는가에 따라 평가되어야 함을 역설하고 있다.

이는 특정한 시대를 대표하는 시대정신을 제대로 고찰하기 위해선 개별 국가와 민족이 보여주는 특수한 성격 뿐 아니라 세계사를 정시(正視)할 수 있는 보편적 시각이 함께 필요함을 알 수 있게 한다.(김효석)

헤겔, 헤르더, 세계정신, 민족정신

참고문헌
J.G.헤르더, 『인류의 역사철학에 대한 이념』, 강성호 역, 책세상, 2002.
헤겔, 『역사철학강의』, 김종호 역, 삼성출판사, 1990.

시뮬라시옹(Simulation)/시뮬레이션(Simulation)

시뮬레이션은 원래 여러 가지 복잡한 과정에 대해 비슷하면서도 보다 단순한 수치적, 물리적 모델을 통해 실험과 결과를 얻어내는 기법을 가리킨다. 간단한 모델화로 보다 효율적인 문제해결기법을 통칭했던 말인데 인문학으로 오면 언어가 구체적인 것을 보편적인 것으로 변환하는 것을 이른다. 즉 표상이 실체를 대체하는 과정을 가리키는데, 이 용어가 장 보드리야르(Jean Baudrillard)에게는 표상된 것, 가상의 이미지 자체가 실체 자체를 대체하는 사태를 가리키는 말로 확대된다.

보드리야르는 근대 이전에는 기호가 개별적 주체들의 신분과 정체성을 만들어주는 고정점으로 존재했지만 근대로 들어오면 기호가 의미의 틀에서 벗어나 버리게 된다고 보았다. 우리가 흉내, 모방이라고 말할 때는 그 흉내의 행위를 가능하게 하는 실체가 반드시 전제가 되는데, 근대 사회에서는 이미지 자체의 압도적인 확산으로 인해 실제로는 존재하지 않는 대상을 존재하는 것처럼 만드는 과정이 넘쳐나게 된다. 이렇게 실체를 모방하는 단계가 사라져버린 상황을 보드리야르는 시뮬라시옹이라고 부른다.

이 시뮬라시옹의 과정을 통해 구성된 것들은 실제 존재하는 것과는 아무런 관련을 가지지 않게 된다. 그는 시뮬라시옹의 결과물을 시뮬라크르(Simulacres)로 부른다. 모조된 가짜들은 원본의 복사물이기를 거부하는 권능과 의미를 표방한다. 현실로부터 이미지의 추상물을 추출하는 과정은 반영적 이미지가 현실보다 더 본질적인 것으로 취급받으며 전통적 위상의 전도를 목도하게 된다. 보드리야르는 역사도 일련의 새로운 시뮬라시옹 영역들로 그것들은 모두 의미의 소실 내지 죽음으로 귀결된다고 본다.(이훈)

모델화, 모방, 실체, 원본

참고문헌
샌드라 헬셀 쥬디스 로스, 『가상현실과 사이버스페이스』, 노용덕 역, 세종대출판부, 1993.
장 보드리야르, 『시뮬라시옹』, 하태환 역, 민음사, 1993.
피에르 레비, 『디지털 시대의 가상현실』, 전재연 역, 궁리출판사, 2002.

시뮬라크르(Simulacrum)

플라톤 철학이 제시한 최초의 의미로서의 시뮬라크르는 가짜 복사물을 일컫는 말로서 그들이 추구하는 본질로서의 이데아와 대조되어 부정적인 의미를 내포하고 있다. 그러나 이 개념은 후에 근대의 철학자들에 의헤 새로운 의미를 형성하게 되는데 그 첫 번째가 바로 들뢰즈이다. 질 들뢰즈(Gilles Deleuze)는 시뮬라크르 속에 내면화된 발산하는 두 계열들 중, 그 어느 것도 원본이 될 수 없으며 그 어느 것도 복사본이 될 수 없다는 이론을 전개한다. 그는 플라톤 철학이 시뮬라크르를 가짜 복사물로 정의하며 자신들의 글쓰기의 로고스를 정립해나가지만, 그들의 글쓰기가 폭력적이며 술책적인 방법으로 로고스를 탈취하는 그 순간 그것 역시 시뮬라크르가 되어 버린다고 말한다. 결국 들뢰즈에게 있어 진짜와 가짜, 이데아와 시뮬라크르의 구분은 더 이상 의미 없는 것으로 인식되며 이 사상은 '객관적 진리에 대한 부정'이라는 포스트 모더니즘적 인식으로 연결된다.

또 하나의 시뮬라크르 이론은 장 보드리야르(Jean Baudrillard)에 의해 전개된다. 보드리야르에 와서 시뮬라크르 개념은 큰 변화를 겪게 되는데 그것은 바로 '원본의 상실'이다. 보드리야르는 현대 사회의 많은 시뮬라크르들이 그 원본이 없이도 존재하고 있다는 점을 지적한다. 그리고 이러한 원본과 복사본(simulation)의 경계가 모호해지며 결국 복제물들이 점차 원본을 대체하게 되는 사회가 바로 현대 사회라고 말하고 있다. 즉 하나의 코드로 같은 제품을 대량으로 생산해 수많은 복제품들을 양산하는 자본주의적인 생산양식이 경제 뿐 아니라 정치와 문화까지도 결정하는 현대 사회에서 사는 우리는 상품이 하나라 허상을 소비하고 이미지를 종교화하게 되는 것이다. 결국 시뮬라크르가 현실에 선행하게 되는 것이다. 이러한 현대적인 시뮬라크르 개념은 추상적이며 혼돈을 초래할 수 있는 면이 있으나, 자본주의 사회의 모순에 대한 적극적인 비판 이론으로서 그 기능을 발휘한다.(박명진)

시뮬라시옹, 포스트 모더니즘

참고문헌
질 들뢰즈, 『의미의 논리』, 이정우 역, 한길사, 2000.
장 보드리야르, 『시뮬라시옹』, 하태환 역, 민음사, 2001.

시뮬레이크럼 ☞ 시뮬라크르

시민(市民, Citizen, 프 Citoyen, 독 Bürger)

정치적 관점에서 시민은 민주주의적 자치를 통치의 기본질서로 하는 특정한 정치공동체에서 그 공동체가 보장하는 모든 권리를 완전하고도 평등하게 향유하는 개별 구성원을 가리킨다. 이 권리에는 공동체 구성원으로서의 기본권과 아울러 그 공동체의 정치적 의사결정에 능동적으로 간여할 수 있는 참정권이 포함된다. 인류 문명사에서 시민의 원형은 고대 그리스의 폴리스 공동체와 로마의 공화정에서 찾아진다. 그러나 그리스에서 시민의 자격은 본토 출신의 성인 남자에 한정됨으로써 혈족적·가부장적·계급적 한계를 벗어나지 못했지만, 로마는 다수의 피정복외국인의 유입으로 시민의 구성이 보다 다양하고도 이질적이 되면서 비로소 추상적 법체계 안에서 특정 규범의 준수 여부만을 요건으로 의식적으로 창출되는 시민적 정체성이 맹아적으로 등장하게 되었다. 이와 같이 공동체의 정치 권력적 주체로서 시민이라는 개념은 18세기 시민혁명에 와서 민주주의적 자결권으로 연결되면서 왕조국가체제를 타도하는 이념으로 작용하였다.

그러나 근대 사회에 들어 직접민주주의가 의회민주주의로 대체되고 자유주의적 법관념이 유포됨과 아울러 시장관계가 발전하자 19세기 시민 개념에는 자신이 직접 정치에 참여한다는 공화주의적 발상과의 연관이 엷어지면서, 국가로부터 독립적인 영역을 구성하는 시민사회를 현장으로 하여, 최소한의 기본적 자유권을 갖춘 가운데 자율적 결정에 따라 사적인 이익을 추구하면서 각종 이해관계와 갈등의 당사자로서의 개인적 법인격이라는 관념이 우세하기 시작하였다. 이에 따라 헤겔은 자신의 법철학에서 시민을 일면적 이성에 따라 전적으로 사적 이익만을 추구하는 불완전한 사회적 존재로서의 개인으로 취급하였으며, 맑스는 아예 이런 사적 이익을 추구할 생산수단을 소유하는 개인들의 집단을 부르주아 계급으로 국지화시켜 자본주의적 계급 갈등의 원인 세력으로 지목하였다.

20세기 들어 선진민주국가에서 국민국가의 존립이 전반적으로 시험대에 올라간 몇 차례의 세계 전쟁이 벌어지고 제3세계에서 정치적인 탈식민지화 과정이 이루어지면서 국가체제의 존속을 위해 대규모적인 국민 동원이 불가피해지자 시민 개념의 내포는 자유주의적 한계를 넘어 국가 차원에서 사회적 생존과 권리를 보장받을 수 있는 자격권의 보유자로 확대되었다. 이렇게 시민의 존립 상황이 국가와 밀접하게 연관되자 역설적으로 시민의 보편적 기본권이 국민국가의 영토주의 안에서 제약받는 사례가 빈번하게 발생하였으며, 또한 20세기 말에 들어와 급속하게 진전된 이른바 지구화의 추세와 충돌하면서 자유주의적 기본권인 인권의 존중을 저해시키는 요인으로도 작용하였다. 이에 따라 시민의 개념을 '국가시민'에서 '세계시민'으로 진화시키는 문제가 21세기 시민사회의 중요한 주제로 등장하였다.(홍윤기)

공/사, 공공영역, 개인, 개인주의, 시민사회

참고문헌

샹탈 무페, 「시티즌십이란 무엇인가」, 백영현 역, 참여사회연구소 펴냄, 『시민과세계』, 제3호, 2003 상반기, 당대, 2003. 9, pp.379-388.
스테판 뮬홀·애덤 스위프트, 『자유주의와 공동체주의』, 김해성·조영달 역, 한울, 2001.
울리히 벡, 『아름답고 새로운 노동세계』, 홍윤기 역, 생각의나무, 1999.

시민사회(市民社會, Civil society)

시민사회를 단순히 공동체 구성원인 시민들의 집합장으로 이해한다면 그 원시적 형태는 그리스의 폴리스나 로마 공화국일 것이다. 그러나 운영원칙에 있어서 국가와 구분되고, 자유롭고 평등한 개인들이 시민으로서 자기목적을 추구하는 자율적 영역으로서 시민사회는 철저하게 현대적인 현상이다.

근대 자유주의 정치철학에서 시민사회는 법체계를 가진 국가가 성립하기 이전에 자연권을 가진 개인들이 모여 "만인에 대한 만인의 투쟁"을 벌리거나(홉스) 자유로운 개인들이 평화롭게 공존하는(로크) 자연 상태로 묘사된다. 이런 상태에서 국가는 시민사회에서 자유롭고 동등하게 자유권을 누리는 시민들의 사회계약을 통해 성립된다. 그러나 자본주의적 산업화를 통해 경제 분야가 사회생활에서 규정적인 비중을 차지하게 되면서, 한 편으로 시민사회는 사적 개인들이 배타적으로 이익을 추구하는 시장질서에 의해 지배되고, 그 안에서 계급적 분화를 비롯하여 성, 직업, 종교, 인종, 이데올로기 등 각종 이익과 관심에 따라 다면적인 갈등 전선이 분화되는 경쟁 및 투쟁의 현장으로 변모한다. 바로 이 때문에 헤겔과 맑스는 시민사회를 근본적으로 사적 관심에 의해 지배되는 "욕구충족체계"로 파악하고, 거기에서 일어나는 갈등은 오직 국가에 의해서만, 이성적이거나 아니면 지배계급의 관심에 맞는 방향에서 폭력적으로, 조정된다고 생각하였다.

그러나 다른 한 편에서 시민사회 안에서는 국가 차원의 민주주의를 운용하는 데 절대적으로 필요한 국민적 의사 형성 과정이 진행되는 공적 영역이 각종 의사소통 매체를 기반으로 조성되기도 하면서 시민을 공민(公民)으로 작동시키는 기능이 점차 강화되는 경향도 출현하였다. 특히 국가가 행정체제를 중심으로 관료주의적으로 운영되면서 시민이 통치의 객체로 격하되고, 생활의 중심인 경제가 자본의 독점적 지배 아래 놓이면서, 권력과 자본으로부터 생활의 권리를 지키려는 보루로서 시민사회는 국가와 시장 사이에서 시민의 정치적 운명을 자율적으로 결정하는 중요한 요인으로 활성화된다.

동유럽의 탈공산화 인민혁명이 국가의 권력원칙에 대한 시민사회적 저항의 결과였다면, 21

세기 벽두에 전 세계적으로 제기된 반세계화 및 반전 시민운동은 신자유주의적 지구화와 미국의 일방주의 패권에 저항하는 세계시민사회의 태동을 예감하게 만드는 움직임이라고 할 수 있다. 이에 반해 한국의 시민사회는 국가적으로 허약한 민주주의 체제를 제도적으로 공고화시키기 위해 시민이 직접 정치적 주도권을 행사하는 아주 특이한 양상을 보이고 있다고 하겠다.(홍윤기)

개인, 시민, 공공 영역, 노동, 소외

참고문헌
존 에렌버그, 『시민사회, 사상과 역사』, 김유남 외 역, 아르케, 2002.
유팔무·김호기 엮음, 『시민사회와 시민운동』, 한울, 1993.
홍윤기, 「시민민주주의론」, 참여사회연구소 펴냄, 『시민과세계』, 창간호, 2002 상반기, 당대, 2002. 3, pp.15-37.
S. N. Eisenstadt, "Civil Society", in: S. M. Lipset ed., The Encyclopedia pf Demo -cracy Vol. 1(London: Routledge, 1995), pp.240-242.

시상(詩想) ☞ 영감

시어(詩語, Poetic diction)

시에 쓰인 언어를 시어라고 부른다. 고도의 언어예술인 시에서 언어는 핵심적인 지위를 차지한다. 그렇다고 시어가 특별히 일상어와 다른 것은 아니다. 물론 시어는 일상어와 달라서 고상하고 우아한 언어로 가려 써야 한다는 생각이 지배하던 시대도 있었다. 하지만 시어에 대한 많은 논의를 통해 이러한 생각은 근본적인 변화를 가져왔다. 시어에 대한 가장 활발한 논의는 낭만주의 시대에 이루어졌는데, 특히 워즈워스(W. Wordsworth)의 『서정민요집』 재판 서문은 그러한 변화의 중요한 전환점이었다. 워즈워스는 시어와 일상어가 다르지 않음을 반문하면서 언어의 관습적 사용을 부정하고 자연적 언어의 사용을 주장한다. 그가 말하는 자연적 언어란 진정한 감정의 언어, 일상생활에서 사용하는 언어를 말한다. 그것이 진정한 시어라는 것이다. 워즈워스의 주장은 시어의 문맥성과 상상력을 강조한 콜리지(S. T. Coleridge)와 더불어 19세기와 20세기의 문학론에 큰 영향을 미쳤다.

리처즈(I. A. Richards), 랜섬(J. C. Ransom), 테이트(A. Tate), 브룩스(C. Brooks) 등 영미 신비평가들과 야콥슨(R. O. Yakobson)을 비롯한 러시아 형식주의자들은 시를 유기적인 구조이자 자율적인 총체로 파악했다. 이들에 따르면 시어와 일상어는 본질적으로 다르지 않다. 다만 용법상의 차이가 있을 뿐이다. 시어의 특수한 용법이란 일상어가 지시적이라면 시어는 정서적이라는 것, 기호와 지시물과의 관계에서 일상어가 1 : 1의 관계라면, 시어는 1 : 1의 관계를 넘어선다는 것, 그래서 일상어가 외연적(지시적) 의미를 지니고 있다면 시어는 내포적(함축적) 의미를 지니고 있다는 것을 뜻한다. 여기에서 시어가 내포적으로 사용되었다는 것은 하나의 시어 속에 단일한 의미가 아니라 많은 의미들이 함축되어 있다는 것을 말한다. 시어의 이러한 다의성(뜻겹침)이 해석의 다양성을 만들어 낸다.

또한 시어는 독립된 낱말로 존재하는 것이 아니라 전체의 구조를 형성하는 하나의 부분이다. 따라서 전체적인 구조와 문맥 속에 놓일 때 의미가 생성된다. 이 때문에 시어는 구조적 지향성과 더불어 이미지, 상징, 은유, 리듬, 아이러니 등 언어의 여러 국면들과의 관련 속에 신중하게 선택되고 긴밀하게 조직되어야 한다. 그래야 비로소 특수한 정서적, 상상적 반응을 이끌어내면서 시어로서 존재하고 기능할 수 있다. 이것이 일상어와 다르지 않으면서도 언어의 일반적 용법과 다른 시어의 특성이다.(강경화)

구조, 러시아 형식주의, 서정민요집, 신비평

참고문헌
김준오, 『시론』, 문장, 1986.
이승훈, 『시론』, 고려원, 1985.
한국영어영문학회 편, 『영미비평연구』, 민음사, 1979.
I. A. 리처즈, 김영수 역, 『현대비평의 원리』, 현암사, 1983.

시언지(詩言志)

중국 최초의 시가총집(詩歌總集)인 『시경(詩經)』은 중국문학 및 문화 전반에 걸쳐 강력한 영향력을 행사하였다. 시경은 그 풍부한 내용과 사상 감정으로 인해, 후인들이 필히 학습해야 하는 지침서로 자리하게 되었으며 경전의 지위까지 부여받았다.

춘추전국 시대에는 음악과 관련한 시의 특징에 대한 수많은 논의가 등장하게 되었다. 그 중에서 가장 최초로 등장한 시가의 특징에 관한 논의는 『서경(書經)·우서(虞書)』편의 「순전(舜典)」에 나오는 말로, "시는 뜻을 말한 것이고, 노래는 말을 길게 늘여 읊조린 것이며, 소리는 가락에 따라야 하고, 음률은 소리와 조화를 이루어야 한다.(詩言志, 歌永言, 聲依永, 律和聲)"는 것이다. 이는 당시의 사람들이 이미 문학의 특성에 관해 비교적 명확한 인식을 지니고 있었음을 나타내 준다. 일반적으로 지(志)는 사람의 내면에 담겨있는 정감을 의미하며, 사상과 감정이라는 두 측면을 모두 포괄하고 있다. 이는 다시 말하면, 개인의 사상과 감정이 언어를 써서 표현될 때 시라는 문학 장르가 생겨나는 것이라는 것이다. 『좌전(左傳)·양공(襄公) 27년』에 "시로써 뜻을 말한다.(詩以言志)"라든가, 『장자(莊子)·천하(天下)』편에 "시로써 뜻을 말한다.(詩以道志)"라는 말 등은 모두 여기에서 파생된 개념이다. 이후에 것은 중국인에게 있어 보편적인 개념이 되었다.

여기서 지(志)의 해석에 대해서는 처음에는 정감과 사회적 지취의 두가지 뜻이 다 있었으나, 후대로 가면서 사회정치적 의미를 지닌 개념으로 해석되게 되었다. 그리고 이에 상대하여 연정설(緣情說)이 제기되었다. 시언지설은 후에 중국문학사에 정치사회적 방면으로 해석되며 지속적으로 영향을 미쳤는데, 유가 문학사상의 대표적 글인 「모시서」에도 이와 같은 의미가 강하게 내포되어 있다. 이는 후에 주로 순문학적 관점에서 시가 아름다움을 특징으로 삼는다고 한 조비(曹丕)나 육기(陸機)의 시연정(詩緣情)설과 대비되며, 중국문학사의 흐름을 이끌어가게 된다. 그리고 중국에서 문학은 사회 효용적 의미를 지니는 것과, 순수 유미주의의 두 흐름을 지니며 전개되었다. 사회교화적 관점에 무게를 두는 유가들은 후에 문이재도(文以載道)론으로 발전시키기도 하였다.(오태석)

시언지, 좌전, 모시서, 문이재도, 시연정(詩緣情)

참고문헌
임종욱, 『동양문학비평용어사전』, 범우사, 1997.
주훈초 외, 『중국문학비평사』, 중국학연구회 고대문학분과 역, 이론과실천, 1994.

시율(詩律)

시행의 연쇄적 흐름을 통해 일정한 단위 또는 요소가 규칙적으로 반복됨으로써 나타나는 소리의 질서를 율격, 격률, 시율이라고 한다. 다시 말해 운문을 이루고 있는 소리의 반복적 요소의 양식을 말한다. 따라서 시율은 운이나 음상, 음성 상징 등과는 달리 규칙 제약적인 속성을 띤다. 시는 원래 노래의 가사였으므로, 중국의 전통문학에서 시(詩)는 음악과 불가분의 관점에서 이해되어야 한다. 시경(詩經), 악부 민가들이 모두 그러하다. 이 시기의 시는 가시적(歌詩的) 단계의 시라고 할 수 있을 것이다. 그러나 시간이 흐르면서 시가는 민간 대중으로부터 귀족 문인의 손으로 넘어가게 되었고, 점차 음악적 성격을 벗어버리게 되었다. 이제는 노래로 불리는 곡조의 가사로서의 기능보다는 읊조리는 음시(吟詩) 또는 송시적(誦詩的) 단계로, 그리고 송대 이후로는 반산문적 수필과 같이 읽고 쓰는 설시적(說詩的) 단계로 옮겨 갔다. 즉 본래의 악가적(樂歌的) 단계로부터 읽혀지는 문학 장르로 진입하게 되면서 중국 고전시는 그 속성의 변질을 초래하게 된 것이다.

시율은 주로 두 번째 단계인 육조 및 당대에 꽃을 피웠다. 이러한 과정 속에서 문인들이 점차 미문(美文) 의식을 인식해 감에 따라 점차 시에 있어 보고 읽기에 적합한 법칙들이나 규칙들이 만들어지기 시작하였다. 이로써 시율(詩律), 즉 시의 작법과 규율들이 생겨난 것이다. 여기에는 불경의 번역과정에서 인식하게 된 소리 글자인 범어(梵語)의 작용도 컸다.

중국문학에 있어 시는 어떤 장르보다도 지켜야할 규율이나 제약이 많은 문학 장르이다. 이는 한자의 속성에서 기인하는 것으로, 우선 한자는 독특한 표의문자 체계를 지니고 있다. 글자 자체가 정형화되어 있고 함축적, 다의적, 유음적(類音的)이며 글자체가 복잡한 한자의 특성은 다분히 수식성이 강하고 형태미, 즉 시각미를 중시하는 경향을 생겨나게 하였다. 또한 단음절어이며 또한 성조를 지니고 있다는 특성은 두 글자 이상이 결합하여 문장을 이룰 때의 뜻의 표현뿐만 아니라 그 글자들의 음성적 조화, 즉 청각미까지 고려하게 만들었다.

제량(齊梁)시대에 들어오면서 문인들의 문학에 대한 인식의 증가 및 장르 자체의 발전 속성으로 인하여 시는 오언 내지 칠언 위주의 제언체(齊言體)로서 일정한 자수와 구식, 그리고 성률의 미를 보다 구체적으로 추구하게 되었다. 이 시기에 본격적으로 성조의 문제가 제기되었는데, 남제(南齊)의 주옹(周顒)은 『사성절운(四聲切韻)』에서, 글자를 평(平)·상(上)·거(去)·입(入)의 4성으로 구별하기 시작했고, 심약(沈約, 441-513)은 이보다 더 나아가 시의 글자간 음성적 조화를 위해 배격해야 할 여덟 가지 병폐인 팔병설(八病說)을 고안하기에 이르렀다.

시율의 기본은 음양론과 같이 대비와 균제의 법칙에 따른 평과 측의 배열이다. 당대(唐代)에 이르자 상·거·입을 측(仄)으로 삼아서, 평평한 소리와 굴곡적인 소리인 평성(平聲)과 측성(仄聲)의 상호 교차를 통해 시의 운율을 조절하는 격률이 형성되었고, 이러한 격률은 5언시와 7언시에 적용되어 율시를 탄생시켰다. 사륙문(四六文)에도 적용되어 격률문(格律文)을 만들어냈다. 한 연 속에서 두 구의 평측이 서로 교차되고, 연과 연 사이에도 평측이 교차되는 이러한 평측율 이외에도, 시에 있어서는 자음이 동일한 단어인 쌍성(雙聲)과 모음이 동일한 단어인 첩운(疊韻) 등의 음성적 효과가 더해졌다. 이와 더불어 유사 어구의 음악적 반복과 부비흥(賦比興)·압운(押韻) 등의 수사기법이 가미되어, 조화롭고 생동감 넘치며 음악미가 풍부한 작품을 만들어낼 수 있는 기반을 확립하였다.(오태석)

시율, 가시(歌詩), 송시(誦詩), **설시(說詩)**, 사성팔병설(四聲八病說), **평측**, 심약(沈約), 율시

참고문헌
임종욱, 『동양문학비평용어사전』, 범우사, 1997.
김학주, 『중국문학의 이해』, 신아사, 2000.
오태석, 『중국문학의 인식과 지평』, 역락출판사, 2001.

시이달의(詩以達意)

사마천(司馬遷, 전145-전86?)이 시가의 특징과 작용에 대해 논의하면서 제시한 관점. 『사기·태사공자서(太史公自序)』에 보인다.

"이 때문에 『예』로써 인간의 행위에 절도를 부여하고, 『악』으로써 인간 생활의 조화를 가져오며, 『서』로써 사실을 가르쳐 주고, 『시』로써 뜻을 통하게 해주며, 『역』으로써 변화의 원리를 가르쳐 주고, 『춘추』로써 대의를 가르쳐 주게 된 것이다.(是故禮以節人 樂以發和 書以道事 詩以達意 易以道化 春秋以道義)"

이렇게 사마천은 유가 경전의 특징과 사회적 효용에 대해 개괄하고 비교하였다. "『시』로써 뜻을 통하게 해준다.(詩以達意)"고 했을 때의 의(意)에 대해 사마천은 같은 글에서 좀더 상세하게 설명을 가한다. "『시경』3백 편은 대개 성인과 현인이 발분해서 지은 것이다. 결국 사람이란 누구나 마음 속에 뜻이 울연히 맺혀 있어서 그 도에 통달할 수 없었던 것이다. 때문에 지난 일을

기술해서 앞으로 올 사람을 생각하였다.(詩三百篇 大抵賢聖發憤之所爲作也 此人皆意有所鬱結 不得通其道也 故述往事 思來者)" 이를 통해 사마천이 말한 의는 사상과 감정을 뜻하고, 이 사상과 감정은 작자가 현실에서 생활하면서 느껴 밖으로 드러내지 않을 수 없는 것을 말한다는 사실을 알 수 있다. 이 때문에 '시이달의'는 시가의 특징과 작용은 사상과 감정을 표출하는 데 있음을 설명한다고 볼 수 있다. 사마천은 다시 시는 산천초목이나 짐승 따위의 구체적인 사물을 기술함으로써 작자의 사상과 감정을 표현하는 양식이라고 주장한다. 사마천의 시이달의설은 시언지설(詩言志說)과 사달설(辭達說)을 계승하여 발전시킨 논리이다.(임종욱)

사마천(司馬遷), **태사공자서**(太史公自序), **시언지설**(詩言志說), **사달설**(辭達說).

참고문헌
임종욱, 『동양문학비평용어사전-중국편』, 범우사, 1997.
_____, 『중국의 문예인식』, 이회, 2001.
_____, 『중국문학에서의 문장체제 인물 유파 풍격』, 이회, 2001.
주훈초, 『중국문학비평사』, 이론과실천, 1992.

시인 전기영화(Poet biopics)

전기(傳記)영화를 비오픽스(Biopics)라고 한다. 바이오그래피컬 픽처(영화)를 축약한 말이다. 전기 영화는 실존 인물의 전기적 삶을 극적으로 재구성한 것이다. 관객의 호기심을 자극하고, 타인의 독특한 삶의 양태를 엿봄으로써 느끼는 즐거움을 얻을 수 있으며, 또한 개인의 삶의 발자취가 정치사회적인 메시지를 전달하는 수단이 된다는 점에서, 그것의 의의를 살펴볼 수가 있다.

전기영화에는 역사적 위인이나 영웅, 순교자, 정치가, 예술가, 갱, 악당, 스포츠 맨, 가수 등등의 다양한 캐릭터가 존재한다. 전기영화 가운데 문학적인 의미를 지닌 것은 문인이 등장하는 경우가 되겠는데, 그 중에서도 실제인물이었던 시인이 등장했던 경우가 각별하게 주목되고 있다.

아르튀르 랭보와 폴 베를렌이 주인공으로 등장하고 있는 「토탈 이클립스(Total Eclipse)」는 인습과 통념의 벽을 뛰어넘는 육체적 자유의 갈망과, 동성애를 통한 시적 에로스의 체험이라는 사뭇 이색적인 주제의식을 추구하고 있다.

파블로 네루다의 생애 중에서 우편배달부와의 우정을 묘사한 영화 「일 포스티노(Il Postino)」는 지중해의 아름다운 풍광을 배경으로 한 평온한 목가주의(pastoralism)가 잘 배어 있다. 루이스 바칼로프의 사운드 트랙이 이 영화의 순수한 감동을 더해주고 있다는 점에서, 그것은 영상의 서정시를 잘 구현하고 있다.

「그라나다에서의 죽음(Death in Granada)은 시인이면서 스페인의 국민적 영웅으로 존경받는 페데리코 가르시아 로르카의 죽음을 둘러싼 진실 찾기의 도정을 제시하고 있는 영화이다. 정치권력의 야만적 폭력성에 희생된 시인의 역을 앤디 가르시아가 맡아 로르카의 실제 분위기를 적절히 재현하였다.(송희복)

시인 전기영화, 비오픽스, 랭보, 베를렌, 파블로 네루다, 목가주의, 로르카

참고문헌
잭 엘리스, 『세계 영화사』, 변재란 역, 이론과 실천, 1996.
송희복, 『영화, 뮤즈의 언어』, 문예출판사, 1999.

시인추방론(詩人追放論)

시인추방론은 플라톤이 『국가』에서 주장한 것으로 예술의 모방적 특질과 시의 부정적 측면을 비판한 것이다. 플라톤은 시의 모방은 진리와 무관하며, 시인은 시민을 현혹시켜 이성적 판단력을 흐리게 하기 때문에 시인들을 추방해야 한다고 주장한다. 이를 위해 플라톤은 세 종류의 침대를 들어 설명한다.

침대에는 신이 만든 이데아의 침대와, 제작공이 만든 개별적인 침대와 제작공의 침대를 모방하여 만든 시인(화가)의 침대가 있다. 제작공들은 이데아 그 자체를 만드는 것이 아니다. 그들은 진실로 존재하는 것을 만드는 것이 아니라 존재하는 것과 유사하지만 존재하지 않는 것을 만든다. 그런데 화가와 시인들은 제작공이 만든 가상을 다시 모방한다. 그렇기 때문에 시는 본성(이데아)로부터 3단계나 떨어져 있고 진리는 그만큼 멀어진다는 것이다. 시란 이처럼 모방술에 불과한데, 모방은 열등한 것으로서 열등한 것과 결합하여 열등한 것을 낳는다. 따라서 시인은 인간을 훌륭하게 교육하고 선량하게 만들 수 없다고 말한다.

플라톤은 이상적인 국가에서 이러한 시인은 추방되어야 한다고 주장한다. 시인은 진리로부터 멀리 떨어져 있는 작품을 만들어 낼뿐만 아니라 그가 모방하는 것 외는 알지 못하면서도 아름답게 보이는 것만을 모방하기 때문이며, 건전하지도 진지하지도 않은 일을 위하여 청중들의 분별력을 손상시키기 때문이다. 또한 감정은 이성을 통해 통제되어야 하는데 시는 오히려 감상적 쾌락을 제공한다는 것이다. 그래서 시가 제공하는 애욕, 분노, 슬픔, 쾌락 등이 모든 사람들에게 인정되어온 법률과 원칙을 대신하게 한다는 점을 들어 훌륭한 제도와 법률을 가져야 할 국가에서 시인들을 추방하는 것은 정당하다는 것이다.

플라톤의 시인추방론은 시가 국가와 인간 생활에 유익해야 한다는 공리적 효용성을 담고 있다. 이러한 생각은 시의 모방을 긍정적으로 평가하면서 시인을 옹호한 아리스토텔레스와 대조적이다.(강경화)

모방, 아리스토텔레스, 이데아, 플라톤

참고문헌
박종현 편저, 『플라톤』, 서울대학교 출판부, 1993.
플라톤, 「플라톤 시론」, 천병희 역, 『시학』, 문예출판사, 1984.
_____, 『플라톤의 국가 ·정체(政體)』, 박종현 역주, 서광사, 1997.

시장(市場, Market)

시장(market)이란 재화·용역의 수요와 공급이 만나서 가격이 결정되고 거래되는 장소 또는 메커니즘을 말한다. 그러나 시장의 개념은 거래상품, 형태, 존재방식, 거래방식, 수요자와 공급자수의 관계 등에 따라 다양한 의미를 지니고 있으며 종류도 아주 많다. 거래상품에 따른 농산물시장, 수산물시장, 금융시장, 주택시장 등이 있으며, 존재방식에 따른 정기시장과 상설시장, 거래방식에 따른 직접거래시장과 장외시장 등이 있고, 수급되는 상품·용역의 종류에 따라 생산요소시장과 생산물시장이 있다. 생산요소시장은 노동시장과 자본시장으로, 생산물시장은 다시 소비재시장과 자본재시장으로 나누어진다. 또한 수요자·공급자수와 그 연관 방법에 따라 완전경쟁·독점·과점·독점적 시장으로 구별되는 등 다양한 형태로 존재한다.

원래 시장은 제본즈(W. S. Jevons)의 개념대로 식료품 및 기타 물품이 매매되는 공공장소서의 구체적 시장을 의미한다. 그러나 통신·유통의 발달과 신용거래의 증가로 국내시장, 세계시장, 금융시장, 선물(先物)시장, 장외시장 등 특정한 장소의 개념이 사라진 추상적 시장이 급격하게 늘어나는 추세이다. 다시 말해 현대의 시장형태는 구체적 시장의 추상화 경향이라고 할 수 있다. 경제학의 입장에서도 시장은 특정한 장소라기보다는, 상품에 대한 수요와 공급에 관한 정보가 교환되고 그 결과로 상품이 매매되는 매개체로 본다.

추상적 시장의 확대와 더불어 지식정보화를 기반으로 한 현대사회의 중요한 변화는 문화산업시장의 중요성이 증대되고 있는 현상을 들 수 있다. 문화산업은 특정한 이데올로기를 전파하는 수단이기도 하지만 이윤을 창출할 효과적인 수단이기도 하다는 점에서 당연한 현상이다.

특히 시장을 현대사회의 문화체계와 관련하여 파악할 때 주목할 현상은 시장이 '소비'라는 새로운 사회적·문화적 약호(code)로 자리 잡고 있다는 사실이다. 시장은 소비가 이루어지는 장소이다. 기호의 세계로 현대의 문화현상을 설명하는 보드리야르(Jean Baudrillard)에 따르면 소비가 현대생활의 중심에 자리하고 있다. 소비는 욕망이자 우리의 문화체계 전체가 기초를 두고 있는 체계적 활동 및 포괄적 반응의 양식이다. 백화점과 그리고 진열된 상품과 거대한 테크노크라트(technocrat)적 기업들은 소비자들에게 억제할 수 없는 욕망을 불러일으킨다. 생산자는 소비자들의 욕망을 자극하는 물건들을 생산하고, 매스컴과 광고는 소비자의 욕망을 불러일으키기 위한 기호를 창출하는 것이다. 따라서 현대 자본주의 사회는 기호를 욕망하고 기호를 소비하는 '소비의 사회'이다. 이것을 보드리야르는 코드(lange)가 지배하는 시뮬라시옹(simul -ation)의 시대라고 말한다.(강경화)

문화산업, 소비의 사회, 시뮬라시옹, 코드(code)

참고문헌
조성환, 『신경제원론』, 법문사, 1983.
조순·정운찬, 『경제학원론』, 법문사, 1996.
장 보드리야르, 『소비의 사회』, 이상률 역, 문예출판사, 1992.

시적 광기

미메시스를 통한 예술을 주장했던 플라톤은 『파이드로스』에서 그와는 상반되는 것처럼 보이는 광기(mania)를 내세운다. 보통 광기(madness)로 해석되지만 정신질병적 상태와는 다르며 영감(enthusiasm) 또는 열정(passion)의 의미도 동시에 가지고 있다. 플라톤은 광기를 일상적인 습관에서 신적인 것으로 이탈하는 데서 생긴다고 보았으며 광기를 불러일으키는 신들을 따라 이를 다시 네 가지로 구분한다. 아폴론에 의한 예언적 광기, 디오니소스에 의한 신비적 광기, 아프로디테와 에로스에 의한 사랑의 광기 그리고 무사(muse)에 의한 시적 광기가 그것인데 여기서 처음으로 시적 광기가 언급된다. 플라톤은 시인들이 시적 광기를 통해 영웅들의 업적을 찬양함으로써 일종의 교훈을 줄 수 있는 힘으로 여겼으나 점차 시인들의 창조적인 힘의 원천으로서 인식의 폭이 넓어진다. 특히 현대의 시인들에게서 자주 발견되는 내적 갈등의 양상이나 자아에 대한 분열적 인식, 또는 현실에 대한 도착(倒錯)적 묘사나 태도 등은 시적 광기와 밀접한 연관을 가지고 있다. 따라서 시적 광기는 현대에 와서 시인 자신들이 고유한 작품 세계를 만들기 위해 일반적인 가치관이나 합리적인 이성에 대한 반작용이 의식적으로 부른 예술적 영감을 폭넓게 지칭하게 되었다. 또한 그와 동시에 시인들의 고유한 정신세계를 엿볼 수 있는 측면이기도 하다.(남승원)

플라톤, 파이드로스, 영감, 열정

참고문헌
플라톤(조대호 옮김), 『파이드로스』, 문예출판사, 2008.
이준오, 『랭보의 세계』, 숭실대학교출판부, 1993.

시적 리얼리즘(Poetic realism)

프랑스 영화가 1930년대 후반 쪽으로 기울어져 갈수록 점차 유례없는 황금기를 구가하게 되는데, 그것을 두고 시적 리얼리즘의 물결이라고 말해진다. 그것은 1930년대 프랑스 사회의 시대적, 혹은 환경적 조건을 프랑스적인 방식으로 재현하기 위해, 발성영화라는 새로운 매체에 열정적으로 접근하면서, 서민의 정서, 소시민적인 세태와 생활감정을 여실하고 충실히 보여준 사조라고 하겠다. 시적 리얼리즘이란 용어는, 현실성을 추구하되 현실적인 표현들을 우회해서 형성하는 비일상적인 영상의 문법을 추구하는 사조 정도로 이해하는 것이 좋을 듯하다.

최고의 시적 리얼리스트는 장 비고(Jean Vigo)였다. 그는 29세의 나이로 요절했고 4편의 영화밖에 남기지 않은 비운의 시네아티스트였다. 그의 장편 영화 「품행제로」와 「라탈랑트」는 사후의 커다란 명성을 얻게 된 바 시적 리얼리즘 영화의 명편이다. 특히, 서정적 상태로부터 광적 상태에 이르는 인간의 다양한 모습을 보여주고 있는 「라탈랑트」는 시적 리얼리즘의 미학적 이념을 가장 이상적인 방법으로 실천한 영화라고 할 수 있다.

마르셀 카르네(Marcel Carne)의 「안개 낀 부두」와 「여명」, 줄리앙 뒤비비에(Julien Duvivier)

의「망향」, 장 르누아르(Jean Renoir)의「위대한 환상」등은 프랑스 시적 리얼리즘 영화가 이룩한 빛나는 금자탑이다. 이러한 영화들은 우리나라에도 일찍이 소개되어 관객들의 심금을 울려 놓았다.

가장 전형적인 시적 리얼리스트라고 할 수 있는 카르네는 시인 자크 프레베르의 시정(詩情) 넘치는 대사에 크게 의존했다. 그의 영화를 통해 장 가뱅과 미셸 모르강은 프랑스인들의 전설적인 연인으로 자리 잡고 있다.

요컨대, 프랑스 시적 리얼리즘 영화는 내용적으로 소시민적, 대중적 정서에 공명하는 측면을 성격화하는 데 기여했으며, 형식적으로는 서정적인 영상 미학의 양식화와, 리얼리티에 대한 창조적 언어의 계발에 질적인 변화를 추구했다.(송희복)

장 비고, 마르셀 카르네, 자크 프레베르, 장 가뱅

참고문헌
이용관, 전양준 엮음, 『세계영화작가론 · I』, 이론과 실천, 1994.
송희복, 『영화, 뮤즈의 언어』, 문예출판사, 1999.
임정태 외, 『세계영화사 강의』, 연세대 출판부, 2001.
김호영, 『프랑스 영화의 이해』, 연극과 인간, 2003.

시적 정의(詩的 正義, Poetic justice, 독 Poetische Gerechtigkeit)

시나 소설 속의 권선 징악인과 응보의 사상으로 19세기 후반 영국의 문학 비평가이며 프랑스 형식주의 · 신고전주의 비평 원리를 영국에 소개한 토머스 라이머가 쓴 말로 여러 등장인물들의 선행이나 악행에 비례하여 작품 마지막에서 속세의 상과 벌을 내리는 것을 가리키기 위하여 만들어 낸 용어이다. 그는 '시적 정의'(poetic justice)란 극의 행위가 개연성과 합리성을 가지고 도덕적 훈계와 예증으로 교훈을 주어야 하며 인물들은 이상형이거나 그들 계층의 일반적인 대변자로서 행동해야 한다고 주장했다.

또한 詩(연극의 비극까지도 포함되는 의미에서)는 독립된 영역이므로 그 자신이 지니고 있는 適正律(Decorum)과 도덕의 높은 원칙(道德律)에 의해 지배 되어야지, 현실 세계에서 사물의 이치의 지배 되어서는 안 된다고 했다.

이것은 말할 것도 비극의 주인공이 자신의<비극적 결함>(Tragic Flaw)으로 받게 되는 더 큰 비극적 受難(tragic suffering)을 불가능하게 만들기 때문에 라이머의 시대 이후 이 원칙은 비평가나 작가들의 동의를 얻지 못했다.

라이머는 1678년에 쓴 『마지막 세기의 비극 The Tragedies of The Last Age』에서는 제임스 1세과 극작가 보먼트와 플레처, 존 밀턴의 <실락원 Paradise Lost>을 비난했다. 1693년 출판한 『비극의 단상 A Short View of Tragedy』에서 나타난 신고전주의 경향은 극단적으로 흘렀는데 심지어 셰익스피어의 『오셀로 Othello』를 "소금이나 향신료가 가미되지 않은 단지 피비린내 나는 소극(笑劇)"이라고 비난했다. 이 작품에서 작가는 모든 근대극을 거부했고 아이스킬로스의 희랍극으로 다시 돌아갈 것을 주장했다.

라이머는 18세기에 영향력 있는 작가였으며 작품은 존 드라이든이 자신의 극이론을 재정립하는 데 자극을 주었다. 알렉산더 포프는 그를 학식 있고 완고한 인물이라고 평했다. 그러나 19세기에 들어와서는 비웃음을 받게 되어 토머스 배빙턴 매콜리는 그를 역사상 최악의 비평가라고 평했다. 1692년에 궁정 역사편찬가로 임명되어 윌리엄 3세 정부가 영국의 모든 조약들의 복사본을 편찬하기로 결정했을 때 그 계획의 편집자로 발탁되었다. 1101~1273년 동안의 조약을 편집한 제1권은 1704년, 1543~86년에 편집한 제15권은 죽은 해인 1713년에 출판되었다. 그 뒤로도 5권이 더 나왔다.<조약 Foedera>이라고 제목을 단 이 저작은 다소 결점이 있지만 상당히 가치 있는 업적으로 기록된다.

Introduction to The Critical Works of Thomas Rymer, ed. Curt A. Zimansky (1956); M.A. Quinlan, Poetic Justice in the Drama(1912)(홍용희)

시적 허용(詩的 許容, Poetic licence, 프 license poétique, 독 Dichterische Freiheit)

시는 인간의 다양한 감정과 정서를 섬세하게 표출하는 문학이기 때문에 시 창작에 있어서 인간의 감정은 인간이 만들어 놓은 어휘보다 더 섬세한 예술적 효과를 얻기 위하여 용인된 기준에서 벗어날 수 있다는 가정으로서 문법, 어법, 리듬, 운(韻), 역사적 사실 등에서 이탈의 구실로 인용된다. 이를 시적허용 또는 시적자유, 시적 파격(詩的破格)이라고 한다.

'먼산'을 '머언 산'으로, '우리 어머니'를 '울엄매'로 표현한 것은 언어의 음악성이나 어감의 차이에 의해 섬세한 정서를 드러내는 시적 허용의 예이다.

드라이든은 이를 '모든 시대를 통하여 시인들이 스스로 가지고 있다고 생각하는 엄격한 산문으로서는 표현할 수 없는 것을 운문으로서는 말할 수 있는 자유'라고 정의했다.

이러한 경우 그 문법적 질서 체계를 벗어날 수가 있다. 그러나 이러한 시적 허용은 특별한 미적 성과가 기대될 때 이루어지는 것으로, 작가의 미숙이나 기교상의 무능력을 변명해 줄 수 있는 것은 아니다.

우리가 인정해야만 하는 '허용'의 종류는 기교상의 무능력이나 참신한 그 자체를 위한 참신함 그 어느 것을 포용하는 것이어서는 안 되고, 다만 내적 외적 현실에 대한 보다 예리한 인식을 가져다주는 탈선 바로 그것이어야 한다. 많은 작가들이 심지어는 산문 작가들까지도 이 점에 동의하곤 하였다. 예를 들어 Conrad는 '(이른바) 문장이 지니는 자연스러운 질서로부터 이탈하여 문장을 전개시켜 나가는 것은 정신에 대하여 빛을 조명해 주는 것'(the development of ...... phrases from their(so-called) natural order is luminous for the mind)이라 진술하였던 것이다.

시적 허용의 정당화를 추구하려는 가장 철저한 시도는 러시아의 형식주의자들과 Prague의 구조주의 비평학파에 의해서 이루어졌다.

　예)서정주의 국화 옆에서

　그립고 아쉬움에 가슴 조이던/머언 먼 젊음의 뒤안길에서/인제는 돌아와 거울 앞에 선/내 누 님같이 생긴 꽃이여

　(홍용희)

시점(視點, Point of view, 프 Point de vue, 독 Perspektive)

　하나의 이야기가 서술자에 의해 이야기되는 방식, 또는 서술자가 작중 상황을 독자에게 전달 하는 방식을 의미한다. 전통적으로 이러한 시점에는 두 가지 개념이 포함되어 왔다. 하나는 작 중 상황을 바라보는 방식이며, 다른 하나는 작중 상황을 말하는(전달하는) 방식이다.

　사실, 봉건 시대의 고전 소설이나 중세 서구의 로만스(기사도소설)는 대개 전지적 시점을 취 했을 뿐, 시점의 형태가 다양하지 않았다. 그러나 근대 소설의 시기에 들어와 시점의 다양한 형 태들이 나타났다. 이는 시점이 일종의 이야기 기법으로 개발되어왔음을 알려준다.

　그러나 시점의 기능에 대해 명확하게 의식한 것은 헨리 제임스 이후이며, 1920년대 중반에 러보크에 의해 처음으로 이론적인 정리가 이루어졌다. 러보크는 시점을 "서술자와 스토리의 관 계"로 규정하면서, 서술자가 그 자신의 시각으로 작중 상황을 바라보고 말하는가 아니면 작중 인물의 시각으로 바라보고 말하는가를 기준으로 소설의 서술을 회화적 방법(말하기)과 극적 방 법(보여주기)으로 나눈 바 있다. 이후 시점 이론은 백가쟁명이라 할 정도로 다양하게 논의되어 왔다.

　이후 1960년대까지 시점 문제를 탐구한 것은 주로 영·미의 소설 이론가들이었는데, 루보미 르 돌레첼이나 워렌과 브룩스 등에 의해 기본적인 시점 유형이 구분되었다. 일례로 워렌과 브룩 스는 "말하는 이가 누구인가/인물의 심리에 침투하는가"를 기준으로, 1인칭 주인공 시점(서술 자와 인물의 일치-주인공 자신의 심리), 1인칭 관찰자 시점(서술자와 인물의 일치-주인공의 심 리 침투 불가능), 전지적 시점(서술자와 인물의 불일치-인물의 심리 침투), 3인칭 관찰자 시점 (서술자와 인물의 불일치-인물의 심리 침투 불가능) 등으로 나눈 바 있다. 이러한 구분은 시점의 가장 상식적인 유형으로 인정받아온 것이다.

　1970년대 이후 시점은 서사학의 중심적 범주로서 새로운 변화를 맞게 된다. 제라르 쥬네트의 제안은 그 계기를 이루었는데, 그는 시점에 대한 대부분의 이론적 작업들이 서술법(mood)과 태 (態, voice) 사이의 혼란을 겪고 있다고 지적하면서, '누가 작중 상황을 보는가'와 '누가 작중 상황 에 대해 말하는가'의 차원을 구분할 필요가 있다고 하였다. 그리하여 쥬네트는 작중 상황에 대 한 시각의 문제를 좁은 의미의 '시점' 또는 '초점화' 차원으로, 작중 상황을 전달하는 목소리의 문제를 '서술' 차원으로 분할하여 다룰 것을 제안하였다. 이후 미케 발을 비롯한 서사학에서도

쥬네트의 제안은 부분적인 수정은 있었지만 그 근간은 유지되었다.

이처럼 초점화 차원과 서술 차원을 구분함으로써, 전지 시점과 제한적 전지 시점(인물 제한 시점) 같은 시점의 세부 형태들이 구별될 수 있게 되었다. 곧 제한적 전지 시점은, 초점화의 차원에서는 특정한 한 인물이 초점자이지만, 서술의 차원에서는 3인칭 서술자가 말하고 있는 시점인 것이다.

한편 '누가 보는가'와 '누가 말하는가'를 중심으로 한 시점의 기본적 규정에 '어떻게 바라보는가' 곧 작중 상황을 바라보는 관념적 태도의 문제를 시점 논의에 포함시켜야 한다는 논의도 전개되었다. 바흐친에게서 시작한 이러한 논의는 우스펜스키에게서 본격화되는데, 그는 시점 개념을 이데올로기적 차원, 심리적 차원, 시ㆍ공간적 차원, 어법적 차원의 네 차원으로 이해하려 한다. 이 가운데 이데올로기적 차원이 서술자의 관념적 태도를 지칭한 것이다. 이밖에 로저 파울러와 로버트 바이만도 작가(서술자)의 관념적 태도를 시점 논의에 포함시켜야 함을 주장한 바 있다. 이러한 상황에서 수잔 랜서는 기존의 정통적인 시점 이론과 서술자의 관념적 태도를 포함하는 시점 이론을 종합하려 했다. 그녀는 시점을 지위(status), 접촉(contact), 태도(stance) 등의 심층적 기준으로 구분하고, 그에 따른 시점 분석의 방법을 제시하였다.

한국 소설사에서 시점을 처음으로 문제삼았던 작가는 김동인이다. 그는 일본의 작가 이와노 호우메이의 묘사론을 빌어와, 일원묘사ㆍ다원묘사 등의 근대적 시점론을 개진한 바 있다. 김동인이 말한 일원묘사는 제한 전지 시점에 해당하는 것이며, 다원 묘사는 제한 전지 시점의 초점자가 여러 인물로 이동하는 것을 가리킨다.(장수익)

서술자, 거리, 초점화, 서사학, 일원묘사

참고문헌

N. Friedman, 'Point of View in Fiction', Form and Meaning in Fiction, Univ. of Georgia Press, 1975.

P. Lubbock, 『소설기술론』, 송욱 역, 일조각, 1960.

G. Genette, 『서사 담론』, 권택영 역, 교보문고, 1992.

M. Bal, Narratology : Introduction to the Theory of Narratives, Univ. of Toronto press, 1985(『서사란 무엇인가』, 한용환ㆍ강덕화 역, 문예출판사, 1999).

W. C. Booth, 『소설의 수사학』, 최상규 역, 새문사, 1985.

B. Uspensky, 『소설 구성의 시학』, 김경수 역, 현대소설사, 1992.

S. Lanser, The Narrative Act : Point of View Prose Fiction, Princeton Univ. Press, 1981.

한국소설학회 편, 『현대소설 시점의 시학』, 새문사, 1996.

시젠슈기(自然主義)

시젠슈기(しぜんしゅぎ)는 '자연주의'의 일본식 발음이다. 그러나 단순히 발음상의 문제가 아니라 일본적 자연주의를 의미한다. 철학적 의미의 자연주의는 자연과학적인 설명의 범위를 넘어선 존재를 인정하지 않는 입장으로 관념론에 대립하는 과학주의나 유물론에 가깝다. 문학상의 자연주의는 19세기 사실주의(寫實主義)의 뒤를 이어 나온 것으로, 콩트(A. Comte)ㆍ텐(H.

A. Taine)의 과학적 실증주의와 베르나르(C. Bernard)의 『실험의학연구서설』(1865)의 영향을 받은 졸라(Émile Zola)에 의해 형성되었다. 졸라, 모파상 등 자연주의자들은 분석과 해부, 관찰과 실험 등 자연과학적인 방법에 의해 인간과 현실을 이해하는 데 목적을 두었다.

그런데 자연주의는 각 나라의 사회·문화적 특성에 따라 다양한 양상으로 나타나게 된다. 일본 역시 서구적 자연주의와는 다른 독자적인 특성을 지니고 있다. 일본의 자연주의는 러일전쟁(1905)을 전후하여 모리오가이(森鷗外), 고스이 덴가이(小杉天外), 하세가와 덴케(長谷川天溪), 나가이 가후(永井荷風) 등에 의해 도입되었다. 졸라의 영향을 받은 고스이 덴가이(小杉天外)의 「첫모습(はつ姿)」과 「유행가(はやり歌)」, 나가이 가후(永井荷風)의 「지옥의 꽃(地獄花)」 등은 초기 일본 자연주의를 이끈 작품이다.

자연주의의 이론적 지도자는 시마무라 호게쓰(島村抱月)였다. 그는 하세가와 덴케((長谷川天溪)의 「현실폭로의 비애(現實暴露の 悲哀)」(1908)와 더불어 자연주의문학론을 체계적으로 전개한 「문예상의 자연주의(文藝上の 自然主義)」(1908)와 「자연주의의 가치(自然主義の 價値)」(1908)로 자연주의 문단의 획을 그었으며, 사마자키 도손(島崎藤村)의 『파계(破戒, ほかい)』(1906)와 다야마 가타이(田山花岱)의 「이불(蒲團, ふとん)」(1907)에 이르러 자연주의 문학이 확립되었다. 이들의 작품은 사회적 문제보다는 개인의 내면을 파고드는 사소설의 형태를 취하고 있는데, 정밀한 묘사와 거침없는 폭로를 통해 일본 자연주의 문학의 대표적인 위치를 차지하였다. 이들 외에 도쿠다 슈세(德田秋聲), 무네 하쿠초(正宗白鳥), 이와노 호메(岩野泡鳴) 등의 활약을 들 수 있다.

그러나 서구와 같은 과학적 실증정신의 토대가 미약했던 일본 자연주의는 서구의 사회소설적 성격과는 다른 방향으로 전개된다. 그래서 통속적인 일상을 중심으로 보잘 것 없이 작은 인간의 어두운 생활과 추한 심리를 폭로하는 데에 치중하게 된다. 이 때문에 일본 자연주의문학은 점차 자전적 생활을 바탕으로 내면심리를 정교하게 묘사하는 일본 특유의 형태인 사소설화(私小說化)와 심경소설화(心境小說化) 되어갔다.

이에 대한 반동으로 반자연주의 문학이 나타났는데, 유미적인 탐미파(眈美派, たんびはぶんがく), 인생을 여유있게 바라보는 여유파(餘裕派, よゆは), 아쿠타가와 류노스케(芥川龍之介, あくたがわりゅうのすけ)로 대표되는 이지주의(理知主議), 이상을 추구하는 백화파(白樺派, しらかばは) 등이 그것이다. 하지만 자연주의 문학은 일본 근대문학의 기반을 확고히 하는 데 획기적으로 기여했으며, 시와 희곡에는 물론 그 이후의 문학에도 커다란 영향을 미쳤다. 한국의 자연주의 역시 일본의 영향으로 과학적 실증과 실험정신보다는 자아와 개성을 확립하는 방향으로 전개되었는데, 염상섭의 「개성과 예술」(1922. 4)이 대표적인 경우이다.(강경화)

사소설, 사실주의, 심경소설, 자연주의

참고문헌

김윤식, 『근대한국문학연구』, 일지사, 1983.
신현하, 『개정판 일본문학사』, 보고사, 2000.
임종석, 『일본문학사』, 제이앤씨, 2004.

시조(時調)

한국 고유의 단형 정형시. 전통적 양식 가운데 가장 오랫동안 많은 사람들에 의해 창작·가창되었다. 3장 12구로 이루어진 간결한 형식, 절제된 언어, 시상의 흐름을 알맞게 통제하면서도 개별적 변이를 소화해내는 서정구조와 담백·온아한 미의식을 특징으로 한다.

본래 시조는 단가(短歌)라 하여, 장가(長歌: 고려가요·경기체가 등)에 비해 상대적으로 짧은 형식의 노래를 의미했는데, 영조(英祖) 시대를 풍미한 가객(歌客) 이세춘(李世春)에 의해 '시조'라는 명칭이 널리 쓰이게 되었다. 당시의 시조는 '시절가조(時節歌調)', 즉 유행가의 약칭으로서 시절가(時節歌)·신조(新調)·시조(詩調) 등으로 불리기도 했다. 19세기 이후 그 호칭이 시조 하나로 굳어졌고, 1920년대 시조부흥운동 이후에는 음악적 성격이 탈각된 채 시형식의 명칭으로만 쓰이게 되었다.

시조의 형식적 특성은 종장의 첫 두구에 있다. 종장의 첫구는 '어즈버' '아해야'같은 감탄사로 시작되고, 둘째구는 5음보 이상으로 유장하게 끌어 시상을 고조시킨 다음 셋째, 넷째구에서 마무리한다. 이런 독특한 틀의 연원은 신라 향가(鄕歌)의 삼분절 형식이나, 고려 가요의 4음보 형식에서 찾을 수 있는데, 그 완성된 틀은 고려 말기에 이루어졌으리라 추정된다.

조선시대는 시조가 본격적으로 융성·발전한 시기였다. 간결·담백하게 절제된 시조의 언어와 형식이 사대부층의 미의식과 부합하였던 바, 시조는 한시(漢詩)만으로는 표현할 수 없는 내면의 감흥과 정취를 노래하는 표현형식으로 사대부들 사이에서 널리 확산되었다.

17세기 후반 이후 중인가객들이 시조의 새로운 담당층으로 부각되면서 『청구영언』(김천택)과 『해동가요』(김수장)같은 가집(歌集)이 간행되었고, 그와 더불어 경험과 감정을 표현하는데 있어 시조는 한시보다 더 가치있는 장르로 인식되기 시작했다. 그와 더불어 시조의 내용은 애정과 별리, 인정물태(人情物態), 사회비판 등 다양한 영역으로 확산되었다. 중장이 대폭 확장된 사설시조가 융성한 것도 이때이다.

20세기 초반인 근대계몽기에 들면, 시조는 저널리즘의 흥성 속에서 유흥적 장르의 틀을 벗어나 애국적 정서와 문명예찬의 내용을 담은 '계몽시조'로 변환한다. 특히 『대한매일신보』와 『대한민보』에 집중적으로 연재되면서 계몽활동의 한 축을 담당하였다. 이후 1926년에는 프롤레타리아 문학에 대립하여 국민문학론이 대두되면서 시조부흥운동이 전개되어, 최초의 현대시조집인 육당의 『백팔번뇌(百八煩惱)』가 발간되기도 하였다. 하지만, 자유시가 주류로 부상함에 따라 그 세력이 현저하게 위축되었고, 지금은 현대시조라는 이름으로 면면히 명맥을 유지하고 있

다.(고미숙)

평시조, 엇시조, 사설시조, 청구영언, 해동가요, 가곡원류

참고문헌
최진원, 『국문학과 자연』, 성대출판부, 1977.
김홍규, 『한국문학의 이해』, 민음사, 1986.

시조부흥론(時調復興論)

시조부흥론은 1920년대 중반 국민문학파가 민족정신을 살리고 프로문학에 대항하기 위하여 실천방안으로 제창한 문학운동의 일환이다. 시조부흥운동은 최남선, 이광수 등이 주장했던 것을 염상섭, 양주동, 이병기, 조운, 이은상 등이 주축이 되어 프로문학과 적극적으로 맞서면서 활발하게 전개된다. 프로문학과 대립하기 위해 성립된 민족주의문학은 프로문학의 '계급'에 대해 '민족'으로 대항했다. 그것이 조선주의를 바탕으로 한 국민문학론의 형태로 나타났는데, 시조부흥운동은 조선심, 조선혼 등 민족의 역사와 전통을 강조했던 국민문학파의 조선주의를 대표하는 실천운동이었다. 시조는 시대와 계급을 초월하여 조선민족만이 가질 수 있고, 조선의 민족정신을 발견할 수 있는 문학양식이었기 때문이다.

최남선은 『백팔번뇌』(1926)를 통해 전통계승의 입장을 보여주면서 「조선국민문학으로의 시조」(1926)와 「시조태반으로의 조선민족성과 민속」(1926)에서 조선의 필연적 양식인 시조를 국민문학의 실천양식으로 제시한다. 최남선에서 시작된 시조부흥운동은 이병기의 「시조란 무엇인고」(1926), 염상섭의 「시조에 관하여」(1926), 조운의 「병인년과 시조」(1927), 김영진의 「국민문학의 의의」(1927) 등의 글에서 시조의 국민문학적 의의와 시조부흥의 중요성이 강조되었다. 하지만 시조부흥운동 초기에 창작된 시조는 평시조의 계승에 집중되었으며 기존 형식의 답습에서 크게 벗어나지 못했다.

그러나 이은상, 이병기, 조윤제, 안자산 등 시조를 이론적으로 검토하려는 시도가 활발하게 진행되면서 기존의 낡은 틀을 부정하고 새로운 창작방향을 설정하게 된다. 특히 이병기는 「시조는 혁신하자」(1932)에서 현대시조의 구체적인 창작방법을 제시하였다. 또한 그는 창작에서도 다양한 형태의 시도와 세련된 언어감각으로 수준 높은 작품을 보여줌으로써 시조부흥운동에 중요한 역할을 담당하였다. 이병기의 뒤를 이어 이은상은 뛰어난 언어구사, 우리말의 가락을 살린 음악성, 능숙한 기교로 현대시조의 가능성을 열었다.

이처럼 시조부흥운동은 현대적인 시조의 창작과 이론적 탐구를 거쳐 시조의 저변 확대와 질적 향상에 크게 기여하였다. 1930년대 프로문학의 와해와 국민문학의 퇴조에도 오늘날까지 지속된 시조의 생명력은 시조부흥운동의 결과라고 할 수 있다.(강경화)

국민문학파, 민족주의문학, 프롤레타리아문학

참고문헌

김윤식, 『한국근대문예비평사연구』, 일지사, 1986.
김용직, 『한국근대시사(하)』, 학연사, 1986.
오세영, 『20세기 한국시 연구』, 새문사, 1991.
이동영, 「최남선의 시조부흥론」, 『한국문학논총』, 15집, 1994. 12.

시중유화, 화중유시(詩中有畵, 畵中有詩)

당(唐)의 흥성과 풍요로운 생활로 인해 낭만적인 문학풍조는 먼저 산수의 아름다움과 전원의 한적한 생활을 구가하는 자연시를 이룩하게 하였다. 이 자연시파의 대표적인 시인인 왕유는 인위적인 드러냄을 꺼리는 불가적(佛家的) 경향의 허정(虛靜)한 풍격의 시들을 주로 썼다. 즉 사회나 민생의 문제는 도외시한 채 전원의 한적한 생활과 산수의 아름다운 풍경에 취하여 질박한 시를 써내려 간 것이다. 자연을 관조하며 자연의 아름다움과 그 속에서의 희열을 시로, 그림으로 풀어낸 왕유의 작품들은 최소한의 표현만을 지향한다. 왕유의 시와 그림은 외적 장르는 다르지만, 내적 조응(照應)과 경계는 같은 것이다.

"시 속에 그림이 있고, 그림 속에 시가 있다.(詩中有畵, 畵中有詩)"라는 말은 소식(蘇軾, 1037-1101)이 왕유(王維, 701-761)의 시와 그림을 보고 내린 평어로서, 「서마힐남전연우도(書摩詰藍田烟雨圖)」에 보인다. "시 속에 그림이 있다"는 것은 왕유의 자연시가 지니고 있는 뛰어난 형상미를 가리키는 것이고, "그림 속에 시가 있다"는 것은 그의 산수화에 담겨 있는 심오한 의경미(意境美)를 가리키는 것이다. 예술의 형상화라는 측면에서 시와 그림은 하나라고 보았다(詩畵一律論). 그는 이 말을 통해서 왕유의 시와 회화에 대한 업적을 칭송하는 한편, 시와 그림의 창작에 대한 자신의 요구까지도 담아냈던 것이다. 이 말은 후대에 시와 그림에 대한 평어가 되었고, 후대의 시와 그림의 창작과 감상 방법의 계발에 시사적인 의의를 지녔다. 소식은 실로 문인화를 창시하기도 했는데, 소식은 심미 세계를 단적으로 드러낸 이 말은 시와 그림의 공통적 속성을 꿰뚫은 통찰이기도 하다.(오태석)

시중유화, 화중유시, 시화일률, 시화일치, 소식

참고문헌
임종욱, 『동양문학비평용어사전』, 범우사, 1997.
김학주, 『중국문학사』, 신아사, 2000.
오태석, 『중국문학의 인식과 지평』, 역락출판사, 2001.

시차(視差, parallax)

어떤 천체를 두 지점에서 보았을 때 대상의 위치가 달라 보이는 것을 뜻하는 천문용어. 지젝은 이러한 시차 개념을 통해, 양립할 수 없는 두 개의 관점이 발생하는 '시차적 간극'에 대해 설명한다. 시차라는 용어를 보편화시킨 것은 지젝이지만 예로부터 시차적 인식은 이미 존재했었다. 칸트는 '안티노미(antinomy, 이율배반)'를 통해 상반되는 명제가 동시에 옳을 수 있음을 말했다. 시차를 처음으로 이론적으로 사유한 것은 가라타니 고진이다. 가라타니 고진은 그의 저서 『트랜스크리틱(Transcritic)』에서 마르크스를 칸트적 비판의 견지에서 재고하는 작업을 수행하면서, 윤리성과 정치경제학 사이, 칸트적 비판과 마르크스적 비판 사이의 코드 변환을 통해 둘 사이의 접목을 시도했다. 단적으로 고진은 칸트에게서 '공공 개념의 전복'을 읽어냄으로써 사회주의적 요소를 발견한다. 즉 칸트는 국가 입장에 선 것을 '사적(私的)'인 것으로 개인이 모든 국가 규제에서 벗어나서 생각하는 것을 '공적(公的)'인 것으로 파악한다는 게 고진이 말하는 칸트론의 핵심이다. 이것은 마르크스의 자본주의 경제와 국가에 대한 비판과 맞닿는다.

지젝은 고진으로부터 시차의 개념을 전략적으로 빌어온다. 그는 관점의 변화가 단순한 위치의 변화가 아니라 대상 자체의 변화를 야기하는 훨씬 더 근본적인 상황에 초점을 맞춘다. 시차적 시각이란 동일한 공간 속에 공존하는 것이 불가능한 대극들이 하나의 공간, 같은 윤곽 속에 공존하고 있음을 인식하는 관점이다. 한 대상의 대립적 특성은 바로 대상 그 자체에 고유한 것이다. 즉 양립할 수 없는 두 개의 관점은 우리 지식의 한계를 가리키는 것이 아니라 '대상 자체의 비일관성'을 지칭한다.

시차란 층위들 사이에 어떠한 공통 언어나 공유된 기반이 존재하지 않기 때문에 결코 고차원적인 종합을 향해 변증법적으로 '매개/지양'될 수 없는 근본적인 이율배반을 함유한다. 그런 점에서 지젝의 시차적 관점은 궁극적으로 변증법적 유물론을 재구축하려 한다. 지젝은 헤겔의 변증법을 다시 읽는다. 통상적인 독해에 따르면, 헤겔의 변증법에서 모든 모순은— '부정'과 '부정의 부정'을 거친 후—결국 가상으로 드러난다. 변증법적 운동의 결과로 모든 모순은 지양되고, 더 높은 차원의 종합 아래 그것을 이루는 계기들로 체계적으로 포섭된다. 하지만 이는 결국 시차를 이루는 대상이나 시각의 고유성, 그것들의 현실성을 부정하는 것이나 다름없다. 이것이 헤겔의 변증법이 행사하는 동일성의 폭력이다. 그러나 지젝은 이러한 해석이 헤겔에 대한 오독이라 말한다. 지젝에 따르면, 변증법적 운동은 통시적이 아니라 공시적 과정이다. '본질-현상-본질'(혹은 '진실—가상—진실')의 선형적 운동이 아니라, 본질과 현상(혹은 진실과 가상)의 역동적인 공존을 가리킨다. 현상과 가상 역시 본질과 진실만큼이나 본질적이고 현실적이기 때문에, 현상과 가상은 극복되어야 할 허구가 아니라 본질이나 진실과 나란히 존재하며 '시차'를 이룬다. 고진은 칸트를 시차적으로 파악함으로써 헤겔의 변증법적 종합을 비판했지만, 지젝은 헤겔의 종합이야말로 진정한 시차적 견해라고 말한다.(권채린)

참고문헌
가라타니 고진, 『트랜스크리틱』, 한길사, 2005.
슬라보예 지젝, 『시차적 관점』, 마티. 2009.

시카고학파(Chicago critics)

시카고학파는 R.S. 크레인, 엘더 올슨, 리처드 맥키언, 노먼 멕클레인, 웨인 부스 등 시카고 대학을 중심으로 활동한 비평가 그룹을 말한다. 1930년대부터 1950년대 활약한 이들은 당시 유행하던 신비평과 밀접한 영향관계가 있다. 이들은 기본적으로 텍스트 자체의 형식적 자질에 초점을 맞추는 신비평적 비평자세를 견지하고 있지만 작가의 생애와 같은 텍스트의 외재적 요건 등도 고려해야한다는 다원주의적 입장을 옹호한다.

시카고 학파의 일원 중 다원주의의 대변자로 꾸준한 활동을 보이는 비평가는 웨인 부스다. 웨인 부스는 「소설의 수사학과 소설의 시학(詩學)」(웨인 C. 부스, 최상규 역, 소설의 수사학, 예림기획, 1999. 599쪽.)에서 '좋거나 나쁘거나 간에 모든 소설은 "실제에 있어서" 상이한 여러 가지 것이다. 그러므로 어떠한 비평의 언어로도 그 총체를 포괄할 수 없다. 소설은 현대 비평 전체가 증명해 놓은 바와 같이 어떤 비평의 목적을 위해서는 "실제에 있어서" 하나의 자율적 구조물이다. 동시에 그것은 사실상으로 작자의 의향과 능력과 심리 상태의 표현이고, 사회·경제·정치·문학에 관계되는 역사적 현실의 재현이고, 영원한 상(相) 아래에서(sub specieaeternitatis) 생각할 수 있는 세계관이나 도덕관의 구체화다'라고 언급함으로써 그의 일관된 다원주의 원칙을 보여주고 있다.

또한 이들은 그리스의 철학자 아리스토텔레스의 『시학』의 영향 아래 활동하였다 하여 신아리스토텔레스학파(NEO-ARISTOTELIANS)라 불리우기도 한다. 아리스토텔레스는 『시학』을 통해 문학평가의 기준으로 외재적 방법이 아닌 텍스트 자체에 중점을 두는 내재적 방법을 사용하였는데 이는 신비평에도 많은 영향을 주었다.(김효석)

신아리스토텔레스 학파, 아리스토텔레스, 시학, 신비평

참고문헌
웨인 C. 부스, 『소설의 수사학』, 최상규 역, 예림기획, 1999.
아리스토텔레스, 『시학(詩學)』, 이상섭 역, 문학과 지성사, 2005.

시퀀스(Sequence)

민담이나 소설 또는 영화 같은 서사물에서, 서로 연관된 작은 사건들이 연쇄되어 이루어지는 내용상의 단위. 분석하는 방법과 기준에 따라 같은 이야기라도 시퀀스의 구분이 달라질 수 있지만, 통상 이야기의 큰 흐름에서 내용상 어느 정도 독립성을 띠는 세부적인 사건의 집합(연쇄)을 뜻한다.

서사학에서 시퀀스는 일종의 내용 단락을 가리킨다. 일례로 염상섭의 「만세전」을 시퀀스 단위로 구분한다면, 그것은 대체로 '동경-신숙-하관-부산-김천-서울'등으로 이인화의 여정에 따라 구별될 것이다. 그럴 때 이인화가 하나의 장소에서 겪고 보는 사건들은 다른 장소에서 일어난 사건들과 상대적으로 독립성을 지니는 하나의 시퀀스로 구별할 수 있다.

영화에서 시퀀스는 좀더 자주 쓰인다. 소설처럼 인위적인 장(章) 구별이 흔하게 이루어지지도 않고, 연극처럼 장과 막으로 사건 전개의 내용상 단락을 구별해 주지도 않기 때문에, 영화를 제작할 때 시퀀스별로 구별하여 촬영하고 편집하는 경우가 종종 일어난다. 곧 몇 개의 쇼트(shot)나 신(scene)이 모여서 시퀀스가 되며, 이러한 시퀀스가 모여서 하나의 스토리를 이룬다. 그런 까닭에 하나의 시퀀스는 넓은 의미의 몽타주로 편집된다고 할 수 있다.

영화에서 시퀀스의 대표적인 유형으로는 원 씬, 원 쇼트로 전혀 중단없는 시공간(時空間)의 연속체로 촬영하는 쁘랑 시퀀스, 연대순으로 짧은 장면을 연결하여 긴 시간 경과를 짧게 보여주는 몽타주 시퀀스, 추격 장면처럼 둘 이상의 액션이 교대로 전개되는 병행 시퀀스 등이 있다.(장수익)

서사학, 쇼트, 신, 몽타주, 편집

참고문헌
M. J. 툴란, 『서사론』, 김병욱·오연희 역, 형설출판사, 1995.
D. 보드웰, 『Film Art』, 주진숙·이용관 역, 이론과실천, 1993.

시품(詩品)

위진남북조 시대는 중국문학사에 있어서 문학에 대한 새로운 인식과 자각이 생겨난 시기이다. 강력한 통일 이념의 부재속에 문인들은 유미주의로 숨거나, 또는 북쪽의 혼란을 피해 남천한 귀족 작가들은 휘하에 문인들은 순문학에 심취할 공간을 확보하기도 하였던 것이다. 을 이러한 배경 하에 문단에서는 전문적으로 문학의 문제들을 다루는 문학비평서들이 등장하기 시작했다.

남조(南朝) 양(梁)나라의 종영(鍾嶸, ?-약518)에 의해 편찬된 『시품(詩品)』은 유협(劉勰, 약465-532)의 『문심조룡(文心雕龍)』의 뒤를 이어 등장한 문학비평서로, 이 두 저작은 중국문학사에 있어 기념비적 저작이라 할 수 있다. 『시품』의 내용은 두 가지 방면에서 살펴볼 수 있는데, 첫번째로 『시품』에서는 동한으로부터 당시에 이르기까지 몇 백년간의 오언시를 그 대상으로 하여, 그 작가 및 작품에 대한 비평 및 등급 결정을 하였다. 『시품』은 일명 『시평(詩評)』이라고도 하는데, 이 책에서는 대표적인 오언시 작가 122명을 선정한 뒤 그들을 상(11)·중(39)·하(72)의 삼품으로 구분하고 국풍(國風)과 소아(小雅),와 초사(楚辭)를 삼대 원류로 삼았다. 그들에 대한 비평을 감행하였다. 종영의 비평 태도는 "이 삼품은 오르내림이 있어서 그 기준이 확정된 것이 아니고 변화될 수 있는 여지가 있는 것이니 진정한 비평가(知音)에게 의탁할 뿐이다.(至斯三品昇降, 差非定制, 方申變裁, 謂寄知者耳)"라고 하며, 자신의 견해가 결코 정확하다고 여기지는 않았다.

둘째로 종영은 122명의 시인에 대해 품평하면서 그들의 계승관계를 연구하였다. 그는 후대의 시인들이 전대의 문학작품을 모방하는 것을 결코 반대하지 않았고, 오히려 그것을 연구함으로써 후인들이 이 부분을 참고하는 데 도움을 주었다. 이러한 작가들에 대한 등급 결정과 비평 및 그 계승관계를 밝혀내는 종영의 작업들이 많은 문제점을 지니고 있는 것은 사실이다. 그의 논의가 오언시에 한정되어 있었기에 서술의 대상으로 삼은 작가의 범위가 넓지 못하여 서술의 일반성에 다소 문제가 있었으며, 시인의 품평에 있어서도 자신의 주관적인 견해가 지나치게 작용하여 객관성이 결여되는 문제점을 초래하기도 했다. 예를 들면 도연명(陶淵明)을 중품에, 조조(曹操)를 하품에 넣은 것은 타당하지 않다. 또한 작가의 계통화 작업을 하는 과정에서 풍격의 문제는 지나치게 간단하게 다룬 채, 문자상의 학습에만 중점을 두고 전면적인 결론을 내림으로써 편면성에 빠짐을 면치 못했다.

이러한 여러 가지 문제점에도 불구하고 『시품』이 중국문학사에 있어 결코 낮지 않은 지위를 차지하고 있는 것은, 『문심조룡』이 문학을 원리적 측면에서 접근해 들어갔던 것과는 대조적으로, 『시품』은 문학을 작가와 작품에 대한 평가라는 측면에서 접근해 들어가는 방식을 취함으로써 문학비평의 관점을 넓히고 논의의 틀을 확대했다는 측면을 인정받은 것이다. 또한 당시의 형식적이고 귀족적인 시풍에 반대하여 인간의 진실한 감정과 성정에 기반한 시쓰기, 즉 위진 이래의 진실성이 결여된 현언시(玄言詩)나 사성팔병(四聲八病)을 바탕으로 한 지나친 성률(聲律)의 추구를 반대하고 건안풍골(建安風骨)과 자연스런 정서를 통한 시가 창작을 주장하는 등 중국시의 발전에 큰 기여를 했다는 문학사적 의의를 지니고 있기 때문이다.(오태석)

시품, 종영, 오언시, 품평, 원류론, 자미설

참고문헌
주훈초 외, 『중국문학비평사』, 중국학연구회 고대문학분과 역, 이론과실천, 1994.
김학주·이동향·김영구, 『중국문학사Ⅰ』, 한국방송대학교출판부, 1998.

시학(詩學, Poetics)

시학(詩學)은 시에 관한 체계적인 이론이나 시의 원리를 연구하는 것을 의미한다. 시의 정의를 내리고 시의 다양한 유파나 분파, 시의 형식, 시의 기술적 수단을 규정하며, 시를 지배하거나 시를 다른 창조적 활동으로부터 구별짓는 원리를 논의하는 일이 시학의 영역 안에서 이루어진다.

시학을 처음으로 체계화한 것은 아리스토텔레스이다. 아리스토텔레스의 시학은 가장 넓은 의미에서 처세술과 학문에 대립되는 제작술(製作術)을 의미하는데, 제작술에는 일상생활에 필요한 물건을 제작하는 기술과 예술이 포함된다. 그러나 시학의 원어인 poietiké란 말은 좁은 의미로 사용되어, 음성을 매재로 하여 현실을 모방하는 기술의 일종을 지시한다.

시학은 고전 비평과 낭만 비평이라는 두 가지 큰 비평적 흐름에 토대를 두고 발전해 왔다. 고전 비평은 규정적 시학의 요구 조건을 통해 시를 평가한다. 반면에 심미적 혹은 낭만주의 비평은 시를 창조자의 시각으로 보려 하며, 비평가의 정신 속에 예술가의 창조적 과정을 재생산하려고 노력한다.

르네상스 시대의 시학은 신고전주의의 전통 아래서 규칙과 동일한 개념으로 사용되었고, 18세기에는 시란 무엇이며 과거에 시에 관한 어떠한 이론이 있었는가를 객관적으로 설명하는 학문으로서 시학이 이해되었다. 그후 슐레겔과 헤겔은 시가 자연의 모방이라는 아리스토텔레스적인 관점을 거부하고, 시작품을 그 자체의 고유한 원리에 의해 지배되는 자기발전적인 유기체로 인식하는 창조적 개념을 발전시켰다.

19세기의 시학은 미학의 일부를 형성하거나 역사적 연구의 대상으로서 고찰되었다. 비서, 헤르바르트, 쇼펜하우어, 하르트만, 로츠 등은 시학을 여러 가지 예술적 체계에 나타나는 하나의 특수한 예술 형식으로 간주하였으며, 크로체는 그의 『미학』에서 시학을 순전히 예술 작품의 경험적이고 외적인 분류로만 간주하였다. 이 무렵 역사적으로 다루어진 시학은 독일에서는 문예학(Literaturwissenschaft)으로, 미국에서는 문학이론(Theory of Literature)으로 알려졌다. 볼프강 카이저는 『언어예술 작품론』에서 역사학적인 지식을 토대로 장르 이론의 타당성을 밝히면서 철학적인 방법보다는 경험적인 방법으로 시학과 관련된 문제들을 다루었다.

20세기에 들어와서는 지적인 구성의 법칙과 전통적인 시학 원리로 회귀하는 경향도 있었는데, T. S. 엘리엇은 신화, 전통, 객관적 상관물과 시극을 강조하였고, 에즈라 파운드는 기교적인 기법과 날카로운 이미지와 운율의 혁신을 의식적으로 면밀하게 사용하는 데 필요한 지성의 역할을 강조하였다. 현대의 시학은 시인들의 개인적인 관심과 각자의 작품 속에서 시의 완성을 추구한다. 또한 시학은 산문과 시의 차이점, 다양한 종류의 운율, 여러 가지 작시법 등의 문제를 다룬다.

유약우는 『중국시학』에서 시에 관한 중국의 전통적 견해로 크게 도학적 관점, 개성주의적 관점을 들었다. 도학적 관점은 근본적으로 시를 도덕적 교훈의 일종으로 보는 견해이다. 시란 개인의 덕성에 영향을 끼쳐야 하며 정부에 대한 백성의 감정을 반영하고 사회악을 고발해야 한다. 시를 짓는 데 있어서는 고대 시인을 모방해야 하며, 시를 통해 학식을 드러내야 하고 문체보다는 내용을 중시한다. 개성주의적 관점은 시를 마음의 표현이라고 보았다. 따라서 시에 있어서의 정(情)과 성(性)의 표현을 중시한다. 개성주의적 관점은 시를 짓는 데 있어서 기교, 교양, 모방보다 자발적인 감정이 중시되어야 하며 시는 도덕적인 선전이나 학문 연습의 형식이 아닌 자기표현의 방식이라고 주장한다.

김기림의 『시론』, 조지훈의 『시의 원리』, 송욱의 『시학평전』, 김준오의 『시론』, 최동호의 『하나의 도에 이르는 시학』, 김영석의 『도의 시학』 등은 우리의 시학이 서구의 시학을 수용하는 한편 동양시학의 전통을 계승하고 있음을 보여준다. 우리의 시학은 시대와 밀접한 연관을 맺으면서 전개되어 왔다. 50~60년대는 서구 중심의 시학이, 70-80년대는 리얼리즘 시학이, 90년대 이후에는 생태시학이 부각되었다. 인간과 자연의 일치를 추구하는 생태시학은 2000년 대로 이어지면서 비인간적인 문명이 극대화되는 현실과 서구중심주의에 대한 저항의식을 반영한다.(최동호)

문학이론, 생태시학, 장르론, 김기림, 김준오, 유약우, 조지훈, 최동호, 볼프강 카이저, 아리스토텔레스, 에밀 슈타이거, 크로체

참고문헌
김기림, 『시론』, 백양당, 1947.
유약우, 『중국시학』, 이장우 역, 명문당, 1994.
이정일 편, 『시학사전』, 신원문화사, 1995.
최승호 편, 『서정시의 본질과 근대성 비판』, 다운샘, 1999.
볼프강 카이저, 『언어예술 작품론』, 김윤섭 역, 대방출판사, 1984.
아리스토텔레스, 『시학』, 천병희 역, 문예출판사, 1976.
에밀 슈타이거, 『시학의 근본개념』, 이유영·오현일 공역, 삼중당, 1978.
G. W. F. 헤겔, 『헤겔시학』, 최동호 역, 열음사, 1989.
김영석, 『도의 시학』, 민음사, 1999.
송 욱, 『시학평전』, 일조각, 1963.
유 협, 『문심조룡』, 최동호 역편, 민음사, 1994.
이경식, 『아리스토텔레스의 시학과 신고전주의』, 서울대출판부, 1997.
이상섭, 『복합성의 시학 : 뉴크리티시즘 연구』, 민음사, 1987.
조지훈, 『시의 원리』, 산호장, 1953.
주광잠, 『시론』, 정상홍 역, 동문선, 1991.
최동호, 『하나의 도에 이르는 시학』, 고려대출판부, 1997.
이께가미 요시꼬, 『시학과 문화기호론』, 이기우 역, 한국문화사, 1997.
크로체, 『크로체의 미학』, 이해완 역, 예전사, 1994.
G. 프리들렌제르, 『리얼리즘의 시학』, 이항재 역, 열린책들, 1986.

시화(詩話)

당대(唐代)는 시가 발전의 황금기였다. 당대의 많은 걸출한 시인들은 앞 다투어 훌륭한 작품들을 지어냈으나, 애석하게도 그 평가에 관한 저작은 찾아보기 힘들다. 물론 『시식(詩式)』이라던가 『시격(詩格)』·『시예(詩例)』 등과 같은 저작들이 등장하여 시를 논하기는 하였으나, 대부분 그 논의가 형식기교 방면에만 치우쳐 있어, 창작 활동에는 별반 도움이 되지 못하였다. 송대의 시가 발전이 또 다른 고조기에 진입하자, 이론계에서는 적당한 체재를 빌어 전대(前代)와 당대(當代)의 창작경험에 대해 종합하고 기록할 필요성을 느끼게 되었다. 이는 송대의 시문혁신운동의 집대성자인 구양수((歐陽修, 1007-1072)에 의해 처음으로 시작되었는데, 그는 『육일시화(六一詩話)』라는 시론에 대한 시화라는 새로운 형식을 개척하여 후대의 시가 발전에 촉진 작용을 담당했다. 이후 시화는 시인의 작품을 평가하기도 하고 시가 이론과 창작 방법론을 제시하는 가장 보편적인 방식으로 자리 잡게 되었다.

구양수가 자서(自序)에서 "내가 여음 땅으로 물러나 한거할 때, 한담(閑談)의 자료로 모아 놓았다.(居士退居汝陰, 而集以資閑談也)"라고 밝히고 있듯이, 그의 창작 태도는 그리 엄정하지는 않았으며, 단지 자유로운 수필체의 형식으로 시인과 창작에 관련된 자잘하고 숨겨진 이야기들을 소재로 써 내려갔다. 그는 이 책에서 문학에 대한 몇 가지 주장을 하고 있는데, 첫째, 삶의 어려운 생활 체험을 통해 얻은 진리가 문학으로 표현될 때 훌륭한 작품이 지어진다는 시궁이후공설을 주장하였다. 둘째, 묘사하기 어려운 사물도 눈앞에 있는 듯이 생생하게 표현해야 하며, 창작을 함에 있어 먼저 습작이 선행되어야 한다고 하였다. 그 외의 대부분은 시에 관한 논의를 전개하고 있다.

이후로는 시화를 짓는 사람이 점차 증가하여 시화는 중국 고대 시문평론이라는 문예전통 속의 중요한 양식으로 자리하게 되었다. 시화의 범주는 문단의 풍조의 변천에 따라 끊임없이 심화 확장되어 사실을 기록하는 것 이외에도 차츰 변증(辨證)하고 구법(句法)에 대해 논의하는 내용이 증가하였다. 이러한 시화는 시가 창작과 시가 이론에 대한 문제를 논한 담론뿐만 아니라 시가를 비평하는 기능까지 강화되면서 더욱 발전하게 되었다. 이러한 저작들 가운데 특히 엄우(嚴羽, 1175?~1264?)의『창랑시화(滄浪詩話)』는 강서시파의 폐단에 대한 신랄한 비판을 가했을 뿐만 아니라 시가창작에 대한 체계적이고 조직적인 이론을 제시하였다는 점에서 주목할 만 하다.

시대와 문학의 발전에 따라, 구양수로부터 시작된 시화는 점차 발전되어 갔다. 사소한 이야깃거리나 전고를 기록하는 것에 머물지 않고, 문학 비평적 성분은 끊임없이 증가하게 되었고, 이로 인하여 시화는 수필 잡기의 형태에서 체계적인 이론을 다루는 저작으로 발전해 갔으며, 한담거리의 소품으로부터 엄정한 이론저작으로 발전하게 되었다. 원(元)·명(明)대를 거쳐 청대(淸代)에 이르러, 시화는 비평 이론에 있어 매우 전문적인 이론으로 자리 잡게 되었다. 섭섭(葉燮)의『원시(原詩)』나 왕부지(王夫之)의『강재시화(薑齋詩話)』등은 시가 창작에 대한 독창적이고 치밀한 논의를 담고 있다. 또한 명청(明淸) 시기에는 시화의 영향 하에 사화(詞話)나 곡화(曲話) 등도 출현하여, 중국 고대 문학 이론의 형성에 자양분을 공급하는 역할을 담당하기도 하였으며, 왕국유(王國維)의『인간사화(人間詞話)』에서 고전 문학 비평 저작은 매우 높은 경지에 오리며 대단원의 막을 내린 셈이다.(오태석)

시화, 구양수, 육일시화, 창랑시화, 강재시화, 육일시화

참고문헌
차주환,『중국문학의 향연』, 서울대학교출판부, 1996.
임종욱,『동양문학비평용어사전』, 범우사, 1997.
주훈초 외,『중국문학비평사』, 중국학연구회 고대문학분과 역, 이론과실천, 1994.

시화일률론 ☞ 시화일치론

시화일치(詩畵一致), 시화일률

산문성 및 의론성이 강했던 송시(宋詩)는 겉으로 드러내는 수사가 아닌, 이면에 평담하게 녹아드는 가운데 은연중 드러내려는 이른바 역설적인 내재미를 지향하였다. 이러한 송대의 문학적 경향의 한 가지 특색은 장르적 상호 차감(借鑑)으로서 화론과 시론을 서로 연결하여 설명하려는 움직임이 본격화되었다는 것이다.

송시 발전에 있어 중추적 역할을 담당한 문인이자 화가였던 소식은 예술의 형상화라는 측면에서 시와 그림이 같은 맥락에서 이해된다는 시화일률론(詩畵一律論)을 주장하였다. 이는 그림에 대한 기본 관점을 시의 기본 관점에 적용시킨 것이다. 소식은 먼저 시와 그림을 창작함에 있어 일정하게 규정된 법도와 규범이 있는 것은 아니며, 양자간의 공통점은 정신적인 감응으로 하늘의 교묘함과 독창적인 새로운 미(美)를 얻어내는 데 있다고 하였다. 여기에서 더 나아가 사물의 묘사는 단순한 외형적인 묘사인 형사(形似)만으로는 부족하기에 대상에 대한 작가적 영감 작용에 의한 본질 속성인 신사(神似)가 중요하다는 논의를 전개시키고 있다. 즉, 문인이나 화가는 작품을 창작함에 있어 사물의 사변적 특징만을 그려내는 것이 아니라, 사물의 생태 과학적 본질 또한 외면하지 않아야 하는 것이다.

소식은 왕유의 시와 그림에 대해 '시중유화, 화중유시'론을 주장했듯이, 왕왕 그림과 시를 하나의 심미적 틀에서 파악하고자 했다. 이와 관련하여 그는 대상에 대한 관찰과 묘사 문제를 다룬 '형사(形似)와 신사(神似)'론도 주장했다. 그는 "그림을 논하는 데 외적 묘사로써만 한다면 식견이 아이와 같은 것이다. 또 시를 지을 때 반드시 이렇게 모방해야만 한다고 하는 것 역시 분명 시를 제대로 아는 사람이 아니다. 시와 그림은 본래 같은 법도로서, 천공(天工)과 청신(淸新)이다"라고 주장했다. 소식은 여기서 먼저 시와 그림은 창작의 정해진 법도와 규범이 있는 것이 아니며, 양자간의 공통점은 정신적 감응으로 하늘의 교묘함과 독창적인 새로운 미를 얻어내는 데에 있다고 말한 것이다. 여기서 사물의 묘사는 단순한 외형적 묘사인 '형사'만으로는 미흡하다는 것은 대상에 대한 작가적 영감 작용에 의한 본질 속성의 묘사인 '신사'의 중요성을 강조하기 위해서이다.

소식에서 제기된 시화 일치론은 한편으로는 시가 창작의 중요한 논의로 송대 문인들의 보편적 심미 규범으로 자리 잡았으며, 다른 한편으로는 문인화 창작의 중요한 논의로 전개되어 명청대까지 계속 중요한 미학이론으로서 여러 문예장르에 운용되었다.(오태석)

시화일치, 시화일률, 시화선(詩畵禪), 상호 차감(借鑑), 문인화

참고문헌
오태석, 『중국문학의 인식과 지평』, 역락출판사, 2001.
서복관, 『중국예술정신』, 권덕주 외 역, 동문선, 1990.

시회(詩會)

시를 좋아하는 친우, 선비, 문인들이 모여서 시를 지으며 교유했던 모임을 말한다. 시회의 연원은 분명하지 않으나 포석정지(鮑石亭址)가 통일신라시대에 시회와 연회를 위한 장소였던 것으로 보면 시회가 여러 놀이와 더불어 행해진 오래된 문화적 행사였음을 알 수 있다. 전통적으로 시회는 연례적인 명절은 물론 의례적인 행사와 잔치 그리고 뱃놀이 불놀이 등 여러 놀이 때 여는 것이 통례였다. 그런 만큼 문인들 사이에서 널리 일반화된 것으로 정해진 기일이 없이 경치가 아름다운 산과 강에서 시회를 열어 시재(詩才)를 겨루었다. 그러나 때로는 일정한 규약에 의해 정기적으로 모이기도 했는데, 각 지역의 서원에서 가졌던 시회나 안평대군이 풍류를 즐기며 열었던 무이정사(武夷精舍)와 담담정(淡淡亭), 조선 중기 이안눌(李安訥)이 중심이 되어 시모임을 가졌던 동악시단(東岳詩壇), 이재학(李在學)·서용보(徐龍輔) 등이 교유했던 도봉산 시회는 대표적인 경우이다.

조선 후기로 내려오면서 시를 향유하는 계층이 넓어지면서 시회는 더욱 보편화되었고, 점차 정기적인 모임과 일정한 규약을 통해 시사(詩社)로 조직화되는 경향을 보인다. 주로 중인들을 중심으로 한 위항시인들은 낙사시사(洛社詩社), 송석원시사(松石園詩社), 육교시사(六橋詩社), 서원시사(西園詩社), 직하시사(稷下詩社) 등을 결성하여 자신들의 신분에 대한 불만과 한탄을 표현하면서 동류의식을 두텁게 하였는데, 이들은 시회에서 읊은 시들을 모아 『풍요속선』, 『해당루상원첩(海棠樓上元帖)』 『육교연음집(六橋聯吟集)』 등의 책으로 엮어내기도 하였다.

시회는 서양에서도 시인들이 시를 짓는 일반적인 모임의 하나였으며, 수많은 시인들이 시회를 통해 교유하였다. 살롱(salon)의 모임이나 초현실주의자들의 아시체(雅屍體, le cadavre euquis) 놀이도 시회의 한 형태라고 할 수 있다. 오늘날에도 시회는 동호인 사이에서 이어지고 있으며, 인간적 친분관계를 통해 문학적 이념과 지향을 추구하는 동인(同人)의 결성 역시 시를 짓기 위한 모임의 조직적 결성이라는 측면에서 시회와 상통한다.(강경화)

동인, 살롱, 시단(詩壇), 시사(詩社), 아시체, 위항시인, 초현실주의

참고문헌
서울특별시 편찬위원회, 『서울600년사』 1~2, 서울특별시청, 1977.
심경호, 『김시습 평전』, 돌베개, 2003.
조동일, 『한국문학통사 2, 3』, 지식산업사, 1992.
조 향, 「초현실주의의 사상과 기교」, 『오브제(2)』, 영신문화사, 1978.
A. 하우저, 『문학과 예술의 사회사-근세편(상)』, 백낙청·반성완 역, 창작과비평사, 1980.

식민주의(Colonialism)

식민주의는 어떤 민족이나 국가가 다른 민족이나 국가를 지배하는 정책이나 방식을 뜻한다. 식민주의(colonialism)란 용어가 고대 로마의 '식민시(植民市)'를 뜻하는 라틴어 'colonia'에서 유래한 데서 알 수 있듯이 식민주의의 역사는 길다. 그러나 근대적 식민주의는 15세기 후반 포르투갈, 스페인, 영국, 네덜란드 등 유럽의 여러 나라들이 아메리카, 아프리카, 인도양 등 세계의 여러 지역을 정복하여 금, 상아, 향료, 노동력 등을 착취했던 정치적·경제적 지배 현상을 말한다. 특히 오늘날 식민주의의 의미는 민족적 지배와 피지배, 그리고 정치·경제적 관계의 종속성 여부에 중점이 놓여있다. 따라서 식민주의는 지배와 피지배의 관계를 뜻하는 폭넓은 의미로 사용되고 있다.

식민주의는 경제·사회적 구성체와 그 구성체의 단계에 따라 다른 특성을 나타낸다. 고대노예제시대의 식민지는 토지의 이용과 노예 공급이 주요 목적이었으며, 자본주의시대에는 경제법칙에 따라 무역의 거점, 원주민의 노예적 착취에 의한 재배식민지(plantation colony)에 중점을 두었다. 또한 산업자본주의 시대의 식민지 지배는 '자유무역'이란 이름으로 자본의 지배, 제품의 판매시장, 원료와 식량 공급이 목적이었다. 19세기 말부터 영국, 미국, 독일, 프랑스, 러시아, 일본 등 열강의 등장으로 정치적·경제적·영토적으로 병합된 지배국과 종속국의 총체로서 제국주의적 식민지 체제를 성립시켰다.

그러나 2차 대전 후 식민주의에 반대하는 다양한 민족적 저항과 독립운동으로 수많은 독립국가가 탄생함으로써 식민지 지배체제는 붕괴된다. 이에 따라 선진자본주의 국가들이 새로운 형태의 지배정책으로 채용한 것이 신식민지주의이다. 이것은 표면적으로는 신생독립국가들의 독립과 자주권을 인정하면서 실질적으로는 정치적, 경제적, 군사적, 자본적으로 지배체제를 유지하려는 정책이었다. 이러한 신식민주의는 신흥국가들로부터 여전히 투자시장, 상품 판매, 원료 공급, 저임금노동력을 확보하려는 데 목적이 있는 것이다.

이러한 식민주의는 아시아, 아프리카, 중남미의 사회와 문화에 커다란 영향을 끼쳤다. 문학의 경우 식민지 지배에 따른 민족적 저항과 민중의 수난사를 다루면서도, 한편으로는 민족적 상상력과 서구적 문학양식이 결합된 독특한 문학세계를 구축하였다. 마술적 리얼리즘이나 환상적 리얼리즘이란 여기에서 생겨난 문학양식이다. 한국의 근대문학과 사상도 모국어의 문제, 근대적 양식의 수용과 변용, 근대문학 형성의 주체와 타자, 식민지 지배에 대한 저항 등 일본 식민지체제 전체와 관련되어 있다.(강경화)

고대노예제, 신식민주의, 자본주의, 제국주의, 종속이론

참고문헌
앤소니 기든스, 『현대사회학』, 김미숙 외 역, 을유문화사, 1994.
콜린 레이스 외, 『신식민주의론』, 한겨레편집부 편, 한겨레, 1988.
치누아 아체베, 『제3세계 문학과 식민주의 비평』, 이석호 역, 인간사랑, 1999.

신경증(Neurosis)과 히스테리(Hystery)

정신분석학적 임상 이론에 따르면 신경증은 히스테리, 강박증, 공포증으로 구분된다. 신경증은 주체의 무의식적 소망과 이에 대한 방어 사이의 갈등으로 인해 생기는 병리적 현상으로서 그 갈등의 연원은 주체의 유아기의 체험으로 소급된다. 처음에 프로이트는 실제적, 외상적 사건에서 신경증의 원인을 찾았으나, 1897년 신경증자에서 환상의 중요성을 발견하며, 곧 이어 신경증에서 오이디푸스 콤플렉스의 존재를 확인함으로써 정신분석 이론의 토양을 닦게 된다. 프로이트는 신경증의 원인이 되는 환상의 핵심을 오이디푸스 콤플렉스로 보았다. 정신분석학은 신경증, 특히 히스테리 환자의 분석 및 치료를 통해 창립되었다. 또한 신경증 증상은 무의식적 소원과 방어 사이의 갈등 혹은 유아기적 오이디푸스 콤플렉스에서의 갈등의 '상징적'표현이다.『초안』,『히스테리 연구』,『도라 사례 분석』에서 이미 볼 수 있듯이 프로이트는 신경증 증상의 상징적 의미를 파악하려고 노력했다. 이는 프로이트에 와서 신경증 연구가 혁명적인 전환을 맞게 되었음을 의미한다. 히포크라테스(Hippocrates)로부터 시작해, 컬렌(Cullen), 샤르코(Charcot), 자네(Janet)에 이르기까지 신경증 연구는 오랜 역사를 갖고 있으나, 정신의학전통에서 신경증은 신경·생리학적 질병으로 간주되어 왔다. 히스테리 연구를 통해 신경증 증상의 상징적, 심리적 의미를 발견함으로써 프로이트는 과학적, 의학적 담론과 구분되는 새로운 학문을 창시한 것이다. 이러한 맥락에서 라캉은 히스테리의 담론을 과학적 담론과 구분되는 하나의 담론의 형태로 제시하기도 한다. 프로이트는 신경증을 또한 정신신경증과 현실 신경증으로 구분하는데, 전자는 신경증의 원인이 되는 갈등을 유아기적 체험에서 찾을 수 있는 신경증으로서 방어 신경증이라고 부르기도 한다. 현실 신경증은 현재 방출되지 못해 누적된 리비도로 인해 생겨나는 신경증으로서 금욕 등 성적 리비도의 방출의 제한으로 발생한다고 보았다. 프로이트에 따르면 신경증은 병리적 현상이지만 모든 정상적인 사람에게도 발견되는 보편적인 현상이기도 하다. 신경증의 원인 규명을 통해 형성된 프로이트 정신분석학은 심리 치료 분야에서는 물론 인문학 전반에 걸쳐 새로운 연구 방법론을 제시할 수 있었으며, 다양한 학문 분야에 혁명적 변화를 낳은 현대의 핵심 이론으로 자리 잡았다.(홍준기)

외상, 강박증, 공포증

참고문헌

홍준기,「자끄 라깡, 프로이트로의 복귀 – 프로이트·라깡 정신분석학: 이론과 임상」, in: 김상환·홍준기 엮,『라깡의 재탄생』, 창작과비평사, 2002.

S. Freud, Studies on Hysteria, SE II, London: Hogarth Press, 1973

신경향파(新傾向派)

신경향파는 프롤레타리아 문학이 목적의식적 계급성을 뚜렷하게 하면서 정치투쟁으로 방향을 전환하기 이전 단계에 자연발생적으로 나타난 사회주의 경향의 새로운 문학이다. 신경향파 문학이라는 용어는 박영희가「신경향파의 문학과 그 문단적 지위」(『개벽』, 1925. 12)에서 처음으로 규정한 것인데, 어떤 주의나 사상을 담고 있다는 의미의 '경향'에 붙은 '신(新)'은 이전의 창조파와 폐허파의 문학적 경향을 부정하고 구체적인 현실생활에 기반을 둔 새로운 문학을 강조하기 위한 것으로 볼 수 있다. 신경향파 문학의 형성은 내적으로는 3.1 운동 이후 『신생활』(1922)지를 중심으로 확산된 조선의 현실 생활에 대한 관심과 변혁 의지, 외적으로 바르뷔스의 클라르테(clarté) 운동과 일본의 『씨뿌리는 사람』의 큰 영향을 받았다.

신경향파 문학을 주도한 김기진은 「Promenade Sentimental」(『개벽』, 1923), 「클라르테 운동의 세계화」(『개벽』, 1923)에서부터 「금일의 문학ㆍ명일의 문학」(『개벽』, 1924)에 이르기까지의 글들을 통해 힘의 예술을 역설하면서 생활의 개조를 통한 문학의 혁명과 무산대중에게 다가가 사회운동과 결합하는 프로문학을 주장하였다. 박영희 또한 「자연주의에서 신이상주의에 기우러지려는 조선문단의 최근 경향」(『개벽』, 1925. 12), 「숙명과 현실」(『개벽』, 1926) 등의 글에서 고통을 주는 현실로부터 새로운 진리를 찾을 때이며 투쟁을 위해 단결할 것을 강조하면서 프로문학을 제창하였다. 이들 신경향파 문학론 속에 이미 본격적인 프롤레타리아 문학운동의 길이 내재되어 있었던 것이다.

신경향파의 소설의 주요 작가와 작품으로는 김기진의 「붉은 쥐」(1924), 박영희의 「사냥개」(1925), 「전투」(1925), 『지옥순례』(1926), 이익상의 「광란」(1925), 최서해의 「탈출기」(1925), 「기아와 살육」(1925), 이기영의 「가난한 사람들」(1925), 「농부 정도룡」(1926), 주요섭의 「인력거꾼」(1925), 「살인」(1925) 등이 있다. 신경향파 소설은 주로 가난을 소재로 해서 가진 자와 못 가진 자의 대립구도 아래 못 가진 자의 투쟁의식을 고취하고 있으며, 개인적인 복수와 살인과 방화로 결말을 맺고 있다. 이러한 특성은 임화의 지적대로 안일한 관념적 편향과 도식적인 사건 전개 때문이다.

신경향파 시로는 김기진의 「백수의 탄식」(1924), 이상화의 「빈촌의 밤」(1925), 「구루마꾼」(1925), 김동환의 「파업」(1925), 김창술의 「촛불」(1925), 「새벽」(1925)과 김형원의 시를 들 수 있다. 신경파의 시 역시 가난과 투쟁 의식을 주요 내용으로 하고 있는데, 감정과 관념이 과잉된 탓에 두드러진 문학적 성취를 거둔 작품이 별로 없다. 신경향파 문학은 이론적 지향성과 실제 작품 사이의 괴리가 컸는데, 특히 소설에 비해 시의성과는 더욱 미미한 수준이었다.(강경화)

방향전환, 프롤레타리아 문학(프로문학)

참고문헌
김용직, 『한국근대시사(하)』, 학연사, 1986.
김윤식, 『근대한국문학연구』, 일지사, 1983.
박상준, 「신경향파 소설의 특질」, 『한국학보』, 2002. 봄.
윤병로, 『한국 근ㆍ현대 문학사』, 명문당, 1991.
임 화, 「조선 신문학사론 서설」, 『조선중앙일보』, 1935.10.9-11.13.
홍정선, 「신경향파 비평에 나타난 「생활문학」의 변천과정」, 서울대석사학위논문, 1981.

신고전주의(新古典主義, Neo-classicism)

신고전주의란 1905년 독일에서 자연주의와 신낭만주의에 반동으로 일어난 문학운동으로 엄격한 형식을 강조하고 옛 바이마르 고전주의의 근본적인 가치를 추구하던 문학적 경향을 가리킨다. 카알 슈피텔러Carl Spitteler(1845-1924), 슈테판 게오르게Stefan George(1868-1933), 파울 에른스트Paul Ernst(1866-1933), 빌헬름 폰 숄츠Wilhelm von Scholz(1874-1969), 사무엘 루블린스키Samuel Lublinski 등이 이 범주에 속하는 작가들이라 할 수 있다.

특히 파울 에른스트는 '드라마를 다시금 고상하고 엄격한 모범으로 삶의 영웅적인 개념을 찬양하는 아리스토텔레스의 엄격한 법칙으로 되돌리기를 원했고 완벽하고 단순한 기교와 명료한 구성을 위해 노력하여'(김승옥 편역, 독일문학사, 우삼출판사, 1996. 215쪽 인용.) 대표적인 독일 신고전주의자로 불린다.(김효석)

바이마르 고전주의, 자연주의, 신낭만주의

참고문헌
하이츠 스톨테, 『독일문학사』, 안인길 역, 정음사, 1986.
『독일문학사』, 김승옥 편역, 우삼출판사, 1996.
빅토르 츠메가치 ·디터 보르흐마이어 편저, 류종영 등 역, 『현대문학의 근본개념사전』, 솔, 1996.

신구논쟁(新舊論爭) ☞ 신구문학논쟁

신구문학논쟁(新舊文學論爭, Querelle des Anciens et des Modernes)

신구문학 논쟁은 17세기말에서 18세기 초에 프랑스에서 행해졌던 문학논쟁이다. 우리에게는 동화작가로 잘 알려진 샤를 페로(Charles Perrrault 1628-1703)에 의해 본격적으로 시작되었다. 그는 1687년 루이 14세의 쾌유를 축하하는 자작시 「루이 대왕의 세기」를 아카데미 회원 앞에서 낭송함으로써 고전주의에 대한 본격적인 포문을 열었다. 그는 이 시를 통해 '루이14세의 세기를 아우구스투스의 세기에 비교하는 것이 전혀 부당하지 않으며 고대는 아름답고 훌륭했지만 결코 숭배할 것은 되지 못한다'며 동시대의 작가와 예술가, 철학자들을 예찬한다. 이같은 내용은 동시대의 시인들이 고대 희랍이나 로마 시인들 보다 뛰어나다는 것을 의미했다.

이는 보알로 등의 즉각적인 비판을 불러일으켰고 라신느, 라 퐁텐느, 라 브뤼에르 등이 고전주의를 옹호하며 페로를 아카데미의 수치라 비난하기에 이른다. 하지만 페로는 이에 굴하지 않고 『신구 비교론』을 발표하여 인간정신의 진보라는 입장에서 근대인이 고대인보다 우위에 있으며 이는 문학분야도 마찬가지라는 주장을 펼친다.

사실 신구문학 논쟁은 18세기 합리주의로 나아가는 시발점에서 일어난 사건으로 규정할 수 있다. 당시 프랑스 문단에선 고대 문학의 위대성과 고대인의 정신에 대한 숭배와 찬양이 보편적인 정서로 여겨지고 있었으나 점차 과거의 권위에 회의를 품고 이성의 절대성과 진보를 주장한 데카르트의 철학사상이 대두하고 있었다.

이후 페로의 입장을 동조하고 나선 퐁트넬(Fontenelle 1657-1757)은 새로운 철학사상을 바탕으로『고대인과 근대인에 관한 여담』(1688)을 발표한다. 그는 1697년 과학 아카데미의 회원으로 선출된 과학과 철학 모두에 능통한 다재다능한 인물이었다. 이 글을 통해 그는 오늘날에도 옛날과 같은 훌륭한 인물들이 배출될 수 있으며 근대인들은 옛 것을 소유할 뿐만 아니라 더욱 진보한 새로운 것을 덧붙여 낼 수 있으므로 더욱 우위에 놓일 수 있다고 주장한다.

결국 이 논쟁은 1694년 점차 궁지에 몰리게 된 구파의 보알로가 17세기의 우월성을 인정하고 페로와 화해함으로써 끝을 맺게 된다.(김효석)

고전주의, 데카르트, 합리주의

참고문헌
민희식,『프랑스문학사』, 이화여대출판부, 1976.
김붕구 외,『새로운 프랑스문학사』, 일조각, 1983.
이준섭,『프랑스문학사 1』, 세손출판사, 1993.

신마소설(神魔小說)

고전 백화 장편소설의 한 부류를 지칭하는 용어로서, 이 부류의 소설이 '신(神)'과 '마(魔)'의 다툼을 소재로 하였기 때문에 생긴 명칭이다. 노신(魯迅)이『중국소설사략』제16편 '明之神魔小說'에서 이 용어를 쓰기 시작하였으며, 명대 소설의 양대 부류 가운데 하나로 여겼다.

신마의 투쟁과 같은 초현실적인 소재는 위진 시대의 지괴소설(志怪小說)에서부터 즐겨 다루어져 왔는데, 송원대의 설화를 거쳐 명대에 이르자 장편 대작이 출현하게 된 것이다. 신마소설은 대개 종교적인 이야기나 신화, 전설, 혹은 역사로부터 소재를 빌어오고 있다. 신마소설은 중국 고전소설 가운데서는 낭만적 요소가 가장 풍부한 부류이다. 풍부한 상상력과 고도의 과장법을 동원하여 광활한 초현실적인 세계를 그리면서 권선징악(勸善懲惡)의 주제를 표현하였다.

명청대를 통하여 30여 편의 신마소설이 출현하였는데, 가장 우수한 작품으로 평가되는 것이『서유기(西遊記)』이다.『서유기』는 삼장법사 일행이 서역으로 불경을 가지러 가는 도중 겪게 되는 모험담을 그리고 있으며, 작자는 오승은(吳承恩)이다.『서유기』는 총 100회의 장편소설인데, 현장 자신이 지은『대당서역기(大唐西域記)』, 혜립(慧立)이 지은『대자은삼장법사전(大慈恩三藏法師傳)』및 송대의 화본인『대당삼장취경시화(大唐三藏取經詩話)』, 금대의 원본(院本)인『당삼장(唐三藏)』, 원대의 잡극(雜劇)인 오창령(吳昌齡)의『당삼장서천취경(唐三藏西天取經)』등과 민간에 퍼져있던 서천취경(西天取經)고사를 망라하고 개편하여 창작되었다. 작품의 주된 내용은 손오공이 요괴들과 싸우는 81難인데, 작자는 중국 민간의 신화와 전설을 망라하여 참신하고 풍부한 생명을 부여하였으며, 찬란하고 신기한 환상계를 구상하였다. 작자는 손오공이나 저팔계와 같은 전형인물을 창조하였는데, 이들은 초현실적인 존재임에도 불구하고 친근한 이미지를 가지고 있다. 언어에 있어서는 쉬우면서도 해학적인 표현을 구사하였다. 이런 여러 가지 점들이『서유기』를 중국고전 소설 가운데 최고의 걸작의 하나로 평가받도록 하였다.『서유기』의 속작으로는 『속서유기(續西遊記)』, 『후서유기(後西遊記)』, 『서유보(西遊補)』 등이 지어졌고, 청대에 이르기까지 많은 신마소설이 지어졌지만, 『서유기』에 필적할만한 작품은 나오지 않았다.

허중림(許仲琳)의 『봉신연의(封神演義)』100회도 널리 읽힌 신마소설이다. 명나라 말엽에 쓰여졌을 것으로 추측되는데, 주(周)나라의 무왕(武王)이 은(殷)나라의 주(紂)를 정벌한 역사를 소재로 하였다. 『봉신연의』는 천교(闡教)와 절교(截教)라는 두 교파의 투쟁을 가공하고, 이것을 은과 주 두 나라의 충돌과 융합시킴으로써 수많은 신화인물들을 작품에 등장시키고, 인간의 전쟁을 초현실세계에서 벌어지는 신마(神魔)의 투쟁으로 그려내었다.(위행복)

신마소설, 신화, 전설, 민간신앙, 지괴소설, 전기소설

참고문헌
중국소설연구회 편, 『중국소설사의 이해』, 학고방, 1994.
김학주 저, 『중국문학사』, 신아사, 1994.

신문연재소설(新聞連載小說)

신문 특히 일간 신문에 연재되는 소설. 1830년 경 프랑스에서 시작되었으며, 신문의 흥성과 함께 유행한 소설 양식이다. 대체로 장편 소설이며, 신문 독자의 취향이나 신문 산업의 이익에 영합하여 통속적인 경우가 많다. 예술성이나 순수성을 지향한다 해도 대중의 기호에서 자유로울 수 없기 때문에 '중간 소설'이라 부르는 경우도 있다.

프랑스에서 신문 소설은 1836년 스페인의 피카레스크 소설 『토르메스의 라사릴로 전』의 프랑스어 번역이 <세기(Le Siécle)> 지에 처음으로 연재되었으며, 두 달 후 같은 신문에 발자크의 『노처녀』가 연재되었다. 뒤마의 『삼총사(三銃士)』, 『몽테크리스토 백작』, 『파리의 비밀』 등이 모두 이 무렵의 대표적인 신문소설이었다.

그러나 서유럽에서 신문연재소설은 쇠퇴하여 19세기 당시와 같은 독자의 큰 호응을 찾아볼 수 없게 되었다. 장편 아닌 단편소설이나 콩트 정도의 소품(小品)이 게재되어 겨우 신문소설의 명맥을 잇고 있다. 한편, 프랑스를 제외하고 현재 신문연재를 통하여 소설이 발표되고 있는 나라는 한국·일본·타이완 등 아시아 지역에 국한된 것으로 알려져 있다.

한국의 경우, 가장 먼저 발행되었던 신문인 <한성신보>에서부터 소설이 연재되었다. 이후 <대한일보>, <대한매일신보>, <황성신문>, <제국신문>, <만세보> 등에 양계초의 번안 소설을 번역한 정치소설들을 비롯하여, 이인직의 『혈의누』 등 신소설, 그리고 고전 소설을 답습한 소설들이 다수 연재되었다. 이후 1910년대 중반에는 이광수의 『무정』이 <매일신보>에 연재되어 큰 인기를 누렸다. 1920년대에 조선일보와 동아일보가 창간하면서 신문 소설은 융성기를 맞이하게 된다. 염상섭, 이기영, 홍명희, 김말봉, 박계주, 심훈 등이 일제 강점기 동안 신문연재소설로 인기와 함께 문학적 성과를 거둔 작가들로 꼽힌다.(장수익)

대중 소설, 통속 소설, 정치 소설

참고문헌
한원영, 『한국개화기신문연재소설연구』, 일지사, 1990.
대중문학연구회 편, 『신문소설이란 무엇인가?』, 국학자료원, 1996.

신문학(新文學)

우리나라 19세기 말, 갑오경장 이후 서구 근대 문예사조에 입각하여 일어난 새로운 형식·내용의 문학과 그 후 현대 문학을 통칭하는 용어이지만, 좁게는 전자, 즉 개화기 문학만을 지칭한다. 창가(唱歌)·신소설(新小說)·신체시(新體詩)·신파극(新派劇) 등으로 대표되는 신문학은 서구 및 일본의 영향하에서 발생한 문학예술 활동으로서 고전문학과 근대문학 사이의 과도기적 구실을 하였다. 창가는 1896년 『독립신문』에 발표된 이용우의 「애국가」와 이중원의 「동심가」 등이 있고, 신소설로는 이인직(李人稙)의 『혈(血)의 누(淚)』와 이해조(李海朝)의 『자유종(自由鐘)』 및 최찬식(崔瓚植)·안국선(安國善) 등의 작품이 있다. 또한 1908년 최남선(崔南善)이 신체시 「해(海)에게서 소년에게」를 잡지 『소년』에 발표하였고, 이인직이 세운 원각사(圓覺社)에서 개화 사조를 본격적으로 반영한 연극이 상연되기 시작하였다. 이들 신문학의 주제는 자주독립, 자유민권, 신교육, 미신타파와 과학지식의 보급, 자유연애와 자유결혼, 평등사상 등으로 집약되겠으나, 고전문학의 테두리를 완전히 벗어나지 못한 근대 문학의 전단계적인 구실을 하는 데 머물렀다는 평가를 받고 있다.

넓은 의미에서의 신문학은 서구 문학의 영향으로 이 땅에서 생산된 새로운 경향의 문학을 모두 지칭하며 고전 문학과 대립되는 뜻으로 쓰였다. 따라서 이처럼 신문학을 넓은 의미로 사용할 경우 서구 문학과의 관련 양상이 문제가 되어왔다. 이광수는 「문학이란 하오」(1916)에서 문학이란 서양어인 Literature의 번역어라고 했으며, 나아가 임화는 「신문학사의 방법론」(1940)을 통해 '신문학은 명치(明治)·대정(大正) 문학의 이식'이라고 하는 이식문학론을 주장했다. 이러한 견해는 백철의 『조선신문학사조사』(1948)에서 계승되었지만 1970년대 이후 김현·김윤식의 『한국문학사』(1973) 등 자생적 근대화론의 강한 반발에 부닥치게 되었다.(정호웅)

고전 문학, 개화기 문학, 근대 문학, 신소설, 창가, 신체시, 신파극

참고문헌
문덕수 편, 『세계문예대사전』, 교육출판공사, 1994.
이재선, 『개화기문학론』, 형설출판사, 1994.
김윤식, 『임화연구』, 문학사상사, 1989.

신변소설

객관적인 현실에는 관심을 두지 않고, 작가 개인의 신변적인 이야기만을 취급하여 소박한 일상사를 인상적으로 그리는 근대 소설의 한 장르 종이다. 작품 속에 현실생활의 풍부한 묘사나 풍부한 픽션이 결여된 대신에 일상사를 인상적으로 그리고 있는 것이 특징이다.

서구의 1인칭 소설(Ich roman), 일본의 사소설(私小說)에서 유래한 것으로 본다. 일본 특유의 소설형식인 사소설은 자신의 경험을 허구화하지 않고 그대로 써나가는 소설이라고 정의되는데 20년대에는 사소설만이 예술이며 그 외에는 모두 통속소설이라는 주장(구메마사오)까지 나올 정도였다. 작품 속에 '나'라는 1인칭을 사용하는 수가 많으나 그 인물이 3인칭으로 쓰여진 경우라 할지라도 작자 자신이 분명할 경우에는 역시 사소설로 간주하였다. 따라서 형식상 '나'로 쓰여진 것이라 할지라도 작자 자신의 경험을 작품화한 것이 아니라면 1인칭 소설로 불러 사소설과 구별하였다. 독일의 1인칭 소설도 이 범주에 속한다.

이에 영향을 받아 우리나라에서는 1930년대 중반에 이에 대한 논의가 일기 시작했는데 반드시 사소설의 이름으로서가 아니라 사소설을 닮은 신변소설로도 변화 되었다. 신변소설은 사소설과 더불어 제재를 광범위한 사회현실에서 구하고 작자는 제3자의 입장에서 항상 작품의 뒤에 숨어 사건의 진실이나 인물의 심리적 움직임을 객관적으로 다루는 본격소설로 형성되어 갔다.

1930년대에 현실에 절망하고, 또는 현실을 있는 그대로 표현할 수 없었던 작가들이 심리 소설에 관심을 기울일 때, 일부 작가들이 기법을 옮겨간 것은 소설사적으로 매우 의의 있는 일이다. 이러한 과정에서 볼 때 한국의 신변소설은 형식상 심리소설과 거리가 있지만 내용적으로는 그와 일맥상통하는 부분이 있다.

대표적인 작가로는 1930년대에 안회남있으며 그는 자신의 신변사에 대한 세심한 관찰과 강인한 검증을 통해 반허구의 자화상 창출이라는 사소설의 원리를 본격적으로 추구했다. 이러한 경향은 「투계」(1939), 「탁류를 헤치고」(1940) 등의 작품에서 쉽게 확인된다. 또 그의 작품을 살펴보면 「악마」(1935), 「우울」(1935), 「명상」(1937) 등은 심리추구가 그 주조를 이루고 있으나, 제재상으로는 모두 작가 개인의 신변사가 대부분이다. 그리고 후기 작품에 해당하는 「소년과 기생」(1937), 「애인」(1939), 「온실」(1939) 등은 심리 세계가 완전히 배제된 신변적인 세계에 해당된다.

또 다른 작가들에게서도 사소설적 경향이 발견된다. 유진오의 「김강사와 T교수」, 「창랑정기」, 김남천의 「처를 때리고」(1937), 「춤추는 남편」(1937), 「제퇴선」(1937)과 같은 작품들이 그 예이다. 그 자신이 자기고발의 문학이라고 명명한 이 작품들은 사소설의 관습에 포함되는 체험과 관찰의 양식을 잘 드러내고 있다. 박태원의 「소설가 구보씨의 1일」, 「거리」 등도 이에 속한다. 현대에 와서는 최인훈의 「소설가 구보씨의 일일」(1969), 주인석의 「소설가 구보씨의 일일」(1992)로 박태원의 작품이 패러디 되었고, 그 후 양귀자의 「원미동 사람들」 신경숙의 상당수 작품이 신변소설적 성격을 띠고 있다. 이런 흐름은 거대 담론이 사라지는 리얼리즘시대를 지나는 것과 때를 같이해 소위 '소설가 소설'쓰기라는 신변소설 양산시대를 낳았다.(오양호)

신비주의(神秘主義, Mysticism, 프 Mysticisme, 독 Mystizismus)

신비주의는 일상적이고 합리적인 인식 영역을 초월하여 신(神) 혹은 절대자와 직접적인 교섭이나 내면적인 일치를 추구하는 신성(神性)인식, 신비체험, 신비현상 등에 관한 철학이나 사상이다. '신비(mystic)'라는 말은 그리스어 '비밀의식(mystikos)'에서 나온 것으로, 감추어진 진리나 초월적 존재에 대한 영적 추구를 뜻한다. 이 때문에 신비주의는 일반적으로 환각, 몽환, 직관, 황홀감, 영혼(靈婚), 탈혼(脫魂, ecsta -sis), 염동(念動, telekinesis) 등 신비한 내적 체험을 중시한다.

모든 종교는 신비주의의 형태를 지니고 있다. 원시종교인 샤머니즘의 주술과 입신,『우파니샤드』의 범아일여사상(梵我一如思想), 그리스도교의 그리스도 체험과 신비신학, 불교의 선정(禪定)과 밀교(密敎), 유대교의 카발라(Kabbalah), 이슬람교의 수피니즘(Sufiffism), 힌두교의 요가(Yoga) 등이 대표적인 경우이다. 또한 철학자와 문학가의 세계관이나 자연관에 따라 신비주의적 경향을 드러내기도 한다.

철학의 경우 신플라톤 학파와 그노시스파(Gnosticism)로부터 근세의 스피노자(Spinoza, Baruch de), 라이프니츠(G. W. Leibniz), 칸트(I. Kant), 슐라이허마허(Schle -iermacher), 쇼펜하우어(A. Schopenhauer), 스베덴보리(E. Swedenborg) 등이 신비주의의 계보에 속한다. 문학의 경우, 독일 신비주의 시인과 괴테(J. W. Goethe), 동서양의 다양한 신비주의를 섭렵한 헤세(H. Hesse), 범신론적인 릴케(R. M. Rilke), 16세기 스페인 황금세기에 나타난 십자가의 요한(San Juan de Cruz) 등의 신비문학, 그리고 형이상파 시인인 윌리암 브레이크(W. Blake)와 존 던(J. Donne), 샤먼적 입무(入巫)를 보여주는 휘트먼(W. Whitman) 등이 신비주의 문학에 속한다.

한국 문학에서는 신비주의를 뚜렷하게 보여주는 작품을 발견하기 어렵다. 그러나 근대문학 초기에 신비한 미지의 세계를 상정한 박종화의「흑방비곡」,「영원의 승방몽(僧房夢)」, 박영희의「유령의 나라」, 이상화의「이중의 사망」등에서 신비주의의 색조를 발견할 수 있고, 김동리의「무녀도」,「역마」,「달」, 윤흥길의「장마」등 샤머니즘을 수용한 소설이나 환청, 환시, 환각적 요소를 담고 있는 임철우의 일부 소설, 그리고 입신(入神)의 고행을 신화적 구조로 그려내고 있는 박상륭의『죽음의 한 연구』에서 부분적으로 신비주의적 경향을 발견할 수 있다.(강경화)

경건주의, 그노시스파, 수피니즘, 신플라톤학파, 형이상파

참고문헌
강필운 외,『신비주의 문학의 이해』, 명지출판사, 1996.
김윤섭,「릴케의 신비주의 작품과 동양사상」, 서울대박사학위논문, 1997.
백 철,『신문학사조사』, 신구문화사, 1982.
정경량,『헤세와 신비주의』, 한국문화사, 1997.
게르하르트 베어,『유럽의 신비주의』, 조원규 역, 자작, 2001.

신비평(新批評) ☞ 뉴크리티시즘

신사(神思)

　예술적인 상상은 시공(時空)의 제한을 받지 않으며, 변화가 신속해서 예측할 수 없다는 특징을 정리한 용어. 신은 변화가 신속하고 헤아릴 수 없는 성격을 가리키고, 사는 심사(心思) 또는 상상을 가리킨다. 신사는 두 단어가 모인 것으로, 신은 한편으로 사람의 심사나 상상이 가진 특징을 형용하고 있다.

　신사의 신은 원래 『역전(易傳)』에 기원을 두고 있다. 그 뜻도 다양한데, 그 중 하나가 변화가 빠르고 헤아릴 수 없다는 것이다. 『역(易)·계사(繫辭)』 상편에서는 신을 해석하기를 "음양을 헤아릴 수 없는 것을 신이라 한다.(陰陽不測之謂神)"고 했고, "오직 신하기 때문에 빠르지 않아도 신속하고, 가지 않아도 닿는다.(惟神也 故不疾而速 不行而至)"고 하였다. 또 『역·설괘(說卦)』에서는 "신이라는 것은 만물이 오묘한 것을 말한다.(神也者 妙萬物而爲言者也)", 즉 만물의 변화가 신묘하고, 다만 그런 것을 알 뿐 왜 그렇게 되는지는 알 수 없다고 설명하였다. 이를 통해 신이라는 단어의 의미를 정리할 수 있다. 신으로서 사를 묘사한다는 것은 심사나 상상의 변화가 신묘해서 헤아릴 수 없음을 가리킨다.

　중국 고대 문헌을 읽다보면 그들이 사람의 사유나 상상력은 시공의 제한을 받지 않는다는 특징을 이미 인식하고 있었음을 보여주는 예들이 있다. 『장자·양왕(讓王)』편에는 "중산공자 모가 첨자에게 '몸은 강가나 바닷가에 있으면서 마음은 위나라 궁궐 밑에 있다'고 했는데 무슨 소리입니까?(中山公子牟謂瞻子曰 身在江海之上 心居乎魏闕之下 奈何)"라고 물었다는 기록이 보이고, 『순자(荀子)·해폐(解蔽)』편에는 "방안에 앉았으면서 사해를 바라보고 현재에 머물러 살면서 아주 먼 미래를 논한다.(坐于室而見四海 處于今而論久遠)"는 글도 보인다. 그리고 『회남자(淮南子)·숙진훈(俶眞訓)』에는 "무릇 눈으로는 기러기와 고니가 나는 것을 보고, 귀로는 거문고가 울리는 소리를 들으면서도 마음은 안문(산서성 代縣에 있는 고을 이름. 관문의 하나)의 사이에 머물러 있다. 한 몸 가운데에서 정신이 분리되고 구별되는 것이 우주 전체 속에서 한 번 일어나면 천만리라는 거리로 벌어진다.(夫目視鴻鵠之飛 耳聽琴瑟之聲 而心在雁門之間 一身之中 神之分離剖判 六合之內 一擧而千萬里)"는 기록도 나오는데, 모두 사유의 한 특징을 비유한 글들이다. 몸은 이 곳에 있으면서 마음은 저 곳에 있듯이, 인간의 사유는 주체가 머물러 있는 시공의 제한을 받지 않는다는 것이다.

　한나라 말기에 불교가 중국에 전파된 이후 불경을 번역하고 불가의 이치를 논술하는 한편, 인간 사고는 거침없이 변화해서 시공을 초월하는 성질이 있다는 논의가 광범위하게 펼쳐졌다. 승려 강회(康會)는 「안반수의경서(安般守意經序)」에서 "손가락을 튕기는 사이에 마음은 960번 돌고, 하루 낮 동안에는 13억 가지 생각을 한다.(彈指之間 心九百六十轉 一日一夕 十三億意)"(『전삼국문(全三國文)』권75)고 말하였으며, 구마라즙(鳩摩羅什, 344-413)이 번역한 『유마힐소설경(維摩詰所說經)·제자품(弟子品)』에는 "모든 법은 서로 기다리지 않으며, 한 마음에만 머물지

도 않는다.(諸法不相待 乃至一念不住)”고 했고, 후진(後秦)의 승조(僧肇)는 “손가락 튕기기는 사
이에 60가지 생각이 지나간다.(彈指頃有六十意過)” 등이 그것이다.

　　예술상에 있어서 상상력의 문제를 최초로 언급한 경우는 『서경잡기(西京雜記)』권2에 기록
된 사마상여(司馬相如, 전179-전118)가 「상림부(上林賦)」와 「자허부(子虛賦)」를 지으면서 “생
각이 고요해지고 흩어지면 다시는 바깥일과는 상관하지 않으면서, 천지를 잡아당기고 고금을
뒤섞어 놓는다.(意思蕭散 不復與外事相關 控引天地 錯綜古今)”고 한 말을 들 수 있겠다. 진(晋)나
라의 육기(陸機, 261-303)는 문학 창작을 논한 「문부(文賦)」에서 비록 신사라고 부르지는 않았
지만, 예술적인 상상력의 자유로움과 시공을 초월하는 특징에 대해 상당히 상세하고 정확한 묘
사를 한 바 있다. “시작할 때에는 모두 시선도 거두고 청각도 돌이켜서 고요히 생각에 잠겨 두루
구하게 된다. 정교함은 팔극(아주 먼 곳)을 내달리고, 마음은 만인(인은 7척, 아주 높은 곳)에서
노닌다…고금도 짧은 순간에 살피고, 사해도 일순간에 어루만진다.(其始也 皆收視反聽 耽思傍
訊 精騖八極 心遊萬仞…觀古今之須臾 撫四海於一瞬)”거나 “천지가 넓다한들 몸(문장) 속에 이
를 가두었고, 수많은 물건이라고 해도 붓끝으로 만물을 꺾어버렸다.(籠天地于形內 挫萬物于筆
端)” “만 리를 넓힌다고 해도 막힘이 없으며, 억 년의 세월을 관통해서 건널 수 있는 진리의 나루
터가 된다.(恢萬里而無閡 通億載而爲津)”고 하였다.

　　처음으로 신사라는 사유의 한 특징을 가지고 예술 이론으로 정립시켜 전문적인 논의를 진행
한 사람은 『문심조룡』을 쓴 유협(劉勰, 465?-520?)이다. 『문심조룡 · 신사』편에 보이는 논지는
육기의 「문부」와 다소 다르다. 육기는 단지 예술적 상상력의 자유로움과 시공을 초월하는 문제
만 가지고 논의를 펼쳤지만, 유협의 「신사」편에는 한 걸음 더 나아가 예술적 상상력의 특징을
기술하면서 그 중요성을 “문장을 다스리는 첫 번째 기술이고, 작품을 계획하는 커다란 단서(馭
文之首術 謀篇之大端)”라고 지위를 격상시켰다. “옛 사람들이 말하기를, ‘몸은 강과 바다에 있으
면서 마음은 위나라 궁궐 아래를 떠돈다고 했는데, 이것이 신사다. 문장을 궁리하고 있으면 정
신은 멀리까지 닿아 있다. 때문에 고요히 명상 속에 잠기면 생각은 천 년에 닿아 있고, 근심스럽
게 용모를 움직이면 시각은 만 리를 꿰뚫는다. 노래하고 읊조리는 사이에 그는 주옥같은 소리를
토해내고 들이킨다. 눈썹과 눈을 깜박거리기 전에 그는 바람과 구름의 빛깔을 말고 풀어낸다.
이것이 바로 생각의 이치가 만든 것이 아니겠는가? 때문에 생각의 이치는 미묘해져서 정신은
사물들과 어울려 놀게 된다. 정신은 마음 속에 머물러 있어서 사람의 의지와 기질을 다스리는
관건이 된다. 사물은 눈과 귀를 통해 마음에 이르는데, 언사와 말투가 이를 주관하는 중추가 된
다. 중추가 바야흐로 통하게 되면 사물은 모양을 감출 수 없게 되고, 그 관건이 막히게 되면 정
신은 흩어져 숨어버린다…이것이 바로 문장을 다스리는 첫 번째 기술이고, 작품을 계획하는 커
다란 단서인 것이다.(古人云 形在江海之上 心存魏闕之下 神思之謂也 文之思也 其神遠矣 故寂然

凝慮 思接千載 悄焉動容 視通萬里 吟詠之間 吐納珠玉之聲 眉睫之前 卷舒風雲之色 其思理之致乎 故思理爲妙 神與物遊 神居胸臆 而志氣統其關鍵 物沿耳目 而辭令管其樞機 樞機方通 則物無隱貌 關鍵將塞 則神有遁心…馭文之首術 謀篇之大端)" 이렇게 유협은 생동감 넘치는 비유를 써서 예술적 상상력의 자유로움과 시공을 초월하는 특성을 묘사하였다. 적연응려 사접천재(寂然凝慮 思接千載)는 어떤 시간상의 거리라도 초월하는 사실을 말한 것이며, 초언동용 시통만리(悄焉動容 視通萬里)는 어떤 공간상의 격차라도 초월하는 사실을 말한 것이다.「문부」에서 "고금도 짧은 순간에 살피고, 사해도 일순간에 어루만진다.(觀古今之須臾 撫四海於一瞬)"는 주장과 완연히 일맥상통한다. 예술적 상상력의 자유로움과 시공을 초월하는 특성은 후세에도 광범위한 논의와 묘사가 이루어졌다.

송나라의 주희(朱熹, 1130-1200)는 "옛날부터 지금까지 수 만 년 동안 만약 이 생각이 피어난다면 문득 여기에 다다를 수 있을 것이다. 후세로 내려가서 몇 천만 년인지 알 수 없어도 만약 이 생각이 피어난다면 문득 여기에 다다를 수 있을 것이다…비록 수 만 리 떨어진 먼 곳이고, 수백 세 올라가는 미래라고 해도 한 가지 생각만 피어난다면 문득 여기에 다다를 수 있을 것(如古初去今是幾千萬年 若此念才發 便到那裏 下面方來又不知是幾千萬年 若此念才發 便也到那裏…雖千萬里之遠 千百世之上 一念才發 便也到那裏)"(『주자어류(朱子語類)』권18)이라고 했다. 이는 일반적인 사유와 상상력의 초시공적인 특성을 설명한 대목이다.

유협 이후 신사라는 용어로 예술적 상상력이 지니는 독특한 현상을 요약하는 흐름은 점차 광범위하게 채용되었다. 소자현(蕭子顯)은 『남제서南齊書 · 문학전론(文學傳論)』에서 "글을 쓰는 방법은 일은 신사에서 나오고 감정은 무상을 불러들여 변화가 다함이 없는 데 있다.(屬文之道 事出神思 感召無象 變化不窮)"는 등의 말이 그것이다.(임종욱)

역전(易傳), **안반수의경서**(安般守意經序), **육기**(陸機), **문부**(文賦), **문심조룡**(文心雕龍), **유협**(劉勰)

참고문헌
임종욱,『동양문학비평용어사전-중국편』, 범우사, 1997.
_____,『중국의 문예인식』, 이회, 2001.
_____,『중국문학에서의 문장체제 인물 유파 풍격』, 이회, 2001.
주훈초,『중국문학비평사』, 이론과실천, 1992.

신사(神似)

시와 회화와의 관계를 논할 때 쓰는 평어. 이 말은 형사(形似)와 대비하여 쓰는 것으로, 시와 회화가 사람이나 사물을 묘사할 때 "외형만 비슷한 것(形似)"만 추구할 수 있는 것이 아니라 이를 바탕으로 인물의 신령스런 자태와 기운이 도달한 경지를 오묘하고 직핍(直逼)하게 표현하여 정신을 전하는 솜씨를 가리킨다.

한나라 때에 이미 사람들은 예술을 표현하는 방식에는 형사와 신사의 구별이 있음을 알고 있었다. 이른바 "악사가 의지를 풀어 사물의 구경을 묘사하고 정신을 담아 더욱 자유롭게 춤추어서 거문고 줄 위에 형상화하는 것은 형이라고 해도 능히 아우에게 비유할 수는 없다.(聲師之放意相物 寫神愈舞 而形乎弦者 兄不能以喩弟)"(『회남자(淮南子)·제속훈(齊俗訓)』)고 한 기록도 있으며, "항상 비슷할 수는 없고 어쩌다 비슷할 뿐이다. 항상 비슷한 것은 외형이고, 어쩌다 비슷한 것이 신이다.(不恒相似 時似耳 恒似是形 時似是神"(『세설신어·배조(排調)』)는 말도 있다. 이런 논의는 모두 형사와 신사를 구별한 것이다. 양자는 예술 표현상으로 볼 때 비록 구별하기 어렵지만, 비교해서 살펴보면 신사가 결국 도달하기 더욱 어려운 경지로, 예술상의 경계境界와 효과를 상승시키는 구실을 한다. 『세설신어·교예(巧藝)』편에 보면 고개지(顧愷之, 346-407)의 말을 인용해서 "네 가지 체제가 아름답고 추한 것은 원래 오묘한 부분과는 관련이 없다. 신비함을 전해 묘사하고 비추는 바로 그 곳에 있는 것(四體妍嬪 本無關于妙處 傳神寫照 正在阿堵中)"이라는 기록도 있다. 두보(杜甫, 712-770)는 시 「단청인증조장군패(丹靑引贈曹將軍霸)」에서 이렇게 말했다. "고기를 그려야지 뼈대를 그리면 안되니, 문득 천리마의 기상이 사라져 버렸다. 장군이 그린 짐승은 신령이 담겼으니, 우연히 좋은 선비 만나 또한 진실을 묘사하였다.(幹維畫肉 不畫骨 忽使驊騮氣凋喪 將軍畫獸蓋有神 偶逢佳士亦寫眞)" 이렇게 모두 신사가 형사보다 중요하다는 사실을 강조하였다. 소식(蘇軾, 1037-1101)은 신사와 형사를 명확하게 대비해서 예술가는 형사를 초월하여 신사의 경지에 도달해야 한다고 주장하였다. 그는 「서언릉왕주부소화절지이시(書鄢陵王主簿所畫折枝二詩)」에서 다음과 같이 말했다. "그림을 형사로 논하는 것은, 견해가 어린이 수준에 가깝다. 시를 지을 때 이것으로 쓴다면, 그는 진정 시를 모르는 사람이리라. 시와 그림은 같은 것이니, 하늘이 준 듯한 공교로움과 맑고 새로움이다. 변방의 새떼를 살아 있는 듯이 그렸지만, 조창의 꽃이 신령을 전한다.(論畫以形似 見與兒童隣 賦詩必此詩 定非知詩人 詩畫本一律 天工與淸新 邊鸞雀寫生 趙昌花傳神)" 소식은 "신령을 전하는 어려움은 눈으로 보이도록 하는 데 있다.(傳神之難在目)"(「전신론(傳神論)」)는 말도 남겼다. 그러나 소식을 비롯해 이전 비평가들은 신사라는 용어를 명확하게 사용해서 개념을 정리하지 않고, 유신(有神)이나 전신(傳神), 신묘(神妙) 등의 말을 두루 사용하였다. 그러다가 원나라에 들어서서야 유장손(劉將孫)이 신사란 말을 처음으로 사용하였다. 그는 「초달가문서(肖達可文序)」에서 이렇게 말했다. "옛사람을 배울 때 신령을 전하는 것과 같은 경우는 그 외형을 얻은 이도 있고, 그 정신을 얻은 이도 있다. 신사는 비록 외형은 닮지 않았을지 몰라도 오히려 닮은 것이다.(學古人如傳神 有得其形者 有得其神者 卽神似 雖形不酷似 猶似也)"(임종욱)

형사(形似), **고개지**(顧愷之), **두보**(杜甫), **소식**(蘇軾), **전신론**(傳神論), **유신**(有神), **전신**(傳神), **신묘**(神妙)

참고문헌

임종욱, 『동양문학비평용어사전-중국편』, 범우사, 1997.
_____, 『중국의 문예인식』, 이회, 2001.
_____, 『중국문학에서의 문장체제 인물 유파 풍격』, 이회, 2001.
주훈초, 『중국문학비평사』, 이론과실천, 1992.

신소설(新小說)

　'개화기 소설'이라는 명칭과 더불어 사용되기도 하나 그 내포는 서로 다르다. 이 용어는 일본의 월간 문학잡지 『신소설』에서 유래된 것이라고 하지만, 일본에서는 '신소설'이라는 용어 자체는 통용되지 않았다. 우리나라에서는 1906년 『대한매일신보』의 광고에서 그 명칭이 처음 등장했고 이듬해 『혈의 누』가 단행본으로 간행되면서 '新小說 血의 淚'라고 표기함에 따라 이후 신소설은 보편적인 명칭으로 굳어졌다. 이인직, 이해조를 비롯한 개화파 지식인들은 서구 사상과 서구 문학의 양식을 수입하여 이전의 고대소설과는 다른 새로운 소설 형태를 창출하였는데, 신소설이라고 하면 일반적으로 그들의 작품을 지칭한다.

　신소설은 대개 고대 소설에서 근대 소설로 넘어오는 과도기적 양식으로 평가된다. 형식적인 면에서 볼 때 문체는 언문일치의 문장으로 씌어졌으며 구성에서도 시간의 역행, 사건 및 장면의 전후가 엇바뀌는 해부적 구성 방법을 시도했다. 내용면에서도 대부분 개화기를 배경으로 현실 속에서 취재했으며 등장인물도 현실적 인간이어서 시대상과 시대 의식을 반영했다. 그 주제로 자주 독립, 신교육의 장려, 여권 존중, 계급 타파, 자유 결혼, 평민 의식, 자아 각성에 의한 현실 고발 등을 다루었다. 신소설은 제명을 비롯하여 확대된 장면 묘사, 작품 서두의 참신성, 근대적인 사상과 문물의 도입, 풍속의 개량 등 내용과형식의 측면에서 고대소설과는 다른 새로운 면모를 보여주고 있다. 그러나 후기로 갈수록 부녀자들을 대상으로 한 대중적 독서물로 변질되어 고대소설의 상투적 수법인 우연을 통한 사건전개, 선악의 평면적 대립, 흥미위주의 사건 설정 등이 남발되면서 초기의 참신성이나 문제의식이 점점 희석되어 갔다.

　한편 신소설을 포함한 개념인 개화기 소설은 신채호, 장지연, 박은식의 역사전기 소설, 신문의 일부를 구성한 토론체 소설 등 다양한 실험적 소설들을 모두 포함한다. 신소설은 개화기라는 특정한 공간에서 태어나 다른 양식의 소설과의 경쟁을 통해 주류 양식으로 정착함에 따라 이후 이광수의 『무정』을 시작으로 하는 근대 소설이 태어나는데 일정한 기여를 했다고 할 수 있다. 작품으로는 이인직의 『혈의 누』, 『치악산』, 『은세계』, 이해조의 『자유종』, 최찬식의 『추월색』 등이 있다.(정호웅)

개화기소설, 근대소설, 고대소설, 영웅의 일대기, 언문일치

참고문헌
이재선, 『개화기문학론』, 형설출판사, 1994.
김윤식·정호웅, 『한국소설사』, 예하, 1993.
조동일, 『신소설의 문학사적 성격』, 서울대출판부, 1973.

권보드래, 『한국근대소설의 기원』, 소명, 2000.

신악부운동(新樂府運動)

중당(中唐) 시기에 백거이(白居易, 772-846)와 원진(元稹, 779-831)에 의해 형성된, 악부시(樂府詩)를 새롭게 창작하는 일을 중심 과제로 삼은 일련의 시가 혁신 운동을 말한다.

신악부는 당나라 작가들이 새롭게 제목을 붙여 창작한 악부시를 말한다. 송나라의 곽무천(郭茂倩)은 "신악부는 모두 당나라 때의 새로운 노래이다. 그 가사는 모두 악부이지만 성률에 올려지지 않았기 때문에 신악부라고 한다.(新樂府者 皆唐世之新歌也 以其辭實樂府 而未嘗被于聲 故曰新樂府也)"(『악부시집(樂府詩集)』)고 정의를 내렸다. 명나라의 호진형(胡震亨)은 "악부에는 또 과거의 제목을 붙였거나(往題) 새롭게 제목(新題)을 붙인 구별이 있다. 왕제는 한위 이후부터 수나라 이전까지 나온 악부의 옛 제목인데, 당나라 사람들이 이를 모방해 지은 것이다. 신제는 고악부에는 없고 당나라 때 새롭게 지어진 악부를 가리킨다.(樂府內又有往題新題之別 往題者 漢魏以下 陳隋以上樂府古題 唐人所擬作也 新題者 古樂府所無 唐人新題爲樂府題者也)"(『당음계첨(唐音癸籤)』)고도 말했다. 당나라 초기 때 시인들은 악부시를 지으면서 대개 악부의 옛 제목을 답습했지만, 이 때에도 적은 양이지만 새롭게 제목을 붙인 경우도 있었다. 이같은 신제악부는 두보(杜甫, 712-770)에 이르러 크게 발전하였다. 두보는 악부시 형식을 가지고 당시의 일들을 묘사하는 데 뛰어났다. 「병거행(兵車行)」이나 「여인행(麗人行)」, 「비진도(悲陳陶)」, 「애강두(哀江頭)」 등은 "진솔하게 모두 어떤 일을 겪으면서 작품의 이름을 정한 것으로 과거의 것에 의지한 흔적이 없는(率皆卽事名篇 無復依傍)"(원진의 「악부고제서(樂府古題序)」) 작품이었다. 원결(元結)과 위응물(韋應物), 대숙륜(戴叔倫), 고황(顧況) 등도 모두 신제악부를 지었다. 원결은 특히 시가를 창작할 때에는 "제왕들이 어지러움을 다스린 방법을 분명하게 밝히고, 옛 사람들이 풍자하는 방식을 규정했던 흐름을 이어서(極帝王理亂之道 系古人規諷之流)"(「이풍시론(二風詩論)」) "위로는 임금을 감화하고, 아래로는 백성을 교화하도록(上感于上 下化于下)"(「신악부서(新樂府序)」) 해야 한다고 주장하였다. 이들은 모두 신악부운동의 선구자들이라고 할 수 있다.

신악부운동은 정원(貞元, 德宗 때의 연호, 785-805)과 원화(元和, 憲宗 때의 연호, 806-820) 연간이라는 특정한 시대 조건 속에서 형성되었다. 이 때는 안사(安史)의 난이 끝난 뒤로 당나라 왕조가 급격하게 쇠퇴하는 시기였다. 한편 번진(藩鎭)이 할거하고 환관들의 전횡이 거듭되면서 세금은 더욱 과중하게 부과되어 빈부의 격차는 점차 커가는 지경이었다. 게다가 주변 이민족들의 침입이 극성을 띠어 전화가 빈번했고, 사회 각 방면의 모순과 갈등 또한 점차 구체화되기 시작하였다. 다른 한편 통치 계급 가운데 일부 지식층들은 현실이 보여주는 병폐에 대해 분명한 인식을 가지게 되어 정치적 모순을 개량하고 사회에서 벌어지는 제반 갈등을 완화해서 당 왕조를 부흥하려는 움직임이 일었다. 이같은 정황은 당시의 문단과 시단에도 그대로 반영되었는데 한유(韓愈, 768-824)와 유종원(柳宗元, 773-819)에 의해 고문부흥운동이 전개되고 백거이와 원진에 의해서는 신악부운동이 전개되기에 이르렀다.

원화 4년(809)에 이신(李紳)이 먼저「신제악부」20수(현재는 없어짐)를 지어 원진에게 보냈다. 이를 읽어본 원진은 "우아하여 이른바 헛되이 글을 짓지 않은 것(雅有所謂不虛爲文)"이라고 여겨 "병든 세태에서 더욱 급한 것들을 모아 배열해서 화답하여(取其病時之尤急者 列而和之)"「화이교서신제악부(和李校書新題樂府)」12수를 지었다. 나중에 백거이가 다시「신악부」50수를 지어 정식으로 신악부라는 명칭을 제출하였다. 백거이에게는 또「진중음(秦中吟)」20수가 있는데, 역시 동일한 정신을 구현한 작품이다. 이렇게 해서 신악부는 하나의 시가운동으로 정착되었는데, 창작이 신제악부에만 국한된 것은 아니었다. 당시에 장적(張籍, 765?-830?)과 왕건(王建, 767? -830?), 유맹(劉猛), 이여(李餘) 등은 신제악부도 지으면서 고제악부(古題樂府)를 짓기도 했는데, 모두 시가 혁신이라는 방향을 견지한 작품이었다. 원진은 원래 백거이, 이신 등과 "다시는 고제를 모방해서 짓지 않는다.(不復擬賦古題)"고 약속했지만, 뒤에 유맹과 이여가 지은 고악부시를 읽어보고는 "그 가운데 1,20장은 모두 새로운 뜻을 담고 있다.(其中一二十章 咸有新意)"고 하며 고제악부 19수에 화운하였다. 그러나 "전혀 옛 뜻을 담지 않거나(全無古義)" "혹 옛 뜻을 담았다고 해도 새로운 시어로 창작하여(或頗同古義 全創新詞)"(원진의「고제악부서(古題樂府序)」) 실질적으로나 작용에 있어서 신악부와 일치하는 것이었다. 이처럼 당시에 상당한 반향을 불러 일으키며 형성된 시가 운동을 문학사에서는 신악부운동이라고 불렀다.

신악부운동은 중국시가사상 중요한 시가 운동의 하나로 자리잡아 후세 시가의 발전에 적지 않은 영향을 끼쳤다. 당나라 말기 때 피일휴(皮日休, 834?-883?)는「정악부(正樂府)」10편을 지었고, 섭이중(聶夷中, 837-884?)도 현실을 반영한 악부시를 남겼는데, 이는 신악부운동의 전통을 직접적으로 계승한 성과였다.(임종욱)

백거이(白居易), **원진**(元稹), **악부시**(樂府詩), **악부시집**(樂府詩集), **신악부운동**, **이신**(李紳), **피일휴**(皮日休), **섭이중**(聶夷中)

참고문헌
임종욱,『동양문학비평용어사전-중국편』, 범우사, 1997.
_____,『중국의 문예인식』, 이회, 2001.
_____,『중국문학에서의 문장체제 인물 유파 풍격』, 이회, 2001.
주훈초,『중국문학비평사』, 이론과실천, 1992.

신여물회(神與物會)

신여물회(神與物會)란 시학과 관련된 고대 문학이론의 개념으로 시가 창작 과정 중에 작자의 주관적인 사고와 객관적인 사물이 융합하는 사유과정의 특징을 지칭한다. 즉 창작 과정에 있어 예술적인 상상력은 시공(時空)의 제한을 받지 않으며 무한히 변화할 수 있기에 일정한 틀이 없이 처한 상황에 따라 변할 수 있는 것임을 의미한다. 신여물회에서 "신(神)"은 작자의 주관적인 사고를 의미하는 것으로 그것은 작자의 흉금에 위치하는 것이다. "물(物)"은 객관적인 사물과 외경을 의미하는 것으로, 그것이 어떠한 제약을 받지 않는 작자의 상상 활동으로 범위 확장이 가능하다고 본 것이다.

그 이론적 토대는『문심조룡(文心雕龍)・신사(神思)』에서 찾을 수 있다. "문학적 사유에서 정신이란 고원하다. 때문에 조용히 생각을 모으면 마음은 천년의 시간을 뛰어넘고, 천천히 눈길을 돌리면 만 리 너머를 볼 수 있는 것이다. 시인이 시를 읊으면 주옥같은 소리가 흐르고, 눈앞에서 비바람의 모습을 펼칠 수 있는 것은 모두 그 상상력의 소산이 아닌가. 그러므로 상상력의 원리는 오묘하여 정신이 사물과 소통할 수 있는 것이다." 육기 역시「문부(文賦)」에서 내적으로 감관 기관의 작용을 세밀히 살펴 상상적 영감에 기댄다는 창작 관점을 피력했다. 이러한 문학 창작 과정에 있어서의 구상은 예술적인 상상력과 관계가 깊다. 그는 사람의 정신과 외적 사물이 서로 그 작용을 교환하는 과정을 통해 창작 활동의 첫 단계인 내적 구상이 이루어지고, 그러한 구상이 끝난 후에 언어 문자를 통해 외부로 표현된다고 하였다.

유협의 이론에서 중요한 점은 실제로 창작의 과정에서 예술적인 상상력이라는 심리 활동을 인식하면서, 비록 이것이 오묘하여 예측하기 어렵다 하더라도, 외재적인 자연 현상과 시종 긴밀한 연관 관계를 맺으면서 떨어질 수 없는 성격이 있다고 본 것이다. 훌륭한 작품을 창작해내기 위해서 작가는 평소에 널리 학습하여 창작 역량을 배양해야 한다. 구체적으로는 학식을 쌓아서 옳고 그름을 판단하고, 경험을 쌓아서 사물을 통찰하는 능력을 키워 지극한 감정을 펼쳐서 적절하게 문사를 운용하는 것이다. 이러한 과정들을 통해서 구체적 창작과정에 임할 수 있다는 유협의 견해는 당시로서는 상당히 진보적인 견해임에 틀림없었으나, 지나치게 추상적이며 형상화한 측면이 있다. 소식의 신사론(神似論)이나 흉중성죽(胸中成竹)론과 일정한 관련도 있다. 신여물유와 유사한 듯하지만 사물의 영향 부분을 강조한 용어로서 인물감흥(因物感興)이 있는데, 작자가 어떠한 객관적인 사물을 관찰하고 경험한 뒤에야 비로소 주관적인 사고를 발휘하여 작품을 창작할 수 있다는 것이다.(오태석)

신여물회, 신여물유, 문심조룡, 영감, 상상, 신사(神似)

참고문헌
『中國詩學大辭典』, 浙江敎育出版社, 1999.
주훈초 외,『중국문학비평사』, 중국학연구회 고대문학분과 역, 이론과 실천, 1994.

신역사주의(新歷史主義, New historicism)

문화시학이라고도 불리는 신역사주의는 1980년대에 대두된 새로운 문학해석의 방법론이다. 즉 역사에 기초한 새로운 종류의 비평으로서, 특히 르네상스 연구에서 일어난 새로운 종류의 비평을 가리킨다. 이 용어는 문화비평가 스티븐 그린블랫(Stephen Greenblatt)이 1982년 문학잡지 『장르 Genre』의 특집호에서 처음 사용하였다. 그 이후 신역사주의는 페미니즘(Feminism)ㆍ담론(Discourse)이론ㆍ마르크스주의(Mar -xism)ㆍ해체주의(Deconstruction)와 같이 이론상으로 다양한 비평방법을 나타내는데 사용되었다. 그러나 역사적 정보에 의지하는 모든 비평 활동이 신역사주의는 아니다.

신역사주의가 주로 마르크스주의를 근거로 비평활동을 한다고 오해하는 사람도 있지만, 진정한 의미의 신역사주의자라고 자신하는 사람들에게 가장 중요한 이론적 근거가 되고 있는 것은 프랑스의 철학자 미셸 푸코(Michel Foucault)의 『말과 사물 The Order of Thing』, 『감시와 처벌 Discipline and Punish』, 『지식의 고고학 The Archaeology of Knowledge』등의 저작들이다.

푸코의 뒤를 이어 '인간은 사회적ㆍ역사적 상황에서 만들어진 구축물일 뿐 역사적 변화를 주도하는 자율적인 행위자가 아니다'라고 주장하는 신역사주의는 전통적 역사주의와 다르다. 즉 신역사주의자들은 역사에 대한 기존 관념을 뒤엎는다. 모든 역사주의적 문학해석 방법론이 문학을 역사와의 관계에서 파악하는 것이라면 신역사주의도 문학을 역사와 관련시킨다는 점에서 다르지 않다. 그러나 신역사주의는 문학과 역사, 텍스트와 컨텍스트의 관계를 주목한다. 신역사주의에서의 역사적 문학 읽기는 역사의 통시적 전개의 어느 위치에 문학을 삽입시켜 거시적 역사의 일부로서 문학을 환원시키는 것이 아니라, 거시적 역사의 전개라는 직선적이고 환원론적일 수 있는 역사의 이해에서 배제된 역사의 변두리와 구체적인 역사의 문맥에서 문학작품을 이해하는 것이다.(이동철)

담론(Discourse), 막시즘(Marxism), 역사주의(historicism), 페미니즘(Feminism), 해체주의(Deconstruction), 휴머니즘(humanism)

참고문헌
김혜니, 『외재적 비평문학의 이론과 실제』, 푸른사상, 2005.
홍문표, 『현대문학비평이론』, 창조문학사, 2003.
프랭크 렌트리키아, 『신역사주의론』, 김옥수 역, 한신문화사, 1995.
Veeser, H. Aram(EDT), The New Historicism, Routledge, 1989.

신운설(神韻說)

복고적인 문학풍조가 문단을 지배하던 청대(淸代)에는 전대의 학술사상을 계승ㆍ발전시킨 다양한 시가 창작과 비평에 이론이 등장하였다. 왕사정(王士禎, 1634-1711)에 의해 주창된 신운설(神韻說)은 성령설(性靈說), 격조설(格調說), 기리설(肌理說)과 함께 청대 문단에 영향력을 행사한 4대 학파 가운데 하나로, 그 논지는 성당의 시로의 회복과 시의 인위적인 수식이나 논리를 반대하고 초현실적인 신정(神精)과 운미(韻味)를 주장한 것이었다. 왕사정의 이러한 주장들은 당시 시단의 주류를 이루고 있던 송시풍의 경향을 일순간에 바꾸어 놓았고, 약 100여년 동안 청대의 문단을 지배했다.

역사적으로 살펴보면 신운설의 발생은 매우 오래되었다. 신운이라는 말은 일찍이 남제(南齊)의 사혁(謝赫)은『고화품록(古畵品錄)』에서 "신운과 기력은 전대의 현인들만 못하지만, 정교하고 미세하며 삼가는 태도는 옛사람들을 뛰어넘는다.(神韻氣力, 不逮前賢, 精微謹細, 有過往哲)"라고 언급하였다.

송대 엄우(嚴羽)의『창랑시화(滄浪詩話』의 이론을 계승하여 시의 인위적인 수식이나 논리를 반대하고 묘오(妙悟)와 홍취(興趣)를 주장했다. 그는 사공도(司空圖)가『시품(詩品)』에서 "한 자도 쓰지 않고, 멋을 다 표현했다(不着一字, 盡得風流)."고 한 미외지미(味外之味)의 의경을 높이 평가하고 시는 선(禪)의 경지와 일치해야 되고 그림과도 같은 취향을 이루어야 한다는 것 같은 신화(神化)의 묘한 경지에 이르기를 주장한 것이다.

그러나 왕사정 이전의 신운에 대한 논의들은 근본적으로 신운을 시가 창작에 대한 근본적인 문제로 보지는 않았던 듯 하다. 또한 신운의 개념 또한 고정되고 명확한 설명이 없었다. 왕사정에 이르러서야 신운은 비로소 시가 창작의 근본적인 요구로 제시되기 시작했던 것이다. 왕사정에 있어 신운은 시가의 표현에 있어 일종의 공적초일(空寂超逸)하며 경화수월(鏡花水月)하고 형태의 자취가 남지 않은 경지로 그는 신운이 시 가운데 최고의 경지라 인식했다. 신운을 추구하기 위해 그는 시선일치(詩禪一致)의 경지 속에서 담백하고 맑은 시 창작을 주장하였다. 그는 이러한 관점에서 시가가 현실을 반영하지는 하지만, 현실을 묘사하는 데 집착하지는 말아야 한다는, 현실과는 이탈된 논리를 전개하기도 하는 등의 문제점도 지니고 있었다.

원매(袁枚, 1716-1797)의 성령설(性靈說), 옹방강(翁方綱, 1733-1818)의 기리설(肌理說) 등과 함께 청대 시단의 주요한 화두가 된 왕사정(王士禎, 1634-1711)의 신운설은 품격(神)과 풍운(韻)을 지향하지만 그 뜻이 다의적, 추상적이어서 명확한 개념을 잡기가 힘들다. 이로 말미암아 성령설의 대두를 야기했다. 그럼에도 불구하고 이 이론은 당시 문풍을 일정 부분 개혁했다는 점과 전대의 문학을 정리했다는 점에서 그 영향력을 무시할 수 없다.(오태석)

신운설, 왕사정, 묘오, 홍취, 미외지미(味外之味), 엄우, 사공도

참고문헌
劉偉林,『중국문예심리학사』, 심규호 역, 동문선, 1999.
김학주,『중국문학사』, 신아사, 2000.
주훈초 외,『중국문학비평사』, 중국학연구회 고대문학분과 역, 이론과실천, 1994.

신유학(新儒學)

신유학이란 중국 송나라 때 발흥한 유가의 새로운 학풍을 일컫는 말로 이전 중국에 유행하던 불교의 선사상과 도교의 자연사상의 영향을 받았다. 하지만 신유학의 학풍, 즉 성리학은 유학 우위의 입장에서 불교와 도교의 철학사상을 재해석하고 이를 극복하려는 시도에서 비롯되었다고 할 수 있다. 신유학은 주돈이, 소옹, 장재의 우주론과 『이정二程』이라는 이름으로 전해지는 정호·정이 형제에 의해 새로운 철학체계로 자리잡기 시작한다.

정호와 정이는 인간의 본성과 '이(理)'와의 관계에 천착하면서 '중국의 사상적 경향을 우주론으로부터 인간생활과 관계되는 문제들을 검토하는 것으로 돌려놓은' 철학자들로 여겨진다.(이진표 역, 신유학사상의 전개Ⅰ, 형설출판사, 1997. 210쪽.)

이후 성리학이 송학 또는 정주학으로서 집대성된 것은 주희(朱熹 1130−1200)에 의해서다. 그는 우주의 본질과 인간 심성을 우주의 근본원리이자 법칙인 이(理)와 만물을 구성하는 질료인 기(氣)로 파악한다.

성리학이 우리나라에 본격적으로 전해진 시기는 13세기 후반 고려 충렬왕 때로 알려져 있다. 안향(1243-1306)은 자신의 호를 회헌(晦軒)이라고 하여(주희의 호는 회암晦庵) 주희를 공경하는 마음을 표했으며 뒤를 이어 이제현, 이숭인, 이색, 정몽주, 길재, 정도전, 권근 등이 성리학을 학문적 사상적 배경으로 삼으면서 명실 공히 수용의 단계로 접어든다.(한국의 성리학과 실학, 윤사순, 삼인, 1998.)

이후 조선 중기 대학자인 이황(李滉 1501-1570)과 이이(李珥 1536-1584)가 각각 주리론(主理論)과 주기론(主氣論)(주희의 이기론은 이(理)와 기(氣) 중 어느 것이 주도적 입장을 취하는 가에 따라 주리론과 주기론으로 분화)을 이끌면서 우리나라의 성리학은 전성기를 맞는다. '東方의 朱子'라 불리는 영남학파의 대표자인 이황이 이(理)를 바탕으로 하여 주자학을 해석한 정통적 유학자라면 기호학파의 이이는 조선의 실정에 맞는 성리학을 체계화 했다하여 '조선 성리학의 대가'로 불린다.(김효석)

주희, 성리학, 안향, 이황, 이이

참고문헌
윤사순, 『한국의 성리학과 실학』, 삼인, 1998.
『신유학사상의 전개Ⅰ』, 이진표 역, 형설출판사, 1997.

신의(新意)

개성과 창조를 본질적 내용으로 삼는 문학창작 방법론을 말한다. 신의는 달의주의(達意主義)에 근원을 둔 의(意)를 중시하는 시관(詩觀)으로서 용사(用事)와 대비되는 용어이다. 13세기의 시화(詩話)에서부터 꾸준히 문학의 독창성과 관련하여 신의론(新意論)이 대두되었다.

신의론은 문학의 독창성과 관련하여 고려시대 시화비평에서 용사론(用事論)과 함께 핵심적인 이론으로 등장할 만큼 매우 폭넓게 거론되고 왔을 뿐만 아니라 쟁점이 되어 왔다. 특히 그 쟁점은 신의와 용사에 대한 논의인데, 1960년대 조종업이 용사론과 신의론을 대비 설명하면서부터 비롯되어, 최신호가 신의론과 용사론 사이의 두 가지 대립된 특징을 바탕으로 그 상대성을 제시하고 이규보를 선내용후형식(先內容後形式)의 신의론자로, 이인로를 형식우위론자(形式優位論者)인 용사론자로 지칭하게 되면서 표면적으로 문제가 제기되었다.

이들의 문학창작 방법론의 차이는 『보한집 補閑集』에서 최자(崔滋)가 말하고 있는 다음의 말에서 확인할 수 있다. 즉 이인로는 "나는 문을 닫고 들어앉아 황정견, 소식 두 사람의 문집을 읽은 뒤에 말이 굳세고 운이 맑은 소리를 내게 되었으며 시 짓는 지혜를 얻었다"고 했는데, 이규보는 "나는 옛 사람을 답습하지 않고 신의를 창출했다"는 것이다.

실제로 이규보는 소동파 등의 선인의 시를 본받기를 일삼고, 또 그것을 자랑스러워하는 당대의 시풍이 탐탁지 않게 생각했다. 그래서 이규보는 "시는 뜻을 표현하는 것이 가장 어렵고 말을 꾸미는 것은 그 다음인데 재능이 부족한 사람들이 말을 꾸미는 일에만 공을 들인다"고 비판했던 것이다. 이규보는 용사에 대해 글 도둑이라는 말까지 서슴지 않았다.

본래 한문학은 정해진 틀이 있는 규범적 문학이기 때문에 용사 없이는 시를 창작할 수 없다. 하지만 용사만으로 창작의 소임을 다했다고 할 수도 없다. 규범적 한시에서나 자유로운 현대시에서나 새로운 뜻의 표현, 새로운 의미의 발견은 시의 당연한 이상이라 할 수 있다.(이동철)

달의주의, 시관, 시화, 용사론

참고문헌

이화형, 『고전문학연구의 새로움』, 태학사, 1996.

장홍재, 『고려시대 시화비평 연구』, 아세아문화사, 1987.

전형대, 『한국고전비평연구』, 책세상, 1987.

정병욱, 『한국고전시가론』, 신구문화사, 1977.

신체시(新體詩)

구시가(舊詩歌)에 대한 상대개념으로 갑오경장 이후에 나타난 새로운 형태를 시를 말한다. 즉 한국의 신문학 초창기에 쓰어진 새로운 형태의 시가(詩歌)라고 하여 '신시(新詩)'라고도 한다. 그 전의 창가(唱歌)와 이후의 자유시 사이에 위치하는 것으로, 종래의 고가(古歌)인 시조나 가사와는 달리 당대의 속어(俗語)를 사용하고, 서유럽의 근대시나 일본의 신체시의 영향을 받은 한국 근대시의 초기 형태이다.

1908년 11월 『소년 少年』 창간호에 실린 육당(六堂) 최남선(崔南善)의 「해(海)에게서 소년(少年)에게」를 시작으로, 1919년 주요한의 「불노리」(『창조 創造』 창간호) 이전의 『학지광 學之光』, 『청춘 靑春』, 『태서문예신보 泰西文藝新報』 등의 잡지나 그밖에 이광수·현상윤·최승구·김여제·김억·황석우 등의 초기 시들이 이 신체시 범주에 든다. 이들 신체시의 내용은 주로 개화의식·자주독립정신·신교육·남녀평등사상 등을 담고 있다.

일반적으로 우리나라 최초의 신체시는 육당(六堂) 최남선(崔南善)의 「해(海)에게서 소년(少年)에게」라 알려져 있다. 그러나 이에 앞서 1905년 무렵 작자 미상의 신체시 「아양구첩 峨洋九疊」, 「

원백설 怨白雪」, 「충혼소한 忠魂訴恨」 등이 발표되었고, 1896년에는 이승만(李承晩)이 『협성회보 協成會報』에 「고목가 枯木歌」라는 신체시를 발표하였다는 주장도 있다.

육당의 일련의 신체시를 그 형태상으로 보면, 대개 7·5조의 자수율(字數律)로서 이루어 놓은 정형시이다. 즉, 신체시는 창가적 정형성과 후렴이 있으나, 고전시가의 율문적(律文的) 표현을 지닌 준정형시(準定型詩)라고 볼 수 있다.

최남선의 초기 시가 음수율에만 치우쳐 직설적인 토로에 머묾으로서 근대시에 이르는 한 과정으로서 서구적인 위치에 있다면, 이광수의 초기 시는 음수율의 변화뿐 아니라 대상의 이미지를 형상화하는 측면의 변모를 시도하여 보다 높은 차원으로 끌어올렸다는 평가를 받고 있다.(이동철)

가사, 고가, 구시가, 근대시, 시조, 신시, 정형시, 준정형시, 창가

참고문헌
김학동, 『한국개화기시가연구』, 시문학사, 1981.
정한모, 『한국현대시문학사』, 일지사, 1974.

신체시(新體詩)(일본)

일본의 신체시는 일본의 근대시사(近代詩史)에서 대체로 메이지(明治) 시대의 문어 정형시 형태를 중심으로 쓰여진 것을 말한다. 신체시라는 말은 1882년 도야마 마사카즈(外山正一), 야타베 료키치(矢田部良吉), 이노우에 데쓰지로(井上哲次郎)의 3인의 학자에 의해 간행된 『신체시초 新體詩抄』에 의해 처음으로 사용되었다. 이는 기존의 일본의 와카(和歌)와 하이카이(俳諧)의 전통을 탈피한 시의 근대화를 위한 시도로, 서양의 시를 본보기로 하여 모방한 것이다. 그 당시까지 시라고 하면 종래의 한시를 일컫는 개념이었으나 한시와 구별하기 위해 「신체의 시 新體の詩」라는 말을 썼다. 신체시는 형식면에서 일본의 쵸카(長歌)가 5·7조(調)였는데 대해서 7·5조를 사용해서 표현했기 때문에, 내용면에서는 전통적인 시정(詩情)에서 벗어날 수 없었다는 평가가 일반적이다. 예술적 가치가 높은 수준을 보였다고 얘기할 수는 없지만, 새로운 시의 개막이라는 점에서 그 문학사적 의의는 크다. 신체시라는 용어는 1909년, 1910년경에 사라지면서 시(詩)라는 용어로 바뀌어 갔다.

신체시의 대표적인 작품으로는 앞의 『신체시초』외에 일본의 고전 『헤이케모노가타리 平家物語』와 같은 고전작품의 한 구절을 7·5조로 바꾸어 쓴 것이 포함된 『신체시가 新体詩歌』(1882-1883), 그리고 동서(東西)의 소설에서 제재를 택하고 있는 야마다 비묘(山田美妙) 편의 『신체사선 新体詞選』(1886)이 있다. 또한 일본의 근대에서 최초의 개인시집인 유아사 한게쓰(湯浅半月)의 『열 두 개의 석총 十二の石塚』(1885), 장편 이야기 시라고 할 수 있는 오치아이 나오부미(落合直文)의 『효녀 시라기쿠의 노래 孝女白菊の歌』(1888-1889)등이 나왔으나, 예술적 가치 측면에서는 그리 높은 것이 아니었다.

그러다가 서양 시의 외형 모방에서 탈피하여 일보 진전된 신체시의 예술적 가치를 높였으며 서양에 대한 생각을 싹트게 한 것은, 모리 오가이(森鴎外) 중심의 신성사(新声社) 동인에 의한 번역시집『오모카게 於母影』(1889)였다. 신체시의 단순한 예술적 가치와 역사적 의의 면에서 획기적이라는 평가를 수반하는 것은, 시마자키 도손(島崎藤村)의『와카나슈 若菜集』(1897)와 도이 반스이(土井晩翠)의『천지유정 天地有情』(1899)이었다.(오석윤)

문어정형시, 와카, 하이카이

참고문헌
日本近代文學館 편,『日本近代文學大事典』제4권, 講談社, 1984.
『日本現代文學大事典』, 明治書院, 1994.
中村光夫,『明治文学史』, 筑摩書房 9, 1963.

신칸트주의(New kantianism)

19세기 중반 이래로 칸트 사상은 새로운 조명을 받고 계속적인 발전을 거듭하는데, 그것에 준거를 두고 있는 서로 다른 여러 사상의 흐름으로 통칭되는 용어이다. 약 1880년경부터 1930년 사이 신칸트주의는 독일의 지도적인 철학이 된다.

낭만적 형이상학의 사변(思辨)이 유행하고 있을 무렵, 비판적 사고의 가치를 되찾기 위하여 '칸트로 돌아가자'는 구호와 함께 일어난(1865년경) 신칸트주의는 칸트(I. Kant)의 순수이성비판의 토대에서 인식이론의 근거를 찾고자 하였다. 신칸트주의는 모두 칸트의 사상을 출발점으로 하여 서남독일학파와 마부르크학파로 나뉘어 발전한다. 서남독일학파의 빈델반트(W. Windelband)는 철학을 '보편타당한 가치에 관한 비판적 과학'이라고 하여 자연과학적인 관찰방식과 역사적인 관찰방식을 대립시켰다. 즉 '자연과학이 법칙설정적인 데 비하여, 정신과학은 개성 기술적(個性記述的)'이라고 하면서 정신과학의 의미를 더 중요시하였다. 리케르트(H. Rickert)도 문화업적에 실현된 가치만을 의미 있는 것으로 보고 자연과학과 문화과학의 구분을 제창하였다. 이들 사상은 현대의 과학방법론에 대한 중요한 이론근거를 제시하였다.

마부르크학파의 대표자들은 코엔(H. Cohen), 나토르프(P. Natorp), 카시러(E. Cassir -er) 등이며 칸트의 인식이론적인 관념론을 더 심화시켰다. 즉 이들은 칸트가 인식할 수 없다고 한 물자체(物自體)를 부정하였으며 사물은 우리들의 의식 속에만 존재한다고 주장하였다. 특히 카시러는 인간의 정신적인 작용에는 인식하는 것 외에 언어와 신화적인 사고가 우리들의 세계를 구성하는 데 참여한다고 말하여 언어와 문화연구에 대한 현대철학에 중요한 영향을 주었다. 이들 신칸트주의 철학자들은 실증주의자들의 공격과 비판의 초점이 되었다. 특히 라이헨바흐(H. Reichenbach), 카르납(R. Carnap), 빈학단의 슐리크(F. A. M. Schlick)와 노이라트(O. Neurath)는 형이상학을 거부하는 지식론을 발전시켜 칸트의 선행주의를 반박했기 때문이다. 이들의 지식론은 경험적인 인식이론과 수학에서 개발된 논리학을 기초로 삼는다. 이와 같은 대립은 아직도

현대철학의 중요한 논쟁대상이 되고 있다.(이동철)

마부르크학파, 서남독일학파, 순수이성비판, 실증주의, 인식론, 칸트주의, 현상학

참고문헌
하영석 외, 『칸트와 현대철학』, 형설출판사, 1995.
한국칸트학회 편, 『칸트와 현대 유럽철학』, 철학과 현실사, 2001.
이소 케른, 『후설과 칸트 : 칸트와 신칸트학파에 대한 후설의 태도에 관한 연구』, 배의용 역, 철학과 현실사, 2001.

신파극(新派劇)

20세기 전반기에 신극, 신연극과 더불어 널리 사용된 연극용어의 하나이다. 개화기 일본에서 수용된 것으로, 특정한 양식을 지칭하는 경우와 대중극을 범칭하는 경우로 의미가 달라진다. 일본에서 1897년을 전후하여, 신연극은 두 가지 색채를 드러내기 시작했다. 하나는 소우시시바이(壯士芝居)·쇼세이시바이(書生芝居)로부터 신연극으로 이행한 가와카미 오도지로오(川上音二郎)류의 행보이고, 다른 하나는 신연극으로부터 신파극으로 이행한 이이 요오보오(伊井蓉峰)류의 행보이다. 신파라는 용어가 생긴 것도 이 무렵이었다.

일본에서 가부키(歌舞伎)에 대항하여 만든 것이 신연극이고, 가부키를 개량하여 만든 것이 신파극인데, 한국에서는 판소리를 개량하여 당시 극장에서 공연한 분창(分唱, 唱劇의 전신)을 통칭하여 신연극이라 했다. 초창기의 신파극은 '새로운 연극'(근대극)이라는 명분을 지녔지만, 실제로는 일본신파극을 번안하거나 모방하는 데 치중한 일종의 운동적 성격을 띠었고, 1920년대 이후의 신파극은 대중극으로서 통속성을 유지했다. 일본 신연극이 각본(脚本)제일주의와 사실성을 중시했다면, 신파극은 연기(演技)제일주의와 음악성을 중시한 연극이었다. 동시대의 한국에서 이러한 양식성 혹은 독자적인 양식성은 성립되지 못했다. 한국에서 신파극은 무리하게 연기·분장·음악·무용 등을 모방하다보니 기형적(畸形的)인 연극이라는 비판을 받았고, 제반 요소가 부족하다보니 불가피하게 각본(스토리)에 지나치게 의존했다.

대중극으로서 신파극의 특징은 유형적인 등장인물, 아기자기한 작품소재, 과장된 정서노출과 미로구조(迷路構造), 자극적인 소도구의 차용과 감각적인 의상, 소박한 낙관주의와 통속적인 인식에 영합하는 권선징악 등을 열거할 수 있다. 한국신파극을 멜로드라마와 동일시할 수 있는 근거는 이 때문이다. 신파극은 모방성이 짙은 통속극이었으나, 실내극장에서 하는 연극이 없던 한국에서, 현실성·교훈성·연극성을 겸비함으로써, 당시의 관객들에게 계몽의 역할과 더불어 정서적으로 큰 위안거리 구실을 하였고, 새로운 희곡문학과 연극과 극장문화를 성립시키고 발전시키는 기반을 마련하였다.(서연호)

신연극, 신파조, 대중극, 통속극, 계몽극

참고문헌
이두현, 『한국연극사』, 학연사, 1973.

서연호, 『한국근대희곡사』, 고려대출판부, 1994.
유민영, 『한국근대연극사』, 단국대출판부, 1996.
김학현, 『가부키』, 열화당, 1997.
小笠原幹夫, 歌舞伎からカ新派へ, 翰林書房, 1996.
大笹吉雄, 日本現代演劇史(明治·大正篇), 白水社, 1990.

신파조 ☞ 신파극

신학(神學, Theology)

신학이란 그리스도교가 지니고 있는 교리와 신앙의 합리적 설명을 가르치는 학문이다. 신학의 theology는 그리스어인 테오스(theos, 신)와 로기아(logia, 학)의 합성어로 신학이란 그리스도의 인성과 신성, 이성이나 계시, 성령과 교회나 국가 등의 쟁점을 논쟁화시켜 과학적인 학문 체계로 연구하는 학문이라고 할 수 있다. 신학의 주제가 신앙이라는 전제는 객관적인 위치에서 대상을 바라볼 수 있는 시각에 어느 정도 장애가 될 수 있으므로, 실제 신학은 학문다운 전개를 위하여 다른 학문에서 생겨난 과학적인 방법을 많이 차용하기도 한다. 따라서 서양 신학의 역사는 근대 이후 과학이 발전하면서 자연과학이나 사회과학과 함께 발전하고, 과학에서 도출된 방법론을 신학에 도입하면서 체계가 갖추어진 근대적인 신학이 성립되어 간다. 신학의 여러 분야에는 성서학, 교회사, 신학적 윤리학과 그 실천, 조직 신학 등의 분야가 있다.

신학의 전통은 초대 교회의 교부들에 의하여 세워졌다. 특히 오리겐(Origen)은 알렉산드리아의 교리학교 교장을 지내면서 성서 비평, 주석(註釋), 사변(思辨)과 금욕의 신학, 변증학(辨證學) 등의 다양한 분야에 걸쳐 많은 저작들을 남겼다. 이후 18세기에 합리적 신교 정통주의가 몰락함에 따라 19세기에 쉴라이에르마허(F. Schleierma -cher)나 헤겔(G. Hegel)학파, 리츨(A. Ritslchl), 하르낙(A. Harnack) 등의 신학자가 등장하면서 본격적인 현대의 자유주의 신학이 성립된다. 쉴라이에르마허는 경건을 바탕으로 칸트(I. Kant)의 윤리적 아 프리오리(a priori)를 거부하고 종교적 아 프리오리(a priori)를 출발점으로 삼았다. '신앙'만이 구원의 조건이라는 이론을 정립시키고 신학을 종교 철학으로 환원시키는 공로를 세웠다. 헤겔은 신학에 철학적인 형태와 사변적인 이론을 부과하려 노력한 신학자이며, 리츨은 쉴라이에르마허의 감정의 신학이나 헤겔의 형이상학적 이상주의에 대한 반기로 등장한 신학자이다. 리츨은 신학상의 형이상학이나 지나친 철학화와 추상화를 반대하고 모든 것을 그리스도 안에 주어진 복음인 역사에서 시작하였다. 또한 하르낙은 역사적 사실로서의 예수와 종교를 복음의 본질로 삼았었던 탁월한 교회사가였다. 신학은 비기독적인 사유들과의 끊임없는 대결 속에서 존재하고 있으며 완성된 학문이 아니라 '되어지고 있는' 현재 진행형의 학문이다.(강진호)

그리스도교, 민중신학, 해방신학

참고문헌
이화여자대학교 한국문화연구원, 『신학연구 50년』, 혜안, 2003.
한승홍, 『신학이란 무엇인가?』, 장로회신학대학교출판부, 2003.
로버트 슈라이더, 『신학의 토착화』, 황애경 역, 가톨릭 출판사, 1991.
윌리엄 C. 플래처, 『기독교 신학사』, 박경수 역, 크리스챤 다이제스트, 1996.

신화(神話, Myth, 프 Mythe, 독 Mythus)

신격(神格)을 중심으로 한 하나의 전승적(傳承的) 설화를 말한다. 신화를 뜻하는 뮈쓰(myth)는 그리스어의 뮈토스(mythos)에서 유래하는데, 논리적인 사고 내지 그 결과의 언어적 표현인 로고스(logos)의 상대어로서, 사실 그 자체에 관계하면서 그 뒤에 숨은 깊은 뜻을 포함하는 '신성한 서술(敍述)'이라 할 수 있다.

신화는 그 전승집단의 성원들에게 진실하고도 신성하다고 믿어지는 이야기이다. 신화는 일상적 경험의 합리성을 넘어서 존재했었거나 존재한다고 믿어지는 신 혹은 신적인 존재의 위업을 다루거나 자연 및 사회 현상의 근원을 설명하는 이야기이다. 그러므로 특정한 종족이나 역사 집단에 의해 신성시된다는 기본 속성을 가진다. 그것은 일상적 경험의 차원을 넘어선다는 점에서 초자연적이며, 일회적 사실의 이야기에 그치지 않는 항구적 의미를 지닌다는 점에서 전설적이고, 종족의 공동체적 기억과 이상을 표현한다는 점에서 집단적이다.

우리나라의 신화로는 고조선·고구려·백제·신라·가락국의 건국신화 또는 시조신화를 예로 들 수 있다. 그리고 오늘날까지 전하여지고 있는 각 성씨 시조신화인 씨족신화와 마을의 수호신에 관한 마을신화, 그리고 무당사회에 전승된 무속신화 등을 들 수 있다. 고대국가로서 자리 잡은 1세기경인데, 그 뒤에 전송되고 변모된 신화와는 구별해야하며, 신화에는 건국신화, 시조신화, 무속신화 등이 있다.

건국신화는 서사무가로 전승되는 무속신화와 더불어 <영웅의 일생>이라 지칭되는 유형적 서사구조를 가진다. 즉 고귀한 혈통을 지니고 비정상적으로 태어나 비범한 자질을 가졌으나, 기아·고난 등을 겪다가 구출·양육자를 만나 살아나고, 다시 위기를 극복하여 투쟁의 승리와 영광을 차지한다는 것으로 요약된다. 이와 같은 서사구조는 고난의 심각성보다는 그 극복의 가능성을 중시하며 현세에서의 성취를 강조하는 낙관주의적 세계관과 관련이 있는 것으로 해석되며 이러한 서사 유형은 조선 후기의 영웅소설에 커다란 영향을 미쳤다.(이동철)

건국신화, 민담, 서사구조, 서사무가, 설화, 영웅소설, 영웅의 일생, 전설

참고문헌
고려대학교민족문화연구소, 『한국민속대관』 6, 1982.
김열규, 『한국의 신화』, 일조각, 1976.
장주근, 『한국의 신화』, 성문각, 1961.
진성기, 『남국의 신화』, 아림출판사, 1964.

신화비평(神話批評, Myth criticism) ☞ 원형비평

신화소(神話素, Mythmes)

신화라는 거대한 담론 속에 포함되어 있는 구체적인 사건들의 관계를 가능하게 해주는 최소한의 복합적 문구를 말한다. 신화소의 개념을 최초로 도입한 사람은 레비스트로(Levi Strauss)이다. 그는 빌라디미르 프로프(Vladimir Propp)의 형태론에서 말하는 '기능'의 원리를 응용하여 '신화소(mythmes)'라는 개념을 제시했다.

레비스트로스는 언어학에서 비롯된 구조주의의 원칙을 인류학에도 그대로 적용하여 소위 '서구 중심적 인류학'에 큰 충격과 반성을 유발한다. 그는 북미와 남미에 퍼져 살고 있는 아메리칸 인디언들의 신화를 연구하면서 그의 그러한 생각을 입증했다. 그가 그러한 연구를 통해 발견한 것이 바로 신화라는 거대 담론 속에 포함되어 있는 신화소이다.

레비스트로스의 구조주의 신화학은 구조적 맥락에서 떨어져 나온 개별적 상징에 대해서는 별 주의를 기울이지 않는다. 그 대신 의미소들 간의 관계들이 정립되어 있는 문구들에 관심을 기울인다. 그는 그런 관계를 가능하게 해주는 최소한의 복합적 문구들을 바로 신화소라고 불렀다. 신화소들간의 관계의 체계에서 중요한 것은 통시적으로 진행되는 이야기의 줄거리가 아니라 하나의 신화적 이야기 내에서 반복되는 공시적 구조이다. 신화소들의 체계는 서구적 환원 논리와는 다른 논리가 된다. 따라서 신화란 하나의 구조적 장치로서 애초에는 그토록 복잡한 것처럼 보였던 구조적 결합이, 마치 '언어는 다양하지만 모든 언어에 적용될 수 있는 음운론적인 법칙은 단순하다'라는 명제처럼 매우 단순한 것이 된다. 즉, 어떤 신화는 '삶과 죽음 사이의 중개를 수행하는 논리적인 단순한 도구'가 되는 등, 신화의 구조는 하나의 사회를 유지하면서 살아가는 인간들의 온갖 문화 유형들을 환원 설명해줄 수 있는 하부 구조가 된다. 그리고 그 하부 구조는 이야기의 통시적 의미, 사전적 의미를 넘어서는 '상징적 구조화'를 이루고 있다. 따라서 레비스트로스는 "우리는 신화를, '번역은 반역이다'라는 공식이 지니는 가치가 실제로는 전혀 힘이 못 미치는 특이한 담론 양식이라고 정의할 수 있다"라고 말하면서, 신화적 담론이 지니고 있는 탈기능적, 탈언어 형태적 의미에 가치를 부여하였다.

하지만 레비스트로스의 방법은, 무엇이 그런 의미의 잠재적 구조화를 낳는가, 그런 잠재적인 의미 구조는 전혀 변화가 불가능한 굳어 있는 구조인가라는 질문 앞에서는 무력할 수밖에 없었다. 또한 신화에 풍요롭게 들어있는 개별 상징들의 상징적 함의를 밝혀내는 데는 실패할 수밖에 없다.(이동철)

구조주의, 신화, 신화적 담론, 신화학, 의미소, 인류학

참고문헌
김태곤 외, 『한국의 신화』, 시인사, 1988.

장덕순 외, 『구비문학개설』, 일조각, 1971.

조희웅, 『설화학강요』, 새문사, 1989.

에드먼드 리치, 『레비스트로스』, 이종인 역, 시공사, 1998.

클로드 레비 스트로스, 『구조인류학』, 김진욱 역, 종로서적, 1983.

실록(實錄)

　　제왕 한 사람씩의 재위기간 사적(事蹟)을 편년체(編年體)로 기록한 역사책을 말한다. '사실을 있는 그대로 기록한 역사'라는 뜻으로 사용된다. 사마천(司馬遷)의 『사기 史記』를 실록이라 평하기도 하였으나, 실제로 실록이라는 이름을 붙이지는 않았다. 실록이라는 이름으로 기록되기로는 중국에서는 주흥사(周興嗣)의 『양황제실록 梁皇帝實錄』이 처음이다. 우리나라에서는 고려시대부터 실록이 편찬되기 시작했다.

　　고려시대에 역사편찬기관인 사관(史館)이 생겼고, 감수국사(監修國史)·수국사(修國史)·동수국사(同修國史)·수찬관(修撰官) 등의 감독자가 임명되고, 전임(專任)의 직사관(直史官) 4인이 있어 시정의 기록을 담당하였다. 사관은 감수국사의 직책이 처음 보이는 광종 26년(975)을 기준으로 그 이전에 성립된 것으로 보인다. 태조에서 목종까지 7인의 왕에 대한 실록은 덕종 3년(1034)에 완성되었다. 『고려사』 열전에서 황주량이 '칠대서적(七大史蹟) 36권을 찬진(撰進)하였다'고 했는데, 이것이 바로 7대 실록이다. 그 이후 고려시대에는 실록편찬이 대대적으로 이루어져 태조에서 고종까지의 실록이 총 185책이나 되었다. 고려후기에도 실록편찬은 계속되었으나, 공민왕·우왕·창왕·공양왕 등의 4대 실록은 홍건적과 왜구의 침입으로 혼란하여 조선 태조 때에 이르러서야 비로소 완성되었다. 그러나 이들 고려시대의 실록들은 『고려사』, 『고려사절요』가 편찬될 때 충주 개천사(開天寺)에서 도성으로 옮겨졌는데, 그 후 어찌되었는지 행적을 알 수 없고 오늘날 전해지지 않는다.

　　조선시대에도 고려시대의 예를 따라 왕이 즉위하면 앞선 왕의 실록을 편찬하는 것이 원칙이 되었다. 시정을 기록하는 관청인 춘추관(春秋館)에 별도로 실록청 혹은 일기청을 개설하고 총재관(總裁官)·도청당상(都廳堂上)·도청낭청(都廳郎廳)·각방당상(各房堂上)·각방낭청(各房郎廳) 등을 임명하였다. 실록의 편찬 작업은 사초(史草)라 부르는 사관(史官)들의 기록이 가장 기본이 되는 자료가 되었고, 여기에 여러 관청의 기록물이 참고가 되었다. 조선시대 최초의 실록편찬은 태종 10년(1410)에 시작되었고, 조선시대 마지막 실록편찬은 고종 때 편찬한 『철종실록』이다. 태조에서 철종까지 28대 실록을 국사편찬위원회에서 『조선왕조실록』이라는 이름으로 영인·출판하였기 때문에 통상 '조선왕조실록'이라 칭하지만, 사실은 각각의 실록은 나름대로의 차이가 있다.

　　실록은 매일의 왕에 대한 보고사항과 왕의 명령사항, 그리고 각 관청에서 취급한 일을 빠짐없이 기록하고 있다. 기록의 자세함에 있어서 세계역사상 유례를 찾기 힘든 역사기록이다. 따라서 이 실록은 우리민족의 문자기록에 의한 문화 활동을 대표하는 것일 뿐만 아니라, 인쇄를 위한 활자의 주조·개량으로 문화의 지속적 발전에 크게 기여했다고 할 수 있다.(이동철)

고려사, 사관, 사기, 사마천, 사적, 실록청, 조선왕조실록, 칠대실록, 편년체

참고문헌
신석호, 「조선왕조실록의 편찬과 보관」, 『사총』 5, 고대사학회, 1960.
차용걸, 「실록·사관·사고에 대하여」, 『사고지조사보고서』, 국사편찬위원회, 1986.
_____, 「조선왕조실록의 편찬태도와 사관의 역사의식」, 『한국사론』 6, 국사편찬위원회, 1979.

실사구시(實事求是)

실사구시란 중국 청나라 때의 학문방법론으로 <수학호고 실사구시修學好古 實事求是>란 말에서 그 연원을 알 수 있듯 실제 사실에서 진리를 구한다는 의미를 가진다. 우리나라의 경우 영·정조 대의 실학사상으로 전개된 실사구시 사상은 이전의 공리공론空理空論이나 구제도에 대한 반동적 성격의 학문적 태도라 할 수 있다.

또한 실사구시의 학풍은 실학사상과 개화사상을 통해 실현되었지만 지금의 현실에서 학문과 실천의 반성적 의미로 사용되기도 한다.

실학사상에 있어 실사구시의 문제의식을 확고히 한 이로는 정약용과 김정희를 꼽을 수 있다. 경제학, 과학, 의학에 이르는 방대한 지식을 갖고 있던 정약용은 서학을 받아들여 학문의 과학성과 공정성을 중시하여 실사구시의 학풍을 열었으며 북학파를 계승한 김정희는 「실사구시설實事求是說」 등을 통해 실학사상을 집대성하였다고 할 수 있다.

또한 실학사상과 개화사상의 가교 역할을 한 인물이라 할 수 있는 박규수는 실사구시를 거론할 때 빼놓을 수 없는 인물이다. 『연암집燕巖集』의 저자인 박지원(朴趾源)의 손자이기도 한 그는 이용후생의 학풍을 어려서부터 자연스럽게 물려받을 수 있었으며 고염무와 정약용의 영향을 받아 실사구시 사상을 전개한다.

이후 실사(實事)와 실용(實用)을 강조하는 실사구시의 학풍은 개화사상으로 이어진다. 김옥균, 박영효, 홍영식, 유길준 등 개화파들은 개화당의 기관지였던 <한성순보> 등을 통해 '이용후생과 부국강병의 실사구시'를 역설하고 나선다.

이처럼 실사구시는 내용은 없고 허울 뿐인 구태를 벗어나 실제 생활에서 다시금 출발하자는 자기각성과 자기반성의 근대지향적 사상이며 학풍이라 정의할 수 있다. 한국문학사에 있어서도 근대지향의 한 출발점으로 조선시대 실학사상과 그와 관련된 문학이 주목받고 있다.(김효석)

실학사상, 개화사상, 실학파, 개화파, 청대 고증학, 연암 박지원, 정약용, 김정희, 박규수

참고문헌
김지용, 『실사구시 사상과 박연암의 문학』, 청주대학교, 1959.
임형택, 『실사구시의 한국학』, 창작과 비평사, 2000.
홍원식 외, 『실학사상과 근대성』, 예문서원, 1998.

실용론적 비평(實用論的 批評, Pragmatic criticism)

이 비평은 문학작품과 독자라는 관점에서 문학을 파악한다. 문학작품이란 독자들에게 어떤 목적을 전달해주기 위한 도구로 파악되는 비평경향이다. 다시 말해서 문학작품이 독자들에게 어떤 효과, 즉 심미적 쾌감, 교훈, 또는 어떤 감수성(정서)을 만들어 내는 것을 목적으로 창작된 것으로 보고, 그 목적을 달성하는 데 얼마나 성공했느냐에 따라 작품의 가치를 평가하는 비평경향을 일컫는다. 이러한 개념의 원천은 로마의 시인 호라티우스의 「시법(詩法)」이다. 그는 "시인들은 즐거움이나 이득을 주는 것을 목표로 한다. 혹은 즐거움 주는 것과 유용한 삶의 교훈과를 결합시키는 것을 목표로 한다"고 언급했다. 이것은 실용론적 비평의 경향을 잘 표현한 말이라 할 수 있다. 르네상스 시대 비평의 주요 관심사는 시의 도덕적 효과였는데, 이 접근법은 로마시대부터 18세기까지 문학적 논의를 지배했다. 그리하여 이런 태도는 문학작품을 독자의 해석적 반응에 영향을 미치는 규약(code)들의 체계적 유희로 분석하는 프랑스의 평론가 롤랑 바르트(Roland Barthes)에 의해서뿐만 아니라 근래 수사학적 비평(修辭學的, rhetorical criticism)으로도 연결된다. 수사학적 비평은 작가가 문학작품에 묘사된 내용에 대한 남녀 독자의 반응을 불러일으키고 그 반응에 영향을 줄 수 있는 예술적 방법에 역점을 둔다.

실용론적 비평의 구체적인 예로는 존슨(Dr. Johnson)의 비평에서 잘 나타나고 있는데, 그는 셰익스피어를 논하는 자리에서 "글쓰는 목적은 가르치는 데 있다. 즉 시의 목적은 기쁨 속에서 가르치는 데 있다"라고 평했다. 이런 의미에서 아리스토텔레스의 카타르시스 이론도 작품이 독자에게 끼치는 심리적 효과를 검토하고 있기 때문에 이런 범주에 속한다고 볼 수 있다. 다시 말해서, 비극을 본 관객이 그 비극이 주는 도덕적 효과의 결과로서 동일한 결함과 약점에서 탈각하게 된다고 생각하는 것은 문학 작품이 독자에게 주는 효과에 바탕을 둔 문학의 이론이라고 말할 수 있다. 이러한 실용론적 비평은 점차적으로 작품의 도덕적 효용보다는 작품이 주는 즐거움과 그 즐거움이 주어지는 방식에 대해서 주목하게 되었다. 호라티우스 흐름의 비평가들은 어떻게 하면 독자들에게 설득력이 있는 작품을 쓸 수 있는가 하는 문제에 관심을 기울였다. 실용론적 비평에 있어서 실용성의 검토는 독자의 반응을 그 판단기준으로 삼기 때문에, 예술적 성공의 척도 역시 독자의 반응에 좌우된다.(이명재)

독자의 반응, 심미적 쾌감, 교훈

참고문헌
김희진, 『英美文學槪論』, 집문당, 1996.
유종호, 『문학이란 무엇인가(증보판)』, 민음사, 1997.
이명섭 편, 『世界文學 批評用語 事典』, 을유문화사, 1985.
신희천·조성준 편저, 『문학용어 사전』, 청어, 2001.

실용비평 ☞ 실용론적 비평

실재계(實在界, Real)

<실재계>란 라캉이 만든 독특한 용어이다. 언제나 그렇듯이 그는 많은 용어들을 만들어내고 그 의미를 모호하게 숨겨서 쉽게 뜻을 찾지 못하도록 했다. 그것은 라캉 자신이 삶이란 의미를 지연시키는 과정이라고 믿었기 때문이다. <실재계> 역시 모호한 용어들 가운데 하나이다. 라캉은 자신의 사상을 상상계, 상징계, 실재계라는 세 개의 위상으로 정립했다. 상상계는 유아가 태어나서 6개월에서 18개월 사이에 갖게 되는 환상이다. 라캉은 유아가 자신과 대상을 동일시하여 하나가 되려는 공격성을 거울단계라 표현하고 이때 형성되는 이상적인 상을 이상적 자아로 표현했다. 상상계에서 형성된 이상적 자아인 이마고는 성인이 되어서도 삶을 지탱하는 자아이상이 된다. 상징계는 언어와 상징적 기호가 지배하는 세상이다. 아버지의 이름, 거세, 혹은 억압이 일어나는 단계로서 자아 대신 주체가 탄생한다. 상징계는 법의 세계이다.

그런데 이때 중요한 것은 상상계란 상징계 전에 따로 존재하는 영역이 아니라 오직, 그리고 이미, 상징계 속에서만 기능을 하는 위상이다. 상상계는 상징계 속에서 법과 갈등을 일으키는 타자로 존재한다. 이렇게 법과 타자, 혹은 주체와 타자를 연결지어주는 것이 바로 실재계이다. 라캉은 이것을 <보로메오 매듭>으로 상징하기도 했다. 원래 유명한 가문의 문장인 보로메오 매듭은 세 개의 고리가 하나로 연결되어 있는데 이때 한 개만 떨어져나가도 모두 흩어진다. 세 개의 위상은 하나로 묶여야 정상인이 된다. 만약 상징계 속에 살면서 상상계적인 착각에만 빠지면 정신병이 된다. 이것이 억압을 모르는 <폐제>(foreclosure)이다. 반대로 만약 상징계에 살면서 상상계라는 타자를 모르면 도착증이 된다. 파시즘이나 주인담론은 이런 종류이다. 인간은 상징계에 살면서 상상계라는 타자로부터 결코 자유로울 수 없음을 알 때 정상인이 된다 이렇게 연결해주는 고리가 실재계이다.

실재계는 또한 충동(drive)과 대타자(the Other)를 이어주는 영역이다. 죽음충동을 삶충동으로 바꾸어주는 타자의 영역이 실재계이다. 라캉의 후기 사상은 이 실재계의 윤리성에 모아진다.(권택영)

보로메오 매듭, 오브제 아, 대타자, 폐제, 정신병, 도착증, 죽음충동, 억압, 타자, 주체, 세 가지 위상

참고문헌
자크 라캉, 『욕망 이론』, 민승기·이미선·권택영 역, 문예출판사, 1994.
딜런 에반스, 『라깡 정신분석사전』, 김종주 역, 인간사랑, 1998.

실재론(實在論, Realism)

실재론이란 추상적인 일반 명제(命題)나 일반 명사들이 구체적인 사물과 동등하며 때로는 보다 우월한 실재를 지니고 있다는 이론으로, 추상적인 일반 명제나 명사들, 혹은 추상적 개념은 객관적인 지시 대상이 없고 단지 이름만으로 존재하고 있다고 주장하는 유명론(唯名論)과는 대조적인 개념이다. 실재론에서는 보편이라는 개념이 사물 이전에 존재하고, 이에 반해 유명론에서는 보편이 사물 이후에 존재한다.

실재론은 고대 플라톤(Platon)의 이데아(idea)론에서부터 등장하였고, 아리스토텔레스(Aristoteles)의 형상론(形相論)에서 발전되었다. 이후 중세 기독교에서 이른바 플라톤적 실재론을 채택하면서 플라톤적 실재론은 중세의 대표적인 철학으로 자리매김하게 된다. 스콜라 철학자인 토마스 아퀴나스(T. Aquinas)에 와서야 종래까지 지속되어 오던 플라톤적 실재론 대신에 아리스토텔레스의 실재론이 채택된다. 19~20 세기에 와서 전 유럽에 다채로운 실재론적 입장이 등장하는데, 이는 헤겔(G. Hegel) 등을 선두로 하던 독일 관념론(觀念論)에 대한 비판적 시각과 반동에서였다. 이들은 신칸트학파의 일원으로 칸트를 실재론적으로 해석하려 하기도 하고, 변증법(辨證法)적 유물론을 주장하면서 동적(動的)인 과학적(科學的) 실재론의 입장을 취하기도 했다. 20세기 초에는 현대(現代) 실재론이 등장한다. 이들은 영국 헤겔학파의 관념론에 대한 비판세력으로 대두하였으며, 대표적인 인물로는 무어(Mooer), 비트겐슈타인(L. Wittgens -tein) 등이 있다. 이들을 케임브리지 학파라고 칭하며, 이들의 사유를 신(新)실재론이라고 부르기도 한다. 프래그머티즘 역시 일종의 경험적 실재론에 포함된다. 케임브리지 학파의 무어나 후기에 등장하는 비트겐슈타인, 혹은 후에 케임브리지 학파의 영향을 받은 논리 실증주의(論理實證主義)와 흐름을 같이하는 영국의 일상언어학파(日常言語學派) 역시 경험적 실재론의 성향을 띤다. 특히 논리 실증주의는 실재론과 관념론의 대립 자체가 형이상학(形而上學)적 의사문제라고 생각하는 입장을 견지했다.(강진호)

리얼리즘, 모더니즘, 유명론

참고문헌
이명섭, 『세계문학비평용어사전』, 을유문화사, 1985.
편집부 엮음, 『미학사전』, 논장, 1993.

실재성 ☞ 리얼리티

실존(實存, Existence, 프 Existence, 독 Existenz)

구체적·실질적으로 존재하고 있음을 나타내는 말이다. 이 용어는 철학, 특히 실존주의철학에서 유래하였다. 가능적 존재로서의 본질(essence)에 대응하는 것으로서, 현대 실존주의에서는 특히 인간의 주체적 존재를 의미한다.

실존이라는 말은 근대철학에서 매우 다양하게 쓰이는 말이기 때문에 한마디로 정의(定義)한다는 것은 어려운 일이다. 원래 중세철학에서 실존(existential)이란 '(로부터)나가다', 또는 '나와서 현재 있다'를 의미하고, 이에 대응하는 본질(essential)은 영원불변의 것을 가리킨다. 근대철학은 이 영원불변한 본질을 구하였는데, 헤겔(G. W. F. Hegel)이 이를 완성하였다.

한편 인간 개인의 존재(실존)는 소멸되고 말았다. 헤겔의 이성(理性)·이념·절대정신이라고 하는 완성된 인간존재에 대하여 파멸과 죄를 안고 있는 단독자(單獨者)로서의 인간실존을 강조한 것은 키르케고르(S. A. Kierkegaard)이다. 따라서 실존의 밑바닥에 무(無)를 인정한 것은 니체(F. W. Nietzsche)이며, 20세기에 들어서 야스퍼스(K. T. Jaspers), 하이데거(M. Heidegger), 사르트르(J. P. Sartre) 등이 실존주의 이론을 전개하였다.

사르트르는 그의 저서 『존재와 무 L'Etre et le Ne'ant』에서 현상학적 존재론을 시도하여 무신론적·실존주의를 이론적으로 체계화하였다. 그의 대표적인 작품으로는 『구토 La Nause'e』, 『자유에의 길 Les chemins de la liberté』, 『벽 Les Mur』 등이 있다. 사르트르의 실존주의문학은 보부아르(S. D. Beauvoir), 쥬네(J. Genét) 등으로 이어졌다.

한국에 실존주의문학이 도입된 것은 1946년 <신문학>지에 사르트르의 「블란스인이 본 미국 작가」이 발표됨으로써 시작되었다고 볼 수 있다. 이후 전창식·양주동·김명원·정명환·방곤·김붕구 등에 의해 사르트르와 카뮈의 작품들을 번역·해설·소개함으로써 1950년대를 전후로 실존주의가 한국문단을 휩쓰는 것 같은 인상을 주었다. 이와 같은 분위기는 당시 한국작가들에게 인간조건의 추구라는 점에서 큰 영향을 주었다. 한편, 사르트르의 앙가주망(engagement) 이론은 1950년대 이후 참여문학의 이론적 근거가 되기도 하였다.(이동철)

무신론, 본질, 실존주의문학, 실존주의철학, 앙가주망이론, 존재론, 현상학

참고문헌
『카뮈·사르트르집』, 김붕구 역, 을유문화사, 1965.
『실존주의철학』, 안병욱 역, 탐구당, 1967.
조가경, 『실존철학』, 박영사, 1961.
Sartre,J.P., L'existentialism est un humanisme, Paris, 1970.

실존주의

실존주의는 20세기 전반에 합리주의와 실증주의 사상에 대한 반동으로서 독일과 프랑스를 중심으로 일어난 철학 사상을 말한다.

제1차 세계대전 후의 '생(生)의 철학'이나 현상학의 계보를 잇는 실존주의 사상은 제2차 세계대전 후에는 문학이나 예술의 분야에까지 확대하여 세계적인 한 유행사조가 되었다. 실존주의 문학이란 실존주의적인 사상이 짙게 반영된 문학을 의미하며 이를 대표하는 작가로는 사르트르, 카뮈 등이 있다.

넓은 의미에서의 실존주의 문학이란 합리주의적 인간관에 대한 의심, 삶에 대한 근원적 반성, 새로운 생존방식 모색 등의 요소가 엿보이는 모든 문학을 포함한다. 이 경우에는, 고대의 비극문학에서부터 현대문학에 이르기까지의 수많은 문학사상과 작품에 대해서까지 '실존주의 사상'혹은 '실존주의 문학'이라 정의할 수 있을 것이다. 좁은 의미에서 실존주의 문학은 사르트르, 까뮈 등을 중심으로 한 철저한 인간 중심 주의 문학을 가리키는데, 이는 '실존주의'라는 단어 자체가 무신론적이라는 의미를 내포하고 있기 때문이다.

실존주의는 키에르케고르(1813-1855)를 필두로 하는 유신론적 실존주의와 니체(1844-1900)로 대변되는 무신론적 실존주의로 나뉘어 진다. 대체로 '실존'이라는 것이 현대적인 의미로서 다루어지기 시작한 것은 제에렝 키에르케고르에서부터 이다. 키에르케고르는 힘겨운 기독교와의 논쟁으로 자신의 삶을 마감했으며 자신은 '신보다는 인간의 양심을 믿는다'라고 했다. 그러나 그의 삶의 전반을 살펴보았을 때 그는 유신론적인 실존주의자이다.

유신론적 실존주의의 대표적인 학자는 야스퍼스(1883-1969)인데, 실은 야스퍼스도 평생에 걸쳐 신이라는 것을 말한 적이 거의 없으며 가장 기독교적인 실존주의자였던 키에르케고르도 자신을 기독교주의라고 말할 수 없다고 했다. 실존주의는 유신론적인 것이 한 면으로 구분되어 지긴 하지만 그 본질에 있어서 무신론적인 것일 수밖에 없다. 야스퍼어스와 하이데거는 공통점을 가지고 있는데 그 시기도 비슷했으며 둘 다 아카데믹한 논문과 강의로 일관했다는 점, 그리고 그 둘은 50대에 들어서부터 니체에 경도되었고 생의 마지막까지 그의 사상에서 벗어나지 않았다. 사르트르와 까뮈는 소설가이며 비평가이다. 사르트르는 실존철학과 창작활동을 긴밀히 연결시켰었는데, 특히 「존재와 무」(1943)에서 인간 존재의 우연성, 의식과 대상의 관계, 타인과 나의 존재론적 관계, 일정한 상황 속에서의 주체적인 선택을 통해서 이끌어 나가야 할 우리의 운명 등에 관해서 이론적으로 설명한 바 있다.

하이데거의 영향을 받으면서 형성된 이 철학적 성찰은 순리적이며 사변적인 것이 아니라 인간의 구체적 양태와 행위에 대해서, 다시 말하면 인간의 실존적 모습에 대해서 뜻 깊은 조명을 던진다는 커다란 장점을 가지고 있다. 바로 이런 점에서 그의 철학은 문학과 상통할 수 있다.

사르트르에게 영향을 주었던 하이데거는 그의 저서 「존재와 시간 Sein und Zeit」(1927)에서 현존재의 실존론적 분석에 대한 깊은 고찰을 보여 불안·무(無)·죽음·양심·결의·퇴락 등 실존에 관계되는 여러 양태를 매우 조직적으로 논술하였다. 이러한 그의 현존재 분석의 수법은 정신분석에서 문예론, 더 나아가 신학에까지 영향을 주었다.

한편 카뮈는 「이방인(1942)」과 「시지프스의 신화(1942)」에서 이른바 부조리성을 부각시켰다는 점에서 「구토」의 사라트르와 동질적인 작가로 분류되어져 왔다. 그러나 오늘날에는 이 두 작가의 사상적·감상적 출발점이 매우 다르고 두 작가의 도달점은 오히려 대극적이라고 평가되고 있다.(오양호)

실증주의(實證主義, Positivism)

실증주의란 초경험적(超經驗的)인 실재를 인정하지 않고 검증이 가능한 경험적(經驗的) 사실만을 다루는 지식철학으로, 형이상학(形而上學)적인 관념과는 반대되는 근대철학의 한 사조이다. 현실적으로 주어진 것과 경험적인 것만을 지식의 대상으로 삼고, 정신이나 신(神)과 같은 추상적인 존재의 실체나 원인 등은 연구하려 하지 않으며, 초월 의지를 통해 드러나는 절대적인 진리를 추구하려 하지 않는다. 따라서 실증주의는 사물의 본질에 관한 논의가 아니라 있는 그대로의 사물에 대한 관찰과 지극히 사실적인 법칙들에 관한 논의를 지향한다. 따라서 실증주의에서는 참된 지식이란 오로지 과학으로 얻어지는 지식의 총체뿐이라고 주장한다.

　실증주의는 로크(J. Locke)나 흄(D. Hume) 등에 의한 영국의 경험론(經驗論)과 프랑스의 계몽주의(啓蒙主義) 유물론(唯物論)에 그 연원을 두고 있고, 당시 급속하게 발달하던 자연과학과 공업사회의 성립이 배경이 되어 등장한 철학사조이다. 실증주의를 철학으로 등장시킨 이는 콩트(I. Conte)로, 그는 과학적인 태도를 단지 과학뿐만이 아니라 인간사에도 적용할 것을 주장하며 '실증적'이라는 용어를 사용했다. 콩트가『실증철학서설』에서 주장한 바에 의하면 인간의 정신은 그 발전 과정에서 세 가지 단계를 연속적으로 거치게 되는데, 각각 신학적 단계, 형이상학적 단계, 실증적 단계를 거치게 된다. 인간에게 있어서는 3 단계인 실증적 단계가 궁극적으로 지향하여야 할 단계이며, 이 단계는 추상적 실체의 가정 없이 현상을 그 자체로서 설명하고 파악하려 노력하는 사유 방법이 지배하는 단계이다. 이러한 실증적 지식은 수학, 천문학, 물리학, 화학, 생물학, 사회학의 순서로 체계화되며, 19세기 후반에 뒤링(K. Duhring) 등에게 영향을 미친다.

　문학사에서 실증주의는 자연주의 문학 대두 당시 기본 이론으로 작용하였으며 프랑스의 비평가 테느(H.A. Taine)의 과학적 비평의 기초 이론이 되었다. 실증주의적 문학 연구는 텍스트와 그 텍스트를 둘러싼 검증 가능한 역사적 원인을 관련지어 연구하는 발생학적(發生學的) 방법을 사용하는 것이 특징이다.(강진호)

경험론, 계몽주의 유물론

참고문헌
김윤식,『문학비평용어사전』, 일지사, 1976.
문덕수,『세계문예대사전』, 교육출판공사, 1994.
신희천 ·조성준,『문학용어사전』, 청어, 2001.
이명섭,『세계문학비평용어사전』, 을유문화사, 1985.
조셉칠더스 ·게리 헨치 엮음,『현대문학 ·문화비평용어사전』, 황종연 역, 문학동네, 1999.
오귀스트콩트,『실증주의 서설』, 김정석 역, 한길사, 2001.
우도 쿨터만,『예술이론의 역사』, 김문환 역, 문예출판사, 1997.

실천(Practise, 독 Praxis)

　실천이란 개념은 원래 실질적 실천과 철학적 실천으로 구분되는데, 철학적 실천이란 개념은 아헨바하(G.B. Achenbach)가 1981년에 <철학적 실천을 위한 연구소>를 설립하면서 처음으로 사용하였다. 그는 철학적 실천을 '철학적 삶에 대한 전문적인 조언'이란 뜻으로 이해했다. 이 조언은 철학자의 실천적 삶의 형태로 나타난다. 이를테면 철학적 실천은 자유로운 대화를 통해 이루어지며, 결코 철학적 명제를 규정하지 않고, 철학적 통찰을 제시하지 않는다. 철학적 실천은 다만 사유를 가동시킬 뿐이다. 다시 말해 철학적 실천은 철학함(philosophieren)을 의미한다.

마르크스의 경우 실천은 우선 "철학의 실천"이라는 헤겔좌파의 "비판" 프로그램을 연상시킨다. 그러나 마르크스는 "현실사회의 전복 및 이론적 대립의 해소는 단지 실천적 방법을 통해서만 그 실현이 가능하다. 이론적 대립의 해소는 철학이 해결하지 못한 삶의 과제이다"라고 말한다. 여기서 마르크스는 실천을 목표로 하는 이론을 전개하는데, 이 이론은 헤겔철학과 같은 '명상'철학과 구분되고, 실천과 같은 의미를 지닌 헤겔좌파의 비판 개념과도 구분된다.(임호일)

실질적 실천, 철학적 실천, 비판

참고문헌

G.B. Achenbach(Hrsg.), Philosophische Praxis, 1982.

K. Marx, Anmerkung zur Doktordissertation, 1840/41.

Historisches Wörterbuch der Philosophie(Hrsg. v. J. Ritter/K. Gründer), Berlin, 1992.

실학(實學)

'실사구시지학(實事求是之學)'의 줄인 말. 임진왜란과 병자호란 양난 이후 개항 전까지 성리학을 비판하여 나타났던 유학의 한 경향을 가리킨다. 성리학과 변별되는 방법론의 특징으로는 ①백과사전식 '박학(博學)'의 방법 ②하학상달식(下學上達式) '실제성(實際性) 중시'의 방법 ③훈고식 '고증학(考證學)'의 방법을 꼽을 수 있다.

성리학은 유학 본래의 예설(禮說)을 계승하면서, 예설의 근거를 형이상학적으로 규명하는 성격을 가지고 있다. 여기서 논리의 중심을 차지하는 개념이 이(理)인데, 이는 추상적 보편자인 동시에 불변하는 절대적 선(善) 자체이기도 하다. "기(氣)의 발동과 유행은 이의 명을 받아 실현되는 것(氣之發與行 實受命於理)"이니 "기는 이가 유행하는 데 수족(比理流行之手脚)"에 불과하다는 관점은 이를 집약해서 보여준다. 이에 따라 성리학의 성격은 자연히 추상적이고, 고정적이며, 절대적이면서 형식적인 데로 흘러 '명분론(名分論)'으로 기울어지는 양상을 드러낸다. 태극(太極)의 이와 이로부터 연유하는 인륜과 도덕을 모른다는 이유로 서구인을 이적(夷狄)으로 규정하며 "금수(禽獸)보다 나을 것이 없다"고 파악한 이항로(李恒老)는 성리학적 사고의 전형적인 모습을 보여준다(『華西集』).

실학자들은 이러한 성리학을 비판한다. 가령 정약용(丁若鏞)에게 인의(仁義)는 그에 해당하는 행위를 인위적으로 의도하고 실천, 실행하는 노력과 행동 가운데서 이루어지는 것이다. 즉 인의는 그에 해당하는 행위의 결과에 불과한 것으로, 이는 곧 선험적으로 존재하는 이의 절대성을 부정하고 기를 중심으로 설정하는 관점이 된다. 이러한 관점은 최한기(崔漢綺)에 이르러 "진실로 기를 밝히면 이가 그 가운데 저절로 있지만, 먼저 이를 궁구하는 데 힘쓰면 기가 도리어 은폐되어 준칙(準則)을 삼을 것이 없어진다"(『推測錄』)라는 명료한 주장으로까지 나아간다. 따라서 정약용이 부국(富國) 강병(强兵) 이민(利民)의 토대가 되는 물량적 기술 과학의 진보에 힘쓴 것은 당연하다고 볼 수 있다. 실학자들이 서학(西學)에 관심을 기울인 것도 이러한 실용적인 관점에서 가능해진 것이다.

　대표적인 실학자로는 이수광(李睟光), 유형원(柳馨遠), 박세당(朴世堂), 이익(李瀷), 안정복(安鼎福), 홍대용(洪大容), 박지원(朴趾源), 박제가(朴齊家), 정약용(丁若鏞), 김정희(金正喜), 최한기(崔漢綺) 등을 꼽을 수 있다. 사상적인 면에서 실학은 개화파의 연원이 되었다고 평가되는데, 개화(開化)의 중심인물이었던 박규수(朴珪壽)가 박지원의 손자라는 사실을 감안한다면 이는 인맥의 차원에서도 고려해 볼 만하다고 말할 수 있을 것이다.(홍기돈)

심리소설

　소설은 모두 인간의 심리를 표현하지만, 그 중에서도 심리 묘사를 중시하는 소설, 작품 속에 나타나는 인물의 심리적 흐름뿐만 아니라 인간의 무의식 세계에까지 파고 들어가 인간심리의 실체를 자세히 분석·해부·관찰하여 묘사한 소설을 가리킨다. 심리 소설은 20세기에 들어서 심리학의 발달과 정신 분석학의 영향으로 본격적으로 창작되기 시작하였다.

　심리소설은 등장인물의 사고·감정·동기가 이야기 속의 행동만큼 중요하게 다루어지는 허구작품을 말한다. 심리소설에서는 등장인물들의 정서적인 반응이나 내면 상태가 외부 사건으로부터 영향을 받기도 하고 외부 사건을 일으키는 요인이 되기도 하면서 의미심장한 연관을 갖는다. 이렇게 등장인물의 내적인 생활을 강조하는 것은 심리 문학의 많은 작품들에서 기본적인 요소가 된다.

　심리 소설의 주된 관심사는 "심리학적 이론이 아니라 소설의 제재"에 있다. 이 때의 심리는 의식(consciousness)이나 마음(mind)이란 단어와 동의어로 볼 수 있다. 그리고 그 구체적인 항목으로 감각, 기억, 감상, 환상, 상상 등 직접적인 구성요소와 비철학적이기는 하지만 직관, 비전(vision), 통찰력 등 심리적 현상까지를 들 수 있다.

　심리소설이 본격적으로 나타난 것은 19세기의 사실주의의 일환으로 개발되었다. 특히 심리학적 개념의 인간이 관심을 끌자 인간의 외부 행위는 사회적일 뿐 아니라 심리적인 이유도 있다는 생각이 더 합리적인 논리로 해석되기 시작하면서 작가들은 심리적 이유에 더 큰 흥미를 느끼게 되었고, 그와 함께 이 방면의 소설도 많이 나타나기 시작하였다. 도스토예프스키의 경우가 그 예이다. 그가 말하기를 "나는 단지 보다 차원 높은 의미에서의 사실주의자일 뿐이다. 즉, 나는 인간 영혼의 심층 구석구석을 묘사한다"라고 했다.

　그리하여 19세기말에 생긴 것이 심리소설인데 외부 행동은 심리를 설명하기 위한 것이 아니면 언급되지 않았다. 자연히 인상, 회상, 기억, 반성, 사색 같은 심적 경험이 소설의 큰 소재를 이루었다. 그러나 헨리 제임스와 마르셀 프루스트 등에 이르서는 종래의 심리소설과는 달리 완전히 새로운 개념의 심리소설이 나타나는데 이를 신심리주의라고 부르게 되었다.

신심리주의자들은 의식의 흐름에 상당한 관심을 보였고 제임스 조이스, 버지니아 울프 등에 이르러서 그 전성기를 이루었다. 대표적 작품으로는 마르셀 푸르스트의 「잃어버린 시간을 찾아서」, 제임스 조이스의 「율리시즈」, 버지니아 울프의 「세월」, 「등대로」 등이 있다. 이런 작품들의 특징은 소설의 내용이 '나'의 개인적인 이야기이다.

19세기의 근대소설이 사회 전반적인 공통 관심사가 주내용인데 반하여 신심리주의 소설은 순전히 특정 개인의 이야기이다. 중요한 것은 작가가 소설은 쓰는 수법인데, 신심리주의는 이른바 '의식의 흐름(stream of consciousness)'기법을 사용했다는 점이다.

의식의 흐름이란 말은 미국 심리학자 윌리엄 제임스가 1890년에 사람의 정신 속에서 생각과 의식이 끊어지지 않고 연속된다는 견해를 말하면서 처음으로 쓰여졌다. 현대 소설의 한 기법으로서의 의식의 흐름은 소설적 인물의 의식이 중단되지 않은 채로 외부로부터의 자극을 계속 받아들이고 그에 반응하면서 연속되는 것을 말한다. 생각, 기억, 특히 비논리적이고 예측할 수 없는 연상이 때로는 추상적이고 논리적인 단편적 사고와 뒤섞여 흐르는 것을 말한다. 의식의 흐름을 사실적으로 제시하고자 하는 소설가는 이야기와 논리와 수사법과 문법을 희생시키면서라도 그러한 무질서하고 잡다한 흐름을 그대로 삽입하려 한다.

의식의 흐름을 주기법으로 삼는 소설가는, 사람의 실존은 외부로 나타나는 것에서보다는 정신과 정서의 끝없는 과정에서 더 많이 발견될 수 있다고 믿는다. 사람의 내적 실존은 외부에 나타나는 것처럼 조직적이고 논리적이 아니라 비논리적인 파편들이 뒤섞여 연속되어 있으며 이 파편들이 연속될 수 있는 것은 잡다한 일상 체험의 연속성과 자유로운 연상 작용 때문이라고 믿는다. 이를 내적 독백(intetior monologue)이라고 하는데 이것은 의식의 흐름의 또 다른 명칭이다.

한국의 심리주의 소설은 서구 근대문학에서 보는 심리소설과 같은 정상적인 발전을 보지 못했다. 서구의 심리소설은 스탕달이나 부르제와 같이 인간심리의 미묘한 움직임을 섬세하고 과학적인 수법으로 묘사하는 근대소설의 발달과정을 거쳐 왔는데, 한국의 심리소설은 이 과정을 뛰어 넘어 직접 조이스의 '의식의 흐름'에서 그 방법을 가져왔다.

한국 심리소설의 대표적인 작가로는 이상을 들 수 있다. 그는 「날개」, 「봉별기」, 「종생기」, 「동해」등의 소설에서 평면적 구성보다는 입체적 구성을 통하여 인간의 내부심리를 분석, 해부하였다. 이상은 그의 작품에서 외부세계는 거의 무시하고, 자의식의 세계를 추구하였으며, 의식의 흐름의 기법을 사용하였다. 그밖에도 최명익의 「무성격자」, 「심문」, 「장삼이사」 등을 비롯하여 1927년에 나온 동인지 「단층」의 작가인 김이석의 작품도 대체로 심리주의의 성격을 띠고 이는 것으로 해석된다.(오양호)

심리적 거리 ☞ 미적 거리

심리학

작가가 작품을 창작할 때에는 어떤 심리적인 동기가 있게 마련이다. 물론 그 동기가 의식인 차원에 머무를 수도 있겠지만, 무의식적인 차원으로까지 깊숙하게 뿌리를 뻗칠 가능성이 다분하다. 19세기 말엽부터 대두한 과학적 심리학이 작품을 이해하는 데 중요한 역할을 하는 까닭은 바로 무의식의 역할을 중요하게 여기기 때문이다.

물 위에 떠있는 빙산을 보면, 수면 아래 부분은 수면 위의 6~7배에 달하는 질량을 차지하고 있다. 이를 테면 의식은 빙산의 수면 위 부분에 해당하고, 무의식은 수면 아래 부분에 해당한다. 인간에게 무의식이 차지하는 비중이 더 크다는 것이다. 그렇지만 수면 아래의 무의식이 의식의 차원으로 상승할 때는 의식의 검열을 거치게 된다. 의식의 검열은 깨어있을 때 강하게 이루어진다. 반면, 잠을 자는 중에는 의식의 검열이 한결 느슨해진다. 우리가 꾸는 꿈이 명료하지 않은 이유는 의식의 검열을 넘어서려는 나름의 노력 때문이다. 다시 말해서 무의식은 의식의 검열을 피하기 위해 변형을 꾀하게 되고, 그 결과 꿈의 내용이 다소 복잡하게 나타난다는 것이다. 프로이트의 『꿈의 해석』은 이러한 내용을 바탕으로 이해할 수 있다.

작가가 글을 쓸 때에도 무의식의 힘이 작용한다. 이때 무의식은 작가가 경험한, 그렇지만 제대로 기억하지 못하는 사건과 잇닿아 있게 마련이다. 사건을 둘러싼 기억은 발설했을 경우 처벌받을까 두려워하는 정도에 비례하여 무의식 속으로 더욱 은폐되는 양상을 띤다. 작가로 하여금 글을 쓰게 만드는 힘은 그 사건을 폭로하려는 무의식에서 비롯된다. 그렇지만, 작가는 의식의 검열 탓에 그 사건을 직접 써 나가지 못한다. 다만 반복되는 형태나 색채, 이미지를 통해 그 주위를 끊임없이 배회할 따름이다. 변형이 작용하는 것도 바로 이러한 반복 속에서이다. 그런 점에서 꿈과 문학작품은 유사하다. 『꿈의 해석』이 문학에도 여전히 유용하게 적용되는 까닭은 여기서 설명할 수 있다.

프로이트의 심리학이 개인적이고 병리학적인 입장을 띤다면, 융은 집단무의식에 초점을 맞추고 있다. 인간에게는 인종, 지역, 시대를 막론하고 공통적인 집단의 꿈이 있으며, 이러한 꿈에는 원형(原型)이 존재한다는 것이 집단무의식의 출발점이다. 예컨대 『단군신화』에는 하늘과 땅을 잇는다는 우주목(宇宙木) 이미지가 등장하는데, 이는 세계의 신화 여러 곳에도 확인할 수 있다. 사람이 죽어서 강을 건넌다는 것도 마찬가지다. 원형비평(原型批評, archetypal criticism), 신화비평(神話批評, myth critism)과 관련을 맺으며, J.G. 프레이저 『황금 가지』는 융의 주장을 뒷받침하는 저서로 꼽히고 있다.(홍기돈)

심미주의(審美主義) ☞ 유미주의

심상(心象) ☞ 이미지

심층구조(deep structure)

구조주의적 방법론의 창시자이기도 한 언어학자 소쉬르(Ferdinand de Saussure)가 사용한 용어이다. 그에 의하면 언어에는 표면구조(surface structure)와 심층구조(deep structure)가 있는데, 표면구조는 발화자가 만들어낸 어떤 문장을 구성하는 방식이고 심층구조는 실제 문장의 이면에 존재하면서 그것을 지배하는 것, 즉 문법의 원리에 대한 무의식적인 지식으로서 문장이 실제로 서술되는 방식과는 독립적으로 존재한다. 이를 바탕으로 한 소쉬르의 방법론은 이후 인류학, 문학 등의 다양한 분야에 응용되면서 구조주의에서 공유하는 하나의 개념이 되었다. 특히 구조주의자들은 보편적인 패러다임을 제공하는 것이 언어라고 생각했는데, 이에 따라 모든 문화 현상 역시 언어와 같은 심층구조의 원리로 작동하는 일종의 기호들로 이루어진 세계라고 생각했다. 특히 서사학을 연구한 그레마스(A. J. Greimas)가 제시한 이야기 분석 방법인 '행위소 모델(actant model)'에서 이 개념은 중요하게 사용된다. 그레마스에 의하면 모든 이야기에는 심층구조 내지는 플롯의 문법을 가지고 있는데 주체와 객체, 발신자와 수신자, 원조자와 적대자와의 관계에서 이루어지는 6개의 행위소가 바로 이 심층구조를 구성한다는 것이다. 따라서 모든 이야기들은 그 표면구조의 다양함에도 불구하고 6개의 행위소로 이루어진 심층구조가 구체화된 형태일 뿐이다. 하지만 이처럼 심층구조를 강조하는 구조주의적 방식은 애매한 통사적 중의성이 갖는 의미를 설명하지 못하는 등의 난점도 있었으나 촘스키(Avram Noam Chomsky)의 변형생성이론을 거쳐 서사학에 도입되었다.(남승원)

소쉬르, 표면구조, 행위소 모델

참고문헌
김성도, 『의미에 관하여』, 인간사랑, 1997.
요하네스 페르(최용호 옮김), 『소쉬르, 언어학과 기호학 사이』, 인간사랑, 2002.

쌍방향성

디지털 매체의 상호작용적 특성을 말한다. 디지털 이전의 미디어는 모두 완결된 형태로 메시지를 전달한다. 독자는 완결된 형태의 책을 읽으며 시청자는 촬영되어 편집된 영화를 보고 즐긴다. 여기서 수신자는 그야말로 수신자, 송신자가 주는 정보를 수용하는 수동적인 존재로 머문다. 이런 완결된 메시지에 대해 어떤 견해가 있더라도 그 전달은 간접적일 수밖에 없고 그것이 이미 전달된 소설이나 영화의 내용을 바꾸지는 못한다. 반면 네트상의 메시지와 정보는 완료형이 아니라 진행형으로 존재한다. 여기에 하이퍼텍스트성이 개입하면 문제는 더욱 복잡해진다. 펜, 타자기, 인쇄기와 달리 컴퓨터는 글의 물질적 흔적을 지워버린다. 키보드를 통해 컴퓨터에 정보가 입력되면 인광 물질이 만드는 글자가 화면에 나타난다. 그런데 이 글자는 아날로그 미디어에서와 달리 임의접근 기억 장치인 RAM에 포함된 아스키 코드의 재현물에 지나지 않으므로 빛의 속도에 따라 얼마든지 변경할 수 있는 것이다.

종이에 글을 쓰거나 타자로 찍을 경우, 일단 단어가 정신적 개념에서 바뀌고 나면 그것은 하나의 객체로 독립하여 자신의 형태를 고치려는 주체에게 저항을 하게 마련이다. 반면 컴퓨터의 글쓰기에서 수정, 삭제, 보완은 쉽고도 자연스럽다. 따라서 그것은 공간적으로 가변적이며 시간적으로 동시적인 정신의 내용이나 구어와 아주 비슷한 속성을 띄게 된다. 이에 따라 텍스트의 권위와 신비는 사라지고 네트워크를 통해 송신자와 수신자가 가변적인 텍스트를 수정하고 보완하는 형태의 새로운 글쓰기-집단적 저자의 탄생이 이루어진다.

우리가 흔히 컴퓨터 통신문학이라고 하는 새로운 장르는 바로 디지털 미디어의 이런 속성을 이용한 것이다. 컴퓨터 통신망은 누구에게나 열려있기 때문에 누구나 자신의 글을 올림으로써 작가가 될 수 있다. 이 때문에 과거와 달리 엄격한 등단의 과정을 거치지 않고 '작가'가 될 수 있어 작가와 작품의 권위가 사라지게 된다. 또 작품에 대한 독자의 반응이 즉발적이 된다. 작품이 통신망에 띄워지는 순간부터 독자들은 작가에게 작품에 대한 소감과 비평을 쏟아놓을 수 있고 대화방으로 작가를 불러내어 대화할 수 있다. 당연히 작가는 독자의 반응에 신경 쓸 수밖에 없다. 어떤 경우라도 조회수가 적은 작품은 존재 의의가 상실된다.

나아가 릴레이 소설은 컴퓨터 글쓰기의 독특한 성격을 십분 살린 새로운 서사 영역이라 할 수 있다. 릴레이 소설은 몇 사람의 작가가 참여하여 돌아가며 글을 써서 작품을 완성시키는 공동 창작 작업이다. 일반적으로 한 사람의 글이 끝나면 다음 사람이 뒤를 잇는 방식이 있고 또 하나 소설을 주관하는 마스터가 창작을 시작하는 사람에게 미리 기본적인 작품의 얼개를 공지하는 유형이 있다. 컴퓨터의 머드 게임과 상당히 유사한 장르이다.(최혜실)

멀티미디어, 하이퍼텍스트, 송신자, 수신자

참고문헌
George P. Landow, "What's Critic to do", Hyper/Text/Theory, The Johns Hopkins University Press, 1994.
마크 포스터, 『뉴미디어의 철학』, 김성기 역, 민음사, 1994.

아 프리오리(A priori)와 아 포스테리오리(A posteriori)

아 프리오리(a priori)는 '먼저 이루어진 것', 아 포르테리오리(a posteriori)는 '뒤에 이루어진 것'이라는 라틴어에서 유래한 말이다. 우리말로는 선천적(先天的), 후천적(後天的)이라고 번역된다. 칸트 이전 철학에서 아 프리오리는 모든 경험에서 독립되어 이성으로부터 논리적 추리를 통하여 얻어지는 인식에 적용되는 술어였다. 또한 경험의 역할을 배제하고 이미 현존하는 인식으로부터 획득된 새로운 인식도 아 프리오리한 것에 속했다. 아 포프테리오리는 경험으로부터 유래하는 것, 경험에 의해 제약되고 규정되는 것, 즉 인식의 형식과 구별되는 인식의 경험 내용에 적용되는 술어였다. 근대에 들어 이 개념들은 인식의 독립성에 대한 술어로 사용되기 시작하였는데 일반적으로 아 프리오리는 생득적인 것을 아 포스테리오리는 경험으로부터 얻어지는 것을 의미하였다. 인식론 상으로는 경험에 의존하지 않고, 경험에 앞서는 인식을 아 프리오리로 경험에 기초하여 성립하는 것을 아 포스테리오리라고 부른다. 여기서 경험의 선후는 발생적인 의미에서의 선후가 아니라 논리적 의미에서의 선후이고, 따라서 아 프리오리는 경험적 인식의 근본적인 전제조건을 구성하는 보편타당한 인식이다.

아 프리오리와 아 포스테리오리가 중요한 개념이 된 것은 칸트(Kant)의 철학에서이다. 칸트는 모든 '본래적인 인식'이 아 프리오리하다고 보았다. 즉 본래적인 인식은 시간과 공간이라는 직관 형식과 범주라는 오성 형식들 및 이성 개념의 형식들로부터만 획득되는 순수한 것이고 이 본래적인 인식은 경험에서부터 나오지 않는다고 하였다. 오히려 이 본래적인 인식이 경험 인식에 필연적이고 보편타당한 성격을 부여함으로써 비로소 경험 인식이 가능해진다는 것이다. 칸트는 모든 인식이 경험과 더불어 발생하며 감관을 통해 매개된다는 것에 의의를 제기하지는 않았다. 그렇지만 칸트는 모든 인식에는 논리적인 계기 내지 선험적인 계기, 즉 아 프리오리한 계기가 부가되어야 한다는 주장을 내세웠다. 또 칸트는 경험에 근거를 둔 모든 인식, 즉 그 기원이 경험 심리학적이며 그러한 한에서 필연성과 보편타당성을 결여하고 있는 모든 인식을 아 포스테리오리하다고 불렀다.(김한식)

포르테리오리, 프리오리

참고문헌
I. 칸트, 『순수이성비판』, 최재희 역, 박영사, 2001.
T. 아도르노, 『미학이론』, 홍승용 역, 문학과지성사, 1997.

아곤(Agon)

그리스어로 희극에 등장하는 주요 인물들의 갈등을 가리킨다. 이 용어가 문학비평용어로 등재된 데에는 해럴드 블룸(Harold Bloom)의 영향력이 지대하다. 후발시인이 겪는 강력한 선배시인에 대한 내면적인 갈등을 그가 이 용어로 설명하면서 친숙해졌기 때문이다.

신진시인에게 창의적인 시를 쓰는 일이란 언제나 창조의 모든 가능성을 미리 앗아간 것처럼 보이게 하는 명작(名作)을 남긴 선배시인들과 상상의 공간에서 치열하게 벌이는 싸움이다. 이제 막 문단에 들어선 시인은 선배시인의 작품을 의식적, 무의식적으로 수정 · 모방하면서 자신의 세계를 구축해 나간다. 그렇지만, 그는 자신이 선배시인으로부터 영향을 받았다는 창작상의 부채(負債)를 숨기려고 한다. 블룸이 지적하는 "시적 영향에 대한 불안"은 바로 여기서 빚어진다. 불안을 극복하기 위해 신진시인은 자기 나름의 독자적인 세계를 마련하고자 새로움을 끌어안는 다양한 노력을 쏟게 되는데, 이것이 해럴드 블룸이 말하는 수정주의이론이다. 블룸은 신진시인이 선배시인의 영향력으로부터 벗어나서 자신의 세계를 마련하는 과정을 여섯 단계로 나누어 접근한다. 다음은 윤호병의 정리이다.

"블룸이 『시적 영향에 대한 불안』에서 강조하는 수정 비율 6단계는 다음과 같다. (1) '궤도 이탈(clinamen)': 후배시인이 선배시인으로부터 받은 영향권에서 점차 벗어나는 단계로 시적 기만행위에 해당한다. (2) '깨진 조각(tessera)': 후배시인이 선배시인의 영향력을 성취한 후 이를 점차 극복하는 단계로 시적 성취와 선배시인과의 대조에 해당한다. (3) '자기 비하(kenosis)': 후배시인이 자신과 선배시인을 비교한 후 자신의 역량을 바로 인식하는 단계로 자기표현의 반복과 선배시인으로부터의 단절에 해당한다. (4) '악마화(daemonization)': 후배시인이 선배시인의 장엄화에 대응하는 단계로 반(反)장엄화에 해당한다. (5) '금욕적 고행(askesis)': 선배시인의 영향권을 벗어나기 위해서 고독한 상태를 지향하는 단계로 자기 정화와 유아론(唯我論)에 해당한다. (6) '환생(apophrades)': 후배시인이 선배시인의 영향권에서 완전히 벗어나 스스로의 시 세계를 구축하는 단계로, 죽은 자가 자신이 살던 옛집으로 되돌아오는 회귀에 해당한다."(「옮긴 이의 글」, 『시적 영향에 대한 불안』, 고려원, 1991.)(홍기돈)

아나키즘(Anarchism) ☞ 무정부주의

아날로그/디지털

디지털은 비트(bits) 라는 개념을 이해할 때 그 본질이 드러난다. 비트는 정보의 최소단위로서 'binary digit'의 약자, 2진수 가운데 한 자리를 말한다. 즉 0과 1의 두 자리 단위로 모든 정보를 담아내는 것이 비트이며 디지털이라고 할 수 있다. 비트는 무게도 색도 없으며 정보의 DNA를 구성하는 가장 작은 단위라고 볼 수 있다. 반면 아날로그는 아톰(atoms)이 기본 단위이며 구체적인 물질로 되어 비트와 대조를 이룬다.

CD는 디지털이나 오디오 테입이나 옛 레코드 판은 아날로그이다. 아날로그 방식은 음량의 세기를 자기의 세기나 물리적 진동의 세기로 표현하였다. 반면 CD는 음량의 세기를 숫자로 바꾸어서 원판에 차례대로 그 숫자를 기입해 놓은 것이다. 그러므로 논리적인 '계산'이 가능해서 일부 데이터에 손상이 있어도 앞뒤를 맞춰보아 적당히 메꿔 넘어갈 수 있다. 레코드판과 달리 표면에 흠집이 웬만큼 나도 음질에 지장이 없는 것이 그런 이유이다. 종이에 인쇄한 그림들은 아날로그이지만, 컴퓨터 그래픽은 디지털이다. 화면을 미세한 점으로 나누고 각각의 점에 숫자로 표시된 색깔을 대응시킨 것이다. 이것 역시 계산이 가능한 까닭에 여러가지 특수효과를 논리적으로 구성하여 첨가할 수 있다.

정보화시대 이전까지 정보는 대개 아톰을 기본단위로 만들어졌다면 디지털 시대에 모든 정보가 비트화되고 있다. 예를 들어 우리는 일종의 아날로그 미디어인 신문, 잡지, 책, TV 등에서 정보를 얻고 서류와 대차대조표를 통하여 경제활동을 하였지만 오늘날에는 많은 정보들이 컴퓨터 네트워크 통해 세계로 전달된다. 이때 비트는 아톰과 달리 무게와 부피가 없기 때문에 손쉽게 운반될 수 있다. 엄청난 양의 정보가 상호 소통될 수 있는 새로운 발견인 셈이다.

디지털 기술은 첫째, 정보의 저장이 쉽다. 예를 들어 활자는 시작과 끝이 분명하고 되돌릴 수 없으나 전자매체에서는 교정과 복사가 쉽다. 둘째, 입력과 저장, 출력이 순환 구조를 이룬다. 예를 들어 인쇄된 글과 그림은 스캐너로 다시 입력하여 원래 정보로 회복 가능하다. 셋째, 여러 유형의 정보가 하나의 통일된 형식, 즉 기호로 표현되므로 멀티미디어가 쉽다.(최혜실)

멀티 미디어, 양방향성, 네트워크, 하이퍼텍스트

참고문헌

Nicolas Negroponte, 『디지털이다』, 백욱인 역, 박영률 출판사, 1995.
최혜실 편저, 『디지털 시대의 문화예술』, 문학과지성사, 1999.
George P. Landow, "What's Critic to do", Hyper/Text/Theory, The Johns Hopkins University Press, 1994.
마크 포스터, 『뉴미디어의 철학』, 김성기 역, 민음사, 1994.

아노미(Anomie)

사회학에서 행위를 규제하는 공통 가치나 도덕 기준이 없는 혼돈 상태를 뜻하거나, 심리학에서 불안, 자아상실, 무력감 등 개인이 사회에 적응하지 못하는 현상을 뜻하는 말이다. 주로 급격한 사회 변동 과정에서 기존의 가치관과 새로운 가치관이 충돌하고 혼재하는 시기에 어떤 가치관을 따라야 할지 모르는 상태를 의미한다.

어원은 '무법', '무질서의 상태', '신의(神意)의 무시'를 뜻하는 그리스어 '아노미아(anomia)'에서 유래되었다. 중세에는 쓰이지 않던 말이었으나 프랑스의 철학자 M. J. 귀요가 사용하기 시작하였고, 사회학자 E. 뒤르켐이 이를 사회학의 용어로 정리하였다. 뒤르켐은 이 용어를 『사회분업론』(1893), 『자살론』(1897)에서 일정한 사회에서 구성원의 행위를 규제하는 공통의 가치나 도덕적 규범이 상실된 혼돈 상태를 나타내는 개념으로 사용하였다. 그리고 이 개념은 사회 해체, 소외, 파시즘, 대중사회 분석 등 현대에도 유용하게 사용되고 있다. 미영 연합군에 의한 바그다드 함락 당시 이라크에서 약탈과 박물관 습격 등으로 사회적 혼란, 무질서 상태를 이룬 것을 그 예로 들 수 있다.

다른 한편 아노미 현상은 개인의 행위나 의식상의 병리적인 현상을 뜻하기도 한다. 뒤르켐은 『자살론』에서 급속한 산업화로 사회 가치와 규범 체계에 교란을 일으켜 개인의 욕구가 통제 불능 상태에서 자살을 유발하는 하는 현상에 주목하였고, 이를 아노미적 자살이라고 지칭했다.(김옥란)

M. J. 귀요, E. 뒤르켐, 산업화

참고문헌
아노미오루, 『아노미의 사회학』, 나남, 1990.
에리히 프롬, 『자유로부터의 도피』, 지경자 역, 홍신문화사, 1988.
캘빈 S. 홀, 『프로이트 심리학 입문』, 황문수 역, 범우사, 1977.

아니마(Anima)/아니무스(Animus)

스위스의 정신 분석학자 C. G. 융이 분석 심리학에서 사용한 용어로, '영혼·정신'을 뜻하는 말이다. 융은 개인적이든 집단적이든 정신의 구조적인 면을 형성하는 보편적 경향을 지칭하는 말로 '원형(archetype)'이라는 개념을 분석 심리학에 도입하였는데, '아니마(anima)'는 남성의 정신에 내재되어 있는 여성성의 원형적 심상을, '아니무스(animus)'는 아니마의 남성형으로 여성의 정신에 내재된 남성성의 원형적 심상을 가리킨다.

융은 비록 페미니스트는 아니었지만, 이러한 아니마/아니무스 이론은 이후 페미니즘 이론가들에게 많은 영향을 끼쳤다. 특히 기존의 남성과 여성을 이분법적으로 확연히 구별하는 태도로부터 벗어나게 했다. 곧 남성 자아의 여성성, 여성 자아의 남성성의 개념은 기존의 생물학적 성(sex) 개념에 의해 남성/여성을 구분하는 태도로부터 사회적으로 학습되고 강제되는 사회적 성 역할(gender)로서의 남성/여성의 문제를 새롭게 생각하게 해주었다. 남성 자아는 자신의 내면의 여성성을 억압함으로써, 여성 자아는 자신의 내면의 남성성을 억압함으로써 사회적으로 규정된 '남성적인' 혹은 '여성적인' 자신의 사회적 성 역할 규범을 받아들임으로써 남성으로서, 여성으로써 성장한다는 것이다.

이에 따라 융은 한 개인이 아니마/아니무스와의 인격적 통합을 통해 자아실현을 이룰 수 있다고 주장했는데, 이러한 통합의 과정은 개인에 따라 창조적일 수도 있으며 반대로 매우 파괴적으로 작용할 수도 있다고 지적하였다.(김옥란)

C. G. 융, 정신 분석학, 분석 심리학, 원형, 페미니즘, 생물학적 성(sex), 사회적 성 역할(gender)

참고문헌
켈빈 S 홀, 버논 J 노비드, 『융 심리학 입문』, 문예출판사, 2004.
게르하르트베어, 『융』, 한길사, 1999.

아동문학(兒童文學)

아동문학은 어린이를 대상으로 어른이 창작한 특수문학작품을 말한다. 아동문학이란 어른을 대상으로 하는 문학과 구별하려는 방법에서 나온 명칭이다. 아동문학은 특수한 문학이기 때문에 많은 제약을 수반한다. 어른이 어린이에게 흥미와 함께 인간창조와 발전을 위하는 요소를 심어 주고 부정적 견해와 긍정적 검토를 스스로 할 수 있도록 그들의 내면세계를 키워주는 문학이다. 어린이가 직접 쓴 작품은 아동문학의 범주에 넣지 않는 것이 일반적이다. 아동문학은 어른들이 읽을 수 있으나 이는 아동문학을 통하여 어린이의 세계와 근접하고 그들의 내면세계에 접할 수 있기 때문이다.

아동문학은 성인문학보다 여러 가지 예술 지향적 세계와 교육적 인식이 따른다. 그래서 작품을 통하여 세상을 살아가는 현실적인 사회인식과 사람이 살아가는 진실이 무엇인가를 발견하도록 이상과 몽환적 세계를 얻도록 해야 한다. 작품을 구성하는 이야기는 물론 소재나 주제, 표현 언어의 선택에 이르기까지 어린이의 인생관, 가치관에 혼돈을 주어서는 안 되는 윤리적인 점과 교육적인 점이 첨가되어야 한다. 아동문학이라는 특수성은 그들 스스로 작품을 통하여 얻을 수 있는 자아발견의 가능성을 가지게 하고 단순하고 명쾌한 해답을 찾아내는 문학이어야 한다. 아동문학의 질적 요소는 그들의 정신적 풍요함을 감동적으로 받아내게 하는 기술방법이 중요하다.

아동문학은 어린이의 세계를 먼저 인식해야하고 어른의 입지에서 벗어나야 한다. 어린이의 심리와 사고, 정서와 세계, 생활과 관계, 언어와 표현을 가장 적절하고 맞게 표현하는 문학이어야 한다.

아동문학은 그 종류가 다양하다. 동요, 동시, 동화, 소년소설, 전기, 희곡(아동극), 그리고 수필 등이 있다. 동화에도 신화, 전설, 민담 등에서 이야기를 구성한 전래동화, 어린이를 위하여 아동문학 작품 혹은 전래동화, 창작동화를 소리와 표정으로 전달하는 구연동화와 같은 새로운 방법이 아동문학 범주에 포함되고 있다. 아동소설은 내용에 따라 모험소설, 탐정소설, 명랑소설, 전기소설, 서정소설, 순정소설, 역사소설, 과학소설, 환상소설 등으로 나누어진다.

아동문학은 『그리스 신화』, 『아라비안 나이트』, 『이솝 이야기』와 같이 신화, 민담, 우화와 같은 형태로 발전되다가 1698년 샤를 페로(charl fero)의 동화집 『거위아줌마 이야기』에서 「신데렐라」가 세계적인 평가를 받게 되고, 18세기 이후 『로빈슨 크루소』, 『걸리버 여행기』등이 발간되었다. 독일의 그림형제(Grimm Jakob / Wilhelm)의 『어린이 및 가정동화 : Kinderund Hausmarchen』 전 2권이 동화의 위치를 확고하게 하였으며, 덴마크의 안데르센(H.C. Andersen)의 동화는 공상적인 이야기를 유행시켰다. 이후 『이상한 나라의 앨리스』, 『보물섬』, 『플랜더스의 개』, 『소공자』, 『소공녀』, 『톰 소여의 모험』등이 발표되어 아동문학의 발전을 이룩한다.

한국에서는 1923년에 일본 동경에서 방정환(方定煥) 중심으로 <색동회>가 발족된 후 방정환의 「형제별」, 윤극영(尹克榮)의 「반달」, 유지영(柳志永)의 「고드름」이 아동문학의 첫 수확이다. 이후 아동문학을 대변하는 잡지로 종교계에서 1920년에 창간한 『새벗』이 현재까지 발간되고 있으며, 1960년 『가톨릭 소년』을 인수받아 제호를 『소년』으로 바꾸어 현재 발간되고 있다. 1920년 이원규(李元珪) 발행과 1952년 이원수(李元壽) 발행의 『소년세계』, 『어린이 다이제스트』역시 많은 공헌을 하였다.

한국 아동문학은 현재 <방정환문학상>, <소천아동문학상>, <이주홍아동문학상>, 한국일보의 <세종아동문학상>과 동시에만 수상하는 <한정동아동문학상>이 있고, 아동문학인들을 중심으로 하는 이재철(李在撤)의 『아동문학』, 유경환(劉庚煥)의 『열린아동문학』, 박종현(朴鍾炫)의 『아동문예』, 강정규(康廷珪)의 『시와 동화』등이 발간되고 있다.(조병무)

전래동화, 창작동화, 구연동화, 모험소설, 탐정소설, 명랑소설, 전가소설, 서정소설, 순정소설, 역사소설, 과학소설, 환상소설, 색동회

참고문헌
이재철, 『세계아동문학사전』, 계몽사, 1989.
조대현 외, 『아동문학창작론』, 학연사, 1999.

아름다운 영혼(Beautiful soul, 프 Belle ame, 독 Schöne Seele)

미, 추, 숭고와 비장, 우미와 골계 등 근대 미학의 미적 범주를 설명하기 위한 쉴러의 개념이다. 시인인 쉴러(Schiller)는 자신의 창작활동의 이론적 토대를 마련하기 위하여 미에 대한 철학적 연구에 관심을 기울였는데, 칸트의 『판단력 비판』의 엄숙주의(rigorism)에 반하여 보편적인 인간성의 이념으로부터 미적 현상을 해명하려 하였고, 이성과 감성의 이원적 대립을 미적 영역에서 융화시키려고 시도하였다.

'아름다운 영혼(Schöne Seele)'은 쉴러의 논문 『우미와 존경에 관하여(Über Anmut und Würde)』(1973)에 나오는 개념이다. 이 논문에서 미는 객관적 요소와 주관적 요소 중 어느 쪽이 좀더 우월한가에 따라 '구축미(構築美, architektonische Schönheit)'와 '유희미(遊戲美, Schönheit des Spiels)'로 분류된다. 전자는 자연의 필연적 법칙에 따라 형성되는 '고정적 미(die fixe Schönheit)'이며, 후자는 자유로운 의지에서 출발한 운동을 전제로 한 '가동적 미(die bewegliche Schönheit)'이다. 그리고 '유희미'가 성립하기 위해서는 이성과 감성, 의무와 경향성이 서로 자연스럽게 융화되는 심정 상태, 즉 인간성의 최고 이상적 경지로서의 '아름다운 영혼'이 요청된다. 그리고 이 '아름다운 영혼'의 표출이 '우미(Anmut)'이다. 그런데 이성이 감성보다 우월하고 충동이 도덕적 힘에 의해서 지배를 받게 되면, '아름다운 영혼'은 '숭고한 영혼(erhabene Seele)'으로 전화한다. 이것의 표출이 '존경(Würde)'이다.(김옥란)

쉴러, 미적 범주, 우미, 숭고미

참고문헌
프리드리히 쉴러, 『쉴러의 미학 예술론』, 인하대출판부, 2000.
_____, 『인간의 미적 교육에 관한 서한』, 이진출판사, 1997.

아방가르드(Avant-Garde)

아방가르드란 20세기 초 프랑스와 독일을 중심으로 자연주의(自然主義)와 의고전주의(擬古典主義)에 맞서 일어난 예술 운동으로써, 기성의 예술 형식과 관념, 유파(流波)를 부정하고 새로운 것을 이룩하려 했던 입체파(立體派), 표현주의(表現主義), 다다이즘(dadaism), 초현실주의(超現實主義) 등의 혁신 예술을 통틀어서 일컫는 말이다. 아방가르드의 원뜻은 먼저 앞에 나서서 호위한다는 의미를 지닌 전위(前衛)로 본래 전투 당시 선두에 서서 적진으로 돌진하는 부대라는 뜻을 가진 군대 용어이다. 이것은 이후 러시아 혁명 당시 계급투쟁의 선봉에 서서 목적의식적(目的意識的)으로 뭉친 정당과 그에 속해 있는 당원을 지칭하는 말로 쓰이게 되고, 이것이 19세기 프랑스에서 혁신과 실험을 중시하는 새로운 기류를 반영하여 예술 운동에 적용되면서부터 예술 용어로 사용되게 되었다. 아방가르드의 이념은 자체가 지지하고 있는 예술적이거나 문화적인 선언들의 반사회적인, 혹은 비사회적인 특징에 의존하는 사회적 현상이라고 말할 수 있으며 종래의 관념과 가치를 부정하고 새로운 실험을 시도하려는 예술 경향으로 이해할 수 있겠다.

아방가르드의 대표적인 작가로는 랭보(J. Rimbaud), 위스망스(J. Huysmans), 말라르메(S. Mallarme) 등을 꼽아볼 수 있는데, 이들의 작품에서는 공통적으로 현실에서의 소외감을 확산시킨 절대적인 자유에 대한 동경과 환상의 세계에 대한 열망을 실험적인 방식으로 표현해낸 것을 발견할 수 있다. 이후 아폴리네르(G. Apollinaire)는 기계 문명의 발달 위에 찾아온 허무 의식을 발견하고 입체파의 이론적 지도자가 되었으며, 제1차 세계대전 중 스위스 취리히에서 일어난 다다이즘은 전쟁의 잔인성에 대한 증오와 합리적인 기술 문명의 부정, 일체의 억압과 제약을 거부하는 경향을 띠면서 예술에 존재하고 있는 전통과 가치 기준의 파괴를 지향하여 문학사에서 새로운 갈래를 이룩하는 데 성공하게 된다.

우리나라 문학사에서 아방가르드의 경향은 1930년대 이상(李箱)에게서 발견된다. 이상은 프랑스의 초현실주의의 전위적(前衛的)인 이론을 자신의 작품에 도입하여 「오감도」를 발표하였다. 이후로는 신백수(申白秀)나 이시우(李時雨) 등의 작품에서 초현실주의의 경향인 '의식의 흐름' 기법을 도입한 전위적이고 실험적인 작품들을 찾아볼 수 있다.(강진호)

전위, 초현실주의, 표현주의

참고문헌
신희천·조성준, 『문학용어사전』, 청어, 2001.
조셉칠더스·게리 헨치, 『현대문학·문화비평용어사전』, 황종연 역, 문학동네, 1999.
레나토포지올리, 『아방가르드예술론』, 박상진 역, 문예출판사, 1996.

아버지의 이름(Name-of-the-father)

오이디푸스 콤플렉스 개념의 발견과 더불어 프로이트에게 아버지는 정신분석 이론과 실천에서 중요한 위치를 차지하게 된다. 신경증과 오이디푸스 콤플렉스를 설명함에 있어 프로이트는 실제적 아버지보다는 초자아의 형태로 내면화된 상징적 아버지의 역할을 강조한 바 있다. 『토템과 터부』에서 프로이트는 원초적 아버지에 의해 지배받던 원시 군거 집단 신화를 제시한다. 아들들은 모든 권력과 여자를 소유하고 있는 폭군인 원초적 아버지를 살해했으나, 서로 경쟁자가 되어 조직체의 붕괴 위기에 처하게 되었다. 이를 막기 위해 아들들은 아버지의 법을 받아들여, 근친상간 금지법을 제정하고, 서로 남의 여자를 포기하기로 약속했다. "그들은 자신들의 권력욕과 성적 요구에 대해 크게 방해가 되었던 아버지를 미워했지만, 이와 동시에 그를 사랑하고 찬미하게 되었다."(SE 13, 143) 라캉에게 아버지의 이름은 모든 인간들 속에 작동하고 있는 내면화된 아버지의 근친상간 금지법, 혹은 내면화된 아버지가 행하는 무의식적, 상징적 기능, 혹은 상징적 아버지를 의미한다. 금지의 기능을 하는 아버지의 이름은 단순한 금지 기능을 넘어, 주체로 하여금 어머니의 욕망으로부터 벗어나 상징계로 나아가도록 만든다. 어머니가 욕망하는 팔루스는 아이가 아니라 아버지—기표로서의 아버지 혹은 아버지의 이름—를 향하고 있으며, 이러한 사실을 인식함으로써 아이는 어머니의 이중관계로부터 벗어난다. 아버지의 이름은 아이에게 상징적 세계에서의 자리와 정체성을 제공함으로서 인간적 주체로 탄생하게 한다. 그러므로 라캉은 정신병을, 아버지의 이름을 배척함으로써 생겨나는 것으로 설명한다. 후기 라캉에게 있어 아버지의 이름은 심리적 실재 혹은 오이디푸스 콤플렉스, 증상을 의미한다. 이는 살해 후 다시 내면화된 원초적 아버지 신화와 무관하지 않은 개념이다. 라캉은 아버지가 살해된 이후 다시 상상적 동일화의 대상으로 숭배된다는 점을 강조하고, 아버지의 이름을 오이디푸스 콤플렉스, 증상과 동일한 개념으로 해석한다. 이러한 의미의 증상은 보로매우스 매듭의 붕괴를 막는, 즉 정신병의 발병을 막는 제4의 고리에 상응한다. 후기 라캉은 아버지의 이름을, 주체의

"정신적 박약함"을 '보완'(supplément) 하는 인간 존재 조건으로 본다. 상징계의 '불안정함'을 실재에 고정시켜주는 아버지의 이름으로서의 중상 이론을 보로매우스 매듭의 형태로 제시함으로써 라캉은 자신의 '보완의 임상이론'을 완성한다.(홍준기)

오이디푸스 콤플렉스, 초자아, 내면화된 아버지

참고문헌
홍준기, 「자끄 라깡, 프로이트로의 복귀― 프로이트·라깡 정신분석학: 이론과 임상」, in: 김상환 홍준기 엮음, 『라깡의 재탄생』, 창작과비평사, 2002.

홍준기, 「고통받는 주체, 그 무의식을 들여다본다」, in: 김호기 외 공저, 『지식의 최전선』, 한길사, 2002.

S. Freud, Totem and Taboo(1913), SE XIII, London: Hogarth Press, 1973.

J. Lacan, Le Séminaire livre XXII, in: Ornicar? n° 2, 3, Paris.

아비투스(Habitus)

부르디외의 개념인 아비투스는 특정유형의 환경을 구성하는 조건에 의해 생산되는 것으로, 실천과 재현을 발생시키고 구조화하는 원칙으로서 지속적이고 치환이 가능한 성향이다. 특정 계급이 그들의 생존 환경을 조정함으로써 영구적이면서도 변동 가능한 성향체계인 아비투스가 만들어진다. 즉, 아비투스는 사회화 과정을 거치는 동안에 개인이 획득하는 영구적인 하나의 성향체계이다. 그것은 또한 구조를 결정하는 구조로서, 다시 말해 의식적으로 목표를 겨냥하거나 목표에 도달하기 위해 필요한 조작을 명시적으로 통제하지 않고서도, 객관적으로 그 목표에 맞추어질 수 있는 실천과 표상들을 조직하고 발생시키는 원칙으로서 기능하도록 구조화된 구조들이다. 이 실천과 표상들은 결코 규칙에 복종한 결과로 생겨난 것이 아니면서도 객관적으로 '규율로 정해서' '적법한' 것이 될 수 있으며, 집단적으로 조직화될 수 있다. 아비투스의 개념은 어떤 방식으로 인간이 사회적 존재가 되는지를 이해할 수 있게 해준다. 아비투스는 같은 집단이나 계급구성원 모두에게 공통적인 인지, 개념, 행위의 도식 혹은 내면화된 구조의 주관적이지만 개인적이지 않은 체계로서 간주되며, 경제의 계급구분과 계급구성원들의 문화적 상징 및 생활양식 간을 매개하는 구조다. 한 계급 내의 사람들은 어떤 분류, 전유(appreciation), 판단, 인지, 행동 양식들을 공유한다. 부르디외는 계급과 개인적인 인지, 선택, 행동 사이를 매개하는 이런 과정을 아비투스로 개념화한다. 개인들이 공통적인 방식으로 세계를 재현하고, 특별한 방식으로 분류, 선택, 평가, 행위 할 수 있게 하는 인지적이고 감정적인 가이드라인을 제공하기 때문에, 아비투스는 유사한 위치에 있는 사람들의 집합무의식(collective unconscious)이라고 할 수 있다. 이처럼 아비투스는 같은 계급 구성원들에게 통계적으로 공통적인 초기경험들에 의해 지배되는 하나의 독특한 통합을 발생시킨다. 아비투스 개념은 행위와 구조에 관한 일반적인 질문들 -인간의 사회행위의 규칙적인 면과 변화가능한 면은 어떻게 이루어지는가? 사회구조가 기계적으로 개인행위를 구속하지는 않는다면 무엇이 행위의 형식을 가져다주는 것인가? - 에 대한 설명을 해준다. 인간의 행위는 구조주의적 시각에서 본다면 사회의 '객관적 구조'와 아비투스라는 '내재화된 구조'의 통합과정을 거쳐 나온 것이다. 행위는 객관적 사회구조를 내면화하는 아비투스에 의해 표출된 것이므로, 아비투스란 사회구조에 의해 '구조화된 구조(structure structuré)'이며 동시에 행위자의 내부에서 행위를 '구조화하는 구조(structure structurante)'로 인식된다. 달리 말하면 아비투스란 객관적 규칙성의 외적 구조를 내재화하는, '외재성의 내재화'의 기제인 동시에 '내재성의 외면화'의 기제이다.(윤송아)

부르디외, 장, 취향

참고문헌
피에르 부르디 저,『자본주의의 아비투스』, 최종철 역, 동문선, 2002.
홍성민,『문화와 아비투스』, 나남, 2000.
파트리스 보네위츠,『부르디외 사회학 입문』, 문경자 역, 동문선, 2000.

아세티시즘(Asceticism)

고대 그리스 철학에서 금욕주의를 뜻하는 말이다. 이 말은 육체와 영혼의 절대적인 이원론 사상에 기초하고 있는데, 영혼의 자유를 획득하기 위한 끊임없는 자기 단련과 수양 등 육체적 · 윤리적 훈련을 의미하는 말이다. 금욕이란 말은 'askein'이란 그리스어에서 유래하였고, 이 말이 기독교에 처음 적용된 것은 사도 바울의 사도행전(24:16)이다.

금욕주의는 고대 철학사에서 크게 3가지의 흐름을 가진다. 플라톤과 키닉 학파, 스토아 학파의 흐름이 그것이다. 먼저 플라톤은 피타고라스 학파의 영향으로 육체를 영혼의 무덤으로 보았다. 플라톤은 인간은 본질적으로 영혼과 육체로 구성된 것이 아니라 영혼만이 본래적인 인간에 해당한다고 보았다. 곧 육체와 영혼은 일치할 수 없는 이질적인 세계에 속해있는 것으로 보았는데, 여기에는 소멸해 사라지는 물질 세계와 불멸의 이데아 세계라는 절대적인 이원론적 세계관이 전제되어 있다. 육체에 대한 이러한 부정적이고 염세적인 견해는 자연스럽게 사람들을 금욕적인 생활로 이끌었고, 플라톤 스스로도 세상을 멀리하고 조용히 사는 '내적인 도피' 생활을 했다.

키닉 학파의 금욕주의도 육체와 영혼, 지상과 천상이라는 이원론에 의지하고 있으며, 세계에 대한 금욕적이고 부정적인 태도도 그대로 유지되었다. 그러나 키닉시즘은 종교적인 것과는 반대로 합리적이고 윤리적인 특성을 보이며 의지적인 금욕주의의 형태를 취한다. 키닉 학파의 윤리학에서의 금욕적 노력은 행복과 관련된다. 키닉 학파의 창시자인 안티스테네스는 인간의 내적 행복과 도덕적 우수함에 관심을 가졌다. 키닉 학파에게 덕은 도덕적 의지에 의해 얻어지는 것으로, 단순히 이론적인 지식이 아니라 인격의 힘이요 실제적인 도덕적 우수성을 획득하기 위한 훈련이나 실천을 의미했다.

이후 스토아 학파에 의한 금욕주의는 에픽테투스에 의해 최고로 발전을 이루었고, 에픽테투스의 실천과 가르침은 마르쿠스 아우렐리우스에 의해 전승되었다. 이들에게서 육체는 신적인 영혼에 비해 변화무쌍한 것으로 파악되었으며, 따라서 영혼을 깨끗이 하기 위한 끊임없는 노력이 뒤따랐다. 곧 스토이시즘의 금욕적 경향도 신과 세계, 육체와 영혼의 절대적인 이원론에 따르고 있으며, 신적인 요소를 가진 영혼은 감옥 같은 육체 안에 갇힌 것이며 신과의 만남을 위해 육체로부터 해방되어야 한다고 보았다. 금욕주의의 방법으로는 세정과 속죄의식, 특정한 음식의 금지 등이 있다.(김옥란)

플라톤, 이데아, 키닉시즘, 윤리학, 스토이시즘

참고문헌
김문환, 『예술과 윤리의식』, 소학사, 2003.
코모리요 우이치, 타카하시 데츠야, 『국가주의를 넘어서』, 삼인, 1999.

아시아적 생산양식(Asiatiche produktionsweise)

K. 마르크스가 『경제학비판요강』(1859) 서문에서 처음 사용한 말로 특수한 사회구성을 나타내는 유물사관의 용어이다. 이 책에서 "대략적으로 아시아적 · 고대적 · 봉건적 · 근대 부르주아적 생산양식이 경제적 사회구성의 여러 시기로 구별할 수 있다"고 말함으로써 '아시아적 생산양식'을 처음으로 언급하였다.

이후 '아시아적 생산양식'이란 구체적으로 어떤 사회구성을 지칭하는 것이냐에 대한 역사학계 · 경계학계의 논쟁들이 뒤따랐다. 맨 처음 논쟁의 발단은 1925-27년 중국혁명 당시 중국사회의 성격을 규정하고 혁명 전략을 규정하면서 야기되었다. 1927년 중국 공산당의 토지문제 당 강령 초안에서 현재의 중국을 아시아적 생산양식에서 자본주의로 옮겨가는 과도기에 있다고 규정하였으나, 이 규정은 이듬해의 당 대회에서 부정되었다. 이후 마르크스가 말한 아시아적 생산양식이란 무엇이냐는 것이 문제화되어 1926, 27년 소련과 중국에서 활발한 논쟁이 일어났다. 이 논쟁에서 아시아적 생산양식은 크게 다음 4가지의 견해로 제시되었다. 첫째 아시아 역사만이 갖는 특수한 사회구성이라는 설, 둘째 고대 사회에 선행하는 무계급 사회라는 설, 셋째 노예제 사회의 아시아적 변형이라는 설, 넷째 봉건사회의 아시아적 변형이라는 설이 그것이다.

이후 1939년에 발표된 마르크스의 유고 『자본제 생산에 선행하는 여러 형태―자본관계의 형성에 또는 원시적 축적에 선행하는 과정에 관하여』(1857~1858)에서 공동체적 토지소유의 3가지 형태로 아시아적 공동체의 토지소유형태, 고전적 공동체의 토지소유형태, 게르만적 공동체의 토지소유형태가 제시되어 논의의 새로운 계기를 맞았다. 즉 초고에서 제시된 '총체적 노예제'라는 개념은 그리스 로마 고대 노예제 사회와는 다른 고대 동양 사회의 특징을 표현한 것이라고 해석되어 아시아적 생산양식이란 노예제의 아시아적 형태라는 해석이 설득력을 가지게 되었다.

그 뒤 1956년의 I. 스탈린에 대한 비판이나 아시아 · 아프리카에서 일어난 민족운동의 과정

에서 아시아 사회의 이해, 전근대사 특히 고대사의 이론적 파악, 또한 마르크스 문헌의 기초개
념 검토 등의 문제로 프랑스 · 헝가리 · 소련 · 중국 · 일본 등에서 아시아적 생산양식에 대한 논
쟁이 계속되었다. 이 문제에 대한 제2차 세계대전 전후의 논쟁은 크게 2가지로 들 수 있다. 아시
아적 생산양식은 독자적인 생산양식으로 인공관개 등 일정한 자연조건 아래서 생기며 전제적
국가체제를 취한다는 설과, 노예제에 선행되는 최초의 계급사회로서 동양에만 한정되지 않고
보편적으로 적용될 수 있다는 설이 그것이다.(김옥란)

마르크스, 자본주의, 생산양식

참고문헌
안드레 군더 프랑크, 『리오리엔트』, 이산, 2003.
김수행 ·신정완, 『현대 마르크스의 경제학의 쟁점들』, 서울대출판부, 2002.

아시아주의

오카쿠라 덴신(岡倉天心)이 1903년 영국에서 출판한 『동양(東洋)의 이상(理想)』을 통해 주장
한 사상이다. 무력을 배경으로 진출한 서구문명의 위협에 대응하여 아시아의 문화적인 통일성
을 강조한 성격이 강하다. 정치 · 경제적 측면에서의 입론이 아니라, 예술 그 가운데 특히 미술
의 측면에서 주창했다는 사실은 주목을 요하는 대목이다. 훗날 일본이 '대동아공영(大東亞共
榮)'을 내세워서 침략전쟁을 벌였던 사실과 한 데 묶어서는 곤란하기 때문이다. 『동양의 이상』
의 책머리를 보면 덴신의 그러한 입장이 어느 정도 드러난다.

"아시아는 하나다. 히말라야 산맥은 두 개의 강력한 문명—공자의 공동주의(共同主義) 중국
문명과 『베다(Veda)』의 개인주의 인도문명을 오로지 이를 강조하기 위해 나누고 있다. 그렇지
만 이 눈의 장벽으로도 저 '궁극'과 '보편'에 대한 드넓은 사랑의 확산을 단 한순간도 차단할 수
없다. 이 사랑이야말로 전아시아 민족 공통의 상속재산이라고 할 사상인 것이다. 그리고 이들을
지중해나 발트해의 제민족— '특수'한 것에 유의하기를 좋아하고 생활의 목적이 아닌 수단을 탐
구하기를 좋아하는 이들 제민족—으로부터 구별하려는 이유인 것이다."

'미적 대조화(大調和)'에 근거한 오카쿠라 덴신의 아시아주의는 세부적인 부분에서 많은 수정
을 필요로 한다. 특히 정치 · 경제적인 부문의 문제와 결합하게 되는 대목에서는 면밀한 논의가
첨가되어야 할 것이다. 1930년대 후반 일본제국주의의 예에서 드러나듯이 자칫하면 침략을 정
당화하는 논리로 오도될 위험성이 다분하기 때문이다. 오카쿠라 덴신의 아시아주의를 무비판
적으로 수용하였던 조연현(趙演鉉)이 결국 친일의 길로 빠지게 되었던 까닭도 이러한 문제를 해
결하지 못했기 때문이다. 다음은 『동양지광(東洋之光)』 1942년 6월호에 조연현이 발표한 「아
세아부흥론 서설(亞細亞復興論 序說)」의 한 대목이다.

"천재시인 오카쿠라가 이미 메이지(明治) 36년에 외쳤던 '아세아는 하나다'라는 사상이야말

로, 오늘날 눈부시게 전개되고 있는 대동아공영권(大東亞共榮圈)의 사상적 근거가 되는 것입니다. 이 양자간에 굳이 차이가 있다고 한다면, 그것은 오카쿠라가 종교 · 예술적인 측면에서 '아세아는 하나다'라고 말했던 반면, 대동아공영권은 정치적 의미에서 '아세아는 하나다'라는 사상에 이르게 된 것이라고 할 수 있겠습니다. 그러나 중요한 것은 그 이전에 이미 아세아는 '하나'가 되지 않으면 안 될 본질적인 요소가 있었다는 사실입니다. 거기에 관한 상세한 설명은 필자와 같은 학도의 능력으로서는 할 수 없을뿐더러, 또한 여기서 그것을 구명(究明)할 시간도 필요도 느끼지 않으므로 할애하지 않겠습니다만, 단지 그것이 천재 오카쿠라의 영감(靈感)으로 발견되고, 지금은 대동아공영권이라고 하는 현실적인 문제로 제기된 이상, 그리고 그것이 아세아 전체 민족의 의지이기도 한 이상, 우리들에게 남겨진 과제는 대동아공영권이라고 하는 작업에 적극적으로 참가해야 하는 그 일밖에 없다는 사실만은 덧붙이도록 하겠습니다."(홍기돈)

아우라(Aura)

현대의 기술 복제 시대를 설명하기 위해 전통적 예술작품의 성격으로 설정했던 벤야민(Walter Benjamin)의 개념이다. 벤야민은 1930년대 후반 「기술복제 시대의 예술작품」, 「생산자로서의 작가」, 「보들레르 연구」 등의 논문을 중심으로 현대 예술 개념의 변화를 설명하고 있는데, '아우라(aura)'는 「기술복제 시대의 예술작품」에서 비유적으로 설명되고 있는 개념이다.

'아우라'는 '숨결의 분위기(Hauch-Kresis)'의 의미를 갖는 그리스어로, 벤야민은 이 개념을 '아무리 가까이 있다고 느껴지더라도 먼 것의 일회적 나타남'이라고 비유적으로 설명하고 있다. 그리고 이를 예술작품에 적용하여 예술작품과 예술작품의 관찰자 사이에 작용하는 은밀한 교감(Korrespondenz)을 이 '아우라'로 설명하고 있다. 즉 우리가 예술작품에서 느끼는 신비스러운 체험이 바로 아우라이며, 본질적으로 주술적 · 신비적 성격을 띠고 있는 전통적 예술작품들은 이러한 아우라를 지니고 있다고 설명한다. 그리고 예술작품이 이러한 성격을 가지는 것은 예술작품이 오리지날로서 갖는 현재성과 일회성 때문이다.

그러나 전통적 예술작품이 갖는 이러한 현재성과 일회성은 현대에 들어서서 복제기술의 발달로 예술작품이 언제 어디서나 복제 가능하게 되면서 위축되고 붕괴되기 시작하였다고 진단하면서, 벤야민은 이를 '아우라의 상실'로 판단하였다. 복제기술의 발달은 인간의 지각작용에도 변화를 초래하여 예술작품을 대하는 현대인의 수용태도 또한 변하게 하였는데, 이러한 변화된 수용태도의 대표적인 것으로 다음의 세 가지를 꼽을 수 있다. 첫째로 상품적 가치와 전시적 가치를 들 수 있다. 지금까지의 전통적 예술작품이 종교 의식적 수용태도를 중시했다면, 복제시대의 예술작품은 근본적으로 그것의 상품적 가치를 전시하는 것을 최고의 목적으로 삼는다. 다음으로 새로운 수용태도의 두 번째 특징은 집단적 성격이다. 전통적 수용이 주로 개인적 차원에서 이루어진다면 현대적 수용은 집단적 차원에서 이루어진다. 세 번째 특징은 비판적 수용태도이다. 전통적 수용이 작품 속에 자신을 침잠시키고 작중 인물과 자신을 동일시킴으로써 신비적 일체감을 체험하는 태도라면 비판적 수용은 작품과 작중 인물에 일정한 거리를 둠으로써 분석적 태도를 취하는 것이다. 그리고 이러한 수용태도는 정신의 집중(Sammlung)으로서의 침잠(Versenkung)이 아니라 정신의 분산(Zerstreung)으로서의 오락적 성격을 강하게 띠게 된다.(김옥란)

벤야민, 기술 복제 시대, 예술 작품

참고문헌
발터 벤야민, 『발터 벤야민의 문예이론』, 반성완 편역, 민음사, 1983.
테오드로 W 아도르노, 『미학이론』, 문학과지성사, 1997.

아이덴티티(Identity) ☞ 동일성

아이러니(Irony)

'숨김'를 의미하는 그리스어 'euronia'에서 유래한 말로 '반어(反語)'를 뜻한다. 그리스 희극에 나오는 인물 '에이론(eiron)'은 약하지만 자신의 무지(無知)를 가장하여 어리석은 허풍장이 '알라존(alazon)'에게 승리한다. 곧 에이론은 유약하지만 무지를 가장하여 끝내 목적을 달성하는 자를 가리킨다.

또한 소크라테스는 이러한 반어를 이용하여 상대방의 논리적 허점을 발견하고 공격한 것으로 유명하다. 소크라테스는 철학적 논쟁에서 스스로를 무지한 척, 가르침을 받고자 가장한 채 질문을 계속하고 결국에는 그의 계속된 질문에 의해 상대방의 논리적 허점이 드러나거나 잘못된 결론에 이르게 되는 과정을 보여줌으로써 오히려 상대방의 무지를 폭로하는 방법을 사용하였다. 플라톤의 『대화편』에서 이를 소크라테스적 아이러니라고 지칭하였다.

문학 작품에서는 크게 언어적 아이러니, 구조적 아이러니, 극적 아이러니의 방법으로 사용된다. 먼저 언어적 아이러니는 표면적 진술과 다른 암시적 의미를 가지는 진술, 대사, 제스처 등을 통해 등장인물들을 조롱하거나 대립적인 상황을 드러내는 것이다.

구조적 아이러니는 언어적 아이러니가 일시적인 효과를 가지는 데에 반하여 아이러니의 이중적 의미가 보다 지속적으로 작품의 구조에 반영되는 것을 말한다. 주로 순진하고 어리숙한 주인공이 등장하여 독자나 관객으로 하여금 우월한 해석자의 입장에 서게 하고 비판적 인식을 얻게 하는 한편 통쾌함을 느끼게 한다. 현진건의 소설 「B사감과 러브레터」, 「운수좋은 날」, 송영의 희곡 「호신술」, 오영진의 희곡 「살아있는 이중생 각하」 등의 작품들이 이에 속한다.

극적 아이러니는 극이나 소설에서 관객이나 독자는 이미 알고 있는 사실을 등장인물들은 모르는 채 사건이 진행되는 것을 말한다. 그리스 비극 「오이디푸스」는 관객들이 이미 잘 알고 있는 이야기로, 오이디푸스가 찾는 재앙의 진원지가 바로 자기 자신임을 밝히는 과정을 통해 오이디푸스의 말과 행동이 관객들에게 극적인 아이러니를 느끼게 한다. 이러한 비극적 아이러니를 운명의 아이러니라고도 한다. 또한 극적 아이러니는 희극에서도 가능한데, 특정 사실을 모르는 채 행동하는 희극적 인물의 실수나 우스꽝스러운 행동은 관객에게 웃음을 유발한다.(김옥란)

희극, 소크라테스, 풍자

참고문헌
D C Muecke, 『아이러니』, 서울대출판부, 1986.
에른스트 벨러, 『아이러니와 모더니티담론』, 동문선, 2005.

아쿠타가와상(芥川賞)

이 상은 일본의 소설가인 아쿠타가와 류노스케(芥川龍之介,1892-1927)의 이름을 기념하는 신인상이다. 순문학(純文學)을 대표하는 상으로 일본의 많은 문학상 중에서 나오키상(直木賞)과 함께 최고의 권위를 자랑한다. 정식 이름은 아쿠타가와 류노스케상이다. 1년에 2회 수상하며, 상반기(12월-5월) 하반기(6월-11월)로 나뉘어진다. 이 상은 신문, 동인지를 포함한 문학잡지에 발표된 신인이나 무명의 작가 중에서 가장 우수한 작품이 수상 대상이 되며, 단체가 아닌 개인에게 주어진다. 1935년, 일본의 대중문학상을 대표하는 상인 나오키상(直木賞)과 함께 시작되었는데, 아쿠타가와가 죽은 후 그 친구인 기쿠치 간(菊池寬,1888-1948)의 제안으로 제정되어 오늘에 이르고 있다. 이 상의 운영에 대해서는 처음에는 문예춘추사(文藝春秋社)가 주관했으나, 후에(1938년) 재단법인 일본문학진흥회(日本文學振興會)에서 하게 된다. 수상작이나 해당작이 없는 경우에는 『문예춘추』에 발표된다.

1910년 첫 수상작인 『창맹 蒼氓』의 이시카와 다쓰조(石川達三)를 비롯해, 이시카와 준(石川淳, 4회), 오자키 가즈오(尾崎一雄, 5회) 등이 수상하면서 문학상으로서의 권위가 다져지는 계기가 마련된다. 제2차 세계대전 중에는 전쟁으로 인한 정치적 판단이 고려되면서 수상작의 성격이 전쟁과 관계되는 색깔을 드러내기도 했으며, 전쟁 후인 1945년부터 1948년까지는 수상이 중단되기도 했다.

전후의 수상 작가로는 이노우에 야스시(井上靖, 22회), 아베 고보(安部公房, 25회), 마쓰모토 세이쵸(松本淸張, 28회) 등 자신만의 문학 세계를 개척한 작가의 수상이 일본 문단에서 주목을 받는다. 야스오카 쇼타로(安岡章太郎, 29회), 요시유키 준노스케(吉行淳之介, 31회) 엔도 슈사쿠(遠藤周作, 33회)와 같은 제3의 신인이라고 불려졌던 작가들의 등장이 있기도 했다. 그 후 독자들의 귀에 익숙한 가이코 다케시(開高健, 38회), 오에 겐자부로(大江健三郎, 39회)와 같은 작가가 문단에 등장한 것도 이 상을 통해서였다. 『태양의 계절 太陽の季節』을 쓴 이시하라 신타로(石原愼太郎, 34회)나 『한없이 투명에 가까운 블루 限りなく透明に近いブルー』의 무라카미 류(村上龍) 등은 당시 화제작의 장본인으로, 이 작품을 통해 베스트 셀러 작가라는 위치를 부여받기도 했다.

또한 재일 한국인 문학을 대표하는 작가들의 수상도 눈에 띄어, 『다듬이질 하는 여인 砧をうつ女』의 이회성(李恢成, 66회), 『유희 由熙』의 이양지(李良枝, 100회), 『가족 시네마 家族シネマ』의 유미리(柳美里, 116회), 『그늘의 집 蔭の棲みか』의 현월(玄月, 122회) 등은 특히 한국인 독자들에게 익숙한 이름들이다.

아쿠타가와상 수상작을 읽는다는 것은 일본 순문학의 발자취를 더듬어 본다는 의미도 있다. 매회 선고위원(選考委員)들의 심사평에 주목이 가는 것은 이러한 이유 때문이다. 신인의 등용문으로 일본문학 발전에 크게 기여하고 있다는 평가를 받는다. (오석윤)

순문학, 나오키상, 아쿠타가와 류노스케

참고문헌
日本近代文學館 편, 『日本近代文學大事典』 제4권, 講談社, 1984.
『日本現代文學大事典』, 明治書院, 1994.

아포데익시스(Apodeixis) ☞ 논증

아포리아(Aporia)

아포리아란 철학 용어의 하나로 어떠한 사물에 관하여 전혀 해결의 방도를 찾을 수 없는 난관의 상태를 의미한다. 일반적으로 해결이 곤란한 문제, 즉 모순이나 해결 불가능한 역설 등을 일컫는 말이다. 아포리아는 고대 철학자들에 의해서 의미가 확립된 용어로서, 그리스어의 본디 뜻은 '막다른 곳에 다다름'이다.

소크라테스(Socrates)는 대화의 상대를 아포리아에 빠뜨려 무지의 상태를 자각시켰다. 상대를 아포리아에 빠뜨린다는 것은 즉 상대방의 의견에 논리적인 모순이 있다는 것을 인정하게 하는 것이었다. 아리스토텔레스(Aristoteles)는 아포리아에 의한 놀라움에서 바로 철학이 시작된다고 주장하였고, 또한 플라톤(platon)은 대화에서 로고스의 전개로부터 필연적으로 생기는 난관을 아포리아라고 명명한 바 있다. 플라톤의 이론에 따르면 아포리아 속에 있는 자는 질문 속에 놓이게 되고, 그 질문에 답을 해 나가는 과정을 통하여 전체와의 관계를 맺어가게 된다는 것이다.

이를 문학적으로 적용했을 때, 해체론자(解體論者)들이 통상적으로 사용하는 아포리아는 하나의 텍스트의 언어적이고 철학적인 일관성과 그 일관성에 장애물이 되는 전복적인 모순 및 역설 사이의 간격을 말한다. 즉, 아포리아란 대개 어떠한 텍스트의 해석을 어렵게 하는 내재적 모순이나 서로 화해시킬 수 없는 패러독스(paradox)를 가리키는 말로 사용되는 것이다. 텍스트의 일관성을 저해하는 전복적인 요소들이 해석을 역전시키고 결정 불능으로 만들어 체계화 작용을 교란하는 데 비해 아포리아적 텍스트는 텍스트를 지배하고 포괄한 철학적 개념성에 대한 저항의 구조를 표시하고 조직하는 것으로 보이는 텍스트와는 구별된다. 문학 작품에 대한 해체적 독법을 사용하고 있는 힐리스 밀러(J. Hillis Miller)는 '최종적 아포리아'를 들춰내는 비평적 방법에 따라서 많은 시인과 소설가들의 텍스트를 읽는데, 밀러의 결론은 어떠한 문학 텍스트이든지 '해결할 수 없고', '모순적인' 의미의 끊이지 않는 작용, 즉 끝없는 아포리아의 작용이라는 것이다.(강진호)

선험성, 모순, 역설

참고문헌
이명섭, 『세계문학비평용어사전』, 을유문화사, 1985.
A.H.아브람스, 『문학용어사전』, 최상규 역, 보성출판사, 1994.
조셉칠더스·게리 헨치 엮음, 『현대문학·문화비평용어사전』, 황종연 역, 문학동네, 1999.

아포리즘(Aphorism)

아포리즘이란 경구(警句)나 격언(格言), 금언이나 잠언(箴言) 등을 일컫는 말이다. 인생의 깊은 체험과 깨달음을 통해 얻은 진리를 간결하고 압축적으로 기록한 명상물로서 가장 짧은 말로 가장 긴 문장의 설교를 대신하는 것이라고 할 수 있다. 주로 일반적으로는 생각할 수 없는 기발한 생각이나 기지를 짧은 글로 나타냄으로써 어떠한 원리나 인생의 교훈을 간결하게 표현하고 있다. 일종의 충고나 처세(處世)훈을 주는 것은 격언이라고 하고, 주로 지혜와 교훈을 담은 말은 잠언이라고 한다. 비슷한 의미로 사용되는 작가 불명의 말들을 이언이나 속담이라고 부르기도 하는데, 아포리즘은 이언이나 속담처럼 널리 유포되어 사용된다는 공통점이 있으면서도 작가의 독자적인 창작이며 또한 교훈적 가치보다도 순수한 이론적 가치를 중요시한다는 점에서 이언이나 속담과는 구별된다.

아포리즘을 최초로 사용한 이는 그리스의 명의 히포크라테스(Hippokrates)로 그는 "예술은 길고 인생을 짧다"라는 명언을 남겼다. 이 외에 사람들에게 널리 알려진 유명한 아포리즘으로는 셰익스피어(W. Shakespeare)의 "약한 자여, 그대의 이름은 여자이니라", 파스칼(Pascal)의 "인간은 자연 가운데서 가장 약한 한 줄기 갈대에 불과하다. 그러나 그는 생각하는 갈대이다"등이 있다.

아포리즘적인 성향을 많이 포함하고 있는 시를 격언시(格言詩)라고 부른다. 유명한 격언시를 많이 남긴 시인으로는 중세 독일의 발터 폰 데르 포겔바이데(W. Voge -lweide)가 있고, 17세기 독일의 노발리스(Novalis), 영국의 와일드(O. Wilde) 등을 비롯한 프랑스의 모랄리스트들이 이러한 류의 작품들을 많이 발표했다. 문학적이면서도 철학적인 아포리즘을 모은 책으로는 라 로슈푸코(La Rochefoucauld)의 「잠언집」이나 니체(F. Nietzsche)의 「서광」 등이 있다. 우리나라에서 아포리즘적 성향을 많이 포함한 작품을 발표한 대표적인 작가로는 유치환을 들 수 있고, 유치환의 시집 『예루살렘의 닭』에 실려 있는 「예루살렘의 닭」, 「복수」 등의 일련의 작품들이 이에 해당한다.(강진호)

경구, 격언, 잠언

참고문헌
신희천·조성준, 『문학용어사전』, 청어, 2001.

이명섭, 『세계문학비평용어사전』, 을유문화사, 1985.

『한국문예대사전』, 문원각, 1973.

A.H.아브람스, 『문학용어사전』, 최상규 역, 보성출판사, 1994.

아폴론적 경향(Apollonian Type)/디오니소스적 경향(Dionysian Type)

그리스 신화의 두 인물 디오니소스와 아폴론의 대비에서 유래한 용어이다. 서로 극명한 대비를 이루는 주신(酒神) 디오니소스의 도취적·창조적 충동과 태양신 아폴론의 형식·질서에 대한 충동은 예술과 사상을 이해하는 세계관의 대립으로 이해되기도 한다.

그리스·로마 신화에서 태양신인 아폴론은 젊음과 남성미의 전형으로 시가, 음악, 예언 등을 주제하는 신이다. 아폴론적 경향은 몽환적이고 이지적인 것으로서 정적(靜的)인 것을 가리키는데, 광명, 조화, 문화, 질서 등의 정제된 형식을 추구하기 때문에 흔히 고전주의와 조형 예술을 아폴론적 경향을 띤 것으로 간주한다.

제우스의 자식이기는 하나 아폴론과 이복 형제지간인 디오니소스는 로마 신화에서는 바커스(Bachos)로 알려져 있기도 하다. 디오니소스는 생식(生殖), 포도 재배, 술, 극(劇)에 대한 것들을 관장하는 신이다. 아폴론과 대조적으로 디오니소스는 열정, 광기, 야만, 예술적 충동 등을 상징한다.

아폴론과 디오니소스의 대립이 확산된 것은 니체(1844-1900)의 『비극의 탄생(1872)』이다. 니체는 그리스 조각의 사물을 관조하는 맑고 밝은 분위기를 아폴론적, 음악의 격정적인 약동을 디오니소스형이라고 표현했다. 니체는 그리스 비극의 성립 과정을 논하면서 디오니소스적 경향은 도취적이고 격정적인 데에 반하여 '아폴론적 경향'은 몽상적이고 정관적이라는 대조적인 항으로써 예술을 분류하였다. 그리고 대상을 형태화·개체화하는 조형예술의 원리로서의 아폴론적인 것과 개체를 도취하게 하는 음악예술의 원리로서의 디오니소스형인 것의 대립 관계에 의하여 예술이 성립되는 것이라고 하였다. 흔히 조형 예술을 아폴론적이라 하고, 음악 예술을 디오니소스적이라고 생각하는 것도, 전자는 단정(端正)·엄격(嚴格)·질서(秩序)·조화(調和)를 추구하기 때문이고, 후자는 역동(力動)·열정(熱情)·광포(狂暴)·파괴(破壞)를 추구하기 때문이다. 따라서 아폴론적 경향은 '고전주의' 경향을, 디오니소스적 경향은 '낭만주의' 경향을 나타낸다.(장은영)

그리스 비극, 니체

참고문헌

Nietzsche, Friedrich Wilhelm, 김대경 역, 『비극의 탄생.바그너의 경우.니체 대 바그너』, 청하, 1982.

악극

한자어를 사용하는 동양에서 악극(樂劇) 내지 가극(歌劇)이라는 용어는 빈번하게 사용되었으나 개념의 애매성을 지녔다. 서양에서 음악극을 총칭하는 뮤직 드라마에 해당한다. 서양에서는 음악양식에 따라 명칭을 붙이므로 식별이 용이하다는 특징이 있다. 악극은 대사와 동작과 노래와 무용과 경음악(대중음악)이 조화된 연극이었다. 대중음악이 중심이 되어 진행되는 연극으로서 그 안에는 다양한 쇼의 요소들이 혼합되어 있는 형태라는 말이다. 1940, 50년대에 실제로 악극 활동을 한 황문평은 악극을 정의했다. 즉 '무대공연 레퍼터리를 대개 1, 2부로 나누고, 제1부에서는 애정물 혹은 코믹터치의 경연극 내용에 가요곡 형태의 노래나 효과음악을 사용한 드라마 중심의 연극을 상연했다. 제2부에는 경음악단이 무대를 꾸미고 가수, 무용, 개그, 원맨쇼 등을 뒤섞은 소위 버라이어티 쇼라는 형식의 공연물을 위주로 했다. 이런 단체들은 악극단이라는 호칭을 많이 사용했다.'

김소랑이 취성좌를 이끌고 지방순업(순회공연)을 하던 중에 신파극에 염증을 일으킨 지방 관객들이 잘 모여들지 않으므로 고안해낸 것이 막간(幕間)이라는 것이었다. 1927년 무렵, 연극의 막간을 이용해 노래 혹은 무용을 덧붙여서 관객을 이끌어 들이는 방편으로 삼았다. 이 막간의 공연이 악극을 성립시키는 토대가 되었다. 막간에 유행가, 무용, 촌극, 만담 같은 것을 보여주자 관객이 늘어났다. 막간을 보기 위해 일부러 극장을 찾는 손님들도 있었다. 막간에서 히트한 가요 곡(일본식 演歌調)은 레코드음악으로 제작되어 시판되었다. 이 음악을 들어본 사람들은 그 음악을 육성으로 다시 듣기 위해 극장을 찾는 일이 잦았다. 취성좌의 막간 가요<황성옛터>는 곧 인기가요가 되었고, 민족적인 정서의 부흥을 꺼리는 일제는 금지곡을 만들고 말았다.

1930년대의 악극은 삼천가극단과 조선 연극사를 비롯하여, 극단 배구자 악극단, 연극시장, 태양극장, 중외극장, 낭랑좌(소녀가극단), 화랑악극단, 도원경 등이 주도했다. 1941년 4월에 김용환을 중심으로 아세아악극단이 창단되었다. 창단공연이었지만 악극으로<춘향전>을 제대로 한 것은 이것이 최초였다. 라미라(羅美羅)가극단, 반도가극단, 조선악극단은 3대 악극단으로 유명했다. 1945년 8월부터 1950년 6월까지 활동한 악극단은 전기 라미라와 반도를 포함해서, 백조가극단, 태평양가극단, 새별악극단, 무궁화악극단, 현대가극단, 악극단KPK, 대도회악극단 등이었다. 이 밖에도 남대문악극단, 태양가극단, 조선극장악극단, 악극사(舍), 희망악극단, 청춘부대악극단, 악극단 낙락, 코리아가극단, 국도악극단, 은방울악극단 등이 활동했다. 악극은 1956년을 하한선으로 급격히 쇠퇴했다.(서연호)

악극단, 연극, 대중극

참고문헌
서연호, 『한국연극사(근대편)』, 연극과인간, 2003.
박노홍, 『한국악극사』, 한국연극, 1978.
박 진, 『세세 연년』, 경화출판사, 1966.
황문평, 『한국대중연예사』, 도서출판 부르칸모로, 1989.
_____, 『인물로 본 연예사』, 도서출판 선, 1998.
早稻田大學演劇博物館編, 演劇百科大事典(제1권), 平凡社, 1990.

악마주의(惡魔主義, Diabolism)

악마주의란 극단적인 세기말(世紀末)적 현상인 퇴폐주의(頹廢主義)나 유미주의(唯美主義)와 같은 경향을 일컫는 말이다. 19세기 말에 두드러지게 나타나며 악(惡)과 추(醜) 혹은 병폐(病弊) 등에서 시적인 아름다움을 찾고자 하는 예술이다. 악마주의는 미(美)를 선악(善惡)의 피안(彼岸)에 두고 있다. 따라서 통속적으로 존재하고 있는 사회적 윤리나 공공의 도덕과 같은 기존의 양식에 반항하고 궁극적으로 관능욕(官能慾)만을 요구하며, 인간성의 배반에서 오는 쾌감을 추구하고 말초적이고 강렬한 자극을 갈구한다. 불건전하고 황폐하며 변태적인 성향이나 처참한 암흑을 지향하는 동시에 그것들을 긍정적인 성격으로 귀결시키려고 했기 때문에 악마주의라는 이름을 갖게 되었다. 샤를르 보들레르(C. Baudelaire), 에드가 엘런 포(E.A. Poe), 위스망스(Huysmans), 와일드(D. Wilde) 등이 악마주의의 대표주자들이다. 그들은 공통적으로 악마적인 것에서 아름다움을 느끼고 관능적인 쾌감을 구하려 하는 태도를 보이고 있다.

우리나라 문학사에서 악마주의는 대체로 보들레르나 그를 잇는 아류 시인들의 대담성에는 미치지 못하고 있다. 악마주의가 포함하고 있는 예술지상주의(藝術至上主義)에 기대고 있는 쾌락 추구와 더불어 자유로운 내면 자아의 표현과 같은 유미적인 태도의 경향과 잔인성 추구, 성적 일탈, 그로테스크하고 기괴한 취미와 같은 퇴폐성이 유입되면서 우리나라에서는 '퇴폐적(頹廢的) 낭만주의(浪漫主義)'라는 사조로 나타나게 된다. 19세기 말 무렵에 유럽에서 성행했던 퇴폐주의와 상징주의(象徵主義)를 받아들이면서 독특한 형식의 한국적 낭만주의의 성향을 만들어내나, 낭만주의 시가 지니고 있는 이상향의 추구나 건강한 서정성이 결여됨에 따라 혼합적(混合的)인 개념으로 퇴폐적 낭만주의, 혹은 병적 낭만주의라는 사조가 생겨나게 된 것이다. 퇴폐적 낭만주의는 1920년대 초기의 동인지 운동을 중심으로 드러나는데 1919년 『창조』의 창간으로부터 1920년의 『폐허』, 1921년의 『장미촌』, 1922년 『백조』의 창간과 1923년 『백조』의 폐간까지 지속되고, 이러한 동인지 운동에 직접적으로 참여하지 않았던 당대의 시인들도 이 시기에 이러한 흐름으로부터 완전히 자유롭지 못했다.(강진호)

악마성, 탐미주의, 예술지상주의

참고문헌
신희천·조성준, 『문학용어사전』, 청어, 2001.
양애경, 『한국 퇴폐적 낭만주의 시 연구』, 국학자료원, 1999.
이상섭, 『문학비평용어사전』, 민음사, 1988.
우도 쿨터만, 『예술이론의 역사』, 김문환 역, 문예출판사, 1997.

악부(樂府), 악부시(樂府詩)

중국문학에서 주류를 이루어 온 기록으로서의 운문 문학의 시발은 『詩經』의 특히 '風詩'들은 屈原과 宋玉 등 귀족 문인들의 의도적 창작물인 초사와는 달리 작가적 계층, 관점, 제재, 서술 방식, 형식, 구성 등 여러 면에서 민간성을 띠고 있다. 그리고 이러한 민간성은 시경 이후에는 한대의 악부민가로 이어진다.

중국문학에서 악부(樂府)는 두 가지 의미를 지니고 있다. 그 하나는 한대(漢代)에 민간의 가요를 수집하고 음악을 관장하던 관청의 이름이고, 다른 하나는 그 관청인 악부에서 채집·정리한 각 지방의 민가와 그 모작을 일컫는 말이다. 이러한 노래의 가사를 악부(樂府) 혹은 악부시(樂府詩)라고 부른다. 기관으로서의 악부는 한 무제(武帝)가 시교(詩敎)를 통해 정치적 안정을 꾀하고자 『시경』 성립의 바탕이 된 고대의 채시(採詩)·진시(陳試)·헌시(獻詩)와 같은 제도를 부활시키려는 목적 하에 설립한 관청이다. 100여년간 존속되다가 애제(哀帝)가 B.C. 6년 악부의 음란한 정성(鄭聲)이 기강을 해친다는 명목으로 106년간 유지되던 악부를 폐지했다.

한대의 악부시를 개관한다. 『한서(漢書)·예문지(藝文志)』에는 서한 악부 138수, 동한 악부 30여수로 총 170여수가 거명되었으나, 현재 전하는 것은 그리 많지 않다. 또한 이 노래들은 대부분 「교묘가사(郊廟歌辭)」, 「고취곡사(鼓吹曲辭)」, 「상화가사(相和歌辭)」, 「잡곡가사(雜曲歌辭)」에 걸쳐 있다. 남북조 악부가 남조 540여수, 북조 70여수로 총 600여수인 것을 생각하면 한대의 악부시 분량은 그리 많은 것은 아니다. 하지만 내용과 풍격 면에서는 연약하고도 염려한 애정 위주의 남조 소악부나, 씩씩한 유목적 기상의 북조 악부와도 다른 한대적 개성을 보여준다. 형식면에서는 오언 위주에 잡언이 끼어 있다.

송대(宋代)의 곽무천(郭茂倩, 1084전후)은 『악부시집(樂府詩集)』을 편찬하여 역대의 악부시를 집대성하여 그 기원과 용도에 따라 다음과 같이 12가지로 분류해 놓았다.

① 교묘가사(郊廟歌辭) : 제사용의 가사, 803수
② 연사가사(燕射歌辭) : 조정의 향연 때 쓰는 가사, 166수
③ 고취곡사(鼓吹曲辭) : 군악 가사, 256수
④ 횡취곡사(橫吹曲辭) : 군악 가사, 303수
⑤ 상화가사(相和歌辭) : 한대에 민가에서 부르던 노래가 악보로 채용된 것, 831수
⑥ 청상가사(淸商歌辭) : 동진(東晉)과 남조(南朝) 시대에 유행하던 청상이라는 새로운 성조(聲調)의 가사, 733수
⑦ 무곡가사(舞曲歌辭) : 교묘의 조찬(朝餐)시 사용하는 아무(雅舞)의 곡조와 연회에 사용된 잡무(雜舞)의 곡조의 가사, 180수
⑧ 금곡가사(琴曲嘉事) : 금곡과 배합된 가사, 172수
⑨ 잡곡가사(雜曲歌辭) : 상술한 여러 악곡에서 제외된 것으로 악부에 채록되지 못했거나 성조가 분명하지 않아 적당한 편목에 넣을 수 없는 가사, 767수
⑩ 근대곡사(近代曲辭) : 수당(隋唐) 시대의 잡곡가사, 331수
⑪ 잡가요사(雜歌謠辭) : 역대의 가요·참요(讖謠)·언어(諺語)들, 319수
⑫ 신악부사(新樂府辭) : 당대(唐代)의 시인의 신제(新題) 악부시, 429수

(오태석)

악부, 악부시, 곽무천, 민가, 민간성

참고문헌

오태석, 「한대 애정류 악부민가 연구」, 『중국학보』 46집, 2002.

김학주, 『중국문학사』, 신아사, 2000.

악부시(樂府詩) ☞ 악부

악장

　악장은 궁중에서 개국의 위업을 찬양하고 제왕의 덕을 기리며 천하의 태평을 구가하는 의식악(儀式樂) 및 연악(宴樂)에 쓰인 노래 가사를 총칭한다. 따라서 고대 국가 성립기 이후 궁중 음악으로 불려진 노래 가사를 포괄하지만, 흔히 악장이라고 하면 조선시대 초기(15세기)에 한정하는 것이 일반적이다. 즉, 조선의 건국과 더불어 동양적 통치 관례에 따라 필수적으로 따르는 예악정비(禮樂整備)의 일환으로 나라의 공식적 행사인 제향(祭享)이나 각종 연회(宴會)에 쓰기 위하여 새로 지은 노래 가사들을 특별히 따로 묶어 악장이라 지칭하는 것이 일반적 견해이다.

　악장은 기본 속성상 왕조의 존엄성을 예찬하고 숭고한 정치 이상을 펴는 한편 예악의 교화적 기능을 특히 중시하기 때문에 전반적으로 강렬한 이념성·교훈성을 띤다. 그것은 악장의 장르적 특성이자 한계이기도 하다.

　악장은 실용적인 목적에 따라 묶인 명칭이기 때문에 기능상의 단일성을 제외한 나머지 부분에서는 오히려 다양한 양식적 특징을 보여준다. 악장에 속한 작품들은 속요·경기체가·시경(詩經)·초사체(楚辭體) 등 다양한 형태를 취하기도 하고, <용비어천가>나 <월인천강지곡>처럼 완전히 새롭게 만들어진 경우도 있다. 그러한 형태적·구조적 다양성에도 불구하고 작품들이 공유하는 기능적 특수성의 지배가 예외적으로 강하기 때문에 그것을 하나의 특이한 갈래로 인정하는 관행이 통용되고 있다. 조선 초기 이후에는 더 이상 창작이 이뤄지지 않은 것도 그러한 기능적 특수성 때문이다.(고미숙)

용비어천가, 월인천강지곡

참고문헌

김문기, 「선초 송도시의 성격 고찰」, 한국어문학회 편, 『조선 전기의 언어와 문학』, 형설출판사, 1978.

Peter H. Lee(李鶴洙), Songs of Flying Dragons, Harvard University Press, 1975.

김흥규, 『한국문학의 이해』, 민음사, 1986.

악한소설 ☞ 건달소설

알라존(Alazon)과 에이런(Eiron)

　극에 있어서든, 소설에 있어서든 간에 전형적인 성격의 인물들이 등장한다. 등장인물의 전형성은 연기하는 배우에게 골격(骨格)과 같은 역할을 한다. 알라존과 에이런은 작품에 등장하는 인물 유형을 가리키는 용어인데, 『비평의 해부』에서 노드롭 프라이(Northrop Frye)는 "에이런과 알라존의 싸움이 희극의 극적 전개의 기초를 이루며, 어릿광대와 촌뜨기는 희극적 분위기의 양극(兩極)을 만들어 낸다."라고 설명하고 있다. 희극적 인물의 성격 유형을 알라존, 에이론, 보몰로코스(bomolochos, 어릿광대), 아그로이코스(agroikos, 촌뜨기)로 분류하는 것이다.

알라존은 기만적인 인물, 말하자면 자기를 실제 이상의 존재인 것처럼 가장한다든가, 그렇게 되고자 애쓰는 자를 가리킨다. 허풍선이 병사(miles gloriosus)나 괴짜 현학자(衒學者), 즉 편집증에 빠져있는 철학자 등이 알라존 가운데서도 잘 알려진 유형이다. 이러한 유형의 인물은 희극에서 종종 발견되지만, 비극의 주인공들도 알라존으로서의 일면을 가질 수 있다. 이는 파우스트나 햄릿에게서 편집증에 빠져있는 철학자의 일면이 나타나는 것에서 확인할 수 있다. 에이런은 알라존과는 반대로 자신을 비하시키는 인물이다. 희극에 등장하는 주인공 대부분이 여기에 해당하며, 주인공이 성공을 거둘 수 있도록 계략 꾸미는 역할을 맡은 꾀 많은 노예(dolosus servus), 시종(valet) 또한 이러한 유형으로 묶을 수 있다.

노드롭 프라이는 알라존과 에이런의 관계를 드러내는 상징적인 장면을 이렇게 꼽고 있다. "희극에 있어서 편집증에 사로잡혀 있는 방해꾼들의 경우에 그들 성격의 특징이 되고 있는 것은 단순한 위선보다도 자기인식의 부족인 경우가 더욱 많지만, 거의 언제나 그들은 기만적인 인물이다. 한 사람의 등장인물이 득의양양한 얼굴을 하고 독백을 하고 있을 동안, 바로 그 옆에서 또 한 사람이 관객을 향해서 신랄한 방백(傍白, aside)을 하는 그 어수선한 희극적 장면들이 에이런과 알라존의 싸움을 가장 순수한 형식으로 나타내주고 있으며, 역시 관객들이 에이런 쪽에 동정을 가지고 있다는 점을 시사하기도 한다."(『비평의 해부』)(홍기돈)

알레고리(Allegory)

알레고리는 '무언가 다른 것을 말하기(other speaking)'의 의미를 지닌 그리스어 알레고리아(allegoria)를 어원으로 한다. 우유(愚喩), 우의(寓意), 풍유(諷諭)로 불리기도 하는 알레고리는 인물, 행위, 배경 등이 일차적 의미(표면적 의미)와 이차적 의미(이면적 의미)를 모두 가지도록 고안된 이야기이다. 예를 들면 『이솝우화』와 같은 동물 우화는 일차적으로는 동물 세계를 보여주지만, 그 이면을 들여다보면 인간 세계에 대한 풍자와 교훈을 담고 있다.

알레고리는 역사·정치적 알레고리와 관념의 알레고리, 두 유형으로 구분할 수 있다. 역사·정치적 알레고리는 작중 인물과 행위가 실제의 역사적 인물 또는 사건을 지시할 때 사용되며, 관념의 알레고리는 작중 인물의 추상적 개념을 나타내는 경우에 사용된다.

낭만주의 비평가인 코울리지는 당시까지 구분하지 않고 쓰였던 알레고리와 상징을 구별했다. 알레고리는 보조관념과 원관념이 1 : 1의 관계를 이루지만, 상징은 1 : 多의 관계를 이룬다는 것이다. 코울리지는 상징에 비해 알레고리는 자의적이며 상징만큼 자연스럽지 않다고 보았다. 이후 벤야민과 폴 드 만은 코울리지와 관점을 달리하는 태도를 취한다.

벤야민은 알레고리가 텍스트나 회화에 신화적이고 역사화된 배경을 설정하기 때문에 상징보다 중요하다고 보았다. 벤야민은 상징은 알레고리와 달리 잠시 머물다가 사라지는 것이라고 보았다. 폴 드 만 또한 상징에 대한 알레고리의 우월성을 주장했다. 그는 유용성과 정직성을 기본으로 하는 알레고리와 달리 상징은 이미지와 실체를 결합하여 어떤 초월적 지식이나 진리를 암시하려는 부정적인 측면을 가지고 있다고 주장한다. 알레고리는 상징처럼 인간의 인식과 실존의 우연성 너머에 불변의 초월적 진리가 있는 듯한 태도를 취하지 않는다는 것이다.

벤야민에게 있어서 알레고리는 화해할 수 없는 것들-건설과 파괴, 희망과 슬픔, 미몽과 각성, 실재와 허구-의 반립 속에서 생겨난 예술 형식이다. 이러한 것들은 서로 반립하지만 긴장 관계를 형성하며, 알레고리적 순간을 창출해낸다. 이 순간에 알레고리는 사물들의 무상성에 대한 통찰과 이들을 영원으로 구원하고자하는 욕망을 동시에 표출한다. 자본주의가 지배하는 현실 속에서 현대인들은 상품을 소유할 수 있으리라는 환상 속에서 상품을 만들지만, 결국 그들 자신이 상품이 되어 버린다. 현대인은 상품이 진열된 회랑상가와 백화점을 거닐면서 상품을 소유할 수 있으리라는 환상을 품은 채 배회하며, 또한 유행을 뒤쫓는다. 벤야민은 이러한 현상을 개별 인간들이 사상되어 상품이 되는 과정으로 해석한다. 이렇게 고대적 신화와 이미지들을 현재에 불러오는 현대인의 집단적 의식 현상은 단지 꿈이며 마술적 환상이라는 것이다. 유행은 새로운 것이지만 또한 동일한 것의 영원한 회귀일 뿐이다. 벤야민은 역사가 진보에 의해 구원되는 것이 아니라 진보의 진행에서 벗어나 현재의 이 순간에 정지되어야 한다고 보았다. 그는 알레고리를 개별 인간이 상품이 되는 전도된 현실과 근대의 파괴적인 속성을 보여주며 동시에 구원의 전망을 보여주는 것이라고 정의한다. 벤야민에 따르면, 19세기에 발생한 퇴락의 과정을 가장 명확히 폭로한 작가는 보들레르이다. 보들레르는 현대 속에 이미 존재하는 파괴의 이미지를 보여주었으며, 동시에 신비로운 순간의 황홀을 통해 구원의 이미지를 보여준 작가였던 것이다.

우리나라의 알레고리 소설로는 장용학의 「요한시집」, 김성한의 「바비도」·「제우스의 자살」·「오분간」, 이청준의 「이어도」·「비화밀교(飛火密教)」·『자유의 문』 등을 들 수 있다. 또한 알레고리 시로는 오규원, 황지우, 최승호 등의 시들을 들 수 있다.(최동호)

낭만주의, 마술적 환상, 비유, 상징, 순간, 자본주의, 벤야민, 보들레르, 코울리지, 폴 드 만

참고문헌
김준오, 『시론』, 삼지원, 1991.
이상섭, 『문학비평용어사전』, 민음사, 2001.
한용환, 『소설학사전』, 고려원, 1992.
조셉 칠더즈·게리 헨치, 『현대 문화 문학 비평 용어사전』, 황종연 역, 문학동네, 1999.
M. H. 애브러함즈, 『세계문학비평용어사전』, 이명섭 역, 을유문화사, 1985.

N. 볼츠, 빌렘 반 라이엔, 『발터 벤야민 - 예술, 종교, 역사철학』, 김득룡 역, 서광사, 2000.
김준오, 『도시시와 해체시』, 문학과비평사, 1992.
발터 벤야민, 『베를린의 유년 시절』, 박설호 편역, 솔, 1998.
_____, 『발터 벤야민의 문예이론』, 반성완 편역, 민음사, 1996.

압운(押韻)

운문(韻文)의 구 끝이나 연 끝에 운모(韻母)가 서로 같은 음을 쓰는 관습. 압운을 함으로써 작품의 절주(節奏)가 더욱 선명해지고, 성조(聲調) 또한 한층 화해(和諧)롭게 되며, 음운이 작품 전체를 감돌게 되어 음악미가 살아나게 된다.

구체시(舊體詩)에서는 압운이 비교적 엄격해서 일반적으로 운부(韻部)가 서로 같거나 통해야 하는데, 어떤 경우에는 서로 인접한 가까운 운으로 압운을 해도 무방하며, 적은 수이지만 변격(變格)도 허용된다. 중국에서 현존하는 최초의 시운(詩韻)과 관련된 서적은 『광운(廣韻)』이다. 이 책은 당송 시대 시에 쓰였던 운에 근거해서 남송 말기에 평수(平水) 유연(劉淵)이 편찬한 운서(韻書) 『임자신간예부운략(壬子新刊禮部韻略)』 가운데 운부(韻部)를 합하고 간략하게 수정한 것이다. 모두 107개 운으로 정리되어 있으며, 평수운(平水韻)으로 불렸는데, 나중에 106개 운으로 수정되었다. 이 가운데에는 평성(平聲)이 30운이고, 상성(上聲)이 29개, 거성(去聲)이 30개, 입성(入聲)이 17개가 있다.

근체시(近體詩)의 경우는 압운이 더욱 엄격하다. 일반적으로 평성운만으로 압운하며 동일한 운부 내에서만 가능해서 한 운으로 작품 끝까지 압운해야 한다. 고체시(古體詩)는 규정이 비교적 관대해서 평성과 측성(仄聲)의 압운이 모두 허용되며, 몇 개 운부에서 통압(通押)하는 것도 가능해 통운(通韻)이라고 부른다.(임종욱)

운모(韻母), 성조(聲調), 통운(通韻), 평수운(平水韻), 광운(廣韻)

참고문헌
임종욱, 『동양문학비평용어사전-중국편』, 범우사, 1997.
_____, 『중국의 문예인식』, 이회, 2001.
_____, 『중국문학에서의 문장체제 인물 유파 풍격』, 이회, 2001.
주훈초, 『중국문학비평사』, 이론과실천, 1992.

압축(Condensation)과 전치(Displacement)

프로이트는 꿈의 잠재적 내용(꿈사고)과 현시적 내용을 서로 다른 언어로 간주하고 번역의 문제를 제기한다. 꿈사고를 꿈내용으로 번역하는 것이 꿈작업(dream work)이며 꿈의 본질이다.(SE 4, 277) 꿈의 내용이 아닌 꿈작업을, 번역을 근원으로 상정하는 이유는(SE 5, 506-7) 꿈이 무엇보다도 형식의 왜곡(Entstellung)이기 때문이다. 그림조각 맞추기(picture puzzle/rebus) 처럼 꿈은 객관적 현실이 아닌 기표들 간의 관계에 의해 구성되는 순수 형식이다. 그러나 이 형식은 이미 변형된 것이다. 꿈과의 직접적인 만남은 불가능하다. 번역이나 왜곡은 변형되지 않은 순수 형식을 전제하고 있는 것이 아니라 변형 자체가 형식을 만든다는 것을 뜻하고 있다. 꿈은 반복을 통한 왜곡 속에서 늘 새롭게 재구성되는 형식이다.

형식의 변형을 초래하는 두 가지 기제가 압축과 전치이다. 마그리뜨(Rene Magritte)의 「설명」은 크게 두 부분으로 나뉘어져 있다. 왼쪽에는 맥주병과 당근이 각기 놓여 있고 오른쪽에는 맥주병과 당근을 합쳐 놓은 듯한 다시 말해 점점 당근으로 변해가는 맥주병(또는 그 반대)이 있다. 압축은 이렇듯 두 기표의 포개짐을 뜻한다. 꿈의 결절점(nodal point)은 이질적인 의미들이 공존하고 있는 곳이다. 하나의 개념이나 이미지 속에는 이것을 대체할 수 있는 요소들이 잠재적 형태로 압축되어 있다. 의미는 이런 잠재적 요소들과의 차이에 의해 생긴다. 프로이트는 이것을 중층결정(overdetermin -ation)이라 부른다. 꿈속에서 의미는 중층결정되어 있을 뿐 아니라 "꿈사고와는 전혀 다른 중심을 갖고 있다."(SE 4, 305) 침대보다도 더 큰 빗과 잔처럼 전치는 중요하지 않은 것을 중요한 것처럼 과장함으로써 검열을 피하는 방식이다. 압축과 전치는 언어가 일차 과정의 분방한 에너지들을 묶어 의미를 발생시킬 뿐 아니라 그 자체로 모호성을 초래한다는 것을 보여준다. 라캉이 압축을 은유로 전치를 환유로 설명하는 이유도 여기에 있다.(민승기)

꿈작업, 중층결정 은유/환유

참고문헌
Freud, Sigmund. The Interpretation of Dreams, Standard Edition vol.Ⅳ and Ⅴ.
Weber, Samuel. Return to Freud, trans. Michael Levine. Cambridge: Cambridge Univ. Press, 1991.

앙가주망 ☞ 참여문학

앙티로망 ☞ 누보로망

애국주의

애국주의는 북한문학의 지속적 주제 가운데 하나다. 사회주의는 개별 국가 단위를 넘는 국제적 연대를 강조해 왔으나 이미 '일국(一國) 사회주의론'을 통해 제시되었듯 국가적 통합과 동원을 요구한 것이기도 했다. 스탈린은 1925년 아시아의 열성자 공산대학의 임무에 대해 말하면서, 새로 건설해야 할 프롤레타리아 문화는 '내용에서 사회주의적이며 형식에서 민족적인 것'이어야 한다고 규정했다. 사회주의적 내용의 민족문화는 과거의 민족문화가 부르주아 국가의 결속을 위한 슬로건이었던 것과는 달리, 프롤레타리아를 주체로 한 소비에트 권력에 의해 국가적 결속이 요청된 상황에 응답하는 것이라는 주장이었다. 북한에서도 프롤레타리아 문화는 민족적 통합과 국가적 결속을 위한 것이어야 했으니, 혁명투쟁은 애국주의와 결코 모순되는 것이 아니었다.

북한에서 애국주의라고 할 때 그 대상인 국가는 민족과 그대로 일치하는 것이었다. 따라서 하나의 기원과 면면한 내력을 갖는 공동체로서 민족이 갖는 절대성은 언제나 애국주의의 필연성을 말하는 근거가 되었다. 애국주의는 무엇보다 제국주의의 침략을 물리치고 민족(조국)을 지키는 것을 뜻했다. 이런 관점에서 보았을 때 항일혁명투사들은 애국주의의 표상이 아닐 수 없었다. '조국해방전쟁'은 미국이 점령하고 있는 공화국 남반부를 통일시켜야 한다는 '국토 완정(完整)'의 이상을 실현하기 위한 것이었으므로, 이 전쟁의 당위성과 승리의 필연성을 고취하는 것 역시 애국주의의 과제였다. 북한에서의 애국주의는 사회주의적 애국주의다. 따라서 사회주의 제도의 우월성에 대한 인식은 애국주의의 중요한 조건이었다. 주체사상을 통해 민족적 자주성이 새삼 강조되면서 애국주의는 그 불가결한 부분이 된다. 한편 현실 사회주의권의 붕괴는 북한으로 하여금 더욱 애국주의를 강조하게끔 했다. '우리민족제일주의'라든가 '강성대국 건설'은 애국주의를 거듭 고취하려는 슬로건이었다.(신형기)

국토완정, 일국사회주의론, 조국해방전쟁

참고문헌
리시영, 「사회주의적 애국주의 교양과 우리 문학의 과업」, 조선문학, 1962. 9.
『사회주의적 애국주의』, 조선로동당출판사, 1963.

애니미즘(Animism)

애니미즘은 모든 대상에 영(靈)적인 능력이 있다고 믿는 세계관으로 주로 원시종교의 특성을 설명할 때 사용되는 용어이다. 라틴어 'anima(영혼)'에서 유래한 이 용어는 영국의 인류학자인 E. B. 타일러(E. B. Tylor)의 『원시사회 Primitive Curture』(1871)에서 처음 사용되었다. 이 책에서 타일러는 "신성한 존재에 대한 일반적인 믿음"인 애니미즘이 모든 종교의 기원이며 근본원리라고 주장한다. 그의 설명에 따르면, 원시인들은 죽음의 현상, 꿈, 혼수상태 등에 관한 의문을 해결하기 위해 정령(spirit)의 존재를 믿기 시작했고, 종교는 죽음 이후에도 활동하는 정령이 숭배의 대상이 되면서 비롯되었다. G. 프로이드(G. Freud)는 애니미즘을 종교의 기원에 대한 설명뿐만 아니라 현대인의 정신체계에 대한 분석에도 적용하기 위해 이러한 타일러의 이론을 보다 정교하게 발전시켰다. 그는 『토템과 타부』(1913)에서 애니미즘을 물활론(物活論, Animatismus), 동물 숭배(Animalismus), 정령 숭배(Manismus)로 나누고 그것이 이원적 사고에 기초한 하나의 사상 체계이며 신화의 토대가 되었음을 설명한다. 또한 주술, 곧 애니미즘을 지배하는 원리인 '관념의 만능' 원리가 강박신경증 환자에게서 동일하게 발견되는 것이라고 주장한다. 이러한 프로이드의 주장은 애니미즘이 원시종교나 원시문명을 해명하는 단서일 뿐만 아니라, 현대의 종교와 문명 나아가 현대인의 사고를 이해하는 중요한 단서이기도 하다는 사실을 보여주었다는 점에서 중요한 의미를 지닌다.

이처럼 종교와 신화(神話)에 대한 설명과 불가분의 관계에 놓여 있는 애니미즘은 현대 문학 작품에서도 빈번하게 이용된다. 한국 문학의 경우, 그것은 종종 종교적 가치나 신화적 세계를 이해하기 위해서가 아니라, 한국의 샤머니즘적 전통과 연결되어 현재적 삶의 질곡과 갈등을 해결해주는 모티브로 등장하기도 한다. 윤흥길의 「장마」에서 구렁이를 맞이하는 외할머니의 모습은 그 대표적인 예라 할 수 있다. 구렁이에게 빨치산 활동을 하다 죽은 삼촌의 영이 깃들여졌다고 믿고 그와의 영적 교류를 시도하는 외할머니를 통해 작가는 이데올로기적 대결을 넘어설 수 있는 화해의 가능성을 모색하고 있는 것이다.(김영성)

물활론, 물신 숭배, 토테미즘, 샤머니즘, 정신분석학

참고문헌
천이두, 「묘사와 실험」, 『장마』 해설, 민음사, 1980.
E. 프리차드, 『원시종교론』, 김두진 역, 탐구당, 1985.
G. 프로이드, 『종교의 기원』 프로이드 전집 16, 이윤기 역, 열린책들, 1997.

애도(Mourning)와 우울증(Melancholia)

무의식이 있다는 가설을 오이디푸스 콤플렉스와 거세 콤플렉스로 증명하던 프로이트는 차츰 이런 쾌락원칙 너머에 더욱 근원적인 소망이 있다고 생각한다. 삶충동 못지 않게 강렬한 죽음충동이 있다. 그는 1913년, 『세 상자의 주제』(the Theme of the Three Caskets)(SE 12: 289-301)라는 글에서 신화를 비롯한 모든 문학작품에서 가장 에로틱한 대상이 세 번째 여성인 것에 주목했다. 세 번째 딸은 죽음을 상징하고 인간은 그런 설정을 통해 가장 두려운 대상을 가장 소망스러운 대상으로 바꾸어놓아 죽음에 대한 두려움을 극복하려했다는 것이다. 라캉은 여기에서 <실재계>(The Real)에 대한 암시를 얻었을지도 모른다. 실재계란 가장 두려운 대상이면서 가장 소망스런 대상이기 때문이다.

죽음은 인간의 마지막 선택이고 단 하나의 대타자이다. 프로이트는 이어서 1916년 「덧없음에 대하여」(On Transience)라는 짧은 글을 썼다. 세상의 아름다운 모든 것은 덧없이 사라져 우리를 슬프게 한다. 그러나 모든 사라짐은 다시 태어남을 약속한다. 전쟁의 폐허 위에서 재건이 이루어지듯이 우리는 슬픔을 딛고 다시 시작한다. 상실의 슬픔을 딛고 다시 시작하는 것, 그리고 덧없기에 오히려 대상의 가치가 올라간다는 프로이트의 사유는 다음 해에 나온 『애도와 우울증』(SE14: 239-258)을 예견케 한다. 애도는 대상의 상실에서 오는 슬픔이고 시간이 흘러 슬픔이 엷어지면 다시 대상을 찾게되는 자연스런 감정이다. 애도를 할 수 있다는 것은 반복을 할 수 있는 것이고 반복하는 한 인간은 살아간다.

애도가 라캉의 욕망(desire)을 암시한다면 우울증은 충동(drive)의 영역이다. 우울증은 「나르시시즘에 대하여」(On Narcissism)라는 글에서 이미 예견된다. 유아기의 이상적 자아를 대상에게 투사시킨 대상이 연인이다. 이차적 나르시시즘 때문에 자아는 대상과 하나가 되기를 소망하고 만약 대상에게 거부를 당하면 리비도가 자아를 향해 이동한다. 자아는 사랑받을 가치가 없다고 느끼면서 스스로를 비난하고 학대한다. 애도는 대상 리비도이다. 즉 리비도는 잠깐 자아에 머물지만, 곧 상실의 슬픔을 극복하고 다시 대상에게 리비도를 투사한다. 그러나 우울증은 거부당한 리비도가 대상을 향하지 못하고 퇴행하여 자아를 파괴하려는 죽음충동이다. 자아비난, 타인공격, 방화, 혁명, 자살, 타살은 자아와 대상을 구별하지못하는 거울단계의 특성이다. 거울단계의 공격성이 나타나는 것이 우울증인데 이것은 개인의 능력이나 소유와 상관이 없다. 프로이트는 우울증이 나르시시즘이 강하거나 자기중심적인 사람에게 흔히 나타난다고 말한다.

우울증은 리비도가 자아로 퇴행하는 것에서 애도와 다르다. 우울증은 거울단계의 공격성이나 죽음충동과 연결되지만, 초자아와의 관계로도 설명된다. 프로이트는 1923년『에고와 이드』(SE 19 : 3-66) 라는 글을 발표했다. 그는 무의식을 거대한 이드로 보고 현실에 적응하기 위해 자아이상형이라는 수퍼에고와 이를 조정하는 기관인 에고를 설정한다. 수퍼에고란 자아를 고상하게 계발하는 승화의 대상이다. 그런데 이때 수퍼에고는 이드의 강력한 변형이기에 자아가 이상형에 미치지 못할 때 격려의 역할이 아닌 처벌과 감시의 역할을 할 수가 있다. 수퍼에고는 두 가지 얼굴을 갖는다. 법과 은총의 아버지와 잔인하고 파괴적인 아버지이다. 프로이트의 죽은 아버지, 지젝이 말하는 외설적 아버지에 해당되는 잔인한 초자아는 자아를 파괴하라는 명령을 내린다. 이것이 우울증이다. 정신분석의 윤리는 우울증을 승화시키는 데 있다. 예술가, 미학은 우울증, 혹은 죽음충동의 승화이다. 크리스테바는 자신의 책,『검은 태양』에서 우울증이 심할수록 승화의 폭이 크고 위대한 예술이 창조된다고 말한다. 쥬디스 버틀러(Judith Butler)는 우울증이 동성에 대한 애도를 못할 때 일어나는 증상으로 보아 이성애중심사회가 동성애를 억압하면 안된다는 정치적 입장에서 <우울한 젠더Mela -ncholy Gender>란 용어를 만들었다.(권택영)

죽음충동과 삶충동, 대상 리비도, 욕망과 충동, 에로스와 타나토스, 초자아, 외설적 아버지, 죽은 아버지, 부친살해, 승화, 반복, 정신분석비평, 대타자, 자아이상, 이드.

참고문헌

Freud, Sigmund. "Mourning and Melancholia(1917)." SEXIV. London: Hogarth Press, 1973.

_____, "The Ego and the Id(1923)." SEXIX. London: Hogarth Press, 1973.

_____, "The Theme of the Three Caskets(1913)." SEXII. London: Hogarth Press, 1973.

애매성(Ambiguity)

애매성이란 두 가지 이상의 지시내용이나 상이한 태도와 감정을 나타내기 위해 단어나 표현을 사용하는 데에서 발생하는 시적 자질을 의미한다. 원래 영어인 'ambi -guity'는 어원적으로 '두 길로 몰고 간다'라는 의미를 지닌다. 따라서 그것은 외연(denotation)의 전달을 목표로 하는 일상 대화나 과학적 언어에서는 배제되어야 할 언어적 자질이었다. 그러나 내포적(connotative) 의미를 중시하는 시적 언어에서는 애매성이 하나의 시적 장치로 옹호된다. 이처럼 애매성이 일반적 언어 용례를 넘어서서 시의 특성을 이해할 수 있는 중요한 자질로 인정된 것은 W. 엠프슨 (W. Empson)의 『애매성의 일곱 가지 유형 Seven Type of Ambiguity』(1930)를 통해서이다. 신비 평의 이론적 토대를 마련했던 I. A. 리챠즈의 제자인 엠프슨은 시어의 난해성과 다의성(多義性) 에 주목하여 애매성이 갖는 시적 의의를 해명하였다. 엠프슨이 밝힌 애매성은 1) 무엇에 관하여 말할 것인가에 대한 미결정 상태, 2) 여러 가지 사물을 동시에 말하고 싶어 하는 의도, 3) 이것이 나 저것 혹은 그 두 개를 동시에 말할 수 있는 가능성, 4) 하나의 진술이 몇 가지 의미를 갖는다 는 사실을 뜻한다. 개별적인 시에서는 이러한 요소 중에서 어느 하나 때문에 애매성이 나타나게 된다. 김수영의 시 「눈」 중에서 "눈은 살아 있다 / 떨어진 눈은 살아 있다 / 마당 위에 떨어진 눈 은 살아 있다"라는 표현은 애매성이 나타나는 방식을 명증하게 보여준다. 여기서 눈은 내리는 눈(雪)과 사람의 눈(目) 모두를 지칭하는 동시에 둘 중 어느 하나도 정확하게 의미하지 않는다. 따라서 이 시에서 발견되는 애매성은 엠프슨이 말한 애매성의 첫 번째 유형에 해당하는 것으로, 다른 유형의 애매성을 파생시킨다. 엠프슨이 말한 애매성의 7가지 유형은 다음과 같다. 1)한 낱 말이나 문법적 구조가 동시에 여러 방향의 효과를 갖는 경우, 2)단일 진술이 나타나 그와 상관 되는 다양한 상황을 암시하여 해석의 다양성을 내포하는 경우, 3)합리적 문맥으로는 두 개로 나 타나야 하는 관념이 의미상으로는 하나의 낱말로 나타나는 경우, 4)서로 다른 의미가 합쳐져 매 우 복잡한 심적 상태를 명시하는 경우, 5)시인이 관념을 시작의 과정 속에서야 발견하게 되거나 또는 심리적으로 관념이 즉시 포착되지 않을 때 야기되는 우연적 혼란의 경우, 6)유어반복, 모순 법, 비적합 진술 등에 의하여 하나의 진술이 아무것도 언급하지 못할 경우, 7)하나의 진술이 대립 적 의미로 규정되어 시인의 내부에 근본적인 분할(division)이 있음을 나타내는 경우.(김영성)

시적 언어(시어), 신비평(New Criticism), 내포(connotation)/외연(denotation)

참고문헌
이승훈, 『시론』, 고려원, 1979.
M. H. 에이브람즈, 『문학용어사전』, 최상규 역, 보성출판사, 1989.

애정 성향(Affectionate current)과 관능성향(Sensual current)

프로이트는 무의식을 글에 따라, 대상에 따라 다른 용어들로 설명했다. 애정성향과 관능성향 은 그가 남녀의 성문제를 다룰 때 사용한 용어들이다. 「성에 관한 세 개의 에세이」1905,(SE 7: 135-243)에서 그는 우리는 사춘기 성이 최초의 성이라고 알지만 사실 그 이전에 유아기성이 있 었다고 말한다. 프로이트는 사춘기 이전의 성을 "자발적 성애"(auto-eroticism)라고 불렀다. 자신 을 길러주는 어머니에 대해 유아는 애정을 느끼는데 이때 관능과 애정은 분리되지 않는다. 약 2 세에서 4세까지, 아이는 온몸이 성감대가 되어 어머니의 애무를 받는다. 이것이 애정성향이다. 그러나 이런 충만함은 아버지의 거세위협에 의해 억압되고 사춘기에 이르러 대상을 향해 성을 느끼게 되는데 이것이 관능성향이다. 자아보존본능에서 대상본능으로 옮아가면서 인간은 이성을 만나 종족을 보존하는 사회적 역할을 하게 된다. 그런데 성인이 되어도 애정성향의 흔적이 남아 성행위에서는 전희, 혹은 도착으로 나타나고 심리적으로는 어딘지 어머니와 닮은 대상을 고르는 것으로 나타난다.

프로이트는 1912년, 「사랑의 영역에서 대상을 천시하는 보편적 경향」(SE 11: 179-190)을 설명하면서 억압된 애정성향 때문에 연인을 천시하거나 천한 대상을 선택하려는 경향이 있다고 말한다. 애정성향과 관능성향은 원래 하나였기에 인간은 이 둘을 잘 조화시킬 때 행복하다. 그런데 어머니에 대한 사랑이 금지된 탓에 어딘지 어머니와 닮은 대상을 고르지 않으려 노력하기에 천한 대상에게 관능을 느낀다. 또는 반대로 금지된 대상에게 관능을 느낀다. 다시 말하면 성은 금지되었을 때 관능이 더 강해진다는 것이다. 고대사회가 끝날 때 성이 너무 쉽게 얻어지자 사람들은 삶의 의욕을 잃는다. 그래서 성을 닿을 수 없이 높이 올려놓게 된다. 라캉은 이것을 궁정풍 사랑으로 설명했다. 라캉은 억압된 어머니에 대한 애정성향을 괴테의 『젊은 베르테르의 슬픔』으로 예를 든 적이 있다. 베르테르는 롯테가 아이들을 돌보는 모습을 보는 순간 사랑에 빠진다. 이것은 억압된 애정성향이 관능성향 속에서도 여전히 작용하고 있음을 말해준다.(권택영)

성본능, 자아보존본능, 대상본능, 유아기성, 자발적 성애, 궁정풍 사랑, 승화, 도착

참고문헌

Freud, Sigmund. "On the Universal Tendency to Debasement in the Sphere of Love(1912). "SEXI. London: Hogarth Press, 1973.

＿＿＿, "Three Essays on the Theory of Sexuality(1905)."SEVII. London: Hogarth Press, 1973.

액자소설(Rahmennovelle)

소설구성의 두드러진 방식의 하나로서 이야기 속에 또 다른 이야기가 들어 있는 형식의 소설을 가리킨다. 마치 하나의 이야기 속에 다른 이야기들이 액자속의 사진처럼 끼워져 있는 것이다. 외부의 이야기(外話)와 내부의 이야기(內話)가 있는데, 내부의 이야기가 외부의 이야기에 종속되어 있지만 보통 내부 이야기가 사건 전개의 핵심적인 역할을 담당한다. 이러한 소설형식은 이야기 밖에 또 다른 서술자의 시점을 배치함으로써, 전지적 소설 방식에서 탈피하여 다양한 이야기를 전개해 나갈 수 있는 이점이 있다.

액자소설은 소설과 일화를 연결하는 교량적 양식이기도 한데, 연암 박지원의 『열하일기』안에 있는 「관내정사(關內程史)」에 삽입된 「호질」, 김승옥의 「환상수첩」은 그 대표적인 예가 된다. 「호질」에서는 작가를 은폐하기 위한 방편으로 요동지역에서 전해 들은 이야기라는 식의 액자를 고안해 놓았다. 그리고 김승옥의 「환상수첩」은 '정우'라는 인물의 습작 수첩을 소개하는 형식으로 구성되고 있는 액자소설이다. 이들 이외에 액자소설 형식으로는 우리나라의 경우 김만중의 「구운몽」과 김동인의 「광화사」, 「배따라기」, 김동리의 「무녀도」, 「등신불」 등을 들 수 있다. 한편 서구의 경우 프로스페르 메리메(Prosper Merimee)의 소설『카르멘』(1845)이 액자소설의 효시를 이룬다. 그러나 그 이전에도 아랍의 설화집『천일야화(千一夜話)』나 보카치오의『데카메론』등도 액자소설의 범주에 포함될 수 있다. 이를테면『천일야화』는 '세헤라자데'가 생명을 연장하기 위하여 천 일 동안 왕에게 이야기를 해주는 형식으로 액자 속에 수많은 일화를 담아내고 있다. 이 같은 점은 액자를 사용하는 이야기가 서사문학의 오래된 양식임을 시사하고 있다.

액자식 구성에는 하나의 액자 속에 여러 가지의 내부 이야기가 있는 순환적 액자 구성과 하나의 액자 속에 하나의 내부 이야기가 있는 단일 액자 구성이 있다. 전자의 경우로는『천일야화』나『데카메론』등의 작품이 있고, 후자의 경우로는「광화사」,「배따라기」,「무녀도」,「등신불」등의 작품이 해당된다.(이명재)

외부이야기, 내부이야기, 교량적 양식, 순환적 액자구성, 단일 액자구성

참고문헌
신희천, 조성준 편저,『문학용어 사전』, 청어, 2001.
한용환,『소설학 사전』, 문예출판사, 1999.

액체성

폴란드 출신의 사회학자인 지그문트 바우만(Zygmunt Bauman)이 불안과 불확실성에 사로잡힌 근대의 성격을 지적하면서 사용한 용어이다. 그는 액체와 기체가 공유하는 유동성(fluidity)에 주목했는데 공간점유보다 시간의 흐름이 더 중요하다는 점, 쉽게 이동이 가능하다는 점, 무일관적이라는 점 등을 들어 근대 역사에서 새로운 단계인 오늘날의 속성으로 유동성이나 액체성이 적합하다고 본다. 이에 따라 이동을 가로막고 새로운 것들을 억누르는 전통에 대한 충성심과 관습적 권리, 의무 등의 견고한 것들은 이제 유동성 안에서 느슨해지거나 없어져버리게 되었다는 것이다. 하지만 이러한 액체성은 도구적 이성과 경제의 지배에 사회를 무방비 상태로 만드는 결과를 불러 일으켰다. 그간 전통적인 정치, 도덕, 문화적인 난맥 상에 묶여 있던 경제적 기준이 자유롭게 풀려나면서 경제적 용어로 규정되는 새로운 질서가 모든 삶의 다른 영역들에 상부구조의 위상을 부여하게 된 것이다. 그리고 액체성은 '체제'를 '사회'로, '정치'를 '생활정책들'로 바꾸고, 사회적 공존의 '거시적'인 차원을 '미시적'인 차원으로 끌어내렸다. 그러나 이러한 결과는 예전처럼 독재나 종속, 억압이나 노예화를 통해서 만들어진 것이 아니라 오히려 개인의 자유를 제한하는 모든 것이 유동성을 따라 사라져버린 데서 온다. 이렇게 실패한 개인을 보호해주는 국가 장치의 축소나, 장기적 계획을 가능하게 해주는 종적 사고방식의 소멸은 끊임없이 변화하는 상황 속에서 발생하는 모든 문제들의 해결을 고스란히 개인에게 떠넘기게 된다. 오늘날 벌어지고 있는 이와 같은 상태를 말하자면, 근대의 액체성이 재분배되고 재할당되고 있다고 말할 수 있다.(남승원)

유동성, 바우만, 공포

참고문헌
지그문트 바우만(이일수 옮김), 『액체근대』, 강, 2009.
지그문트 바우만(함규진 옮김), 『유동하는 공포』, 산책자, 2009.
지그문트 바우만(한상석 옮김), 『모두스 비벤디』, 후마니타스, 2010.

앱젝션(Abjection) ☞ 폐기

야담(野談)

야담이란 견문(見聞)을 기록한 것, 즉 실제 인물의 생애에 대한 사실담을 바탕으로 역사적 사건이나 일화에 윤색이 가해진 이야기를 기록한 것이다. 따라서 야담은 단순한 견문의 기록을 뜻하는 잡록(雜錄), 수록(隨錄), 만록(漫錄)과는 구별되는 특성을 가지고 있다. 야담은 기사에서부터 기이한 전설이나 온갖 부류의 역사적 인물에 관한 일화 등의 화제를 담고 있는데, 그 주제는 세속적인 이해관계, 신분 질서의 타파, 재산의 축적, 시정인들의 생활상, 기인(奇人)이나 일사(逸士)들의 세태에 대한 풍자와 해학 등 매우 다양하다.

야담은 민간적인 견문을 바탕으로 실제와 허구가 뒤섞인 일관된 이야기 줄거리를 가지고 있는 서사성을 지니고 있다. 따라서 야담은 설화(說話)와 소설의 중간에 자리 잡고 있다고 할 수 있다. 야담을 문학에서는 문헌설화(文獻說話)라고 하고 역사에서는 야담(野談)이라고 지칭하는데, 이는 야담에 문학성과 역사성이 공존하고 있음을 말해주는 것이다. 특히 야담은 17~19세기의 당대 현실을 소재로 한 이야기가 대부분이어서 조선조 후기의 사회상과 사람들의 삶을 파악하는 데 중요한 단서를 제공해 주는 사료로서 사용되기도 한다. 이것이 바로 야담의 특성이라고 할 수 있으며, 또한 이러한 이유로 인해서 야담이 문학과 역사의 주변적 존재로 남게 된 것이다.

대체로 고려 후기 이제현의 『역옹패설』 같은 시화나 잡록류에서 일화(逸話)나 기담(奇談)의 요소들이 발달하여 서거정의 『태평한화골계전』 같은 일화집이 이루어진 것을 야담의 초기 형태로 본다. 이후 유몽인의 『어우야담』에 이르면 야담의 형태가 본격화되게 되고, 현존하는 수십 여 종의 야담집 중에서는 『청구야담(靑邱野談)』, 『계서야담(溪西野談)』, 『동야휘집(凍野彙集)』 등을 대표적인 야담집으로 들 수 있다.

국문학의 연구 분야에서 이제껏 한쪽으로 밀려나 있던 야담 문학에 대해 관심을 갖게 된 것은 그리 오래되지 않았다. 그러나 야담 문학 속에서 찾아볼 수 있는 사회적이고 역사적, 그리고 문화적인 값어치와 의미를 깨달은 많은 사람들의 노력 속에서 최근에는 야담문학에 대한 연구가 매우 활발하게 진행되고 있다.(강진호)

잡록, 패관기서

참고문헌

신희천·조성준, 『문학용어사전』, 청어, 2001.

이경우, 『한국야담의 문학성 연구』, 국학자료원, 1997.

정명기, 『한국야담문학연구』, 고서출판 보고사, 1996.

최 웅, 『주해 청구야담』, 국학자료원, 1996.

편집부 엮음, 『야담찾아 오천년』, 태을출판사, 2001.

야만

서구 제국주의가 제3세계를 바라보는 시선은 문명/야만의 이분법적 인식에 기반하고 있다. 자연(nature)에 인간의 이성에 의한 변형을 가함으로써 문명을 이루었다고 여기는 진화론적 관점에 기대어, 동시대의 서로 다른 공간에 '야만'에서 '문명'으로의 직선적 시간관을 대입하는 것이다. 이렇게 주체를 '문명'의 위치에 놓을 때 타자는 '야만'의 위치에 놓인다.

제국주의적 침략 행위를 은폐하는 논리 중 대표적인 것이 문명의 전파이다. 실제로는 식민지의 자원과 인력의 착취를 위한 행위이지만 야만의 상태에 질서를 부여하고 문명을 전파해야 한다는 선교사의 논리를 취했던 것이다. 이러한 논리는 야만을 자연상태의 무질서, 전쟁과 같은 무법천지, 합리적 이성이 부재한 충동의 혼란으로 의미화하면서 거기에 질서를 부여할 수 있는 국가 기구의 출현을 인정했던 홉스의 '리바이어던'과 같은 서구 정치이론에서 비롯되었다. 문명화란 국가를 구성하는 시민화(civilization)와 같은 의미였으며, 근대적 시민사회의 역사는 곧 문명화의 역사였던 것이다. 근대 시민계급은 자신들이 이룩한 물질적·문화적 성과를 세계사적으로 전유하여 이를 보편화하는 과정에서 '문명'을 '야만'과 대척점에 위치시킨다. 이로써 '야만'은 국가 부재의 자연 상태를 의미할 뿐 아니라, 어떠한 발전 단계에 도달하지 못한 상태, 즉 서구와의 비교를 통한 상대적인 야만성을 의미하게 되었다.

이는 탈식민주의 시대라고 일컬어지는 현재에도 마찬가지다. 법적 정치적 식민지에서는 벗어났지만 문화적 식민주의는 여전하며 이에 따라 제3세계의 문화는 '야만'으로 취급된다. 제1세계가 자신의 정치적 확장을 위해 도발하는 전쟁과 같은 행위가 '야만'의 형상인 것은 여전히 '정의'라는 이름으로 감추어진다.(차성연)

야생의 사고

야생의 사고는 자연에 대한 감각을 기초로 해서 전개되는 사고체계로, 신화 의례(儀禮) 토템 전설 등을 통해 나타난다. 20세기 초까지만 해도 이러한 유의 사고체계는 비논리적이고 비과학적인 '미개의 사고'로 간주되어 서구 문명의 상대적 우월성을 보여주는 중요한 지표 중의 하나로 인식되었다. 프랑스의 인류학자인 뤼시앙 레비-브륄(Lucien Levy-Bruhl)은 『미개심성』과 『미개사회의 사고』 등의 저서를 통해 이러한 인식을 보편화시켰다. 그러나 프랑스의 구조주의 인류학자인 끌로드 레비-스트로스(Cladue Levi-Strauss)는 자신의 저서 『야생의 사고 La Peneese

Sauvage』(1962)를 통해 이러한 인식에 정면으로 도전한다. 그의 설명에 따르면, 미개인의 사고가 비논리적이고 비과학적이라는 생각은 서구 중심주의가 만들어낸 하나의 '환상'에 불과하다. 미개인의 사고와 문명인의 사고는 사물을 분류하는 방식과 관심의 영역에서 차이가 있을 뿐, 질서와 체계를 지향한다는 점에서는 근본적으로 다르지 않기 때문이다. 레비—스트로스가 야생의 사고라는 표현으로 기존의 '미개의 사고'를 대체한 것도 이러한 인식에 바탕을 둔 것이다. 그는 야생의 사고를 규정하기 위해 '신화적 사고'에 내재된 감각의 논리와 구체의 과학을 체계적으로 해명한다. 원래 신화적 사고는 과학적 사고의 전단계로 '주술적'이고 '감각적'인 미개인의 사고가 그대로 투사된 것으로 이해되었다. 그러나 레비—스트로스는 브리콜뢰르(le bricoleur, 손재주꾼)와 토테미즘의 예를 들어 신화적 사고가 표상(image)과 개념 사이에서의 일반화를 지향하는 구체의 과학에 기반한 것임을 분명히 한다. 이러한 해명을 통해 그는 '야생의 사유/문명의 사유, 주술/과학, 감각의 논리/오성의 논리, 구체의 과학/추상의 과학'을 우열의 관계가 아닌 대등의 관계로 전치시킴으로써 구조주의 이후 등장하게 되는 여러 사조들의 이론적 토대를 제공한다.(김영성)

신화, 토템, 토테미즘, 주술, 인류학, 구조주의, 감각의 논리, 미개사회(원시사회), 표상(image)

참고문헌
프랑스와 발르 외, 『구조주의란 무엇인가』, 민희식 역, 고려원, 1985.
김형효, 『구조주의의 사유체계와 사상』, 인간사랑, 1992.
클로드 레비-스트로스, 『야생의 사고』, 안정남 역, 한길사, 1996.

야수파(Fauvisme)

야수파는 20세기 초반 앙리 마티스(H. Matisse), 알베르 마르케(A. Marquet), 앙드레 드랭(A. Derain), 모리스 블라맹크(M. Vlaminck) 등에 의해 시도되었던 미술의 한 경향으로 현대미술의 형성에 지대한 영향을 미쳤다. 야수파라는 명칭은 1905년 <가을전(살롱 도톤, Salon d'Automne)>에 출품되었던 마르케의 청동조각을 보고 평론가인 루이 보셀이 "야수의 우리에 갇힌 도나텔로로 같다"라고 평한 것으로부터 시작되었다는 것이 통설이나, 관련자들의 진술에 차이가 있어 그 유래가 명확하지는 않다. 야수파는 "인상파의 색채가 약간 둔감하지 않은가 하고 생각했을 뿐"이라는 반 동겐(V. Dongen)의 말을 통해 확인할 수 있는 것처럼, 인상파—후기인상파—신인상파로 이어지는 화풍에 의문을 제시하면서 시작되었다. 그러나 그런 출발상의 동질성을 제외한다면, 야수파는 다른 예술운동과는 달리 통일된 강령이나 이념이 존재하지 않았기 때문에 그 경향과 특성을 한 마디로 규정하기는 어렵다. 다만 야수파에 속하는 화가들 모두가 강렬한 순색(純色)을 사용하여 감정 상태를 표현함으로서 색채의 해방을 모색했다는 점에서 20세기에 등장하는 추상화를 예고하는 선구적 역할을 담당하게 되었다. 야수파의 일원이었던 조르주 브라크(G. Braque)가 후일 큐비즘의 창시자가 되었다는 사실은 마티스가 주도했던 야수파가 이후의 미술에 얼마나 많은 영향을 미쳤는가를 보여주는 단적인 예라 할 수 있다. 한 가지 흥미로운 사실은 사실의 재현보다는 색채의 표현에 중점을 두었던 야수파의 일원 중에서 블라맹크와 드랭 같은 화가들이 야수파에 참여하기 이전인 19세기 말에는 자연주의를 주창한 에밀 졸라의 찬미자들이었다는 점이다. 사라 휘트필드는 이러한 젊은 시절의 체험이 역설적으로 그들에게 '자신들의 시각(vision)의 한계성'을 넘어서고자 하는 열망을 만들어주었고 이로 인해 야수파의 일원이 될 수 있었다고 설명한다.(김영성)

인상파, 포비즘, 추상화(추상예술), 자연주의

참고문헌
사라 휘트필드, 『야수파』, 이대일 역, 열화당, 1996.
니코스 스탠코스 편, 『현대미술의 개념』, 성완경·김완래 역, 문예출판사, 1994.

약한 사고

지배권력과 결탁하고 구체적인 것들을 배제하는 근대적 이성의 획일화를 비판하기 위한 잔니 바티모(Gianni Vattimo)의 전략적 개념을 말한다. 바티모는 강한 이성의 개념으로부터 탈출하기 위한 방안으로 '약한 사고'의 사유와 실천을 제안하는데, 이 '약한 사고'라는 개념을 지지하는 이론적 바탕은 다원주의이다. 바티모는 현대사회를 절대적 진리를 부정하는 다원주의 원리가 도래한 사회로 파악한다. 바티모에 따르면 현대는 고정불변의 객관적인 진리를 추종하는 시대가 아니라 지나갔으며, 진리를 재해석과 재맥락화, 재서술에 의해 새로 구성되는 어떤 것으로 선별하고 채택해야 하는 해석학의 시대이다. 이러한 다원주의의 입장에서 바티모는 논증하지 않고 동일성의 원리에 의해 포섭/배제하지 않는, 교화하는 담론으로서 이성의 역할과 임무를 재조정한다. 교화하는 담론으로서 이성에 필요한 것이 바로 '약한 사고'이다. 따라서 '약한 사고'는 사고의 약함이 아니라 절대적 진리를 강요하고 획일화를 강제하지 않는 겸손을 요청하는 호소이자 이성 비판의 전략이다.(차선일)

약호(Code)

약호란 신호들의 체계, 기호들의 체계 혹은 상징들의 체계를 말한다. 그것은 묵계에 의해 신호들의 발신자와 수신자 사이에 정보를 표현하고 전달하게 되어 있다. 하나의 약호는 다양한 성질의 신호들로 형성될 수 있는데, 가령 소리(언어학), 기술된 기호(그래픽 약호), 몸짓 신호(비행장에서 깃발을 든 팔의 움직임), 도로 표시판의 상징들, 모르스 신호와 같은 기계적 신호 등이 그것이다. 의사전달의 과정 속에서 하나의 약호는 하나의 전언의 형태로부터 다른 형태로의 변환 체계이다. 그 변환 작업에서 약호화 하기codage, encodage가 일어나고, 수신자는 약호 해독 décodage을 통해서 그 전언을 이해한다. 약호는 발신자와 수신자 사이에 의사전달이 가능하도록 묵계가 이루어져 있어야 한다.

이러한 약호 이론을 문학 작품의 분석에 도입한 것은 롤랑 바르트다. 그는 『s/z』에서 문학 텍스트란 기의signifiés의 구조가 아니라 기표signifiants의 은하수라고 말하며 거기에는 시작과 끝이 있는 것이 아니라 여러 개의 입구가 있어서 아무 곳으로나 들어갈 수 있다는 것이다. 이른바 텍스트의 복수성pluralité du texte 이론으로서 거기에 사용된 약호란 정해진 것이 아니라 무수하게 많다는 것이다. 그리하여 바르트는 발자크의 단편소설 「사라진느」를 분석하는데 다섯 개의 약호를 이용한다. 그것은 1) 해석의 약호code herméneutique, 2)의미론적 약호 code sémantique, 3)상징적 약호code symbolique, 4)행위들의 약호 code des actions, 5)문화적 약호 code culturel 등이다. 모든 문학 텍스트에는 복수의 코드가 있고 그것을 통해서 그 텍스트를 읽어낼 수 있다.(김치수)

기호학, 텍스트

참고문헌

R. Jakobson, Essais sur la linguistique générale, Seui, 1963.

R. Barthes, Eléments de la sémiologie, Seuil, 1964.

_____, S/Z, Seuil, 1970.

약호풀기(Decode)

약호풀기는 해독자가 저자에 의해 코드화된 전언(message)을 약호(code)를 참고하여 해석하는 행위를 뜻한다. 정보이론에 따르면 하나의 전언은 규칙들의 조합인 약호(code)에 따라 조직된 기호이다. 따라서 전언에 담긴 의미를 해독해내기 위해서는 약호화와는 반대 방향의 해석 작업이 필요하게 되는데, 이 때 행해지는 일련의 작업을 약호풀기라고 한다. 언어학적 차원에서 본다면, 약호풀기는 하나의 언어를 이해하기 수월한 다른 언어로 번역하는 작업이라 할 수 있다. 이러한 약호풀기에 대한 이론은 문학 작품에 대한 해석에도 적용될 수 있다. 그런데 그러한 적용에서 문제가 되는 것은 문학 작품의 경우 전언을 만드는 약호 체계가 모호하다는 사실이다. 일반적인 약호 체계, 가령 모르스 신호의 경우에는 장음과 단음의 사용 규칙을 정리해놓은 표를 해독 작업에 그대로 적용하면 쉽게 약호풀기가 완성된다. 그러나 문학 작품에서 해석 대상인 전언은 일상 언어의 약호 규칙에 따라 조합된 것이 아니기 때문에 그러한 약호풀기 작업이 그대로 적용되기 어렵다. 김춘수의 시 「나의 하나님」의 첫구절인 "사랑하는 나의 하나님, 당신은 / 늙은 비애(悲哀)다"에서 '하나님'이나 '비애'의 함축적 의미를 해독하기 위해서는 일상 언어의 약호 체계를 기계적으로 대입해서는 안 된다. 그것은 일상 언어를 벗어나는 상징적이고 은유적인 언어이기 때문이다. 또한 롤랑 바르트(R. Barthes)가 『S/Z』에서 보여주었듯이, 개별 텍스트에서 확인할 수 있는 약호 체계가 단일한 것도 아니다. 따라서 문학 작품의 해석 과정에서 이루어지는 약호풀기는 일반적인 약호풀기와는 달리 매우 복잡한 양상으로 이루어지게 된다.(김영성)

약호(code), 전언(message), 언어학, 정보이론

참고문헌

움베르토 에코, 『기호학과 언어철학』, 서우석·전지호 역, 청하, 1987.

김경용, 『기호하이란 무엇인가』, 민음사, 1994.

조셉 칠더스·게리 헨치 편, 『현대 문학.문화비평 용어사전』, 황종연 역, 문학동네, 1999.

양가성(Ambivalence)

양가성은 사랑과 증오, 복종과 반항, 쾌락과 고통, 금기와 욕망 등 서로 대립적인 감정 상태가 공존하는 심리적 현상을 지칭하는 용어이다. 스위스의 심리학자인 E. 블로일러(E. Bleuler)는 「양가성에 대한 소고 Vortrag uber Ambivalens」에서 처음 양가성이란 용어를 사용하면서 그것을 크게 다음과 같은 세 가지 종류로 분류하였다. 1)사랑과 증오의 갈등과 같은 정서적인 측면의 양가성 2)행동을 결정하지 못하는 우유부단함을 나타내는 의지적인 측면의 양가성 3)상호 모순되는 전제를 모두 받아들이는 지적인 측면에서의 양가성. 이 세 가지 측면의 양가성 중에서 현대의 심리학에서 주된 관심의 대상은 정서적인 측면의 양가성인데, 이러한 경향은 G. 프로이드로부터 비롯되었다. G. 프로이드는 「토템과 타부」와 같은 저서를 통해 정서적 양가성이 인간의 본능으로부터 기인한 것임을 밝혀낸다. 그의 설명에 따르면, 인간의 본능 중에서 양가적인 양상으로 드러나지 않는 경우란 거의 존재하지 않는다. 금기와 욕망, 에로스(Eros)와 타나토스(Thanatos), 사디즘과 마조히즘 등이 바로 그것인데, 이러한 본능의 차원에서는 가치의 우위가 존재하기 어렵게 된다. 양가성에 내재된 이러한 무가치성이나 무차별성은 페터 V. 지마(P. V. Zima)에 의해 현대소설의 특성을 설명하는 유효한 수단으로 이용되기도 하였다. 그는 양가성이 자본주의 체제 하에서의 사용가치와 교환가치의 대립적 가치의 지양에서 비롯된 것이라고 설명함으로써 그것을 사회학적 문제와 연결시켰다. 그는 이러한 연결을 통해 자본주의의 문학 형식인 소설이 양가성, 곧 가치의 무차별성, 언어의 무차별성, 방향 상실과 무주체성에 관심을 기울일 수밖에 없는 이유를 설명한다. 이러한 지마의 설명과 관련해서 주목할 만한 사실은 양가성이 현대문학의 중요한 화두인 포스트모던 담론이나 탈식민주의 담론의 문제와도 연결될 수 있다는 점이다. 제국의 주체를 모방하는 동시에 그것에 저항하는 양가성을 탈식민주의 전략으로 설명하고 있는 바바의 논의가 그 대표적인 예이다.(김영성)

에로스/타나토스, 사디즘/마조히즘, 사용가치/교환가치, 자본주의, 포스트모더니즘, 탈식민주의

참고문헌

김정자 외, 『현대문학과 양가성』, 태학사, 1999.

페터 V. 지마, 『소설과 이데올로기』, 서영상·김창주 역, 문예출판사, 1996.

G. 프로이드, 『종교의 기원』 프로이드 전집 16, 이윤기 역, 열린책들, 1997.

_____, 『정신분석학의 근본 개념』, 윤희기·박찬부 역, 열린책들, 2003.

양강음유설(陽剛陰柔說)

청나라의 요내(姚鼐, 1732-1815)가 문장의 풍격(風格)에 대해 논의하면서 제시한 이론. 이 학설은 동성파(桐城派) 고문 이론가들의 문학의 풍격에 대한 이론의 개괄이면서 이를 총결산한 논리였다. 문장 풍격의 구분은 유협(劉勰, 465?-520?)의 『문심조룡(文心雕龍)·체성(體性)』편에서 시작되었는데, 이후 교연(皎然, ?-?)의 『시식(詩式)』과 사공도(司空圖, 837-908)의 『시품(詩品)』, 엄우(嚴羽, 1175?-1264?)의 『창랑시화(滄浪詩話)』에도 이에 대한 논의가 실렸다. 이것을 요내가 종합해서 양강과 음유라는 두 특징으로 구분했던 것이다.

요내는 「복노계비서(復魯契非書)」에서 "나는 천지의 도에 대해 음양에 있어서 강하고 부드러울 뿐이라고 들었다. 문장이라는 것은 천지의 극진한 꽃이니 음양의 강하고 부드러운 것이 피어난 것(姚聞天地之道 陰陽剛柔而已 文者 天地之精英 而陰陽剛柔之發也)"이라고 말했다. 이 글에서 그는 일련의 비유를 동원해서 이 두 풍격의 미학과 언어 예술상의 특징에 대해 논의하였다. 양강에 대해서 그는 "번쩍이는 번개불이 무지개를 타고 흐르는 것처럼 엷은 기운이 손구쳐 나오는데, 웅장하고 위대하며 굳세고 곧은 것을 으뜸으로 친다.(掣電流虹 噴薄出之 以雄偉勁直爲尙)"고 하였다. 양유에 대해서 그는 "엷은 구름이 말렸다 펼쳐지며 온화한 기운이 쏟아져 나오는데, 따뜻하고 깊으며 부드럽고 아름다운 분위기를 귀하게 여긴다.(烟雲舒卷 蘊藉出之 以溫深徐婉爲貴)"고 하였다. 만약 이같은 요구를 만족시키지 못하면 "강은 강이 되기에 부족하며, 유는 유가 되기에 부족하다.(剛不足爲剛 柔不足爲柔)"고 보았는데, 성숙한 풍격이 되지 못한다는 말이다. 요내는 양강음유의 구분을 분명히 했을 뿐만 아니라 양자가 대립을 넘어 통일되는 관계를 설명하였다. 그는 「해우시초서(海愚詩鈔序)」에서 이에 대해 구체적인 설명을 남겼다. "음양과 강유는 함께 이루어져야지 편파적으로 한 쪽을 막아서는 안 된다. 그 중 한 가지 단서만 있다면 나머지 하나는 끊어져 없어지게 된다. 강은 강을 쓰러뜨려 사나움을 떨치게 될 것이고, 유는 무너지고 막혀버려 어둡고 가라앉게 될 것이다. 이렇게 되면 반드시 더불어 글이라 할 것도 없어진다.(陰陽剛柔 幷行而不容偏廢 有其一端而絶亡其一 剛者至于僨强而拂戾 柔者至于頹廢而闇幽 則必無與文者矣)" 그러나 요내는 음강양유 두 풍격의 아름다움에 대해 동등한 관점을 가졌던 것은 아니다. 그는 "문장이 웅장하고 우뚝하며 굳세고 곧은 것은 반드시 따뜻하고 깊으며 부드럽고 아름다운 것을 귀하게 여긴다.(文之雄偉而勁直者 必貴于溫深而徐婉)"고 지적하였다. 이를 통해 요내는 음유보다는 양강이라는 풍격의 아름다움을 중시했음을 알 수 있다. 요내의 양강음유설은 미학적으로 볼 때 귀중한 유산임에 틀림없다. 그러나 부인할 수 없는 사실은 일정 정도 유심론적(唯心論的)인 요소가 그의 이론 속에 담겨 있다는 점이다.(임종욱)

요내(姚鼐), 풍격(風格), 동성파(桐城派), 유심론(唯心論)

참고문헌
임종욱, 『동양문학비평용어사전-중국편』, 범우사, 1997.

_____, 『중국의 문예인식』, 이회, 2001.
_____, 『중국문학에서의 문장체제 인물 유파 풍격』, 이회, 2001.
주훈초, 『중국문학비평사』, 이론과실천, 1992.

양명학(陽明學)

양명학이란 중국 명(明)나라 중기 왕양명(王陽明)이 주창한 유학 계통의 학설을 말한다. 왕수인(王守仁)은 당시 명나라의 관학(官學)이자 지배사상으로서 비평이 불가능했던 주자학(朱子學)이 점차 형식화되는 것에 대항하여, 유학의 실천성을 회복하고 만물일체(萬物一體)의 이상사회를 실현하기 위해 심즉이론(心卽理論)·치양지론(致良知論)·지행합일론(知行合一論)·치지격물성의론(致知格物誠意論)등의 주제로 강학활동(講學活動)을 전개하였다.

왕양명의 생애 전후로 약 50년간은 활동에 제약을 받으며 위학(僞學)이라고 평가되었으나, 제자들에 힘입어 결국 명나라 말기에 공인되어 당시 사상계에 영향을 미쳤다. 학설의 비실용성과 청나라 때 주자학을 정통으로 고수하고자 하는 시대적 흐름에 의해 양명학은 급속도로 쇠퇴하였으나, 인간 주체의 존중·기존 가치 체계에 대한 성숙한 비판 의식이라는 측면에서 사상적 유산으로 계승되었다. 왕양명은 만물의 일체와 우리의 모든 행위의 표준인 마음이 곧 이(理)라고 하는 '심즉리설'과 이른바 도(道)이며 천리(天理)인 양지(良知)를 우리의 본성으로 자각해야 한다는 '치양지설', 물(物)과 심(心)이 서로 떠나서 존재할 수 없는 것처럼 지(知) 와 행(行) 또한 분리할 수 없는 것이라는 '지행합일설'을 주장하였다.

왕양명의 『전습록(傳習錄)』이 우리나라에 들어온 것은 조선 중종 때의 일이나, 실질적으로 양명학이 한국에 도입된 것은 17세기 무렵이다. 도입 초기에는 그 실용과 실천면에서 유학 사상의 기성 관념이나 도덕률에 대항하는 것이라 하여, 정주(程朱) 사상에 치우친 이황(李滉)·박세채(朴世采) 등의 지식인들에게 배척되어 발전을 이루지 못하였다. 오랫동안 빛을 보지 못한 양명학은 장유(張維)·최명길(崔鳴吉)·정제두(鄭齊斗)에 의해 연구되었고, 이후 강화학파의 실학과 실사구시(實事求是)의 이론적 뒷받침을 하였다. 이른바 북학파 또는 이용후생파의 중심 인물의 사상적 무장 또한 양명학에 의한 것이었다. 양명학의 주체 사상은 한국 독립운동과도 연결되어 강화학파의 사관(史觀)이 신채호(申采浩) 등의 독립 운동가에게 사상적 주체성을 형성하게 하였다. 또 우리나라의 양명학은 일본에까지 영향을 주기도 하였다.(이상갑)

성리학, 유학, 강화학파

참고문헌
박선목, 『윤리, 사회사상 사전』, 형설출판사, 2002.
박연수, 『양명학의 이해』, 집문당, 1999.
유명종, 『한국의 양명학』, 동화출판공사, 1983.
_____, 『세계철학대사전』, 고려출판사, 1992.

양반문학(兩班文學)

양반문학이란 평민문학과 대립되는 개념으로서 조선시대의 왕족을 포함한 사대부의 문학을 의미한다. 보다 넓은 의미의 양반문학은 중인 계급과 평민 계급을 제외한 나머지, 즉 귀족 사회에서 형성된 문학 전체를 총칭하는 개념이다. 평민문학의 소박함·골계미(滑稽美)와 대비되는 숭고미(崇高美)·우아함을 가진 양반문학은 대개 도학성(道學性)이나 공명성(功名性), 그리고 점잖은 자세를 바탕으로 씌어졌다. 한시와 같은 한문으로 씌어진 작품, 조선시대의 양반가사, 사설시조를 제외한 사대부의 시조를 예로 들 수 있다.

훈민정음이 창제되기 이전까지의 우리 문학이 차자(借字) 표기를 포함하여 대부분 한문으로 씌어졌기 때문에 당시 평민계급이 문학의 작자층이 될 수 없었던 이유 외에도, 한글 창제 이후 역시 사대부층의 문자 생활과 문학 활동에서 한문의 압도를 수정할 만한 사회·문화적 변혁이 없었다는 점을 고려할 때에 한문문학으로서의 양반문학이 가지는 중요성은 국문학에서 매우 크다고 할 수 있다. 시조의 간결한 양식은 성리학을 중심으로 한 상류층 계급인 양반들의 높은 교양을 담백하게 표현하기에 적합하였기 때문에, 양반문학의 한 주류로 자리잡았다. 처음에는 충의(忠義)의 주제에서 출발하여 점차 애정과 도학의 세계에까지 나아갔다. 자연에 도학적인 의미를 부여하여 그것과의 일치를 추구하는 조선 전기의 강호시가와 이황(李滉)의『도산십이곡(陶山十二曲)』과 이이(李珥)의『고산구곡가(高山九曲歌)』가 있으며, 정철(鄭澈)의 여러 시조 작품들이 있다.

관념적이면서도 서정적인 내용의 양반가사 역시 양반문학의 중요한 영역인데, 현실적이고 설득적인 유교 이념을 표현하는데 알맞은 형태였기 때문이다. 음풍농월(吟風弄月)식의 강호한 정(江湖閑情)이나 연군지정(戀君之情)을 그리거나 양반학자들이 닦고 있는 학문과 유교 윤리를 알기 쉽게 지은 가사군, 기행가사, 유배가사 등 소재가 다양하다. 대표적인 작품으로는 허전(許㙉) 또는 이원익(李元翼)의「고공가」, 이수광(李晬光)의「조천가」, 박인로(朴仁老)의「태평사」, 「누항사」 등을 꼽을 수 있다. 조선시대 중기부터 영남지방의 양반가 부녀자들 사이에서 지어지고 불려온 내방가사(규방가사)의 효시는 이현보의 자당 권씨의「선반가(宣飯歌)」이다. 속박된 여성 생활의 정서를 호소하는 내용으로 이루어져 있는 내방가사는 신분상 양반문학이나, 내용은 평민가사와 근접한 것이 많다.(이상갑)

평민문학, 한문문학

참고문헌
김흥규,『한국문학의 이해』, 민음사, 1986.
박춘우 외,『한국문학의 이해』, 대구대학교출판부, 2001.
신희천·조성준,『문학용어사전』, 청어, 2001.
조동일,『한국문학통사2』, 지식산업사, 1994.

양성구유(兩性具有, Androgyny)

양성구유란 그리스어 남성(andros)과 여성(gyne)을 결합한 용어로 남성적이라 불리는 특성과 여성적이라 불리는 특성을 한 개인이 지니고 있는 상태를 가리킨다. 이 용어는 신체적 결합 상태를 의미하는 자웅동체성(hermaphroditism)과 구별되며, 일반적으로 심리적 개념에 한정하여 사용한다.

버지니아 울프(Virginia Wolf)는『자기만의 방 A Room of One's Own』마지막 장에서 이 개념을 소개하고 있다. 그녀는 육체는 두 성으로 나뉘지만 정신은 둘 모두를 가질 수 있다고 주장하면서 젠더를 이분법적으로 분리하는 것에 반대한다. 울프는 "위대한 정신은 양성구유적"이라는 코울리지(Samuel Taylor Coleridge)의 생각을 발전시켜서 각자의 정신 속에 있는 두 성은 뒤섞여서 완전무결함과 창조력을 기르기 위해 협력한다고 설명한다. 그런데 울프가 양성구유적 글쓰기의 예로 든 작가는 세익스피어, 키츠, 스턴, 쿠퍼, 램, 코울리지, 그리고 프루스트와 같은 남성 작가들이다. 여성작가가 빠진 이유로는 우선 당시의 남성 지배적 문화를 들 수 있지만, 다른 한편으로는 당시에 양성구유 개념이 자신들의 여성적 자질을 억압하지 않은 남성작가의 유연성을 강조하기 위해 사용되었기 때문이기도 하다. 울프는 이러한 양성구유적 사유를 자신의 소설『올란도 Orlando』에서 발전시키는데, 이 소설의 주인공은 몇 세기에 걸쳐 처음에는 남자로 그 다음에는 여자로 산다.

양성구유는 1960년대 후반 많은 페미니스트들에 의해 유토피아적 목표로 사용되었는데, 특히 캐롤린 헤일브룬(Carolyn Heilbrun)은 그리스 신화와 영국 고전에서 여성과 남성의 우수한 특성을 결합한 '여성 영웅'을 발견하고, 페미니즘 심리학자인 샌드라 뱀(Sandra Bem)은 자신의 '성 역할 목록'(Bem Sex Role Inventory) 테스트를 통해 양성적 인간이 가장 명석한 존재임을 입증했다. 그러나 메리 데일리(Mary Daly)나 아드리엔느 리치(Adrienne Rich)와 같은 급진주의적 페미니스트들은 양성구유는 도덕적으로 훌륭한 이상일지라도, 페미니즘의 정치적 목표로는 부적절하다고 주장한다. 왜냐하면 양성구유는 결국 양성간의 차이를 무화하기 때문이다. 한국문학에서 양성성에 관한 논의는 뚜렷하게 전개되지 않고 있다. 실상 한국 사회에서 분리주의적으로 남녀의 대립구도가 설정된 적이 없기 때문에, 이러한 양성구유 논의는 단순히 바람직한 인간형에 대한 것으로만 한정되는 경향이 있다.(심진경)

여성성, 남성성, 버지니아 울프, 본질주의

참고문헌
버지니아 울프,『자기만의 방』, 오진숙 역, 솔, 1996.
Carolyn Heilbrun, Toward a Recognition of Androgyny, W.W.Norton, 1973.

양성애(兩性愛, Bisexuality)

양성애란 성(性) 지향성을 의미하는데 일반적으로 이성애의 욕망과 동성애의 욕망을 함께 가지고 있는 상태를 말하며, 양성소질(兩性素質)이라고도 한다. 동성애(Homosexuality), 게이(gay, 남성 동성애자), 레즈비언(lesbian), 성 전환자(transsexual) 등과 함께 개인의 실제적인 성적 행동을 가리키는 용어이다.

양성애에는 일반적으로 동성애와 이성애의 지향 정도에 따른 두 가지 유형이 있는데, 첫째는 사회적인 이익과 안정을 고려해 결혼과 같은 정상적인 이성애의 틀 안에서 살아가면서 때때로 동성애와 같은 성적 소수자의 모임을 통해서 욕구를 발산하는 경우이다. 두 번째는 동성애자로 살아가면서 자신의 성적 욕구를 충족시키면서도 가끔씩 자존감을 위해서 이성애를 지향하는 경우이다.

정신분석이론에서는 청소년기 과도기적 성향인 양성애(양성 경향)의 탈피를 인간의 성장과 함께 일어나는 정상적인 발달로서 간주한다. 인간은 선천적으로 부모와의 동일시를 통해서 크기에 상관없이 양쪽 성 모두에게 리비도(libido)의 잠재력을 갖는다는 것이다. 그런데 성인기에 이르러도 성적 분화가 이루어지지 않고, 유아 성욕이 그대로 지속되는 양성애는 정신병리라고 간주하여 자아 강도와 대상관계의 변화를 통해 해결해야 한다고 주장한다. 이러한 양성애적 행동은 성인의 히스테리아(신경증)에서 경계선 장애, 정신증 까지 매우 다양한 형태로 존재하는 문제적 행동으로 여겨진다.

그러나 페미니스트들은 이러한 전통적인 정신분석이론에 반기를 든다. 프랑스의 페미니즘 이론가 엘렌 식수스(Hellene Cixous)는 양성애를 인간 본성의 기원이자 목표로 보았다. 남근(phallus)에만 중점을 둔 채 여성의 욕망을 배제한 기존의 섹스의 개념을 비판하고, 양성애를 포괄성·복합성·다양성으로 보아 남성의 단성애(mono -sexuality)와 대립시킨다. 최근 주디스 버틀러(Judith Butler)는 저서 『젠더 트러블』(Gender Trouble: Feminism and Subversion of Identity)(1990)에서 특정 성(性)에 대해 정상과 비정상의 정의를 통해 우열을 두는 언어적 구축물은 성에 대한 부정적 작용을 하는 것이므로 지양해야 하며, 양성애가 바로 그러한 상태에 놓여있다고 보았다.(이상갑)

이성애, 동성애, 섹슈얼리티, 젠더

참고문헌
게리 헨치·조셉 칠더즈, 『현대문학, 문화 비평용어사전』, 문학동네, 1999.
미국정신분석학회, 『정신분석 용어사전』, 이재훈 외 역, 한국심리치료 연구소, 2002.

양식(樣式)

모드(mode)는 사물 본연의 상태에 대한 여러 규정을 뜻한다. 모드는 사물의 불가결한 기본적 속성에 대한 규정이 아니라, 사물의 부대적(附帶的)이거나 우유적(偶有的)인 여러 성질·규정을 의미한다. 말하자면 사물의 본질보다는 양태에 대한 규정이라 할 수 있다. 서양에서 사물의 본질을 양태와 구분하는 철학적 전통은 아리스토텔레스까지 거슬러 올라가며 중세와 근세철학에서도 다양하게 논의되었다. R. 데카르트는 정신과 물체를 실체로 여기고 이에 비해 사유(思惟)와 연장(延長)은 각각의 속성으로 간주하였다. 유사하게 정의(情意)·판단·욕구는 정신의 양태로서, 위치·모양·운동은 물체의 양태로 보았다. 또한 B. 스피노자는 신이 유일한 실체이고 사유와 연장이 그 속성이며 그들이 변용(變容)된 것, 즉 개개인의 마음과 개개의 물체를 모드(mode)로 간주하였다. J. 로크는 모드(mode)를 인상과 단순관념이 합성된 복합관념의 일종으로 여겼다.

문학 이론에서 모드(mode)는 '유형(type)'에 대한 동의어로 사용되어 왔다. 유형은 어떤 류(類)의 전체와 고유한 형성원리에 기초한 질적 통일을 인정하고 그 본질적 특징을 구체적인 방향으로 드러낼 때 성립하는 것이며, 보편성과 특수성을 함께 포함하는 것을 특성으로 한다. 그러나 일반적으로 모드는 유형(type)보다 작은 범주를 포함한다. 최근 비평에서 모드는 주로 서사 이론과 관계된 비평 용어로 사용된다. 서사 이론에서 모드는 텍스트의 매개 혹은 의사소통을 위한 통로라고 말할 수 있는 것의 등가물이다. 이에 따른다면 문자로 쓰여진 메시지와 음성으로 전달되는 메시지는 다른 모드가 된다. 다른 모드를 생산하기 위해서는 서사적 거리의 변경이 이루어지게 된다고 말할 수 있다. 서술자가 갑작스럽게 말하는 법을 바꾸는 경우 독자는 모드의 전환을 경험하게 된다.

우리 문학 작품의 경우 개별 화법의 변화보다는 역설과 반어 등 서사적 장치에 의한 모드 전환을 찾아볼 수 있다.(김한식)

유형, 연장(延長)

참고문헌
르네 데카르트, 『방법서설』, 이현복 역, 문예출판사, 1997.
───────, 『성찰』, 이현복 역, 문예출판사, 1997.

양피지 ☞ 복기지

양호파(陽湖派)

청나라 건륭(乾隆, 高宗 때의 연호, 1736-1794)과 가경(嘉慶, 仁宗 때의 연호, 1796 -1820) 연간에 활동한 산문 유파. 동성파(桐城派)의 산문이 문단에 큰 영향을 끼치던 당시에 양호의 문인인 운경(惲敬, 1757-1817), 이조락(李兆洛, 1769-1841)과 무진(武進)의 문인 장혜언(張惠言, 1761-1802) 등은 동성파의 영향을 받는 동시에 독자적인 주장을 내세워 양호파로 불려졌다.

운경은 선진(先秦) 시대의 법가(法家)와 소순(蘇洵, 1009-1066)의 문장을 원래 좋아했고, 이조락과 장혜언은 한부(漢賦)와 병려문(騈儷文)에 조예가 깊었다. 그들은 동성파의 주장을 받아들여 당송 시대의 고문에 주력하는 한편 장혜언과 이조락은 문장은 병려문과 산문 두 문체의 장점을 두루 갖추어야 한다고 주장하였다. 운경은 또 제자백가를 겸하여 배워야 한다는 입장도 피력하였다. 운경은 "백가에서 피폐한 부분은 마땅히 6예로써 잘라내야 하고, 문집이 쇠약해진 것은 마땅히 백가로써 일으켜야 한다. 그 높고 낮으며, 멀고 가까우며, 화려하고 질박한 것은 사람이 부여받은 본성에 있는 것이지 억지로 시켜서는 안될 일(百家之敝當折之以六藝 文集之衰當起之以百家 其高下遠近華質 是又在乎人之所性焉 不可强也已)"(『대운산방문고2집(大雲山房文稿二集)』自序)이라고 말했다. 이를 통해 동성파의 문장이 단조롭고 옅으며, 사상적으로 오로지 공맹(孔孟)과 정주(程朱) 이외에는 알지 못하는 병폐를 보충하려는 의도를 지녔던 것을 알 수 있다. 그는 동성파 작가들에 대해서도 불만을 가져 방포(方苞)의 문장에 대해 "뜻은 단정함에 가깝지만 때로 갈라지고, 문채는 순정함에 가깝지만 때로 이지러진다.(旨近端而有時而岐 辭近醇而有時而窳)"(「상조려생시랑서(上曹儷生侍郎書)」)고 평가하였고, 유대괴(劉大櫆, 1698-1779)의 문장에 대해서는 "자구는 지극히 깨끗하지만 뜻은 거칠고 비근한 데서 벗어나지 못했다.(字句極潔而意不免蕪近)"(『대운산방언사(大雲山房言事)』)고 말했으며, 요내(姚鼐, 1732-1815)의 문장은 "재주가 짧아 감히 높은 논의를 내놓지 못했다(才短不敢放言高論)"(앞의 책)고 하였다. 그러나 그 자신의 문장도 비교적 박잡(駁雜, 뒤섞여 순정하지 못함)했고 수식하기를 좋아하는 결점이 있어서, 동성파의 우아하고 간결하며 자연스러운 문풍만 못했다. 양호파의 주장은 동성파의 구애받고 삼가며 비좁은 태도를 본받지 않았다. 그들의 작품은 동성파와 비교할 때 득실과 장단점에 있어서 상보적인 성격이 있긴 했지만, 동성파를 진정으로 극복하지는 못했다. 운경이나 장혜언 등이 일찍이 동성파의 학문을 수학했기 때문에 문학사가들은 양호파를 동성파의 방계 지류로 평가하였다.(임종욱)

건륭(乾隆, 1736-1794)시대, 가경(嘉慶, 1796-1820)시대, 동성파(桐城派), 운경(惲敬), 이조락(李兆洛), 장혜언(張惠言)

참고문헌
임종욱, 『동양문학비평용어사전-중국편』, 범우사, 1997.
_____, 『중국의 문예인식』, 이회, 2001.
_____, 『중국문학에서의 문장체제 인물 유파 풍격』, 이회, 2001.
주훈초, 『중국문학비평사』, 이론과실천, 1992.

어록(語錄)

어록은 위인이나 유명인의 말을 모은 기록이나 책을 총칭하는 개념이다. 그러나 그것이 처음부터 그렇게 광범위한 개념으로 사용되었던 것은 아니다. 어록이란 용어는 원래 선종(禪宗)에서 직제자나 법손(法孫)이 사가(師家)의 가르침을 필록한 책을 지칭하기 위해 사용되었다. 교학(教學)을 중시하는 교종(教宗)과는 달리 직관적인 깨달음을 중시하는 선종에서는 가섭으로부터 비롯된 이심전심(以心傳心)과 불립문자(不立文字)를 종지(宗旨)로 삼았다. 따라서 선종의 개조(開祖)인 달마로부터 모든 선종의 사(師)들은 일상의 담화를 통해 종요(宗要)를 설하면서도 스스로 그것을 문자로 기록하지는 않았다. 이 때문에 생겨난 것이 어록이다. 깨달음에 도달하기 위해 정진하는 제자들에게 가장 중요한 것이 바로 그런 사가의 언행을 아는 것이었기 때문에 어떤 방식으로든 그것을 기록으로 남길 필요가 있었던 것이다. 이처럼 선종으로부터 비롯된 어록에는 가르침의 요점만을 기록한 어요(語要)와 시게(詩偈) 문소(文訴)를 광범위하게 포함하고 있는 광록(廣錄) 등이 있다. 선종이 시작된 이래 수많은 종류의 어록이 편찬되었던 중국에서는 육조 혜능의 언행을 기록한 『육조대사법단경(六祖大師法壇經)』, 중국 임제종의 개조 의현(義玄)의 어록인 『임제록(臨濟錄)』, 당대의 선승 조주의 어록인 『조주록(趙州錄)』 등이 널리 알려져 있으며, 한국에서 고유하게 편찬된 어록으로는 한국 임제종의 시조인 보우의 어록인 『태고화상어록(太古和尙語錄)』, 선시(禪詩)의 보고인 『선문염송집(禪門拈訟集)』 등이 유명하다. 이러한 어록들에 의해 전해진 선종의 종요는 박상륭의 「유리장」, 『죽음의 한 연구』, 『칠조어론』 등의 작품을 통해 재해석되기도 하였다.(김영성)

불교, 선시(禪詩), 위인전

참고문헌
야나기다 세이잔, 『초기 선종사』, 양기봉 역, 김영사, 1999.
운허용하, 『불교사전』, 동국역경원, 1998.
임금복, 『박상륭을 찾아서』, 푸른사상, 2004.

어록체(語錄體)

어록(語錄)은 고대 문학의 문체 이름이다. 이 문체는 특정 인물 또는 또는 다수 사람들이 한 말의 기록이나 요약을 말하는데, 어록 형식으로 쓴 작품을 의미한다.

어록이라는 이름은 원래 불교도들이 선사(禪師)의 언행을 기록한 글에서 유래하였다. 사실중국 최초의 제자산문(諸子散文)인 『논어(論語)』나 『맹자(孟子)』 등도 공맹(孔孟)의 문인들이 스승의 언행을 기록해서 만든 책이다. 나중에 이학가(理學家)의 제자들이 스승이 학문에 대해 논이한 말을 기록할 때 즐겨 어록체를 사용하였다. 송나라 때의 『이정유서(二程遺書)』는 정호(程顥 1032-1085)와 정이(程頤 1033-1107)의 문인들이 두 정씨가 정치와 철학, 윤리학 등의 방면에 대해 발언한 것을 모은 어록으로, 주희(朱熹 1130-1200)가 이를 종합해서 편집하여 완성한 것이다.

어록은 일반적으로 문장의 수식에는 관심을 두지 않으며, 간명하면서도 요점을 꿰뚫고, 질박하면서도 화려하지 않으며, 내용이 충실할 것을 우선시하고, 학문을 전하고 습득하는 방편으로 이용되었다. 그러나 대개가 단편적인 발언들을 모아 놓았기 때문에 엄밀한 조리나 계통을 갖추고 있지는 못하다는 평을 받고 있다.

문학 언어 면에서 특히 중국의 남송대는 어록체가 본격 발흥한 시대인데, 승려들의 백화로 된 어록은 생생한 전달성과 백화 구사로써 통속 문예 장르의 성행에도 일정한 영향을 미쳤다.

주회 역시 이 같은 시대적 영향으로 사서(四書)의 집주(集注)에도 백화체의 어록적 주를 달기도 했는데, 유가 경전에 이같이 문언이 아닌 백화식 주를 단 것은 특기할 만한 일이다.(오태석)

어록, 어록체, 백화, 선사, 승려, 통속문학

참고문헌
임종욱 저, 『동양문학비평용어사전』, 범우사, 1997.
『中文大辭典』, 中國文化大學, 1900.

어용문학(御用文學)

어용문학이란 문학의 자율성과 순수성을 포기하고 당대의 권력에 기생하는 문학을 의미한다. 원래 '어용(御用)'은 '어물(御物)', 즉 봉건적 체제 하에서 임금에게 귀속되어 있는 모든 것을 의미하는 말이었다. 그러나 이 말은 오늘날 '권력에 아첨하고 자주성이 없는 사람이나 단체'를 지칭하는 경멸적 표현으로 주로 사용된다. 따라서 여기서 정의한 어용문학이란 용어가 현재와 같은 의미로 사용되었던 역사적 용례를 찾을 수는 없다. 다만, 중국의 문헌인 『사기(史記)』 「유림전(儒林傳)」에 소개된 곡학아세(曲學阿世)의 고사를 통해, 이미 오래전부터 지각 있는 선비들에게 문학이나 학문이 당대의 권력에 얽매여 자신의 역할을 다하지 못하게 되는 것이 경계의 대상이었음을 알 수 있다.

한국의 경우, 어용문학이 언제 누구로부터 시작되었는지는 명확하지 않다. 논자에 따라서는 최초의 한글 저서인 『용비어천가(龍飛御天歌)』가 어용문학의 시초라고 보기도 한다. 그러나 곡학아세가 조선조 이전에도 있었다는 사실, '사군이충(事君以忠)'의 정신이 반드시 군주에의 아첨과 연결되는 것은 아니라는 사실 등으로 해서 이러한 주장에는 한계가 있을 수밖에 없다. 이처럼 개념 적용도 모호하고 가치 판단도 명확하지 않은 작품들과는 달리 친일문학의 경우에는 어용문학이 지닌 부정적 특성을 집약적으로 보여준다는 점에서 문제적이다. 일제 식민지라는 특수한 역사적 상황으로부터 탄생한 친일 어용문학은 문학이 개인의 영달을 위한 권력에의 아첨으로 전락할 때 어떤 병폐를 야기하는가를 우리에게 교훈적으로 알려준다. 특히 몇몇 친일문인들에 의해 주장된 친일문학의 내적 논리의 극복은 앞으로 우리 문학이 해결해야 될 과제 중의 하나라 할 수 있다.(김영성)

봉건제, 친일문학, 식민지문학

참고문헌
김재용 외, 『친일문학의 내적 논리』, 역락, 2003.
사마천(司馬遷), 『사기(史記)』, 최진규 역해, 고려원, 1996.

어울림(decorum)

적정률(適正率), '적격(適格)', 데코럼(decorum). 원래는 특정한 유형의 사람에게 어울리는 미덕, '정황에 알맞게 처신함' 즉 '예절'을 뜻하는 말로, 일종의 윤리적 원칙을 이르며, 문학 용어로 쓰일 때는 적절성의 원리 또는 형식과 내용의 조화를 의미한다. 즉 장르, 내용, 인물, 인물들의 액션과 언술 등이 서로 상응하는 원리이다.

　로마의 시인 호레이스(Horace)의 저서 『시의 기술』(Art of Poetry)에 나오는 용어로, 어떤 인물이나 그 인물의 상황에 적절히 어울리는 언어라는 뜻으로 출발한 어울림은 르네상스를 거쳐 18세기 신고전주의 시대의 시이론에서 최고의 예술적 요소로 강조되었으며, 실제 창작에도 큰 영향을 끼쳤다. 엄격한 시의 형식이 강조되면서 이 형식에는 인간을 고상하게 계몽시키는 진지한 내용이 담겨져야 하며, 또한 문학 장르와 인물, 양식 등이 고급, 중급, 저급 등으로 위계질서화 되면서 각 등급에 맞게 서로 적절히 어울려져야 한다는 원리가 제시되었다. 따라서 서사시나 비극 같은 고상한 문학 장르에는 이에 걸맞는 위대한 왕이나 영웅 등이 장중한 문체로 진지한 상황을 겪어나가는 내용이 담겨져야 한다. 여기에 저급하고 세속적인 인물들의 엉뚱한 사건을 가미시키는 일은 어울림 정신에 어긋나는 것이다. 이처럼 어울림의 원칙에서 인물의 행위는 그 정황과 성격에 어울리도록 제시되어야 하고 사상과 감정은 성격에 어울려야 하며 언어적 표현은 소재에 알맞아서 중대한 사실은 위임 있게, 사소한 사실은 소박하게 나타내야 한다는 것이다. 심각한 주제는 심각한 문체로, 저속한 주제는 저속한 말에서 골라 표현해야 한다. 문학 장르 중에서 비극과 서사시는 심각하고 장엄한 소재를 다루므로 고급 문체를, 희극이나 소극에는 저급 문체를, 일반적인 지적인 사실을 다루는 글에서는 중급 문체를 써야 한다고 하여, 장르에 따라 고·중·저의 세 문체가 구별되기도 하였다.

　이와 같이 문학적 표현에 있어서 어울림의 원칙은 적절한 표현과 묘사를 통해 사실감, 자연스러움을 조성하려는 목적으로 사용되었지만 그것이 정해진 규칙으로 강요될 때에는 인위적, 조작적인 것이 되어 오히려 부자연스러운 격식을 보이는 경우도 있었다.(윤송아)

문체

참고문헌
한국셰익스피어학회, 『셰익스피어 연극 사전』, 동인, 2005.
이상섭, 『문학비평용어사전』, 민음사, 2001.

어조(語調, Tone)

　어조는 언어의 전달 기능에서 말하는 사람과 말 듣는 사람 사이에 이루어지는 변화에 따라 나와 상대와의 전달관계가 성립되고 인식되는 것으로 리차즈(I. A Richards)는 언어가 지닌 의미를 취의(趣意), 감정(感情), 의도(意圖), 어조(語調)의 종합적 의미로 보았다. 여기서 어조는 발화자가 어떤 언어를 고르고 배열하여 상대에게 던짐으로서 어떠한 태도를 취하게 하는데 어조는 그것을 반영한다.

사람이 언어 사용에 있어서 어떤 특정한 문제를 제기하였을 때 그 담화를 던지는 화자의 내부 반영이 관철되도록 청자에게 말 건네는 방법으로 감정적 요인을 억제하지 않고 적절하게 전달하는 방법의 일종으로 어조는 선택된다. 어조의 변화에 따라 그 표현은 미학적으로 의미의 사실성을 인식하는데 복합적 의미가 동반하고, 의미의 단조로운 형태에서 벗어나서 새로운 긴장감을 형성할 수 있으며, 화자의 언어적 태도와 감정 등 여러 면모를 관찰하고 이에 적절한 태도를 취할 수 있는 가변성을 지닐 수 있다.

어조는 작품의 내용과 분리되지 않고 사물을 표현하는 방법이며 표현된 내용의 일부로 볼 수 있다. 작가의 작품에서 작가의 실제적인 담화로 보든지 극적 화자의 창조된 담화로 보든지 작품의 화자와 어조에 역점을 둔다면 작품의 이해에 도움을 받을 수 있다. 가령 문학적 담화에서 화자가 발하는 어조는 실제 시인의 어조가 그대로 반영되는 것이 아니다. 실제 시인은 함축적 시인으로 축소되고 다시 작중의 화자로 축소된 다음 작가인 화자와 시적 대상으로서의 화자와 독자인 청자 사이에 설정된 상호관계와 분위기에 따라 선택된다. 작가는 청자에 대한 태도를 나타내는데 효과적인 어조를 선택하고 창조하기도 한다. 어조의 변화를 나타내며 표면에 보이는 어조와 이면에 숨겨진 어조를 묘하게 전환하기도 하는 아이러니적 요소가 있다.(조병무)

아이러니, 화자, 청자

참고문헌
김준오, 『시론』, 삼지원, 2003.
윤석산, 『현대시학』, 세미, 1996.

억견(臆見) ☞ 독사

억압(抑壓, Repression)

억압은 어떤 생각, 기억, 그리고 욕동들이 의식으로부터 추방되어 무의식에 감금되는 과정을 의미한다. "억압의 본질은 욕동을 표상하는 관념을 절멸시키는 것이 아니라 그것이 의식으로 되는 것을 막는 것"(SE 14: 166)이다. 욕동을 가로막는 억압은 그것을 완전히 제거하는 것이 아니라 의식화되지 못하게 방해하는 것이다. 그렇다면 억압받게 될 욕동은 그것이 충족될 경우 쾌락보다는 불쾌를 유발하게 될 것이다. 바로 이 점 때문에 억압이 생겨난다. 이와 같이 억압이 일어나는 이유는 욕동의 즉각적인 실현이 여러가지 이유로 인해 오히려 불쾌한 것으로 경험되기 때문이다. 따라서 정신장치 내부에서 욕동의 실현이 불쾌를 야기할 것으로 판단되는 관념적 표상들은 의식으로의 진입이 통제되어 무의식 내부에서 '억압된 것(the repressed)'으로 남게 된다. 결국 프로이트에 의하면 억압된 것은 욕동의 표상들이다. 이를 두고 라캉은 '억압된 것'은 단순히 전치되고 변형되기만 하는 감정이나 정동(affect)이 아니라 그 감정 또는 정동에 부착된 관념이고, 그것은 기표를 통해서만 표출될 수 있다고 주장한다(S 11: 218). "억압에 있어서 근본적인 것은 … 감정이 제거된다는 것이 아니라 그것이 위치가 바뀌고 오인될 수 있다는 점이다"(S 17: 168). 따라서 기의가 아닌 기표가 억압된 것이다.

라캉은 프로이트를 따라 억압을 세가지 단계로 구분한다. '원억압(Urverdrängung), '이차적 억압(verdrängung)', 그리고 '억압된 것의 회귀(return to the repressed)'가 바로 그것들이다. '원억압'은 처음부터 결코 의식될 수 없는 어떤 사건에 대한 신화적인 망각, 즉 무의식이 형성될 때의 정신작용이다. 라캉은 이를 욕구가 요구로 표명될 때 발생하는 욕망의 소외이며 남근기표에 가해지는 것이라고 한다(É: 286). '이차적 억압'은 일단 의식했던 어떤 생각이나 지각이 의식으로부터 추방될 때의 특수한 정신행위를 두고 말해진다. 보통 억압을 이야기할 때 '이차적 억압'을 말하는 것이다. 이 억압은 하나의 은유처럼 짜여져 있고 항상 '억압된 것의 회귀'와 연관된다. 따라서 억압된 기표는 증상, 꿈, 실착행동, 농담 등과 같은 무의식의 형성물로 가장되어 되돌아온다.(이만우)

원억압, 이차적 억압, 억압된 것의 회귀

참고문헌

Freud, Sigmund(1915), Repression, SE 14, London : The Hogarth Press, 1957, pp.146-58.

_____(1915), The Unconscious, SE 14, London : The Hogarth Press, 1957,pp.166-216.

Lacan, Jacques(1969-70), Le Séminaire, Livre XVII. L'envers de la psychoanalyse, 1969-70, ed. Jacques-alain Miller, Paris : Seuil, 1991.

_____(1964), The Fundamental Concepts of Psychoanalysis, trans. Alan Sheridan, London and New York : W. W. Norton & Company, 1977.

_____(1958), The Meaning of Phallus, Ecrits: A Selection, trans. Alan Sheridan, London and New York : Routledge, 1977, pp.281-291.

억압된 것의 회귀(Return to the repressed)

신경증을 규정하는 근본적인 기제는 억압이다. 신경증은 정신병의 폐제(foreclos -ure)와 달리 억압의 임상구조를 갖기 때문에 '억압된 것'이 완전히 지워지지 않는다. 프로이트가 어떤 현실(예를 들어 부모의 성교장면에 대한 지각)이 억압되려면 먼저 정신에 의해 긍정(Bejahung)되어 있어야 한다고 이야기했듯이(SE 19: 236-9), 정신병이 처음부터 현실을 폐제시키고 축출하는 경우라면 신경증은 그 현실을 긍정한 상태에서 의식으로부터 밀어내는 것이다. 다시 말해, 무의식 내부에 축적된 '억압된 것'은 지연된 만족을 실현하기 위해 의식으로의 진입을 시도하는데, '억압된 것'이 의식에서 인식되는 것은 말할 수 없는 불쾌를 유발하기 때문에 의식에서는 끊임없이 '억압된 것'의 진입을 통제한다. 이와 같이 분출하려는 힘과 억압하려는 힘이 충돌하고 의식으로 진입해 정상적인 방법으로 만족을 추구할 수 없을 때, '억압된 것'은 신경증자의 증상을 통해 우회적으로 만족의 길을 모색한다. 따라서 증상은 통제하는 힘과 분출하려는 힘 사이의 타협결과이며, 억압과 '억압된 것의 회귀' 사이의 변증법적 운동의 산물이다. 이것은 '억압된 것의 회귀'가 억압의 일부분으로 이해되어야 함을 의미한다.

이러한 맥락에서 라캉은 "억압과 '억압된 것의 회귀'는 하나이자 동일한 것"(S 3 : 57)이라고 말했다. 억압된 생각은 프로이트가 말한 망각이나 말실수 혹은 우연치 않게 병을 깨는 것과 같은 위장된 형태로 표출된 생각과 동일한 것이다. 실제로 '억압된 것'이 존재한다는 증거는 그것의 회귀, 즉 그것이 증상이나 말실수를 통해 되돌아온다는 사실에 있다. 얼굴 경련과 같은 증상이 존재한다는 것은 정신분석이 억압에 관해서 가시적으로 확인할 수 있는 유일한 증거이다. 이와 관련하여 프로이트는 다음과 같이 말한 적이 있다. "우리는 무의식을 그 존재를 인정할 수밖에 없는 어떤 정신과정이라고 부른다. 어떻게든 우리는 무의식의 효과로부터 무의식을 추론해 낼 수 있기 때문이다."(SE 22: 70) 아마도 얼굴 경련은 억압되어 버린 혐오스런 생각이나 더 많은 것을 보고자 하는 억압된 소망으로부터 온 것일 수 있다. "신경증의 증상은 언어의 역할을 하며, 억압은 바로 그 언어를 통해 표출된다"(S 3: 72). 증상은 곧 타자를 향한 메시지인 것이다.(이만우)

억압(repression), 원억압, 이차적 억압

참고문헌

Freud, Sigmund(1933), New Introductory Lectures on Psycho-Analysis, SE 22, London : The Hogarth Press, 1964, pp.5-184.

_____(1925), Negation, SE 19, London : The Hogarth Press, 1961, pp.235-42.

Lacan, Jacques(1955-6), The Seminar. Book Ⅲ: The Psychosis, 1955-56, trans. Russell Grigg, London : Routledge, 1993.

언문일치(言文一致)

글로 쓰는 문장이 입으로 말하는 언어와 일치하는 현상. 언문일치(言文一致)란 언(言)과 문(文), 즉 말과 글의 일치를 뜻한다. 구어와 문어는 근본적으로 다르기 때문에 그 둘이 완전히 합치될 수 있다는 것은 환상에 불과하나 일본이나 한국과 같은 한자 문화권의 나라들에서는 근대화의 경험과 함께 자국어에 대한 인식이 높아지면서 언문일치의 확립이라는 중요한 문제를 만났다.

가라따니 고진은 『일본 근대문학의 기원』에서 일본의 언문일치 문제를 <한자 폐지> 즉 '문'의 우위가 전도되고 동시에 음성 문자의 사상(捨象)이 이루어짐으로써 형성된 일종의 표음주의로 보았다. 사실 언문일치란 구어인 일본어와 문어인 한자 양쪽 모두로부터 거리를 둘 때에야 가능한 것이었는데 원래 문어란 어떤 구어와도 닮지 않은 인공의 언어이기 때문이다. 일본에서 언문일치체로 제안된 '-다'체는 동격 내지는 아랫사람에게만 쓸 수 있는 어미인데다 그것이 다른 어미에 비해 구어로서의 비중이 더 큰 것도 아니었다. 그러나 언문일치란 무엇보다도 문장 언어의 공통 규범을 만들어야 한다는 요구이다. 말과 글을 완전히 일치시킨다는 것은 환상에 불과할 뿐만 아니라 언문일치의 공통 규범에 필요한 유일한 기준이라고 볼 수도 없다.

한자어와 같은 표의문자에서 형상이 직접 의미로 존재하는 것과 달리 표음주의에서는 문자가 음성에 종속된다. 여기서 음성 문자는 거기서 표현되어야 할 <내적인 음성> 즉 <내면>을 존재하도록 만든다. 언문일치라는 표음주의가 내면의 발견과 근본적으로 연관되어 있는 것은 이 때문이다. <근대적 자아>의 심화로 설명되는 일본 근대문학의 특성은 결국 언문일치라는 <제도>의 확립을 통해 가능했다고 가라따니 고진은 설명한다. 내면은 그 자체로 존재하는 것이 아니라 언문일치에 의해 비로소 만들어졌다는 것이다.

한국 문학사상 언문일치의 문제가 처음 제기된 것은 개화 계몽기 시대이다. 1894년 갑오개혁을 계기로 중국과의 거리가 확보되고 중국에 대한 대타의식 및 자국 의식이 강해지면서 전적으로 한문 중심으로 형성되었던 어문 생활에도 큰 변화가 일었다. 갑오개혁으로 국문을 본(本)으로 삼는다는 원칙이 천명되면서 국문의 지위는 비약적으로 상승한다. 그러나 어떤 방식으로 국문 중심의 언어생활로 재편해야 할 것인가에 관해서는 논란이 일었고 가장 설득력을 얻은 것은 국한문체였다. 거의 모든 역사·전기물에서는 국한문체가 선택되었고『황성신문』과『대한매일신보』의 기본 표기 방침 역시 국한문체였다. 국한문에 훈독이나 음독을 달아야 한다는 유길준의 주장 역시 국한문체 주장에 맞닿아 있었다. 유길준은 국한문체로 쓰여진『서유견문』의 서문에서 많은 사람이 쉽게 이해하고 사용할 수 있는 국한문체의 효용성을 강조하면서 언문일치를 주장했다.

이광수와 최남선의 국한문체 주장 역시 한문의 폐해를 비판하고 국문을 중심으로 한 언문일치를 확립하기 위한 노력의 일환이었다. 그러나 이들이 주장한 언문일치나 국문이 한자의 배제를 의미하는 것은 아니었다. 국한문은 순국문과 마찬가지로 사대주의에 맞서 민족어 성립을 제창한다는 점에서 공통적이었으며 오랜 역사의 한문 문명과 한글의 정신을 함께 잇겠다는 것이 국한문체를 주장하는 이들의 근본적인 사상이었다. 국한문체는 난해한 고문투는 배제하되 한자의 중요성과 의의를 그대로 받아들임으로써 그야말로 국민 전체가 쓸 수 있는 공통의 언어로 자리 잡게 되었다. 1900년대 이전에는 거의 쓰인 적 없는 국한문체는 결국 <국민>이라는 집단의 새로운 언어로 구상된 체계였던 셈이다. 이광수, 최남선을 거쳐 순국문의 언문일치라는 이상을 실현한 것은 '-다'체를 적극적으로 주장, 활용한 김동인 이었다.(권보드래)

가라따니 고진, 표음주의, 국한문체, 유길준, 이광수, 김동인, '-다'체

참고문헌
권보드래,『한국 근대소설의 기원』, 소명출판, 2000.
권영민,『서사양식과 담론의 근대성』, 서울대출판부, 2000.

언문일치(일본)

1880년대부터 90년대에 걸쳐 근대초기의 일본에서 문장어를 구어에 접근시키려고 한 사상가·문학가들의 문체혁신운동 및 그 문체를 지칭한다. 메이지유신(1867) 이전의 에도(江戸)시대에도 서양에서는 구어와 문장이 일치한다는 것을 알게 된 화란학자(화란어를 통해 서양을 연구하던 연구가)나 영미학자 등이 일본도 종래의 언문 불일치를 폐지하고 구어를 토대로 하는 구어문장의 확립을 주장한 일도 있었으나, '언문일치'라는 용어 자체가 활발하게 등장하게 된 것은 메이지유신 이후, 서구화운동을 담당한 지식인에 의한다.

이 운동으로 근대일본어 문체는 그 이전의 의고문(擬古文-널리 산문에 사용되던 문체)이나 소로분(候文-무사계급의 서간문체)등의 문체가 시제나 인칭 면에서 가능한 한 단순화되는 방향으로 변화되어 갔는데 여기에 이르기까지의 우여곡절에는 몇 가지 준비 단계가 있었다.

1870년대에 가토 히로유키(加藤弘之)나 우에키 에모리(植木枝盛) 등이 간행한 계몽서에는 담화체 문체가 채용되었으나 그 후 1880년대에는 미야케 요네키치(三宅米吉) 등이 한자를 사용하지 않고 가나(仮名 일본 표음문자)로, 또 다구치 우키치(田口卯吉) 등이 라틴문자(알파벳)로 문장을 표기하는 문체상의 시도도 있었다. 이 움직임이 어느 정도 정착되는 것은 메이지20년대(1880년대 말부터 1890년대)에 소설가들이 제시한 문체부터이다. 특히 후타바테이 시메이(二葉亭四迷)나 야마다 비묘(山田美妙) 등의 신진작가는 그 소설창작에서 특히 시제나 상하관계를 나타내는 문말의 어미사용에 다양한 개혁을 시도하여 이를 간소화하였으며 후타바테이가 번역한 트르게네프의 『밀회』(1888)의 문체는 그 후의 언문일치체의 규범이 되었다.

이와 같은 언문일치 문장체가 등장한 배경에는 소위 서양에서의 문장어가 중세 라틴어에서 해방되어 '속어화'화는 과정에 보이듯 구어체로 써야 한다는 기술언어에 대한 사고의 전환이 있었던 것이 분명하다. 그러나 근대일본의 언문일치운동은 운동 자체는 많은 사상가나 문학가의 자발적 의지로 추진되었음에도 불구하고 그 시기가 일본의 근대국가건설 시기와 겹침으로써 소위 '국어'(표준어) 제정이라는 국가정책과도 깊이 관련하게 되었다. 이는 일본에 있어서의 문장어의 언문일치가 거의 완성된 것으로 지목되는 시기가 메이지30년대(1890년대 말부터 1900년대) 즉, 청일전쟁(1894)이나 러일전쟁(1904)과 같은 근대일본의 대외 침략전쟁이 수행된 시기였다는 것과도 호응한다. 일본 내셔널리즘이 대외팽창을 행하는 데 있어서 여전히 혼재하는 다양한 문체 가운데서 '국민'의 정치적 동원이나 의사전달 역할의 일부를 담당한 것은 이 언문일치운동에 의해 이미 형성된 문체였다.(김춘미)

문체, 시제, 공간, 근대국민국가, 번역

참고문헌
山本正秀,『近代文体発生의 史的研究』, 岩波書店, 1965.
_____,『言文一致의 歴史論考』, 桜楓社, 1971.
柄谷行人,『日本近代文学의 起源』, 講談社, 1980.
이연숙,『<国語>라는 思想』, 岩波書店, 1996.

언문풍월(諺文風月)

한시(漢詩)처럼 글자수와 운을 맞추어 짓는 우리말 시. 육두문자를 넣을 경우, '육두풍월'이라고도 한다. 민중들 사이에선 일찍부터 유행했을 터이지만, 구체적인 텍스트로 나타나기 시작한 것은 조선후기에 성행한 판소리 작품들에서다. 특히 <춘향전>의 방자나 농민들의 풍자적 표현들에는 '언문풍월'이 다양하게 구사되고 있다.

그처럼 구전으로 떠돌던 언문풍월을 뚜렷한 형식으로 부각시킨 이는 김삿갓이다. 김삿갓은 한시의 통사적 구조를 해체하는 작업을 본격적으로 수행하였는데, 언문풍월 역시 그 가운데 하나였다. 그의 일화 속에 끼어 전하는 <사면 기둥 붉었타/ 석양 행객 시장타/ 네 절 인심 고약타>같은 경우가 대표적인 예가 될 수 있다.

김삿갓의 경우에는 한시에 빗대어 지은 희작시(戲作詩)를 가리켰으나, 1900년대에 들어와 신문과 잡지의 문예란을 차지하면서 언문풍월은 독자적인 시형식으로 부상하였다. 내용도 진지해져서 과거의 단순한 말장난과는 달리, 계몽운동을 고취하는 역할을 담당하기도 했다. 1906년 2월에 『대한매일신보』에 연재된 '병문친고 육두풍월'이 대표적인 예다.

언문풍월은 일종의 형식실험이라 할 수 있는데, 한편으로는 한시를 해체하는 역할을, 다른 한편으로는 언문표현의 다양성을 드러내는 역할을 동시에 수행하였다. 당시 신문과 잡지들의 뒷표지에는 언문풍월을 모집한다는 광고가 게재되기도 했는데, 1917년에 간행된 『언문풍월』은 그렇게 해서 응모된 작품을 뽑아 편집한 책이다.(고미숙)

김삿갓, 육두풍월, 희작시

참고문헌
강명관·고미숙 편, 『근대계몽기 시가자료집』, 성균관대학교 대동문화연구원, 2000.
정병욱, 『한국고전시가론』, 신구문화사, 1977.

언부진의(言不盡意)

말로는 자신의 미묘한 내적 생각을 온전하게 전달할 수 없다는 주장이다. 일반적으로 이 말은 언어의 기능과 작용의 한계를 지칭한 말로 이해된다. 언부진의에 대한 주장은 전국시대 『주역(周易)·계사 상(繫辭上)』에 공자가 말하기를, '글은 말을 다하지 못하고, 말은 뜻을 다하지 못한다. 그렇다면 성인의 뜻을 볼 수 없을 것인가?' … 공자가 말하기를, '성인은 상을 세워서 그 뜻을 다하며 괘를 세워서 참과 거짓을 다하며, 문사(文辭)를 이어서 그 말을 다한다'고 하며 제기되었다. 즉 말로 부족하여, 기호와 이미지로 전달하겠다는 논리이다.

또한 노자 역시 "도를 도(道)라고 칭할 때 그것은 상도(常道)가 아니다"라고 하여, 언설로서 진리를 드러내는 일이 어려움을 밝혔다. 『장자(莊子)·천도(天道)』에도 "말에는 귀한 것이 있으니, 말이 귀하게 여겨지는 것은 뜻 때문이다. 뜻에는 지향하는 것이 있는데 뜻이 지향하는 것은 말로써 전할 수 없다"고 하거나, '윤편(輪扁)과 수레바퀴'의 고사를 예로 들어 진정한 기술은 "손에서 터득하여 마음으로 응할 뿐이지 입으로는 말할 수 없다"라는 점을 설명했던 것이다. 다시 말해 언부진의 라는 것은 바로 말 바깥의 뜻(言外之意) 또는 상(象) 바깥의 뜻에 대하여, "그 뜻을 마음으로 체득할 뿐, 말로써 전할 수 있는 것이 아니다"라는 논지이다.

이렇게 볼 때 중국의 전통적 관념들은 대체로 언사는 의사를 완전하게 달하지 못하며 언어는 사상을 완전하게 표현하지 못한다는 함의가 들어있다. 장자가 말한 의(意)가 가리키는 내용은 도(道), 즉 "뜻이 좇아가는 바(意之所隨者)"다. 장자는 말을 고작 사물의 형체 및 빛깔, 이름, 이름, 음성만을 표현할 수 있다고 인식하였다. 이러한 사물의 자취만으로는 "뜻이 좇아가는(意之所隨者)"도(道)를 구현할 수 없다는 것이다. 사물의 정교하고 미세한 바탕은 다만 통찰력으로 깨칠 수 있는 것이지 말로는 전할 수 없는 법이다.

그러나 언부진의는 결코 말의 뜻을 전달하는 기능을 부인하는 것은 아니다. 다만 말이란 뜻을 온전히 드러내지 못한다고 여겨 말과 뜻 사이의 연계와 차별 그리고 언사가 생각을 표현해 낼 때의 한계를 지적해 낸 것이다. 한편 언어가 사람들의 사상을 정확하게 전달하는 최종적인 수단이라는 사실을 생각한다면 이처럼 언어의 표현 능력을 부정하는 태도는 정확한 이해라고 할 수 없을 것이다.

이러한 유실론적(唯實論的)인 언부진의(言不盡意)론은 후대에는 위진 현학(玄學)에서 새롭게 인식되어, 문예론에도 적용되기 시작하였다. 언사와 사고의 상호 관계를 밝히는 언의지변(言意之辯)은 위진현학중의 중요한 논제의 하나였는데 그것은 중국고대문예이론, 특히 시론과 화론에 심원한 영향을 주었다. 언부진의는 또 다른 의견인 득의망언(得意忘言)과 언진의론(言盡意論)과 더불어 일찍이 논쟁을 일으키며 중국 문예이론에 큰 영향을 주었다. 동양 전통의 문예론에서 시, 그림, 그리고 주역(周易)의 괘상(卦象)과 선학(禪學)의 사유 방식은 언의지변과 일정한 관련속에서 진행된 사유 관념들이다.(오태석)

언부진의, 주역, 현학(玄學), 득의망언, 선학(禪學)

참고문헌
김 근, 『한자는 어떻게 중국을 지배했는가』, 민음사, 1999.
오태석, 『중국문학의 인식과 지평』, 역락, 2001.
차상원, 『중국고전문학평론사』, 범학도서, 1975.
원행패, 『중국시가예술연구』, 서울아세아문화사, 1990.

언설(言說) ☞ 담론

언술(言述) ☞ 담론

언술, 언술체계, 언술행위(Enonciation)

언술(enonce)은 때에 따라 언표로 번역되기도 한다. 언술행위 역시 언표행위, 발화, 발언, 진술 등으로 번역된다. 언술이 나타나기 위해서는 개인적인 언어사용 행위가 있어야 한다. 이 언어사용 행위를 언술행위, 혹은 발언이라고 한다. 모든 언표는 발언의 흔적을 담고 있게 마련이며, 발언은 언표를 통해 드러나게 된다. 따라서 언술은 넓게 말해 발언주체의 존재나 주관성을 드러내는 것이다.

시적 담론의 주체의 위치는 언술행위의 주체(subject of the enunciation)와 언술내용의 주체(subject of the enunced)라는 두 가지 측면에서 고찰될 수 있다. 일차적으로 언술행위의 주체를 시인, 언술내용의 주체를 화자라 할 수 있지만, 시적 담론이란 시인에 의해 생산된 역사적 산물임과 동시에 항상 독자에 의해 재생산되는 현재적 산물인 까닭에, 독자 역시 언술행위의 주체일 수 있다.

방브니스트(Emile Benveniste)는 언술행위의 대표적 '표지'인 인칭기호의 유무에 따라 담론과 이야기를 언술행위의 하위양식으로 규정한다. 인칭기호를 언술행위의 형식상 장치라고 하면서, 3인칭이란 비인칭적 형식의 언어곡용이기 때문에 이 비인칭적 언술행위는 이야기(story) 양식이고, 1인칭과 2인칭에 의한 인칭적 언술행위가 담론(discourse)이라고 규정한다.

그러나 토도로프(T. Todorov)에 의하면, 언술행위의 표지는 인칭기호뿐만 아니라 '이것/저것'과 같은 지시사, '여기/저기'와 같은 관계부사와 형용사, 현재시제, '맹세하건데'와 같은 수행동사, '아마, 어쩌면'과 같은 양태화 술어 등으로 확대된다. 담론의 주체가 다른 기표로 재현되어 있듯이 이야기의 주체는 가정되어 있다. 따라서 언술행위의 주체와 언술내용의 주체란 담론에서 이 두 주체 사이에서 분열되어 있는 말하는 주체에 대한 두 가지 다른 위치인 것이며, 이에 의해 담론의 통화체계에는 언술행위의 주체로서의 내포작가와 내포독자, 언술내용의 주체인 화자와 청자의 관계가 설정된다. 결국 텍스트에 의한 의사소통이란 언술내용의 주체인 화자와 현재적 언술행위의 주체인 독자 사이에서 이루어진다고 볼 수 있다.(김훈겸)

언표, 화자, 담론

참고문헌
에밀 방브니스트, 『일반언어학의 제문제 1·2』, 황경자 역, 민음사, 대우학술총서58·59, 1992.
T. Todorov. 『Enunciation』, C.Porter trans. Encyclopedic Dictionary of Science of Language, Oxford Univ, 1981.

언어능력/언어수행(言語能力/言語遂行, Cognitive competence/Performance)

언어능력과 언어수행은 노엄 촘스키가 언어학에 도입한 용어이다. 언어능력은 말하는 사람이 사용하는 언어에 대해 가지고 있는 내면화된 지식, 혹은 언어규칙을 가리킨다. 구조언어학의 언어(langue)의 개념에 대응될 수 있으나, 구조언어학의 언어는 언어능력의 본질인 창조적인 국면을 고려하지 못한다. 언어능력은 이전에 발언된 적이 없는 특별한 문장을 만들고 이해하며, 문법적으로 올바른 문장과 바르지 않은 문장을 알아보게 해준다. 한마디로 언어능력은 언어에 대한 직관적인 판단을 가능하게 하는 것이며, 보편문법(universal grammer(UG))은 유전적으로 결정된 언어능력의 특성을 기술하는 것으로 간주될 수 있다.

언어수행은 발화들의 실현과정이다. 촘스키는 언어수행을 "구체적인 상황에서의 언어의 실제 사용"이라 정의하였다.

촘스키는 먼저 하나의 이상적 언어사용자가 새롭고 독특한 문법적 문장을 실천 속에서 마주쳐본 적이 없으면서도 어떻게 그러한 문장을 생산하고 이해할 수 있을 것인가라는 문제를 설명하려 한다. 그 결과, 그는 하나의 한정적이고 묘사 가능한 변형적인 규칙의 집합이 이상적인 언어사용자의 '언어능력'을 구성하고, 이 능력이 문법적인 문장을 생산할 수 있게 된다고 주장한다. 촘스키에 따르면 실제 언어 사용자에 의해 실현되는 한정적인 수의 문법적 문장에 해당하는 '언어수행'은 언어능력에 대한 연구에 필요한 증거들, 즉 언어자료를 제공한다. 그리고 촘스키는 언어능력이 언어사용자가 생성규칙들을 의식적으로 인지하거나 호출하는 것을 의미하지는 않는다고 덧붙인다. 그것보다는 오히려 언어능력은 언어 내에서의 발화자의 존재양식에 해당하는 것으로 보아야 한다는 것이다. 다시 말해 언어능력은 바로 언어의 가능성의 조건이다. 언어능력이 발화자를 구성하며, 그 역은 성립하지 않는다.

언어능력과 수행은 문학비평에 있어서 단순한 문자 해독력과 만족스럽게 문학작품을 읽고 반응하는 능력 사이의 차이점이 있음을 깨닫게 해주는 장점을 지니고 있지만, 한계점도 가지고 있다. 언어능력과 문학능력의 차이는 첫째, 언어능력이 주로 올바른 문장의 생성과 관련되는데 반하여, 문학능력은 주로 문학작품의 독서나 수용에 관련되어 있다. 둘째, 문학능력은 자연적이라기보다는 문화에 의해 전해지거나 학습된 능력에 기초한다. 셋째, 따라서 문학능력은 보편적인 것이 아니다.(김훈겸)

구조언어학, 보편문법, 문학능력

참고문헌
노엄 촘스키, 『언어에 대한 지식』, 이선우 역, 민음사, 1990.
김동욱, 『변형생성문법 개관』, 한신문화사, 1999.

언어도단(言語道斷)

언어의 길이 끊겨져 버렸다는 뜻으로 언어도과(言語道過), 명언도단(名言道過) 등으로 사용된다. 불교에서 언어도단심행처멸(言語道斷心行處滅)은 절대의 깨달음의 세계를 표현하는 데 쓰이는 말로, 언어에 의해서 표현할 수도, 사고로 생각하여 짐작할 수도 없다는 의미이다. 심행처멸(心行處滅)은 마음의 작용이 미치지 못하는 절대경계의 본체심(本體心), 곧 사량분별(思量分別)이 끊어진 경계를 말한다.

선(禪)의 특징이 언어를 넘어서는 데 있다. 불가에서는 이심전심이나 불립문자를 통해 언어로는 사물의 있는 그대로의 모습인 진여(眞如)의 묘체를 전할 수 없다고 한다. 이때 전한다는 것은 대상이 이해할 수 있는 방식으로, 즉 언어로 옮겨준다는 의미이다. 또한 노자의 의하면, 언어는 절대 궁극을 지시할 수는 있으나 직시하지 못한다(道可道非常道). 그러므로 궁극적인 깨달음은 언어에 얽매이지 않고 스스로 깨쳐야 한다고 주장한다. 중관사상에 의하면 우리가 절대적 진리를 획득되어야 할 대상, 즉 언어로써 지칭할 수 없는 대상으로 생각하는 이유는 낱말들이 항상 무엇인가를 지칭해야만 한다고 생각하기 때문이라고 한다.

대부분의 선시(禪詩)들은 깨침의 세계가 무엇인지, 무엇을 바로 보아야 하는 것인지를 암시해준다. 그것들은 때때로 충격적인 이미지들을 병치시키고 연쇄시킴으로써 기존의 상식을 일거에 뒤집어 버리기도 한다. 선시와 초현실주의시가 비교되는 까닭도 이런 점에 있다. 그러나 문제는 언어를 초월하려는 정신이 왜 언어에 의존하는가 하는 점이다. 언어는 깨침 그 자체를 직시하지 못하지만, 다양한 방법으로 지시하고 안내할 수 있다는 논리가 성립한다. 그러나 언어도단에서의 '언어'는 나와 우주를 하나로 만드는 천지인 삼재회통의 사건을 방해하는 장애물로 간주되기도 한다.

언어도단의 명제는 라캉(Jacques Lacan)의 실재계(Real)와 가깝다. 라캉의 실재계는 상징계로 완전히 구조화, 혹은 포섭할 수 없는 어떤 한계이며, 그것은 언어로 말해질 수 없는 어떤 것이기 때문이다. 라캉은 『에크리』에서 "실재계는 특히 주체를 기다리지 않는다. 왜냐하면 그것은 말로부터 아무것도 기대하지 않기 때문이다. 그러나 그것은 거기에 있다. 그 존재와 같은 양식으로 모든 것이 들려오는 소음의 상태로, 실재계는 그 분출 속에서 '현실원칙'이 외부세계라는 이름으로 그(현실원칙)안에 구성한 것들을 파괴시켜 버릴 채비가 되어 있다"고 말한다.

또한 비트겐슈타인(L. Wittgenstein) 역시 언어의 한계에 대해 지적하고 있다. 비트겐슈타인은 "특정한 경험에 대해서 우리는 말할 수 있지만 그 밖에 가장 본질적인 측면들을 기술할 수는 없다. … 우리가 말할 수 없는 무엇인가가 있다. 우리는 단지 일반적인 진술만을 할 수 있을 따름이다. 바로 이러한 생각이 우리를 곤경에 빠뜨린다."고 하면서 말로 표현할 수 없는 대상들이 실제로 있으며, 그것들은 스스로 드러나며 바로 신비적인 것들이라고 말한다. 따라서 도구로서의 언어의 한계에 대해 비트겐슈타인은 "사다리를 딛고 올라간 후에 그 사다리를 던져 버려야 하듯"이라고 말하며 『논리ㆍ철학 논고』에서 자신이 제시한 명제들을 무의미한 것으로 인식해야 한다고 경고하기도 한다.(김훈겸)

중관사상, 선시, 실재계

참고문헌
비트겐슈타인, 『논리ㆍ철학논고』, 이영철 역, 천지, 1991.
크리스 거드문센, 『비트겐슈타인과 불교』, 윤홍철 역, 고려원, 1991.

언어유희(言語遊戱, Pun, 프 Calembour, 독 Wortspiel)

언어유희는 다른 의미를 암시하기 위해 말이나 동음이의어를 해학적으로 사용하는 표현방법으로, 말이나 문자를 소재로 하는 유희를 의미한다. 언어유희란 일차적으로 저급한 기지(wit)의 형식으로 낱말놀이의 초기유형에 든다. 이때 언어유희는 해학을 목적으로 하기보다는 이중의 의미를 나타내는 명칭을 중심으로 진지하게 사용된다. 낱말의 소리들에 대한 진지한 관심을 토대로 발생한 언어유희는 차츰 해학을 목적으로 하게 된다. 아이러니의 한 변형으로서 언어유희는 단순한 말장난으로 끝나는 것이 아니라 풍부한 기지와 날카로운 어조로 풍자의 형식이 된다.

　언어유희를 시에서 사용되는 기법으로 나누면 다음의 여덟 가지로 구분할 수 있다. 첫째, 애매한 말의 기법이 있다. 한 낱말이 두 가지 뜻을 가지는 경우, 즉 동음이의어를 활용하는 경우를 말한다. 둘째, 수수께끼의 기법이 있다. "아버지가 어디로 들어가셨니?" 하는 대답에 "아버지가 방으로 들어가셨다"라는 대답이 "아버지 가방으로 들어가셨다"로 들릴 수 있는 경우이다. 셋째, 상이한 의미를 지닌 하나의 낱말을 대상으로 하는 기법이 있다. 그리고 넷째로 하나의 어법이 이중의미가 되게 하는 말놀이의 기법이 있으며, 다섯째로 하나의 소리를 다른 의미가 되게 하는 기법, 여섯째로 유사한 소리가 나지만 의미는 서로 다른 낱말들을 대상으로 하는 기법, 일곱째로 모음전환을 이용한 발전의 기법이 있다. 마지막 여덟째로 낯익은 어법에 가벼운 변화를 주는 기법이 있다. 언어유희를 효과적으로 사용하는 방법은 희극적 효과든 진지한 효과든 낯익은 어법들을 숙고하면서 이루어진다. 여덟 번째 기법의 예로는 오규원의 "콩밭에 콩심기 언어밭에 언어심기 / 그와 같은 방법으로 아픔밭에 아픔심기"(<콩밭에 콩심기> 중)를 들 수 있다.(김훈겸)

위트(wit), 해학, 풍자, 아이러니

참고문헌
J. T. Shipley ed. 『Dictionary of World Literature』, Littlefield : Adams & Co, 1968.
이승훈, 『시작법』, 문학과비평사, 1988.

언어적 전회(linguistic turn)

　언어적 전회는 20세기에 서양 철학에서 일어난 주요한 지적 운동으로 중요한 특징은 무엇보다 철학과 언어 사이의 관계에 주목했다는 점이다. 언어적 전회라는 철학 사조는 실재로부터 언어로(from reality to language)의 이동에 관심을 두었다. 전통적으로 언어는 외부의 실재를 가리키는 중립적인 도구일 뿐, 실재의 인식에서 능동적인 역할을 하는 매개체가 아니었다. 그런데 20세기 초 분석 철학은 언어의 구조나 개념 체계가 실재의 인식에서 결정적인 중요성을 가지며, 언어를 매개로 하지 않고는 실재에 도달할 수 없다고 주장하였다. 언어적 전회는 철학사조 전반에 영향을 미치며 인식론의 탐구 영역을 실재에서 언어로 바꿔놓은 것이다.

　언어적 전회의 선구자라할 수 있는 영국의 언어철학자 비트겐슈타인의 언어적 전회는 두 단계로 구분된다. 전기의 전회는 이전 철학의 주요 주제들이었던 사유, 이성, 감각, 경험, 인상, 사유주체 등에서 언어로 철학적 탐색의 방향을 돌려 언어를 논리적으로 분석함으로써 철학의 문제를 해결하려는 것이었다. 여기서 주요 대상은 언어와 세계와의 관계, 실체론, 언어와 세계, 언어의 근거, 논리적 기호법 등 전통적이라 할 수 있는 입장을 보인다. 그러나 후기에 이르러 비트 겐슈타인의 전회는 보다 포괄적이고 근원적으로 진행된다. 후기의 비트겐슈타인은 서고 전통 존재론, 의미론, 인식론 등 서양 철할 전반에서 기본적인 사유 범주로 전제되어온 구분이나 개념 들을 근본적으로 재검토하거나 재규정할 것을 촉구한다. 이러한 과정을 통해 현상과 실재, 본질 과 속성, 진리와 믿음, 이성과 감각, 형식과 내용 등의 이분법과 환원주의, 분석의 이념, 그리고 보편성과 객관성의 근거로서의 본질, 의미, 추상체, 보편자 등과 같은 철학적 개념들은 권위를 유지할 수 없게 된다. 궁극적으로 비트겐슈타인의 주장은 언어는 사실을 만들어 내고 우리의 사 상과 인식을 지배하는 '사고의 틀'이라는 전제 하에 서양 철학 전반의 지배적인 이념인 사유 중 심주의, 이성 중심주의, 로고스 중심주의의 난점을 비판하는 비평 이론으로 확장되었다.(장은영)

비트겐슈타인, 분석 철학

참고문헌
남경희, 『비트겐슈타인과 현대 철학의 언어적 전회』, 이화여자대학교출판부, 2005.
이한구, 『역사학의 철학』, 민음사, 2007.

언어철학(言語哲學, Philosophy of language)

언어철학이란 언어의 기원과 언어의 본질, 언어의 가치, 그리고 사회와 문화 속에서 언어가 수행하는 역할과 기능의 문제를 대상으로 하는 철학이다. 초기에는 언어의 기원과 발달에 관심 을 두었으나 최근 언어와 사상, 언어와 사물 등 의미론적 문제가 주제로 급부상하고 있다. 언어 철학은 기본적으로 언어학 외에도, 인간의 자아와 사회 생활·환경으로 존재하는 세계와의 관 계를 다루고 있으므로 심리학이나 언어사회학 등과 긴밀한 관련성을 갖는다. 언어학과의 관계 에 있어서 언어 철학은 단순히 언어 분석을 내용으로 한다는 공통점 외에 언어의 본성 탐구라는 철학적 반성 행위가 수반되는 차이점을 가진다.

언어 철학은 넓게는 언어적 철학·언어의 철학·언어학의 철학 모두를 포함하며 본질적으로 세 영역은 서로 연관성을 지녔다. 언어적 철학(linguistic philosophy)은 철학의 한 분과(分科)로, 사고 체계의 표현과 전달 도구인 언어를 분석한다는 입장에서 분석 철학(analytic philosophy)이 라고도 한다. 언어란 실제적 존재로서의 인간에게는 필수 조건의 하나이므로 플라톤(Platon)과 아리스토텔레스(Aristoteles) 이후의 철학자들에게 중요한 학문적 탐구 대상이 되었다. 19세기 훔볼트(K.W.Humboldt) 소쉬르(F.Saussure)·프레게(G.Frege)는 철학의 중요 문제로서의 언어 의 위치를 확립시킨 사람들이었다. 독일의 현상학(現象學) 해석학(解析學) 은 언어를 세계관의 표현으로 보았던 훔볼트에게서 계승된 것이고, 프랑스 구조주의의 근간(根幹)이 된 것은 소쉬 르가 파악한 언어(langue) 체계에서 비롯된 것이었다. 1960년대 이후로 언어 철학은 인접한 다 수의 영역들과의 교류를 통해서 인간 과학의 각종 분야에 대한 기초적 학문의 위치를 차지하고 있다. 유형 면에서 언어 철학은 인공 언어를 사용하여 언어 본성을 탐구하려는 태도, 다양한 접근을 통한 자연 언어 분석, 보편성을 지닌 자연 언어의 이론 체계 정립이라는 세 가지로 분류해 볼 수 있겠다.(이상갑)

참고문헌
윌리엄 P. 올스튼, 『언어철학』, 곽강재 역, 민음사, 1992.
박선목, 『윤리, 사회사상 사전』, 형설출판사, 2002.
_____, 『세계철학대사전』, 고려출판사, 1992.

언어학(言語學, Linguistics, 영국 Philology)

언어학이란 시·공간을 초월한 인류의 모든 언어의 본질과 기능, 변화 등을 연구 대상으로 하는 학문이다. 언어에 관한 보편적인 규칙을 연구하는 일반 언어학과 특정 언어나 개별 언어, 국어를 연구하는 개별 언어학(특수언어학)이 있는데, 이들은 서로 상호 보완적인 관계에 놓여야 한다.

언어학에 대한 고찰은 고전적 문헌학이 주류를 이룬 BC 5세기의 그리스 시대부터 이루어졌다. BC 4세기 파니니의 『산스크리트문법』은 현재까지도 유래를 찾을 수 없는 뛰어난 저술로 평가받고 있다. 라틴어의 우세가 지속되었던 중세를 거쳐 르네상스를 지날 무렵, 산스크리트어와 그리스어·라틴어의 유사성을 인지한 유럽의 언어학자들에 의해 19세기 비교 언어학의 시대가 확립된다. 그 시기의 비교 언어학 대부분은 역사적 연구에 한정되었으므로 언어학이 곧 역사 언어학이라는 풍조가 있었다. 20세기에 이르면 사회과학의 하나의 패러다임으로서 광범위하게 적용되는 소쉬르(F. Saussure)의 구조주의가 등장하여 근대적 의미의 언어학이 발전하기 시작한다. 근대 언어학의 진행 과정에서 미국에서는 블룸필드(Bloomfield)를 중심으로 구조 언어학이 발달하나, 1957년 촘스키(Chomsky)에 의해 구조 언어학의 경직성을 타개하는 형태의 변형생성문법이 등장하자 미국의 언어학은 큰 전환의 시기를 맞는다.

역사적으로 한국의 언어학은 훈민정음 창제시의 운학연구(韻學研究)에서 시작되나 발전이 미비하였고, 현재 우리의 언어학 대부분은 광복 후 유럽 이론의 수용에서 비롯된다. 미국의 구조 언어학 등 일반 언어학이 발전하는 세계학계의 상황 속에서, 6.25 이후 한국의 언어학 역시 국어의 기술(記述)에 미국의 언어학을 도입하였다. 신(新)이론이 완전하게 소화되지 못한 국내 언어학 연구는 미국 언어학계에 불어 닥친 촘스키 혁명에 의해 변형생성문법의 소용돌이로 빠져들게 된다. 1970년대 후반에 이르러 변형문법의 국어 적용에 관한 연구가 시작되었고, 이밖에 몽고어·만주어 등에 관한 국어의 계통연구가 비교적 활발하였다.

언어학의 연구 분야에는 음성학(音聲學), 음운론(音韻論), 형태론(形態論)과 통사론(統辭論)의 문법론(文法論), 의미론(意味論), 문체론(文體論) 등이 있으며, 언어의 공시적 연구인 방언학(方言學)과 언어의 변천을 다루는 통시적 연구인 역사 언어학(歷史言語學)이 있다. 또한 언어를 외부 세계와 연결짓는 언어학의 다양한 분야에는 심리 언어학, 사회 언어학, 응용 언어학, 컴퓨터

언어학, 인류 언어학, 철학 언어학 등이 있다.(이상갑)

참고문헌
진 에이치슨, 『언어학 개론』, 임지룡 역, 한국문화사, 2003.
M. H. 아브람스, 『문학용어사전』, 최상규 역, 보성출판사, 1994.
고영옥, 『사회학 사전』, 사회문화연구소, 2000.
이건수, 『언어학 개론』, 신아사, 2000.
_____, 『국어국문학자료사전(下)』, 한국사전연구사, 1994.
_____, 『세계철학대사전』, 고려출판사, 1992.

언어학적 비평(言語學的 批評, Philological criticism)

영어 'philological criticism'은 '문헌학적 비평'으로도 번역된다. 독일어의 'philologie'는 그리스어 'philologia', 즉 '학문애호'에서 나왔는데, 그것이 차츰 말의 학문으로 한정되어 'philology'는 주로 '문헌학'을 가리키게 되었다.

언어학적 비평이란 문체학상의 어조에 기초하여 어떤 특정한 저자의 작품으로 추정하는 것, 손실된 문장이나 단어를 적당하게 추측하는 것을 말한다. 언어학적 비평(philological criticism)은 앞서 어원풀이에서 밝혔듯이 문헌학(philology)적 비평과 밀접한 관련을 맺고 있다. 음향과 형태, 단어, 문장은 언어학자와 문헌학자의 공통의 연구대상인 것이다. 문학은 우선 언어로 된 작품(text)라는 전제 아래에서 양쪽의 만남은 언어라는 재료 위에서 이루어질 수 있었다. 구조언어학의 원류의 하나로 간주되고 있는 러시아 형식주의는 애초에 시적 연구라는 연구분야에서 비평가들과 언어학자들이 만남으로써 이루어진 것이었다. 언어로 되어 있는 텍스트의 의미를 어떻게 분석해낼 것인가에 대한 논의들은 언어학과 전통적인 문헌학, 혹은 해석학이 결합되면서 가능해진 것이다. 이와 같은 텍스트 언어학은 주로 단어나 문장 분석에 치중해 왔던 종전의 언어학과는 달리 텍스트를 분석단위로 설정하면서 오직 텍스트만을 언어학의 경험적이고 구체적인 대상으로 취급하자 했다.

한편 문헌학의 원래 의미는 지나간 시대의 문헌을 연구하는 것이었으나, 나중에 그 문헌의 내용이 씌어 있는 언어, 문체와 그것을 산출한 역사적, 문화적 상황에 대한 연구로 넓어졌다. 19세기 말에 와서는 문헌학의 뜻이 더욱 애매해져서 문헌과 그 전승에 대한 연구를 의미하기도 하고, 문학연구 또는 언어연구를 나타내기도 하게 되었다. 문헌학은 역사학의 한 부문으로서 고도의 발전을 이루어 나갔는데, 여기에서 언어학이 독립하고 또 문화인류학·사회학도 저마다의 영역을 확립해나갔다.

우리나라의 경우 국문학 연구의 형성기에 주요 연구방법이었던 실증주의, 혹은 문헌학의 원조는 일본 고쿠분가쿠(國文學)의 문헌학이었으며, 그 일본 문헌학의 모형은 19세기 독일의 문헌학이었다. 독일 문헌학에서 산출된 민족 문학에 대한 역사학적 담론은 일본 문헌학이 민족 사상사 형태의 문학사로 나아가는 데 전범이 되었고, 일본의 민족주의적 문학사 담론은 조윤제의

'민족정신'의 문학적 역사에 선례가 되었다.

근대 이후 문헌학은 문헌자료의 해석을 위한 학문으로 되돌아가 컴퓨터나 새로운 광학기기 등의 도구를 연구에 도입하면서 새로운 국면을 전개하고 있다. 결과적으로 텍스트는 언어학이 문헌학, 혹은 해석학과의 고리를 끊거나 독립적 학문이 됨으로써 언어학의 연구대상에서 배제 되었다. 그러나 최근 언어학적 비평과 그 이론적 기반인 텍스트 언어학은 인터넷상에서 접하게 되는 수많은 텍스트화된 정보들로 인해 다시 주목받고 있기도 하다.(김훈겸)

러시아 형식주의, 텍스트, 문헌학(philology), 해석학

참고문헌
최용호, 『텍스트 의미론 강의』, 인간사랑, 2004.
암스테르담스카, 『언어학파의 형성과 발달』, 아르케, 1999.

언어행위이론(言語行爲理論, Speech act theory) ☞ 화행이론

언지(言志)와 연정(緣情)

중국 고대 문론에 있어 시의 특징과 주안점에 관한 두 가지 지향점을 요약한 술어다. 이것은 각기 다른 내용을 담고 있는 동시에 일정한 관계를 맺고 있다. 언지설이 최초로 언급된 서적은 『상서(尙書). 요전(堯傳)』으로서 "시는 뜻을 말한 것이고, 노래는 말을 길게 늘여 읊조린 것이며, 소리는 가락에 따라야 하고, 음률은 소리와 조화를 이루어야 한다.(詩言志, 歌永言, 聲依永, 律和聲)"고 한 데서 유래한다.

여기서 지(志)의 해석에 대해서는 처음에는 정감과 사회적 지향(志向)의 두 가지 뜻이 다 있었으나, 후대로 가면서 사회정치적 의미를 지닌 문이재도(文以載道)적 개념으로 해석되었다. 유가 문학사상의 대표적 글인 「모시서」에도 이와 같은 의미가 강하게 내포되어 있다. 이는 후에 주로 순문학적 관점에서 "시와 부(賦)는 아름다움을 특징으로 삼는다"고 한 조비(曹丕)나 육기(陸機)의 시연정(詩緣情)설과 대비되며, 중국문학사의 흐름을 이끌어가게 된다.

아름다운 부(賦)가 유행했던 한대(漢代)에는 "시로써 정을 말한다"라는 주장이 부각되기 시작했다. 『한서. 익봉전(翼奉傳)』에는 명청 시대에 광범위하게 유행한, "시에 있어서 배워야할 것은 감정과 본성일 뿐"이라는 관점이 제시되었다. 본격적인 연정(緣情)설의 제기는 육기의 『문부』에 보인다. "시는 연정(緣情)에 의거해서 아름다워진다.(詩緣情而綺靡)"고 하였다. 연정은 선진이래 전통적인 '언지'설에 대한 새로운 방향 모색이라고 할 수 있다. 육기는 미문주의자라고 할 수 있는데, 그의 시대가 요청한 일이기도 했다.

실제 상황으로 따지자면 초기의 시언지는 비록 후대에 나오는 시연정설과는 다르지만 고대 중국에서 가장 발달했던 것은 서정성이 비교적 강한 시(詩). 악(樂). 무(舞)가 결합된 예술형식을 생각하면, 시언지는 주로 시가창작에 있어서 감정의 중요성을 강조한 발언으로 볼 수 있다. 순자도 먼저 언지에 대해 주장한 뒤 예술은 감정에서 발생하며 감정으로써 사람을 감동시키는 특징이 있다는 사실을 힘주어 강조하였다. 『한서. 예문지』에서도 "시는 뜻을 말한다"고 한 뒤 이어서 "때문에 슬프고 즐거운 마음이 느껴지면 노래하고 읊조리는 소리가 나온다"고 하였다.

연정설이 제기된 이후 문학 이론에는 정(情)과 지(志)를 함께 제창하는 논의가 분분히 일어났다. 유협은 『문심조룡. 징성(徵聖)』편에서 "뜻이 충족되어야 말도 문체를 갖추며 감정이 진실해야 표현도 아름다워진다."라고 했으며 「양기(養氣)」편에서는 "뜻을 이끌어서 바야흐로 감정을 다한다."고도 했는데 정과 지의 양분법적 견해에 대한 고찰인 셈이다. 중국과 한국의 고전 문학 역시 이와 같은 사회정치적 연계 해석파와 순수 문예적 해석의 두 흐름을 가지면서 서로 승강하며 발전하였다.(오태석)

언지, 연정, 육기, 문이재도, 순수 문예

참고문헌
오태석, 『중국시화사전』, 북경출판사.
_____, 『중국문학의 인식과 지평』, 역락, 2001.

언캐니(uncanny)

언캐니는 독일어 운하임리히(unheimlich)의 번역어이다. 독일어에서 이 단어는 집(heim)이 불러일으키는 편안하고 친숙한 것과 같은 느낌(heimlich)과는 다르지만 그것과 정반대인 불편한 느낌을 말하는 것이 아니라 집처럼 친숙하면서도 동시에 낯설고도 기괴한 감정을 말한다. 원래 이 말은 심리학자인 에른스트 옌취(Ernst Jentsch)가 1906년에 발표한 글(「On the Psychology of the Uncanny)」)에서 호프만(E. T. A. Hoffman)의 소설 『모래사나이』를 분석하면서 사용하였다. 1919년에는 프로이트가 「The Uncanny」라는 글을 통해 역시 호프만의 소설을 분석하면서, 언캐니를 억압된 것이 회귀하면서 발생하는 것이라고 말했다. 이 때문에 집처럼 친숙한 공간도 이방인에게는 어느 순간 괴기스럽거나 비밀을 간직하고 있는 신비스러운 공간처럼 느껴질 수 있다는 것이다. 그리고 아름다움이나 숭고함을 연구하는 기존의 미학에서 벗어나 그 반대의 측면인 언캐니, 즉 괴기스럽거나 두려움을 불러일으키는 대상 역시 연구되어야 한다고 말한다. 이 글은 다음해에 발표한 글인 「쾌락원칙을 넘어서」로 이어지면서 이후 프로이트 미학의 근간을 이루게 된다. 1970년에는 일본의 로봇공학자인 모리 마사히로(森政弘)가 로봇이 점점 사람과 가까워질수록 친밀도가 증가하다가 어떤 지점에 이르면 오히려 기괴하거나 섬뜩함을 느끼게 되는 현상을 언캐니밸리(uncanny valley, 不気味の谷)라고 부르고, 다음의 도표로 언캐니밸리 효과를 설명하기도 했다.(남승원)

운하임리히, 프로이트, 호프만, 언캐니밸리

참고문헌
지크문트 프로이트(정장진 옮김), 『창조적인 작가와 몽상』, 열린책들, 1996.

지크문트 프로이트(박찬부 옮김), 『쾌락원칙을 넘어서』, 열린책들, 1997.

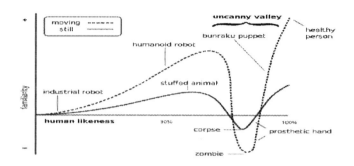

에고(Ego)

자아라고도 번역된다. 프로이트(Sigmund Freud)는 『꿈의 해석』(1900)에서 정신계를 의식, 전의식, 무의식으로 파악하였다. 이것을 제1지형학이라 칭하며, 『쾌락원칙을 넘어서』(1920), <자아와 이드>(1923)에서는 정신계를 또 다른 삼각구도인 자아, 이드, 초자아라는 구조적 관점에서 접근했다.

신체의 구성적인 필요로부터 생겨나는 본능적인 충동들을 나타내는 이드, 이드와 본능적 충동들에서 파생되어 그것들을 규제하는 행위력인 에고, 본능적인 충동들에 대한 사회적 ·부모의 영향을 정신적으로 변형시키고 변모시키는 슈퍼에고로 구분되는 정신의 지형학적 모델(Topographical of the mind)은 제1지형학에 비해 역동적이다. 프로이트에 의하면 에고는 정신계의 중심에 자리잡고 있으며, 위로부터 초자아의 명령과 아래로부터 이드의 충동, 그리고 외계로부터 오는 현실의 요구를 중재하고 조종하는 일종의 통제탑의 역할을 한다. 이때 자아가 사고와 이성의 주체이기는 하지만 데카르트류의 명징한 사유주체(cogito)가 아닌 것만은 분명하다.

이후 에고는 라캉(Jacques Lacan)에 의해 주체의 자리에서 내려오게 된다. 라캉은 에고는 주체가 아니라 단지 주체의 객관화에 불과한 것이라고 설명한다. 라캉은 에고란 의식이나 주체성 보다는 극화된 인물, 외관, 역할에 더 유사하며, 에고가 상상계에 위치해 있는 반면, 주체성은 상징계에 위치해있으므로 에고는 주체가 상상계적으로 동일시하는 장소에 불과하다고 말한다. 이때 에고 속에는 모든 사람이 되고 싶어 하거나 스스로 자신에 대해 가정하는 이상들(ideals)이 응축되어 있다고 가정된다.

『에크리』에서 라캉은 생후 6~18개월의 유아가 거울에 자신을 투영하며 처음으로 자신을 하나의 통일체로 경험하게 되는 '거울단계'에서 주체의 형성이 시작된다고 말한다. 즉, 거울단계에서 주체의 형성이 자신의 이미지에 의하여 촉진되며 동시에 그 이미지에 의하여 구속받게 된다는 것이다. 이러한 동일시는 주체(subject, I), 에고, 타자(other), 대상(object) 이라는 네 가지 요소들로 이뤄진다. 결국 라캉이 말하는 주체 형성의 기본적인 요인은 소외, 허구성, 그리고 오인의 구조인 것이다.

이처럼 라캉이 에고의 부정적 측면을 극단으로 밀어붙였다면, 미국의 자아심리학자들은 자아의 통제력, 적응성 등을 부각시키고 있다.(김훈겸)

주체, 거울단계, 동일시

참고문헌
지크문트 프로이트,『꿈의 해석』, 김인순 역, 열린책들, 1997.
＿＿＿＿＿＿＿,『쾌락원칙을 넘어서』, 박찬부 역, 열린책들, 1997.
자크 라캉,『Ecrits』, Paris: Editions du Seui, 1966.
아니카 르메르,『자크 라캉』, 이미선 역, 문예출판사, 1994.

에로스(Eros)

『그리스신화』에 등장하는 사랑의 신으로 '큐피드(Cupid)'라고도 한다. 아프로디테의 아들로 활과 화살을 가지고 있다. 그가 쏜 금으로 만든 화살에 맞으면 맹렬한 연정(戀情)에 사로잡히게 되며, 납으로 만든 화살에 맞으면 상대를 증오하게 된다. 프로이트는 이러한 에로스를 인간에 잠재된 하나의 경향으로 설명한다.

초기에 프로이트(Sigmund Freud)는 "성욕과 성적 쾌락의 획득에 봉사하는 본능(리비도)과 개체의 자기보존을 목적으로 하는 본능(자아본능) 사이의 갈등이 대단히 중요하다"고 강조하였다 (『정신분석입문 강의』). 그렇지만, 여기서 자아본능의 역할은 선명하게 제시되지 못했다. 융 (Carl Gustav Jung)과 같은 학자들로부터 "정신분석은 모든 것을 성욕으로 설명한다."는 비판을 받은 그러한 까닭이다. 그래서 프로이트는『쾌락원칙을 넘어서』에서부터『자아와 이드』,『문명과 불만』,『새 정신분석강의 입문』으로 나아가면서 에로스(리비도)와 타나토스(thanatos, 죽음의 본능)의 개념을 정립하고 발전시켜 나갔다.

타나토스는 '모든 반복은 배출의 한 형태'라는 가설을 바탕으로 한다. "프로이트는 반복하려는 충동이 역사적으로 원시적인 상태 또는 에너지의 완전한 배출(즉 죽음)을 특징으로 하는 그 상태로 되돌아가는 노력이라고 보았다. 따라서 반복하려는 충동은 죽음의 본능에 대한 증거를 제공해 줄 뿐만 아니라, 죽음의 본능에 대한 구체적인 해석도 마련해 준다는 것이다."(리처드 월하임Richard Wollheim,『프로이드』) 에로스는 이러한 타나토스를 극복하고 지배권을 획득하려는 본능을 가리킨다. 다시 말해 에로스는 죽음으로의 하강을 끊임없이 방해하고 지연시킨다. 문화를 일으키고 각 개인을 큰 단위로 형성하는 힘은 여기서 비롯된다.

『에로스와 문명』에서 마르쿠제(Herbert Marcuse)는 에로스를 다음과 같이 설명하고 있다. "프로이트는 에로스에 대해 생명이 지속되고 더 높은 발전이 이룩되도록 살아있는 실체를 더 큰 실체로 형성하는 것이라고 정의하였다. 생물적인 충동은 문화적인 충동이 된다. 쾌락원칙이 그 자신의 변증법을 드러낸다. 육체 전체를 쾌락의 주체-객체로 보존하려는 에로스의 목적은 유기체의 계속적인 세련과 감수성의 강화와 감성의 성장을 요구한다. 목적은 실현 계획을 만들어낸다. 노고(勞苦)를 폐지하고, 환경을 개량하고, 질병과 부패를 정복하고, 호사(豪奢)를 창조한다. 이러한 활동은 쾌락원칙에서 직접적으로 솟아나오며 개인들을 더 큰 단위로 연합시키는 작업을 구성한다."(홍기돈)

에로티시즘(Eroticism)

색정적(色情的)인 이미지를 의식적 또는 무의식적으로 환기하는 경향으로 본래는 그리스 신화의 사랑의 신 에로스(Eros)에서 유래한다. 듀커(Dueker)는 애욕의 문제에서 생식과 관련되지 않는 것들을 에로틱하다고 제안했다. 그리고 조르주 바타유(Georges Bataille)는 에로티시즘과 단순한 성행위는 구별해야 한다고 말하며, 에로티시즘은 생식이나 자식에 대한 배려와 같은 모든 실용적이고 일반적인 사회적 목적과 대립하는 행위로, 단지 자신의 열락과 열광, 광기 등을 목적으로 하는 것으로 본다. 이런 면들로 인해 에로티시즘을 죽음에 이를 수도 있는 삶이라고 바타유는 정의 내린다. 에로티시즘은 성이 지니는 감각적이고 이미지적인 것에 대한 집착으로, 역사적으로는 제사나 향연, 놀이, 범죄 혹은 예술 등에서 표현되어왔다. 고대 폼페이 유적에 보이는 벽화와 코나라크 사원 조각 등은 에로티시즘이 본능의 승화였다는 점을 보여준다.

에로티시즘은 중세에 이르면 크리스트교로 인해 본능을 드러내는 것이 죄악시되면서 전반적으로 억압된다. 그러나 르네상스기로 들어서면서 미켈란젤로(Michelangelo)나 라파엘로(Raffaello)에 의해 인간의 건강한 육체적 아름다움이 표현된다. 또한 이 시기의 새로운 과학적 진보의 결과들은 인간의 성을 보다 객관적으로 접근하게 하는 원인이 되면서 성에 대한 낡은 금기들을 깨뜨리는 결과를 가져온다. 현대 산업사회로 오면 광범위한 섹스산업과 각종 미디어들에 기반한 대중문화에 의한 에로티시즘의 확산이 일어난다.(이훈)

광기, 이미지, 섹슈얼리티.

참고문헌
이철호, 『문구멍으로 훔쳐본 에로티시즘』, 우암출판사, 1985.
프란시스코 알베로니, 『에로티시즘』, 김순민 역, 강천, 1992.
시부사와 타츠히코, 『몸·쾌락·에로티시즘』, 문대찬 역, 바다출판사, 1999.

에세이(Essay)[1]

개인의 상념을 자유롭게 표현하거나 한두가지 주제를 공식적 혹은 비공식적으로 논하는 비허구적 산문 양식. 에세이는 통상 일기·편지·감상문·기행문·소평론 등 광범위한 산문양식을 포괄하며, 모든 문학형식 가운데 가장 유연하고 융통성있는 것 가운데 하나이다. 에세이의 종류를 에세이와 미셀러니(miscellany), 혹은 공식적(formal) 에세이와 비공식적(informal) 에세이로 나누기도 하는데, 전자는 대개 지적·객관적·논리적 성격이 강하며, 후자에는 감성적·

주관적 · 개인적 특성이 두드러진다.

서양의 경우 플라톤의『대화록』이나 마르쿠스 아우렐리우스의『명상록』도 이 장르의 속성을 갖고 있지만, 프랑스의 몽테뉴(Montaigne)가 쓴『수상록 Essais』에서 현재의 의미로 확립되었다고 보는 것이 통설이다. 이후 영국의 프란시스 베이컨과 찰스 램, 독일의 프리드리히 니체와 발터 벤야민, 미국의 랄프 에머슨 등을 통해 에세이의 현대적 모습과 각국의 문화적 특성에 따른 차이를 확인할 수 있다.

에세이와 유사한 어원과 의미를 가진 수필(隨筆)은 동양문화권에서도 유서깊은 전통을 갖고 있다. 중국 남송(南宋) 때 홍매(洪邁)의『용재수필(容齋隨筆)』에 이 용어가 처음 등장하며, 다양한『열전(列傳)』들은 수필의 초기적 형태에 해당된다.

한국의 에세이 또한 매우 오랜 역사와 풍부한 유산을 갖고 있다. 고려와 조선 시대에 성행한 문집 · 잡기 · 야록(野錄) · 만필(漫筆) · 총화(叢話) 등이 이 형식에 속하며, 조선 중기 이후에는 사대부들의 한문수필과 더불어 여성에 의해 씌어진 다양한 한글수필들이 등장한다. 개화기 이후에는 유길준의『서유견문』을 비롯한 최남선과 이광수의 기행(紀行) 에세이가 다수 발표되었으며, 그 뒤 김진섭, 이양하, 피천득, 김소운 등이 등장하면서 좀더 폭넓고 깊이있는 인생체험을 형상화하는 문학장르로 정착되었다.(진정석)

수필, 미셀러니, 산문

참고문헌
게오르그 루카치,『영혼과 형식』, 반성완 · 심희섭 공역, 심설당, 1988.
Robert Scholes and Carl H. Klaus, Element of the Essay, 1969.

에세이(Essay)[2]

수필로 번역되기도 하는 에세이는 어떤 문제에 대한 개인적, 사회적인 경험과 성찰을 제시하는 비허구적인 산문이다. 프랑스의 철학자 몽테뉴가 1580년에 자기의 짧은 논설을 '에세이'라고 한 말에서 유래되었다. 몽테뉴는 저서『Essais』에서, "내가 바라는 것은 그저 부드럽고 기교도 부리지 않으며, 애쓰지도 않고, 나의 있는 그대로의 수식 없는 모습이 나타나는 것이다. 내가 그려 내는 것은 바로 나 자신이기 때문이다"라고 말한 바 있다. 에세이는 18세기 유럽에서 루소(Rousseau), 디드로(Diderot), 레싱(Lessing), 헤르더(Herder), 쉴러(Schiller) 등과 독일 초기 낭만주의자들에 의해 전성기를 맞이했다. 20세기에 이르러서는 니체의 작품을 통해 에세이의 시대가 열렸고 그와 동시에 에세이라는 개념이 광범위하게 사용되기도 하였다. 영국에서는 몽테뉴와 비슷한 시기에 베이컨(Francis Bacon, 1561~1626)이 1597년에 교훈적이며 경구적(警句的)인 내용이 담긴『Essays』를 펴낸 바 있다.

에세이에 문학적 가치를 부여하는 무질(Musil)은 에세이 문학의 본질적인 표준이 예술과 학문, 환상과 지성, 미학과 윤리, 열정과 정확성 등이 서로 교착되어 있다는 점이라고 지적하기도 했다. 무질은 에세이를 "하나의 확신을 잠정적 또는 부수적으로 표현한 것"으로 보지 않고, 오히려 "일회적이고도 변경되지 않는 형태로서 한 인간의 내적인 삶의 결단을 수반하는 사고를 받아들이는 형식"이라고 규정했다.

루카치는 「에세이의 형식과 본질에 관하여」라는 글에서 에세이가 문화적으로 이미 형성된 것을 끊임없이 반추하는 것이라는 점을 강조하며, 문명 비판과 예술에 대한 찬미가 문화적으로 보수적인 에세이를 구성한다고 지적하기도 했다.

에세이는 보통 시사적인 주제에 대한 과학적이고 논증적인 '공식적인 에세이(formal essay)'와 일상 생활에 대한 개인의 이야기에 해당하는 '비공식적인 에세이(informal essay)'로 구별되기도 한다. 에세이는 논문이나 소설 장르에 비해 비교적 짧은 글이지만, 분량이나 서술 양식에 관한 특정한 규정은 없다. 일반적으로 형식에 구애 없이 자신의 경험과 사유를 비체계적으로 표현된다.(장은영)

수필, 산문

참고 문헌
빅토르 츠메가치, 류종영 외, 『현대문학의 근본개념 사전』, 솔, 1996.

에코 페미니즘(Ecofeminism)

1970년대 서부 유럽에서 주창된 에코페미니즘(ecofeminism)은 생태학(ecology)과 여성주의(feminism)의 합성어로 여성해방과 자연해방을 동시에 추구하는 이론이면서 운동이다. 에코페미니즘은 여성과 자연의 동일성에 대한 직시에서 출발하였다. 여성이 가정과 사회 내에 놓여있는 수동적·억압적 대상으로서의 위치가 서로 같다는 것을 의미한다. 자연이 인간에 의해 지배당하는 것과 여성이 남성에 의해 지배당하는 것에는 상관성이 존재한다는 것이다. 따라서 에코페미니즘은 여성과 환경문제는 그 뿌리가 남성 중심의 억압적 사회구조에 있다는 전제에서 출발하여 성(性)의 조화를 통해 모든 생명체가 공생할 수 있도록 하자고 주장한다.

에코페미니즘은 인간과 자연, 남성과 여성, 인간과 인간이 서로 관계를 맺는 방식에 대전환을 요구한다. 기존 환경 운동과 여성 운동에 대한 반성이자 대안이기도 한다. 에코페미니스트들은 지금까지의 환경운동이 단순히 환경보호라는 구호에 집착, 단속과 법제 등에 의존해 왔다고 비판하고 여성운동 역시 지나치게 남녀의 대결 구도 속에서 진행돼 왔다고 지적한다.

아직 형성중이라고도 할 수 있는 에코페미니스트들의 다양한 주장 중에서 합의를 이룬 것들은 다음과 같다. 첫째, 현재 우리들이 가지고 있는 자연과 여성의 이미지는 동일하다는 합의이다. 즉, 자연과 여성은 '생명출산', '가계를 돌봄', 그리고 '혼돈스럽고 무질서한 파토스적 존재' 등의 속성이 있는 존재로 생각한다는 것이다. 둘째, 자연이 인간에 의해 취급받는 방식과 여성이 남성에 의해 취급되는 방식이 유사하다는 점이다. 즉 양자 모두 자신의 가치를 박탈당하고 유용성이란 측면에서만 취급되거나, 경제적 논리가 깔려 있는 식민화 방식에 의해 원료, 혹은 상품 등으로 취급되거나, 주체성이 상실된 '타자'의 위치에 놓여 있다고 본다. 셋째, 에코페미니즘은 여성 영역으로서 가정이 가지고 있는 특성, 그리고 여성 노동력으로서 재생산 노동이란 특성을 가정에서 경제영역이나 정치영역으로 확대시킬 가능성에 대해 논한다. 넷째, 여성과 자연 파괴를 야기하는 원인이 가부장제적 구조나 그 지배적인 문화와 밀접한 관련을 맺는다고 생각한다. 다섯째, 에코페미니즘은 대안적 세계로 이원론, 가치 차등주의, 도구주의 등을 극복한 세계, 혹은 이원적 세계를 인정하되 경쟁이 아닌 상보적·상생적 관계가 우선인 세계를 그리고 있다. 여섯째로 이러한 세계에 도달하기 위해 현재의 발전개념에서 벗어나야 한다고 주장한다. 끝으로 에코페미니즘은 그 동안의 여성 운동과 환경 운동을 비판하고 있다. 기존의 운동들은 해방과 양적인 평등을 내용으로 함으로써, 여성운동은 남성화된 여성을 상정하거나 남성이 누리고 있는 동일한 상태를 요구하는 운동으로 전락하고, 환경운동은 화폐로 보상된 타협이나 서구와 동일한 폐기물 기술 설치에 만족하는 운동으로 전락한다는 것이다.(김훈겸)

생태학(ecology), 여성주의(feminism), 환경운동

참고문헌
마리아 미스·반다나 시바,『에코페미니즘』, 이난아·손덕수 역, 창작과비평사, 2000.
문순홍 편저,『생태학의 담론』, 솔, 1999.

에크리튀르(écriture) ☞ 글/글쓰기

에토스(Ethos)

에토스란 '성격'과 '관습'을 의미하는 옛 그리스어로 사람의 특징적인 성질이나 태도를 말한다. 흔히 성격으로 번역되며 아리스토텔레스(Aristoteles)의 윤리학에서 사용되어 중요한 의미가 주어졌다. 그는『니코마코스(Nikomakos) 윤리학』에서 위를 향하는 불꽃과 아래로 떨어지는 돌처럼 다만 한 방향의 가능성만을 갖는 자연물(自然物)과, 항상 상반(相反)되고 대립되는 두 방향을 지닌 인간의 가능성을 대비(對比)시켰다. 동일한 행동을 반복함으로써 한 쪽 방향성을 지닌 습관(習慣, ethos)이 형성되고, 이것은 도덕적 행동·사고·생활의 근거가 된다. 본성적인 것과 반대되는 것을 에토스라고 하였는데, 지속성과 습성을 가진 측면에서 일시적인 성격의 파토스(pathos)와 대립된다. 또한 플라톤(Platon)의 사상에서도 엿볼 수 있듯이 이성에 반항하는 능력을 지닌 파토스(情意)가 에토스(習慣)에 의해 선한 성격이나 악한 성격으로 길러질 수 있다고도 하였다. 베버(M. Weber)는 에토스를 내부로부터 어떤 행동 양식을 유발시키는 행위의 실천적 능력이라고 보았고, 이것은 특정한 민족·시대·역사의 관습을 만들어내는 힘인 것이다. 그리고 인류학(人類學)의 에토스는 개별적 문화의 독자적인 관습의 구성물(構成物)이며 문화의 에토스는 인간 사회의 역사 전반을 통해 순응(順應)이 요구되는 상황에서 발생한다고 할 수 있다.

문학의 보편적인 용법으로는 에토스를 집단 구성원·체계·작품·인간 등의 특징적 정신과 믿음의 상태로 본다. 아리스토텔레스(Aristoteles)는 스피치(speech)의 설득적 요인을 수사법과 화자의 성격의 설득적 가치로 꼽았다. 텍스트로 존재하는 에토스가 내용 전체에 투영된 화자의 이미지로 보여 질 수 있다고 보고 설득적인 화자나 작가의 선의(善意)와 깨끗한 이미지를 중요하게 여겼다. 이처럼 수사학(Rhetoric)에서는 에토스가 하나의 텍스트 자체에 반영된 화자의 성격이며 독자를 향한 영향력 있는 정서의 실체인 것이다. 퀸틸리아누스(Quintilianus)는 격정의 파토스와 구별되는 정적(靜的)인 에토스를 규정하였고 르네상스 비평에서는 단순하게 성격묘사의 의미로 사용하였다.(이상갑)

관습, 신념, 정신

참고문헌
문덕수, 『세계문예대사전』, 교육출판공사, 1994.
박선목, 『윤리, 사회사상 사전』, 형설출판사, 2002.
이명섭, 『세계문학비평용어사전』, 을유문화사, 1985.
_____, 『세계철학대사전』, 고려출판사, 1992.

에포케(Epoché)

에포케(epoché)는 그리스의 회의론자들이 사용한 말로 '판단의 보류'라는 의미를 가지고 있다. 그들에 의하면, 판단하는 사람에 따라 그 입장·상태·조건이 각각 다르기 때문에 어떠한 것에도 가장 좋다거나 나쁘다는, 또는 있다거나 없다는 판단을 할 수 없다. 따라서 진리에 가까이 가기 위해서는 무엇에 대해서든 판단을 유보하여야 한다는 것이다. 근대 철학자 E. 후설은 에포케를 그의 현상학적 방법을 표현하는 말로 사용하였다. 후설에게서 에포케는 순수의식을 기술하는 길을 열기 위하여 사물의 존재에 대한 판단을 보류하는 것을 의미했다.

후설의 주요 학문적 관심은 상식적이든 철학적이든 어떠한 사전 가정에서도 독립된 '체험' 혹은 생활 세계로서 인간의 의식을 분석하는 데에 있었다. 후설에게 인간의 의식은 사고, 지각주체 지각 대상의 상호 상호관계에 의존하는 통일된 행위였다. 따라서 후설에게 인간의 의식은 어떤 것에 대한 의식을 의미했다. 이러한 의식의 활동을 현상학적으로 분석하려면 탐구자는 지각의 성질에 대한 어떠한 전제도 모두 유예하고, 지각된 대상이 지각하는 주체의 의식 외부에 존재하는가 존재하지 않는가에 관한 결론, 바꿔 말하면 그것이 통상적으로 말하는 '현실'이나 주체의 의식 속에 존재하는가 존재하지 않는가에 관한 결론도 지연시켜야 한다. 즉 '괄호치기(bracketing)' 해야 한다.

현상학적 비평과 가장 관계 깊은 문학이론가 그룹은 제네바 학파이다. 이들은 저자의 의식은 문학예술작품의 허구적 세계를 창조하는 데에 형식을 부여하는 요소라고 생각했다. 저자에 관한 모든 사전 가정을 제쳐둠으로써 혹은 '괄호치기' 함으로써 텍스트의 순수한 수동적인 수용자가 되고 그래서 최종적으로 저자의 의식과 동일화되는 것이 가능하다고 보았다. 제네바 학파의 이런 태도는 때로 의식의 비평이나 동화의 비평이라는 이름으로 불린다.(김한식)

현상학, 제네바 학파, 의식의 비평가

참고문헌
이남인, 『현상학과 해석학』, 서울대출판부, 2004.
한국현상학회, 『예술과 현상학』, 철학과현실사, 2001.
조셉 J. 코켈만스, 『후설의 현상학』, 임헌규 역, 청계, 2000.

에피그램(Epigram)

그리스어의 에피그람마(epigramma, 碑文)가 어원이며 에피타프(epitaph, 碑銘)와 거의 같은 뜻이었으나, 에피그램이 묘비명을 뜻하지 않게 된 뒤 '단시(短詩)'라는 의미로 남았다. 묘비명을 뜻하는 영어 낱말은 'epigraph'이다. 때에 따라서 '경구(警句)'나 '풍자시'로 의역되기도 한다. 분량은 대개 10행 이내로 이루어져 있고 3행으로 끝나는 경우도 많다.

맥카일(J. W. Mackail)은 에피그램을 "마치 비문에서처럼 하나의 행동이나 상황에서 영원히 기억될 수 있도록 요약하는 매우 짧은 시"이며, "마치 실제 비문에서와 같이 압축과 간결성을 가져야 하며, 시 전체의 분량은 작지만 결말이 균형 감각을 가지고 간단하고 명료하게 끝나야만 한다."고 말한다. 따라서 에피그램은 특별한 주제나 목적을 염두에 두고 예리하게 정곡을 찌르는 위트가 가미된 짧은 시라고 말할 수 있다. 일반적으로 시인의 관찰로써 시작하여 시의 말미에는 요약이나 판단으로 끝난다. 이러한 시 양식은 고대 그리스, 특히 로마에서 발달하였으며, 영국 르네상스기에 들어서 고전에 대한 관심과 부활에 힘입어 많은 시인들이 선호하는 시적 표현의 양식이 되었다.

문학사에 있어서 제정 로마시대의 마르티알리스가 에피그램의 달인으로 유명하다. 아우구스투스 시대에 태어난 베르길리우스나 호라티우스는 웅장하고 장엄한 서사시나 축제에서 신들을 찬미하는 송가를 장기로 삼은 반면, 마르티알리스의 작품은 현세의 삶을 풍자와 유머를 가미해 독자에게 제공하는 것이 특징이었다. 그에 따라 베르길리우스나 호라티우스의 문학이 중후하다는 평을 받은 반면, 마르티알리스의 문학은 경박하다는 평을 받았다. 마르티알리스의 <돌팔이 의사에게>라는 작품을 보면 당시의 평을 어느 정도 수긍할 수도 있다. "전에 안과 의사를 하더니, 지금은 검투사를 직업으로 삼고 있구나. 하기야 그대가 지금 경기장에서 하고 있는 일은 과거에 진료실에서 했던 일인 것을."

에피그램은 르네상스 이후 프랑스 및 영국시인들에게서 유행하였는데, 16세기의 마지막 10년과 17세기 초에 벤 존슨과 로버트 해릭(Robert Herrick)과 같은 시인들에 의하여 유행의 절정을 이루었다. 이들은 에피그램을 단순히 상대방을 직접적으로 비방하기 위한 시 형식으로만 사용한 동시대의 다른 시인들과는 달리 다양한 주제와 내용으로 고전적인 에피그램의 양식을 독특하게 변형시켰다. 프랑스에서는 볼테르, 독일에서는 로가우가 에피그램의 명수로 꼽힌다. 현재는 산문에서 발췌한 1행으로 된 것도 에피그램이라고 부르며, 거기에는 격언이나 속담보다 개성적이며 예리한 기지와 풍자가 내포되어 있어야 한다.(김훈겸)

경구, 풍자시, 유머

참고문헌

J. W. Mackail ed. 『Select Epigrams from the Greek Anthology』, London: Longmans, 1906.
시오노 나나미, 『로마인 이야기 8』, 한길사, 1999.

에피소드(Episode) ☞ 삽화

에피스테메(Episteme)

푸코(Michel Foucault)는 특정한 시대를 지배하는 인식의 무의식적 체계, 혹은 특정한 방식으로 사물들에 질서를 부여하는 무의식적인 기초를 에피스테메라 칭했다. 철학용어로서 에피스테메는 실천적 지식과 상대적 의미에서의 이론적 지식, 또는 감성에 바탕을 둔 억견(臆見: doxa)과 상대되는 '참의 지식'을 말한다. 독사와 에피스테메의 구별은 이미 파트메니데스에서 찾아볼 수 있으며 그것을 더욱 분명하게 구별한 사람은 플라톤이다. 플라톤에 있어서 에피스테메는 이데아를 파악하는 개념적인 진정한 인식을 뜻하며, 독사는 피스테메에 비해 감성적·주관적인 낮은 인식을 뜻한다. 한편 에피스테메는 아리스토텔레스에서는 필연적이고 영원한 것을 대상으로 하는 인식능력을 말한다.

고대 철학자들의 에피스테메의 개념은 푸코에 와서 권력-지식이 작동하는 특정 시기의 저류를 형성하는 담론 체계를 의미하게 되었다. 에피스테메의 개념은 그의 초기 저작에서 도드라지게 부각되는데, 『지식의 고고학>에서 내리고 있는 에피스테메란 우선 한 주어진 시대에 있어 인식론적 구조물들, 과학들, 그리고 경우에 따라서는 공식화된 체계들을 발생시키는 담론적 실천을 묶어줄 수 있는 관계들의 집합을 의미한다. 이는 또한 그 담론 형성들의 각자에 있어 인식론화, 과학화, 그리고 공식화로의 이행들이 자리 잡고 작동하는 방식을 의미한다. 또한 상호 일치할 수 있고, 종속될 수 있는, 혹은 시간 속에서 어긋날 수 있는 이 문턱들의 분배를 뜻하며 인식론적 구조물들 사이나 과학들 사이에, 그것들이 서로 이웃하기는 하지만 상호 구분되는 담론적 실천으로 부각되는 한에 있어서 존재할 수 있는 측면적인 관계들을 뜻한다.

따라서 에피스테메란 결국 일정하게 규정된 시대의 과학들 사이에서 그들을 담론적 형성의 수준에서 분석할 때 발견할 수 있는 관계들의 집합인 것이다. 그에 따라 푸코는 르네상스 시대를 '유사성'의 에피스테메로, 고전주의 시대는 '표상'의 에피스테메로, 근대는 표상으로 환원되지 않는 독립적 실재인 '실체'의 에피스테메로 규정한다. 푸코는 『말과 사물』에서 어떤 특정 문화 혹은 어떤 특정 시점에서, 모든 지식의 가능성의 조건을 규정하는 에피스테메는 단 한 가지

뿐이라고 주장하였다. 그러나 『지식이 고고학』에서는 에피스테메가 총체적 개념으로 인식되어서는 안 된다고 경고하면서 어떤 에피스테메가 득세했다고 해서 특정 시대와 문화의 모든 사람들이 그 노선을 따라가는 것은 아니라고 부연하고 있다. 그러나 인식론적 단절을 너무 빡빡하게 규정하고, 또 에피스테메를 단일한 구조체로 제시함으로써 많은 오해와 비판을 낳았다. 리차드 할랜드(Richard Harland)가 지적했듯이 푸코에게 에피스테메 이론에 의해 야기된 문제는 정말로 에피스테메가 모든 것을 포괄하는 총체적인 개념이라면 그 개념의 이론가, 즉 푸코 자신이 에피스테메의 부분이 되어야 한다는 것이며, 보다 큰 문제점은 왜 하나의 에피스테메가 방법을 열어주고 다른 것에 의해 교체되는가 하는 점이다. 또한 에피스테메들을 넘나드는 사상의 흐름을 간과하고, 에피스테메의 지연과 사상의 진화로 인해 축출되었던 개념, 혹은 개념틀이 되돌아오는 현상을 간과하고 있는 점이다.

푸코는 이러한 에피스테메의 연속관계에서 문학의 위상에 대해 언급하고 있기도 하는데, 푸코에 의하면 문학이 에피스테메들 사이의 간격을 채워주며, 지식의 고고학이 문학에게 '새로운 존재 방법'을 부여한다는 것이다.(김훈겸)

패러다임, 담론, 인식론적 단절

참고문헌
미셸 푸코, 『말과 사물』, 이광래 역, 민음사, 1986.
_____, 『지식의 고고학』, 이정우 역, 민음사, 2000.
리차드 할랜드, 『초구조주의란 무엇인가』, 윤호병 역, 현대미학사, 1996.

엑스터시(Ecstasy)

엑스터시는 일반적으로 종교적 신비체험의 최고 상태를 가리키지만 종교와 무관하게 나타나는 심리의 이상상태까지도 포함한다. 본래 엑스터시는 그리스어 ek, exo(~의 밖으로)와 histanai(놓다, 서다)의 복합어인 엑스터시스(ekstasis)에서 나온 것으로 '밖에 서다'라는 뜻이다. 이것은 영혼이 육체를 떠나 있는 상태를 나타낸 것이었다. 그 후 고대 말기에 이르러 신비체험까지도 포함하게 되었다.

엑스터시 현상이 가장 두드러진 종교로서 샤머니즘을 들 수 있다. 대개 샤먼이 되기 위해서는 엑스터시를 겪어야 할 뿐만 아니라 그러한 상태에 스스로 몰입할 수 있어야 한다. 일례로 북부 아시아의 에벤키족에게 있어서 샤먼이란 남녀 가릴 것 없이 신열(神悅), 곧 엑스터시를 통해서 신령의 세계와 직접 접촉할 수 있는 사람을 의미한다. 엑스터시 상태에서 샤먼은 자신의 혼이 육체를 떠나 하늘로 상승하거나 지옥으로 하강하는 경험을 한다. 이러한 샤먼 자신의 개인적 엑스터시는 공동체 전체에 걸친 집단적 무의식의 분출을 위한 발화점으로 작용할 수 있다.

원초적 또는 원시적 종교나 신앙들은 동물, 식물, 종족, 선조, 심지어 우주 그 자체까지 온갖 미묘한 힘을 갖춘 다양한 객체와의 신비주의적 합일을 암시하는 초월적인 엑스터시의 표현으로 가득 차 있다. 엑스터시를 통한 신비경험은 신이나 최고 존재에 대한 가장 직접적인 지식을 유발하기 때문에 경험 당사자에게 가장 강력한 것일 수밖에 없다. 이러한 경험이 기존의 종교전통에서 수용되는 경우에는 문제가 없지만 그렇지 않고 상반되는 경우에는 종교 내에서 이단시비 문제로 등장하거나 사회적 이탈현상으로 발전하기도 한다.

엑스터시의 개념은 계몽주의 이후의 서구 합리주의에 의해 비정상, 탈일상의 경험으로 정의되었다. 프로테스탄티즘 등에 의해 형성된 몸에 대한 경시와 정신의 강조는 종교와 주술을 엄밀하게 구분한다. 종교는 신과의 정신적 의사소통을 추구하면서 신의 정신세계를 모방하지만, 주술은 신과의 육체적 의사소통을 추구함으로써 신의 동작을 모방한다는 것이다. 그에 따라 현대인에게 엑스터시, 빙의, 금욕주의, 에로티시즘과 같은 몸과 관련된 종교적 요소들은 비정상적인 것으로 간주되고 있다.

그러나 로제 카유아, 조르주 바타이유, 가타리, 들뢰즈 등에 의해 서구 합리주의적 시각에서 벗어난 샤머니즘에 대한 논의를 찾아볼 수 있다.(김훈겸)

샤머니즘, 집단 무의식, 신비주의

참고문헌
마르치아 엘리아데, 『샤마니즘』, 이윤기 역, 까치, 1992.
김열규, 『동북아시아 샤머니즘론과 신화론』, 아카넷, 2003.

엘렉트라 콤플렉스(Electra complex)

3~5세, 곧 남근기(男根期)의 여아(女兒)는 자신의 어머니에게 살해 욕망을 품게 된다는 의미를 지닌 융(C.G. Jung)의 용어로 프로이트의 오이디푸스 콤플렉스의 여성형이라 일컬어진다. 소포클레스와 에우리피데스의 동명 비극의 주인공이기도 한 엘렉트라는 미케네의 왕 아가멤논의 딸로 아버지가 왕비이자 자신의 어머니인 클리타임네스트라와 그녀의 정부인 아이기스토스의 손에 살해되자 동생 오레스테스와 함께 어머니와 정부를 살해함으로써 결국 복수를 하고 만다는 신화 속 인물이다. 엘렉트라가 보여준 이러한 아버지(남근)에 대한 집념과 어머니에 대한 증오는 오이디푸스의 근친상간, 부친살해와 정확한 대칭을 이루고 있는데, 융은 이에 주목함으로써 엘렉트라 콤플렉스라는 개념을 만들어 낸 것이다.

엘렉트라 콤플렉스가 융의 용어이긴 하지만, 이론을 세운 것은 프로이트라 할 수 있다. 그에 따르면 여아는 아버지가 가지고 있는 남근(phallus)이 자신에게는 없다는 사실을 깨닫고 이를 부러워하는 한편 자신에게 남근을 주지 않은 어머니를 원망하는데, 이와 같은 여아의 남근 선망(penis envy)이 여아로 하여금 콤플렉스를 갖게 하는 근본적인 원인이 되며, 이는 여아가 성장함으로써 어머니의 여성성과 자신을 동일시하는 한편 초자아(超自我)가 형성될 때까지 지속된다.

엘렉트라 콤플렉스는 오이디푸스 콤플렉스와 대비되고 있기는 하지만 그만큼 중요시되지는 않는데, 왜냐하면 여아에게는 거세 불안으로 인한 거세 콤플렉스의 형성이 불가능하기 때문이다. 이 때문에 프로이트는 두 개념이 대칭적이지 않다고 보았으며, 부모 중 하나를 사랑하고 동시에 다른 하나를 경쟁자로서의 증오의 대상으로 보는 것은 남아(男兒)뿐이라고 주장했다. 하지만, 프로이트의 이러한 주장은 프랑스 여성 이론가들(크리스테바, 이리가레이 등)의 이론에 의해 거부되고 극복된다.

유진 오닐(Eugene O'Neil)의『상복喪服이 걸맞은 엘렉트라 Mourning Becomes Electra, 1931』는 가족 내의 사랑과 지배에 관한 프로이트적 억압을 딸의 어머니에 대한 증오, 곧 엘렉트라 콤플렉스를 통해 보여주는 대표적인 작품으로 평가받는다.(이명연)

콤플렉스, 오이디푸스 콤플렉스, 거세 콤플렉스, 남근 선망, 근친상간

참고문헌

칼 구스타브 융,『융 기본 저작집 1, 정신 요법의 기본 문제』, 한국융연구원 C. G. 융 저작 번역위원회 역, 솔출판사, 2002.
장 라플랑슈·장 베르트랑 퐁탈리스,『정신분석사전』, 임진수 역, 열린책들, 2005
Carl Gustav Jung, Critical Assessments Vol. Ⅱ, Routledge: London

여류문학(女流文學)

여성문학 혹은 여성주의문학이라는 개념이 일반화되기 전 한국 문단에서 여성 작가들의 작품을 일컫던 개념이다. 근대문학 초기부터 1980년대 중반까지 무비판적으로 쓰였으며, 황진이나 홍랑, 허난설헌 같은 고전 작가들의 작품들도 여류문학이라는 이름으로 논의될 정도로 광범위하게 쓰였다. 사회·문화적 성(Gender)이 아닌 생물학적 성(Sex)으로서의 여성 작가들과 그들의 작품을 바라봄으로써 여성 문제에 대한 인식이나 소수자로서의 여성의 해방이라는 시각은 수반되지 않은 채 남성 작가의 작품들과 구분되는 것처럼 보이는 모호한 '여성적 특성'을 강조하고 이를 고착화시킴으로서 여성 작가의 작품들을 획일화시키고 남성 문학의 예속물로 바라보게 만든 용어라는 비판을 받고 있다.

'여류'의 모형은 개화기 이후 신교육을 받은 여성 작가들이 문학적 성취보다는 그 희소성 때문에 저널리즘의 각광을 받게 되고 동시에 지식인들과의 자유 연애로 유명해지면서 형성되기 시작했고, 이후 '여류' 작가들은 자유 연애론자 혹은 '노라' 식의 여성해방론자, 곧 '가정에서의 탈출'자로 인식, 고착화되었다. 이러한 인식은 문학적 성취를 이룬 이후의 여성 작가들, 박화성, 강경애를 비롯하여 최정희, 김말봉, 이선희, 백신애 등에게도 그대로 적용되었으며, 이들의 작품들은 '여류 특유의 섬세함'에 기초한 것으로 간주되어 역사성 혹은 사상성이 부재한 것으로 비판받았고, 사회 인식의 깊이를 갖춘 작품은 '여성성의 소설'이라는 이름으로 매도되었다.

여성문학을 여류문학이라는 이름으로 폄하하는 이러한 경향은 해방 직후 민족문학건설과정에서 극복되는 듯 했으나 분단 이후 민족문학에 대한 논의가 보수적 진영에 한정됨으로서 극복의 과정이

정지되고 말았다. 하지만 1970년대에 들어와 각 대학의 여성문학 연구자들에 의해 다시 한번 극복이 모색되었으며, 1980년 중반 이후 성숙해지고 강렬해진 민주화운동과 이를 통한 여성 문제에 대한 재인식이라는 내적 요인과 60년대 이후 활발해진 서구 여성주의 문학 이론의 수용, 중심의 개념을 해체시키고 다양성의 논리를 인정하는 포스트모더니즘 혹은 포스트구조주의의 수용이라는 외적 요인이 맞물려 비로소 여성문학적 시각이 형성됨으로써 비로소 극복되었다.(이명연)

여성문학, 여성주의문학, 사회학적 성, 생물학적 성, 여성해방론자, 여성성, 민족문학, 포스트모더니즘, 포스트구조주의

참고문헌
김영혜·이명호·이혜경, 「여성과 문학」, 김동일 편, 『성의 사회학』, 문음사, 1993.
김미현, 『여성문학을 넘어서』, 민음사, 2003.
정순진, 『한국문학과 여성주의 비평』, 국학자료원, 1992.

여성문학(女性文學)

여성해방문학, 여성주의(페미니즘)문학 등의 용어로도 불리지만, 정영자에 의하면 여성해방문학이나 "여성주의문학은 여성문학이라는 영역 안에 속한 하나의 부류"일 뿐이며, 여성문학은 "'여성성' 혹은 '여성적 글쓰기'를 보여주는 문학 일반을 가리키는 용어"이다.

서구에서 본격적인 여성문학 논의가 시작된 것은 다소 긴 시간적 차이가 있지만, 버지니아 울프(Virgia Wolf)의 『자기만의 방 A Room of One's own, 1929』과 보부아르 (Simone de Beauvoir)의 『제 2의 성 The Second Sex, 1949』이 출판되면서부터이다. 이후 여성문학 논의는 메리 엘만, 쥬디스 페털리 등의 여성 이미지 비평적 논의들을 거친 후 밀레트(Kate Millett)의 『성의 정치 Sexual Politics, 1970』에 이르러 이론적이고 비평적인 힘을 획득하게 되며, 후기 구조주의(특히 라깡의 이론)와 해체주의의 영향을 받은 프랑스 이론가들(크리스테바, 이리가레이, 식수, 스피박 등)의 '여성적 글쓰기(식수 Helene Cixous)' 이론을 통해 더욱 큰 힘을 얻게 된다. 일레인 쇼왈터(Elaine Showalter)는 이러한 여성문학적 논의를 종합하면서 여성문학의 단계를 세 단계로 구분{1.전통의 지배적 양식을 모방하고 내면화시키던 단계(Feminine), 2.그것에 저항하고 소수의 권리와 가치와 저주성을 옹호하던 단계(Feminist), 3.자아 발견에서 여성의 독특한 경험과 특성에 가치를 부여하는 단계(female)}하고, 이런 비평은 남성의 경험을 보편적인 것으로 인정하는 모델 내에서만 작용하게 된다고 비판하면서 독립적이고 여성 중심적이며 여성들의 경험에서 나오는 질문들에 대답할 수 있는 비평 형식으로서의 여성 중심주의 비평(Gynocritics)을 제안하고 텍스트의 의미 산출자로서의 여성에 초점을 맞춘다.

이러한 다양한 논의들을 토대로 산출된 여성문학 혹은 여성주의문학은 첫째 문학에서 '가부장(메리 엘만 Mary Ellmann)'적인 전제들과 편견들을 폭로함으로써 여성이 사회적, 경제적, 정치적, 문화적으로 억압받고 있으며 이러한 억압이 종식되어야 한다는 것, 둘째 그 동안의 문학사에서 여성들이 이룩한 문학을 재발견하고 재평가하는 작업을 거침으로써 여성성에 기초한 여성적 글쓰기의 가치와 이론을 정립해야 한다는 것을 보여주는 문학으로 요약된다.

한국문학 내에서 여성문학에 대한 논의와 실천은 어느 정도 성과를 이루어 여류문학이라는 이름으로 비평적 폄하를 받아 왔던 근대 초기 작가들(박화성, 강경애, 최정희, 김말봉, 이선희, 백신애 등)에 대한 재평가 작업이 이루어지고 있으며, 박완서, 오정희, 서영은, 김채원을 위시해 신경숙, 최윤, 김수경, 배수아, 한강, 천운영 등의 작품들에 대한 여성문학적 시각에서의 비평이 활발히 이루어지고 있다.(이명연)

여성해방문학, 여성주의문학, 여성성, 여성적 글쓰기, 후기구조주의, 해체주의, 가부장제

참고문헌
김영혜·이명호·이혜경, 「여성과 문학」, 김동일 편, 『성의 사회학』, 문음사, 1993.
정순진, 『한국문학과 여성주의 비평』, 국학자료원, 1992.
정영자, 『인간성 회복의 문학』, 지평, 1992.

여성성(女性性, Femininity)

여성으로서의 특질 혹은 여성적 자아에 대한 인식 등의 뜻을 갖는데, 이는 주로 관계지향적인 능력이나 평화주의적 태도 또는 보살핌의 윤리와 같은 자질이나 가치를 나타내는데 사용되는 용어이다. 하지만 사회·문화적인 구성물로서의 성을 의미하는 젠더(Gender)의 개념을 참조한다면 이는 사회적으로 요구되는 여성다움이 의식적·무의식적으로 내면화된 결과 형성된 것으로, 그 여성다움의 덕목에는 가부장제의 성차별 이데올로기가 작동하고 있다는 판단을 동시에 고찰해야 한다. 가부장제 사회에서 횡행하는 '성의 정치'의 결과 여성은 열등한 지위를, 남성은 우월한 지위를 할당받게 되었다고 주장한 케이트 밀렛(K. Millett)의 분석을 거치면서 여성성에 대한 논의는 생물학적·본질적 여성성을 부정하고 성의 사회·문화적 구성성을 주장하는 방향으로 발전한다. 낸시 초도로우(N. Chodorow)는 외디푸스 콤플렉스(Oedipus Complex) 이후 단계를 기준으로 유아의 성 정체성이 성립된다는 프로이트(G. Freud)의 정신분석학에 착안해, 여아는 어머니를 모델로 하여 '자연스러운 동일시' 과정을 거치기 때문에 의존적이지만 안정된 여성성을 획득하는 반면, 남아는 이상적인 남성 모델에 자신을 맞추는 '위치적 동일시' 과정을 거치기 때문에 독립적이지만 불안한 남성성을 획득한다고 주장함으로써, 결여로서의 여성성을 주장하는 이론에 대한 반론을 가한다. 여성의 육체를 여성성이 표현된 장으로 해석하면서 희열(喜悅, Jouissance)을 여성성의 주요한 특징으로 해석한 루스 이리가레이(L. Irigaray)와 엘렌 씨쑤(E. Cixous), 성 정체성이란 무의식적인 충동과 사회적인 의미 사이의 상호작용을 토대로 형성되어 고정되거나 종결될 수 없는 복수(複數)적인 것이므로 여성성의 범주에 존재론적 완결성을 부여하지 말고 이를 정치적 수단으로 활용할 수 있어야 한다고 주장한 줄리아 크리스테바(J. Kristeva) 등을 거치면서 여성성의 개념적 범주나 의미는 고정불변적인 것이 아니라 변화가능한

것이라는 인식으로 확장되고 있다.(채근병)

섹스, 젠더, 성 정체성, 구성성, 복수성, 성의 정치

참고문헌
M. Humm. 『페미니즘 이론 사전』, 심정순·염경숙 역, 삼신각, 1995.
K. Millett. 『성의 정치학』, 정의숙·조정호 역, 현대사상사, 1976.
L. Irigaray 외, 『성적 차이와 페미니즘』, 권현정 편역, 공감, 1997.

여성성장소설

성장소설 혹은 교양소설의 주인공은 복잡하게 얽힌 현실의 미로를 통과하면서 세계와의 부조화를 극복하는 동시에 주관과 객관, 가상과 현실, 추상과 구체가 통합을 이루는 보편성 획득의 과정을 겪는다고 전제한다면, 성장소설에는 삶의 행로 그 자체에 대한 단순한 서술을 넘어서 인간의 자아 완성이란 이상을 향해 노력하는 과정이 담겨 있다고 할 것이다. 사회 속에서 자신의 정체성을 인식해가는 과정이 심리적인 개별화나 사회화의 과정과 깊은 관련을 맺고 있다고 한다면, 성장소설에서 여성이 주인공으로 설정되었을 때 여성 인물들의 성장은 우선 자신이 성적으로 어떤 존재인가 하는 의문으로부터 출발한다. 이는 여성으로서의 자아 인식이 사회·문화적으로 구성되었다고 판단하는 젠더(Gender)의식에 기초하는데, 성장소설로 분류되는 많은 작품들에서 주인공으로 설정된 남성은 미성숙한 개인으로서 외부 세계와 내면성 사이의 간극을 통찰하여 결국 성공적인 사회화와 자아의 성숙에 이르기까지 남성성 자체에 대한 고민을 핵심적인 것으로 인식하지 않는 반면, 여성성장소설에서는 자의적·타의적으로 다가온 성적 정체성의 위기는 일종의 사춘기적 입사 의례의 의미를 강하게 환기시킨다. 때문에 여성 인물들은 인간으로서의 성장과 여성으로서의 성숙이라는 이중적 상황을 동시에 해결해야하는 국면에 처하게 되는데, 이는 가부장적 사회질서 안에서 여성이 겪어야하는 여러 문제적 상황들을 필연적으로 드러내는 동시에 여성성에 대한 사회·문화적 의미를 재고하게 한다. 서양 작품으로는 토마스 하디(T. Hardy)의 『테스 Tess of D'Urbervilles』, 로렌스(D. H. Lawrence)의 『아들과 연인 Sons and Lovers』, 한국 문학 작품으로는 박완서의 『나목』, 박경리의 『토지』, 서영은의 「사다리가 놓인 창」, 신경숙의 『외딴 방』등이 그 대표적인 경우라 하겠다.(채근병)

성장소설, 교양소설, 여성성, 남성성, 가부장적 사회, 젠더의식

참고문헌
김경수, 『현대소설의 유형』, 솔, 1997.
김해옥 외, 『현대소설의 여성성과 근대성 연구』, 깊은샘, 2000.

여성이미지비평

여성이미지비평은 주로 남성작가의 작품에 드러나는 상투적이고 왜곡된 여성 이미지를 통해 성차별적인 편견을 문제 삼는 초기단계의 페미니즘 비평이다. 남성작가들의 작품에 반복적으로 나타나는 여성인물들의 이미지가 실제 삶 속에서의 여성의 복잡한 모습과는 상관없이 비현실적이고 부정적으로 그려지거나 지나치게 이상화되고 미화되는 경향이 있다는 것이다. 베티 프리단(Betty Friedan)의 『여성의 신비 The Feminine Mystique』(1963), 메리 엘만(Mary Ellmann)의 『여성에 관한 고찰 Thinking about Woman』(1968), 케이트 밀레트(Kate Millet)의 『성의 정치학 The Sexual Politics』(1970), 쥬디스 패털리(Judith Fetterly)의 『저항하는 독자 The Resisting Reader』(1978) 등이 대표적인 업적들이다.

베티 프리단은 남성에 의해 신비화된 여성의 이미지를 벗겨내는 작업을 했다. 1940-1950년대 미국에서 조장된 요리하고 청소하고 아이를 기르는 가정 주부의 모습은 모든 여성의 전형이었다. 하지만 이런 여성의 모습은 여성으로 하여금 성적인 수동성과 봉사하고 희생하는 어머니상을 우선시하도록 강요했다. 그러나 이러한 여성상은 남성중심적인 시각에서 바라본 왜곡되고 고정된 모습이라는 것이다.

메리 엘만은 남성작가나 남성비평가에 의해 제시된 전형적인 여성이미지를 무정형성, 수동성, 불안정(히스테리), 제한성(편협함), 실용성, 순결성, 물질주의(현실성), 정신주의(공상성), 비합리성, 순종성, 반항성(말괄량이, 마녀) 등의 11가지로 규정한다. 그리고 서구문학에 나타난 이런 여성이미지들이 천사와 마녀로 극단화되어 있다고 비판한다. 천사형은 가사와 육아에 전념하면서 가정과 가족의 평화를 위해 순종하고 희생하는 여성상이고, 마녀형은 성적으로 자유로우면서 남성의 권위에 도전하는 여성상이다. 여성이미지비평은 이처럼 여성을 신성시하거나 폄하하는 것 모두 현실성을 결여했기에 여성을 억압하는 것이라고 비판한다.

케이트 밀레트는 D.H.로렌스, 헨리 밀러, 노만 메일러, 장 주네 등의 남성작가의 작품 속에 등장하는 여성인물들을 고찰했다. 그 결과 D.H.로렌스의 소설 속 남성인물들은 항상 당당하고 자랑스러운데 비해 여성인물들은 언제나 수치스럽고 자포자기적이며 피동적인 희생물로 그려진다. 성의 해방을 통해 인간의 해방을 추구하려 한 헨리 밀러의 소설이나 인간의 욕망을 인정함으로써 더 큰 야만과 폭력을 막을 수 있다는 노만 메일러의 소설에서 여성은 남성의 자아회복을 위한 희생물일 뿐이다. 장 주네의 소설에 자주 등장하는 동성애는 여성혐오증이나 여성거부증을 나타낸다.

한국문학의 경우 김동인의 「약한자의 슬픔」이나 「김연실전」, 염상섭의 「제야(除夜)」나 「암야(暗夜)」같은 소설 속에서는 성적인 방종, 사이비 근대의식, 허위의식 같은 부정적인 측면을 지닌 신여성을 강조함으로써 봉건적인 이데올로기를 간접적으로 옹호하는 경향이 있다. 그리고 이상 소설에 등장하는 기생이나 요부형의 여성은 남성의 존재를 위협하는 위험한 여성에 해당한다. 이태준, 황순원, 김원일의 소설에 등장하는 엄하고 무서운 어머니나 아예 부재하는 어머니는 부드럽고 따듯한 성모(聖母) 이미지를 역으로 반영한 것이라고 할 수 있다. 그리고 장정일

소설 속의 여성들이 정신적 능력이 결여된 육체적 존재로만 그려지는 반면, 윤대녕 소설 속의 여성들은 관념적이고 탈속화된 신비한 여성으로 미화되는 경향이 있다.(김미현)

페미니즘 비평, 여성중심비평

참고문헌
케이트 밀레트, 『성의 정치학』, 정의숙·조정호 역, 현대사상사, 1976.
베티 프리단, 『여성의 신비』, 김행자 역, 평민사, 1978, 1996.
Mary Ellmann, Thinking about Woman, New York:Harcourt, 1968.

여성적 글쓰기(écriture féminine)

기존의 남성적 글쓰기가 억압해온 여성성 혹은 여성의 자기 긍정성을 확인하고 이를 통해 남성적 글쓰기와는 '차이'가 있는 새로운 글쓰기 개념으로 제시된 용어이다. 이는 기존의 남성지배적 문화 속에서 여성적인 것으로 치부, 폄하되어오던 몸(육체), 성적 욕망, 향수(과거지향), 모성(성) 등을 남성과는 구분되는 여성적 특성으로 '차이'지움으로써 새로운 글쓰기의 방향을 모색하려는 시도 속에서 탄생한 개념이라 할 수 있다. 여성주의문학 논의에서 '여성성'과 함께 주요 개념으로 쓰인다. 후기 구조주의 이론, 특히 라깡과 데리다의 이론에 바탕을 둠과 동시에 그것을 극복하는 방향으로 전개되었으며, 주로 프랑스 여성 이론가들(크리스테바, 이리가레이, 식수, 스피박 등)에 의해 정립되었는데, 그 중에서도 데리다(Jacques Derrida)의 '차연'으로서의 글쓰기에 많은 부분 기대고 있는 식수(Helene Cixous)의 저작에서 주로 전개된 개념이다.

식수에 의하면 여성적 글쓰기 혹은 여성적 글은 여성의 몸으로부터 쓰여지는 여성의 몸에 의한 글로 "여성들을 억압하고 침묵시키는 논리 중심주의(로고스 중심주의)와 남근 중심주의에 전제되어 있는 가부장제의 이항 대립적 체계를 끊임없이 전복시키는 새로운 언어"로서의 글쓰기이다. 즉 여성적 글쓰기는 "차이를 작동시키며, 차이를 두려는 방향으로 나아가며, 지배적인 남근 중심적 논리를 해체시키려고 투쟁하며, 이항대립의 완결성을 찢어버리며, 끝없이 열려진 텍스트성의 쾌락에 젖는" 글쓰기인 것이다. 이때 중요한 것은 여성적 글쓰기가 경험적인 저자의 성별을 문제삼는 것이 아니라 글쓰기의 종류, 즉 해체적이고 파괴적인 글쓰기를 의미하는 것이라는 점이다. 이 점은 식수가 여성적 글쓰기의 실례로 콜레트, 마르그리트 뒤라스와 함께 장 쥬네를 들고 있다는 점에서 확인할 수 있다.

한편 크리스테바는 여성적 글 혹은 글쓰기를 라깡의 상상계 개념을 전복하는 것으로, 여성의 언어를 상징계를 위협하는 것으로 정의로 정의한다. 곧 그녀가 말하는 여성적 글쓰기란 상징언어 속의 모순, 파열, 침묵, 부재로 존재하는 코라(chora 어머니 중심적인 상상계)의 언어로서의 글쓰기이며, 그것은 창조적 과잉(excess)과 분출(맥동 pulsions)의 글쓰기, 곧 단성적(univocal)이 아닌 다성적(polysemic)이고 '혁명적' 글쓰기이다.

한국문학에서 여성적 글쓰기에 대한 논의는 주로 여성문학 혹은 여성주의문학의 관점에서의 실제 텍스트 비평을 통해 이루어졌다. 이를 통해 근대 초기 작가들(박화성, 강경애, 최정희, 김말봉, 이선희, 백신애 등)에 대한 재평가 작업이 이루어졌으며, 박완서, 오정희, 서영은, 김채원, 신경숙, 최윤, 김수경, 배수아, 한강, 천운영 등의 글쓰기가 남성적 글쓰기와 구분(차이)되는 여성적 글쓰기의 특성을 보여주는 텍스트로 논의되어지고 있다.(이명연)

여성성, 차이, 몸, 모성(성), 후기구조주의, 차연, 논리 중심주의, 로고스 중심주의, 남근 중심주의, 가부장제, 이항대립, 상상계, 상징계, 코라, 창조적 과잉, 분출, 단성적, 다성적

참고문헌
엘렌 식수, 「메두사의 웃음」, 고미라 역, 『포스트모더니즘과 철학』, 이화여자대학교 출판부, 1994.
토릴 모이, 『성과 텍스트의 정치학』, 임옥희 등 공역, 한신문화사, 1997.
줄리아 크리스테바, 『시적 언어의 혁명』, 동문선, 2000.
Paul Bouissac, Encyclopedia of Semiotics, Oxford Univercity Press: New York.

여성중심비평(Gynocritics)

일레인 쇼왈터(Elaine Showalter)가 「페미니즘 시학을 향하여」(1979)에서 마련하고 「황무지에 선 여성비평」(1981)에서 다듬은 용어로서, 페미니즘 비평의 첫 단계인 '페미니즘적 비판(Feminist Critique)'에 이은 두 번째 단계의 비평에 해당한다. 남성작가의 텍스트 속에 나타난 왜곡되고 부정적인 여성상을 비판하면서 '독자'로서의 수동적인 여성만을 강조하던 '페미니즘적 비판' 단계에서 더 나아가 여성 자체를 중심에 두면서 그 동안 묻혀져 있던 여성작가의 텍스트를 적극적으로 발굴하고 추적하는 것이 여성중심비평이다. 여성이 무엇을 느끼고 경험하는지를 제대로 알기 위해서 여성작가의 텍스트에서 여성들만의 고유한 경험을 읽어내고, 이를 통해 여성적 차이를 규명하면서 여성문학을 분석할 수 있는 여성적인 틀을 구축하려는 것이다. 때문에 여성적 글쓰기에 주목하는 프랑스 페미니즘이나 여성들의 고유한 문화를 발굴하려는 문화적 페미니즘과도 연결될 수 있는 용어이다.

대표적인 저서로는 페트리시아 메이어 스팍스(Petricia Mayer Spacks)의 『여성적 상상력 The Female Imagination』(1976), 일레인 쇼왈터의 『그들만의 문학 A Literature of Their Own』(1977), 엘렌 모어스(Ellen Mores)의 『여성작가: 대가들 Literary Woman: The Great Writers』(1977), 니나 베임(Nina Baym)의 『여성소설 Women's Fiction}(1978), 산드라 길버트(Sandra Gilbert)와 수잔 구바(Susan Gubar)의 공저 『다락방의 미친 여자 The Madwoman in the Attic』(1979) 등이 있다.

그 중에서 일레인 쇼왈터는 여성중심비평에서 생물학, 언어학, 심리학, 문화 등의 네 가지 영역에서 여성적 차이를 규명하려는 노력이 차례로 진전되었는데, 이들 중 문화적 비평이 앞의 영역들을 포괄하기에 가장 정교하고도 중요한 분석을 보여준다고 강조한다. 그리고 여성작가를 세 단계로 나누어 탐색한다. 당시의 지배문화를 모방하면서 내면화하는 첫 번째 단계(Feminine

단계, 1840-1880년 경), 기존의 가치에 저항하고 여성의 가치와 여성 정체성을 주장하는 두 번째 단계(Feminist 단계, 1880-1920년 경), 남성문화와의 대립에서 벗어나 고유한 여성 미학을 발견하려는 단계(Female 단계, 1920-1960년 경) 등이다.

산드라 길버트와 수잔 구바는 가부장제의 검열에 노출되지 않기 위해 여성작가가 자신의 무의식 속에 숨겨둔 불안과 분노가 여성적 창조성의 근원이라고 본다. 그래서『제인 에어』의 버사 메이슨처럼 작가의 이런 의식을 대변해주는 광기의 인물이 필요함을 강조한다. 순종적이고 평온해 보이는 제인 에어의 숨겨진 자아이면서 분열된 여성정체성을 나타내는 광기의 여성이 버사 메이슨이다. 그녀를 통해 길버트와 구바는 문학 창작을 남성의 전유물로 간주했던 시기에 힘들게 창작활동을 했던 여성작가의 이중적인 서술전략을 여성 고유의 시학으로 끌어내고 있다.

한국문학의 경우에도 단군신화 속에서 순종적인 '곰'의 여성상에 의해 억압되었던 주체적인 '호랑이'의 여성상을 여성의 새로운 자아로 부각시키거나 버려진 아이에서 남성을 능가하는 능력을 발휘하여 만신(萬神)의 경지에 오른 바리공주를 여성 영웅으로 재조명하는 작업이 이루어졌다. 그리고 근대 초기에 '작품 없는 문인'으로 취급되면서 그들의 사생활만이 관심의 대상이었던 나혜석, 김명순, 김일엽 등의 여성작가의 작품 세계에 대한 조명도 최근 활발하게 진행되고 있다.(김미현)

페미니즘 비평, 여성이미지비평, 급진적 페미니즘

참고문헌
일레인 쇼왈터, "황무지에 있는 페미니스트 비평", 김열규 외,『페미니즘과 문학』, 문예출판사, 1988.
Elian Showelter, "Toward a Feminist Poetics", Elian Showelter, ed, The New Feminist Criticism, New York: Pantheon, 1985.

여성 창세기(Gynesis)

1985년 앨리스 자딘이 자신의 저서『여성 창세기: 여성과 근대성의 형태』에서 만든 용어. 남성 중심의 창세기를 거부하고 여성이 중심이 되는 새로운 신화를 제안하며 이를 여성 창세기라 지칭했다.

앨리스 자딘은 여성 창세기에 대해 다음과 같이 설명하고 있다. "내가 바라는 것은 여성 창세기를 믿을 만한 신조어로 만드는 것이다. 여성 창세기란 용어는 근대성의 조건에 본질적인 것으로 프랑스에서 평가 과정을 거쳐 '여성' 담론에 삽입되었다. 이 용어는 여성성과 여성, 그리고 여성의 의무를 확립시켜 주는 것이다. 다시 말해서, 역사적으로 암암리에 이어져 온 여성적인 것들을 공정하게 다룸으로써, 생각하기, 글쓰기, 말하기의 새롭고 필연적인 양식에 어느 정도 본질적인 것들을 구축시켜 나가는 담론이다. 이런 과정에서 생겨난 대상은 어떤 과정이나 사물이 아니라, 하나의 지평이다. 그 지평을 향하여 과정들이 진행되는데, 이 지평이 바로 원여성성이다. 원여성성은 책읽기의 효과이며 결코 안정되지 못하고 정체성이 없는 효과 속의 여성이다. 쓰인 텍스트에서 원여성성의 출현은 아마 페미니즘 독자들에 의해서만 인지될 것이다. 이는 분명히 '여성적'일 때나 아니면 여성들이(형이상학적이거나 역사적으로 규정될 때) 불가사의하게 그런 담론 속에 재현되는 것처럼 보일 때 인식될 것이다."

앨리스 자딘은 이성 중심의 남성적 지식이 신체 중심의 여성적 지식을 '비지식'으로 간주했다고 주장한다. 이에 앨리스 자딘은 그의 저서에서 새로운 지식을 선언한다. 그 새로운 지식은 바로 여성의 지식, 신체적 지식이다. 이를 중심으로 새로운 신화를 발굴하고 창조해 내기 위해 남성 창세기가 아닌 여성 창세기를 제안한다. 그리고 서양 철학의 전통적인 개념들 속에서 추상적이거나 수동적이고 침묵하거나 피상적인 지위에 놓여있었던 여성의 지위를 탈피하고 새로운 신화를 이룩할 것을 주장한다.(추선진)

참고문헌
제레미 M 호손, 정정호 외 옮김,『현대문학이론용어사전』, 동인, 2003.
채희철,『눈 밖에 난 철학 귀속에 든 철학』, 랜덤하우스코리아, 2005.

여성학(Women's study)

여성학은 여성연구 또는 여성에 관한 강좌를 통칭한다. 여성의 지위, 역할, 경험 등을 이해하고자 여성을 연구하는 학문이나 구체적인 여성의 교육 과정을 동시에 의미하기 때문이다. 따라서 여성학이 다루는 영역은 남녀의 인격 형성과 사회화 문제, 가족, 성, 경제, 법, 복지 등 매우 다양하다. 1960년대 후반에 본격화된 여성해방운동에 힘입어 그 동안 무시되거나 과소평가 되었던 여성의 학문적 업적이나 능력을 모든 학문 분야에서 재건해 보자는 것이 목표이기에 그 기본이 되는 사상은 페미니즘이다. 그리고 여성학은 성 차별적인 현실을 체계적으로 분석하여 여성 억압의 구조와 기원을 밝혀내는 인식론적 측면과 여성 운동과 결합하여 사회를 실질적으로 변화시키려는 실천적인 측면을 동시에 지닌다. 최근에는 남녀간의 성차에 주목하는 '젠더 연구'나 남성성에 관한 연구인 '남성학'과도 발전적인 대화 관계를 형성하고 있기도 하다.

보다 구체적으로 이런 여성학의 목표를 살펴보면 다음과 같다. 첫째 사람들을 종래의 여성에 대한 고정관념으로부터 해방시키는 의식 개혁에 힘쓰는 일, 둘째 이제까지의 성별 역할 분업의 형태에 구속되지 않는 여성의 역할 모델(예: 여교수)을 다양하게 제공하는 일, 셋째 남성 중심의 가치체계 아래 구성되어 있던 교육 과정을 여성의 관점에서 재구성하는 일 등이다. 이런 목적을 달성하기 위한 여성학은 기존의 학문들처럼 결코 객관적이거나 중립적일 수는 없다. 기존 지식에 담긴 남성중심성을 바꾸거나 여성이 스스로 확실하게 자기 결정을 내릴 수 있도록 여성적 관점에서 인간 체험을 바라보는 것이기 때문이다. 하지만 충분히 실증적 연구여야 한다. 그리고 여성의 행동을 사회, 문화, 역사적 맥락 속에서 다학문적(multi-discilpinary)이고 학제적(inter-disciplinary)으로 연구해야 한다.

서구에서 여성학은 영국의 반(反) 대학(Anti University)에서 1968-1969년에 줄리엣 미첼이 최초로 강의했다. 미국에서는 1970년에 샌디에고 주립대학에서 최초로 여성학 프로그램이 공식적으로 승인되었다. 한국에서는 1977년 이화여대에서 최초로 여성학이 선택 교양 강좌로 개설되었다. 1982년에 이화여대의 대학원에 여성학과가 만들어졌고, 1990년부터 박사과정이 개설되었다. 1984년에는 우리나라 최초로 한국여성학회가 발족되었다. 이후 여대를 중심으로 개설된 연구소가 주축이 되어 학술대회나 세미나, 강좌를 개최함으로써 여성학적 지식이나 관심이 급속도로 확산되었다.

문학 쪽에서도 여성학적 시각을 도입해 그 동안의 문학 논의에서 도외시되었던 여성작가나 작품을 발굴해 냈고, 남성중심적이었던 문학 평가를 재고하면서 정전(正典)의 의미를 재고하게 했다. 그리고 여성저작들의 두드러진 특징을 밝히거나 발전적인 페미니즘 문학의 미래를 전망하는 데에도 여성심리학이나 여성신학, 여성철학, 여성사회학 등의 도움을 받았다. 실제로『한국여성학』이나 『여성과 사회』, 『또 하나의 문화』, 『여성문학연구』, 『여/성이론』 등의 학회지와 잡지 등에 실린 글들이 여성학과 문학의 접목을 성공적으로 보여주고 있다.(김미현)

페미니즘, 젠더 연구, 남성학

참고문헌
G.볼스, R.D.클레인 공편, 『여성학의 이론』, 정금자 역, 을유문화사, 1986.

여성혐오증(Misogyny)

남성 혹은 여성이 여성에게 느끼는 증오와 공포를 의미한다. 남녀 모두 여성이란 원래 지적으로 열등하고, 이성적이기보다는 감성적이며, 어린애 같거나 관능적이라는 신념들을 갖고 있다는 것이다. 그래서 남성은 여성을 비하하거나 멸시하면서 쉽게 성적인 폭력을 행사할 수 있게 된다. 여성 또한 스스로 자신의 몸이나 삶에 대해 수치심과 거부감, 무력감, 열등감을 느끼면서 거식증이나 식사장애, 우울증, 불감증 등을 경험하게 된다. 이런 여성혐오증이 발생하는 원인으로는 첫째 성의 거부나 성에 대한 죄책감, 둘째 남성들이 여성을 이상화함으로써 찬미하는 데에 대한 반발, 셋째 여성을 남성에게 종속시키려는 가부장적 욕망 등이 있다. 하지만 이 가운데 마지막 요인이 가장 광범위하고 확고하게 사회에 침투해 있다고 할 수 있다.

최근에는 이런 사회적 측면에서뿐만 아니라 심리적 측면에서 여성혐오증을 해석하려 한다. 가령 낸시 초도로우(Nancy Chodorow)에 의하면 성인 남성들의 여성혐오증은 아직 각자의 개별 자아를 확립하기 전에 전적으로 의존해야만 했던 강력한 어머니에 대해 품었던 두려움과 불쾌함에서 유래한다. 또한 남성이 남성답게 행세하기 위해서는 '어머니-아님'과 '여성-아님'이라는 배타적이고도 부정적인 맥락 속에서 자신의 정체성을 확보해야만 하는데 따르는 심리적 부담도 중요한 요인이라고 지적하고 있다.

케이트 밀레트(Kate Millet)는 『성의 정치학 The Sexual Politics』(1970)에서 D.H.로렌스를 가

장 유능하고 열렬한 성의 정치가로 기술한다. 그는 초기소설에서 여성에게 희생적인 모욕을 강요하다가 후기소설로 갈수록 사디즘적이고 동물적인 폭력과 섹스를 가하고 있기 때문이다. 심지어는 여성혐오증 때문에 동성애에 빠져 여성이 더 이상 필요하지 않으므로 추방해야 한다는 주장까지 하고 있다. 케이트 밀레트는 헨리 밀러나 노만 메일러의 작품에서 가장 포르노적인 장면들 중 일부를 인정하면서 그 속에 담긴 잔인하고 여성혐오적인 사례들을 분석하기도 했다.

산드라 길버트(Sandra Gilbert)와 수잔 구바(Susan Gubar)는 여성들이 스스로를 작가가 되기에는 뭔가 부족하고 불리한 존재라고 느끼는 심리적 부담감을 '작가되는 일에 대한 불안(anxiety of authorship)'이라고 정의한다. 이는 젊은 남성작가들이 선배이자 자신의 문학적 아버지에 대해 느끼는 부담과 경쟁의식을 말하는 해롤드 블룸(Harold Bloom)의 '영향의 불안(anxiety of influence)'을 페미니즘적으로 재정의한 것이다. 여성작가들은 자기 이전의 선배 여성작가로부터 영향을 받을까봐 불안해할 수조차 없는데, 왜냐하면 아예 선배 여성작가 자체가 부재하기 때문이다. 그래서 여성작가들은 남성만이 글을 쓸 수 있다는 고정관념에 사로잡혀 작가가 되는 것을 더 두려워 할 수밖에 없다는 것이다. 즉 여성작가의 경우 남성 선배들은 그녀의 창조성을 더욱 약화시키는 장애물이 된다. 여성혐오증적 입장에서 보면 이러한 장애물에 대해 여성작가들이 느끼는 결핍감, 무력감, 광기, 히스테리는 이상할뿐더러 작품의 통일성에 손상을 가져와 작품의 질을 떨어뜨리는 것으로 볼 수 있다.(김미현)

여성이미지비평, 영향의 불안

참고문헌
케이트 밀레트, 『성의 정치학』, 정의숙 ·조정호 역, 현대사상사, 1979.
Nancy Chodorow, The Reproduction of Mothering, Berkeley: University of California Press, 1978.
Sandra Gilbert & Susan Gubar, The Madwoman in the Attic, New Havan: Yale University Press, 1979.

여항문학(閭巷文學)

여항문학은 조선 후기 서울에서 중인층이 중심이 되어 주도했던 한문학을 뜻하며, 위항문학(委巷文學)이라고도 한다. 위항(委巷)은 중인 이하 계층을 지칭하던 용어로 이들은 신분상 사대부 중심의 학계나 문단에서 배제되어 있었다. 이런 풍토에서 17세기 말 위항 문인들은 독자적으로 시사(詩社)를 만들어 18세기에 크게 융성, 문학을 통해 신분상승을 꾀했다. 또 개화기에 위항문인들은 신문화운동에 깊숙이 간여했다. 이들은 시사를 조직하고 공동시집을 발간했으며 중인들의 역사를 정리한 공동 전기를 펴내는 등의 활동을 전개했다. 17세기 말 숙종 때 낙사시사(洛社詩社)를 필두로, 18세기 인왕산 기슭에 모여 살던 위항인들이 주축이 된 옥계시사(玉溪詩社), 1870년대 말 개항 직후 결성된 육교시사(六橋詩社)가 유명하다. 옥계시사에 참여했던 문인들로는 장혼(張混), 김낙서(金洛瑞), 이의수(李宜秀), 박윤묵(朴允默), 조수삼(趙秀三) 등이 있다. 특히 육교시사에 이르러서는 의역중인이 중심이 되어 북학을 사상적 기반으로 삼았다.

1712년 홍세태(洪世泰)가 편찬한『해동유주(海東遺珠)』에 48명의 시 230여 수를 실어 초기 위항문학의 면모를 보여주었고 1737년 고시언(高時彥)이 펴낸『소대풍요(昭代風謠)』는 162명의 시 660편을 모아 묶었다. 그 후 60년마다 공동시집을 펴내는 불문율이 생겨나 1797년『풍요속선(風謠續選)』, 1857년『풍요삼선(風謠三選)』이 간행되었다. 그러나 공동 전기는 19세기 후반에 와서야 발간되었다. 1844년에 조희룡이 직접 중인층의 입장에서 저술한『호산외사(壺山外史)』는 시인, 문장가, 화가, 역관 등 위항인 42명의 재능과 덕행을 기렸고 1862년 유재건이 엮은『이향견문록(異鄕見聞錄)』도 308명의 위항인의 전기를 편찬했다. 1866년 이경민은『희조일사』를 펴내 본격적인 문집을 낼 여력이 없는 95명 위항인들의 행적을 모아 조망했다.

1917년 공동시집을 발간할 해가 오자『풍요사선(風謠四選)』간행이 논의되기도 했지만 다수의 중인들에 의해 거부된 채, 장지연이 주도해 평등사상에 입각한 대동시선과 공동 전기 일사유사를 편집한 것으로 사실상 그 막을 내렸다. 여항문학은 귀족 문화적 성격과 신분의 제약에서 오는 갈등을 표출한 서민적 성격이 어울려 있으므로 일종의 혼합 문학이며 시민문학의 성격을 띠었다.(김주현)

중인문화, 위항인, 공동전기, 공동시집, 서얼통청운동

참고문헌
강명관,『조선후기 여항문학 연구』, 창작과비평사, 1997.
황충기,『한국여항시조연구』, 국학자료원, 1998.

여행기 ☞ 기행문

역당구자(易堂九子)

청나라 초기의 문인 위희(魏禧)와 위제(魏際), 위례(魏禮), 팽사망(彭思望), 임시익(林時益), 이등교(李騰蛟), 구유병(邱維屛), 증란(曾燦), 팽임(彭任) 등 아홉 사람을 일컫는 말이다. 위희의 아버지 위조봉(魏兆鳳)은 명나라가 망한 뒤 머리를 깎고 취미봉(翠微峰)에 숨어살았다. 그는 자신이 거처하던 집 이름을 역당(易堂)이라고 했는데, 나중에 위희 등 아홉 사람이 이 곳에 모였기 때문에 역당구자라는 명칭이 생기게 되었다. 구자는 모두 명나라의 유민(遺民)으로, 명나라가 망한 뒤 그들은 망국의 한을 품고 산 속에 은거하였다. 숭정제(崇禎帝)가 죽자 위희는 일찍이 "고을 뜰에 앉아 날마다 크게 통곡하며, 분노로 호통치며 살려고 하지 않았고(號慟日哭臨縣庭 憤咤不欲生)"(『국조선정사략(國朝先正事略)』), 병사를 일으켜 궐기하고자 했지만 뜻을 이루지 못하자 취미봉에 은거하고 말았다. 임시익은 본명이 주의방(朱儀滂)으로 명나라 때의 종실(宗室) 사람이었는데, 명나라가 망한 뒤 역시 은거하였다. 이등교도 역시 세상을 버리고 은거한 인물이다. 역당구자에게는 비교적 일치된 사상을 가졌는데, 그들은 "성실을 세울 것(立誠)"을 주장하며 문식(文飾)은 반대하였다. 의기(義氣)를 중시했고, 명예와 절개를 강조했으며, 재물에 따른 이익과 생명은 가볍게 보고, 자연스런 허락을 중시했고, 베풀기를 좋아하였다. 그들은 몸소 실행하고 힘써 짓기를 부르짖었으며, 학자들의 병폐는 분별하는 것이 밝지 못하고 실천이 돈독하지 못한 것이라고 보았다. 바로 이렇게 사상적으로 일치하는 부분이 있었기 때문에 그들은 피붙이가 생사를 같이 하는 듯한 사귐을 맺을 수 있었던 것이다. 청나라의 방이지(方以智, 1611-1671)는 일찍이 이들을 칭송해서 "역당의 참다운 기상은 세상에 견줄 이가 없다.(易堂眞氣 天下無兩)"고 말했다. 그들이 취미봉에 은거했던 이유도 처음에는 세상의 난리를 피하려는 데 있었지만, 나중에는 무너진 나라를 회복하려는 데 두었다. 위희는 일찍이 장강의 남북을 두루 다니면서 절중(浙中) 지방으로 들어가 널리 문사들과 사귀었다. 그가 교제를 맺은 이들은 거의가 명나라의 유민들로, 그는 한편으로 도리를 밝히고 이 시대에 힘써야 할 것이 무엇인지 알리며, 염치를 중시하고 명예와 의리를 두려워해야 한다는 주장을 알리면서, 한편으로 천하의 호걸과 인재를 규합해서 큰 일을 벌이려고 도모하였다. 팽사망 등도 세상을 유람하면서 폭넓게 사람들과 사귀었는데, 역시 마찬가지 일을 도모하려는 의도가 깔려 있었다. 임시익은 성격이 호방하고 굳세서, 당대에 필요한 일들을 꿰뚫어 보고 곳곳에 흩어져 있던 뜻있는 인사들과 즐겨 교유하였다. 구자들은 문학적으로 고문실학(古文實學)을 존중했으며, 책을 읽고 저술하는 데 노력을 기울였고, 고문사(古文辭)를 쓰기에 전력을 다하면서 서로 격려하며 문학에 대한 논의를 주고받았다. 역당구자 가운데 이등교의 나이가 가장 많은 데다가 성격이 아주 엄정했기 때문에 나머지 사람들은 모두 그를 공경하며 섬겼다. 그러나 위희가 구자 가운데 가장 위신(威信)이 당당했고 일에 있어서 총괄하지 않은 것이 없는 실제적인 영수였다. 그리고 문학적으로도 그의 성과가 가장 높았다.

위희와 위제서, 위례는 형제 사이로, 그들의 집이 강서 영도(寧都)에 있었기 때문에 사람들은 세 사람을 영도삼위(寧都三魏)라 불렀다. 위제서는 본명이 상(祥)이었고, 자는 선백(善伯), 호는 백자(伯子)로, 삼위 가운데 맞이였다. 위례는 자가 화공(和公), 호가 계자(季子)였으며, 삼위 중 가장 나이가 어렸다. 이들 세 사람의 사상은 완전히 일치해서 위제서와 위례도 위희와 마찬가지로 항상 각지를 유람했는데, 항상 서로 연락을 주고받으며 앞으로 할 일에 대해 논의하였다. 그들은 역당구자의 실질적인 중심 인물이었다. 위례가 다른 두 사람에 비해 오래 생존했기 때문에 후세 사람들에게 미친 영향이 훨씬 컸다.

위희와 후방역(侯方域, 1618-1654)과 왕완(汪琬, 1624-1691) 세 사람을 묶어 청초산문삼대가(淸初散文三大家)로 부른다. 송락(宋犖, 1634-1713)은 일찍이 이들 세 사람의 문집을 함께 간행하기도 하였다. 그러나 세 사람의 문풍은 제각기 나름대로의 특징이 있었고, 문학적 성과 또한 완전히 대등한 것도 아니었다.

위의 문풍은 웅장하고 강건(剛健)하며 종횡으로 내달려, 때로 세밀한 부분에는 관심을 기울이지 않았다. 후방역은 비교적 문장의 수사적인 측면을 중시해서, 때로 부화하고 유약(柔弱)한 아쉬움이 있다. 『사고전서총목』은 유독 왕완에 대해서만은 상당히 후한 평가를 내리고 있는데, 실상과 부합한 지적은 아니라고 하겠다. 그러나 왕완은 당송파의 특징을 갖추었으면서도 복고 주의적인 영향은 비교적 적게 받아, 일정 정도 긍정적인 평가를 내릴 만하다.(임종욱)

위희(魏禧), **위제**(魏際), **위례**(魏禮), **팽사망**(彭思望), **임시익**(林時益), **이등교**(李騰蛟), **구유병**(邱維屛), **증란**(曾爛), **팽임**(彭任), **위조봉**(魏兆鳳), **역당**(易堂), **영도삼위**(寧都三魏), **청초산문삼대가**(淸初散文三大家)

참고문헌
임종욱, 『동양문학비평용어사전-중국편』, 범우사, 1997.
_____, 『중국의 문예인식』, 이회, 2001.
_____, 『중국문학에서의 문장체제 인물 유파 풍격』, 이회, 2001.
주훈초, 『중국문학비평사』, 이론과실천, 1992.

역사극(歷史劇, Historical play)

역사극이란 과거에 실제 일어났던 역사적인 사실에서 취재(取材)하여 만든 연극 또는 희곡으로 실존했던 인물과 역사적 사실을 바탕으로 하며, 사극(史劇)이라고도 불린다. 보다 넓은 의미로는 '현대극'의 반대개념으로서 쓰이기도 한다.

역사극은 역사와 문학 양쪽 모두에 개입하는 데서 오는 특징을 갖는다. 아리스토텔레스(Aristoteles)가 『시학(詩學)』에서 역사와 시의 차이를 역설한 것과 같이 역사극 작가는 역사와 문학의 가교(架橋) 역할을 해야 하는 까닭에, 역사적 사실에 충실함과 동시에 작품의 예술성도 고려해야 한다. 또 다른 특징은 관객의 문제인데, 다른 극과 달리 역사극의 관객은 이미 줄거리 전개를 어느 정도 알고 있기 때문에 단순한 내용에서 오는 즐거움보다는 세부적인 기교나 배우의 표현·작품 전체적인 감상이라는 복합적 반응을 나타낸다. 연극을 비극과 희극으로 양분할 때 역사극은 대체로 비극인 경우가 많으며, 역사적 영웅의 일생을 다루는 장르의 보편성을 가진다.

고대 그리스에서부터 사용되었을 것으로 보이는 역사극은 르네상스가 되어 본격적으로 등장한다. 특히 영국의 셰익스피어(William Shakespeare)는 『리처드 2세』, 『헨리 4세』 등 다수의 작품을 남겼는데, 대부분 영국 특유의 국민극적 성격을 지닌 연대기(年代記) 사극이다. 『헨리4세』는 리처드 2세에게 왕위를 빼앗아 성립한 헨리 4세 치하의 음모와 혼란의 어두운 시대를 배경으로 하여, 무뢰한(無賴漢)의 방탕한 생활을 하는 늙은 기사 폴 스태프를 그리고 있는데, 이는 햄릿과 함께 셰익스피어가 창조한 성격 중에서 가장 흥미 있는 인물로 평가받고 있다. 좀 더 넓게 역사극을 정의할 경우, 『안토니와 클레오파트라』, 『줄리어스 시저』 등 셰익스피어의 '로마사극' 일련의 작품들도 역사극에 포함시킬 수 있다. 이탈리아의 만초니(A.F.T.A. Manzoni), 에스파냐의 베가(Lope Fe lix de Vega Carpio) 등이 거의 동시대 작가이며, 프랑스의 고전주의 연극에서도 라신(Jean Racine) 같은 역사극작가가 등장했다. 18세기 독일에서는 괴테(J.W. Goethe)가 『게츠』, 실러(J.C.F. Schiller)가 『발렌슈타인』 3부작을 썼으며, 20세기 손꼽히는 역사극 작가로서는 독일의 브레히트(B. Brecht)와 영국의 아덴(J. Aden)이 있다.(이상갑)

사극, 로마사극

참고문헌
문덕수, 『세계문예대사전』, 교육출판공사, 1994.
이대석, 『셰익스피어 극의 이해』, 한양대학교출판부, 2002.
『국어국문학자료사전(下)』, 한국사전연구사, 1994.

역사산문(歷史散文)

역사상의 인물이나 역사적인 사건을 제재(題材)로 한 산문의 일종. 현재는 주로 선진(先秦) 시대에 쓰여진 이러한 성격의 산문을 가리킨다. 『서경(書經)』은 중국 최초의 역사 산문이라고 할 수 있다. 이 책은 말을 기록하는 데 주력하고 있으며, 대부분 서사(誓詞)나 보고문, 경계하는 글 등이 중심을 이루고 있는데, 사건을 기술한 글도 일부 수록되어 있다. 언어는 간략하고 짧으면서 난삽한 편인데, 나중에 나온 『춘추(春秋)』와 『국어(國語)』, 『전국책(戰國策)』 등에서는 차츰 발달하여 당시의 구어를 비교적 주의 깊게 구사하거나 문학적인 표현력에 관심을 두면서 길이 또한 점차 길어지는 추세를 보였다. 서사 방식도 비교적 치밀하게 복잡한 사건과 인물들의 언행을 기술하면서 역사상 인물들의 다양한 특성을 구현하였다. 이들 몇몇 기술물들을 통해 중국 선진 시대 역사 산문의 발전 과정을 명징하게 살펴볼 수 있다. 『좌전(左傳)』과 『전국책』은 선진 시대 역사 산문 가운데 문학적 성취가 가장 높은 저술로, 후세 산문가들로부터 크게 중시되어 산문 창작의 전범으로 여겨졌다. 가의(賈誼, 전200-전168), 조착(晁錯, 전 200-전154), 사마천(司馬遷, 전145-전86?) 등은 모두 선진 시대 이들 산문으로부터 나름대로 영향을 받아 창작에 나섰으며, 당송 시대 이후의 저명한 고문가(古文家)들에 이르기까지 이들 역사 산문을 애호하면서 학습하기에 힘썼다. 그들의 서사문이나 전기문, 의론문(議論文) 등은 문채적인 측면에서 뿐만 아니라 표현 방식에 있어서도 선진 시대 역사 산문의 영향을 크게 받았다.(임종욱)

서경(書經), 춘추(春秋), 국어(國語)』, 『전국책(戰國策), 가의(賈誼), 조착(晁錯), 사마천(司馬遷), 의론문(議論文)

참고문헌

임종욱, 『동양문학비평용어사전-중국편』, 범우사, 1997.
_____, 『중국의 문예인식』, 이회, 2001.
_____, 『중국문학에서의 문장체제 인물 유파 풍격』, 이회, 2001.
주훈초, 『중국문학비평사』, 이론과실천, 1992.

역사소설(歷史小說, Historical novel)

역사적 사건이나 인물을 작가의 상상력을 통해 재구성하는 서사양식이다. 역사소설은 역사와 문학의 복합체로서 역사성과 허구성의 결합을 특징으로 하고 있다. 역사소설에서는 작가의 상상력이 중요하게 부각되는데, 이는 역사의식과 작품의 내적 통일성이 결부돼야 구체성이 확보될 수 있기 때문이다. 더불어 역사적 시간과 시대상, 역사적 사건, 역사적 인물 등이 서사의 중심적 역할을 수행할 때 '역사소설'이라는 개념규정이 가능하다. 등장인물은 실재했던 역사적 인물일 수도 있고, 작가가 만들어낸 허구적 인물일 수도 있다.

역사소설은 근대적 장르로서의 특징을 지니고 있다. 작가는 역사의식을 통해 과거를 현재의 전사(前史)로서 인식해야 '역사'를 생동감 있게 문학적 현실로 되살릴 수 있다. 역사소설의 주인공들은 전형적이며, 역사적 상황 속에서 대립하는 힘들을 매개할 수 있는 인물들이어야 한다. 역사소설에서 문제되는 것은 과거로서의 시간이다. 이에 관해 플래시맨(A. Fleishman)은 역사소설로 규정할 수 있는 과거를 현재로부터 두 세대 이전(40 내지 60년 이상)의 과거사로 규정하고 있으며, 그 과거는 역사적 사건으로 정치, 경제, 전쟁 등 개인적인 운명에 영향을 주는 공적인 것이어야 한다고 말하고 있다. 서구 근대적 소설 장르로서 역사소설은 영국 소설가 월터 스코트(Walter Scott)의 작업이 시초라고 할 수 있다. 스코트는『아이반호』등을 통해 봉건사회의 붕괴상을 사실적이면서도 총체적으로 형상화함으로써 역사소설의 고전적 모델을 정립했다. 세계적인 역사소설로는 플로베르(G. flaubert)의『살랑보』, 뒤마(Dumas, Alxandre)의『삼총사』, 비니(Vigny, Alfred-Victor de)의『생마르』, 스탕달(Stendhal)의『파르므의 수도원』, 톨스토이(Tolstoi)의『전쟁과 평화』등을 거론할 수 있다.

한국문학에서 역사소설은 근대 소설사의 중심적 작가들인 이광수 · 현진건 · 김동인 · 홍명희 등에 의해 창작됐다. 이들의 역사소설은 일제 식민지 치하의 조선이라는 특수한 상황과 깊이 연관돼 있다. 1930년대 중반에 왕성하게 창작된 역사소설은 민족주의 이념을 표현하기 위한 작품들(현진건의『무영탑』, 박종화의『금삼의 피』, 이광수의『단종애사』등), 식민지 현실의 문제를 역사속 피지배계급의 문제로부터 빌려와 형상화한 소설(홍명희의『임꺽정』등)로 구분해서 이해할 수 있다. 한국문학에서 역사소설은 1960년대 이후 다시 왕성하게 창작된다. 이 시기의 역사소설 창작도 '민족주의 이념'의 강화와 관련돼 있다. 1960년대 유주현과 김성한, 김주영으로 대표되는 역사소설들은 과거의 사실 또는 진실을 묘사하려는데 치중했다. 그러나 안수길의『북간도』와 박경리의『토지』는 과거를 배경으로 하면서도 개성적 인물창조에 성공하고 있어 뛰어난 작품성을 지닌 것으로 평가된다. 한국문학의 대표적 역사소설로는 홍명희『임꺽정』, 황석영의『장길산』, 조정래의『태백산맥』등을 거론할 수 있다.(임헌영)

민족주의, 대하소설, 역사성, 허구성

참고문헌

공임순, 「한국 근대 역사소설의 장르론적 연구」, 서강대 박사학위논문, 2000.
게오르크 루카치, 『역사소설론』, 거름, 1999.
김윤식, 「역사소설의 네가지 형식」, 『한국근대소설사연구』, 을유문화사, 1986.
임영봉, 「역사소설의 특성에 관한 연구」, 중앙대 석사학위논문, 1992.

역사유물론(歷史唯物論, Historical materialism)

변증법적 유물론(유물변증법)을 인간계에 적용하여 인간 사회의 변화와 발전을 수행하는 근본적인 요인을 규명하는 동시에 실천적인 행동양식을 제시하고자하는 사회과학 또는 역사철학 이론을 지칭한다. 역사유물론을 사회철학 혹은 사회과학에 대한 인식론적 기초부문으로 규정한 플레하노프(G. V. Plekhanov)나 프롤레타리아적 사회학이 곧 역사유물론이라고 주장한 부하린(N. I. Bukharin) 등과 같은 논자에 따라 학문적 성격 규정에 대해서는 차이를 보이지만, 역사유물론은 대체로 사회적 구조와 그 역사적 변천에 관한 유물론적 파악의 근본 원리로서 규정된다. 마르크스(K. Marx)의 『정치경제학 비판』에 의하면, 생산력의 일정한 발전 단계에 조응하는 생산관계의 총체가 사회의 경제적 구조 즉 실제적인 토대를 이루고, 그 토대 위에 정치적 상부구조가 조성되며 그에 따라 사회적 의식의 여러 형태가 발생한다. 곧 물질적 생활의 생산양식이 사회적 · 정치적 · 정신적 생활과정 전반을 제약한다는 것인데, 사회구성체는 생산력이 완전히 발전하기까지는 결코 몰락하지 않는다고 한다. 원시공동체 이후 생산력이 높아지면서 사적 소유와 상품교환이 출현하게 되고, 노예제, 봉건제, 자본제 등이 차례로 출현하게 되면서 인류의 역사는 계급투쟁의 역사로 진행하게 된다. 이때 자본제 사회의 생산력과 생산양식은 계급간 적대적 해결의 물질적 조건을 만들어내면서, 종국적으로는 착취와 수탈 등이 존재하지 않는 공동생산제사회가 도래하게 된다고 한다. 마르크스와 엥겔스(F. Engels) 이후 역사유물론은 특히 국가론, 이데올로기론, 혁명론 등의 분야에서 그 깊이가 더욱 심화되었고 레닌(V. L. Lenin)이나 그람시(A. Gramsci), 루카치(G. Lukacs) 등의 공헌도 높이 평가된다.(채근병)

유물변증법, K. 마르크스, F. 엥겔스, 토대, 상부구조, 공동 생산제사회

참고문헌
빅토르 아파나세프, 『역사적유물론』, 김성곤 역, 사상사, 1988.
쿠시넨, 『역사적유물론 입문』, 편집부 편, 동녘, 1990.
강신준, 『자본론 읽기』, 풀빛, 2001.

역사전기문학(歷史傳記文學)

역사전기문학은 과거의 역사를 배경으로 고전 소설의 '전(傳)' 양식을 빌어 민족 영웅의 행적을 재구축해 번역, 번안 창작했던 개화기 문학의 갈래이다. 전 형식을 취한 것은 특별히 후세에 모범이 되는 실존 인물의 행적을 기록해 애국적 열정을 북돋워 국민 교화를 실현하고자 했던 계몽적 목적에 의한 것이다. 그렇기에 개화기 역사전기문학은 가급적 소설의 허구성을 배격하고 비범한 영웅의 인품과 애국심을 사실적으로 전달하는 데 역점을 두었으나 소설 양식의 특성상 역사적 사실과 허구의 접합을 완전히 피할 수는 없었다. 또 기존의 국문소설을 개혁의 대상으로 삼고 신사상을 전파하고자 했던 데도 의의가 있다.

서양 역사 소설의 선구자인 월터 스콧은 사회 격동기를 배경으로 하되 실존 인물보다 다양한 가상인물을 창조해 평민들의 역사 참여를 모델로 하는 역사소설 창작 방법론을 확립했다. 게오르그 루카치(Georg Lukacs)는 『역사소설론』에서 스콧의 작업이 '현재의 전사로서의 과거'로 역사 개념을 파악하는 근대적 역사소설의 출발점이라고 평가하고 중도적 인물에 의해 형상화되는 역사의 총체적 인식을 강조했다. 그러므로 루카치에게 있어 진정한 의미의 역사소설은 독자로 하여금 총체적으로 형상화된 역사의 필연성을 추체험하게 하는 것이었다.

그러나 개화기의 역사전기문학은 루카치식 개념과는 달리 근대적 민족국가 건설과 외세로부터 국가 수호가 당면 과제였던 탓에 예외 없이 비범한 민족 영웅이 주인공이 된다. 신채호의 『을지문덕』, 『이태리건국삼걸전』, 『최도통전』, 장지연의 『애국부인전』, 『자국부인전(잔다르크)』, 황윤적이 번역한 『比期麥傳(비스마르크)』, 박은식이 번역한 『단사건국지(빌헬름 텔)』 등이 대표적인 작품이다. 1930년대 일제의 탄압이 가중되면서 역사전기문학은 감상적 복고주의로 빠지게 된다. 이광수의 『마의태자』, 『단종애사』, 김동인의 『운현궁의 봄』, 현진건의 『무영탑』 같은 작품은 역사로 도피해 일제 강점기의 고통을 초월하려는 부정적 현실인식을 보여주기도 했다. 재소(在蘇) 문인 태장춘의 『홍범도』와 김준의 『십오만원사건』은 사회주의 리얼리즘과 역사전기문학이 만나는 정점을 보여준다.(김주현)

傳 양식, 개화기 문학, 역사 소설

참고문헌
게오르그 루카치, 『역사소설론』, 이영욱 역, 거름, 1988.
한국문학연구회, 『다시 읽는 역사문학』, 평민사, 1995.

역사주의(歷史主義, Historicism)

19세기 후반에 일어난 역사철학의 한 조류로, 모든 진리와 가치는 불변적이고 고정된 것이 아니라 역사적으로 생성된 것이라고 보는 견해를 지칭한다. 고전적인 형이상학이나 신학 그리고 자연법 이론에 내재된 진리와 가치의 고정불변성에 대한 반론의 성격을 갖기 때문에 근대 사상의 일환이라고 볼 수 있다. 전후 독일 사회에서 일어난 문화적 재평가의 움직임, 즉 인류 문화에 대한 순수한 역사적 접근법이 문화적 가치를 판단하는데 적절한 기초를 제공할 수 있는지에 대한 고민은 역사주의의 개념을 확대시키는 것에 공헌했다. 계몽사상의 진보주의에 대해 각 시대와 지역의 특이성과 독자성을 강조하여 세계시민주의에 대해서 민족주의를 주장한 헤르더(J. G. Herder), 모든 경험의 형태와 그로 인한 지식을 역사적 변화의 맥락에서 고찰하려는 경향을 역사주의라고 정의하고 자연과학과 정신과학은 세계를 보는 방식이 서로 다르기 때문에 서로 다른 세계관이 산출된다고 주장하는 동시에 역사주의에서 발생할 수 있는 도덕적·지적 회의주의를 극복하려 한 트뢸츠(E. Troeltsch), 모든 제도나 사상은 개별적이고 일시적이며 상대적 가치만을 지닌다는 점을 강조한 마이네케(F. Meinecke), 역사를 인간 정신의 자기 발전으로 보아 자연과학의 방법으로 해석하려는 실증주의와 유물론에 반대한 크로체(B. Croce) 등에 의해 역사주의는 발전해 나갔다. 헤겔의 역사철학인 범정신주의에 대하여 랑케(L. Ranke)가 개별적 사실주의를 주장한 점, 전통적인 자연법이나 만민법에 대한 사비니(F. K. Savigny)의 역사법학, 고전경제학에 대한 슈몰러(G. Schmoller)의 국민경제학에 대한 입장, 19세기 말 자연주의자들의 자연과학 만능주의에 대한 신칸트학파의 개별기술 방법, 딜타이의 감정이입에 의한 개체 인식의 방법 등은 역사주의적 관점이 적극 수용된 예라 할 수 있다. 역사의 재구성, 곧 특정한 시대가 작품의 의미와 가치를 규정한다는 믿음이 역사주의의 가장 큰 전제라고 한다면, 문학 속에서 역사적 상상력을 풍부하게 만드는 것은 역사주의의 중요한 기여라고 할 수 있다.(채근병)

역사의 재구성, 역사의 변화와 발전, 역사적 상상력

참고문헌
이민호, 『역사주의 : 랑케에서 마이네케』, 민음사, 1988.
P. 해밀튼, 『역사주의』, 임주희 역, 동문선, 1998.
K. 포퍼, 『역사주의의 빈곤』, 이석윤 역, 지학사, 1975.

역사철학(歷史哲學, Philosophy of history)

역사학을 과거의 행위나 사건 또는 사실들에 대한 직접적인 연구에 관한 학문이라고 한다면, 역사철학은 이와 같은 주제들의 탐구에 대한 2차적 연구의 성격을 갖는다. 18세기 말에서 19세기에 이르러 고유한 영역을 확보하게 된 역사철학은, 사변적 역사철학(speculative philosophy of history)과 비판적 역사철학(critical philosophy of history)로 나누어 볼 수 있다. 사변적 역사철학은 표면적으로 나타난 개별적 사건보다는 그 사건의 과정 속에 담겨져 있는 역사적 의미나 목적, 다시 말해 초월적 원리나 내재적인 힘 또는 역사발전의 유형이나 진로 등에 대한 형이상학적 고찰을 시도한다. 헤르더(J. G. herder), 칸트(I. Kant), 헤겔(W. F. Hegel) 등은 여러 가지 변칙과 모순에도 불구하고 역사는 어떤 전체적인 계획을 실현하는 하나의 통일체를 형성하고 있다고 믿는다. 이때 중시되는 것은 전문적인 역사가나 철학자의 직관적인 통찰과 순수한 철학적 사고이다. 이를 통해 현상적 시야를 넘어서 역사의 배후에 숨어있는 내재적 진실을 추구하려는 사변적 역사철학은, 일정한 패턴에 의해 역사과정이 진행된다고 하는 필연성을 가정하고 있다. 칸트가 말한 '이성왕국의 건설'이나 헤겔의 '자유의식의 확대', 마르크스가 말한 '계급 없는 공산사회의 도래' 등은 역사에 있어서의 궁극적인 목적이 설정된 예이다. 반면, 비판적 역사철학은 역사의 인식면, 즉 역사학의 자세나 역사적 설명의 논리 등에 대한 철학적 반성을 시도한다. 역사

인식론적 물음에 대해 비판적 역사철학은 다시 콩트(A. Comte), 헴펠(C. Hempel) 등의 실증주의(positivism) 역사관과 크로체(B. Croce), 콜링우드(R. G. Collingwood) 등의 관념주의(idealism) 역사관으로 나뉜다. 실증주의자들은 역사를 경험과학의 한 유형으로 보고 역사적 지식도 자연과학적 지식과 유사한 객관성을 가질 수 있다고 본다. 반면, 관념론자들은 역사적 사건은 일회적이고 특수한 것이기 때문에 역사만이 가질 수 있는 고유하고 독립적인 방법론이 필요하다고 본다. 때문에 역사적 사건의 완전한 상술에 의한 설명이 절실히 요구되며, 역사적 설명은 특정한 사건의 발생 원인에 대한 이유를 밝혀주어야 하며 그것의 독자적이고 특수한 의미와 목적을 부여 할 수 있어야 한다고 본다.(채근병)

사변적 역사철학, 비판적 역사철학, 역사존재론, 역사인식론

참고문헌
W. H. 월시, 『역사철학』, 김정선 역, 서광사, 1990.
남 청, 『역사철학의 이해』, 문경출판사, 2002.

역설(逆說, Paradox, 프 Paradoxe, 독 Paradoxie, Paradoxon)

표면상으로는 말이 안 되는, 즉 자기 모순적이고 부조리한 것처럼 보이지만, 해석의 과정을 거쳤을 때 그 의미가 올바르게 전달될 수 있는 진술, 곧 진실을 담고 있는 진술을 말한다. 이는 공통된 견해(공론)와 상반되는 진술을 통해 의미를 전달하는 것으로, 퀸틸리아누스는 이를 '예기치 못한 것'이라고 했다. 이렇게 볼 때 역설은 간단히 말하면 대화 상대자 혹은 독자의 기대에 역행하는 언술 행위를 뜻한다. 따라서 그것은 '우스꽝스러운 것이거나 가증스러운 것'이 되기 쉽다. '반대'를 뜻하는 그리스어 'para'와 의견을 뜻하는 'doxa'의 합성어이며, 배리(背理)·역리(逆理) 또는 이율배반(二律背反)이라고도 한다.

하지만 역설은 공론 즉 의미에 대한 비논리적인 역행이 아니라 다른 의미, 곧 보다 근본적이고 중요한 의미로 대체시키기 위해서만 공론을 배제하는 언술 행위이다. 즉 그것은 일반적인 의미행위를 넘어서고자 하는 의미행위인 것이다. 잘 알려진 김소월의 「진달래꽃」의 한 구절은 역설의 이러한 측면, 곧 의미의 확대로서의 역설의 특성을 잘 보여준다.

가시는 걸음 걸음
놓인 그 꽃을
사뿐히 즈려 밟고 가시옵소서

'즈려'는 평안도 사투리로 '짓밟다'는 의미이다. 이 '즈려'가 '사뿐히'라는 모순된 수식어를 만나 독특한 시적 효과와 함께 의미의 확장을 이루고 있는 것이다.

서구의 문화사에 있어 역설은 수사학적 측면과 논리학적 측면에서 논의되어지고 연구되어 왔다. 소크라테스의 아포리아(aporia) 철학과 제논의 역설은 그 고전적 모습을 보여주는 대표적인 논의들이라 할 수 있다. 이후 역설은 근대에 와서 특히 문학 분야에서 주목받았는데 신비평가들, 그 중에서도 부룩스(Cleanth Brooks)에게는 "시의 언어는 역설의 언어"라는 주장을 하도록 할 만큼 시어의 근본적 속성으로 받아들여졌다. 이후 역설은 바르트(Roland Barthes)의 독사(Doxa)의 거부와 혁신으로서의 패러독스 논의를 통해 다시 한번 강조되며, 해체(Deconstruction) 이론에서 보여지는 언어의 의미의 비확정성 논의를 통해서도 드러난다.(이명연)

의미행위, 독사(Doxa), 아포리아, 신비평(가), 해체

참고문헌
올리비에 르불, 『수사학』, 박인철 역, 한길사, 2001.
이승훈, 『시론』, 고려원, 1982.
롤랑 바르트, 『현대의 신화 Mythologies』, 이화여자대학교 기호학연구소 역, 동문선, 1997.
Cleanth Brooks, The Well Wrought Urn, Harcourt, Brace and World: New York, 1947.

역할(役割, Role)

역할(role)은 사회관계에서 개인이 다른 사람에 대해 차지하는 위치에 맞게 행동하고 수행하도록 사회적으로 기대되고 요구되는 행동양식을 말한다. 일반적으로 '지위'에 대응하는 개념으로 사용된다. 역할에는 성과 연령 등에 따르는 역할과 같이 개인의 의사나 능력에 관계없이 선천적으로 부과되는 생득적 역할과 직업상의 역할처럼 개인의 능력과 노력으로 선택되는 획득적 역할, 특정 상호행위 과정에서 상황의 특성에 따라 개인이 적극적으로 채용하기도 하고 수동적으로 할당되기도 하는 능동적·수동적 역할 등이 있다. 사회나 집단의 한 성원으로서 생활하는 모든 개인은 복합적 사회관계의 구성 속에서 여러 가지 지위에 놓여 있고 거기에 준하는 역할을 짊어지는 지위-역할인이며, 그와 같은 성원간의 사회적 여러 관계의 통합체인 사회나 집단은 지위-역할체계를 이루고 있다.

역할은 개인과 사회를 맺은 매개항을 이루는 것이므로 사회-개인관계를 해명하고자 하는 사회학·문화인류학·사회심리학 등의 여러 부문에서는 역할개념을 중심으로 하고 여러 가지 역할이론이 전개되고 있다. 이 역할이론을 크게 나누면 두 개의 측면이 있다. 하나는 사회로부터 개인을 파악하려는 것으로서 사회의 구조나 질서의 형성·존속·변동이라는 관점에서 역할을 고찰하려는 것이다. 일반적으로 사회학이나 문화인류학에서 많이 보게 되는데, R. 린턴·E.W. 파슨스·S.F.S. 네델 등의 역할이론이 이를 대표한다. 또 하나는 개인의 측면에서 사회나 집단을 파악하는 방향으로 사회적 여러 조건 밑에서 여러 개인이 어떤 모양으로 역할을 주체적으로 실행하며, 자기를 표현하여 가면서 사회에 참여하고 질서를 형성하며 변하여 가느냐에 초점을 맞춘 것이다. 역할이론의 선두적 역할을 한 G.H. 미드를 비롯한 사회심리학적 연구자들이 이런 입장을 취하였다. 그러나 최근에는 이 두 개의 방향을 통합하여 사회-개인관계를 전체적·동적으로 파악하는 역할이론 구축을 목표로 한 R.K. 머턴과 R. 달렌도르프 등의 시도가 활발하게 전개되고 있으며, 역할이론의 경험적 명제화와 검증화 작업이 이루어지고 있다. 문학에서 역할이 중요하게 거론되는 분야는 페미니즘 비평이다.(김한식)

젠더, 페미니즘

참고문헌
막스 베버, 『프로테스탄티즘의 윤리와 자본주의 정신』, 박성수 역, 문예출판사, 1990.
스테판 에젤, 『계급사회학』, 신형철 역, 한울, 2001.

연(聯, Stanza, 프 Stance, 독 Stanze)과 행(行, line)

이태리어로 '멈추는 곳'이란 뜻을 지닌 연은 몇 개의 행이 모여 이루어진 시의 음악적(운율적), 의미론적 단위이다. 고전적 정형시의 연들은 일련의 반복되는 운(韻 Rhyme)에 의해 표시되고, 구성된 행들의 수와 길이도 일정한 게 보통이다. 그러나 현대의 자유시에서의 연은 이러한 법칙성 내지는 고정된 형식들이 다양한 삶과 복잡해진 인간 내면의 표현이라는 목적을 위해 대부분 거부되고 내적인 리듬과 의미론적 통합이라는 원리에 의해 구성된다. 연은 그것이 어떤 형태로 존재하든 한 편의 시 속에서 하나의 음악적, 의미론적 단위로 작용하며, 그 나름의 분명한 내적 구조를 지니고 있다.

연을 구성하는 단위인 행은 시적 구조의 여러 차원들로부터 끌어낸 요소들, 즉 율격, 인토네이션, 구문론, 압운의 차원을 포함하며, 각각의 행들과 의미론적 보완 및 충돌을 일으킬 수 있는 효과를 내재한 시의 내적이고 통합적인 실체이다. 즉 각각의 행은 시의 다른 요소들처럼 인쇄된 지면 위에서 하나의 독립된 실체로 기능하는 한편 다른 행들과의 관계 속에서 통합된 의미를 갖는, 구조로서의 시의 일부로 기능하는 단위인 것이다. 행은 음소, 소리 패턴화, 형태소 같은 더 작은 실체들과 압운 패턴 등을 포함하는 한편, 연이나 텍스트 같은 더 큰 실체에 포함된다. 행은 시어 결합의 원리이기도 한 리듬에 의해 나뉘어지며, 또한 문법적 어구와 논리적(의미론적) 휴지에 의해 나뉘어지기도 한다. 하지만 문법적 어구와 논리적 휴지가 산문의 그것에도 적용될 수 있다는 점에서 람핑은 "시행은 우선 리듬상의 단위로 파악되며, 그러한 단위로서 시행은 문장의 통사론적 단위와는 근본적으로 다른 발화 분절을 나타내"주는 것이라고 주장한다.(이명연)

정형시, 자유시, 운, 율격, 인토네이션, 구문론, 압운, 음소, 형태소, 패턴, 텍스트

참고문헌
유리 로트만, 『시 텍스트의 분석: 시의 구조』, 유재천 역, 가나, 1987.
디이터 람핑, 『서정시: 이론과 역사』, 장영태 역, 문학과지성사, 1994.
김대행 편, 『운율』, 문학과지성사, 1984.
김기종, 『시운율론』, 한국문화사, 1999.

연구(聯句)

연구는 중국 고대에 쓰인 작시(作詩) 방법의 하나로, 두 사람 또는 몇 사람이 구를 이어가며 작품을 완성하는 방식이다. 연구의 기원에는 여러 설이 있으나 통상 한무제 때의 '백량대(柏梁臺)' 연구를 그 시발로 본다. BC 11년 한무제는 장안(長安)의 백량대(柏梁臺)에 25명의 군신을 모으고 차례로 7언 시구를 한 구씩 연구(聯句)해 작품을 마무리했다. 매구(每句) 일정한 자리에 운자(韻字)를 단 이 7언시 형식은 일명 '백량체'라고도 불린다. 연구는 육조(六朝) 시대에 성행했고 당나라의 두보와 안진경의 시에서도 보인다. 도연명(陶淵明)과 포조(鮑照)도 연구를 사용했지만 연구체를 정립한 이는 당나라의 한유(韓愈)이다.

처음 연구를 지을 때는 한 사람이 한 구씩 지어 매구 압운했으나 그 후 한 사람이 2구 또는 4구씩 짓기도 하는 등 그 형식은 일정하지 않다. 한 사람이 4구를 지은 시들은 비교적 잘 정비되어 있어서 후대 학자들이 이들 작품에서 5언 절구가 나왔다고 보기도 한다. 아래의 한유와 장적(張籍), 장철(張,徹) 맹교(孟郊) 네 사람이 지은 회합연구(會合聯句)는 후자의 양식대로 창작된 시다.

離別言無期　헤어질 때 기약의 말조차 없었더니
會合意彌堅　만나고픈 뜻은 더욱 간절해지네(張籍)
病添兒女戀　병들면 여인네의 그리움만 늘고
老喪丈夫勇　늙으니 장부의 용기는 간 곳 없구나(韓愈)
劍心知未死　칼의 마음 아직 죽지 않았는데
詩想猶孤聳　시에 대한 생각은 홀로 용솟음친다(孟郊)
愁去劇箭飛　슬픔은 날랜 화살처럼 사라지고
歡來若泉通　기쁨은 샘물처럼 솟구쳐 올라라(張徹)

이와 같이 연구시는 친구들이 모여 연회를 베풀며 주고받은 유희적인 작품이었기에 높은 문학성을 기대하기는 어려웠다. 우리 문인들도 흔히 연구시를 지었는데 한유의 경향을 본 떴으며 매구 압운한 것은 많지 않다.(김주현)

압운, 백량체, 5언 절구

참고문헌
홍우흠, 『한시론』, 영남대학교출판부, 2004.
조두현, 『漢詩의 理解 : 中國篇』, 일지사, 1976.

연극

서양에서 연극은 드라마(drama)와 시아터(theater)로 불린다. '행동한다'(dramenon)는 말과 '구경한다'(theatron)는 동사에서 전이된 명사들이다. 드라마는 인생의 극적인 삶의 양태에 의미를 둔 개념이고, 시아터는 삶의 양태를 관람하는 데 의미를 둔 개념이다. 그러므로 드라마는 광의의 연극이고, 시어터는 극장을 전제로 한 연극만을 지칭한다. 동양에서는 일찍부터 연극(演劇)이라는 한자어가 사용되었다. 한국도 예외가 아니다. 그러나 동서양의 연극개념은 차이가 있었다. 공연예술(performance)의 양식이 일찍부터 분화되고 독자적으로 발전되어 온 서양에서는 연극, 오페라, 콘서트, 발레 등이 각기 다른 형식과 제작방법을 정립시켰으나 동양에서는 이러한 분화를 찾아보기 어렵다. 동양의 연극은 연희(演戲)와 구분 없이 근대 이전까지 하나의 생명체로 전승되는 총체적인 형식이었다. 그것은 반주음악(樂)과 노래(歌)와 춤(舞)과 연기(戲)와 대사(詞)가 유기적으로 조화된 형식이다.

서구적인 연극인식으로 볼 때, 동양의 연극은 매우 느슨한 형식이거나 연극이 아니라 '연극적인 것'에 지나지 않는 것으로 이해되기 쉽다. 서구의 연극은 '지금 여기서 행동하는 인간(혹은 인형)의 존재 자체에 의해 실제로 창조'되며, 동시에 '현존재의 구체적인 삶을 단일한 시간이내에 집약적으로 보여주는 행위'인 것이다. 시간과 공간과 행위와 존재가 일치하는 가상적인 행동을 표현한다. 연극에서의 존재는 배우가 그 역할을 맡는다. 연극이 배우의 예술인 것은 이 때문이다. 연극에서의 존재는 결코 대상이 아니다. 그것은 대상 안에 있는 객관적인 생명체이며, 그의 살아있는 행위는 직접적으로, 가시적으로 관객에게 제시된다. 고대 동양에서는 이러한 서구적인 연극인식이 보편화 되지 못한 반면에 연극을 '삶의 총체적인 양식'으로 정립시키는 노력이 지속되었다. 직접성, 가시성에 더하여 서사성이 중시되었다. 브레히트의 서사극이 출현하면서 동서양 연극의 거리는 매우 가까워졌다.(서연호)

드라마, 시어터

참고문헌
양회석, 『중국 희곡』, 민음사, 1994.
고승길, 『동양연극연구』, 중앙대출판부, 1993.
James R. Brandon, Theatre in Southeast Asia, Harvard University Press, 1967.
Leonard C. Pronko, Theatre East and West, University of California Press, 1967.
빠트리스 파비스, 『연극학사전』, 신현숙 역, 현대미학사, 1999.
Martin Banham, The Cambridge Gaide to World Theatre, Cambridge University Press, 1988.

연극기호학

소쉬르의 기호학(記號學)으로부터 기호학을 연극에 적용시킨 것은 1930년대의 프라하언어학파(지히, 무카로브스키, 부리안 등)였다. 연극의 기호는 기표(記標, 시그니피앙)와 기의(記意, 시그니피에)의 결합으로 정의된다. 연극기호는 기표의 요소들과 기의의 요소들의 최소의 의미보유단위다. 안느 위베르스펠트는 '기호를 만드는 하나의 지시물(현실)은 전복될 수도 있다. 그리고 지시물의 환상이 강력한 만큼, 역으로 연극 또한 현실을 만드는 하나의 기호이다. 연극기호는 기호와 지시물을 동시에 구체화시킨다.'고 말했다.(1978) 연극에서 기표는 무대적인 자료들 즉, 물체, 색깔, 형태, 조명, 몸짓, 동작 등에 의해 구성되고, 기의는 개념, 공연, 혹은 사람들이

기표에 결부시킨 의미작용이다. 기호학을 말하는 것은 연극현상을 고립시킬 수 있고, 정의할 수 있다는 전제에서 출발하는데, 이 방법은 현재처럼 연극이 해체되는 상황에서는 응당 어려움이 수반된다. 그렇지만 기호학을 표출층위의 여러 가지 언어들을 작품화 하는 것, 즉, 혼합적인 것으로 인식하고, 그 사실로부터 여러 다른 기호학들(공간, 텍스트, 제스처성, 음악 등)을 활용하는 것이 바람직스러운 것이다.(서연호)

기표, 기의

참고문헌
빠트리스 파비스, 『연극학사전』, 신현숙 역, 현대미학사, 1999.

연극미학

미학(美學)은 예술철학으로서 예술의 보편적 원리를 탐구하고, 예술적 담론들을 취급한다. 개별적인 작품의 평가를 주로 하는 연극비평(演劇批評)에 대하여 연극미학(演劇美學)은 보편적인 평가기준을 정하고 그에 따라 작품이 다룬 사실, 동시대적 현실, 연극적 진실의 상관성을 논한다. 여기서 보편적 기준이란 작품을 통해 귀납적(歸納的)으로 얻은 연극에 관한 본질적 사항과 원리이며, 이 사항과 원리를 연역법(演繹法)으로 하여 다시 복잡다단하게 전개되는 연극현상들을 전체적으로 분석하고 검토하는 일련의 작업이다. 연극미학은 연극사상, 연극개론 혹은 연극방법론이라는 개념으로 논의된다. 미적 범주론, 장르론, 텍스트론, 무대예술구조론 등으로 세분되기도 한다. 한 시대의 연극규범을 기준으로 연구하는 규범(規範)미학, 연극현상을 정확하게 기술하거나 구조를 파악하는 기술(記述)미학, 창작의 방법을 중심으로 규명하는 창작(創作)미학, 관객이나 사회성을 중심으로 연구하는 수용(受容)미학 등으로 나누기도 한다. 과연 동양에는 비극이 존재했는가, 동양에 비극이 없었다면 그 이유는 무엇인가, 하는 명제는 연극미학의 오랜 과제로 남아 있다.(서연호)

연극사상, 연극개론, 연극방법론

참고문헌
빠트리스 파비스, 『연극학사전』, 신현숙 역, 현대미학사, 1999.
오스카 G. 브로케트, 『연극개론』, 김윤철 역, 한신문화사, 1989.

연극성

독서의 대상으로서 읽혀지는 작품에 대하여 시청각을 통해 관람되는 공연작품의 연극성(演劇性)이 주로 논의된다. 연극성은 연극미학의 영역의 하나이다. 텍스트의 연극성을 인정하느냐 않느냐 하는 관점에 따라 관점에 차이가 나타난다. 정도의 차이는 있으나 어느 문학작품이나 연극성을 지니고 있으며, 특히 희곡은 상연을 전제로 한 문학이니만큼 언어 자체가 시간성, 공간성, 행위성, 조형성 등을 지니고 있다. 희곡읽기는 다른 문학의 독서와 달리 이런 연극성을 상상적으로 구현해가면서 읽는 것이 상례이다. 즉 연극성을 즐기는 독서인 것이다. 그러나 관점에 따라서는 텍스트의 연극성을 인정하지 않는 사람들이 많다. 무대에서 실연된 행위와 현상만이 연극성이라는 입장이다. 이런 관점에서 텍스트는 독서의 대상일 뿐이며, 텍스트가 없이도 연극은 가능하다고 생각한다. 인간은 목소리로, 언어로, 각종의 몸짓으로. 어떤 음향이나 도구를 응용해서 모든 표현을 나타낼 수 있다는 것이다. 문자가 없었거나 문자로 기록되지 않은 구비문학(口碑文學)시대에는 텍스트가 없이 구전(口傳)만으로 연극이 전승되었고, 오히려 연극성이 더욱 적극적으로 발현되었다는 것이다. 그러나 이 양자의 관점은 대립적인 것이라기보다는 절충되는 것이 온당하다. 텍스트 없이도 가능한 연극이 있고, 텍스트가 있어야 더욱 훌륭한 연극이 되는 경우도 있기 때문이다. 그만큼 우리는 다양하고 다변적인 사회와 연극을 필요로 하는 것이다.(서연호)

시간성, 공간성, 항위성

참고문헌
빠트리스 파비스, 『연극학사전』, 신현숙 역, 현대미학사, 1999.
오스카 G. 브로케트, 『연극개론』, 김윤철 역, 한신문화사, 1989.

연기

연기는 배우술(俳優術) 혹은 연기술(演技術)로 지칭되기도 한다. 텍스트가 구현하고자 하는 개개의 목표와 연출가의 의도, 시대와 지역에 따라서 연기는 각기 다르고, 또한 다른 양식이다. 예컨대 리얼리즘의 연기방법이 오늘날 동서양에서 중요한 것은 사실이지만, 연기의 정형으로 인식하는 것은 분명 오해이다. 고전적인 연기를 현대적인 연기로 전이(轉移)시켜 공연할 수도 있고, 특이한 연기를 리얼리즘 연기로 전이시켜 공연할 수도 있다. 오늘날 연기훈련에서 가장 기초가 되는 것은 신체훈련이다. 연기는 몸이 도구(악기)이기 때문이다. 신체훈련에서는 체력 신장뿐만 아니라 음악과 조화되는 각종 보법(步法), 춤사위의 훈련 및 무언의 표현인 마임, 각종 말하기(화술)와 낭독법, 그리고 각종의 드라마 게임을 실연해 봄으로써 기초를 다진다. 이런 기초 위에서 연극양식에 따르는 연기방법을 수련한다. 서양의 연극대학이나 연극학교에서는 스타니슬라브스키 연기법을 비롯하여 그리스극, 코메디아 델아르테, 마임 등 여러 양식의 연기를 가르친다. 동양에서는 인도의 카타칼리, 중국의 경극(京劇), 일본의 노(能)와 가부키(歌舞伎) 등이 도제식(徒弟式)으로 전승되고 있다. 오늘날 세계적으로 성행하는 연극은 뮤지컬이다. 뮤지컬 연기는 가창력과 춤을 포함한 종합적인 연기력을 필요로 한다. 미디어와 장르의 분화가 복잡하게 이루어지는 현재, 한 배우가 모든 연기를 훌륭하게 해낸다는 것은 불가능하다. 연기의 전문성과 독창성이 요청되는 것은 당연한 처사라고 할 수 있다.(서연호)

배우술, 연기술

참고문헌

빠트리스 파비스, 『연극학사전』, 신현숙 역, 현대미학사, 1999.

오스카 G. 브로케트, 『연극개론』, 김윤철 역, 한신문화사, 1989.

한상철 외, 『연극사전』, 한국문화예술진흥원, 1981.

Martin Banham, The Cambridge Gaide to World Theatre, Cambridge University Press, 1988.

연대기(年代記, Chronicle)

'시간'을 뜻하는 그리스어의 'chronos'에서 온 용어로, 역사적 사건을 일어난 시간의 순서대로 기록한 사서(史書)의 한 종류. 현대적 "역사" 연구나 기록의 전신(前身)인 연대기는 원래 상당한 기간에 걸쳐 일어난 국가적 또는 국제적 사건들을 산문 또는 운문으로 기록한 것이다. 특히 연도별로 사건을 다룬 것은 흔히 연보(年譜, annals)라고 한다.

현대의 역사가들과 달리 대부분의 연대기 기록자들은 정보를 그들이 접수한 대로 인정하고 옮겨쓰는 경향이 있어서, 연대기 속에는 사실 외에 전설 같은 것도 많이 포함되어 있다. 중세 시기를 기록한 연대기는 후일의 작가들에게 소재를 많이 제공하였으며, 그 시대에 대한 지식의 중요한 근거로 지금도 이용되고 있다.

일례로 『앵글로색슨 연대기』는 영국의 알프레드 왕 시기인 9세기에 시작되어 12세기까지 여러 사람에 의해 기록되었는데, 이는 로마의 영국 침입이 있던 기원전 55년까지 거슬러 올라간 초기의 근거들을 기록하고 있다. 그리고 몽마우스의 제퍼리가 쓴 『영국왕의 역사』(1137)는 사실과 전설을 혼합하여 라틴어로 쓴 연대기인데, 여기에는 초기 '아더 왕의 전설'의 많은 부분이 기록되어 있다. 라야몬의 『브루트(Brut)』는 영어로 된 운문 연대기인데, 리어 왕과 그의 딸들에 대한 긴 설명이 포함되어 있다.

이런 점을 볼 때 연대기는 역사 기록과 함께 문학적 기록의 성격도 아울러 지니고 있다고 할 수 있다. 한편 이와 같은 연대기를 극화한 '연대기극(Chronicle Play)'도 있는데, 이러한 것으로 유명한 것은 『리처드 II세』, 『헨리 IV세』, 『헨리 V세』 같은 셰익스피어의 연대기극 시리즈가 있다.(장수익)

사서, 전설, 연보, 연대기극

연애소설

남녀간의 연애와 애정 등을 주제로 다룬 소설. 역사상 어떤 시대와 일정한 사회형태를 배경으로 어떤 특정한 연애관에 입각하여 씌어진 소설작품이다. 우리나라의 경우 정비석의 「자유부인」이 전형적인 예이다. 고전소설에서는 이러한 주제를 가진 작품들을 '염정소설(艶情小說)'이라고 한다. 연애소설의 대부분은 여성에 대한 남성의 열렬한 애정을 특색으로 하기 때문에 참된 연애소설은 유럽이나 미국과 같이 여성의 지위가 높은 문명 아래에서 주로 번성했다.

연애소설은 크게 나누어 연애심리의 분석에 주안을 두는 것과 정열적인 연애를 목적으로 하는 것이 있다. 연애심리를 분석한 작품은 M.M. 라파예트의 「클레브공작부인(1678)」에서 시작되어, 라클로의 「위험한 관계(1782)」를 거쳐, B. 콩스탕의 「아돌프(1816)」, 스탕달의 「적과 흑(1830)」, H. 발자크의 「골짜기의 백합(1836)」, R. 라디게의 「도르젤 백작의 무도회(1924)」 등이다. 대체적으로 프랑스 문학에서 발달되어 왔다. 이와는 달리 정열을 구가하는 연애소설은 J.J. 루소의 「신(新)엘로이즈(1761)」를 비롯하여 J.W. 괴테의 「젊은 베르테르의 슬픔(1774)」 등이 대표작인데 19세기 유럽에서 압도적으로 유행하였다. F.R. 샤토브리앙의 「아탈라(1801)」「르네(1803)」, P. 메리메의 「카르멘(1845)」, A. 뒤마의 「춘희(1848)」, E. 브론테의 「폭풍의 언덕(1847)」 등이 연애 소설로 널리 읽혔다. 이 밖에 또 하나의 큰 조류는 그리스의 「다프니스와 클로에」를 대표로 하는 이른바 목가적 연애소설이다. 이 계열의 효시라 할 수 있는 베르나르댕 드 생피에르의 「폴과 비르지니(1787)」는 청순한 남녀의 티 없는 사랑을 그리고 있다. 하디의 「테스」, N.호오돈의 「주홍글씨」, I.S. 투르게네프를 위시한 여러 작가들의 「첫사랑」을 제재로 한 소설이나 독일의 메르헨소설, 그리고 G. 네르발의 「실비(1854)」 등도 이 계보에 속한다고 볼 수 있다. 한국의 고전소설 중 「운영전(雲英傳)」은 비극적인 연애소설이며 「춘향전(春香傳)」은 연애소설의 대표작이다. 이 밖에도 「영영전(英英傳)」, 「유록전(柳綠傳)」, 「홍백화전(紅白花傳)」, 「숙향전(淑香傳)」 등이 있고, 조선 중기의 문인 권필(權韠)의 「주생전(周生傳)」 등이 있고, 근대소설로는 이광수(李光洙)의 「무정(無情)」, 「사랑」, 박계주의 「순애보」, 최인호의 「별들의 고향」, 박완서의 「그 남자네 집」, 이문열의 「레테의 연가」, 이경자의 「절반의 실패」도 연애소설적 성격이 강한 작품이다.(오양호)

연어(緣語)

연어는 일본어로는 엔고(えんご)라고 읽는다. 연어는 와카(和歌)나 렌카(連歌)등에서 사용되는 수사법(修辭法)의 하나이다. 노래 한 수중에서 어떤 말이 사용되면, 그 말과 의미적 또는 발음상 밀접한 관계를 가지는 말을 골라 씀으로써 연상(聯想)에 의한 기분상의 연결 접속을 꾀하는 수법이다. 연어를 거듭함으로써 수사적 효과를 올릴 수 있다.

> 꽃잎은 빛이 바래 버렸구나 덧없이 장마가 져서 감상할 겨를도 없었던 동안에(『고금화가집』, 113)
> (花の色はうつりにけりないたづらに我身世にふるながめせしまに)

라는 작품을 보면, 여기에서는 「후루(ふる)」「나가메(ながめ)」가 「하나노이로(花の色)」「우츠루(うつる)」에서의 연상에 의해서 연어적(緣語的)으로 결합되어, 거기에서 사람과 자연이 표리(表裏)의 관계로 한 수 속에 공존한다. 그렇게 함으로써 미묘한 정조를 자아내는 독특한 표현이 가능하게 된다.

연어는 『만엽집 萬葉集』(8세기 후반) 시대에는 수사법으로 자각되지 않지만, 『고금화가집

古今和歌集』(905) 이후에 즐겨 사용되었다. 명확한 이론화는 근세(近世)가 되고 나서이다. 엔고는 와카나 렌카 이외에도 산문의 도행문(道行文, 여행 도중의 풍경이나 여정 따위를 서술한 옛 운문체의 문장), 요쿄쿠(謠曲)나 조루리(淨瑠璃)등에도 종종 사용되었다.(오석윤)

와카, 렌카, 연상, 도행문, 요쿄쿠, 조루리

참고문헌
犬養 廉 외 편, 『和歌大辭典』, 明治書院, 1986.
『古今和歌集』(日本古典文學大系8), 岩波書店, 1958.
『日本古典文學大辭典』 제1권, 岩波書店, 1983.

연역/연역법(演繹, Deduction)

이미 확인된 사실이나 도출 · 증명된 명제들을 이용하여 적절한 추론 규칙을 통해 다른 명제, 즉 또 다른 사실을 도출해 내는 과정을 말한다. 흔히 일반적인 사실을 근거로 특수한 사실을 증명하는 추론 방식이라 정의되며, 본질적으로 도출(Ableitung)이라는 개념과 일치한다. 흔히 삼단논법(Syllogism)과 같은 개념으로 간주되지만, 삼단논법은 연역의 한 종류일 뿐이다. '이끌다'를 뜻하는 라틴어 'ducere'가 어원이며, 귀납의 반대어(변증법적인 견지에서 보면 연역의 반대어는 귀납이 아니라 환원이며 귀납은 환원의 특수한 경우일 뿐이다)이다.

철학 전반에 걸쳐 그렇지만, 특히 논리학의 창시자이자 완성자로 인정받고 있는 아리스토텔레스에 의해 만들어지고 확립되었다. 아리스토텔레스는 '모순되는 그 어떤 것도 말하지 않는 방법' 중 하나로 연역, 정확히는 삼단논법을 제시한다. 잘 알려진 예를 들면

'인간은 이성적 동물이다.' → '소크라테스는 인간이다.' → '그러므로 소크라테스는 인간이다.'

라는 추론의 방식은 전혀 새로운 제 3명제가 명백한 진리로 여겨지는 다른 두 명제로부터 얻어지는데, 이때 제 3명제는 다른 두 명제가 논리적으로 모순이 없는 관계이기에 새로운 진리 혹은 진실로 받아들여진다.

그러나 연역 혹은 연역법은 언제나 이미 '참'인 것으로 증명된 혹은 가정된 전제로부터 새로운 참을 도출하는 방식이므로 그 자체로는 참과 거짓을 논하기 어려우며, 때문에 증명 과정, 즉 관찰이나 실험 등을 통한 증명이 필요하다. 따라서 연역은 새로운 진리를 획득하기 위한 논리적 방법이긴 하지만, 그 자체로 자족적인 방법은 아니라 할 수 있다. 데카르트는 추론의 매개를 전제로 하는 연역의 이러한 성격과 관련하여 자명한 진리를 추론의 매개 없이 직접 이해하는 직관을 연역과 대비시켰다.(이명연)

도출, 삼단논법, 논리학, 직관

참고문헌

아리스토텔레스, 『변증론』, 김재홍 역, 까치, 1998.
올리비에 르불, 『수사학』, 박인철 역, 한길사, 2001.
여훈근 외, 『논리와 진리』, 철학과 현실사, 1996.

연예 ☞ 예능

연의소설(演義小說)

　　연의소설(演義小說)은 역사적 사실을 소재로 한 고전 장편 백화소설을 지칭하는 용어인데, 역사소설(歷史小說) 혹은 역사연의소설 등으로도 불리운다. '연의'에서의 '연(演)'은 '발전시켜 풀어쓴다', '부연하여 설명한다'는 뜻이므로, '연의(演義)'는 사실을 부연하였다는 의미가 된다. 연의소설은 송원대의 강사화본(講史話本)이 발전한 체제인데, 역사서에 실린 사실(史實)을 근거로 하지만 야사(野史)나 민간의 전설까지를 풍부하게 취하고 또한 예술적 가공을 가하기 때문에 많은 허구적 요소를 담고 있으며 작가의 세계관이 담겨진다.

　　연의소설 가운데 가장 유명한 작품은 『삼국연의』이다. 맹원로(孟元老)의 『동경몽화록』에 의하면 북송 시대에 '삼분(三分)' 이야기의 전문가인 곽사구(霍四究)라는 이야기꾼이 있었다고 하니, 삼국고사(三國故事)는 민간에서 가장 환영받는 소재였던 모양이다. 늦어도 당대에는 이미 삼국고사가 유행하기 시작하였으며, 원대에 이르자 60종에 달하는 '삼국희(三國戱)'가 생겨났다. 또한 원대 지원년(至元年, 1294)에 『지원신간전상삼분사략(至元新刊全相三分事略)』이 간행되었으며, 지치 년간(1321-1323)에는 신안노씨(新安虞氏)에 의하여 上·中·下 3卷의 강사화본(講史話本)인 『삼국지평화(三國志平話)』가 간행되었다.

　　그리하여 원말명초에 이르자 나관중(羅貫中, 1315-1385?)이 그때까지 만들어진 삼국고사를 수집하고 정리하여 『삼국지통속연의(三國志通俗演義)』를 편찬하였다. 나관중은 산서성(山西省) 태원(太原) 사람으로 추정된다. 『삼국지통속연의』는 후한 영제(靈帝) 말년(中平 元年, 184)에서 진 무제(武帝)의 태강 원년(太康 元年, 280)까지의 97년간에 걸친 위(魏), 촉(蜀), 오(吳) 삼국 간의 전쟁과 정치를 소재로 하였는데, 현존 『삼국지통속연의(三國志通俗演義)』로서 가장 오래된 판본은 명대 가정(嘉靖) 임오년(壬午年, 1522)에 간행된 것이며, 총 240卷 240則으로 구성되어 있다. 청 강희연간(康熙年間)에 모륜(毛綸)·모종강(毛宗崗) 부자가 『삼국지통속연의』를 120回本으로 개작하고 제목을 『삼국연의』라고 붙였는데, 120回本 『삼국연의』가 등장하자 『삼국지통속연의』 이후의 구본(舊本)들은 모두 자취를 감추게 되었다. 『삼국연의』는 이전의 판본들에 비하여 묘사가 진보했고 정통사상이 강화되었으며 조조에 대한 폄하가 강화되었는데, 오늘날 우리가 읽고 있는 『삼국연의』는 모씨 부자가 개편한 작품이다.

　　중국에서는 『이십사사통속연의(二十四史通俗演義)』까지 창작될 정도로 연의소설이 성행하였으며, 고전 장편 백화소설 가운데 가장 많은 분량을 차지하고 있는데, 『삼국지통속연의』의 출현이 연의소설 성행의 기폭제가 되었다. 청대의 작품으로써 비교적 광범하게 유행한 작품으로는 채원방(蔡元放)의 『동주열국지(東周烈國志)』와 저인획(褚人獲)의 『수당연의(隨唐演義)』를 들 수 있다.(위행복)

연의소설, 역사소설, 의화본, 장회소설, 화본

참고문헌
중국소설연구회 편, 『중국소설사의 이해』, 학고방, 1994.
김학주 저, 『중국문학사』, 신아사, 1994.

연작소설(Roman-cycle)

독립된 완결 구조를 갖고 있는 일군의 작품들이 일정한 내적 연관을 지닌 채 연쇄적으로 묶여 있는 소설 형식을 가리킨다. 기법의 측면에서는 토도로프(Tzvetan Todorov)의 용어인 '사슬식 배열', 즉 여러 개의 이야기를 차례로 연속시키는 배열 방식과 유사한 형태로 볼 수 있다. 종종 "몇 사람의 작가가 하나의 주제 아래 한 부분씩을 맡아 지어, 전체로써 한 편의 작품을 이룬 소설"을 가리키는 말로 쓰이기도 하지만, 작가의 수와 상관없이 주제와 소재, 배경 면에서 일정한 연관을 지니면서 하나로 묶여 있는 소설을 연작소설로 보는 것이 타당하다.

연작 속에 포함되어 있는 작품들은 각각 형식적 완결성을 갖춘 단편(혹은 중편)들이지만, 전체로 보면 한 편의 장편소설의 형식을 갖추고 있다. 그러나 꼭 그런 것만도 아니어서 발자크(Honor de Balzac)의 『인간희극』이나 졸라(Emile Zola)의 『루공 마카르 총서』처럼 장편소설들로 이루어진 연작소설도 있다. 하지만 연작소설은 장편소설과 달리 연작을 이루는 각 작품들이 독립된 제목과 이야기 구조를 가지고 있으며, 따라서 각각의 작품 자체로서도 독립성과 자립성을 지니고 있는 것이 특징이다. 물론 각각의 작품에 동일한 작중인물이 등장한다거나, 사건의 연관성이 드러난다거나, 동일한 배경 속에서 이야기가 진행된다거나 하는 등의 가시적인 연관성이 보여지는 것도 연작소설의 중요한 특징이다. 그러나 이와 달리 각 작품이 완전히 다른 인물과 배경, 사건 등으로 이루어져 표면적으로는 어떠한 내적 연관도 보이지 않는 연작소설들도 있는데, 이때 이들을 묶어 주는 것은 제재나 주제상의 동일성이 된다.

연작소설은 압축된 구성으로 인생의 한 단면을 제시해 줄 수 있는 단편의 장점과 인간의 삶과 그 관계 양상을 다양하고 총체적으로 조망할 수 있는 장편의 장점을 아우를 수 있으며 다양한 사건과 인물, 목소리 등을 통해 독자의 흥미를 좀 더 폭넓게 자극할 수 있는 특징 혹은 장점을 가지고 있다.

한국문학에 있어 대표적인 연작소설 작품으로는 조세희의 『난쟁이가 쏘아올린 작은 공』을 비롯하여 이문구의 『우리 동네』, 이청준의 『남도 사람』과 『언어사회학 서설』, 양귀자의 『원미동 사람들』, 박영한의 『왕룽 일가』, 김소진의 『장석조네 사람들』 등이 있다.(이명연)

사슬식 배열, 장편소설, 단편소설, 사건(의 연관성)

참고문헌
츠베탕 토도로프, 『구조시학』, 곽광수 역, 문학과지성사, 1998, pp.103~105.
한용환, 『소설학사전』, 고려원, 1992.

연접(conjunction)

계열을 이루는 항들의 이항적인 연결 관계. 두 가지 항 사이의 우발적인 연결접속의 관계는 하나의 우발적이고 특이적인 사건을 생성하고 현실화한다. 연접, 이접, 통접 등은 어떤 항의 의미나 가치를 계열 안에서의 위상적(topographique) 가치를 통해 정의하는 것이다. 들뢰즈는 이것이 구조주의에 있어 본질적인 것이며 주요 업적이라 보았다. 각각의 항들을 관계시키는 계열화를 통해 동일하거나 유사한 항들조차 전혀 다른 의미를 갖는 사건을 구성하게 된다. 이런 점에서 계열화를 통해 형성되는 사건의 의미는 그 안에 포함된 어떤 항이나 요소들의 개별적 의미로 환원되지 않으며, 그것과는 다른 차원에서 형성된다. 반대로 각각의 요소나 항이 갖는 의미는 그것이 갖는 어떤 지시체나 연관된 논리적 명제들, 혹은 주관적인 의도가 아니라 오히려 계열화를 통해 형성되는 사건을 통해 구성되는 것이다.(권채린)

참고문헌
질 들뢰즈, 『천 개의 고원』, 새물결, 2001.
_____, 『앙띠 오이디푸스』, 민음사, 1994.

연출(演出)

연극을 공연하기 위해 먼저 희곡(대본)을 연구·해석하여 연출계획(연출대본, regie buch)을 세우고, 배역(cast)을 선발·결정하며, 무대미술·조명·소도구·의상·효과·음악·무대감독 등 연출스텝(step, 무대예술가)을 편성하여 모든 참가자들이 통일(계획)된 작품을 창조해내도록 하는 일련의 작업을 총칭한다. 하나의 희곡이 연출가의 해석에 따라, 연출이론에 따라, 연출방법에 따라 다양한 연극이 되기도 하고, 성격이 다른 연극으로 전환되기도 한다. 보는자(시청중, 관객)와 보이는자(작품, 예술가)의 상관 속에 공연예술이 존재한다면, 연출가는 후자로서 전체적인 책임을 맡는 사람이다.

연출과정의 대부분은 연습시간이 차지한다. 연습은 원작(희곡)의 낭독, 배역의 성격찾기, 각자의 동작붙이기, 장면장면의 구성, 무대연습, 총연습 등의 순서로 진행된다. 이 과정에서 연출가는 원작정신의 충실한 재현이냐 혹은 원작해석의 새로운 도전이냐 혹은 부분적인 개작이냐 하는 등의 분명한 작품방향과 방법을 설정하여 연습해야 한다. 스텝들 역시 연습에 참가하여 연출가의 이러한 의도를 올바로 파악한 연후에 각자 맡은 바 역할과 책임을 완수해야 한다. 공연예술은 분업(分業)에 의해 이루어지지만 작품이라는 하나의 통일된 조화를 창조해내는 데 연출가의 존재의의가 있다.

　서양에서는 아피아(Appia)·크레이그(Craig)·라인하르트(Reinhardt)·스타니슬라브스키(Stanislavsky) 등에 의해 연출방법이 정립되었다. 한국의 전통극에서는 노련한 연희자가 연출자 역할을 겸했다. 1910년대의 신파극, 1920년대의 초기신극에서는 단장을 겸한 대표적인 배우(임성구, 윤백남, 이기세, 김도산, 박승희)가 연출자의 역할을 겸했다. 1930,40년대 신극부터 본격적인 연출가에 의해 작품이 제작되었다. 홍해성·안영일·이서향·나웅·유치진(극작가)·함세덕(극작가) 등은 당시 대표적인 연출가였다.(서연호)

연출가, 연출대본, 무대예술가, 무대연습

참고문헌
서연호, 『우리시대의 연극인』, 연극과인간, 2001.
유민영, 『한국근대연극사』, 단국대출판부, 1996.
다케우치 도시오(竹內敏雄), 『미학·예술학사전』, 손현숙 역, 미진사, 1989.
빠트리스 파비스(Patrice Pavis), 『연극학사전』, 신현숙 역, 현대미학사, 1999.
J.Miles-Braun, Directing Drama, Peter Owen Ltd London, 1980.

연희(演戲) ☞ 예능

열반원칙(Nirvana principle)

　열반원칙은 내외부의 자극에 의해 초래된 긴장 상태를 최소한으로 줄이거나 소멸시키려는 경향을 말한다.(SE 18, 55-56) 이것은 죽음 충동(death drive)과 연관된다. 그러나 프로이트는 열반 원칙을 다시 항상성의 원칙(principle of constancy)과 관련지어 설명하는데 여기서 문제가 발생한다. 죽음충동은 쾌락원칙을 넘어서는 것인 반면, 흥분을 초래할 수 있는 에너지의 증가를 피함으로써 항상성을 유지하는 것은 쾌락원칙에 가깝기 때문이다. 긴장의 절대적 소멸을 추구하는 죽음충동과 상당한 긴장을 전제하고 있는 창조적인 삶 충동, 자유로운 에너지와 구속된 에너지의 구분 자체가 모호하게 된다. 라캉은 항상성을 유지하려는 쾌락을 끊임없이 위협하며, 과도한 긴장 상태를 유발하는 에너지를 향유(jouissance)라 부른다. 향유는 고통의 반복이다. 그것은 쾌락원칙의 한계를 끊임없이 위협하면서 다시 돌아와 죽음을 추구한다. 과도한 쾌락을 피하며 지나친 분방함을 구속하는 쾌락원칙은 상징계에 속하며 향유는 실재계에 속한다. 그러나 라캉에게 반복은 상징적 기표들의 움직임을 가능하게 하는 원동력이다. 실재계는 이미 상징계 속에 들어와 있고 죽음 충동은 삶의 충동과 겹쳐 있다. 죽음 충동이 쾌락원칙을 넘어서는 것이라면 이 초월은 쾌락 속에 있다. 항상성의 극단적인 추구가 바로 죽음인 것이다. 향유는 쾌락을 위협하지만 쾌락을 가능하게 하는 조건이기도 하다. 삶과 죽음은 이미 겹쳐 있고 죽음을 끊임없이 연기해 가는 것이 삶일 뿐이다. 아이의 실패 던지기(Fort-Da game)는 어머니의 부재를 견디고 그것을 상징적으로 극복하려는(o와 a의 차이 또는 언어를 통해) 시도이지만 동시에 쾌락원칙으로 설명할 수 없는 고통의 반복이다. 고통의 반복은 단순히 기표의 지배를 위협하는 것이 아니라 기표 체계 자체를 가능하게 한다. 열반 원칙은 모든 긴장을 소멸시키는 죽음 충동이지만 이때 죽음은 삶의 소멸이 아닌 삶의(불)가능 조건인 것이다.(민승기)

죽음 충동, 항상성의 원칙, 쾌락 원칙

참고문헌

Evans, Dylan. An Introductory Dictionary of Lacanian Psychoanalysis. London: Routledge, 1996.

Freud, Sigmund. Beyond the Pleasure Principle. Standard Edition. vol. XVIII.

Laplache and Pontalis. The Language of Psychoanalysis. trans. Donald Nicholson-Smith. New York: Norton, 1973.

염군사(焰群社)

1922년 9월 경 이호, 김두수, 최승일, 박용대, 김영팔, 심대섭, 송영, 이적효, 박세영 등 일본에서 신사상의 세례를 받은 사회주의적 경향의 진보적 작가들이 중심이 되어 조직된 단체로, "본사는 무산계급해방문화의 연구 및 운동을 목적으로 함"이라는 강령을 공개적으로 내건 최초의 프로문화 단체이자, 최초로 운동으로서의 문학을 표방한 문학 단체이다. 염군사는 3.1운동의 좌절로 인해 팽배하게 된 우리 문단의 허무적이고 세기말적인 낭만적 퇴폐주의와 자연주의에 반대하는 한편, 피착취 근로인민 대중의 생활과 투쟁을 반영함과 동시에 그들의 계급적 이익을 옹호하려는 진보적이고 인민적인 문화·문학 단체로 '신경향파 문학'의 본격적인 효시로 인정받는다.

그러나 염군사는 미발간 잡지 『염군(焰群)』을 2호까지 기획·편집했던 사실 외에는 그 활동에 대한 흔적이 거의 남아 있지 않다. 다만 문학 이외에 극단을 조직하여 연극 공연도 하였으며 합창단을 만들어 순회공연도 가졌다는 사실 정도는 확인할 수 있다. 그러나 "염군이 비교적 높은 사회적 관심과 좀 얕은 문화적 관심을 가지고 있던 대신 파스큘라는 사회적 관심에서 전자에 미급했고 문화교양에 있어 높았다고 볼 수 있어 후자가 곧장 문학의 대도를 매진한 대신 전자는 그대로 정치생활로 진출했거나 일부는 다른 생활을 거쳐 다시 문학으로 돌아온 ……(중략)…… 실로 「염군사」의 탄생은 문화적 자각을 통하여서보다도 사회적 자각을 통하여 문화를 살펴본 즉 노동운동 그것의 높은 관심을 표시하는 사실로 잊지 못할 것입니다.(「문예월평」, 『조선지광』 제 62호, 1926년 12월, 533~534쪽)"라는 임화의 말은 염군사의 당대적 가치와 의미를 어느 정도 짐작케 해 준다. 즉 염군사는 문학적 역량에서는 파스큘라보다 다소 떨어졌지만, 사회·정치적으로는 훨씬 자각되어 있었으며, 사회운동과 보다 깊은 관계를 맺고 있던 단체였던 것이다.

염군사는 1924년 박영희, 안석영, 김기진, 이익상 등이 조직한 문학 단체 파스큘라(PASKYULA)와 함께 1925년 8월, 조선프롤레타리아예술가동맹(KAPF)로 통합 재조직된다.(이명연)

프로문학, 신경향파, 염군, 조선지광, 파스큘라, 조선 프롤레타리아 예술가동맹(KAPF)

참고문헌
역사문제연구소 문학사 연구모임, 『카프문학운동연구』, 역사비평사, 1989.
정홍교·박종원, 『조선문학개관 上』, 백의, 1988, pp.364~366.
임규찬 편, 『일본 프로문학과 한국문학』, 연구사. pp.24~25.

염세주의(厭世主義, Pessimism, 프 Pessmism, 독 Pessimismus)

인간의 삶은 고통뿐이며 따라서 인생은 살만한 가치가 없다고 주장하는 철학적 사유를 나타내는 말이다. '나쁜'을 뜻하는 라틴어 malus의 최상급 pessimus에서 유래한 말이며, 낙관주의(optimism)에 대응된다. 이러한 염세주의적 사유는 오르피즘(오르페우스가 창시했다고 전해지는 고대 그리스의 밀교로 영혼이 육체에서 해방됨으로써 신과 합일할 수 있다고 믿음)의 영향을 받은 그리스인들에게서 흔히 발견할 수 있다.

염세주의가 근대 이후 다시 주목받은 것은 쇼펜하우어(Arthur Schopenhauer)의 사유로부터 비롯된다. 현재의 세계를 가능한 것 중 가장 좋은 세계라고 본 라이프니츠와는 반대로, 그는 인간이 처한 세계가 인간이 생각할 수 있는 세계 중 가장 나쁜 것이라고 보았다. 그의 이러한 사유는 세계를 의지, 혹은 의지의 작용으로 파악하는 그의 철학에서 기인한다. 그에게 있어 인간을 포함한 각각의 사물은 그 의지의 특정한 발현인데, 세계 속의 모든 활동적인 충동과 동일시되는 이 의지는 모든 개체에 '강제된 조건'이며, 따라서 인간을 포함한 세계 속의 모든 것은 "내부의 시계 장치로 작동하는 인형"과 같은 것일 뿐이다. 그런데 생명을 만들어 내는 모든 자연 안의 근원적 충동인 삶의 의지는 생명의 주기를 지속하는 것 이외의 다른 목적이 없으며, 따라서 개인은 자연 속에서 아무런 가치도 없다. 왜냐하면 "자연이 돌보는 것은 개체가 아니라 오직 종들일 뿐"이기 때문이다. 인간의 삶은 따라서 즐거움이 아니라 "일종의 임무, 즉 수행해야 하는 단조롭고 고된 일"일 뿐이다. 이러한 사유로 인해 쇼펜하우어는 현실에서 발생하는 모든 역사 발전과 진보를 "짧은 시간 동안 덧없고 고통스런 개체를 지탱"하기 위한 헛된 노력으로 보고 이를 거부한다. 그에게 있어 삶은 "굶주림과 성적 본능의 만족 또한 어떤 경우에는 약간의 일시적인 위안"일 뿐인 고통의 연속일 뿐이며, 그 고통의 원인인 욕망은 대부분 실현될 수 없는 것들이다.

그렇다면 인간은 '의지의 압도적인 힘'으로부터 도피할 수는 없는 것일까? 쇼펜하우어는 이런 물음에 대해 두 개의 큰 길을 제시하는데, 이는 윤리학과 미학이다. 특히 사랑의 윤리와 동정심을 통한 덕의 실천으로서의 윤리학은 인간의 열정과 욕망을 부정할 수 있다. 금욕과 단식 및 정절을 지키는 것으로서의 윤리학의 실천은 불교의 열반과 유사한 무(Nichts)의 경지를 경험케 해준다. 또한 예술적 아름다움에 대한 정관(Kontemplation)도 인간을 열정과 욕망으로부터 벗어날 수 있게 해준다. 하지만 문제는 의지의 힘이 너무 강하기 때문에 이러한 모든 도피가 단지 일시적일 뿐일지도 모른다는 문제는 여전히 남는다.

염세주의는 전란의 시대나 급변하는 시대에 끊임없이 나타났는데, 모파상(Guy de Maupassant)의 작품들은 그러한 염세주의를 가장 잘 보여주고 있는 작품으로 평가받고 있다.(이명연)

낙관주의, 오르피즘, 의지, 정관, 열반

참고문헌
쇼펜하우어, 『세상을 보는 방법 SCHOPENHAUER』, 권기철 역, 동서문화사, 2005.
_____, 『행복의 철학』, 정초일 역, 푸른숲, 2001.
새뮤얼 이녹 스텀프·제임스 피저, 『소크라테스에서 포스트모더니즘까지』, 열린책들, 2005.

염정소설(艶情小說)

염정소설은 동양 고전 소설의 한 갈래로 남녀 주인공이 난관과 장애를 뛰어넘어 사랑을 성취하는 유형의 소설을 일컫는다. 염정소설은 남녀 주인공의 자연스러운 만남, 장애 요인, 사랑의 성취를 구성 요소로 하며 순결한 연애의 정서가 서사의 핵심이 된다. 따라서 염정 소설은 단지 흥미만을 자극하는 성애 소설과는 구분되며 남녀 주인공의 '사랑'이 기성 질서와 맞서는 현실이 중요하게 그려진다. 그러나 염정소설은 소설 양식으로 정형화되어 있거나 일정한 분류 체계에 따른 것이라고는 볼 수 없는데, 이것은 김태준이 『조선소설사』에서 춘향전을 언급하며 '염정소설'이란 용어를 처음 사용한 것이 국문학계에 답습되어 조선 후기 남녀간의 애정을 주제로 한 소설을 칭하는 용어가 되었기 때문이다. 이후에는 연애 소설 또는 애정 소설이란 용어를 쓴다.

중국의 대표적인 염정 소설인 『금병매』와 『홍루몽』은 노골적인 성묘사 뿐 아니라 명대와 청대 봉건사회의 부패한 현실 속에서 다양한 인물군의 생활을 사실적으로 파헤친 점에서 전대의 비현실적이고 환상적인 통속 소설과는 구분된다.

염정 소설은 영웅 서사가 무너지고 중세의 집단적 사고에서 벗어나 개인의 자각이 이루어지던 조선 후기에 등장해 임란과 병란을 기점으로 중앙 집권형 권력이 분산된 중세의 쇠퇴기에 그 절정에 도달한다. 최초의 염정 소설인 김시습의 『금오신화』나 『숙영낭자전』, 『운영전』, 은 모두 중세적 질서를 거부하고 사랑을 택함으로써 자아를 고양하는 과정을 그리고 있다. 이밖에 『옥단춘전』, 『채봉감별곡』, 『춘향전』은 기생과 양반의 로맨스로 조선 후기 신분제도의 극심한 동요현상을 반영한다.

염정 소설은 양적으로나 질적으로나 영웅 소설 다음으로 많이 창작되었고 가정소설과는 쌍벽을 이루면서 개화기까지 구활자본으로 간행되었다. 염정 소설의 전통은 이광수와 같은 개화기 문인들에게 '사랑'을 모티프로 구체제에 맞서는 평등사상으로 이어졌고 30, 70년대 대중소설의 부흥기에는 다시 대중 소설의 범주에 들어오게 된다. 30년대 김말봉의 『찔레꽃』이나 박계주의 『순애보』, 70년대 조해일의 『겨울여자』는 상업적으로 성공한 애정 소설이지만 '순결한 사랑의 성취'와는 거리를 둔 채 당대의 윤리의식과 대중적 감수성이 충돌하는 지점을 보여주었다.(김주현)

연애소설, 애정 소설, 로망스

참고문헌

이상택, 『한국고전소설의 탐구』, 중앙출판, 1981.

정종대, 『염정소설구조연구』, 계명문화사, 1990.

영감(靈感, Inspiration)

예술 창작의 동인 중에서 의식적이고 기술적인 활동의 한계를 넘어서는 무의식적이고 초자연적인 힘에 사로잡힌 상태를 가리킨다. 호머를 비롯한 그리스의 시인들은 작품의 서두에서 신(혹은 뮤즈)의 도움을 요청하고 있는데, 이는 영감의 상태를 작품의 근원으로 삼는다는 객관적 증거이다. 시와 철학을 대립시켰던 플라톤은 예술 창작의 동인인 영감이 '신들린 상태' 혹은 '광기'와 유사하다는 이유로 그의 이성적 공화국에서 시인(즉 예술가)을 추방해야 한다고 주장했다. 그러나 아리스토텔레스는 예술 창작의 원인을 영감에서 찾지 않고 '기술(poesis)'에 주목함으로써 플라톤의 추방으로부터 예술을 구제하였다. 오랫동안 아리스토텔레스의 창작 이론은 고전주의 시학의 모델로 여겨졌다.

그 후 낭만주의자들은 예술 창작의 동인으로 '영감'을 재발견하고 그것을 예술가의 천재성을 나타내는 징표라고 강조하여 고전주의에 대립하였다. 숙련과 계산의 결과이기 때문에 배우고 가르칠 수 있는 기술의 일종이라고 믿었던 고전주의 시학의 원칙에 반대하여 낭만주의자들은 예술은 타고나는 것이며 배우거나 가르칠 수 없다고 주장했다. 이때 '영감'과 '천재'는 낭만주의 예술가의 특권적 의식으로 자리하게 되었다. '영감'은 고전주의 및 계몽주의적 합리성에 도전하는 '비합리주의'의 원천으로 칭송되었다.

20세기에 이르러 영국과 미국에서 시 창작에서 지성을 중시하는 '주지주의(intell-ectualism)'가 출현하여 '영감'에 의존하는 낭만주의적 시작법에 도전함으로써 '영감'은 낡은 시의 관습으로 폐기될 위기를 맞았다. 명료하고 건조한 산문적 언어를 사용하는 이미지즘이 주지주의를 대표한다. 하지만 유럽대륙에서는 다다와 초현실주의를 통해서 창작의 동인으로 '무의식'이 주목받으면서 정신분석(psychoanalysis)이라는 이론적 원군을 만나 '영감'에 대한 논의는 새로운 수준으로 이전되었다. 시인의 개성과 천재성의 징표였던 영감은 이제 시인의 개성을 붕괴시키는 타자성의 흔적으로 변하게 된 것이다.(오문석)

고전주의, 낭만주의, 주지주의, 초현실주의

참고문헌

플라톤, 『국가·정체』, 박종현 역, 서광사, 1997.

아리스토텔레스, 『시학』, 천병희 역, 문예출판사, 2002.

하인츠 슐라퍼, 『시와 인식』, 변학수 역, 문학과지성사, 1992.

영겁회귀(永劫回歸, Eternal return)

역사의 기원이 반복해서 되돌아온다는 신화시대의 순환적 시간관을 가리키는 것으로, 니체에 의해 근대인들의 직선적, 진보적 시간관을 비판하고 허무주의를 정초하는 이론적 근거로 사용되었다. 기독교적 전통에 의하면 역사에는 처음과 끝에 의미와 목적이 있고, 그 의미와 목적의 실현을 위해 살아가는 것이 모든 삶의 원칙이었다. 삶의 목적은 미래(혹은 피안)에 있기 때문에 현재(혹은 현세)에 대해서는 금욕적인 태도를 취할 수밖에 없다. 헤겔과 마르크스 등을 거치면서 그와 같은 목적론적 역사관이 대세를 이루게 되었다. 그것이 광의의 진보주의를 뜻한다. 어제보다 내일이 더 중요하고 선하다고 믿는 진보주의는 모든 형태의 정권이 추진하는 개발주의, 근대화주의의 이데올로기로 사용되었다.

그러나 니체는 우리의 삶과 역사에는 헤겔이나 마르크스가 말하는 궁극적인 목표도 없고, 기독교에서 말하는 피안도 없다고 주장했다. 인간의 삶에는 어떤 목표도 의미도 주어져 있지 않으며, 목적도 의미도 없는 상태가 영원히 반복되는 것이 삶의 실상이라는 것이다. 니체는 인간의 삶의 실상에는 허무주의가 놓여 있다고 주장했다. 그러나 연약한 인간들은 허무에 대한 두려움으로 자신의 삶에 의미를 부여해주는 신이나 역사적 목표를 허구적으로 만들어낸다고 주장했다. 니체가 보기에 신이나 역사적 목표는 허무주의를 은폐하기 위해 약자들이 조작해낸 환상에 불과하다.

결국 영겁회귀의 사상은 연약한 인간이 감당할 수 없는 사상이라는 것이다. 니체에 의하면 허무주의를 긍정하는 인간, 영겁회귀의 상태를 적극적으로 인수하는 인간이 강한 인간이다. 그들은 피안과 미래를 믿지 않고 오직 현세와 현재를 탐닉한다. 니체는 영겁회귀의 사상을 통해서 천국의 경험을 피안으로 미루지 않고 현세에서 천국을 경험할 수 있는 정신의 자유를 얻으려 한 것이다. 정신이 자유로운 자는, 만약 모든 행동을 하기 전에 그리고 행동을 한 이후에 "이 행동이 영원히 반복되기를 원하는가"라는 질문에 대해 환희에 차서 긍정적인 대답을 할 수 있는 인간이다. 영겁회귀 사상을 통해서 니체의 허무주의는 자신을 위로하는 거짓된 이데올로기를 벗어버리고 자신의 생에 대한 조건 없는 긍정을 지향하게 되었다.(오문석)

니체, 허무주의, 목적론적 역사관, 진보주의

참고문헌
니체, 『차라투스트라는 이렇게 말했다』, 정동호 역, 책세상, 2000.
고병권, 『니체의 위험한 책, 차라투스트라는 이렇게 말했다』, 그린비, 2003.

영물시(詠物詩)

자연계 또는 현실 생활 속의 구체적인 사물을 가지고 이를 대상으로 삼아 집중적으로 묘사한 시가의 일종. 영설(詠雪)과 영선(詠蟬), 영매(詠梅), 영선(詠扇), 영석탄(詠石炭) 등과 같이 보통 제목에 사물이 명시된다. 영물시는 음영하는 사물의 형상적 특징을 정확하고 세밀하게 묘사하면서,

외형상의 형체(形)와 내부의 신비(神)를 겸비하여 오묘함과 유사함을 두루 갖추어야 한다. 예컨대 하지장(賀知章, 659-744)의 「영류(詠柳)」를 읽어보자.

> 碧玉妝成一樹高 푸른 구슬로 단장한 듯 나무 하나 높은데,
> 萬條垂下綠絲條 뭇 가지는 늘어져서 푸른 실끈처럼 처졌도다.
> 不知細葉誰裁出 가는 이파리 누구의 손으로 곱게 다듬었는가?
> 二月春風似剪刀 2월의 봄바람이 날선 칼처럼 휘감았네.

봄바람이 한들거리는 가운데 가지가 출렁이는 버들의 모습을 누구나 느낄 수 있도록 표현하고 있다. 영물시는 때로 비유나 상징, 의인과 같은 수사법을 채용하기도 하고, 음영하는 사물의 외형을 빌어 시인 자신의 감정과 이상을 담기도 하며, 일종의 심각한 우의寓意를 함축하기도 한다. 이른바 "사물을 기탁해 뜻을 말하고(托物言志)" "사물을 빌어 감정을 서술하는(仮物抒情)" 것이다. 이는 영물시의 수준이 높고 낮은가를 헤아릴 수 있는 중요한 표지이다. 예컨대 정섭(鄭燮, 1693-1765)의 「제죽석화(題竹石畵)」를 읽어보자.

> 齩定青山不放松 청산을 깨물어도 소나무를 내놓지 않으니,
> 立根原在破巖中 뿌리가 원래 깨진 바위틈에 있기 때문이지.
> 千磨萬擊還堅勁 거듭 쓸고 모질게 쳐도 꿋꿋하고 굳세니,
> 任爾東西南北風 동서로 남북으로 부는 바람에 몸을 맡겼다.

표면적으로는 대나무를 묘사하고 있지만, 사실은 구절마다 사람을 묘사하는 것으로, 대나무를 빌어 시인의 굽히지 않는 강인한 반항 정신을 서술하였다. 사물을 읊조리는 일과 정서를 구현한 배치가 혼연일체를 이루고 있다. 대대로 수많은 사대부 문인들은 매화나 국화가 외롭게 그윽한 향내를 풍기는 모습을 감상하고 노래하면서 자신의 맑고 밝은 풍모와 절개를 표현하였다. 또한 몇몇 영물시들은 온전히 사물만 노래하지 않고 순수한 서정적 부분을 가미했는데, 양자는 자연스럽게 하나가 되어 완성된 작품을 지향한다. 예컨대 이상은(李商隱, 812-858)의 「선(蟬)」을 읽어보자.

> 本以高難飽 본래 높아서 배부르기 어려우니
> 徒勞恨弗聲 헛된 노력 한스러워 소리도 없구나.
> 五更疏欲斷 오경이면 성겨지며 끊길 듯하다가
> 一樹碧無情 나무 온통 푸르러 정도 없구나.
> 薄宦梗猶泛 박명한 벼슬길 막혀서 떠다니는 듯한데
> 故園蕪已平 옛 정원은 무너져서 이미 평평해졌네.

烦君最相警　그대를 번거롭힘은 서로 경계하자 함이니
我亦举家淸　나 또한 온 집안을 맑게 하리라.

　앞의 네 구절은 매미에 대해 노래하면서 자신의 감정을 토로한 것이고, 이어지는 네 구절은 자신의 신상으로 돌아와 마음 속에 맺힌 생각을 직서直抒한 것으로 매미의 습성과 관련지어져 있다. 전후 두 부분은 양분되면서도 일정한 연관성이 배제되지도 않는다. 이같은 영물시는 수적으로도 많은 양을 차지하고, 사상적 내용도 비교적 풍부하다. 일반적으로 사물을 읊은 작품은 예술적 가치가 아주 적다고 알려져 있다. 영물시의 출현은 대단히 오래되어 역대 문인들의 작품 속에서 일상적으로 볼 수 있는 제재(題材)다. 또한 시를 제외하고도 사(詞)나 부(賦), 곡(曲) 등에도 그 예가 적지 않다.(임종욱)

영설(詠雪), 영선詠蟬), 영매詠梅), 영선詠扇), 영석탄詠石炭), 탁물언지(托物言志), 가물서정(假物抒情)

참고문헌
임종욱,『동양문학비평용어사전-중국편』, 범우사, 1997.
＿＿＿,『중국의 문예인식』, 이회, 2001.
＿＿＿,『중국문학에서의 문장체제 인물 유파 풍격』, 이회, 2001.
주훈초,『중국문학비평사』, 이론과실천, 1992.

영사시(詠史詩)

　역사적 사실을 빌어 감정을 술회하고 뜻을 말한 시가의 일종. 일반적으로 두 종류가 있는데, 하나는 역사적 사실을 충실히 묘사하는 경우다. 서사적 성격이 농후하며, "본전에 실린 내용을 바로 잡지 장식이나 수사를 가해서는 안 된다.(隙栝本傳 不加藻飾)"는 말과 같이 역사를 서사하는 가운데 부분적으로 작자의 생각을 보이는 정도다. 현존하는 가장 오래된 반고(班固, 32-92)의 영사시를 보면 효녀 제영(緹縈)이 아버지의 죄를 속죄하기 위하여 노비가 된다는 이야기가 묘사되어 있는데, 서사성은 풍부하지만 작자의 감정은 별로 틈입되어 있지 않다. 또한 문채도 결핍되어 있어 종영(鍾嶸, ?-518)은 이 작품에 대해 "질박한 나무통처럼 장식이 아무 것도 없다.(質木無文)"고 꼬집어 말했다. 또 한 종류는 역사를 노래하면서 자신의 감회를 토로하고, 과거의 일을 통해 현재의 문제를 말하며, 옛 일을 빌어 상심한 심정을 형상화하는 경우다. 영사시 가운데 가장 널리 알려진 진(晉)나라 좌사(左思, 250?-305?)의, 여덟 편으로 구성된 영사시가 여기에 속한다. 장옥곡(張玉谷)은『고시상석(古詩賞析)』에서 이 작품에 대해 "때로는 먼저 자신의 뜻을 기술한 뒤 역사적 사실로 이를 증명하기도 하고, 때로는 먼저 역사적 사실을 기술한 뒤 자신의 생각으로 이에 대해 단안을 내리며, 때로는 자신의 생각만 기술하는데 그치면서 역사적 사실과는 은연중에 합치하도록 하고, 때로는 역사적 사실만 기술하는데 그치면서 자신의 뜻을 우의적으로 담는 경우도 있다.(或先述己意 而以史事證之 或先述史事 而以己意斷之 或止述己意 而史事暗合 或止述史事 而己意黙寓)”고 설명하였다. 좌사의 작품은 필치가 우뚝하고 힘차며 격조는 높고 당당한데, 역사적 사실을 빌어 당시의 불합리한 문벌 제도를 비판하고, 귀족과 권력자들의 부패한 행태를 규탄하는 등 현실에 대한 불만을 기운차게 토로하였다. 여러 가지 측면에서 이 작품은 높은 예술적 성취를 이루었는데, 후세의 작가들에게 끼친 영향 또한 대단한 것이었다. 심덕잠(沈德潛, 1673-1769)은『고시원(古詩源)』에서 “태충(좌사의 자)의 「영사시」는 반드시 한 사람에 대해서만 노래하지도 않았고, 한 사건에 대해서만 진술하지도 않았으며, 옛 사람을 노래하면서도 자신의 성정이 잘 갖추어져 드러나 있다. 이는 천추에 영원히 남을 명편(太沖詠史 不必專詠一人 專詠一事 詠古人而己之性情俱見 此千秋絶唱也)”이라고 최고의 찬사를 아끼지 않았다.(임종욱)

반고(班固), 좌사(左思), 심덕잠(沈德潛), 고시원(古詩源)

참고문헌
임종욱,『동양문학비평용어사전-중국편』, 범우사, 1997.
_____,『중국의 문예인식』, 이회, 2001.
_____,『중국문학에서의 문장체제 인물 유파 풍격』, 이회, 2001.
주훈초,『중국문학비평사』, 이론과실천, 1992.

영상문학

영상문학은 컴퓨터 화면과 같은 영상매체를 이용한 문자문학이라고 규정하기보다는 스크린, TV브라운관, 그 밖의 화상 기기(器機) 등의 영상 매체를 십분 활용한 비문자 문학이라고 규정하는 것이 바람직하다.『한국의 영상문학』(1998)에 의하면, “영상문학에는 영상미를 극대화시킨 문학, 영상화를 위한 문학, 문학성이 강한 영화 등의 의미가 담겨 있다.(……) 따라서, 영상문학은 영상화를 전제로 영상을 지향하는 문학이며, 영상화된 문학이다. 즉 언어로 시작하여 영상으로 완성·소비되는 문학이다.”라고 규정하고 있다.

같은 책에 의하면, 영상문학을 일컬어, 문학적 성격과 영화적 성격을 동시에 지니고 있는 것으로 규정하고 있다. 좁은 의미로 본다면 문학작품이 영화화된 것을 의미하지만, 넓은 의미로 본다면 문자모드가 영상모드로 바뀌는 과정과 그 결과물(영상문학)의 사회적 기능과 효과를 연구하는 학문을 뜻한다. 영화 제작 기술과 상업적 흥행성에 관한 언급을 배제하며, 순수 학문성을 지향한다는 점에서 영화비평과 영상문학은 구별된다.

영상문학은 일차적으로 원작(原作)이 되는 문학 작품을 각색, 재구성한 영화나 TV드라마를 말한다. 부차적으로는 오리지널 영화(드라마) 중에서 문학성이 뛰어난 것도 영상문학이라고 할 수 있다. 예컨대, 신TV문학관으로 첫 선을 보였던 「길 위의 날들」과 같은 것이 이에 해당한다. 일반적으로 볼 때, 교육 현장에서 영상문학이라고 하는 것은 VCR을 통해 문예영화를 감상하거나 TV 방송사가 제작한, 이를테면 TV문학관 · 베스트셀러극장 · 신TV문학관 등과 같은 문예물을 감상하는 경우를 지칭하는 것이라고 하겠다. 이 때 학습자가 독자의 개념에서 시청자의 개념으로 전환되는 것은 물론이다.

영상문학의 부상은 문학의 위기라는 어두운 면을 들춰내는 것이 아니라 문학의 영역을 확장하는 계기를 마련하고 있다. 제1기의 문학이 구비문학이고 제2기의 문학이 문자문학이라면 제3기의 문학이 영상문학이라고 할 수 있다. 문자 매체의 시대에도 장구한 세월에 걸쳐 구비적(口碑的) 전통이 소멸되지 않았듯이, 영상 매체의 시대에도 문자의 고유한 기능과 역할은 확고부동하리라고 본다. 마찬가지로 영상문학의 시대는 따로 있을 리 없고, 영상문학이 부상한다고 해도 그것으로 인해 문자문학이 종언을 고하게 되리라는 것을 의미하는 것은 아니다. 앞으로 다매체 시대의 문학은 문자문학과 영상문학의 공존을 통해 실현되어 나아갈 것이라고 여겨진다.

신라 시대의 조신(調信) 설화는 「삼국유사」에 문자로 정착되기까지 구비적인 전통 속에서 전해져 왔다. 근대 소설가 이광수가 조신 설화를 「꿈」이라는 소설로 개작해 구비문학을 문자문학의 형식으로 재구성한 사례를 남겼다. 또한 이것이 문자문학으로 남아있지 않고 신상옥 · 배창호 등의 영화감독에 의해 영화 즉 영상문학으로 세 차례에 걸쳐 만들어졌다. 영화 「꿈」의 경우는 세 차례나 되풀이되면서 영상언어의 표현력을 개신시켜 왔던 것이다.(송희복)

문자문학, 원작, 오리지널 영화, 공존

참고문헌
루이스 자네티, 『영화의 이해』, 김진해 역, 현암사, 1987.
로버트 스탬, 『자기반영의 영화와 문학』, 오세필 외 역, 한나래, 1988.
여석기, 『씨네마니아』, 솔, 1996.
요아힘 패히, 『영화와 문학에 대하여』, 임정태 역, 민음사, 1997.

영상시인(Film-poet)

프랑스 비평가 루이스 델릭이 처음으로 사용한 시네아스트(cineaste)는 본래 영화계에 종사하는 사람을 지칭하는 용어로 쓰였다. 이것은 이제는 단순한 모든 영화인이 아니라 위대한 영화인이란 선택적인 의미로 쓰여 지고 있다. 창작가로서 예술인으로 존경의 뜻을 내포하는 또 하나의 수식어가 있다면, 위대한 영화감독의 이름 앞에 붙여주는 '영상시인'이 있다.

영상시인은 영화 연출가로선 최고의 영예를 나타나는 말이다. 영상시인은 영화의 제작에 있어서 시적인 양상의 표현의 스타일을 추구하거나 영화 속에 시적인 이미지를 창조적으로 구사하는 데 각별한 능력이나 영감을 지닌 영화감독이다. 이 칭호는 감독에게 있어선 명예로운 것이라고 할 수 있다. 영상시인이라는 세평(世評)을 얻었던 감독은 소수에 지니지 않으며, 소수의 영상시인들 중에서도 가장 높은 경지에 도달한 사람은 장 콕토(J. Cocteau)와 안드레이 타르코프스키(A. Tarkovsky)이다.

장 콕토는 시인이면서 영화감독이었다. 실험적인 영화시(영상시) 「시인의 피」(1930)를 연출한 것에서부터 비롯하여 르베르 브레송 영화의 대본이 된 「블로뉴 숲의 여인들」(1945)이란 시나리오를 쓰기까지, 그는 영화 부문에 각별한 관심을 기울였다.

안드레이 타르코프스키는 러시아적인 예술의 특성과 기독교적 구원의 관념과 인류 보편적인 인간주의 사상을 영화로써 잘 표현한 최대의 영상시인이라고 말할 수 있다.

그가 평생토록 영화를 연출한 작품의 수는 과작에 지나지 않지만 대부분이 수작이요 대표작이라고 할 수 있다. 그 중에서 가장 시적인 특성과 영상미를 잘 나타낸 것은 「안드레이 루블료프」(1966~1969), 「거울」(1974), 「노스텔지어」(1983) 등이 있다.(송희복)

영상시인, 시네아스트, 장 콕토, 타르코프스키

참고문헌
송희복, 『영화, 뮤즈의 언어』, 문예출판사, 1999.
_____, 『영상문학의 이해』, 도서출판 두남, 2002.

영상언어(Film language)

문학 작품은 언어와 문자로 실현되지만 영화는 영상(映像)으로 구현된다. 문자가 관념과 사상을 반영하고 있다는 점에서 점착적인 내성성(內省性)을 띠고 있다면, 영상은 시각적 이미지의 리얼리티에 의한 강렬한 표현성을 담보로 하여 휘발적인 외향성을 드러낸다. 영화에서 사용되고 있는 영상은 흔히 '영화적 영상(cinematographic image)'으로 한정해 사용되고 있으며, 따라서 영화적 영상은, 첫째 시각적 잔상(殘像)을 이용한 운동의 표현, 둘째 확대 투사할 수 있는 환등적 기능, 그리고 화면에 담고자 하는 대상을 광학적으로 포착할 수 있는 사진의 원리 등 세 가지 구성 요소를 필요로 한다.

일반적으로 볼 때, 영상에는 화상을 통해 외현적으로 드러나는 물상(material image)과 시각으로 파악할 수 없는 심상(mental image)이 공존해 있다. 물상은 좁은 의미의 영상이라고 할 수 있다. 이것은 사진·영화·TV 등의 경우에 있어서 상(像)을 생산하기 위해 빛을 필요로 하는 이미지를 가리킨다. 이 경우는 광학 렌즈에 의한 자동적인 상의 형성으로 인해 대량 복제를 가능하게 한다. 이에 비하여 심상은 시나 음악을 통해 떠오르는 넓은 의미의 영상을 일컫는다. 이 경우는 시지각에 국한되는 것뿐만이 아니라 경험적으로 재생되는 모든 지각의 형태가 해당된다.

영상언어의 기본이 그림이라면, 그 생명은 빛이다. 그것은 선과 명암과 색감에 의해 그림의 구도가 정해지고, 마침내 다채롭고 미묘한 빛의 세계로 이끌어간다. 영화적 영상은 카메라와 대상의 관계에 스크린과 '나'의 관계가 덧붙여진다. 나는 스크린에 빛으로 투사된 영상물을 바라보면서 영상 커뮤니케이션을 경험하게 된다. 즉, 내가 움직이는 영상물을 바라보면서 등장인물의 눈과 입장이 되어 영상 속에 나타난 가공(架空)의 세상에 참여하게 되는 것이다. 다시 말하면 관객은 영화의 시선과 동일시됨으로써 비로소 영사의 의미를 찾는다. 요컨대, 영화적 영상의 커뮤니케이션은 카메라의 눈길에 동화되는 물신화의 과정에서 이루어지는 것이다.

이런 점에서 볼 때 영상도 하나의 언어라고 할 수 있다. 언어가 의사의 소통, 정보의 전달, 정서의 강화 등의 기능을 지니고 있듯이, 영화적 영상도 기호나 이미지나 상징 등의 장치를 통해 그러한 기능을 부분적으로 수행하고 있기 때문이다. 영상이 언어처럼 문법의 체계를 지니고 있다는 점을 전제로 할 때, 그것은 영상언어로 불려질 수 있는 것이다.

자연언어와 영상언어의 차이는 대체로 다음과 같다. 첫째, 자연언어가 개념적(간접적)이라면, 영상언어는 실물적(직접적)이다. 둘째, 자연언어가 추상성을 띠고 있다면, 영상언어는 구체성을 지향한다. 셋째, 자연언어가 지역적으로 개별화되어 있다면, 영상언어는 국경을 초월한다.

영화의 현실적인 조건이 되는 영상언어는, 영화적인 매체의 특성을 살린 표현의 독자성을 비유적으로 표현된 용어로서, 빛과 그림자에 의한 화상으로 전달되는 압축적인 이미지를 의미하는 것이다. 포괄적 의미에서 보자면 그것은 고안된 기호의 체계인 일반 언어와 달리 이미지 · 상징 · 화면구성 · 장면전환 등을 통해 선택되고 배열된 문법의 체계를 지향한다. 즉, 영상언어는 영화를 만들 때 쓰이는 표현법의 본질적인 문제와 기술적인 문제를 두루 지칭하는 영화적인 표현방식의 범주로까지 확장되는 개념이다. 예컨대, 인간관계에 있어서의 권태와 부조리를 묘사한 두 편의 영화가 있다. 미켈란젤로 안토니오니의 「정사(L'Awentura: 1959)」에서 불모의 바위섬이 갖는 이미지는 섹스로도 맺을 수 없는 현대인의 존재론적 고독 · 소외 · 격절감을 표상하며, 김수용의 「안개」(1966)에서의 안개는 허무, 전망의 부재, 부조리한 인간 조건, 한치 앞을 예견할 수 없는 막막한 현실, 강박관념 등을 시각적으로 재현한 것이다.

그런데, 시적이거나 예술적인 영화일수록 응축력이 강한 영상언어를 반영하고 있다는 사실이 한 특징으로 지적될 수 있다. 압바스 키아로스타미의 「수업이 끝난 후(Breaktime)」는 장편영화 「내 친구의 집은 어디인가」를 15분으로 응축시킨 영화이다. 수업이 끝난 후 집으로 가는 길에 수많은 장애물들을 넘는 과정을 제시한 이 영화는 관객에게 '나의 집은 어디인가'라는 철학적 물음을 던져주고 또 관객으로 하여금 길 위에서의 인생의 의미를 찾게 하는 의도가 내포된 작품이다. 탄력적인 서사 구조와 압축적인 영상언어가 돋보이므로 영화의 작품성이 매우 뛰어나다. 그리고, 마르첼 이바나의 단편 「바람(wind)」은 6분 동안에 단일 쇼트로서 완성도를 충족시킨 독특한 영화이다. 서사적인 단일 쇼트로 완성된 이 영화는 카메라가 360도 느리게 회전하는 동안, 인간의 삶은 짧은 순간에 스쳐가는 바람과 같다는 의미를 말없이 재현시킨 것이다.

엄청난 장광설로 이룩된 장편소설에 필적하는 놀라운 영상언어가 아닐 수 없다. 이에 반해, 할리우드 영화는 현란하고 스피디하고 상업적인 호기심을 자극하는 영상언어를 계발하는 데 모든 관심을 집중시키곤 한다.(송희복)

시각적 이미지, 영화적 영상, 영상 커뮤니케이션

참고문헌
송희복, 『영상문학의 이해』, 도서출판 두남, 2002.
Christian Metz, 『Film Language』, The Univ. of Chicago Press, 1991.

영웅

문학 속에서 영웅은 일반적으로 작품의 주인공을 일컫는 용어로 사용되지만, 좀더 특수하게는 오래된 전설이나 『길가메쉬』, 『일리아드』, 『롤랑의 노래』 등과 같은 초기의 영웅 서사시에서 찬양되는 특정한 인물들을 지칭하는 용어로 사용되기도 한다. 이러한 인물들은 대개 왕족 계급에 속해 있으며, 일반 사람보다 뛰어난 재능과 힘과 용기를 소유하고 있다. 그들은 바로 이러한 뛰어난 자질을 가지고 할 수 있는 일을 위해 태어난 존재들인 것이다. 영웅들은 자신이 속해 있는 공동체 전체의 운명을 체현하는 존재이고, 따라서 영웅이 겪는 시련과 위기는 공동체 전체의 시련과 위기이며, 영웅의 싸움은 공동체 전체의 보존을 위한 운명적인 과업이 된다.

그리스 사람들에게 영웅은 초인적인 위대함의 소유자이며, 현실적인 제약이나 죽음 등과 같은 인간의 의지를 짓누르는 한계에 도전하거나 굴종과 무관심에 불복하고, 자신이나 다른 사람들에게 초래될 결과에 개의치 않은 채 자신의 의지를 행사하는 존재로 여겨졌다. 파멸의 운명에도 굴하지 않는 불굴의 의지는 영웅의 삶에 시간을 뛰어넘는 신성하고 거룩한 영광을 부여한다. 영웅은 가장 고난에 처했을 때 가장 거룩하다. 그의 고난은 바로 그의 영웅적 자질을 입증하는 것이다. 문학 속에서 영웅들의 등장은 문학과 그의 독자들이 불멸의 신들로부터 유한한 생명을 지닌 인간의 운명에 눈을 돌렸을 때, 그 인간의 운명에 용감하게 도전하는 모습을 통해 후대에까지 이어지는 영광의 순간을 구현했다. 문학 속에서 영웅은 신에게 도전하는 인간의 영광을 구현한 최초의 인간인 것이다.

헤겔에 따르면 영웅이 지닌 위대함은 영웅 자신의 능력에서 비롯되는 것이기보다는 시대가 그에게 부과한 소명에 근거한 것이다. 역사란 예정된 섭리가 실현되어 우리 앞에 구체적으로 그 모습을 드러내는 사건일 뿐이며, 그 섭리는 세계사적 개인을 통해 실현된다. 따라서 세계사적 개인, 즉 영웅이란 헤겔이 말하는 섭리로서의 세계사적 정신의 구현자이다. 영웅은, "하나의 강력한 인물이 수많은 죄 없는 꽃들을 짓밟을 수밖에 없다"는 헤겔의 말처럼, 종종 당대의 법과 제도를 넘어서는 무법(無法)성을 보여주지만, 영웅의 삶은 단순히 자기 시대와의 관계 속에서가 아니라, 그를 통해 실현되는 역사적 이념의 진보와 관련해서 평가되어야 한다는 것이 헤겔의 주장이다.

그러나 헤겔적 의미에서의 영웅은 그가 당대의 윤리적 공동체의 규칙에 구애받지 않음에도 불구하고 역사발전의 당대적 상황 안에서 행동한다. 영웅은 스스로 자신의 역할을 창안하는 존재가 아니라, 그를 창조한 상황이 요구하는 역할을 충실히 수행해내는 존재인 것이다. 따라서 영웅의 위대성은 영웅적 인물 자체의 위대함보다는 '위대한 시대' 혹은 시대의 위대성이 그에게 부여한 소명에서 비롯되는 것이다. 헤겔의 관점에 의하면, 나폴레옹의 이성이 언제나 명료한 것이 아니었음에도 그가 모든 종류의 일들을 수행할 수 있었던 강력한 에너지도 역사의 예정된 섭리라는 맥락에서 설명될 수 있다.(박혜경)

반영웅, 영웅주의

참고문헌
A. 하우저,『문학과 예술의 사회사 1』, 염무웅·반성완 역, 창작과 비평사, 1999.
F. 헤겔,『정신현상학』, 임석진 역, 지식산업사, 1988.
_____,『역사철학강의』, 김종호 역, 삼성출판사, 1992.
필립 윌킨슨,『세계 신화 사전 : 불멸의 신, 위대한 영웅들의 이야기』, 안성찬 역, 웅진닷컴, 2002.

영웅가요(Heldenlied), 영웅서사시(Heroic epic)

원시공동체 사회에서 고대로 이행하는 과도기, 즉 영웅시대에 수많은 영웅서사시들이 만들어졌다. 신화시대의 주인공이 신들이었다면 영웅시대에는 탁월한 민족 영웅들이 이야기의 중심에 서게 된다. 가장 오래된 영웅서사시는 지금부터 약 4000년전 최초의 언어 수메르어로 기록되어 있는『길가메쉬 서사시』이다. 길가메쉬와 엔키투라는 두 영웅의 이야기로서 구약성서에 나타나는 대홍수 신화의 원천으로 주목받았다. 그러므로 구약성서나 그리스 신화보다 기록에 있어서는 시기적으로 훨씬 앞서 있다. 그 뒤를 이어서 가장 많이 알려져 있는 것으로 그리스와 트로이 사이의 10년간의 전쟁 이야기를 배경으로 하고 있는『일리아드』,『오딧세이아』가 있다. 우리에게는 아킬레스건으로 잘 알려져 있는 아킬레우스와 아가멤논, 오딧세이 등의 그리스 영웅과 헥토르, 아에네이스 등의 트로이 영웅 사이의 전쟁을 기록하고 있다. 잘 알려져 있는 '트로이의 목마'는 지금까지도 인구에 회자되고 있다. 그리스에 이어서 로마에서는 트로이의 영웅 아에네이스를 다루고 있는, 베르길리우스의『아에네이스』가 있다. 레싱의『라오콘』이라는 책으로 더욱 유명해진 트로이의 사제 라오콘 가족의 비극이 유명하다.

그 외에도 중세 유럽 사회에서 형성된, 민족 영웅 관련 서사시들이 있다. 영국에는『베어울프』나 아더왕 이야기, 프랑스에는『롤랑의 노래』, 독일에는『니벨룽겐의 노래』등이 각 민족을 대표하는 영웅서사시로 손꼽힌다. 이외에도 인도의『마하바라타』를 영웅서사시에 포함시킬 수 있다.

이처럼 영웅서사시는 대부분 고대와 중세를 거치면서 민간에 전승되던 영웅전설을 문자언어로 정착하면서 발생하였다. 영웅서사시와 영웅가요(영웅찬가)는 그 길이에 의해서 구별된다. 같은 운문이어도 영웅서사시는 줄거리 전체를 모두 이야기할 수 있을 정도로 길지만, 영웅가요는 개개의 일화만을 다루고 있어서 짧다. 둘 사이의 실질적인 차이는 없지만, 영웅가요의 구전성이 영웅서사시라는 문자로 옮겨지는 과정에서 길어졌을 가능성이 있다.(오문석)

영웅시대, 호머, 민족전설, 베르길리우스, 라오콘

참고문헌
김산해, 『최초의 신화 길가메쉬 서사시』, 휴머니스트, 2005.
작자미상, 『니벨룽겐의 노래 : 독일의 영웅서사시』, 허창운 역, 서울대학교출판부, 1996.
Merchant, Paul, 『서사시』, 이성원 역, 서울대학교출판부, 1987.

영웅소설

평범한 사람과 구분되는 비범하고 초월적인 능력을 소유한 영웅의 일대기를 서사의 기본골격으로 삼는 소설을 지칭하는 용어이다. 영웅소설의 뿌리는 신화나 전설, 민담 등 전래되어 내려오는 고대의 다양한 서사물들에서 찾을 수 있으며, 이들 이야기 속에서 영웅은 집단의 지배적인 이념을 대표하는 신화적이고 상징적 존재로서, 자신이 소유한 초자연적이고 경이적인 힘으로 집단의 이념에 위해를 가하는 적대적인 세력과 대결하여 승리를 거두는 인물로 등장한다. 고대의 서사물에서 저돌적이고 용감하고 계략에 능한, 따라서 자신에게 닥치는 모든 난관을 헤치고 나아가는 비상한 정신적, 육체적 능력을 지닌 영웅적 주인공들은 인류의 역사 속에서 오랫동안 찬탄과 숭배의 대상이 되어온 대표적인 인물유형이다. 서구의 경우 호머의 「일리아드」와 「오딧세이」에 연원을 두고 있는 영웅적 인물형상은 조셉 켐벨이 여러 나라의 각종 신화들에 대한 분석결과를 토대로 추출해낸 '단일신화 monomyth'적 구조, 다시 말해 "일상 현실에서 벗어나 초자연적인 경이의 세계를 떠돌면서 갖가지 전설적인 힘의 실체들과 부딪쳐 싸우고, 마침내 궁극적인 승리를 획득한 후, 그 모험으로부터 얻은 힘과 지혜를 가지고 다시 일상세계로 귀환하는" 서사적 특성을 보여준다.

한국의 경우에도 영웅소설의 원천이 신화나 서사무가에서 비롯되었다는 점은 예외가 아니며, 조동일은 영웅 소설의 원형 가운데 하나를 신화에 기원을 둔 서사 무가에서 확인한 바 있다. 그러나 조선시대에 영웅소설이라는 장르적 특성을 갖춘 서사물들이 보다 본격적으로 생산되게 된 데는 임병양란 이후에 전개된 농업 공동체의 해체와 도시의 생성이 주요한 계기가 되었다는 것이 국문학계의 중론이다. 그에 따라 조동일은 영웅소설이 「홍길동전」에서 시작하여, 「숙향전」, 「소대성전」, 「구운몽」, 「유충렬전」, 「조웅전」, 「장풍운전」 등으로 이어지다가, 일부 판소리계 소설과 신소설에까지 영향을 미친 것으로 보았다. 임병양란 이후의 영웅소설은 양란으로 훼손된 민족적 자긍심을, 비범성을 갖춘 영웅적 인물을 통해 치유받으려는 집단 내부의 보편적인 정서에 그 뿌리를 둔 것이기는 하지만, 유형에 따라 다음과 같은 특성으로 분류되기도 한다. 즉 현실적 권력체제를 인정하고 그 속에서 가능한 최고의 위치를 점유함으로써 권력과 부귀공명을 획득해나가는 가장 전형적인 영웅소설의 계열이 그 하나라면, 현실적 지배 체제를 부인하고 특권에서 소외된 상태에서 현실적 삶의 조건을 개선해나가기 위해 지배권력과 대결하는 계열이 다른 하나이다. 「장풍운전」, 「소대성전」, 「유충렬전」 등이 전자에 속하는 것이라면, 「홍길동전」, 「전운치전」 등은 후자에 속하는 작품들이다. 그러나 그 유형이 어떠한 것이든 이들 소설들은 영웅적 서사물의 일반적 특징들, 즉 고귀한 혈통, 비정상적 출생과정, 기아(棄兒)와 시련, 구출자나 조력자에 의한 양육, 지속적인 위기와 위기의 극복, 금의환향이나 고귀한 지위의 획득, 신비한 죽음 등의 특성들을 공유하는 경향을 보여준다.(박혜경)

영웅, 반영웅

참고문헌
Joseph Campbell, The Hero with a Thousand Faces, Princeton Univ. Press, 1973, 조동일, 영웅의 일생, 그 문학사적 전개」, 『동아문화』, 1971. 10, 박일용, 「영웅소설 유형 변이의 사회적 의미」, 『근대문학의 형성과정』, 한국고전문학연구회 편, 문학과지성사, 1983.

영웅주의

영웅을 숭상하고 본보기 형상으로 앞세워 제시하는 경향. 북한문학에서 긍정적 주인공은 흔히 긍정적 영웅으로 그려져야 했다. 영웅의 형상화를 요구하는 영웅주의는 북한문학의 전 과정에 관철되어온 것이다. 항일혁명투사라든지 천리마 기수를 비롯한 노동계급의 선진적 대표자는 영웅적 형상 창조의 대상이었다. 흔히 영웅적 성격의 내용으로는 혁명 임무를 완수하려는 강한 책임감과 불요불굴의 태도, 대담하고 진취적인 기상, 헌신과 희생정신, 동지애 그리고 원수에 대한 무자비한 적개심 등이 꼽혔거니와, 군사영웅이 용감성이나 승리에 대한 신심과 불굴의 인내, 군사적 지략을 갖추어야 했던 반면, 노동영웅은 남다른 열성과 창발력을 가지고 기적과 혁신을 일으키는 인물이어야 했다.

영웅성의 발현은 공산주의적 덕성이나 계급적 자각에 근거한 것으로 일단 설명되었다. 그러나 영웅주의를 근본적으로 가능하게 하는 것은 당적 지도였다. 영웅이란 당정책을 자신의 개인적 운명과 분리시키지 않을 뿐 아니라 당 정책의 요구를 자기의 생활적 요구로 파악하고 그것을 실천적 활동으로 관철해 가는 존재여야 했다. 이런 점에서 영웅적 성격이란 특별한 개인으로서가 아니라 집단적 대표자로 그려졌다. 즉 그(그녀)의 비범함은 언제나 대중 속에서 나와야 하며 대중을 이끄는 것이어야 했다. 영웅주의는 언제나 대중적 영웅주의여야 했다.

영웅성의 발현은 또한 수령의 기대와 신임에 보답하려는 충직성에서 나오는 것으로 설명되었다. 그가 전사라면 수령의 사상과 교시에 충실하며, 그의 덕성에 대해 배우고 그의 전사된 영예와 긍지를 깊이 간직하는 데서 영웅주의는 발휘될 수 있다는 것이다.

물론 영웅적 성격 역시 생동감 있는 개성적 존재로 그려져야 할 것이었다. 영웅적 면모는 구체적이어야 했으며 그것이 발현되는 과정 역시 성격 발전의 논리에 맞게 형상화되어야 했다.(신형기)

항일혁명투사, 군사영웅, 노동영웅

참고문헌
김헌순, 「공산주의적 전형 창조의 몇가지 문제」, 『공산주의 교양과 창작 문제』, 조선작가동맹출판사, 1959.

김갑기, 「혁명전사의 영웅적 성격과 사회주의적 애국주의」, 조선문학, 1967. 2.
최길상, 「영웅적 성격에 대한 진실한 해명」, 조선문학, 1972. 2.

영향(影響, Influence)

미국의 문학비평가 해럴드 블룸(Harold Bloom)의 저서『영향의 불안』(1975) 이후 '영향'은 선배시인과 후배시인 사이의 의식적·무의식적 모방관계를 지칭하게 되었다. 동양에서는 전통적으로 선후배 시인들 사이의 시적 영향이 노골적으로 드러나 있었지만, 독창성과 개성을 중시하는 서양의 근대적 문학 관념이 유입되면서 영향 관계는 은밀하게 이루어졌다. 과거에는 자랑스러운 일이었던 모방과 영향이 근대에 이르러 수치스러운 현상으로 변질된 것이다.

그러나 20세기 초에 접어들어 낭만주의적 독창성과 개성을 비판하는 신고전주의적 시작법이 유행하면서 '영향'에 대한 재평가가 이루어졌다. 예컨대 T. S. 엘리엇은 「전통과 개인적 재능」(1917)이라는 유명한 글에서 어떠한 시인도 "그를 단독으로 평가할 수는 없다. 우리는 그를 죽은 사람들 속에 놓고, 대조 비교해 보아야 한다"고 주장하여, 전통과의 적극적 관계맺음을 통해서 오히려 자신의 독창성과 개성이 획득된다는 역설적 주장을 펼쳤다. 그런 뜻에서 그는 현대시인의 정신으로 "개성의 몰각"을 주장하여 낭만주의적 천재 시인 개념에 맞섰다. 엘리엇에 의해서 이루어진, 영향에 대한 재평가는 '전통'과 '고전'에 대한 맹목적인 묵수가 아니라는 점에서 고전주의와 구별된다. 오히려 '영향'을 의식하는 시인들에 의해 전통과 개인 사이의 상호 영향 관계를 강조한다.

해럴드 블룸이 말하는 '영향의 불안'은 엘리엇의 영향 이론을 정신분석적 차원으로 발전시킨 것이다. '영향의 불안'이란 강력한 선배 시인들의 작품들에 대해서 후배 시인들이 '위협'을 느끼지만 경쟁 관계에서는 승산이 없기 때문에 '창조적 오독(誤讀)'이라는 방어 기제를 발동시킨다는 주장이다. 한국에서도 유종호는『시란 무엇인가』(1995)를 통하여 개별 시작품의 독창성이 더욱 돋보이는 것은 고전이나 다른 작품들의 은밀한 인유(引喩)에 근거한다는 상호텍스트성의 관점을 제기하여 고전주의적 입장을 계승하고 있다.(오문석)

낭만주의, 전통, 개성, 신고전주의, 엘리엇, 창조적 오독, 유종호

참고문헌
해럴드 블룸, 『시적 영향에 대한 불안』, 윤호병 역, 고려원, 1991.
유종호, 『시란 무엇인가』, 민음사, 1995.
T. S. 엘리엇, 『문예비평론』, 최종수 역, 박영사, 1974.

영향론의 오류(Affective fallacy)

독자에게 미치는 영향, 특히 정서적 영향에 의해서 텍스트의 가치를 판단하는 것은 오류라는 입장을 가리키며, '정서의 오류'라고도 한다. 텍스트와 독자를 이론적으로 구별하지 못하는 것을 경계하기 위해 만들어낸 용어이다. 텍스트의 의미를 저자의 의도로부터 독립시킨 '의도의 오류(intentional fallacy)'와 더불어 윔섯(W. K. Wimsatt)과 비어즐리(Monroe C. Beardsley)가 1940년대 후반에 공동으로 작성하여 학회지에 발표한 논문의 제목이기도 하다. 이 두 개의 논문은 윔섯의 저서 『말로 만든 형상(Verbal Icon)』(1954)에 재 수록되어 있다.

'의도의 오류'와 '영향론의 오류'는 텍스트 외부의 요소들(저자 혹은 독자)로부터 텍스트의 의미가 독립되어 있다는 신비평의 입장을 이론적으로 선포한 것이다. 요컨대 저자의 의도와 독자의 정서적 반응은 일반적으로 작품의 내용에 의해 결정된다는 점에서, 그것은 내용 위주의 작품 판정을 거절하는 형식주의적 기획을 드러낸 것이다. 또한 신비평주의자들은 현실을 재현함으로써 독자에게 미치는 영향으로 작품의 성과를 판정하는 리얼리즘을 내용주의로 매도하고 자신들의 형식주의적 입장을 거기에 대립시켰다. 그와 더불어 아무런 선입견 없이 작품 그 자체만으로 작품의 가치를 판단하여 객관성을 확보한다는 뜻에서 그들은 스스로 객관주의적 비평이라고 주장했다.

이러한 생각은 독자의 개입을 차단함으로써 텍스트 판정의 절대적 객관성을 확보할 수 있다는 객관성의 환상에 빠진 것으로 이후 비판의 대상이 되었다. 특히 텍스트의 의미를 구성하는 데 있어서 독자의 반응이 필수적이라고 주장하는 독자 반응 비평의 출현은 '영향론의 오류'의 오류에 대한 수정을 요구하였다. 실제로 윔섯은 나중에 자신의 입장을 수정하여 텍스트 내부에서 독자의 반응을 산출하는 요소들에 대한 집중적 분석을 강조하고, 그것이 비평의 객관성 확보와 모순되지 않는다고 주장하였다.(오문석)

의도의 오류, 신비평, 윔섯, 객관주의

참고문헌
이상섭, 『복합성의 시학 : 뉴 크리티시즘 연구』, 민음사, 1987.
W. K. Wimsatt, Verbal Icon : Studies in the Meaning of Poetry, University of Kentucky Press, 1967.

영향의 불안(Anxiety of influence)

영향의 불안은 197년대 미국의 문학 비평가 헤롤드 블룸(Harold Bloom)이 17세기 계몽주의 시를 연구했던 월터 잭슨 베이트(Walter Jackson Bate)의 업적을 이어받아 독창적으로 만들어낸 용어이다. 블룸은 동일 제목의 저서에서 베이트가 지적한, 위대한 선배 시인들의 시적 성취에 대한 18세기 후배 시인들의 열패감을 근본적으로 수정하기 위해 프로이트의 오이디푸스 콤플렉스를 도입한다. 블룸에 따르면 밀튼 시대 이후 후배 시인은 강한 선배 시인에 대해 아버지와 아들의 관계에 놓이게 된다. 후배 시인은 강한 아버지를 존경하면서도 절대적으로 독창적인 되고 싶은 욕망에 선배 시인이 선취한 업적을 의도적으로 왜곡하고 방어적으로 읽음으로써 자신의 창조성을 부각하게 되는데 이것을 영향의 불안이라고 한다. 블룸은 모든 선배 시인의 작품에 대한 독서는 그 때문에 "은폐(隱匿) 또는 오역(誤讀)"이라고 결론 내린다. 이런 오독은 "약한 오독(weak misreading)과 강한 오독(strong misreading)으로 나누어지는데 약한 오독은 텍스트의 진정한 의미에 도달하려는 시도이나 이것은 필연적으로 실패하게 되어 있다. 반면 강한 오독은 독자의 방어기제가 극단적으로 텍스트의 의미를 곡해하도록 허가받은 오독이다. 블룸의 주장은 선배 비평가들로부터 영향을 받은 블룸 자신의 이론과 독법에도 그대로 적용되며, 문학적 표준이 되는 전통을 부정하게 된다.

영향의 불안은 밀튼에게 끼친 스펜서와 단테의 영향, 워즈워드에게 끼친 밀튼의 영향 등으로 대변되지만 소설 작품에서도 광범위하게 적용된다. 영국의 추리작가 애거서 크리스티(Agatha Christie)는 남성 선배 작가 코난 도일(Doyle Arthur Conan)의 셜록 홈즈에 대한 영향의 불안을, 마크 트웨인(Twain Mark)은 『미시시피의 생활Lfe on the Missippi』에서 선장 포우를 서술하는 장면에서 애드거 앨런 포(Edgar allan Poe)의 『검은 고양이The Black Cat』의 일부를 자신의 방식으로 소화하여 강한 선배 문인의 그림자를 보여주었다.

한국시사에서 50년대 '신시론' 동인이 30년대 김기림의 모더니즘을 의식한 것이나 80년대 황지우, 이성복이 김수영을 강하게 의식한 것도 영향의 불안을 보여주는 사례이다.(김주현)

대립적 비평(antithetical criticism), 수정화(revisionary ratio), 오이디푸스 콤플렉스

참고문헌
헤롤드 블룸, 『시적 영향에 대한 불안』, 윤호병 역, 고려원, 1991.
프로이드, 『정신분석강의』, 임홍빈 홍혜경 역, 열린책들, 1997.

영화(Movie, Film)

영화는 필름에 기록한 화상(畵像)을 광학적 방법으로 스크린에 투영함으로써 움직이는 영상을 보여주는 장치, 또는 그것으로 만들어지는 작품을 뜻한다.

에디슨(T. Edison)과 딕슨(W. Dickson)이 1888년에 세계 최초의 영화용 카메라 키네토그라프(Kinetograph)와 이듬해 30초 동안에 일회용으로 활동사진을 감상할 수 있는 기구인 키네토스코프(Kinetoscope)를 발명함으로써 영화의 역사가 시작하게 된다. 그로부터 수년후인 1895년 뤼미에르(L.Lumiere) 형제가 카메라와 영사기를 겸용으로 사용하는 기구인 시네마토그래프(Cinematographe)를 발명하여, 인류최초의 영화인 짧은 다큐 필름, 즉 정거장에 도착하는 기차, 공장 일을 마친 노동자들의 귀가를 내용으로 한 영화를 그랑카페에서 상영함으로써 세계 영화사의 신기록을 세웠다.

1930년 무렵부터 음향도 필름에 기록하여 재생할 수 있게 되어, 이후 영상은 음을 수반하는 것이 통례가 되었다. 19세기 말에 탄생한 영화는 처음에는 진기한 구경거리에 불과하였으나, 곧 대중의 흥미를 끄는 오락이 되었다. 기술의 진전에 따라 하나의 큰 산업으로 발전하면서 예술적인 성과도 거두어, 그것이 그려내는 세계나 출연하는 배우와 함께 독자적인 사회현상을 형성하게 된다. 우리나라에서는 처음에 '활동사진'이라고 하다가, 그 후 '영화'로 불리고 난 뒤, 점차 영화라는 호칭으로 통일되었다. 영화를 가리키는 용어들은 나라마다 다르게 표현된다.

> 영미권 : 모션픽쳐(motion picture), 무비(movie), 필름(film).
> 프랑스 : 시네마토그라프(cinématographe), 시네마(cinéma).
> 독일 : 키네마토그라피아(Kinematographie), 키노(Kino).
> 스페인 : 시네(Cine).
> 러시아 : 키노(КИНО).
> 북유럽권 : 비오그라프(biograf).
> 중국권 : 전영(電影).

영화의 어원이 서양에서는 '움직이다'의 뜻을 공유하고 있다. 영어로는 보통 네 가지 정도의 용어를 가지고 있는데, 제작상 과정으로서의 영화는 모션픽쳐(무빙픽쳐)이며, 대중오락 및 상품과 산업의 측면에서 볼 때는 무비(movie)라고 하고, 정치, 사상, 사회문화의 맥락에서는 시네마(cinema)로 사용되는 것이 일반적이요, 필름은 이 중에서도 중립적으로 쓰여 지고 있는 용어이다.

동양에서는 중국식 조어의 전영(電影)과 일본식 조어의 영화(映畵)가 있다. 글자 그대로의 뜻을 새긴다면, 전기로 나타낸 그림자, 비추어진 그림에 각각 해당된다. 중국에서는 영화를 그림자 비슷한 것으로, 일본에서는 그림과 유사한 것으로 인식했던 것이다. 중국의 전통 예술 가운데 영회극(影繪劇)이란 그림자놀이가 있었다. 우리나라에서는 일본식 조어인 '영화'라는 말을 받아들여 오늘날에 이르기까지 사용하고 있다.

영화는 형식적인 측면에서 볼 때 무성영화와 유성영화, 흑색영화와 색채영화, 표준영화와 대형영화로 나누어진다. 녹음의 여부, 색조의 유무, 화면의 종횡 비율에 따라 각각 구별한 것이다. 내용상의 분류법에 의하면, 그것은 기록영화와 극영화와 동화(動畵, Animated Cartoon)으로 나누어지는 것이 보통이다. 제작 목적 상에 따라선 뉴스릴(Newsreel), 교육영화, 과학영화, PR영화, TV방영 제작용 영화 등으로 나누어지기도 한다. 각별하게는, 창작의 동기나 표현 양식에 따라 장르 영화와 작가주의 영화로 구분하는 경우도 있다.

영화가 종합예술이듯이 다양한 면을 공유하고 포괄할 수 있는 속성을 지니고 있다. 영화가 개방적인 성격을 띠고 있는 것도 이 때문이다. 따라서, 영화는 산업이며, 과학이며, 예술이며, 문화이며, 또한 이데올로기이기도 하다. 영화의 존재론적 본질을 다양한 시각에서 규명하고자 하면서 종합적이고 총체적인 의미를 파악하려고 할 때, '영화학'이란 잠정적인 용어를 사용할 수 있을 것이다.(송희복)

뤼미에르 형제, 활동사진, 영화학

참고문헌
이승구 외, 『영화용어해설집』, 영화진흥공사, 1990.
정재형, 『정재형 교수의 영화강의』, 영화언어, 1996.
송희복, 『영상문학의 이해』, 도서출판 두남, 2002.

영화비평(Film criticism)

우리가 대화를 통해서건 글을 통해서건 예술 작품에 관해 서로의 견해나 경험을 나누고 있을 때, 우리 스스로 비평 행위에 가담하고 있다는 경험을 나누고 있을 때, 우리 스스로 비평 행위에 가담하고 있다는 사실을 확인할 수 있다. 특히 영화의 경우에 있어서 "나, 그 영화 재미있었어." 또는 "그 영화는 돈 낭비야"라는 간단한 말에도 그 말을 하는 사람이 거칠고 구체화시키지 않았던 처음의 감정적 반응을 비평적 판단으로 전환시켰음을 의미한다. 그러나 좋아한다거나 싫어한다는 것과 같은 단순한 표현이나, 인상적이고 획일적인 관람 경험으로는, 영화의 전면적인 의미와 가치를 전달하는 데 불충분하다.

영화비평은 저널리즘 비평과 이론비평으로 크게 양분된다 전자는 단순한 영화평에 불과한 것으로 비평의 결과론만을 제시한 경우이며, 후자는 가치의 판단을 위해 체계적이고 분석적인 성격을 띠는 것이라 하겠다.

전자의 경우처럼 독자들이 특정의 영화를 선택하는 데 도움을 제공하는 사람을 가리켜 평론가(reviewers)라고 한다면, 후자의 경우처럼 영화를 매체의 속성과 관련하여 사회, 역사, 미학적인 현상으로서 연구의 대상으로 삼는 사람을 두고 영화비평가(film-critics)라고 말할 수 있을 것이다.

팀 비워터와 토마스 소벅에 의해, 영화 비평의 방법은 (1)저널리즘 방법, (2)휴머니즘적 방법, (3)작가주의적 방법, (4)장르적 방법, (5)사회과학적 방법, (6)역사적 방법, (7)이데올로기적 이론 방법으로 나누어 고찰된 바 있었다.

세계적으로 유명한 영화 칼럼니스트들의 영화비평을 모아 책으로 묶어놓은 것이 있는데, 우리나라에서도 『세계 영화평론 101』이란 제목으로 번역되기도 했다. 이 책에는 뉴욕타임스 지(誌)의 「국가의 탄생론」에서부터 로저 이버트의 「타이타닉론」에까지 101편의 작품론이 실려 있다.(송희복)

저널리즘 비평, 이론비평, 작품론

참고문헌
윌리엄 캐드버리 리랜드 포그, 『영화비평』, 정일몽 역, 영화진흥공사, 1992.
팀 비워터·토마스 소벅, 『영화비평의 이해』, 이용관 역, 예건사, 1994.
서일숙, 『영화비평의 이론과 실제』, 집문당, 1996.
토마스 소벅·비비안 C. 소벅, 『영화란 무엇인가』, 주창규 역, 거름, 1998.

영화의 내러티브와 스토리 정보

내러티브는 스토리이며, 실제이거나 혹은 허구적인 사건의 설명을 말하며, 의사 소통이 이루어지는 보편화된 체계를 가리키는 용어인 것이다. 실험 영화나 전위 영화의 경우처럼, 기승전결의 구조가 없는 영화를 두고 비내러티브 형식의 영화라고 일컫는다. 관객은 영화를 보면서 서술 구조의 진해에 참여하면서 다른 정보들을 기억해내면서 결말을 예측하거나 반전의 기대를 갖는다.

1895년부터 1910년까지 영화를 두고 초기 영화(early cinema)라고 불리어진다. 초기영화는 시대적으로 볼 때 내러티브가 정립되었다기보다는 진귀한 볼거리로서의 스펙터클의 속성이 강했다. 그런데 초기영화의 '비내러티브성'을 1910년을 전후로 점차 소멸되어가기 시작했다. 1910년 이후에 스튜디오 중심의, 이른바 고전영화의 양식화가 내러티브의 표준화 경향에 의해 가속화되어간다. 고전적인 내러티브의 지배적인 양식을 기본적으로 다음과 같은 공통점을 가지고 있었다.

첫째, 고전적인 내러티브의 스토리는 '수수께끼-해결'의 기본 구조를 둘러싸고 전개된다.

둘째, 고전적인 내러티브의 중심적인 극중 인물은 영웅이며, 내러티브의 해결 구조는 영웅적인 행위를 통해 마침내 구현된다.

셋째, 고전적인 내러티브는 끝을 맺을 때 명확한 완결성을 특징으로 한다. 즉, 미해결의 모호한 여지를 결코 남겨두는 법이 없다.

1960년대 이후 등장한 아방가르드 영화의 반내러티브적인 성격은 초기영화로부터 영감을 부여받았다. 이러한 유의 영화가 등장하기까지 고전적인 내러티브의 영화는 영화사의 주류를 형성했다.

영화적 영상의 커뮤니케이션은, 스토리의 구성, 스토리의 플롯화, 스토리의 재구성의 순으로 이루어진다. 영화 제작에 관여하는 사람들은 극적인 효과가 부족하거나 중요성이 떨어지는 장면을 삭제하고 극적이며 효과적인 장면만을 선택할 것이다. 그리고, 그 외의 정보를 부여하기 위해 스토리 외적인 것들을 화면에 시청각적인 효과를 통해 전달하려고 한다. 결국 관객 각자는 플롯을 스토리로 재구성한다. 영화를 본 다음에 사람들이 영화에 관해 얘기하는 내용이 길고 똑같지 않다는 것도 이러한 사실에 근거한다.

플롯의 한 기능 가운데, 스토리정보(story information)를 제시하는 것이 있다. 시나리오 작가나 영화 연출자는 스토리정보를 조심스레 누설함으로써 관객의 홍미를 자극하거나 조작할 수도 있다.

그리피스의 「국가의 탄생」 나레이션은 매우 '비제한적(unrestricted)'이다. KKK단이 오두막에 포위된 몇몇의 등장인물들을 구하기 위해 달려오고 있다는 사실을, 관객들은 비록 알지만, 포위된 극중 등장인물들은 짐작조차 하지 못한다. 극도의 통찰력을 가진 나레이션을 가리켜 흔히 전지적(全知的)인 나레이션이라고 한다. 만일 그리피스가 제한된 나레이션을 사용했다면, 관객은 다만 등장인물만을 통해 스토리정보를 수용했을 것이다. 때문에 나레이션의 제한은 미스터리 영화에서 곧잘 쓰인다. 원인적인 내용을 감추어버림으로써 관객의 관심과 흥미를 집중시킬 수 있기 때문이다. 탐정이 알고 있는 범위 내로 플롯을 제한한다는 것은 실제로 이외의 다른 스토리정보들을 감출 수 있는 동기를 부여 한다.

나레이션이 스토리정보의 범위를 조절함으로써 얼마나 큰 효과를 거둘 수 있는가를 보여주고 있다. 제한된 나레이션은 보다 큰 호기심과 놀라움을 만들어 낸다. 예컨대, 한 인물이 으스스한 집을 탐색하고 있고, 관객은 그 인물이 보고 듣는 것 이상을 모른다고 할 때, 문에서 갑자기 삐져나온 손은 관객으로 하금 놀라게 할 것이다.

영화의 나레이션은 정보의 범위 뿐만 아니라 그 깊이도 조절한다. 내러티브 영화는 등장 인물의 심리에 관한 스토리정보를 다양한 깊이로 제시할 수 있다. 결국, 플롯은 나레이션의 과정을 통해 관객에게 스토리정보를 제공한다.(송희복)

플롯, 전지적 나레이션, 아방가르드

참고문헌
수잔 헤이워드, 『영화사전-이론과 전망』, 이영기 역, 한나래, 1997.
토마스 소벅·비비안. C. 소벅, 「영화란 무엇인가」, 주창규 역, 거름, 1998.

영화의 비유와 상징

영상은 때로 설명하는 것 이상의 것을 의미한다. 스크린에 직접적으로 표현되는 것 외의 암시적이거나 잠재된 것일수록 더욱 그러하다. 이를 가리켜, 우리는 영상의 '제2의 의미'라고도 한다. 이것은 기본적으로 비유와 상징에 의해 구현된다.

비유는 영화의 줄거리를 구성하는 한 요소이다. 감독은 몽타주에 의해 두 개의 영상을 연결함으로써 관객의 마음속에 어떤 심리적 충격을 주게 되는데, 이 충격은 결국 비유적 표현의 효과를 불러일으키고자 한다. 예컨대, 에이젠슈타인은 그이 처녀작 「스트라이크」(1925)에서 황제의 군대에게 총탄 세례를 받은 노동자의 화면 다음에, 목이 잘리고 괴로워하는 동물의 도살당하는 장면을 연속시켰다. 짐승 같이 고통을 당하는 노동자에 대하여 어떠한 이미지의 충격을 가한 경우라고 할 수 있다.

비유에는 환유(motenymy)와 은유(metaphor)가 있다. 문장 수사학에서 환유는 의미하고자 하는 사물의 이름을 부수적인 사물의 이름으로 대체하는 것을 말한다. 영화에서 환유는 시각적으로 현존하는 대상이 아닌 것을 나타내기도 한다. 오슨 웰즈의 「시민 케인」(1941)에서 '로즈버드'라 이름된 썰매는 케인을 둘러싼 삶의 미스터리를 환유한다. 복잡한 현실의 일부를 선택하여 전달하는 뉴스나, 현실에 존재하는 특정의 삶을 집중적이고 편파적으로 제시하는 TV 드라마는 본질적으로 환유적이다. 이에 비해, 병 속의 향수에게 전달되기 바라는 아름다운 여인의 모습을 향수병과 병치하는 광고 영상은 은유적이다. 영상의 은유는 요컨대 두 개의 기호를 서로 병치하거나 상호 삽입함으로써 새로운 의미를 창출하려고 한다.

환유는 부재하는 것을 나타내며, 스토리의 일부로서 제시되기 때문에, 눈에 띄지 않고 작동한다. 반면에 은유는 시각적으로 상당히 명료하다. 은유는 미지의 것을 눈에 보이게 하며, 미지의 것을 현존하게 한다. 즉, 우리는 영상의 은유를 통해 연상 관계로 구현된 미지의 대상이나 세계를 비로소 이해할 수 있는 것이다.

제2의 의미가 형성될 때 상징의 역할도 중요시된다. 영화에서 상징을 이용하고 있는 것을 화면의 표면에 나타나 있는 내용 이상의 것을 암시하는 영상의 세계를 이해하는 데 효과적인 도움을 주고받는 데 있다.

도브젠코의 혁명적인 영상시로 평가되기도 하는 「대지」(1930)의 경우를 보자. 젊은 운전수가 반혁명주의자에게 살해된다. 그가 묘지에 보내질 때 한 부인이 장례 행렬에 가담하면서 초기 출산의 징후와 진통이 비롯된다. 이는 혁명의 투쟁 과정에서 한 사람이 쓰러져 좌절되면 또 다른 한 사람이 태어나 미래의 수확을 준비하는 것의 상징이다.

영상의 상징은 영상의 비교가 아닌 그 시각적인 대표성을 지니는 것이다. 그것은 두 개의 영상이 주는 자극이 아니라 영상 구조 자체 속에 드러난다. 영화의 줄거리에 속해 있는 장면 속에서 직접적으로 표출된 의미 이상의, 더 깊고 넓은 가치를 지향하는 것이 영상의 상징이라고 하겠다.(송희복)

환유, 은유, 상징

참고문헌
마르셀 마르땅, 『영상언어』, 황왕수 역, 다보문화. 1993.
수잔 헤이워드, 『영화사전-이론과 비평』, 이영기 역, 한나래, 1997.
이영음 홍석경, 『영상학 개론』, 참미디어, 1999.

영화의 시점

소설의 서술은 누군가에 의해 말해지는 형식을 취하고 있다. 그 말하는 사람을 서술자(narrator)라고 한다. 서술자가 어느 관점에 서서 이야기를 이끌고 가느냐 하는 문제가 작가에게 관찰의 시점, 서술의 초점이 되고, 독자에게는 사건 이해의 포지션이 된다.

영화에 있어서의 시점은 소설에 비해 훨씬 덜 엄격하지만, 소설의 경우처럼 주관적, 혹은 객관적으로 줄거리와 사건의 진행 과정을 해설할 수 있다.

영화의 시점 가운데 주관적인 것은 일인칭 화자에 의해 해설되는 것을 말한다. 많은 영화들이 일인칭 해설 기법을 이용하고 있다. 소설이 화자의 목소리를 통해 해설된다면, 이 목소리에 상응하는 것은 영화의 안팎을 넘나들며 엮어지는 목소리라기보다는 오히려 카메라의 눈이다. 소설에서 화자와 독자의 구분은 명백하며, 독자는 친구의 얘기와도 같은 해설을 듣는다. 그러나, 영화의 관객은 렌즈와 심리적으로 일치하고 해설자의 정서 속에 극적으로 동화된다. 이른바 주관적인 카메라의 시점이란, 관객을 내러티브 속으로 연루시켜 등장인물의 시점과 관객 자신의 시점을 동일시하도록 만드는 것을 말한다.

그러나, 소설에서의 일인칭 화법과 영화에서의 일인칭 해설은 차이가 분명하다. 영화가 일인칭으로 해설된다고 하더라도 그것은 삼인칭으로 극화될 따름이다. 영화의 해설자는 시작과 끝의 부분에서만 '나'를 의식하며, 일반적으로 볼 때 그 사이에 있는 모든 사건은 극화되고 만다.

영화의 시점 중에서 삼인칭 시점은 전지적 시점의 변이형이다. 카메라는 매체의 속성이 전지적이기 때문에 마치 전지적 작가처럼 행동한다. 카메라의 전지적 능력으로 인해 객관적인 목소리 역시 전지적 시점의 변이형이 된다. 사건에 '감정적인 개입(emotional involvement)'을 부추기지 않고 공정하고 불편부당한 기록을 담는 카메라의 객관적 시점에 전지적인 것은 불가피하다. 객관적인 시점이 문학보다 영화에 더욱 접합하다고 하는 까닭도, 영화가 실제적으로 기록적인 카메라를 이용하려고 하는 데 있다고 할 것이다.(송희복)

주관적/객관적 시점(혹은, 해설), 감정 개입, 동일시, 전지적(全知的)

참고문헌
L. 쟈네티 지음, 『영화-형식과 이해』 김학용 역, 도서출판 도스토예프스키, 1988.
버나드 F. 딕 지음, 『영화의 해부』, 김시무 역, 시각과 언어, 1995.
수잔 헤이워드 지음, 『영화 사전-이론과 비평』, 이영기 역, 한나래, 1997.

영회시(詠懷詩)

주로 시인의 가슴속에 사무친 회포를 표출하는 시가의 일종. 어떤 경우는 자신의 심정을 그대로 노출시키는 형식으로 나타나기도 하고, 또는 비흥(比興)이나 상징과 같은 수법을 써서 완곡하게 표현하기도 한다. 영회시라는 명칭이 최초로 나타난 작품은 완적(阮籍, 210-263)의 「영회시」 80수인데, 이들 작품은 그가 치열한 정치 투쟁 과정을 겪으면서 느낀 사회적 모순과 자신의 고통스런 심정을 반영하고 있다. 위진(魏晉) 교체기 무렵 통치 계급 내부의 모순과 알력은 극에 달해 적지 않은 문인들이 생명에 위협을 느끼고 재난을 당하지 않을까 두려워하면서 "한평생을 박빙을 걷는(終生履薄氷)" 듯한 험난한 생애를 살아갔다. 때문에 그들은 단지 거짓으로 경박하고 미친 사람처럼 살 수밖에 없었고, 음주에 탐닉하거나 유희를 즐기면서 허무(虛無)와 현원(玄遠)을 추구한 노장사상에서 정신적 위안을 찾고자 하였다. 완적 또한 세상의 더러운 흐름에 휩쓸리기를 포기했지만, 사악한 권력 집단에 항거할 힘은 가지지 못했다. 때문에 암흑과 공포로 뒤덮인 당시 사회 상황과 대면하면서 그는 가슴속에 사무친 분노와 고통을 함축적이며 비유적인 수법으로 토로하게 되었던 것이다. 그의 「영회시」는 침울하고 은근하며 사실을 적당히 은폐하는 예술적 특성을 보여주고 있다. 완적의 「영회시」는 후세에 커다란 영향력을 행사해 서정시 가운데 빈번하게 등장하는 유형으로 자리잡았으며, 유사한 모방작품이 연이어 나오게 만들었다. 도연명(陶淵明, 365 -427)의 「음주(飮酒)」와 유신(庾信, 513-581)의 「의영회(擬詠懷)」, 진자앙(陳子昂, 656 -698)의 「감우(感遇)」, 이백(李白, 701-762)의 「고풍(古風)」 등은 모두 영회시 가운데 최고의 걸작이라고 할 수 있다.(임종욱)

완적(阮籍), 도연명(陶淵明), 유신(庾信), 진자앙(陳子昂), 이백(李白)

참고문헌
임종욱,『동양문학비평용어사전-중국편』, 범우사, 1997.
_____,『중국의 문예인식』, 이회, 2001.
_____,『중국문학에서의 문장체제 인물 유파 풍격』, 이회, 2001.
주훈초,『중국문학비평사』, 이론과실천, 1992.

예능(藝能)

예능 · 예술 · 연희라는 용어는 현재 학술적인 개념으로 사용된다. 고대의 동양에서 예능은 개개인의 특수한 재능 혹은 기술을 의미했다. 예술과 구분 없이 동일한 개념으로 사용되었다. 20세기 초부터 서구적인 예술이 수용되면서 점차 예능과 예술을 구분하는 인식이 나타나기 시작했고, 예능은 동양적인 것으로 예술은 서양적인 것으로 동일시되기도 한다. 서양의 문예 활동이 유파적인 전수성과 보수적인 표현방법을 존중하는 동양의 예능에 일면 대응하는 것은 사실이다. 특히 익명성(匿名性)이 짙은 동양에 비하여 서양에서는 창작자 개인의 능력이나 독창성, 역사적인 의의를 선호하고 높이 평가하는 측면에서 차이가 심하다. 그러나 지난 시대에는 물론, 현재 동양에서도 예능과 예술을 완전히 상반된 개념으로 볼 수는 없다.

예능은 기원전 2천년대 중국의 고문헌인『사기(史記)』『후한서(後漢書)』에 용례가 보일 정도로 고전적 개념이다. 고대에는 무속적인 주술(呪術)과 점술(占術), 예언, 농경적인 기술과 풍농기원의례, 그리고 질병퇴치행위 등과 관련된 신성한 능력을 의미했다. 제사와 행정이 점차 분화되는 중국 주나라 이후부터 예능은 학문과 지식을 포함하는 여러 종류의 우수한 기술이나 뛰어난 재능, 혹은 예술적인 능력이나 무기를 다루는 솜씨 등을 가리키는 일반적인 의미로 바뀌게 되었다. 즉 예술 · 기예 · 무예 · 재예 · 서예 · 유예 · 육예(六藝) · 예문 · 연예 · 공예 · 경기 · 자수 · 회화 · 음악 · 강담 · 잡기 · 백희 등을 범칭하는 용어로 오랜 세월 널리 사용되어 왔다. 중국의 영향을 일찍부터 받기 시작한 한국과 일본에서도 예능에 관한 인식과 제도는 유사한 방향으로 전개되었다. 현재 예능학(藝能學)은 일본에서 성행한다.

연희는 예능의 한 갈래로서 시청중을 대상으로 하여 공연되는 모든 예능적 행위를 지칭한다. 연희는 공연예술이라는 용어로 통칭되기도 한다. 한국에서 연희라고 하면 전승연희가 주범주를 이루게 된다. 한국뿐만 아니라 동양의 연희는 음악이 기본이 되고 노래와 춤과 재담과 연기로써 표현된다. 역사적으로 가무백희 · 백희 · 나례희 · 산대희 · 잡희 · 잡기 · 잡극 · 기예 · 산희 · 야희 · 연극 · 굿 · 놀이 · 놀음 · 짓 · 짓기 등은 모두 전승연희를 지칭한 것이다. 현재 전승연희는 민속연희 · 민속예능 · 민속예술 · 민속놀이 · 민속공연 · 전통연희 · 전통예능 · 전통예술 · 전통공연 · 연행 · 마당놀이 · 마당굿 · 연예 등과 혼용된다.(서연호)

예술, 연희, 연예, 공예

참고문헌
"至今上卽位 博開藝能之路", 龜策傳, 高祖條, 史記.
"其徒亦有雅才偉德 未必體極藝能", 方術傳, 張衡條, 後漢書.
蘇英哲, 藝能の中國原義について, 연극학25호, 早稻田大學演劇學會, 1984.
하야시야 신사부로(林屋辰三郞), 中世藝能史の硏究, 岩波書店, 1975.
김학주, 『중국고대의 가무희』, 민음사, 1994.
Michael Billington(ed), Performing Arts, A QED Book, London, 1988.

예술(藝術)

예술(藝術)은 서양의 아트(art)를 번역한 말이다. 서구에서 아트라는 용어는 원래 모든 방면에 있어서의 기술 일반을 뜻하는 말이었다. 아트가 오늘날과 같은 근대적 의미를 획득하기 위해서는 '미적인'(fine) 혹은 '우아하고 즐거운'(elegant and pleas -ant) 것과 관련된 자질만이 따로 요구되었으며 16세기~18세기 중엽 동안 학문이나 공업상의 기술은 아트에서 점차 멀어져 갔다. 오늘날 의미하는 바로서의 예술이라는 단어가 확립되자 '미적인'과 같은 수식어는 더 이상 필요하지 않게 됐고 이 수식어는 시각 예술, 즉 미술에만 해당되는 것으로 축소됐다.

아트에 해당되는 동아시아 용어인 예술(藝術)의 역사는 서양의 아트의 역사와 여러 모로 닮은꼴이다. 예술(藝術)이라는 말은 『후한서』에 처음 등장했는데 예(藝)와 술(術)은 둘 다 미(美)와는 무관한 수학, 의술 등의 기술 전반을 가리키는 행위였다. 이에 노신은 아트와 예를 동일시하기 힘들다고 생각했다. 따라서 예(藝)라는 개념은 아트의 본래 개념을 담아내는 데 처음부터 문제가 많았다.

동아시아에서 서양의 아트는 예술로도 번역되고 미술로도 번역되었다. 본래 기술의 숙련을 뜻했던 예술(藝術)이 아트의 번역으로 자리잡아 갈 때 미술(美術)이라는 번역어와 경쟁 관계를 형성했던 것이다. 그러나 미술이든 예술이든 그것은 농산물, 공업제품 등을 모두 망라하는 전반적인 고등 기술을 뜻하는 것이었다. 양계초가 모든 고등 기술의 진보는 미술로 귀착된다고 말했던 것은 이 때문이었다. 노신 역시 미술(품)을 여러 지방으로 수출할 수 있어야 한다고 주장함으로써 양계초의 견해를 이었다.

예술이라는 용어가 미술과 차별성을 띠고 독자적인 용어로 부상한 것은 미술의 의미가 시각 예술로 축소되면서부터이다. 한때 예술과 미술이 아트의 번역어로 동시에 고려되다가 예술은 아트의 번역어로 미술은 파인아트(fine art)의 번역어로 자리잡게 된 것이다. 1900년대 한국에서 미술은 일본의 경우와 마찬가지로 예술, 공예,(협의의)미술이 미분화된 상태로 존재했다. 그러나 공예품의 수출을 증진시키고자 하는 식산흥업정책이 일제의 침략으로 좌절당하고 공업의 기계화가 진행되면서 예(藝)와 업(業)의 연대는 끊어진다. 공업(工業)과의 친연성을 잃은 미술이 새로 찾아낸 기반이 바로 서화(書畵)의 미(美), 즉 시각 예술이었다. 결국 미술은 문학, 음악, 미술을 두루 포괄하는 '미(美)'의 가치를 예술이라는 새로운 단어에 넘겨주었다.

물론 1910년대 이후 예술이라는 용어가 완벽히 자족적인 개념으로 정립된 것은 아니었다. 한국의 경우 양건식, 김억, 안확이 보인 '예술'과 '미술'의 용례를 보면 아직까지도 미술과 예술의 개념이 상호침투하고 있음을 알 수 있다. 그러다가 예술은 정(情), 미(美)를 기반으로 하는 인간의 창조적인 활동이 그 자체 중요한 의미를 띠게 되면서 비로소 일반적으로 사용되었다. 이광수는 예술이란 문학, 음악, 미술을 포괄하면서 "정(情)의 만족을 구하는 활동"이라고 정의했다. 이로써 상호 무관한 분야로 뷰였던 문학과 음악, 미술이 '예술'이라는 하나의 범주 아래로 모이게 된 것이다.(권보드래)

아트(art), 미술, 이광수

참고문헌
권보드래,『한국 근대소설의 기원』, 소명출판, 2000.
진중권,『놀이와 예술 그리고 상상력』, 휴머니스트, 2005.
아놀드 하우저,『문학과 예술의 사회사』, 백낙청 역, 창작과 비평사, 1999.

예술가소설(Novel of the artist, Artist-novel)

예술가소설은 예술가를 주인공으로 내세워 예술행위에 얽힌 사건을 메인플롯으로 처리한 소설을 말한다. 예술가는 화가, 음악가, 문인 등과 같이 예술작품을 생산하는 존재를 말하는가 하면 그 작품에 따라 연기하는 배우나 가수와 같은 대중예술가를 가리킬 수도 있다. 옛부터 소설가는 이들 예술가 중에서도 문인에게 가장 큰 관심을 보내 왔다. 소설가가 접근하기 쉬운 소재라든가 세계를 보인 점에서 지식인소설의 중심은 예술가소설이 되며 다시 예술가소설의 중심은 소설가소설이 된다. 예술가소설은 예술의 본질이라든가 예술의 시대적 역할을 설명하는데 가장 좋은 공간이 되며 진리나 미를 추구한 예술가가 현실에 맞서 갖게 되는 갈등을 표출하는 장이 되기도 한다. 에이브럼즈는 예술가소설을 교양소설의 중심적인 하위범주에 넣으면서 예술가가 예술가로서의 숙명을 인식하고 원숙한 예술적 능력에 도달하기까지의 과정을 그리는 것으로 예술가소설의 임무를 정리했다. 그리고 예술가소설의 모범작으로 제임스 조이스의「젊은 예술가의 초상」, 토마스 만의「파우스트 박사」, 앙드레 지드의「사전꾼」등을 들었다.

한국문학에서는 1920년대 초기에『창조』,『백조』,『폐허』등 동인지를 무대로 예술가나 예술가지망생을 주인공으로 한 소설들이 집중적으로 나타난 것에서 예술가소설의 출발점을 잡아 볼 수 있다. 이때의 소설들은 예술지상주의, 예술절대론, 예술가대망론 등을 주장하면서 현실몰각이나 현실도피를 합리화하고 있는 듯한 인물을 내세운 경우, 미숙하고 단편적인 대로 예술정신의 실체를 파악해 보려고 한 경우, 지식인의 본질적 행위의 범주에 넣을수 있는 예술행위를 주인공이 기본적인 것조차 꾀할 수 없을 만큼 곤궁한 상태에 놓여 있음을 강조한 경우 등으로 나누어 볼 수 있다. 1920년대 후반 이후로 문인을 주인공으로 한 빈궁소설이 하나의 흐름을 이루게 된다. 최서해의 「전아사」, 현진건의 「빈처」, 조명희의 「땅속으로」 등이 그 대표작이 되고 있다. 그후 예술가소설은 박태원, 이태준, 최인훈, 이청준, 이문열 등의 자전적 성격이 짙은 예술가소설로 이어지고 있다. 이처럼 예술가소설은 관념소설, 사상소설, 이념소설, 심리소설, 자전적 소설로 등으로 구체화된다.(조남현)

예술가, 지식인소설, 성장소설, 관념소설, 교양소설

참고문헌
조남현, 『한국지식인소설연구』, 일지사, 1984.
조남현, 『소설신론』, 서울대 출판부, 2004.
Marlies K.Danziger, An Introduction to Literary Criticism, D.C.Heath and Company, 1968.
M.H.Abrams, A Glossary of Literary Terms, Holt, Rinehart and Winston, Inc, 1971.

예술사회학(藝術社會學, Aesthetic sociology, 프 Sociologie esthétique, 독 Kunstsoziologie)

일반적으로 예술을 사회학의 견지와 방법으로 취급하는 과학 분야를 총칭한다. 미를 역사, 사회를 초월한 가치로서 철학적, 사변적으로 고찰하는 미학에 대하여, 19세기부터 프랑스의 테느, 독일의 그로세(Ernst Grosse) 등이 민족학적 소질이나 환경의 실증적 분석 위에서 '예술적 과학'을 수립하려고 한 것에서 시작되어, 이후 오늘날까지 예술의 사회적 효용, 예술가와 대중, 예술교육, 예술의 사회적 제약이나 계급성의 제 문제에 대하여 여러 각도에서 연구가 시도되고 있다. 음악의 기원을 조사한 뷔허(K. Bücher)의 연구나 음의 조직과 사회구조와의 관련을 분석한 베버의 『음악 사회학』등은 그 대표적인 것이다. 예술사회학은 사회학적 미학과 거의 같은 뜻으로 쓰인다. 미와 예술의 창작·감상이 개인의 심리적 활동의 범위 안에 머물지 않고 널리 사회적인 기능과 작용을 가진다는 것은 오래 전부터 인정되고 있다. 특히 19세기에 프랑스의 철학자 A. 콩트의 실증주의에 영향을 받아 M. J. 귀요 등의 사회학적 미학론이 전개되었다. 귀요는 예술의 본질과 기능으로서의 사회적 공감의 작용을 중시한다. 예술사회학을 더욱 발전시킨 것은 마르크스주의에 입각한 것으로 러시아의 프레하노프, 프리체, G. 루카치 등의 활동을 대표적으로 꼽을 수 있다.(윤송아)

마르크스주의 예술론, 사회학적 미학

참고문헌
쟈네트 월프, 『미학과 예술사회학』, 이론과 실천, 1990.
_____, 『철학과 예술사회학』, 송호근 역, 문학과지성사, 1982.
부르디외 저, 『예술과 문화의 사회학』, 현택수 역, 고려대학교출판부, 2003.
베라 L. 졸버그 저, 『예술사회학』, 현택수 역, 나남, 2000.
양건열, 『예술사회학의 이론과 전개』, 미진사, 1990.

예술을 위한 예술 ☞ 예술지상주의

예술의 자율성(Autonomy of art)

그리스어로 아우토노미(Autonomie)는 '스스로에게 법칙을 부여하다'라는 뜻이다. 외부에서부터 법칙을 부여받지 않고 자체 내에서 법칙을 생산하는 독립성을 가리키는 말이다. '예술의 자율성'은 예술 이외의 다른 분야에서 중시하는 가치 기준(진리와 도덕적 선)을 예술에 강요해서는 안 된다는 계몽주의적, 자본주의적 분업의 정신에서 출현하였다. 그런 의미에서 예술의 자율성은 자본주의와 더불어 가능해진 예술에 대한 근대적 관념인 것이다.

근대 이전, 특히 중세의 예술가들은 귀족계급의 재정적 후원으로 작품 활동에 전념할 수 있었으므로 후원자(파트롱)들의 취향과 이념에 의한 타율성을 그들 예술의 본성으로 삼고 있었다. 하지만 자본주의 사회의 출현과 더불어 부르주아 계급이 부상하고 귀족 계급이 붕괴되면서 예술가들은 이전의 후원자를 잃어버리고 '대중'과 '시장'이라는 정체불명의 후원자를 상대로 돈을 벌기 위해서 작품을 제작하지 않으면 안 되었다. 그런 뜻에서 예술의 자율성이라는 말에는 안정된 후원자를 잃고 냉혹한 시장으로 쫓겨난 예술가의 처지와, 지배 권력으로부터 아무런 보호도 받지 못할 뿐 아니라 오히려 거기에 대립하게 된 예술가들의 불행이 내포되어 있다. 그때부터 예술은 권력으로부터 자율성을 얻음과 동시에 상업성의 유혹과 싸워야 했다.

20세기 초반, 다다와 초현실주의자들이 예술의 자율성을 제도권 예술의 논리라고 폭로했을 때 그것은 이미 부르주아 미학의 원리를 가리키는 말이 되었다. 19세기 후반에 그것은 '예술을 위한 예술'이라는 급진적 입장으로 발전하여 부르주아 미학의 자기 비판적 성격을 드러내기도 했지만 여전히 자율성 미학의 테두리를 벗어나지 못하였다. 하지만 다다와 초현실주의 이후 현실과 예술을 엄격하게 분리하는 모더니즘 미학의 자율성주의를 비판하고 현실과 예술을 재통합하려는 새로운 미학이 각광을 받고 있다. 이렇게 해서 출현한 새로운 자율성에 대해서 바타이유(Bataille)는 '주권성(sovereignty)'이라는 개념을 사용하고 있다.(오문석)

타율성, 파트롱, 제도권 예술, 초현실주의, 모더니즘, 주권성

참고문헌
I. 칸트, 『판단력비판』, 이석윤 역, 박영사, 1974.
뷔르거, 『전위예술의 새로운 이해』, 최성만 역, 심설당, 1986.
김상환, 『예술가를 위한 형이상학』, 민음사, 1999.

예술의 정치화와 정치의 미학화

정치로부터 예술의 자율성을 주장하는 19세기의 자율성 미학이 그 유효성을 상실했을 때 나타나는 두 가지 대응방식을 벤야민(W. Benjamin)은 각각 '예술의 정치화'와 '정치의 미학화'로 표현했다. 유명한 에세이 「기술복제시대의 예술작품」(1935)에서 벤야민은 예술작품의 복제(복사 및 유통)기술이 급속히 발달하여 안방에서도 손쉽게 복제된 작품을 감상할 수 있게 되면서, 그동안 복제를 허용하지 않았던 예술작품의 아우라(Aura, 예컨대 유일무이성, 일회성)가 사라지면서 예술 개념 자체에 큰 변화가 찾아왔다고 지적했다. 복제 불가능한 예술에 대한 숭배적 가치는 사라지고 대중들이 어디서나 손쉽게 복제된 예술작품을 접하게 됨으로써 예술작품은 더 많은 전시적 가치를 요구받게 된 것이다.

한때 급진적 기능을 수행했던 19세기의 자율성 미학은 그 지원을 받는 예술작품에서 아우라가 사라짐으로써 그 유효성을 의심받게 되었으며 급기야 보수 이데올로기적 성격을 띠게 된 것이다. 자율성 예술에 대한 지지는 그 자체로 정치적 효과를 갖게 된 것이다.

그러나 유럽에 등장한 파시즘 체제는 급진적 경향의 아방가르드 미학을 억압하고 사회 전체의 유기적 전체성을 강화하기 위해서 민족영웅을 미화하고 전쟁의 숭고함을 강조하는 등 종래 예술의 징표였던 아우라를 복원하기 시작했다. 이와 같은 파시즘 미학의 경향을 벤야민은 '정치의 미학화'라고 일축했다. 그에 대립되는 자신의 미학적 경향성에 대해 벤야민은 '예술의 정치화'라는 반대 개념을 설정하였다. 이는 종래의 자율성 미학의 잔재를 재활용하는 파시즘 미학의 보수 이데올로기를 분쇄하기 위해서 예술 작품의 아우라를 파괴한다는 뜻의 정치적 성격을 고려한 것이다. 그렇다고 해서 '예술의 정치화'를 사회주의 리얼리즘과 혼동해서는 안 된다. 벤야민의 구상은 그의 절친한 동료였던 브레히트의 미학을 염두에 둔 것이고, 또한 복제기술의 첨단에 서 있는 영화예술에서 파시즘 미학에 저항할 가능성을 발견한 것이기 때문이다.(오문석)

벤야민, 복제기술, 아우라, 자율성 미학, 파시즘 미학, 브레히트

참고문헌
벤야민, 『발터 벤야민의 문예이론』, 반성완 역, 민음사, 1983.
브레히트, 『즐거운 비판』, 서경하 역, 솔, 1996.

예술지상주의(藝術至上主義, Art for art's sake, 프 l'art pour l'art, 독 Kunst für Kunst)

'예술을 위한 예술'이라는 구호는 낭만주의에서 유래했고 자유를 위한 투쟁의 한 수단을 대변한다. 고전적 예술규범에 대한 하나의 반항이던 것이 모든 외적 제약에 대한 저항으로, 모든 비예술적이고 도덕적이며 지적인 가치에서의 해방을 뜻하는 것으로 되었다.

이 표현은 빅토르 위고가 1829년 문학에 관한 토론 중에 처음으로 사용했으며 1830년대 프랑스의 작가 테오필 고티에가 주장한 예술이론으로 예술은 예술 그 자체를 목적을 두는 것, 즉 '예술을 위한 예술'이라고도 하며, '인생을 위한 예술'과는 상대적인 입장에 선다. 이와 같은 이름을 붙인 사람은 같은 시대의 철학자 빅토르 쿠쟁이다.

고티에는 초기에 그의 소설 『Mademoiselle de Maupin, 1836』 서문에서 "유용한 것은 모두 추하다"고 그의 순수미에 관한 입장을 밝히고 있다. '예술의 자율성'에 대한 공언에서 비롯한 '예술을 위한 예술'의 이론적 항목들은 1857년에 발표된 고티에의 유명한 시 「예술(L'Art)」에 집약되어 나타난다.

이런 경향에 따라 '파르나스'라는 말이 1866년에 나타나며 알퐁스 르메르(Alphonse Lemerre)가 발간한 시집 '파르나스 시인'은 이 잡지의 명칭에서 유래한다. '예술의 자율성'에 대해서는 공통 의견을 지녔던 40여명의 시인들 작품이 게재된 시 동인지 『현대의 파르나스(Parnasse contemporain)』는 이런 '예술을 위한 예술'의 경향에 '파르나스 파'라는 이름을 부여해 주었다.

미국에서는 관능미를 추구하는 유미주의(唯美主義), 퇴폐나 괴기(怪奇)에서 미를 찾는 악마주의를 비롯하여 상징주의·고답파 라파엘 전파(前派)·신(新)쾌락주의·데카당스 등 여러 유파를 낳았다. 따라서 프랑스의 보들레르, 플로베르, 르콩트 드 릴, 말라르메와 영국의 로세티, 스윈번, 페이터, 와일드, A.W.시먼스, 그리고 이탈리아의 다눈치오 등이 그 대표적 작가이다.

한국에서는 1919년 김동인(金東仁)이 이광수(李光洙) 등의 계몽주의에 반기를 들고 순수문학 운동을 전개한 것이 예술지상주의 사조의 시초라고 할 수 있으며, 이어 1930년대의 프로 문학에 대한 순수문학 운동과 1945년 이후의 프로 문학에 대한 순수문학 운동을 거쳐, 예술지상주의 사상은 여러 형태로 발전해왔다.(홍용희)

파르나스 시인들 : 고티에 Gautier, 방빌 Banville, 르꽁뜨 드 릴 Leconte de Lisle, 에레디아, 메나르, 보들레르 Baudelaire, 프뤼돔, 꼬뻬, 레옹 디에륵스, 앙드레 르므완, 앙드레 뙤리에, 까뛸 망데스, 아르망 실베스트르, 앙리 까잘리스, 엠마뉘엘 데 제싸르, 오귀스뜨 빌리에 드 릴라당, 베를렌 Verlaine, 말라르메 Mallarmé.

예외 상태

2000년대 후반 한국 사회에 폭넓게 수용된 이탈리아 정치철학자 조르지오 아감벤(Giorgio Agamben)의 사상은 주권과 예외 상태의 개념을 재구성함으로써 현대 정치의 핵심을 간파한다. 아감벤은 "현대 정치, 즉 주권과 통치의 비밀이 바로 예외 상태에 있다"고 보기 때문이다.

아감벤은 슈미트의 견해를 빌어 주권자란 예외 상태를 결정하는 자라고 말한다. 그러면서 "항구적인 비상상태의 자발적 창출"이 현대 국가의 본질적 실천이 되었다고 본다. 이렇게 보면 예외 상태는 흔히 말하는 전체주의나 독재와 혼동되기 쉽지만, 오히려 "법의 공백 상태"에 근거하고 있으며 "법질서 자체의 중지인 한에 있어서 이것은 법의 문턱 또는 한계 개념"을 정의한다. "예외 상태는 규범의 공백에 대응하는 것과는 거리가 멀며, 오히려 규범의 존립과 정상 상황에 대한 규범의 적용을 보증하기 위해 질서 안에 하나의 픽션적 공백을 만들어내는 것으로 나타난다. 이 공백은 법률 내부에 존재하지 않으며 법률이 현실과 맺는 관계, 법률의 적용 가능성 그 자체와 관련되어 있다."(1, p.65) 즉 법이 현실적 삶과 관계 맺기 위해 픽션적으로 설정되어야 할 공백으로서 예외상태가 존재하고 있으며 이것이 법의 한계이자 통치의 비밀인데 현대

정치는 이러한 예외상태가 전면에 드러나는 양상으로 전개된다는 것이다. 현대 정치는 예외상태가 예외에서 규칙으로 변형되는 예외상태의 변형에 기반하고 있다.

예외 상태는 또 "법률 없는 '법률'-의-힘이 핵심이 되는 아노미적 공간"으로 설명된다. 규범이 적용되지 않으면서 한편으로 법률적으로 가치를 갖지 못 하는 결의가 법률의 힘을 획득하는 '법률상태'가 바로 예외상태이기 때문이다. 이 지점에서 법과 아나키, 법과 혁명이 연결된다. 법의 공백 지대, 아노미적 공간은 혁명의 잠재력을 허용하게 된다. 아감벤이 주장하는 "~이지 않을 수 있는 잠재성"을 보여주는 상태가 바로 예외상태이기 때문이다.(차성연)

참고문헌
1. 조르지오 아감벤, 김항 역, 『예외상태』, 새물결, 2009.
2. 감상운, 「아감벤에 대하여」, ≪오늘의 문예비평≫, 2006.3.

예일학파(Yale school)

예일학파는 1970년대 미국 예일대학교 영문학과와 비교문학과에 재직했던 소그룹의 문학 비평가들을 뜻한다. 이들은 해체론의 선구자인 데리다(Jacque Derrida)의 사상을 받아들여 데리다와 직, 간접적으로 관계를 맺고 1979년 해체와 비평(decon -struction and criticism)이란 비평집을 공동 출판했다. 예일학파는 데리다의 해체론을 미국 문학 비평에 접목해 철학적 문학 비평의 길을 텄으나 이들의 비평 이론 자체는 통일되거나 일사불란하지 않았다.

예일학파는 데리다가 독일관념론과 소쉬르의 구조주의를 비판하며 끌어들였던 몇가지 문제들 가운데서도 특히 미학 영역을 발전시켰고, 일찍이 데리다가 해체론의 출발 지점으로 삼았던 헤겔, 칸트, 니체의 미학 이론을 중요하게 취급했다. 이들은 예술을 철학보다 하등하게 인식했던 헤겔에 이의를 제기하는 방식이나, 니체를 읽는 방식, 예술과 자연에 대한 견해에서 데리다의 영향권 아래 놓여 있었다.

주요 구성원 중 폴 드 만(Paul de Man)과 힐리스 밀러(Hillis Miller)는 반헤겔적이고 니체적인데 반해 제프리 하트만(Geoffrey Hartman)과 헤롤드 블룸(Harold Bloom)은 낭만주의와 니체, 프로이드의 사상에 영향을 받았다. 다시 말해 데리다의 몇 가지 테제를 이어받았다고는 해도 각각 비평의 방법론이 독자적이었기에 후대의 예일 비평가들은 예일학파라는 이름은 존재하고 있었어도 사실상 해체된 것이나 다름없다고 보았다. 제프리 하트만은 해체와 비평 서문에서 "블룸과 하트만은 거의 해체론자가 아니다. 그들은 때때로 해체에 반대해 쓰기까지 한다"고 말함으로써 예일학파의 다양한 입장과 비평 이론의 상이점을 언급했다.

폴 드 만은 1981년 사망했고, 힐리스 밀러는 현재 캘리포니아의 어바인 대학의 교수이다. 불룸과 하트만은 현재까지 해체론의 주류에서 벗어난 이론 작업에 전념하고 있다.

오늘날 미국에서 해체론은 상업주의와 결탁해 유행사조가 되었지만 해체론을 선구적으로 문학비평에 도입했던 예일학파는 미국의 문학 비평을 높은 이론적인 수준으로 끌어올려 미국 신비평의 전통을 계승했다. 그러나 바로 그러한 이유로 사회와 문학의 관계를 사장하고 텍스트의 수사학적 유희에 빠져든 경향도 있었다.(김주현)

데리다, 예일 선언. 해체론

참고문헌
페터 지마, 『데리다와 예일학파』, 김예진 역, 문학동네, 2001.
쟈크 데리다, 『해체』, 김보현 역, 문예출판사, 1996.

예형론(豫型論, Typology)

초창기 기독교 신학의 기반을 세웠던 교부들의 저작은 대개 성서에 주석을 다는 것이었다. 이때 교부들은 성서 안에 문자적 의미와 영적인 의미가 동시에 들어 있다고 확신했다. 그것은 자신들의 세계가 두 차원, 즉 보이는 것과 보이지 않는 것으로 이루어져 있다는 믿음의 반영이다. 성서 해석에 관련된 두 개의 차원은 구약과 신약의 관계를 논하는 데 있어서 결정적인 영향을 끼치게 되었다. 이것이 예형론(豫型論)이 대두하게 되는 배경을 이룬다.

구약과 신약은 각각 유대교와 기독교를 대표하는 경전이라는 점에서 둘 사이의 관계를 해석하는 문제는 구약(율법)과 신약(복음)의 연속성과 불연속성을 효과적으로 처리하는 방법의 문제이기도 했다. 그 방법이란 구약에 나오는 사실(인물과 사건)을 신약의 그리스도와 교회를 암시하는 예형(豫型, type)으로 파악하는 것이다. 예형론적 해석에서 구약성서의 예형은 신약성서의 대형(對型, anti-type)을 거울처럼 동반하는 구조를 보임으로써 성서 전체의 통일성과 일관성을 확보하게 된 것이다. 예컨대 십계가 새겨진 돌을 가지고 시내산을 내려오는 모세는 산상수훈(山上垂訓)에서 팔복을 설교하는 그리스도의 예형(豫型)이 되는 것이다. 뿐만 아니라 유월절에 사용되는 양, 바다 괴물의 뱃속에 있는 요나, 아브라함에 의해서 희생제물이 되기 위해 길을 떠났던 이삭조차도 그리스도의 예형으로 해석된다. 그 외에도 이스라엘 백성은 교회의 예형이고, 갈라지는 홍해와 하늘에서 내리는 만나는 각각 성례와 성찬의 예형으로 해석되었다.

예행론적 해석(typological interpretation)은 축자적 해석(literal interpretation)과 구별되는 장점이 있었다. 아우얼바흐는 『유럽문학의 드라마에서의 장면』이라는 책에서 구약성서를 예수의 예형으로 해석했을 때 유대인의 민족종교라는 색깔이 배제되어 켈트족이나 게르만족과 같은 이민족들도 거리낌 없이 구약을 받아들일 수 있게 되었다고 지적했다.(오문석)

예행, 대형, 축자적 해석, 구약, 신약, 해석학

참고문헌
Mayer, Herbert T, 『성서해석학』, 엄현섭 역, 컨콜디아사, 1983.
보니페이스 램지, 『초대 교부들의 세계』, 이후정·홍삼열 역, 대한기독교서회, 1999.

오독(誤讀, Misreading) ☞ 독직

오리엔탈리즘(Orientalism)

　'오리엔탈리즘'은 문학이론가 에드워드 사이드(Edward W. Said)의 명저 『오리엔탈리즘 (Orientalism)』(1978)으로 인해 유명해진 용어로, 하나의 이론과 지식체계로 굳어진 '동양에 대한 서구의 왜곡과 편견'을 의미한다. 원래 '오리엔탈리즘'은 단순히 동양학을 의미했으나, 사이드가 이 용어를 동양에 대한 서구의 전형(stereotype)화의 의미로 사용함에 따라 다분히 정치적이고 이데올로기적인 용어가 되었다. 사이드에 의하면, 서구 제국주의는 자신들의 필요에 의해 동양을 신비화한 다음, 동양을 탐험하고 지배하며 착취해왔다. 문제는 동양에 대한 서구인들의 그러한 신비화가 단순한 낭만적 환상에 그치지 않고, 수세기에 걸친 정치적, 경제적, 군사적 연관 속에 절대적 진리로 자리잡게 되었다는 것이다.

　그래서 사이드는 "동양은 스스로 존재하지 못한다. 다만 오리엔탈리스트들의 말과 담론 속에서만 존재할 뿐"이라고 말한다. 즉 동양을 바라보는 서구의 뒤틀린 거울인 오리엔탈리즘 때문에 그동안 동양의 실체는 부재해왔고, 따라서 동양은 서구인들의 의식 속에 왜곡된 모습으로만 존재해왔다는 것이다. 이 세상이 우리가 연구해야 할 하나의 커다란 텍스트가 되고, 동양 또한 서구인들에게 하나의 왜곡된 텍스트가 되는 이유도 바로 거기에 있다. 그러한 인식은 곧 동양의 실체를 되찾고, 동양의 존재를 회복하려는 움직임으로 이어진다는 점에서, 사이드의 오리엔탈리즘 이론은 전통적인 동서관계에 획기적인 변화를 초래했다. 사이드는 오리엔탈리즘을 형성해온 것은 정확한 학문적 사실이 아니라, 여행자들의 인상기나, 선원들의 모험기, 또는 선교사들의 체험기 같은 것들이었다고 말한다. 그리고 거기 깃들어있는 제국주의 이데올로기와 당대의 학자, 문인, 지식인들의 담합에 의해 오리엔탈리즘이라는 지식체계가 생성되었다고 지적한다. 사이드의 오리엔탈리즘 이론이, 권력과 지식의 담합으로 당대의 진리가 산출된다는 미셸 푸코(Michel Foucault)의 '담론(discourse) 이론'과 긴밀하게 연관되는 것도 바로 그런 맥락에서이다.

　그러므로 오리엔탈리즘의 형성에는 여행자들이나 모험가들이나 선교사들 외에도, 수많은 서구의 작가들, 지식인들, 예술가들, 군인들, 또는 정치가들이 참여했다고 볼 수 있다. 사이드는 제국주의 시대의 거의 모든 서구 강대국 작가들이 의식적 또는 무의식적으로 오리엔탈리즘을 산출하고 유지하는 익일을 담당했다고 말한다. 그렇기 때문에, 사이드의 비판대상에는 칼 마르크스, 아라비아의 로렌스, 디킨스, 카알라일, 러스킨, 키플링 등 많은 유명 서구 작가·작품들이 포함된다. 사이드는 그들의 저술이나 문학작품을 논할 때도, 그들의 오리엔탈리즘이나 이념적 태도까지도 같이 논의해야만 한다고 말한다.

　동양에 대한 서구의 가장 전형적인 왜곡사례는 동양을 비논리적이고 비민주적이며, 게으르고 부패한 지역으로 보는 것이다. 그러나 많은 경우, 그러한 편견은 과거로부터 내려온 서구인들의 인상비평 수준일 뿐, 실제 현실과는 본질적으로 다르다는 것이 사이드의 지적이다. 그럼에도 불구하고 그러한 오리엔탈리즘은 오늘날에도 여전히 동양을 보는 서구인들의 시각에 영향을 미치고 있으며, 동양에 대한 서구 국가들의 정책수립에도 영향을 미치고 있다.

사이드의 오리엔탈리즘 이론이 발표되자 미국의 동양(어문)학과들은 학과의 명칭을 '근동(어문)학과'나 '동아시아(어문)학과'로 개칭해, 오리엔탈리즘이라는 용어가 갖게된 부정적 의미를 피해가려고 했다. 또 미국학계에서는 오리엔탈리즘에 상응하는 '옥시덴탈리즘'에 대한 연구가 시작되기도 했다. 사이드는 오리엔탈리즘만큼이나 옥시덴탈리즘 역시 부정적이라고 말한다. 만일 서구에 대한 왜곡된 시각을 갖거나 서구의 전형화를 시도한다면, 그 역시 오리엔탈리즘만큼이나 부정적이라는 것이다.

초기에 국내에서는 오리엔탈리즘이 아랍세계에만 관련 있는 것으로 잘못 알려지기도 했으나, 1995년 사이드의 한국방문을 계기로 오리엔탈리즘에 대한 논의가 본격화되었고, 이어 일본 교포학자인 강상중 교수의 『오리엔탈리즘을 넘어서』가 번역되면서 관련분야 연구와 번역이 활성화되었다. 특히 오리엔탈리즘 논의는 문화제국주의와 탈식민주의, 그리고 제3세계 비평이론과 더불어 20세기 후반에 등장한 중요한 문예사조로 평가된다.(김성곤)

오리엔탈리즘, 옥시덴탈리즘, 사이드, 푸코, 담론, 전형화, 헌팅턴

참고문헌
에드워드 사이드, 『오리엔탈리즘』, 박홍규 역, 교보문고, 2000.
_____, 『문화와 제국주의』, 김성곤·정정호 역, 창, 1997.
_____, 『에드워드 사이드 자서전』, 김석희 역, 살림, 2001.
_____, 『권력과 지성인』, 서봉섭 역, 1996.
_____, 『도전받는 오리엔탈리즘』, 성일권 편역, 김영사, 2001.
강상중, 『오리엔탈리즘을 넘어서』, 임성모 외 역, 이산, 1998.

오브제(프티) 아(Objet petit a)

'오브제 아'는 라캉의 개념으로서 욕망의 대상-원인(object-cause)이다. '오브제 아'는 1959-60년의 세미나에서 제시된 '물(das Ding)' 개념과 밀접히 연관된다. 라캉이 말하는 '물'은 상실된 대상이며 근원적인 어머니처럼 절대적인 타자이다. '물'은 주체가 욕망하는 궁극적인 것이지만 그것을 소유할 순 없다. '물'은 실재계에 위치하며, '주체의 결핍($)'을 상기시켜줄 뿐 아니라 상징계 기표들의 의미망으로 재현될 수 없다는 점에서 '상징적 대타자의 결핍(∅)' 역시 상기시켜준다. '물'은 욕망의 잃어버린 대상-원인이며, 전(前)역사적인 타자이면서도 주체가 그 존재를 망각할 수 없는 어떤 것이다. '물'은 애초에 주체에 의해서 소외당한 요소이며 주체의 전체 여정은 이 '물' 주변을 향한다. '물'은 주체가 다시 되찾을 수 있다고 상정하는 것이지만 그는 그것을 발견하지 못하고 오직 그것이 잃어버린 대상이라는 것을 발견할 수 있을 뿐이다(S 7, 52). 따라서 '물'은 결핍, 텅 빔(void)으로밖에 재현되지 않는다(S 7, 129). 이 '물'은 주체의 심장부에 존재하면서도 주체 자신에게 낯선 이웃이다. '물'이란 개념은 1963년 이후 '오브제 아' 개념으로 발전한다.

'물'과 '오브제 아'는 상징계의 기표들로 재현되지 않는 실재계의 영역에 거주하면서도 주체로 하여금 충동이 그 주변을 맴돌게 하면서 끊임없이 욕망을 불러일으키는 대상-원인으로서 효과를 발휘한다. '물', '오브제 아'는 그것을 어떤 현실적 대상으로 채워도 채울 수 없는 잉여가 남는 결핍과 '텅 빔'이며(S 20, 126), 상징계의 언어와 금지, 법이 주이상스를 거세시켜도 여전히 남는 '잉여 주이상스(plus-de-jouir, surplus-jouissance)'이다(S 20, 17 / Zupančič, 17). 그런데 '물'과 '오브제 아'는 약간의 개념적 차이가 있을 수 있다. '물'은 절대적으로 상실된 대상으로서 실재계에 위치하지만, '오브제 아'는 보로메오 매듭에서 볼 수 있듯이 실재계뿐만 아니라 상상계와 상징계의 영역에도 동시에 중첩되어 있다. 즉 '오브제 아'는 궁극적으로 결핍과 텅 빔으로 남는 잉여이지만, 상상계와 상징계의 영역에서 주체와 타자의 결핍을 메워줄 것 같은 환상을 낳는 미끼, 원인으로도 작용한다.(정진만)

결핍, 잉여 주이상스

참고문헌

Lacan, Jacques. The Seminar of Jacques Lacan Book VII(The Ethics of Psychoanalysis 1959-1960). New York and London: W.W.Norton, 1997.

_____, The Seminar of Jacques Lacan Book XX(On Feminine Sexuality: The Limits of Love and Knowledge 1972-1973). New York and London: W.W. Norton, 1998.

Zupančič, Alenka. Ethics of the Real: Kant, Lacan. London and New York: Verso, 2000.

오성(悟性, Verstand)

오성(verstand)은 넓게는 사고하는 능력을 의미하며, 일반적으로는 여러 감각적 능력인 감성과 대립되는 지력을 의미한다. 칸트 이후로는 감성 및 이성과 구분되는 지력을 의미하게 되었다. 칸트에게 있어서 오성은 감성에 주어진 것에 의거하여 대상을 구성하는 개념 작용의 능력을 의미하고, 헤겔에 있어서는 이성과는 달리 어떤 것을 고정화하고 다른 것과의 구별에 머물며, 다른 것과의 내적 연관 및 다른 것으로의 전화의 필연성을 이해하는 데까지는 나아가지 못한 사고의 능력을 말한다.

중세 철학에서 이성은 간접적 추론에 의해 인식하는 능력으로서, 저차원의 감성적 직관능력과 고차원의 지적 직관능력 인지성과의 중간에 위치하는 것으로 여겨졌다. 그러나 계몽시대 이후 신학적 형이상학의 퇴조 내지 세속화라는 시대조류에 따라 지성과 이성의 지위에 역전이 일어났다. 그 뒤 '오성'은 추리능력으로서 이성의 하위에 위치하는 판단능력이라는 의미를 획득하게 되었다. 칸트(Kant)는 오성과 이성을 엄격히 구분하였다. 그에 따르면 오성은 "표상 자체를 산출하는 능력, 혹은 인식의 자발성"이다. 오성은 개념, 즉 범주와 판단 및 규칙들이 도움으로

"감성적 직관의 대상을 사유하는 능력"이다. 그에 반해 이성은 무제약자나 총체성 같은 이념의 능력이다. 오성이 개개의 경험에 관계하는 반면에 이성은 "경험의 절대적 전체"에 관계한다. 칸트에 있어서 인식 능력으로서의 이성은 오성의 상위에 있다.

하지만 일반적으로 '오성'과 '이성'은 모두 감성과 구별되는 인간의 본래적인 정신적 활동으로서 유사한 의미로 사용된다. 특히, 고전적 형식논리학이 이미 역사적인 것으로 흘러간 오늘날, 칸트적인 이성과 오성의 구별을 그대로 사용하는데 어려움이 있다.(김한식)

이성, 지력

참고문헌
요한네스 힐쉬베르거, 『서양철학사 ·하』, 강성위 역, 이문출판사, 2002.
I. 칸트, 『순수이성비판』, 최재희 역, 박영사, 2001.

오어법(誤語法)

카타크레시스(catachresis) 또는 말의 오용이라고도 한다. 어색하거나 무리한 은유, 혼합 은유, 함축적 은유에서 흔히 보이는 잘못된 단어 용법으로 비유의 남용이나 말의 오용이다. 푸블리우스 베르길리우스(Publius Vergilius)의 장편서사시 ≪아이네이스 Aeneis≫에서 "그들은 팔라스의 신술(神術)로 말[馬]을 지었다(equum divina Palladis arte/aedificant)."를 보면 여기서 '말을 지었다'에 쓰인 'aedificant'는 집을 지었다는 뜻이므로 이를 말[馬]에게 적용한 것은 오용이다. 또한 존 밀턴(John Milton)의 ≪리시다스 Lycidas≫에서 "목양자의 지팡이를 들 줄도 모르는 눈먼 입들!(Blind mouths! That scarce themselves know to hold a sheep-hook)" 여기에 포함된다. 입으로 지팡이를 들 수 없으며, 또한 눈먼 입은 의미상 모순이지만 이 문장은 불가능성과 쓸모없음의 의미를 과장적으로 표현하기위한 수사법으로 기능한다. 말의 표면적 의미를 넘어서 이미지의 연상을 통해 불러일으키는 수사적 효과를 노리고 사용된다. 오어법은 은유에 무리하게 사용되어 어색한 표현이 되는 경우와 특정 은유의 기능적인 면을 효과적으로 상승시킬 수 있는 면을 가지고 있다.(이훈)

카타크레시스, 은유, 함축

참고문헌
김동환, 『은유와 문화의 만남』, 연세대출판부, 2009.
오성호, 『서정시의 이론』, 실천문학사, 2006.
레이코프 존슨, 『삶으로서의 은유』, 박이정, 2006.

오언시(五言詩)와 칠언시(七言詩)

오언시(五言詩)는 고대 시가 체제의 하나로, 전편이 다섯 글자의 구절로 이루어진 시를 말한다. 물론 매승(枚乘), 이릉(李陵), 소무(蘇武)의 시 등 간혹 5언으로 된 시라고 칭해지는 시가 있었으나, 오언시가 본격적으로 형성되기 시작한 것은 후한 중기 이후(2세기) 『고시십구수(古詩十

九首)』부터이다. 이 시들은 한 사람이 한 시기에 지은 것이 아니라 장기간에 걸쳐 문인들의 손으로 정착한 것으로 본다. 이름이 있는 문인들의 손에서 정착한 것은 중국 최초의 살롱 문학이라고 할 수 있는 건안칠자(建安七子)부터이다. 후한 말의 건안연간(建安年間: 196~220)에는 위(魏)나라 조조(曹操) 부자를 중심으로 많은 시인이 오언시 시대의 막을 열었으며, 육조(六朝)시대 350년은 오언시의 전성기를 이루었다. 이 시대의 시들을 건안풍골(建安風骨)을 지녔다고 평하기도 한다.

칠언시는 작품의 전체가 매구마다 일곱자로 되어 있거나 7자구 중심으로 된 시체를 가리킨다. 기록에 의하면 한(漢)의 「백량대시(柏梁台詩)」 연구에서 기원했다고 하나, 믿기 어렵다. 실제는 한대의 초사 계열의 민가에서 전승했을 것이라는 설이 유력하다. 서한 시기에 이미 『한서』에 보이는 「루호가(樓護歌)」, 「상군가(上郡歌)」등의 7언 가요가 있었고 사마상여(司馬相如)의 「범장편(凡將篇)」 사유(史遊)의 「急就篇」등의 7언 통속운문이 있었다. 동한의 왕일(王逸)이 지은 「금사초가(琴思楚歌)」는 비교적 완정한 7언시이다. 그러나 학술계에서는 보편적으로 중국의 가장 빠른 완정한 7언시를 조비(曹丕)의 「연가행(燕歌行)」으로 본다.

육조의 전반기에는 사언시도 만들어졌으나, 사언시가 묵직하고 담담한 느낌인 데 비하여 오언시는 보다 복잡한 감정을 보다 유동적으로 읊기에 적합하였으며, 수사(修辭)면에서도 매우 세련되었다. 양(梁)의 종영(鍾嶸)은 『시품』에서 오언시의 장점을 말하며 특히 선호하였다. 육조 말에는 시인들이 칠언시(七言詩)에 대량 손대기 시작하고, 당대(唐代)에 들어서 오언시와 어깨를 나란히 하게 되자, 칠언의 화려한 맛에 대하여 오언은 단아한 느낌을 특색으로 하게 되었다. 당 중엽인 8세기 이후에 율시(律詩)·절구(絶句)의 근체시(近體詩)와 고체시(古體詩)의 형식이 정해지자, 오언과 칠언은 각각의 형식을 2분하는 형태를 취하여 오언절구·칠언절구, 오언율시·칠언율시, 오언고시·칠언고시의 각 체가 고정되고, 후세로 이어져 나갔다. 중국의 모든 장르에는 시가 등장하는데, 후대의 통속문예 장르에 등장하는 운문은 거의가 칠언으로 되어 있는데, 내용의 풍부함과 함께 오언보다 암송적 음악성이 낮다고 여긴 때문으로 보인다.(오태석)

오언시, 칠언시, 율시, 절구, 근체시, 고체시

참고문헌
『中國詩話詞典』, 北京出版社.
周勳初 저, 『중국문학비평사』, 이론과 실천, 1992.
褚斌杰, 『中國古代文體槪論』, 北京大學出版社, 1990.

오이디푸스 콤플렉스(Oedipus complex)

오이디푸스 콤플렉스, 유아기적 성욕성과 무의식은 정신분석의 세 주춧돌이다. 남자 아이가 반대의 성인 어머니를 좋아하는 것을 의미하는 오이디푸스 콤플렉스는 그 반대로 여자 아이가 아버지를 좋아하는 것(칼 융의 일렉트라 콤플렉스)도 지칭한다. 오이디푸스 콤플렉스는 거세콤플렉스와 긴밀한 관련을 갖고 있는데, 남자 아이의 경우와 여자 아이의 경우가 각각의 콤플렉스가 발생되는 시기가 서로 비대칭적인 점이 특징적이다. 남자 아이의 경우는 어머니를 좋아하는 오이디푸스 콤플렉스가 먼저 발달한 후, 그것에 대한 죄의식으로 거세콤플렉스를 가지게 되는 반면에, 여자 아이는 먼저 자신이 거세된 것을 인식한 순간에 거세 콤플렉스를 가진 이후, 남근을 위해 아버지를 추구하는 감정인 오이디푸스 콤플렉스를 가지게 된다(Freud, "The Dissolution of the Oedipus Complex," SE 19(1923-25), 173). 남녀의 발달단계에서 오이디푸스 콤플렉스처럼 서로 대칭적으로 발달되는 것의 예외는 이 두 콤플렉스의 발생시기에서뿐만 아니라, 오이디푸스 발달단계 이전인 전(前)오이디푸스단계의 남녀 아이의 성애대상에서도 발견된다.

전(前)오이디푸스단계에서 남자 아이의 최초의 성애대상이 어머니이라면, 여자 아이의 성애대상은 대칭적으로 아버지가 되는 것이 아니라 똑같이 어머니가 된다. 프로이트는 초기 오이디푸스 콤플렉스 이론에서는 남녀아이의 대상관계적 발달이 완전히 대칭적이라고 생각하였으나 후기에 이르러 여성성에 대한 연구를 깊이 하면서, 여자 아이의 최초의 성애대상도 어머니임을 발견한다. 이런 발견에 자극받은 프로이트는 어머니를 원초적으로 좋아하는 것에서 시작된 여성의 성욕성은 표층화되어 있는 오이디푸스 콤플렉스보다 더 깊이 심연에 위치한 관계까지 파헤쳐야 한다는 점에서, 크레타 문명의 유적지를 더 파고 들어가 드러나게 되는 미케케 문명이라고 비유하면서 정신분석의 고고학적 접근의 필요성을 주장하였다.

프로이트가 오이디푸스 콤플렉스의 개념을 소포클레스의 비극, 『오이디푸스 왕』(Oedipus Rex)의 오이디푸스라는 주인공의 이름을 빌려 사용하였다는 사실과 쉐익스피어의『햄릿』의 주인공, 햄릿은 이 개념과 불가분적으로 연결된다는 점에서, 이 개념은 문학비평에서 가장 핵심적인 개념이다. 인류학자, 조르즈 드브뢰(George Dever-eux) 같은 사람은 소포클레스의 극에서 오이디프스의 아버지와 어머니의 역할과 연관하여 "라이어스와 조카스타 콤플렉스"(Laius-and Jocasta-complexes)를 논하기도 하고, 가스통 바슐라르는 "지성적 삶의 오이디푸스 콤플렉스"인 "프로메테우스 콤플렉스"(Spector, 82)를 제시하기도 한다. 그러나 이렇게 오이디푸스 콤플렉스 개념에 동조적인 그룹 외에 이 개념 자체를 반대하는 사람들도 있다. 예를 들어, 앨버트 윌리암 레비(Albert William Levi) 같은 사람은 햄릿을 오이디푸스 콤플렉스의 전형으로 보는 어네스트 존스의 견해에 반대하여서, 햄릿이 삼촌을 죽이는 일을 연기하는 것은 햄릿 자신의 어머니에 대한 욕망을 대신 누리는 삼촌과의 동일시 때문이 아니라, 단순히 극의 플롯 때문이라고 주장하였다(Spector, 82).

라캉도 존스의 단순한 읽기에 반대하여서, 햄릿이 사람으로서의 어머니를 욕망한 것이 아니라, 어머니의 욕망의 '원인'인 "남근"(phallus)을 욕망하는 것임을 강조하였다. 라캉은 이 문학 작품을 존스처럼 햄릿의 무의식적 욕망을 파헤치는 시각에서 접근하는 대신에, "무의 사물"(thing of nothing)인 남근(팰러스), 즉 세상 어디에서도 존재하지 않는 불가능의 기표로서 타자(어머니)가 절대적으로 욕망하는 남근(팰러스)을 햄릿의 죽은 아버지만이 구현해주고 있다는 사실을 강조한다. 다시 말해 라캉은 햄릿의 욕망이 아버지 대신 왕이 된 삼촌을 택하여 끊임없이 팰러스를 추구하는 어머니의 욕망과 연루되어 있다는 점에서 "인간의 욕망은 타자의 욕망"이라는 사실과, (팰러스에 대한) 이 욕망은 그 어떤 대상물에 의해 채워지지 않는 환유의 욕망임을 보여준다. 라캉의 햄릿에 대한 이런 새로운 읽기는 프랑스 작가 앙드레 지드(A. Gide)와 마가렛 듀라스(M. Duras), 필립 솔레르스(Philippe Sollers) 등의 프랑스 작가에게 큰 영향을 미친다.

이렇게 문학작품의 주인공들이 오이디푸스 콤플렉스와 밀접한 관계를 갖는다면, 문학작품의 창조행위 자체는 전(前)오이디푸스단계(preoedipal phase)와 긴밀한 연관성을 갖는다. 일반적으로 작가는 인간의 정신 발달 단계에서 너(객체)와 나(주체), 사회(근친상간 금기)의 경계선이 명확히 확립되는 오이디푸스 단계에 고착되기보다 그 경계선이 모호한 구순기적 단계, 즉 전오이디푸스 단계에 고착되어 있다. 따라서 작가들의 창조적 행위는 다른 작중인물의 의식과 쉽게 융합하거나 감정이입 할 수 있는 전오이디푸스적 단계, 즉 상징계에 들어가기 전 어머니와 융합된 혼연일체적 관계의 특징을 가진다는 점에서 "자궁으로의 퇴행"에 비유되기도 한다. 줄리아 크리스테바의 기호계(the semiotic)는 바로 전오이디푸스적 모성적 단계를 대표해주는 세계로서 상징계적 언어로 고착되기 이전인 어머니의 몸과 어머니와의 대상관계에 유착된 기호계의 의미체계를 의미한다. 엘렌 식수스의 "여성적 글쓰기"도 또한 전오이디푸스적 단계와 친화적인 글쓰기의 유형으로서, 제임스 조이스와 같은 창조적 작가가 언어 요소들 중에서 울혈적 고착성(stasis)이 아니라 전이적 변형(metastasis)을 수용할 수 있는, 기호계와 몸의 리듬에 가까운 언어 요소들을 기초로 열린 글쓰기를 하는 것을 의미한다.(신명아)

크리스테바, 기호계, 환유, 융, 일렉트라 콤플렉스

참고문헌

Lacan, Jacques. "Desire and the Interpretation of Desire in Hamlet" in Literature and Psychoanalysis: The Question of Reading: Otherwise, Ed. Shoshana Felman, Baltimore: Johns Hopkins University Press, 1977, pp.11-52.

Spector, Jack J., The Aesthetics of Freud: A Study in Psychoanalysis and Art, New York: MCGraw-Hill Book Company, 1972.

오입(悟入)

송나라 때의 문인 여본중(呂本中, 1084-1145)이 자신의 시론을 전개하면서 차용한 용어. 「여중길보논문제일첩(與曾吉甫論文第一帖)」에 나온다.

"요컨대 이 일(活法을 가리킨다)은 모름지기 시를 짓는 이로 하여금 깨달아 들어가는 바가 있게 하니, 바로 자연스럽게 여러 작가를 뛰어넘게 된다.(要之 此事須令有所悟入 則自然超度諸子)"

오입은 원래 불가에서 쓰는 "참구해 깨우쳐서 도로 들어간다.(參悟入道)"는 말에서 유래하였다. 여본중은 이 말을 차용해 시를 지을 때에는 자신이 말한 활법(活法)을 마치 참선 끝에 도를 깨우치는 것처럼 정신을 가다듬어 조화를 이루 듯 깊고 그윽하게 파고들어야 한다는 점을 설명하였다. 그러나 여본중은 선어(禪語)인 현허(玄虛)만을 드러내지는 않으면서, 심각하게 공을 기울여 노력하는 기초 위에 오입에 이를 것을 강조하였다. 그는 같은 글에서 "글을 쓸 때에는 반드시 깨우쳐 들어가는 곳이 있어야 하는데, 오입은 반드시 공부하는 가운데 오기 마련이다. 어쩌다가 요행으로 얻을 수 있는 것은 아니다.(作文必要悟入處 悟入必自工夫中來 非僥倖可得也)"고 말했다. 일방적인 깨우침만을 논하지 않고 깨우침에 이르기 위한 노력의 가치를 인정한 사실 때문에 그의 오입론은 한결 의의가 크다고 할 수 있다.

여본중이 오입설을 주장하기 이전에 소식(蘇軾, 1037-1101)이나 황정견(黃廷堅, 1045-1105) 등이 벌써 선오시(禪悟詩)라는 용어를 사용한 바 있다. 여본중 이후에도 엄우(嚴羽, 1175?-1264?)는 "오묘하게 깨우친다.(妙悟)"는 말로 자신의 문학론을 펼쳤다. 이런 사실에서 그의 오입설이 후대에 끼친 영향의 일부를 짐작할 수 있다.(임종욱)

여본중(呂本中), **여증길보논문제일첩**(與曾吉甫論文第一帖), **선오시**(禪悟詩), **묘오**(妙悟)

참고문헌
임종욱, 『동양문학비평용어사전-중국편』, 범우사, 1997.
＿＿＿, 『중국의 문예인식』, 이회, 2001.
＿＿＿, 『중국문학에서의 문장체제 인물 유파 풍격』, 이회, 2001.
주훈초, 『중국문학비평사』, 이론과실천, 1992.

오중사걸(吳中四傑)

명나라 초기 때의 시인인 고계(高啓, 1336-1374)와 양기(楊基, 1326-1378), 장우(張羽), 서분(徐賁)을 함께 부르는 이름. 네 사람이 모두 오중(吳中, 오늘날의 강소성 蘇州) 사람이었고, 동시에 문명을 떨쳤기 때문에 오중사걸이라 부른다. 네 사람 가운데 고계의 문학적 성과가 가장 높았는데, 그는 재주와 기개가 넘쳐흘렀고, 이전 문인들의 문학을 폭넓게 공부해서 한위(漢魏) 시대부터 당송 시대에 이르기까지 여러 작가들의 장점을 고루 취합하였다. 특정한 격식에 얽매이지 않았으며, 다양한 갈래를 모의(摹擬)하고 방법을 취득해 여러 갈래에서 모두 뛰어났다. 『사고제요(四庫提要)』에서는 그의 문학에 대해 "한위 시대를 모방하면 한위 시대의 문학과 비슷했고, 육조 시대를 모방하면 육조 시대의 문학과 비슷했으며, 당을 모방하면 당과 비슷했고, 송을 모방하면 송과 비슷했다. 무릇 옛 사람들이 뛰어난 바에서 갖추지 않은 것이 없었다.(擬漢魏似漢魏 擬六朝似六朝 擬唐似唐 擬宋似宋 凡古人所長 無不兼之)"고 평가하였다. 때문에 그의 시의 풍격은 풍부하고 다양했으며, 고졸(古拙)하고 질박하기는 한위 시대의 시풍을 닮았고, 호방스럽기는 이백(李白)을 필적했으며, 평이하기는 원진(元稹, 779-831)과 백거이(白居易, 772-846)를 본받았다. 왕자충(王子充)은 그의 시를 칭찬해서 "빼어나고 맑고 아름다워서 마치 가을 하늘을 나는 새와 같아 빙빙 돌며 구비구비 꺾이는 것이 불러도 내려오려고 하지 않는 듯하다. 또 푸른 물 위를 떠다니는 연꽃과 같아 새기고 꾸미지 않아도 어느새 세상 밖에 나가 있다.(雋而淸麗 如秋空飛隼 盤旋百折 招之不肯下 又如碧水芙蕖 不加雕飾 儵然塵外)"고 하였다. 특히 7언가행(七言歌行)에 능해서 웅장하고 화려한 자연 경관을 묘사하거나 호방하고 매서운 감정을 토로하는 솜씨가 남달랐다. 예컨대 「등금릉우화대망대강(登金陵雨花臺望大江)」과 「취가증송중어(醉歌贈宋仲漁)」 등은 파도가 거세게 꿈틀거리는 장면을 묘사하고 있는데, 기세가 분방(奔放)하기 그지 없다. 그의 악부시(樂府詩) 가운데에는 농촌 생활을 소묘한 작품이 적지 않은데, 「양잠사(養蠶詞)」, 「전가행(田家行)」, 「타맥사(打麥詞)」 등에는 노동에 종사하는 민중들에 대한 관심과 동정이 표현되어 있어 명나라 문학을 대표하는 시인으로서 손색이 없다. 다만 40대 장년의 나이에 세상을 떠나 옛 사람의 틀에서 벗어나 새롭고 참신한 시세계를 구축해 일가를 이루지 못한 것이 아쉬운 일이다. 나머지 세 사람도 재주나 시세계에서 나름대로 개성은 지녔지만 높지는 못했는데, 오직 양기의 경치를 묘사하고 사물을 음영한(寫景詠物) 작품만은 상당한 수준에 올라 있다.(임종욱)

고계(高啓), 양기(楊基), 장우(張羽), 서분(徐賁), 7언가행(七言歌行), 악부시(樂府詩)

참고문헌
임종욱, 『동양문학비평용어사전-중국편』, 범우사, 1997.
＿＿＿, 『중국의 문예인식』, 이회, 2001.
＿＿＿, 『중국문학에서의 문장체제 인물 유파 풍격』, 이회, 2001.
주훈초, 『중국문학비평사』, 이론과실천, 1992.

오카시(をかし)

헤이안(平安) 시대 일본 고전문학의 미의식을 나타내는 것으로, 웃음을 유발하는 것에 대하여 마음이 활짝 열려 미소를 띠게 될 때의 마음상태를 '오카시'라고 한다. 이러한 미의식은 순수한 감동을 표현하는 '아와레(あわれ)'와 대조를 이루는 감정이다. '아와레'는 한 마디로 사물에서 받은 순수한 감동을 가리키는 것으로, 동정심이라든지 자비로운 마음이 발생하는 마음의 상태이다. 인간의 선량한 마음이 움직이는 때라고 할 수 있으며, 금방이라도 눈물이 쏟아질 듯한 상태를 가리킨다. 그에 비해서 '오카시'는 어떤 귀엽고 깜찍한 대상에 대해서 즐겁고 쾌적한 감정이 일어 밝고 활달하고 명랑한 마음상태를 유지하게 한다. 이후에 아와레는 '비애'의 감정으로, 오카시는 '골계'의 감정으로 발전하게 된다.

오카시에는 여러 가지 뜻이 있지만, 그 중에서도 '익살의 오카시'가 가장 두드러진다. 아와레를 불러 일으키는 화조풍월은 그 가치가 중대한 존재로서 인간의 운명에 관계하여 거룩한 높이에까지 이를 정도로 엄숙한 분위기를 동반한다면, 오카시의 대상은 그 가치가 그다지 중대하지 않아서 마음의 여유를 주게 된다. 그래서 아와레에 비해서 오카시의 대상은 가볍고 작은 것이어야 한다.

그밖에도 헤이안 시대 일본 고전문학의 미의식에는 '다케다카시(長高し)'가 있다. 아와레, 오카시, 다케다카시는 각각 마음의 깨끗함(淸), 밝음(明), 곧음(直)의 상태에 상응하는 것이며, 인간의 정신활동에 견준다면 오카시는 지(知), 아와레는 정(情), 다케다카시는 의(意)에 해당된다. 인간의 정신활동이 단독으로 존재하지 않는 것처럼 이러한 세 가지 미의식도 단독으로 작용하는 것이 아니다. 헤이안 시대 이후에는 아와레, 오카시, 다케다카시의 기본적인 미의식이 서로 혼합되어 복잡한 미의식으로 발전하게 된다.(오문석)

헤이안시대, 아와레, 다케다카시

참고문헌
오가와 마사쓰구, 『일본 고전에 나타난 미적 이념』, 김학현 역, 소화, 1999.
정인문, 『문학과 일본문학』, 영한, 1999.
가토 슈이치, 『일본문학사서설1』, 김태준 역, 시사일본어사, 1996.

오토기조시(御伽草子)

오토기조시는 14-17세기에 걸쳐 나타난 400여 편에 이르는 단편소설의 총칭으로서, 그 명칭은 17세기 오사카(大阪)에서 출판된 『오토기분코(御伽文庫)』에서 유래한다. 오토기조시는 중세의 모노가타리(物語)가 쇠퇴하자 그 뒤를 이어 나타난 것으로, 작자도 밝혀져 있지 않으며 그 내용도 매우 다양하다. 초기의 오토기조시는 사원에서의 설교나 창도를 위해 만들어진 것으로 알려져 있지만, 전체적으로 볼 때 연애 모노가타리(戀愛物語)를 이은 연애물(戀愛物), 군키 모노가타리(軍記物語)를 이은 무인물(武人物), 승려들의 삶을 다룬 발심둔세물(發心遁世物), 동식물을 의인화한 것 등 여러 유형으로 분류될 수 있다. 이 가운데에는 민간설화에서 그 소재를 얻어 만들어진 것이 적지 않다.

모노가타리 문학의 작자나 독자가 궁정귀족이었던 것과 달리 오토기조시의 작자나 독자는 말단 귀족이나 평민, 무사나 승려 등이었다. 이는 오토기조시의 융성이 중세 이후 무사계급이나 평민층의 사회적 성장과 밀접하게 관련되어 있음을 보여준다. 그로 인해 오토기조시는 당시 서민들의 삶과 가치관을 잘 보여주지만, 고급 교육을 받지 못한 서민층을 대상으로 한 것이니만큼 작품 구조나 문장은 매우 단순하고 조잡하다. 줄거리 중심의 단편으로 구성되어 있다는 점, 그 구조가 매우 유형적이어서 유사한 이야기들이 많다는 점, 권선징악이나 인과응보 등 교훈적인 내용을 주제화하고 있다는 점, 많은 작품들이 그림첩이나 그림이 들어있는 책자의 형태로 유통된 점 등은 오토기조시의 중요한 특징이다.

대표적인 작품으로는 『하치가즈키(鉢かつき)』, 『분쇼조시(文正草子)』, 『니주시코(二十四孝)』, 『모노쿠사타로(ものくさ太郎)』, 『잇슨보시(一寸法師)』, 『우라시마타로(浦島太郎)』, 『후쿠토미조샤 모노가타리(輻富長者物語)』, 『슈텐도시(酒呑童子)』 등이 있다.(이진형)

단편소설, 모노가타리(物語), 설화

참고문헌

이토세이, 『일본문학사서설』, 김태준 ·노영희 역, 시사일본어사, 1995.

한국일본학회 편, 『신일본 문학의 이해』, 시사일본어사, 2001.

市古貞次, 『日本古典文學大系-御伽草子』, 岩波書店, 1958.

옥대체(玉臺體)

『옥대신영(玉臺新詠)』에 선별된 시가들이 보여주는 시풍(詩風)을 지칭하는 말. 『옥대신영』은 양진(梁陳) 교체기 때 서릉(徐陵, 508-583)이 편찬한 시선집으로, 한위(漢魏) 시대부터 제량(齊梁) 시대 때까지 쓰여진 시 769수를 모아놓았다. 편자 서릉은 당시 궁체시(宮體詩)를 대표하는 작가 중 한 사람이었다. 그는 이 책의 서문에서 편찬의 목적을 "염정적인 시가를 편찬하고 수록하여(撰錄艶歌)" 궁중에서 노래를 부르면서 음악을 연주할 때 필요한 작품을 공급하기 위해서라고 밝혔다. 이 때문에 진지한 애정을 토로하고 부녀자의 고민을 노래한 극소수의 작품을 제외하고 수록된 대부분의 작품이 기미경박(綺靡輕薄)한 것이었고, 내용 또한 색정(色情)을 주로 담았으며, 시어 역시 섬세하고 아름다운 시풍을 드러내기에 좋은 어휘들로만 구성되었다. 그래서 마침내 후세에 이 같은 성격을 가진 일련의 작품을 일컬어 옥대체라고 불렀다. 옥대체가 보여주는 시풍은 사실상 궁체시의 시풍과 아주 유사하다.(임종욱)

옥대신영(玉臺新詠), 시풍(詩風), 서릉(徐陵), 궁체시(宮體詩), 기미경박(綺靡輕薄)

참고문헌

임종욱, 『동양문학비평용어사전-중국편』, 범우사, 1997.

＿＿＿, 『중국의 문예인식』, 이회, 2001.

＿＿＿, 『중국문학에서의 문장체제 인물 유파 풍격』, 이회, 2001.

주훈초, 『중국문학비평사』, 이론과실천, 1992.

온유돈후(溫柔敦厚)

중국 고대 유가의 전통적인 시교(詩敎). 이 말이 처음으로 보이는 문헌은 『예기(禮記) · 경해(經解)』편으로, "(공자께서 말씀하시기를) 그 나라에 들어가면 그 가르침을 알 수 있다. 온화하고 부드러우며 돈독하고 두터운 것이 시의 가르침이다 · · · · · 그 사람 됨됨이가 온화하고 부드러우면서 돈독하고 두터우면서 어리석지 않으면 시에 대해 깊은 이해를 가진 사람이라고 할 수 있다.(入其國 其敎可知也 溫柔敦厚 詩敎也 · · · · · 其爲人也 溫柔敦厚而不愚 則深于詩者也)"는 말이 실려 있다. 이것은 한나라 때의 유가가 공자(孔子, 전552-전479)의 문예 사상을 개괄한 말이다. 공영달(孔穎達, 574-648)은 『예기정의(禮記正義)』에서 이것을 "시가 풍간하는 일에 어긋나 버리면 상황을 간절하게 지적하지 못하니, 때문에 온유돈후는 시의 가르침이라고 말한 것(詩依違諷諫 不指切事情 故云溫柔敦厚是詩敎也)"이라고 설명하였다. 이 말은 시가에 풍간하는 특징이 있다는 사실을 말하면서 작가가 작품을 쓸 때 지녀야 할 태도를 지적한 것이다. 동시에 『예기정의』에서 그는 "이 한 경전은 『시경』으로서 백성을 교화하는 것이니, 비록 돈후를 사용했지만, 능히 의리로써 조절할 수 있다. 백성들로 하여금 비록 돈후하면서도 어리석은 데 이르지 않게 하려면, 위에 있는 사람이 『시경』의 의리에 깊이 통달해야만 능히 『시경』으로서 백성을 가르칠 수 있다.(此一經以詩化民 雖用敦厚 能以義節之 欲使民 雖用敦厚 不至于愚 則是在上深達于詩之義理 能以詩敎民也)"고 말했다. 이것은 시가의 사회적 작용에 대해 말한 것으로, 온유돈후를 운용할 때 요구되는 원칙이 필요함과 동시에 예의를 구비하여 규범을 진행시키는 사실을 제시한 것이다.

온유돈후는 유가의 전통적인 시교로 자리하면서 오랜 기간 동양의 봉건 사회에 절대적인 영향을 끼쳤다. 한편으로 봉건 사회 통치 계급 내부에서는 이 시교를 이용해 계급 사회 구성원들 간의 관계를 합리적으로 운용하였다. 그러나 다른 한편으로 원자(怨刺)를 할 때에는 반드시 온유돈후한 바탕을 갖출 것을 규정해서 "예의에 머물 것(止乎禮義)"과 "꾸밈에 주력해 넌즈시 간할 것(主文而譎諫)"을 강조하였다. 즉 "원망하지만 노여워하지 않는(怨而不怒)" 태도만 허용했지 날카롭게 비판하거나 폭로하는 방식은 허용하지 않았기 때문에 때로 소극적인 작용을 하기도 하였다. 이같은 예술적 강령에 대해 옛 사람들은 다양한 해석을 내놓았는데, 회의적인 견해를 피력한 이는 극히 드물었다. 청나라 초기에 이르러서야 비로소 왕부지(王夫之, 1619-1692)가 『강재시화(薑齋詩話』에서 "시교에서 비록 온유돈후를 말했지만 빛나게 하려는 뜻은 하늘에 대해서도 두려운 것이 없으며, 사람들에 대해서도 근심하는 바가 없이 해와 달처럼 걸어놓고 나갔다. 어찌 아녀자나 소인배처럼 반쯤 삼킨 채 토로하지 못하는 태도가 있겠는가! 「이소」가 비록 비유를 많이 쓰고 있지만, 직언을 하는 곳에서는 피하는 일이 없었다.(詩敎雖云溫厚 然光昭之志 無畏于天 無恤于人 揭日月而行 豈女子小人半含不吐之態乎 離騷雖多引喩 而直言處亦無所諱)"고 말하여 시교가 현실과 일치하지 않는 부분이 있음을 지적하였다. 그 후 원매袁枚(1716-1798)도 "『예기』라는 책은 한나라 때 사람이 만든 것이다. 그러니 반드시 모두 성인이 하신 말씀은 아닐 것이니, 온유돈후 네 글자도 역시 시교의 일단일 뿐이지 모든 작품이 이와 같을 필요는 없다 ‥‥‥‥ 때문에 나는 공자께서 『시경』을 논한 말씀 가운데 믿을 만한 것은 흥관군원이고, 믿을 수 없는 것은 온유돈후라고 생각한다.(禮記一書 漢人所述 未必皆聖人之言 卽如溫柔敦厚四字 亦不過詩敎之一端 不必篇篇如是‥‥‥‥故僕以爲孔子論詩 可信者 興觀郡怨也 不可信者 溫柔敦厚也)"(「재답이소학서(再答李少鶴書)」)고 하면서 시교는 믿을 만한 것이 아니라고 주장하였다. 그러나 두 사람의 부정 또한 철저한 것은 아니었고, 시교의 실질을 심각하게 인식하지도 못했다.(임종욱)

시교(詩敎), **예기**(禮記), **공자**(孔子).

참고문헌

임종욱, 『동양문학비평용어사전-중국편』, 범우사, 1997.
_____, 『중국의 문예인식』, 이회, 2001.
_____, 『중국문학에서의 문장체제 인물 유파 풍격』, 이회, 2001.
주훈초, 『중국문학비평사』, 이론과실천, 1992.

와비(わび)

고독과 빈곤이 담겨진 차분한 정취를 뜻하는 말로, 원래는 뜻대로 되지 않은 것을 슬퍼하고 괴로워한다는 부정적인 가치를 품고 있었다. 한자로 侘, 佗, 詫라고도 쓴다.

중세 은자의 초암(草庵)생활을 나타내는 것으로 와비란 용어가 많이 사용된다. 중세 초암문학에 있어서 와비란 고독과 빈곤을 견디며 속세를 체념하는 것을 의미하며, 와비의 고통을 초월하여 오히려 거기에서 휴식을 찾는 것이었다. 특히 소기(宗祇)의 렌가(連歌)에 있어서 와비의 풍아(風雅)함이 중요시되고 있는 등 중세에는 긍정적 가치의 문학 개념이었다.

중세말의 다도에서는 더욱 적극적인 가치를 부여하여 하나의 미적 이념이 되었다. 와비차(わび茶)의 이념은 센노 리큐(千利休)에 의해 완성되기에 이르렀는데, 천하제일의 종장(宗匠)으로 명성을 얻은 리큐는 다도인이 갖추어야 할 기본정신으로 주객이 대등하고 서로 존경하고 깨끗한 마음으로 정숙한 가운데에 예의를 지켜 행할 것을 강조하였다. 이 화경청적(和敬淸寂)으로 대표되는 다도 정신은 와비차로 구현되어 일본 다도의 본류를 형성하였던 것이다.

중세 초암의 와비에는 은일유망(隱逸流亡)의 의식이 근저에 있고, 다도의 와비에서는 세련된 취향이 있는데 대하여 바쇼로 대표되는 하이카이의 와비에는 서민적인 빈곤함과 그것을 그대로 풍아(風雅)로 전환시키려고 하는 골계를 포함하고 있는 특색이 있다. 그리고 하이카이의 와비는 다도의 와비보다는 중세 초암문학의 와비 정신을 많이 이어받고 있다. 즉 소기의 와비는 마쓰오 바쇼(松尾芭蕉)로 이어졌다고 보고 있으며, 바쇼에 의해 와비의 의식이 미적 이념으로 확립되고 심지어는 와비를 초월하였다고도 평가되고 있다.(최관)

초암문학, 렌가, 와비차, 다도, 하이카이, 소기, 마쓰오 바쇼

참고문헌
栗山理一編, 『日本文学における美の構造』, 雄山閣, 1976.

와산(和讚)

와산은 부처(佛陀) · 보살(菩薩) · 불법(佛法) · 선덕(先德) 등을 일본어로 찬양하는 7 · 5조의 불교가요로 헤이안 시대부터 에도시대까지 불려졌다. 와산은 불교 신자들 가운데서도 특히 정토교 신자들에 의해 주로 불려졌다. 지금까지 알려져 있는 가장 오래된 와산은 지가쿠다이시 엔인(慈覺大師 圓仁)의 『샤리산단(舍利讚歎)』이다. 이 작품은 형식상 5 · 7/8 · 6/8 · 5/7 · 4의 구성을 취하고 있어서 와산의 7 · 5조 형식에는 부합하지 않지만, 보통 와산의 출현을 알리는 것으로 평가받고 있다.

와산(和讚)의 뜻은 글자 그대로 '일본어로(和) 찬양하는 말이나 노래(讚)'이지만, 와산의 대표 작가인 신란(親鸞)에 이르러 '와(和)'는 '부드럽게 만드는 것'을 뜻하고 '산(讚)'은 '찬양하는 것'을 뜻하게 된다. 그로 인해 '와산(和讚)'은 '부드러워진 찬양', 말하자면 고전적인 한문 문체를 지양 하고 친숙한 표현으로 된 찬양 가요를 의미한다. 이는 와산이 과거 일본 승려들의 감정이나 철 학을 표현했던 '칸산(漢讚)'과는 대립적인 위치에 있음을 보여준다. 칸산이 격식있는 한자를 사 용함으로써 불교의 교리를 교육받은 지식인들에 한정했다면, 와산은 일본어를 사용함으로써 평민들이 불교의 교리에 보다 쉽게 접할 수 있도록 했다.

와산은 4행으로 이루어져 있고, 각 행은 7·5조로 구성되어 있다. 와카(和歌)가 5·7·5·7 ·7 음절이고 하이쿠(俳句)가 5·7·5 음절인 데에서 알 수 있는 것처럼, 5음절과 7음절의 구성 은 일본에서 음악적인 효과를 낳는 것으로 여겨져왔다. 이는 와산이 처음부터 불교 신자들에 의 해서 노래로 불리려는 목적을 갖고 있었음을 보여준다.

대표적인 작품으로는 센간(千觀)의 『고쿠라쿠고쿠미다 와산(極樂國彌陀和讚)』, 신란(親鸞)의 『조도와산(淨土和讚)』과 『코소와산(高僧和讚)』 등이 있다.(이진형)

와카(和歌), **칸산**(漢讚), **하이쿠**(俳句)

참고문헌

親鸞 外, 『日本古典文學大系-親鸞集·日蓮集』, 岩波書店, 1964.

小西甚一, 『日本文藝史』, 講談社, 1985.

Shinran, Jodo Wasan, Ryukyo Fujimoto edit., Ryukoku University, 1965.

와카(和歌)

와카는 '야마토우타(大和歌)', 즉 '일본의 노래'의 준말로서 일본의 사계절과 남녀간의 사랑을 주로 노래한 5·7·5·7·7의 31자로 된 일본의 정형시이다. 와카가 하나의 공적인 문학으로 정립된 것은 10세기 『고킨와카슈(古和歌今集)』의 서(序)에서 그 개념이 정립된 이후부터이다. 이 서(序)에 따르면 대륙 문화에서는 '시(詩)'가 중요시되고 있는데, 일본에서 그에 해당하는 것 은 '시'가 아니라 '와카'라는 것이다. 이때부터 와카는 한시(漢詩)에 대응하는 것으로서 '일본인 에 의해 일본어로 일본의 자연을 노래한 것'이라는 의미를 갖게 되었다. '와카'라는 표현은 일본 최고(最古)의 가집(歌集)인 『만요슈(万葉集)』에서도 발견되지만, 이때에는 '화답하는 노래(和の る歌)'라는 의미만 갖고 있을 뿐이었다. 이후 와카는 렌가(連歌)나 하이쿠(俳句)의 발달 속에서 도 귀족문화의 유산으로서 시가문학의 중심적인 위치를 고수했으며, 오늘날에도 그 형태가 변 하지 않은 채 '단가(短歌)'라는 이름으로 불리면서 그 명맥을 유지하고 있다.

와카는 단가(短歌)였기 때문에 그 표현이 단조로워질 위험이 있었는데, 이 위험을 극복하기 위해서는 다양한 표현 기법들이 개발되어야 했다. 특정한 이미지나 정감이 결합된 지명을 사용하는 우타마쿠라(歌枕), 동음이의어의 특징을 이용하는 가케코토바(掛詞), 연상에 의해 표현의 입체성을 나타내는 엔고(縁語) 등은 그 대표적인 기법이다.

와카는 독립된 노래로서뿐만 아니라 모노가타리(物語), 일기, 수필 등 산문 문학에서도 중요한 역할을 했다. 모노가타리의 경우 주요 인물은 대부분 와카를 통해서 자신의 감정을 표현하고 있으며, 일기나 수필 등 산문 작자들은 뛰어난 와카 시인(歌人)이기도 했던 것이다.

주요 작품집으로는 『고센와카슈(後撰和歌集)』, 『슈이와카슈(拾遺和歌集)』, 『긴요와카슈(金葉和歌集)』, 『고슈이와카슈(後拾遺和歌集)』, 『센자이와카슈(千載和歌集)』, 『신코킨와카슈(新古今和歌集)』, 『신초쿠센와카슈(新勅撰和歌集)』 등이 있다.(이진형)

렌가(連歌), 모노가타리(物語), 하이쿠(俳句)

참고문헌
이토세이, 『일본문학사서설1』, 김태준·노영희 역, 시사일본어사, 1995.
한국일본학회 편, 『신일본 문학의 이해』, 시사일본어사, 2001.
최충희 외, 『일본시가문학사』, 태학사, 2004.

완약파(婉約派)

송사(宋詞) 유파 가운데 하나. 호방파(豪放派)와 대비되어 완전유미(宛轉柔美)한 사풍(詞風)을 특징으로 한다. 이는 중국 사단(詞壇)에서 역사가 가장 오래되고 작가가 가장 많이 배출되었으며, 영향력이 가장 컸던 유파였다. 명나라의 장연(張綖)은 "진관(秦觀, 1049-1100)에게는 완약함이 풍부하고, 소식(蘇軾)에게는 호방함이 넘친다.(少遊多婉約 子瞻多豪放)"고 해서 이름을 얻었다. 완약파의 대표적인 인물은 진관을 비롯해서 이청조(李淸照)와 안수(晏殊), 구양수(歐陽修), 유영(柳永), 하주(賀鑄), 주방언(周邦彦) 등이 있다. 청나라의 왕사진(王士禛)은 『화초몽습(花草蒙拾)』에서 "장연은 사파가 둘이 있다고 논했는데, 하나는 완약이고, 하나는 호방(張南湖論詞派有二 一曰婉約 一曰豪放)"이라고 말했다. 왕우화(王又華)도 『고금사론(古今詞論)』에서 장연의 말을 인요하고 있는데, 취지는 거의 비슷하다. 장연보다 조금 늦게 등장한 서사증(徐師曾)은 『문체명변(文體明辨)·서설(序說)』에서 이렇게 지적하였다. "문채에 대해 논한다면 완약이 있고 호방이 있다. 완약을 주로 하는 이들은 문체와 정서를 온화하고 부드럽게 하고자 하고, 호방을 주로 하려는 이들은 자신의 기상을 크고 넓게 하고자 한다. 대개 비록 각자 그 기질에 근거한 것이고, 문채란 사람을 감동시키는 것을 귀하게 여기는 바이지만 요컨대 완약으로 마땅히 정도를 삼아야 할 것이다.(至論其詞 則有婉約者 有豪放者 婉約者欲其辭情蘊藉 豪放者欲其氣象恢弘 蓋雖各因其質 而詞貴感人 要當以婉約爲正)" 서사증의 주장도 장연의 그것과 유사하다. 완약과 호방이란 구분은 풍격이나 유파가 다양한 송사(宋詞)를 개괄하기에는 부족하지만, 송사의 풍격과 격조가 혹은 "그늘지고 부드러운 성격(陰柔)"이 강하고 혹은 "밝고 굳센 성격(陽剛)"이 강한 두 가지 기본적인 성향을 잘 설명하고 있어서 송사의 예술적 풍격을 이해하는데 도움을 준다.

완약은 "굽이지고 전환이 많으며 함축적인(宛轉含蓄)" 특징이 강한 것을 뜻한다. 이 말은 벌써 선진先秦 시대부터 나타났으며, 위진육조(魏晋六朝) 시대 사람들도 이 말을 이용해서 문학 가운데 쓰이는 수사적 성격을 설명하는데 사용하였다. 진림(陳琳)은 「위원소여공손찬서(爲袁紹與公孫瓚書)」에서 "선생님의 글을 받아보니 문장의 뜻이 아름답고 함축적이었습니다.(得足下書 辭意婉約)"라고 말했으며, 육기(陸機, 261-303)는 「문부(文賦)」에서 "때로 맑고 빈 것으로 아름답고 축약적이게 만든다.(或淸虛以婉約)"고 밝혔다. 이처럼 사문학사에 있어서 완전유미한 풍조는 관습화되어 오랜 기간 전승되어 왔다. 사는 원래 음악과 어울리고 노래로 불려지게 만들어진 것으로, 처음 노래로 불려진 목적은 듣는 이를 즐겁게 하고 분위기를 돋구기 위한 것이었다. 그리고 연주되고 노래 불려진 공간은 주로 궁정이나 귀족 집안이거나 술집 또는 객사이기 때문에 가사의 내용도 이별의 아쉬움을 달래거나 규방에서 외롭게 지내는 이의 우울함을 토로하는 범위를 넘지 못했다. 이런 풍토는 『화간집(花間集)』으로 대표되는 "향기롭고 부드러운(香軟)" 사풍(詞風)을 조성하기에 이르렀다. 그 결과 완약파의 작품 속에 보이는 제재 또한 비교적 폭이 좁아 남녀 사이의 연정이나 이별의 슬픔 또는 봄날에 애상에 잠기고 가을날 비감에 젖는 따위를 벗어나지 못했다. 북송 시대의 사 작가 역시 이같은 풍조를 이어서 앞에서 열거한 많은 작가들도 비록 내용상 새로운 분야를 개척하고 묘사에 있어서 정교하고 오묘한 풍취를 떨쳐 나름대로 개성을 발휘해서 일가를 이루었지만, 대체적으로 기존에 내려오는 한계를 극복하지 못했다. 이 때문에 비평가들은 줄곧 "곱고 아름답다(婉美)"(『초계어은총화(苕溪漁隱叢話)』후집)거나 "부드럽고 아리땁다(軟媚)"(『사원(詞源)』), "서로 얽혀 아름답게 구른다(綢繆宛轉)"(「주변사서(酒邊詞序)」), "곡절이 많고 상세하며 아름답다(曲折委婉)"(『악부여론(樂府餘論)』)는 등의 평어로 이들의 작품이 지닌 풍조(風調)를 지적하였다. 명나라 때의 비평가들은 이같은 풍조를 완약파를 들어 개괄했는데, 그 간의 비평적 견해들이 총괄된 정리였다고 할 수 있다.

완약파의 특징은 내용상에 있어서 주로 아녀자들이 보여주는 풍격과 정서를 중시한다는 것이다. 작품의 구성이 깊고 세밀하며 주도면밀할 뿐 아니라 음률이 아름답게 조화를 이루고 맑고 신선하며 화려하게 엮여져, 일종의 부드럽고 아름다운(柔婉) 미감을 갖추고 있었다. 그러나 내용상으로 볼 때는 비교적 협소한 편이었다. 오랜 기간 사의 창작 풍토가 완전유미한 방향으로 치달았기 때문에 사람들은 완약을 정통으로 여기는 관념을 가지게 되었다. 『엄주산인사평(弇州山人詞評)』에서 이후주(李後主)와 유영, 주방언 등의 사 작가를 "사에 있어서의 최고 작가(詞之正宗)"로 보았던 것이 이같은 인식을 대표한다. 완약한 사풍은 장기간에 걸쳐 사단(詞壇)을 지배해서 남송 시대의 강기(姜夔)와 오문영(吳文英), 장염(張炎) 등과 같은 사의 대가들에 이르기까지 조금씩 성격은 달라도 그 영향을 받지 않은 이가 없을 정도였다.(임종욱)

송사(宋詞), 호방파(豪放派), 완전유미(宛轉柔美), 화간집(花間集), 강기(姜夔), 오문영(吳文

英), 장염(張炎)

참고문헌

임종욱, 『동양문학비평용어사전-중국편』, 범우사, 1997.

_____, 『중국의 문예인식』, 이회, 2001.

_____, 『중국문학에서의 문장체제 인물 유파 풍격』, 이회, 2001.

주훈초, 『중국문학비평사』, 이론과실천, 1992.

외국인혐오증(xenophobia)

　외국인혐오증(xenophobia)은 '낯선 사람', '이방인', '외부인'을 뜻하는 그리스어 'xenos'와 '두려움' 또는 '혐오'를 뜻하는 'phobos'에서 온 말로 '이방인이나 외국인 등 낯선 사람, 낯선 외국의 어떤 것에 대한 두려움 또는 혐오'를 의미한다. 외국인혐오증은 악의가 없는 상대방을 자기와 다르다는 이유만으로 무조건 경계하는 심리상태의 하나이며 의학 사전에서는 "낯선 사람이나 외국인을 병적으로 또는 비정상적으로 두려워하거나 믿지 못하고 싫어하는 것"으로 정의되기도 하지만 대체로 우리의 일상생활에서 흔하게 일어나는 평범한 태도이기도 하다.

　Soldatav에 의하면 외국인혐오증은 두려움, 혐오의 대상에 따라 세 가지로 분류할 수 있다. 첫째로 인종적·민족적 혐오증(ethnophobia)은 다른 인종과 민족 집단에 대한 편견 또는 이 집단에 속해 있는 구성원에 대한 차별에 의해 발생한다. 흑인인종차별, 반유대주의(anti-Semitism) 등을 들 수 있다. 두 번째로는 특정 종교를 믿는 사람들에 대한 편견과 두려움 등으로 인해 발생하는 종교적 혐오증으로, 이슬람혐오증(Islamophobia)이 이에 속한다. 마지막으로 특정한 문화, 신체, 나이 등의 특징을 가짐으로 인해 주류와는 다른 그룹을 형성하는 사람들에 관계된 광범위한 사회적 혐오증이 있다. 피난민, 망명자를 대상으로 한 이주자혐오증(migrantophobia), 신체적 장애를 가진 사람에 대한 장애차별(handicapis)이 있으며 나이에 의한 차별(ageism), 성차별(sexism) 등이 포함된다.

　외국인혐오증은 흔히 인종주의(racism)과 밀접한 관련을 가지는 것으로 인식된다. 이 두 태도가 공통적으로 가지고 있는 것은 '타자'의 차이가 실재하는 것이든 상상된 것이든 그것에 대한 무지와 혐오, 불안에서 오는 편견과 의심을 드러낸다는 점이다. 반유대주의에 근거한 홀로코스트에서 볼 수 있듯이 이러한 외국인혐오증과 인종차별은 추방과 조직적 대량 학살의 가능성을 내포하기도 한다. 그러나 엄밀히 말하면 외국인혐오증과 인종주의는 그 배경에 있어서 차이를 지닌다. 인종주의가 주로 유럽국가에서 '강압에 의한 노동인력 동원'에 의존했던 식민지 경영에 그 토대를 둔 제국주의시대의 유산이자 '유색인종에 대한 백인종 우월주의'라는 편견에 토대를 둔 타인종 배척주의적 개념이라면, 외국인혐오증은 제2차 세계대전 이후, 특히 1950-60년대 경제발전 과정에서 필요한 노동력의 원활한 공급을 위해 이주민에 대해 국경을 개방하고, 이 과정에서 노동력의 국제적인 이동이 촉진되면서 등장한 사회적이고 인권과 관련된 이슈이다. 즉 외국인혐오증은 특정의 종족, 민족, 인종 등이 타 종족, 민족, 인종 등에 대해 우월감을 느끼든 열등감을 느끼든 '우리는 너희들과 다르다'라는 데에 바탕을 둔 정서나 의식과 관련된 개념으로, '우리'(동질성)와 '그들'(이질성)을 구분하는 집단적인 심리형성을 통해 발생하며, 이렇게 '다르다'라고 느끼는 정서나 의식은 공동체의 정체성 유지나 자기보존 등을 위해 '우리와 다른 타자를 배제해야 한다'라는 정서나 의식을 포함하는 개념이다. 또한 타자에 대한 배제를 통해 그들에 대한 차별을 정당화한다고 보는 개념이다.

21세기 신자유주의 시대에 이르러 외국인혐오증은 자본주의 시스템의 작동 원리와 연동하여 더욱 노골적으로 재생산되고 있다. 유럽 각국에서 갈수록 엄격히 강화되는 이민규제와 난민 정책, 외국인과 이방인들에 대한 강압적 억류와 무차별적인 추방은 세계화로 인한 구조적 빈곤과 유연한 노동시장의 변동으로 말미암은 것이며, 유럽과 미국 등지에서 일어나는 외국인 이민자 테러 등에서 볼 수 있듯이 이러한 현상은 전지구적으로 진행되는 사회 · 경제적 맥락을 반영하는 것이다.(윤송아)

제노필리아(xenophilia), 인종주의, 이주, 난민

참고문헌
A. C. 그레일링, 『새 인문학 사전』, 윤길순 역, 웅진지식하우스, 2010.
이윤구, 「우리나라 제노포비아 실태 및 유발요인에 대한 연구」, 고려대학교 정책대학원 석사논문, 2010.

외설문학(Pornography)

외설문학은 성행위를 노골적으로 묘사한 글이다. '외설문학(pornography)'이라는 말은 고대 그리스어인 porne(매춘부)와 graphos(글쓰기, 그리기)에서 유래한 것으로 '매춘부에 관해서 쓰기'라는 의미를 갖고 있다. 근대적인 의미의 외설문학에 대한 정의는 1806년에 출간된 에티엔느-가브리엘 페뇨(Etienne-Gabriel Peigno)의 『분서, 금지, 검열의 주요 책자에 대한 비판적 · 문학적 · 서지학적 사전(Dictionaire critique, littéraire et bilbliographique des princiaux livres condamnés au feu, supprimés ou censurés)』에서 최초로 나타난다. 여기에서 페뇨는 종교적 · 정치적 · 도덕적 이유에 따라 '사회 질서를 교란하고 미풍양속에 위배되는 책들'을 외설문학으로 분류했다. 그러나 근대적 의미의 외설문학은 사실주의 문학의 대두와 밀접한 관련이 있다. 사실주의 문학은 무엇보다도 사물에 대한 자세한 묘사를 강조했기 때문에, 성행위에 대한 노골적인 묘사도 정당한 예술적 행위로 용인될 수 있었던 것이다.

근대 초기에 외설문학은 성적 충격을 이용하여 종교적 · 정치적 권위를 비판하기 위한 수단으로 사용되었다. 예컨대, 비냘리(Vignali)의 『라 카짜리아(La Cazzaria)』(1525-26)는 시에나의 파벌 투쟁을 음경, 음문, 고환, 둔부 사이의 경쟁으로 묘사하기도 했다. 하지만 외설문학의 대부분은 사회적 현실을 제거하려는 경향을 보인다는 점에서 비판의 대상이 되기도 한다. 그것은 성적 환상을 통해 유토피아적 환영을 제공해줄 수는 있지만, 사회에 대한 어떤 비판적 인식이나 행위를 유발하지는 못하기 때문이다. 페미니즘 이론에서도 외설문학은 억압되어온 여성의 욕망이 표현되는 곳이자 여성의 대상화와 상품화가 노골적으로 이루어지는 곳이라는 상반된 평가를 받는다.

대표적인 외설문학 작품으로는 피에트로 아레티노(Pietro Aretino)의 『소녀들의 학교(L'Ecole des filles)』, 사드 후작(Marquis de Sade)의 『쥐스틴(Justine)』, 헨리 밀러(Henry Miller)의 『북회귀선(Tropic of Caner)』 등을 들 수 있으며, 한국에는 마광수의 『즐거운 사라』, 장정일의 『내게 거짓말을 해봐』 등이 있다.(이진형)

사실주의, 페미니즘, 환상

참고문헌
린 헌트, 『포르노그라피의 발명』, 조한욱 역, 책세상, 1996.
안드레아 드워킨, 『포르노그래피』, 유혜련 역, 동문선, 1996.
Bernard Arcand, The jaguar and the anteater: pornography degree zero, London: Verso, 1993.

외재적 비평 – 내재적 비평과 외재적 비평

외재적(外在的) 비평이란 문학 작품의 감상 방법의 일종으로, 사회나 시대·역사 등의 작품 외적인 세계와 작품을 연결시켜 이해하는 방법이다. 비평은 사물의 장·단점을 들어 가치 판단을 내리는 것인데, 협의의 비평인 문예 비평에서 외재적 비평은 작품과 예술가의 사회적 의식을 판단하는 비평이다. 그 이전의 비평 방법인 내재적(內在的) 비평과 대립되는 개념으로서, 1925년경 일본의 문예 비평가 아오노에 의해 프로 문학 비평의 초기 용어로 사용되었다. 카프(KAPF) 문학의 박영희(朴英熙)에 의해 도입된 한국의 외재적 비평은 기존의 주관적 감상에 치우친 비평 방법을 비판할 수 있었다는 시대적인 의의를 가진다. 작품에 영향을 끼쳤을 만한 사회·역사·시대 등의 조건이 비평의 기준이 되며, 그 종류에는 '역사주의 비평', '사회학적 비평', '심리학적 비평', '신화 비평' 등이 있다. 그러나 작품 자체에 소홀할 가능성이 있는 역사주의 비평, 작품의 미적 역량을 충분히 찾기에 부족한 심리학적 비평·신화 비평, 특정 사상과의 개연성에 지나치게 집착하는 사회학적 비평이라는 한계점을 들 수 있다.

아오노는 외재적 비평을 정의하면서, 그와 대립되는 이전에 사용되었던 비평 방법을 내재적 비평이라 규정하였다. 문학 작품의 테두리 안을 가리키는 '내(內)'에서 알 수 있듯이 이 비평의 전제는 문학 작품이 독립된 개체(個體)로 존재하며 그 자체가 자족한 존재(being of self-sufficient)라는 것이다. 작품의 속성을 파악하기 위해 작가라든가 시대, 사조 등을 개입시키는 것은 작품의 올바른 이해에 오류를 범하는 것이라고 생각하여, 일체의 문학 외적 정보를 거부하고 작품을 형성하고 있는 언어나 기교, 조직, 형식이나 수법 등의 예술성에 초점을 맞추는 비평이다. 형식주의 비평(形式主義 批評), 구조주의 비평(構造主義 批評) 등이 이에 속한다. 한국에 있어서도 기존의 문예 비평이란 설리적(設理的)·감상적(感傷的)·주정적(主情的)인 측면을 의미하며, 이러한 주관적인 비평이 대부분을 차지했다. 뉴크리티시즘(New-criticism)에 의해 내재적 비평은 체계화되었고, 르네 웰렉(R. Wellek)은 최초로 내재적 비평의 개념을 정립하였다. 일본의 아오노는 비평의 타입을 외재적 비평과 내재적 비평으로 나누어 외재적 비평을 강조했으나, 1926년 그의 <외재 비평에의 일기여(一寄與)>에서 이상적인 비평의 형태로, 외재적 비평과 내재적 비평의 통일을 주장했다.(이상갑)

비평론, 비평방법론

참고문헌
김용직, 『문예비평용어사전』, 탐구당, 1985.
문덕수, 『세계문예대사전』, 교육출판공사, 1994.
신희천·조성준, 『문학용어사전』, 청어, 2001.
『국어국문학자료사전(下)』, 한국사전연구사, 1994.

요미혼(讀本)

에도시대 소설의 한 장르로, 명칭은 삽화중심의 구사조시(草双紙)에 대하여 읽는 데 중점을 둔 책, 혹은 실용서에 대하여 오락적인 읽을거리라는 의미로 해석된다. 요미혼(読本)이라는 명칭은 에도시대에는 회본(絵本)에 대하여 읽는 책이라는 뜻으로 사용되어, 우키요조시의 범주에 포함되어 있었는데, 메이기 중기에 요미혼이라는 호칭이 학적으로 정착되었다. 문예용어로서는 중국 백화소설(白話小說)의 번안에서 생겨나 고도의 소설적 골격을 구비한 에도시대 후기의 전기적(伝奇的) 소설를 가리키고 있다. 18세기 중반 가미가타(上方, 교토·오사카)에서 발생하여 에도로 옮겨 유행한, 일본가나와 한자를 혼용한 화한혼효(和漢混淆) 문체의 소설이다.

문학사적으로는 산토 교덴(山東京伝)의 『충신수호전』(忠臣水滸伝, 1801)을 경계로 전기 요미혼과 후기 요미혼으로 나누고 있다. 전기(上方) 요미혼은 우키요조시(浮世草子) 이후 새로운 문학을 찾는 경향속에서 나타났으며 쓰가 데이쇼(都賀庭鐘)의 『하나부사소시』(英草紙, 1749)를 효시로 한다. 18세기 초반 지식인들 사이에 중국의 백화소설이 유행하자, 이를 제재로 삼아 일본의 상황에 맞게 고치어 새롭게 구성한 격조높은 작품이 지식인, 문인들의 손에 의해 이루어졌다. 우에다 아키나리(上田秋成)의 단편소설집인 『우게쓰 모노가타리』(雨月物語)는 이러한 지적인 소산의 대표작으로 평가되고 있다. 백화소설의 영향하에서 일본의 실록·전설·사전(史伝) 등을 소설화한 것으로, 구성·표현·내용에 걸쳐 신국면을 개척하였던 것이다.

그후 에도에 사는 직업작가인 산토 교덴·다키자와 바킨(滝沢馬琴)에 의해 성립된 후기 요미혼(혹은 에도 요미혼이라고도 함)은 대중 독자를 의식하며 만들어졌다. 전기 요미혼과 수호전 등의 장편 백화소설에서 얻은 문학적 기법, 더욱이 불교장편소설에서 배운 인과응보의 기법을 구사하여 긴밀한 구성과 웅대한 스케일의 낭만적인 작풍으로 독자들을 매료시켰다. 사상적으로는 권선징악의 테마를 전면에 내건 소설로, 특히 대표작가인 바킨은 징악사상의 표현에 노력하였다. 바킨이 28년간 집필한 끝에 완성한 대장편소설『난소사토미 핫켄덴』(南総里見八犬伝)은 현대의 역사소설 · 시대소설 · 대하소설의 선구작으로 평가받고 있다.(최관)

백화소설, 권선징악, 인과응보, 우에다 아키나리, 다키자와 바킨

참고문헌
麻生磯次, 『江戸文学と中国文学』, 三省堂, 1946.
中村幸彦, 『近世小説史の研究』, 『中村幸彦著述集』7卷, 中央公論社, 1982.

요설(饒舌, garrulousness)

요설이란 수다스레 지껄임, 또는 수다스러운 말을 뜻하며, 요설체는 간단하게 해도 될 이야기를 장황하고 복잡하게 늘여서 하는 것을 말한다. 요설체는 김유정이나 염상섭, 채만식, 이문구 등의 소설에서 대표적으로 드러난다. 일본문학가인 다카미 준(高見順, 1907~1965)은『요설이란 무엇인가饒舌とは何か』(1935)를 통해『잊어야할 옛 친구 故舊忘れ得べき』에 쓰인 자신의 '요설체'에 대해 해설하고 있는데, 이는 한 마디로 말하면 '말하듯이 쓰는 문체'를 이른다. 일본문학사에서 자연주의 이후의 소설이 상투적인 수단으로 삼은 '묘사'와, 시가 나오야 등이 사용한 생략과 억제가 잘 발휘된 정교한 문체에 대한 반발로 등장한 것이 바로 요설체이다. '말하듯이 쓰는 문체'란 우노 고지(宇野浩二, 1891~1961)나 사토 하루오(佐藤春夫, 1892~1964) 등 다이쇼(大正) 시대의 작가들이 주장한 것으로 일본 근대문학에 나타난 '언문일치'의 환상을 드러내는데, 다카미 준이나 다자이 오사무, 이사카와 준 등 쇼와 작가들의 실천은 이러한 환상을 역전시키는 위치에 놓인다. 그들의 '요설체'는 쓰는 것을 강하게 의식한 것이었다. '묘사'라는 관념이 시각적 매체인 활자를 통해 성립했다고 한다면, 요설은 다시 거기에 '서술'의 기능을 표면화시키는 전략이었다고 할 수 있다. 보여 주기(showing)에서 말하기(telling)로의 전환, 보여 주는 자에서 서술자로의 전위가 일어나는 것이다. 다카미 준의 소설에서 볼 수 있듯이, 이야기 세계 내부를 묘사하는 말을 외부의 독자에 대한 호소로 치환하는 행위에는 단일한 테마나 주제, 단일한 대상, 의미의 단일성으로 향하는 단선적인 말의 흐름을 거부하는 강한 의지가 작동하고 있다. 말에 의한 말이 아닌 것의 현전 가능성에 대한 의심, 표상이 현실을 투명하게 대행한다는 환상의 파괴, 목적론적 단선성에서의 끊임없는 탈선, 쓰는 것과 읽는 것의 과정 자체에 대한 제시 등 요설은 메타픽션의 언어적 형상을 보여준다.(윤송아)

문체, 묘사

참고문헌
이시하라 치아키 외, 『매혹의 인문학 사전』, 송태욱 역, 엘피, 2009.

요오쿄쿠(謠曲)

요오쿄쿠는 일본의 고전극인 노(能)의 각본이다. 하지만 요오쿄쿠는 단순한 각본이 아니라 노래의 사장(詞章)인 동시에 악보이기도 했다. 요오쿄쿠의 사장은 수십 개의 소단(小段)으로 이루어져 있는데, 각각의 단에는 '잇세이', '시다이', '와카', '사시' 등의 음악적 기호가 붙어 있어서 박자와 곡조를 나타내고 있다. 요오쿄쿠는 고문(古文), 당대 유행했던 렌가(連歌), 경문(経文) 등의 미사여구를 인용해서 유겐(幽玄)의 미를 창출하기도 했으며, 동음이의어를 활용한 가케코도바(掛け言葉)를 구사하는 등 복잡한 문체를 만들어내기도 했다. 요오쿄쿠에는 주로 신이나 귀신, 망령 등의 초자연적 존재라든가 과거의 전설적인 인물이 등장한다. 때때로 당시의 대중 소설인 오토기조시의 주인공이 등장하기도 하지만, 그 대부분은 지배층의 세계를 배경으로 구성되어 있다. 현재 전수되고 있는 요오쿄쿠의 수는 240종에 이르며, 그 대부분은 14세기 말 제아미 모토키요(世阿弥元清) 일가에 의해서 창작된 것이다.

요오쿄쿠는 노의 각본으로서 '현재 노(現在能)'와 '몽환 노(夢幻能)'로 구별된다. 현재 노는 현실 세계의 인간을 주인공으로 하는 작품을 말하고, 몽환 노는 죽은 사람의 망령이나 전설 속의 인물 등 초현실적인 존재를 주인공으로 하는 작품을 말한다. 그렇다고 해서 몽환 노가 비현실적인 괴기 사건을 다루는 것으로만 오해해서는 안된다. 그것은 삶과 죽음에 관한 문제를 통해서 인간의 비극성을 표현하는 데 그 목적이 있기 때문이다.

주요 작품으로는 간아미 기요쓰구(観阿弥清次)의 『시젠코지(自然居士)』와 『소토바코마치(卒都婆小町)』, 제아미 모토키요의 『오이마츠(老松)』, 『무거운 사랑의 짐(戀重荷)』, 미야마스(宮增)의 『야토소가(夜討曾我)』 등이 있다.(이진형)

노(能), 렌가(連歌), 오토기조시(お伽草子), 유겐(幽玄)

참고문헌
이토세이, 『일본문학사서설1』, 김태준·노영희 역, 시사일본어사, 1995.
한국일본학회 편, 『신일본 문학의 이해』, 시사일본어사, 2001.
横道萬里雄 外, 『日本古典文學大系-謠曲集(上)』, 岩波書店, 1960.

욕구(Need)와 요구(Demand)

소망 충족은 만족을 경험하는 것이고 이 때 경험은 이미 상징적 재현의 영역 속에 들어와 있다. 다시 말해 만족의 경험은 외부적 관심이나 대상과는 관계없이 이루어지는 망상(hallucination)이다.(Weber, 121-126) 소망은 특정한 대상에 의해 충족되는 것이 아니라 대상의 부재를 특징으로 하는 재현에 종속된다. 라캉은 프로이트의 소망(Wunsch)을 욕망(désir)으로 옮기고 그것을 설명하기 위해 욕구와 요구를 구분한다. 요구는 특정한 대상에 의해 충족되는 욕구를 넘어선다. 어두운 방 안에서 두려움을 느낀 아이는 무섭다고 소리를 지른다. '나에게 무슨 말이라도 좀 해주세요.' '네가 나를 볼 수 없는데 그게 무슨 소용일까?' '그렇지 않아요. 누군가가 말을 건네줄 때 불이 환하게 들어오는 걸요.' 아이가 두려워하고 있는 것은 어둠이 아니라 사랑하는 사람의 부재이다.(SE 7, 224) 요구는 대상 속에서 소멸하지 않기 위해 욕구를 넘어 사랑으로 나아간다. 요구는 "사랑에의 요구"이며(É, 286) 현전과 부재에 대한 것이다. 사랑하는 사람의 현전을 확인할 수 있을 때 불안(anxiety)이 사라진다.

그러나 욕구 역시 요구 속에서만 가능하다. "욕구는 요구 속에서 지양된다."(É, 286) 언어 이전의 순수한 욕구는 존재하지 않는다. 언어 속에 편입되었을 때 비로소 욕구와 요구의 구분이 가능하기 때문이다. 욕구와 요구는 이미 겹쳐있고 요구는 욕구의 충족과 사랑에의 요구라는 이중의 기능을 갖는다. 문제는 타자가 무조건적 사랑에의 요구를 충족시키지 못할 때 발생한다. 타자 역시 결핍되어 있기 때문이다. 여기서 '사랑은 자신이 갖고 있지 못한 것을 주는 것'이라는 라캉의 정의가 생겨난다. 절대적 사랑에의 요구가 충족되지 못한 채 남아있는 잉여물, 이것이 라캉의 욕망(desire)이다. 타자에게 절대적 우월성을 부여하는 요구와는 달리 욕망은 타자의 결핍을 지시한다.(민승기)

부재, 결핍

참고문헌

Evans, Dylan. An Introductory Dictionary of Lacanian Psychoanalysis. London: Routledge, 1996.

Freud, Sigmund. Three Essays on Theory of Sexuality. Standard Edition vol. Ⅶ.

Lacan, Jacques. Écrits: A Selection. trans. Alan Sheridan. New York: Norton, 1977.

Weber, Samuel. Return to Freud. trans. Michael Levine. Cambridge: Cambridge Univ. Press, 1991.

욕동(慾動) ☞ 충동

욕망(慾望, Desire)

라캉에 의해 정신분석학의 핵심 용어로 부각된 개념으로서 이에 해당하는 프로이트의 용어는 소망(Wunsch)이다. 프로이트에 따르면 소망은 우선 의식적으로는 충족되어서는 안 되는 금지된, 무의식적 성적 소망을 의미하지만, 유기체의 생명을 유지시켜주는 음식물에 대한 소망까지도 포함한다. 프로이트는 특히 성적, 무의식적 소원 충족의 시도와 이를 저지하려는 방어 사이의 갈등이 신경증 증상 형성의 원인이다. 프로이트에 따르면 무의식적 소원 충족은 주체가 과거에 체험한 적이 있는 지각의 이미지의 재획득이며, 이에 따라 프로이트는 소원 충족의 환각적 성격을 강조한다. 현실적으로 대상이 존재하지 않아도 환각 속에서 소원은 자신의 충족을 체험하며, 이러한 일차과정적 흐름은 유기체의 생명의 유지를 위해 자아에 의해 억제되어 이차과정을 형성한다. 프로이트의 소망 개념은, 욕구(need), 요구(demand) 함께 라캉 정신분석학의 주요 개념쌍을 이루는 욕망과는 상당히 차이가 있다. 라캉에서 욕망은 언어, 상징계의 작용으로 도입된 결여, 혹은 절대적 대상의 상실을 의미한다. 그리고 라캉의 욕망은 다분히 생물학적 뉘앙스를 풍기기도 하는 프로이트의 소원 개념에 철저히 상징적, 심리적 의미를 부여한다. 라캉에게는 생물학적 필요를 의미하는 욕구라는 용어가 따로 있기 때문이다. 하지만 프로이트가 예를 들면 『꿈의 해석』에서 주체의 무의식적 소망의 직접적인 충족이 아니라 소망과 방어 사이의 타협물로서의 대리표상(representation)을 강조한다는 점을 중시하면, 라캉의 욕망을 프로이트의 소원과 무관한 개념으로 파악할 필요가 없다. 프로이트에서도 무의식적 소원 충족은 방어 혹은 억압 기제로 인해 항상 완전한 충족에 도달할 수 없기 때문이다. 라캉에서 욕망은 항상 자신의 대상에서 빗나가며, 결여의 차원에서 작동하고 있다. 프로이트가 소망 충족이 직면해야 하는, 무의식적, 역동적(dynamical) 갈등의 측면을 강조한다면, 라캉은 욕망의 완전한 충족의 '구조적(structural) 불가능성'을 강조한다. 언어의 세계 속에 태어남으로써 인간은 실재, 완전한 향유, 어머니의 육체를 영원히 상실한다. 그리고 기표는 다른 기표를 지시하는 부단한 환유의 과정을 거쳐야 한다. 기표의 흐름의 고정을 의미하는 은유는 프로이트의 대리물(representation)에 해당한다. 그러나 라캉에서 은유는 대리물, 즉 빗나간 만족이라는 의미뿐만 아니라 은유가 다른 기표와 다시 환유적 관계를 맺고 있다는 의미에서 은유, 즉 중상 역시 욕망의 완전한 충족을 의미하지 않는다. 라캉은 욕망 속에 내재한 이러한 결여의 차원을 해명하기 위해 구조주의 언어학 이론을 원용한다. 라캉에게 욕망이 결여를, 욕구는 생물학적 필요를 의미한다면 요구는 채워질 수 없는 욕망이 완전히 충족될 것을 요구하는 것을 뜻한다. 그러므로 욕망은 상징계에 속하고 요구는 상상계에 속한다. 요구가 어머니의 절대적 "현존"에 대한 무조건적 요구이고, 욕망은 그러한 요구는 완전히 채워질 수 없다는 것을 의미한다. 라캉에 따르면 인간의 욕망은 타자의 욕망이다. 여기에서 '의'라는 조사는 목적격과 주격으로 각각 해석될 수 있다. 첫째, 인간은 타자 '를' 욕망하는데, 여기에서 욕망의 대상은 자연적 대상으로서의 타자가 아니라 타자의 욕망이다. 달리 말하면 나에 대한 타자의 인정을 욕망한다는 것인데, 여기에서 라캉은 코제브의 헤겔 『정신현상학』해석을 따르고 있으며, 이를 통해 라캉은 욕망이 인정 혹은 승인과 같은 상징적 차원에서 작동하고 있음을 보여준다. 둘째, 주체는 타자가 욕망하는 방식으로 욕망한다는 것을 의미한다. 나는 타자가 욕망하는 대상을 역시 욕망하며, 타자가 욕망하는 방식으로 욕망한다. "나는 타자이다." 그러므로 라캉에서 욕망의 세계, 상징계로의 진입은 타자에 의한 소외의 과정을 의미하기도 한다. 초기 라캉에게 욕망은 욕망과 향유의 두 개념 모두를 포함하는 개념이지만, 후기에 라캉은 대타자에 의한 소외로서의 욕망과 대타자로 인한 소외로부터 벗어난 만족으로서의 향유라는 개념을 강조하기도 한다. 라캉의 어떤 측면을 따르던 간에 주체의 소외의 극복은 결여로서의 욕망, 혹은 잉여향유의 주체적 전유를 통해서 달성된다.(홍준기)

욕구, 요구, 향유

참고문헌

J. Lacan, Écrits, Paris: Seuil, 1966.

자크 라캉, 『욕망 이론』, 민승기·이미선·권택영 역, 문예출판사, 1994.

욕망의 삼각형(Désir triangulaire)

욕망의 삼각형은 르네 지라르R. Girard가 그의『낭만적 거짓과 소설적 진실』이라는 책에서 현대소설의 주인공들의 욕망 체계를 설명하는 데 사용한 용어이다. 그에 의하면 모든 소설의 주인공들은 대상을 소유하고자 하는 욕망을 가진다. 돈 키호테가 스스로 되고자 했던 것은 '이상적인 방랑의 기사'이다. 그런데 그의 '이상적인 기사'가 되고자 하는 욕망은 아마디스라는 전설적인 기사를 모방하고자 하는 욕망이다. 그것은 그의 욕망이 자신의 부족함을 채우기 위한 자연발생적인 수직적 초월의 욕망이 아니라 아마디스라는 중개자médiateur를 모방함으로써 이상적인 기사가 되고자 하는 간접화된 욕망이다. 이처럼 중개자를 통해서 암시를 받고 갖게 된 욕망을 삼각형의 욕망이라 한다. 주체가 대상을 직접적으로 욕망하는 것이 진정한 욕망이라면 주체가 중개자를 통해 대상을 간접적으로 욕망하게 되는 것을 간접화된 욕망 혹은 가짜 욕망이라 부른다. 지라르는 이 이론을 통해서 현대의 시장경쟁 체제 속에 살고 있는 개인들의 욕망을 설명하려 한다. 그는 플로베르의『보바리 부인』에서 사교계의 여왕이 되고자하는 엠마 보바리의 욕망이 자연발생적인 것이 아니라 사춘기 때 읽은 삼류 소설과 잡지에 나온 사교계의 여왕으로부터 암시 받은 중개된 욕망이고, 스탕달의『적과 흑』에서 쥘리앙 소렐을 가정교사로 데려오고자 하는 레날씨의 욕망이 자연발생적인 것이 아니라 그의 정치적 경쟁자 발르노 씨가 소렐을 데려갈지도 모른다는 이야기로부터 암시 받은 중개된 욕망이며, 프루스트의『잃어버린 시간을 찾아서』에서 대부분의 주인공의 사랑이 경쟁자의 존재로부터 암시 받은 중개된 욕망이라고 주장한다.

그에 의하면 삼각형의 욕망에는 여러 가지 유형이 존재하는데, 주체와 중개자 사이에 경쟁관계가 없는 경우를 외면적 간접화médiation externe라 하고 주체와 중개자 사이에 경쟁관계가 성립하는 경우를 내면적 간접화médiation interne라 한다. 돈키호테와 아마디스 사이나 돈키호테와 산초 판사 사이, 엠마 보바리와 유행잡지의 여주인공 사이의 관계가 전자에 속한다면 레날씨와 발르노 씨 사이, 마틸드와 페르바크 원수부인 사이, 오데트를 중심으로 한 스완과 사교계의 인물들 사이의 관계는 후자에 속한다. 이 두 가지 가짜 욕망 가운데 더욱 비극적인 것은 후자이다. 왜냐하면 주체와 중개자 사이에 다툼이 일어날 뿐만 아니라 때로는 서로가 서로를 모방하기 때문에 주체와 중개자의 구분이 애매해지기 때문이다. 도스토예브스키의『미성년』에서 아흐마코바 장군부인을 사이에 두고 돌고루키와 베르실로프의 관계가 내면적 간접화라면, 돌고루키의 열정이 아버지의 열정에서 베껴온 것이라는 사실은 그것의 비극성을 설명해 준다. 또『영원한 남편』에서 파벨 파블로비치는 친구 벨차니노프에게 사랑하는 여자를 밀어 보냄으로써 친구로 하여금 그녀를 욕망의 대상으로 삼게 한 다음 대상에 대한 경쟁에서 승리자가 되고자 하는 욕망을 실현한다. 그것은 욕망의 간접화가 가장 심화된 '형이상학적 욕망'의 비극을 그대로 보여준다.(김치수)

욕망

참고문헌
르네 지라르, 『낭만적 거짓과 소설적 진실』, 김치수 송의경 역, 한길사, 2001.

우머니스트(womanist)

우머니즘과 연계되는 말로 흑인 페미니스트나 유색인 페미니스트가 자신을 나타낼 때 쓰는 말. 우머니즘(womanism)은 흑인 페미니즘을 가리킨다. 페미니즘이라는 말이 백인 여성의 문화에서 생겨났다고 보고 이와 구별하기 위해 쓰이게 된 말로 앨리스 워커에 의해 널리 알려졌다. 또 한편으로 우머니즘은 페미니즘이라는 말이 널리 사용된 1890년대보다 이전에 사용된 말이기도 하다. 여성 권리 옹호, 여성의 능력에 대한 열광적인 지원, 여성이 남성보다 뛰어나다는 신념 등을 의미한다.

우머니스트라는 말 역시 우머니즘의 사용과 같이 페미니스트라는 말에 포함된 인종차별을 피할 수 있다. 페미니스트라를 용어를 사용할 때에는 유색인 페미니스트에게는 접두어를 사용한다. 예를 들면, 흑인 페미니즘이란 말에는 페미니즘이 백인 여성 문화의 것임을 명백히 한다는 함의가 있다. 앨리스 워커가 1979년에 정의했듯이 우머니스트는 페미니스트를 포함하여 본능적으로 여성을 옹호하는 사람도 가리킨다. 워커는 그 기원을 흑인 고유의 말인 우머니시(Womanish)에서 찾는다. 우머니시라는 말은 어머니가 딸에게 사용하는 말로 고집 세고 용기 있으며, 또 돌발적인 행동을 하는 딸을 가리키는 말이다.(추선진)

참고문헌
리사 터틀, 유혜련 호승희 옮김,『페미니즘 사전』, 동문선, 1999.

우생학(優生學, Eugenics)

우생학이란 유전적 요소가 후대(後代)의 형질에 미치는 영향을 연구하고 특정한 종(種)의 심신(心身)소질을 개선하는 것을 목적으로 하는 응용 유전학의 한 분야이다. 인류의 유전 형질에 관련된 경우에는 도덕적으로 목적성·가치·방법적인 면 등이 문제가 된다. 인간에게 적용시킨 우생학이란 개념은 그리스어 '좋은 종자'라는 단어에서 유래한 것으로 다윈(Charles Darwin)의 사촌동생 갈톤(Francis Galton)에 의해 정립되었다. 그가 사용하는 과학적 우생학은 미래 인종의 생득적(生得的)인 형질을 건전한 심신 소질로 변형시킬 수 있는 요인들을 연구하는 학문을 의미한다. 결혼과 가족 사례를 연구하여 지식 체계를 확립하고 출생률과 관련된 유전법칙을 연구하는 방향을 제시하였다. 이론상으로는 다산·조혼 등의 강제에 의해 우수한 유전인자를 장려하는 적극적 우생학과 결혼 제한·단종(斷種)·격리 등에 의해 바람직하지 않은 유전 인자를 배제하는 소극적 우생학으로 구분할 수 있다.

갈톤 이후 우생학의 연구는 런던의 위생학(衛生學) 연구소장이자 사회 통계학자였던 피어슨(K. Pearson)에 의해 계승되었다. 그러나 갈톤의 사상은 본국(本國)인 영국보다 미국에서 더 널리 수용되었는데, 단종법의 성립과 이민 제한의 논거로도 사용되었다. 『민족위생학의 기본방침』이라는 책에서 출발한 독일 역시 우생학의 또 하나의 큰 흐름이었다. 1920년에는 인류유전 우생학 연구소가 설립되었고, 히틀러(Adolf Hitler)의 인종이론과 결합하여 나치스(Nazis) 시대에 크게 확대되었다. 일반적으로 나치스 우생학이라는 표현은 형식적인 의미의 단종 정책과 계통적 살해인 반(反) 유대 주의적 정책의 양면을 포함한다. 또한 미국에서는 제 3자의 정자가 매매되는 상업적 정자은행이 출현하였고, 노벨상 수상자의 정자와 우수한 지능의 여성의 유전 인자를 인공 수정시키는 등 평등주의적 이념을 거스르는 움직임이 나타나기 시작했다. 소극적이지만 한국에 우생학이 도입된 것은 1986년에 제정된 모자보건법(법률 제3824호)이라고 볼 수 있으며, 우생학적인 인식 체계를 국민 보건에 적용한 것이라고 하겠다.(이상갑)

종자, 인종, 유전자

참고문헌
David. A. Statt, 『심리학용어사전』, 정태연 역, 도서출판 끌리오, 1999.
고영옥, 『사회학 사전』, 사회문화연구소, 2000.
『세계철학대사전』, 고려출판사, 1992.

우아(優雅)

아름다운 품위와 아취(雅趣)가 있을 때의 상황이나 아름다움을 총칭한다. 문학은 예술적 성격을 지니기 때문에 아름다움을 추구한다. 문학, 특히 가사(歌辭)에 드러나는 미는 크게 우아미, 숭고미, 비장미 등이다. 이러한 미적 범주는 대상에 대한 태도에 따라 다르게 나타나는데, 예를 들어 자연을 대상으로 해서는 다음과 같다. 자연의 조화와 질서를 본받는 태도로 대할 때 그 아름다움은 우아미로 나타나고, 자연의 조화를 현실에서 추구하고 실현하고자 하는 태도일 때 숭고미가 나타나며, 자연의 조화를 현실에서 실현하려는 의지가 좌절될 때 비장미로 나타난다.

대개 숭고미는 대상이 위대하고 웅장하고 우월하여 인간의 감성적 단계를 초월한 이념에 기반을 두며, 대상에 대해 주체의 인식이 처음에는 대립을 이루지만 곧 대상의 위대성을 인정하고 그에 순응하며 조화를 이루게 되면서 생겨나는 미이다. 우아미는 인간의 자유로운 조건에 따른 동적인 미의식으로 청초하면서도 소박한 아름다움이다. 결국 모든 존재들이 자유로운 조화를 이룰 때 나타나는 아름다움이다. 비장미는 적극적 가치가 침해되고 소멸되는 과정 및 그 결과에서 격렬한 고뇌가 생기면서 이루어지는 것인데, 부정적 계기에 의해서 가치 감정이 한층 더 강해지고 높아질 때 생겨나는 특수한 미를 뜻한다. 이러한 가치 감정은 비극적 주체가 이것을 침해하여 파괴로 이끌어갈 때의 계기들보다도 높은 가치 담당자이며, 또한 그의 몰락은 인간 존재 내지 세계의 본질적 구조 연관 속에서 필연적으로 생기는 것으로서, 어떠한 힘으로도 불가피할 만큼 더욱 더 강력한 것으로 된다. 골계미는 위대한 것을 헐뜯고 우월한 것을 깎아내리며 실추시키려는 인간의 요구에 대응하는 미이다. 현실과 이상의 갈등과 부조화 속에서 현실의 모순을

깨닫고 이를 공격적으로 비판하는 가운데 발생하는 웃음이 골계미를 이룬다.(유성호)

비장, 숭고, 골계

참고문헌
조동일, 『한국 소설의 이론』, 지식산업사, 1988.
이승훈, 『시론』, 고려원, 1984.
유종호, 『시란 무엇인가』, 민음사, 1995.

우언(寓言)

　우언(寓言)이란 풍자적이거나 교훈적인 의미를 담고 있는 이야기를 말한다. 그 구성은 대개 짧고 간단하며, 이야기 구조를 지닌다. 주인공은 사람일 수도 있고 동물일 수도 있으며, 무생물이라고 해도 무방하다. 비유적 수법을 즐겨 사용해서 기술된 이야기와는 다른 진실을 비유하거나 작은 사실을 빌어 큰 사실을 비유하는데, 이를 통해 교훈적 의의 또는 심각한 주제가 간단한 이야기 구조 속에 풍부하게 드러나도록 만든다. 우언의 주된 목적은 허구적인 이야기를 통해 작가 또는 민중들의 생활상이나 심리, 행동에 대한 비평과 교훈을 표현하는 데 있다.

　우언은 원래 민간에서 창작되어 구비전승 과정을 거치다가 나중에 문인들에 의해 채용되어 문학 창작 가운데 한 문체로 발전한 것이다. 우언은 중국 춘추·전국시대에 크게 유행하였다. 선진 시대 제자백가들의 저작 속에는 적지 않은 우화가 삽입되어 전해지고 있다. 『맹자』와 『장자』, 『한비자』를 거쳐 『여씨춘추(呂氏春秋)』와 『전국책(戰國策)』에 이르기까지 여러 저작 속에 당시에 유행하던 다양한 우언들이 소개되어 있다. 중국 산문정신이 원래 현실에 바탕을 두고 있는데, 그 현실성을 설득력 있게 강조하기 위해 채용한 것이 우언이다. 그런데 우언은 허구이며, 사실 중심의 중국문학이 이러한 허구적 우언을 통해 후일 통속문학의 발전을 가져올 토대가 마련된 점은 아이러니하기까지 하다.

　우언의 예를 들면, 허물을 들추고 장점을 앞세우다가 스스로도 논리를 감당 못한 모순(矛盾) 이야기 등이 있고, 다만 척도를 재는 자만 믿고 자신의 다리는 믿지 않은 정인매리(鄭人買履) 고사 이외에도 수주대토(守株待兔), 각주구검(刻舟求劍), 우공이산(愚公移山), 화사첨족(畵蛇添足) 등도 모두 중국 고대에 만들어진 우수한 우언 작품이다. 이들 이야기들은 선진시대 제자백가들의 손을 거쳐 철학적 성격과 사리를 바탕으로 상대를 설복하는 힘을 갖추게 되었다.

　우언에는 주로 동물이 등장하며, 많은 작품들이 동물 이야기 또는 이와 유사한 모습을 띄고 있다. 이들 동물 우언은 동물들의 활동이나 습성을 이용해서 교훈과 비유를 구사하여 풍자적인 목적을 달성한다. 우언은 주변 민족들의 동물 이야기에서도 서로 영향을 주고받으면서 변화와 전이를 거듭하였다. 표현상의 특징은 대개 주인공이 실패한 정황을 기술해서 독자의 사고를 계발시키거나, 부정적인 생각을 가진 행동은 결국 실패한다는 줄거리를 통해 교훈을 얻고, 이를 답습하지 않게 만드는 것이라고 할 수 있다.

이들 우언의 교육적 의의는 크게 두 가지 방향으로 정리될 수 있다. 첫째, 사람들의 경각심을 높여 적대적인 대상의 본질을 파악케 하여 속임수에 빠지지 않게 하는 것이다. 다음으로 사물에 담긴 규율을 인식케 하여 사고를 향상시키고 정신적 덕성을 함양시켜 인화와 처세에 도움을 준다는 것이다. 이 같은 특징은 당대 민중들의 건강하고 소박하며 진실된 세계관과 그들의 순수하고 거짓 없는 도덕관념에의 지향을 반영하는 것이라고 할 수 있다.(오태석)

우언, 장자, 비유, 허구 문학

참고문헌
전인초 저, 『唐代小說硏究』, 연세대학교 출판부, 2000.
윤승준, 『우언의 재미와 교훈』, 月印, 2000.
김철호, 『동양철학이야기주머니』, 녹두, 1995.

우연(偶然, Chance)

우연은 합리성을 거부함으로써 예술의 마법적 차원을 경험할 수 있도록 해주는 20세기의 미학적 구성 원리이다. 이 원리를 발견하고 가장 적극적으로 활용한 예술 집단은 다다(Dada)이다. 지금까지 알려진 바에 따르면, 우연은 쮜리히 다다의 일원이었던 장 아르프(Jean Arp)가 화실 바닥에 흐트러져 있던 종이쪼가리들의 배열상태에서 의미심장함을 발견하게 된 이후 중요한 구성 원리가 되었다. 시인이었던 트리스탕 차라(Tristan Tzara)는 우연의 원리를 극단적으로 밀고 나감으로써 부조리로까지 나아갔다. 차라는 신문기사를 한 단어의 길이 이상이 되지 않게끔 조각들로 절단한 후, 그것들을 종이상자에 넣어 흔들고는 테이블 위에 무질서하게 쏟아부었다. 이 단어 조각들의 무질서한 배열이 차라에게는 한 편의 시가 되었던 것이다.

다다이스트들에게 우연을 채택하는 일은 예술작품에 원초적인 마력을 회복시켜주는 일이었다. 그들은 이성, 논리, 인과성 등이 지배하는 서구 문명의 부정적 결과들 앞에서 이성과 논리 너머에 있는 심원한 것을 찾으려고 했다. 계획적 작품 구성이란 예술 작품을 한 개인의 주관적 산물로 전제하기 때문에, 의도나 계획을 거부할 때에만 예술의 마술적 차원은 경험될 수 있는 것이다. 이처럼 합리적인 구성을 거부함으로써 예술 영역에는 새로운 형식과 소재가 갑작스레 증가했다. 어떤 기법이든 아무런 편견 없이 어느 예술 활동에나 이용될 수 있었고, 개별 예술들의 경계 역시 무의미한 것이 되어버렸기 때문이다.

이후 우연은 잭슨 폴락(Jackson Pollack)이나 리차드 셀라(Richard Sella)와 같은 추상표현주의 화가들의 작품에서 중요한 역할을 했으며, 1960년대 초 뉴욕 플럭서스 운동(Fluxus movement)과 존 케이지(John Cage)의 '해프닝(happening)'에도 영향을 미쳤다.(이진형)

다다, 플럭서스 운동, 해프닝(happening)

참고문헌
한스 리히터, 『다다-예술과 반예술』, 김채현 역, 미진사, 1985.

모리스 나도, 『초현실주의의 역사』, 민희식 역, 고려원, 1985.

트리스탕 차라 외, 『다다 쉬르레알리슴 선언』, 송재영 역, 문학과 지성사, 1987.

우의극(寓意劇)

우의극은 15-16세기 유럽에서 유행한 인간의 여러 품성들을 의인화한 우화 형식의 극을 말한다. 도덕극이라는 이름으로 불리기도 하였다. 중세 교회가 연극을 포교의 목적으로 사용하면서 연극의 형식과 내용은 종교에 봉사하게 되었다. 그 결과 연극 본래의 목적을 옹호하는 연극론은 나오지 않았으며 단지 연극의 도덕적 의의만을 강조하는 연극관이 지배하였다. 이 때 발달한 것이 성서를 중심으로 예수에 관한 이야기를 극으로 꾸민 신비극, 성자들의 생애를 극화한 기적극, 그리고 우의극 이었다. 우의극은 극화된 우화(allegory)라고 할 수 있다. 일반적으로 우화는 이야기를 빌려 인간의 약점을 풍자하고 처세의 길을 암시하려는 목적을 가지고 있다. 이를테면 이야기를 육체로 하고 도덕을 정신으로 하는 설화인 셈이다. 그러나 우의극에서 우화는 매우 제한된 주제 안에서 우화가 사용된다. 우화극에 등장하는 인물들은 인류, 선, 악, 죽음, 순결, 욕정 등과 같은 추상적인 개념을 대표한다. 극은 학문적인 이론 학습, 기독교적 우화, 그리고 구약 성서를 주제로 삼는 경향이 농후했다.

15세기 이후 보편적으로 공연된 우의극은 현존하는 사회 조직이 전복되는 시대의 사회 혼란을 반영한 것이었다. 이 시기는 물품 지불에서 화폐 사용으로의 전환을 포함하는 변화의 시대였다. 또한 투기를 가능케 한 교역이 생겨나기도 한 때였다. 이런 발전은 새로운 재정 이익 체계와 새로 개통된 해로로부터 힘입은 바 컸다. 이 시기에는 사회 변화를 통해 풍요한 삶을 누리는 계층의 사치와 미덕 사이에 나타난 갈등이 중요한 문학의 주제가 되었다. 우의극도 이러한 경향의 하나였는데, 우의극은 새로운 계층에게 도덕 교육을 마련해 준다는 의미에서 신흥 도시의 중산계급을 위해, 또 그들 자신에 의해 공연되는 경우가 많았다.(김한식)

우화, 도덕극

참고문헌

김성희, 『연극의 세계』, 태학사, 1996.

밀리 S. 배린저, 『서양 연극사 이야기』, 우수진 역, 평민사, 2001.

허영, 『연극론』, 한신문화사, 1990.

우키요조시(浮世草子)

에도시대를 대표하는 소설 장르. 1682년 이하라 사이카쿠(井原西鶴)가 『호색일대남』(好色一代男)을 간행한 이후 약 100년간 주로 교토·오사카 지역을 중심으로 출판된 풍속소설류를 지칭하는 명칭으로, 문학사 용어로서 사용되기 시작한 것은 메이지 중기 무렵이다. 사이카쿠 이전의 소설 즉 가나조시(仮名草子)가 중세 이래의 무상관이나 신불의 절대시 혹은 교훈성을 불식할 수 없었던 데 대하여, 사이카쿠의 소설은 세상을 리얼하게 파악하여 인간성 그 자체를 강하게 추구한 것으로, 현실의 인간에 실망하는 일없이 어디까지나 밝은 웃음을 짓게 하는 자세가 있었다. 이러한 점에 획기적인 의의를 인정하여 우키요조시라는 장르가 설정되었던 것이다. 사이카쿠가 살아있던 당시에는 우키요조시라는 명칭은 없었고, 중세의 우키요(憂世, 어두운 현실 세상)에서 파생하여 의미가 근세적으로 변화한 우키요(浮世)라는 단어가 호색(好色)의 뜻으로 사용되고 있을 뿐이었다. 그러다가 1716년 막부의 「교호(享保) 개혁」으로 풍속 단속이 강화되어 가는데 영향을 받아 호색본이라는 호칭이 기피되면서, 이를 대신하는 용어로 사용되기 시작하였다. 오늘날 우키요의 의미는 당세(当世)·현세(現世)의 뜻으로 해석되고 있으며, 협의로는 호색을 가리키고 있다.

『호색일대남』은 주인공 요노스케(世之助)의 호색의 일생을 그린 작품으로, 현실적이고 향락적인 인생관 그리고 우키요를 사는 조닌의 삶이 사실적으로 잘 드러나있다. 이러한 근세적인 특질을 보여주는 소설이 등장하고 인기를 얻게된 배경에는, 당시 상업·경제가 발달한 교토·오사카라는 도시 공간과 새롭게 경제력을 축척하며 대두한 상인 계층인 조닌(町人, 근세도시서민)의 문화적 성장이 있었던 것이다.

우키요조시는 근세 소설계의 일인자로 평가받을 만큼 뛰어난 사이카쿠 한 사람에 의해 시작되어 꽃을 피우고 시들어갔다. 사이카쿠는 다양한 분야의 제재를 다룬 여러 작품을 남기어 우키요조시의 영역을 확장하였는데, 오늘날에는 사이카쿠가 남긴 작품군을 제재에 따라 호색물(好色物)─『호색일대남』,『호색오인녀』등, 조닌물(町人物)─『일본영대장』(日本永代蔵) 등, 무가물(武家物)─『무도전래기』(武道伝来記) 등, 잡화물(雜話物)─『본조 이십불효』(本朝二十不孝) 등으로 크게 4분류하고 있다.

사이카쿠 사후, 교토의 출판사 하치몬지야(八文字屋)에서 에지마 기세키(江島其磧)라는 작가의 우키요조시 작품을 출판하였다. 하치몬지야에서 간행된 우키요조시를 「하치몬지야본」(八文字屋本)이라 하는데, 그중에서 기세키는 여러 종류의 인간을 유형별로 나누어 그 특수한 유형이 지닌 기질을 묘사한 기질물(気質物)로 인기를 얻었다. 이들 하치몬지야본 우키요조시는 당시 소설계의 주류가 되기도 하였고, 독자층을 지방으로까지 확대하는 역할을 수행하였다. 그 후 우키요조시를 대신하여 요미혼이 근세소설의 중심 장르로서 등장하였다.(최관)

가나조시, 호색, 조닌, 이하라 사이카쿠, 호색일대남, 하치몬지야본, 기질물

참고문헌
『浮世草子集』解説,『日本古典文学大系』, 岩波書店, 1966.

우타마쿠라(歌枕)

일본 가학(歌學)의 용어로, 예로부터 와카(和歌)에 자주 읊어진 명소나 구적(舊蹟)을 가리키는 말이다. 발생적으로는 와카에 사용할 만한 일반적 표현, 혹은 그 표현들을 모은 책이라는 뜻에 이 용어의 출발점이 있으나, 차차 노랫말 중에서도 지명만을 가리켜 사용되게 되었다.

이 우타마쿠라(歌枕)는『만요슈(萬葉集)』나 칙찬에 의한 와카집 시리즈인 팔대집(八代集)에 나온 지명이 중심이다. 이들 작품집에 나온 지명과 여타 지명의 차이점은, 전자가 문학사상의 지명이라는 사실에 있다. 최초에 어떤 지명이 누군가에 의해 와카에 읊어지고, 그것이 칙찬집에 실리게 되면, 그 영향으로 다른 다수의 가인(歌人)들이 반복해서 같은 지명을 읊게 되고, 그러는 중에 그 지명에는 고유의 어떤 정서가 자리잡게 되는 셈이다. 이것이 문학사 속에서 더욱 성장하여 자리를 굳건히 하여 고착화 되면 이것이 바로 특정 정서가 부착된 지명으로서의 우타마쿠라(歌枕)가 되는 것이다. 따라서, 이것은 단순한 지명의 사용에 그치지 않고, 이것을 와카에 넣음으로써 이 지명과 관련하여 형성되어 왔던 예로부터의 미적 이미지를 작품 속에 내재시킬 수 있다는 효용성을 노릴 수 있다.

또 이것은 읊는 내용에 따라 양식화되어, 거기에 맞는 우타마쿠라가 대체로 정해져 있는 경우가 많았다. 예를 들면, 벚꽃이나 눈 관련의 내용이라면 그 명소인「요시노야마(吉野山)」, 단풍 관련의 노래라면 그 명소인「타츠타야마(龍田山)」, 변함 없는 사랑을 노래하는 경우라면 이름에 관련 내용을 담고 있는「스에노마츠야마(末の松山)」, 마음이 울적함을 노래한다면 이와 관련된 말(憂し =「괴롭다」라는 뜻의 고어로「우시」라 발음함)이 동음이의어로 걸쳐져 있는「우지야마(宇治山)」를 쓴다는 식으로 양식화되었던 것이다. 이와 같은 식이었으므로, 와카 작자들로서는 이 우타마쿠라에 관한 지식을 기본적으로 갖추고 있어야 했다. 이 우타마쿠라의 총수는 확실치 않으나, 에도(江戶) 시대의 학자 케이츄(契沖)가『승지통고목록(勝地通考目錄)』에서 든 수는 약2600개 정도이다. 와카의 이러한 양식화된 측면에 대해서 메이지(明治) 시대에는 비판도 일어, 시인 마사오카시키(正岡子規) 등은 와카 혁신 운동을 벌이기도 했다.(김충영)

와카

참고문헌
小西甚一,『日本文藝史』, 講談社, 1986.

우타아와세(歌合)

우타아와세는 가인을 좌우로 편을 가른 후, 정해진 제목에 따라 읊은 양 측의 노래로 승부를 가리던 일본의 문학유희이다. 현존하는 기록으로는 민부교케 우타아와세(民部卿家歌合, 884-887)가 가장 오래된 것으로 알려져 있으며, 일종의 사교 행사로서 헤이안 귀족사회에서 매우 발달했다. 그 발생의 계기에 대해서는 중국의 투계(鬪鷄)나 투초(鬪草) 등의 민속놀이, 불교 경전을 두고 토론하는 논의(論議), 일본 고대의 무악인 '가구라(神樂)', 씨름 등 여러 가지가 지적되고 있지만 아직 확실하게 밝혀진 것은 없다.

우타아와세에서는 우선 '다이(題)'가 주어지고, 두 편으로 나뉘어진 참가자는 그에 따라 와카(和歌)를 지었다. 그리고 '한자(判子)'가 있어서 양 쪽의 와카에 대해서 승(勝)·부(負)·지(持: 비김)의 판정이 내려졌다. 이때 제시되는 판정의 이유는 '한지(判詞)'라는 판정문으로 기록되는데, 때로는 그에 대한 반론이 쓰여질 때도 있어 다시 판정을 하는 상황이 발생하기도 했다. 한지는 평론적 성격을 띠기 때문에, 처음에는 상식적인 내용에 불과했지만 시간이 흐르면서 한자들의 와카에 대한 생각이 표현되는 와카 이론서로서의 성격을 갖게 되었다.

우타아와세의 종류로는, 초기 우타아와세로 조개나 좋은 향내음을 내는 향과 같은 물건 등과 함께 견주어보는 모노아와세(物歌合), 기존의 뛰어난 노래만을 골라 겨루어보는 센카아와세(撰歌合), 특정 개인의 노래만으로 겨루어보는 지카아와세(自歌合), 한시(漢詩)와 견주어보는 시이카아와세(詩歌合) 등이 있다.

대표적인 우타아와세로는 「롯퍄구반 우타아와세(六百番歌合)」(1192-1193)와 「센고햐쿠반 우타아와세(千五百番歌合)」(1202-1203)가 있다. 「롯퍄구반 우타아와세」의 경우, 중세의 대표적 와카 작품집인『신코킨와카슈』의 주요 가인들을 배출한 동시에 34수의 와카가 이 작품집에 실리기도 했다.(이진형)

와카(和歌)

참고문헌
이토세이, 『일본문학사서설1』, 김태준·노영희 역, 시사일본어사, 1995.
한국 일어일문학회, 『모노가타리에서 하이쿠까지』, 글로세움, 2003.
최충희 외, 『일본시가문학사』, 태학사, 2004.

우화(寓話, Fable)

일상언어와 문학언어의 구분을 전제로 한 러시아 형식주의의 개념 가운데 중요한 개념이 '우화 fable'와 '주제 subject'이다. 토마체브스키는 '테마론'에서 모든 이야기는 인과관계나 시간적 요소를 따라 배열될 수 있지만 일정한 동기에 의해 전혀 다른 배열을 하게 됨으로써 그 주제를 드러낸다고 주장한다. 우화는 작품의 독서 도중에 우리에게 전달된, 서로 연결된 사건들 전체를 가리킨다. 따라서 우화는 자연적인 순서, 즉 시간적 순서와 인과관계의 순서를 따라서 행동 방식 위주로 서술된 것이다. 다시 말해서 우화는 기본적인 이야기 재료, 소설 속에서 관계를 형성하게 될 사건의 총계, 따라서 이야기 구성을 하기 위한 재료를 의미한 것이라면, 주제는 실제로 이야기된 줄거리나 사건들이 연결된 방법을, 사건들이 작품 속에 제시된 순서, 우리에게 그 사건을 알게 한 정보들의 연속된 순서를 존중하는 방식을 의미한다. 즉 사건들이 작품 속에 배열되고 소개된 방식을 주제라고 한다면, 그것은 독자가 작품의 독서를 통해서 그 사건을 알게 되는 방식에 해당하는 것이고, 그것을 통해서 실제로 일어난 사건의 경과 자체를 우화라 할 수 있다. 그렇기 때문에 작품에서 중요한 것은 작품의 줄거리에 해당하는 내용이 아니라 그 내용을 독자에게 전달하는 방식인 작품 자체이다. 슈클로브스키와 아이헨바움은 어떤 작품의 의미를 몇 마디로 요약하고자 하는 비평가에 대해서 톨스토이가 말한 '내 생각은 어떠냐 하면, 만일 내게『안나 카레니나』가 무엇에 관한 것이냐고 묻는다면 나는 그 책을 다시 한번 더 쓰는 수밖에 없다'는 대답을 상기시킨다. 슈클로브스키는 주제와 우화이 차이점이 가끔 자연적 연대기적 순서로부터의 교묘한 이탈과 일시적인 환치에 있다고 지적한다. 그는 이야기를 중간이나 끝에서부터 시작하는 것, 일시적인 회고조의 장면들, 행동의 여러 국면들간의 계속적인 왕복 등과 같은 수법에 관해 자세하게 설명한다. 그 예로『트리스트럼 샌디』와 추리소설들을 든다. 슈클로브스키가 의미하는 주제는 단순한 이야기 재료를 예술적으로 배열한 것이 아니고 이야기를 전하는 과정에 사용된 기법들의 총체다. 여기에는 서술과 무관한 여담들과 같은 미학적 구조의 요소들도 포함된다. 따라서 줄거리로부터 벗어난 것들도 줄거리 자체만큼이나 주제에 절대적으로 필요한 부분이라는 것을 인정한다.(김치수)

러시아형식주의, 여담

참고문헌
김치수 역,『러시아형식주의-문학의 이론』, 이대출판부, 1988.
얼리치,『러시아형식주의』, 문학과지성사, 1995.

우화/주제 ☞ 파뷸라/슈제트

우화술(寓話術)

우화술은 동물이나 인간, 신(神), 또는 무정물(無情物)을 주인공으로 전개되는 짧은 이야기의 기술로, 반어, 비유, 풍자 등이 그 방법으로 사용되고 서구 문학 용어로는 알레고리라고도 한다. 우화는 고대 중동의 셈계 민족에서 발생했으리라고 추정된다. 우화의 어원은 라틴어 'fabula'에서 유래되어 fable(영어), fabel(독일어), favola(이탈리아어)로 '허구적인 이야기'를 가리키고 특별히 종교적 의미를 갖는 우화를 'fable'이라고 부르기도 한다. 18세기 독일 작가 레싱은 우화를 "하나의 일반적인 원칙을 하나의 특별한 사례에 주고 이 일반적인 원칙이 직관적으로 인식될 수 있게끔 꾸며낸 이야기"로 정의하기도 했다.

우화술은 문자가 생기기 전 구비전승 문화 속에서 생겨나 처세의 지혜를 알려주면서 일반에 친숙한 이야기의 형태로 많은 사랑을 받았다. 따라서 대부분의 우화는 이야기의 결론 부분에서 화자나 작중 인물 중 하나가 경구(警句), 또는 속담 형식으로 도덕적 교훈을 제시한다. 성경은 소박한 비유를 통해 예수의 가르침이 쉽고 간결하게 전달한다. 현재 널리 알려진『이솝 이야기』외에도 17세기 최대의 우화작가 라퐁텐은 왕족과 궁정 관리의 호화로운 생활과 곤경에 빠진 백성을 대조해 세련된 풍자와 유머로 운문을 남겼다.

현대 문학에서 우화는 단순한 도덕적 교훈으로부터 도덕, 욕망, 공포 등의 추상적 개념을 구상화하는 데도 사용된다. 1945년 조지 오웰의『동물농장』은 현대의 독재 정치에 대한 신랄한 풍자며 카프카(Kafka, Franz)는『변신 Die Verwandlung』에서 비정하고 냉혹한 현대사회의 본질을 폭로하기도 했다.

우화는 한국 소설에도 사례가 풍부하다. 고전 소설의『토끼전』,『장끼전』,『서대주전』,『까치전』은 봉건 사회의 모순을 우화에 담아 민중의 새로운 가치관과 윤리의식을 제시했다. 그러나 우화는 현실의 역동적 모습을 총체적으로 인식하기에는 한계가 있는 방법이었다. 개화기의 우화 소설은 목적성과 교훈성이 앞서 새로운 미적 가능성을 보여주지 못했다. 최인훈의『총독의 목소리』, 조세희의『난장이가 쏘아올린 작은 공』의 에필로그와 프롤로그는 우화가 현대소설에서 정교한 알레고리가 되는 것을 보여준다.(김주현)

우의, 알레고리, 풍자, 우화 소설

참고문헌
금재환,『寓話小說의 世界 : 動物의 文學的 發想』, 박이정, 1999.
한국펜클럽 편,『풍자와 우화』, 한진출판사, 1978.

우화(Fable)/주제(Sujet)

일상언어와 문학언어의 구분을 전제로 한 러시아 형식주의의 개념 가운데 중요한 개념이 '우화fable'와 '주제sujet'이다. 토마체브스키는 '테마론'에서 모든 이야기는 인과관계나 시간적 요소를 따라 배열될 수 있지만 일정한 동기에 의해 전혀 다른 배열을 하게 됨으로써 그 주제를 드러낸다고 주장한다. 우화는 작품의 독서 도중에 우리에게 전달된, 서로 연결된 사건들 전체를 가리킨다. 따라서 우화는 자연적인 순서, 즉 시간적 순서와 인과관계의 순서를 따라서 행동 방식 위주로 서술된 것이다. 다시 말해서 우화는 기본적인 이야기 재료, 소설 속에서 관계를 형성하게 될 사건의 총계, 따라서 이야기 구성을 하기 위한 재료를 의미한 것이라면, 주제는 실제로 이야기된 줄거리나 사건들이 연결된 방법을, 사건들이 작품 속에 제시된 순서, 우리에게 그 사건을 알게 한 정보들의 연속된 순서를 존중하는 방식을 의미한다. 즉 사건들이 작품 속에 배열되고 소개된 방식을 주제라고 한다면, 그것은 독자가 작품의 독서를 통해서 그 사건을 알게 되는 방식에 해당하는 것이고, 그것을 통해서 실제로 일어난 사건의 경과 자체를 우화라 할 수 있다. 그렇기 때문에 작품에서 중요한 것은 작품의 줄거리에 해당하는 내용이 아니라 그 내용을 독자에게 전달하는 방식인 작품 자체이다. 슈클로브스키와 아이헨바움은 어떤 작품의 의미를 몇 마디로 요약하고자 하는 비평가에 대해서 톨스토이가 말한 '내 생각은 어떠냐 하면, 만일 내게『안나 카레니나』가 무엇에 관한 것이냐고 묻는다면 나는 그 책을 다시 한번 더 쓰는 수밖에 없다'는 대답을 상기시킨다. 슈클로브스키는 주제와 우화이 차이점이 가끔 자연적 연대기적 순서로부터의 교묘한 이탈과 일시적인 환치에 있다고 지적한다. 그는 이야기를 중간이나 끝에서부터 시작하는 것, 일시적인 회고조의 장면들, 행동의 여러 국면들간의 계속적인 왕복 등과 같은 수법에 관해 자세하게 설명한다. 그 예로『트리스트럼 샌디』와 추리소설들을 든다. 슈클로브스키가 의미하는 주제는 단순한 이야기 재료를 예술적으로 배열한 것이 아니고 이야기를 전하는 과정에 사용된 기법들의 총체다. 여기에는 서술과 무관한 여담들과 같은 미학적 구조의 요소들도 포함된다. 따라서 줄거리로부터 벗어난 것들도 줄거리 자체만큼이나 주제에 절대적으로 필요한 부분이라는 것을 인정한다.(김치수)

러시아형식주의, 여담

참고문헌
김치수 역,『러시아형식주의-문학의 이론』, 이대출판부, 1988.
얼리치,『러시아형식주의』, 문학과지성사, 1995.

운문(韻文, Verse)

운문은 '산문'에 대응하는 용어로서 언어가 가진 소리 자질의 규칙적 반복으로 이루어져 있는 문체이다. 운문을 이루는 두 가지 요소는 '운(韻)'과 '율(律)'인데, '운'은 동일한 소리의 규칙적인 반복을 말하고 '율'은 음의 고저(高低), 장단(長短), 강약(强弱) 등의 규칙적인 반복을 말한다. 운문(verse)과 산문(prose)이라는 용어는 각각 '되돌려진'을 의미하는 라틴어 'versus'와 '앞으로 계속되는'을 의미하는 라틴어 'prorsus'에서 유래한 것이다. 운문에서는 특정한 소리 자질을 중심으로 발화가 진행되다가 어느 순간 멈추고, 되돌아와서는 다시 시작하게 되는 과정이 규칙적으로 반복된다. 반면 산문에서는 발화가 어떠한 제약도 없이 이루어지기 때문에 어떤 소리 자질도 규칙적으로 반복되지 않는다. 이 때문에 운문은 세계를 일정한 틀에 따라 사유했던 고대인의 원형적 세계관에 적절한 문체로 간주되며, 산문은 어떤 중심적인 가치도 없이 살아가는 현대인의 세계관에 알맞는 문체로 여겨지곤 한다.

운문은 간혹 '시(poetry)'와 혼동되어 사용되기도 하지만, 그 둘은 분명히 구별되어야 한다. 운문이라고 해서 모두 시가 될 수 있는 것은 아니며, 시가 반드시 운문으로 기술되어야 하는 것도 아니기 때문이다. 역사적으로 볼 때, 고대에는 소포클레스의 비극(悲劇)이나 호머의『일리아드』와 같은 이야기 문학, 심지어는 철학이나 역사적 기록물도 운문으로 기록되었으며, 현대에는 시 자체가 기존의 규칙적인 운율을 의식적으로 거부하는 경향을 보이기도 한다. 이처럼 운문은 특정한 언어적 형태를 가리키는 용어이지 특정한 문학 장르나 형식을 지칭하는 말은 아니다.(이진형)

산문, 비극, 운율

참고문헌
로만 야콥슨,『문학 속의 언어학』, 신문수 역, 문학과 지성사, 1989.
이이터 람펑,『서정시 : 이론과 역사』, 문학과 지성사, 1994.

옥타비오 빠스, 『활과 리라』, 김홍근·김은중 역, 솔, 1998.

운미설(韻味說)

당나라 때의 비평가 사공도(司空圖, 837-908)가 시가 창작에는 함축적이고 온자(蘊藉)한 아름다움이 담겨져야 한다면서 주장한 창작상의 원칙. 「여이생논시서(與李生論詩序)」에 나온다. 그는 이 글에서 "맛을 잘 가릴 줄 안 뒤에야 시에 대해 말할 수 있다(辨于味 而後可以言詩)"고 하면서, 시가에는 "운율 밖의 운치(韻外之致)"나 "맛을 넘어선 의미(味外之旨)"가 담겨야 "가까우면서도 부화하지 않고 멀면서도 다함이 없는(近而不浮 遠而不盡)" 경지에 이를 수 있다고 주장하였다. 이 말의 의미는 시가에는 뜻으로는 이해할 수 있지만 말로는 전할 수 없는 현 밖의 소리(弦外之音), 즉 시가의 심각하고 가라앉은 함축적이고 온자한 아름다움이 있어야 한다는 것으로, 이같은 주장은 그의 『시품(詩品)』에도 그대로 제시되어 있다. 사공도의 운외지치와 미외지지는 그가 「여급포서(與及浦書)」에서 제시한 "물상 밖의 물상 경치 밖의 경치(象外之象 景外之景)"와도 밀접한 관련이 있다. 상외지상 경외지경은 형상(形象)과 의경(意境) 방면의 특징을 가리킨 말인데, 작품에 이같은 특징이 갖추어져 있으면 독자로 하여금 운외지치와 미외지지와 같은 예술미를 향수할 수 있게 만든다는 것이다. 사공도의 운미설은 시가의 의경과 표현 방법을 살피는데 일정한 기여를 할 수 있는 이론이다. 그의 시론은 『시품』에서 일관되게 기술한, 현실을 반영한 작품에 대한 폄하 또한 부정적인 한계만 담고 있는 것은 아니었다.

사공도의 운미설은 선배 비평가들의 성과를 바탕으로 해서 제출한 독창적인 문학론이다. 예컨대 유협(劉勰, 465?-520?)은 『문심조룡(文心雕龍)·은수(隱秀)』편에서 "숨긴다는 것은 글 밖에 의미가 중첩된 것(隱也者 文外重旨也)"이라 말했고, 종영(鍾嶸, ?-518)은 『시품』에서 "문장은 이미 다했어도 뜻은 남음이 있다(文已盡而意有餘)"고 말했다. 은번(殷璠)은 『하악영령집(河岳英靈集)』에서 "그 뜻은 멀고 그 흥취는 치우쳤으니, 아름다운 구절이 문득 오면 오직 의표를 논할 뿐(其旨遠 其興僻 佳句輒來 唯論意表)"이라고 했고, 교연(皎然, 720?-793?)도 『시식(詩式)』에서 "두 가지 겹쳐진 뜻이 이미 그쳤으니, 모두 문장 밖의 뜻(兩重意已止 皆文外之旨)"이라거나 "다만 성정을 볼 뿐 문자 따위는 보지 않는다.(但見情性 不睹文字)"고 했는데, 모두 시가의 운미(韻味)와 함축의 문제에 대해 언급한 것이다.(임종욱)

사공도(司空圖), **여이생논시서**(與李生論詩序), **시품**(詩品), **형상**(形象), **의경**(意境), **상외지상**(象外之象), **경외지경**(景外之景)

참고문헌
임종욱, 『동양문학비평용어사전-중국편』, 범우사, 1997.
_____, 『중국의 문예인식』, 이회, 2001.
_____, 『중국문학에서의 문장체제 인물 유파 풍격』, 이회, 2001.
주훈초, 『중국문학비평사』, 이론과실천, 1992.

운율(韻律)

운율은 운(韻, rhyme)과 율(律, meter)을 통칭하는 개념이다. '운'은 소리의 반복을 의미하는 것으로 '압운(押韻)'이라고도 하며, 두운(頭韻), 요운(腰韻), 각운(脚韻), 자음운(子音韻), 모음운(母音韻) 등으로 세분된다. 두운은 단어의 첫 자음의 반복이고, 요운은 하나 이상의 압운어가 시행 안에 있는 것이며, 각운은 시행 끝 강음절의 모음과 자음이 반복되는 현상이다. 모음운은 강음절의 모음이 반복되는 것이고, 자음운은 어떠한 자음이라도 반복되는 것을 말한다. '율'은 음의 고저(高低), 장단(長短), 강약(强弱)의 규칙적인 반복을 의미하는 것으로서 '율격(律格)'이라고도 불리며, 음수율·고저율·강약율·장단율로 나뉘어진다. 음수율은 음절의 수가 반복되는 것이고, 고저율·강약율·장단율은 일정한 악센트(고저 악센트·강약 악센트·장단 악센트)가 반복되는 것이다.

하지만 이러한 율의 정의는 한시(漢詩)나 영시(英詩)에만 해당한다. 한국의 경우에는 음절수도 고정되어 있지 않고 악센트도 없기 때문이다. 그 대신 한국에는 음보의 규칙적 반복을 통해 일정한 운율을 형성하는 음보율이 있다. 이때 음보란 음절이 모인 것 또는 행을 이루는 단위로서 보통 휴지(休止)에 의해서 구별된다. 한국어에는 2음절이나 3음절로 된 어휘가 많은데, 이 어휘에 조사나 어미가 붙어서 3음절이나 4음절로 이루어진 음보가 되는 것이다. 여기에서 중요한 것은 시간적 길이이다. 휴지가 일정한 시간적 길이마다 나타나는 것은, 음절수가 동일하기 때문이 아니라 율독(律讀)을 할 때 호흡의 시간적 길이가 동일하기 때문이다. 예컨대, "나 보기가 역겨워/ 가실 때에는/ 말없이 고이 보내 드리우리다"(김소월, '진달래꽃')는 "나 보기가/ 역겨워/ 가실/ 때에는// 말없이/ 고이 보내/ 드리/ 우리다"와 같이 4음보의 반복으로 볼 수 있다.(이진형)

운문, 음보율, 음수율

참고문헌
E.슈타이거, 『시학의 근본개념』, 이유영·오현일 역, 삼중당, 1978.
김준오, 『시론』, 삼지원, 1982.
김기종, 『시운율론』, 한국문화사, 1999.

웃음(Laughter, 프 Rire, 독 Lachen)

웃음은 '진지함'과 대립되는 것으로 여겨져 왔기 때문에 웃음에 대한 여러 이론들은 그동안 예술 논의의 주변부에 머물러 왔다. 웃음이 예술 논의에서 주목받게 된 것은 "명랑성(Heiterkeit)" 개념과 관계 깊다. 쉴러(Johann Cristoph Fridrich von Shiller 1759~1805)는 그의 희곡 『발렌슈타인』의 프롤로그 마지막 부분을 "삶은 진지하고 예술은 명랑하다"는 말로 끝맺고 있는데 이는 예술의 명랑성이 예술의 자율성을 확인시키는 수사학적 영역이 된다는 것을 의미하는 것으로 이후 이 명랑성 개념은 유머, 코믹, 위트 등의 수사학적 범주와 함께 고전주의 문학의 한 규범으로 여겨지기도 했다.

20세기 들어 웃음은 또 다른 측면에서 조명 받는다. 베르그송(Henri Louis Ber -gson 1859~1941)은 저서『웃음 Das Lachen』에서 웃음과 희극적인 것을 동일시하며 희극적 구조와 희극적 상황에 대해 논하고 있다. 그는 "사람의 내면에서 작동하는 기계적인 것의 광경"에 희극적 요소가 있다고 말하며 "기계적인 것의 방향으로 생명이 전환하는 것, 여기에 바로 웃음의 진정한 원인이 있다"고 지적하고 있다. 베르그송의 이런 지적은 웃음이 기성의 경직된 구조를 역설적으로 전복시키는 기능을 가지고 있음을 시사하는데 그의 이런 논의는 후기구조주의자들에 의해 주목 받는다.

최근 다시 '웃음'에 대한 관심이 일고 있는 것은 일군의 후기구조주의자들의 웃음 미학 때문이다. 이들은 웃음이 기성의 의미를 전복시키고 새로운 삶의 의미를 창출해내는 기능을 하는 것으로 간주하며 웃음을 재평가하는 작업들을 진행했다.(조강석)

명랑성, 희극성

참고문헌
앙리 베르그송 저,『웃음(희극성의 의미에 관한 시론)』, 정연복 역, 세계사, 2000.

웅혼(雄渾)

웅건(雄建)하면서 혼후(渾厚)한 풍격상의 특성을 가리키는 평어. 웅은 크고 위세가 당당하며 강해서 힘이 있는 것을 가리키며, 혼에 대해서는 양웅(揚雄)이 해석하기를 "뒤섞여 실마리가 없고, 그 끝을 볼 수 없는 것(渾沌無端 莫見其垠)"(『태현경(太玄經)』)이라고 했는데, 혼성(渾成) 또는 혼후(渾厚), 혼연일체(渾然一體)라고 쓰기도 한다. 웅혼은 일반적으로 기세가 웅장하고 드넓으며 거침없고 호한(浩澣)하면서 아득해 경계가 없는 경지를 가리킨다. 사공도(司空圖, 837-908)는 웅혼을『24시품(二十四詩品)』의 첫머리에 배치하면서 이렇게 형상화하였다. "온갖 물상을 갖추었으며, 드넓은 하늘을 가로로 끊는다. 어둡고 어둡구나 흐르는 구름이여, 고요하고 고요하구나 긴 바람이여!(具備萬物 橫絶太空 荒荒油雲 寥寥長風)" 그 의미는 웅혼한 기상이 마치 만물을 두르고 감싸서 하늘을 가로질러 꿰뚫고, 넓고 아득해서 끝을 알 수 없는 구름과 같으며, 드넓은 하늘을 오가는 바람처럼 공활하다는 말이다. 작자는 반드시 먼저 높이 보고 멀리 내다보는 마음 속 자세와 우주를 삼킬 듯한 기백을 갖추어야, 검푸르고 아득하며 고요하고 개방된 자연 경물을 대했을 때 능히 마음을 울리고 혼백을 놀래킬 수 있는 웅혼한 작품을 쓸 수 있는 것이다. 때문에 옛날부터 고산대택(高山大澤)과 호해변새(浩海邊塞)를 찬탄하며 읊조렸던 작품이 많았던 것이다. 예컨대 두보(杜甫, 712-770)는 「등고(登高)」에서 "끝없이 떨어지는 나뭇잎들은 우수수 하염없이 떨어지고, 다함이 없는 장강의 물은 잇달아 굽이쳐 내려온다.(無邊落木蕭蕭下 不盡長江滾滾來)"고 했으며, 왕유(王維, 701-761)는 「사지새상(使至塞上)」에서 "한없는 사막에 외로운 연기는 곧게 솟고, 기나긴 강줄기에 떨어지는 해는 둥글다.(大漠孤烟直 長河落日圓)"고 묘사하였다. 고적(高適, 702?-765)은 변방의 쓸쓸한 풍경을 노래하면서 "교위의 깃털 단 편지는 넓은 바다를 날고, 선우의 사냥하는 불빛은 낭산을 비춘다.(校尉羽書飛瀚海 單于獵火照狼山)"(「연가행(燕歌行)」)고 했으며, 잠삼(岑參, 715-770)은 눈 내리는 사막의 기이한 자취를 찬탄하면서 "넓은 바다는 난간인 듯 백 발 얼음에 둘러있고, 슬픈 구름은 참담하게 만리에 응어리져 있다.(瀚海闌干百丈冰 愁雲慘淡萬里凝)"(「백설가송무판관귀경(白雪歌送武判官歸京)」)고 묘사했는데, 모두 웅혼한 작품의 한 자리를 차지한다고 말할 수 있다. 웅혼은 또 일종의 심침박대(深沈博大)하고 저온혼후(底蘊渾厚)한 기세를 표현하기도 한다. 이 같은 기세는 용암이 가득 고여 있다가 일순간에 폭발하는 화산과 같은 장엄함을 보여준다. 조조(曹操, 155-220)의 「호리행(蒿里行)」과 「단가행(短歌行)」과 같은 서정적인 작품도 강개한 심정이 창량(蒼凉)한데, "기운과 운치가 가라앉고 웅장해서(氣韻沈雄)" 웅혼한 기개가 부족함이 없다. 웅혼은 경계와 기세를 모두 가리키기 때문에 보통 기상이 웅혼한 것을 통칭하는 데 쓰인다. (임종욱)

풍격(風格), 혼성(渾成), 혼후(渾厚), 혼연일체(渾然一體), 사공도(司空圖), 24시품(二十四詩品)

참고문헌
임종욱, 『동양문학비평용어사전-중국편』, 범우사, 1997.
_____, 『중국의 문예인식』, 이회, 2001.
_____, 『중국문학에서의 문장체제 인물 유파 풍격』, 이회, 2001.
주훈초, 『중국문학비평사』, 이론과실천, 1992.

원곡사대가(元曲四大家)

관한경(關漢卿, 1220?-1307?)과 백박(白朴, 1226-?), 마치원(馬致遠, ?-?), 정광조(鄭光祖, ?-?) 등 원나라 때의 잡극(雜劇) 작가 네 사람을 함께 부르는 말. 명나라 때의 문인 하량준(何良俊)은 『사우재총설(四友齋叢說)』에서 "원나라 사람들의 악부는 마치원(동리는 그의 호)과 정광조(덕휘는 그의 자), 관한경, 백박(인보는 그의 자)을 일러 네 사람의 대가로 꼽는다.(元人樂府稱馬東籬·鄭德輝·關漢卿·白仁甫爲四大家)"고 말했다. 이 이전에도 원나라의 주덕청(周德清)이 『중원음운(中原音韻)』에서 "악부가 풍성하게 갖추어지기가 어려운 것이 지금만한 때가 없다······그 갖춰진 것으로 따지면 광한경·정광조·백박·마치원으로부터 한결같이 제작을 새롭게 했다.(樂府之盛之備之難 莫如今時······其備則自關·鄭·白·馬 一新制作)"고 지적하였다. 그러나 주덕청은 이들 네 사람을 병칭하기는 했지만 4대가라는 호칭을 붙이지는 않았다. 이 밖에 명나라 초의 가중명(賈仲明, 1343-?)은 마치원을 위한 조사를 쓰면서 "유길보(庾吉甫)와 백박, 관한경은 늙어서도 눈썹을 나란히 했다(共庾·白·關老齊眉)"는 말을 남기고 있다. 이 같은 지적이 있으면서 원곡4대가라는 용어는 차츰 일반화되었다.

관한경은 일생동안 63편의 극본을 남겼는데, 내용이 풍부하고 제재가 광범위하며 사상이 심각하고 당대의 어두운 생활상을 파헤치는 등 다양한 방면에서 성과를 남겼다. 그의 대표작으로는「두아원(竇娥寃)」과「구풍진(救風塵)」,「망강정(望江亭)」,「단도회(單刀會)」등이 있다. 마치원은 특히 산곡(散曲)을 잘 지었는데, 120여 편에 달하는 작품이 남아 있다. 대표작으로 소령(小令)「천정사(天淨沙)ㆍ추사(秋思)」와 투곡(套曲)「쌍조야행선(雙調夜行船)ㆍ추사(秋思)」가 전하며, 잡곡은「한궁추(漢宮秋)」가 가장 유명하고, 그밖에도「임풍자(任風子)」와「악양루(岳陽樓)」등이 있다. 백박은 남녀간의 애정 문제를 잘 묘사했는데,「오동우(梧桐雨)」와「장두마상(墻頭馬上)」등이 전한다. 정광조는 후기 잡극 작가 가운데 가장 큰 명성을 얻었는데, 종사성은『녹귀부』에서 "이름은 천하에 알려졌고, 명성은 규방과 누각을 진동했다.(名聞天下 聲徹閨閣)"고 했지만, 성과로 보면 4대가 가운데 말단을 차지할 뿐이다. 애정극「천녀이혼(倩女離魂)」이 뛰어나며,「왕찬등루(王粲登樓)」와「삼전여포(三戰呂布)」등과 같은 역사에서 취재한 작품도 있는데, 모두 18편의 작품을 남겼다.

이들 4대가는 원나라 시대 각기 다른 시기에 활동한 유파들이 남긴 창작상의 성과를 대표하고 있으며, 그들을 원곡4대가라고 부르는 전통도 이미 역사적으로 공인된 것이다. 명나라의 왕세정(王世貞, 1526-1590)과 왕기덕(王驥德, ?-1623) 등은 왕실보(王實甫, ?-?)를 4대가에 넣지 않은 점에 대해 의혹을 표명하면서 왕기덕은 왕ㆍ마ㆍ관ㆍ정으로 사대가를 배열해야 한다고 주장하였다. 청나라의 이조원(李調元, 1734-?)은『우촌곡화(雨村曲話)』에서 마ㆍ왕ㆍ관ㆍ교(喬吉)ㆍ정ㆍ백 여섯 사람을 열거하기도 했지만, 크게 인정받지는 못했다.(임종욱)

관한경(關漢卿), 백박(白朴), 마치원(馬致遠), 정광조(鄭光祖, ?-?), 이조원(李調元), 우촌곡화(雨村曲話)

참고문헌
임종욱,『동양문학비평용어사전-중국편』, 범우사, 1997.
＿＿＿＿,『중국의 문예인식』, 이회, 2001.
＿＿＿＿,『중국문학에서의 문장체제 인물 유파 풍격』, 이회, 2001.
주훈초,『중국문학비평사』, 이론과실천, 1992.

원관념/보조관념(原觀念/補助觀念, Tenor/Vehicle)

비유란, 나타내려고 하는 생각이나 사물을 다른 사물에 빗대어 표현하는데, 여기서 전자를 원관념, 후자를 보조관념이라고 한다. 따라서 원관념은 비유되는 대상, 즉 표현하고자 하는 사물을 뜻하고 보조 관념은 비유하는 대상, 즉 원관념이 잘 드러나도록 돕는 관념을 말한다. 가령 "내 누님같이 생긴 꽃이여"했을 때, 원관념은 '꽃'이 되고 보조관념은 '내 누님'이 된다.

이 같은 비유의 원리를 리처즈는 취의와 매개어로 분석하였다. 그는 "정상적인 매개어는 취의의 단순한 장식이 아니다. 매개어와 취의의 협동은 둘 중의 어느 하나에 의해서만 얻어질 수 없는 더욱 다양한 동력을 가진 의미를 제공한다"고 말하였다. 취의와 매개어는 각각 독립적으로 서로의 의미를 강하게 살리고 있으면서도 서로 작용하여 또 다른 생명력있는 의미를 창조하는 것이다.

리처즈에 의하면 취의와 매개어 사이의 상이성이 크면 클수록 좋은 비유가 된다. 그는 상이성을 '거리'라는 말로 설명한다. 취의와 매개어의 거리가 너무 가까울 경우에 두 힘 사이의 탄력은 상실되어 긴장이 생기지 않기 때문이다. 그러나 거리가 지나치게 멀어 상호 작용할 수 없을 때에도 긴장은 생기지 않는다. 긴장은 취의와 매개어 사이의 관계가 적절하면서도 두 힘이 팽팽하게 대립될 때에만 생겨난다. 다시 말하면 비유가 몹시 폭력적이거나 충격적이기 때문에 강렬한 것이 아니라, 서로 거리가 멀면서도 적절하기 때문에 강렬한 것이다. 긴장의 밀도가 짙을수록 비유의 효과는 극대화되며, 그 극대화를 통해 새로운 인식도 가능하게 되는 것이다.(유성호)

비유, 상징, 인식, 긴장

참고문헌
김준오, 『시론』, 삼지원, 1995.
이승훈, 『시론』, 고려원, 1984.
장도준, 『현대시론』, 태학사, 1995.

OSMU(One Source Multi-use)

영화, 게임, 애니메이션, 음반, 캐릭터 상품 등 현대사회의 거의 모든 문화콘텐츠 분야에서 널리 쓰이는 방식 내지는 사업전략을 말한다. 이는 단순히 매체를 바꾸는 방식(Post-Media Mix Contents)이나 또는 기존의 매체에서 표현된 것을 캐릭터 산업에 응용하는 방식을 벗어나서 다양한 매체들에서의 응용이용(conversion)이 가능하다. 따라서 그 소스가 될 수 있는 원천콘텐츠(OS)의 개발이 OSMU의 핵심인데, 소스는 다양한 매체에 분화 사용될 수 있는 내적 요소에 기반해야 한다. OSMU의 장점은 무엇보다도 경제적 측면에서 설명된다. 즉, 새로운 콘텐츠의 개발 시 재생산 비용이 적게 들거나 위험부담은 줄이면서도 이익의 극대화를 꾀할 수 있다는 점이 바로 그것이다. 이익의 극대화 측면에서도 OSMU는 발신자의 일방적인 노력에 기대는 것이 아니라, 소스를 공유하는 대중(user)들의 문화군 형성에 따른 자가증식적인 효과를 기대할 수 있다는 점이 기존의 방식과는 다른 점이다. 이때 소스의 핵심 요소를 어떻게 파악하느냐에 따라 실제 OSMU의 초점과 형태는 달라질 수 있다. 하지만 무엇보다도 관건은 분화되어 사용되는 파생 소스들 전체를 관통하면서 동시에 대중(user)들을 끌어들이는 강한 흡인력을 갖춘 스토리텔링(story-telling)의 존재 유무이다. 따라서 OSMU는 기술적 측면인 동시에 문화적 측면을 강하게 갖춘 현대 사회의 새로운 창조방식으로 여겨진다.(남승원)

문화콘텐츠, 대중, 스토리 텔링

원시사대가(元詩四大家)

원나라 때의 시인 우집(虞集, 1272-1348)과 양재(楊載, 1271-1323), 범곽(范梈, 1272-1330),

게해사(揭奚斯, 1274-1344)를 함께 일컫는 말. 원나라 때에는 대시인은 나오지 않아, 이들 네 사람이 비록 당시 문단을 이끌었고 "명성이 천하에 가득했다.(聲名滿天下)"고는 하지만, 사실 문학적 성과에는 한계가 있어 대가라고 부르기에는 부족한 점이 있었다. 작품도 사회 현실을 반영하고 민중들의 고통을 우연히 노래한 경우를 제외하고는 대개가 주제는 협소하고 내용은 공허하며, 산수 자연을 읊조리거나 응수(應酬)하며 제화(題畵)하는 수준을 벗어나지 못했다. 아울러 예술적으로는 당시(唐詩)를 모방하기에 바빠서 창조적이고 참신한 풍격을 결여하였다.

그들 가운데 우집이 가장 명성이 높았는데, "당시 종묘와 조정의 전책이나 공경대부들의 비문은 모두 그의 손에서 나올(一時宗廟朝廷之典冊 公卿大夫之碑版咸出其手)" 정도였다. 시 창작은 전아(典雅)하고 정절(精切)한 시풍을 갖추고자 노력했으며, 때로 고국을 그리워하는 감개(感慨)(「만문산승상(挽文山丞相)」)를 토로하기도 했는데, 사(詞) 「풍입송(風入松)」 중 명구인 "살구꽃 피는 봄날 강남에 비는 내리네(杏花春 雨江南)" 라는 구절은 대대로 사람들의 격찬을 받았다.

나머지 세 사람의 작품은 내용상의 구별도 크지 않고 격조 또한 낮으며 예술상 약간의 차이를 보일 뿐이다. 양재의 시 중에는 "드넓은 땅 산하에는 엷게 그림자 드리웠고, 드넓은 하늘 바람 이슬 내려도 고요해 소리도 없다.(大地山河微有影 九天風露寂無聲)"(「중추대월(中秋對月)」)는 시구가 유명하고, 게해사의 작품 중에는 "뱃머리에서 노래하면 뒷전에서 화답하고, 쪽배 처마엔 빗소리 시끄러운데 쪽배 아래 앉았노라. 밖에 나와도 어느 곳인지 알 수 없으니, 다만 두 마리 기러기만 오간다.(船頭放歌船尾和 篷上雨鳴篷下坐 推篷不省是何鄕 但見雙飛白鷗過)"(「무창주중(武昌舟中)」)는 시가 청아하고 그윽하며 담담한 풍취를 얻었다. 범곽의 시에는 옛 사람을 모사한 작품이 많은데, 스스로도 "나는 평생 시를 지으면서 원고가 완성되어 읽을 때 옛 사람의 것과 비슷하지 않으면 곧 없애고 고쳐썼다.(吾平生作詩 稿成讀之 不似古人 卽削去改作)"고 말했다. 우집은 일찍이 자신의 시는 "한나라 조정의 늙은 관리(漢廷老吏)" 같고, 양재의 시는 "온갖 전쟁을 치른 군센 사나이(百戰健兒)" 같으며, 범곽의 시는 "당나라로 돌아온 진나라의 시첩(唐歸晋帖)" 같고, 게해사의 시는 "시집온 지 사흘 된 신부(三日新婦)" 같다고 했는데, 네 사람의 풍격상의 차이를 적절하게 지적한 말이다.(임종욱)

우집(虞集), 양재(楊載), 범곽(范梈), 게해사(揭奚斯)

참고문헌
임종욱, 『동양문학비평용어사전-중국편』, 범우사, 1997.
_____, 『중국의 문예인식』, 이회, 2001.
_____, 『중국문학에서의 문장체제 인물 유파 풍격』, 이회, 2001.
주훈초, 『중국문학비평사』, 이론과실천, 1992.

원시종합예술(Ballad dance)

음악, 무용, 운문 등이 분화되기 이전 상태의 예술을 말한다. 몰튼(R. G. Moulton

1849~1924)은 『문학의 근대적 연구 The Modern Study of Literature』에서 음악, 무용, 운문 등이 종합된 형태인 원시종합예술(발라드 댄스)로부터 문학이 발생했다고 설명하고 있다.

문학의 기원에 대해서는 여러 가지 주장들이 있다. 우선 모방 본능설이 있는데 이는 인간이 모방 본능을 가지고 있으며 모방하는데서 즐거움을 얻는다는 아리스토텔레스의 주장에 근거해서 문학은 모방 본능으로부터 비롯되었다고 주장하는 학설이다. 또 칸트로부터 시작하여 쉴러, 스펜서 등에 의해 발전된 유희본능설이 있는데 문학이 인간의 유희본능으로부터 비롯되었다는 주장이다. 또한 허드슨(W.H. Hudson)은 자기를 표현하고 싶은 본능으로부터 문학예술이 비롯되었다는 자기표현 본능설 혹은 자기 과시설을 주장하기도 했으며 그 외에, 그로세(E. Grosse) 등은 문학이 삶과 관련된 실천적 동기로부터 발생했다는 발생학적 기원설을 주장하기도 했다. 문학의 기원에 대해서는 이렇게 여러 가지 학설들이 있지만 현재로서는 원시종합예술로부터 문학이 분화, 발전되어 왔다는 주장이 설득력을 얻고 있다.(조강석)

모방본능, 유희 본능

참고문헌
이상섭, 『아리스토텔레스의 '시학' 연구: 본문 주석 해설 고전 비평선』, 문학과지성사, 2002.

원시주의(原始主義, Primitivism)

인간의 사고나 제도와 같은 문명사회의 조직에 의해 성취된 인위적인 것보다는 자연적인 것을 인간적 가치의 기준으로 보는 입장을 말하는데, 문화적 원시주의와 연대적 원시주의로 나누어 볼 수 있다. 인간의 어떤 문화나 가치의 분야에서건 인공적인 것보다는 자연적인 것을 선호하는 문화적 원시주의는 이성적 사고보다는 생래적인 본능과 감정을 찬양하고, 고도로 발달된 사회 조직보다는 단순하고 자연스러운 정치적·사회적 질서 형태를 우선시한다. 따라서 도시보다는 전원을, 정신노동보다는 육체노동을, 어른보다는 아이를, 합리적 인식보다는 무의식의 생활을 좀더 훌륭한 삶의 전형으로 받아들인다. 예술 분야에서는 각종의 기법이 동원된 형식미보다는 정서의 자유로운 표현이나 자발성이 내재된 직관적인 사고를 중요시하는데, 전원문학이 그 대표적인 예이다. 연대적 원시주의는, 인간의 바람직한 생활 방식은 인간이 단순하면서도 자유롭게 살았던 아주 먼 과거에 있다고 믿기 때문에 인류 역사의 과정은 그 행복했던 시기에서 점차 멀어져 사회적·문화적 질서가 여러 형태의 억압과 금지로 주조된 인위적인 형태로 타락한 것이라고 인식한다. 이러한 연대적 원시주의에 상반되는 개념은 진보 사상이라고 할 수 있는데, 이는 인간의 과학기술이나 이성적 능력 등의 힘으로 인류의 문명이 전반적으로 개선되고 발전되어 왔으며, 이러한 발전의 양상은 계속 이루어질 것이라는 믿음에 기초한다. 아득한 과거에 낙원이 있었다는 에덴 동산의 신화, 18세기 루소(J. J. Rousseau)의 워즈워드(W. Wordsworth)의 어린이 찬양, 로렌스(D. H. Lawrence)의 현대 기술 경제와 문화의 파괴적 국면에 대한 공격과 본능적 삶에의 예찬 등에서 보듯, 원시주의의 기원이나 영향은 깊고 넓다. 문학의 원형이나 신화적 요소를 탐색하는 현대 문학 이론, 문화 인류학, 히피(hippie) 문화, 공동체 운동 등에서 드러나는 원시주의적 경향에서 보듯 원시주의는 20세기 예술 분야뿐만 아니라 정치·사회·경제 사상에 커다란 영향을 미쳤다.(채근병)

문화적 원시주의, 연대적 원시주의, 자연과 인공, 본능과 이성

참고문헌
Michael Bell, 『원시주의』, 김성곤 역, 서울대학교출판부, 1985.
머레이 북친, 『휴머니즘의 옹호』, 구승회 역, 민음사, 2002.

원천(Arche)

아르케는 '원리' 혹은 '기원'이라고도 번역되는 그리스어이다. 동사 archo는 '군대를 싸움으로 인도하다'라는 뜻을 지니고 있는데 이로부터 '선두에 서다' '지휘하다' '지배하다'라는 뜻이 생겨났고 여기서부터 여타의 여러 현상들이 의존하는 '근본 원리' 혹은 '근본 물질'이라는 뜻의 '아르케'(arche)라는 용어가 파생되었다.

흔히 서양철학의 아버지라고 불리는 탈레스(Thales, 기원전 624? ~ 546?)는 "세계를 이루고 있는 원천(원질原質m arche)은 무엇인가?" 하는 질문을 최초로 던졌으며 스스로 이에 대해 "그것은 물이다"라고 답한 것으로 알려져 있다. 그후 아낙시만드로스(Anaximandros, 기원전 610? ~ 545?)는 물과 같은 특정 사물로는 변화무쌍한 세계를 설명하기 어렵다고 하며 만물이 생성하고, 소멸하는 바탕이 되는 '무한자(無限者)'가 세계의 원천(arche)이라고 주장했다. 나아가 아리스토텔레스는 철학이란 세계의 원천을 밝히는 '원리·원인(아르케)의 학문'이라고 설파한 바 있다.

원천(arche) 개념이 문학 비평에서 다시 주목받게 된 것은 많은 포스트 모던 이론가들이 이처럼 세계의 근본 원천을 설정하는 태도를 철저히 비판하면서부터이다. 이들은 어떤 궁극적 원천을 전제하고 그것을 탐구하는 태도를 비판한다. 이들은 '원천'이 사후적으로 구성되는 것일 뿐이라고 주장하는데, 그 대표적 논자로 푸코를 꼽을 수 있다. 푸코는 『지식의 고고학』에서 "합리성으로부터 인류의 목적을 주조해 낸 시원적인 정초(혹은 원천)의 탐구를 내세우고, 사유의 모든 역사를 이 합리성의 보호에, 이 목적론의 존속에 그리고 언제나 필수적인 이 정초(-원천)에로의 회귀에 연결시키는" 일체의 학문적 태도를 비판했다. 그렇게 함으로써 그는 정초주의적 태도와 목적론적 태도 양자를 배격하는 입장을 내세웠다.(조강석)

정초, 기원, 아르케

참고문헌
박영식, 『서양철학사의 이해-탈레스의 아르케에서 비트겐슈타인의 언어까지』, 철학과 현실사, 2000.
미셸 푸코, 『지식의 고고학』, 이정우 역, 민음사, 1992.

원한(怨恨) ☞ 르상티망

원형(原型, Archetype)

일반적으로 문학비평에서 원형이란 다양한 문학작품에서 동일하게 반복되어 나타나는 서사 양식이나 인물 유형 혹은 이미지 등을 지칭한다. 원형이란 용어가 문학비평에서 주목을 받게 된 것은 비교인류학자인 제임스 프레이저(James Fraser)의『황금가지(The Golden Bough)』와 칼 구스타프 융(C.G. Jung)의 심리학 연구가 반향을 일으키면서부터이다. 프레이저는『황금가지』(1890~1915)에서 다양한 문화권의 신화와 종교 제의 등을 비교 연구하여 여러 신화와 종교 제의에 공통적으로 나타나는 근본적 양식이 있음을 밝혔다. 예컨대, 죽음과 재생은 여러 신화에 빈번하게 등장하는 원형이라는 것을 프레이저는 밝히고 있는데 T. S. Eliot은 유명한 서사시「황무지」(The Waste Land)에서 이 원형을 적극 채용하고 그것을 현대적으로 해석하고 있다. 또한, 융은 우리의 조상들이 겪은 원초적 경험이 인간 정신 속에 구조화되어 "집단 기억"(racial memory)"과 "집단 무의식"(collective unconsciousness)을 형성하며 그것은 신화, 종교, 꿈, 그리고 중요한 문학작품 들 속에 반복적으로 나타난다고 설명하고 있다. 아니무스(animus, 여성 심리 중의 남성적 측면)와 아니마(anima, 남성 심리 중 여성적 측면) 등은 그 대표적인 예가 될 것이다.

문학작품 속에서 원형을 찾고자 한다는 것은 신화나 꿈에서 추출된 일정한 통시적 유형을 문학 작품으로부터 추출해낸다는 것을 의미한다. 예컨대, 아니마나 아니무스 개념을 중심으로 한 용운의 시세계를 설명한다든가 아기장수 설화의 모티브를 중심으로 김동리의 소설이나 최인훈의 희곡을 분석하다든가 하는 작업은 인간 정신 구조에 통시적으로 잠재해 있는 원형이 있다는 사실을 전제로 한 것이다.(조강석)

원형비평(archetypal criticism), 신화(myth)

참고문헌
Fraser, James G,『황금가지』Ⅰ·Ⅱ, 장병길 역, 삼성출판사. 1990.
C. Gustav Jung,『원형과 무의식』, 한국융연구회융저작번역연구원 역, 솔출판사, 2002.

원형비평(Archetypal criticism)

원형비평은 달리 신화비평(myth criticism)이라고도 불리는데 문학작품에서 원형을 분석하고 비교하는 것을 주요 관심사로 삼는다. 프레이저와 융에 의해 원형 개념이 마련되었지만 문학연구에 있어 본격적인 원형비평 작업은 모드 보드킨(Maud Bodkin)의『시에 있어서의 원형적 양식(Archetypal Patterns in Poetry)』(1934)라는 저서로부터 비롯되었다고 할 수 있다. 원형(archetype), 원형적 이미지(archetypal image), 양식(pattern)이라는 용어가 일반화된 것은 이 책에서부터이다.

이후 폭넓게 주목을 받던 원형비평은 형식주의자들과 맑스주의자들로부터 공격을 받게 된다. 형식주의자들은 원형비평을 비본질적 비평이 변형된 형태라고 비판하며 맑스주의 비평가들은 이를 몰 역사적 비평이라고 비판한다. 양자의 공격에 의해 위기를 맞기도 했던 원형비평적 접근법은 노드롭 프라이(N. Frye)의 『비평의 해부(The Anatomy of Criticism)』(1957)를 계기로 다시 주목받는다. 프라이는 이 책에서 문학의 전체 구조는 오랜 세월 동안 인간의 상상력에 의해 형성되어 온 "자족적인 문학적 우주"를 이루고 있다고 말하면서 이 "문학적 우주" 안에서 자연의 4계절에 대응하는 네 가지 근본적인 뮈토이(mythoi, 플롯 형식)가 희극, 비극, 로맨스, 풍자라는 네 가지 장르를 구성한다고 밝히고 있다. 이 예에서 보듯, 프라이의 작업은 고대 신화나 종교, 계절의 변화와 같은 근본적인 인간 경험으로부터 한 작품의 서사구조의 원형을 추출해냄으로써 작품에 나타난 인간 상상력의 근본적 통일성을 밝혀보려는 것이다.

프라이 이외에 로버트 그레이브, 조셉 캠벨, 레슬리 피들러 등도 원형비평의 실천자라고 할 수 있다. 원형비평은 보편적 원형을 통해 문학작품을 조망해보려는 시도로 인간 존재의 연속성을 옹호하고 문학 작품의 근본적 질서를 세우려는 원대한 기획을 품고 있으나 개별 작품들을 보편성의 잣대로만 판단한다는 측면에서 환원주의(reductionism)의 오류를 범할 수 있다는 비판을 받기도 했다.(조강석)

원형. 신화, 신화비평

참고문헌
Northrop Frye, 『비평의 해부』, 임철규 역, 한길사. 2000.
Bodkin, Maud, Archetypal Patterns in Poetry, Oxford University Press, 1963.

원화체(元和體)

당나라 헌종(憲宗) 원화(806-820) 연간부터 유행하기 시작한 시체(詩體)의 총칭으로, 크게 두 가지 의미가 있다. 넓게 보면 당나라 헌종 이래 형성된 새로운 체제의 시문을 가리킨다. 이조(李肇)는 『당국사보(唐國史補)』 하권에서 이렇게 지적하였다. "원화 이후 문장을 쓴다면 한유(768-824)에게서 기궤한 풍격을 배웠고, 번종사(?-821?)에게서 쓰고 난삽함을 배웠다. 가행에 있어서는 장적(768?-830?)에게서 유탕함을 배웠고, 시장에 있어서는 맹교(751-814)에게서 교격을 배웠으며, 백거이(772-846)로부터 천절함을 배웠고, 원진(779-831)에게서 음미함을 배웠다. 이들의 이름을 다 갖춰 원화체라고 했다.(元和以後 爲文筆則學奇詭于韓愈 學苦澀于樊宗師 歌行則學流蕩于張籍 詩章則學矯激于孟郊 學淺切于白居易 學淫靡于元稹 俱名爲元和體)" 원화 이후 유행한 새로운 문풍과 시풍은 한유 등 원화 시기에 활약한 작가들에 의해 생성된 것으로 생각했기 때문에 이를 총칭해서 원화체라고 불렀던 것이다. 좁은 의미에서 본다면 원화체는 원진과 백거이의 작품 가운데 차운하면서 서로 주고받은 장편 배율과 작품 속에서 산수 자연을 감상하는 내용이 담긴, 염체(艶體)를 포괄한 중단편의 잡체시(雜體詩)를 가리킨다. 『구당서 · 원진전』에 보면 원진은 "태원 백거이와 친하게 지냈다. 시를 짓는 데 공교로웠고, 자연의 다양한 변화를 잘 묘사하였다. 그래서 당시 시를 말하는 사람들은 원백이라고 불렀다. 의관을 갖춘 선비들로부터 여염집 골목의 비어에 이르기까지 모두 전해 풍자했는데, 이를 일러 원화체라고 했다.(與太原白居易友善 工爲詩 善狀詠風態物色 當時言詩者 稱元白焉 自衣冠士子 至閭閻下俚 悉傳諷之 號爲元和體)"는 기록이 나온다. 원진의 「백씨장경집서(白氏長慶集序)」에는 다음과 같은 대목도 나온다. "내가 처음 백거이와 함께 교비서라는 이름을 같이 했을 때 여러 차례 시를 써서 서로 주고 받았다. 마침 내가 문책을 받아 강릉의 하급 관리로 가게 되었는데, 백거이는 그대로 한림에 있었다. 그는 나에게 1백운에 이르는 율시와 잡체시를 보냈는데, 전후 수십 편에 달했다. 이때부터 각자 강릉과 통주를 도우면서 번갈아 시를 보내고 받았다. 파촉과 강촉에서부터 장안의 소년들에 이르기까지 서로가 다투어 이를 모방하면서 새로운 가사를 지어내니 스스로 이것을 원화체라고 불렀다.(予始與樂天同校秘書之名 多以詩章相贈答 會予譴掾江陵 樂天猶在翰林 寄予百韻律詩及雜體 前後數十章 是後各佐江 · 通 復相酬寄 巴 · 蜀 · 江 · 楚間洎長安中少年遞相仿效 競作新詞 自謂爲元和體)" 이 글은 원화체는 원화 연간에 유행한 신체시이며, 원진과 백거이의 작품 가운데 특정 방면과 이를 모방한 작품을 주로 가리키는 말인 것을 알려준다.(임종욱)

시체(詩體), 이조(李肇), 당국사보(唐國史補), 염체(艷體), 잡체시(雜體詩)

참고문헌
임종욱, 『동양문학비평용어사전-중국편』, 범우사, 1997.
_____, 『중국의 문예인식』, 이회, 2001.
_____, 『중국문학에서의 문장체제 인물 유파 풍격』, 이회, 2001.
주훈초, 『중국문학비평사』, 이론과실천, 1992.

원환적 사고

이분법적 사고 혹은 직선적 사고와 대립되는 개념으로, 원형으로부터 나온 어떤 것이 근원으로 다시 돌아가는 일련의 순환과정을 거친다는 믿음에 기초한 사고이다. 주로 동양의 사유 체계를 설명할 때 쓰이는 개념이다.

농경을 바탕으로 하는 고대인들은 자연의 순환적 시간에 익숙했다. 따라서 그들은 자연의 리듬과 일치하는 시간의식과 사유 방식을 형성시켰다. 계절의 순환감각에 의해 지배받던 생산 양식과 노동의 주기는 계절의 변화에 의해서 결정되었으며 고대인들은 이 순환의 감각을 자연스럽게 받아들이면서 원환적 사유 방식을 지니게 되었다.

이후 서구인들은 예수의 수난-재림-구원을 근간으로 하는 중세 기독교의 시간 의식과 변화 발전을 신봉하는 근대의 직선적 시간의식 등에 기초해 직선적 사유 방식을 발전시켜 왔는데 근대 이후 서구적 사유의 전형적 패턴을 이루는 직선적 사유 방식은 또한 이분법적 사유 방식과도 밀접한 관련을 갖는다. 직선적 사유 방식은 이항 대립을 이루는 이질적인 것들이 서로 대립과 갈등을 겪으며 변화 ,발전, 진보해나간다는 믿음에 기초하고 있기 때문이다. 반면 자연의 리듬을 체화란 사유 방식인 원환적 사고는 동양의 사유 방식에 많이 나타나고 있다. 강영한은 논문

「동양의 순환적 사유와 그 배경」(동양사회사상학회 편『동양사회사상』통권 4호, 2001년 11월)에서 "서구의 경우 인간·자연·우주를 시간의 맥락에서 이해하려는 지배적인 노력"이 집중되어 "중세 유럽의 교회 신봉자들이나 이후의 철학 사상은 역사 과정을 직선적 또는 진보적 맥락에서 인식하는 경향이 강했다"고 지적한 후 이에 반해 "동양에서는 순환적 논리가 지배적"이었다고 설명한다. 그에 따르면, 동양의 이러한 순환적 사유의 발전은 음양오행론을 배경으로 하는데 "우주는 양 기운과 음 기운이 서로 교차하면서 순환하며, 오행의 상극과 상생 원리를 바탕으로 순환한다는 것"이며 이 사유 방식은 "모든 운동은 궁극적으로는 그 과정의 출발점으로 되돌아 오게 된다는" 믿음에 기초한 것이다.

이처럼 음양론(陰陽論)에 대표적으로 나타나 있듯, 원환적 사유 방식에서는 근원에서 분기한 이질적인 것들이 재차 융화하며 다시 그 기원으로 회귀한다는 것을 강조한다.(조강석)

직선적 사고. 이분법적 사고. 음양오행론

참고문헌
강영한, 「동양의 순환적 사유와 그 배경」(동양사회사상학회 편『동양사회사상』통권 4호, 2001. 11).
장파, 『동양과 서양, 그리고 미학』, 유중하 외 역, 푸른숲, 2000.

월령체(月令體)

1년 12달을 차례대로 맞추어 나가며 읊은 시가형식의 일종. 각 절은 그 달의 자연·기후상태·명절놀이·민속행사를 반영하면서 서정적으로 노래된다. 일반적으로 각각의 달을 한 절로 노래하기 때문에 보통 12개의 분절로 이루어지는데, 작품에 따라 서두부분이 붙어 13개의 분절로 된 것도 있고, 형식상으로도 조금씩 차이가 있다.

연구자에 따라 월령체와 달거리 형식을 구분하여, 각 절마다 그 달에 필요한 농사법을 제시하는 것을 월령체로, 농사와는 관계없이 절기의 변화에 맞춰 사랑과 연정을 표현하는 것을 달거리 형식으로 보기도 한다. 19세기 사대부 정학유가 지은 <농가월령가(農家月令歌)>가 전자에 속하는 대표적 예라면, 고려가요 <동동(動動)>은 후자에 속하는 대표적 예다. 경기잡가의 하나인 <월령체가(月令體歌), 또는 달거리요(謠)> 역시 후자에 속하는 경우이다.(고미숙)

동동, 농가월령가, 달거리 형식

참고문헌
김열규·신동욱 편, 『고려시대의 가요문학』, 새문사, 1982.
김흥규, 『한국문학의 이해』, 민음사, 1986.

위트(Wit)

위트는 지적 예지(銳智)로서 사물을 인식하고 타인에게 웃음을 줄 수 있는 능력, 또는 독자나 관객을 즐겁게 하기 위해 고안된 문학의 요소를 뜻한다. 위트는 현재 유머(humour)와 곧잘 동일시되지만 익살스러운 말이나 행동 양식을 뜻하는 유머와 달리 본래 "知力" 이나 "창의력"과 같은 진지한 정신능력을 의미했다. 16, 17세기에는 특히 문학에서 참신한 역설과 비유를 만들어 내는 발랄한 언어적 재능을 가리켰다. 18세기에 위트는 시의 문체에서 자주 사용되었다. 포프(pope)는 진리를 드러내는 진정한 위트와 형이상학적 스타일리스트의 거짓 위트를 구분하기 위해 "진정한 위트는 자주 생각되었으나 잘 표현된 적은 없었던 것"이라고 정의했다.

위트는 짧고 교묘한 언어적 표현으로 익살과 충격을 불러일으키기 위해 단어와 개념 사이의 예견하지 못한 연관성 또는 차이에 주목한다. 따라서 진정한 위트는, 일차적으로 익숙한 언어 습관이나 코드(code)를 파기하고 이어 새롭게 창조된 의미로 독자에게 지적 즐거움을 주고 흔히 경구(epigram)로 표현되기도 한다.

한국 문학에서도 위트는 산문보다 언어의 지적 유희가 직접 드러나는 운문에서 자주 발견된다. 고전 소설 『춘향전』에서 이몽룡이 춘향의 성(姓)을 들은 후 기지를 발휘해 이성지합(二姓之合)을 풀이하는 것이나 춘향과의 만남을 고대하며 글월을 읊는 대목은 좋은 예이다. 이몽룡의 억지 공부는 사서삼경의 내용을 춘향과의 연분으로 읽게 되고, 이 때 독자는 정전(正典)의 권위를 단번에 희화화하는 이몽룡의 연애 심리에서 진솔한 본능의 충동에 동참, 웃음을 터뜨리게 된다. 또 위트가 공격적이 될 때는 특정 대상을 조롱하는 신랄한 페이소스가 되는데, 김지하의 담시집 『오적』 중 「김흔들 이야기」에서 인민군에 체포된 김흔들이 인민군을 상대로 주고받는 동문서답은 한국 전쟁 당시 이념에 희생된 민중의 실상을 짙은 페이소스로 보여준다. 이 밖에 황지우의 시집 『새들도 세상을 뜨는구나』도 당대의 제도와 체제를 비트는 위트가 살아있는 작품이다.(김주현)

유머, 페이소스, 아이러니

참고문헌
장영준, 『언어의 비밀: 창조적 사고 혹은 상상력을 위하여』, 한국문화사, 1999.
태을 출판사 편집부 엮음, 『정통 한국인의 해학』, 태을출판사, 2001.

위항문학(委巷文學) ☞ 여항문학

유겐(幽玄)

원래는 중국의 한역(漢譯) 불전(佛典) 속에 쓰이던 말로, 불교 교의의 심원함과 훌륭함을 나타내는 개념이었다. 일본에서 이 용어가 쓰인 가장 오래된 용례는, 일본 최초의 칙찬(勅撰) 와카집(和歌集)인 『고킨슈(古今集)』의 한문 서문(이것을 「마나죠(眞名序)」라 부름)에 보인다. 일본에서도 중국의 용례와 마찬가지로 신비하고 깊이 있는 것을 가리키는 개념으로 쓰이긴 했지만, 항상 일정한 개념으로 파악된 것은 아닌 듯하여 장르에 따라 그 의미가 약간의 차이를 보였다.

이 유겐(幽玄)이라는 말에 한층 깊은 의미를 부여해서 가론(歌論)의 용어로서 정착시킨 것은 후지와라노 슌제이(藤原俊成)였다. 슌제이(俊成)는 그의 스승 후지와라노 모토토시(藤原基俊)가 우타아와세(歌合)의 평어(評語)로서 사용한 유겐(幽玄)을 한층 더 심화시켰다. 모토토시(基俊)의 유겐(幽玄)은, 어떤 대상에 대하여 시간적 공간적 거리감이 있어 확실히 알 수가 없으며, 신비롭다고까지는 못하더라도 아득히 먼 곳에 있어 그 실체가 제대로 파악되지 않는 특성이 있다. 그의 유겐(幽玄)에는 불가지(不可知)의 요소가 있으며, 그러한 불가지의 부분에 대한 이해를 독자의 상상력에 떠맡기는 측면이 있다. 이와 같은 모토토시(基俊)의 유겐(幽玄)을 계승하여 더욱 깊은 의미를 부여하고, 그것을 가론(歌論)의 용어로 정착시켰다는 것이 그 제자 슌제이(俊成)의 업적인 것이다. 슌제이(俊成)의 유겐(幽玄)은 일관성 있게 초속적(超俗的)인 데가 있으며, 이 점에서 당시의 수많은 젊은 문인들의 지지를 받았다.

이상과 같은 슌제이(俊成)의 유겐(幽玄)은 갖가지 형태로 후대에 계승되었다.

예를 들면, 일본 중세를 대표하는 학자인 니죠 요시모토(二條良基)는 그의 저서 『렌리히쇼(連理秘抄)』에서, 중세에 유행했던 운문의 한 형태인 렌가(連歌)의 세계에 있어서의 유겐(幽玄)의 필요성을 역설하고 있다. 이 요시모토(良基)의 유겐(幽玄)은 우미(優美)한 측면이 있어 「하나(花)」의 개념과도 통하는 데가 있다. 노(能)의 완성자 제아미(世阿彌)의 경우도 그 계승의 한 예로서 들 수 있다. 그는 그의 저서 『가쿄(花鏡)』에서 「그저 아름답고 유화(柔和)한 데가 있는 것이 유겐(幽玄)의 본성이다」라 정의하였으며, 또 다른 그의 저서 『후시카덴(風姿花傳)』에서는 이 유겐(幽玄)을 「하나(花)」와 거의 같은 의미로 사용하고 있어 앞에서 언급한 요시모토(良基)의 유겐(幽玄)과 상통하는 데가 있다.

이상과 같이 이 유겐(幽玄)이라는 개념은 시대나 사람에 따라 약간씩의 차이를 보이긴 했으나, 어떤 양상을 구체적으로 한정하여 수식하는 말은 아니라는 점에서는 늘 공통성을 유지하며 계승되었다고 볼 수 있다.(김충영)

우타아와세, 하나, 노

참고문헌
小西甚一, 『日本文藝史』, 講談社, 1986.

유교(儒教)

유교는 노(魯)나라의 성인 공자(孔子)의 사상을 존신하는 교(教)로 도가(儒家), 유학(儒學)을 함께 쓴다. 창시자 공자와 그의 사상을 발전시킨 맹자(孟子)의 이름을 따 공맹의 교, 도학(道學), 이학(理學), 주자학(朱子學)으로 부르기도 한다. 유교는 중국 철학의 주류를 이루는 학문체계이자 통치 이념으로 한국을 비롯한 동아시아 문화권에 큰 영향을 끼쳤다.

인(仁)은 공자가 가장 중시한 덕목으로 넓게는 지(知), 인(仁), 용(勇) 등 여러 덕을 포함하고 좁게는 하늘을 공경하고 사람을 사랑하라(敬天愛人)는 뜻을 갖는다. 맹자는 인에 의(義)를 더해 인

의지도(仁義之道)와 왕도정치(王道政治)를 이상으로 삼아 혁명(革命)과 민주사상을 시인하고 성선설(性善說)을 주장했다. 유교는 진(秦)나라 때 분서갱유(焚書坑儒)의 박해를 겪기도 했으나 한(漢)나라 때 다시 그 권위를 회복한다. 그 후 남송의 주자(朱子)는 후한(後漢) 대의 불교 전래와 노장사상(老莊思想)의 발흥으로 침체기에 빠진 유교를 부흥시키고 논어(論語), 맹자(孟子), 대학(大學), 중용(中庸)을 묶어『사서집주』(四書集註)를 저술했다. 명(明) 대에 이르러 왕양명(王陽明)이 지행합일을 주장한 양명학으로 유교의 종통을 계승했으나 청(淸) 대에 옛 문헌을 고증해 고전의 참뜻을 가리자는 고증학(考證學)이 그 뒤를 잇게 되었다. 1911년 신해혁명이 일어남으로써 유교는 2000년 역사를 접고 역사의 전면에서 후퇴하였다.

한국 역사에서 유교는 조선 건국의 이념적 토대였을 뿐 아니라 각종 풍속과 교육, 제도, 문화를 지탱하는 근간이었고, 이황과 이이의 이기(理氣) 논쟁을 비롯한 수준 높은 철학 논쟁을 낳았다. 그러나 한편으로는 사상의 대립과 차이가 편을 갈라 상대를 박해하는 당쟁과 사화를 일으킨 요인이 되었다. 조선 시대 유교는 사대부의 문학 활동에서 두 가지 큰 흐름을 보여주었다. 첫째는 충(忠)과 효(孝)로 구체화되었는데, 이것은 운문 뿐 아니라 조선 중기 이후의『유충렬전』,『박씨전』,『임진록』과 같은 영웅 소설에서 주인공이 목숨을 바쳐 수호하는 가치가 된다. 또한 청빈(淸貧), 풍류(風流)를 예찬하는 풍류 문학의 전통도 강호한정가(江湖閑庭哥)의 형태를 통해 시조와 가사에서 그 맥을 이었다.(김주현)

유학, 도학, 주자학, 양명학

참고문헌
최영진,『유교사상의 본질과 현재성』, 성균관대학교 출판부, 2002.
戶川芳郞, 蜂屋邦夫, 溝口雄三 共著,『유교사』, 조성을·이동철 공역, 이론과실천, 1990.

유교문학(儒敎文學)

유학을 기본 이념으로 하여 창작된 문학을 의미한다. 유학은 중국의 공자를 시조로 하는 전통적인 학문으로 공자, 맹자, 순자가 이 학파를 대표하는 인물이다. 유교를 공교(孔敎)라고도 하는 바, 공자의 문학예술론이 곧 유교문학의 요체이기도 하다.

공자는 시와 예와 악으로 문학예술을 설명하는데, 그는 "『시경』300편의 시를 한마디로 말하면 생각에 사특함이 없는 것이다"라고 하였다. 공자는 훌륭한 시는 외면적인, 단순히 언어를 조합한 것에 머무르는 것이 아니라 인간 내면의 순수한 발로임을 강조한다. 작품의 외면적인 형식의 완성보다는 내면적 충실, 즉 창작자의 인격을 중시하는 것이다. 공자에 있어서 이상적인 예술은 '진선진미(盡善盡美)', 즉 선함을 다하고 아름다움을 다한 것이어야 한다는 것이다.

조선시대는 유교를 통치이념으로 삼았다. 유교는 삼강오륜을 덕목으로 하고 사서삼경을 경전으로 삼는다. 충·효·정절·우애등을 강조한 조선 시대 문학이 유교문학의 성격을 띤다. 조선시대의 문학은 유학(유가)이라는 하나의 틀 안에서 사장파와 도학파로 나눌 수 있다. 사장파는 성리학과 문학이 둘 다 소중하다고 하고, 문장을 가다듬는 능력을 키워 시가와 문장을 짓는데 힘써야 한다고 했고, 도학파는 성리학을 명분이 아닌 도학으로 실천하면서 도학이 근본이고, 문학은 말단임을 분명히 해야 문학이 헛된 수식에 떨어지지 않는다고 했다. 도학파의 미의식은 개인의 정서를 도학적 규범에 맞게 절제하는 것으로, 유교적 이념이나 덕목을 강조하였다. 그렇지만 실제 작품에서는 유미적인 미의식을 전적으로 부정하지는 않았기 때문에 서정성이 배제되었다고 보기는 힘들다. 퇴계의 <도산십이곡>과 이이의 <율곡집>, 송강의 <훈민가>등 조선 사대부의 대부분의 작품이 여기에 해당한다. 반면 사장파의 미의식은 유미적인 미의식으로 볼 수 있는데 사대부 층의 상상력이나 문학적 표현에 제약을 가하려는데서 벗어나려는 성격을 보인다. 유미적 미의식을 드러낸 작품으로 <한림별곡>, <어부가>, <쌍화점>을 들 수 있는데, 이런 작품이 15~16세기 사대부 층에게 광범위하게 향유되었다.(박죽심)

유교, 유학, 시경, 성리학

참고문헌
최상은, 『조선사대부가의 미의식과 문학성』, 보고사, 2003.
조동일, 『한국문학통사』2, 지식산업사, 1983.
임종욱 엮음, 『동양문학비평용어사전』, 범우사, 1997.

유기(遊記)

문학적인 필치로, 유람하거나 견문한 사실을 기술한 산문 양식의 일종. 풍토나 인정 세태, 자연 경관이나 명승고적 등이 모두 유기의 내용에 든다. 유기의 특징은 감정이 심각하고 간절하며 관찰이 세밀하고 묘사가 구체적인 데다가 언어가 간결하고 우미(優美)하며 형상이 선명하고 생동감이 넘치지만 길이는 비교적 짧은 점을 들 수 있다. 유기의 표현 양식은 일반적으로 기술과 묘사가 주가 되고, 어떤 경우는 서정이나 의론이 결합되어 사회와 자연이 보여주는 풍모와 특징을 형상화하여 묘사하기도 한다. 유기는 독자의 시야를 넓혀주고 지식을 늘려주기도 하며, 강토의 웅장한 자연 경관과 명승고적을 묘사한 유기는 독자들에게 한없는 애국적 격정을 자아내기도 한다. 이 밖에 우미한 풍격을 가진 유기는 사람들에게 풍부한 미적 쾌감을 제공할 수 있다.

유기는 동양문학사 가운데 대단히 오래된 역사를 가진 양식으로, 작품 또한 어느 갈래보다 풍부한 편이다. 북조(北朝) 시대부터 전문적으로 자연 경관을 묘사한 유기가 쓰여지기 시작하였다. 역도원(酈道元, ?-527)의 『수경주(水經注)』는 비록 강물의 흐름과 원류를 고찰해서 기록한 지리 전문서이긴 하지만 그 중 적지 않은 부분이 산천의 형세를 묘사한 우미한 유기에 편입될 수 있다. 유종원(柳宗元, 773-819)의 「영주팔기(永州八記)」와 왕안석(王安石, 1021-1086)의 「유포선산기(遊褒禪山記)」, 서홍조(徐弘祖, 1586-1641)의 「서하객유기(徐霞客遊記)」, 요내(姚鼐, 1732-1815)의 「등태산기(登泰山記)」 등은 모두 중국 고대에 유명한, 문학적 정취가 넘쳐나는

대표적인 유기 작품들이다.(임종욱)

역도원(酈道元), 수경주(水經注), 유종원(柳宗元), 영주팔기(永州八記), 왕안석(王安石), 유포선산기(遊褒禪山記), 서홍조(徐弘祖), 서하객유기(徐霞客遊記), 요내(姚鼐), 등태산기(登泰山記).

참고문헌
임종욱,『동양문학비평용어사전-중국편』, 범우사, 1997.
_____,『중국의 문예인식』, 이회, 2001.
_____,『중국문학에서의 문장체제 인물 유파 풍격』, 이회, 2001.
주훈초,『중국문학비평사』, 이론과실천, 1992.

유기체론(有機體論, Organicism, 독 Organologie)

유기체론 개념은 플라톤의『파이드로스』에서 소크라테스가 말을 살아 있는 유기체에 견주었을 때 최초로 등장했다. 문학 작품이 생물과 유사함을 보여주는 이론으로 플라톤 이래로 여러 이론가들에 의해 사용되었다. 한 편의 작품은 자율적이고 독립적이며 서로 의존하는 부분들이 서로 복잡하게 조직되어 있다는 점에서 살아 있는 유기체와 같다는 생각이다. 아리스토텔레스를 비롯해 롱기누스(Longinus), 에머슨(Emerson), 크로체(Croce), 듀이(Dewey), 클리언스 브룩스(Cleanth Brooks)등 관점이 상이한 비평가들이 이 용어를 사용했지만 독일 낭만주의 비평가들과 콜리지(Coleridge)에 의해 보다 완전한 의미로 정립되었다.

낭만주의자들은 비기계론적 미학과 창작 과정의 심리학을 체계화하려고 하였다. 그들은 시가 시인의 창조적 상상력 속에서 "씨앗", "배아"로 시작된다고 말했다. 그 성장은 주로 무의식적인 과정인데, 이질적이고 다양한 재료들을 그 자체에 동화시키는 데 있으며 그 발전과 최종형태는 스스로 결정된다는 것이다. 그 결과는 다양성과 통일성, 특수성과 보편성, 내용과 형식이 하나로 합쳐지고 융합되었다는 점에서 본질상 하나의 생체와 같은 예술 작품이라는 것이다.

"유기적"이라는 용어는 무엇보다 문학 작품이 통일적이어야 한다고 생각하는 비평체계에 사용된다. 이런 시각은 하나의 예술적인 부분들은 따로 떨어져서는 지닐 수 없었을 특성들이나 의미, 효과들을 지니고 있으며, 그 어떤 부분의 속성이라고도 볼 수 있는 가장 중요한 탁월성은 그것이 그 통일체의 필요한 요소라는 것을 보여주는 것이다. 하나의 통일체의 구별될 수 있는 모든 부분들이 필요 불가결하고 적합한 배열을 이루고 있다.

유기체론 자들은 무엇이 진정한 "유기체론"인가에 대해서는 견해 차이가 있지만 문학작품의 부분들의 가치를 독립된 미적 기준에 의해 판단하는 어떠한 비평에도 반대하는 점에 있어서는 일치한다.(박죽심)

생물학, 부분, 전체, 통일성

참고문헌
엘리자베스 클레망 外,『철학사전』, 동녘, 1996.
한국철학사상연구회,『철학대사전』, 동녘, 1999.

유럽중심주의(Eurocentrism)

통상 "서구중심주의"로 번역되기도 한다. 유럽 혹은 서구를 자신의 생각이나 가치관의 중심에 놓는 태도를 지칭한다. "유럽중심주의"라는 말을 본격적으로 사용하기 시작한 것은 아민(Amin)이다. 그는 『유럽중심주의(Eurocentrism)』(1989)라는 책에서 가능한 모든 세계의 최상책-시장과 민주주의-은 이미 서구에 의해 발견되었기 때문에 서구적 모델을 따르는 것이 우리 시대가 직면한 여러 도전에 대한 유일한 해결책이라고 주장한다. 나아가 그는 유럽중심주의(서구중심주의)는 근대자본주의체제의 필연적 부산물이라고 본다. 이에 대해 쇼핫과 스탐(Shohat / Stam)은 저서 『경솔한 유럽중심주의(Unthinking Eurocentrism)』에서 유럽중심주의가 유럽을 특권화 시키는 일종의 허구적 세계관이라고 비판한다. 그는 유럽중심주의가 서구의 역사는 신성화시키는 반면 비서구 세계를 일방적으로 낯선 타자로 간주하며 심지어 악마화하는 자기중심적 세계관이라고 비판한다.

강정인은 논문 「서구중심주의에 대한 시론적 고찰」(『한국과 국제정치』제 19권 3호 2003년 겨울 통권 41호)에서 유럽중심주의(서구중심주의)가 "헤겔적인 역사주의를 근간으로 하고 있고 유럽이 발전시킨 보편주의적 정치이념인 자유주의와 마르크스주의를 관통하고 있으며, 제 2차 세계대전 이후 미국을 중심으로 하여 보급된 '근대화' 이론의 핵심적 가정으로도 깔려" 있다고 지적하고 있다. 또 그는 저서 『서구중심주의를 넘어서』(아카넷, 2004)에서 역사적으로 유럽중심주의는 "근대 서구의 식민주의, 제국주의 및 인종주의를 정당화하는데 기여해 왔"다고 지적하며 유럽중심주의는 세 개의 명제 즉 " '서구우월주의', '서구보편주의/역사주의', '문명화/근대화/지구화'"로 압축될 수 있다고 설명하고 있다.

결국, 유럽중심주의(서구중심주의)는 서구의 근대적 발전 경로를 보편적 역사 발전의 경로로 간주하고 그 경로상에 서구의 타자들을 편입시키려는 기획의 일환으로 설명될 수 있다.(조강석)

보편주의, 역사주의, 근대화

참고문헌
강정인, 『서구중심주의를 넘어서』, 아카넷, 2004.
사미르 아민, 『유럽중심주의』, 김용규 역, 세종출판사, 2000.

유머(Humor)

유머는 해학(諧謔), 익살, 기분, 기질로 미학, 문예학에서 미적범주(美的範疇)의 한가지로서 골계(滑稽)의 복잡한 형식이다. 영어로 humor(유머), 프랑스어로 humour (위무르), 독일어로 Humor(후모르)라 하는데 본래 유머는 중세 및 르네상스 시대의 생리학 용어로서 인간의 성질을 네 가지 액체(four cardinal humours)로 구분하였다. 다혈질(多血質, sanguine)로 쾌활한 성격, 흑담즙질(黑膽汁質, melancholy)로 침울하거나 풀이 죽고 우울한 심정, 점액질(粘液質, phleg)로 둔중한 성격, 담즙질(膽汁質, choleric)로 격하거나 화 잘 내는 기질 등으로 나눈 데서 비롯되었다. 그 무렵에는 이러한 체액이 어떻게 배합되느냐에 따라 인간의 성질과 체질을 결정한다고 보아 익살, 기분, 기질, 변덕스러움 등의 뜻으로 쓰이고 다시 인간의 행동, 언어, 문장 등에서 익살스러운 뜻이나 이를 인식하거나 표현하는 뜻으로 전이되었다.

골계는 인간생활이나 의식되는 내용을 만들어 내는 여러 가지 요소들의 관련에 어떤 착오가 생길 때 자신과의 정신적 거리를 가지고 관조하면서 일어나는 특이한 감정효과를 나타내기도 한다. 다만 객관적으로 대조를 이루어 내는 것이 아니라 보다 높은 관조에 의해서 주관적으로 특수한 대조를 일으키는 특색을 가지고 있다.

골계의 복잡한 현상은 규정 짓기 어려우나 객관적 골계와 주관적 골계로 구분된다. 객관적 골계는 인물이나 사건의 대상이 그 자체의 성질에 기인해서 골계를 이룸으로 육체나 정신적 결함, 성격, 상황, 운명같은 것이 이에 속하고, 주관적 골계는 각자 정신적 자율성을 가지고 특수한 연관을 만들어 내어 골계를 이루는 경우로 기지, 풍자, 유머, 해학, 아이러니 등이 있으며, 최근엔 불길하고 우울한 블랙 유머(black humour), 장난으로 하는 농담(弄談.Joke), 웃음(laughter)이 있다.(조병무)

해학, 골계, 풍자, 기지, 농담

참고문헌
이상섭, 『문학비평용어사전』, 민음사, 2001.
프로이트, 「유머」, 『억압, 증후 그리고 불안』, 황보석 역, 열린책들, 1997.

유명론(唯名論, Nominalism)

유명론이란 실재론(實在論)을 부정한 대립이론으로서, 개체적 존재(物)만이 참된 실재이며 추상적 개념이나 추상적 일반명사와 보편적(普遍的) 존재는 '물 뒤에 있는 이름'(nomina post res)에 불과한 단지 개념일 뿐이라는 이론이다. 12세기 로스켈리우스(Roscellinus)에 의해 처음 제창되었으며, 베렝가르(Berengar)·아벨라르(Abelard)와 함께 유명론의 전기(前期)가 시작되었다.

둔스 스코오투스(Duns Scotus)에 의해 사상적 준비를 마친 오캄(William of Ockham)은 유명론을 부활시키고 후기 유명론의 시대를 이끌어 나갔다. 물(物)이란 신(神)으로 대변되는 보편에 반대되는 개념으로서, 보편에서 연역(演繹)되는 것을 거부하는 명확한 개체(個體, individuum)를 의미한다. 신으로부터 독립시킨 감각적 자연을 파악하기 위한 요소로 감각적 경험을 주장하였고, 그 경험에서 얻은 직접적인 지각을 직관적 인식(直觀的認識, cognitio intuitiva)으로 정의해서 모든 지식의 기초로 보았다. 여기에서 이성의 도움을 받아 만들어 낸 일반적인 것이 추상(抽象)이며, 이를 통해 완성된 궁극적인 지식을 추상적 인식(抽象的認識, cognitio abstractiva)으로 보았고, 이 제2의 인식 내용을 보편이라 정의했다. 보편(普遍)은 객관적으로 지시하는 대상이 존재하지 않는 이름뿐이고, 각각의 개체적 존재만을 인정하기 때문에 유물론(唯物論)과 경험론(經驗論, empiricism)으로 기울어진 유명론은 19세기부터 20세기에 걸쳐서 유행해왔다.

　유명론은 아름다움, 사랑, 인간 등 우리가 사용하는 일반적인 개념들에 대응되는 구체적인 사물이 실제로 존재하는가에 대한 문제를 다룬다. 보편이 '사물 이전에(ante res)' 존재한다고 주장하는 실재론 입장의 철학자들은 아름다움이 일반적인 의미를 지닌 것처럼 아름다움의 본질이 분명하게 존재한다고 주장한다. 이에 반해 보편이 '사물 이후에(post res)' 존재한다는 유명론은 이름이란 우리가 구체적 사물의 집합을 알 수 있도록 해주는 하나의 표식일 뿐이라고 생각해 관념이 대상을 가지지 않는다고 주장한다. 그리하여 언어를 통해 얻는 추상화를 관념으로 보고, 형이상학적 존재에 대해 비판을 제기했다.(이상갑)

유심론, 유물론

참고문헌
엘리자베스 클레망 외, 『철학사전』, 이정우 역, 동녘, 1996.
이명섭, 『세계문학비평용어사전』, 을유문화사, 1985.
『세계철학대사전』, 고려출판사, 1992.

유목주의(Nomadism)

　노마디즘이라고도 한다. 특정한 가치와 삶의 방식에 얽매이지 않고 다른 삶의 영토, 다른 삶의 방식, 다른 가치를 찾아 끊임없이 이동하는 이들을 유목민(노마드, nomad)이라고 하는데 유목하며 새로운 것을 창조해내는 일체의 방식을 유목주의라고 한다. 본래 '유목민'(노마드) 개념은 들뢰즈와 가타리가 저서 『천 개의 고원』에서 부각시킨 개념이다. 그들은 이 책에서 "노마드의 삶은 막간의 간주곡이다.(…중략…) 노마드는 단지 하나의 결과로서 그리고 실제적인 필요에 의해서 한 지점에서 다음 지점으로 이동한다. 원칙적으로 그에게 각 지점은 궤도에 따른 연결점이다"라고 설명하고 있다. 이와 관련해 이진경은 「유목주의란 무엇이며, 무엇이 아닌가」(월간 『미술세계』 통권 195호)라는 글에서 "주어진 것들을 새로운 배치 속에서 탈영토화시키고, 새로운 삶의 방식과 새로운 가치로 기존의 것의 동일성을 뒤흔들고 전복하는 것이 유목주의"이며 따라서 "유목이란, 기존의 것을 파괴하는 것이 아니라 새로운 것을 창조하는 것이고 그 창조에 의해 낡은 모든 것을 위협하고 파괴되도록 한다는 점에서", 유목민은 "창조하는 방식으로 '전쟁'한다"고 요령 있게 설명하고 있다.

　유목주의는 '전쟁기계' 개념과 밀접한 관계를 갖는데 들뢰즈와 가타리가 '유목'에 대해 설명하면서 동원한 용어인 "전쟁기계"란 바로 이러한 유목적 삶의 방식에 의해, 즉 창조하는 방식에 의해 '전쟁'을 수행하는 모든 '기계'를 뜻한다. 결국, 유목주의란 기존의 것을 파괴하는 부정적인 방식에 의해서가 아니고 경계를 허물며 새로운 것을 창조해나가는 방식 일체와 관련된 태도라고 할 수 있다. 이런 의미에서 유목주의는 정치·경제적 영역, 철학, 예술의 영역 등에서 적극적으로 하위자들을 대변하고 소수적 가치를 옹호하는 기능을 발휘할 수 있는 가치관으로 주목받고 있다.(조강석)

유목, 유목민, 전쟁기계

참고문헌

이진경, 『노마디즘』Ⅰ·Ⅱ, 휴머니스트, 2002.

질 들뢰즈·펠릭스 가타리, 『천 개의 고원』, 새물결, 2001.

유물론(唯物論, Materialism, 프 Matérialisme, 독 Materialismus) ← 유물주의(唯物主義)

유물론은 유물주의(唯物主義), 물질주의(物質主義)라고도 하며 이의 철학적 해석은 우주만물이 생성되는 실재는 물리적 물질로 존재 하거나, 의존하여 존재한다고 보는 세계 본성(本性)에 관한 존재론(存在論)의 입장을 취한다. 때문에 '유물론(唯物論)'과 '유심론(唯心論)'은 대립되는 개념이 되며 정신적 존재는 공상의 소산에 지나지 않는다고 부정해 버리는 무신론(無神論)의 이론적 근거가 되어왔으며, 유기적 생명계나 인간의 정신세계를 물리적 세계와 같다고 보고, 양자의 다양한 존재를 물질의 역학적 운동으로 규정지으려 한다.

유물론은 기계적 유물론(機械的 唯物論), 변증법적 유물론(辨證法的 唯物論), 사적 유물론(史的 唯物論)이 있다.

최초의 유물론은 고대 그리스 자연철학자 데모크리토스가 세계의 모든 사물은 원자의 기계적 작용에 의해 생성되며 그에 의해 결정되는 것이라는 고대 원자론을 확립하면서 인간의 정신 또한 원자로 이루어졌다고 주장하면서 시작되었으며 근대의 유물론은 이러한 학설을 중심으로 출발하였다.

소크라테스·플라톤 이후 유물론은 강조되지 않았으나 18세기에 이르러 F. 베이컨·P. 가상디 등에 의해 영국과 프랑스에서 독자적인 유물론이 제시되었으며 독일에서는 헤겔의 관념론을 비판한 포이어바흐의 영향을 받은 마르크스·엥겔스가 변증법적 유물론을 완성시켜 현대사상에 큰 영향을 끼쳤다.(홍용희)

기계적 유물론, 무신론, 물질주의, 변증법적 유물론, 사적 유물론, 원자론, 유물주의, 유심론, 존재론

참고문헌

아이히호른, 『변증법적 유물론』, 윤정윤 역, 동녘, 1996.

_____, 『역사적 유물론』, 동녘, 1990.

독고종, 『변증법적 유물론 비판』, 과학과사상, 1994.

유물론적 비평(맑스주의 비평, Marxist criticism)

유물론적 비평은 유물론적 관점에 의한 비평을 의미하는 것으로 맑스주의 비평을 일컫는다. 맑스주의는 유물론적 철학이다. 유물론은 관념론에 대립하는 철학의 근본 경향으로, 궁극적으로 <물질>이 의식에 비하여 일차적이며 물질이 의식을 규정한다는 세계관, 철학, 철학적 견해에 대한 이름이다. 고대 희랍시대의 철학자들뿐만 아니라 고대 동방, 즉 바빌로니아, 이집트, 인도, 중국의 세계관적 사유에서도 유물론적 경향이 발견된다. 그러나 유물론은 맑스에 와서 맑스 이전과 맑스 이후로 구별된다. 맑스에 따르면 "이제까지의 모든 유물론의 주요 결함은 그것이 단지 객체 또는 직관의 형식으로만 파악하고 그것을 인간의 감성적 활동", 즉 실천으로는 파악하지 않은 점에 있다. 맑스는 인간의 모든 실천적이고 대상적인 행위, 특히 인간의 물질적 삶을 생산하고 재생산해 내는 노동을 물질 내지 존재의 범주에 함께 포함시킴으로써, 이 범주를 양적으로뿐 아니라 질적으로도 풍부하게 만들었다. 이러한 맑스주의를 바탕으로 한 비평은 다양한 흐름을 이루고 있다.

전통적인 맑스주의자들은 토대와 상부구조 사이의 차이를 크게 강조해 왔으며 사회적 토대를 본질적으로 경제적인 것으로 파악하고, 상부구조를 사상, 신념, 철학 문학과 예술 등의 정신적 활동의 세계를 구성하는 것으로 간주하였다.

문학과 예술에 관한 초기 맑스주의 저작들은 대부분의 문학작품이 생겨날 때 그것들과 사회적이고 경제적 조건들을 관련시키는 이유를 설명하면서 일반화하는 경향이 있다. 이 흐름으로 플레하노프와 골드만의 이론을 들 수 있다.

맑스주의 문학비평에 있어서 1930년대 전후의 가장 영향력 있고, 중요한 맑스주의 비평가는 게오르그 루카치다. 리얼리즘에 대한 강한 옹호와 그것에 수반된 모든 모더니즘 형식의 예술적이고 정치적 층위에 대한 적대감은 루카치 비평의 핵심이라고 할 수 있다. 루카치 이후의 맑스주의 문학비평은 맑스주의의 다양성을 반영한다고 할 수 있다. 1960년대 이후의 비평가들은 그들의 선배들보다 중재의 과정에 대한 연구에 몰두하는 경향이 있다. 프레드릭 제임슨, 테리 이글턴, 레이몬드 윌리엄스들이 그 예라고 할 수 있는데, 이들은 문학과 예술을 발생적 사회, 역사라는 문맥에서 이해하고, 언어학, 문화 그리고 세부적인 미학 문제들에 대해서도 세심한 주의를 기울인다.(박죽심)

유물론, 역사적 유물론, 토대와 상부구조, 리얼리즘

참고문헌
게오르그 루카치, 『역사소설론』, 이영욱, 거름, 1987.
한국철학사상연구회, 『철학대사전』, 동녘, 1997.
게오르그 루카치 외, 『문제는 리얼리즘이다』, 홍승용, 실천문학사, 1985.

유물변증법(唯物辨證法) ☞ 변증법적 유물론

유미주의(唯美主義, Aestheticism)

미美를 가장 지고한 가치로 보고 모든 것을 미의 견지에서 파악하는 태도 혹은 미의 창조를 예술의 목적으로 삼는 사조로, 탐미주의(耽美主義)나 심미주의(審美主義)라고도 한다. 순수한 심미적 경험은 그 실재성이나 유용성 혹은 도덕성과 같은 외적인 목적과 관계없이 심미적 대상을 사심 없이 관조하는 것에 있으며 자율성을 지녀야 한다고 주장한 칸트(I. Kant), 예술 작품의 목적은 오직 그 형식적 완벽성으로 존재하는 것 뿐 그 자체의 존재를 넘어선 어떤 목적도 없기 때문에 예술이 인류의 문화적 산물 중에 가장 뛰어난 것이라고 주장한 고티에(T. Gautier) 등으로부터 그 기원을 찾을 수 있다. '예술을 위한 예술'을 목표로 하여 예술 속에서 교훈성을 제거하고 형식적 미학을 중시하는 예술관으로서의 유미주의는 궁극적으로 순수예술을 지향하게 된다. 문학에서 유미주의는 교훈적·공리적 의미를 배제한 순수화 경향을 존중하는 문예사조를 지칭하는데, 공쿠르 형제(Goncourt Frres)나 플로베르(G. Flaubert) 등과 같은 작가들은 특히 부르주아 계급에 대한 환상을 비판하는 작품을 발표하여 상징주의 운동을 촉진시키기도 했다. 19세기 프랑스의 포우(E. A. Poe)와 보들레르(Baudelaire), 영국의 페이터(W. h. Pater)와 라파엘 전파(Pre-Raphaelite Brotherhood), 와일드(O. Wilde) 등에서 유미주의는 크게 발전하였고, 한국 현대문학에서는 유미주의가 특정한 유파를 형성하지는 않았지만 시대상황에 따라 다양한 형태로 나타났다. 김동인의 「광화사」, 「광염소나타」, 김영랑의 「모란이 피기까지는」, 이효석의 「메밀꽃 필 무렵」 등이 유미주의적 경향을 드러낸 작품이라 할 수 있다.(채근병)

탐미주의, 심미주의, 예술지상주의, 예술을 위한 예술

참고문헌

R. V. Jehnsen, 『유미주의』, 이태동 역, 왕문사, 1974.

최유찬, 『문예사조의 이해: 그리스 고전문학에서 포스트모더니즘까지』, 실천문학사, 1999.

유비쿼터스(ubiquitous)

유비쿼터스란 용어는 '언제 어디서나(everywhere)'라는 뜻을 가진 라틴어 유비크(ubique)를 어원으로 삼은 영어의 형용사로, '동시에 어디에나 존재하는'이라는 사전적 의미를 가지고 있는 생활 속의 컴퓨팅 개념이다. 이는 여러 가지 디지털 기기에 컴퓨터와 정보통신기술을 결합하여 언제 어디서나 사용자와 반응할 수 있도록 해주는 네트워킹 기술을 전제로 구현된다. 따라서 사용자는 컴퓨터나 네트워크의 기술을 따로 의식하지 않고도 장소에 구애받지 않고 자유롭게 네트워크에 접속할 수 있는 환경 내지는 그것을 가능하게 하는 기술이다. 컴퓨터 관련 기술이 생활 구석구석에 스며들어 있음을 뜻하는 퍼베이시브 컴퓨팅(pervasive computing)과 같은 개념으로 모든 사물이 인터페이스의 주체가 되는 것이 가능해진다.

이 개념은 1974년에 네덜란드에서 열린 한 세미나에서 MIT교수인 니콜라스 네그로폰테(Nicholas Negroponte)의 '장난감 등의 가정 내 모든 물건과 공간에 컴퓨터가 존재하게 될 것'이라는 발언에서 시작되었다. 이후 1988년에 마크 와이저(Mark Weiser)가 이 개념을 실제 컴퓨터와 연결시켜 연구하고 적용하기 시작하였으며, 1991년 당시 제록스의 팰러팰토 연구소(PARC)에서 일하면서 유비쿼터스 컴퓨팅의 제시를 통해 이를 실제 기술로 발전시켰다. 현재의 유비쿼터스 개념은 각종 사물과 환경 전반에 존재하지만 드러나지 않은 채 환경에 융합되는 동시에 대상에 맞는 특수 기능을 보유한 컴퓨터를 개발하고 배치함으로써 사물끼리도 커뮤니케이션이

가능해지고 이를 이용하는 인간 역시 커뮤니케이션 영역을 무한대로 확장하는 것을 가능하게 하는 데에까지 이르고 있다.(남승원)

퍼베이시브 컴퓨팅, 니콜라스 네그로폰테, 마크 와이저

유사(유비類比, 유추類推 Analogy, 프 Analogie, 독 Analogie)

은유(metaphor)의 속성으로 이질적인 것 속에 있는 공통의 속성을 지칭하는 개념으로 쓰이기도 하고(유사) 때론 이질적인 것들에서 유사성을 찾아내는 방법 즉, 유비추리(유추) 자체를 지칭하기도 한다. 이처럼 아날로지는 애초, 이질적인 것들이 품고 있는 상동성을 설명하기 위해 동원된 개념이지만, 주객의 철저한 이분법에 기초한 근대의 반성적 사유에 대한 비판이 확대되면서 근대적 비전에 맞서는 비전의 핵심원리로까지 격상되며 주목 받게 되었다.

옥타비오 빠스(Octavio Paz)는『흙의 자식들』에서 "직선적인 시간과 무한한 분열로 이루어진 현대 세계와, 변화와 역사라는 현대의 시간관에 대해 아날로지는 불가능한 단일성이 아니라 은유라는 중재자"를 내세운다고 유사(아날로지)의 의미를 확대한다. 그에 의하면, 아날로지는 세계를 리듬으로 인식하는 우주적 상응의 비전이다. 주체와 타자를 이분법적으로 가르며 타자를 대상화하고 배제시켜 나가는 근대의 비판적 이성의 원리와는 달리 타자를 끌어들여 주체와 화해시키는 유사(아날로지)의 비전은 이질적인 것들 속에서 서로 닮은 요소들을 발견하고 이를 바탕으로 이질적인 것들을 하나의 거대한 우주적 틀 속에 포용하는 비전이다. 물론, 이것은 차이와 비판을 만드는 근대 이성의 비전과는 다른 비전이다. 이것은 세계를 리듬으로 인식하고 모든 존재와 세계 사이에 존재하는 상응에 대한 믿음에 기초한 비전이다. 파스에 의하면 유사(아날로지)가 중요한 것은 세계를 비판적 인식의 대상으로만 파악하고 분리와 차별성을 부각시키는 데 주력하는 근대적 이성의 기능과는 달리 우리로 하여금 세계를 동일한 리듬으로 인식하게 하고 우주적 상응의 여지를 찾아볼 수 있게 하는 것이 바로 유사(아날로지)의 적극적 의미라고 할 수 있다.(조강석)

차이, 상응

참고문헌
김욱동,『은유와 환유』, 민음사, 1999.
옥타비오 파스,『흙의 자식들』, 김은중 역, 솔, 1999.

유산자 ☞ 부르주아

유선시(遊仙詩)

신선(神仙)이나 선경(仙境) 등을 묘사해서 작자의 감정과 사상을 담은 시가 양식의 일종. 유선시의 기원은 대단히 오래되어, 진(秦)나라 때 박사(博士)에게는 「선진인시(仙眞人詩)」가 있었고,

한나라 때 악부(樂府) 가운데에도 유사한 작품이 남아 있다. 그러나 유선시가 본격적으로 유행한 것은 위진(魏晉) 시대였다. 조식(曹植, 192-232)의 「선인편(仙人篇)」과 「원유편(遠遊篇)」, 「승천행(升天行)」, 「삼유(三遊)」 등과 완적(阮籍, 210-263)의 「영회시(詠懷詩)」 가운데 일부 작품은 모두 유선시 계열에 속한다. 그러나 유선을 시적인 주제로 삼고 이를 전문적으로 묘사한 대표적인 작가는 동진(東晉) 때의 시인 곽박(郭璞, 276-324)이다. 현재 남아 있는 작품으로 「유선시」 14수가 있다. 그 내용은 주로 한가롭고 허무하며 표묘(飄渺)한 선경의 모습을 빌어 당시의 권력층과 재산가들을 멸시하고 비웃으며 은일(隱逸)하려는 작가의 정신적 기조를 표현하고 있다. "고대광실이 무슨 영광이리오, 봉래산에 숨기보단 못한 일인 것을(朱門何足榮 未若托蓬萊)"이나 "세상살이 밖으로 나와 높이 거닐고, 백이숙제에게 감사하며 길게 인사를 올린다.(高蹈風塵外 長揖謝夷齊)"는 시구는 비록 소극적인 은둔 경향이 물씬 풍기지만 현실에 대한 불만과 감개가 은연중에 토로되고 있다. 소명태자(昭明太子)는 『문선(文選)』을 엮으면서 유선시라는 편목을 따로 두었는데, 진(晉)나라 하소(何劭)와 곽박이 지은 「유선시」 몇 작품을 수록하였다. 이후 문인들도 이를 제목으로 삼아 많은 작품을 창작하기 시작하였다.(임종욱)

신선(神仙), 선경(仙境), 곽박(郭璞), 표묘(飄渺), 은일(隱逸)

참고문헌
임종욱, 『동양문학비평용어사전-중국편』, 범우사, 1997.
_____, 『중국의 문예인식』, 이회, 2001.
_____, 『중국문학에서의 문장체제 인물 유파 풍격』, 이회, 2001.
주훈초, 『중국문학비평사』, 이론과실천, 1992.

유심(有心)

유심은 일본어로는 우신(うしん)이라고 읽는다. 말 그대로 마음(心)이 있다(有)는 의미라서 일본어로 고코로아리(こころあり) 라고 읽기도 한다. 와카(和歌)·렌카(連歌)의 용어이다. 일반적으로는 자연이건 인간사회에 일어나는 일이건 대상에 대해서 깊은 이해를 가지는 것으로, 그 때문에 사려(思慮)가 있는, 정을 안다(이해한다)는 의미이다. 그 역이 무심(無心)이다. 무심은 사려가 부족하고 정을 모른다는 의미가 된다. '유심체(有心體)'라고 할 때에도 노래를 읊을 때의 중점을 표현 형태나 내용에 두는 것이 아니라, 표현자의 대상에 대한 마음의 깊이, 이해의 깊이에 두는 태도를 말하는 것이다. 노래(歌)에서는 제의(題意)에 대한 이해의 깊이가 깊고 얕고에 따라서 유심·무심으로 얘기한다.

유심을 가론(歌論) 속에서 말한 것은 후지하라 데이카(藤原定家,1162-1241) 작(作)이라고 전해지는 『매월초 每月抄』(1219)가 최초라고 일컬어진다. 유현(幽玄)이 중고시대(中古時代)의 '모노노아와레(もののあはれ)'의 흐름을 잇는 것으로, 희미하고 파악하기 어려운 정취(情趣)나 여정(餘情)의 미를 나타냈다고 한다면, 유심은 유현을 더 추구하여, 화려한 우염(優艶)의 아름다운

정취를 나타낸 미라고 할 수 있다. 물론 유현과 유심은 가론의 중심과제였다. 노래의 경우, 헤이안 시대(平安時代) 이후에는 제영(題詠,미리 제목을 정해 놓고 읊는 시가)이 보통이기 때문에, 대상이 되는 제목의 본뜻, 즉 제목의 진실된 성질이나 상태라고 생각되고 있었던 것에 대해서 깊은 이해를 나타내는 태도가 유심이었다. 게다가 당시의 영가법(詠歌法)은 풍정(風情, 취향(趣向))의 잘하고 못함(巧拙)을 중요시했기 때문에, 유심은 우선 정교하고 치밀한 풍정을 의미했다. 예를 들면『덴토쿠사년 내리가합 天德四年內裏歌合』(960)의 8번 판사(判詞) 등이 그것이다. 여기에서 판사란 가합(歌合) 등에서 작품의 우열을 판정하는 사람인 판자(判者)가 노래나 구(句)의 우열(優劣)이나 가부(可否)를 판정해서 하는 말을 가리킨다. 유심은 정교하고 치밀한 풍정에 이어서 표현된 정의(情意)의 깊이가 고려되었다. 그러다가 헤이안 시대 말기가 되면, 이 풍정 중심의 영가법이 변혁되어, 풍정보다도, 풍정을 생각해내는 마음의 작용으로 그 반성이 일어나게 된다. 다시 말해서 제목의 본뜻을 단순히 지적(知的)으로 다루는 것이 아니라, 정의를 담아서 그 안에 몰입하고, 그 깊은 곳에 있는, 말로 표현해 낼 수 없는 것을 감득(感得)하는 것이 요구되었다.

유심에 유현 이상으로 관심을 기울였던 사람은 렌카론(連歌論)의 신케이(心敬, 1406-1475)와 노가쿠론(能樂論)의 제아미(世阿彌,1363-1443)로, 이들은 불교적인 마음의 수행을 하는 엄격함과 유심을 일체(一體)라고 보고 있는 사람들이다. 제아미는 유심이라는 말을 버리고 '무심'을 취해 유심론의 극치(極致)로서의 무심론에 도달해 갔다.(오석윤)

와카, 렌카, 유심체, 가론, 유심론

참고문헌
犬養 廉 외 편,『和歌大辭典』, 明治書院, 1986.
小町谷照彦 編,『古典文學基礎知識必携』(「國文學」42), 學燈社, 1991.
『日本古典文學大事典』제1권, 岩波書店, 1983.
『日本大百科典書』3, 小學館, 1985.

유심론 ☞ 관념론

유적존재(類的存在, The spcies being, Gattungswesen)

고유한 종들이 갖는 독자성, 또는 하위 주체들의 고유성을 의미한다. 종별성, 종별 고유성 등으로 번역되기도 한다. 다위의 진화론에 영향을 받아 포이에르바하가 사용했으며, 이를 다시 칼 마르크스가 '노동하는 인간'이라는 개념으로 사용하면서 일반화 되었다.

'종'이라는 개념은 다윈의 진화론 속에서는 일종의 실재하는 것으로 여겨졌는데, 그에 맞는 특성들이 존재하고 그래서 다른 종들과는 구별된다고 여겼다. 19세기 생물학은 특정한 종의 여러 변이체들을 연구하여 이들에게 종의 고유성을 추출하려는 경향이 있었다.

포이에르바하는 인간이 어떻게 다른 동물과 다른지를 구별하기 위해 '유적존재'라는 개념을 사용했다. 그에 따르면, 인간은 개체로서의 자기 자신뿐만 아니라 인간 종의 구성원으로서의 자기도 의식하고 있다. 포이에르바하는 이 이념을 종교에 적용시켜 "신이란 실로 한 개별자로서 생각되는 종(種)의 완성된 이념이며, 신은 종이 행할 수 있는 모든 완전함을 함축하고 있다."라고 했다.

'종'의 이념이 전제하는 인류의 근본적인 통일성은 인간이 자기 충족적 존재가 아니라는 사실로부터 생겨난다. 인간들은 아주 다양하고 상이한 성질을 지니고 있기 때문에, 그들은 더불어 있을 때 비로소 '완전한' 인간을 형성할 수 있다. 포이에르바하에 따르면, 모든 인식은 인간 종의 한 구성원인 인간에게로 다다르며, 한 인간이 인간 종의 한 구성원으로서 행동할 때 그의 행동도 질적으로 달라진다. 그의 동료인 인간 존재들은 그로 하여금 한 인간으로서의 자신을 의식하게 만들며, 그의 의식 및 심지어 진리의 기준조차 형성시켜 준다. 포이에르바하는 "종(種)이야말로 진리의 궁극적 척도인 바, 진리는 종의 본질과 일치하는 것이며, 허위는 그와 일치하지 않는 것이다"고 말하고 있다. 신이라는 이념은 인류가 아직 그 자신의 완전함을 실현하지 못했기 때문에 생겨난다. 나중에 포이에르바하는 '종'이라는 용어를 더 이상 쓰지 않고, 그것을 '공동체(community)로 대체해서, 사회의 나머지 부류와는 따로 떼어 본 두 사람 사이의 관계에 대해 말하려고 하였다.

포이에르바하의 유적존재로서의 인간 개념을 발전시킨 사람은 칼 마르크스이다. 마르크스는 인간을 다른 동물들과 구별하는 종의 차이를 인간만이 능동적인 존재라는 데에서 찾는다. 이 때 '능동성'이란 '실천'을 의미하여 이 점에서 마르크스는 이전의 유물론과 명백하게 선을 긋는다. 즉 유적존재로서의 인간은 자연적인 존재에 머무는 것이 아니라, 노동을 통해 자연을 대상화하고 전유하는 데에 있는 것이다. 인간이 다른 존재자들처럼, 타자와의 구별과 대립 속에서 자기 자신으로 머물러 있기만 한다면, 즉 무생물들처럼 단순한 즉자존재이기만 하다면, 그는 개별자에 불과하다. 그러나 그는 자신의 노동을 통해 그와 대립되어 있는 타자, 즉 자연을, 자연의 전 대상물들을 자기의 것으로 만든다. 이렇게 자신과 타자의 통일, 즉 다른 개별자들과의 종합을 이루기 때문에, 인간은 보편적 존재이다. 마르크스에 따르면 인간의 보편성은 전자연을 자기의 비유기적 신체로 만드는 보편성으로 나타난다.

마르크스는 유적존재로서의 인간을 현존의 차원에서가 아니라 역사적 과정이라는 차원에서 이해했다. 유적 존재로서의 자신의 본질이 실현된 상태, 전 자연을 자기의 것으로 완전하게 전유하게 되는 상태, 그래서 인간이 완전히 보편적인 존재가 되는 상태가 다름 아니라 역사의 완성으로서의 공산주의이다.(박상민)

능동성, 독자성, 보편성, 종(種)

참고문헌
D. 맥렐란, 『청년헤겔운동』, 홍윤기 역, 학민사, 1984.
칼 마르크스·프리디리히 엥겔스, 『독일 이데올로기』, 박재희 역, 청년사, 1988.

유추(類推) ☞ 유비

유토피아(Utopia)

　이상향. 공상적으로 그린 이상적 사회. 영국 소설가 토마스 모어(T. More)가 그리스어의 '없는 (ou-)', '장소(toppos)'라는 두 말을 결합하여 만든 용어로서 원뜻은 '아무 곳에도 없는 장소', '무 하유향(無何有鄕)', 'not place', 즉 'nowhere'이다. 또한 이 말은 '좋은(eu-)', '장소'라는 뜻을 연상 하게 하는 이중기능을 지니고 있기도 하다. 유럽 사상사에서 유토피아의 역사는 플라톤(Platon) 의 『국가론』에 나오는 이상국으로까지 거슬러 올라가며 중세에는 성 아우구스티누스 (Augustinus)의 『신국론』으로 표출된다. 그러나 정확히 말하면 유토피아 사상은 근대 사상의 산 물로서 영국의 정치사상가였던 모어의 저서 『유토피아』(1516)를 시초로 한다. 모어는 자본주 의의 원초적 축적 단계에 있었던 영국의 비참한 대중생활과 부유층의 사치스런 행복의 모순을 인식하고, 사유 재산이 없고 모든 사람이 일하며 가난한 사람도 부자도 없는 공산주의적 사회조 직을 그려내었다. 이러한 모어의 유토피아적 이상은 그 뒤의 유토피아 문학에 계승되어 근대 초 기, 즉 16~17세기에 유토피아 문학이 연이어 출현한다.

　이탈리아 철학자 캄파넬라(Tommaso Campanella)의 『태양의 나라』(1623)는 생산수단의 사 유화가 폐지되고 노동이 모든 시민의 의무와 권리가 되는 공산주의에 의해 모든 민족이 하나로 통합되는 것을 꿈꾸지만 모어의 소설과 마찬가지로 노예가 남아 있는 모순을 보이기도 한다. 시 라노 드 베르즈락(Cyrano de Bergerac)의 『달세계 여행기』(1657)는 캄파넬라의 사상을 이어받 으면서도 유토피아 사상을 차용한 풍자소설로 바뀌어 스위프트(Jonathan Swift)의 『걸리버 여 행기』 계열에 속한다. 근대 철학자 베이컨(Francis Bacon)의 『뉴아틀란티스』(1627)에서는 계급 제, 신분제, 민족적 차별이 유지되고 있어 모어처럼 투명한 사회를 그려내고 있지는 않다. 오히 려 여기서는 인간의 건강, 행복, 계발, 능력이 과학적 시설에 의해 촉진되는 세계가 그려지고 있 어 과학 문명에 대한 기대감을 엿보게 한다.

　유토피아는 중세적 사회 질서에서 근대적 사회 질서로 옮아가는 재편성의 시기를 맞아, 막 태어난 자본주의의 모순을 감지하며 그 구제 방법을 발견할 수 있었던 정치 사상가에 의해 천재 적으로 구상되었다. 근대 자본주의 사회의 모순에 대한 반성으로서, 또는 근대 과학기술 문명의 찬란한 미래에 대한 기대라는 이중적 시선 속에서 유토피아는 탄생한 것이다. 전자의 예로는 종 교개혁 사상 가운데 가장 과격파인 '천년지복설(千年至福說)'의 비전을, 후자의 예로는 『뉴아틀 란티스』를 각각 그 전형으로 들 수 있다. 자본주의의 발전과 더불어 그 모순도 마찬가지로 잉태 되어 있었기 때문에 이들 유토피아의 비전은 18~19세기의 생시몽(Comte de Saint-Simon), 푸리 에(Fourier), 오언(Robert Owen) 등 공상적 사회주의자의 이상사회의 계획으로 이어지고 있다. 또한 19세기 후반에도 벨라미(E. Ballamy)의 『돌아보면』(1887), 모리스(William Morris)의 『유토피아 소식』, 버틀러(Samuel Butler)의『에레혼』(1872) 등 수많은 유토피아가 등장하고 있지만 그것들은 무정부주의적, 국가주의적 경향이 강하다.

　동아시아 한자 문화권에서는 도연명(陶淵明)의『도화원기(桃花源記』의 '무릉도원(武陵桃源)'이나『장자(莊子)』, 「응제왕(應帝王)」에 나오는 '무하유지향(無何有之鄕)'을 유토피아의 시초로 간주하고 있다. 우리나라에서는 허균의 소설『홍길동전』에 나오는 율도국(硉島國), 설화에 나오는 청학동 등을 유토피아로 간주하고 있으며 일본에서는 안도 쇼에키(安藤昌益)가 봉건제도를 폐지하고 일하는 농민의 공산주의적 유토피아를 몽상했다고 하지만, 자본주의의 모순 속에서 파생한 유럽의 유토피아 사상과는 차별점을 가진다.

　'유토피아적 의식이란 주변의 존재와 일치하고 있지 않은 의식'이라는 만하임(Karl Mannheim)의 정의에서도 알 수 있듯이 유토피아는 사회 비판의 기능을 수행해 왔고, 그 때문에 현대에서도 사회주의 사상 속에서 미래에 대한 상으로 기능해 왔다. 마르크스는 공상적 사회주의자들의 유토피아에 대해 그것의 비과학성을 문제삼았지만, 에른스트 블로흐(Ernest Bloch)나 마르쿠제(Herbert Marcuse) 등의 사회주의 사상가들은 유토피아 사상이 가진 현실 파괴력을 적극 수용하고자 했다. 그 이후 사회주의적 전망에 대한 회의 속에서 미래에 대한 부정적 인식인 디스토피아(distopia)가 발생했지만, 유토피아 사상은 아직도 문학과 사상에 끊임없는 활력을 주는 하나의 요소임에는 틀림없다.(정호웅)

디스토피아, 공상적 사회주의

참고문헌
문덕수 편,『세계문예대사전』, 교육출판공사, 1994.
吉江喬松,『世界文藝大辭典』, 中央公論社, 1937.
下中直也 編,『哲學辭典』, 平凡社, 1971.
만하임,『이데올로기와 유토피아』, 황성모 역, 삼성출판사, 1990.

유형 ☞ 양식

유희(遊戲) ☞ 놀이

육의(六義)

　육의(六義)는 시경을 바라보는 한 가지 관점으로서, 「모시서(毛詩序)」에 소개되어 있다. 육의란 '풍(風)·아(雅)·송(頌)·부(賦)·비(比)·흥(興)'을 지칭한다. 여기서 풍아송은 시경의 체재이며, 부비흥은 창작 방법이다. 전자는 다시 각 지방의 민가인 풍(風)과, 조정의 악곡이라고 설명되는 대아(大雅)와 소아(小雅), 그리고 종묘사직에 제사지내는 용도로 사용된 노랫말인 송(頌)이 있다. 후자에 대해서는 사물을 있는 그대로 서술하는 부(賦), 비유의 수법으로 사용하는 비

(比), 변죽을 울리며 흥취를 돋우는 흥(興)이 있다.

　육의와 관련된 최초의 논의가 나타나는 책은『주례(周禮)ㆍ춘관(春官)』이다. 여기에는 "태사(太師)가 6시(六詩)를 가르쳤는데, 풍ㆍ부ㆍ비ㆍ흥ㆍ아ㆍ송이 그것"이라고 규정되어 있다. 글자의 뜻을 가지고 보면「모시서」에서 "시에는 풍ㆍ부ㆍ비ㆍ흥ㆍ아ㆍ송 육의가 있다" 고 되어 있으며, 여기서 "풍은 풍자를 말하며, 아는 바로잡음, 송은 신에게 고함"이라고 해설하고 있다.

　육의는『모시』가 지니는 경서로서의 권위와 더불어 오래도록 작시상의 범주가 되었으나, 부ㆍ비ㆍ흥의 해설이 없기 때문에 갖가지 상이한 해석을 낳았다. 특히 흥에 대하여 그러하다. 그리고 풍(風俗歌), 아(하연가(賀宴歌)), 송(제의가(祭儀歌))은 주로 용도에 따른 양식별 구분으로, 부와 흥은 고대에 특유한 시의 표현 방법상의 구분으로 보기도 한다.

　부는 신의 말씀을 전하거나 신을 찬양할 때 직접적으로 이를 서술하는 것으로, 서사시로 전재된다. 흥은 신과 사람을 매개하는 사물을 빌려 기원ㆍ축계ㆍ불운을 말하는 데서 비롯된 것으로, 그 서술이 상징적 의미를 가지고 통용되며, 서정시가 이로부터 전개된다. 비는 흥에서 발전한 수사(修辭) 기교의 비유이다.

　중국문학사상 시가의 내용과 형식에 관련 풍ㆍ아ㆍ송ㆍ부ㆍ비ㆍ흥 여섯 종의 체례는 시가를 구성하는 데 있어서 아름답게 풍자하고 비유하며 흥기시키는 위대한 영향력을 발휘하였고, 중국 시 사상 가장 오래되고 확고한 경학적 전통을 구축하였다. 이 전통은 후대의 시인이나 창작 행위에 큰 영향을 끼쳤으며 시가 비평에서도 일정한 준칙으로 작용하였다. 이박에 사시설(四始說) 및 변풍과 변아설이 있는데, 그 해석의 방향은 정치사회적 문학 당시에는 그들 나름의 사회적 의미가 있었지만, 오늘날의 시점에서는 적절하지 않은 해석이다.(오태석)

모시서, 육의

참고문헌
임종욱 저, 『동양문학비평용어사전』, 범우사, 1997.
「모시서(毛詩序)」

윤리학(倫理學, Ethics)

　윤리학이란 철학의 중요한 한 영역으로서, 일반적으로 인간의 행위의 원리에 관한 여러 가지 문제들, 즉 도덕적인 가치 판단과 규범(規範)을 연구하는 학문이다. 윤리학을 의미하는 그리스어 'Ethika'는 동물이 사는 곳, 축사(畜舍), 집을 뜻하는 에토스(ethos)에서 유래했는데, 사회적인 풍습, 개인의 습관, 품성, 예절의 뜻을 내포하고 있다. 그러므로 윤리학은 이러한 기본적인 원리들의 통일 개념이며, 이들을 바탕으로 하여 사회적 규범과 개인의 자발적인 의지에서 나오는 행동이나 의식ㆍ신념ㆍ태도ㆍ도덕성을 의미한다. 무어(G.E.Moore)는 윤리학이 "선이란 무잇인가(What is good?)"를 밝히는 학문이라 하였는데, 이는 윤리학이 선을 행하고 악을 물리치게 하는 선·악에 관한 이론이라는 것이다.

윤리학의 성립은 고대 그리스의 철인들에 의해 이루어졌다. 소크라테스(Sokrates)·플라톤 (Platon)·아리스토텔레스(Aristoteles) 등의 철학자들은 도시국가(polis)의 에토스에 관한 사색을 하며 사상을 형성시켜 나갔다. 당시 위기를 맞고 있던 폴리스 생활의 장점을 민중에게 자각시키고, 보다 이상적인 폴리스를 건설하기 위해 연구가 시작되었고 그것이 윤리설의 출발이었다. 서양의 윤리학은 선험적인 도덕률에 근거를 둔 법칙 윤리학과, 가치의 다양성을 통일적으로 파악하는 목적 윤리학이 양립(兩立)하며 발전하였다. 또한 칸트(Kant)는 윤리학을 실천이성에 의한 철학으로 규정하고, 실천이성 스스로 세운 도덕법칙으로서 개인에게 주어지는 정언적 명령(定言的命令)을 지켜야 한다고 주장했다.

동양의 윤리학은 사물의 이치와 같이 인간 세계에도 존재하는 이법(理法)의 기준을 밝히려고 하였다. 즉, 사람의 인성(人性)을 근거로 한 인륜(人倫)의 이법을 밝히는 것을 목적으로 한 것이다. 부자(父子)·군신(君臣)·부부(夫婦)·장유(長幼)·붕우(朋友)의 오륜(五倫)과 친(親)·의(義)·별(別)·서(序)·신(信)이라는 오상(五常)의 유교 윤리는 그 본질을 나타내주고 있다. 우리나라의 윤리학은 자연과 자신, 그리고 타자와의 관계에서 생성된다. 자연의 이치에 순응하는 것과 자신의 뿌리인 조상을 숭배하는 것, 그리고 함께 사는 민족에 대한 정(情)이 윤리학의 근본인 것이다. 앞으로 동양윤리학의 현대적 재해석과 한국 윤리와 서양 윤리와의 창조적 조화의 연구가 윤리학의 과제로 남아 있다.(이상갑)

선/악, 에토스, 실천이성

참고문헌
고영옥, 『사회학 사전』, 사회문화연구소, 2000.
박선목, 『윤리, 사회사상 사전』, 형설출판사, 2002.
『세계철학대사전』, 고려출판사, 1992.

윤회사상(輪廻思想)

중생은 끊임없이 삼계 육도(三界六道)를 돌고 돌며 생사를 거듭한다고 보는 사상.

윤회사상은 고대 인도인들의 정신문화사상이며, 힌두교사상의 일부분이기도 하다. 이런 윤회사상은 다른 여러 나라에도 있다. 우리나라에도 간혹 보면 옛날이야기에 사람이 죽어 어떤 집에 개로 태어나거나 소로 태어나 그집을 위해 봉사하다가 죽거나 다시 사람으로 환생하는 이야기를 쉽게 찾아볼 수 있는데, 이는 윤회사상과 직간접적으로 관계가 있다.

불교에서 우리의 존재는 결코 한 시기의 존재가 아니고 업의 힘에 의해 무시무종(無始無終)으로 생사를 되풀이하는 존재이다. 인간은 업에 따라 다양한 형태의 삶을 받게 되는데 이것을 업에 의한 윤회라고 말한다. 이런 불교의 업과 윤회사상은 불교만의 독창적인 사상은 아니었다. 이것은 부처의 출생 이전부터 인도 아리안들 사이에 널리 퍼져있던 보편적인 인도의 사상이었다. 업과 윤회는 불교 밖에서 들어온 이론이었으나 부처는 처음부터 이를 받아들여 독자적인 불교의 업과 윤회사상으로 완성하였다.

불교 학자들은 불교의 모든 교리들은 윤회사상의 기초위에서 성립되며 실로 모든 불교 교리는 윤회를 인정하는 데서 존재가치를 가지게 된다. 만약 윤회사상을 불교에서 제거해 버린다면 불교라는 구조물은 그대로 무너져버리고 말 것이라고 말한다. 실제로 업과 윤회설은 불교의 연기적 세계관을 설명하는데 있어 가장 핵심적인 이론적 근거를 제공하고 있다. 인생의 다양한 모습을 설명하거나 인간조건의 불평등이나 존재의 사후 운명을 설명하는 데 있어서도 윤회설만큼 명료한 설명을 할 수 있는 이론은 없다

인간이 죽은 다음에 다시 태어난다는 윤회 사상은 불교 문화권이라 할 수 있는 동양인들에게는 물론이거니와, 『싯다르타』, 『데미안』 등을 저술한 헤르만 헤세를 비롯하여 기타 서구의 많은 사상가들에게 영향을 미쳤다.(박상민)

전생, 업, 연기설, 불교

참고문헌
김소하 외, 『한국불교학연구총서 15(총설편)』, 불함문화사, 2003.
동국대학교 한국문학연구소, 『불교사상과 한국문학』, 아세아문화사, 2001.

율려(律呂)

율려는 원래 음악 용어이지만, 음양오행의 동양철학에 기초하고 있고, 고대 신화에서 천지창조의 주인공으로 일컬어지는 등 철학, 신화학 등에서도 다양하게 사용된다.

음악에서 율려는 12율의 양률(陽律)과 음려(陰呂)를 통틀어 일컫는 말이다. 12율은 1옥타브의 음정을 12개의 반음으로 나눈 것을 말하므로 1개의 율은 1개의 반음을 가리킨다. 2율은 황종·대려(大呂)·협종(夾鐘)·태주·중려(仲呂)·고선·이칙(夷則)·유빈·임종(林鍾)·무역·응종(應鐘)·남려(南呂) 등이다. 『악학궤범』에 따르면 이들 가운데 황종·태주·고선·유빈·이칙·무역을 양률이라 하고, 대려·협종·중려·임종·남려·응종을 음려라고 한다. 양률은 육률(六律), 음려는 육려(六呂)라고도 한다.

한편 신화에서 율려는 천지창조의 주인공으로 등장한다. 신라시대 박제상(朴堤上)이 쓴 『부도지(符都誌)』는 창세(創世)의 기록을 담고 있다. 『부도지』에 의하면 천지창조의 주인공은 율려(律呂)이다. 율려가 몇 번 부활하여 별들이 나타났고, 우주의 어머니인 마고(麻姑)를 잉태했다. 마고는 홀로 선천(先天)을 남자로 하고 후천(後天)을 여자로 하여 배우자가 없이 궁희(穹姬)와 소희(巢姬)를 낳고, 궁희와 소희도 역시 선천과 후천의 정을 받아 결혼하지 아니하고 네 천인(天人)과 네 천녀(天女)를 낳았다. 율려가 다시 부활하여 지상에 육지와 바다가 생겼다. 기(氣), 화(火), 수(水), 토(土)가 서로 섞여 조화를 이루더니 풀과 나무, 새와 짐승들이 태어났다. 마고는 율

려를 타고 지구를 삶의 터전으로 만들었으며, 천인과 천녀들은 하늘의 본음(本音)으로 만물을 다스렸다.

동양철학에서 볼 때 율려론은 음양오행의 주역 철학에 기초하였으며, 상생과 상극의 상관관계에 대한 통합적 이해를 바탕으로 조화점을 얻어야 한다는 입장으로 요약할 수 있다. 이러한 '율려'는 오늘날 증산도에서 태을주 사상을 결합시켜 신앙화 하고 있으며, 김지하의 생명 사상에서도 중심을 이루게 된다.(박상민)

양률(陽律), 음려(陰呂), 육률(六律), 육려(六呂), 부도지(符都誌), 천지창조, 음양오행, 마고

참고문헌
김병훈, 『율려와 동양사상』, 예문서원, 2004.
김지하, 『율려란 무엇인가』, 한문화, 1999.

율시(律詩)

한중 고전시의 한 갈래로서 격률이 엄격하고 규칙이 엄정하다. 중국의 시는 원래 고시였으나, 율시는 육조 시대에 점점 오·칠언으로 일정한 모습을 갖춰가다가, 남조(南朝) 제량(齊梁) 시대에 심약(沈約)등이 성률과 대구(對句)에 심혈을 기울이면서 완정한 체재를 갖추게 되었다. 이후 초당 시기에는 심전기(沈佺期)와 송지문(宋之問)에서 오언율시가 먼저 성행하였고, 성당(盛唐)대에 성숙한 단계에 들어섰다. 고체시에 대비되어 근체시라고 한다.

율시가 갖추어야 할 조건은 첫째로 시구의 글자수가 일정하며 구의 자수에 따라 오언과 칠언으로 나뉜다. 둘째는 통상적으로 한편의 시는 여덟 구로 구성된다. 셋째는 각 구 또는 연간에는 상반과 추종의 법칙이 있다. 이를 대(對)와 점(黏)이라고 한다. 보통 여덟 구로 된 한편의 율시는 두 구씩을 묶어 연을 이루며 따라서 4연이 된다.

넷째로 성조와 운을 가진다. 고대중국어는 평(平), 상(上), 거(去), 입(入) 4성으로 분류되었는데 시가의 성율은 평성자를 한 부류로 묶고 상. 거. 입성을 한 부류로 묶어 이를 측성(仄聲)이라고 불렀다. 율시는 매 시구마다 글자를 쓸 때 평측이 서로 조화를 이루며 앞 뒤 시구에서도 평측이 서로 대치되어야 한다. 고전시에서 평과 측의 구분은 매우 중요하다. 당시에는 있었던 입성은 오늘날은 사용되지 않고, 현대 중국어인 보통화(普通話)의 2-4성으로 편입되었다. 기본적으로 1, 2성은 평성이지만, 입성자가 산입(散入)된 2성만 잘 가리면 평측을 따지는 일이 어려운 것만도 아니다. 그런데 우리나라 한자음은 수당시대에 건너왔으므로, 당송시의 운을 따지기 이해서는 아직 [p, t, k]로 끝나는 입성자가 존재하는 우리말 한자음으로 입성자를 가리면 비교적 수월하게 평측을 가릴 수 있게 된다. 운은 짝수구의 끝자에 평성운을 단다. 상평성 대표운은 '동동강지미어우제가회진문원한산(東冬江支微魚虞齊佳灰眞文元寒刪)'이며, 하평성 대표운은 '선소효호가마양경청증우침담염함(尤侵覃鹽咸麻陽庚靑蒸先蕭肴豪歌)'이다.

당나라의 율시는 정형화되는 과정중이나 정형화된 뒤에도 실제 창작에서는 다양하게 변형된 예가 나온다. 그 중의 하나가 의식적으로 일상적인 격조에 의하지 않고 평측원칙을 변동시켰다. 이를 일러 요체(拗體)라 하며, 당대의 두보(杜甫), 송대의 황정견(黃庭堅)이 잘 썼다. 절구(絶句)는 사실상 율시의 반을 여러 가지 방식으로 절취해서 지은 것이므로 기본적 격률은 율시와 유사하다. 율시의 변형으로서, 중간의 대구 부분이 3연, 4연으로 길어진 것을 배율(排律) 또는 장률(長律)이라고 한다. 긴 것은 100구 이상이나 되는데, 이것도 두보가 완성자이다. 이것이 빚어내는 중후한 맛은 공식 자리에서의 응수 등에 적합하며, 과거의 시 과목에서는 12구 배율을 쓰는 것이 관례였다. 배율은 오언 위주이며, 칠언은 별로 없다.(오태석)

율시, 평측율, 대장(對仗), 오언, 칠언, 절구, 배율(倍率)

참고문헌
陳伯海 저, 『당시학의 이해』, 이종진 역, 사람과 책, 2001.
『漢語詩律學』, 王力

은유(隱喩 Metaphor)

은유(metaphor)는 meta(over) + phora(carrying) 즉, 의미의 이동과 전환을 의미한다. '-같다', '-듯하다'와 같이 비교를 나타내는 말을 숨기고 압축된 직유의 형태를 취하기 때문에 은유(隱喩)라고 한다. 은유의 형태는 A=B이지만, 은유의 의미는 A×B이다. 이미지를 받는 말과 이미지를 주는 말이 상호작용에 의하여 의미의 질적 전환을 일으키는 것이다. 그룹 뮤(μ)는 은유를 두 제유의 결합이라고 규정하였다. '참나무'라는 낱말이 제유를 구성하는 과정은 네 가지 절차를 거치게 된다. 1. [부분→전체] : 숲, 뜰, 문, 책상 등 참나무를 포함하는 사물이나 참나무로 된 사물, 2. [전체 → 부분] : 잎, 줄기, 도토리, 뿌리 등, 3. [특수 → 일반] : 나무, 강한 것, 큰 것 등, 4. [일반 → 특수] : 보통 참나무, 떡갈나무, 너도밤나무 등. 이 때 은유는 이 과정들 중 두 가지 이상을 거쳐 형성된다. 이 '참나무'로 은유를 만들려면, '참나무'라는 전체의 한 부분인 '가지'를 다시 '가지를 지닌 어떤 것'이라는 전체로 나아가게 하거나, '참나무'라는 특수한 것에서 '큰 사물'이라는 일반적인 것을 연상한 뒤, 이를 다시 '어떤 큰 사람이나 큰 대상'이라는 특수한 대상으로 연결시킬 수 있다. 이러한 과정을 통해 참나무는 여러 지부를 가진 정당을 나타낼 수도 있고, 여러 회사를 거느리는 독과점 대기업을 나타낼 수도 있는 것이다. 권투선수 무하마드 알리를 이미지 수령어로 하고 참나무를 이미지 제공어로 하여 제유를 이중으로 하면 "링을 떠나는 이슬람의 참나무"라는 은유가 형성된다. 라캉은 은유의 심리과정을 다음과 같은 공식으로 요약하였다.

$$f(\frac{S'}{S})S \cong S(+)s$$

여기서 S와 S'는 선택할 수 있는 잠재적 계열체이다. 좌변은 기호표현들의 관계를 나타내고 우변은 기호표현과 기호내용의 관계를 나타낸다. 좌변에 새로운 기호표현이 나타나면 원래의 기호표현은 잠재적 기호표현으로 감쳐진다. 우변의 +는 의미작용에 저항하는 선을 가로질러 무의미 속의 의미가 태어나는 과정을 말한다. 가로줄은 의미작용에 저항하는 선이고 세로줄은 저항선을 뚫고 구성되는 의미의 섬광이다. 라캉은 은유의 예로 빅토르 위고의 시 「잠든 보아스」에서 "그의 곡식 다발은 인색하지도 잔인하지도 않다(Sa gerbe n'etait point avare ni haineuse)"라는 한 행을 인용하였다. 이 시행은 아들을 낳아주게 될 룻의 곁에서 잠든 다윗의 조상 보아스를 묘사한다. 인색하지도 않고 잔인하지도 않은 분위기, 너그럽고 다정스러운 분위기, 즉 풍요의 분위기가 이 시행을 지배하고 있다. 이러한 풍요의 분위기가 섬광처럼 '다발'과 '남근'의 상호작용을 마련해 준다. 곡식 다발이 새로운 기호표현으로 등장하자, 보아스라는 원래의 기호표현은 잠재적 기호표현이 되고 의미작용에 저항하는 선을 뚫고 남근이란 기호내용이 태어난다.(김인환)

기호내용, 기호표현, 제유, 환유

참고문헌
자크 라캉, 「무의식에 있어 문자가 갖는 권위(주장) 또는 프로이트 이후의 이성」, 『욕망이론』, 문예출판사, 1994.
페터 비트머, 『욕망의 전복』, 한울아카데미, 1998.
김묵동, 『은유와 환유』, 민음사, 2000.

은일문학(隱逸文學)

은둔문학이라고도 하고 '은일'사상에 바탕을 둔 문학을 뜻한다. 은일사상의 배경은 공자 이전에 형성되었으며 은자들에 의해 체계화되었다. 화평한 시대에 왕이 현자를 등용하지 않게 되면서 어지럽고 무질서한 시대가 되고, 현자는 은둔하게 된다. 이때 이들이 현실의 혼란한 상황에 처해 은둔할 것을 스스로 자각하면서 은일(은둔)사상이 생겨났다. 은일의 기풍은 유가사상의 적극적 현실참여을 원칙으로 하는 처세관 위에 도가의 탈속적인 처세관이 접목되어 변형된 가치관이 등장하면서 은일문화의 형태 역시 도가적 성격의 것과 유가적 성격의 은일로 구분할 수 있다.

속된 현실을 벗어나 은일하려는 기풍이 문인을 중심으로 크게 성행한 것은 오랜 전통을 가지고 있다. 그들이 의탁하여 은둔하려는 곳은 대부분 속세에 오염되지 않은 산수의 세계였고, 그곳에서 자연에 의탁하고 자연에 동화된 삶을 그린 것이 은일문학이다. 이른바 고시조나 가사를 비롯한 자연 시, 산수 시, 전원 시 등이 여기에 해당된다. 자연과 일체가 되어 속세의 어지러움을 벗어나려는 문인들의 욕망에서 나온 것이라고 할 수 있다. 또한 정치적으로 좌절을 겪기도 하고 사상적으로 불교와 도교 사상의 영향을 받아 전원에 은거하고 산수를 유람하면서 현실 도피적인 삶과 세상사에서의 초탈을 추구하였다. 왕유와 맹호연이 이 유파에 속한 시인이다.

우리 전통 사회의 자연관과 인생관에 구체적으로 반영된 사상 중의 하나가 도가적 은일사상이다. 도가적 은일 사상은 노장사상의 핵심인 도와 무위의 개념에서였다. 자연이라는 모든 존재의 모태 속으로 돌아감으로써 인간의 우환이 근본적으로 해결될 수 있다는 자연에의 귀의라는 은일 사상은 현실에 대한 관심이나 명예나 이익에 연연한 욕망을 벗어나 스스로의 고답을 추구한 것이라고 할 수 있다. 대표적으로 정극인의 상춘곡과 송순의 면앙정가 그리고 윤선도의 어부사시가가 여기에 해당된다. 정지용의 후기시를 은일문학으로 보는 경향도 있다.(박죽심)

도가사상, 노장사상, 무위

참고문헌
김백희,≪중국철학의 현대적 모색≫ 이회, 2001.
임종욱 엮음,≪동양문학비평용어사전≫ 범우사, 1997.

음보율(音步律)

시의 한 행이 일정한 음의 마디 단위로 반복되는 운율을 말한다. 예컨대 2음보, 2음보, 4음보와 같은 것들을 말한다. 「청산별곡」에서 "우러라 우러라 새여"는 3음보가 되고, 남구만의 시조 "동창이 밝았느냐 노고지리 우지진다"는 4음보가 된다. 한국 고전 시가의 경우, 음보는 음절이 실현되는 시간의 길이에 해당된다. 음보율은 우리 말이 갖고 있는 가장 보편적인 시의 운율이다.

음보율은 음보를 구성하는 소리와 자질에 따라 강약률, 고저율. 장단율로 나뉜다. 강약률은 강세가 있는 강한 음절과 강세가 없는 음절이 대립되어 음보를 구성하고, 이러한 음보들이 반복되는 율격 형상이다. 이 경우 음절수는 문제가 되지 않으며, 강세의 수만 일정하면 된다. 영시, 독일시 등 게르만 계통의 시가 여기에 해당된다. 고저율은 소리의 고저가 규칙적으로 교체 반복되는 율격이다. 여기에는 한시(漢詩)가 해당되는데, 중국어는 원래부터 소리의 고저에 대한 의식 곧 성조(聲調)가 잘 발달된 언어이므로, 한시의 고저율도 이러한 언어적 특성 때문이다. 그러므로 고저율을 성조율이라고도 한다. 장단율은 장단의 소리가 규칙적으로 반복되는 율격을 말한다. 이것은 고대 그리스의 시나 인도의 산스크리트 시에서 볼 수 있다.(유성호)

음수율, 시조, 민요

참고문헌
김준오, 『시론』, 삼지원, 1995.
이승훈, 『시론』, 고려원, 1984.
장도준, 『현대시론』, 태학사, 1995.

음성중심주의(音聲中心主義, Phono-centrism)

'문자'보다 '말'을 더 진실한 것으로 간주하는 태도. 자크 데리다가 플라톤 이후 서구의 로고스 중심주의를 비판하기 위해 사용한 개념이다.

데리다는 지식과 진리로 직접적인 접근을 시도해온 서구의 철학적 전통을 로고스 중심주의 또는 음성중심주의라고 규정했다. 즉 지금까지 서구 사회는 음성으로 표현된 말이 글로 된 문자보다도 언어적 진실에 더 가깝다고 생각했기 때문에 문자에 대해 언제나 우위적인 특권을 부여했다는 것이다. 이러한 음성중심주의는 소쉬르의 구조주의 언어학에서도 그대로 이어진다. 소쉬르는 문자를 언어의 내적 조직과 무관한 것으로 여겨 언어학의 대상을 '말'로 된 단어의 결합으로 규정한 바 있다.

데리다는 이런 로고스 중심주의의 근본적 의미를 부정한다. 어떤 기호가 다른 기호의 근원이라면 또 그 근원의 근원을 찾을 것이고 그 과정은 끝없이 이어져 근원적 근원의 성립이 불가능하다는 것이다. 결국 모든 의미의 근원적 진리 탐구를 목적으로 했던 서양 철학의 전통을 총체적으로 비판하고 있는 것이다. 데리다에게 있어 말과 글은 특권이나 우위의 관계가 아니라 상호보완적으로 얽혀 있는 관계이다. 언어로 의사소통을 하는 상황에서 그것이 말이든 문자이든 간에 현전하지 않는 요소와 관련되지 않고는 기호로 작용할 수 없다는 것이다. 따라서 의미는 차별적인 모습들의 산물이지, 말이나 문자인 기호의 표상과정에서 일대일의 지시대상적 산물이 아니다. 거기에는 관계적 특성만이 존재하고, 모든 기호는 관계적 차이에 의해 형성된다. 이러한 차이에 대하 인식에서 데리다의 해체론적 전략은 시작한다.(박상민)

해체, 로고스, 차이

참고문헌
자크 데리다, 『글쓰기와 차이』, 남수인 역, 동문선, 2001.
_____, 『그라마톨로지』, 김성도 역, 민음사, 1996.
_____, 『해체』, 김보현 편역, 문예출판사, 1996.

음수율(音數律)

시의 외형률중의 하나로 자수율이라고도 한다. 외형률은 정형시에서, 음의 고저(高低) · 장단(長短) · 음수(音數) · 음보(音步) 따위의 규칙적 반복에 의하여 생기는 운율을 말한다. 음수율은 순수음수율과 복합음수율로 나뉜다. 순수 음수율은 율격적 단위를 음절수로 유형을 말하고 각 율행의 음량이 기준이 된다. 당시의 <오언>이니 <칠언>이니 하는 명칭이나, 우리 시에서 한때 사용하던 <4 · 4조>니 <7 · 5조>니 하는 명칭은 이런 입장에서 채택된 용어이다. 복합 음수율은 음량 이외에 그 언어에서 의미의 변별적 징표 구실을 하는 요소들을 율격적 단위로 삼는다. 다시 말해, 음량 이외의 소리의 <고저> · <강약> · <장단>을 비롯하여 그것을 제시하는 <순서>등이 율격적 기저가 된다.

우리 시가를 음수율 중심으로 논의한 대표적 예로는 고시조를 <3 · 4 · 4 · 4/3 · 4 · 4 · 4/3 · 5 · 4 · 3>음으로 조직된 45음절 내외의 정형시라고 설명한 것을 들 수 있다. 근대에 와서 근대 초기시와 동요의 율격을 <4 · 4조>나 <7 · 5조>라고 분류하는 방식도 여기에 속한다.

실제 시조의 음절수(글자수)를 살펴보면 42~55음 사이에 있고 기준 음절인 45음절을 지키고 있는 예는 드물다. 그리고 3음절이나 4음절로 조직해도 모든 글이 이 기준에 들어맞는 것은 아니다. 그것은 우리말에서 음절수는 율격적 자질이 아니라 어형론적 자질이며 더 나아가 율적 특질이 순수 음수율에 의해 형성되는게 아니라 음보율에 의하여 형성됨을 의미하는 증거로 볼 수 있다. 음보율은 음보수, 즉 어절을 율격적 단위로 삼는 것을 뜻하는데 한글은 첨가어이기 때문에 음수율보다는 음보율이 우리 시가에 더 적합하다는 것을 알 수 있다. 우리 시의 율격을 음수율로 받아들이고, 각 음보를 동일한 음절수로 조직한 작품보다 음보율을 지킨 작품이 훨씬 다양한 리듬감을 주는 것은 무엇보다 '휴지', '장음화', '속독'같은 '운율외시간'이 작용하기 때문이다.(박죽심)

내재율, 외형율, 리듬

참고문헌
정병욱, 『국문학산고』, 신구문화사, 1954.
김대행 편, 『운율』, 문학과지성사, 1984.
오세영, 『한국 근대문학론과 근대시』, 민음사, 1996.

음양오행설(陰陽五行說)

중국인의 사유가 다른 문화권과 특히 다른 점은 음·양의 세계관이다. 중국에서 음·양은 세계의 변화를 연속적으로 추동하는 2종의 대립적 요소이다. 음양이란 사물의 현상을 표현하는 하나의 기호라고 할 수 있다. 음과 양이라는 두 가지 기호를 통해 세계의 구성과 질서를 설명하는 중국 특유의 논리 체계이다. 이는 하나의 본질을 양면으로 관찰하여 상대적인 특징을 지니고 있는 것으로 이원론적 기호라고 할 수 있다.

어느 사유 체계에도 이분법이 존재하고, 그것은 대비적 상승 관계를 통해 인류의 사유력을 향상·증진시켜 왔다. 선과 악, 즉자와 타자, 긍정과 부정, 변증법적 사유 체계가 모두 이분법적 사고에 기초하고 있다. 그런데 음·양으로 상징되는 중국적 이분법은 실체론적 차원이라기 보다는 관계론적 차원의 '일즉다, 다즉일'의 유기적 유동이라고 볼 수 있다. 다시 말하면 사물 또는 사건을 단독으로 존재 또는 발발하는 관점에서 보지 않고, 타자와의 관계와 간섭을 통해 생성·변화·발전된다고 보는 융회 소통적 입장이다.

음양의 세계관은 『역易』의 양과 음의 두 개의 부호의 조합이 지니는 상징성을 통해 세계의 현상과 추이를 설명하고 있다. 중국의 대표 사상인 유가와 도가 등 주요사상이 모두 이같은 관점에 근거하고 있을 뿐만 아니라, 철학, 의학, 문학, 음악에 이르기까지 중국 문화의 근간이 되고 있다. 특히 도가에서는 음양론을 적극 채용하여 비교적 완정한 자연주의 세계관을 구성했다.

음양론은 소박하게 말하자면 에너지의 변환 과정으로 이해할 수도 있을 것이다. 예를 들면 물체는 위에서 아래로 떨어질 때 위치에너지가 운동에너지로 바뀌어 가는데, 이 때 에너지의 상태는 달라지지만 총량적 에너지는 그대로인 것과 같다는 점이다. 즉 음양의 상생·상극의 관계도를 나타낸 태극(太極)은 겉으로 드러난 양태는 다르지만, 총량적으로 동일한 에너지의 변환과 이동의 관계도라고 볼 수 있다는 생각이다. 그리고 '수화목금토(水火木金土)'의 오행(五行)은 음·양의 변화를 통해 현상에 이르는 중간적 요소로서, 각기 다른 편향적 정점들이라고 할 수 있을 것이다.

음양오행설은 한대 동중서등 금문경학의 참위설로 왜곡되기도 했으나, 동양인의 심중 깊은 곳에 자리하며 다양한 양태로 발현해왔다. 동양 의학에서도 음양오행설은 그 이론적 토대가 된다. 즉 오행의 생극의 이치를 이용하여 인체의 각 부위간의 상호 연관을 설명한다. 이러한 인체를 오행과 결합시키는 데는 오장을 위주로 하고 이를 통해서 육부, 오체, 오관, 오색등과 결합시키며 여기에 일련의 관계가 형성된다. 우리나라에서도 이제마(李濟馬)가 이를 토대로 하여 독자적 사상의학(四象醫學)으로 발전시켰다.(오태석)

음양오행설, 음양, 오행, 주역, 동양 의학, 사상의학

참고문헌
오태석, 『중국문학의 인식과 지평』, 역락, 2001.
張　法, 『동양과 서양, 그리고 미학』, 유중하 역, 푸른숲, 2000.

음운론(音韻論, Phonology)

음운론이란 음운을 체계적으로 연구하는 언어 연구 분야의 하나이다. 음운론에서는 음운의 설정, 음운의 조직과 체계, 음운의 결합, 음의 운율적 자질을 취급하며, 형태 음운론(形態音韻論)·형태 음소론(形態音素論)은 음운론과 형태론(形態論)을 연결시키는 연구 분야이다. 미국 기술 언어학의 도입으로 음운이 음소의 개념으로 기울어지는 시기가 있었다. 그럼에도 불구하고 음운론이라는 술어가 좁은 의미에서 넓은 의미까지 다양하게 쓰였던 까닭에 특별히 음소를 다루는 분야는 설정되지 않았고, 음소론이라는 술어 자체도 정착이 불가능했다.

음운론은 말의 소리를 연구하는 학문이라는 공통점에서 음성학(音聲學)과 긴밀한 연관성을 가지고 있으나, 연구 대상·연구 방법·의미 고려 여부 등의 변별적인 차이점을 지닌다. 서구의 언어이론이 도입되기 이전인 전통적인 운학이론에서는 음운학을 음성 전반을 연구하는 학문으로 인식하여 성운학(聲韻學)이라고 불리기도 했다. 이후 개화기의 신(新)학문에 이르러서도 말의 소리에 대한 인식과 명칭은 단일한 것이어서 일반적으로 음성학 또는 성음학(聲音學)으로 불리었다. 음성학에 대립되는 용어로서 음운론이 사용된 것은 프라그 학파(Prague, 學派)의 영향으로 말의 소리에 관한 인식이 이원화(二元化) 된 이후이다. 그 기본 단위를 음운(音韻)으로 설정하고, 의미 식별 능력을 기준으로 하여 음성학과 엄밀히 구분되는 학문을 음운론이라고 정의하였다.

국어 음운론의 연구는 훈민정음 창제부터 20세기 주시경(周時經)·박승빈(朴勝彬)에 이르기까지 자생적으로 독자적인 경지를 전개하였다. 광복 이전에도 음성학과 음운론의 구별을 인식하는 프라그 학파의 이론에 접해 있던 소수의 학자들이 있었고, 6.25 이후 국어학은 새로운 지평을 열게 된다. 프라그 학파의 이론이 연구에 사용되면서 보다 세밀하고 정확한 언어 관찰이 이루어졌다. 소실(消失) 문자의 한계에서 벗어난 주제의 다양화와 함께 음운사(音韻史)를 기술하는 업적을 낳기도 했다. 1970년 이후로 한국의 음운론 연구는 음성 실현 차원에까지 이른 음운현상의 설명이 이루어지면서 매우 풍성해지고 성장한 면모를 보이고 있다.(이상갑)

형태론, 통사론

참고문헌
김민수, 『국어학사』, 일조각, 1964.
박지홍·허웅, 『국어국문학사전』, 일지사, 1971.
이건수, 『언어학 개론』, 신아사, 2000.
『국어국문학자료사전(下)』, 한국사전연구사, 1994.

음풍농월(吟風弄月)

자연 속에서 시나 노래를 읊조린다는 뜻으로, 조선조 사대부 문화의 취향을 잘 드러내주는 용어. 사대부란 중앙정계에 나아가 세상을 경륜하면 '대부(大夫)', 물러나 은거하면 '사(士)'라는 뜻을 지니고 있다. 음풍농월은 '사(士)', 곧 선비로서의 성격과 깊은 관련이 있다. 사대부는 대개 재지지주(才地地主)적 기반을 지니고 있었기 때문에, 자연에 물러나 있을 때도, 직접 노동에 참여하기보다 전원에서의 한가로운 삶을 즐길 수 있었다.

음풍농월은 그러한 삶과 밀접하게 결합되어 있는 용어이다. 정극인의 <상춘곡>을 보면, 선비들의 음풍농월하는 생활이 구체적으로 드러나 있다.(고미숙)

사대부, 정극인, 상춘곡

참고문헌
최진원, 『국문학과 자연』, 성대출판부, 1977.
김흥규, 『한국문학의 이해』, 민음사, 1986.

응답시(Responsorium, 영.도 Antiphon, 라 antiphona, 이.스 antofona)

응답창. 성직자의 독창에 뒤이어 합창대나 신도가 따라부르는 단성성가. 기원은 4세기 초 승려인 힐라리우스가 교시했다고 한다.

카톨릭 미사에서 초기에는 사제와 회중이 대화하듯 경문을 읽고 응답을 하였으나 신자 수가 증가하고 성전이 커지다 보니 보통 정도의 성량으로는 내용이 전달되지 않았다. 그래서 사제는 모든 신자들이 잘 알아들을 수 있도록 문체에 따라 힘을 주어 큰 소리로 읽거나 노래를 하게 되었는데 이것을 악첸뚜스(Accentus, 영어 악센트의 어원)라고 한다. 사제의 악첸뚜스에 대하여 회중은 응답을 하였은데 이것을 응답시(Responsorium, 영어의 Respond : 응답하다의 어원) 또는 응답창이라고 한다. 이러한 성가곡 중에서는 암브로시아 성가가 가장 유명하다.

한편 '안티폰'은 '응답시'와 어원을 달리하나 구별없이 혼동하여 쓰이기도 한다. '안티폰(영. 도. Antiphon, 라.antiphona, 이.스 antofona)'은 그리스어 anti(대립적)과 phonia(소리)의 합성어이다. 안티포니아(antiphonia)는 그리스의 음악이론에서 심포니아(symphonia 제창), 파라포니아(paraphonia 5,4도 간격으로 부르는 노래)에 대립되어 사용된 말로서 한 옥타브 차이로 부르는 노래를 뜻했다. 초기 기독교 예식에서는 대립되는 합창집단에 의해 시편 절수가 계속적으로 교대되어 불리는 것을 뜻하게 된다. 이렇게 사용된 원인은, 합창 집단 중 하나가 여자나 소년으로 구성되어 이들이 옥타브 높은 소리로 노래했기 때문으로 추측된다. 이러한 방식으로 노래하는 것을 대창송(對唱頌 antiphonal) 이라고 했다. 4세기에는 대창송 방식으로 불리는 시편 절수 후에 후렴식으로 반복되는 짧은 문장이 첨가되었다. 이 첨가된 가사와 멜로디가 안티폰이라 불렀다.(박상민)

안티폰, 레스폰소리움, 응답창, 대창송

참고문헌
원진희, 『교회 음악 약사』, 대한기독교서회, 1988.
진천주일(津川主一), 장대천(張大德) 譯, 『서양교회음악사』, 신아사, 1999.

응시(Gaze)

라캉의 신조어 가운데 자주 언급되는 용어인 응시는 상징계로 진입한 죽음충동이 시각의 영역에 나타나는 것이다. 프로이트는 「본능과 그것의 변천」에서 (죽음)충동은 현실로 진입하면서 파편화되어 욕망의 대상으로 나타난다고 말했다. 사도-마조히즘이나 몰래 훔쳐보는 관음증과 보여 지는 노출증의 쾌락은 나르시시즘적인 충동이 삶충동의 모습으로 변형된 것이다. 라캉에게도 충동은 상징계에 진입하면 부분충동(partial drive)이 되어 욕망의 대상(a)이 된다. "물위에 뜬 깡통도 우리를 보고있다"는 그의 유명한 말은 재현의 상이란 바라봄과 보여 짐이 만나는 지점에서 생긴다는 의미이다. 라캉은 응시를 프로이트의 분석에 나오는 아버지의 꿈에 비유했다. 아들의 죽음을 지킨 아버지가 옆방에서 잠깐 잠이 들었다. 꿈속에서 아들은 불에 타며 "아버지 제가 불에 타는 것이 안보이세요?"라고 묻는다(S11: 70). 꿈을 깨는 순간 아버지는 아들이 죽은 것을 본다. 그러기에 죽은 아들의 말은 아버지의 응시요, 오브제 아이다. 그는 꿈을 연장하고 싶다. 죽음이 화려한 나비의 모습으로 나타나는 것이 응시이다. 장자가 나비 꿈을 꾸고 깨었을 때 그는 장자가 나비꿈을 꾸는가, 나비가 장자의 꿈을 꾸는가 반문했다. 라캉은 이 꿈을 응시로 풀어낸다(S11: 76). 나비는 장자가 되고 싶고 갖고 싶은 오브제 아이다. 장자와 나비는 주체와 타자의 관계이다.

응시는 왜곡된 상이다. 라캉은 홀바인의 그림 『대사들』에서 가운데 아래쪽에 길쭉한 모양이 남근처럼 보이지만 약간 고개를 돌려 바라보면 해골이라고 말한다. 지젝은 여기에서 "비스듬히 바라보기"(looking awry)라는 제목의 책을 쓴다. 해골이 욕망에 의해 남근처럼 보이는 것이 오브제 아이다. 우리를 살게 하는 욕망의 대상은 바로 응시에 의해 태어난 상이다. 제우시스와 패러시오스의 그림내기에서도 새가 포도나무에 날아와 앉는 것은 새를 유혹하는 그림 속의 미끼(lure) 때문이다(S11: 103). 시각상에 나타나는 얼룩인 응시는 연인 앞에서 자신을 과시하는 노출증인 "부풀리기"로 나타나고, 적을 전복하기 위해 닮는 "흉내내기"(mimicry)로도 나타난다. 그러기에 그림의 목적은 객관 재현이 아니라 화가와 관객의 응시가 만나 서로의 응시를 낮추는 것이다. 문학작품 역시 저자와 독자가 서로 만나 응시를 길들이는 장이다. 절대적인 단 하나의 해석을 거부하는 입장이다.(권택영)

사르트르의 응시, 장자의 나비 꿈, 관음증, 노출증, 오브제 아, 주체와 타자, 부분충동

참고문헌

Lacan, Jacques. The Seminar of Jacques Lacan Book XI(The Four Fundamental Concepts of Psychoanalysis). New York and London: W.W.Norton, 1978.

슬라보예 지젝, 『삐딱하게 보기』, 김소연 역, 시간과 언어, 1995.

응제시(應制詩)

왕조 시대 관료 문인들이 황제의 명령을 받아 짓거나 창화(唱和)한 시를 일컫는 말이다. 당나라 이후에는 주로 5언6운(五言六韻) 또는 8운의 배율(排律)로 쓰여졌는데, 내용은 공적이나 덕망을 찬양하고 기리거나 태평성대를 치장하는 범위를 넘지 못했고, 문체 또한 전아하고 화려한 측면만 두드러졌다. 예컨대 송지문(宋之問, 656? -712)의 「봉화행장안고성미앙성응제(奉和幸長安故城未央城應制)」를 읽어보자.

漢皇未息戰 황제는 전쟁으로 쉬지 못했고
蕭相乃營宮 소하 승상은 궁궐을 경영하였다.
壯麗一朝盡 웅장함과 화려함 하루아침에 스러지고
威靈千載空 위엄과 영험도 천 년 지나 허무하네.
皇明帳前跡 우리 황제 지난 자취에 천막을 치고
置酒宴群公 뭇 신하 불러 주연을 베푸는구나.
寒輕綵仗外 추위는 화려한 행렬 밖에서 가벼워지고
春發幔城中 봄은 성 안에 가득히 피었도다.
樂思廻斜陽 즐거운 생각으로 지는 해를 돌아보니
歌詞繼大風 노랫가락은 「대풍가」를 이었노라.
今朝天子貴 지금 조정에서는 천자가 귀하니
不仮叔孫通 숙손통을 빌어올 것 있겠는가.

이 작품은 황제가 한나라 때의 성인 미앙궁을 유람할 때 황제의 명령을 받아 지은 것이다. 처음부터 끝까지 황제의 구미를 맞추려는 찬사로 일관되어 다소 천박하고 평이한 느낌을 줄 뿐이다. 응제시의 다른 한 부류는 황제가 지은 시에 화운한 경우인데, 체제나 운율이 원시의 그것과 서로 동일하기를 요구한다. 장구령(張九齡, 673-740)의 「봉화성제조도포관(奉和聖制早度蒲關)」을 읽어보자.

> 魏武中流處 위무제가 가운데로 흐르던 곳에서
> 軒皇問道廻 당당한 황제는 돌아가는 길 묻는다.
> 長堤春樹發 긴 뚝에는 봄나무가 한창이고
> 高掌曙雲開 높은 손바닥에는 새벽 구름이 열린다.
> 龍負王舟渡 용은 임금의 배를 지고 강을 건너고
> 人占仙氣來 사람들은 신선 기운에 서려 오는구나.
> 河津會日月 강가와 나루에는 해와 달이 모였고
> 仙掌役風雷 신선의 손바닥은 바람과 우fp를 다스린다.
> 東顧重關盡 동녘을 돌아보니 두터운 관문이 다했고
> 西馳萬國陪 서녘으로 내달리니 뭇 나라 와서 배알한다.
> 還聞股肱郡 들으니 믿음직한 고을고을마다
> 元首詠康哉 머리 들어 강녕함을 읊조리고 있다.

응제시는 황제에 대한 기대와 희망을 진술한 몇몇 작품을 제외하고는 건질 만한 경우가 거의 없으며, 문학적 가치도 그렇게 높은 편은 아니다.(임종욱)

창화(唱和), 배율(排律), 궁중 문학

참고문헌
임종욱, 『동양문학비평용어사전-중국편』, 범우사, 1997.
_____, 『중국의 문예인식』, 이회, 2001.
_____, 『중국문학에서의 문장체제 인물 유파 풍격』, 이회, 2001.
주훈초, 『중국문학비평사』, 이론과실천, 1992.

의경(意境)

중국 고대 전통적 문예이론에서 의경(意境)은 작자의 주관적인 사상과 감정이 객관적인 사물이나 대상을 만나 융합하면서 생성되는 의미 또는 형상이다. 그 특징은 묘사가 회화적이고 의미가 풍부하며 독자의 연상과 상상을 계발해서 구체적 형상을 넘어선 관대한 예술적 공간으로 인도한다.

원래 이 말은 불교용어에서 출발했는데 문학비평에 이용되다가 문학 비평용어로 정착한 것은 당대(唐代)부터이며, 송 이후부터 본격적으로 널리 쓰이기 시작했다. 현재의 문학비평에서 각종 문학 창작에서 대단히 광범위하게 활용되고 있다. 당대의 『시격(詩格)』에서는 여기에서는 물경(物境), 정경(情景), 의경(意境)등 모두 세 가지 종류로 예를 들었다. 물경은 "분명하게 경계와 형상이 살아나 형사(形似)를 알게 된다"고 설명했다. 주로 산수 자연의 형태를 묘사하는 경우를 지적한 말이다. 정경은 "뜻 속에서 펼쳐져 몸 안에 깃들게 되는데 이런 뒤에야 시상을 내달려 그 감정을 깊이 얻을 수 있다"고 했다. 주로 시가 예술의 형상들이 몸으로 체험되는 진실한 가정에 대해 말한 것이다. 의경은 "또한 뜻에서 그것을 펼치고 마음속으로 그것을 생각하면 그 참됨을 얻을 수 있다"고 설명하였다. 이는 주로 시가예술의 형상들이 표현하는 내적인 감수나 체득, 인식 문제를 지적한 말이다.

이후 의와 경으로 시를 논하는 방식은 중당대에 가서 경을 결합한 의경설을 논의하는 방식으로 발전하였다. 이는 독특한 예술적 형상을 갖추기를 요구한 이론상으로 상당한 진전이 있었다. 만당의 사공도(司空圖)는 더욱 논의를 진전시켜 의경을 결합시키면서 시가의 풍격론으로까지 발전시켰다.

송대에는 신유학과 선학(禪學)의 영향하에서 평담한 시풍을 숭상하는 가운데 언외지의(言外之意)의 노경(老境)한 경계를 중시하고 있다. 이선유시(以禪喩詩)의 선학의 시론으로의 차감 기풍도 의경설과 깊은 관계 속에 진행되었다. 의경론은 시인의 주관적 사상, 감정과 개성, 그리고 사회적 존재로서의 시대 심미의식까지도 포괄하는 다중적 포괄적 명제였다. 따라서 의경설은 청대 주요 시론가와 청말 왕국유(王國維)에 이르기까지 문학 비평의 핵심 논제로 부각되어 다양한 논리 전개와 함께 발전하였다. 특히 경계를 유아지경(有我之境)과 무아지경(無我之境)으로 나누며, 자연과 자신, 즉 신여물회, 물아일체(物我一體)의 혼융적 경지를 최고의 경지로 보았다. 도잠(陶潛)의 "동쪽 울타리 아래서 국화를 따는데, 한가로이 남산이 눈에 들어온다"는 구절을 무아지경의 구절로 꼽았다.(오태석)

의경, 물경, 정경, 무아지경, 신여물회, 물아일체, 풍격

참고문헌
김학주, 『중국문학사』, 신아사, 1989.
周勳初 저, 『중국문학비평사』, 이론과 실천, 1992

의고주의(擬古主義, Archaism)

작품에서 장중하거나 우아한 느낌을 주기 위해, 이미 고어(古語)가 되어버린 말을 사용하는 태도를 일컫는다.

오래된 단어나 표현을 의미하는 의고체는 텍스트에 특별한 수사적 효과를 부여하기 위해 의도적으로 사용된다. 의고주의(擬古主義)는 고문체(古文體)라고도 하는데, 시가(詩歌)나 미문조(美文調)의 산문에서 흔히 볼 수 있다. 고어·폐어 또는 일상언어에서 사용하지 않게 된 어구들을 문학에서 어떤 특별한 수사적 효과를 얻기 위해 의도적으로 다시 부활시켜 사용하는 것을 가리키는 문예용어이다. 고어나 사어(死語)는 생명력을 잃은 언어이지만 그것을 작품에 이용하면 장중하거나 우아한 느낌의 효과를 줄 수 있으며, 시에서는 운율이 완곡해지는 효과를 얻을 수 있다. 현대시에서는 조지훈의 ≪승무(僧舞)≫ '얇은 사(紗) 하이얀 고깔은 고이 접어서 나빌레라'에서 '－ㄹ 레라'와 같은 어미가 이에 해당한다.

영국왕 제임스 1세의 명으로 번역 발행된 ≪흠정역성서(欽定譯聖書)≫의 번역자들은 의고체를 부활시킴으로써 번역산문에 무게와 위엄, 그리고 높은 격조를 부여하였고, 이는 존 밀턴(John Milton)을 비롯한 많은 후대의 시인들에게 의고체의 주요 원천으로 큰 영향을 끼쳤다. 우리나라의 개신교에서 널리 사용하는 ≪공동번역 성서≫ 역시 의고체를 사용하고 있다.

이 밖에도 의고주의는 17세기 유럽예술 전반에 나타난 경향으로서 아리스토텔레스의 시학(詩學)적 법칙에 따라 그리스, 로마의 고대예술을 모범으로 삼으려 했던 구체적 문예사조를 지칭하기도 한다. 현대인에게 재미있게 충격을 주거나 미소 짓게 하기 위하여 일부러 고풍스런 스타일을 사용할 때 흔히 아르카이크 스타일이라고 한다.(박상민)

고전주의, 아르케(arche), 고문체

참고문헌
송병학, 『영어영문학』, 충청대학교, 1962.
이경식, 『아리스토텔레스의 「시학」과 신고전주의 : 16-18세기 영국과 유럽의 극비평』, 서울대학교 출판부, 1997.

의고체(擬古體) ☞ 의고주의

의도(意圖, Intention, 독 Absicht)

문학에서 '의도'는 작가의 의도를 가리킨다. 이것이 문제가 되는 이유는 예술 작품과 작가를 구분하기 위해서이다. 이는 작품의 의미와 가치를 논할 때에 작가가 의도한 의미와 작품의 의미가 일치하는가에 대한 물음에서 시작하여, 만일 작가의 의도와 작품의 의미가 상충할 경우 작가의 의도를 따르는 것이 옳은지, 작품의 의미를 따르는 것이 옳은지에 대한 질문으로 이어진다.

미국의 신비평 이론가인 윔서트(William Kurtz Wimsatt, 1907~)와 비어즐리(Monroe C Beardsley, 1915~)가 1946년에 공동으로 집필한 '의도의 오류(The Intentional Fallacy)'라는 논문을 발표한 이래 문학이론의 중요한 문제로 등장하였다. 그들은 작가의 본래 의도와 작품에서 성취된 의도 사이에는 근본적인 차이가 있음을 밝히고, 그것들을 혼돈하는 데에서 작품의 이해와 평가가 잘못된다고 하였다. 이러한 '의도론의 오류'는 많은 오해를 불러 일으키기도 하였는데, 가장 큰 반대 이유는 그것이 작품의 의미를 저자의 정신은 물론 역사적 배경으로부터 완전히 단절시켜 일종의 진공상태로 만든다고 하는 것이었다. 그러나 저자의 의도나 역사적 배경 등이 비평가의 참고사항이 되어야 하는 것은 부정할 이유가 없다. 작품을 이루고 있는 말 자체가 역사의 소산이며 역사와 더불어 변천하며 인간의 역사적 체험의 반영인 까닭이다. 글은 저자의 어떠한 사적 의도에도 불구하고 당시의 말의 관습에 따라 해석되고 평가된다. 따라서 '의도론의 오류'는 저자의 의도나 역사적 배경을 백지화하는 것이라기보다는, 저자나 역사의 과도한 개입은 부당하다는 항의의 의미가 짙다.(박상민)

의도론의 오류, 역사전기비평, 표현주의, 형식주의, 내재적 연구

참고문헌
이상섭, 『문학용어사전』, 민음사, 2001.
_____, 『영미비평사3』, 민음사, 1987.

의도론의 오류(Intentional fallacy)

미국의 신비평 이론가인 윔서트(William Kurtz Wimsatt, 1907~)와 비어즐리(Monroe C Beardsley, 1915~)가 1946년에 공동으로 집필한 논문 '의도의 오류(The Intentional Fallacy)'에서 다루었던 비평 문제의 하나. 문학 작품의 의미에는 작품 자체가 갖고 있는 의미와, 작가가 작품에서 표현하려고 의도한 의미가 있는데, 이 둘을 구별하지 않으면 의도론의 오류에 빠질 수 있음을 경고하는 용어이다.

전자를 '실제의 의미'라 하고, 후자를 '의도로서의 의미'라고 한다. 작품 실제의 의미는 작품 자체를 조사하여 단어 및 구문을 살피면 곧 알 수 있다. 이상적인 독자는 작품에 사용된 단어에서 이해할 수 있는 모든 뜻을 다 이해하고, 어떤 특이한 연상에까지 나아가지 않는다. 그런데 그 단어가 갖는 모든 의미를 넘어서 작가의 의도까지 이해하지 않으면 안 된다는 것은 명백히 오류이다. 문학 작품은 일단 만들어진 이상 작가의 의도나 사상과는 독립하여 존재하는 것이다. 그런데도 작자의 의도를 이해해야만 한다는 생각은 잘못이며, 이것을 '의도에 관한 오류'라고 한다. 한편 '의도에 관한 오류'는 표현론적 관점에서 흔히 범할 수 있는 오류이다. 즉, 표현론적 관점은 작가가 표현하고자 한 의도와 작품에 나타난 결과가 항상 일치한다는 가정 하에서 출발한다. 그러나 작품 창작의 과정은 기계적인 과정이 아니므로 작가의 의도와 작품의 결과가 항상 일치하는 것은 아니다. 즉, 작가의 의도와는 다른 작품이 나올 수 있고, 또 그렇지 않은 작품이 나올 수도 있는데, 이것을 오직 작가의 의도로만 작품을 파악하려 한다면 오류를 범할 가능성이 높아지게 된다. 이것을 가리켜 '의도의 오류'라 부른다.

예를 들어 우리 문학에서 일제 시대에 쓰여진 작품들에 나타난 고난의 이미지들을 일제의 압제로 치환해석하려는 시도는 의도론의 오류를 범할 가능성이 상존해 있다.(박상민)

의도, 표현주의, 형식주의, 내재적 연구, 역사전기비평

참고문헌
이상섭, 『문학용어사전』, 민음사, 2001.
_____, 『영미비평사3』, 민음사, 1987.

의미(意味, Meaning)

문학에서 '의미'는 텍스트가 생산해 내는 것의 총체가 된다. 좁은 차원의 '의미론'은 문학을 '언어'의 일종으로 보고, 언어와 의미와의 관계에 초점을 맞추었다.

흔히 문학의 언어를 '내포적 언어'라고 하는데, 일상 언어가 지시적 기능에 의존하는 것과는 다른 문학 언어만의 특징을 이룬다. 하지만 이것은 문학적 언어가 지시적 기능에 의존하지 않는 다거나, 일상 언어에서는 내포적 의미를 찾을 수 없다라는 뜻이 아니다. 다만 문학 언어는 일상 언어에 비해 더욱 다양한 함축적 기능을 갖고 있다는 의미이다.

19세기에 이상주의와 관념론이 대두하면서 문학은 표현이라는 생각이 지배하게 되었다. 외부사실에 대한 묘사적, 명제적 의미보다 훨씬 궁극적인 실재를 가까이 포착하는 것은 시인의 정신 자체라는 생각이다. 이때 시적 정신은 상상력, 즉 이성을 훨씬 능가하는 능력으로, 이성이 도저히 도달할 수 없는 실재에 도달한다고 주장했다. 하지만 20세기 신비평가들에게 문학은 순수한 도덕적 명제를 가르치기 위한 방편이라기보다는 인간의 체험처럼 아이러니컬하고 역설적이며 동시에 역동적인 글이다.

또한 현대의 기호이론은 인간의 의미전달이 명제적 방법에 국한된다는 종래의 실증주의적 주장을 무너뜨리고, 여러 상징기능의 하나로 파악한다. 이때 기표와 기의의 관계는 자의적이어서, 기의에 접근하기 위해서는 기표의 지시성에 의존하기 보다는 콘텍스트의 맥락 속에서 파악해야 한다.(박상민)

의미의 의미, 내연, 외연, 기호, 콘텍스트

참고문헌
이상섭, 『문학용어사전』, 민음사, 2001.
박이문, 『사유의 열쇠』, 산처럼, 2004.

의미론(意味論, Semantics)

의미론이란 언어와 단어(單語)·형태소(形態素)가 지닌 그 본질적인 의미(meaning)의 관계를 다루는 언어학의 한 분야를 말한다. '가리킴'을 의미하는 그리스어 semantikos에 어원을 두고 있는 '의미론'이라는 용어는 언어학에서 시작되어, 본래 의미를 중점으로 하는 역사적 연구라는 뜻으로 사용되었다. 그러나 구조주의(struc -turalism) 및 인문학의 언어학적 모델이 나타난 이후로 보다 보편적인 용법으로 쓰이기 시작했다.

협의의 의미론은 단어의 의미를 대상으로 하며 광의의 의미론은 형태소 단어 어절 등 뜻을 지닌 언어 단위의 일정한 의미를 연구하는 것이다. 의미론은 문법론·어휘론 문체론·표현론·방언론 등 언어학의 다양한 영역과 접근을 시도하고 있으며, 철학·인류학·심리학·사회학 문학 등의 여러 과학 분야와도 인접하고 있다. 의미론에는 언어학적 의미론·일반 의미론·철학 의미론 등이 있는데, 주로 거론되는 것은 언어학적인 의미론이다. 어떤 구조에 의하여 언어의 의미가 전달되는가를 경험 과학적으로 연구하는 분야로서 일반 의미론으로 응용되기도 한다.

의미 연구의 과정은 편의상 의미론 이전의 1기 · 역사적 의미론의 2기 · 기술적 의미론의 3기 · 통사의미론의 4기로 구분할 수 있다. 1825년 독일의 라이지히(C.K. Reisig)가 그의 저술 '라틴어학 강의'에서 어의론을 독립된 영역으로 주장하면서 의미론이 성립되었다. 그 후 프랑스의 브레알(M. Breal)에 의해 'semantique'라는 개념이 확립되고 기로(P. Guiraud) · 울만(S. Ullmann)에 이르러 의미론의 연구 체계가 갖추어진다. 서구는 1930년대에 이미 역사적 의미론에서 기술적 의미론으로 그 방향을 전환하였으나 국내에 의미론이 도입된 것은 50년대가 되어서이다. 60년대부터는 의미구조에 관한 연구가 시작되었고, 특히 변형생성문법(變形生成文法)과 의미론에 관한 논문이 등장하기도 하였다. 70년대에는 생성 의미론의 활발한 연구와 국외로부터 도입된 다양한 이론을 적용한 한국의 의미 연구가 확대되기 시작했다.(이상갑)

문업론, 통사론

참고문헌
게리 헨치 · 조셉 칠더즈, 『현대문학, 문화 비평용어사전』, 황종연 역, 문학동네, 1999.
엘리자베스 클레망 외, 『철학사전』, 이정우 역, 동녘, 1996.
문덕수, 『세계문예대사전』, 교육출판공사, 1994.
이건수, 『언어학개론』, 신아사, 2000.
『국어국문학자료사전(下)』, 한국사전연구사, 1994.
『국어학사전』, 한글학회, 1995.
『세계철학대사전』, 고려출판사, 1992.

의미작용(Signification)

기호(sign)는 기표(시니피앙, signifier)와 기의(시니피에, signified)로 이루어진다. 하나의 기호를 만들기 위해서는 두 가지가 필요하다. 추상적인 관념인 기의와 그 의미의 운반체인 기표가 바로 그것이다. 기표로 쓸 수 있는 이미지는 음성이미지와 시각이미지 두 가지다. 우리가 카네이션이라고 할 때, 들을 수 있고 볼 수도 있으며 들을 수도 있다. 그 반면 기의는 마음속에서 일어나는 정신적, 추상적 개념이다. 기표에 대응하는 말이라고 할 수도 있다. 기호를 만들기 위해 기표와 기의를 결합시키는 작용을 의미작용 또는 의미화라고 한다. 의미작용은 기호를 만들어 낼 때에만 일어나는 것이 아니고 기호의 의미를 풀이할 때도 일어난다. 두 가지 방향, 즉 기호를 만들때(기호작용)와 기호를 풀이할 때(기호해석) 일어난다. 가령 학생이 선생님에게 카네이션을 주며 감사의 마음을 표시했을 때, 학생이 카네이션을 감사의 기호로 만들 때의 의미작용과 선생님이 학생의 감사의 마음이 담긴 기호로 받아들일 대의 의미작용이 같은 내용으로 되어 있을 때, 학생과 선생님 사이에는 성공적인 커뮤니케이션이 일어난 것이다.

의미작용은 기표에 기의를 더하거나 빼내는 작용이다. 특히 메시지의 수신자 쪽에서 보면 의미를 재생산해내는 내용이다. 의미는 전달될 수 없다. 따라서 송신자 쪽에서 일어난 의미작용은 수신자 쪽에서 일어날 의미작용과 같을 수도 있고 다를 수도 있다. 송신자와 수신자를 연결하는 것은 전달된 기표뿐이고, 전달된 기표는 수신자에게 의미를 재생산할 기회를 제공하는 역할을 수행할 뿐이다. 의미는 전달이나 소통되는 것이 아니고 의미 재생산에 의해서 공유되는 것이다.

의미작용은 수신자의 내적과정으로 끝날 수도 있다. 수신자가 같은 공간에서 같은 느낌을 공유하기 위해 말을 건넸을 때, 송신자가 수신자의 기대와 정반대의 반응을 나타냈다면 커뮤니케이션은 실패했다. 그러나 그 나름대로 반응을 나타냈기 때문에 의미작용은 일어났다고 할 수 있다. 이처럼 커뮤니케이션이 항상 성공하는 것은 아니다. 커뮤니케이션의 실패는 의미 재생산과 의사 공유의 실패를 의미한다. 그런데도 의미는 계속 빗나가며 생산된다.(박죽심)

기표, 기의, 기호, 의미의 전달

참고문헌
김경용,≪기호학이란 무엇인가≫ 민음사, 1994.
김치수외,≪현대 기호학의 발전≫ 서울대출판부, 1998.
페르디낭 드 소쉬르, 『일반언어학강의』, 최승언, 민음사, 1997.

의사역사적(擬似歷史的) 진실(Quasi-historical legend)

의사역사적 진실은 '역사소설'에서 문제되는 개념이다. 역사소설은 역사와 소설을 합친 이중적인 성격을 지니고 있기 때문이다. 아리스토텔레스가 「시학」에서 역사와 시(문학)의 차이를, "역사가는 실제로 일어난 일을 말하며, 시인은 일어날지도 모르는 것을 말한다. 시는 역사보다 더 철학적이고 중요하다. 시는 보편적인 것을 말하는 경향이 많고, 역사는 개별적인 것을 말하기 때문이다."라고 정리한 이래, 역사와 문학의 미묘한 경계는 문학의 난감하면서도 흥미로운 쟁점이 되어 왔다. 한 예로, 러시아의 소설가 솔제니친은 러시아혁명에 대한 기록(자료)를 바탕으로 『붉은 수레바퀴』를 썼다. 솔제니친은 러시아혁명이라는 세계사적인 역사적 사건을 소설로 재구성하면서, '올바른 증언'을 통해 '역사를 진실 되게 드러내는' 것을 자신의 임무로 삼았다. 이를 위해 그는 기록에 없는 허구적인 항목을 만들기도 하고, 기록을 풀어서 다시 쓰기도 하면서, 증언 또는 진실에 권위를 부여하기 위해 노력했다. 이 구성의 원리를 이루는 것이 바로 역사적 사실 또는 진실과는 차이가 있으면서도 그에 육박하거나 그를 넘어서는 '의사역사적 진실'이다. 그러나 솔제니친이 문학적 방법으로 형상화한 이 의사 역사적 진실은 그의 주장대로 '진실(증언)'이 아니라, 단지 하나의 감각적인 새로운 해석일 수 있다. 이 경우, 새로운 해석이란 문학적인 해석이라는 뜻일 뿐, 그 이상도 그 이하의 의미도 아니다.

우리 소설의 경우, 박경리의 「토지」, 황석영의 「장길산」, 조정래의 「태백산맥」, 「한강」, 김원일의 「불의 제전」 등 우리 현대소설을 대표하는 대하 역사소설들은 역사적 사실/진실을 작가의 독자적인 해석으로 재구성한 의사역사적 진실의 세계를 통해 한국현대사의 실상을 공략한다. 최근의 역사소설에서 의사역사적 진실의 함량과 비중은 더 커지는 경향을 보인다. 「난중일기」를 바탕으로 이순신의 내면세계를 섬세하게 재구성한 김훈의 「칼의 노래」, 근대 초기 조선의 멕시코 유이민사를 가상의 인물들을 통해 미시적으로 형상화한 김영하의 「검은 꽃」은 의사 역사적 진실의 구축이 소설가의 개인적 성향이나 가치관에 직접적으로 연루되어 있음을 보여주는 사례들이다.(김수이)

역사소설, 역사의식

참고문헌
아리스토텔레스, 『시학』, 손명현 역, 박영사.
김윤식, 「역사소설의 네 가지 형식」, 『한국근대소설사연구』, 일지사, 1986.

의식(儀式) ☞ 제의

의식(意識, Consciousness)

의식(consciousness)은 경험하고 있는 심적 현상의 총체를 의미한다. 심리학에서는 개인이 체험하고 그 마음속으로 느끼고 있는 것을 말한다. 체험자 자신에게는 직접적으로 파악되지만, 다른 사람에게는 그 내용을 전해 듣지 않는 한 직접적으로 파악되지 않는다. 알고 있는 것의 내용을 의미하거나, 또는 알거나 깨닫는 과정을 의미하기도 한다.

생리학에서는 뇌간(腦幹)의 망양체(網樣體)로부터 상행(上行)하는 상행성망양체부활계(上行性網樣體賦活系) 및 시상(視床)의 비특수핵(非特殊核)으로부터 상행하는 광범성시상투사계(廣範性視床投射系)를 지난 감각성 자극에 의해 대뇌피질의 흥분성이 높아져 각성된 상태를 의식이라 한다. 흥분성의 정도는 뇌파의 파형(波形)으로 판정되는데, 가장 낮은 레벨은 수면상태이며, 의식은 상실된다. 의식은 강약이나 명암의 차이를 갖는 심적인 과정이고 한 쪽 끝에는 '자기의식' 또는 '자각'이 있고 다른 쪽 끝에는 '하의식(subconscious)' 및 '무의식'의 상태가 있다. 원래 의식은 발생적으로 보면, 유기적으로 조직된 복잡한 물질(특히 두뇌)의 고유한 기능이며 소박한 감각에서 고도의 사고에 이르기까지의 이러한 기능에 의해서 객관적인 실재가 여러 가지로 반영된다. 그것은 특히 인간에 있어서야 비로소 명백한 모습을 갖추게 되며 인간의 노동, 사회 생활, 언어의 발달과 함께 발전하였다.

철학사에서 한때 의식은 하나의 특수한 '의식작용', 즉 의식적인 행위 자체의 파악으로만 이해되기도 했다. 아리스토텔레스가 우리는 우리의 감각을 가지고 보고 듣는 대로 지각한다고 쓴 것은 바로 이런 생각에서였다.(『영혼에 관하여』) 로크(Locke)에 따르면 의식은 인간이 자신의 정신 안에 나타나는 것을 지각하는 것이다.(『인간오성론』) 데카르트에서 의식은 자기 자신을 아는 정신의 속성이고 반면 사유는 대상에 대한 인식이다(『철학적 원리』). 근대 이후 의식이라는 용어는 일반적으로 정신 영역에 대해서 사용된다. 의식은 정신분석과 현상학 같은 분야의 주요 개념이다. 현상학에서 의식은 대상들의 중심이며 그래서 언제나 무엇인가에 대한 의식이다.

또한 의식은 이른바 의식의 비평가, 제네바 학파 등과 관계된다. 현대 이론은 의식의 본질과 의식의 행위력 만이 아니라 의식과 텍스트성의 상호작용에도 관심을 갖는다.(김한식)

현상학, 텍스트성, 무의식, 정신분석

참고문헌
요한네스 힐쉬베르거, 『서양철학사 ·하』, 강성위 역, 이문출판사, 2002.
조셉칠더즈 ·게리 헨치 편저, 『현대문학 ·문화 비평 용어 사전』, 황종연 역, 문학동네, 1999.
G. 프로이트, 『꿈의 해석』, 김인순 역, 열린책들, 2004.

의식의 비평가(Critics of consciousness)

의식의 비평가(critics of consciousness)는 제네바 학파 비평가들을 그들의 비평 경향에 맞추어 부르는 명칭이다. 제네바 학파는 현상학적 비평과 가장 밀접히 연관된 문학이론가 그룹으로 알려져 있다. 제네바 학파라는 명칭은 이 그룹의 멤버 대다수가 1950년대와 1960년대에 교수로 있었던 제네바대학에서 연유한다. 이 그룹에 속한 비평가들로는 장 스타로뱅스키, 장-피에르 리샤르, 마르셀 메몽 그리고 조르주 풀레가 있다. 그들은 제네바에 근거를 두지 않은 이론가와 비평가들, 특히 가스통 바슐라르, 모리스 블랑쇼, 장-폴 샤르트르와도 긴밀한 연관이 있었다.

이들은 문학이란 의식의 한 형태이고, 비평은 문학에 대한 문학, 의식에 대한 의식이라고 생각했다. 또 문학은 시나 소설의 단어 속에 있는 의미의 객관적 구조가 아니라, 혹은 작가의 숨은 콤플렉스의 표현이 아니라, 마음의 상태의 표현이라고 보았다. 따라서 저자의 의식은 문학예술 작품의 허구적 세계를 창조하는 데에 형식을 부여하는 요소라고 생각했다. 이들은 저자에 관한 모든 사전 가정을 제쳐둠으로써 혹은 '괄호치기' 함으로써 텍스트의 순수한 수동적인 수용자가 되고 이를 통해 최종적으로 저자의 의식과 동일화되는 것이 가능하다고 보았다. 제네바 학파의 구성원들이 문학에 대해 폭넓게 합의하고 있는 내용은 1.문학은 경험이다. 2. 장르 구분은 문학적 경험에서 그리 중요한 것은 아니다. 3. 작가의 작품은 작가의 문학적 경험의 단편들이다. 4. 비평이 탐구해야 하는 것은 문학 작품내의 주제와 충동의 내적 유형이다, 라는 것들이었으며, 그것은 다른 비평 태도와 분명히 다른 점이 있었다.

제네바 학파를 의식의 비평가로 이해하는 것은 미국의 관점이다. 미국에서 제네바 학파를 의식의 비평가로 받아들인 이유는 미국의 비평적 상황과 관계가 있는데, 이론적인 한 분파로서의 제네바 학파는 새로운 이론 체계에 의해서 작품 속에 작가가 현존함을 설명하려고 하는데, 이 이론은 미국의 표현주의나 미학적 형태주의를 다 만족시켜 주는 것이었다.(김한식)

표현주의, 형태주의

참고문헌
김 현, 『제네바 학파 연구』, 문학과지성사, 1986.
_____, 『프랑스 비평사·현대편』, 문학과지성사, 1981.

의식의 흐름(Stream of consciousness)

의식이라는 용어는 일반적으로 정신(mental) 영역에 대해서 사용된다. 정신분석학에서 의식은 무의식(unconscious)과 대립하며, 현상학에서 의식은 대상들의 중심이며 언제나 무엇인가 '에 대한 의식'이다. '의식의 흐름'은 미국의 심리학자 윌리엄 제임스가 1890년에 사람의 정신 속에서 생각과 의식이 끊어지지 않고 연속된다는 것을 말하면서 처음 쓴 말이다. 현대소설, 특히 심리주의 소설의 창작 기법인 '의식의 흐름'은 소설 속 인물의 파편적이고 무질서하며 잡다한 의식세계를 자유로운 연상작용을 통해 가감없이 그려내는 방법을 말한다. 그러나 이것은 하나의 문학적 방법이지, 실제 의식의 흐름 자체는 아니다. '의식의 흐름' 수법을 사용하는 소설은 외적 사건보다 인간의 내적 실존과 내면세계의 실체에 관심을 집중한다. 내적 독백(interior monologue)은 '의식의 흐름'의 다른 명칭이자, '의식의 흐름'을 나타내기 위한 수법으로 이해되기도 한다.

'의식의 흐름'을 개발한 심리주의 소설은 인간을 '심리적 존재'로 파악한다. 심리주의 소설에서 인간의 행동은 그의 심리적 동기를 설명하는 증거로 활용되며, 인상, 회상, 기억, 반성, 사색과 같은 심적 경험이 소설의 주된 내용을 이루게 된다. 제임스 조이스의 「율리시즈」, 마르셀 프루스트의 「잃어버린 기억을 찾아서」 등이 의식의 흐름 수법을 활용한 심리주의 소설의 대표작으로, 제임스 조이스는 「피네간의 경야」라는 작품에서 무의식의 흐름까지를 서술하고자 했다.

우리 문학에서 '의식의 흐름' 수법을 선구적으로 형상화한 작가는 이 상이다. 이 상의 「오감도」 연작과 「거울」 등의 시와 「날개」, 「종생기」 등의 소설에는 복잡하고 기묘한 의식의 파편들이 인간의 내면세계를 축약한 암호처럼 펼쳐져 있다. 오상원은 한국전쟁을 배경으로 한 소설 「유예」에서 총살을 당하는 병사의 의식의 흐름을 치밀하게 서술하며, 최근 작가들 중에는 이인성이 소설 「낯선 시간 속으로」, 「한없이 낮은 숨결」 등에서 혼돈에 찬 중층적 의식 세계를 도저한 실험 정신을 바탕으로 치열하게 형상화하고 있다.(김수이)

내적 독백, 심리주의 소설

참고문헌
조셉 칠더즈·게리 헨치, 『현대 문학·문화비평 용어사전』, 황종연 역, 문학동네, 1999.
이상섭, 『문학비평용어사전』, 민음사, 2001.

의인법(擬人法, Personification, 독 Personifikation)

의인법은 추상적인 성질이나 동물, 무생물에게 인간의 특성을 부여하는 비유법이다. 의인화의 대상은 감정 이입이 되어 생동감을 갖는다. 의인법은 호메로스 이후 유럽의 시에 사용되어 왔으며, 특히 알레고리에서 자주 나타났다. 예를 들어, 중세의 도덕극 「만인 Everyman」(1500년경)과 존 버니언의 「천로역정 Pilgrim's Progress」(1678)에는 죽음·친교·지식·좌절·게으름·위선·경건 등이 의인화된 등장인물이 나온다.

의인법에는 형태상 완전한 의인화perfect personification와 불완전한 의인화imperfect personification가 있다. 완전한 의인화는 대상에 인간적 속성이 완전히 부여되어 있는 형태이며, 불완전한 의인화는 부분적으로 인간의 속성이 부여되어 있는 형태이다. 이 분류는 형태상의 차이에 국한된다. 오규원에 의하면, "나의 자랑은 自滅이다/무수한 複眼들이/그 무수한 水晶體가 한꺼번에/박살나는 盲目의 물보라"(이형기, 「폭포」)는 완전한 의인화의 예에, "旗는/지금 잠자는 것이 아니라/決意의 주먹처럼 깨어 있으면서"(이수익, 「어둠 속에서」)는 불완전한 의인화의 예에 속한다.

최근의 시에서도 의인법은 시의 중요한 모티브와 토대로 자주 활용된다. '의자'를 의인화한 시 두 편을 예로 든다. 나희덕은 「한 그루 의자」에서 "그가 누군가를 앉힐 수 있는 것은/가만히 앉아 있는 일을 누구보다 잘하기 때문,/그는 앉은 채 눕고 앉은 채 걷는다/혹은 앉은 채 훨훨 날고 있을 때도 있다"고 '의자'를 정중동(靜中動)의 내면을 지닌 사람에 비유하며, 김기택은 「낡은 의자」에서 "묵묵히 주인이 오기를 기다리고 있다가/늦은 저녁, 의자는 내게 늙은 잔등을 내민다./나는 곤한 다리와 무거운 엉덩이를/털썩, 그 위에 주저앉힌다/의자의 관절마다 나직한 비명이/새어나온다"고 노래하면서, '의자'를 자본주의 사회의 노예화되고 도구화된 노동자의 육체와 동일시하고 있다.(김수이)

비유, 활유, 감정 이입

참고문헌
오규원, 『시작법』, 문학과지성사, 1990.
이상섭, 『문학비평용어사전』, 민음사, 2001.

의화본(擬話本)

'의화본(擬話本)'에서의 '의(擬)'는 '모방한다', '본뜬다'는 뜻이니, 의화본은 화본(話本)의 형식을 모방해서 창작한 소설을 지칭한다. 중국에서는 명대 말부터 청대 중엽에 이르는 기간에 단편백화소설이 대량으로 창작되었는데, 이것들의 형식이 화본을 모방하였기 때문에 '의화본'이라고도 부른다. 즉 의화본은 명대 이후 창작된 단편백화소설을 가리키는 말이다.

'의화본'이라는 용어는 노신(魯迅)이 『중국소설사략(中國小說史略)』第十三篇 '宋元之擬話本'에서 처음으로 사용하였다. 노신이 이 용어로써 지칭한 작품은 『청쇄고의(青瑣高議)』, 『대당삼장법사취경기(大唐三藏法師取經記)』와 『대송선화유사(大宋宣和遺事)』 등이었는데, 노신은 이 작품들을 화본이 백화소설로 발전하는 과정의 과도 형태로 보았다. 그런데 오늘날의 학자들은 노신이 '의화본'이라고 지칭한 작품들을 송원대의 '화본'으로 간주하며, '의화본'이라는 용어로써는 明代 이후의 문인들이 화본의 형식을 모방해서 지은 백화 단편소설, 즉 노신이 『중국소설사략』第二十一篇 '명지의송시인소설 明之擬宋市人小說及後來選本'에서 '擬宋市人小說'이라고 부른 작품들을 지칭하는 용어로 사용하고 있다. 즉 '의화본'은 문인에 의하여 창작된 고전 백화단편소설을 지칭하는 용어로 쓰이고 있는 것이다.

명대 중엽 이후부터는 도시의 발전과 인쇄술의 발달로 인하여 송대 이래의 각종 화본이 수집 정리되어 출판되었으며, 또한 화본의 체제를 모방한 의화본이 활발하게 창작되었다. 홍편(洪楩)이 화본을 수집 정리하여 간행한『청편산당화본(清平山堂話本)』에 수록되어 전해지는 29편 중 십여편은 의화본 작품이다. '삼언(三言)'으로 통칭되는『유세명언(喩世明言)』,『경세통언(警世通言)』,『성세항언(醒世恒言)』은 명말 풍몽룡(馮夢龍1574-1645)에 의하여 편찬되었다. 풍몽룡은 송대 이후 500년간 만들어진 화본과 의화본을 망라하여 윤색하고, 아울러 자신이 창작한 작품까지를 포함시킴으로써 매 권마다 40편씩, 총 120편의 작품을 수록하였는데, 그 중 삼분의 이 정도가 명대에 창작된 의화본이다. '二拍'으로 칭해지는『초각박안경기(初刻拍案驚奇)』와『이각박안경기(二刻拍案驚奇)』역시 명대 말기에 간행되었으며, 능몽초凌濛初(1580-1644)에 의하여 편찬되었다. 각 권에 40편씩의 작품을 수록하였는데, 한 편은 초각과 이각에 중복되어 수록되었고, 이각의 마지막 작품은 잡극이기 때문에 총 78편의 소설이 수록되었는데, 풍몽룡이 이미 기존의 작품들을 망라한 뒤에 출간되었기 때문에, '이박'에 실린 작품은 대부분 능몽초가 창작한 의화본이다.

'삼언이박'이 출간된 이후 명대 말기부터는 의화본이 대거 창작되어, 작품집만 하여도 50여 종이 넘게 작품이 출판되었다. 명말에 창작된 것 중에서는『형세언(型世言)』,『석점두(石點頭)』,『서호이집西湖二集』등을, 청대의 작품 중에서는『청야종(清夜鐘)』,『십이루(十二樓)』,『취성석(醉醒石)』등을 비교적 우수한 작품으로 들 수 있다. 이 중『형세언(型世言)』은 유일한 완정본이 1992년에 한국의 규장각에서 발견된 작품이다. 명말 이후 창작된 의화본들은 전체적으로 보아 작품의 수준이 그리 높지 못하며, 청대 중엽 이후로는 창작조차 뜸해져서 의화본은 더 이상 발전하지 못하였다.(위행복)

의화본, 강창, 설자, 속강, 화본, 장회소설

참고문헌
전인초 저,『당대소설연구』, 연세대학교 출판부, 2000.
중국소설연구회 편,『중국소설사의 이해』, 학고방, 1994.
김학주 저,『중국문학사』, 신아사, 1994.

이국주의(異國主義, Exoticism)

이국적 취향과 지향성은 자신이 처한 현실에 대한 불만족을 이국에 대한 환상과 동경으로 바꿀 때 생겨난다. 한 예로, '세라피온 형제들(Serapionovy Bratya, 영 Serapion Brothers)'은 초기 소비에트 정권의 혼란스러운 상황에서 1921년 결성된 러시아 청년작가들의 그룹을 말한다. 이들은 구체적인 강령은 없었지만 예술작품은 반드시 그 자체로서 가치를 지녀야 하고, 삶의 모든 양상과 환상마저도 예술의 적절한 주제가 되며, 다양한 문체의 실험은 바람직하다는 믿음으로 결속되었다. 이들은 이국적인 이야기를 여러 편 쓴 독일의 낭만주의 작가 E.T.A. 호프만을 추앙했다. 호프만의 이국적 이야기들은 은둔자 세라피온의 주위에 모여든 사람들이 주고받은 것이라고 알려졌는데, 이 청년작가들은 이야기 서술의 기교에 대한 관심을 표명하기 위해 세라피온의 이름을 채택했다. 세라피온 형제는 작품에서 사회적 주제를 완전히 배제할 수는 없었지만, 뒤얽힌 구성과 예상 밖의 결말을 신선하게 사용하는 방식, 미스터리와 서스펜스의 기교 등을 도입했다.

이국주의는 프랑스 낭만주의의 핵심 요소를 이룬다. 프랑스 낭만주의는 루소로부터 시작되어, 18세기 말과 19세기 초의 전기 낭만주의를 거쳐 1820년부터 화려하게 개화하기 시작했다. 프랑스 낭만주의는 이웃한 독일과 영국으로부터 많은 영향을 받았으며, 나름대로의 특성을 가지고 발전하였다. 낭만주의의 한 특성인 이국 취향은 당시의 독자들을 매료시킨 중심적인 주제였다. 물론, 이전 문학에도 이국의 등장은 독자들의 호기심을 충족시켜 주는 매력적인 요소였다. 호머의 서사시뿐만 아니라 중세와 고전시대의 작품들도 풍부한 이국풍경을 담고 있다. 특히, 18세기 말과 19세기 초는 그 어느 때보다 '다른 곳 l'ailleurs'에 대한 열정이 고조되어 있었는데, 이는 낭만주의자들이 그들 자신에 대해 열정을 가지고 있었던 것만큼 다른 곳에 대한 호기심을 가지고, 친숙한 것들로부터 벗어나 새로운 것들을 발견하려는 열정을 가지고 있었기 때문이었다. 낭만주의적 이국 취향을 고무시킨 작가들의 선두에 샤또브리앙이 있었으며, 이후로 이국 취향은 프랑스 문학의 중요한 주제들 중의 하나가 되었다. 본고의 목적은 샤또브리앙의 낭만주의적 이국 취향의 제 양상을 그의 작품들을 통해서 고찰해 보고, 그 근원을 이해하는 데 있다. 흥미로운 점은 낭만주의적 이국 취향은 공간뿐만이 아니라, 시간을 통해서도 전개되었다는 것이다. 낭만주의자들은 공간적으로는 이국의 풍경과 사회에 열광했었고, 시간적으로는 과거에 집착했었다. 고티에Gautier는 이국 취향은 공간과 시간으로 나뉘어 전개됐고, 그 중 세련된 것이 '시간의 이국 취향 l'exotisme travers le temps'이라고 설명하고 있다. 우리 문학에서 이국주의는 정지용의 초기시와 김기림, 김광균, 조병화의 시, 최근 문학에서는 배수아의 소설에 짙게 나타나 있다.(김수이)

참고문헌
『브리태니커 백과사전』

이기론(理氣論)

이(理)와 기(氣)는 개별자(個別者)가 아니라 일반자(一般者)이며, 이기론 혹은 이기철학은 동질적인 것이 아니다. 이기론에는 주리론(主理論)과 주기론(主氣論)이 있으며, 주리론과 주기론에는 다시 각기 일원론과 이원론이 있어 심각한 논쟁을 벌여 왔다. 이와 기의 문제는 군신관계나 부자관계에 국한된 것이 아니고, 현실과 원리, 존재와 의식, 물질과 정신 등에 폭넓게 관여하는 것이다. 즉 생활, 사회관계, 현실, 존재, 물질 등을 함께 포괄한 개념이 기(氣)이고, 윤리, 행위의 규범, 원리, 의식, 정신 등을 포괄한 개념이 이(理)이기 때문이다.

김형찬에 의하면, 조선 유학의 이기론은 송대의 정이(程頤)와 주희(朱熹)가 집대성한 이기론을 심성론과 깊이 연관시키며 심화 발전하였다. 특히, 조선시대의 이기론은 원리-법칙과 질료-에너지라는 한 쌍의 상대적 개념을 기반으로 치밀한 사고와 논쟁의 전개를 통하여 이원론적 사유 방식이 상당히 높은 수준까지 전개된 모범적인 사례로 평가받고 있다.

한형조는 이기(理氣) 모형의 불가해성, 자기 모순성은 자체의 속성이 아니라 관찰자의 실패에 더 크게 기인하며, 기(氣)가 '있는 것'을 가리킨다면, 이(理)는 '있어야 할 것'을 가리킨다고 본다. 이 점에서 주희의 이기론은 과학적 인식을 위한 이론적 틀이 아니라, 인간이 근거하고 지향해야 할 지상의 척도에 대한 일생의 고민의 결정체에 속한다. 한형조는 주희가 준칙의 근원을 '영원'에 둔 결과, 세계의 필연성과 인간의 당위성이 인간의 자의적 판단과 상황적 필요에 의해 거부하거나 수정, 변용될 수 없는 절대적 지위를 확보하게 되었다고 주장한다.

조동일에 의하면, 이기론은 14세기 경부터 19세기까지 사상사의 주류적인 위치를 차지한 철학으로, 이 기간 동안 국문학의 작가나 작품은 이기철학과 깊은 관련을 가진 사례가 적지 않았다. 이는 어느 한 장르에 국한되지 않고, 한문학의 여러 분야는 물론 시조, 가사, 소설 등에서 두루 발견된다. 김시습의 『금오신화』를 작가의 주기론과 관련시켜 이해한다든가, 이황의 「도산십이곡」을 도학적인 각도에서 설명할 수 있는 이유가 여기에 있다. 이기철학이 형성되던 시기에 경기체가, 가전체, 시조, 가사 등이 나타난 철학적 전환과 문학적 전환이 함께 일어났으며, 이기철학을 수립한 층이 바로 이들 장르의 창출자라는 사실은 양자의 역사적 관련성을 증명해 준다.(김수이)

참고문헌
김형찬, 「理氣 - 존재와 규범의 기본 개념」, 한국사상사연구회, 『조성유학의 '개념'들』, 예문서원, 2002.
송영배·금장태 외, 『한국유학과 이기철학』, 예문서원, 2000.
조동일, 『한국소설의 이론』, 지식산업사, 1997.
한형조, 『왜 동양철학인가』, 문학동네, 2000.

이기주의 ☞ 개인주의

이념(理念, Idea)

이념(idea)은 이성에 의하여 파악할 수 있는 최고의 개념을 뜻하며 모습이나 형태를 뜻하는 그리스어의 idea에서 유래된 말이다. 플라톤이래 장구한 역사를 가지고 있다. 플라톤 철학에서는 육안(肉眼)에 의해서가 아니라 영혼의 눈으로 볼 수 있는 형상을 뜻하는 말이었다. 일상생활의 흐름 속에서 우리가 관련하는 개별적인 감각사물이나 개별적인 행위는 그것 자체로 따로 분리시켜서 보면, 어떤 관점에서는 아름답고 올바른 것이라 하더라도 다른 관점에서는 추악하고 옳지 못한 것으로 나타나기도 하는데, 이념은 어떠한 관점에서 보더라도 같다.

플라톤의 대화편에서는 예컨대 기하학의 대상으로서의 삼각형, 절대적으로 아름다운 것, 절대적으로 올바른 것 등은 경험의 세계에서는 찾아볼 수 없는 것이지만, 그것들의 의미는 이해되며, 사고의 대상이 되고 있는 이상 절대적으로 실재적인 것이라고 하였으며 이러한 수학적 대상과 미적, 도덕적 가치 등을 이념라고 부르고 있다. 이념은 시공을 초월한 비물질적인 영원한 실재이며 참된 실재로도 받아들여진다. 이념은 학적인 이성적 인식의 대상이지만 감각적 세계는 불완전한, 보다 낮은 단계의 존재이며 감각적 세계의 개별적 사물은 이념을 원형으로 하는 모방된 것으로 이념에 의해서 주어지고 이념을 나눠 가진 것에 불과하다. 이것이 플라톤의 '이데아론'이며 세계를 이분하는 그의 사상은 오랫동안 많은 영향을 미쳤다. 그후 신플라톤학파에서는 이념을 우주적인 정신 속에 존재하는 모든 사물의 원형으로 이해하였으며 중세철학(아우구스티누스, 토마스 아퀴나스 등)에 있어서도 신은 그 정신 속에 지닌 원형으로서의 이념에 맞춰 모든 사물을 창조하였다고 하는 사상이 계속되었다.

근대에 이르러 데카르트나 영국의 경험론적인 철학자들에 의해서 이념은 심리적인 관념의 뜻으로 변하였지만 칸트는 세계, 영혼, 신 등 경험을 초원한 대상의 개념을 선험적 이념 또는 순수이성 개념이라고 명명하고 이것이 이론적 인식의 대상이 될 수 없음을 밝히는 동시에 이러한 이념에서 이론적 인식의 한계를 규정하거나 목표를 설정하는 규제적 원리로서의 의의를 인정하였다. 그 후 헤겔은 이념을 절대적 실재라고 하는 절대적 관념론을 전개하였다. 그의 이념은 논리적 이념, 자연, 정신의 세 단계를 통해서 변증법적으로 자기 발전하는 것이다. 그 제1단계인 논리적 이념은 논리적인 범주의 체계로서 전개되지만 이것은 신속에 존재하는 현실 세계의 원형이라는 의미를 가지고 있다.(김한식)

논리적 이념, 자연, 정신

참고문헌
두산백과 편집부, 『두산 세계 대백과』, 2001.
요한네스 힐쉬베르거, 『서양철학사 하』, 강성위 역, 이문출판사. 2002.
편집부 편, 『철학사전』, 이삭출판사, 1883.

이니시에이션 소설 ☞ 입사식 소설

이데아(Idea, 프 Idée, 독 Idee)

관념은 '형태', '보이는 것'을 뜻하는 그리스어 idea에서 유래했다. 플라톤은 소피스트들의 상대주의를 논박하기 위해 이데아 이론을 제시했다. 플라톤에 의하면 이데아(관념)은 감각 세계의 너머에 있는 실재이자 모든 사물의 원형이다. 이데아는 지각되거나 시간에 의해 변형되거나 사라지는 것이 아니라 경험의 세계를 넘어서서 이루어지는 인식의 최고의 단계이다. 플라톤은 『파르메니데스』에서 "이데아(관념)들은 말하자면 사물들의 본성 속에 고정된 원형들이라는 것이지요. 개별사물들은 이데아들의 상에 따라 만들어졌으며, 그렇기 때문에 모방인 것입니다. 그리고 그것들이 이데아 안에서 갖게 되는 이러한 참여는 단지 그것들의 상 속에서 만들어진 것에 불과하답니다"라고 하였다. 관념을 개별적 사물에 대한 불변하는 절대적 순수 근원으로, 관념과 개별 사물의 관계를 원형과 모방의 관계로 본 것이다. 이러한 관념은 이후, 여러 철학자들에 의해 상이한 의미로 변화된다.

데카르트에게 가장 중요한 명제는 이성이다. 그에 의하면 관념은 이성의 명석한 판단을 통해서 더 이상 부정하거나 의심할 수 없는 분명함으로 드러날 때 참과 거짓에 대해 판단할 수 있다. 우리의 정신에 있는 이성을 통해 비로소 진리로서 확인되고 순서를 가지고 배열되며 필연적 의미를 갖게 되는 것이다.

또한 칸트는 관념은 모든 대상을 초월한 이성적 요구에서 나온다고 했다. 그는 『순수이성비판』에서 관념을 개념과 구별지어 정의하고, 개념은 감각적으로 얻어지는 사물에 대한 이해이고, 관념은 개념을 바탕으로 하여 이루어지는 종합적 단계라고 했다. 칸트는 플라톤적인 이데아(관념)론을 수용하고 있다.

헤겔은 플라톤의 이원론, 즉 이데아와 감각되는 세계를 서로 다른 것으로 본 것과는 달리, 관념을 역사속에서 실현되는 역사의 주체로 보았다. 관념과 실재가 전체적이고 구체적인 표상으로서 하나가 될 때 관념은 참된 진리가 된다. "관념은 참이고 영원이며 절대적인 능력이다. 그것은 세계 안에 드러난다. 관념 아닌 것은 즉, 관념의 웅장함과 위엄이 아닌 것은 그 어느 것도 세계에 드러나지 않는다."(『역사속의 이성』)(박죽심)

관념론, 경험론, 상대주의, 주체와 객체

참고문헌
엘리자베스 클레망, 『철학사전』, 이정우 역, 동녘, 1996.
요하네스 힐쉬베르거, 『서양철학사』상, 이문출판사, 1999.

이데올로기(Ideology, 프 Idéologie)

1876년 데스튀트 드 트라시가 만든 이데올로기라는 용어는 트라시 자신의 관념학을 가리켰다. 그것은 로크의 전통에 따라 관념을 경험적으로 분석하는 학문이었다. 관념은 감각이 언어기호의 형식적 체계 속에서 변형되고 조직화됨으로써 생기는 것이다. 프랑스의 철학자인 올리비에 르불은 이데올로기의 특징을 당파적 생각, 집단적 생각, 은폐적 생각, 스스로가 합리적이라고 주장, 권력에 봉사하는 생각의 다섯 가지로 정리하고, 이데올로기의 유형을 확산된 이데올로기, 파벌적 이데올로기, 이데올로기적 분할 혹은 단편화된 이데올로기의 세 가지로 분류한다.

맑스와 엥겔스는 이데올로기를 허위의식(false consciousness)이라고 정의했다. 허위의식은 세계에 대한 자신의 견해의 근저에 자리 잡은 진짜 동기를 인식하지 못하고 대신에 가짜 동기를 상상하며, 그리하여 사회 현실을 왜곡하고 실제로는 해결되지 않는 사회 문제에 상징적 해법을 제공한다. 루이 알튀세르는 어떠한 사회도 이데올로기 없이는 존재하지 못하며, 이데올로기는 프로이트의 무의식처럼 역사를 갖고 있지 않다고 주장한다. 프레드릭 제임슨은 서사적 모델의 관점에서 예술을 의식의 이데올로기적 형태라고 보고, 예술의 힘은 그 암시성에 있다고 믿는다.

조셉 칠더즈와 게리 헨치에 의하면, 비평의 현행 용법에서 이데올로기는 크게 네 가지의 의미를 갖고 있다. 첫째, 이데올로기는 사회 현실을 왜곡하고, 현실적으로 해결되지 않는 사회적 모순을 상징적으로 해소하려 하는 사회적 표상 형식이다. 둘째, 이데올로기는 법률, 철학, 윤리, 예술 등과 같은 사회 의식의 모든 형태들의 결합이다. 셋째, 이데올로기는 부르주아 이데올로기처럼 단순히 어떤 사회계급 혹은 경제계급이 갖고 있다고 생각되는 정치적 관념들이다. 끝으로, 포스트구조주의 사상은 이 세 가지 모든 정의의 요소들을 이용하여 이데올로기의 이론을 구성했다. 이데올로기란 모든 개인들의 삶의 가능성을 규정하는 표상 체계 혹은 이야기 체계라는 이론이다.(김수이)

관념, 관념학, 윤리, 예술, 표상

참고문헌
레이몬드 윌리엄즈, 『이념과 문학』, 이일환 역, 문학과지성사, 1982.
올리비에 르불, 『언어와 이데올로기』, 홍재성·권오룡 역, 역사비평사, 1994.
조셉 칠더즈·게리 헨치, 『현대 문학·문화비평 용어사전』, 황종연 역, 문학동네, 1999.

이드(Id), 자아(Ego), 초자아(Superego)

1923년의 「자아와 이드」 이후, 잠재적이지도 않고 '억압된 것'도 아닌 무의식의 존재는 - 자아의 무의식적 저항에서 발견된 - 프로이트가 더 이상 '무의식/전의식/의식'이라는 제1차 지형학(topographies)의 유효성을 의심하고 '이드/자아/초자아'라는 새로운 정신장치들의 위상(topique)을 고안하게끔 하였다(제2차 지형학, 정신구조론).

여기서 구분된 세가지 심급들(agencies)은 서로 갈등관계에 놓여 있는데, 먼저 이드(Id)는 '그것'을 의미하는 독일어의 비인칭 대명사 'das Es'의 영어식 번역이다. 원래 It이라고 번역하는 것이 옳겠지만, 프로이트는 대명사 It과 구별하기 위해서 Id라는 번역어를 그로덱(Groddeck)으로부터 빌려 왔다. 이드는 기본적으로 무의식적이고 삶욕동이나 죽음욕동과 같은 욕동의 영역에 속하며, 또한 '억압된 것'이 머무르는 정신에너지의 저장고이다. 이드에서는 쾌락원리(pleasure principle)가 무제한적으로 세력을 떨친다. 그리고 이러한 이드로부터 자아와 초자아로의 세가지 분화가 생겨난다.

첫째, 욕구와 욕구의 만족 외에 알지 못하는 유아는 외부의 자극에 대한 지각체계를 발전시키며 이것이 '초기형태의 자아'로 분화된다(이드로부터 자아의 분화). 둘째, 이드에서 자아의 원시적 분화에 상응하여 욕구로부터 성(sexuality)이 독자적으로 분화하기 시작한다(욕구로부터 성의 분화). 그리하여 처음에는 욕구와 섞여 있던 성이 독자적으로 분화되기 시작하여 구순기, 항문기, 남근기 등의 순으로 리비도의 순차적 발달국면을 통과하게 된다. 그리고 이 과정에서 아이는 외디푸스 콤플렉스에 진입하게 되고 그것이 소멸하면 아이의 마음속에는 초자아의 원형이 형성된다(자아로부터 초자아의 분화).

다음으로, 자아는 "전의식-의식의 중개에 의해 외부 세계의 직접적인 영향 하에서 변모되었던 이드의 부분이다. 어떤 점에서 표층적인 분화작용의 연속이라고 할 수 있다"(SE 19: 25). 이렇게 자아는 '일차적 자기애(primary narcissism)'의 상태에서 외부 자극과 내부 자극에 의해 형성된다. 자아는 이드를 압도하는 쾌락원리를 현실원리로 대체하는 역할을 하며, 열정을 대변하는 이드에 대해 상식과 이성을 대표한다. 따라서 자아는 "지각체계의 영향으로 변형된 이드의 부분이며, 외부세계에 대한 마음의 대표자이다"(SE 19: 28). 비록 의식의 영역에 속해 있긴 하지만, 자아는 무의식이 발현되는 장소이기도 하다.

끝으로, 초자아는 의식과 그리 밀접한 관계가 없는 자아로부터 분리된 비판적 심급에 부여된 이름이다. 그것은 이드의 초기 대상선택의 잔재인 까닭에 외디푸스 콤플렉스의 진정한 상속자이다. 초자아는 아버지의 권위와 외부세계의 법을 대표한다. 권위가 내사되는 아버지와의 동일시에 초자아의 뿌리가 있는 셈이다. 아이가 외디푸스 콤플렉스를 극복함으로써 아버지의 '특권'과 아버지의 '금지'를 물려받는다는 이러한 사실이야말로 아이가(상징적) 사회질서에 편입됨으로써 온전한 의미에서 사회적 개인이 됨을 의미한다.

자아가 본질적으로 외부 세계의 대표자라면 초자아는 내적 세계의 대리자로서 자아와 대면해 있다. 따라서 초자아는 윤리적 범주에 속하며 무의식적 죄책감과 관련되는 동시에 그 대상을 폭넓게 넘어서고 자아와 극단적인 경색관계를 보이기도 한다. 초자아는 양심의 근원이며, 죄책감이란 자아와 초자아 사이의 긴장을 표현하는 것이다. 프로이트가 말했듯이, "칸트의 정언명령은 외디푸스 콤플렉스의 직접적 상속자이다."(SE 19: 167) 법(특히 도덕법)이 무서운 것은 그것이 어린 시절의 외디푸스 콤플렉스와 그때의 좌절된 욕망을 연상시키기 때문이다. 이처럼 초자아는 법과 욕망의 동시적 계승자라는 모순적인 성격을 가짐으로써 그것들 간의 숨은 관계를 폭로한다. 즉 법은 좌절된 욕망에 뿌리를 내리고 있으며, 욕망은 법의 금지에 의해 계속 결여로 남는다. 초자아는 좌절된 욕망의 산물인 셈이다.

이러한 형상을 두고, 라캉은 초자아가 "음란하고 잔인한 얼굴"(É: 619)을 가진다고 말하는데, 무엇보다도 그것이 "빠롤(parole)의 명령을 거부하는 순간, 즉 상상계 속에 열려 있는 입벌림

(béance)으로부터 탄생"(É: 360)하기 때문이다. 라캉에게도 초자아는 외디푸스 콤플렉스의 유산이지만, 그것은 이미 주체의 탄생 이전에 법의 형태로 존재하는 셈이다. "초자아가 법으로 귀결되지 않는다면, 그것은 아무런 가치도 없는 '헛소리'에 지나지 않는다"(É: 684)(이만우)

무의식, 전의식, 초자아, 제2차 지형학(second topographies)

참고문헌

Freud, Sigmund(1924), The Economic problem of Masochism, SE 19, London : The Hogarth Press, 1961, pp.159-72.

_____(1923), The Ego and the Id, SE 19, London: The Hogarth Press, 1961, pp.12-68.

Lacan, Jacques(1966), Écrits, Paris: Seuil.

이마고(Imago)

이마고라는 개념은 융의 「리비도의 변형과 상징」(1911)에서 비롯되었다. 융은 주체가 타인과 맺는 관계들의 기초를 이루는 무의식적 인물의 원형이 가족 관계에서 만들어진다고 보았고, 어머니, 아버지, 형제의 이마고에 대해 기술하였다. 이 용어는 분명 '이미지'라는 용어와 관련되어 있지만, 단순히 하나의 이미지라기보다 이미 습득된 상상적 형태로서 실제 개인의 반영이 아니라 환상적인 표상이다. 시각적 표상뿐만 아니라 느낌도 포함하는 주관적 결정체라는 것이다. 예를 들어, 실제 온화한 아버지라 할지라도 환자는 무서운 아버지라는 이마고에 대해 말할 수 있다.

이마고는 개인적인 경험의 산물이 아니라 누구에게나 정신 속에서 현실화될 수 있는 보편적인 원형이기 때문에 주체가 다른 사람들과 관계를 맺는 방식에 영향을 미치는 고정관념으로 작용한다. 이런 다양한 이마고의 렌즈를 통해 다른 사람들을 지각하는 것이다.

라깡에 있어서 이마고란 용어는 1950년 이전의 저서들에서 콤플렉스라는 용어와 밀접하게 연관되고 있다. 라깡은 가족의 세 가지 콤플렉스들을 어떤 특수한 이마고에 연결지었다. 이유(離乳) 콤플렉스는 어머니의 유방 이마고에 연결되고, 침입(intrusion) 콤플렉스는 유사자의 이마고에, 외디푸스 콤플렉스는 아버지의 이마고에 연결된다. 라깡은 1946년에 이마고 개념을 공식화하고 정신분석이 이마고라는, 심리학에 고유한 연구 대상을 제공했으며 심리학의 과학적 터전을 정립시켰다고 주장했다.

융에게 이마고는 긍정적이고 부정적인 효과를 함께 갖는 개념인 반면에 라깡의 저작에서는 부정적인 쪽에 무게중심을 둔다. 라깡에게 이마고는 근본적으로 기만적이고 파괴적인 요소로 여겨진다. 라깡은 조각난 몸(fragmented body)의 이마고에 대해 언급하면서 심지어 거울상처럼 통합된 이마고들조차도 기저에 깔린 공격성을 끌어들이는 전체성의 착각일 뿐이라고 하였다. 인간에게 나타나는 이마고의 첫 효과는 주관적 소외라는 것이다.

1950년 이후 라깡의 이론에서 이마고 개념은 사라지지만 이 용어와 관련하여 발전된 기본적인 생각들은 다른 용어들과 접합되어 지속적으로 중요한 역할을 하였다.(노현주)

원형, 외디푸스 콤플렉스, 거울단계

참고문헌
칼 구스타프 융, 『정신요법의 기본문제』, 솔, 2001.
─────────, 『인격과 전이』, 솔, 2004.
자크 라캉, 『욕망이론』, 문예출판사, 1994.

이미지(Image)

이미지(心像, 影像)는 '마음속에 언어로 그린 그림'(mental picture, word picture)으로 정의된다. 이미지는 육체적 지각작용에 의해서 이룩된 감각적 형상이 마음속에 재생되는 것이므로 감각경험의 복사 또는 모사(模寫)이기도 하다.

물론 이때 복사와 모사의 방법은 선이나 색채가 아니라 언어이다. 그러나 복사나 모사라 하더라도 그 감각체험을 그대로 서술하거나 설명하는 것이 아니라 어떤 감각적 또는 지적 표상으로 간접화시키는 것이다. 맥리쉬(Macleish)가 그의 작품인 「시학」에서 '시는 엄지손가락에 낀 오래된 반지처럼 벙어리여야 한다'고 노래한 것도 시는 의미하기보다 이미지 그 자체이어야 한다는 생각을 강조한 것이다.

시의 이미지는 표현상에서 추상적이고 관념적인 것을 구체화함으로써 내용을 보다 선명하게 인식하고 시적 상황을 암시하여 독자의 정서적 반응을 유발시키는 기능을 갖고 있다. 엘리엇(T. S Eliot)의 '객관적 상관물'은 바로 여기에 해당되는 것이다. 이를테면 저녁노을을 통해 독자는 죽음이라는 정서적 반응을 유발시킬 수 있는 것이다.

사르트르(J. P Sartre)는 이미지를 사물에 관한 의식의 한 형태로 보고 있다. 그러나 그 사물 인식은 추상적인 것이 아니라 구체적인 것이며, 그 방법은 비유적인 것에 특징이 있다. 이렇게 보면 이미지는 넓은 의미에 있어서 비유언어(figurative language)이고, 표현상에 있어서 추상적인 것을 구체화시키는 한 방법이다.

러시아 형식주의자인 슈크로브스키(Chklovsky)는 모든 예술은 이미지로 이루어진다고 말한 바 있다. 특히 시는 이미지 없이는 존재할 수 없다고 하여 시에서의 이미지의 중요성을 강조하고 있다. 드라이든(Dryden)도 이미지를 시의 극치요 생명으로 규정하고 있다.

이미지는 과거의 지각체험의 정신적 재현이고 기억이다. 그런데 그러한 재현과 재생, 그리고 그것을 구체적인 어떤 표상으로 나타나게 하기 위해서는 상상력이 필요하다. 곧 이미지를 포착하고 추적하는 힘이 필요한데 그것이 바로 상상력이다. 상상력은 지각을 통하여 대상들의 이미지와 그 관계를 형성하는, 즉 이성이 이미지로부터 이데아(idea)를 추상하는 힘이다. 따라서 이미지는 감각과 사상의 중개역을 맡게 된다. 이런 점에서 샤갈(Chagall)은 '상상력은 나의 아들'이라고 하였다.

이미지에서 체험의 재생과 전달은 감각적인 것에 호소한다는 점에 특징이 있다. 리우스(C. D

Lewis)는 이미지를 언어에 의한 감각적 회화라고 정의내리고 있다. 이미지는 감각적인 것에 호소하는 감각체험의 재생인 것이다. 브룩스(C. Brooks) 역시 이미지를 감각체험(sense experience)의 재현으로 보고, 그것은 단순한 마음의 그림으로 이루어지는 것이 아니라 감각의 어떤 것에 호소한다고 하였다. 아울러 그 재현은 비유에 의거하여 제시된다고 하였다.

이미지의 유형은 프레밍거(Preminger)에 따르면 정신적 이미지(mental image), 비유적 이미지(figurative image), 상징적 이미지(symbolic image)로 나뉜다. 정신적 이미지는 심리적 이미지라고도 하는데, 이는 작품을 대할 때 독자의 정신 속에 생성되는 감각적 체험과 인상을 중시한다. 이 감각체험과 인상에 바탕을 둔 것이 정신적 이미지다. 여기에는 다시 시각 이미지, 청각 이미지, 미각 이미지, 후각 이미지, 근육감각 이미지, 촉각 이미지, 색채 이미지, 역동적 이미지, 정태적 이미지들이 있다. 이들 이미지가 둘 이상 결합될 때 이를 공감각적 이미지라고 부른다. 비유적 이미지는 그 이미지가 비유적으로 사용되는 경우를 말한다. 정확히 말하자면 비유적 양식으로서 또는 비유적 형상으로서 이미지라 할 수 있다. '인생은 나그네'같은 표현이 그것이다. 상징적 이미지는 이미지의 반복에 의해서 상징성을 획득하는 것이다. 이미지가 시의 전체구조 속에서 핵심적으로 상징성을 띠게 된다. 멜빌(Melville)의 「백경」에서 흰 고래의 흰색 이미지가 청교도의 순수성을 상징하는 것이 그 좋은 예이다.

특히 이미지 분석을 통하여 주제를 파악해 내는 비평방법을 지수(指數) 비평(exponetical criticism)이라 이른다. 이때 지수는 의미 유형이나 반복되는 관념을 가리키는 이미지를 가리킨다.(김영철)

복사, 모사, 정서적 반응, 객관적 상관물, 상상력, 정신적 이미지, 비유적 이미지, 상징적 이미지, 지수 비평

참고문헌

A. Preminger, 『Encyclopedia of Poetry and Poetics』 Princeton Univ. Press, 1974.
J. P Sartre, 『L'imaginative』 Gallimard, 1940.
C. D Lewis, 『The Poetic Image』 London, 1958.
C. Brooks, 『Understanding Poetry』 New York, 1960.

이미지즘(Imagism)

시에 있어서 이미지는 본질적이고 근원적인 요소이다. 그러나 특히 그것을 표현 기법의 중요한 항목으로 인식하고 그러한 방향으로 창작을 이끄는 문예사조를 이미지즘이라고 한다. 이 사조는 흄(T. E Hulme)의 반낭만주의 사상과 파운드(E. Pound)의 고전주의 시론이 모체가 되어 1910년대 영미를 중심으로 활발하게 전개되었다. 영국에서는 흄, 로렌스(D. H Lawrence), 올딩턴(Aldington), 미국에서는 파운드, 로웰(Amy Rowell), 플렛터(J. L Flecter)가 중심이 되었다. 그리고 이미지즘의 철학적 토대를 마련한 사람은 흄이었다.

흄은 인간의 존재를 비소하고 제한적인 것으로 보아 휴머니즘을 비판하고 또 그것의 발전적인 문예사조인 낭만주의를 반대하여 고전주의의 부흥을 도모했다. 런던에서 '시인클럽'을 창설하는 등 이미지즘을 주도했기에 그를 이미지즘의 아버지라 부른다.

그의 이미지즘 운동의 이론적 토대가 된 것이 바로 '불연속적 세계관'이다. 흄은 우주를 ①무기적 세계(자연계) ②유기적 세계(인간계) ③종교적 세계(종교계)로 분류하고 이를 예술사조와 관련시켜 설명하고 있다. 즉 19세기까지의 낭만주의는 ①②③이 서로 긴밀히 연결되는 세계로 생명적 예술(vital art)을 지향하였다. 그러나 20세기 예술은 ①②③의 단절이 야기되어 불연속적 세계관이 지배한다고 보았다. 그리하여 20세기 예술은 비생명적이고 기하학적인 예술 사조를 잉태하게 되는데 그것이 바로 이미지즘이었던 것이다.

흄은 시에서 지성작용을 중시하고 객관성을 강조하며, 명료하고 견고한 이미지(dry and hard image)가 중심이 돼야 할 것을 주장한다. 낭만주의에서 나타나는 감정과 눈물이 넘치는 흐릿하고 '축축한'(damp)시가 아니라 대상을 객관적으로 냉정하게 묘사하는 '메마른 견고함'(dry hardness)의 시가 되어야 한다는 것이다. 낭만주의 시가 생명적 예술로서 '아름답다', '슬프다'로 서술되는 것이라면, 이미지즘 시는 기하학적 예술로서 '간결하다', '뚜렷하다'로 표현되는 것이어야 한다. 이러한 '메마른 견고함'이 흄의 이미지즘의 본질을 이룬다. 그는 시의 3대 목표를 정확하고, 정밀하고, 명확한(accurate, precise, definite) 진술이라고 못박고 이를 위해 명료하고 견고한 이미지를 추구해야 한다고 했다. 따라서 시어도 이러한 이미지 창출을 위해 추상적인 것이 아니라 구체적인 언어를 선택해야 하는 것이다.

이러한 흄의 신고전주의 철학과 방법론을 하나의 문학운동으로 전개해간 사람은 파운드였다. 1912년 파운드가 편집한 시화집『Some Imagist Poet』가 그 첫 출발이 되었는데, 이미지스트란 말이 처음 쓰인 것은 여기서부터였다. 동시에 이 해에 그의 첫 시집『반발』이 나왔는데 이것이 이미지즘 운동의 첫 산물이 되었다. 1913년 1월 시카고에서 발행된 <시와 시론>(The Poetry)지에서 파운드의 이미지즘에 대한 해설이 실렸고, 같은 해 <시와 시론>지 3월 호에 파운드의 '이미지스트의 금지조항'이 발표되었다. 이 조항에서 이미지즘의 성격과 지침이 분명하게 구체화되었다.

이어서 1915년 로웰이 주재한『이미지스트 시인선집』에서 이미지즘의 6개 강령이 채택되면서 이미지즘 운동이 본격화되기에 이른다. 6개 강령은 ①정확한 일상적 언어의 사용 ②새로운 감정에 맞는 새로운 운율 ③자유로운 제재의 선택 ④구체적이고 정확한 표현 ⑤견고하고 명확한 시창작 ⑥대상에의 집중 등이 그것이다. 이와 같이 그들은 정확한 시어, 구체적 사실, 명확한 표현, 자유로운 제재 선택, 대상에의 집중 등을 중시했던 것이다. 다시 말해 대상을 직접 다루어 통일성 있는 이미지의 조형에 도움이 되는 언어만을 구사하려 했던 것이다.

이러한 영미의 이미지즘 운동은 1930년대 한국에 수용되어 김기림, 정지용, 김광균 등에 의

해서 모더니즘 운동의 일환으로 활발하게 전개되었다.(김영철)

흄, 에즈라 파운드, 신고전주의, 시인클럽, 불연속적 세계관, 기하학적 예술

참고문헌

T. E. Hulme 『Romanticism and Classicism』 New York, 1952.

William Pratt, 『The Imagist Poem』 New York, 1963.

Stanley K. Coffman 『Imagism』 Oklahoma Univ. Press, 1951.

T. S. Eliot 『Literary Essays of Ezra pound』 London, 1959.

이상(理想, Ideal)

이상(ideal)은 인격, 사물, 상태 등에서 최고의 완전성으로 욕구나 노력의 목표가 되는 것을 말한다. 지적, 도덕적, 미적, 사회적 이상 등 여러 가지 수사가 함께 할 수 있다. 최고의 완전성이라 해도 상대적인 의미밖에 갖지 않는 경우와 절대적이라 생각되는 경우가 있다. 전자의 경우는 시간상으로 도달할 수 있다고 생각되지만 후자의 경우에는 그것에 근접할 수 있을 뿐이다. 어느 것이든지 욕구나 노력의 목표로서 행동의 방향을 결정하는 현실적인 의미를 갖기 때문에 단순한 공상과는 구별된다. 이상이 절대화되는 경우는 동시에 영원한 것으로 생각된다. 역사적으로 서로 다른 시대에는 서로 다른 이상이 제시되어 왔다.

다른 관점에서 이상(ideal)은 현실과 대치되고 현실에는 존재하지 않는 초월적 규범과 가치를 가리키는 말로 사용되기도 한다. 이상주의는 그런 이상을 추구하는 데 무엇을 궁극적인 이상으로 삼느냐에 따라 여러 가지 입장으로 나누어진다. 예를 들면 개인으로서의 인격 완성을 이상으로 하는 입장은 인도주의적 이상주의이고 사회의 완전한 조화를 이상으로 하는 입장은 휴머니즘과 사회주의 속에서 찾아볼 수 있다. 현실을 절대시하는 현실주의와 절대적인 가치의 존재를 부정하는 허무주의는 이상을 헛된 관념이라 하여 거부하는 경향이 있다. 그러나 현실에 존재하지 않는 이상의 실현을 추구하는 것은 인간 고유의 본성이며 넓은 뜻에서 문화의 원동력이라고 할 수 있다.

특히 예술과 종교에서 이상의 역할은 매우 크다. 세계관과 인생관 및 실천적인 행동에 있어서 이상을 중심에 두고 그것을 추구하는 태도를 예술과 종교에서 흔히 볼 수 있다. 예술적 태도를 사실주의와 낭만주의로 나눌 경우 낭만주의는 이상주의에 가깝다고 할 수 있다.(김한식)

사실주의, 낭만주의

참고문헌

두산백과 편집부, 『두산 세계 대백과』, 2001.

편집부 편, 『철학사전』, 이삭출판사, 1883.

한국철학사상연구회 편, 『철학대사전』, 동녘, 1997.

이상적 자아 ☞ 자아이상

이상주의 ☞ 관념론

이선유시(以禪諭詩)

송나라 비평가들의 시론 속에서 자주 등장하는 논법의 하나로, 불가의 법리를 이용해 시도(詩道)를 비유하는 방식을 말한다. 엄우(嚴羽, 1175?-1264?)가 『창랑시화(滄浪詩話)』에서 가장 집중적이고 명확하게 논의하고 있는데, "시를 논하는 것은 선을 논하는 것과 같다.(論詩如論禪)"는 것이 그것이다. 선으로써 시를 비유하는 방식은 말 그대로 비유의 일종이기 때문에 비평가에 따라 이를 이해하는 방향도 제각기여서 대체적으로 몇 가지 경우로 나눌 수 있다.

첫 번째가 선으로써 시를 품평하는 경우(以禪品詩)다. 마치 불교가 대승과 소승, 또는 보살과 나한(羅漢) 등으로 분류되는 것처럼 시 역시 상승(上乘)과 하승(下乘)의 부류로 나눠 등급을 매기는 방식인데, 이른바 "시의 도는 불법과 같아서 대승과 소승, 사마외도로 나눌 수 있다.(詩道如佛法 當分大乘·小乘·邪魔外道)"(『시인옥설(詩人玉屑)』권5)는 발언이 여기에 해당한다. 엄우가 한위진(漢魏晋)과 성당(盛唐) 때의 시는 대승에 속하고, "대력(당나라 대종 때의 연호, 766-779) 이후의 시는 소승선(大曆以還之詩 則小乘禪)"이라고 정리한 예가 여기에 속한다. 명나라의 도륭(屠隆, 1541-1605)은 "『시경』3백 편은 여래조사이고, 고시19수는 대승보살이며, 조·유·삼사는 대아라한……(三百篇是如來祖師 十九首是大乘菩薩 曹劉三謝是大阿羅漢……)"(『홍포(鴻苞)』권17)이라고 말했다.

두 번째는 참선(參禪)을 통해 시를 배우는 자세를 비유하는 방식이다. 오가(吳可, ?-?)는 그의 시「학시(學詩)」에서 "시를 배우는 것은 참선을 배움과 완연히 같으니, 대나무 자리 부들방석에 앉아 세월을 헤아리지 않는다. 곧바로 스스로 터득하기를 기다린다면, 어느새 엮어낸 시구가 초연한 경지에 들어있다.(學詩渾似學參禪 竹榻蒲團不計年 直待自家都了得 等閑拈出便超然)"고 말했다. 또 한구(韓駒, ?-1135)는「증조백어(贈趙伯魚)」에서 "시를 배움에 마땅히 처음에는 선을 배우 듯해야 하니, 깨치지 못했거든 두루 여러 방법을 살펴야 한다. 하루아침에 정법안장을 깨치게 되면, 손 가는대로 시를 써도 모두 문장이 된다.(學詩當如初學禪 未悟且遍參諸方 一朝悟罷正法眼 信手拈出皆成章)"고 말했다. 이것은 곧 학시는 참선과 마찬가지여서 오랜 시간 반복하는 노력을 들여 "두루 여러 방법을 참구하다 보면(參遍諸方)" 점수(漸修)를 거쳐 돈오(頓悟)에 들 듯이 일순간에 선명하게 원리를 꿰뚫게 되기 때문에 물줄기가 마침내 강물을 이루는 것처럼 붓 가는대로 놀려도 좋은 문장을 쓰게 된다는 지적이다.

세 번째는 선도(禪道)로 시의 경지(詩境)를 비유하는 방식이다. 이것은 엄우가 주장한 묘오(妙悟)와 일맥상통하는데, "선도가 오직 오묘한 깨우침에 있듯이 시도 또한 오묘한 깨우침에 있다.(禪道惟在妙悟 詩道亦在妙悟)"는 것이다. 엄우는 시를 쓸 때에는 반드시 "이치의 길을 넘어서지 말고, 말의 그물에 떨어지지 말아야 하며(不涉理路 不落言筌)", "영양이 뿔을 걸어두듯이 찾을 수 있는 혼적이 없어야 한다.(羚羊掛角 無迹可求)"고 생각했다. 즉 의리(義理)를 지나치게 내세우지 말고 배운 지식을 가지고 농짓거리를 해서도 안 되며, 시가 혼적이나 현상을 초월해서 아무 얽매임이 없을 때 비로소 불즉불리(不卽不離, 나아가지도 않으며 떨어지지도 않는 경지), 불점불탈(不粘不脫, 들어붙지도 않고 떨어지지도 않는 경지)하게 되어 혼연일체가 이루어진 천연스러운 경계(境界)에 도달한다는 말이다. 마치 "하늘에 울리는 소리, 바탕 속의 빛깔, 물 속에 드리운 달빛, 거울에 비친 현상(空中之音 相中之色 水中之月 鏡中之象)"과 마찬가지로, 사람이 인식할 수는 있지만 말로 표현할 수 없는 경지와 같이 "말은 다했어도 뜻은 다함이 없는(言有盡而意無窮)" 오묘한 경지에 이른다는 것이다.

이선유시는 선도와 시도가 공유하고 있는 모종의 특징을 근거로 한 설명 방식으로 시사하는 바가 커서 신운설(神韻說)이나 성령설(性靈說) 등과 같은 후세 문학 이론이 계발되는 데 많은 영향을 주었다. 그러나 학시와 참선에는 결국 본질적인 차이가 있기 때문에 양자를 서로 비교하는 방식에도 오류가 발생할 소지가 적지 않게 잠재되어 있었다. 선종은 "이치를 문자로 표현할 수는 없다.(不立文字)"거나 "스승이 없는 지혜를 터득하라.(得無師之智)"고 주장했을 뿐만 아니라 묘오는 스승의 방법을 배워 얻을 수 있다는 사실을 부정하면서 "나를 배우는 자는 죽으리라.(學我者死)"는 극단적인 논리까지 펼치고 있다. 이런 주장은 시를 배움에 규범과 법도를 찾아야 한다고 요구하는 방식과는 현격한 차이가 있을 수밖에 없다. 유극장(劉克莊, 1187-1269)은 "시인들은 두보로써 으뜸을 삼는데, 두보는 말하기를 '시어가 사람을 놀래키지 않으면 죽어도 그치지 않겠다'고 하였다. 선승들은 달마를 으뜸으로 삼는데, 달마는 말하기를 '문자로 세울 수는 없다'고 하였다. 시가 선이 될 수 없는 것은 부처가 시가 될 수 없는 것과 같다.(詩家以少陵爲祖 其說曰語不驚人死不休 禪家以達摩爲祖 其說曰不立文字 詩之不可爲禪 猶釋之不可爲詩也)"(「제하수재시선방장(題何秀才詩禪方丈)」)고 말했다. 하물며 선가에서 볼 때 한 번 깨우치면 모든 일들이 종료되어 평생 이를 수용하지만, 시인들은 깨치고 난 뒤에도 생활을 통해서 시세계를 거듭 보완하고 풍부하게 다져야 하는 측면을 보면 더욱 이 점은 수긍하기 어려워진다. 그러나 시에 내포된 궁극의 경지를 가시화하는 데 선승들의 참선 자세가 보여주는 모습이 가장 적절한 비유가 된다는 점에서 이 주장을 일방적으로 무시할 수도 없는 일이다. 한편 남송 때의 문인 대복고(戴復古, 1167-1248)도 "시의 오묘한 풍취는 문자에 의해 전해지는 것이 아니다.(妙趣不由文字傳)"(「논시10절(論詩十絶)」)고 하며 엄우의 입장을 옹호하는 주장을 하기도 했다.(임종욱)

시도(詩道), **엄우**(嚴羽), **창랑시화**(滄浪詩話), **이선품시**(以禪品詩), **신운설**(神韻說), **성령설**(性靈說)

참고문헌
임종욱, 『동양문학비평용어사전-중국편』, 범우사, 1997.
_____, 『중국의 문예인식』, 이회, 2001.

_____, 『중국문학에서의 문장체제 인물 유파 풍격』, 이회, 2001.

주훈초, 『중국문학비평사』, 이론과실천, 1992.

이성(理性, Reason)

오성이 원인을 묻는 담론적 인식이라면, 이성이란 사물과 사건의 "가치"를 인식하거나 "보편적 연관성"을 찾아내려는 인간의 종합적인 정신적 능력과 활동을 뜻한다. 즉 이성은 오성보다 한 단계 높은 정신적 능력으로서 통일성과 연관성을 목표로 삼는다. 또한 보편적 이성은 우주 속에서 합목적적으로 작용하는 정신적인 힘을 뜻하는데, 그 힘은 주관적 이성 차원에서는 개별적이고 의식적인 존재를 취한다. 세계를 이성을 통해서 파악하고 이성에 적합하게 형성하려는 노력을 합리주의라고 부를 경우 이성은 합리주의의 핵심 개념으로 작용한다. 형이상학적 합리주의는 세계의 사건 내에 있는 하나의 이성에 대해서만 믿음을 갖게 되는데, 그 경우 이성은 최고의 인식 능력을 뜻한다.

이성은 체계적인 원칙들의 능력을 뜻하기도 한다. 그 자체로서 이성은 세 가지 선험적 이념(영혼, 세계, 신)을 생산한다. 기본 원칙에 따라 이성은 판단하는 능력(이론적 이성)과 기본 원칙에 따라 행동하는 능력(실천적 이성)으로 구분된다. 오성이 제한된 인식이라면, 이와 달리 이성은 무제한적인 것을 발견해 내는 데 특징을 둔다.

고대 철학에서는 이성과 오성이 서로 엄격하게 구분되지 않았다. 아낙사고라스(Anaxagoras)는 객관적인 이성, 세계 이성이라는 개념을 사용하였으며, 아리스토텔레스(Aristoteles)는 고통당하는 이성과 활동적인 이성, 즉 영혼과 정신을 구분하면서 특히 인간 내에 불멸하는 이성적인 원칙으로서 정신을 강조하였다. 이 밖에도 스토아 철학자들은 "세계 이성" 혹은 "만물의 이성"을 뜻하는 "프노이마(Pneuma)"라는 개념을 사용하였는데, 세계 이성은 자연의 합목적성과 동일한 의미를 지닌다. 하만(Hamann)과 헤르더(Herder)의 경우 이성 개념은 매우 특이하다. 그들에게서 이성은 보이지 않는 것, 초월적인 것, 신적인 것을 받아들이는 정신적 능력을 뜻하는데, 이 경우 이성 개념은 예견, 예감 같은 특질을 지닌다. 이성을 윤리적으로 피히테(Fichte)는 "이성만의 절대적인 지배"를 유일한 최종 목적으로 설정하였다.

사실 이성 개념은 매우 복잡한 의미를 지니며, 이에 대해서는 이미 로크(Locke)가 적절하게 언급한 바 있다. "영국에서 이성이란 말은 다양한 의미를 지닌다. 어떤 경우 그것은 진실하고도 분명한 기본 원칙을 뜻하며, 어떤 경우 그러한 기본 원칙에서 나온 분명하고도 적합한 추론을 뜻하며, 어떤 경우 이성은 토대를 뜻하기도 하는데, 특히 최종 토대 혹은 목적을 뜻한다."

이성 개념을 세분화시키고 체계화시킨 이는 칸트다. 그는 이론적 이성과 실천적 이성을 구분하였는데, 전자는 체계적이고 통일적인 사유 능력으로서 이성을, 후자는 인간의 의지와 관련된 이성을 뜻한다. 오성보다 상위에 위치한 이론적 이성은 추론해 내고 연역해 내고 제한되지 않은 것을 찾아내는 능력이라고 할 수 있다. 실천적 이성은 자율적으로 도덕적 법칙을 설정해 내는 합리적인 의지라고 할 수 있으며, 그러한 실천적 이성은 "그 자체 선한 의지를 생산해 내는"(『실천 이성 비판 Kritik der praktischen Vernunft』) 특성을 지닌다. 칸트의 경우 인간은 이성적 본질로서 지적인 세계에 속해 있다.

헤겔은 주체와 객체의 동일성 논리로 이성 개념을 파악하였다. 즉 인식자의 보편적 이성은 객관적 이성인 사물의 본질과 동일하다. 절대자는 이성이며, 이 때 이성은 세계의 객관적 개념과 주관적 개념의 체계로 발전한다. 또한 이성은 사유와 존재의 통일성을 형성하는데, "이성적인 것은 현실적이며, 현실적인 것은 이성적"(『Rechts philosophie』의 서문)이라는 그 유명한 헤겔의 언술도 그러한 맥락에서 읽혀진다.(최문규)

주관적 이성, 객관적 이성, 이론적 이성, 실천적 이성, 칸트, 헤겔

참고문헌
Kant, Die Kritik der praktischen Vernunft, 1788.
Hegel, Phänomenlogie des Geistes, 1807.
_____, Rechtsphilosophie, 1821.

이성애(異性愛, Heterosexuality)

이성애는 일반적으로 반대되는 성에 매력을 느끼는 심리와 감정을 말한다. 일반적으로 인간은 발달단계에서 자신의 성적 차이를 인식하여 성 정체성을 갖게 되고, 2차 성징기를 거치면서 자신과 다른 이성에 대하여 분명한 성애의 감정을 갖게 된다. 이러한 이성애의 감정은 대부분의 사회에서 규범이며, 심리적으로 정상적인 것으로 여긴다. 그러나 프로이트와 일군의 학자들 이후, 이성애를 제외한 다른 모든 유형의 성욕이 비정상적이라는 함의에 대하여 이견을 제시하는 흐름이 나타나고 있다.

현대 성의학에서는 성애의 감정을 양성애(bisexuality), 동성애(homosexuality), 이성애(heterosexuality) 등으로 구분하고 있다. 그 중 '이성애'와 '동성애' 이 두 용어는 Karl Maria Kertbeny라는 사람이 만들었고, 1869년에 처음에 공개적으로 사용하였다. 독일에서 반남색법령의 폐지를 정치적 현안으로 올리려는 초기의 시도가 있었을 때 이 용어가 사용되었는데, 독일의 법개정자들은 '정상적 성욕'이라는 규범에 대항하였다. 그들이 보기에 이 신조어들은 진전된 성의학 연구를 통해, 동성애를 성욕의 특정 형태의 하나이자 온건한 변형의 하나로 정의하려는 계속적인 폭넓은 노력의 일환이었다.

프로이트는 1915년 「성욕 이론에 관한 세 편의 에세이(Three essays on the theory of Sexuality)」에 붙인 각주에서 "남성이 여성에게 느끼는 배타적인 성적 관심은 정신분석학의 관점에서 설명을 필요로 하는 문제"라고 썼다. 그는 좀더 넓은 맥락에서 대상 선택의 특이함에 대해 적으면서, 고대 사회는 그 모든 변천 속에서도 성적 본능을 강조한 반면, 현대는 본능적 행위를 경멸하고 오직 대상의 장점이라는 측면에서만 그것을 용인하려 한다고 주장한다.

이 프로이트의 입장은 이성애와 극단적으로 상반되는 동성애를 잠재적으로 입증하는 동시에 이성애를 문제시하는 것이다. 이러한 관점은 성애의 선택을 본능의 불가피한 결과라기보다는, 복합적인 심리과정에서 형성되는 타협과정으로 취급한 것이다. 하지만 프로이트는 궁극적으로 이성애주의자의 대상 선택이 가장 적절하다고 주장하였다. 프로이트 에게 재생산과 인류의 생존을 보장하는 것은 이성애일 수밖에 없었던 것이다.

이러한 견해의 흐름을 바탕으로 급진주의 레즈비언 이론에서는, 이성애를 강요하는 것을 나타내기 위해 '강제적 이성애(Compulsory heterosexuality)'라는 용어를 사용한다. 에이드리언 리치는 이성애 강요가 남성 지배의 근거가 되고 그것을 영속화시키는 주된 메커니즘이라고 설명하기도 하였다.(이연의)

이성애자, 양성애, 동성애, 남성성, 여성성, 강제적 이성애

참고문헌
최순영, 『인간의 사회·성격 발달심리』, 학지사, 2005.
최경숙, 『발달심리학 - 아동·청소년기』, 교문사, 2000.
데이비드 스텟, 『심리학 용어사전』, 정태연 역, 끌리오, 1999.
Elizabeth Wright, 『페미니즘과 정신분석학 사전』, 박찬부·정정호 역, 한신문화사, 1997.
메기 험, 『페미니즘 이론 사전』, 심정순·염경숙 역, 삼신각, 1995.
제레미. M. 호손, 『현대문학이론 용어 사전』, 정정호 외 역, 도서출판 동인, 2003.

이성중심주의(理性中心主義) ☞ 로고스

이스투아르/디스쿠르(프 Histoire/Discours)

현대 구조주의 서사이론은 모든 서사 텍스트의 구조는 '이야기(story)'와 '담론(discourse)'의 두 층위를 지니고 있다고 본다. 이야기란 일련의 사건들과 그 사건들에 관련되는 사물적 자질들의 총화를 가리키며, 담론이란 그 이야기가 전달되는 특정한 발화 방식을 지칭한다. 이러한 이원론적 서사 구조론은 아리스토텔레스의 『시학』과 플라톤의 『국가론』에 그 연원을 두고 있다. 아리스토텔레스의 모방 이론과 플라톤의 '디에게시스(diegesis)'와 '미메시스(mimesis)'의 구분은 어떤 이야기를 전달하는 방식에 대한 최초의 이론 정립으로 간주된다. 이러한 선구적 관점은 현대 서사이론의 근간을 이루는 러시아 형식주의자들의 '파블라(fabula)'와 '슈제트(sujet)'의 구분, 영미 신비평의 '스토리(story)'와 '플롯(plot)'의 구분에까지 계승되고 있다. 파블라와 슈제트, 스토리와 플롯의 두 개념은 내용의 국면인 이야기와 그 이야기가 전달되고 소통되는 형식의 국면인 담론과 그대로 일치한다. 이 점에서 구조주의의 서사이론은 고대부터 지금까지 이어져 온 이원론적인 사고 체계를 반복하고 있다고 할 수 있다.

근래에 프랑스 구조주의와 서사학(narratology)의 전통 속에서 작업하는 비평가들은 그러한 구별을 채택하고, 프랑스어 이스투아르(histoire, 서사) - 혹은 레시(récit) - 와 디스쿠르(histoire, 담론)를 사용하고 있다. 이 용어들은 언어학자들도 사용하고 있는데, 비평가들의 용법에서 이스투아르는 서술자나 서술의 수용자나 사건들이 진술되는 상황은 전혀 지시하지 않는, 사건들에 관한 '객관적' 진술을 가리킨다. 이스투아르가 대부분의 역사 저술과 삼인칭 서술의 특징을 나타내는 것과 대조적으로, 디스쿠르는 말이나 글의 '주관적' 형식을 지시한다. 디스쿠르는 따라서 대명사 '나' '너' '우리', 부사 '여기' '지금' 같은 기호를 통해 말하기의 상황, 서술자, 청자(혹은 독자)를 지시한다. 이러한 의미에서 이스투아르는 그 언표 기능(enunciative function)을 감추려 하는 반면에, 디스쿠르는 듣는 사람의 관계로 주의를 끈다. S. 채트먼의 『이야기와 담론 - 소설과 영화의 서사 구조』(Story and Discourse-Narrative Structure in Fiction and Film)는 서사의 구조와 모든 상황들이 이 이원론에 근거하여 설명하고 있다.(김수이)

스토리, 플롯, 파불라, 슈제트, 디에게시스, 미메시스

참고문헌
조셉 칠더즈 ·게리 헨치, 『현대 문학 문화비평 용어사전』, 황종연 역, 문학동네, 1999.
S. 채트먼, 한용환 역, 『이야기와 담론』, 푸른사상, 2003.

이야기

이야기란 일차적으로 의사 소통을 전제로 한 서사 담론의 모든 형태라고 할 수 있다. 중국의 경극, 우리나라의 탈놀이, 비제의 오페라 『카르멘』, 포의 대표적 애송시 「애너벨 리」, 동료들 사이에 이야기되는 우스갯소리 등에서조차 어떤 의미를 전달하기 위한 표현상의 방식을 발견할 수 있는데, 이것은 이야기를 보다 폭넓게 정의하는 경우이다. 이런 때에는 그 서사 담론이 '무엇을 말(표현)하려 하는가'하는 의미 해독의 문제와 함께 실제의 사건과 환상적 허구를 불문하고 '의사 전달의 내용이 어떤 방식을 통해서 이해되는가'하는 개별적 매체의 특이성, 즉 미학적 효과의 편차에 대한 수신자의 다양한 반응이 문제시된다. 따라서 하나의 이야기는 담론상의 여러 방식으로 발현될 수 있으며, 여기에서는 각각의 자질들이 일으키는 변형의 심미적 효과가 논의의 주를 이루게 된다. 예컨대 단군 신화를 구성하는 이야기는 구술과 문장화된 언술, 연극, 무용, 영화 등등 다양한 방식으로 전달될 수 있으며 각각의 특성에 따라 그 외형을 변화시키게 된다는 뜻이다. 이럴 경우의 이야기는 보통 서사체(narrative)를 의미하며 서사성(narrativity)이라고도 불리는 내재적인 구조를 갖게 된다. A. J. 그레마스는 이야기가 매체 또는 기호 체계(말, 영화의 화면, 신체적 제스처 등)로부터의 추상물이기 때문에 한 매체에서 다른 매체로, 한 언어에서 다른 언어로, 그리고 같은 언어 내에서도 다른 형태로 전환될 수 있는 것으로 파악한다. 이에 반하여 츠베탕 토도로프는 '의미란 언표되거나 지각되기 전에는 존재하지 않는다. 그러나 그 언표화가 서로 다른 경로를 밟는다면 동일한 의미를 표현하는 두 개의 발화라는 것은 존재하지 않는다'라고 정반대의 주장을 하기도 한다. 즉 토도로프에 있어서 이야기란 고유한 것이며 변형 불가능한 어떤 것이기 때문에 특히 문학 작품의 경우에 있어서는 패러프레이즈되거나 번역되면 이야기 자체가 손상될 수 있다는 것이다.(윤송아)

서사 담론, 서사체, 언표

참고문헌
한용환, 『소설학 사전』, 문예출판사, 1999.
제레미 M. 호손, 『현대 문학이론 용어사전』, 정정호 외 역, 동인, 2003.

이야기꾼

이야기는 모든 서사 양식의 근원이다. 서사를 만들어내고, 이해하며, 향유하는 능력은 인간의 본성에 속하는 것이라고 할 수 있다. 그러므로 가장 포괄적인 이야기꾼의 정의는 이야기하는 인간을 뜻한다. 만약 어떠한 소설가를 탁월한 이야기꾼으로 지칭한다면, 이는 이야기를 구성해내는 특출한 능력의 소유자를 가리킨다.

구술 문화에 관한 탁월한 통찰을 보여준 월터 옹(Walter J.Ong)에 따르면, 문학의 고전 중의 고전으로 인식되고 있는 호머의 서사시 『일리아드』와 『오딧세이』는 이야기꾼의 암송에서 유래한다. 이야기꾼은 문자 발명 혹은 인쇄술의 발명 이전에 가장 유력한 문학적 양식의 창작자이자 전달자였다. 신화, 전설, 설화, 민담은 모두 이야기꾼의 산물이다. 구전 문학과 민속성의 연구에 있어서 이야기꾼의 존재는 필수불가결하다.

한국 문학에서 이야기꾼은 조선 후기 소설 독자층의 확대와 맞물려 중요시된다. 이 시기에 이야기꾼은 소설의 상업적 전달을 주도하면서 전문적이고 직업적인 예능인으로 대두한다.

문자 문화의 '쓰기'가 세계를 서사화하는 인간의 사고 능력을 변화시킨다는 월터 옹의 입장과는 별도로, 이야기꾼은 근대적 문학 양식의 속성을 가늠해보는 척도가 되기도 한다. 20세기 초반, 발터 벤야민은 경험의 가치가 하락하면서 이야기체 형식의 예술이 점차 막바지에 이르고 있다고 진단한다. 경험과 의사소통의 직접성이 감소한 시대의 예술 양식이자 고독한 개인의 창작물이 소설이라면, 이야기꾼 혹은 이야기꾼으로서의 소설가는 그 입지를 상실해가고 있다는 것이다.

대량 복제가 가능한 다매체 시대에 접어들어 이미지가 지배하는 디지털 언어의 대두는 이야기꾼의 새로운 정의를 촉진하고 있다. 다성적이며 상호 텍스트적이며 유목민적 속성에 기반한 이야기를 만들어내는 이야기꾼이 그것이다.(최영석)

이야기, 서사, 구술 문화

참고문헌
趙秀三(1762~1847), 紀異, 秋齋集.
월터 J.옹, 『구술문화와 문자문화』, 이기우 외 역, 문예출판사, 1995.
임형택, 「18.9세기 이야기꾼과 소설의 발달」, 『한국학논집2』, 계명대, 1975.
발터 벤야민, 「애기꾼과 소설가」, 『발터 벤야민의 문예이론』, 반성완 역, 민음사, 1983.

이야기 시(譚詩, Narrative Poem)

어떤 이야기를 리듬에 맞추어 읊는 시를 뜻한다. 서구의 장르이론은 아리스토텔레스가 『시학』에서 구분한 서정, 서사, 극이라는 삼분법에 기준을 두고 있다. 이에 따르면 서사시는 타인에 대한 보고적인 모방이며, 서정시는 자기 자신에 대한 모방을 끌어내는 것, 극은 행위로써 드러내는 모방이다. '서정시'가 주로 개인의 감정을 노래하는 데 비해 '이야기 시'는 서사적인 설화를 비롯하여 민요적인 발라드를 노래했다. 이야기 시 또는 담시를 서구의 장르이론에 입각해 살펴보면 좀 더 복잡해 진다. 이야기시를 어느 범주에 분류할 지에 대해서는 아직까지 의견이 통일되지 않았다. 넓은 의미로 이야기 시는 서사시(epic)를 비롯해 서술시의 일종인 발라드(ballad)를 포함한다고 할 수 있다.

이야기 시의 전형인 호메로스의 서사시, 일리아드를 비롯하여 초서의 켄터베리 이야기를 비롯해 서양문학사에서 이야기 시는 매우 긴 뿌리를 갖고 있다. 서사시가 역사적인 사건이나 영웅, 신화를 서사적 형태로 쓴 시를 의미한다면, 발라드(ballad)는 설화적인 내용이나 민요, 민담적인 성격이 짙다고 할 수 있다.

우리 문학사에서 서구의 삼분법에 의한 장르 구분은 적지 않은 문제점을 낳고 있다. 논자에 따라서 임화의 「우리 오빠와 화로」를 이야기 시의 기원으로 보는가 하면 단편 서사시로 보기도 한다. 팔봉은 단편 서사시를 소설과 시의 혼합 양식으로 보았고, 소설과 서정시를 연결하는 과도기적인 양식으로 보는 견해도 있다. 이야기 시를 담시로 보는 시각의 출발점은 김지하의 「오적」에서부터다. '담시'라는 용어는 기존에 통용되던 문학적 장르의 명칭이 아니라 작가 스스로 자신의 작품에 미학적 의미를 부여한 명칭이기 때문에 보통명사가 될 수 없다는 견해도 있다.

이야기 시, 담시, 서사시, 단편 서사시라는 용어는 정확하게 개념 규정이 되지 않고 논자들에 따라 조금씩 상이한 의미를 띠고 있다. 이 용어들을 포괄할 수 있는 것은 이야기가 중심이 되어 리듬에 맞춰 낭송할 수 있다는 정도이다.(박죽심)

서사시, 단편서사시, 발라드(ballad)

참고문헌
아리스토텔레스, 『시학』, 천병희 역, 문예출판사, 2002.
옥타비오 파스, 『흙의 자식들 外』, 김은중, 1999.

이야기 역사

이야기 역사란 역사를 이야기 구조를 가진 서술 양식으로 보는 관점에서의 역사를 말한다. 이는 역사를 실증적이고 과학적인 학문 영역으로 간주하고 과거의 실재와 동일시하는 관점이 아니라 역사가 과거라는 실재와 동일시될 수 없는 플롯을 지닌 서술이라고 보는 것이다. 오늘날 우리가 사용하는 개념으로써 '조사', '문의', '탐구'라는 뜻을 지닌 그리스어 'historia'에서 유래한 역사는 과거에 있었던 사실이나 과거로부터 남겨진 기록을 의미한다. 사실 이야기(story)와 역사(history)는 근대 역사학의 발달 이전에는 별 차이를 지니지 않았다. 근대 이전의 역사가 과거에 일어났던 것에 대한 이야기 또는 개별적 역사들(histories)였다면, 근대 역사학에서는 역사가 과거에 대한 실증적 고증이라는 점에서, 역사가 과거의 실체를 있는 그대로 구현하는 과학적 학문의 분야로 인정받아 왔다.

그러나 20세기 중반에 이르러 포스트모더니즘 사조의 영향과 함께 이야기 역사에 대한 관심이 다시 제기되었다. 이는 단순히 역사 서술 방법론의 문제에 국한된 것이 아니라 근대적 사고틀에 대한 인식론적 전환에 근본적인 원인이 있다. 이야기 역사가 부활하는 데 영향을 끼친 것은 언어적 전회(linguistic turn)라는 철학사조와 탈근대적 문예비평 이론인데, 언어적 전회는 역사를 언어적 구성물로 환원시킴으로써 역사적 사실의 존재가 역사 이야기를 만드는 역사가의 언어 담론에 종속된다는 논의를 가능케했다. 언어적 전회는 역사적 진리의 문제를 수사학적인 문제로 돌려놓았고, 궁극적으로는 역사서술과 문학작품과의 구분을 소멸시킴으로써 역사학의 정체성을 혼란시켰다. 그러나 한편으로는 역사가들이 등한시했던 역사서술 형식의 문제를 제기함으로써 새로운 역사서술은 역사가의 새로운 플롯 구성을 동반한다는 사실을 제기했고, 역사가들에게 사회적 실재 밖에 있는 담론이 고유하게 만들어내는 역사적 연관관계에 주목할 것을 요구함으로써 역사연구의 지평을 확장시켜주었다. 또한 이야기 역사에 대한 논쟁은 과학적 학문으로 정립된 근대 역사학의 고정된 지위에 문제를 제기하며, 역사와 대립된 영역으로 인식되어 온 문학적 서술에 대한 관심을 확장시켰다.(장은영)

언어적 전회, 이야기, 메타 역사

참고문헌
안건훈, 『역사와 역사관』, 서광사, 2007.
이한구, 『역사학의 철학』, 민음사, 2007.

이야기 정체성(narrative identity, 프 identité narrative)

이야기 정체성은 프랑스의 해석학자 폴 리쾨르(Paul Ricoeur, 1913-2005)가 『시간과 이야기(Temps et récit)』 삼부작에서 논의하는 이야기 시학의 핵심 개념이다. 리쾨르의 이야기 시학은 역사와 문학을 삶에 대한 이해라는 차원에서 교차시키고, 서로 이질적인 것들을 종합하는 과정에서 새로운 역동성을 발견해낸다. 그는 역사와 허구의 교차에서 이질적인 것들의 종합으로써 역동성을 지닌 특수한 정체성이 나타난다고 지적하는데, 이것이 바로 이야기 정체성이다.

이야기 정체성이란 행위의 주체가 누구인가에 대한 대답으로서 삶에 대한 이야기를 통해 드러나는 정체성이다. 누가 그러한 행동을 했는가, 누가 그런 행동의 행위자, 장본인인가라는 물음에 대한 대답은 개인이나 공동체의 삶의 내력을 이야기함으로써 나타난다. 이야기한다는 것은 시간 속에서 성격 전개와 이야기된 내력 전개 두 관점의 연관성을 드러내며 누가, 무엇을,

왜, 어떻게 했는가를 말하는 것이기 때문이다.

리쾨르가 말하는 개인이나 공동체에 부여된 이 특수한 정체성은 실천의 범주라는 뜻으로 쓰일 수 있으며, 개인이나 공동체의 정체성을 말한다는 것은 '누가 그런 행동을 했는가?', '누가 그 행동 주체이고, 당사자인가?'하는 물음에 답하는 것이다. 이 물음에 답하기 위해서는, 다시 말해 출생에서 죽음에 이르기까지 그를 동일한 인물이라고 볼 수 있는 근거를 찾기 위해서는 그에 관한 서술이 제시되어야 한다. 이는 곧 삶에 관한 이야기를 통해서 '누가' 설명될 수 있다는 것이고, 이렇게 설명된 '누구'의 정체성이 바로 이야기 정체성이다. 리쾨르가 보기에 개별적 정체성(identité personnlle, personal identity)은 서술 행위의 도움 없이는 이해될 수 없는 것이다. 누가 저자 또는 행위의 주체인가에 대한 가장 적절한 대답이 삶의 이야기를 말하는 것이라면, 곧 이야기는 누구의 행위에 대해 말한다.

이러한 이야기 정체성은 시간 속에서 끊임없이 만들어지고 해체되며, 자기의 이야기 속에서 새로운 자기 정체성을 만들어 가는 역동적인 정체성으로 끊임없이 새로운 방법과 이야기를 통해 '내가 누구인가'를 말한다. 리쾨르는 이러한 이야기라는 우회로를 통해 자신을 이해하게 되며, 행위에 대한 판단을 통해 윤리적인 문제를 성찰하게 된다고 말한다.(장은영)

시간과 이야기, 이야기 시학, 이야기, 행위

참고 문헌
Paul Ricoeur, 김한식 역, 『시간과 이야기 I』, 문학과 지성사, 1999.
_____, 김한식 역, 『시간과 이야기 II』, 문학과 지성사, 2000.
_____, 김한식 역, 『시간과 이야기 III』, 문학과 지성사, 2004.
_____, 「서술적 정체성」, G. Genett, 석경징 외 역 『현대 서술 이론의 흐름』, 솔, 1997.

이원론(二元論, Dualism)

이원론이란 '이중의'를 뜻하는 라틴어 dualis의 어원에서 알 수 있듯, 서로 환원이 불가능한 독립된 두 실체(實體) 또는 원리를 인정하고, 그 두 원리로부터 일체의 사상(事象)을 설명하는 이론으로서 일원론 및 다원론과 대립된다. 빛과 어둠, 하늘과 땅, 선과 악처럼 서로 독립적이고 힘이 대등한 두 세력의 분할로 세계가 표현되는데, 이러한 대립 원리의 가장 오래된 형태는 신화(神話)적 이원론과 조로아스터교(Zoroas -ter 敎) · 마니교(Mani敎) · 기독교 등의 종교적 이원론에서 찾아볼 수 있다.

철학적 이원론은 어느 한 범주도 다른 한 범주로 환원되지 않는 우주의 두 근본 원리인 정신과 물질의 이세계설(二世界設)로 나타나는데, 그 성립은 고대 그리스에서 볼 수 있으며 플라톤(Platon)이 이데아계와 감성계로 구분한 것이 그 대표적인 예이다. 그러나 철학적 이원론의 본격적인 성립은 근세에 와서야 이루어지는데, 사유(思惟)를 본성으로 하는 정신과 연장(延長)을 본성으로 하는 물질의 실재적 구별인 데카르트(R. Descartes)의 물심 이원론이 그것이다. 이에 의해 정신이 독자적인 위치를 차지하게 되고 근대 철학의 기본적인 틀이라고 할 수 있는 주관과 객관의 이원론이 확립되었다. 데카르트 이후 현대의 철학적 이원론은 지각하고 인식하는 존재인 주체(Subject)와 주체 외부의 모든 존재인 객체(Object)로 이분화 하는 관점의 표현이 많다.

  문학을 순수성과 비순수성으로 분류하는 문학의 이원론의 기저(基底)에는 내용과 형식의 우선 여부에서 발생하는 문예학적 논쟁이 자리 잡고 있다. 즉, 언어적 측면을 강조하느냐 현실적 측면을 강조하느냐에 따라 결정되는 문학의 예술성과 비예술성에 대한 사고방식의 차이가 빚어지는 것이다. 한국 문학에 있어서 이러한 논쟁은 1926년 김기진(金基鎭)의 월평(月評)에서 비롯된 이후 현재까지도 계속되고 있는데, 이데올로기에 치우친 프로문학을 비판한 김기진과 문학에 있어서 형식은 부차적인 것임을 주장한 박영희(朴英熙)가 팽팽하게 맞서기도 했다. 논쟁에는 창작의 방법적인 면과 관련된다고 보아 중용을 주장했던 양주동(梁柱東) 등의 절충파도 있었다.(이상갑)

일원론, 다원론

참고문헌
게리 헨치 ·조셉 칠더즈, 『현대문학, 문화 비평용어사전』, 황종연 역, 문학동네, 1999.
칸트, 『순수이성비판』, 정명오 역, 양우당, 1988.
『국어국문학자료사전(下)』, 한국사전연구사, 1994.
『세계철학대사전』, 고려출판사, 1992.

이율배반(二律背反, Antinomy)

  이율배반이란 서로 모순되어 양립할 수 없는 대립 명제가 동등한 권리 · 타당성을 지닌 채 주장되는 것을 말하며, '실천적으로 적용되는 법들 사이의 모순'을 의미하는 그리스어 antinomia 에 어원을 두고 있다. 일반적으로 각각의 경우에는 분명하게 옳은 두 문장이 이론적으로 양립되지 못하는 모순이 발견되었을 때 '이율배반에 빠졌다'라고 한다. 법학과 신학에서는 특수한 하나의 경우에 적용되는 두 가지의 법이나 두 원리 사이의 모순을 의미한다. 철학에서는 주로 이율배반의 상황을 지적하여 그것은 외형적인 것에 불과하며 진정한 모순은 없다는 방향으로 토론을 진행시킨다.

  이율배반이라는 말은 엘레아 학파 이후로 거론되기 시작하였으나, 칸트(Kant)의『순수 이성 비판』에서 4개의 이율배반이 등장하면서부터 유명해졌다. 칸트에 따르면 이율배반이란 이성이 현상을 뛰어넘어서 세계 전체의 본질 · 절대에 접근하여 해결을 모색할 때 그 이성 스스로 부딪히는 모순을 의미한다. 그는『순수 이성 비판』에서 이성은 현상을 넘어 확실한 인식 체계를 가질 수 없으나, 자연스러운 성향과 같은 '조건 없음'을 찾으려 하는 속성을 가졌다고 보았다. 그래서 이성은 확실해 보이는 논증을 통해 형이상학적 사실을 밝히려 도전하지만, 결국 밝히려 한 사실과 모순되는 것도 동일하게 증명할 수 있음을 알게 된다. 그는 <시간에 시작은 있는가>와 같은 질문에서, 그것이 인간의 지적 능력의 한계를 초월하는 까닭에 회피가 불가능한 이율배반에 빠지게 된다고 말했다.

그의 명저에서 거론한 4개의 이율배반에는 물자체(物自體)인 정립(定立)과 현상(現象)인 반정립(反定立)이 둘 다 진(眞)으로 존재한다. ①세계는 시간의 시작이 있으며 공간의 한정이 있다.(定立) 세계는 시공간이 무한하다.(反定立) ②세계는 원자(原子)로 이루어진다.(定立) 세계는 무한한 분할을 이룬다.(反定立) ③자유에 의한 인과성(因果性)이 존재한다.(定立) 모든 법칙은 자연법칙에 의한 것일 뿐 자유는 없다.(反定立) ④절대적으로 필연적인 존재가 있다.(定立) 그러한 존재는 없다.(反定立) 라는 4가지를 '순수이성의 이율배반'이라고 하였다.(이상갑)

모순, 역설

참고문헌
엘리자베스 클레망 외, 『철학사전』, 이정우 역, 동녘, 1996.
문덕수, 『세계문예대사전』, 교육출판공사, 1994.
칸　트, 『순수이성비판』, 정명오 역, 양우당, 1988.
김환배, 『알프레드 되블린의 '베를린 알렉산더광장'에 나타난 이율배반』, 고려대학교 박사학위 논문, 1983.

이의역지(以意逆志)

중국 고대 문학론 가운데 하나. 시를 이해하는 방법 중 하나로, 맹자(孟子, 전372-전289)가 제시하였다. 『맹자 · 만장장구(萬章章句)』 상편에 "시를 말하는 사람은 문장 때문에 문체를 해치지 않으며 문체 때문에 뜻을 해치지 않는다. 시인이 작품 속에 표현한 생각(意)을 근거로 시인의 주제와 의도를(志) 탐색할 수 있다. 이것이 바로 터득했다는 것(說詩者不以文害辭 不以辭害志 以意逆志 是爲得之)"이라는 말이 나온다. 맹자는 시를 평론하는 사람은 시에 적혀 있는 몇몇 글자를 근거로 단장취의(斷章取義)해서 작품을 곡해해서는 안 되며, 시구에 표현된 표면적인 의미를 가지고 작품 속에 담긴 진실한 의의를 곡해해서도 안 된다고 보았다. 그는 마땅히 작품 전편에 담긴 의미를 바탕으로 작가의 본뜻을 찾아야 한다고 주장하였다.

후대에 이의역지 가운데 의는 결국 시를 말하는 사람의 뜻(意)이라든가, 시를 지은 사람의 뜻이라는 식으로 의견이 분분해졌다. 한나라의 경학자와 송대의 성리학자들은 대개 의를 시를 말하는 사람의 뜻으로 보았다. 예컨대 조기(趙岐, ?-전201)는 『맹자주소(孟子注疏』에서 "자신의 뜻으로써 시인의 뜻을 돌이킨다.(以己之意逆詩人之志)"고 하였고, 주희(朱熹, 1130-1200)는 『맹자집주(孟子集注)』에서 "마땅히 자신의 뜻으로 작자의 뜻을 맞아들인다.(當以己意迎取作者之志)"고 말했다. 청나라의 오기吳淇는 『육조선시정론연기六(朝選詩定論緣起)』에서 이의역지는 "옛 사람의 뜻으로 옛 사람의 뜻을 찾는 것으로, 시를 가지고 시를 논하는 것(以古人之意求古人之志 乃就詩論詩)"이며, 그렇지 않은 말은 바로 한나라의 유학자들이 시에 대해 말한 식의 견강부회가 될 뿐이라고 생각하였다. 왕국유(王國維, 1877-1927)는 이의역지에 대해 맹자의 지인논세知人論世와 결합해서 해석을 시도하였다. 그는 「옥계생연보회전서(玉溪生年譜會箋序)」에서 다음과 같이 말했다. "돌아보아 의는 내게 있고 지는 고인에게 있다면 과연 무엇을 닦아 능히 내가 생각한 것으로 하여금 고인의 뜻을 잃지 않게 하겠는가? 그 방법에 대해 맹자는 또한 이렇게 말했다. '그 시를 읊고 그 책을 읽었으면서 그 사람을 모른다면 되겠는가? 이런 까닭으로 그 시대를 논하는 것이다.' 이 때문에 시대를 말미암아서 사람을 알게 되고, 사람으로 말미암아 뜻을 알게 되는 것이라면 고인들의 시는 비록 해독하지 못할 것이 있다고 해도 적을 것이다.(顧意逆在我 志在古人 果何修而能使我之所意 不失古人之志乎 其術 孟子亦言之曰 誦其詩 讀其書 不知其人可乎 是以論其世也 是故由其世以知其人 由其人以逆其志 則古人之詩雖有不能解者寡矣)" 그는 역지는 비록 시를 말하는 이에게 있다고 해도 설시자(說詩者)가 작품에 대해 해석할 때에는 반드시 지인논세의 원칙을 관철해서 주관적으로 독단하는 폐단을 피해야 한다고 보았다. 이 입장은 비교적 합리적인 해석이라고 할 수 있다.(임종욱)

맹자(孟子), 단장취의(斷章取義), 조기(趙岐), 왕국유(王國維)

참고문헌
임종욱, 『동양문학비평용어사전-중국편』, 범우사, 1997.
_____, 『중국의 문예인식』, 이회, 2001.
_____, 『중국문학에서의 문장체제 인물 유파 풍격』, 이회, 2001.
주훈초, 『중국문학비평사』, 이론과실천, 1992.

이접성(Disjunction)

이접(離接, disjunction)은 '또는(or)'이라는 논리적 언어로 연결한 명제를 뜻한다. 논리학에서는 '또는'을 나타내는 명제 결합기호 $\vee$를 써서 $p \vee q$로 나타낸다. $p \vee q$의 진리값은 p, q 양쪽이 거짓일 때만 거짓이고 p, q의 한쪽 또는 양쪽이 참일 때는 참이다. 다시 말해 이 경우 두 명제가 모두 거짓일 때만 거짓이 된다.

수학, 논리학, 언어학에서 출발한 용어이나 근대 언어 철학과 화이트헤드, 들뢰즈 등의 철학 저작에서 중요한 개념으로 쓰였으며, 문화/문학 비평에 많이 활용되고 있다. 또한 기호학과 서사학에서도 핵심적 용어이다.

화이트헤드에 따르면, 궁극적 형이상학적 원리는 이접적으로 주어진 존재들과는 다른 또 하나의 새로운 존재를 창출해내는, 이접(離接, disjunction)에서 연접(連接, conj -unction)에로의 전진이다.

'이접'이 문화 분석 혹은 문학 비평의 영역에서 활발하게 쓰이기 시작한 것은 들뢰즈의 영향이 크다. 그는 화이트헤드를 적극 참고하면서 『의미의 논리>와 같은 저작을 통해 이접을 핵심적인 용어 중의 하나로 삼았다. 들뢰즈의 논의에서, 의미는 사건의 발생과 동시에 발생하는 것이지만 문화적 계열을 통하지 않고서는 불가능하다. 여기에서 이접은 계열들의 확산, 배분을 뜻한다.

서사론의 영역에서도 이접은 중요한 개념으로 쓰인다. 그레마스는 이야기성(설화성)의 분석에서 이야기의 필수적인 요소로 이접, 계약, 시련의 세 가지를 들기도 하였다. 추구하는 대상에서부터 분리된 이접의 상태로부터 정반대 상황으로의 전환이 이루어지기 위하여 주인공은 모종의 계약을 맺고, 그것을 이행하기 위해 혹독한 시련을 거쳐야만 한다는 것이다.(최영석)

연접, 사건, 계열, 계약, 시련

참고문헌
그레마스, 『의미에 관하여』, 김성도 역, 인간사랑, 1997.
화이트헤드, 『이성의 기능』, 김영옥 역, 통나무, 1998.
질 들뢰즈, 『의미의 논리』, 이정우 역, 한길사, 2000.

이종어(異種語, Heteroglossia, 러 raznorečie)

미하일 바흐친(Mikhail Bakhtin)의 대화적 담론이론에 의하면, '이종어'는 한 언어내부에서 사회적으로 분화된 다양한 말의 양식을 지칭한다. 예컨대, 동일한 언어 내부에도, 직업, 계급, 성별, 연령, 인종과 시공간의 상황에 따라 다양한 이종어가 존재한다. 법률가, 관료, 교육자, 상인의 말이 다르고, 지배계급과 하층계급의 말이 다르며, 남녀의 말이 다르고, 노소의 말이 다르며, 유색인종과 백인의 말이 다르고, 아침과 저녁의 말이 다르며, 오페라 극장과 시장터의 말이 다르고, 각 지역에 따라 다른 방언이 있다. 사회언어학적 측면에서, 인간사회는 독백적이고 권위적이며 중앙집권화된 단종어(單種語, monoglossia) 혹은 문어(文語)를 지향하는 '구심적 힘'과, 이에 저항하는 다양하게 분화된 이종어의 '원심적 힘' 사이의 대립과 균형에 의해 특징지어진다. 시적 담론은 단일한 문어를 특권화함에 비해, 소설적 담론은 사회적으로 분화된 이종어가 대화적, 카니발적으로 교차하고 상호조명하며 상호활성화하는 양상을 재현한다. 예컨대, 19세기 영국의 소설가 찰스 디킨스의 작품은 다양한 이종어의 교차와 대화적 상호작용을 전형적으로 보여준다. 하나의 언어내부에 존재하는 이종어와 달리, '다중어'(多衆語, polyglossia)는 동일한 문화권 내에서 공존하는 다양한 언어들을 지칭한다.(여홍상)

참고문헌
김욱동, 「이어성과 다어성」, 『대화적 상상력: 바흐친과 문학 이론』, 서울: 문학과 지성사, 1988, pp.222-26.
미하일 바흐친, 『장편 소설과 민중 언어』, 전승희 외 공역, 서울: 창작과 비평사, 1988.

이중 음성적 텍스트(Double-voiced text)

이중 음성적 텍스트(double-voiced text)는 문학작품이 어떻게 소수민족작가나 여성작가의 이중의식(double consciousness)을 반영하는가를 나타낼 때 쓰이는 용어이다. 지배적인 문화에서 활동하는 소수자의 텍스트에서는 두 가지 목소리를 함께 읽어야 한다는 생각을 드러낼 때 자주 사용한다. M. 바흐친의 경우는 서로 대립되는 의미들을 함유하고 있는 말, 특히 패러디에 있는 말을 가리키기 위해 이중 음성적이라는 용어를 사용하였다. 텍스트는 다음과 같은 경우 이중 음성적이 된다. (1)텍스트가 이중 청중을 상대로 하는 경우 (2)텍스트가 이중의 문학적 선조를 갖거나 이중 스타일을 함유하는 경우 (3)텍스트가 자체의 전통 내부에 존재하는 모티프를 반복하는 동시에 수정하는 경우 (4)텍스트가 이중적 메시지를 함유하는 경우.

최근 문예 비평에서 자주 쓰이는 경우는 페미니즘과 탈식민주의 이론에서이다. 아프리카 미국인의 저술에는 기본적으로 '이중 음성적 텍스트'를 읽어야 한다고 주장하는 것이 전자이고, 여성의 저작을 아프리카계 미국인의 저술과 똑같이 '이중음성적 텍스트'로 읽어야 한다고 주장하는 것이 후자의 경우이다. 이들 비평은 아프리카 미국인이나 여성은 자신의 문화와 지배적인 문화(백인과 남성) 양자 속에 존재하는 '목소리를 빼앗긴 집단(muted group)'이라는 사회학적 개념을 따른다. 이중 음성적 텍스트를 통해 아프리카계 미국인 비평에서는 인종에 관련된 감추어진 의미나 플롯을 찾아내려 하고, 페미니즘 비평에서는 여성의 저작에서 성별(gender)이 관련된 감추어진 의미나 플롯을 찾으려 한다.

이중 음성적 텍스트는 문학이 아닌 영화 등의 대중문화, 오리엔탈리즘 아래서의 동양 텍스트를 읽는 데도 시사하는 바가 크다고 할 수 있다.(김한식)

이중의식, 목소리를 빼앗긴 집단

참고문헌
E. 사이드, 『오리엔탈리즘』, 교보문고, 2000.
강상중, 『오리엔탈리즘을 넘어서』, 이산, 1997.
고모리 요이치, 『포스트콜로니얼』, 삼인, 2002.

이중 플롯

이중 플롯(double plot) 혹은 다중 플롯(multiple plot)은 유사하거나 또는 대조적인 두 개의 이야기가 서로 분리되어 있으면서도 모종의 연결을 갖는 문학양식 혹은 그러한 기법을 가리킨다. 일원적 이주제(一元的 二主題)라고도 한다. 보통 주 플롯(main plot)과 종속 플롯(sub plot)이 구분되지만 거의 동등한 병렬을 취하는 경우도 있다.

이 양식은 세네카 전통의 고전 작품, 특히 로마의 신 코메디(Roman New Comedy)의 거장들인 플라우투스(Plautus)와 테렌스(Terence)의 연극들에서 그 시초를 찾을 수 있으며, 또한 중세 시대의 영국 내의 전통인 도덕극과 최초의 영국 드라마인 고보덕(Gorboduc)의 무언극(dumb show) 등에서 기원하였다는 것이 일반적인 견해이다.

이중 플롯은 영국 엘리자베스 시대의 희곡들(the Elizabethan drama)에서 많이 사용되었으며, 이 기법을 능숙하게 사용한 작가로는 셰익스피어(William Shakespeare. 1564~1616)를 들 수 있다. <리어 왕>에서 리어 왕과 글로스터 백작이 각각 자식을 내치는 두 이야기가 동시에 따로 전개되는 것이 대표적인 예이다.

1930년대까지만 해도 비평가들은 이중 플롯이 작품성을 훼손했다고 보았다. 플롯이 산만해지고 통일성을 저해한다고 보았기 때문이다. 그러나 리차드 레빈(Richard Levin)을 위시한 몇몇

학자들은 이중 플롯의 구조적 효과를 긍정적으로 조명하였다. 삶의 다양성과 복잡성을 재현하기에 알맞은 양식이라는 것이다. 레빈에 따르면, 등장인물·장소와 시간·플롯의 진행 등이 다른 상이한 두 이야기가 하나의 이중 플롯 속에 들어 있을 수 있는 이유는 두 이야기가 서로 여러 가지 면에서 연결성을 갖고 있는 까닭에 있다.

이 기법은 20세기에 들어 재조명되면서 실험적인 소설의 창작에 많이 응용되었다. 한국문학에서는 염상섭(廉想涉)의『두 파산』을 예로 들 수 있다.(최영석)

다중 플롯, 다중적 이주제, 주 플롯, 종속 플롯

참고문헌
웨인 C. 부스, 『소설의 수사학』, 최상규 역, 예림기획, 1999.
Richard Levin, The Multiple Plot in English Renaissance Drama(Chicago and London: The University of Chicago Press), 1971.

이중의식(二重意識, Double consciousness)

이중의식은 다수파 문학에 대한 소수민족 구성원의 복합적 의식을 가리킨다. 아프리카계 미국인 학자 W.E. V. 뒤보이스가 '흑인의 영혼'에 관한 논의에서 처음 만든 용어이다. 아프리카계 미국인에게 있어서 자기의식은 또한 언제나 아프리카계 미국인에 관한 다수파의 기대와 표상에 의해 형성된다고 뒤보이스는 주장한다. 뒤보이스 이래 이중의식이라는 용어는 아프리카계 미국인 비평, 그리고 실로 현대문학비평 일반의 가장 중요한 개념이 되었다. 이 이중성에 대한 강렬한 의식이 미국의 소수민족작가 일반에게 확장되어 있으며, 그러한 의식 덕택에 작가들은 새로운 형식을 발견하도록 도와주는 언어 및 목소리와 유희적 관계를 갖게 된다고 주장하기도 한다. 나아가 이는 이 분열된 의식을 오직 소수민족성만을 고려하는 범위를 넘어서 미국의 문화적 이중성이라는 일반적 상황에까지 확대시킬 수도 있다. 이는 인종 문제에서 시작해 '뿌리까지 분열되어 있는' 소수 민족 작가라는 개념까지 확대된다.

이중의식은 페미니즘 비평에서도 중요한 의미를 갖는다. 여성작가들이 가지고 있는 분열된 의식이 '소수민족'의 그것에 대응된다. 예를 들어, 버지니아 울프는 여성들은 자신들의 성별화된 위상을 의식하게 되면 '의식의 갑작스런 분열'을 겪는다고 말한 바 있다. 그런가 하면 에이드리언 리치는 여성들이 "강제적 이성애의 허위"라는 이중생활 속에서 지칠 대로 지쳐 있다고 말한다. 이러한 이중생활의 분열된 의식에 관한 연구는 오늘날 성별 관련 비평의 주요 기획이 된다.

우리 문학의 경우 페미니즘 비평에서 이중의식을 읽어낼 수 있을 것이다. 그 밖에도 이중 의식은 정치적 소수나 경제적 소수의 목소리를 읽는데 유념해야 할 개념이다.(김한식)

소수민족, 강제적 이성애의 허위

참고문헌
가야트리 스피박 외, 『탈식민페미니즘과 탈식민페미니스트들』, 김지영 역, 현대미학사, 2001.
프란츠 파농, 『검은 피부, 하얀 가면』, 이석호 역, 인간사랑, 1998.

이차적 나르시시즘 ☞ 나르시시즘

이키(粹)

이키(粹)는 일본 문화 및 문학의 미적 이념 중 하나이다. 한국어로는 멋 혹은 풍류로 옮기기도 하고, 이를 한국 문화에 적용하려는 시도도 간혹 있으나 일본 문화 특유의 개념으로 보는 것이 적절하다. 이키는 근세 후기, 즉 도쿠가와 막부 말기의 에도에서 유곽 문화를 중심으로 발달하였으며, 분카(文化), 분세이(文政) 기의 문화적 이념이라고 볼 수 있다.

연애에 있어 상대와 관능적인 상태에 빠지는 것이 아니라 담담하고 세련되게 대하는 것을 일컬으며, 상대가 연정에 함몰될지라도 자신은 빠지지 않아야 하는 것이 기본이다. 즉 도회적으로 세련된 사랑의 방식 혹은 그 방식을 지향하는 사고를 뜻한다.

이키가 근대에 이르러 주목받은 것은 하이데거를 사사한 철학자 구키 슈조九鬼周造(1888~1941)가 그의 저서 『이키의 구조(いきの構造)』에서 이키를 실마리로 일본의 철학을 재구성하고자 한 것에서 비롯된다. 구키 슈조는 일본 미의식의 기본적 구조를 이키에서 찾았다. 이후에 이키는 서구 혹은 아시아와 변별되는 일본적 특색을 탐구하는 일본론에서 핵심적인 개념으로 사용되었으며, 일본의 문화 또는 일본인의 정신 구조를 이해하려고 할 때 필수적인 관문으로 간주되고 있다.(최영석)

구키 슈조, 일본의 미의식, 일본론

참고문헌
九鬼周造, 『いきの構造』, 岩波書店, 1930.
구키 슈조, 『프랑스철학강의』, 이정우 역, 교보문고, 1991.

이항대립(Binary opposition)

이항대립은 두 가지의 대립적인 요소가 한 짝을 이루는 것을 뜻한다. 철학적으로 이항대립의 기원은 플라톤에서 찾을 수 있다. 플라톤은 <소피스테스>에서 보편적 개념을 하부개념으로 분할하면서 이항 대립적 대조항을 활용하였다. 근대에 이르러 소쉬르는 이항대립을 통해 현대 언어학의 기본을 정립하였다. 또 이는 구조주의의 핵심적인 개념이라고 할 수 있다. 구조주의적 분석의 대개는 분석 대상이 갖는 이항대립을 추적함으로써 이루어진다. 성/속, 남/녀, 우리/타자 등의 구분을 통해 한 텍스트, 신화, 사회의 의미망과 상징적 질서가 구축된다는 것이다.

인류학자 클로드 레비-스트로스의 '날 것'과 '요리된 것'과 같은 구분은 구조주의의 영향을 받은 이항 대립적 분석 중 가장 유명한 사례 중 하나다. 레비 스트로스는 이런 이항대립의 분석을 통해 신화의 구조, 부족의 문화적 구조 등을 파악하여 현대 인문학의 전범을 마련하였다.

그러나 이항대립은 고정관념과 사회적 위계의 형성 유지에 필수적인 역할을 하기도 한다. 이항대립은 모호함 없이 선명하게 세계를 질서지어주지만, 반대로 언표될 수 없는 타자에게 침묵을 강요하면서 독단적인 정치적 위계를 구축하기 때문이다. 그러므로 최근의 문화이론은 이항대립을 찾아내는 작업보다는 이항대립으로 표출되는 정치적 사회적 인종적 구별의 근원을 파헤치고자 한다.

　<오리엔탈리즘>의 에드워드 사이드를 필두로 하여, 탈식민주의에 근거한 이론과 문화 작업들은 서구와 그 바깥, 유럽인과 동양인, 관찰자와 대상, 자아와 타자라는 단순하면서도 강력한 이항대립에 대하여 회의하고 거부한다.

　또한 페미니즘은 이항대립에 이론적으로나 실천적으로 가장 강하게 반발하는 입장을 취해왔다. 이항대립의 거부는 가부장적 권력의 해체라는 의미를 지니기 때문이다.(최영석)

구조주의, 신화, 인류학, 탈식민주의, 페미니즘

참고문헌
플라톤, 『소피스테스』, 한길 그레이트 북스, 한길사, 2001.
페르디낭 드 소쉬르, 『일반언어학강의』, 최승언 역, 민음사, 1997.
레비 스트로스, 『슬픈 열대』, 박옥줄 역, 한길사, 1998.
에드워드 사이드, 『오리엔탈리즘』, 박홍규 역, 교보문고, 2000.

이해(理解, Verstehen, Understanding, Comprehension, Apprehension)

　이해(理解, Verstehen)는 좁은 의미로는 언어 등과 같은 기호의 의미를 파악하는 것이지만, 언어뿐만 아니라 일반적으로 회화, 조각, 음악과 그 밖의 문화적 산물을 심적 활동의 표현으로 보아 그 의미를 파악하는 것을 말한다. 따라서 이해는 지각(知覺)·직관(直觀)·표상(表象) 등에 의한 사상(事象)의 인지(認知)를 미리 전제한다 해도 그것들과는 이질적인 작용이며, 또 현상 서로 간의 인과적인 법칙을 파악하는 설명이라는 인식과도 종종 구별된다.

　이 개념을 생(生)의 철학에 입각하여 정신과학 방법론으로서 명확하게 한 것은 W. 딜타이인데, 그는 '보다 높은' 영역, 즉 형이상학이나 절대적인 가치의 왕국(Wertreich)에 침입하지 않고, 삶을 삶 그 자체로부터 이해하려고 했다. 딜타이는 이해(Verstehen)라는 개념을 내세워 '설명을 하는' 심리학에 반대하고 구조 심리학을 발전시켰다. 일찍이 베르그송은 지속(持續)이라는 개념을 통해 총체를 이루고 있는 것들의 부분들이 서로 나란히 있다고 하는 자연과학적 생각 대신에, 살아 있는 전체에 있어서는 부분들이 서로 내적으로 관련되어 있고, 이런 내적인 관련에는 독특한 방식으로 일회적으로 주어져 있는 삶이 새로이 체험하게 될 모든 것에 스며들게 되고, 저절로 개별적인 특징을 이룩한다고 주장했는데, 딜타이 역시 영혼의 삶을, 그것이 성장하게 되는 일회적인 바탕에 따라 이해하려 했다. 그래서 딜타이는 기계론적으로 되는 연상 심리학을 반대하고 새롭지만 실제로는 그 밑바탕에 깔려 있는 심리적인 요소, 즉 '구조'에 눈을 돌린다. 딜타이에 따르면 이 구조는 심리적인 사실들을 꿰뚫고 있고, 그 형태를 구성한다. 내가 지금 이 순간에 나의 생각들의 내용을 어떻게 체험하는가 하는 것은, 이 내용을 받아들이는 '의식의 상태'에 달려 있고, 또 내가 나의 미래를 어떻게 내 안에 받아들이며 체험하는가 하는 것은, 그것에 바탕해서 내가 행위하게 되는 총체적인 바탕으로서의 나의 의식상태에 달려 있다. 이 의식의 상태도 보통, 특별한 감정의 상태 또는 일정한 의지의 태도로서 스스로 체험된다고 한다. 딜타이에게는 이런 의식의 상태, 즉 한 인간의 구조를 꿰뚫어 보는 것이야말로, 그 인간을 정말로 영혼적(심리적)으로 이해하는 것이다.(김한식)

지속, 지각, 직관, 표상

참고문헌
요한네스 힐쉬베르거, 『서양철학사 ·하』, 강성위 역, 이문출판사, 2002.
두산백과 편집부, 『두산 세계 대백과』, 2001.

이행대상(移行對象, Transitional object)

이행대상은 '내가 아닌(Not-me)' 유아의 최초의 소유물이다. 이것은 보통 아이가 일차적 사랑 대상(주로 어머니)과 감정적으로 분리되는 과정에서, 즉 잠자리에 들 때 또는 고통스러울 때 집어 들고 만지작거리며 손에 꼭 쥐고 있는 친숙한 장난감 종류나 담요조각 - 어머니의 유방과 같은 - 을 의미한다(Winnicott 1953: 233). 이것을 관찰자의 입장에서 보면, 이행대상은 환경에 대한 유아경험의 상징이다. 그러나 그것은 유아가 이행대상을 통해 상징을 사용하는 능력을 가졌다는 것이 아니라 오히려 상징을 사용하는 도중에 있다는 것을 의미한다. 따라서 이행대상은 대상관계(object relation)의 과도적 발달단계를 지시한다.

위니코트는 유아에게서 자기관련성의 변화를 설명하기 위해 이행대상이라는 개념을 도입하였다. 이행대상은 전능성(omnipotence)의 감각이 환경적 영역과 교차하는 계기로서, 즉 아이의 주관적 현실(내적 현실)과 사회적으로 공유된 현실(외부 현실)을 연결시켜 줌으로써 아이가 일차적 자기애(primary narcissism)로부터 세계와 관련된 존재로 이행하게끔 도와주는 대상이다. "내가 말하는 매개적 영역은 일차적 창조성과 현실검증에 근거한 객관적 지각 사이에서 유아에게 제공된 영역이다"(Winnicott 1953: 233).

주지하듯이 이행대상이 어머니의 기능을 암시하는 것은 틀림없다. 어머니가 부재할 때 이행대상은 달래고 위로하는 어머니에 대한 착각(illusion)으로 기능화되어, 유아는 배고프고 울 때 적시에 필요한 것을 제공하는 유방을 자신이 직접 창조했다는 믿음을 가진다. 이것은 필수불가결한 착각인데, 한번 그 착각이 성립되면 어머니 기능은 유아가 그것으로부터 벗어나게끔 하는 것이다. 유아는 현실을 주관적으로가 아니라 객관적으로 인지하기 시작한다. 유아가 이러한 착각을 충분히 지각하지 못한다면, 나와 '내가 아님'의 차이에 대한 인식은 심각하게 왜곡될 것이다.

하지만 이행대상은 어머니의 보호를 표상하는 것 이상이다. 그것은 어머니이자 동시에 어머니가 아니다. 즉 양자 모두인 셈이고 양자 모두의 속성을 가지고 있다고 할 수 있다. 따라서 이행

대상이 '어머니임' 또는 '어머니가 아님'을 구별하려고 노력하는 것은 잘못된 견해이다. 이행대상의 전체적 요점은 어떤 것이 A이고 동시에 A가 아님을, 즉 이행현상(transitional phenomena)을 그대로 인정함으로써 한순간 비모순의 법칙을 견지하는 것이다.(이만우)

어머니(mother), 대상관계

참고문헌

Winnicott, Donald W.(1953), Transitional Objects and Transitional Phenomena, Through Paediatrics to Psycho-Analysis, New York: BRUNNER/MAZEL, Publisher, 1992, pp.229-42.

이히 로망(Ich romance) ☞ 사소설

익명성(anonymity)

익명성의 사전적 정의는 이름이 감추어진 성질이나 상태(신원확인이나 개별성, 혹은 개성이 없거나 부족한 상태)이다. 익명성은 지역, 혈연적 결합이 붕괴되는 과정에서 볼 때 사회 통제가 미치지 않는 도시사회에서 가장 뚜렷하게 나타나는 대중화 현상으로, 개인이 집단 속에서 이름 없는 존재가 되어 그 자주성과 개성적 요소를 상실하고 평균화되어 버리는 성질을 말한다. 거대한 사회 집단, 발달된 대중매체, 세분화된 분업, 사회적 이동이나 격화(隔化) 등을 특징으로 하는 도시사회에서 개인은 조직화된 집단 구성의 부속품으로서, 도시사회가 산출하는 권력에 의하여 부득이하게 획일적인 행동양식을 강요당하게 된다. 또한 면식이 있는 집단의 구속에서 벗어나게 되면 불특정 다수의 일원이 되어 개인의 행동은 감추어지게 되고 자기의 행동에 대한 개인적 책임도 피할 수 있게 된다. 여기에서 익명성이 진행되고 이것은 대중화를 특징짓는 조건의 하나가 된다.

슈츠(A. Schutz), 버거(P. L. Berger), 내이튼슨(M. Natanson) 등은 사회 그 자체가 본성적으로 익명적 속성을 지니고 있다고 보면서, 일상생활세계의 익명성 개념을 전형성과의 관련 아래 고찰한다. 전형화된 일상세계는 먼저 존재론적 공포로부터 인간들을 보호해주고, 또한 '기성화된 전형성'과 익명성 속에서만 인간들은 새로이 시작하는 것 없이, 무반성적으로 이미 제도화된 영역들을 당연한 것으로 여기고 그것들을 이용해 무난하게 살아갈 수 있게 되는 것이다. 즉 일상생활세계의 익명성은 그 세계 내에 안주하는 인간들에게 쓸 데 없는 염려와 새로이 무엇을 고안하거나 창조할 짐으로부터 오는 고통에서 해방되고 자유하도록 허용한다.

그러나 이러한 일상생활세계에서의 익명성은 현대사회에 이르러 보호막으로서의 긍정적 역할을 상실하면서 '익명성과 추상성의 폭발'을 초래한다. 현대사회의 과도한 추상화 경향은 세계의 '근대화' 과정의 부산물이다. 버거는 근대화 과정의 핵심동력으로 '현대 기술생산'과 '관료제'의 발달을 꼽고 있는데, 이는 '현대사회의 추상화'와 익명성을 부추긴다. 사회적 관계에서의 익명성은 현대인에게 '끊임없는 아노미의 위협'으로 인도하는 주요통로로서 경험되며, 결과적으로 이러한 익명성의 경험은 현대인들의 모든 사회적 삶(노동을 포함해 타인과의 관계, 그리고 자신)의 광범위한 영역에서 그들 자신들이 '의미의 상실'에 노출될 가능성이 농후함을 의미한다. 제이더벨트(Zijderveld)는 현대세계의 추상화가 다원화, 지리적 거리감, 사회의 규모 그리고 사회적 거리감의 증대와 함께 증가한다고 보면서, 현대의 추상화된 사회에서 인간은 더 이상 "사회를 그냥 살아가는 것"이 아니라 추상화되고 모호하고 불투명한 것으로서 '사회와 대면하게' 된다고 주장한다. 현대세계를 비인격적이고 객관화된 익명적인 것으로 특징지운 짐멜(G. Simmel)에게 있어서도 현대세계는 고도의 객체화(objectification)와 추상화 때문에 '소외'의 형태를 띤다.

현대사회의 추상성, 익명성은 개인 또한 '자아의 무중력상태', '자아정체감의 위기'에 빠지도록 이끈다. 즉 제도의 추상성에 맞서 확실성을 찾아 내면 속으로 침잠했던 현대인들은 '비예측성', '애매모호성', '불확실성'에 맞닥뜨려 그 자신의 정체감과 자아개념이 파손되는 '자아'의 익명화와 추상화 과정을 경험하게 된다. 추상적 사회에서 개인의 대면적 관계는 사회적 역할들 간의 익명적 관계로 대체되며, 따라서 현대의 개인은 주변적 비인격체(marginal non-personalities)로서 인식되고 그러한 인식 속에서 현대인은 추상적이고 익명화된 존재로 다루어지는 것이다. 이때 현대세계 속의 인간군상의 모습은 독특한 개성을 지닌 구체적 존재로서의 개인이 아닌, '특질없는 비인간', 고도로 추상화되고 익명화된, 얼굴없는 '이방인'으로 그려진다.

그러나 역설적으로 이러한 현대사회의 추상성과 익명성은 '자유'와 '공평성(equality)'이라는 이면적 혜택을 주기도 한다. '특질없는 인간'은 뒤집어 보면 '가능성의 인간', 선택이 가능한 자유로운 인간을 의미한다. 개인적, 사적 관계에서의 의무와 구속에서 벗어나 추상적이고 익명적 관계에서의 자유가 생겨나는 것이다. 사이버공간에서의 익명성의 자유를 연상해 보라. 또한 현대사회의 추상성은 "어느 누구도 하나 이상이 아닌 모든 이가 하나로서 셈되어지는 민주적 평등화(democratic levelling)"(짐멜)를 낳음으로써 인종, 민족, 계급, 연령, 성, 국적 등 어떤 것도 막론해 어느 누구도 다른 이들 위 또는 아래에 있지 않다는 '공정성에의 일반적 기대', '도의적 익명성(moralized anonymity)'(버거)을 보장해 준다는 점에서 공평성의 가능성을 보여준다.(윤송아)

도시, 전형성, 추상성

참고문헌
김광기, 「익명성, 추상성 그리고 근대성」, ≪철학과 현상학 연구≫21, 2003.
김규식, 「현대 목회돌봄의 익명성 인식분석과 목회적 대안」, 성결대학교 대학원 박사논문, 2007.

익살

익살이란 남을 웃기기 위해 의도적으로 하는 우스운 행위, 즉 독자나 관중의 마음에 흥겨움을 불러일으키기 위한 문학적 요소를 의미한다. 보통 '우스꽝스러움'이라고 번역되는 미적 범주(美的範疇)의 하나로, 골계(滑稽)라는 표현으로 문학에서 자주 등장한다. 립스(Theodor Lipps)는 골계를 '위대(偉大)한 것을 위하여 준비되었던 마음의 긴장이 의외로 작은 것과 부딪쳐서 이완(弛緩)되었을 때에 느껴지는 일종의 쾌감이다'라고 정의하였다. 또한 골계가 인간적 의의를 부정하면서 역설적으로 이것에 대한 인상을 더 강력하게 받는 유머에 도달하게 되고, 그 때 결국 진(眞)의 미적 가치를 얻게 된다고 하여 비장미와 대립하는 위치에 유머를 두기도 한다.

골계는 기대에서 실망으로, 진지한 것에서 농담조로의 전환이 유희적인 우월 감정(優越感情)으로 관조되어 그 결과 골계 감정(웃음)을 자아내게 된다. 한국의 경우, 「산대도감(山臺都監)」, 「배비장전」 등에서 현저한 골계미를 발견할 수 있으며, 작품 속에 나타난 보다 구체적인 골계로는 「봉산탈춤」의 <노장과장>과 <양반과장>에서 허위의식을 비판하는 장면을 꼽을 수 있다. 희극미로도 표현되는 골계는 '한(限)'과 함께 한국 문학의 특질을 형성한다. 주어진 현실에 순응하기보다 상황을 극복하고자 하는 평민들의 건강한 삶의 의지에서 나온 것으로, 특히 조선 후기의 평민의식이 반영되어 있다. 그 하위 범주로 기지(wit), 풍자(satire), 반어(irony), 해학(humor) 등을 거느리고 있으며, 주로 숭고미 또는 비장미의 양반문학과 대립하는 평민문학의 미적 범주로 이해된다.

17세기 문학적인 창의성으로 인식되었던 위트는 오늘날 익살스러운 경악·충격을 주기 위해 의도적으로 고안된 능수능란한 언어적 표현 양식을 말한다. 위트가 항상 익살스러운 화자의 의도와 언어적인 형태를 보이는 반면, 유머는 이보다 광범위한 지시 관계를 가진다. 예를 들어 찰리 채플린(Charlie Chaplin)의 우스꽝스러운 의상이나 행동은 유머러스하지만 때로 그의 의도는 매우 심각하기도 하다. 유머를 무해한 익살의 형식으로 볼 때, 풍자는 특정 주체에 대한 조소·조롱으로 대상을 격하(格下)시키는 형식이다.(이상갑)

해학, 풍자, 골계

참고문헌
M. H. 아브람스, 『문학용어사전』, 최상규 역, 보성출판사, 1994.
이명섭, 『세계문학비평용어사전』, 을유문화사, 1985.
편집부, 『미학사전』, 논장, 1988.
『국어국문학자료사전(下)』, 한국사전연구사, 1994.

인간주의(人間主義), 인문주의(人文主義), 인본주의(人本主義) ☞ 휴머니즘

인간생태학

인간생태학은 인간과 인간 환경 사이의 물리적, 생물학적, 문화적 관계성을 연구하는 학문 분야다. 인간생태학은 개인보다는 집단에 관심을 가지며, 집단 상호간의 관계, 집단과 환경과의 관계를 연구대상으로 한다. 또한 물리적 차원, 생물학적 차원뿐만 아니라 문화적 차원을 포함하여 연구한다.

인간생태학이 하나의 독립된 학문으로서 조직화되기 시작한 것은 20세기 초부터이며, 개념 조직 및 이론으로서의 유효성 문제에 관해서는 아직도 많은 논쟁이 전개되고 있다. 인간생태학은 다윈 이후의 동식물생태학에 기원을 두고 있기 때문에 역사가 길다고 할 수 있지만, 본격적인 실증적 연구방법론을 갖춘 사회과학으로 발돋음한 역사는 짧다. 인간생태학을 정초한 초기의 대표적 학자로는 1920~1930년대 시카고대학교의 파크, 버제스, 매켄지 등이 있다.

이들은 인간이 사회를 구성하는 데 있어서 기초를 이루는 상호행위를 공생관계와 사회적 관계로 구분하였다. 전자가 만들어내는 질서와 변화의 과정은 동식물의 그것과 비슷한 형태를 취하며, 이는 문화 이전, 합의 이전의 것이며, 개체 사이의 무의식적인 경쟁을 기초로 분업에 의한 공간적인 질서체계가 형성되는데, 이를 지역사회라고 불렀다. 이와는 달리 인간사회에는 관습이나 법 등을 만드는 상호행위의 면도 있으므로, 이를 문화사회라 하여 구분하였다.

지역사회는 문화사회의 기초가 되는 것이며, 문화사회의 구조는 지역사회의 구조에 의하여 결정된다. 이 개념을 사용하여 특히 도시에 관한 조사가 많이 행해졌다. 대표적인 이론으로는 버제스의 동심원 이론이 있다. 이후 도시 연구는 종래의 철학적 또는 문명론적인 것으로부터 실증적 연구로 바뀌어 과학으로서 급속히 발전하였으며 후에 퀸, 덩컨을 비롯한 많은 학자들에 의해 수정·발전되었다.(차선일)

인간학(人間學, Anthropology)

인간학이란 인간의 행동이나 정신 등 인간에게 있어서 고찰 탐구 가능한 측면 전반에 관한 학문이다. 인간학은 인간의 전(全) 분야를 다루고 있으므로 모든 학문과 관련성을 지니며 모든 철학을 인간학이라고 볼 수도 있다. 중세에는 크리스트교의 영향으로 인간을 영(靈)과 육(肉)으로 이분화하여 신체론과 정신론의 인간학을 연구하였으나 일반적으로 자연과학의 입장에서 육체적 측면을 연구하는 인류학(人類學), 심리학적으로 정신에 접근하는 인성학(人性學), 인간의 본질로부터 다양한 개개의 현상을 규명하려는 철학적 인간학(哲學的人間學)의 세 경우로 구분할 수 있다.

과학적 인간학인 인류학은 생물학적 접근을 시도하는 체질 인류학, 사회적 지향의 사회 인류학, 그리고 미국의 문화 인류학으로 나뉘어져 있다. 고고학·인구 통계학·진화적 생물학에 의존하는 체질 인류학은 인종(人種)의 생(生)과 소멸(消滅)을 고찰한다. 사회·문화 인류학은 인간이 산출(産出)한 사회구조와 문화를 연구하기 위해 비(非)산업화된 문명·문화나 세부적인 민족에 관심을 갖고 소수의 낯선 사회를 연구한다.

철학적 인간학은 인간의 정신구조와 생(生)의 본질, 주체로서의 인간과 타자(他者)와의 관계를 정립하려는 학문이다. 칸트(Kant)는 철학적 사고를 인간과 자연, 인간과 행위, 인간과 신(神)과의 관계를 규정하는 것으로 보고 모든 학문은 결국 '인간이란 무엇인가(Was ist der Mensch?)'

라는 종착점에서 만나게 된다고 생각하였다. 헤겔(G.W.F. Hegel)은 인간학을 인간의 정신적 실체와 현실성을 고찰하는 것으로 정의하고 개인의 주관·정신인 심령(心靈)을 인간학의 대상으로 보았다. 19세기의 셸러(M. Scheler)는 우주의 본질을 밝히기 위한 방법으로 인간을 탐구하였고 그의 인간학은 실존철학(實存哲學)·생철학(生哲學)과 연계되어, 결국 인간학의 내용은 실존과 생의 현상 규명에 관심을 기울이게 된다고 보았다. 현대의 철학적 인간학은 생물학적 철학적 인간학, 문화적 철학적 인간학, 심리학적 철학적 인간학, 신학적 철학적 인간학 등 매우 다양한 경향을 띠고 있다.(이상갑)

인간주의, 인류학, 문화인류학

참고문헌
엘리자베스 클레망 외, 『철학사전』, 이정우 역, 동녘, 1996.
고영옥, 『사회학 사전』, 사회문화연구소, 2000.
문덕수, 『세계문예대사전』, 교육출판공사, 1994.
박선목, 『윤리, 사회사상 사전』, 형설출판사, 2002.
『세계철학대사전』, 고려출판사, 1992.

인류학(人類學, Anthropology)

인류학은 하나의 생물 집단으로서의 인류와 그 문화를 연구하는 학문 분야를 가리킨다. 인간의 문화는 인간을 다른 동물과 구분해주는 특수한 소산이므로, 이를 연구하는 것은 인간의 본질과 본성, 그리고 그 문화적 실천을 연구하는 것이 된다.

16세기 이후 유럽의 세계 진출로 인해 다른 인종과 민족에 대한 관심이 고조되었으며 특히 미개 사회에 대한 흥미가 높아졌다. 18세기에 들어 유럽 이외 지역의 다른 민족들의 문화를 설명하기 위해 민족학(ethnologie)이라는 용어가 사용되었고, 이는 민족들의 문화적 차이와 인류의 보편적 특징에 대한 연구라는 의미로 자리잡았으며 지금도 인류학의 기본 의미로 통용되고 있다.

좁은 의미의 인류학(자연 인류학)은 인류의 진화적, 생물학적 의미를 탐구하는 데에 치중하고 있으나, 민족학(문화 인류학)은 문화를 서로 비교하고 그 가운데에서 구조적 법칙성을 찾아내어 문화의 본질을 찾아내려고 하는 성향이 강하다. 문화 인류학은 언어 인류학, 친족인학, 종교 인류학, 경제 인류학, 역사 인류학, 구조주의 인류학, 기능주의 인류학, 생태 인류학, 인구 인류학, 정치 인류학 등으로 나누어진다.

래드클리프 브라운(1881.1.17~1955.10.24)은 영국의 사회 인류학자로 민족문화가 제반 사회 행위와 제도, 관습을 통합하는 역할을 한다고 보아 인류학과 사회학에 큰 자극을 주었다. 또한 『슬픈 열대』를 쓴 프랑스의 레비 스트로스(1908.11.28~)는 소쉬르 이후 발달한 근대 언어학의 성취에 영향을 받아 구조주의적 방법론을 활용하였다. 그는 신화의 구조나 원시적 부족의 문화 시스템을 해명하여 현대 문화연구의 초석을 놓았다.

인류학은 사회학, 역사학, 심리학, 문학 등 인문 사회 과학 전반에 걸쳐 기본적인 방법론과 시각을 제공하는 거시적 학문으로 자리잡고 있다.(최영석)

인류, 민족학, 문화, 구조주의

참고문헌
레드클리프-브라운,『원시 사회의 구조와 기능』, 김용관 역, 종로서적, 1980.
레비-스트로스,『구조인류학』, 김진욱 역, 종로서적, 1976.
_____,『슬픈 열대』, 박옥줄 역, 한길사, 1998.
_____,『야생의 사고』, 안정남 역, 한길사, 1996.
노길명 외 4인,『문화인류학의 이해』, 일신사, 1999.

인문학(人文學, Humanities)

인문학은 근대과학에 대해 그 목적과 가치를 인간적 입장에서 규정하는, 인간과 인류 문화에 관한 모든 정신과학을 통칭하여 일컫는다.

인문과학이라는 오늘날의 개념의 가장 오래된 기원은 고대 그리스이 '파이데이아'(paideia)다. 교육 혹은 학습이라는 뜻의 파이데이아는 기원전 5세기 중반의 소피스트들이 젊은이들을 도시 국가의 건전한 시민으로 키워 내는 것을 의미했으며 여기에는 체조, 문법, 수사학, 음악, 소학, 지리학, 자연철학, 철학 등이 포함되어 있었다. 이 말에 라틴어 '후마니타스스'(humanitas)는 '인간의 본성'이라는 뜻을 가지고 있는데 기원전 55년 케케로(Cicero)가 쓴『웅변가에 관하여(Oratore)』라는 책에서 처음으로 쓰였으며 웅변가를 양서하기 위한 교육 프로그램을 뜻하는 말이었다.

즉 그리스 · 로마 시대에 교양인을 양성하기 위한 일반 교육을 의미하던 인문학은 르네상스 시대에 오면 중세의 신중심의 부정적 인간관을 극복하면서 고대의 인간관을 다시 계승하면서 인문학은 '교양을 위한 학문', '인간의 정신을 고귀하고 완전하게 하는 학문'으로 주장되었다. 19세기 경에 와서는 세계와 세계 속에 일어나는 현상들을 객관적으로 탐구하는 자연과학의 자료와 방법으로부터 분리되면서 인문학의 정체성을 찾게 되는데 인문학이 사실을 추구하는 학문이 아니라 '인간다움'이 무엇인가를 밝히는 학문이라는 점에서는 르네상스인들이 정의한 인문학의 개념과 전통이 거의 후대에 계승되고 있다고 볼 수 있다.

인문과학을 자연과학뿐만 아니라 사회과학과도 구별해야 한다는 주장이 나오면서 이에 따라 제2차 세계대전 이후 개편된 대학의 학제에서는 일반 교양과목을 인문과학 · 사회과학 · 자연과학으로 나누고 있는데 다루는 분야는 나라마다 다르다. 미국에서는 철학 · 문학 · 역사나 예술 일반을 뜻하며, 심리학은 사회과학 또는 자연과학 속에 넣고 있는 반면 프랑스에서는 사회학과 사학, 철학을 포함시키고 있으며 독일에서는 정신과학, 사적(史的) 문화과학 등을 포함시키고 있다.

한편 우리나라 인문학의 전통은 훈민정음의 창제, 조선조 성리학의 도덕론, 실학의 올바른

학문정신 등에서 찾을 수 있다.(진은진)

인문주의, 사회과학, 자연과학

참고문헌

R.S. Crane, The Idea of the Humanities and Other Essays Critical and Hitorical, The University of Chicago Press, 1967.
Otto A. Bird, Cultures in Conflict: An Essay in the Philosophy of the Humanities, University of Notre Dame Press, 1976.
김남두 외, 『인문과학의 이념과 방법론』, 세림문화사, 1995.

인물 ☞ 등장인물

인물창조(人物創造, Characterization)

인물창조(Characterization)는 작가가 인물을 형상화하기 위해 사용하는 방식 및 기법을 가리킨다. 일반적으로 인물의 외양을 묘사하거나, 인물의 행위(action)를 보여주는 것, 또한 인물의 사고를 드러내거나, 인물이 직접 말하게 하는 것, 주변 인물의 반응을 보여주는 것 등이 모두 인물 창조의 영역에 속한다. 인물 창조는 다른 말로 성격의 구현이라고도 하는데, 이는 곧 허구(fiction)를 만들어 내는 것이라고도 할 수 있다.

포스터가 제시한 입체적 인물(round character)과 평면적 인물(flat character)의 구분은 인물 창조에 있어서 가장 일반적인 분류 중 하나다. 현대의 서사물들은 성격이 고정되어 있는 인물보다는 끊임없이 자아가 흔들리면서 모색 중에 있는 인물을 그리려는 경향이 있다. 그러나 평면적 인물이 등장한다고 해서 그 가치가 떨어지는 것이라고는 할 수 없다. 이는 서사물이 효과적으로 목표를 드러내는 수단 중 하나로 보는 것이 온당하다.

또 인물의 성격을 묘사하는 데에 쓰이는 방법을 흔히 보여주기(showing) 혹은 극적 제시(dramatic method)와 말해주기(telling)로 구분하기도 한다. 플로베르와 헨리 제임스 이후로 보여주기는 예술적인 기법으로, 말해주기는 그렇지 않은 것으로 여기는 성향이 많았다. 그러나 제임스 조이스나 프랑스 누보 로망 작가들처럼 20세기의 혁신적이고 실험적인 문학의 작가들은 이런 통념에 도전하였다.

루카치는 보통의 소설에 나타난 인물 창조와 자신이 옹호한 19세기 역사소설의 인물 창조를 변별하기 위해 전형화(典型化, typification)라는 말을 썼다. 한 계급의 운명 전체를 대신하는 이런 인물의 창조는 전형(type)의 창조라고 일컬어진다.(최영석)

성격, 허구, 입체적 인물, 평면적 인물, 보여주기, 말해주기, 전형

참고문헌
E. M. 포스터, 『소설의 이해』, 문예출판사, 1990.
노스럽 프라이, 『비평의 해부』, 임철규 역, 한길사, 2000.
게오르그 루카치, 『역사소설론』, 이영욱 역, 거름, 1987.

인민전선(人民戰線, People's front)

인민전선은 1930년대의 반파쇼투쟁의 역사적 과정에서 태어난 여러 계층과 당파의 연합전선을 가리키는 것이다. 프랑스에서는 1934년 2월 우익단체의 폭동을 계기로 다가오는 파시즘의 위협에 대항하여 노동자·지식인·도시소시민·농민들 사이에서 민주주의 옹호의 소리가 급속히 높아 갔다. 이 기운에 밀려서 10년간이나 대립해온 사회당과 공산당의 제휴가 촉진되어, 그해 7월 양당의 통일행동협정이 성립되었다.

1935년 6월에는 중산계급이 지지하는 급진사회당도 이에 가담하여 참가단체가 98개에 달하는 '인민연합'이 형성되었다. 이것을 '인민전선(front populaire)'이라 부르며 7월 14일 혁명 기념일에는 파리에서만도 50만 명 이상의 대중이 인민 전선측 집회에 참가하였다. 1936년 1월 인민전선강령이 발표되고 3월에는 사회당계의 노동총동맹과 공산당계의 통일노동총동맹의 2대 노조가 조직통일에 성공함으로써 4월과 5월의 두 차례 총선에서 618개 의석 중 373석을 획득, 6월에는 L.블룸(사회당)을 수반으로 하는 인민전선내각이 발족되었으나 공산당은 입각하지 않고 각외협력에 머물렀다.

인민전선내각은 우익단체를 해산시키고 주당 40시간 노동제, 단체협약권 등의 법률을 성립시켰으나, 대자본의 방해와 영국의 견제에 굴복하여 1937년 2월 공동강령의 실행을 중지하였고, 6월 사직이 불가피하게 되었다. 1938년 9월 뮌헨협정으로 대독(對獨)정책이 유화정책으로 기울어지면서 급진사회당이 11월에 공산당과 결별함으로써 인민전선은 붕괴되었다.

에스파냐에서는 1931년 총선거에서 국왕이 추방되었으나, 공화제 내부에서의 좌우대립은 격심하였다. 1934년 이후 인민전선세력은 힘을 증강하여 1936년 1월 좌익공화파·사회당·공산당 계통의 노동조합 사이에서 인민전선협정이 성립하였다. 2월 총선거에서는 473개 의석 중 289석을 획득, 공산당도 참가하여 인민전선정부를 조직하고 토지개혁 등 일련의 혁명적 민주정책을 단행하였다.

그러나 그해 7월 장군 B.F.프랑코가 모로코에서 반란을 일으켜 에스파냐에 상륙, 인민전선정부와 2년 8개월에 걸친 항쟁 끝에 1939년 3월 인민전선은 붕괴하였다. 에스파냐의 인민전선정부는 프랑스의 그것보다 좌익적·전투적이었으나, 그 성격은 프랑스와 마찬가지로 반(反)파쇼 인민전선이었다.

그러므로 이 용어의 본래의 뜻은 파시즘과 전쟁에 반대하는 국민의 여러 계층과 그들을 대표하는 여러 정당과 당파가 공동강령을 정하고, 공동행동을 전개하는 정치적 연합전선을 말하는 것으로, 1930년대의 프랑스와 에스파냐에서 실행으로 옮겨진 운동과 정권을 총체적으로 표현한 것이다.

이 용어는 그후 다음과 같은 사정에 의하여 극히 엄밀한 의미로 해석되거나 반대로 확대해석되어 사용하게 되었다. 즉 1935년의 코민테른 제7차 대회에서 서기장 G.M.디미트로프가 자본주의 제국(諸國)에서의 국제공산주의운동의 기본전략으로서 이 반(反)파쇼인민전선을 제안하였을 때 이를 정식화하여 공산당과 사회민주주의정당의 정책협정을 축으로 하고 노동자계급의 정치적 통일을 중심으로 지식인·도시소시민·농민 등을 합친 광범한 통일전선을 일컫는 것으로 규정하고, 거기에 더하여 그 목표도 반전·반파시즘을 중심에 내세우면서 소비에트 권력으로의 발전을 중계할 수 있는 가능성을 시사한 것이었다.

이후 인민전선의 정의는 엄밀해졌으나, 반면에 정치적 통일전선과 같은 의미로 해석되거나 때로는 통일전선의 최고형태로 간주되기도 하였다. 통일전선은 V.I.레닌 이래 본래 노동자계급의 계급적·정치적 통일에 사용되는 계급개념이 되었다.

이러한 의미에서의 인민전선은 중국현대사에서 모택동의 혁명시기부터 두드러지게 나타났으며, 한국에도 그러한 의미의 인민전선이 형성되었다. 이는 문학론에도 영향을 미쳤는데, 1930년대 임화와 안함광의 논의에서 반파시즘 인민전선의 일단을 찾아 볼 수 있다. 또 당시 평론가로 활동했던 김두용의 「조선문학의 평론확립의 문제」에서도 반파시즘 인민전선이 노동자 계급의 통일전선위에 창설되어야 함을 주장하며, 그 핵심으로서 프로문학 진영내의 통일을 강조하고 있는 모습이 보인다. 이는 소비에트 문인들의 주도하에, 1935년 6월 파리에서 문화옹호국제작가회의가 채택한 '국제작가회의 결의안'의 내용이나, 코민테른 제 7차 대회의 결의와 같은 맥락에 놓이는 것이다. 또한 중국 조선족의 문학과 고려인의 문학에도 영향을 미쳤다.(이연의)

집산주의, 전시공산주의, 신경제정책(NEP), 에스파냐내전, 반파시즘전선, 통일전선

참고문헌
『두산세계대백과사전』, 주식회사 두산동아, 1996.
『동아원색대백과사전』, 동아출판사, 1983.
김외곤, 「1930년대 후반 한국문학과 반파시즘 인민전선 - 김두용을 중심으로 -」, 『외국문학』, 1991, 가을호.
하정일, 「1930년대 후반 사회주의 리얼리즘론의 발전과 반파시즘 인민전선」, 『창작과 비평』, 1961, 봄.
강혜경, 「1930년대 후반 '왜관그룹'의 인민전선전술 수용」, 『역사연구』 3권.
김필영, 『(소비에트 중앙아시아)고려인 문학사: 1937-1991』, 강남대학교 출판부, 2004.
Trotsky, Leon, 『트로츠키의(프랑스)인민전선 비판』, 풀무질, 2001.

인민주의(人民主義)

인민주의는 일반적이고 단일한 하나의 개념으로 정의내리기 힘들다. 각 사회의 역사와 문화에 따라 상이한 양상을 보여주며, 이념적 실천이 다양하고, 국가정책·사회정치운동·이데올로기 등에 폭넓게 걸쳐있기 때문이다. 그러나 인민주권론에 입각한 反엘리트주의, 공동체주의적이며 농업을 신성시하는 특성, 과거를 이상화하는 원시주의적인 유토피아니즘, 품성론에 기반한 '고상한 인간'의 찬양은 상당 부분 공통적이다.

19세기말 20세기 초의 러시아 인민주의와 미국의 인민주의, 남미 등 제 3세계의 인민주의는 각기 다른 면모를 지닌다. 흔히 인민주의는 산업화 도시화 거대화 중앙집권화에 대한 반동으로 나타나 반자본주의적인 성격을 지닌다고 알려져 있다. 러시아 인민주의자들(Narodniki)은 농촌 공동체를 기반으로 자본주의를 뛰어넘을 것을 꿈꾸었으며 한 때 러시아 혁명 운동의 주류를 이루었으나 레닌이 이끄는 마르크스주의 세력에 밀려나게 되었다. 이들이 이끈 '인민 속으로(브나로드, Vnarod)' 운동은 일본 식민지 시기 한반도의 사회운동에 많은 영향을 끼쳤다.

그러나 러시아와 달리 미국의 인민주의는 반자본주의적이라고 보기 어려우며, 또 농민층이 주체가 된 미국과는 달리 러시아는 엘리트들이 운동의 중심이었다.

페론주의로 잘 알려진 남미의 인민주의는 엘리트 주도의 국가 이데올로기로서 앞의 두 인민주의와는 상반되는 측면이 많고 보통 부정적 의미로 포퓰리즘(populism) 혹은 대중영합주의로 칭하는 경우가 많다. 이 경우 인민주의는 파시즘과의 관련성이 깊다.

한국 문학의 경우 인민주의가 본격적으로 전개되었다고는 보기 어려우나, 인민주의적 사고 혹은 신념의 단초는 폭넓게 발견된다. 1920년대 초기 프롤레타리아 문학의 농촌 중심성, 러시아 브나로드 운동의 영향을 받아 창작된 『흙』, 『상록수』등 30년대의 귀향형 농촌 장편소설들, 해방 이후 신동엽 등이 보여준 농민 지향성 등을 그 예로 들 수 있다.(최영석)

포퓰리즘, 유토피아니즘, 품성론, 고상한 인간, 농촌공동체, 페론주의, 파시즘

참고문헌
William A. Peffer, Populism, its rise and fall, edited and with an introduction by Peter H. Argersinger, University Press of Kansas, 1992.
Robert MacRae, Populism as a Ideology, in; Populism, Ionescu and Gellner(eds), The Garden City Press, 1969.

인상비평(印象批評, Impressionist criticism)

재단비평처럼 객관적이고 과학적인 기준이 아닌 작품에서 받은 비평가 자신의 주관적 인상, 감명을 바탕으로 문학 작품을 비평하려는 태도이다. 인상비평은 주관성이라는 특징으로 작품에 있어서 감상(鑑賞)을 분석하고 종합하는 것으로서, 재단비평의 독단성을 배격한다.

아리스토텔레스 이후 근대 비평은 대개 고전주의의 판단비평이나 재단비평의 평가 기준에 의해서 작품의 가치를 판단해왔다. 인상비평은 이를 반대하는 입장에서 19세기 초에 프랑스의 생트 뵈브를 비롯하여 영국의 S. T 콜리지 등에 의하여 시작되었는데, 이들은 작품의 가치가 인상의 성질에 따라 결정된다고 보았다. 19세기 말 W. 페이터, O. 와일드, A. 시먼즈 등에 의하여 인상비평이 완성되었다고 할 수 있는데, 이들은 문학을 대하는 모든 편견이나 기존의 가치 기준에서 벗어나 투명한 마음에 비친 작품의 인상을 기록하려고 노력했다. 이와 같이 인상비평은 인상에 따라 작품을 감상하기 때문에 감상비평(appreciative criticism), 또 쾌락에 의한 감상을 할 경우는 월터 페이터(Walter Pater)와 같은 쾌락비평(hedonistic criticism), 이 쾌락을 미에까지 넓히면 와일드의 심미비평(aesthetic criticism)이 된다.

아나톨 프랑스(A. France)는 "민감한 정신이 명작의 세계를 탐험하는 것"이라고 인상비평을 정의한 바 있다. 말하자면 인상비평은 작품에서 받는 인상, 원전과 독자 사이에 형성되는 이러한 직접적이고 소박한 일치와 거기에서 독자의 정신에서 일어나는 변화를 나타낸 것을 기초로 해서 비평하는 것이다. 이와 같은 인상비평을 가장 명백히 한 월터 페이터(Walter Pater)는 작품에서 받는 인상을 있는 그대로 알고 그것을 식별하는 것이 비평의 임무라고 한다. 그는 비평에 있어서 "사물을 정말 있는 그대로 보기 위한 첫걸음은 자기 자신의 인상을 알고, 그 인상을 구별하고, 그것을 분명히 깨닫는 것이다."(Studies in the History of the Renaissance서문)라고 말했다.

한편 우리나라의 경우, 1920년대 전반기에 낭만주의 문학과 결부되어 뚜렷한 경향으로 드러났던 인상주의 비평은 1930년대 후반에 이르러 프로문학비평의 퇴조로 인한 비평의 공백 상태에서 백철, 김환태, 한식, 김문집 등에 의해 전개되었다. 이 시기 비평론의 하나로 뚜렷하게 부각되었던 인상주의 비평은 맑스주의 비평론에 대립된 입장을 선명하게 드러내었다. 백철(白鐵)은 그의 저서 『문학개론』에서 인상비평을 다음과 같이 설명하고 있다. "인상주의 비평이란 글자 그대로 작품에서 받은 비평가 개인의 주관적인 인상을 그대로 표시하는 비평태도이다. 그 순 주관적인 점이 우선 감상과 구별된다. 감상비평도 물론 작품 인상을 중시하지만 그러나 거기선 그 인상을 일시 수단으로 빌릴 뿐이고 근본적으로 어디까지나 작품을 대상으로 해서, 그 대상의 미점(美點)을 다른 부가물과 분리해서 본성을 식별하는 준 객관적인 비평태도인데 비하여, 인상주의 비평은 순주관적인 태도다."라고 언급했다.

이 당시 인상비평은 전시대 프로문학비평의 정치주의나 객관주의 편향을 극복한다는 논리 아래 비평가의 주관을 강조했지만, 결과적으로 비평가의 주관에 너무 집착함으로써 스스로 주관주의라는 또 다른 극단적인 편향에 함몰되고 말았다. 이처럼 인상비평은 아름다움이나 쾌락 등의 주관적인 인상이나 감상에 의하는 비평이기 때문에 자칫하면 주관적인 시각과 개성을 중요시하게 마련이므로 인상비평에 다소의 폐단이 있을 수 있다.(이명재)

주관적 인상, 감상비평, 쾌락비평, 심미비평

참고문헌
구인환·구창환, 『문학개론(제 2판)』, 삼영사, 2002.
신재기, 「한국 근대문학 비평론 연구」, 고려대 대학원 박사논문, 1992.
신희천·조성준 편저, 『문학용어 사전』, 청어, 2001.
이명섭 편, 『世界文學 批評用語 事典』, 을유문화사, 1985.
이명재, 『문학비평의 이론과 실제』, 집문당, 1997.
이상섭, 『문학비평용어사전』, 민음사, 2001.

인상주의

19세기 후반 프랑스에서 시작되어 유럽 전역은 물론이고 비서구에까지 큰 영향을 미친 미술운동이다. 인상주의는 고전적인 화법을 답습하는 아카데미의 전통적 회화와 상상력과 주관성을 중시하는 낭만주의적 회화에 반대하면서 개진된 미술운동으로 사물과 대상에 대한 객관적

과학적 태도를 지향한 사실주의의 영향을 받으며 형성되었다. 1863년에 출품된 마네의 작품인 「풀밭 위의 식사」는 제도권 화단의 교조적인 교습에 불만을 품은 모네, 르누아르, 시슬리, 장 바질, 피사로, 드가, 세잔, 기요맹과 같은 젊은 화가들에게 새로운 미술운동을 전개해 나가야 한다는 생각을 갖게 했다.

사진기 발달로 인한 회화의 기능 변모, 현대광학의 발달, 시민사회의 형성 등으로 요약되는 당대 프랑스 예술환경의 변모는 새로운 미술운동의 출현을 예고하고 있었던 것이다. 이 변모된 예술환경 아래서 인상주의 화가들은 자연을 맹목적으로 묘사하는 것이 아니라 자연을 다양한 시각적인 자극, 빛과 그림자 그리고 상이한 색채 작용 속에서 새롭게 표현하려고 했다. 요컨대 그들은 어떤 대상을 계획된 형태로 구성하는 게 아니라 광선의 변화에 비친 그 대상의 순간적인 시각적 인상을 재창조하는 특징을 보여주려고 했다.

과학적 리얼리즘에 토대를 둔 인상주의는 20세기에 접어들어 급격히 퇴조하지만 현대미술의 탄생을 가능하게 한 기념비적인 의의를 성취하고 있다. 미술에서 시작한 인상주의는 당대 문인들에게도 영향을 미치지만 인상주의라는 문예사조가 따로 형성되지는 않았다. 인상주의에 영향을 받은 작가들은 사물을 정확하게 묘사하기보다는 사물의 감각적 인상을 전달하려고 했고, 그에 따라 논리와 의미가 모호한 작품들이 발표되기도 했다. 의식의 흐름을 표방하는 소설, 특히 버지니아 울프의 소설은 인상주의적 기법을 선명히 드러낸 예로 거론되고 있다. 인상주의는 영화분야에 인상주의 영화라는 장르를 태동하게 할 정도로 그 영향력이 컸다. 특히 1920년대 프랑스에서 유행한 인상주의 영화는 꿈, 환상, 기억 등으로 등장인물의 내적 심리를 묘사하려고 했다.(양진오)

의식의 흐름, 인상주의 영화

참고문헌
모리스 세륄라즈, 『인상주의』, 최민 역, 1993.
오병남, 『인상주의 연구』, 예전사, 1999.
제임스 H 루빈, 『인상주의』, 김석희 역, 한길아트, 2001.

인식(認識, Cognition)

인식은 자연, 사회, 사유 등과 같이 상대적으로 한정된 대상 영역, 또는 물질 세계 전체에 대한 경험적, 이론적 앎이며, 체계적으로 정돈된 '진술들 및 진술 체계'의 형태로 존재한다. 이러한 진술들 및 진술 체계는 각각 정도의 차이는 있지만 늘 감각적인 직관과 연결되어 있다. 그러나 감각 경험, 즉 감각, 지각, 표상의 형태로 행해지는 감각 활동이나 감각적 반영은 인식 과정에 꼭 필요한 측면이지만 합리적으로 가공되지 않은 개개의 감각적 반영은 아직 인식이 아니다. 감각적 반영은 개념적인 사유 속에서 진술로 가공될 때야 비로소 인식이 되는 것이다. 때로 인식은 지식과 거의 비슷한 뜻을 의미를 가진 말로 이해되기도 한다. 지식이 작용보다도 주로 성과를 가리키는 것에 비해 인식은 작용과 성과 모두를 가리키는 경우가 많다.

서양 철학에서 인식이 철학의 중심 개념으로 등장한 것은 데카르트 이후이다. 그러나 데카르트의 '코기토'는 본격적 의미의 인식론이라기보다는 방법적 회의에 가까웠다. 인식론이 중요한 분야가 된 것은 칸트에 이르러서이고 그의 저서 『순수이성비판』에서 가장 두드러진 발전을 볼 수 있다. 칸트는 사람은 인간 인식의 두 가지 줄기인 감성과 오성을 가지고 있다고 하였다. 그에 따르면 인간의 인식은 심성의 두 가지 원천에서 생겨나는데, 그 첫 번째 것은 관념(표상)들을 받아들이는 능력(인상을 받아들이는 것)이요, 두 번째 것은 이런 관념들을 통해서 대상을 인식하는 능력(개념의 자발성)이다. 첫 번째 능력을 통해서는 하나의 대상이 우리들에게 주어지며, 두 번째 능력을 통해서는 이 대상이 이 대상에 대한 관념(단순히 심정이 정해놓은 것으로서)과 관계 지어져 생각되어진다. 따라서 직관과 개념들이 우리들의 모든 인식의 요소들로 된다. 그래서 그 어떤 방법으로 스스로(개념)에게 연결되는 직관을 갖추지 못한 개념들이나 개념들을 갖추지 못한 직관은 다 같이 인식을 낳을 수 없다.(김한식)

코기토, 관념, 표상

참고문헌
요한네스 힐쉬베르거, 『서양철학사 하』, 강성위 역, 이문출판사, 2002.
I. 칸트, 『순수이성비판』, 최재희 역, 박영사, 2001.
장영란, 『아리스토텔레스의 인식론』, 서광사, 2000.

인식론(認識論, Epistemology, 독 Erkenntnistheorie)

인식론이란 인식의 인식, 앎의 앎인 '앎(지식)'에 관한 학문이다. 따라서 지식의 본질 · 기원 · 한계 등에 관해 질문하는 철학적 연구 이론이다. 광의의 인식론은 인식학 · 인지학 · 지식이론(theory of know-ledge)이라고도 불리며, 영미 철학계에서 사용되는 것으로 인식의 보편적인 과정 분석이나 연구를 말한다. 협의의 인식론은 '과학적인 정신'에 대한 분석으로 과학의 방법 · 위기 · 역사 등을 연구한다. 예를 들어 수학 철학, 역사학 철학, 생물학 철학과 같은 특정한 과학에 대한 철학적인 연구를 말하며, 프랑스의 '인식론'은 영미의 '과학 철학'과 유사한 의미를 지닌다.

'과학'을 의미하는 그리스어 epis-teme와 '담론'을 의미하는 logos의 결합에 어원을 두는 '인식론'이란 용어는 19세기 과학의 발달과 함께 사용되었으나, 고찰에 관한 기원은 그리스의 소피스트들이 논했던 상대주의 진리관이나 소크라테스(Socrates)의 지식획득 방법에 관한 대화에서 찾을 수 있다. 서양 철학사 인식론의 시조로 일컬어지는 플라톤(Platon)은 인간 정신에 생득적으로 준비된 이성에 관한 관념을 지식의 기초로 보았다. 아리스토텔레스(Aristoteles)는 일찍이 연역 추리(演繹推理)의 법칙을 체계화시켰고, 감각 · 기억 · 사고 · 상상 등 인식과 연관된 정신의 여러 가지 기능들에 관한 고찰을 하였다. 중세의 인식론적 연구는 서양의 크리스트교의 계시(啓示)에 기초를 두고 진리와 이성의 상호 관계를 밝히는 과제에 따라서 '신앙과 이성의 조화는 어떻게 가능한가'의 문제 설정을 하게 되었고, 근세 이후의 인식론은 합리론과 경험론이라는 양대 조류의 고찰이 관례이다.

근세 인식 문제의 해석에 있어서 결정적인 이론 체계를 구축한 칸트(Kant)는 어떠한 방법으로 실재와 경험이 관계하는지, 지식이라는 보편적인 판단이 어떻게 객관적 타당성을 가지며 실재와의 적합성을 입증하는지에 관한 근본 문제를 제기했다. 그의 입장은 초월론적 주관주의라고 불리는데, 인식의 대상이 되는 자연은 감성(感性)이나 오성(悟性)에 의해 결정되지만 그 범주에 속하는 주관은 우리의 경험과 독립해서 존재하는 의식 일반이라 불러야 할 초월론적 주관(超越論的 主觀)이라는 것이다. 오늘날은 초월론적 인식론의 이념에서 벗어나 과학적 탐구와의 연계를 바탕으로 한 분석적 인식론이 발전하면서 과학적 · 기술적 지식의 의의를 더욱 근본적으로 재검토할 필요성이 요구된다.(이상갑)

관념론, 과학철학

참고문헌
게리 헨치 ·조셉 칠더즈, 『현대문학, 문화 비평용어사전』, 황종연 역, 문학동네, 1999.
엘리자베스 클레망 외, 『철학사전』, 이정우 역, 동녘, 1996.
고영옥, 『사회학 사전』, 사회문화연구소, 2000.
『세계철학대사전』, 고려출판사, 1992.

인식소(認識素) ☞ 에피스테메

인신공희(人身供犧)

사람의 몸을 신적 존재에게 제물로 바치는 행위 혹은 그러한 풍습을 가리킨다. 인신공양(人身供養)이라고도 한다. 인류학적으로 볼 때 인신공희는 전 세계에 걸쳐 수렵시대 · 유목시대를 거쳐 농경시대까지 폭넓게 존재했던 것으로 여겨진다. 신화와 전설, 고고학적 자료로 미루어 볼 때 페루 · 잉카 · 고대 이집트 · 메소포타미아 · 팔레스타인 · 이란 · 인도 · 그리스 · 로마 · 중국 등 고대 문명의 발상지에서는 대부분 인신공희가 있었다. 제물을 신에게 바치는 종교적 행위의 기원이 인신공희에 있다는 설도 있다.

인신공희 설화는 인신공희를 핵심 모티프로 하는 이야기를 뜻한다. 이 설화는 세계적으로 널리 퍼져있어 각종 구비전승과 신화에서 발견된다. 히브리 신화에서 아브라함이 아들 이삭을 번제로 바치라는 여호와의 명에 따르는 대목이 대표적이다.

우리나라의 인신공희 설화는 대체로 인신을 제물로 바치는 악습이 없어지게 된 유래담이 많다. 개성의 지네산전설, 청주의 지네장터전설, 제주도의 금녕사굴전설 등이 있다.

또 인신공희 설화는 고전소설 『심청전』의 근원설화(根源說話)이기도 하다. 『심청전』에 영향을 끼친 거타지 설화도 역시 인신공희를 모티프로 삼고 있다. 거대한 토목공사를 할 때에 어떤 사람을 물 속이나 흙 속, 혹은 그 재료 속에 파묻는 것을 인주(人柱)라 하는데, 이를 소재로 한 인주설화도 인신공희 설화의 한 종류이다. 성덕대왕신종 전설(에밀레종 전설)이 유명하다.

인신공양은 인류학, 신화학, 민속학, 종교학 등 제반 인문학 분야에서 중요한 연구대상일 뿐만 아니라, 국문학 분야에서도 고전소설 및 구비문학 연구에서 자주 다루어지는 주제이다.(최영석)

인신공양, 인신공희 설화, 근원설화, 인주설화

인용(引用, Allusion)

수사법중의 하나로 '인유(引喩)'라고 하기도 하다. 저자가 자기의 주장을 보다 분명히 하기 위해 옛 사람들의 '고사(故事)'나 '성어(成語)' 또는 격언이나, 속담, 명언, 역사적인 사건, 신화 등을 인용하는 것을 뜻한다. 인용은 학술논문을 비롯해 시, 소설, 평론에서 광범위하게 사용된다.

인용부분은 어구, 단락, 문장 등이 될 수 있는데, 인용부를 분명하게 밝히는 직접인용(명인법)과 인용부가 없이 인용을 밝히지 않은 간접인용(암인법)으로 구분할 수 있다. 가령, 명인법은 "바슐라르는 『공간의 시학』에서 '집이란 세계 안의 우리들의 구석인 것이다. 집이란 우리들의 최초의 세계이다. 그것은 정녕 하나의 우주이다.'라고 말했다."라고 표현하는 것이고, 암인법은 '집은 우리가 세상에 태어나서 만나는 최초의 세계이자 영혼의 안식처로 인식되고 있다'라고 표현하는 기법이다. 인용은 저자가 그 인용문에 동의하거나 동의하지 않건 간에 과거의 사실을 현재의 의미와 중첩시켜 새로운 의미공간을 생성하고, 저자의 모호하거나 애매한 견해를 보다 선명하게 드러내는 역할을 한다.

역사적으로 볼 때 인용은 중국 시문의 전통적인 특징 가운데 하나로, 유가의 경전인 『역경』과 『상서』에서 처음 등장했고, 경전이나 고대서에 널리 통용되었던 규범이었다. 이수광은 『지봉유설』에서 사건을 인용하여 편집하는 것을 능사로 하면 곧 문인의 병폐로 지적하여, 빈번한 인용을 경계하고 있다.

비유의 형식을 취한 인용을 '인유'라고 한다. 유명한 시구(詩句)나 문장이나 사건을 끌어와 자신을 표현하거나 보충하는데 사용한다. 인유는 역사적, 문화적 자산을 문학 속에 끌어들임으로써 과거의 의미와 새로운 의미를 중첩시켜서 독특한 의미론적 뉘앙스를 형성하고, 암유나 직유와 같이 독자의 경험 속에 들어 있는 어떤 것과 연결시킴으로써 새롭고 분명하지 않은 것을 명확하게 한다. 인유의 대표적인 예로 신동엽의 <껍데기는 가라>를 들 수 있다. 이 시에서 4월은 역사적 사건인 4.9 혁명을, 동학년 동나루의 아우성은 동학혁명을 의미한다.(박죽심)

수사법, 직유법, 의미, 애매성

참고문헌
김욱동, 『수사학이란 무엇인가』, 민음사, 2002.
박성창, 『수사학』, 문학과지성사, 2000.
이정일, 『시학사전』, 신원문화사, 1995.

인유(引喩, Allusion, 프 Allusion, 독 Anspielung)

인물이나 사건 혹은 다른 문학 작품이나 그 구절을 직간접으로 가리키는 것을 뜻한다. 수사법적으로 변화법에 속하며, 인용법(引用法)이라고도 한다. 유명한 시구나 고사, 문장이나 일화를 끌어다가 쓰는 경우가 많다. 예로부터 성경이나 그리스 고전, 동양의 경전들은 쉽게 인유의 소재가 되었다. 특히 한시의 경우, 인유는 풍부하게 사용되고 있다.

인유는 그 작품의 문화적, 문화적 전통을 직간접적으로 인용하여 소재로 삼는 것이며, 이 때문에 허구적이든 역사적이든 독자와 작가의 경험과 지식의 공유가 전제된다. 인유가 의도적으로 사용되는 경우, 전통 지향과 민족 의식 고무를 위해 쓰이는 경우가 많이 관찰된다.

인유는 대개 어떤 주제에 대해 자세히 이야기하거나 고양시켜주는 구실을 하지만, 둘 사이의 불일치를 통하여 그 주제를 아이러니컬하게 깎아내리는 데에 쓰이기도 한다.

고전문학 작가는 당대의 지적인 독자들이 눈치챌 것을 예상하고 인유를 사용하였다. 그러나 실험적 양식을 즐겨 사용한 모더니즘 작가들(조이스, 파운드, 엘리오트 등)은 고도로 전문적인 인유를 자주 사용한다. 이들에게 있어서 인유는 반전통주의나 문학적 혁신의 한 방식으로 사용되고 있는 것이다. 현대 문학 작품의 경우 인유는 패러디나 패스티쉬와 쉽게 구분이 가지 않을 정도로 실험적인 기법의 하나에 점차 포함되고 있는 추세이다.

한국 문학에서 예를 들면, 서정주(徐廷柱)의 「선덕여왕(善德女王)의 말씀」은 삼국유사에 실려 있는 지귀 설화(志鬼說話)를 끌어와 인유로서 활용하고 있는 것이라고 볼 수 있다.(최영석)

인용법, 문화적 전통, 모더니즘, 패러디, 패스티쉬

인정세태(人情世態)

세상을 살아가며 느끼는 사람들의 정의와 세상의 형편을 일컫는 말이다. 문학의 민요, 고소설, 시조, 시, 소설 등의 장르에서, 주제로 작품을 구분할 때, 구분의 기준으로 쓰이기도 한다.

고소설에서 '인정세태'를 다룬 소설로는 『청구야담(青邱野談)』의 「월출도(月出島)」, 『임꺽정(林巨正)』 또는 『명화적(明火賊)』, 허균의 『홍길동전(洪吉童傳)』 등을 들 수 있다.

최재서(崔載瑞)는 소설의 주제를 지칭하는 말로 '세태인정(世態人情)'을 사용하였는데, 그는 「리얼리즘의 확대와 심화」(조선일보, 1936.11.2. ~ 7.)에서 박태원의 『천변풍경』을 '도회의 일각에서 움직이고 있는 세태인정(世態人情)을 그린 소설'이라고 분류하였다. 그는 이어서 『천변풍경』은 '현실에 접근해가며 그 동태를 될 수 있는 한 다각적으로 묘출'하는 데에는 성공하였으나, 세부묘사를 관통하고 있는 통일된 의식이 없기 때문에 현실과 연관된 사회가 아니라 하나의 '밀봉된 세계'에 그치고 말았다고 하였다.

'세태소설'이라는 용어가 일군의 작품을 지칭하는 말로 쓰인 것은 1938년 임화(林和)의 세태소설론(世態小說論)에 이르러서이다. 임화는 당대(1935 ~ 1938)의 문학적 경향을 사상성의 감퇴로 파악하며, 그러한 구체적인 양상으로 세태소설과 내성소설(內省小說)이라는 대립적인 소설 형식을 예로 들었다. 임화는 세태소설에 대해서 대체로 부정적인 자세를 취하고 있는데, '묘사되는 현실의 풍부함은 인정할 수 있으나 소설을 세부묘사의 부분적 집합체로 격하시킴으로써 전체성을 상실하게 했으며, 작가의 사상성과 소설의 미적 형식을 포기하였다'는 것이다.

임화의 세태소설 논의는 김남천으로 이어지는데, 그도 세태소설은 지양되어야 할 무력한 시대의 문학으로 파악하고 있다. 그는 작가의 신념이나 사상의 결핍이 세태소설의 약점이라고 지적하면서, 세태소설의 풍부한 현실 묘사를 살리면서 사상성과 전체성을 살릴 수 있는 방법으로 풍속소설을 제시한다. 또한 '세태'를 생산 관계의 양식에까지 현현되는 일종의 제도인 '풍속'으로까지 높이자고 한다. 그가 주장하는 세태소설의 올바른 방향은 바로 현대적 장편소설의 창작이라는 인식과 같은 궤를 이루고 있다고 볼 수 있다.

1930년대 말에 활발하게 논의되었던 세태소설 논의는 1940년 초부터 광복에 이르는 시기의 일제의 문화탄압으로 인하여 중도에서 그쳐버린 이래 몇 십년간 별다른 진척이 없었다. 이후 1980년대에 들어와 다시금 관심을 받았다.

'인정세태'를 다룬 대표적인 작품들로는 박태원의 『천변풍경』, 채만식의 『탁류』, 홍명희의 『임꺽정전』, 유진오의 『가을』, 김남천의 『길 우에서』, 『대하』 등을 들 수 있다.(이연의)

세태, 세태소설, 풍속소설, 인정소설

참고문헌
백 철, 『신문학사조사』, 민중서관, 1955.
이우성·임형택, 『이조한문단편집』, 一潮閣, 1976.
이재선, 『한국현대소설사』, 홍성사, 1977.
박영순, 『1930년대 세태소설연구』, 이대 박사논문, 1992.
『한국민족문화대백과사전』, 정신문화연구원, 1991.

인종(人種, Race of mankind)

인종이란 신체적인 특성을 기준으로 분류한 인간의 종별(種別) 개념을 의미하는 말로, 유전적(遺傳的)으로 공통적인 선조를 가지고 있는 경우로 분류하는 것이 일반적이다. 서로 다른 인종의 특성은 지역에 따른 차이에 의해 가장 많이 드러나는데, 이런 점으로 미루어 보아 인종이란 인류가 각기 다른 생활터전에 적응하면서 변화해 온 결과라고 볼 수 있다. 인종을 구분할 때에는 대체적으로 얼굴 구조와 같은 신체적 특징, 특히 피부색 등을 매개로 분류한다. 그러나 인간에게는 번식(繁殖) 방법의 사회적 규정으로 '혼인(婚姻)'이라는 제도가 존재하기 때문에 순수한 인종이란 매우 드물다. 인종은 서로 격리되어 있는 지역에 거주하는 인류들의 각각의 공통된 유전자(遺傳子)로서 그 분류가 가능한 것으로, 사회적·정치적·문화적·역사적·종교적 범주로 구분되는 개념과는 전혀 다른 것이다. 때문에 한 집단이 매우 특수한 사회적 속성이나 희귀

(稀貴)한 풍습을 지니고 있다 하더라도 공통적인 유전자를 가지고 있지 않다면 그들을 인종적인 개념으로 분류할 수 없다.

역사적으로 각 인종 간에는 차별이 존재했고, 때로는 특정 소수 민족의 유전자적 열성을 들어 인종 간 우열의 격차를 논하기도 하였다. 유대인이나 집시, 흑인 등은 지능이 열등하다는 혹은 게으르고 천박하다는 견해 하에 역사 속에서 수없이 많은 멸시(蔑視)와 모멸, 심지어는 잔혹한 박해(迫害)와 탄압(彈壓)을 받아왔다. 그러나 오늘날에 와서 어떠한 인종이 열등하다고 여기는 고정관념은 전혀 증거가 없는 것으로 밝혀졌다. 본래 인류의 종이 번식하면서부터 순수한 인종의 개념은 찾아보기 어렵게 되었을 뿐더러, 인종간의 격차를 측정하는 갖가지 방법들 역시 기득권을 쥐고 있는 다수의 민족들에게 유리하고 소수 민족에게 불리하게 편성되어 있다는 사실에서 그러한 이유를 찾아볼 수 있다. 오늘날에는 인종을 다룸에 있어 전적으로 유전자적 특성을 사용하지 않고, 육체적 차이의 원인을 전혀 언급하지 않는다. 따라서 통속적인 이해가 변형된 인종으로서의 의미가 지배적이다.(이상갑)

인류, 인간, 유전자

참고문헌

게리 헨치·조셉 칠더즈, 『현대문학, 문화 비평용어사전』, 황종연 역, 문학동네, 1999.

David. A. Statt, 『심리학용어사전』, 정태연 역, 도서출판 끌리오, 1999.

고영옥, 『사회학 사전』, 사회문화연구소, 2000.

인종차별주의(人種差別主義)

인종차별주의는 사람의 생물학적, 생리학적 특징에 따라 인종을 구별하는 사상으로 특정한 주민 계층, 특정한 정치적 결사, 더 나아가 전 인민을 억압하고 착취하거나 그 존재를 부인하는 반동적 착취 계급의 야만적 폭력을 이데올로기적으로 정당화하는 비과학적(非科學的) 입장이다.

과거에 유태인 및 집시(Gipsy)에 대해서 가졌던 편견과 박해가 여기에 포함되고, 나치의 유태인 박해, 식민지인 및 소수 민족에 대한 편견이 이에 해당될 수 있다. 반유태주의는 대표적인 예로서 유태인은 종족과 종교, 사회, 정치 등 전 분야에서 차별대우를 받아야 했다. 중세에 유태인은 명망이 있는 모든 수공업적 직업에서 배제되고 흑사병이나 기아 등과 같은 자연의 재앙에 대해서도 책임이 있는 것으로 간주됨으로써 집단 학살의 위험에 직면하기도 했다. 그러나 히틀러(Hitler Adolf)의 파시즘(fascism)에 의해 악명을 떨쳤던 인종 이데올로기의 나치적 형태(유태인 배척주의와 반(反) 볼셰비즘 및 혈통 신화)는 1945년 이후에는 공개적으로 유지될 수 없게 되었고, 어떠한 제국주의 국가에서도 그러한 형태가 다시 전면에 등장하지는 못하게 된다.

현대적 의미에서는 주로 백인에 의한 흑인차별을 뜻하는 의미로 사용되어 왔다. 인종차별은 제2차 세계대전 후 아프리카, 아시아가 독립하면서부터 문제화되었다. 미국에서는 링컨의 흑인 해방으로 일단 흑인 차별은 철폐되었으나 사회적으로는 남부를 중심으로 흑백 차별이 지속되는 현상을 보였다. 1954년 차별이 위헌이라는 판결이 내려진 이래 재판 판결을 주축으로 하여 차별 철폐 운동이 추진되었으며 케네디 정권 때는 법무부의 적극적 개입이 있었다. 1961년에는 '자유의 기사단'의 행진이 우익(右翼)과 충돌했고 1963년에는 워싱턴 대행진이 있었다. 지속적으로 차별은 완화되어 왔으나, 사회적·직업적 차별은 여전히 존속되고 있다. 로디지아, 남아프리카공화국 등에서는 법적으로 흑인을 차별하여 흑인 정당은 일체 불법화되고 철저한 백인주의를 취하고 있다. 이 외에 중근동(中近東), 남아메리카에서도 이러한 문제를 안고 있다.(강웅식)

인종, 차별주의, 인종주의

참고문헌
박선목 편역,『윤리·사회사상 사전』, 형설출판사, 2002.
오트프리트 회페 편,『윤리학 사전』, 임홍빈 외 역, 도서출판 예경, 1998.
조의설,『세계사 대사전』, 민중서림, 1997.
한국철학사상연구회,『철학대사전』, 도서출판 동녘, 1997.

인지과학(認知科學, Cognitive science)

인지 심리학, 인공지능학, 언어학, 철학, 인류학 등이 서로 밀접히 연결되어 형성한 다학문적 과학을 말한다. 1970년대 들어오면서 생겨난 인지과학은 마음과 두뇌, 컴퓨터, 그리고 여타의 인공물 영역의 본질과 그 각각의 관련성을 밝히고자 한다. 처음 인지과학은 미국의 인지심리학 분야에서 지식(knowledge)이 인간의 기억 속에서 어떻게 구조화되어 표현되는가 하는 문제에서 출발하게 되었다. 이 문제에 대한 해결을 위해서는 기존의 실험분석이나 수치적 해석의 방법이 아닌 동적인 기호 처리 모델의 작성이 요구되었다. 또한 이런 모델을 찾기 위해서는 컴퓨터를 이용한 프로그램으로 실현되어야 했기에 인공지능연구와 연관을 맺게 되었다. 또한 지식 표현의 기초로서 언어학에서의 표현이론을 참고로 하면서 언어학과도 밀접한 관련을 맺게 되었다. 이러한 인지과학의 패러다임은 정보처리적 관점(information processing approach)의 인지주의라고 할 수 있다. 이것의 핵심은 마음을 하나의 정보처리체계로 보는 데에 있다. 이에 따라 정보처리체계로서 마음의 작용을 감각, 지각, 학습, 기억, 언어, 사고, 정서 등의 여러 과정으로 분류한 다음 그 각각의 과정에서 어떻게 정보처리가 일어나며 또 어떠한 상호작용을 하는지를 규명하고자 한다. 따라서 마음의 현상이나 심리적 사건도 인지과학에서는 정보의 내용 및 정보를 처리하는 사건으로 개념화된다. 계산(computation)이 인지과학의 핵심 개념이 되는 이유가 바로 여기에 있다. 이를 통해 마음이 환경의 각종 대상들과 상호작용하면서 나타나는 각종 현상의 문제점들을 설명하고자 하는 것이다.

물론 생명체인 인간의 마음을 마치 컴퓨터와 같은 기계적 작동의 원리와 동일하게 간주하는 것의 한계를 지적할 수 있다. 하지만 인지과학의 다학문적 성격은 이와 같은 한계를 만났을 때 신경과학과의 접목을 통해 영역의 한계를 끝없이 넓히는데 그 특징이 있다고 할 수 있다. 이와 같은 정보처리적 접근을 배경으로 한 인지과학은 지속적인 발전을 거듭하면서 1977년에는 미국에서 학술잡지 『인지과학』이 발간되고, 1979년에는 학회도 설립되었다.(남승원)

인공지능, 정보처리, 계산

참고문헌
이정모, 『인지심리학』, 학지사, 2009.
이정모, 『인지과학』, 성균관대학교출판부, 2009.
사에키 유카타(김남주외 옮김), 『인지과학혁명』, 에이콘, 2010.

인칭(人稱, Person)

인칭의 사전적 의미는 '어떤 동작의 주체가 말하는 이, 말 듣는 이, 제삼자중 누구인가를 구별하는 말'을 뜻한다. 인칭에는 제1인칭, 제2인칭, 제3인칭의 세 가지가 있다. 학자에 따라 3인칭에 미지칭(누구), 부정칭(아무), 재귀칭(자기)을 포함시키기도 하고 1, 2, 3인칭과는 별도로 미지칭과 부정칭 등을 논하기도 한다.

제1인칭은 화자를 가리키는 것으로 '나, 우리, 저, 저희' 등이 쓰이며 '자칭'이라고도 한다. 제2인칭은 청자를 가리키는 것으로 '너, 너희, 자네, 당신' 등이 쓰이며 '대칭'이라고도 한다. 제3인칭은 화자와 청자 이외에 이야기를 듣는 제3자를 가리키며 '이, 그, 저, 사람, 저분' 등이 쓰이고 '타칭'이라고도 한다. 최현배는 『우리말본』에서 인칭을 첫째 가리킴(제1칭격), 둘째 가리킴(제2칭격), 세째 가리킴(제3칭격), 두루 가리킴(공통칭격) 등으로 구분했으며 이희승은 『새문법』에서 인칭을 제1인칭, 제2인칭, 제3인칭, 미지칭, 부정칭 등으로 구분했다. 인칭에 대한 이희승의 설명은 간단명료한데 "자기를 가리키는 것이 제일인칭이요, 상대자를 가리키는 것이 제이인칭이요, 그 밖의 사람을 가리키는 것이 제삼인칭이요, 모르는 것을 가리키는 것이 미지칭이요, 무턱대고 아무나 가리키는 것이 부정칭"이라는 것이다. 한편 고영근과 남기심은 『표준국어문법론』에서 인칭을 제1인칭, 제2인칭, 제3인칭으로 구분하고 미지칭과 부정칭, 재귀칭을 제3인칭에 포함시키고 있다.

소설에서 인칭의 문제는 주로 시점과 관련해 이야기된다. 시점을 크게 1인칭 시점과 3인칭 시점으로 구분해서 설명하는 것이 그러한 예이다. 1인칭 시점은 다시 1인칭 주인공 시점과 1인칭 관찰자 시점으로 3인칭 시점은 다시 제한적 3인칭(작가 관찰자) 시점과 전지적 3인칭 시점으로 구분된다. 이처럼 인칭에 따른 시점의 구분에 대해 W.C. 부스 등 몇 몇 학자들의 비판이 없었던 것은 아니지만 여전히 많은 학자들은 인칭에 따른 시점의 구분을 사용하고 있다.(김원규)

인칭대명사, 대명사, 시점

참고문헌
남기심·고영근, 『표준 국어문법론』, 탑출판사, 1985.
이희승, 『새문법』, ≪일석 이희승 전집≫, 서울대학교 출판부, 2000.
최현배, 『우리말본』, 정음문화사, 1991(1929).

인형 조종술

인형 조종술은 김동인이 말한 일종의 창작방법론이다. 위대한 예술가는 자신이 창조한 세계를 인형 놀리듯 자유자재로 조종할 수 있어야 한다는 데에서 유래된 개념이다. 즉 예술가는 마치 신이 세계를 창조한 것처럼 작품을 창조하고, 그렇게 창조한 세계를 마음대로 지배할 수 있어야 한다는 것이다.

이 논의는 '감상(感想)'의 형태로 『창조』 7호 「자기의 창조한 세계 - 톨스토이와 도스토예프스키를 비교하여」에 실려 있다. 부제에도 드러나는 것처럼 이 글에서 김동인은 톨스토이와 도스토예프스키 중에서 누가 진정으로 위대한 예술가인가를 논한다. 먼저 김동인은 만년의 톨스토이가 귀족적 교만과 자만심에 빠져 '횡포(橫暴)한 설교자'가 되었으며, 이로 인해 비평가들에게 비난을 받을 수밖에 없었다고 이야기한다. 반면에 도스토예프스키는 '사랑의 철학자' 혹은 '성인'으로 불리며 모든 사람에게 사랑과 존경을 받았다는 것이다. 하지만 김동인이 보기에 사람들이 톨스토이보다 도스토예프스키를 더 높게 평가하는 이유는 이들이 두 작가에게서 단지 사상적인 측면만을 보기 때문이다. 이 두 작가에 대해 '예술적 가치평가'를 내릴 경우 이야기는 달라진다. 무엇보다도 예술가란 "한 개의 세상을 창조하여가지고, 종횡자유로 자기 손바닥 위에서 놀릴만한 능력이 있는 인물"이어야 한다. 그런데, 도스토예프스키의 작품을 보면, 작가가 자신이 창조한 세계를 지배하는 것이 아니라 오히려 그 세계에 지배당한다. 반면에 톨스토이는 자신이 창조한 세계를 지배하고 마음대로 조종한다. 김동인이 도스토예프스키보다 톨스토이를 더 위대한 예술가라고 생각하는 이유는 바로 여기에 있다. "톨스토이는 자기가 창조한 자기의 세계를 자기 손바닥 위에 올려놓고, 자기가 조종하며, 그것이 가짜든 진짜든 거기 만족"하였기 때문이다.

하지만 김동인의 이러한 논의는 자신이 직접 작품을 창작하는 과정에서 자기모순을 드러내게 된다. 훗날 김동인이 「조선근대소설고」에서 밝히고 있는 것처럼 그는 초기작인 「약한자의 슬픔」과 「마음이 옅은 자여」에서 주인공을 죽이는 것으로 결말을 맺으려고 했지만 결국 등장인물들은 '작자의 의사를 무시하고' 살아남는 것으로 작품이 마무리되기 때문이다. 김동인은 위대한 예술가라면 자신이 창조한 세계를 지배할 수 있어야 한다고 말했지만, 그의 회고에서 확인할 수 있는 것은 인물이 작가의 의도를 배반하고 작가의 지배에서 벗어나 있다는 점이다.(김원규)

김동인, 창작방법론, 등장인물

참고문헌
김동인, 「자기의 창조한 세계 - 톨스토이와 도스토예프스키를 비교하여」, 『창조』 7호, 1920.7.
_____, 「조선근대소설고」, 『조선일보』, 1929.7.28-8.16.

일기(日記, Diary)

날마다 그날그날 겪은 일이나 생각, 느낌을 적는 개인 기록이다. 흔히 수필로 분류되기도 하며, 기록 문학으로서의 가치가 높다. 일기는 본디 작가가 자기 자신에 관해 쓴 전기(傳記)인 자서전(自敍傳, autobiography)과는 구별된다. 일기는 본디 출판할 생각을 하지 않고 오직 자기 자신이 겪은 개인의 삶의 사건들을 매일 매일 기록한 것이기 때문이다.

그러나 일기는 일상생활의 계속적인 기록이 보통이나 어떤 특별한 체험을 갖는 기간 동안의 기록인 경우로서 사회 일반적인 것에 연결된 기록도 있다. 이러한 형식으로 서양의 경우, 제 2차 세계 대전 때 나치스 강제 수용소에서 죽은 유대인 소녀 안네 프랑크의 「안네 프랑크의 일기」, 공쿠르 형제의 「공쿠르의 일기」 등이 유명하다.

우리나라의 경우, 병자호란(丙子胡亂)때 남한산성에서 체험한 사실을 객관적으로 서술한 「산성일기(山城日記)」를 비롯하여 임진왜란(壬辰倭亂) 때의 피란기(避亂記)인 「쇄미록(鎖尾錄)」, 조선 정조 때 이의평(李義平)의 「화성일기(華城日記)」, 순조 때 의령(宜寧) 남씨(南氏)의 「의유당관북유람일기(意幽堂關北遊覽日記)」, 이순신의 「난중일기(亂中日記)」, 박지원(朴趾源)의 「열하일기」, 이로(李魯)의 「용사일기(龍蛇日記)」, 작자 미상의 「임진록(壬辰錄)」 등이 유명하다.

일기는 개인의 사건, 체험, 생각, 감상 등을 잊지 않기 위한 비망록의 구실뿐 아니라, 체험의 의미, 자신의 생활에 대한 반성 등 수양의 방법도 될 수 있다. 일기는 공개하기 위하여 기록하는 것은 아니라 하나, 지금까지 공개된 일기는 어떤 사건에 대한 개인적인 반응을 드러내거나 필자의 내면세계를 잘 보여줄 수 있는 문학성을 지니고 있다.(이명재)

개인기록, 기록문학 생활의 기록, 특별한 체험서술

참고문헌
신희천·조성준 편저, 『문학용어 사전』, 청어, 2001.
이명섭 편, 『世界文學 批評用語 事典』, 을유문화사, 1985.
이상섭, 『문학비평용어사전』, 민음사, 2001.

일사소설(軼事小說)

위진(魏晉) 시대에 유행한, 인물과 얽힌 숨겨진 이야기나 자잘한 사건들을 기술한 소설의 일종. 당시의 사대부 문인들은 청담(淸談)을 숭상했고, 사회적으로도 인물을 품평하고 명사들의 언행을 기록하는 풍토가 성행하였다. 노신(魯迅, 1881-1936)은 『중국소설사략(中國小說史略)』에서 "한나라 말기의 선비들은 이미 품평과 지목받는 일을 중시하면서 명성에 훼손이 가해졌으면 몇 마디 간단한 말로 결정을 내렸다. 위진 시대 이래로 더욱 말로 표시하고 격에 맞추는 일을 서로 숭상하였다······이로 인해 찬집이 나오게 되었는데, 어떤 이는 지난 날 들은 일을 주워 모으고, 어떤 이는 근래의 사건을 기술하기도 하였다.(漢末士流 已重品目 聲名成毀 決于片言 魏晉以來 乃彌以標格語言相尚······因有撰集 或者掇拾舊聞 或者記述近事)"고 말했다. 이런 식의 작품은 이미 지괴志怪의 틀을 벗어났고 사람을 묘사하는 것이 중심이었기 때문에 지인소설(志人小說)이라고 불렀다. 내용은 주로 당시 문인 명사들의 언행이나 풍도(風度), 청담을 나누면서 쓴 독특한 언어, 숨겨진 일이나 전해지는 소문 따위를 기술했으며, 그에 대한 옳고 그름을 비평하는 평어를 많이 첨가하였다. 그리고 소수의 작품이지만 정치적 모순을 다루기도 하고 귀족층의 호화롭고 사치한 생활상을 폭로하는 제재를 삽입하기도 해서 일정 정도 사회적 의의도 갖추고 있었다. 예컨대 유의경(劉義慶, 403-444)의 『세설신어(世說新語)』는 덕행(德行)과 언어(言語), 정사(政事), 문학(文學) 등 36개 편으로 구성되어 있다. 일사소설은 일반적으로 길이가 짧고 언어가 간결하면서 소묘 수법과 요모조모로 묘사하는 방법을 써서 인물의 감정과 태도를 보여준다. 그러나 완벽한 이야기 구조나 구체적인 묘사가 부족해 필기(筆記)나 소품(小品)과 마찬가지로 아직 소설의 초기적인 형태를 벗어나지는 못했다. 예술적 성과가 비교적 높은 『세설신어』를 제외하고 해학적인 언행을 기술하고 풍자적인 의의가 강한 작품으로 『소림(笑林)』과 『해이(解頤)』, 『계안록(啓顔錄)』 등이 있다. (임종욱)

위진시대(魏晉時代), 노신(魯迅), 중국소설사략(中國小說史略), 지인소설(志人小說), 세설신어(世說新語), 소림(笑林), 해이(解頤), 계안록(啓顔錄)

참고문헌
임종욱, 『동양문학비평용어사전-중국편』, 범우사, 1997.
_____, 『중국의 문예인식』, 이회, 2001.
_____, 『중국문학에서의 문장체제 인물 유파 풍격』, 이회, 2001.
주훈초, 『중국문학비평사』, 이론과실천, 1992.

일상극(日常劇)

비극처럼 심오하지도 않고 영웅극처럼 숭고하지도 않으며 멜로드라마처럼 선정적이지도 않은 연극작품을 이르는 말로, 부르주아극 또는 가정극이라고도 한다. 이 부류의 작품들은 국가나 사회 문제보다는 가정이나 가족 문제를 주로 다룬다. 1731년 영국의 조지 릴로(George Lillo)가 쓴 『런던 상인(The London Merchant)』이 대표적인 작품인데, 거리의 창녀에 반해 선량한 주인을 배신하는 한 하인의 이야기를 써서 관객들의 호응을 받았다. 독일에서는 레싱(Lessing)이 메디아의 전설을 일상생활에서 쓰는 보통말로 옮긴 『미스사라 샘슨(Miss Sara Sampson)』을 발표했고, 이들 가정극은 18세기 전후반과 19세기 내내 인기를 끌다가 입센에 의해 완전히 자리를 잡았다. 현대 가정극의 전형으로는 로레인 한스베리(Lorraine Hansberry)의 『양지의 건포도(A Raisin in the Sun)』를 들 수 있다. 이처럼 일상극이란 용어는 연극에서 비롯되었지만 현재는 라디오와 텔레비전 영화 등에 넓게 사용되고 있다.

한국에서도 라디오와 텔레비전 방송이 가정의 정서생활에 커다란 비중을 차지하게 되면서부터 홈드라마가 큰 영향을 끼치게 되었다. 내용도 일상생활의 사소한 일이나 사건을 통하여 극중의 주인공과 더불어 어떤 일을 생각하거나 공감하게 하는 것이 많으며, 부모 자식간의 단절이나 시대감각·인생관의 차이와 같은 사회성을 내포한 작품도 있다. 부르주아극이라는 이름에서 느낄 수 있듯이 일상극이 최고의 가치로 두는 것은 가족이며 가족 문제를 통해 개인의 실존적 고민이나 사회적 소외 등을 해소하려는 시민들의 무의식에 호소한다. 일상극을 비판적으로 보는 이들은 일상극이 개인의 사회적 의식을 약화시키고 현실 안주적 성향을 강화시킨다는 점을 지적하기도 한다.(김한식)

비극, 멜로드라마

참고문헌
김성희, 『연극의 세계』, 태학사, 1996.
밀리 S. 배린저, 『서양 연극사 이야기』, 평민사, 2001.
허영, 『연극론』, 한신문화사, 1990.

일상생활사(日常生活史)

일상생활사란 역사 속의 '일상들'에 관심을 갖는 역사학 연구를 말한다. 일상생활사라는 명칭은 일상을 대체로 무시해왔던 역사 서술에 대한 도전이라 할 수 있다. 이는 인습화된 역사적 관찰 방식을 탈 중심화하는 시도의 일환이기도 하다. 일상생활사 연구와 서술의 중심은 흔히 서민으로 분류되는 사람들의 행위와 고통에 놓여 있다. 중요한 것은 그들의 노동·비노동 세계이다. 묘사되는 것은 주거, 복장, 식사, 말하자면 일상적인 의·식·주 양상이다. 또한 관심거리가 되는 것은 서민들의 사랑과 증오, 불화와 협력, 기억, 두려움 그리고 장래에 대한 희망이다. 일상생활사는 특별한 사람들의 업적이나 지배자들의 화려함에 주목하지 않는다. 중요한 것은 전승 속의 대다수 이름 없는 사람들이 매일매일 고생해가면서, 또 가끔씩 과시적으로 소비해가면서 일궈냈던 삶과 공존이다. 이를 '아래로부터의 역사'라고 부를 수 있는데 일상생활사가들이 주장하는 '아래로부터의 역사'는 단순히 아래층에서 역사를 보려는 태도만을 의미하는 것이 아니라 아래층에서 이루어진 일들이 때로는 실제로 국가, 관료집단의 힘보다 더 사회의 모습을 결정짓는 데 중요한 요소로 작용했다는 관점을 포함하고 있다. 그들은 사소한 일, 별로 주목받지 못한 하층민, 작은 모임, 그리고 변두리지역에서도 역사를 움직이는 힘이 꿈틀거리고 있음을 추적한다.

일상사는 새로운 방식으로 역사연구와 서술을 시도하는 노력들만을 가리키는 것은 아니다. 이 작업은 매우 근본적인 의미에서 근대의 성과들에 대한 시각을 새롭게 조정하려는 보다 포괄적인 노력의 일부이다. 여기에는 근대로 간주되는 역사적 변혁들을 추동한 계기들에 대한 질문이 포함된다. 인간의 진보와 관련된 구상들, 즉 '합리화'에 대한 의문도 일상생활사가들의 공통된 관점이다.

일상 생활사를 비판하는 사람들은 일상생활사가 과거 상황을 낭만화한다고 지적한다. 그들의 견해에 따르면 '일상'의 고통과 고난, 또한 크고 작은 즐거움을 서술하는 시도는 그림 같은 세부사항들의 묘사로 귀결된다. 그 결과는 낯설 수도 있는 경험들에 대한 통찰이 아니라 이국적인 지역을 잠시 방문하는 것이 된다. 과거의 미시적 사실에 집착하는 것은 현재의 문제 해결에 도

움이 되기보다는 과거로의 시간 여행에 가깝다는 비판이다.(김한식)

브르조아극, 가정극

참고문헌
알프 뤼트게 외,『일상사란 무엇인가』, 이동기 외 역, 청년사, 2002.
앙리 르페브르,『현대세계의 일상성』, 박정자 역, 세계일보, 1990.
미셸 페로 편집,『사생활의 역사』, 전수연 역, 새물결, 2002.

일상성(日常性, 독 Alltäglichkeit, 프 quotodiennete)

'일상성'을 학문적 개념으로 끌어올린 사람은 마르틴 하이데거이다. 그는『존재와 시간』에서 인간의 일상성을 다양한 층위에서 설명하였다. 그는 인간이 처한 실존의 구조를 현존재와 세계-내-존재로서의 존재자의 틀로 분석하였다.

현존재가 제일 먼저 만나는 것은 존재자로서의 자신이다. 현존재의 존재 틀을 구성하는 세계-내-존재로서의 존재자가 현존재의 일상적 조건이다. 현존재는 존재자에 대하여 무차별적으로 열려있다. 이것을 평균성이라고 하이데거는 부르고 있다. 현상학적 제시는 과연 누가 현존재의 평균적인 일상성 속에서 어떻게 존재하는 가를 밝혀내는 것이다.

먼저 현존재는 그의 존재와 평균적인 일상성의 양태에서 관계를 맺는데, 그 양태는 도피의 양태일 수도 있고, 망각의 양태일 수도 있다. 세계-내-존재의 일상성에는, 배려된 존재자를 만나게 하면서 이 때 세계 내부적인 것의 세계적합성이 전면에 드러나게 하는 배려함의 양태들이 속한다.

또한 현존재는 타인들의 공동현존재와 일상적으로 더불어 있는다. 현존재의 세계는 공동세계이며 안에-있음은 타인과 더불어 있는 것이다. 즉 함께 거기 있는 양태가 현존재가 처한 일상성의 한 부분을 구성하고 있다. 타인과 더불어 있는 양태를 보면, 심려와 염려, 감정이입 등이 있다.

그리고 현존재는 일상적인 서로 함께 있음으로서 타인의 통치 안에 있다. 이들은 특정한 타인이 아니며, 어느 타인인데, 중성자(불특정다수)로서 세인(世人)이다. 보통 우리가 공공성이라는 말이나 군중이라는 말로 규정하기도 하는 '그들'이 일상성의 존재양식을 지정해주고 있다. '그들'이 타당하게 여기는 것과 그렇지 않게 여기는 것, 인정하는 것과 거부하는 것, 감행해도 되는 것과 안되는 것 등은 모든 존재가능성의 평준화(균등화)를 만들어내기도 한다. 거리감, 평균성, 평준화, 존재부담 면제, 환대 등이 '그들'의 양태를 구성하고 있다. 일상적인 현존재는 고유한 자기의 의미에서 존재하기보다는 '그들'의 방식으로 존재한다. 그리고 스스로를 빗나가게 하고 은폐하기도 한다.

일상적인 현존재는 위와 같은 다양한 층위의 현상에 직면하면서 세계에 대하여 반응한다. 현존재가 일상적으로 반응하는 양상은 공포와 불안, 염려이다. 그것이 발화될 때는 잡담, 호기심,

애매성으로 나타난다. 이것은 현존재가 '거기에'로서의 세계에 반응하는 일상적인 존재양식으로, '빠져있음'이라고 표현할 수 있다. 이 때 현존재라는 존재자는 그의 일상성에서 자기를 상실하고, 자기로부터 떠나 살게 될 수 있다.

죽음은 일상적 현존재에게 자기 존재의 가장 고유한, 무연관적, 건너뛸 수 없는 가능성이다. 죽음을 향한 일상적 평균적 존재를 산출해보면, 일상적 현존재는 죽음을 은폐하고, 죽음에 대한 안정감을 배려해주며, 불안에 대한 용기가 생겨나지 못하게 한다. 태연한 무관심을 형성하여 자신의 가장 고유한 존재기능에서 자신을 소외시킨다. 일상적인 죽음을 향한 존재는 빠져있는 존재로서 종말적 죽음 앞에서 부단히 도피한다.

일상성은 분명히 그 안에서 현존재가 매일 머물고 있는 그런 실존함의 양식을 의미하고, 일생동안 현존재를 두루 지배하는 실존의 특정한 어떻게(방식)를 의미한다. '우선 대개' 현존재가 익명의 그들에게 자신을 내보이는 방식이다. 일상성은 현존재가 그것에 맞추어 나날을 살아가는 방식의 어떻게인 것이다. 일상성은 현존재가 원시적인 시대에 살 때보다, 고도로 발달되고 세분화된 문화 속에서 움직이고 있을 때 더 잘 드러난다.

하이데거가 일상성에 주목한 이래, 일상성은 여러 가지 입장에서 학문적으로 조명되었고, 문예사조에서도 모더니즘과 포스트모더니즘에 속한 작품들이 각각의 관점에서 인간의 일상성을 분석하고 묘파하였다.

다시 한번 사회학적으로 '일상성(quotodiennete)'이 개념화된 것은 1961년에 프랑스 사회학자 앙리 르페브르가 쓴『일상성의 사회학의 기초』라는 책에서였다. 그는『현대세계의 일상성』이란 책에서 자본주의 사회 속에서 살아가는 현대인들의 일상성을 냉철하게 묘파하고 있다. 이후 인류학·역사학에서 일상성에 대한 학문적 관심이 제고되었다. 또한 '일상성의 혁명'이 미래의 중요한 작업으로 간주되었다.(이연의)

평균성, 일상사, 일상성의 혁명, 마르틴 하이데거, 앙리 르페브르

참고문헌
마르틴 하이데거,『존재와 시간』, 이기상 역, 까치, 1998.
앙리 르페브르,『현대 세계의 일상성』, 박정자 역, 도서출판 주류-일념, 1995.
알프 뤼트케 외,『일상사란 무엇인가』, 이동기 역, 청년사, 2002.
신종한, 「한국 소설의 일상성」,『동양학』제 35집, 단국대학교 동양학연구소, 2004.

일원론(一元論, Monism, 프 Monisme, 독 Monismus)

일원론은 우주의 본체는 오직 하나라고 하는 견해나 학설이며, 세계를 하나의 근원으로 설명하려는 입장이다. 일원론이라는 말은 C. 볼프가 처음 사용했다. 그는 세계를 오직 하나의 근본적 실체(질료, 정신 등)만으로 설명하려는 철학을 일원론이라고 말했다.

일원론에도 여러 갈래가 있는데 그것은 근원이 되는 것을 어떤 것으로 보느냐에 따라 각기 다른 입장으로 나타난다. 거기에는 존재론적인 것, 인식론적인 것, 윤리학적인 것, 인류학적인 것, 방법론적인 것 등이 있을 수 있다. 한국철학사상연구회에서 펴낸 『철학대사전』에서는 일원론을 '유물론적 일원론'과 '관념론적 일원론'으로 구분하고 있다. 세계의 통일성이 세계의 물질성에서 성립한다는 주장으로부터 출발하면 유물론적 일원론이고, 세계의 통일성이 신, 세계정신, 정신적인 원리 일반 등 일종의 관념성에서 성립한다고 보면 그것은 관념론적 일원론이다. 유물론적 일원론으로는 데모크리토스, 에피쿠로스의 철학과 18세기의 프랑스 유물론, 변증법적 유물론 등이 있으며 관념론적 일원론의 대표적인 형태로는 헤겔 철학이 있다.

문학에서도 일원론은 주로 하나의 원리로 모든 것을 설명하려는 논리로 나타난다. 예를 들어 김윤식이 30년대 임화의 비평논리를 일원론으로 설명하는 것 등이 그러하다. 임화의 논리는 카프의 기본노선과 맞닿아 있는데 그것은 언제 어디서라도 당파성을 고수해야 한다는 입장이고, 모든 것이 정치투쟁 속에 포섭되어야 한다는 논리이다. 따라서 임화는 문학(문화)운동이 정치운동이나 경제운동과는 다르다고 보는 이원론을 배격한다. 임화는 일원론에 입각한 만큼 작가는 창작을 통해 프롤레타리아 노선을 지켜나가야 한다고 주장했으며, 이를 두고 세계관과 창작방법론의 합일이라고 불렀다. 이에 비해 김남천은 자신의 경험을 강조하면서 결국 세계관을 버리고 창작방법론만을 추구하게 된다. 김윤식은 이러한 세계관과 창작방법론의 분리현상을 이원론이라는 말로 설명한다. 임화와 김남천의 이러한 입장차이는 수차례의 논쟁을 통해 더욱 선명하게 부각된다.(김원규)

다원론, 이원론, 창작방법론, 세계관

참고문헌
김윤식, 『김윤식 선집3 - 비평사』, 솔, 1996.
한국철학사상연구회, 『철학대사전』, 동녘, 1990.

일탈(逸脫, Deviation)

일탈은 주로 시에서 나타나는 언어규범에서의 이탈을 의미한다. 일탈이라는 말은 일상언어와 구분되는 시어의 특수성을 강조하기 위해 프라하언어학파가 사용한 개념이다. 프라하학파는 일탈을 전경화된(foregrounded) 것으로 또는 비자동화된(deautomatized) 것으로 보면서 규범에서 이탈하는 언어에 주목했다.

일탈에 대해 참고할 만한 것으로는 레빈(S.R. Levin)과 리이치(G.N. Leech)의 설명이 있다. 먼저 레빈은 산문언어와 시적인 언어를 구분하면서 시적인 언어가 가지는 통일성과 고도의 압축성에 주목했으며, 특히 시적인 언어가 산문언어보다 새롭고 보다 많은 일탈을 포함하고 있다고 말했다. 그는 특히 일탈을 '통계적(statistical) 일탈'과 '결정적(determiante)' 일탈로 구분했는데 통계적 일탈이 규범으로부터의 일탈을 양적으로 측정한 것이라면, 결정적 일탈은 규범으로부터의 일탈을 질적으로 측정한 것을 말한다. 한편 리이치 역시 일탈을 시적 언어의 특성이라고 말했으며, 시인을 언어 표현의 '기대된 규범들'로부터 일탈하는 자라고 표현했다. 리이치는 일탈의 다양한 유형들을 제시했는데 어휘의 일탈, 문법의 일탈, 음성론적 일탈, 자소론적 일탈, 의미의 일탈, 방언의 일탈 등이 그러한 것들이다. 이것들은 구체적으로 새로운 단어들의 고안, 비문법적인 문체의 사용, 특별한 발음의 사용, 시행배열이나 구두점의 특수한 활용, 무의미하고 불합리한 언어 사용, 파격적인 방언의 사용 등을 통해 실현된다.

일탈과 관련하여 살펴볼 것이 전경화와 낯설게 하기이다. 이는 일탈을 통해 독자에게 일으키게 되는 어떤 효과에 대한 용어이다. 무카로프스키의 '전경화'는 어떤 대상을 뚜렷하게 보이는 위치에 내어놓음으로써 우리의 지각과정에 그 존재가 뚜렷하게 감지되도록 만드는 것을 말한다. 이는 주로 구체적이고 특수한 언어를 통해 실현된다. 슈클로프스키가 말한 '낯설게 하기' 역시 난해하고 모호하면서 장애물로 가득한 언어를 통해 실현되는 것인데 이는 예술(시)의 중요한 특성으로 설명된다. 즉 예술은(일상의) 낯익음의 껍질을 벗기고 낯설게 하여 신선함을 되살리는 행위라는 것이다. 슈클로프스키에게서 '친숙한' 언어들로 이루어진 작품은 낯설게하지 못한다는 의미에서 비문학적인 것으로 취급된다.(김원규)

시어, 전경화, 낯설게 하기

참고문헌
리파테르·레빈·리이치, 양희철·김상태 편역, 『일탈문체론』, 보고사, 2000.
츠페탕 토도로프 편, 김치수 역, 『러시아 형식주의』, 이화여대 출판부, 1988.

읽히는 텍스트(Readerly text)/쓰어지는 텍스트(Writerly text)

바르트는 『S/Z』에서 읽히는 텍스트와 쓰어지는 텍스트를 구분한다. 읽히는 텍스트에서 독자는 고정된 의미를 단순히 소비하는 수동적인 입장에 놓인다. 반면에 쓰어지는 텍스트에서 독자는 텍스트의 생성에 생산적으로 참여하는 능동적인 입장에 서게 된다.

읽히는 텍스트와 쓰어지는 텍스트 중에서 바르트는 쓰어지는 텍스트에 긍정적인 가치를 부여한다. 읽히는 텍스트는 낡은 것이고, 규칙적인 것이며, 따분한 것이다. 쓰어지는 텍스트는 새로운 것이고, 예외적인 것이며, 도피적인 것이다. 『롤랑 바르트가 쓴 롤랑 바르트』에서 바르트는 읽히는 텍스트와 쓰어지는 텍스트에 대해 간단히 언급한 뒤 이에 더해서 '받아들일 수 있는 텍스트'에 대해 말한다. "읽을 수 있는 텍스트란 내가 다시 글 쓸 수 없는 텍스트이다. 쓸 수 있는 텍스트란 나의 독서 체제를 완전히 바꾸지 않는 한 힘들여서 읽어야 하는 텍스트이다.(⋯) 받아들일 수 있는 것이란 읽을 수 없는 도발적인 것으로써, 타오르는 텍스트이며 진실임직한 모든 것의 밖에서 산출하기를 끊임없이 계속한다. 그 기능은 저작물을 둘러싼 상업적 제약에 대해서 이의를 제기하는 데 있는 것 같다." 이처럼 바르트는 『S/Z』에서 밝힌, 읽히는 텍스트와 쓰어지는 텍스트의 대립관계를 넘어설 수 있는 것으로 받아들일 수 있는 텍스트에 대해 이야기하고 있는 것이다.

바르트 연구자인 뱅상 주브는 바르트가 결국 텍스트를 ①하나의 의미로만 쉽게 읽을 수 있는 것(대중문학), ②다의적으로 쉽게 읽을 수 있는 것(라신느, 사드, 발자크), ③쓸 수 있는 것(말라르메, 솔레르, 바타이유), ④받아들여질 수 있는 것(출판 불가능한 것)의 네 가지 유형으로 구분하고 있다고 설명한다. 여기서 문학적 가치는 하나의 의미로만 쉽게 읽을 수 있는 것이 가장 작으며 받아들여질 수 있는 것이 가장 크다. 뱅상 주브의 설명에도 드러나는 것처럼 바르트는 새로움과 쾌락을 주는 텍스트에 긍정적인 가치를 두고 있으며, 특히 텍스트가 지니는 생성적인 측면에 많은 관심을 기울이고 있음을 알 수 있다.(김원규)

텍스트, 생성, 받아들일 수 있는 텍스트

참고문헌
뱅상 주브, 하태완 역, 『롤랑 바르트』, 민음사, 1998.
롤랑 바르트, 이상빈 역, 『롤랑 바르트가 쓴 롤랑 바르트』, 강, 1997.
Roland Barthes, 『S/Z』, Editions Du Seuil, 1970.

입사식 소설(入社式 小說)

입사식 소설이란 성장소설의 한 유형에 속한다.

원래 입사식(入社式, initiation ceremony)이란 어떤 집단이나 사회에 가입하기 위한 통과의례. 가입의례라고도 한다. 여자는 초조(初潮)를 성숙의 표징으로 보기 때문에 개인차가 생기며, 따라서 성녀식은 개별적으로 가족끼리 또는 가까운 친척의 범위 내에서 행해진다. 이에 비해 남자의 경우 10대 후반 때 집단적, 즉 부족이나 전체 지역사회별로 거행되는 등, 시대·종족·부족·단체에 따라 형식과 전통이 다르다.

전통적인 종족사회의 일반적인 입사식에서는 남자를 여자와 어린이 세계에서 분리시켜, 일정기간 물리적으로 격리시키는 일이 많다. 이 경우 젊은이들이 죽음과 재생의 관념과 연관된 상징적 의례를 수반하기도 한다. 또 격리기간 중에는 그 종족의 조상이나 연장자에 대한 존경과 복종의식이 주입되며 완전한 성인남자로서 고난을 견디는 능력을 나타내는 정신적·육체적 시련도 받는다. 이러한 시련을 극복하고 통과한 사람만이, 각각의 결사(結社)가 이상으로 하는 '성스러운 세계'의 철학·목적·세계관을 계시받게 되는 것이다. 입사식 과정에서 신체변공(身體變工)으로 발치(拔齒)·문신·할례 등이 행해지기도 한다.

그러므로 입사식 소설은 성장 소설 중에서도, 주인공이 단순히 성인의 세계를 관찰하면서 내면적으로 성숙해가는 과정을 그리는 소설이라기 보다는, 특별히 한 자아가 성인의 세계에 편입하는 시점과 편입하기까지의 과정, 성인 세계의 가치관과 생활방식, 정서를 이해하고 융화하는 과정 등을 그리는 소설이라고 할 수 있다.

  대표적인 예를 든다면 오정희의 「중국인 거리」를 들 수 있다. 그 작품 속의 소녀는 전쟁 이후에 폐허의 시간을 견디며 해인초 냄새로 가득찬 건설 현장 속에서 양갈보들을 보며, 학교를 다니고 있다. 소녀의 언니는 젖가슴이 점점 자라 오르고, 소녀는 이층 창으로 내다보는 중국인에게 알 수 없는 동경의 감정을 느낀다. 어머니는 이 난리통에 계속 아이를 낳는다. 일곱 번째 아이를 낳을 때 이 소녀는 어머니가 동생을 그만 낳았으면 좋겠다는 생각을 한다. 하루는 이층집의 중국인이 이 소녀에게 꾸러미를 준다. 소녀는 집에 돌아와 금이 가 쓰지 않는 항아리 속에 그 꾸러미를 넣어 놓는다. 소녀는 벽장 속으로 들어가 산고에 지친 어머니의 신음소리를 들으며 잠이 든다. 소녀가 잠이 깼을 때, 안방에서는 어머니가 지독한 난산이었지만 여덟 번째 아이를 낳았다. 소녀는 바로 이 시점과 동시에 절망감과 막막함 속에서 끈끈하고 후덥덥한 초조(初潮)를 경험한다.

  이 작품에서는 어려운 시대 속에서 한 소녀의 총체적인 성장을 다루고 있으면서 그 한 부분으로 한 소녀가 어머니와 같은 운명을 가진 여성으로 동화되기 시작하는 시점까지를 그리고 있다. 그러므로 여성을 주인공으로 한 입사식소설의 좋은 예라고 할 수 있겠다.(이연의)

성장소설, 입사식, 교양소설

참고문헌
『두산세계대백과사전』, 주식회사 두산동아, 1996.
『동아원색대백과사전』, 동아출판사, 1983.
오정희, 『유년의 뜰』, 문학과 지성사, 1998.

입신(入神)

  엄우(嚴羽, 1175?-1264?)가 말한 시의 최고 경지 또는 수준. 전신(傳神)이라고도 하는데, 『창랑시화(滄浪詩話)』에 나온다. 그는 "시의 지극한 경지는 하나가 있으니 입신이라 한다.(詩之極致有一 曰入神)"고 했고, "시를 지어서 입신했으면 지극하고 극진해서 덧붙일 것이 없다고 할 수 있다. 오직 이백과 두보만이 이를 터득하였다.(詩而入神 至矣 盡矣 蔑以加矣 惟李杜得之)"고 말했다.

  엄우는 시를 논하면서 한위(漢魏) 시대와 성당(盛唐) 시기의 시를 최고로 평가하였다. 그는 두보와 이백이야말로 "시를 써서 입신의 경지"에 도달한 대표적인 인물로 생각하였다. 이백과 두보는 "더이상 덧붙일 것이 없는(蔑以加矣)" 작품을 남겼다고 보았는데, 이는 그들이 기상(氣象)과 흥취(興趣), 본색(本色) 등 여러 방면에 걸쳐서 여느 작가를 뛰어넘는 정교하고 오묘한 풍격을 갖추었기 때문이라는 것이다. 입신설은 한위 시대의 문학과 이두를 존숭하고 있지만 실제적으로는 이백으로 전범을 삼을 수 있는 "침착하고 여유가 있는(優遊不迫)" 낭만주의적 전통과, 두보를 전범으로 한 "느긋하면서도 거침없이 꿰뚫는(沈着快通)" 리얼리즘 전통을 본받으라고 주장한 이론이다. 엄우가 특히 중시한 시론상의 입장을 잘 표현한 부분이라고 할 수 있다.(임종욱)

엄우(嚴羽), **전신(傳神)**, **창랑시화(滄浪詩話)**, **기상(氣象)**, 홍취(興趣), **본색(本色)**.
참고문헌
임종욱, 『동양문학비평용어사전-중국편』, 범우사, 1997.
_____, 『중국의 문예인식』, 이회, 2001.
_____, 『중국문학에서의 문장체제 인물 유파 풍격』, 이회, 2001.
주훈초, 『중국문학비평사』, 이론과실천, 1992.

입체적 인물(Round character)

소설에 등장하는 인물은 평면적 인물과 입체적 인물로 구분할 수 있으며, 이 중에서 입체적 인물은 변화하는 인물이고, 다면적인 인물이며, 독자에게 놀라움을 주는 인물이다. 소설의 인물을 평면적 인물과 입체적 인물로 구분하는 것은 이제는 널리 알려진 작중인물유형론의 하나이다. 이는 E.M. 포스터의 케임브리지 대학 문학강연집인 『소설의 이해(Aspects of the Novel)』에서 논의되고 있다.

평면적 인물이 단일한 개념이나 성질을 중심으로 구성되는 반면, 입체적 인물은 그와 반대되는 특성을 지닌다. 평면적 인물은 독자가 쉽게 알아보고 쉽게 기억할 수 있는 인물이며, 환경에 따라 변화하지 않는 인물이다. 반면에 입체적 인물은 독자의 입장에서는 쉽게 기억하기 힘든 인물이며 변화무쌍한 인물이다. 입체적 인물은 비극적인 역할을 훌륭하게 수행할 수 있는 인물이며, 등장할 때마다 독자에게 새로운 기쁨을 주는 인물이기도 하다. 무엇보다도 입체적 인물은 평면적 인물과는 달리 늘 독자를 놀라게 하는 인물이다. 독자를 놀라게 하지 못하면 그는 평면적 인물이다. 입체적 인물은 작품 속에서 무궁무진한 인생을 살고 있다.

포스터의 논의에 따르면 소설이란 아주 복잡한 것이기 때문에 입체적 인물뿐만 아니라 평면적 인물-비록 "입체적 인물만큼 훌륭한 존재는 아니"지만-도 필요로 한다. 두 인물유형이 관계를 맺고 충돌하면서 삶의 모습을 보여주게 된다. 따라서 두 인물유형은 각각의 특성을 지니면서 소설에 드러난다. 작가는 이 두 가지 유형의 인물을 적절하게 조화해서 등장시킬 수 있어야 한다.

포스터는 입체적 인물의 예로 『전쟁과 평화』의 주요 인물들, 도스토예프스키의 모든 인물, 프루스트의 몇몇 인물 등을 들고 있다. 한국소설의 경우 현대소설에 등장하는 다면적이고 복잡한 성격의 인물들이 입체적 인물이라고 할 수 있다. 반면에 근대 이전 소설에 등장하는 대부분의 인물들, 즉 고정된 성격을 가진 단순하고 피상적인 인물들은 모두 평면적 인물이라고 말할 수 있다.(김원규)

평면적 인물, 작중인물, 인물유형
참고문헌
E.M. 포스터, 『소설의 이해』, 이성호 역, 문예출판사, 1990(1975).

입체파 ☞ 큐비즘

잉여가치(剩餘價値, Surplus Value, 프 Plus-Value, 독 Mehrwert)

등가의 교환가치만 통용되던 사회와는 달리, 상품의 양과 교환에 참여하는 사람이 늘어나면서 새로운 가치 형태로서 화폐가 유통된다. 화폐의 유통은 물물 교환가치 이상의 새로운 가치를 창출하게 되었고, 이 과정에서 자본가는 잉여의 이윤을 획득한다.

유통과정의 전형적인 모델인 C(상품)-M(화폐)-C(상품)는, 상품의 교환가치로 화폐를 지불하면 유통 과정이 종결된다. 즉, C-M-C의 유통과정은 상품이 유통과정을 빠져나와 소비됨으로써 사용가치의 최종 목적에 도달한다. 상대적으로 M-C-M은 화폐에서 출발하여 화폐로 귀결된다. M-C-M 과정은 양극이 모두 화폐이기 때문에, 화폐는 질적 가치가 아니라 양적 차이에 의해서만 구별된다. 이때 자본가는 최초의 화폐 투입보다 더 많은 화폐를 끌어내려한다. 따라서 이 과정의 완전한 형태는 M-C-M′ 된다. 여기서 M′=M+⊿M이며, M′은 최초에 투입한 화폐액에 증가분을 더한 것이다. 마르크스는 최초의 가치를 넘는 초과분인 ⊿M을 '잉여가치'라고 정의한다.

자본가는 단순한 물물 교환으로 가치물을 생산하는 것이 아니라, 잉여가치를 취하고자 생산을 한다. 마르크스에 의하면 잉여가치의 최대 산출은 노동력에 존재한다. 자본가는 잉여가치를 산출해 내기위해 노동력의 가치보다 더 많은 노동을 하도록 강요하면서 노동력을 착취한다. 한편, 노동력은 자본주의 사회에서 상품을 생산해 내는 본질적 요소로써 화폐 단위로 객관화된다.

여기서 불변자본은 생산 수단에서 생산물의 가치로만 전환되지만, 가변자본인 노동력은 생산과정에서 노동력을 제공하고 자본가는 노동에 대한 대가를 지불하게 된다. 이때 자본가는 노동자들에게 새로운 가치 창출을 기대하면서, 노동자를 고용한다. 노동자는 노동력만을 소유하고 있기 때문에 자신의 노동력을 팔지 않을 수 없게 되고, 노동력을 팔기 위해서는 자본가의 요구를 들어주어야만 한다. 결국 노동자는 자신의 노동력 이상의 노동을 자본가에게 보여주어야 하기 때문에 자본 사회에서 노동자는 노동을 팔지 않을 자유마저 상실하게 된다.(주인)

가변자본, 노동력, 마르크스, 불변자본, 엥겔스, 자본가, 자본론

참고문헌
미셸 보, 『자본주의의 역사』, 김유자 역, 창작사, 1987.
임양진, 『마르크스 사상사전』, 청아출판사, 1988.
칼 마르크스, 『자본론』, 김수행 역, 비봉출판사, 1989.

잉여약호화(剩餘略號化, Extracoding)

페르디낭 드 소쉬르(Ferdinand de Saussure)로 시발로 기호학의 대표 인물인 움베르트 에코(Umberto Eco)의 extracoding은 잉여약호화, 잉여코드화, 별외약호화 등으로 명명된다. 에코는 해석과 의미에 관한 활동에서 코드가 확대되어지는 상황을 밝히고자 하였다. 여기서 코드란 발신자와 수신자 사이에서 교환되는 메시지의 조합인 신호를 의미한다.

에코가 말하는 잉여약호화는 신호의 조합인 언어코드를 증대시키고 풍성하게 만들어 가는 과정으로, 언어코드가 예견할 수 없는 새로운 의미들을 생산해내는 과정을 의미한다. 이 과정을 통해 하나의 코드는 풍부해진다. 이는 소쉬르의 랑그 개념에 대해, 에코는 하나의 코드로 한정하지 않고 하나의 코드에서 새로운 메시지가 창출 되고 있음에 주목한다. 이는 기호 생산과 해석에 있어서 기존의 코드가 "우주를 먹여 키우며 살찌게 하는 상황"을 밝히고자 한 것이다.

잉여약호화는 상위약호화(overcoding, 과대코드화)와 하위약호화(undercoding, 과소코드화)의 두 운동을 포괄한다. 상위약호화는 기존하는 약호로부터 보다 분석적인 부차 약호로 진행되는 것으로, 어떤 최소의 표현들에 의미를 부여하는 약호가 주어지면 보다 거시적인 일련의 표현들에 추가적 의미를 부여하게 된다. 반면, 하위 약호화는 기존하지 않는 약호로부터 가능한 약호로 진행되는 것으로, 알지 못하는 텍스트에서 약호에 이르는 과정을 명백히 하기 위한 것이다. 예컨대 자신이 이해하지 못하는 언어를 사용하는 외국을 방문해서 새로운 언어를 배우는 과정과 연관 지을 수 있다. 상위약호화와 하위약호화는 생산과 해석에 있어서 뒤얽혀 있기 때문에 상위약호화인지 하위약호화인지 알아내기가 어렵다. 그럴 경우 두 운동을 포괄하여 잉여약호화라 부르는 것이 좋다고 에코는 말한다.

잉여약호화가 가지는 문학의 접근은 텍스트에 존재하는 코드의 창조적 풍성화에 있다. 여러 약호들과 부차 약호들이 상호 작용하며 상황과 추론적 전제가 교차되는 텍스트에 대해서, 독자는 여러 가지 가능한 의미를 지닐 수 있는 비어 있는 형식으로 텍스트를 견지하면서 접근하는 태도는 잉여약호화를 통해서 강조된다.(주인)

기호학, 상위약호화, 소쉬르, 에코, 잉여코드화, 하위약호화

참고문헌
안느 에노, 『기호학사』, 박인철 역, 한길사, 2000.
움베르토 에코, 『기호학 이론』, 서우석 역, 문학과지성사, 1985.
조너선 컬러, 『소쉬르』, 이종인 역, 시공사, 1998.
페르디낭 드 소쉬르, 『一般言語學講義』, 오원교 역, 형설출판사, 1973.

잉여코드화 ☞ 잉여약호화

자기동일성(自己同一性, Identity)

자기동일성이라는 용어는 현대비평과 이론에서 서로 관련이 있으면서도 다소 다른 두 용도가 있다. 그 중 첫째는 주체라는 보다 일반적인 문제의 일부를 이룬다. 많은 현대 이론은 인간 정체성이 의식적인 마음에 현전한다는, 아니면 적어도 약간이나마 수중에 들어오는 자기 인식이라는 전통적인 믿음을 의문에 부치려고 했다. 많은 이론가들은 오히려 주체는 언제나 유동하는 상태에 있으면서 아무리 인간의 기능에 필요할지라도 궁극적으로는 달성되지 않는 전체성과 자아됨의 환상을 추구한다고 말한다. 이 논제와 관련하여 가장 영향력이 있는 입장의 하나는, 거울단계(mirror stage)라는 자크 라캉의 개념과, 주체는 언어에 의하여 언어 속에서 구성된다는 그의 명제이다. 생후 6개월에서 18개월 사이의 어린아이는 거울 속에 비친 자신의 모습을 보고 환호성을 울리며 반가워한다. 아이는 그 속에 비친 자신의 모습을 자신과 완전히 동일시하는데 라캉은 이 단계를 '거울 단계'라고 하여 주체의 형성에 원천이 되는 모형으로 제시하였다. 이 단계에서 아이는 자신의 몸을 가눌 수는 없지만 거울에 비친 자신의 이미지를 총체적이고도 완전한 것으로 가정한다. 언어가 한 가지 의미에 고정되지 못하고 의미가 고리를 물 때, 즉 기표만이 존재할 때 그 언어를 통해 생각을 표출하는 인간은 이 기표에 절대적으로 종속되지 않을 수 없다. 인간이 언어의 세계 속에 사는 한, 주체는 기표의 지배를 받기에 그것은 '언어처럼 구조된다'는 것이다.

자기동일성이라는 용어를 사용하는 또 하나의 방법은 정체성 정치(identity politics)라는 어구에서 보이는 바와 같이 집단적 정체성을 가리키는 데에 있다. 성별, 인종, 계급, 성적 취향을 근거로 억압을 당해온 집단의 일원이기에 가지게 되는 정체성에 대한 감각은 현대 비평과 문화연구에서 중요 조사 영역을 이룬다.(김한식)

거울단계, 정체성

참고문헌
자크 라캉, 『욕망 이론』, 민승기 역, 문예출판사, 1994.
조셉칠더즈·게리 헨치 편저, 『현대문학 문화 비평 용어 사전』, 황종연 역, 문학동네, 1999.
베르트낭 오질비, 『라캉 주체 개념의 형성』, 동문선, 2002.

자기성(ipse-self, ipséité(프))

자기성은 동일하다는 의미의 정체성인 identity와 달리 시간 속에서 변화하는 자기 자신으로서의 정체성을 의미한다. 자기성은 프랑스 해석학자 폴 리쾨르(Paul Ricoeur, 1913-2005)가 그의 저서 『타자로서의 자기 자신』에서 구체적으로 논의하고 있는 개념으로 윤리성을 함의하는 주체의 정체성이다.

리쾨르는 동일하다(idem)는 뜻으로 이해된 정체성 대신에, 자기 자신(ipse)이라는 뜻으로 정체성을 이해하게 되면 개별적 정체성이 지닌 동일성의 딜레마는 해소될 수 있다고 보았다. 정체성을 이해할 때 문제가 되는 것은 시간 속에서도 지속되는 것이 무엇인가의 문제이다. 과거와 현재의 서로 다른 성격의 차이는 '무엇'에 대한 묘사를 통해서 이해될 수 없으며, 이를 해명하기 위해서는 시간성의 문제가 개입되어야 한다. 시간의 변화 속에서 내가 어떻게 변화했는가를 설명하기 위해서는 시간 속에서 진행된 이야기가 서술되어야 한다. 자기성은 서술 텍스트의 시학적 구성에서 나오는 역동적인 정체성 모델에 부합하는 시간 구조에 토대를 둔 정체성이라는 점에서, 동일자와 타자의 딜레마를 벗어날 수 있다는 것이 리쾨르의 주장이다. 자기 자신(soi-même)은 서술적으로 형상화된 것들을 반성적으로 적용함으로써 다시 형상화된다고 말할 수 있다. 동일자의 추상적인 정체성과는 달리, 자기성을 이루고 있는 이야기 정체성은 변화와 변화 가능성을 삶의 일관성 속에 포함할 수 있다. 자서전의 경우처럼, 삶의 이야기는 주체가 자기 자신에 대해 이야기하는 진실하거나 꾸며낸 모든 이야기를 끊임없이 다시 형상화한다. 주체는 자기가 자기 자신에 대해 스스로에게 이야기하는 스토리를 통해 자기 스스로를 인식하는 것이다. 따라서 자기성은 사유의 자기 확실성에 의해 규정되지 않고, 자기 언어에 의해, 자기 행위에 의해, 그리고 자기 이야기에 의해 규정되는 정체성이라 할 수 있다.(장은영)

이야기 정체성, 폴 리쾨르

참고문헌

Paul Ricoeur, 김한식 역, 『시간과 이야기III』, 문학과 지성사, 2004.

Paul Ricoeur, Oneself as Another, trans. Kathleen Blamey, The University of Chicago Press, 1992.

Richard Kearney, Between Poetics and Ethics, On Paul Ricoeur -The Owl of Minerva, Published by Ashgate Publishing Limited, 2003.

정기철, 『상징, 은유 그리고 이야기』, 문예출판사, 2002.

자기애 ☞ 나르시시즘

자동기술(自動記述, écriture automatique)

자동기술법은 초현실주의의 중요한 기법 중 하나이다.

초현실주의자들은 현실이 일상의 조작된 사실이나 과거의 낡은 관념 체계에 의해서 왜곡되어 있고 논리와 합리, 이성 등 인위적인 요소로 구속되어 있다고 보았다. 그래서 자아가 지배하는 상태 곧 의식이 투명하게 깨어있는 상태에서는 우리 자신의 내면 세계가 사회, 역사, 규범과 제도 등 여러 요소들에 가로막혀서 표출되지 않는다고 보았다. 따라서 이성의 모든 굴레를 배제하고 미학적, 혹은 도덕적인 모든 고려를 무시하면서, 이것을 초월하여 무의식과 꿈의 세계에서 리얼리티를 찾고자 하는 것이 초현실주의 이념이었고, 이를 구현한 실천방안이 바로 자동기술법이었던 것이다.

이것은 원래 의사였던 A. 브르통이 S. 프로이드의 정신분석학 중에서 특히 심층심리학의 이론을 차용한 것인데, 임상심리학에서 정신병자가 무의식적으로 내뱉는 내면의 소리를 시에 응용하여, 가능한 빠른 속도로 지껄이는 독백이나 사고를 비판이나 수정 없이 그대로 기록하는 것이다. 즉 의식의 영역에 속하는 것을 기술하는 것이 아니라 꿈이나 무의식의 상태를 그대로 기술하는 방법이다. 그들은 잠재의식을 보다 효과적으로 표출시키기 위해서 영매를 이용하거나 최면술을 사용하는 일도 시도했다.

자동기술법은 무의식의 상태에서 나타나는 이미지를 비판이나 수정 없이 그대로 기록하는 것이기 때문에 무의식 상태에서 떠오르는 사고나 이를 통하여 나타나는 독백등이 기록된 작품에는 연과 행의 연결성이 없고 문법이나 논리가 무시되며 의미가 통하지 않게 된다. 의식 상태에서 이들의 작품을 살펴보면 심한 난시현상 같은 세계를 보여준다. 예컨대 앙드레 브르통의 시에는 과거, 현재, 미래가 동시에 등장하고 실재하지 않는 집의 창을 통해서 미래의 집이 보이기도 한다.

자동기술법은 현대시의 흐름 속에 한 줄기를 이루고 있는데, 한국의 경우 1930년대 '34문학'의 이시우, 신백수, 이상, 그리고 해방 후의 조향, 김구용 등의 시에서 그 편린을 엿볼 수 있다. 이상의 '거울'이나 '꽃나무' 등의 시는 자동기술법의 예로 자주 거론되기도 한다.(이연의)

다다이즘, 초현실주의, 무의식, 리비도, 의식의 흐름

참고문헌
송재영 역, 『다다/쉬르레알리즘 선언』, 문학과 지성사, 1991.
이정일, 『시학사전』, 신원문화사, 1995.
신희천·조성준, 『문학용어사전』, 도서출판 청어, 2001.
김윤식, 『이상연구』, 문학사상사, 1987.
김용직, 『한국현대시사 Ⅰ』, 한국문연, 1996.

자료주의적 역사(資料主義的 歷史, Documentary history)

자료주의적 역사는 객관적 사실에 입각한 역사적 자료를 기초로 하여 행해지는 접근 방법이다. 이는 객관주의적 역사라고도 한다. 역사학은 연구를 위하여 사료를 발견하고 수집된 자료를 분류, 정리하는 일련의 활동을 진행하는데, 이 과정에서 진행되는 사료의 발견과 발견된 사료를 기초로 하는 모든 연구 활동이 자료주의적 역사 방법론에서 유래한다.

니체(Nietzsche), 푸코(Foucault), 헤이든 화이트(Hayden White), 라카프라(LaCapra) 등이 주창한 자료주의적 역사 방법론은 객관적 사실에 근거하지 않는 모든 연구를 불완전한 상태로 본다. 완전한 상태의 연구는 자료에 기반한 연구로, 자료주의적 역사 접근 방법은 새로운 연구에 입각해서 새로운 관점이 창출 또는 시도되는 경우에도 반드시 새로운 자료의 발견에 기초하여야 한다. 즉, 과학으로부터 유리된 추상적 사변을 수용하지 않고, 구체적이지 않은 비현실적인 연구 방법을 거부한다.

실례로, 푸코를 이해하려 한다면 프랑스 과학사의 철학적 이해를 통한서만 가능하다. 이는 푸코의 철학이 오귀스트 콩트(Comte), 쿠르노(Cournot), 포앙카레(Poincare), 메이에르송(Meyerson), 바슐라르(Bachelard), 깡길렘(Canguihem)에 이르는 프랑스 인식론에서 기초하여 정립한 자료 주의적 역사 방법론을 토대로 하고 있기 때문이다.

자료주의적 역사 방법론의 맹점은 과연 연구의 기초가 되는 자료가 합당한가에 있다. 이 연구 방법론은 자료를 재해석하고 검토할 때 자료 자체에 대한 정밀한 연구가 선행된다. 그러나 과거의 자료를 재구성 한다는 것은, 자료뿐만 아니라 당시 상황 전반을 고찰해야 하는 어려움이 있다. 또한 자료주의적 역사 방법론에서 채택되는 '논란의 여지가 없어 보이는' 자료에 대한 고찰이 어느 정도 합당한가 하는 객관성 설정에서 문제점이 드러난다. 자료에 대한 보편타당한 객관성이 상정 될 수 있다 하더라고, 그로 인한 상상력의 빈곤은 자료 주의적 역사 방법론의 또 다른 단점으로 지적된다.(주인)

객관주의적 역사, 니체, 라카프라, 푸코, 헤이든 화이트

참고문헌
미셸 푸코, 『지식의 고고학』, 이정우 역, 민음사, 2000.

자미설(滋味說)

남조(南朝) 양(梁)나라 때의 비평가 종영(鍾嶸, 466?-518)이 제시한, 시가에 관한 비평적 주장. 이 말은 「시품서(詩品序)」에 나온다.

"5언시가 문학에 있어 중요한 위치를 차지하는 까닭은 많은 작품들이 자미를 갖추고 있기 때문이다.(五言居文詞之要 是衆作之有滋味者也)"

자미는 시가 독자들에게 감동을 주는 예술적 흡인력을 가리키는데, 좋은 시는 감상하면 할수록 더욱 감동을 불러일으킨다는 말이다. 한나라 말기 이래로 5언시가 그 모습을 나타낸 뒤 시가 창작에 있어 4언시의 자리를 대신하여 점차 중심적인 위치를 차지하게 되었다. 5언시는 4언시와 비교할 때 용량도 비교적 클 뿐만 아니라 날로 복잡해지던 사회생활의 모습들을 표현하기에 적합했고, 사람들에게 감동을 주는 강렬한 힘도 갖추게 되었다. 종영은 자미를 기준으로 삼아 영가(永嘉, 晋나라 懷帝 때의 연호, 307-312) 시기에 한 때 유행한 현언시(玄言詩)가 "이치가 문사를 넘어섰고 담담하여 맛이 부족한(理過其辭 淡乎寡味)" 사실을 비판하였다. 현언시는 현리(玄理)를 드러내기에 골몰해서 정작 시의 형상이나 의경은 소홀히 했으며, 추론만 중시해서 격정은 결핍되어 있었다. 이 때문에 현언시의 전반적인 병폐는 독자들에게 정서적으로 호소할 수 있는 힘을 찾을 수 없다는 것이었다. 종영은 시미(詩味)의 창조 문제에 관한 선명한 주장을 제기하였다. 그는 "풍력을 근간으로 삼아 단청과 채색으로 윤색하면 이를 맛보는 사람이 다함이 없을 것이고, 듣는 사람의 가슴은 진동할 것(干之以風力 潤之以丹彩 使味之者無極 聞之者動心)"이라고 말했다. 풍력과 단채(丹彩)의 결합은 시미를 창조하는 골간이 된다. 종영은 자미설로써 시를 논하는 표준으로 삼았을 뿐만 아니라 이를 바탕으로 독특한 비평 방법을 만들어냈다. 종영은 『시품』에서 조비(曹丕, 187-226)의 시를 평하여 "아름답고 넉넉해서 즐길 만하다.(美瞻可玩)"고 말했다. 그리고 곽박(郭璞, 276-324)의 시에 대해서는 "범 가죽처럼 빛나 즐길 만한다.(彪炳可玩)"고 했고, 사섬(謝瞻)의 시에 대해서는 "남달리 풍류와 아름다운 운취를 얻었다.(殊得風流媚趣)"고 해서 시의 취미(趣味)가 있다고 지적하였다. 이런 몇 가지 품평을 통해 우리는 종영이 품평이나 감상을 할 때 맛을 감상할 만한(玩味) 작품을 살피는 데 주의를 기울인 사실을 알 수 있다.

맛으로써 시를 논하는 전통은 육기(陸機, 261-303)가 처음 단초를 열었다. 그는 「문부(文賦)」에서 시를 평하면서 "태갱(옛날 제사 때 사용하던 육즙. 여기서는 소금으로 간을 맞추지 않은 채소를 말한다)의 남긴 맛이 부족하고, 주현(악기에 달린 붉은 색 줄, 여기서는 소리가 담담한 것을 말한다)의 맑은 물과 동일하다.(闕太羹之遺味 同朱絃之清汜)"는 비유를 통해 맛을 가지고 시 작품의 흡인력을 비유하였다. 유협(劉勰, 465?-520?)도 『문심조룡(文心雕龍)』에서 일찍이 맛으로 시를 논했는데, "채색만 요란하고 감정이 부족하면 그 맛은 반드시 물릴 것(繁采寡情 味之必厭)"(「정채(情采)」편)이라고 지적했고, "양웅(揚雄, 전53-후18, 자운은 그의 자)은 가라앉고 고요했으니, 때문에 뜻은 숨었어도 맛은 깊었다.(子雲沈寂 故志隱而味深)"고도 하였다. 당나라 시대에 접어들자 사공도(司空圖, 837-908)가 이를 더욱 이론화시켜 집대성해서 "맛을 잘 가릴 줄 안 뒤에야 시를 말할 수 있을 것(辨于味 而後可以言詩也)"(「여이생논시서(與李生論詩書)」)이라고 강조하였다. 양만리(楊萬里, 1127-1206)는 시를 논할 때에는 "맛으로써 해야지 형태를 가지고 해서는 안 된다.(以味不以形)"(「강서종파시서(江西宗派詩序)」)고 주장하면서, 시미를 통해 시가 창작의 풍격과 유파를 구별해야 한다고 강조하였다.(임종욱)

종영(鍾嶸), 시품서(詩品序), 현언시(玄言詩), 육기(陸機), 문부(文賦)

참고문헌
임종욱, 『동양문학비평용어사전-중국편』, 범우사, 1997.
_____, 『중국의 문예인식』, 이회, 2001.
_____, 『중국문학에서의 문장체제 인물 유파 풍격』, 이회, 2001.
주훈초, 『중국문학비평사』, 이론과실천, 1992.

자민족 중심적/자민족 중심주의(自民族 中心主義)

자민족 중심주의란 자신의 민족성·국민성 혹은 문화를 기초로 하여 다른 나라·민족 집단·문화를 해석하고 평가하는 것을 뜻한다. 자신의 집단이 다른 모든 집단보다 우월(優越)하다고 여기는 것을 의미하는 경우도 흔히 있다. 즉 자기 문화의 틀 속에서 다른 문화를 해석·평가하는 경향을 말한다.

이러한 경향은 지리상의 발견 이후 유럽의 해외 식민지 건설 시기에 특히 두드러졌다. 영국의 존 러벅(Lubbock, John) 같은 인류학자는 모든 미개사회(未開社會, nonliterate society)에는 종교가 없다고 했으며, 프랑스의 뤼시앵 레비 브륄(Lucien Levy-Bruhl)은 미개자민족이 전(前)논리적 심성을 가지고 있다고 생각했다. 이것은 미개인의 사고 방식이 유럽의 문화와 일치하지 않았기 때문에 이들을 저열하게 취급하던 식민주의 정책과 사고의 산물이었다. 처음 자민족중심주의라는 용어는 W.G. 섬너의 「민속」(1906)에 "자신의 집단을 모든 것의 중심으로 보며, 그 집단을 기준으로 나머지 모두를 측정하고 평가하는 사물관"을 가리키는 전문용어로 등장했다. 옛날 중국의 한민족(漢民族)이 자기네만이 우수한 민족이고 주위의 민족들은 모두 야만시하여 경멸하였던 경향이나, 2차 대전 시에 히틀러(Hitler, Adolf)가 게르만 민족의 우월성을 내세우면서 다른 민족을 억압하고 대량 학살한 것 등을 예로 들 수 있다. 가벼운 정도의 자민족 중심주의는 집단 성원들에게 자부심(自負心)과 사기(士氣)를 앙양시킴으로써 사회 통합이나 질서 유지에 기여하는 긍정적 기능을 수행한다. 그러나 극단적인 현상을 나타낼 때는 추악한 것이 될 수 있다. 전쟁 시에 교전 상대국(交戰 相對國)을 비인간적이고 잔인무도한 것처럼 느끼게 하는 선전 포스터나 격문은 좋은 예가 된다. 극단적인 자민족 중심주의는 사회와 사회, 또는 한 사회를 내적으로 분열시킬 뿐만 아니라(Baldridge, 1980: 107~108) 편집(bigotry) 때문에 다른 집단에 대한 정보에 어둡게 되고, 다른 문화에 대한 관용성을 잃기 쉬워 나중에는 아주 폐쇄적인 성향을 갖게 된다.(강웅식)

민족주의, 제국주의, 상대주의

참고문헌
고영복·한균자, 『사회학 개론』, 한국방송통신대학 출판부, 1987.
윤근섭 외 공저, 『사회학의 이해』, 삼우사, 1995.
조섭 칠더즈·게리 헨치, 『현대문학 문화비평 용어사전』, 황종연 역, 문학동네, 1999.

자본(資本, Capital, 프 Capital, 독 Kapital)

자본은 일반적으로 경제 활동을 하는데 필요한 돈이며, 토지나 노동처럼 생산의 기본 요소이다. 또는 개인이 부로서 소유하고 있는 자산을 의미하며, 그것은 화폐 단위로서의 자본을 의미할 수도 있고, 실물로서의 자본인 토지나 주택의 의미로 사용되는 등 간략히 정의할 수 없는 확장성을 지닌다.

마르크스주의의 자본 개념은, 자본주의 사회의 도래와 함께 자본의 투자에 의한 생산에서 우월한 지배력을 획득한 자본가가 다른 종류의 생산 자본을 지배하게 된다는 측면에서 자본을 사회관계와 접근시킨다.

마르크스 경제학에 의하면 자본은 불변자본과 가변자본으로 구성된다. 불변자본은 원자재에 대한 생산물을 만드는 과정에서 생산수단에 투자된 자본이다. 가변자본은 노동자의 노동력에 소요되는 자본이다. 전자는 생산수단에 투하되면서 가치가 변화되지 않는다. 후자는 생산 초기에서는 노동력의 가치만으로 시작되지만, 점차 노동력의 투하에 따라서 새로운 가치를 창출한다. 이때 자본가는 가치에 대한 보장물로서 상품을 생산하고, 그 상품이 불변자본이나 초기의 가변자본을 합산한 것보다 더 큰 가치의 이윤 획득인 잉여가치를 바란다.

자본 순환의 공식인 [M-C(MP, LP) ⋯P⋯C′-M′]은 더 비싼 가격으로 판매하기 위한 구매, 즉 M-C-M′ 과 동일하다.(MP는 생산수단, LP는 노동력, P는 투입물 C를 보다 많은 가치 산물인 C′ 으로 전환시키는 생산과정, M은 화폐, M′ 는 최초 투하액과 잉여가치의 총합)(주인)

가변자본, 불변자본, 잉여가치, 자본 순환, 마르크스

참고문헌
칼 마르크스, 『자본론』, 김수행 역, 비봉출판사, 1989.
임양진, 『마르크스 사상사전』, 청아출판사, 1988.

자본주의(資本主義, Capitalism, 프 Capitalisme, 독 Kapitalismus)

자본주의는 자본가가 노동자 계급으로부터 노동력을 사서 생산 활동을 함으로써 이익을 추구해 나가는 다양한 생산양식이나, 이를 토대로 형성된 경제구조 또는 사회 제도를 표시하는 용어이다. 한편으로 자본주의는 단순한 화폐경제를 의미하기도 하고, 생산품을 생산하여 이윤을 획득하려는 경제 체제로도 사용되기는 용어이다. 이 단어는 명확한 정의가 있는 것은 아니지만, 세계적으로 자본주의가 확산되면서 '독점자본주의', '국가자본주의', '금융자본주의', '후기자본주의' 등의 다양한 수식어가 붙음으로써 그 개념은 확장을 거듭하고 있다.

서유럽에서 진행된 11~16세기 봉건 사회의 완성은 영지를 경계로 하여, 영주가 생산에 대한 제반사항을 소유하면서 노동력을 소유한다. 봉건사회는 18세기에 이르러 농민의 자산 형성과 화폐단위의 상업 활동이 활발해 지면서, 영주는 사라지고 부르주아지와 프롤레타리아 계급이 형성된다.

1760년에 영국에서 시작되어 전 유럽 국가에 파급된 산업 혁명이 일어나면서 탄생한 부르주아지 계급은, 대자본을 소유한 지주 계급을 형성하게 된다. 개인뿐만 아니라 서유럽 국가는 국가 차원에서 더 많은 자본을 확보하기 위해 경쟁적으로 식민지 정책을 실현시킨다. 예컨대, 서유럽 국가는 동인도회사를 운영하며 자본주의와 연계된 식민지 확장 정책을 펼친다. 이러한 자본주의는 19세기에는 독일과 미국 등으로 보급되었고, 20세기에 전 세계적으로 파급된다.

자본주의의 특징은 ①자신의 사용이 아니라 이윤획득을 목적으로 한, 상품생산이 이루어진다. ②사유재산제에 바탕을 두고 있다. ③모든 재화에 가격이 성립된다. ④ 재화의 가치는 대부분 화폐의 중개를 통해 이루어진다. ⑤노동이 상품화되는 계약관계를 지니는 노동력 시장이 형성 된다. ⑥자본의 소유주에 의해서 생산과정에 관여한 모든 사항이 통제된다. ⑦사회주의의 계획 경제에 비해, 무계획적이다. 이를 애덤 스미스(Smith Adam)는 '보이지 않는 손'에 의해 경제가 움직인다고 설명한다.(주인)

마르크스, 부르주아지, 사유재산, 산업혁명, 애덤 스미스

참고문헌
미셸 보, 『자본주의의 역사』, 김유자 역, 창작사, 1987.
임양진, 『마르크스 사상사전』, 청아출판사, 1988.
칼 마르크스, 『자본론』, 김수행 역, 비봉출판사, 1989.

자서전

자기의 생애에 관한 줄거리를 가진 자기 진술 형식의 기록물을 일컫는 용어이다. 자전(自傳)이라고도 한다. 자기를 말하는 일체의 모든 자료·일기·서간 등을 포함해 광의로 해석하는 수도 있다. 창작적인 요소가 가해진 것은 자서전 문학으로서의 가치를 가진다. 그러나 소설이 아니다.

형식상으로는 일기를 써서 모은 것, 회고록조의 것, 또는 자료를 모아 긴밀히 조형한 것 등이 있다. 내용이나 기조로 보면 J.J. 루소(Rousseau)의 「고백록 Les Confessions」처럼 심리적인 것, 성(聖) 아우구스티누스(Augustinus)의 「참회록 Confessions」처럼 종교적인 것, 괴테(Goethe)의 「시와 진실 Dichtung und Wahrheit」처럼 문화사적인 것 등 그 형태가 다양하다. 자서전은 작가의 자기 개발보다도 직접 마주친 사람들이나 사건들을 더 중요하게 여기는 '회상기(回想記, memoir)'와 구별되어야 하며, 자기 자신만의 개인 생활의 사건을 매일 기록하는 '일기(日記, diary)'나 자신만의 용도나 재미를 위해 기록하는 '일지(日誌, journal)'와도 구별되어야 한다. 자서전의 본질은 위의 아우구스티누스나 루소의 저서에서 찾아볼 수 있는 것처럼 적나라(赤裸裸)한 자기 내면의 토로를 특징으로 한다.

자서전은 전기(傳記)에 비하여 후대의 것으로, 종교적 변동기 또는 반성의 시대, 즉 신비주의와 경건주의 시대에 주로 많이 나왔다. 최초의 자서전은 4세기경에 쓰여진 아우구스티누스의 12권으로 된 『참회록 Confessions』이 유명하다. 그 외에도 J. 번연(Bunyan)이 12년간의 옥중 생활을 체험으로 한 『죄인의 두목에게 내려진 충만(充滿)한 은총 Grace Abounding to the Chief of Sinners』, W. 워즈워스(Wordsworth)의 『서시 Prelude』, O. 와일드(Wilde)의 『옥중기 De Profundis』를 비롯하여 B. 프랭클린(Franklin), D. 흄(Hume), 스탕달(Stendhal), 하이네(Heine),

G. 상드(Sand), 샤토브리앙(Châteaubriand), A. 프랑스(France), R. 롤랑(Rolland), A. 지드(Gide), L.N. 톨스토이(Tolstoi), 도스토예프스키(Dostoevskii), J. 르나르(Renard), M. 고리키(Gor'kii) 등의 일기, 회상록 등이 자서전에 속하는 것들이다.

우리나라의 자서전에는 독립운동가 김구의 「백범일지」, 김광섭(金珖涉)의 「나의 옥중기」, 서정주(徐廷柱)의 「나의 문학적 자서전」 등이 있다. 최근에 와서는 재벌 총수, 정치가들이 자서전의 이름으로 출간하는 책이 있으나 그 문학성에는 비판할 부분이 많다.(오양호)

자세히 읽기(Close reading)

20세기 초 러시아를 중심으로 시작되었던 형식주의(Formalism)는 웰렉(Rene Wellek)과 야콥슨(Roman Jakobson) 등을 통해 영미의 문학 비평에 커다란 영향을 미쳤다. 문학 언어는 일상 언어와 다르므로 문학 비평가의 임무는 문학성(literariness)을 규정하는 일이어야 한다는 형식주의의 주장은 구조주의(Structuralism)와 문체론(Stylistics), 그리고 미국을 중심으로 크게 발전한 신비평(New Criticism)으로 이어졌다. 형식주의가 텍스트의 운율이나 각운 또는, 플롯 구성과 같은 기교 문제를 논의하는 데 비중을 두어 예술적 장치를 언어학적으로 규정짓고 문학 텍스트의 자족성을 인식하게 하는 데 큰 도움을 주었다.

텍스트는 자체가 객관적 의미를 지닌 자족적 존재물(an autonomous entity)임을 강조하고 특별한 관점에서 자세히 읽기(close reading)가 필요하다고 본 리처즈(I.A Richards) 뿐만 아니라 실제 저자와 극적 발언자의 구별, 텍스트가 비대조 언어(non -referential language)로 쓰여 있기 때문에 작가와 관련된 역사성과 문학텍스트를 분리시켜야 한다는 것이 신비평주의자들이 취하는 자세히 읽기의 기본태도이다. 엘리어트(T. S. Eliot)의 몰개성 시론(impersonal theory of poetry), 객관적 상관물(objective correlatives), 윔재트(W. K. Wimsatt)와 비어즐리(M. C. Beardsley)의 의도론적 오류(intentional fallacy)나 영향론적 오류(affective fallacy)는 문학을 개인적, 사회적, 또는 역사적 구조물로 보던 전통적인 안목의 오류를 구체적으로 지적한 결과로 나온 것들이다. 문학 텍스트는 단어 ,상징, 이미지 같은 부분들이 역설, 비꼼, 모호함과 같은 상황의 긴장 속에 짜여진 언어 구조이기 때문에 문학 텍스트의 가치와 의미를 알기 위해서는 텍스트 자체를 꼼꼼히 읽어야(close reading) 한다는 것이 이들의 주요 방법론이다. 문학 텍스트를 언어의 구조로 보는 신비평의 텍스트 자족론은 새로운 언어학적 분석으로 이어져 텍스트 체계 내의 층위를 이루는 문학적 요소의 상호관계나 의사소통의 사회적 기능에 관한 분석으로 나타났다. 야콥슨(Roman Jakobson)의 구조주의의 방법론은 체계로서의 문화 현상의 특질을 결정짓는 것은 그 현상 자체의 내부적 양상이 아니라 현상의 구성 요소간의 관계라고 보고 언어, 작가, 독자 사이의 기본 구조가 지니고 있는 의표의 작용에 대한 새로운 해석을 가능케 했다.(곽봉재)

신비평, 해석학, 구조주의

참고문헌
C. 브룩스Brooks, 『잘 빚은 항아리』, 이명섭 역, 종로서적, 1984.
이상섭, 『자세히 읽기로서의 비평』, 문학과 지성사, 1988.

자아(自我, Self, 프 Moi, 독 Ich)

자아개념과 동의어로 볼 수 있는 것은 자아, 자신, 자아지식, 자아정체, 현상적 자아 등이 있다. 현재 사용되고 있는 자아라는 용어는 명확한 개념 설정이 어렵다.

철학적 의미로는 소크라테스(Socrates)의 전언인 "너 자신을 알라"는 자아에 대한 출발이며, 철학의 시발점으로 소급된다. 이후 플라톤(Platon)과 아리스토텔레스(Aristoteles)로 이어지면서 많은 철학자들이 존재의식에 대한 탐구를 한다. 데카르트(Descartes)는 "나는 생각한다. 그러므로 나는 존재한다(cogito, ergo sum)"는 명제는 자아의 개념을 인지적 요인으로 통찰하고 있는 것이다. 칸트(Kant)는 우리가 인식하는 어떤 것에 대하여 유일한 자아는 경험적 객체이지 순수한 객체가 아니라고 보고 있으며, "나는 생각한다"는 선험적 자아(직관적 자아)가 존재하고 있음을 주창한다.

심리적 측면에서 프로이트에 의하면 자아(ego)는 리비도(libido)의 저장고인 원초아(id)와 이상적이고 정신적인 초자아(superego) 사이에서 중재 역할을 하며, 외적인 존재와 마음 속 존재를 구별하는 능력이 있다. 즉, 자아는 양자의 의존과 갈등을 조정하는 관계로 설정된다. 프로이트는 자아(ego)는 자아(self)와 변별하는데, 일련의 심리적 과정을 지칭할 때는 자아(ego)로, 각 개인의 자기 자신에 대한 개념체제를 지칭할 때는 자아(self)라는 용어를 사용한다.

심리요법적 측면에서 로저스(Rogers)는 개인이 유기체를 유지하고 실현시키면서, 향상시키기 위한 하나의 기본 동기로서 자아를 가정한다. 즉, 자아란 나 혹은 나의 관계성에 대한 지각과 가치관들로 구성되어 있는 체계화되고 일관성 있는 것으로 파악한다.

실존주의적 의미로서의 사르트르(Sartre)의 자아 개념은, 모든 표상에 "나는 생각한다"는 칸트의 선험적 자아를 부정하는 측면에서 자아 본질에 대한 존재를 부정한다. 인간은 계속해서 자신을 만들어가고 있기 때문에, 자아는 실체보다 과정이며, 따라서 하나의 자아로 규정 될 수 없다는 시각을 견지한다.

행동주의자는 일반적으로 자아에 대해, 영혼의 개념과 비슷한 신비적인 의미를 치부한다. 그러나 행동주의자 스키너(Skinner)는 인간이 동물과 구별되는 지점에서 자신의 존재를 인식한다는 점을 주목하였다. 인간행동에 대한 스키너의 연구는 인간이 행동을 할 때 그가 인식하고 있는 것이 무엇이냐 하는 문제와 관련되어 자아 개념을 행동주의 연구에 접목한다.(주인)

ego, self, 로저스, 사르트르, 선험적 자아, 칸트, 프로이트

참고문헌
지그문트 프로이트, 『무의식에 관하여』, 윤희기 역, 열린책들, 1997.

_____, 『정신분석 강의』(상) (하), 임홍빈 홍혜경 역, 열린책들, 1997.

데카르트, 『방법 서설』, 김진욱 역, 범우사, 2002.

칸 트, 『실천이성비판』, 강태정 역, 일신서적, 1991.

임의영, 『스키너의 행동주의적 인간관』, 문학과지성사, 1993.

자아보존본능(自我保存本能 Self-Preservative instinct)과 성본능(性本能 Sexual instinct)

프로이트의 '엄격한' 이중본능이론의 초기 대립쌍이 바로 성본능 + 자아보존본능이다(후기 대립쌍은 삶본능 + 죽음본능이다). 이러한 이중본능이론은 더 이상 환원불가능한 이중적인 동기적 내용들을 지칭한다(비록 『표준 영역판, Stadard Edition』에서 스트래취는 독일어 Trieb을 본능, 즉 instinct로 번역하였지만, 현대 정신분석에서 특히 라캉 학파에서는 생물학적 요소를 탈각한 drive, 즉 욕동이라는 용어를 사용한다). 실제로 프로이트는 "더 이상 분할할 수 없는 근원적 본능들이 자아본능 또는 자아보존본능과 성본능이라는 두 집단으로 구분되어야 한다고 주장해왔다"(SE 14: 124). 그렇지만 프로이트는 양자 구분의 생물학적 근거를 명확히 하지 않았다. 즉 자아보존본능이나 성본능, 모두 정신에너지의 생물학적 원천을 염두에 둔 명칭에 불과한데, 애당초 이 양자가 근본적으로 하나인 것인가, 또는 본질적으로 다른 것인가, 만일 다른 것이라면 언제 어떻게 양자가 분리되었는가라는 생물학적 진화문제를 말하지 않았다. 다만 정신분석의 과제로서 또는 분석기술상 양자가 임상적으로 다르게 나타난다는 사실이 의미 있기 때문에, 양자를 구분해야 한다는 것이 프로이트가 주장한 이중 본능이론의 성립근거이다.

요컨대 『정신분석입문』에서 프로이트는 첫째, 억압에 대한 연구를 통해 경험하고 이해한 성본능과 자아보존본능은 대립된 형태로 나타난다는 점, 이 경우 성본능은 형식적으로 자아보존본능에 패배한 형태이지만 그것은 완전히 패배하여 자아보존본능에 의해 정복되는 것이 아니라 무의식 속에 억압되고 그 이후에도 에너지를 계속 보지(保持)하고 있다는 점, 그리고 그 성본능은 패배의 보상, 즉 전이신경증을 형성하는 큰 열쇠를 쥐고 있다는 점, 둘째 양자는 외부 세계의 거부나 교육에 대해 처음부터 상이한 관계를 갖고 있기 때문에 똑같은 발달의 경로를 취하지 않고 또한 현실원리에 대해서도 자아보존본능은 이를 따르지만 성본능은 이를 회피하는 것처럼 동일한 관계를 맺고 있지 않다는 점, 셋째 성본능은 자아보존본능보다 훨씬 불안과 밀접하게 결부되어 있다는 점 등을 열거하고 있다(SE 16: 412-30).

여기서 자아보존본능이란 개체의 자기보존에 필요한 각 신체기능(섭식, 배뇨, 배변, 근육운동, 시각 등)과 결부된 모든 욕구의 형태로 나타난 것들 말한다. 이 본능의 에너지 투자는 '관심'이라고 명명되며 성본능의 대상에 투자되는 '리비도'와 대립·구별된다. 그리고 성본능은 불가능한 이상이지만 절대적인 성적 만족을 추구하는 성향을 말한다. 이러한 성향으로부터 '성감대(erogenous zone)'라는 표상체가 생기면서, 성본능은 다형도착적 형태를 띤다. 그것은 무의식의 영역을 다스리고 그것의 존재는 태아 때부터 시작된 우리 개인들의 역사를 거슬러 추적된다. 죽음만이 성본능의 활동을 멈추게 할 뿐이다.

성본능은 특정한 대상을 매개로 항상 이상적 목표에 이르고자 하지만, 자아보존본능과의 대립, 즉 억압의 장애에 부딪힐 운명에 빠진다. 그리고 억압 이외에도 자아는 성본능에 대립하는 승화(sublimation)와 환상화(fantasization)라는 장애물을 이용한다. 승화는 성본능의 목표를 바꾸면서 그 여정을 변경시키는 것이다. 즉 근친상간의 이상적인 성적 목표를 탈성적인 사회적 가치로 교체하는 것이다(예를 들어, 예술행위). 환상화는 좀 더 복잡한데, 승화의 경우처럼 성본능의 목표를 변경하는 것이 아니라 대상을 바꾸는 것이다. 성본능이 섬기는 특정한 대상은 하나의 사물 또는 인물, 가끔은 자기 자신이기도 하다. 그러나 이 대상은 항상 실재라기보다는 어떤 환상화된 대상이다. 자아는 실재적 대상의 위치에 환상화된 대상을 세워 놓는다. 이것은 성본능의 열정을 감소시키기 위해 자아가 대상에 대해 환상을 품으면서 성본능을 만족시키는 것이다. 이를 두고 라캉은 '성관계는 없다'라는 것을 논증하는 유명한 '성화공식(formula of sexuation)'을 제시한다(S 20). 이 공식은 단순히 실제의 성행위(살과 피를 가진 파트너와 함께 하는 성교)가 존재하지 않는다는 것이 아니라 그 행위의 구조가 이미 내재적으로 환상적이라는 것을 표현한다. 성행위는 환상과 관련하여 주조된 행위이고, 그 행위의 결과 실재적 대상은 환상화된 대상으로 대체된다. 즉 타자의 실재적 몸은 우리의 환상적 투사를 위한 부수물로 기능할 뿐이다.(이만우)

본능(instinct), 욕동(drive)

참고문헌

Freud, Sigmund(1917), The Libido Theory and Narcissism, Introductory Lectures on Psycho-Analysis, SE 16, London: The Hogarth Press, 1963, pp.412-30.

_____(1915), Instincts and their Vicissitudes, SE 14, London: The Hogarth Press, 1957, pp.117-140.

Lacan, Jacques(1972-3), The Seminar, Book ⅩⅩ. Encore, 1972-73, trans. Bruce Fink, New York: W. W. Norton & Co, 1998.

자아이상(自我理想, Ego-ideal, 독 Ich-Ideal)

자아이상은 아버지와의 동일시로 형성된 양심, 자기 감시, 이상의 심리적 기제이다. 자아이상과 초자아(super-ego)는 분간해내기 어려운 개념이다. 자아이상 혹은 초자아는 오이디푸스 콤플렉스를 극복하고 부모, 특히 아버지의 권위를 자아에 내투사시킨 것으로서 아버지의 성격을 지닌다. 오이디푸스 콤플렉스가 강력할수록 초자아는 권위, 종교적 가르침, 교육의 영향아래 양심, 무의식적 죄의식의 형태로 더 엄하게 자아 위에 군림한다. 충동의 억압이 죄의식을 만들고, 다른 사람들에 대한 공격성의 억압이 양심으로 하여금 자신을 더욱 가혹하게 만든다. 충동의 포기는 윤리의식을 만들어내고 이 윤리의식은 양심 안에서 충동의 포기를 더욱 요구하게 된다. 이처럼 자아이상은 오이디푸스 콤플렉스의 후예이다. 따라서 그것은 가장 강력한 충동들의 표현이며, 이드의 가장 중요한 리비도적 변화이다. 아이가 자라면서 아버지의 역할은 선생, 다른 권위적 인물에 의해 수행된다. 그들의 명령과 금지는 자아이상 속에 강력하게 남으며, 양심의 형태로 도덕적 검열을 계속 행사한다. 종교, 도덕, 사회적 의식은 자아이상에 기초한다는 점에서 근본적으로 동일한 것이다.

프로이트에 따르면, 이런 자아이상의 원래 토대는 이상적 자아(ideal ego)이다. 유아기에 아이의 자아는 지극히 자기중심적인 근원적 나르시시즘을 드러낸다. 아이는 자신이 어머니의 욕망을 충족시키는 대상, 즉 라캉의 용어로 남근(phallus)이라고 착각한다. 이 때 아이는 자신의 자아가 통합적이며 이상적이라고 여기지만, 아이의 이상적 자아는 오이디푸스 콤플렉스를 겪고 아버지의 법, 금지를 내면화하면서 나르시시즘이 무너진다. 그러나 그 상처받은 나르시시즘의 일부는 여전히 남아서 이제 어머니의 욕망의 대상인 아버지처럼 이상적인 인물과 결합된다. 주체는 자신의 유아기적 나르시시즘을 기꺼이 포기하지 못하고 자아이상이라는 새로운 형태 속에서 그 완벽함을 회복시키려 하는 것이다. 따라서 아버지의 권위, 사회적 이상을 내면화하여 자아이상을 형성하는 과정의 배후엔 주체의 근원적 나르시시즘이 여전히 남아있는 것이며, 자아이상은 이상적 자아의 변형이자 연장된 형태이다.(정진만)

오이디푸스 콤플렉스, 이상적 자아

참고문헌

Freud, Sigmund. "On Narcissism: An Introduction(1914)." SEXIV. London: Hogarth Press, 1973.

_____, "The Ego and the Id(1923)." SEXIX. London: Hogarth Press, 1973.

_____, "The Economic Problem of Masochism(1924)." SEXIX. London: Hogarth Press, 1973.

자연(自然, Nature, 프 Nature, 독 Natur)

스스로 생명력을 가지고 나와서 자라다 쇠약해져 사멸하는 과정을 말하며 생성, 발전하는 우주에 있는 모든 물리적 환경이나 사물의 현상이다. 동양에서 자연의 용어는 중국에서 유래하였으며,≪노자(老子)≫는 '스스로 그냥 있음'이라했다.

영어에서 자연(nature)은 태어나다(nascor)란 뜻의 natura에서 생겨났다.

그리스어 피시스(physis)는 '태어나다, 생기다의 생성(生成)'의 뜻인 피오마이(태어나다)라는 동사에서 유래했으며 아르케(arche)는 처음·시초라는 뜻으로 철학용어로는 '원리(原理)'라고 번역하며 피시스(Physis)는 인간에 의해 식별되는 사물의 질서 즉 본성이라는 뜻을 가리킨다. 독일어 움벨트(Umwelt)는 세계의 지리와 환경에 대한 용어로 이는 인간에 의해 변화되는 지구의 유기적 비유기적 영역을 말한다.

자연질서는 사람이 인위적으로 만든 질서인 규칙이나 습관 즉 도덕질서인 테미스(themis)와 법질서인 노모스(nomos)와는 대비된다.

인간은 자연을 통해서 테미스와 노모스의 도덕질서를 배우고 탄생하고 소멸하는 유한적 존재로서 자연과 동질성가지면서도 사르트르가 말한 卽自로서의 자연과 對自로서의 인간 사이에는 피할 수 없는 운명이 있다. 인간의 영원불멸함, 완전함의 욕망은 우주를 통해서 동질성을 찾을 수밖에 없는 것이다.

자연에 대한 인식을 플라톤의 제자인 아리스토텔레스(Aristoteles 384-322 BC)는 자연학에서 형상과 질료를 구분하는 이원론적인 연구자세를 취하였다. 그는 자연을 질료인(質料因), 형상인(形相因 영혼), 동력인(動力因), 이러한 물체(生命體)를 만드는 설계도에 해당하는 목적인(目的因) 등으로 구성되어 있다고 했다. 그 중에서 그는 형상인을 중시하였고, 목적인과 형상인을 가진 것이 신이라 하였다. 이러한 그리스의 이원론은 그 후 다원론적인 원자론(atoma theory)으로 발전하게 된다. 이렇게 자연을 바라보는 관점이나 견해는 시대나 상황, 학자에 따라 다른 이론이 제시되었고, 그 자연관에 의해 자연을 바라보는 시각(視角)도 많이 달라져 왔다.

자연관을 분류해 보면 서양의 자연관은 그리스 자연관, 근대의 자연관, 기독교적인 자연관으로 나눌 수 있다.

이러한 자연관이 나타난 시를 살펴보면 고대 향가에서는 주술성이나 신성이 내포된 자연을 볼 수 있고 고려시가나 조선조 시가에서는 의인화된 자연이나 인간의 윤리의식이 동일시된 자연의 노래를 보게 된다.

> 내 벗이 몇이나 하니 수석과 송죽이라
> 동산에 달이 오르니 긔 더욱 반갑고야
> 두어라 이 다섯 밖에 또 더하여 무엇하리
>
> —윤선도 「오우가」 서시

개화기 이후 현대시사에서 자연의 존재가 크게 부각된 것은 소월에서부터다.

> 산에는 꽃피네
> 꽃이 피네
> 갈 봄 여름 없이
> 꽃이 피네.
> 산에
> 산에
> 피는 꽃은
> 저만치 혼자서 피어 있네.
>
> —소월의 「산유화」에서

문학사에서 최초의 자연주의 소설은 콩쿠르 형제의 '제르미니 라세르퇴'이다. 자연주의 소설은 과학적 객관성을 그 특성으로 해부적 기법과 세밀한 묘사를 보여 준다.

자연주의 소설로는 에밀 졸라의 '루공 마카르 총서', 염상섭의 '표본실의 청개구리' 등이 대표적 작품이다.(홍용희)

참고문헌
최신한, 『자연의 자유와 자기의 자유』, 한국철학회 철학 vol51, 1997.
방영준, 『동서양의 가치관 융합과 조화』
홍문표, 『현대시학』, 양문각, 1995.
다니엘 벨, 『정보화 사회와 문화의 미래』, 서규환 역, 디자인 하우스, 1997.

자연과학/문화과학(自然科學/文化科學, 독 Naturwissenschaft/Kulturwi −ssenschaft)

빈델반트(Wilhelm Windelband)에 따르면 과학은 방법론적으로 자연과학과 문화과학으로 구별된다. 자연과학은 일반적 방법에 의해 자연현상으로부터 법칙을 세우는 데 비해 문화과학은 개별화된 방법에 의해, 즉 초월적 가치를 기초로 하여 사물의 반복되지 않는 일회적 개별성을 선택하여 기술한다. 그는 자연과학과 정신과학으로 분류하는 기존의 구분법을 인식목표의 형식적 성격에 따라 구분하는데, 자연과학은 법칙 정립적(nomothestisch)이고 문화과학은 개성 기술적(idiographisch)이다. 그의 구분법에 따른 파악방식은 일반자와 개별자, 우연적인 것과 필연적인 것의 변증법적 관계를 해체한다는데 문제가 있다. 신칸트주의 바덴학파의 리케르트(Heinrich Rickert)는 빈델발트의 이론을 계승하여 자연과학에 대한 문화과학의 상대적 자율성을 절대화하기 위해 자연의 법칙적 인과성과 짝을 이루는 개별적인 역사적 인과성(Individuelle historische Kausalität)을 통해 사회적 연관을 설명하고자 했다. 베버Max Weber는 리케르트를 계승하여 문화과학의 과제를 사회학에서 사용되는 범주들을 관련개인들의 행위로 환원하는 것으로 본다. 여기서 행위는 합리성의 정도에 따라 측정되며 합리화를 지향한다. 그의 사회과학의 인식론은 역사학파에 대한 비판일 뿐 아니라, 마르크스주의에 대한 비판이기도 하였다. 즉, 마르크스주의를 유물사관(唯物史觀)에 의하여 주관적으로 구성된 하나의 이념형이라고 봄으로써 이를 상대화(相對化)하였고, 또 여러 경제적 요인에 의하여 역사적 인과관계(因果關係)를 설명하는 유물사관에 대하여 종교나 정치 영역에서의 행위의 동기와 관련시켜 역사적 현상을 설명하려고 하였다. 유물변증법적 이론에서는 이러한 구분이 오류라고 지적된다. 사회과학에서도 주어진 자료들로부터 사실들을 일반화하여 보편적인 법칙성을 밝힐 수 있다고 보기 때문이다. 자연과학의 고유한 특징인 수학적 방법이나 실험 관찰의 방법 등이 사회과학에서도 사용되며 자연과학과 사회과학이 점차 통일되어 갈 것으로 본다.(곽봉재)

사회과학, 인과관계, 법칙

참고문헌

Heinrich Rickert,『문화과학과 자연과학(Kulturwissenschaft und Naturwissenschaft』, 책세상, 2004.
리처드 에반스Richard Evans, 『역사학을 위한 변론』, 이영석 역, 소나무, 1999.

자연시(自然詩 Nature poetry)

서양의 자연은 대체로 모방의 대상, 정복의 대상, 문명의 대타적 개념으로 이해되어 왔다. 이렇게 서구에서 바라보는 대상으로서의 자연과 다른 의미에서, 동양 특히 한국 · 중국 · 일본을 가리키는 동아시아에서의 전통적 자연 개념은 사물의 본래적인 모습이나 존재방식을 의미했다. 동양에서의 자연은 투쟁과 정복의 대상이 아니라 생명의 원천으로서의 자연을 뜻한다. 그 속에서 인간은 자연의 이법을 이해하고 그 원리에 따라 살아간다. 이와 같이 자아와 대상을 분리시키지 않고 하나로 보려는 시각은 도가(道家) · 노자(老子) · 장자(莊子)-는 물론 유가(儒家)에서도 마찬가지이다. 단지 그 실천방법이 각각 우주의 본체로서의 무위자연에 대한 탐구와 일상의 실천적 윤리규범이라는 점에서 차이를 보인다고 할 수 있지만, 그들은 모두 인간과 인간, 인간과 만물(萬物), 인간과 도(道)를 분리시키지 않는다. 이러한 시각은 모든 만물에 불성(佛性)이 있다고 보는 불교의 세계관과도 다르지 않다.

엄밀히 말해서 '자연시'라는 용어는 영어권에서 사용하던 'nature poetry'에서 비롯하였지만, 이제는 동양 특히, 한(韓) · 중(中) · 일(日)로 대표되는 동아시아에서의 시적 전통을 이해하는 주요한 용어가 되었다. 동양 시학의 전통에서 볼 때, 자연시를 산수 자연의 경치를 노래하고 묘사한 시로 정의하는 것은 단순한 관점이다. 동양 시학의 전통은 정서와 풍경을 유기적으로 연결짓는 정경교융(情景交融)을 근간으로 하기 때문이다. 그러므로 동양의 자연시는 풍경 묘사와 시인의 정서가 조화를 이루며, 자아와 대상이 분리되지 않는 비분리의 시학이다.

동양에서 자연시의 전통은 넓게 보아 노자와 장자, 혹은 유가의 사상을 그 기원으로 하고 있다. 중국에서 자연시의 전통은 '산수시(山水詩)'에서 기원한다. 위진시대(魏晉時代, 3~4세기경)에 발달한 산수화(山水畵)의 영향을 받아 이후 문인들이 자연의 명산대천(名山大川)을 자각하고 필(筆)로써 산수를 그리면서 시화일체사상(詩畵一體思想)을 실천하던 것을 산수시의 기원으로 볼 수 있다. 이들은 인간이 자연 속에 숨어살면서 자연과 융합하는 은일의 정신을 산수시의 정신으로 보았다. 은일의 정신을 기조로 하는 이러한 산수시의 정신은 인간의 생사와 천지만물의 일체감을 강조하는 장자의 사상에 연결된다. 한편 남조(南朝) 진송(晉宋) 시기의 사령운(謝靈運, 385~433)이 강남 지방의 자연 경관을 묘사한 시들에서 산수시의 기원을 찾기도 한다. 이렇게 사령운에 의해 시작된 산수시의 전통은 당대(唐代)에 이르러 산수시파가 형성되는 계기가 되며, 이때에 산수시의 발전이 이루어진다는 것이다. 당대(唐代)의 산수전원시파(山水田園詩派)는 정치적으로 좌절을 겪기도 하고 사상적으로 불교와 도교 사상의 영향을 받아 전원에 은거하고 산수를 유람하면서 현실 도피적인 삶과 세상사에서의 초탈을 추구하였다.

시화일여(詩畵一如)의 문학관을 확립하는 데에는 왕유(王維)의 시에 대한 소식(蘇軾)의 시평, '시중유화 화중유시(詩中有畵 畵中有詩)'론이 중요한 기여를 했다. 산수화에 기반한 시화일여(詩畵一如)의 문학관은 산수에 대한 깨달음과 시의 회화성에 대한 인식을 크게 넓혀 놓았다. 이는 자연의 초목조수(草木鳥獸)를 빌려 자신의 정감을 표현하는 산수화의 세계가 그대로 산수시의 세계로 이어지는 것을 뜻하며, '시화일여'의 세계를 형상화하는 것이다. 왕유와 맹호연(孟浩然)의 영향을 받은 우리나라 시인으로는 고려 시대의 진화(陣澕)를 들 수 있으며, 왕유의 영향을 받은 시인으로 조선 시대의 신위(申緯)를 들 수 있다.

우리나라의 현대시에서 산수시의 전통을 잇는 시인으로 정지용을 들 수 있다. 정지용의 시가 산수시의 세계와 맞닿는 지점은 바로 자연 속에 숨어살면서 자연과 융합하려는 은일의 정신과 '시화일여'에 대한 정신에서이다. 정지용의 후기 시집 『백록담』은 이러한 산수시의 세계를 보여준다. '해ㅅ살 피여/이윽한 후,//머흘 머흘/골을 옮기는 구름.//桔梗 꽃봉오리/혼들려 씻기우고./차돌부리/촉 촉 竹筍 돋듯.//물 소리에/이가 시리다.//앉음새 갈히여/양지 쪽에 쪼그리고,//서러운 새 되어/흰 밥알을 쫏다.'(정지용, 「조찬(朝餐)」). 전반부에는 순수한 자연 소묘가, 후반부에는 자연 속에서 살아가는 화자의 심경이 표현되어 있다. 특히 양지쪽에 쪼그리고 앉아 흰 밥알을 쪼는 서러운 새는 작자 자신의 마음을 표현한 것이라고 할 수 있다. '서러운 새'라는 시구에는 식민지 시대 말기를 사는 시인의 고통스런 심경이 담겨있다. 현실을 버리고 자연으로 돌아가 그 속에서 타락한 현실에서의 좌절을 정신적으로 치유하였던 한국의 문사들이 즐겨 선택해 온 삶의 방식이 이 시에는 드러나 있다.

정지용뿐만 아니라 인간과 자연을 분리시키지 않고 조화의 세계로 나아간 김달진 등의 시들 또한 자연시의 전통 안에서 논의될 수 있을 것이다. '고인 물 밑/해금 속에//꼬물거리는 빨간/실낱같은 벌레를 들여다보며/머리 위/등 뒤의/나를 바라보는 어떤 큰 눈을 생각하다가/나는 그만/그 실낱같은 빨간 벌레가 된다.'(김달진, 「벌레」). 이 시에서도 벌레는 화자 자신과 일체화된 시적 대상이다. '샘물'이 우주적인 자기 확장에 닿아있는 반면 '벌레'는 극도의 자기 축소를 의미한다. 그러나 이렇게 극도로 축소된 자아는 다시 '어떤 큰 눈'을 매개로 무한대로 확장되는 것이다. 이와 같은 시적 발상의 근원에는 나와 만물이 하나라는 인식이 담겨 있으며, 자연 그대로의 모습이야말로 그가 추구하는 도(道)의 원천이라는 인식이 담겨 있다. 이와 같은 인식을 통해 볼 때 김달진이 추구한 세계가 노장적 무위자연(無爲自然)의 세계임을 알 수 있다.(최동호)

무위자연, 비분리, 산수시, 산수화, 자연, 정경교융, 김달진, 맹호연, 사령운, 소식, 신위, 왕유, 장자, 정지용, 진화

참고문헌
유약우, 『중국시학』, 이장우 역, 명문당, 1994.
이정일, 『시학사전』, 신원문화사, 1995.

임종욱, 『동양문학비평용어사전』, 범우사, 1997.
조지훈, 『조지훈 전집』, 나남출판, 1996.
최동호, 『하나의 도에 이르는 시학』, 고려대출판부, 1997.
최승호, 『한국 현대시와 동양적 생명사상』, 다운샘, 1995.
방동미, 『중국인의 생철학』, 정인재 역, 탐구당, 1983.
유약우, 『중국 문학의 이론』, 이장우 역, 범학, 1978.

자연주의(自然主義, Naturalism, Naturalisme)

naturalism의 번역어. 철학에서는 우리가 경험하는 시공간 안에서 주어진 자연을 실재로 파악하고, 그것을 형이상학이 아니라 자연과학적인 인과 관계로서 설명하려는 경향을 지칭한다. 따라서 어느 면에서는 유물론, 기계론, 실증주의와 통하는 면이 있다. 이와는 달리 윤리학에서는 인간의 자연적 소질을 기초로 하여 도덕적 규범을 세우려는 입장을 가리키는데 니체(Friedrich Wilhelm Nietzsche)를 현실적 자연주의자, 스피노자(Baruch de Spinoza)를 이상적 자연주의자라고 한다. 교육학에서는 피교육자가 가지고 있는 천성을 유감없이 발전시키려는 사상, 즉 인간의 본성 그대로 발달시키려는 루소(Jean-Jacques Rousseau)와, 교육의 방법상 자연 현상을 관찰하여 얻은 법칙으로 피교육자를 지도하려는 코메니우스(J. A. Comenius) 등이 있다.

문학에서의 자연주의는 19세기 말 프랑스에서 합리주의와 자연과학의 영향, 사상적으로는 콩트(Auguste Comte)의 실증주의 철학, 베르나르(Claude Bernard)의 생리학, 다윈의 진화론, 텐느(Hippolyte-Adolphe Taine)의 환경론 등의 영향으로 낭만주의에 대한 반동으로 발생했다. 17세기 이후 가속도적인 진보를 이루었던 자연과학은 군사, 교통, 산업 등을 혁신하고 사회생활에 커다란 변화를 초래했으며 서구 문명이 세계를 정복하는 데에 주역을 담당했는데, 19세기에 이르러 문학에도 그러한 자연과학의 방법을 도입하여 진리탐구의 수단으로 삼는 작가들이 나타나게 되었다. 그 대표적인 예는 에밀 졸라(Emile Zola)인데 그의 『테레즈 라캥(Thérès Raquin)』(1867)의 제2판 서문에서 자연주의라는 용어가 처음 등장한다. 그 때문에 자연주의를 '졸라이즘(Zolaism)'이라고 부르기도 한다. 그의 『실험소설론』(1880)은 당시의 의학자 베르나르의 『실험의학서설』의 견해를 그대로 소설에 응용하여, 인간의 심리 행동은 체질과 사회의 조건에 의해 결정되기 때문에 소설가가 인간의 진실을 파악하기 위해서는 유전과 환경을 연구하면 충분하다고 역설했다. 나아가 소설가도 자연과학자와 마찬가지로 단순한 관찰로부터 적극적 실험에 의해 인간과 사회생활의 진상을 포착할 것을 제의했다. 이러한 편협한 실증주의적 결정론은 이론으로서는 중대한 약점을 가지고 있었지만, 시대의 흐름과 잘 맞았기 때문에 많은 추종자를 낳았다. 또한 자연주의 이론에 기초하여 제작된 대사회소설 『루공 마카르 총서』(1871~93) 20권 가운데 『나나』, 『목로주점』, 『파멸』, 『대지』 등이 대담한 폭로적 수법과 서사시적 힘에 의해 세상의 평가를 얻은 것도 자연주의가 널리 받아들여진 이유이다.

　자연주의는 1875년 무렵부터 모파상(Guy de Maupassant), 위스망(Joris-Karl Huysmans) 등이 졸라의 추종자가 되고 이들을 중심으로 '메당(Médan)의 그룹'이 결성되고 자연주의 연극이 번성하면서 전성기를 맞이한다. 이 시기 발표된 소설은 모파상의 「비계 덩어리」, '메당의 그룹'의 소설집 『메당의 저녁』, 도데(Alphonse Daudet)의 「아를르의 여인」 등이 대표적이다. 그러나 1890년대 무렵부터 프랑스 자연주의는 자연과학에의 지나친 경사와 기계적인 세계 해석으로 상당한 부작용을 일으키기 시작했다. 즉 지나치게 결정론으로 기울어진 결과 인간의 자유 의지를 부정하기에 이르렀고, 추악하고 야수적인 면의 폭로에만 급급한 나머지 도덕, 윤리에 대한 배려도 무시하게 되었다. 그러한 자체적 문제점과 '과학의 파산'을 기치로 내건 지식인들의 비판으로 인해 프랑스에서 자연주의적 경향은 점차 쇠퇴하게 되었다.

　프랑스에서의 쇠퇴와는 달리 자연주의는 적어도 1920년대까지는 다른 나라의 문학 사조에 지대한 영향을 끼쳤다. 독일의 하우프트만 형제(Gerhart Hauptmann, Carl Haup -tmann), 토마스 만(Thomas Mann), 영국의 하디(Thomas Hardy), 모옴(William Somerset Maugham) 등이 프랑스 자연주의의 영향 하에서 작품 활동을 전개했다. 일본에서 자연주의 문학 운동은 근대 소설의 성립과 일치하는데 시마자키 도손(島崎藤村)의 『파계』(1906)를 시마무라 호게츠(島村抱月)가 자연주의 작품으로 명명함으로써 자연주의 문학 운동이 시작되었다. 이듬해에는 타야마 가타이(田山花袋)의 『이불』이 발표되어 자연주의 문학의 방향이 결정되었다. 1910년대를 전성기로 하는 일본 자연주의의 특징은 객관적, 물질적 관찰, 무기교적 수법, 사회와의 대립, 자기 폭로 등인데 이는 이후 시라카바파를 거쳐 완성된 일본 사소설에도 영향을 미쳤다.

　한국의 자연주의는 1910년대 말 일본 자연주의 운동의 영향 하에서 발생하였다. 『창조』(1919)에 실린 김동인의 「약한자의 슬픔」, 「마음이 옅은 자여」가 자연주의 작품의 시초이며 동일한 잡지에서는 주요한, 최승만, 김동인 등에 의해 자연주의 이론이 소개되는 등 한국에서도 일본과 마찬가지로 자연주의 문학 운동은 근대 소설의 성립과 일치한다. 이후 26년 무렵까지 지속되는 자연주의 경향은 염상섭의 「표본실의 청개구리」, 전영택의 「생명의 봄」, 현진건의 「빈처」 등으로 절정에 달하지만 사회적 관심의 부족, 과도한 자의식이라는 약점이 노출되어 리얼리즘에 문단의 주류 자리를 넘겨준다.(정호웅)

졸라이즘, 자연과학, 근대소설, 리얼리즘

참고문헌
문덕수 편, 『세계문예대사전』, 교육출판공사, 1994.
김용직, 『문예비평용어사전』, 탐구당, 1985.
신희천 외, 『문학용어사전』, 청어, 2001.
조셉 칠더스 외, 『현대 문학 문화 비평 용어사전』, 황종연 역, 문학동네, 1999.
吉江喬松, 『世界文藝大辭典』, 中央公論社, 1937.
中村光夫 外, 『新潮日本文學辭典』, 新潮社, 1988.
스테판 코올, 『리얼리즘의 역사와 이론』, 여균동 역, 미래사, 1982.

삐에르 꼬니, 『자연주의』, 임채문 역, 탐구당, 1985.

吉田精一, 『自然主義の硏究』, 東京堂出版, 1955~1958.

자유(自由, Freedom, liberty, 프 liberté, 독 Freiheit)

자유는 타인에게 얽매이거나 속박 당하지 않고 자기 마음대로 행동하는 것을 의미한다. 자유주의를 채택하고 있는 국가에서는 법률로서 개인의 자유를 보장한다.

자유의 개념과 유형은 소극적 자유(Negative Freiheit)와 적극적 자유(Positive Freiheit)로 분류된다. 소극적 자유는 개인이 어떠한 유형의 간섭이나 강제성을 받지 않는 상태이다. 이것은 근대 자유방임의 원리와 등치되는 것으로, 국가의 역할은 개인의 자유에 대한 불간섭주의가 중시되는 야경국가로 파악한다. 야경국가에서 국가는 최소한의 치안 활동만을 수행하면서 나머지 모든 활동은 자유방임에 맡기는 것이다. 경제에서도 '보이지 않는 손'에 의해 움직이기를 바라는 등, 불간섭주의가 주요 원리로 작동하는 야경국가에서는, 국가의 통제가 가해지지 않기 때문에 사회 제반의 문제를 해결하는데 있어서 문제점을 드러낸다. 간섭과 속박으로부터의 해방인 소극적 자유는 '~로부터의 자유'를 의미한다.

적극적 자유는 개인의 자유에 대한 위험 요소와 장애 요소인 사회 구조나 세력을 제거하기 위해, 개인이 국가의 적극적 간섭을 요구하는 개념으로 '~로의 자유'로 표현된다. 적극적 자유의 예로 개인이 국가에게 사회보장제도의 확대를 요구하거나, 참정권을 행사하거나, 입영 거부를 통한 신체의 자유와 종교의 자유를 요구하는 것과 관련된다.

적극적 자유와 소극적 자유의 관계는, 적극적 자유가 소극적 자유에 기반을 두거나 파생된 것으로 생각되어진다. 하지만 소극적 자유만으로 자유의 본질을 통찰할 수 없으며, 현실성과는 거리감이 상존한다. 따라서 소극적 자유 개념이 우선시되기는 하지만, 적극적 자유 개념이 갖는 현실과의 착종 관계를 살피면 적극적 자유 개념도 중요하다.

마르크스와 엥겔스를 필두로 한 사회주의자들은, 소수자본가가 다수노동자의 노동력을 작취해서 얻은 잉여가치인 이윤을 소수 자본가가 독점적으로 소유하기 때문에 진정한 자유는 이루어질 수 없다고 본다. 따라서 자본주의하의 사유재산제를 폐지하고 생산이윤을 사회가 공유하고 재분배하는 경제제도의 변혁만이, 인간을 평등하게 하고 진정한 자유를 확립할 수 있다고 주장한다.(주인)

적극적 자유, 소극적 자유, 야경국가, 마르크스, 엥겔스

참고문헌

존 스튜어트 밀, 『자유론』, 서병훈 역, 책세상, 2005.

칼 마르크스, 『자본론』, 김수행 역, 비봉출판사, 1988.

자유간접담론(自由間接談論) ☞ 자유간접화법

자유간접화법(自由間接話法, Free Indirect discourse)

19세기 중엽 플로베르의 소설에서 본격적으로 나타난 현대 소설 특유의 문체로, 인물의 생각이나 말이 서술자의 말과 겹쳐져 이중적 목소리로 서술되는 화법을 가리킨다. 그 때문에 인물의 말인지 서술자의 말인지 분간하기 어렵다. 논자에 따라 '자유간접발화(free indirect speech)' 또는 '자유간접문체(free indirect style)'라고도 한다. '의사직접화법(quasi-direct discourse)' 또는 '치환서술(substitutionary narration)'이라고도 한다.

흔히 인물의 말은 인용 부호를 사용한 직접 화법이나, 인용 부호 없이 "……했다고 하였다."는 식의 간접 화법으로 전달되는 것이 자유간접화법 현상이 나타나기 전의 방식이었다. 그러나 자유간접화법은 인용부호가 없다는 점에서 직접화법과 유사하고, 시제나 대명사는 간접화법처럼 변환되어 나타나기 때문에, 초기에는 비문법적인 현상으로 간주되기도 하였다. 이밖에 자유간접화법에서는 인물의 말 습관, 부사어 따위도 직접 화법에서 쓰이는 그대로 쓰일 수 있다.

자유간접화법의 예를 간단히 들면 다음과 같다.

> 직접화법 : He said, "I love her now."
> 간접화법 : He said that he loved her then.
> 자유간접화법 : He loved her now.

이와 같은 자유간접화법은 마르셀 프루스트의 『잃어버린 시간을 찾아서』나 헨리 제임스의 소설에서 의식적으로 활용되었으며, 제임스 조이스의 『율리시즈』 이후 '의식의 흐름'과 같은 기법을 차용한 소설들에서 더욱 빈번히 사용되었다.

이 화법이 개발된 덕분에, "그는 생각했다.", "그녀가 말했다." 따위의 상투적 인용구에 의해 표시되는 서술자의 혼란스러운 나타남 없이, 인물의 생각이나 발화에 대한 극적이고 친숙한 직접적인 접근이 가능하게 되었다. 동시에 인물의 말과 생각 및 서술자의 말이 지니는 이데올로기적 또는 가치관적인 지향이 충돌하게 됨에 따라 좀더 풍부한 의미 구현을 할 수 있게 되었다. 바흐친은 이 가운데 후자의 이점을 가리켜, '목소리들 간의 공명(共鳴)'이 일어난다고 하면서 소설에서의 '다성화(多聲化)' 현상의 대표적인 경우로 평가한 바 있다.

> 이윽고 미닫이 안에서 바우가 덜컥 놀랄 만큼 그리고 미닫이 유리창이 쩌르렁 울리도록, 귀동아, 귀동아, 하고 누구를 부르는 김대통 영감의 목소리가 들려나왔다.
> 중문 안에서 바우보다도 작은 아이 하나가 나와, 바우 아버지 손에서 치룽을 받아가지고 안으로 들어간다. 미닫이 안 김대통영감에게는 밖의 자기네가 와 있다는 것과 자기네가 무엇을 가지고 왔다는 것까지 빤히 내다보이는가 보다.(황순원, 「황소들」에서)

화법의 구분이 엄격하지 않은 한국어를 고려할 때, 다소간 논란의 여지가 있지만 한국 소설에서도 자유간접화법 현상이 종종 발견된다. 위의 예문이 그러한 예로 볼 수 있는 것인데, 강조된 부분의 말은 인물의 생각과 서술자의 중개하는 목소리가 겹쳐져 반드시 누구의 말이라고 확정할 수 없는 양상을 드러내고 있다.(장수익)

의식의 흐름, 다성화, 자유직접화법, 초점화

참고문헌
F. 슈탄젤, 『소설의 이론』, 김정신 역, 문학과비평사, 1988.
K. Hamburger, The Logic of Literature, Bloomington, 1973.
D. Cohn, Transparent Minds : Narrative Modes for Presenting Consciousness in Fiction, Princeton University Press, 1978.
M. M. 바흐친 V. N. 볼로쉬노프, 『마르크스주의와 언어철학』, 송기한 역, 한겨레, 1988.
G. Genette, 『서사 담론』, 권택영 역, 교보문고, 1992.

자유시(自由詩 free verse)

자유시는 영어로 'free verse', 프랑스어로 'verse libre'라 한다. 자유시는 오늘날 모든 현대시의 표현 양식이며, 작품의 형태상으로 규칙적인 운율양식을 지키는 정형시(定型詩)와 대조되는 양식이다. 자유로운 표현으로 전통적 형식에서 벗어난 독자적 형식을 취하는 것이 특징이다. 전통 운율이 지닌 원칙을 무시하고 장단이 고르지 않으며 내면의 불규칙적인 내재율을 운율로 연상율(聯想律)에 근간을 두고 있다. 시의 언어나 이미지와 여러 패턴(pattern)의 변화를 일으키며 반복되는 리듬을 갖는다. 산문시도 자유시의 일종이지만 구분된다.

자유시는 시의 자유로운 표현 양식이기 때문에 시인의 마음의 자유로운 이동과 함께 일정한 연(聯)과 구(句)의 파괴를 통하여 어수(語數)의 틀 속에서 벗어나 정형된 음악성을 부정하고 근대적 사회형성의 자유로움과 맥을 같이 한다.

자유시 형식은 그리스, 로마의 산문예술(artprose)에서부터 찾을 수 있다. 성서의 <아가(雅歌)>로부터 시작하여 현대에 와서는 휘트만(W. Whitman)에 이어 프랑스의 상징주의 시인 보들레르(Baudelaire, Charles)의 산문시 『파리의 우울, Spleen de Paris』의 서문에서 자유시 정신이 드러나며, 영국의 홉킨스(Hopkins, Gerard Manley)는 20세기 자유시의 효시가 되었다.

한국에서는 1918년 11월 『태서문예신보(泰西文藝新報)』에 김억(金億)의 「봄은 간다」, 「봄」 등이 자유시의 형태를 보였다. 1919년에 발간된 『창조』지에 발표한 주요한(朱耀翰)의 「불놀이」도 자유시의 형태를 이룬 작품으로 평가된다. 한국 초기 문단에서 한용운(韓龍雲), 이상화(李相和), 홍사용(洪思容), 김소월(金素月), 김동환(金東煥), 오상순(吳相淳), 황석우(黃錫禹), 남궁벽(南宮璧) 등이 자유시를 창작하였다.(조병무)

정형시, 산문예술, 연상율

참고문헌
문덕수, 신상철 공저, 『문학개론』, 시문학사, 1988.
김윤식 외, 『한국현대문학사』, 현대문학, 1994.

자유연상(Free association)

　윌리엄 제임스(William James)의『심리학의 원리』에서 의식의 연속성을 설명하기 위해 쓰이고부터 현대소설의 특징적 기법을 지칭하는 말로 사용되었다. 소설에서는 '의식의 흐름 '이 나타나는 방식이다. 원래는 프로이트(Freud)가 신경증환자의 치료를 위해 최면술의 대안으로 창안하여 초기에 사용한 정신치료법의 하나였다. 환자의 무의식세계 속에 있는 갈등의 근본을 의식세계로 끌어올려 직접 부딪침으로써 문제를 해결하는 방법이다. 의식적인 검열과정 없이 자연스럽게 흘러나오는 기억내용을 통해 자신도 모르게 감춰졌던 일이나 갈등의 원인을 찾는 방법이다.

　자유연상의 기법이 사용된 작품의 작중인물이 독백체(獨白體)를 사용하는 점에서는 내적 독백의 일종이지만, 사고를 극적 또는 논리적으로 정리하여 언술하는 것이 아니고, 지각(知覺)·인상(印象)·감정·기억·연상(聯想) 등, 여러 가지 의식작용을 논리적인 맥락에 구애받지 않고 그대로 묘사하려고 한다. 이처럼 자유 연상은 타인이나 자신을 포함한 어떤 대상에게 말을 건네는 것이 아니라 감각 기관을 통해 지각된 인상을 언어화 한 것이다. 소설의 경우 나열되는 연상들은 표면적으로 상호 연관성 없이 기술된다. 논리적 인과성이나 필연성과 거리가 먼 파편화된 경험의 내용이 추상적이고 비논리적으로 제시됨으로써 개인의 의식과 정서를 통한 실존적 의미의 구명을 목적으로 하는 경향의 소설에 주로 쓰였다.

　자유 연상을 뚜렷한 창작 기법으로 활용한 예로는 프루스트(Marcel Proust)의『잃어버린 시간을 찾아서(A la Recherche du Temps perdu)』,『제임스 조이스(James Joyce)의 '율리시스(Ulysses)'』, 포크너(William Cuthbert Faulkner)의『음향과 분노(The Sound and the Fury)』,등을 들 수 있다.(곽봉재)

의식의 흐름, 정신분석학, 인상

참고문헌
김욱동,『미국소설의 이해』, 소나무, 2001.
S. Chatman,『이야기와 담론』, 한용환 역, 푸른사상, 2003.

자유주의(自由主義, Liberalism)

　자유주의는 개인을 침해하거나 구속하려는 일체의 간섭을 최소화하며, 자유를 존중하는 사상이나 태도·운동이다. 역사상 자유주의는 자유롭고 평등하다는 근대 시민사상으로, 억압적이고 차별적인 절대군주제에 대항한 근대 시민운동의 일환으로 민주주의와 법치주의의 근간으로 작용한다.

　근대 서유럽의 주류 사상이 자유주의이므로 마르크스(Marx)나 헤겔(Hegel)처럼 개인의 자유가 아니라 국가발전과 계급해방을 중시한 사상가를 제외하고 로크(Locke), 흄(Hume), 벤담(Bentham), 루소(Rousseau), 몽테스키외(Montesquieu), 볼테르(Voltaire), 칸트(Kant) 등 대표적 사상가들이 자유주의자로 분류된다. 많은 사상가들이 주창하는 자유주의는 다의적 개념으로 하나의 정립된 용어 개념으로 정의하기란 어렵다.

15세기 말 서양에서는 르네상스와 종교 개혁 이후 종교나 정치적인 봉건제도의 속박으로부터 탈피하고자 한다. 18세기에는 산업 혁명으로 야기된 부르주아 계급이 절대군주제에 대항한 시민계급으로 성장한다. 시민계급의 성장은 구체제의 봉건성이 지니는 억압적 사회 체제를 무너뜨리고 자유로운 사회 체제를 만들려는 시민 정신으로 발현되는데, 그 정신의 바탕이 자유주의이다. 자유주의는 프랑스 혁명이나 미국의 독립전쟁 등에 영향을 준다.

자유주의의 원리는 첫째, 개인의 자유 보장이다. 전체주의나 집단주의에 반하는 것으로 개인주의의 원리를 토대로 한다. 둘째, 인간의 사회적 평등 보장이다. 평등은 전체주의 개념으로 오인되기도 하지만, 모든 사람이 평등하다는 기초 원리는 아무도 타인의 자유를 억압할 수 없다는 자유의 전제 조건으로 자유주의는 법 앞에 평등을 성사시켰고, 기회의 균등을 부여하며, 차별을 지양한다. 셋째, 자기 귀속의 원리가 적용된다. 개인의 독립성을 기초로 하는 자유주의는 자본주의 경제하에서 독립적 생산양식과 생산에 대한 사유재산의 토대가 된다.(주인)

개인주의, 독립전쟁, 시민계급, 자유, 평등, 프랑스혁명

참고문헌
존 스튜어트 밀,『자유론』, 서병훈 역, 책세상, 2005.
존 롤즈,『정의론』, 황경식 역, 이학사, 2003.

자유주의적 페미니즘(自由主義的 feminism, Liberalistic feminism)

18세기 시민사회의 형성과 함께 한 남성중심의 자유주의 사상을 비판하는 가운데 성립된 여성운동이다. 1792년에 발표된 울스턴크래프트(Wollstonecraft)의『여성 권리의 옹호(A Vindication of the Rights of Woman,1792)』는 영미 최초의 페미니즘 선언서라고 할 수 있으며, 다음 세기에 발표된 밀(John Stuart Mill)의『여성의 예속(The Subjection of Women,1869)』과 함께 자유주의 페미니즘의 기본 사상이 되었다. 울스톤크래프트는 여성도 자율적이고 합리적인 주체가 되어야 한다고 주장했으며, 밀은 합리성의 견지에서 여성에게도 참정권과 차별을 전제하지 않은 교육권이 주어져야 하고, 결혼생활에서의 완전한 평등이 이루어져야 한다고 주장했다. 밀이 해석한 인간은 남녀의 구분없이 자율적인 의사결정을 추구하는 도덕적인 측면뿐 아니라 누구나 자신의 욕망을 성취할 수 있어야 한다는 자아 실현적인 요소도 가지고 있었다. 19세기 중반에 시작된 자유주의 페미니즘 운동은 교육권과 재산권 획득이 중심이었다. 후반 들어 점차 여성 참정권 획득을 목표로 하는 정치운동으로 발전하였다. 그 결과 20세기 초중반에 걸쳐 세계 대부분 국가들이 여성 참정권을 허용하였지만, 이는 법·제도적인 형식적 평등을 의미할 뿐 실질적 성 불평등이 완전히 해소된 것은 아니었다. 남녀에게 동등한 조건을 법적·제도적으로 확보하는 선으로 국가의 개입을 한정하는 것이 고전적인 입장이었다. 그러나 사적 영역에서 이루어지는 관습과 제도에 의한 여성억압 문제를 해결하기 위해 국가의 개입을 필요로 하는 수정주의 입장으로 선회하게 된다.

　자유주의 페미니즘은 부르주아 백인여성을 대상으로 국한했다는 점과 성적 차이를 모두 환경에서 찾고 동시에 남성적인 가치에 우월성을 부여했다는 점에서 비판을 받는다. 이들은 성차별의 궁극적 원인으로 보이는 생물학적 원인 즉, 선천적인 요인을 고려하지 않고 성별에 중립적인 인본주의를 도모했다. 그러한 한계에도 불구하고 자유주의 페미니즘은 제도적 · 법적인 차원의 성차별을 점진적으로 폐지해 나감으로써 여성의 지위를 높이는데 기여하였고 남녀평등의식을 대중적으로 확산하는데 공헌을 하기도 하였다.(곽봉재)

참정권, 양성성, 성불평등

참고문헌

Rosemarie Putnam Tong, 『페미니즘 사상Feminism Thought』, 이소영 역, 한신문화사, 2000.

Josephine Donovan, 『페미니즘 이론』, 김익두 외 역, 문예출판사, 1993.

자율성(自律性, Autonomy, 프 Autonomie, 독 Autonomie)

　　칸트- "너의 의지가 자신의 준칙을 통하여 동시에 자기 자신을 보편적인 법칙을 세우는 존재로 간주할 수 있도록 행위하라"

　현재는 자율성을 스스로의 의지로 자신의 행동을 규제하는 개인적 자율성을 말하지만 이 자율성은 개인에게 부여된 개념이라기보다는 고대그리스에서 다른 제국이나 왕의 통치를 받지 않은 도시 혹은 집단에 부여된 개념이며 본래 도시국가의 자치상황을 의미하였다.

　칸트는 윤리관에서, 어떤 권위나 욕망에도 구애됨이 없이 실천 이성에 의하여 스스로 세운 도덕률에 따르는 일이라고 했으며 칸트의 자율성은 도덕성, 즉 자기입법으로서의 자율성이다. 즉 형이상학적 입장에서 체계화시키고 정리한 개념으로 의지의 자율 또는 자기 입법으로서의 자율성이다. 칸트는 도덕성은 무제한적으로 선하다고 볼 수 있는 것은 오직 선 의지뿐이다 라고 했으며 이 때 칸트가 말하는 선의지란 옳은 행동을 오로지 그것이 옳다는 이유에서 항상 택하는 의지이다. 의지는 실천적 이성 이외의 다른 것이 아니므로, 의지의 필연적 전제로서의 자유, 곧 실천이성의 법칙추구적인 적극적 자유가 바로 자율성이라고 말할 수 있다. 결국, 칸트에 있어서의 자율성은 인간이 궁극적으로 도달해야만 하는 하나의 이상 이며, 또한 현상계의 인간에게 부여된 하나의 명령이다.

　자율성에는 도덕적 자율성과 기능적 자율성 두 가지가 있다.

　도덕적 자율성은 외부의 권위나 명령에 의존하지 않고 자기 스스로 획득한 원리를 따르는 도덕적 능력 또는 성향이며 기능적 자율성은 G.W. 올포트가 동기(動機)의 기본적인 성질에 관해서 제창한 용어. 성숙한 개인의 행동에 있어서 선천적 또는 발달초기의 동기와의 결합은 없어지게 되며 기능적으로 자율적인 현재의 동기에서 행동이 나타난다고 했다.

기능적 자율성을 말한 사람들은 F. 브렌타노·W. 슈테른·R.S. 우드워드 등이 있으며 우드워드는 1918년에 발표한 그의『동물심리학』에서 생체는 처음에는 선천적 동기에 의해서 행동하게 되지만 그것을 반복하면 얼마 가지 않아서 생체의 내부에 연합과 같은 신경의 메커니즘이 생기기 시작하여 수단이었던 행동, 또는 메커니즘 그 자체가 독립해서 생체를 움직이게 하는 힘이 되므로 이것이 자율적으로 행동하는 근거라 하였다.(홍용희)

참고문헌
최재희 번역,『실천이상비판』, 박영사, 1992.
黃宗觀,「도덕교육에서의 권위와 자율성의 관계」,『道德敎育硏究』第13卷2號, 韓國道德敎育學會, 2001. 12.

자전소설(自傳小說, Autobiographic fiction)

자기의 생애나 그 일부를 소재로 쓴 소설. '자서전 소설'이라고도 한다. 소재를 있는 그대로 표현하지 않고 작가의 의도대로 꾸며서 기술하며, 3인칭을 사용하여도 무방하다는 점에서 '전기'나 '자서전'과는 다르다. 이런 의미에서 많은 소설은 정도의 차가 있을지라도 자전적이다.

자전적 소설은 한 인물의 생애를 다루기 때문에 그 인물이 처한 시대 상황과 사회적 환경, 물리적인 일상사(日常事) 등을 세밀하게 다루거나 때로는 장황하게 다룸으로써 방대한 양을 수록할 수 있다. 이 경우 작가는 자신의 작품성을 높이기 위하여 개인적인 경험의 일부를 확대하거나 축소하기도 한다. '자서전'에서는 1인칭을 사용하지만, 자전적 소설에서는 3인칭을 사용하는 경우도 있다.

서양의 경우 대부분의 작가들이 자전적 소설을 남겼는데, 대표적인 작가와 작품으로는, 제임스 조이스(James Joyce)의「젊은 예술가의 초상(A Portrait of the Artist as a Young Man)」, A.지드의「보리 한 알이 죽지 않는다면」, A.스트린드베리(Strindberg)의「하녀(下女)의 아들」, M.고리키(Gor'kii)의「유년시대」, T.만(Mann)의「사기꾼 펠릭스 크룰의 고백」, 콩스탕의「아돌프」등이 유명하다. 우리나라의 경우, 이광수(李光洙)의「그의 자서전」, 이무영의「제일과 제일장」, 안수길의「북향보」, 박완서의「엄마의 말뚝」, 이호철의「남녘사람, 북녁사람」, 그리고 이문구의 초기소설도 자전적 요소가 아주 강하다. 그 밖에 박태순(朴泰洵)의「형성」, 이문열(李文烈)의「젊은 날의 초상」도 여기에 속한다고 할 수 있다.(오양호)

작가(作家, Writer)

작가는 문제가 많은 개념이다. 우리는 흔히 책을 쓴 사람, 혹은 텍스트를 쓴 사람을 말한다. 즉 작품을 쓴 주체를 말하며 예술 전반에 걸쳐서 예술 세계를 창조하는 사람을 뜻한다. 작가는 자신의 체험과 생각 그리고 이 세상에서 일어나는 모든 이야기를 모아 문학(예술)이라는 하나의 픽션(허구fiction) 창출해낸다. 즉 다양한 이야기들을 모아 하나의 복잡한 작품의 세계를, 예술의 질서를 창출해내는 존재가 바로 작가인 것이다. 이러한 독특한 직업집단의 출현은 19세기 들어서였다.

푸코는 「저자란 무엇인가?」에서 저자(작가)는 오늘날 우리가 생각하는 모든 지적 생산물의 생산자가 아니라, 한 문화 안에서 중요한 담론을 생산하는 사람이라고 하면서 역사적으로 저자(작가)의 탄생이 사법적, 제도적 관계 속에서였다고 말했다.

롤랑 바르트(Roland Barthes)는 『저자의 죽음』에서 "작가의 죽음의 대가로 우리가 얻는 것은 독자의 탄생이어야 한다."라며 근대산업사회에서 탈근대 정보사회로 진입하는 문화변동의 대전환기에 나타나는 '권력의 이동' 또는 '문화적 전복현상'을 포착했다.

'독자의 탄생'이란 인터넷문명을 통해 구텐베르크 문명이 누려온 '지식권력'의 이동 이 드러나기 시작했다는 것을 의미한다. 바르트가 말하는 '작가의 죽음'은 문학의 죽음을 말하는 것이 아니었고 오히려 '독자의 탄생'으로 더욱 풍요롭게 되어야 하는 문학의 부활이자 새로운 르네상스인 것이다.

또한 '작가의 죽음'은 어디까지를 작가(글을 쓰는 사람들)로 포함시킬 것인가를 심각하게 고민하게 만들고 있다. 21세기 디지털시대 문화의 화두는 '아마추어리즘 빅뱅'이기 때문이다. '아마추어리즘 빅뱅'은 "나도 할 수 있다"며 스스로 창작하고 참여하려들고 있으며 인터넷 포탈사이트들이 운영하는 '하이퍼텍스트문학'코너는 아마추어 작가들의 해방구가 되었다. 하이데거가 예술작품의 기원에서 말했듯이 회전문처럼 끊임없이 전복되는 이상한 순환논리처럼 디지털시대는 아마추어리즘을 열었다.(홍용희)

참고문헌
최병우, 「서사의 변화와 작가의 존재」, 『내러티브』 6호.
朴貞子, 「저자란 무엇인가? - 디지털 시대의 저자의 죽음」, 『연세대학원 신문』, 2003. 10.6.
박태순, 「독자가 누리는 글쓰기로 부드러운 세상을 위하여」, 『한국일보』, 2002.9.11.

작가주의 영화(作家主義 映畫, Auteurism film)

작가주의란 용어는 프랑스의 영화감독이자 이론가였던 프랑수아 트뤼포가 영화비평 전문잡지 『카이에 뒤 시네마』(1954, 1)에 발표한 일종의 영화이론이었다. 이 용어가 60년대 이후 번역, 소개되면서 국제적인 비평 용어로 널리 사용되기에 이르렀다.

작가주의 영화는 영화적인 컨벤션을 거부하는 데서 시작한다. 이때 작가란 시나리오 작가가 아니라 영화감독을 가리키고 있다. 즉, 작가주의 영화는 비장르 영화, 작가예술 영화, 감독의 개성과 독창성이 중시되는 영화를 뜻한다. 작가주의 영화의 특징은 다음과 같이 세 가지로 요약될 수 있다. 첫째, 독자적인 견해와 방식을 창출함으로써 관습을 변형하거나 장르를 생성한다. 둘째, 영화가 제기하는 문제들을 단순명쾌하게 해결하지 못한다. 셋째, 감독은 스튜디오의 조건을 지배한다.

작가주의를 처음으로 제창했던 트뤼포의 영화, 이를테면, 어린시절의 자전적 체험을 영화화한 「사백번의 구타」(1958), 영화의 음악적 요소를 강조한 「피아니스트를 쏴라」(1960), 세 사람 남녀 간의 비극적인 사랑을 묘파한 「줄과 짐」(1961) 등의 경우도 작가주의 영화라고 할 수 있다. 그는 형식에 얽매이지 않는 자유분방한 연출 스타일을 시도해 작가주의 이론이 누벨바그 운동으로 이어지는 교량 역할을 했다.

작가주의 영화는 낯 익는 관습보다는 실험정신을 추구하기 때문에 철저한 비대중성을 지향한다. 대신에 이 영화는 영화를 예술적 의식의 소산으로 간주하면서 진지한 주제와 자유로운 양식을 좇는다. 신뢰할만한 영화감독이라면 개성적인 표현과 창의적인 연출에 자신의 열정을 바치지 않을 수 없다.(송희복)

변형, 비대중성.

참고문헌
윌리엄 캐드버리 외, 정일몽 역, 『영화비평』, 영화진흥공사, 1998.
송희복, 『영상문학의 이해』, 도서출판 두남, 2002.

작문해도(作文害道)

송나라 때의 도학자들이 문학에 대해 잘못 인식한 태도의 하나. 그들의 사상은 주관적 유심주의에 바탕을 두고 있었기 때문에 오로지 마음속에 있는 의리(義理)를 밝히는 학문만 중시했을 뿐 문학은 상대적으로 가볍게 보았다. 도와 문을 대립적인 개념으로 파악해서 도를 중시하고 문은 경시했던 것이다. 심지어 그들은 도는 본체이고 문은 말기(末技)라고 여겨 문학에 종사하는 것은 근본을 버리고 가지만 잡는, 본말이 전도된 태도라고까지 인식하였다. "사물을 즐기다가 근본 뜻을 잃는 것(玩物喪志)"이라고 하여 사람의 정력을 소모시키는 낭비라고 여겨, 도를 배우는 데 해만 될 뿐 이익은 없다고 판단했던 것이다. 이같은 작문해도의 관점은 정이(程頤, 1033-1107)의 말에 가장 명확하게 제시되어 있다. 그는 "글을 쓰는 일은 도를 해치는 것입니까?(作文害道否)"라는 제자의 질문에 "해가 된다. 무릇 글을 쓸 때에는 뜻을 오로지 하지 않으면 공교롭게 되지 않으니, 만약 뜻을 오로지 한다면 의지는 여기에 국한될 것이다. 그러니 어찌 천지와 더불어 그 큼을 함께 하겠는가? 『서경』에서 말하기를 완물상지라 했는데, 문학을 하는 일 또한 완물인 것(害也 凡爲文不專意則不工 若專意則志局于此 又安能與天地同其大也)"(『이정어록(二程語錄)』 권11)이라고 지적하였다. 정호(程顥, 1032-1085)도 "학자가 먼저 글을 배우면 능히 도에 이를 사람이 드물다.(學者先學文 鮮有能至道)"(『이정어록』)고 말했다. 때문에 그들은 시가를 일컬어 "한가한 말(閑言語)"라고 폄하했으며, 작자가 "오로지 장구 짓기에만 힘써 남의 이목이나 즐겁게 한다면(專務章句 悅人耳目)" 이는 고작 배우(俳優)와 다를 바 없다고 생각하였다.

문학의 가치와 그 사회적 작용을 완전히 부인한 발언이다. 물론 작문해도는 도학자들만 주장한 이론은 아니다. 실제로 몇몇 도학자들, 예컨대 주돈이(周敦頤, 1017-1073) 등은 비록 한유(韓愈, 768-824)와 같은 고문가들이 주장한 내용과는 조금 다르긴 하지만 문이재도(文以載道)를 주장 하기도 하였다. 그러나 그들 역시 문학 창작을 완전히 방기한 것도 아니어서 정호의 경우 적지 않은 시를 쓰기도 하였다. 그러나 도학자들의 시는 대개 "강의나 어록에 압운을 단 정도(講義語 錄之押韻者)"여서 문학적인 맛은 찾아보기 어려운 실정이다.(임종욱)

말기(末技), **완물상지**(玩物喪志), **정이**(程頤), **정호**(程顥), **주돈이**(周敦頤)

참고문헌
임종욱, 『동양문학비평용어사전-중국편』, 범우사, 1997.
_____, 『중국의 문예인식』, 이회, 2001.
_____, 『중국문학에서의 문장체제 인물 유파 풍격』, 이회, 2001.
주훈초, 『중국문학비평사』, 이론과실천, 1992.

작중인물(作中人物, Character) ☞ 등장인물

잔혹극(殘酷劇, 프 Theatre de la Cruaute)

잔혹성을 본성으로 갖는 연극. '잔혹연극'으로 번역되기도 함. 잔혹극이란 용어는 앙또냉 아 르또(Antonin Artaud)가 1932년 8월 20일에 지드(Gide)에게 보낸 한 편지에서 처음 나타난다. 그 뒤 10월 1일에는 문학잡지 N. R. F.에 잔혹극에 대한 제1차 선언문이 게재되었고, 곧 이어서 드노엘(Denoel)과 스틸르(Steele)라는 두 출판사의 배려에 의해서 제2차 선언문이 발표되었다.

잔혹극은 서구문명에 대한 아르또의 부정적인 관점과 악에 대한 인식에서 출현한다. 먼저, 서구문명은 내일이면 쓰레기통에 던져질 무가치가 한 것이기 때문에 새롭게 태어나야 할 필요 가 있다. 이 때 인간은 자기 것을 부정해야 하는데, 그 부정이란 '잔인'해지지 않고서는 불가능한 것이다. 그리고, 현대인의 삶의 언저리에는 기독교의 원죄설처럼 악의 요소가 자리잡고 있는데, 그 악이 구체적으로 난무하는 무대는 '잔인'할 수밖에 없는 것이다. 이처럼 아르또는 연극을 통 해서 현대인들이 정상적이라고 일컫는 것을 해체 또는 파괴하고자 시도한다.

잔혹성이란 무엇일까? 앙리 구이에(Henri Gouhier)는 "잔혹극에서 살인적이며 피비린내 나 는 모든 형상은 문명이라는 껍질에 쌓여 현대인들이 상실한 열정을 일깨우기 위한 것이다"라고 말한 바 있다. 여기에서 "상실한 열정"이란 의식에 억눌려 있는 무의식이자 문명에 가려져 있 는 인간의 원시적 본능을 의미한다. 즉 잔혹성이란 일차적으로 파괴를 지시한다. 그리고 우리 문명의 외피가 되는 윤리, 체계, 인습 등을 파괴하고 문명의 금기와 상처, 그리고 종기만을 골라 서 파괴시킨 결과, 새로운 창조의 전제조건을 만드는 것이다.(강정구)

연극, 앙또냉 아르또(Antonin Artaud), 잔혹성

참고문헌
Antonin Artaud, 박형섭 역, 『연극과 그 이중』, 현대미학사, 1994.
박형섭 외 역, 『아르또와 잔혹연극론』, 연극과 인간, 2003.

잠언(箴言)

잠언(Proverbs)은 구약성서의 시서와 지혜서에 속하는 지혜문학의 대표적인 것이다. 잠언의 본래의 뜻은 유사(類似), 비교(比較)이며 문체의 대부분은 대구법(對句法)으로 되어 있다. <시서와 지혜서>에는 <욥기, 시편, 잠언, 전도서, 아가, 지혜서>로 나누어져 있다. 8개의 <잠언집>으로 일종의 교훈시로 되어 있다.

표제가 <솔로몬의 잠언>이라고 쓴 것은 솔로몬 왕이 세계에 알려진 현자이며 잠언 3천 개를 지었다고 유래한다. 잠언을 최후로 편집한 것은 BC 300-250년경이다. 솔로몬(Solomon)은 이스라엘의 왕 다윗의 아들로 에집트의 왕녀와 결혼하여 동맹국을 맺었다. 예루살렘궁전과 거대한 도시를 건설하였고 많은 시문을 남겼다.

<솔로몬의 잠언>은 <지혜의 서>라고도 하는데 신교도들은 정경(正經)으로 인정을 하지 않고 외전(外典)으로 한다. 1)왕에게 요구하는 지혜, 2)현숙한 여인의 가치에 대한 지혜로 두 가지 주제로 이루어져 있다. 첫머리에 '다윗의 아들, 이스라엘 왕 솔로몬의 금언집'이라고 되어 있으며, 두 번째 '속담 모음', 세 번째 '잠언 서른 마디', 네 번째 '또 다른 잠언', 다섯 번째 히즈키야가 사람을 시켜 베낀 금언들, 여섯 번째 '아굴의 잠언', 일곱 번째 '르므엘 어머니의 잠언', 여덟 번째 '현숙한 아내의 잠언'으로 교훈, 격언, 도덕훈을 수록하고 있으며, 도덕적 원리에 관한 지식과 올바르게 살기 위한 실천적 규범의 지식이 되는 영지(英智)를 대상으로 하고 있다.(조병무)

잠언집, 지혜의 서

참고문헌
『공동번역 성서』, 대한성서공회 발행, 1977.
신희천·조성준 편저, 『문학용어사전』, 청어, 2001.

잠재의식(潛在意識, Subconsciousness)

잠재는 겉으로 드러나지 않고 숨겨져 있거나 잠겨 있는 것이다. 잠재의식은 의식 조차 접근할 수 없는 정신의 영역으로 의식 세계에 존재하는 개인에게도 자각되지 않은 채 활동하고 있다고 추정되는 정신세계이다.

현실에서 자아는 인식할 수 있는 표상에 대해 의식적이라고 부른다. 반면, 의식의 잠재적인 표상에 대해서 인식하지 못하지만 그럼에도 존재한다는 증거나 징후를 근거로 무의식적 세계를 설정한다. 이 세계에 잠재의식이 존재한다. 베른하임이 실행한 '최면후의 암시'는 사람이 최면 상태에서 어떤 행동을 요구하면 의식을 찾은 후에 명령을 수행한다는 실험이다. 실험의 결과

의식 상태에서 최면상태의 요구를 행동으로 표현하게 되는데, 이 현상은 사람의 정신 정신세계에는 잠재적인 상태로 존재했다가 의식의 세계로 발현되는 의식 세계가 있음을 증명하고 있다.

프로이트(Freud)보다 앞서 프랑스의 자네(Janet)는 건강한 정신을 소유할 때에는 의식이 강하기 때문에 잠재의식이 활동하지 못하나, 정신 상태가 불안정할 때는 의식과 분리된 잠재의식이 활동한다고 보았다. 프로이트는 억압을 통해 어떤 표상이 의식의 전면에 나타나지 않을 때 그 표상을 무의식의 상태에 있다고 설정한다. 프로이트는『히스테리 연구』에서는 '잠재의식'이라는 용어를 사용하고 있으나,『꿈의해석』에서는 그 용어가 부정확하고 잘못된 용어로 거부하여야 한다고 주창한다.

잠재의식과 무의식은 엄밀히 말하면 차이를 지닌다. 프로이트는『무의식에 관하여』에서 무의식은 신경증 연구에서 다루었던 유형으로, 일반적 잠재의식을 지칭할 뿐만 아니라 어떤 동태적인 성격을 지닌 생각들을 가리킨다. 즉, '최면후의 암시'에서 볼 때 최면 상태에서 명령을 받은 행동의 경우, 그 행동에 관한 관념이 어떤 특정 순간에 의식의 대상으로 작용하게 되는데, 여기서 중요한 사실은 그 관념이 점차 '활동적'인 상태가 되어, 관념이 행동으로 바뀌게 된다. 여기서 행동으로 옮겨지는 의식의 세계를 무의식의 세계로 설정한다. 잠재의식이 자아에 대한 의식 지배력이 강하면 약해진다는 자네의 견해와 대비하여 프로이트는 자아의 지배력이 커지면 무의식도 커진다고 보고 있다. 즉, 자아 지배력이 커지면 불안정 요소에 대한 의식을 무의식의 세계로 전환시키기 때문에 무의식 세계가 커지게 되는 것이다.(주인)

무의식, 자네, 최면후의 암시, 프로이트

참고문헌
지그문트 프로이트,『무의식에 관하여』, 윤희기 역, 열린책들, 1997.
_____,『꿈의 해석』, 김인순 역, 열린책들, 2003.

잡가(雜歌)

조선 말기에서 20세기 초에 주로 번창한 시가장르의 한 갈래. 논자에 따라 가사의 하위장르로 분류하기도 하고(조윤제), 사설시조나 민요·속요·타령 등에 두루 걸치기도 하며(이병기), 상업적 가수에 의하여 창작되고 성행한 것이 일반에게 전창되어 내려온 것이라고 주장되기도(김사엽) 한다. 하지만 이러한 논의들은 잡가를 창자나 곡에 치중하여 규정한 결과이기 때문에 잡가를 하나의 양식적 특질을 가진 문학내적 갈래로 규정하는 논의라고 보기 어렵다.

원래 잡가는 노래판에서 가객에 의하여 창작, 전수되고 일반인들의 애호를 받아 번창한 노래 양식이라고 할 수 있는데, 이러한 잡가가 문헌에 등장한 것은『청구영언』에서부터였다.『청구영언』에는 <상사곡> <권주가> <어부가> 등 16편의 가사가 잡가로 분류되어 있는데, 뒤에 몇 편의 첨삭을 거치면서 이른바 12가사가 이루어지게 된다. 이는 아마도 19세기 초 내지 중엽에 판소리의 열두 마당과 짝을 맞추어 형성된 것으로 추정된다. 이후 19세기 중엽 이후에는 12 가사에 짝을 맞추어 12잡가가 구체적인 꼴을 갖추게 된다.

잡가는 문학적으로 여러 형태가 뒤섞여 있다. 한 제목 아래 내용상 통일을 보이는 <유산가>는 준가사체이며, 같은 내용을 반복하는 <바위타령>은 타령체, 그리고 <방물가>와 같은 작품은 극대본 양식 같은 대화체로 이루어져 있다. 그러나 비슷한 장르를 원장르에 귀속시키다 보면 일부는 사설시조로, 일부는 민요나 판소리 등으로 연결되어 그 존재가 분해되고 만다. 결국 잡가는 형식면·내용면에서 그 구성이 여러 갈래의 장르가 혼용되어 있음을 알 수 있다. 그러나 이들 장르는 잡가로 수용되면서 새로운 변용을 꾀하고 있다. 시조인 경우는 사설시조가 많이 원용되었으나 종장 형태의 구성이 미흡하며, 가사인 경우는 4음보격의 율조를 깨뜨리고 있다. 판소리에서는 부분만이 독립되어 한 작품을 이루고 있고, 민요인 경우는 세련미가 한층 두드러져 반전문화(半專門化) 양상을 보인다. 잡가는 오히려 이러한 변형으로 인해 특이한 존재 형태를 구현하고 있는 셈이다.

잡가는 조선 말기에 형성되고 번창하여, 1910년까지 폭발적인 인기를 누렸다. 박춘재라는 슈퍼스타를 낳았을 뿐 아니라, 유성기 음반으로도 취입되어 전환기 대중들의 상실감을 위무해주는 역할을 톡톡히 수행하였다. 이후 1930년대 트롯트가 유행하면서 역사의 무대에서 밀려나고 말았다.(고미숙)

가사, 판소리, 시조, 민요, 광대, 타령

참고문헌
정재호, 『한국가사문학론』, 집문당, 1982.
김흥규, 『한국문학의 이해』, 민음사, 1986.
고미숙, 『18세기에서 20세기초 한국 시가사의 구도』, 소명, 1998.

잡극(雜劇)

중국 희곡사에 있어 몇 가지의 형식이 잡극이라는 이름으로 불리웠다. 당대 이덕유(李德裕)의 『이문요문집(李文饒文集)』 12권에 '잡극'이라는 명칭이 처음 등장하는데, 당대의 잡극이 어떤 형식의 공연이었는지는 알 수 없다. 그 후 송잡극(宋雜劇), 원잡극(元雜劇), 온주잡극(溫州雜劇), 남잡극(南雜劇) 등이 모두 잡극이라는 이름으로 불리워 졌는데, 오늘날 '雜劇'이라고 칭할 때는 대부분 원잡극을 가리킨다.

송잡극은 송대의 각종 골계(滑稽), 공연, 가무, 잡희의 통칭이며 금원(金元)때는 원본(院本)이라고 불렀는데, 이것은 당 참군희(參軍戲)와 기타 가무잡희(歌舞雜戲)가 발전한 것이다. 북송 때는 변량(汴梁-지금의 하남성 개봉)을 중심으로, 남송 때는 임안(臨安-지금의 절강성항주)을 중심으로 크게 유행하였다. 공연은 일반적으로 말니(末泥), 인희(引戲), 부말(副末), 부정(副淨)의 4명으로 구성되었으며, 가끔 장고(裝孤)라고 부르는 1명이 추가되기도 하였다. 송잡극에 관한 기록은 남송 오자목(吳自牧)의 『몽량록(夢粱錄)』에 보인다. 금원의 원본이 송잡극과 같은 체제인데, 이에 관한 기록은 원 도종의(陶宗儀)의 『철경록(輟耕錄)』에 보인다. 송잡극과 금원원본의 각본은 모두 사라지고 전해오지 않는데, 송말 주밀(周密)의 『무림구사(武林舊事)』卷十에 관본잡극(官本雜劇)의 명목 280종이 수록되어 있고, 『철경록』에는 원본 명목 700여종이 수록되어 있다. 남송 때부터 남방의 잡극은 점차 송원의 남희로 발전하였고, 북방의 잡극(院本)은 원잡극으로 발전하였다.

금원본의 체제는 송대의 잡극과 같다. 원 도종의의 『철경록』에는 "院本, 雜劇, 其實一也"라는 기록이 있는데, 이것은 북방의 송잡극이 원잡극으로 발전해가는 과도적 체제라고 할 수 있으며, 공연할 때 5명이 참가했다. 각본은 모두 사라졌는데, 『철경록』에는 원본 명목 700여종이 수록되어 있다. 원 이후로는 송 잡극을 원본(院本)이라고 불러 원 잡극과 구분하기도 하였으며 단극(短劇), 잡극(雜劇), 전기(傳奇) 등을 범칭하기도 하였다.

원잡극은 원대에 북방의 음악을 이용하여 강연한 희곡 형식이며, 금말원초에 중국의 북방에서 생겨났다. 북방의 곡조로 노래하므로 북곡(北曲) 혹은 북잡극(北雜劇)이라고 부르기도 했다. 중국의 북방에서 유행하기 시작하다가 원이 중국을 통일한 이후에는 중국 전역에 걸쳐 공연되었고, 원나라의 몰락과 더불어 쇠퇴하다가 명대의 전기에게 그 자리를 내주게 되었는데, 명대의 전기가 그 예술적 유산을 계승하였다. 예를 들면 『두아원(竇娥寃)』의 제3절과 『단도회(單刀會)』의 3,4절은 전기에 흡수되어 지금도 연출이 가능할 정도이다.

원대 북방 도시의 발전은 잡극이 발전할 수 있는 공간과 관중을 제공하여 주었다. 금과 원의 연이은 침략으로 인하여 변경(汴京-지금의 開封) 일대의 중원지구는 심한 타격을 받았지만, 지금의 하북성과 산서성 일대는 오히려 번영하였다. 금나라와 원나라가 이 지역에 통치 기반을 두었기 때문이었는데, 특히 대도(大都-지금의 北京)는 원제국의 성장과 함께 국제적인 도시로 성장하였으며 잡극 발전의 중요한 기지가 되었다. 잡극은 북송 시기에는 먼저 대도를 중심으로 유행하다가 원나라가 송나라를 멸망시킨 이후에는 항주가 유행의 중심이 되었다.

문학사적으로도 원대는 잡극이 발전할 수 있는 여건이 구비되어 있었다. 금원본이 이미 성숙하여 있었기 때문에 잡극은 그 소재와 표현기교 등을 계승하였고, 또한 제궁조로부터 깊은 영향을 받았으며 여진 거란 몽고 등 이민족의 민간가곡이 중국에 유입되어 잡극에 흡수되었으며, 기타 다양한 종류의 사곡(詞曲)과 기예(技藝)를 흡수하고 융합하여 이루어졌다.

북송대부터 도시에서는 하층 문인들이 각종 공연물의 대본 창작에 참여하기 시작하였는데, 특히 원나라가 금을 멸망시킨 뒤 과거제도를 폐지하자 보다 많은 지식인들이 잡극 극본의 창작에 투신하였으며, 예인들을 위해 극본을 써주는 단체인 서회(書會)가 등장하였다. 관한경은 옥경서회(玉京書會) 소속이었고, 마치원(馬致遠)은 원정서회(元貞書會) 소속이었는데, 마치원은 예인과 합작하여 극을 쓰기도 하였으며 관한경은 자신이 배우로써 공연에 참가하기도 하였다. 이처럼 당시의 지식인들은 잡극을 비롯한 통속문학을 천시하지 않았고, 지식인의 잡극 참여는 문학성의 제고를 비롯한 잡극의 발전에 기여하였다.

잡극의 전성기인 원대에 얼마나 많은 작가와 작품이 존재했었는지에 관한 정확한 통계는 알려져 있지 않다. 명초 주권(朱權)의 『태화정음보(太和正音譜)』에는 190명의 작가와 560여 종의 작품을 수록하고 있어서, 실제는 이보다 훨씬 많은 작가와 작품이 있었음을 짐작할 수 있는데, 그러나 현재까지 전하는 작품은 150여종에 지나지 않는다. 가장 영향력이 큰 작품집으로는 명대 만력 연간에 장진숙(藏晉叔)이 엮은 『원곡선(元曲選)』을 들 수 있는데, 이 책에는 100종의 잡극이 수록되어 있다.

그 중 우수한 작가와 작품으로는 관한경(關漢卿)의 『(감천동지)두아원(感天動地)竇娥寃』과 『(조반아풍월)구풍진(趙盼兒風月)救風塵』, 왕실보(王實甫)의 『(최앵앵대월)서상기(崔鶯鶯待月)西廂記』, 백박(白樸)의 『(당명황추야)오동우(唐明皇秋夜)梧桐雨』, 마치원(馬致遠)의 『(파유몽고안)한궁추(破幽夢孤雁)漢宮秋』, 정광조(鄭光照)의 『(미청쇄)천녀이혼(迷靑瑣)倩女離魂』, 교길(喬吉)의 『(옥소녀)양세인연(玉簫女)兩世姻緣』, 기군상(紀君祥)의 『(조씨고아)대보수(趙氏孤兒)大報讐』 석군보(石君寶)의 『(노대부)추호희처(魯大夫)秋湖戲妻』, 강진지(康進之)의 『(양산박)이규부형(梁山泊)李逵負荊』 등을 들 수 있다. 이것들은 후대의 희곡발전에 깊은 영향을 미쳤으며, 이들 중의 일부는 해외에까지도 널리 알려졌으며 관한경, 왕실보, 백박, 마치원, 정광조, 교길 등은 '원곡육대가(元曲六大家)'로 칭해지는데, 이는 청대 이조원(李調元)의 『우촌곡화(雨村曲話)』에서 비롯되었다.

원잡극은 민중들의 오락물로써 서민들의 눈에 비친 세상이 담겼으니, 사회의 암흑을 반영하고 비판하였으며 봉건 예교의 굴레를 벗어난 자유로운 사랑을 찬미하고, 또는 역사 고사에 빗대어 망국의 한을 토로하고 이민족에의 투쟁의식을 고취하기도 하였다. 그러나 원대 후기로 갈수록 작품의 현실에 대한 관심은 약해졌으며, 고상한 표현을 찾기에 힘쓴 결과 대중과 점차 멀어지는 경향을 보였다.

잡극의 극본 체제에 있어 두드러지는 점은 한 작품이 4절(四折)로 구성되며, 이것은 송잡극이 4단(段)으로 나뉜 것의 영향을 받은 결과이다. 필요할 때는 작품의 도입부나 절과 절 중간에 결자(楔子)가 덧보태어 지기도 하고, 대개는 '발단-전개-위기-대단원'의 구성을 이루며, 극의 최고조는 흔히 제3절에 배치된다. 매 절은 동일한 궁조(宮調)에 속하는 몇 개의 곡패(曲牌)를 연결하여 구성하는 투곡(套曲)을 기반으로 하고, 그 절의 끝까지 동일한 운(韻)을 사용하였다. 각 절은 다른 궁조를 사용하는데, 제1절에는 선궁(仙呂), 제2절에는 남궁(南呂)이나 정궁(正宮), 제3절에는 중궁(中呂)나 월조(越調), 제4절에는 쌍조(雙調)를 쓰는 것이 관례였는데, 이는 각 궁조가 갖는 느낌이 당해 절의 분위기와 어울렸기 때문이었을 것이다.

원잡극은 민중들의 오락물로써 서민들의 눈에 비친 세상이 담겼다. 전성기의 작품들은 사회의 암흑을 반영하고 비판하였으며, 봉건 예교의 굴레를 벗어난 자유로운 사랑을 찬미하였다. 또한 망국의 한을 토로하고 이민족에의 투쟁의식을 고취하기도 하였다. 그러나 원대 후기로 갈수록 작품의 현실에 대한 관심은 약해지고 고상한 표현을 찾기에 힘쓴 결과, 대중과 점차 멀어지고 생기를 잃어 갔다. 마침내 원나라의 몰락과 더불어 쇠퇴함으로써 명대에 흥성한 전기(傳奇)에게 그 자리를 내주게 되었다. 그러나 그 예술적 유산은 명대의 전기에 의하여 계승되었으니, 『두아원(竇娥冤)』이나 『단도회(單刀會)』와 같은 작품은 그 일부가 전기에 흡수되어 보존됨으로써 지금도 연출이 가능할 정도이다.(위행복)

잡극, 가무희, 강창, 경극, 남희, 산곡, 전기

참고문헌
김학주, 『중국문학사』, 신아사, 1994.
___, 『중국문학개론』, 신아사, 1977.
양회석, 『중국희곡』, 민음사, 1994.
신지영, 『중국 전통극의 이해』, 범우사, 2002.

잡기(雜記)

생활 주변의 잡다한 사실을 소재로 하면서 그 의미를 탐구하는 한문산문의 한 종류. 오늘날로 말하면 기록문학이나 수필에 속한다. 사대부 독서계층의 일상 문필생활에서 가장 중요한 위치를 차지한다.

잡기의 연원은 『고문사류찬』의 자서(自序)에서 찾아볼 수 있다. 여기에서는 잡기를 비문의 한 종류로 본다. 이 때 비가 공덕을 칭송하는 것을 위주로 하는 것이라면,(잡)기는 대소사를 기록하기 때문에 의(義)를 취하는 것이라고 한다. 요내는 벽에 거는 문장이나 기행문과 같은 개인적인 기사(紀事)의 소문(小文)을, 그리고 중국번(曾國藩)은 대사건의 기록인 서기(敍記)를 모두 잡기로 보았다.

당송 이후에 기(記)는 단독으로 편을 이루기도 한다. 서사증은 『문체명변』에서 기(記)라는 이름은 「악기(樂記)」나 「학기(學記)」에서 시작되고, 한유의 「화기(畵記)」와 유종원의 유산기(遊山記)가 잡기문체의 정맥이라고 규정한 바 있다. 한유 이후로 '기'라고 이름붙인 가작(佳作)들이 많이 나왔다. 이 기(記)란 잊어버림에 대비한 기술을 뜻한다. 사실의 기록을 위주로 하고 그 기록 뒤에 간략히 의론을 기술하는 정체가 있고, 의론을 적극적으로 첨부하는 변체로 나뉜다.

변체는 당송 이후의 서사문이 지니는 중요한 특징 중 하나이다. 한유의 「연희정기(燕喜亭記)」나 유종원의 「영주철로보지(永州鐵爐步志)」, 구양수의 「상주주금당기(相州晝錦堂記)」, 소동파의 「산방장서기(山房藏書記)」 등이 그 예가 된다.

잡기체에는 정대누정기(亭臺樓亭記), 화기(畵記), 재기(齋記), 문견기(聞見記), 기행문(紀行文),

일기문 등이 있다. 기행문 가운데 특히 산수유람의 체험을 적은 글을 산수유기(山水遊記)라고 하고, 누정기에서 파생되어 나온 것을 원기라고 한다. 인사(人事)를 주로 기술한 글에는 중공의 「월주조공구재기(越州趙公救災記)」와 「묵지기(墨池記)」, 산수를 주로 기술한 글에는 유종원의 산수기와 왕안석의 「유포선산기(遊褒禪山記)」, 사물들을 주로 기록한 글에는 한유의 「화기(畫記)」와 구양수의 「낙양모란기(洛陽牡丹記)」, 누정을 주로 기술한 글에는 소철의 「황주쾌지정기(黃州快哉亭記)」와 원굉도의 「호구기(虎丘記)」가 유명하다.(강정구)

기록문학, 수필, 한문산문

참고문헌
박정도 편저, 『韓中 漢文散文選讀』, 박이정, 1998.
심경호, 『한문산문의 미학』, 고려대학교 출판부, 1998.

잡종성(雜種性, Hybridity)

잡종성(hybridity) 또는 잡종문화(hybrid cultures)는 라틴 아메리카의 문학이론가 가르시아 칸클리니(Garcia Canclini)가 주창한 최신 문예이론으로서, 이 세상에 다른 문화와 섞이지 않은 순수문화란 없으며, 모든 문화는 본질적으로 잡종성이라는 데에서 출발한다. 그의 이러한 시각과 인식은, 『문화와 제국주의(Culture and Imperialism)』에서 "이 세상에 순수한 서구문화나 순수한 동양문화란 없다"라고 말한 에드워드 사이드(Edward W. Said)의 주장과도 일치한다. '잡종성'이 중요한 의미를 갖는 이유는, 역사적 비극을 초래한 제국주의와 인종차별주의가 사실은 문화와 인종의 순수성을 주장하는 서구백인들에 의해 자행되었기 때문이다.

파리대학에서 공부하고 아르헨티나를 거쳐 현재 멕시코에서 문화연구에 전념하고 있는 칸클리니는 서구 제국주의의 문화적 침략 속에 다양한 문화들이 공존하고 또 갈등하고 있는 라틴 아메리카의 독특한 상황을 '잡종성' 이론을 통해 문화적으로 접근하고 해석한다. 그는 문화가 서로 충돌하고 화해하는 과정에 대한 성찰을 통해, 문화란 본질적으로 잡종성이고, 부단히 서로 뒤섞이며 복합적으로 생성된다는 사실을 증명해낸다.

서구의 문학자들이 서구의 잣대로 비서구를 재는 것에 반발해, 칸클리니는 우선 비서구에는 전근대와 근대와 탈근대가 잡종문화식으로 혼재한다고 주장한다. 칸클리니는 또 라틴 아메리카의 경우, 원주민 문화와 스페인/포르투갈 문화, 미국문화, 그리고 유럽문화가 잡종처럼 혼재해 있다고 주장하며, 문화가 뒤섞이는 그러한 변경문화를 비교문화적, 인종적, 민족적, 문학적으로 해석해내는 작업의 중요성을 강조한다. 칸클리니는 또 "전통적인 것과 근대적인 것 사이의 분명한 대립이 유용하지 않듯이, 고급문화적인 것과 민중문화적인 것과 대중문화적인 것 이제는 또한 우리가 예전에 그것들을 찾던 자리에 있지 않다."라고 말한다. 그러므로 그의 잡종성 이론은 "그 세 층위를 자유롭게 이동할 수 있는 유목민적 사회과학이나, 각 층위를 다시 디자인해 수평적 연결을 탐색하는 사회과학"의 필요성을 주창한다.

칸클리니는 탈근대 시대의 복합성과 잡종성에 대해 언급하면서, 에코(Umberto Eco)의 『장미의 이름(The Name of the Rose)』과 마르케스(Gabriel Garcia Marquez)의 『백년동안의 고독(One Hundred Years of Solitude)』을 그 한 예로 든다. 그러한 순수문학 작품들은 고급문학에 속하면서도 얼마든지 대중성을 획득할 수 있다는 것이다. 한국문학의 경우에도, 이문열의 작품들은 순수문학도 얼마든지 대중적 성공을 거둘 수 있다는 사실을 잘 보여주고 있으며, 이인화나 김영하의 경우는 순수성과 대중성의 경계를 넘나드는 것의 가능성을 보여주고 있다. 그래서 잡종성 이론에 의하면, 순수예술도 얼마든지 상품화되고 이익을 가져다 줄 수 있으며, 예술 또한 추상적인 것이 아니라 예술가들과 예술품 판매자들과 수용자들 사이의 상호 복합 작용의 문제가 된다.(김성곤)

잡종문화, 칸클리니, 문화제국주의, 다문화주의, 대중문화

참고문헌
김용규, 「세계 체제하의 비평적 모색들 : 제임슨, 모헤티, 칸클리니를 중심으로」, 『비평과 이론』, 한국비평이론학회, 2001 봄/여름호.
가르시아 칸클리니, 「잡종문화들」, 김용규 역, 『오늘의 문예비평』, 2001 가을호.

잡체시(雜體詩)

고대 시가 가운데 공식적인 체재 이외의 각종 다양한 시체(詩體)를 일컫는 용어. 이들 시는 글자수나 구법(句法), 성률(聲律)과 압운에 있어 특수한 변화가 가미되면서 독특하게 만들어진 기발한 형태를 띠는 경우가 많다. 일반적으로 잡체시는 문자를 가지고 문학적 유희를 즐긴 성격이 강하게 드러난다. 명나라의 서사증(徐師曾)은 『문체명변(文體明辨)』에서 "시에 있어서의 잡체를 살펴보면 요체(拗體)가 있고, 봉요체(蜂腰體)가 있으며, 단현체(斷弦體)가 있고, 격구체(隔句體)가 있으며, 그 밖에 투춘체(偸春體)와 수미음체(首尾吟體), 반중체(盤中體), 회문체(回文體), 측구체(仄句體), 첩자체(疊字體), 구용자체(句用字體), 고침체(藁砧體), 쌍두섬섬체(雙頭纖纖體), 삼부염체(三婦艶體), 오잡조체(五雜組體), 오측체(五仄體), 사성체(四聲體), 쌍성첩운체(雙聲疊韻體), 문답체(問答體) 등이 있는데, 모두 시의 변체(變體)"라고 말했다. 실제로 잡체시로 분류할 수 있는 경우는 이들 외에도 얼마든지 추가될 수 있다. 장두시(藏頭詩)와 신지체(神智體), 녹로체(轆轤體) 등이 그것이다. 잡체시는 대개 육조(六朝) 시대 문인들의 손에 의해서 많이 지어졌는데, 비록 일정한 기발한 착상과 문자를 자유자재로 구사할 수 있는 능력을 갖춰야 하고 이를 보여주는 장점이 있긴 하지만 역시 "시체의 정도는 아니며(終非詩體之正)"(명나라 吳訥의 「문체명변서설(文體明辨序說)」), 정규적인 문학 작품의 반열에 올리기도 힘들다고 보아야 할 것이다.(임종욱)

시체(詩體), 서사증(徐師曾), 문체명변(文體明辨), 요체(拗體), 봉요체(蜂腰體), 단현체(斷弦體),

격구체(隔句體), 투춘체(偸春體), 수미음체(首尾吟體), 반중체(盤中體), 회문체(回文體), 측구체(仄句體), 첩자체(疊字體), 구용자체(句用字體), 고침체(藁砧體), 쌍두섬섬체(雙頭纖纖體), 삼부염체(三婦艶體), 오잡조체(五雜組體), 오측체(五仄體), 사성체(四聲體), 쌍성첩운체(雙聲疊韻體), 문답체(問答體), 변체(變體), 장두시(藏頭詩), 신지체(神智體), 녹로체(轆轤體).

참고문헌
임종욱, 『동양문학비평용어사전-중국편』, 범우사, 1997.
_____, 『중국의 문예인식』, 이회, 2001.
_____, 『중국문학에서의 문장체제 인물 유파 풍격』, 이회, 2001.
주훈초, 『중국문학비평사』, 이론과실천, 1992.

장가(長歌)

장가란 와카(和歌)의 한 형태를 가리키는 말로, 단가(短歌)에 대해서 긴 형식의 노래라는 뜻이다. 그 음수를 보면 5, 7을 되풀이하다가 5, 7, 7로 마무리하는 것이 가장 기본적인 형식이다. 장가는 의식(儀式)을 행할 때의 노래인 의식가(儀式歌)가 기재(記載) 차원에서의 양식(樣式)의 하나로 확립된 것이다. 만엽 장가(『만엽집』 4536수 중 장가는 265수)의 대부분이 천황의 행차 같은 공적인 장소에서 행해진 경사스러운 노래인 것도, 그런 양식으로서의 역사적 성격에 따른 것이다.

장가라는 호칭은 『만엽집 萬葉集』(8세기 후반) 무렵에 생긴 것으로, 『만엽집』 이후에도 장가에 대한 산발적인 시도가 있었으나, 가체(歌體)로서의 생명은 『만엽집』으로 끝났다고 볼 수 있다. 『고금집 古今集』(905) 이후의 것은 문학적 가치가 떨어지며, 근세에 이르러서도 국학자를 중심으로 해서 장가 부흥을 시도했고, 근대에도 마사오카 시키(正岡子規) 등이 장가를 짓기도 했으나, 장가 쇠퇴의 흐름을 극복하지는 못했다.

장가의 구수(句數)는 짧은 것은 7구도 있고, 가장 긴 것은 149수도 있지만, 가장 가수(歌數)가 많은 것은 15구, 19구, 25구 순이며, 대체로 9구에서 29구까지의 기수(奇數) 구에 집중되어 있다. 구의 구성은 단구(5음)＋장구(7음)로 거의 통일되어 있다(5, 7조). 이 5, 7을 연이라고 하며, 시구(詩句) 전개의 단위를 이룬다. 또한 장가의 대부분(220수)은 반가(反歌)를 동반하는데, 반가란 장가 뒤에 더하는 단가를 말한다. 이 때 반가는 장가의 대의를 요약하고, 또 그것을 보충하는 노래의 기능을 한다. 반가는 한 수에서 여섯 수까지 있으나, 대부분이 한 수이다.

장가의 작자로는 가키노모토노 히토마로(柿本人麻呂)가 꼽힌다. 장가를 와카 형식으로 확립했을 뿐 아니라, 장가 뒤에 단가를 덧붙이는 반가의 양식을 정착시킨 것도 가키노모토노 히토마로였다. 웅대한 구상과 장중한 가락이 드러나는 가풍(歌風)을 가지며, 마쿠라코토바(枕詞)나 죠코토바(序詞) 등의 수사 기교에도 뛰어난 사람이었다. 이 밖에 야마노우에노 오쿠라(山上憶良), 야마베노 아카히토(山部赤人) 등도 독자적인 색깔을 드러내는 작품을 남겼다.(오석윤)

와카, 단가, 의식가, 반가

참고문헌

大養 廉 외 편, 『和歌大辭典』, 明治書院, 1986.
『日本古典文學大辭典』 제4권, 岩波書店, 1983.

장경체(長慶體)

당나라 때의 시인 백거이(白居易, 772-846)와 원진(元稹, 779-831)이 만들어낸, 「장한가(長恨歌)」와 「비파행(琵琶行)」, 「연창궁사(連昌宮詞)」로 대표되는 7언 장편 서사 가행체(歌行體)를 일컫는 말. 당나라 목종(穆宗) 장경(長慶) 4년(824)에 원진이 백거이를 위해 문집을 편집할 때 제명을 『백씨장경집(白氏長慶集)』이라고 붙였다. 원진은 자신의 문집에도 나중에 역시 제명을 『원씨장경집(元氏長慶集)』이라고 불렀는데, 장경체는 이런 일로 해서 이름 지어졌다.

장경체라는 명칭이 처음 등장한 것은 남송 때의 시인 대복고(戴復古, 1167-1252?)의 사(詞)와 유극장(劉克莊, 1187-1269)의 『후촌시화(後村詩話)』에서다. 대복고는 [망강남(望江南)] 사 4수 중 제3수에서 "시율이 바뀌어 장경체가 되었고, 가사는 점차 가헌(辛棄疾의 호)풍이 있었다.(詩律變成長慶體 歌詞漸有稼軒風)"고 말했고, 유극장은 『후촌시화』에서 두보(杜甫, 712-770)의 「관공손대랑제자검무기행(觀公孫大娘弟子劍舞器行)」과 백거이의 「비파행」을 비교하면서 "이 작품과 「비파행」은 한결같이 군사가 당당하게 전쟁터로 나아가고, 한결같이 아녀자가 은혜를 원망하는 것이 서로 닮아 있다. 두보에게는 건안과 황초 때의 기골이 엿보이지만 백거이는 아직 장경체를 벗어나지 못했다.(此篇與琵琶行 一如戰士軒昂赴戰場 一如兒女恩怨相爾汝 杜有建安·黃·氣骨 白未脫長慶體爾)"고 지적하였다. 대복고는 장경체를 가헌풍과 대비해서 지시한 폭이 비교적 넓었지만, 유극장은 이미 정확하게 장경체로써 「비파행」과 같은 시편을 지칭하고 있다. 그러나 대복고와 유극장과 동시대인인 엄우(嚴羽, 1175?-1264?)는 『창랑시화(滄浪詩話)·시체(詩體)』편에서 다만 원백체(元白體)와 원화체(元和體)를 열거했을 뿐 장경체라는 말은 없는 것으로 보아, 장경체라는 명칭은 송나라 때에는 아직 보편적으로 쓰이지 않은 듯하다.

장경체가 정확하게 시체의 명칭으로 광범위하게 쓰여진 것은 청나라 초기 이후부터다. 오위업(吳偉業, 1609-1672)은 대대적으로 이 체제를 채용해서 일련의 창작을 진행시켜 「원원곡(圓圓曲)」과 「영화궁사(永和宮詞)」 등의 명작을 써냈다. 이후 사람들이 이를 많이 본받아 장경체는 세상에서 크게 유행하기 시작하였다. 원매(袁枚, 1716-1797)는 『수원시화(隨園詩話)』 권4에서 같은 시대 사람의 「독매촌시(讀梅村詩)」를 인용했는데, "작품마다 장경체로 뒤덮여 있으니, 한 평생 의롭고 밝은 백성을 부끄럽게 만들었네.(百首淋浪長慶體 一生慙愧義熙民)"라고 하였다. 이 말은 오위업이 원진과 백거이의 7언 장편 서사가행을 흉내낸 사실을 지적한 것이다. 임창이(林昌彝, 1803-?)는 『사녹루시화(射鶊樓詩話)』에서 "7언은 옛날부터 장경체를 배워서 드넓고 아름다운 것으로 나갔는데, 우리나라에서는 먼저 오위업(매촌은 그의 호)을 들 수 있다.(言古學長慶體 而出以博麗 本朝首推梅村)"고 말했다. 이를 통해서도 오위업이 장경체를 배워서 발전, 변화시킨 사실을 알 수 있는데, 이 때문에 후세 사람들 가운데에는 이를 매촌체(梅村體)라고 부른 이도 나오게 되었다. 매촌체는 사실상 장경체의 변격이라고 할 수 있다.

장경체의 특징은 크게 세 방면으로 정리할 수 있다. 내용상으로 볼 때 시대적 사건들이 주로 묘사된다는 점이다. 전형적인 인물이나 사건을 먼저 취재한 뒤 아녀자들의 이별하고 만나는 슬픔과 기쁨 등의 심정을 시화하여 시대상을 이해하고 사회 상황을 인식하는 데 도움이 되는 주제를 선정하고 있다. 예컨대 「장한가」와 「비파행」은 궁중에서 황제(玄宗)와 애첩(楊貴妃) 사이에 일어난 슬픈 비극을 다루는 한편 민간에서 노래하는 여자의 비참한 신세를 그리기도 하는데, 장경체는 이 두 주제를 즐겨 사용하였다. 형식상으로 보면 7언가행으로 되어 있다는 점이다. 비록 고체(古體)에 속하지만 율구(律句)를 많이 사용하고 사이마다 대구를 이용하고 있는데, 근체시처럼 엄격한 격률을 요구하지는 않았다. 동시에 몇 구에 한 번씩 운을 바꾸고 평측성의 운을 간격을 두고 사용해서 음조의 조화와 원활한 전환을 꾀하면서 변화를 강조하였다. 이 때문에 사람들은 이것을 7언신조(七言新調, 朱自清의 『당시3백수지도대개(唐詩三百首指導大槪)』)라고 부르기도 하였다. 표현 수법이나 언어 풍격상으로 보면 상세하게 묘사하는 기법을 중심으로 삼으며 자잘하게 부연하는 방법을 써서 서사와 서정이 상호 결합되도록 주의를 기울였다. 언어적 측면에서는 풍부하고 다채롭기를 추구하였고, 아름답고 고우면서 구성지고 멋드러진 가락이 스며들도록 배려하였다. 원매는 「방원유산논시(仿元遺山論詩)」 제2수에서 "살아서 천보년의 난리를 만나더니, 오묘하게 백거이(향산은 그의 호)의 장경편을 읊조렸다. 오위업같은 마음이 목석인 사람마저도 한 번 읽고 구성진 가락에 빠져들게 하였네.(生逢天寶離亂年 妙詠香山長慶篇 就使吳兒心木石 也應一讀一纏綿)"라고 노래했는데, 장경체의 언어적인 특징을 지적한 말이다.

옛 사람들은 장경체에 대해 각기 다른 입장을 제시하였다. 예컨대 기윤(紀昀, 1724-1805)은 『영규율수간오(瀛奎律髓刊誤)』에서 백거이의 7언율시 「항주(杭州)」를 평하면서 "이것이 바로 장경체(此所謂長慶體也)"라고 칭송하였다. 『사고전서총목(四庫全書總目)』에서는 범성대(范成大, 1126-1193)의 5언고시 「서강유단작행(西江有單鵲行)」과 「하돈탄(河豚嘆)」에 대해 "아울러 장경의 체제가 뒤섞여 있다.(兼雜長慶之體)"고 평했다. 이는 7언율시와 5언고시도 장경체로 본 사실을 말해준다. 이는 후세에 통용된 장경체의 개념과는 다른 점이 있다. 장경체는 청말까지 영향력을 행사해 왕국유(王國維, 1877-1927)의 「이화원사(頤和園詞)」 또한 장경체를 모방한 작품이다.(임종욱)

백거이(白居易), **원진**(元稹), **장한가**(長恨歌), **비파행**(琵琶行), **연창궁사**(連昌宮詞), **백씨장경집**(白氏長慶集), **원씨장경집**(元氏長慶集), **대복고**(戴復古), **유극장**(劉克莊), **후촌시화**(後村詩

話), 매촌체(梅村體)

참고문헌
임종욱, 『동양문학비평용어사전-중국편』, 범우사, 1997.
_____, 『중국의 문예인식』, 이회, 2001.
_____, 『중국문학에서의 문장체제 인물 유파 풍격』, 이회, 2001.
주훈초, 『중국문학비평사』, 이론과실천, 1992.

장르(Genre)

르네 웰렉과 오스틴 워렌이 정확히 천명하고 있는 것처럼, 문학의 형식은 하나의 제도이다. 제도로서의 문학은 개별적인 작가를 규제하기도 하고 동시에 작가에 의해 규제받기도 하면서 다양한 양식으로 분화, 정립되어 왔는데 이것을 장르라고 한다. 종류를 뜻하는 프랑스어에서 비롯된 이 용어는 이론적으로는 특정 작품의 독특한 운율이나 구조와 같은 외적 형식과 주제 및 독자에 대한 태도를 포괄하는 내적 형식에 바탕을 둔 문학작품의 분류라고 할 수 있다. 그리고 문학이라는 다양한 현상을 질서 있게 분류하고자 하는 다양한 분류의 원칙으로부터 장르론이라고 하는 독특한 문학연구의 영역이 발생한다.

문학적인 기본 형식은 문학적 의사소통에서 가장 보편적인 유형으로 이해되고, 이 유형들은 다시 여러 가지 다양한 역사적 장르의 형상으로 구체화된다. 역사적인 장르가 시간과 공간에 연결되어 있는 문학적인 의사소통인 것과 비교해, 문학적인 기본 형식은 특정 형식의 명명의 문제와 정당성에 관한 것으로 이론적 장르라고 부르기도 한다. 개별적인 기본 형식의 본질과 분류에 대해서는 다양한 이론들이 있지만 대체로 문학 장르를 서정시, 서사시, 드라마로 나누는 삼분법이 세계문학을 포괄하는 데 있어서 가장 적당하고 유용한 것으로 인정받고 있다.

플라톤과 아리스토텔레스가 모방의 양식과 모방의 대상에 의해 문학을 서정시와 서정시, 그리고 드라마로 분류한 이래로, 르네상스기와 신고전주의 시대를 거치면서 서구의 많은 이론가들이 각기 다양한 원칙 하에 문학장르를 구별해왔는데, 그 중에서도 대표적인 장르이론가들을 들자면 에밀 슈타이거(Emil Staiger)와 자이들러(Herbert Seidler), 그리고 노드롭 프라이(Nothrop Frye))와 폴 헤르나디(Paul Hernadi) 등을 들 수 있다. 슈타이거는 서정, 서사, 극이라는 기존의 장르에 속하는 모든 작품들은 다소간 '서정적', '서사적', '극적'이라고 하는 형용사에 의해 표현되는 관념들을 다소 일관되게 담고 있다고 주장함으로써 절대적인 문학 분류법에 도전했으며, 자이들러는 이른바 교훈문학을 제시함으로써 기왕의 완고한 삼분법에 불만을 표시했다.

한편 노드롭 프라이는 기존의 장르 구분이 문학사를 전혀 고려하지 않고 대상을 지나치게 단순화시키고 있다고 비판하면서, 작품 속에 묘사된 세계와 인물들의 본성에 따라 문학의 양식(mode)을 다시 정의하여 신화, 로망스, 상위모방, 하위모방, 아이러니 등의 5분법을 제시하였는데, 그의 이런 분류는 인류의 근본적 신화라고 생각되는 봄, 여름, 가을, 겨울의 네 계절에 관련된 신화가 문학의 4대 장르의 원형이라고 하는 신화 비평적 관점을 보여주고 있다. 한편 헤르나 디는 이른바 초장르(beyond genre)의 입장에서 선행 장르 이론들을 종합하여 주제적 · 극적 · 서 사적 · 서정적 담화양식, 주석적 · 인물 쌍방적 · 이중적 · 사적 시점, 비극적 · 희극적 · 희비극 적 정조, 동심원적 · 동적 · 총괄적 범위 등을 고려한 다원주의적인 장르론을 개진하고 있다.

이런 장르 이론의 역사는 고전적인 장르 이론일수록 장르의 순수성과 명료성을 다소 처방적 (處方的)으로 고집했던 반면, 현대로 올수록 장르의 개방성을 인정하고 가능한 여러 종류의 작 품들의 특성을 있는 그대로 존중하면서 설명하고자 하는 기술적(記述的) 이론으로 변해가고 있 다는 것을 알려준다. 오늘날의 문학적 상황 또한 다양하고 수많은 시학적 관점에 따라 기존의 장 르 분류법에 포괄되지 않는 작품들이 양산되고 있는 실정을 감안하면, 문학의 장르는 앞으로도 다양한 분류법이 개발되고 또 그에 따라 보다 융통성 있는 이론으로 정립되어야 한다는 것은 쉽 게 알 수 있다. 결국 문학의 장르에 대한 올바른 이해와 연구는 독단적 도식화나 고정된 개념의 틀에 얽매이는 것을 거부하고 다원적이고 융통성 있는 태도를 견지해야 하는 것이다.(김경수)

장르, 양식, 문학사, 관습

참고문헌
노드롭 프라이, 『비평의 해부』, 임철규 역, 한길사, 1982.
르네 웰렉 · 오스틴 워렌, 『문학의 이론』, 김병철 역, 을유문화사, 1982.
빅토르 츠메가치, 『현대문학의 근본개념사전』, 류종영 외 역, 솔출판사, 1996.
윌리스 마틴, 『소설이론의 역사』, 김문현 역, 현대소설사, 1991.
폴 헤르나디, 『장르론』, 김준오 역, 문장사, 1983.

장르 비평(Genre Criticism)

문학작품들을 공통된 특성에 따라 분류하고 그 체계 안에서 작품의 의미와 가치를 설명하려는 비평, 즉 장르에 의거한 비평을 장르 비평이라고 부른다. 장르를 구분하고 질서화 하는 이론적 작 업과 그에 기반 하여 이루어지는 실제 작품비평이 모두 장르비평에 포함된다. 때문에 장르 비평 을 위해서는 문학의 체계를 세우는 일정한 기준, 즉 각 장르 규정의 방법이 우선적 문제로 제기된 다. 한국의 장르비평은 아리스토텔레스(Aristoteles), N. 프라이(N. Frye), G. 루카치(G. Lukacs) 등 의 서구 장르 이론에 크게 영향을 받았으며, 주로 2분법, 3분법, 4분법 등의 체계로 논의되어왔다.

장르(genre)는 프랑스어로 문학의 종류를 뜻하는 말인데, 분류의 기준은 작품간의 '유사성'에 서 찾아진다. 폴 헤르나디(Paul Hernadi)는 장르를 가르는 유사성의 기준을 네 가지로 보는 전통 적 관점을 따르면서, 이에 따라 장르 비평도 크게 네 가지 유형으로 나눌 수 있다고 설명한다. 작가의 정신적 태도, 예컨대 인생관과 세계관의 유사성(표현론), 문학이 독자에게 끼치는 효과 의 유사성(효용론), 언어 매체나 형식의 유사성(구조론), 작품이 반영한 세계의 유사성(모방론) 등 어느 것에 비평가가 초점을 두느냐에 따라 장르 비평의 유형이 나뉜다는 것이다. 그러나 어느 하나의 접근방식에 지나치게 치우친다면 '의도적 오류', '감상적 오류', '독단론적 형식주의', '메시지 및 제재에 대한 선입관' 등의 함정에 빠지게 될 수도 있음을 지적하고 있다.

김윤식은 20년 전후 한국 현대 문학에서 서정시가 주류가 되었던 현상을 사회·역사적 장르 비평의 관점(모방론)으로 설명한다. 20년 전후는 생의 순간적 파악만이 가능한 시대였기 때문에 서정시가 주류적 장르로 선택된 것이라면, 20년대 중기 이후는 개인과 사회의 동시 파악이 가능했고 사회의 진행 방향성이 드러나는 때이므로 서사 문학의 선택이 강요되었다는 것이다. 염상섭의 『삼대』를 필두로 30년대에 장편소설이 주류가 되는 현상도 이러한 장르 비평적 관점에서 설명된다. 장르 비평이 문학사를 서술하는 중요한 방법론의 성격을 지니고 있음을 보여주는 사례다.(배수정)

장르, 표현론, 효용론, 구조론, 모방론

참고문헌
폴 헤르나디, 『장르론』, 김준오 역, 문장사, 1983.
김준오, 『한국 현대 장르 비평론』, 문학과지성사, 1991.

장르영화

표현의 동기와 방식에 따라서 흔히 영화는 장르영화와 작가주의(auterism) 영화로 구분될 수 있다. 장르영화는 주제, 양식, 극적 구성, 분위기 등의, 유사하고도 인습적인 성격으로 분류되는 영화를 말한다. 이를테면, 서부영화, 뮤지컬영화, 액션영화, 스릴러, 에로물, SF, 호러무비, 로맨틱 코미디 등등의 영화가 장르영화이다.

장르영화는 포뮬라(formula), 컨벤션(convention), 아이코노그래피(iconography)라는 세 가지 내적 요소를 지니고 있다. 그것의 특징은, 관습들을 유형화하고 반복하는 것, 영화가 제기하는 문제들을 단순명쾌하게 해결하는 것, 감독이 스튜디오에 의해 지배되는 것으로 요약될 것 같다.

장르는 영화의 경제학, 메시지 생산이라는 사회적 욕구, 테크놀로지의 유의미한 실천들을 망라하는 정밀한 기능을 수행한다. 이것은 보증된 생산품을 기다리고 있는 고객에게 전달하는 특정한 공식들의 그물망이다. 장르는 그 장르 자체를 소비하기에 적합한 관객층을 구성한다. 또한 장르는 욕망을 구축한다.

따라서, 장르영화는 문화 변동의 한 척도가 된다. 관객은 변화 속에 반영된 사회의 가치관을 장르영화를 통해 보게 된다. 대중문화의 흐름이 잘 감지되고 있는 장르영화는 사회에서 제기한 문제에 대한 제 나름의 응답이라고 할 수 있다.(송희복)

장르, 관습, 스튜디오, 문화변동, 대중문화.

참고문헌
그래엄 터너, 『대중영화의 이해』, 임재철 역, 한나래, 1994.
토마스 샤트, 『할리우드 장르의 구조』, 한창호 역, 한나래, 1995.

장면

영화의 화면은 영사막에 비친 사진의 면을 뜻한다. 화면은 정지된 화면과 움직이는 화면으로 나누어진다. 정지된 화면을 가리켜 화면이라고 한다면, 동영상의 화면을 두고 우리는 흔히 장면이라고 한다. 사실은 화면과 장면은 비슷하거나 같은 말인데도 불구하고 말이다. 정지된 화면으로서의 프레임과, 움직이는 장면으로서의 쇼트 / 씬 / 시퀀스의 개념을 다음과 같이 설명될 수 있다.

프레임은 화면이다. 사진이나 그림에서 보여주는 액자를 연상하면 된다. 모든 영상은 화면이라는 액자 속에 갇혀 움직이는데 영화의 프레임이 그림이나 사진과 구별되는 것은 그것이 고정되어 있지 않고 유동적인 흐름들이 묶여져 하나의 화면을 이룬다는 것이다. 즉, 프레임은 필름을 구성하고 있는 연속적인 이미지들 중의 하나이자 그 최소 단위이다. 영화의 화면은 초당 24개의 프레임으로 구성된다. 그렇다면 러닝 타임이 90분인 영화가 되기 위해선 약 13만의 개별적인 프레임의 구성이 필요하다는 얘기가 된다.

쇼트(Shot)는 서술의 차원이기보다 기계적인 특성에 의해 결정되는 용어이다. 촬영할 때 끊기지 않고 한번에(단숨에) 찍은 필름의 조각(테이크)을 가리킨다. 글쓰기에 있어서, 씬이 문장이라면 쇼트는 단어이다.

씬(Scene)은 같은 장소에서 하나의 사건이 마무리되는 장면이다. 대체로 몇 개의 쇼트가 모여 하나의 씬을 이루지만, 때로는 하나의 쇼트가 하나의 씬을 이룰 때도 있다.

시퀀스(Sequence)는 이야기의 단락에 따라 정해지는, 좀더 큰 단위를 지칭한다. 씬이 시공(時空)의 제약을 받는 영화적 단위라면, 시퀀스는 시간, 장소, 액션의 연속성을 통해 하나의 에피소드가 시작되고 끝나는 독립된 구성 단위이다. 이것은 영화를 분석하는 이의 시각에 따라 달라질 수도 있다.(송희복)

프레임, 쇼트, 씬, 시퀀스

참고문헌
이승구 외, 『영화용어해설집』, 영화진흥공사, 1990.
송희복, 『영상문학의 이해』, 도서출판 두남, 2002.

장소

이-푸 투안은 『공간과 장소』에서 공간은 장소보다 추상적이며 공간에 가치를 부여함으로써 장소적 의미를 획득한다고 설명하였다. 공간에 비해 장소는 보다 안정감을 주는 고향과 같은 의미이며 이에 따라 개인의 기억 및 정체성과 밀접한 관련을 맺는다. 이처럼 장소/공간이란 '객관적 실재'로서의 변함없는 자연(nature)이라기보다는 오히려 '행위나 관계로 가득한 장(場)', '기억과 상상력의 장'을 의미한다. 문화정치적 기획 내에서의 장소/공간이론은 특정한 지향성(intentionality)을 가진 채 "주체를 영토화"하거나 혹은 "주체를 특정한 지형적 위치와 동일시"

하려는 의도 속에서 생산되고 있다.

장소는 탈식민주의론에서도 중요하게 다루어진다. 식민주의가 국가 주권을 국경 외의 영역이나 사람들에 대해서 확대하는 정책 활동과 그것을 정당화하는 사고 체계를 말한다면, 탈식민의 시대에도 여전히 남아있는 공간의 분할과 공간 내의 혼종적 문화 양상은 중요한 분석 대상이 되기 때문이다. 탈식민주의적 시각에서 바라보는 장소는 문화적 가치들이 서로 겨루는 갈등의 터전(site of struggle)이며 또한 그 가치들이 구체화되어 드러나는 재현의 현장(site of representation)이 된다. 1980년대 이후 서구의 문화이론은 제3세계 재현에 나타난 오리엔탈리즘적 시선에 대한 분석 및 제3세계의 문화 연구에 몰두하고 있다. 문화적 가치의 충돌과 혼종은 특수한 공간 내에서 형성, 발현되며 장소 표상을 통해 가치의 충돌과 혼종의 양상이 재현되기 때문이다.

장소(성)의 문제란, 푸코 식으로 이야기하면 권력과 깊이 연관되어 있다. 언제 어디서나 작동하고 있는 감시의 시선(panoptic view)을 기초로 공간을 조직하고 통제하는 규율 권력의 특성을 환기한다면, 그것은 오히려 근대적 규율 지배의 핵심을 구성하는 요소라고 할 수 있다. 공간성이란 근대 민족/국민국가의 통치권 혹은 주권성의 성립과 불가분의 관련을 맺고 있으며, 한 발 더 나아가 민족주의와 민족 담론 그 자체를 구성하는 까닭이다.(차성연)

참고문헌
이-푸 투안, 김동회·신승희 역, 『공간과 장소』, 대윤, 2007.
고부응 외, 『탈식민주의: 이론과 쟁점』, 문학과지성사, 2003.

장엄 ☞ 숭고

장원제 ☞ 봉건제

장편소설(長篇小說, novel, full−length novel)

장편소설의 양적 기준을 잡는 것은 쉽지 않다. 장편은 단행본으로 처리할 수 있는 최소한의 양을 하한선으로 잡고 있다. 단행본의 크기가 여러 가지인 이상, 장편소설의 적정선을 정하는 것은 쉽지 않지만 출판계의 통념에 부합하는 단행본이 되려면 200자 원고지 700-800매는 필요할 것이다. 한국소설은 1960년대까지 단편소설 중심의 길을 걸어 왔다. 서양이 장편 중심의 소설사를 펼쳐 온 것과는 좋은 대조가 된다. 한국에서는 근대이후의 소설을 가리키는 노벨(novel)을 단편과 장편을 포괄하는 명칭으로 사용하는 경향이 있지만 서양에서는 노벨은 장편소설을 가리키는 것으로 되어 있다. 단편소설은 쇼트 스토리라고하여 노벨과 분명히 가려서 쓰고 있다. 단편소설과 장편소설은 여러 각도에서 대비해 볼 수 있다. 어빙 부첸(Irving Buchen)은 「초소설의 미학」이라는 글에서 완성미라는 것은 단편소설에만 있는 것으로, 단편소설이 잘 꾸며져 있는 방 같은 것이라면 장편소설은 창고와 같은 것이라고 비유하였다.

　김남천은 「소설의 운명」(1940)에서 근대적 시민사회와 장편소설의 관계를 강조하는 의미에서 장편소설이란 말 대신에 "시민장편소설"이라고 하였다. 서양의 근대장편소설의 전개양상을 시민사회의 축적의 시대(데포, 필딩, 스몰레트), 시민사회의 진보적 적극적 원리의 강조, 시민사회의 모순의 노정, 발자크가 장편소설양식을 완성하는 시대(괴테, 스탕달), 자연주의와 시민의식의 옹호가 시험되는 시대(에밀 졸라), 장편소설 형식의 붕괴의 시대(조이스, 프르스트, 고리키)로 정리하였다. 이상과 같은 서구의 장편소설의 역사는 리얼리즘의 생성과 전개 그리고 쇠퇴의 과정과 일치한다.

　알베르토 모라비아(Alberto Morabia)는 「단편소설과 장편소설」이란 논문에서 단편소설과 비교하는 방법을 취함으로써 자연스럽게 장편소설의 특징을 찾아내었다. "문학적 방법의 면에서 단편소설은 장편소설보다 순수하고 본질적이고 서정적이고 집중적이고 절대적이다. 반면 리얼리티의 표현 면에서는 장편소설은 단편소설보다는 깊고 복잡하고 변증법적이고 다면적이고 형이상학적이다. 단편소설은 서정시가 되려는 경향이 있는 반면, 장편소설은 에세이나 철학적 담론과 어깨를 맞대는 경향이 있다"와 같은 설명을 통해서 장편소설의 특징이 선명하게 드러나게 된다.

　최재서는 「중편소설에 대하야」(1937)는 단편소설의 한계와 장편소설의 대중화경향을 극복하자는 취지에서 중편소설의 양식을 제시한 것으로, 장편소설의 요건으로 긴 매수와 그에 따른 노력, 인물이나 사건의 철저한 묘사의 필요성, 흥미제공 등을 제시하면서 단편소설이 작가자신의 소설이라면 장편소설은 독자대중의 것이라고 재미있게 대비하였다. 2년 후에 발표된 「장편소설과 단편소설」(1939)에서는 단편소설과 장편소설을 여러 각도에서 비교한 다음 장편소설에 대해 "공간성을 넓혀 자연 사회성을 부여하고 시간성을 넓혀 역사성을 부여하는 양식"이라고 정리하였다. 김남천은 「조선적 장편소설의 일고찰」에서 로만은 자본주의 사회에서 가장 전형적인 문학양식이며 로만은 시민사회의 모순과 갈등의 현현형식이라는 인식에서 출발한다. 유럽에서와 같은 로만의 왕성을 왜 조선 땅에서는 보지 못하는 것인가 하는 의문을 반복제시하였다. 김남천은 통속소설, 대중소설, 순수예술소설을 장편소설의 왜곡현상으로 보았다.

　백철은 「종합문학의 건설과 장편소설의 현재와 장래」(1938)에서 헤겔, 루카치 등과 같은 외국이론가와 임화, 한설야, 김남천 등과 같은 국내이론가의 장편소설론을 종합하고 난 후 근대적이며 종합적인 소설양식으로서의 장편소설을 제시하였다. 백철이 이 가운데서도 더욱 역점을 둔 것은 "과거의 문학형식의 총양기적(總揚棄的) 의미로서의 장편소설"이었다. 백철은 장편소설은 그릇이 크기 때문에 모든 문학양식을 다 담을 수 있는 만큼 완성도가 높은 문학양식이라고 주장하였다. 이런 주장은 "시와 단편과 희곡과 수필과 일기와 논문까지를 합류하여 일체를 이

룬 장편을 지향해야 한다"는 주장으로 이어지고 있다.(조남현)

단편소설, 중편소설, 대하소설, 노벨

참고문헌

김남천, 「소설의 운명」, 『인문평론』, 1940. 11.

백철, 「종합문학의 건설과 장편소설의 현재와 장래」, 『조광』, 1938. 8.

조남현, 『소설원론』, 고려원, 1982.

_____, 『소설신론』, 서울대 출판부, 2004.

최재서, 「중편소설에 대하여」, 『조선일보』, 1937. 1.30.

Alberto Morabia, "The Short Story and the Novel", Short Story Theories, edited by Charles E. Mary, Ohio University Press, 1969.

장회소설(章回小說)

중국의 고전장편소설을 지칭하는 용어인데, 한 작품이 일정 수의 단락으로 나뉘는 체재를 가졌기 때문에 비롯된 명칭이다. 명대 이후 중국의 고전 장편소설은 보편적으로 장회소설의 형식을 채용하였다. 장회소설의 단락은 회(回), 칙(則), 단(段), 절(節) 등으로 불리는데, 회(回)가 가장 많이 쓰이는 용어이다. 각 단락의 제목은 회목(回目)이라고 부르는데, 장회소설의 매 회는 고유한 제목을 가지고 있다.

이 형식은 설화인의 구두공연의 흔적이라고 할 수 있다. 화본 <연옥관음(碾玉觀音)>은 上, 下로 나누어져 있는데, 이는 이야기가 길어 두 번으로 나누어 공연했던 흔적으로 보인다. 즉 등장인물이 많고 서술되는 내용이 복잡한 장편의 이야기는 한차례의 공연으로는 이야기를 마칠 수 없었기에 이야기를 몇 토막으로 나누어 공연할 필요가 있었을 것이며, 이렇게 하여 하나의 작품을 몇 개의 단락으로 나누는 체제가 비롯되었을 것이다. 후대의 백화 장편소설이 매 회를 "다음번의 이야기를 들어보시오"라는 의미의 상투어로 끝내는 것은, 여러 번으로 나누어 공연했던 흔적이 보존된 것이다. 장회소설은 대개 관건이 되거나 긴장이 고조된 부분에서 단락을 나누고 있는데, 청중들이 흥미진진해하는 대목에서 공연을 중단함으로써 다음 공연에 보다 많은 사람을 모을 수 있었기 때문이었던 것으로 짐작된다.

장회소설의 형식은 출발에서 완성까지 장기적인 발달 과정을 거쳤는데, 이미 송원시대의 장편 화본(話本)으로부터 장회소설의 초기 형태를 찾아볼 수 있다. 송대에 간행된『대당삼장취경시화(大唐三藏取經詩話)』는 上, 中, 下 3卷의 17 단락으로 구성되어 있는데, 첫 번째 단락은 제목이 붙여져 있지 않지만, 두 번째 단락부터 17번째 단락까지는 "가는 도중 원숭이 행자를 만나는 곳, 두 번째(行程遇猴行者處第二)", "대범천왕궁에 들어가다, 세번째(入大梵天王宮第三)" 식으로 매 단락마다 제목과 순서가 명시되어 있다. 소설사에서 볼 때 최초로 회를 나누고 회목을 붙인 형식인 것이다.

원대 지치(至治)년간에 간행된『전상평화오종(全相平話五種)』에서도 작품이 단락으로 구분되는 흔적을 볼 수 있다. 이 작품은 회를 나누지 않았고 회목도 없지만, 각 페이지의 위쪽에 그려져 있는 삽화의 제목이 붙여져 있어 회목과 비슷한 역할을 하고 있음을 볼 수 있다. 또한 『전상평화5종』 중의 하나인 『악의도제칠국춘추후집(樂毅圖齊七國春秋後集)』은 상, 중, 하 3권으로 나뉘어져 있고, 각 권마다 내용에 따른 소제목이 붙여져 있어서, 역시 하나의 이야기를 몇 단락으로 구분하는 방식을 엿볼 수 있다.

『대당삼장취경시화』에서 이미 초기적인 형태가 갖추어지기 시작한 장회형식은 명청대의 장편소설에 이르러 보편적으로 채용되었다. 명대 가정(嘉靖) 임오년(壬午年, 1522)에 간행된 『삼국지통속연의』에 이르자 한 편의 작품을 240권 240칙으로 나누었으며, 매 칙의 길이는 비슷하고 '제천지도원결의(祭天地桃園結義)'와 같은 칠언단구(七言單句)의 회목을 붙였다. 장회소설의 체제가 대체적으로 형성되기에 이른 것이다. 다시 만력(萬曆) 경술년(庚戌年, 1620)에 간행된 『이탁오비평삼국지(李卓吾批評三國志)』에 이르자 권수(卷數)를 표기하지 않은 120회 본으로 개편되면서 회목이 쌍구(雙句)로 바뀌었다. 즉 작품에서 권수가 사라지고 직접 회를 표기하게 된 것이다.

초기의 회목은 단어로 되어 있거나 상·하의 대구가 정교하지 못하는 등 아직 정리되지 못한 형태를 보였는데, 시대가 흘러감에 따라 정치하여 졌으니 명말청초에 이르자 정연한 짝수구를 채용하는 고정된 형식을 갖추어 나갔다. 두 구로 된 회목은 일반적으로 대구를 이루며, 해당 회의 중요인물과 사건을 개괄하는 내용으로 이루어져 있다. 장회소설이 회목을 붙이게 된 것은 송원남희와 원잡극에서 쓰인 '제목정명(題目正明)'의 영향을 받은 것이라고 한다.

장회소설의 매 단락은 시작과 결말을 구비하고 있으며, 상당히 강한 독립성을 갖추고 있다. 이같은 체제는 중국의 고전 장편소설이 성장하여 온 과정과 무관하지 않은 것으로 보인다. 『삼국연의』나 『수호전』과 같은 작품들은 오랜 동안 민간의 구두전승을 통하여 만들어져 온 이야기를 나관중(羅貫中)이나 시내암(施耐庵)과 같은 이들이 집대성한 결과 출현한 작품들이다. 『삼국연의』의 경우 『삼국지』 이야기를 소재로 한 연극인 '삼국희(三國戲)' 60여종이 원대에 이미 만들어졌다고 한다. 『수호전』의 경우 『청면수(青面獸)』, 『화화상(花和尙)』, 『무행자(武行者)』, 『석두손립(石頭孫立)』 등의 단편 설화가 송대에 만들어졌으며, 장편화본인 『대송의화유사(大宋宜和遺事)』에도 양산박(梁山泊) 이야기가 들어 있었고, 수호희(水滸戲)로는 3여 종이 원명대에 걸쳐 만들어졌다고 한다.

이처럼 독립적으로 존재하던 이야기들이 모여서 하나의 장편작품으로 엮어지게 되었기 때문에 후대 장편소설의 단락들은 상당히 강한 독립성을 갖게 되었으며, 한 회 또는 몇 회를 묶으면 하나의 개별적인 작품으로 분리될 수도 있었다. 예컨대 『삼국연의』 가운데 '도원결의(桃園結義)'나 '적벽대전(赤壁大戰)' 이야기가 개별적으로 통용되는 것이 그 예이다. 특히 『수호전』의 전반부가 그러한데, 양산박의 두목들이 산채로 들어가게 된 과정을 쓰고 있는 이 부분에서는, 한 인물이 자신의 사건을 전개하다가 사라지고 나면, 다음 인물이 등장하여 다시 그 자신의 사건을 펼치는 형식을 취하고 있어서, 작중 인물들에 관한 단편 작품들을 사슬식으로 엮은 형식을 취하고 있다. 즉 먼저 등장한 사진(史進)이 작품에서 사라지면, 노달(魯達)이 등장하여 활약하고, 노달이 사라지면 임충(林忠)이 등장하여 활약하는 형식을 취하고 있다. 뒤집어 말한다면 호걸들만 나타나주면 『수호전』의 이야기는 얼마든지 계속될 수 있으며, 요괴들만 등장하여 준다면 『서유기』의 손오공(孫悟空)은 끝없는 모험을 계속할 수 있다. 장회 형식은 장편으로서의 유기적인 통일성은 떨어지지만, 방대한 인물과 사건을 담기에는 매우 편리한 형식인 것이며, 파란만장한 사건을 즐기는 오락물이었던 중국의 고전 백화소설이 발명해 낸 독특한 형식이다.(위행복)

장회소설, 남희, 의화본, 잡극, 화본, 설자

참고문헌
김학주 저, 『중국문학개론』, 신아사, 1983.
중국소설연구회 편, 『중국소설사의 이해』, 학고방, 1994.
양회석 저, 『중국희곡』, 민음사, 1994.

재단비평(裁斷批評, Judicial criticism)

재단비평은 작품에서 느껴지는 주관적인 인상을 강조하는 인상비평과는 달리 과학적인 설명 방법을 문학비평에 적용하여 객관적 판단기준에 따라 평가하려는 비평경향이다. 그러므로 재단비평은 객관적 비평(objective criticism)이라고도 하며, 다음과 같은 두 가지 태도에 토대를 두고 있다. 첫째, 문학작품은 하나의 우연적인 사실이고, 역사적·사회적·심리적인 인간의 소산이며, 이러한 사실은 비평에 의해서 해석되지 않으면 안 된다. 둘째, 비평가의 판단은 객관적인 판단이어야 하며, 판단의 기준은 해석 그 속에서 나오지 않으면 안 된다. 이와 같은 태도로 인하여 재단비평은 작품에서 받은 감명이나 인상 등을 전혀 무시해 버리고 객관적인 평가를 한다.

빌레맹(Villemain)은 객관적인 비평의 방법에 대하여 "비평은 역사와 마찬가지로 모든 정념(passion)이나 이해관계를 초월하여 모든 가능한 과학적인 방법을 적용한 것이어야 한다. 이것이 과학적인 비평이다."라고 언급한 바 있다. 이러한 입장에 섰던 비평가는 애디슨(Addison), 존슨(Johnson), 포프(Pope), 볼테르(Voltaire) 등 고전주의 비평에 속하는 형식적 비평가와 빌레맹(Villemain), 테느(Taine), 브룬티에르(Bruntiere) 등이 있으며 그들의 비평은 모두가 공식적인 기준에 의하여 객관적으로 작품을 비평한다는 것이며, 객관적 기초 위에 비평의 과학을 세우려는 노력과 장르의 진화를 주장한 테느나 부룬티에르 등은 특기할만하다.

따라서 인상비평이 주관적인 인상비평에서 오게 마련인 개인 취미나 견해에 따른 속단과 정실주의(情實主義)의 폐단이 있다면, 객관적인 재단비평이 범하기 십상인 것은 지나친 틀에 의한 기계적 공식주의(公式主義)이다. 재단비평은 역시 절대주의적인 틀을 만들어 놓고 그 규칙에 맞춰서 문학작품 등을 기계적으로 평가하려는 것이 재단비평의 속성이므로 불합리한 점이 적지 않다. 이를테면, 고전주의 비평의 경우, 그리스 시대 아리스토텔레스가 『시학』등에서 제시했던 바, 극은 동일한 장소에서 동일한 인물이 하루 동안에 일어난 것에 충실하여야 한다는 삼일치(三一致)를 지나치게 준수하는 낡은 비평 방법 등이 그 보기에 해당된다.(이명재)

과학적 태도, 객관적 비평, 기계적 공식주의, 연역적 비평

참고문헌
구인환·구창환, 『문학개론(제 2판)』, 삼영사, 2002.
이명섭 편, 『世界文學 批評用語 事典』, 을유문화사, 1985.
이명재, 『문학비평의 이론과 실제』, 집문당, 1997.

재생산(再生産, novel, full-length novel)

어떠한 형태의 사회에서도 사회가 존속하기 위해서는 소비가 끊임없이 계속되어야 하기 때문에 생산 또한 계속되지 않으면 안 된다. 생산의 반복과 그것에 따르는 소비의 반복과정을 사회적 재생산과정이라고 한다. 즉 재생산은 생산이 끊임없이 반복, 갱신되는 것을 의미하는데, 재생산이 동일한 규모로 행해질 때 그것을 단순재생산이라고 부르고, 확대된 규모로 이루어질 때 확대재생산이라고 부른다.

자본주의 사회에서 기본적인 생산관계는 자본가 계급과 노동자 계급간의 관계(자본관계)이며 자본주의적 재생산과정은 이 자본관계의 재생산과정을 가리킨다. 자본가는 투하한 자본 중 일부를 생산수단으로, 다른 일부를 노동력으로 형태전환한 후 이들 두 생산 요인을 결합하여 생산한 생산물 전체를 자기 수중에 넣는다. 이 생산물 가운데는 생산수단에 투하된 불변자본가치와 노동력에서 형태 전환된 가변자본가치 이외에도 잉여가치가 포함되어 있다. 그것을 판매함으로써 자본가 계급은 투하한 자본을 회수하는 동시에 자본을 축적한다.

한편 노동자 계급은 노동력을 자본가에게 판매한 대가로 임금을 받고, 그 돈으로 자본가 계급으로부터 소비 자료를 구입, 소비하여 가족과 자신의 노동력을 재생산한다. 그러나 노동자 계급이 자본가 계급으로부터 구입하는 소비 자료는 노동자가 자신의 노동으로 생산한 생산물의 일부에 지나지 않는다. 더욱이 노동력이 재생산됨과 동시에 소비 자료는 소비되어 버리기 때문에 노동자는 다시 자신의 노동력을 상품으로 판매해야 하는 처지에 빠지게 된다. 노동력은 이러한 방식으로 재생산된다. 그렇기 때문에 생산수단도 소비 자료도 갖지 못한 무산의 임노동자가 존재하는 것이야말로 자본주의적 생산이 이루어지기 위한 사회적 전제조건이 된다고 볼 수 있다. 이 전제조건 자체가 자본주의적 재생산과정에서 부단히 생산되고 재생산되는 것이다.

한국근대문학에서 노동자 계급의 소외 문제는 20~30년대 카프문학에서, 그리고 1970~80년대 노동문학에서 크게 부각된 바 있다. 특히 조세희의 『난장이가 쏘아올린 작은 공』(1978)은 자본가 계급과 노동자 계급의 대립구조와 자본관계의 재생산 문제를 탁월하게 제시한 성공작

으로 꼽힌다.(배수정)

생산, 계급, 자본축적, 잉여가치, 소외

참고문헌

루이 알튀세르·에티엔 발리바르,『자본론을 읽는다』, 김진엽 역, 두레, 1991.

칼 마르크스,『자본론』, 김수행 역, 비봉출판사, 2004.

재성(才性)

사람의 재능과 품성. 조기(趙岐, ?-201)가『맹자(孟子)·고자장구(告子章句)』상편에 나오는 "하늘이 재능을 내리는 것이 이와 같이 다른 것이 아니다(非天之降才爾殊也)"에 대해 주석을 달면서 "하늘이 내린 것이라서가 아니라 재성은 이와는 다른 것(非天降下 才性與之異也)"이라고 한 말에서 처음 등장한다. 위진 시대에 현학(玄學)이 일어난 뒤 재성은 청담(淸談)에서 광범위하게 사용된 문제의 하나가 되었고, 나중에 문학비평에서 이 말이 쓰이자 작가의 재능과 기질을 폭넓게 가리키게 되었다. 재는 천재(天才)와 재능을 말하며, 성은 작가의 기질과 개성을 말한다. 삼국시대 유소(劉邵)는『인물지(人物志)』에서 비교적 주의를 기울여 사람의 재성을 구분하고 있다. 중국의 고대 문학론 가운데 처음으로 작가의 기질과 창작과의 관련성에 대해 논의한 저술은 조비(曹丕)(187-226)의『典論論文』이다. 그는 작가의 독특한 기질과 개성은 각자의 독특한 풍격(風格)을 형성한다고 생각했다. 그러나 그는 작가의 기질과 개성은 선천적인 것임을 지나치게 강조해서, 후천적인 사회적 습득이나 예술에 대한 소양이 작가의 기질이나 개성을 형성하는 데 미치는 영향은 전혀 고려하지 않았다.

유협(劉勰, 465?-520?)의『문심조룡(文心雕龍)』에 이르러 작가의 재능과 개성이 창작과 연관되는 문제에 대한 한 걸음 발전한 인식과 토의가 이루어졌다. 유협은 풍격(風格)이 형성되는 요인을 선천적인 것(情性)과 후천적인 것(陶鈞)으로 나누고, 전자에 있어서는 재성과 기질, 후자에 있어서는 학문과 습성을 들었다. 그리고 재성은 말과 그 뜻(辭理)에, 기질은 행문상(行文上)의 기세(風趣)에, 학문은 사물과 그것이 지닌 의의(事義)에, 습성은 체식(體式)에 각각 영향을 가져온다고 보았다. 그는 풍격 형성의 근본적인 요인은 타고난 재성과 기질에 있지만, 후천적인 학습과 습성은 풍격을 변개(變改)하고 조절하는 데 결정적인 힘을 가지고 있다고 생각했다. 작가는 자기의 재성과 기질에 대한 자각이 있어 그 장점을 조장하고 결함을 제거해서 개성을 살려야 하는데, 이를 위해 학문과 습성의 힘에 의지하지 않을 수 없다는 것이다. 그에 따르면, 한 작가의 작품에 담긴 문체와 이치가 평범하기도 하고 걸출하기도 하며, 작품의 풍격이 굳세기도 하고 부드럽기도 한 것은 모두 작가 자신의 재성과 관련되는 것이다. 작가가 밖으로 표현하는 문채와 풍격은 모두 그의 내부에 자리 잡은 성격이 자연스럽게 반영된 것이다. 작가의 재능과 개성의 발전은 시대 상황과도 불가분리의 관련이 있다. 유협은 전한과 후한, 진나라 때와 건안시대의 창작에 대해 분석을 하면서 전자와 후자가 동일할 수 없는 까닭을 시대마다 다른 기풍에서 영향을 받기 때문으로 정리하고 있다.

유협 이후 재성이 문학과 창작과 풍격에 미치는 연관성에 대한 이론적 논의는 많은 작가와 비평가들에 의해 거듭 연구되고 발전되었다.(이정선)

기질, 개성, 재능, 풍격(風格)

참고문헌
임종욱, 『중국문학에서의 문장체제 인물 유파 풍격』, 이회, 2001.
_____ 엮음, 『동양문학비평용어사전 : 중국편』, 범우사, 1997.
차주환, 『중국시론』, 서울대학교출판부, 2003.

재영토화(Reterritorialization), 탈영토화(Deterritorialization)

탈영토화(deterritorialization)와 재영토화(reterritorialization)는 서로 쌍을 이루는 개념으로, 탈영토화는 하나의 구조나 체계를 벗어나는 것이며 재영토화는 그 벗어남이 새로운 구조나 체계로 다시 나아가는 것을 나타낸다.

영토(territory)는 생산이 이루어지는 환경을 말한다. 영토는 생산에 불가결한 조건이지만, 욕망의 흐름은 끊임없이 새로운 접속, 새로운 환경을 향해 뻗어나가는 경향이 있다. 주어진 영토의 경계를 항상 벗어나려는 운동이 탈영토화인데, 이는 다른 한편에서 새로운 영토의 형성, 즉 재영토화를 예비한다.

들뢰즈(Gilles Deleuze)와 가타리(Fe'lix Guattari)는 이 개념들을 탈코드화(decoding)와 재코드화(recoding)의 다른 명칭으로도 사용한다. 코드(code)는 정보의 전달과정에서 그것을 변환하고 해독하는 규약 혹은 규칙이다. 코드들은 신체에 포획되고 고착되어 일정한 불변적 질서로서 욕망의 흐름을 통제하는데, 이것을 코드화(encoding)라고 부른다. 반면 끊임없이 코드를 벗어나려 하는 분열적 흐름은 탈코드화라고 부른다.

요컨대 코드화 혹은 영토화는 욕망의 흐름을 억압하고 통제하는 과정을 의미하고, 탈코드화 혹은 탈영토화는 억압과 통제를 벗어나 탈주하려는 분열적 흐름은 뜻하며, 이러한 탈주의 흐름을 포획하여 다시 억압하고 통제하는 매커니즘은 재코드화 혹은 재영토화로 불린다. 들뢰즈와 가타리는 코드화와 영토화를 동의어처럼 사용하기도 하나, 엄밀한 의미에서 보면, 욕망을 통제하는 규칙이나 규범은 코드, 통제가 이루어지는 환경이나 제도는 영토로 구별된다.

이때 탈영토화 또는 탈코드화된 욕망의 흐름들을 서로 연결시킴으로써 고착된 사회적 구조에 혁명을 불러일으키는 역할을 하는 것이 있는데 그것은 탈주선이라고 불린다. 탈주선은 탈영토화의 통로로서 기능하며, 무한한 분열증식으로 새로운 욕망의 흐름과 그 대상을 창조해나가는 역동적인 힘이다. 들뢰즈와 가타리는 탈주선을 타고 다른 양식으로 뜻밖의 형태로 언제라도 나타날 준비를 하는 유랑민을 노마드(nomade)라 부르며, 마조크, 프루스트, 카프카 등을 노마드

족에 포함되는 작가로 평가한 바 있다.(배수정)

영토화, 코드화, 노마드(nomade), 탈주선

참고문헌
들뢰즈·가타리, 『천 개의 고원』, 김재인 역, 새물결, 2001.
이진경, 『노마디즘』, 휴머니스트, 2002.

재의미 작용 ☞ 재전유

재전유(再專有, Re-appropriation)

　'재전유'는 문화연구에서 자신이 혼자 사용하기 위해서 허가없이 무엇인가를 차지하는 일을 가리키는 '전유'에서 파생된 말로, '전유된 기호가 차지하는 문맥 또는 맥락을 변경하여 특정한 기호를 다른 기호로 작용하게 만들거나 다른 의미를 갖도록 만드는 행위'를 가리킨다. 문화연구에서 '재전유'는 의미를 다시 규정한다는 의미에서 '재의미작용(resignification)', '브리콜라주(bricolage)'와 함께 사용되고 있다. 브리콜라주는 레비-스트로스가 그의 구조인류학에서 발전시킨 은유로서, 어딘가에서 가져온 품목들을 새롭고 즉흥적으로 다시 전용함으로써 어떤 기계나 설치물을 수리하고 유지할 수 있는 능력을 가진 노동자를 가리키는 브리콜뢰르(bricoleur)에서 파생된 개념이다. 브리콜라주는 문화이론에서 하위문화를 분석하는 데 유용한 개념으로서 일정한 요소들이 지배문화에서 차용되어 그 문화에 도전하거나 그것을 전복하기 위해 반어적으로 병치하는 수법을 구사하며 그 의미들을 변형시키는 과정으로 '재전유'와 거의 등가적인 의미를 가지고 있다.

　재전유, 재의미작용, 브리콜라주 등의 개념은 억압적인 지배문화에 대한 도전과 위반을 특징으로 하는 하위문화의 독특한 존재방식에 대한 문학 및 문화연구, 탈식민주의 이론에서 활용되고 있다. 이 개념은 하위문화에서 서양이 동양을 전유하는 오리엔탈리즘이나 동양이 서양을 전유하는 옥시덴탈리즘, 서구중심주의, 가부장제에 길들여진 남성지배문화 등에 맞서서 반자본주의적인 저항문화나 탈중심적인 하위문화가 보여주는 즉흥적이고 제한된 변형행위의 문화적 정치적 의미를 분석하는 일련의 과정에 활용된다. 일례로, 일부 페미니스트와 페미니즘 문학연구에서 볼 수 있는 여성성의 재전유 방식은 여성성이 가부장제 안에서 형성되었으므로 여성성의 순수성, 진정한 여성성의 존재를 상정할 수 없다는 전복적인 특징으로 나타난다.(유임하)

재의미작용, 브리콜라주, 하위문화

참고문헌
빌 애쉬크로프트 외, 『포스트콜로니얼 문학이론』, 이석호 역, 민음사, 1996.
릴라 간디, 『포스트식민주의란 무엇인가』, 이영욱 역, 현실문화연구, 2000.

재주술화(再呪術化)

베버(Weber)는 근대의 합리화 과정을 설정하면서, 지성화(Intellektualisierung)와 세계의 탈주술화(Entzauberung der Welt)로 압축하여 이해할 수 있다고 한다. 합리화 과정에서 지성화가 갖는 의미는 인간은 원하기만 하면 어느 때라도 지식을 배울 수 있다는 지식에 대한 신념을 나타낸다. 따라서 지식은 신비롭고 계산할 수 없는 힘이 작용하지 않으며, 인간의 계산에 의해 모든 것을 지배할 수 있음을 뜻한다. 이것이 곧 세계의 탈주술화인데, 신비적인 정령의 힘이 존재한다거나, 축원등의 행위인 주술적인 수단에 의지할 필요가 없다는 것이다. 즉, 초자연적인 힘이 없는 세계를 의미한다. 베버는 세계의 탈주술화가 과학혁명을 통해 실현된다고 보았다.

프랑코 모레티(Franco Moretti)는 『근대의 서사시』에서 "짐멜의 합리화된 대도시, 즉 이것은 뇌의 도시, 지성의 도시이다. 그리고 리오폴드 블룸의 마술에 걸린 대도시, 즉 이것은 꿈과 마술의 도시이다. 하지만 두 사람 모두 맞다"고 설명하면서, "짐멜은 생산의 도시에 대해, 조이스는 소비의 도시에 대해 생각하고 있었다. 전자에서는 막스 베버의 가혹한 '탈주술화'가 지배하고 있고, 후자의 경우에는 이와 반대로 어니스트 겔너의 '재주술화'에 대한 요구가 지배하고 있다"라고 정리한다.

『율리시즈』의 진정한 대도시적 주인공이라 할 수 있는 블룸에 대해서, 더 이상 아무것도 가능하지 않은 나라에 살고 있는 '잠재적인' 블룸의 존재가 블룸의 하루에 느낌과 색채를 부여하며, 그를 세계와 결합시켜 주는 무한한 가능성의 공간을 열어두고 있다고 평가하면서, 블룸의 존재가 사회적 관계들의 재주술화에 기여한다고 파악한다. 그것은 블룸의 현실적 빈곤함에 대한 상상적 해결책으로 작용하는 재주술화를 의미한다.(주인)

탈주술화, 베버, 프랑코 모레티

참고문헌
막스 베버, 『탈주술화 과정과 근대』, 전성우 역, 나남출판사, 2002.
프랑코 모레티, 『근대의 서사시』, 조형준 역, 새물결, 2001.

재현(再現, Representation, Représentation, Vorstellung)

어원인 라틴어 repraesentatio가 '다시(re) 현전케하는 것(praesentatio)'을 의미하고, 독일어의 Vorstellung이 '앞에(vor) 세우는 것(stellung)'을 의미하는 것으로 알 수 있듯이, 적어도 근대 이후의 용법에서 재현이라는 말은 인간의식의 대상정립작용(對象定立作用) · 반성작용과 관계가 있는 대상의 측면을 가리키는 용어로 사용된다. 가장 단순한 의미에서 재현은 눈앞에 존재하지 않거나 스스로를 표현하지 못하는 실물을 표현하는 행위 혹은 대리하는 행위를 가리키는데, 이 개념은 서양 사상에서 가장 오래된 개념 가운데 하나이다. 인간의 행위가 가시적이며 현실적으로 존재한다고 믿어지는 어떤 것을 재현한다는 생각은 고대 철학의 핵심을 이루고 있다. 플라톤(Platon)은 문학을 비롯한 인간 행위는 '이데아의 가상'을 모방(mimesis)하는 것이라고 보았고 아리스토텔레스(Aristoteles)는 그 대상을 '사물의 보편적 원리'라고 보았다. 이처럼 재현은 전통적으로 미학과 언어의 중심 문제로 자리잡고 있었을 뿐만 아니라 계몽 이후의 철학, 정치학, 예술의 주요 개념이 되기도 했다.

철학에서는 '표상'으로 번역되는 것이 보통인데, 일체를 인간의식으로 생각하려고 하는 데카르트 이후의 의식 내재주의적·주체주의적 철학은, 칸트를 이어받아 세계의 일체를 인간 의식의 표상으로 해소시키는 쇼펜하우어(Arthur Schopenhauer)의 『의지와 표상으로서의 세계』에서 하나의 정점에 도달했다고 볼 수 있다. 이러한 근대 인간 중심적 주체주의 철학 또는 형이상학은 바로 근대 유럽의 합리주의적 기술문명을 낳게 한 근원이다.

정치학에서는 '대표'로 번역되는 것이 보통인데, 대표의 개념은 근대 민주주의와 국민국가의 원칙 가운데 핵심적인 위치를 차지하고 있다. 권력의 근거를 신성성에 두었던 중세와는 달리 근대 정치에서는 다수의 국민에게서 권력의 근거를 찾으려 했고, 그 가운데 정치적으로 활동적인 소수의 시민들이 일정한 정치적 집단(대표적인 것이 국민국가) 전체의 의사를 대표한다는 사상 하에서 지배의 정당성을 구축했다.

예술에서는 일반적으로 받은 인상을 남김없이 표출한다는 의미로 쓰이며 '재현'이라는 번역어를 쓴다. 예술은 인생의 재현이라는 말에서 드러나는 것처럼 재현의 전통적인 개념은 있는 그대로의 인생을 관조하여 표출한다는 것으로 의사가 병을 정확하게 인식하고 보고하는 태도로 비유되어 왔다. 다른 한편 예술이 인생의 창조라는 이상주의적 정의 하에 현실에 이상을 불어넣어 급속하게 이상적 인물상을 만들어내는 태도와는 달리, 적어도 한번은 현실에 따라 정확한 인식을 가져야 한다는 리얼리즘 예술의 주장이 있다. 즉 인생의 창조와 인생의 재현이라는 두 가지 명제를 종합하여 인생의 표현이 가능하게 된다는 것이다. 표현이라고 할 때에는 단지 인간생활을 있는 그대로 재표출한다는 것이 아니다. 오로지 이상을 그리고 이상을 구상화하기에 급급하다는 것이 아니라 정확한 현실인식과 그 인식에 기초한 현실 돌파, 현실 개폐의 요망 속에서 예술이 창조되어야 함을 리얼리즘 예술은 주장하는 것이다.

이러한 재현의 전통적 개념 규정과는 달리 현대 비평은 재현의 정치적 내용에 주목한다. 여성, 동성애자, 인종 소수파, 동양, 식민지 같은 정치적 소수 집단 및 피억압 집단이 어떻게 재현되고 있는가는 포스트구조주의 및 포스트 콜로니얼리즘의 출발점을 이룬다. 그것에 따르면 재현은 결코 자연적이거나 단순히 외부 현실에 비추어 확증 가능한 것이 아니라, 항상 기존의 문화적 코드에서 구축되어 나오는 정치적인 것이다. 이미지나 문학, 예술 및 각종 담론들에서 권력이 어떻게 코드화되어 있는지를 비판적으로 고찰하는 작업은 서양의 지식과 성담론 등을 고고학적·계보학적으로 분석하는 푸코(Michel Paul Foucault)의 작업, 서양에 의해 동양이 어떻게 재현되고 있는가를 고찰한 사이드Edward W. Said)의 작업 등으로 구체화되었고, 아직도 그

것의 비평적 힘은 소진되지 않고 있다.(정호웅)

표상, 대표, 미메시스, 리얼리즘, 포스트구조주의, 포스트콜로니얼리즘

참고문헌

신희천 외, 『문학용어사전』, 청어, 2001.

조셉 칠더스 외, 『현대 문학 문화 비평 용어사전』, 황종연 역, 문학동네, 1999.

吉江喬松, 『世界文藝大辭典』, 中央公論社, 1937.

Hanna Pitkin, The Concept of Representation, Berkeley: Univ. of California Press, 1967.

저널리즘(Journalism)

활자나 전파를 매체로 하는 신문, 잡지, TV, 라디오 등의 매스 미디어를 통하여 정보를 전달하기 위해 작성된 자료나 기사, 또는 그와 같은 목적으로 행해지는 활동, 경영 등의 제반 활동 등을 가리킨다. 때로는 매스 미디어의 동의어로도 쓰인다. 대중의 흥미를 돋울 만한 기사를 저널리스틱(journalistic)이라 표현하기도 한다. 저널리즘의 일에 종사하고 있는 사람을 저널리스트(journalist)라고 지칭한다.

저널리즘은 협의의 개념과 광의의 개념으로 폭넓게 해석되고 있다. 협의의 의미로서의 저널리즘은 정기적 출판행위를 통해서 동시대적 시사정보와 견해를 일반 대중에게 전달하는 활동을 일컫는다. 한편, 광의의 의미로서의 저널리즘은 광범위하게 행해지는 사회 구성원들의 의사전달 행위를 가리키는 데 폭넓게 사용된다.

저널리즘이 본격적인 면모를 나타내기 시작한 것은 17~18세기의 시민혁명 과정에서 나타난 근대적인 신문과 잡지의 출현으로부터이다. 근대 저널리즘은 신흥 시민계급의 여론과 힘을 표출하는 역할을 감당했다. 이러한 이유로 근대 저널리즘은 시민사회의 역사적 발전 과정과 더불어 발전하게 된다. 자본주의의 급속한 발전과 확장에 따라 현대 저널리즘은 자본주의적 시장 구조와의 상호 연관성 속에서 파악되어진다.

현대 저널리즘의 가장 기본적인 특질은 기업성과 상업성에 있다. 미디어 기업은 방대한 자본으로 구축된 인력과 설비를 통해 대중의 기호에 맞는 상품화된 저널리즘을 생산하고 있다. 자본주의 시장경제의 논리에 부합하는 현대 저널리즘은 점점 더 자본주의 체제에 의존하게 되는데, 현대 저널리즘에 있어서 오락 기능이 강화되고 있는 것도 그러한 추세 때문이라고 할 수 있다. 기업화한 현대 저널리즘의 상업성의 문제는 저널리즘의 공익성과 사회적 책임 등의 문제와 맞물려 현대 사회의 이슈로 부각되고 있다.(노승욱)

저널, 근대저널리즘, 현대저널리즘, 미디어, 매스미디어

참고문헌

강미은, 『인터넷 저널리즘과 여론』, 나남, 2001.

기우탁, 『저널리즘의 가치와 철학』, 엠애드, 2003.

이민웅, 『저널리즘 : 위기·변화·지속』, 나남, 2003.

빌 코바치 외,『저널리즘의 기본 요소』, 한국언론재단, 2003.
윤호진 외,『미디어정치시대의 TV 저널리즘』, 커뮤니케이션북스, 2004.

저자(著者, Author)

저자는 자신의 작품이나 창조물에 대한 창조적 주체이다. 저자라는 호칭은 창조물로서의 작품에 대한 권위의 원천으로서의 의미를 지닌다. 저자라는 말은 존경과 신뢰를 받을 만했던 저술가를 표시했던, 중세의 용어 'auctor'에서 유래되었다. 역사적 흐름 속에서 저자가 자신이 창조한 작품에 대해 확실한 권리를 갖는 직업인으로 인식되기 시작한 것은 19세기에 이르러서였다.

20세기의 문예 이론에서 저자라는 용어는 새로운 관점에서 논의의 대상이 되었다. 20세기 초 미국의 신비평은 저자의 의도를 괄호친 채 작품 자체의 형식만을 탐구했다. 모더니즘 문학에 있어서 저자의 역할과 권위는 더욱 상실된다. 독자는 자신의 상상력으로 작품 행간의 의미를 읽어 나가기 시작한다. 포스트모더니즘 시대에 이르러서는 저자의 죽음이 논의되기에 이른다.

롤랑 바르트의 에세이「저자의 죽음」은 저자에 대한 새로운 견해들을 견인하는 선구적 담론이다. '저자됨(authorship)'에 관한 최근의 철학적 논의들은 바르트가 제기한 '저자의 죽음'이라는 관점을 따르고 있다. 바르트는 작품을 썼던 사람과 관련해서 작품을 설명하는 것은 일종의 속박이라고 주장한다. 말하는 것은 언어이지 저자가 아니라는 것이 바르트의 주장이다.

그러나「저자란 무엇인가?」라는 에세이에서 푸코는 바르트와는 또다른 관점에서 저자 개념을 파악하고 있다. 푸코는 신비평이 저자를 소외시킴으로써 오히려 텍스트 이면에 저자를 숨겨 놓았다고 비판한다. 그는 저자가 텍스트가 존재하는 사회조직의 관계 속에서 지식의 흐름을 규정짓는 권력의 기능을 갖고 있다고 말한다.(노승욱)

저술가, 저자됨, 저자의 죽음, 지식, 권력

참고문헌

Barthes, Roland. "The Death of the Author", In image, Music, Text. Trans. Stephen heath, New York: Hill and Wang, 1977./「저자의 죽음」,『텍스트의 즐거움』, 김희영 역, 동문선, 1997.

Foucaul, Michel. "What is an Author?" In Language, Counter-Memory, Practice: Selected Essays and interviews. Trans. Donald F. Bouchard and Sherry Simon. Ithaca, N.Y. : Cornell University Press, 1977./「저자란 무엇인가?」, 김현 편,『미셀 푸코의 문학비평』, 문학과지성사, 1989.

저자됨의 불안(Anxiety of authorship)

저자됨의 불안이라는 용어는 수잔 구바와 샌드라 길버트가 시에 있어서의 영향에 대한 해럴드 블룸의 이론을 수정하여 발전시킨 이론을 말한다. 블룸은 프로이트를 원용하면서 새롭게 등장한 젊은 시인은 자신의 문학적 아버지와 같은 선배 시인들과 경쟁하는 데에 성공하지 못하리라는 불안을 겪는다고 했다. 이것이 곧 블룸의 표현으로 '영향의 불안(anxiety of influence)'이라는 것이다. 젊은 시인은 선행자로서의 강력한 선배 작품들로 인해 자신이 성취한 작품이 위협

받으리라는 생각을 하는데, 이를 블룸은 프로이트의 오이디푸스 콤플렉스의 일종이라고 해석한다.

19세기 여성 작가 연구에서 길버트와 구바는 블룸의 남성 중심적인 이론을 수정하여 문학에 있어서 여성의 경험을 설명했다. 제인 오스틴, 에밀리 디킨슨 등의 여성 작가들은 어머니로서의 선행자의 존재로 인해 불안을 겪기보다는 오히려 그러한 선행자로서의 어머니가 실질적으로 부재하기에 창작의 용기를 상실했다고 주장했다. 여성 저자의 모델이 희소하다는 요인과 글쓰기란 남성의 활동이라는 사회통념적인 견해가 길버트와 구바가 저자됨의 불안이라고 일컬은 원인이다.

펜이란 은유적 페니스라는 상상은 여성작가에게 있어 저자됨의 불안이 어떠한 것인지를 비유적으로 나타내 보여준다. 따라서 여성 작가들이 펜을 쥐었다는 것은 남성 작가 중심의 문학의 질서 속에서 새로운 의미를 담지해내는 것이다. 이러한 이유로 인해 신인 여성 작가들은 선배로서의 선행 여성 작가들에 대해 위협이나 불안을 느끼기보다는 호의적이고 감사하는 태도를 갖게 된다. 또한 여성 작가들은 남성 작가 중심의 문학 세계 속에서 염려, 두려움, 소외, 분노 등의 문학적 경향들을 나타낼 수 있다.(노승욱)

저자, 선배 시인, 영향의 불안, 시적 영향에 대한 불안

참고문헌

Bloom, Harold, The anxiety of Influence: A theory of Poetry. New York: Oxford University Press, 1973./『시적 영향에 대한 불안』, 윤호병 편역, 고려원, 1991.

Gilbert, Sandra M., and Gubar, Susan, The Madwoman in the Attic: The Woman writer and the Nineteenth-Centruy Literary Imagination, New Haven: Yale University Press, 1979.

저항문학(抵抗文學, résistance)

압정(壓政)이나 외국의 지배에 저항하는 것을 주제로 하는 문학을 일컫는 말. 특히 제2차 세계 대전 중 독일 점령군에 대한 프랑스 작가들의 저항운동을 레지스탕스(résistance) 또는 레지스탕스 문학이라 부른 데서 시작되었다. 우리나라도 일제의 압제에 맞서 대항한 일부 문인들의 작품에서 그 모습을 볼 수 있다.

1940년 6월 프랑스가 독일군에 의해 점령되자 일부 작가들은 이에 협력하였으나, 대부분의 작가들은 반독(反獨) 운동에 가담했다. 이들 저항적 작가들의 문학은 독일에 점령당한 프랑스의 아픔과 분노, 그리고 희망을 담아내어 당시 프랑스 국민의 마음에 큰 반향을 일으켰고, 거기서 더 나아가 점령군의 패색이 짙어지고 연합국이 승리할 조짐이 보이자 반(反) 나치스 저항을 국민에게 적극적으로 호소하며 독일에 대한 저항정신을 고취시키는 투쟁적 역할을 담당했다. 이 문학운동에 가담한 작가와 작품으로는 L. 아라공의 『단장(斷腸) 시집』, 『엘자의 눈동자(Les yeux d'Elsa)』, P. 엘뤼아르의 『시와 진실(Poésie et Vérité)』, 『독일군의 주둔지에서(Au rendez-vous allem -and)』 등을 비롯하여, J. P. 사르트르의 『파리떼(Les Mouches)』, 생텍쥐페리의 『어느 인질에게 주는 편지(Lettre un otage)』 등이 있다. 프랑스 외에도 아일랜드 · 중국 등 외국의 식민 지배를 받은 나라의 문학에서 저항문학의 사례를 찾을 수 있다.

우리나라의 경우 일제 36년 동안 이루어진 문학의 한 흐름을 저항문학으로 일컫는다. 일제 말 많은 저항문학인들은 절필로서 식민주의에 저항하거나, 우회적 글쓰기로 식민주의를 비판하거나 혹은 망명의 길을 떠나기도 했다. 대표적인 저항문학인으로는 심훈, 한용운, 이상화, 윤동주, 이육사, 현진건, 한설야, 김사량 등을 꼽을 수 있다.

한국의 경우 문학적 저항은 내셔널리즘적 저항보다 오히려 사회주의적 저항이었다고도 볼 수 있다. 내셔널리즘적 저항은 표면적으로는 제국주의에 대해 비판하고 있지만 사실은 내셔널리즘이 제국주의의 기초가 된다는 점에서 얼마간 문제적일 수밖에 없기 때문이다. 이에 1920년대 중반 이후 민족주의 노선과 사회주의 노선이 대립전선을 형성하며 사상논쟁을 벌였던 것은 제국주의에 저항하고 그것을 극복하기 위한 방향성의 모색과정으로 이해할 수 있을 것이다.(배수정)

레지스탕스 문학, 제국주의, 내셔널리즘

참고문헌
조규철, 『프랑스 시 개론』, 신아사, 1995.
김재용, 『협력과 저항-일제 말 사회와 문학』, 소명출판, 2004.

저항하는 독자(The Resisting Reader)

쥬디스 페털리(Judith Fetterly)는 그의 저서 『저항하는 독자』(The Resisting Reader: A Feminist Approach to AmericanFiction)에서 남성적 시각에서 문학 작품을 읽지 말고 여성적 시각에서 독서하는 '저항하는 독자'가 될 것을 주장했다. "독자가 남성일 때는 본질적으로 단순한 동일화의 문제이지만 독자가 여성일 때는 모순으로 얽혀 들게 된다." 또한 "그러한 소설에서 여성 독자는 자기는 분명하게 제외된 경험에 참여하도록 강요되며, 자신의 감정을 죽이고 자신과 대립된 자아와 동일시되도록 요구된다"고 주장한다. 동의하는 독자이기보다는 '저항하는 독자'로서 '동의하기를 거절함으로써 우리 안에 주입되어 왔던 남성적 정신을 좇아내는 과정을 시작하는 것'이 독자로서 먼저 가져야 할 자세이며, '여성주의 비평은 단순히 세상을 해석하는 것이 아니라 읽는 사람의 의식과 그들이 읽는 대상을 변화시킴으로써 세상을 바꾸려는 목적을 지닌 정치행위'라고 말한다.

쥬디스 패털리뿐만 아니라 페미니스트 비평은 그동안 여성이 여성으로서 독서하지 않고 일반적인 입장인 것처럼 강제되어온 남성적 시각에서 독서해 왔으며, 앞으로서는 여성적 시각에서 독서해야 한다고 주장했다. 왜곡되어 있는 남성 텍스트에 의해 속고 배반당하는 기존의 독서

방법을 바꾸고 남성 독자의 오독을 밝혀내고 자리매김을 하는 새로운 독서 방법을 산출하고자 '여성독자'라는 가설을 사용했다. 그것은 여성 독자의 체험에 의지한다기보다 지배적인 남성의 비평적 환상을 바꾸고 그 오류를 밝히는 수단을 제공하기 위한 것이었다. 또한 문학적 사고에서 볼 수 있는 가부장적이고 여성 혐오적인 공식을 거부하는 것뿐만 아니라 여성의 글도 존재하며, 여성의 글, 특유한 의식과 체험이 일관된 문학적 전통을 가지고 있다는 것을 입증하고자 했다. 여성의 글은 남성의 글과 차별성을 가진 여성 의식의 표현이라는 것 역시 알리고자 했다. 이에 페미니스트 비평은 중립적이고 보편적인 기준으로 통합되는 것을 목표로 삼았던 초기의 양성주의를 벗어나 여성 미학을 수립하고자 하였다.(추선진)

참고문헌
송무,『영문학에 대한 반성』, 민음사, 1997.
조나단 컬러, 김열규 외 공역,『페미니즘과 문학』, 문예출판사, 1988.
김연숙,『고소설의 여성주의적 연구』, 국학자료원, 2002.

적용(適用, application, 독 Anwendung)

적용은 텍스트의 의미를 현재와 관련짓는 과정에서 해석이 행하는 기능이다. 해석학적 차원에서 볼 때, 독자가 텍스트의 의미를 해석하고 이해한다는 것의 의미는 텍스트를 현실적 차원과 교차시키며 현실적 삶을 이해하고, 자기를 이해하는 우회로로 삼는다는 것이다. 이때 적 텍스트에 대한 이해나 해석 이후에 적용이 이루어지는 것이 아니라 이것이 유기적으로 동시에 이루어진다는 것이 독일 해석학자 가다머(Hans—Georg Gadamer, 1900~2002)가 주장하는 바이다.

전통 해석학에서 이해, 해석과 분리되어 적용이 이루어진다고 주장한데 비해 가다머는 그러한 분리가 도리어 텍스트의 의미를 왜곡시킬 수 있는 여지를 만든다고 지적했다. 가다머는 적용이 이루어지는 그 지점에 텍스트의 본래적 의미가 나타나는 것이라고 보는 것이다.

가다머에 따르면 역사적 이해에 있어서 적용이 갖는 의의는 과거에 있어서의 본질적인 것을 현재 우리의 자기 이해, 우리의 존재 체험과 연결시켜 준다는 것이다. 이해는 항상 "과거와 현재의 매개"이며, 적용은 바로 그런 매개에 다름 아니기 때문이다.(장은영)

해석학, 한스 게오르그 가다머

참고문헌
P. Richard, 이한우 역,『해석학이란 무엇인가』, 문예출판사, 1988.
김정현, 「가다머의 철학적 해석학의 관점에서 본 고전과 고전해석」,『해석학연구』Vol.23, 한국해석학회, 2009.

전(傳)

한 인물의 생애와 업적 등 평생 사적을 기록하여 후세에 전하는 것으로 전통적 서사물의 한 유형이자 한문 문체의 하나이다. 전(傳)은 한 사건의 전말을 기록한 기(記)와 함께 문학적인 면보다는 역사적인 기록물로서의 가치를 더 많이 인정받아 왔다. 하지만, 최근에 들어서는 문학적인 측면에서의 다양한 해석과 연구가 이루어지고 있다.

전의 기원은 공자의 『춘추좌씨전』에까지 소급된다. 이때 전의 목적은 경전의 뜻을 올바르게 해석하고 그것을 후대에 전하는 것이었다. 이것이 후대에 내려오면서 한 인물의 생애와 사적과 관련한 일대기를 기록하고 평가하는 것이라는 개념으로 자리잡게 된 것이다. 정사(正史)의 필체로 자리를 굳히게 된 전은 차츰 정사뿐만 아니라 정사에 수용되지 못한 인물들의 덕행이나 미덕 등에까지 그 대상 인물과 내용이 확대되게 된다.

특히 사마천이 편술한 『사기 열전』은 백이열전(伯夷列傳) 이하 70여 편의 전을 남긴 이래로 역대의 사가들이 이를 계승하면서 정사의 모범으로서의 자리를 잡게 된다. 이때 사서의 열전은 사관만이 기록할 수 있었으며 전에 오를 수 있는 인물은 역사에서 그 가치를 평가받을 만한 업적을 남긴 인물이어야만 했다. 그러던 것이 후대로 내려오면서 사관이 아닌 문학자와 역사학자들이 전을 짓게 되었고 전에 기록된 인물도 역사적인 인물에서 일반적인 인물들로 그 대상이 확대되었다.

전의 작가층이 확대되고 대상 인물의 범위가 넓어진 것은 세인들로 하여금 충효와 신의 등의 여러 주제들에 대한 교훈을 폭넓게 얻게 하기 위해서였다. 그러한 이유로 인해 충신이나 효자, 열녀 등과 같이 긍정적 미덕의 소유자들뿐만 아니라, 간신이나 반역자, 불효자 등과 같은 부정적 악덕의 소유자들도 전에 오르게 된다. 이때 부정적 인물들을 통해서는 반면교사의 교훈을 얻게 하려는 작가의 의도를 엿볼 수 있다. 이러한 경향으로 인해 전은 대상이 되는 인물에 대한 평가를 내리는 작가의 가치관이 강하게 드러나는 문학 양식이라고 할 수 있다.(노승욱)

기(記), 사마천, 『사기 열전』, 공자, 『춘추좌씨전』

참고문헌
사마천, 『사기본기』, 김원중 역, 을유출판사, 2005.
공   자, 『춘추좌씨전』, 권오돈 역, 홍신문화사, 1989.

전경화(前景化, Foregrounding)

전경화(foregrounding)란 프라그 언어학파의 티냐노프(Y. N. Tynyanav)와 무카로브스키(J. Mukarovsky)가 러시아 형식주의자인 쉬클로브스키(V. B. Shiklovsky)의 '낯설게 하기' 개념을 발전시켜 사용한 개념이다.

문학작품은 음운적·주지적·사회적인 여러 가지 요소들이 상호관계 속에서 계층 구조를 띠며 나타난다. 그러한 요소들 중에서 일군의 요소는 지배소(dominant)로서 전경화되고, 나머지 요소들은 후경(後景)으로 물러난다. 티냐노프는 이처럼 문학작품이란 여러 가지 요소들이 갈등 관계 속에서 전경화와 후경화를 역동적으로 실행하며 이루어지는 체계라고 설명한다. 한편의 작품은 이 지배소를 통하여 문학이 되고 문학적 기능을 갖게 된다는 것이다. 또 티냐노프는 시대에 따라 전경화된 요소와 후경화된 요소 간의 종속관계가 뒤바뀜으로써 문학은 진화한다고 설명한다. 자동화된 요소와 낯선 요소들 간의 지속적이고 역동적인 상호작용이 작품의 미적 질을 보장하며 이로써 문학은 발전한다는 것이다.

무카로브스키는 티냐노프의 문제제기를 그대로 이어받는다. 무카로브스키는 전경화의 개념을 표준 언어와 시적 언어의 관계로 다시 해명하고자 하였다. 그는 언어가 보통의 사용법에서 가장 멀리 일탈할 때 시적으로 혹은 미적으로 사용된다고 설명한다. 즉 시적 언어는 표준 언어의 규범에서 이탈하거나 규범을 파괴하면서 낯선 형식을 전경화한 결과물이라는 것이다.

전경화와 '낯설게 하기'는 주로 시의 분석에 활용되어 왔는데, 토마셰프스키(B. Tomashevsky)는 서사장르의 구조를 파불라(fabula)와 슈제트(sujet)라는 용어로 설명하면서 서사물의 분석에 '낯설게 하기'와 전경화 개념을 도입하고 있다. 파불라는 실제로 일어난 사건을 시간적 흐름(과거→현재→미래)에 맞게 배열한 것이고, 슈제트는 파불라를 파괴하여 낯설게 하는 양상을 가리킨다. 즉 파불라를 파괴함으로써 낯선 형식을 전경화한 것이 슈제트인 것이다. 슈제트의 양상은 서사물의 전체적 제시에서부터 음성 효과나 말장난에 이르기까지 다양하게 나타난다.(배수정)

낯설게 하기, 러시아 형식주의, 지배소, 자동화, 후경화

참고문헌
츠베탕 토도로프 편, 『러시아 형식주의』, 김치수 역, 이대출판부, 1988.
최상규, 『문예비평론』, 문학과비평사, 1988.

전고(典故)와 용사(用事)

전고(典故)는 시나 문장 작성시 인용되는 고대 고사와 유래 등을 설명하는 말로서, 일종의 역사 문화와 철리적 미감을 내포한 비유와 상징의 심미적 정감을 내포하고 있다. 고전 시가의 언어 형식 구성 중 매우 중요한 지위를 차지한다. 그것은 시가의 정련된 형식 중에 다층적으로 풍부한 내포성으로 지니게 함으로써 작품의 완성도와 감동력을 높여준다.

중국 고전 시 에서 전고는 상용된다. 왜냐하면 시란 함축과 생략과 이미지의 장르이므로 짧은 전고를 통해 어의를 효과적으로 전달해주고 감동력을 높이기 때문이다. 특히 송대의 황정견 같은 시인은 전인들이 사용한 시어 및 전고를 많이 사용하였으며, 시법으로 체계화하기도 했다. 그 대표적 견해가 점철성금(點鐵成金) 환골탈태(換骨奪胎)의 이론이다.

용사(用事)는 문학 작품 중에 인용된 전고를 가리킨다. 용사의 목적은 사건과 일화를 통해 사리와 정의를 유비(類比)하는 데 있다. 종영(鍾嶸)은 『시품』의 서문에서 용사의 사용을 반대하고 있는데 그는 "시가란 비록 서정을 위주로 하나 반드시 바로 찾아가는 방법을 취하여 감정을 펼치는 자연 경물을 포착하여야 한다. 그러나 용사는 단지 진지한 감정의 흐름을 막을 뿐이며 시가로 하여금 자신의 특성을 상실케 할 뿐이라고 하였다. 그가 반대한 주요한 이유는 지나친 수식으로 인하여 문리의 자연성에 방해가 되기 때문이다. 전통 중시와 인문 풍토가 강한 동양의 문학에서 사대부 문인들의 전고와 용사의 사용을 문학 창작의 큰 주류를 형성하며 전개되어 왔다. 그러나 문학 작품에서 전고와 용사의 이해에는 작가와 감상자 모두 높은 독서 수준이 요구됨으로, 자칫 지나친 전고의 사용은 시적 운치를 감소시키기도 한다.(오태석)

전고, 용사, 환골탈태, 유비(類比)

참고문헌
『宋代詩學通論』, 巴蜀書社.
『중국시화사전』, 북경출판사.

전기(傳記, Biography)

전기는 특정한 인물의 생애에 대한 기록이다. 작가가 직접 자신의 이야기를 쓰는 자서전과는 달리, 다른 사람의 삶을 그 대상으로 삼는 전기는 한 인물의 생애 전체, 혹은 적어도 그 상당 부분을 다룬다. 대개의 경우 전기의 대상이 되는 인물들은 역사적으로 중요하거나 남다른 경험이나 업적 등을 쌓은 인물들이다.

전기는 확실한 사료를 토대로 객관적으로 기록한 인물 중심의 역사서술의 일종이어야 한다. 영웅이나 위인 등을 대상으로 하는 전기는 때때로 윤리성 및 교훈을 목적으로 하여 쓰거나 어떤 인물의 덕을 예찬하기 위하여 쓰는 경우가 많다. 한편 이와는 대조적으로 현실폭로주의의 입장에서 인간성의 진실을 나타내려는 경향의 전기도 있다.

전기는 본시 전기문학과는 다른 것이지만 훌륭한 전기는 역사성과 더불어 문학성·예술성을 함께 지니고 있다. 대체로 개인에 대한 관심이나 흥미는 전기를 탄생시키고 또 보급시키는 기초가 되는 것이어서 훌륭한 전기가 나타나기 위해서는 개인주의나 휴머니즘이 발달한 사회가 전제된다고 할 것이다. 그러므로 개성적인 전기는 동양에서보다는 서양에서 발달하였고, 「플루타크영웅전」 등과 같이 그리스·로마 시대부터 인간적인 전기가 존재하였다. 그렇지만 동양에는 가문이나 가족의 계보를 늘어놓은 것은 많으나 개성적인 전기는 드물다.

중국의 사마천(司馬遷)이 「사기(史記)」에서 보인 기전체(紀傳體), 즉 연대기와 개인의 전기를 합친 것은 서양에서도 그 예를 찾을 수 없다. 한국에서도 훌륭한 전기는 별로 없었으며 근래 서양문화가 들어온 이후 비로소 전기라고 하는 양식이 퍼졌다. 국문으로 남아 있는 것 중에는 김만중(金萬重)의 「윤씨행장(尹氏行狀)」이 있다.

전기를 우리 문학의 독자적 장르로 설정하여 개념과 유형을 정의한 김용덕의 논의에 따르면, "한 인물의 생애를 기록한 글을 傳 이라 하고, 한 사건의 전말을 묘사한 글을 記 라 하여, 傳은 '전수'의 뜻이 記는 '해석'의 뜻이 강조되고 있음을 확인할 수 있다."고 했다. 그는 전기의 유형을

①열전(列專), ②사전(私專), ③탁전(托專), ④전(專) 으로 나누었다. " 열전이나 사전이 비교적 사적이 확실한 인물의 행적을 정확히 기술하여 후세인에게 반계세적(反戒世的) 교훈과 명철보신(明哲保身) 하는 지혜를 주려고 한다면 탁전은 풍자적(諷刺的), 우언적(寓言的) 필법으로 입전(立專) 하여 교훈을 주려고 한다. 열전에서는 인물을 부각시켜 권선징악의 깨우침을 주려고 하는데 목적이 있는데, 탁전에서는 그 인물 자체가 아닌 인물의 행위를 중시한다." 그리고 "가전은 사물을 의인화 하여 우유(寓喩)한 가상적인 전기"라고 하였다.

전기는 근대 유럽의 경우, 개인의 역사에 대한 관심이 높아짐에 따라 개인 전기가 많이 집필되었다. 그리고 19세기의 실증주의(實證主義)가 개인 전기에 적용되면서 개인의 기록과 관련된 자료를 조사, 개인의 역사를 발생 순서로 하여 객관적으로 기술하였다. 여기에 해석학 방법이 도입되면서 해석학 또는 비평적 전기가 등장하게 되었다. 이는 비평적 전기, 즉 평전이다. 서양의 자서전의 경우, 성 아우구스티누스의「참회록」이후, 다양한 목적으로 자서전이 쓰여 왔다. 에이브럼즈(M.H. Abrams)는 전기를 "한 사람의 생애에 대한 비교적 완전한 이야기를 의미" 한다고 했다. 이상섭은 전기는 "개인의 역사에 오르는 인물인데 그 개인이 남다른 경험이나 업적, 인격이 있어야 한다."고 했다.

대표적인 전기문학으로는 롤랑(R. Rolland)의「베토벤의 생애」, 모르와의「셸리의 생애」, 보즈웰의「존슨박사의 생애」등이 있다. 우리의 경우 송우혜의「윤동주 평전」이 대표적인 예이다. 이정화의「아버님 춘원」, 문덕수의「청마 유치환 평전」도 여기에 속한다고 하겠다.(오양호)

전기(傳奇)

전기(傳奇)는 신기한 이야기를 전한다는 뜻인데, 같은 글자를 사용하였으면서도 시대에 따라 지칭하는 대상이 달랐다. 송대에는 당대에 성행했던 새로운 형태의 문언 단편소설을 지칭하는 용어로 쓰였으며, 송원 이후로는 희곡이나 강창을 지칭하기도 하였다. 당송의 문언 단편소설을 전기라고 부른 것은, 그 내용이 기괴하고 신비함을 강조한 말로 여겨진다. 이 용어는 본래 당나라의 작가인 배형(裵鉶)이 지은 <傳奇>라는 이름의 단편집의 명칭이었다. 필중순(畢仲詢)의 <막부연한록(幕府燕閑錄)> 이나 진사도(陳師道)의 <후산시화(後山詩話)>의 기록에 의하면, 북송의 윤수(尹洙)가 배형이 지은 작품들과 유사한 작품들을 '전기체'라고 칭하면서부터 소설을 분류하는 용어로 쓰였다고 한다. 송대의 사채백(謝采伯)은 <밀재필기(密齋筆記)>의 序에서 "稗官小說傳奇志怪之類"라는 말을 함으로써 '전기'를 소설을 분류하는 용어로 사용하였다. 그리고 명대의 호응린(胡應麟)은 <소실산방필총(少室山房筆叢)>에서 소설을 '지괴(志怪), 전기(傳奇), 잡록(雜錄), 총담(叢談) 변증(辨證), 잠규(箴規)'의 여섯으로 분류함으로써 보다 적극적으로 소설을 분류하는 용어로 '전기(傳奇)'를 사용하였다.

육조시대의 지괴소설이 기이한 얘기들의 뼈대만을 기록하여 놓은 것임에 비해, 당대의 전기

소설은 작자의 창의에 의하여 재구성 또는 창작된 허구적인 이야기이다. 따라서 당대의 전기는 지괴에 비하여 편폭이 크고 곡절과 변화가 많으며, 초현실적인 성분이 대폭 제거되었으며, 작자의 사상이나 인생관이 담겨져 있다. 즉 또한 지식인들이 작가로 활동한 경우가 많았기 때문에 문장이 뛰어나고 상상력이 넘치며, 인물형상이 선명하고 묘사가 풍부하였다. 전기소설은 작가가 의식적으로 창작하고 또 그것을 통하여 인생의 단면과 인간의 문제들을 드러내고 있다는 점에서 오늘날의 소설에 훨씬 근접한 형태이다. 즉 전기소설은 지금의 단편소설과 비슷한 형식의 작품들인 것이며, 전기가 출현함으로써 중국의 소설이 한 단계 도약하였다.

전기가 발전할 수 있었던 이유로는 우선 당대의 경제적 발전을 들 수 있다. 특히 중당 이후 도시들이 번영함으로써 새로운 소재를 풍부히 제공하였다. 또한 고문운동이 전기의 창작에 적합한 문체를 제공하였으며, 과거 응시자들이 시험관에게 미리 자신의 글을 보내 재능을 인정받고자 했던 행권(行卷), 온권(溫卷)의 풍습이 지식인들이 전기의 창작에 참여하도록 촉진하였다.

당대를 대표할만한 전기 작품으로는 심기제(沈旣濟)의 『침중기(枕中記)』, 이공좌(李公佐)의 『남가태수전(南柯太守傳)』, 백행간(白行簡)의 『이왜전(李娃傳)』, 장방(蔣防)의 『곽소옥전(霍小玉傳)』, 원진(元稹)의 『앵앵전(鶯鶯傳)』 등을 들 수 있다. 전기소설은 희곡을 비롯한 후대의 문학에 풍부한 이야깃거리를 제공하였는데, 전기가 희곡이나 강창을 지칭하는 용어로도 쓰이자, '전기소설(傳奇小說)' 혹은 '전기문(傳奇文)'이라고 말함으로써 소설로 범주를 제한하게 되었다.

송대부터는 '전기'가 희곡을 지칭하는 용어로도 쓰였다. 항주(杭州)의 풍속에 관한 기록인 내득옹(耐得翁)의 『도성기승(都城紀勝)』에서 설화의 한 갈래인 소설(小說)을 제재에 따라 '연분(烟粉)' '영괴(靈怪)' '전기(傳奇)'의 셋으로 나누고 있는데, 이를 보건대 이미 남송기부터 통속적 오락물을 분류하는 용어로 '전기(傳奇)'가 쓰였음을 알 수 있다. 송원 시기에는 '전기'가 제궁조(諸宮調)와 같은 강창 예술 및 남희와 잡극을 두루 칭하는 말로 쓰였는데, 명대 가정(嘉靖) 이후부터는 '전기'라는 용어로서 남곡을 바탕으로 한 장편의 희곡을 지칭하는 말로 제한되어 쓰였다.

명대의 전기는 남곡을 위주로 한 희곡 형식이며, 송원대의 남희로부터 발전하였다. 구조는 대체적으로 남희와 동일하지만, 짜임새가 치밀하고 정연하며, 스토리의 전개가 복잡하고, 인물묘사가 섬세하다. 곡조, 공연기교, 각색분담 등도 진일보하였다. 원잡극으로부터도 일부 유산을 흡수 계승하였으며, 북곡의 곡조도 일부 사용하였다. 전기는 하나의 작품이 4,50척(齣)에 달하고는 하였는데, 명 가정(嘉靖)때부터 청 건륭(乾隆)시기까지 가장 성행하였다. 당시의 곤강(崑腔), 익양강(弋陽腔), 청양강(靑陽腔), 고강(高腔) 등과 같은 희곡들은 모두 전기 극본의 공연을 위주로 하였다. 초기의 공연은 작품 전체를 대상으로 하였고, 2-3일에 걸쳐 공연이 계속되는 경우도 적지 않았는데, 청대의 건륭 때부터는 작품 전체가 아닌 일부만을 공연하기 시작하였다. 전기는 희곡문학과 공연 예술의 발전은 물론, 근대 지방희(地方戱)의 대두에도 크게 영향을 미쳤다.

전기의 대표적인 성강(聲腔)으로는 강서(江西), 호남(湖南), 민광(閩廣) 일대에서 유행한 익양강과 강소 일대에서 유행한 곤산강(昆山腔)이 있었다. 익양강은 활기차고 격앙된 분위기를 띠었으며, 징이나 북과 같은 타악기를 주된 반주악기로 사용하였다. 곤산강은 위양보(魏良輔)와 같은 음악가들의 노력으로 남북곡(南北曲)을 집대성하게 되었는데, 남곡의 부드럽고 섬세한 풍격에 북곡의 격앙되고 강개한 격조를 겸할 수 있었으며, 반주 악기로는 관악, 연악기, 타악기를 두루 사용하였다. 특히 양신어(梁辰魚)가 극본『완사기(浣紗記)』를 창작한 다음에는 가장 널리 유행되었고, 잡극(雜劇)의 쇠퇴를 재촉하였다. 명말청초에 이르자 곤산강은 문인사대부와 귀족층이 선호하였으며, 익양강은 서민들이 선호하는 체제가 되었다. 그런데 건륭 이후 사대부 층에 대한 사상통제를 강화하고 문자옥을 일으키자, 전기의 창작에 있어서도 창작의 자유가 억압됨으로써 전기는 차츰 쇠퇴하였고, 이후로는 각 지역의 지방희(地方戲)가 전기의 지위를 대신하게 되었다.

지금까지 알려진 전기 작가는 700여명, 작품의 수는 2600여 종에 이르는데, 우수한 작품으로는 고명(高明)의『비파기(琵琶記)』, 양신어(梁辰魚)의『완사기(浣紗記)』, 탕현조(湯顯0祖)의『옥명당사몽(玉茗堂四夢)(臨川四夢)』인『환혼기(모란정) 還魂記(牧丹停)』,『자차기(紫釵記)』,『남가기(南柯記)』,『한단기(邯鄲記)』, 청대 홍승(洪昇)의『장생전(長生殿)』과 공상임(孔尙任)의『도화선(桃花扇)』을 들 수 있다.(위행복)

전기(傳奇), 경극, 고문운동, 남희, 신마소설, 잡극, 지괴소설

참고문헌
전인초,『당대소설연구』, 연세대학교 출판부, 2000.
중국소설연구회 편,『중국소설사의 이해』, 학고방, 1994.
김학주,『중국문학사』, 신아사, 1994.
_____,『중국문학개론』, 신아사, 1977.
양회석,『중국희곡』, 민음사, 1994.

전기무실 대반우언(傳寄無實 大半寓言)

청나라의 희곡이론가 이어(李漁, 1611-1979)가 희곡의 전형성에 대해 논단한 말로『閑情偶寄』권1「사곡부(詞曲部) · 심허실(審虛實)」편에 나온다. 풀이하면 "전기는 실체가 없고 거의가 우언일 뿐이다"로, 문학예술의 전형화의 원칙을 거론한 것이다. 전기는 여러 가지 의미가 있는데, 당송시대에는 소설적인 것으로서 엽기적이며 기이한 사건을 추종하는 관습에서 탈피하지 못하고 있었다가 점차 인정세태를 직접적으로 묘사하는 내용이 증가하는 추세에 있었다. 명청 시대의 전기는 남곡(南曲)을 창하는 것이 위주가 된 희곡 형식을 가리킨다. 이 때에 이르러 사건의 전개가 복잡해졌고 등장인물도 늘어났으며 곡조를 운용하는 데 있어서도 북곡(北曲)을 겸용하게 되어 '남곡과 북곡이 합작된' 우수한 전기 작품이 출현하기에 이르렀다. 우언은 문학 체제의

한 종류로 풍자적이거나 교훈적인 의미를 담고 있는 이야기를 말한다. 우언의 주된 목적은 허구적인 이야기를 통해 작가 또는 민중들의 생활상이나 심리, 행동에 대한 비평과 교훈을 표현하는데 있다. 그런데 전기가 헛되이 모방하고(無實), 실제 생활에서 유래한 전형이 이미 생활의 원형으로부터 벗어나 있는 허황된 우언일 뿐이라는, 전기와 우언에 대한 잘못된 평가가 있어, 이에 대해 반론을 펼친 것이다. 송원 시대 이후의 희곡 작가는 삶의 진실에서 예술의 진실을 찾는 과정을 거친다. 그러나 이 원칙은 많은 문인들과 학자들도 잘 이해하지 못한 것이었다. 중국 문화는 예로부터 문(文)·사(史)·철(哲)이 혼재되어 있어서 모르는 사이에 문학적 특징을 말살하기도 하였다. 그들은 역사 또는 현실 논리를 가지고 희곡의 오류를 배척하거나 바로잡으려고 하였다. 이에 대해 이어는 "무릇 전기(傳奇)를 읽고 그 사건은 어디에서 나왔으며 그 사람은 어느 지역에 살았는가를 따지고 드는 사람은 모두 꿈 속 이야기를 떠드는 어리석은 사람이다."고 못박았던 것이다.

이 밖에도 역사극에 대해서 이어는 다음과 같이 말했다. "만약 지난 일을 써서 제재로 삼아 옛사람 하나가 이름을 날리면 모든 극장의 각색과 더불어 덩달아 옛 사람을 쓰게 되니, 성명 한 자도 날조할 수 없을 것이다. 그 사람이 행한 일은 반드시 서적에 기록되어 있어서 분명하게 확인할 수 있을 것이니, 한 가지 사실도 창작할 수 없을 것이다."

이어가 결론적으로 제시한 원칙은 "허황한 일은 허황한 대로 밀고 나가고", "사실은 사실대로 밀고 나가라"는 것이다. 이렇게 풍격의 통일을 힘써 추구하는 주장은 원칙적으로 올바른 처사이지만, 이 주장은 지나치게 절대화될 우려가 있다. 후세의 희곡가들 가운데에는 실제 창작에 임하면서, 특히 역사극을 창작하면서 점차 허와 실을 결합하여 실로써 허를 수렴하는 전형화 방식을 채택하여 좋은 효과를 거두게 되었다.(이정선)

전형화, 전기, 역사극

참고문헌
임종욱, 『중국문학에서의 문장체제 인물 유파 풍격』, 이회, 2001.
_____ 엮음, 『동양문학비평용어사전 - 중국편』, 범우사, 1997.
차주환, 『중국시론』, 서울대학교출판부, 2003.

전기비평(傳記批評, Biographical criticism)

역사주의 비평 중의 한 갈래에 해당하는 전기비평은 작품을 해석, 평가하는 데 있어서 작자와 작품을 떼어서 보지 않고 작가의 성장 과정이나 교육정도, 교우관계, 종교관계, 일상적인 버릇 등에 걸친 일련의 전기적 자료를 조사하여 작품해설과 평가에 적용하는 비평방법이다. 문학 작품 자체보다는 그것을 쓴 사람의 인품이나 사회적인 활동 사실 등을 참고하여 작품을 이해하려는 작가 중심 지향적 비평태도인 것이다. 이에 대한 찬반의 논란이 많았지만 전통적으로 문학 연구에서 손쉽게 많이 적용해 온 접근 방법이다. 대표적인 인물로서는 근대 비평의 원조(元祖)

라고 일컫는 프랑스의 시인이며 평론가인 셍뜨 뵈브(Sainte Beuve)라 할 수 있다.

작가와 작품은 불가분의 관계라는 철저한 문학관을 지닌 셍뜨 뵈브 자신이 스스로의 이론에 입각한 『월요한담(月曜閑談)』을 평론집으로 펴내기도 했다. 전기비평에서 중요한 요소는 작가적 전기고찰과 작품이나 작가의 명성 및 그 영향의 파악이다. 전기비평에 적절한 보기로서는 이광수의 장편인 『무정』(無情, 1917)에 대한 김윤식의 견해를 들 수 있다. 이 작품은 우리나라 신문학의 대표적 작품이며 현대 소설의 효시(嚆矢)라 일컫는 것으로서 작가의 자전적(自傳的)요소가 짙다. 말하자면 『무정』은 작가인 이광수 자신이 살면서 겪어온 체험이나 마음의 외상(外傷)을 작품에 자기의 분신(分身)으로 등장시킨 것이다. 즉 일찍이 부모를 여의고 고아가 된 이광수가 일본 유학중에 습작했던 중편 「영채(英彩)」를 장으로 다시 써서 ≪매일신보≫에 연재한 『무정』의 인물들은 실재했던 사실에 바탕 했음을 확인하게 된다. 주인공 이형식은 이광수 자신이며, 스승인 박응진의 딸 영채는 그가 존경했던 박찬명 대령의 따님인 예옥이 모델임을 알 수 있다.

그러나 이러한 전기비평은 취약성 및 한계성을 내포하고 있다. 그것은 작가의 전기적 사실에 치우친 나머지 작품자체의 본질을 외면하는 모순에 빠질 수 있으며, 문학적 전기는 자칫하면 단순한 한 작가의 회고록에 그칠 수 있다는 점이다. 또한 작고 문인의 전기인 경우에는 긍정이나 부정적인 시각에 따라 자칫하면 왜곡되게 해석, 평가할 우려가 있다는 점이다. 그렇기 때문에 전기적 비평 방법은 2차 대전 이후 재래의 문학외적인 작가나 시대 환경 따위의 비본질적 요소를 중요시하던 근대 비평적 접근 방법이라 비판 받았으며, 현대비평의 요건으로서 영미(英美)의 신비평(新批評)에서는 문학의 본질적 요소인 내적 작품 위주로 비평자체가 강조되었다.(이명재)

역사주의 비평, 전기적 자료, 작가 중심 비평, 자전적 요소

참고문헌
김윤식, 『이광수와 그 시대』, 한길사, 1986.
백철 편, 『비평의 이해』, 민중서관, 1968.
신희천·조성준 편저, 『문학용어 사전』, 청어, 2001.
이명재, 『문학비평의 이론과 실제』, 집문당, 1997.
이선영 편, 『문학비평의 방법과 실제』, 삼지원, 1991.

전기수(傳奇叟)

조선시대 후기에 등장했던 전기수는 청중들 앞에서 고전소설을 직업적으로 낭독하는 사람을 말한다. 18~19세기에 이르러 조선 사회에서는 소설이 대중적인 인기를 얻으며 향유층이 크게 증가하였는데, 책이 널리 보급될 수 없는 상황에서 전문적이 낭독가들이 소설을 읽어주고 보수를 받으며 직업적인 예능인으로 활동하였다.

임형택에 따르면 조선 후기에 등장한 다양한 이야기꾼들은 강담사(講談師), 강창사(講唱師) 강독사(講讀師)로 나누어지는데, 강담사는 '이야기쟁이' 또는 '이야깃주머니'로 불리던 담화조로 이야기하는 부류이고, 강창사는 판소리를 하는 이들, 강독사는 전기수와 같이 저자에서 청중을 몽 놓고 이야기책을 읽어주던 부류를 말한다.

조수삼(趙秀三, 1762~1847))의 『추재집(秋齋集)』에 의하면, 강독사는 사람이 많이 모이는 곳에 자리를 잡고 소설을 낭독했다. 특히 흥미로운 대목에 이르면 소리를 그치고 청중들이 돈을 던져주기를 기다렸다가 낭독을 계속했다고 한다. 다음은 이 책의 한 대목이다. "아녀자들이 마음 아파 눈물 절로 떨구나니 영웅의 승패를/ 검으로만 가르기 어렵다/ 말을 많이 하다가 잠깐 침묵하는 것이 돈을 던지게 하는 방법이니 사람들이 가장 듣고 싶어하는 대목을 찾는 비법이 있네."

전기수 중에는 도시를 중심으로 사람의 왕래가 많은 거리에서 청중을 상대로 책을 읽어주던 이들 뿐만 아니라 부유한 가정을 돌아다니며 소설을 읽어주던 이들도 있었다. 또 사대부가의 부녀자를 상대로 하는 여자 강독사도 있었던 것으로 전해진다. 다양한 전기수의 형태만큼이나 그들은 소설의 내용에 따라 다양한 표정과 소리를 연출하는 전문적인 낭독법을 지니고 있었던 듯하다. 전기수는 소설의 보급과, 독자층의 확대에 기여하며 조선 시대 후기 소설 문학 발달에 크게 이바지하였다.(장은영)

이야기꾼, 강독사

참고문헌
장덕순 외, 『구비문학개설』, 일조각, 1977.
임형택, 『한국문학사의 시각』, 창작과 비평사, 1984.
한국문화예술위원회 엮음, 『100년의 문학 용어 사전』, 도서출판 아시아, 2008.

전설(傳說, legend)

민간 구전문학의 일종으로 예로부터 전승되어 내려오는 이야기를 가리킨다. 민족과 공동체, 또는 일가계와 관련된 내력이나 유래, 체험 등과 특정 지역의 자연물에 얽힌 사연과 역사 등이 전설의 주된 내용에 해당한다. 전설은 오랜 시간에 걸쳐 전승되며 형성된 통시간적(通時間的)인 이야기의 성격을 지니는데, 이로 인해 시간의 여과에 의해 사라져서 없어지는 이야기들이 생겨난다. 적자생존하며 살아남은 이야기들은 전설로 수용되게 된다. 전설은 이야기를 뒷받침하는 기념물이나 증거를 갖는 경우가 많은데, 이는 전설이 역사와 깊은 관련을 갖고 있음을 보여주는 것이다.

전설은 지역성, 민족성, 역사성 등의 요인에 따라 내용과 형식이 다소 달라지나 일반적으로 특정한 자연물이나 사물, 그리고 구체적 인물에 결부시켜 설명하는 것은 대등소이하다. 오랜 역사적 배경 속에서 구전되는 전설은 내용이 되는 이야기가 정당성을 획득하려는 속성을 지니고 있다. 따라서 시대가 변화고 외부 환경이 변화되면 전설의 내용도 시대와 환경에 맞게 부분적으로 고쳐지는 특성을 보인다. 시간적인 전승과 공간적인 전파가 현시점에서 교차된 전설의 분포는 전설 내용의 지표상의 증거라 할 수 있다.

신화가 신을 중심으로 한 이야기라면 전설은 인간을 중심으로 한 이야기라는 특징을 갖는다. 전설은 민간에서 수용된 역사 전승의 한 방식이라고도 할 수 있다. 전설은 되도록 구체적인 시기를 밝히려 하지만 대개는 그 시기가 불확실한 경우가 많다. "옛날에 어느 곳에 한 사람이 살았는데"라는 표현은 전형화된 전설의 이야기 시작 형식이다. 전설은 구전으로 전해 내려오는 구비전설과 문헌으로 전해지는 문헌전설로 나누어진다. 우리나라의 경우 문헌전설은 『삼국사기』, 『삼국유사』, 『제왕운기』, 『동국이상국집(東國李相國集)』, 『세종실록(世宗實錄)』 등과 같은 많은 고문헌들에서 발견되고 있다.(노승욱)

구전문학, 민간전승, 신화

참고문헌
일 연, 『삼국유사』, 김원중 역, 을유문화사, 2002.
김부식, 『원본 삼국사기』, 이강래 역, 한길사, 1998.

전아(典雅)

중후하면서도 우아한 풍격을 가리키는 말. 원래는 문장이 우아하면서도 교훈이 담겨 경전에 의거한 경우를 가리키는 말이었다. 전아라는 말에는 정통파라는 뜻도 있다. 전아가 풍격 용어로 자리 잡기 시작한 예로 유협(劉勰, 465?-520?)의 『문심조룡(文心雕龍)·체성(體性)』편이 가장 이르다. 유협은 "전아는 경서의 정신에 바탕을 둔 것으로 유가들의 저작과 동일한 정신을 지향한 것"이라고 말하면서, 8체로 나눈 풍격 가운데 전아를 첫 번째로 꼽는다. 즉, 전아는 경전에서 법도를 취해 유가 사상과 부합한다는 뜻으로, 아(雅)와 정(正)이 긴밀하게 연결된 풍격이라는 것이다. 문체상으로도 이에 상응하게 경전을 인용하고 의거하기에 주의를 기울이고, 고아하면서 단정하고 장엄한 분위기를 추구한다. 그렇기 때문에 이 풍격은 한위육조(漢魏六朝) 시대에 조정에서 쓰던 실용적인 문체에서 구현되었다. 나중에는 전아가 시가 영역으로 진입하면서 정통적이고 장식적인 문체의 풍격을 구현하였다. 후세에는 관료 문인들의 작품 가운데에서 이 풍격이 많이 출현했는데, 주로 태평성세를 노래하고 공적을 찬양하는 데 이용되었다. 형식상으로는 문장의 기운이 단아하고 웅장하며, 언어는 고아(古雅)한 흐름을 취해 일종의 연원이 깊고 신분과 성격이 드러나며, 풍채와 도량을 중시하면서 온화하고 화려하며 귀족적인 기풍을 보여준다.

전아는 때로 부박(浮薄)이나 조속(粗俗)과 대비되어 장중하고 순정하며 우미한 미감을 표현하기도 한다. 전아는 고아나 담아한 풍격과 가깝지만, 구별되는 점도 없지 않다. 후자는 광달(曠達)이나 소야(疏野)한, 표일(飄逸) 등의 풍격과 유사해서 사대부 문인들이 벼슬을 버리고 은퇴할 때 청고(淸高)하고 염담하며 고방(孤芳)한 자신의 심경을 표현하는 데 즐겨 쓰였다.

사공도(司空圖) 역시 시의 풍격을 추구하는 일을 상당히 원만하게 수행한 사람으로, 『二十四詩品』에서 두 글자씩으로 된 24종류의 풍격을 설정하였다. 여기에는 인간의 덕성을 의미하는 충(忠), 절(節), 정(貞), 덕(德) 같은 글자는 전연 취하지 않고 있으며, 이렇게 표출한 하나하나의 풍격을 사언12구(四言十二句)의 시로 그 특성을 해설해 냈다. 그의 풍격 해설은 상징적인 표현법을 고도로 활용하여 그 형사(形似)한 테두리를 과장기(誇張氣) 띠어 그려 내는 방법을 취하고 있다. 그에 따르면 전아는 바르고 우아함을 뜻한다. 시의 풍격으로서 전아를 그는 실경(實境)에 아담(雅淡)한 정취를 곁들여 그려 냈다.(이정선)

정통파, 풍격, 우아미

참고문헌
임종욱, 『중국문학에서의 문장체제 인물 유파 풍격』, 이회, 2001.
_____ 엮음, 『동양문학비평용어사전 - 중국편』, 범우사, 1997.
차주환, 『중국시론』, 서울대학교출판부, 2003.

전원문학(田園文學, Pastoral literature)

반(反)도시적 경향을 띠고 전원에 기반을 두었거나 전원을 소재로 한 작품을 통칭하는 말로서, 목가문학(牧歌文學)이라고도 부른다. 전원의 소박하고 단순한 생활과 아름다운 정경을 그리워하고 찬미하는 내용을 담고 있다.

전원문학은 그리스 로마시대의 시인들인 테오크리투스(Theocritus), 버질(Virgil), 오비드(Ovid)의 시에서 시작되어 희곡에서 발전되었고 근대에는 소설에서도 나타나는 오랜 전통을 지닌 문학 양식이다. 1610년경까지의 전원문학은 주로 소박한 사람들 특히 양치기들이 전원생활을 이상화하며 자신의 일과 사랑에 관해 5보격(pentameter)의 운율로 서로 대화를 나누는 형식을 갖추고 있는 글을 일컬었다. 그러나 이후에는 이러한 특별한 문학적 장치의 범주들을 벗어나 내용과 관련하여 폭넓게 사용되고 있다. 따라서 도시 생활과의 대조를 통해 전원을 그리고 있는 글은 무엇이든 전원문학으로 볼 수 있다. 전원문학은 자연에 대한 찬양을 그 기저에 깔고 있으나, 자연에 대한 지나친 이상화는 전원문학이라는 용어를 비판적인 시각에서 바라보게 하는 부정적 결과를 낳기도 하였다.

전원문학으로 번역한 'pastoral'이란 용어는 목동에 관한 것이란 뜻을 지니고 있다. 실제로 서양 전원문학에서는 주인공이 목동인 경우가 대부분이지만, 동양의 전원문학은 양상이 다르다. 주로 농업활동을 배경으로 하며, 주인공도 농부가 아니라 낙향한 선비 지주로 설정되는 경우가 많다. 때문에 농촌의 고단한 삶의 풍경이 사실적으로 드러나지 않는 경우가 대부분이고, 작품에 묘사된 풍광 또한 비사실적으로 과장되는 경향이 있다.

우리나라의 경우에도 옛 왕조 시대에 궁궐로부터 유폐된 것을 통탄하며 대자연의 생활을 찬미하였던 시조나 가사 등이 전원문학으로 분류될 수 있다. 또 1930년대 일제치하에 자연을 벗삼아 유유자적하는 삶의 모습을 그린 일군의 시들도 전원문학으로 불린다. 김동명의 「파초」, 김상용의 「남으로 창을 내겠소」, 신석정의 「그 먼 나라를 아십니까」 등이 그러한 예에 해당한

다.(배수정)

목가문학, 전원시, 전원파 작가, 낭만주의

참고문헌

Terry Gifford, Pastoral, London: Routledge, 1999.

박정오, 「포크너와 전원문학의 전통」, 한국현대영미소설학회, 『현대영미소설』 제10권 1호, 2003.

새뮤얼 테일러 콜리지, 『콜리지 문학평전』, 김정근 역, 옴니북스, 2003.

전원시(田園詩, a pastoral)

전원의 생활이나 정경을 읊은 시. 넓은 의미로 현실 생활을 떠난 소박한 삶을 노래하거나 이상향을 그리는 시도 전원시에 포함될 수 있다. 전원은 인간이 삶을 영위해 가는 자연으로 자연의 일부이면서도 자연과 변별될 수 있는 성향을 가진다. 전원시는 전원이 지니는 속성인 원초성, 질박성, 의연성, 영원성에 기대어 현실에 사는 시인의 시정신을 구체화하고자 한다.

동서양의 문화적 편차는 전원시가 수용한 전원의 의미와 양상에도 그대로 반영되어 나타난다. 서구문화는 목축사회를 토대로 기독교 사상이 기저를 형성하였다. 목가시라고 불리우는 서구의 전원시 Pastoral은 잃어버린 '황금시대'를 그리거나 이상향 '아르카디아'에 도달하려 하거나, 유년 시절을 동경한다. 황금시대는 젖과 꿀이 흐르는 풍요롭고 평화로운 시대로 구약성경에 그려진 에덴시절의 모습과 일치한다. 그 에덴동산에서 척박한 땅으로 밀려난 인간들이 상상해 낸 귀거래처가 '아르카디아'로 현재의 모든 결함을 메꿀 수 있는 전지전능의 장소다. 또한 순수한 삶의 상징인 어린 시절을 동경하는 것 역시 서구 전원시의 중요 주제다. 전원시는 Pastoral이란 명칭 외에도 Eclogue, Idylls, Bucolic 등으로 불리워졌는데, 이런 명칭들은 Pastoral의 어느 속성이 특히 강조된 전원시를 가리키는 명칭들이다. Eclogue는 대화체의 간결한 형식, 형식미를 추구하는 전원시이며, Idylls는 선명한 문체와 짧고 간결한 형식의 전원시를 칭한다. Bucolic는 순박한 양치기의 생활을 표현하는 전원시다.

동양문화는 농경사회를 토대로 儒, 佛, 道仙思想이 기저를 이루었다. 동양에서는 修齊治平의 현실적 지향과 함께 不死長生의 무릉도원을 그리워했다. 특히 동방을 낙원으로 동경하여 東土樂園을 신앙했다. 한국에서 불교는 무속신앙과 습합되어 종교적 색체를 띤 문학을 발전시켰다. 유학사상은 조선조를 통해 文以載道의 문학을 바탕에 둔 이른바, 江湖歌道의 문학을 발전시켰다. 도선사상은 인간의 不死長生을 소망하면서 낙원 추구의 지향을 통해 한국적 정서의 기저를 형성하였다. 이들 사상 중 전원시 형성에 특히 영향을 끼친 것은 유학사상과 도선사상이다. 유학사상이 추구하는 입신양명에의 지향과 좌절의 영욕을 극기할 수 있는 이데아의 상징이 전원이었다. 전원은 언제나 질박하고 의연하여 본연의 심성을 지향하는 유가의 정신적 지표일 수 있었다. 도선사상은 도가사상과 신선사상이 유합된 것으로 인간의 욕망을 환상의 세계 속에 극대화한 것이다. 무릉도원으로 지칭되는 전원은 바로 이상향의 다른 이름이었다.

한국에서 전원 귀의가 시의 중요 모티브로 등장하는 것은 조선시대부터이며 이 시기 전원시는 현실의 좌절이나 회의가 그 창작 동기가 되었다. 이는 중국 전원시의 대표시인인 도연명의 경우에서도 마찬가지였다. 전원은 위안과 서정의 공간이며 이상과 규범을 펼칠 수 있는 표준과 규범의 공간이었다. 전원시를 통해 시인은 현실과는 다른 새로운 공간을 획득했다. 그런데 조선시대 전원시를 창작한 시인들은 대부분 지배계층으로 유복한 현실은 영유하고 있었다. 그런 이유로 조선의 전원시에서의 전원은 현실과 괴리된 공간이라기보다는 현실의 삶이 투영되는 공간, 현실과 조화, 일치하는 공간으로 전원은 현실의 모습이 그대로 투시되어 나타나는 서경적 공간으로 나타난다.(추선진)

참고문헌
이건청,『한국전원시연구』, 문학세계사, 1986.

전위예술(前衛藝術) ☞ 아방가르드

전유(專有, Appropriation)

통상적 어법에서 전유는 자기 혼자만 사용하기 위해서, 흔히 허가 없이 무언가를 차지하는 일을 가리킨다. 문화연구에서 전유는 어떤 형태의 문화자본을 인수하여 그 문화자본의 원(元) 소유자에게 적대적으로 만드는 행동을 가리킨다. 그러나 전유가 전복적일 필요는 없다.

재전유(re-appropriation)라는 관련어는 문화연구에서 더욱 중요성이 있다. 재전유는 재의미 작용(re-signification), 브리콜라주(bricolage)와 동의어로 쓰이고 있다. 이것은 한 기호가 놓여 있는 맥락을 변경함으로써 그 기호를 다른 기호로 작용하게 하거나 혹은 다른 의미를 갖게 하는 행위를 수반한다. 문화연구자들은 자본주의의 식민지가 되어버린 세계에서는 모든 대상이 생산 과정 속에서 차지하는 위치에 따라 정해진 운명대로 이미 상품 기능을 가지고 있다고 지적했다. 부르주아의 지배에 저항의 신호를 보내려면 하위집단은 상품을 소비하기는 하되, 그 상품이 시장에 나온 본래의 목적과는 다른 방식으로 이를 소비한다. 이러한 방식이 재전유이다. 이와 비슷하게 일부 페미니스트들은 여성성(femininity)의 재전유를 주장했다. 여성성이 비록 가부장제 내에서 만들어졌다 하더라도, 남성성(masculinity)과 어긋나는 가치와 행동을 포함하므로 가부장 제적 가치에 대한 비판적 재전유가 가능하기 때문이다. 전유 및 재전유는 진정으로 전복적인 것에 도달하는 것이 문화의 영역에서 불가능하다는 인식을 갖고 있다. 이러한 시인(是認)은 해체(deconstruction)에 생기를 불어넣기도 했다. 해체는 형이상학의 개념들을 재전유하면서, 형이상학 비판을 수행하기 위해서는 어찌됐든 형이상학의 용어를 사용하지 않을 수 없다는 것을 보여준다.

일부 동성애자 비평가들은 그들의 성(性) 정체성 인식에 있어서 재전유의 입장을 취했다. 그들은 '올바른(이성애적, straight)' 성별(gender) 역할의 공동체적 재전유 내지 패러디를 주장했다. 이러한 성(性)역할의 재전유에서는, 남성과 여성의 성(性)구별은 올바른 생물학적 본질의 표현이라는 이성애주의(異性愛主義, heterosexism)의 논리적 가정에 대한 전복이 포함된다.(배호남)

재전유, 재의미작용(re-signification), 브리콜라주(bricolage), 해체, 전복

참고문헌

피터 차일즈, 『탈식민주의 이론』, 김문환 역, 문예출판사, 2004.

기호학연대 편, 『대중문화 낯설게 읽기』, 문학과 경계, 2003.

전의(轉義, Trope)

전의(轉義, trope)는 수사학 문채(文彩), 비유(적 용법), 수사(修辭)를 나타내는 말로전의는 한 단어의 정확한 고유한 의미가 아닌 의미를 취하는 것으로 은유(metaph -or), 환유(metonymy), 규범에서 일탈하는 문채이며 말의비유(figure of speech)라고도 한다.

단어의 형상은 일반적으로 사고의 형상과 반대되며, 사고의 형상은 관념들 사이에서의 관계에 의해 세워진다.

수사학에서 '문채'는 비유적 의미로 사용되며, 말과 문장들의 외적 형태, 즉 우리가 어떠한 표현을 지각할 수 있게 하는 외적 표지들을 뜻한다. 문채는 '말의 문채'와 '사유의 문채'로 구분되고, 다시 말의 문채는 '형태상의 문채'와 '구문상의 문채'로 구분된다.

형태상의 문채는 말의 형태 변화와 관련하여 음성적이고 형태론적인 변형의 여러 방식들(운율이나 리듬, 각운이나 파생 등)을 포함하며, 구문상의 문채는 통사론적 구문과 관련되어 있는 여러 방식들(전치법, 반복법 등)을 포함한다. 문채의 대상이 말의 의미일 때 '의미상의 문채' 혹은 전의(轉義, trope)라고 부른다.

이렇게 전의는 문채로서, 문채의 하위 개념이다. 따라서 우리는 '문체 〉 문채 〉 전의'와 같은 위계질서를 그려 볼 수 있다.

전의, 또는 비유에 관한 연구는 전통 수사학의 중요한 부분이지만 해체(deconstruction)와 같은 비평 유파가 언어에 면밀히 주목함에 따라 현대 비평에서 새롭게 인식되고 있다. 전의라는 용어의 관련 용법은 중세 카톨릭 미사에서 합창 기도의 텍스트를 확장하기 미사의 한 부분에 수식으로 넣은 시구 어구나 운문을 가리키는 것이다.(홍용희)

참고문헌

박성창, 「문채의 정의 및 특성」, 『수사학과 현대 프랑스 문화이론』, 서울대 출판부, 2002.

오형엽, 「수사학적 시학을 위한 몇 가지 검토」.

Joseph Childers, Gary Hentzi, 『현대문학 문화비평용어사전』, 황종연 역, 문학동네, 1999.

전의론적 비평(轉義論的 批評, Tropological criticism)

전의론적 비평은 전의(trope)에 대한 문학적 연구를 가리킨다. 전의론적 비평은 그동안의 전의의 역사에 초점을 맞추어 비평적 관점을 제시한다. 흔히 전의는 말의 비유로 언급되기도 하지만 전의론적 비평가들은 전의를 사고 양식과 세계 인식의 차원으로 가리켜 사용하기도 한다.

전의론적 비평은 한 시대에 있어서 우세하게 사용되고 있는 전의를 비평적 용어로 정의하고 자 한다. 그러기 위해서 실제로 문학작품이나 비문학작품 등을 통하여서 드러나고 있는 구체적 전의를 비평 속에서 분석한다. 어느 한 시대에는 문학 텍스트나 비문학 텍스트를 통하여서 공유 되는 전의가 있기 마련이기 때문에 전의론적 비평가들은 이러한 전의를 발견하고 정의하며 분 석하고자 하는 것이다.

현대 전의론적 비평가의 중요한 모범인 미셸 푸코는 유추(analogy)가 르네상스 시대의 우세 한 전의라고 주장한다. 푸코에 의하면 제유(synecdoche)는 19세기의 우세한 전의라는 것이다. 역사학자 헤이든 화이트에 따르면 전의는 그 시대의 담론, 언어, 사상 등을 드러낸다. 그렇기 때 문에 전의의 사용에 관한 역사적 고찰이 중요한 의미를 갖게 된다.(노승욱)

비유, 담론, 언어, 텍스트

참고문헌

Foucault, Michel, The Order of Things: An Archaeology of the Human Sciences, New York: Vintage, 1970./ 『말과 사물: 임문과학의 고고학』, 이광래, 민음사, 1987.

White, Hayden, Tropics of Discourse: Essays in Cultural Criticisim, Bltimore: Johns Hopkins University Press, 1978.

전이(轉移, Transference)/역전이(逆轉移, Countertransference)

전이란 분석자와 피분석자가 맺는 '관계'이다. 분석자에 대한 사랑이나 공격성은 억압된 기억 의 회복을 통해 일관된 서사를 구성하려는 분석 작업의 중지를 뜻한다. 그러나 무의식적 진실은 분석자에 대한 전이를 통해서만 간접적으로 드러날 수 있다. 피분석자는 기억될 수 없는 이전 관계들을 '지금' 분석자와의 관계 속에서 반복한다. 전이는 분석의 장애물이자 분석 자체를 가 능하게 하는 동력이다. 전이 때문에 분석이 중지된다고 생각했던 프로이트와는 달리 라캉은 언 어로 표현될 수 없는 진실이 전이를 가능하게 한다고 말한다.(Chaitin, 158) 재현될 수 없는 공간 을 채워줄 것이라는 기대 때문에 타자를 향한다는 것이다. 이 때 분석자는 모든 것을 알고 있다 고 가정되는 주체이다. "알고 있다고 가정되는 주체가 어딘가에 존재한다고 생각될 때 전이가 생겨난다."(S11, 232) 플라톤의 『잔치』에 등장하는 디오티마의 사랑 이야기처럼 사랑에의 요구 로 드러나는 전이는 결핍된 부분을 보충하여 완전함을 이루는 것이다. 결핍을 채워줄 수 있는 타자에 절대적 우월성이 부여되고 주체는 거기 종속됨으로써 정체성을 획득한다. 주체는 보편 적 의미 속에서 존재를 상실할 뿐 아니라 무조건적 사랑에의 요구 속에서 자신의 욕망을 상실한 다. 주인 타자에게 인정받기 위해 주체는 스스로 노예가 된다. 그러나 주인의 서사 역시 전이 구 조를 벗어날 수 없을 때 문제가 발생한다. 역전이가 이것을 증명한다. 라캉은 프로이트의 도라 분석이 실패한 이유를 역전이로 설명한다. 이성애가 문화적인 것이라기보다는 자연적인 것이 라 믿고 K씨와 자신을 동일시한 프로이트의 역전이가 도라의 치료를 중단시킨다.(Lacan,

"Intervention on the transference") 전이를 넘어서서 피분석자를 전이로부터 구출할 수 있는 분석자란 존재하지 않는다. 분석자나 피분석자 모두 이미 전이 구조 속에 있고 전이와 역전이는 구별되지 않는다. 전이의 바깥은 없다. 진실은 전이(또는 비유. 비유는 영역의 이동<transfer> 곧 전이이다)를 통해서만 드러나고 정신분석학적 지식은 이미 전이의 결과물일 뿐이다. 전이는 지식에 대한 방해물이 아니라 그것을 가능하게 해주는 조건이다. 전이적 지식만이 존재하기 때문이다. 중립적이고 초월적인 장소에서 피분석자의 진실을 말하는 분석자는 존재하지 않는다. 그는 모든 것을 알고 있다고 가정되는 주체가 아니라 욕망의 주체가 된다. 타자 역시 결핍되어 있기 때문이다.

분석자와 피분석자의 사랑은 결핍된 부분을 채우는 온전함이 아니라 두 결핍의 만남이다. 사랑을 요구하는 자는 자신의 결핍이 무엇인지 알지 못하고 사랑받는 자 역시 무엇이 자신을 매력적인 대상으로 보이게 하는지를 모른다. 소크라테스 자신은 알지 못하지만 알키비아데스가 소크라테스를 욕망하게 만드는 원인, 소크라테스 속에서 그를 능가하는 소중한 보물(agalma)이 바로 두 결핍의 생산물, 대상 소타자(objet a)이다. 소타자는 교환될 수 없으며 공리주의적인 선이나 쾌락 원칙으로 설명될 수 없다. 그것은 주체와 타자 모두가 결핍되어 있다는 것을 보여주며 의미화될 수 없다는 점에서 "대상"이다. 전이는 자신이 알지 못하는(의미화될 수 없는) 부분을 포함한다. 그러나 지식으로 만들어질 수 없는 그 부분이 지식의 근원이다. 분석자는 대상 소타자가 되어야 한다. 그는 자신의 욕망을 여전히 알 수 없는 것으로 남겨 두어야 하고 피분석자가 자신(대타자)이 아닌 대상 소타자와 동일시할 수 있도록 해 주어야 한다. 자아이상이라는 절대적 위치가 부여하는 권위를 부인하고(보편적인 상징질서의 권위를 피분석자에게 강요할 때 전이가 아닌 최면<suggestion>이 발생한다) 자신의 결핍을 인정할 때 피분석자는 분석자에의 절대적인 종속에서 벗어나 자신의 욕망(보편적 의미로 설명될 수 없는 특이성<singularity>)을 구성할 수 있는 것이다. 피분석자가 자신의 소타자(소타자는 타자의 결핍이자 주체의 결핍이다) 또는 욕망의 근원과 스스로를 동일시할 수 있도록 만들어주는 것이 분석의 목적이다.(민승기)

오브제 아, 결핍

참고문헌

Chaitin, Gilbert D. "Desire and Culture: Transference and the Other" Rhetoric and Culture in Lacan. Cambridge: Cambridge Univ. Press, pp.150-194, 1996.

Evans, Dylan. An Introductory Dictionary of Lacanian Psychoanalysis. London: Routledge, 1996.

Lacan, Jacques. "Intervention on the transference" trans. Jacqueline Rose. Feminine Sexuality. eds. Juliet Mitchell and Jacqueline Rose. London: Macmillan, pp. 61-73, 1982.

_____. The Seminar. Book XI. The Four Fundamental Concepts of Psychoanalysis, 1964. trans. Alan Sheridan. New York: Norton, 1977.

Laplanche and Pontalis. The Language of Psychoanalysis. trans. Donald Nicholson -Smith. New York: Norton, 1973.

전일성(全一性, Integrity) ☞ 동일성

전쟁문학(戰爭文學)(일본)

전쟁을 제재로 한 문학으로, 일본에서의 전쟁문학은 시기적으로 근대화 이후의 일본 및 일본을 둘러싼 주변국가들의 전쟁과 그 역사를 같이 한다. 즉 청일전쟁(1894), 만주사변(1931), 중일전쟁(1937), 태평양전쟁(1941-1945), 한국전쟁(1950) 등과 관련한 일본 작가들의 작품이 전쟁문학의 대상이 된다.

일본 근대사의 흐름 속에서 전쟁문학이 어떠한 관점으로 쓰였는가에 따라서 다음의 두 가지로 대별해 볼 수 있다. 하나는 작가가 국수주의(國粹主義), 애국심, 민족애를 강조하기 위해 쓴 작품이며, 또 하나는 전쟁을 통해 발견되는 인간 고유의 휴머니즘, 인간애, 박애 등을 묘사한 반전문학(反戰文學)의 작품들이다. 전자의 작품 중에는 전쟁을 일으킨 권력이나 권력자의 뜻을 받들거나 전쟁에 편승해서 전쟁 찬미나 전의(戰意)를 고취시키기 위한 작품이 다수 있는 것도 사실이다. 특히 중일전쟁이나 태평양전쟁 시기에 그런 성향의 작품이 많이 쓰였던 것도 그러한 사실과 무관하지 않아 보인다. 구니키다 돗포(國木田獨步)의 『애제통신(愛弟通信)』(1894-5), 사쿠라이 다다요시(桜井忠温)의 『육탄 肉彈』(1906), 미즈노 히로노리(水野廣德)의 『이 일전 此の一戰』(1911), 미즈노 아시헤이(水野葦平)의 『보리와 병정 麥と兵隊』(1938), 니와 후미오(丹羽文雄)의 『해전 海戰』(1942) 등은 호전적인 색채를 드러낸 작품으로 병사들에게 전의를 고양시키기 위해 쓰여진 작품들로 분류된다.

그러나 문학적으로 뛰어난 작품은 반전문학을 다루고 있는 작품들에서 많이 보인다. 이즈미 교카(泉鏡花)의 『해성발전 海城發電』(1896), 가와카미 비잔(川上眉山)의 『오무라 소위 大村少尉』(1896), 히로쓰 류로(廣津柳浪)의 『비국민 非國民』(1897), 다야마 가타이(田山花袋)의 『일병졸 一兵卒』(1908), 무샤노코지 사네아쓰(武者小路實篤)의 『어느 청년의 꿈 或る青年の夢』(1919) 등은 반전문학을 대표하는 작품들이다. 상대적으로 전쟁 찬양이나 전의를 고양시켰던 작품이 많았던 전시(戰時) 중의 작품과는 달리, 전후에는 피해자 의식을 전면으로 내세운 반전문학이 융성을 보이는 것도 시대의 흐름과 같이 한다고 볼 수 있다. 패전 후의 원폭문학(原爆文學)을 대표하는 하라타미 기(原民喜)의 『여름의 꽃 夏の花』(1947)은 그러한 경향의 작품이다.

패전에 따른 반전문학은 전후에도 계속 쓰여졌는데, 이부세 마스지(井伏鱒二)의 『검은 비 黑い雨』(1966)는 걸작으로 평가받는다. 고미카와 쥰페이(五味川純平)의 『인간의 조건 人間の条件』(1956-58), 오니시 교진(大西巨人)의 대작 『신성희극 神聖喜劇』(1960-80)등도 일본의 전쟁문학의 대표작으로 거론된다.(오석윤)

반전문학, 태평양전쟁, 중일전쟁, 원폭문학

참고문헌

『昭和の文學』(日本文學硏究資料叢書), 有精堂, 1981.
日本近代文學館 편, 『日本近代文學大事典』제4권, 講談社, 1984.
『日本現代文學大事典』, 明治書院, 1994.
安田武, 『戰爭文學論』, 勁草書房, 1964.

전쟁문학(戰爭文學, War literature)

전쟁을 소재나 주제로 삼는 문학 혹은 문학작품을 지칭한다. 전쟁이 인류 문명과 인간성 파괴 등의 부정적인 양상들을 필연적으로 발생시킬 수밖에 없다는 면을 고려한다면, 전쟁문학의 보편적인 성격은 전쟁의 참상을 고발하고 참다운 인간성을 부각하는 것에 있다 하겠다. 또한 반전反戰의 입장에서 창작된 문학작품을 반전문학(反戰文學)이라 칭할 수도 있지만, 전쟁문학의 보편적인 특징을 내재하고 있다는 점에서 본다면 반전문학 역시 전쟁문학의 또 다른 형태로 파악할 수 있다. 전쟁문학이 나름의 특질을 갖추게 된 계기는 두 차례의 세계대전을 통해서이다. 제1차 세계대전에서 소재를 구한 작품으로는 E.M. 레마르크(Erich Maria Remarque)의 『서부전선 이상없다 Im Westen Nichts Neues』, E. 헤밍웨이(Earnest Hemingway)의 『무기여 잘 있거라 A farewell to arms』 등이 있다. 제2차 세계대전을 통해서는 J. 존스(James Johns)의 『지상에서 영원으로 From Here to Eternity』, S. 보부아르(Simons de Beauvoir)의 『타인의 피 Le Sang Des Autres』, C.V. 게오르규(Gheovghiu, Constantin-Virgil)의 『25시 Vint-eingui든 Heure』등의 작품들이 전세계적으로 알려졌다. 한국의 경우 1950년 한국전쟁을 통해 본격적인 전쟁문학이 등장했으며, 전쟁 이후 남북의 대치 상황이 지속되고 있다는 점에서 전후문학 혹은 분단문학은 전쟁문학의 연속선상에 있다고 볼 수 있다. 김동리의 「흥남철수」, 황순원의 「나무들 비탈에 서다」, 최인훈의 「광장」, 박경리의 「시장과 전장」등은 전쟁의 참담한 실상과 인간성의 파괴를 고발한 주요한 작품들이다. 또한 박영준의 『빨치산』을 필두로 한국전쟁 전후로 활동했던 빨치산을 소재한 작품들이 나타나 이병주의 『지리산』, 이태의 『남부군』, 조정래의 『태백산맥』등의 대하소설들이 발표되었다. 그 밖에 베트남전쟁을 다룬 작품으로는 박영한의 『머나먼 쏭바강』, 황석영의 『무기의 그늘』등이 있다.(채근병)

세계대전, 한국전쟁, 전후문학, 반전문학

참고문헌
문학사와비평연구회 편, 『1950년대 문학 연구』, 예하, 1991.
후안 고이티문로, 『전쟁의 풍경』, 실천문학, 2004.
권영민, 『한국현대문학사』, 민음사, 1993.

전체성(Totality, Ganzheit)

총체성(總體性)으로도 번역되는 전체성은 사물 혹은 체계가 그것의 부분들의 행동과 질적으로 구별되는 독자적인 행동을 보여줄 때, 그 사물 혹은 체계가 갖는 성질을 지칭한다. 부분과 대립되는 전체성의 개념사는 플라톤(Platon), 아리스토텔레스(Aristot -eles) 등 고대 그리스 철학에까지 거슬러 올라가지만 본격적인 전체성의 개념 전개는 근대 철학에서 비롯된다. 근대 철학에서는 전체성에 대한 기계론적 입장과 관념론적 입장 사이에 대립을 보이는데, 전자를 대표하는 뉴턴(Newton) 역학은 모든 사물, 즉 전체는 동일하고 단순한 부분들, 즉 원자들이 결합한 것이라는 원리에 근거한다. 이에 반해 후자를 대표하는 라이프니츠(Gottfried Wilhelm von Leibniz)는 세계의 실제적인 단위, 즉 단자(Monade)들은 단순한 요소일 뿐만 아니라 자기 완결적인 전체, 유기체라고 주장한다. 이러한 대립을 칸트(Immanuel Kant)는 순수 이성의 두 번째 이율배반으로 일반화함으로써 두 주장 모두가 논리적 모순과 불합리를 범한다는 사실에 주목하고, 부분을 절대화한다든가 혹은 전체를 절대화해서는 문제 해결이 불가능하다는 인식을 통해 전체성을 사유의 근본 개념 가운데 하나로 간주하였다. 이를 단초로 삼아 논의를 진행해 나간 헤겔(Georg Wilhelm Friedrich Hegel)은 전체는 부분들이 결합하여 이루어지며, 그럼으로써 전체는 전체성이고 사물은 전체를 통해 부분들의 성격을 지닐 수 있다고 주장한다. 또한 사물들은 어떤 하나의 특정한 전체성의 연관 속에서만 실재하는 것이 아니기 때문에 사물들은 부분들일 뿐만 아니라 동시에 부분들로 구성된 자립적 사물이며, 그 자신이 전체성임을 명확히 한다.

마르크스주의는 헤겔의 전체성 개념을 받아들이지만 전체성을 개념의 관계에서 사회적 관계로 전환시켜 헤겔주의가 가진 관념성에서 벗어난다. 마르크스(Karl Marx)는 사물의 내적 필연적 연관, 즉 본질을 이루는 보편적 규정들의 총합을 전체성으로 정의하고, 자본주의 사회의 본질적 기본 관계(모순) 뿐만 아니라 그 기본 관계의 운동으로부터 발생하는 사회의 특수한 운동 법칙 및 발전 법칙을 통틀어 자본주의의 전체성이라 파악한다. 이를 정교하게 논리화한 루카치(Georg Lukacs)는 객관적 과학의 고립된 사실들과 주관적 의식의 심상과 관념을 구분하고 역동적 변혁성 및 변증법적 통일성 속에서 이를 종합함으로써 전체성을 획득할 수 있다고 주장한다.

그러나 이러한 루카치의 전체성 개념은 실증주의, 비판이론, 구조주의적 마르크스주의로부터 심한 비판을 받았다. 실증주의자인 포퍼(Karl Raimund Popper)와 알베르(Hans Albert)는 전체성은 구조와 총체성으로 구분되어야 하는 불명료한 개념이며 구조는 구체적인 대상들을 단지 그때그때만 선별적이고 추상적으로 파악하는 것이기 때문에 구조가 과학적으로 인식 가능한 것임에 반해 총체성은 과학적으로 접근할 수 없다고 한다. 맥락은 다르지만 알튀세(Louis Althusser)는 이와 비슷하게 구조적·통시적 체계만을 전체성 속에 포함시키고 주관적 의식을 배제함으로써 마르크스주의를 과학적으로 해석하려 했다. 마르크스주의의 전체성에 대한 가장 신랄한 비판은 아도르노(Theodor Wiesengrund Adorno)에 의해 이루어졌다. '전체는 비진리이다'라는 말에서 볼 수 있듯이 아도르노는 칸트 이래 사유의 근본 개념 가운데 하나로 여겨져 온 전체성을 전면적으로 부정한다. 전체성이란 비동일적 특수자를 억압하는 것이기 때문이다. 그는 자기 동일적이고 자기 완결적인 전체성의 카테고리 대신에 현존하는 것에 대한 전체적이고 구체적인 부정, 즉 부정 변증법을 내세운다.

전체성은 리얼리즘 예술의 주요 개념 가운데 하나이다. 마르크스주의 비평가에게 있어 문학이란 사회적 연관의 전체성을 그려내려는 의식 행위이다. 그러나 그 전체성은 이음매 없는 통일체나 전체가 아니라 분쟁과 모순을 포함한 불안정한 것이며, 그 모순을 지향하려는 프롤레타리아의 투쟁을 포함한다. 루카치는 근대의 전체성을 이중적인 전체성으로 파악한다. 예전의 전체성에 대한 유대의 상실은 물론, 세계와 자아, 또는 현실과 자아의 분리로 주체와 외부 현상간의 분리가 이중적인 괴리에 빠짐으로써 삶의 연관성이 우리 인간에게서 닫혀져버리는 것이다. 따라서 근대에 들어서면 서사시는 불가능하게 되고 오직 소설만이 전체성 회복의 역할을 맡게 되며 문학적 형상화는 상실된 삶의 전체성에 대한 동경과, 이것이 정신적 반영 과정에서 해체되고 있는 이중적 전체성을 본질로 삼고 있다. 문학은 우리 삶의 역사적 사회적 연관성을 변증법적으로 반영함으로써 전체성 회복의 중요한 수단이 될 수 있다고 그는 주장한다.(정호웅)

총체성, 마르크스주의, 리얼리즘, 부정변증법

참고문헌

한국철학사상연구회 편, 『철학대사전』, 동녘, 1989.

조셉 칠더스 외, 『현대 문학 ·문화 비평 용어사전』, 황종연 역, 문학동네, 1999.

리차드 커니, 『현대유럽철학의 흐름』, 임헌규 외 역, 한울, 1992.

차봉희, 『비판미학』, 문학과지성사, 1990.

김유동, 『아도르노 사상』, 문예출판사, 1993.

게오르그 루카치 외, 『리얼리즘 미학의 기초이론』, 이춘길 편역, 한길사, 1985.

──────────, 『미학』, 이주영 역, 미술문화, 2000.

전체주의(全体主義, Totalitarianism)

전체주의란, 개인 혹은 개별 집단보다는 사회 또는 국가 전체를 우위에 두는 사상운동 그리고 그러한 원리를 바탕으로 하는 정치체제를 말한다. 사회의 모든 권력을 독점하고 대중의 지지를 강요하는 전체주의 세계관은 초개인적인 '전체'에 이념적 기반을 두고 있다. 개인은 전체의 한 부분에 지나지 않으며 전체를 위해 존재하기 때문에, 전체에 봉사하여 전체의 발전에 도움이 되는 한에서만 그 존재가치를 지닌다는 것이다. 역사적으로는 특히 1920년대부터 1940년대에 걸쳐 이탈리아 · 독일 · 일본과 같은 나라에 등장한 파시즘 · 나치즘 · 군국주의 사상을 가리킨다. 뒤늦게 자본주의를 성립한 이와 같은 나라들은 강력한 권위주의 체제의 확립을 통해 국내 경제 발전과 해외침략에 의한 자원 획득을 추구하고자 했다. 전체주의는 사회주의적 계획경제와는 달리 사적 기업의 존재는 인정하지만 계급투쟁은 단호하게 배격하여 국가 경제에 대한 전면적인 통제와 감독을 주도한다. 또한 대체로 편협한 민족주의적 광신주의에 빠져 있으며 반개인주의 · 반자유주의 · 반민주주의 · 반의회주의 · 반마르크스주의 등의 특징을 갖고 있다. 민주주의 체제가 권위의 원천을 피지배자에게 귀속시키며 다원주의 사회를 바탕으로 하고 있는 반면, 전체주의 체제는 권위의 원천을 지배자의 우월성에 두고 있으며 일원주의 사회를 기초로 하고 있다. 때문에 행정·경찰력·군사력은 물론 경제·문화·교육·언론 등이 모두 국가권력에 집중되어 있으며, 모든 활동의 가치평가 기준은 국가에의 공헌 여부에 달려 있다. 또한 공식적 관제이데올로기를 강요하여 반대의 자유를 박탈한다. 이러한 전체주의 체제는 인류의 완벽하면서도 최종적인 사회를 제시하는 관제 이데올로기를 앞세운다. 또한 독재자 한 사람에 의해 영도되는 단일 대중정당과 폭력적인 비밀경찰제도를 통해 모든 매스미디어와 군사력 그리고 경제전반에 대한 중앙집권적 통제를 지향하고자 한다.(채근병)

파시즘, 나치즘, 군국주의, 관제이데올로기, 일원주의

참고문헌
즈비그뉴 K. 브르진스키, 칼 J. 프리디리히, 『전체주의 독재정치론』, 최운지 역, 정림사, 1972.
레오나드 샤피로, 『전체주의 연구』, 장정수 역, 종로서적, 1983.

전칠자(前七子)와 후칠자(後七子)

전후칠자(前後七子)는 이동양(李東陽)의 복고적, 보수적 경향을 더욱 심화시킨 문인들로서 이후 명대시문(明代詩文)의 성격 형성을 주도한 사람들이다. 이들은 현실적 감각을 중시하는 개성적 시인들이 출현한 당대의 상황 속에서 "문장은 반드시 진·한의 것을 따라야 하고 시는 반드시 성당의 것을 따라야 한다"(文必秦漢, 詩必盛唐)는 복고주의적 문학관을 제시하였다. 이는 송대(宋代)로부터 내려온 문학 자체에 대한 각성과 함께 정치적으로 안정기에 들면서 시문에 진취적인 기상이 사라지고 화려하고 수사적인 것을 구가했던 당시의 시대상황적 요인에 의한 것이었다.

전칠자(前七子)의 활동은 1488년에서 1521년에 이르는 시기로 이때 전칠자에 속했던 사람들은 이몽양(李夢陽,1472~1529), 하경명(何景明,1483~1521), 왕구사(王九思,1468~1551), 왕정상(王廷相, ?), 강해(康海, 1475~1540), 변공(邊功), 서정경(徐禎卿) 등이다. 후칠자(後七子)는 1520년대 후반부터 1569년대 전반기까지 활동한 것으로 알려져 있으며 이에 속하는 사람으로는 이반룡(李攀龍, 1475~1570), 왕세정(王世貞, 1526~1590), 종신(宗臣, 1525~1560), 사진(謝榛), 서중행(徐中行), 양유예(梁有譽), 오국륜(吳國倫) 등이 있다.

그러나 이 운동은 너무 옹색한 의고주의를 취했기 때문에 제재와 표현을 속박하는 결과를 낳았고 한때 문단에서 유행하는 데에 지나지 않았다. 이러한 전후칠자의 복고주의적인 경향에 반대하여 개성적인 문학창작을 주장하는 작가들이 나타났는데, 서위(徐渭), 이지(李贄), 초횡(焦竑), 탕현조(湯顯祖) 등과 같은 사람들이 그 대표적인 인물들이다. 이들 중 이지(李贄)는 태주학파(泰州學派)의 대표자로도 꼽히는데, 그는 인간에게 가장 기본적인 요소를 예교(禮敎)나 정신보다 경제적 이해관계로 보는 다분히 유물론적 측면이 강한 입장에서 문학을 평가하였다. 그는 복고주의를 정면으로 비판하면서 당시 금서 취급을 받던 천속한 민간문학 작품을 고금의 명작이라고 인정하기도 했다.(노승욱)

이몽양, 하경명, 왕구사, 왕정상, 강해, 변공, 서정경, 이반룡, 왕세정, 종신, 사진, 서중행, 양유예, 오국륜, 이몽양, 하경명

참고문헌
서경호, 『중국 문학의 발생과 그 변화의 궤적』, 문학과지성사, 2003.
前野直彬, 『중국문학서설』, 김양미 · 최순미 역, 토마토, 1996.

전통(傳統, Tradition)

전통은 한 집단이나 공동체 내에서 형성되어 역사적 생명을 가지고 내려오는 사상 · 관습 · 행동 등의 양식이나 그것의 핵심을 이루는 정신적 가치 체계를 말한다. 엘리엇(T. S. Eliot)은 이와 같은 광의의 개념으로서의 전통을 습관적 행동, 즉 관습의 모든 것을 포함하는 것으로 파악하면서, 전통이 종교적 의식에서 관례적인 인사에까지 영향을 미치고 있다고 보았다.

과거로부터 전해지는 사상 · 관습 · 행동을 역사적인 시각으로 볼 때와 마찬가지로, 문학이나 예술을 역사적으로 바라보는 태도에는 전통과 혁신, 모방과 창조 혹은 보존과 발견이라는 대립 개념이 전제된다. 이러한 대립개념은 문학이나 예술의 연속성과 단절의 문제를 야기한다. 기존 문학이나 예술적 전통을 거부하고 새로운 문학이나 예술적 전통을 수립하려는 시도는 어느 시기에나 있어왔다. 다다이즘이나 초현실주의와 같은 모더니즘 예술운동은 전통을 완전히 거부하려는 태도를 가진 대표적인 경우이다. 하지만 20세기 작가들은 새로운 예술작품이 선행 작품과 어느 정도 달라야 한다고 주장하면서도 전통의 가치를 감안해야 한다는 전제 또한 잊지 않는다. 「전통과 개인의 재능」이란 글에서 엘리엇은 이러한 움직임을 새롭게 전망한다.

엘리엇은 단순히 전 세대의 성과를 맹목적으로 좇는 것은 지양되어야 한다고 전제하고 전통은 단순히 유산으로서 물려받을 수는 없으며, 큰 힘을 들여야 얻어질 수 있다고 지적한다. 엘리엇이 전통을 바라보는 핵심적인 관점은 다음과 같다. 전통은 역사의식을 내포한다. 이때 역사의식에는 과거의 과거성에 대한 인식뿐 아니라 현재성에 대한 인식도 내포되어 있으며, 이 역사의식으로 인해 작가는 작품을 쓸 때 자신의 세대를 파악하게 된다. 그러므로 호머 이래의 유럽의 고전과 그 일부를 이루는 자국의 문학 전체는 동시적 존재이면서, 또한 동시적 질서를 구성하는 것이다. 엘리엇이 과거와 현재의 지속과 그것의 동시성을 주장하는 것은 본질적으로 예술 작품의 객관성을 주장하는 고전적 시각을 토대로 한다. 작가의 개성은 전통과 관련될 때만 평가될 수 있으며, 고전 위에 새로운 예술 작품이 소개됨으로써 기존 질서는 수정될 수 있는 것이다. 이것을 그는 낡은 것과 새 것 간의 순응으로 보았다.

동양적 전통은 엘리엇이 조망하는 호머 이래의 고전들에 의해 구축된 서구적 전통 개념과 대비되는 관점에서 또한 독자적인 문화권을 형성하고 있다. 유가(儒家)·도가(道家)·불가(佛家)의 동양의 고전적 경전들은 동양 시학 전통의 이론적 근거를 제공할 뿐만 아니라 인간과 자연, 인간과 대상을 분리시켜 바라보는 서구의 전통과는 달리 인간과 자연, 인간과 대상을 하나로 바라보는 관점을 취한다. 동양시학의 전통에서 자아와 대상은 분리되지 않고 하나를 이룬다. 이러한 동양시학의 전통 아래에서 한시, 선시, 자연시의 전통은 유기적으로 관련을 맺고 있다. 우리나라의 경우 한용운, 정지용, 조지훈, 김달진 등을 이러한 동양적 시학의 전통에 기반하여 시를 쓴 대표적인 현대시인으로 꼽을 수 있다.(최동호)

고전, 동시성, 역사의식, 창조, 김달진, 정지용, 조지훈, 한용운, 엘리엇

참고문헌
문덕수, 『세계문예대사전』, 교육출판공사, 1994.
이정일, 『시학사전』, 신원문화사, 1995.
빅토르 츠메가치·디터 보르흐마이어, 『현대문학의 근본 개념 사전』, 류종영·백종유·이주동·조정래 공역, 솔출판사, 1996.
조셉 칠더즈·게리 헨치, 『현대 문화 문학 비평 용어사전』, 황종연 역, 문학동네, 1999.
T. S. 엘리엇, 「전통과 개인의 재능」, 『엘리엇 문학론』, 최창호 역, 서문당, 1975.
최동호, 『하나의 도에 이르는 시학』, 고려대출판부, 1997.
에드워드 쉴즈, 『전통』, 김병서·신현순 역, 민음사, 1992.

전향문학(轉向文學)

전향은 권력의 강제에 의한 사상의 변화나, 세계관의 변화에 따른 자발적인 사상의 변화를 지칭한다. 보통 사회주의 사상의 포기나 진보적 합리적 사상의 포기, 혹은 사상적 변화 일반을 가리키기도 한다. 따라서 전향문학은 전향문제를 다룬 문학 혹은 전향문제를 주요 창작동기로 하는 문학이다.

세계문학의 차원에서 볼 때 전향이라는 용어는 일본에서 유래를 찾을 수 있다. 일본공산당 중앙위원장이었던 사노 마나부와 전 공산당 중앙위원이었던 나베야마 사다찌까가 1933년 6월에 발표한 「공동 피고 동지에게 고하는 글」 속에서 처음 '전향'이라는 용어를 사용했다고 한다. 이를 기점으로 1930년대 중반 일본 프롤레타리아 작가 동맹(NAPF)이 해산된 후 나타난 광범위한 사상 변화를 '전향'이라고 지칭하게 되었다. 전향문학의 대표작으로는 나카노 시게하루(中野重治)의 「시골집(村の家)」을 꼽는다. 이 작품은 대중으로부터의 고립감이 전향의 중요한 동기로 작용했던 일본의 특성을 그대로 반영하고 있어 일본 전향문학의 백미라고 평가받고 있다.

한국의 전향문학은 일제 식민지 지배하에 있던 1930년대 중후반에 나타났다. 1934년 6월 '신건설사 사건'이 빌미가 돼 조선 프롤레타리아 예술동맹(KAPF)에 대한 검거 선풍이 일고, 이어 1935년 5월 카프 해산계가 제출되면서 카프 출신 작가들의 전향문학 창작이 가속화됐다. 1930년대 중반 카프 제2차 검거 이후 집행유예로 풀려났던 작가들이 사상문제와 관련된 작품들을 발표하면서 본격적인 전향문학이 등장했다. 당시 카프 작가들의 전향 및 카프 해체는 프로문학 퇴조의 영향이며, 이는 식민지 작가 지식인의 위기로 연결됐다. 식민지 시대라는 특성으로 인해 전향은 식민지 지식인의 윤리문제와 직결된다. 즉, 일본과 달리 식민지 조선에서 전향이라는 것은 사상을 선택한다는 문제를 벗어난 일본 제국주의의 지배를 용인하는 것으로 연결되었기 때문이다.

이 시기 구체적인 전향문학은 다음과 같이 분류될 수 있다. 첫째, 과거의 이념에 대해 일정한 거리를 두려하지만 구체적인 생활세계와 불화하는 작품들로 한설야의 「태양」, 김남천의 「제퇴선」 등을 거론할 수 있다. 둘째, 실천적 의미의 이념은 포기했지만, 내면에서는 보다 강화된 신념의 형태를 형상화한 작품들이 있는데 이기영의 「고물철학」 등이 대표적이다. 셋째, 삶의 방향감각을 상실한 채 심리적 불안감이나 우울증을 드러내면서 현실에의 순응이 멀지 않음을 예시하는 작품으로는 이동규의 「신경쇠약」, 김남천의 「포화」 등이 있다. 마지막으로 새로운 삶의 태도를 지향하며 과거의 이념에 대해 적극적인 비판을 감행하는 작품으로 박영희의 「독방」, 백철의 「전망」 등이 있다.(임헌영)

프로문학, 나프(NAPF), 카프(KAPF)

참고문헌
김동환, 「1930년대 한국전향소설연구」, 서울대 석사학위논문, 1987.
이상갑, 『한국근대문학과 전향문학』, 깊은샘, 1995.
김인옥, 『한국 현대 전향소설 연구』, 국학자료원, 2002.
김윤식, 『한국근대문학사상사』, 한길사, 1984.

전향문학(轉向文學)(일본)

일본에서 전향이라는 말이 문학사에서 하나의 용어로 정착한 것은, 1933년 당시 일본공산당 지도자였던 사노 마나부(佐野學)와 나베야마 사다치카(鍋山貞親) 두 사람이 옥중에서 발표한 「공동피고동지에게 알리는 글 共同被告同志に告げる書」에서 전향이라는 용어를 쓰고 난 이후였다. 이 글은 사실상 공산당 지도자가 밝힌 공산주의 포기 선언에 가깝다. 그 당시 이 글을 계기로 옥중에 있던 공산주의자의 전향이 속출하여 9할에 가까운 사람들이 전향했다.(1945) 물론 이러한 전향은 국가권력의 강제에 의한 것이었다.

일본의 전향문학은 이러한 전향체험을 가진 작가에 의해 쓰였거나, 혹은 직접적인 전향체험을 소재로 한 문학을 가리킬 때에 쓰는 말이다. 전향문학의 주요 내용은 어쩔 수 없이 전향을 선택하게 된 고뇌를 고백하는 성격이 짙은 작품 및 비록 전향에는 이르지 않았지만 그와 관련된 정신적 갈등을 다룬 작품, 그리고 전향을 계기로 새로운 변혁의 주체를 찾고자 노력하는 작가의 의지를 그린 것 등이다.

그러한 내용을 다루고 있는 작품들을 살펴보면, 우선 최초의 전향문학이라고 일컬어지는 무라야마 도모요시(村山知義)의 『백야 白夜』(1934)를 들 수 있다. 또한 구보가와 쓰루지로(川鶴次郎)의 『풍운 風雲』(1934)을 비롯하여, 전향문학 가운데에서 가장 뛰어난 작품으로 평가받는 나카노 시게하루(中野重治)의 『마을 집 村の家』(1935), 다테노 노부유키(立野信之)의 『우정 友情』(1934), 시마키 겐사쿠(島木健作)의 『나병 癩』『맹인 盲目』(1935), 다카미 준(高見順)의 『갱생기 更生期』(1940), 노마 히로시(野間 宏)의 『어두운 그림 暗い繪』(1946), 시이나 린조(椎名麟三)의 『후카오 마사하루의 수기 深尾正治の手記』(1948)등도 이 시기의 전향문학을 대표하는 작품으로 꼽을 수 있다.(오석윤)

일본공산당, 전향, 낫푸

참고문헌
日本近代文學館 편, 『日本近代文學大事典』 제4권, 講談社, 1984.
平野 謙, 『昭和文學史』, 筑摩叢書 15, 1963.
本多秋五, 『轉向文學論』, 未來社, 1955.

전형(Type, Typus)

유형(類型)이라고도 번역되는 전형(典型)은 어떤 유형에 대해 대표적, 모범적, 이상적 표현을 지칭하는 경우가 있다. 이 경우 전형은 어느 특정한 역사적 단계에 놓여 있는 어떤 특정한 사회상과 내부적 모습의 대표적인 성질, 또는 그러한 성질이 소설에 반영된 것을 의미한다. 전형적 인물이라고 하는 것처럼 주로 인물에 국한되어 쓰이지만 넓은 의미에서는 인물뿐만이 아니라 사건의 배경이나 행위의 배경 등을 포함하는 개념이다. 고대 그리스 희극에서의 세 가지 인물 유형과 프라이(Northrop Fryer)의 인물 유형 분류, 즉 사기꾼(alazons), 자기비하자(eiron), 익살꾼(bomolchoi), 촌놈(agroikos)가 그 예이다. 그러나 이 개념은 베버(Max Weber)의 이념형과 비슷한 것이 되고 말아 구체적이고 개성적인 표현을 지향하는 근대 문학에서 개념적 분류의 의미밖에 지니지 못한다.

전형이라는 개념이 비평적 의미를 가지게 되는 것은 마르크스주의 예술, 특히 루카치(G. Lukacs)에서이다. 마르크스주의 비평에서는 하나의 개체의 모순이 보편적 모순을 가지며 또한 그 보편적 특수성을 대표할 경우에 그 개성을 보편성에 대해서 전형이라고 한다. 따라서 전형은 보편성·본질성의 발현인 동시에 개별성과 보편성의 통일이기도 하다. 그러한 전형을 그리는 창작 행위를 전형화(typification)이라고 하는데 이는 개인적인 것 속의 사회적인 것, 특수한 것 속의 보편적인 것, 우연적인 것 속에 있는 합법적인 것, 여러 현상들 속의 본질적인 것을 발견해내고 끄집어내어 예술적으로 설득력 있게 표현하는 행위이다. 엥겔스가 지킹엔 논쟁에서 '전형적인 상황 하에 있는 전형적인 성격'을 제시한 이래 전형은 마르크스주의 문학 이론에서 핵심적인 개념이 되었다.

루카치는 19세기 역사소설에 나타난 인물 창조를 리얼리즘으로 옹호하기 위해 전형화라는 개념을 사용했다. 역사소설가는 고립된 개인이 운명처럼 삶을 살아가는 예외적 영웅을 창조하는 대신 한 계급의 인간 전체를 대표하는 주인공을 창안한다. 극단적으로 첨예화된 상황 가운데서 인간의 극단적 행위방식 속에서 특정한 사회의 복잡한 문제의 모순이 표현되듯이 그 상황과 성격들의 형상이 전체적 관계 속에서 전체적 관계에 의해서 명백히 될 때 전형이 될 수 있다고 주장함으로써 루카치는 사회를 움직이는 가장 근본적인 동인과 전형을 결부시켰다.(정호웅)

유형, 이념형, 마르크스주의, 리얼리즘

참고문헌
문덕수 편, 『세계문예대사전』, 교육출판공사, 1994.
김용직, 『문예비평용어사전』, 탐구당, 1985.
신희천 외, 『문학용어사전』, 청어, 2001.
吉江喬松, 『世界文藝大辭典』, 中央公論社, 1937.
스테판 코올, 『리얼리즘의 역사와 이론』, 여균동 역, 미래사, 1982.
게오르그 루카치 외, 『리얼리즘 미학의 기초이론』, 이춘길 편역, 한길사, 1985.
_____, 『미학』, 이주영 역, 미술문화, 2000.

전후문학(戰後文學)

두 차례의 세계대전이 끝난 이후에 나타난 문학 혹은 문학작품을 지칭하지만, 주로 제2차 세계대전 이후의 문학을 가리킨다. 전후문학에는 전쟁으로 인한 인류 문명의 파괴와 인간성의 상실 등이 보편적인 주제로 형상화되어 있다. 특히 전쟁 체험은 인간에게 극도의 상실감과 절망감, 도덕과 가치관의 파멸, 인간에 대한 깊은 회의 등을 던져주기 마련인데, 부조리는 이러한 정신적 공황 상태를 대변한다. 제2차 세계대전 이후의 문학을 전후문학이라고 한다면, 한국의 경우 해방공간에서의 문학도 이에 포함된다고 하겠지만 이 시기에는 주로 해방의 감격과 혼란한 사회상을 그린 문학이 대부분이었다. 때문에 진정한 의미의 전후문학은 한국전쟁을 겪고 난 1950년대 이후에 등장한 문학작품들을 지칭한다. 다시 말해, 전후문학은 전쟁의 참상뿐만 아니라 전쟁의 근원적인 성격과 이후에 일어나는 여러 부정적인 양상들, 부조리한 삶에 근본적인 치유 방안 등을 문학적으로 형상화한 것을 가리킨다 하겠다. 전후문학을 한국전쟁에서 직간접적인 소재를 취해 그것으로부터 일정한 영향을 받은 인간의 삶이 형상화된 작품들을 통칭한다면, 전후문학은 전쟁에 대한 후방문학의 성격을 갖고 있다고 할 수 있으며 김동리의 「밀다원시대」가 대표적인 예이다. 또한 전후문학은 전쟁 이후의 발생되는 삶의 비극성과 부조리, 그로부터 파생되는 허무주의나 불안의식 혹은 소외 등의 양상은 물론 정신적 외상을 치유하고자하는 문학적 탐색을 시도한다. 그런 의미에서 반전문학의 보편적인 주제인 전쟁의 폭력성과 비극성에 대한 고발은 포괄적인 의미에서 전후문학의 범주에 포함된다고 하겠다. 대표적인 작가와 작품으로는 손창섭의 「잉여인간」, 김성한의 「바비도」, 오상원의 「유예」, 서기원의 「암사지도」, 송병수의 「쇼리킴」, 선우휘의 「불꽃」 등이 있다.(채근병)

제2차 세계대전, 한국전쟁, 부조리, 전쟁문학, 반전문학

참고문헌
최용석, 『한국 전후문학에 구현된 현실인식』, 푸른사상, 2002.
방민호, 『한국 전후문학과 세대』, 향연, 2003.

절구(絶句)

4구로 이루어지는 최소 단위의 시체(詩體)이다. 절구(絶句) 또는 단구(短句), 절시(絶詩)라고도 부른다. 한 작품은 네 구로 이루어져 있으므로, 율시의 반에 해당하는 분량이다. 보통 한 구의 자수가 5자인 오언절구와 7자인 칠언절구 두 종류가 있는데, 약칭해서 5절(五絶), 7절(七絶) 이라고도 한다. 드물긴 하지만 6언 절구도 있다. 오언절구의 기원은 육조(六朝)의 진(晉)·송(宋) 때 양자강(揚子江) 하류·중류 지역에서 유행하던 『자야가(子夜歌)』 『서곡가(西曲歌)』 등의 서정 민가(民歌)로 본다.

이 민가들은 후에 문인들의 주목을 끌어, 제(齊)·양(梁) 이후로 활발하게 만들어지기에 이르렀으며, 점차 민가풍으로부터 무게와 깊이를 더하여 문인적 내용으로 변화되어 갔다. 또 당대(唐代)에는 운율(韻律)의 규격도 갖추어져 근체시(近體詩)의 한 양식이 되었다.

한편 칠언절구는 칠언체가 다 그렇듯이 오언시의 발전에 편승하며 육조 말부터 당대에 걸쳐 생겨났으며 초당(初唐) 말에는 그 체가 정해졌다. 오언과 칠언은 모두 성당(盛唐) 때에 최고조에 달했으나, 특히 칠언절구는 가장 보편적인 체로서 성행하였다.

절구는 최소 단위의 시 형식인 만큼 한 가지 정도의 짧은 서정적 내용을 함축적으로 표현 하므로 언외(言外)의 맛으로서 여운이 존중되고, 시 전체로는 서정 소시답게 산뜻한 것이 좋다. 당시는 대체로 정태적(靜態的) 회화미를 지향하여 소식이 말한 것과 같이 시중유화(詩中有畵) 화중유시(畵中有詩)와 같은 정취를 보여준다. 전개는 기승전결(起承轉結)의 구성을 취하되, 대체로 경물(景物)을 읊고, 끝에 간단한 시인의 심태를 쓰는 것이 보통이다. 당대의 절구집으로는 송대 홍매(洪邁)의 『만수당인절구(萬首唐人絶句)』 101권이 있다.(오태석)

절구, 율시, 오언 절구, 칠언 절구, 근체시

참고문헌
임종욱 저, 『동양문학비평용어사전』, 범우사, 1997.
『中文大辭典』, 中國文化大學, 1985.

절대적인 것과 상대적인 것

절대주의는 신학이나 철학에서 절대자 즉 神, 혹은 보편적 원리 등을 인정하는 입장을 가리킨다. 특히 진리, 가치의 절대적 타당성을 주장하거나, 어떤 원리의 무제한적 지배를 주장하는 학설이다. 헤겔 및 그의 영향을 받은 브래들리, 모리스 등이 대표적인 절대적 관념론의 형이상학자들이다. 윤리학에서는 어떤 도덕 원리가 때와 장소의 제한을 받지 않고 보편적 필연적으로 타당하다는 견해를 가리킨다. 이러한 절대주의는 곧 본질주의(本質主義, essentialism)로 연결된다. 본질주의는 대상의 특질들이 대상에 고유하다는 믿음을 가진다. 본질주의는 그러므로 대상의 특질들은 자명하며, 대상 자체는 추구되거나 설명될 필요가 없다는 함의를 내포한다.

반면 상대적(relative)이라는 말은 '관련된, 다른 것과의 관계에서 발생하는, 비교적, 절대적이 아닌' 등의 뜻이 있다. 상대주의는 절대주의의 반대어로서, 인식, 지식, 가치 등의 상대성을 주장하는 견해이다. 어떠한 이론적 실천적 가치라도 주관적, 심리적 개인과의 관계에 있어서 상대적이며, 모든 진리, 규범, 가치 등은 각각의 관점에서 비교 관련시켜 상대적으로 해석할 수 있다는 주장이다. 철학사에서 상대주의는 "인간은 만물의 척도다"라고 말한 그리스의 프로타고라스에서 시작되며, 특히 소피스트들에 의해서 널리 주장되어, 절대적 진리 내지 절대적 가치의 존재를 부정했다. 상대주의는 기성의 형이상학적 독단을 비판하고, 신을 유일한 진리의 원천으로 보는 신학적 세계관을 비판했으나, 객관적 진리의 부정으로 말미암아 회의론에 떨어지게 되었다. 소피스트 이후에도 몽테뉴, 로크, 흄, 콩디악 등이 있고, 19세기 후반부터는 니체, 마하, 아베나리우스, 베르그송, 딜타이 등의 상대주의자가 있다. 변증법적 유물론도 진리의 상대성을 주장하는 점에서는 상대주의이나, 그럼에도 인간의 인식이 객관적 진리에 도달할 것을 주장하고 있는 점에서는 분명히 구분된다. 이러한 상대주의는 다원주의(多元主義, pluralism)로 나아가게 된다.

문학 비평에서 절대주의적 관점이란 러시아의 형식주의와 신비평에서 비롯된 비평 방법이다. 작품을 이해하는 데 필요한 자료는 오직 작품밖에 없으며, 작품 속에 모든 것이 갖추어져 있다고 보는 관점을 가리킨다. 작품을 작가나 시대, 환경으로부터 독립된 세계로 보며 작품의 함축적 의미와 이미지, 비유, 상징 등으로 쓰인 언어를 중시하고, 작품을 유기적인 존재로 보아 시어와 시어, 행과 행, 운율과 의미의 관계 등을 구조적으로 분석하려고 하는 비평이다. 이 관점에 따른 비평 방법은 시를 분석하는 데에는 큰 성과가 있지만, 역사성을 가진 소설 등을 분석할 때에는 쉽게 적용되지 않는 한계가 있다. 반면 상대주의 비평(relativism criticism)은 이론적이거나 실천적인 가치라도 주관적이거나 심리적인 관계에서 볼 때에는 상대적이며, 모든 진리나 규범, 가치 등은 각각의 개인의 관점에 따라 상대적으로 해석할 수 있다고 하는 명제를 문학에 도입시킨 비평의 한 방법이다. 문화 분석에 있어서 문화적 상대주의는 각기 다른 문화들이 그 구성원들로 하여금 세계와 자신들의 관계를 각기 다른 방식으로 파악하게 만든다는 사실에 대한 이론적 틀을 제공한다.(배호남)

절대주의, 상대주의, 일원론, 다원론

참고문헌
한국철학회, 『다원주의 축복인가 재앙인가』, 철학과 현실, 2003.
사회와철학연구회, 『한국 사회와 다원주의』, 이학사, 2003.

절서사파(浙西詞派)

청대에 이름을 떨친 문인 주이존(朱彛尊 1629-1709)이 창설한 사단(詞檀)의 한 유파이다. 청초에 등장한 사단으로는 주이존을 중심으로 한 절서사파와 진유숭(陣維菘)을 중심으로 한 양선사파(陽羨詞派)가 대표적이다. 절서사파는 강희(康熙, 성조때의 연호 1662-1722)와 건륭(乾隆, 고종때의 연호 1736-1795) 연간에 걸쳐 활동하였다. 이들의 시풍은 일반적으로 사조(詞調)가 원만하고 전환이 다양하며, 맑고 밝은 분위기를 그려냈다는 데 그 특징이 있다. 시구의 조탁에 있어서는 특히 정치한 아름다움을 중시하였다. 그러나 위와 같은 기교에 비해 내용은 결핍되어 있다는 지적을 받기도 했다.

주이존은 남송의 문학을 높이 평가하였고, 특히 강기(姜夔)와 장염(張炎)을 떠받들었다. "시를 쓰는 사람 가운데 강기만한 이가 없다.(詞莫善于姜夔)"고 칭송하며 강기의 맑고 우아한 풍격을 숭상하였다. 그리고 격률사파(格律詞派)의 영수이며 강호파(江湖波) 시인으로 지목되기도 했던 남송의 시인 강기를 종장(宗匠)으로 받들었다. 주이존을 비롯한 절서사파 문인들은 집집마다 강기와 장염의 사집을 사두는 '가백석호옥전(家白石戶玉田)'의 기풍을 세우기도 했다.

주이존의 사론(詞論)은 당시 사단의 퇴폐한 풍조를 바로잡아보고자 하는 것이었다. 명나라 이래로 사풍의 경향은 규방 아녀자들의 감상에 머물거나, 화초를 어루만지는 등의 한가한 제재에 얽매여서 "딱딱한 어구로 작품을 밀어 항상 율조가 어그러지고, 새로운 곡조로 이를 숨겨 악보와 화합하기가 어려운(排之以硬語 每與調乖 竄之以新腔 難與譜合)" 상황이었다. 이에 대해 주이존은 청공순아(淸空醇雅)한 문체를 이용해 지나치게 조잘거리는 비루함과 섬약함을 씻어내고, 성기고 휩쓸리며 시끄럽기만 한 율격을 조합하고자 하였다. 주이존의 이론은 어느 정도 당시 문단의 폐단을 바로잡고 부족한 부분을 보충하는 계기가 되었다.

주이존의 사론은 큰 반향을 일으키며 성행하였고, 이를 받아들인 공상린(孔翔麟), 이양년(李良年), 이부(李符), 심호일(沈皞日), 심안등(沈岸登)의 사집(詞集)이 유행하였다. 이들은 주이존과 함께 절서육가(浙西六家)로 불리기도 했다.(장은영)

주이존(朱彛尊), 절서육가(浙西六家), 정지거금취(靜志居琴趣)

참고문헌

연세대학교중국문학사전 편역실,『중국문학사전Ⅱ - 작가편』, 도서출판 다민, 1994.
이종진 외,『중국시와 시인 - 송대편』, 역락, 2003.

절시증(窃視症, Scopophilia)

보는 즐거움 또는 시선에 대한 애착으로 풀이되기도 하며, 대상을 시야에 두고 싶은 욕망을 말한다. 'scopophilia'는 어원은 '시야 안에 두기를 좋아함'이라는 의미로, 어린아이들이 사적인 것과 금지된 것을 보려고 욕망하는 경우나 엄마를 즐겨 바라보려는 경우도 이에 포함된다. 절시증적 본능은 다른 사람들을 대상으로 받아들이고, 그들을 향해 보내는 호기심에 찬 응시이다.

따라서 절시증은 성적인 것과의 관련에 있어 관음증(觀淫症 voyeurism)과 별개의 영역으로 설명되기도 한다. 그러나 절시증과 관음증을 엄밀하게 구분하지 않고, 절시증을 관음증을 포괄하거나 동일한 것으로 사용하는 예가 많다.

일반적으로 관음증은 다른 사람들의 성적 행위나 성적 부위를 엿보면서 느끼는 쾌감이 정상적인 성적 목적으로 이어지지 않고 그 자체에 머무는 성 도착의 상태를 의미한다. 관음증 환자는 대상을 훔쳐보면서 성적 만족을 얻을 뿐, 대상과의 성 행위를 시도하지는 않는다. 이들에겐 대상을 주시하기 위한 대상과의 거리가 성적 쾌감을 얻을 수 있는 매개가 된다.

프로이트(Sigmund Freud 1856-1939)에 따르면 성적 대상을 향한 본능적 행동을 일컫는 성적 목적은 예비 단계를 필요로 한다. 이 단계에서 주시나 접촉은 정상적인 성 목적이 달성되기 전에 즐거움과 새로운 흥분을 불러일으키는 역할을 한다. 시각적인 느낌은 리비도의 흥분이 고조되는 통로이다. 정상적인 사람들도 성적인 느낌이 있는 어떤 것을 보고자하는 이 중간 단계의 성 목적에서 어느 정도 지체한다. 이러한 지체는 리비도의 일부를 예술적으로 고양시킬 가능성을 제공하기도 한다. 그러나 보는 즐거움이 전적으로 생식기에 국한되거나 과도한 혐오감과 관련될 경우 또는 정상적인 성 목적에 이르기 위한 예비 과정이 아니라 그 자체가 성 목적을 대신할 경우 성욕 도착이 된다.

보려는 욕망과 스스로 내보이고자하는 욕망, 즉 관음증과 노출증은 성적 본능이 능동성에서 수동성으로 변화하는 과정에서 동시에 나타나는 성도착증이다. 관음 본능은 활동을 시작하기 전에 자가 성애적인 특성을 내보이며, 주체 자신의 신체 한 부분을 성적 대상으로 삼는다. 그리고 주체는 비교의 과정을 거쳐 성적 대상을 자기 신체의 한 부분에서 그와 유사한 타인의 신체 한 부분으로 바꾸게 된다. 이 단계에서 관음본능은 능동적으로 외부 대상을 향해 작용한다. 능동적인 관음 본능은 다시 주체 자신의 신체 일부분으로 향하고, 누가 바라보기를 원하는 새로운 목적이 설정된다. 관음증과 노출증은 관음 본능에서 파생된 서로 대립쌍을 이루는 성적 본능이다.(장은영)

관음증, 노출증, 프로이트

참고문헌
S. 프로이트, 『성욕에 관한 세편의 에세이』, 열린 책들, 1996.
_____, 『무의식에 관하여』, 열린 책들, 1997.

절정 ☞ 클라이맥스

절차탁마(切磋琢磨)

'골각(骨角) 또는 옥석(玉石)을 자르고 갈고 쪼고 닦는다'는 뜻으로, 학문과 덕행을 힘써 닦음을 비유해 쓰는 말. 출전은 위(魏) 나라 무공(武公)의 덕을 찬양하기 위해 지었다는 『시경·위풍(詩經·魏風)』의 「기오(淇奧)」 제 1연의

저 기수 물굽이에
왕골과 마디풀 우거져 있네
깨끗하고 멋진 우리 님이여
끊는 듯 닦는 듯
쪼는 듯 가는 듯하시네.
늠름하고 엄숙하며
빛나고 빼어나니 멋진 님이여
끝내 잊을 수 없구나.
(瞻彼淇奧 綠竹猗猗 有匪君子 如切如磋 瑟兮僴兮 赫兮咺兮 有匪君子 終不可諼)

이래, 『논어』「학이學而」편에서

자공이 공자에게 물어 이르되 '가난하면서도 아첨하지 않고, 부유하면서도 예를 좋아하면 어떠합니까?' 공자께서 이르시되 '괜찮구나, 그러나 가난하면서도 도를 즐기고, 부유하면서도 예를 좋아하는 것만 못하니라.' 자공이 이르기를 '시에 나오는 끊는 듯 닦는 듯, 쪼는 듯 가는 듯하다'함이 바로 이것을 이름이오니까? 공자께서 '사야, 이제야 비로소 너와 더불어 시를 이야기할 수 있구나. 지나간 일을 일러주니 앞으로 다가올 일을 아는구나'

(子貢日 貧而無諂 富而無驕 何也. 子曰 可也, 未若貧而樂 富而好禮者也. 子貢日 詩云如切如磋 如琢如磨 其斯之謂與. 子曰 賜也 始可與言詩已矣 告諸往 而知來者)

라고 쓰이므로 더욱 인구(人口)에 회자(膾炙)되었다. 한편 『대학』에서는 "자르고 갊(如切如磋)은 배움을 말하고, 갈고 쪼음(如琢如磨)은 스스로 수양함이다.(如切如磋者 道學也, 如琢如磨者 自修也)"라고 원용되므로 자신의 현실적 위치에 만족하지 말고, 끊임없이 학문과 덕성을 갈고 닦으라는 의미로 사용되었다.

그러나 이 말이 문학 창작과 관련하여서는 자기의 영역에서 일가(一家)를 이루기 위해 부단히 노력하는 자세를 의미하게 되었다. 물론 이 말 속에 내재한 함의는 단순한 표면적 수사미학을 의미함이 아니라, 정신적 덕성 함양이 전제된, 이른바 문질빈빈(文質彬彬)한 유가적 이상문학 지향이 목표로 함의된다. 곧 문학적 용어로서의 절차탁마는 문채 및 수사의 조탁은 물론, 동시에 정신적 인격 도야를 내포한 이상적 문예용어로 이해된다.(김갑기)

문질빈빈(文質彬彬), 문채, 조탁, 인격 도야

참고문헌
劉文忠, 『中古文學與文論研究』, 學苑出版社, 2000.
김재승 외 편, 『중국고대문학사상과 이론』, 전남대출판부, 2003.
김학주, 『중국고대문학사』, 신아사, 2000.

절충주의(折衷主義, Eclecticism)

철학적 의미로는 상이한 견해나 이론들을 기계적으로 조합하여 만든 새로운 견해나 사상체계를 말한다. 이질적인 철학체계를 혼합한 1-3세기의 그리스 · 로마 철학, 교부철학이나 스콜라 철학이 그러한 예이고, 18세기 독일의 계몽사상가 볼프(Wolff, Christian 1679-1754)나 절충적인 유심론을 주장한 19세기 프랑스 철학가 쿠쟁(Cousin Victor 1792-1867)이 대표적인 절충주의자로 불린다.

한국문단에서는 1920년대 말에 서로 대립적인 문학론에 대해 절충론이 제기되었다. 1926년 무렵 한국 문단에는 프로문학의 등장과 함께 계급문학론과 민족문학론이 대립하였고, 이 때 염상섭, 양주동은 두 문학론에 대한 비판에서 절충적 논리를 펼치며 논쟁을 전개하였다.

염상섭은 계급문학에 대한 비판적 입장을 취하면서 자신의 절충론을 펼쳤다. 그는 계급문학의 존재 가능성은 원칙적으로 인정하지만, 기존의 예술 형식을 무시하면서 새로운 형식적 대안을 개발하지 못하는 현재의 계급 문학적 현상에 대해서는 동의할 수 없다고 말하였다. 「계급문학을 논하여 소위 신경향파에 여함」(『조선일보』, 1926, 1, 30)에서 염상섭은 계급문학이 신인도주의 · 신인생주의 · 신로맨티시즘을 띠어야 한다는 이상적인 논리를 펼치기도 하였다. 이러한 태도는 계급문학에 대하여 존립 자체를 부정하는 김억 등의 태도와는 대비된다는 점에서 절충적 입장으로 간주한다. 김억은 계급문학이 예술을 이용한 통속한 저급문학이기 때문에 존속할 수 없다고 비판한 바 있다.

양주동은 이광수와 염상섭의 견해 뿐 아니라 계급문학의 견해까지 수용하는 절충론을 펼쳤다. 계급문학이 유일한 문학방식은 아니지만, 그 문학의 근본정신은 존중할 가치가 있다는 것이 양주동의 견해이다. 그는 계급문학이 문학의 한 유파로써 구비해야 할 문학적 형식을 결여한 데 대하여 지적하였고, 「문예 비평가의 태도 · 기타」(『동아일보』, 1927, 2, 28-3, 4. 참조)에서는 내재적 가치가 결여된다면 이미 문학이라 할 수 없다는 형식주의적 입장을 취하였다. 양주동은 당시 문단을 3분하여 ①순수문학파 즉 정통파 ②순수 사회파 즉 반동파 ③중간파 즉 문학적 의의와 사회적 의의를 모두 승인하는 입장으로 나누고 다시 중간파를 좌익과 우익으로 나누었다. 그리고 자신을 우익계열 중간파에 속한다고 자처함으로써 우파편향적 절충주의의 입장을 표명하였다. 이에 대해 계급문학 측의 김기진 · 임화 · 박영희 등은 양주동이 사용하는 국민문학의 모호성과 무산계급 운동에 대한 그릇된 이해에 대해 반론을 펼쳤다. 양주동은 계급문학의 근시안적 편견을 비판한 것 뿐만 아니라 국민문학파의 이론 결여에 대해서도 비판하며, 두 문학의 서로에 대한 배격이 종파주의라는 비교적 객관적인 지적을 하기도 했다. 그러나 그의 절충론은 우파편향적이며 형식주의에 치우쳤다는 평가를 받는다.

계급주의 문학과 민족주의 문학의 대립 혹은 내용주의와 형식주의 논쟁 등 문학론의 대립이 상대방에 대한 공격에만 치달아 있는 당대의 문단 상황에서 절충론은 문학에 대한 본질적인 이

해를 환기시켰다는 점에서 그 의의를 찾을 수 있다.(장은영)

계급문학, 신경향파, 염상섭, 양주동

참고문헌
조연현, 『한국현대문학사』, 성문각, 1969.
백　철, 『신문학사조사』, 신구문화사, 1999, 중판.
김영민, 『한국문학비평논쟁사』, 한길사, 1992.

절편음란증 ☞ 페티시즘

점강법(漸降法, Anticlimax and bathos)

　문장이나 어구가 환기하는 의미나 범위가 갈수록 좁아지거나 작아지고 점점 하강하며 격조가 낮아지는 표현 방법으로 수사법에서 강조법에 속한다. 점추법(漸墜法)이라고도 하며 점층법(漸層法)과 반의적 관계에 있는 표현법이다. 점강법을 세분하면 의도적인 점강법(anticlimax)과 비의도적 점강법(bathos)으로 구분된다. 의도적인 점강법은 골계와 해학적 효과를 거두기 위해 대상의 의미를 의도적으로 고양된 상태에서 추락시키는 방법이다. 비의도적 점강법은 점차적으로 하강하지 않고 갑자기 높은 데서 낮은 곳으로 문장의 흐름을 끊어서 강한 효과를 거두는 방법으로 단편 소설의 결말에서 주로 사용된다. 'bathos'라는 용어는 영국의 비평가 알렉산더 포프(Alexander Pope)가 그리스 고전문학의 비평서 『숭고한 문체에 대하여 Peri Hypsous』를 풍자적으로 개작하면서 「비의도적 점강법에 대하여: 시의 하강 기술에 관하여 On Bathos: Of the Art of Sinking in Poetry」(1727)라는 평론을 발표한 이후부터 사용하게 되었다.

　그러나 의도적 점강법과 비의도적 점강법은 구분없이 사용되는 경우가 많다. 일반적으로 점강법은 같은 형태의 구절을 반복하면서 어려운 것에서 쉬운 것으로, 강한 것에서 약한 것으로, 높은 곳에서 낮은 곳으로, 큰 공간에서 작은 공간으로 어구를 배열하여 표현한다.

　문학 작품에서 나타나는 점강법의 표현은 다음과 같다. "첫날엔 오십 리, 다음 날엔 사십 리, 삼십 리, 점점 줄어지다가는, 하루씩 어느 마을에고 들어가 쉬었다.(이범선, 「학마을 사람들」 중에서)"(장은영)

알렉산더 포프(Alexander Pope), 「박제된 올빼미: 나쁜 운문 선집(The Stuffed Owl: An Anthology of Bad Verse)」, bathos

참고문헌
문덕수 편, 『세계문예대사전』, 교육출판공사, 1994.
이명섭 편, 『세계문학비평용어사전』, 을유문화사, 1985.

점철성금(點鐵成金)

　송나라의 황정견(黃庭堅 1045-1105)이 옛 시인들의 문학 작품을 이용하여 자신의 작품에서 새롭게 창조해 내는 방식을 일컫는다. 황정견의 「답홍구부서(答洪駒父書)」에 이렇게 제시되어 있다. "스스로 말을 만드는 일이 가장 어렵다. 두보가 시를 짓거나 한유(韓愈)가 문장을 지을 때, 한 글자도 유래가 없는 말은 없었다. 後人들이 독서가 부족하여 한유와 두보가 이 말을 만들었다고 한 것일 뿐이다. 고래로 글을 잘 짓는 사람은 정말 만물을 도야하는 데 능하였다. 비록 古人의 진부한 말을 취하여서 자기의 작품에 집어넣기는 하지만, 한알의 영단(靈丹)과 같이 쇠를 두드려 금을 만들어 내는 것이다." 즉 시문을 지을 때에는 먼저 사물에 대한 깊은 성찰을 해야 하고, 옛사람들이 언어를 운용하는 방법을 잘 배워야 한다는 것이다.

옛 작가의 말을 운용하는 방법을 배우는 문제를 거론한 점철성금은 비록 진부한 말을 가려 새로운 말을 만든다는 의미를 함축하고 있지만, 황정견은 옛 작가의 말을 빌려온다는 사실을 지나치게 중시해서 이를 연단과 점철성금이란 말로 비유하여 시법을 주장한 그의 이론을 추종하는 '강서시파'를 탄생케 하였다. 하지만 그의 논리는 고인들의 시구를 지나치게 의존하고 모방하는 폐단을 낳기도 하였다.

점철성금과 유사한 시가 창작론이 이속위아(以俗爲雅)와 이고위신(以故爲新)론이다. 사실 이 이론들은 소식이 먼저 주장했는데, 통속적 표현을 시에 살려 아스럽게 하고, 옛 사람들의 표현을 오늘에 되살린다는 의미로서 후자는 점철성금론의 원의와 직접적으로 연결된다. 이같은 논의들은 이미 최고봉에 달한 당시(唐詩)를 돌파하려는 송인들의 노력과 탐색의 과정으로 이해할 수 있다.(오태석)

점철성금, 황정견, 환골탈태, 이속위아, 이고위신, 강서시파

참고문헌
『중국시화사전』, 북경출판사.
오태석, 『황정견시연구』, 경북대출판부, 2001.

점충법(漸層法, Climax)

문장의 뜻이 점점 상승하도록 단어나 구, 절들을 배열하는 표현방법으로 수사법 중 강조법에 해당한다. 약한 것에서 강한 것으로, 작은 것에서 큰 것으로, 낮은 곳에서 높은 곳으로, 좁은 곳에서 넓은 곳으로 어구를 배열하여 감흥이 점점 고조되면서 절정에 도달하게 만드는 표현법이다. 구절이나 문장에서 환기하는 이미지나 공간적 범위, 관념의 범위가 갈수록 확장되도록 배열해야 한다. 반복법이나 연쇄법, 열거법과 같이 사용되는 경우가 많다. 점차적으로 의미를 강조하면서 자연스럽게 독자를 설득하여 감동을 전하기에 적합한 수사학적 방법이다.

점충적인 구성은 소설이나 희곡의 구성(plot)에서 일반적으로 사용되기도 한다. 발단―전개―위기―절정―결말(또는 발단-전개-절정-하강-대단원)의 구성은 절정을 향하여 점충적인 구성으로 사건을 전개하는 방법이다.

문학 작품에 나타나는 점충법의 예는 다음과 같다. "눈은 살아 있다./ 떨어진 눈은 살아 있다./

마당 위에 떨어진 눈은 살아 있다.(김수영, 「눈」중에서)", "신록은 먼저 나의 눈을 씻고, 나의 머리를 씻고, 나의 가슴을 씨고, 다음에 나의 마음의 구석구석을 하나하나 씻어낸다.(이양하, 「신록예찬」중에서)", "今日 吾人의 朝鮮獨立은 朝鮮人으로 하야금 正當한 生榮을 遂케 하는 同時에 日本으로 하야금 邪路로서 出하야 東洋 支持者인 重責을 全케 하는 것이며, 支那로 하야금 夢寐에도 免하지 못하는 不安, 恐怖로서 脫出케 하는 것이며, 또 東洋平和로 重要한 一部를 삼는 世界平和, 人類幸福에 必要한 階段이 되게 하는 것이라.(「기미독립선언서」중에서)", "네놈은 우리 가문을 더럽혔음은 물론, 빛나는 화랑의 체면을 훼손하였고, 거룩한 이 나라의 이름을 망친 놈이다.(유치진, 「원술랑」중에서)"(장은영)

강조법, 반복법, 연쇄법

참고문헌
문덕수 편, 『세계문예대사전』, 교육출판공사, 1994.
이명섭 편, 『세계문학비평용어사전』, 을유문화사, 1985.

정경교융(情景交融)

정경교융(情景交融) 또는 정경상생(情景相生)은 친 자연적 성향을 띠는 중국의 문학이론에서 중요한 비중을 지닌 예술 심미 기법이다. 중국 시가의 주요 전통은 서정이지만 정감의 전개는 종종 물상(物象)에 의거하므로 정(情)과 경(景)이 자연히 서로 연계된다. 이 양자의 결합이 비교적 잘 되었을 경우를 우리는 정경상생(情景相生)이나 정경교융(情景交融)이라 부른다.

초기 이론가로서는 유협을 들 수 있다. 정경교융의 관념이 문학 창작에서 '神'과 '物'의 관계라고 한다면, '정'과 '경'의 표현 방식은 『시경』에서는 '비'와 '흥'의 관념에서 출발하였으며, 양한 경학가를 거쳐 유협에 와서 보다 종합화 세밀화를 기하면서 비흥론으로부터 정경론으로 게기가 되었다. '흥'이란 내적으로 감추어진 감정이 우연히 어떤 사물에 의해 촉발되어 감정이 요동하면서 그것과 하나로 융화되는 것이다. 작자가 비흥의 수법으로 창작하는 이유는 내심의 감동을 일으킨 외물에 근거하여 심상을 구성하여 독자를 감동시키기 위해서이다. 이렇듯 정경을 융합시켜 일체의 정어(情語)는 경어(景語)가 되고, 일체의 경어는 정어가 될 수 있는 것이 중국 고대 시론가들이 작품을 평가하는 중요한 기준이었다.

청초 왕부지(王夫之)는 고염무(顧炎武)·황종희(黃宗羲) 등과 더불어 왕양명(王陽明)의 학설을 배격하고 주자(朱子)의 설에 따라 경세치용(經世致用)의 문장을 주장하면서 훌륭한 시가 탄생하려면 내적 경험과 외적 실재(實在)가 융합된 이후라야 가능하다고 전제하고 다음과 같이 말하고 있다. "정(情과)과 경(景)은 이름은 둘이지만 사실 분리될 수 없다. 시에 뛰어난 사람은(둘을)교묘히 결합시켜 남는 부분이 없도록 한다. 잘된 시에는 정 속에 경이 있고, 경 속에 정이 있다"고하여 양자의 융화경의 중요성을 논했으며, "정과 경이 비록 한 가지는 마음에 있고, 한 가지는 사물에 있다는 차이가 있으나,(실제로)경은 정을 낳고, 정은 경을 낳는다"고 하여 상생적 작용 관계를 말했다. 즉 그는 내적 경험과 외적 세계는 실재의 두 국면을 가리키는 것일 뿐 동떨어진 본체가 아니며, 시인이 전체 속에 들어있는 실재를 포착해야만 완전한 예술적 경지에 도달할 수 있다는 점을 말한 것이다.

이와 비슷하게 청나라 말기의 왕국유(王國維)는 경계설(境界說)을 이끌어 내었다. 그는 『人間詞話』에서 미적 거리를 이루는 두 형태에 대해 정경융합설(情景融合說)을 탄생시킨다. 왕국유는 "자아가 있는 경지가 있고 자아가 없는 경지가 있다. "눈물 젖은 눈으로 꽃에게 물어도 꽃은 말이 없고, 어지러이 떨어지는 붉은 꽃 그네 위로 날아가네"라는 사(詞)나, "어찌 홀로 객사의 매서운 봄추위를 견뎌 낼까? 두견새 소리에 저녁 햇살 저물어 가네"라는 시의 경계는 유아지경(有我之境)이다. "동쪽 울타리 아래서 국화꽃 따는데, 유연히 남산이 눈에 들어오네"나 "찬 파도 가벼이 일어나고, 흰 새는 유유히 내려오네"는 무아지경(無我之境)이다. 유아지경은 자기로부터 사물을 보니 사물은 모두 나의 색채에 물든다. 무아지경은 사물로써 사물을 보니 무엇이 자신이며 무엇이 사물인지를 알지 못한다 …… 무아지경은 사람이 오직 정(靜)속에서 얻는 것이요, 유아지경은 동(動)에서 정(靜)으로 올 때 얻는 것이다. 그래서 전자는 우미(優美)스럽고 후자는 장엄(壯嚴)하다.

이렇듯 왕국유는 미적 거리를 이루는 형태를 '유아지경'과 '무아지경'으로 구분지었는데, 경계(境界)란 '정'과 '경'의 융합이며, 이 개념은 왕부지의 '정경설(情景說)'에서 나온 것이다. 전자는 유협이 말한 '마음과 더불어(與心)'하는 것이며, 후자는 '외물에 따르는(隨物)'것이다. 여기서 그의 말처럼, '유아(有我)'란 감정에 따라 사물을 변하게 하고, '무아(無我)'는 사물에 따라 마음이 움직이기 때문에 사물의 妙境을 묘사하더라도 작자의 마음은 그 안에 남아서 '무아'의 경지일지라도 실은 '유아'의 경지라는 것이다. 따라서 어떤 작품이든 그 자체 세계의 구성에서 외면세계와 내면세계의 조화와 통일은 위대한 작품으로 평가되는 하나의 지침이 된다.(오태석)

정경교융, 정경상생, 무아지경, 경계설(境界說), 왕부지(王夫之), 왕국유(王國維)

참고문헌
김원중, 『중국문학이론의 세계』, 을유문화사, 2001.
陳伯海 저, 『당시학의 이해』, 李鍾振 역, 사람과 책, 2002.

정론문(政論文)

한대(漢代)에 유행했던 정치적 주제를 표현한 산문을 일컫는다. 양한(兩漢)은 사회의 안정과 경제의 번영으로 문학의 개화를 촉진했다. 그것은 주진제자(周秦諸子)의 산문이 형식에서나 내용면에 있어 양한 산문의 길을 모색했고, 양한의 제왕귀족이 문(文)을 숭상했으며, 많은 문인의 신분이 정치가였기에 정론(政論)이나 설리(說理)에 밝았기 때문이다. 그기에 그 산문의 문풍(文風)에는 높은 이론과 논리성이 담겨 있었고 문사(文士)와 지도층으로서의 역사의식도 강렬하게 표출되었다.

한대 산문의 대표적 작가와 작품의 특징은 다음과 같다. 고의(賈誼)의 『과진론(過秦論)』은 진나라 멸망의 원인을 따져 지금의 거울로 삼으려는 뜻을 적은 책이다. 날카로운 필치와 절실한 논리에다 거침없는 기세가 특징이다. 조조(晁錯)의 『논귀속소(論貴粟疏)』는 중농정책을 역설하면서 농민생활을 안정시키고 생산의욕을 북돋아야 함을 주장하였다. 표현이 소탈하면서도 간결한 것이 특징이다. 동중서(董仲書)의 『춘추번로(春秋繁露)』는 순수유학은 아니지만 유학에 음양오행(陰陽五行)을 조화한 형이상학적인 저서이다. 유안(劉安)의 『남회자(淮南子)』는 도가 사상을 위주로 한 잡가(雜家)적인 철학물이지만 예술적인 기교가 뛰어나다.(노승욱)

양한, 주진제자, 정론, 설리, 문사, 문풍

참고문헌
정범진, 『중국문학사』, 학연사, 2003.
김학주, 『중국문학사론』, 서울대학교출판부, 2001.

정보화 사회(情報化社會, Information society)

정보화 사회는 컴퓨터나 멀티미디어, 통신 분야가 매체의 주종을 이루면서, 다양한 정보의 생산과 전달을 중심으로 전개되는 탈공업화 사회이다. 정보화 사회는 현대의 사회구조에 대한 표현으로 매체에 관한 기술적 영역에 국한된 것이 아니라 경제적, 사회적, 정치적, 기술적, 문화적, 역사적 속성을 포괄하고 있는 복합적 개념이다.

1973년 다니엘 벨(Daniel Bell)이 『the coming of post-industrial society』를 출간한 이후 현대 사회, 산업사회, 자본주의사회 등으로 불려지던 현대 사회에 구조적 전환이 이루어지고 있다는 생각이 확산되면서, '후기산업사회', '탈근대사회'등의 명칭이 생기기 시작했다. 정보화 사회라는 용어는 1963년 일본의 우메사오 다다오의 「정신적 산업사회」라는 논문에서 등장하였고, 이후 1968년 도쿄에서 후기산업사회에 대한 세미나가 열렸을 때 일본 학자들의 제안으로 후기산업사회와 정보화 사회를 병용키로 하면서 사용되었다.

다니엘 벨이 제시한 공업화 이전 사회와 공업화사회, 탈공업화 사회에 대한 비교를 보면, 우선 생산 방식의 변화를 볼 수 있다. 공업화 이전은 자원채취, 공업화사회는 제조, 탈공업사회에서는 자료의 처리가 주 생산방식을 차지한다. 경제부분에 있어서도 탈공업사회에서는 3차, 4차, 5차 산업과 같은 서비스 산업이 주를 이루게 된다. 여기에서 필요한 전략적 자원은 지식이며 지적 기술이 주요한 기능으로 자리 잡는다.

이와 같이 정보화 사회에서 중요한 것은 정보와 지식이다. 정보가 될 수 있는 자료의 처리, 저장, 검색은 모든 사회적·경제적 교환에 중요한 자원이 된다. 이러한 사회구조의 변화는 사람들의 삶의 방식과 사고의 변화를 야기한다. 우선 육체적 노동의 양이 가치를 결정하는 시대를 벗어나 정신적 노동의 질이 가치를 결정하는 변화가 나타났다. 질적으로 우수한 정신 노동력을 통해 더 많은 이윤이 창출되기 때문이다. 또한 교통수단의 발달과 매체의 발달로 시공간의 거리감이 소멸되고, 이로 인해 인식적 차원에서도 거리의 소멸현상이 나타나게 되었다. 매체가 만들어내는 이미지는 인식 주체 안에서 가상현실을 만들어 냄으로써 인식 대상과 주체간의 거리는 점점 사라지고 있다. 이러한 절대적 거리의 소멸은 모든 영역으로 확장되고 있다. 지리적 경계 뿐아니라 정치, 경제, 사회의 모든 영역에서 상호작용과 이합집산이 발생하며 경계의 모호화가 이루어지게 되었다. 독립된 영역의 경계가 허물어지면서 사회는 점점 더 유동적으로 변화하고 있다. 그리고 네트워크화와 자동화의 발달로 하나의 전산망으로 연결된 사회는 자동적 진행을 향하고 있다.(장은영)

탈공업화사회, 다니엘 벨, 정보산업

참고문헌

D. Bell, "The Social Framework of the Information Society" in Tom Forester(ed.), The Microelectronics Revolution(Cambridge, Massachusetts: The MIT Press, 1981)
_____, 『정보화 사회와 문화와 미래』, 서규환 역, 디자인하우스, 1992.

정서(情緒, Emotion, 프 Emotion, 독 Gemutsbewegung, Affekt, Emotion)

외부로부터의 자극이 주체에게 신체적 표출을 수반하는 감정으로 나타나는 것을 의미한다. 비교적 약하고 장시간 계속되는 정취(情趣)와는 구분된다. 미국 중심의 심리학이나 행동주의(behaviorism)에서는 정동(情動)이라고 부른다. 기본적 감정으로서의 쾌(快)·불쾌(不快) 이외에 분노·공포·슬픔·연민 등의 감정을 가리킨다.

반면 독일어의 Affekt는 종종 감응(感應)으로 해석되며, 이는 감정(感情)·정동(情動)·기력(氣力)등을 포괄하는 일종의 미적 '혼합감정'이다. 인간의 정신 기능을 지(知)·정(情)·의(意)로 나눈다면 Affekt는 정(情)에 해당한다. 보다 좁은 뜻으로는 기쁨이나 흥분 등을 의미하기도 하고, 때로는 특정 대상에 대한 감정 반응을 가리키기도 한다. J. 폴켈트에 의하면, 감응은 미적 대상에 의해 우리의 생명감정이 억압되고 약화되는 경우와, 그것에 의해 생명감정이 신선하게 고양되는 경우를 동시에 가지고 있으며, 쾌·불쾌의 감정이 혼합된 심리상태라고 한다. O. 퀼페는 이것을 '공감적 상태감정'이라고 했고, H. 코엔은 상대적 감정의 단계를 넘어 쾌·불쾌·동경과 만족의 통일, 내적 조화에 이른 '순수감정'의 표현이라 했다.

문학에서 정서는 감화적 부분으로서 작품의 주요 요소가 된다. 이러한 문학적 정서에는 지성(知性), 감정(感情), 의지(意志) 세 가지가 있다. 정서를 특히 강조하는 것이 낭만주의이며, 이것이 극단에 이르면 감상주의(sentimentalism)가 된다. 낭만주의 이전의 고전주의는 이러한 정서를 억제하고 조절하려는 노력을 기울였다. 낭만주의 이후 20세기에 대두된 주지주의 또한 낭만주의가 지닌 감상주의적 측면을 지성으로서 제어하려는 문학 사조라 할 수 있다.(배호남)

정취, 감응, 낭만주의, 감상주의

참고문헌
김용택 外 편, 『문예사조』, 문학과 지성, 1977.
A. 하우저, 『문학과 예술의 사회사 3』, 염무웅 外 역, 창작과 비평, 1999.

정설(定說) ☞ 독사

정시체(正始體)

정시(正始) 연간을 전후한 40여년동안, '죽림칠현(竹林七賢)'을 중심으로 혼란한 사회현실을 벗어나 노장 사상에 의거한 정신세계를 노래한 시문체를 가리킨다. 정시는 삼국시대 위魏나라의 세 번째 황제인 조방曹芳 때의 연호로, 240년부터 249년에 걸쳐 있다. 그러나 관습적으로 말하는 정시체는 정시 연간부터 시작된 위나라 후기(240-265)의 문학적 풍모를 포괄한다.

중국 문학사의 단계에서 정시는 위로는 건안(建安, 196-219) 시대를 계승하고 아래로는 태강(太康)과 맞닿아 있어 중요한 문학적 전환기였다. 정시문학은 하나로 일체가 된 문학이 아니라 대략 두 갈래의 유파가 활동한 것으로 분석할 수 있다. 첫 번째는 하안(何晏, 190?-249)과 왕필(王弼, 226-249)로 대표되는데, 이들을 묶어 왕하(王何)라고 부른다. 이 유파의 구성원들은 모두 노장 사상을 숭상했고 현담(玄談)을 즐겨 나누었다. 그들은 대개 귀족 출신이었고 높은 관직을 역임하였다. 도가적 취향을 중심으로 창작되었으며, 노장 사상에 심취하여 현허(玄虛)한 주제를 담아 뜻을 전개하였다. 이 때문에 유협(劉勰, 465?-520?)은 "정시문학은 도가를 밝혔고, 시에는 신선 사상이 뒤섞여 있었다. 하안의 무리들이 남긴 작품들은 대개 부화하고 천박한 경향이 많았다"(『문심조룡文心雕龍』・명시편明詩編)고 지적했다. 다른 한 유파는 혜강(嵇康, 223 -263)과 완적(阮籍, 210-263)으로 대표되는데, 죽림칠현(竹林七賢)의 일부 문인들이 대표적이다. 그들 역시 노장을 애호하였고 청담(淸談)을 좋아했지만, 현실의 모순에 대해서도 비교적 관심을 가졌다. 그들의 문학은 자신들이 현실을 살아가면서 느낀 감회를 주로 토로해서 비교적 내용이 심후하다. 게다가 예술상의 기교도 원숙된 모습을 보여, 문학적 성과로는 앞의 유파를 훨씬 앞질렀다. 완적의 「영회시詠懷詩」가 이들 유파가 남긴 작품 가운데 최고의 대표작이다. 유협은 "혜강은 맑고 높은 기상을 담고자 했으며, 완적은 멀고 심오한 경지를 찾으려고 했기 때문에 푯대가 될 수 있었다"(『문심조룡文心雕龍』・명시편明詩編)고 말했다. 그러나 '죽림칠현'은 당시 정권을 장악한 사마씨(司馬氏)의 정치적 탄압을 받는 처지에 놓여 있어서 항상 위험한 형편에 처해 있었다. 때문에 그들이 현실에 대해 날카로운 필봉을 휘두르기는 했지만 어쩔 수 없는 한계도 드러냈다. 전체적으로 말하면 혜강과 완적 일파는 건안문학이 남긴 전통을 계승하여 당대 현실의 시대상을 표현하였고, 왕필과 하안 일파는 건안문학의 전통을 이미 벗어나서 진晉나라 때의 현허한 문학적 풍모를 개척했다고 말할 수 있다. 이 두 유파의 특징을 결합한 것이 바로 정시체의 기본적 면모를 구성하고 있다.(배호남)

정시문학, 죽림칠현, 노장사상

참고문헌

김학주, 『중국문학사』, 신아사, 1990.

변성규, 『죽림칠현』, 문이재, 2002.

정신(精神, Mind, Soul, Spirit)

마음이나 영혼 같은 비물질적인 상태나 활동을 일컫는다. 정신이란 인간의 심리적, 육체적 감각을 지배하고 이해와 판단 등의 지적 사고를 관장하는 것이다. 또는 광범위한 심적 기능을 주관하는 것이라고 할 수 있다. 원시 시대에는 숨, 바람, 공기 등에 정신이 깃들어 있다고 생각했다. 정신에 대한 원시인들의 원초적 개념이 발전한 것이 신화적 사고이다. 신화적 사고는 인간 외에 선과 악의 대립적 개념의 영적 존재들을 생각하여, 이러한 영들이 인간의 화복과 자연현상을 지배한다고 생각하였다.

정신에 대해 본격적인 논의가 이루어진 것은 그리스 철학에 이르러서이다. 아낙사고라스(Anaxagoras)는 세계의 질서를 지배하는 존재론적 원리로 정신을 뜻하는 누우스(nous)를 상정하였으나 아직 완전히 물질성을 벗어나지는 못하였다. 플라톤(Platon)은 이데아와 합치될 수 있는 인간정신을 비물질적이면서 영원불멸하는 존재로 생각하기도 하였는데 그리스적 존재론에서는 대체로 정신은 세계 속의 일부로 여겨졌다. 중세 시대에는 인간의 정신에 대해 주제론적인 접근이 이루어지지 못하였다.

정신은 근세 이후에 데카르트(Descartes)의 철학적 사고에 힘입어서 형이상학의 주요한 개념으로 대두되었다. 데카르트에 따르면 정신은 사고를, 물체는 연장(延長)을 주요 속성으로 하는 실체로, 양자는 실재적으로 구별되어 있고 서로 상대방에게 의존하지 않는 독립성을 가진다. 이러한 이원론은 스피노자(Spinoza)의 "신이 곧 자연"이라고 보는 일원론과 라이프니쯔(Leibniz)의 단자론 등에 의해서 통합되나 결국 이들의 전체적 입장은 정신을 실체 또는 실체의 속성으로 보는 경향이라고 할 수 있다.

헤겔(Hegel)은 정신의 개념을 발전시켜 데카르트적 이원론 자체를 극복하려 했다. 그는 존재하고 운동하는 것 모두가 정신의 자기운동이라고 하는 관념론을 제기하였다. 그는 이러한 입장에서 세계의 총체적이고 구조적인 변화와 발전을 스스로 전개하는 절대자로서의 이념과 그 이념이 외화(外化)한 것으로서의 자연과 세계정신, 민족정신 등의 형태로 구현되는 역사 등의 3단계를 통하여 정신이 발전한다고 주장하였다.

현대 유물론 철학에서는 정신을 물질에서 파생된 부차적 현상에 불과하다고 단정한다. 이러한 관점에 의해 현대 유물론 철학은 정신의 독자성을 인정하지 않으려는 경향이 강하다. 위이너(Wiener)에 의해 제창된 기계론인 사이버네틱스와 워트슨(Watson)에 의해 주창된 심리학의 한

주의인 행동주의에서도 독립적인 정신의 존재영역을 인정하지 않으려는 경향이 강하다. 정신의 새로운 개념을 정립시키는 것이 현대 철학의 중심 과제라고 할 수 있다.(노승욱)

마음, 영혼, 그리스 철학, 영원불멸, 형이상학, 아낙사고라스, 플라톤, 데카르트, 스피노자, 라이프니쯔, 헤겔, 위이너, 워트슨, 이원론, 일원론, 유물론, 기계론

참고문헌
스털링 P. 램프레히트, 『서양철학사』, 김태길 외 역, 을유문화사, 1992.
요한네스 힐쉬베르거, 『서양철학사 상·하』, 이문출판사, 1992.
R. 샤하트, 『근대철학사』, 정영기 외 역, 서광사, 1993.

정신병(精神病, Psychosis)

정신병은 다른 정신 질환인 신경증(neurosis)과 히스테리(hysteria)와 다르게 현실평가(reality-testing)의 능력을 상실한 정신질환으로서, 일부 분석가들은 신경증과 히스테리는 전이(transference)의 기능을 할 수 있기 때문에 치료의 희망이 있지만, 정신병은 전이를 하지 못하여 분석가를 단순히 동일시하거나 박해하는 적(편집증)으로만 간주하기 때문에 치료의 효과를 기대할 수 없다고 본다. 라캉의 이론에서 정신병은 '아버지'와 연루된 으뜸기표(master signifiers)가 무의식 속에 '승인'(affirmation)되지 못하고 폐제(foreclosure)되어 실재계(the Real)가 의식을 지배하고 상징계가 파악할 수 없는 말을 창조하는 비정상적 의식 행위를 할 때 일어난다. 라캉은 쉬레버 박사(Dr. Schreber) 같은 정신병자의 연구(1955-56의 「세미나 3권」)에서 인간의 무의식에서 일종의 기표로 기입되어 얽혀있는 모든 기억의 흔적들(traces)이 '고속도로'의 역할을 하는 '아버지의 이름'을 중심으로 정렬되어야만, 인간이 정상적 언어로 소통할 수 있음을 논의하였다.

정신병은 신체의, 즉 뇌의 구조적 결함으로 생기는 '기질성 정신병'(organic psychosis)과 앞에서 말한 '아버지의 이름' 혹은 '부성적 은유'의 기능이 배제되어 생기는 경우의 '기능성 정신병'(functional psychosis)이 있다. 이 '기능성 정신병'은 일반적으로 정신병이라고 불리어지며, 여기에는 편집증과 정신분열증의 질환이 속해있다.

편집증은 과대망상과 박해의 망상을 특징으로 가지는 정신병으로서 프로이트는 주로 동성애적 욕망에 대한 죄의식이 바깥으로 투사되어 다른 사람들이 자신을 박해한다는 망상으로 나타난다고 보았다. 편집증의 유명한 예는 독일의 대법관이자 프로이트의 환자이던 쉬레버 박사이다. 쉬레버 박사는 동성애적 욕망을 가진 환자로서 아버지의 유형의 사람인 자신의 정신과 의사, 플레시그 박사가 자신을 박해한다는 망상을 가지고 있었으며, 또한 자신이 신의 광선을 통해 임신을 하여 미래의 지도자적 인물을 잉태할 것이라는 과대 망상적 증상을 가진 환자이다. 편집증은 정신병 중에서도 이런 일관된 체계의 망상을 제외하고 일반적으로 사회생활을 할 수 있다.

반면에 정신분열증은 "지성적 그리고 감정적 기능들의 분리(어긋남, divorce)"에 기초하여

"표출된 생각과 그것을 수반하는 감정이 어긋나서" '감정의 불일치'가 일어나고 문맥적 사고를 할 수 없기 때문에(Rycroft, 147) 매우 위험한 질병이다. 실생활에서 조카들과 놀던 고모가 이런 정신분열증 중세로 인한 감정의 불일치로 인해 순간적으로 조카를 창문 밖으로 던져 조카의 죽음을 야기하는 비극이 일어나게 된다. 이 질환은 유겐 블룰러(Eugen Bleuler)가 이전에 조발성치매(dementia praecox)라고 불린 질병을 설명하기 위해 고안해낸 이름이지만, 지금은 감정의 빈약성, 망상, 환청, 자폐적 사고(비문맥적 사고) 등의 특징을 가진 기능성 정신병을 지칭하는 이름이다.(신명아)

편집증, 정신분열증

참고문헌

Freud, Sigmund. The Standard Edition of the Complete Psychological Works of Sigmund Freud Vol 12(1911-13), London: Hogarth Press, 1958.

Lacan, Jacques. The Seminar of Jacques Lacan. Book III. Ed. Jacques-Alain Miller. New York: Norton & Co., 1981.

Rycroft, Chris. A Critical Dictionary of Psychoanalysis, Totowa, NJ: Littlefield, Adams & Co., 1973.

신명아. "프로이트와 라깡의 쉬레버 박사의 정신병 사례 비교: 아버지와 '아버지의 이름'". 『라깡과 현대정신분석』(1999), 1939.

정신분석(精神分析, Psychoanalysis)

정신분석은 무의식의 발견에 기초하여 지그문트 프로이트가 창설한 학문이다. 프로이트가 창시한 심리학의 새로운 분야인 정신분석은 하나의 이론임과 동시에 임상적 관찰에 관한 보고이다. 프로이트에 의하면 정신분석은 무의식적 정신과정을 탐구하는 방법임과 동시에 신경증적 장애를 치료하는 방법이다. 또한 정신분석적 연구와 치료 방법에 의해 발견되는 정신작용의 과정에 관한 이론이다.

프로이트는 정신분석을 의학적 치료행위와는 구별한다. 정신분석이라는 말이 그 자체로 모호한 의미를 나타내고 또한 정신분석이란 말이 상당히 폭넓게 적용되는 이유는 이처럼 정신분석이 갖고 있는 두 가지 측면의 내용으로 말미암은 것이다. 따라서 정신분석은 정신분석 이론과 정신분석 치료, 두 가지로 나누어서 정의하는 것이 바람직하다.

프로이트에 의하면 정신분석은 다음 세 가지 차원으로 구분된다. 먼저, 어떤 주체의 말과 상상, 행위 등의 무의식적인 의미작용을 밝히는 데 본질이 있는 연구 방법이 있다. 이는 주로 해석의 대상이 되는 주체의 자유 연상에 의거한다. 두 번째로, 그러한 조사를 토대로 저항, 전이, 욕망에 대한 검토된 해석을 특징으로 하는 정신 치료 방법이 있다. 마지막으로, 정신분석적인 조사와 치료 방법을 통해 축적된 임상학적 자료들이 체계화된 이론의 총체로서의 정신분석학이 있다.

현대 정신분석은 자크 라캉에 의해서 더욱 체계화되었다. 라캉은 "무의식은 언어와 같이 구조화되어있다."라고 선언함으로써 언어와 무의식의 문제를 정신분석학의 전면에 부각시켰다.

여기에서 무의식은 프로이트적 의미에서의 무의식 개념이고 언어는 소쉬르와 야콥슨 류의 구조주의 언어학에서 말하는 언어의 의미이다. 소쉬르에게서 기표의 개념을, 그리고 야콥슨에게서 은유와 환유의 개념을 정신분석학의 이론에 도입한 라캉으로 말미암아 프로이트의 무의식에 대해 언어적 해석을 가할 수 있게 되었다.(노승욱)

무의식, 자유연상, 프로이트, 라깡, 소쉬르, 야콥슨, 기표, 은유, 환유

참고문헌
지그문트 프로이트, 『정신분석 강의』, 임홍빈 외 역, 열린책들, 2004.
자크 라캉, 『욕망 이론』, 민승기 외 역, 문예출판사, 1994.

정신분석비평(精神分析批評, Psychoanalytic criticism)

프로이트가 무의식을 발견한 이래 정신분석은 작품을 해석하는 방식으로 비평이론에 폭넓게 응용되어왔다. 그러나 무의식이 본격적으로 비평계를 주도한 것은 1960년대 이후 나타난 패러다임의 변모에서부터이다. 라캉이 재해석한 프로이트는 무의식을 후기구조주의, 혹은 포스트모던 정신분석으로 만들었고 이어서 데리다의 근원에 대한 허구성, 폴 드 만의 억압된 것의 귀환, 힐리스 밀러의 픽션과 반복등, 해체론의 뿌리가 되었다.

프로이트의 글, 「창조적 작가와 백일몽」은 승화에 대한 중요한 글이다. 유아기의 소망이 현실에서 금기되어도 인간은 결코 소망을 포기하지 않는다. 백일몽은 억압된 소망을 환상을 통해 성취하려는 시도이다. 그런데 창조적인 작가는 억압된 소망을 위장하여 현실에 수용되는 형식으로 창조한다. 그래서 문학작품 속에서 주인공은 사회가 요구하는 시련과 임무를 마친 후에야 소망하던 여자를 얻는다. 예술은 쾌락이 도덕성을 갖추고 승화된 것이다. 「옌센의 그라디바에 나타난 망상과 꿈」(1907)은 억압된 것이 어떻게 압축과 전치를 통해 귀환하는지 보여주어 『꿈의 해석』을 작품분석에 잘 드러낸 글이다. 꿈과 작품은 증상이고 그것을 풀어내는 것은 언어이다. 그렇다면 꿈의 해석과 작품의 해석은 같다. 둘 다 저자의 무의식을 밝히는 것이다. 프로이트의 글 가운데 1960년대 이후 비평에 큰 영향을 미친 글은 「언케니」(Uncanny)(1919)이다. 모든 서사는 언케니를 통해 독자를 어리둥절함 속에 가둔다. 호프만의 작품, 『모래인간』은 아이의 눈을 뺏는 모래인간의 이야기인데, 프로이트는 사랑을 방해하는 괴기한 남자가 '반복'되어 나타나는 것을 '거세공포의 귀환'으로 해석한다. 무의식은 원래 친숙한 것이었는데 억압되어 낯설어 보이고 공포감을 자아내며 반복된다. 그러기에 언케니는 미학의 본질로서 현실보다 문학에서 더 비옥하게 사용된다.

라캉(Jacques Lacan)의 「'도둑맞은 편지'의 세미나」는 그의 핵심사상을 모두 담은 비평문이다. 포우의 도둑맞은 편지는 라캉의 도둑맞은 기표이다. 알맹이가 이미 공개되어 속이 텅빈 기표지만 그러기에 소유하는 자가 권력을 누린다. 편지는 여왕의 손에서 장관으로 듀팽으로 다시 여왕으로 돌아온다. 그런데 편지는 보이는 것을 아는 사람의 손에서 자리를 바꾼다. 편지가 자리를 바꿀 때 마다 주체는 이동한다. 그러므로 주체는 기표에 종속된다. 보이는 것을 모른 왕과 경감은 상상계에 빠져있고 보이는 것을 알지만 다시 편지를 빼앗기는 여왕, 장관, 듀팽은 상징계에 속하고 편지가 자리를 바꾸는 순간이 실재계이다. 라캉은 프로이트의 무의식을 상상계, 현실을 상징계로 보아 주체를 재구성하고 타자의 필수성을 강조한다. 라캉의 타자는 타인이 아니라 상징계 속의 상상계로서 법과 언어의 체계를 위협하는 이물질이다. 주체는 타자없이 존재할 수 없다. 타자와의 공존은 라캉이 프로이트를 새롭게 해석한 부분이다. 타자는 정치적인 문맥으로 확장되면 여성, 식민지, 유색인, 자연 등 기존의 사회가 억압해온 주변부를 의미한다.

줄리아 크리스테바(Julia Kristeva)는 원래 기호학에 밝은 불가리아 출신으로 프랑스에 와서 텔켈그룹에 합류하면서 정신분석을 정치적인 문맥으로 재창조한다. 그녀는 라캉의 상상계를 코라 혹은 기호계라 이름 짓고 상징계의 가부장적 질서를 위협하는 타자로 본다. 코라는 타자를 품을 수 있는 어머니의 몸이다, 그리고 기호계는 아이의 옹알이처럼 의미화되기 전의 소리들이다. 이것이 여성을 주변부로 인식하는 상징계의 질서를 위협하므로 페미니즘적인 문맥이 된다. 그녀는 사실주의 소설이 가부장제를 반영한다면 조이스와 같은 실험 작가들은 상징계로 침투한 기호계를 보여주어 전복적이고 정치적이라고 말한다.

피터 브룩스(Peter Brooks)는 프로이트의 반복강박과 아리스토텔레스의 플롯을 합쳐 서구 사실주의와 모더니즘을 읽어낸『플롯을 따라 읽기』라는 책을 폈다. 사실주의는 뱀과 같이 구불거리며 옆으로 이어지는 플롯이고 모더니즘은 가운데가 텅비었는데 여러 서술자들이 양파껍질처럼 둘러싸는 형식이다. 그는 반복강박을 일관성있고 치밀하게 소설읽기에 적용했으나 타인이 분석할 이론을 남기지는 못했다.

지젝(Slavoj Zizek)은 라캉을 자본주의에 적용한『이데올로기의 숭고한 대상』(1989)으로 알려지기 시작했다. 그는 포스트모더니즘을 정치성이 없는 언어의 유희로 보아 라캉을 그런 패러다임에서 구출하려는 과업을 지닌 사람같다. 그러다보니 막상 라캉이 지닌 정치성을 놓친다. 이책은 프로이트의『꿈의 해석』을 형식이 곧 해석이라든가, 결과가 원인을 낳는다는 등, 이데올로기 해석에 적용한다. 맑스의 잉여가치를 잉여주이상스로 해석하여 어떤 총체성도 거부한다. 그의 장점은 할리우드 영화나 대중소설을 실재계로 분석한 경우이다. 이런 글들에서 그는 정치하면서 기발한 분석으로 실재계와 오브제 아가 어떻게 우리를 살게하고, 동시에 상징계의 질서를 교란하는지 보여준다.

호미 바바(Homi BhaBha)는 인도출신으로 영국에서 공부했고 프로이트로 영국소설을 읽어내면서 후기(탈)식민주의 이론을 만들었다. 그는『문화의 위치』(The Location of Culture)에서 지배문화를 식민지에 산뜻하게 이식한다는 것이 허구라고 말한다. 또한 반대로 식민지인들이 자국의 문화를 순수하게 간직할 수 있다는 것도 허구이다. 문화는 언제나 다른 문화와 접촉하면서 혼혈적으로 덧칠해지기 때문이다. 그러므로 식민주의의 꿈은 무산된다. 무의식은 사악한 눈(evil eye)으로 적의 의도를 간파하고 속임수로 위장할 망정, 결코 자신의 꿈을 포기하지 않는다.

프로이트가 발견한 무의식은 그의 사후 반세기가 지나 라캉에 의해 새롭게 탄생하면서 오늘날의 문화를 구성하는 중요한 역할을 하고 있다.(권택영)

프로이트, 라캉, 줄리아 크리스테바, 피터 브룩스, 슬라보예 지젝, 호미 바바

참고문헌
지그문트 프로이트, 『정신분석학의 근본 개념』, 윤희기 역, 열린책들, 2003.
자크 라캉, 『욕망 이론』, 민승기·이미선·권택영 역, 문예출판사, 1994.
호미 바바, 『문화의 위치』, 나병철 역, 소명출판, 2002.

정신분열증 분석(精神分裂症 分析, Schizophrenic analysis)

정신분열증은 현실과의 심한 괴리를 보이며 사고 작용에 심각한 장애를 나타내는 정신병 중에서 가장 심각한 증상이다. 이 병은 주위로부터의 은둔과 대인관계에 있어서의 부적절한 행동의 증가로 점차적으로 생기기도 하고 갑자기 발병하여 정서불안과 공황상태를 야기 시키기도 한다. 아직까지 정신분열증에 대한 원인 규명은 분명하게 밝혀지고 있지 않다. 다만, 유전적 요인, 생물학적 요인, 환경적 요인 등에 초점을 맞추어 그 원인에 대한 연구가 계속되어 왔다. 최근의 연구는 정신분열증이 단일 요인이 아니라 여러 요인들 사이의 상호작용에 의해 일어난다는 쪽으로 결과를 내어놓고 있다.

문예학에 있어서 정신분열증은 질 들뢰즈(Gilles Deleuze)와 펠릭스 가타리(Félix Gattari) 사이의 공동 작업과 긴밀히 연관된다. 그들이 공동 저술한 『앙띠 오이디푸스』(1977)와 『천 개의 고원』(1980)은 정신분석으로부터 도입한 '욕망'과 같은 개념들을 사회적·정치적인 담론에서 응용하고 있는 저작이다. 들뢰즈와 가타리는 정신분열증이 개인의 차원에서 나타나는 문제만이 아니라 자본주의의 특성을 갖는 사회에서 일반적으로 발견될 수 있는 집단적 병리 현상이라고 주장한다.

들뢰즈와 가타리에 의하면, 자본주의 시대는 이전의 시대에서 갇혀있던 모든 금기들을 풀어헤치며 인간의 욕망을 무한대로 증폭시킨다. 증폭된 욕망은 끝없이 전이되며 탈코드화되게 된다. 이러한 이유로 인해 자본주의는 그 자체적으로 분열증적인 성질을 지닌다. 그렇기 때문에 자본주의 사회의 현상은 정신분열증 분석을 통해서 그 구조와 원인을 진단할 수 있는 것이다. 들뢰즈와 가타리의 정신분열증 분석은 자본주의의 본성을 규명하는 데 그 초점을 맞추고 있다. 자본주의사회의 정신분열증에 대한 들뢰즈와 가타리의 분석은 광범위한 영역의 학문들로부터 끌어낸 비유들의 미로로 구성되어있다. 이러한 비유에 대한 상호 학제적인 연구는 자본주의 사회가 갖고 있는 현상과 구조의 복잡함을 드러내고 있다.(노승욱)

자본주의, 분열증, 욕망, 욕구, 금기, 탈코드화, 질 들뢰즈, 펠릭스 가타리

참고문헌

질르 들뢰즈·펠릭스 가타리, 『앙띠 오이디푸스』, 최명관 역, 민음사, 1994.
_____, 『천 개의 고원』, 김재인 역, 새물결, 2001.
로널드 보그, 『들뢰즈와 가타리』, 이정우 역, 새길, 1995.

정신분열증 ☞ 정신병

정전(正典, Canon)

　<정전>은 '자(尺)' 또는 '척도', '표준', '규범'을 의미하는 그리어스어에서 유래된 용어로서 헤브루 성경의 출처와 신약성서들에 대한 기독교 교회 내의 논쟁에서 시작된다. 초대 교회들이 초기 기독교 경전들을 대상으로 여러 차례의 신학적 토의 끝에 「창세기」 등 구약 39권과 「마태복음」 등 신약 27권을 신학적 표준에 비추어 하느님의 뜻을 바르게 기록한 <정전>으로 확정한 이래 오늘날에 이르고 있으며 <정전>으로서의 성경은 기독교의 신학과 교리의 기본이 된다.

　19세기 후반, 인간의 정신을 기리는 인본주의와 특정 문서의 진위나 그 저자, 연대를 정밀하게 따지기 시작한 역사주의의 발흥 이후, 문학에서도 기독교의 성경에 버금가거나 대치할 만한 근거가 밝혀진 책을 <정전>이라고 부르기 시작했다. <고전>이라고도 불린 이들 텍스트들은 19세기 후반에 선택되고 20세기 초에 확정되어 미국과 영국에서 학자들의 연구와 교육의 대상이 되어 왔다.

　1960년대 이후, 비판적 학자들에 의해 정전이 성립된 과정에 대한 강력한 의문과 아울러 정전이 감추고 있는 이데올로기적 성격이 폭로되면서 문학적 정전 논의가 갑자기 불거지기 시작한다. 흑인, 여성, 소수민족 등의 관점에서 볼 때, <보편성>이라는 이름 하에 일률적으로 강요되는 정전은 주로 앵글로색슨 계의 백인, 개신교도, 남성 중산층에 의하여 씌어진 것이라는 것이다. 즉, <정전>은 개신교 계통의 중산층 남성이라는 엘리트의 지배 이데올로기의 반영이며 그것의 배타적 연구와 교육은 다름 아닌 그 지배 이데올로기의 지속적 재생산의 방법이 뿐이라는 주장이 대두하게 된 것이다. 그 결과 여성의 저작들이나 흑인과 기타 소수민족들의 텍스트, 고급문화에 비해 저급하다고 멸시되던 대중문화, 평민문화 등이 새롭게 조명을 받고 있다.

　정전에 관한 논쟁이 인간 사상과 표현의 최걸작이라는 정전 텍스트에 대한 변함없는 평가와 이로 인해 생겨난 정전의 권위에 이의를 제기하는 것이기는 하나 기원과 가치에 관련되는 <정전>의 개념 자체에 이의를 제기하는 것은 아니었다. 그러나 논쟁의 결과, 많은 새로운 텍스트들이 발굴되고 조명되면서 왜곡된 이데올로기 덕분에 중요하게 여겨지던 기존의 텍스트들이 다소 평가절하 되고 주변적 텍스트들이 평가절상 되면서 중심부로 이동하였다. 한국문학에서 최근 여성 한시에 대한 관심과 집중, 이옥, 박제가, 이덕무 등 박지원을 둘러싼 마이너리티들의 저작들에 대한 관심 등도 같은 흐름에 있다.(진은진)

고전

참고문헌
Jeremy M. Hawthorn, A Glossary of Contemporary Literary heory, Fourth Edition, Arnold, 2000.
이상섭, 『문학비평 용어 사전(개정판)』, 민음사, 1976.
팸 모리스, 『문학과 페미니즘』, 문예출판사, 1997.

정체성(Identity)

정체성이라는 용어는 현대 비평과 이론의 영역에서 서로 관련이 있으면서도 다소 다른 용도를 보여준다. 첫째로 주체(subject)라는 보다 일반적인 문제의 일부를 이룬다. 많은 이론가들은 '주체는 언제나 유동(流動)하는 상태에 있으면서 아무리 인간의 기능에 필요할지라도 궁극적으로는 달성되지 않는 전체성과 자아됨의 환상을 추구한다'고 말한다. 그러므로 정체성은 개개인의 혹은 그 개체(Entity) 뿐만이 아니라 그것을 중심으로 이루어지는 모든 것들에 대한 유기적인 결합성을 이루게 하는 원인이다. 즉 정체라는 개념은 주체라는 개념으로 환원(還元)되기도 하는데 그것은 정태적(情態的)이라기보다 동태적(動態的)인 개념이다. 둘째는 자아(自我, ego)와 타자(他者, the other) 간의 분류 근거이다. 따라서 항상 비교 대상이 있다는 전제 하에 가능한 표현이 되는데, 예를 들어 '나의 정체성'이라고 할 때는 '다른 사람과 나를 구분(區分)지어주는 것'이 나의 정체성이다.

고프먼(Goffman, Erving)의 연구에 의하면 정체란 자신의 행위를 어느 정도 구성하는 상황 하에서 어떤 독자성(獨自性)을 표현·성취하고자 하는 개인의 시도를 말한다. 구체적으로 고프먼은 가상 자아와 사실 자아 사이에 존재하는 개인적인 것으로서 정체를 설명한다. 가상 자아란 개인적 특성들이 관련되지 않은 상황에서의 자아를 말하며 이는 주어진 위치에서 그 개인이 하기로 되어 있는 것들의 이상화라고 할 수 있다.

정체성이라는 용어를 사용하는 또 하나의 방법은 정체성 정치(identity politics)라는 어구에서 보는 바와 같이 집단적 정체성을 가리키는 경우이다. 성별, 인종, 계급, 성적 취향을 근거로 억압을 당해온 집단의 일원이 가지게 되는 정체성에 대한 감각은 현대 비평과 문화연구에서 주요 조사 영역을 이룬다.(강웅식)

주체성, 동일성, 독자성

참고문헌
사회와 철학연구회, 『세계화와 자아 정체성』, 이학사, 2001.
앙드레 베르제즈·데니스 위스망, 『새로운 철학강의』, 이정우 역, 인간사랑, 1999.
조셉 칠더즈·게리 헨치, 『현대문학 문화비평 용어사전』, 황종연 역, 문학동네, 1999.

정치(政治, Politics)

포괄적인 의미에서 정치란 국가를 다스리는 일 또는 국가권력의 획득과 유지·행사를 위한 투쟁이나 조정 등의 현상을 말하지만, 정치를 국가 단위의 차원에서만 존재하는 특유한 것으로 볼 것인가 아니면 인간이 집단생활을 하는 어느 곳에서든지 실행되는 것으로 볼 것인가 하는 점에 따라 그 개념은 달라질 수 있다. 국가의 목적과 기능 그리고 존재양식과 관련된 모든 것을 정치라고 보는 국가현상설, 정치를 국가의 활동에 한정시키지 않고 사회집단 혹은 모든 공공단체의 활동을 정치로 보는 집단현상설 등이 그 대표적인 예이다. 또한 정치를 지배와 피지배의 관계로부터 출발된 것으로 파악해 정치권력의 획득·유지는 물론 국가권력의 강제적인 사회통제 작용 등을 정치권력과 관련지어 이해하는 실력설, 생산수단을 소유하고 있는 유산계급과 그렇지 못한 무산계급간에 잉여가치를 둘러싸고 벌어지는 계급투쟁을 정치로 보는 견해 등에서도 정치의 의미는 달라진다. 따라서 오늘날에는 정치를 집단의 정책결정과정이라고 보는 견해, 즉 정치를 단지 국가 단위의 영역에만 한정하지 않고 국제사회 혹은 각종 집단의 의사 개진 행위로 이해하는 경향이 일반적이다. 이때 정책결정과정이란 어떤 목표를 선택하고 그러한 목표를 달성하는 방법 뿐 아니라 그것을 실행하는 일련의 과정을 총칭한다. 미국의 정치학자 D. 이스턴 (David Easton)은 정치를 희소가치의 권위적 배분으로 정의하고 사회적 가치의 분배방식을 정치의 핵심개념으로 제시했다. 또한 H. 라스웰(Harold Lasswell)도 누가, 어떻게, 무엇을, 언제 차지하느냐를 결정하는 규범으로서 정치를 이해하고 희소가치의 분배방식을 중시하였다. 결국 오늘날에 정치는 공동사회에 존재하는 희소가치를 분배하는 방식으로 이해되고 있으며 사회적 희소가치의 분배는 해당 국가의 정치체제에 따라 달리 정해지는 것으로 인식된다. 희소가치의 현실적인 분배를 담당하는 것뿐만 아니라 정치는 현존하는 분배의 방식을 좀더 이상적으로 개선시켜 바람직한 인류사회를 건설하기 위한 인간의 노력을 담고 있다 하겠다.(채근병)

정치국가현상설, 정치집단현상설, 실력설, 정책결정과정

참고문헌
김기우 외, 『정치학』, 박영사, 2001.
홍두표, 『현대정치과정의 이해』, 학문사, 2004.

정치경제학(政治經濟學, Political economy)

정치경제학은 정치가 중심이 된 사회관계 속에서 발생하는 여러 경제적 현상들을 연구하는 학문이라고 정의할 수 있는데, 이 용어가 등장한 때는 대략 18세기 경이다. 정치경제학은 인류의 전체 역사를 통해 어느 시대에나 나타나는 공통적인 경제현상이 아니라, 자본주의 사회에 고유한 경제현상을 대상으로 삼기 때문에 현재 통용되는 경제학과는 그 의미를 달리한다. 경제학의 방법론을 모든 형태의 인간행위에 적용할 것인가, 혹은 인간의 사회적 행위를 규명함에 있어 어떤 특정한 경제이론을 적용할 것인가에 따라 정치경제학의 의미와 범주는 달라질 수 있다. 자본주의 객관적인 법칙을 연구하고 상품의 가치·화폐·임금·이윤·이자 등의 경제적 의미를 설명하고자 노력한 영국의 A. 스미스(Adam Smith), D. 리카도(David Ricardo) 등은 상품의 순환이 아닌 상품생산과 그 내적 법칙을 중시함으로써 정치경제학의 기초를 마련했다. 이후 근대경제학은 경제사회의 합리성을 개인의 주관적 평가에 둠으로써 경제 분석의 핵심을 소비나 수요에 두었다. 이것은 인간의 경제적 행동을 분석함에 있어 사회관계로부터 고립된 개인을 전제한 것이며 생산과정에 대한 사회구조적 분석을 고려하지 않아 경제 현상의 사회적·정치적 측면이 배제된 것이었다. 반면 마르크스 정치경제학은 인간 사회의 발전은 생산력과 생산관계의 상호작용을 통해 진행되어 왔으며, 특히 하부구조의 변혁이 그 기반이 되어 진행되었다고 본다. 특히 생산관계 속에서는 생산수단과 관련된 모든 소유관계가 다른 여타 경제관계의 기초가 되기 때문에, 결국 마르크스는 자본주의 경제의 작동 원리나 현상을 역사 속에서 체계적으로 해명하려 한 것이다. 마르크스 사후 R. 룩셈부르크(Rosa Luxemburg)는 제국주의의 특징인 세계시장의 완성이 자본주의의 붕괴과정을 촉진시키는 것으로 이해했으며, R. 힐퍼딩(Rudolf Hilferding)은 금융자본을 중심으로 제국주의 정책을 해명하려 했다. 또한 V.I. 레닌(Vladimir ll'ich Lenin)은 자본이 집적되고 집중되는 과정을 도식화시켜 제국주의론을 완성했다.(채근병)

근대경제학, 마르크스 정치경제학, 제국주의론

참고문헌
김형기, 『새정치경제학』, 한울아카데미, 2001.
짜골로프 외, 『정치경제학』, 편집부, 새길, 1990.

정치소설(일본)

1880년대에 전개된 자유 민권운동(입헌군주제에 기반을 두는 헌법제정과 국회개설을 목표로 한 정치운동) 을 배경으로 특정의 정치적 이데올로기를 보급·선전하기 위해 쓰인 소설. 소위 언문일치문체 완성 전에 성행한 소설형태로, 치졸한 우의(寓意)를 주안으로 했기 때문에 사실성을 결하나 웅대한 구상을 웅장한 한문직역체로 소설화하여 당시의 지식청년인과 정치청년을 매료했다. 일본문학사에서는 이 정치소설의 계보를 1880년대 전반에 다수 발표되어 직접 당시의 자유당이나 개신당(改新党)의 이데올로기를 체현한 소위 '민권소설'과 1880년대 후반에 스스로 '정치소설'이라고 이름으로 발표된 소설군으로 나눈다. 이 전반과 후반을 나누는 역할을 한 것이 다키자와 바킨(滝沢馬琴) 등 전 시대의 산문에 보이는 권선징악성이나 황당무계를 비판하면서 암암리에 당시의 정치소설이 그것을 답습하고 있다고 비판했다고 평해지는 쓰보우치 쇼요(坪内逍遙)의 『小説神髓』(1885)이다.

민권소설은 래디컬한 자유당계열의 것과 개량주의적인 개신당계열의 것으로 대별되나 전자는 불란서혁명이나 러시아혁명에서 소재를 구한 것이 많으며 대표작으로는 사쿠라다 모모에(桜田百衛)의 『西欧血潮小暴風』(1882) , 미야자키 무류(宮崎夢柳)의 『自由之凱歌』(1882) , 역시 미야자키의 『鬼啾啾』(1884~85) 와 같은 번안물이 있다. 후자인 개량주의적인 것의 대표작으로는 야노 류케이(矢野龍渓)의 『経国美談』(1883 ~84), 도카이 산시(東海散士)의 『佳人之奇遇』(1885~97) 등이 있으며, 동시대 한국에서 번안이나 번역된 것이 이 계통의 정치소설이었음은 흥미 있는 부분이다. 쓰보우치 쇼요가 『小説神髄』를 발표한 것도 이와 같은 시대적 맥락과 결부되며 소설이 다른 제 원리의 방편적인 존재가 되는 것을 부정한 것이라 하겠다.

스에히로 데쓰쵸(末広鉄腸)의 『雪中梅』(1886) 등에서 정치적 주장이 전면에 나타나지 않고 서술이 새로운 풍속 묘사에 기울어진 것은 실제의 자유민권운동의 추이와 관계되나 소위 '소설'의 주안이 사상의 전달에 있는 것이 아니라 '인정'이나 '세태ㆍ풍속' 묘사에 있음이 쓰보우치 등에 의해 주장되고 있었다는 것도 그와 같은 '소설'에의 과도기적 존재로 이 작품이 놓여있었음을 나타낸다고 하겠다. 나아가 이 연장선상에 후타바테이 시메이(二葉亭四迷)의 『浮雲』(1887~89) 와 같은, 어느 정도 현실 비판적 요소를 유지하면서 동시에 개인의 내면성을 추구하는 문학이 꽃핀 것이다.(김춘미)

권선징악, 인정, 세태, 풍속

참고문헌
柳田泉, 『政治小説研究』春秋社, 1935~39(新版은 1967~68).
亀井秀雄, 『「小説」論──『小説神髄』와 近代』, 岩波書店, 1999.
西田谷洋, 『이야기 語り :寓意ㆍ이데올로기』, 翰林書房, 2000.

정치소설(政治小說, Political novel)

정치적 상황이나 현실정치의 문제를 소재로 삼은 소설뿐만 아니라, 그 이면에 정치이념에 대한 비판이나 옹호의 태도를 표방하는 작품까지를 포괄한다. 따라서 작품 내에서 정치적 이념이 강력한 영향력을 행사하고 있으며, 정치적 환경이 소설 구성에 있어 핵심적인 역할을 하는 소설을 정치소설이라고 한다. 정치소설은 당대의 현실정치를 문제삼는 경우가 많고, 정치이념이나 정치적 상황에 대해 비판 혹은 옹호의 태도로 갈리게 된다. 일반적으로 현실 정치에 비판적인 태도를 취하는 소설은 자유주의적 경향이 강하고, 적극적인 지지와 옹호의 태도를 취하는 소설은 국가주의적인 성향이 강하다. 정치소설은 실명소설이 되는 경우도 있는데, 현실정치와의 직접적인 연관성 때문에 소설적 완성도보다는 소설이 택하고 있는 정치적 태도나 소재에 독자들의 관심이 쏠리는 경향이 있다. 정치소설은 당대적 상황에 직접적으로 개입하는 측면이 강하다. 따라서 시대를 뛰어넘어 지속적으로 향유되는 문학으로 생명력을 지니기 힘들다. 정치소설이 지속적인 생명력을 갖기 위해서는 보편성 획득을 위한 통찰과 서사적 진실성 획득이 절실히 요구된다.

일본의 근대문학은 정치소설로부터 출발했다. 메이지 유신(1868년) 이후 일본 근대문학의 전개과정에서 처음 성립된 문학 장르가 소설이고, 그 소설 장르 중 가장 먼저 성립되어 나온 것이 정치소설이다. 일본 근대 초기 각 정당의 정책선전물 역할을 했던 정치소설은 서구의 리얼리즘

소설이론과 접맥돼 일본 근대 사실주의 소설로 전환됐다. 일본 정치소설은 청일전쟁 이후 중국에서 무술정변(1898년)을 일으킨 양계초(梁啓超) 등과 같은 유신파들에 의해 중국으로 전파되어 20세기 초 만청(晚淸)소설이라 일컬어지는 신소설을 창출했다. 또 이인직의 「혈의 누」 등 한국 신소설에 영향을 주기도 했다. '개화사상'의 고취를 목적으로 쓰여진 이해조의 『자유종』 등이 정치소설적 경향을 지녔다는 사실은 한국 근대소설의 형성기적 성격을 보여준다.

영국 노동자들의 정치적 참여운동을 핵으로 하여 이루어진 차티스트 운동의 전개과정에서 쓰여진 디즈레리(Disraeli Benfamin)의 『코닝스비 Coningsby』(1844)와 미국의 작가 제임스(James, Henry)의 『카사마시마 공작부인 The Princess Casamassima』(1886) 등이 대표적인 정치소설이다. 한국의 최근 정치소설로는 고원정의 『최후의 계엄령』(1991), 이인화의 『인간의 길』(1997) 등을 거론할 수 있다.(임헌영)

메이지유신, 신소설, 사실주의, 만청소설

참고문헌
김채수, 「일본의 사회주의 운동과 사회주의문학의 성립과 전개양상」, 『고려대 인문논집』 42, 1997.12.
호쇼 마사오 외, 『일본현대문학사(상)』, 고재석 역, 문학과지성사, 1998.
김종회, 「한국 정치소설의 현재와 지향점」, 『문학사상』 299, 1997. 9.
신희천·조성준 편, 『문학용어사전』, 청어, 2001.

정치시(politische Lyrik)

서정시의 하위 장르로서 좁은 의미의 정치시는 20세기에 들어와 독일 전후 문학 세대에서 제기된 사회 참여적 문학 운동의 한 영역이다. 유미주의와 형식주의뿐만 아니라 예술지상주의 등 순수 문학과 거리를 둔 정치시는 시의 언어를 선동의 언어와 동일시하는 경향 문학과는 달리 시의 정치적 양상이 시 자체에 내재되어 있어야 함을 강조한다.

1869년 독일에서 사회민주적 노동당이 조직된 이후 1875년 전당 대회와 더불어 출범한 노동 운동에서 유래되는 정치시는 시민적이며 투쟁적인 문학을 지향했다. 19세기 말~20세기 초 독일에서는 경찰국가와 군국주의를 반대하는 풍자적 시들이 잡지 『Simplicissimus』에 발표되며 확산되었고, 바이마르 공화국에서는 세계 경제의 위기 상황 속에서 정치시와 정치 문학이 활성화되었다.

전후 독일 정치 문학과 정치시를 부흥시키고 그 흐름을 주도한 비평가 엔첸스베르거(Hans Magnus Enzensberger)에 따르면 정치 문학의 한 부분으로서 정치시는 "정치적 주제성 속에 그 특별한 차이가 놓여 있는 시작품군"으로 이러한 주제성은 사회적인 것을 포함하는 총체성으로서 정치적인 것을 겨냥하거나 적어도 정치적인 것의 특징을 묘사해야만 한다. 그렇다고 엔첸스베르거가 순수문학과 참여문학을 대비시키는 것은 아니다. 그는 문학과 사회 또는 문학과 정치가 본래부터 근접해있는 개념이라고 보았으며, 그의 문학 운동은 두 개념을 적절히 규정하는 과정이었다. 그는 자신의 문학 이론을 상술한 에세이 「가위 연마공과 시인」에서 "시의 과제는 다른 느긋한 수단으로는 내보일 수 없는 사태들을 드러내 보이는 것이다. -중략- 그래서 시는 누군가를 향해야 하고, 누군가를 위해서 쓰여져야 한다. -중략- 절대적인 언어가 될 수 있는 언어란 도대체 존재하지 않는다."고 밝히면서 시가 생산 수단이자 사용 대상이며 의사소통의 역할을 가지는 것이어야 함을 주장하였다.(장은영)

정치 문학, 참여 문학

참고문헌
빅토르 츠메가치, 류종영 외, 『현대문학의 근본개념 사전』, 솔, 1996.
Hans Magnus Enzensberger, Scherenschleifer und Poeten, In: Mein Gedicht ist mein Messer, hrsg. von Hans Bender, Heidelberg 1969.

정치적 무의식(政治的 無意識, Political unconscious)

정치적 무의식은 프레드릭 제임슨의 책 이름이자, 문화비평 용어이다.

프레드릭 제임슨은 그의 『정치적 무의식』에서 프로이트의 무의식 개념을 재역사화하고 프로이트의 해석적 체계의 중심에 개인적인 주체나 개인적인 정신생물학 보다는 역사와 사회의 영역을 재배치하려고 시도하고 있다. 그리하여 수많은 억압, 검열 등 프로이트의 개념들은 제임슨에 의해 사회 역사적 맥락 속에 다시 자리를 잡게 되었고 나아가 문학작품 읽기에도 적용되고 있다.

프레드릭 제임슨의 관점은 정치적, 역사적, 사회적 맥락에서 표면으로 나타나는 것의 이면에는 항상 드러나지 않은 채로 변천을 내포하고 지향하는 하나의 동력으로서 정치적 무의식이 존재한다는 것이다. 이것은 견딜 수 없는 것이며, 니체의 용어로 '원한'에 해당되는 것이고, 모순의 기초가 된다. 저변의 물질생산력들이 이전에 낳았던 사회적 관계들의 체계를 넘어서기 시작할 때 모순이 발생한다. 그리고 이 모순은 혁명적 충동의 원천을 필연적으로 포함하게 된다. 이것이 바로 프로이트의 무의식에 대한 사회적이고 정치적인 등가물에 이를 수 있는 것이다.

이러한 관점 위에 제임슨은 문학적 텍스트의 해석체계를 세우는데, 이는 텍스트, 사회, 역사의 세 지평으로 나뉘어 진다.

첫 번째 텍스트의 지평을 살펴보면 그는 하나의 텍스트로서 이야기를 상상한다는 것을 그 이야기가 구술되는 범위 내에서의 사회를 상상하는 것이라고 본다. 또한 하나의 서사는 사회의 정상적 기능의 일부이며, 사회표면에서 영위되는 일상생활에 속하는 것과 동시에 그 표면 아래의 견딜 수 없는 실재를 억누르고 있는 사회에 관해 예외적인 어떤 것을 지니고 있게 된다. 말하자면 그 사회의 산물이면서 그 사회의 정치적 무의식을 상징적으로 암시적으로 드러내고 있게 되는 것이다. 그것을 총체적으로 읽어내는 것이 바로 텍스트의 진정한 해석이다. 이러한 해석작업은 문화적 텍스트의 구조로부터 그 텍스트가 인정할 수 없는 암묵적인 하부텍스트나 외부 텍스트를 이끌어내는 의미론적 제구성으로 이어진다. 이것은 레비스토로스의 구조주의와도 맥을 같이 하는 것이다.

언어를 사회적으로 사용하는 경우 그 밑바닥에는 언제나 표현되지 않은 현실이 잠재하고 있다. 상징적 행위로서의 텍스트는 언제나 현실과의 적극적인 관계를 기꺼이 받아들이고 현실적인 것을 자체구조 속으로 끌어 들인다 그러나 더 결정적인 점은 이런 일들이 현실적인 것을 부인함과 동시에 행해진다. 제임슨의 관점에 따라 소설을 읽을 때 소설에 의해 그 의미의 필연적 완성으로 생성되는 하부텍스트를 언제나 재구성하게 될 것이고 그와 동시에 거기에 하부텍스트란 없다고 소설은 말할 것이다.

두 번째는 사회적 질서의 지평으로 사회적 질서를 문화적 수준에서 적대적인 계급 담론들 사이의 대화 형식으로 생각한다. 그 표면적으로 대립하면서 부유하는 담론들의 심층에는 통일된 약호가 있다는 것이다. 그래서 하나의 개별적 텍스트는 그 계급담론의 랑그와 관계있는 하나의 빠롤로 재구성해야 한다. 여기서 그는 소쉬르의 구조주의와 바흐친의 대화 이론을 원용하고 있다.

여기서 연구대상으로 삼는 것은 모든 계급담론을 조직하는 일종의 최소단위 즉 이념소이다. 이 이념소는 먼저 초보적인 형식에서는 하나의 유사관념 의견, 신념, 선입관 등으로 나타나지만 완전한 철학적 체계로 확장될 수 있는 개념적 발전의 과정으로 나갈 수도 있다. 또한 원초적 서사로 나타나지만 소설이나 서사시 같은 문화적 서사물로 확장될 수 있는 서사적 발전의 과정을 밟을 수도 있다. 그러므로 철학과 소설은 그것들이 공유하는 이념소인 핵심단위(원한이나 이념, 이론)위에 작용된 복잡한 변형인 것이다. 이것은 촘스키의 변형생성문법이론을 원용한 것이다.

세 번째는 역사적 지평으로 파편화된 개별적인 역사들에 동시적으로 내재되어 있는 저변의 사회적 통일을 파악하고자 한다. 하나의 사회를 사회구성체로 파악하여 다양한 생산양식들이 공존하고 상호 작용하는 복합구조로서 본다. 알뛰세르의 중층결정론과도 닿아있는데 이를 제임슨은 초공시적 관점이라고 부르고 있다. 역사는 한 사회구성체로부터 새로운 지배 계층이 나타나 이전의 계층과 아울러 미래의 계층과도 공존하는 또 다른 사회구성체에로 변화해 가는 훨씬 복잡한 과정이다. 여기서 변천은 주어진 어떤 사회구성체 내에 공존하고 있는 다양한 생산양식들 간의 구조적 대립이나 영속적 투쟁의 표면화 통로로 표현된다. 이러한 과정을 그는 문화혁명이라고 부른다.

이러한 관점에서 제임슨은 독자들이 독자와 텍스트 사이의 지엽적 대결을 넘어서서 텍스트와 독서 모두를 어떤 가능성으로 만드는 공통의 언어학적 문화적 약호들에 주목하기를 바라고 있다. 여기서 텍스트의 독서란 이전의 발전의 단계들로부터 남겨져 지금은 새로운 구조적 지배력을 지니고 있는 것에 의존하는 일부 생산양식과 아직 그 공간이 생성되지 못한 신흥 사회질서를 기대하는 또 다른 생산양식들로 이루어진 사회에의 통찰을 의미하게 된다. 그리고 문화적 텍스트라고 부르는 문학작품은 이 체계와 그것들의 내적 대립을 반영하는 것이다.(이연의)

무의식, 야생적 사고, 마르크스, 알튀세르, 프로이트, 라캉, 레비스트로스, 구조주의

참고문헌

Fredric Jameson, The Political Unconscious, Ithaca, N.Y., Cornel University

William. C. Dowling, 곽원석 역, 제임슨, 알튀세르, 마르크스, 『정치적 무의식을 위한 서설』, 곽원석 역, 도서출판 월인, 2000.

제레미. M. 호손 지음, 『현대문학이론 용어 사전』, 정정호 외 역, 도서출판 동인, 2003.

제3세계(Third world)/제3세계 비평(Third-world criticism)

프랑스어인 'tiers monde'에서 유래한 제3세계(the third world)란 다음 중 하나 또는 그 이상에 해당하는 나라들을 지칭한다.

1) 자본주의 국가들이나 사회주의 국가들에 비해 경제적 저개발 국가

2) 최근 식민지였다가 제국의 지배로부터 독립한 나라

3) 지하자원이 거의 없거나 농산물 생산이 저조한 나라

4) 산업화가 별로 되어있지 않은 나라

5) 정치적 격동과 불안이 팽배한 나라

6) 제1세계 및 제2세계와 우방이 되기를 거부한 나라

많은 국가들은 저개발 국가를 지칭하는 비하어라는 이유로 '제3세계'라고 불리는 것을 싫어하지만, '제3세계'라는 말은 때로 제1세계의 제국주의를 비판하기 위해 식민지를 지칭하는 말로 사용되기도 했다. '제3세계 비평'은 제3세계 사람들이 하는 비평을 의미하기도 하고, 또 제3세계에 대한 외부인들의 일반적 비평을 의미하기도 하는데, 공통점은 그것이 언제나 제1세계의 제국주의적 억압과 착취를 비판대상으로 하고 있다는 것이다. 그런 의미에서 '제3세계 비평'은 '탈식민주의 비평'과 같은 의미로도 사용되고 있다.

제3세계 비평은 한때 유럽의 식민지였던 제3세계 국가들의 문화나 문학에 대한 비평을 지칭하는데, 특히 아직도 남아서 그 영향력을 행사하고 있는 제국주의의 문화적 잔재를 드러내고, 제국이 부여한 정체성을 지우며, 제3세계의 새로운 정체성을 확립하는 것을 그 특징으로 한다. 제3세계 비평의 대표적 이론가 중 한 사람인 호미 바바(Homi Bhaba)는 한 문화가 어떻게 다른 문화에 대한 잘못된 재현을 통해 세계 질서 속에서 정치적, 사회적 지배력을 강화시켜나가는가를 연구했는데, 이는 동양에 대한 왜곡된 재현을 통해 서양이 세력을 확장해나간다는 에드워드 사이드의 오리엔탈리즘 이론과도 상통한다.

탈식민주의 비평과 마찬가지로 제3세계 비평 역시 일종의 문화비평으로, 식민지의 문화와 사회적 실천과 정치적 담론들에 대한 연구가 되며, 인종, 젠더, 계급, 그리고 정체성 문제에 지대한 관심을 갖는다. 또한 제3세계 비평은 식민지 시대 이후의 제3세계 문화뿐만 아니라, 제1세계 속에서 살고 있는 제3세계 이민들과 망명객들의 위치와 문화에도 관심을 갖는다. 제3세계

비평은 '네그리뛰드' 운동 같은 범세계적 움직임도 포용하면서, 동시에 그런 움직임에 비판적이며 탈식민주의적 민족국가의 건설을 추구했던 프란츠 파농(Franz Fanon)식의 좌파적 반제국주의 비평도 진지하게 받아들인다.

제3세계 비평은 많은 텍스트의 새로운 해석을 시도했는데, 그 중에서도 대표적인 것은, 나이제리아의 치누아 아체베(Chinua Achebe)가 「아프리카의 이미지(An Image of Africa)」(1977)에서 지적한 조셉 콘라드(Joseph Conrad)의 『암흑의 핵심(Heart of Darkness)』(1989)에 내재해있는 인종차별과 편견이다. 패트릭 브랜트링어(Patrick Brantlinger) 역시 『암흑의 지배(Rule of Darkness)』에서 어떻게 콘라드가 위 소설에서 제국주의와 인종적 편견을 비판하면서 동시에 강화하고 있는가를 지적하고 있다. 비평가 에드워드 사이드도 『문화와 제국주의(Culture and Imperialism)』에서 콘라드가 제국주의에 대한 비판(의도적으로)과 제국주의의 인정(무의식적으로)을 동시에 진행하고 있다고 지적하고 있다.

호미 바바(Homi Bhaba)는 식민지인들의 '디아스포라'에 대해 언급하면서, 현대 서구역사는 탈식민주의 비평 및 제3세계 비평적 시각으로 볼 때 가장 잘 이해할 수 있다고 말한다. 가야트리 스피박(Gayatri Spivak) 또한 페미니즘적 시각으로 쓴 「세 여성작가의 텍스트와 제국주의 비판("Three Women's Texts and a Critique of Imperialism")」이라는 글에서 샬롯 브론테의 『제인 에어(Jane Eyre)』(1847)를 제3세계 비평으로 새롭게 분석하고 있다.

한국의 경우에는 1980년대의 민족문학과 민중문학이 제3세계 비평에 속한다고 볼 수 있으며, 대표적인 비평가로는 『민족문학과 세계문학』의 저자 백낙청이 있고, 대표적인 문예지로는 『창작과 비평』과 『실천문학』이 있다. 제3세계 이론과 연결되는 작가로는 고은, 황석영, 윤정모 등을 들 수 있을 것이다.(김성곤)

제3세계, 탈식민주의, 제국주의, 제1세계

참고문헌
치누아 아체베, 『희망과 장애: 제3세계 문학과 식민주의 비평』, 이석호 역, 인간사랑, 1999.
스피박, 『다른 세상에서』, 태혜숙 역, 여이연, 2003.
호미 바바, 『문화의 위치』, 나병철 역, 소명, 2003.

제3전선(第三戰線), 제3전선파(第三戰線派)

이북만, 김두용, 홍효민, 한식, 조중곤 등의 소장파 문인들이 1927년 하반기에 동경에서 결성한 좌익 조선청년 단체이다. 1927년 7월 무렵 카프 내에서 방향전환에 관한 논의가 진행되고 있을 때, 이들이 귀국하여 자신들이 간행한 『제3전선』 창간호를 배포하였다. 그들의 등장으로 문학 주의적이었던 조선프롤레타리아 예술동맹(KAPF)은 일본 프로예술운동과의 유기적 교류를 활성화하였고, 급격히 과격하고 편협한 정치적 성향을 띠게 되었다. 이런 상황은 카프의 방향전환에 결정적 영향을 준 한 요인이라고 볼 수 있다.

카프의 방향전환에서 박영희는 방향전환을 문예상에서의 의식 전환으로 파악하고 있었고 따라서 프롤레타리아 계급의식의 확립을 주장했다. 즉 무산계급의식과 그 인식에 대한 이론은 필연적으로 계급의 문학을 가져오게 되므로 카프는 단지 예술에만 국한된 것이 아니라 예술의 본질적 가치를 제공하는 무산계급의식을 가져야 한다는 것이다. 박영희는 조직과 예술을 일원론적으로 통일시켜 카프를 단순한 예술가의 집단이 아닌 예술가의 운동단체로 건설해 나갈 것을 주장했는데, 이것은 정치투쟁과는 거리를 둔 이데올로기 투쟁으로의 전환을 의미한다. 이에 대해 제3전선파는 박영희의 방향전환론이 전운동에 대한 몰이해, 예술 전체가 아닌 문학영역만의 한정 등의 오류를 저지르고 있다고 비판하고, 그것을 절충 주의적, 공식 주의적, 결국에는 예술지상주의인 것으로 규정하였다. 이북만은 「예술운동의 방향전환은 과연 진정한 방향전환이었든가」(『예술운동』, 16호, 1927, 11)에서 박영희는 조직을 소부르조아적 상태로 버려둔 채 선이론투쟁을 역설하면서 방향전환을 주장했다고 비판하였다. 박영희의 이러한 측면은 공상적이고 기회주의적인 측면이며, 조직과 투쟁을 무시한 이론만의 방향전환 즉 전위의식만의 방향전환이었다는 것이다. 또 박영희가 문예운동의 전선적 진출을 강조하면서도 대중적 조직을 사실상 제대로 고려하지 않았던 점에 대해서도 지적하였다.

제3전선파는 카프의 방향전환론 전개 과정에서 문학운동을 전체 변혁운동이라는 넓은 판 속에서, 정치의 핵심적인 흐름과의 밀접한 관련 속에서 파악해야 한다는 시사점을 던져주었으나 한편으로는 좌편향적 한계를 내보이기도 했다. 그들은 정치와 문학 간의 본질적인 관계를 당위적 차원에서 강조할 뿐 개별자로서의 당대 문예가 가진 고유한 제조건들을 고려하여 특수성의 차원에서 현실적으로 파악하지 못했던 것이다.

방향 전환 이후 카프는 예술가만의 조직이 아니라 대중조직으로 개편되어 일반 청년들과 학생들을 회원으로 수용하였다. 조직 개편 이후 점차 비예술적 정치조직의 성격을 띠게 된 카프의 문예운동은 정치운동의 일환이 되었다. 이북만, 조중곤, 한식, 홍효민은 카프의 방향전환 이후 카프 내에서 동맹의 최고기관인 중앙위원회 위원으로 선출되었다. 이들은 1927년 9월에 다시 동경으로 돌아가 '제3전선사'를 해체하였다.(장은영)

카프(KAPF), 이북만, 방향전환론

참고문헌
백 철, 『신문학사조사』, 신구문화사, 1999, 중판.
김영민, 『한국문학비평논쟁사』, 한길사, 1992.
역사문제연구소 문학사연구모임, 『카프 문학운동연구』, 역사비평사, 1989.

제국(帝國, Empire)

제국은 로마 황제가 지배하던 황제국가(imperium)에서 비롯되었다. empire과 그 변이형인 emperor, imperialism 등은 라틴어 imperium에서 파생된 말이다. 고대 로마 시대에 imperium은 전쟁 명령권과 법 실행권을 모두 포함하는 최상의 권력을 의미했다. 왕의 통치권이 한 나라의 경계를 벗어나 다른 민족이나 국가에 확장되고, 지배 영토 뿐 아니라 문화와 삶의 방식까지도 변화시키며 제국은 성립되었다. 고대의 이집트제국, 페르시아제국, 로마제국, 중세의 신성로마제국, 근대의 나폴레옹제국이 대표적이다. 제국은 급속히 팽창한 방대한 규모와 여러 민족들이 지닌 다양성을 바탕으로 서서히 세계적인 사회로 변모했다. 제국의 통치자들은 그 사회를 통제하기 위해 강력한 절대권을 행사하는 한편 문화적 다양성에 대한 관용을 베풀기도 하면서 여러 민족들을 제국의 일원으로 변형시켜 나갔다.

고대 알렉산드로스가 최초의 유럽 제국을 건설했고 로마가 그 뒤를 이어 로마제국을 이루었다. 로마제국은 2세기 무렵에 아틀라스 산맥에서 스코틀랜드, 인더스 계곡에서 대서양에 이르는 지역을 망라하며 절정을 누렸다. 그러나 무제한적인 제국의 팽창은 오히려 전체 장악력을 상실케 하였고, 제국은 내부에서부터 붕괴되기 시작했다. 이후 로마제국은 동로마제국(비잔틴 제국)과 서로마제국으로 분리되었다. 12세기 중엽부터 신성 로마 제국의 황제들이 집권하던 시기는 700년간 유지되었다.

1806년에 나폴레옹에 의해 근대의 제국이 건설되었다. 1830년대에 프랑스에서는 나폴레옹제국의 한 당파를 나타내기 위하여 제국주의를 의미하는 'imperialiste'라는 단어를 사용하였다. 1870년대 초에 영국의 학자들과 정치가들은 영국의 대외팽창을 통한 '대 영국(Greater Britain)' 확립을 나타내기 위해 이 말을 사용하면서, 제국주의는 대외팽창주의, 침략주의의 대명사가 되었다. 1879년에 독일의 사회주의자인 카우츠키(Karl Kautsky)는 "제국주의라는 국가정책 또는 세계정책의 새로운 방식은 산업자본 발달의 결과이며 또 금융 및 자본수출이 고도로 증대한 결과이다"라고 하였다. 현대 정치·경제학에서는 주로 19세기 후반부터 20세기 초반까지 영국, 프랑스, 독일, 미국, 일본 등의 자본주의 열강이 아시아와 아프리카를 침탈하여 식민지화한 패권주의 정책을 말한다. 2차대전 이후에는 강대국의 문화가 미디어를 통해서 편파적으로 저개발국가로 전파된다는 '문화제국주의'란 이론이 등장하기도 하였다. 에드워드 사이드(Edward W. Said)는 오늘날 직접적인 제국주의는 종말을 고했지만, 제국주의는 문화적인 측면에서, 정치적, 이념적, 경제적, 사회적 실천에서 그 자리에 여전히 남아 있다고 지적하였다.

네그리(Antonio Negri)는 근대적 주권의 황혼기에 이르러 제국으로의 이행이 나타나고 있다고 말하면서, 제국의 의미를 재해석하였다. 네그리에 따르면 근대의 제국주의와는 달리 제국은 지배 영토에 의지하지 않으며, 개방적이고 팽창하는 자신의 경계 안에서 지구적 영역 전체를 점차 통합하고, 탈중심화하고, 탈영토화하는 지배 장치이다. 단일한 지배 논리하에 통합된 일련의 일국적 기관들과 초국적 기관들로 이루어진 새로운 형태를 띠는 전지구적 주권형태가 근대 이후 등장하는 제국의 실체이다. 그러나 네그리는 제국으로의 이행과 제국의 전지구화 과정이 제

국의 억압과 파괴에 대항하기 위한 새로운 가능성을 제시한다고 본다.(장은영)

제국주의, 식민지, 네그리(Antonio Negri)

참고문헌
Anthony Pagden, 『민족과 제국』, 한은경 역, 을유문화사, 2003.
Edward W. Said, 『문화와 제국주의』, 김성곤·정정호 역, 도서출판 창, 1995.
Antonio Negri, Mmichael Hardt, 『제국』, 윤수종 역, 이학사, 2001.

제국주의(帝國主義, Imperialism, 프 Impérialisme, 독 Imperialismus)

한 국가의 정치·경제 세력을 강제적으로 다른 여타의 민족과 국가들에게 강제적으로 확장하는 전제적(專制的) 침략 지배 형태를 가리킨다. 제국주의라는 개념이 역사상에 현실화되어 나타난 것은 나폴레옹 제국이 성립할 때부터이다. 제국주의 근대적 형태는 자본제 경제발전이 이루어지면서 보다 구체적인 형태로 나타나기 시작한다. 열강들은 자본제 경제의 발전에 따라 국외의 원료시장 확보, 수출상품의 판로 확장, 금융산업의 투자, 과잉인구의 분산 등을 목적으로 제국주의 정책 하에 약소국을 식민지화하게 된다.

레닌은 제국주의의 발생적 환경을 다음과 같이 설명한다. 즉, 자본과 생산이 고도로 집적되는 단계에 이르러 독점이 형성됨으로써 독점이 경제생활에서 결정적인 역할을 담당하게 되고, 은행 자본과 산업 자본이 융합되며 금융 자본을 토대로 금융과두제가 성립하며, 자본 수출이 특별한 중요성을 갖게 될 때 제국주의가 발생한다는 것이다. 또한 레닌은 제국주의가 출현하면 독점 자본가 연합이 국제적으로 형성되며 이들에 의해 세계는 분할되게 된다고 주장한다.

제국주의의 가장 주된 특징은 독점, 즉 생산과 자본의 집적(集積, Konzentration)과 집중(集中, Zentralisation)을 통해 생겨난 트러스트나 카르텔과 같은 독점 및 경제연합이다. 독점이 경제 체제를 지배하게 되면 다른 모든 기업들은 이에 종속된다. 독점 자본주의가 형성되면서, 독점 이전 단계의 자본주의의 특징이었던 자유 경쟁은 사라지고 독점이 그 자리를 대신하게 된다. 민족적 한계를 벗어난 독점은 제국주의적 식민체제를 형성하는 발판이 된다. 독점과 그에 의한 이윤의 추구는 제국주의 확장의 존재 근거이자 근본적인 추진 동력이라고 할 수 있다.(노승욱)

전제적 침략 지배, 자본제 경제, 자본주의, 식민지, 식민체제, 식민주의, 독점, 독점 자본주의

참고문헌
남구현, 『자본주의 국가와 제국주의』, 한신대출판부, 2004.
장상환 외, 『제국주의와 한국사회』, 한울, 2002.
박지향, 『제국주의』, 서울대출판부, 2000.

제궁조(諸宮調)

중국의 송, 금, 원대에 유행했던 일종의 설창체(說唱體) 문학 형식으로 한국의 창극과 비슷하다. 11세기 후반에 송의 연예인 공삼전(孔三傳)이 창시한 것으로, 당시에는 서민 오락의 중심이 되었다. 이야기하는 부분과 창하는 부분이 있는데, 창을 중심으로 궁조(음계)를 달리하는 곡들을 이어나가면서 그 사이사이에 구어로 된 대사를 섞어 이야기를 진행시키는 형식이다. 한 작품 내에서도 궁조의 변화가 빈번하고 다채롭게 나타난다. 작품 한 편은 보통 5만 여자의 분량으로 되어 있으며, 이야기의 전개가 복잡하나 문학적 구성을 갖추고 있어 서사물로서의 의미도 지닌다.

명나라의 호응린(胡應麟)은『소실산방필총(少室山房筆叢)』에서 "정교하고 공교로우며 아름다워서 재능과 감정을 완벽하게 갖추고 있다. 아울러 문장 하나하나가 모두 본질을 정확하게 묘사했고, 대화 하나하나가 옛 뜻을 밝히고 있으니 대대로 이어진 전기 문학의 시초라고 해도 좋을 것(精工巧麗 備極才情 而字字本色言言古意 當是古今傳奇鼻祖)"이라고 평가한 바 있다.

제재로는 연애나 전기 등으로 민간 문예적 성격과 비슷하였고, 음악은 당시의 유행가곡으로, 북방에서 좋아하던 비파나 나, 판을 곁들인 반주가 곁들여졌다.

제궁조는 후대의 희곡이나 잡극에 많은 영향을 주었다. 현전하는 작품으로는 금나라 때의「유지원(劉知遠)」의 잔본과 원나라 때의「천보유사(天寶遺事)」등이 있다.(장은영)

공삼전(孔三傳), 유지원(劉知遠), 천보유사(天寶遺事)

참고문헌
임종욱 편,『동양문학비평용어사전』, 범우사, 1997.
김우석,『諸宮調 연구: 연행예술적 성격을 중심으로』, 서울대학교박사학위논문, 1996.

제네바 학파

제네바 학파école de Genève란 공식적인 명칭이라기보다는 편의상 붙인 명칭으로서 제네바 대학과 직접적 혹은 간접적으로 관련을 맺고 있는 일련의 문학연구가를 지칭한다. 원래는 20세기 초 언어학에서 소쉬르F. de Saussure, 바이Ch. Bally, 세슈에 A. Séchehaye등의 언어학자를 지칭하던 명칭이었다가 20세기 중반 제네바 대학에서 문학을 가르친 바 있는 마르셀 레몽M. Raymond, 알베르 베겡Albert Béguin, 조르주 풀레G. Poulet, 장 피에르 리샤르J.P. Richard, 장 스타로벵스키Jean Starobinski, 장 루세Jean Rousset 등을 지칭하는 명칭으로 확대되었다. 제네바 학파를 세운 사람은 1936년부터 1962년까지 제네바 대학 문과대학 교수로 있던 마르셀 레이몽이다. 그들은 소르본느 대학이 주도하고 있던 작품 연구의 실증주의적 방법을 배격하고 작품의 실존적 접근을 주장함으로써 전통적인 문학 이론을 거부한다. 그들의 비평은 의식의 비평critique de la conscience, 동일화 비평critique d'identification, 발생론적 비평critique génétique, 주제비평critique thématique 등으로 불린다. 그들에 의하면 문학 작품의 읽기는 작가 개인의 경험과 독자의 경험이 만나는 행위이다. 그렇기 때문에 비평도 또한 하나의 문학 형태이다. 작품이라는 문학적 경험을 이해하려면 문학 속에 있는 경험과 주제들을 새로운 형태로 구성해야 하는데, 거기에는 작가의 경험과 비평가의 경험의 동일화 현상이 일어나야 한다. 문학이 의식의 한 형태라면 비평이란 문학에 대한 문학, 의식에 대한 의식이다. 그들은 키에르케고르, 후설, 하이데거, 사르트르, 메를로 퐁티 등의 영향을 받아 의식의 비평을 제창함으로써 논리적 실증주의에 대항하고, 그 동안 주목받지 못했던 바로크 문학, 낭만주의문학, 초현실주의문학 등을 중요하게 여긴다. 그들은 프로이트의 정신분석학적인 비평을 배격하면서 바슐라르의 비평을 수용하여 주제 비평을 발전시킨다.

이들을 전통적인 실증주의 비평에 대해서 신비평이라고 부르는 이유는 1)비평의 대상이 작가보다는 작품이라는 것 2)비평이 작가의 의도적인 것보다 무의식적 기도를 드러내는 것 3)비평이 작가의 부분적 의식을 드러내는 것이 아니라 작품의 전체적 모습을 드러내는 것 4)문학의 본질적 기능이 의식의 파악이라면 비평이란 의식을 간파하는 것이라는 데 있다.(김치수)

신비평, 바슐라르

참고문헌
김 현, 『제네바학파 연구』, 문학과지성사, 1986.
_____, 『프랑스비평사』, 문학과지성사, 1991.

제노사이드(genocide)

인종이나 부족을 뜻하는 고대 그리스어 genos에 살인을 의미하는 라틴어 cide를 결합시켜 만든 합성어이다. 이는 폴란드 출신의 유대인 법학자 라파엘 렘킨(Raphael Lemkin, 1900-1959)이 1944년 11월 『점령된 유럽에서의 추축국 통치 Axis Rule in Occupied Europe』라는 저서에서 처음 사용한 말이다. 이 책의 제 9장에서 렘킨은 처칠이 나치의 만행을 지칭했던 "이름 없는 범죄"에 제노사이드라는 이름을 부여하였다. 이 말을 통해 렘킨이 부각시키려고 했던 것은 "한 민족이나 종족 집단에 대한 절멸"을 도모한 나치 독일의 점령 정책이었다. 렘킨은 고전적 개념으로는 나치 독일의 절멸 정책을 설명할 수 없었기 때문에 새로운 개념을 모색할 수밖에 없었다고 밝혔다. 특히 "집단학살(mass murder)"은 새롭게 출현한 국가의 조직적 범죄의 양상을 기술할 수는 있지만, 그 동기까지 밝히는 데에는 유력한 용어라고 강조했다.

렘킨은 제노사이드라는 용어를 사용하기 10년 전인 1933년 국제연맹이 개최한 제5회 형법 통일을 위한 국제학술대회에서 "야만의 범죄"라는 개념으로 밝힌 바 있다. 여기서 렘킨은 특정한 인종, 종교, 사회 집단의 절멸을 도모하는 행위를 "야만의 범죄"라고 명명하고 자신이 주도해서 만든 국제법 시안에서 "인종, 종교, 사회 집단에 대한 증오심이나 그 집단을 절멸하려는 목적에서 구성원들의 생명, 신체상의 안전, 자유, 존엄성, 경제적 생존에 위해를 가하는 범죄행위를 기도하는 사람은 누구든지 야만의 위해 행위를 이유로 처벌을 받을 수 있다(1조)"고 명시하면서 "이런 야만의 행위는 국제법상의 범죄이기 때문에 해당 범죄를 저지른 사람은 국적이나 범행 장소에 관계없이 체포된 나라에서 재판을 받을 수 있다(6, 7조)"고 밝혔다. 이때는 이미나치의 유대인 박해가 본격화되어 문제를 일으키고 있었지만, 대다수 국가들은 렘킨의 호소를 귀담아듣지 않았다.

10년 후 『점령된 유럽의 추축국 통치』의 제9장에서 렘킨은 제노사이드가 한 민족의 "즉각적 절멸"만을 의미하지는 않는다고 강조하였다. 그는 제노사이드를 "어떤 집단을 절멸시키기 위해 그 집단 구성원들의 생활에서 중요한 토대들을 파괴하기 위해 시도되는 다양한 행위들로 이루어진 공조 가능한 계획"으로 정의하면서 이 계획의 목표는 "한 집단의 정치제도와 사회제도, 문화, 언어, 민족감정, 종교, 경제적 생존기반을 해체하고 개인의 안전, 자유, 건강, 존엄성을 파괴할 뿐만 아니라 그 집단에 속한 개인들의 생명까지 파괴"라는데 있다고 밝혔다. 렘킨은 민족과 종교 집단을 비롯한 소수집단을 보호하기 위해 구속력 있는 국제법적 장치를 마련해야 한다고 요구하였다. 그는 전시뿐만 아니라 평시에도 얼마든지 일어날 수 있는 제노사이드를 박기 위해서는 제노사이드를 국제법상의 범죄로 규정하고 현재 점령지역 민간인들을 대상으로 자행되고 있는 제노사이드를 막기 위해서는 이미 마련되어 있는 전쟁포로협정 이상의 합의를 도출해서 점령지역에 국제대표단을 파견해야 한다고 역설했다.

렘킨의 호소로 인해 1946년 10월에 열린 유엔 총회에서 렘킨의 주장이 주요 의제로 상정되었다. 총회의 결의에 따라 법률위원회에서 작성된 결의안 초안은 살인이 개인의 생존권을 부정하는 것과 마찬가지로 제노사이드는 전체 인간 집단의 권리에 대한 부정이라고 규정함으로써, 제노사이드가 유엔이 추구하는 목표와 목적에 반한다는 사실을 명시했다. 이 초안을 바탕으로 12월 11일 유엔 총회는 다음과 같은 내용의 제노사이드 결의안을 만장일치로 채택했다.

"유엔총회는 제노사이드가 문명세계가 정죄하는 국제법상의 범죄라는 것을 확인한다. 그리고 사적 개인이든 공적 관료이든 혹은 정치인이든지, 또 그 범죄가 종교적, 인종적, 정치적 혹은 다른 어떤 이유에서 저질러졌든지, 주범들과 공범들은 처벌받을 수 있다는 것을 확인한다. 회원국들이 이 범죄의 예방과 처벌을 위해 필요한 법을 제정하도록 권유한다."

지난 한 세기동안 전 세계에서 발생한 제노사이드의 희생자는 모두 1억 7천만 명을 넘는다.
(추선진)

참고문헌
최호근, 「제노사이드란 무엇인가?」, 한국독일사학회, 『독일연구』, 2004.

제노텍스트/페노텍스트(Genotext/Phenotext) ☞ 생성텍스트/현상텍스트

제도(制度, Institution)

제도는 확정되어 정의되고 자족적이면서 통일성을 갖는 신념과 행위의 관행적 조직체를 가리킨다. 제도의 보수적인 속성과 그로 말미암는 권위적 성격 때문에 제도라는 용어는 기성세대와 기존체제를 부정적으로 일컫는 데 쓰이는 경우가 많다. 이러한 제도 속으로 동화되어 가는 과정을 제도화(institutionalization)라고 한다.

제도화는 관념이나 형식, 이론이나 그 해석 등의 통례가 되고 있는 기존의 체제나 패러다임에 동화되는 과정을 가리킨다. 르네 로로는 제도의 정태적 성질을 가리키는 '제도화된(instituted)'과 제도의 역동적인 측면을 나타내는 '제도화하는(instituting)'의 두 가지로 제도의 개념을 구분했다.

제도라는 용어는 부정적으로 사용되고 있는 경향이 많은데, 이는 제도가 기성 사회의 가치관이나 행동양식의 보수적 이미지를 나타내고 있기 때문이다. 리처드 로티는 그러한 부정적인 제도 개념을 상정하여 모든 제도의 절대적 거부를 정당화하는 비논리적인 급진적 입장에 반대한다. 그에 의하면, "제도로부터의 탈출은 제도와 손잡은 사악한 세력들에게 이용당하지 않게 해주기 때문에 자동적으로 좋은 일이다."라고 여기는 것은 잘못된 견해라는 것이다.(노승욱)

제도화, 체제, 패러다임, 르네 로로, 리처드 로티

참고문헌
Lorau, Rene, L'Analyse institutionelle, Paris: Editions de Minuit, 1970.

Rorty, Richard, "Habermas and Lyotard on Postmodernity." In Richard J. Bernstein, ed., Habermas and Modernity, Cambridge, Mass: Polity Press, 1985.

제유(提喩, Synecdoche)

수사법의 일종으로 사물의 한 부분으로 전체를, 또는 한 말로 그와 관련되는 모든 것을 나타내는 수사적 표현 방법이다. 빵이 식량을, 감투가 벼슬을 나타내는 것이 그 대표적 예이다. 은유와 직유가 원관념과 보조관념의 유사성에 기대어 의미의 전이가 일어난다면 환유와 제유 같은 대유법은 원관념과 보조관념의 인접성에 기대어 의미의 전이가 일어난다고 할 수 있다. 문학에 있어서 전통적 수사학은 문학적 표현을 위한 도구의 하나로 여겨왔다. 그러나 현대에 있어서 수사학은 단순한 문학적 표현의 문제를 넘어서서 세계관의 선택과 표현의 문제를 나타낸다.

제유를 비롯한 모든 비유어의 본질은 언어의 관계성 위에서만이 존재한다. 여기에서 관계성이란 비유하는 것과 비유되어지는 것 사이의 의미, 즉 한 단어가 본래부터 지녀왔던 고유한 의미와 그것이 비유하는 것으로 대체될 때 새롭게 투사되는 관계성으로서의 의미이다. 언어의 관계성에 따라 제유와 환유, 그리고 은유는 다음과 같이 분류될 수 있다. 제유에 있어서 그것은 '접속의 관계(relation of connection)'로 나타나고, 환유에 있어서 매재와 본의의 관계는 '상관 혹은 조응의 관계(relation of correlation or correspondence)'로 나타나며, 은유에 있어서 그것은 '유사성의 관계(relation of resemblance)'로 나타난다.(노승욱)

수사법, 수사학, 은유, 직유, 환유, 유사성, 인접성, 원관념, 보조관념

참고문헌

오세영, 『문학과 그 이해』, 국학자료원, 2003.
웨인 C. 부스, 『소설의 수사학』, 최상규 역, 새문사, 1985.

제의(祭儀)

공동체의 이해 관계와 관련되어 주기적으로 반복되는 종교 행위를 가리킨다. 제의 행위는 인류의 역사와 더불어 오래동안 지속되어 온 역사성을 갖는다. 원시인들은 인간사에 있어서 필수 불가결한 것들은 모두 제의 행위의 결과로 말미암은 것으로 믿었다. 제의 행사에 의해서 풍년, 다산, 기우(祈雨) 등이 기원되었고 공동체를 위협하는 외적의 침입을 막기 위해서 제의가 행해지기도 했다.

제의에 있어서 희생(犧牲, sacrifice)은 영적 존재인 신에게 공동체 구성원의 안녕과 동식물의 풍성한 증산을 기원하기 위해서 행하는 종교의례를 가리킨다. 생명이 있는 것을 바치는 행위나 그 제물 자체를 일반적으로 희생이라 지칭한다. 희생이라는 말은 라틴어의 'sacer + facere', 즉 "거룩한 것으로 한다."는 말에서 유래하였다. 이와 같은 희생은 전세계 모든 민족들에게 나타나고 있는 보편적 현상이다. 희생에는 신에게 물품을 바치는 공물(供物)과 동물을 죽여 바치는 동물 희생의 두 가지 종류가 있다. 공물에는 음식물과 일반적인 물품이 있으나, 신과 사람의 관계가 확립되면 음식물로 공물을 선정하는 것이 보편적이다. 동물희생은 동물의 희생을 통하여 신에 대한 기원을 전달하려고 하는 의미와 동물의 영혼을 신령에게 바친다는 의미, 두 가지가 있다.

르네 지라르(René Girard)는 자신의 저서 『폭력과 성스러움』에서 희생제의적 해석을 인류의 모든 문화적인 면에다 적용시키는데, 종교적인 제의에 대해서도 마찬가지이다. 지라르는 희생제의라는 것을 신의 뜻에 따라 희생물을 신에게 바쳐서 신의 은총을 받는 장치로 보지 않는다. 그는 집단 속에 드러나 있지는 않을지라도 분명히 내재하고 있다가 마침내 분출하려 하는 폭력을, 집단 외부의 대상이나 아니면 복수에 휘말릴 염려가 없는 희생물이라는 집단 내부의 특정한 대상에게 분출시킴으로써, 내재되어 있던 갈등과 폭력을 없애고 다시 질서와 평정을 유지해 나갈 수 있도록 해주는 문화적 장치로 해석한다.

지라르의 이런 관점은 기존의 종교 해석과 매우 큰 차이를 보인다. 특히 기독교의 예수 그리스도에 대한 해석이 그러하다. 요컨대 예수는 하나님의 뜻에 따른 인간구원의 상징이 아니라 당시 유태인 사회 안에 내연하고 있던 갈등과 반목, 폭력을 해소하기 위해 인간이 만들어낸 하나의 희생물에 불과하다고 보는 것이 지라르의 해석이다. 지라르는 이러한 자신의 견해를 '희생가설'(hypothèse sacrificielle)이라고 부르고 있는데 이런 표현은 "인류 문화제도는 모두 희생제의적이다."라는 말의 다른 표현이라고 볼 수 있다.(노승욱)

종교, 희생, 영혼, 동물희생, 희생제의, 르네 지라르, 희생제의

참고문헌
J. 해리슨, 『고대 예술과 제의』, 오병남 외 역, 예전사, 1996.

시몬느 비에른느, 『통과제의와 문학』, 이재실 역, 문학동네, 1996.
르네 지라르, 『폭력과 성스러움』, 김진식 외 역, 민음사, 1993.

제자산문(諸子散文)

중국 선진(先秦) 시대 제자들이 쓴 산문을 일컫는 말. '제(諸)'란 여럿이며, '자(子)'는 선생이란 뜻으로서 높임말이다. 경세의 계책을 지닌 사람들은 춘추전국시대에 각 제후(諸侯)의 국가를 돌며 유세하며 주장한 비문학적 입론(立論)들이다. 최초의 문헌은 사마담(司馬談)의 「논육가지요지(論六家之要旨)」로, 선진 시대 각 학파를 6가로 정리하였는데, 음양가(陰陽家)와 유가(儒家), 묵가(墨家), 명가(名家), 법가(法家), 도가(道家)이다. 또 반고(班固. 32-92)는 『漢書·藝文志』에서는 위의 육가에 종횡가(縱橫家), 농가(農家), 잡가(雜家)를 더하고 다시 소설가(小說家)를 더해 십가(十家)로 분류하였다. 이들 가운데 가장 강력한 영향력을 행사한 제자는 유가와 묵가, 도가, 법가 넷이다.

중국산문은 기사(紀事)를 중심으로 하는 역사 산문과 치세 경륜의 입언(立言)을 중심으로 하는 제자 산문으로 나뉜다. 제자산문의 내용은 치국(治國)의 방법에 관한 체계적인 담론으로서 주로 정치사상의 성격을 띠었다. 본시 후세에 교훈이 될 만한 말을 기록으로 남기는 것을 뜻하는데 대체로 사상적인 기록이라 할 수 있는 것이다. 이른바 『제자백가』들의 글을 가리킨다. 법가(法家)는 정(鄭)나라 자산(子産)에게서 비롯되었고, 유가(儒家)는 노(魯)나라 공구(孔丘)에게서 비롯되었고, 묵가(墨家)는 송(宋)나라 묵적(墨翟)에게서 시작되었고, 도가(道家)는 초나라 노담(老聃)에게서 시작되었다 하나, 중요한 제가(諸子)의 유파는 이미 춘추시대에 다 갖추어졌던 셈이다.

그러나 이들 제자가 그들의 참된 면목을 발휘한 것은 전국시대의 일이라 할 수 있고, 또 이들의 이름 아래 전해지는 각 유파의 저서들이 있다 해도 지금 우리에게 전해지는 것은 모두 전국시대 말엽 이후에 이들의 제자 또는 재전제자(再傳第子)들에 의하여 이루어진 것들이다.

제자산문의 발전사는 세 단계로 나눌 수 있다. 제1단계는 춘추 시대 말기부터 전국 시대 초기까지인데, 이 시기의 중요 작품 가운데 『논어』는 완전한 어록체(語錄體) 산문이고, 『노자』는 운이 있는 어절을 많이 사용하였다. 두 저작은 구절은 간략하지만 뜻은 풍부하다. 『묵자』는 대화 가운데 의론이 복잡하게 전개되어 처음으로 의론문(議論文)의 형식을 갖추었다.

제2단계는 전국 시대 중엽으로, 『맹자』와 『장자』 등이 중요 작품이다. 이들 저작의 문체는 이전에 비해 한 단계 발전된 양상을 띠어 풍부하고 다채로우며, 서술되는 논리 또한 비교적 핵심을 정확하게 구현하고 있다. 『맹자』는 비록 대화체이긴 하지만, 발전된 모습을 갖춰 대화식의 변론문을 정착시켰다. 『장자』는 상식을 넘는 파격적인 내용의 대화체로, 풍부한 상상과 문학적 함의를 지녀 후세 소설의 발달에 영향이 컸다.

제3단계는 전국 시대 말기로, 『순자』와 『한비자』등이 중요 작품이다. 이 시기의 작품은 작품의 전체적인 구조나 수사 문제 등에 주의를 기울여 논리적 성격이 풍부해서 치밀한 논리성이 특징이며 선진 시대 이론문(理論文)을 대표한다. 이상의 선진 제자 산문은 중국 산문의 발전의 기틀이 되었다.(오태석)

제자산문, 입언(立言), 철리산문, 제자 십가, 한서 예문지

참고문헌
임종욱, 『동양문학비평용어사전』, 범우사, 1997.
『儒敎大事典』, 博英社, 1990.

제재(題材, Subject matter)

제재란 문학작품의 바탕이 되는 요소로서 작가가 작품의 주제를 나타내기 위하여 선택한 구체적인 재료를 말한다. 제재는 수많은 소재(素材) 중에서 작가의 의도에 의해 사용된 재료이기에 막연한 소재와 구별된다. 그러므로 모든 소재가 다 제재가 될 수는 없다. 그러기에 제재는 작품에 활용되는 일반적 글감인 소재보다 더 구체적인 대상이다. 소재가 자연적인데 반하여 제재는 의도적이라고 할 수 있다. 소재에 주제적 의도가 가해질 때 비로소 제재로 된다. 따라서 소재가 훨씬 광범위하고 제재는 소재보다는 좁은 범위에 드는 의도적인 것이다.

또한 표현대상으로서의 소재를 보통 제재라고 하며, 표현수단으로서의 소재를 매재(媒材)라고 한다. 예컨대 레오나르도 다 빈치의 「모나리자」속의 모델이 된 실제의 인물, 추사 김정희의 「세한도」에 형상화된 초가와 소나무 등은 제재이며, 언어, 물감, 돌, 나무 등등은 예술을 표현하려는 수단으로서의 소재, 즉 매재이다. 그러나 문학에 대한 논의에서 소재는 보통 제재와 같은 의미로 쓰인다. 소설의 유형을 분류하는 일련의 시도들은 대체로 제재의 상이성을 드러내는 데 주력한 결과이다. 농촌소설, 도시소설, 역사소설, 전쟁소설, 애정소설 등의 분류는 각각의 제재의 특성을 돋보이게 함으로써 소설의 성격을 결정지으려는 의도를 반영한다. 제재의 차이는 소설의 내용과 성격을 결정하고 구별하는 데 주요한 척도가 된다. 그러므로 제재는 이야기의 내용과 성격을 구성하는 재료(이야깃거리)로 볼 수 있다.(이명재)

재료, 소재, 주체적 의도

참고문헌
구인환, 구창환, 『문학개론(제 2판)』, 삼영사, 2002.
신희천, 조성준 편저, 『문학용어 사전』, 청어, 2001.
한용환, 『소설학 사전』, 문예출판사, 1999.

젠더(Gender)

성(性)에 대한 영문표기 섹스(Sex) 대신 새로 쓰기로 한 용어로, 1995년 9월 5일 북경 제4차 여성대회 GO(정부기구)회의에서 결정했다.

젠더와 섹스는 우리말로 '성'이라는 같은 말로 표기되지만, 원어인 영어로는 미묘한 의미의 차이가 있다. 최근 페미니즘의 어법에서 젠더는 생물학적으로 다른 성에게 부여되는 사회문화적 기원의 특성들을 언급하기 위해 사용된다. 페미니스트들은 여성다움이나 남성다움의 사회적 실현을 강조하고, 또한 여성과 남성 사이의 관계가 자연적으로 정해진 것이라는 생각에 이의를 제기한다. 이 어법은 언어학적인 면에서 언어학적 성과의 혼동을 피하기 위해서 다양하게 사용되는데, 페미니즘의 영향으로, 젠더는 사회나 문화를 함축하는 사회학적 의미의 성을 뜻하고, 섹스는 생물학적인 의미의 성을 뜻한다.

일반적으로 젠더란 사회적으로 구성되는 남녀의 정체성, 즉 사회적, 문화적으로 길들여진 성이며 여성다움, 남성다움을 통칭한다. 대부분의 사회는 특정 성(sex)에 부합되는 젠더의 특질이 있다는 믿음을 가지고 있으며, 사회 구성원을 그 방향으로 사회화시킨다. 페미니즘에서는 이러한 사실을 비판하여 생물학적 성(sex)이 사회적 성인 젠더와 무관함을 강조하고 남성성과 여성성이 생물학적 차이에 의해 결정되는 것이 아니라 남성중심사회에서 권력을 가진 남성들에 의해 여성들에게 부과된 것이라는 점을 부각시킨다.

유럽연합(EU)과 미국 등 다수 국가가 주장하는 젠더는 남녀차별적인 섹스보다 대등한 남녀 간의 관계를 내포하며 평등에 있어서도 모든 사회적인 동등함을 실현시켜야 한다는 의미가 함축돼 있다.

모든 페미니스트들이 젠더의 개념에 전적으로 동의하고 있는 것은 아니다. 어떤 이들은 젠더가 자연적인 신체의 중요성을 부정한다고 생각하는 반면, 어떤 페미니스트들은 해부학적으로 성을 구분하는 신체에 대한 이해 자체가 사회적으로 구성된 것이라고 주장한다.

또한 젠더를 강조하는 입장은 남녀의 차이가 자연적인 것이 아니라 사회적으로 만들어져 왔다는 것을 강조하는 데는 유용하지만, 남성과 여성이라는 이분화된 범주를 보편화시킨다. 그리고 모든 여성을 문화를 초월하여 동질성을 가지는 보편적 범주로 보게 하여 다양한 여성들의 억압을 다루지 못한다는 한계점을 지적받고 있다.(이연의)

성별언어, 대상관계이론, 섹스, 페미니즘

참고문헌
송 무 외 저, 『젠더를 말한다 - 페미니즘과 인문학의 만남』, 도서출판 박이정, 2003.
Elizabeth Wright, 『페미니즘과 정신분석학 사전』, 한신문화사, 1997.
메기 험 지음, 심정순, 염경숙 옮김, 『페미니즘 이론 사전』, 박찬부, 정정호 역, 삼신각, 1995.
제레미. M. 호손, 『현대문학이론 용어 사전』, 정정호 외 역, 도서출판 동인, 2003.

조롱극 ☞ 익살

조오루리(淨瑠璃) ☞ 닌교 조루리, 분라쿠

조충전각(雕蟲篆刻)

조충전각은 고전 문학 비평에서 유래된 말로 글을 지을 때 문장의 수식에만 치우치는 기교를 일컫는다. 학문, 문장, 기예 등이 의미 없고 보잘것없는 것일 때 이를 폄하하는 의미로 쓰기도 한다.

중국의 전한(前漢)말 문인 양웅(揚雄 BC53-AD18)이 한부(漢賦)에 대해 전개한 비평에서 등장하는 용어이다. 양웅의 문학비평집인『법언·오자(法言·吾子)』편에 "어떤 사람이 묻기를 '그대는 젊었을 때부터 부 짓기를 좋아했다지요?' '그렇습니다. 어린애가 글자를 파고 새기는 정도지요.' 얼마 후 '장부라면 그렇게 하지 않았을 겁니다.'(或問 吾子少而好賦 曰然 童子雕蟲篆刻 俄而曰 壯夫不爲也)"라고 한 글에서 조충전각이 나왔다. 양웅은 사물을 자세히 서술하고 문체를 세련되게 다듬는 한부의 풍조를 비판하면서, 이는 마치 어린아이가 조충서(鳥蟲書: 필획에 장식성이 풍부한 옛날의 글씨체)를 조탁하고 전사각부(篆寫刻符)하는 것과 같은 자잘한 재주일 뿐, 문장의 본령이 아니기 때문에 장부는 하지 않는다고 하였다.

송나라의 엄우(嚴羽 약 1290-1364)는 자신이 지은 시론서『창랑시화(滄浪詩話)』에서 시를 지을 때 언어에만 매달리고 집착하게 되면 시인의 정신은 간 데 없고, 가공된 언어만이 판치게 된다고 하였다. 이것은 시가 아니라 암호이며, 옛 사람들은 이를 조충전각, 즉 벌레를 조각하고 글자를 아로새기는 교묘한 재주에 불과하다고 말하였다.

고려 명종대의 문인 이인로(李仁老 1152-1220)의 문학관에서도 조충전각에 대한 비판적 태도가 나타난다. 그는 문학을 과거급제의 수단으로 간주하는 사회적 풍조를 경계하며 그런 무리들을 조충전각지도(雕蟲篆刻之徒)라고 비판하였다.

고려 문인 이제현(李齊賢 1287-1367)의 역옹패설(櫟翁稗說)에서 나타나는 "우리나라가 예전에는 문물이 중화와 같다고 하였는데 지금은 그 학자들이 다 승려를 따라다니며 장구나 익히는 것을 일삼고 있어 조충전각의 무리는 번성하고 경서에 밝고 덕행을 수양하는 선비는 적으니 그 까닭은 무엇인가?(我國古稱文物侔於中華 今其學子 皆從釋子 以習章句 是宜雕蟲篆刻之徒寔繁)"라는 표현에서도 조충전각의 태도를 기교에만 치중하는 것으로 보고 비판한 것임을 알 수 있다.(장은영)

양웅(揚雄), 엄우(嚴羽), 창랑시화(滄浪詩話)

참고문헌
임종욱 편,『동양문학비평용어사전』, 범우사, 1997.
김경수, 김성룡,『한국고전비평』, 역락, 1999.

조탁(彫琢/雕琢)

조각탁마(彫刻琢磨)의 준말로 '새기고 쪼다'는 뜻. 비유적으로 문예(文藝)에서 '퇴고를 가하다'는 뜻으로 쓰인다. 이는 물론 '내용과의 적절한 조화보다는 오로지 문채를 다듬고 수식하는, 이른바 문식(文飾)에만 골몰한 나머지 천연(天然)·질박(質朴)·평담(平淡)을 중시하는 시문의 풍격과는 상충되는 부정적 비평용어로 원용된다. 대저 작자가 조탁에 연연함은 남이 미처 말하려 하나 말하지 못한 심경을 드러내거나, 신이(神異)한 형상을 세우려는 욕망 때문이지만, 오히려 생경하고 난삽한 전고(典故) 및 도습(蹈襲)의 남용으로 부자연스럽고 유려하지 못한 결과를 낳는다.

워낙 '새기고 채색함'이 문장학의 본체라 한(古來文章 以雕縟成) 유협(劉勰)도 대구(對句)를 논하면서 '아름다운 시구와 심오한 문채의 병치(麗句與深采幷流)' 및 '뜻밖의 사상은 그윽한 운치와 함께 퍼날 것(偶意共逸韻俱發)'(『文心雕龍·麗辭』)을 주장했으며, 육유(陸遊)도 '조탁은 본디 문장의 병폐(彫琢自是文章病)'라 하고, '기이하고 험벽한 운은 더욱 기골을 해친다(奇險尤傷氣骨多)'고 했다. 허균(許均) 역시 그의 『성수시화惺叟詩話』에서 이색(李穡)의 「부벽루(浮碧樓)」 시 "어제 영명사를 찾았다가/ 잠시 부벽루엘 올랐더니/ 텅 빈 성 위엔 한 조각달 떠 있고/ 해 묵은 바위 위론 천 년 떠도는 구름/ 기린마는 가고 오지 않으니/ 천손은 어디 계신가/ 바람 언덕에 기대어 긴 파람 부니/ 산 절로 푸르고 강 절로 흐르누나(昨過永明寺 暫登浮碧樓 城空月一片 石老雲千秋 麟馬去不返 天孫何處遊 長嘯依風磴 山青江自流)"<牧隱詩稿·八>를 평하면서 "꾸미지도 탐색하지도 아니했으나, 우연히 성률에 맞아 읊조릴수록 신일(神逸)해 진다(李文靖 昨過永明寺之作 不彫飾不探索 偶然而合於宮商 詠之神逸)"함도 조탁(彫飾)은 물론, 조탁하려 하지도 않았지만, 절로 궁상(성률)에 맞아 신일한 작품이 되었음을 기린 시화의 예다. 곧 조탁의 병폐를 뛰어넘기 어려움을 말함이요, 시문에서 형식과 내용의 조화가 관건임을 웅변한 예라 하겠다.(김갑기)

퇴고, 풍격, 성률

참고문헌
유협, 『문심조룡』, 최동호 역, 민음사, 1994.
허경진 편, 『허균의 시화』, 민음사, 1982.

존재(存在, Being, 프 Etre, 독 Sein)

일반적으로 '있음(有)'을 가리키는 가장 추상적이고 넓은 개념이다. 개개의 사물로부터 추상하여 일반적인 유(類)개념으로 도출해 낸 것이 아니라, 어떠한 사물이든 있다는 것을 말하기 때문에 무규정적인 추상적 개념이다. 따라서 그것은 본래 규정되고 탐구된 의미를 가진 실재·인간·현실 등과는 구별된다.

보다 엄밀한 뜻으로 존재는 존재자에서의 '존재의 작용', 존재하는 모든 것의 '그 무엇'이며, '그 무엇'인 한에서 우리들에게 알려진다. 존재자에서의 '그 무엇'은 각 존재자에게 고유한 것이며 존재자가 속하는 유(類)와 종(種)에 따라 특수화된다. 이 '그 무엇'의 특수성에 의하여 존재자는 다른 존재자와 구별된다. '그 무엇'은 존재자의 존재를 한정하는 것, 즉 '존재본질(存在本質)'이다. 이에 반해 모든 존재자에게 적용되는 '있다'라는 술어는 공통적인 것이다. 존재본질이 어느 일정한 유(類) 안에 한정되는 데 반하여 '있다'라는 술어는 이를 초월한다. 모든 존재자에 공통된 '있다'라는 말이 뜻하는 '존재의 작용'이 곧 '존재'이다. 모든 존재자는 특수한 '존재본질'과 공통된 '존재'의 작용으로 이루어진다.

'존재'에 대한 인식은 "개개의 존재자는 무엇인가"라는 물음에서 특수한 존재본질로 향하게 된다. 그 물음을 통해 우리의 '존재'에 대한 인식은 특수화된다. 존재자가 존재자인 한에서 갖는 공통된 '존재'는 은폐된다. 특수한 존재자에의 물음에서 잊혀진 공통된 뿌리로서의 '존재' 그 자체에의 물음에서 철학적 존재론이 발생한다.

존재론은 존재자를 그 특수성과는 독립적으로, 존재하는 것 그 자체로서 일반적인 근본성 자체를 연구하는 철학이다. 고대 그리스의 아리스토텔레스의 제1철학, 즉 형이상학이 그와 같은 철학이다. 중세의 토마스 아퀴나스는 이 형이상학 위에 기독교의 입장에서 존재론을 펼쳤다. 근대에 이르러 존재론의 기초를 마련한 철학자로 18세기 초의 불프(Wolff)가 있다. 불프의 존재론은 모든 경험적 과학으로부터 단절되어 개념의 추상적인 연역에서 존재의 諸 성질을 도출해낸다. 칸트는 불프의 존재론을 이성의 무제한적 사용에 의한 독단론이라고 비판하였다. 그후 독일고전철학은 새로운 형이상학으로서의 존재론을 만들어냈다. 이것은 헤겔(G. W. Hegel)에 의하여 존재론·논리학·인식론을 통일한 형태로 제시된다. 다른 한편으로 후설은 현상학을 통해 순수의식의 본질학의 전단계라 할 수 있는 존재론을 제시했다. 이를 계승한 하이데거는 변증법적 인간존재를 단서로 하여 '존재'와 '존재자'를 해명하려 했다. 하이데거 외에 현상학에서 도출된 존재론으로는 사르트르의 존재론이 있다. 이 밖에 신칸트주의에서 출발한 N. 하르트만은 인식론의 근저에는 존재론이 필요하다고 하여 비판적 존재론을 주장했으며, 마르크스주의 철학은 존재론을 경험과학에서 유리된 것이라 하여 철학의 분과로 인정하지 않고 있다.(배호남)

존재자, 존재론, 형이상학, 실존주의

참고문헌
칸트, 『순수이성비판』, 전원배 역, 삼성출판사, 1990.
하이데거, 『존재와 시간』, 이기상, 까치, 1998.
사르트르, 『존재와 무』, 양원달 역, 을유문사, 1994.

존재론(存在論, Ontology, 프 Ontologie, 독 Ontologie)

존재자(存在者) 일반을 다루는 철학의 한 분야로서 존재학(存在學), 본체론(本體論), 실체론(實體論)이라고도 한다. 그리스어 onta('존재하다'를 뜻하는 einai의 현재 분사)와 logos(논리, 학문)가 결합된 ontologia에서 유래하였다. 17세기 고클레니우스(R. Goclenius)의 저서에서 처음 발견되지만, 클라우베르크(J. Clauberg)와 볼프(Wolff)학파 등이 사용하면서 세상에 널리 알려졌다. 여기서 말하는 '존재'란 '있다', '존재한다'고 일컬어지는 사물 전체를 뜻한다. 그렇기 때문에 존재론은 존재의 특수한 형태와 관계없이 '존재하는 것 그 자체'의 근본적 규정을 연구 대상으로 삼는다. 고전적 존재론은 아리스토텔레스에서 시작하여 스콜라 철학에 이르기까지 지배적이었던 존재론으로서, 개념을 통해 파악되는 보편자가 바로 사물을 규정하고 그 형태를 부여하는 내면적 핵심이라는 명제를 고수하였다.

최초의 형태는 아리스토텔레스의 제1철학에서 찾을 수 있다. 그는 '존재자로서의 존재', 혹은 '존재자 자체'를 탐구하였는데, 그에 따르면 '존재자 자체'는 곧 실체이며, 무엇을 연구한다는 것은 곧 그의 원인이나 원리를 탐구하는 것이다. 그리고 모든 존재자의 마지막 원인은 '영원한 어떤 실체', 즉 '신(神)'이 된다. 이것이 나중에 형이상학이라는 이름으로 불리게 된다. 근대 들어서는 존재하는 모든 것의 초감각적 · 비물질적인 구조, 즉 현상으로서의 존재가 아닌 그 근저에 있는 본체를 연구하는 학문이라는 의미로 '본체론'이라 불리기도 하였다. 이것을 조직화한 인물은 18세기 초의 볼프(Wolff)였다. 그는 형이상학을 일반 형이상학(metaphysica generalis)과 특수 형이상학(metaphysica specialis)으로 나눈 후 전자를 존재론(ontologia)이라 일컫고, 후자를 존재자의 종류에 따라 신학(神學), 우주론(宇宙論), 정신론(精神論)이라 불렀다. 이에 대해 칸트가 이성을 과용한 '독단론'이라고 비판하면서 인식론이 철학의 중심 문제로 대두하였다. 헤겔에 이르러 존재론 · 논리학 · 인식론이 통일된 형태로 제시되었는데, 이것이 사변적인 철학적 구상에서 벗어나 현실적이고 실증적인 지식과 결부된 철학의 길을 열었다. 한편, 마르크스는 이성이 아닌 물질이야말로 참된 존재라고 주장하며 존재론(형이상학)의 가치를 인정하지 않았다.(이명귀)

존재, 존재자, 형이상학, 본체론

참고문헌
E. 질송, 『존재란 무엇인가』, 정은해 역, 서광사, 1992.
N. 하르트만, 『존재론의 새로운 길』, 손동현 역, 서광사, 1997.

존재의 거대한 고리(Great chain of being)

철학사에 있어서 신플라톤주의는 모든 실재가 신으로부터 발생되어서 궁극적으로는 다시 신에게로 되돌아가는 '존재의 거대한 고리'(a great chain of being)라는 개념을 갖고 있었다. 이 '존재의 거대한 고리'는 고리에 포함된 모든 요소들이 서로 다른 각각의 독특한 서열을 갖고 계층적으로 이루어져 있다고 생각하는 개념이다. 이 개념에 의하면, 세상의 질서는 신에 의해서 정해져 있으며 실재하는 모든 것들을 결합시키는 것은 존재의 거대한 고리인 것이다.

존재의 거대한 고리는 세상의 모든 생명체들을 고등과 하등으로 서열화하여 설명하는 이론이다. 신을 정점으로 천사, 인간, 동물, 식물에 이르는 위계에 따라 우주가 분류된다. 바꾸어 말하면, 존재의 거대한 고리에서 가장 낮은 단계는 무생물이고, 그보다 높은 단계는 식물이며, 그 다음은 동물이고, 인간은 가장 고등한 형태의 생명체이다. 인간의 위로는 천사와 성자 그리고 궁극적으로 신이 존재한다.

19세기 중엽까지 일반인들뿐만 아니라 과학자들도 세상은 변화하지 않는 것이며 모든 생물 종들은 창조된 것이라고 생각했다. 제임스 어셔(James Ussher) 주교는 구약성서를 바탕으로 기원전 4004년에 신이 세상을 창조했다고 주장했고, 존 푸트(John Foot) 주교는 창조의 시간이 기원전 4004년 10월 23일 오전 9시라고 했다. 지구와 생명체는 6천년 전에 태어났다는 이러한 믿음은 그 당시 지배적 이론이었던 '존재의 거대한 고리'와 동일한 맥락을 가진다.(노승욱)

신플라톤주의, 신, 질서, 계층, 서열화

참고문헌
아서 O. 러브 조이, 『존재의 대연쇄』, 차하순 역, 탐구당, 1984.
전광식, 『신플라톤주의의 역사』, 서광사, 2002.

졸라이즘 ☞ 자연주의

종교극(宗敎劇, Religious drama)

기독교 성서의 내용을 중심으로 구성된 연극으로서 중세 유럽의 교회에서 성직자들에 의해 상연된 작품들을 일컫는다. 제식극(祭式劇, liturgical drama), 예배극(禮拜劇)이라고도 한다. 오랫동안 연극을 금지했던 기독교 교회는 10세기경에 이르러 일반인들을 교화할 목적으로 제식극을 행하기 시작했다. 제식극이란 성서의 내용을 극화한 짤막한 에피소드로서 중세 최초의 연극이라 할 수 있다. 현존하는 가장 오래된 작품은 925년에 공연된 'Quem Queritis(라틴어로 "Whom do you seek?"의 뜻)' 트로프(trope: 미사 전문에 수식으로 넣은 시구)이다. 이 작품은 무덤에서 예수를 찾는 세 마리아에게 천사들이 예수의 부활을 알리는 내용으로, 총 네 마디 대화로 구성되어 있다. 1200년경까지 순수 종교극으로 머물던 제식극에 점차 오락적인 요소가 가미되면서 교회를 풍자하는 내용들이 많아졌는데, 이것이 종교극이 교회를 벗어나 야외로 나가는 계기가 되었다.

제식극의 연극사적 의의는 중세 연극의 일정한 제작 관습과 극적 패턴을 개발한 데 있다. 가장 두드러진 특징은 교회 내 연극 공간을 두 부분, 즉 맨션(mansions)과 플라테아(platea)로 나눈 것이다. 맨션(세데스(sedes), 로씨(loci), 도미(domi) 등으로 다양하게 불림)은 무대 배경이 되는 장소를 말한다. 예를 들자면, 교회의 제단은 빌라도의 궁전, 2층 성가대 자리는 천당, 지하 납골당 입구는 지옥 문 등으로 이용되었다. 플라테아(플레인(playne) 또는 장소(place)로 불림)는 맨션 주위의 빈 공간(신도석 중앙 통로 주변)으로서 배우들이 연기하는 지역을 가리킨다.

한편, 교회를 이탈한 종교극을 통칭해 세속어 종교극(vernacular religious drama)이라고 한다. 세속어 종교극에서는 라틴어가 아닌 민족어가 사용되었고, 그에 따라 평신도와 일반인의 참여가 가능했다는 점이 특징이다. 이에 대해서는 14세기부터 기록이 전해지는데, 이 때부터 연극은 시정부와 조합(guild), 교회의 삼자 협조로 제작·상연되었다. 세속어 종교극의 종류로는 성서의 내용을 극화한 성서극(mystery 혹은 scriptual drama)과 전설에서 소재를 구해 창작한 성자극(miracle play 혹은 saint's drama), 평범한 사람들의 정신세계를 그린 도덕극(morality play)이 있다.(이명귀)

제식극, 예배극, 성서극, 성자극, 도덕극

참고문헌
정진수, 『새 연극의 이해』, 집문당, 2003.
오스카 G. 브로케트, 『연극개론』, 한신문화사, 2003.

종군작가(從軍作家, military service author)

종군작가란 전쟁 시기에 전투 부대에 배속(配屬)되어 문학 작품을 창작하는 작가를 말한다. 군에서 위촉(委囑)하거나 자발적으로 종군 지원하여 전장 및 전투 상황을 작품으로 창작하여 소개하는 일을 한다. 일선에 나가 전투 상황을 몸소 체험하고 그것을 작품화한 예로는 일찍이 제1차 세계대전 당시 이탈리아 전선에 군속으로 종군하여 부상한 바 있는 헤밍웨이(E.M.Hemingway)의 『무기여 잘 있거라』, 『누구를 위하여 종은 울리나』 등이 있다.

우리나라의 경우 6 · 25 전쟁 때 국방부 산하에 설치되었던 종군작가단에 많은 문인들이 참여하여 6 · 25의 상황을 생생하게 전달한 바 있다. 또한 육군 종군작가단 · 창공구락부 · 해군 종군작가단 등에 많은 우리나라 문인들이 참가하였다.

북한에서 설명하는 종군작가는 이러하다. 「전쟁 시기에 창작을 목적으로 군대에 배속된 작가. 종군작가는 주로 최전선에서 싸우는 군부대에 배속되어 인민군 전사들과 군사, 정치 활동을 함께 하면서 현지에서 각종 문학예술활동을 통하여 그들의 전투적 사기를 북돋아 주고 최후의 전투 승리에로 고무 · 추동한다. 또한 종군작가는 전쟁의 준엄한 포화 속에서 인민군 전사들의 영웅적인 투쟁과 생활을 자신이 직접 가슴 뜨겁게 체험하고 그들의 구체적인 산 전투 생활 자료들을 예술적 형상을 통하여 문학 작품에 빛나게 구현함으로써 인민군 전사들과 전체 인민들을 혁명에 대한 무한한 충성심과 전쟁 승리에 대한 확고한 신심(信心), 대중적 영웅주의로 교양하는 것을 자기의 임무로 한다. 또한 이 과정을 통하여 종군작가들은 수령님의 위대한 혁명사상으로 무장하고 혁명화, 로동 계급화함으로써 수령님의 참된 문예전사로 자신을 더욱 튼튼히 키운다.」(강웅식)

위문작가, 전시문학

참고문헌
한국학연구원, 『국어국문학사전』, 대제각, 1989.
과학백과사전출판사, 『문학예술사전』, 도서출판 열사람, 1989.
신희천 ·조성준, 『문학용어사전』, 도서출판 청어, 2001.
연변사회과학원 언어연구소, 『조선말사전』, 연변인민출판사, 1992.

종속성(從屬性)

질료를 포함한 '있는 모든 것들'의 원인은 신이며, 따라서 모든 것은 그의 인과성에 종속된다는 것을 의미하는 용어이다. 이를 처음 사용한 이는 중세의 신학자 토마스 아퀴나스(Thomas Aquinas, 1225~1274)이다. 아리스토텔레스가 신을 모든 것들의 원인들 가운데 하나로 본 것과 달리 아퀴나스는 신을 유일한 원인이자 원리로 규정하였다. 즉, 계시 신학을 통해 제1원인으로서의 신을 알고 있던 그는 '존재로서의 존재의 학'을 '제1원인들의 학'으로 이행시키고, 이것 자체를 다시 '제1원인'으로 환원시킴으로써 기독교적 형이상학을 체계화하였다.

아퀴나스의 관점에서 볼 때 실체는 단지 우연적으로 실존하는데, 그는 이를 해명하기 위해 세계의 실존적 우연성과 실체적 영원성에 관해 해설하였다. 아퀴나스는 태양이 빛을 중단시키면 공기의 밝음이 소멸되듯, 신이 실존을 중단시키면 피조물들의 실존도 소멸한다고 말했다. 결국 실존은 피조물이나 실체들에 있어서는 본질적이지 않고, 이 점에서 세계는 실존적으로 우연이다. 그러나 세계를 실존의 관점이 아닌 실체의 관점에서 보면 영원하다고 할 수 있다. 이것은 복합 실체의 파손 가능성과 단순 실체의 파손 불가능성에 의해 설명되었다. 복합은 해체 가능성을 수반하므로 파손 가능하지만, 질료나 형상은 단순하고 영원하므로 파손 불가능하다. 따라서 복합 실체가 파손되어 단순 실체로 된다고 해도 단순 실체는 파손 불가능하므로 실체의 관점에서 볼 때 세계는 영원하다.

실존은 사물들을 파손 가능한 실존자나 파손 불가능한 실존자이게끔 하는 것이고, 형상은 실체를 구성하여 실존을 수용할 주체를 생기게 하는 것으로서 실존의 형상적 원인이 된다. 결론적으로 말하자면, 아퀴나스의 경우 신의 유입(실존의 부여)이 전제된 후에는 '있다'가 피조물들의 형상에 속한다. 그러나 비존재로의 가능성은 근본적으로 피조물들의 형상이나 질료에 대해 자신의 유입을 줄일 수 있는 신에게 달려 있다. 이러한 관점에서 아퀴나스는 실존을 당연하게 수용하고 실체를 탐구하는 것은 자연학이며, 실존을 당연시하지 않으면서 실체를 탐구하는 것은 형이상학이라고 불렀다.(이명귀)

실존, 계시 신학, 제1원리, 토마스 아퀴나스

참고문헌
E. 질송, 『존재란 무엇인가』, 정은해 역, 서광사, 1992.
토마스 아퀴나스, 『유와 본질에 대하여』, 정의채 역, 서광사, 1995.

종속집단연구(Subaltern studies)

종속집단(subaltern)이란 '보다 하위(下位)의'라는 의미의 형용사로, 지금도 영국 군대에서 대장보다 아래의 계급을 말하는 데에 쓰이고 있다. 근래의 정치이론과 비평이론, 특히 종속집단연구(subaltern studies) 그룹과 가야트리 스피박과 연관된 이론에서는 피식민자, 여성, 흑인, 노동자 계급 등 예속된 인간 집단의 구성원에 대한 포괄적 명칭으로 사용된다. 하지만 이 용어의 이점은 범주들 가운데 어느 하나를 특권화하지 않는다는 데에 있다. 동시에 이 용어는 모반(謀反)을 암시하기도 한다. 그람시는 종속집단이라는 용어로 이탈리아의 농민계급을 가리킨 바 있었다.

'종속집단연구'는 인도 뉴델리에 거점을 두고 있는 지식인 서클과 그들이 발행하는 잡지의 명칭이다. 이 용어는 종속집단의 생활과 저작에 대한 학계의 연구를 가리키는 것으로 보다 일반적인 의미로도 사용된다. 종속집단연구 그룹은 맑스주의, 기호학, 페미니즘, 해체주의 등의 사상에서 깊이 영향을 받았고, 가야트리 스피박에 따르면, '피식민자를 위한 정치화'를 목표로 한다. 이 그룹은 종속집단의 주체성, 정체성, 언어를 결정하는 지배적 서사에 대한 통제권을 장악하고 그 서사를 개조하려 노력하면서 여러 방식으로 변혁을 위해 일한다. 종속집단연구 그룹은 매우 정치적이기는 하지만 정치적 변혁은 계몽되고 사심 없는 지식계급이 주도하는 의식 개조와 문화 개조를 통해 일어난다고 보고 있다. 이러한 견해는 이탈리아의 맑스주의자 안토니오 그람시의 영향을 반영한다.

종속집단연구 그룹의 저작은 포스트식민주의의 문제를 서양의 비판적 이론적 노력의 최전선으로 밀고 나가는 데에 이바지 했다.(이정선)

포스트식민주의, 피식민자, 종속집단

참고문헌
가야트리 스피박, 『다른 세상에서』, 태혜숙 역, 여이연, 2003.
조셉 칠더즈·게리 헨치 엮음, 『현대문학 문화비평 용어사전』, 황종연 역, 문학동네, 1999.
안토니오 그람시, 『옥중서신』, 이상훈 역, 거름, 1999.

종자

1970년대 초 주체적 문예사상이 수립되는 과정에서 창작의 지도를 위해 고안된 개념. 종자란 '작품의 핵'이며 '작가가 말하려는 기본 주제가 있고 형상의 요소들이 뿌리 내릴 바탕이 있는 생활의 사상적 알맹이'라는 것이다. '작품의 핵'이란 문학작품을 하나의 유기체로 보는 관점에 근거한 것으로, 이 유기체를 있게 하고 여러 부분들을 하나로 통합하는 기본 요인을 가리킨다. 문학작품은 이 핵으로부터 발생하기에 종자를 바르게 틀어쥐느냐 그렇지 못하느냐에 따라 작품의 성패나 우열이 가름된다는 것이다.

종자는 그 구성부분으로 주제적 부분과 소재적 부분을 동시에 갖는 것으로 설명된다. 명확한 사상주제를 내포하지 않는 종자는 이미 종자가 아니다. 더불어 종자는 그 주제를 형상으로 구현할 소재를 갖는데, 모든 문학작품이 생활에서 출발하고 그에 기초하는 만큼 생활은 종자의 근거라는 이야기다. 예를 들어 「한 자위단원의 운명」에서의 종자란 일제 압박하의 농촌 청년들이 일체의 폭압기구인 '자위단'에 끌려가 치욕스런 생활을 통해 점차 혁명을 인식해 가는 과정을 줄거리로 하여, 자위단에는 들어도 죽고 안들어도 죽으며 오직 손에 무장을 들고일어나 일제와 싸우는 것이 조선사람의 살길이라는 것을 밝힌 데 있다는 것이다.

주제와 소재란 따로 노는 것이 아니라 유기적 통일 관계에 놓이는 것이므로 종자의 '발견'은 문학작품의 생리 구조적 본질과 그 발생 과정의 합법칙성을 밝힌 것으로 간주되었다. 종자를 바르게 쥐는 것은 사상성과 예술성의 '옳은' 결합을 실현하는 담보였다. 도식주의나 기록주의의 극복 역시 종자를 바르게 쥐는 데서 가능할 것이었다. 물론 종자를 골라잡는 데서 가장 우선된 사항은 수령의 교시와 당의 노선에 철저하게 의거해야 한다는 점이었다. 그러나 종자를 골라잡는 과정은 개성적이어야 하며 그렇게 쥐어진 종자는 생활적 구체성을 가져야 한다는 점 또한 강조되었다.

종자론은 문학창작에서의 속도전 이론과 연계되어 있다. 작가가 일단 종자를 옳게 쥐고 그것을 펼치기 위한 구상을 세운 단계에서 창작의 속도는 보장된다는 것이다. 바른 종자의 선택이 속도전의 전제조건이었던 셈이다.(신형기)

속도전, 주제, 유기체

참고문헌
김하명, 『문학예술작품의 종자에 관한 이론』, 사회과학출판사, 1977.
김정웅, 『종자와 그 형상』, 문예출판사, 1988.

종차별(speciesism)

1970년대 후반영국 심리학자 리처드 라이더(1940~)가 동물실험에 반대하면서 사용한 용어로, 인간이 자신과 종이 다르다는 이유로 동물을 차별하고 억압하고 있다는 것을 비판한다.

라이더의 논의를 이어받아 현대 동물해방 운동의 기반을 마련한 피터 싱어는 인간만이 이성과 도덕, 윤리적 의무와 책임을 지는 존엄한 존재라는 주장은 인간중심주의적 편견에 불과하다고 비판하며, 이성을 척도로 삼아 동물은 이성이 없기 때문에 윤리적 책임과 배려의 대상이 아니라는 주장은 오만한 종차별일 뿐이라고 역설한다. 피터 싱어는 사람이건 동물이건 지각과 의식이 있는 존재의 고통을 무시하는 것은 도덕적으로 옳지 못하다고 주장한다.

종차별에 대한 비판은 인간중심주의적 오만과 편견을 질타하고 인간의 윤리적 책임과 의무를 인간과 동물뿐만 아니라 전 지구적 생태환경으로까지 확대해야 한다는 비판을 함축하고 있다.(차선일)

죠코토바(序詞)

연극을 개막하기에 앞서 하는 것으로서 사건의 개요와 소재의 배경, 작자의 의도 등에 관한 해설을 일컫는 일본어이다. 우리말로는 서막(序幕)·서시(序詩)에 해당하며, 영어로는 프롤로그(prologue)에 해당한다. 대응어로 에필로그(epilogue)가 있다. 프롤로그의 어원은 그리스어의 프로로고스(prologos: pro 앞 + logos 말)이며, 고대 그리스의 3대 비극 시인 가운데 한 사람인 에우리피데스(Euripides)가 처음 사용한 것으로 전해진다.

이후 로마의 희극 작가 T.M. 플라우투스·P.A. 테렌티우스에게 전수되고, 영국 엘리자베스

왕조 극작가들에 의해 사용되면서 르네상스 시대로부터 18세기에 걸쳐 유럽에서 성행하였다. 배우가 등장인물로 혹은 작자의 대변자로 무대에 올라 관객에게 해설하는 방식이 주가 되었다. 셰익스피어의 작품 『햄릿 Hamlet』의 서두에는 짧막한 설명부(exposition)가 등장하는데, 여기서 단역 배우들의 대화를 통해 극중 인물과 장소, 시간적 배경 등이 드러난다. 19세기에 자취를 감춘 이후 현재는 특별한 경우에 한해 이용되고 있다. 음악에서도 연극에서와 같은 취지로 오페라에서 사용되며, 오페라 이외의 음악에서도 서주적(序奏的)인 성격을 띤 첫 악장을 프롤로그라고 부르는 경우가 있다.

일본에서는 전통적인 공연에서 자주 사용하였으며, 특히 노(能) 연희에서 첫 번째로 상연되는 희곡을 죠(序)라 불렀다. 죠는 극 전체의 배경을 설명하는 부분이라 할 수 있다. 극의 주인공인 시테(爲手) 대신 조연 배우 와키(脇)가 등장해 전반적인 극적 상황을 제시한 후 본 내용으로 들어간다는 점에서 서사에 해당한다.

시나 소설에서도 이 방법이 자주 차용되곤 한다. 시에서는 통일된 주제를 지닌 시집의 첫머리에 등장하는 경우가 많으며, 소설에서는 장편 소설보다는 여러 가지 에피소드들을 엮은 연작 소설에서 자주 눈에 띈다. 우리 문학의 경우, 전체 12편으로 구성된 조세희의 『난장이가 쏘아올린 작은 공』(1976)을 예로 들 수 있다. 이 작품의 첫 장에 해당하는 「뫼비우스의 띠」는 1970년대 사회 병리 현상(도시화, 빈민화, 노동 문제 등)을 비판하는 작품 전체의 주제를 암시함으로써 서사의 역할을 담당하고 있다.(이명귀)

서막, 프롤로그, 에필로그

참고문헌
가와타케시게토시, 『일본 연극사(상)』, 이응수 역, 청우, 2001.
밀리 S. 배린저, 『서양 연극사 이야기』, 우수진 역, 평민사, 2001.

죠하큐(序破急)

일본의 전통극인 '노(能)'에서 사용되는 구성법을 말한다. 노란 '노 무대(能舞台)'라고 불리는 사방 6미터의 특수 무대에서 상연되는 가면악극(仮面樂劇)의 일종이다. 노에는 '시작·발달·종결'에 해당하는 죠(序), 하(破), 큐(急)의 원리가 적용되는데, 이 말은 원래 아악(雅樂)에서 유래한 것이다. 일찍이 부가쿠(舞樂)와 음악, 무용과 문학 등에서 사용된 이 원리는 희곡 작품의 구성과 하루 동안 공연될 노 희곡의 분류 원칙으로 적용되었다. 전통적인 노는 다섯 형태의 극, 즉 가미모노(神物: 신을 찬양하는 내용), 슈라모노(修羅物: 무사들에 대한 내용), 가쯔라모노(女體物: 여인들에 대한 내용), 겐자이모노(現在物: 광인, 유령, 기타 인물에 대한 내용), 기리노모노(鬼畜切能物: 악마 또는 초자연적 존재들에 대한 내용)를 순서대로 행하는 방식을 취했다. 1940년대까지 일반적인 노 공연은 이들 다섯 가지 극 사이에 네 편의 교겐(虛言: 익살스러운 내용의 짧은 극)을 삽입하여 여덟 시간 가량 상연되었다. 최근에는 세 편의 극 사이에 한두 편의 교겐을 삽입하는 방식으로 간소화되었다.

노 희곡의 구조는 죠하큐의 원리에 따라 세 부분으로 나뉜다. 서곡 죠에서는 보통 조역인 와키(脇)가 극을 주도한다. 와키는 천황의 사자, 승려, 순례자로서 동반자와 함께 혹은 혼자서 등장한다. 본무대에 등장한 와키는 낭송적 노래와 함께 자기 이름을 부르고 자신의 여행을 간단히 묘사한 후 목적지에 도착했음을 선언한다. 그 후 희곡의 중심 부분인 하가 뒤따른다. 여기에서는 실제 사건의 진행보다 말과 정서, 노래가 중심이 된다. 주역인 시테(爲手)가 등장해 와키와 몬도(問答)라 불리는 대화를 나눈다. 몬도의 대본은 산문으로 쓰여 졌으며 서정적 요소가 적은 것이 특징이다. 이후 시테와 와키가 서로 창을 주고받고 합창을 하는 순서로 극이 진행되다가 교겐이 삽입되면서 큐로 넘어간다. 큐에서는 와키가 기다리는 노래를 시작하면 원래 모습의 노지시테(後爲手, 3부의 시테를 이름)가 등장한다. 둘의 대화를 통해 노지시테의 정체가 밝혀지고 이후 합창이나 춤으로 끝나는 것이 일반적이다. 노 이론을 체계화한 제아미(世阿弥)의 『후시카덴(風姿花傳)』에 의하면, 노 연희를 행할 때 죠에서는 행운을 기원하는 형식의 장엄하고 위엄 있는 희곡, 하에서는 변화가 많고 정서가 풍부한 희곡, 마지막 큐에서는 활발하고 감동적인 동작을 포함하는 희곡을 선택한다.(이명귀)

노(能), 가면악극, 제아미(世阿弥), 후시카덴(風姿花傳)

참고문헌
김학현 편, 『能』, 열화당, 1991.
이상경, 『노·가부키의 미학』, 태학사, 2003.

주관/객관(主觀/客觀) ☞ 주체/객체

주관적 관념론(主觀的 觀念論, Subjective idealism)

사물은 모두 개인의 주관의 의식작용 내에서만 존재하며 주체의 인식작용을 떠나서는 아무것도 독립적으로 존재하지 않는다고 주장하는 철학적 입장을 가리킨다. 정신과 영혼, 그리고 그것에 의한 인식과 관념 외에는 아무것도 존재하지 않는다는 가설에 바탕을 둔 철학 사상이라고 할 수 있다. 주관적 관념론은 질료적 관념론, 의식 관념론, 경험적 관념론 등으로 불리기도 하며 선험적 관념론과는 대립된다. 주관적 관념론이 극단에 이르게 되면 자신만이 존재하고 타인이나 그 밖의 다른 존재물은 자신의 의식 속에 있다고 생각하는 독아론(獨我論, solipsism)에 빠지게 된다.

외부 세계의 실재성을 관념성으로 환원하는 시도는 근대에 들어서면서 나타나기 시작한다. "나는 생각한다. 그러므로 나는 존재 한다"라고 말한 데카르트의 인식론적 동기에도 주관적 관념론의 단초가 엿보인다. 이러한 입장은 영국의 경험론에서 뚜렷이 부각되기 시작한다. 그 대표적인 철학자가 G. 버클리(G. Berkeley)이다. 버클리는 자신의 기본 가정을 "존재한다는 것은 지각(知覺)된다는 것이다(Esse est percipi)."라고 표현하였다. 그는 인간의 유한한 정신 외에 무한한 정신으로서의 신의 존재를 가정하고, 거기에 의거하는 관념으로서 세계의 존재를 허용하였다.

이에 대하여 D. 흄(D. Hume)은 버클리가 인정한 신의 존재를 부정하고 정신적 실체를 감각적 인상의 다발로 환원시킴으로써 관념론적 견지를 더욱 확고히 하였다. 그러나 이러한 감각적 인상을 반드시 주관적인 것으로만 보지 않고 중성적 소재라고 가정하면 흄은 미국의 실재론의 효시가 될 수도 있다.

이밖에 부르주아적이고 혁명적인 행동주의의 성격을 지닌 주관적 관념론을 주장한 독일의 철학자 J. 피히테(J. Fichte) 등의 학설이 대표적이다. 이른바 도이취 관념론을 형성하고 있는 피히테의 자아 철학으로서의 주관적 관념론은 셸링의 객관적 관념론과 헤겔의 절대적 관념론과 종종 대비된다.(노승욱)

질료적 관념론, 의식 관념론, 경험적 관념론, 선험적 관념론, 도이취 관념론, 객관적 관념론, 절대적 관념론, 독아론, 실재론, 경험론, 데카르트, 버클리, 흄, 피히테, 쉘링, 헤겔

참고문헌
스털링 P. 램프레히트, 『서양철학사』, 김태길 외 역, 을유문화사, 1992.
요한네스 힐쉬베르거, 『서양철학사 상·하』, 이문출판사, 1992.
R. 샤하트, 『근대철학사』, 정영기 외 역, 서광사, 1993.

주관주의(主觀主義, Subjectivism)/객관주의(客觀主義, Objectivism)

주관주의란 우리 인식이나 의욕의 대상들이 주관을 통해 제작 또는 구성되었다거나 사태들에 대한 인식이 주관의 지각, 감각, 소원들에 의해 긍정적으로 규정되거나 정당화된다고 보는 철학적 견해를 총칭하는 말이다. 주관주의는 보통, 우리 인식과정의 발생적 순서에 있어 의식이 가장 우선적으로 주어진다는, 철학적으로 전혀 이의의 여지가 없는 사실에 근거한다. 주관주의의 가장 원초적 형태는 인간이 만물의 척도라는 프로타고라스의 격언에서 찾아진다. 하지만 주관주의는 데카르트의 '생각하는 나'(cogito)를 점차 심도 있게 개념화시켜 인식주관을 감성과 오성의 선험적 통일체로 파악한 칸트의 '선험론적 인식론'에 도달한 근대 철학에서 비로소 철학적으로 체계화된다. 주관주의를 특정한 신념용어로 자임한 사상조류는 없지만 독일 관념론, 합리론, 비판주의, 선험론철학 등은 모두 넓은 의미의 주관주의 철학에 속한다. 19세기 중엽과 말엽에 걸쳐 모든 인식근거를 주관에 환원시켜 인식의 주관성을 강조하는 움직임이 재차 첨예하게 부상했는데, 심리학주의, 현상학, 내재철학 등이 거기에 해당된다. 주관주의가 인식론의 맥락에서 가장 극단적으로 표출된 것이 유아론(唯我論)이라면, 윤리적 맥락에서는 이기주의를 꼽을 수 있다.

이에 반해 객관주의는 상호 주관적 진리나 가치들과 같은 것들에 대한 인식능력이 인식주관과는 독립된 인식과정 자체에 귀속되며, 경험 내용과 관념들 자체의 객관성은 이미 주어져 있다고 보는 확신에서 출발하는 인식론적 입장이다. 철학사에 있어서 객관주의는 주관주의에 비해 분명히 주변적 현상이며, 특히 인식론의 맥락에서 객관주의를 견지한다는 것은 그것을 아무리 완화시켜 정식화해도 거의 불가능에 가깝다.(왜냐하면 객관주의를 완화한다는 것은 바로 주관화를 의미하기 때문이다.) 그러나 가치론의 맥락에서 보면 윤리적 논증의 최종근거 자체가 보편적 구속력을 발휘해야 하는 척도로서 모든 인륜적 행위 판단의 기준이기 때문에, 바로 이런 경우 객관주의는 본래적 가치의 존립양상과 연관하여 큰 비중을 차지한다. 다시 말해, '좋음'이나 '옳음', '참'이나 '아름다움' 같은 가치들은 그것들이 좋다거나 옳은, 또 아름답거나 참된 이유를 가질 수 없는 최종적 성격의 것이기 때문에 그것을 수용하는 인식 및 행위의 주관과는 독립되어 있다고 상정할 수밖에 없다. 단 이 독립성이 주관에 초월적인 것인지 아니면 불변적인 것으로서 주관 안에 내재하는 것인지는 논쟁의 여지가 있는 문제이다.(홍윤기)

주관/객관, 인식론, 가치론

참고문헌
Richard J. Bernstein, 『객관주의와 상대주의를 넘어서: 과학과 해석학 그리고 실천』, 정창호·황설중·이병철 역, 보광재, 1996.
  "Objektivismus", Schülerduden. Die Philosophie(Mannheim/Wien/Zürich: Duden Verlag, 1985), p.294.
  "Subjektivismus", 위의 같은 사전, p.403.

주도동기 ☞ 라이트 모티프

주술(呪術, Magic, 프 Koldovstvo, Magiya, 독 Magie, Zauberei)

초자연적인 방법으로 기원하는 현상을 일으키려는 종교적 형태의 신앙 행위를 가리킨다. 특정한 인간이나 인간의 행위, 또는 사물이 초자연적인 힘을 가진다는 생각에 의거하여 그 힘에 의지해 목적을 달성하려는 일체의 관념과 행위를 주술이라고 할 수 있다. 초자연적 존재나 신비스러운 힘을 빌려 길흉(吉凶)을 점치고 화복(禍福)을 가져오려고 하는 주술은 고래로부터 현대까지 인류 역사에 있어서 보편적인 문화 현상이라고 할 수 있다.

J.G. 프레이저는 주술을 유감주술(類感呪術, homeopathic magic)과 감염주술(感染呪術, contagious magic)로 나누었다. 유감주술은 모방주술이라고도 하는데, 기우제를 위한 불을 피워서 검은 연기를 내고 태고를 두들기거나 물을 뿌리는 것은 비구름, 번개, 비를 기원하는 주술적 모방이다. 감염주술은 접촉주술이라고도 하는데, 한번 접촉한 것은 떨어진 후에도 서로 영향을 미친다는 사고방식에 바탕한 것이다.

주술은 비를 내리게 한다든지 연적을 죽이는 등의 구체적 목적을 가지고 수행된다. 이때 문제가 되는 것은 그 목적을 달성하기 위한 수단과 방법이다. 비를 내리게 하고 싶거나, 연적을 죽이고 싶을 때, 그 방법은 다음 세 가지가 있을 수 있다. 첫 번째는 강우의 메커니즘을 해명해서 비를 발생시키는 물질을 사용하거나, 연적을 어떤 무기를 사용해서 죽이는 방법이다. 두 번째는 신, 혹은 어떤 초자연적 존재에 비를 내려주기를 바라거나 연적을 죽이고 싶다고 기원하는 방법이 있다. 그리고 세 번째로 산 위에서 불을 피워서 기우제를 행하거나 연적의 인형을 만들어서 그것을 상처를 내서 저주하는 방법이 있다.

프레이저는 위의 세 가지 방법을 통해서 과학, 종교, 주술의 차이를 다음과 같이 설명했다. 그에 의하면 첫 번째 방법이 과학이다. 과학이라는 것은 실증적으로 검증할 수 있는 지식이어야 한다. 두 번째와 세 번째 방법은 각각 종교와 주술에 해당한다. 둘 다 경험적, 실증적 검증을 거치지 않고 주장되는 지식인데, 종교와 주술은 다음과 같이 점에서 차별성을 갖는다. 종교는 믿는 것에서 시작되므로 검증이 어떤 측면에서는 무의미한데, 주술은 어느 정도의 검증이 필요하다. 즉 주술의 경우에는 의도한 목적이 이루어지는지의 여부로 그 주술의 유효성과 정당성을 밝혀내고 무효성과 오류를 가려낼 수 있다.(노승욱)

초자연적, 기원, 유감주술, 모방주술, 감염주술, 접촉주술, 프레이저, 과학, 종교

참고문헌
제임스 조지 프레이저, 『황금가지』, 이용대 역, 한겨레신문사, 2003.
김융희, 『예술 세계와의 주술적 소통』, 책세상, 2000.

주이상스(Jouissance)

주이상스는 라캉의 조어 가운데 가장 번역이 분분한 용어이다. 지금까지 "희열," "향유," "즐김" 등으로 번역되었으나 모두 어느 한 면을 가리킬 뿐이다. 주이상스는 상황에 따라 변한다. 프로이트는 1920년에 발표한 「쾌락원칙을 넘어서」에서 인간에게는 쾌락을 넘어 죽음을 향한 갈망이 있고 그 죽음충동 때문에 강렬한 삶충동인 반복강박이 태어난다고 말했다. 그리고 1924년 「마조히즘의 경제원칙」(SE19: 159-170)에서 인간의 근원적 소망을 열반원칙으로 표현한다. 즉 평화와 정지의 상태를 갈망하는 자아는 스스로를 파괴하여 흙으로 돌아가고픈 마조히즘의 충동을 지닌다는 것이다. 그런데 이 충동은 현실원칙의 요구라는 경제원칙에 따라 세 단계로 형태를 바꾼다. 근원적 마조히즘이 있고 여성적 마조히즘이 있고 도덕적 마조히즘이 있다. 가장 원초적 형태의 마조히즘은 정지, 열반이다. 여성적 마조히즘은 현실원칙으로 진입하기 전, 착각의 상태에서 동일시를 믿는 마조히즘이고, 도덕적 마조히즘은 현실로 들어와 초자아가 된 마조히즘이다.

이것에 주이상스를 대입해보자. 근원적 마조히즘, 즉 만물이 정지하는 열반원칙이 주이상스이다. 그 다음 유아기의 여성적 마조히즘이 라캉이 강조하는 여성적 주이상스이다. 라캉은 영화 『감각의 제국』이 이 단계의 주이상스를 보여주어 도착의 위험성을 경고하는 영화라고 말했다.

그 다음이 잉여주이상스라고 부르는 도덕적 마조히즘이다. 주이상스가 성적 희열, 혹은 즐김이 되는 것은 상징계의 억압이 일어난 후의 잉여주이상스일 때이다. 만일 여성적 주이상스로 퇴행하면『감각의 제국』이 보여주듯이 고통스런 자아파괴일 뿐이다. 그러나 라캉은 이 단계를 뚜렷이 구분 짓지 않아 학자들마다 명칭을 조금식 다르게 붙이기도한다. 예를 들면 나지오(Juan-David Nagio)는 근원적 주이상스 대신에 "대타자의 주이상스"를 쓰고, 밀러(Jacques-Alain Miller)는 기표화되기 전, 기표의 순환구조에 들어간 후 등 몇 단계의 주이상스로 나누어 패러다임을 만들기도 한다. 주이상스에 가장 가까운 프로이트의 단어는 리비도이다. 리비도를 번역하지 못하듯이 주이상스도 역시 번역을 거부하는 용어이다.(권택영)

충동drive, 마조히즘, 리비도, 열반원칙, 잉여주이상스, 여성적 주이상스, 대타자의 주이상스, 에너지, 즐김, 성적 희열

참고문헌

Freud, Sigmund. "The Economic Problem of Masochism(1924)." SEXIX. London: Hogarth Press, 1973.
브루스 핑크,『라캉과 정신의학』, 맹정현 역, 민음사, 2002.

주인공(主人公, Hero, Heroine, Protagonist)

소설이나 연극, 영화 등의 예술작품에 등장하는 중심인물을 가리킨다. 주인공은 사건을 주도하는 가운데 일반적으로 독자들이 공감을 느끼는 인물이다. 작가가 사건을 주도하도록 설정한 주동 인물을 프로타고니스트(protagonist)라고 표현하는데, 프로타고니스트는 작품이나 극중에서 반동 인물인 안타고니스트(antagonist)와 대립과 갈등의 관계를 이루는 경우가 일반적이다.

아리스토텔레스는 비극과 서사시의 주인공은 보통 사람들보다 훌륭한 인물을 표상하고 희극의 주인공은 보통 사람들보다 열등한 인물로 형상화된다고 하였다. 프라이에 의하면 주인공은 신화적인 서사물에서는 신과 같이 전능하고, 영웅적 서사물에서는 인간이긴 하지만 놀라운 힘을 가진 존재이며, 상위 모방적(high mimetic) 서사물에서는 단지 고귀한 인간적인 존재인 반면, 하위 모방적(low mimetic) 서사물에서는 일반적인 사람들과 동등한 존재이다.

서양에서 주인공을 '영웅'이라고 부른 것은 서사시나 희곡의 소재가 되던 신화, 전설의 주인공들이 초인간적인 능력을 가진 인물들이었기 때문이다. 그러나 이런 신화적 영웅들이 문학작품 속에 등장하면서 그들의 초인간적 행위는 차츰 작품의 구조에 제한되어 인간화되었다. 이후 문학이 시대를 거치면서 발전함에 따라 평범하거나 무능한 주인공이 등장하여 안티 히어로(anti-hero)라 부르게 되었다. 근대소설에 있어서 주인공은 타락한 세상에서 진정한 가치를 추구해나가는 문제적 인물로 설정되어 있는 경우가 많다.

어떤 유형의 주인공이 설정되느냐에 따라서 서구 소설의 발달 과정을 살펴볼 수 있다. 신화의 주인공은 신 혹은 신적인 존재이며, 서사시의 주인공은 대체로 영웅이고, 로망스의 주인공은 흔히 기사의 형태로 나타나는 귀족계층의 인물이며, 근대소설의 주인공은 선남선녀(善男善女)이며 필부필부(匹夫匹婦)이다. 근대 이후의 소설양식은 주인공을 어느 계층에 한정하는 일 없이 아무 계층이나 집단에서 임의대로 설정한다. 신에서 영웅으로, 영웅에서 귀족으로, 다시 귀족에서 평민으로 주인공이 바뀌는 서양소설의 발달과정은 곧 주인공의 하강과정이라고 설명할 수 있다.(노승욱)

프로타고니스트, 안타고니스트, 아리스토텔레스, 프라이, 신화적 서사물, 영웅적 서사물, 상위모방적 서사물, 하위모방적 서사물, 영웅, 기사, 귀족, 평민, 신화, 로망스, 근대소설

참고문헌
조남현, 『소설원론』, 고려원, 1982.
아리스토텔레스, 『시학』, 천병희 역, 문예출판사, 1993.
노드롭 프라이, 『비평의 해부』, 임철규 역, 한길사, 1982.

주인과 노예(의 변증법, Dialectic of master and slave, 독 Dialektik von Herr und Knecht)

헤겔의 『정신현상학』 제4장에서 집중적으로 나오는 '주인'과 '노예'의 문제는 일차적으로, '나'(Ich, I)를 '나'로 의식하는 근거인 '자기의식(들)'이 같은 자기의식(들)임에도 불구하고 서로 균등한 형태를 갖는 것은 아니라는 점을 관념론적 관점에서 묘출하기 위해 제시된다.

순전히 추상적으로 보면, 자기의식은 대상들을 '나'로서 '부정'할 수 있을 때 확인된다. 그러나 헤겔은 각자의 자기의식이 나의 진정한 자기의식이려면 '타인이 나에게 하려고 드는 행위'와 '나 스스로 하는 행위'사이에서 후자가 전자를 압도할 수 있어야 한다는 견해를 제시한다. 즉 자기의식은 단순히 '나'가 갖고 있는 자연적 의식이 아니라, 타자의 행위와 자기 행위 사이의 '관계'에서 나의 행위가 '우세'할 때, 바로 그 때, 나의 것으로서 확실하게 확립된다는 것이다. 이렇게 보면 자기의식은 나의 것을 부정하려고 드는 다른 자기의식과의 관계에서 ― 헤겔 자신의 표현대로라면 ― "자기자신의 목숨을 건", 또는 "생사를 건 투쟁"을 통해 '나'가 "자기자신을 위해 존재한다"는 것을 "입증"받을 때만 가능하다. 즉 자기의식은 투쟁을 통해 자기의식으로서 "인정받은 것"이다. 바로 이렇게 "다른 의식과의 매개를 거쳐" 자신의 "자립적 존재"와 아울러 사물에 대한 지배권을 확보한 그런 형태의 자기의식을 헤겔은 "주인"으로 형상화시켰다. 당연히 "노예"는 이런 인정투쟁에서 오직 생명을 부지한다는 것을 담보로 자기의식으로서의 자립성을 인정받는 데 실패하고 비자립적 상태에서 일종의 "사물적 존재"로, 나아가 사물들을 직접 마주하는 존재로 전락한 의식의 상태를 형상화한 것이다.

그런데 헤겔에 있어 주인과 노예의 상태는 전적으로 불변적인 것이 아니라 궁극적으로 역전될 계기를 그 안에 내장하는 것으로 파악된다. 즉 주인은 그 본성상 '노예'를 통해 간접적으로만 '사물'과 관계하며, 이 사물을 단지 "향유"할 뿐이다. 이에 반해 직접 사물을 가공해야 하는 노예는 이 사물이 대상으로서 갖는 자립성을 체험하는 가운데 사물에 대한 지배력을 확보하면서 그 스스로가 자립적 의식을 갖게 된다. 결과적으로 삶의 과정에서 주인은 자기의 존재상태를 유지하기 위해 노예라는 타자에 의존하면서 비자립적 의식을 갖게 되고, 노예는 노동을 통해 자립적 의식을 획득하면서, 주인과 노예의 의식상태는 '역전'된다. 따라서 주인됨과 노예됨이 상호연관되어 역전과 반전이 교착하는 그 상태는 자기의식이 결코 진정한 자유를 누리지 못하는 아주 불안한 상태이다.

주인과 노예를 관건용어로 한 헤겔의 『정신현상학』 제4장은, 특히 사적 유물론을 강하게 염두에 둔 알렉상드르 코제브의 고전적 해석 이래, 주인과 노예 사이의 직접적 지배-복종-관계가 극복되면서 노예가 해방되는 혁명적 과정을 관념론적으로 파악한 것으로 이해되었고, 20세기 후반기 철학에서 헤겔 철학을 인간 사이의 지배관계와 그 극복에 관해 해방적 의미를 함축하는 것으로 재해석하는 데 상당한 영향을 미쳤다.(홍윤기)

노동, 불행한 의식, 물화, 소외, 비판이론

참고문헌

G. W. Fr. Hegel, Phänomenologie des Geistes, J. Hoffmeister 편(Hamburg: Felix Meiner Verlag, 1952, Neuauflage), 제IV장, 특히 p. 146~150.

A. Kojève, Introduction to the Reading of Hegel, tr. by J. Nicols(New York: Basic Books, 1969).

주자학 ☞ 성리학

주정주의(主情主義, Emotionalism, 독 Emotionalismus)

문학 작품에 감정이나 감성적인 독자적 측면을 강조하며 표현하는 경향을 가리킨다. 주지주의(主知主義)에 대립되는 개념이다. 문학에 있어서, 주지주의가 사건의 객관적 처리와 묘사, 플롯의 건축적 구성, 문체의 견고와 명징성에 초점을 맞춘다면, 주정주의는 빈번하게 작자 자신이 사건이나 행동에 개입하여 주관적인 의견 표출도 주저하지 않는다.

한국 신문학에서 주정주의의 역사적 근원은 매우 오래되었다. 개화기 이광수(李光洙)의 대표작인 『무정(無情)』은 여러 곳에 작자의 감정이 개입된 흔적이 도처에 나타난다. 김동인(金東仁) 역시 자주 주정주의적 측면을 드러낸 작가이다. 예를 들어, 『창조(創造)』 9호를 통해 발표한 「배따라기」에는 작품 배경인 평양 지방이나 마을 해변 등이 상당히 미화되고 예찬된 표현과 서술 등이 보여지고 있다.

1920년 전반기를 담당한 『폐허(廢墟)』나 『백조(白鳥)』의 문학에 이르면 한국의 주정주의 문학은 더욱 성행하게 된다. 우선 장르별로 볼 때 『폐허』나 『백조』 동인들이 즐겨 택하고 있는 것은 소설이나 평론이 아니라 시나 수상(隨想)이었다. 이러한 사실은 곧 『폐허』나 『백조』 동인들이 주정주의적 문학의 기질과 지향성을 가지고 있었다는 사실을 말해주는 것이다. 이들은 가급적 많은 감정의 유출, 주관적 호소가 가해지는 것이 곧 문학이라고 생각하였다.

한국 문학의 주정주의에 대해 가장 날카로운 비판을 가한 최초의 사람은 김기림(金起林)이었다. 그는 파운드나 엘리어트, 리처드 등의 서구 비평이론을 수용하고 자신의 비평적인 태도를 신고전주의적(新古典主義的)이라 명명하였다. 그는 1939년 10월『인문평론』에 실린 그의 글,「모더니즘의 역사적 위치」에서 주정주의적 경향의 '낡은 센티멘탈리즘'이 다만 시인의 주관적 감상과 자연의 풍물만을 노래할 뿐 새로운 시대와 문명의 가치와 변화를 담아내고 있지 못하다고 비판하였다.(노승욱)

주지주의, 이광수, 김동인, 창조, 폐허, 백조, 김기림, 신고전주의적, 센티멘탈리즘

참고문헌
김윤식 편,『한국현대모더니즘비평선집』, 서울대학교출판부, 1991.
김용직,『한국현대시사 1·2』, 한국문연, 1996.

주제(主題, Theme)

주제는 영어로는 theme, subject, 프랑스 말로는 théme, 독일어로는 테마(thema)라고 표기된다. 주제란 작품 내용상의 핵심을 가리키는 말로, 작품 속에 드러난 작가의 중심사상일 뿐만 아니라, 작가가 말하고자 하는 의도의 집약이다. 이 용어가 처음으로 쓰인 것은 1635년 부르게르스디키우스의『논리학』에서였다. 그가 사용한 '테마'는 아리스토텔레스가 '로고스'라고 막연히 표현한 것에 가까운 의미로, 사상이나 의미의 직접 대상을 지시한다. 그것은 기호의 일종인데, 관습이나 지적 통찰에 의해 직접 대상을 지시하는 기호로서 오늘날 말하는 '상징'과 거의 같은 뜻이었다. 그 후 이 말은 수사학에서 문장표현의 근본을 나타내는 용어로도 사용되고, 음악이나 문학 등에서 널리 사용되게 되었다.

문학에서의 주제는, 일반적으로 작품이 취급하는 중심적인 문제, 즉 무엇을 표현하고 있는가의 '무엇'에 해당한다. 그러나 문학도 다른 예술과 마찬가지로 여러 관점에서 이를 평가할 수 있으며, 더구나 주제는 작품의 소재나 모티프와 결합하고 있어 주제만을 따로 분리하여 생각한다는 것은 매우 어려운 일이다. 또한 하나의 작품에는 보통 여러 개의 주제가 포함되어 있어, 주요한 주제와 부차적인 주제 또는 일반적 주제와 개별적(좁은 의미의 문학적)주제로 나눌 수도 있다. 상식적으로 주제라고 말할 때 소재나 모티프를 포함시키거나 이것들과 혼동하는 이유도 바로 여기에 있다. 작품이 하나의 완성된 예술대상으로 독자 앞에 제시되기 위해서는 소재의 예술적 구성을 통일하고, 작자의 모티프 또는 소재의 모티프가 내포하는 방향감을 통일하지 않으면 안되며, 이 통일은 주제의 매개에 의해서 비로소 가능해진다. 만약 소재나 모티프와 주제 사이에 분열이 있으면 작품은 파탄을 면치 못한다. 작가가 작품의 중심문제로 제시하는 주제는 물론 실재세계의 구조 자체가 가지고 있는 모순의 반영에 불과하지만, 그것은 기계적 반영이 아니라 작가의 주체성을 통해 선택된 문제이며, 거기에는 작가의 사상 또는 세계관이 작용하고 있다. 주제의 발생 및 성립은 작가와 객관적 세계관의 관계, 그 이해의 정도, 독자와의 사회적 관계 등에 의존하고 있다. 일정한 역사적 · 주체적 조건 하에 작자의 내부에서 생긴 문제의식이 주제의 원천이 되는 것이다.

소설의 경우, 주제에는 작가의 사상과 인생관의 한 단면이 담겨져 있다고 볼 수 있다. 주제가 비교적 명백하게 드러나는 것이 있고 혹은 그렇지 않은 것이 있으나 대부분의 소설들은 명백한 주제를 포함한다. 주제는 어느 한 부분에서 갑작스럽게 표출되는 것이 아니라 작품의 처음부터 마지막까지를 관통하며 용해되어 있다. 결국 소설은 이 주제를 표출하기 위해 주도면밀하게 짜여진 것이라고 할 수 있다.

소설의 주제는 작가의 인생관이나 사상이 구체적으로 형상화되어 나타나지만, 작품의 주제와 작가의 인생관이 별개이기도 하다. 이렇게 볼 때, 개개인의 사건이 모여 이야기가 된다면, 이야기의 진실을 통일된 형태로 모아놓은 것이 주제라 할 수 있다. 주제를 발굴하는 데 있어서 주제는 작품 속의 윤리성(moral)과 차별화 되어야 하며, 작가가 소설 등에서 제시하는 모종의 관념과 혼동하지 않아야 한다. 소설 속에서 모랄(moral)이란 작품에서 끌어 낼 수 있는 실제적인 도덕적 충고를 가리킨다. 모랄은 주제보다 단순한 것으로 주제의 일부일 수는 있겠지만, 그 전부를 대신할 수는 없다. 작가는 단순히 어떤 윤리의 제시보다는 평범함 속에서 새로운 문제를 제기하는 데 그 소임이 있다고 할 것이다. 윤리적인 결말이나 제시로 해결책을 모색하기보다는 작품 속에서 인생에 대한 새로운 의미와 가치를 발견할 수 있도록 끊임없이 문제를 제기하는 기능에 충실해야 하기 때문이다. 따라서 주제는 최종적으로 독자에 의하여 재현되는 것이다. (김종회)

제재(題材), 테마, 모티프

참고문헌
C.Brooks & R.P.Warren, 『소설의 분석(The Scope of Fiction)』, 안동림 역, 현암사, 1997.
이재선 ·신동욱, 『문학의 이론』, 학문사, 1977.
정한모 ·김용직, 『문학개설』, 박영사, 1974.
참고할만한 문헌
윌리엄 케네이, 『소설분석론』, 엄정옥 역, 원광대학교 출판부, 1985.
이재선, 『문학주제학이란 무엇인가』, 민음사, 1996.
R.V. Cassil. Writing Fiction, New York.

주제론(Thematics)

주제론 또는 문학주제론(학)은 주제, 모티프 및 상징연구나 주제 읽기에 근거한 비평이다. 주제론(thematics)이란 명칭은 원래 러시아 형태론자인 보리스 터마체프스키에 의해서 처음으로 명명되었다. 그러나 오늘날 사용하는 '주제론' '주제학' 혹은 '주제 비평'은 그 술어적인 개념에 있어서 상호일치가 이루어져 있는 것도 아니고, 또 그 방법과 영역 차원에 있어서도 이질성이 적지 않게 혼재되어 있는 상태이다. 이를테면 주제론을 일컫는 명칭으로 thématologie, thematology, Stoffgeschichte, thématique, thematics, thematism, thematic criticism 등의 용어가 착종되어 사용되고 있다. 주로 독일에서는 Stoffgeschichte로, 프랑스에서는 thématologie, 그리고 영어권에서는 thematics로 일컫는다. 주제론을 서술하는데 있어 주요 술어가 되는 테마, 모티프 및 소재에 관해서도 논자들 간에는 견해가 일치되지 않는 부분이 많다.

각 언어권 연구자들의 다양한 활동과 저서들 중에서, 특히 독일 비평가들은 주제론의 다양한 구성 요소들을 구체적이고 상세하게 정의해왔는데 이들의 견해는 서구에서 광범위하고도 우월하게 채택되고 있다. 독일 비평가들은 인간의 존재나 단편적인 사건들로 관련된 문학적 자료의 논리적이고 연대기적인 배열에 대해서 소재(stoff)라는 용어를 사용한다. 소재는 모티프의 개념과 동일시되는데, 모티프란 개념은 음악 작곡의 운율적 · 특징적 통일성을 표현하기 위하여 사용되었다. 다시 말해 소재란 완전한 멜로디이고, 모티프란 단지 하나의 화음일 뿐이다. 소재는 확정된 인물과 사건에 결합되어 있으며, 플롯의 다채로운 진행에 손대지 않은 하얀 부분들을 그대로 남겨두고 있다. 소재는 신진 작가들로 하여금 항상 다시 해결하고자 하는 유혹을 불러일으키는 전개의 가능성이 있는 소재의 수수께끼이자 빈 공간이다. 그 반면 모티프는 정말 다양한 전개의 가능성을 내포하는 줄거리의 시작을 익명의 인물과 주어진 사실로 지시하고 있다.

주제론 연구는 사실상, 우리로 하여금 상이한 사회와 시대의 정신을 관찰하고 대조하게끔 한다. 단체, 계급, 사회가 대처하고 있는 문제들이 어떻게 인간의 삶과 결합하는지, 어떻게 각자의 개성을 지닌 채로 특정 지역을 넘어서 보편적으로 고찰될만한 특성을 지닌 문학적 인물들로 구현되는지를 살펴보는 것은 매우 흥미롭다. 서사 텍스트와 관련해서 주제를 사랑 죽음 · 성 · 진리 탐구와 같은 관념으로 규정할 때, 우리는 주제의 개념을 해석의 도구로 보고 있는 것이다. 이런 맥락에서 주제는, 텍스트에서 현실세계의 메시지를 추출해내는데 사용할 수 있거나, 텍스트 세계를 지배하는 보편법칙을 공식화하는데 사용할 수 있다.

새로운 비평적 실천의 새 방향을 잡아가고 있는(문학)주제론은 문학연구나 비평에 있어서 여러 가지 기여를 할 수 있다. 첫째는 고전문학과 현대문학을 자체의 내적 연속성의 체계 속에서 살피게 하면서 시간의 질서 가운데서 주제의 지속과 변화를 정신적으로 투시하는 문학의 여러 특수사를 가능케 한다. 둘째, 주제론은 비교 문학 연구와 직결되기 때문에 한국 문학과 동아시아와 서구 등 근접, 원접 문학과의 비교와 연계의 지평을 넓힐 수 있다. 셋째, 주제론은 작품의 근본 요소인 주제, 모티프 그리고 상징과 관련된 작품해석의 근거가 됨으로써 작가와 그 특유한 작품 세계의 이미지에 추출 및 작품론적 읽기에 기여하게 된다.(김종회)

주제, 소재, 모티프

참고문헌
이재선, 『문학주제학이란 무엇인가』, 민음사, 1996.
_____, 『한국문학주제론』, 서강대학교 출판부, 1989.

황패강, 『한국 서사문학 연구』, 단국대 출판부, 1972.
참고할만한 문헌
윌리엄 케네이, 『소설분석론』, 엄정옥 역, 원광대학교 출판부, 1985.
R.V. Cassil. Writing Fiction, New York.

주지주의(主知主義, Intellectualism, 프 Intellectualisme, 독 Intellektualismus)

감정이나 행동을 중시하는 주정주의(主情主義)의 반대개념으로 사유와 인식을 중요시한다. 모든 행위가 지성이나 이성(理性), 사유에 의거해야 한다는 태도도 여기에 속한다. 특히 문예에 있어서는 주관이나 감정보다 지성과 이성을 추구한다.

유럽문학에서는 20세기에 접어들면서 이 경향이 강해졌는데, 발레리(P. Valéry)는 이 갈래에 드는 대표적인 시인이다. 또한 영·미 계통에서도 이 경향이 강한 줄기를 이루었다. 구체적으로 흄(T.E. Hulme)의 반낭만주의 선언과 함께 이 문예사조가 형성되기 시작했고, 그 후 엘리어트(T.S. Eliot), 리이드(H. Read), 헉슬리(A.L. Huxley) 등이 이에 가담했다. 이들은 모두가 작품활동에서 감정의 이입을 경계하고 주지적인 기법을 중요시하는 입장을 취했다.

한편 우리 문학사에서 본격적으로 주지주의 문학을 도입한 것은 최재서(崔載瑞)였다. 그는 1934년에 발표한 「주지주의 문학론」을 통해서, 흄에서 비롯되는 주지주의 문학의 특성을 소개한 바 있다. 이 글의 속편에 해당하는 「비평과 과학」(조선일보, 1934.5)에서 리차즈(I.A. Richards)와 리드의 문학이론을 소개하고 있다. 리차즈는 전문적인 심리학자로서 문학비평을 했고, 리이드는 정신분석학을 응용하여 문학창작의 과정을 분석하고 설명하였다고 최재서는 쓰고 있다. 주지주의와 관련한 최재서의 글은 「풍자문학론」(1935), 「비평의 형태와 기능」(1935), 「현대의 지성에 관하여」(1936) 등으로 이어지고 있어서, 그가 주지주의 문학관에 대해 지속적인 탐구를 하고 있었음을 증명하고 있다.

김기림(金起林)의 경우에는 초기 시론에서 '낡은 인습과 전통'을 부정하는 철저한 '모더니스트'적 태도를 보이다가 「오전(午前)의 시론(詩論)」을 정립하고 난 뒤에, 새로운 시론을 모색하다가 「과학적 시학(詩學)」을 제안하기에 이르렀다. 이것은 리차즈의 시론에 영향을 받은 것으로 그는 비평이 진지한 과학적 태도와 방법위에서 행해져야 한다고 주장한다. 김기림은 「시와 언어」(『인문평론』, 1940)에서 리차즈 문학이론의 성과와 한계를 지적하였고, 「T.S. 엘리엇의 시」(『자유신문』,1948)에서는 그 해에 엘리엇이 노벨문학상을 수상을 계기로 그의 시의성과를 '영미의 모더니즘을 확립'시킨 것으로 평가하고 있다.(김학균)

주정주의, 지성, 사유

참고문헌
최재서, 『문학과 지성』, 인문사, 1938.
김기림, 『김기림 진집』 2권, 심설당, 1988.

주체(主體, Subject)/객체(客體, Object)

라틴어 어원에서 subject는 아래에(sub) 놓여져 있는(icere) 것이라는 뜻으로서 실체(substance)와 거의 마찬가지 의미를 갖고 있었다. 그런데 subject는 고대서부터 문장의 술어 부분을 거느리는 '주어'라는 문법적 의미만큼은 끝까지 보유하고 있었는데, 데카르트에 와서 '나'(我)의 의식 활동이 모든 종류의 지식을 선천적으로 산출 또는 도출하는 원천 또는 최종근거로 개념화되면서 '인식하는 나'(cogito)에 관련된 모든 표상을 넘겨받아, '나'의 소관에서 진행되는 의식과정들 전반의 담지자라는 새로운 의미를 보유하게 되었다. 이런 의미변용에 따라 한 쪽으로 '나'와 관련된 모든 요인들은 총체적으로 주관으로 개념화되고, 이 '나'가 상대하여 알아내야 하는 '나 이외의 모든 것'은 객관 또는 대상으로 개념화되었다. 즉 '인간이 인식한다'는 사태는 '나'라는 의식을 가진 인식 주관으로서 인간이 자신의 의식을 대상에 능동적으로 작용시켜 수동적으로 존재하는 그 대상으로부터 그 대상에 들어 있는 그 대상에 관한 앎들(또는 정보들)을 그 자체 있는 그대로 이전해 오는 과정으로 규정된다.

주관-객관의 이 이원론적 인식모델에서 분명히 전제하고 있는 것은 인식주관의 '주관적 의식'에 대상 그 자체에 관한 참된 지식을 확보할 능력이 있다는 것인데, 바로 이 때문에 주관-객관의 이원론적 인식모델을 '의식철학' 패러다임이라고 하기도 한다. 다시 말해 주관적 의식은 객관적 인식을 획득할 수 있다는 것이다. 그러나 이렇게 의식으로 활동하는 인식주관을 대상과 독립되어 있는 것으로 설정한 가운데 이 둘 사이에 이루어지는 모종의 상호작용으로 인식작용을 설명하려고 할 경우 인식의 객관성을 둘러싸고 심각한 딜레마가 야기된다.

1) 만약 객관적 인식을 '대상에 관한 그 자체 있는 그대로의 앎'으로 생각할 경우 인식주관의 의식은 대상에 어떤 영향도 전혀 미치지 못하는 것으로 간주되어야 한다. 하지만 만약 그렇다면 의식은 대상과 아무런 접촉도 하지 않은 것이 되므로 대상에 관해 그 어떤 앎도 일체 얻어지지 못한다.(무인식의 딜레마)

2) 만약 인식주관의 의식이 대상과 접촉한다면 그 대상에 어떤 형태나 방식으로든 영향을 미친다고 보아야 한다. 그럴 경우 인식주관의 의식은 불가피하게 대상의 형태나 내용에 변용을 일으킬 것이다. 이렇게 되면 우리는 의식을 통해 대상에 관한 '객관적' 인식을 얻을 수 있다는 기대를 어느 정도, 또는 최악의 경우 전면적으로, 접어야 한다.(비객관적 인식의 딜레마)

　따라서 우리가 우리의 주관적 의식을 통해 대상에 관한 객관적 인식을 획득한다고 생각할 수 있으려면 의식의 주관성이 대상인식의 객관성으로 연결될 수 있도록 이원론적 인식모델 어딘가를 조정해야 한다. 의식을 통한, 대상에 관한, 주관적 인식이 객관성을 가질 수 있도록 근대 합리론 철학에서 가장 흔하게 써먹었던 방법은 그 두 항목 사이에 주관과 객관 모두를 초월한 '신'을 객관적 인식의 보증인으로 끼워 넣는 것이었다. 데카르트의 존재론적 신존재 증명이나 라이프니츠의 예정조화설, 그리고 세계의 실체 자체를 아예 활동하는 신으로 상정하여 자연과 동일시해버린 스피노자의 범신론 등은 주관-객관-이분법 모델에 입각한 의식철학의 한계를 가장 적나라하게 드러내는 실례이다. 그 다음 경험론 철학에서 쓴 방법은 인식 주관의 능동성을 원천적으로 봉쇄하여 오히려 대상의 능동성에 길을 터주는 것이었다. 로크의 백지상태론(theory of tabula rasa)은 대상의 자욱이 그대로 백지 의식에 '새겨지는'(刻印) 상태를 설정한 것이었다. 그런데 문제는 이 각인이 사물의 직접적 이미지나 표상이 아니라 '기호'로 이루어진다고 했을 때 대상으로부터 오는 자극이 기호로 번역되는 과정에서 형태변용이 또한 불가피하다는 것이다.

　인식을 둘러싼 사태가 이렇게 복잡하게 전개되면 이 이분법적 인식모델에 내장된 전제 두 가지가 불거져 나오게 된다. 즉 우선, 이 이분법적 인식모델은 인식주관과 인식대상 사이를 예리한 분할선으로 양분하고 있는데, 과연 그럴 수 있는가 하는 문제이다. 그리고 다음, 대상에 관한 객관적 인식을 인식주관과 독립되어 있다고 상정된 그런 대상에 관해 그것이 '있는 그대로'의 상태를 전달받는다고 생각하는 것이 과연 정당하면서도 필요한 일인가의 문제이다. 다시 말해서 우리는 우리와 마주한 것에 관해 그것의 모든 것을 알 필요는 없다는 것이다.

　칸트의 인식론은 인간의 대상 인식이 대상에 관해, 그것이 있는 그대로의 내용을 받아들여서 성립하는 것이 아니라, 대상에 관해 우리가 꼭 알아야 할 것이나 알고 싶어 하는 것을 스스로 알아낸 결과라는 점, 즉 인식은 근본적으로 우리가 구성해낸 것이며, 이렇게 인식을 알아서 구성하게끔 하는 의문점들은 우리의 생존을 위한 인식 구조 안에 선험적으로 장착되어 있다는 것이다. 바로 이 때문에 칸트의 인식론을 '선험론적' 인식론으로 부른다. 이렇게 하여 감각직관의 형식, 즉 시간과 공간, 그리고 오성의 범주들은 그 자체 인간 실존을 위해 어느 경우에든 알아내어야 할 항목과 그것을 위한 기관들의 목록이다. 따라서 객체의 형식이나 그것의 개념적 성격 등은 전적으로 인식 주관에 귀속하는 반면, 그것과 관련된 대상의 내용은 어디까지나 대상으로 남은 상태에서 인간의 각종 물음을 기다리는 상태를 유지한다. 따라서 주관과 객관의 관계는 서로 독립된 두 극의 병존이 아니라 물음과 대답의 담론적 관계로 들어가는데, 이 상태를 칸트는 다음과 같이 표현한다. "우리가 사물에 붙어 인식하는 것은 우리가 그 안에 집어넣은 것뿐이다."

　인식론의 맥락에서 subject는 보통 '주관'이라고 번역되지만, 실천철학적 맥락에서 그것은 단지 독립된 대상과 등위치에서 마주하는 인식능력 보유자가 아니라, 자신의 이성을 근거로 문제되는 현안들에 관해 결정적 판단을 내리고 규범적 법칙과 규칙을 부과함으로써 사태를 주도함으로써 모든 인륜적 질서에서 사실상 '주관적 실체'로 작용한다. 따라서 이 후자의 맥락을 특히 부각하는 헤겔이나 맑스의 실천철학에서 subject는 주관보다 더 강력한 뉘앙스를 가진 '주체'로 새기는 것이 온당하다.(홍윤기)

주관주의/객관주의, 인식주관, 대상

참고문헌
아담 샤프, 『인식론 입문』, 김영숙 역, 연구사, 1987.
D. W. 햄린, 『인식론』, 이병욱 역, 서광사, 1986.
오트프리트 회페 엮음, 『철학의 거장들 2. 근대편. 베이컨에서 흄까지』, 김석수·이현복·정연재·홍윤기·윤선구 역, 한길사, 2001. 중 데카르트, 라이프니츠, 스피노자, 로크, 흄에 관한 글 참조.
R. Chisholm, The foundations of knowing(Minneapolis : University of Minnesota Press, 1982).

주체/대상(主體/對象) ☞ 주체/객체

주체문예

주체문예는 주체사상에 입각한 문예로서 주체의 인간학을 창작원리로 하는 것이다. 북한문학은 일찍부터 인간의 도리와 인간이 가야 할 길을 말해 왔다. 인간이 되기 위한 성장의 목표로서 사회주의적 덕목을 제시한 것이 사회주의 인간학이라면, 주체의 인간학에선 주체사상의 가르침을 좇는 것이 인간의 길이었다. 주체사상은 수령의 사상이었으므로 주체의 인간학은 수령의 가르침대로 주체사상을 실천하는 주체형 공산주의자를 그려야 했다. 무조건 수령을 따르는 일편단심을 갖는 일, 즉 공산주의적 의리와 혁명적 지조를 지키는 것은 주체형 공산주의자의 요건이었다.

주체의 인간학은 혁명적 수령관과 정치적 생명론, 대가정(大家庭)론 등을 전제로 한다. 혁명적 수령관이란 수령이 모든 인민의 최고 뇌수(腦髓)이자 통일단결의 중심으로서 역사발전과 혁명투쟁에서 결정적 역할을 해 왔고, 또 한다고 보는 견해와 관점이다. 정치적 생명론은 이런 혁명적 수령관에 근거한다. 즉 사상이념적 원천으로서의 수령은 정치적 생명을 부여하는 주체였던 것이다. 수령이 인민에게 정치적 생명을 주는 방식은 만물에 햇볕이 비치는 이치와 같은 것으로 설명되었다. 수령은 태양과 같이 사상이념의 빛을 발하며, 인민은 그 빛을 받음으로써만 정치적 생명을 얻을 수 있다는 것이다. 모든 인민이 수령의 빛으로 일체화될 때 사회라는 유기적 생명체가 갖는 정치적 생명은 고조될 것이었다. 정치적 생명을 위해서는 육체적 생명도 과감히 버릴 수 있어야 했다. 정치적 생명은 곧 인간의 자주성과 위엄 그 자체이기 때문이었다. 주체문예, 곧 주체의 인간학은 수령의 가르침을 지키고 실천하기 위해 몸을 던져 희생하는 인민들을 그려 보임으로써 정치적 생명이 육체적 생명보다 거룩한 것임을 입증해야 했다. 수령과 인민이 정치적 생명으로 이어져 있다는 점에서 그 관계는 '혈연적'인 것으로 설명되었다. 모든 구성원이 하나의 사상과 감정으로 일체화된 사회를 지향해야 한다는 입장은 또 대가정과 만난다. 인간이 된다는 것은 대가정의 충실한 일원이 되는 것이다. 대가정이란 자애롭게 가르침을 주고 자발적으로 복종해 어떤 갈등과 마찰도 있을 수 없는 곳으로 간주되었다. 북한사회를 대가정의 이상이 실현된 곳으로 그려내는 것은 또한 주체문예의 임무였다.

주체문예는 1930년대 항일혁명문예에 기원하는 것으로 간주되었으나 주체문예의 실제적 출발점은 1967년 주체시대가 시작된 이후로 보는 편이 타당하다. 주체시대에 들어 수령과 그의 영도사를 그리는 일은 본격적이고도 체계적으로 시도된다. 수령 형상의 탐구가 주체문예의 가장 중대한 과제가 되었던 것이다. 1972년부터 출간되는 <불멸의 력사> 총서는 영도사를 형상화한 대표적인 경우다. 1970년을 전후하여 다시 씌어지고 공연되는 '불후의 고전적 명작'들 역시 주체문예의 원리를 밝히고 그것의 나아갈 방향을 가리킨 것이었다. 예를 들어 1930년대 김일성에 의해 창작, 지도되었다는 혁명연극 「피바다」는 영화와 가극(歌劇), 소설로 만들어지고 씌어짐으로써 주체문예의 본보기가 되었다.

주체시대에선 또 '친애하는 지도자' 김정일이 수령을 뒤잇는 후계자로 나선다. 주체사상의 권위적 해석자이자 문학예술과 선전선동 분야의 기획자로 활약한 그는 이내 수령과 다르지 않은 주인공이 되었다. 주체시대가 김정일의 등장을 본격적으로 알린 것이었던 만큼 주체문예에 대한 그의 영향력 역시 결정적인 것이었다. 김정일은 주체의 문예사상과 이론을 수립한 인물로 선전되었는데, 어떤 사상적이고 소재적인 씨앗을 갖느냐가 창작의 성패를 가름한다는 '종자(種子)론'이나 옳은 지도와 혁명적 열정에 입각할 때는 창작의 속도를 높이면서 동시에 질을 보장할수 있다는 '속도전' 등은 그 대표적 성과로 간주된 것들이다.(신형기)

주체의 인간학, 대가정론, 항일혁명문예

참고문헌
사회과학원 문학연구소, 『주체사상에 기초한 문예이론』, 사회과학출판사, 1975.
신형기·오성호, 『북한문학사』, 평민사, 2000.

주체사상

주체사상이란 북한에서 유일체제가 수립되는 1967년이래 지배권력의 통치담론으로 구체화되는 광범한 사상이론체계를 이른다. 주체사상은 김일성에 의해 창시된 그의 혁명사상이라는 것이 오늘날까지 북한의 공식적 입장이다. 이 주장에 의하면 주체사상의 기원은 항일무장투쟁기로 거슬러 올라간다. 일찍이 김일성은 항일투쟁을 통해 주체사상의 진리를 깨달아 1930년 6월 이른바 '카륜 회의'에서 그 원리를 천명했다는 것이다. 그러나 북한의 정치적 언술 과정에서 주체라는 말이 처음으로 쓰여진 것은 1955년 12월 김일성이 한 연설 <형식주의와 교조주의를 퇴치하고 주체를 확립할 데 대하여>에서다. 스탈린 사후 소련에서는 집단지도체제의 부활이 논의되고 개인숭배가 비판되는 등 변화의 조짐이 일었고, 그 여파로 김일성의 지도력 또한 도전을 받게 되었던 가운데, 소련의 '수정주의'를 배제하는 자력갱생의 자주노선으로 나아가야 한다는 김일성의 주장이 관철됨으로써 주체는 북한 정치이데올로기의 화두가 되었다. 1950년대 말 천리마 대고조와 더불어 김일성과 항일빨치산들이 공산주의 정신의 모범을 보인 민족적 공산주의자로 간주되기 시작하는 것 역시 주체화의 양상이었다. 이후 북한은 사상에서의 주체, 정치에서의 자주, 경제에서의 자립, 국방에서의 자위를 국가적 모토로 내세우게 되거니와, 이런 입장은 사회주의의 국제적 연대 보다 민족주의적 폐쇄성을 강화한 데 따른 것이기도 했다. 민족적 자존심이나 애국주의는 주체화에 동반된 요구였다.

주체사상은 1973년의 김일성 방송대학 강의록 『철학강좌』등을 통해 철학적으로 체계화되기도 했다. 주체사상 내용을 일목요연하게 정리한 김정일의 「주체사상에 대하여」(1982)에 의하면 주체사상은 "사람중심의 철학사상"이다. 사람은 모든 예속에 반대하는 자주성과 낡은 것을 변혁하려는 창조성, 목적의식적 개조에 나서는 의식성을 사회적 속성으로 갖는 존재인 바, "세계와 자기 운명의 주인"이라는 것이다. 인민대중은 사람의 집단적 형태로서 모든 사회운동과 역사의 주체가 된다. 이렇게 볼 때 주체사상은 물질적 토대에 대한 인간 의식의 상대적 독립성과 능동성을 강조한 것이라고 말할 수 있다. 나아가 자주성과 창조성, 의식성을 우선적이고 결정적인 것으로 간주하는 한에서는 기왕의 유물론을 주의주의(主意主義)적 관념론으로 개조했다는 지적 또한 가능하다.

그러나 주체사상은 애당초 철학의 경계를 벗어나는 것이었다. 사실 주체사상의 핵심은 철학적 규정이 아니라 영도론에 있다고 보아야 한다. 의식의 능동성을 강조했지만 주체사상에 의하면 인민대중은 스스로 목적을 찾고 움직일 수 있는 집단이 아니었다. "공산주의운동은 그 자체가 고도의 의식적, 조직적 운동이기 때문에 인민대중은 당과 수령의 영도를 받아야 한다"는 것이다. 수령의 영도는 인민대중을 역사의 주체이게끔 하는 절대적 조건이었다. 결국 어떤 혁명도 수령 없이는 불가능한 것이 된다. 수령의 존재와 위치는 뇌수(腦髓)로 비유된다. 뇌수는 육체기관 중에 가장 발전된 부분인바, 육체는 뇌수에 의해 통제되어야 한다는 것이다. 뇌수가 없는 인민대중은 정신을 가지지 않은 육체, 곧 무뇌집단일 수밖에 없게 된다. 의식적 능동성의 강조가 영도론, 곧 수령 뇌수론을 동반한 결과 지도자 개인의 절대적 우상화는 피할 수 없는 것이 되었다.

수령영도론은 수령을 개조의 주체로 하는 것이었다. 수령의 가르침은 전적으로 옳고 따라서 좇아야 할 목표였으니, 의식의 개조란 영도에 부응하는 것이 된다. 사실 수령이 뇌수라는 주장은 개조의 모든 주도권을 수령이 갖는다는 뜻이다. 주체사상은 수령에 대한 무조건한 충실성을 요구하는 데로 귀착된다.

결과적으로 주체사상은 수령을 정점으로 하는 지배체제를 정당화하는 정치적 대용종교의 성격을 갖는다고 말할 수 있다. 수령영도론이 수령의 인격에 대한 추앙을 요구하게 되고 영도를 예술로 심미화하는 영도예술론에 이른 것은 그 한 증거다. 통치담론으로서의 주체사상은 적어도 1967년 이후 북한사회를 지배하고 만든다.(신형기)

항일투쟁, 유물론, 수령영도론

참고문헌
김정일, 『주체사상에 대하여』(1982.4), 조선로동당출판사, 1991.
신일철, 『북한주체철학연구』, 나남출판, 1993.
이종석, 『조선로동당 연구-지도사상과 구조변화를 중심으로』, 역사비평사, 1995.

주체의 죽음

포스트모더니즘(post-modernism)에서 등장한 말로 합리적 이성을 지닌 근대적 주체의 종언을 의미하는 용어이다. 주체(subject)란 그리스어의 휘포케이메논(hypokeimenon)의 번역어로 원래는 '모든 것을 자기에게로 모으는 것', 즉 '복종시키고 종속시키는 것'을 의미했다. 근대 이전의 서양 형이상학은 주체(자아, 마음, 정신, 영혼 등으로 불림)보다 세계와 신의 문제를 주로 다루었다. 주체가 철학적으로 중요한 위치를 점하게 된 것은 근대 이후이며, 이는 데카르트(R. Descartes)의 '나는 생각한다, 고로 존재한다(Cogito ergo sum)'는 명제에서 알 수 있다. '생각하는 주체'는 '모든 것을 자신의 발아래 복종시키는' 근대적 주체의 탄생을 의미한다. 이러한 주체 개념은 경험론자들의 비판(수용 주체 혹은 관념의 다발)에도 불구하고 칸트(I. Kant)와 헤겔(Hegel)로 이어지며 체계화·절대화되었다. 칸트는 인식 능력을 감성(외부 대상을 수용하는 능력)과 오성(능동적 자발적인 개념 능력)으로 나눈 후 이를 다시 종합(선험적 구상력)하였고, 헤겔은 주객통일체로서의 '절대정신'을 설정함으로써 칸트가 미해결의 과제로 남겨 두었던 물자체(物自體)의 문제를 해결하였다.

주체의 절대성과 보편성에 위기를 초래한 인물로는 마르크스(K. Marx)와 니체(F. Nietzsche), 프로이트(S. Freud) 등을 들 수 있다. 이들은 주체를 물적 토대, 힘에의 의지, 무의식에 복종하는 존재로 규정하였다. 한편, 푸코, 라캉, 데리다 등은 각기 '주체의 탈중심화(Decentered Subject)', '주체의 도치', '형이상학의 해체'를 통해 '역사적으로 구성된 주체', '자기 소외의 과정을 통해 형성된 주체', '언어 속에 기록된 주체'의 개념을 이끌어냈다. 이러한 일련의 과정을 통해 이성에 대한 믿음과 총체성, 장소의 고정성과 역사의 권위, 가치의 확실성이 부정되고 '주체의 죽음'이 현대 철학의 중심 주제로 부각되었다.

90년대 이후의 우리 문학은 모더니즘과 리얼리즘에서 벗어나 주체의 다양한 측면들을 포착하였는데, 작품 속 인물들은 대개 사회·역사적 사건이나 흐름과 무관한 단자적이고 파편화된,

혹은 분열적인 모습으로 등장하곤 한다.(이명귀)

포스트모더니즘, 주체, 주체의 탈중심화, 푸코

참고문헌
이진우, 『지상으로 내려온 철학』, 푸른숲, 2000.
김욱동, 『포스트모더니즘: 문학·예술 문화』, 민음사, 2004.

죽림칠현(竹林七賢)

중국의 삼국시대 위나라(220-265) 말기 때 활동한 일곱 사람의 인물을 함께 일컫는 말이다. 혜강(嵇康, 223-263), 완적(阮籍, 210-263), 산도(山濤, 205-283), 향수(向秀, 227?-272), 유령(劉伶, 221?-300), 완함(阮咸, ?-?), 왕융(王戎, 234-305)이 그들이다. 이들은 서로 교유하면서 일찍이 산양(山陽)(오늘날의 하남성 수무) 죽림 아래 모여 세상사를 잊고 술을 즐기면서 호탕하게 살았는데, 이 때문에 세상 사람들이 이들을 죽림칠현이라 부르게 되었다.

이들의 사상적 경향은 완전하게 일치하지는 않는다. 혜강과 완적, 유령 등은 위나라 조정에서 관료를 지내 당시 권력을 장악한 뒤 정권을 바꾼 사마씨와는 대립하는 입장에 서 있었다. 향수는 혜강이 피살당한 뒤 강요에 못 이겨 관료로 진출하였다. 완함은 진(晉)나라가 들어서자 산기시랑이 되었지만, 사마염의 총애는 받지 못했다. 산도는 40세 이후에 관료로 나가 사마사에게 의지해 상서이부랑과 시중, 사도 등을 역임하면서 사마씨가 정권을 잡은 동안 고위 관직에 올랐다. 왕융은 사람됨이 비루해서 공명심이 높았는데, 진나라가 들어선 뒤 장기간 고위 관직을 역임하였고, 진무제와 혜제 두 임금을 섬겼으며, 팔왕의 난이 터졌을 때에는 세상사에 무관한 듯 가장해서 그 지위를 잃지 않았다.

이들은 문학적 성과에 있어서도 각기 달랐다. 완적의 5언시와 혜강의 산문은 문학사상 모두 중요한 위치를 차지한다. 향수의 부(賦)는 오직 「사구부(思舊賦)」 한 편만 전하는데, 길이는 짧지만 감정이 진지하고 심각해 명작으로 손꼽힌다. 유령에게는 산문 「주덕송(酒德頌)」이 있는데, 풍격이 완적의 「대인선생전(大人先生傳)」과 아주 비슷하다. 그의 5언시도 일정한 수준을 유지하고 있지만, 남은 작품은 적다. 완함은 음율에 정통하였다고 알려졌으나 현재 전하는 작품이 한 편도 없다. 산도와 왕융은 비록 청담(清談)에는 능했으나, 문장에는 별로 재능을 지니지 못했던 것으로 보인다. 『수서(隋書)·경적지(經籍志)』에 보면 산도에게는 문집 5권이 있다는 기록이 있는데, 현전하는 글들은 모두 조정에서 썼던 주계의 글들로 문학적 가치는 거의 없다. 왕융의 저작 역시 아주 드물다.(김학균)

산양, 삼국시대, 위나라

참고문헌
김학주, 『중국문학사』, 신아사, 1990.
김영구, 『중국문학사강의』, 한국방송통신대, 2005.

죽음본능(Death instincts, 독 Todestrieb)

프로이트(S. Freud)가 제안한 이론으로, 생명 본능의 반대 개념이며, 모든 생명체는 본래의 무기물의 상태 즉, 죽음의 상태로 돌아가고자 하는 본능을 가지고 있다는 것이다. 유기적 본능은 보수적이고, 이 본능은 역사적으로 습득되고 이전의 상태로 회복하려는 경향이 있다고 가정한다면, 생명체는 원래의 상태로 되돌아가려는 본능을 가진다고 할 수 있으며, '모든 생명체의 목적은 죽음이다'라고 그는 주장한다. 이렇게 해서 첫 번째 본능은 무생물 상태로 돌아가려는 본능인데, 유기체가 단순한 구조일 경우에는 죽는 일이 쉬웠으나, 유기체가 복잡해지면서 죽음에 이르기까지 상당한 '우회로'를 택해야 했다고 설명한다.

이러한 주장은 살아있는 존재들이 일반적으로 가지고 있다고 믿어지는 자기 보존 본능이나 자기주장의 본능, 지배 본능과는 반대라고 할 수 있다. 실제로 유기체들은 '유기체 그 자체에 내재한 것 외에는 어떠한 무기체적 존재로도 돌아가지 못하게 차단하는 기능'을 한다. 그렇지만 죽음본능에 따르면 이 유기체들의 본래의 성격은 자기를 보존하는 것에 있는 것이 아니라 다만 '그 자신의 방식대로만 죽기를 바란다'고 할 수 있다. 이 각각의 유기체는 죽음을 거부한다기보다는 죽음에 이르는 방식에 있어서 단순한 유기체들이 가지고 있는 단순한 방식의 죽음이 아니라, 우회로를 거친 죽음을 향해 나아간다는 것이다. 그러므로 프로이트는 '생명의 수호자들도 원래는 죽음의 충실한 앞잡이'라고 설명한다.

성적본능은 죽음본능과 다른 측면이 있다. 생식 세포들은 본래의 유기체에서 떨어져 나와 그들이 생기도록 한 과정을 반복하고, 결국에는 본래 유기체의 일부였던 것이 끝까지 발생을 거듭하여 발생과정의 출발점으로 돌아오게 된다. 이 과정을 통해서 생식 세포들은 살아있는 물질의 죽음에 대항해서 일하고 '잠재적 불멸'이라고 할 만한 상태에 이른다. 그것들은 살아있는 물질의 이전의 상태를 복원하려 한다는 점에서 다른 본능들과 같은 의미에서 보수적이다. 그러나 그들은 외부적 영향에 대해서 특이하게 저항한다는 점에서 더 보수적이다. 그리고 그들은 생명체를 비교적 오랫동안 보존한다는 점에서 또 다른 의미에서 또한 보수적이다. 이것은 죽음본능에 상대된다는 점에서 진정한 생명본능이다.(김학균)

생명본능, 무기물, 유기체

참고문헌
S. 프로이트, 『쾌락원칙을 넘어서』, 박찬부 역, 열린책들, 1997.
_____, 『정신분석의 탄생』, 임진수 역, 열린책들, 2005.

죽지사(竹枝詞)

악부시(樂府詩)의 일종으로 죽지란 원래 파유(巴楡)지역 일대에 유포된 민가(民歌)였다. 민가의 제목을 죽지라고 명명한 것은 대나무와 관련된 이야기가 있다. 순(舜)임금이 남방을 순수하다가 창오야(蒼梧野)에서 세상을 떠나자 두 부인 아황(娥皇)과 여영(女英)이 대나무에 피눈물을 흘리며 서러워하다가 마침내 상수(湘水)에 빠져 죽었다. 이후 지역민들은 두 여인을 상수의 신(神)으로 받들어 상군(湘君) 혹은 상부인(湘夫人)이라고 일컫고, 동정호 일대에 처량하고 원망어린 노래가 생겨났다.

이 노래가 상부인의 사정을 기념하는 것이라 하여 죽지라고 명명했다. 이후 죽지는 파유지역 일대에 널리 전파되어 이 지역의 가장 대표적인 민가로 자리 잡았던 것이다. 죽지라는 민가를 죽지사라는 작품양식으로 재정비하여 문단에 부각시킨 사람은 당나라 때 유우석(劉禹錫)이다. 그는 기주자사(夔州刺使)로 좌천되어 있을 때에 건평(建平)지역 아녀(兒女)들이 돌아가며 이 노래를 부르는 것을 보고 이것을 채집하여 죽지사라는 새로운 노래가사를 지었다. 후대의 많은 문인들이 유우석의 <죽지사>의 특징을 의미 있게 주목하고 자기의 시대와 지역에 알맞게 응용하여 새로운 죽지사를 창작하였다. 마침내 죽지사는 문인들이 즐겨 짓는 문학작품의 하나로 문단에 정착하게 되었다.

우리나라의 죽지사는 고려 말부터 부분적으로 실험되었다. 이제현이 유우석의 <죽지사>를 근거로 <소악부>를 지었다. 성현(成俔)이 <죽지사> 10수를 지어 ≪허백당풍아록 虛白堂風雅錄≫에 수록하였다. 허난설헌(許蘭雪軒)을 비롯한 여러 문인들의 작품 속에서도 이런 종류의 작품이 간헐적으로 발견된다.

조선 후기에 본격적으로 대두한 죽지사는 중세적 보편주의 동요와 새로운 작품양식의 모색이란 조선 후기 문단의 커다란 변화의 흐름에 부응한 것이다. 한시의 소재를 민간의 토속쇄사에까지 확대시켜서 조선시 조선풍의 실현에 일정하게 기여했다는 점에서 중요하게 평가될 수 있다.(김학균)

민가, 대나무, 순임금, 유우석

참고문헌
『古今文選』, 國語日報社, 1958.
張孝鉉, 朝鮮後期竹枝詞研究, 『韓國學報』34집, 1984.

줄거리

서사 텍스트 속에서 전개되는 이야기의 흐름과 정보들이 그 서사 텍스트 바깥의 누군가에 의해 요약의 형식으로 추출된 결과를 지칭하는 용어이다. 줄거리라는 말의 일반적인 용법에 의거하면, 줄거리는 서사 텍스트 안에 담겨 있는 이야기 자체라기보다 이야기에 관한 정보를 교환하는 과정에서 발생하는 이야기에 대한 사회적 유통의 한 형식이라고 볼 수 있다. 특정 서사 텍스트를 먼저 접한 사람이 그렇지 못한 사람에게 그 서사텍스트의 내용을 축약해서 들려줄 때, 그가 들려주는 것은 이야기의 흐름에 대한 대략적인 정보에 해당하는 것이다. 줄거리란 동일한 이야기를 대상으로 한 것일지라도 축약하는 사람과 상황에 따라 다양한 양상으로 나타날 수 있으므로 하나의 이야기에 대한 단일하고 고정된 형태의 줄거리를 상정하는 것은 불가능하다.

줄거리는 때로 '이야기의 개요'라는 뜻의 플롯과 동일한 개념으로 사용되기도 한다. 이를테면 '「죄와 벌」의 플롯은 무엇인가'라는 물음은 그 소설의 줄거리를 요약하라는 요청이 된다. 그러나 폴 리꾀르가 "줄거리 구성은 다양한 사건들로부터 하나의 통일되고 완전한 스토리를 끌어내는, 말하자면 다양성을 하나의 통일되고 완전한 스토리로 변형시키는 통합적 역동성으로 규정되어왔다"라고 말할 때 줄거리라는 용어는 '이야기의 개요'라는 의미보다 사건들을 인과성의 고리로 긴밀하게 연결하면서 그것을 유기적으로 통합하는 하나의 완결된 구조라는 의미의 플롯 개념에 가깝다. 이런 의미에서 하나의 서사 텍스트가 누군가에 의해 줄거리로 구성되는 것은 동일한 이야기가 하나의 플롯에서 또 다른 플롯으로 이동하는 현상으로 볼 수 있다.

그러나 서사 텍스트에 대한 수용상의 편의를 위해 줄거리 축약에 의존하는 서사 텍스트의 유통방식은 축약된 줄거리가 서사 텍스트가 지닌 본질적 국면에 대한 변질과 왜곡을 피해갈 수 없다는 점에서 문학이나 예술작품에 대한 그리 바람직한 수용방식으로 권장되지는 않는다. 특히 줄거리라는 형태로 추출된 서사 텍스트에 대한 정보가 해당 텍스트에 대한 직접적인 경험의 가능성을 배제하거나 소외시킬 뿐만 아니라 서사 텍스트의 내재적 가치가 줄거리를 통해 추출된 서사적 정보들에 의해서만 해명되거나 매개될 수 없다는 점에서, 줄거리는 서사 텍스트와 독자 사이의 보다 풍부하고 긴밀한 소통의 영역을 제한하거나 차단하는 결과를 가져오게 되는 것으로 알려져 있다.(박혜경)

역사, 허구, 시간

참고문헌
테리 이글턴, 『문학이론입문』, 김명환 역, 창작과 비평사, 1989.
폴 리쾨르, 『시간과 이야기 1』, 김한식·이경래 역, 문학과지성사, 1999.

중간문학 ☞ 중간소설

중간소설(中間小說)(일본)

중간소설은 순문학과 대중문학과의 중간에 위치하는 소설을 가리키는 문학용어이다. 전후에 사용되기 시작한 용어로 일본고유의 말이며, 현재까지도 사용되고 있다. 처음에는 순문학 작가가 순문학의 예술성을 갖추면서, 대중문학의 재미를 가미한 소설을 썼다. 그러다가 순문학 작가가 순문학으로 연마한 기술을 응용해서 고급스런 대중문학을 쓰게 되었는데, 순문학이라고 할 수도 없고, 대중문학이라고 할 수도 없는 소설을 지칭하는 용어로 굳어졌다. 이 용어 성립은 시기적으로는 일본이 전쟁에서 패한 후이며, 전쟁 후의 재미있는 읽을거리를 요구하는 일반 독자층을 위해서 작가들이 고급스런 대중소설을 쓰기 시작했다. 거기에 『별책 문예춘추 別册文藝春秋』(1946년 창간)나 『일본소설 日本小說』(1947년 창간), 『소설신조 小說新潮』(1947년 창간)와 같은 잡지가 생겨나 오락물이 유행한 것도 중간소설이 생겨난 토대로 작용했다.

　'중간소설'이라는 명칭은 하야시 후사오(林房雄)가 처음으로 사용했다는 설과, 구메마사오(久米正雄)가 하야시 후사오의 소설을 가리켜, '대표적인 중간소설'이라는 평가를 내렸다는 얘기도 있다. 이 두 사람이 중간소설이라는 명칭을 처음으로 썼다고 보는 것이 일반적이다. 중간소설을 대표하는 작가로는 후나하시 세이이치(舟橋聖一), 니와 후미오(丹羽文雄), 다무라 다이지로(田村泰次郎) 등을 들 수 있다. 특히『이시나카 선생 행상기 石中先生 行狀記』(1948년-50년, 속편 1953년-54년)를 쓴 이시사카 요지로(石坂洋次郎)는 대표적 중간소설 작가로 독자들의 인기를 누렸다.

　그러나 중간소설의 성행은 시간이 흐르면서 순문학의 쇠퇴를 가져왔으며, 또한 순문학과 통속문학과의 구분을 애매하게 하는 결과를 초래하여, 순문학의 변질이라는 평가와 함께 문학의 세속화와 타락을 불러오는 역작용도 있었다. 순문학 작가가 월간(月刊) 또는 주간(週刊)의 연재소설을 통해 중간소설을 쓰면서, 독자들이 작가의 성격을 구분하기 어렵게 하는 결과를 낳기도 하였다.(오석윤)

순문학, 대중문학, 통속문학

참고문헌
日本近代文學館 편,『日本近代文學大事典』제4권, 講談社, 1984.
『日本現代文學大事典』, 明治書院, 1994.

중간소설(Middlebrow fiction)

　'중간소설(Middlebrow Fiction)'은 미국의 문학이론가이자 비평가인 레슬리 피들러(Leslie A. Fiedler)가 주창한 개념으로, 모더니즘 계열의 예술소설도 아니고 저급한 통속소설도 아닌 그 중간에 위치한 소설을 지칭한다. 전자매체와 영상매체가 대중문화의 확산을 불러오기 시작한 1960년대에 주석서가 필요한 난해한 예술소설의 죽음을 선언한 피들러는 누구나 이해할 수 있는 수준 높고 감동적인 중간소설이야말로 대중문화 시대를 대표하는 문학장르라고 선언했다.

　피들러는 시대를 초월해 사람들에게 감동을 주고 재미있는 소설들-예컨대 메어리 셸리의『프랑켄슈타인』, 해리엇 비처 스토우의『톰 아저씨의 오두막』, 코난 도일의『셜록 홈즈』, 브람 스토커의『드라큘라』, 라이더 해거드의『타잔』, 프랭크 바움의『오즈의 마법사』, 그리고 마가렛 미첼의『바람과 함께 사라지다』, 하퍼 리의『앵무새 죽이기』등-을 '중간소설'이라고 칭한다. 그래서 그의 '중간소설'에는 SF나 추리소설, 또는 판타지소설이나 모험소설 등, 모더니즘 시대에 소외되고 배제된 하류장르들이 포함된다. 동시에 '중간소설'에는 넓은 의미에서 소위 국민작가로 불리는 마크 트웨인, 어니스트 헤밍웨이, 커트 보네것, 리처드 브라우티건, 레이먼드 카버 같은 미국작가들과, 찰스 디킨스, 로버트 루이스 스티븐스, H.G. 웰스 같은 영국작가들도 포함된다.

'중간소설'은 고급예술과 대중예술 사이의 경계가 급속도로 해체되고 있는 포스트모던 시대의 대표적인 소설로서, 교육받은 독자들과 일반독자들 모두가 즐길 수 있는 재미있고도 유익한 소설을 의미한다. 또한 그것은 문학과 타매체와의 경계가 모호해지고 소멸되어 가는 장르해체 시대에, 문학에 대한 대중의 관심을 전자매체로부터 불러올 수 있는 좋은 소설을 의미한다. J.K. 롤링의『해리 포터』시리즈나, J.R.R. 톨킨의『반지의 제왕』같은 것들은 그런 의미에서 대표적인 중간소설이 된다. 수준 높은 환타지 소설이나 추리소설, 또는 SF 소설이 바람직한 중간소설로 부상하는 그것도 바로 그런 맥락에서이다.

전통적으로 한국문단은 예술소설과 통속소설 사이의 구분이 확연해서 중간문학이 성장하기 어려웠으나, 최근에는 이인화나 김영하나 김경욱의 일부소설들이 '중간소설'의 범주에 속할 만하고, 양귀자의『천년의 사랑』도 고급문학과 대중문학의 경계선상에 위치해있다고 볼 수 있다. 또는 이문열처럼 순수문학작가들이『삼국지』같은 대중고전을 평역하거나,『초한지』를 새로운 시각으로 다시 쓰는 것도 중간소설의 새로운 시도라고 볼 수 있을 것이다.(김성곤)

고급문화, 중간문학, 대중문학, 모험소설, 환타지 문학, 추리소설

참고문헌
레슬리 피들러, 「순수소설이란 무엇인가」, 육은정 역, 『외국문학』24권, 1990.7.
_____, 『종말을 기다리며』, 김성곤 역, 삼성미술문화재단, 1986.
Leslie A. Fiedler, What Was Literature?. New York: Simon and Schuster, 1981.

중복결정(重複決定) ☞ 중층결정

중산계급(Middle class)

중산계급이란 유산자(有産者)와 무산자(無産者)의 중간에 위치하는 사회 계층을 의미한다. 계급 서열상으로 보면 상류계급(上流階級)과 노동계급(勞動階級) 사이에 존재하는 계층으로, 부분적으로는 구(舊)중산층과 신(新)중산층의 상층 부분을 포함한다.

서구에서는 16세기 유럽 사회의 합법주의의 전통과 더불어 새로운 사회 세력으로 대두하여 절대주의 국가의 무책임성에 대한 견제력으로 작용한 바 있다. 절대 군주는 오직 신에 대해서만 책임을 졌으므로 귀족이나 교회로부터 독립적이었다. 이러한 경향에 견제 세력으로 대두한 것이 중산계급인데 성장하는 데에는 상당한 시간이 걸렸다. 인간의 창조력과 자연적 욕구를 해방시키기 위해서는 교권의 타도(打倒)가 필요했고 이 타도는 국가의 힘을 빌림으로써 가능했다. 교권을 무너뜨린 새로운 사회 세력인 중산계급은 마침내 시민혁명을 일으켜 절대주의 국가를 타도했다.

한편『조선말 사전』에서는 '중등 자산 계급의 준말, 민족 자산 계급을 달리 이르는 말로 식민지, 반식민지 및 민족독립국가에서 외래 독점 자본과 직접 결합되지 않고 그와 모순관계에 있는 중등자산계급이다. 외국 자본의 침투와 본국 봉건주의(封建主義)의 해체 과정에서 발전된 것으로서 그들은 제국주의, 봉건주의와 모순도 있고 연계(連繫)도 있으므로 정치·경제상에서 아주 연약하여 양면성을 띠고 있다.'라고 정의하기도 하다.

사회학자들은 중산계급이란 용어를 상류계급과 하류 노동계급 사이에 퍼져 있는 계층의 다양한 경제적 관심과 생활양식의 다양함을 나타내기 위하여 사용하고 있는데 일부 사회학자들은 생활양식의 점차적인 동질화, 중산계급과 노동계급 간의 구별의 모호성을 함축하는 용어로서, 중산계급 대신 중산대중(middle mass)이라는 용어를 사용하기도 한다.

문학 작품에 드러난 예로, 괴테의『젊은 베르테르의 슬픔』의 주인공 베르테르는 정치적·경제적으로 무력했던 당시 독일의 중산계급에 속한 인물이다. 베르테르는 사랑을 이루지 못하고 결국 절망하여 자살한다. 베르테르의 이러한 감상주의는 당시 독일 중산계급의 취약성을 드러낸다.(강웅식)

중산층, 중간계급, 부르주아

참고문헌
차기벽,『민주주의의 이념과 역사』, 한길사, 1980.
J. W. 괴테,『젊은 베르테르의 슬픔』, 오늘, 1993.
연변사회과학원언어연구소 편찬,『조선말사전』, 연변인민출판사, 1992.

중용(中庸)

중국 유교 경전의 하나로 공자(孔子)의 손자인 자사(子思)의 저작으로 알려져 있다. 오늘날 전해지는 오경(五經)이라는 것은 삼경(三經)이라 불리는『시경(詩經)』,『서경(書經)』,『역경(譯經)』에『예기(禮記)』와『춘추(春秋)』를 더해 일컫는 말이다. 그런데 원래『중용(中庸)』은『대학(大學)』과 더불어『예기』49편 가운데 포함되어 있었다. 그러던 것을 송(宋)대 주자(朱子 : 朱熹)가 이들을 따로 뽑아내『논어(論語)』,『맹자(孟子)』와 아울러 '사서'(四書)라 일컫고 유가 경전의 필독서로 장려하면서 송학(宋學)의 주요 교재가 되었다.

일반적으로 '중(中)'이란 어느 한쪽으로 치우치거나 기울지 않고(不偏不倚), 지나치거나 모자람이 없는 상태(無過不及)를 말한다. 중은 '정중(正中)'이라고도 하여 바름을 뜻하기도 하고, 최고의 이상 경지를 지시하기도 한다. '용(庸)'의 의미에 대해서는 '평상(平常)'으로 보는 견해와 '항상(恒常)'이라는 주장, '용(用)'이라는 설로 엇갈린다. 주자에 따르면 용(庸)은 평상을 뜻하지만, 정약용은 이를 항상, 즉 일관된 지속성으로 해석했다. 주희의 해석이 진리의 일상성·범용성을 강조한다면, 정약용의 해석은 실천의 지속성을 중시한 것이다. 왕부지(王夫之)는 용을 '用'으로 해석하여, 중용을 '中之用'으로 해석한다. 세 학자의 용의 개념에 대한 해석이 엇갈리고 있지만 각기 나름대로 해석의 경전적 근거가 있으므로 어느 한쪽만이 전적으로 옳다고 단정하기는 어렵다.

중용사상은 고대로부터 발전해 온 동아시아의 전통 사상이지만, 특히 유가를 학문적으로 정립한 공자(公子)에 의해서 크게 발전되었다. 공자에 의해 중용은 삶의 원리이자 사고의 기본 논리로서 사상적 틀이 확립되었다. 삶 또는 행동의 원리로서의 중용은 공자 자신의 행동 원리이자 교육 방법의 원리이기도 하였다. 그래서 그는 "군자는 천하를 살아감에 있어서 절대 긍정도 하지 않고, 절대 부정도 하지 않고, 오직 올바른 의(義)에 따라 행위 한다."고 하였다. 또한 이상적 인간상은 행위시에 지나치게 과격하거나 소극적이지 않고 대립적인 특성들을 잘 조화시켜야 한다고 보았다. 다른 인간과의 관계에서는 획일적 배타적 동일성을 고집하지 않고(不同) 차이를 인정하는 가운데 다양성 속에서의 조화를 추구하였다.(이명귀)

사서, 무과불급(無過不及), 공자

참고문헌
양조한(楊組漢), 『중용철학』, 황갑연 역, 서광사, 1999.
김석진 ·신성수 공저, 『대산 중용 강의』, 한길사, 2004.

중층결정(重層決定, Overdetermination)

지그문트 프로이트의 작업에서 나온 말로, 하나의 상징이 몇 개의 독립된 또는 관계된 원인들의 결과라면 그것은 중층결정된 것이라고 한다. 프로이트는 꿈의 상징이 중층결정된 것이라고 보았는데, 그것에 대한 온전한 설명은 단순히 하나의 의미(meaning)와 관련된 것이 아니라 몇 개의 상호연관된 자료와 의미들을 고려해야 하기 때문이다. 그 자신의 꿈 중에 하나에 대해 쓰면서, 프로이트는 어떤 요소들은 '결정점'처럼 보이는데, "그 위에 수많은 꿈의 생각들이 모아지고, 그것들은 꿈에 대한 해석과 연결되어 여러 가지 의미를 나타낸다"고 했다. 프로이트는 여기서 약간 다른 용어를 제안한다. 즉 꿈의 내용의 각각의 요소는 '중층결정'된 것으로 나타났는데, 그것은 꿈의 생각이 여러 번에 걸쳐 재현되고 있는 것이다.

이 용어는 1960년대에 프랑스의 마르크스주의 철학자 루이 알튀세르가 그의 에세이 「모순과 중층결정」에서 사용하면서 널리 알려진다. 알튀세르에 의해 선도된 이 용어의 사용은 보다 역사-정치적인 것이었다. 즉 일련의 다양한 사회적 힘들이 결과적으로 정치혁명과 같은 하나의 중층결정된 사건으로 나타난다는 것이다. 그에 의하면, 이 용어는 조야한 경제 결정론에 대항하는 수단으로 사용할 수 있다는 것이다. 따라서 중층결정은 일련의 학제에서 보이는 단순한 인과관계에 대한 경고로 쓰이는 것이다. 하나의 원인이 별 문제없이 하나의 독립된 사건으로 이어지는 경우는 거의 없는 것이다. 상호연관된 대립적인 힘들의 작용과 관련된 중층결정의 경우, 이러한 작용의 결과는 예측할 수 있는 것과는 상당히 다를 것이다. 왜냐하면 연속적이고 복잡한 중재에 의해 부과된 변화가 있을 것이기 때문이다. 이는 엘리엇(T. S. Eliot)은 "역사는 수많은 교활한 통로들을 가지고 있다"는 말과 일맥상통한다.

문학적 상징에 대한 분석은 정신분석학에서의 꿈의 분석과 달리, 인과적·발생론적 요인들에 초점을 두지는 않는다. 그럼에도 불구하고 문학연구에 중층결정 개념이 도입됨으로써 문학작품 또는 문학작품의 단면들을 문제없이 '기원들'에 연결시키려고 하는 투박하고 단순한 시도들을 배제시키는 효과를 가져왔다.(김학균)

프로이트, 알튀세르, 기원

참고문헌
프로이트, 『꿈의 해석』, 범우사, 2002.
알튀세르, 『맑스를 위하여』, 백의, 1997.

중편소설

대체로 단편 소설보다는 길고, 장편 소설보다는 짧은 소설을 일컫는다. 작품을 길이(분량)에 의해 구분한 명칭의 하나이다. 길이에 의한 구분 이외에도 작품 전개의 심리적 길이, 스토리 라인의 시간적 길이, 플롯 전개의 단순성·복잡성에 의해 구분되기도 한다. 형식적인 구분에 의한 중편소설의 길이는 200자 원고지 4, 500매 내외까지의 것을 일컫는다.

중편소설의 포괄적인 특징은 단편소설의 구조나 수법을 적용할 수 있고, 장편소설이 가지는 복잡성과 총체성을 가질 수도 있다. 의미전달에 있어서도 진지한 주제를 다루는 데 적합하며, 구성에 있어서는 흥미유지의 지속성, 밀도 있는 구조를 설정할 수 있다. 대체로 작품의 서사적 전개시간이 충분하므로 작품의 풍부한 의미를 전달할 수 있다. 단편소설이 보다 세련된 기교에 의하여 소설의 특징과 중요성이 인정된다면, 중편소설은 작가가 택한 주제를 진지하게 다루기 위해 서사적 과정을 충분히 전개시키는 특징이 있다. 중편 소설은 단편 소설에 비해서 단일화의 효과와 긴박한 구성, 그리고 경이로운 결말 처리 방식이 약하고, 장편 소설에 견주면 사건과 인물들의 양상이 상대적으로 압축된다. 또한 장편소설에서는 현실적 세계나 풍속적 삶, 또는 이야기의 복잡한 전개가 필요하므로 인물마다 세밀한 묘사가 필요하지만, 중편에서는 그러한 점에 얽매일 필요가 없다. 따라서 단편과 장편의 장점을 예술적으로 조화시킬 수 있는 이점이 있다.

중편 소설에 관해 만족할 만한 정의를 내린 사람은 사실상 아무도 없다. 이 형식으로 유명한 작품들을 쓴 헨리 제임즈(henry james)는 중편소설을 "우리의 이상적이고 아름답고 축복받은 누벨(nouvelle)"이라고만 하였다.

중편 소설의 예로는 E.헤밍웨이의 「노인과 바다」가 대표적 작품이며, 세계적으로 알려진 작품으로는 H. 멜빌의 「빌리 버드」, R.L.B. 스티븐슨의 「지킬박사와 하이드씨」, H. 제임스의 「나사의 회전」, J. 콘래드의 「어둠의 안쪽」 등이 있다. 한국 작품으로는 최인훈(崔仁勳)의 「구운몽(九雲夢)」, 곽학송(郭鶴松)의 「집행인」, 이병주(李炳注)의 「망명의 늪」, 유주현(柳周鉉)의 「죽음이 보이는 안경」, 김문수(金文洙)의 「그해 여름의 나팔꽃」, 이문열(李文烈)의 「금시조」, 박태순

(朴泰洵)의「밤길의 사람들」, 이인성(李仁星)의「낯선 시간 속으로」, 윤흥길의「장마」, 최창학의「창」, 이청준의「이어도」등의 작품들을 그 예로 들 수 있다.(오양호)

중흥사대시인(中興四大詩人)

중국 남송(南宋) 시대를 대표하는 네 세인으로서 우무(尤袤: 1127~1194), 양만리(楊萬里: 1127~1206), 범성대(范成大: 1126~1193), 육유(陸游: 1125~1210)를 가리키는 말이다. '중흥사대가(中興四大家)' '남송사대가(南宋四大家)'라고도 불린다. 이들 시의 특색은 형식상으로는 황정견(黃庭堅: 1045~1105)으로 대표되는 강서시파(江西詩派)의 기풍에서 탈피한 것이고, 내용상으로는 금(金)나라와의 굴욕적인 관계에 반대한 애국 문학적 색채라 할 수 있다.

황정견을 중심으로 한 강서시파는 불경과 어록, 소설 등에서 제재를 택해 그것을 기이하고 생경한 시어로 표현하였다. 그 결과 현실과 동떨어지고 시적 감흥이 결핍된 시를 창작하였다. 중흥사대시인은 이러한 시풍에 반기를 들었는데, 특히 양만리의 경우는 매우 강경한 자세를 보였다. 그는 30여 년간 강서시파에 몸담으며 지은 시를 모두 불살라 버리고 '성재체(誠齋體)'라는 독특한 문체를 계발하여 강서시파의 시풍을 일소하는 데 공헌하였다. 성재체의 특징은 구어, 속어, 속담 등을 활용함으로써 자연스럽고 활발하며 참신하고 구체적인 시 세계를 그려낸 것이다.

육유 역시 양만리와 유사한 시풍 변화를 보인다. 그의 대다수 초기시는 강서시파의 영향 아래 창작되었으나 이후 강서시파를 비판하면서 현실 속에 나타나는 구체적 정감과 흥취를 표현하는 데 주력하였다. "시법이 홀로 생겨나지 않음은 옛날부터 같거늘, 어리석은 사람은 허공을 새기려 한다."는 그의 말은 강서시파를 직접적으로 겨냥한 것이었다. 즉, 육유는 '시 밖의 공부(詩外工夫)'를 중시함으로써 '시 안의 공부(詩內工夫)'에 치우친 기존 시의 경향을 극복하려 노력하였다. 그는 중흥사대가 중에서도 가장 시적 성취가 뛰어난 사람으로 일컬어지는데, 풍격상으로는 당대(唐代)의 두보(杜甫)와 이백(李白), 송대(宋代)의 소식(蘇軾) 등을 계승하면서도 독특한 자기 시 세계를 형성한 시인으로 평가받고 있다.

우무가 작품의 수나 질적인 면에서 떨어진다는 평가를 받는 데 비해, 범성대는 중국을 대표하는 전원시인으로 불린다. 그는 도연명(陶淵明) 이래의 문인 전원시의 전통을 수용했을 뿐 아니라『시경(詩經)』및『악부(樂府)』,『신악부(新樂府)』의 민가 정신까지를 계승한 시인으로 불린다. 특히 그가 만년에 지은『사시전원잡흥(四時田園雜興)』은 "중국 고대 전원시의 집대성"이라 일컬어지는 시집이다.(이명귀)

남송사대가, 강서시파, 애국시, 전원시

참고문헌
신진호 편,『중국문학사의 이해』, 지영사, 1998.
이종진 외,『중국시와 시인(송대편)』, 역락, 2004.

즈이히츠(隨筆)

우리말 '수필'에 해당하는 일본어로서 형식에 구애됨 없이 붓 가는 대로 견문이나 체험, 또는 의견이나 감상을 적은 글을 일컫는다. 일본 문학에서의 수필은 소설이나 시, 희곡 등을 제외한 모든 것을 총칭하는 말이기 때문에 서양의 에세이(essay)와는 다소 차이가 있다. 일본에서 수필이라는 용어가 처음 쓰인 것은 『도자이즈이히츠(東齋隨筆)』(1481)이다. 그러나 이 책은 사실담과 전설을 모은 것으로서 수필 문학의 효시라고 보기는 어렵다. 일본 수필의 시작은 『마쿠라노소시(枕草子)』(1000년경)라고 할 수 있다. 이 작품은 귀족 계급의 사교 생활을 비롯한 자연과 인사(人事)를 그린 것으로서 『호조키(方丈記)』(1912), 『쯔레즈레구사(徒然草)』(1330)와 함께 3대 고전 수필로 불리는 작품이다. 『마쿠라노소시』가 헤이안(平安) 시대의 여성 수필을 대표하는 맑고 부드러운 내간체 작품이라면, 『호조키』와 『쯔레즈레구사』는 남성 수필로 불교의 무상관(無常觀)에 입각해 있는 작품이다. 한문과 가나를 혼합해 썼다는 점이 특징이다.

흔히 수필을 에세이의 역어로 생각하지만 동양에서는 일찍부터 수필에 관한 기록이 전해진다. 중국 남송(南宋) 때 홍매(洪邁)가 지은 『용재수필(容齋隨筆)』의 서문에 "나는 버릇이 게을러 책을 많이 읽지 못하였으나 뜻하는 바를 따라 앞뒤를 가리지 않고 써 두었으므로 이를 수필이라고 한다."라는 말이 보이고, 한국에서는 박지원(朴趾源)의 연경(燕京) 기행문 『열하일기(熱河日記)』에 '일신수필(日新隨筆)'이라는 말이 등장한다.

한편, 영어 에세이(essay)는 프랑스어 에세(essai)에서 온 말이고, 이는 '계량(計量)하다', '음미(吟味)하다'라는 뜻을 지닌 라틴어 '엑시게레(exigere)'에서 유래하였다. 몽테뉴의 『수상록(隨想錄)』(1580)은 '에세'라는 제목이 붙은 서양 최초의 책이다. 한국 고전 수필로는 고려 때 이인로(李仁老)의 『파한집(破閑集)』, 최자(崔滋)의 『보한집(補閑集)』, 편자 · 연대 미상인 조선 초의 『대동야승(大同野乘)』, 유형원(柳馨遠)의 『반계수록(磻溪隨錄)』, 김만중(金萬重)의 『서포만필(西浦漫筆)』 등이 대표적이고, 근대 최초의 수필은 유길준(兪吉濬)의 『서유견문(西遊見聞)』(1895)이다.(이명귀)

수필, 에세이, 에세, 용재수필, 열하일기, 수상록

참고문헌
허영은, 『일본 문학의 이해』, 대구대학교출판부, 1997.
한국일본학회 편, 『신 일본문학의 이해』, 시사일본어사, 2001.

즉자(卽自)와 대자(對自), 즉자적인 것과 대자적인 것

즉자(또는 즉자적인 것)와 대자(또는 대자적인 것)는 헤겔 철학에서 역사의 변증법적 과정을 해명하는 데 사용되는 개념쌍이다. '즉자'란 사물이 직접 드러난 현상이나 존재, 실체를 가리키며, 대자는 그 실체에 대한 객관화를 통해서 인식되는 행위이자 주체화되는 상태로서 변증법적 지양을 거쳐 개념화된 인식된 상태를 가리킨다. 헤겔 철학에서 변증법적 지양의 과정은 사물이 직접 드러난 현상인 즉자가 다른 것과 교섭하면서 자기의 자립성을 잃게 되는 대타로 발전하고 지양의 과정을 거쳐 다시 자기 자신과 관계함으로써 자기를 회복하는 단계인 대자로 발전하는 것으로 설명된다. 이렇게 보면, 즉자는 다른 존재와의 연관에 따라 규정되는 단계까지 도달하지 못한 미발전, 미성숙한 상태를 가리키는 직접태이자 잠재태로서 자기에 대한 반성적 관계가 결여된 상태라는 뜻에서 '무자각태'로 표현되기도 한다. 즉자가 다른 것과 교섭하는 과정에서 일어나는 존재의 전환은 대자로의 전환이기도 하지만 실체에서 주체로의 전환이며, 의식의 대상에서 자기의식의 대상으로 전환되는 개념화라고 할 수 있다.

헤겔은 이같은 변증법의 토대를 미학에 적용하여 예술의 범주를 설정함으로써 사회학적으로 기반한 예술학과 문예학으로 확장시킨다. 그의 미학은 예술과 현실의 관계에 대한 물음이 중심을 이루는 예술들의 철학을 위한 체계적인 설계이다. 그의 표현을 빌려 말하면, 예술의 아름다움이란 "헛된 주관적 표상"이 아니라 "감각적인 것과 현실적인 것 속에서 실현된 이념", "이념의 감각적인 가상화"이다. 그는 예술이라는 "참된 이념상은 무규정적이고 오로지 내면적인 것에서는 존립하지" 않기 때문에 주객의 변증법, 인간적 실천을 거쳐서 모든 예술의 근거와 미적 내용을 결정한다고 본다. 그러한 점에서 예술은 주관과 객관의 과정적인 변증법적인 운동의 표현 형식이다. 또한 "예술의 목적은 일상적인 현상의 내용을 벗겨내는 것이며 즉자대자적으로 이성적인 것을 전신적인 활동을 매개로 하여 내부로부터 끄집어내어 진정한 외부적 형상으로 현출시켜 창조해 내는 것"(『미학』 1권)에 있다고 말한다.

헤겔의 미학을 관통하는, '예술은 절대정신'이며 '객관정신'이라는 명제는 예술적 실천으로서 작품 생산의 과정이 즉자대자적 인식 전환의 끝없는 변증법적 과정임을 말해준다. 예술화 과정에 깔려 있는 '절대정신의 구현'이라는 헤겔의 미학적 관점은 '객관정신에 즉자적으로 존재하는 것의 대자화'가 바로 예술이라는 의미를 만들어내고, 좀더 넓혀 보면 예술화의 과정을 즉자에서 대자로의 인식 전환과정으로 볼 수 있게 해준다.

이렇게, 헤겔의 변증법적 인식에 바탕을 둔 즉자와 대자의 개념쌍은 미학 또는 문학연구 일반에 적용되면서 좀더 포괄적으로 사용된다. 즉자와 대자의 개념을 원용하여 문학과 사상 일반에서 사용되는 비평적 술어는 변증법적 인식논리에 기초하여 작가연구나 작품 해석에 폭넓게 적용된다고 말할 수 있다. 이 경우 즉자와 대자의 개념은 반드시 철학의 자장 안에만 갇히지 않고 '미발전의 존재 양태에서 자립성을 잃는 대타적인 관계를 거쳐 자기 자신과의 진전된 관계를 이루는 대자적 상태로의 전환을 거치는 과정'에 대한 주목하는 분석의 틀에 유용하게 활용되고 있다.(유임하)

변증법, 헤겔, 반성

참고문헌

토마스 메춰·페터 스쫀디, 『헤겔 미학입문』, 여균동·윤미애 공역, 종로서적, 1983.
빌헬름 F. 헤겔, 『미학』 1권, 두행숙 역, 나남출판, 1996.

증상(症狀, Symptom)

증상은 리비도적 충동에서 비롯된 것이며, 충동을 억제하려는 자아와의 타협형성이다. 증상은 감정적으로 집중된(cathected) 정신적 과정, 소망, 욕망의 대체물이다. 증상은 '억압'이라는 특별한 정신적 과정의 작용에 의해서, 의식에 받아들여질 수 없었던 고통스럽고 불쾌한 것이 반복적으로 귀환하는 방식이다. 무의식 상태에 억류되어 있는 이런 정신적 과정은 방출하려고 애쓴다. 히스테리의 경우에 이런 정신적 과정은 전환(conversion)을 통해서 신체적인 증상으로 표출된다(SE 7, 164). 프로이트는 정신분석의 테크닉으로 이런 증상들을 의식적인 생각들로 언어화함으로써 무의식적 심리구조의 본질과 기원에 대한 지식을 얻을 수 있다고 여겼다. 프로이트에게서 증상은 무의식을 파악할 수 있는 한 가지 통로였던 것이다. 증상은 과대한 성적 갈망과 그런 성에 대한 지나친 혐오가 공존함을 보여준다. 충동의 압력과 성에 대한 반감 사이에서 정신신경증의 병으로서 증상은 주체에게 탈출구를 제공한다. 병이라는 것은 그 성격상 타협이기 때문에 충동이 모두 억압된 것은 아니다. 병은 주체가 그 갈등을 해결하지 못하고 자신의 리비도적 충동을 증상으로 변형시킴으로써 그 갈등을 회피하려는 것이다. 라캉에 따르면, 증상은 일종의 암호화된 메시지, 수수께끼이며, 억압된 것의 귀환이다. 이 증상은 언어처럼 구조되어 있으며(Écrits, 59), 은유의 메카니즘을 갖는다(Écrits, 166). 그러나 라캉은 후기에 언어학적 해석으로도 해결되지 않는 부분이 증상에 자리 잡고 있음을 보게 된다. 즉, 증상은 단순히 타자에게 메시지를 전달하려 하거나 해석을 요구하는 것이 아니다. 왜냐하면 해석을 했는데도 불구하고 증상이 해소되지 않는 경우가 있기 때문이다. 라캉은 증상이 상징계의 의미작용을 넘어서 고통 속의 쾌락으로서의 주이상스와 밀접히 연관되어 있음을 '생톰(sinthome)'이란 신조어를 통해 보여준다. 생톰으로서의 증상은 주체가 자신의 주이상스를 조직해내는 방식이다. 라캉에 따르면 정신분석의 끝은 '생톰과의 동일시'가 된다. 정신분석은 환자가 존재의 유일한 지지대로서의 생톰을 자신의 증상의 실재계 안에서 발견할 수 있을 때 그 목적을 달성한다. 생톰은 병리적인 의미화의 형성, 주이상스와의 결속, 의사소통과 해석에 저항하는 얼룩, 그리고 담론의 회로에 포함될 수 없고 사회적 결속의 연쇄망에 포섭될 수 없는 얼룩이지만 주체의 유일한 지지대이다(Žižek, 75).(정진만)

정신분석, 생톰

참고문헌

Freud, Sigmund. "Three Essays on the Theory of Sexuality(1905)." SEVII. London: Hogarth Press, 1973.

Lacan, Jacques. Écrits: A Selection. London: Tavistock, 1977.

_____, The Seminar of Jacques Lacan Book VII(The Ethics of Psychoanalysis 1959-1960). New York and London: W.W.Norton, 1997.

Žižek, Slavoj. The Sublime Object of Ideology. London and New York: Verso, 1989.

증언 문학

증언 문학은 전쟁이나 혁명과 같은 긴급한 상황이나 사건에 대한 자기의 기억과 경험을 서술한 문학이다. 홀로코스트 연구, 아프리카 연구, 여성 연구, 하위주체 연구 등이 제기되면서 활성화된 증언 문학은 역사적, 학술적, 문화적 담론 속에서 언표화되지 못했던 희생자들의 목소리를 기억을 통해 복원해낸 서사물이라 할 수 있다. 라틴아메리카의 증언문학에 대하여 조지 유디세(George Yúudice)는 "전쟁이나 탄압 혹은 혁명처럼 긴급한 상황이 발생하여 그런 사건을 서술하고자 결심한 증인에 의해 서술된 진정한 서사물"이라고 논하였다. 그는 증언 문학의 "대중적이며 구어적 담론을 강조하면서, 증인은 집단적 기억과 정체성의 대리인으로 자기의 경험을 묘사한다"고 보았다. 라틴 아메리카의 좌파 지식인들을 중심으로 활성화되었던 증언 문학에 대한 연구는 제3세계에서 뿐만 아니라 미국과 유럽에서도 확대되어가고 있다.

증언을 문학의 정전에 포함시켜야 하는가에 대해 미국 대학을 중심으로 논의가 진행되기도 했다. 개인의 기억이나 억압된 집단의 기억을 토대로 하는 증언 자체가 공식 역사에 비해 과학적 근거를 얻기 어렵다는 점 때문에 증언적 내용 자체는 사실과 동일시될 수 없다. 그러나 증언 문학에서 중요한 것은 증언의 사실성 여부라기보다는 증언의 모호성이 지배담론의 한계를 밝히는 계기이기도 하다는 점이다. 미국 비평가들에게 증언이라는 문학 장르는 "지배 이데올로기의 거짓을 폭로하고, 문학에 이미지뿐만 아니라, 패배자들, 주변인들, 그리고 억압받은 사람들의 목소리를 가져오려는 열망"으로 이해되었다.

증언적 이야기의 윤리성을 언급한 프랑스 철학자 폴 리쾨르(Paul Ricoeur, 1913-2005)는 역사에 기록되지 않은 힘없고 패배한 자들의 역사는 말해질 것을 요구한다고 지적한 바 있다. 리쾨르에 따르면 증언은 패배한 자들, 희생된 자들 즉 역사의 타자들에 대한 기억이며, 그 기억을 통해 역사를 다시 말하고 이해하는 이야기이다. 증언은 타인에 관한 이야기를 통해 그 행위에 대한 윤리적 판단을 내리게 함으로써 역사에 대한 새로운 이해에 도달케 하는 윤리성을 함의하는 이야기라는 것이다.

일반적으로 증언 문학은 심리분석, 기호학, 역사, 인문과학, 인권, 법, 대중매체 연구, 문학비평, 문화비평 등 다양하고 광범위한 틀을 통해 접근할 수 있는 증언 텍스트로 받아들여지기도 한다.(장은영)

증언, 기억, 구술사

참고문헌
송병선, 「라틴아메리카 증언문학의 시학과 하위 주체의 문제」, 『라틴아메리카연구』vol.17, 2004.
R. Kearney, 김재인 외 역, 「폴 리쾨르 -언어의 창조성」, 『현대 사상가들과의 대화』, 한나래, 1998.

지각(知覺, Perception, 프 Perception, 독 Wahrnehmung)

동물 및 인간의 중추 신경계를 매개로 이루어지는 객관적 실재의 반영 형식이다. 좁은 의미의 지각은 의식역(意識閾)을 넘지 않는 지각이고, 넓은 의미의 지각은 좁은 의미의 지각과 의식역을 넘는 통각을 모두 포괄한다.

　넓은 의미의 지각은 대상에 대한 감각적, 전체적 모상(模像)이며 감각 기관에 직접적으로 영향을 미치는 대상의 속성이나 관계를 전체적으로 모사한다. 지각은 그 총체성을 통해서 객관적 실재에 대한 직관적 모상을 중개한다. 이때 외적인 현상 내지 피상적인 관계, 즉 개별적이고 우연적인 것뿐만 아니라 본질적이고 내적인, 즉 보편적이고 필연적인 연관까지도 파악된다. 그러나 그 지각 속에서는 이 모든 관계들이 아직 서로 구별되어 있지 않다. 지각은 현상과 본질을 통일되어 있는 상태로 반영하는 것이다. 따라서 지각은 사유를 위해 필요한 재료를 포함하고 있으며, 추상화-보편화를 수행하는 사유는 이 재료로부터 본질적이고, 내적인, 즉 보편적이고 필연적인 관계들을 골라내어 부각시킬 수 있게 된다. 감각과 달리 지각은 전체적인 감각적 모상으로서 대상의 공간적 속성 및 관계들, 즉 윤곽이나 형태, 크기, 거리 등을 모사한다. 지각의 형성과정에서 시각 및 촉각이 결정적인 역할을 하는 것은 이러한 사실로 설명할 수 있다.

　아리스토텔레스는 모든 사고와 지식의 근원을 지각에서 찾는다. 그래서 그는 본유적인 이데아가 존재한다는 플라톤의 견해에 반대한다. 로크, 버클리 등의 '감각주의'가 대두됨으로써 지각은 근세에서 다시 한번 관심의 초점이 되었다. 데카르트는 본유관념이 일단 의식되지 않은 채로 존재한다고 주장함으로써 이것의 존재를 변호하였다. 로크와 흄, 버클리 등은 의식의 영역은 지각의 총체와 동일하다고 주장하였고, 라이프니츠는 데카르트와의 논쟁에서 최초로 지각과 통각을 구분했다. 그는 무의식적인 지각 또는 표상이 통각을 통해 의식에 도달하는 지각의 영역보다 더 중요하다고 보았다. 라이프니츠가 도입했던 것과 같은 지각과 통각의 인지 과정상의 차이는 후에 심리학에서 수용되었다. 분트(Wunt)는 인지가 시야(視野)에 나타나는 것을 지각이라 보았고, 의식의 시점(視點)에 나타나는 것을 통각이라 보았다. 그리고 이러한 구별은 정보이론을 응용함으로써 양적으로도 파악 가능하게 되었다.(김학균)

아리스토텔레스, 데카르트, 라이프니츠, 통각, 분트

참고문헌
요하네스 힐쉬베르거, 『서양철학사』 상권, 강성위 역, 이문출판사, 2004.
장영란, 『아리스토텔레스의 인식론』, 서광사, 2000.

지괴소설(志怪小說)

　위진남북조 시대에 성행하였으며, 초현실적 소재를 다룬 소설을 지칭하는 용어이다. '지괴(志怪)'는 『장자(壯子)』 소요유(逍遙游)편에서 처음 쓰였는데, '괴상한 것을 적는다'는 의미이며, 위진남북조 시기에는 공약(孔約), 조태지(祖台之), 조비(曹毗) 등 여러 사람이 '지괴'를 소설집의 이름으로 사용하였다. 당대 단성식(段成式)의 『유양잡조(酉陽雜俎)』나 명대 호응린(胡應麟)의 『

소실산방필총(少室山房筆叢)』에서는 '지괴'라는 말을 소설의 한 종류를 지칭하는 용어로 사용하였으며, 노신(魯迅) 역시 이들의 용어를 따라 썼다.

지괴소설은 신선방술(神仙方術), 귀매요괴(鬼魅妖怪), 수방이물(殊方異物), 불법령이(佛法靈異)의 이야기들을 수집하여 기록한 것들인데, 사상적으로 무축(巫祝), 불가, 도가와 밀접한 연관이 있다. 대표적인 작품으로는 간보(干寶)의 『수신기(搜神記)』, 작자미상의 『열이전(列異傳)』, 장화(張華)의 『박물지(博物志)』, 안지추(顔之推)의 『원혼지(冤魂志)』 등을 들 수 있다.

지괴소설은 초자연적이며 불가사의한 이야기들을 환상적인 색채에 담아 서술하였다. 예술적으로는 묘사를 별로 가하지 않고 이야기의 뼈대만을 간추려 기록한 것이어서, 소설의 기원 단계에 속한다고 할 수 있다. 그러나 『수신기』 중의 일부 작품 같은 경우에는 어느 정도의 소설적인 구성을 보여주고 있기도 한다.

지괴소설은 당대 전기소설이 출현할 수 있는 기초를 형성하였으며, 또한 후대의 문학에 많은 소재를 제공한다. 예컨대, 『유명록(幽明錄)』의 『양림입몽(楊林入夢)』 이야기는 당대의 전기소설인 『남가태수전(南柯太守傳)』과 『침중기(枕中記)』의 바탕이 된다. 송대의 설화(說話) 중 "靈怪(연분영괴)" 항목은 지괴소설과 그 맥을 같이 하고 있다. 지괴소설은 면면히 이어지며 명대 구우(瞿佑)의 『전등신화(剪燈新話)』로 발전하였고, 청대 포송령의 『요재지이(聊齋志異)』에서 집대성되었다.

지괴소설과 대비되는 개념으로서 '지인소설(志人小說)'이 있는데, 노신이 처음 사용한 용어이다. '지인'은 '사람에 관해 기록한다'는 뜻으로서, 육조시대의 유명 인사들에 얽힌 일화를 기록한 문언소설을 지칭한다. 유의경(劉義慶)의 『세설신어(世說新語)』와 작자미상의 『서경잡기 西京雜記』를 대표적 작품으로 들 수 있다.(위행복)

지괴소설, 신마소설, 신화, 전기소설, 전설, 지인소설, 토속신앙

참고문헌
중국소설연구회 편, 『중국소설사의 이해』, 학고방, 1994.
김학주 저, 『중국문학사』, 신아사, 1994.
전인초 저, 『당대소설연구』, 연세대학교 출판부, 2000.

지구화(地球化, Globalization)

지난 200년의 역사는 "지구화의 확산, 심화, 가속화의 역사"였다는 주장에도 불구하고, 지구화가 무엇인지 그리고 그것이 실제로 발생하고 있는지 여부에 대해서는 논자마다 근본적인 견해 차이를 보이고 있다. 보편적으로 지구화란 정치적, 사회적, 경제적, 기술적, 문화적 변화를 포괄하는 다양한 과정을 지칭한다. 이는 국제적 상호작용의 강도와 정도 양 측면에서의 운동을 함축한다. 일면 이것은 전지구가 자유민주주의 가치 같은 어떤 긍정적 효과나 혜택 등을 공유하는 것을 의미하는 듯하지만, 이와는 반대로 갈등과 긴장의 씨앗을 뿌릴 수도 있다. 지구화는 통합의 측면에서만 파악되는 것이 아니라, 오히려 해체의 측면에서도 파악될 수도 있다는 것이다. 그것은 시간에 의해서 공간이 절대적으로 무화(無化)되는 지구화의 특성에서 비롯된다. 공간의 압축은 자본으로 하여금 순식간에 지구 곳곳을 이동하게 만든다. 이런 지구화된 조건 속에서 자본가들은 현대판 부재지주(不在地主)가 되는데, 이들은 공간성으로부터 구속받지 않기 때문에 사회적 책임으로부터도 면제된 존재들이다. 이로 인해 상층부의 이윤 축적 기회를 과거 어느 대보다 커지게 했으며, 그에 비례하여 하층부의 빈곤, 지역 구속성 또한 과거 어느 때보다 커지게 만들었다. 결국 지구화란 통합시키는 정도만큼 분화시키는 것이다. 따라서 이에 따른 공간 배치와 결절이 세계 엘리트들과 지역화된 민초들 사이의 소통을 마비시키고 있다. 이러한 영향은 경제, 정치, 문화 모든 면에 있어서의 양극화로 나타나기도 하는 것이다.

최고 수준의 지구화는 현재 금융체계에서 일어나고 있다는 데에 대부분의 논자들은 공감한다. 그러나 경제적 지구화만을 따로 떼어놓고 분석하는 것은 별 도움이 안 된다. 지구화에 대한 사회학적 해석 중 많은 부분이 문화 개념에 중점을 두고 있는데, 롤랜트 로버트슨의 경우에는 새로 발견된 지구적 '의식'을 강조한다. 이것은 반드시 단일하고 동질적인 세계문화를 의미하는 것이 아니며, 그것이 함축하는 바는 문화는 서로 '상대화되는' 것이지 '통일되거나 집중되지' 않는다는 것이다.

지구화라는 단어가 우리나라에 유행하기 시작한 것은, 과거 문민정부가 세계화를 정책 목표로 내걸었던 시절이었다. 지금도 여전히 그렇지만, 당시에도 지구화의 성격과 그 영향에 대한 논란이 거세었던 까닭에, 정부는 '지구화' 대신 '세계화'라는 신조어까지 만들어가면서 목소리를 높였다. 송두율은 남과 북에서 '지구화(globalization)'에 대한 서로 다른 접근을 본다. 같은 단어를 두고 남에서는 '세계화'로 북에서는 '일체화'로 이를 번역하고 있는 것이다. 남에서 '지구화'는 민족국가의 경계를 넘어설 수 있는 미래의 혁명적 가능성에 대한 낙관적 입장을 지시한다. 그러나 '지구화'를 '일체화'로 이해하는 북의 시각은 동서 냉전의 종식과 더불어 유일한 초강대국으로 떠오른 미국이 자신의 의도대로 '지구화'를 통해 전 세계를 '하나'로 만들고 있다는 판단에서 비롯된다.(이정선)

지구화, 파편화, 세계화, 일체화, 제국주의

참고문헌
지그문트 바우만, 『지구화, 야누스의 두 얼굴』, 김동택 역, 한길사, 2003.
이안 클라크, 『지구화와 파편화』, 정헌주 역, 일신사, 2001.
송두율, 『민족은 사라지지 않는다』, 한겨레신문사, 2000.

지다이모노(時代物) ☞ 시대물

지덕체(智德體)

지덕체(智德體)론은 1900년대 사회적 담론의 중심 주제인 교육론의 핵심적인 세 가지 체계였다. 참된 교육을 위해서는 지육(智育), 덕육(德育), 체육(體育)을 조화롭게 이루어야 한다는 내용이 신소설이나 일반 교과서에 등장할 정도로 일반화되어 있었다.

일본에서의 지덕체(智德體)론은 지와 덕의 가치만을 강조하는 근대 초기의 사상적 지형도에 대한 비판에서 성립했다. 지덕체론을 주장한 이들은 지·덕 편향의 교육을 비판하기 위해 체육의 가치를 강조하였고 이후 일본 교육에서는 체육이 현저하게 강조됐다. 1899년 일본 최초의 교육한 저서인 능세영(能勢榮)의『교육학』은 지덕체론에 최종적 윤곽을 부여한 책이다.

지덕체론이 사실상 체육의 중요성을 역설하는 사상으로 받아들여진 것은 1900년대 한국도 마찬가지였다. 체계적인 교육의 필요성이 제기될 때 항상 강조되는 것은 바로 체육 교육의 중요성이었다. 지덕체론 자체는 당시로서의 대단히 낯선 인식 체계였으며 특히 체육이란 전적으로 새로운 분야였다. 체육과 관련된 의학과 군사는 법률과 함께 약육강식론에 맞설 수 있는 중요한 분야로 자리 잡기 시작했다. 1900년대의 운동회가 군사 훈련과 같은 양상을 띠는 중요한 행사였다거나 이광수의『무정』에서 주인공 이형식이 생물학을 선택한 것은 모두 이 때문이다. 개인의 신체적 힘을 길러야 한다는 주장은 결국 국가의 부강이라는 거대 담론으로 수렴됨으로써 더욱 가치를 지니게 되었으며 지덕체론은 식산흥업을 통해 국가의 실질적 경쟁력을 높여야 한다는 주장의 구심점이 되었다.

1900년대 인식의 판도를 짰던 지덕체의 구도 하에서는 아직 情의 인간형에 대한 인식이 마련될 수 없었다. 이광수가「문학이란 하오」라는 글에서 知情意라는 구분을 세우고 특히 문학을 "情의 분자를 포함한 문자"로 정의하기 전까지는 아직 인간의 정적 특질에 기반 하는 근대적 의미의 문학이 정초될 수 없었다.(권보드래)

지정의, 이광수

참고문헌
권보드래,『한국 근대소설의 기원』, 소명출판, 2000.
문학사와비평연구회,『한국문학과 계몽담론』, 새미, 1999.

지문

희곡에서 등장인물의 직접적인 발화에 의한 대사 이외에 등장인물의 동작이나 표정, 심리, 말투 등을 지시하는 부분을 일컫는 용어이며, 희곡은 일반적으로 이와 같은 대사와 지문으로 구성된 서술형태를 보여준다. 그러나 희곡뿐만 아니라 소설에서의 서술형태 역시 지문과 등장인물들의 대사(대화)로 구성된다는 점에서 이 용어는 비단 희곡이라는 장르에만 국한된 용어라고 할 수 없다. 화자에 의해 중개되지 않은 채 인물들간의 직접적인 발화의 형태로 제시되는 대화와 달리, 지문은 화자에 의해 중개되거나 지시되는 언술적 특성을 지니며, 인물들의 동작이나 표정, 말투, 성격과 심리는 물론 사건의 정황이나 배경, 분위기들에 대한 묘사나 설명, 논평, 해설 등의 역할을 담당한다.

희곡은 장르적 특성상 지문이 텍스트의 중심을 이루는 대사에 비해 상대적으로 보조적인 역할을 수행하게 되지만, 소설의 경우에는 지문이 서사구성의 중심적인 비중을 차지할 뿐더러, 순수한 지문만으로 구성되는 소설 텍스트 또한 적지 않다. 이것은 등장인물들의 직접적인 발화를 바탕으로 한 극(劇)의 형태, 다시 말해 연행(演行)의 양식이 전제되어 있는 희곡과는 달리, 소설의 경우 순수하게 '읽는 행위'가 해당 텍스트에 대한 수용의 전제조건을 이루고 있다는 점과 관련이 있다. 따라서 소설에서 지문이 차지하는 중심적인 비중은, 소설 장르에 전제되어 있는 '읽는 행위'를 충족시키기 위한 서술 형태가 소설의 장르적 특성으로 정착된 결과로 볼 수 있다.(박혜경)

대사, 독백

참고문헌
하유상, 『희곡론과 작법』, 을유문화사, 2000.
이상란, 『희곡과 연극의 담론』, 연극과 인간, 2003.

지사(志士)

국가와 사회를 위해 몸과 마음을 바쳐 일할 수 있는 굳은 의지와 높은 뜻을 가진 사람을 가리키는 말이 바로 지사(志士)이다. 한국에서는 개화 계몽기로부터 일제의 점령기간 동안 수많은 항일애국지사들이 출현하였다.

한국 문학사상 지사로 손꼽을 수 있는 대표적 인물로는 장지연과 신채호가 있다. 한말 애국계몽운동의 선구자였던 장지연은 전통적인 한학을 바탕으로 구국이라는 실천적 과제를 해결하고자 한 인물이다. 그는 한학을 수학했음에도 누구보다도 먼저 국문 사용을 주장하였다. 신채호 또한 한학이라는 지적 배경을 지닌 한말의 애국계몽운동가로 그 역시 국문의 가치와 중요성을 역설했다. 이들은 공통적으로 민족 영웅의 사적을 기록하는 역사 · 전기물을 창작하여 소설 개량론을 개진했는데 이들의 영웅론은 단순히 구원자의 탄생을 기다리는 자세와는 거리가 멀었다. 신채호의 경우 두드러지게 나타나듯 역사 · 전기물 창작의 궁극적 목적은 '국민 모두를 영웅으로 만드는 길'에 있었다. 「애국부인전」, 「비사맥전」, 「이태리건국삼걸전」, 「을지문덕」, 「서사건국지」, 「몽견제갈량」 등의 역사 · 전기물은 상무(尙武) 정신을 핵으로 하면서 국민의 풍기(風氣) 진작이라는 소임을 맡고 있었다.

그러나 1900년대를 풍미한 영웅 대망론은 1910년 이후 천재에의 기대로 바뀌어 갔다. 그것은 영웅상의 부조가 전적으로 상무 정신과 애국심의 고취로 수렴되는 데 대한 비판이기도 했다. 개인의 각기 다른 가능성을 최대한으로 실현해야 한다는 새로운 구상은 이광수로 하여금 "각자의 天才"를 계발해야 한다는 주장을 펴게 했다.(권보드래)

역사 · 전기물, 영웅, 천재

참고문헌
권보드래, 『한국 근대소설의 기원』, 소명출판, 2000.
권영민, 『한국 민족문학론 연구』, 민음사, 1988.

지시(指示, Designation, Denoting, 독 Bezeichnung)

의미론의 세 분야, 즉 의미와 지시와 진리조건 중 하나이다. 주로 철학자들에 의해 연구되었는데, 이들은 문장의 의미를 직접 특징 지우려하지 않고, 지시개념에 대한 연구와 진리조건에 대한 연구를 통해 접근하려고 한다. 지시개념이란 본질적으로 언어표현(단어, 구절, 문장 등)이 지시하는 대상이 무엇인가에 관한 연구라고 하겠다. 예를 들면 '이박사는 초대대통령이다'라는 문장에서 표현 '이박사'와 '초대 대통령'은 동일한 대상, 즉 '이승만 박사'를 지시하고 있다. 한편 진리조건 의미론은 본질적으로 어떤 진술이 참이고 거짓인가를 판단할 수 있는 조건에 관한 연구이다. 이러한 연구에서는 실제로 문장들 사이의 진리의 관계가 다뤄진다. 예를 들어, '그 사람은 80살이다'가 참이면 '그 사람은 50살이 넘었다'도 참이다. 이와 같이 언어적 표현을 일반적으로 다루려는 것이 아니라 언어적 표현의 지시와 언어적 표현의 참과 거짓에 관한 조건을 연구하려고 한다. 이러한 연구에는 의미의 영역에 속하는 많은 것들이 도외시되는 결함을 가지고 있다.

지시에 대한 연구는 화자 지시(speaker reference)와 언어 지시(linguistic reference)로 구별할 수 있다. 화자-지시란 화자가 어떤 언어 표현을 사용해서 지시하려는 것이다. 예를 들어 자기의 귀여운 아들을 지시하기 위해 '대장이 온다'라고 말했다면, 대장이라는 화자 지시는 자기 아들이다. 이와 같이 화자 지시는 화자와 환경에 따라서 변하기 때문에 의미론의 영역에서 벗어난다. 한편 언어 지시는 어떤 언어적 표현 그대로의 체계적인 언어 표현이다. 예를 들면, 문장 '대장이 온다'에 있는 언어적 표현 '대장'은 대장의 계급에 있는 군인을 지시한다. 이와 같이 언어 지시는 화자 지시와 반대로 의미론의 영역에 속한다. 그 이유는 언어 지시에 관한 연구는 화자나 환경이 아니라 언어 그 자체의 체계적인 기능인 지시를 다루는 것이기 때문이다.

지시에 대해서 논할 때, 몇 가지 중요한 개념들이 있다. 지시물(referent), 외연(denotation), 원형(prototype), 조응(anaphora), 직시(deixis) 등이 그것이다.(김학균)

의미론, 의미, 진리조건, 화자지시, 언어지시

참고문헌
김방한, 『언어학의 이해』, 민음사, 1992.
볼프강 드레슬러, 『텍스트 언어학 개론』, 이재원 역, 한신문화사, 2004.

지시대상(指示對象)

의미론에서 형식이 바로 어떤 사물을 가리킨다고 한다면, '책상', '연필', 'watch', 'tree' 등은 언어의 형식이 되고, 이것은 현실의 물건들(책상, 연필, 시계, 나무)이 그 의미라고 생각된다. 이렇게 생각하면 언어의 의미는 그것이 가리키는 현실세계라는 말이 된다.

그런데 이런 이론은 모든 단어가 다 어떤 사물을 가리킨다고 볼 수 있는가라는 문제에 봉착한다. 가령 '걷다', 'sing' 같은 말들은 아주 복잡한 행위들을 표현하는 것이다. 그런데 여기에서 '걷다'나 'sing' 등의 현상을 가리킨다고 우리가 말한 현상이 얼마나 복잡한가를 알게 되면 이런 생각이 단순한 것이 아님을 알 수 있다. 이 어려움은 '사랑하다', 'anticipate' 같은 단어가 되면 더욱 커진다. 이 말들은 무엇을 '가리킨다' 또는 '지칭한다'고 말할 수가 없는 것이다.

이와 같은 결함을 보완할 수 있는 이론으로 생각되는 것이 이른바 의미의 삼각구도이다. 이 생각에 의하면 언어형식은 어떤 사물을 직접 가리키는 것이 아니라 형태소는 어떤 지칭개념을 의미하며, 그 지칭개념은 지시대상을 지칭한다. 그러므로 형식과 대상과는 직접적인 관계가 없으며 형식은 지칭개념의 중계로 대상과 관련을 맺게 되고 그 대상을 대신하는 것이다. 편의상 언어형식과 지칭 대상만을 고려하는 이론을 지칭대상이론(referent theory)라고 하고, 지칭 개념을 중개자로 고려하는 이론을 지칭개념이론(reference theory)라고 한다면, 후자는 전자가 가지고 있는 어려움을 해결해 준다고 하겠다.

지칭개념이론에 의하면 의미란 결국 언어형식이 가리키는 지칭개념이며 그러한 지칭개념을 매개체로 하여 현실을 알 수 있고, 머리 속에 그릴 수 있는 것이다. 그러나 머리 속에 그리는 현실은 어디까지나 개념이지 현실 그 자체는 아니다. 지칭대상이론에서의 의미는 현실 그 자체를 나타내는 것이므로 언어 형식과 현실과의 관계에서 설명할 수 없는 부분이 많아진다. 위에서 지칭개념과 지시대상을 구별하였는데, 어떤 이론에서는 지칭개념을 sense(의미)와 reference(지칭)의 두 가지로 부르기도 한다. 이런 경우 reference(지칭)란 말이 지칭대상을 가리키는 말로 쓰인다.(김학균)

지칭개념, 기호, 지칭대상이론, 지칭개념이론

참고문헌
김한곤 외, 『언어학 신론』, 개문사, 1989.
볼프강 드레슬러, 『텍스트 언어학 개론』, 이재원 역, 한신문화사, 2004.

지식사회학(知識社會學, Sociology of knowledge, 프 Sociologie de la connaissance, 독 Wissenssoziologie)

지식의 성립·구조·내용 등에 관해 사회학의 견지에서, 즉 지식과 사회의 관계를 사회학적인 방법으로 파악하는 연구. 널리 문화론 영역에 관한 이와 같은 연구를 문화사회학(cultural sociology)이라고 하는데, 그 중 지식에 대한 연구에 중심이 두어져 문화사회학은 거의 지식사회학과 동일시된다. 지식사회학에서는 지식이 사회의 소산임을 문제로 삼고, 지식이 어떠한 사회적 요인을 조건으로 취하며 또 그 요인과 어떻게 기능적 관련을 갖느냐에 관심을 둔다. 이 같은 관심은 예로부터 존재했지만, 학문으로서의 지식사회학은 제1차 세계대전 후 독일에서 지식의 사회적 피제약성 또는 존재피구속성을 주장한 M. 셸러, K. 만하임에 의해서 수립되었다. 이는 F. 베이컨 등의 경험론과 프랑스 관념론자의 사상에까지 소급될 수 있는데, 지식사회학과 직접적인 관계를 갖는 것은 마르크스와 엥겔스의 이데올로기론이다. 지식이 사회적 제약 하에 있다는 사회학의 생각은 콩트의 지식 삼단계설에 근원이 있는데, 그 후 프랑스의 사회학자 뒤르켐이, 인간이 인식을 할 때의 범주(공간·시간, 원인·결과 등)는 인간 지성에 선천적으로 있는 것이 아니라 사회 집단의 생활로부터의 산물이며 개개인의 사고는 이것에 규정받는다고 말하여, 지식사회학적 견해를 나타냈다. 독일의 셸러는 인식활동을 하는 정신의 세 개의 다른 현상으로서 종교, 형이상학(철학), 실증과학을 들고, 이것들은 각각 교회나 교단, 아카데미나 학파, 대학이나 학회라는 집단을 가지고 있으며 이것들이 각각 역사적으로 특수한 운동 형태를 가지고 있다고 하여, 인식 형태와 이들 집단의 특징과의 관계를 연구하였다. 현상학적 입장에서 정신의 자기결정성과 영원성을 강조한 셸러에 비하여 역사주의를 표방한 만하임은 지적인 활동은 사회생활과 결부되어 있어 생활의 변천과 함께 지식의 조직화도 변화해 가며, 사회로부터 입장의 구속이 있는데, 이와 같은 지식은 수학이나 자연과학 같은 순수이론적인 것이 아니라 현실 생활의 변화에 관련되는 것이라고 보았다. 그리고 마르크스주의 이데올로기관에 대하여, 특히 역사적·총괄적 즉 객관적으로 이 문제를 해결하려는 입장을 취하여 이것을 성립시키려고 하는 것은 계급적 구속이 없는 인텔리겐차에 의한다고 하는 견해를 표명했다. 현재는 미국의 사회학자 머튼(R. K. Merton) 등이 매스커뮤니케이션 문제를 포함시켜 논하고 있다.(윤송아)

문화사회학, 뒤르켐

참고문헌
P. 해밀턴 저, 『사회구조와 사회의식 : 지식사회학의 흐름』, 고영복 역, 한울, 1984.
송호근, 『지식사회학』, 나남, 1990.

지식인소설(The novel of intellectuals)

지식인소설을 올바르게 정의하려면 지식인에 대한 본질해명이 앞서야 한다. 지식인은 그 역할이나 태도나 시대에 따라 다른 모습을 보여 왔다. 동서양에서 지식인은 크게 소지식인/대지식인, 인테리겐치아/인테렉츄얼로 대별되어 왔으며 기능적 지식인/부초적(浮草的) 지식인이나 과학적 지식인/문학적 지식인과 같이 2분되기도 하고 창조적 지식인/분배적 지식인/적용적 지식인으로 3분되기도 한다. 지식인은 사회에 대해 어떤 태도를 취하느냐에 따라 보수적 지식인, 진보적 지식인, 상향적 지식인, 중간적 지식인, 하향적 지식인 등 다양한 모습으로 나타나게 된다. 논자에 따라서는 지식인에게 가장 중요한 것을 전문지식으로 보기도 하고 비판의식이나 교양으로 보기도 한다. 이처럼 지식인은 다양한 직업이나 사상이나 태도로 나타나기 때문에 지식인을 주인공으로 한 지식인소설이 실제로는 성립되기 어렵다고 주장하는 사람도 있다. 또 현대사회에서는 교육의 확대로 지식인의 범위가 넓어져 지식인과 지식인이 아닌 사람의 구별이 쉽지 않게 된 점도 지식인소설의 범위설정의 어려움의 한 이유가 된다. 지식인이 주인공이나 초점화자가 되면 그때의 지식인소설은 사상소설이나 관념소설로 빠지기 쉬운데 바로 이러한 점은 지식인소설의 대중화의 가능성을 가로 막게 된다.

송재영은 『현대문학의 옹호』에서 지식인소설의 출발점을 1921년에 알베르 티보데(Albert Thibaudet)가 쓴 "Le Roman de l'intellectuel"에서 잡고 있다. 지식인소설은 지식인이 주요인물로 나타나야 할 것, 현실적 욕구와 이상적 세계 사이의 갈등이 메인 플롯이 되어야 할 것, 지식인의 태도라든가 꿈이라든가 고통 에 대한 분석이 있어야 할 것 등을 기본요건으로 삼는다. 백철은 『조선신문학사조사』에서 1930년대의 작품을 대상으로하여 지식인이 주인공인 소설을 지식인의 실직과 빈궁을 그린 소설(채만식, 이무영), 지식인의 현실과의 타협과 이상과의 모순 사이에서 생기는 고민을 주제로 한 소설(유진오, 이효석)로 대별한 바 있다. 한국소설사에서 지식인소설의 모범작으로는 채만식의 「레디메이드 인생」, 유진오의 「김강사와 T교수」, 이광수의 「흙」, 심훈의 「상록수」, 박태원의 「소설가 구보씨의 일일」, 최인훈의 「광장」, 이청준의 「병신과 머저리」 등을 들 수 있다. 지식인소설은 내용에 따라 대체로 예술가소설, 소설가소설, 의사소설, 투사소설 등으로 나타나고 서술방법에 따라 대체로 관념소설, 사상소설, 성장소설, 자전적 소설 등으로 나타난다.(조남현)

지식인, 예술가소설, 관념소설

참고문헌
백 철, 『조선신문학사조사』(현대편), 백양당, 1949.
송재영, 『현대문학의 옹호』, 문학과 지성사, 1979.
이재선, 『한국현대소설사』, 홍성사, 1978.
조남현, 『한국지식인소설연구』, 일지사, 1984.
David L. Silis, International Encyclopedia of the Social Sciences, The Macmillan Company & The Free Press.

지언양기(知言養氣)

맹자 수양론의 핵심에 해당하는 말로서, 『맹자(孟子)』 원문에는 부동심(不動心)에서 시작하여 양기(養氣) · 지언(知言)을 언급하는 순서로 되어 있다. 그러나 맹자가 40세에 부동심한 것이

지언과 양기의 수양을 통해서이므로 일반적으로 '지언양기'라고 부른다.

'지언'이란 언어와 사상의 시비 · 선악 · 진위 · 득실을 명확히 변별하는 것을 말하는데, 이는 맹자가 고자(告子)의 말을 반박하는 과정에서 나왔다. 고자는 "말에서 얻지 못하거든 마음에서 구하지 말며, 마음에서 얻지 못하거든 기(氣)에서 구하지 말라."고 했는데, 이에 대해 맹자는 "말을 안다"(知言)고 말했다. 즉, 고자가 마음을 움켜잡고 강제로 움직이지 못하게 하여 결과적으로 마음과 말, 마음과 기를 관련 없는 것으로 만든 데 비해, 맹자는 사악하고 간사한 말은 마음에서 나온다는 점을 분명히 했다. 맹자는 "말을 아는 것(知言)이 무엇인가"라는 공손추(公孫丑)의 물음에 다음과 같이 답했다. "편벽된 말을 들으면 그 가려진 것을 알고, 방탕한 말을 들으면 그 함정을 알며, 간사한 말을 들으면 그 도리에 어긋난 바를 알고, 회피하는 말을 들으면 그 논리의 궁함을 안다.(『맹자』,「공손추상(公孫丑上)」)"

한편, '양기'란 도덕적 용기를 함양하고 마음의 중심을 수립하여 천하의 막중한 임무를 맡아도 두려움이 없도록 하는 것을 말한다. 그리고 이러한 상태가 바로 '부동심'이다. 양기의 방법으로는 네 가지가 있는데, '자반(自反: 스스로 반성하여 정직함)'과 '지지(持志: 의지를 굳게 갖음)', '직양(直養: 기를 곧고 바르게 기름)', '집의(集義: 의를 축적함)'가 그것이다. '스스로 반성하여 정직함(自反而縮)'이나 '반성하여 성실함(反身而誠)'은 호연지기(浩然之氣)를 기르는 관건이다. 또 '지는 곧 마음(志卽心)'이며, 마음은 기를 제어하고 인도할 수 있다. 그래서 맹자는 "의지가 최고이고, 기는 그 다음이다."라고 말했다. 호연지기가 무엇인가에 대해서는 맹자 자신도 말하기 어렵다고 했다. 그러나 인간은 하늘이 부여한 인의지성(仁義之性)을 가지고 있으므로 그것을 잘 따르고 도를 닦아 안팎으로 확충해 나가면 도덕적 용기가 호연해지고 강대해진다고 말했다. 의(義)는 본래 타고난 본성 중에 있는 것이고, 도(道)란 다름 아닌 '성을 따르는 것'(『중용』)이다. 따라서 의를 축적한다는 것은 마음속에 본래 있는 의를 드러내는 것일 뿐 억지로 조장하는 것이 아니다.(이명귀)

수양론, 맹자, 부동심, 호연지기

참고문헌
김원중, 『중국 문화의 이해』, 을유문화사, 1998.
채인훈(蔡人厚), 『맹자의 철학』, 천병돈 역, 예문서원, 2000.

지역문학 ☞ 향토문학

지인논세(知人論世)

지인논세(知人論世)란 말은 처음 맹자(孟子 BC 372- BC 289)의 비평방법에서 유래하였다.『맹자 · 만장(萬章)』하편에, "그의 시를 낭송하고 그의 글을 읽으면서, 그 사람에 대해 모른다면 말이 되는가? 이런 까닭으로 그 시대를 논하는 것이니, 이것이 옛 사람과 벗삼는 일이다."고 한 데서 비롯되었다. 즉 작가의 이해를 위해서는 그 작가의 환경 요건, 즉 일생, 교유, 시대, 사조 등을 이해하는 일이 중요하다는 관점이다.

'이의역지'라 함은 "작자의 뜻으로 작품의 뜻을 거슬러 올라간다"는 뜻으로 수사와 형식에 얽매여 내용을 보지 못하거나 단장취의(斷章取義)하여 자의적인 해석을 하는 태도를 배격한 것이다. 즉 맹자는 '이의역지설(以意逆志說)'과 '지인논세설(知人論世說)'을 내세워 작품을 분석하고, 이해하는 방법적 도경을 제시한 셈이다. 이렇게 함으로써 주관적으로 짐작하여 단정하는 일을 막을 수 있을 것이라는 생각이다. 중국의 전통적 논문 쓰기가 이 같은 환경 요건을 중시한 것은 맹자적 사고방식과 매우 흡사하다는 점에서 중국적 비평 연구의 모범으로 작용해 왔음을 알 수 있다. 이 같은 방식은 중국 일반의 역사주의 비평 방식인 셈이다.

이밖에도 맹자는 '지언(知言)'과 '양기(養氣)'에 대해서도 말하였는데, 이것은 작자가 호연지기(浩然之氣)를 길러야 하며, 그러한 양기의 정도가 문장에 드러남으로써 문장의 잘된 점과 그렇지 못한 점을 알아낼 수 있다는 논의이다. 이러한 주장은 문장과 작가의 수양 정도를 연결시키는 문론(文論)의 시발로, 이후 조비의 '문기설(文氣說)'과 유협의 '무영수기(務盈守氣)', 한유의 '기성언의(氣盛言宜)', 소식의 '문자기지소형(文者氣之所形)' 등으로 계승되었다.(오태석)

지인논세, 이의역지, 맹자, 역사주의 비평, 호연지기, 작품과 작가, 시대와 문학

참고문헌
周勳初, 『중국문학비평사』, 중국학연구회 고대문학분과 역, 이론과 실천, 1992.
이병한 편, 『중국고전시학의 이해』, 문학과 지성사, 1990.

지정의(知情意)

지식, 도덕, 신체라는 구분으로 인간을 이해하던 1900년대의 智德體론은 1910년 이후 새로운 인식 체계인 知情意론에 의해 비판받는다. 인간의 정신을 지(知, Erkenntnis), 정(情, Gefühl), 의(意, Begehrung)의 세 가지 능력으로 구분한 지정의론은 이광수를 포함한 대부분의 일본 유학생들에 의해 폭넓게 수용된다.

지정의라는 심리학적 삼분법을 동원하여 이광수가 역설한 것은 다름아닌 情을 기초로 하여 성립하는 문학의 가치였다. 이광수는 지, 정, 의 사이에는 어떠한 우열 관계도 존재하지 않음을 전제하고 지나 의와 마찬가지로 情도 그 자체의 만족에 대한 요구를 가지고 있다고 보았다. 문학이란 바로 "人의 情을 만족케 하는 서적"이며 문학의 독립적이고 자율적 가치는 여기서 비롯한다는 것이다.

情의 충족이란 美의 추구에 연결되는 것이었다. 지정의라는 심리학적 구분은 그것의 충족이 목표로 하는 바에 따라 각각 진, 미, 선이 대응되기 때문이다. 이에 문학은 음악, 미술과 같은 다른 하위범주들과 함께 예술이라는 상위 범주에 포괄됨으로써 예술의 한 독립적인 갈래로 자리잡게 되었다. 情이란 또한 주체로서의 自己를 강조하는 개념이다. 정에서 중요한 것은 집단이나 보편이 아닌 솔직하게 반응하고 행동하는 개인이기 때문이다. 세계의 중심은 자기이며 자신의 순수 감정이야말로 중요하다는 생각이 인식의 근본틀을 형성했다. 그러나 고독을 토로하고 사랑을 갈구하는 개인의 목소리는 균열을 거듭한다. 이광수의 『무정』이 지정의라는 기획에서 출발했음에도 불구하고 결국 추상적인 계몽의 힘이 情을 갈구하는 개인의 목소리를 압도하고 만 것도 이 때문이다.(권보드래)

지덕체, 이광수, 문학

참고문헌
권보드래, 『한국 근대소설의 기원』, 소명출판, 2000.
문학사와비평연구회, 『한국문학과 계몽담론』, 새미, 1999.

지표기호(指標記號, Index sign)

대상체와 실존적 연결을 이루고 있는 기호를 지표라고 한다. 퍼스는 기호의 세 가지 유형을 제시해 놓았다. 그에 의하면 기호에는 도상(icon), 지표(index), 상징(symbol)의 세 가지 유형이 있다. 지표와 대상체 사이에는 어떤 인과적인 관계가 존재하기도 한다. 연기는 불의 지표이다. 손가락에 낀 다이아몬드 반지는 부의 지표이다. 문고리에 남긴 지문은 도둑의 지표이다. IQ 수치는 지능의 지표이다. GNP는 국가의 경제적 힘을 나타내는 지표이다. 대명사 일반과 지시대명사(여기, 저기, 이것 저것 등), 그리고 시제(어제, 내일 등)는 모두 지표이다. 지표는 우리 주변에도 수없이 많다. 도상과 같이 지표도 더러는 진실을 말하고, 더러는 거짓을 말한다. 누더기를 걸친 왕자가 있는가 하면, 무일푼 주제에 왕의 옷을 입은 거지도 있을 수 있다.

대상체와 유사한 기호를 도상이라고 한다. 도상은 그것이 대표하고 있는 대상체와 비슷하게 보이거나 비슷한 소리를 내거나 비슷한 이미지를 갖고 있다. 예를 들면 다큐멘터리에 등장하는 성우의 목소리는 역사적인 인물의 목소리를 흉내내어 음성적 도상들을 만든다. 바나나 인공향료는 바나나의 도상이다. 한국 지도는 한국 영토의 도상이다. 매우 중요한 도상의 체계는 상형문자들이다. 한자(漢字)에서 사물의 모양을 본떠 만든 글자들은 모두 도상이라고 할 수 있다. 로마자의 'I'나 아라비아 숫자의 '1'은 한 개의 손가락 같아 보이는 의미의 도상이다. '하나'라는 기의가 도상이라는 이미지(기표)로 대표되고 있다. 이때 도상은 표의문자가 되고, 이미지와 관념은 같은 것이 된다.

상징은 임의로 만들어진 기호이다. 그래서 기호와 대상체 사이에 어떤 연관이나 유사성이 없이 약속에 의해서 만들어진다. 즉, 약속 또는 사회적 계약이 상징이 지니는 의미의 원천이다. 언어가 상징이다. 학교의 마크들은 모두 상징이다. 자의로 만들어져서 약속에 의해 알게 된 것이 상징이기 때문에 상징 역시 거짓을 말하는 데 쓰인다. 자의성과 규약이 상징의 일반적인 성질인 까닭에 상징으로 일어나는 고도의 의사소통 현상들(지식, 관념, 이데올로기)은 겉으로는 진리를 말하는 것 같지만 실제로는 여론을 임의적으로 조작해서 얻은 동의에 불과하다는 것이 포스트모더니즘의 관점이다. 이 관점에 의하면 진리란 여론이외의 아무것도 아니다. 진리는 근본적으로 기호 조작에 의해 탄생된 허구이다.(김학균)

퍼스, 도상, 지표, 상징

참고문헌
김경용, 『기호학이란 무엇인가?』, 민음사, 1996.
움베르토 에코(서우석 역), 『기호학 이론』, 문학과지성사, 1996.

지향성(志向性, Intentionality, 독 Intentionalität)

'지향'이란 개념은 라틴어 'intentio'에서 유래한 것으로 중세 스콜라 철학에서 많이 논의되었다. 이는 두 가지 맥락으로 사용되었는데, 실천철학적 입장에서는 ~을 의도함, ~을 얻으려 노력함, ~을 향함 등 '영혼이 어떤 목표를 성취하고자 애씀'의 뜻을 지니고, 이론철학적 입장에서는 의미, 뜻, 생각, 개념, 관념 등과 동의어로 사용된다.

이것을 아비체나는 제1지향(intentio prima)과 제2지향(intentio secunda)으로 구별하였다. 제1지향은 지향이 영혼의 바깥에 존재하는 대상을 향할 경우이고 제 2지향은 영혼 속에 존재하는 개념이나 지향 즉 제 1지향을 지향적 대상으로 가지는 경우이다. 토마스 아퀴나스도 영혼 속에 있는 생각 혹은 관념으로서의 지향을 외계실재를 닮은 모습 혹은 외계실재의 모상으로 정의하며, 영혼의 구조에 대한 구체적인 분석을 토대로 제 1지향과 제 2지향이 다양한 유형의 지향으로 나누어짐을 밝혔다.

이 지향개념을 현대 철학적 논의의 중심으로 가져온 것은 F. 브렌타노였다. F. 브렌타노는 아리스토텔레스, 토마스 아퀴나스를 연구하고 기술심리학(記述心理學)의 입장에서 내부지각의 대상으로서의 심리적 현상을 물리적 현상으로부터 구별하였다. 그리고 심리현상의 본성으로 '지향적 내재(內在)존재'를 들었다. 이는 스콜라철학에서 '대상의 지향적 내재'라고 불렸던 것과 같은 맥락의 것이다. 브렌타노는 지향성을 심리현상, 의식의 기본적인 구조를 지칭하는 것으로 사용하였다. 스콜라철학에서 브렌타노로 이어지는 이 흐름은 의식을 내재적이라고 간주하거나, 혹은 의식이 의식과 초월적 대상 사이에 존재한다고 간주되는 그 어떤 상, 관념, 혹은 기타의 것을 매개로 하여 간접적으로 초월적인 대상과 관계를 맺는다고 생각하는 관점을 공유하고 있었다.

E. 후설은 이 흐름을 비판적으로 보충하며 자신의 지향성 개념을 발전시켰다. 그는 이 지향성을 '구성적 지향성'으로 파악하고 세계의 초월론적 구성의 문제로 발전시켰다. 말하자면 지향성과 지향적 대상이 직접적으로 관계를 맺고 있으며, 지향적 대상과 초월적 대상은 분리될 수 없다는 것이다.

사실 지향성은 후설의 저작, 『논리연구』(1900/1901)에서 구체화된 개념으로, 그의 현상학에서 기초를 이루는 개념이다. 후설의 '현상'은 항상 '의식 현상'이다. 의식현상은 다시 말하면 '의식에게 나타난 것'이며 '의식에게 주어진 것'이다. 후설은 의식을 세 가지의 개념으로 설명하는데 첫째는 경험적 자아의 체험의 총체를 뜻하며, 이는 지향적 체험과 비지향적 체험으로 나뉘어진다. 둘째는 자신의 심리적 체험에 관한 내적인 지각 또는 내적 의식, 즉 체험에 대한 반성적 의식을 의미한다. 그리고 셋째는 모든 종류의 심리적 작용, 자아가 의식 속에서 대상과 맺고 있는 관계를 말한다.

후설은 위의 내적 의식과 자아가 의식 속에서 대상과 맺고 있는 의식적 관계를 '지향성'이라고 규정하였고, 이를 '지향적 체험, '지향적 관계'라고 부르기도 했다. 후설은 무엇에 관한 의식으로서의 지향성을 '사유'라는 의미를 지닌 희랍어 명사를 빌어 노에시스(Noesis)라고 부르고, 의식이 향하고 있는 그 무엇 즉 지향성의 대상적 상관자를 '사유된 것'이라는 의미를 지닌 희랍어 명사를 빌어 노에마(Noema)라고 하면서 이 둘 사이에 선험적인 보편적 상관관계가 존재한다고 하였다. 이 '지향성'을 기초로 해서 '현상학적 판단 중지'를 통해 '사태 자체로'의 환원, 즉 현상학적 환원이 일어날 수 있다.

후설의 개념은 한국시에도 영향을 주었다. 김춘수는 「대상의 붕괴」(『심상』, 1973. 5.)에서 무의미시의 개념을 기술하였는데, 그의 무의미시론과 무의미시는 일정 부분 후설의 지향성 개념 및 현상학적 환원의 개념의 영향을 받았다.

후설의 지향성개념은 M. 하이데거의 '세계 내 존재(In-der-Welt-sein)로서의 현존재(Dasein)'의 성격에 영향을 미쳤다. M. 하이데거는 지향성을 '존재로의 초월' 속에 기초하는 것으로 설명하였다. 이것은 후설이 『논리연구』에서 분석한 바, 의식의 촉수가 처음부터 자신을 초월하여 세계로 향하고 있는, 의식의 지향성이 함축하고 있는 의미를 토대로 한 것이다. 또한 메를로 퐁티는 살아온 세계와의 관계를 바탕으로 지향성의 논의를 전개시켰다.(이연의)

지향적 대상, 지향적 체험, 비지향적 체험, 지향적 형상, 현상학, E. 후설

참고문헌
이남인, 『현상학과 해석학』, 서울대학교 출판부, 2004.
양해림, 『현상학과의 대화』, 서광사, 2003.
조셉. J. 코켈만스, 『후설의 현상학』, 임헌규 역, 청계, 2000.
김영필, 『현상학의 이해』, 울산대학교 출판부, 1998.
박이문 외, 『현상학』, 고려원, 1992.

직관(直觀, Intuition, 프 Intuition, 독 Intuition, Anschauung)

판단 · 추론 등의 매개 없이 대상을 직접 인식하는 작용, 또는 그 결과로 얻은 내용. 어원은 라틴어의 Intuere(응시한다)이다. 인위적인 사유(思惟) 작용을 더 함이 없이 대상을 직접 파악하는 작용을 말한다.

I. 칸트는 순수이성비판에서 모든 사고작용이 직관과 관계를 맺으며, 감성은 직관을 우리에게 주고 오성은 직관을 사고한다고 하였다. 그는 직관을 순수직관과 경험적 직관으로 구분하였다. 경험적 직관은 감각을 매개로 한다. 순수직관은 심성 속에 선천적으로 존재하는 것으로 감각에 귀속하는 것을 내포하지 않는 것이며 경험적 직관을 종합하는 기저가 된다.

인식의 최고단계로서의 직관은 플라톤에서의 이데아의 직관, B. 스피노자에서의 직관지(直觀知)로 모든 감성적 경험, 오성적(悟性的) 사고를 넘어선 실재(實在)를 포착하는 직관이다. 인식의 기초에 관계된 직관은 어떤 추론(推論)에도 매개되지 않고 추론의 기초를 이루는 원리를 포착하는 직관이며, 예를 들어 R. 데카르트의 명증지(明證知)는 이런 의미에서의 직관이다. 또 M. 셸러의 실질적 가치윤리학은 감정에 의해서 〈아프리오리(선험적)〉한 실질적 가치를 직관하는 감정적 직관주의이다.

E. 후설은 개별적인 대상에 대한 경험을 개별적 직관(individuelle Anschauung)으로, 보편자로서의 본질에 대한 경험을 본질직관(Wesensanschauung)으로 규정하였다. 이 본질직관은 어떤 의미에서 우리가 늘 일상적으로 하고 있는 정신활동으로 자유변경(freie Variation)의 과정을 거쳐 형상적 환원(eidetishe Reduktion)으로 귀결된다.

후설은 그의 「경험과 판단」에서 본질직관의 세 단계를 다음과 같이 설명하였다. 첫째, 어떤 임의의 개별적 대상에서 출발하여, 자유로운 상상에 의해 무수한 모상을 만들어 나가며, 그 변경체를 모두 살펴본다. 둘째, 이러한 다양한 모상들의 전체에 걸쳐서 겹쳐지고 합치하는 것을 종합·통일한다. 즉 모든 변경체에 있는 공통적인 요소를 통일적으로 연결한다. 셋째, 변경의 전체를 통해서 영향 받지 않는 불변하는 일반성, 즉 본질의 논리적인 고정의 구조를 직관에 의해 능동적으로 파악한다. 이 본질직관의 규정은 후설의 업적 중 가장 중요한 것으로 평가된다.

대상과의 합일로서의 직관은 어떤 매개도 필요없는 직관의 성격으로, 보는 것과 보여지는 것의 대립을 지양하고 양자의 합일에 이른다. H. L. 베르그송은 대상과 합일되는 직관에 의해서만 세계의 내적 본질인 생명의 약동이 포착된다고 하였고, 신비주의에서는 신비적 직관은 절대자와의 합일을 가능하게 한다고 하였다.(이연의)

직관, 선험적 이성, 자유변경, 현상학적 환원, 본질직관, 칸트, 데카르트, 후설, 베르그송

참고문헌
칸 트, 『순수이성비판』, 최재희 역, 박영사, 2002.
C. D. Broad, 『칸트 철학의 분석적 이해』, 하영석, 이남인 역, 서광사, 1992.
문장수, 「칸트에 있어서 직관의 문제」, 대한철학회 논문집 『철학연구』 제71집, 1999. 8.
이남인, 『현상학과 해석학』, 서울대학교 출판부, 2004.
양해림, 『현상학과의 대화』, 서광사, 2003.
조섭. J. 코켈만스, 『후설의 현상학』, 임헌규 역, 청계, 2000.

직시(直示) ☞ 데익시스

직유(直喩)

비유법 중 하나이다. 비유는 원관념과 보조관념의 결합으로 구성된다. 직유의 특징은 원관념과 보조관념을 '~같이, ~처럼, ~듯이, ~인양, ~같은, ~만큼' 등의 연결어로 결합하여 표현한다.

직유는 언제나 별개의 두 대상영역을 결합시켜 이 양자 사이에 일정한 연관성이 생겨나게 한다. 이 양자의 공통성을 비교제삼영역(比較第三領域, tertium comparationis)라고 한다.

직유는 '~같이, ~처럼, ~듯이, ~인양, ~같은, ~만큼' 등의 구체적인 연결어가 구문상으로 드러나기 때문에, 시인이 두 대상 사이에 동질성에 가까운 유사성을 발견했을 때, 또는 말하고자 할 때, 사용하게 된다. 직유는 은유에 비해 직접적이고 분명하며 단정적인 언술의 성격을 지닌다. '황금의 꽃같이 굳고 빛나던 옛 맹세'(한용운, 「님의 침묵」), '물 먹은 별이, 반짝, 보석처럼 백힌다'(정지용, 「유리창」), '아아, 늬는 山ㅅ새처럼 날러 갔구나'(정지용, 「유리창」), 등이 그 예이다.

김수영의 '절망'도 시의 거의 전체를 직유의 기법으로 구성하였는데, '풍경이 풍경을 반성하지 않는 것처럼/곰팡이 곰팡을 반성하지 않는 것처럼/여름이 여름을 반성하지 않는 것처럼/속도가 속도를 반성하지 않는 것처럼/졸렬과 수치가 그들 자신을 반성하지 않는 것처럼/바람은 딴데에서 오고/구원은 예기치 않은 순간에 오고/절망은 끝까지 그 자신을 반성하지 않는다'(김수영, 「절망」)를 보면, 시인이 직유를 사용할 때 얻을 수 있는 전달의 효과를 짐작할 수 있다.

말하자면 은유는 문법적으로 구체적인 연결어가 들어가지 않기 때문에 원관념과 보조관념 사이에 놓이는 이질성의 폭을 넓힐 수 있다. 그만큼 의미의 전이나 치환현상이 도약적으로 이루어지며 의미망이 넓고 함축적이다. 그에 반해 직유는 문법적으로 구체적인 연결어의 역할 때문에 이질성의 폭이 좁고 상대적으로 동질성에 가까운 유사성이 강화된다. 그 말은 시인이 직유의 기법을 사용하여 의지적으로 원관념과 보조관념 사이의 동질성을 강조하거나 심지어는 강요할 수도 있다는 것이다. 이와같이 직유를 활용하여 시인이 드러내고자 하는 사상을 선명하게 전달할 수 있게 되는 것이다. 이러한 직유의 특성은 시의 구성 요소 중 '어조'에 영향을 미치게 된다. 직유를 사용하면 강하고 분명하며 긴장된 어조를 띠게 된다.

직유는 형태상의 특성과 관계를 이루기도 하지만, 서사적 직유도 가능하다. 형태상의 특성과 관계된 직유는 이미지즘을 추구하는 시, 즉 회화성을 강조하고 정황의 시적 묘사를 주조로 하는 시에서 비교적 많이 사용하게 된다. '길은 한 줄기 구겨진 넥타이처럼 풀어져'(김광균, 「추일서정」), '전설 바다에 춤추는 밤물결 같은/검은 귀밑머리 날리는 어린 누이와'(정지용, 「향수」), '별과 같은 방울을 달은 고산식물을'(정지용, 「백록담」) 등이 우리가 잘 알고 있는 예이다.

직유를 대상적 직유와 정황적 직유로 나누어 설명하기도 한다. 대상적 직유는 원관념과 보조관념이 일정한 대상인 경우를 말하고, 정황적 직유는 원관념이 어떤 상황인 경우로, '내 이름자 묻힌 언덕 우에도/자랑처럼 풀이 무성할게외다'(윤동주, 「별 헤는 밤」)을 예로 들 수 있다. (이연의)

비유, 은유, 거리, 어조

참고문헌
김준오, 『시론』, 신구문화사, 1991.
이승훈, 『시론』, 태학사, 2005.
오규원, 『현대시작법』, 문학과지성사, 2002.
볼프강 카이저, 『언어예술작품론』, 김윤섭 역, 시인사, 1994.

진리(眞理, Truth, 프 Vérité, 독 Wahrheit)

인식의 적합성, 즉 인식이 인식 대상과 일치하고 있음을 반영하는 철학적 범주이다. 아리스토텔레스는 진리를 실재하는 대상이나 관념적인 존재의 속성으로 보지 않고 인식 주관에 의해 언표된 진술과 인식된 객관(대상) 사이의 관계 속에서 찾으려고 했다. 그는 진리를 인식과 실재의 일치, 즉 진술과 실재의 일치라고 규정했다. 그는 "존재하는 것을 존재한다고 하고 존재하지 않는 것을 존재하지 않는다고 하는 것은" 참(진리)이고, 따라서 누군가가 존재 또는 비존재를 말하는 것은 참 또는 거짓을 진술하는 것이라고 한다. 그가 말하는 진리의 기준은 사태 그 자체와의 정합성에 있다. 다시 말하면 "너희를 희다고 여기는 것은 우리의 생각이 참이기 때문에 네가 흰 것이 아니라, 네가 희기 때문에 그렇게 주장하는 우리의 이야기가 참"이 되는 것이다.

아리스토텔레스의 견해는 그 이후의 인식론의 발전에 커다란 영향을 미쳤다. 토마스 아퀴나스(Thomas Aquinas)에 따르면 진리는 지성과 사물의 일치이다. 그러나 이러한 사물에는 '존재론적인 진리'가 귀속되는데, 그 이유는 사물들이 신적인 지성이 지니고 있는 관념에 상응하기 때문이다. 그렇기 때문에 인간의 지성은 신적인 지성의 관여를 통해서 사물을 인식할 수 있다. 그는 신은 최초의, 그리고 최고의 진리이며, 다른 모든 진리는 신으로부터 나온다고 했다. 이밖에 주관주의적인 진리 이론에 따르면, 진리는 전적으로 주관의 영역에 있으며 주관의 의식 내용들 사이의 상호일치나 주관의 확신 또는 주관이 어떤 특정한 견해나 사물에 관해서 취하는 태도 속에 있다는 것이다. 이에 따르면, 진리는 전적으로 사유된 객관(대상), 이념(Idee), '명제 그 자체' 등에 속하며, 후설(E. Husserl)의 현상학처럼 진리 그 자체가 하나의 관념적인 실재가 된다.

마르크스주의의 진리 이론은 모사론에서 출발하여 아리스토텔레스처럼 진리를 인식과 객관적 실재의 일치라고 본다. 변증법적 유물론은 아리스토텔레스의 진리관을 토대로 이를 더 발전시킨다. 진리를 인식의 적합성 여부로 규정할 때, 감각이나 지각은 그것의 직접적인 성격 때문에 문제가 발생하지 않으나, 이성적인 인식, 즉 개념적으로 정식화된 인식의 수준에서는 적합성 여부가 문제가 된다. 이러한 인식은 객관적 실재와의 직접적인 연결에서 벗어나 매개된 인식이기 때문이다.(김학균)

인식, 인식대상, 아리스토텔레스

참고문헌
요하네스 힐쉬베르거(강성위 역), 『서양철학사』 상권, 이문출판사, 2004.
장영란, 『아리스토텔레스의 인식론』, 서광사, 2000.

진리가치(眞理價値, Truth value)

하나의 문장이 참의 내용을 가지는 것을 말한다. 예를 들면 '물분자는 수소원자 두 개와 산소원자 하나를 가지고 있다'는 진술은 진실가치를 가지고 있다. 그렇지만 문장 그 자체가 반드시 진리가치를 가지는 것은 아니다. "고양이가 매트 위에 앉아 있다"라는 문장은 그 자체로는 우리에게 아무 것도 말해 주지 않는다. 이 문장이 참인지 알 수 있는 방법은 없으며, 그런 질문은 아무런 의미가 없다. 위의 문장이 소유하는 의미의 속성을 나타내기 위해서는 '문장의미(sentence meaning)'을 먼저 알아야 한다. 문장은 그것이 담고 있는 낱말들 및 낱말들의 문법적 배열에 의해서만 오로지 이런 의미를 가진다. 언어의 문법이 합성의 원리와 연상된다고 가정할 수 있는데, 합성의 원리란 구문에 대한 구성성분들의 의미를 어떻게 결합해서 그 구문의 전체 의미를 얻는가를 말해 주는 규칙이다. 따라서 "큰 고양이가 작은 매트위에 앉았다"라는 문장에서 작음은 고양이가 아니라 매트에 부여되며, 위로 향한 수직의위치가 고양이에 부여되는 것을 볼 수 있다.

특별한 사용을 제외하고는 문장이 진리가치를 가지지는 않는다고 할지라도 진리조건을 가진다. 이것은 문장이 참이 되기 위해 충족해야 하는 조건을 말한다. "고양이가 매트 위에 앉아 있다"라는 말이 진리가치를 가지기 위해서는 적절한 바닥 덮개와 특정 위치를 차지하고 있는 적절한 고양이가 있어야 한다. 특별한 상황에서 문장이 만드는 진술이 참인지 거짓인지를 결정하는 문장 의미의 양상을 총괄하여 '명제적 내용(propositional content)'라고 한다. 예를 들어 "철수는 영희를 애무한다"라는 문장과 "영희는 철수에게 애무를 받았다"는 문장은 동일한 진리가치를 가진 진술이다. 그러나 동일한 진리가치를 가지고 있는 문장이라고 하더라도 의미가 동일하다고 말할 수 없는 경우가 많다. "철수는 도착하지 않았다"와 "철수는 아직 도착하지 않았다"는 말은 동일한 진리가치 즉, 철수가 도착하지 않은 사실을 포함하고 있으나, 표현에 있어서 다른 의미를 내포하고 있음이 분명하다.(김학균)

문장의미, 진리조건, 명제적 내용

참고문헌
알란 크루스(임지룡 외 역), 『언어의 의미』, 태학사, 2002.
A.C. 그렐링(이윤일 역), 『철학적 논리학』, 선학사, 2005.

진리공정(truth process)

알랭 바디우가 말한 진리 생산의 유적((類的) 절차. 바디우는 진리를 복수(複數)적인 것으로 보고, 이 진리를 생산하는 장소를 외부에서 찾는다. 그것이 바로 정치, 과학, 예술, 사랑이라는 네 가지 영역이다. 철학은 이 네 가지 절차를 자신의 조건으로 삼으며, 이로부터 생산된 진리를 사유하는 일을 자신의 임무로 삼는다. 바디우는 철학사적 맥락 속에서 네 가지 공정을 추렸다. '정치'와 '과학'은 철학사 속에서 언제나 철학을 가능하도록 하였던 동력이었으며, '예술'은 철학과 긴장 관계를 유지해 왔던 분야이고, '사랑'은 플라톤에게서 사유로 상승하는 지위를 부여받은 것이다. 바디우에 의하면, 지금까지 철학은 네 가지 절차 중 어느 하나 또는 일부에만 진리(생산)의 특권을 부여하고 나머지 절차들을 축소시켰는데, 이런 철학의 양상을 봉합(suture)이라고 부른다. 가령 마르크스주의는 진리를 정치에, 분석철학은 과학에, 하이데거는 예술에 봉합했다. 바디우 사상의 목적은 이런 봉합에 대항하여 철학을 탈-봉합(de' -suture)시키는 일이다. 결국 그가 제안하는 정치, 과학, 예술, 사랑이라는 네 가지 진리(생산) 절차의 공존은 탈-봉합을 목적으로 하는 것이다. 이를 통해 바디우는 진리가 복수로 존재해야 하며 서로 자신의 영역을 지켜야 한다고 주장한다. 정치적인 진리가 과학적인 진리나 예술적인 진리를 포괄하거나 지배해서는 안되며, 각각의 진리를 잃지 말아야 한다는 것이다. 따라서 이는 과거에 논의됐던 지배적인 진리와는 상당한 차이가 있다.(권채린)

참고문헌
알랭 바디우, 『들뢰즈존재의 함성』, 이학사, 2001.
_____, 『철학을 위한 선언』, 길, 2010.

진리-사건(truth-event)

플라톤과 아리스토텔레스로 이어지는 일자(一者) 중심의 세계관에 대한 반발과 모색이 포스트 근대 담론의 특징이었다면, 그러한 사유의 흐름에 내재한 인식론적 상대주의는 '진리의 드러냄'이라는 철학 본연의 임무를 폐기하는 결과를 낳았다. 프랑스 철학자 알랭 바디우(Alain Badiou)는 바로 이 지점에서 철학의 지위를 재정위할 것을 주장하면서, 인식론적 상대주의가 무력하게 만들어버린 철학의 역할을 복원하고자 시도한다. 그 핵심에 진리-사건이 놓여있다.

바디우가 말하는 진리란 일자적인 총체성이나 보편성을 말하지 않는다. 바디우는 도그마로서의 진리를 거부한다. 진리는 '복수'의 진리들(truths)이며 그것은 우연한 사건들 속에서 출현한다. 이것이 바로 그의 '사건의 철학'이다. 이전의 철학은 여러 진리를 동시에 사유하지 못했다. 철학은 진리의 생산을 어느 한 영역에 가두었고, 그것을 전능한 것으로 간주하여 다른 진리들을 억압하였다. 과학을 맹종하는 실증적 철학과 정치적 진리를 특권화하는 마르크스주의 안에서 그러한 모습을 볼 수 있다. 이에 반해 그에게 진리는 여러 영역에서 생산되는 것이고, 철학은 여러 진리를 동시에 사유하는 것이다. 다시 말해, 그에게 진리란 복수(複數)의 절차 속에서 생산되는 복수의 진리이다. 이때 진리는 예술·정치·과학·사랑 같은 철학 외부의 영역에서 생산된다. 철학의 할일은 스스로 진리를 생산하는 것이 아니라 외부에서 생산된 진리를 '사유'하는 것이다. 즉 철학이란 진리를 생산하는 '사건'에 대한 사유이고, 사건 이후에 생산된 '진리'에 대한 사유이며, 그 진리에 충실한 '주체'들의 실천에 대한 사유이다.(권채린)

참고문헌
알랭 바디우, 『들뢰즈-존재의 함성』, 이학사, 2001.
_____, 『철학을 위한 선언』, 길, 2010.

진선미(眞善美)

지성(知性, 인식능력), 의지(意志, 실천능력), 감성(感性, 심미능력)의 대상인 진, 선, 미가 가치의 우열 관계를 형성하지 않고 나란히 놓일 수 있게 된 것은 근대 이후의 일이다. 고대나 중세 철학의 전통에서는 진(眞)의 우위가 두드러졌으나 루소와 볼프를 거쳐 칸트에 의해 완성된 지정의 혹은 진선미의 구도는 인간을 지성, 감성, 의지를 지닌 심리적 존재로 보고 각각을 조화롭게 함양하는 것을 목표로 한 것이었다.

지정의의 인간 이해가 가능해지면서 1910년 이후부터 한국에서는 이광수 등에 의해 본격적으로 문학의 자율적 가치가 역설되었다. 『무정』과 같은 이광수의 작품은 선만을 강박적으로 추구하는 전대 소설적 경향, 즉 교훈적 권선징악의 세계에서 벗어났다는 데 큰 의의가 있었다. 이는 소설이 본격적으로 예술성과 현실성을 획득했음을 의미하는 것이었다. 1900년대의 신소설에서조차 의연히 자리를 잡고 있던 권선징악, 복선화음의 가치는 1910년대에 이르러 이미 과거의 유물이 되었다. 그러나 『무정』 역시도 추상적 계몽성으로부터 완전히 자유롭지 못했음을 염두에 둘 때 이광수는 선과 미 사이의 갈등을 보여준 작가라 할 수 있다.

선만을 취하려는 갈등에서 벗어난 『창조』 이후의 소설에서는 인간의 자연스러운 모습과 인간 본연의 정(情), 숱한 고뇌, 악마적 미가 전면에 부각된다. 개인의 내면은 본질적으로 개별적인 것일 뿐 아니라 그것은 보편적인 선악의 가치를 종착점으로 삼지도 않는다. 이제 불변의 가치를 대신하여 개인의 욕망이 미의 자리를 대신하였다. 개인의 욕망은 보편의 윤리에 부딪힐 때 가장 문제적이 되므로 미는 본래 악마적일 수밖에 없다. 진선미라는 구도 속에서 각기 자립적인 자리를 차지하는 듯 보였던 선과 미는 갈등 속에서 새로운 의미를 띠게 되었다.(권보드래)

칸트, 지정의, 이광수, 창조

참고문헌
권보드래, 『한국 근대소설의 기원』, 소명출판, 2000.
문학사와비평연구회, 『한국문학과 계몽담론』, 새미, 1999.

진선진미(盡善盡美)

진선진미(盡善盡美)란 뜻은 '선을 다하고 아름다움을 다하였다는 뜻'으로 즉 '더할 수 없이 잘

되다'의 뜻이다.『논어(論語)·팔일편(八佾篇)』에 다음과 같은 이야기가 있다. "공자가 소악(韶樂)에 대해 평하기를, '대단히 아름답고도 선하다(子謂韶, 眞美矣)'고 하였다. 또 무악(武樂)에 대해서는 '대단히 아름답지만, 선하지는 않다(盡美矣, 未盡善也)'고 평하였다. 이렇게 공자는 순(舜)임금의 악곡인 소(韶)와 무왕의 악곡인 무(武)를 감상하고 각기 다른 평을 가했던 것이다.

이에 대하여 주희(朱熹)는 이렇게 해석하였다. 소는 순임금의 음악이요, 무는 무왕의 음악이다. 미(美)라는 것은 소리의 모양이 성한 것이요, 선(善)이라는 것은 아름다움의 실질이다. 순은 요(堯)의 부름을 받고 다스렸으며, 무왕은 주를 치고 백성을 구원하셨으니 그 공이 한가지이다. 고로 풍류가 다 지극히 아름다운 것이다. 그러나 순의 덕은 천성적인 것이며, 겸손하시어 천하를 얻었으며, 무왕의 덕은 이에 반하여 치고 뺌으로써 천하를 얻은 까닭에 그 실상이 같지 않은 것이 있다. 정자(程子)가 말하기를, "성탕(成湯)이 걸(桀)을 내치심에 오직 부끄러운 덕이 있더니, 무왕이 또한 그러하니 다 착하지 못한 것이나, 요순(堯舜)과 탕무(湯武)가 그 법이 한가지이다. 정벌은 하고자 하는 것이 아니며, 만난 때가 그렇게 하게 한 것이다"라고 하였다.

이를 풀이하면 이렇다. 순은 요로부터 천하를 물려받았다. 그리고 순은 다시 이것을 우(禹)에게 물려주었다. 순의 이러한 삶을 음악으로 표현한 것이 바로 소라는 악곡(樂曲)이다. 순이 이룬 공은 아름다웠고 그 생 또한 선함의 연속이었으므로, 그 이상 아름다울 수도 선할 수도 없다. 따라서 공자는 이 악곡을 듣고 석 달 동안 고기 맛을 몰랐다고 한다. 그러나 이에 비해 무왕은 은을 치고 주를 세웠으니, 그의 공이 비록 찬란하다 할지라도 그 과정은 결코 선한 것이 될 수는 없었다. 그러므로 공적은 훌륭해도 그 내용마저 선한 것은 아니라는 것이다.

결국 미는 이룬 결과를 말하고 선은 그 동기와 과정을 말한다. 아름다움의 근본은 선이다. 선이 없는 아름다움은 있을 수 없다. 그리고 선은 추(醜)나 악에 빠지지 않는다. 그래서 공자는 완벽한 아름다움이란 선을 바탕으로 이루어진다고 생각했던 것이다. 이 같은 공자의 인격심미((人格審美)적 사유방식은 중국 문예미학의 심미적 가치 판단의 중요한 척도가 되어 후세에까지 장구하게 영향을 미쳤다.(오태석)

진선진미, 공자, 인격심미, 미(美), 선(善)

참고문헌
周勳初,『중국문학비평사』, 중국학연구회 고대문학분과 역, 이론과 실천, 1992.
임종욱,『동양문학비평용어사전』, 범우사, 1997.

진실(眞實) ☞ 진리

진실(眞實, Truth)과 허구(虛構, Fiction)

진실(truth)은 모든 가치의 대표적인 명제(命題)이다. 그러나 무엇이 진실이며 그 기준은 무엇인가하는 문제는 입장에 따라 다르다. 첫째 작품 속에 재현된 세계를 우리가 알고 있는 세계의 어떤 측면과 비교하고 판단하는 경우가 있다. 다시 말하면 세계에 대한 우리 자신의 체험에 의한 진실이 문학을 평가하는 기준이 되는 셈이다. 둘째 작품 속에 추구하는 진실은 있는 그대로의 진실이 아니라 어떻게 있어야 하는가의 당위적(當爲的)인 세계에 대한 진실, 즉 이상적인 진실이 평가의 기준이 되는 경우다. 문학 작품의 진실은 개인적인 기준이나 이상적인 신념에 합치하느냐의 여부만으로 평가될 수 없다. 따라서 진실성의 기준도 개인에 따라 시대에 따라 변한다. 변한다는 것은 진실의 기준이 애당초 다양한 속성을 지녔기 때문이다.

허구(fiction)는 상상에 의한 창작이다. 소설, 희곡 등에서 실제로는 없으나 사건을 작자의 상상력(想像力)으로 꾸며내는 가공적(架空的)인 이야기를 일컫는다. 원래는 어원적으로 라틴어 픽티오(fictio)의 '흉내내다, 조작하다' 라는 뜻을 가졌다. 논픽션(nonfiction)이 주로 사실을 바탕으로 하는 이야기 등에서 실제의 인물이나 이야기를 구상한다면, 픽션은 작가의 창조적인 상상에 의하여 구상되므로 겉으로는 허구성을 띠고 있으나 그 기저(基底)에는 인생의 체험에 의한 진실성(眞實性)이 있다. 가령 가공의 사건과 인물을 묘사한 텍스트라 할지라도 반드시 허구적 진술이라고 할 수 없다. 서술자가 '죽음이란 보편적 운명'이라는 결론을 이끌어내면서 작중 인물의 죽음에 관해 일반적인 방식으로 논평할 때, 그 진술은 픽션의 부분일 수 있지만 독자에게는 진리 가치(Truth Value)를 가지는 것이다. 마찬가지로 사악한 여왕이 백설공주에게 독 묻은 사과를 건네줄 때 우리는 그 행동이 오직 허구 속에 존재한다는 것을 알지만 그 악의 있는 질투는 우리가 거주하고 있는 경험 세계에 관해 우리가 알고 있는 바에 상응(相應)하는 것이다. 허구는 과학이든 철학이든 인생을 정리, 처리할 때에 피할 수 없는 방법이다. 그러나 꾸며낸 이야기로 진리를 발견해야 한다는 것은 아이러니가 아닐 수 없다.(강웅식)

진실성, 허구성, 사실성

참고문헌

신희천·조성준,『문학용어사전』, 도서출판 청어, 2001.
이상섭,『문학비평 용어사전』, 민음사, 2001.
박선목,『윤리·사회사상 사전』, 형설출판사, 2002.
조셉 칠더스·게리헨치,『현대문학·문화비평 용어사전』, 황종연 역, 문학동네, 1999.
홍문표,『현대문학비평이론』, 창조문학사, 2003.

진언무거(陳言務去)

'창작에서 진부한 표현은 없애라'는 말로 당나라 때의 문인인 한유(韓愈, 768 - 824)가 산문을 지을 때 주의해야 할 사항으로 내세운 조건이다.『답이익서(答李翊書)』에 나온다.

"이 원칙은 마땅히 마음에서 취하여 손끝으로 쏟아 부어야 할 것이다. 오직 진부한 표현은 없애도록 애써야 하니, 앞뒤가 잘 맞지 않아서는 이 일이 어려울 것이다.(當其取于心而注于手也, 惟陳言之務去, 憂憂乎其難哉)"

자신의 마음 속에 담긴 생각을 글로 옮길 때에는 진부하고 구태의연한 어투는 모조리 도려내서 없애야 하는데, 이 일만큼 어려운 일은 없다는 말이다.

그가 말한 진언무거가 내포하고 있는 의미는 두 가지인데 첫 번째는 남들이 많이 이용해서 진부해진 표현을 남용하지 말라는 뜻이며 두 번째는 남들이 말한 대로 따라 흉내내는 용렬하고 통속적인 견해를 없애라는 것이다. 청나라 때의 문론가 유희재는 그의 『예개(藝槪, 文槪)』에서 진언에 대하여 "한유는 진부한 표현은 애써 없애야 한다고 강조하였다. 그가 말한 진언은 반드시 옛 사람의 말을 강탈해서 자신의 것으로 만드는 것만은 아니다. 다만 식견이나 의론이 평범하고 비근한 데 떨어져서 능히 한 발자국 높이 나아가고 일관된 경계에 깊이 들지 못하는 것이다. 문장을 엮는 일부터 생각을 다지는 일에 이르기까지 이를 살펴보건대 모두 진언이다"라고 해설하고 있다. 즉 한유가 요구한 것은 형식에서 내용에 이르기까지 독창성이 있어야 한다는 것이다.

한유의 진언에 대한 관점은 그의 「답유정부서(答劉正夫書)」에도 나타나있다. "성인의 도와 같은 것도 문장으로 쓰지 않는다면 그만이겠지만, 쓴다면 반드시 그 능한 것을 숭상해야 한다. 능하다는 것은 다른 것이 아니다. 능히 스스로 세워서 근거삼거나 따르지 않는 것이 그것이다. (若聖人之道 不用文則已 用則必尙其能者 能者非他 能自立不因循者是也)" 이 글에서 말한 '능자립불인순(能自立不因循)'은 바로 진언무거와 의미가 동일한 것이다.

그는 또 만년에 쓴 「남양번소술묘지명(南陽樊紹述墓志銘)」에서도 다시 한 번 이 원칙을 강조하였다. "오직 옛날에는 문장이 자신에게서 나왔다. 그러다가 시간이 지나면서 이것이 불가능해지자 도적질해 베껴쓰게 되었으니(惟古于詞必己出 降而不能乃剽賊), "이전 사람들의 한마디 말, 한 구절이라도 본받아 따라해서는 안된다(不蹈襲前人一言一句) " 한유는 이 원칙을 자신의 산문 속에서 실증적으로 실현하고자 노력하였다.

이러한 한유의 문장론은 한국문학에서 중요한 전범이 되었는데, 고려시대의 문인인 김부식, 최자, 이규보, 임춘 등도 한유의 문장론을 중시하였다. 조선시대에는 중국의 명태조 주원장이 한유와 유종원의 문장을 전범으로 반포한 것까지 영향을 미쳐, 정도전, 성삼문, 서거정, 허균, 김강필, 김일손, 최립, 박지원 등 많은 문인이 한유의 문장론에 영향을 받았다.(이연의)

한유, 以文爲詩, 師其意 不師其辭

참고문헌
임종욱, 『중국의 문예인식, 그이념의 역사적 전개』, 이회문화사, 2001.
_____, 『중국문학에서의 문장체제 인물 유파 풍격』, 이회문화사, 2001.
_____, 『동양문학비평용어사전』, 범우사, 1997.
김원중, 『중국문학이론의 세계』, 을유문화사, 2000.
허권수, 「한유 시문의 한국에서의 수용」, 중국어문학 9권(한유특집호), 1985.

진정성(Authenticity)

진정성의 이상은 기성의 정체성들에 얽매이지 않고 개인 자신의 욕망과 의식에 즉하여 개인을 이해하고자 하는 기획이다. 그것은 계보학 상으로 근대 휴머니즘과 연결되어 있으며, 자기 정의적 주체의 관념이 도덕의 영역에서 도달한 한 정점에 해당된다. 그것의 목표는 이른바 '나는 나다'라는 원리, 즉 자아의 권위를 주장하는 개인적 자유의 원리를 실제의 도덕적 삶에서 관철하는 것이다.

마샬 버먼은 {진정성의 정치학}에서 몽테스키외와 파스칼, 그리고 루소의 저작들을 검토하면서 진정성의 문화적 기원을 탐색하고 있다. 그에 따르면 몽테스키외가 {페르시아인의 편지}를 통해서 진정성의 요구가 함유하고 있는 폭발적인 정치적 힘을 제시하였지만, 진정성을 향한 탐색을 그 독창성 속으로 끌어온 것은, 오직 루소를 통해서였다. 루소는 진정성의 탐구에 그의 세대가 무시할 수 없었던 개인적인 직접성과 긴급성을 제공하였다. 그는 그 자신에게 그런 것만큼이나 그의 동세대들에게도 강조하여 자아(self)가 문제라는 것을 인식하도록 강요하였다. 이 문제를 의식의 표면에 떠오르도록 만들면서, 루소는 더 나아가 자아에게 근대 세계가 실제로 얼마나 억압적이고, 얼마나 심원하게 낯선가를 보여주었다. 그의 생활과 작품을 통해서 누구도 필적한 적이 없는 깊이와 강렬함과 상상적인 비전을 가지고 자아와 세계 간에 놓인 긴장을 탐구하였다.

루소에게서 발원한 진정성의 이념은 현대문화에 막대한 영향을 미쳤고 지금도 계속해서 많은 증식을 보이고 있다. 루소적인 의미에서 진정성의 추구는 소설에서도 일반적인 주제이다. 동서양의 가장 보편적인 소설 유형 가운데 하나인 교양소설과 그 친족들은 진정성을 그 이상으로 삼고 있다고 해도 과언은 아니다. 소설은 진정한 자아가 욕망되고 생성되는 장소인 개인의 내면을 효과적으로 그려낼 수 있다는 점에서 진정성 추구를 다루는 데 적합한 장르이다. 이른바 '투명한 마음'을 보여주는 서술기법을 다양하게 갖추고 있는 소설은 진정한 삶의 경험에 특권적으로 다가간다. 소설의 허구는 진정성이 요구하는 개인적 진실과의 계약을 성실히 이행하게 해준다. 더욱이 소설은 형식상으로 개방적이어서 개인의 자기표현을 폭넓게 수용한다는 특성이 있다. 장 스타로뱅스키는 "진정성의 법칙은 작가가 어떤 불변의 과거 속에서 '진짜 자아'를 찾아내기를 포기하고 그 대신에 글쓰기를 통해 하나의 자아를 창조하려는 것을 참아주며 심지어는 요구 한다"고 말하였다.(황종연)

참고문헌
장 자크 루소, 고백록
Burman, M, The Politics of Authenticity :
Starobinski, J, J.-J. Rousseau : la transparence et l'obstacle. Paris, 1957.

진화론(Evolution theory)

진화론이란 생물의 진화(進化)에 관한 이론인데 생물 진화의 요인(要因), 생물의 기원, 생물의 유래(由來), 진화의 법칙성과 형태 등에 관한 연구를 말하며 일반적으로 진화의 개념으로 사물을 설명하는 입장이다. 사람을 포함한 모든 생물은 오랜 세월의 과정에서 하나 또는 몇 개의 원형에서 떨어져 나와 점차적으로 새롭게 발전되어 가지만 그 종(種)과 속은 한번 창조되면 변하지 않는다고 하는 창조론과 유형론(Typenstheorie)에 대립되는 개념이다.

처음으로 체계화한 사람은 라마르크(C. Lamark)이고 진화를 하나의 확립된 사실로서 정돈하고 이론적으로 설명하고자 한 것은 다윈(Darwin, Charles Robert)의 1859년 『종(種)의 기원(起原) On the Origin of Species by Means of Natural Selection or the Preservation of Favoured Race in the Struggle for Life』(정식 명칭은 '자연 선택에 의한 종의 기원에 관하여')에서이다. 진화라는 말은 생명의 변천에 있어 앞에 이미 있던 종자(種子)가 점점 변천하여 단순한 것에서 복잡한 것으로, 낮은 생활 기능에서 높은 생활 기능으로 발전하는 것을 뜻하는 말로 이것은 다윈이 말한 생물 진화론에서 나왔다. 다윈의 진화론에 따르면 지구상에 존재하는 다양한 생물층은 지구상의 생명의 역사로부터 설명될 수 있는데, 유기체의 자연적인 체계 속에서 분류를 통해 파악되는 다양한 생물층이 지구 역사상의 공통의 조상으로부터 유래하여 진화하였다고 보고 있다. 이러한 개념을 확장하여, 그는 인간 역시 창조에 의해서 특별히 만들어진 산물이 아니라 모든 생물계에 적용되는 원리에 의해서 진화되었을 것이라는 사상을 소개했다. 다윈은 자연 세계가 하나의 완벽하게 설계된 자비로운 곳이라는 그 당시의 관념을 뒤집었고 그 대신 생존을 위한 경쟁의 장이라는 개념으로 대치했다. 진화에 관한 다윈적인 이론이 던지는 대표적 주장은 변화를 낳는 주된 요인이 자연 선택이라는 것이다. 가장 중요한 진화적 변화는 어떤 대립 유전자쌍(對立遺傳子雙)이 다른 것에 비해 더 잘 적응하기 때문이며 이 쌍은 후속 세대가 가진 대립유전자들에서 더 많이 나타나게 된다.

진화론의 등장은 역사와 사회에 관한 하나의 이론과 철학을 새로운 시각에서 재검토하게 만들었고, 다양한 논쟁을 불러일으켰다. 자연 선택이론, 개체군(個體群) 사상 등은 역사적 진보나 사회 발전의 성격을 새로운 관점에서 접근할 것을 요구했기 때문이다. 진화론에 속하는 분야로는 유래론, 실험적이고 이론적인 진화 연구, 역사적 계통학 등이 있다.(강웅식)

진부, 진보주의

참고문헌
필립 키처, 『과학적 사기』, 주성우 역, 이제이북스, 2003.
한국학연구원, 『국어국문학사전』, 대제각, 1989.
박선목, 『윤리·사회사상 사전』, 형설출판사, 2002.
철학연구회, 『진화론과 철학』, 철학과 현실사, 2003.
에른스트 마이어, 『진화론 논쟁』, 신현철 역, 사이언스북스, 1998.
한국철학사상연구회, 『철학대사전』, 도서출판 동녘, 1997.

질풍노도 ☞ 슈투름 운트 드랑(Sturm und Drang)

집단 기억(collective memory)

프랑스 사회학자 모리스 알바쉬(Maurice Halbwachs, 1877~1945)가 제시한 집단 기억은 가족이나 종교, 사회 계층 등 집단이나 공동체가 사회적 틀을 통해 습득한 과거에 대한 기억을 말한다. 알바쉬는 "모든 집단 기억은 시간과 공간적으로 제한된 집단을 필요로 한다"고 본다. 궁극적으로 모든 기억이 집단적일 수밖에 없음을 지적하는 것인데, 알바쉬에 따르면 가령 개인의 자서전적인 경험일지라도 그에 대한 기억은 사회 구성원들과의 결합을 통해 기억이 강화되지 않는다면 점점 사라지기 때문에 항상 다른 사람들 속에 뿌리내리고 있다는 것이다. 역사적 기억의 경우, 사람들은 어떤 역사적 사건을 직접적으로 기억하는 것이 아니라 공동의 행위나 그 집단의 전세대가 이루어놓은 성취들을 수집하면서 읽기나 듣기를 통해 또는 기념할만하거나 축하할만한 행사를 통해 간접적으로 수용한다. 이러한 경우 과거는 사회적 기관에 의해 저장되거나 번역된 것이라고 간주할 수 있다.

알바쉬는 기억 속에는 본질적으로 집단적 성격이 내재해 있다고 본다. 우리의 기억은 사회적 관계의 산물인 말과 글을 매개로 하기 때문에 꿈을 포함한 모든 형태의 개인 기억은 사회적 관계에서 비롯되므로 모든 기억은 집단 기억일 수밖에 없다. 기억을 소유하는 것은 개인이지만 개인의 기억은 사회적으로 각인된다. 기억은 사회화 과정의 산물인 것이다. 이러한 알바쉬의 기억 이론에서 중요한 또 하나의 개념은 사회적 틀(cadre sociaux)이다. 알바쉬는 특정한 집단을 이루는 구성원들간의 의사소통과 상호작용을 기억의 사회적 틀로서 제시하였는데, 한 집단은 이 틀 내에서 상징적 기호와 행위를 통해 여타의 집단과 구별되는 특수한 기억을 형성한다는 것이다. (장은영)

기억 이론, 공식 기억, 사회적 틀

참고문헌

Maurice Halbwachs, The Collective Memory, with an introduction by Mary Douglas, New York: Harper-Colophone Books, 1950.

Maurice Halbwachs, edited, translated, and with an introduction by Lewis A. Coser. On collective memory, Chicago : University of Chicago Press, 1992.

전진성, 『역사가 기억을 말하다』, 휴머니스트, 2005.

집단무의식(集團無意識, Collective unconscious)

융 심리학의 중심개념이다.

융은 인간의 인격 전체를 정신이라고 부른다. 그는 정신을 의식, 개인무의식, 집단무의식의 세 가지 수준으로 구별하였다. 의식의 개성화 과정에서 자아가 생겨난다. 자아가 의식화를 허용한 경험만이 인간의 의식 속에 존재한다. 자아가 인정하지 않은 경험이 머무는 곳은 개인무의식이다. 개인무의식은 의식적인 개성화과정과 조화되지 않는 정신적 활동과 내용을 저장하며 그 특징은 콤플렉스이다.

집단무의식은 개인이 가지고 있는 무의식의 일부이면서, 개인무의식과는 구별되는 것이다. 개인무의식의 내용은 자의적인 것이나 집단무의식의 내용은 의식적이지 않다. 즉 집단무의식은 융이 일반적으로 원시적 이미지라고 부르고 있는 잠재적 이미지의 저장고이다. 인간은 이러한 이미지를 인류로서의 조상뿐 아니라 인류 이전의 선행인류로부터 물려받는다. 융에 의하면 그것은 세계를 경험하고 세계에 반응하는 소질 혹은 잠재적 가능성이며, 나면서부터 인간에게 갖춰져 있는 것이다. 융은 이전의 세대가 경험한 것은 미래의 세대에 유전되기 때문에 새로 학습할 필요가 없다는 라마르크의 획득형질의 이론을 받아들여 인간의 무의식을 진화의 관점에서 설명하고 인류 전체, 또는 개체가 속한 민족, 집단을 대상으로 상정하는 집단무의식의 개념을 발전시킨 것이다.

융은 집단무의식의 여러 가지 내용을 태고유형(archetype)이라고 불렀다. 융의 태고유형은 보편적이며 모든 사람이 같은 기본적인 태고유형 이미지를 유전적으로 물려받고 있다. 태고유형은 모든 인류에게 유전되는 것인데 각 개체가 실질적인 경험을 체득하는 과정에서 개인, 종족에 따라 조금씩 변형될 수 있는 것이다. 또한 이 태고유형은 다른 동류의 것들이 그에 기초를 두고 모조되는 원모델을 의미하며 동의어는 원형(prototype)이다.

융이 확인하고 서술한 태고유형에는 출생, 재생, 죽음, 권력, 마법, 영웅, 어린이, 사기꾼, 신, 악마, 노현인, 어머니인, 대지, 수많은 거인, 자연계의 대상(나무, 태양, 달, 바위)등의 태고유형이 있다. 인생의 전형적인 장면과 같은 수만큼의 태고유형이 있으며, 이것은 내용이 없는 형식이고 어떤 타입의 지각과 행동의 가능성을 나타낸다.

인간의 인격과 관련된 태고유형으로는 개성(the persona), 남성 속의 여성적 요소(the anima), 여성 속의 남성적 요소(the animus), 그림자(the shadow), 그리고 자기(the self)가 있다. 페르소나는 개인이 공개적으로 보여주는 가면 또는 외관 즉 정신의 외면이며 사회적 인정을 목적으로 한다. 이에 대하여 정신의 내면을 이루는 것은 아니마와 아니무스이다. 그림자는 내면적 본성으로 모든 태고유형 중에서 가장 강력하고 잠재적이다. 그림자는 자발성, 창조성, 깊은 통찰의 원천이 되기도 하고 동물적 본성의 근원이 되기도 한다. 자기는 전인격적 정신의 개념으로 질서, 조직, 통일의 태고유형이며, 모든 태고유형과 콤플렉스 및 의식 속의 태고유형의 표현형태를 자기에게 끌어들여 조화시킨다. 즉 인격을 통일하고 일체성과 불변성의 감각을 주는 것이다.

이 집단무의식은 상징, 꿈, 공상, 환상, 신화, 예술 등으로 나타난다. 특히 집단무의식, 즉 태고유형은 상징의 원천이 된다. 상징은 태고유형의 외적 표현이다. 태고유형적 체험의 표현방식은 다양하게 나타나지만, 그것들은 모두가 보편적 태고유형의 여러 가지 변형이다. 그래서 다양한 개인과 다양한 종족들이 동일한 의미의 상징을 사용하는 것을 볼 수 있는 것이다.(이연의)

의식, 자아, 개인무의식, 콤플렉스, 태고유형, 아니마, 아니무스, 자기, 상징

참고문헌

C. S. 홀(외), 『융심리학 입문』, 최현 역, 범우사, 1998.
매기 하이드, 마이클 맥귀니스, 『융』, 방석찬 역, 김영사, 2002.
융. 홀. 야코비, 『융 심리학 해설』, 설영환 역, 선영사.

집단창작(集團創作)

집단창작의 방법론은 먼저 1920년대 소련에서 활발하게 진행되었다. 그것은 사회주의 건설 현장의 생생한 체험을 작가들이 공유하고 그러한 경험을 문학적 표현으로 담아냄으로써 사회주의 건설의 역사적 의의와 그 건설과정상의 집단적 연대의 의의를 소련의 전인민대중에게 효과적으로 선전해내기 위한 당의 문화정책적의 일환으로 전개된 활동이었다.

중국에서도 중앙소비에트 지구 건립 후 연극운동을 중심으로 집단창작활동이 전개되었고, 그 환경 속에서 1934년 瞿秋白은 소비에트지구의 유일한 극본집인 「號砲集」을 편집 출판하였다. 당시 창작된 극본은 100여 종에 달하였는데 대표적인 작품으로는 빈농 張三이 토지혁명 초기에 공산당의 교육과 인도 아래 성장하는 과정을 그림으로써 농민혁명의 역사를 형상적으로 반영한 4막극 「연말투쟁」, 소비에트지구 인민이 홍군에 적극적으로 참가하는 것을 찬양한 「전방으로 가는 형을 전송함」 등이 있다. 이후 문화혁명기에도 정책적으로 집단창작이 이루어졌다.

북한에서도 문학작품의 제작에 있어서 집체적 지혜에 의거하면 인민들을 혁명사상으로 교양할 수 있고, 사상적, 예술적으로 교양할 수 있는 우수한 문학 작품을 더 성과적으로 창작할 수 있다는 판단에서 공산주의의 특성인 집단성을 작품창작에 이용하는 집체창작이 실천되었다.

집체작의 발생시기는 항일혁명투쟁시기(1926 - 1945)로 대표작은 「꽃파는 처녀」, 「피바다」, 「한 자위단원의 운명」 등이다. 이 집체작이 본격적으로 등장한 시기는 1967년 김일성 유일주체사상 확립 이후로, 문학 분야를 담당한 4·15창작단과, 무대예술 분야를 담당한 백두산 창작단 등이 만들어지면서 더욱 활발해졌다, 이 집체창작에 기여하는 창작단에서는 예술가들이 집체적으로 지혜를 모아 사상과 예술성이 높은 혁명적 작품을 많이 창작하여 인민들을 공산주의 세계관으로 무장시키며, 혁명화, 노동계급화 하는데 이바지한다.

북한의 집체작은 작가의 의지에 의해서가 아니라 국가권력에 의해서 타의적으로 이루어진 것으로 당이나 국가가 설정한 이념이나 목표를 전달하는데 있어 탁월한 역할을 담당하는 것이다.

남한에서는 1970년대 민중문학론이 형성되면서 민중문학의 미학적 형식을 탐구하는 과정에서 집단창작이란 창작방법론이 대두되었다. 70년대 실제로 민중의 현장에서 민중문학을 실천하면서, 문화의 생산자이자 향유자로서 민중을 상정하고 그들의 공동체성을 담지하고 또 공동체성을 견고히 하는 방편으로 집단창작이나 공동창작, 집체창작 등의 개념이 처음 실천적으로 구현되었다.

집단창작에서는 개인이 분산되어 계급적 정체성과 과학적 전망을 상실한 체 소시민적으로 창작하는 것을 비판한다. 그리고 동일한 계급적 토대 위에서, 과학적 세계관과 전망을 공유하며, 민중의식의 고취와 민중운동의 활성화를 끌어내는 데 기여하는 예술작품을 만들어내기 위한 미학적 방법론으로서 집단창작을 택한다. 70년대는 처음에는 민속극 운동에서 출발하여 나중에는 탈춤, 풍물, 촌극, 굿 등의 여러 장르가 결합하여 마당극이라는 연행 장르가 나타났다.

80년대 이르러서는 '광주'체험을 계기로 해서 민중을 생산 주체로 한 문학으로서의 민중문학과 정치투쟁운동으로서의 민중문학이 서로 충돌하며 70년대와 변별되는 양상으로 민중문학론이 전개된다. 80년대에는 문학, 미술, 음악, 연극 모든 분야에서 집단창작이 행해지는 데, 특히 미술 분야에서는 집단창작으로 벽화나, 걸개그림등을 많이 그렸고, 연극분야에서는 집체극이 나타났다. 이러한 집단창작은 소위 노동자계급의 독자적 예술 활동을 아우르는 것이며 그 안에서 그들이 공유하는 계급적 전망을 드러내고 정치투쟁의 활성화에 기여하는 것을 추구하였다.

80년대의 집단창작의 속성으로는 '조직화된 속도전'과 '기념비적 대작'을 들 수 있다. 정치운동의 전개와 상황에 맞추어 신속하게 작품을 생산해서 대중을 고양시켜야 했기 때문에 문학생산이 속도전의 양상을 띄었고, 집단창작의 결과물은 형태적으로 대규모, 대작인 경우가 많았다. 장대한 서사시, 장편소설, 대규모의 공연, 대규모의 걸개그림, 조형물의 형태를 갖추고 있었다.

집단창작의 구조는 먼저 1차 사전교육 또는 사전교양에서 시작하여 창작패를 조직하고 2차 사전 교육을 거친다. 이들이 모여 형상토론을 하고 집필에 들어간다. 이후 집단창작의 결과물을 대중 앞에서 낭송, 공연, 전시하게 된다. 당시 집단창작모임은 대체로 정치적 운동에 관심을 가진 젊은이들로 구성되었는데, 전국대학생문학연합에서 발족시킨 '조선의 맥박', 서울지역대학생문학연합에서 강경대학생의 죽음을 계기로 조직한 '4·26창작단', 중앙대 집단창작단인 '진군나팔' 등이 대표적인 예이다.

당시 집단창작에 의한 시들 중 손꼽히는 작품은 임수경이 방북한 것을 형상화한 '조선의 맥박', '피어린 산하', '조국의 아들', '불타는 청춘' 등이다. 집단창작에 의한 소설은 김인숙을 주필로 한 「79-80」이다. 소설 부문에서 한국 최초의 집단 창작품인데 당시 젊은 문예 이론가들로 활동했던 김형수, 백진기, 정도상이 발간한 『녹두꽃』이란 잡지에 게재되었다.(이연의)

공동창작, 집체창작, 전형, 전망

참고문헌
유중하, 『중국의 집단창작운동』, 노동문학 창간호, 1988.
김시준, 『중국현대문학사』, 지식산업사, 1992.
김재용, 『북한문학의 역사적 이해』, 1994.
이명재 편, 『북한문학사전』, 국학자료원, 1995.
성민엽 편, 『민중문학론』, 문학과지성사, 1984.
정지창 엮음, 『민중문화론』, 영남대학교 출판부, 1993.
정한용 편, 『민족문학 주체논쟁』, 청하, 1989.
「민중예술운동, 이제부터의 과제」, 창작과비평 63호(1989년 봄).
임홍배, 「집단창작론의 비판적 검토」, 실천문학 1988년 겨울호(1988. 12).
이준석, 『학생운동과 집단창작에 대한 연구』, 서강대대학원 신문방송학과 석사논문, 1999.

징후독해(徵候讀解, Symptomatic reading)

독자 반응비평의 일종으로, 의사가 징후 때문에 환자를 검사하듯이 독자(비평가)는 작품을 대해야 한다는 것이다. 일반적인 경우에 의사는 환자에게 무엇이 문제인지를 묻지 않는다. 다만 환자가 인식하거나 해석할 수 없는 단서들을 찾는다. 징후적 독해는 그때 작가, 작가의 사회나 문화 등의 비밀을 파고드는 방식으로 작품 안에 있는 단서들을 찾으려 한다.

징후 독해의 이론적인 근거는 프로이트의 '트라우마'(정신적 외상)에 관한 연구에서 찾아야 할 것이다. 프로이트는 '늑대인간' 등의 연구 사례를 통해 트라우마에 관한 연구를 발전시켰는데, 그 가운데서도 '엠마'의 경우는 프로이트 트라우마 연구의 전형적인 특성을 보여주고 있다. 프로이트가 분석 사례로서 소개하는 엠마라는 부인은 혼자서는 절대로 상점에 들어가지 못하는 질환, 즉 일종의 광장 공포증(Agora -phobia)을 가지고 있었다. 그녀 스스로 그 이유를 설명하기를 열두 살 때 어느 상점에 갔었는데, 그곳에 있었던 두 명의 점원이 그녀의 옷차림을 보고 웃었기 때문이라고 한다. 그들이 웃자 그녀는 막연한 공포를 느끼고 달아났다. 그러나 옷을 보고 웃었을 때 왜 공포를 느꼈는지, 그리고 왜 달아났는지 그녀는 설명하지 못한다. 프로이트는 그녀를 상담하는 가운데 그녀가 가지고 있는 또 다른 기억 하나를 찾아냈다. 여덟 살 때, 그녀는 사탕을 사려고 어느 상점에 갔다가 상점 주인이 옷 위로 그녀의 음부를 만지며 히죽이 웃었던 일이 있었다. 여기서 중요한 것은 엠마는 8세 때의 성추행 사건을 "무의식적으로" 기억함으로써, 광장 공포증의 원인을 12살 때의 가게 점원이 웃었기 때문이라고 생각한 것이다. 엠마가 성추행을 당했을 때는 아직 사춘기에 접어들기 이전이므로 자신이 당한 일에 대해 적합한 표상을 가질 수 없었기에, 12살 때의 기억에서는 "성추행을 깨우치는 것이 아니라, 그와는 다른 것 즉 하나의 상징으로서의 옷"을 떠올리게 된 것이다.

이와 같이 환자에게는 의식되지 않고, 다만 징후 또는 트라우마로 드러나는 것을 통해 환자가 겪고 있는 질환의 원인을 밝혀내는 것이 의사의 일이라고 한다면, 독자 또는 비평가는 작품의 여기저기에서 드러나는 징후들을 통해, 작가 자신은 의식하지 못하는 상처들을 드러내는 것이다.(김학균)

독자 반응비평, 프로이트, 트라우마

참고문헌
서동욱, 『차이와 타자』, 문학과지성사, 2004.
S. 프로이트, 『꿈의 해석』, 김인순 역, 열린책들, 2004.

차연(差延, Différance)

프랑스의 철학자 자크 데리다(Jacques Derrida)가 독자적으로 만들어 사용한 비평 용어로 그의 독자적인 비평작업인 해체비평의 관건이 되는 비평 용어이다. 자크 데리다에 따르면, 'differance(디페랑스)'는 프랑스어 'difference(차이)'의 어미 '-ence'를 '-an -ce'로 바꾸어서 만든 것으로, 그의 해체적 반인식론(anti-epistemology)에 결정적으로 중요한 관련어들을 지칭하기 위한 독특한 조어이다. 이 관련어에는 '다르다(differ)'라는 의미와 '연기하다·지연시키다(defer)'라는 의미를 모두 가지고 있는 프랑스어 'differer(디페레)'가 포함되어 있다. 즉 'differance(디페랑스)'는 동음어인 'differer(디페레)'가 결합되어 만들어졌음을 알리기 위해 어미 '-ence'를 '-ance'로 바꾼 것이다.

그래서 차연은 차이(변별성)라는 개념뿐만 아니라 연기 또는 지연이라는 의미도 나타낸다. 자크 데리다에게 있어서 단어도 아니고 개념도 아닌 이 용어는 두 가지 의미(차이·지연)를 모두 작동시키며, 어떤 순간에도 어느 한쪽만의 의미로는 환원되지 않는다. 즉 'difference'의 'e'에서 'differance'의 'a'로의 미묘한 이동은, 결과적으로 텍스트의 의미는 궁극적으로 결정되어 있거나 확정할 수 있는 것이 아니라 언어의 의미작용의 연쇄 속에서 하나의 대체 가능한 언어해석으로부터 다른 해석으로 지연된다는 자크 데리다의 주장을 시각적으로 보여주는 것이다.

소쉬르는 기호가 차이에 의해 의미를 발생한다고 했지만, 데리다는 그 의미가 항상 지연된다고 생각한 것이다. 또한 기표가 기의를 불러온다는 소쉬르의 견해에 대해 데리다는 기표가 또 다른 기표를 부르는 기표의 연쇄 작용이 나타난다고 보았다.

차연이 내포하고 있는 두 가지 의미가 어떻게 작용하는가는 사전에서 단어의 정의를 찾는 원리로서 설명할 수 있다. 즉, 어떤 단어는 그것이 아닌 다른 단어에 의해, 즉 단어들간의 차이에 따라 정의되고, 그러한 정의는 의미의 가능성에 한계를 가지게 한다. 그리고 의미의 가능성은 필연적으로 지연될 수밖에 없다. 왜냐하면 단어는 그와 다른 단어에 의해서만 정의되는데, 그 다른 단어 역시 또 그와 다른 단어로 이루어진 정의를 필요로 하게 되는 등 이런 식으로 끝이 없기 때문이다.

이 차연은 현존 자체를 현재로나, 그리고 그 누구에게도 드러내지 않는다. 이 자체를 보유하지만 결코 스스로 밖으로 내보이지 않는 채, 어느 결정적인 순간에, 진리 체계를 능가하면서, 가장 일반적 형식으로 차연은 지식 아닌 것을 지식으로 변화시키는 요술로, 비결정적인 경계의 구멍을 구멍이 아닌 것으로 위장하면서 신비한 현존이 된다. 그러므로 모든 기호는 지연 연기 유보된 존재이다. 이것은 기호가 현존을 대신한다는 견해에 정면으로 도전하는 사고이다. 이 '차연'의 사유에 기초하여, 데리다는 인류의 역사 속에서 지금까지 만들어진 이성의 산물들이 본질적 진리를 중심으로 지연의 역사를 형성하는 것으로 보고, 그것들을 해체하고자 시도하게 된다.

사실, 차연이라는 용어 자체도 자크 데리다의 용법에서는 불안정하게 쓰이고 있다. 이 용어를 확정된 개념으로 고정시켜 사용한다면 이 용어가 지닌 효력과 불확정성에 대한 강조가 사라지기 때문이다.(이연의)

기표, 기의, 기호, 차이, 지연, 데리다, 불확정성

참고문헌
크리스토퍼 노리스 지음, 『데리다』, 이종인 역, 시공사, 1999.
H. 키멜레 지음, 『데리다』, 박상선 역, 서광사, 1996.
자크 데리다, 『해체』, 김보현 편역, 문예출판사, 1996.
로이 보인, 『데리다와 푸꼬, 동일성과 차이』, 홍원표 역, 인간사랑, 1998.
마단 사럽, 『데리다와 푸꼬 그리고 포스트모더니즘』, 임헌규 편역, 인간사랑, 1999

차운(次韻), 화운(和韻)

한시(漢詩)에서 차운(次韻) 또는 和韻은 대상이 되는 시의 운(韻)에 맞추어 시를 짓는 것이다. 그 내부 범주에는 상대가 지은 시의 운자(韻字)를 시중에 넣어 시를 짓는 것, 또는 화운(和韻)의 일종으로 남이 지은 시의 운자를 그대로 달되 선후의 순서까지도 원작과 같이 짓는 방식을 가리킨다. 일반적으로 세 가지 방식이 있다.

①의운(依韻): 압운하려는 운이 창화하려는 작품의 운자와 동일한 운부(韻部)에 있는 글자를 사용하는 것으로, 반드시 원자(原字)를 사용할 필요는 없다.

②용운(用韻): 원시에 있는 운자를 사용하지만, 순서는 반드시 지키지 않아도 된다.

③차운(次韻): 보운(步韻)이라고도 부른다. 화답(和答詩) 형식 가운데 가장 엄격한 경우로서, 화운하려는 작품의 원운과 원자와 동일해야 할뿐만 아니라 순차(順次)까지도 일치해야 한다. 우리가 일반적으로 생각하는 화운은 여기에 속한다.

남조(南朝)시대에는 차운하여 시를 짓는 관례가 있었음을 알 수 있는데 차운시는 일반적으로 제목에 창작의 경위를 쓰는 경우가 일반적이므로, 제목이 길어지거나, 또는 서문이 붙는다. 율시가 지배했던 당시(唐詩)보다는, 문인간의 사상적 교유를 중시했던 송대에 이러한 방식이 대대적으로 유행하였다. 동기면에서 대개 기념적 의미를 지닌 것이 많다. 소식(蘇軾.1037-1101)은 도연명의 시에 모두 화답한 화도시(和陶詩)를 지은 것으로 유명하다. 황정견 역시 대량의 화답시를 썼는데, 이는 당시 문인들의 일반적 풍조였다.

한편 주어진 글자의 제한을 받는 화운 및 차운시는 문자적 재미를 느끼게는 하지만, 자유로운 사상과 감정의 토로에는 적합하지 않기도 하다. 이 때문에 남송의 엄우(嚴羽)는 『창랑시화(滄浪詩話)』에서 정감의 소실을 우려하며 문자(文字)로써 시를 짓는 송시의 경향을 비판하기도 했다.(오태석)

차운(次韻), 화운(和韻), 수증시, 송시, 교유

참고문헌
周勳初, 『중국문학비평사』, 중국학연구회 고대문학분과 역, 이론과 실천, 1992.
오태석, 『황정견시연구』, 경북대출판부, 1991.

차이의 문화정치학(Difference, New cultural politics of)

차이는 소쉬르의 『일반언어학 강의』에서부터 힘을 발휘한 개념이다. 소쉬르는 언어의 자의성을 이야기하면서 의미는 기표와 기의 사이의 동일시나 현존의 효과로 발생하는 것이 아니라 차이에서 발생한다고 보았다. 데리다가 말한 의미는 최소한 의미하지 않는 것으로부터 차이에 의해 부분적으로 생성된다는 차연의 개념도 사실 소쉬르가 제시한 차이의 개념을 발전시킨 것이다.

장 프랑수아 리오타르는 소쉬르의 의미구조를 메를로 퐁티의 현상학적 분석을 통해 해체하고 형상의 차원, 즉 차이와 이질성의 측면을 부각시켰다. 이것은 데리다의 해체와는 다르며 기표들의 차이로 의미가 지연된다고 보지 않는다. 그는 의미화에 환원될 수 없는 이질적인 차이를 통해 의미화의 측면과 의미화 되지 않는 측면이 공존하고 잇는 것으로 두 이질적 공간의 겹침, 공약불가능성으로 설명한다.

또한 리오타르는 모던을 큰 이야기, 메타이야기로, 포스트모던을 작은 이야기들로 특정짓는다. 이를 통해 보편적 총체적 담론이 은폐하고 억압했던 단일성, 차이들, 이질성, 공약불가능성을 드러내어 총체성의 억압, 진리의 지배를 해체시키려 한다. 작은이야기들은 더 이상 큰 이야기를 믿지 않으며, 문화는 작은 이야기들의 잡동사니가 된다. 이 곳에서는 작은 이야기들의 차이와 이질성이 중심에 환원되지 않은 채로 혼재, 공존한다. 중심이 없는 작은이야기들의 복합적 장에서는 동일성에 대하여 차이가 맞선다. 여기서 모던의 '재현의 정치학'에 맞서는 포스트모던의 '차이의 정치학'이 나오게 된다.

모던의 '재현의 정치학'에서는 정의를 정확하게 재현할 수 있다는 확신을 가지고 결국 테러를 제도화하게 된다. 저항과 위반을 축출하고 희생자를 침묵하게 한다. 그러나 리오타르는 정의는 존재하지만 이상이며 정의를 재현하는 담론이나 사회는 없다. 따라서 올바른 정의의 조건은 정의의 불확정성과 차이를 존중하는 것이다. 포스트모던의 '차이의 정치학'은 작은이야기들의 이질적 차이와 그 차이들 사이의 갈등이 공약불가능한 채로 인정되고 공존하는 사회를 추구한다.

페미니즘에서는 이 차이의 개념과 차이의 문화정치학 개념을 다양하게 적용하였다. 미셸 바렛은 페미니즘 내에서 이 개념의 용례를 제시했는데 젠더 정체성과 젠더화된 주체성의 본질주의 개념을 연상시키고 성과 젠더의 구별을 분명히 거부하는 정신분석적 논의에서 보이는 성적 차이 입장, 전체성에 대한 포스트구조주의와 반 맑스주의적 비판의 형식 속에서 차이의 장으로서의 젠더, 인종과 계급을 보는, 그리고 생성된 주체성의 관념을 해체하는 전후관계에 의존나는 혹은 상대적 의미에 대한 소쉬르적인 견해, 페미니즘 내에서 복수성과 다양성을 강조하는 널리 퍼진 용법 등을 들었다.(이연의)

차이, 다름, 갈등, 문화정치학, 젠더

참고문헌
스튜어트 심, 『리오타르와 비인간』, 조현진 역, 이제이 북스, 2003.
장-프랑수아 리오타르, 『포스트모던적 조건』, 이현복 역, 서광사, 1992.
_____, 『지식인의 종언』, 이현복 편역, 문예출판사, 1993.
표재명 외, 『헤겔에서 리오타르까지』, 지성의 샘, 1994.
임혁백 외, 『세계화의 문화정치학』, 집문당, 2004.
정혜윤, 「차이의 문화정치학: 이리거레이의 여성성 이론과 그 정치적 의미」, 『역사와 사회』, 3권, 22호.

찬가

신에 대한 찬미의 뜻을 나타내는 노래이다. 일반적으로 찬가는 신에게 말을 거는 한 형태로서, 현존하는 고대찬가의 대부분은 공물(供物)·공희(供犧)를 수반한 제의적(祭儀的) 성격을 가졌던 것으로 생각된다.

자신들의 운명·고락이 인간을 초월한 신에게 달려 있다고 생각한 고대인들이 초월적 존재에 대해 제사를 지내고 찬사를 올리는 것은 지극히 자연스러운 일이었다. 그러나 신을 찬양하게 되기까지의 상황은 매우 다양하다. 고대 오리엔트에서는 신에 대한 찬미가 기원(祈願)을 위한 전제인 경우가 많았는데 고대인도의 《리그베다》를 그 예로 들 수 있다. 신들에게 찬가를 바치는 것은 신을 즐겁게 하여 신의 환심을 삼으로써 일상생활상의 지복(至福), 즉 자기들을 위협하는 외적에 대한 승리, 풍순우조(風順雨調)와 풍작, 가축의 증식, 자손의 번영, 무병식재(無病息災), 질환으로부터의 회복 등을 얻기 위한 것이었다.

불교의 찬가는 먼저 경전(經典)에 나오는 불타를 칭송하는 운문(韻文)을 들 수 있다. 마명(馬鳴)의 《불소행찬(佛所行讚)》은 석가(釋迦)의 높은 덕을 기린 대표작이며, 팔리어(語)로 된 《장로게(長老偈)》, 《장로니게(長老尼偈)》 등은 수행 결과 도달할 경지나 법의 위대함을 칭송하고 있다.

특히 마토리체타의 《사백찬(四百讚)》, 《일백오십찬(一百五十讚)》을 비롯하여, 《건치범찬(?稚梵讚)》 등이 있는데, 인도의 시형(詩型)에 따른 것을 범찬(梵讚)이라고 한다. 이것들은 스토트라(stotra)라 부르는 찬가에 속한다. 중국에서는 찬(讚)·찬게(讚偈)·예찬문(禮讚文)이라 하여, 예로부터 많이 지어졌다. 담란(曇鸞)의 ≪찬아미타불게(讚阿彌陀佛偈)≫, 선도(善導)의 ≪왕생예찬(往生禮讚)≫이나 선어록(禪語錄)에 보이는 게송(偈頌)도 이에 포함된다.

한국의 대표적 불교찬가는 조선시대 세종이 1449년(세종 31)에 지은 월인천강지곡이다.

그리스도교의 찬가는 성경에서 찾아볼 수 있는데, 구약성서에서 이스라엘 민족이 홍해를 건너고 나서 부르는 미리암의 노래, 사사기 시대에 이방민족과 싸워 승리한 후에 여사사 드보라가 부르는 노래, 성전에서 주로 불렸던 시편의 찬가, 이사야, 예레미야 등의 선지서에 나오는 찬가들이 있다.

가톨릭의 찬가는 라틴어의 '짧은 노래'를 의미하는 칸티쿰(canticum)의 역어이며, 찬송가(讚頌歌)를 의미하는 힘누스(hymnus)와는 구별된다. 가장 유명한 찬가는 신약성서의 ≪루가의 복음서≫에 나오는 세 가지 찬가이다. 특히 가톨릭에서는 이를 중요시하여 1장 68~79절의 즈가리야의 노래를 '베네딕투스(The Benedictus)'라 하여 성무일과(聖務日課)에서는 아침 과(課)이고, 1장 46~55절의 성모(聖母)를 찬송하는 '마리아의 노래'는 저녁 과로 사용하며, 2장 29~32절의 '눈크 데미터스(눈크디미티스 Nunc Dimittis · 시므온의 노래라고도 한다)'는 종과(終課)로 사용한다. 이러한 찬가는 어느 것이나 그리스도의 오심(강림)에 대한 감사를 나타낸다.

'베네딕투스'는 구약 예언의 성취, 구세주 그리스도를 증명한 즈가리야의 아들인 세례 요한의 탄생을 하느님께 감사하고, '마리아의 노래(The Magnificat)'는 하느님 아들의 탄생을 겸허하게 받아들이는 성모의 기도이며, '눈크 데미터스'는 "주여 이제는 말씀하신 대로 이 종은 평안히 눈감게 되었습니다"로 시작하여, 시므온이 아기 예수를 두 팔에 받아 안고 하느님을 찬양한다. 현재 로마 가톨릭교회의 성무일과서에는, 이러한 신약의 찬가 외에 구약성서에서 따온 14의 찬가가 있다. 그 찬가 가운데 둘은 모세의 찬가, 일곱은 예언서에서, 즉 ≪이사야≫(12:1~6, 38:10~20, 45:15~26), 둘은 ≪다니엘≫(3:1~19)에서 따오고, 또한 유딧의 찬가 ≪유딧≫(16:15~21), 토비트의 찬가 ≪토비트≫(13:1~10)가 덧붙여지고 있다.

특히 그리스도교의 찬가가 갖는 특징은 신을 즐겁게 해주기 위해서 찬양하는 것이 아니라 인간이 신의 현존을 즐거워하고 기뻐함을 표현하는 것이다. 또한 신이 스스로 계시한 신의 성품을 찬양하며, 신이 어떠한 일을 하도록 유도하기 위해서 노래하는 것이 아니라, 이미 신이 선포한 약속과 그 성취를 찬가의 내용으로 삼는다. 그러므로 그리스도교의 찬가는 현실적 상황을 초월하여 언약에 대한 믿음에 기초하여 불러지며, 때로는 영적전쟁 가운데 믿음으로 승리를 선포하는 전쟁수행의 기능이 더해지기도 한다.(이연의)

찬가, 찬양, 찬미, 신앙고백, 선포, 성경

참고문학
앤드루 윌슨-딕슨, 『교회음악사 핸드북』, 박용민 역, 생명의 말씀사

찬미가 ☞ 찬가

참여문학(參與文學, Engagement literature)

현실에 대해 비판적이고 사회 변혁에 실천적인 역할을 해야 한다는 문학이념을 가리키는 포괄적인 개념이다. 참여문학은 작품 창작을 통해 현실에 개입하는 작가의 사회적 책임을 강조한다. 참여문학은 문학의 자율성을 인정한 상태에서 문학을 통한 유토피아적 지향을 표현하려는 실천적 문학관이라고 할 수 있다. 다른 측면에서는 어용문학(御用文學)에 반대되는 개념으로 사용되기도 한다.

참여문학은 싸르트르의 앙가주망(engagement)을 통해 문학론으로 확립됐다. 앙가주망은 어떤 일을 행하기 위해 자신의 자유의지에 따라 선택한 '자기 구속'을 의미한다. 싸르트르는 참여(앙가주망) 개념을 통해 개인의 자유에 기반한 현실 세계 비판과 새로운 세계를 향해 자기 자신을 내던지는 실천적 행위를 옹호했다. 싸르트르의 앙가주망은 특정 이데올로기에 문학이 복무해야 한다는 주장과는 거리가 멀다. 그의 앙가주망은 자유를 억압하는 모순된 상황과 부조리에 맞서 행하는 모든 문학적 실천을 포괄한다. 이를 위해서는 작가의 자유뿐만 아니라 타인의 자유를 위해서도 스스로 구속된(참여한, engaged) 작가로서 행동해야 한다는 것이다. 대표적인 참여문학 작가로는 브레히트(Brecht), 싸르트르(Sartre), 도리스 레싱(Doris Lessing), 귄터 그라스(Günter Grass) 등을 거명할 수 있다.

한국문학에 있어 참여문학은 근대문학 초기 이광수·최남선의 계몽주의 문학부터 1920년대 카프문학까지도 포함할 수 있다. 그러나 참여문학에 대한 본격적인 논의가 진행된 것은 1950년대 말부터이며 4·19 혁명 이후 문학의 사회적 참여에 관한 적극적인 논의가 가능해졌다고 할 수 있다. 1950년대까지 한국문학을 주도했던 순수문학진영은 참여문학을 이데올로기 문제(사회주의)와 연관해 공격했었다. 순수문학에 반대해 1950년대 후반 이어령·최일수·유종호·이철범이 참여문학론을 주장했다. 이들은 한국문학이 순수의 장벽을 넘어 현실의 광장으로 나와야 한다면서 분단 현실에 대한 문학의 실천적 개입을 주창했다. 1960년대 후반에 김붕구가 「작가와 사회」라는 글을 통해 참여문학론을 비판하자 김수영·임헌영·백낙청·염무웅 등이 분단된 민족 현실 등을 타파하기 위해서는 참여문학론이 정당하고 옹호했다. 이후 참여문학은 현실에 대한 문학의 실천적 참여 방안을 모색했던 리얼리즘과 민족문학, 민중문학으로 이어졌다. 참여문학의 대표적인 작품으로는 김수영의 「풀」, 신동엽의 「금강」, 김지하의 「오적」, 이호철의 「판문점」, 박태순의 「무너진 극장」 등이 있다.(임헌영)

앙가주망, 순수문학, 계몽주의 문학, 리얼리즘, 민족문학, 민중문학

참고문헌
김영민, 『한국 근대문학비평사』, 소명출판, 1999.
_____, 『한국 현대문학비평사』, 소명출판, 2000.
김윤식, 『한국근대문학사상사』, 한길사, 1984.
임영봉, 『한국 현대문학비평사론』, 역락, 2000.

참여소설

사회의 개혁이나 변화에 적극적으로 참여하는 문학을 일컫는 매우 포괄적인 명칭이다. 사르트르(Sartre)에 의해 사용되어 사회변화에 대한 소설의 현실적 역할을 중시하고, 소설의 사회 비판적이고 실천적인 기능을 강조하는 문학형태를 일컫는 용어로 널리 쓰이게 되었다. 그의 참여소설은 특정한 정치적·이념적 지향성을 추구하는 한정된 범주의 의미가 아니라, 인간의 자유를 억압하는 현실 모순과 부조리를 폭로하는 휴머니즘적 태도를 뜻한다. 또한 지식인 중심의 사회적 책임과 문학의 자율성을 기반으로 한 문학론이었다는 점에서 계급혁명을 목적으로 하는 사회 변혁적 참여문학과 구별된다.

우리나라에서 참여 문학이라는 말이 널리 유행하게 된 것은 '60~'70년대 순수-참여 논쟁에서였다. 참여 문학론의 등장에 직접적인 계기가 된 것은 4·19혁명이지만, 근본적으로는 일인 독재체제의 비민주성과, 급속한 경제 정책의 부작용으로 나타난 빈부 격차, 농촌의 붕괴현상 등 산업화초기의 모순에 기인한다. 이 시기 참여문학은 사르트르의 영향으로 실천적이고 사회변혁적인 목적성보다는, 독재정치에 대한 저항과 사회의 부정부패를 고발하는 차원에 머문다. 주로 강조되는 것은 사회적 모순에 대한 지식인의 역할이었다. 그런 까닭에 당시의 참여문학은 사회변혁적인 성격보다는 대체로 사회비판적이고 휴머니즘적인 성격을 강하게 내포하고 있었다. 황석영이나 박태순, 김정한의 작품들과 조세희의 『난장이가 쏘아올린 작은 공』, 윤흥길의 『아홉 켤레의 구두로 남은 사내』 등의 작품들이 당시 참여 문학론자들에 의해 긍정적인 평가를 받았다는 사실에서도 알 수 있다.(곽봉재)

휴머니즘, 참여문학, 저항문학

참고문헌
문학과 지성사 펴냄, 『사르트르의 문학적 세계』, 문학과 지성사, 1989.
김용락, 『민족문학 논쟁사 연구』, 실천문학사, 1997.

창(唱)

판소리의 3대 요소 중에 하나인 소리를 말한다. 판소리의 3대 요소는 창과 아니리, 발림이다. 아니리는 소리를 하다가 어떠한 정경과 장면의 설명 또는 대화 등을 말로 하는 것이고, 발림은 소리를 하면서 여러 가지 표현을 실감이 나도록 동작으로 하는 '짓'을 가리킨다. 이 세 가지 요소를 합쳐 판소리라고 할 수 있으며, 창은 대부분 이 판소리를 일컫는다. 판소리는 고수의 역할이 매우 크다. 고수가 이따금 소리의 끝 구절에서 '좋다', '좋지', '얼씨구'와 같은 흥을 돋구는 감탄사를 넣음으로써 소리하는 창자의 흥을 돋구고, 다음 소리를 유발하는데 중요한 구실을 한다. 이것을 추임새라고 한다. 고수가 또박또박 정확하게 박자를 짚어 나가면 소리를 할 수 없다. 일고수 이명창이라는 말이 있듯이 고수를 잘 만나야 한다. 소리하는 사람과 고수의 호흡이 혼연일체가 되어야 한다.

본래의 판소리는 12마당으로 되어 있었는데, 이 중에 다섯 마당만 전하고 나머지 일곱 마당은 사라졌다. 이 소리들이 사라진 것은 내용이 외설적이거나 황탄하다는 이유였다. 이 중에 남게 된 다섯 마당, 춘향가, 심청가, 흥부가, 수궁가, 적벽가는 삼강오륜에 가까운 내용을 가지고 있었으므로 창곡가이던 신재효를 비롯한 그 당시 선비들이 건전하고 유식한 말로 윤색되어 전하게 되었다. 판소리는 지역에 따라 동편제, 서편제, 중고제로 나뉜다.

판소리의 장단은 진양조, 늦은중몰이, 중몰이, 중중몰이, 엇중몰이, 잦은몰이, 휘몰이 등이 있다. 이 중에서 가장 기본적인 장단은 진양조, 중몰이, 잦은몰이이다. 진양조의 '양'은 와전일 가능성이 높은데, '긴조'가 전라도 사투리에서 '진조'로 발음되었을 것이다. 중중몰이는 중몰이보다 빠른 장단이고, 잦은몰이는 잦은 즉 빠른 속도로 몰아간다는 말이며, 휘몰이는 회오리바람처럼 휘몰아치는 빠른 장단이다. 이러한 장단은 시나위나 가야금 산조 등 전라도 지방의 모든 음악에 적용된다.

서울 지방의 12잡가는 긴 잡가라고도 한다. 산타령, 경복궁타령, 강강술래 등은 서서 부르는 입창에 속하나, 이 12잡가는 앉아서 부른다고 하여 좌창이라고 한다.(김학균)

판소리, 아니리, 발림, 12마당, 신재효

참고문헌
장사훈, 『한국음악사』, 세광음악출판사, 1991.
전인평, 『새로운 한국음악사』, 현대음악출판사, 2000.

창극

창극(唱劇)은 판소리를 무대극으로 만든 연극이다. 창극이 판소리에서 비롯되었으므로 초창기에는 '창극'을 '판소리'로 자주 혼용하였다. 넓은 의미에서는 둘 다 연희(공연예술)이지만, 창극이 무대요소를 중시하는 데 비해 판소리는 음악요소를 중시한다. 이병기(李秉岐)는 판소리와 판소리문학을 구분하여, '창극은 광대소리 즉 판소리의 전체를 총괄하여 이르는 말이고, 극가(劇歌)는 판소리의 백(白)이나 창의 사(詞)를 이르는 말'이라고 했다. 실제로 창극은 신연극, 구극, 구파극, 신구파극, 가극 등으로 혼용되기도 했다. 창극은 방법적으로 자기발전적인 대안이 없이 외래극(外來劇)의 모방에 의한 극장편입(劇場編入)이었고, 시간적으로는 성급히 졸속으로 운동이 전개되어 기형적 혹은 과도기적 양식을 성립시키고 말았다. 당시의 서울에서 공연되는 일본 가부키나 중국의 경극을 보면서 판소리개량의 당면성을 느낀 광대들이 시작했다.

과도기적으로 시도된 것이 '대화식(對話式)의 분창(分唱)'이었다. 우선 판소리 더늠과 아니리를 대상으로 분창과 극중대화가 시도되었다. 1907년 광무대에서 시작된 분창공연은 1908년 연흥사에서 많은 인물이 출연하는 창극으로 본격 시도되었다. 같은 시기에 원각사에서도 창극운동이 시작되었다. 원각사의 <은세계>가 창극형태로 공연되었음은 당시 창극에 관련된 방증자료와 공연에 참여했던 광대들의 증언에 의해 확인된다. 창극운동은 판소리 명창들의 조직인 1900년대 중반의 협률사(극장만이 아닌 명창의 조직체)에서 시작되어 1910년대 중반의 경성구파배우조합을 거쳐, 1920년대 후반의 조선악연구회와 조선음악협회, 1930년대 초반의 조선음률협회, 조선악정(正)회, 조선악협회(謠曲部), 조선성악원, 조선음악연구회 등을 거쳐 조선성악연구회 등이 주도했다. 조선성악원은 조선음률협회를 계승하여 1934년 4월에 조직되었다. 이 성악원이 같은 해 5월 11일에 조선음악연구회로 개편되었고, 9월의 제3회 공연 무렵부터 조선성악연구회(약칭, 성연)로 개명되었다. '창극'이라는 용어는 '성연시대'에 이르러 일반화되었다. 광복 이후 창극을 국극이라 했고, 여성국극이 한 동안 인기를 끌었다. 현대창극은 1962년 국립창극단이 조직되면서 본격적인 활동에 들어갔다.(서연호)

창극, 국극

참고문헌
서연호, 『한국연극사(근대편, 현대편)』, 연극과인간, 2003, 2005.
백현미, 『한국창극사연구』, 태학사, 1997.
국립극장편, 『세계화시대의 창극』, 연극과인간, 2002.
박황, 『창극사연구』, 백록출판사, 1976.

창수(唱酬) ☞ 창화(唱和)

창작(創作, Production, 프 Création, 독 Schaffen)

예술가가 미적 체험을 통해 예술작품을 구상하고 생산하는 활동을 뜻한다. 예술 제작이나 예술창조와 같은 뜻이다. 창작은 독창성과 개성을 중요시하므로 기계 등에 의한 유사물품의 대량생산이나 그 제조 과정과는 구별된다. 또한 원작이 있는 모작(模作)이나 모사(模寫), 번안이나 개작 등과 대비되는 개념으로 미적 대상으로부터 상상력에 의해 창조된 내적 이미지를 객관적인 형식으로 정착시켜 하나의 예술작품을 만들어내는 작업이다. 상상의 성격에 따라 예술의 여러 갈래가 나뉜다.

창작의 기원과 본질은 그 동인이나 성질, 목적에 따라 여러 가지 학설이 있다. 플라톤(Platon)과 아리스토텔레스(Aristoteles) 이래 자연의 모방을 예술창작의 본질로 보는 모방설은 서구 예술사상을 지배해 온 대표적 학설로 19세기 모방이론의 극단적인 형태인 자연주의에 이어진다. 표현의 진실성과 정확성을 추구하는 데 반해 상상력을 포함한 자유로운 미의 창조를 경시하는 경향이 있고(Y.Hirn), 감정표출로서의 표현을 창작의 본질로 보는 입장, 장식충동에 의한 형식미를 추구하는 입장(A. Riegl,, Schiller 등), 자기목적적인 고유의 쾌감을 추구하는 유희본능이라고 보는 입장(H. Spencer, K. Grooss, G.B Brown 등)등이 있다. 이와 같은 입장들은 그러나 예술의 종류나 그 내용인 정신세계의 복잡성으로 인해 어느 하나만으로 충분하지 않다.

창작 과정에 대한 분석은 심리학적 미학 및 예술심리학의 중요 과제이며, 현상학적 미학에서는 창작을 독립된 심리 과정으로 다루기보다는 미적 체험에 통합된 것이라 하여 미적 체험의 창조성을 강조한다. 현대에는 미적 체험과 창작을 본질적으로 같은 원리로 보는 입장이 많다. 그러나 창작은 체험과 달리 특수한 예술 형식, 즉 갈래에 따른 표현기법의 차이에 따라 요구되는 특별한 법칙에 대한 숙련과 함께 미적 체험의 능력이 동시에 요구된다.(곽봉재)

상상력, 창조성, 미적 체험

참고문헌
N. Hartman 『미학』, 전원배 역, 을유문화사, 1983.
T.W Adorno 『미학이론』, 홍승용 역, 문학과지성사,1984.

창조(創造, Creation, 프 Création, 독 Schöpfung)

창조는 기독교 문화권 속에서 신의 행위를 가리키는 말로 사용되었다. 이에 비해 인간의 문학적 창작 행위를 가리키는 말로 사용된 것이 미메시스(mimesis)이다. 미메시스는 엄밀한 의미에서는 단순한 모방, 모사를 뜻한다.

이렇듯 인간의 문학적 창작은 단순히 신이 만들어 놓은 세계를 모방, 모사하는 것에 불과하였다. 그러나 낭만주의가 등장하면서 이러한 사정은 달라졌다. 낭만주의의 이론적 기반이 확립된 18세기의 유럽 비평에서는 예술가의 독창적인 주체성을 강조하였다. 그들은 문학가를 '천재'라는 말로 지칭하기 시작했고, 그들의 문학적 행위를 낭만적, 독창적, 창조적이라는 말로 수식하였다. 예술가의 창조적 주체에 대한 인식의 변환이 이루어진 것이다. 이러한 낭만주의 담론은 예술의 형식적인 부분뿐만이 아니라 인간과 자연에 대한 전면적이고도 근본적인 태도의 변화를 내포하는 철학적, 예술적 개념이었다.

한국문학에 있어서 문학가의 창작 행위를 창조라고 정의한 최초의 사람은 이광수이다. 그는 그의 본격적인 문학론 「문학이란 하오」에서 "문학자는 천재를 요"한다고 하고, 그는 예민한 상상력, 자유로운 상상력, 풍부한 감정과 언어 능력으로 문학적 세계를 창조해야 한다고 지적하였다. 또한 김동인은 「소설에 대한 조선 사람의 사상을」이란 글에서 "참 예술가는 인령이오. 참 문학적 작품은 신의 섭"이라는 말로 예술가의 창작행위를 신의 그것과 동일한 창조라고 지칭하였다. 이러한 김동인의 문학관은 예술의 다난한 창작과정 속에서 형성되는 근대적 자아에 대한 믿음과 문학작품의 창조가 개인의 자유롭고 주체적인 활동이라는 자작 속에서 형성된 것이다.

예술가의 창작행위를 천지창조와 같은 신의 행위와 동일한 것으로 인식하는 낭만주의 담론은 흔히 계몽주의자로 일컬어지는 이광수를 비롯한 근대문학 초기의 작가들에게 그들의 창작관을 결정짓는 데 지대한 영향을 미쳤다.(황종연)

참고문헌
이광수, 「문학이란 하오」, 『이광수전집』 제1권, 삼중당, 1962.

김동인, 「소설에 대한 조선 사람의 사상을」, 『김동인전집』 제16권, 조선일보사, 1988.
아놀드 하우저, 『문학과 예술의 사회사』, 염무웅 외 역, 창작과비평사, 1999.

창화(唱和)

작가들이 시사(詩詞)를 써서 서로 주고받는 관습을 일컫는 말. 창화는 원래 가곡을 이쪽에서 부르면 상대편에서 화답하는 방식을 말했다. 『순자(荀子)·악론(樂論)』편에 보면 "창화에는 응함이 있다(唱和有應)"이라고 설명되어 있다. 역사적으로 볼 때 순임금과 고도(皐陶)가 노래를 서로 주고받은 것이 창화의 시작이라고 할 수 있다. 그 이후에는 제량(齊梁) 시대의 안연지(顔延之, 384-456)와 사조(謝朓, 464-499) 등이, 당나라 시대의 원진(元稹, 779-831)과 백거이(白居易, 772-846) 등이 창화에 능했으며, 피일휴(皮日休, 779-902?)와 육구몽(陸龜蒙, ?-?)의 작품이 극히 뛰어났다.

당나라 사람들은 창화한 작품을 모아 책으로 내는 일을 몹시 즐겼다. 원진과 백거이 사이의 『원백창화인계집(元白唱和因繼集)』, 백거이와 유우석(劉禹錫, 772-842) 사이의 『유백창화집(劉白唱和集)』, 배도(裴度, 765-839)와 양빙(楊憑) 사이의 『형담창화집(荊潭唱和集)』 등이 있었는데, 현재는 전해지지 않고 있다. 지금 전해지는 『송릉집(松陵集)』은 피일휴와 육구몽이 창화한 시를 모은 책인데, 창화시의 일반적인 성격을 잘 보여준다. 장적(張籍, 765?-830?)은 『장사업집(張司業集)』의 「곡원구소부(哭元九少府)」에서 "한가하여 여럿이 모여 지낼 때에는, 술에 취해 읊은 노래 창화시라네(閑來各數經過地 醉後吟閑唱和詩)"라고 했는데, 당시 창화시가 얼마나 성행했는지를 말해준다.

당나라 이후에는 창화를 창수(唱酬)라고 불렀다. 백거이의 「유백창화인계집서」에서 "항상 창수로 인하여(每因唱酬)"라고 한 구절이 보이고, 『송사(宋史)·진요전(陳遼傳)』에서는 "증공과 소식, 황정견은 모두 창수하며 왕래하였다(曾鞏蘇軾黃庭堅 皆與唱酬往來)"고 기록했으며, 소식은 자신의 시에서 "수레 타고 수종하느라 또한 돌아가지 못해도, 창수하며 오고간 글귀는 응당 풍성하리라(車馬追陪亦未歸 唱酬往復字應漫)"(『소문충시합주(蘇文忠詩合注)』권15, 「次韻答邦直子由」)고 술회하였다. 이를 통해 당나라 이후에는 창화와 창수가 함께 쓰였고, 의미상으로도 큰 구별이 없었음을 알 수 있다.(이정선)

가곡, 창수(唱酬), 창화집

참고문헌
임종욱, 『중국문학에서의 문장체제 인물 유파 풍격』, 이회, 2001.
＿＿＿ 엮음, 『동양문학비평용어사전 : 중국편』, 범우사, 1997.

채봉 ☞ 무대

책

　문자 또는 그림을 수단으로 표현된, 정신적 소산물(所産物)을 체계 있게 담은 물리적 형체를 말한다. 초기에는 대·나무·깁·잎·가죽 등의 재료로 만들어지기 시작하였지만, 그 뒤 점차로 종이가 사용되었으며 그것을 일정한 차례로 잇거나 겹쳐 꿰매고 철하여 책을 만들어 냈다.

　상고시대에는 상호간의 믿음 또는 약속의 부호로 의사를 소통해 오다가, 문자가 생긴 이후 그 글자를 적어 놓을 대상물이 필요하게 되었다. 그 대상물이 초기에는 생활 주위의 모든 것, 예를 들면 종·솥·제기·쇠붙이·돌·기와·갑골(甲骨)·댓조각·나뭇조각 등이었다. 그러나 이러한 낱개의 온갖 물건에 글자와 그림을 새기거나 쓴 것을 가지고 책이라고 할 수 없고, 이것들이 체계적으로 엮어져야 비로소 책으로서의 구실을 할 수 있는 것이다.

　따라서 책의 기원은 죽간(竹簡)과 목독(木牘)을 체계적으로 편철하여 사용하였던 책(策)이라 보는 것이 학계의 정설이다. 죽간은 대를 켜서 불에 쬐어 대땀(汗簡)을 빼고 퍼런 껍질을 긁어내어(殺靑) 글씨 쓰기 쉽게 한, 댓조각을 말하며 목독은 나무를 켜서 넓고 큰 판을 만들어 말려 표면을 곱게 하여 글씨 쓰기 쉽게 한 나뭇조각을 말한다.

　오늘날 통용되고 있는 책(册)이란 글자가 바로 이와 같이 엮어진 책(策)의 형태를 보고 만든 상형문자(象形文字)인 점에서도 책의 기원이 고대의 책(策)에서 비롯하였음을 알 수 있다.

　책의 명칭은 예로부터 다양하게 사용되어 왔다. 그 용어로는 책(册)·전(典)·서(書)·본(本)·도서(圖書)·문헌(文獻) 등이 있고, 그 밖에도 많은 합성어가 만들어져 사용되었다. 책(册)은 대와 나무의 조각을 엮은 책(策)의 모양을 보고 만든 글자로 일찍부터 쓰인 명칭이며, 현재 한국에서 주로 사용되고 있는 명칭이다. 이 글자가 만들어진 이후에 나온 합성어에는 간책(簡册)·죽책(竹册)·전책(典册)·엽책(葉册)·서책(書册)·첩책(帖册)·접책(摺册)·보책(譜册)·책자(册子) 등이 있다.(김학균)

　종이, 책(策), 문자, 그림

참고문헌
월터 J. 옹, 『구술문화와 문자문화』, 이기우 역, 문예출판사, 1995.
국제어문학회, 『문자문화와 디지털문화』, 국학자료원, 2001.

천기론(天機論) ☞ 천기설

천기설(天機說)

　『노자』, 『장자』에서 나온 용어이나 후대에 오면서 시문학 용어로 사용되었다. '천(天)'은 하늘이요 자연이며 천연이다. 심익운(沈翼雲, 1734-?)은 "천이란 자연이다. 문(文)이 자연(自然)에 이르면 지극히 아름답다"고 하였다. '기(機)'라는 것은 천진(天眞) 또는 '자연스럽게 나오는 것'(自然之發)이라는 의미가 있다. 여기에 기는 주로 무엇인가를 우연히 촉발시키는 것이기도 하다. 청말에 송시(宋詩)를 주창하면서 문장의 화려하고 기이한 표현보다는 내용을 중시한 중국번(曾國藩, 1811-1872)은 기의 우연성과 촉발작용을 언급하고 있다. 이런 내용을 종합하면, 천기는 물(物)에 절로 촉발되는 은미한 작용의 일종임을 알 수 있다. 그런데 천기는 순간적으로 촉발하는 미묘한 작용이기 때문에 그것을 정확하게 포착해내기란 사실상 쉬운 일이 아니다.

천기의 자연(自然)과 진(眞)의 특성으로 인해, 시에서 천기를 중시하게 되면 부자연스러운 곧 극단적인 시는 지양되기 마련이다. 왜냐하면 천기라는 것은 자연, 도학, 개성성정(個性性情)에 각각 작용하되, 자연성정의 경우 그 성정이 그대로 잘 드러나도록 하고, 도학성정의 경우 생경이나 조잡함으로 인해 자칫 구호로 빠지는 것을 경계하며, 개성성정의 경우 자극적인 표현으로 인해 자연스럽지 못한 것을 자연스럽게 드러나도록 하는 역할을 하고 있기 때문이다. 지나치게 도가 묻어나는 시라든지 지나치게 욕정이 넘치는 시를 두고 자연스럽다고 하지는 않을 것이다.

조선 중·후기에 들어와 시와 시론에 등장하게 된 천기는 어느 특정 시대나 작가에 얽매임으로써 형식에 지나치게 구속되거나, 이치에 지나치게 구속된 나머지, 시다움을 망각한 시 창작 태도를 비판하면서 그 대안으로 등장한 용어이다. 따라서 천기는 당시 문단의 형식 위주의 의고주의에 반발하여 시내용이나 시 정신을 중시하여 관심을 기울이게 된 인간의 성정과 맞물려 나온 용어이다. 그리하여 천기는 시작(詩作)과정에 작용함으로써, 시가 성정에 따라 보다 자연스럽게 창작될 수 있도록 도와주는 일종의 윤활유이다.(김학균)

노자, 장자, 자연, 도학, 성정

참고문헌
진영미, 「천기의 개념과 특성」, 『한국시가연구』5집, 한국시가학회, 1999.
유약우(이장우 역), 『중국시학』, 명문당, 1994.

천뢰(天籟)

장자의 『제물론』 첫머리에는 인뢰, 지뢰, 천뢰라는 삼뢰의 이야기가 나온다. 인뢰가 사람이 지어내는 소리라면, 지뢰는 자연 상태의 사물들이 자아내는 소리이다. 천뢰는 하늘의 피리소리, 혹은 천연의 소리, 결국 자연의 소리라고 번역할 수 있는데, 이는 무아의 상태에서 들려오는 소리로서 『제물론』 전체를 관통하는 상징적인 비유이다. 천뢰는 일종의 완벽히 자발적이어서 어떤 외부의 힘에 의지하지 않고 천연적으로 만들어지는 소리를 말한다. 인뢰와 지뢰는 사납게 하는 것(怒者)의 제약을 받지만 천뢰는 어떤 구속도 받지 않고 완전히 천연스러운 것이다. 장자는 이 같은 천뢰야말로 최고의 아름다움이며, 천뢰가 형성하는 음악이 천악(天樂)이라고 생각하였다. 그는 또 「천운(天運)」 편에서 신화 속의 이야기를 빌어 천악이 무엇인가를 생동감 넘치게 묘사하였다.

사람의 피리소리, 땅의 피리소리를 넘어선 하늘의 피리소리란 소리 없는 음악이자 온갖 소리들의 근거이다. 모든 음악과 소리들은 도(道)로부터 생겨나온다. 그런데 천뢰가 모든 소리의 근원이며 인뢰나 지뢰와는 달리 말로 설명해낼 수도 감관으로 감지할 수도 없는 것이라고 해서 인뢰, 지뢰의 소리를 떠나 있는 것은 아니다. 사람의 소리, 대자연의 소리를 떠나 하늘 소리가 따로 있는 것이 아니라 그 모든 소리들의 스스로 그러함(自然)을 취하여 하늘 소리라고 부르는 것뿐이다. 소리를 떠나 침묵이 있는 것이 아니라 소리의 바탕이 되는 것이 침묵이다. 그러므로 장자는 인간의 소리를 부정하고 자연계에 울리는 소리만을 인정한 것이 아니라 그 모든 소리들의 있는 그대로를 살려내고자 하는 것이다.

천뢰는 따지고 분석해서 알 수 있는 것이 아니라 사적 자아 관념을 잊음으로써 소리의 근원을 들을 수 있는 귀가 열렸을 때 비로소 들려오는 것이다. 모든 것을 반성하고 털어내어 더 이상 '나(我)'랄 것이 없게 된 뒤에도 남아 있는 자기 자신(吾)은 애초에 자연으로부터 부여받은 자신의 몫이다. 이렇게 짝 없는 원래의 상태로 돌아왔을 때 우리는 비로소 도(道)와 통하여 하나가 됨으로써 천뢰를 들을 수 있다.

장자가 제창한 천뢰는 자연미를 표방하고 인공미를 반대한 장자의 미학 사상이 중심된 내용을 이루고 있다. 이러한 미학 사상은 자연에 몸을 맡기고 천명에 순응하며 무위를 최고의 미덕으로 여기고 사람의 주관적인 능동성을 거부한 그의 철학 사상이 반영된 것이다. 그의 이같은 미학 사상은 후대의 문학 비평과 창작에서 본색미(本色美)와 자연미(自然美)를 옹호한 논리를 형성하게 하는데 크게 기여하였다. 예컨대 후대의 많은 비평가들은 문학 작품이 자연스러워 인위적인 흔적이 전혀 없는 상태를 일컬어 천뢰란 용어를 사용하였다.(이정선)

인뢰(人籟), **지뢰**(地籟), **천악**(天樂), **자연미**, **무위**, **본색 미**

참고문헌

박소정, 「장자의 음악론」, 한국국악학회 2002년 2월 월례발표회 발표문.
임종욱, 『중국문학에서의 문장체제 인물 유파 풍격』, 이회, 2001.
_____ 엮음, 『동양문학비평용어사전 : 중국편』, 범우사, 1997.

천인감응(天人感應)

동중서(董仲舒, BC. 179경-BC. 104경) 중국 BC 136년 유교를 중국의 국교이자 정치 철학의 토대로 삼는 데 이바지한 철학자. 유교는 그 뒤로 2,000년 동안 국교 지위를 유지해왔다. 동중서는 철학자로서 유교철학과 음양철학(陰陽哲學)을 통합했다

동중서의 이론에 따르면 주역과 유가 및 노장에서 공히 주장하는 우주의 기본적인 두 기운인 양(陽)과 음(陰)은 서로 조화를 이루어야 한다는 것인데, 통치자는 음양의 조화를 유지해야만 하며 백성을 돌보고 계몽하여 혼란을 막아야 한다. 또한 필요하다면 제도를 개혁할 수는 있지만 하늘의 근본적 도덕원리를 바꾸거나 파괴해서는 안 된다. 동중서의 철학체계에서는 통치자가 가장 중요한 자리를 차지한다. 이것은 분명 한 무제가 유교를 받아들인 중요한 이유 가운데 하나였다. 그러나 유학자들도 통치자만큼 두드러지지는 않지만 거의 동등한 권력을 부여받는다.

그들은 여러 가지 자연의 징후를 해석하여 통치자의 정책을 저지한다.

동중서의 사상 체계는 음양오행설을 기본 구조로 하고, 그 위에 천(天)을 중심으로 한 천인감응설(天人感應說)을 주장하고 있다. 그것은 전통적인 종교 개념과 인문 정신을 그의 독창적인 방식에 의해 결합한 것으로 상고로부터 내려온 원시적인 종교관과 인간의 존엄성을 결부시킨 인본주의 정신의 결정체이다.

동중서는 천을 최고의 주재자로 삼고, 인간을 천(天)과 동등한 수준에서 설정할 수 있다고 함으로써, 인간을 천하에서 가장 귀한 존재로 보고 있다. 그러면 동류의 존재는 어떻게 상동하고 상응하는가? 그것은 기(氣)가 같기 때문이다. 천과 인을 관통하여 작용하는 기는 원기(元氣)이다. 원기는 천과 동질, 동위(同位)의 것이다. 원기는 우주 만물을 화생하고, 또 우주 만물에 유포되어 있다. 원기의 유포가 조화를 이루면 풍우를 순조롭게 할 수 있고, 원기의 유포가 화순(和順)하지 않으면 곧 위배(違背)가 나타난다. 된다. 이 원기는 음양, 사시(四時), 오행(五行)으로 전개된다. "천지의 기가 합하여 하나가 되고, 나누어지면 음양이 되고, 판별하면 사시가 되고, 펼쳐놓으면 오행이 된다." 원기가 근본이 되어 존재하는 모든 존재들은 서로 상감9相感), 상동(相動)하며, 동류인 천과 사람도 당연히 상감 상동한다. 동중서의 천인감응설에 의하면 인간은 지고 무상의 의지적 주재자인 천과 객관적으로 동질의 존재가 된다. 그런데 동중서가 이 천인감응설을 현실에 적용한 것이 그의 정치설이고 그것은 재이설(災異說)로 집약된다. 재이설은 재이(災異)로 들어난 하늘의 뜻을 살펴서 왕 스스로 반성할 것을 요구하는 것이다.

철학적 관점에서 보면 동중서의 이론은 기화(氣化)를 중심개념으로 한 새로운 우주론이었다. 하지만, 지나친 정치적 해석으로 인하여 이것은 애제(哀帝), 평제(平帝) 때에 이르러 참위(讖緯), 부명(符命) 등으로 기울며 사회와 정치에 해로운 영향을 끼쳤다. 후한에 이르러서는 왕충(王充), 순열(荀悅) 등 합리론자에 의해 미신으로 비판 배척되었다.(오태석)

천인감응, 동중서(董仲舒), 음양, 오행, 재이설(災異說)

참고문헌
周勳初, 『중국문학비평사』, 중국학연구회 고대문학분과 역, 이론과 실천, 1992.
『儒教大事典』, 박영사, 1990.

천황제(天皇制)

일본에서 7세기에 천황이라는 문자가 문헌에 나타난 이후 천황이라는 호칭은 오늘날에 이르기까지 존속되고 있다.

일본의 천황제는 넓은 의미에서 보면, 고대로부터 현대에 이르기까지의 동일가계(同一家系)의 세습 천황이 존속하고 있다고 하는 일본의 독특한 사회제도를 말한다. 좁은 의미에서는, 고대와 근대에 나타난 천황을 국가 권력의 정점으로 해서 천황에 직속된 관료가 권력을 행사한 군주제(君主制)의 통치 체제를 가리킨다. 중세와 근세 및 제2차 세계대전 후에는 좁은 의미에서의 천황제는 존재하지 않았다. 따라서 이 시대의 천황은 군주가 아니라고 볼 수 있다.

천황은 초대 천황인 진무(神武)천황으로부터 1989년에 즉위한 현재의 천황(125대)인 긴죠(今上)천황인 아키히토(明仁)에 이르고 있다. 일본에서 천황의 통치권은 불변의 것이라고 생각되는 경향이 있었지만, 많은 시대의 변화 속에서 천황의 통치권만이 불변이라는 것은 있을 수 없는 것으로, 시대에 따라서 크게 변화해 왔다. 근대에 들어와서 천황은 국가의 원수로서의 통치권뿐만 아니라, 절대적인 지위를 가지는 신성 불가침의 존재였다. 그러다가 1946년 일본국 헌법의 제정으로 천황은 국가와 국민통합의 상징으로서의 이미지를 갖게 되었으며, 통치권과 신권성(神權性)을 상실했다. 이것은 근대 천황제가 수행했던 침략전쟁과 전제정치에 대한 일본 국내와 국제 여론에 따른 비판과 반성을 반영하는 것이라고 해석할 수 있다.

세계 각국의 왕조가 외적의 침입이나 민중 반란, 혁명 등으로 흥망을 되풀이 해 온 것에 대해서, 일본의 천황제가 현재까지도 존속하고 있는 이유는, 그러한 사태가 일본에서는 근본적인 형태로 발발하지 않았다는 데에 있다. 천황제에 입각해서 생각하면, 천황 권력과 천황가(天皇家)가 사회변화에 유연하게 대응했다는 사실과, 각 시대의 지배계급이 천황을 제외할 수 있을 정도의 자율적 지배계급을 쉽게 실현할 수 없었다는 점을 들 수가 있다. 따라서 천황제가 해 낸 역할을 이해하기 위해서는, 각 시대의 민중 지배체제나 권력 구조 속에서 천황제의 의의를 명확히 해 가는 것이 중요하다.(오석윤)

군주제, 신권성, 일본국 헌법

참고문헌
『日本大百科典書』16, 小學館, 1987.

청교도주의(淸敎徒主義, Puritanism)

16세기에서 17세기에 일어난 영국의 종교개혁운동. 로마 카톨릭 교회의 구습으로부터 영국 국교회의 정신적 도덕적 정화를 내세우며 교회개혁운동을 벌인다. 개인과 교회뿐 아니라 국가 전체를 개혁하려했던 청교도들의 노력이 영국사회에서 비교적 성공적으로 성장할 수 있었던 것은 당시 귀족, 의회, 대학 교수들의 지원에 힘입은 바가 컸다.

청교도들은 인간이 자신의 죄를 구원받기 위해서는 회심이 필요하고, 하나님은 설교를 통해 구원을 계시하며 성령이 힘있는 구원의 수단이라고 믿었다. 이런 믿음의 형태는 영국국교회의 의식과 설교의 특성을 거부할 수밖에 없게 만든다. 청교도들은 성경과 일상적 생활로부터 기반한 소박한 설교를 강조했다. 청교도에서 두드러지는 회심경험은 칼뱅주의(Calvinism)에서 연원한 예정론과 결합하여 역사를 보다 적극적인 혁명으로 변화하라는 선민의식으로 작용했다.

청교도 운동의 지도자 윌리암 아메스(William Ames)는 청교도 운동에 흐르는 정신을 다음과 같이 설명하였다. "청교도주의란 단순히 일련의 율법이나 교리의 집합이 아니라 하나의 생명의 활력소이다. 거룩한 생활의 아름다움을 보여줌으로 그것을 향하여 움직이게 하고 하나님을 중심으로 한 삶의 만족감에 대한 가능성을 감탄해하며, 희열을 느끼게 하는 비전(vision)이요 충동이다. 더욱이 엄격한 규율은 뜨거운 헌신과 어울려져서 청교도주의를 한편으로는 천박한 신비주의로부터 그리고 다른 한 편으로는 세속적이며 피상적인 종교로부터 보호하였다. 바로 이 율법과 은혜의 절묘한 결합이 청교도적 경건 생활의 주된 요소였다."

일종의 계약 공동체를 건설하여 하나님의 거룩한 공화국을 실현하려고 한 청교도들은 토머스 데일(Thomas Dale)에 의해 미국 버지니아 식민지로 이식되며 뉴잉글랜드에 적용된다. 1648년 뉴잉글랜드의 4곳의 청교도 식민지는 회중교회적인 형태를 취했다. 그들은 교회의 틀에 따라 세속 사회에서도 공화정을 실시했으며, 로저 윌리엄스(Roger Williams)와 퀘이커교도 윌리엄 펜(William Penn)에 의해 분화되어 나갔다.(이훈)

계약 공동체, 영국국교회, 장로중심제, 회중교회, 프로테스탄티즘

참고문헌
임희완, 『청교도 혁명의 종교적 급진사상』, 집문당, 1985.
제임스 패커, 『청교도사상: 하나님의 영적 거인』, 박영호 역, 기독교문서선교회, 1992.

청년(靑年)

미혼의 젊은 남자를 통칭하는 '소년'이라는 말이 1900년대를 풍미했다면 1910년대 새롭게 부상한 유행어는 '청년'이다. 원래 '소년'과 크게 다르지 않았던 '청년'이라는 단어가 부상해 온 것은 일본에서는 소속풍엽(小粟風葉)의 『청춘』(1905)이 발표되었을 무렵이고, 중국의 경우에는 월간지 『청년』(1915)이 발간될 무렵이었다. 한국에서는 『신문계』 『청춘』 『학지광』에서 '청년'과 '청춘'에 대한 논의가 점차 무르익게 되었다. 소년과 청년이라는 용어가 엄밀히 구별되지 않은 채 쓰이는 경우도 종종 있었으나 대체적으로 소년이 1900년대의 어휘였다면 1910년 이후의 유행어는 청년이었다.

청년기의 젊은이, 특히 젊은 남성을 뜻하는 '청년'이라는 용어는 전통 사회의 안정성이 흔들리고 민족·국가라는 거대 지평이 사라졌던 위기의 1910년대 한국 사회에서 각광을 받았다. 위기에 처한 나라를 구하고 이상적 국가를 건설하자고 할 때 으레 앞세운 말이 바로 청년이었다. 유럽에서도 괴테의 『빌헬름 마이스터의 수업시대』(1795) 이후 유동성(mobility)과 내면성(interiority)을 특징으로 하는 '청년기'를 인생의 핵심적 시기로 인식했는데, 이는 전통 사회의 안정성이 무너지고 불확실한 탐색을 요구하는 근대가 도래했음을 알리는 것이기도 했다. 한국에서도 청년기는 생명이 자유롭게 분출하는 역동적인 시기로 본격적인 관심의 대상이 되었던 것이다.

청년은 불확실한 미래를 각기 다양한 방식으로 모색하는 열정과 불안의 상징이었다는 점에서

'영웅대망론'을 대신하여 등장한 '천재'에의 기대와도 통하였다. 각 개인이 자아로서 갖는 무게가 커지고 자아를 최대한 자각하고 실현하는 데 '천재'의 가치를 두며 각기 다른 길을 모색하는 열정과 불안정의 상징으로서의 청년기를 주목하게 된 것은 모두 1910년대의 일이었다.(권보드래)

소년, 천재

참고문헌
권보드래,『한국 근대소설의 기원』, 소명출판, 2000.
한용운,『조선 청년에게 고함』, 백년글사랑, 1997.

청년문화(Youth culture)/청년하위문화(Youth subcultures)

청년문화라는 개념은 젊은 사람들, 특히 10대와 20대 초반에 있는 젊은 사람들의 문화가 그들 부모들의 문화와 구별된다는 사실을 인식하게 됨에 따라 1950년대와 1960년대의 사회학에서 등장한다. 청년문화는 다음과 같은 일정한 조건하에서 출현하는 것으로 보인다. 첫째, 젊은 이들이 충분히 큰 동기 집단을 형성해야 한다. 둘째, 급속한 사회적 변화, 예를 들면 전통적인 직업들을 없애거나 단순히 실업을 야기하는 산업계 내의 변화들을 통해서 젊은이들이 성인 세계에 통합되어 들어가는 것을 중단시킬 수 있다. 셋째, 사회에서 증가하는 다원주의는 새로운 생각들과 라이프스타일들에 대한 자극을 제공할 것이다.

그러나 청년 문화라는 개념은 청년 문화가 대체로 동질적이라고 가정하고 있다는 비판을 받게 되었다. 이것은 특히 계급, 성 그리고 종족적 분할에 따라 일어나는 청년 문화의 파편화에 대해 인식하고 있는 청년하위문화(youth subcultures) 이론들에 의해 도전을 받았다. 또 한편 하위 문화적 설명들이 젊은이들의 일상 생활의 이국적이고 주변적인 면들을 지나치게 크게 강조하는 것으로 보임에 따라, 청년 문화 이론들로 원상 복귀하는 움직임이 감지될 수도 있다.

청년문화 또는 청년하위문화의 연구에서 다뤄지는 몇몇 요소들을 살펴보자. 먼저 안젤라 맥로비는 춤이 청년 하위문화의 풍부하고 중요한 부분일 뿐만 아니라 특히 젊은 여성 문화의 한 부분임을 지적했다. 그래서 문화 연구들에서 춤이 외면된 것은 하위문화에서의 여성적 관여에 대한 일반적 외면의 증후로 여겨진다. 맥로비에 따르면 춤은, 여가 활동, 확산된 성적 쾌감의 근원, 운동 형식 등으로 다양한 수준에서 접근할 수 있다. 또한 춤은 여성성의 사적 문화가 공적 공간으로 확장되는 것일 수 있다. 다음으로 펑크를 살펴보자. 하위문화로서 펑크는 1970년대 전반에 걸친 청년 실업의 증가에 대한 반응이었다. 헵디지는 펑크 스타일이 근본적으로 다른 문화의 단편들을 함께 엮지만 이들 요소들로부터 어떤 새롭고 응집력 있는 의미를 생성시키려는 시도는 하지 않는 것으로 해석한다. 역설적으로 펑크의 의미는 의미의 거부와 전복에 있다.

그런데 하위문화, 청년문화에 대한 강조는 대다수 젊은이들과 관련된 더욱 평범한 형태들을 무시하고 화려한 것을 강조하게 만들 수 있다. 순응적인 청년 문화와 급진적 하위 문화 사이의 노골적인 대립은 이 두 문화가 합류하는 지점을 인식하는 데 실패하기 때문에, 그 자체가 적절한 것은 아니다.(이정선)

대항문화, 펑크, 하위문화

참고문헌
앤드류 에드거 피터 세즈윅 엮음,『문화이론사전』, 박명진 외 역, 한나래, 2003.
이동연,『문화연구의 새로운 토픽들』, 문화과학사, 1997.

청신(淸新)

맑고 명랑하며 밝고 깨끗해서 사람들에게 참신한 느낌을 불러일으키는 풍격상의 특징을 일컫는 말이다. 주로 정서와 언어상으로 표현된다. 일반적으로 새롭고 빼어나며 가볍고 공교로운 시상을 바탕으로 생동감 넘치고 활발한 언어를 구사해서 대자연의 맑고 그윽한 아름다움을 묘사한다. 또 그런 작품은 대개 경쾌하고, 읽을수록 심오한 정서와 사고를 서술하고 묘사한다. 왕유(王維, 701-761)가 "밝은 달빛은 소나무 사이로 비치고, 맑은 샘물은 바윗돌 위로 흐른다"라고 읊은 것이나 도연명(陶淵明, 365-427)이 "평탄한 밭두둑에 먼 바람 흩날리고, 좋은 싹도 또한 새로움을 품었다."라고 한 시구는 산수 전원의 정취를 노래한 것이다. 두보(杜甫, 712-770)는 맹호연을 칭송하면서 "맑은 시는 구절마다 전할 만하다"고 평했다. 이런 시들은 청신한 풍격이 갖추어져 있어 감상할 맛이 나온다고 할 수 있다.

작품이 청신해지기 위해서는 시의 뜻을 세울 때 새로움을 담는 것이 관건이다. 두보는 "시가 맑아지기 위해서는 시의를 세운 것이 새로워야 한다"고 주장했는데, 남의 시풍을 모방하거나 흉내 내지 않고, 수사적 꾸밈이 심하지 않으며 참신한 생각이 담겨져야 비로소 '새롭게 쓰여진 양류지의 노래 가락'으로 볼 수 있다는 것이다.

청신은 소박이나 평담(平淡), 자연(自然), 빼어난 아름다움과 같은 풍격과도 관련이 깊다. 그래서 생산에 종사했던 민중들이 지은 민가(民歌)나 민요(民謠)에 이러한 풍격이 비교적 잘 갖추어져 있다. 남북조 시대의 민가인「자야가(子夜歌)」,「서주곡(西洲曲)」,「목란사(木蘭辭)」등이 그런 작품이다. 문인들의 작품에서도 민가의 영향을 받은 작품에 이러한 풍경이 비교적 자주 등장한다. 유우석(劉禹錫, 772-842)의「죽지사」에 보이는 "버드나무는 푸르르고 강물은 잔잔한데, 그대 강가에서 부르는 답가 소리 들린다. 동녘에서는 해가 돋고 서녘에서는 비가 오니, 길가에는 흐렸다가 다시 맑아진다(楊柳靑靑江水平 聞郞江上踏歌聲 東邊日出西邊雨 道是無晴却有晴)"는 작품이 그렇다. 당대 민중들의 소박하고 구김살 없는 감정을 명랑하고 경쾌한 필치로 표현해서 신선할 뿐만 아니라 독자의 마음을 상쾌하게 만든다.(김학균)

왕유, 두보, 유우석, 민가, 민요

참고문헌
류성준,『중국 시학의 이해』, 신아사, 2005.

유약우, 『중국시학』, 이장우 역, 명문당, 1994.

청중(聽衆) ☞ 관객

체계(體系, System, 프 Système, 독 System)

구조(structure)라는 말과 유사어로 구조 언어학에서는 의미를 생산할 수 있고, 차이에 바탕을 둔 관계들을 체계라고 한다. 체계는 전형적으로 역동적이며 목적을 추구하는 힘을 갖는다. 반면 구조는 일반적으로 불변의 규칙들의 연속으로 간주된다. 하라리는 말하기를, 레비 스트로스의 구조주의 인류학에서 '역사'는 '통시성'으로 대체되는 경향이 있는데, 그것은 구조라기보다는 '체계'에 의해서 '역사'가 종말을 고하는 것이라고 한다. 로버트 영이 롤랑 바르트에게 독서 코드들은 "엄격하고 통합된 체계를 구성하지 않는다. 그것들은 단순히 '구조라는 생각을 부여하는 표기법들의 초-텍스트적 조직'으로 작동 한다"고 주장한 것은 그런 이유이다. 마이클 리파테르에게 문학작품의 세계는 "핵심어에서 구체화된 중요 개념 주변에서 서로 연결된 연결망"이다.

이븐 조하르는 다체계 이론을 제안했다. 그는 1969년과 70년에 출판한 자신의 저작에서 처음 이 용어를 사용하였으며, 그것은 1920년대 러시아 형식주의에서 이미 토대를 확고하게 놓았다고 주장한다. 다체계 이론은 문학과 특별히 관련이 있지만, "결국에는 문학보다 더 커다란 복합체를 설명"하려고 한다. 왜냐하면 그것이 나머지 인간 행위들과 배타적으로 다른 법에 의해 통제를 받는 사회에서의 고립된 행위가 아니라 문학에서 없어서는 안 될 종종 중요하고 매우 강력한 요소로 간주되기 때문이다. 다체계 이론은 공공연하게 "공시적 입장과 대립적 관계에 서고, 체계들 사이에 '다수의 교차점들'을 위치시킨다."

체계들은 동등한 것이 아니고 다체계 안에서 계층화되어 있다. 그것은 다양한 지층들 사이의 영원한 투쟁이며, 체계의 공시적 상태를 구성하는 것이다. 그러므로 다체계를 가지고 하나의 중심 혹은 하나의 주변이라고 생각해서는 안 된다. 그런 입장은 가정으로서만 세워진 것이기 때문이다. 이러한 경고에도 불구하고, 이븐 조하르는 "전체 다체계의 중심은 가장 특권화된 정적의 전체 목록과 같은 것"이며 '궁극적으로 전체 목록의 정전성을 규정하는 것은 다체계를 지배하는 그룹'이라고 주장한다.(김학균)

구조, 언어학, 조하르, 다체계

참고문헌
김형효, 『구조주의의 사유체계와 사상』, 인간사랑, 1990.
임봉길 외, 『구조주의 혁명』, 서울대출판부, 2000.

체계이론

문화 그 자체는 물질문화를 포함한 여러 개의 하부체계가 서로 긴밀한 관계를 이루며 유지되는 하나의 체계라고 파악하는 이론이다. 체계이론은 환경 속의 인간행동을 이해하는데 있어, 체계의 성장 또는 변화와 안정성을 설명하는 방법이다. 문화생태학, 신진화론과 함께 1960년대에 등장한 미국 신고고학의 이론적 배경으로 유행되기 시작했다.

체계이론은 문학작품은 무엇인가라는 특수성에서 출발하지 않고 어떻게 문학 작품의 의미가 발생하는지에 대한 사회적인 물음에서 출발한다. 문학은 정치, 경제, 법 등과 마찬가지로 하나의 사회체계로 다루어지며 오직 환경과의 변별성에서 자신의 단일성과 정체성을 확보한다. 루만(Niklas Luhmann)에 따르면 예술체계의 사회적 기능은 오직 예술 내지 문학체계에서만 충족될 수 있다. 하나의 예술 작품은 단지 예술체계에서만 미/추의 관점에서 논의되고 생산될 수 있을 뿐, 법체계에서는 저작권법의 관점에서, 경제체계에서는 팔릴 수 있는 가능성에 따라 관찰되는 구조물이다. 작가와 독자 역시 오직 문학체계 내에서만 설명된다. 작가는 체계 내의 관찰자로서 환경이나 문학체계 자체를 자신의 작품 생산을 위한 의미 지평으로 이용한다. 작품 생산에서 작가는 항상 관찰자 차원에서 자신이 생산하고 있는 작품을 독자의 시각을 염두에 두고 작업을 한다. 독자 역시 관찰자로서 작가에 의해 구성된 형식에 시선을 맞추게 된다. 체계이론에서 예술 내지 문학은 객관적 예술과 세계 예술로 구분된다. 객관적 예술은 작가가 세계를 직접적으로 구성하는 것이고, 세계 예술은 작가라는 관찰자가 자신의 관찰 시각을 독자라는 관찰자에게 동시에 관찰의 대상으로 제공하는 예술이다. 이에 따르면 18세기 후반 이후의 소설들은 관찰자의 관찰 시각을 작품 내에 형식화함으로써 세계 예술로서 자리를 잡은 것이다.(곽봉재)

체계, 정체성, 구조

참고문헌
Niklas Luhmann, Soziale Systeme. Grundriß einer allgemeinen Theorie. Frank -furt/M. 1987.

Siegfried J. Schmidt, 『구성주의 문학체계이론』, 박여성 역, 책세상, 2004.

체제(體制, System)

통합, 합일, 전체를 의미하는 그리스어 Systema에 통합의 정연성을 뜻하는 질서Ordnung의 의미가 추가된 단어이다. 역사와 과학 발전의 상태에 따라 각각 다른 체제 개념이 존재하는데, 때로는 전체성, 유기체, 구조와 같은 개념으로 표현된다.

체제란 서로 상호관계를 갖는 단위들의 집합이자 일정한 원리에 의해 조직된 지식의 통일적 전체이며 단순한 집합·축적이 아닌 전체와 부분, 부분과 부분이 서로 논리적 관계를 갖고 조직적으로 구성된 것을 뜻한다. 체제는 통합된 지식을 뜻하기도 하는데, 지식의 대상인 실재구조와의 일치보다는 구조를 구성하는 개념 사이의 내적 정합성(內的 整合性)을 의미한다. 그렇다고 체제가 객관적 실재와 무관하게 구성되는 지적·주관적인 것임을 의미하지 않고 실재영역을 파악하고 구성하는 시도에 의해 의식과 대상의 접점에서 발생하는 지식을 뜻한다. 또한 통일된 지식으로서 체제는 전체를 일관하는 타당한 통일원리가 포함해야 한다.

칸트(I.kant)의 체제론은 '하나의 이념하의 다양한 인식들의 통일(『순수이성비판』)이라고 보는 폐쇄체제론에 가깝다. 인간의 사유에 의존하는 칸트와 달리 헤겔(Hegel)은 체제를 절대이념이 자기 자신에 이르기 위해 경과해야 하는 단계로 파악하여 객관적으로 존재하는 실재로 파악한다. 폐쇄체제이론은 체제외적 환경에 대한 고려 없이 내적 구조만으로 분석될 수 있다고 보는데 수학이나 자연과학이론이 대표적이다. 이와 달리 사회과학의 체제들은 내적 논리만으로 설명될 수 없다. 객관적 실재는 체제들의 체제를 의미하므로 모든 과학은 다른 종류의 체계와의 관련 속에서 해명될 수 있다. 개방체제이론의 체제는 환경으로부터 자원을 받아 산출물로 변형시키고 다시 환경으로 전달하는 역동적이고도 상호의존적인 관계 속에 존재하는 실체이다.(곽봉재)

구조, 폐쇄체제, 개방체제

참고문헌
소비에트 과학 아카데미 철학연구소, 『세계철학사』, 이을호 역, 중원문화, 1989.
송두율, 『역사는 끝났는가』, 당대, 1998.

체코 구조주의

러시아 형식주의와 야콥슨, 트루베츠코이(Trubetzkoy)로 구성된 프라하 언어학회(the Prague Linguistic Circle, 1926-48)의 영향을 받은 체코의 문학이론이다. 이들은 독일의 전통을 직접 받아들였으며, 크리스치안센의 '심미대상의 구조'와 '구별적인 경험'에 대한 연구는 체코 구조주의의 이론적 근거를 제공했다.

얀 무카로프스키(1891-1975)는 문학 연구 분야에서 체코 구조주의를 대표한다. 그는 텍스트에 대한 내재적인 연구란 원칙적으로 불가능하다는 입장을 가지고 있었다. 예술품이 인지되는 문화적, 사회적 배경이 변하기 때문에, 예술작품의 해석과 평가도 그에 따라 변하기 마련이다. 조건이 변함에 따라 예술품에 대한 해석이 다양해질 수 있는 것은 예술작품의 장점이 될 수 있다. 그렇지만 개개의 해석이 다 따로 심미대상을 이루는 것은 아니다. 심미대상이란 일단의 수용자가 예술품을 근거로 하여 내린 개성적이고 주관적인 해석들이 공유하고 있는 요소일 뿐이다. 그는 예술작품을 같은 단체에 속한 구성원들 사이를 중재해 주는 기능이 그 특징인 '자율적인 기호(autonomous sign)'이라고 본다. 따라서 예술 작품이 우리를 둘러싸고 있는 현실을 반드시 언급해야 한다는 법은 없다. 예술작품은 송신자와 수신자가 서로 이해할 수 있는 하나의 의미를 지녀야 하지만 실재의 대상이나 상황을 지시할 필요는 없는 것이다.

무카로프스키는 문학작품을 광범위한 소통 및 문화과정의 일부로서 연구하였다. 그는 대상이나 행위가 조직된 방식과는 무관하게 하나의 심미기능을 얻을 수 있다고 주장한다. 심미기능은 역동적인 속성을 가지고 있어서, 대상이 인식되는 조건에 따라, 수신자 특유의 조건에 따라 변할 수가 있다. 그는 미학적인 가치에 객관적인 토대는 유형적인 예술품에 있으나, 그 예술품 속에 내재되어 있는 미학적 가치는 잠재적인 속성을 가지고 있다고 한다. 따라서 미학적 가치란 사실상 심미대상에 달려 있고, 이 심미대상은 수용자에 의한 예술품의 구체화 내지 현실화이다.

이 학파에 속한 학자로는 보후슬라프 하브라네크(Bohuslav Havránek)와 펠릭스 보디치카 (Felix Vodička) 등이 있고, 젊은 이론가들로는 돌레체, 그리가 수스 등이 있다.(김학균)

크리스치안센, 무카로프스키, 러시아 형식주의, 심미대상

참고문헌
포케마, D.W. 외, 『현대문학이론의 조류』, 윤지관 역, 학민사, 1983.
로버트 숄즈, 『문학과 구조주의』, 위미숙 역, 새문사, 1987.

체험수기(體驗手記) ☞ 수기

초국가주의

자본의 초국가적 이동과 교통수단, 정보통신의 발달로 세계화(globalization)가 진행됨에 따라 초국가주의(transnationalism) 논의가 활발해지고 있다. 베르토벡(Vertovec)은 글로벌한 여행의 확산과 다양한 정보통신 기술의 발달로 인한 새로운 사회현상으로서 초국가주의 개념을 설명한다. 이는 사회적 구성형태와 의식형태, 문화적 혼합 등의 다양한 관점을 포괄하고 있지만 그것을 유발한 원인과 그 주체에 대한 탐색이 부족한 문제점이 있다. 이에 포르테스(Portes)는 위로부터의 초국가주의(transnationalism from above)와 아래로부터의 초국가주의(transnationalism from below)를 구별했는데, 다국적 기업과 같은 제도적 주체에 의한 초국가주의와 반강제적 이주로 인한 초국가주의는 그 현상의 원인과 효과가 다를 수밖에 없기 때문이다.

이처럼 초국가주의 담론은 최근의 글로벌한 사회 문화 현상을 설명하기 위해 등장했지만 어떠한 정치·경제적 주체에 의해 활용되는가에 따라 상당히 다른 의미를 내포할 수 있다. 국가의 경계를 가로지른다는 'trans'의 의미가 아니라 과거 제국주의의 경우처럼 국가주의의 확장으로서의 'utranationalism'이나 극단국가주의(exrreamnationalism)으로 나아갈 여지도 있다. 1940년대 일본 제국의 초국가주의 담론인 '대동아공영권' 논리가 아시아 각국의 국가주의를 넘어 지역공동체의 연합을 표방한 표면적 논리와 달리 실제로는 각 지역성의 억압과 동일성의 추구로 귀결되면서 극단적 국가주의로 나아간 것이 좋은 예이다.

따라서 초국가주의 담론이 'ultra' 혹은 'extreme'으로 가지 않고 경계를 가로지르며 새로운 '사이/틈'을 생성할 수 있으려면 보편 체제로서의 '초국가'(국가간 연합 혹은 지역연합)가 각각의 개별성(특수성, singularity)을 억압하지 않는 '특수한 보편성'(universal singularity)을 지녀야 할 것이다. 가라타니 고진이 『세계공화국으로』(도서출판b, 2007)에서 '국가연합'의 형태가 기성의 차이체계 속에 내재화되지 않는 외부성을 지녀야 한다고 보았던 것도 같은 맥락이라 할 수 있겠다.(차성연)

초당사걸(初唐四傑)

중국 당나라 초기(초당기:7세기)의 대표적인 문인인 왕발(王勃, 649-675)·양형(揚炯, 650-?)·노조린(盧照隣, 636?-695?)·낙빈왕(駱賓王,626?-684)을 함께 부르는 이름. 성(姓)만을 따서 '왕양노락(王楊盧駱)'이라고도 한다. 이 말은 『구당서舊唐書·양형전』에 처음 나온다. "양형은 왕발·노조린·낙빈왕과 더불어 시문으로 이름을 함께 했는데, 세상 사람들이 이들을 왕·양·노·낙이라 불렀고, 또 4걸이라고 말했다.(炯與王勃·盧照隣·駱賓王 以文詩齊名 海內稱爲 王楊盧駱 亦號爲四傑)"

네 사람의 시문은 비록 제·량(濟涼) 시대 이래의 기교적이고 화려한 습성을 완전히 떨쳐 버리지는 못했지만, 문학적 풍기를 상당히 전환시키고 있었다. 왕발은 분명하게 당시 성당하던 상관체(上官體)에 반대하는 입장을 밝히면서 "그 폐단을 바꾸는 데 뜻을 두었는데(思革其弊)", 그의 이런 생각은 노조린 등의 지지를 받았다.(양형의『왕발집서王勃集序』) 그들의 시가는 궁정에서 인생에 이르기까지 제재가 비교적 다양하고 광범위했으며, 풍격 또한 맑고 힘찼다. 노조린과 낙빈왕의 7언가행(七言歌行)은 사부화(辭賦化)하는 경향을 띠어 기세가 상당히 웅장했으며, 왕발과 양형의 5언율절(五言律絶)은 양 갈래가 규범화하는 단초를 마련하였다. 이에 따라 음조 또한 선명하게 음악적 특성을 갖추기에 이르렀다. 병려문 역시 문채가 풍부하고 신축성이 있었으며, 생동감 넘치는 시풍을 사랑하였다. 육시옹(陸時雍)은 『시경총론詩境總論』에서 "왕발은 높고 화려했으며, 양형은 웅장하고 두터웠고, 노조린은 맑고 문채가 다양했으며, 낙빈왕은 평탄하고 쉬웠다. 왕발이 그 중 가장 걸출하겠구나! 격조가 초당으로 들어섰지만 당시까지도 육조 시대의 화려한 색채가 남아 있었다(王勃高華 揚炯雄厚 照隣淸操 賓王坦易 子安其最傑乎 調入初唐 時帶六朝錦色)"고 평가하였다. 초당4걸은 당나라 초기 문단이 새로운 조류와 과거의 유산 사이를 오가면서 과도기를 형성했을 때 문학사의 진전에 방향을 제시한 인물이라고 하겠다.(권채린)

당의 시, 초당(初唐) 시기, 왕발, 양형, 노조린, 낙빈왕

참고문헌
류성준, 『중국 초당시론』, 푸른사상, 2003.
서경호, 『중국 문학의 발생과 그 변화의 궤적』, 문학과지성사, 2003.
김학주, 『중국 문학사』, 신아사, 1990.

초사(楚辭)

한대(漢代)의 유학자 유향(劉向 B.C.77-B.C.16)이 초나라의 굴원(屈原)과 그의 문인인 송옥(宋玉), 경차(景差) 및 그 영향을 받은 한대의 가의(賈誼)와 자신의 작품을 모은 16권으로 된 책이다. '초사'는 본래 중국 남방의 초나라 문학을 뜻하지만 보통 굴원 및 그의 계승자인 송옥, 경차 등의 작품을 일컫는다. 현존 최고(最古)의 초사는 왕일(王逸)의 초사장구(『楚辭章句』)17권으로서 왕일 자신의 「구사(九思)」를 추가한 것이다. 송대 주희의『초사집주(楚辭集註)』에서는 한대와 송대의 작품까지 포함시켜 총 52편을 수록하였다. 『시경』이 4언을 기조로 하여 시구가 정연한데 비하여, 『초사』는 6언 내지 7언을 위주로 하며 음률을 부드럽게 하기 위한 '혜(兮)'자 같은 어조사가 들어 있다.

『초사』와 『시경』은 모두 서정성이 강하지만, 『시경』이 집단의 창작인 데 비해 『초사』는 굴원 한 개인을 위주로 한 작품이다. 굴원이 불우한 삶을 살았듯이 『초사』는 『시경』과 달리 경전의 지위를 얻지 못했으며, 작품은 그 당시 실용 위주의 중원문화와는 달리 기이한 환상과 화려한 언어로 구성되었다. 『초사』의 이러한 특징은 『시경』 못지않게 큰 영향을 끼쳐서 중국 운문의 문학의 양대 산맥으로 평가된다.

초사의 성격과 작자에 대해서는 이설이 있다. 초사는 본래 초지방에 유행한 무풍(巫風)의 영향을 많이 받은 것으로 보인다. 초사중의 많은 작품의 편명과 내용은 무가(巫歌)적 분위기를 띠고 있다. 초사의 편명에도 자주 등장하는 '구(九)'는 단순한 숫자가 아니라 양(陽)의 가장 큰 홀수를 의미한다. 구장(九章)은 11편으로 이루어져 있다. 후대의 학자 중에는 20세기에 들어서기까지 지속적으로 굴원(屈原)의 존재마저 의심하는 사람이 적지 않았다. 문학 양식의 발전이라는 측면에서 초사는 후대 미문(美文)의 한부(漢賦)의 생성에도 직접적인 영향을 미쳤으며, 7언시의 발전에도 영향을 준 것으로 추정하고 있다. 언급된 내용은 낭만적 상상의 세계를 넘나들고, 표현 면에서는 비유와 상징이 강하게 드러난다.(오태석)

초사, 이소(離騷), 굴원(屈原), 무가(巫歌), 미문(美文), 한부(漢賦), 비유

참고문헌
林煥文, 『文史知識辭典』, 延邊人民出版社, 1987.
『漢語大詞典』, 漢語大詞典出版社 北京, 1993.
『초사(楚辭)』, 유성준 역, 혜원출판사, 1990.

초절주의(超絶主義, Transcendentalism)

보통 에머슨(R. W. Emerson)을 중심으로 하는 미국의 낭만주의 운동을 가리킨다. 선험주의, 초월주의라고도 번역된다. 선험주의라고 할 때에는 칸트나 셸링(F.W.J. Schelling)의 선험철학을 가리킨다. 미국이 독립되기 이전인 식민 시대에서 20세기에 이르기까지 미국 사상계의 중심은 뉴잉글랜드였는데, 이곳은 퓨리타니즘(Puritanism)의 아성인 동시에 상공업의 중심지였다. 이러한 조건 아래 '퓨리타니즘의 세속화'가 미국 사상사의 라이트 모티프(Leit Motiv), 즉 중심 주제가 되었다. 18세기 중기에 있어서의 에드워즈(J. Edward)의 대각성운동이나 독립전쟁 이후의 계몽주의적 분위기 속에서 성장한 유니테리언(Unitarian)파-기독교의 정통 교리인 삼위일체에 반하여, 그리스도의 신성을 부정하고 하나님의 신성만을 인정하는 종파-에 이어서, 초절주의는 '퓨리타니즘의 세속화'를 한층 촉진하였다.

물론 초절주의와 독일의 선험철학 사이의 밀접한 관계가 있음을 부정할 수 없다. 칸트는 가능적 경험을 넘어서는 것, 다시 말하면 감성적 직관의 대상이 될 수 없는 초감성적인 것을 우리 경험에서 독립되어 그 자신으로 존재하고 있다고 보고 이를 초월이라고 했다. 그것은 현실과 대립되는 물자체(Ding an sich)로서 우리의 인식 능력으로는 알 수 없는 존재다. 그는 경험인식을 성립시키는 주관의 선험적 조건, 다시 말하면 직관형식이나 순수 오성 개념 또는 통각 등을 초월론적 혹은 선험적이라는 말을 사용한다.

그러나 미국의 초절주의가 국토의 사상적 전통과 사회 변동 속에서 생겨난 토착적 사상이라는 것을 주목하지 않으면 안 된다. 이렇게 해서 미국에서는 초절주의라는 말이 칸트적인 의의로부터 확대되어 무릇 인간의 정신 가운데서 경험을 초월한다고 생각되는 것에 적용하게 되었다. 그리고 이 기초 위에 뉴잉글랜드의 초절주의자들은 하나의 형이상학을 세운 것이다.(김학균)

에머슨, 퓨리타니즘, 낭만주의, 선험주의, 칸트

참고문헌

H.C. Goddard, Studies in New England Transcendentalism, 1908.

H.P.Gray, Emerson, a study of Emerson's Philosophy and of Transcendentalism, 1919.

브루스 커클릭, 『미국철학사』, 박병철 역, 서광사, 2004.

초점화(焦點化, Focalization)

제라르 쥬네트가 전통적인 의미의 '시점'(point of view, perspective)을, 서술법(mood)과 음성(voice) 곧 작중 상황을 "누가 보는가"와 "누가 말하는가"의 두 차원으로 분리할 것을 제안했을 때, 서술법 곧 "누가 보는가"의 차원을 가리키는 용어. 쥬네트는 이 차원을 그야말로 문자적인 의미에서 '시점(視點, point of view--보는 위치)'이라는 뜻으로 초점화라는 용어를 사용하고 있다.

이사벨은 그가 거기에 창백하고 사색에 잠긴 채, 누워 있는 것을 보았다.

위의 예문에서 작중 상황을 보는 것은 이사벨이다. 곧 이사벨이 초점자(focalizer)인 것이다. 그러나 말하는 이는 다르다. 이 예문은 3인칭의 서술자에 의해 서술된 것이다.

프란츠 슈탄젤은 전지적 작가 서술 상황, 1인칭 서술 상황, 3인칭 서술 상황 등 세 가지 서술 상황을 제시한 바 있다. 이 가운데 3인칭 서술 상황은 특정한 등장 인물의 시각을 택한다는 점은 1인칭 서술 상황과 유사하지만, 3인칭으로 서술된다는 점은 전지적 서술 상황과 유사하다. 쥬네트는 이에 대해 한편으로는 그 정당성을 인정하면서도, 서술법과 음성 두 가지 자료를 '시점'이라는 단 한 개의 범주로 묶어서 제시하는 것은 혼란스럽다고 지적한다. 오히려 서술법(초점화)과 음성(서술)의 차원을 분리해서 설명하는 것이, 하나의 서사 구조가 어떻게 해서 표면적인 텍스트로 나타나게 되는가를 드러내는 데 도움이 된다고 본다. 곧 초점화의 차원은 서술의 차원보다 구조적으로 선행한다는 것이다.

이어서 쥬네트는 '초점화'의 여러 유형들을 구분한다. 먼저, '제로 초점화 또는 비(非)-초점화'는 서술자가 작중 상황을 자신의 지각으로 바라보되 인물의 심리까지 자유롭게 침투하는 경우이며(종래의 전지적 서술), 다음으로 '내적 초점화'는 서술자가 직접 작중 상황을 바라보지 않고 특정 인물의 시각으로 바라보는 경우이며, 세 번째로 '외적 초점화'는 서술자가 인물의 심리에 침투하지 못한 채 자신의 지각만을 이용해 관찰하는 경우이다.

여기서 내적 초점화는 한 인물에 대해 고정되는 고정 초점화와 여러 인물로 교체되는 가변 초점화, 그리고 같은 사건을 여러 인물의 심리를 통해 바라보는 다중 초점화로 다시 나뉘어 지는데, 이러한 초점화의 구분에 대해 미크 발은 초점화의 주체가 분명하지 않음을 지적하고, 초점화를 초점자와 초점 대상으로 구분하여 논할 것을 제안한 바 있다.(장수익)

서술, 서술자, 시점, 자유간접화법

참고문헌

M. Bal, Narratology : Introduction to the Theory of Narratives, Univ. of Toronto press, 1985(『서사란 무엇인가』, 한용환·강덕화 역, 문예출판사, 1999).

G. Genette, 『서사 담론』, 권택영 역, 교보문고, 1992.

F. 슈탄젤, 『소설의 이론』, 김정신 역, 문학과비평사, 1988.

초현실주의(Surrealism)

초현실주의라는 말은 1917년에 작가인 기욤 아폴리네르가 장 콕도의 무용극 「퍼레이드」와 자신의 연극 「티레지아스의 유방」을 설명하면서 창안한 용어이다. 그러나 이 두 공연은 오늘날 '초현실주의적인 것'이라고 할 때의 의미와는 별 상관이 없다. 이후 1924년의 초현실주의 운동에서 브르통과 수포는 "우리는 우리 마음대로 할 수 있으며 우리 친구들에게 전하길 갈망하는 새로운 표현형식에 초현실주의라는 이름을 붙였다"고 선언한다. 두 사람이 함께 출간한 시집 『자기장(磁氣場)』에서, 그들은 반각성(半覺醒) 상태에서 의식의 통제 없이 떠오르는 이미지를 자동적으로 기록하는 '자동기록(自動記錄)'의 방법을 실험하고 이를 초현실주의 이론의 한 기초로 제시하였다. 1924년 창설되어 아르트에 의해 주도된 '초현실주의 연구소'는 그 기관지 『초현실주의 혁명』과 더불어 반시민적이며 전위적인 이념과 강령 그리고 행동의 중심이 되었다. 1927년 브르통은 「초현실주의 선언」에서 이 운동이 상상력, 꿈, 혼상적인 것, 비합리적인 것을 신봉한다고 공표했다.

초현실주의는 상당 부분 다다로부터 유래했지만, 무의식과 특히 꿈에 대한 프로이트의 작업에 보다 많이 의존했다. 초현실주의자의 작업이 갖는 세 가지 요소들을 지적하면, '순수한 심리적 자동 기계'에 대한 강조, 꿈에 대한 관심, 관계가 없는 물체들의 병렬이라 할 수 있다. 초현실주의의 독자적 스타일이라는 것이 있다면 그 특징은 이성적 사고 습관으로부터 마음을 풀어내기 위해 보통은 상관이 없는 이미지들을 난폭하게 병치하는 것이다. 그러므로 초현실주의는 많은 다른 모더니스트 예술의 특징이 되는 극단의 지적 통제와 형식주의를 분쇄하는 데 기여했다. 처음에는 예술적 정신 착란자들의 집단이라는 비난을 받았지만, 파리에 집중되어 있던 초현실주의자 그룹이, 제2차 세계 대전과 독일군의 프랑스 진입으로 인해서 망명의 길을 떠나 여러 나라로 흩어지면서 전 세계적으로 영향력을 발휘하게 되었다.

초현실주의자들은 특정한 정치적 성격을 갖고 있지 않았을지라도 혁명적 정치에 손을 대고, 공산당과 다양하게 제휴하고, 그들의 자유 개념을 정치 영역에서 전개할 방법을 찾았다. 초현실주의자들의 광범위하고 혁신적인 요구는 시민 사회에 대한 깊은 회의에서 기인하는데, 이는 정치적, 사회적 그리고 문화적 시민 제도, 현대 문명의 소회 현상 그리고 모든 것을 '논리의 지배'와 오직 이성 중심적 현실 개념 밑에 두는 물질화된 사회적 합리성에 대한 신랄한 비판이었다. 그들의 목적은 경직된 사회 상황을 생생한 경험에 대하여 개방적이며 창조적 환상, 감정적 갈망 그리고 주체의 충동 욕구가 당연히 고려되는 현실로 해체하고 변화시키는 것이었다. 초현실주의와 더불어 현대 예술은 결정적으로 사실주의적 개념의 그늘에서 벗어나게 되는 가능성을 마련하게 되었다. 파리를 중심으로 양차 대전 사이에서 가장 응집력을 보였던 이 운동은 1966년 브르통의 죽음과 함께 사실상 끝났다. 그러나 비록 조직상으로는 더 이상 존재하지 않지만, 전위 예술 내에서 사회적 이성의 다른 부분, 그러니까 '다듬어지지 않은 생각'이나 민족시적 학문 개념 그리고 무의식적 욕구의 다양한 변주 속에서 육체와 영혼의 현실적 잠재력의 경향을 보여주는 비이성적 담론의 가능성을 모색하는 부분에 대해서 영향력을 발휘하고 있다.

주요 작품으로는 아라공의 『파리의 시골뜨기(1926)』와 『문체론(1928)』, 엘뤼아르의 『고뇌의 수도(1926)』, 브르통의 『나자(Nadja, 1928)』, 엘뤼아르의 가장 초현실주의적 시집 『민중의 장미(1934)』, 브르통의 산문작품 『통저기(通底器, 1932)』와 『광적인 사랑(1937)』 등이 있다. 한국에서는 1930년대 『오감도(烏瞰圖, 1934)』를 쓴 이상(李箱)과 『삼사문학(三四文學, 1934~35)』 동인인 이시우(李時雨), 신백수(申白秀) 등이 이 경향의 작품을 썼으나, 반드시 초현실주의에 해당하는지에 관해서는 견해가 엇갈린다. 초현실주의적인 창작은 45년 이후 시인 조향(趙鄕)에 의하여 본격적으로 이루어졌다.(이정선)

다다, 자유연상, 자동기술법, 꿈

참고문헌
앤드류 에드거, 피터 세즈윅 엮음, 『문화이론사전』, 박명진 외 역, 한나래, 2003.
앙드레 브르통, 『다다/쉬르레알리슴 선언』, 송재영 역, 문학과 지성사, 1987.
피오나 브래들리, 『초현실주의』, 김금미 역, 열화당, 2003.
빅토르 츠메카치·디터 호르흐마이어, 『현대문학의 근본 개념 사전』, 류종영 외 역, 솔, 1996.

총체성 ☞ 전체성

추(醜, Ugliness, 프 laideur, 독 Hässliche)

미(美)에 대립하는 미적 범주의 한 부분을 총칭한다.

추와 미의 관계를 엄밀히 따지면 ①추가 미 이전이라고 생각되는 경우, ②반미적(反美的)이라고 생각되는 경우, ③보조적(補助的) 의미로, 미적 카테고리의 하나라고 생각되는 경우, ④자립적(自立的) 의미로, 미적 카테고리의 하나라고 생각되는 경우로 나뉜다. ①에서 추는 미적 형성화 이전의 소재(素材)로서 미적 가치에 대한 중성적(中性的) 성격을 띠어, 다른 일체의 소재와 평등하게 취급된다. 예를 들면, 예술을 위한 예술을 기치(旗幟)로 하는 입장(일종의 미적 형식주의)으로서 성모(聖母)와 채소를 평등시하는 것과 같은 입장이다. ②에서 추가 미적 형성화를 거부하는 경우 그것은 반미적이 된다. 예를 들면, 칸트는 추 중에서도 구토(嘔吐)를 불러일으키는 것은 미적 형성화를 거부하는 것이라고 하였다. 그러나 추 일반을 구토적·반미적이라고 말할 수 있다. 예컨대, 고전주의 예술에서는 숭고(崇高)한 경우를 제외하고는 일반적으로 추는 반미적인 취급을 받는 것이 보통이다. ③의 경우 미적 카테고리론의 대부분은 추를 우아·숭고·골계(滑稽)와 병행하는 미적 카테고리로서 인정하지만, 엄밀하게는 이 경우 추는 숭고 및 골계를 위한 보조수단으로서만 미적 카테고리로서 인정된다. 예컨대 고전주의의 숭고가 선(善)을 목표로 하는 데 대하여, 진(眞)을 목표로 하는 사실주의(일종의 미적 내용주의로서)의 예술에서도, 추는 마찬가지로 보조적 의미로 인정된다. 예술을 위한 예술주의와 사실주의와는 어느 의미에서는 반대 방향을 지향하고 있으며 전자가 추에 대하여 무기적(無記的)인 데 대하여, 후자는 추에 대하여 수단적 의미에 있어 호의적이다. ④의 경우 추는 근대 데카당스의 예술에 이르러 비로소 자립적·미적 카테고리의 지위를 획득하였다고 말할 수 있다. 포우나 와일드를 선구로 하는 불쾌·악·허위·배신 등으로서의 추의 예술이 그것이다. 또한 실존주의 예술에서는 보다 깊은 의미의 추가 자립적·미적 카테고리로서 인정된다. 예컨대, 구토를 불러일으키는 것마저도 거기서는 미적 카테고리로 인정된다.(유성호)

미, 데카당스, 구토

참고문헌
김준오, 『시론』, 삼지원, 1995.
포지올리, 『아방가르드 예술론』, 박상진 역, 문예출판사, 1996.
장도준, 『현대시론』, 태학사, 1995.

추리소설 ☞ 탐정소설

추상

추상을 '자연에서 추출한다'라는 언어적 의미만으로 이해한다면 추상은 먼 고대부터 존재해 온 인간의 정신작용이다. 선사시대와 고대 이슬람 등의 유물들에서는 자연으로부터 추출하여 도식화한 장식적인 기호의 형태를 쉽게 발견할 수 있다. 실례로 꽃, 새, 동물을 간략하게 기호화 시킨 이슬람 미술의 아라베스크 선은 훌륭한 추상적 형태이다.

그런데 추상이라는 용어를 '자연으로부터 이끌어내다' '추출하다' 등의 의미로 한정해 이해해 서는 이 용어의 본질적 의미를 파악하기가 곤란하다. 예술에서 추상이란 용어는 자연과의 거리 를 확연하게 두고자 하는 예술가들의 욕망과 바람을 반영한다. 추상은 '자연으로부터 추출하다' 라는 의미보다는 자연으로부터 독립하고 싶은 예술가의 욕구를 반영하는 어휘이다.

르네상스 이후 서구미술을 지배한 재현의 전통 안에서조차 예술가들은 항상 묘사된 형상과 현실의 대상 사이에 차이가 있음을 깨달아 왔다. 여기에 착안해 20세기 추상미술의 선구자였던 칸딘스키는 인간의 내적 필연성, 정신성을 표현하기 위해서 추상의 도래는 필연적이라고 주장 하였다. 그런데 이런 문제의식이 본격적으로 작품에 반영된 것은 20세기 초에 이르러서이다. 특히 피카소와 브라크는 추상을 자연과의 관계가 아니라 예술가 그 자신의 내적 정신성과 관련 해 그 의미를 환기시킴으로써 추상의 의미를 현대화시켜 놓았다. 1910년경 피카소는 자신의 그 림에서 자연주의적인 출발점과는 거리가 먼 형태를 추구하였다. 이들의 작품에서 외부 대상은 극단적으로 변형되거나 왜곡되었다. 피카소가 화폭에 담으려고 한 것은 외부 대상 그 자체가 아 니라 추상화된 그의 내적 정신이다.(양진오)

구상예술, 추상예술, 아라베스크 선

참고문헌
안나 모진스키, 『20세기 추상미술의 역사』, 전혜숙 역, 시공사, 1998.
앨런 보네스, 『모던 유럽 아트 : 인상주의에서 추상미술까지』, 이주은 역, 시공사, 2004.

축사(祝詞)

일본어로 '노리토(のりと)'라고 한다. 축사는 제사 의식을 행할 때에 소리내어 읽는 말(詞)을 일컫는 용어이다. 일본어 '노리토'에서 '노리'는 일본어 '노루(宣る)'에서 온 말로, '노루' 라는 것 은 종교적 실수(實修)에서의 시가(詩歌)나 문장을 뜻하는 말이며, 각 시대를 통해 오늘날까지 그 렇게 불려지며 행해져왔다. 축사 중에서 일본 문학사에서나 일본 국어사에서 고전문학작품으 로 높이 평가받고 있는 것은, 『연희식 延喜式』(927) 권(卷)8에 수록되어 있는 조정(朝廷)의 제사 의식 때의 27편(그 중의 하나는 한문)의 축사이다. 오늘날에도 많은 축사가 만들어지고는 있지 만, 문체나 어휘 면에서 보면 『연희식』의 것을 답습한 것이 많다. 이 27편에다 『연희식』의 권 16의 「나제사 儺祭詞」 한 편과, 후지와라(藤原賴長)의 일기 『태기 台記』의 「별기 別記」(1142) 에 전하는 「중신수사 中臣壽詞」 한 편을 더해서 합계 29편을 일본의 축사라고 부르는 것이 일 반적이다. 이 중 『연희식』은 연희 5년(905)에 편찬을 시작했지만, 권 8에 수록되어 있는 축사는 이미 9세기 초 무렵에는 거의 고정되어 있었다고 볼 수 있다. 신기관(神祇官)에서 제사를 집행

하고, 또한 신궁(神宮)이나 신사(神社)에서 제사를 집행할 때에 소리 내어 읽혀졌던 시가나 문장으로 고정된 것이다. 여기에서 신기관이란 일본의 율령제(律令制)에서 여러 지방의 신사와 제사를 관장하던 기관을 가리키는 말이다.

축사의 내용은 제사에 따라 장소에 따라 달라지지만, 그 내용은 일반적으로 두 가지로 대별된다. 모인 사람들이나 신관(神官) 등에게 '여러 가지를 들으시라고 말씀하시다'는 의미의 선지(宣旨)를 내리는 형태의 것과, 신의 말을 받아서 천황에게 아뢰는 형태가 바로 그것이다. 황실의 평안함과 국민의 번영을 기도하는 내용이 주류를 이룬다. 선지를 내리는 형태의 것은, 축사가 원래 신탁(神託)이었던 것에 바탕을 둔다는 설도 있지만, 이것은 어디까지나 설일 뿐이지 단정할 수는 없다.

축사의 구성은 제사 의식의 유례를 서술하는 부분과 제사 집행을 서술하는 부분으로 이루어진다. 축사의 표현을 보면, 열거, 반복, 대구(對句) 등을 많이 사용하여 유형적(類型的)인 것도 눈에 띄지만, 보다 넓은 보다 많은 사람들의 귀를 대상으로 해서 가다듬어 낸 흔적이 뚜렷하다.(오석윤)

제사의식, 신기관, 율령제

참고문헌
市古貞次 編, 『新古典文學硏究必携』(「國文學」 40), 學燈社, 1990.
『日本古典文學大辭典』 제4권, 岩波書店, 1983.

축제(祝祭, Festivals feats)

개인 또는 공동체에 특별한 의미가 있거나 결속력을 주는 사건이나 시기를 기념하여 의식을 행하는 행위. 축제를 의미하는 'festival'은 성일(聖日)을 뜻하는 'festivalis'라는 라틴어에서 유래한 말로, 이것은 축제의 뿌리는 종교의례에 있다는 것을 말한다. 종교적 기원으로서의 축제는 강력한 사회통합력을 지니며 성스러운 존재나 힘과 만날 수 있는 의사소통 수단이 되기도 한다.

역사학에서는 흔히 축제를 두 개의 상이한 모델, 즉 뒤르켐적인 모델과 프로이트적인 모델로 구분하고 있다. 뒤르켐은 종교를 개인적이고 신비적인 것이 아니라 '사회적인 사실'로 보며, 축제를 "사회적 통합을 위해 기능하는 일종의 종교적 형태"라고 규정한다. 즉 그에게 있어서 축제 개념은 제의(rite)와 동일하다. 그에 반해서 프로이트는 축제를 공격성과 즉흥성, 디오니소스적인 부정과 인간 본능을 억압하는 것의 폐기, 해방을 향한 문화라고 본다. 즉 그에게 있어 축제는 통합과 질서의 유지라기보다는 '금기의 위반, 과도함과 난장트기'이다.

프로이트의 이론을 계승하여 축제와 민중문화의 연관성을 밝힌 바흐친(Bakhtin)은 카니발을 축제의 가장 전형적인 예로 들었다. 즉 카니발에서 보이는 전도적, 비일상적 성격을 축제의 가장 기본적인 성격으로 지적하고 있다. 터너(Turner) 역시 리오 카니발에 대한 연구에서 사육제, 놀이, 혼돈 그리고 디오니소스적인 것들의 의미를 분석하고 있다.

이 외에도 네덜란드의 역사학자 호이징가(Huizinga)는 『호모 루덴스』라는 책에서 인간의 유희적 본성이 문화적으로 표현된 것이 축제라고 하였다. 호이징가의 견해를 더욱 발전시킨 미국의 신학자 하비 콕스(Harvey Cox)는 『바보祭』에서 "인간은 일상의 이성적 사고와 축제의 감성적 욕망 사이를 넘나들면서 경험과 인식의 지평을 확대할 수 있고, 또 그를 통해서 문화의 발달을 가져올 수 있는 것"이라고 보았다.

성스러운 영역이 세속적인 영역 속으로 편입되어 가는 현대사회에서, 일상생활의 단절이라는 의미를 가지는 축제들은 성·속의 구분에 기초한 일종의 의례적 사건이나 집단적 상징으로 해석될 수 있다.(권채린)

카니발, 제의, 디오니소스, 바흐친

참고문헌
뒤비뇨 J., 『축제와 문명』, 류정아 역, 한길사, 1998.
하아비 콕스, 『바보祭』, 김천배 역, 현대사상사, 1973.
어홍상 엮음, 『바흐친과 문화이론』, 문학과 지성사, 1995.

축제극(祝祭劇, Festival play)

국가 또는 도시의 축전이나 기념제 행사의 일부로 상연되는 페스티발 연극을 말한다. 그런 의미에서 BC 5세기의 아테네시의 디오니소스 축제인 그리스 비극·희극도 당연히 포함된다. 그러나 좁은 의미에서는 르네상스 이후로, 유럽 각지의 궁전에서의 종교적인 제사와는 직접 관계가 없이 영주(領主)를 위한 경축행사로서 개최된 연극을 말한다. 특히 16-18세기 유럽의 궁정이나 도시에서 행해진 축제로서의 연극행사가 대표적이다.

축제극은 르네상스 시대의 이탈리아 궁정에서 시작되어 처음에는 인테르메초(inter-mezzo, 막간극)으로서 왕후나 귀족들에게 애호되다가, 점차 음악·무용·행렬·불꽃놀이·분수 등이 포함된 호화로운 스펙터클로 발전하였다. 15세기 에스파냐에서는 엔리케 데 비레나의 아라곤 왕 즉위를 축하하는 막간(幕間)희극이 있었고 '사이네테'라고 불리는 소극(笑劇)이 발생하였다. 이탈리아에서는 16세기에 베네치아와 페라라를 중심으로, 아리오스트, 루츠안테가 지도한 궁전연극이 하나의 장르로서 발달하였다. 17세기에는 프랑스의 루이 14세의 최전성기라고 할 수 있는 1674년 베르사유 궁전에서 프랑시콘테 정벌을 축하하는 연회를 열고 거기에 호화스런 무대를 장치하여 오페라와 비극을 상연하였다. 그 무렵부터 축제극은 바로크풍의 웅대한 스펙터클로 변하였는데, 특히 독일·오스트리아·프랑스 궁정에서는 대규모 축제극이 성행하였다. 18세기에 들어와서 바이마르 궁정극장의 감독으로서의 J.W.괴테의 활약은 축제극의 문화적 가치를 높여 주었고, 또한 J.C.F. 쉴러는 독일 각지에서의 향토색 짙은 연극 활동을 촉진하였다.

오늘날에도 각지의 축제극의 전통은, 특히 궁정 내에서 개최되었던 연극모습으로부터 그 후 거리로 진출했던 꽃마차 행렬(이탈리아어로 토리온피)에 이르기까지 그 형태가 관광정책과 결부되어 보존되고 있다. 오스트리아의 잘츠부르크·그라츠, 영국의 에든버러, 이탈리아의 베네

치아·피렌체 등의 축제극이 유명하다.(권채린)

괴테, 쉴러, 축제, 카니발

참고문헌
노르베르트 윌러스 외, 『바이마르 문학기행』, 백의, 2000.
뒤비뇨 J, 『축제와 문명』, 류정아 역, 한길사, 1998.
류정아, 『축제 인류학』, 살림, 2003.

충동(Drive, 독 Trieb)

프로이트는 충동(Trieb, drive)을 본능(Instinkt, instinct)과 구분되는 특수한 의미로 사용했다. 프로이트는 정신분석적 의미의 충동과 관련해 모두 Trieb이라는 용어를 사용했으나 영어 표준판 번역(Standard Edition)에서 본능으로 번역됨으로써 충동 개념의 심리적 의미가 완화되고 생물학적 개념으로 오해되는 문제점을 야기했다. 「충동과 충동의 운명」에서 프로이트는 명시적으로 충동을 "정신적인 것과 육체적인 것 사이의 한계 개념, "육체 내부에서 유래해 정신에 도달하는 자극의 심리적 대표"(SE 14, 122)로 정의한다. 이 논문에서 프로이트는 충동의 구성 요소를 압력(갈망), 목표, 대상, 근원의 네가지로 나누어 설명한다. 충동의 목표는 만족이며, 충동의 근원은 육체이다. 충동의 압력(갈망, Drang)은 충동의 활동성 또는 힘을 말한다. 프로이트는 충동에서 특징적인 것으로 충동의 대상의 가변성에 대해 언급한다. 충동의 "대상은 처음부터 충동과 결합되어 있는 것이 아니라 단지 만족 달성에 적합하다는 이유로 충동에 귀속되어 있다."(SE 14, 122) 라캉에 따르면 충동의 대상의 이러한 가변성이 충동과 본능을 구분하는 결정적인 점이다. 융과 달리 프로이트는 초기에서 후기에 이르기까지 충동의 이원론을 고수한다. 프로이트의 충동 이원론은 다음과 같이 변화했다. ①성충동(리비도)과 자아충동(자아보존충동), ②성충동(리비도)와 자아보존충동. 하지만 제2기에서 나르시시즘의 개념을 도입했으므로 프로이트는 성충동을 다시 자아 리비도와 대상 리비도로 구분한다. ③삶의 충동(리비도, 에로스)과 죽음의 충동(타나토스). 이때 삶의 충동은 성충동과 자아충동 모두를 포함한다. 「쾌락원리를 넘어서」에서 죽음의 충동 개념을 도입함으로써 프로이트의 충동 이론은 획기적인 변화를 겪는다. 반복강박증, 외상성 신경증, 부정적 치료 반응과 같은 임상적 사실을 해명하기 위해 도입한 죽음의 충동 개념은 쾌락에 대한 고통의 우위 혹은 적어도 동등성을 의미하며, 이 점에서 프로이트는 그동안 자신이 주장했던 쾌락원칙을 넘어선다. 라캉은 죽음의 충동을 생물학적, 혹은 형이상학적 가설로서가 아니라 주체의 분열, 결여, 완벽한 향유의 원초적 상실을 의미하는 논리적, 철학적 범주로 해석한다. 이로써 라캉은 죽음의 충동 개념의 무용성을 주장하거나, 이를 생물학적 본능으로 잘못 해석한 정신분석적 관행을 수정했다.(홍준기)

리비도, 에로스, 타나토스

참고문헌

홍준기, 『라캉과 현대철학』, 문학과지성사, 1999.

S. Freud, Instincts and their vissicitudes(1915), in: SE XIV, London: Hogarth Press, 1973.

J. Lacan, The Seminar Book XI. The Four Fundamental Concepts of Psycho analysis, New York, London: W. W. Norton & Company, 1978.

취미(趣味, Taste, 프 Goût, 독 Geschmack)

미학적 구분의 도구로서 아름다움을 알아보는 능력, 즉 예술작품에 대해 판단할 수 있는 능력이다. 미적 체험 가운데 부여된 감각적 인상을 반성적으로 맛보면서 대상의 미묘한 차이를 구별하는 능력 및 그와 같은 능력을 나타내는 양식적 차이를 말한다.

취미에 대한 다양한 정의는 그것의 인식론적 기초에 근거하고 있다. 감각주의의 전통에서 뒤보스(Dubos), 버크, 흄 등은 취미를 오성과 독립된 감각 판단으로 취급한다. 샤프츠베리는 미와 선의 판단에 대해 고유한 결정권이 있는 '도덕감(moral sense)'의 존재로부터 시작한다. 이와 달리 합리주의 전통에 있는 애디슨(Addison), 무라토리(Muratori), 고트셰드(Gottsched) 등은 취미를 객관적 법칙을 통해 정밀하게 조사될 수 있는 오성판단으로 파악한다.

이 두 가지 입장은 칸트에 이르러 '취미 판단'으로 종합된다. 칸트는 미적 판단을 이성·개념으로부터 독립된 '취미 판단'이라고 말한다. 취미판단의 중요한 특징은 '무관심'으로, 이때 무관심은 대상에 대한 아무런 편견이 없는 순수한 만족감에서 생겨나는 것이다. 여기서 미는 곧 "목적 없는 목적성"이다. 칸트는 미에 대한 담론이 대상과 주관의 관계에서 생겨나는 것임에도 불구하고 보편성을 획득할 수 있다고 보았다. 특별한 욕구나 목적을 갖지 않은 순수한 관조의 결과로서 얻어지는 미에 대한 판단은 '공통감각'을 근거로 한다고 보기 때문이다. 셸링과 헤겔 이래로 예술은 더 이상 감정이나 만족의 문제가 아니라 감정을 수단으로 하여 매개된 인식의 문제가 된다. 그와 더불어 취미 개념에 대한 강력한 평가절하가 야기된다.

최근의 취미 연구는 미적 징후보다는 심리학적이거나 사회학적 징후 아래 있다. 취미 형성의 사회학(쉬킹Schücking)은 무엇보다도 두 개의 명제와 더불어 등장한다. 첫째, 사회적 관계의 상수는 타당한 취미의 확실한 상수를 보증한다. 둘째, 새로운 취미의 방향은 항상 새로운 취미 담지자, 새로운 사회적 그룹을 향한다. 처음의 명제는 아도르노의 대중문화에 대한 연구에 의해 뒷받침되는데, 대중문화는 미적 공급품의 현상적 다양함에 의해 점차로 획일화된다. 후자의 경우, 부르디외는 사회화에 제약된 취미의 특성을 끌어내어 연령·교육·직업·계급 귀속성과 취미의 특색 및 수준 사이의 관련을 기술한다.(권채린)

미적 판단, 미적 태도, 칸트

참고문헌

칸트, 『판단력 비판』, 이석윤 역, 박영사, 2003.

한국칸트학회 편, 『칸트와 미학』, 민음사, 1997.

취미판단(趣味判斷) ☞ 미적 판단

치안(治安)

자크 랑시에르(Jacques Ranciere)가 사용한 개념이다. 그는 민주주의와 평등을 둘러싼 정치적 영향을 재해석한다. 보통 정치는 이해가 상충하는 개인과 집단이 조정을 통해 합의를 이끄는 과정을 가리킨다. 반면 랑시에르가 보기에 보다 정확한 정치는 정치적 주체로 받아들여진 공동체 주체들 사이의 통치 행위이다. 즉, 정치과정은 기존 사회질서 유지를 목표로 하는 치안에 불과하다는 것이다. 때문에 그가 보기에 진정한 정치는 사회에서 배제된 자들의 주체화 과정이다. 때문에 랑시에르는 자유주의 경제에 의해 정치가 끝났다는 선언, 맑스주의적 혁명에 의해 계급 정치가 사라진다는 주장을 받아들이지 않는다. 정치는 개인과 집단들 사이의 끊임없는 투쟁에서 성립하기 때문이다. 그래서 그는 엄연히 존재하는 세계의 불일치를 보일 수 없고 들릴 수 없게 만드는 현실적 의미의 정치를 치안으로 말했던 것이다. 치안은 지배화된 방법으로 우리의 감각을 분할하여 투쟁과 대립이 만들어내는 모든 공백과 틈을 상정하지 않고 배제함으로써 공동체의 질서를 유지하는 기제이다. 랑시에르는 배제된 틈과 불화에서 새로운 정치적 주체가 등장한다고 보았다. 랑시에르는 정치적 주체의 등장 과정을 주체화 또는 감성화라고 부르면서, 지배화된 관습화된 주체화의 방식에서 일탈하는 방식이 중요하다고 말한다. 일상화된 지각방식의 변화뿐 아니라 지각방식의 틀과 분할 자체에 다시 의문을 제기하고 정립하는 과정에서 진정한 공간이 만들어진다고 보았다. 이처럼 랑시에르의 정치철학은 현존하는 불화를 통해서 보이지 않는 부분, 보지 않는 부분들이 서로 공통의 공간 속에 존재하는 평등한 존재로 마주하게 하는 것이다. 결국 랑시에르의 정치철학은 모든 사회구성원이 서로 다르지만 평등하다는 것, 그리고 사회구성체는 이 평등한 다른 것들이 서로 자신의 목소리와 자리를 요구하는 시끄러운 투쟁의 장이라고 주장한다.(이훈)

정치, 감성화, 배제

참고문헌
자크 랑시에르, 『감성의 분할』, 도서출판b, 2008.
_____,『정치적인 것의 가장자리에서』, 길, 2008.
_____,『문학의 정치』, 인간사랑, 2009.
김범춘, 「이데올로기 비판과 해방의 기획으로서 랑시에르의 정치철학」, 『시대와 철학』, 한국철학사상연구회, 2010.

친족관계(親族關係, Kinship)

혼인과 혈통적 연결에 의해 맺어진 인간관계를 일컫는 말이다. 부부와 자녀로 이루어진 가족 집단을 '핵가족'이라고 하고, 다른 친척이 이 가족에 포함된 경우에 '확대가족'이라고 한다. 남편들이 오랫동안 집을 비운 사이에 부인들의 오빠들이나 친정의 다른 남자들이 사회적인 아버지의 역할을 맡는 집단을 '모계중심가족'이라고 한다. 모계중심가족은 인간이 아버지의 생물학적인 역할과 사회적인 역할을 구분할 수 있음을 명백히 보여준다.

결혼생활에서 태어나는 자녀들은 '형제자매 집단'을 형성한다. 기본적으로 이들 사이에는 성교가 금지된다. 이들 사이의 성관계를 금지하게 된 것은 상호간에 성적인 관심이 결여되었다든지, 유전학적으로 불리하다는 이유가 제안되지만, 아직까지 명백한 해답은 찾아내지 못했다. 인류학자들과 사회학자들은 한 남자가 자신의 누이가 아닌 다른 여자와 혼인함으로써 다른 가정집단과 조화를 이루게 된다는 것을 근친상간 금지의 이유로 들고 있다.

한사람이 몇 명의 배우자와 결혼생활을 하는가는 사회에 따라서 차이가 있다. 오직 한 사람의 배우자와만 결혼할 수 있는 관습을 '일부일처제'라고 한다. 한 여자가 한 사람 이상의 남자와 결혼하는 제도를 '일처다부제'라고 한다. 남자들이 장사하러 오랫동안 집을 비울 경우에 이런 제도가 일어날 가능성이 높다. 세계의 대부분의 사회들은 남자 한 사람이 한 명이상의 여자를 거느리는 '일부다처제'의 관습을 가지고 있다. 남자들의 사망률이 높거나 남자가 여자보다 훨씬 늦게 결혼하기 때문에 생겨난 관습일지도 모른다.

어떤 인류학자는 혈통적인 연결만을 친족이라고 부름으로써 혼인과 혈통간의 차이를 강조하기도 한다. 예컨대, 남편과 장모는 친족이 아니라는 것은 혈족과 인척에 대한 서구적인 구별을 모든 사회에 그대로 적용할 수 없음을 명백히 하고 있다. 대부분의 사람에게는 혼인으로 맺어진 형제관계(매형-처남 등)가 친형제와 같은 것이 아니다. 혼인이란 기본적으로 집단들 간의 동맹이고 집단들 간의 결합이지, 남편과 부인간의 결합이 아니라고도 할 수 있다.(김학균)

혼인, 혈통적 연결, 근친상간, 인류학

참고문헌
슈스키, A. L. 외, 『인류학 개론』, 이문웅 역, 일지사, 1990.
주경복, 『레비스트로스』, 건대출판부, 1996.

카니발(Carnival, 러 Karnaval), 카니발적(Carnivalesque), 카니발화(Carnivalization)

미하일 바흐친(Mikhail Bakhtin)은 라블레 소설에 대한 학위논문에서, 고대, 중세, 르네상스로 이어지는 민중 축제의 전통과 관련지어 그의 독특한 '카니발' 이론을 전개하였다. 또한 도스토 예프스키에 관한 저서와 긴 논문 「소설의 전역사」에서는 카니발의 문학화 혹은 문학작품의 '카니발적'인 요소에 대해 언급하였다. 바흐친에 의하면, 고대의 공식적 축제에서도 민중 카니발의 특징은 예견되었지만, 본격적인 비공식적 민중 카니발의 전통은 중세 시대에 이르러 절정에 도달하였다. 중세의 민중 카니발은 교회가 지배하는 시대의 독백적, 권위적, 서열적, 공식적 축제와 지배 문화에 대항하여, 이를 희화화하고 전복하는 민중의 유토피아적, 해방적, 보편적인 저항문화의 성격을 지닌다.(이러한 측면에서, 바흐친의 라블레론은 스탈린주의에 대한 비판으로 해석되기도 한다.) 중세 민중 카니발의 전통은 르네상스 시대에 이르러 상당히 쇠퇴하였으나 여전히 생명력을 유지하였으며, 셰익스피어, 보카치오, 세르반테스, 라블레와 같은 새로운 시대의 '진보적' 문학으로 수용되었다. 르네상스 이후 근대에 이르러 민중 카니발 전통은 완전히 사라졌고, 다만 18-19세기 영국의 희극적 소설가들, 괴테, 도스토예프스키 등의 '문학적 카니발' 또는 '카니발화된 문학'으로 수용되어 계승되었다. 바흐친은 특히 중세의 불변하는 수직적 서열의 공간적 세계관으로부터, 수평적으로 변화하고 진화하는 르네상스의 역사적, 시간적 세계관으로의 전환을 강조한다.

카니발은 좁은 의미와 넓은 의미의 두 가지로 구분할 수 있다. 좁은 의미에서 카니발은 연중 행사로 벌어지는 실제적인 사건으로서의 축제를 지칭하며, 넓은 의미에서 카니발은 공식적이든 비공식적이든 중세 민중 축제의 '카니발적' 성격을 구현하는 모든 축제와 특히 소설장르를 포함한 문학작품, 그리고 더 나아가서 인간의 역사와 삶, 문화 일반에까지 적용된다. 연중행사인 카니발은 지배체제의 영속을 위한 안전판 구실을 할 수도 있다. 그러나 중요한 것은 카니발 자체보다 거기에 내재하는 카니발적 요소이다. 괴테가 묘사한 로마축제와 기타 몇 가지 경우를 제외하고, 바흐친은 실제적인 문화현상으로서의 축제를 분석하기보다는, 라블레의 소설 속에

'희극적 언어 형식'으로 문학화된 카니발적 요소에 주목한다. 라블레의 소설은 '민중의 웃음,' '광장의 언어,' 카니발의 '양가성'(ambivalence), '향연'의 전통, '그로테스크한 몸'(grotesque body) 과 '그로테스크 리얼리즘'(grotesque realism), '물질적·육체적 하부'의 이미지 등과 같은 중세 민중 카니발의 전통을 문학적으로 재현한다.

배우와 구경꾼의 구별 없이 모든 사람들이 자유롭게 참여하는 보편적인 삶의 시공간을 실현하는 카니발에서, '민중의 웃음'은 자연, 인간세계, 우주에 대한 공포로부터 인간을 해방시킨다. 카니발 기간에는 상하, 내외가 뒤집어지고 사회적 서열이 폐기/전복되며, 평등하고, 친숙하고, 대등한 인간관계를 구현하는 '유쾌한 상대성'(gay relativity)의 유토피아가 실현된다. 가짜왕의 대관과 탈관이 행해지고, 가면과 가장을 통해 지배계급과 문화에 대한 풍자와 패러디가 이루어지며, 왕과 교회보다는 바보와 광대가 주인공이 되고, 정신과 영혼보다는 '물질적 육체의 하부'가 우선화된다. 광장, 시장의 민중언어에 있어 칭찬-욕설(billingsgate)과 맹세-저주, 그리고 아기를 배고 죽은 고대 테라코타의 노파의 형상은 모두 죽음에서 생명으로 전환하는 카니발적 '양가성'을 보여준다. 카니발은 '그로테스크한 몸'과 함께 '그로테스크 리얼리즘'을 경축한다. 라블레 소설에서 '연회'의 이미지와 '분변학'(糞便學, scatology)은 먹고 마시고 싸고 생식하는 몸의 아랫부분(배, 배설기관, 성기, 둔부 등)의 중요성을 강조한다. 울룩불룩 튀어나오고 들어간 인간의 몸은 형태적 기괴성을 통해 외계와 대화적으로 소통한다. 라블레 소설에 등장하는 거인의 몸과 같이, 인간/민중의 몸은 지구의 지형학 및 자연/우주와 일체를 형성한다. 영원한 '되기'(becoming)의 과정으로서의 카니발 혹은 카니발적 삶은 인간존재의 미래지향성, 비완결성, 개방성을 나타낸다. 개인으로서의 인간은 생멸하지만, 거대하고 기괴한 몸으로서의 인류는 끊임없이 변화하는 생명의 흐름을 지속해간다.

서구 문학 비평가들은 바흐친의 카니발 개념을 그가 언급한 라블레와 도스토예프스키 이외에, 중세 이래 근현대의 다양한 시, 소설, 희곡에까지 확장·적용시켰다. 또한 문화비평가들은 카니발과 관련된 민중 문화론적 관점에서, 민중의 일상적 문화사와 대중문화 비평에서 전복적인 읽기와 쓰기를 시도한다. 바흐친의 카니발 이론은 국내에서도 상당히 활발히 소개되고 적용되고 있다. 한국문학에 대한 적용의 예로, 김유정 소설의 카니발적 구조, 양귀자의 「숨은 꽃」의 그로테스크 리얼리즘, 김지하 담시의 카니발적 정치풍자 등에 대한 분석이 있다.(여홍상)

참고문헌
김미현, 「김유정 소설의 카니발적 구조 연구」, 이화여자대학교 국문학과 석사논문, 1990.
김욱동, 「카니발·웃음·민중」, 『대화적 상상력: 바흐친의 문학 이론』, 서울: 문학과 지성사, 1988.
김동욱 편, 『바흐친과 대화주의』, 제2부, 서울: 나남, 1990.
마이클 D. 브리스톨, 「셰익스피어 극에 나타난 축제의 정치학」, 『바흐친과 문학이론』
미하일 바흐친, 『프랑수아 라블레의 작품과 중세 및 르네상스의 민중문화』, 이덕형, 최건영 역, 서울: 아카넷, 2001.
_____, 『도스토예프스키 시학』, 김근식 역, 서울: 정음사, 1988.

안숙원, 「바흐찐, 생태주의, 그리고 페미니즘: 「숨은 꽃」을 대상으로」, 『한국문학이론과 비평』(5.3), 2001. 12.

여홍상, 「대화와 카니발: 김소월, 김지하, 최인훈의 바흐찐적 독해」, 『한국문학이론과 비평』(5.3), 2001. 12.

_____ 편, 「바흐친, 축제, 문화 이론」, 『바흐친과 문화이론』, 제2부, 서울: 문학과 지성사, 1995.

_____ 편, 『바흐친과 문학이론』, 서울: 문학과 지성사, 1997.

이득재, 『바흐찐 읽기』, 서울: 문학과 과학사, 2003.

태혜숙, 「몸, 바흐친, 페미니즘」, 『영어영문학』 48.1(2002)

테리 이글턴, 「축제로서의 언어」, 『바흐친과 문학이론』, pp.70-82.

Gary Saul Morson and Caryl Emerson, "Laughter and Carnivalesque," Mikhail Bakhtin: Creation of a Prosaics, Stanford: Stanford UP, 1990, pp.433-72.

Keith M. Booker, Joyce, Bakhtin and the Literary Tradition, Ann Arbor: U of Michigan P, 1997.

카마(Kāma)

인도 힌두교 신화에 나오는 사랑의 신으로 '카마'란 애욕(愛慾)을 의미한다. 카마는 베다 시대에는 우주적 열망 또는 창조적 충동을 인격화한 신이었다. 누구에게 창조되어지지 않고 원시의 우주의 물(水) 안에서 혼자서 태어나온 창조신으로, 이후의 모든 창조를 가능하게 하는 태초의 혼돈에서 최초로 태어난 자로 불렸다. 태어나서 그가 처음으로 만들어낸 것은, 욕망과 욕망을 실현하는 힘이었다. 그는 창조의 동기가 되는 이 두 가지를 담당하였고 후에 브라흐마보다 더 높은 창조신이 되었을 때에 그것들의 창조를 실현하는 아들로 자리 잡는다.

그러나 힌두교 시대에 이르러서 카마는 창조적인 면이 약해지고, 성욕(性慾)·애욕(愛慾)의 측면이 강조되었다. 창조의 신이었던 카마가 애욕의 신이 되는 것은 그리스 신화의 '에로스'가 우주 창조신화와 관련되는 것과 흡사하다. 카마는 천녀(天女)들의 주인으로서 애욕·연애를 주관하고, 쾌락의 여신 라티(Rati)의 남편이다. 사랑을 낳는 5개의 꽃 화살을 쏘는 잘생긴 어린 소년으로 묘사된다. 이런 점에서 로마 신화의 '큐피드'와도 유사하다. 그의 활은 사탕수수로 만들어졌고 활시위는 벌떼가 줄을 지어 엮고 있다고 한다. 카마와 함께 다니는 바산타(Vasanta)는 카마가 목표물을 결정하면 그가 사용할 화살을 선택해주는 역할을 한다.

신화에서 카마는 사랑에 빠지면 곤란한 사태가 될 우려가 있는 상대에게 즐겨 화살을 쏘곤 한다. 특히 순진하고 준수한 소녀, 정숙한 남의 아내, 번뇌를 넘어서려고 노력하는 고행자를 자주 표적으로 삼았다. 또한 이 화살은 신들에게도 던져진 적이 있다. 어느 날 여러 신들이 그에게 시바 신으로 하여금 파르바티에게 열정을 쏟도록 해보라고 부추겼다. 그래서 그는 산꼭대기에서 명상 중인 위대한 시바 신을 방해했다. 화가 난 시바는 자신의 3번째 눈에서 불을 뿜어 그를 불태워 재로 만들어버렸다. 이 때문에 그는 아낭가(Anaga, 형체가 없는)가 되었다. 그러나 다른 기록에 의하면 시바 신은 카마의 아내 라티의 간청을 받아들여 곧 화를 풀고 그를 소생시켰다고 한다.

카마라는 말은 가정을 이루고 사는 사람이 마땅히 추구하는 것의 하나로서 사랑이나 기쁨 같은 것의 총칭이기도 하다. 많은 신화를 가지고 있어 인도 고전문학에 자주 등장한다. 성자 바쯔야나는 성애(性愛)와 그 밖의 인간의 쾌락에 관한 고전인 『카마수트라』를 지었다.(권채린)

성욕, 애욕, 에로스, 창조

참고문헌
베로니카 이온스, 『인도 신화』, 임웅 역, 범우사, 2004.
라다크리슈난, 『인도철학사』, 이거룡 역, 한길사, 1996.

카메라 움직임(Camera movement)

촬영 장면이나 피사체나 대상물의 시야를 변화시키기 위해 카메라가 움직이는 것을 말한다. 카메라 움직임은 기본적으로 영화의 흥미를 증진시키는 필수적인 요소이다. 지금 현역으로 활동하고 있는 홍콩의 왕가위 감독은 카메라의 현란한 움직임에 관한 한에 있어서 상업적이고 미학적인 수단으로 절묘하게 이용하는 당대 최고의 테크니션이다.

카메라 움직임의 하위 개념으로, (1)한 장면을 수평으로 이동하는 팬(pan), (2)카메라의 축을 중심으로 수직적으로 움직이는 틸트(tilt), (3)자전거·자동차·기차 등의 이동 물체를 이용해 촬영하는 달리(dolly) 쇼트, (4)크레인을 통해 서정적이고 역동적이 고양감을 표현하는 크레인(crane) 쇼트, (5)흔들림을 과장하면서 변화가 많고 거친 속도감을 부여하는 핸드헬드(handheld) 쇼트 등이 있다.

영화에서의 움직임은 실제의 현상이 아니라 하나의 광학적인 환영일 따름이다. 훌륭한 감독과 평범한 감독을 구별 짓는 것은 움직임의 대상이 아니라 그 방법이다. 움직임의 방법은 기계적인 왜곡(distortion)을 통해 예술적인 성취를 나타낸다. 이를테면, 프란시스 코폴라는 크레인 쇼트의 변형으로 헬리콥터를 이용해 마을을 휩쓸고 간 섬멸의 비정감을 표현했다. 샘 페킨파는 「와일드 번치」에서 격렬한 폭력의 장면들을 슬로 모션으로 촬영함으로써 역설적인 아름다움을 제시했다.(송희복)

피사체, 쇼트, 핸드헬드

참고문헌
루이스 자네티, 『영화의 이해』, 김진해 역, 현암사, 1987.
조셉 보그스, 『영화 보기와 영화 읽기』, 이용관 역, 제3문학사, 1991.

카오스모스(Chaosmos)

카오스와 코스모스가 합쳐진 용어로, '혼돈'과 '질서'를 대립적으로 보던 서구 형이상학의 과학관을 극복하고 새롭게 탄생한 개념이다. 서구의 근대 과학은 영원불변한 것, 자기 동일적인 것을 찾는 데서 출발했다. 따라서 가변적이고 순간적인 것들, 감각적인 것들을 우리의 이성으로 포착 가능한 보편적이고 필연적인 것들, 영원하고 절대적인 것들로 환원시킨다. 또한 어떤 사물이나 현상을 필연적인 인과에 따라 결정지음으로써 우연적이고 가변적인 것들을 과학의 법칙에서 배제했다. 우주를 카오스가 아닌 코스모스로 이해하고자 한 그리스 이래의 우주관이 대표적이다.

이러한 환원적이고 결정론적인 근대 과학관은 카오스 현상과 같이 변수나 가변항이 전체 체계에 큰 영향을 끼친다는 인식과 접목되면서 변화의 계기를 마련한다. 본래 카오스 현상은 1960년대 영국의 로렌츠라는 기상학자에 의해 발견되었다. 대기의 움직임을 함수로 포착하려고 시도했던 로렌츠는 매우 작은 오차가 이전과 다른 비선형적인 그래프를 야기한다는 것을 발견하였다. 즉, 세계는 부동의 일자(一者)로서 구성되기보다 무수한 다양성과 부단한 운동에 의해 생성된다는 것이다. 여기서 카오스는 단순한 무질서, 혼돈, 무한의 의미가 아니라 '혼돈 속의 질서'라고 부를 수 있는 '카오스모스'의 세계로 재 정의된다. 질서와 혼돈이 기묘하게 결합된 '복잡한 질서'의 세계가 카오스모스인 것이다.

따라서 카오스모스에서 질서와 혼돈은 대립적인 개념이기보다 상호보완적이며 중첩된 개념이다. 질서정연하게 인식되던 세계는 우연적이고 가변적인 항이 지배하는 비선형적이고 탈유기적인 세계로 변모하고, 동시에 그러한 카오스적 세계 내에서도 복잡하고 다양한 질서가 존재한다. 프랙탈 이론이나 카타스트로피 이론도 이러한 카오스모스의 세계관과 유사한 맥락에 놓여있다.(권채린)

코스모스, 카오스, 프랙탈 이론, 카타스트로피 이론

참고문헌
자크 모노, 『우연과 필연』, 범우사, 1996.
르네 톰, 『카타스트로피의 과학과 철학』, 이정우 역, 솔, 1995.
일리야 프리고진 외, 『혼돈으로부터의 질서』, 신국조 역, 정음사, 1989.
이정우, 『접힘과 펼쳐짐』, 거름, 2000.

카타르시스(Catharsis, 프 Catharsis, 독 Katharsis)

그리스어로 '정화'라는 뜻의 비평 용어로서, 아리스토텔레스가 『시학(Poetica』 6장에서 비극이 관객에게 주는 효과를 설명하기 위해 사용한 용어이다. 아리스토텔레스에 의하면 비극의 목적은 '공포와 연민'을 불러일으키고, 나아가 이런 감정들을 정화하는 것이다.

플라톤의 이상국가에서는 국가 유지적인 예술, 말하자면 도덕적 순화와 화해에 기여하는 예술만이 허용된다. 따라서 플라톤에게 카타르시스는 규범적 성격을 지닌다. 이에 반해 아리스토텔레스에게서 예술은 개인적 영혼 위생학과 관계있는 기능적 개념이었다. 규범적 혹은 기능적 개념으로서의 카타르시스는 오늘날까지 개인과 사회에 대한 예술적 영향을 둘러싼 논쟁에 커다란 역할을 하고 있다. 카타르시스는 코르네이유(Corneille)에게는 위협을 통한 격정의 완화나 지도 및 화해를 통한 성격의 도덕적 강화를 의미하고, 레싱에게는 그와 달리 연민과 공포의 변증법적 유희를 통한 덕스러운 수련을 의미한다.

19세기 들어서는 치료요법으로서 카타르시스가 학문적 중요성을 획득한다. 카타르시스는 정서의 반응이고 영혼의 정화이며 이성의 강화이거나(립스, 곰페르츠, 폴켈트, 페취), 또는 프로이트 이래로 예술의 도움을 받아 정신분석학적으로 탐구된, 고통으로부터의 해방이다.

현대 저자들 중 무엇보다도 브레히트는 카타르시스의 개념과 관계있다. 그의 서사극은 명백히 반아리스토텔레스적인 것으로서, 행위를 변화시키고 결국 사회적 발전으로 이끄는 철학을 중재하는 것이다. 브레히트의 '소격화'는 카타르시스를 거부함으로써 유쾌한 긴장완화가 아니라 사후적인 사고와 합리적인 통찰을 야기하는 데 기여한다.

오늘날 대중매체의 영향에 대한 논의에서 카타르시스의 개념은 명백히 증명될 수도, 반박될 수도 없는 경험적 가설이다.(권채린)

시학, 비극, 정서

참고문헌
아리스토텔레스, 『시학』, 천병희 역, 문예출판사, 1999.
이상섭, 『아리스토텔레스의 <시학> 연구』, 문학과지성사, 2002.

카프(KAPF)

조선프롤레타리아예술동맹의 약칭으로 에스페란토어인 'Korea Proleta Artista Federatio'의 첫 글자를 딴 것이다. 1925년 8월 23일 문학 동인단체인 염군사(焰群社, 1922)와 파스큘라(PASKYULA, 1923)가 합동하여 결성하였다. 발기인은 김기진 · 박영희 · 이호 · 김복진 · 김영팔 · 이익상 · 박용대 · 송영 · 최승일 · 이적효 · 김온 · 이상화 · 안석주 등이었고, '일체의 전제 세력과 항쟁 한다' '예술을 무기로 하여 조선민족의 계급적 해방을 목적으로 한다'는 것을 강령으로 하였다.

1927년 초반 한설야 · 박영희 · 김복진 등이 주도한 제1차 방향전환론을 통해 카프는 자연발생적 프로문학 이론을 반성하고 목적의식적 문학으로의 전환을 시도하였다. 방향전환론이 대두하면서 카프는 조합주의적 투쟁에서 정치투쟁의 길로 그 지향점을 수정하고, 조직을 개편하여 예술가 중심의 특수 조직에서 예술에 관심을 갖는 대중적 조직으로의 변모를 꾀한다. 1930년 초반에 들어서는 '전위의 눈으로 사물을 보라'와 '당의 문학'이라는 두 명제를 내세워 임화 · 김남천 · 안막 · 권환 등이 예술운동의 볼셰비키화를 제창한다. 이것이 카프의 제2차 방향전환이다. 그들은 김기진이 제시했던 문학 대중화론이 현실추수적인 경향을 지니고 있다고 비판하고, 구체적인 창작방법론으로 프롤레타리아리얼리즘을 제안했다. 이 시기 예술대중화론에 관한 논의는 현실추수적 대중화론이건 볼셰비키적 대중화론이건 결국 1930년대 본격적인 창작방법론과 사실주의 논쟁의 출구를 열었다는 점에서 의미가 있다.

카프의 볼셰비키화가 추진되자 일제의 탄압이 가중되고 마침내 『무산자』의 국내 유포 및 영화 <지하촌> 사건 등으로 카프 제1차 검거사건이 발생하였다. 이때 70여 명이 검거되었으나, 임화 · 한재덕 · 안막 · 권환 · 박영희 · 송영 · 김기진 · 이기영 등은 불기소처분으로 석방되고 김남천만이 기소되었다. 곧이어 1934년에 극단 '신건설사 사건'으로 이기영, 한설야, 윤기정, 송영 등 23명이 체포되는 2차 검거사건을 겪으면서 조직은 급속도로 와해되기 시작하였다. 일제로부터 직접적으로 해산 압력까지 받은 지도부는 1935년 5월 카프 해산계를 제출함으로써 공식적으로 해체하였다.(권채린)

프로문학, 계급문학, 염군사, 파스큘라

참고문헌
김영민, 『한국문학비평논쟁사』, 한길사, 1992.
김윤식, 『한국근대문예비평사연구』, 일지사, 1976.

칸트주의(Kantianism, Kantisme)

독일 고전철학은 칸트(Kant, Immanuel)와 더불어 시작된다. 칸트의 비판 철학은 당시 유행하고 있던 계몽사상(啓蒙思想)에 대립하는 사상, 즉 계몽사상에 대한 찬부양론을 진정한 의미에서 소화하고 종결시킨 점에서 계몽사상의 완성이었다. 한편 근대 초기로부터 시작된 경험론을 종합하여 오랫동안 계속된 근대철학의 논쟁과 대립을 선험적 비판철학에서 용의주도하게 비판을 가함으로써 인간의 인식 능력의 한계와 가능성을 근대 자연과학을 기반으로 하여 명백히 밝혔다. 또한 칸트는 변증법(辨證法, dialectic)의 발전에 크게 공헌했다. 그의 철학은 마르크스-레닌주의(Marxism-Leninism) 철학의 이론적 바탕의 일부를 이룬다. 칸트가 정초한 선험적 관념론(先驗的 觀念論)은 피히테(Fichte, Johann Gottlieb)와 헤겔(Hegel, Georg Wilhelm Friedrich)을 비롯해 그 이후 부르주아 철학에 지속적으로 커다란 영향을 미쳤다. 칸트 철학의 방대한 체계는 인식론, 실천 철학, 목적론적 세계관 등을 함축하는 포괄적인 사상이다. 철학가들은 칸트의 3대 비판서를 경계로 하여 근세 철학사를 칸트 이전과 칸트 이후로 대별하게 되었다. 칸트가 수립하려 했던 형이상학(形而上學, metaphysics)은 실천적 형이상학이었으며 인간이 가진 자유의 인식 위에 이루어진 것이었다.

그는 자신이 구상한 비판 철학의 체계를 위해 '나는 무엇을 알 수 있는가?', '내가 마땅히 실천해야 할 행위가 무엇인가?', '내가 무엇을 바라야만 하는가?', '사람은 무엇인가?'라는 네 개의 질문을 던졌다. 이 문제들에 대한 답을 다룬 것이 「순수이성비판」, 「실천이성비판」, 「판단력비판」, 그리고 그의 종교철학과 인간학이다. 이것들을 이성과 결부시켜보면 이론철학, 실천철학, 자연과 이성과의 결합인 예술철학 즉 목적론적 세계관을 펴는 판단력 비판이며 끝으로 이성의 한계 안에서의 종교론이다. 그의 철학은 형이상학에서 과학의 정화, 쾌락주의와 신학에서 윤리학의 정화, 미신과 논리적 오류에서 종교 정화의 업적을 만들었다. 그리고 칸트에서 도이치 관념론(L'Ideologie allemande)이 뿌리를 내리게 되었으며 그의 규범주의 윤리학은 윤리학의 한 전형이 되었다.(강웅식)

칸트, 이성 비판, 판단력 비판

참고문헌

박영근, 『세계철학대사전』, 고려출판사, 1999.

박선목, 『윤리·사회사상 사전』, 형설출판사, 2002.

한국철학사상연구회, 『철학대사전』, 도서출판 동녘, 1991.

한단석 외, 『칸트철학사상연구』, 형설출판사, 1995.

칼럼(Column)

신문지상의 시사문제나 사회풍속 등을 촌평하는 난(欄). 상시특약기고기사(常侍特約寄稿記事). 매일 일정한 자리에 연재되는 단평란 등을 말한다. 라틴어의 'columna'에서 나온 '원주(成柱)', '원주 모양의 것'을 뜻하는 말이 바뀌어 영자신문 지면에서 종란(縱欄)을 가리키게 되었고, 다시 일정 크기의 외곽선으로 정형화(定型化)한 기사의 난을 의미하게 되었다.

사설이 사론(社論)을 대표하고 정치·경제·사회에 속하는 중요 사항을 거론하는 것과는 대조적으로 칼럼은 시정에서 일어난 일부터 자연이나 계절의 변천에 이르기까지 모든 것을 소재로 삼을 수가 있고, 한 사람의 필자가 주관적인 감상을 서술하는 경우가 많아 독자들에게 보다 친근감을 주기도 한다. 테를 두른 학예 기사나 정해진 기고란은 별개로 치고 시사문제를 다루는 칼럼은 신문사의 논설위원이나 편집위원이 담당하고, 따라서 그 신문의 권위나 개성을 공유하는 경우가 많다. 미국에서는 전통적으로 어느 회사에도 속하지 않는 독립된 칼럼니스트가 활동하며, 독특한 취재원에 의한 정보나 설득력 있는 의견을 칼럼으로 정리하여 각 신문에 제공하는 방식을 취하고 있고, 이름을 써넣게 되어 있다.

미국에서 오늘날과 같은 칼럼이 시작된 것은 1880년 전후부터인데, 한국의 칼럼이 주로 신문의 권위에 의존하고 있는데 반하여, 미국의 칼럼은 집필자의 권위에 의해서 독자에게 영향을 끼치고 있는 것이 대조적이다. 칼럼은 미국에서 발생하여 독립전쟁 중에 『뉴욕저널』과 『펜실베니아크로니클』 지상에 「금주에 생긴 일」이라는 제목으로 주간 뉴스해설의 형식으로 연재된 것이 그 효시이다. 19세기 후반에 이르러 신문이 사회뉴스를 중시하게 되면서부터 각 신문사가 앞을 다투어 유능한 사회부 기자로 하여금 항간의 특종 기사감을 연속 게재하게 하였다. 20세기 초에는 신문에 오락적인 내용이 증가됨에 따라 가십과 유머를 중심으로 하는 연재란이 생겨 이를 속칭 칼륨(colyum)이라고 불렀다. 정치평론·사회시평을 중점으로 하는 칼럼니스트가 활약하게 된 것은 신문이 외교와 내정문제 해설에 주력하기 시작한 1920년대 이후이고, W. 리프먼, 피어슨, 올소 형제 등은 국제적으로 저명한 칼럼니스트들이다. 그러나 미국 이외의 나라에서는 칼럼니스트의 전통을 거의 찾아볼 수 없다.(이정선)

사설, 칼륨(colyum), 독립적 취재원

참고문헌

『두산세계대백과사전』, 2002.
『학원세계대백과사전』, (주)학원출판공사, 1996.

컴퓨터 게임(Computer game)

컴퓨터라는 하드웨어 상에서 흥미를 유발하는 어떤 규칙에 의거한 선택 결정 과정을 통해 진행되어 나가도록 컴퓨터 프로그램에 의해 제작된 엔터테인먼트의 일종을 말한다. 최근 영화와 연결되기도 하는 등 종합예술로서의 면모를 보이고 있는 한편 그 자체로 전기 공학이나 프로그래밍의 방법을 생산해내고 있다. 또 최근에는 새로운 서사 형식의 가능성을 열어주고 있다.

첫째, 종합 예술로서의 이야기 방식. 디지털 방식은 모든 정보들을 0과 1로 조합하고 있기 때문에 표준화가 쉬워 멀티미디어가 쉽게 된다. 여기에 쌍방향적(interactive)이며 네트워크로 연결되므로 다른 공간에서의 소리, 영상과 상호 작용할 수 있다. 여기서 프로그래머가 만든 데이터베이스와 게이머의 취향과 능력이 만들어내는 이야기가 탄생한다.

둘째, 보존이 아니라 행위 안에서 한바탕 놀이로 끝나는 이야기 형식. 현장성과 관중의 참여라는 퍼포먼스의 요소가 게임에 중요한 미학으로 작동하고 있다. 예를 들어 아직은 단순하고 통속적이며 수준미달이지만 디지털 미디어 예술로서의 잠재력을 지닌 컴퓨터 게임을 생각해 보자. 신나게 게임에 열중하고 있는 친구 옆에서 그것을 구경만 한다면 아무래도 재미가 덜할 것이다. 또 게임을 할 때 게이머는 자신의 취향과 능력에 따라 다른 스토리를 만들어가며 점수도 다르다. 그리고 누구도 자신의 게임 과정을 보존하여 다음에 다시 감상하려고 하지 않는다.

이제 디지털의 영역에서 예술은 과거 구술 시대 놀이로서의 예술의 방식을 재현하는 듯 하다. 물론 구술의 시대에 상호작용은 인간과 인간 사이에서 일어났으나 디지털 시대에는 사이버 세계와 인간 사이에 일어난다는 점이 다르다. 이제 인공적 디지털적 영역은 인간, 유기체의 실존 세계와 연결되고 있다. 인공 세계와 자연 세계를 연결하는 이 행위의 방식에 미래 예술의 한 미래가 있다.(최혜실)

쌍방향성, 멀티미디어, 디지털 테크놀로지

참고문헌
최유찬, 『컴퓨터 게임의 이해』, 문화과학사, 2002.
최혜실, 「게임의 서사학」, 『현대소설연구』, 2002. 6.

코기토(Cogito)

코기토는 데카르트(R. Descartes)의 『성찰』에 나오는 "나는 생각한다. 따라서 나는 존재한다 (cogito ergo sum)"라는 구절을 약칭한 것이다. 데카르트는 주저 『방법서설』에서 "자신의 이성을 정확하게 끌어내어 모든 학문에서의 진리를 탐구하는 방법"을 연구하였다. 이러한 사색의 연장선상에서 쓰여진 책이 『성찰』이다. 여기서 데카르트의 형이상학적 사유는 "방법적 회의"

에서 출발한다. 진리 탐구에 있어 명확한 기반을 다지기 위해서 의심해 볼 수 있는 모든 것을 의심하는 것이 방법적 회의이다. "감각은 때로 틀리는 것이므로 믿을 수 없고 내가 지금 여기서 윗도리를 입고 화롯가에 앉아 있다고 하는 것도 이것이 꿈이 아니라는 절대적인 보증은 없으므로 신뢰할 수 없다. 그러나 이렇게 세계의 모든 사물의 존재를 의심스럽다고 해서 멀리 할 수 있으나 이렇게 의심하고 있는 나 자신의 존재는 의심할 수 없다."

이러한 사유의 결과 데카르트는 "나는 생각한다. 따라서 나는 존재 한다"라는 근본 원리를 도출할 수 있게 되었다. 데카르트는 이러한 확실성 출발하여 진리 인식의 가능성을 추구하게 된 것이다. 나는 의심하고 있으므로 불완전한 존재이다. 이러한 불완전한 존재로부터 완전한 존재자의 관념이 생겨나는 것은 아니다. 왜냐면 원인 속에는 결과 속에 있는 것과 같거나 그 이상의 실재성이 있어야 하는 것은 필연적이기 때문이다.

그러므로 나 속에 있는 신의 관념은 무한하게 완전한 존재자, 즉 신에게서 왔다고 할 수 있다. 여기에서 신의 존재가 증명된다. 그리고 신이 완전한 존재자인 이상 성실하며 인간을 속이는 일이 없다는 데서 우리가 명석한 판명으로 인식한 대로 물체가 존재한다는 것이 증명된다. 물체의 존재가 증명된 뒤 정신은 사고만으로, 즉 신체 없이도 존재할 수 있는 것이며 신체는 단지 연장을 지니는 한 존재한다는 것이 확인되며, 이렇게 해서 심신의 실제적인 구별이 논증된다. 코기토라는 용어에는 이 같은 데카르트 형이상학의 기본 이념이 요약되어 있는 것으로 볼 수 있다. (최현희)

방법적 회의, 신(神), 심신이원론

참고문헌

르네 데카르트, 『철학의 원리』, 원석영 역, 아카넷, 2002.

─────, 『방법서설』, 이현복 역, 문예출판사, 1997.

Descartes, R., Meditations on First Philosophy, ed. and trans. G. Heffernan, Notre Dame: University of Notre Dame Press, 1990.

코다(Coda)

코다는 원래 음악 용어로 한 작품 혹은 악장의 끝에 위치하여 만족스러운 종결의 느낌을 선사하는 부분이다. 문학 비평에서 이 용어는 에필로그(epilogue)와 바꿔 쓸 수 있고, 이는 프롤로그(prologue)와 대응된다. 문학 작품에서 코다는 앞 부분에서 제시된 테마나 모티브를 반복하거나 요약하고 혹은 강조하는 역할을 한다. 연작소설의 마지막에 오는 작품, 혹은 장편 소설의 마지막 장이 코다라고 불릴 수 있다. 또는 시집이나 연작시, 장시의 마지막에 오는 작품이 앞에 실린 시들의 테마를 종합하고 있다면 그 역시 코다라고 할 수 있다.

최인훈의 『태풍』은 나파유의 식민지인 애로크 출신의 군인 오토메나크가 식민지인으로서의 정체성을 획득하는 과정을 형상화한 소설이다. 이 작품은 나파유 군이 점령한 로파그니스라는 도시에서 오토메나크가 카르노스라는 요인을 감시하고 이송하는 책임을 맡는 것 과정을 다루고 있다. 그 임무를 수행하면서 오토메나크는 자기 정체성에 대한 심각한 회의에 빠지고, 결국 새로운 자아를 찾게 된다. 『태풍』의 마지막 장은 카르노스와 함께 독립 운동에 참여한 오토메나크의 노년을 다루고 있다. 이 장을 통해 이 작품의 주제 의식은 더욱 명확해지며 작중 인물들의 행보는 완결된 의미를 부여받게 된다. 이러한 부분을 가리켜 코다라고 할 수 있을 것이다.(최현희)

프롤로그, 에필로그, 종결

참고문헌

Cuddon, J. A., A Dictionary of Literary Terms and Literary Theory, Oxford: Blackwell, 1991.

Harmon, W. C. H. Holman, A Handbook to Literature, New Jersey: Prentice Hall, 2000.

코드(Code) ☞ 약호

코드해독(Decode) ☞ 약호풀기

코미디(Comedy) ☞ 희극

코스모스(Cosmos)

코스모스는 기원전 5세기 경 '질서정연한 우주'라는 의미로 확립되었다. 대부분의 우주 발생설은 카오스의 상태에서 코스모스가 되었다고 본다. 카오스에서 코스모스로 넘어오면서 어둠으로부터 빛으로, 비합리적 세계로부터 합리적 이해가 가능한 세계로 넘어왔다는 것이다. 그리스 이래 서양에서 우주는 불가사의한 혼돈(카오스)의 세계가 아니라, 기하학처럼 질서정연한 코스모스라는 생각이 전통적으로 받아들여져 왔다. 이 사상은 피타고라스의 조화로운 우주론에서 시작하여 프톨레마이오스, 코페르니쿠스, 케플러, 갈릴레이, 뉴튼, 그리고 현대의 아인슈타인, 호킹에게까지 이어진다.

코스모스, 즉 질서정연한 우주의 근본을 그리스인들은 '아르케'(arche)라고 말했다. 철학이라는 담론의 탄생 자체가 바로 아르케를 찾으려는 노력과 더불어 이루어졌다. 그리스 최초의 철학자 집단인 이오니아의 철학자들은 이것을 '물'(탈레스) 또는 '공기'(아낙시메네스) 등의 물질이라고 보았다. 이들 근본 물질은 사물인 동시에 사물의 보성을 나타낸 것이기도 하였다. 더 나가서는 이러한 근본 물질이 특별한 성질에 의해 제한을 받기 이전의 상태, 즉 '토 아페이론'(to apeiron, 無限定)에 대해서까지 생각이 미쳤다.(아낙시만드로스)

코스모스를 파악하는 것은 인간의 이성적 사고(logos)와 밀접하게 관련된다. 서양의 과학과 형이상학은 논리적이고 합리적인 사고방식을 근간으로 하여 성립했다. 따라서 서양인은 줄곧 우주의 질서를 찾는 일에 온갖 정열을 쏟았다. 그들은 이 질서가 우주 전체를 관통하는 보편적이고 통일적인 절대 법칙이라고 굳게 믿었다. 그 구체적인 결과로서 유클리드의『기하학 원론』, 뉴튼의『프린키피아』, 라이프니츠와 데카르트의 꿈이었던 보편대수, 그리고 아인슈타인의 통일장이론 등의 계보가 형성된다. 코스모스 이론은 이후 카오스 혹은 카오스모스 이론에 의해 반박, 수정된다.(권채린)

카오스, 카오스모스

참고문헌
일리야 프리고진 외,『혼돈으로부터의 질서』, 신국조 역, 정음사, 1989.
자크 모노,『우연과 필연』, 범우사, 1996.
르네 톰, 이정우 역,『카타스트로피의 과학과 철학』, 솔, 1995.
이정우,『접힘과 펼쳐짐』, 거름, 2000.

코스모폴리탄 ☞ 사해동포주의

코우타(小唄)

19세기 일본 메이지 시대에 양식이 확립된 단편가곡의 종류이다. 15-16세기경에 행해진 서민적인 짧은 소가(小歌)의 흐름에 짜 맞추어 19세기 초에 탄생한 소가곡(小歌曲)으로, 템포가 빠르고 소리를 억누르는 발성법으로 부른다. 19세기 말엽에 개성적인 작사·작곡, 독특한 반주가 행해지게 되었다.

코우타는 음악의 계통상 무사정권 말에 하우타(端唄)에서 분리된 것으로 '에도 코우타'(江戶小唄) 또는 '하야마 고우타'(早間小唄)라고도 불렀다. 샤미센(三味線, 일본의 발현악기撥絃樂器) 반주의 짧은 가곡이라는 점에서 하우타와 비슷하나, 기요모토부시(淸元節) 연주자들이 곡에 변화를 주려고 기요모토부시에 하우타를 삽입하기 시작한 것이 코우타가 만들어진 계기가 되었다. 기요모토부시에 하우타를 삽입하는 형태가 많아지자 기요모토 관계자들은 새로운 하우타를 작곡해야 했다. 그러나 당시 새롭게 만들어진 하우타를 바로 코우타라는 이름으로 부른 것은 아니다. 코우타는 메이지시대에 들어와 양식이 확립되었고, 다이쇼 시대에는 코우타라는 명칭을 사용하는 이에모토가 생겼다. 그 후, 쇼와기 특히 제2차 세계대전 이후에 도쿄를 시작으로 전국주요도시에 퍼지게 되었다.

코우타는 하우타에 비하여 경쾌하고, 고음을 중시하며 샤미센이 노래를 리드한다. 또 리듬과 박자는 명쾌하고 오쿠리(送, 노래의 중간이나 끝에 가락을 맞추기 위해서 넣는 의미없는 말)라는 샤미센 후주(後奏)가 붙거나 제2선율인 가에데를 수반하는 경우가 많으며, 샤미센은 바치(撥)를 사용하지 않고 손톱으로 연주하는 것이 일반적이다.(권채린)

일본음악, 소가곡(小歌曲), 메이지 시대

참고문헌

기시베 시게오, 『일본음악의 역사와 이론』, 이지선 역, 민속원, 2003.

홍윤식 엮음, 『일본문화의 뿌리를 찾아서』, 솔, 2003.

코쿠타이(國體)

근대 일본의 형성에 있어 국가 통합의 핵심적 수단으로 등장한 천황 중심 사상. '국체'라는 말 그 자체는 일본 고유의 언어는 아니었다. 국체란 말은 원래 중국어로서, 중국의 고전 『管子』(君 臣편)에 "四肢六道는 身의 體이고, 四正五官은 國의 體이다."라는 문장에서 유래하는 것으로, '國之體'라는 것은 국가조직 기구상의 골자를 말하는 것이다. 이러한 중국어가 일본의 역사에서 특별한 의미를 포함하는 중요한 사상 용어로서 등장하기 시작한 것은 막말기(幕末期)이고 그 가 운데서도 특히 미토학(水戶學)이 그 일익을 담당하였다.

미토학은 미토한(藩)을 중심으로 형성된 독특한 학풍을 의미하나 이백수십 년간 지속되어 온 봉건체제가 각 방면에서 붕괴되어 가는 막말(幕末) 내외의 위기적 상황 속에서 일본은 어떻게 하면 좋은가, 일본인은 무엇을 어떻게 하면 좋을까를 탐구하고 그것을 실현하려고 한 학문으로 알려져 있다. 이 학파의 중심 인물인 아이자와 세이시사이의 『新論』은 메이지이후 국체사상의 형성에 중요한 영향을 미친 것으로 평가받고 있다. 여기에 전개된 아이자와의 논리는 첫째, 신 화적 역사관을 비롯한 형이상학적 지식을 총동원하여 '신주(神州=일본)의 국가 체제의 독자성' 을 입증하여 그를 바탕으로 타국에 대해 일본의 우월함과 그 우월성의 근원을 강조하고 있다는 것이고, 두 번째, 일본은 건국과 더불어 하해와 같은 '천조(天朝)의 인택(仁澤)'을 입었다고 하는, 이른바 '천황에의 보은(報恩)'이라는 신화적 역사관을 도입함으로써, 피지배자 계급에 대해 기 존의 지배질서에 대한 자발적인 복종과 천황에의 무한한 충성심을 강조하여, 그것을 이른바 천 조와 그 혈통을 잇고 있는 '천황에의 보은'이라는 이름 하에 요구하고 있으며 이것이 인민과 신 하가 지켜야 할 '天道'라고 규정하고 있다.

일본의 역사가들은 국제사회에서 약육강식의 논리가 관철되고 있고 서양의 외압에 의해 개 국이 이루어져 불안감과 공포감에 휩싸여 있던 일본이 비록 그것이 허구라 할지라도 각자가 지 켜야할 가치가 있는 존재라는 것을 논증하고, 그것을 매개로 하여 상대를 정신적·도덕적으로 능가할 수 있도록 내부집단을 결속시킬 수 있는 원리를 찾으려고 하는 것은 극히 자연스러운 의 식과정이었다고 평가하고 있다. 일본은 국가적 독자성을 과거 및 현재의 역사의식 속에서 찾으 려고 할 때, 사상·문화에 있어서는 대륙의 것을 바탕으로 하고 있고 군사적으로는 서양에 비해 현격한 격차를 보이고 있으며 기존의 지배질서로는 도저히 작금의 위기적 상황을 극복할 수 없 을 뿐 아니라 '全국가적, 全민족적' 통일 강화가 불가결하다고 한다면 신화적 역사관에 의해 자 국의 역사와 현재를 절대화하는 것 이외에는 서양제국에 대해 자기를 정립할 수 있는 방도가 특별히 없었을 것이라는 논리이다. 이렇듯 현재에도 정당화되고 있는 국체사상(천황사상)은 메이지 권력자들에 의해 자연스럽게 수렴되면서 새로운 차원의 국가 이데올로기로 창출이 되었고 이것은 근대 일본의 내셔널리즘의 출현으로 이어졌다.

강력한 근대문명을 바탕으로 일본을 위협해 오는 서방제국의 힘의 논리에 대해 스스로를 보호하고 나아가 일본의 우위성을 확보할 수 있는 논리로서 등장한 국체사상은 그 성격 자체가 극히 비합리적이고 신비적이었음에도 불구하고 메이지 국가의 탄생과 더불어 근대일본의 통치이념으로서 권력자들에 의해 철저하게 신봉되고 제도화되었다. '일본에는 天照皇太神宮으로부터 혈통을 이어받은 天子가 계신다'라며 이것을 널리 알리고 제도화하였으며 이는 국민의 의식세계를 지배하는 지배이데올로기로서 확고하게 뿌리내리게 되었다.(노현주)

메이지유신, 내셔널리즘

참고문헌
이안 부루마, 『근대일본』, 을유문화사, 2004.
김필동, 『근대 일본의 출발』, 일본어뱅크, 1999.
강상중, 『내셔널리즘』, 이산, 2004.

콜라주(프 Collage)

콜라주란 종이, 천, 또는 어떤 자연적 혹은 공업 생산된 재료를 캔버스나 화판에 붙여 2차원적 화면이나 저부조로 회화적 구성을 이루는 기법이나 그러한 기법으로 제작된 미술 작품을 지시한다.

콜라주는 색종이 조각을 붙여 장식적인 도안을 만드는 papiers colles라는 19세기 미술적 오락에서 비롯되었는데, 이 기법이 순수미술의 영역에서 채택된 것은 1912-3년경의 일로, 피카소와 브라크는 자신들의 입체주의회화에 신문, 유리나 철사 조각 등을 끌어들여 작업 시도하였다.

문학에서 콜라주는 현실의 소재(대상)들을 변형 없이 작품 속에 오려붙이는 기법을 말한다. 콜라주는 전통적인 반영론 미학에 대한 반역인 셈인데, 왜냐하면 이 기법은 현실을 모방하는 것이 아니라, 작품 속에 현실의 단편을 삽입시키는 것이기 때문이다. 현실의 모방(반영)과는 달리 콜라주에는 항상 현실의 단편과 작품 사이에 단절된 자국만이 남게 된다. 미적 주체가 형상화하는 작품과 그 속에 삽입된 현실의 단편 사이의 단절 자체가 콜라주의 주객단절의 특성을 보여준다.

이런 콜라주 기법의 효과는 두 가지 측면에서 살펴볼 수 있다. 하나는 콜라주 단편의 기록적 신뢰성에 의해 직접성의 환영이 강화된다는 점이다. 이때 콜라주는 직접 현실을 대면하는 듯한 충격을 제공한다. 다른 하나는 주객단절을 형식 자체로서 드러내는 모더니즘적 효과가 나타난다고 말할 수 있다.(유성호)

몽타주, 모더니즘, 반영론

참고문헌

이승훈, 『시론』, 고려원, 1984.
장도준, 『현대시론』, 태학사, 1995.
나병철, 『소설의 이해』, 문예출판사, 1998.

콜로니얼리즘 ☞ 식민주의

콤플렉스(Complex)

콤플렉스란 현실적인 행동이나 지각에 영향을 미치는 무의식(無意識, unconsciousness)의 감정적 관념, 인간의 행위에 큰 영향을 미치는 욕망(慾望)이나 기억(記憶)을 뜻한다. 또한 억압된 불쾌한 생각 또는 감정적 색채를 띤 표상(表象)이다. 콤플렉스는 무의식적인 것이며 심하면 꿈과 히스테리 증상을 일으킨다고 정신분석학에서는 말한다. 강한 감정적 경험은 오래 의식 속에 고집(固執)되며, 특히 그것이 현실 의식과 반발하는 성질의 것일 경우에는 무의식 속에 억압된 채 존재하여 거기서 여러 가지 작용으로 간접적으로 현실의식을 제약한다고 본다. 또한 일정한 콤플렉스가 꽤 많은 사람들에게서 보인다고 주장하여, 금지된 성 충동 또는 성 행위에 대한 벌로 거세(去勢, castration)되지나 않을까 두려워하는 '거세 콤플렉스', 사내아이가 아버지를 미워하고 어머니에 성적 애정을 표시하는 '오이디푸스 콤플렉스(Oedipus complex)', 반대로 여자아이가 아버지에게 애정을 나타내는 '엘렉트라 콤플렉스(Electra complex)', 형제간의 적대 감정을 나타내는 '카인 콤플렉스(Cain complex)', 그 밖에 여자로서 독립심이 강하여 남성적 직업을 선택하며 독신으로 있거나 결혼하여 남편을 비(非)남성화하는 '디아나 콤플렉스(Diana complex)' 등을 들고 있다.

가장 흔히 쓰이는 것은 열등의식(劣等意識)으로 자기가 다른 사람보다 못났다고 생각하게 되는 의식이며 대개는 육체적 또는 정신적 결함(缺陷)이 원인이 된다. 인간 행동의 동기를 분석하는 유력한 실마리이기 때문에 문학 작품 속에서 인물을 움직이는 원동력의 하나이기도 하다. 이러한 류의 소설은 노트르담 사원의 종지기 꼽추인 콰지모도와 집시 소녀 에스메랄다의 비극적인 사랑을 그린 빅토르 위고(victor hugo)의 『노트르담 드 파리』등이 있다. 주인공 콰지모도가 에스메랄다를 사랑하면서도 꼽추인 자신의 열등감으로 인하여 가까이 가지 못하고 그녀가 억울하게 처형당한 뒤 복수를 하고 그녀의 품에서 죽는데 여기에서 열등감의 예를 볼 수 있다. 나도향의 『벙어리 삼룡이』도 그러하다. "이러할 때마다 벙어리의 가슴에는 비분한 마음이 꽉 들어찼다. 그러나 그는 주인의 아들을 원망하는 것보다도 자기가 병신인 것을 원망하면서 주인의 아들을 저주하는 것보다도 이 세상을 저주하였다."(강웅식)

신경증, 증상, 징후

참고문헌
한국학연구원, 『국어국문학사전』, 대제각, 1989.

이응백·김선풍 외, 『국어국문학자료사전』, 한국사전연구사, 1998.
신희천·조성준, 『문학용어사전』, 도서출판 청어, 2001.
박영근, 『세계철학대사전』, 고려출판사, 1999.

콩트

　콩트는 '장편(掌篇)소설' 또는 '엽편(葉篇)소설'이라고도 한다. 콩트를 소설의 길이로 분류하자면 단편소설보다 더 짧은 분량이다. 콩트는 대개 200자 원고지 20매 내외의 분량으로 되어 있다. 콩트는 대개 인생의 한 단편을 예리하게 포착하여 그리는데, 유머, 풍자 기지를 담고 있다. 사실적이기보다는 기상천외한 발상을 바탕으로 하며 재치와 기지가 주된 기법이다. 또한 도덕적이거나 알레고리로 되어 있는 수가 많다.

　콩트의 내용은 단편소설보다 착상이 기발해야 하고, 또 풍자와 기지가 풍부해야 한다. 보통 단편 소설이 인간의 삶을 온건한 태도로 그려나가는데 반하여, 콩트는 한 사건의 어느 순간적인 모습을 포착하여 그것을 예리한 비판력과 압축된 구성, 그리고 해학적인 필치로서 반어적으로 표현한다. 또한, 사건의 진전이 클라이맥스에서 예상 밖의 전환을 보여주는 것을 원칙으로 하기 때문에 결말에서 반드시 반전이 이뤄진다.

　외국의 경우, 콩트를 구분하는 기준은 작품의 길이보다는 오히려 위와 같은 특성여부에 기준을 두고 있다. 「걸리버 여행기」와 같은 작품이 콩트로 분류되고, 모파상이 자신이 쓴 모든 장편소설들은 콩트라고 부른 것도 이런 점 때문이다. 라퐁텐느의 「프쉬케와 큐피트의 사랑(1669)」, 페로의 「엄마 거위의 콩트(1697)」 및 볼테르의 「캉디드(1759)」 등이 그런 예이다. 볼테르의 「캉디드」는 "모든 것은 최선의 상태에 있으며 이 현실은 올바른 것이다."라고 말한 철학자들의 낙천사상을 풍자적으로 쓴 것이다. 스위프트의 「걸리버 여행기(1726)」, 볼테르의 「자디그(1747)」, 존슨의 「래실러스(1759)」 및 「걸리버 여행기」와 유사점이 있는 작가 미상의 일본 로망스인 「와소베에(和莊兵衛, 1774)」도 이 범주에 포함시킬 수 있다. 대표적인 작가로서는 모파상, H.발자크, A.도데, 투르게네프 등이 있다.

　미국의 단편 소설을 개척한 O.헨리는 따뜻한 유머와 깊은 페이소스를 작품에 풍기게 하여 모파상이나 체호프에도 비교된다. 작품 구성의 치밀함과 독특한 문체를 사용하여 미국의 남부와 뉴욕 뒷골목 사람들의 애환을 풍자와 기지로 그렸다. 특히 결말 부분에 독자를 감탄하게 하는 대조의 기교를 넣어 미국의 단편 소설의 새로운 경지를 보였다.

　장편(掌篇), 혹은 엽편으로도 불리는 콩트는 서구에서 빌려온 용어지만, 한국문학에서 이미 고유한 장르개념을 확보하고 있다. 가볍고 일상적인 이야기를 소재로 하여, 예상을 뒤엎는 경이로운 결말을 공통된 특징으로 한다. 한설야, 이무영, 정비석이 초단편소설을 일본을 통해 받아들였으며, 그런 형식의 소설을 콩트, 장편소설, 엽편소설 또는 일행소설(一行小說), 일혈소설(一

頁小說), 백자소설(百子小說) 등으로 불렀다. 한설야는 1929년 <조선지광> 6월호의 '주로 콩트에 대하여'라는 글에서 "콩트는 오늘날 새로 발생된 것이 아니라 전기 유산중의 하나"라는 말을 했다. 이 말은 19세기 후반, 한국이 근대 사회로 이행하던 시기에 행동파 지식인 이기(李沂)가 남긴 여러 편의 단형 서사체를 전제로 한 언급으로 보인다. 이기의 소설은 짤막한 일화 · 민담 · 소화 형식으로 되어 있지만 촌철살인의 풍자성을 띠고 있다. 이것은 외형적으로는 자신의 직 · 간접의 견문을 기록한 짧은 서사의 편린이지만, 내용적으로 그것은 야담이 계몽기의 효용론에 자극되어 교훈을 강화한 형식의 단형 서사체로 오늘의 장편(掌篇)에 해당된다.

근래에는 90년대 중 · 후반기에 부쩍 많이 나타나기 시작하였다. 1997년에 콩트집으로 크게 각광을 받은 소설은 성석제의 「재미나는 인생」, 최성각의 「택시 드라이버」, 전은강의 「섹스박물관」이다. 또 시인 김남조의 「아름다운 사람들」, 김동아(김상태)의 콩트집 「유리구슬」이 있다. 이런 소설이 1920년대와 30년대의 단형 서사체, 콩트, 또는 장편소설과 지속적 관계에 있는 초단편 형식이라 하더라도 문학 현장에서 지금은 '엽편소설'로 불리면서 자리를 잡아가고 있다. 이제 PC통신 소설로서의 엽편소설, 신문소설로서의 엽편소설이 엄청나게 많이 발표되고 있다.(오양호)

쾌감 ☞ 쾌락

쾌락(快樂, Pleasure, 프 Plaisir, 독 Lust)

쾌락이라는 용어가 이론적인 것으로 사용되는 최초의 예는 에피쿠로스(Epikuros)의 철학에서이다. 에피쿠로스는 쾌락을 선(善)의 척도로 보고 자신의 윤리학을 확립시켰는데, 이런 맥락에서 그의 철학을 쾌락주의(hedonism)이라고 부르기도 한다. 그는 인간이 최대의 행복을 성취할 수 있도록 하기 위해 쾌락을 활용하는 방법을 탐구했으며 그가 말하는 쾌락은 동물적 욕망의 만족에만 국한되지 않는 것이 특징이다. 에피쿠로스의 쾌락주의는 다음과 같은 문장에 잘 요약되어 있다. "(쾌락은) 취할 것을 취하고 금할 것을 금하는 동기를 탐구하거나, 정신이 매우 혼란할 때 생기는 잘못된 의견을 떨쳐 버리는 건전한 사유이다." 즉 에피쿠로스는 쾌락의 본질은 육체적 고통이 없는 상태이면서 동시에 정신적으로 안정된 상태라고 보았다.

현대 사상사에서 쾌락 개념을 적극적으로 사유한 이론가로는 미셸 푸코(Michel Foucault)와 지그문트 프로이트(Sigmund Freud)를 들 수 있다. 먼저 푸코는 『성의 역사』 2권 『쾌락의 활용』에서 고대 그리스인들의 존재미학에 대한 연구를 통해 쾌락을 긍정하고 자기 배려로 나아갈 방법을 모색한다. 푸코는 고대 그리스인들은 쾌락을 포기하지 않고 철학으로 상승시키는 윤리학, 즉 존재미학을 추구했다고 보았다. 쾌락 자체를 죄악시하는 윤리적 시각은 이러한 고대적 윤리학이 소멸하면서 생성되었으며, 이는 근대가 되면서 더욱 공고해졌다는 것이다. 따라서 푸코에게 쾌락의 활용 방법은 근대적 주체를 극복할 수 있는 대안을 모색하는 데 있어 핵심적인 논제로 다뤄졌던 것이다.

또한 쾌락은 프로이트 정신분석학을 관통하는 가장 중요한 개념이라고 할 수 있다. 프로이트는『꿈의 해석』7장에서 심리 장치의 내부로부터 오는 긴장의 증가와 감소를 각각 불쾌와 쾌락으로 정의한다. 이후 발표된「정신적 기능의 두 가지 원칙」에서 프로이트는, 인간 정신 기관은 쾌락원칙(Lustprinzip)과 현실원칙(Realitätsprinzip)이라는 두 원칙에 의해 작동한다고 보았다. 그러나 그는 현실원칙이란 결국, 안정적인 쾌락의 충족을 위해 도입되는 것으로 생각했기 때문에 여전히 쾌락원칙이 가장 근본적인 위상을 점한다.(최현희)

쾌락주의, 윤리학, 성, 쾌락원칙

참고문헌
에피쿠로스,『쾌락』, 오유석 역, 문학과지성사, 1998.
지그문트 프로이트,『프로이트전집』, 박찬부 외 역, 열린책들, 1997.
미셸 푸코,『성의 역사』, 이규현 외 역, 나남, 2004.

쾌락원칙(快樂原則, Principle of pleasure)

쾌락을 추구하고 불쾌를 회피하는 것을 목표로 갖는 심리 활동의 중요한 두 원칙 중의 하나이다. 심리 장치의 활동은 쾌락의 추구에 근거하고 있다는 사상은 페히너(Fechner)로부터 유래하는 것으로서 프로이트에 의해 엄밀한 정신분석학적 의미를 획득한다.「심리적 사건의 두 원칙에 관한 정식」에서 프로이트는 심리적 활동의 일차과정과 이차과정을 규정하는 원칙으로서 쾌락원칙과 현실원칙을 구분한다. 여기에서 프로이트는 일차과정을 지배하는 규제원칙인 쾌락 원리와 관련해 불쾌를 회피하고 쾌락에 도달하기 위해서 환각적인 방식으로 활동하는 무의식에 관해 언급한다. 이러한 생각은『초안』,『꿈의 해석』제7장과 같은 곳에서 이미 전개되었다. 프로이트는 경우에 따라 성충동과 자기보존충동의 만족 모두를 쾌락원칙에 따라 이루어지는 것으로 서술하기도 한다. 그러나 인간은 자기보존충동의 대상이 상실되었을 때 상상적 혹은 환각적 방식으로 대체물을 찾아 만족을 추구한다는 것을 프로이트가 언급하고 있다는 점을 중시한다면, 쾌락원칙은 성충동, 현실원칙은 자기보존충동의 만족과 관련되는 개념으로 볼 수 있다.『초안』에서 프로이트는 쾌락원칙을 뉴우런 속을 흐르는 에너지의 완전 방출 혹은 가능한 한 낮은 수준으로 에너지를 유지하려는 심적 활동, 혹은 자유로운 에너지의 흐름으로 설명한다. 하지만 이러한 다분히 생물학적인 설명은 여러 난제에 부딪친다. 에너지의 쾌락적인 방출에 대해 말할 수는 없는가? 에너지, 즉 양적 개념으로 설명되는 쾌락이 어떻게 쾌락이라는 질적 속성을 획득할 수 있는가? 에너지의 완전한 방출이란 곧 죽음, 즉 쾌락의 종말을 의미하지 않는가? 라캉에 따르면 프로이트는「쾌락원칙을 넘어서」에서 죽음의 충동 개념을 도입함으로써 쾌락원칙과 현실원칙이라는 이분법이 낳은 문제를 해결한다. 라캉은 "고통 속의 쾌락"(Schmer -zlust)이라는 프로이트의 새로운 개념을 향유(jouissance)로 번역 혹은 해석하며, 프로이트 스스로 자신의

메타심리학이 갖고 있는 과학주의적 잔재를 사실상 극복했다고 본다.(홍준기)

현실원칙, 향유

참고문헌

S. Freud, Formulations on the two principles of mental functioning(1911), in: SE XII, London: Hogarth Press, 1973.

_____, The Interpretaion of Dream, SE VII, London: Hogarth Press, 1973.

_____, Project for scientific Psychology(1894), in: SE I, London: Hogarth Press, 1973.

J. Lacan, The Seminar Book II. The Ego in Freud's Theory and the Technique of Psychoanalysis, New York, London: W. W. Norton & Company, 1978.

쿄오쇼쿠본(好色本) ☞ 호색본

퀴어이론(Queer theory)

　퀴어는 원래 '이상한, 기묘한'이란 뜻으로 이성애자들이 동성애자들을 비하하고 모욕을 줄 때 쓰던 말인데, 1980년대 동성애자 인권 운동에 새로운 경향이 생기면서 오히려 당당한 단어로 바꾸어 사용하기 시작했다. 따라서 '퀴어이론'이란 용어는 1970년대 초 이래 꾸준히 발전이 이루어지고 있는 게이, 레즈비언, 그리고 양성적 경험에 대한 연구들이 몸체를 얼싸안기 위해 유용하게 채택될 수 있는 용어지만, 다른 한편 그것은 어떤 단순한 방법론적 혹은 분과 학문적 단위체에 의해서도 특징지어질 수가 없다. 퀴어 이론은 역사학, 문학 비평, 사회학, 철학, 예술사, 음악학, 문화 연구 등에서 출현하고 있는, 성의 문제를 중심적인 사안으로, 그것을 통해 다른 사회적, 정치적, 문화적 현상들을 이해할 수 있는 핵심 범주로 설정하려 하는 일련의 작업들을 가리킨다. 그러므로 퀴어 이론은 성 정체성이 당대 및 과거의 사회들 속에서 구성되고 구성되어 온 과정들을 탐구하는 것으로 볼 수 있다.

　1980년대 이전의 동성애자 운동이 '단지 사랑하는 사람의 성이 다를 뿐 동성애자는 이성애자와 다르지 않다.'라며 '동일성'을 강조하고, 선천적으로 타고난 정체성이니 차별하지 말라는 주장을 하는 것이었다면, 새로운 퀴어 이론은 오히려 '차이'에 더 중점을 둔다. 그리고 퀴어 이론은 이러한 성차별과 억압 등을 만들어내는 기저에 '이성애 중심주의'가 있음을 지적한다. 이들은 동성애를 자연적 조건이자 사회적 조건으로 보는 그 어떤 이론에도 반대한다. 동성애란 없다는 것이 이들의 주장이다. 이들은 자신을 투명하게 구획 짓고 자신들을 정의하게 만드는 그 어떤 담론적 기획과 실천적 프로그램에도 반대한다. 그들은 게이의 권리, 게이다움이라는 일반적 정체성에 따른 사회적 삶의 현실을 문제 삼는다. 그들은 정체성의 정치학을 강하게 회의한다. 그들은 동성애에 대한 관용과 형식적 자유의 모든 것이 갖는 한계를 고발한다. 그러므로 퀴어는 단순히 동성애자만이 아니라 모든 성적 소수자를 포함한다. 지금은 퀴어가 성을 '정상화'하려는 온갖 형태의 시도에 반대하는 견해를 가리키는 말로 쓰이고 있다.

그러나 모턴의 비판에서 볼 수 있듯이, 퀴어 이론은 필요의 물적 조건을 간과함으로써, 논쟁적인 기호의 차원에서 사회 변화가 달성될 수 있을 것이라고 잘못 생각한다. 성적 다양성을 개인 선택의 문제로 간주할 경우에 도덕적 딜레마가 제기되기 때문이다. 선택은 억압된 성적 정체성을 표현할 개인의 권리를 지지한다. 그러나 다른 한편으로 특정한 성 생활 양식을 선택할 권리는 다른 사람의 욕구를 희생해서 개인의 욕망을 충족시키는 것을 지나치게 강조하는 비윤리적인 정신에서 이행될 수 있다. 바로 개인주의적인 욕망을 지나치게 강조한다는 것이다. 이럴 때 포스트모던에 대한 비판에서와 마찬가지로 퀴어 이론은 자본주의와 욕망의 체계적인 통합을 나타내는 또 다른 징후로 비판될 수도 있다.(이정선)

페미니즘, 게이 민족주의, 정체성의 정치학, 차이의 정치학

참고문헌
조셉 브리스토우, 『섹슈얼리티』, 이연정·공선희 역, 한나래, 2000.
서동진, 『누가 성정치학을 두려워하랴』, 문예마당, 1996.
앤드류 에드거, 피터 세즈윅 엮음, 『문화이론사전』, 박명진 외 역, 한나래, 2003.

큐비즘

르네상스 이래 서양 회화를 지배해 온 전통적인 원근법, 고전적인 인물 표현법과 결별하면서 단일 시점보다는 다수 시점을 색채와 빛보다는 입체적 구성과 입체들의 대조, 배열을 중시한 미술 혁신운동이다. 큐비즘은 1907년과 1914년 사이에 프랑스 파리에서 아주 빠른 속도로 전개되었다. 큐비즘의 선구자는 폴 세잔느였다. 세잔느는 사물의 속성은 원, 원통, 원추로 정리될 수 있다고 생각하고 있었다. 그는 이런 생각을 바탕으로 전통적인 르네상스식 원근법을 거부하면서 어떤 대상을 입체적으로 표현하려는 회화적 발상법과 작품들을 남김으로써 큐비즘 형성의 토대를 닦는다.

그런데 큐비즘의 역사에서 결정적인 이름을 남긴 화가는 피카소이다. 피카소의 『아비뇽의 처녀들』은 큐비즘의 신기원을 연 작품으로 이 작품은 색채의 역할이 공간의 입체적 처리만큼 중요하지 않다는 큐비즘적 발상법을 명확하게 보여준다. 피카소의 친구인 시인 아뽈리네르는 피카소에게 젊은 화가 브라크를 소개해주는데, 이 둘의 교류는 큐비즘이 더 많은 화가들에게 영향을 미치는 환경을 조성한다. 이 시기의 브라크는 피카소와 마찬가지로 세잔느의 영향을 받기는 했지만 세잔느를 극복할 수 있는 미학적 방법을 모색하고 있었다. 1908년 살롱 도톤에 브라크는 연작 「에스타크 풍경」을 출품하는데, 마티스가 이 작품을 보고 작은 입방체의 집합에 불과하다는 조롱 섞인 평가를 내린다. 그런데 이 평가를 계기로 큐비즘이라는 용어가 일반 대중에게 널리 확산된다.

1914년부터 대략 1925년까지는 큐비즘 양식으로 그림을 그리는 화가들이 아주 많았다. 큐비즘이 화가들에게만 영향을 미치지는 않았다. 새로운 양식을 모색하던 유럽과 미국의 건축가, 디자이너들에게도 큐비즘은 파격적인 영향을 미친다. 그러나 1920년대 중반에 이르면 유럽의 미술계 전반에 위기가 나타나기 시작하며 큐비즘도 예외는 아니었다. 큐비즘의 기원을 연 피카소도 큐비즘과 결별하면서 새로운 양식을 모색했다. 비록 큐비즘은 단명해 버린 양식이지만 르네상스 이래 서구 미술을 지배해 온 미술의 관습적 규칙을 혁신적으로 뒤바꾸는 전위성을 내포한 회화 양식이었다.(양진오)

다수시점, 입체파, 원근법

참고문헌
오광수, 『피카소』, 열화당, 1975.
에드워드 F. 프라이, 『큐비즘』, 김인환 역, 미진사, 1985.
데이비드 코팅턴, 『큐비즘』, 전경희 역, 열화당, 2003.

크레올화(Creolization)/문학

‘크레올(creol, criollo)’이란 말은 본래 순수 유럽계통 사람이긴 하지만 아메리카 대륙에서 태어난 사람들 또는 유럽 이외의 지역에서 태어난 사람들을 가리킨다. 하지만, ‘크레올화’는 카리브해를 중심으로 한 아메리카 대륙, 아프리카의 일부, 인도 · 미얀마 · 베트남, 호주를 비롯한 동남아시아 지역처럼, 갈등, 억압, 이주, 이민이라는 피식민지의 흔적을 가지고 있는 경우, 식민지 본국과 피식민 사회의 관계 안에서 장기간에 걸쳐 서로 영향을 주고받았을 때 두 언어나 혹은 그 이상의 언어가 합쳐져서 새로운 언어를 형성하는 과정을 가리킨다. 그러나 언어 형성 과정을 가리키는 용법은 점차 확대되어 두 집단이나 그 이상의 집단이 오랫동안 접촉할 때 다양하게 일어나는 문화 변화를 가리키게 되었다.

크레올화에서 관심의 초점이 되는 것은 언어이다. 영어를 그 예로 들어보면, 영국이라는 식민지 본국의 대문자 영어(English)와 식민화된 주변부의 소문자 영어(english)는 문화적으로 중심부와 주변부를 끝없이 구획하는 명명방식과 담론의 대결을 수반한다. 이 과정에는 과거 제국의 언어와 변종에 해당하는 식민지화 이후 언어가 차별화되는 양상이 펼쳐지게 된다. 언어적으로는 식민지 본국의 언어와 식민지 주변부의 언어가 절연되지 않고 지속되는 것으로 보이지만, 정치적으로는 본국의 언어가 여타의 주변적인 변종 언어들과 차별화되면서 식민지 본국 언어가 특권적 지위를 누릴 자격이 있는가에 대한 치열한 심문이 이루어진다. 주변부의 변종 언어는 권력의 억압적인 담론으로 형성된 것이지만, 바로 그 주변부가 동시대의 가장 혁명적인 문학예술, 문화의 출생공간이 되는 것이다. 그러나 언어만의 문제가 아니라 정치적인 함의 또한 적지 않다. 베네딕트 앤더슨이 『상상의 공동체』에서 주장하는 것처럼, 카리브해 주변의 크레올 사회는 계몽주의의 영향 아래 식민지 본국으로부터 자립적인 인쇄매체를 확보하면서 제국과의 차별화를 시도하는 과정에서 민족주의를 일찍 성립시켰다. 이처럼 크레올화는 식민 제국과 식민화된 영토 안에 온존해온 문화와 식민문화의 이종교배에서 일어나는 광범위한 언어적 정치적 문화적 변화과정에서 발견되는 여러 특징들을 아우르는 지시개념이다.

오늘날, 크레올화라는 개념이 탈식민주의 이론에서 각광받는 이유도 여기에 있다. 탈 식민성이 순수성을 상실하고 잡종성을 갖는 것은 본래의 것이 파괴되면서 일어난 필연적인 현상이다. 하지만, 순수성이라는 최선이 사라져버린 까닭에 타락한 잡종성과 함께 차선책으로 대응해야 한다는 사고, 잡종성을 타락한 상태가 아니라 거대한 다양성과 창조성을 생성하는 원천으로 삼아야 한다는 사고가 분출하는 것이다. 전지구화된 현실에서 탈식민주의 이론가들은 식민 이전의 상태를 갈망하며 제국을 악마화하고 정전과 식민지 본국의 언어를 번역하는 작업을 제국의도구로 간주하여 부정적으로 보는 관점에는 동의하지 않는다. 이런 까닭에 크레올화는 이제 식민지 본국/ 피식민지, 유럽/ 신세계, 유럽/ 비유럽, 중심부과 주변부라는 형식으로 변별하는 것 외에도, 이종의 문화들이 상호 교섭하면서 이루어내는 독특한 구성과정에 주목하는 유용한 분석틀이 되고 있다.(유임하)

잡종성, 이종교배, 탈식민주의

참고문헌
빌 애쉬크로프트 외,『포스트콜로니얼 문학이론』, 이석호 역, 민음사, 1996.
베네딕트 앤더슨,『상상의 공동체』, 윤형숙 역, 나남출판, 2000.
더글러스 로빈슨,『번역과 제국』, 정혜숙 역, 동문선, 2002.
릴라 간디,『포스트식민주의란 무엇인가』, 이영욱 역, 현실문화연구, 2000.

크로노토프(시공간, 時空間, Chronotope, 러 Xronotop)

'크로노토프'는 희랍어 어원에서 chronos와 topos의 합성어로서, '시공간' 혹은 '시공성'으로 번역할 수 있다. 미하일 바흐친(Mikhail Bakhtin)은 「소설 속의 시간과 크로노토프의 형식」이라는 긴 논문의 서두에서, 크로노토프를 "문학작품 속에 예술적으로 표현된 시간과 공간 사이의 내적 연관"으로 정의한다. 그리고 이것은 수학 용어로서, 아인슈타인의 상대성 이론에서 도입되었다고 덧붙인다. 문학작품의 분석에 있어 시간(역사의 통시적 축)과 공간(사회의 공시적 축)의 요소를 따로 떼어 생각하지 않고, 하나의 통합체로 고려한다는 것은 일종의 패러다임적 전환이라고 할 수 있다. 전통적인 문학사의 서술이 작가론이나 문예사조의 변화에 중점을 둔다면, 크로노토프를 중심으로 한 바흐친의 '역사 시학'(historical poetics)은 고대 로맨스로부터 근대적 소설의 크로노토프가 진화하고 발전하는, 문학 장르의 역사적 변화 과정을 추적하는데 초점을 맞춘다. 이러한 관점에서, 크로노토프는 단순한 플롯 구성의 유형이 아니라, 특정한 장르 형식이 표상하는 각 시대와 사회의 다른 세계관과 "형성적 이데올로기" (form-shaping ideologies)를 반영한다. 고대 희랍 로맨스에 있어, 사회적 맥락은 단순한 배경일 뿐이며, 개인의 삶은 자유의지가 아니라 운명에 의해 결정되었다. 그러나 르네상스기의 라블레를 거쳐 19세기 괴테의 교양소설에 이르러, 근대소설은 끊임없는 '되기'(becoming)의 과정으로서, 자유로운 개인과 대화적으로 상호작용하는, 사회와 역사의 새로운 크로노토프를 발전시켰다. 바흐친의 '대화'와 '카니발'에 비해 크로노토프는 실제 비평에 그렇게 많이 적용되고 있지는 않지만, 매우 독특하고 중요한 개념임에 틀림없다. 한국문

학의 경우, 송기숙의 「자랏골의 비가」의 크로노토프에 대한 분석이 있다.(여홍상)

참고문헌

개리 모슨·캐릴 에머슨, 「시공성의 개념」, 여홍상 편, 『바흐친과 문학이론』, 서울: 문학과 지성사, pp.151-81.

김병욱, 「자랏골의 비가」의 크로노토프와 담론」, 『한국문학이론과 비평』 5.3(2001. 12): pp.64-86.

김욱동, 「소설의 '크로노토프', 『대화적 상상력: 바흐친의 문학 이론』, 서울: 문학과 지성사, 1988, pp.208-18.

미하일 바흐친, 「소설 속의 시간과 크로노토프의 형식」, 전승희 외 공역, 『장편 소설과 민중 언어』, 서울: 창작과 비평사, 1988, pp.259-468.

John P. Farrell, "Crossroads to Community: Jude the Obscure and the Chronotype of Wessex," Dialogue and Critical Discourse: Language, Culture, Critical Theory, ed., Michael Macovski, New York: Oxford UP, 1997.

Lynne Pearce, "Dialogism and Gender: Gendering the Chronotope," Reading Dialogics, London: Edward Arnold, 1994, pp.173-96.

클라이맥스

클라이맥스(climax, 절정)는 흔히 클라이시스(crisis, 위기)와 혼동된다. 위기는 플롯의 구조에 해당하고, 절정은 관객의 심리적 반응을 지칭한다. 플롯을 도면(圖面, 즉 pyramid diagram)으로 나타낼 때, 가장 높은 지점이 위기에 해당한다. 지금까지 진행되던 극행동이 다른 방향으로 전환될 때 행동은 분열되고 위기를 맞게 된다. 그런데 도면상으로 가장 높은 지점에 해당하므로 사람들은 흔히 이 위기를 절정으로 인식하게 되는 것이다. 절정은 위기를 통과한 극행동이, 후반의 어느 지점에 이르러, 관객들에게 가장 강한 심리적 자극을 일으키는 순간을 일컫는다. 따라서 관객 중에는 절정을 느끼는 사람과 그렇지 못한 사람이 있을 수 있다. 또한 애시당초 절정을 의도하지 않고 만들어진 작품들도 많다. 클라이맥스는 기존의 복잡한 느낌을 정리하면서 새로운 극행동의 전개를 가져올 수도 있고, 새로운 발견을 수반하면서 해결(대단원)을 가져올 수도 있다.(서연호)

클라이시스, 위기, 절정

참고문헌

오스카 G. 브로케트, 『연극개론』, 김윤철 역, 한신문화사, 1989.

한상철(외), 『연극사전』, 한국문화예술진흥원, 1981.

클라인 학파 정신분석(Kleinian psychoanalysis)

'클라인 학파'는 멜라니 클라인(Melanie Klein)으로부터 정신분석 훈련을 받고, 그녀의 이론전통 내에서 분석작업을 수행하는 후속 세대의 분석가 집단을 지칭한다. 클라인 학파의 대표적인 인물로 시걸(Segal), 로젠펠트(Rosenfeld), 하이만(Heimann), 멜쳐(Meltzer), 비온(Bion), 빅(Bick) 등이 있다. 현대의 '대상관계 이론'에 속하는 수많은 정신분석가들을 모두 클라인과 연관시켜 이야기할 수 있으나, 그녀의 이론과 이를 계승한 '클라인 학파'는 '대상관계 이론'과는 근본적으로 상이한 점이 있다. 대상관계 이론가들과 달리 클라인은 프로이트의 욕동 개념을 결코 포기한적이 없으며, 정신장치의 기능과 연관하여 그녀가 수행한 프로이트 메타심리학의 변형을 살펴보면, 대상관계의 중요성을 강조하기는 했지만 그녀의 이론의 근간은 '무의식적 환상(unconscious phantasy)'이다.

클라인은 프로이트의 욕동이론에서 출발했지만, 그와 달리 욕동은 생물학적 근원으로부터 벗어나 정신작용으로만 한정되어 대상들과의 관계 속에 있는 사랑과 증오의 상호작용을 통해 그 자체를 표현한다고 보았다(Klein 1952 : 53). 욕동으로부터 대상관계로 연구의 초점을 옮겨 간 것이다. 이러한 초점변화는 두가지 이론적 핵심들과 연결되어 있는데, 하나는 유아기로부터 발생하는 복잡한 내적 대상들로 구성된 '무의식적 환상'이 갖는 심적 현실의 장을 구조화하는 ― 기능의 중요성이다. 다른 하나는 프로이트의 제2차 지형학의 확대로서 '편집-분열증적 위치(paranoid-schizoid position)'로부터 '우울증적 위치(depressive position)'로의 전화이론이다. 이 이론은 단순히 정신병 상태에 대한 정신분석적 이해를 고무시켰다는 것에 머무르지 않고, 어머니와의 무의식적 동일시에 의한 '태고적' 초자아의 형성문제를 규명하여 외디푸스 콤플렉스의 소멸을 재해석한다. 클라인은 '우울증적 위치'에 외디푸스 콤플렉스의 극복과정 그 자체를 포함시켰는데, 이 때 외디푸스 콤플렉스는 대상이 파괴되는 것에 대한 우울불안과 대상의 보상 또는 회복을 나타내는 과정으로 재정의된다(Klein 1945 : 370-419).

또한 이러한 클라인의 이론은 후세대의 분석가들에게 보다 정확한 임상적 진단도구를 제공해주었다. '클라인 학파'에서 정신병과 신경증의 구분은 보다 정교화되었으며, 이 두 영역이 만나는 지점에 '경계성 장애(borderline disorder)'를 파악하기 위한 자리가 마련되었다(Segal 1979). 즉 정신분석적 치료가 가능한 환자들의 범위가 확장되었을 뿐만 아니라, 분열적 증상의 배후에서 작용하는 '투사적 동일시(projective identification)'의 정신역동이 해명됨에 따라 전이의 정신병적 유형이 규명되고 분석상황에서 분석가들이 그 유형에 따른 치료방법들을 활용할 수 있게 되었다(Stonebridge and Phillips 1988 : 190-202).

그럼에도 불구하고 라캉은 클라인이 전적으로 상상계에서 환상을 이론화했다고 비판한다. 그가 보기에, "환상을 상상으로 환원하려는 어떠한 시도도 … 매우 잘못된 생각"(E : 272)인데, 모든 상상적 형성물을 지탱하는 상징구조를 설명할 수 없기 때문이다. 나아가 라캉은 클라인이 상징형성을 논했던 '딕(dick)' 사례를 지목하면서 딕에게 강제적으로 상징성을 적용하는 것이 분명한 오류임을 지적하고 있다(S 1 : 68)(이만우)

대상관계 이론(object-relations theory), 무의식적 환상

참고문헌

Klein, Melanie(1945), The Oedipus Complex in the Light of Early Anxieties, The Writings of Melanie Klein, vol. 1, London : The Hogarth Press, 1975, pp.370-419.

_____(1952), The Origin of Transference, The Writings of Melanie Klein, vol. 3, London : The Hogarth Press, 1975, pp.48-56.

Lacan, Jacques(1953-4), The Seminar of Jacques Lacan, Book Ⅰ, Freud's Papers on Technique 1953-54, ed. by, Jacques-Alain Miller, New York and London: W. W. Norton & Company, 1988.

_____(1958), The Direction of the Treatment and the Principles of its Power, Ecrits: A Selection, trans. Alan Sheridan, London and New York: Routledge, 1977, pp.226-80.

Segal, Hanna(1979), Klein, Glasgow : Fontana/Collins.

Stonebridge, Lyndsey and Phillips, John(1988), Reading Melanie Klein, London and New York: Routledge, 1998.

클리셰(cliché)

인쇄에서 활자를 넣기 좋게 만든 연판(鉛版)을 뜻하는 프랑스어였는데 19세기 말엽부터 별 생각 없이 의례적으로 쓰이는 문구나 기법 또는 진부한 표현을 가리키는 문학용어로 널리 사용되었다. 영화에서도 진부한 장면이나 판에 박은 듯한 대화, 상투적 줄거리, 전형적인 수법 등을 가리킬 때 쓰인다. 하지만 이는 장르적 규범(norm)과 구분할 필요가 있다. 오랜 시간 동안 축적되어 오다가 의미를 가진 것으로 굳어진 규범에 비해 클리셰는 장르적 요구나 비판의식 없이 무의식적으로 반복되는 특성이다. 따라서 클리셰는 규범보다 유행에 크게 좌우되는 경향을 가지고 있기도 하다. 하지만 어떤 장르가 자기 반영적인 단계에 이르는 수준에 도달하면 때로는 클리셰가 자기 비판적인 기능을 하기도 한다. 진부한 표현을 이용해 장르 자체가 가지게 된 한계를 풍자하거나 패러디를 함으로써 클리셰는 자기 개선의 발전 가능성에 동기를 부여하기도 한다.(남승원)

규범, 상투성, 전형성

키치(Kitsch)

키치라는 용어는 그것이 지칭하는 개념처럼 매우 근대적인 것이다. 키치는 1860년대에서 1870년대 사이에 뮌헨의 화가와 화상의 속어로 사용되었으며, 하찮은 예술품을 지칭하는 데 사용되었다. 1910년대에 이르면 느슨하고 널리 유통되는 호칭으로서 국제적인 용어가 된다.

키치의 발생 배경은 미학적으로는 낭만주의 예술에서, 사회적 배경으로는 19세기 중반 부르주아 사회의 형성과 예술의 상업화 과정에서 찾을 수 있다. 19세기 말에는 유럽 전역이 이미 급속한 산업화의 길을 걷고 있었을 뿐만 아니라 대중문화의 파급 속도도 빨라 중산층도 그림과 같은 예술품에 관심을 가지게 되고, 그에 따라 미술품이나 그림을 사들이려는 욕구가 강해졌다. 키치는 바로 이러한 중산층의 문화욕구를 만족시키는 그럴 듯한 그림을 비꼬는 의미로 사용하던 개념이다. 그러나 20세기 후반에 들어와 미적 논의의 대상으로서 문화적 의미를 가지게 되었고, 현대에 이르면서 고급문화나 고급예술과는 별개로 대중 속에 뿌리박은 하나의 예술 장르로까지 개념이 확대되어 현대 대중문화 소비문화 시대의 흐름을 형성하는 척도를 제공하기도 한다.

키치가 가리키는 구체적 대상은 고미술품을 모방한 가짜 복제품이나 유사품, 통속미술작품 등이다. 미켈란젤로의 '모세'와 같은 걸작품을 석고나 플라스틱으로 복사한 '가정용품'에서 잡지 표지를 장식하는 저급한 일러스트레이션에 이르기까지 조악한 감각으로 만들어진 미술품과 저속한 대중적 취향의 대중문화들을 지칭한다.

그러나 키치에 대한 평가는 산업사회의 소비문화를 수용하는 대중들의 삶의 태도를 표현하는 특정 철학적 미학적 범주라는 광범위한 영역에까지 개념이 확대되면서 키치가 가진 사회적 기능과 성격에 주목하게 되었다. 키치는 본래의 기능을 거부하는 특성, 충동이나 수집의 특성, 값이 싸야 하며 축적의 요소를 가지는 특성, 낭만적 요소를 포함하며 상투성과 쾌적함의 요소를 가지는 특성, 여러 요소들을 조금씩 가지고 있는 중층성의 특성 등을 가진다. 키치가 가진 이러한 사용기능에 사회적 기능이 부과되어 키치가 존재하므로 키치를 하나의 사회적 현상으로 보아야 한다는 것이다.

키치에 대한 태도는 1960년대 초 팝아트가 등장하면서 그전에는 저속하다고 치부되던 작품들이 통속미술의 낮은 위상을 충분히 인지하고 있던 사람들에 의해 옹호되었고, 통속미술과 고급미술간의 구별을 모호하게 만드는 태도는 모더니즘이 퇴조하고 포스트모더니즘이 등장하는 데에 결정적인 실마리가 되었다.(노현주)

팝아트, 포스트모더니즘

참고문헌
M. 칼리니스쿠, 『모더니티의 다섯 얼굴』, 시각과언어, 1993.
아브라함 몰르, 『키치란 무엇인가?』, 시각과언어, 1995.

타나토스 ☞ 죽음본능

타당성(Validity)

철학에 있어서 '타당'의 의미는 어떤 판단의 인식가치를 의미한다. 즉, 보편적인 시인(是認)을 하게 하는 가치 또는 의미이다. 예를 들어 어떤 명제가 참일 때, 이 명제는 '타당'하다. 심리적 의미로는 사실적 승인(事實的承認)이지만 본래는 논리적·필연적으로 시인을 강제할 수 있는 사태의 성질을 말한다. 플라톤의 이데아는 종래 실재(實在)라고도 생각되었으나 로체(P.H. Lotze)는 이것을 논리적 타당의 의미로 해석했다. 이것을 바탕으로 신칸트학파는 '타당'이라는 개념을 중요시하였는데, '타당'이라는 것은 일반적으로 시간적·장소적 한정을 넘어 그 자체로서의 한정성을 주장할 수 있는 이념적 성질을 가리킨다. 타당은 현실의 인식 또는 평가주관의 심리적 과정이나 현실적 대상에 의존치 않고 그 자체로서 '타당'한 것이다.

논리학에 있어서 타당성은 추론(推論) 절차의 올바름을 뜻한다. 즉, 추론을 구성하는 개개 명제의 진위(眞僞)와는 확연히 구별되며, 추론의 형식적 올바름을 뜻하는 개념이다. 자세히 말하면 전제가 모두 진실일 경우에, 결코 거짓이라는 결론을 가질 수 없다는 추론형식은 타당하다고 정의를 내린다. 따라서 타당한 추론이 거짓이 되는 결론을 갖는 경우도 있는가 하면, 반대로 타당하지 않은 추론이 진실한 결론을 갖는 경우도 있어, 타당성과 진위의 관계는 단순하지 않다. 다시 말해, 진실과 거짓과의 확연한 구별이 없이 '진실 같은 것'의 정도가 문제되는 인식의 영역에서는 타당성과 진위의 구별 그 자체가 명확하지 않게 되며, 두 개념은 상호 규정적으로 치환(置換)이 가능해진다. 가장 넓은 뜻으로 말하면, 타당성은 명제 또는 명제 체계의 어떤 의미로서의 가치에 관계된다고 말할 수 있다.

문학 비평에 있어서의 타당성에 대해서는 E.D. 허쉬에 의해 말해진 바 있다. E.D. 허쉬는 저자가 의도한 의미에 대해 진정한 확신을 갖는 것은 불가능하므로 비평가는 저자가 어쩌면 의도했을지 모르는 것을 타당하게 해석하려고 노력해야 한다고 주장하였다. 허쉬에게 타당한 해석은 여럿이면서 서로 다르다. 그러나 타당한 해석은 저자의 의미가 허락하는 '전형적인 기대와 개연성의 체계' 안에 존재해야 한다. 허쉬를 비판하는 사람들은 텍스트의 의미가 저자의 의도 속에 있다는 생각을 반박했다. 또한 하나의 해석을 다른 해석보다 타당하다고 말하는 것에 대해서 반대하기도 한다. 그러나 아무리 다원주의적인 비평가라 하더라도 받아들이기 어려운 해석은 있을 것이다. 허쉬가 말하는 '타당한 비평'이라는 것을 공정하게 평가해 보자면, 그는 어떠한 해석이 받아들일 만한 것인지를 결정하는 준거를 규정한 것이다. 또 어떤 측면에서 보자면 독자가 텍스트에 부여하는 '의의'와 저자가 의도하는 '의미'를 구별함으로써 어느 정도 독해의 다원성을 인정하고 있기도 한 것이다.(노현주)

해석, 저자, 텍스트

참고문헌
요한네스 헷센, 『서양철학입문』, 이문출판사, 1997.
김광수, 『논리와 비판적 사고』, 철학과현실사, 1990.
Hirsch, E. D. Validity in Interpretation, New Haven: Yale University Press, 1967.

타령

음악 곡조의 하나. 판소리(예 : 박타령)나 잡가(雜歌, 예 : 장타령)의 총칭으로 쓰이기도 하고, 독립된 곡으로 <영산회상(靈山會相, 靈山會上)>을 이루는 여덟 번째의 곡을 가리키기도 한다. 후자의 의미로 쓰일 경우, 타령의 12박 장단은 첫 3박만을 제외하고는 매 3박의 끝을 꾹꾹 누르고, 특히 제9박의 '기덕'을 정신이 나도록 세게 친다. 타령은 1장 8각, 2장 13각, 3장 6각, 4장 5각 등 모두 4장 32각으로 되어있다. 관악 <영산회상>의 타령은 현악 <영산회상>과 4장인 점에서는 같지만, 그 2장의 길이가 7각으로 짧은 점에서 다르다.(고미숙)

판소리, 잡가

참고문헌
이혜구, 『한국음악론집』, 세광음악출판사, 1988.
김흥규, 『한국문학의 이해』, 민음사, 1986.

타부(Taboo)

타부는 폴리네시아어 터부(tabu)에서 온 것으로 1777년 영국 선장 쿡(J. Cook)이 쓴 여행기에 나온 후 영어에 정착된 말이다. 폴리네시아의 여러 언어들에서 타부와 비슷한 의미를 지닌 터푸, 카푸, 아푸 등은 '금지하다' 혹은 '금지되다' 등의 뜻을 포함하고 있다. 폴리네시아의 여러 부족의 추장들에게는 여러 가지 형태의 금기 사항이 부과되었다. 또한 일상 의례나 규칙, 추장의 명령 혹은 갓난아이나 추장의 시체에 접촉을 금하는 것 등도 타부에 포함된다. 그러나 쿡은 타부라는 단어를 사용할 때 종교적 금제에 관련된 뜻을 지닌 것으로 보았다.

프로이트(S. Freud)는 프레이저의 『황금가지』에 소개된 다양한 예들을 토대로 하여 타부 현상에 대한 정신분석학적 접근을 시도한다. 『토템과 타부』에 2번째로 수록된 논문 「타부와 감정의 양가성」에서 프로이트는 일단 타부가 '신성한 것'이면서 동시에 '부정한 것'이라는 양면성을 지닌다는 점에 주목한다. 그는 강박신경증자가 스스로 설정하는 금제와 원시 부족의 타부가 동일한 메커니즘에 의해 형성된다고 설명한다. 프로이트의 타부에 대한 연구는 다음과 같이 요약된다. 즉 타부의 존재는 금지된 행위에 대한 원초적 욕망이 타부 종족 내에 강하게 작용하고 있다는 사실을 의미한다. 무엇으로도 막을 수 없을 것 같은 강력한 욕망의 실현을 불가능하게 하기 위해서 아무 이유도 없이 그 행위를 금지시키는 타부가 필요한 것이다.

문학 비평에서 타부 개념은, 작중 인물의 복합적인 욕망을 분석하는 데 활용될 수 있다. 타부는 강렬한 욕망의 대상이면서 동시에 거부의 대상이라는 점에서, 모순적으로 보이는 인물의 욕망의 메커니즘을 양가성이라는 틀을 통해 이해할 수 있는 계기가 된다.(최현희)

금기, 금제, 양가성

참고문헌
지그문트 프로이트, 『종교의 기원』, 이윤기 역, 열린책들, 1997.
제임스 조지 프레이저, 『황금 가지』, 이용대 역, 한겨레신문사, 2003.
클로드 레비-스트로스, 『열대의 사고』, 안정남 역, 한길사, 1996.

타자(Other/Other)

프로이트는 지식과 판단 능력이 타자(이웃)와의 관계에 의해 가능하다고 말한다. 다른 아이가 울 때 아이는 자신이 울었던 기억을 떠올리고 그 기억에 비추어 다른 아이를 '이해'하게 된다. 타자를 우리 자신의 재현 체계 속으로 환원시킬 때 지식이 탄생한다. 그러나 끊임없이 변화하는 얼굴 표정의 경우 아이는 자신의 육체적 경험을 거기에 대응시키지 못한다. 나의 인지 작용 속으로 환원되지 않는 타자는 이해할 수 없는 '사물'(Thing)이 된다.(Haute, 107) 타자는 내가 이해할 수 있는 '우리'인 동시에 여전히 낯선 '이방인'으로 남아 있다. 라캉의 말대로 '타자는 나의 한가운데에 들어와 있는 낯섬'(S7, 71)이다. 호손(Nathaniel Hawthorne)의 「반점」(The Birthmark)이란 소설에서 아일머가 제거하고자 하는 조지아나의 반점은 단순히 지워지거나 배제될 수 있는 흔적이 아니다. 뺨의 반점은 그것이 심장에까지 연결되어 있다는 점에서 '사물'이다. 완벽한 아름다움을 위해 제거하고자 하는 얼룩이 사실은 아름다움 자체를 가능하게 하는 원인이다. 반점이 제거되는 순간 아일머는 완벽한 미를 만들어 내었다고 기뻐하지만 아내는 죽는다. 반점은 제거되어야 할 부정적인 것이 아니라 생명의 원천이었던 것이다. 낯섬은 체계를 불가능하게 하는 얼룩인 동시에 체계를 가능하게 하는 원인이다. 이문열의 「익명의 섬」에 등장하는 깨철이는 마을의 이방인이지만 여인네들의 억압된 성적 욕구를 해소시켜줌으로써 동족 부락 자체를 유지시켜 주는 친밀함이다. 집이 없는 그가 마을의 모든 집이 자기 집이라고 주장하는 이유가 여기에 있다. 정신분석이 다루는 타자는 동일시를 가능하게 하는 이미지나 상징적인 재현 체계가 아니라 대상화될 수 없는 '사물'이다. 그것은 상징적 교환 체계 '속'에 들어와 그 체계 자체를 망가뜨리는 잉여물이자 얼룩이다. 재현의 눈을 피하는 유령과도 같은 타자는 체계 속에서 체계를 능가하는 잉여물로 남아 있고 이 타자(이웃)와의 관계 속에서(정신분석의) 윤리학이 생겨난다. (민승기)

사물
참고문헌

Haute, Van Philippe. "Death and Sublimation in Lacan's Reading of Antigone." Levinas and Lacan. ed. Sarah Harasym. New York: State Univ. of New York Press, 1998. pp.102-120.

Lacan, Jacques. The Seminar. Book Ⅶ, The Ethics of Psychoanalysis, 1959-60. trans. Dennis Porter. London: Routledge, 1992.

탈승화

마르크스와 프로이드의 이론을 토대로 허버트 마르쿠제가 기술적 합리성의 진보가 고급문화나 예술이 지닌 반항적이며 초월적인 승화의 에너지를 어떻게 제거하고 있는가를 설명하기 위해 사용한 용어이다. 마르쿠제는 「일차원적 인간 One Dimentional Man」에서 예술적 소외는 승화이며, 그것은 기성의 현실원칙과 양립할 수 없는, 그러나 문화적 이미지로서 관대하고 교훈적이며 유용한 이미지를 창조한다고 말한다. 그러나 기술적 합리성과 사물화된 욕망이 지배하는 사회에서 이러한 이미지는 상업적으로 보급되고 감각적으로 소비됨으로써 즉각적인 쾌락으로 매개, 대치되는 탈승화의 과정을 밟는다. 승화가 억압적 사회가 인간에게 부과한 부인(否認)의 의식을 통해 해방에 대한 욕구를 보존하고, 그럼으로써 본능적 만족감에 대한 사회적 장벽을 받아들이면서 동시에 그 장벽을 넘어서는 과정이라면, 선진산업사회의 자유분방한 탈승화의 기제들은 사회가 허용하는 쾌락이 사회적 결속과 만족을 증진시킴으로써 실질적인 순응의 기능을 수행한다는 것이다.

마르쿠제는 표면적인 자유를 확대하는 반면 내면적인 지배를 강화하는 이와 같은 억압적 탈승화의 기제들을 본능적 에너지가 탈에로스화되어가는 현대사회의 변화와 연관짓는다. 마르쿠제에 의하면, 현대사회의 기계화된 삶은 노동의 질과 양을 변화시킴으로써 생본능의 에너지인 리비도의 절약을 가져왔고, 그로 인해 리비도가 집중하는 세계도 현격히 감축되었다. 기계화된 환경은 리비도의 국소화와 위축, 다시 말해 에로스(eros)적 경험과 만족이 성(sex)적 경험과 만족으로 축소되는 결과를 낳았으며, 그것은 결국 리비도의 자기초월을 차단하면서 성의 국소화만 강화시키게 된다는 것이다. 에로스의 감퇴와 성 에너지의 강화는 승화의 욕구를 저하시키고, 인간으로 하여금 자신에게 주어진 삶을 자발적으로 수용하도록 만드는 제도화된 탈승화의 기제로 작용한다. 마르쿠제에 의하면 이와 같은 리비도의 동원과 관리체계는 자발적 복종, 공포의 부재, 개인적 욕구와 사회적 요청간의 조화 등의 사회적 현상과 긴밀히 관련되어 있다. 마르쿠제는 그에 대해 "사회적으로 허용될 수 있고 소망될 수 있는 만족의 폭은 상당히 늘어났지만, 이 만족을 통해 '쾌락원칙'은 기성사회와 양립 불가능한 요구들을 상실함으로써 위축된다. 그리하 여 적응된 쾌락은 복종을 낳게 된다"고 말한다.(박혜경)

승화, 쾌락원칙

참고문헌
H. 마르쿠제, 『일차원적 인간』, 차인석 역, 삼성출판사, 1982.

탈식민주의 비평(Postcolonial criticism)

탈식민이라는 용어는 원래 1970년대 초반의 정치이론에서 제2차 세계대전 이후 유럽 제국의 굴레에서 벗어난 국가들의 처지를 설명하기 위해 사용되었다. 이후 식민화가 시작된 시점부터 현 재까지 유럽의 제국주의에 영향 받은 모든 문화를 설명하기 위해 사용되었으며, 선진 세계의 민 족국가 안에 존재하는 '내부 식민지' 문화의 과거사와 현 상황을 분석하는 데에까지 이르고 있다.

탈식민주의 비평은 주로 제국주의 유럽의 식민지였거나 정치, 문화적으로 강력한 통제 아래 에 있었던 여러 나라에서 과거의 식민지 문화에 대한 분석과 비판 등을 문학과 문화비평의 핵심 문제로 삼는 데에서 시작하였다. 이는 오늘날 식민지 경험 국가의 정치·경제·문화적 영역에 끼친 제국주의의 지배와 그 영향의 정도가 문학을 비롯한 음악, 회화, 무용 등의 문화예술 장르 에 얼마나 강하게 코드화되어 있는가를 분석 비평하는 것으로 확장되었다. 탈식민주의 비평은 식민주의 시기로부터 현재에 이르기까지 제국주의적 영향으로부터 자유로울 수 없었던 모든 문화를 포괄하는 통문화적 비평(Cross-cultural criticism)과 그 담론의 구성적 특성을 드러내는 데에 적합하다.

탈식민주의 비평의 대상인 탈식민주의 문학은 제국주의 세력과의 긴장 관계를 통해서, 그리 고 제국주의 국가가 수행하는 동일화 논리와 차별화를 선언함으로써 자신들의 존재를 주창한 다. 인도 출신 작가 샐먼 루시디, 트리니다드 토바고 출신의 작가 V.S. 네이폴, 케냐 출신 작가 은구기 와 시옹호 등의 탈식민주의 문학은 식민지 이후의 상황에서 개인의 삶에 수반되는 이점 과 해방감뿐만 아니라 갈등과 모순 또한 중심 테마로 삼고 있다.

탈식민주의 비평이 지배와 종속 관계를 매개로 하거나 그에 도전하거나 반영하는 문화적 형 상물의 분석을 주된 과제로 삼는 한, 나름의 정체성을 지닌 비평을 실천한다. 즉 탈식민주의가 분석해야 할 대상은 경제, 문화, 정치 등의 다방면에 걸쳐 다른 민족, 인종, 문화 사이에 형성된 지배와 종속 관계뿐만이 아니라 같은 인종이나 문화권 그 자체 내에서 형성된 지배와 종속 관계 에까지 확대될 수 있다. 이는 현재의 신식민주의 체제 하에서 자본의 힘에 의해 보이지 않는 지 배와 종속관계의 재생산이 전 계층과 성별 사이에서 분명히 지속되고 있기 때문이다.

탈식민주의 비평은 그 특성상 인종주의 비판, 페미니즘과 제휴하고 있으며 해체이론, 맑시즘

과도 관련성을 가진다.(노현주)

포스트모더니즘, 해체론

참고문헌
바트 무어-길버트, 『탈식민주의! 저항에서 유희로』, 한길사, 2001.
에드워드 사이드, 『오리엔탈리즘』, 교보문고, 1991.
빌 애쉬크로프트, 『포스트콜로니얼 문학이론』, 민음사, 1996.

탈식민주의(Postcolonialism)

탈식민주의는 대단히 포괄적인 개념이어서 광범위한 분야를 포함할 수도 있지만, 기본적으로는 제국주의 시대 이후, 독립을 한 후에도 여전히 남아있는 제국주의의 잔재를 탐색해서 그것들의 정체를 드러내고 극복하자는 문예사조이다. 그래서 탈식민주의는 현재를 또 다른 형태의 식민지적 상황으로 파악하고, 제국주의적인 억압구조로부터의 해방의 추구, 제국이 부여한 정체성에서 벗어나는 새로운 정체성의 수립, 그리고 더 나아가 불가시적인 문화적, 경제적 제국주의에 대한 경계를 제안한다. 즉 식민주의가 주로 지리적 식민지 그 자체에 주된 관심이 있다면, 탈식민주의는 문화적 또는 정신적 식민지 상황에 더 많은 관심이 있다고 말할 수 있다.

현재 세계 인구의 4분의 3이 식민지 경험을 해본 상황에서 탈식민주의는 지구상의 대부분의 나라에 해당되는 강력한 호소력을 가진 문예사조이다. 탈식민주의는 특히 제국주의가 끝난 20세기 중반 이후, 식민지 상황에서 벗어난 아시아, 아프리카, 그리고 카리브해 국가들의 주요 관심사가 되었지만, 동시에 캐나다, 오스트레일리아, 뉴질랜드처럼 소위 제2 백인 영어권 국가들에서도 활발하게 논의되고 있다. 더 나아가, 탈식민주의는 다인종국가인 미국에서도 큰 호응을 얻었으며, 영국의 문화적 식민지로부터 벗어나려 했다는 점에서 19세기 미국문학 역시 탈식민주의 문학으로 논의되고 있다.

탈식민주의의 첫 번째 형태는 캐나다, 오스트레일리아, 뉴질랜드, 또는 남아프리카 공화국처럼 신대륙의 토착성과 자신들의 유럽적 유산 사이의 조화와 상충에 대해 관심을 갖는 것이다. 위 나라들은 백인이 주류이고 영어를 사용하면서도 과거에는 영국의 식민지였고, 지금도 주류에 편입되지 못하는 주변부로 남아있는 나라들이다. 제국주의 시대에 교양의 전범으로 자리 잡은 정통 영문학(English Studies)에 저항하는 위 국가들은 자신들의 언어를 소문자를 사용해 'english'라고 표기하며, 제국의 정전 텍스트들을 패러디하고 해체하는 소위 '되받아 쓰기(write back)' 전략을 채택한다. 탈식민주의의 교과서로 평가되는 『제국의 되받아 쓰기(The Empire Writes Back)』는 바로 그런 시각으로 기술된 책들이다.

탈식민주의의 두 번째 형태는 아프리카나 서인도제도처럼 비백인/비서구 국가들처럼 인종적, 문화적 차이에 관심을 갖는 것이다. 이러한 탈식민주의 초기형태는 에메 세제르나 레오폴드 셍고르의 네그리뛰드 운동으로 나타났지만, 흑인성에 대한 이러한 주장은 오히려 백인들이 만들어놓은 흑인에 대한 전형 틀을 인정하는 셈이 되는 문제를 수반했다. 그러므로 본격적인 탈식민주의는 그보다 한 세대 후 작가들인 나이지리아의 월 소잉카(Wole Soyinka), 케냐의 은구기와 시옹오(Ngugi wa Thi'ongo), 트리니다드 출신의 V.S. 나이폴(Naipaul), 그리고 인도계인 살만 루시디(Salman Rushdie) 등에 의해 전개되었다.

탈식민주의의 세 번째 형태는 국가와 국가 또는 인종과 인종 사이의 관계와 차이를 비교 문화적으로 바라보는 것이다. 여기에는 아프리카, 아시아, 서인도제도, 중남미 등 모든 대륙과 나라들이 속하게 되는데, 예컨대 남아공의 나딘 고디머(Nadine Godimer)나 존 쿳시(John Coetzee), 캐나다의 티모시 핀들리(Timothy Findley), 서인도제도의 진 리스(Jean Rhys) 같은 작가들과, 현재 미국에서 활동하고 있는 에드워드 사이드(Edward W, Said), 휴스턴 베이커(Houston A. Baker), 호미 바바(Homi Bhaba) 같은 비평가들은 모두 여기에 속한다.

탈식민주의가 세계적인 주목을 받으며 부상함에 따라, 지난 수년간 노벨문학상, 부커상, 또는 공쿠르상 같은 세계적인 주요문학상들이 탈식민주의 계열의 작가들에게 돌아가기도 했다. 탈식민주의는 비백인 작가들과 비평가들이 주도한 최초의 문예사조라는 점에서 의의가 크며, 그로 인해 유색인들의 문학적 및 학문적 지위가 크게 격상되었고, 비백인들의 논문과 저서들이 비로소 세계의 주목을 받게 되었다.

한국의 경우, 1980년대의 민족문학과 민중문학이 탈식민주의 문학으로 그 영역을 확대해 한국 특유의 사례를 보여주고 있어 국제적인 관심의 대상이 되고 있다. 탈식민주의는 문화제국주의, 다문화주의, 문화연구, 페미니즘, 정치적 올바름(Political Correctness) 운동 등과 연계해 정신적, 문화적 식민지 상황에 처해있는 사람들에게 다시 한번 자신들의 문화적 정체성과 자주성을 바르게 수립해주는 긍정적인 역할을 해주는 문예사조이다.(김성곤)

탈식민주의, 포스트식민주의, 세제르, 파농, 네그리뛰드, 사이드

참고문헌
빌 애쉬크로프트 외, 『포스트 콜로니얼 문학이론』, 이석호 역, 민음사, 1996.
바트 무어 길버트, 『탈식민주의! 저항에서 유희로』, 이경원 역, 한길사, 2001.
응구기와 티옹오, 『탈식민주의와 아프리카 문학』, 이석호 역, 인간사랑, 1999.
태혜숙 외, 『탈식민주의 페미니즘』, 여성문화이론 연구소, 2001.
한국기독학회, 『포스트모더니즘과 탈식민주의 시대의 신학』, 한국신학연구소, 1996.
릴라 간디, 『포스트식민주의란 무엇인가』, 이영욱 역, 현실문화연구, 1999.

탈영토화(脫領土化, Deterritorialization)

탈영토화는 철학자 질 들뢰즈(Gilles Deleuze)와 정신분석가이자 정치 운동가인 펠릭스 가따리(Felix Guattari)의 공저 『안티 오이디푸스(L'Anti-Oedipe)』와 『천 개의 고원(Mille Plateaux)』에 나오는 용어이다. 이 두 권의 저서는 프랑스에서 각각 1972년과 1980년에 출간되었으며, "자본주의와 정신분열증"이라는 부제로 엮어진 연작이다. 그 부제에서 알 수 있듯이, 이 책들은 정신분석학의 핵심 개념들인 결여로서의 욕망과 오이디푸스 삼각형을 비판하고, 그 비판 논리를 바탕으로 자본주의의 착취에 대항하는 마르크시즘 투쟁에 새로운 이론적 기반을 제공하려는 의도에서 쓰여 졌다.

들뢰즈와 가따리는 정신분석학의 주체 이론의 핵심은 다음과 같다고 보고 이를 비판한다. 오이디푸스 콤플렉스가 주체성 형성에 있어 핵심적이며, 따라서 주체에는 근본적으로 거세의 위협이 새겨져 있고 욕망은 늘 어떤 결여에 의해서만 작동된다는 것이 정신분석학 이론이다. 들뢰즈와 가따리는 욕망이란 늘 아버지와 어머니와 주체라는 오이디푸스 삼각형 속에서만 결여로서 작동한다는 구도를 붕괴시키고 욕망하는 기계라는 개념을 도입한다. 욕망하는 기계가 가지는 욕망은 결여에 의해서가 아니라 생산에 의해서 그 본질이 규정된다. 생산으로서의 욕망은 이데올로기와 재현의 형태 속에 갇힌 욕망이 아니라 대상에 직접적으로 투자되는 욕망이다.

탈영토화는 이러한 욕망을 풀어주는 작용을 의미한다. 탈영토화를 거치면서 주체와 대상 사이의 구분이 사라지고 다만 여기저기서 다만 생산하는 욕망들이 분출한다. 들뢰즈와 가따리의 또 다른 공저 『카프카』는 프란츠 카프카의 글쓰기가 탈영토화의 중요한 한 예임을 보여주며, 『천 개의 고원』은 탈영토화 개념의 이론적인 완성에 도달한다. 모든 코드들을 한 데 뒤섞어 버리는 것을 이념으로 하는 탈영토화 개념은 결국 정신분석학과 공모하여 착취를 심화시키는 자본주의를 전복시키는 존재 방식, 즉 정신분열증 개념을 확충하기 위해 동원된 것이다.(최현희)

욕망, 욕망하는 기계, 생산, 결여, 오이디푸스 콤플렉스, 정신분열증, 자본주의

참고문헌
질 들뢰즈·펠릭스 가따리, 『천 개의 고원』, 김재인 역, 새물결, 2002.
＿＿＿＿, 『카프카: 소수적인 문학을 위하여』, 이진경 역, 동문선, 2001.
Deleuze, G. F. Guattari, Anti-Oedipus, trans., R. Hurley etc., Minneapolis: University of Minnesota Press, 1983.

탈주술화(脫呪術化)

막스 베버는 그의 근대화론을 통해 서구의 근대화를 '합리화 및 탈주술화 과정'으로 설명하였다. 세계상의 '탈주술화'와 '가치다신교' 명제는 베버의 합리화과정론의 '문화적' 축을 이루는 명제이다.

베버는 이러한 주제를 니체 사상과의 논쟁을 통해 발전시켰다. 니체가 서구의 근대문명에 대해 내리는 진단은 '신은 죽었다'라는 선언으로 압축된다. 이것은 베버의 근대진단의 출발점이기도 한데, 천수백 년간 서구정신을 이끌어 왔던 기독교적 절대유일신에 바탕한 종교적 세계상이 와해되었다는 것이 그 내용이다. 서구 정신은 천 년이 넘도록 기독교적 유일신이라는 형태로 단 하나의 절대 진리, 단 하나의 절대 권위, 단 하나의 절대 의미에 의해 온전히 지배당해 왔기 때문에 이 절대신의 상실은 모든 것의 상실로 다가왔으며 이것은 의미의 공황상태에 빠진 것으로 표현되기도 하였다. 베버는 근대적 상황에 대해 모든 것이 단지 존재하고 일어나기만 할 뿐, 더 이상 무언가를 의미하게 되지는 않는 세계라고 표현하였다. 인간과 세계의 존재의미를 해석하고 정당화할 수 있는 모든 초월적, 절대적 기준이 사라졌기 때문이다.

그러나 이러한 절대기준의 상실은 역으로 궁극적 의미해방, 가치 해방을 뜻한다. 따라서 베버가 '근대인간'의 가장 중요한 자격요건으로 지적하고 있는 것은, 무의미의 세계를 직시하고 받아들일 수 있는 용기와 이 세계를 밝힐 의미를 스스로 만들어 내겠다는 의지이다. 즉, 근대의 시작과 함께 의미를 파생하는 절대 기준을 없어져야 하지만, 그 대신 각자가 의미와 가치의 기준이 되어야 한다는 것이다. 이것은 고대와 같은 '다신교'의 시대가 도래한 것으로 비유되지만, 사망한 유일신의 자리에 들어서는 새로운 신들은 인격신 혹은 신화적 신이 아니라 비인격적 '가치'의 모습을 띠고 있어야 한다. 따라서 유일신으로부터의 '탈주술화'는 '가치의 다신교'로 대체된다. 베버는 인간의 다양한 정신적·실천적 활동영역들을 크게 '인지적·기술적' 가치영역(眞), '도덕적·실천적' 가치영역(善), '심미적·표현적' 가치영역(美)으로 나누었다. 이들은 각각 과학, 법과 윤리, 예술에 해당하며 근대와 함께 이 영역들은 자신만의 합리성을 개발하고 이 합리성의 극대화에 매진하게 되므로 인간의 잠재력은 여러 개의 '합리성들'로 분해된다.(노현주)

합리성, 근대성, 니체

참고문헌
막스 베버, 『탈주술화 과정과 근대』, 나남, 2002.
브라이언 터너, 『근대성과 탈근대성의 역사사회학』, 백산서당, 2005.

탈중심 이론(Decentering)

프랑스 철학자 자크 데리다(Jacques Derrida)의 용어인 '탈중심주의'는 20세기 후반에 등장해 인류문명의 한 획을 긋는 거대한 인식의 변화를 초래한 비평용어이다. 데리다의 해체이론(Deconstruction)에서 가장 핵심이 되는 용어 중 하나는 '중심(the Center)'이다. 데리다는 구조주의와 서구 형이상학이 상정하고 있는 구조의 중심과 근원이 그 흔적만 남아있을 뿐 사실은 부재하기 때문에, 서구인들은 중심과 근원에 대한 환상과 착각에서 벗어나야만 한다고 말하며 '탈중심(decentering)' 이론을 주장한다. 데리다는 탈중심 사상의 선구자인 니체와 하이데거의 이론을 빌어, 확실성, 진실성, 정체성을 요구하는 서구형이상학의 로고스 중심주의(logocentrism)을 비판하며, 이분법적 가치판단의 유보 및 중심과 주변부 사이의 경계해체를 요구한다.

데리다의 탈중심 이론은 이후 역시 서구 형이상학의 '근원(Origin)'의식을 비판한 에드워드 사이드(Edward W. Said)의 '시작(Beginnings)이론'과, 서구중심중의를 강력하게 비판한 '오리엔탈리즘(Orientalism)' 이론, 그리고 순수문학주의에 반발해 문학과 삶의 필연적 관계를 주장한 '세속적 비평(Secular Criticism)' 이론에 의해 발전해나갔다. 또 미셸 푸코(Michel Foucault) 역시 문명과 광기, 의사와 환자, 간수와 죄수의 관계에 대한 성찰을 통해, 중심보다는 주변부의 소외된 존재들인 광기와 환자와 죄수에 조명을 가해 탈중심 이론의 한 좋은 전범을 보여주고 있다.

'탈중심이론'은 문예이론을 초월해 사람들의 인식을 바꾸면서 20세기 후반의 문화와 사회, 그리고 학문의 각 분야에 코페르니쿠스적 변화를 초래했다. 예컨대 그것은 포스트모더니즘과 결합하면서 그동안 지배문화로부터 밀려나 소외되었던 각종 비주류 주변부 문화-예컨대 식민지문화나 소수인종문화, 또는 지방문화나 여성문화-에 대한 새로운 조명을 가능하게 해주었고, 학문적으로는 소위 피지배 계층을 대표하는 '하위 대체문화(subaltern culture)'의 부상을 초래했다. 그리고 그 결과는 약소국 문화의 인정, 비서구 유색인 문화의 포용, 또는 젠더 문제의 성찰이었고, 문학의 경우에는 SF나 판타지나 추리소설 같은 하위 장르의 주류진입으로 나타났다.

탈중심이론은 또 탈식민주의와도 연계해, 자신들을 세상의 중심으로 생각했고 아시아나 아프리카를 극동이나 변방으로 생각했던 서구제국주의에 대한 비판으로도 확대되었으며, 전(前)식민지 국가들에 대한 새로운 조명을 가능하게 해주었다.(김성곤)

탈중심, 주변부 문화, 해체이론, 하위 대체문화, 로고센트리즘, 탈식민주의

참고문헌
자크 데리다, 『글쓰기와 차이』, 남수인 역, 동문선, 2001.
_____, 『그라마톨로지』, 김성도 역, 민음사, 1996.
_____, 『입장들』, 솔, 1996.
_____, 『해체』, 문예출판사, 1996.
존 레웰린, 『데리다의 해체주의』, 서우석 역, 문학과지성사, 1993.

탐미주의(眈美主義) ☞ 유미주의

탐정소설(探偵小說, Detective story)

비범한 탐정이 치밀한 추리를 통해 미궁에 빠진 범죄를 해결하는 과정을 그린 대중문학의 한 유형. 탐정의 활약에 초점을 맞추면 탐정소설이 되고, 범죄의 전말에 집중할 때는 범죄소설에 속하게 되며, 논리적 추리과정을 중시하면 추리소설에 가까워진다. 한편 냉혹한 묘사와 액션을 가미한 하드보일드 소설, 냉전 시대에 유행한 스파이 소설, 중국 청대(淸代)의 공안소설(公案小說) 등도 탐정소설의 다양한 변형이라고 할 수 있다.

최초의 탐정소설은 『모르그가의 살인』을 비롯한 E. A. 포(Poe)의 단편소설들로 알려져 있는데, 코난 도일(C. Doyle)의 '셜록 홈즈' 시리즈를 통해 하나의 양식으로 굳어지고, 이후 애거서 크리스티(A. Christie), 조르쥬 심농(G. Simenon) 등으로 이어지며 인기있는 대중장르의 하나로 정착되었다.

츠베탕 토도로프(T. Todorov)에 따르면 탐정소설의 핵심적인 두 요소는 '범죄의 스토리'와 '조사의 스토리'이다. 수수께끼에 빠진 사건이 탐정의 합리적 추리에 의해 해결되는 탐정소설의 유형적 플롯은 근대적 사법제도의 형성이라는 사회적 배경, 이성의 힘으로 세계를 설명할 수 있다는 근대적 사유, 시민사회의 안정적 유지를 희구하는 보수적 태도 등을 함축하고 있다. 그러나 포스트모던한 사유에 공감하는 최근의 일부 작가들은 시민사회의 정당성과 이성중심주의라는 탐정소설의 기본 전제를 해체하려는 의도로 이 형식을 차용하기도 한다. 가령 움베르토 에코(U. Eco)의 『장미의 이름 Il nome della rosa』을 보면, 사건이 해결된 뒤에도 손상된 질서는 다시 회복되지 않으며 현실은 여전히 불가해한 미궁의 상태에 처해있는 것이다.

시민사회의 형성과 근대적인 경찰제도의 확립이 지체된 한국의 경우 탐정소설은 그다지 활발한 전개를 보이지 못했다. '정탐소설(偵探小說)'이라는 명칭을 단 이해조의 『쌍옥적(雙玉笛)』을 시작으로, 1930년대에는 김래성의 『마인(魔人)』 등으로 대중적인 인기를 얻었으며, 현재는 김성종 등 몇몇 작가들에 의해 대중문학의 한 갈래로 그 영역을 유지하고 있다.(진정석)

공안소설, 미스테리소설, 범죄소설, 추리소설, 하드보일드소설

참고문헌
T. 토도로프, 「탐정소설의 유형」, 『산문의 시학』, 신동욱 역, 문예출판사, 1992.
이브 뢰테르, 『추리소설』, 김경현 역, 문학과지성사, 2000.
송덕호 외, 『대중문학연구3』, 국학자료원, 1997.

테러리즘

테러리즘에 대한 보편적 정의를 규정하기는 매우 어렵다. 미국의 학자 워터 라쿼(Walter Laqueur)는 1936년부터 1981년 사이에만 무려 1백 9개의 테러리즘에 관한 정의가 제출되었다고 보고하고 있다. 일반적으로 테러리즘은 정치적 목적 달성의 수단으로 폭탄공격, 살해, 납치와 같은 폭력을 조직적으로 사용하는 것이며, 정부가 이를 사용할 때는 폭도를 진압하는 탁월한 효과를 얻을 수 있고, 폭도나 게릴라가 사용할 때는 정치적 변혁에 영향을 주는 노력으로 규정된다.

그러나 이러한 일반적 개념화보다는 목표, 대상, 수단, 의도 등 몇 가지 측면에서 다음과 같은 요소를 식별하는 것이 보다 쉽게 테러리즘을 이해할 수 있다. 첫째, 테러리즘의 목표는 사회적인 규범의 변경을 통한 정치적 또는 사회적 영향력 확대로 볼 수 있다. 둘째, 테러리즘의 대상은 상징적인 인물 또는 사물이나 민간인을 포함한 불특정 다수이다. 셋째, 테러리즘의 수단은 비합법적인 폭력의 직접적 사용 또는 사용할 의사를 표현함으로서 위협을 가한다. 넷째, 테러리즘은 순간적인 충동 등에 의한 것이 아닌 테러리즘의 목적과 대상, 시간 및 장소 등을 사전에 계획하는 사전준비가 있다. 다섯째, 테러리즘의 효과는 직접적인 희생자보다는 포괄적인 공격대상에 대한 심리적 공포심 부여에 있다.

일반적으로 테러리즘은 1793년부터 1794년까지의 프랑스 혁명기간을 지칭하는 것으로 언급되었으며, 곧 공포정치(Reign of Terror)의 동의어로 사용되었다. 공포정치라는 용어는 프랑스

혁명 당시 주도적인 역할을 했던 마라, 당통, 로베스피에르 등이 공화파(共和派) 집권정부의 혁명과업 수행을 위하여 왕권복귀를 꾀하던 왕당파(王黨派)를 무자비하게 암살, 고문, 처형 하는 등 공포정치를 자행했던 사실에서 유래했다. 프랑스 혁명시기에 테러리즘은 국가가 정치적 억압과 사회의 통제를 위해 사용한 수단으로 합법적인 권력을 가진 지배층에 의해 자행되는 관제 테러리즘(State Terrorism)의 성격을 띄고 있었다. 이후 관제 테러리즘은 위로부터의 테러리즘(Terrorism from the above)으로 아래로부터의 테러리즘(Terrorism from the below)과 함께 공존하고 있다.

'조직적인 폭력의 사용'으로 정의되는 고전적 의미의 테러리즘의 관점에서 보면 기원전에 있었던 줄리어스 시저의 암살도 정치적 목적달성을 위해 자행된 일종의 테러리즘이라고 할 수 있다. 또한 AD 66부터 77년 사이 팔레스타인 종교집단들이 시카리(Sicarri)라는 단체를 결성하여 로마의 통치에 협력하는 유태인들에 대한 공격을 자행한 것도 종교적 테러리즘이다. 11세기에서 13세기까지는 페르시아에 흩어져 있던 이슬람 과격 종교단체들이 암살자(Assassins)를 고용하여 자신들의 종교적 자유와 확산을 위해 고위 기독교 지도자들을 적으로 간주하고 이들을 살해하여 공포분위기를 확산시키는 수단으로 이용했다.

미국에서는 남북전쟁(1861-65)이 끝난 후 정부에 도전하는 일부 극우파 남부인들이 KKK(Ku Klux Klan)라는 테러리스트 단체를 결성하여 남부 각주의 재건론자들을 협박했다. 19세기 후반부터 20세기 초기에 테러리즘은 서유럽과 러시아, 미국 등지에서 무정부주의자들에 의해 채택되었다. 이들은 혁명을 위한 정치적, 사회적 변화를 효과적으로 이루어내기 위한 가장 좋은 방법은 권력을 장악하고 있는 요인들을 암살하는 것이라고 믿었다. 이러한 신념 아래 세르비아의 청년 가브리엘로 프린체프에 의해 오스트리아 페르디난트 황태자가 살해되었고, 동 사건은 세계의 역사를 바꾸어 놓은 제1차 세계대전으로 이어졌다.

20세기에 들어서자 테러리즘의 사용목적과 실행방식도 크게 변했다. 테러리즘은 극우에서 극좌에 이르는 수많은 정치운동에 공통으로 나타나는 하나의 특징이 되었다. 또한 테러리즘은 히틀러 치하의 나치 독일이나 스탈린 치하의 소련같은 전체주의 국가에서 국가정책수단으로 채택되었다. 이들 국가에서는 국민들에게 공포분위기를 조성하고 공표된 국가의 정치, 경제, 사회 목표 및 국가 이데올로기에 대한 충성심을 고취시키기 위해 체포, 구금, 고문, 사형 등이 가해졌다. 또한, 20세기 중반에는 제2차 세계대전 후 신생국들이 탄생함으로써 식민제국에 대항하는 민족운동의 일환으로 테러리즘이 활용되기 시작했고, 일부 지식층과 급진주의자들에 의해서 자유와 해방을 위한 수단으로 테러리즘이 합리화되고 필연적인 것으로 간주되어 이론화되기 시작했다.(차선일)

테마 ☞ 주제

테크놀로지(Technology)

탈산업사회에서 사회변동의 주축으로서의 기술. 벨은 산업사회가 재화의 생산을 위한 노동자와 기계의 협동을 축으로 하는 반면, 탈산업사회는 사회통제의 목적 및 혁신과 변동을 위해 지식으로 조직된다고 한다. 탈산업 사회의 새로운 기업은 연구 개발에서의 과학, 기술, 경제학의 통합 증대에 입각한 계획된 기술혁신의 산물이다. 컴퓨터, 전자공학, 광학, 중합체 등에 기반한 분야들이 사회의 제조업을 지배하고 사회구조를 변동시킨다.

현재 테크놀로지는 생명, 물질, 정보의 세 분야에서 두드러지게 나타나고 있다. 첫째, 생명 분야에 있어, 원래 자연적 도태는 생명이 스스로에게 적용하는 테크놀로지인데 생명공학은 이것을 의도적으로 적용하고 있다. 분자생물학은 유전자 그 자체를 다루면서 근본적인 정보 표현의 차원에서 생명을 제어하는 기술을 열어 주었다. 자연적으로는 수대에 걸쳐 일어나야 할 종이나 품종의 탄생이 최근에는 실시간으로, 그리고 즉각적으로 이루어지고 있다.

둘째, 물질을 제어하는 기술은 크게 기계, 열, 냉동의 세 범주로 분류된다. 기계적 방법들은 원자와 분자의 차원에서 적용될 것이고 물질의 내적 자질에 변화를 일으킬 것이다. 나아가 분자 차원에서 나노픽업, 나노 컴퓨터, 나노 로봇 등이 미래의 물질들 사이를 파고들어 그것들에 새로운 생산, 재생산 능력을 줄 것이다.

셋째, 정보를 제어하는 기술은 신체, 미디어, 디지털이라는 세 가지 주요 영역으로 분류될 수 있다. 먼저 인간이 자신의 몸을 통제하여 만드는 신체 메시지는 정확하게 재생되지 않는다. 상황이나 타고난 재질에 따라 가변적이다. 상황의 흐름이나 의도에 따라 신체 메시지의 생산자는 자신이 보내는 기호의 흐름을 조절하고 조종하며 끊임없이 변화시킨다. 미디어 테크놀로지는 메시지들이 시간과 공간 속에서 더 잘 전파되고 더 큰 영향력을 지닐 수 있도록 한다. 신체가 없음에도 메시지는 지속적으로 전달될 수 있는데 그 좋은 예가 문자이다. 문자는 체계적이고 코드화되며 베낄 수 있는 특징 때문에 완전한 미디어를 지향한다. 개인은 글을 읽고 쓰면서 말을 재생할 수 있다. 그것은 음성을 녹음하고 재생하는 최초의 기술인 것이다. 인쇄술의 발명으로 텍스트와 이미지는 대량으로 복제되고 유통되었다. 19세기 중반에서 20세기 중반에 걸쳐 사진, 전화, 영화, 라디오, TV가 발명되면서 미디어 시대는 그 절정을 맞는다.

미디어는 대규모의 메시지들을 복제하여 전달함으로써 그것을 원래의 맥락에서 분리시키고 그것이 의미를 취하는 상황과의 지속적인 상호작용 속에 들어가지 못한다.

반면 디지털 테크놀로지는 조합, 혼합, 기호의 재배치를 향해 끝없이 열려 무한한 가용성을 자랑한다. 디지털 기술은 일종의 분자 기술이라 할 수 있다. 왜냐하면 그것은 단순 복제와 배포에 그치지 않고 메시지를 제작하고 변형하고 상호작용시키기 때문이다. 이것은 심지어 정보 원자 대 정보 원자, 비트 대 비트, 메시지들 사이의 상호작용까지 가능하게 한다. 예를 들어, 영화의 화면에서 꽃의 색을 바꾸라는 문자에 의해 색이 변모된다.

또 문자는 한 번 인쇄되면 물질적인 텍스트로 안정성을 지닌다. 반면 디지털 하이퍼텍스트는 독서의 작용을 자동화, 물질화하고 그 영향력을 엄청나게 증폭시킨다. 사용자가 그때그때 필요에 따라 독특한 텍스트를 만들 수 있도록 언제나 재편성될 준비가 되어 있다. 데이터베이스, 전문가 시스템, 하이퍼 문서, 쌍방향 대화형 시뮬레이션 등은 특정 상황에 따라 수천 가지 방식으로 현동화될 수 있는 잠재적 텍스트, 영상, 혹은 촉감이다. 이렇듯 디지털 매체는 기록 및 전파 능력을 고스란히 간직하면서 신체적 기술의 문맥도 지니게 되는 것이다.

네트워크를 통하여 디지털 메시지들은 잠재적으로 연결되고 쌍방향 대화가 일반화된다. 그리하여 사이버 공간은 분할할 수 없는 연속체, 살아 출렁이는 연못을 이루고 그 속에서 기호와 신체가, 또는 기호들이 서로 결합한다. 컴퓨터 공학의 발전 없이 유전자 공학이 발달할 수 없었을 것이며 나노 기술은 상상도 못 했을 것이다. 마찬가지로 디지털 기술도 물질을 다루는 다른 테크놀로지의 영향을 받는다.(최혜실)

디지털/아날로그, 사이버네틱스, 사이버스페이스, 사이보그, 하이퍼텍스트

참고문헌
피에르 레비, 『집단지성』, 권수경 역, 문학과지성사, 2002.
베리 스마트, 『현대의 조건, 탈현대의 쟁점』, 설광성 외 역, 현대미학사, 1995.

텍스트 언어학(Textlinguistik)

텍스트 언어학은 60년대 유럽 특히 독일을 중심으로 시작되어 지금은 유럽과 미국에서도 새로운 이론으로서의 입지를 굳혀가고 있는 이론으로서, 문장을 넘어서는 언어 현상을 다룰 것을 목적으로 하고 있는 언어학의 한 분야이며, 문장보다 상위의 언어 단위인 텍스트를 주제 구조의 측면에서 살핀다.

수 세기에 걸친 문장 단위 위주의 연구는 이에 의해 극복되기 시작했다. 기존의 체계(體系) 언어학은 언어 연구 최상의 단위를 문장으로 보고, 단지 체계 내적인 관계의 연구에만 몰두하고 있었기 때문에 문장 층위(文章 層位)를 벗어나는 복합적인 언어 현상에 대해서는 이를 기술하고 설명하는 데 결함을 가지고 있었다. 텍스트 언어학은 이러한 단원성의 체계 언어학으로부터 상호 작용의 모델화를 추구하고 막연하기만 했던 실제 담화(談話)에서의 언어 기능에 대한 연구를 지향한다. 문장 층위의 언어학이 탈맥락적(脫脈絡的)인 '문법성(文法性)과 적격성(適格性)'에 의존했다면, 텍스트 층위의 언어학은 의사소통 과정에 작용하는 모든 요인들, 이를테면 '텍스트 생산자와 수용자, 의사소통 맥락과 상황'을 고려하면서 '적절성과 용인성(acceptability)'을 중시하는 것이 특징이다.

Brinker는 '그 주된 과제가 구체적인 텍스트의 바탕을 이루는 텍스트 구성의 일반적인 조건과 규칙들을 체계적으로 기술하고 텍스트를 수용할 때 갖는 이들의 의미를 밝혀내는 일'이라 정의했고, Rene Driven은 '텍스트 언어학이란 어떻게 S(화자)와 H(청자, 독자)가 텍스트를 이용하여 의사소통을 하는가에 대한 것이며, S가 만들어 내거나 H에게 주어진 텍스트의 범위를 넘어서 어떻게 문장과 단락(段落), 소절(小節, bar) 등의 사이에 나타나는 관계를 파악하는가에 대한 연구'라고 했다. 텍스트 언어학에 따르면 문장은 더 이상 독립적인 최상의 구조 형식이 아니며, 문장의 연쇄(連鎖) 차원에서 텍스트를 연구한다. 그러므로 텍스트 언어학은 의사소통을 목적으로 하는 모든 텍스트의 생산과 수용의 문제에 관여한다.

텍스트 언어학은 언어가 인류 문화라는 배경 위에 이루어지는 인간의 사고와 행위로부터 분리될 수 없는 인간 활동이므로, 보다 열린 사고로 이제까지 벽을 쌓고 있던 다른 영역에 속하는 학문들의 도움도 받으면서 언어문제를 해결하려 한다.(강웅식)

텍스트, 텍스트성, 상호(간)텍스트성

참고문헌
하인츠파터, 『텍스트언어학 입문』, 이성만 역, 한국문화사, 1995.
텍스트연구회, 『텍스트언어학2』, 박이정출판사, 1994.
이석규 외, 『텍스트언어학의 이론과 실제』, 도서출판 박이정, 2001.
김재봉, 『텍스트 요약 전략에 대한 국어교육학적 연구』, 집문당, 1999.
윤석민, 『현대국어의 문장 종결법 연구』, 집문당, 2000.

텍스트(Text, 프 Texte)

일반적으로 문학 비평에서 텍스트는 구체적인 문학 작품, 혹은 모든 씌여진 문서나 인쇄된 문헌을 지시하는 용어로 사용된다. 그러나 해체주의 혹은 포스트모더니즘 비평 전통에서 텍스트라는 용어는 전혀 새로운 위상을 가지게 된다. 1971년에 발표된 「작품에서 텍스트로」라는 논문에서 롤랑 바르뜨(Roland Barthes)는 작품(work)과 텍스트(text)를 엄격하게 구분한다. 그리고 총 7항에 걸쳐 텍스트의 본질을 규정짓는데, 이를 정리해 보면 다음과 같다.

1.전통적인 '작품'과는 달리 텍스트는 전적으로 언어 생산의 활동 가운데에서 경험된다. 2.모든 장르와 관습적인 위계질서를 넘어서 텍스트는 합리성과 읽을 만한 형태가 취하는 제한과 규칙들에 대항한다. 3.텍스트는 중심을 정하거나 종결될 수 없는, 철저히 파괴적인 기표들의 자유로운 놀이를 통해 기의를 무한히 연기시킨다. 4.이름도 없고 추적할 수도 없는 상호 텍스트적 인용과 지시, 반향음, 문화적 언어들로 이뤄진 텍스트는 피할 수 없이 수많은 의미를 산출하며 진리가 아닌 산종(散種)을 낳는다. 5. '저자'의 날인은 더 이상 부성(父性)이나 특전을 상정하지 않고 오히려 어설프다. 저자는 텍스트의 기원도 종결도 아니고 그저 손님으로서 텍스트를 방문할 수 있을 뿐이다. 6.텍스트는 소화되는 게 아니라 협동의 장에서 독자에 의해 열려지고 숨을

쉰다, 즉 탄생된다. 7.텍스트는 유토피아와(성적) 쾌락에 연결되어 있다.

이러한 의미 규정을 통해서 바르뜨는 문학 작품을 작가의 사상과 감정의 표현으로 보거나, 혹은 세계의 반영으로 보는 전통적인 시각을 전복시킨다. 바르뜨는 독자가 작가의 표현물 혹은 세계의 반영물로서 작품을 대하고, 마치 자신이 심판관이 된 듯 작품의 의미를 결정하려는 태도를 비판한다. 텍스트는 그러한 단일한 의미가 오고 가는 매개체가 아니라 다양한 해석의 유희가 펼쳐지는 장으로 규정되는 것이다. 이렇게 텍스트 개념을 재정립한 것을 보면, 바르뜨의 텍스트 이론이 데리다의 해체론, 그리고 해체론에 이론적 자양을 공급해주는 니체주의에 그 기반을 둔 이론임을 알 수 있다.(최현희)

해체주의, 해체비평, 해체론, 작가, 독자, 표현론, 반영론, 상호텍스트성

참고문헌
롤랑 바르뜨, 『텍스트의 즐거움』, 김희영 역, 동문선, 1997.
빈센트 B. 라이치, 『해체비평이란 무엇인가』, 권택영 역, 문예출판사, 1988.
황돈형, 『바르트와 포스트모던』, 한들출판사, 2004.

텍스트성(Textuality)

일반적으로 텍스트성은 쓰여져 있는 문헌이 가지는 외형적 성질을 가리킨다. 그러나 자끄 데리다(Jacques Derrida)나 롤랑 바르뜨(Roland Barthes)의 맥락에서 텍스트성은 이와는 다른 복합적인 의미를 지닌 용어이다. 텍스트성의 개념은 문학과, 언어를 통하거나 혹은 언어를 통하지 않고 행해지는 기호 활동 사이의 경계를 무너뜨린다. 또한 이 개념은 어떤 텍스트가 일관되고 자기 충족적인 의미를 지니는 완결된 대상으로 존재한다는 원칙을 전복한다. 즉 텍스트성은 언어가 언어 외부에 있는 어떤 사물 혹은 관념과 확고한 대응 관계를 맺는다는 전제를 붕괴시키며, 언어가 독서(혹은 독해) 과정을 거치면서 의미를 생성시키는 효과를 일으킬 잠재성을 지닌 것이라는 점을 함축한다.

이러한 텍스트성의 개념을 받아들이면, 해석 행위에 있어 종결은 있을 수 없게 된다. 따라서 신비평(New Criticism) 계열의 비평가들이 전제하는 텍스트의 자율성과 자족성은 허구로 전락한다. 그 결과 텍스트와 세계 사이의 대립 역시 거부된다. 텍스트와 세계가 구분되지 않음으로써 텍스트의 생산자인 작가, 텍스트를 읽는 주체인 독자, 그리고 텍스트 사이에는 경계가 사라진다. 따라서 텍스트성의 개념에는, 세계란 끊임없이 꼬리를 무는 해석의 연쇄로만 채워져 있다는 이념이 포함되어 있다. 이는 줄리아 크리스테바(Julia Kristeva)의 상호텍스트성(intertextuality) 개념으로 이어지며, 또한 일반적으로 포스트모더니즘 비평의 이념과 관련되는 다양한 개념들의 원천으로 작용한다.(최현희)

텍스트, 상호텍스트성, 해석, 기호

참고문헌

롤랑 바르뜨, 『텍스트의 즐거움』, 김희영 역, 동문선, 1997.

Derrida, J., Of Grammatology, trans. G. C. Spivak, Baltimore: Johns Hopkins University Press, 1974.

Kristeva, J., Desire in Language: A Semiotic Approach to Literature and Art, ed. L. S. Roudiez, trans. T. Cora, A. Jardine & L. S. Roudiez, New York: Columbia University Press, 1980.

텍스트와 컨텍스트(Text and context)

전통적으로 문학의 이미지는 저자의 생애, 취향, 정념에 집중되어 있었으며, 작품에 대한 설명은 언제나 작품을 만들어 낸 작가 쪽에서 모색되어 왔다. 바르트는 이러한 현상에 대해 '보들레르의 작품은 인간 보들레르의 실패이며, 고흐의 작품은 곧 그의 광기이며, 차이코프스키의 작품은 그의 악덕이라고 말한다.'라는 예를 들어 단적으로 표현하기도 했다.

그러나 현대에 들어서 작품은 저자와의 관계－창조물과 조물주의 관계로부터 텍스트, 즉 그 사회의 다양한 술화들의 공동작용이라는 개념으로 전환되었다. 물론 작품에는 작가의 세계관이 투영되어 있다. 그러나 바르트의 관점에서 바라본다면, 작가의 세계관 자체도 여러 가지 사회어들의 교차에 의해서 생성된 것으로서 텍스트 속의 여러 가지 다양한 언어 층위 중 하나의 위치를 가지게 되는 것이다.

바르트는 텍스트에 대해 '하나의 유일한 의미, 즉 <신학적인>(신의 <메시지>인) 의미를 드러내는 단어들의 행으로 이루어진 것이 아니라, 그 중 어느 것도 근원적이지 않은 여러 다양한 글쓰기들이 서로 결합하며 반박하는 다차원적인 공간이다.'라고 정의하였다.

바르트 이후 텍스트라는 말은 후기구조주의자들에게 채택되어 기호의 무한한 놀이를 통해 의미를 산출하는 모든 담론을 가리키게 되었다. 광고, 그림, 도표 등등의 이미지나 메시지를 담고 있는 모든 기호체계가 텍스트 개념으로 파악된다. 광고 등의 사회에서의 의사소통적 텍스트와의 구별을 위해 문예물은 문학 텍스트, 혹은 허구 텍스트라는 명칭을 붙인다.

컨텍스트는 우리말로 '문맥', '맥락', '연관관계'를 뜻한다. 텍스트와 연관되는 모든 주변 상황을 말한다. 로트만은 텍스트란 저자와의 연관을 배제하고 의미를 산출하는 기호체계라고 규정한다하더라도 역시 사회적 컨텍스트를 고려할 때에만 텍스트란 무엇인가에 대한 물음에 대해 해명이 가능해진다고 하였다. 예를 들어 글의 화용론적 기능을 근거로 어떤 메시지 X가 문화적 컨텍스트 A에서는 텍스트로서 읽혀지는 반면, 컨텍스트 B에서는 그 의미가 근본적으로 바뀌거나 심지어는 전혀 텍스트가 아닌 어떤 것으로 되어버릴 수도 있다고 하였다. 따라서 텍스트에 대한 비평과 이해는 하나의 텍스트와 그것을 둘러싼 다양한 텍스트간의 상호적 과정에서 출발해야 한다. 따라서 텍스트와 컨텍스트에 관한 논의는 여러 종류의 텍스트들의 가공에 의해 생산되는 의미라는 차원에서 상호텍스트성에 대한 고찰로 이어진다.(노현주)

작품, 상호텍스트성

참고문헌

롤랑 바르트, 『텍스트의 즐거움』, 김희영 역, 동문선, 1997.
서정철, 『기호에서 텍스트로』, 민음사, 1998.
피에르 지마, 『텍스트사회학』, 민음사, 1991.

텍스트중심주의(Textualism)

텍스트중심주의는 데리다가 고정된 의미 체계를 부정하고 해체하기 위해 제시한 '텍스트' 개념으로부터 출발한다. 데리다는 책(le livre)과 텍스트(le texte)의 구분을 명확히 하였다. 책은 하나의 완결된 구조를 형성하며 스스로의 생각과 내용을 방어하는 책의 특성이 권위를 형성한다. 책을 지은 사람인 저자는 그 책에 대한 정신적인 소유권을 완벽하게 확보하며, 흔히 책은 작가의 자식으로 비유되기도 한다. 책에 대한 소유권과 책의 내용 및 가치에 대한 전적인 책임이 저자에게 속한다. 저자에 의해 쓰여진 책은 내부의 내용들 사이에 엇갈림이 없어야 하고, 나아가 외부적 세계에 대해서 비록 완성된 것은 아니더라도 정확하게 대응을 이루고 있어야 한다. 책이 추구하는 바는 진리를 탐구하고 진리에 다가가려는 노력이다. 책은 죽지 않으며 저자가 책을 세상에 내어놓는 순간 무한히 지속될 시간적 권위를 부여받게 된다. 책에 대한 이러한 권위적이고 배타적이며 독립적인 특성은 오랜 세월 동안 별다른 자기반성 없이 부지불식 간에 받아들여져 왔다. 책의 개념에 대한 성찰이 없었다는 사실은 책과 저자가 가지는 권위가 얼마나 공고했는지를 역설적으로 말해주고 있는 것이다.

데리다는 이러한 책의 권위 속에 서구 세계가 플라톤 시대 이후로 무의식적으로 받들어 온 로고스 중심주의가 숨어있다고 지적하며, '새로운 철학적 해독의 기술원리'로서 텍스트라는 개념을 제시한다.

텍스트는 신화적 또는 신화학적 진술이 고정적으로 지니고 있는 현실적 중심이 없다. 텍스트는 책이 가지고 있는 배타성과 고정성을 결여하고 있으므로, 책에 대한 절대적인 권위를 가지는 저자라는 개념도 성립하지 않는다. 텍스트는 책과 같이 통일성을 지니는 명확한 의미를 파악해내는 것이 불가능하며, 각각의 텍스트가 완전히 독립되어 있는 것도 아니다. 텍스트라는 용어가 직물을 짜는 행위에서 온 말임을 생각해 볼 때 각각의 텍스트들은 서로 연관을 맺고 있다는 것을 유추해볼 수 있다.

데리다의 텍스트 개념을 책에 대한 전통적인 인식을 새롭게 해석한 것으로 간주한다면 그 것은 협소한 시각이다. 데리다가 여러 차례 '텍스트 바깥은 없다'라고 지적해 왔듯이, 텍스트는 완결적이다. 외부에 대해서 폐쇄적인 의미를 지니는 것이 아니라 시간과 공간의 복합체 속에 존재하는 것이 무엇이든지 텍스트로 간주될 수 있다. 책은 종이에 인쇄된 상태로 남아있으나 텍스트는 글로 표현되지 않은 사람의 일생이나, 기호로 표시된 지도, 기술되었거나 되지 않은 역사를 모두 포함한다.

데리다가 새로운 사유의 도구로서 사용했던 텍스트 개념은 매우 확장적 개념이며 일정한 의미를 지닐 수 없다. 데리다적 용어로 설명하자면 텍스트는 부유하는 존재이며, 그 의미는 고정되어 있지 않고 산종과 차연의 형식을 따라서 끊임없이 확장될 뿐이다.(노현주)

해체, 차연, 산종

참고문헌
김형효, 『데리다의 해체철학』, 민음사, 1993.
뉴턴 가버·이승종, 『데리다와 비트겐슈타인』, 민음사, 1998.
자크 데리다, 『그라마톨로지』, 민음사, 1996.

텐노오세이(天皇制) ☞ 천황제

텔켈 그룹(Groupe Tel Quel)

텔켈 그룹은 1960년 필립 솔레르Ph. Sollers가 크리스테바Julia Kristeva, 위그냉Jean-René Huguenin과 알리에Jean-Edern Hallier함께 잡지 텔켈Tel Quel을 창간하고 텔켈 운동을 일으키면서 형성된 그룹이다. 텔켈은 1980년까지 프랑스에서 문학 전위 운동의 선봉장으로서 1968년 5월 프랑스 학생혁명에 엄청난 영향력을 행사하며 지식인 사회를 이끌었다. 그룹의 창립 선언에서 주장한 바에 의하면 시를 정신의 가장 높은 위치에 놓고자 하는 것이었으나 텔켈은 문학적 생산과 지식의 영역에만 한정된 것이 아니라 철학, 과학, 정치의 영역까지 포함하게 된다. 1963년 텔켈 구성원들은 『전체 이론théorie d'ensemble』이라는 공동 저서를 통해서 전통적인 문학을 '글쓰기écriture'라는 새로운 과학으로 대체하고자 하는 의지를 표명하고 글쓰기란 글쓰기 이외의 다른 방법으로 연구될 수 있는 대상으로 만들 수 없다고 주장한다. 그것은 텔켈 그룹의 텍스트는 옛날의 문학적 분류로 환원시킬 수 없다는 것이고 현실의 이데올로기적 절단으로도 환원시킬 수 없다는 것이다. 왜냐하면 문학과 비평 사이의 구분이 불가능해졌고 이론과 실천 사이의 대립도 불가능해졌기 때문이다. 솔레르에 의하면 글쓰기란 다른 수단에 의한 정치의 연속이다. 잡지 『텔켈』은 1982년 말에 『엥피니』라는 이름으로 바뀌어서 나오고 있으나 옛날의 영향력은 거의 잃어버렸다.(김치수)

에크리튀르, 텍스트

참고문헌
C. Biet, J.P. Brighelli, J.L.Rispail, 20ième siècle, Magnard

토대와 상부구조(Base and superstructure)

마르크스주의 사적 유물론에서 하나의 경제적 사회구성체를 전체로서 파악하기 위한 범주를 지칭하는 용어이다. 오늘날은 사회과학 일반에서 널리 사용되는 개념인데, 특히 표면과 심층을 구분한 구조주의적 발상들이 다양하게 개진되면서 상부구조는 구조주의적 개념들과 병행하여 자주 사용되고 있다. 토대와 상부구조라는 표현은 건축물의 은유로서 건축물이 토대 위에서 여러 가지 구조로 만들어지듯이 사회구성체는 경제적 구조인 생산관계라는 토대위에 정치, 법률, 종교 등이 세워진다는 것을 나타낸다. 맑스는 '인간은 그 생활의 사회적 생산에 있어서, 일정하고 필연적인, 그들의 의지로부터 독립한 관계, 생산관계에 들어간다. 이 생산관계는 그들의 물질적 생산력의 일정한 발전 단계에 대응한다. 이들 생산관계의 총체는 사회의 경제적 구조를 구성한다. 이것이 현실의 토대이며, 그리고 그 위에 법률적 및 정치적인 상부구조가 서고, 그리고 그것에 일정한 사회적 의식 형태가 조응한다. 물질적 생산의 생산양식이 사회적·정치적·정신적인 생활 과정 일반을 조건 짓는다'라고 하였다. 이에서 보다시피 토대는 경제적 구조이다. 토대와 생산관계는 동일물이지만, 토대는 상부구조와의 관계, 생산관계라고 할 때는 생산력과의 관계를 말하는 것이 보통이다.

맑스는 역사의 진정한 기반은 생산력과 생산관계의 변증법적 운동법칙에서 찾아져야 한다고 보았고, 이 기반의 전개과정 위에서 상부 구조적 요인들이 형성되고 또 변화되어 간다고 생각하였다. 상부구조는 생산관계 위에 성립한 정치적, 법률적, 종교적, 예술적, 철학적인 제도와 조직, 즉 국가, 정당, 교회, 학교 등의 기관 등이며, 또 이들이 성립될 때 작용하는 사회적 의식 형태인 이데올로기가 포함된다.

토대와 상부구조의 관계에 대해서는 의견이 나뉜다. 기계적 결정론은 상부구조에 속하는 요인들이 토대의 법칙들에 의해 전적으로 규정된다고 보았고, 구조적 결정론은 상부구조가 나름대로의 상대적 자율성을 가지고 움직이되 결정적인 국면에서는 토대의 규정을 받는다고 보았다. 엥겔스는 상부구조를 단순히 토대의 반영으로 보는 기계론적 관점을 배격하고, 상부구조가 토대에 대하여 반작용하는 면이 있고 오히려 토대에 영향을 미치는 적극적인 개입의 차원을 지니고 있다는 것을 강조하였다. 정치나 여러 가지 이데올로기가 그때그때 생산관계를 촉진하거나 생산력의 재생산을 위해 사회구성원들을 교육 통제하여 국가권력을 굳게 유지하는 데에 작용하는 것은 이러한 사실을 뒷받침한다. 뿐만 아니라, 상부구조를 이루는 인간의 의식·가치관·문화·도덕 등이 나름대로의 논리에 의해 독자적으로 발전해감으로써, 경제적인 수준이나 문화적인 수준에서 보다 심각한 균열과 모순이 등장한다는 관점도 나오고 있다. 프랑스의 구조주의적 기호학자들이 논하는 '기호의 위기' 또는 '의미의 위기'가 그 예이다. 따라서 상부구조 내의 특유한 재생산과정을 분석하는 것에 대한 요구가 제기되고 있다.(노현주)

사적 유물론, 이데올로기적 국가장치

참고문헌
칼 맑스, 『정치경제학 비판 요강』, 백의, 2000.
루이 알튀세르, 『아미엥에서의 주장』, 솔, 1998.

토테미즘(Totemism)

토테미즘은 원시공동사회의 종교의 한 형태이다. 혈연적, 지연적 집단이 동·식물이나 자연물과 공통의 기원을 갖는다고 믿거나 결합관계에 있다고 믿으며 그것을 집단의 상징으로 삼고 숭배하는 것이 특징이다. 토템이라는 말은 북아메리카 인디언인 오지브와족(族)의 '오토테만(그는 나의 일족이다)'이라는 말에서 유래한 것으로 보는데, 집단의 명칭은 그들이 숭배하는동·식물이나 자연물의 명칭과 같다.

오늘날에는 집단의 상징이나 징표로 동·식물이나 자연물을 사용하는 사회현상을 가리키는 데 토템이라는 말을 쓰기도 하며, 토테미즘이란 토템과 인간집단의 여러 가지 관계를 둘러싼 신념, 의례, 풍습 등을 제도화한 체계를 지칭한다.

인류학자들이 처음에 토테미즘이라는 말을 쓸 때는 한 인간 집단과 토템과의 관계를 뜻했으며, 한 동물이 단지 한 사람과만 관계에서 수호정령과 초자연적 힘의 근원이 될 때는 토템으로 인정하지 않았다. 샤먼(무당)이 동물정령에 사로잡혀 동물신과 동일시되는 것 등의 특정 개인에 관계된 것은 토테미즘으로 지칭되지 않는다. 한편 집단과 동·식물, 자연물과의 결합이 무조건 토테미즘이 되는 것은 아니다. 서아프리카의 표인(豹人, leopard men)의 비밀결사에서는 표범을 집단의 상징으로 삼고, 이것과 관계있는 의식을 행하지만 이것을 토테미즘이라고 하지는 않는다. 따라서 토테미즘이 되기 위해서는 몇 가지 조건에 합당해야 한다. 조건은 다음과 같다. 집단은 그 집단의 토템의 이름으로 불린다. 집단과 토템과의 관계는 신화, 전설에 의하여 뒷받침된다. 토템으로 삼은 동·식물을 해치는 것은 금기이다. 같은 토템 집단 내의 결혼은 금지된다. 토템에 대해 집단 전체의 의식을 행한다. 즉 토테미즘은 동식물 숭배의식, 희생, 정화, 금기, 신화 등의 요소로 구성된다.

토템신앙 연구는 제도적인 주술이나 종교에 비중을 두는 입장과 그 사회적 측면에 주목하는 것으로 나누어 볼 수 있다. J.F. 매클레넌은 토테미즘을 동물숭배에서 유래된 종교로 간주하였고, J.G. 프레이저는 주술로 보았다. 프랑스의 E. 뒤르켐은 토테미즘의 발생이 사회적인 데 기원을 두고 있으므로, 토템은 사회의 상징이며 사회적 결합력으로서의 구실을 한다고 설명하였다. 레비 스트로스는 토테미즘을 미개민족 사이의 것으로 보는 시각을 뒤집고 미개와 문명을 막론하고 인류의 보편적 정신을 표상하는 것으로 받아들였다. 그는 토템으로 선정된 것이 '생각하기에 알맞은'데 있었으며, 집단 사이의 관계를 다른 사물관계로 표현하는 토테미즘의 논리가 문명사회에서 집단의 분류·차이·대립 등의 관계와 같거나 평행관계를 가진다는 사실을 발견하였다. 프로이트는 토테미즘을 근친상간 금지라는 집단의 금기와 관련시켜 설명함으로써 문명의 기원을 말했다. 여자를 독점한 절대적 권력을 가진 아버지를 자식들이 살해하였으나, 그들은 이를 후회하고 가장 힘이 센 동물을 아버지의 대용물로서 선택하고 그 토템집단 안에서의 혼인을 금지하였다는 것이다.(노현주)

금기, 샤머니즘, 애니미즘

참고문헌
앤서니 기든스, 『현대사회학』, 을유문화사, 2003.
에밀 뒤르껨, 『종교생활의 원초적 형태』, 민영사, 1992.
송희식, 『인류의 정신사1』, 삼성경제연구소, 2001.

토포스(Topos)/문학

일반적으로 '토포스'는 몇개의 모티프들이 자주 반복되면서 이루어내는 고정형이나 진부한 문구를 지칭하는 말이다. 본래 장소를 뜻하는 그리스어인 토포스는 라틴어로는 sedes, loci, 영어로는 commonplace로 번역된다(복수는 topoi). 이 말은 또한 '공론'(김현 편, 『수사학』), '일반적 논제'(『수사법』) 등으로도 번역되어 쓰이기도 한다. 그러나 현대 비평에서 토포스는 몇몇 모티프들이 반복적으로 만들어내는 고정형 문구나 진부한 표현이 되어버린 문구를 가리키는 말로서 모티프라는 개념으로 더 많이 사용된다.

토포스라는 개념은 중세 수사학에서 '논거의 장소'를 가리키던 말이었으나 '후속 텍스트의 창작을 위한 원천으로 자주 사용되는 한 텍스트에서 관습화된 표현이나 구절'을 뜻하는 말로 의미가 바뀌었다. 중세의 수사학자 쿠르티우스는 토포스를 '확립된 사고 체계, 확장된 은유, 묘사의 표준화된 구절, 그리고 호머에서 현대까지, 특히 라틴 중세와 르네상스기에 서구 유럽 문학에 반복되는 것들'로 정의하고 있다. 토포스의 전형적인 사례는 시인들이 자주 사용하는 뮤즈에 대한 기원이나 낙원(에덴) 묘사 등을 거론할 수 있다. 중세의 수사학 교육에 힘입어 이런 토포스는 하나의 문화적 전통으로 확립된다.

그러나 토포스는 긍정적인 의미와 부정적인 의미를 함께 지니고 있다. 토포스의 부정적인 측면은 상투적이고 진부한 표현의 문제에만 매달리게 되면 새로운 논증을 발견하는 장소가 아니라 단순히 기억되는 장소일 때 나타난다. 그 결과 여러 상황에 걸맞는 표현들을 단순히 수집한 아포리즘이나 토포스 모음집(commonplace book)이 유행하는 상황을 초래하게 된다. 그러나 상투적 표현으로 이루어진 토포스는 부정적인 측면만 가지지는 않는다. 토포스는 너무나 자명한 근거인 까닭에 보편성을 획득하기도 하는 것이다. 쿠르티우스가 토포스를 '가장 일반적인 부류의 관념들(ideas of the most general sort)'을 발견하는 창고라고 본 것도 바로 이런 보편성의 맥락이다.

그러나 서사 텍스트에서 토포스는 반복적으로 나타나는 모티프의 고정된 형태를 가리킨다. 즉, 총명한 아이, 지혜로운 노인처럼 특정한 인물 유형, 세계에 대한 통찰을 담은 가치체계를 담은 잠언들을 뜻하며 복수형인 '토포이'로 사용되는 경우도 있다. 토포스는 보편화된 이미지나 어휘체계로서 허구적인 서사물에서 핍진성의 바탕을 이루는 상식적 설명의 근거가 되는 것이다. 이렇게, 토포스는 사회적으로 일반화된 인식체계를 바탕으로 하는 고정된 설명형식이라 할

수 있다.(유임하)

상투성, 반복, 관습화

참고문헌
피터 딕센,『수사법』, 강대건 역, 서울대출판사, 1979.
김현 편,『수사학』, 문학과지성사, 1985.

통과의례(通過儀禮, Les Rites de Passage)

통과의례(通過儀禮, Les Rites de Passa)는 개인이 새로운 지위 · 신분 · 상태를 통과할 때 행하는 의식이나 의례를 말하는 용어이다. 이 용어가 일반화된 것은 반 즈네프가『통과의례(Les Rites de Passage)』(1909)에서 처음으로 사용한 후부터이다. 이 책에서 그는 장소 · 상태 · 사회적 지위 · 연령 등의 변화에 따른 의례를 가리키기 위해 이 용어를 사용했다. 그에 의하면 통과의례의 전 과정을 통해 개인은 의례적으로 죽고 출생하고 양육되고 단련되고 새로운 사회적 지휘를 획득한다.

반 즈네프에 의하면 통과의례는 3개의 단계로 나눌 수 있다. 예전의 상태나 지위에 있던 자의 죽음, 새로운 단계에서 생(生)에 대한 적응을 위한 준비, 그리고 전개 등이 그것이다. 3단계는 의례 속에서 각 각 상징적으로 표현된다. 제1단계는 개인의 분리 · 격리를 나타내고, 흔히 죽음이라는 형식을 취한다. 제2단계는 추이 · 조정(調整)을 표현하며, 이 동안에 개인과 다른 사회 성원의 관계는 예전 지위의 관계도 아니고 새로운 지위에서 맺는 관계도 아닌, 중간적 성격을 띤다. 제3단계에서는 통합을 나타내는 의례를 행하며 개인이 예전의 단계에서 일정한 관문을 통과하여 새로운 사회적 지위나 상태를 획득한 사실이 공인된다.

이 후 통과의례의 의미는 다양한 의미로 확산되어 일반화되었다. 쿤(Thomas Kuhn)의『과학혁명의 구조』에서 통과의례의 의미는 과학 발전의 역사가 기존 과학의 새로운 패러다임을 갖는 정상과학의 전통 수립, 변칙성 및 정상과학의 위기의 출현으로 새로운 과학혁명이 이루어지는 변증법적 과정이라는 논의를 통해서 나타난다.

한편 터너(Turner, Victor)의『의례의 과정』에서 통과의례는 중앙아프리카 여성의례의 '전이단계'에 나타나는 상징의 문제로서 전이단계에서 생성되는 '탈구조 공동체'의 현상적인 특성에 관한 종교의례로 다루어진다.

한국 소설사에서도 통과의례적 주제를 가진 작품들이 있다. 황순원의『일월(日月)』, 김주영의『아들의 겨울』, 이문열의『젊은 날의 초상』, 김원일의『마당 깊은 집』, 최인훈의『화두』, 박완서의『그 많던 싱아는 누가 다 먹었을까』, 신경숙의『외딴 방』등은 통과 의례적 주제를 담고 있는 소설들이다. 이러한 통과의례적 주제를 담은 소설들은 개인의 성장을 왜곡시키는 외현적 조건 속에서 내적인 세계를 성숙시키고 자기완성을 이루려는 자아의 욕망을 보여준다.(최경희)

추이의례(推移儀禮), 성장 소설

참고문헌

터너 빅터, 『의례의 과정』, 박근원 역, 한국심리치료연구소, 2005.
A. 넵, 『통과의례』, 전경수 역, 을유문화사, 2001.
토머스 쿤, 『과학혁명의 구조』, 김명자 역, 까치, 2002.

통과제의 ☞ 통과의례

통변(通變)

중국고대문학 이론사에서는 문학의 변화 발전 법칙을 둘러싸고, 귀고천금(貴古賤今)하는 복고주의자와 문학의 진화를 긍정하는 진보적 문인들 사이에 일찍부터 논쟁이 있어 왔다. 그리고 문학이란 과거의 문학 유산을 계승하고 새롭게 창조하는 두 가지 측면의 변증법적 과정을 통해서 변화하고 발전해간다는 비교적 체계적이고 완성된 이론도 등장했는데, 이를 가장 먼저 주장한 이는 유협(劉勰)이다.

유협은 『주역(周易)』의 "궁하면 변화하게 되고, 변화하면 통하게 되며, 통하면 오래갈 수 있게 된다(窮則變, 變則通, 通則可久)"라는 사상을 문학에 적용시켜, 『문심조룡(文心雕龍)』에서 '통변(通變)'이론을 제기하였다. 여기서 '통'이란 문학 발전 과정중의 계승적 측면이고, '변'이란 새롭게 변화하는 혁신적 측면이다. 절충적이며 객관적 관점을 유지한 유협에게 있어서는 통변의 문제 역시 양자의 상호 대립적 보완으로 이해된다. 그러므로 '통'과 '변'은 대립시키면 모순의 양 측면이 되겠으나, 서로 연계지으면 상호 보완적인 것이다.

「통변(通變)」편에서 유협은 역대의 문풍이 어떻게 변했든 그것이 "마음을 표현하고 사회를 이야기하는 것이라는 법칙에 있어서는 매 한가지"라는 전제하에, "글을 쓰는 양식에는 일정함이 있다"고 설명하였다. 어떠한 문학 형식이든지 그것은 모두 일정한 내용을 전달하기 위해 존재하는 것이므로, 사상과 감정을 표현하고 "명칭과 내용이 서로 어울린다(名理相因)"는 측면에서 모든 문학 형식은 일치한다. 그러므로 작가가 이를 명확히 이해하면 서로 다른 시대의 서로 다른 문학 양식에 대하여 그 핵심적 본질을 파악하여 '통(계승)'할 수 있게 된다. 그러므로 "계승하면 궁핍하지 않게 된다." 또한 "변화하면 오래갈 수 있다"고 하였다.

유협은 과거의 유산을 계승한 후에 새롭게 창조할 수 있는가의 여부가 문학작품의 생명력과 발전력을 결정짓는다는 견해를 제기하였다. 그러나 「통변」편에서 그는 문학의 변화 발전을 주로 문학 자체의 계승과 변혁이라는 측면에서만 파악하며, 문학의 혁신을 수사 기교의 발전이라고 설명하는 데 그치는 한계를 보이고 있다. 그러므로 그의 통변론은 "노래와 문장은 세상과 더불어 변해가고(歌謠文理, 與世推移)" "문장의 변화는 세태에 의해 영향 받고 문장의 흥성과 쇠퇴는 시대적 상황과 관련이 있다(文變染乎世情, 與廢系乎時序)"라고 하여 문학 발전의 근원이 사회 현실에 있음을 밝힌 「시서(時序)」편과의 연장선상에서 이해할 때 올바로 이해할 수 있을 것이다. 후에 격조파(格調派)에 속하는 청대의 문학이론가 섭섭(葉燮) 역시 『원시(原詩)』에서 유협의 뒤를 이어 통과 변의 문제를 체계적 조화적으로 파악하였다.(오태석)

통변(通變), 통, 변, 유협, 주역(周易), 섭섭(葉燮)

참고문헌
유협, 『문심조룡(文心雕龍)』, 최동호 역, 민음사.
이병한 편, 『중국고전시학의 이해』, 문학과 지성사, 1990.

통섭

통섭은 'consilience'의 번역어다. 'consilience'은 19세기 영국의 과학자이나 철학자인 윌리엄 휴웰(William Whewell, 1794-1866)이 자신의 저서 『귀납적 과학철학』(The Philosophy of the Inductive Sciences, 1840)에서 처음 사용한 말이지만, 이 개념을 되살린 에드워드 윌슨(Edward O. Wilson)이 『통섭: 지식의 통합』(consilience: The Unity of Knowledge, 1998)이란 저서를 쓰면서 널리 알려졌다.

에드워드 윌슨의 책을 번역한 최재천 교수는 'consilience'를 '큰 줄기'라는 뜻의 '通 ''과 '잡다', '쥐다'라는 뜻의 '攝'을 합쳐 '큰 줄기를 잡다'라는 의미에서 '通攝'으로 옮겼다. '通攝'은 통합이나 융합과는 구별된다. 통합은 이질적인 것들을 물리적으로 묶어놓는 것을 말하고, 융합은 하나 이상의 것들을 화학적으로 합성하는 것을 말한다. 이에 반해 통섭은 단순한 물리적 결합이나 화학적 합성을 넘어 어떤 새로운 것을 창조하는 일을 가리킨다. 흔히 학문 간의 경계를 넘나들고 다양한 분야를 결합해 새롭고 창조적인 지식을 만든다는 뜻으로 통용된다. 최근 이 통섭의 개념이 유행하면서 통섭형 인재, 통섭형 학문, 통섭교육 등 다양한 신조어들을 낳으며 미래 학문의 바람직한 모델로 각광받고 있다.

'통섭'이 학문이든 계층이든 기술이든 경계를 뛰어넘고 여러 분야를 뒤섞으면서 새로운 지식과 가치를 생산하는 연구의 모델로 알려져 있지만, 본래 'consilience'은 이런 뜻과는 다소 다르다. 이 용어를 만든 휴웰은 과학이론의 포괄적 통합을 설명하면서 작은 지류들이 모여 하나의 큰 강을 이루듯이 작은 이론들이 모여 더 큰 하나의 이론을 만든다는 뜻으로 'consilience'란 용어를 사용했다. 이 용어를 가져온 에드워드 윌슨은 물리학, 화학 등 자연과학을 포함하여 사회학, 심리학, 경제학 등의 사회과학, 철학, 언어학 등의 인문학이 모두 진화론에 기반을 둔 생물학에 의해 결정되고 환원된다는 '생물학 결정론'을 주장하면서 이를 'consilience'이라고 일컬었다. 따라서 'consilience'은 대등한 관계에서 학문 간 경계를 뛰어넘고 다양한 분야를 뒤섞는 '쌍방향적인 통섭'이라기보다는 다른 모든 학문이 생물학에 종속되어야 한다는 일방향적인 통합에 가깝다.(차선일)

통속극 ☞ 신파극

통속문학(通俗文學)

전문적이고 고급스럽지 않고 일반 대중이 쉽게 알고 즐기는 종류의 문학. 흔히 경멸적인 의미로 쓰인다. 곧 대중들의 흥미나 기호에 영합하는 저속한 문학이라는 뜻이다.

그렇지만 통속 문학이라는 개념에는, 관능이나 금력, 권력 같은 저급한 가치에 탐닉하면서 좀더 고상하고 고차원적인 진실에는 무관심한 것이 바로 일반 대중이라는 전제가 깔려 있다. 그럴 때 통속문학은 대중이 가지는 불건전한 성향을 충동하고 현실에 대한 성찰이나 반성을 하지 못하게 마취시키는 역할을 하는 것으로 비판된다.

이러한 통속 문학의 대립적 개념으로 이른바 '본격 문학'이 있으나, 양자를 가르는 판단 기준은 다분히 모호하다. 대체로 통속 문학은 주제나 성격 묘사보다는 재미 있는 사건 전개에 중점을 두는 반면, 본격 문학은 예술성을 지향하면서 당파적 의도나 상업적 의도가 개입되지 않은 문학으로 간주된다. 한편 통속문학을 나쁜 것으로만 보는 것은 무리라는 견해도 있다. 도덕적 윤리적 측면에서 벗어나지 않으면서 대중들에게 위안을 주는 경우도 있기 때문이다.

통속 문학을 전문적으로 쓰는 작가도 있으나, 예기치 않게 통속 문학에 머무는 경우도 있다. 작가가 세계의 허위를 꿰뚫어보는 안목을 갖추지 못한 채, 속물적인 가치관이나 상투적인 언어와 기법에 머무른다면, 통속 문학을 쓴 것이 될 수밖에 없다.

한국 문학사에서 통속 문학이 본격적으로 나타난 것은 1930년 이후이지만, 1970년대 이후 이른바 대중문학의 시대가 열리면서 통속문학도 많이 생산되었다. 특히 최근에는 인터넷과 연관되어 대중이 자발적으로 통속 문학을 생산하는 경우도 생겨나고 있다. 통속 문학과 관련된 작가들로는 김내성, 방인근, 김말봉, 정비석 등이 있다.(장수익)

대중 문학, 본격 문학, 순수 문학

참고문헌
강옥희, 『한국근대대중소설 연구』, 깊은샘, 1999.
A. 망구엘, 『독서의 역사』, 정명진 역, 세종서적, 2000.
천정환, 『근대의 책읽기』, 푸른역사, 2004.

통속적(通俗的)

문학 비평에서 통속적이라는 술어를 사용하는 것에는 가치평가가 전제된 것으로 볼 수 있다. 현대 문학의 여러 양식 중에서도 특히 소설을 평가하면서 통속적이라는 술어는 자주 사용된다. 통속소설이라는 소설 유형은 어느 정도 확고한 비평 용어로 자리잡고 있다. 통속소설의 유의어로는 대중소설, 반의어로는 본격소설, 순수소설 등을 꼽을 수 있다. 시 혹은 희곡 비평에서는 통속/본격, 대중/순수와 같은 이분법이 통용되기 어렵다는 점을 고려해본다면 통속적이라는 용어는 소설 비평에 주로 사용되는 술어임을 알 수 있다.

하나의 작품이 통속적이라고 하는 것은, 그 작품이 상업적인 목적을 성취하기 위해 대중의 무반성적인 기대와 흥미를 충족시키는 방향으로 쓰여졌음을 의미한다. 이때 통속적 작품의 독자로 전제되는 집단은 대중인데, 대중은 현실과 대면하기를 두려워하고 단순하고 말초적인 흥미의 만족에만 집중하는 집단으로 상정된다. 이런 의미에서 통속적이라는 술어는 자주 대중적이라는 술어로 대체되기도 하는 것이다.

한국문학사에서 통속적이라는 규정을 받는 대표적인 작가로 최독견, 김말봉, 정비석, 조선작 등이 꼽힌다. 문학사에서 자주 거론되는 문제작을 다수 창작한 이광수, 김동인, 염상섭, 이태준, 이효석 등의 작가들 역시 다수의 통속소설을 생산한 것으로 거론된다. 최근에는 문학 연구에 있어 문화론적 시각이 각광받으면서 그간 사각지대에 놓여 있던 다수의 통속소설, 대중소설 등이 본격적인 연구의 대상으로 취해지고 있는 추세이다. 이는 소설 양식 자체가 근대 사회의 성립과 더불어 발생한 대중이라는 독자층에 기반을 두고 있다는 사실을 외면할 수 없기 때문에 발생하는 현상으로 볼 수 있다. 소설에서 발견되는 대중성에 대한 탐구는, 소설 양식과 근대성에 관한 이해를 심화시켜줄 수 있는 계기로 생각되는 것이다.(최현희)

통속소설, 대중소설, 본격소설, 순수소설, 대중성, 근대성

참고문헌
강옥희, 『한국 근대 대중소설 연구』, 깊은샘, 2000.
한용환, 『소설학 사전』, 문예출판사, 1999.
조명기, 「한국 현대 대중 소설 연구」, 부산대 박사학위 논문, 2002.

통신원 ☞ 문학통신원

통일성(統一性, Unity, 프 Unité, 독 Einheit)

통상적으로 어떤 문학 작품이 통일성을 지니고 있다고 하면, 부분들이 어떤 군더더기도 없이 조직되어 작품 전체의 일관된 의미를 형성하는 데 기여한다는 것을 의미한다. 예술 작품에 있어서 통일성을 논한 최초의 예는 플라톤(Platon)의 『파이드로스』에서 찾을 수 있다. 여기서 플라톤은, 통일성을 지닌 작품은 각각의 부분들이 독립적이면서도 내적 논리에 따라 전체를 구성한다고 보았다. 또한 통일성을 성취하기 위해서는 전체의 일관되고 자족적인 의미를 훼손하는 부분들이 존재하지 않아야 한다고 주장했다.

플라톤의 제자이자 최초로 시학을 정립한 아리스토텔레스는 『시학』에서 이러한 통일성의 개념을 더욱 정교화하였다. 아리스토텔레스는 이 책에서 유명한 삼일치의 법칙을 제시하였고, 이로써 고대 그리스 비극의 이론이 완벽하게 정립되었다. 아리스토텔레스의 이러한 통일성 이론은 이후 16, 17세기의 프랑스의 신고전주의자들에게로 계승되었는데, 그 대표적인 예로 라신느를 들 수 있다.

현대 문학 비평에서 통일성의 이념은 르네 웰렉(Rene Wellek), 클리언스 브룩스(Cleanth Brooks)와 같은 신비평 이론가들에 의해서 계승되었다. 이들은 문학 작품을 하나의 완결된 유기체로 상정하고 그 자족성을 가능하게 하는 요소들을 발견하고 그것들 사이의 내적 연관 관계를 구명하는 것에 목표를 두었다. 브룩스의 『잘 빚어진 항아리』는 하나의 시작품은 마치 잘 빚어진 항아리 같은 것이어서 어느 한 부분도 빠뜨릴 수 없는 완결된 유기체라는 시각에서 쓰여진 이론서이다.

그러나 신비평 이후의 비평 이론에서 통일성은 자족적인 하나의 체계로서의 작품의 성질만은 아닌 것으로 생각된다. 통일성은 아리스토텔레스와 신고전주의자들이 생각한 엄격하고 명료한 플롯 구성에 의해서 성취되는 것이 아니라 다양한 종류의 의미화 방법들을 통해서도 성취되는 것으로 규정되는 것이다.(최현희)

전체, 부분, 신고전주의, 신비평, 유기적, 플롯

참고문헌
아리스토텔레스, 『시학』, 천병희 역, 문예출판사, 1976.
Brooks, C., The Well Wrought Urn, New York: Harcourt, 1956.
르네 웰렉·오스틴 워렌, 『문학의 이론』, 김병철 역, 을유문화사, 1982.

퇴폐 ☞ 데카당스

퇴행(退行, Regression, 프 Régression)

기본적으로 퇴행은 진행이나 발달이 성취된 심리 과정에서 이미 도달한 지점으로부터 역방향으로 돌아가는 것을 의미한다. 이 용어는 개체 발생 과정과 계통 발생 과정에 초점을 맞추는 발달심리학에서 주요한 것으로 사용된다. 그러나 정신분석학 혹은 심리학에 속하는 대부분의 용어와 마찬가지로 프로이트가 가장 먼저 이 개념을 고찰한 바 있다.

프로이트는 『꿈의 해석』 7장에서 꿈-형성의 핵심적인 메커니즘을 퇴행이라고 명명한다. 여기서 그는 인간의 정신 기관을 의식, 전의식, 무의식으로 나눈다. 의식은 정신 기관이 외부 세계와 맞닿아 있는 지각조직 근처에 형성된다. 지각조직에 전달된 외부의 자극은 금방 사라지지만 그것은 전의식과 무의식에 전달되어 간직된다. 무의식 깊이 간직된 자극일수록 그 감각적 특질은 거의 나타나지 않는다. 이렇게 지각조직에서 무의식 쪽으로 즉 외부에서 내부로 자극이 전달되는 것이 순방향이다. 꿈은 무의식 속에 파묻혀 있어서, 낮 동안에는 의식으로 떠오르지 못하던 것들이 역방향으로 지각조직 쪽으로 이동하면서 형성되는 것이다. 따라서 꿈-형성은 정신기관에 역방향의 움직임을 만들며, 이것을 프로이트는 퇴행이라고 규정했던 것이다.

프로이트는 꿈에 관한 연구에서뿐만 아니라 신경증자, 미개인에 대한 연구에서도 퇴행 개념을 적극적으로 활용했다. 강박신경증자는 인류가 문명의 발달을 통해서 도달한 지점으로부터 거슬러 올라가 개인적 차원에서 문화적 성취를 이루려는 자로 규정되는 것이다. 프로이트에게 예술가는 그런 의미에서 일종의 신경증자에 해당하는 존재이다. 예술가는 이미 성취된 문명의 틀을 거부하고 자신만의 비전에 의해 작품을 만들어내는 자이기 때문이다. 즉 프로이트에게 퇴행 개념은 꿈-형성, 개체 발생, 계통 발생, 예술 창조 등에 걸쳐 나타나는 신경증적 현상들을 설명할 수 있는 틀을 제공했던 것이다. 그런 의미에서 이 개념은 문학 작품의 작중 인물 분석에서 뿐만 아니라, 예술가가 전체 사회에서 점하는 위상에 대한 고찰, 혹은 문학 작품의 존재론에도 실마리를 줄 수 있다.(최현희)

개체 발생, 계통 발생, 꿈, 신경증, 전의식, 무의식

참고문헌
지그문트 프로이트, 『꿈의 해석』, 김인순 역, 열린책들, 1997.
장 라플랑슈·장 베르트랑 퐁탈리스, 『정신분석 사전』, 임진수 역, 열린책들, 2005.
캘빈 S. 홀, 『프로이트 심리학』, 백상창 역, 문예출판사, 2000.

투사(投射, Projection)

주체가 자신 속에 존재하는 생각, 감정, 표상, 소망 등을 자신으로부터 떼어내 그것들을 외부 세계나 타인에게 이전시켜 그 곳에 존재하는 것처럼 만드는 심리적 작용을 말한다. 주체는 투사를 통해 형성된 것들을 마치 객관적으로 존재하는 것으로 믿는데, 프로이트는 특히 망상증과 같은 병리 현상, 그리고 미신이나 물활론과 같은 정상적인 사유 형태에도 투사 기제가 작용하고 있다고 본다. 좁은 의미에서 투사는 특히 주체가 거부하고 싶은 고통스러운 감정이나 생각을 자신의 외부로 밀어내는 원초적인 방어 형태를 의미한다. 「방어 신경정신병에 관한 추가적 언급」에서 프로이트는 "망상증의 경우" 자신에게 가해지는 "비난은 투사…방법을 통해 억압되는데, 이때 불신이라는 방어증상이 타인으로 향한다"(SE 3, 184) 「슈레버 사례」에서 투사 기제에 대한 설명은 더욱 정교한 형태로 등장한다. 박해 망상은 <나(남자)는 그 남자를 사랑한다>는 지각이 <나는 그 남자를 사랑하지 않는다―나는 그 남자를 미워한다>는 형태로 부정되고, 이러한 내적 지각이 투사를 통해 <그가 나를 미워한다>라는 외부적 사건으로 전환됨으로써 발생한다.(SE 12, 63) 여기에서 프로이트는 망상을, 억압이라는 방어기제가 성공하지 못했기 때문에 억압되었던 것이 외부로부터 되돌아온 것으로 설명한다. 여기에서 볼 수 있듯이 프로이트는 억압(의 실패)과 투사 기제를 같은 문맥에서 동시에 언급한다. 라캉은 프로이트의 개념적 혼동을 배척(forclusion) 개념을 통해 해결한다. 라캉에 따르면 망상증의 원인은 억압의 실패가 아니라 아버지의 이름의 배척(forclusion)이다. "상징계의 빛으로 도달하지 못한 것은 실재에서 등장한다."(É386) 프로이트는 투사와 관련해 내사(introjection)에 대해 언급한다. 여기에서 내사는 쾌락의 원천이 되는 대상을 자아 속으로 받아들이는 기제를 의미하며, 투사는 반대로 불쾌의 원인이 되는 대상을 외부로 내보내는 기제를 의미한다. 이러한 맥락에서 투사와 내사는 주체의 형성을 발생학적으로 설명하는 보다 일반적인 심리 과정으로 볼 수 있다.(홍준기)

망상, 내사(introjection)

참고문헌

S. Freud, Further remarks on the neuro-psychoses of defense(1896), SE II, London: Hogarth Press, 1973.

_____, Psycho-analytic notes on an autobiographical account of a case of paranoia(Dementia Paranoides)(1911), SE XII, London: Hogarth Press, 1973.

J. Lacan, Écrits, Paris: Seuil, 1966.

투시주의(透視主意, Perspectivism)

투시주의(透視主意, perspectivism)는 E.D. 허쉬가 모든 사물은 해석자의 관점에 따라 해석이 달라진다는 이론을 설명하려고 사용한 용어이다. 그에 의하면 해석학적 모델의 하나로서 투시주의는 해석자의 시각에서 텍스트를 해석한다. 이러한 자의적인 관점으로 인해 모든 해석에는 서로 대립된 사유가 발생한다. 모든 해석은 그러므로 오해가 된다면서 허쉬는 투시주의가 "상대주의를 인정하고 원래의 의미의 재생 불가능성을 공언한다."는 점을 지적한다.

또한 R.웰렉은 『문학의 이론』에서 예술작품을 다양한 관점에서 논의하려는 시도를 투시주의로 제시한다. 그는 문학 작품이 집단적 이데올로기와 함께 변한다는 것은 규범과 층의 융합된 체계가 변한다는 것을 의미한다면서 모든 작품은 역사 속에서 변한다고 주장한다. 즉 작품의 독자, 비평가, 예술가들의 사유를 통과하는 사이에 역사의 과정 전체가 변화하는 것이다. 그에 의하면 이와 같은 역동적인 사유는 단순한 주관주의와 상대주의를 의미하지 않는다. 절대주의와 상대주의는 새로운 가치체계를 창출하기 위해서 조화되지 않으면 안된다. 이것을 R.웰렉은 투시주의의 진정한 의미로 해석한다. 이 관점은 가치의 무질서, 개인의 자의적인 해석을 극복하는 것이며, 대상을 다양한 관점에서 해석하는 과정이다. 구조, 기호 및 가치는 바로 이 문제의 측면에서 인위적으로 분리할 수 없다.

한편 투시주의(透視主意, perspectivism)는 니체의 『선악을 넘어서』에서도 나타난다. 니체에게 진리는 어느 것도 특권적인 것이 아니라는 점에서 대문자로 쓰는 진리(Truth)는 없다. 그는 세상에는 너무나 많은 진리가 존재한다면서 절대주의와 상대주의를 모두 비판했다. 특히 니체는 상대주의는 해석의 배후에 해석자(해석하는 주체)라는 단단한 원자를 가정한다면서 가능한 모든 관점들을 초월하는 어떤 절대적 지식도 없다고 주장한다. 즉 지식은 항상 그것을 주장하는 사람의 관점, 즉 투시주의로 인해 한정된다는 것이다.(최경희)

절대주의, 상대주의

참고문헌

E. D. 허쉬, 『문학의 해석론』, 김화자 역, 이화여자대학교 출판부, 1998.

니체, 『선악을 넘어서』, 김훈 역, 청하, 1982.

트로츠키주의(Trotskyism)

트로츠키주의란 러시아의 혁명가 트로츠키(Trotsky, Leon. 1877~1940)의 사상과 그것에 의거(依據)한 운동을 말한다. 현대의 국제적 마르크스주의 운동에서 볼셰비즘(Bolshevism)에 대립하는 사조를 뜻하며, 볼셰비키와 멘셰비키로 분리될 때 후자에 속한 멘셰비키(Mensheviks)의 한 변종(變種)을 의미한다. 트로츠키는 유대인으로 태어났는데 일각에서는 그를 기회주의자 반혁명 분자로 평가하기도 한다. 제1차 러시아 혁명에는 페테르스부르크 소비에트 의장이 되었으나 프롤레타리아 혁명에 있어서의 농민의 역할을 경시했다. 1927년 분열 활동을 했다는 이유로 제명되어 국외로 추방되었다.

영원한 혁명에 대한 그의 이론은 사회주의 혁명이 어떤 특정한 경제적인 발전의 성숙을 전제로 한다는 고전적인 마르크스 사상에 대한 볼셰비키 혁명의 정당성에 의거한 것이다. 소(小)부르주아적 극좌주의(極左主義)인 트로츠키주의, 즉 영구 혁명론(永久革命論)은 러시아 혁명 후 레닌(Lenin)·스탈린(Stalin)의 일국(一國)의 사회주의 건설에 반대하고 서구 여러 나라의 혁명 없이 러시아만의 혁명은 불가능하다는 내용을 담은 세계 혁명론이다. 즉 러시아만의 사회주의 국가 건설이 불가능하므로 유럽 전체의 프롤레타리아 혁명의 지원이 필요하다는 사상이다. 그것은 두 가지의 테제(These)로 구성되어 있다. 첫 번째 테제는 러시아가 설사 산업 자본주의의 발전 형태로는 후진적이고 주요 산업이 농업이라 할지라도 그 땅의 산업 프롤레타리아트의 의식은 전투적이며, 부르주아 민주주의적 권리조차 그들의 사회주의 혁명을 위한 투쟁을 통해 비로소 획득할 것이라고 예견하는 것이었다. 두 번째 테제는 후진국의 프롤레타리아 혁명은 사회주의적 정체가 성공적으로 확립되는 단계에까지는 이르지 않고, 선진 자본주의 제국의 프롤레타리아트가 혁명에 합류할 때에야 비로소 참된 사회주의 혁명으로 완성되리라 예측하는 것이었다.

현대의 트로츠키주의는 정치적 절차로서 트로츠키가 살아 투쟁했던 식민지 제국주의의 시대보다 훨씬 더 민주주의적 수단을 중시하며 오늘날까지 여러 서방 국가들에서 조직화된 정당을 통해 공산주의(共産主義)의 한 주류를 형성하고 있다.(강웅식)

멘셰비키, 볼셰비키, 영구혁명

참고문헌
레온 트로츠키, 『나의 생애(상)』, 박광순 역, 범우사, 2001.
권혁면, 『마르크스 사상의 이해』, 이우출판사, 1988.
조의설, 『세계사 대사전』, 민중서림, 1997.
문덕수, 『세계문예대사전』, 성문각, 1975.
박선목, 『윤리·사회사상 사전』, 형설출판사, 2002.

특이성(singularity)

보편과 특수라는 대립구조를 벗어난 개념. 들뢰즈는 동일한 특징을 갖는 사건들의 집합을 '이념적 사건'이라 부르고 그 집합을 이루게 하는 특징을 '특이성'이라 부른다. 특이성은 어떤 사건의 개별적인 특징이 아니며, 해당되는 모든 사건의 보편적인 본질도 아니다. 그것은 어떤 이질적 계열들이 하나의 집합을 이룰 수 있게 해주는 특이점들의 집합으로, 어떤 곡선이나 사물의 물리적 상태, 혹은 심리적·도덕적 특성을 표시한다. 특이성의 수렴을 통해 다양한 사건들이 갖는 동형성을 이념적 사건의 형태로 묶고 분류할 수 있지만, 이것이 그 각각의 사건이 갖는 고유한 의미를 동일성으로 환원함을 뜻하는 것은 아니다. 차이가 '특수'로서 포착될 때 그것은 '보편'이란 동일자 안으로 끌려들어간다. 반면 차이를 '개별'로 환원할 때, 개념적 사유는 불가능해진다. 알랭 바디우도 특이성을 역사적 존재, 특히 사건적 장소의 본질적인 속성으로 간주한다. 그에 의하면 하나의 항이 특이하다는 것은 그 항이 상황 안에서 현시되고 있지만 재현되지 않는 것을 말한다. 특이한 항은 상황에 귀속은 하지만 상황에 포함되지는 않으며 하나의 원소이지만 부분은 아니다. 결국 특이성이란 개념은 보편과 특수란 개념을 가로지르면서도, 차이를 개념적으로 사유할 수 있는 지반이 될 수 있다.

특이성은 고유성(property)과도 다르다. 고유성이 어떤 개인이나 개체에 귀속되는 내적 특징이라면, 특이성은 어떤 고유한 속성이나 성질을 가지고 있지 않으며 인접한 특이점과의 관계에 따라 아주 다른 특성이나 의미를 구성한다. 또한 특이성은 특수성과도 구분된다. 바디우는 특수(particular)와 특이(singular)를 대립시켰다. 어떤 집단의 문화적 특성은 특수이지만, 이 문화적 특성을 가로지르고 모든 기존의 서술을 무화시키며 보편적으로 사유 주체를 불러일으키는 것은 특이이다. 바디우에게 보편이란 기존의 특수를 횡단하며 지식의 지도가 없는 곳으로 향하는 것이며, 그런 의미에서 외부의 사유를 가능케 하는 특이성과 관련된다.(권채린)

참고문헌
알랭 바디우, 『들뢰즈존재의 함성』, 이학사, 2001.
_____, 『철학을 위한 선언』, 길, 2010.

틀-이야기(Frame-story)

한 편의 이야기 내부에 또 다른 한 편의 이야기가 들어 있을 때 그 바깥에 놓여 있는 이야기를 일컫는다. 이런 작품의 도입부는 대개 인물 가운데 한 사람이 다른 사람에게 "내가 이야기 하나 들려주지"와 같은 말을 하는 것으로 시작한다. 틀-이야기의 원조는 일반적으로 보카치오의 『데카메론』을 드는데, 이 작품에서는 페스트의 위험으로부터 도망치기 위해 인근의 도시에 모여든, 플로렌스에서 온 열 명의 남녀인물들이 열흘 동안 서로 다른 이야기를 하는데, 그들의 이야기가 이 책을 이루고 있다.

우리말로는 액자소설(額子小說) 혹은 격자소설(格子小說)로 정립되어 있는데, 그 내부 이야기와 틀-이야기의 관계에 따라 그 구체적인 양태는 매우 다양하게 나타난다. 도입부에서 결말부까지 내부 이야기를 감싸는 바깥 액자가 온전한 경우가 정격이라면 도입부와 결말부 가운데 어느 한 쪽만 존재하는 경우도 있고, 그 경계가 불완전한 경우도 있을 수 있다. 또한 하나 이상의 틀을 갖춘 보다 복합적인 경우도 존재하는데, 이 경우는 한 사람의 인물이 먼저 이야기를 하는 또 다른 인물에 대해 이야기를 하는 그런 경우이다.

이야기의 틀을 사용하는 실제적인 이유 가운데 하나는 하나의 단일한 이야기 속에 여러 개의 흥미로운 이야기들을 포괄할 수 있기 때문이기도 하고, 더 나아가서는 이야기를 하는 사람과 듣는 사람을 미리 상정하여 안정된 의사소통 상황을 유지하기 위해서이기도 하다. 위에 예를 든 것처럼 어떤 작품의 도입부에서 누군가가 자신의 경험담 내지는 목격담을 전제하고 이야기를 할 경우 독자들은 그 이야기의 신빙성을 의심하지 않게 됨으로써 내부 이야기를 더욱 그럴듯하게 받아들이게 되는 것이다. 이런 까닭에 액자소설에서는 외부의 틀-이야기보다 내부이야기가 더 상위의 이야기로 평가된다.

이런 이유로 틀-이야기는 이야기 전통상 매우 오래되고 또 원시적인 형식으로 받아들여지고 있는데, 우리 소설의 경우 고전소설은 연암 박지원의 「허생전」 및 김만중의 「구운몽」 등이 이에 속하며 근대소설에 있어서는 김동인의 「배따라기」를 위시한 일련의 작품이 이에 속한다.(김경수)

액자소설, 격자소설, 미장 아빔(mis en abime)

참고문헌
르네 웰렉·오스틴 워렌, 『문학의 이론』, 김병철 역, 을유문화사, 1982.
이재선, 『한국단편소설연구』, 일조각, 1975.
볼프강 카이저, 『언어예술작품론』, 김윤섭 역, 대방출판사, 1982.

파라텍스트(Para-texte)

파라텍스트(para-texte)는 제라르 주네트의 『문턱(Seuils)』에서 처음으로 사용되었다. 그에 의하면 파라텍스트는 제목, 저자 이름, 장르 표시, 서문, 발문, 각주 등으로 주텍스트(본문)를 보완하는 텍스트를 가리킨다. 주네트는 파라텍스트가 없는 텍스트는 존재하지 않는다면서 파라텍스트의 방식과 수단은 시대, 문화, 장르, 작가, 작품, 편집 등 다양한 외현적 조건에 따라 변화한다고 말한다. 이 용어는 파라언어의 모델에도 적용될 수 있다. 언어적 발화에 대한 비-언어적 부속물들이 파라언어의 특징인데, 얼굴표정, 손짓과 몸의 움직임 등이 그것이다.

리차드 맥시에 의하면 이 용어는 "책 내부(peritext)와 외부(epitext)에서 그 책을 독자들에게 매개시키는 의식적 경계의 장치이자 관례로 제목, 부제, 필명, 서언, 헌사, 제사, 서문, 중간 제목, 주석, 에필로그, 후기 등을 가리킨다. 이것은 주네트가 설명하고 있는 파라텍스트와 같은 개념이다. 그는 또한 만일 작가 또는 그의 조력자가 그것에 대한 책임을 인정한다면 당연히 그 경우에는 파라텍스트로서 인정해야한다고 말한다.

주네트에 의하면 파라텍스트는 경계 또는 지정된 경계 이상의 의미로 문턱, 또는 보르헤스(Borges)가 서론에 대하여 사용한 '대기실'이다. 그것은 안으로 걸음을 내딛거나 돌아서거나 어떤 것도 가능한 세계를 의미한다. 그것은 안과 밖 사이의 '규정할 수 없는 영역'이자, 안쪽(텍스트를 향한)으로나 바깥쪽(텍스트에 관한 세속의 담론을 향한)으로 확고한 경계가 없는 영역, 모서리, 또는 필립 레준이 말하듯, 실제적으로 텍스트에 대한 어떤 사람의 독서 전체를 조정하는 인쇄된 텍스트의 가장자리이다.

파라텍스트는 문학 텍스트나 작품의 초월적이고 자족적 특성에 대해 말한다. 그 좋은 예로 제롬 맥건(Jerome J. MeGann)의 『텍스트의 조건』을 들 수 있다.(최경희)

파라언어, 문턱, 대기실

참고문헌
제라르 주네트, 『파라텍스트: 해석의 문턱』, 솔, 1997.
롤랑 바르트, 『텍스트의 즐거움』, 김화영 역, 동문선, 1997.

파르마코스(Pharmakos)

고대 그리스어로 속죄양을 의미하는 말이다. 고대 그리스에서는 전염병이나 기근, 외세 침입, 내부 불안 등과 같은 재앙이 덮쳤을 때, 재앙의 원흉으로 몰아 처형함으로써 민심을 수습하고 안정을 되찾기 위해 자체의 경비로 인간 제물을 준비해두고 있었는데 이를 가리켜 파르마코스라고 칭했다. 소나 송아지 같은 동물들 이외의 인간 파르마코스는 대체로 희생을 당하더라도 보복의 위험이 없거나 연고자가 없는 부랑자, 가난한 자, 불구자들 가운데 선택되었다. 특히 르네 지라르는 전 세계에 널리 퍼져 있는 희생제의 속에 내재된 욕망의 구조를 분석한 『폭력과 성스러움』에서 이 말을 논의의 중요한 전거로 활용하고 있는데, 지라르에 따르면 희생제의는 어떤 집단이 신에게 동물이나 인간과 같은 제물을 바침으로써 신의 노여움을 풀고 신의 은총을 기원하는 의식이 아니라, 집단의 내부에 잠재해 있는 폭력을 속죄양이라는 특정한 대상을 향해 분출시킴으로써 발생하는 카타르시스의 효과를 통해 집단의 질서와 일체감을 유지해나가기 위해 고안된 문화적 장치이다. 따라서 파르마코스는 어떤 불확실한 인간의 '죄악'을 대신하는 속죄양이 아니라, 집단 내부에 잠재되어 있어 언제든 폭력의 악순환으로 이어질 수 있는 실제적인 폭력을 상징적인 폭력으로 해소하는 역할을 떠맡은 희생물이다. 일종의 '폭력을 속이는 폭력'이라고 할 수 있는 속죄양 제도를 통해 사회는 불순한 폭력violence impur을 응징하는 순수한 폭력violence pur을 차별화하는 것이다. 희생제의는 '해로운' 폭력과 '이로운' 폭력을 차별화하기 위한 방식으로 폭력의 희생자인 속죄양에게 성스러운 순교자라는 이미지를 부여하게 되는데, 이 성스러움은 바로 '이로운' 폭력의 폭력성을 감추는 장치라고 할 수 있다.

지라르에 따르면 파르마코스는, 고대 그리스에서 독과 약을 동시에 의미했던, 다시 말해 독과 그 해독제, 혹은 병과 그 치료제라는 의미를 함께 가지고 있던 파르마콘 pharmakon이라는 말로 변화한다. 파르마코스와 파르마콘 모두 해로우면서 동시에 유익한 것이라는 이중적 의미를 공유하고 있는 것이다. 한편 「플라톤의 제약술」에서 데리다는 글을 의미하는 플라톤의 용어인 파르마콘 pharmakon과 파르마시아 pharmacia, 파르마코스를 잇는 의미의 연쇄 안에서 글, 혹은 말에서의 의미작용의 논리와 차이의 조건들을 예시함으로써, 이 말을 상호이질적인 것들이 서로 차이를 형성하고 그 차이가 모순이나 대립으로 가지 않으면서 차이와 차이가 서로 얽히는 텍스트를 만들어내는 차연 differance이나 흔적 trace 등의 현상을 드러내는 용어로 사용한다.(박혜경)

파르마콘, 파르마시아

참고문헌
르네 지라르, 『폭력과 성스러움』, 김진식 외 역, 민음사, 2000.
_____, 『희생양』, 김진식 역, 민음사, 1998.
J. Derrida, Dissemination, trans. by Barbara Johnson. The University of Chicago Press, 1981.

파르마콘(Pharmakon)

파르마콘(pharmakon)은 약물, 약품, 치료, 독, 마술, 물약 등의 상반된 의미를 갖고 있는 용어이다. 플라톤은 『파이드로스』에서 글을 파르마콘 즉 망각의 치유로 언급하면서 '약(치료제)'과 '질병'이라는 의미를 동시에 가지고 있는 파르마콘(parmacon)이라고 말한다. 즉, 약과 질병은 서로 모순 되고 대립되는 것인데 글은 이러한 모순을 동시에 가진다는 것이다. 그는 글(문자)을 말보다는 하위의 것으로 생각하였다. 말은 로고스라면 문자는 기호라고 할 수 있다. 왜냐하면 말은 화자의 현전속에서, 즉 화자가 실제로 존재하는 가운데서 화자의 입을 통해서 나오는 직접적인 목소리이기 때문이다. 이에 반해서 글(문자)의 의미는 다른 것과의 비교나 해석을 통해서 전달될 수 있다. 따라서 말은 자기 스스로 현전하는 것이라면 문자는 항상 타자의 흔적 속에서 자신을 드러낸다는 것이다.

이러한 파르마콘의 이중적 의미는 싸르트르가 『말』에서 말의 습득이 얼마나 자신의 의도와는 다르게 진행되는가를 보여주는 예와 통한다. 그는 어려서 아버지가 전사하여서 외할아버지와 할머니에게서 양육되었다. 그는 언어를 배우면서 자신이 원하는 대로 말을 하도록 배우지 않았다고 말한다. 즉 자신의 생각이나 욕망을 표현하는 것을 배우는 것이 아니라, 어떻게 하면 할아버지나 할머니가 좋아하는 말을 쓰게 되는지를 배웠다고 말한다.

소크라테스에게 파르마콘은 위험한 약물이다. 양날을 가진 말인 파르마콘은 플라톤의 텍스트에서 이항대립의 논리가 어느 쪽에도 속하지 않는 계기를 마련한다. 치료약이면서 독약인 파르마콘은 차이의 조건과 놀이를 떠올리게 하는 글과 닮아 있다. 이중성과 애매성을 의미하는 파르마콘은 독이자 동시에 약이며 축복이자 동시에 저주이기도 하다. 파르마콘은 이중적이고 애매한 얼굴을 하고 있기 때문에 텍스트에서 일직선상으로 일목요연하게 정의하기란 불가능하다. 특히 데리다는 중추적 용어인 대리보충(supplement), 이멘(hymen), 산종(dissemination) 등의 해석을 통해 파르마콘의 이중성에 주목했다.(최경희)

파르마코스, 대리보충, 이멘, 산종

참고문헌
데리다, 『해체』, 김보현 역, 문예출판사, 1996.
윤호병, 『문학의 파르마콘』, 국학자료원, 1998.

파르티잔(partizan)

프랑스어의 파르티(parti) 즉 '도당, 동지에 어원을 둔다. 이의 동의어로 게릴라(Guerrilla)가 있고 흔히 쓰는 빨치산과 같은 말이다. 파르티잔은 타국의 침략자에게 저항하는 무장한 인민투쟁으로 적의 후방에서 인원, 기술, 자재를 섬멸함과 아울러 통신수단과 그밖의 무기를 파괴하기 위한 독립된 부대요 그런 성격을 가진 부대이다. 그 점에서 장비와 훈련이 불충분한 민간인인 부장집단이 우수한 정규군에 대항해서 싸우는 독립된 무장부대라는 개념을 갖는다. 1809년 10

월 이후 스페인을 군사점령한 뒤 국왕 페르디난트 7세를 쫓아내고 자신의 친형 요세프를 왕위에 올려놓은 프랑스의 나폴레옹 1세에 대한 스페인 국민의 반항을 가리켜 게릴라라고 칭했고 이것이 게릴라의 시초이다. 이 게릴라를 소련에서 파르티잔이라고 불렀다.

파르티잔을 그 목적과 형태에 따라 성격을 나누면 군도형(群盜型), 압제에 대한 반항형, 외세 압력에 대한 저항형 또는 정치적 목적을 위한 혁명형을 들 수 있다. 군도형은 치안이 문란했을 때 생존과 향락을 위해 약탈과 살인을 자행하는 무리를 뜻한다. 중국의 황건적이나 한국의 임꺽정 일당이 그 예이다. 압제에 대한 반항형은 정치적 목적하에서 가렴주구에 대한 반발로 무장 봉기한 경우이다. 한국의 홍경래의 난, 동학난이 그 예이다. 외세 압력에 대한 저항형은 부당한 외국 주둔군의 압박에 대한 자유의 전취와 독립을 얻기 위해 주둔군의 철수를 촉구하는 활동이다. 2차 세계대전 나치에 대한 프랑스 레지스탕스들이 그 표본이다. 한국의 의병투쟁도 이에 해당된다. 일제 말엽 징용과 학병을 피해 지리산에서 저항한 일제 항거파와 해방 후 좌익 이데올로기가 빚은 폭동사건 또한 이에 해당한다.

한국에서 해방 전후의 파르티잔은 다음의 셋으로 분류된다. 첫 번째 부류는 일제말의 징병과 징용에 항거하고 입산한 민족지사파로 이 때 지리산에 입산한 지사들은 약 3백명으로 추산된다. 이들은 해방과 함께 자발적으로 하산했다. 두 번째 부류는 해방에서 6·25 전까지의 파르티잔인데, 이들은 미군정과 남한 정부에 항거한 농민세력으로서 토벌대에 쫓긴 빨치산으로 특징 지워진다. 이들은 공산주의자들이라기보다는 미군정에 대한 민족적인 울분과 생활의 분노가 빚은 항의와 저항의 성격을 가진 무리들이다. 해방 공간 벌어진 민중 투쟁, 1948년 4·3 제주 사건 등을 거치면서 이 파르티잔의 투쟁은 강화되고 조직도 본격화했다. 이 시기부터는 남로당원 중 군사경력자들이 조직의 중심이 되었다. 이후부터 파르티잔들은 좌익 이데올로기를 표방하게 되었다. 이들은 6·25전까지 행정관서와 경찰서를 습격하며 무장투쟁을 전개했다. 주된 투쟁은 식량조달을 위한 보급투쟁이었다. 세 번째 부류는 6·25 이후의 파르티잔으로 이들은 6·25의 정세변화에 따라 유엔군과 국군에 쫓겨 생명 구제의 수단으로 입산해 무장투쟁을 전개했다. 이들 역시 생존을 위한 보급투쟁을 지속해나갔고 결국 군경에 몰려 궤멸했다.

한국의 파르티잔을 다룬 문학작품으로는 박영준의 단편소설 「빨치산」(1952), 이병주의 장편소설 『지리산』(1972), 조정래의 장편소설 『태백산맥』(1983) 이 있다.(추선진)

참고문헌
장병희,「한국 빨치산문학 연구」, 국민대학교어문학연구소,『어문학논집』, 1995.
칼슈미트, 김효전 역,「파르티잔의 이론」, 동아법학연구소, 『동아법학』, 1989.

파블라/슈제트 ☞ 우화/주제

파스큘라(PASKYULA)

파스큘라(PASKYULA)는 신경향파 문학추구, 프롤레타리아 문예운동의 부흥을 목적으로 '카프' 이전에 설립된 문학단체를 말한다. 파스큘라는 1923년 박영희(朴英熙), 안석영(安夕影), 김형원(金炯元), 이익상(李益相), 김복진(金復鎭), 김기진(金基鎭), 연학년(延鶴年) 등이 그들의 성 또는 이름의 머리글자 따서 만든 명칭이다.

'인생을 위한 예술, 현실과 투쟁하는 예술'을 표방한 파스큘라는 카프 결성에 있어 중요한 역할을 했다. 염군사(焰群社)가 정치와 사회참여에서 출발해 문학 활동으로 접어든 반면 파스큘라는 처음부터 문학에서 출발해 염군사(焰群社)에 비해 사회참여도는 낮았으나 문학적 교양은 높았다. 특히 ≪백조≫ 동인들이 주축이 되었기 때문에 문학 활동의 경륜도 오래되었다. 구성원의 일부는 연극단체인 토월회에도 관계한바 있다.

이 단체의 회원들은 대부분이 도쿄(東京) 유학생 출신으로, 1925년 문예강연 및 시각본(詩脚本)의 작품 낭독회를 열었고, 같은 해 8월에는 일본 프롤레타리아 작가 초청강연회를 개최하였다. 같은 해 8월에는 사회단체와 합동으로 일본의 프로작가 나카니시를 초청해 강연회를 개최, 간담회를 가졌다. 그러나 염군사와 같은 독자적인 기관지를 발간하지는 않았다. 그 후 염군사와 결합해 프롤레타리아 문예운동의 조직적인 전개를 목적으로 1925년 8월 카프(조선프롤레타리아동맹)를 결성하고, 이를 주도한다. 그러나 카프가 갈수록 이념화의 길을 걷게 되면서 박영희와 김기진 사이에 유명한 '내용과 형식 논쟁'이 불거지고, 결국 1935년 일제의 탄압으로 카프도 해체된다. 파스큘라는 카프 결성 후에는 조직 활동에서 주도권을 장악했으나 뒤에 프로문학 운동이 이데올로기 일변도가 되자 모두 이탈한다. 파스큘라는 한국프로문학 운동의 개척자라는 점에서 그 의의가 있는 문학단체이다.(최경희)

카프, 염군사

참고문헌
김재홍 『카프시인 비평』, 서울대출판부, 1990.
정한숙, 『현대한국문학사』, 고려대학교출판부, 2003.

파시즘(Fascism)

파시즘(fascism)은 파쇼(fascio)에서 유래된 용어이다. 이 용어는 묶음이라는 의미로 사용되다가 결속·단결의 뜻으로도 사용되었다. 파시즘이 일반적인 용어로 폭넓게 사용된 배경은 18세기 말부터 누적되어 온 사회적 불안과 제1차 세계대전 후의 만성적 공황 및 전승국·패전국을 막론한 정치적·사회적 불안에서 초래된 각종의 혁명적 기운에서 찾아 볼 수 있다. 따라서 근대사회의 위기적 양상은 모두 파시즘의 배경이 된다. 즉, 파시즘이 발생하게 되는 배경은 ①국제적 대립과 전쟁위기의 격화 ②대량적 실업과공황 ③국내정치의 불안정 ④기존 정당·의회 및정부의 부패·무능·비능률 등 병리현상의 만연 ⑤각종 사회조직의 강화에서 오는 자율적인 균형 회복능력의 상실 ⑥정치적·사회적 집단 간의 충돌의 격화 등을 들 수 있다.

이와 같은 위기요인의 격화에 의해 정치체제의 안정과 균형이 파괴되고, 게다가 기존 정치세력이 사태를 효과적으로 수습할 능력을 상실할 경우, 무정부적 진공상태를 메우기 위하여 파시즘이 등장한다.

파시즘의 가장 주요한 특징은 국가의 절대 우위이다. 국가를 상징하는 카리스마적인 지도자에게 완전히 복종하는 것이 파시즘의 특징이다. 또한 군사적 가치관과 전투 및 정복을 찬양하고 자유주의적 민주주의와 합리주의 및 부르주아적 가치관은 낮게 평가한다.

이러한 파시즘적 성격은 1930년대 일본의 많은 지식인들이 서구화의 영향을 거부하고 고유한 종교와 윤리 및 무사적 전통의 가치관으로 돌아가자는 주장의 예를 통해서도 찾아 볼 수 있다. 또한 독일과 마찬가지로 일본은 미개한 민족을 정복하여 가치관의 정당성을 입증하는 임무가 세계 내에서 자신이 맡고 있는 역할이라고 판단했다.(최경희)

파시스트, 파쇼, 나치즘, 민족주의, 공산주의, 전체주의

참고문헌
로버트 O. 팩스턴,『열정과 광기의 정치 혁명』, 손명희·최희영 역, 2005.
김수용 외,『유럽의 파시즘』, 서울대학교출판부, 2002.

파편화(破片化, Fragmentation)

파편화는 한편으로 해체, 전체주의, 일방주의, 폐쇄, 고립을 함축하며, 다른 한편으로는 국민주의, 지역주의, 공간적 팽창, 분리주의, 이질성을 지향하는 경향을 띤다. 이는 어떻게 보면 통합적인 것에 반대되어 부정적 의미가 강한 듯하지만, '상대적으로 불리한 위치에 있는 자들'이 사회 정의를 획득하기 위해 사용할 수 있는 수단이 되기도 한다.

파편화에 대한 분석이 안고 있는 첫 번째 문제는 적절한 분석수준을 찾는 것이다. 그 이유는 야누스처럼 한 수준에서 통합적이라고 간주되는 많은 발전결과들이 다른 수준에서는 파편화 지향적인 측면을 동시에 띠고 있기 때문이다. 국가의 역할 그리고 국민주의의 역할만큼 이 같은 이중성을 잘 예증해주는 것은 없다. 때문에 많은 지구화이론들이 국가체계를 파편화의 원천으로 상정하고 있다. 국제관계 연구자들이 관심을 갖는 것은 단순히 민족주의의 존재에 관한 것이 아니라 그것의 파편화 효과가 불안정과 갈등의 잠재력을 유발하는 지에 관한 것이다. 즉 파편화의 자율성에 대해서 논쟁이 벌어지고 있다. 특히나 안정으로만 볼 수 없는 지구화와 관련하여, 다시 말하면 지구화의 부정적 측면과 관련하여, 파편화를 지구화에 대한 변증법적 대응이라고 주장하는 논의들이 많이 있다.

파편화라는 개념은 사회의 전통에서부터 종교 및 철학의 체계와 미적 형식에 이르는 경험의 모든 양상을 포괄하여 현대의 삶을 일반적으로 말하는 표현으로서 자주 불려 나온다. 이 개념 자체는 전체성(totality)의 개념과 대립한다. 파편화는 포스트모던한, 탈산업적 세계의 조건과 흔히 연관된다. 많은 사람들에게, 특히 본질주의의 특수한 형태, 즉 미학, 도덕 혹은 정치적 행동의 초월적 형태에 대한 믿음에 투신한 사람들에게 파편화는 통탄할 일이다. 그러나 다른 사람들, 특히 탈중심화나 결정불가능성을 지지하는 사람들에게 파편화는 자본주의와 번창하는 테크놀러지, 특히 정보 테크놀러지의 불가피한 결과로 보인다. 이 후자 집단에게 파편화는 그 자체로 반드시 유해한 사태는 아니며 찬양하지 못할 것도 없다. 하지만 동시에 정부, 군부, 교육, 기업 등 현존하는 제도는 개인이 소외가 증대되어간다는 것, 어떻게 기획된 통일성이나 전체성도 최종적으로 무효라는 것을 강조함으로써 사람들에 대한 지배력 행사에 단편화를 이용할 수 있다. 파편화에 대한 논의는 대부분 필연적으로 국민주의(민족주의)의 다양성에 관심을 집중하지만, 지역주의의 양면적인 역할에 대해서도 주의를 기울일 필요가 있다. 지구화에 대립되는 것으로서 지역주의는 지구화와 동등한 경향으로 나타날 수 도 있고 지역블록으로 이어질 수도 있는 것이다.(이정선)

지구화, 파편화, 민족주의

참고문헌
이안 클라크, 『지구화와 파편화』, 정헌주 역, 일신사, 2001.
조셉 칠더즈, 게리 헨치 엮음, 『현대문학 문화비평 용어사전』, 황종연 역, 문학동네, 1999.

판단(判斷, Judgment)

판단은 옳고 그름, 좋고 나쁨 등을 헤아려 가리는 것이다. 논리학에서는 어떤 대상에 대하여 무슨 일인가를 단정하는 인간의 사유작용을 판단이라고 하며 판단의 언어표현을 명제라고 한다. 명제는 보통 "S는 P이다"의 형식을 취하고 주어와 술어를 결합하여 양자의 관계를 나타낸다. 개념이 집합하면 판단이 되고 판단이 집합하면 추리가 된다. 판단은 "S면 P이다" " S이거나 P이다"등의 형식으로 표현될 수도 있다. 칸트는 개별적 사례들을 미리 주어져 있는 보편적 원리에 포섭하는 것을 이성 판단이라고 하고, 개별자가 보편자보다 먼저 주어져 있는 것을 취미 판단이라고 하였다. 이 경우에는 개별적 사례에 적합한 보편적 원리를 후에 모색해 볼 수밖에 없다. 칸트는 경험과 지성을 함께 중시하여 인식성립의 계기로 삼았다. 인식의 대상이 먼저 직관에 의하여 받아들여지지 않으면 안 되며, 직관에 의하여 우리의 정신에 받아들여진 대상의 위상은 반드시 시간과 공간의 제약 아래 규정된다고 하여 칸트는 인식의 과정에서 감각과 경험을 중시하였다. 그러나 직관에 의하여 받아들여진 재료에는 통일과 질서가 없으므로 이 다양한 재료에 통일과 질서를 부여해주어야 하는데, 분량과 성질과 관계와 양식을 파악하는 오성의 범주들이 통일과 질서의 원리로 작용한다고 하여 칸트는 인식의 과정에서 오성과 지성을 또한 중시하였다. 지성적 인식과 반대로 미적 판단은 개념 없이 즐거움을 향유한다. 칸트의 철학에서 감성과 오성, 욕망과 인식, 실천이성과 이론이성의 이분법은 주체와 객체 사이의 근본적인 적대관계를 반영한다. 미적 판단은 이론이성과 실천이성을 매개하는 세 번째 능력이다. 이론이성이 인식의 선험적인 원리를 제공하고, 실천이성이 욕망과 의지의 선험적인 원리를 제공하는 데 반하여 미적 판단은 고통과 쾌락의 느낌에 의하여 그 둘을 매개한다. 칸트에게 미학적 차원과 미학적 차원에 일치하는 쾌적한 느낌은 정신의 단순한 세 번째 능력이 아니라 정신의 핵심이 된다. 미적 판단은 개념적이라기보다는 감각적이라고 해야 할 경험이다. 미적 판단은 본질적으로 직관적 판단이지 개념적 판단이 아니다. 미적 판단은 쾌락을 수반한다. 이러한 쾌락이 대상 자체의 순수형식으로 구성되어 있는 한, 쾌락은 어떠한 지각주체에 대해서도 보편적이고 필연적으로 미학적 지각을 수반한다. 미적 판단은 감각적이고 따라서 수동적이지만 창조적이다. 이러한 질서를 규정하는 두 개의 중요한 범주는 목적 없이 목적에 부합함과 법칙 없이 법칙에 부합함이다. 목적 없이 목적에 부합함은 아름다움의 구조를 규정하고, 법칙 없이 법칙에 부합함은 자유의 구조를 규정한다. 그 자신의 자유로운 종합 속에서 미학적 상상력은 아름다움을 구성한다. 미학적 상상력 안에서 감성은 객관적 질서를 위하여 보편타당한 원칙을 창조한다. 미적 판단은 미학적 대상의 자유로운 조화에 대한 쾌적한 반응으로서 모든 정신능력의 조화를 확립한다. 칸트가 볼 때 미학적 차원은 감각과 지성이 만나는 매개체이다. 그 매개는 상상력(구상력)에 의하여 수행된다.(김인환)

인식, 오성, 직관, 실천이성

참고문헌
한국칸트학회, 『칸트와 미학』, 민음사, 1997.
임마누엘 칸트, 『판단력 비판』, 박영사, 2003.
디터 타이헤르트, 『판단력 비판-쉽게 읽는 칸트』, 이학사, 2003.

판단중지 ☞ 에포케

판소리

판소리는 '판'과 '소리'의 합성어로 판놀음, 즉 연희(演戲)에서 부르는 소리를 말한다. 1964년 중요무형문화제 제5호로 지정되었으며, 2003년 유네스코 '인류구전 및 세계무형유산걸작'으로 선정되어 세계무형유산으로 지정되었다. 판소리는 조선 중기 이후 남도지방 특유의 곡조를 토대로 발달한, 광대 한 명이 고수(鼓手) 한 명의 장단에 맞추어 일정한 내용을 육성(肉聲)과 몸짓을 곁들여 창극조(唱劇調)로 두서너 시간에 걸쳐 부르는 민속예술형태의 한 갈래이다.

남도의 향토적인 선율을 토대로 진양조 중모리 중중모리 ·자진모리 ·휘모리 ·엇모리 ·엇중모리등 일곱 가지 장단에 따라 변화시키고, 또 아니리(白:말)와 발림(科:몸짓)으로 극적인 효과를 높이는데, 이 때의 대사만을 가리켜 극가(劇歌)라고 한다.

판소리의 발생기는 여러 평민문화가 발흥하기 시작한 조선 숙종(肅宗) 무렵으로 『춘향가』, 『심청가』, 『흥부가(박타령)』, 『토별가(수궁가:토끼타령)』, 『적벽가(赤壁歌:華容道)』, 『장끼타령』, 『변강쇠타령:가루지기타령:橫負歌』, 『무이숙(日者타령)』, 『배비장타령(裵裨將打令)』, 『강릉매화타령(江陵梅花打令)』, 『숙영낭자전(淑英娘子傳:가짜神仙타령)』, 『옹고집타령(雍固執打令)』 등 무당의 12굿처럼 12마당으로 이루어졌다.

가곡의 창법이 보급되어 유행함에 따라 영·정조(英正祖) 연간에는 하한담(河漢潭)·최선달(崔先達)·우춘대(禹春大) 등 명창이 나와 판소리의 기틀을 잡았고, 순조(純祖) 때와 그 이후권삼득(權三得)을 비롯한 고수관(高壽寬)·송흥록(宋興祿)·염계달(廉季達)·모흥갑(牟興甲)·신만엽(申萬葉)·박유전(朴裕全)·김제철(金濟哲) 등 이른바 판소리 8명창이 나와 조와 장단을 확대시킴으로써 그 음악성을 충실히 발전시켜 판소리 크게 번성하게 하였다.

조선 후기에는 동리(桐里) 신재효(申在孝)가 그 때까지의 체계를 가다듬어 광대소리12마당을 『춘향가』, 『심청가』, 『박타령』, 『가루지기타령』, 『토끼타령』, 『적벽가』 등 6마당으로 개산(改刪)하고 그 대문과 어구도 실감나도록 고쳐 이후로 광대들은 이 극본에 따라 부르게 되었다.(최경희)

판소리계 소설, 동편제, 서편제, 중고제, 창, 아니리, 발림, 진양조·중모리·중중모리·자진모리·휘모리·엇모리·엇중모리

참고문헌
정병욱, 『한국의 판소리』, 집문당, 1996.
정양, 『판소리 더늠의 시학』, 문학동네, 2001.

판소리계 소설

판소리계 소설은 근본적으로 판소리체를 바탕으로 하여 형성되어 기록된 서사 문학을 가리킨다. 판소리는 기본적으로 광대 한 명이 고수(鼓手)의 장단에 맞추어 일정한 서사를 육성(肉聲)과 몸짓을 곁들여 창극조(唱劇調)로 부른다는 점에서 음악에 속한다. 판소리계 소설은 이러한 판소리를 근간으로 한 서사 문학의 한 갈래로 규정될 수 있다.

판소리계 소설을 이와 같이 규정지을 경우, 판소리의 대본으로 남아있는 것을 판소리계 소설의 개념에 포함시킬 수 있는가 하는 문제가 생긴다. 어디까지나 가창을 목적으로 한 음악의 가사, 혹은 일인극의 대본을 소설이라는 용어로 지칭하는 것은 문제가 있기 때문이다. 그러나 한편 가사 혹은 대본의 형태로 남아있는 것 역시 일정한 서사를 담고 있다는 점에서 소설로 불릴 수 있는 요소를 갖고 있다고 할 수 있다. 이런 맥락에서 판소리계 소설이라는 명칭 대신 '판소리 서사체'라는 용어를 제안하는 경우도 있다.

판소리계 소설로 현재 전하는 것 중 대표적인 것은 조선 말기 신재효(申在孝)가 그 때까지 전해오던 판소리 12마당을 정리하여 판소리 여섯 마당을 기록한 것이 있다. 애초에 존재했던 12마당은 춘향전, 심청전, 홍부전, 토끼전, 적벽가, 변강쇠가, 장끼전, 옹고집전, 배비장전, 무숙이타령, 강릉매화타령, 이춘풍전 등이다. 신재효가 정리한 여섯 마당은 춘향가, 심청가, 박타령, 가루지기타령, 토끼타령, 적벽가이다.(최현희)

판소리, 판소리 서사체, 판소리 12마당

참고문헌
김동욱, 「판소리계 소설의 실증적 연구」, 서울대 박사학위 논문, 1967.
김병국, 『한국 고전문학의 비평적 이해』, 서울대학교출판부, 1995.
최혜진, 『판소리계 소설의 미학』, 역락, 2000.

판타지(Fantasy)

프로이트는 『햄릿』에 등장하는 폴로니우스의 대사를 빌어와 판타지를 '진리라는 잉어를 낚아 올리는 허구적인 미끼'(SE 23, 262)로 설명한다. 판타지는 무엇보다도 허구적인 '구성물'이다. 현실적으로 불가능한 소망들이 성취되는 장소이자 양식(예술). 이것이 허구인 이유는 판타지 속 사건들이 객관적 사실과는 아무 관련이 없기 때문이다. 그러나 프로이트는 곧 판타지가 현실을 정확하게 파악할 수 없게 만드는 장애물이 아니라(정신분석학적) 진리를 가능하게 하는 구조적 조건이라는 것을 깨닫게 된다. 무의식적 욕망은 온전하게 재현되거나 기억을 통해 완전히 회복될 수 없다. 상징적 억압 이전에 처음부터 배제(foreclosure)되어 의미를 부여받을 수 없던 것들이 다시 돌아오는 장소가 판타지이다. 그것들은 온전한 형태를 갖추지 못한 파편(프로이트의 용어로 '역사적 진실을 보여주는 파편'(SE 23, 268))이다. 상징화될 수 없는 물질적 요소들은 압축이나 전치를 통한 해석학적 작업으로 설명되지 않는다. 여기서 프로이트의 사유 체계에 결정적인 변화가 생긴다. 라캉식으로 말하면 프로이트는 무의식을 언어 구조로 설명하려는 시도를 멈추고 회복할 수 없는 방식으로 이미 상실된 주체의 욕망의 원인을 찾고 있는 것이다. 판타지 속에서 드러나는 것은 상징화될 수 없는 실재계의 파편들이다. 과거는 "가장 친밀하지만 가장 낯선 사물(Thing)로 주체의 한 가운데에 자리잡고 있다."(S 11, 263) 스스로 '역사 소설'이라 칭한 『모세와 일신교』에서 프로이트는 일신교에 관한 기원적이고 구조적인 판타지를 구성한다. 구성은 상징적 왜곡이 아닌 상실된 기원과의 만남이란 점에서 해석을 보환(supplement)한다. 라캉에게 판타지는 실재계적 진리가 드러나는 동시에 거부되는 장소이다. 상징화될 수 없는 진실의 파편들이 상징의 옷을 입고 나타나는, 다시 말해 판타지는 욕망의 근원에 이르는 길인 동시에 그것에의 접근을 방어하는 상징적 베일이다. 진리는(판타지라는) 베일의 형태로만 드러날 수 있기 때문이다.(민승기)

무의식적 욕망, 파편

참고문헌
Evans, Dylan. An Introductory Dictionary of Lacanian Psychoanalysis. London: Routledge, 1996.

Freud, Sigmund. "Constructions in Analysis" Standard Edition. vol. ⅩⅩⅢ. pp.257-269.

Reinhard, Kenneth. "The Freudian Things: Construction and the Archaeological Metaphor" Excavations and their Objects: Freud's Collection of Antiquity. ed. Stephen Barker. New York: State Univ. of New York Press, 1996. pp.57-80.

팔고문(八股文)

팔고문은 반드시 4단 구성으로 된 대구법을 순서에 따라 배열하여 모두 팔고(八股)를 포괄하기 때문에 팔고문이라 부르는 것이다. 股 또는 比는 모두 대구를 뜻하는 말이다. 『사서오경(四書五經)』의 한두 구(句) 또는 여러 구를 제(題)로 하여, 고인(古人) 대신 그 의미를 부연하는 것이 제정 당시의 취지였다. 1370년 8월 9일의 향시(鄕試)에서 처음으로 실시된 후부터 1901년 폐지될 때까지 이 팔고문은 지식인들을 적잖이 괴롭혔다.

팔고문의 시작은 북송 王安石(1021-1068)의 變法에서 실시된 과거(科擧)의 경의(經義)의 시험방식이라고 할 수 있다. 처음에는 출제방법이나 문장 형식에 특별한 형식이 없었으나, 결국 시간이 지나면서 일정한 틀이 생겨나 1384년 3월에 공포된 과거성식(科擧成式:科擧定式)에서 사서는 『주자(朱子)』의 집주(集注), 『역경(易經)』은 『정씨역전(程氏易傳)』과 『주자본의(朱子本義)』처럼, 근거로 삼을 책을 각각 지정하였다. 영락(永樂) 연간에는 주로 『사서오경대전(大全)』을 쓰게 되었으며, 경문의 해석은 일원화되었다. 그 결과로 문장형식이 차차 굳어져서, 1487년의 회시(會試) 이후로는 파제(破題) · 승제(承題) · 기강(起講) · 입제(入題) · 기고(起股) · 허고(虛股) · 중고(中股) · 후고(後股) · 결속(結束)의 부분으로 구성되기에 이르렀다. 여기서 기 · 허 · 중 · 후의 '고'는 독특한 긴 대구(對句)로 되어 있는데, 마치 8개의 기둥을 세운 듯하다고 해서 팔고문이라는 명칭이 생겼다. 또 지정된 경서의 의미를 바탕으로 문장을 짓는다는 입장에서, 경의(經義) · 제의(制義)라는 명칭도 붙어 있다.

내용은 송대(宋代)의 경의(經義)와, 형식은 당대(唐代)의 율시(律詩)와, 그리고 출제방법은 당대에 경문의 한두 자를 가지고 수험생에게 맞추게 했던 첩경(帖經)과 유사하다. 과거 시험용이었으므로, 명대의 중기 이후로는 팔고문의 참고서가 많이 만들어졌다. 수험생은 예문의 자구를 암기하여 문장을 만들게 되었으므로, 자료로서의 가치는 격하되었다. 결국 지나친 격식 위주의 팔고문은 사상과 문학적 생명력을 잃게 한다는 비판을 받아, 달라진 시대 조류 속에서 1901년 폐지되었다.(오태석)

팔고문, 고문, 과거, 경의

참고문헌

『儒敎大事典』, 박영사, 1990.

林煥文, 『文史知識辭典』, 延邊人民出版社, 1987.

팔루스(Phallus) ☞ 남근

팜므 파탈(Femme fatale)

팜므 파탈은 프랑스어로 '치명적인 여자'가 된다. 흔히 우리나라에서는 악녀(惡女)의 캐릭터로 통한다. 화려한 외모와 선정적인 몸매의 한 여자가 한 남자를 감미롭게 유혹한 후 파멸로 이끈다. 때로는 공멸을 자초하기도 한다.

팜므 파탈이 문학적인 캐릭터로 가장 잘 형상화된 것은 문학사의 유례 없는 스캔들을 일으킨 보들레르의 시집 『악의 꽃』이라고 말해 진다. 그는 아름답고 매력적인 여인의 열 가지 태도를 정의해 팜므 파탈의 구체적인 모습을 그려냈다. 팜므 파탈은 상징주의와 세기말 탐미주의가 풍미하던 19세기 말의 인기를 누렸던 이른바 요부형 여인상이다.

20세기에 이르러서는 팜므 파탈의 이미지가 영화와 광고의 경우처럼 성의 상품화가 시각적으로 강렬하게 수용될 수 있는 매체를 통해 드러나곤 한다. 영화사에서 팜므 파탈의 본격적인 등장은 필름 느와르에 이르러서였다. 아름다운 악녀의 이미지가 가장 대중적으로 각인된 것은 「원초적 본능」에서의 샤론 스톤이다.

사극에서의 악녀의 전형은 장희빈이다. 60년대 초 김지미가 영화 속의 장희빈을 처음으로 선보인 이래, 80년대 이후의 TV드라마에서도 이미숙 · 전인화 · 정선경 · 김혜수 등이 장희빈 역을 맡아 왔다.

미술평론가 이명옥은 잔혹 · 신비 · 섹시 · 탐미 네 가지 주제로 분류해 미술사 속의 악녀의 이미지를 분석한 책 『팜므 파탈』을 최근에 간행했다.

일부 여권주의자들은 팜므 파탈의 이미지가 오늘날 시대적인 붐을 조성하면서 확장되고 있는 것이 여성의 활발한 사회 진출로 인해 남성들의 입지가 불안해지자 의도가 반영된 배역을 새롭게 창출해내려는 저의가 드러난 결과로 보기도 한다.(송희복)

팜므 파탈, 아름다운 악녀, 보들레르, 탐미

참고문헌
이명옥, 『팜므 파탈: 치명적 유혹, 매혹당한 영혼들』, 다빈치, 2003.
장용호, 『팜므 파탈』, 어드북스, 2004.

팝 아트(Pop art)

팝 아트(pop art)는 1950년대 후반부터 영국과 미국 등에서 나타난 예술현상을 가리키는 용어이다. 팝 아트라는 명칭은 미술평론가 L.앨러웨이가 1954년에 회화와 조각의 표현양식에 대해 언급하면서 처음으로 사용했다. 영국 팝 아트의 대표적인 작가인 리처드 해밀턴은 팝 아트를 "순간적, 대중적, 대량생산적, 청년문화적, 성적(性的), 매혹적, 통속적이고, 일시적이고, 소비적이고, 값싸고, 재치 있고, 관능적이고, 선동적이고, 활기차고, 대기업적인 기술양식"으로 정의한다.

특히 팝 아트의 성격은 미국적 사회 환경 속에서 형성된 미술에서 더 구체적으로 반영되고 있다. 미국 팝 아트의 선배세대인 R. 라우션버그와 J.존스는 이미 1950년대 중반부터 각종 대중문화적 이미지를 활용하였는데, 이들의 작업이 다다이즘과 유사한 특징을 보여준다고 해서 네오 다다(Neo dada)로 불려졌고, 그 외에 신사실주의, 신통속주의 등 다양한 명칭으로 불려지기도 했다. 미국 팝 아트의 대표적 작가는 A.워홀, R.라히텐슈타인, T.웨셀만, C.올덴버그, J.로젠퀴스트 등과 서부지역의 R.인디애너, M.라모스, E.에드워드 키엔홀츠 등을 들 수 있다. 이들 중 가장 많은 논의를 불러일으킨 작가가 워홀이다. 그는 마릴린 먼로, 엘비스 프레슬리 등 대중문화의 스타나 저명인사들을 캔버스에 반복적으로 묘사하거나 임의적인 색채를 가미함으로써 순수고급 예술의 엘리티시즘을 공격하고 예술의 의미를 애매모호하게 만드는 일련의 작품을 발표했다.

팝 아트는 텔레비전이나 매스 미디어, 상품광고, 쇼윈도, 고속도로변의 빌보드와 거리의 교통표지판 등의 다중적이고 일상적인 것들뿐만 아니라 코카 콜라만화 속의 주인공 등 범상하고 흔한 소재들을 미술 속으로 끌어들임으로써 순수예술과 대중예술이라는 이분법적, 위계적 구조를 불식시키고 산업사회의 현실을 미술 속에 적극적으로 수용하고자 한 긍정적인 측면을 지니고 있다. 그러나 한편으로는 다다이즘에서 발원하는 반(反)예술의 정신을 미학화시키고 상품미학에 대한 진정한 비판적 대안의 제시보다 소비문화에 굴복한 것으로 볼 수 있다.(최경희)

옵아트, 누보레알리즘, 네오다다

참고문헌
데이비드 매카시, 『팝 아트』, 조은영 역, 열화당, 2003.
마이클 콕스, 『팝 뮤직이 기타등등』, 김윤희 역, 김영사, 2002.

패관문학(稗官文學)

패관문학(稗官文學)은 중국 한나라 때 유래한 패관문학을 고려 후기 민가에서 모방한 전설·설화를 가리키는 용어이다. 중국의 패관문학은 『태평광기(太平廣記)』, 『사기(史記)』, 『한서(寒暑)』 등에 들어 있는 설화의 영향 아래 정치적 권력을 잃은 문신과 승려들에 의해서 이루어졌다. 패관(稗官)이란 옛날 중국에서 임금이 민간의 풍속이나 정사를 살피기 위하여 거리의 소문을 모아 기록시키던 벼슬 이름인데, 이 뜻이 발전하여 이야기를 짓는 사람도 패관이라 일컫게 되었다. 뒤에 이들이 모아 엮은 이야기는 창의성(創意性)이 가미되고 윤색(潤色)됨으로써 흥미 본위로 흐름에 따라 하나의 산문적인 문학형태로 등장하게 된다. 여기서 패관소설·패사(稗史)·언패(諺稗) 등으로도 불리는 설화문학이 형성된다. 즉 문인들은 간단한 설화적 흥미와 전기적 진실, 그리고 민간의 구전된 이야기와 문인들의 시화 등을 삽입했다. 패관문학은 조선 중기까지 수필문학의 한 계보를 형성했고, 조선의 소설문학이 발전하는 모태(母胎) 구실을 했다.

대표적인 작품으로는 고려 문종(文宗) 때 박인량(朴寅亮)의 『수이전(殊異傳)』, 이인로(李仁老)의 『파한집(破閑集)』, 최자(崔滋)의 『보한집(補閑集)』, 이규보(李奎報)의 『백운소설(白雲小說)』, 이제현(李齊賢)의 『역몽패설(櫟翁稗說)』, 조선 세조(世祖) 때 강희안(姜希顔)의 『양화소록(養花

小錄)』, 남효온(南孝溫)의 『추강냉화(秋江冷話)』, 성종(成宗) 연간의 서거정(徐居正)의 『필원잡기(筆苑雜記)』, 『동인시화(東人詩話)』, 『골계전(滑稽傳)』, 『동문선(東文選)』, 강희맹(姜希孟)의 『촌담해이(村談解頤)』, 성현(成俔)의 『용재총화(慵齋叢話)』, 중종(中宗) 때 김안로(金安老)가 지은 『용천담적기(龍泉談寂記)』, 명종(明宗) 때 어숙권(魚叔權)의 『패관잡기(稗官雜記)』, 선조(宣祖)때 유몽인(柳夢寅)의 『어우야담(於于談)』, 허봉(許篈)의 『해동야언(海東野言)』, 이제신(李濟臣)의 『청강소설(淸江小說)』 등이 있다.(최경희)

패관소설, 패사(稗史), 언패(諺稗)

참고문헌
김광순, 『한국고전문학사의 쟁점』, 새문사, 2004.
문일환, 『조선고전문학사』, 한국문학사, 1997.

패러다임(Paradigm) ☞ 계열체/통합체

패러다임(Paradigm)의 위기

　패러다임(paradigm)은 일반적으로 패턴, 모델 등을 의미하며 '사례ㆍ예제ㆍ실례' 등을 뜻하는 말이다. 이 용어는 쿤이 『과학혁명의 구조(The Structure of Scientific Revolution)』(1962)에서 처음 제시한 개념이다. 이 책에서 쿤은 패러다임을 한 시대를 지배하는 과학적 인식ㆍ이론ㆍ관습ㆍ사고ㆍ관념ㆍ가치관 등이 결합된 총체적인 틀 또는 개념의 집합체로 정의하였다. 또한 패러다임은 푸코가 사용하는 담론이라는 말과 유사한 용어이다. 즉 사상, 언표, 행동을 가능하게 하는 조건들을 정하는 신념과 실천의 체계라는 의미이다.

　쿤은 패러다임의 위기를 다음과 같이 말한다. 과학사의 특정한 시기에는 언제나 개인이 아니라 전체 과학자 집단에 의해 공식적으로 인정된 모범적인 틀이 있는데, 이 모범적인 틀이 패러다임이다. 그러나 이 패러다임은 전혀 새롭게 구성되는 것이 아니라 기존의 자연과학위에서 혁명적으로 생성되고 쇠퇴하며, 다시 새로운 패러다임으로 대체된다. 즉 하나의 패러다임이 나타나면, 이 패러다임에서 나타나는 갖가지 문제점들을 해결하기 위해 과학자들은 계속 연구ㆍ탐구 활동을 하는데, 이를 정상과학(normal science)이라고 한다. 이어 정상과학을 통해 일정한 성과가 누적되다 보면 기존의 패러다임은 차츰 부정되고, 경쟁적인 새로운 패러다임이 나타난다. 그러다 과학혁명이 일어나면서 한 시대를 지배하던 패러다임은 완전히 사라지고, 경쟁관계에 있던 패러다임이 새로운 패러다임으로 자리를 대신하게 된다. 따라서 하나의 패러다임이 영원히 지속될 수는 없고, 항상 생성ㆍ발전ㆍ쇠퇴ㆍ대체되는 과정을 되풀이한다.

　특히 패러다임의 위기에 대한 쿤의 개념은 비평에 있어서 문학적 의미에서의 '내향성'의 의미를 가진다. 패러다임은 정전(canon: 작품은 새로운 문학적 패러다임이 그것이 이해되거나 감상될 수 있도록 허가하는 경우에만 주요한 작품으로 인정된다)에 관한 논쟁 혹은 해석(interpretation)에 대

한 논쟁과 관련해서 문학 비평적 용어로 사용된다.(최경희)

패러다임 계열체, 담론, 문제틀

참고문헌
토머스 S. 쿤, 『과학혁명의 구조』, 김명자 역, 까치, 2002.
송호근, 『한국사회 이해의 새로운 패러다임』, 나남, 2004.

패러독스(Paradox) ☞ 역설

패러디(Parody, 독 Parodie)

익살·풍자 효과를 위하여 원작의 표현이나 문체를 자기 작품에 차용하는 형식. 문학·음악·미술 분야에서 그 형식을 볼 수 있다. 패러디는 단순한 모방 차원이 아니고, 패러디의 대상이 된 작품과 패러디를 한 작품이 모두 새로운 의미를 가지게 된다는 점에서 표절과 구분될 뿐만 아니라, 어떤 인기 작품의 자구(字句)를 변경시키거나 과장하여 익살 또는 풍자의 효과를 노린 경우가 많다. 때로는 악의가 개입되지만 여기서의 웃음의 정신은 문학의 본질적인 것이다. 원래 희랍어에서 나온 말로 '놀리는 노래'나 '파생적인 노래'라는 뜻을 가지고 있으며 아리스토텔레스의 『시학(詩學)』에 등장할 정도로 기원이 오래된 용어이다. 고대 그리스의 풍자시인 히포낙스가 그 시조(始祖)이며, 문학작품으로는 그리스의 서사시 『일리아드(Iliad)』를 패러디한 서사시들을 비롯, 중세 기사도전설을 패러디한 M. 세르반테스의 『돈키호테(1605~15)』, S. 리처드슨의 『파밀라(1740)』를 패러디한 H. 필딩의 『조세프 앤드루의 모험(1742)』 등이 있다.

때로는 부정적으로 평가된 패러디를 혁신을 위한 노력의 중심에 놓으면서 그 가치를 인정한 것은 니체였으며, 이후 와이드와 러시아 형식주의자들에 의해 패러디는 문학사에 크게 부상되었다. 쉬클로프스키가 패러디를 '장치'로 부각시켰다면 티니아노프는 패러디를 '장치의 변증법적 작용'으로 확대함으로써 문학사의 중요한 매재의 변화에 주목했다. 특히 티니아노프는 중심에서 벗어난 주변의 문학이 다시 중심으로 부상하면서 발전되는 장르발전의 핵심인자로 패러디를 파악했다. 바흐친 역시 패러디의 범위와 방법의 다양함을 시사하고 있는데, 특히 그는 '말의 형식'뿐만 아니라 사회적이고 개인적인 '낯선 말의 심오한 원칙들'까지도 패러디의 대상으로 보았다. 따라서 변두리 언어의 본질인 저항과 위반의 힘을 낯설게 끌어들이는 패러디는 은폐된 모순이나 진실을 드러낼 수 있는 이데올로기적 담론이 될 수 있다.

패러디적 방법이 시대의 주된 시가 속으로 밀려드는 현상을 20세기 전위 문학의 특징으로 볼 수 있는데, 이러한 것은 믿을 수 없게 되어 버린 표현의 관례들을 제거하는 데 기여할 뿐만 아니라 풍자적 창조로서 그러한 관례들에게 다시 한 번 생기를 불어 넣을 수 있다. 따라서 20세기 문학에서 패러디는 고갈의 징후이며 또한 그것으로부터의 탈출의 가능성이다. 조이스(Joyce)의 『율리시즈Ulysses』는 소시민적 인물 오디세이의 일상생활을 모든 문학 장르와 시대 양식의 파노라마로서 제공하는데, 이때 한편으로는 패러디화된 모범들 속에 내포된 타당성의 요구가 비판적·파괴적으로 없어짐과 동시에 그의 현실을 규정하는 능력이 생생하게 드러난다.

패러디의 유희 속에서 일방적으로 교훈적·양식 비판적 경향을 찾으려는 것은 아마도 잘못된 일일 것이다. 또한 패러디가 원래의 대상에 대하여 항상 논쟁적으로 될 필요도 없다. 그러나 패러디 작업이 극단으로 진행될 때 시인의식이나 원본성·창조성의 개념은 철저히 와해되며, 이 때 패러디는 비판력은 잃은 채 유희적 기능만 강하게 부각되는 패스티쉬가 된다.(이정선)

용사, 러시아형식주의, 비판의식, 패스티쉬, 콜라주, 몽타주

참고문헌
정끝별, 『패러디의 시학』, 문학세계사, 1997.
빅토르 츠메카치·디터 호르흐마이어, 『현대문학의 근본 개념 사전』, 류종영 외 역, 솔, 1996.

팬픽

연예인에 대한 팬덤을 기반으로 한 사이버문화의 일종으로 연예인을 주인공으로 쓴 소설(안선주)을 의미한다. 팬픽의 어원은 팬(fan)과 픽션(fiction)의 합성어인 팬픽션의 줄임말이다. 하지만 엄밀한 의미에서 팬픽과 팬픽션은 다르다. 팬픽션은 TV드라마의 열성적인 팬들이 인터넷에 관련 사이트를 개설해 연기자나 프로그램에 대한 정보를 주고받는 등의 행위에서 일부를 지칭한다. 미국의 드라마 '스타트랙'이 그 기원이나 우리나라에서는 미국 드라마 'X파일'의 팬들이 프로그램이나 연기자에 대한 정보를 교환하면서 새로운 이야기를 만들어내는 것으로 처음 소개되었다. 하지만 한국에서의 팬픽은 이보다는 아이돌 스타를 등장인물로 하는 글쓰기로 통용되고 있다.

팬픽은 PC통신이 보급되기 시작한 1990년대 중반 이후에 등장해서 2000년대에 뚜렷한 문화현상으로 나타났다. 처음에는 1990년대 후반 등장한 아이돌 스타 그룹인 HOT, 젝스키스 등의 팬그룹을 중심으로 나타났고 그 이후 신화, GOD, 동방신기, SS501의 팬그룹이 팬픽의 열풍을 주도했다. 이들의 팬그룹 사이트는 대개 만 명 이상의 회원을 거느리고 있으며 팬들은 스타에 대한 열광의 표현을 글쓰기 등을 통해 적극적으로 실천하고 있다. 팬픽은 인터넷 공간에서 '동방신기팬픽'처럼 스타 그룹의 이름을 직접 언급하는 방식으로 명명되어 소비된다. 이 시기까지 팬픽의 대상은 대부분 남성 아이돌 스타였다면 최근에는 여성 아이돌 그룹이 대거 등장하면서 여성 아이돌 스타도 팬픽의 대상이 되었다. 아이돌 스타뿐만 아니라 영화, TV드라마도 팬픽의 대상이 되고 있다. 향유층의 폭도 넓어져서, 팬픽이 처음 등장한 시기에는 십대 여성 중심의 문화였으나 점차 십대 초반과 20~30대까지 함께 생산·소비하는 문화로 그 저변이 확대되는 추세다. 생산·소비계층의 연령대가 두터울 뿐 아니라 창작의 전문성까지 인정받고 있는 일본과 미국의 경우를 본다면, 앞으로 팬픽의 영역은 좀 더 확장될 가능성이 있다.

팬픽에 대한 대중의 관심은 팬픽이 가지는 동성애적 성향에 대해 언론이 관심을 가지게 되면서부터 시작되었다. 2000년대에 들어서면서 팬픽에 대한 본격적인 연구도 등장하기 시작했다. 이들 연구는 팬픽이 글쓰기 자체를 향유하는 문화를 만들고 있음을 밝혀내고 있으며, 팬픽의 동성애적 글쓰기에 대해서도 젠더 정체성 문제와의 연관성 속에 다루고 있다. 팬픽의 생산과 소비가 스타 이미지에 과도하게 침윤되거나 스타에 대한 애정을 사적 영역으로 가두는 방식의 결과라는 비판도 있다. 특히 팬픽이 전도된 포르노그래피이며, 팬픽의 동성애적 판타지는 우월한 시각 주체가 열등한 시각 대상을 소비물로 전락시키는 기성의 가부장제 이데올로기를 파급할 수도 있다는 비판도 있다. 그럼에도 동성애라는 주제를 다루기 위해 성교차적 동일시 과정을 거치게 되면서 억압적인 성윤리를 가로지르는 경험을 하게 된다는 팬픽의 긍정적인 측면이 거론되기도 한다.(추선진)

참고문헌
김민정,『사이버 여성 문화로써 팬픽 연구: 환타지와 성정체성의 연관성을 중심으로』, 이화여자대학교 대학원 석사, 2002.
안선주,『인기남성댄스그룹의 팬픽현상에 대한 연구 : 'g.o.d'와 '신화'를 중심으로』, 연세대학교 대학원 석사, 2003.
소영현,「팬픽과 글쓰기 문화: 뉴미디어 시대의 글쓰기에 대한 문화생태학적 고찰」,『비교한국학』, 2010.

팰러스로고스중심주의(Phallogocentrism)

팰러스 중심주의와 로고스 중심주의가 결합하여 만들어진 합성어이다. 고대 풍습에서 팰러스phallus는 직립한 남성 성기의 재현이며 군주권력의 상징이었다. 정신분석학에서 이것은 상호간 주관성과 상징계(Symbolic)로의 접근과정에서 남근이 취하는 상징적 중요성을 강조하기 위해 사용된다. 로고스중심주의는 언어가 지닌 상징적 질서가 보편적 진리에 입각한다고 보는 입장이다. 서양에서는 신神을 대신하는 말씀이나 이성(헤겔의 경우), 동양에서는 도道나 법法이 여기에 해당된다. 팰러스중심주의가 성욕(Sexuality)을 보편적 중재자로서 특권화 한다면 로고스중심주의는 언어를 진리의 궁극적인 중재자로 특권화 한다. 테리 이글턴(Terry Eagleton)은 이 용어의 합을 성적, 사회적 권력을 휘두르는 사람들이 장악하려는 기제라고 정의한다.

양성(兩性)은 첫 리비도 단계를 똑같이 통과하여 팰러스 단계로 종속된다. 프로이트(Sigmund Freud)에게서 남근 선망은 남성성기의 우월성을 확립하고 팰러스를 성의 원형을 구성하는 본질적 요소로 만드는 것으로 파악된다. 그에 비해 라깡(Jacques Lacan)에게서 팰러스 중심성은 신체적인 것이 아니라 언어학적인 것이다. 그는 후기 저작에서 로고스logos를 밝히는 데 욕망이 덧붙여진 특권화된 기표로 팰러스로고스중심주의를 정의한다. 이들에게서 남근이 팰러스를 갖는 이유는 그 기관이 여성의 배제를 기호화할 수 있기 때문이다. 이러한 과정에서 남근은 실제적 기관의 존재에서 상상적 대상으로 대치되어 소유의 대상 또는, 욕망의 대상이 되어 양성간의 상징적 관계로 기능한다.

페미니스트들은 라깡을 비롯한 프로이트 추종자들에게서 팰러스로고스중심주의는 가부장적 권위와 완전한 담화에 기반을 둔 윤리 제도적 담론이라고 본다.(곽봉재)

팰러스중심주의, 로고스중심주의, 남근선망

참고문헌

Kauffman, Linda, Feminism and Institutions. Oxford:Basil Blackwell,1989.

Elizabeth Wright, 박찬부외 역,『페미니즘과 정신분석학 사전 Feminism and Psycho -analysis A Critical Dictionary,』, 한신문화사, 1997.

팰림프세스트(Palimpsest) ☞ 복기지

퍼소나(Persona)

퍼소나는 <탈, persona>이란 용어로써 시적 화자를 지칭한다. 시적 화자는 청자를 염두에 두기 때문에 이 양자 관계는 작품을 이해하는데 상상의 변용이 필요하다. 시인과 시적 화자와의 동일성 여부와 시인과 시적 화자 관계가 창작에 의한 상상의 세계라는 경우에는 이해가 달라진다. 시가 주관적 고백적 장르라는 인식에서는 시적 화자는 실제 시인과 동일시되며 이는 고백이면서 자전적이다. 그러나 시가 제재에 대한 태도를 나타내기 위해 창조된 극적 개성이라면 이는 허구적이고 극적이라는 견해다.

대부분의 시인은 <탈, persona>을 쓰고 탈에 어울리는 역할의 범주에 있고 독자는 독자대로 그 탈을 쓴 시인을 이해하려 한다. 시인은 탈에 의해 행위와 역할이 나타나므로 독자는 그 탈의 모든 것을 분석하고 이해하면서 시인이 무엇을 보여주느냐를 인식하려 한다. 그러면 그 탈이라는 화자는 자전적인 인식으로 보아야 하느냐, 상상적으로 허구로 보아야 하느냐는 것은 동일성인가. 대결인가라는 화자와 청자와의 관계에 있다.

대부분의 서정시는 표면에 나타나 있는 화자와 청자의 경우, 현상적 청자만이 나타나 있는 경우, 나타나지 않는 화자와 청자의 경우 등으로 퍼소나는 형성된다. 시적 자아 곧 시의 일인칭 화자는 작품의 이면에 숨은 함축적 화자(implied speaker)와 표면에 나타나는 현상적 화자(phenomenological speaker)로 다시 구분되며, 김준오(金俊五)는 이 양자를 경험적 자아 곧 실제 시인과 구분되는 시적 자아로 보고 이런 시적 자아를 퍼소나로 보았다. 이인칭 청자도 작품의 이면에 숨은 함축적 자아와 표면에 나타나는 현상적 자아로 다시 나누어지며 이 양자 역시 실제 독자와 구분되며 실제의 시인과 독자는 텍스트 밖의 인물이 된다.(조병무)

화자, 청자, 탈

참고문헌
김준오,『시론』, 삼지원, 2003.
A. 새뮤얼 외,『융분석비평사전』, 민혜숙 역, 동문선, 2000.

퍼포먼스

　서구에서는 일반 연극(drama)과 별도로 공연(performance, performing arts)이라는 용어를 자주 사용한다. 한국의 연희(演戲)에 해당한다. 드라마가 독자적인 전통을 이루었음은 물론, 퍼포먼스는 드라마를 포용하는 새로운 공연예술로 대두되고 있다. 예술사의 한 범주로서 퍼포먼스는 전통연희와 현대공연예술을 모두 포괄한다. 그러나 통상 서구에서 퍼포먼스라고 하면 살아 있는 공연예술, 주로 후자를 지칭하는 개념이다. 그러므로 그것은 전승공연예술에 대한 비판과 저항과 새로운 대안으로서 일어나는 하나의 예술운동이자 표현행위로서 의의를 갖는다. 예술 기호와 매체의 총체적인 표현으로서 새로운 도전이자 실험인 것이다. 1960년대 초부터 폭발적으로 집단적으로 일어나기 시작한 것이 바로 현대의 퍼포먼스라고 할 수 있다. 1940년대의 퍼포먼스라고 할 수 있는 뮤지컬이나 재즈는 이미 전통에 포함될 만큼 고전적 의미를 갖게 되었다.

　현대연희가 아직도 활발하지 못한 동양에서는 퍼포먼스의 범주가 주로 전승연희에 국한 되는 것은 불가피한 현상이다. 아울러 최근 동양에서도 민주화운동을 전제로 해서 정치적인 행위로서의 연희가 점차 증가하고 있는 현상은 주목된다. 한국에서 70년대 이후부터 일어난 마당극은 퍼포먼스의 사례에 속한다. 서구에서는 연극을 포함하여, 오페라, 연주회, 발레와 댄스, 마임, 뮤지컬, 버라이어티와 뮤직홀, 카바레, 요술, 서커스, 인형극, 판토마임, 재즈와 팝, 대담한 묘기, 거리에서 하는 연주와 연기, 혼자서 하는 쇼오, 시낭독 등을 포함하는 해프닝(happening)과 이벤트(event) 등을 퍼포먼스로 분류한다. 퍼포먼스의 장르가 일찍부터 분화되고 독자적으로 발전되어 온 서양에서는 연극, 오페라, 콘서트, 발레, 뮤지컬 등이 각기 다른 형식과 제작방법을 정립시켰으나 동양에서는 이러한 분화를 찾아보기 어렵다. 동양의 연희는 이러한 형식들이 고대로부터 현재까지 대체로 하나의 생명체로 전승되는 총체적인 형식이다. 그것은 반주음악과 노래와 춤과 연기와 대사가 유기적으로 조화된 형식이다.(서연호)

　해프닝, 이벤트

참고문헌
서연호, 『한국전승연희학 개론』, 연극과인간, 2004.
The New Encyclopaedia Britannica(Performance), 1994.
Michael Billington, Performing Arts, A QED Book, 1988.
Martin Banham, The Cambridge Gaide to World Theatre, Cambridge University Press, 1988.

펑크(Punk)

　'펑크'는 보잘 것 없고 가치 없는 사람, 젊은 불량배, 애송이, 동성연애자, 농담, 허튼 소리 등의 의미를 지닌 속어이다. '펑크'는 음악용어인 '펑키(funky)'에서 파생된 것으로, 1960년대 초에 캘리포니아 북부에서 활동을 시작한 시각 예술가들에게 붙여진 명칭이다. 당시 버클리 대학 미술관의 관장이던 피터 젤츠는 1967년에 열린 전시회 제목을 펑크(punk)로 정한 장본인이다.

펑크 미술은 관습에 얽매이지 않으며 감각적이고 또 직접적이다. 펑크 미술에서 전형적으로 등장하는 요소는 유머와 통속성 그리고 자전적 서술이지만, 펑크 미술의 이미지는 로이 드 포리스트의 동물을 의인화한 회화에서부터 로버트 허드슨Robert Hud -son의 강렬한 색채가 칠해진 추상조각에 이르기까지 매우 광범위하다. 펑크 미술가는 색다른 재료와 발견된 오브제 사용을 즐겨하는 경우가 많다 펑크 미술가는 재료를 틀에 박히지 않은 자유로운 방식으로 사용함으로써, 회화와 조각의 구별을 모호하게 만들었을 뿐만 아니라 점토를 공예재료에서 조각재료로 격상시키는 데에도 일조했다.

펑크 미술은 특히 장난기 섞인 부조리를 보여준 다다와 네오다다같이 시대적으로 앞서 나온 반예술 운동에 크게 영향 받았다. 윌리엄 와일리의 말장난 같은 작품은 '듀드 랜치 다다(Dude Ranch Dada)'라는 적절한 제목이 붙어있다. 펑키(funky)라는 용어를 빌려다가, 전통적인 가치관에 대한 경멸의 의미로 외설적인 명칭을 붙였던 것인데, 펑크 아트는 본질적으로 앗상블라주(assemblage,프)의 예술이었던 펑키 아트에서 자연적으로 발생한 것이다. 펑크 미술가는 뉴욕과 로스엔젤레스를 중심으로 펼쳐진 진지한 추상운동에 대해 반발하여 미술사가 아닌 대중문화에서 영감을 얻으려 했다.

작가 로버트 아니슨, 클레이튼 베일리, 로이 드 포리스트, 윌리엄 와일리, 사이츠(William G. Seitz), 프라이스(Kenneth Price), 코너(Bruce Conner), 허드슨(Robert Hudson) 등이 있다.(곽봉재)

앗상블라쥬(assemblage), 네오다다이즘, 펑키(funky)

참고문헌
백선기 역, 『문화연구란 무엇인가?』, 커뮤니케이션스북, 2000.
정정호, 『탈근대와 영문학』, 태학사, 2004.

페로니즘 ☞ 포퓰리즘

페미니즘 비평(Feminist criticism)

페미니즘 비평은 페미니즘적 인식에 입각하여 작가와 작품, 장르, 언어 등의 문제에 접근하는 비평 양식을 일컫는다. 페미니즘 문학을 열등한 것으로 차별하는 기존의 남근비평(phallic criticism)적 방법에 저항하면서 페미니즘 문학의 정당성과 특수성을 강조하는 것이다. 여성에게 부당하게 요구되는 금기들을 깨뜨리고 문학으로 나타나는 여성의 독특한 체험을 이해하기 위해서 기존의 비평과 이론들을 재평가하고 재규정하는 작업이라고 할 수 있다. 궁극적으로는 기존의 문학사에서 배제되었던 여성작가나 작품을 발굴해 그 위치를 제대로 조명함으로써 온전한 문학사를 새로 쓰는 것이 페미니즘 비평의 최종 목표이다.

이런 목표를 실현하기 위해 페미니즘 비평은 '다시 보기(re-vision)'나 '저항하기'의 원리를 강조한다. '교정(revision)'이라는 단어를 비튼 '다시 보기'는 기존의 문화를 다시 읽고 다시 씀으로써 페미니즘문학을 새롭게 조명하려는 것이다. '저항하기'는 동의하는 독자가 아니라 저항하는 독자의 입장이 되어 기존의 해석을 의심하고 뒤집을 수 있어야만 페미니즘 비평이 가능하다는 것이다. 여성들의 소외나 의식의 고양(consciousness-raising)에 초점을 맞추면서 여성의 감추어진 두려움과 분노를 해방시키거나 고통을 일깨우는 과정을 중시하기 때문이다. 이런 의미에서 페미니즘 비평은 특정한 '방법론'이기보다는 하나의 '전망'에 해당한다고도 할 수 있다.

페미니즘 비평에는 다음과 같은 세 가지의 기본 전제가 있다. 첫째 문학 작품은 이념의 축 또는 이데올로기의 축을 따라 창조되기에 여성 작가도 자신의 작품에 여성 특유의 인생관과 가치관을 투영한다는 것, 둘째 한 작가의 작품은 상당한 정도로 성에 의해 결정되거나 제약된다는 것, 셋째 정치·경제·종교·문화 등에서 배제되어 온 여성적인 것의 가치와 의미를 회복시킨다는 것 등이다.

안네트 콜로드니(Annette Kolodny)에 의하면 페미니즘 비평의 범위는 주제가 무엇이든 여성이 쓴 비평, 남성이 쓴 저서에 대하여 페미니즘적 관점에서 쓴 비평, 여성의 작품이나 여성작가에 대해서 여성이 쓴 비평 등이다. 그러나 실제 페미니즘 비평에서는 남성이든 여성이든 누가 썼는지에 상관없이, 그리고 남성이 쓴 텍스트를 연구대상을 삼은 것까지 포함하여 페미니즘적 관점에서 접근했다면 모두 페미니즘 비평으로 인정하고 있다.

하지만 페미니즘 비평에는 여성 억압의 원인과 해결책을 어디에 두느냐에 따라 여러 가지 다양한 종류가 존재한다. 여성 자체가 인종·계급·민족에 따라 다양하게 분열되어 있고, 페미니즘 비평 자체도 시대에 따라 새롭게 제기된 여성문제에 대해 반응하면서 스스로 변화해왔기 때문이다. 대략 그 종류를 살펴보면 자유주의적 페미니즘 비평, 마르크스주의적 페미니즘 비평, 급진적 페미니즘 비평, 사회주의적 페미니즘 비평, 정신분석학적 페미니즘 비평, 포스트모던 페미니즘 비평, 에코 페미니즘 비평, 탈식민주의적 페미니즘 비평, 레즈비언 페미니즘 비평, 흑인 페미니즘 비평, 제3세계 페미니즘 비평, 문화 페미니즘 비평 등이다.

한국에서 페미니즘 비평이 본격적으로 논의되기 시작한 것은 1980년대 후반부터이다. 이전에 비해 여성의 지위가 상대적으로 높아졌고, 여성학의 발달로 인해 여성들의 목소리가 부각될 수 있었기 때문이다. 특히 문학 분야에서의 성과는 괄목할 만한 것으로, 박경리, 오정희, 박완서의 뒤를 이어 양귀자, 김채원, 신경숙, 공지영, 이혜경, 김인숙, 은희경, 전경린, 최승자, 김승희, 김혜순, 최영미, 허수경, 나희덕 등의 여성작가에 대한 관심이 증대되었다. 이러한 관심의 증대가 외국 페미니즘 이론의 소개와 번역을 촉발시키면서 페미니즘 문학의 전성기를 이루게 했다. 문학잡지에서도 페미니즘 비평을 특집으로 많이 다루기 시작했으며, 학계에서도 여성작가와 작품, 문학적 형식에 대한 학문적 연구가 활발해져서 그에 대한 학위논문들이 기하급수적으로 증가했다.(김미현)

페미니즘, 여성학,(남근비평)

참고문헌

김열규 외 공편역,『페미니즘과 문학』, 문예출판사, 1988.

조세핀 도노번,『페미니즘 이론』, 김익두·이월영 역, 문예출판사, 1993.

로즈마리 통,『페미니즘 사상 : 종합적 접근』, 이소영 역, 한신문화사, 1995.

한국영미문학페미니즘학회,『페미니즘 : 어제와 오늘』, 민음사, 2000.

페미니즘(Feminism)

페미니즘은 '여성의 특질을 갖추고 있는 것'이라는 뜻을 지닌 라틴어 '페미나(femina)'에서 파생한 말로서, 성 차별적이고 남성 중심적인 시각 때문에 여성이 억압받는 현실에 저항하는 여성 해방 이데올로기를 말한다. 여성을 여성 자체가 아니라 남성이 아닌 성 혹은 결함 있는 남성으로 간주함으로써 야기되는 여성문제에 주목하면서 올바른 전망을 제시하려는 일련의 움직임을 포함한다. 즉 여성을 억압하는 객관적 현실을 올바르게 파악하고 그 해결을 모색하는 것, 남성 특유의 사회적 경험과 지각 방식을 보편적인 것으로 표준화하려는 태도를 근절시키는 것, 스스로 억압받는다고 느끼는 여성들의 관심사를 체계적으로 이해하려는 것, 여성적인 것의 특수성이나 정당한 차이를 정립하고자 하는 것 등이 페미니즘의 목적이다. 때문에 페미니즘에서 문제삼는 것은 생물학적인 성(sex)이 아니라 사회적인 성(gender)이다.

이런 페미니즘적 인식에서 가장 논쟁적인 문제는 '평등'과 '차이'의 대립이다. 여성이 남성과 똑같아지기 위해서 투쟁해야 한다는 입장과, 여성과 남성과 다르다는 것을 인정해야 한다는 입장이 서로 맞서고 있기 때문이다. 그리고 이런 입장의 차이는 여러 가지 하부문제를 포함하면서 여성문제를 다각화시키는 데에 일조하고 있다. 만일 여성이 남성과 평등하다면 어떤 남성이나 어떤 문제에서 평등한 것인가. 혹은 여성은 남성에게 기회의 평등을 요구해야 하는가 아니면 결과의 평등을 요구해야 하는가. 반대로 여성과 남성이 서로 차이가 난다는 사실을 인정한다면 그 차이는 자연적·생물학적 차이인가 아니면 사회적·경제적인 차이인가. 이에 대한 입장이나 시각에 따라 페미니즘의 정의나 방향은 달라진다.

역사적으로 페미니즘적 인식에는 '제1의 물결'과 '제2의 물결'이 있었다. '제1의 물결'은 메리 울스턴크라프트(Mary Wollstoncraft)의 『여권의 옹호』(1792)에서 영향을 받아 1890년에서 1920년 사이에 미국과 영국에서 있었던 참정권 운동을 말한다. 여성들의 선거권과 교육권, 출산권, 노동권 등을 주장하며 남성과의 '평등'을 주로 주장하는 경향이다. '제2의 물결'은 1960년대 후반의 학생운동, 반전운동, 흑인 운동 같은 반체제 운동과 맥을 같이 하면서 일어난 여성운동을 말한다. 특히 『제2의 성The Second Sex』(1949)에서 "여성은 여성으로 태어나는 것이 아니라 여성으로 만들어진다"라고 말한 시몬느 드 보봐르(Simone de Beauvoir)의 영향이 컸다. 그들은 여성의 평등권에서 더 나아가 보다 적극적으로 여성의 '해방'을 주장했다. 1980년대 이후 포스트모더니즘의 영향으로 새롭게 부상한 페미니즘은 여성들 사이에 존재하는 '차이'에 주목한다. 인종·계급·민족에 따라 거의 같지만 똑같지는 않은 여성문제에 대해 서로 다른 진단과 처방이 필요하다고 보기 때문이다.

지역적으로 볼 때는 영국의 페미니즘은 압제(oppression)를, 미국의 페미니즘은 텍스트를 중심으로 한 표현(expression)을, 프랑스 페미니즘은 정신적 억압(repression)을 강조한다. 그래서 영국과 미국의 페미니즘은 19세기 여권운동의 전통을 바탕으로 사회·경제적인 여성의 억압을 바탕으로 정치적이고 운동적인 차원에서 평등주의에 입각한 주장을 주로 보여준다. 반면 프랑스의 페미니즘은 데리다의 해체론과 프로이트나 라깡의 정신분석학의 영향을 받아 철학적이고 심리학적인 경향을 주로 보여준다. 물론 이때의 영국과 미국, 프랑스는 국가나 국적을 의미하는 것이 아니라 페미니즘에 접근하는 방법이나 시각에 따른 구분이라고 할 수 있다. 그리고 이런 상대적인 차이점에도 불구하고 여성에 대한 차별과 억압에 저항하고 여성의 권리와 평등을 추구한다는 공통점에는 변함이 없다.

페미니즘의 이러한 입장을 고려할 때 페미니즘과 문학은 효과적으로 결합될 수 있다. 문학 자체가 인간의 삶에서 경험하게 되는 모순과 억압을 비판하면서 그것을 보완하고 수정하려는 기능을 지녔기에 여성과 남성 사이의 불평등한 권력 관계를 제대로 문제삼을 수 있기 때문이다. 이런 맥락에서 페미니즘문학은 문학적 형상화를 통해 여성이 처한 부정적 현실과 여성들에게 가해지는 사회적 폭력을 가시화하거나 비판하는 데에 유의미한 영역이 된다.(김미현)

페미니즘 비평, 젠더, 여성학

참고문헌
팸 모리스, 『문학과 페미니즘』, 강의원 역, 문예출판사, 1997.
K.K. Ruthven, 『페미니스트 문학비평』, 김경수 역, 문학과 비평사, 1989.
조세핀 도노반, 『페미니즘 이론』, 김익두·이월영 역, 문예출판사, 1993.
E.Showalter(ed), The New Feminist Criticism: Pantheon, New York, 1985.
E.klein, Gender Politics, Harvard University Press,Cambridge, Mass. 1984.
H.Eisenstein, Contemporary Feminist Thought, George Allen & Unwin: London, 1984.

페이소스(파토스, Pathos)

파토스란 그리스어로 열정이나 고통이나 기타 일반적으로 깊은 감정을 뜻한다. 특정한 시대, 지역, 집단을 지배하는 이념적 원칙이나 도덕적 규범을 지칭하는 에토스(ethos)와 대립하는 말로서, 파토스는 '정서적인 호소력'이라고 규정할 때 이 말이 지니는 예술적, 문화적 현상과의 관련성이 명확하게 밝혀지는 것처럼 보인다. 현대비평에서는 독자나 관중으로부터 은유, 연민, 동정적 슬픔 등의 감정을 환기시키기 위하여 계획된 장면이나 대목에 붙여지는 말이다.

문학에서는 독자에게 페이소스가 연민, 동정, 슬픔의 정감을 느끼게 하는 것을 일컫는다. 즉, 어떤 문학작품이나 문학적 표현에 대해 독자들이 '페이소스가 있다', '페이소스가 강렬하다'라고 반응하는 것은 그 문학 작품이나 문학적 표현이 정서적 호소력을 가지고 있음을 뜻한다. 엄밀히 말하면 비극이 불러일으키는 아픔과 관련된 것으로서, 흔히 비극적 주인공의 처절하고 고통스러운 비운에 대한 동정적인 의미로 사용된다. 죽음을 초월한 영원한 사랑을 노래한 서구 낭만주의 애정시(愛情詩)의 대표적인 E. A 포의 시「애너벨리」는 죽은 아내 버지니아에 대한 애절한 그리움을 표현했다는 점에서 독자에게 연민, 동정, 슬픔의 정감을 느끼게 하는 페이소스가 있는 작품이라 할 수 있겠다. 또한 파토스는 불운, 고뇌, 격정 등 병적 상태라는 어원적 의미를 가지며 격정적이기 때문에 절제를 떠나 방황하는 마음상태이다. 우리나라의 경우, 이러한 경향은 1920년대 초 3·1운동 실패 후 허무주의와 패배주의가 팽배해서 나타나게 된 낭만주의 시에서 많이 보인다.

페이소스를 유발하는 요소가 무엇인지는 단선적으로 규정하기 어렵다. 찰스 디킨스나 워즈워스로 대표되는 빅토리아조의 작가들은 지나칠 정도로 페이소스를 이용하였는데, 브룩스와 워렌은 이들의 작품에 나타나는 페이소스적 요소가 고전극의 비극적 자질들과 구별되어야 한다고 말한 바 있다. 한편, 노드럽 프라이는 그의 저서『비평의 해부』에서 페이소스가 비극 장르의 원형적 주제가 된다고 주장했다. 프라이가 제시하는 비극의 전형적인 인물은 보통 여성 인물인데, 이러한 인물은 가련하고 애처로운 모습을 보여주어 페이소스 효과를 강하게 유발시킨다. 이러한 인물의 예로 제시되는 것은『햄릿』의 오필리아, 트로이 함락 후의 트로이 여성들, 오이디푸스 왕 등이다. 작품에서 등장인물과 주어진 상황 속에 페이소스를 받쳐 줄 만한 합리적 근거가 없을 때에는 그 요소들이 페이소스적 효과를 자아내기 보다는 감상적이 되기 쉽다.(이명재)

동정, 감정, 애상감, 비애감, 정서적 호소력, 비극

참고문헌
김준오,『詩論』(제4판), 삼지원, 2000.
신희천·조성준 편저,『문학용어 사전』, 청어, 2001.
한용환,『소설학 사전』, 문예출판사, 1999.
M. H. Abrams 저,『문학용어사전』, 최상규 역, 예림기획, 1997.

페티시즘(Fetishism, 독 Fetischismus)

페티시(fetish)란 용어는 원래 숭배의 대상이 되는 자연적, 인공적 물건을 가리킨다. 페티시는 '주물', '연물', '물신'으로 옮겨지기도 한다. 만일 이런 물건을 획득하면 갖가지 질병과 해악을 피할 수 있는 주술적인 힘을 갖게 된다고 여겨진다. 따라서 페티시즘은 원시종교에 그 기원을 두고 있다. 정신분석학에서 페티시즘은 성적인 대상을 물건으로 대체하는 것이다. 프로이트에 따르면, 페티시즘은 그 대체된 대상을 성적으로 과대평가하며 원래의 성적 목적을 버린다. 따라서 페티시즘은 도착의 일종이다. 물신주의자(fetishist)는 자신의 물신적 대상을 보거나 만지면서 성적인 흥분과 환상에 빠진다. 페티시즘은 주로 발, 신발, 모피, 속옷, 머리카락과 같은 체모 등 성적인 감정을 불러일으키는 물건에 집착한다. 물신주의자의 대부분은 남성들이다. 프로이트에 따르면 페티시즘은 여성이 페니스를 거세당했다는 인식에 따른 공포로 인해 여성이 거세된 점을 부인(verleugnung, disavowal)하는 일종의 무의식적 방어이다. 페티시는 여성, 어머니의 페니스의 대체물이다. 즉 페티시는 한 때 아이가 어머니에게 있다고 믿었고 따라서 아이가 포기하길 원치 않는 어머니의 페니스를 대체하는 것이다. 따라서 페티시는 거세되어 부재하는 어머니의 페니스를 상징적으로 대체하는 것이라 말할 수 있다. 여성이나 어머니의 페니스가 거세되어 부재 한다는 사실을 부인하는 주된 이유는 여성이 거세되었다는 것이 사실로 판명될 경우 남성 자신의 페니스도 거세될 위험에 처한다는 거세불안이 생기기 때문이다. 물신주의자는 나르시시즘과 어머니에 대한 근친상간적 욕망이 강하기 때문에 자신의 거세를 견딜 수 없어 한다. 물신주의자는 사실은 여성이 페니스가 없다는 점을 알고 있다. 그렇지만 그는 여성이 페니스를 가지고 있다는 믿음을 포기하지 못하는 것이다. 페티시는 거세위협에 대한 일종의 승리의 표시이며 방어막이다. 그리고 페티시즘의 의미는 물신주의자 개인에게서만 특이성을 지니므로 다른 사람들은 그것을 눈치채지 못한다. 따라서 물신주의자는 자신의 페티시에 손쉽게 접근하여 성적인 만족을 얻을 수 있다.(정진만)

성도착, 물신주의자, 거세위협

참고문헌

Freud, Sigmund. "Three Essays on the Theory of Sexuality(1905)." SEVII. London: Hogarth Press, 1973.
_____, "Fetishism(1927)." SEXXI. London: Hogarth Press, 1973.

편집증(Paranoia)

편집증이란 체계적(體系的)이고 지속적(持續的)인 망상(妄想, delusion)을 나타내는 병적 상태를 말하며 정상적인 사람으로부터 정신병자에 이르기까지 광범위하게 퍼져 있는 정신 과정이자 병리이다. 편집병, 편집광이라고도 한다. 사람들과 환경을 불신하고 의심할 뿐만 아니라 타인들이 자신을 박해하거나 악의를 가지고 음모를 꾸미고 있다는 비현실적인 생각에 기초한 두려움과 불안에 시달리는 경향으로 나타난다. 편집증을 가진 사람들은 자신들의 생각과 행동에 책임을 지지 않고 타인들이나 외부 요인에 그 책임을 전가하고 비난한다. 또한 이유 없이 배우자의 정절을 의심하고 피해망상에 집착함으로써 자신들의 삶을 의심, 불안, 공포, 분노, 불행으로 가득 채운다. 환각, 특히 환청은 나타나지 않고 중년 이후에 서서히 증세가 나타나며 남성에게 많다. 인격 붕괴(人格崩壞)는 일어나지 않지만 논리적·체계적인 망상이 서서히 형성된다. 질투 망상, 추적 망상, 피해망상, 종교 망상 등이 있다. 일반적으로 자아 감정이 고양되어 지속적인 강도나 자극성을 나타낸다. 순수한 패러노이아(paranoia)는 드물며, 대부분은 인격 붕괴가 나타나기 전의 또는 정도가 가벼운 정신분열병의 한 증세로 간주된다.

프로이트는 편집증을 지적인 장애로 서술하고 있으며 강박적 사고들과 같은 유형으로 분류한다. 그는 그것을 '지적인 정신병'이라 부르면서 일종의 방어 양태(樣態)들로서 한편으로는 히스테리증과 강박적 상태, 그리고 다른 한편으로는 편집증 사이의 유사성을 강조한다. 프로이트가 편집증을 이해하기 위해 사용한 모델은 그가 히스테리 환자의 연구에서 발달시킨 것이었다. 즉 수정된 형태로 다시 나타나도록 허용된 억압된 고통스러운 생각이 그것이다. 그 고통스러운 생각은 자기 비난의 한 형태로 간주되었다.

임상학자들은 일반적으로 편집증 환자의 망상이 정신분열증 환자들의 망상보다 더 조직적이고, 즉 덜 기괴하고, 덜 파편화되어 있으며, 현실에 보다 가깝게 접촉하고 있다고 간주한다. 예컨대 환각, 태도, 기분, 사고에서의 변화로서 나타날 수 있는 이차적 표현들은 근원적으로 환자의 망상적 체계로부터 생겨나며 그것과 쉽사리 연결될 수 있다.(강웅식)

신경증, 강박증, 정신병

참고문헌
박영근, 『세계철학대사전』, 고려출판사, 1999.
박선목, 『윤리 · 사회사상 사전』, 설출판사, 2002.
윌리엄 마이쓰너, 『편집증과 심리치료』, 이재훈 역, 한국심리치료연구소, 1998.

평가(評價, Evaluation)

물건의 값어치를 헤아려 매기는 것, 또는 인간과 사물의 좋고 나쁨을 따져 갈피짓는 것을 평가라고 한다. 경제학에서는 가치를 가격의 근거로 정의하고 사회의 일반적이고 추상적인 노동 시간을 중시하는 고전파와 구매자가 느끼는 개별적이고 구체적인 효용을 중시하는 신고전파가 대립하고 있다. 문학작품은 다양한 힘들이 여러 방향으로 움직이는 동적 체계이므로 문학작품의 평가에는 단순한 짜임새보다 다원적이고 미시적인 의미의 벡터를 더 중요하게 고려해야 한다. 다양한 의미의 역선(力線)들 사이에 작용하는 긴장을 척도로 삼아 틀(structure)과 결(texture)과 벗어남(deviation)의 정도를 평가해야 하는 것이다. 문학작품의 이해에서 평가를 완전히 배제할 수는 없다. 작품을 읽는 행위 자체가 작품을 선택하는 행동이 되기 때문이다. 선택하는 것은 평가하는 것이다. 작품에는 시대와 독자에 대한 작가의 기대가 포함되어 있고, 사회와 문학에 대한 독자의 기대도 포함되어 있다. 운율과 비유, 구성과 문체 같은 문학 층위와 욕망과 요구, 노동과 실천 같은 정치 층위가 서로 전경이 되거나 배경이 되거나 하면서 기대의 내용을 규정하고 있다. 기대라는 목적어에는 대체로 네 가지 동사가 수반된다. ⅰ)기대를 채운다. ⅱ)기대를 어긴다. ⅲ)기대를 능가한다. ⅳ)기대를 부정한다. 대중문학은 독자의 기대를 충족시키나 본격 문학은 독자의 기대를 어기고 부정하고 능가한다. 독자의 입장에서 볼 때에 문학작품은 자신의 가치인식을 확인하게 하고 부인하게 하는 일종의 도전자가 된다. 미학적으로나 정치적으로나 문학 읽기는 비판적 각성의 계기가 되는 것이다. 문학작품의 평가는 기존의 척도를 따르는 독단

이 아니라 항상 새롭게 가치를 찾아내고 드러내는 창조이다.(김인환)

가치, 기대, 문학비평, 미적 판단, 취미

참고문헌

김인환, 『상상력과 원근법』, 문학과 지성사, 1993.

_____, 『비평의 원리』, 나남, 1999.

평담(平淡)

평온하고 담백 충담(沖淡)한 풍격적 특성을 일컫는 말로서 주로 풍격 용어로 많이 쓰인다. 평담은 평범하고 용렬해서 담담하기만 하고 깊은 맛이 없는 것과는 다르다. 사공도(司空圖. 837-908)는 『이십사시품(二十四詩品)』에서 평담을 "따뜻한 바람과 같이, 옷깃에 푸근하게 스민다"고 노래하였다. 때문에 평담은 비교적 맑고 고아하며 편안하고 고요하며 한적한 정취를 표현하기에 적합하다. 명대 화론(畵論)의 대가인 동기창은 『이미당집서(詒美堂集序)』에서, "옛날 유소의 『인물지』는 평담을 덕목의 으뜸으로 꼽았다. 저술가에 있어 뭇 묘리 가운데 들어가 홀로 만물의 표상으로 서는 것은 담이 바로 그것이다."라고 높이 평가하였다.

송대에는 정치사상의 문학에 대한 통제의 강화와 문학의 해방 및 독립을 추구하는 이 두 가지의 대립적인 이론이 있었는데, 다소간 일치하는 점이 있기도 하다. 즉 양쪽 모두가 '平淡自然의 美'를 주장한다는 점이다. 송대의 문단에 있어 '文과 道', '詩와 理' 관계 등의 문제는 장기간에 걸친 논쟁을 거쳤다. 그러나 審美理想의 측면에서는 거의 일치된 견해를 보이고 있다. 시가 방면에서는 구양수와 함께 북송시의 방향을 주도했던 매요신(梅堯臣)의 견해가 선도적이다. "읊는 게 성정(性情)에 들어맞도록, 되도록 평담(平淡)해지려 하고 있다"거나, "시작에는 고금을 막론하고 평담하게 짓기가 가장 어렵다"고 하며 조어(造語)와 의경(意境)의 평담(平淡)을 추구했다. 따라서 그의 시는 미문이나 묘구는 물론 격한 감정이나 기복이나 변화가 없는 평담한 작품을 이루고 있다.

매요신의 시 「노산산행(魯山山行)」이란 작품을 예로 들어본다. "마침 들의 정취 상쾌한데, 여러 산들은 높았다 낮았다 한다. 좋은 봉우리 곳곳이 모양 바뀌고, 그윽한 오솔길 홀로 가다 잃겠다. 서리 내리니 곰이 나무에 오르고, 숲은 공적(空寂)한데 사슴이 시냇물 마신다. 인가는 어디에 있는가? 구름 저 멀리서 한 마리 닭 우는 소리 들려오네(適與野情, 千山高復低. 好峯隨處改, 幽徑獨行迷. 霜落熊升樹, 林空鹿飲溪. 人家在何許? 雲外一鷄聲)

그는 노산의 산길을 가면서 보고 느낀 일들을 평정(平靜)한 자세로 담담히 서술하고 있다. 시인의 감정이 당시처럼 겉으로 드러나지 않고 바닷물처럼 그 기복을 표면 밑에 감추고 있다. 이렇게 매요신이 강조한 평담은 결국 송시의 전체적인 특징으로 발전하고 만다. 미문이나 묘문을 피하기 위해서는 평담은 불가피한 요건이 될 것 같다. 생활과 밀착된 작품이나 섬세한 표현도 평담한 자세나 방법이 없이는 이루어지지 않을 것이다. 송시의 평담한 맛은 내성관조(內省觀照)적인 성리학에 바탕을 둔 노경미(老境美)의 지향으로 귀결되었다.

후에 도학가 정이(程頤)는 "시문(詩文)이란 조물주가 한 가지의 꽃을 피워내듯 해야 한다"고 했다. 또한 소식은 "질박한 듯하나 실제로는 아름답고 수척한 듯하나 살쪄 있다"거나, "간결하고 고아함에서 섬세하고 농염함을 펴내고, 담박함에 지극한 맛을 기탁한다"는 '중변론(中邊論)'을 제기하여 본격적 이론으로 발전시켰다. 이학가인 남송의 주희(朱熹) 역시 시란 "평이하고 담백하게 하는데, 힘을 아끼지 말아야 한다"고 강조했는데, 철리와 문학의 송대적 결합 양상이라 할 수 있으며, 이러한 경향은 후세 의경론(意境論)에도 영향을 주었다.(오태석)

평담, 매요신, 사공도, 풍격, 성리학, 소식, 중변론, 의경론

참고문헌
오태석, 『황정견시연구』, 경북대출판부, 2001.
주훈초 외, 『중국문학비평사』, 중국학연구회 고대문학분과 역, 이론과 실천, 1994.

평측(平仄)

평측(平仄)이란 한자의 사성(四聲) 중 평평한 소리인 평성(平聲)을 '평(平)'이라 하고, 기우는 소리인 상, 거, 입성(上, 去, 入聲)을 모두 '측(仄)'이라고 한다. 한시에서는 평성과 측성을 조화 있게 배열하여, 시를 지을 때 음률감이 느껴지도록 하는데, 이를 평측법이라 한다.

중국어에서 성조(聲調)의 중요성은 육조(六朝) 때에 비로소 자각되기 시작하였다. 즉 불교의 전래과정에서 불경을 번역하며 소리문자인 인도(印度) 음에 영향 받아 성률미를 깊이 추구하기 시작한 것이다. 5세기 말의 남제(南齊)시대에 심약(沈約) 등의 '사성팔병설(四聲八病說)'이 나옴으로써 확정되었다. 사성이란 평성(平聲)·상성(上聲)·거성(去聲)·입성(入聲)을 말하며, 처음에는 오언시(五言詩)의 첫 2구 10자의 구성에서 이들 사성의 배열을 세세하게 규정하였으나(팔병설), 차츰 '평'과 '측'의 두 가지로 나누어 그 배열을 따지게 되었다. '평'은 평성이며, '측'은 상·거·입성을 말한다. 당대(唐代)에 율시(律詩)가 생기고, 평측의 배열법도 정해졌다.

당송대 율시를 제대로 감상하기 위해서는 평측에 대한 이해가 중요하다. 평측의 구분은 원칙적으로 옥편에 적힌 권점(圈點)을 보아야 명확히 알 수 있지만, 다음과 같은 내력을 알면 어느 정도 해결할 수 있다. 표준 중국어는 송대 이후 입성자가 사라지면서 거의 대부분 현대 중국어의 제2-4성으로 산입되었다. 그리고 평성은 상평성과 하평성으로 나뉘면서 그것이 오늘날의 1성과 2성으로 자리잡아갔고, 상성은 3성으로, 거성은 4성으로 되었다. 그렇다면 입성자중 제2성에 들어간 것만 잡아내면, 대체로 1성과 2성은 평성으로 볼 수 있다는 얘기이다. 그런데 우리나라의 한자음은 수당대 음이 건너온 것이며, 우리는 아직 입성자가 쓰인다. 즉 종성(終聲)이 '법', '학' 등과 같이 [-p, -t, -k] 또는 'ㄹ[-l]'로 끝나면 입성자일 가능성이 매우 높다. 평측의 배열

방식과 시의 격률에 대해서는 '근체시'또는 '율시'를 참조하기 바란다.(오태석)

평측, 사성(四聲), 율시, 근체시, 운율

참고문헌
『漢語詩律學』, 王力
陳伯海, 『당시학의 이해』, 이종진 역, 사람과 책, 2001.
주훈초 외, 『중국문학비평사』, 중국학연구회 고대문학분과 역, 이론과실천, 1992.

평화

평온하고 화목함. 평화는 인간집단 사이에 전쟁이 일어나고 있지 않은 상태를 뜻하며, 전쟁의 상대개념으로 흔히 쓰인다. 이 개념은 문화와 시대, 전쟁의 목적 · 원인 · 방법 · 기능의 역사적 변화, 또는 전쟁을 보는 관점에 따라 그 의미 · 내용이 달라진다.

전쟁과 평화는 자연현상이 아닌 사회현상으로 전쟁은 집단관계의 긴장이나 분쟁에서 생겨나는 이상상태를 뜻하는 데 대해 평화는 집단관계의 안정된 상태를 뜻한다. 그러나 전쟁은 반가치적임에도 불구하고 집단관계를 결속시키는 방법의 하나로 정치권력에 반복적으로 이용되고, 평화는 보편적 · 정상적 가치임에도 불구하고 끊임없이 전쟁의 위협을 받고 전쟁을 준비하는 불안정한 상태가 된다. 따라서 전쟁이 없다고 하여 반드시 평화를 뜻하는 것은 아니다. 평화의 개념은 단순히 집단간에 전쟁이 없는 상태의 소극적 평화와 집단간의 전쟁을 막고 없애려는 움직임을 포함하는 적극적 평화의 개념으로 크게 나눌 수 있다. 소극적 평화개념 속에는 전쟁의 근본 원인이 되는 극도의 빈곤, 정치적 억압, 문화적 소외, 인종차별 등과 같은 넓은 의미의 구조적 폭력이 내포되어 있다. 이것은 패권국가 중심의 질서유지를 위한 수직지배형태에서 비롯되며, 그 자체가 인간의 신체적 · 정신적 자유 · 평화에 대한 침해이다. 적극적 평화는 상태를 뜻하는 동시에 운동을 뜻하기도 한다. 실제적으로 안정된 평화를 이루기 위한 적극적 평화의 내용으로는 전쟁 제한으로부터 군비 이외의 방법에 의한 안전보장, 군비 축소 · 폐지, 전쟁소멸, 항구적 평화 획득에 이르기까지 여러 발전 단계를 포함한다. 그러나 이와 같은 단계를 거쳐 항구적 평화를 실현하기 위해서는 소극적 평화 속에 내재된 구조적 폭력을 전쟁으로 연결시키지 않고 어떻게 비폭력적으로 제거할 것인가 하는 문제가 뒤따르게 된다.(곽봉재)

전쟁, 억압, 소외

참고문헌
이리에 아키라, 『20세기의 전쟁과 평화』, 이종국외 역, 을유문화사, 1999.
R. Cooper, 『평화의 조건』, 홍수원 역, 세종연구원, 2004.

폐기(廢棄, Abjection)

줄리아 크리스테바(Julia Kristeva)의 『공포의 권력』에서 핵심적으로 사용된 개념이다. 프랑스어 원어는 abjection이며 번역어로, 폐기(廢棄), 혐오(嫌惡), 비천(卑賤)한 것, 방기(放棄), 폐물(廢物) 등이 사용된다. 이러한 한국어 단어들이 원어가 담고 있는 의미를 살리지 못한다고 보아 원어의 발음을 그대로 살려 아브젝시옹이라고 하기도 한다.『공포의 권력』은 "아브젝시옹에 관한 에세이"라는 부제가 붙어 있으며 서론이 되는 장은 "아브젝시옹에 대한 방법론"라는 제목이 붙어있다.

여기서 크리스테바는 폐기란 "정체성, 체계, 질서를 어지럽히는 것, 경계, 위치, 규칙을 무시하는 것"이라고 규정한다. 또한 "양심의 가책을 받는 배신자, 거짓말쟁이, 법률 위반자, 수치심 없는 강간자, 구세주로 자처하는 살인자" 등의 한도를 초과한 범죄자가 폐기의 실례에 해당한다고 한다. 이러한 폐기의 개념은 자끄 라깡(Jacques Lacan)의 정신분석학 이론을 크리스테바가 나름대로 소화한 결과 형성되었다. 라깡은 그의 주체 이론에서 상상계에서 언어로 구성된 상징계로 진입함으로써 주체가 형성된다고 보았다. 이 과정에서 언어화되지 못한 잔여물들이 남는데, 라깡은 그것을 일러 실재라고 하였다. 크리스테바는 주체 형성 과정에서 이처럼 언어화되지 못한 것, 언어화 이전에 존재하는 것에 기반 하여 폐기의 개념에 도달하게 된다.

이 폐기 개념은 라깡 주체 이론의 섭취와 더불어 프랑스의 모더니즘 문학 전통에 대한 이해를 도모하는 과정에서 도출된 것이다.『공포의 권력』에서 크리스테바는 이 개념을 보들레르, 로트레아몽, 아르토, 바타이유, 그리고 특히 루이-페르디낭 셸린과 같은 작가들을 연구하는 데 적용한다. 이를 통해 크리스테바는 현대 문학의 핵심이 언어화될 수 없는 것을 언어화하는 데에 놓여 있음을 구명하고 있는 셈이다. 한국문학에서 이 개념은 보들레르의 강력한 영향 하에 놓인 작가들, 혹은 모더니즘 기법을 적극 활용한 작가들의 작품에서 찾아볼 수 있을 것이다.(최현희)

실재, 주체, 모더니즘, 언어

참고문헌
줄리아 크리스테바,『공포의 권력』, 서민원 역, 동문선, 2001.
──────,『시적 언어의 혁명』, 김인환 역, 동문선, 2000.
──────,『줄리아 크리스테바의 문학 탐색』, 김인환 역, 이화여자대학교출판부, 2003.

폐제(廢除, Foreclosure, 프 Forclusion, 독 Verwerfung)

폐제(foreclosure)는 배척 혹은 배제로 옮겨지기도 한다. 폐제는 주체가 부성적 기표(부성적 은유, 아버지의 이름, 아버지의 법)를 수용하길 거부하는 것이며 정신병의 원인이 된다. 주체는 이 세상에 태어나서 자신이 대면하는 인물과 일차적 동일시, 상상적 동일시를 한다. 동일시의 대상은 주체를 돌보아주는 인물이며 보통 어머니라고 여겨진다. 그런데 주체는 상징계, 언어체계에 진입하면서 '아버지의 이름'이라는 부성적 은유를 수용하고 거세되어야 한다. 아버지의 이름, 부성적 기표(S2), 혹은 남근(phallus)이라는 기표는 어머니(를 향한 욕망)의 기표(S1)를 무의식 속에 억압하고 그 기표를 대체한다. 최초의 기표(S1)을 대체하는 또 다른 기표들의 일련(S2, S3, ...)은 주체의 분열과 소외를 불러오면서 욕망의 주체를 탄생시키고, 향후 주체의 상징계의 의미작용을 이끄는 기표들이 된다. 그런데 만약 주체가 '아버지의 이름'이라는 이 부성적 기표(S2)를 아예 처음부터 폐제하고 어머니와의 이자적 관계를 고수한다면 정신병이 촉발된다. 라캉은 정신병적 주체가 최초의 기표에 단단히 고착되어 있다고 언급한다(S 11, 238). 따라서 정신병적 구조에 위치한 주체는 자신의 결핍을 인식하지 못하고 상상적인 세계 속에서 살아간다. 그에겐 상징적 대타자(the Other)가 폐제되어 있기 때문에 그 대타자가 빠진 상징계의 결손, 구멍을 상상적 소타자(the other)로 메울 수밖에 없다. 슈레버(Schreber)의 사례에서 그는 아버지의 이름이라는 상징적 대타자가 부재하는 곳에 자신의 망상체계로 구축한 신을 위치시킨다. 라캉에 따르면 정신병적 주체는 상징적 대타자가 아닌 상상적 소타자에게 말을 건네는 것이다(S 3, 36-38). 정신병은 상징계에서 폐제된 것이 실재계에서 귀환하므로 상징적 언어를 매개로 하지 않으며 특수한 언어적 환각, 망상의 언어를 보여준다. 이 경우 주체는 기표와 기의가 일시적으로라도 연결되는 봉합지점(point de capiton, quilting point)이 없어 상징적 의미작용을 일으키지 못한다(S 3, 268-69). 따라서 정신병적 주체는 현실감을 상실하고 그가 창조해낸 새로운 현실인 망상, 환각, 환청 속에서 살아가는 것이다(S 3, 13).(정진만)

남근, 아버지의 이름, 망상

참고문헌

Lacan, Jacques. The Seminar of Jacques Lacan Book XI(The Four Fundamental Concepts of Psychoanalysis). New York and London: W.W.Norton, 1978.

_____, The Seminar of Jacques Lacan Book III(The Psychosis 1955-1956). New York and London: W.W.Norton, 1993.

포디즘(Fordism)

자동차 생산 공장의 컨베이어벨트 시스템에서 유래한 것으로 조립라인 및 연속공정 기술을 이용한 표준화된 제품의 대량생산과 대량소비의 축적체제를 일컫는 말이다.

헨리 포드가 T형 포드자동차 생산 공장을 지은 이래, 산업 사회는 컨베이어벨트 시스템이 도입된 공장을 채택했다. 그리고 이러한 포드 모델과 같은 기계화된 대량 생산 체제를 '포디즘'이라고 이름한 것이다.

포디즘 또는 포드주의란 조립라인 및 연속공정 기술을 이용한 표준화된 제품의 대량 생산과 대량 소비의 축적체제를 일컫는 말이다. 이것은 2차 대전 후의 싸고 풍부한 석유와 에너지에 기초한 것으로서, 에너지를 많이 소모하는 속성을 지닌다. 포디즘에 의한 대량 생산은 곧 에너지, 자원의 고갈과 대량의 산업폐기물을 가져왔고, 또 대량 소비는 생활폐기물의 엄청난 증가로 이어져 결국 에너지 및 생태환경의 위기가 자본주의 핵심적 위기의 하나로 나타나고 있다.(차선일)

포르노그라피(Pornography)

포르노그라피란 춘화(春畵), 즉 남녀 사이의 성적 관계가 노골적으로 그려져 있는 작품이나 책을 말한다. 전통적인 호색문학(好色文學)에 대하여 근·현대적, 서양적인 것을 말할 때가 많다. 어원은 그리스어의 "pornographos"로 '창녀에 관하여 씌어진 것'을 뜻하는데 즉 외설적(猥藝的)인 문학을 지칭하게 되었다. 이러한 류의 작품에는 독자의 기호를 맞추기 위해 남녀 간의 정상적인 성행위에서 더 나아가 근친상간(近親相姦 incest), 사디즘(sadism), 마조히즘(masochism), 동성애(同性愛, homosexuality) 등 성도착(性倒錯) 현상을 다루기도 한다.

고대 아리스토파네스(Aristophanes)의 「여인의 평화」를 비롯하여 덴마크의 작가 소야(Carl Erik Soya)의 「손님」, 카사노바(Giovanni G. Casanova)의 「회상록」, 로렌스(Lawrence)의 「채털리 부인의 사랑」, 사드(Marquis de Sade)의 「쥐스티느」, 또는 「미덕의 불행」, 도테(Alphonse Daudet)의 「사포」 등이 호색문학으로 분류된다. 포르노그라피는 다른 제반 문화 현상과 마찬가지로 일정한 텍스트적 양태, 즉 써놓아서 눈에 띄는 기록의 차원에서 파악할 수 있다. 로렌스는 무엇이 포르노인가 하는 질문에 대해, 그것은 은밀하고 비밀스럽게 성에 탐닉(耽溺)하며 동시에 성을 모독(冒瀆)하는 것이라고 답한다. 그의 소설 텍스트에 근거해서 말하자면, 포르노그라피는 성 행위를 상대화하는 대화적 문제의식이 결핍된 채 단절된 한 개인이 성에 대한 독백적 환상을 추구하는 것이라고 할 수 있다.

마광수의 「권태」는 희수와 미니라는 두 야한 여자와 대학교수 '나'가 400쪽에 가까운 지면에서 변태적 쾌락을 즐기는 내용이다. "내가 아무리 힘껏 시원하게 채찍으로 내리치고 구둣발로 마음껏 신나게 짓밟아도, 울고불고 소리치거나 몸부림치지 않고 꼼짝도 하지 않은 채 기꺼이 맞아주고 밟혀주고 할 수 있는··· 새디스트 남성을 위해서 만들어진 애완용 로보트"같은 여자가 끊임없이 혓바닥으로 "나의 페니스를··· 샅샅이 핥고 훑으며", 심지어 "금빛 은빛으로 번쩍이는 입술을 벌려 내 소변을 받아 마실 준비"까지 하는 이 이야기는 분명히 합법적 공간에서 돈을 주고 살 수 있는 가장 '진한' 포르노이다. 특히 로렌스적 의미, 즉 성을 더럽히고 모독한다는 면에서 포르노임이 분명하다.(강웅식)

포르노, 변태, 호색

참고문헌
한국학연구원, 『국어국문학사전』, 대제각, 1989.
신희천·조성준, 『문학용어사전』, 도서출판 청어, 2001.
윤혜준, 『포르노에도 텍스트가 있는가』, 나남출판, 2001.

포스트구조주의(Poststructutralism)

포스트구조주의(Poststructuralism)는 구조주의의 문제점을 깨달은 구조주의자들에 의해 1960년대에 시작된 새로운 문예사조로서 인식의 변화를 주도해 20세기 후반 세계문단과 학계에 지대한 영향을 끼쳤다. 포스트구조주의는 프랑스 사상가 자크 데리다의 '해체이론(Deconstruction Theory)'과 밀접한 관련을 맺고 있으며, 심리분석이론, 마르크스주의이론, 페미니즘 이론, 그리고 문화이론과도 연관되어 1970년대 이후 세계 문학과 예술의 흐름, 또는 학문과 사회의 인식을 바꾸는데 큰 공헌을 했다.

구조주의자였던 인류학자 레비 스트로스와 언어학자 소쉬르는 각각 미개부족들과 언어에서 통일된 구조를 찾으려 했으며, 그 과정에서 사물을 이분법적 대립으로 파악했고 구조의 '근원(origin)'과 '중심(center)'을 추구했다. 그러나 데리다를 위시한 포스트구조주의자들은 구조주의가 찾는 '근원'과 '센터'가 사실은 구조의 밖에 존재한다는 패러독스를 지적하며, 이분법적 서열의 해체(deconstruction)와 탈중심(decentering) 이론을 주장했다. 그러므로 포스트구조주의자들은 구조주의자들이 존재한다고 믿는 절대적 진리나 고정된 근원이 사실은 상대적이고 유동적이며 불인정하다고 지적하며, 상대주의와 불확실성을 포용한다. 포스트구조주의자들이 수많은 복사본들을 인정하고, 다양한 해석을 허용하며, 사고와 언어의 유희(play)를 허용하는 것도 바로 그런 맥락에서이다.

포스트구조주의의 발아단계에 중요한 역할은 한 사건은 1967년 존스 홉킨스 대학에서 열린 구조주의 세미나에서 데리다가 발표한 「인문과학 담론에 나타난 구조, 기호, 유희("Structure, Sign, Play in the Discourse of the Human Sciences")」라는 논문이었다. 이 기념비적 논문에서 데리다는 레비 스트로스의 구조조의적 접근의 문제점을 예리하며 지적하며 구조주의의 종언과 포스트구조주의 시대의 도래를 천명했다. 그 외, 포스트구조주의 형성에 참여한 대표적인 이론가와 이론들로는 롤랑 바르트의 문화 기호학, 츠베탕 토도로프의 내러티브 이론, 자크 데리다의 해체이론, 쥘리아 크리스테바와 라캉의 심리분석이론, 미셸 푸코의 역사이론, 리오타르와 들뢰즈의 문화정치학이론, 에드워드 사이드의 시작 이론(Beginnings)과 문화제국주의 이론 등이 있다. 그러나 그 외에도 수많은 현대 문예이론들과 이론가들이 포스트구조주의의 흐름에 동조해 참여했다. 예컨대 페미니즘이나 생태주의, 신 역사주의나 문화유물론, 또는 탈식민주의나 문화연구 같은 이 시대의 중요한 사조들은 모두 포스트구조주의 계열의 문예이론들이라고 볼 수 있다.

포스트구조주의가 주장하는 의미의 비결정성은 또 독일의 수용미학이나 미국의 독자반응비평(Reader-Response Criticism), 또는 현대해석학을 위해서도 적절한 이론적 틀을 마련해주고 있다. 그래서 문학작품의 열린 결말이 허용되고, 텍스트의 다양하고 끝없는 해석이 시도된다. 결국, 포스트구조주의는 관습적인 사고와 체제를 전복시키고, 기존질서를 불안하게 하며, 양극을 피해 무한히 새로운 가능성을 추구하는 특징을 갖고 있다고 말할 수 있다. 그래서 롤랑 바르트는 관습적인 제도로서의 저자는 죽었다고 선언하며, 저자가 부재한 자리에서 의미를 생성할 수 있는 독자와 텍스트- '쓸 수 있는 텍스트' 또는 '희열의 텍스트'-의 개념을 제시한다. 또한 미셸 푸코는 문명과 야만, 그리고 정상과 광기 사이의 이분법적 구분을 해체하고, 간수와 죄수, 그리고 의사와 환자 사이를 지식과 권력의 메커니즘으로 해석하고, 당대의 진리를 지식과 권력의 담합이 산출해내는 담론(discourse)으로 파악함으로써, 역사를 재해석하는 새로운 포스트 구조주의적 시각을 제공했다.

포스트구조주의는 흔히 포스트모더니즘과 구분이 되지 않아 잘못 사용되고 있는데, 전자가 구조주의 비판에서 나온 비평적 틀이자 이론적 현안들이라면, 후자는 문화현상에서 예술분야, 또 사회변화와 정치 상황에 이르기까지 모든 것들을 다 포함하는 우산 용어(umbrella term)이자 20세기 후반을 대표하는 시대정신이라고 할 수 있다. 그러나 포스트구조주의와 포스트모더니즘은 둘 다 탈중심, 경계해체, 그리고 의미의 비결정성과 불확실성 같은 주요 개념을 공유하고 있다는 점에서 많은 공통점을 갖고 있다.(김성곤)

해체, 탈중심, 탈구조주의, 비결정성, 불확실성, 데리다, 해체이론

참고문헌
송명희, 『탈중심의 시학』, 국학자료원, 1998.
홍광엽, 『탈중심과 불확정성』, 소화, 1998.
김성곤 편, 『탈구조주의의 이해』, 민음사, 1988.
아사다 아키라, 『구조조의와 포스트구조주의』, 이정우 역, 새길, 1995.
크리스 위돈, 『포스트구조주의와 페미니즘 비평』, 이화영미문학회, 한신문화사, 1994.

포스트모더니즘(Postmodernism)

포스트모더니즘은 20세기 후반, 테크놀로지의 발달로 인해 구세대를 대표했던 모더니즘적 세계관이 더 이상 유효하지 않다는 인식과 더불어 시작된 사조이다. 예컨대 파편화된 현실에 통일성과 총체성과 질서를 부여하려고 노력했던 모더니즘과는 달리, 포스트모더니즘은 현실의 파편성과 비결정성과 불확실성을 그대로 받아들이고, 탈중심과 다양성을 추구했다. 그 결과, 문화의 경우, 서구중심 지배문화가 아닌 주변부 피지배문화에 대한 새로운 조명이 시작되었고, 이분법적 위계질서 대신 경계해체와 퓨전 현상이 일어났으며, 귀족문화보다는 대중문화가 더 힘을 얻게 되었다. 또 경직된 절대주의보다는 유연한 상대주의가, 엘리트주의 보다는 대중주의가, 그리고 순수문화보다는 잡종문화가 더 각광을 받게된 것도 바로 그러한 맥락에서였다. 문학의 경우, 그것은 관습적인 소설에 대한 유희의 형태로 나타나, 원작을 패러디 하거나, 저자가 작중 인물들이나 독자와 대화를 나누거나, 또는 기승전결의 구성을 따르지 않는 현상이 나타나기도 했다.

포스트모더니즘은 대단히 포괄적이고 논쟁적인 용어로 많은 논란을 불러일으켰는데, 그 중 대표적인 것이 바로 하버마스-리오타르 논쟁이다. 독일 프랑크푸르트 학파에 속하는 하버마스(Jurgen Habermas)는 모더니티를 이상적이지만 단지 제대로 실현되지 못한 미완의 프로젝트로 보고, 모더니티의 이상적 과제를 계승해 완수하는 것이 바로 포스트모더니티라고 주장했다. 반면, 프랑스의 사회학자 리오타르(Jean-Francois Lyotard)는 모더니티를 이미 시효가 지난 프로젝트로 보고, 포스트모더니티는 모더니티의 연장이 아니라 그것의 한계를 극복하는 새로운 개념이라고 주장했다.

포스트 모더니티에 대한 논의는 프랑스의 사회학자 장 보드리야르(Jean Baudrilliard)의 '시뮬라시옹(simulation)' 이론이 등장하면서 한 단계 더 앞으로 나갔다. 보드리야르는 오늘날 현대문화란, 영화나 비디오나 광고나 팝뮤직 같은 전자매체를 통해 부단히 현대인을 공략하는 파편적인 이미지로만 존재하는데, 바로 그것이 포스트모더니티라고 주장했다. 그는 그러한 이미지들의 재생산과 스피드가 너무나 빠른 나머지, 현대의 리얼리티는 독창성이나 연결성이나 깊이가 없는 '이미지'로서만 존재한다고 말해 논란을 불러 일으켰다. 그러나 에드워드 사이드 같은 비평가는 그러한 시각은 다분히 극단적이고 서구적이며, 지구상에는 아직도 이미지가 아닌 끔찍한 현실 속에서 실제로 고통받고 있는 많은 나라와 사람들이 존재하고 있다고 말하며 브드리야르의 이론을 반박했다.

포스트모더니즘의 중요한 특징 중 하나는 고급문화와 하급문화 사이의 구분을 해체하는 것인데, 포스트모더니즘의 그러한 속성은 결과적으로 모든 장르와 매체 사이의 경계소멸과 혼합을 초래했다. 문학의 경우, 그러한 현상은 모든 텍스트들이 내적으로 상호 연결되어 있다는 소위 '상호텍스트성(intertextuality)' 이론을 만들어내었으며, 비평과 창작의 경계가 소멸된 '메타픽션'이나 '메타비평' 또는 '크리티픽션'의 등장을 촉진시켰다. 예컨대 보르헤스, 바르트, 존 바스, 토머스 핀천, 로버트 쿠버나, 커트 보네겟, 또는 레이먼드 페더만 같은 포스트모던 작가들의 소설은 그것이 현실인지 허구인지, 또는 역사인지 자서전인지, 아니면 소설인지 비평인지 확연한 구별이 되지 않는다.

그러한 새로운 인식의 변화는 영화와 음악과 미술 분야에서도 일어났는데, 예를 들어 장 뤽 고다르나 로버트 알트만 같은 영화감독, 존 케이지 같은 작곡가, 또는 마르셀 뒤샹이나 앤디 와홀 같은 예술가들은 모두 총체성, 통일성, 결정성 같은 모더니즘적 개념들로부터 자유로운 새로운 개념의 포스트모던 예술을 발흥시킨 사람들이다. 이들은 모두 영화와 현실, 음악과 삶, 또는 일상과 예술 사이의 경계를 해체한 포스트모더니스트들로 예술의 범주화에 반발했다.

반면, 프레드릭 제임슨은 포스트모더니즘을 '후기 자본주의 문화논리'로 보는 논리를 폈다. 그는 포스트모더니즘이 후기자본주의 사회의 특징인 '모든 것의 상품화'를 합리화시키고 있으며, 스스로의 속성인 '정신분열증(schizophrenia)'과 '패스티쉬(pastiche)'로 인해 심층적인 역사의식과 독창성을 결여하고 있다고 말한다. 그러나 제임슨은 시대정신으로서 포스트모더니즘의 가치는 충분히 인정하고 있다.

한국의 경우, 하일지, 장정일, 최수철, 김수경, 이인화 등이 포스트모던 소설가로 주목할만한 작품들을 산출했으며, 시는 해체시, 일상시, 구체시 등과 연관해 이승훈, 박상배, 하재봉, 유하 등이, 그리고 연극은 이윤택이 대표적인 포스트모던 시인 및 극작가로 활동했다.(김성곤)

포스트모더니즘, 상호텍스트성, 탈중심, 다원주의, 패스티시, 퓨전, 경계해체, 시뮬라시옹, 대중문화, 포스트모더니티

참고문헌
마단 사럽, 『데리다와 푸코, 그리고 포스트모더니즘』, 인한규 역, 인간사랑, 1991.
레슬리 피들러 외, 『포스트모더니즘론』, 정정호 외 역, 도서출판 터, 1989.
_____, 『현대문학의 위기와 미래』, 김성곤 편역, 다락방, 2000.
김성곤, 『포스트모던 소설과 비평』, 열음사, 1993.
_____, 『포스트모더니즘과 현대미국소설』, 열음사, 1990.
_____, 『포스트모던 시대의 작가들』, 민음사, 1990.
김준환, 『포스트모더니즘의 환상』, 김준환 역, 실천문학사, 2000.
이합 핫산, 『포스트모더니즘 개론』, 정정호 편역, 한신문화사, 1993.
정정호 편, 『포스트모더니즘과 한국문학』, 도서출판 글, 1992.
린다 허천, 『포스트모더니즘의 이론과 전략』, 장성희 역, 현대미학사, 1998.
윤평중, 『포스트모더니즘 철학과 포스트마르트스주의』, 서광사, 1992.

포스트모던 영화(Postmodern film)

영화와 포스트모더니즘의 관계에 대한 논의는 매우 다양하게 시도되어 왔다. 따라서 포스트모던 영화의 개념 및 범주 역시 정설화되어 있는 것이 아니다. 이에 관한 논의의 방향과 내용이 항상 가변적이지만, 다음의 세 가지 맥락에서 일반론을 도출할 수도 있다.

첫째, 포스트모던 영화는 다른 장르, 매체들과의 중첩이 불가피하다는 인식에 따라 혼성모방이란 주류 양식과 패러디라는 대항 양식의 가능성을 제시한다. 포스트모던 예술이 대상에서 이것저것 선택하듯이, 포스트모던 영화 역시 예전의 영화에서 나왔던 이미지나 시퀀스 일부를 반복, 재생산한다. 예컨대, 쿠엔텐 타란티노의 영화「저수지의 개들」(1992)에서 보여준 10분간의 고문 장면은 스콜세지의 「택시드라이버」(1976)에 묘사된(외양상 불필요한) 폭력 장면을 상기시킨다.

모더니즘 이념의 붕괴는 탈맥락화된 목소리의 격렬한 다성성(多聲性)속에서 결합하고 상호대립하면서 재생되는 복합양상의 문화를 가져오게 한다. 프레데릭 제임슨이 포스트모던 영화의 특징을 혼성모방 또는 양식적 복합의 상이한 형태를 지닌다고 지적한 것도 이러한 맥락과 상관하고 있다. 포스트모던한 혼성모방의 징후는 「차이나타운」, 「스타워즈」등의 영화에서 이미 발견되기 시작했다.

둘째, 포스트모던 영화는 고급 예술과 대중 예술의 경계를 소멸하는 경향을 보인다. 포스트모더니즘은 모더니즘적인 단일 가치를 폐지하는 것, 모더니즘의 대중문화에 대한 혐오에 도전하는 것을 본령으로 삼았다. 포스트모던 영화는 고급 예술과 대중 예술의 창조적인 관계를 통해 소수 문화를 위한 공간을 만들었고, 성차별과 인종주의에 대항하는 해방의 문화를 발전시켜 나아갔다. 광고, 락, 팝아트 등을 이용한 새롭고 현란한 이미지, 충격적인 스타일의 느와르풍의 스릴러「디바」와, 미래 사회에 대한 묵시록적인 세계를 묘사한「블레이드 러너」등은 그러한 경계를 소멸케 한 좋은 사례가 되며, 미국 중산층 내부의 음침하고 병적인 일상을 담은「푸른 벨벳」은 소멸을 통해 쾌락주의와 무정부 상태를 조장시키고 있다는 점에서 포스트모던하다.

셋째, 포스트모던 영화의 지향점은 완벽한 시뮬레이션에 있다고 할 수 있다. 장 보드리야르가 탈산업 사회를 커뮤니케이션의 황홀경에서 사는 스펙터클의 사회로 보았듯이, 앞으로의 미래 사회는 전자 대중 매체에 의해 점유되고 시뮬레이션에 의해 성격화된다. 탈산업 사회는 재활용의 사회여서 현실적인 것은 더 이상 현실적인 것이 아니고, 재생산될 수 있는 것도 아니며, 이미 재생산된 것에 지나지 않기 때문이다. 스필버그의「쥬라기 공원」, 케네스브래너의「프랑켄슈타인」, 닐 조던의「뱀파이어와의 인터뷰」등의 영화는 초현실의 세계를 재생산한 시뮬레이션의 영화로 손꼽을 수 있다.(송희복)

포스트모더니즘, 시뮬레이션, 혼성모방, 미래 사회, 탈산업 사회

참고문헌
수잔 헤워드,『영화사전—이론과 전망』, 이영기 역, 한나래, 1999.
스티븐 코너,「포스트모던 TV, 비디오, 그리고 영화」(외국문학, 1991, 여름), 정경호 역, 열음사.
빌헬름 부르처 외,「영화: 사유의 명문화(銘文化)」, 휴 실버만 엮음, 윤호병 역,『포스트모더니즘』, 고려원, 1992.

포스트산업사회

미래학적 관점에서 후기산업사회는 대량 소비사회라고 명명된다. 컴퓨터와 통신기술의 진보가 사회변혁을 가져 전자기술 사회(telematic society)나 정보화 사회(information society)로 향하여 간다. 한편 사회 전반적인 측면에서 세계경제 지향적, 분권적이며, 참여민주적이고, 선택이 다양화되며, 기술과 정서의 균형이 이루어진다. 이를 더욱 체계화시킨 토플러(A. Toffler)는 그의 저서인『제3의 물결』에서 문명사가 제1의 물결(농업혁명), 제2의 물결(산업혁명)을 거쳐 미국과 일본을 중심으로 제3의 물결(정보혁명)을 맞이하고 있다고 피력하고 있다. 그는 또한 '권력의 이동'에서 권력의 원천이 과거에는 군사력 등을 배경으로 하는 폭력에서 경제력으로 이동하였고 이제 21세기에는 지식으로 바뀌어갈 것이라고 내다보고 있다. 그러한 지식으로의 권력 이동은 대량생산, 대량소비의 동질화 사회에서 개인의 감성과 개성에 따라 욕망이 다양해지는 이질화 사회로의 변화를 뒷받침해준다.

산업사회의 경제는 제품 생산업이 중심이며 서비스업은 재화생산을 보조하는 판매, 운송 등을 담당하였다. 그러나 후기산업사회에서는 서비스업 종사자가 노동 인구의 대부분을 차지하는 등 서비스업이 산업의 중심이 될 뿐만 아니라, 교육 · 건강 등 '삶의 질'을 향상시키는 인간 서비스와 고도의 전문적 지식과 기능을 필요로 하는 전문 서비스를 제공한다. 산업사회에서는 제조업의 반숙련 노동자와 기술자가 중요한 직업군이었으나, 후기산업사회에서는 전문직, 기술직, 과학자, 연구원, 엔지니어가 중요한 직업집단으로 부상한다. 산업사회에서는 개별 과학자들의 실험적 노력을 바탕으로 한 과학과 기술의 혁신이 주류를 이루어 왔지만, 후기산업 사회에서는 다양한 상황에 적용할 수 있는 이론적 지식이 발달하여 모든 분야를 혁신하는 주역이 된다. 따라서 후기산업사회를 지식사회라 한다. 산업 사회에서는 자본과 노동이 가치창출의 원천이고, 생산성을 결정하는 주요변수였으나, 후기산업사회에서는 정보와 지식이 부가가치의 원천이 된다. 따라서 여기서는 정보관련 산업의 발달이 두드러지며, 정보기술혁명이 사회의 변화와 발달을 선도한다. 이 때문에 후기산업사회를 정보화 사회라고도 한다.(곽봉재)

정보화사회, 소비사회, 제 3의 물결

참고문헌
J.F. Lyotard, 『포스트모던의 조건』, 유정완외 역, 민음사, 1999.
U. Eco, 『포스트 모던인가 새로운 중세인가』, 조형준 역, 새물결, 1993.

포스트식민주의 ☞ 탈식민주의

포스트이미지(Post-image)

영화의 미학적 기반은 사실상 르네상스식 원근법에 연원한다. 영화의 고전적 스타일이 완성되는 과정에서 몽타주와 미장센은 내러티브로부터 점차 벗어나 이미지 자체를 소멸해버리는 결과를 빚어내기에 이르렀다. 그래서 요즈음에는 새로운 디지틀 미디어를 통해 이미지의 단서를 얻는 일이 많아졌다. 예컨대, 왕가위는 MTV에서 흔히 사용되는 '스텝 프린팅'을 영화 속에 구현한 바 있다. 이처럼 비영화적인 매체에서 영상의 이미지를 빚고 영화의 실재를 찾는 것을 두고 '포스트 이미지'라고 부른다.

움직임에 구속된 시간 속에서 펼쳐진 이미지가 아니라 사건에 구속된 움직임 속에서 만들어진 이미지를 생성하려고 하는 경향이 점차 드러나고 있는 이즈음에, 이미지는 과거의 기억 속으로 흘러들어가 파편화되고 분절되어 간다. 황량한 풍경 속에서의 부조리한 삶, 현실과 꿈이 혼재하여 뭐가뭔지 모를 이미지로 부유(浮游)하고 있는, 경험하지 못한 이미지들로 가득찬 영화들 —이를테면 왕가위의 「동사서독」이나 아톰 에고이얀의 「엑조티카」 등과 같은 영화는 새로운 이미지의 수사학에 관한 가능성의 여지를 시사하고 있다.(송희복)

왕가위, 파편화, 분절

참고문헌
정재형, 『정재형 교수의 영화강의』, 영화언어, 1996.
송희복, 『영상문학의 이해』, 도서출판 두남, 2002.

포스트페미니즘(Postfeminism)

포스트모더니즘(postmodernism)이나 포스트콜로니얼리즘(postcolonialism)처럼 페미니즘에 '포스트(post-)'라는 접두사를 붙여 1980년대 중반부터 사용하기 시작한 용어이다. 이 용어에는 긍정적인 의미와 부정적인 의미가 동시에 포함되어 있다. 긍정적으로는 이제 여성들이 억압으로부터 해방되어 승리를 쟁취했으므로 페미니즘 자체가 불필요하게 되었다는 '페미니즘의 종언'을 일컬을 때 사용된다. 페미니즘의 영향으로 여성들의 자유가 이미 확보되었고 앞으로도 계속 증가할 것이라는 희망적인 믿음에 연유하는 것이다. 반면 부정적으로 사용될 때는 그 동안의 페미니즘이 일시적인 유행에 불과했기에 이제는 그 효력을 상실했다는 의미이다. 이 두 경우 모두 각기 기존의 페미니즘에 대한 과대평가와 과소평가를 바탕으로 한 논의이기에 본질적으로는 반페미니즘적이라고 할 수 있다.

포스트페미니즘의 페미니즘에 대한 비판적 시각은 페미니즘이 지나치게 여성성만을 강조한 나머지 기존의 남성/여성이라는 이분법을 더욱 공고히 만들면서 여성들의 입지를 오히려 좁게 만들었다는 것, 혹은 여성들에 대한 특별한 장려와 배려가 결국은 훨씬 더 효과적인 여성 배제의 장치일 수 있다는 것, 때문에 여성으로서의 차이보다는 하나의 인간으로서의 남녀평등을 주장하는 것이 더 효과적이라는 것 등의 보다 발전적인 제안을 담고 있기도 하다. 그래서 한편에서는 페미니즘의 한계나 문제점을 지적하는 포스트페미니즘의 이런 발전적이고 긍정적인 면을 강조해서 포스트페미니즘보다는 '뉴 페미니즘(New Feminism)'이라는 용어를 사용해야 한다고 주장한다. 어떠한 이론이나 입장도 시대나 상황에 따라 수정과 갱신을 거듭해야 하기 때문이다.

한국에서는 이문열의 소설 『선택』(1997)을 둘러싸고 페미니즘 문학에 대한 논쟁이 일어났다. 작가는 현모양처인 정부인(貞夫人) 장씨를 내세워 기존의 공격적인 페미니즘을 비판한다. 진정한 페미니즘이란 여성만이 아닌 인간의 문제로 확대되어야 하고, 여성 해방과 성적인 방종을 혼동해서도 안 된다고 충고한다. 더구나 조선시대보다 훨씬 살기 좋아진 현대에서는 남존여비에서 오는 차별도 거의 철폐되었다고 본다. 이에 대해 여성계에서는 이 소설이 남성중심적 사회의 명예나 부에 기생하는 보수적이고 전근대적인 여성상을 옹호함으로써 그 동안 힘들게 쌓아온 페미니즘의 업적을 무화시키려 한다고 반발하였다.(김미현)

페미니즘, 페미니즘 비평

참고문헌
리사 터틀, 『페미니즘사전』, 유혜련·호승희 역, 동문선.

포이에시스(poiesis)

그리스어로, 본 뜻은 제작·생산을 의미한다. 아리스토텔레스는 인간의 지적 활동을 관조(theōria), 실천(praxis), 제작(poiēsis)으로 나누었다. 관조가 이론적 탐구라면 실천은 정치를 포함한 윤리적 행동을 말하며 제작은 생산기술 활동이나 예술을 가리켰다. 넓게는 대상의 법칙을 알고 그것에 따라 인간에게 필요한 것을 만들어 내는 기술 일반을 의미하나 좁게는 대상을 있는 그대로 모방하는 것이 아니라 작가가 참되다고 느낀 세계를 표출하는 활동을 의미한다. 포이에시스가 예술 활동으로 생각되면서 그 제작학은 시학(poiētik)이 되고 이것은 시(poiēma)라는 개념을 낳았다.(권채린)

참고문헌
아리스토텔레스, 『시학』, 문예출판사, 2002.

포토 포엠(photo poem, 시 사진)

포토 포엠은 시와 사진을 아울러 이르는 말로, 표현하고자 하는 감흥에 어울리는 사진을 함께 엮어 독자들과의 소통의 효과를 꾀하는 것이다. 시와 그림을 아울러 이르는 시화와 같은 맥락에서 기존의 시에 어울리는 사진을 곁들인 것이기 때문에 포토 포엠을 '시 사진'이라 일컫는다.

21세기 들어 문학을 온라인 서비스로 독자와 친밀하게 소통하는 여러 프로젝트가 진행되었다. '안도현의 시 배달', '성석제의 소설 배달' 등처럼 그림과 사진, 플래시, 애니메이션 등을 활용, 영상과 문학을 융합하여 온라인으로 소통하는 문학나눔사업추진위원회의 메일링 서비스가 대표적인 예이다.

이와 같은 맥락으로 온라인에서 시 감상의 효과를 높이기 위해서 감흥에 어울리는 사진을 함께 엮은 시가 포토 포엠이다. 포토 포엠은 기존의 시와 어울리는 사진을 엮은 것이기 때문에 시와 사진은 각각 독립성을 지닌다. 포토 포엠은 사진을 활용하여 시를 창작한 것이 아니라 사진을 활용하여 기존의 시를 감상하는데 도움을 주어, 독자들에게 시에 대한 친밀성을 확보하는데 목적이 있다.(이상옥)

참고문헌
이상옥, 『디카시 창작 입문』, 북인, 2017.
이상옥: 중국 정주경공업대학교 한국어과 교수

포퓰리즘(프 Populisme)

대중인기영합주의. 페로니즘. 자기의 정치적 야망을 달성하기 위해, 국가와 사회 발전의 장기적인 비전이나 목표와 상관없이, 국민의 뜻에 따른다는 명분으로 국민을 속이고 선동해 지지를 이끌어 내려는 경향을 말한다. 사전적 의미로는 보통 사람들의 이익과 관점을 대변하거나 이에 호소하는 정치적 철학이라는 뜻을 갖고 있지만, 대중의 인기를 이용해 선심성 정책을 표방해 정략적인 행동을 한다는 부정적 의미가 강하다. 민중주의라고도 불리지만 이는 포퓰리즘을 표방하는 당사자의 입장을 대변하는 수사에 불과하다. 1890년 미국의 양대 정당인 공화당과 민주당에 대항하기 위해 생긴 인민당(Populist Party)이 농민과 노조의 지지를 얻기 위해 경제적 합리성을 도외시한 정책을 표방한 것에서 유래한다. 아르헨티나의 후안 도밍고 페론(1895-1974) 대통령 정권이 대중의 인기에 영합하기 위한 선심성 경제정책 남발로 국가경제를 불황으로 몰아넣은 것이 대표적 예이다.

하지만 문학에 있어서는 이와는 좀 다른 의미로 나타난다. 이는 1920년대 말 프랑스에서 일어난 민중문학운동을 가리키는데, 도덕적 · 정치적 이데올로기를 배격하고, 미묘한 심리묘사의 경향성에서도 탈피하여 평범한 서민의 삶을 새롭게 조명하려 하였다. 1928년에 프랑스 작가 L. 르모니에((Léon Lemonnier)의 포퓰리즘 선언(Manifeste du Populisme)에서 비롯된 경향으로, 1929-30년에 A. 테리브가 2개의 선언서를 발표함으로써 구체화되었다. 이들은 M. 프루스트 등 당시의 주류를 이루던 부르주아적인 지적 난해성 문학에 반대하는 입장에 서서 민중의 생활감정을 묘사하고 민중이 읽을 수 있는 문학으로 환원되어야 한다고 주장하였다. 따라서 인공적인 기교를 억제하며, 정치성 등의 경향문학을 배제하고, 민중의 생활과 감정을 그려 누구나 작품을 즐겨 읽을 수 있도록 하는 것을 목적으로 한다. 그들은 E. 졸라와 같은 자연주의 작가들이 주로 택한 인간의 추악성을 폭로하는 사실주의적 기법이 아니라, 온정적인 눈으로 인생 명암의 모습을 묘사하려 하였고 자연스럽고 평이한 문체를 중시하였다. 대규모의 문화운동으로 발전하지는 못하였으나 양차세계대전 사이의 프랑스문학에 새바람을 불어넣었다. 대표적인 포퓰리스트는 E. 다비인데, 그는 『북(北)호텔(1929)』로 제 1 회 포퓰리스트상을 받았다. 주요 작품으로 테리브의 『비정한 사람(1928)』, 르모니에의 『죄없는 여자(1931)』, C. L. 필립의 자전적 소설들을 들 수 있다.(이정선)

페로니즘, 대중영합주의, 민중문학운동

참고문헌
신희천 ·조성준 편저, 『문학용어사전』, 청어, 2001.
동아일보출판기획팀, 『현대시사용어사전』, 동아일보사, 2005.

폭력(영 violence, 독 gewalt)

폭력을 뜻하는 violence, gewalt 는 라틴어 vir, vis를 어원으로 한다. 전자는 남자, 남편, 용사, 병사 후자는 힘, 무력 폭력 등을 뜻하는데 gewalt는 violence와 달리 어떤 모순까지 내포하는 함축적 의미를 지닌다. gewalt는 지배 혹은 통치의 유지, 정당한 강제라는 의미를 가진다. violence는 외부로부터 침해나 파괴라는 느낌이 강하다. violence의 유래가 되는 라틴어 violentia를 살펴보면, 폭력의 뜻은 힘의 남용, 위반과 무절제 등을 의미함을 알 수 있다. 폭력은 힘의 사용을 의미한다. 그런데 이 힘은 여러 뜻을 가진다. 폭력 역시 복합적 의미를 가진다. 폭력은 강제, 본질, 자연적 경향성과 목적, 인간의 자발적 행위의 개념들을 모두 포함한다. 인간 본성, 인격, 인권, 도덕적 악한 행위와 악덕들의 개념들과도 관계를 맺으며, 공동선, 권위 혹은 통치권과 공동체의 질서 개념들 법, 형벌, 권리, 정의, 자연법과 실정법과도 관계를 가진다.

인간은 본성적으로 폭력적이다. 프로이트에 따르면 인간은 근본적으로 공격적이며 잔인하다. 문명은 이 야만성을 억누르고 있을 뿐이다. 하지만 르네 지라르에 따르면, 인간에게 폭력은 본능적인 것이 아니라 상호 주관적이고 사회적인 것이다. 모든 사회는 '정초하는 폭력'에 기반을 둔다. 이를 통해 다른 모든 폭력이 존재한다. 그래서 약자에 대한 박해는 모든 사회적 질서의 기원적이고 구조적인 원리이다. 헤라클레이토스, 헤겔, 마르크스, 소렐, 니체 등은 폭력의 다산성(多産性)을 주장한다. 헤라클레이토스는 갈등은 보편적이며, 불화는 권리이고 모든 사물은 불화와 운명에 따라 태어나고 죽는다. 헤겔의 경우, 정신은 스스로 그가 넘어서야 할 장애물을 구성한다. 역사는 폭력을 통해 특히 인정투쟁을 통해 나아간다. 부르주아 계급에 의한 본래의 폭력을 소멸시키기 위한 대응 폭력을 옹호한 사람은 특히 마르크스와 엥겔스, 그리고 레닌과 소렐이었다. 니체가 강력하게 방어한 것은 폭력 자체보다는 자아와 자아 사이에서 일어나는 투쟁, 갈등, 싸움이었다. 맞섬은 필요불가결하다. 반대로 적대성을 억제하고 모든 갈등을 금지하며 사회적 관계를 조화를 통해서만 이해하려고 하는 모든 사회적 계획은 총체적인 평화, 즉 가장 극단적인 폭력으로 귀착될 수 있다. 그래서 리쾨르는 인간 공동체의 복수성에서 생기는 갈등의 차원을 강조한다. 좋은 정부는 존재할 수 없다. 가치의 역사적 실현은 다른 가치에 해를 끼치지 않고서는 획득될 수 없기 때문이다. 지젝은 구조적 폭력에서 벗어날 수 있는 해방적 폭력을 승인한다. 지젝은 폭력을 유형화하여 직접적이고 가시적인 주관적 폭력, 언어를 통해 구현되는 상징적 폭력, 현 자본주의 사회 체계가 가지고 있는 구조적 폭력으로 나누고 상징적 폭력과 구조적 폭력을 객관적 폭력이라 통칭한다. "주관적 폭력은 정상적이고 평온한 상태를 혼란시키는 것이다. 그러나 객관적 폭력은 바로 이 정상적인 상태에 내재하는 폭력이다." "구조적 폭력은 눈에 보이지 않지만, 우리가 폭력을 이해하려면 반드시 고려해야만 한다. 그렇지 않으면 폭력은 단지 주관적 폭력의 비이성적 폭발로만 보일 것이다." 주관적 폭력보다 구조적 폭력이 문제시된다. 폭력의 궁극적 원인은 이웃에 대한 두려움이며 이것이 언어 자체에 내재된 폭력의 기초를 이루게 한다. 언어는 직접적인 폭력을 지양하는 수단이라고 하지만 그 자체로 폭력을 포함하고 있다. "폭력이 어떤 행위의 직접적인 속성은 아니다. 동일한 행위일지라도 그 맥락에 따라 폭력으로 간주될 수도 있고 비폭력으로 간주될 수도 있다."

순수한 폭력은 철학으로 정당화될 수 없다. 왜냐하면 사유는 본성상 폭력의 거부, 반성과 대화의 선택이기 때문이다. 한나 아렌트에 따르면 폭력은 본성상 도구적이며 모든 권력과 모든 인간 공동체의 가능성의 조건을 파괴한다. 설사 폭력이 일시적으로는 긍정적인 결과를 가져올 수 있다 해도, 결국 폭력은 자기 파괴적인 차원을 드러내는 것이다. 한나 아렌트는 "폭력은 본성상 도구적이므로, 그것을 정당화시켜야 하는 목적을 달성하는데 효과적일 때까지만 합리적이다. 또한 우리가 행동할 때 우리가 행하는 것에 관한 가능한 결과들을 결코 확실하게 알 수 없기 때문에 폭력은 단기적인 목표를 추구하는 경우에만 합리적일 수 있다. 폭력은 원인들을 촉발시키지 않으므로 역사도 혁명도 진보도 반동도 일으키지 않는다. 그러나 불만을 극적으로 표현하는 데 도움을 줄 수 있고 그래서 공적인 주의를 환기시킬 수도 있다." "그리고 사실상 폭력은 그 예언자들이 말하고자 하는 것과는 대조적으로, 혁명보다는 개혁을 위한 무기이다. 폭력의 위험성은 심지어 그 폭력이 단기적인 목표라는 극단적이지 않은 틀거리 내에서 의식적으로 행해진다고 하더라도, 항상 수단이 목적을 압도하는 결과를 낳을 것이다. 만일 목표가 재빨리 달성되지 않는다면, 그 결과는 단순히 패배를 불러올 뿐만 아니라 폭력 실천을 전체로 확산시킬 것이다. 폭력의 실천은, 모든 행동과 마찬가지로, 세계를 변화시키지만, 더 폭력적인 세계로 변화시킬 가능성이 가장 많다."(추선진)

참고문헌
엘리자베스 클레망 외, 이정우 역, 『철학사전』, 동녘, 1996.
장 욱 외, 『폭력에 대한 철학적 성찰』, 철학과현실사, 2006.
사카이 다카시, 김은주 역, 『폭력의 철학』, 산눈, 2007.
한나 아렌트, 김정한 역, 『폭력의 세기』, 이후, 1999.
지젝, 이현우 외 역, 『폭력이란 무엇인가』, 난장이, 2011.

표상 ☞ 재현

표상대리(表象代理, Ideational representative)

프로이트의 저작에서 표상대리의 원어를 찾아보면 Vorstellungsrepräsentanz임을 알 수 있다. Vorstellung이라는 용어는 독일 철학의 전통에서 긴 역사를 가지는 것인데, 프로이트는 자신의 정신분석학에서 그것을 나름대로 변형시켜서 사용했다. 프로이트는 「무의식에 관하여」라는 논문에서 표상대리에 대해서 다음과 같이 언급한다. "본능은 결코 의식의 대상이 될 수 없다. 본능을 대변하는 표상(대리)만이 의식의 대상이 될 수 있다. 심지어는 무의식 속에서 어떤 본능도 표상에 의하지 않고서는 표현될 수 없다. 그럼에도 우리가 무의식의 본능 충동이나 억압된 본능 충동을 언급한다면(……) 그것이 무의식적인 어떤 것의 관념적 표상을 의미할 뿐이지 다른 어떤 것을 고려할 수는 없는 것이다." 이 구절에서 표상대리는 의식상에 나타나는, 본능을 대신해 주는 것임을 알 수 있다. 요컨대 표상대리는 의식상에 나타난 본능의 대표자인 것이다.

프로이트에게 표상대리 개념이 중요한 것은 그것이 억압의 메커니즘과 무의식 개념을 설명하는 데 있어 핵심적이기 때문이다. 프로이트는 「억압에 관하여」에서 "억압과 무의식이 서로 아주 밀접한 관계에 있다"고 한다. 억압은 본능의 표상이 의식으로 진입하는 것을 저지하는 것이며 이때 억압된 표상은 대리 표상을 생성하여 회귀하거나 신경증의 증상으로 나타나곤 한다. 본능의 표상에 투여되었던 리비도가 무의식 속으로 들어가지 않고 남아서 이러한 결과를 초래한다는 것이다. 이처럼 프로이트는 본능의 표상과 본능의 정동(情動, Affecktbetrag)을 구분함으로써 억압과 무의식의 개념을 설명하는 데 중요한 전기를 마련할 수 있었다.(최현희)

표상, 본능, 억압, 무의식, 정동

참고문헌
지그문트 프로이트,『무의식에 관하여』, 윤희기 역, 열린책들, 1997.
_____,『쾌락 원칙을 넘어서』, 박찬부 역, 열린책들, 1997.
장 라플랑슈·장 베르트랑 퐁탈리스,『정신분석 사전』, 임진수 역, 열린책들, 2005.

표상대표(表象代表) ☞ 표상대리

표절(剽竊)

표절이란 시나 글을 짓는데 있어서 남의 작품 내용의 일부나 어구(語句), 또는 학설을 허락 없이 몰래 끌어다 쓰는 행위를 일컫는 말이다. 남의 작품을 자기의 작품이라고 속이어 발표하는 경우에는 도작(盜作)이라고 한다. 1923년에 발표된 한정동(韓晶東)의 동요「소금쟁이」가 일본 동요를 표절 또는 도작하였다고 하여 홍난파(洪蘭坡) 등의 공격을 받았고 방정환(方定煥)의 동요「허잽이」는 울산에 사는 서덕요(徐德謠)의 투고 작품을 도작한 것이라고 하여 당시≪동아일보≫(1926년 10월 2일)에 비난을 받은 적이 있다.

문학작품 등에서 지적인 도둑 행위인 표절은 모방(模倣)과는 상이하게 부정적인 요소를 지니고 있다. 아리스토텔레스의『시학(詩學)』에서처럼 모방이란 사물을 본 따고 그것을 보고 기쁨을 느끼는 창조로 향하는 인간본능으로서 긍정적인 요소이다. 모방은 창조의 전(前) 단계이지만 표절은 창조의 적인 것이다.

오늘날 표절행위는 대중매체와 인쇄문화의 발달로 인하여 문학작품뿐만 아니라 방송드라마, 광고, 대중가요 등 광범위하게 행해져 종종 문제를 일으키기도 한다. 독창성과 고유성에 반하는 이러한 행위는 작가의 윤리의식에 관계되는 문제이기도 하다.(이명재)

도작(盜作), 모방, 창조의 적

참고문헌
신희천·조성준 편저,『문학용어 사전』, 청어, 2001.
아리스토텔레스,『詩學』, 김재홍 역, 고려대학교 출판부, 1998.

표현(表現, Expression, 프 Expression, 독 Ausdruck)

사물이나 정신의 내적인 본질을 객관화하여 드러내는 것을 뜻한다. 표현에는 주관적 감정을 객관화하는 표출(Ausdruck)과 내적 표상이 지각되는 형태를 통일적인 형식 법칙을 가진 작품으로 나타내는 묘사(Darstellung)라는 두 가지 계기가 포함된다.

고전시대에는 언어의 선택이 곧 표현을 의미했기 때문에 수사법 자체가 표현법이었고 플라톤(Platon)의 경우에는 이데아의 재현이 곧 표현이었다. 18세기말에는 주체의 정서를 표현의 내용으로 보게 되는데, 이들에 따르면 문학의 플롯, 운율 등 형식적 요소는 정서를 표현하기 위한 간접적 장치거나 순화를 위한 수단에 지나지 않는 것이 된다. 그 극단에 크로체(Benedetto Croce)가 있다. 그는 예술형식의 구조적 요건을 예술의 한 부분으로 파악하지 않고 단지 표현이 이루어지는 틀에 불과하다고 본다. 따라서 크로체에게는 시, 소설, 희곡의 구분이나 문학, 음악 미술 등 외형적 갈래구분은 무의미하다. 이때의 표현은 사실주의나 모방, 재현에 대립되는 사조 (思潮)상의 표현주의 개념과 일치한다.

예술 활동에서 내적 체험이 외면화·객관화되기 위해서는 표현의 동기(Ausdrucksmotiv) 외에도 형식동기(Formmotiv)가 없으면 안 된다. 예술적으로 표현된 내면의 정서·사상을 공유할 수 있는 것은 형식부여의 계기에 의한 표현과 불가분의 관계에 있기 때문이다. 칸트(I. Kant)는 순수이성비판에서 예술이 주관적이면서 동시에 보편적·필연적인 까닭이 미적 체험 자체가 미적 형식 속에서 이루어지기 때문이라고 보았다. 지각 형식의 선험성이 미적 체험에 미치는 영향과 그 표현에 있어 지각 형식 즉, 미적 체험 형식의 규약을 스스로 모방하려는 경향의 관계 속에서 표현을 이해하려는 것이 현대 미학의 추세이다.(곽봉재)

묘사, 모방, 표출

참고문헌
T.W Adorna, 『미학이론』, 홍승용 역, 문학과지성사, 1984.
D.W Croford, 『칸트의 미학이론』, 서광사, 1995.

표현론적 비평(表現論的 批評, Expressive criticism)

실용론적 비평의 주된 관심이 독자에게 있었다면 표현론적 비평의 관심은 시인(작가)으로 옮겨진다. 표현론적 비평은 기본적으로 작품과 작가라는 연관 속에서 예술을 파악하고 접근한다. 문학 작품 가운데서 특히 시는 시인의 감정 표현, 분출, 발화로, 혹은 자신의 지각, 사고, 감정에 작용하는 시인의 상상력이 만들어 낸 산물로 정의한다. 그래서 이것은 시인의 개인적 전망이나 마음 상태가 얼마나 진지하게, 또는 순수하게, 또는 적절하게 표현되었는가에 따라 그 작품을 판단하려고 한다. 이 때, 의식적으로나 무의식적으로 작품에 드러난 작가의 특수한 기질과 경험들에 관한 여러 모습들을 찾는다. 이런 이론에 의존하는 비평은 작품이 작자의 진실한 표현인가 하는 관점에서 그것을 판단하고 평가하는데 중시한다.

표현론적 비평양식은 주로 유럽 낭만주의 비평가들에 의해 발전하였다. 이 비평은 본질적으로 낭만주의 이론이기 때문에 시인의 개성과 독창성을 강조하여 독창성이 중요한 판단기준으로 통용되기도 하였다. 윌리암 워즈워스(William Wordsworth)는 "시는 강력한 감정의 자연스런 흐름이다"라고 말하기도 하고, 존 키츠(John Keats)는 "나는 적어도 대중의 생각이라는 그늘 속에서 시를 단 한 줄도 써 본 적이 없다"라고 했다. 또한 밀(J. S. Mill)은 "모든 시는 독백의 성격을 가졌다"라고 한 것도 모두 표현론적 비평에 근거한 언급이라 할 수 있다.

이에 따라 근대사회에서 새 가치관의 하나로 부상한 새로움과 함께 독창성 여부는 시인 평가의 중요한 척도가 되었다. 표현론적 비평양식은 우리들 시대에도 여전히 통용되고 있는데, 특히 정신분석 비평과 조르주 풀레(George Poulet)의 현상학적 비평에서 찾을 수 있다.

이와 같이 작품을 작가(시인)와 결부시켜서 생각하는 표현론적 비평의 태도는 모방론적 비평에 비해서 이점을 지니고 있다. 즉 모방론에 의하면 동일한 체험내용을 가지는 작가가 서로 다른 작품을 생산해낸다는 사실의 결과를 설명해낼 수가 없다. 가령 똑같은 소재를 접하고도 두 시인의 정서표출 방식이나 그에 대한 대응상태는 서로 다른 작품 형태로 드러날 수 있는데, 모방론이나 외부조건에 의한 설명만으로는 이 두 작품의 차이가 어디에서 비롯되었는지 밝히기는 쉽지 않다.(이명재)

작가의 개성과 독창성, 낭만주의 비평가, 정신분석 비평, 현상학적 비평

참고문헌
김회진, 『英美文學槪論』, 집문당, 1996.
신희천·조성준 편저, 『문학용어 사전』, 청어, 2001.
유종호, 『문학이란 무엇인가(증보판)』, 민음사, 1997.
이명재, 『문학비평의 이론과 실제』, 집문당, 1997.
조셉 칠더즈·게리 헨치 편저, 『현대문학 문화 비평용어사전』, 황종연 역, 문학동네, 1999.
정한모·김용직, 『文學槪論』, 박영사, 1981.

표현비평 ☞ 표현론적 비평

풍격(風格)

풍격(風格)이라는 용어는 원래는 사람의 풍채나 품격을 가리키는 말이었다. 이는 개인의 외형적인 모습에서 느껴지는 전체로서의 인상 내지 개성인 것이다. 문장에 있어서 풍격이란 문학예술 작품이 전체적으로 드러내는 특징이라고 말할 수 있다.

중국 고전문학 이론에서는 어느 작가나 작품의 특징적인 성격을 개괄하는 의미에서 '풍격'이라는 용어를 사용한 외에도 '체(體)' '격(格)' '품(品)' '풍모(風貌)' 등의 용어를 사용하였다. 풍격에 관한 문론가들의 주장은 역사적 발전을 해왔다. 조비(曹丕)는 『전론·논문(典論·論文)』에서 문장은 저마다 고유한 특징을 가진다고 말하면서, 이는 작가의 고유한 기질과 재성(才性)에서 말미암은 선천적인 것이라 규정하였다. 갈홍(葛洪) 역시, 작가의 개성이 천차만별한 풍격의 작품을 만들어내는 요인이 된다고 보았다.

한편 유협(劉勰)은 『문심조룡·체성(文心雕龍·體性)』에서 작가의 '재성'과 '기질'의 선천적인 차이를 인식하면서도 아울러 '학문'과 '습성'의 후천적인 요소를 중시하여, 이 네가지 요인이 문장 풍격을 결정짓는다고 보았다. 그리하여 각기 서로 다른 재성·기질·학문·습성의 결과를 '여덟 가지 풍격(八體)'으로 귀납시켜 '전아(典雅)' '원오(遠奧)' '정약(精約)' '현부(顯附)' '번욕(繁縟)' '장려(壯麗)' '신기(新奇)' '경미(輕靡)'등으로 구분하였다. 비록 '번욕'과 '경미'의 풍격에 대해서는 폄하하는 논조를 취하고 있으나, 유협은 문학을 선천적인 기질과 후천적인 학습의 결합 산물로 보아 체계화하였다.

당대(唐代)에는 시가 창작이 극히 발전하였고, 이에 시인과 시가의 특징적인 성격에 관련한 언급도 더욱 많아졌다. 왕창령(王昌齡)이 『시격(詩格)』에서 시에는 '고격(高格)' '고아(古雅)' '한일(閑逸)' '유심(幽深)' '신선(神仙)' 등 다섯 종류의 '취향(趣向)'이 있다고 설명했는가 하면, 교연(皎然)은 『시식(詩式)』에서 열아홉 글자로서 문장의 특징을 구분하여 '고(高)' '일(逸)' '정(貞)' ⋯⋯ '역(力)' '정(精)' '원(遠)'등 열아홉 가지 풍격에 대해 그 특징을 언급하기도 했다.

풍격 이론에서 가장 많은 주목을 끌어온 것은 사공도(司空圖)(837-908)의 『시품(詩品)』이다. 그는 4언으로 된 12구의 시 형식으로 시의 24종 풍격에 대해 설명하였는데, 그의 풍격 분류가 나온 뒤에 문론가들은 그 풍격상의 특징에 걸맞은 작가나 작품을 대비시켜 보려는 시도를 하였고, 근래에 북경출판사에서 간행한 『중국고전문학사전(中國古典文學辭典)』에서도 각 풍격에 들어맞는 시구(詩句)를 취하여 다시 그 풍격을 설명하고 있다. 사고도 자신이 풍격을 분류함에 있어 각 풍격에 대해 시의 형식을 사용하여 형상적으로 묘사한 까닭에 감상자들은 '웅혼(雄渾)' '호방(豪放)' '광달(廣達)' '웅기(雄奇)'니 하는 풍격에 대해 결국 독자적으로 인식할 수 밖에 없었고, 때문에 이 같은 구체적인 이해를 시도하게 되었다. 송(宋)·명(明)대에 여러 시론이나 시화(詩話)에서 논자들은 각 작가의 시와 문장의 특징을 개괄함에 있어, 이와 같은 풍격 용어를 사용하여 총괄적으로 표현하되 보다 구체적이고 세밀하게 언급하였다.

풍격 비평은 전체의 인상을 간략한 글자로 축약하는 재성(才性) 비평(批評)의 한 갈래로서 동양적 미학 범주에 속하는 특수 영역이며, 향후 보다 체계화, 현대화된 해석과 이해가 필요한 분야이다.(오태석)

풍격, 재성, 문심조룡, 이십사시품

참고문헌
周勳初, 『중국문학비평사』, 중국학연구회 고대문학분과 역, 이론과 실천, 1992.
이병한 편, 『중국고전시학의 이해』, 문학과 지성사, 1990.
팽철호, 『중국고전문학 풍격론』, 사람과, 2001.

풍골(風骨)

풍골이란 본디 위진(魏晉)·남조(南朝) 시대에 인물을 품평할 때 쓰이던 말이다. 예컨대 '풍자특수(風姿特秀)·풍신청령(風神淸令)·풍기고량(風氣高亮)'(『劉孝標註. 世說新語』) 등의 평어들은 모두 그 인물의 정신과 기질, 의태(儀態)·풍도(風度)가 청준상랑(淸俊爽朗)하여 비루한 세속

풍정에 물들지 아니한 기상을 이르는 말이다. 이 때 풍은 대개 빼어난(超逸) 기질의 개념으로, 골은 영특한 기질(靈氣)이란 별개의 개념으로 쓰였으나, 둘이 분별되어서는 완미할 수 없다. 곧 초일한 기질 없이 준수하다고만 해서 골이 있다 할 수 없고, 영기 없이 풍이 있을 수 없기 때문이다.

이 같은 풍골론을 문학비평 용어로 논의한 대표적 인물은 유협(劉勰)이다. 그는 『문심조룡(文心雕龍)』「풍골(風骨)」편에서 "(슬픈) 마음의 정서를 진술함에는 반드시 풍에서 시작하며, 수사에 대한 심사로는 무엇보다 골이 선행되어야 한다. 수사에서 골의 중요성은 마치 인체에서 골격을 형성하는 것과 같으며, 정서가 풍을 함유하는 것은 마치 형해가 정기를 함유한 것과 같다. 언어의 결합이 서직하면 문장의 골은 성취되며, 작가의 의기가 준상하면 문장의 풍은 맑아질 것(怊悵述情 必始乎風 深吟鋪辭 莫先于骨. 故辭之待骨 如體之樹骸 情之含風 猶形之包氣. 結言瑞直 則文骨成焉, 意氣駿爽 則文風淸焉)"이라 했다. 곧 풍은 정지(情志)를 작품 전체에 뚜렷하게 드러내는 힘이고, 골은 수사(修辭)의 정확한 결구(結構)다. 이른바 시문에 뜻이 없는 미사려구(美辭麗句)의 나열은 골이 없다는 증거이고, 무미하게 건조하며 맥이 빠진 듯한 글은 풍이 없다는 증거다. 환언하면 문장에 생기가 넘치고 사람의 영혼을 감동시키는 활력이 있는 글이다. 생기와 활력이 넘치는 글은 풍요롭고 청신한 정서와 활발한 사유의 결과물이다. 이러한 글의 전형을 유협은 건안문학(建安文學)이라 여겼고, 종영(鍾嶸) 역시 그의 『시품詩品』에서 '건안풍력(建安風力)'을 논의했는가 하면, 이백(李白)도 "봉래의 문장에다 건안의 풍골(蓬萊文章建安風骨)"이라고 찬미한 바 있다.

특히 건안 시대의 작가들은 그칠 줄 모르는 전란의 시대를 살며 유학의 성정, 혹은 도덕률의 굴레를 벗어나 비분 강개함과 활력이 넘쳐났고, 이러한 기상은 그들의 문학 속에 유감 없이 드러나, 읽는 이의 심금을 울리게 되었으니 『문심조룡』「시서(時序)」(觀其時文 雅好慷慨 良由世積亂離 風衰俗怨 幷志深而筆長 故梗慨而多氣也)는 건안의 시대 문풍을 대변하는 좋은 예다. 나아가 그는 정지는 質이라 하고, 수사를 文이라 하며, 훌륭한 작품 창작을 위해서는 문과 질이 다 중요하며, 결국 좋은 글은 문질(文質)이 빈빈(彬彬)한 글이라 했다.

건안문학(建安文學), **건안풍력**(建安風力)

참고문헌
유　협, 『문심조룡』, 최동호 역, 민음사, 1994.
문승용, 『建安文學論硏究』, 다운샘, 2004.

풍류(風流)

우아하고 멋스런 정취. 본디 선인(先人)들, 특히 성현(聖賢)들의 유풍(遺風)을 의미하는 말이었으나, 점차 '고상하고 아려한 정취(雅趣),' 혹은 '멋스러움'의 뜻으로 쓰인다.

최치원(崔致遠)의 「난랑비서(鸞郎碑序)」에서 "나라에 현묘한 도(玄妙之道)가 있어 그를 풍류도(風流道)라 한다"고 기록하고, 풍류도의 가르침의 근본은 『선사(仙史)』에 자세히 실려 있으니 유·불·도 3교사상이 포함되어 여러 중생을 교화해 준다 했다. 여기서 이른바 '현묘'니 '선사'니 하는 말들이 모두 노장적(老莊的) 용어로 표현되었으나, 중국의 노장사상이 전래하기 이전 우리 고유의 풍속인 셈이다. 이러한 멋의 정서적 생활 모습으로는 가무(歌舞)를 즐기고, 명산대천을 찾아 자연의 기상을 통해 천지간에 넘치는 지극히 크고, 지극히 강하고 곧으며, 평온하고 너그러운 원기로 충만해 지는 호연지기(浩然之氣)를 기름이 그 한 방편이었다. 이 같은 호연지기는 도의(道義)에 부합하므로 천하에 부끄러울 것 없고, 따라서 누구에게도 굴하지 않는 도덕적 용기를 배양하므로 화랑도들의 금강산 유람을 노래한 「혜성가」 및 "멀다고 이르지 않은 곳이 없다(無遠而不至)"는 그 좋은 예다. 그러므로 화랑도의 정신은 바로 풍류사상이었다. 이러한 사상은 고려 조선조에 이어져 지성적으로는 선비정신의 뿌리가 되었으며, 예술·문화적으로는 장인정신(匠人精神)을 낳아 여운의 미학, 여백의 한국미를 창조해 온 동력, 혹은 민족 정서로 전승되면서 삶의 지혜와 법력으로 가무와 함께 하는 마음의 풍류를 생활화했다 할 것이다.

한편, 현실적 언어 감각으로는 고달픈 현실 속에서도 늘 마음의 여유를 갖고 즐겁게 살아가는 삶의 지혜, 혹은 그런 멋을 지칭하기도 한다.(김갑기)

호연지기(浩然之氣), 풍류사상, 선비정신

참고문헌
辛恩卿, 『風流』, 보고사, 2000.
김범부, 『풍류정신』, 정음사, 1987.

풍속(風俗)

오랜 세월에 걸쳐 내려온 생활 습관이나 세태를 의미하는 풍속(風俗)이라는 개념이 한국 문학사상 중요한 개념으로 등장한 것은 개화 계몽기 시대이다.

조선 후기에 이르러 소설이라는 개념이 겪게 된 변화를 계승하는 한편 1900년대의 새로운 소설론에 부응하고자 했던 역사·전기물과 신소설 작가들은 모두 풍속의 진작을 소설 개량론의 핵심으로 부각시켰다. 역사·전기물 창작과 연결된 소설 개량론에서는 우선 영웅을 묘사하여 애국심과 상무 정신을 고취시킴으로써 애국심과 사회의 풍기를 함께 진작시킬 수 있다고 주장했다. 신소설은 당대의 사실을 있는 그대로 기록함으로써 풍속을 개량할 수 있다고 보았다. 신소설 역시 풍속 개량이라는 취지에 편승함으로써 자기 지위를 제고할 것을 꾀했다는 점에서는 역사·전기물과 연결된 소설 개량론과 크게 다르지 않았다. 신소설은 조선 후기 소설론에서 강조된 가공허구(架空虛構)나 빙공착영(憑空捉影) 혹은 허탄무거(虛誕無據)라는 부정적 특질을 일소하기 위해 기록의 가치를 중시하였고 이를 사회의 풍속 개량의 한 방편으로 내놓았다.

1900년대 풍속 개량 논의에서 시가와 소설, 연극은 모두 풍기를 진작시키고 풍속을 계도할 수 있다는 데 근거해 제 영역을 확보했다. 그러나 1910년 이후 연극에서의 <대본>과 자국어로서의 <시>의 자질 등이 강조되면서 시, 소설, 연극은 자국어로 된 언어 구성체라는 새로운 가치를 확보하기 시작했다. 시, 소설, 연극은 풍속 개량이라는 취지에서 더욱 멀어졌고 풍속이라는 말은 핵심어의 자리를 내놓게 되었다. 김동인이 「한국근대소설고」라는 글에서 자신은 소설의 취재를 구구한 조선 사회의 풍속 개량에 두지 않고 '인생'이라는 문제를 그리고자 했다고 회상한 것도 이런 맥락에서이다.(권보드래)

역사·전기물, 신소설, 소설 개량론

참고문헌
권보드래, 『한국 근대소설의 기원』, 소명출판, 2000.
에두아로트 푹스, 『풍속의 역사』, 이기웅·박종만 역, 까치, 2001.

풍속세태소설 ☞ 풍속소설

풍속소설

소설의 구조 원리를 중심으로 분류한 소설 형식의 하나이다. 어떤 특정한 시기의 풍속이나 사회의 한 단면이 변모되어가는 모습을 독자에게 제시하는 소설로 '시정소설(市井小說)' 또는 '세태소설(世態小說)'이라고도 한다. 따라서 풍속소설에 등장하는 인물들은 모든 시대에 타당한 인간적 진실을 지닌 인물이 아니라, 어떤 특정 시기의 변모의 양상과 특정 사회에 한하여 대표되는 타당한 진실을 지닌 인간들을 묘사하는 소설이라고 할 수 있다. 취급하는 내용이 과거의 체험이며 완료된 일이므로 작중인물의 살아 있는 움직임이나 정신적 갈등이 존중 될 수는 없다. 풍속소설에서는 사회가 그 속에서 재창조되는 것이 아니라, 사회에 대한 작가의 관념을 예증(例證)한다. 그러므로 이와 같은 소설 형식은 본질적으로는 미적(美的) 형식이라고 할 수 없으며, 그것이 중시하고 있는 것은 특정한 한 시기나 어떤 특수한 환경의 분위기와 같이 간다. 그래서 이것은 후세에서는 다분히 역사적인 흥미밖에 없는 요소에 지나지 않는다. E.뮤어(1887~1959)가 「소설의 구조」(1928)에서 말하는 '시기소설(時期小說)'이 바로 이것인데 그는 E.A.베넷의 「클레이행어」(1910), J.골즈워디의 「포사이트가(家) 연대기(年代記)」, H.G.웰스의 「신(新)마키아벨리」 등의 소설을 이 계열 작품으로 인정하였다.

우리 문학사에서는 아직 풍속소설에 대한 정의가 확립되어 있지 못한 실정이다. 고소설(古小說)의 경우에는 독립 장르로 취급하지 않고 사회소설에 포함시켜 다루고 있으며, 대표적인 작품으로 「월출도(月出島)」, 「임꺽정(林巨正)」 또는 「명화적(明火賊)」, 「홍길동전(洪吉童傳)」 등을 든다. 이 소설들은 모두 작자 미상이다. 또한, 「홍길동전」도 당대 사회 현실을 숨김없이 묘사하였다는 점에서 세태소설로 취급되기도 한다. 이런 소설들은 당대 사회의 모순 등을 저항 수단으로 형상화 한 것을 특징으로 들 수 있다. 조선시대의 세태소설은 과중한 조세와 공역(貢役)에 대한 농민들의 부담이 포망(逋亡)의 형태로 나타난 것을 소재로 삼은 작품이 많다. 현대문학의 경우는 1930년대 중기부터 그 이전의 자연주의 소설들과 구별되는 풍속과 세태를 묘사한 소설들이 등장했다. 그 대표적인 소설은 박태원(朴泰遠)의「천변풍경(川邊風景)」(1936), 채만식(蔡萬植)의「탁류(濁流)」(1938)이다.

「천변풍경」은 청계천변을 무대로, 도시 외곽 지대의 하층민들의 삶의 모습을 카메라가 영화를 찍듯이 객관적으로 그려내고 있다. 주요 등장인물만 26명이나 되지만 뚜렷한 플롯이나 주인공이 없으며, 그들 행위의 총합이 바로 당대적 삶의 표본으로 주제가 모아진다. 「탁류」는 군산을 배경으로 하여 당대의 세태를 근본적으로 변화시키고 있는 금전숭배 사고방식이 삶의 현장에서 어떤 모습으로 구체적으로 나타나는지를 세밀하게 관찰, 비판하고 있다. 홍명희(洪命熹)의 「임꺽정」(1928), 유진오(兪鎭午)의 「가을」(1939), 김남천(金南天)의 「길 우에서」(1939)와 「대하(大河)」(1939) 등도 이런 예에 속한다.

'세태' 라는 용어를 소설의 주제를 지칭하는 말로 사용한 사람은 최재서(崔載瑞)이지만 '세태소설'이라는 용어가 일군의 작품을 지칭하는 말로 쓰인 것은 1938년 임화(林和)의「세태소설론世態小說論」에 이르러서이다. 임화는 당대의 문학적 경향을 사상성의 감퇴로 파악하고, 그러한 구체적인 양상으로 세태소설과 내성소설(內省小說)이라는 대립적인 소설 형식을 예로 들었다.

임화의 세태소설 논의는 김남천에 의해서 보다 구체적이고 미래지향적인 방향으로 확대된다. 그는 세태소설의 풍부한 현실 묘사를 살리면서 사상성과 전체성을 살릴 수 있는 방법으로 풍속소설을 제시했다. '풍속 습속은 생산 관계의 양식에까지 현현되는 일종의 제도를 말하는 동시에 그 제도 내에서 배양된 인간의 의식인 제도습득까지를 지칭한다.' 그는 소설성을 '과학적 합리적 정신에 의한 개인과 사회모순의 문학적 표상'이라고 정의하였다. 그리고 '세태'를 생산 관계의 양식에까지 현현되는 일종의 제도인 '풍속'으로까지 높이고자 했다.

1930년대 말에 활발하게 논의되었던 세태소설 논의는 1940년 초부터 광복에 이르는 시기에 일제의 문화탄압, 한국전쟁 등으로 인하여 중도에서 그쳐버린 이래 몇 십년간 별다른 진척이 없었다. 그러나 근래에 들어 차츰 재조명을 받기 시작하고 있다. 홍상화의 「거품시대」(조선일보 1993-1994)가 그 예이다.(오양호)

풍일권백(諷一勸百)

풍일권백(諷一勸百)은 양웅(楊雄)이 한부(漢賦)의 주제와 효과에 대해서 평하면서, "하나로 풍자하지만 백 가지로 유혹한다(諷一而勸百)"고 한 데서 유래한 말이다. 이는 양웅의『법언(法言) · 오자(吾子)』편에 나오는 말이다. 양웅은 중국 전한(前漢)말기의 학자이자 문장가로 자는 자운(子雲)으로, 사천지방의 청뚜에서 태어났다. 그의 부(賦)는 매우 뛰어난 미문으로 손꼽혔고,

그와 동향 출신인 사마상여(司馬相如)와 더불어 양마(楊馬)로 불리며 명성이 매우 높았다. 양웅은 성제(成帝) 제위시에 궁정 시인이 되어 「甘泉賦」, 「河東賦」, 「長楊賦」, 「羽獵賦」 등을 지었다. 이들 작품은 장대한 스케일과 미문을 자랑하는 작품으로 꼽히나, 양웅 스스로는 황제의 사치와 호색을 풍자한 작품이라고 설명한다.

양웅은 다음과 같은 문장을 통해서 이 풍권일백이라는 표현의 구체적 의미를 밝힌 바 있다. "어떤 사람이 물었다. 부로도 풍자할 수 있습니까? 이에 대답하였다. 풍자한다. 풍자하면 그 행위를 그쳐야 한다. 그치게 하지 못한다면 나는 고취시키는 꼴을 면치 못할까 두려워진다(或曰 賦可以諷乎 曰諷乎 諷則已 不已 吾恐不免于勸也)" 풍일권백에서 권이라는 자 속에는 고취하고 유혹한다는 의미가 있는데, 이는 풍의 개념과는 상반되는 것이다. 즉 양웅은 풍일권백이라는 말을 통해서 한부가 풍자의 정신을 담고 있지만, 고취시키는 효과가 훨씬 강하다는 점을 드러낸 것이다. 실제로 한부의 작가들은 풍자하려는 의욕을 가지고 있었지만, 정작 풍자적인 표현은 전체 부 작품을 통해 볼 때 극히 일부분에 지나지 않았다.

유협(劉勰)은 『문심조룡(文心雕龍)』의 잡문 편에서 한부에 대해서 다음과 같이 평하였다. "대략적인 귀추로 보아서는 어느 것이나 높은 수준으로 궁전과 누각을 이야기하고, 장대한 말로 수렵의 양상을 묘사했으며, 진귀한 의복이나 요리를 그렸는가 하면, 매혹적인 음악이나 여성에 대해 묘사하는 일에 주려하였다.(……) 그러나 하나를 풍유하는 데 백 배의 유혹을 서술해 가지고는 그 세의 돌이킴이 어려울 것이다." 요컨대 양웅은 한부 양식의 이러한 점을 비판하고자 하여 풍권일백이라는 표현을 사용한 것이다.(최현희)

한부, 풍자, 한부사대가

참고문헌
유 협, 『문심조룡』, 최동호 역, 민음사, 1994.
양 웅, 『법언』, 최형주 역, 자유문고, 1996.
최재혁, 『중국고전문학이론』, 역락, 2005.

풍자(諷刺, Satire, 프 Satire, 독 Satire)

풍자의 어원은 '가득히 담긴 접시'라는 뜻의 라틴어 lanx satura에서 유래한다. 이 말은 뒤에 '혼합물', '인간의 어리석은 행위를 조롱하기 위해 각각 다른 주제를 잡다하게 다룬 것'을 뜻하게 되었다 서구의 고대사회에서 문학의 한 갈래였던 풍자가 모든 갈래의 문학에 사용되는 표현기법으로 정착된 것은 18C에 이르러서이다. 시대적으로 보면 풍자문학이 발달한 시기는 사회가 이원화되어 갈등을 일으키던 때이다. 프랑스혁명을 불러일으킨 계기로까지 평가되고 있는 보마르셰(Pierre-Augustin Caron de Beaumarchais)의 희극 『피가로의 결혼』이나 세르반테스(Miguel de Cervantes Saavedra)의 『돈키호테』가 지배계급을 비판하고 조롱하는 것처럼 조선사회의 봉건체제와 가치관에 대해 비판하는 실학파의 문학이나 1930년대 일제강점 하에 풍자문학이 활발히 창작되었다는 점 등에서 확인할 수 있다.

풍자는 새로운 사회의 등장에 적응하지 못하는 구세대나 불합리한 권력의 가치관이나 체제를 공격하기 위한 문학적 표현이다. 대상에 대해 부정적·비판적 태도를 취하므로 아이러니(Irony)와 비슷하지만 아이러니보다는 날카롭고 노골적인 공격 의도를 지닌다. 대상의 약점을 폭로하고 비판하는 데 있어 직접적인 공격을 피하고 모욕, 경멸, 조소를 통해 간접적으로 빈정거리거나 유머의 수단을 이용한다. 그런 점에서 풍자는 골계(comic)의 하위 개념이지만 골계는 공격의 과정에서 부수적으로 파생될 뿐이지 그 자체가 목적은 아니다. 도덕적·지적으로 열등한 대상에 대한 공격이라는 점에서 풍자의 주체는 대상보다 월등해야 한다. 그런 점에서 단순한 악의적 공격인 램푼(lampoon)과 구별되며 또한 냉소주의처럼 소극적인 태도로 인생을 백안시하거나 파괴만을 목적으로 하지 않으며 단순한 비난과는 달리 대상의 공격 뒤에 교정과 개량의 목적을 지닌다. 현실개조의 목적을 지니기 때문에 과거나 현재성이 결여된 대상에 대한 풍자는 의미를 지니기 힘들다.(곽봉재)

아이러니, 골계, 냉소주의

참고문헌
Linda Hutcheon, 『패러디이론』, 김상구외 역, 문예출판사, 1992.
Peter Petro, Modern Satire, Mouton Publisher, 1982.

풍자소설

아리스토파네스(Aristophanes) 등의 고대 그리스 희곡에서 풍자는 줄거리가 거의 없는 미숙한 형태의 종교적 연극을 뜻했다. 이후 고대 로마에 이르러 풍자시의 장르가 확립되었다. 중세에는 우화에 의한 풍자문학이 등장하였고 르네상스 이후에는 라틴문학의 황금기에 나온 풍자시를 모범으로 한 작품이 각국어로 번역되면서 풍자소설의 전성기를 마련했다. 영국의 대표적 풍자문인 드라이든(John Dryden)은 '풍자론'(1693)에서 영어 satire의 기원과 특질 등을 명확히 밝혔다. 이후 스위프트(Jonathan Swift)의 『걸리버여행기』(1726)가 등장하였다. 근대의 대표적 풍자소설 작가에는 '돈키호테'의 세르반테스(Miguel de Cervantes Saavedra), 셰익스피어(William Shakespeare), 『피가로의 결혼』의 보마르셰(Pierre-Augustin Caron de Beaumarchais), 『멋진 신세계』의 헉슬리(Aldous Leonard Huxley), 『외투』의 고골리(Nikolai Vasil'evich Gogo1) 등이 있다.

한국문학에서의 풍자소설의 효시는 『귀토설화(龜兎設話)』이다. 고려시대에는 중국 풍자소설을 모방한 가전체소설이 풍자소설류의 대표였는데 작품으로 임춘(林椿)의 『국순전(麴醇傳)』, 이규보(李奎報)의 『국선생전(麴先生傳)』, 이곡(李穀)의 『죽부인전(竹夫人傳)』' 등이 있다. 조선시대에는 유교사상을 소재로 한 임제(林悌)의 『수성지(愁城誌)』가 속한 천군류(天君類)와 『장끼전』, 『별주부전』, 『서동지전(鼠同知傳)』등이 속한 의인류가 성행하였다. 꿈의 형태를 빌려 역사적 현실을 풍자한 몽유류(夢遊類)에 김시습(金時習)의 「남염부주지(南炎浮洲志)」, 심의(沈義)의 「대관재몽유록(大觀齋夢遊錄)」 등이 있다. 후기에 이르러서는 사대부 · 위항인 · 하층민 등 여러 계층의 문학으로 확대되었는데, 대표적인 작품으로 박지원(朴指源)의 『양반전』, 『호질(虎叱)』 등을 들 수 있다. 1930년대의 풍자 소설은 일제 탄압을 간접적으로 비판했는데 대표작가로 김유정(金裕貞)과 채만식(蔡萬植)이 있다. 전후에 전광용의 『꺼삐딴 리』, 최근의 성석제 소설이 대표적인 풍자소설이다.(곽봉재)

가전체소설, 의인류소설, 몽유류소설

참고문헌
조동일, 『한국문학통사』, 지식산업사, 1989.
Linda Hutcheon, 『패러디이론』, 김상구외 역, 문예출판사, 1992.

프랑크푸르트학파(The Frankfurt school)

프랑크푸르트학파는 일명 "비판이론"(Kritische Theorie) 학파로 불린다. 1923년 막스 호르크하이머(M. Horkheimer)는 프랑크푸르트에서 "사회연구소"를 설립하며, 당시 수많은 젊은 맑스주의적 학자들이 그 연구소에 참여하게 된다. 그러나 나치 정권의 유대인 숙청 작업이 진행되면서 연구소가 폐쇄 당하자 유태계 학자들은 독일을 탈출하여 미국으로 도피한다. 전쟁이 끝난 후 아도르노를 중심으로 프랑크푸르트 대학에 사회연구소가 재건되면서 "비판이론"은 전후의 거대한 사유 흐름으로 자리잡게 되며 나아가 1968년 학생 운동의 기폭제가 된다. 물론 그들의 저서에서 프랑크푸르트 학파의 이론 혹은 비판이론의 뚜렷한 강령이나 원칙이 구체적으로 제시된 적은 없었으며, 단지 그들은 사유의 출발점을 구성하거나 혹은 현재 사회를 진단한다는 차원에서 서로 일치하는 의견을 지녔을 뿐이었다. 그들 사유의 공통된 출발점은 다양한 이론들의 결합에서 싹튼다. 가령 독일 관념론, 맑스주의 이론, 프로이트의 정신분석학 등을 결합하였고, 또한 현대 사회에 대해서는 기능적-도구적 합리성이 총체적으로 지배되는 사회라는 시각을 갖고 있었다.

프랑크푸르트 학파는 크게 세 단계로 분류된다. 첫 번째 단계는 30년대 「사회 연구지」라는 잡지에 발표된 호르크하이머의 글을 들 수 있으며, 그것은 대체로 전통과 결별하는 비판 이론의 자기성찰적 작업과 『권위와 가족 Autorität und Familie』이라는 사회 연구 작업의 특징을 띤다. 두 번째 단계는 호르크하이머와 아도르노의 공동 작업인 『계몽의 변증법 Dialektik der Aufkärung』을 통해서 형성된다. 기본적인 출발점은 계몽이 자기성찰을 결여한 나머지 어떻게 다시금 신화로 전환되는가를 조명하는 일이다. 이와 같은 선상에서 아도르노의 『한 줌의 도덕 Minima Moralia』, 『부정 변증법 Negative Dialektik』 등이 발표된다. 아울러 사회연구소의 동료였던 마르쿠제(Marcuse)는 『일차원적 인간 Der eindimensionale Mensch』에서 발전된 산업사회의 이론을 제시하였지만, 아도르노는 매우 회의적인 태도를 취했다. 프랑크푸르트 학파의 세 번째 단계는 하버마스로 대표된다. 『공공성의 구조변화 Strukturwandel der Öffentlichekti』, 『이론과 실천 Theorie und Praxis』 등을 통해 비판이론을 방법론의 영역으로 확장시켰으며, 특히 『인식과 이해 Erkenntnis und Interesse』는 과학적 학문의 자기성찰이라는 이념을 표방하고 나섰다.

프랑크푸르트 학파는 기본적으로 파시즘, 스탈린주의, 후기자본주의를 조명할 수 있는 "사회이론"을 제시하려고 했지만, 그 핵심은 무엇보다도 사회이론과 미학이론의 매개에 있다. 흥미로운 점은 그러한 매개 작업 또한 학파의 구성원들 사이에서도 결코 일치된 모습을 띠지 않는다는 것이다. 가령 벤야민은 아우라를 지닌 예술과 재생산 예술을 서로 대립시키고 있다면, 아도르노는 그러한 대립을 비변증법적인 것이라고 폄하하였다. 또한 아도르노의 경우 예술의 자율성과 사회적 운명(fait social)은 변증법적으로 결합되는데, 예컨대 예술의 무기능성(즉 비현실성)이 곧 비판적인 사회적 기능성(즉 현실성)으로 작동한다. 또한 마르쿠제의 경우 전통적인 예술의 긍정성은 현실 옹호적인 의미가 아니라 현실 비판적인 의미를 띤다. 이처럼 서로 상이한 시각의 공존이 프랑크푸르트 학파의 특성이라고 할 수 있다.(최문규)

비판이론, 호르크하이머, 아도르노, 마르쿠제, 하버마스

참고문헌

M. Horkheimer, Kritische Theorie, 1968.

M. Theunissen, Gesellschaft und Geschichte. Zur Kritik der kritischen Theorie, 1969.

W. R. Reyer, Die Sünden der Frankfurter Schule, 1971.

M. Jay, Dialektische Phantasie, 1976.

프레임(frame)

보리스 우스펜스키(Boris Uspensky)에 의하면 프레임이란 "현실 세계에서 표현된 것이 (허구) 세계로 옮겨 가는 이행 과정"인데, 이 "경계가 기호에 의한 표현을 성립시키기도 하기" 때문이다. 즉 예술을 예술이게 하는 요인, "표현을 조직하는 요인이고, 그 표현에 기호로서의 의미를 부여하기도 하는 요인"이 예술 텍스트의 프레임이다. 회화의 액자, 풍경을 스케치할 때 검지와 엄지로 L자형을 만들어 마주하여 액자를 만들고, 풍경에서 예술을 찾아내는 동작, 카메라의 파인더, 정원근법과 역원근법을 조합한 '구도상의 특수한 형식'도 프레임의 기능을 담당한다. 텍스트 내부로 프레임이 들어오는 경우도 있다. 연극이라면 무대나 막을 포함한 무대장치, 문학이라면 '시작과 끝', 음악이라면 인트로덕션과 엔딩. 다시 말해 프레임이란 예술 텍스트의 자기 언급성(텍스트가 자신의 세계관이나 사상, 기법을 노정한 담론, 향수자에게 직접적으로 작용하는 기능을 갖는다)이 집약적으로 높여진 기능이다.

문학 텍스트에서 프레임의 기능은 문학 텍스트가 독자의 적극적인 해독 작업에 의하지 않으면 의미를 생성하지 않는, 콘텍스트 의존형 메시지의 형태이기 때문에 독자와의 갈등으로 생성되는 코드를 우선적으로, 커다란 어긋남이 없는 형태로 제시하고 공유하는 것에 있다. 소설의 독자는 '첫 부분'을 읽는 잠깐 동안 기호의 직물을 해독하기 위한 코드, 모티프, 테마 혹은 등장 인물의 이름이나 자신이 가장 감정이입하기 쉬운/감정이입해야 할 인물 등 그 소설을 읽는 데 필요한 모든 정보를 얻으려고 할 것이다. 한편 현실 세계에서 소설의 의미 부여 기능은 '끝 부분' 이 담당한다. 허구 세계가 현실 세계에서 갖는 가치에 대해서 어떤 시사를 주는 것이다. 그런데 바로 이런 기능들 때문에 프레임은 독서 행위가 종료될 때 의식의 주변으로 쫓겨나 버린다.

메리 앤 카우스는 프레임을 많은 독자가 산문소설(fiction) 작품들에서 특정 구절들이 그 주위 로부터 '두드러지는' 점을 찾는 경험에 적용시킨다. 그러한 구절들은 마치 그것이 둘러싸고 있 는 텍스트에 의해 프레임화되는 것처럼 존재하고, 그 프레임화하기는 그 구절들, 그리고 전체로 서 작품이 읽히는 방식에 중요한 효과들을 지닌다. 어빙 고프만은 예술작품들이 미학적으로 속 박되고 그리하여 예술 소비자와 다른 예술작품들과 혹은 보다 일반적으로 외부·예술적 현실 과의 상이한 가능한 관계들의 범위를 요구하거나 고안하는 다양한 방식을 표시하는데 프레임 이라는 용어를 사용한다. 만프레드 얀은 "하나의 프레임은 서사 텍스트를 읽는 과정에서, 선별 되고 사용된 (그리고 종종 버려진) 인지 모델을 지시하는 것으로 이해될 것이다"라고 언급한다. 마빈 민스키는 "새로운 상황과 마주칠 때(혹은 하나의 문제에 대한 견해에서 실체적 변화를 만 들 때), 우리는 기억으로부터 프레임으로 불리는 구조를 선별한다. 이것은 필요할 때, 세부사항 들을 바꿈으로써 현실을 고정시키도록 적용되는 하나의 기억된 골격이다."라고 말한다. 자크 데리다는 프레임과 작품을 파레르곤(parergon, 틀, 경계)과 에르곤(ergon, 예술작품)이라는 용어 로 대체한다. 로버트 영은 자크 데리다의 용어들을 다루면서 "시각예술에서 파레르곤은 프레 임 혹은 포장, 또는 에워싸는 기둥일 것이다. 파레르곤은 또한 (비평) 텍스트, 즉 다른 텍스트를 '에워싸는' 텍스트가 될 수 있다."고 말한다. 그러나 이는 단순한 내부/외부의 이분법의 관계보 다 복잡한 관계를 의미한다. 브레이언 맥헤일에 따르면 '프레임-깨기'는 많은 포스트모더니즘 소설의 특징이다. 존 프로우는 "텍스트의 공식적 가치를 재생산하기보다는 오히려, 독자는 그 가치를 그 자체의 합법성을 전복시키고, 계급투쟁에서 아주 유용하게 만드는 것과 같은 방식에 서 그 가치를 '비프레임화'하고 전유함으로써 부정적 재가치화를 수행해야만 한다."고 언급한 다.(윤송아)

시작과 끝, 틀, 경계, 파레르곤

참고문헌
제레미 M 호손, 정정호 외 역, 『현대 문학이론 용어사전』, 동인, 2003.
이시하라 치아키 외, 『매혹의 인문학 사전』, 송태욱 역, 앨피, 2009.

프로문학 ☞ 프롤레타리아 문학

프로시니움 아치 ☞ 무대

프로아이레시스(Proairesis) ☞ 행동

프로이트주의(Freudianism)

프로이트주의란 오스트리아의 신경학자이자 정신의학자 S. 프로이트(Freud, Sigmund 1856~1939)가 정립한 정신분석학이다. 인간의 본질에 관련된 교의로서 그의 사상은 이 시대의 사회학, 철학, 인간학, 윤리학, 교육학 및 미학에 깊이 관계되어 왔다.

1990년대 초반, 현실 사회주의권의 붕괴와 함께 닥친 이데올로기의 종언(終焉)은 마르크스주의(Marxism)를 포함한 사회주의를 억압시킨다. 대신 그간 억압되어 있었던 심리학적 담론들이 대대적으로 유입(流入)되기 시작한다. 프로이트주의는 19세기 후반에 일어났으며 성격의 구조, 발달, 역동성, 변화에 대한 분석이요 정신질환의 발생과 치료에 대한 학설이다. 평상시에 의식하고 있지 않았던 정신 부분 즉 정신의 심층(深層)이 관찰과 분석 및 일상생활 속에서 심층에 관계있는 심리 현상에 관하여 연구하는 것이다. 프로이트의 정신분석학은 인간의 행동이란 원초적으로 심리적인 작용에서 비롯된다는 입장이다.

그는 인간의 정신적인 활동을 의식(意識, consciousness), 전의식(前意識, precons -ciousness), 무의식(無意識, unconsciousness)으로 나누었다. 의식은 우리가 느낄 수 있는 모든 경험과 감각을 의미하며 전의식은 우리가 조금만 노력하면 의식적으로 떠올릴 수 있는 경험적인 요소들이다. 무의식은 전의식의 체계 밖에 있는 모든 것을 말하며 어떤 방해 작용으로 쉽게 기억으로 떠올릴 수 없는 원초적인 부분을 말하는데 그는 특히 무의식의 존재를 중요시한다. 그는 무의식을 마치 물 속에 잠긴 빙산처럼 의식 아래 잠겨있는 거대한 정신세계로 본다. 그러나 후기에 이르러 프로이트는 초기에 주장했던 의식, 전의식, 무의식 이론을 수정한다. 세 가지 기능이 무의식 세계에 작용함으로써 인간의 성격을 형성하는 것이라고 보아 그것을 이드(id), 자아(ego), 초자아(super ego)라고 명명했다. 그는 또 인간의 잠재의식에 착안하여 환자의 꿈을 이용한 분석을 시도하고 모든 인간의 행동을 억압된 형태의 성욕이 의식의 표층에 나타난 것으로 해석했다. 욕동론·심적 장치론 즉 인격구조의 이론·무의식론·심적기제론·신경증론·꿈의 해석론 등으로 분할되는 그의 이론은 단순히 심리학 분야에 머물지 않고 문학을 포함한 예술 문화활동 전반에 막대한 영향을 끼쳤다.(강웅식)

정신분석, 무의식, 초자아

참고문헌
신희천·조성준, 『문학용어사전』, 도서출판 청어, 2001.
박영근, 『세계철학대사전』, 고려출판사, 1999.
김형중, 『소설과 정신분석』, 푸른 사상사, 2003.

박선목,『윤리·사회사상 사전』, 형설출판사, 2002.

A.V.아도 외,『윤리학사전』, 박장오·이인재 공역, 백의, 1996.

홍문표,『현대문학비평이론』,창조문학사, 2003.

프로파간다 ☞ 선동선전문학

프롤레타리아 문학(일본)

　일본에서의 프롤레타리아문학은 1921년경부터 1934년경까지의 문학 중에서 프롤레타리아 해방운동과 관계있는 사회주의적 또는 공산주의적 혁명 문학을 총칭하는 말이다. 이는 단순히 프롤레타리아트를 묘사한다든가, 프롤레타리아트 출신의 작가에 의해 쓰여진 작품만을 가리키는 것은 아니다. 당시 일본은 근대문학의 개인주의가 사소설(私小說)에 치우쳐 있었을 때였는데, 이 때 프롤레타리아 문학은 문학의 사회성을 주장하였다. 빈곤과 차별을 경험하고 있는 인간이 직면하고 있는 모든 문제의 밑바닥에는 사회체제의 문제가 있다고 보고, 문제를 해결하기 위한 방법은 체제의 변혁이라고 생각했다. 그러한 과제를 문학 활동으로 극복하고자 한 것이 프롤레타리아 문학이 갖는 큰 특징이다.

　일본에서 프롤레타리아 문학이 조직적인 운동으로 활기를 띠기 시작한 것은, 1921년 2월 고마키 오미(小牧近江)가 펴낸『씨 뿌리는 사람 種蒔く人』이 발간되고 나서이다. 이 동인지는, "위선과 기만으로 가득 찬 현대의 생활을 참을 수 없어서, 어떻게 하지 않으면 안 되겠다는 생각으로 생겨난 것이 이 잡지"라고 밝히고 있다.

　20세기초의 국제 사회는 러시아의 문화 혁명기의 문화나 문학이 전 세계에 강한 영향을 주고 있었을 때이다. 일본 프롤레타리아 문학도, 고바야시 다키지(小林多喜二)의『가니코센 蟹工船』등이 국제혁명작가동맹(國際革命作家同盟) 기관지『국제문학 國際文學』에 번역 소개되는 등, 20세기초의 세계적인 문학동향인 사회주의 문학의 추세에 일부를 형성하였다. 이러한 일련의 일들이 중요한 의미를 갖는 것은 일본의 현대문학이 이 때부터 처음으로 세계의 독자들에게 알려지고 읽혀졌다는 사실이다.

　일본의 일반 저널리즘이 프롤레타리아 작가에게 집필을 의뢰하는 일이 많아져, 점차 일본 대중 속으로 파고들기 시작하자, 기성작가들의 불안과 반감도 고개를 들기 시작했는데, 그 대표적인 것이 프롤레타리아 문학의 저지를 내걸었던 기쿠치 간(菊池寬) 창간의『문예춘추』(文藝春秋, 1923년)이다. 또한 아리시마 다케오(有島武郎)의 농지 해방(農地解放, 1922년) 및 자살(1923년)은 이 시절의 시대적 흐름을 반영하는 좋은 예이다.

　『씨 뿌리는 사람』으로 시작되어 1937년의 중일전쟁(中日戰爭)으로 인한 일제의 탄압이 격화되면서 일본의 프롤레타리아 문학은 그 명칭이 사라진다. 이 기간 동안 프롤레타리아 문학을 대표하는 작가는, 앞에서 쓴 작가 외에도 나카노 시게하루(中野重治), 미야모토 겐지(宮本顯治), 구

라하라 고레히토(藏原惟人), 하야마 요시키(葉山嘉樹), 사타 이네코(佐多稲子), 무라야마 도모요시(村山知義), 다테노 노부유키(立野信之) 등이 있으나, 이들 중 문학적으로 크게 평가를 받은 사람은 시인이자 소설가이며 평론가였던 나카노 시게하루이다. 프롤레타리아 문학은 10년여의 짧은 역사를 갖고 있지만, 사회주의적 공산주의적 프롤레타리아 혁명문학의 정신이나 정열은, 전쟁 후에도 계속되었다고 볼 수 있다. 신일본문학회(新日本文學會)의 운동을 중심으로 시작된 민주주의 문학이나 진보적 문학은 그 예이다. 프롤레타리아 문학과 현대 문학과의 연결고리 역할을 했다는 평가를 받는 나카노 시게하루의 대표작에는, 시(詩) 「비 내리는 시나가와역 雨の降る品川驛」「기관차 機關車」와 평론 「향토망경시(鄉土望景詩)에 나타난 분노 鄉土望景詩に現われた憤怒」 등이 있다.(오석윤)

공산주의 혁명, 사소설, 사회주의 문학

참고문헌
日本近代文學館 편, 『日本近代文學大事典』 제4권, 講談社, 1984.
久松潛一 편, 『增補 新版 日本文學史 近代 Ⅰ·Ⅱ』 6권, 7권, 至文堂, 1975.
平野 謙, 『昭和文學史』, 筑摩叢書 15, 1963.
吉田精一, 『近代文藝評論史』, 至文堂, 1980.

프롤레타리아 문학(Proletarian literature)

프롤레타리아의 생활을 제재로 하며, 그들의 계급적 자각에 의한 계급 대립의 현실을 사회주의 리얼리즘의 입장에서 표현하는 문학. 무산자 문학(無産者文學), 무산파 문학(無産派文學), 경향 문학, 계급주의 문학 등으로도 불린다. 프롤레타리아(proletariat)라는 말은 고대 로마의 하층 빈민을 뜻하던 'prolatarius'에서 유래하였다. 프롤레타리아 문학은 부르주아 계급문학에 대항하여 가난한 하층민의 각성과 권리의 쟁취, 해방을 위해 목적의식적으로 쓰인 문학을 말한다. 19세기 중엽 마르크스와 엥겔스가 『공산당 선언』(1848)을 발표하고 국제 공산주의 운동을 전개할 즈음에 성립되었으며, 제1차 세계대전 이전까지는 자연발생적인 부분을 많이 내포하고 있다. 1917년 러시아 혁명이 성공함으로써 전 세계적인 문학운동으로 확산되었고, 코민테른의 활동이 본격화됨에 따라 전 세계에 파급되었다. 소련의 라프(RAPP), 프랑스의 클라르테(Clarte), 일본의 나프(NAPF) 등이 당시의 대표적인 프롤레타리아 문학 운동단체이다. 이중 클라르테는 한국의 프롤레타리아 문학 초기의 주요이론가인 김기진에게 큰 영향을 주었으며, 나프는 조선 프롤레타리아 예술가동맹(KAPF)과 밀접한 관계에 있었다. 소련에서는 1905년 혁명 후 노동자계급의 혁명투쟁을 그린 『어머니』의 작가 고리키를 비롯하여 파제예프, 숄로호프, 에렌부르크, 마야코프스키 등이 대표적 프롤레타리아 문학 작가로 손꼽히며, 독일의 A. 제거스, J. R. 베허, 프랑스의 바르뷔스, 미국의 T. 드라이저 등도 대표적 작가로 불린다. 한국에서도 KAPF를 중심으로 김기진, 박영희, 임화, 최학송, 이기영, 한설야 등이 다수의 프롤레타리아 문학 작품을 산

출하면서 활발한 활동을 벌였다.(윤송아)

라프, 클라르테, 나프, 카프

참고문헌
김윤식, 『한국근대문예비평사연구(개정신판)』, 일지사, 1999.
조진기, 『한일 프로문학론의 비교연구』, 푸른사상, 2000.

프롤레타리아 숭배

프롤레타리아는 자신의 노동력을 팔아 생활하는 산업 노동자 계급을 의미한다. 넓은 의미로는 자본을 소유하지 않아 자신의 노동으로 살아가는 사람들을 가리키며, 여기에는 농업 노동자도 포함된다. 이 용어는 고대 로마 시대에 토지를 소유하지 못한 가난한 자유민을 뜻했던 라틴어 proletari에서 유래했다. 마르크스주의 이론에 입각하면 프롤레타리아는 고난과 투쟁에 의해 단련되어 자본가와는 다른 의식을 가지게 된다. 이러한 자각을 통해 프롤레타리아는 궁극적으로 모든 경제적 계급을 폐지하고 무계급사회를 건설하기 위해 스스로를 조직한다.

프롤레타리아 문학은 이러한 프롤레타리아의 해방에 목적을 두고 있는 문학이며 약칭으로 프로문학이라는 용어가 있다. 프로문학은 1917년 러시아 혁명과 19년 코민테른 결성을 계기로 세계 각국으로 퍼져나갔으며 소련의 라프(RAPP), 프랑스의 클라르테(Clarte), 일본의 나프(NAPF), 한국의 카프(KAPF)등이 프로문학 운동 조직의 예에 해당한다. 1930년을 전후하여 소련에서 사회주의 리얼리즘 창작방법론이 공식화되자 프로문학이라는 용어는 잘 쓰이지 않게 되었다.(최현희)

프롤레타리아, 프롤레타리아 문학, 사회주의 리얼리즘, 창작방법론

참고문헌
테리 이글턴, 『문학비평』, 이경덕 역, 까치, 1986.
게오르그 루카치, 『루카치의 변증 유물론적 문학이론』, 차봉희 역, 한마당, 1987.
프레데릭 제임슨, 『변증법적 문학이론의 전개』, 김영희 역, 창작과비평사, 1984.

프롤레타리아(Proletariat)

프롤레타리아란 무산계급(無産階級) 또는 노동계급(勞動階級)이라고도 하는데, 정치상의 권력이나 병력의 의무도 없고 다만 자식밖에 남길 수 없는 무산자들을 의미하는 라틴어 "Proletarius"에서 나온 말이다. 즉 자기 자신의 생산수단을 갖고 있지 않으며 오직 살기 위한 노동만을 필요로 하는 임금노동자(賃金勞動者) 계급을 말한다. 자본주의 사회에서 자신의 노동력을 판매하여 생활을 영위해 가는 무산자 계급, 노동력 이외에는 생계 수단을 갖지 못한 빈곤층을 지칭하기 위해 독일의 사회학자인 마르크스(Marx, Karl Heinrich)가 1840년대에 사용한 개념이다. 마르크스는 '완전한 무산자로서의 인간 대중'이 혁명의 주체가 되어야 한다고 주장했다.

이들의 노동력은 자본주의로부터 착취(搾取)를 당하게 되는데 첫째, 자유로운 인격자로서 자신의 노동력이 상품으로 처분되는 경우와 또한 자신의 노동력에서 현실적으로 필요한 모든 자연적 사물로부터 분리되어 있는 경우, 즉 노예의 상태이다.

프롤레타리아는 제국주의적 부르주아지(bourgeoisie)를 혁명적으로 타도(打倒)하기 위해 투쟁(鬪爭)한다. 마르크스에 따르면 프롤레타리아는 미래의 주인공이 될 계급이므로 프롤레타리아의 주관적 이익(사회주의의 승리)은 역사의 객관적 진행과 일치한다. 프롤테타리아의 혁명투쟁은 자기 계급의 해방을 추구할 뿐 아니라 사회의 계급적 분열 전반의 폐지를 추구하는 것이기 때문에 이 계급은 사회 전체의 이익을 도모하는 과업을 처음으로 이루는 것이다. 즉 공산주의 이론은 '프롤레타리아의 사회주의적 이데올로기에는 본질적으로 계급적 내용과 동시에 보편 인간적 내용이 있다. 역사상 처음으로 프롤레타리아가 출현함으로써 시종일관, 끝까지 혁명적이며 계급적 제약에서 해방된 계급, 그리고 계급 없는 사회의 창조를 역사적 사명으로 하는 계급이 동시에 출현했다' 라고 주장한다. 마르크스는 프롤레타리아를 폐물적 하층자와 구별한다. 폐물적 하층자, 즉 룸펜(Lumpen)은 육체상, 정신상으로 한사람 몫의 능력을 가지지 못한 부랑자, 범죄자, 거지, 기타 타락자 등 사회의 최하층 계급을 의미한다. 그리고 유산계급인 부르주아지에 대비된다.(강웅식)

부르주아, 제국주의, 자본주의

참고문헌
문덕수, 『세계문예대사전』, 성문각, 1975.
구스타프 베터, 『소비에트 이데올로기(Ⅰ)』, 강재륜 역, 도서출판 한울, 1984.
박선목, 『윤리·사회사상 사전』, 형설출판사, 2002.

플롯(Plot)

플롯의 번역어로 '구성', '구조' 등이 있기는 하나 '구성'이 더 일반화되어 있다. 그럼에도 구성과 플롯 사이에도 거리가 있어 아예 '플롯'을 그대로 사용하는 사람들이 많다. 플롯의 어원은 아리스트텔레스의 『시학』에 나와 있는 미토스(mythos)에서 찾는다. 미토스는 플롯과 동시에 이야기의 뜻도 내포하고 있다. 플롯과 가까우면서도 대비되는 용어로 스토리, 파블라, 슈제뜨 등이 있다.

플롯을 비극의 생명이며 영혼이라고 파악하면서 사건 그 자체는 독립된 상태로 남아 있으려는데 비해 독자들은 소설을 읽을 때 연속성을 염두에 두기 마련이라고 한 노드럽 프라이(Northrop Frye)는 『동일성의 우화』(Fables of Identity)라는 저서에서 스토리와의 대비를 통해 플롯의 의미를 찾아내었다. 스토리를 앞마당에 내던져진 잡초와 돌들로 비유하면서 플롯을 차창을 통해 시선을 집중시키는 나무들과 집들로 비유했다. 포스터는 『소설의 양상』에서 플롯을 일종의 고급관리로 비유하면서 플롯의 가장 중요한 임무를 통제기능에서 찾았다. 통제기능은 평형유지기능으로 구체화되기도 한다.

　노먼 프리드먼(Norman Friedman)이 「플롯의 형식」에서 "플롯의 목표는 독자를 일깨워 주는 정서의 연쇄를 위해 프로타고니스트에게 일어나는 완결된 변화과정을 표현하는데 목표를 둔다"고 한 것은 플롯은 기본적으로 변화과정을 포함한다는 의미가 된다. 피터 브룩스(Peter Brooks)는 『플롯의 이해』(Reading for the Plot)에서 "플롯은 유형학이나 고정된 구조의 문제가 아니라 시간적 계승이라든가 특별한 양식의 인간이해의 도구적 논리를 통하여 발전되는 메시지의 특별한 구성기술이며 내러티브의 논리인 동시에 역학이다"와 같은 논의를 거친 끝에 "스토리의 개요나 갑옷"이라는 비유적이며 간명한 정의에 도달하였다. 그리고 "플롯은 짜여지고 있는 구조일 뿐만 아니라 의도적 구조이기도 하고 목표 지향적이며 전진적인 구조들이기도 하다"라든가 "플롯은 내러티브의 설계와 의도를 위한 포괄적 개념이며 시간적 계승을 통해 발전되는 의미들을 위한 구조이다" 등과 같은 새로운 해석으로 나아갔다. 피터 브룩스는 플롯은 저급예술에 속하고 시점, 토운, 상징, 공간형식, 심리학은 고급예술에 속한다고 주장한 것은 진부하다고 하였다. 피터 브룩스가 "19세기가 플롯에 과잉으로 기대었던 시기라면 모더니즘 시기에 오면 플롯을 의심하게 된다"는 식으로 리얼리즘과 모더니즘의 구분기준의 하나를 플롯에 대한 기대감의 높낮이에서 찾았다.

　플롯은 소설양식이나 극양식에만 있는 것은 아니다. 『소설의 양상』에서 포스터가 "플롯이란 소설의 논리적이면서 지성적인 측면"이라고 한 것은 시양식에서도 필요하고 수필에서도 참고로 해야 한다. 한시나 시조에서 잘 나타나고 있는 것처럼 시양식에는 기승전결이라든가 기복이라든가 하는 구성법칙이 있다. 소설의 플롯은 아리스토텔레스의 『시학』에 나타난 드라마 구성법칙을 기원의 하나로 여긴다. 구스타프 프라이타크(Gustav Freytag)가 『희곡의 기법』(1863)에서 드라마의 내용을 상승적 행동, 클라이맥스, 하강적 행동 등으로 구성한 것은 플롯에 대한 상식으로 통용되고 있다. 여기서 상승적 행동은 분규나 갈등(complication)으로 대치되기도 하고, 하강적 행동의 시초는 위기(crisis)로 나타나 파국(catastrophe)이나 대단원(denoument)으로 해결된다. 아리스토텔레스가 지적한 것처럼 대단원 속에는 역전과 발견이 포함되곤 한다.

　아리스토텔레스는 『시학』에서 비극의 구성방법을 논하는 가운데 발견(anagnorisis)과 급전(peripeteia)의 모멘트가 내재되어야 한다고 주장했다. 폴 굿맨은 『문학의 구조』에서 발견과 급전이란 모멘트에서 숨겨진 구조와 드러난 구조를 유추해 내었다. 레너드 데이비스는 『저항의 소설들』에서 플롯을 시간적 연속성을 강조한 연속적 플롯과 오늘날 특히 희극적 로맨스와 매스미디어와 같은 대중적 서사형식에서 쉽게 찾을 수 있는 목적론적 플롯으로 나누었다. 노먼 프리드맨은 플롯을 운명의 플롯, 성격의 플롯, 사상의 플롯으로 크게 3분한 다음 다시 운명의 플롯을 행동의 플롯, 연민의 플롯, 비극적 플롯, 징벌의 플롯, 감상적 플롯, 감탄의 플롯 등으로 나누었고 성격의 플롯을 성장의 플롯, 개선의 플롯, 시험의 플롯, 타락의 플롯 등으로 나누었고 사상의 플롯은 교육의 플롯, 폭로의 플롯, 정감의 플롯, 환멸의 플롯 등으로 나누었다.(조남현)

스토리, 구조, 서사, 파블라, 슈제뜨

참고문헌
조남현, 소설신론, 서울대 출판부, 2004.
Lennard Davis, Resisting Novels, Methuen & Co.Ltd, 1987.
Norman Friedman, "Forms of the plot", The Theory of Novel, edited by Philip Stevick, the Free Press, 1967.
Paul Goodman, The Structure of Literature, The University of Chicago Press, 1968.
Peter Brooks, Reading for the Plot, Havard University Press, 1992.

피카레스크 소설(Novela picaresca) ☞ 건달소설

픽션(Fiction)

픽션은 일반적으로 소설(novel)로 구분되는 문학텍스트들을 지칭하는 용어로 사용되어 왔다. 하지만 픽션이라는 용어 자체는 소설이라는 장르 개념을 명확하게 해주는 하부개념으로 사용하기에는 대단히 애매하고 모호한 용어이다. 픽션이라는 말의 어원은 '형성하다'라는 뜻을 가진 라틴어 픽티오(fictio)이다. 이 어원처럼 픽션이라는 말은 흔히 꾸며내었거나 작가의 상상력에 의해 만들어진 이야기, 혹은 역사적 사실과는 변별되는 모든 문학적 구성물을 지칭하는 용어이다. 픽션이라는 말이 오늘날에는 산문 형식으로 제작된 문학 텍스트을 지칭하는 것으로 쓰이고 있지만 사실 픽션이라는 문학창작의 개념은 산문과 운문 모두를 통칭하고 있다. '허구', '형성'이라는 어원에서 알 수 있듯이 픽션은 문학텍스트의 창작 원리에 대한 개념이다.

세계 전체는 한 인간에 의해 통일적으로 인식되고 형상화되기에는 너무 포괄적인 대상이다. 만약 한 인간이 세계 전체에 대한 형상화를 시도했다고 했을 때, 그 범위와 텍스트의 규모는 상상도 할 수 없을 정도로 넓고 클 것이다. 세계와 동일한 크기의 텍스트라면 결코 인간에 의해 형성될 수 없으며 더군다나 읽혀질 수 없는 것이다. 결국 텍스트는 세계 전체가 아닌 대상의 일부분을 보여줄 수밖에 없다. 이 일부분이 상징 또는 알레고리 같은 문학적 기법을 통해 일반적인 대상 전체로 확대되고 해석되고 그렇게 읽히는 것이다. 또한 세계와 같은 총체적인 대상에 대한 인식은 그 자체가 가설적 구축물이라고 할지라도 인식을 진행하기 위한 유용한 방법이 되기 때문에 최상의 수단으로 여기는 경우가 있다. 인식된 세계를 질서화하고 독해 가능한 대상으로 축소시키는 작업이 바로 픽션이다.

픽션은 보통 가공의 사건과 인물을 통해 텍스트를 구성하는 것이라고 말해진다. 하지만 단순히 허구적인 사건과 진술이라고 치부하기에는 많은 층위들을 텍스트는 담고 있다. 보편적 대상에 대한 일반적인 논평이 텍스트 내에서는 픽션으로 치부될 수 있지만 독자에게는 세계의 질서를 밝혀주는 진리가치(Truth Value)로 읽힐 수 있는 것이다. 또한 작가와 독자가 은연중에 공유하고 있는 문학적 관례에 따라 작가의 허구적 진술은 사실과 거짓을 나누는 판단의 체계에 놓이지 않는다. 더군다나 허구에 근거하고 있는 문학텍스트가 그 이유 때문에 작품성을 폄하하게 만드는 결정적인 결함이나 과오로 간주되지는 않는다.

동양적 문(文)의 개념에 따르자면 전통적인 서사장르 중에서 진실 되고 가치 있는 것으로 여겨진 것은 역사였다. 역사는 실제 왕조나 귀족, 영웅 등과 같은 의미 있는 것으로 인식된 대상이나 인물에 대한 서사물이다. 이에 비해 시시하고 소소한 세간의 이야기(街談巷說), 진실 된 삶에는 존재하지 않는 꾸며낸 이야기(憑空捉影)는 역사와 같은 큰 이야기(大說)의 대척점인 소설(小說)로 지칭되었다. 역사와 소설은 각각 '진실된 삶'과 '허황된 가공의 이야기'라는 체계 속에서 '실(實)/허(虛)'라는 대립항으로 인식되었다. 이러한 '실/허'의 대립항은 이야기를 형성하는 구성원리로 인식된 것이 아니라 '진실(眞)/거짓(假)'이라는 가치판단의 기준까지 포함하고 있었다. 한국근대문학 초기에 소설이라고 번역된 소개된 노블(Novel)이 항간의 식자들에게 폄하된 까닭 중 하나가 바로 이러한 소설의 픽션 개념이었다. 허황된 이야기로 치부되던 소설 개념에 일대 변화를 가져온 것이 바로 이광수의 논문 「문학이란 하오」이다. 이광수는 소설을 작가의 구성과 상상에 의해 이루어진 장르로 설명하였다. 작가의 구상력은 독자로 하여금 세계를 직접적으로 대면하게 하는 소설의 주된 구성 원리라고 그는 말했다. 이광수에서 시작되는 근대적 문학 관념의 형성은 '虛'(동양의 '소설'이라는 서사장르의 명칭, 서양의 픽션)를 '實'(진실한 문학)로 변화시키는 사상적 전도를 가능케 하였다.(황종연)

참고문헌
이광수, 「문학이란 하오」, 『이광수전집』 제1권, 삼중당, 1962.
Smith, Barbara Herrnstein, On the Margins of Discourse. Chicago: University of Chicago Press, 1978.

필기소설(筆記小說)

고전 문언소설의 한 부류를 지칭하는 용어이다. 특정한 격식에 매이지 않고 자유롭게 붓을 따라 써 가는 체제인 수필형식으로써 견문(見聞)이나 잡감(雜感)을 기록한 것이 필기인데, 그 결과 만들어지는 소설이 필기소설이다. 宋代의 문인 송기(宋祁 998-1062)가 '필기(筆記)'라는 용어를 저서의 명칭으로 사용한 이래, 소식(蘇軾)의 『구지필기(仇池筆記)』나 육유(陸游)의 『노학암필기(老學庵筆記)』 등 많은 이들이 필기라는 이름을 사용함으로써 필기는 수필형식의 기록물을 지칭하는 용어가 되었다. 이러한 기록물은 이외에도 다양한 이름을 가지고 있는데, 수필(隨筆), 필담(筆談), 필총(筆叢), 필여(筆餘), 잡록(雜錄), 잡기(雜記), 잡지(雜志), 담총(談叢), 총설(叢說) 등이다.

필기소설은 소설 발전사에 있어 초기적인 형태이다. 필기적 기록 가운데 사건이 있고 인물이 있으며 스토리가 있으면 필기소설이라고 칭할 수 있다. 예를 들어 당대 孟棨의 『본사시』는 당대의 시인들이 특정한 작품을 쓰게 된 경과를 기록한 것이어서 시화류(詩話類)에 속하는 글임에도 불구하고, 그 중의 몇은 아주 감동적인 애정고사로 읽을 수 있어서, 필기소설로 간주할 수 있다. 그리고 이러한 시각으로 보면 위진남북조 시기의 지괴소설이나 지인소설을 필기소설의 출발점으로 볼 수 있다.

필기소설은 필기와 소설의 특징을 가지고 있다. 필기적인 면을 보자면 그것은 서술이 자유롭고 형식의 제한을 받지 않으므로, 짧게는 100여자에서 길게는 수 천자까지의 길이를 갖는다. 또한 내용도 자유로워 귀신과 정령에서 인물에 얽힌 이야기는 물론이요, 신비한 자연물이나 산수에 관한 이야기에서 사소한 화제 거리에 이르기까지 제한을 받지 않는다.

소설적인 특징을 보자면 그 길이가 얼마이든지 간에 인물과 사건이 있어야 하고, 스토리가 있어야 한다. 그래서 사소한 화제 거리라고 할지라도 작자의 상상력이 더해져 허구성과 고사성이 갖추어진 이야기로 만들어져야 한다. 이같은 특징들은 필기소설에 활기와 다양성을 부여하기도 하였지만, 또한 다른 문학 양식들과의 구분을 애매하게 만들기도 한다. 또한 소설과 비소설의 한계가 애매한 점도 구분을 어렵게 한다. 특히 역사적인 일화들을 적은 필기는 작자가 이문목도(耳聞目睹)한 사실을 적게 되었는데, 그 중의 어떤 것은 허구적 요소가 풍부하여 소설로 볼 수 있지만, 어떤 것은 무미건조한 사실의 기록일 수 있으며, 어떤 것들은 어느 쪽으로 분류하여야 할지도 애매할 수 있다. 1912년에 상해진보서국(上海進步書局)이 편찬한 『필기소설대관(筆記小說大觀)』(王均卿 主編)은 200여종의 서적을 수록하였고, 이 중의 상당 부분은 소설로 간주할 수 없는 것들이었던 것은, 이처럼 분류가 애매하다는 점 때문에 필기소설 범주는 명확히 구획되지 않은 소치이다.

필기소설은 대부분 다른 필기류 글들과 섞여 있어서 발굴하기 또한 쉽지 않다. 예를 들어 송대 심괄(沈括)의 『몽계필담(夢溪筆談)』은 실증적인 필기로서, 그 중의 천문(天文), 역법(曆法), 산술(算術), 기상(氣象) 등에 관한 기록은 과학적 가치가 있다. 그런데 '인사(人事)' '기지(機智)' '기학(譏謔)' 등의 장에는 흥미로운 전설들을 기록하였는데, 실증적인 글이 주류인 필기집에서 소설적인 글을 찾아내기는 쉽지 않다.(위행복)

필기소설, 수필, 문언 소설, 요재지이(聊齋志異)

참고문헌
중국소설연구회 편, 『중국소설사의 이해』, 학고방, 1994.
김학주, 『중국문학개론』, 신아사, 1983.

필름 느와르(Film noir)

느와르란, 검은, 어두운, 우울한 등의 의미를 지닌 프랑스어이다. 과거에 프랑스에서 영국의 고딕 소설을 번역하면서 '느와르' 시리즈 물(物)이라고 부른 것이 이 용어의 효시가 되었다.

필름 느와르는 어두운 색채와 주제를 담고 있는 영화이다. 글자 그대로, 비관적인 인생관과 사악한 세계관을 반영하고 있는 영화이다. 이것은 1930년대의 갱스터물이 전성기를 구가하다가 관객들이 식상해 하면서 생겨난 장르 영화이다. 사립 탐정이 음침하고 의혹에 잠긴 사건을 하나씩 풀어 가는 과정을 보여주는 것이 영화의 대체적인 서사구조이다.

1941년 당대 최고의 탐정소설가 더쉴 해미트의 작품을 각색한 존 휴스턴의 「말타의 매」는 최초의 필름 느와르로 평가된다. 이 이후에 필름 느와르는 봇물처럼 쏟아져 나오게 된다. 이것은 칙칙한 복장, 해질녘이나 여명의 잔광, 묵중한 실내 분위기, 비에 젖은 음습한 골목, 우울한 표정, 중산층 살인자, 운명의 볼모, 팜므 파탈, 공포와 환상 등을 주된 소재로 삼는다. 조명 · 분장 · 의상 · 특수효과 등에 있어서 독일의 표현주의에 직접적인 영향을 받은 것으로 잘 알려져 있다.

필름 느와르는 B급 영화로서 자유로운 표현을 구사함으로써 스타일의 측면에서 일정한 성과를 거두었다. 또한 이것은 사회 제도에 의해 자행된 폭력의 구조, 법 질서와 정의가 유전되는 데서 오는 끝간데 모를 공포의 심연 등의 금기 영역을 밖으로 이끌었다는 공적을 갖고 있다. 하지만, 죽음과 폭력과 염세적인 인생관을 미화했다는 부정적인 면도 보여 주었다.

필름 느와르는 미국의 영화계에 불어닥친 매카시즘의 선풍에 좌파적인 성향으로 인식되면서 사라져 버렸다. 1960년대에는 프랑스 풍의 필름 느와르가 국제 영화계에 큰 반향을 불러 일으켰다. 장 가방, 알랭 드롱, 장 폴 벨몽도, 리노 벤추라 등이 등장한 암흑가 제재의 영화들, 이를테면 「볼사리노」 · 「시실리안」 · 「암흑가의 두 사람」 · 「현금에 손대지 말라」 등의 영화가 적례에 해당한다.

70년대 이후에 간헐적으로 제시된 미국의 느와르 유 영화를 가리켜 새로운 연대기의 필름 느와르, '네오 느와르'로 불리어지기도 했다. 로만 폴란스키의 「차이나타운」(1974), 리들리 스콧의 「블레이드 러너」(1982), 닐 조던의 「크라잉 게임」(1992) 등이 이를 대표한다. 느와르 유의 영화는 스티븐 소더버그의 「카프카」에서 보듯이 독일 표현주의의 영향을 적잖이 받았다.(송희복)

표현주의, 존 휴스턴. 말타의 매, 네오 느와르.

참고문헌
이경기, 『세계 영화계를 뒤흔든 100대 사건』, 우리문학사, 1995.
잭 앨리스, 변재란 역, 『세계영화사』, 이론과 실천, 1996.

필리스틴 ☞ 속물근성

필연성(必然性, Necessity 프 Necessite, 독 Notwendigkeit)

물질세계나 체계, 의식의 대상이나 사고의 과정 사이에 존재하는 연관방식으로서 주어진 조건 아래서 규정되는 그 이외에는 존재할 수 없는 하나의 추이를 뜻한다. 유물론에서는 개념이나 명제 사이의 분명한 논리적 연관을 뜻하는 논리적 필연성이란 자연과 사회 사이의 객관적 필연성이 인간의식에 반영된 결과라고 본다.

고대의 유물론에서 시작된 객관적 관념론에 입각한 필연성에 대한 정의는 중세에 이르러 신의 전능이라는 교의 속에 지양된다. 라이프니츠(Leibnitz)의 '예정조화론'이 그 예이다. 흄(Hume)은 필연성을 "대상과 그 대상에 통상적으로 뒤따르는 것을 사고 혹은 표상작용 속에서 습관적으로 연결시키는 것"(흄, 「인간오성에 관한연구」)으로 파악하여 현상들 간에 객관적으로 존재하는 연관이 아니라 연속하는 사건의 관계를 필연적인 것으로 파악하는 인간의 습관이 빚은 주관적 표상이라는 주관적 관념론의 해석을 내놓았다. 필연성을 선험적 인식을 가능하게 하는 원리로 보는 칸트(I. Kant)의 개념도 이에 속한다. 헤겔(Hegel)은 '절대이념'의 발전계기를 필연성으로 보는 객관적 관념론의 해석을 정립했는데, 철학사상 최초로 우연과 필연의 변증법적 상호관계를 기술했다. 20세기의 유물론에서는 인간의 의식과 별개로 필연성이 존재하지만 그럼에도 불구하고 인간에 이해 인식되고 인간의 실천적 행위에 이용될 수 있다고 본다.

필연성이 '보편자와 분리불가능'- 레닌(Lenin)「존재에서의 보편자」-하지만 법칙과는 구별된다. 모든 필연적 연관이 반드시 합법칙적이지 않으며 주어진 조건하에서 전체집합에 적용되는 법칙과 달리 필연성은 개별적이고 일회적인 사건까지 포괄한다. 또 필연성은 인과성(因果性)과도 동일하지 않다. 밤과 낮처럼 필연적이기는 하지만 선후의 인과를 따질 수 없는 경우들이 있기 때문이다. 우연성과 필연성의 관계는 변증법적 연관관계 속에서 설명되지만 필연성을 절대화하게 되면 숙명론에 이르고, 반대의 경우는 비결정론에 빠지게 된다.(곽봉재)

보편성, 우연성, 인과성

참고문헌
소비에트 과학 아카데미 철학연구소, 『세계철학사』, 이을호 역, 중원문화, 1989.
F. Hegel, 『대논리학』, 임석진 역, 지학사, 1982.

핍진성(Verisimilitude)

핍진성이란 용어의 원래 의미는 외견상 사실적이거나 진실해 보이는 정도나 질을 의미한다. 이것은 고대인들이 이야기에 대해 요구했던 '그럴듯함', 혹은 '있음직함'이라는 개념의 연장선상에 놓여 있는 용어인데, 이것이 주요한 문학용어로 등장하게 된 것은 구조주의 문학이론가들에 이르러서다.

어떤 사건들의 연쇄, 혹은 그것을 통해 꾸며진 이야기가 그럴듯하게 받아들여지는 것은 일차적으로는 일련의 사건을 일관된 전체에 맞추면서 텍스트의 틈새를 채워 넣은 독자들의 능력에 의존하는데, 조나단 컬러는 이를 소쉬르 용어를 빌어와 서사적 능력(narrative competence)이라고 정의한다. 말하자면 어떤 관련 상황을 택하거나 구축하는 능력을 말한다. 그러나 이 핍진성이란 환상은 비단 독자 개인의 능력에만 의존하는 것이 아니라 한 사회 공동체가 공유하고 있는 관습에 의존하는 문화적 현상이다. 한 사회에서 그럴듯하게 받아들여지는 것이 다른 사회에서는 그렇게 받아들여지거나 해석되지 않을 수 있으며, 또 같은 사회라 할지라도 시기에 따라 받아들여지는 상식은 다를 수밖에 없다. 구조주의자들은 이 핍진성이라는 것을, 해당 작품보다 선행했던, 한 사회 내의 적합한 행동의 텍스트들에 의해서 누적적으로 확립되는 것으로 간주한다.

그러나 박진감 혹은 생생함이라는 용어로도 불려지는 이 핍진성은, 현실반영의 원리를 금과옥조처럼 견지하는 리얼리즘에서는 높은 평가를 받고 있으나 문학성을 기법과 동일시하는 러시아형식주의자들에게서는 그리 높이 평가받지 못하고 있다. 형식주의 이론가인 빅토르 슈클로프스키는 문학작품이 어떤 외적 현실을 지시하고 있는 것처럼 보이는 것은 대상을 생소화(예술화)하는 과정에서 생겨난, 미적 기능에 부수적인 효과의 하나로 간주하고 이를 동기부여(motivation)라고 부른다. 이 견해에 따르면 동기부여가 되어 있는 핍진성 있는 작품은 예술적인 생소화라는 미적 변용의 과정을 거치지 않았기 때문에 높은 의미를 갖지 못하는 것이다.(김경수)

박진감, 그럴듯함, 개연성

참고문헌
시모어 채트먼, 『영화와 소설의 서사구조』, 김경수 역, 민음사, 1999.
조나단 컬러, 『문학이론』, 이은경 외 역, 동문선, 1999.
빅토르 어얼리치, 『러시아 형식주의:역사와 이론』, 박거용 역, 문학과지성사, 1983.

文·學·批·評·用·語·事·典

하나(花)

　꽃이 활짝 피는 상태를 일상생활의 갖가지 미적 성취에 비유적으로 견주어 표현하는 경우는 시대와 지역을 초월하여 다양하게 존재하겠지만, 일본 문학이나 문화의 경우에는 이것이 문예 비평 용어로 쓰이기도 했다는 점은 주목할 만하다 하겠다. 그 하나의 예로서 가론(歌論)에서의 「화실론(花實論)」을 들 수가 있겠는데, 이 경우의 「화(花)」는 외적 측면인 표현의 아름다움에 대한 비유이며, 그에 대해 「실(實)」은 취향이나 내용등의 내적 측면에 대한 개념이라는 점에서 「화(花)」에 대비된다.

　이와 같은 「화(花)」의 개념을 일본 중세의 걸출한 문인이자 연극인이었던 제아미(世阿彌)는 노(能)의 이론적 측면에 접목시켜 「하나(花)」의 이론을 내 놓았다. 이 제아미 이론상의 「하나(花)」란, 「노(能)가 관객들에게 주는 감동」 또는 「노(能) 무대상의 갖가지 매력의 포인트」의 비유이며, 그의 이론서 『후시카덴(風姿花傳)』이나 『가쿄(花鏡)』등에 이 「하나(花)」를 개화시킬 수 있는 구체적 방법이 설명되어 있다. 『후시카덴(風姿花傳)』의 「하나(花)」 이론을 살펴보면, 꽃이 철따라 피고 지는 것에 사람들이 매력을 느끼고 아끼듯이, 노(能)도 관객들에게 지속적인 사랑을 받으려면 결코 정체되어서는 안되며, 갖가지 상황에 민활히 대응하여 변화하는 모습을 보여 주어야 한다는 것이다. 여기서 언급한 관객들의 사랑이란 관객들의 감동과도 상통하는 것이라 할 수 있다. 제아미의 「하나(花)」 이론의 골자는, 바로 이 관객들의 감동을 자아내는 방법의 정리에 있다고 볼 수 있다. 다시 말하면, 『후시카덴(風姿花傳)』 『가쿄(花鏡)』등에 설파된 「하나(花)」 이론의 포인트는, 관객들의 감동을 자아낼 메커니즘을 분석하고, 그 실현을 목표로 해서 배우가 쌓아가야 할 수련의 방식, 그리고 실제로 무대 위에서 연기·연출을 어떻게 해 가야 할지를 꽃에 비유하여 논술함으로써, 노(能)의 길을 걷는 수련자들이 수행의 지침을 삼게 하는 데에 있다. 제아미는 관객들이 느끼게 될 감동의 정체를 「재미(面白さ)」「진귀함(珍しさ)」등과 밀접한 것으로 설명하면서, 「하나(花)와 재미와 진귀함은 같은 의미이다」라고 규정짓고 있다. 제아미 스스로도 이 「하나(花)」의 개화에 필생의 과제를 설정하고 있었으니 만치, 이「하나(花)」란 것은 가히 노(能) 이론 체계의 중심적 이론이라 할 만하다 하겠다. 이 「하나(花)」의 이론은 노(能) 뿐만 아니라, 일반 연극에도 이론적 지침으로 수용되어 하나의 중요한 이론 체계로서 자리 잡고 있다.(김충영)

노, 요쿄쿠, 유겐

참고문헌
観世寿夫, 『心より心に伝ふる花』, 白水社, 1979.

하드 보일드(Hard-boiled)문체

1930년대 미국소설의 한 경향으로 자리 잡은 새로운 사실주의(寫實主義)수법의 문체이다. 원래 '계란을 익히다'라는 말뜻에서 비정, 냉혹한 문체를 뜻하는 문학용어가 되었다. 논평이나 설명 등의 전통적인 서사 관례들을 없애고 폭력적인 테마나 사건을 감정이 없는 냉혹한 시선(視線)으로 또는, 도덕적인 판단을 배제한 시점에서 묘사한 문학을 가리킨다. 1929년 해밋(Samuel Dashiell Hammett)의 추리소설 '붉은 수확'은 종래의 수수께끼풀이 중심의 미스터리 소설에서, 고독한 사립탐정을 주인공으로 한 리얼한 성격 묘사, 사건의 풀이보다도 등장인물 사이의 관계를 중요시한 시점, 비어나 속어를 많이 사용한 속도감 있는 문체, 심리 분석 이상으로 효과적인 경묘한 회화적 묘사를 특징으로 하는 추리소설로 기존의 것에 비해 혁명적인 변화를 가져 온 작법을 선보였다.

1920년대의 금주령(禁酒令)시대를 배경으로 이 문체의 극단을 보여준 헤밍웨이(Ernest Miller Hemingway), 도스 파소스(Dos Passos)등 순수문학 작가들의 영향 속에 태어난 하드보일드 문체의 추리소설은 챈들러(Raymond Chandler), 가드너(A.E Gardner)등에 의해 널리 확산되었다. 불필요한 수식을 일체 빼버리고 거친 터치로 사실만을 쌓아올리는 이 수법은 특히 추리소설에 있어서 추리보다는 행동에 중점을 두는 하나의 유형으로 확립되었고 코난 도일(Arthur Conan Doyle)파의 이른바 '계획된 것'과는 명확하게 구별된다. 하드보일드 문체는, 사건을 냉정하고 극적으로 부각시키는 데 유효하다. 이런 문체에 의존하는 이야기에서 화자의 개입은 철저하게 배제되고 행동과 사건들을 주로 대화와 묘사에 의해서만 제시된다. 이를 위해 작가 자신의 역할을 피사체를 포착하는 카메라의 눈으로 제한시킨다는 원칙이 따른다. 이런 문체는 생동감 있는 장면의 묘사에 유용하며 독자의 상상과 해석을 촉발한다는 장점이 있지만, 독자의 해석적 부담에서 벗어나려는 데서 가학적이고 감각적인 면을 추구하는 극단적인 경향을 낳았는데, 특히 영화의 경우 느와르(Film noir)적인 장르의 경향이 이에 해당된다.(곽봉재)

필름 느와르, 추리소설, 사실주의

참고문헌
C. Brooks·R. P. Warren, 『소설의 분석』, 안동림 역, 현암사, 1985.
한용환, 『소설의 이론』, 문학아카데미, 1990.

하마르티아(Hamartia)

행운의 여신의 총애를 받아 남들보다 뛰어난 비극의 주인공이 지닌 선천적인 결함 또는 단점을 말한다. 원래는 '잘못을 저지르다'라는 뜻의 그리스어 hamartanein에서 유래했으며 tragic flaw라고도 한다.

아리스토텔레스가 쓴 『시학(Poetics)』에서 처음 사용되었다. 타인과 다른 높은 재능과 품격을 지닌 비극의 주인공이 악의 때문이 아니라 '판단 착오'(hamartia) 때문에 파국을 맞게 된다고 서술하고 있다. 문제는 주인공이 지니는 결함의 크기가, 그 때문에 겪게 되는 고통과 불행의 크기에 비해 지나치다는 점이다. 그래서 대부분의 작품들에서는 최종적인 파국을 이끌어내기 위해서 주인공의 결함 이외에도 우연, 운명, 그 밖의 외적인 조건들을 같이 묶어서 필연성을 지니게 하려 한다. 이런 점은 오셀로(Othello)의 질투, 햄릿(Hamlet)의 우유부단함을 해석하는 한 준거가 된다.

대부분의 비극적 상황은 주인공이 알지 못하는 가운데 이루어지고, 결코 자신의 능동적인 선택행위로 귀결되지 않는다. 예를 들어 길에서 우연히 마주친 자신의 친아버지를 실랑이 끝에 살해하는 오이디푸스(Oedipus)의 경우처럼 모든 운명은 이미 결정되어 있으며, 주인공은 자신의 삶에 대해 궁극적인 의미에서의 주인공은 될 수 없다. 오이디푸스는 자신의 아버지를 죽인 후 어머니와 결혼하는데, 그 또한 본인은 모르고 한 행동이다. 그리고 자신의 어머니를 죽이는 책임을 아폴론(Apollon) 신으로부터 떠맡은 오레스테스(Orestes)도 마찬가지의 경우이다.

이 외에도 주인공들의 약점은 성격적인 측면에서 발원하는 경우가 많다. 지나치게 완벽을 추구하는 욕망과 열정에 사로잡혔다든지 혹은 타인을 지나치게 배려한다든지 하는 경우이다. 여기서 인물이 지니는 활달하고 적극적인 성격과 품격은 자신이 겪게 되는 어려움 들을 해결하는 데 지나치게 몰두하게 만든다. 그래서 신과 같은 존재로 자신을 격상하기도 하며 인간의 한계를 초월하려 하면서 자만과 오만의 죄를 범하게 된다.(이훈)

판단착오, 오만, 하마르테마

참고문헌
소포클레스 외, 『그리스비극』, 조우연 역, 현암사, 1994.
아리스토텔레스, 『시학』, 최상규 역, 예림기획, 2002.

하부구조(下部構造) ☞ 토대와 상부구조

하위계층(하위주체, Subaltern)

그람시(Gramsci)가 『이태리의 역사 논고』에서 썼던 개념으로 원래는 '낮은 계층' 그리고 지배계급이 아닌 농부와 노동계급과 같은 계급을 설명하기 위해 기호화된 방법으로서 쓰였다. 하위계층 개념의 출발점은 마르크스(Marx)의 프롤레타리아(proletariat)이다. 그런데 복잡해지고 다원화하는 후기자본주의 사회에서 프롤레타리아라는 계급개념은 경제적 생산개념에만 묶여 있는 정태적 위험성에 빠질 수 있었다. 그래서 성, 인종, 문화적으로 주변부에 속하는 다양한 사람들을 포괄하기 위해 프롤레타리아 개념의 이론적 가능성을 복합화하고 확대한 것이다.

스피박(Spivak)에게 오면 하위계층은 여성 하위주체에 대한 연구로 발전한다. 진보적 담론을 생산하는 지식인들조차 그 사회에서 누려온 남성 특권적 시각에 물들어 있어서 여성하위주체가 무슨 경험을 하건 그것은 담론의 장에 잘 들어올 수 없다고 보았다. 그래서 계급, 성, 인종적인 삼중 억압의 그림자 속에서 지식인과 하위계층과의 괴리를 철저히 인식해야 한다는 것이다. 억압받는 하위주체나 지식인 여성이나 모두 '투명한 대상'으로 여겨서는 안 된다. 윤리성을 가진 지식인들이 하위계층 사람들에게 말을 걸어 그들로 하여금 말하게 하고 그것을 담론과 문화 영역에 제대로 반영해야 한다고 말한다.

스피박은 이항 대립항에 의해 서열화된 획일적 인식구조와는 전적으로 다른 새로운 정체성을 추구한다. 그녀는 기존의 제국주의적 텍스트에 내재해 있는 문제점들을 비판하고 새로운 가능성으로 활용하는 것이 중요하다고 보았다. 기존의 것들에 대한 보상과 제거의 차원이 아닌 제국주의적 역사이해를 교란하여 다시 상상적으로 서술해 나가는 작업이 중요하다는 것이다. 여성하위주체가 겪은 역사적 경험은 자아를 공고하게 하기 위해 타자를 자아가 흡수해 버리는 방식을 벗어나 현존하는 이질적 타자로부터 자신의 주체성을 좀더 풍요롭게 하는 하나의 계기로 재탄생한다.(이훈)

이중적 식민지화, 주변부성, 프롤레타리아

참고문헌
안토니오 그람시, 『옥중수고』, 이상훈 역, 거름, 1999.
가야트리 스피박, 『다른 세상에서』, 태혜숙 역, 여이연, 2003.

하위문화(Subculture)

한 사회 안에서 일반적으로 통용되는 가치관과 행동양식을 전체 문화(total culture)라 할 때, 그 문화의 내부에 존재하면서 독자적 특질과 정체성을 보여주는 소집단의 문화를 하위문화라고 한다.

하위문화라는 개념은 원래 1950년대 후반 미국 사회학계에서 비행(非行) 청소년 연구의 일환으로 처음 시작되었다. '하위(sub-)'라는 접두사에서 이미 암시되듯이, 하위문화의 주체는 계급·인종·세대 등의 측면에서 사회적으로 소외된 계층이나 소집단이며, 사회 구조 안에서 '낮은' 또는 '종속적인' 위치에 처해있는 경우가 일반적이다. 계급적으로는 하층 프롤레타리아, 세대적으로는 청소년층, 성애적으로는 동성애자, 인종적으로는 유색인종 등이 하위문화의 대표적인 담당 주체이며, 이들에 의해 노동자 문화, 청년문화, 소수민족 문화 등 하위문화의 구체적인 범주들이 생겨나게 된다. 이러한 발생 배경 때문에 하위문화는 대체로 헤게모니를 장악하고 있는 주류 문화·고급 문화에 대비되는 비주류 문화·저급 문화의 속성을 드러내게 되지만, 다른 한편으로는 기존 질서의 정당성과 주류문화의 가치를 의심하는 새롭고 이질적인 문화라는 적극적인 의미도 갖고 있다.

하위문화의 가장 주요한 기능은 그 구성원들에게 집단적 결속감과 고유한 정체성을 제공해주는 것이다. 지배문화의 주변적 위치에 자리잡은 하위문화의 구성원들은 자연스럽게 자기들만의 새로운 아이덴티티를 추구하게 되며, 언어·복장·외모·음악·행동방식 등에서 독자적인 스타일을 만들어냄으로서 자신들의 소속감과 연대감을 한층 강화하려는 경향이 있다.

하위문화의 활력과 역동성이 가장 드러나는 경우는 지배적 문화의 압력에 저항하는 대항문화(counter culture)로 기능할 때라고 할 수 있다. 현대의 문화연구(cultural studies)는 일찍이 하위문화가 자본주의 사회의 지배문화에 대한 상징적 저항 형식이라는 사실에 주목한 바 있다. 하위문화는 일반적인 정치운동처럼 기성 질서와 지배문화의 전면적 타도를 목표로 삼지는 않지만, 스타일의 자율성을 추구하거나 상징적 '의미작용 내부의 싸움'을 수행함으로써 지배적 문화구조의 동요와 변화를 유도하고 새로운 문화형성의 계기가 될 수 있다는 것이다. 하위문화의 대항문화적 사례로는 1960년대 미국의 히피(hippie)를 비롯한 1960-70년대 서구의 청년문화운동 등이 자주 거론된다.

그러나 하위문화를 독립된 존재로 취급하거나 하위문화가 보여주는 저항을 이상화하는 것은 위험한 결과를 가져올 수도 있다. 예를 들어 스킨헤드(skinhead) 족에서 볼 수 있는 것처럼 하위문화는 종종 지배문화의 부정적인 요소, 가령 인종차별주의나 여성혐오증을 그대로 받아들이거나 확대재생산하는 경우가 있다. 또한, 자신만의 개성적인 스타일에 대한 하위문화의 집착은 자본주의적 상품판매 전략의 주요한 목표가 되기도 한다. 특히 소비자본주의 단계로 접어든 1980년대 이후, 계급·성·인종·세대 등 전통적인 기준이 약화되는 대신 하위문화의 중심이 소비 행위로 넘어가고 하위문화의 정체성은 스타일의 추구로 좁혀지는 변화가 일어나면서, 하위문화의 저항성이나 전복적 성격은 점점 더 의심스러운 것이 되고 있다.

한국 사회는 유교적 전통의 잔존, 식민지 지배의 유산, 오랜 독재정권의 경험 등으로 사회구조적인 획일성과 통합성이 강해 하위문화의 성장 기반 자체가 취약한 편이다. 이에 따라 한국의 하위문화적 현상들은 계급적·세대적 갈등과 사회적 정체성의 동요를 표상하기보다는, 서구 하위문화의 피상적인 모방에 그치거나 상업화의 경향이 지배적이었다고 평가되기도 한다. 1970년대 젊은이들의 이른바 '통기타 문화'나 1990년대의 '신세대' 문화를 통해 하위문화의 한국적 양상을 확인할 수 있다.(진정석)

대중문화, 상업문화, 대항문화

참고문헌

Stuart Hall and Tony Jefferson ed. Resistance Through Rutuals: Youth Subcultures in Post-War Britain, London: Hutchinson, 1976.
딕 헵디지, 『하위문화: 스타일의 의미』, 이동연 역, 현실문화연구, 1998.

하이카이(俳諧)/하이쿠(俳句)

중세의 렌가(連歌)에서 파생한 시가로, 에도시대 운문을 대표하는 정형시이다. 5 · 7 · 5의 17자를 정형으로 하고, 그 안에 제작 당시의 계절을 나타내는 단어인 계어(季語)를 넣어야 하며, 구의 단락에 쓰는 조사나 조동사인 기레지(切れ字)로 한 구의 완결을 짓는 것을 원칙으로 하고 있다. 이러한 약속은 이미 가마쿠라시대 렌가의 첫 구인 홋쿠(発句)에서 성립되어 하이카이에 답습된 것이다.

렌가가 와카와는 다른 형식을 취하고 있으면서도 우아한 와카적인 세계를 지향하는 모순을 수긍하지 않았던 렌가시(連歌師) 야마자키 소칸(山崎宗鑑)이나 아라키다 모리타케(荒木田守武) 등이 렌가와 같은 형식으로 골계스런 속(俗)의 세계를 읊는 하이카이렌가(俳諧連歌) 운동을 일으킨 것을 형식적인 기원으로 한다. 골계적인 내용의 문예로서 하이카이라는 용어가 최초로 나타난 것은 『고킨와카슈』(古今和歌集, 905년에 성립된 최초의 칙찬 와카집)로 58수의 하이카이카(誹諧歌)가 수록되어 있다. 그 후 골계미를 드러낸 단렌가(短連歌)의 유행을 거쳐, 렌가에서도 와카적인 취향의 우신렌가(有心連歌)에 대하여 기지(機智)적인 골계를 내용으로 하는 무신렌가(無心連歌)가 생겨나고, 중세말에 하이카이렌가라 칭하기에 이르렀던 것이다.

하이카이는 이러한 하이카이렌가를 줄여서 부르는 용어로 근세에 들어서서 독자의 운문 장르로 발전의 길을 걸어나갔다. 먼저 마쓰나가 데이토쿠(松永貞德)는 하이카이를 서민문학으로 독립시키고 전국적으로 보급시켰다. 데이토쿠는 하이카이의 규칙을 정하고 품위있는 골계성을 기조로 하는 이른바 데이몬(貞門) 하이카이를 성립 · 전파하였지만, 점차 매너리즘화 되어가고 이에 반발하여 자유분방한 발상을 중시하는 니시야야 소인(西山宗因)의 단린(談林) 하이카이가 나타난다. 소인과 그의 제자인 사이카쿠(西鶴)는 오사카 신흥 조닌계급의 경제력을 배경으로 조닌사회의 정서를 적극적으로 표현하였지만, 하이카이를 진정한 의미의 독립성을 지닌 문예로 확립시킨 것은 마쓰오 바쇼(松尾芭蕉)의 등장에 의해서 였다. 어디까지나 골계를 제일로 하는 데이몬 · 단린 하이카이를 자연시로까지 고양시키고 실로 국민시로서의 위치를 부여할 수 있게 하였다. 바쇼는 사이교(西行, 중세초의 가인)나 두보를 경모하여 여행을 중시하고, 진지한 생활 속에서 정진을 거듭하면서 하이카이의 바람직한 모습을 추구하여 마침내 예술성 높은 문예로서 하이카이의 시적 완성을 이루었던 것이다. 중세적인 유현미를 획득하기 위하여 자연과 일체화할 것을 주장하고, 이를 위하여 연이어 여행길에 나섰고 여행지에서 병사하였다. 바쇼의 저명한 하이카이 기행문인 『오쿠의 오솔길』(おくの細道), 『사라시나 기행』(更科紀行) 등도 그 과정에서 생성된 것이다.

바쇼 사후 이른바 그의 쇼후(蕉風) 하이카이는 여러 유파로 나누어지고 대중화와 비속화의 길을 걷게 된다. 이러한 흐름에 쐐기을 박으며 하이카이의 예술성을 되찾으려는 하이카이 중흥 운동이 덴메이(天明, 1781~89)기에 요사 부손(与謝蕪村)을 중심으로 일어난다. 부손은 회화적 수법과 날카로운 언어감각으로 현실을 미화하고 낭만화하려는 자세를 취하였다. 덴메이기의 바쇼로의 복귀 주장에 따라 바쇼 숭배가 계속되는 가운데, 고바야시 잇사(小林一茶)는 기존의 진부함에서 벗어난 신선함을 보여주었다. 반골정신과 농민성을 지닌 잇사는 속어나 방언을 그 대로 구사하고 생활감정을 진솔히 읊는 뛰어난 구를 남겼다.

근대 들어 마사오카 시키(正岡子規)는 홋쿠(発句)의 독립과 한 구의 완결성을 설파하고, 현상 을 정확히 묘사하는 사생(写生)에 의한 하이쿠(俳句) 혁신 운동을 일으켰으며, 이후 하이카이는 하이쿠로 불리 우며 국민적인 정형시로 오늘에 이르고 있다.(최관)

하이쿠, 계어, 기레지, 홋쿠, 렌가, 마쓰나가 데이토쿠, 니시야마 소인, 마쓰오 바쇼, 요사 부손, 고 바야시 잇사, 마사오카 시키,

참고문헌
尾形仂,『芭蕉とその門流』, 岩波書店 1959.
『芭蕉句集』, 解説, 『日本古典文学大系』, 岩波書店, 1962.

하이퍼리얼리즘(Hyperrealism)

주관을 극도로 배제하고 사진처럼 극명한 사실주의적 화면 구성을 추구하는 예술양식. 1960 년대 후반부터 1970년대 전반까지 미국과 유럽의 회화 장르를 중심으로 유행했으며, 슈퍼리얼 리즘(superrealism), 포토리얼리즘(photorealism), 래디컬리얼리즘(radicalrealism)으로도 불린다.

하이퍼리얼리즘은 기본적으로 미국적인 팝 아트(pop art)의 강력한 영향 아래 발생했지만, 다 른 한편으로는 현대미술의 추상표현주의 정신을 이어받은 것이기도 하다. 팝아트와 마찬가지 로 흔하고 일상적인 소재를 주로 다루면서도 소재를 취급하는 방식은 좀더 극단적, 즉물주의적 인 경향을 보이는데, 가령 육안으로는 볼 수 없는 사람의 미세한 피부 조직 따위를 기계적으로 확대하여 잔혹한 인상을 주거나 충격 효과를 유발하는 것이다. 하이퍼리얼리스트들은 이러한 효과를 위해 스케치나 습작보다는 카메라와 사진을 즐겨 사용하고, 사진의 이미지를 캔버스에 옮기기 위해 환등기나 격자 등의(반)기계적 수단을 동원하기도 한다.

대상의 정밀한 복제에 대한 하이퍼리얼리즘의 열정은 현실 자체를 해석하고 그려낼 적절한 방법을 상실한 현대예술의 무기력을 반영하는 측면이 있다. 그러나 장인적 기예의 중요성을 현 대 예술에 복권시켰다는 점, 그리고 구상과 추상, 리얼리즘과 반리얼리즘의 구별이 상대적 · 역 사적이라는 사실을 환기시켰다는 점은 이 예술운동의 중요한 기여에 속한다. 하이퍼리얼리즘의 예술적 목표는 대상을 정밀하게 묘사하는 것이 아니라, 아무리 리얼한 묘사도 결국은 묘사에 불과하다는 사실을 극명하게 드러내는 것이다. 이런 측면에서 하이퍼리얼리즘은 리얼리즘이 극단화된 형태로 볼 수 있지만, 극도로 사실적인 표현을 통해 리얼리즘의 허구성을 폭로하는 아이러니컬한 명칭이라고도 할 수 있다.

루이스 마이즐(Louis Meisel)은 초기 단계부터 이론과 창작 양면에서 이 운동의 일관된 지지자였으며, 이반 카프(Ivan Karp), 로버트 벡틀(Robert Bechtle), 오드리 플랙(Audrey Flack), 말콤 몰리(Malcolm Morley) 등이 대표적인 작가들이다.(진정석)

래디컬리얼리즘, 슈퍼리얼리즘, 팝아트, 포토리얼리즘

참고문헌
보드리야르, 『시뮬라시옹 : 포스트모던 사회문화론』, 하태환 역, 민음사, 1992.
박용숙, 『하이퍼리얼리즘』, 열화당, 1989.

하이퍼텍스트 문학(Hypertext literature)

하이퍼텍스트라는 글쓰기 환경 혹은 기술을 문학과 접목시킨 인터넷 시대의 새로운 문학 형태이다. 여기서 작가는 데이터 제공자로 등장하며, 독자는 마우스로 원하는 곳을 누르면서 스스로의 선택에 의해서 텍스트를 읽을 수 있다. 또한 작가의 글쓰기에 참여하거나 그 글쓰기를 확대 재생산해낼 수 있다. 하나의 텍스트를 여럿이 돌아가면서 연결하고 만들어 낸다. 텍스트를 연결해주는 것을 하이퍼링크(Hyperlink)라고 하며 마우스에 의해 떠오르는 텍스트 전체를 하이퍼텍스트로 부른다.

하이퍼텍스트를 처음 생각한 사람은 바네바 부쉬(Vannevar Bush)인데, 그는 정보와 자료관리의 측면에서 책장 넘기는 방법이 가지는 비효율성을 문제 제기한다. 그의 생각은 1960년경 테오도르 넬슨(Theodor Nelson)에 의해 '하이퍼텍스트'란 용어를 만드는 데까지 이어진다. 하이퍼텍스트 문학은 발달된 컴퓨터의 네트워크 기능에 기반해서 인간의 창의력과 상상력을 무한히 확대해 나갈 수 있는 문학 형태로서의 가능성을 지닌다. 창작에 있어서 독자지위의 근본적인 변화를 암시한다. 그러나 이 새로운 문학형태는 기존의 문학이 가진 특성들을 좀더 활성화한 하나의 형태변화라 볼 수도 있다. 우리의 전통적인 구비문학이 가진 유동성과 현장성의 전통도 여기에 연결되기 때문이다.

작가들이 하이퍼텍스트 기능을 문학에 활용하기 시작한 것은 1980년대이며 1990년대 후반 인터넷이 발달하면서 익숙한 개념으로 퍼져나간다. 최근에는 전자책(e-book)의 확대에 따라 하이퍼텍스트 문학은 더욱 본격화되었다. 국내에서는 '새천년 예술' 하이퍼 시 사이트 프로젝트(http://eos.mct.go.kr)와 하이퍼텍스트 소설인 「디지털 구보 2001」(최혜실)등을 들 수 있다.(이훈)

디지털 스토리텔링, 상호텍스트성, 전자책, 하이퍼시리얼

참고문헌

클라우스·미하엘 보그달 외, 『새로운 문학이론의 흐름』, 문학과 지성사, 1997.
테드 프리드만 외, 『현대사회와 대중문화』, 나남, 2000.
김종회·최혜실 외, 『사이버 문학의 이해』, 집문당, 2001.

하이퍼텍스트(Hypertext)

하이퍼텍스트(hypertext)는 인터넷에서 사용되는 웹문서 형식(HTML)을 생각하면 이해가 빠르다. 우리가 인터넷에서 사용하는 웹사이트는 종이책 같은 텍스트와 달리 마우스를 누르면 원하는 부분을 이곳저곳 열어갈 수 있다. 사용자는 작가가 정해놓은 한 가지 순서로 글을 읽는 것이 아니라 자기가 원하는 부분만을 선택하여 독서할 수 있다.

하이퍼텍스트는 원래 넘쳐나는 정보를 효과적으로 연결, 관리하기 위한 메멕스(memex)란 기계에서 비롯된다. 당시 미국 정부의 과학자들은 정보들이 알파벳이나 숫자에 의해 색인목록처럼 저장, 배열되어 있어서 검색하기 어렵다고 생각했다. 우리가 사전을 찾을 때 가나다순이나 알파벳순으로, 즉 순차적으로 연결된 책장을 열심히 넘긴다. 반면 인터넷에서는 원하는 단어를 넣기만 하면 자료가 검색된다.

이렇게 쉽게 찾을 수 있는 까닭은 검색의 방식이 인간의 사고의 과정과 연결되기 때문이다. 사람들은 정보를 책처럼 배열했다가 차례로 생각을 하지 않는다. 어떤 생각을 했다가 아무 이유 없이 다른 생각을 이어나간다. 자유로운 연상을 통하여 생각을 가지쳐나가는 인간에게 글쓰기는 그 흐름을 인위적으로 배열하는 어색한 행위일 수 있다. 인간은 정리의 부담을 벗어나 연상을 통할 때 무한한 상상력이나 창조력을 펼 수 있다.

하이퍼텍스트의 이런 특성을 이용해서 문학작품을 쓰면 아주 특이하고 다양한 표현 방식이 나타난다. 책은 1페이지에서 시작하여 순차적으로 내용이 배열되어 있고 독자는 작자가 배열해 놓은 플롯에 따라 작품을 읽어나간다. 반면 하이퍼텍스트 문학은 무수한 가능성이 작가에 의해 제시되고 독자는 자신이 원하는 방향으로 작품을 감상한다.

이 방식은 아주 다양한 가능성을 우리에게 제시한다. 주인공의 행동에 여러 경우의 수를 둘 수도 있고 독자들이 모여 작품을 자신의 방향으로 이어나가는 릴레이식 글쓰기를 할 수도 있다. 이것이 좀더 심해지면 작자는 이제 전지전능한 힘을 가지고 이야기를 끌어나가는 존재가 아니라 독자의 상상력을 촉발하는 데이터들을 요령 있게 제공하는 존재가 될 수도 있다.(최혜실)

디지털, 사이버 공간, 사이버네틱스, 사이보그, 쌍방향성, Espen J. Aarseth, George P. Landow, Silvio Gaggi

참고문헌
Espen J. Aarseth, "Introduction", Cybertext:Perspectives on Ergodic Literature, The Johns Hopkins University Press, 1997.
George P. Landow, Hypertext 2.0, The Johns Hopkins University Press, 1997.
Silvio Gaggi, From Text to Hypertext, PENN, 1997.

학생(學生)

일본의 경우 메이지 이전의 근세에도 학교교육이라는 것은 존재했다. 그러나 번교나 서당과 같은 곳에서 시행되는 교육은 학습자에게 개별적으로 필요한 것이었으므로 달성해야 할 획일적 수준 따위가 전제되어 있지 않았다. 근대 교육제도는 역으로 그러한 '자유'를 빼앗음으로써 성립되었다. 교육 대상인 학생들부터가 오늘날과는 전혀 다른 존재 방식을 가지고 있었다. 아동은 성인으로 발전해 나가는 하나의 단계였지 어른에 의해 교육받고 보호받아야 하는 그런 존재가 아니었던 것이다.

유신 정부가 확립되자 일본에서는 징병제와 함께 교육 제도 설립이 착수되었다. 폐번치현 직후 메이지 4년(1872) 7월 전국의 교육행정을 통합하는 문부성이 설치되고 이듬해 8월 학제가 공포되었으며 소학(하등소학 4년 상등소학 4년)-중학(하등중학 3년 상등중학 3년)-대학(처음에는 연한규정이 없었음)이라는 학교체계가 확립됐다. 아이들은 연령에 맞는 교육 학년으로 분할되고 각 학년마다 배당되어 있는 지식을 취득하는 것이 목표가 되었다.(권보드래)

근대교육제도, 학교

참고문헌
박현채, 『청년을 위한 한국현대사』, 소나무, 1992.
한울 편집부, 『한국독립운동사강의』, 한울, 1998.

한(恨)

마음의 욕구, 의지가 좌절돼서 원통함, 원망, 억울함 등의 감정을 불러오는 것을 말한다. 타민족은 원(怨)의 정서를 지녔다면 한은 독특한 한국적인 정서로 평가받는다. 중국의 경우는 한은 없고 원에 대해서만 나오며, 아프리카에서도 죽은 사람들의 원한 감정을 기록해 놓았을 뿐이다. 영어에서도 분개(resentment), 슬픔(regret), 원한(rancour) 등이 있으나 역시 한과는 거리가 있다. 원이 가해자에 대한 동일한 행동을 통해 풀려진다면, 한은 상처와 아픔 등에 대한 대응에 있어서 후회, 자책, 저주, 슬픔 등이 계속 마음속에서 일어나 이를 치유하지 않거나, 못하는 특성을 보인다. 역사적으로 한의 형성은 크게 두 가지로 나뉜다. 사회적 약자였던 백성의 위치에서 주로 기인하는 경우와 엄격한 남존여비의 가부장적 사회질서 속 여성의 조건으로부터 발생하는 경우가 대표적이다. 특히 여성의 경우는 사회 계급적 측면에서 억압과 성적 차별구조 속에서의 억압이 겹치면서 한의 정서를 형성하는 경우가 많았다.

속담, 설화, 민요, 판소리 등 서민들이 주로 향유했던 문화에서 한의 정서는 자주 표출된다. '시집가서 귀머거리 삼 년, 벙어리 삼 년', '피죽도 쑤어 줄 것 없고, 새앙쥐 볼가심할 것 없다.' 등의 속담과 「며느리 밥풀꽃」 등의 설화, 「시집살이 노래」와 같은 민요 등이 그 예에 속한다. 문학 작품에서는 대표적으로 「서경별곡」, 「가시리」, 「동동」, 「정과정곡」, 「진달래꽃」 등을 들 수 있다.(이훈)

원망, 억울, 억압, 씻김굿, 진오귀굿

참고문헌
전규태, 『정한의 미학』, 정음사, 1972.
조동일, 『구비문학의 세계』, 새문사, 1980.

한대악부시(漢代樂府詩)

한시(漢詩)의 한 갈래. 한나라 무제(武帝) 때 음악을 관장하던 부서의 명칭이 악부(樂府)였는데, 점차 이곳에서 관장한 음악을 수반하는 문학양식이 악부로 불렸다. 당시의 악부에서는 민간가요를 채록하거나, 새로운 노래를 창작해서 국가행사에 제공하는 역할을 맡았다. 즉 제사 때나 조회연향(朝會宴饗)을 위해서 만들거나 민간에서 유행하는 노래를 기록했다.

한대의 악부시는 당대의 시대적 상황이 잘 반영되어 있다. 지배계급의 폭정과 하층민들의 고통, 비극적 생활상등이 생생하게 드러난다. 「백두음 白頭吟」과 「상산채미무 上山采蘼蕪」에는 남편에게 버림받은 여인의 비참한 상황이, 「맥상상 陌上桑」에는 하층여성을 농락하는 지배층의 도덕성을 공격하고 있다. 또한 「비가행 悲歌行」에는 유랑하는 백성들의 고통이 서술되고 있다. 한대 악부시는 사회상의 반영이라는 측면에서 이백(李白)을 비롯한 후대의 문인들의 애호를 받았고 이후에 점차 음악적인 측면들은 사라진다.

악부시의 형식은 다양했지만 가장 많이 쓰였던 것은 잡언(雜言) 형식과 오언시이다. 당시의 일반적인 시가가 『시경 詩經』에서처럼 사언시였다는 점에 고려해 볼 때 이후 정형화된 오언시의 형식을 열었다는 점에서 중요한 의미를 지닌다. 한대 악부시는 대부분 길이가 짧은 단형이고 핵심적 내용만을 묘사하는 간결함을 보인다. 또한 인물들 간의 대화를 통해 갈등을 형성해나가며 사실성을 높이는 특징을 지닌다.(이훈)

소악부, 악장, 오언시

참고문헌
이가원, 『한국한문학사』, 민중서관, 1961.
이혜순, 「한국악부시연구Ⅰ」, 『논총39』, 이화여대, 1981.

한문(漢文)

한문(漢文)이란, 한자로 쓰여진 글이란 뜻이나, 그 내면의 의미는 여러 가지이다. 일단 한(漢)은 한나라, 또는 한족(漢族)을 뜻한다. 또한 문(文)의 함의는 더 복잡하여, 형태와 무늬, 문자(文字), 문장(文章), 문화의 뜻을 지니고 있다. 일반적으로 한문은 한자로 쓰여진 글로서, 고대 한족(漢族)에서 발달하여 현대까지 전승되는 한자(漢字)에 의한 문자언어(文字言語) 및 그것으로 쓰인 문장을 말한다.

사용 권역 면에서 말하자면, 반드시 중국에만 국한할 수는 없다. 한문은 한국을 비롯하여 일본·베트남 등에서 널리 사용되고, 많은 언어작품이 만들어졌다. 이를 통괄하여 한자 문화권으로 보기도 한다. 한자의 시초는 은대(殷代)의 갑골문자(甲骨文字)에서 비롯되었으나 이것이 한문으로서 정비된 것은 주(周)나라 이후이며, 이것을 문체상으로 구별하여 고문(古文)·변려문(駢儷文)·팔고문(八股文) 등으로 나누고, 또 순수한 운문(韻文)인 한시(漢詩)가 있다. 본래 한문은 문어적 요소가 강하여 구어적이라고 하는 '백화문(白話文)'조차 문어적 요소를 포함하는 것이 상례로 되었다. 하지만 대개는 백화로 사용된 구어체보다는 문언으로 사용된 글을 지칭한다.

이밖에 고대 인도의 산스크리트 등의 불교 경전을 한문으로 번역한 한역(漢譯) 불전(佛典)의 문체도 있다. 이들 여러 문체는 일찍이 한국에 전해져 훈민정음에 의한 한글이 나오기 전까지는 한문이 전용되었으며, 이것은 다시 일본으로 전하여졌다. 우리나라의 경우 한문은 주로 중국과 한국에서 한자로 쓰여진 고대 문장을 의미한다. 한문은 주로 문언(文言)을 의미하므로, 구어체인 백화와 달리 시대가 변해도 크게 바뀌지 않는다는 장점을 가지고 있기도 하다. 한자 문화권 내의 사람들끼리는 언어는 달라도 서로 문통(文通)을 하기도 한다.(오태석)

한문, 한자(漢字), 한자문화권, 고문(古文), 변려문(駢儷文), 팔고문

참고문헌
林煥文, 『文史知識辭典』, 延邊人民出版社, 1987.
『漢語大詞典』, 漢語大詞典出版社 北京, 1993.

한문학(漢文學)

한문학(漢文學)은 기본적으로 한자로 표기된 문학 또는 그것을 연구하는 학문을 가리키는 말이다. 구체적으로는 중국의 고전문학, 즉 경서(經書), 사서(史書), 시문(詩文)과 이러한 양식을 받아들여 한국, 일본, 베트남 등 동아시아 한자문화권에서 펼쳐진 문학을 가리킨다. 한문학은 중국에서는 송학(宋學, 性理學)에 대한 대립항으로, 한대(漢代)의 유학과 그것에 바탕을 둔 학문을 가리키는 말로 쓰인다. 즉 한문학이라는 용어는 한자문화권에 속하는 동아시아 제국(諸國)에서 생성된 한자로 된 문학을 가리킨다. 한국 문학에서 한문학은 근대 이전에 한문으로 쓰여진 모든 문헌을 포괄하는 용어로 사용된다.

중국에서나 한자문화권에 속하는 나라들에서나, 한문학은 근대 이전의 시대에만 속하는 것으로 생각된다. 따라서 한문학은 문학의 장르를 시, 소설, 희곡으로 나누는 근대적인 삼분법으로는 그 유형을 분류할 수가 없다. 또한 전통적으로 동양에서는 문학, 철학, 사학이 하나로 생각되었는데, 그렇기 때문에 한문학에는 예술의 하위 범주로서의 문학이라는 근대적 문학 개념에 포함되지 않는 다수의 양식들을 포함된다.

위(魏) 나라의 조비(曹丕)의 『전론(典論)』에서 최초로 한문학의 하위 유형을 제시했는데, 이는 시(詩), 부(賦), 비(碑), 명(銘), 잠(箴), 송(頌), 논(論), 주(奏), 설(說)이다. 한국문학에서는 고려의 서거정(徐居正)이 편찬한 『동문선(東文選)』에서 분류한 바, 사(辭), 부, 고시(古詩), 율시(律詩), 절구(絶句), 배율(排律), 조칙(詔勅), 교서(敎書), 제고(制誥), 책문(册文), 비답(批答), 표전문(表箋文), 계(啓), 장(狀), 노포(露布), 격문(檄文), 잠, 명, 송, 찬(贊), 주의(奏議), 차자(箚子), 잡문(雜文), 서독(書牘), 기(記), 서(序), 설, 논, 전(傳), 발문(跋文), 치어(致語), 변(辨), 대(對), 지(志), 원(原), 첩(牒), 의(議), 잡저(雜著), 책제(策題), 상량(上樑文), 제문(祭文), 축문(祝文), 소문(疏文), 도장문(道場文), 재사(齋詞), 청사(靑詞), 애사(哀詞), 뇌문(誄文), 행장(行狀), 비명(碑銘), 묘지(墓誌) 등의 양식이 통용되었다.(최현희)

송학, 한학, 한자문화권

참고문헌
이가원, 『한국한문학사』, 보성문화사, 2005.
이종린, 『한문학개론』, 이회문화출판사, 1998.
김태준, 『정본 한국한문학사』, 심산, 2003.

한시(漢詩)

한시는 일반적으로 중국의 전통적인 시가 문학뿐만 아니라 주변의 한자문화권인 한국 · 일본 등지에서 한문을 사용하여 지은 문학 작품을 말한다. 한대(漢代)의 시를 한시라고도 하지만 이렇게 쓰이는 경우는 드물다. 한시는 대개 자수(字數)와 구수(句數), 압운(押韻), 운자(韻字)의 위치 등에 따라 분류된다. 한시는 매구(每句)의 자수가 5언 · 7언인 경우가 많고, 구수는 4구 · 8구로 나누어지는데 4구는 대부분 절구(絶句)이며 8구는 대부분 율시(律詩)이다.

한시를 시기적으로 구분하는 경우 고체시(古體詩)와 근체시(近體詩)로 나뉜다. 고체시는 당대(唐代)에 근체시가 완성되면서부터 근체시의 상대적인 개념으로 불리게 되었다. 고체시는 일반적으로 초사(楚辭)를 제외한 태고의 가요에서부터 양한(兩漢), 위 · 진 · 남북조의 악부 가행(歌行) 등을 지칭한다. 아울러 근체시 성립 이후에 쓰였으면서 근체시 규격에 부합되지 않는 시를 이르기도 한다. 근체시와 비교해볼 때, 고체시는 격률(格律)이 비교적 자유롭고 대구(對句)나 평측(平仄)에 얽매이지 않았다. 압운도 그 법칙이 엄격하지 않아 일반적으로 한 구를 건너서 압운을 했다. 구법(句法)은 4언부터 7언까지 다양했는데, 5언과 7언의 고체시가 많아 고체시라 하면 대체로 5언 고시와 7언 고시를 말한다. 고체시는 자유로운 표현을 하기 쉽기 때문에 시제(詩題)에 따라 이 체를 선호하기도 한다.

근체시는 고체시와는 다른 새로운 형식의 시로 당대(唐代)에 그 형식이 완성되었다. 근체시는 고체시와 달리 각 시구를 구성하는 격률이나 평측에 제한을 받는다. 근체시는 상 · 거 · 입성을 측성(仄聲)이라 하여 시의 운율상 평성(平聲)과의 상대 관계에서 동일한 성질로 간주하여 사용하였는데, 이 평성자와 측성자의 안배를 평측이라 한다(한자의 음은 동일한 발음에 있어서도 글자에 따라 그 음조가 다르며, 한자가 가지는 운은 결국 고저(高低) · 장단(長短)에 의하여 평

(平)·상(上)·거(去)·입(入)의 4성(聲)으로 나뉜다).

율시(律詩)와 절구(絶句)는 근체시에 속하며 구법은 각각 5언과 7언으로 구별된다. 율시는 시구의 글자 수가 일정하며, 한 작품이 8구로 구성된다. 또한 율시는 두 구씩을 묶어 연을 이루며 따라서 4연으로 이루어진다. 이때 2연과 4연은 반드시 대구로 구성된다. 절구는 4구로 보통 4언과 7언이 있으며 한나라와 위진남북조 시대의 가요에 그 기원을 두고 있다. 절구란 이름은 대략 남조 무렵에 생겨났는데 양진 시대에는 이미 절구를 4언으로 된 단시로 지칭하여 폭넓게 사용하였다. 절구의 압운과 평측은 비교적 자유로운 편이다. 4구가 기승전결로 구성되며, 3·4구는 대구가 되어야 한다. 절구는 체제에 융통성이 있고 다루기가 수월해 생활 속에서 순간적으로 스쳐가는 생각이나 느낌을 표현하기에 적합했다. 이백·왕창경·두목·이상은 등이 특히 절구에 뛰어났다.

우리나라에 한시가 전래된 시기를 정확히 밝히기는 쉽지 않지만, 한시가 기록문학으로 자리 잡게 된 시기는 통일신라와 고려에 들어오면서부터이다. 물론 이전에도 한시가 수용되어 향유되었을 것이라고 추측할 수 있지만, 「황조가(黃鳥歌)」, 「구지가(龜旨歌)」, 「여우중문시(與于仲文詩)」 등의 작품이 구비문학의 형태로 존재하다가 이 시기에 들어서야 한시 형태로 전해지게 된다. 그리고 신라 말·고려 초의 삼가(三家)로 일컬어지는 최치원, 박인범, 박인량은 곱고 아름다운 만당(晩唐)과 육조의 장식미에 영향을 받았다. 고려 초의 귀족적이고 모화적(慕華的)인 한시형태는 고려 중기 이후 주체적 민족의식과 서사적 성격을 지닌 한시로 변하게 된다.

조선 전기의 한시에서는 대체로 사회규범이나 도덕적 가치를 중시하는 효용론적 가치관이 중시되었는데, 서거정과 김종직이 각각 편찬한 『동문선(東文選)』과 『청구풍아(靑丘風雅)』 등에 실린 작품들이 이러한 경향을 보여준다. 조선 후기에 들어 김천택과 김수장과 같은 중인(中人)들이 시집을 편찬하였고, 민족문학을 주장하며 사회 모순을 비판하는 한시들이 등장하게 된다.

이후 우국충정과 항일을 주제로 한 한시들이 등장하는데, 황현의 한시가 대표적이다. 황현의 지사적 절명시의 전통은 한용운, 이육사, 윤동주 등과 같은 현대의 시인들에게 이어진다. 자연과 인간을 분리하지 않는 한시의 전통은 현대시인들에게도 지속적으로 이어져 특히 조지훈, 김종길 등이 이러한 한시의 전통에 기반을 둔 시들을 창작했다.(최동호)

고체시(古體詩), 근체시(近體詩), 압운(押韻), 율시(律詩), 절구(絶句), 평측(平仄), 김종길, 이백, 이상은, 이언적, 조지훈, 최치원

참고문헌
김갑기, 『한국한시 문학사론』, 이화문화출판사, 1998.
유약우, 『중국시학』, 이장우 역, 명문당, 1994.
이병주, 『한국한시의 이해』, 민음사, 1987.
이정일, 『시학사전』, 신원문화사, 1995.
임종욱, 『동양문학비평용어사전』, 범우사, 1997.
한국정신문화연구원 편, 『한국민족문화대백과사전』, 한국정신문화연구원, 1991.
방동미, 『중국인의 생철학』, 정인재 역, 탐구당, 1983.

유약우, 『중국 문학의 이론』, 이장우 역, 범학사, 1978.
윤동재, 『한국현대시와 한시의 상관성』, 지식산업사, 2002.

함축(Implication, Connotation)

논리학에서는 내포(Intension)에 해당한다. 문학에서는 언어가 사전적, 지시적 의미를 넘어 해당 문맥에서 다양하고 창의적인 의미와 분위기를 창조하는 것을 가리킨다. 단어가 주는 다양한 정서적 암시와 연상작용 등도 여기에 포함된다. 함축은 문학언어의 중요한 특성 중 하나이다. 문학에서의 의미는 직선적, 평면적, 외연적(Denotation)이기 보다는 입체적, 고차원적이고 함축적이기 때문이다.

앰프슨(Empson)의 '애매성', '암시'도 언어의 함축성에 근거를 둔 것이며 은유나 생략, 또는 우회적인 표현으로 형상화하는 것도 함축에 포함된다. 중국의 사공도(司空圖)는 함축의 특징을 "한 글자도 덧붙이지 않았지만, 풍류를 다했다."고 설명했다. 하나의 단어를 통해 작가가 드러내고자하는 진의를 충분히 드러냈느냐가 중요한 것이다. 한편 강기(姜夔)는 "이를테면 시구 가운데 필요 없는 글자가 없고, 한 편 가운데 군더더기 말이 없다 해도 최상은 아닌 것이다. 시구 중에 남아도는 맛이 있고, 한 편 가운데 남아도는 뜻이 있어야 최상의 작품이다."고 말하며 함축이 가진 효용성을 강조했다.

이육사 시에서 '청포도'가 가지는 의미도 함축에 들어간다. 청포도는 고향을 떠올리게 해주는 일종의 매개물이며 풍요롭고 아름다운 삶을 연상하게 한다. 청포도는 일제 시대에서 역사적이고도 사회적인 운명을 같이하는 민족공동체에 대한 연대의식의 결정체로 제시된다. 또한 한용운의 '임'의 의미도 부처, 연인, 조국 등으로 해석되며 함축의 전형적인 예로 표현된다.(이훈)

내포, 애매성, 암시

참고문헌
김준오, 『시학』, 삼지원, 1982.
A. N. Whitehead, 『상징작용, 그 의미와 효과』, 정연홍 역, 서광사, 1989.
정기철, 『상징, 은유 그리고 이야기』, 문예출판사, 2002.

합리주의(合理主義, Rationalism)

인간의 이성(ratio)만을 인식의 근원으로 삼는 합리주의는 사유, 오성, 이성을 주관적으로 탐구하려는 주관주의적 방향과, 사물의 질서를 탐구하려는 객관주의적 방향으로 나뉜다. 객관주의적 합리주의가 고대 철학에서 지배적이었다면, 근대적 질서의 태동과 함께 주관주의적 합리주의(데카르트, 스피노자, 라이프니츠, 볼프 등)가 나타난다. 대륙을 중심으로 싹튼 합리주의는 영국의 경험주의와 대립하며, 이후 칸트 철학은 양자의 대립을 극복하고자 했다. 후에 독일 관념론자들은 부분적으로 객관적 합리주의로 되돌아가는 경향을 띠었으며, 19-20세기에 나타난 역사유물론, 실증주의, 실용주의 등은 넓은 의미에서 합리주의적 사유를 계승하고 있다.

17-8세기의 합리주의는 계몽주의와 밀접한 관계를 맺는다. 특히 결코 제한될 수 없는 인식적인 힘으로 인간이 객관적으로 존재하는 사물의 질서, 즉 진리를 발견해내고 동시에 주관적이고도 이성적으로 존재할 수 있다는 믿음이 강해질 경우 합리주의는 낙관적인 성향을 띠게 된다. 합리주의적 사유에서는 풀리지 않는 문제란 있을 수 없으며 단지 잠정적으로 풀리지 않고 있을 뿐이다. 17-8세기의 합리주의를 정치사회적, 역사적 차원에서 읽을 경우 전통적인 권위와 종교적 구속으로부터 개인을 해방시키는 계몽주의를 뜻하며, 18-9세기에는 개인의 자유에 정당성을 부여하려는 자유주의적 사상의 토대가 된다.

합리주의의 핵심적인 개념은 "과학"이다. 이 개념은 17세기에 주도적인 학문 분과였던 수학, 자연과학과 동일한 의미를 지녔다. 따라서 "과학적"이란 개념은 곧 사물과 존재를 수학적, 자연과학적 언어로 서술해 낼 수 있음을 뜻한다. 더욱이 "가치 중립적 과학"이라는 개념도 나타나는데, 그것은 사물과 그에 관한 연구 결과가 윤리적으로 가치가 있는지 아니면 윤리에 어긋나는 것인지, 즉 과학이 행과 불행을 가져오는 것인지에 대한 질문이 더 이상 과학에 중요하지 않음을 뜻한다. 합리주의의 시각에서는 오로지 인간 이성의 절대적인 지배력이 중시될 뿐 형이상학적 사유는 더 이상 통용되지 않는다. 따라서 합리주의의 지배는 곧 형이상학의 몰락을 뜻하기도 한다. 물론 19세기로 접어들면서 합리주의는 낭만주의, 비합리주의(쇼펜하우어, 키에르케고르, 니체 등), 생철학 같은 다양한 흐름의 저항에 부딪히는데, 흥미로운 점은 그러한 반합리주의적 흐름조차도 나름대로 합리주의에 적지 않게 의존해 있다는 것이다.

현대에 들어서 합리주의가 점차 도그마의 성향을 띰으로써 소위 "도그마적 합리주의"로 나타나게 되는데, 이러한 성향에 대해서는 프랑크푸르트가 합리주의의 맹신이라고 비판하였다. 그러나 칼 포퍼(K. Popper), 한스 알버트(H. Albert) 등으로 대변되는 "비판적 합리주의"는 합리주의를 포기하지 않으면서 합리주의에 대한 새로운 정의를 시도하였다. 그들 비판적 합리주의에 의하면, 절대적인 관점에서 "진리적"이라고 규정될 수 있는 문제 해결의 시각이란 존재할 수 없으며, 그 대신 합리적인 사유로서 선입견 없는 진리 추구, 소위 "열린" 문제 해결을 위한 자기 비판적 적극성을 요구하였다. 요컨대, 진리 추구란 현실에 대한 가설과 이론을 확증하는 시도로 간주된다.(최문규)

주관주의적 합리주의, 객관주의적 합리주의, 계몽주의

참고문헌

K. Popper, The Open Society and Its Enemies, 1966.
앙드레 베르제즈, 『새로운 철학강의』, 이정우 역, 인간사랑, 1999.

합의

합리적 커뮤니케이션의 결과 도달할 수 있는 최종 단계로서의 의미를 지니는 '합의'를 랑시에르는 그만의 독특한 의미로 사용한다. 그의 저서 『감성의 분할』 한국어판에는 합의에 대한 용어해설을 다음과 같이 싣고 있다.

"합리적 논쟁을 위한 기반이기에 앞서, 합의는 특유한 감성 체제이고 권리를 공동체의 원리로 가정하는 특수한 방식이다. 보다 명확히 말하면, 합의는 어떤 모집단의 각 부분이, 제 특정의 문제들 모두를 따라서, 정치적 질서 속으로 통합될 수 있고 산출될 수 있는 전제. 불일치를 폐지하고 정치적 주체화에 대해 금지함으로써, 합의는 정치를 치안으로 환원시킨다."

랑시에르가 보기에 합의의 정치는 정치가 아니며 오히려 정치를 치안으로 환원시키는 것이다. 하나의 동일적 공동체를 상정하고 그 안에서의 차이에 따른 분배를 인정하는 것이 바로 합의이기 때문이다. 차이를 주장하는 것은 고유한 자리의 배정을 요구하는 것이라는 점에서 오히려 합의를 유지하는데 기여할 뿐이며, 치안이 아닌 정치가 작동하도록 하기 위해서는 합의를 거부해야 한다. 합의를 거부함으로써 각자에게 분배된 자리와 기능으로부터 벗어나는 '탈정체화'가 일어날 수 있기 때문이다.

따라서 반미학, 비미학과 같은 용어들은 합의와 같은 맥락에 놓인다. 랑시에르의 사유에서 정치와 미학은 불가분의 관계에 있다. 랑시에르가 사용하는 미학이란 용어는 예술에 대한 학문, 아름다움에 대한 학문이 아니라 "감각적 경험을 분배하는 체제"이다. 또 정치란 특정한 감각적 경험에 따라 세계 안에 각자의 자리를 분배받는 과정이기 때문에(공백과 보충에 의해 치안과 구분되긴 하지만) 정치가 치안으로 환원되지 않기 위해서는 감각의 충돌과 이견이 필요하다. 이견을 만들어낼 수 있는 행위가 곧 미학적이고 정치적인 행위가 된다. 랑시에르에게 미학은 "권력이 강제하는 감각의 분할을 거부하는 '아무나'의 감각적 능력이 발현되는 영역"으로서 긍정적인 힘을 가지기 때문에 이를 통해 합의의 정치를 거부하고 새로운 감각을 배분할 수 있게 된다.
(차성연)

참고문헌
자크 랑시에르, 주형일 역, 『미학 안의 불편함』, 인간사랑, 2008.
자크 랑시에르, 양창렬 역, 『정치적인 것의 가장자리에서』, 길, 2008.

항상성(Principle of constancy)

생물체 또는 생물계가 부단히 외적 및 내적인 여러 변화 속에 놓이면서 형태적 상태·생리적 상태를 안정된 범위 내로 유지하여 개체로서의 생존을 유지하는 성질을 말한다. 프로이트는 정신생활 및 신경 생활 전반의 지배적인 경향은 자극 때문에 생긴 내적 긴장을 줄이거나 일정한 상태로 유지하는 것, 혹은 그것을 제거하는 항성성을 띤다고 말한다. 항상성의 원리는 브로이어의 「히스테리아에 대한 연구」(The Studies of Hysteria)에서 처음 등장했다. 프로이트가 자신의 여러 저술에서 거듭 이야기 하고 있는 이 원리는 자극을 가능한 한 제로 상태에 가깝게 유지하는 것이 정신적 기구의 목적이라고 말한다. 「히스테리아에 대한 연구」(Breuer and Freud, 1895)와 "과학적 심리학을 위한 기획"(The Project for a Scientific Psychology, Freud, 1895a)에서 브로이어와 프로이트는 그들의 매우 다른 이론적 관점들에도 불구하고, 인간 행동은 항상성 원리에 의하여 규정 된다고 믿었다. 어떤 특정한 사건과 관련된 감정이 외부환경 때문에 또는 도덕적, 윤리적 가치들과 갈등을 일으키기 때문에 방출되지 못하면, 그 감정과 연결된 사건은 병인이 된다. 쾌락은 자극의 적절한 유지에서 발생하는데 만약 자극이 적정량을 넘어서게 되면 무기물로 돌아가려는 성향이 증가한다.(이훈)

열반원칙, 죽음본능, 마조히즘

참고문헌

프로이트, 『쾌락원칙을 넘어서』, 열린책들, 1997.

_____, 『성욕에 관한 세 편의 에세이』, 열린책들, 1996.

이강훈, 『매저키즘』, 인간사랑, 1996.

항일혁명문학

항일혁명문학이란 항일무장투쟁 시기에 김일성이 직접 짓거나 그의 지도 아래 창작되어 공연되고 불리운 연극대본과 시가 등을 가리킨다. '불후의 고전적 명작'으로 불려진 「피바다」, 「한 자위단원의 운명」, 「꽃파는 처녀」 등의 연극, 「조국광복회 10대 강령가」, 「반일전가」와 같은 가요가 그것이다. 북한에서 항일혁명문학의 존재가 거론되면서 그것의 '발굴'이 시작되는 것은 한국전쟁 이후다. 그리고 주체시대에 들어 김일성의 혁명역사가 본격적으로 씌어지면서 항일혁명문학의 '복원' 역시 정책적으로 도모되었다. 「피바다」가 영화와 가극으로 만들어지고 소설로 또한 씌어진 것은 그 대표적 예다.

항일혁명문학의 발굴과 더불어 그것은 북한문학의 기원이자 역사적 전통으로 간주되었다. 이로써 북한문학은 식민지 시대 카프(KAPF)의 계보로부터 상대적 독립성을 갖는 것이 되었다. 카프가 지식인 중심의 운동이었다면 항일혁명문학은 혁명투쟁의 현장에서 항일유격대와 인민들에 의해 수행된 것이었으니, 이 점은 항일혁명문학의 정통성을 주장하는 근거였다. 혁명의 무기로 씌어진 항일혁명문학은 다른 어느 형태의 문학보다 혁명문학의 원칙과 원리를 참되게 구현한 본보기가 된다는 것이었다. 항일혁명문학은 주체문학의 기원이자 근거로 간주되었다. 예를 들어 「피바다」의 어머니는 일찍이 '혁명적 양심'이 무엇인가를 보여주었고, 무기를 들고 싸우는 길만이 살길이라는 혁명의 진리를 깨닫는 종자(種子)를 예시했다는 것이다. 항일혁명문학의 창작은 김일성의 혁명역사와 유기적 관련을 갖는 것으로 설명되었다. 즉 혁명연극 「안중근 이등박문을 쏘다」는 <타도제국주의동맹>을 결성한 10대 소년 김일성이 개인 테러로서는 민족해방을 이룰 수 없다는 가르침을 주기 위해 창작한 것이고, 무장투쟁의 필연성을 말한 「꽃파는 처녀」는 '카륜회의'의 방침을 관철해야 하는 단계에서 씌어졌다는 것이다. 결과적으로 항일혁명문학은 김일성 영도역사의 일부분으로서 그의 김일성의 혁명사상과 문예미학적 견해를 교시한 정전이 되었다.(신형기)

KAPF, 주체, 종자

참고문헌
리상태 외,『항일무장투쟁 과정에서 창조된 혁명적 문학예술』, 과학원출판사, 1960.
방연승,『위대한 수령 김일성 동지의 문학령도사. 1』, 문예출판사, 1992.

해방신학

해방신학은 주로 라틴아메리카와 제3세계 나라에서 발생한 신학으로서 가난한 자들의 경험과 해방을 위한 투쟁 운동에 대한 신학적 반성으로부터 시작되었다. 그것은 근본적으로 바른 교리가 아니라 바른 실천을 추구한다. 이 실천은 사회역사의 현실 속에서 가난하고 억압받는 자들을 위한 행동을 의미한다. 이러한 실천신학의 관점에서 해방신학이라고 불릴 수 있는 신학의 유형들에는 유럽의 정치신학, 미국의 흑인신학, 한국의 민중신학, 그리고 여성신학 및 해방신학 등이 포함될 수 있다.

1968년 콜롬비아의 메데인에서 열린 라틴아메리카 주교단 총회에서 라틴 아메리카 주교들은 세상과 인간의 구원으로써 해방을 위한 그리스도인들의 노력을 촉구하면서 라틴 아메리카 대륙의 상황을 '제도화된 폭력'과 '구조적 불의'로 규정하였다. 이 '메데인 회의'의 선언이 해방신학의 태동을 알리는 기점이다.

해방신학이란 명칭은 1971년 페루의 신부이며 신학교수인 구스타포 구티에레즈가 쓴『해방신학』(Theology of Liberation)이란 책이 세상에 알려지면서부터 등장하게 되었다. 구티에레즈에 따르면 라틴아메리카의 해방신학은 가난한 자들의 하나님경험, 다시 말하면 자신을 가난한 자들에게 계시하고자하시는 하나님의 선택에 의존하는 경험으로부터 생겨났다. 해방신학과 실천은 가난한 자를 부자로 만들거나 부자를 가난하게 만들거나, 아니면 가난하지도 부하지도 않는 그 중간상태를 만들려고 하는 것이 아니다. 그것은 모든 인간들을 변화시켜서 부자와 가난한 자, 일반인과 경멸받는 자, 인간과 비인간을 분리시키는 구조에 의존하지 않는 인간의 존재방식의 길로 인도하기 위한 것이다.

라틴아메리카 해방신학은 본질적으로 학문적 토론을 위한 학문적 담론이라기보다는 기초 공동체라는 교회적 맥락 안에서 사회 정치적 현실을 향하여 일어난 변혁운동에 대한 반성적 숙고이다. 해방신학은 이론적 교리적 정교화를 통한 정통신학을 추구하는 신학이 아니라 불의한 역사적 현실을 구조적으로 변혁시켜서 가난한 자들이 해방을 가져오기 위한 실천, 즉 정통실천을 강화하기 위한 신학이다.

라틴아메리카 해방신학은 모든 신학은 상황신학이라고 말한다. 신학은 그 신학이 생겨나는 사회적, 문화적, 정치적 상황과의 연관성 안에서 형성되었다. 지식사회학에서 말하는 바에 따르면 모든 지식은 중립적이거나 탈가치적인 것이 아니라 당시의 사회 환경과 조건들을 구현하는 경향을 갖는다. 해방신학자들은 이런 인식론의 입장을 받아들인다. 신학은 언제나 상황적이지 보편적인 것은 아니다. 따라서 유럽과 북아메리카의 신학은 라틴아메리카의 사회적 상황에 그대로 적용될 수 없다.

신학이 본유적으로 사회적, 정치적, 경제적 상황과 연관되어 있다면 라틴아메리카의 신학을 규정하는 상황은 한마디로 가난이라는 말로 표현될 수 있다. 해방신학은 두 가지의 인간론의 기초 위에서 출발한다. 첫째는 인간이 역사적 정치적 현실에 의해 구성된다고 이해된다. 한 인간의 현실은 그가 속해 있는 사회, 경제적인 계급의 위상에 의해서, 그가 소유하고 있는 힘에 의해서 결정된다는 것이다. 둘째는 인간은 그가 속해 있는 역사적 현실을 변혁시키고 개선시켜 나아가야 할 책임적인 주체라는 것이다. 여기서 인간의 구원은 사회 정치적 현실 속에서 "해방"으로 표현된다는 것이다. 해방신학의 이름이 지시하듯이 "해방"은 해방신학의 가장 핵심적인 개념이다. 해방은 단지 사회윤리적인 차원에서의 변화만을 의미하는 것이 아니라 기독교신학과 신앙 자체에 대한 철저하게 새로운 이해와 변혁을 의미하는 것이다.(차선일)

해석(解釋, Interpretation)

해석은 사물을 알기 쉽게 밝히어 푸는 것이다. 해석을 쉽게 하기 위하여 해석의 방법과 규칙을 연구하는 학문을 해석학이라고 한다. 이러한 학문분야는 희랍에서 생기어 프리드리히 슐레겔, 프리드리히 슐라이에르마허 등의 독일 철학자에 의하여 학적 기초가 섰다. 그리고 이를 철학적으로 중요한 학문으로 세운 사람은 빌헬름 딜타이였다. 그는 생명의 표현을 학술적으로 이해하는 것을 해석이라고 하였다. 수학에서는 명제 A가 참임을 증명할 때에 A의 전제조건을 순차적으로 거슬러 올라가서 참인 것으로 이미 알려진 B에 귀착시키는 것을 해석이라고 하나 딜타이는 그러한 증명방법을 설명이라고 하여 해석과 구별하였다. 문학작품을 해석한다는 것은 좁은 의미로 볼 때 글의 뜻을 풀어 이를 알기 쉽게 바꾸어 쓰는(paraphrase) 일을 가리킨다. 넓은 의미의 해석은 작품의 의미 조직을 밝히는 데 국한되지 않고, 작품의 장르, 구성요소, 구조, 주제, 효과 등의 국면에 대한 해명을 포함한다.

우리 앞에 놓여 있는 한 편의 작품을 해석하는 작업은 나누고 합치는 과정이 아니라, 의식에 주어진 사실들을 주어진 그대로 수용하여 기술하는 과정이다. 어떤 하나의 직품을 원상(原像)으로 삼고 그것에 대하여 자유롭게 상상함으로써 여러 개의 모상(模像)을 만들어 본다. 즉 한 작품의 의미를 S라 하고 S1, S2 S3 … Sn의 임의적인 의의를 설정해 본다. 다양한 모상들이 서로 겹치는 영역에 주의하여 일반적인 구조를 포착한다. 즉 여러 개의 모상들이 종합되고 통일되어 형성되는 구조를 의미라고 보자는 것이다. 작품의 해석이란 그 작품에 관하여 우리의 의식 속에 주어진 사실들을 재료로 삼아, 그 작품을 누구나 납득할 만한 의미체로 형성하는 활동이라고 할 수 있다. 시대와 사회의 문화적 배경에 따르는 개개 독자의 반응인 의의(意義 significance)를 넘어서 작가가 의도한 의미에 최대한으로 접근해야 한다는 입장이 있고 객관적인 의미를 중시하면서도 작품의 구조보다 작가의 의도를 더 중시하는 태도를 의도의 오류로 규정하는 입장이 있다. 한스 게오르크 가다머는 해석은 자율적인 객체인 텍스트를 분석하거나 분해하려고 하는 개별 주체의 문제가 아니고 텍스트와 독자가 나와 너로 만나 질문을 주고받는 지평융합의 문제라고 하였다. 독자가 하나의 '나'로서 하나의 '너'인 텍스트에게 말을 걸고 질문을 하는 개방적 수용능력이 해석의 근거라는 것이다. 해석은 기대하고 기대했던 것을 수정하는 길고 구부러진 길이다. 작은 세모들과 작은 네모들로 이루어진 커다란 동그라미를 예로 설명해보자. 가까이서 보면 세모와 네모밖에 나타나지 않으나 멀리서 보면 동그라미의 형태가 나타나고, 세모와 네모는 전체의 형태를 이루는 과정의 역할에 그칠 것이다. 세모와 네모를 하나하나 보면서 전체의 모습을 머리 속에 그림 그려보는 것이 선이해라면 커다란 동그라미를 보게 되어 전체의 모습을 머리 속에 그려본 상태를 이해라고 할 수 있다. 해석은 선이해에서 출발하여 이해에 도달하는 과정이다. 편견과 직관을 선이해로 인정하므로 해석은 편견과 직관에 그치지 않으나 편견과 직관을 배제하지도 않는다.(김인환)

현상학, 폴 리쾨르의 텍스트학, 독자반응비형

참고문헌
리차드 E. 팔머, 『해석학이란 무엇인가』, 문예출판사, 1990.
한스 게오르그 가다머, 『진리와 방법』, 문학동네, 2000.
빌헬름 딜타미, 『체험, 표현, 이해』, 책세산, 2002.

해석공동체(解釋共同體, Interpretative community)

해석공동체는 스탠리 피쉬(Stanley Fish)의 저서 『이 클래스에 텍스트가 있는가?』에 나온 개념이다. 피쉬의 원어는 interpretive community이지만 영국 비평가들은 그들의 습관에 맞춰 interpretative community라는 용어를 사용한다. 이 개념은 하나의 텍스트가 의미를 가지는 것은 그 텍스트 자체에 의해서만은 가능하지 않다는 전제에서 나온다. 즉 피쉬가 보기에 텍스트의 의미는 그것을 쓰고 읽는 공동체가 가지는 의미 체계가 확립되어 있어야 발생할 수 있는 것이다. 이러한 피쉬의 논리는 다음과 같은 문장에 잘 드러난다.

"의미를 생산하고 형식적 특징을 발생시키는 것은 독자 혹은 텍스트라기보다 해석공동체이다. 해석공동체는 해석 전략을 공유하는 사람들로 구성되는데 그들은 텍스트를 읽기 위해서가 아니라 텍스트를 쓰고 텍스트의 속성을 구성하려고 한다. 바꿔 말하면, 이러한 전략들은 독서 행위에 앞서 존재하며 따라서 우리가 읽는 것의 형태를 규정한다. 보통 우리가 당연한 것으로 가정하는 것처럼, 그 역방향, 즉 독사 행위가 해석의 전략을 규정하는 것이 아니다."

이러한 논의를 통해서 피쉬는 문학 텍스트를 바라보는 데 있어 엄밀히 구분되는 네 영역, 저자, 텍스트, 독자, 세계 혹은 사회 사이의 구분을 모호하게 만든다. 피쉬의 해석공동체라는 개념을 전제한 관점에서 보면 텍스트의 외부와 내부의 경계는 허물어진다. 또한 텍스트의 생산과 해석이라는 과정 역시 구분될 수 없이 섞여 버린다. 이런 관점에 서면 하나의 텍스트에 대한 일관성 있는 보편적인 유일한 해석법이란 존재할 수 없게 된다.(최현희)

텍스트, 해석, 작가

참고문헌
Fish, S., Is There a Text in This Class?; The Authority of Interpretive Communities, Cambridge: Harvard University Press, 1980.
조너던 컬러, 『해체비평』, 이만식 역, 현대미학사, 1998.
크리스토퍼 노리스, 『해체 비평』, 이기우 역, 한국문학사, 1996.

해석적 오류

해석적 오류는 논리적 형식의 잘못에 기안한 것들로, 논리적 오류라고도 한다. 오류는 보기에는 그럴듯하지만 논리적으로 타당하지 못한 경우로 정의된다. '거짓말'이 남을 속이려고 일부러 하는 속임수라면 오류는 그것이 옳다고 믿는 틀린 판단을 가리킨다. 해석적 오류는 타당한 논증형식과 부당한 논증형식으로 분류된다. 타당한 논증형식은 형식은 타당하나, 전제가 부당하기 때문에 나타나는 오류이고, 부당한 논증형식은 논리형식 자체가 부당한 것이다.

1)타당한 논증형식 ①선결문제요구의 오류: 결론에서 주장하고자 하는 바를 전제로 제시하는 오류이다. 없는 전제로부터 결론을 도출하려는 시도라고 볼 수 있다. 결론을 뒷받침하기 위한 전제로서 결론을 제시한 경우이다. '낙엽은 왜 떨어지지? 그건 아래로 떨어지려는 성질을 가지고 있기 때문이야' 등이 그 예이다. ②자가당착의 오류: 논증이 모순을 내포하고 있는 오류이다. 만일 전제들이 모순을 내포하고 있으면, 모순된 전제들로부터는 어떤 결론이라도 도출되기 때문에, 그러한 전제들에 근거하여 어떤 특정한 결론을 주장할 의미가 없어진다.

2)부당한 논증형식 ①전건부정의 오류: 이 오류는 조건문 '만일 p이면 q이다'의 전건을 부정하여, 후건을 부정한 것을 결론으로 도출해 낸다. '우리의 의지가 나약해지면 저 산꼭대기에 오르지 못할 꺼야. 그러나 우리는 오를 꺼야. 그러니까 우리의 의지가 나약해지는 일은 없겠지' 등이 그 예이다.(이훈)

오류추리, 기만, 전제

참고문헌
어빙 코피, 『논리학 입문』, 이론과 실천, 1988.
탁석산, 『오류를 알면 논리가 보인다』, 책세상, 2001.

해석학(解釋學, Hermeneutics, 독 Hermeneutik)

이 개념은 문학적 또는 문헌학적 해석이론을 지칭할 뿐 아니라, 철학적 해석이론 일반을 지칭하기도 한다. 전통적으로 문학적 해석학은 주로 법률해석(법률적 해석학) 및 인문주의 경전(經典)해석(문헌학적 해석학), 철학서 또는 성서해석(철학적 해석학 또는 종교적 해석학)에 치중하지만, 기타 전래된 다른 예술형식들도 다룬다.

중세에 강한 영향을 미친 교부신학자 오리기네스(Origines)와 아우구스티누스(Augus tinus von Hippo)는 최초로 해석방법의 이론화를 시도했는데, 이들은 성서를 자구대로 해석한 것이 아니라 우의적으로 해석했다. 그러나 종교개혁과 더불어 자구에 따른 성서해석이 강조됨으로써 우의적 해석은 배척되었다. 이러한 경향에 결정적인 영향을 미친 사람은 마르틴 루터(Martin Luther)인데, 그의 '문자원칙'에 의하면, 성서는 자신을 스스로 해석한다는 것이다.

근대 초기에는 텍스트의 원래의미를 찾기 위한 목적으로 실용적 해석이 강세를 이루었다면, 18, 19세기의 낭만주의적 해석학—예컨대 헤르더(J.G Herder)나 슐레겔(F.v. Schlegel)의 글—에서는 텍스트의 일반화가 시작되었다. 다시 말해 이 시기에 성서의 역사화가 시작되었는가 하면, 세속문학에 대한 해석학의 관심도 집중되었다.

슐라이에르마허(F.D.E. Schleiermacher)는 해석학의 발전에 크게 기여한 낭만주의 철학자이다. 그는 제일 처음으로 텍스트 연구의 순수 방법론과 이해의 이론을 구분하여, 전자는 '문법적' 해석학이라 부르고 후자는 '심리적' 해석학이라고 불렀다. 그에 의하면 이해란 "원래의 생산품을 재생산하는 것"을 의미한다.

18, 19세기의 독일철학을 대표하는 딜타이(W. Dilthey)는 정신과학 이론의 토대를 세웠다. 그는 정신과학의 대상과 방법은 자연과학의 그것과 다르다는 사실을 증명하고자 했다. 그에 의하면 자연과학은 '설명'에 의존하는데 반해, 정신과학, 즉 인문학은 '이해'를 바탕으로 하는 학문이기 때문에 자연과학과 정신과학은 엄격하게 구분되어야한다는 것이다. 슐라이에르마허의 입장을 이론적으로 계승한 그는 이해가 인간의 역사성과 밀접한 연관을 맺고 있음을 밝혀냈다.

하이데거(M. Heidegger)는 그의 주저『존재와 시간 Sein und Zeit』(1927)에서 해석학적 철학의 토대를 구축했다. 그는 이해를 '세계-내-존재(In-der-Welt-Sein)'의 방식으로 증명했다. 다시 말해 인식과 존재를 일상적인 현존재로부터 이해하려고 한 것이다.

가다머(H.-G. Gadamer)는 그의 주저『진리와 방법 Wahrheit und Methode』(1960)에서 철학적 해석학의 원리를 개진했다. 낭만주의 해석학에서 이해는 아직 "원래의 생산품의 재생산"이었던데 반해, 하이데거의 영향을 받은 가다머는 이해를 텍스트와 독자간의 '지평의 융합'으로 특징짓는다. 지평의 융합은 텍스트와 독자간의 끊임없는 대화과정에서 작용하는 이해를 통해 이루어진다. 때문에 이해의 지평은 고정된 것이 아니라 계속적으로 변화한다. 동일한 작품이라도 읽는 사람에 따라 그리고 읽을 때마다 매번 달리 이해되고 해석되는 이유도 바로 여기에 있다. 이를 두고 가다머는 "우리가 이해한다고 할 때, 우리는 항상 달리 이해하는 것이다"라고 말한다.(임호일)

현상학, 이해, 지평, 분석철학, 해석학적 순환

참고문헌

E. Betti, Die Hermeneutik als allgemeine Methodik der Geisteswissenschaft, Tübingen 1962.

M. Riedel, Verstehen oder Erklären? Zur Theorie und Geschichte der hermen -eutischen Wissenschaften, Stuttgart 1978.

Hans-Georg Gadamer, Wahrheit und Methode. Grundzüge einer philosophischen Hermeneutik, Tübingen 1986.

Metzlerlexikon. Literatur- und Kulturtheorie(Hrsg. v. A. Nünning), Stuttgart 1998.

해석학적 순환(解釋學的 循環, Hermeneutics circle, 독 Hermeneutischer Zirkel)

이해과정을 파악하기 위한 장치로서, 전체와 부분의 상호관계를 의미한다. 가령 어떤 작품을 이해했다는 것은, 독자가 개별 텍스트를 읽을 때 이미 텍스트 전체에 대한 표상을 가지고 있었다는 것을 의미한다. 이렇듯 전체가 부분을 이해하는데 영향을 미치는가 하면, 동시에 거꾸로 부분은 전체의 의미를 선취하는데 영향을 미친다. 마르틴 루터(Martin Luther)에 의하면 성서는 자신을 스스로 해석한다. 다시 말해 개별 텍스트를 이해하기 위해 독자는 더 이상 교회의 교조적인 전통을 필요로 하지 않으며, 다만 성서의 전체의미에 방향을 맞추면 된다는 것이다. 이러한 신교적 해석학은 19세기 초에 슐라이에르마허(F. Schleiermacher)에 의해 계승된다.

가다머는 『진리와 방법 Wahrheit und Methode』(1960)에서 해석학적 순환 원리를 이용하여 이해 현상을 설명한다. 그는 인식주체(독자)와 인식된 객체(텍스트)간에 오가는 대화의 분석을 통해 부분과 전체간의 순환운동을 파악한다. 이 대화에서 양자간의 질의-응답과정을 통해 인식주체, 즉 독자의 편견(Vorurteil)은 변화된다. 뿐만 아니라 이 과정에서 텍스트도 변화되고, 그리하여 양자가 서로 영향을 미치고, 이 과정이 다시금 해석학적 순환 원리에 따라 진행되기 때문에 올바르고 최종적인 텍스트 해석은 존재할 수 없게 된다. 따라서 이 순환구조가 분명하게 보여주듯이 이해는 결코 끝을 향한 순차적인 과정이 아니라 끊임없이 지속되는 과정이다. 가다머에 의하면 우리는 과거를 오로지 현재로부터 이해할 수 있으며, 반대로 현재는 오로지 과거로부터 파악될 수 있다. 이로써 그는 해석학적 순환의 역사화에 기여했다.(임호일)

해석학, 전체와 부분, 이해

참고문헌

K. Stierle, Für eine Öffnung des hermeneutischen Zirkels. In: Poetica 17(1985).

J. Grondin, Einführung in die philosophische Hermeneutik, Darmstadt 1991.

Metzlerlexikon. Literatur- und Kulturtheorie(Hrsg. v. A. Nünning), Stuttgart 1998.

해체(Deconstruction)

데리다의 기획(project)으로 근대철학의 합리주의, 이성 중심주의를 근본적으로 재구성하기 위한 근대-이후 철학의 큰 흐름을 말한다. 데리다는 음성중심주의로 진행되어온 구조주의 언어학을 비판하면서 <차이difference>로부터 <차연differance>이라는 신조어를 만들어낸다. 이는 프랑스어에서 두 단어가 음성적으로는 동음이의어라는 사실에 착안한 것으로 <음성중심주의>를 <활자중심주의>로 이행시키려는 의도를 보여준다.

이에 의하면 하나의 기표에 하나의 기의가 자의적으로 연결된다는 소쉬르의 구조주의 언어학은 해체되어야 한다. 오히려 기표는 기의로 간주될 뿐인 또 다른 기표를 향해 끊임없이 미끄러짐으로써 자신의 의미를 지연시킨다. 계속적인 기표-연쇄에 의해서 하나의 기표는 언제나 궁극적으로 자기 자신을 지시한다.

데리다는 이러한 방법론을 토대로 하여 플라톤, 데카르트, 칸트, 헤겔 등 서구 합리주의의 대표적 철학가들을 차례로 '해체'한다. 데리다에 의하면 '해체'는 그 자체로는 완결되지 않는 글쓰기 방식으로 끊임없이 반복되는 '해체'에 의해서만 스스로의 의미를 생산할 수 있다.

차이의 체계 속에서 하나의 고정된 의미란 존재하지 않는다. <기의>는 '기의로써 간주된 또 하나의 기표'일뿐 '하나의 유일한 의미'일 수 없다. 그러나 기표는 일시적인 <주체의 고정점>을 통해서 특권화된 기표(기의)를 발생시키는데 이를 가능케 하는 주체가 바로 중심부 상류계급의 백인-남성 주체이다. <해체>는 이러한 차별적이고 폭력적인 '백색신화'를 '해체'하기 위한 기획으로, 포스트모더니즘 및 후기 구조주의는 물론이고 프랑스 중심의 철학적·이론적 페미니즘과 일련의 탈식민주의 전략에 많은 영향을 끼쳤다.(노희준)

해체/해체론(解體/解體論, Deconstruction)

하이데거(Martin Heidegger)의 해체 개념과 관련해서 데리다(Jacques Derrida)에 의해 1960년대부터 주도된 문학비평의 유파나 그 운동을 가리킨다. 해체론은 무엇보다 텍스트가 지니는 기존의 개념적 위계질서의 내적 모순성을 폭로한다. 말하기와 글쓰기, 존재와 부재의 이항대립 항에서 기존의 철학 사상들이 말하기와 존재의 철학이었음을 비판한다. 그러므로 해체는 이러한 이항대립을 원상태로 돌리거나 중심과 현존, 말하기의 의존관계를 통해 기존철학이 '초월적 기의'의 지렛대로 모든 것을 서열화 시켰음을 보여준다.

데리다는 소쉬르(Ferdinand de Saussure) 언어학의 이분법적 한계를 비판한다. 소쉬르는 언어를 랑그(langue)와 빠롤(parole)로 구분하고 언어학에서는 빠롤보다는 언어의 의미를 생성시키는 심층구조인 랑그를 연구해야 한다고 주장하였다. 이에 대해 데리다는 소쉬르의 랑그는 보편문법체계로 의미의 중심을 자처하는 형이상학에 불과하다고 비판한다. 소쉬르의 언어관에서 하나의 기표는 하나의 기의에 대응한다. 즉 하나의 단어는 그 단어가 표상하고 있는 실체를 꼭 가지고 있다. 그러나 데리다는 여기에 반대의견을 편다. 우리가 하나의 기표를 알기 위해 사전을 찾으면 그 기표의 의미는 모두 다른 기표들과의 차이로만 표시되어 있는 것이다. 기표들의 차이에 의해 의미가 발생한다는 점은 소쉬르도 지적했지만 데리다는 그 관계 자체가 안정적이지 못한 채 유동적이라고 보았으며, 또한 사전 찾기의 경우에서처럼 의미는 공간적으로 뿐만 아니라 시간적으로도 지연된다.

데리다는 이를 '차연(差延, differance)'이라고 명명했다. 따라서 데리다에게 오면 기표는 단순히 기의를 외적으로 드러내는 도구가 아니라 자율성을 지닌 존재가 된다. 해체론은 미국으로 건너가 폴 드 망(Paul de Man)이나 힐리스 밀러(Hillis Miller)와 같은 예일 학파에 의해 받아들여진다. 그들은 해체론을 신비평의 발전태로 이해한다.(이훈)

산종, 차연, 상호텍스트성, 말 중심주의

참고문헌
김형효, 『데리다의 해체철학』, 민음사, 1993.
조나던 컬러, 『해체 비평』, 이만식 역, 현대미학사, 1998.

해탈(解脫, 범 Vimukti, Vimoka)

결박이나 장애로부터 벗어난 해방, 자유 등을 의미하는 말. 원래 인도 바라문교에서 사용하던 말이었는데 후에 불교에 도입되었다. 불교에서의 해탈은 수행을 통해 도달하는 궁극적인 경지로, 업과 윤회를 벗어난 상태를 일컫는다. 업(業)은 인간의 행위를 의미하는 것으로, 여기에는 인과(因果)의 법칙이 절대적으로 적용되어 선업(善業)인지 악업(惡業)인지에 따라 낙과(樂果)와 고과(苦果)가 따른다. 즉 자신이 지은 업에 따라 다른 생을 살아가게 되는 것이다. 윤회(輪廻)는 마치 수레바퀴가 굴러서 끝이 없는 것과 같이 인간이 번뇌와 업에 따라 생사(生死)의 세계를 거듭하며 그치지 않는 것을 말한다. 해탈은 이러한 인간의 상태에서 벗어나 열반(涅槃)의 상태에 이르는 것이다. 열반(nirvana)은 원래 '불어끈다'는 뜻을 가진 말로, 불교에서는 탐(貪), 진(眞), 치(痴)의 세 가지 독심(毒心)을 끊고 고요해진 평정의 경지를 뜻하는데, 깨달음을 얻어 해탈한 마음은 번뇌의 불꽃이 모두 사그라진 재와 같아서, 기쁨과 즐거움으로 가득하게 된다고 본다.

불교에서 해탈은 신에게서 오는 것이 아니라 지혜, 즉 반야(般若)를 증득(證得)함으로써 스스로 이루는 것이다. 불교의 수행법 가운데 사제설에 의하면 무명(無明)을 멸하면 생사의 괴로움으로부터 해탈한다고 한다. 무명은 인간의 번뇌를 생성하는 원인으로 이는 곧 무지(無知)를 뜻한다. 불교에서는 이러한 열반에 이르기 위한 방법으로 삼십칠조도품(三十七助道品)을 제시한다. 도품은 실천하는 방법의 종류를 뜻하고, 삼십칠은 사념처(四念處), 사정근(四正勤), 사여의족(四如意足), 오근(五根), 오력(五力), 칠각지(七覺支), 팔정도(八正道) 등의 일곱가지 수행 방법을 합친 것이다. 이러한 수행에 의해 번뇌의 속박을 떠나 삼계(三界:俗界, 色界, 無色界)를 탈각(脫却)하여 무애자재(無碍自在)의 깨달음을 얻는 것이 수행의 목표이며 이것이 곧 해탈의 경지이다.(추선진)

열반, 반야, 수행, 업, 윤회

참고문헌
고익건, 『불교의 체계적 이해』, 새터, 1994.
이재창, 『불교 경전의 이해』, 경학사, 1998.

해피엔드(Happy-end)

행복한 결말이라는 뜻. 서사문학에서 서사를 이끌어가는 인물들이 온갖 고난을 헤쳐 나가서 결국엔 행복하게 되는 경우에 해당한다. 이러한 해피엔드는 독자의 심리에 부응하기 위한 결과물인데, 선악에 대한 보상심리를 충족시켜주기 위한 것이다. 그리고 이는 독자에게 권선징악의 교훈을 주기 위한 것이기도 하다. 해피엔드는 고전 작품들에서 흔히 볼 수 있는데 이것은 고전 문학이 문학의 여러 가지 효용 중에서 교훈성을 강조했기 때문이다. 그러나 19세기 이후 현실의 반영과 이를 통한 대안의 모색을 강조하는 리얼리즘이 등장하면서 이러한 양식은 문학 속에서 점점 사라지게 된다. 한국 문학에서도 김동인, 전영택, 염상섭 등에 이르면 이러한 해피엔드를 배제하고 있는 것을 볼 수 있다.

이후 해피엔드는 주로 멜로드라마(Melodrama)에서 찾을 수 있다. 이 양식은 원래 음악(melos)과 드라마(drama)가 통합된 것으로 출발한다. 루소(J.J.Rousseau)가 「피그말리온(Pygmalion)」에서 말 사이에 음악을 넣은 것에서 시작된다. 프랑스 혁명의 좌절 이후, 오락성이 강해진 이 양식은 민중의 욕구를 대리만족시키며 인기를 얻게 된다. 사랑과 불행, 선한 자의 승리가 이 양식의 정해진 구성방식이며, 악한, 불행한 미녀, 익살꾼이 고정적인 구성인물이다.

멜로드라마는 이후 음악적 요소를 배제하면서 통속극, 격정극의 형태로 자리를 잡는다. 그리고 선정주의와 감상주의, 확연한 선악의 구분과 대립, 선의 승리를 통한 행복한 결말을 그 특징으로 한다. 이러한 구성은 현실의 반영보다는 관중들의 기대심리에 그대로 부응하는 것으로 대중적인 인기를 얻기 위한 것이다. 이러한 멜로드라마의 형식은 통속소설뿐만 아니라 영화와 TV 드라마와도 깊은 연관을 맺고 있다. 이는 대중이 즐기는 양식이기에 어떤 교훈이나 목적을 주지시키는 효과를 얻을 수도 있다.(추선진)

통속소설, 통속극, 멜로드라마

참고문헌
윤석진, 『한국 멜로드라마의 근대적 상상력』, 푸른사상, 2004.
유민영 외 편, 『한국 연극학의 위상』, 태학사, 2002.

해학(諧謔, Humour)

해학은 한국의 유머라 할 수 있다. 유머는 중세에는 생리학 용어로서 개개인의 기질과 관계되는 네 가지의 체액을 뜻하였다. 이 단어가 '우습고 재밌는 것'이라는 뜻을 가지게 된 것은 18

세기 이후부터이다. 원 뜻에서도 짐작할 수 있듯이 유머는 사람의 기질에 관련된 것이다. 이것은 언어 뿐 아니라 태도, 동작, 표정, 말씨 등에 광범위하게 나타나는 것으로 이러한 점에서는 언어적 표현에 의해 웃음을 유발하게 하는 위트(wit)와는 구별된다. 또한 풍자나 조롱과는 달리 선의의 웃음을 유발하는 것으로 인간에 대한 동정과 이해, 긍정적 시선을 전제로 한다. 유머는 유희본능과 관계하는 것으로 현실적인 위험이나 손해 없이 청중의 습관적 기대를 깨버릴 때 성립된다. 캐럴(L.Carroll)의 『이상한 나라의 앨리스 Alice's Adventures in Wonderland』(1865)는 이러한 유머와 환상이 만나 만들어낸 작품이다.

우리나라 문학의 경우에는 고전문학에서부터 이러한 해학을 쉽게 찾아볼 수 있다. 특히 서민층이 향유하고 있던 구비문학에서부터 판소리나 전통극문학 등에서 두루 나타나고 있다. 이 때의 해학은 권위나 고압적인 분위기, 세속적인 가치관들을 희극적인 상황 유발을 통해 부정해보는 것으로, 억압에서 벗어나고자하는 서민들의 욕망이 담겨져 있다. 현대문학에 들어와서는 김유정의 작품이 대표적이다. 김유정은 고전문학 속에 나타나는 해학성을 계승하면서 1930년대 서민들의 현실을 형상화함으로써 웃음으로 비참한 현실에 대응할 수 있는 힘을 얻고자 한다. 「봄봄」은 장인과 데릴사위 사이의 희극적 갈등을 나타내고 있는 작품으로 이를 통해 김유정은 일제와 지주들에게 이중적인 억압을 받고 있는 서민들의 고통을 보여주고 있다. 「동백꽃」, 「만무방」 등 그의 대표적인 작품은 대부분 이러한 해학이 잘 나타나 있다.(추선진)

유머, 위트, 풍자, 조롱

참고문헌
한국문화교류연구회편, 『해학과 우리』, 시공사, 1998.
박세현, 『김유정의 소설세계』, 국학자료원, 1998.

핵사건(Kernels)/위성사건(Satellites)

소설의 사건들은 모두가 동일한 위상을 지니고 있지 않다. 즉, 이야기 전개에서 중요한 역할을 담당하는 사건들과 그렇지 못한 사건들이 존재하는 것이다. 채트먼은 사건들 사이의 이런 중요도의 차이에 따라서 중요한 사건들을 핵사건 혹은 중핵사건(kernels)이라 부르고 그렇지 못한 부차적인 사건들은 위성사건(satellites)이라 부른다. 바르뜨와 같은 프랑스 구조주의자들의 용어로는 핵(noyau)과 위성(catalyse)이다.

채트먼의 설명에 의하면 중핵이란 "사건들에 의해 취해진 방향에서 중요한 문제들을 야기시키는 서사적인 순간들"로 설명된다. 즉, 여러 선택의 가능성 중에서 이야기의 전개방향을 결정짓는 분기점 내지는 분수령을 이루는 사건들이 중핵사건인 것이다. 반면에 위성사건은 플롯의 진행과는 무관하게 존재하는 사소한 사건들을 말한다. 중핵사건이 빠지면 플롯 자체에 문제가 생기지만, 위성사건은 생략되어도 무방한 그런 사건들을 말한다. 따라서 중핵사건들은 위성사건과 무관하게 존재할 수 있지만, 위성사건들은 중핵사건이 없이는 존재할 수 없다. 이 두 사건의 관계는 이야기의 뼈대와 거기에 풍부한 디테일로 살을 붙이는 것에 비유할 수 있다. 예를 들어 연애소설에서 두 남녀 인물의 만남을 그릴 경우 만남의 장면은 이야기의 전개에 있어서 없어서는 안 될 중핵적 사건이지만, 그들이 어떤 교통편을 이용하는지, 그리고 만남의 장소를 어디로 잡을 것인지와 같은 것은 인물들의 선택의 영역으로서 만남이라고 하는 중요한 사건을 뒷받침하는 부차적인 사건인 것이다.

러시아 형식주의자인 토마셰프스키는 이러한 두 종류의 사건을 연결 모티프(svjaz -annye motivy)와 자유모티프(svobodnye motivy)라는 말로 바꾸어 사용하고 있는데, 연결 모티프란 사건들의 인과관계를 파괴하지 않고서는 빼놓을 수 없는 것이며, 자유 모티프는 서술의 관계를 깨뜨리지 않으면서 생략될 수 있는 것을 말한다. 동시에 그는 이 용어들과 함께 상황을 변화시키는 동적 모티프, 그리고 상황을 변화시키지 않는 정적 모티프 등의 용어도 함께 사용하고 있는데, 동적 모티프가 스토리 전개의 중심 모티프를 의미하고, 정적 모티프는 자연묘사나 상황묘사, 인물의 성격묘사와 같은 것을 의미한다는 점에서 이 구분도 결국은 중핵사건/위성사건과 일맥상통함을 알 수 있다.(김경수)

핵사건, 위성사건, 도입모티프

참고문헌
시모어 채트먼, 『영화와 소설의 서사구조』, 김경수 역, 민음사, 1999.
야콥슨 외, 『러시아 현대비평이론』, 조주관 역, 민음사, 1993.

행동(行動, Proairesis)

행동의 원어는 proairesis이며 행위(行爲)로 옮기기도 한다. 행동은 서사가 전개되는 가운데 어떤 지점에서 인물이 직면하게 되는 선택을 가리킨다. 인물이 서사에서 할 수 있는 선택의 가지 수는 실상 무한하다. 그러나 인물은 그렇게 할 수밖에 없는 것처럼 보이는 행동을 선택한다. 이를 설명하기 위해 롤랑 바르뜨는 "행동 코드(proairetic code)"라는 용어를 제시한 바 있다. 인물이 수행한 일련의 행위들은 몇 개의 단위로 쪼개질 수 있으며 독자는 이 단위들을 각각 묶어서 다른 장면(sequence)들과 구분할 수 있게 된다.

마이클 리파테르(Michael Riffaterre)는 이러한 장면들은 "장르, 인물의 성격 등에 의해서 구성되는 문맥, 텔로스, 독자의 기대"에 의해서 한정된다고 말한다. 셰익스피어의 『오셀로』에서 오셀로가 이아고의 충고를 듣고 그대로 행동할 뿐만 아니라 끝내는 데스데모나를 살해하는 데까지 이른다. 이때 오셀로는 행동 코드에 맞추어 행동한 것이다. 즉 그는 여러 가지 행위의 가능성 중에서 하나를 택해서 행동한 것이지만, 그의 행동은 결국에는 『오셀로』라는 작품과 그의 성격이라는 조건에 맞춰서 이뤄진 것으로 볼 수 있는 것이다.

바르뜨와 리파테르가 구사하는 행동 개념은 문학 작품 속에서 인물의 선택이 무한한 가능성 속에서 단독적으로 발생한 것이 아니라는 점을 보여준다. 작중 인물 역시 작품, 작가, 독자 등이 형성하는 문맥 속에서 행동한다는 것이다. 이러한 점에서 행동 개념은 문학 작품을 독립적인 유기체로 보지 않고 작가와 독자가 서로 메시지를 주고받는 과정, 즉 코드화(encode)와 코드 해독(decode)의 과정으로 보는 시각에서 나온 것이다. 문학을 코드 현상으로 바라보는 것은 기호학과 구조 언어학의 영향력 하에서 펼쳐진 비평 이론의 근간을 이루는 이념이라고 할 수 있다.(최현희)

코드, 행동 코드, 코드화, 코드 해독, 기호학

참고문헌

Barthes, R., S/Z, trans. R. Miller, New York: Hill and Wang, 1974.

Riffaterre, M., Fictional Truth, Baltimore: Johns Hopkins University Press, 1990.

Childers, J. & G. Hentzi ed., The Columbia Dictionary of Modern Literary and Cultural Criticism, New York: Columbia University Press, 1995.

행동주의(Behaviorism)

행동주의는 심리학과 문학 두 측면에서 볼 수 있다. 심리학에서는 와트슨(J.j. Watson)에 의해 제창된 심리학의 한 주의를 의미한다. 그는 종래의 의식 심리학(意識 心理學)에 반대하여 심리학이 과학이 되기 위해서는 내성 방법을 버리고 객관적으로 관찰되는 행동을 오로지 그 대상으로 삼아야 한다고 강조했다. 이러한 주의는 동물의 조건 반응에 의해 파블로프(Pavlov, Ivan Petrovich)의 조건 반사(條件反射) 연구를 나오게 했다. 또한 사회 정세와 관계된 심리학에 있어서의 행동주의를 와트슨은 의식 없는 심리학이라 말했다. 이는 의식구조와의 반대, 내성적 방법 거부, 모든 행동을 자극만의 함수로 파악, 파블로프의 조건반사원리의 심리학적 적용, 극단적인 환경론적 입장을 특징으로 하고 있다.

문학에서의 행동주의는 제1차 세계대전 후 프랑스에서 나타난 문학운동을 말한다. 인간성의 행동적 인식을 목적으로 하며 문학적 불안을 사회적 행동에 의하여 해결하려고 하는 주의이다. 1929년 전 세계에 걸친 경제 대공황, 1993년 히틀러(Hitler, Adolf)의 나치 정권의 탄생과 1934년 파리 폭동 등으로 이어진 좌우 정치 세력의 충돌로 조성된 사회의 위기의식과, 여기서 비롯된 사회적 불안과 자본주의 경제 침체가 극심해지자 당시 유럽의 지식인들이 그들 자신을 속박하고 있는 사회의 위기의식으로부터 벗어나기 위해 시도되었다. 작가 자신이 어떤 사회운동을 시도하기도 했다. 앙드레 말로(andre malraux 1901~1976), 생 떽쥐베리(Antoine de Saint-Exupery 1900~1955) 등이 그 대표자로서, 말로는 「왕도(王道)」, 「인간조건」 등에서 행동을 실험하고 생 떽쥐베리는 「야간비행」, 「인간의 대지」 등에서 위험을 무릅쓰고 행동하는 인간의 아름다움과 고귀함을 묘사하여 독특한 휴머니즘의 경지에 이르렀다. 헤밍웨이(Ernest

Hemingway 1899~1961)는 「무기여 잘 있거라」, 「노인과 바다」등에서 스페인 내란의 역사적 현실과 광막한 바다에서 영웅적인 인간의 행동을 묘사하여 허무로부터 탈피하고자 했다. 이 경우 행동은 평범한 일상 행동이 아니라 살인, 테러, 혁명 등 극렬한 행동을 보여주기도 한다. 이러한 행동에 도취되고 또 숭엄한 느낌마저 갖게 하는 특색을 보여준다.(강웅식)

행동주의 문학, 행동주의 심리학

참고문헌
한국학연구원, 『국어국문학사전』, 대제각, 1989.
이응백·김선풍 외, 『국어국문학자료사전』, 한국사전연구사, 1998.
신희천·조성준, 『문학용어사전』, 도서출판 청어, 2001.
문덕수, 『세계문예대사전』, 성문각, 1975.
박영근, 『세계철학대사전』, 고려출판사, 1999.

행위(Action)

소설의 이야기를 진행시키는 사건의 주체가 인물일 때에 그에 의해 야기되는 상황의 변화를 말한다. 오늘날의 서사론 에서는 플롯론이나 인물론으로 수렴되었지만, 아리스토텔레스의 극 이론에서는 오히려 인물 보다 상위에 있는 극의 중요한 구성요소로 평가되었다. 이 점은 그가 『시학』에서 "예술가는 행위 하는 인간을 묘사 한다"고 말한 데서도 확인된다. 아리스토텔레스의 평석가인 하디슨(O. B. Hardson)은 이 구절을 두고 "그리이스에서는 행위 하는 인간이 아니라 행위 자체에 강조가 두어졌다. 행위가 먼저 나온다. 그것이 모방의 대상이다. 그 행위를 수행하는 행위자는 그 다음에 나온다"라고 해석하고 있다.

아리스토텔레스가 인물들보다도 행위를 중요하게 생각한 것은 그 당시의 극이 한 인물에 집중한 것이라기보다는 인격화된 정념에 집중했기 때문이었다. 말하자면 행위란 극의 중요한 원칙이자 영혼 그 자체였던 것이다. 극작가는 무엇보다 먼저 행위를 조직하고, 그 다음에 운명의 광풍 속에 처한 인물들의 도덕적 성격을 그려야 했다. 따라서 오늘날 성격과 동일시되는 인물은 그에게는 부차적인 것이 되어버린다. 그는 인물들로부터 플롯이 비롯되는 것이 아니라 플롯이 운명을 통해 인물들을 시험하는 것이라고 말한다. 이렇게 되면 인물은 어떤 성격을 지닌 주체라 기보다는 플롯의 부산물이 되어버리고 만다.

이러한 아리스토텔레스의 견해는 형식주의자들과 구조주의자들의 관점으로 그대로 이어진다. 서사이론에서 심리학을 배제해야 한다고 말하는 이들의 입장에서 볼 때, 중요한 것은 인물들이 한 편의 이야기 속에서 하는 역할 내지는 기능이다. 이들은 어떤 외적인 심리학적 견지나 도덕적 견지에서 인물이 무엇이냐를 분석하지 않고, 오직 하나의 이야기 속에서 이들이 하는 일을 분석하려고 한다. 말하자면 이들에게 있어서 인물은 이야기의 목적이라기보다는 수단인 셈이다. 이런 인식은 블라디미르 프롭에 의하면 인물들은 민담이 그들에게 요청한 기능의 산물로

해석되는데, 기호론자들의 기능이론 및 행위소 모델은 이런 인식론적 전제 위에서 개진되고 있다.(김경수)

기능, 성격, 인물, 행위소 모델

참고문헌
시모어 채트먼, 『영화와 소설의 서사구조』, 김경수 역, 민음사, 1999.
유종호, 『문학이란 무엇인가』, 민음사, 1989.
아리스토텔레스, 『시학』, 최상규 역, 예림기획, 1997.

행위소 모델(Actantial model)

프롭이 하나의 단일 장르에 초점을 맞춰 개별적인 서사소의 기능들을 정리한 반면, 기호학자 그레마스는 거기에 문장 구조의 의미론적 분석을 적용함으로써 서사물의 보편적인 '문법(grammer)'을 발견하려 했다. 말하자면 그는 프롭의 31개의 기능들의 직선적인 연계를 다시 고려하여 프롭의 기능들을 제한된 범주적 체계로 축약시킨다. 이 과정에서 그는 주체/객체, 파송자/수령자, 조력자/적대자 등, 여섯 가지의 행위소로 구성된 세 쌍의 이분법적 대립을 제시하는데 그것을 행위소라고 부른다.

행위소 또는 행역자라는 신조어는 작중 인물들이 '그 자신들 위주로' 고려되는 것이 아니라 오직 그들의 역할에 따라서 고려된다는 것을 의미하기 위해 만들어진 용어다. 따라서 여러 명의 작중인물들이 하나의 행위소 또는 행역자에 해당될 수도 있고 동일한 인물이 잇달아 여러 개의 행역자적 위치를 점유할 수도 있는 것이다. 모든 이야기의 작중인물들은 제한된 숫자의 역할로 분배되는 바, 이들은 하나의 망으로 구성되어 있고 또한 이 망은 이야기 안에서 전개되는 변화 생성의 작용을 도형화한다. 이러한 행위소 모델로부터 모든 서사물의 세 가지 기본적인 패턴이 설명될 수 있는데 그것은 다음과 같다.

1)욕망, 탐색 또는 목표(주체/객체)

2)소통(파송자/수령자)

3)부수적인 지원이나 방해(조력 또는 훼방자)

이 모델에 의하면 발신자와 수신자는 인위적으로나마 구별되어야 하며 또한 그들 사이에 하나의 매개행위가 개입되어야만 합일이 가능하다. 만일 그렇지 못하다면 이야기 안에는 아무것도 존재하지 않고 아무 일도 발생하지 않을 것이다. 이 매개 행위가 거는 내기는 객체로 상징화되고 매개행위 자체는 이미 매개자 차제의 업적이 된다. 그레마스는 이 모델을 설명하면서 프롭의 기능분석을 교정했다고 말하는데, 이 행위소 모델은 이야기 안에서 변화하고 맺어지는 수많은 관계들을 하나의 체계로 조직하는 데 큰 도움을 주고 있다. 그러나 이 모델 역시 지나친 객관주의로 인해 일정한 비판을 받고 있기도 하다.(김경수)

이야기문법, 계약적 구조, 행위적 구조, 이접적(移接的) 구조

참고문헌
레이먼 셀던, 『현대문학이론』, 현대문학이론연구회 역, 문학과지성사, 1987.
서인석, 『성서와 언어과학』, 성바오로 출판사, 1984.

행위수행적 발화(行爲遂行的 發話) ☞ 수행적 발화

행위자(行爲者, Agent, Actant)

'행위를 수행하는 자', '행동의 주체', 서사학에서 '행위자(agent)'는 인물(char -acter, ethos)이라는 말과 구별해서 사용되고 있다. 행위자는 드라마에서 필수적이지만, 인물은 어떤 경우 부차적일 뿐만 아니라 비본질적이기까지 하다. 모든 행위자는 '행위의 명칭' 속에 암시된 사실, 즉 그가 수행하는 행위에서 추출 가능한 한 가지 또는 그 이상의 특성을 가지고 있다. 예컨대 살인자는 살인자다운 특징을 가지고 있듯이, 행위를 단순히 수행하는 것만으로도 그 특성을 파악할 수 있는 주체가 바로 행위자이다. 반면, 인물은 행위의 관점에서 보면 젊은이, 노인, 부자나 거지처럼 유형에 가까운 특성들의 혼합체이다.

인물을 행동에 종속되는가 아니면 행동에서 자유롭고 독립적인 존재인가라는, 행위자와 인물을 구분하는 태도는 아리스토텔레스에게로까지 소급되지만, 행위자에 관한 문제의 인식은 러시아 형식주의에서 시도되고, 이를 수용하여 좀더 정교한 서사물 분석에 적용시킨 것이 프랑스의 구조주의적 서사학자들이다.

서사학자들은 인물이 행동에 종속되는가 아니면 행동에서 자유롭고 독립적인 존재인가 하는 문제보다도 작중인물을 행위자(actant)로 규정하여 행동에 종속시킨다. 이들에 따르면 행위자는 서사물의 보편적인 범주 안에 놓인 행위의 주체이다. 그레마스는 행위자 외에 각각 상이한 서사물 안에서 특수한 자질을 부여받은 존재를 수행자(acteur)라는 별도의 개념으로 구별해서 사용하기도 한다. 러시아 형식주의자들이나 프랑스의 구조주의자들은 서사이론이 심리적 본질에서 벗어나 이야기 안에서 인물의 행위를 분석해야 한다는 공통적인 사고에서 출발한다. 심리적 도덕적 기준의 바깥에 존재하는 인물의 행위 영역들은 계량적으로나 특징적으로 분류 가능할 정도로 비교적 적은 움직임을 보인다는 것이다. 블라디미르 프로프만 해도, 인물을 러시아 민담에서 행위를 요구하는 산물로 간주하고, 외모, 나이, 성별, 관심사, 지위 같은 차이점보다도 기능의 유사성에 주목하여 모두 31가지로 분류하고 있다. 이러한 분류는 인물을 플롯의 부차적이고 파생적인 산물로 보았던 토마체프스키의 논리에서 크게 멀지 않다.

러시아 형식주의자들의 논리는 프랑스 서사학자들에게 계승되어 인물을 이야기의 목적이 아니라 수단이라는 관점으로 발전한다. 에티엔느 수리오가 연극의 행동을, 주동자, 반대자, 대상, 발동자, 수동자, 보조자 같은 여섯 가지로 유형화한 것이나, 클로드 브레몽이 프로프의 민담유형학을 토대로 행위자의 특성을 '조력자' '복수자' '심판자'라는 기본 범주로 나눈 경우도 그러하다. 츠베탕 토도로프는 『데카메론』이나 『천일야화』 같은 일화적 서사물을 인물과 이야기라는 관점에 주목하여 플롯 중심적인(비심리적) 서사물과 인물 중심적인(심리적) 서사물로 분류한다. 그런 다음 그는 심리적 서사물에서 행위가 인물 특성에 대한 표현이거나 징후라는 점, 그렇기 때문에 인물은 종속적이라는 점을 입증하고 있다(반면, 비심리적 서사물에서 행위는 쾌감의 독자적인 요소로서 그 자체로 존재하는 독립적인 특징을 가지고 있다고 설명한다). 또한 롤랑 바르트나 미케 발의 경우에도 행위자는 사건을 선택하고 시퀀스를 형성하는 주요 성분으로 간주된다. 이들에게 사건은 '행위자에 의해 야기되었거나 경험되는 한 상태로부터 다른 상태로의 전이'로서 과정이자 변화이며, 행위자는 행동의 연쇄 속에서 기능적 사건을 일으키며 '사건의(논리적이고 연대기적인) 연쇄' 안에서 일정한 역할을 수행하는 존재로 설명되고 있다.(유임하)

수행자, 러시아형식주의, 조력자

참고문헌

세이모어 채트먼, 『이야기와 담론』, 한용환 역, 고려원, 1990.
미케 발, 『서사란 무엇인가』, 한용환·강덕화 공역, 문예출판사.
블라디미르 프로프, 『민담형태론』, 예림기획, 1998.
츠베탕 토도로프 편, 『러시아형식주의』, 김치수 역, 이화여대출판부, 1997.
츠베탕 토도로프, 『산문의 시학』, 신동욱 역, 문예출판사, 1998. /유제호 역, 예림기획, 2003.

향가(鄕歌)

중국 시가 및 범패(梵唄)와 달리 자국어로 된 시가를 가리키는 신라 시대의 용어. 향가는 보통 신라시대부터 고려 초기에 이르는 시기에 제작되어 이두(吏讀)나 향찰(鄕札)로 표기된 시가라고 알려져 있는데, 『삼국유사』 향가 관계 기록을 살펴보면 다수의 작품들이 기록을 동반하지 않은 상태로 창작·가창·전승되다가 나중에 기록되기도 했음을 알 수 있다. 따라서 향가는 구비문학적 성격을 띤 작품에서부터 개인작의 세련된 창작 시가에까지 걸쳐 있을 뿐 아니라, 형태와 내용 또한 단일하지 않다.

신라인들은 향가라는 범칭(汎稱) 외에도 도솔가(兜率歌), 사뇌가(詞腦歌), 사내(思內), 시뇌(詩腦), 차사사뇌격(嗟辭詞腦格), 덕사내(德思內), 석남사내(石南思內) 등의 세분된 명칭을 사용했다. 현재 가사가 전하는 향가는 『삼국유사』 수록 14수, 『균여전』 수록 11수로 모두 25수이다. 통일신라시대 말엽 진성여왕대에 향가집 『삼대목』이 편찬되었다고 하나 전하지 않는다.

향가의 형식은 그 의미 분절을 기준으로 하여 4구체·8구체·10구체로 나누어진다. 4구체는 <서동요>·<풍요(風謠)>·<헌화가(獻花歌)>·<도솔가> 등 4수, 8구체는 <모죽지랑가(慕竹旨郎歌)>·<처용가(處容歌)> 등 2수, 10구체는 <혜성가>·<원왕생가(願往生歌)>·<원가(怨歌)>·<찬기파랑가(讚耆婆郞歌)>·<안민가(安民歌)>·<도천수대비가(禱千手大悲歌)>·<제망매가(祭亡妹歌)>·<우적가(愚賊歌)>등과 균여가 쓴 <보현십원가(普賢十願

歌)〉11수를 포함한 19수이다.

　제목에서도 짐작할 수 있듯이, 향가의 내용은 남녀간의 사랑, 주술적 염원, 불교적 발원, 화랑에 대한 추모와 예찬, 유교적 이상 등 다양한 층위를 지니고 있다. 〈혜성가〉처럼 외적의 침입에 대한 것이나 〈우적가〉처럼 '떼도둑'이 출몰하는 사회상을 반영한 경우도 있다.

　향가의 작가층은 귀족에서 화랑, 승려 및 평민에 이르기까지 매우 다양하다. 4구체 향가는 평민들의 창작으로 보이는 반면, 10구체 향가는 화랑, 승려 등 상층의 신분에 속하는 이들에 의해 창작되었다. 이런 점에 비추어 10구체 향가는 당대의 귀족·지배층의 정신세계를 반영하는 시가 양식이라고 말할 수 있다.

　10구체는 전3장으로 구분되며 제1·2장은 각각 4행으로, 제3장은 2행으로 구성된다. 제1장의 첫구는 대체로 짧게 시작한다. 그리고 제3장의 처음엔 반드시 '아야·아으'와 같은 감탄사가 붙는 것이 특징이다. 이는 시조의 3장 구성 및 종장 첫구가 영탄구로 시작되는 형식상의 특징과 유사하여 그 연원으로 추정되기도 한다.(고미숙)

월명사, 제망매가, 이두, 향찰, 사뇌가, 차사사뇌격

참고문헌
김사엽, 『향가의 문학적 연구』, 계명대출판부, 1979.
윤영옥, 『신라가요의 연구』, 형설출판사, 1980.
양주동, 『한국고가연구』, 박문출판사, 1942.

향토문학(鄕土文學)

　보편적으로는 각 지역의 종합적 이미지, 사상, 감정 등을 표현한 지방 문학을 지칭한다. 그 지역에 거주하는 주민들에게 공통으로 통용되는 감정의 공간으로서 자연, 풍습, 문화 등이 향토문학에는 내재돼 있다. 역사적으로는 19세기말 산업화가 진행되면서 지역과 농촌생활에 바탕을 두고 발전한 독일이나 덴마크의 서사문학을 향토문학이라고 한다. 역사적 의미의 향토문학은 '고향'의 이미지가 강조돼 있으며 보수적 성격을 띠기도 한다. 대표적인 향토문학 작가로는 독일의 프렌센(Frenssen Gustav), 헤세(Hesse, Hermann), 로이터(Reuter, Fretz) 등과 덴마크의 옌센(Jensen, Jonannes Vilhelm) 등이 있다.

　근대 자본주의의 발전과 산업화로 인해 농촌의 봉건적이고 가부장적 질서가 해체되면서 도시로의 이동 활발해졌다. 도시화에 따른 이주민의 형성은 '불안감·위협감·상실감'을 고조시켰으며, 이른바 고향에 대한 향수가 중요한 문학의 소재가 되었다. '향토문학'은 고향에 대한 단순한 향수차원을 넘어서는 복잡한 맥락을 형성한다. 도시 이주민들의 정체성의 혼란이 시민사회의 이데올로기에 영향을 미쳐 안정을 갈구하는 마음을 강화시킨 것이다. 근대 산업화 과정이라는 특징과 연관된 향토문학은 민족어·토속어에 대한 향수에 기반해 감성적 교감을 자극하는 중요한 문학장르가 되었다. 이는 산업화와 따른 개인의 파편화로 인한 정체성의 혼란을 극복하기 위해 스스로의 안정성을 찾아가는 현대인의 상상적 감정이 '향토문학'에 작용하고 있음을 보여준다.

한국문학에서 '향토문학'은 '고향'과 연관해 중요한 개념으로 발전했다. 일본 제국주의에 의해 강제로 이입된 근대에 저항해 민족적인 것을 지켜내는 덜 훼손된 공간으로서 '고향'이 식민지 시대 주요 문학적 소재였다. 초기에 향토·농촌은 이광수·심훈·이무영 등에 의해 계몽의 공간으로 등장했으나, 김유정에 의해 '민족적 사람살이의 원형'이 간직돼 있는 서정적 휴머니티의 공간으로 형상화됐다. 계몽의 공간에서 서정적 휴머니티의 공간으로 바뀌면서 한국 향토문학은 의미를 획득하게 되었다. 이후 오영수 등에 의해 농촌·어촌이 자연과 일체감을 형성하여 원시적 생명력이 발현되는 공간으로 형상화됐다. 이제 향토문학은 지역문학과 관련을 맺으며 문학의 다양성을 보장하는 중요한 개념으로 발전하고 있다.(임헌영)

고향, 지역문학, 지방문학, 산업화, 시민사회

참고문헌

Aspetsberger, Friedbert, 「현대문학에 나타난 고향 내지 오스트리아 이미지 : 몇 가지 역사적 지적과 현재 오스트리아 문학에 나타난 시학적 문제」, 『啓明大東西文化』31, 1998.12.

신희천·조성준 편저, 『문학용어사전』, 청어, 2001.

류양선, 「1930년 전후의 한국농민 문학론 연구」, 서울대 대학원 박사학위 논문, 1990.

허구(虛構) ☞ 픽션

허구 효과(프 effet de fiction)

허구 효과란 이미 지나간 과거에 대한 허구의 이야기가 역사의 재현성을 높여 역사를 더 잘 이해하도록 만드는 것을 말한다. 이 개념은 프랑스 해석학자 폴 리쾨르가 이야기 시학을 논하면서 제기한 것으로 허구적 이야기 역시 인간에게 과거를 이해하게 만드는 이야기 구조를 띠고 있음을 전제하고 있다. 리쾨르는 이야기되는 비실재적 사건들이 독자에게 말을 건네는 서술적 목소리는 이미 지나간 과거의 일들이라는 점에서 허구 이야기는 거의 역사적이라고 지적한다. 이를 허구의 역사화라고도 하는데, 허구와 역사를 동일시하는 개념은 아니다. 허구는 실제로 일어나지 않았던 일이라는 점에서 역사와는 다르다. 리쾨르가 주목하는 지점은 허구와 역사 모두 이야기 구조로 서술되고 있다는 점이다.

허구의 역사화는 역사의 영역에서는 불가능한 허구적 환상들을 이야기 속으로 끌어들인다. 그럼으로써 우리에게 돌아오는 것은 과거를 더 잘 이해하게 되는 것이다. 리쾨르는 허구를 역사와 얽히게 한다고 해도 그것이 역사의 재현성이라는 구상을 약화하는 것은 아니며 오히려 그 구상을 완성하는 데 도움이 된다고 언급한다.(장은영)

이야기 시학, 이야기 역사, 폴 리쾨르

참고 문헌
Paul Ricoeur, 『시간과 이야기Ⅲ』, 문학과 지성사, 2004.

허무주의 ☞ 니힐리즘

허실(虛實) 이론

허실(虛實)은 중국 문학 고유의 음양(陰陽)적 세계관과 관계가 있으며, 문학이론에 적용한 것이 허실이론이다. 소설과 시 양면에서 논할 수 있는데, 주로 소설 이론에서 언급된다.

중국에서 소설발생의 이론적 근거는 몇가지 방향을 띠고 전개된다. 하나는 환기(幻奇) 이론으로서, 기이하고 환상적인 제재를 대상으로 하여 소설이 발전했다는 관념이다. 산해경(山海經) 등의 박물(博物)및 이문(異聞)류, 육조 지괴(地塊), 당(唐) 전기(傳奇), 또는 요재지이(聊齋志異) 등의 필기류에서 그 원형을 유추할 수 있다. 이는 낭만주의 소설이론과도 다르다. 다른 하나는 실록이론으로서 사전(史傳) 전통에 근거한, 소설이 사실의 기록이라는 초기 소설의 관념이다. 모두가 사실은 아니나, 사실적 전제 위에서 소설을 출발시킨다는 이야기이다. …전(傳)이나 …기(記)류가 그것이다. 그리고 명대에 와서 비로소 허구적 상상의 작용에 대한 소설 비평적 각성과 심화가 일어나, 허실이론이 대두된다.

소설에서의 허실은 허구적 상상경과 사실적 묘사들이 함께 조화하며 작품이 의도하는 모종의 경계를 자아내는 것을 이른다. 명대(明代)의 소설 비평가들은 환기이론과 사전이론(또는 실록이론)을 극복하여, 소설은 허구적 줄거리와 내용 및 창작 수법을 지닌다고 생각하였다. 이는 단순히 허구만을 강조하는 입장이 아니라, 사실과 허구의 양면성을 상대적인 것으로 인식한다는 점에서 일정 정도 인식의 균형과 심화를 보여준다. 이 이론은 왕도곤(汪道昆)에서 시작되었다. 그는 천도외신(天都外臣)이란 이름으로 쓴 「수호전(水滸傳)·서(序)」에서 "소설이 사실인지 허구인지는 깊이 따질 필요가 없으며, 독자적 쾌감과 작가의 소설적 목적을 달성하면 된다"는 취지를 드러냈는데, 비교적 근대적 관념이다. 또 장무구(張無咎) 같은 사람은 "사실[진(眞)]과 허구[환(幻)]를 반씩 섞어야 한다"는 입장을 밝혀 보다 구체화하였다. 또 만력(萬曆) 년간의 이일화(李日華)는 "빈 것을 채우고, 가득 찬 것을 비우는 예술적 가공의 과정이 소설의 관건"이라고 하여 점차 이론적 심화가 진행되었음을 알 수 있다. 한편 이러한 허실 이론에 대하여 망말 사회에 관심을 가진 일군의 문인들은 사회적 발언에 보다 무게를 둔 사실이론(寫實理論)을 제기하기도 하였다.

한편 시에서는 명대(明代)의 문론가 도륭(屠隆, 1541-1605)이 「여우인논시문與友人論詩文」에서, "시를 살펴보면 허함(虛)도 있고, 실함(實)도 있으며, 극히 허한 것도 있고 매우 실한 것도 있으며, 허하나 실한 것도 있고 실하나 허한 것도 있어, 이런 것들이 함께 이어지고 뒤섞여 나오니 어찌 시작과 끝이 있다 하겠는가!(顧詩, 有虛, 有實, 有虛虛, 有實實, 有虛而實, 有實而虛, 竝行錯出, 何可端倪.)"라고 했는데, 결국 시가 창작에 있어 허(虛)와 실(實)의 관계에 대해 논의이다. 당시의 문단에서는 비평가들이 허와 실이라는 두 개념을 근거로 하여 이백(李白)과 두보(杜甫)를 숭상하거나 폄하하는 풍조가 유행하고 있었다. 이는 실을 중시하고 허를 경시하여 이백과 두보의 우열을 허실의 구별을 통하여 나누는 것이다.

도륭은 시가의 본질적 성격을 허와 실의 두 가지로 구분하여, 시 속에는 이 두 가지가 자연스레 병존한다고 여겼으며, 이 허실론을 근거로 하여 당시의 비평가들이 이러한 시인품평의 방식에 반대하였다. 즉 이백과 두보, 굴원 등 전대의 작가들의 작품 속에는 모두 허도 있고 실도 있기에 단순히 실만을 숭상하고 허함을 멀리한다는 것은 어불성설이라는 것을 지적해낸 것이다. 이는 또한 창작과정은 다양한 모순의 운동이며, 창작과정의 총결은 다양한 모순의 통일이라는 중국적 문학이론의 전개와도 일맥상통한다. 이러한 도륭의 시유허실론(詩有虛實論)은 예술의 변증법적인 발전 이론과 부합하는 것으로 일정정도의 미학적 의의를 갖추고 있다고 할 수 있다.(오태석)

허실이론, 환기이론, 사전이론, 실록이론, 사실이론, 시유허실론, 왕도곤, 도륭(屠隆)

참고문헌
방정요(方正耀), 『중국소설비평사략』, 홍상훈 역, 을유문화사, 1994.
임종욱, 『동양문학비평용어사전』, 범우사, 1997.

허위의식(虛僞意識, False conciousness, 독 Falsches Bewuβtsein)

엥겔스(F.Engels)가 이데올로기의 한계를 지적하면서 사용했던 용어이다. 엥겔스는 이데올로기적 표상들과 이런 표상들에 매개되는 행동을 추동하는 요인이 경제적 기초 사실에 의한다고 본다. 그런데도 불구하고 그동안의 사상가들은 이데올로기를 수행하게 하는 추동력에 대해 사유과정에 의해 만들어진 의식에 의한 것이라고 생각하는데, 이 의식이 허위의식이다. 사상가들은 사유의 원천에 대해서는 생각해보지 않은 채 사상 재료만을 가지고 일한다. 그들은 이데올로기적 표상들이 마치 독자적인 역사를 가진 것처럼 생각하지만, 이데올로기는 우리 역사에서 일정한 역할을 수행하는 것일 뿐이다. 이러한 이데올로기의 역할을 부인하는 바람에 그것이 생성해낼 수 있는 반작용에 대해서도 생각하지 못하는 것이 사상가들의 한계라고 지적한다.

루카치(G.Lukáce) 역시 이러한 엥겔스의 의견을 수긍하면서 이러한 허위의식에 의해 역사 과정에서 인간의 의식적 활동이 지나치게 과소평가되거나 혹은 과장되어 평가된다고 지적한다. 이럴 경우 변증법에 정통한 작가나 사상가들(대표적으로 헤겔 등)마저도 불명료하고 신비적인 것에 빠져들어 버리게 된다. 이들은 역사를 바라볼 때도 이러한 허위의식에 기대는 바람에 당대 사회를 제대로 바라볼 수 없게 된다고 비판한다.

엥겔스와 루카치는 프롤레타리아 계급에게는 이러한 이데올로기적 한계가 존재하지 않는다고 주장한다. 그것은 프롤레타리아 계급의 사회적 존재가 자본주의사회의 물신적 형식 뒤에 숨은 계급관계와 계급투쟁의 발전을 명확히 통찰할 수 있게 하기 때문이다. 프롤레타리아 계급은 자신의 특성상 자신의 역사적 영향력과 주체적 기능에 대해 정확하게 알고 있다. 그런데 이러한 인식은 애써 획득되어야 하는 것으로 이를 위해 계급 내적 조직들이 필요하다. 이들은 이데올로기가 현실의 문제점을 올바르게 반영하여 이를 각성하게 하는 계기가 되게 하지 않고 오히려 역사에 대한 관념적 조작과 그릇된 인식을 추동하는 것을 비판하고 있다. 이후에도 프랑크푸르트 학파를 중심으로 많은 학자들이 이데올로기와 허위의식에 대해 논한다.(추선진)

이데올로기, 이데올로기적 표상, 프롤레타리아

참고문헌
칼 마르크스, 프리드리히 엥겔스 지음,『칼 마르크스, 프리드리히 엥겔스 저작 선집6』, 최인호 등 역, 박종철출판사, 1997.
게오르그 루카치 지음,『루카치 문학이론』, 김혜원 편역, 도서출판세계, 1990.

헤게모니(Hegemony)

사전적인 의미는 어떠한 일을 주도하거나 주동하는 지위 또는 권리, 주도권, 패권(覇權)을 말하나, 통상적으로 한 집단이나 국가, 문화가 다른 집단이나 국가, 문화를 지배하는 것을 이르는 말로 쓰인다. 20세기 이후 헤게모니라는 용어는 특히 미국과 과거 소비에트연방과 같은 초강대국의 활동과 관련하여 '정치적 지배'라는 함의(含意)를 지니게 되었다.

헤게모니라는 개념은 한편으로는 국가기구나 정치사회가 그들의 법률적 제도, 군대, 경찰, 감옥 등을 통하여 다양한 사회계층을 어떻게 지배하는가를 이해하는 데 도움를 주고, 다른 한편으로는 정치사회와 시민사회가 현 상황에 대한 다양한 시회 계층들의 자발적인 동의(同意)를 어떻게 이끌어내는가를 이해하는 데 도움을 준다.

헤게모니라는 말의 일반적인 사용과 의미에 비해서 맑스주의, 포스트구조주의 비평에서 볼 때 이 용어는 상당히 복합적이고 전문화된 의미를 지닌다. 헤게모니의 이론적 개념은 안토니오 그람시에 의해 정립되었다. 그는『옥중수고 Prison Notebooks』에서 계급간의 관계, 특히 부르주아계급이 노동자계급에게 행사하는 통제를 가리키는 말로 헤게모니를 설명하였다. 그가 말하는 헤게모니적 통제는 힘의 위력뿐만이 아니라 제도, 사회관계, 관념의 조직망 속으로 동의를 이끌어냄으로써 지배를 유지하는 수단이다. 다시 말하면 성공적인 헤게모니는 지배계급의 이해(利害)를 표현할 뿐만 아니라 피지배계급이 그것을 자연스럽고 상식적인 것으로 받아들이게 한다. 헤게모니의 기초는 단지 경제에만 국한되는 것이 아니라 모든 사회의 문화생활 속에 존재한다.

그람시는 헤게모니를 두 가지 방식으로 사용했는데, 노동계급이 부르주아 자본주의를 타도하기 위해 의존하는 노동계급의 내부 동맹 구조와 혁명전략을 설명하기 위해서 이 용어를 사용하기도 하였다. 노동자 계급이 부르주아 헤게모니를 타도하기 위해서는 새로운 헤게모니가 필요하고, 이 새로운 헤게모니는 기존의 부르주아 헤게모니보다 더 거대한 동의 기반을 가질 것이며, 더 많은 집단의 기대와 이해에 부응할 것이라고 보았다. 이것은 프롤레타리아트의 지도성(헤게모니)의 논리를 말하고 있는 것이며, 새로운 헤게모니인 프롤레타리아의 헤게모니는 오직 지배적인 헤게모니와의 대립관계에서만 만들어질 수 있다. 지배적 헤게모니는 그것이 지닌 통일되고 일관된 세계관과 모순되는 사건과 경험에 대해 더 이상 만족스러운 설명을 하지 못하면 상식이 아니라 헤게모니라고 간파된다.(노현주)

토대와 상부구조, 이데올로기, 맑시즘 비평

참고문헌
안토니오 그람시, 『옥중수고』, 거름, 1999.
김성기 외, 『사회변혁과 헤게모니』, 터, 1992.

헤겔주의(Hegelianism)

19세기에서 20세기에 걸쳐 헤겔의 철학을 자기 철학의 중심으로 삼은 다양한 움직임들을 총칭하는 말이다. 독일 철학계만 보면 대략 5가지 헤겔주의 조류가 확인된다.

1. 1831년 헤겔이 사망한 직후 호토나 미켈레트와 같은 그의 직계 제자 그룹은 '영생자 친구 연합'(Verein von Freunden des Verewigten)을 결성하고 헤겔 저작집의 간행을 일차적 목표로 하여 결속을 다졌다. 이 저작집에는 헤겔이 직접 집필하지는 않았지만 매학기 작성된 학생들의 노트를 바탕으로 처음 간행되는 강의집이 포함되어 있었다. 1840년까지 이들 노장헤겔파들은 헤겔의 사변적 종교철학을 정통 유일신론 및 그리스도 불멸성이론과 접합시키는 데 노력을 집중하였다. 이에 반해 슈트라우스나 바우어 같은 청년헤겔파들은 기독교 복음의 신화적 내용을 역사에 근거하여 비판적으로 검증하여 인류 전체를 위한 세속적 메시지로 번안하는 데 주력하였다. 인간학적 근거를 갖고 종교를 비판한 포이에르바하의 무신론은 이런 청년헤겔파 운동의 정점이었다.

2. 헤겔 종교철학을 둘러싼 노장헤겔파와 청년헤겔파의 신학-철학적 대립은 1840년 무렵부터 헤겔우파와 헤겔좌파 사이의 정치적 대립으로 발전하였다. 헤겔우파는 헤겔 국가철학의 입헌군주제적 견해들을 고수하여 정치적 현상유지를 정당화한 반면, 헤겔좌파는 공화주의자로서 산업화의 진척에 따라 점차 첨예화되는 사회적 대립들의 실천적 극복을 요구하였다. 사회적 대립들을 단지 관념적일 뿐만 아니라 사회적으로도 화해시킨다는 의미에서 헤겔좌파는 헤겔을 "거꾸로 하여 두 다리 위에 세우기"(맑스) 위하여 헤겔의 변증법적 방법을 이론-실천-관계에 적용하였다.

3. 1848년 이후 헤겔 철학은 독일 대학에서 대체로 역사적인 유물로 취급된다. 비록 헤겔의 역사철학이 역사 기술이나 철학사 기술에 채용되기도 했지만, 헤겔 철학의 형이상학적 기반은 도외시되었다.

4. 1900년 이후 딜타이의『청년시대 헤겔』과 연관하여 글로크너, 라손 및 호프마이스터 등에 의해 '생(生)의 철학'방향으로 헤겔을 해석하는 작업이 이루어진다. 1920년대 말에 전개된 신헤겔주의는 비합리주의적 세계관의 관점에서 반실증주의, 반맑스주의 입장을 개진하였는데, 그 중 일부는 파시즘으로 넘어갔다.

5. 나치가 집권한 뒤인 1933년 이후에는 비교조적 맑스주의로서 비판이론이 헤겔의 철학과 비판적으로 대결하여 그 이성주의적 함축을 집중적으로 개발하였고(1944년에 출간된 마르쿠제의『이성과 혁명』은 그 대표적 성과이다), 2차 대전 이후인 1955년부터는 주로 가다머가 철학적 해석학을 정립하려는 노력의 일환으로 헤겔을 영향사적 관점에서 다루기 시작하였다.

독일 이외의 지역에서 헤겔 철학은 19세기 후반기 영국 케임브리지 대학을 중심으로 브래들리, 맥타가트, 매킨토시 등에 의해 플라톤주의 입장에서 그 형이상학이 재해석되었으며, 20세기 초에는 이태리에서 젠틸레에 의해 국가주의 정치철학으로, 크로체에 의해서는 미학과 역사철학이 주목받았다.(홍윤기)

프랑크푸르트 학파, 신헤겔주의, 청년헤겔파 운동

참고문헌
데이비드 맥렐란,『청년헤겔운동』, 홍윤기 역, 학민사, 1984.
H. Haldar., Neo-Hegelianism(London: Cranton, 1927).
J. E. Toews., Hegelianism : the path toward dialectical humanism, 1805-1841 (Cambridge : Cambridge Univ. Press, 1980).
"Hegelianismus", Schülerduden. Die Philosophie(Mannheim/Wien/Zürich: Duden Verlag,1985), pp.177~178.

헤로디어니즘(Herodianism)과 젤로티즘(Zealotism)

역사가 아놀드 토인비는 문명 간의 해후에서 자기보다 활발하고 창조적이며 침략적인 다른 문명과 접촉했을 때, 도전을 받은 측에 일어날 수 있는 반응은 철저한 반항이든가 적대적 문화접변의 성격을 띤 저항이라든가 어느 한 쪽이라 보았다. 대표적인 예를 기원 전후에 유태문명이 헬레니즘 문명과 접촉하면서 보였던 반응에서 찾고, 이 사례에서 이름을 따서 철저한 반항주의를 젤로티즘(zealotism)으로, 적대적 문화접변적인 저항의 태도를 헤로디어니즘(herodianism)으로 명명했다. 토인비의 경우는 장대한 문명 간의 해후를 대상으로 하지만, 이 반응의 유형은 문화 간 접촉에도 해당한다고 할 수 있다.

헤로디어니즘은 당시 유태의 헤로데 당이 보인 반응이다. 그들은 침입해 온 문명이 가졌던 무기를 자기 것으로 삼았고, 그 빌린 무기를 본래의 발명이자 소유인 사람들로부터 자신들을 지키기 위해 사용함으로써 침입 문명에 뒤지지 않으려 한다. 헤로디어니즘은 젤로티즘의 특징인 열광과는 달리 냉정하고 타산적이다. 토인비는 러시아의 피터 대제, 일본의 메이지 유신 지도자들, 오스만 터키 제국의 술탄 셀림 3세, 마무드 2세, 메메드 알리 등이 보였던 반응과 정책을 헤로디어니즘의 예로 들고 있다.

젤로티즘은 침입해 온 문명을 전면적으로 그리고 열광적으로 배척한다. 유태교의 열광적인 신자였던 젤로트파 사람들은 자신들이 충실하면 신(神)이 자신들 편이 되어 파멸로부터 구해준다는 신념을 갖고 전통적인 삶의 방식을 고수했으며, 조상 전래의 법도를 엄격히 준수하고 신봉함으로써 자신의 문명을 끝까지 지키려 했다. 18-19세기경 아라비아·북아프리카에서의 왓하브파, 사누시파(이슬람 신비주의 교단) 및 머프디파, 쇄국 시대의 일본인, 17세기 말-20세기 초 중국인(특히 의화단), 19세기 미국에서 백인 개척자에 대항한 인디언들 등을 그 예로 들었다.

그런데 토인비에 따르면, 헤로디어니즘과 젤로티즘은 본질상 같다. 양자의 차이는 정책뿐이며 원칙은 같았다. 근대 서구 열강의 침략을 받거나 그 위협에 직면했던 비서구 사회는 강력한 타문화와의 강제적인 접촉을 경험했다. 이 때 비서구 사회의 반응은 토인비식으로 말하면 젤로티즘과 헤로디어니즘 중 어느 하나로 분류되는 것이었다. 특히 '근대화'로 불린 그들의 반응은 적대적 문화접변, 즉 헤로디어니즘적 반응이었다.(이정선)

토인비, 문화접변, 근대화

참고문헌
아놀드 토인비, 『역사의 교훈』, 최선애 역, 정음사, 1981.
히라노 겐이치로, 『국제문화론』, 장인성·김동명 공역, 풀빛, 2004.

헤브라이즘(Hebraism)

헤브라이즘은 신에 대한 복종과 윤리적 행동을 위하여 다른 모든 이상들을 포기하는 태도를 의미한다. 이는 구약 성서에 기초한 유태인들의 세계관과 가치관에 기반을 두고 있다. 헤브라이즘은 흔히 고대 그리스 문명을 관통하는 정신인 헬레니즘(hellenism)과 대립을 이루는 것으로 생각된다. 이러한 이분법은 매튜 아놀드(Matthew Arnold)가 1869년에 출판한 『문화와 무질서』의 4장에서 제기된 것이다. 여기서 아놀드는 헤브라이즘과 헬레니즘이 서구 문명의 가장 근본에 내재해 있는 두 가지 대립하는 전통이라고 보았다.

매튜 아놀드는 헤브라이즘의 본질을 "양심의 엄격함(strictness of conscience)"로 규정지었다. 헤브라이즘의 중심에는 절대자인 신이 존재하며 신은 언제나 도덕적인 존재로 상정된다. 이러한 신의 질서를 지키기 위해서 개인은 항상 신의 뜻을 거역해서는 안 되며, 신의 뜻을 실현하기 위하여 자신을 희생할 줄 알아야 한다. 그렇기 때문에 헤브라이즘은 현세 속에서 살아가면서도 현세를 부정하고 그것을 초월한 피안의 영역을 추구하는 비극적 태도로 귀결된다. 아놀드는 이러한 헤브라이즘 쪽으로 편향되면 그 문화는 도덕률이 절대화되어 인간의 가능성을 희생시키게 된다는 점을 지적한다. 따라서 그가 보기에 이상적인 문화는 헤브라이즘과 헬레니즘이 상보적인 관계에 놓인 경우에만 가능한 것이 된다.

한국 문학에서 헤브라이즘적 경향은 기독교의 전파와 더불어 나타난다. 대표적으로 황순원의『움직이는 성』을 비롯한 소설들, 윤동주와 김현승의 시 등을 들 수 있다. 그러나 통상 기독교에서 소재를 취하거나 모티프를 얻은 작품이라고 하여 모두 헤브라이즘을 드러낸 작품이라고 보기는 어렵다.(최현희)

헬레니즘, 현세부정, 초월, 비극적, 기독교

참고문헌
Arnold, M., Culture and Anarchy, ed. S. Lipman, New Haven: Yale University Press, 1994.
이상섭,『영미비평사』2, 민음사, 1996.
정정호,『현대영미비평의 이해』, 신아사, 2000.

헬레니즘(Hellenism)

그리스 고유문화와 오리엔트 문화가 융합하여 이루어진 그리스의 문화·예술·사상·정신 등을 가리킨다. 헬레니즘은 고대 그리스인을 의미하는 '헬렌(Hellen)'이라는 그리이스어에서 유래하였다. 헬레니즘이라는 말을 처음 사용한 것은 19세기 독일의 역사가 드로이젠(Droysen)이 저술한 그의 저서『헬레니즘의 역사』에서부터이다. 그는 로마·게르만 두 요소의 복합을 로마니즘이라고 부르는 데 착안하여 그리스·오리엔트 두 문화가 서로 영향을 주고받아 질적으로 변화를 일으키며 생겨난 문화를 헬레니즘이라고 불렀다.

19세기 영국 문예비평가 M. 아놀드는 유럽 정신 형성을 대별할 수 있는 두 가지 원류로서 그리스도교와 고전적 전통을 들어 각각 '헤브라이즘'과 '헬레니즘'이라고 명명한 이래 이 두 표현은 일반적인 표현으로 정착되었다. 그 후 헬레니즘은 헤브라이즘과 더불어 유럽의 문명과 사상의 대원류(大源流)를 이루었고, 구약성서의 엄격한 도덕성과 일신교주의(一神敎主義)에 대립하여 이교적(異敎的) 쾌락, 자유, 인생애(人生愛) 등을 의미하게 되었다. 헬레니즘에 대해서는 그리스 문화의 확대와 발전으로 보는 견해와, 동방 문화를 통한 그리스 문화의 퇴보로 보는 등의 두 가지 견해가 있는데, 대개는 그리스 문화와 동방 문화가 서로 영향을 주고받아 질적 변화를 일으킨 것으로 보는 것이 가장 타당하다고 할 수 있다.

헬레니즘의 시대 범위는 가장 일반적으로 BC 330년 알렉산드로스의 페르시아제국 정복에서 BC 30년에 로마가 이집트를 병합하기까지의 300년간이 그 시대 범위로 간주된다. 지역적 범위는 마케도니아, 그리스에서부터 인더스 유역, 메소포타미아, 소아시아, 이집트 등에까지 걸쳤다. 알렉산더는 페르시아 제국을 멸망시킨 뒤 오리엔트적 전제 군주 풍 의례를 채용하고 그리스·오리엔트문화의 결합을 시도하였다. 그에 따라 그리스인이 이민족을 야만으로 보던 관념이 희박해지고 세계시민주의(cosmo politanism) 사상이 대두되어 새로운 헬레니즘 문화가 탄생하였다. 역사상의 헬레니즘 시대는 B.C. 4세기 알렉산더 대왕의 정복으로 종말을 고했지만, 그 정신은 르네상스 문화로 부활했고, 이후 19세기의 낭만주의에 이르기까지 그리스 정신이 유럽 문

명 및 문학에 끼친 영향은 대단히 컸다고 할 수 있다.(노승욱)

그리스 문화, 헬레니즘 문화, 드로이젠, 아놀드, 헤브라이즘, 알렉산더, 세계시민주의, 르네상스

참고문헌
윤　진, 『헬레니즘』, 살림, 2003.
월뱅크, 『헬레니즘 세계』, 김경현 역, 아카넷, 2002.
앤소니 A. 롱, 『헬레니즘 철학』, 이경직 역, 서광사, 2000.

헬리콘니즘, 네오-헬리콘니즘(Heliconism, Neo-heliconism)

헬리콘(Helicon)은 '성스러운'이라는 뜻을 가진 말이다. 그리스 중동부 보이오티아주 남부에는 헬리콘산이 있다. 이 산의 동쪽 사면은 그리스 신화에 등장하는 아폴론신과 무사(Musa)들이 사는 골짜기로 알려져 있다. 모두 아홉의 무사이(Musai, Musa의 복수)는 제우스와 기억의 여신 므네모시네(Mnemosyne)의 딸들로, 학문과 예술을 담당하는 여신이다. 헤시오드에 의해 처음으로 이름이 붙여진 이들은 칼리오페(Calliope, 서사시), 클리오(Clio, 역사), 에라토(Erato, 연애시), 에우테르페(Euterpe, 서정시,음악), 멜포메네(Melpomene, 비극), 폴리힘니아(Polyhymnia, 종교), 테르프시코레(Terpsichore, 무용), 탈리아(Thalia, 희극), 우라니아(Urania, 천문)이다. 아름다운 목소리를 가진 칼리오페는 이들의 대표였고, 이들은 지혜와 웅변을 이용해 왕과 시인들의 정신을 계발시켜 숭배를 받았다.

헬리콘산에는 이러한 무사이의 신전뿐만 아니라 애거니프 샘과 페가수스가 발굽으로 파서 만들었다는 히포크레네샘이 있다. 이들 샘의 물을 마시면 누구나 시적 영감을 얻는다고 알려져 있다. 이러한 이유로 헬리콘이라는 말은 무사(Musa)나 학문, 예술과 관련된 뜻을 가지면서, 특히 시적 영감을 불러일으키게 하는 영천(靈泉)의 의미를 지니기도 한다.

네오-헬리콘니즘은 윤호병이 내세운 용어로 헬리콘에 그 근원을 두고 있다. 윤호병은 아홉의 무사이를 아홉 유형의 시로 파악하고, 영천에 아홉의 무사이가 존재하는 것처럼, 하나의 시와, 다양한 방법과 이론에 의한 다각도의 시의 연구들을 통칭하는 용어로 이를 사용한다. 또한 시의 서정성의 진행 과정과 시의 현대성의 진행 과정을 조화롭게 접맥할 수 있는 가능성을 네오-헬리콘니즘이라 명명한다. 철학, 언어학, 역사학, 사회학, 심리학 등의 여러 가지 방법으로 시를 연구하는 것이 시의 서정성을 훼손하게 하는 것일 수도 있지만 시 자체만의 영역을 고수하는 것도 적당하지 못하다는 것이 그의 주장이다. 시의 서정성, 현대성, 문화주의의 상호연관성을 강조하고 그 연관성의 중심축이 네오-헬리콘니즘이라고 밝히고 있다.(추선진)

서정성, 현대성, 문화주의

참고문헌
피에르 그리말, 『그리스 로마 신화 사전』, 최애리 등 역, 열린책들, 2003.
윤호병, 『네오-헬리콘 시학』, 현대미학사, 2004.

혁명가극(革命歌劇)

가극이란 대사 대신 노래를 하는 극으로, 가사와 음악적 형상 수단을 기본으로 하는 종합적 무대예술의 한 형태다. 가극에서 극적 발전과 구성, 등장인물의 성격화는 독창과 합창, 연극에서의 방백과 같은 역할을 하는 방창(傍唱) 등에 의하여 형상화되며 여기엔 관현악이 동반된다. 관현악은 노래의 반주와 함께 서곡, 간주곡 등을 연주하여 극적 분위기를 돋구고 등장인물들의 내면과 극적 정황을 부각시킨다. 인물들의 극 행동이 무용으로 이루어지는 점 또한 가극의 특징이다. 한편 가극은 구체적이고 규모 있는 무대장치를 통해 거대한 스펙터클을 제시하려는 것이기도 하다. '불후의 고전적 명작'으로 불린 「피바다」를 1970년대 초 가극으로 만든 것이 혁명가극의 시초인데, 이 '「피바다」 식 혁명가극'을 통해 가극 형식은 정립되었다. 이후 가극 「피바다」를 바탕으로 「당의 참된 딸」, 「밀림아 이야기하라」, 「꽃파는 처녀」 등이 가극으로 만들어졌다.

혁명가극의 대표작이랄 수 있는 가극 「피바다」는 영화 「피바다」(1969)를 옮긴 것이다. 가극 「피바다」는 모두 7 장으로 이루어져 있고 각 장은 또 몇 개의 경(景)으로 나누어진다. 그 구성은 일단 연극적이라고 말할 수 있지만 역시 가극의 특징은 노래를 한다는 데 있다. 가극에서 노래는 영화나 연극의 대사보다 더 직접적으로 주제 구성에 참여한다. 음악의 정감적 호소력이나 대중 침투의 효과를 극대화하려는 것이 가극인 것이다.

가극의 노래는 대체로 정형적인 율격의 절가(節歌) 형태를 취하고 있는데, 통일적인 주제에 복종되는 여러 절로 나뉘어 지나 동일한 선율을 반복하는 절가는 군중가요의 대표적 형식이라는 것이다. 이런 절가 형식을 수용하고 무용을 배합했다는 점은 가극의 민족적이고 독창적인 면모로 간주되었다. 한편 상황을 설명하거나 주제문을 확정하는 등 전지적이고 권위적인 서술자의 역할을 하는 방창 역시 고유한 것이라고 주장되었다.(신형기)

방창, 스펙터클, 절가

참고문헌
『불후의 고전적 명작 「피바다」 중에서 혁명가극 「피바다」』, 조선문학, 1972. 2.
과학백과사전출판사편, 『문학예술사전』, 과학백과사전출판사, 1993.

혁명적 낭만주의(Revolutionary romanticism)

1934년 소련작가대회석상에서 사회주의 리얼리즘(Socialist Realism)의 강령이 반포되며 그것의 핵심적 구성 부분의 하나로 제출된 것이 혁명적 낭만주의다. 소련의 볼세비키 혁명 이후 새로운 창작방법이 논의되는 과정에서 혁명적 신념에 근거한 능동적 변혁 의지의 중요성은 줄곧 강조되었던 바다. 문학은 현상을 단지 기록하는 수동적 '거울'에 그치지 않고 아직 이루어지지 않은, 그러나 필연적으로 다가올 미래를 예견해야 한다는 것이었다. 이후 사회주의 리얼리즘의 '제정'과 더불어 혁명적 낭만주의는 미래의 인간을 직관하고 현재에서 그 단초를 묘사하는 것을 뜻하게 되었다. 혁명적 낭만주의가 투시하는 미래는 당에 의해 계획되고 의식적 노력에 의해 실현될 것이었기에, 부르주아 낭만주의가 꿈꾸는 환몽적 유토피아와는 근본적으로 다른 것이었다. 혁명적 낭만주의를 볼세비즘의 미학적 표현으로 보아야 하는 이유는 여기에 있다. 긍정적 주인공이 이끄는 낙관적 결말은 혁명적 낭만주의가 요구한 형식적 요소였다.

혁명적 낭만주의의 소개는 1930년대 사회주의 리얼리즘의 수용 과정에서 이루어졌으나 그것이 본격적으로 언급된 것은 해방 이후 이른바 진보적 리얼리즘 논의를 통해서였다. 새로운 미래를 건설하기 위한 '바른' 정치적 태도와 방향을 지시하며 이 미래가 달성될 수 있다는 믿음을 제공하는 방법으로 간주된 것이다. 북한문학에서 혁명적 낭만주의가 일관되게 강조된 것도 다르지 않은 이유에서다. 즉 공산주의의 승리에 대한 확신으로 가득 찬 혁명투사와 그들의 정신적 풍모를 보여주는 것이 혁명적 낭만주의의 과제가 된 것이다. 그러나 현실을 미래와의 원근법 안에서 본다는 혁명적 낭만주의는 문학에 대한 교조적 지배의 수단일 수 있었다. 수령과 당이 보장하는 미래상에 입각하여 현실을 그려야 한다고 했을 때 그 현실은 판에 박은 것일 수밖에 없었기 때문이다.(신형기)

사회주의 리얼리즘, 부르주아 낭만주의, 유토피아

참고문헌

슈미트 슈람 편, 『사회주의 현실주의의 구상』, 문학예술연구회 미학 분과 역, 태백, 1989.

Regine Robin, Socialist Realism, An Impossible Aesthetic, trans. Catherine Porter, Stanford University Press, 1992.

혁명적 대작

혁명투쟁을 다루는 대작(大作). 서사적 화폭을 넓게 펼치는 것이 혁명투쟁이 벌어지던 시대와 그 주인공들을 보다 심오하고 풍부하게 형상화할 수 있는 조건이라는 생각에서 고안된 형식 개념을 가리킨다. 혁명적 대작 창작에 관한 논의는 김일성의 교시, 혁명적 대작을 더 많이 창작하자>(1963.11.5) 및 <혁명적 문학예술을 창작할 데 대하여>(1964.11.7)로부터 비롯되었다. 항일무장투쟁 참가자들의 회상기가 여러 권 출간된 이 시점에서 김일성은 항일혁명역사나 조국해방전쟁사가 회상기라는 방식으로서만이 아니라 대작 규모의 소설로 씌어져야 한다는 것을 주문했던 것이다.

'위대한 과거'를 장엄한 승리의 역사로 서술해 내는 것은 일찍부터 북한문학에 부과된 큰 과제였다. 대작이 요구되기 전인 1961년에 그 3부가 출간된 이기영의 『두만강』은 복잡한 사회적 지형을 떠올리는 여러 인물들과 간단치 않은 역사의 전경(全景)을 담아낸 대하소설이었다. 이 경우는 혁명적 대작을 선취한 예로 간주되었으니, 대작 논의에 의하면 화폭을 넓게 잡고 그런만큼 여러 인물들과 사건들을 그리면서도 시대의 본질을 드러내는 슈제트의 선을 분명하고 일관되게 제시해야 하는 것이 대작의 형식적 요건이었다. 즉 대작은 단지 규모만 큰 것이 아니라 일관된 하나의 이야기를 전체가 잘 떠받쳐야 한다는 것이었다. 역사적 사변들과 생활을 폭넓게 담아내야 한다고 해서 잡다한 내용을 산만하게 나열하는 것이 대작일 수는 없었다. 연대기적이 거나 전기식의 평면적 기록은 대작 논의가 경계했던 바다. 대작은 입체적이면서도 집중적이어 야 했다. 슈제트는 부분들을 얽어매어 수미일관한 전개를 보장하는 것으로서, 슈제트가 분명할 때 구성적 통합성을 제고될 것이었다.

대작 논의가 무엇을 위한 것이었던가는 1972년부터 시작된 <불멸의 력사> 총서의 출간을 통해 분명히 확인된다. 김일성의 항일혁명역사를 소설화한 이 총서는 대작의 규모로 씌어졌고 김일성의 영도라는 슈제트의 선을 뚜렷이 제시한 것이었다.(신형기)

회상기, 대하소설, 슈제트

참고문헌
「혁명적 대작의 창작은 시대의 요구이다」, 조선문학, 1964. 4.
엄호석, 「혁명적 대작과 구성의 기교」, 조선문학, 1965.11,12.
김병걸, 「혁명적 대작에서 작가의 창작적 개성과 예술적 기교」, 조선문학, 1966. 6.

혁명적 문예전통(革命的 文藝傳統)

북한 문학사에서 카프문학과 항일혁명문학을 일컫는 말. 해방 이후부터 '고상한 리얼리즘'이 정착되어 전개되던 1967년 이전까지, 북한문학은 소련식 공산주의와 유물사관(1950년대 중반 까지), 마르크스-레닌주의(1950년대 중반부터 1967년까지)를 추종하고 이를 문학에 반영한다. 이에 북한 문학은 카프와 항일혁명문학을 혁명적 문예전통으로 규정하고 이를 계승하기 위한 노력을 기울인다.

그런데 1967년 이후 주체사상이 정립되고 이를 유일사상체계로 설정하면서 북한문학은 '수 령형상문학'의 모습을 보인다. 이를 계기로 김일성의 빨치산 운동이 유일한 항일혁명전통으로 성립되고 북한문학은 이를 유일한 혁명적 문예전통으로 계승하는 형태로 변화한다. 이과정에 서 북한문학은 점점 도식화, 획일화되어 가는데, 이러한 문학의 모습은 1980년대에 이르러서야 '현실주제문학론'에 의해 변화하는 기미를 보이면서 다시 카프문학과 실학파의 문학을 인정하 려는 모습을 보인다.

'고상한 리얼리즘'은 1947년 이후 정립된 것으로 '혁명적 낭만주의'를 강조한다. 이것은 사회 주의 건설에 앞서는 영웅적이고 긍정적인 인물을 형상화하는 것을 목표로 한다. 그러나 주체사 상의 정립 이후 등장한 '주체문학론'에서는 수령형상창조에 모든 문학적 역량을 집중할 것을 종 용한다. 수령은 당과 조국과 동일한 존재로 설정되어 수령형상의 창조는 긍정적 주인공을 그리 는 것과 동일시된다. 문학은 수령형상창조를 통해 당성의 고취와 민족적 형식의 제시를 지향한 다. 민족적 문예 형식과 항일혁명전통을 계승하기 위해 항일혁명문학이 발굴, 연구되고 「꽃파 는 처녀」, 「한 자위단원의 운명」, 「조선의 노래」 등의 혁명가극이 소설로 옮겨진다.

북한에서 문학은 정치적 목적을 달성하기 위한 도구로 사용된다. 따라서 북한의 문예이론은 당의 정책적인 지침에 따라 전개되고, 문학은 이러한 문예이론에서 제시하고 있는 양식에 따라 창작되므로 도식적이고 상투적이다. 1980년대 이후 세계정세가 변하고 김정일에게로 정치적 권력이 이양되면서 북한사회도 변화한다. 이에 문학도 현실을 반영하는 모습을 보이기도 하나, 북한문학의 기본적인 지향 방향은 변화하지 않고 있다.(추선진)

카프문학, 항일혁명문학, 고상한 리얼리즘, 주체사상, 수령형상문학

참고문헌
김종회 편, 『북한문학의 이해』, 청동거울, 1999.
최동호 편, 『남북한 현대문학사』, 나남출판, 1995.

혁명적 비극

주인공의 희생에도 불구하고 그 희생이 슬픔을 주는 데 그치는 것이 아니라 비장한 의지와 각오를 오히려 더 북돋는 비극. 혁명적 비극은 기왕의 비극을 계급투쟁의 한계를 표현한 것으로 보는 관점에서 도출된 개념이다. 즉 사회적 불의와 모순을 의식하지만 이념적 한계나 지도의 부재, 혁명적 신심의 결여로 패퇴하는 것이 기왕의 비극인 반면, 혁명적 비극에서 주인공은 정의를 위해 기꺼이 자신을 던지는 고상함을 구현함으로써 그(그녀)의 신념을 모두의 신념으로 만든다는 것이다. 그(그녀)는 '운명'의 질곡에 묶인 자신을 발견하는 과거 비극의 주인공과 달리 그 운명이 극복되는 전망을 제시한다. 혁명적 비극의 양식은 소련의 혁명소설에서도 찾아볼 수 있는 것이다. 예를 들어 오스트로프스키(N. Ostrovsky)의 『강철은 어떻게 단련되었는가 How the Steel was Tempered』(1934)에서 주인공 '빠벨 콜차킨(Pavel Korchagin)'은 간고하고 비극적인 삶을 살지만, 그럼에도 불구하고 새로운 인간으로 태어나며 이로써 이념적 의지와 용기를 북돋는다. 이는 '낙관적인 비극(Optimistic Tragedy)'으로 불리기도 했다. 북한에서 혁명적 비극이라는 용어가 쓰이기 시작하는 것은 1960년대부터다. 그에 대한 관심은 1980년대 들어 황건의 소설 「불타는 섬」을 각색한 영화 「월미도」가 제작, 상영되면서 새삼 부각되었다.

일개 포(砲) 중대원들이 인천에 상륙하려는 연합군에 맞서 싸우다 장렬히 전사하는 모습을 그린 「불타는 섬」은 혁명적 비극의 형식적 모범으로 간주된 소설이다. 「불타는 섬」의 영웅들이 한결같이 순수하고 열정적이라는 점은 그 소설을 혁명적 비극의 모범으로 여기게 한 중요한 이유의 하나다. 그들은 기꺼이 자신을 희생시킨 것이다. 희생은 그들이 갖는 신념의 힘을 구현하는 헌신의 방식이다. 그들의 희생에 동감함으로써 승리를 향한 믿음은 공유된다. 공고한 믿음의 연대 속에서 승리는 연기될 수 있어도 회의의 대상일 수는 없다. 혁명적 비극에서 비극적 고뇌의 시간은 길지 않다. 이 희생자들이 분열된 내면을 보여주는 것 역시 허용되지 않았다.(신형기)

낙관적인 비극, 고상함, 혁명소설

참고문헌
박영태, 「혁명적 비극의 참다운 본보기」, 조선문학, 1983. 8.

Richard Freeborn, The Russian Revolutionary Novel, Cambridge Univ. Press, 1982, p.201.

현대문학(現代文學, Modern literature)

현대(근대) 문학이 형성된 것은, 여러 가지 논점이 존재하지만, 대체로 19세기 말에서 20세기 초엽으로 보는 견해가 우세하다. 이러한 논의에서 가장 먼저 제기되는 것이 현대성의 개념 문제이다. 현대는 정치적으로는 국민국가(nation-state)의 완성과정, 사회 경제적으로는 자본제 생산양식의 완성과정 가운데 도래하였다. 우리나라의 경우 현대성을 향한 역사의 전개 과정에서 식민지화의 길을 걸었는데 이로 인하여 보편성으로서의 현대성 추구와 특수성으로서의 반제·반봉건 투쟁이 함께 나타나게 되었다.

우리나라의 경우 현대문학은 개화기를 분수령으로 그 이전의 고전문학과 나누어지게 된다. 개화기의 문학은 고전문학에서 현대문학으로 이행하는 과도기적 성격을 나타낸다. 시에 있어서는 현대시는 개화 가사와 창가, 그리고 신체시를 거쳐서 현대적 자유시가 등장했다고 보는 견해가 가장 일반적이다. 현대소설에 있어서는 개화기에 새로운 시대의 이념과 사상을 표현한 신소설을 거쳐서 이광수의 『무정』에 이르러 현대소설의 본격적 면모가 갖추었다고 보는 것이 가장 보편적 관점이다.

우리나라의 경우 서구에 있어서 현대를 지칭하는 '모던(modern)'이라는 용어가 근대, 혹은 현대로 함께 번역되고 있다. 일반적으로 역사에서 시대를 크게 '고대·ancient', '중세·middle', '현대(혹은 근대)·modern'의 세 시기로 나누는 것이 보편적이다. 이와 같은 시기 구분은 역사 발전 혹은 전개 과정에서 확연히 구분되는 정치·경제적 패러다임의 변화를 그 기준으로 삼은 것이다. 역사 전개의 과정 중에 나타나는 경제적 단계는 노예 경제(고대), 장원(莊園) 경제(중세), 자본주의 경제(현대)이다. 이와 같은 경제 생산 방식은 신정(神政) 정치(고대), 봉건 정치(중세), 민주 정치(현대) 등의 정치적 단계와 상응한다.

이른바 '탈현대(post-modern)'로 일컬어지는 시대 표현은 현대의 특징이 보다 심화되어 나타난 결과라고 할 수 있다. 탈현대는 정치적으로는 세계주의, 경제적으로는 다국적 자본주의를 그 중심 속성으로 한다. 현대에 이르러 나타난 개인주의는 탈현대에 이르러서는 소멸되거나 해체되는 경향을 보인다. 이러한 주체의 분열과 해체는 탈현대가 내포하는 세계관적 특성으로부터 말미암은 것이다.(노승욱)

현대성, 국민국가, 자본제 생산양식, 개화기, 고대, 중세, 현대, 탈현대, 개인주의, 세계주의, 다국적 자본주의

참고문헌
백낙청, 『현대문학을 보는 시각』, 솔출판사, 1994.
오세영, 『한국 근대문학론과 근대시』, 민음사, 1996.
김윤식, 『김윤식의 현대문학사 탐구』, 문학사상사, 1997.

현상(現象, Phenomenon, 프 Phénomène, 독 Phänomen)

관찰할 수 있는 사물의 형상, 감각, 직관, 경험을 통하여 인간에게 주어지는 외적인 성질의 총체를 가리킨다. 철학적으로는 본질과 대응하는 개념으로서의 의미를 갖는다. 플라톤에 있어서는 영원히 변하지 않는 이데아(idea)의 세계에 반하여 현실의 때와 장소에 따라 생성 소멸하는 세계를 총칭하는 뜻을 가진다. 이 경우 이데아계는 현상계와 떨어진 초월적인 것이라고 생각되지만, 아리스토텔레스에 있어서는 현상과는 별개로 이데아적 존재가 있는 것이 아니다. 그에게 있어서 현상이란 문자 그대로 존재자의 나타난 모습을 의미한다. 서로 다른 견해에도 불구하고 플라톤과 아리스토텔레스의 공통점은 양자가 모두 형이상학적이라는 점이다.

전통적 형이상학에서는 현상을 본질 또는 본체와 구별하여 감각적 인식에 대한 가상으로 보고, 본질은 감각적 인식보다 고차원적인 이성적 인식에 의하여 포착된다고 하였다. 칸트는 이에 대하여 비판적 견해를 나타낸다. 그의 비판주의에 의하면 사람이 인식할 수 있는 것은 단지 현상뿐이다. 감각 내용이 시간, 공간, 범주 등과 같은 인식형식에 의하여 질서 지워져 나타난 것이 현상인데 인간이 인식할 수 있는 것은 그 현상에 국한된다는 것이다. 따라서 배후의 본질 자체에 대한 인식은 인간에게는 원리적으로 불가능하다는 것이다.

헤겔은 『정신현상학(1807)』에서 가장 단순한 현상인 감각적 확실성에서부터 여러 의식 단계를 거쳐 절대지에 이르는 발전 과정을 서술하였다. 그는 로고스, 이념, 우주이성 등으로 불리우는 절대정신을 가정하고 세계는 이 절대정신이 변증법적 도식에 따라 발전하는 것이라고 주장하였다. 그는 이 정신의 발전을 기술하는 것이 현상학이라고 하였다. 헤겔은 현상과 본질의 분리를 반대하였다. 그는 본질은 현상을 통하여서 드러난다고 하였다.

현대 철학에서는 일반적으로 현생 배후에 있는 참된 실재 또는 본체를 상정하지 않는다. 후설은 의식에 현전(現前)하여 그것 자체가 확연히 드러나 있는 것을 현상이라 정의하면서 그 배후에 무엇이 있는지는 전혀 문제 삼지 않았다. 그는 현상을 외적 사물의 현상으로서가 아니라, 의식에 내재하는 의식현상으로서만 파악하고 외적 사물에 대한 인식적 관심은 괄호 속에 넣었다. 후설의 현상학은 이와 같이 의식에 직접명증적(直接明證的)으로 나타난 현상을 기술하는 것을 그 목적으로 하고 있다.(노승욱)

본질, 플라톤, 이데아, 아리스토텔레스, 형이상학, 칸트, 비판주의, 헤겔, 정신현상학, 로고스, 절대정신, 변증법, 후설, 현상학

참고문헌
G.W.F. 헤겔, 『정신현상학 1·2』, 임석진 역, 한길사, 2005.
이마뉴엘 칸트, 『순수이성비판』, 이명성 역, 홍신문화사, 1991.
에드문트 후설, 『시간의식』, 이종훈 역, 한길사, 1996.

현상학(Phenomenology)

현상의 본질에 관한 학. <현상학>이란 용어를 처음 사용한 것은 J.H. 람베르트(≪신기관 (Neues organ)≫1764)이며 넓은 의미에서 보자면 칸트의 인식론이나 헤겔의≪정신현상학≫도 이에 속하지만 일반적으로 현상학이라 하면 에드문트 훗설이 말한 <순수현상학>을 의미한다. 물론 이 경우에도 주창자는 훗설이 아닌 프란츠 브렌타노(1838-1917)로 보아야 할 것이다.

훗설의 현상학은 자연과학의 발전 속에서 일종의 심리주의로 전락한 철학의 위기를 극복하고 모든 사실학에 대한 근본학으로서의 위치를 본질학에 복권시키려는 의도를 지니고 있다. 그에 따르면 인간의 인식주관을 초월해서 존재하는 대상이란 없으며, 모든 대상은 주관적인 노에시스(noesis:생각한 것)에 의해 구성되는 노에마(noema:생각된 것)에 지나지 않는다. 구체적으로 '음영 진' 물체의 색깔을 동일한 하나의 색으로 인식할 수 있는 것은 그 색에 대한 선험적인 <본질직관>이 존재하기 때문이라는 것이다. 모든 체험은 '대상에 대한 객관적인' 것이 아니라 인식에 의해 지향된 체험(intended-experience)이다. <현상학적 환원>은 경험과학의 초월적인 객관성을 철학의 '세계-내적'인 주관성으로 되돌리는 것을 목표로 한다. 그러나 주관성은 학문의 범주가 될 수 없으므로 <괄호치기>와 <판단중지>를 통해 대상을 그것이 처해있는 다양한 인식적·사태적 연관으로부터 떼어내어 구체적이고 논리적인 개념으로 다루어야 한다.

<본질직관>을 출발점으로 파악한 스승과 달리 하이데거는 <존재>가 모든 인식의 전제라고 본다. 아리스토텔레스에 의하면 정의는 유개념이 종개념보다 포괄적일 것을 요구하는데 세계-내에는 존재보다 더 큰 개념이 없으므로 존재는 정의내릴 수 없다는 것이다. <현존재 dasein>는 이중 가장 우위에 놓이는 존재이다. <사용사태전체성>에 의해 한 존재는 다른 존재를 위해 존재하지만 결국 모든 존재의 종착점은 현존재이기 때문이다.(이를테면 벽은 못을 위해, 못은 액자를 위해, 액자는 그림을 위해, 그림은 인간을 위해 존재한다) <현존재>는 유일하게 <시간>을 소유하고 있는 존재자로 덕분에 끊임없이 <무>와 직면하지만 비본질성에 대한 자각을 통해 끊임없이 본질성을 되찾는 존재의 <성실성>을 그 근본으로 삼는다.

반면 사르트르는 대상을 즉자존재(스스로 존재하는 자), 주체를 대자존재(즉자에 의존하여 존재하는 자)로 규정하여 현존재에 우월성을 둔 하이데거의 철학에 정면으로 반대한다. 그에 의하면 <존재>의 근원은 <현존재>가 아니라 <무>로 대자존재(인간)는 자신의 실존을 회피하려는 이성의 노력 때문에 본질적인 존재로 살아가지 못하는 <불성실>을 존재의 목표로 삼고 있다고 한다.

이 외에도 메를로퐁티는 신체(감각기관)를 중심으로 현상을 탐구한 <감각의 현상학>으로 유명하며, 폴·리쾨르는 현상학적 방법을 원용하여 <해석학>이라는 독특한 학문적 장을 발전시켰다.(노희준)

참고문헌

한국현상학회 편,『현상학이란 무엇인가』, 심설당, 1983.
에드문트 훗설,『순수 현상학과 현상학적 철학의 이념들』, 칼슈만 편, 최경호 역, 문학과 지성사, 1997.
마르틴 하이데거,『존재와 시간』, 이기상 역, 까치, 1988.
장 폴 사르트르,『존재와 무』, 손우성 역, 삼성출판사, 1993.

현상학적 문예학(독 Phänomenologische Literaturwissenschaft)

현상학적 문예학이란 후설(E. Husserl)의 현상학에 정향된 문학연구방법 일반을 지칭한다. 그리고 하이데거(M. Heidegger), 사르트르(J.-P. Sartre), 메를로 퐁티(M. Merleau -Ponty), 리쾨르(P. Ricœur) 등은 후설의 현상학을 계승하거나 수정했는데, 이러한 작업들도 현상학적 문예학 연구에 크게 기여했다. 후설의 현상학은 인간이 자기 자신 및 세상에 대해 명료한 의식을 획득하는 것을 목표로 한다. 여기서 세상은 주어진 사실의 총화로 파악되는 것이 아니라, 인간의 의식구조가 지니고 있는 능률의 지평으로 파악된다. 후설에 의하면 모든 공간적-시간적 존재는 단지 의식주체와의 관계 속에서만 의미를 지닌다. 현상학적 성찰은 사물이 어떻게 의식현상으로 나타나는가에 대해 주목한다. 여기서 대상의 구조는 의식의 능률, 즉 지각, 표상, 기억, 반성 등의 행위와 과정을 통해 파악된다.

후설의 이러한 선험적 현상학을 비판하는 가운데 하이데거(M. Heidegger)는 '세계-내-존재(In-der-Welt-Sein)'가 현존재의 기본상태라는 사실을 밝혀낸다. 하이데거의 존재론적 사유는 '이해의 선구조(先構造)'가 현존재 자체의 실존적 선구조의 표현임을 밝혀내는 가운데, 시간, 언어, 이해라는 삼각관계를 부각시킴으로써 현상학적 문예학에 기여했다. 이해의 역사성과 순환구조 그리고 이해의 선취적 성격 등은 텍스트 해석과 문학적 의미형성과정을 성찰하기 위한 중요한 요소들이다. "해석은 결코 대상을 어떤 전제 없이는 파악하지 못 한다"는 하이데거의 인식은 가다머(H.-G. Gadamer)의 '현상학적 경험에 대한 이론'에 커다란 영향을 미쳤다.

현상학적 문예학의 발전에 결정적으로 기여한 사람으로는 우선 후설의 제자 로만 인가르덴(Roman Ingarden)을 꼽을 수 있다. 그는 문학텍스트의 구체화라는 문제를 제기했는데, 이 문제는 이저(W. Iser)의 글에서 심미적 영향이론의 핵심을 이룬다. 미메시스 이론에 정향된 생산미학 내지 표현미학에 등을 돌리고, 이저는 더 이상 문학이 무엇인가를 묻지 않고, 문학이 독자의 의식에 어떻게 작용할 수 있는가를 묻는다. 그러나 인가르덴과는 달리 이저는 독자의 행위를 불확정성부분(Unbestimmtheitstellen)을 완성시키는데 국한시키지 않는다. 그는 불확정성을 '여백(Leerstellen)'이라고 부르는데, 이 여백은 무엇보다도 먼저 텍스트와 독자간의 역동적인 상호작용을 가능하게 해준다. 이 상호작용을 통해 텍스트의 의미는 수용자의 생각 속에서 구체화된다.

콘스탄츠학파에 속하는 사람들 중에서는 현대문학의 다양성 내지 현대문학과 다른 미디어와의 다양한 얽힘 현상이 현상학적 문예학을 설명할 수 있는 생산적 도전으로 파악하는 일련의 연구물들을 발표하기도 했다. 이 연구물들에 의하면 인가르덴의 미학은 리얼리즘적 환상문학을 기술 하는 데는 쓸모가 있지만, 현대의 반환상문학을 기술하기에는 역부족이라는 것이다.

그밖에 현상학 쪽으로 방향을 맞춘 문학인류학에 대한 관심을 표명하는 연구물들도 나오는데, 이 연구물들은 인간의 픽션에 대한 욕구에 관해 묻고, 나아가 상상력의 산물로서의 문학이 인류학적 장치를 얼마나 반영할 수 있는지를 규명하고자한다.(임호일)

현상학, 지평, 세계-내-존재, 여백

참고문헌

E. Husserl, Gesammelte Werke. Husserliana, Bde. I-XXX, Den Haag, 1950.

J. Derrida, La voix et le phénomène, Paris, 1967.

R. Ingarden, Vom Erkennen des literarischen Kusntwerks, Darmstadt, 1968.

Metzlerlexikon. Literatur- und Kulturtheorie(Hrsg. v. A. Nünning), Stuttgart, 1998.

현상학적 비평(現象學的 批評, Phenomenological Criticism)

실증주의의 외적 객관성과 형식주의의 내적 객관성을 다 함께 거부하기 때문에 현상학적 비평은 작품 내재적 접근이면서도 문학을 미적 대상으로 보지 않고 '체험'으로 본다. 물론 여기서 체험이란, 언어로 표현된 작가의 체험, 곧 텍스트 '속'의 체험일 뿐만 아니라 독서 감상의 문학적 체험, 곧 작품세계를 나의 현실로 "다시 산다."는 의미의 체험이다. 그만큼 현상학적 비평은 '실존적'이라고 할 수 있다.

이런 현상학적 비평은 한국 문학에 있어서 낯설지 않다. 실존주의 성찰에 의존하고 있는 점을 감안하면 그 수용 시기는 실존주의 사조와 문학이 도입된 1950년대까지 거슬러 올라갈 수 있다. 그러나 엄밀한 의미에서 살펴보면, 부분적으로나마 1960년대부터 수용되기 시작해서 이제는 서구에서처럼 하나의 독립된 문학연구 방법으로서 인식되고 있다.

현상학적 비평은 웰렉의 경우 아직 독립된 하나의 비평이 아니다. 이것은 그에게 철학적 비평, 곧 실존주의 비평의 한 갈래에 지나지 않는다. 그는 독일에 있어 실존주의를 심리학, 전기, 사회학, 지성사 등 문학 외적 요소를 배격하고 텍스트로 돌아가는 비평으로 기술하고 과거 · 현재 · 미래의 시간 양상을 서사적 · 서정적 · 극적 양식에 연결시킨 슈타이거의 체계 시학(장르론)을 그 전범으로 들었다. 사실 슈타이거는 장르의 현상학자이다. 특히 웰렉에게 레이몽, 베겡, 풀레, 블랑쇼 등 제네바 학파의 이론들은 '진정한' 의미의 실존주의 비평으로서 시인의 특별한 '의식'과 실존적 감정의 발견을 목표로 한 비평관의 원천이었다.

문학 현상학이라는 문예학 명칭을 부여한 그리제바하의 '현상학적 방법'은 실존적 비평과 구분되는 하나의 독립된 비평이면서도 제네바 학파가 제외된 만큼 그 개념은 매우 한정되어 있다. 다시 말하면 후설의 현상학적 인식론을 '작품 그 자체로!'라는 문학 내재적 접근 방식으로 수용한 것이 그의 현상학적 비평의 골격이다. 객체인 작품뿐만 아니라 주체인 비평가의 '현상학적 환원'을 가장 중요한 비평 개념으로 다룬 것도 이 때문이다. 작품이란 관찰자(비평가)에 직접적으로 모습을 보이는 그대로의 '현상'이며 관찰자는 따라서 아무런 전제나 편견 없이 이 현상을 바라보고 기술해야 한다는 것이다. 이런 점에서 그도 현상학적 비평을 실증주의뿐만 아니라 실존적 방법과도 엄격히 구분한다. 왜냐하면 실존적 방법도 '삶과 작품의 비분리성'을 특성으로 하고 '실존'이라는 전제조건을 달고 있기 때문이다.(노승욱)

실증주의, 형식주의, 실존주의, 웰렉, 슈타이거, 레이몽, 베겡, 풀레, 블랑쇼, 제네바 학파, 실존주의 비평, 그리제바하, 훗설, 현상학적 환원

참고문헌
이남인, 『현상학과 해석학』, 서울대학교출판부, 2004.
조셉 J. 코켈만스, 『후설의 현상학』, 임헌규 역, 청계, 2000.
박이문 외, 『현상학』, 고려원, 1992.

현상학적 환원(現象學的 還元, 독 Phänomenologische Reduktion)

후설이 엄밀한 학, 모든 학의 근본학, 보편학을 지향하며 내세운 현상학의 이념을 실현하기 위한 방법의 하나. 후설은 그 방법을 환원, 판단중지, 괄호침, 배제 등의 술어로 지칭하고 있으나 '환원'이라는 말로 총칭하는 것이 일반적 통례이다. 그러니까 현상학적 환원은 판단중지, 괄호침, 배제 등과 같은 의미로 쓰이기 때문에 다의적인 개념에 가깝다고 할 수 있다. 현상학적 방법이 적용되는 구체적인 절차인 현상학적 환원은 판단중지와 환원이라는 두 단계로 나누어진다(괄호침과 배제는 판단중지에 부수적인 상황으로 볼 수 있다).

현상학에서 '판단중지(에포케)'란 객관적인 인식의 가능성을 입증하기 위한 방법이다. '판단중지'란 어떤 사물에 대한 진술의 진위 여부를 주장하지 않는 것이 아니라 어떤 사물에 대한 일상적인 판단을 배제하고 일단 괄호 안에 묶어 무효화하는 것이다. 판단중지를 통해서 사물의 우연적 속성을 배제하고 본질을 찾아낼 수 있는 것이다. 그러나 사물의 본질은 사물 속에 내재하는 것이 아니라 사유를 통해서 우리의 의식 속에 구성된다. 사물의 본질을 발견하기 위해서 그것을 구성하는 원천인 의식의 내부로 되돌아가는 것, 이러한 인식 상황에 적용되는 방법이 환원이다. 곧 현상학적 환원이란 본질인식의 근원으로 되돌아간다는 좁은 의미 외에도 판단중지, 배제, 괄호침 등과 동의어로서 넓은 의미로 사용된다.

현상학적 환원은 자연스러운 태도와 자연과학적 태도를 선험적 태도로 변화시키기 위해서 수행되는 구체적인 절차로 '형상적 환원'과 '분석과 기술', '선험적 환원'과 '본질 직관'으로 나누어진다. 먼저, '형상적 환원'은, 자연적 인격적 자연과학적 태도가 사물을 인식 비판적으로 검토하지 않고 그 존재를 자명한 것으로 받아들이는 존재 확신을 배제하고 그 사물을 명징하게 인식하기 위해서 사물의 본질을 찾아내는 절차이다. 이를 위해서 사물의 경험적 현상에 대한 판단을 중지하고(에포케), 사물에 관해서 가진 존재 확신이 아무런 타당성을 갖지 못한다는 의미에서 '영(zero)'이란 지표를 붙여 괄호 속에 묶어 유보한다(괄호치기). 이렇게 한 다음, 사물에 관한 '자유로운 변경'이라는 사유 실험을 전개한다. 사유 실험에서 변되는 것과 변경되지 않는 것의 분석과 분류를 통해서 이를 체계적으로 정리하고 서술하는 것이 기술이다. '분석과 기술'은 독자적인 절차가 아니라 서로 병행하는 절차이다. '분석과 기술'이 상세할수록 대상의 본질도 비례하여 상세해지겠지만 어떤 대상의 속성을 남김없이 분석하고 기술한다는 것이 실제로는 불가능하다. 이렇게, 형상적 환원은 판단중지, 자유로운 변경, 분석과 기술을 통해서 사물의 본질을 찾아내는 절차이기 때문에서 '본질적 환원'이라고도 부른다.

'선험적 환원'은 형상적 환원에서 얻어낸 본질을 다시 의식으로 내재화하는 절차이다. 사물의 경험적 현실성을 배제하고 찾아내려는 본질은 의식의 영역을 초월하여 어디엔가 실재하는 플라톤의 이데아와는 다르다. 경험적 현실성을 가진 대상과 그 존재근거가 의식 속에 자명하게 근거를 마련하면 본질은 일단 의식의 내면에 끌어들여야 하는데, 이처럼 초월적인 본질을 의식 안에 배치하는 절차가 '선험적 환원'이다. 의식에 내재화된 본질은 직관함으로써 파악된다는 점에서 '본질직관'이라고 부른다. 후설은 '본질직관'을 경험적 현실성을 가진 사물을 직관하는 '감성적 직관'과 구별해서 '범주적 직관'이라고 명명한다. '감성적 직관'이 사물을 바라보는 상태 그대로 전일적으로 파악하는 것이 특징이라면, '범주적 직관'은 사물의 여러 개념적 속성을 개별적으로 직관하면서도 그 속성들이 구성하는 하나의 통일적인 대상을 직관하기 때문에 여러 작용 단계를 거쳐 이룩한 자명한 본질에 대한 직관이다. 후설의 엄밀한 학으로서의 철학 이념은 철학을 이렇게 자명한 근거로 삼는 본질 인식의 이론 체계를 확립하고자 한다.

후설의 '현상학적 환원'은 대상세계의 존재를 자명한 것으로 소박하게 확신하는 인식태도에 대하여 자명성의 근거를 다시 묻고 인식이 궁극적인 자명성을 재해석하려는 이론의 기획이다. 이것은 현상학적 환원이 자연적 일상적 태도에 담긴 기존 관념에 대한 부정과 파괴를 통해서 확신에 가까운 통념들을 배제하거나 괄호침으로써 모든 신념들을 무너뜨리는 창조적인 파괴를 시도한다. 그러나 일상적인 신념의 배제나 파괴는 회의주의자나 상대주의자들과는 달리 사실적인 대상세계를 부정하는 것으로 그치지 않는다. 신념을 일단 괄호 안에 묶어놓고 그것에 관한 주관적인 신념만을 부정하고 파괴한다. 이런 까닭에 현상학적 환원은 모든 일상적 신념을 무효화하고, 주관에 남아 있는 모든 편견이나 선입관으로부터 해방된 순수의식을 잔여물(이를 '현상학적 소여'라고 한다)로 남기는 긍정적인 기획을 목표로 삼는 것이다.

현상학이 표방하는 학문적 절대 이념의 재구축 시도는 1차 세계대전 이후 서구사회가 스스로 붕괴시킨 계몽의 기획을 합리주의에 기초하여 재건하려는 철학적 노력이라고 할 만하다. 현상학의 엄밀한 학, 존재의 자명성에 대한 현상학적 환원이라는 방법론은 문학에도 많은 영향을 미친다. 현상학적 비평 또는 기술비평은 판단중지를 통한 편견과 선입견을 배제하고 작품에 내재된 의미를 분석하고 기술하며 작품의 본질을 파악하는 것을 지향한다.(유임하)

판단중지, 배제, 괄호침

참고문헌

신구현, 「현상학적 환원과 그 철학적 의의」, 한국현상학회 편, 『현상이란 무엇인가』, 심설당, 1983.

한전숙, 『현상학의 이해』, 민음사, 1984.

피에르 테브나즈, 『현상학이란 무엇인가』, 심민화 역, 문학과지성사, 1995.

현실(現實, Real)

이상(理想)이나 당위(當爲) 등과 대립되는 뜻을 갖는 개념을 의미한다. 현실은 가치적인 개념이라기보다는 사실성(事實性)을 더 강조하는 의미를 지닌다. 따라서 현실에 입각한 언표(言表)는 "어떻게 해서든지 ~하지 않으면 안 된다."라는 형식으로 표현된다. 이것은 이상이나 당위의 언표 형식인 "어떻게 해야 한다"라는 표현과는 확연히 구별되는 실재성을 지니고 있다.

또한 현실은 꿈(夢), 환상과 대립되는 개념으로 그 구별의 기준에 관해서는 인식론(認識論)에서 문제될 때가 있다. 모든 사물의 본질적인 성격이 잠세적(潛勢的)으로 있는 가능태에 반해서 현실은 그것이 실재로 나타난 실현태(實現態), 완성태(完成態)를 의미하기도 한다. 현실은 반드시 현재적인 것만이 아니며 과거의 이루어진 사실도 현실이라고 할 수 있으나 그와 같이 보기 위해서는 그것이 현재적 현실과의 연관을 나타낼 수 있어야만 한다.

문학상의 용법에서 현실은 '삶의 조각(斷片)', 즉 현실의 정확한 표상을 나타내는 허구의 방법, 혹은 문학적 형식인 사실주의(realism)에 의해 구체화된다. 사실주의는 "눈으로 본 것이 그대로 펜으로 내려와 글자가 된다."라는 샹플뢰리의 말에도 함축되어 있는 것처럼, 가치중립적인 객관성과 현실에 대한 정확한 모사를 기법적 특징으로 갖는다.

근대적 서사 양식인 소설의 발달과 더불어 등장한 사실주의는 진리란 개인에 의해서 개인의 감각을 통해서만 발견될 수 있다는 관점에 그 토대를 두고 있다. 또한 개개인의 인간행동을 표현함에 있어서 중요하게 다루어진 것은 윤리적, 규범적인 동기보다 경제적이고 현실적인 동기였다. 사실주의 작가는 소설이 일반 독자의 삶과 다름없는 인생을 반영하고 있다는 것을 보여주기 위해서 매우 세속적인 유형의 인물들을 주인공으로 내세운다.

경우에 따라서 사실주의에 비판적 사실주의, 환상적 사실주의, 낭만적 사실주의, 변증법적 사실주의, 사회주의적 사실주의 등의 개념적 수식어가 붙어서 그 의미가 확장될 수 있다. 이때 보다 넓은 의미로 확장된 소설의 사실주의는 그것이 어떤 종류의 삶을 어떻게 표현하느냐의 문제보다는, 작품에 투사되는 작가의 세계관이 어떠한 것이냐의 문제와 밀접한 관련을 가진다. 현대에 있어서 사실주의는 단순한 소재나 기법이 아닌, 바로 작가의 세계관의 영역과 직결되는 것이라고 할 수 있다.(노승욱)

이상, 당위, 인식론, 실현태, 완성태, 허구, 세계관, 사실주의, 비판적 사실주의, 환상적 사실주의, 낭만적 사실주의, 변증법적 사실주의, 사회주의적 사실주의

참고문헌
귀라루, 『사실주의 문학의 이해』, 조성애 역, 동문선, 2000.
한용환, 『소설학 사전』, 고려원, 1992.

현실계 ☞ 실재계

현실도피주의(現實逃避主義, Escapism)

현실에 대한 인식, 비판에 무관심하거나 외면하려는 경향. 중국의 은둔사상이나 도교의 노장 사상 등도 인간이 부딪히게 되는 현실의 문제들을 해결하기보다는 회피하거나 초월하여 자연 속에서의 삶을 지향한다는 점에서 이 경향을 지니고 있다고 할 수 있다.

한국문학에 있어서는 문학에 나타나는 퇴폐적(頹廢的), 유미적(唯美的) 경향을 경계하는 비 판의 목소리로 현실도피주의란 용어가 등장한다. 신문학의 초창기에는 신채호가 구소설의 통 속성과 비현실성, 신소설에 빈번히 등장하는 연애 행각이 현실을 도피하는 경향을 보이고 있다 며 당대 문학의 경향을 비판한다.

1930년대 후반에는 임화가 박용철의 이론을 들며 순수문학을 내세운 이들의 문학이 현실도 피적이라고 비판한다. 현실도피적인 경향은 '우리의 생존에는 백해무익한 것'이라는 주장이다. 당시 순수문학은 카프 문학의 경향성, 도식성에 반기를 들고 등장하는데, 그 선두에 시문학파가 있다. 이들은 시어의 조탁, 회화성의 강조 등을 통해 시의 현실에 대한 대응력보다는 시 자체의 예술성을 부각시키고자 한다. 시문학파와 이후 결성된 구인회는 순수문학을 한국 문학의 한 흐 름으로 자리매김하는데 큰 역할을 하게 된다.

순수문학에 대한 비판은 1939년과 1945년에 나타난 김동리에 대한 비평에서도 나타난다. 유 진오와 김동석은 김동리의 문학과 '생의 구경(生의 究竟)'이론에 대해 현실 도피적이라는 비판 을 하여, 문학가들은 이에 대한 논쟁이 벌인다. 이후에도 순수문학은 참여문학론, 리얼리즘문학 론, 농민문학론 등과 대립하며 문학의 순수성을 옹호해온다. 1980년대에 이르면 민중문학이 주 류를 이루면서 이러한 순수문학의 모습이 거의 드러나지 않지만, 현실도피주의는 문학 비평의 일각으로 존재한다.

그러나 순수문학에 대한 이러한 비판은 사회주의 사상이나 리얼리즘 문학을 지향하는 문학 가들에 의한 것으로 순수문학을 현실도피문학이라고 규정지을 수는 없다. 순수문학은 검열의 눈을 피해 우회적으로 현실 비판 의식을 드러내거나, 현실에 대응할 수 있는 심적 여유를 생산 해낼 수 있게 한다. 또한 문학의 예술성에 대해 인식하고 이를 발전시킬 수 있게 했다는 점에서 그 의의를 찾을 수 있다.(추선진)

문학의 순수성, 순수문학, 순수문학논쟁

참고문헌

홍신선 편, 『우리문학의 논쟁사』, 어문각, 1985.

류양선, 『한국근현대문학과 시대정신』, 박이정, 1996.

현실원리(Principle of reality)

심리적 활동을 지배하는 두 원칙 중의 하나로서 쾌락원칙에 대응하는 개념이다. 환각 속에서 만족을 추구하는 쾌락원칙에 따라서만 유기체의 심적 활동이 이루어진다면, 그 유기체는 결국은 생명을 유지할 수 없게 된다. 그러므로 심리 장치는 쾌락원칙을 수정하고 현실원칙에 따라 활동할 필요가 있다. 프로이트에 따르면 "그 유기체로 하여금…일차과정으로부터 즉각적으로 생기는 환상을, 감각 기관의 차원에서 발생하는 것과 연관시켜주는 규제 메커니즘, 즉 현실 적응 기제를 가정해야 한다." 여기에서 프로이트는 이러한 기능을 담당하는 것이 자아라고 가정한다. 자아는 유기체 내부에서 발생한 욕구들을 환상 속에서 즉각적으로 충족시키는 일차과정을 방해하는 기능, 즉 에너지의 자유로운 흐름을 묶는 "접촉제한"의 기능을 수행하며, 욕구의 대상의 현실적 존재를 검증하는 기능(현실검증)을 수행한다. 자아의 이러한 현실 검증 기능은 「자아와 이드」에서 자아의 형성에 대한 프로이트의 발생학적 설명과 관련된다. 자아는 '외적 현실과의 대면'을 통해 분화되어진 이드의 한 부분으로서 이 자아의 핵은 "지각 체계"(SE 19, 24)이다. 「심리적 사건의 두 원칙에 관한 정식」에서 프로이트는 현실원칙의 구체적인 활동 내용으로서 관련해 주의력, 기억, 현실에 대한 기억 흔적과 심적 표상의 비교, 그리고 운동에 의한 발산을 통한 즉각적인 만족을 규제하고 연기하도록 만드는 사고 기능 등을 언급한다. 프로이트는 쾌락원리를 성충동, 현실원칙을 자기보존충동 혹은 자아충동과 연관시키며, 쾌락 생산에만 전념하는 원초적 형태의 자아를 쾌락자아라고 부르며, 유용한 것을 추구하며 손해를 입지 않으려는 쾌락원칙을 수행하는 자아를 현실자아라고 부른다. 현실원칙은 쾌락원칙의 완전한 폐기라기보다는 지연된 만족 추구라는 점에서 쾌락원칙의 수정에 지나지 않는다. 이러한 점에서 현실원칙의 작동 방식 역시 상상계(라캉)에 속한다고 하겠다. "일차과정과 이차과정이 발생하는 것도 같은 장소에서이다."(Sem. II, 145)(홍준기)

현실원칙, 쾌락원칙, 현실자아

참고문헌

S. Freud, The ego and the id, SE IXI, London: Hogarth Press, 1973.

_____, Formulations on the two principles of mental functioning(1911), in: SE XII, London: Hogarth Press, 1973.

J. Lacan, The Seminar Book II. The Ego in Freud's Theory and the Technique of Psychoanalysis, New York, London: W. W. Norton & Company, 1978.

현실의 환상(Illusion of reality)

문학적 사건들이 허구적인 것이라 알려졌음에도 마치 사실인 것처럼 느껴지는 감각. 또는 영화에서, 실재하는 세계가 아니라 필름에 빛이 투과된 이미지에 지나지 않는다는 것을 알고 있음에도 불구하고 마치 사실처럼 느껴지는 감각을 가리킨다. 이를 두고 콜러리지는 "불신(不信)을 기꺼이 멈추는 것"이라고 한 바 있다.

현실성의 환상이 일어나는 것은 예술적 의사소통의 두 측면에서 고려될 수 있다. 하나는 작품 자체의 성격으로서, 감상자들이 현실감을 느끼도록 적절한 형식과 내용으로 구성되어야 한다는 것이다. 다른 하나는 그렇게 구성된 작품에 호응하여 스스로 현실성을 구성해내는 감상자 자신의 능력이다. 그리하여 감상자들은 자신이 읽고 잇는 소설이나 보고 잇는 영화가 허구인 것을 언제나 금방 인식할 수 있지만, 실제로는 마치 사실인 것처럼 느끼게 되는 것이다.

그러나 이러한 환상을 주는 것만이 예술 작품의 전부는 아니다. 오히려 사실성의 환상을 주는 예술적 관습과 장치들을 의도적으로 뒤집어놓음으로써, 감상자들로 하여금 작품이 제공하는 환상으로부터 벗어나 일정한 거리를 유지하면서 작품을 감상하게 만드는 경우도 있는 것이다. 이는 사실성의 환상을 주는 작품들이 그 자연스러움으로 인해 도리어 감상자들에게 그릇된 현실관을 제공할 수도 있기 때문이다. 그런 점에서 이처럼 사실성의 환상을 깨는 것은 실제 현실을 좀더 객관적으로 보게 하는 효과도 있다고 하겠다. 『돈키호테』나 『트리스트람 샌디』 같은 풍자적인 작품이나 과격한 기법 실험을 하는 모더니즘 계열의 작품이 이에 해당한다. 영화의 경우, 헐리우드적인 장르 영화의 관습과 달리, 자연스럽게 연기하던 배우가 갑자기 카메라를 보면서 관객들에게 말을 거는 장면 같은 것도 마찬가지 경우이다.(장수익)

현실성, 소격 효과, 비가시 편집

참고문헌
S. T. Coleridge, Biographia Literaria, London, 1950.
D. 보드웰, 『Film Art』, 주진숙·이용관 역, 이론과실천, 1993.
T. 소벽, B. C. 소벽, 『영화란 무엇인가』, 거름, 1998.

현언시(玄言詩)

현학의 영향 속에 지어진 시를 지칭한다. 현학은 유학과 노장이 섞인 사상 체계로서, 서진(西晉) 말기에 죽림칠현을 중심으로 시작되어 동진(東晉.317-420) 때 성행하였다. 현학의 특징은 『노자』와 『장자』의 도가사상뿐 아니라 유가의 경전인 『주역』도 존중하여 유가와 도가의 두 사상을 조화·융합, 양자에 공통된 보편적인 도를 추구한 점이다. 이러한 태도는 한나라의 유교가 국교로서 존중된 데 반발, 위·진(晉)나라 지식인이 각양각색의 사상과 가치를 인정하려는 풍조로 나타났다. 주석(註釋)의 방법에서도 한나라 훈고학이 어구의 뜻이나 전고(典故)에 구애받는데 반해 현학가의 주석은 사상의 본질을 해명하는데 치중되었다. 동진시대의 현언시(玄言詩)라 불리는 철학시는 현학의 영향을 받아 나온 것이다. 한편 넓은 뜻으로의 현학은 형이상학(形而上學)을 가리키는 말로도 쓰인다.

위진(魏晉) 시대 이후 정치와 사회 상황이 대단히 불안한 국면으로 이어지자 사대부들은 재난을 피하고자 하였다. 서진 후기에 이르러 이러한 풍조는 차츰 시가 창작에도 영향을 끼치기 시작하였다. 특히 동진 시대는 불교가 크게 전파되어서 현학과 불교가 상호 결합하면서 수많은 시인들이 현리(玄理)에 대한 깨달음을 시가 형식을 통해 표출하였다.

현언시는 종영(鍾嶸)이 「시품서(詩品序)」에서 지적한 대로 "이치가 문체를 앞서고 담담하여 맛이 부족한(理過其辭, 淡乎寡味)" 폐단을 드러냈고, 예술 형상이나 진지한 감정이 결여되어 문학적 가치가 낮아 대부분의 작품이 없어지는 과정을 거쳤다. 대표적인 작가로는 곽박(郭璞), 유곤(劉琨)이 있다. 이박에 당시의 문인들은 이에 심취하여 철리적 내용을 시에 담았다. 사안(謝安 320-385)과 왕희지(王羲之 303-361)등이 지은 「난정시(蘭亭詩)」도 전형적인 현언시다. 사령운(謝靈運)에게는 현언이 가미된 산수시(山水詩)가 있고, 도연명의 몇몇 시에 보이는, 세상사의 욕심을 버린 듯한 의경은 부분적으로 현언시의 영향을 받은 흔적임에 분명하다. 하지만 대부분의 현언시는 지나치게 공허한 방향으로 흘러 현실 생활의 정감을 잃어 후인들의 환영을 받지 못한다는 지적을 받았다.(오태석)

현언시, 현학(玄學), 죽림칠현, 곽박, 유곤

참고문헌
주훈초 외, 『중국문학비평사』, 중국학연구회 고대문학분과 역, 이론과 실천, 1994.
임종욱, 『동양문학비평용어사전』, 범우사, 1997.

현존의 형이상학(Metaphysics of presence)

데리다는 형이상학의 역사에 대하여 의미의 기원으로 존재하는 중심(centre)에 맞추어진 구조 개념, 즉 "중심이라고 부르는 것에 입각하여, 안에는 물론 밖에도 있을 수 있기에 기원 혹은 종국, 원초(arché) 혹은 목적(telos)의 이름들을 구별 없이 받아들일 수 있는 이 중심에 입각하여, 반복들·대체들·변형들·치환들은 언제나 이 현존의 형태 속에서 환기될 수 있는 기원과 선취할 수 있는 종말을 가진 의미"의 역사 속에 잡혀 있다고 말한다. 데리다는 『그라마톨로지에 대하여』에서 이러한 현존의 형이상학을 로고스-음성 중심주의(logocentrism)라고 부른다. 그는 형이상학이 '백색의 신화'라고 부르는 은유의 전환을 제외하면 문자언어를 폄하해 왔음을 지적한다. 현존의 형이상학 속에서 문자언어는 "로고스 이전에는, 그리고 로고스를 떠나서는 아무 것도 아니다. 존재의 로고스, 즉 존재의 목소리에 따르는 사유는 기호의 최초이자 최후의 원천이다." 현존의 형이상학은 문자 이전에 말씀이 현존한다고 믿는 로고스 중심주의적 철학이라고 할 수 있다. 데리다는 이러한 현존의 형이상학을 해체(decontruction)하기 위하여 중심으로서의 기원과 현존을 비기원, 비현존과 동시적인 것으로 파악한다. 고정된 의미의 기원은 처음부터 존재하지 않으며, 다만 차이의 흔적만이 원흔적으로 존재할 뿐이다. 데리다는 에크리튀르(글쓰기, écriture)란 고정된 의미의 기원을 갖지 않으며, "나타나는 것과 나타남" 사이의 차이 혹은 차연

(différance)에서 발생한다고 말한다. 그에 의하면 이러한 차이의 흔적이 "현존의 의미에 대한 모든 형이상학적 문제들에 권리상 '선행'한다." "형이상학의 어떠한 개념도 그것을 기술할 수 없다." 따라서 그에게 중요한 것은 "의미 일반의 절대적 기원은 없다"는 사실이다. 그는 이러한 '차이'를 통해 현존의 형이상학이 갖는 외부(겉)/내부(속)의 이분법과 위계학을 해체한다. 기원은 비기원으로 '말소'되며, 역으로 기원은 비기원, 즉 흔적에 의해서만 형성된다. 데리다는 현존을 "기호의 기호, 흔적의 흔적"으로 간주하고, 그것이 일반화된 지칭의 구조 안에서 기능적 역할만을 할 뿐, 의미의 기원은 될 수 없음을 강조한다.(신진숙)

차연, 현존, 로고스중심주의

참고문헌

J. Derrida, 『글쓰기와 차이』, 남수인 역, 동문선, 2001.

_____, 『그라마톨로지에 대하여』, 김웅권 역, 동문선, 2004.

현존재(現存在, Dasein)

하이데거가 말하는 현존재(Dasein)란 '거기(Da) 있음(sein)'이라는 일차적인 의미를 지닌다. 즉, 현존재는 거기에 존재하고 있으며, 존재해야 하는 가능성을 의미하며, 현존재의 본질은 바로 그의 실존에 놓여 있다. 이때의 실존성은 '세계-내-존재(Das in-der-Welt-sein des Dasein)', '더불어 있음(공동 현존재, Mitdasein)', 그리고 '처해 있음(상태성, 精狀性, Befindlichkeit)'과 '이해'의 실존 범주를 갖는다.

'세계-내-존재'로서의 실존범주인 '내-존재(in-sein)'는 어떤 세계인식이나 지각에 의해 설정되는 것이 아니라 오히려 그러한 것의 전제로서 세계와 친숙해있음, 세계에 가까이 있음, 세계 안에 있음 등을 말하는 것으로 이미 나름대로 하나의 세계를 발견하고 있는 것을 의미한다. 따라서 세계-내-존재는 우선 주위 세계를 이해하고 주위 세계와 친숙해 있으며, 세계-내-존재자는 존재자를 그때마다 현존재가 장악한 그 가능성의 지평 안에서 만난다.

'더불어 있음'으로서의 현존재가 타인들, 즉 세인(世人, das Man)과의 세계-내-존재함을 뜻한다. 따라서 현존재의 주인으로서 '누구'는 주체(subject)도 또한 '나'도 아닌 '그들'이다. 타자는 나와 함께 공동의 세계(Mitwelt)를 형성하면서 그 속에 함께 살고 있는 공동 현존재이다.

'처해 있음'으로서의 현존재는 기분을 통하여 현사실성으로 존재자가 그 자신의 거기에 던져져 있음을 지시한다. 그리고 현존재가 존재론적 대화를 통해 자기 내부의 본래성으로서의 존재 가능의 가능성들에 자신을 기획투사하고, 그렇게 함으로써 그것들을 가능성들로서 드러내거나 이해한다. '이해' 속에서 현존재는 기투된 가능성의 탈은폐되어 있음으로 존재한다.

따라서 현존재는 존재자와 달리 그 자신을 세계-내-존재로서 세계의 일상성에 퇴락되어 있으면서 동시에 개시하는 존재이며, 피투되면서 동시에 자유의 의미를 기투할 수 있는 존재의 가능성을 지닌다. 현존재는 죽음과 같은 세계의 무의미성으로부터 오는 존재의 불안을 통해 자신의 수동적이고 비본래적인 존재의 피투성을 극복하고 본래적인 존재의 의미를 이해하고 기투를 통하여 개시한다. 현존재는 불안 속에서 자신 속에 있는 불가능성인 그 무(無) 앞에 처하게 되며, 그래서 죽음을 향한 존재는 본질적으로 불안하고, 죽음을 향한 본래적 존재는 죽음 앞에서 결단을 내리는 '불안에의 용기' 자체라고 말할 수 있다.(신진숙)

세계-내-존재, 기투, 실존

참고문헌

F. Zimmerman, 『실존철학』, 이기상 역, 서광사, 1987.
김종두, 『하이데거에 있어서의 존재와 현존재』, 서광사, 2000.
소광희, 『하이데거의 「존재와 시간」 강의』, 문예출판사, 2003.

현학(玄學)

사상사적으로 위진남북조는 현학(玄學)의 시대이다. 양한대의 사상에서 천인감응의 참위설적 동중서(董仲舒)가 정면 인물이라면, 왕충(王充)은 반면(反面) 인물인 셈이다. 그리고 동중서는 위로 주연(鄒衍)을 이어 신권적 음양론으로 흘렀으며, 왕충은 위진대를 열어 왕필에 이어진다. 현학이란 말은 심약(沈約)의 『송서(宋書)·뇌차종전(雷次宗傳)』에 보이는데, 원가(元嘉) 년간 뇌차종이 강학을 했던 "유학, 현학, 사학(史學), 문학"중의 하나였다고 하니, 이 당시에 이미 학문의 하나로 자리 잡았음을 알 수 있다. 또한 『진서(晋書)·육운전(陸雲傳)』에는 육운이 길을 가다 왕필(王弼)의 집에 하루를 머물며 노자(老子)를 논한 후 현학에 정진하게 되었다는 내용도 있다. 현학의 시발은 동한 이래의 장기 혼란을 겪고 난 위말(魏末)인 정시(正始)년간부터이며, 하안(何晏)(약 190-249)과 왕필(王弼)(226-249), 향수(向秀)(약 227-280)와 곽상(郭象)(253-312), 그리고 완적(阮籍)과 혜강(嵇康) 등을 통해 형성 발전되었다. 이들은 『노자』, 『장자』, 그리고 『주역』을 중시하여, 이 책들에 주를 달면서 유가 입론을 대신할 새로운 사상 체계를 세워 나간 것이다.

위진 육조의 현학은 "위진 시대에 노장 사상을 중심으로 유가 이념과 조화하여, '자연'과 명교(名敎)'를 회통하는 철학 사상으로서, 그 중심 논지는 세속과 거리를 두고 '본말과 유무'의 천지 만물의 존재 근거에 관한 문제를 형이상학적으로 논한 철학 체계"라고 할 수 있다. 즉 위진 육조 현학은 기성 유가의 한계를 극복하고자 채택한 노장 철학의 위진남북조적 구현이며, 실망스럽고 유한한 현실 속의 초월적 자아 추구의 다양한 철학적 모색이었다. 실상 현학적 바라보기는 당시 모든 문예에 영향을 미쳤으며, 본체론적 우주론에 다가가고 있다는 점에서 송대 신유학과도 상통하는 부분이 적지 않다. 따라서 위진 육조의 문예 심미적 관점은 자연 송대의 문학 예술 심미와도 상당 부분 연결된다. 실제로 현학의 중요 관심 분야는, "유와 무, 체와 용, 본과 말, 일(一)과 당(多), 언과 의, 성과 정, 독화(獨化)와 상인(相因), 명교(名敎)와 자연(自然), 무심(無心)과 순유(順有)" 등과 같은 이항 대립쌍들의 상호 관계에 대한 형이상학적 규명에 초점이 맞추어져 있다.(『郭象與魏晋玄學』, p.4.) 그리고 이러한 관념들은 유협, 육기를 비롯한 당시의 많은 문론과 창작뿐만 아니라, 음악, 미술 등 예술 분야에까지 두루 영향을 미쳤다.(오태석)

현학(玄學), 명교, 자연, 왕필(王弼), 곽상(郭象)

참고문헌
오태석, 「위진남북조 문예사조론」, 『중국어문학』 38집, 영남중국어문학회, 2001. 12.
劉偉林, 『중국문예심리학사』, 심규호 역, 동문선, 1999.

현현(Epiphany)

현현(epiphany)평범하고 일상적인 대상 속에서 갑자기 경험하는 영원한 것에 대한 감각 혹은 통찰을 뜻하는 말. 원래 'epiphany'는 그리스어로 '귀한 것이 나타난다'는 뜻이며, 기독교에서는 신의 존재가 현세에 드러난다는 의미로 사용되어 왔다.

평범한 대상이나 풍경이 주는 돌연한 계시의 체험은 영국의 낭만파 시인들에 의해 일찌감치 주목된 바 있다. 윌리엄 워즈워스(W. Wordsworth)의 『서곡 Prelude』에는 현현의 순간들이 인상적으로 묘사되어 있으며, 셸리(P. B. Shelley)는 이러한 경험이 시를 영원하게 만드는 계시의 "순간들"(moments)이라 말했다.

그러나 이 개념을 현대문학의 중요한 비평용어로 정립하는 데 결정적으로 공헌한 사람은 아일랜드의 소설가 제임스 조이스(James Joyce)이다. 그는 자신의 소설 『스티븐 히어로우 Stephen Hero』에서 현현을 언어나 몸짓의 비속성 또는 마음 자체의 인상적인 국면에서 나타나는 "돌연한 정신적 현시"(sudden spiritual manifestation)로 정의하고, 문학자의 임무는 세심한 주의를 기울여 이를 기록하는 것이라 강조했다. 조이스는 원래 종교적 색채가 강했던 이 용어를 세속적인 경험에 끌어들여 독특한 미학이론으로 발전시켰을 뿐만 아니라, 『젊은 예술가의 초상 A Portrait of the Artist as a Young Man』, 『율리시즈 Ulysses』, 『피네건의 경야 Finnegan's Wake』 등 자신의 중요한 소설 창작에 현현의 기법을 직접 적용시켰다.

조이스 이후 이 용어는 미학적 경험, 소설의 기법 등과 관련하여 폭넓게 사용되고 있으며, 버지니아 울프(Virginia Woolf)를 비롯, 윌리엄 포크너(William Faulkner), 토마스 핀천(Thomas Pynchon) 등에 이르는 현대 작가들에게 커다란 영향을 미쳤다.(진정석)

존재, 영원

참고문헌
Morris Beja, Epiphany in the Modern Novel, Seattle: University of Washington Press, 1971.
민태운, 『제임스 조이스의 소설』, 전남대출판부, 2001.

협의소설(俠義小說)

협객(俠客)이나 의사(義士)의 고상한 성품과 협의(俠義)를 관철하는 행적, 그리고 그들이 지닌 초인적인 무공(武功)이나 그 무공을 습득하는 과정에 대한 묘사를 주된 내용으로 하는 소설을 가리키는 용어이다. 이 부류의 소설은 무협소설(武俠小說), 호협소설(豪俠小說), 검협소설(劍俠小說), 무예소설(武藝小說), 무림소설(武林小說), 기격소설(技擊小說) 등등의 다양한 명칭으로 불리어졌는데, 현재는 협의소설과 무협소설(武俠小說)이라는 명칭이 가장 널리 쓰이고 있다. 협의소설의 중심은 행협(行俠)과 무공(武功)이기 때문에, 인물의 행협에 묘사의 초점이 맞추어져 있으면 '협의소설', 초인적인 무공에 묘사의 초점이 주어져 있으면 '무협소설'로 불러야 한다고 주장하는 학자도 있으나, '협의소설'은 전통작품을, '무협소설'은 1910년대 이후의 작품을 지칭하는 용어로 쓰는 것이 일반적 용법이다.

호걸협객(豪傑俠客)의 행적에 관한 단편적 기록은 『좌전(左傳)』 『국어(國語)』 『전국책(戰國策)』 등 선진시기의 역사기록에서부터 찾을 수 있는데, 호협을 주인공으로 한 본격적 기록으로는 전한(前漢)때에 쓰여진 사마천(司馬遷) 『사기(史記)』의 <유협열전(遊俠列傳)>과 <자객열전(刺客列傳)>이 최초의 것으로 간주된다. 이 글들은 인물묘사와 사건 전개를 통하여 호협들의 고상한 성품과 영웅적인 행위를 묘사하고 찬미함으로써 협의류 이야기의 시발점이 되었다.

문언소설 가운데서는 한대에 쓰여진 것으로 추측되는 작자 미상의 『연단자(燕丹子)』를 최초의 협의소설 작품으로 본다. 위진남북조 소설 중에서는 간보(干寶)의 『수신기(搜神記)』에 수록된 <삼왕묘(三王墓)>와 <이기(李寄)>, 대조(戴祚)의 『견이전(甄異傳)』에 수록된 <사윤(謝允)>, 유의경(劉義慶)의 『세설신어(世說新語)』에 수록된 <주처(周處)> 등등 상당수의 작품을 협의소설로 간주할 수 있다. 당대의 전기소설(傳奇小說)에 이르면 두광정(杜光庭)의 <규염객전(虯髥客傳)>, 원교(袁郊)의 <홍선(紅線)>, 배형(裴鉶)의 <곤륜노(崑崙奴)> 등 협의소설로 분류될 수 있는 작품이 수 십 편 출현하였는데, 비록 초보적인 형태이기는 하지만 인물의 행협이나 무공에 묘사의 초점을 두고 있어서 협의소설로 간주할 수 있는 작품들이다. 송대 오숙(吳淑)의 『강회이인록(江淮異人錄)』이나, 명대의 <검협전(劍俠傳)>, 청대 포송령(蒲松齡)의 『요재지이(聊齋志異)』에 수록되어 있는 <소취(小翠)>, <교나(嬌娜)> <섭소천(聶小倩)>, <신십사낭(辛十四娘)> <협녀(俠女)> 등도 협의소설로 분류할 수 있는 작품들이다.

백화 협의소설은 송대의 화본으로부터 비롯되었으니, 나엽(羅燁)이 『취옹담록(醉翁談錄)』에서 '박도(朴刀)'류로 분류한 '이종길(李從吉)' '양영공(楊令公)' '십조룡(十條龍)' '청면수(靑面獸)' 등등과, '간봉(杆棒)'류로 분류한 '화화상(花和尙)' '무행자(武行者)' '비룡기(飛龍記)' '난로호(攔路虎)' 등등의 단편작품들은 매우 전형적인 협의류 이야기이다. 명대에 이르자 홍편(洪楩)의 <청편산당화본(淸平山堂話本)>과 풍몽룡(馮夢龍)의 『유세명언(喩世明言)』 『경세통언(警世通言)』 『성세항언(醒世恒言)』, 능몽초(凌濛初)의 『초각박안경기(初刻拍案驚奇)』와 『이각박안경기(二刻拍案驚奇)』, 주청원(周淸原)의 <서호이집(西湖二集)> 및 작자 미상의 <석점두(石點頭)> <취성석(醉醒石)> <환영(幻影)>와 같은 단편소설집 속에 협의소설로 분류될 수 있는 작품들이 다수 수록되었다.

본격적인 협의소설의 출발점으로는 명대에 출현한 『수호전(水滸傳)』을 꼽는 것이 일반적인 견해이다. 영웅소설로 분류되기도 하는 『수호전』은 송강(宋江) 등 108명의 양산박(梁山泊) 호한(好漢)들이 불의에 항거하고 탐관오리들과 맞서는 이야기가 내용의 중심을 이루고 있으며, 인물들의 호걸스러운 풍모와 비범한 육체적 능력 및 무술에 묘사의 중점이 주어져 있는 장편작품이어서, 최초의 본격적인 협의소설로 간주된다.

『수호전』이후 많은 모방작들이 나타났고, 명대 말기부터는 협의소설이 소설의 한 갈래를 형성할 수 있을 정도로 성행하였는데, 특히 청나라 중엽에 이르자 공안소설과 협의소설이 융합함으로써 새로운 형태의 협의소설이 출현하였다. 공안소설은 청렴하고 현명한 관리들이 복잡한 사건을 해결함으로써 백성들의 억울함을 풀어주고 정의를 실천하는 이야기를 내용으로 하는데, 이 공안소설과 협의소설이 융합함으로써 호협이 청관(淸官)을 도와 사건을 해결함으로써 제폭안민(除暴安民)하는 내용의 작품이 대거 등장하였는데, '공안협의소설'이라는 명칭으로 불리기도 한다. 작자 미상의 『시공안(施公安)』이나 석옥곤(石玉昆)의 『삼협오의(三俠五義)』를 대표적인 작품으로 들 수 있는데, 『시공안』의 시사륜(施仕倫)이나 『삼협오의』의 포증(包拯) 등은 모두 역사상 명성을 떨친 자들이었다. 즉, 이러한 유형의 소설은 흔히 역사상 유명한 청백리를 이야기의 중심에 두면서 비범한 무예의 소유자인 협객을 조력자로 등장시켜 이야기를 끌어 나가는 것인데, 후대의 작품으로 갈수록 작품 속에서의 협객이 차지하는 비중이 커지고 무공에 대한 묘사가 증가하였다. 그리고 문강(文康)의 『아녀영웅전(兒女英雄傳)』을 비롯한 일군의 작품은 협녀(俠女)를 등장시킴으로서 인물형상에서 비롯되는 재미를 배가시키기도 하였다.

1910년대에서 중화인민공화국이 건국되기까지의 기간은 협의소설이 매우 번영한 시기이다. 전통적인 공안소설이나 협의소설이 서구에서 수입된 탐정소설과 융합함으로써, 파란이 증가하고 구성이 복잡해졌으며, 초현실적 성분이 대폭 증가되었다. 이 때의 작가로는 향개연(向愷然), 요민애(姚民哀), 정증인(鄭證因), 궁백우(宮白羽), 주정목(朱貞木) 등을 들 수 있는데, 특히 주정목은 초절무공(超絶武功), 기병이기(奇兵利器), 독사괴수(毒蛇怪獸), 영단묘약(靈丹妙藥), 신선경각(仙山瓊閣) 등을 소설에 도입함으로써 협의소설로 하여금 새로운 단계에 접어들도록 하였다.

전통적인 협의소설이 보은복구(報恩復仇), 제폭안량(除暴安良), 초비평도(剿匪平盜) 등을 내용으로 한 데 비하여, 1910년 대 이후의 협의소설은 심보탐험(尋寶探險), 애정규갈(愛情糾葛), 간난학예(艱難學藝), 파안해미(破案解謎)등을 더했다. 전통 협의소설이 외공과 경공을 주로 묘사한 것에 비하여, 1910년대 이후의 작품은 내공(內功), 기공(氣功), 행독(行毒), 암기(暗器), 점혈

(點穴) 등을 중시하며 과장이 심하다. 즉 협의보다는 무공에 대한 서술에 주된 관심을 둔 것인데 이러한 이유 때문에 1910년대 이후의 작품은 흔히 무협소설로 불리운다.

1950년대 이후로도 홍콩과 대만에서는 협의소설이 계속 쓰여지고 읽혔다. 홍콩에서 활동한 작가로는 김용(金庸), 양우생(梁羽生), 예광(倪匡), 김봉(金鋒), 장몽원(張夢遠) 등을 들 수 있는데, 특히 김용은 신비한 무공과 파란만장한 무공의 습득과정, 금(琴), 기(棋), 서화(書畵), 의술(醫術), 무도(舞蹈) 등 각종 기예의 무공화 등을 작품에 도입하였으며, 유불도(儒佛道) 사상을 융합함으로써 선풍적인 인기를 끌었다. 대만에서 활동한 작가로는 고룡(古龍), 와룡생(臥龍生), 사마령(司馬翎), 낭홍완(郎紅浣), 반하루주(伴霞樓主), 제갈청운(諸葛靑雲), 상관정(上官鼎), 양잔양(楊殘陽), 모용미(慕容美) 등을 들 수 있다.

중국 대륙에서는 사회주의 정권 수립 이후 무협소설은 금지되었다가 1980년대부터 다시 읽히기 시작했고 90년대에 들어서는 대중문학 중에서 가장 유행하는 장르가 되었으며, 홍콩이나 대만의 작품이 대량으로 유입되어 읽혀졌을 뿐만 아니라 대륙출신 작가들도 등단하였다. 심지어 전국 규모의 '중국무협문학학회'가 창립되고 북경대학교에 <김용소설연구>라는 강좌가 개설되었으며, 김용이 절강(浙江)대학교 문과대학 학장으로 초빙되기도 했다고 한다.

협의소설은 광범한 대중과 일부 지식인들로부터 인정받고 있기는 하지만, 무협소설 읽기가 현실로부터의 도피이며 그 읽기에서 독자가 얻는 것은 대리만족이라는 점에서 부정적이다. 또한 상상적인 면에서 보수적이며, 인물 형상이나 사건의 전개에 있어서도 비현실적이고, 엽기인 소재에 많이 의존한다는 점에서 본격적인 문학작품으로 간주되기는 어렵다고 할 수 있다.(위행복)

협의소설, 공안소설, 대중문학, 본격문학, 탐정소설

참고문헌
중국소설연구회 편, 『중국소설사의 이해』, 학고방, 1994.
김학주, 『중국문학사』, 신아사, 1994.

형사(形似)

시와 회화와의 관계를 논할 때 쓰이는 평어. 예술작품이 사물의 외형을 완전히 흡사하게 묘사하는 것을 말한다. 이는 언어를 운용하는 수법이 신기의 경지에 이르러 형상을 있는 그대로 묘사한 솜씨를 감탄할 때 쓰였다. 시를 평하든 그림을 평하든 형사를 평어로 사용한 경우 대부분이 긍정적인 평가였지 작품을 폄하하려는 의도는 없었다.

그러나 소식(蘇軾, 1037-11-1)이 처음 이 말을 썼을 때 형사는 그렇게 긍정적인 의미를 담진 못했다. 그는 「서언릉왕주부소화절지2수(書鄢陵王主簿所畵折枝二首)」에서 "그림을 논할 때 형사를 쓴다면, 견해는 아동의 수준에 가깝다. 시를 쓰면서 이렇게 짓는다면, 결코 시를 아는 이가 아닐 것(論畫以形似 見與兒童隣 賦詩必此詩 定非知詩人)"이라고 지적하였다. 좋은 시와 그림은 형사의 경계를 넘어서야 하며, "신령스러움을 전하는 전신(傳神)" 경지에 이르러야 한다는 것이다. 즉 그는 형사보다는 신사(神似)의 경지를 더욱 고급스런 예술적 성과로 평가하였다. 신사란 시와 회화가 사람이나 사물을 묘사할 때 외형이 비슷한 것만 추구할 수 있는 것이 아니라 이를 바탕으로 인물의 신령스런 자태와 기운이 도달한 경지를 오묘하고 직핍(直逼)하게 표현하여 정신을 전하는 솜씨를 가리킨다.

한나라 때에 이미 사람들은 예술을 표현하는 방식에는 형사와 신사의 구별이 있음을 알고 있었다. 양자는 예술 표현상으로 볼 때 비록 구별하기 어렵지만, 비교해서 살펴보면 신사가 결국 도달하기 더욱 어려운 경지로, 예술상의 경계(境界)와 효과를 상승시키는 구실을 한다. 그러나 소식을 비롯해 이전 비평가들은 신사라는 용어를 명확하게 사용해서 개념을 정리하지 않고, 유신(有神), 전신(傳神), 신묘(神妙) 등의 말을 두로 사용하였다. 그럼에도 소식은 형사와 신사를 명확하게 대비해서 예술가는 형사를 초월하여 신사의 경지에 도달해야 한다고 주장한 것이다. 소식은 사물을 묘사하면서 전신(傳神)을 성취할 때 비로소 예술은 오묘하고 핍진한 경지에 다다를 수 있다고 보았다. 물론 소식이 형사의 중요성을 완전히 부정하지는 않았지만, 형사만 갖추어서는 이상적인 경계에 이를 수 없고 신사의 경계를 겸비하여 형신(形神)이 함께 구현되도록 하는 것이 최상승(最上乘)임을 강조한 것이다. 왕약허(王若虛, 1174-1243) 역시『호남시화(滹南詩話)』에서 "오묘함을 논할 때 형사의 밖에 있다고 하는 말은 그 형사를 버린다는 뜻은 아니다. 제재에 얽매이지 않으면서도 그 제재를 놓치지 않는 것일 뿐이다.(論妙在形似之外 而非遺其形似 不窘于題 而又不失其題 如是而已耳)"라고 하여 형사와 신사의 겸비를 논하였다.(이정선)

신사(神似), **유신**(有神), **전신**(傳神), **신묘**(神妙)

참고문헌
임종욱,『중국문학에서의 문장체제 인물 유파 풍격』, 이회, 2001.
_____ 엮음,『동양문학비평용어사전 : 중국편』, 범우사, 1997.

형상(形象)과 형상화(形象化)

형상이라는 용어는 대개 예술적 형상이라는 의미로 사용된다. 예술이 인물이나 사건, 정경을 포착하여 표현할 때에는 논리적으로 어떤 개념을 사용하여 추상화, 일반화시키는 방식으로 하는 것이 아니라 구체화, 개별화하는 방식으로 행한다. 즉 사람들의 감각에 나타나는 상(象)으로 표현되는 것이다. 더구나 그 상(象)에서 표현된 것이 단지 상 자체만으로 그치는 것이 아니고 일반적인 것, 전반적인 것을 포함하고 있는 것으로서 표현된다. 이와 같이 예술적으로 표현된 것을 형상이라 부른다. 또한 그 외에 형상은 심상(心象)이라는 말로 나타내기도 하는데, 이 때는 일반적으로 의식 속에 외적 자극을 직접 받지 않고 떠오른 감각적인 상을 말한다. 또한 넓게는 외적 자극에 의해 얻어진 감각적 상(象)을 포함하는 수도 있다. 이러한 경우 형상은 관념과 동의어가 되지만, 일층 감각과 밀접한 것이라는 의미로 사용된다.

형상화란 기호나 형식을 통해 대상, 즉 형상에 의미를 부여하는 행동이다. 대상과 형상화는 표현의 형식에 의해 매개된다. 이것은 인상과 표현이라는 두 과정으로 이루어진다. 감각적 자극을 마음의 안으로 새기는 것을 내적 형상화, 즉 인상이라고 한다. 그리고 이 인상을 언어 등의 매체를 통해 어떤 형식 속에서 밖으로 드러내는 것을 외적 형상화, 즉 표현이라고 한다. 이 두 과정은 외적 인상을 주체의 내부에 결합시키는 일과 이렇게 결합된 인상을 외부로 표출하는 것으로 이루어진다. 인상이 외적 자극에 대한 수동적 반응이라면, 표현은 그것에 대한 적극적 의미 부여이자 대응방식이다. 자극과 반응, 인상과 표현은 이때 서로 해소될 수 없는 긴장 관계를 지닌다. 인간은 형상화 속에서 자신의 경험을 그 나름으로 질서 짓는 가운데 보다 선명하게 이해하고 또 인식한다. 형상화는 표현을 통한 현실의 보다 강렬한 파악 방식이며, 형상화 또는 형식화가 주체와 객체, 감각과 의미를 일정하게 매개한다.(노현주)

심상, 매개

참고문헌
문광훈, 「지각의 방향성과 표현적 대응」, 『비평 12』, 생각의나무, 2004상반기.
김현 편, 『수사학』, 문학과지성사, 1985.

형식(形式, Form)

"형식(form)"이라는 용어는 내용을 담는 그릇과 같은 부수적인 것으로 간주되지 않고, 내용과의 긴밀한 교호성의 측면에서 이해된다. 아리스토텔레스(Aristotle)의 『시학』은 드라마, 특히 비극의 플롯(plot)의 중요성을 강조한다. 그는 "비극은 행동의 모방"이며, 이러한 행동의 모방이 "플롯"이라고 말한다. 그는 비극의 제 1원리, 즉 "비극의 생명과 영혼"이 "플롯"이라고 말함으로써 형식의 중요성을 강조한다. 그러나 아리스토텔레스는 플롯이 지니는 모방성은 그 자체로 개연성 혹은 필연성을 담보할 때에만 "보편적인 것"을 말할 수 있다고 봄으로써, 내용과 형식은 별개의 것으로 취급하지 않는다.

형식에 대한 견해는 예술 형식을 그 자체로 하나의 생명체와 동일한 것으로 보는 시각(유기적 형식, organic form)도 있고, 형식을 건축의 구조에 비유하고 내용을 그 구조에 살을 붙이는 진흙으로 보는 시각(기계적 형식, mechanic form)도 존재한다. 또 형식은 예술 작품 속의 모든 재료가 매개되어 하나의 통일성을 형성하는 것으로 간주되지만, 수학적인 상관관계와 같이 객관화할 수는 없다.

아도르노는 "형식은 부분들 상호간의 관계, 혹은 전제에 대한 관계인 점에서, 또 세부적인 요인들을 철저히 형상화하는 점에서 매개이다."라고 말하고, 형식이 형식화하는 요인들을 제한하는 것임을, 그런 점에서 예술이 반야만적인 문명성을 지닌다는 것을 간과하지 말아야 한다고 강조한다. 그는 예술적 작업에 대하여 프로크루스테스(Prokrustes)의 신화에 비유하여 "선정하고 잘라내고 포기하는 등의 형식화 작업"임을 강조한다. 예술 작품 속에서 현상으로 나타나는 것이 잠재적으로 모두 내용이기도 하고 형식이기도 하다. 물론 그것은 동일성의 반복만을 의미하는 것이 아니라, 비동일성으로서의 타자성까지도 형식화하는 것이라는 점에서 예술 형식의 특수성이 존재한다. 그러므로 형식은 현상으로 나타나는 것으로 하여금 규정되도록 하는 요인이며, 내용은 규정되는 요인으로 인식된다. 그런 의미에서 형식이란 "침전된 내용"이라고 할 수 있다.(신진숙)

형식주의 비평, 플롯, 내용

참고문헌
Aristotle 『詩學』, 천병희 역, 문예출판사, 1993(개역판).
T. W. Adorno, 『미학이론』, 홍승용 역, 문학과지성사, 1997(재판).

형식주의 비평(형식주의 비평, Formalism criticism)

형식주의 비평은 미국의 신비평(new-critics)을 지칭하기도 하지만 일반적으로 러시아 형식주의를 지칭한다. 러시아 형식주의자들은 하나의 학파라기보다는 일군의 비슷한 생각들을 가진 학자들의 모임이라고 할 수 있는데, 대표적인 이론가로는 슈클로프스키(V. Shklovsk), 아이헨바움(B. Eichenbaum), 티니아노프(J. Tynyanov) 그리고 야콥슨(R. Jakobson)이 있다. 신비평가로는 윔사트(W.K. Wimsatt), 비어즐리(M.C. Beardsley), 테이트(A. Tate), 브룩스(C. Brooks), 버크(K. Buerke) 등이 모두 이에 포함된다.

토니 베네트(T. Bennet)는 러시아 형식주의의 공통적 특징에 대하여 다음 세 가지를 거론한다. 첫째, 형식주의는 문학 연구를 과학적 기반 위에서 확립시키고 문학 자체에 맞는 방법과 절차를 사용하여 자율적 과학을 이루기 위해 노력하였다. 이것은 우선적 관심사로서 '문학성'의 문제를 수반하는데, 다른 형태의 담화와, 특히 산문적 언어나 일상 언어와 문학 및 시를 구별할 수 있는 형식적이고 언어학적인 성질들을 자세히 구분하는 문제를 중시한다. 이러한 점에서 러시아 형식주의는 텍스트의 구성에 역동적으로 작용하는 역사의 힘을 강조하는 역사주의적 비평과 대립한다. 둘째, 형식주의자들은 문학이 현실의 반영이 아니고 또 그렇게 될 수도 없으며 오직 특별한, 기호적으로 구성된 현실의 의미화일 뿐임을 주장함으로써 문학 이론에서 모방론에 관계된 설득력을 분쇄시키려고 노력했다. 형식주의는 문학 텍스트가 현실 세계에 대하여 습관적 인식을 배제하고, 현실을 '낯설게 하는'(defamiliarization) 효과를 강조한다. 셋째, 형식주의는 이전의 문학 형식들이 규약과 관습에 의하여 현실에 가하는 통일된 체계를 문학 작품이 폭로하거나 낯설게 하는 데 도움이 되게 해 주는 그런 형식적 구조에 관심을 가진다. 그리고 이러한 형식 구조에 대한 강조는 이후 구조주의의 출발점이 된다.

한편 영미의 신비평은 이러한 형식주의적 경향과 유사한 흐름을 보이는데, 이를테면 신비평의 중심 용어라고 할 수 있는 아이러니(irony), 패러독스(paradox), 긴장(tension), 모호성(ambiguity), 복잡성(complexity), 결(texture), 오류(fallacy) 등과 본질적 비평(intrinsic criticism), 문맥적 비평(contextual criticism) 등은 시의 내적 질서 및 유기적 전체성 분석이라는 신비평의 목적을 잘 보여준다.

형식주의는 "일상 언어의 범주에 의하여, 지배 이데올로기 형식에 의하여, 또는 다른 문학 작품의 규범에 의하여 현실에 가해진 특별한 유형의 사고 또는 지각을 전복시키는 가운데 우리의 세상을 지각하는 방법을 지배하는 그러한 형식을 약화시키는 것"이라는 평가와 함께, 예술적 장치의 형식적 작용을 작품 자체의 목적으로 강요한다는 비판을 동시에 받는다.(신진숙)

구조주의, 텍스트, 신비평

참고문헌
T. Bennet, 『형식주의와 마르크스주의』, 임철규 역, 현상과인식, 1983.
이기철, 『시학』, 일지사, 1985.

형이상학(形而上學, Metaphysics)

율곡(栗谷)은 『율곡전서』에서 "理形而上者, 氣形而下者, 二者不能相雜"라고 말하고 있는데, 우주의 원리인 "이(理)"를 "형이상(形而上)"으로, 물질의 원리인 "기(氣)"를 "형이하(形而下)"로 본다. 보편적으로 형이상학을 '단순한 현상(mere appearance)'과 대립되는 '실재(實在, reality)'의 탐구에 전념하는 학문을 일컫는다. 형이상학은 전체 사물들의 체계적 연관성에 대한 물음이라는 매우 일반적인 특징으로부터 출발하는 학문이다. 즉, 전체로서의 우주의 본성과 기원에 관한 물음, 인간의 본성과 운명에 관한 물음, 신(神)의 존재에 관한 물음 등을 그 출발점으로 삼는다. 이런 물음들을 통해 형이상학은 어떤 종류의 사물이 우선적으로 '실체'라고 불릴 수 있는지 문제 삼고, 우선적으로 필연적이지 않은 것은 부수적인 것으로 판단한다. 때문에 형이상학은 실재/현상, 보편자/개별자, 정신(영혼)/육체의 관계는 서로 대칭될 뿐만 아니라 위계화되는 경향을 지닌다.

형이상학적 전통은 사물의 현상 배후의 제 1원리로서의 불변적인 진리로서의 신과 같은 "순수형상"을 구하고자 하였던 고대 철학자 플라톤(Plato)과 실재 하는 것 가운데 존재하는 원리를 지성적으로 파악하고자 하였던 아리스토텔레스(Aristotle)로부터 시작된다. 이것이 중세에는 토마스 아퀴나스(Thomas Aquinas)를 거쳐, 17세기에 이르면 정신을 모든 사실 가운데 가장 확실한 것으로 인식하였던 데카르트(Descartes), 신과 자유에 관하여 논하였던 스피노자(Spinoza), 라이프니츠(Leibniz)를 거쳐 19세기 초 헤겔(Hegel)의 철학으로까지 이어진다.

　18세기의 철학자 칸트(Kant)는『순수 이성 비판』(critique of pure reason)에서 자신이 사변 형이상학이라고 불렀던 동시대의 형이상학을 비판하면서 다음 두 가지 방식으로 형이상학을 특징짓는다. 그는 첫째, 주제의 측면에서 형이상학의 주요 관심사는 신, 자유, 불변성이고, 둘째 형이상학이 포함하고 있는 판단들의 형태의 측면에서 선험적 종합판단들을 포함해야 하는 것이 바로 형이상학의 필요조건이라고 말한다. 이러한 그의 생각은 오래도록 형이상학적 진술의 핵심으로 받아들여져 왔다.

　한편 하버마스는 형이상학적 사유의 본질을 동일성의 사유로 파악한다. 이때 동일성의 원리는 일자와 다자라는 추상적 개념을 통해 세계를 이해하는 방식으로, 일자는 다자에 대하여 원인과 근거로서의 동일성이며, 다자는 일자로부터 파생된다. 일자(동일자)는 플라톤적인 이데아와 비슷하다. 즉, 이데아가 다양성으로부터 추출할 수 있는 가장 이상적인 질서인 것처럼, 일자의 동일성은 다자의 전체-통일성을 의미한다. 동일성의 원리 속에서 일자는 모든 이념에 대하여 가장 상위의 개념으로 존재한다. 형이상학은 이러한 동일성의 원리를 통해 주체/타자, 일자/다자의 위계질서를 구축한다.(신진숙)

형상, 현상학

참고문헌

W. H. Walsh,『형이상학』, 이한우 역, 문예출판사, 1990.
J. Habermas,『탈형이상학적 사유』, 이진우 역, 문예출판사, 2000.
D. W. Hamlyn,『형이상학』, 장영란 역, 서광사, 2000.
황의동 편저,『율곡 이이』, 예문서원, 2002.

형태론(形態論, Morphology)

　형태론은 통사론(統辭論)과 함께 문법의 2대 부문 또는 여기에 음성학(音聲學)이 합쳐진 문법의 3대 부문의 하나로, 단어의 어형변화(語形變化)와 그 구성을 다루는 문법적 연구이다. 언어 음성을, 의미를 갖는 최소 단위의 음성군(형태소와 단어)으로 조직화하는 과정을 가리킨다. 즉 형태소의 됨됨이, 그 종류, 그리고 그것이 모여서 낱말을 만드는 방법, 또는 낱말을 형태소로 분석하는 방법을 연구한다. 그러므로 형태론은 단어의 내적 구조를 다루는 분야로 전체 언어학의 한 하위 부문이다. 특징은 소리의 연쇄인 음성적 언어를 다루는 것이 아니라 의미 기호로서의 단어를 다루는 것이다. 전통문법에서 형태론이란 단어의 형태(굴절 및 파생)의 연구로서, 기능의 연구 즉 통사론에 대립한다. 현대 언어학에서는 형태론이라는 용어에 두 가지 주된 의미가 있다. 하나는 단어의 내부 구조를 지배하는 규칙, 즉 단어를 구성하기 위한 어근 형태소(語根 形態素) 사이의 결합 규칙의 기술(記述)과 수(數), 성(性), 시제(時制), 인칭(人稱)의 범주에 따라서, 또 격(格)에 따라서 그들의 단어가 취하는 다양한 형태의 기술이며, 문을 구성하기 위한 어휘 형태소 사이의 결합 규칙을 기술하는 통사론에 대립한다. 나머지 하나는 단어 내부 구조의 규칙의 기술임과 동시에 문 중에서의 구(句) 결합 규칙의 기술이다. 이 경우는 형태론은 통사론과 혼동되고 어휘론이나 음운론에 대립한다.

생성문법(generative grammar)에서는 형태부가 음운부와 통사부의 중간에 자리 잡은 것으로 규정되고 있다. 형태부와 통사부의 경계는 엄격하지 않다. '배 없이 건너기가 어렵다'에 나타나는 '-이'는 형태론적으로는 파생접사(派生接辭)와 같으나 기능상으로는 '없다'에 붙어 '배'를 서술한다. 한편 구조언어학에서의 형태론이란 최소 자립 형식인 단어의 기술적 분석을 뜻한다. 하나 또는 둘 이상의 형태소로 이루어진 단어에 대하여 그것을 구성하는 형태소의 종류, 그 배열의 순서와 관계, 결합에서 일어나는 음운변화 등 단어의 내부구조에 관한 문법적 연구를 가리킨다.(강웅식)

생성문법, 구조언어학

참고문헌
한국학연구원, 『국어국문학사전』, 대제각, 1989.
이응백·김선풍 외, 『국어국문학자료사전』, 한국사전연구사, 1998.
한글학회 편, 『국어학사전』, 한글학회, 1995.
이은정, 『국어학·언어학 용어사전』, 국어문화사, 1995.
M.H.아브람스, 『문학용어사전』, 최상규 역, 보성출판사, 1995.
김영석·이상억, 『현대형태론』, 학연사, 1993.
김봉주, 『형태론』, 한신문화사, 1987.

형태주의(Formalism)

형태, 형식(form)은 내용에 대응하는 비평 용어로 플라톤 이후 예술 일반에 등장한다. 형태주의는 건축의 내용보다는 형태를 강조하는 경향으로, 문학에 있어서는 형식주의로 통용된다.

형태주의는 좁게는 1950-1960년대 현대건축의 전환기에 성행한 한 건축 양식의 조류를 의미한다. 2차 세계 대전 이후 건축가들은 모더니즘에 대한 회의에 빠지게 된다. 이에 반모던(anti-modern)과 네오모던(neo-modern)이 동시에 나타나게 되는데 반모던의 선봉으로 등장한 것이 형태주의다. 그러나 반모던과 네오모던은 외양이 다르기는 하지만, 그 내면은 모던에 대한 회의라는 점에서 공유점을 가지고 있으며 이는 형태주의의 경우도 마찬가지다. 모더니즘에 대한 회의에 의해서뿐만 아니라 형태주의는 당시 건축들이 가지고 있던 일률적 외양에 대한 반발에 의해서도 제기된다. 2차 세계 대전 이후 재건을 위한 부동산 개발이 대대적으로 시작되는데 이 때 경제적·생산적 효율을 높이기 위해 건축들이 동일한 외양으로 지어진다. 이러한 상황을 지켜본 건축가들 사이에서 건물의 외양, 즉 형태에 대한 관심이 필요하다는 주장이 나타나기 시작한다.

형태주의는 모더니즘의 거장 르 코르뷔지에(Le Corbusier)에게서 그 시초를 찾을 수 있다. 르 코르뷔지에가 1950년대에 짓기 시작한 인도 찬디가르의 공공건물들에는 치밀하게 계산된 합리적 논리성보다는 즉흥적 경외감을 구하려는 조형의지가 강하게 느껴진다. 여기에는 1920-1930년대 르 코르뷔지에 건축의 특징이었던 '정합(正合)'의 논리성이 '정반합(正反合)'의 다양성으로 변화해 있다. 그리고 자유곡선 속에 내재되어 있는 조형의지라는 형태주의 개념을 찾을 수 있다.

르 코르뷔지에의 변화는 처음부터 자유형태를 추구했던 몇몇 모더니즘 건축자들을 부각시키게 되면서 행태주의를 정착하게 한다. 이를테면 키슬러(Kiesler)의 경우를 들 수 있는데, 그의 비정형 경향은 이후 현대 건축에서의 자유형태 운동 전반에 큰 영향을 준다. 형태주의 경향은 이후 마르셀 브로이어(Marcel Breuer)와 오스카 니마이어(Oscar Niemeyer)등의 콘크리트 건축가 그룹에 의해 지속적으로 추구된다.

또 이 시기 2차 대전의 승리와 유럽 예술인들의 대거 이동에 의해 미국의 회화가 급격히 부각되기 시작한다. 그리고 '뉴 모뉴멘탈리즘(New Monumentalism)'이 나타난다. 이것은 정확한 정의가 내려진 명칭이거나 구체적인 양식 운동은 아니지만, 좁은 의미로 2차 세계 대전 이후 새롭게 부상한 신흥 제국 미국에서 그 위상에 맞는 상징적 건축물을 추구한 건축운동을 일컫는다. 웰리스 해리슨(Wallace Harrison)의 유엔 본부가 대표적이다. 미국뿐만 아니라 2차 대전 이후 구축된 새로운 권위적 상징 건축들 속에 나타난 자유형태를 향한 조형 의지는 이후 중요한 건축적 모티프로 자리 잡게 된다.(추선진)

형태, 형식, 형식주의, 뉴모뉴멘탈리즘

참고문헌
임석재, 『형태주의 건축운동』, 시공사, 1999.
장 장제르, 『르 코르뷔지에, 인간을 위한 건축』, 김교신 역, 시공사, 1997.

호명(呼名, Interpellation)[1] ☞ 소환

호명(interpellation)[2]

주체 형성의 주요한 구성 요인으로서, 사회적 질서가 개인을 주체로 강제해 내는 지배적 질서의 메카니즘. 알튀세르는 '이데올로기가 개인을 주체로 호명한다'고 말한다. 즉 호명을 통해 이데올로기는 개인을 주체로 만들어내며 개인은 자기를 지배하고 있는 이데올로기에 무의식적으로 동화된다. 한 개인을 주체로 만드는 데에는 가정, 학교, 직장, 언론을 포괄하는 '이데올로기적 국가기구'가 관여한다. 개인은 호명에 응하여 주체가 됨으로써 비로소 사회 속에서 생각하고, 발언하고, 행동할 수 있게 된다. 호명은 라캉에게 있어 상징적 동일화와 유사한 개념이다. 상징적 동일화란 상징적 질서 내에서 나에게 주어진 자리 혹은 장소에 대한 동일화이다. 이것은 내가 택하는 것이 아니라 타자가 나를 바라보는 관점에서 그 자리를 떠맡는 것이다. 이러한 상징적 동일화를 통해 주체는 사회적으로 부여된 상징적 위임을 떠맡게 되고 그것을 통해 자아를 실현한다.

하지만 호명을 통해 만들어지는 자율적 '주체'란 결국 '이데올로기적 국가기구'라는 타율을 통해 만들어진 '객체'에 불과하다. 푸코는 근대적 주체가 실은 객체에 불과함을 폭로하고 더 나아가 자아가 스스로 자신을 형성하는 대안적 방법을 모색한다. 그 대안이 바로 '자아의 테크놀로지'라는 존재미학이다. 푸코는 법과 통제 하에 놓인 수동적이고 무력한 개인이 아니라 자유의 실천으로서의 자기의 윤리학을 설파하는 '자기' 개념을 도입하였다. 이러한 '자기의 테크놀로지'를 통해 푸코는 권력과 지배의 테크놀로지로부터 자기 형성의 테크놀로지로의 전환을 시도한다. 또한 들뢰즈·가타리는 '욕망이 주체보다 우선한다'는 논의를 통해 지배 이데올로기를 거부할 수 있는 주체의 가능성을 보여준다.(권채린)

참고문헌
알튀세르, 『레닌과 철학』, 백의, 1995.
미셸 푸코, 『자기의 테크놀로지』, 동문선, 1997.

호모 나렌스(Homo Narrans)

호모 나렌스는 라틴어로 '이야기하는 사람'을 뜻하는 말로서, 이야기를 하고 싶고 나아가 이야기를 소비하고 싶어 하는 인간의 본능을 강조하기 위해 사용된다. 원래 이 단어는 서술 이론을 커뮤니케이션 분야의 연구에 접목시키고자 했던 아이오와 대학의 월터 피셔(Walter R. Fisher)에 의해서 사용되었다. 이후 1999년에 존 닐(John D. Niels)이 자신의 책 제목으로 사용하면서 널리 알려지게 되었다. 그에 의하면 인간은 이야기를 하고자 하는 강한 본능이 있고, 또한 이야기를 통해 사회를 이해하게 된다는 것이다. 최근에는 디지털 기술의 발달로 인해 인터넷을 가장 친숙한 커뮤니케이션의 도구로 삼는 인구가 많아지면서 온라인 공간을 통해 홈페이지, 블로그, UCC 등을 자유롭고 적극적으로 생산·소비하는 세대 전반의 특징을 지칭하기도 한다. 이들은 자신의 취향이나 기호를 적극적으로 드러내고 또 같은 관심사에 대한 정보 공유에서 나아가 새로운 정보를 요구하거나 창조해냄으로써 디지털 기술이 이야기를 단절시킬 것이라는 우려를 넘어 온라인 자체를 하나의 이야기 소통의 장으로 만든다. 2008년 한국에서 열린 <디지털 리더스 포럼>에서는 이처럼 변화하는 소비자 환경을 따라 기업들 역시 이들을 '디지털 호모 나렌스'라 명명하면서 제품의 생산·유통 과정 자체에 디지털 스토리텔링을 부여함으로써 제품을 통해 이야기를 나눌 수 있는 방식에 주목하기도 하였다.(남승원)

월터 피셔, 존 닐, 디지털 스토리텔링

참고문헌
John D. niels, 『Homo Narrans』, Univ of Pennsylvania Pr, 2010.
한혜원, 『디지털 시대의 신인류 호모 나렌스』, 살림, 2010.

호모 루덴스(Homo Ludens)

　호모 루덴스란 놀이인을 지칭하는 말로서, 그것은 공작인(homo faber)이라는 말과 대비되는 개념이다. 공작인이란 근대 세계의 노동 개념과 연관되는 것으로, 공작인 모형은 놀이에 대하여 개인적인 노동 역량을 증대시키는 데 필요한 부수적인 활동으로 간주한다. 그것은 조직 생활 속에서 목적합리적 행위를 강조하며, 놀이와 여가 활동을 노동을 보완하는 합리적 목적 추구 활동 형태로 만들어 간다. 즉, 공작인 모형은 노동을 근본적인 인간 욕구이고 사회적 실존의 중심으로 간주하며, 의사소통, 놀이, 사회성 등은 주변화 하는 것을 특징으로 한다.

　그러나 호이징가(Huizinga)는 놀이가 인간욕구에서 비합리적인 요소를 강조함으로써 욕구와 사회에 대한 상이한 사고를 보여준다. 그는 놀이의 네 가지 특징을 분명히 하고 있는데, 그것은 놀이를 문화와 문명의 발전과 깊은 연관성을 지니는 것으로 전환하는 사유의 전개를 갖는다. 그가 지적하는 놀이의 특징은 다음과 같다. ①자유. 놀이는 자발적인 행위이며, 자유라는 본질에 의해서 즐거움을 추구하는 놀이는 유용성을 전제하지 않는다. ②상상력. 놀이는 일상적인 혹은 실제의 생활이 아니라 실제의 삶을 벗어나서 아주 자유로운 일시적 활동의 영역으로 존재한다. 따라서 놀이는 투사, 모순, 암시, 환상 등의 상상력을 전제로 하는 활동이다. '단지 하는 척하다(only pretending)'의 허구성을 통해 놀이 주체는 진지한 삶을 구현한다. 놀이와 진지함의 구분은 유동적인 것으로 존재할 뿐이다. ③무관심성(disinterestedness). 놀이인은 어떤 대상을 이해관계나 목적의식 없이 바라보는 심적인 태도를 지닌다. 놀이의 비일상성은 놀이를 욕망의 직접적인 만족 여부의 바깥에 놓이게 한다. 그러나 정규적으로 반복되는 휴식 행위로서의 놀이는 우리 삶의 보완자로서 삶 전체의 불가결한 요소이다. 놀이는 자유로운 표현이라는 이상과 공동생활이라는 이상을 만족시키는 생의 기능을 갖는다. ④긴장. 놀이가 지니는 긴장, 평형, 안정, 전환, 대조, 변주, 결합과 해체, 그리고 해결의 과정은 그대로 전형적인 삶의 과정, 즉 실험, 기회, 경쟁 등과 관련성을 지닌다. 따라서 놀이인은 놀이를 통하여 욕망, 용기, 끈기, 역량, 그리고 공정성을 배우게 된다. 요약하면 호이징가가 말하는 놀이인이란 놀이를 통하여 자유로운 상상력을 통한 비일상성, 혹은 탈일상성을 실천하는 유희적 존재이다.(신진숙)

　공작인, 유희

참고문헌

J. Huizinga, 『호모 루덴스』, 김윤수 역, 까치, 1993.

C. Rojek, 『포스트모더니즘과 여가』, 이진형 역, 일신사, 2002.

호모 사케르

　조르지오 아감벤(Giorgio Agamben)의 『호모 사케르(homo sacer)』는 그리스인들이 삶(생명)이라는 개념을 표현할 때 '비오스'와 '조에' 두 가지 용어를 모두 사용했음을 지적하면서 논의를 시작한다. 그리스 시대에는 정치적인 삶이 '비오스'와 관련된 것이었지만 오늘날에는 푸코의 주장처럼 단순히 살아 있는 생명 그 자체가 정치의 대상이 되고 있다. 근대 정치는 조에를 폴리스의 영역에 도입하게 되었는데 이로써 "원래 법질서의 주변부에 위치해 있던 '벌거벗은 생명'(nuda vita)의 공간이 서서히 정치 공간과 일치하기 시작하며, 이런 식으로 배제와 포함, 외부와 내부, 비오스와 조에, 법과 사실이 무엇으로도 환원되지 않는 비식별역으로 빠져드는 것"이 근대정치의 특징적인 국면이라고 아감벤은 지적한다. 근대 정치는 인민(people)의 범주에 정치적으로 배제된 존재인 '벌거벗은 생명'을 포함시키려 하지만 이는 인민 속에 다른 국민으로 존재하게 하려는 것이 아니라 배제의 영역을 설정함으로써 불가능한 인민의 범주, 법의 영역을 은폐하는 효과를 산출한다. 따라서 주권권력에 대항하여 얻어낸 것들(자유, 인권 등등)이 오히려 개인들의 삶을 국가나 법의 영역 내부에 포함·종속됨으로써 주권 권력의 기반이 되는 역설적 상황을 초래하게 된다.

이러한 '벌거벗은 삶'의 담지체를 아감벤은 '호모 사케르'의 형상에서 찾고 있다. 그가 인용하는 에르노메이예의 『라틴어 어원사전』에 의하면, '호모 사케르'는 성스러운 동시에 저주받은 자로서 양의적인 의미를 지니고 있다. 호모 사케르를 살해하는 것은 법의 영역 밖의 일이므로 처벌될 수 없지만 그렇다고 희생될 수도 없는 존재로서 신적, 종교적 영역으로부터도 배제되어 있는, 이중적 배제에 놓인 존재가 바로 호모 사케르이다. 아감벤은 '호모 사케르'의 형상을 통해 "성스러운 것과 세속적인 것, 종교적인 것과 법적인 것 사이의 구별에 선행하는 어떤 지대에 위치해 있는 원초적인 정치적 구조"를 드러내고 있다.(차성연)

참고문헌
조르지오 아감벤, 박진우 역, 『호모 사케르』, 새물결, 2008.
김태환, 「예외성의 철학」, ≪문학과 사회≫, 2004.8.

호방(豪放)과 완약(婉約)

호방(豪放)과 완약(婉約)은 특히 송사(宋詞)에서 주로 사용하는 대비 풍격 용어이다. 호방의 사전적 의미는 기세가 호탕하고 거침이 없으며, 감정이 자유분방하다는 뜻이고, 완약은 문체가 완곡하고 함축적이라는 뜻을 지니고 있다. 명나라의 장연(張綖)은 "진관(秦觀 1049-1100)에게는 완약함이 풍부하고, 소식(蘇軾 1037-1101)에게는 호방함이 넘친다"고 하며 완약과 호방 풍격을 대비 설명했으며, 장연보다 조금 늦은 서사증(徐師曾)은 『문체명변(文體明辯)·서설(序說)』에서 "문체에 관해 논한다면 완약이 있고 호방이 있다. 완약을 주로 하는 이들은 문체와 정서를 온화하고 부드럽게 하고자 하고, 호방을 주로 하려는 이들은 자신의 기상을 크고 넓게 하고자 한다"고 풍격적 차이를 구분했다.

사는 본래 기루(妓樓)의 정경을 읊기에 합당한 여성성을 지니고 있었다. 이러한 작품들은 소령(小令) 위주의 짧은 완약사(婉約詞)였으나, 북송 후기로 접어들면서 도시인의 통속적 내용을 길게 읊는 만사(慢詞)가 발달하더니, 각종 문예 장르를 자기 나름대로 소화한 소식에 가서는 송대의 사풍(詞風)을 일대 변화 시키며, 이전까지의 여성적 필치 위주의 사의 소재를 지양하고 남성적이며 철학적 내용을 시쓰는 방식으로 짓게 되었다. 이러한 방식을 시로써 사를 짓는다는 뜻에서 '이시위사(以詩爲詞)'라고 한다. 그의 「염노교(念奴嬌)-적벽회고(赤壁懷古)」 같은 것은 적벽대전의 역사적 웅장함을 사에 담은 호방사(豪放詞)의 대표작이다.

호방과 완약으로만 풍격이나 유파가 다양한 송사를 개괄하기에는 부족하지만, 송사의 풍격과 격조가 혹은 "그늘지고 부드러운 성격 陰柔"이 강한지 혹은 "밝고 굳센 성격 陽剛"이 강한 지에 대한 두 가지 기본적 성향을 잘 설명하고 있어 송사의 예술적 풍격을 이해하는데 도움을 준다.(오태석)

완약, 호방, 진관(秦觀), 소식(蘇軾), 완약사(婉約詞), 호방사(豪放詞)

참고문헌
고려대학교민족문화연구소 중국어 편찬실, 『中韓大辭典』, 1995.
임종욱, 『동양문학비평용어사전』, 범우사, 1997.

호색본(好色本)

호색본이란 남녀의 애욕(愛慾)을 주제로 하는 소설이나 산문의 문학작품을 총칭하는 말이다. 그러나 일본문학사에서 말하는 문학용어로서의 개념은 에도시대(江戶時代,1603-1868)의 우키요죠시(浮世草子, 에도시대에 화류계를 중심으로 한 세태(世態)나 인정(人情) 등을 묘사한 소설) 작가인 이하라 사이카쿠(井原西鶴)의 작품인 『호색일대남 好色一代男』, 『호색이대남 好色二代男』, 『호색오인녀 好色五人女』, 『호색일대녀 好色一代女』, 『남색대감 男色大鑑』 등을 선두로 해서, 그러한 작품에 이어지는 남녀간의 사랑과 성을 주제로 하는 일련의 작품을 일컫는 말이다. 우키요(浮世)는 넓은 의미로는 현세라는 의미가 있으나, 좁은 뜻으로는 호색을 의미한다. 따라서 호색본은 호색의 뜻을 갖고 있는 우키요 죠시의 기본적인 양식(樣式)의 하나라고 볼 수 있다.

이하라 사이카쿠의 호색본 중에서 1682년에 출판된 『호색일대남』은 작품을 54개의 단편으로 구성하고 있다. 이 책은 전54권으로 구성된 일본 최고의 고전으로 손꼽히는 『겐지모노가타리 源氏物語』를 모방한 것으로, 이 작품이 호색본의 대표작으로 거론되는 것은 작품의 내용 때문인데, 주인공 요노스케(世之介)는 일생을 호색적으로 살아가는 인물로 묘사된다. 그는 7살 때 사랑을 알았으며, 일생동안 그가 관계한 여성이 3742명이나 된다. 동성애 상대도 725명이나 되었다. 의절(義絶), 방랑, 유산 상속을 거치면서, 여러 유곽에서 호색 생활을 한다. 그러다 60세에 여인들만이 산다고 하는 뇨고노시마(女護島)로 떠난다는 내용이다. 이 작품은 특히 인간의 호색을 리얼하게 묘사해서 종래의 소설에는 없는 새로운 영역을 개척했다는 호평을 받게 되고, 그는 이 작품을 통해 인기작가로서의 토대를 마련했다.

일본의 호색본은 상중하(上中下)의 세 등급이 있다. 첫째는, 애욕에 관한 명확한 주제나 문제의식, 미의식을 가지며, 그것을 형상화하는 과정에서 필연적으로 성 묘사가 이루어지는 종류의 작품이다. 앞에서 예로 든 이하라 사이카쿠의 작품이 그러한 예에 속한다. 둘째, 애욕 그 자체의 흥미보다도 애욕을 계기로 다분히 익살스러운 해학과 연애 이야기를 모은 것들이다. 여기에 해당하는 작품은 이하라 사이카쿠의『호색성쇠기 好色盛衰記』(1688) 등이다. 셋째, 성적 흥미로 독자를 동원하고자 하는 것으로, 설화도 관능묘사를 이끌어 내는 복선(伏線)에 지나지 않는 춘본(春本,남녀의 정사장면을 흥미 본위로 쓴 책)이다. 여기에 해당하는 작가는『호색적오모자 好色赤烏帽子』(1695)의 도린도 초마로(桃林堂蝶麿)가 있다.

이들 호색본은 명치 이후에는 문학에 대한 본질적인 자각과 권력의 압력으로 인해 그 수가 많지는 않게 된다.(오석윤)

우키요 죠시, 애욕, 춘본

참고문헌
小町谷照彦 編,『古典文學基礎知識必携』(「國文學」42), 學燈社, 1991.
『日本古典文學大辭典』제2권, 岩波書店, 1983.

호오고(法語)

법(dhamma) 이란 불교경전에서는 그 의미가 다양하다. 주된 의미는 다음 3가지로 볼 수 있다. 첫째, 법이란 '존재' 그 자체의 의미, 즉 "제법무상(諸法無常, 모든 존재가 덧없음)을 뜻한다. 둘째, 법은 존재는 어떤 것이며 어떻게 있어야 하는가 하는 '존재의 법칙'을 의미한다. 셋째, 법은 '교법(敎法)', 즉 부처의 가르침을 의미하기도 한다. 특히 부처의 교법으로서의 법은 부처가 깨달은 존재의 법칙을 기반으로 말해지며, 그 전언을 문자로 수록한 것을 법어(法語)라고 한다.

부처가 '깨달은'(正覺) 존재의 법칙이란 "연기(緣起, 인연에 의한 생기)"라고 할 수 있다. 이 깨달음을 원천으로 하여 불교가 생성되었으며, 그 내용들이 구전으로 전해오다가 문자로 정착된 것이 불교의 경전이다. 특히 게(偈)는 이러한 부처의 법어(法語)를 시와 같은 운문으로 창작한 것을 일컫는다. 그 예로『雜阿含經(잡아함경)』에 실린「有偈品(유게품)」은 '시가 있는 경전'이라 할 만큼 모든 법어들이 운문화되어 있다. 게에 사용된 게구(偈句)의 형식은 대체로 4구로 하고, 이에 5-7자와 같이 1,2句를 더하는 경우가 있다.

다음은「유게품(有偈品)」에 실려 있는 <파기사(婆耆沙)>라는 내용의 게(偈)이다. <옛적에 나 시작에 탐닉하야/마을에서 마을로 고을에서 고을로 떠돌았으니/ 한때 나 정각자(正覺者)를 우러러 뵈옵고/나 깊은 바른 믿음 생기나니/ 부처는 내게 인간과 존재의 참된 상(相)을 설(說)하시어/나 그 가르침으로 얻은바 집을 나와 집 없는 사람이 되나니(むかしわれ詩作にふけりて/村より村'町より町を経めぐれり/時にわれ正覚者にまみえまつりて/わが衷に正しき信は生

じたり)>.(신진숙)

注 : 게(偈)는 인도문학이나 불전 중의 성가(聖歌)나 운문으로 된 글을 이르는 말로 수행자들은 이를 게송(偈頌)으로 만들어 음송하였다.

불교문학

참고문헌
增谷文雄, 「詩(偈)のある経典」, 『『阿含經典』を読む 2』, 角川書店, 1985.

혼성성 ☞ 잡종성

혼종(Hybrid)/혼종성(Hybridity)/혼종화(Hybridization)

혼종성이란 종종 무역과 정치적 권력의 불균형의 결과로서, 인종과 문화의 이질적인 요소들이 혼합된 일반적인 '현상'을 의미하며, 혼종화는 혼합되는 '과정'을 의미한다. 혼종은 이러한 혼종화의 '결과'를 나타낸다.

바흐친은 모든 언어는 '혼종화'를 통해 진화하며, 이러한 언어의 혼합하는 보편적 성질을 "비의도적·무의식적 혼종화"라 부르고, 이와 대조적으로 구체적인 언어 상황에서 개인이 어떤 특정한 목적을 위해 여러 계층의 언어를 섞어서 사용하는 것을 "의도적·의식적 혼종화"라고 부른다. 바흐친에 의하면 비의도적 혼종화가 두 사회적 언어의 불투명한 혼합을 의미하는 반면, "의도적 혼종화"는 두 언어의 갈등을 통해 하나의 사회적 언어가 다른 것을 "밝히는 것", 즉 저항적 언어의 "살아 있는 이미지"를 다른 언어의 영역에 '새기는 것'을 의미한다. 바흐친은 혼종성을 문학 작품 속의 패러디와 아이러닉한 문장들의 분석을 통해 예증한다.

한편 혼종성에 대한 보편적인 개념 정의는 탈식민주의 이론과 비평 속에서 전개된다. 호미 바바(H. Bhabha)는 혼종성을 양가성(ambivalence)과 밀접한 개념으로 설명한다. 바바는, 지배자의 허용과 금지라는 이중의 정책, 즉 '나를 닮아라. 그러나 같아서는 안 된다'라는 양가적 요구에 피지배식민자는 지배자를 부분으로 닮을 수밖에 없으며, 피지배자는 '부분적 모방'인 '흉내내기(mimicry)'를 통해 '혼종화' 된다고 말한다. 그러나 바바는 '흉내내기'는 지배자의 모범을 따르는 '모방(mimesis)'인 듯하지만 동시에 이를 우습게 만드는 '엉터리 흉내(mockery)'가 되는 전복의 전술로 이용될 수 있다고 말한다. 즉, 혼종성은 "인지, 흉내, 조롱의 책략으로 식민지 권위를 위협하는" 식민적 권위의 내용과 형식의 반환을 의미하며, 이러한 혼종성은 "자아/타자, 내부/외부의 대칭과 이원성"을 구축하는 지배자의 법칙을 해체한다. "그것은 대립항 사이에 혼란의 씨를 뿌리면서 또한 대립항 사이에 존재하는 동시적 작용이다." 이런 식으로 "지배의 실천 속에서 지배자의 언어는 혼종적인 것, 즉 이도 저도 아닌 것이 된다." 바바의 후기 논문에서 자주 등장하는 "차이", "제 3의 공간" 등은 혼종성에서 변화, 발전한 개념이다.

그러나 맥클린턱(A. mcClintock)은 이러한 해체적 혼종성이 서구 중심적 역사의 "탈중심화" 주장임에도 불구하고 비판 대상인 식민주의의 지배 주체였던 서양을 중심으로 세계 역사를 "재-중심화"한다고 비판한다. 따라서 현대의 탈식민주의 이론은 해체적 혼종성과 함께 언술적인 책략을 통한, 중성적 모방이 아닌 비판적 모방의 의도적 혼종성의 필요성을 강조한다.(신진숙)

노마드

참고문헌
박상기, 「탈식민주의의 양가성과 혼종성」, 고부응 편, 『탈식민주의 이론과 쟁점』,· 문학과지성사, 2003.
B. Moore-Gibert, 『탈식민주의 저항에서 유희로』, 이경원 역, 한길사, 2001.
P. Childs, P. Williams, 『탈식민주의 이론』, 김문환 역, 문예출판사, 2004.

혼카도리(本歌取り)

와카(和歌) 표현 기교의 하나로, 옛 노래의 일부(용어·어구) 또는 발상을 의식적으로 자신의 와카 작품에 인용 또는 내포시키는 기법이다. 이 기법의 노리는 바는, 그 배경으로 이용한 원래의 노래(=「혼카(本歌)」)가 갖는 미적 세계나 정취 등을 작품 속에 되살려, 그 읊고자 하는 작품 세계를 보다 복합적이고도 중첩적인 것으로 하는 데에 있다. 이 기법의 태동은 이미 『만요슈(萬葉集)』에 보이기 시작하고, 그 이후의 『고킨슈(古今集)』등에는 이 기법의 사용이 명백히 확인되는 작품이 보이기도 하지만, 헤이안(平安) 말기에 이르기 전까지는 기존 작품의 모방이라 해서 오히려 저평가하는 부정적인 시각이 팽배해 있었다. 그러던 것이 후지와라노 슌제이(藤原俊成)라는 헤이안(平安) 말기 최고의 와카 작자에 의해서 의식적으로 장려되어, 문학 표현의 한 기법으로서 보다 적극적으로 평가 받기에 이르렀다. 가장 성행했던 것은 중세 초기의 칙찬집(勅撰集) 『신코킨슈(新古今集)』가 이루어졌던 중세 초기였으며, 이 시기 최고의 와카 작자 후지와라노 테이카(藤原定家)는 아버지 슌제이(俊成)의 가통(歌統)을 이어받아 이 기법의 이론적인 측면을 보다 정비하고 체계화함으로써 와카의 발전에 크게 기여했다.(김충영)

와카

참고문헌
和歌文学会, 『和歌文学講座』, 桜楓社, 1983.

화간파(花間派)

당말오대(唐末五代) 때 전촉(前蜀, 891-925)에서 형성된 사파(詞派)이다. 후촉(後蜀, 926-965) 때 조승조(趙承祚)가 편찬한 『화간집花間集』이 나오면서 이름을 얻게 되었다. 이 책에는 만당(晩唐)과 오대(五代) 때의 사인(詞人) 열 여덟 사람의 작품이 수록되어 있다.

전촉 시기는 오대 때의 전란이 가장 치열했던 상황이었지만, 촉蜀은 지형이 험준하고 변방에 치우쳐 있었다. 이 때문에 전촉의 상층 통치 집단은 밤낮으로 음주가무의 유흥을 즐기곤 했다.

화간파의 사(詞)는 남조(南朝) 궁체시(宮體詩)의 폐단을 이어받았는데, 온정균(812?-866)을 비조로 삼아 그의 "향기롭고 부드러우며 화려하고 달콤한"(香軟麗蜜) 사풍(詞風)을 답습하였다. 그들은 오로지 규방(閨房)에서 일어나는 염정(艶情)을 노래하고 여성들의 고운 성색(聲色)을 흉내 내기에 급급했다. 구양형은 「화간집서花間集序」에서 "남조 때의 궁체로부터 북리 창기의 풍모에 이르기까지 문채는 화려하고 염정적 이었으며, 격조는 저하되어 난초 사향의 섬세한 향기가 숨쉴 때마다 맡아 진다"고 하였다. 심지어는 노골적으로 밀회의 정감을 묘사하기도 했으며, 여성의 사랑을 얻기 위해 골몰하는 사내의 추악한 모습을 다루기도 했다.

그러나 『화간집花間集』은 중국에서 발간된 최초의 사집(詞集)으로, 詞의 발전에 나름으로 크게 기여하였다. 그 가운데는 온정균과 위장(836?-910)과 같은 예술적 성취도가 비교적 높았던 작가들의 작품도 실려 있다. 온정균은 항연염사(香軟艶詞) 이외에도 정감이 무르녹고 유원(幽遠)한 정서를 표출한 가작을 많이 남겼다. 『화간집花間集』에는 그의 작품이 66수가 실려 있다. 위장 역시 종래의 사풍을 떨쳐버리고 그만의 신선한 풍취를 마련했다. 그 둘 외에도 우희제와 이순 등도 나라와 집안의 흥망을 노래한 작품과 산수로 둘러싸인 자연의 아름다운 풍광을 묘사한 작품을 남겼다. 화간파의 사풍은 한때 오대와 북송(北宋) 문단을 지배했고, 청나라 때의 상주 사파(常州詞派)에까지 영향을 미쳤다.(배호남)

당말오대(唐末五代), 화간집, 궁체시

참고문헌
김학주, 『중국문학사』, 신아사, 1990.
김원중, 『중국문학이론의 세계』, 을유문화사, 2000.

화본(話本)

화본은 당송대의 구두연예(口頭演藝)였던 설화(說話)의 저본을 일컫는 말이다. '설화'는 '술어+목적어'의 구조를 가진 단어이다. 즉 '설(說)'은 '말하다, 공연하다'라는 동사이며 '화(話)'는 '이야기'라는 뜻의 명사로써 술어로 쓰인 동사의 목적어 구실을 하고 있어서, 설화는 '이야기를 구연하다'는 뜻으로 풀이된다. 따라서 '화본'은 '이야기의 대본'이라는 뜻이 된다. 송대에는 화본이라는 용어가 널리 통용되면서 여타 강창문학의 저본이나 희곡의 각본까지를 화본이라고 지칭하는 경우도 있었으나, 현재의 문학사가들은 소설이나 강사와 같은 설화의 저본을 가리키는 용어로 한정하여 '화본'이라는 말을 사용하고 있다. 화본은 설화의 저본이기는 하지만, 일찍부터 독서물로 출판되어 유통되었고, 또한 명·청대에 이르자 화본의 체재를 모방한 작품들이 창작됨으로써 중국 백화소설의 모태가 되었다.

설화는 강창에 속하지만, 창보다는 설백(說白)이 중심이 되는 체제이며, 중국의 전통적인 설서(說書)와 불사(佛寺)에서 시작된 변문(變文)이 융합되어 당대에 출현하였다. 최근 사천성(四川

省)의 성도(成都)에서 이야기꾼의 몸짓을 생동감 있게 형상화한 동한대(東漢代)의 설서용(說書俑)이 발견됨으로써 한대(漢代)에 이미 설서 예술(說書藝術)이 있었음을 알려 주었다. 그러나 설서가 본격적인 공연예술로 정착된 것은 당대에 이르러서였다.

설화의 출현에 직접적인 영향을 미친 것으로 보아 변문은 속강으로부터 전화되었다. 속강은 수, 당, 오대에 걸쳐 불교의 포교에 쓰인 강창(講唱)이었는데, 운문과 산문을 섞어가며 불경을 해설하고 불교고사를 서술하였으며, 그 저본을 강경문(講經文)이라고 하였다. 속강이 서민들의 환영을 받자, 속강 형태의 공연이 시정(市井)에서 행해지게 되었는데, 이것을 전변(轉變)이라고 불렀다. 전변의 저본을 변문(變文)이라고 하였는데, 변문 역시 운문과 산문을 섞어가며 서사를 진행하는 체제였다. 변문은 시정으로 유입된 이후 후대의 민간연예 발전에 지대한 영향을 미쳤는데, 산문에 비중을 두는 체제인 설화와, 운문에 더 큰 비중이 두는 체제인 강창으로 발전하였다.

설화는 송대에 들어 크게 발전하였는데, 이는 도시와 상업의 발전과 같은 관계가 있다. 북송에 이르자 상품 경제가 발전하여, 동경(東京, 지금의 개봉開封)을 비롯하여 번화한 상업도시들이 출현하고, 도시민들의 오락을 위한 공연장이 생겨났다. 대도시에는 와사(瓦舍, 瓦肆) 혹은 와자(瓦子) 와시(瓦市) 등으로 부르는 곳이 있었는데, 여기에는 각종 기예를 공연하는 장소인 구란(勾欄)과 오락시설에 부수된 상점들이 있었고, 구란에는 무대와 관람석이 갖추어져 있었다. 맹원로(孟元老)의 『동경몽화록(東京夢華錄)』에 의하면 12세기 초의 동경(東京, 지금의 開封)에는 와사가 여러 곳 있었으며, 각 와사는 몇 십 개씩의 구란을 보유하고 있었다고 한다.

설화가 성행하자 설화인의 단체인 '웅변사(雄辯社)'와 작가단체인 '서회(書會)'가 생겨났고, 서회에서 활동하면서 각종 공연예술의 대본을 써주는 사람은 서회선생(書會先生) 혹은 재인(才人)이라고 불렀다. 이른바 직업적인 작가군이라고 할 수 있는데, 이들의 출현은 송대의 공연예술이 많은 소비층을 확보하였음을 말해주니, 설화의 대본인 화본이 함께 번성하였음은 당연한 일이다.

호사영(胡士瑩)은 『화본소설개론(話本小說概論)』에서 송대의 설화에는 소설(小說), 설철기아(說鐵騎兒), 설경(說經), 강사서(講史書)의 4가지 항목이 있었다고 정리하였다. 소설은 은자아(銀字兒)라고도 불렀는데, 다양한 소재의 단편 설화의 총칭, 설철기아는 송대에 치루어진 전쟁을 소재로 설화, 설경은 불교고사를 소재로 한 설화, 강사서는 역사고사를 소재로 한 장편 설화였다. 이 중 소설은 후대의 단편 백화소설로, 강사서는 장편 백화소설로 발전하였다.

화본은 산설(散說)을 위주로 하는 체제로서, 운문은 비교적 비중이 작아 이야기 진행의 중요한 부분에 간혹 시사(詩詞)를 사용하는 것이 일반적인 형식이다. 화본은 제목(題目), 입화(入話), 정화(正話), 편미(篇尾)로 구성되었다. 입화는 득승두회(得勝頭回, 得勝頭廻) 득승호로(得勝葫蘆), 득승리시두회(得勝利市頭回) 소사두회(笑要頭回) 등의 다양한 이름으로 불리웠는데, 여기에서의 '두회(頭回)'는 '첫머리'라는 뜻이며, '득승(得勝)' '리시(利市)' 등은 청중에 군인이나 상인

이 많은 데서 연유한 길리화(吉利話)이다. 입화는 詩, 詞 혹은 간단한 이야기 등 다양한 형식을 사용하였는데, 그 내용은 본문과 비슷하거나 대비되는 것이었다. 손님이 모이기를 기다리거나 장래를 정리하거나 이목을 끌어당기기는 데 쓰였다. 후대의 소설에서는 대개 한 수의 시(詩나) 사(詞로) 압축되었다. 정화는 본 이야기 부분으로서, 운문과 산문을 섞어 썼다. 편미는 설화를 마감하는 부분으로서, 줄거리를 요약하거나 청중에게 교훈이 될만한 내용의 시나 사를 배치하였는데, 이것을 수장시(收場詩) 혹은 산장시(散場詩)라고 불렀다. 화본의 이같은 체제는 후대의 백화소설에 의하여 계승되었다.

화본은 원래 설화인이 쓰던 저본이었지만, 출판되어 유통됨으로써 통속적인 독서물로 자리 잡게 되었다. 명대에 출판되었으며 6권으로 구성된『청평산당화본(淸平山堂話本)』은 각 권에 '우창집(雨窓集)' '장등집(長燈集)' '수항집(隨航集)' '의침집(欹枕集)' '해한집(解悶集)' '성몽집(醒夢集)' 등의 제목을 붙이고 있는데, 여가의 읽을거리로 기획되었음을 보여주고 있다.

현재 남아있는 화본들은 모두 송대 이후의 것들이다. 돈황 필사본 가운데『노산원공화(山盧山遠公話)』,『한금호화본(韓擒虎畵本)』『사사만어화(師師慢語話)』등이 초기 화본의 체제를 가지고는 있지만, 이것이 설화의 대본인지 여부는 확실하지 않다. 송원대의 대표적인 단편화본『청평산당화본』이다. 이것은 명의 홍편(洪楩)이 그 때까지 전해 온 화본을 수집 정리한 것이다. 원래는 60편의 작품이 수록되어『육십가소설(六十家小說)』로 불렸지만 29편만이 남아있으며, 그 중 십 여편이 송대의 화본이다. 송원대의 장편 화본을 대표할만한 것으로는『대송선화유사(大宋宣和遺事)』와『전상평화5종(全相平話五種)』을 들 수 있다. 장편의 화본은 평화(評話, 平話), 시화(詩話) 또는 사화(詞話)등으로도 불렸는데, 대부분 역사고사를 소재로 하고 있다.『대송선화유사』는 요순(堯舜)시대로부터 이야기를 시작하여 송대의 고종(高宗)이 남송 임안(臨安)에 도읍하기까지의 역사를 다루었는데, 휘종(徽宗) 때 벌어진 사건들이 이야기의 중심을 이루고 있다. 양산박(梁山泊)과 이사사(李師師)의 이야기가 들어 있어서,『수호전(水滸傳)』의 출현에 직접적인 영향을 준 작품이다.『전상평화 5종』은 원대 영종(英宗) 지치년간(1321-1323)에 신안(新安)虞氏가 간행하였는데,『무왕벌주평화(武王伐紂平話)』『낙의도제칠국춘추후집(樂毅圖齊七國春秋後集)』『진병육국평화(秦倂六國平話)』『전한서평화속집(前漢書平話續集)』『삼국지평화(三國志平話)』의 다섯 편으로 구성되어 있다.『무왕벌주평화』는『봉신연의(封神演義)』로,『낙의도제칠국춘추후집』과『진병육국평화』는『동주열국지(東周列國志)』로,『삼국지평화』는『삼국연의(三國演義)』로 발전하였다.(위행복)

화본, 백화, 강창, 남희, 속강, 의화본, 설자, 잡극

참고문헌

전인초 저,『당대소설연구』, 연세대학교 출판부, 2000.
중국소설연구회 편,『중국소설사의 이해』, 학고방, 1994.

김학주 저, 『중국문학사』, 신아사, 1994.

화엄사상(華嚴思想)

『화엄경(華嚴經)』을 근본 경전으로 하며, 천태종(天台宗)과 함께 중국 불교의 쌍벽을 이루는 화엄종(華嚴宗)에서 비롯된 사상을 가리킨다. 동진(東晉)말 인도 출생의 승려 불타발타라(佛陀跋陀羅)가 『화엄경』을 한역(漢譯)한 이래 연구가 활발해졌으며, 특히 511년 인도의 논사(論師) 세친(世親)의 저서 『십지경론(十地經論)』을 모두 완역한 것을 계기로 지론종(地論宗)이 성립되었는데, 이는 화엄종 성립의 학문적 기초가 되었다. 신라시대의 승려인 의상대사(義湘大師)가 들여왔으며, 의상은 해동(海東) 화엄종의 개조가 되었다. 의상은 10여 개의 화엄종 사찰을 건립, 화엄의 교종을 확립하는 일에 힘썼다. 그의 문하에서 '의상십철(義湘十哲)'이라 일컫는 10대덕(大德)의 고승이 배출되었다. 의상의 『화엄일승법계도(華嚴一乘法界圖)』는 『화엄경』의 정수를 요약한 것으로 화엄사상에 큰 영향을 끼쳤다. 통일신라시대에는 '화엄 십찰(十刹)'이라 하여 화엄사상의 중요한 사찰을 헤아리기도 하였다. 통일신라 말 화엄사상은 부석사를 중심으로 하는 희랑(希朗)과, 화엄사를 중심으로 하는 관혜(觀惠)의 북악(北岳)·남악(南岳)의 두 파로 갈라져 논쟁이 치열하였다. 고려에 이르러 균여(均如)는 이를 조화시켰으며, 대각국사(大覺國師) 의천(義天)은 고려 불교의 통합이라는 관점에서 화엄·선(禪)·천태(天台)를 융합하였다. 그 후 어느 종파에 속하더라도 화엄사상은 필수적인 것이 되었다.

화엄사상 교리의 중심은 전세계가 일즉일체(一卽一切)·일체즉일(一切則一)의 무한의 관계를 설하는 법계연기관(法界緣起觀)이다. 그 원융무애한 모습은 십현(十玄) 연기를 설하며, 그 이유로써 육상원융(六相圓融)의 논리를 전개하였다. 육상원융은 이 세계와 우주, 인간을 여섯 가지 모습(總相·別相·同相·異相·成相·壞相)으로 설명하려는 이론이다. 이 여섯 가지의 모습은 서로 밀접한 관련을 지니고 있고, 서로 대칭하고 있다. 총(總)이라 함은 전체를 의미한다. 우주 안의 존재들은 하나같이 전체적인 모습을 취하고 있다. 여러 가지 연(緣)이 모여 성립된 상태를 총이라고 한다. 그러나 이 총이 존재하기 위해서는 개별적인 특수성인 별(別)이 존재해야만 가능하다. 그렇지 않으면 전체적인 통일성은 존재할 수 없다. 동(同)은 동질적인 모습으로 균등한 상태이다. 이(異)는 개성, 상이성을 말한다. 이러한 동질성과 차이성이 융화되어 완성된 상태가 성(成)이며, 성(成)을 이루기 위해서는 자기희생인 괴(壞)를 거쳐야 가능하다. 이와 같은 논리의 토대 위에서 화엄사상의 '일중일체(一中一切)'라는 선언이 가능하다. 하나는 전체요, 개인은 곧 국가이다. 화엄사상의 '개인이 곧 국가'라는 이념은 신라인들이 이 땅을 통일할 수 있었던 정신적 지주였다. 『화엄경』에서는 육상의 완성된 모습을 이룩해야 하는 것이 인간의 목표라 한다. 이러한 목표가 완성된 상태를 법계(法界)라고 한다. 이 법계에는 진리의 세계, 육상들이 각각 정당한 관계를 유지하고 있는 상태라는 의미가 담겨 있다.

요컨대, 화엄사상은 일체(一切) 천지만물을 비로자나불(毘盧遮那佛)의 현현(顯現)으로 보며, 불타의 깨달음의 경지에서 전우주를 절대적으로 긍정하는 통일적 입장에 서 있다.(배호남)

천태종, 의상대사, 화엄경

참고문헌
이도업, 『화엄경사상연구』, 민족사, 1998.
김두진, 『신라 화엄사상사 연구』, 서울대학교출판부, 2002.

화용론(Pragmatics)

화용론이란 현실적으로 주어진 언어 자체만을 대상으로 하는 것이 아니라 언어를 있게 하는 언어의 주변을 설명하는데 주력하는 언어학의 한 분야로, 말하는 이·듣는 이·시간·장소 등으로 구성되는 맥락 속에서의 언어사용을 다룬다. 언어 사용에 관한 연구, 즉 언어 사용의 특성과 과정에 중점을 두고 언어현상을 연구하는 것이다. 화용론이란 용어는 언어 구조의 화맥 의존적 양상과, 언어 구조와는 관계가 없는 언어 사용과 이해에 대한 원리를 뜻한다. 화용론은 문법화된 즉 언어 구조로 바뀐 언어와 화맥 사이의 관련성에 대한 연구이다.

Morris는 '화용론은 기호와 해석자 사이의 관계에 대한 과학이다.(…) 모두가 다 그렇지는 않을지라도 대부분의 기호가 해석자로서 살아있는 유기체를 가지고 있다. 그 때문에 화용론이 기호론(Semiosis)의 생동적인 면, 즉 기호들의 기능에서 나타나는 모든 심리학적·생물학적·사회학적 현상들을 다룬다'고 정의했다. 분드리히는 '나는 여기서 화용론이란 낱말을 의식적으로 이중의 의미로 해석한다. 첫째는 언어적 구성 수단 및 표현 수단과 커뮤니케이션 과정과의 관계에 대한 분석적 기술을 의미하고, 둘째는 연구 가설, 결론, 응용을 지향하는 학자들의 합리적인 활동을 의미한다'고 말했다. Bar-hillel(1954)이나 Montague(1968)같은 학자는 '너', '지금', '여기', '내일', '이', '그', '저' 등 지시어나 지시사들이 사용의 맥락에 따라 그것이 들어 있는 문장의 진리치를 다르게 한다는 점에서 화용론의 범위를 이에 대한 연구로 국한시키려 했다. 촘스키(Noam Chomsky)를 비롯한 카츠 등은 화용은 문법과는 달리 언어 사용자의 운용의 문제로서 문법학과는 구별되지만, 별도의 언어 운용의 이론이 정립되어 발화 의미 면에서 화용론을 확립할 필요가 있음을 역설했다.

이제 화용론은 전통적인 언어학적 영역을 떠나 한편의 광고와 영화, 도시 한가운데 설치된 부조물과 백화점 전시물까지 의미를 생성할 수 있는 곳 어디든지 존재하기 시작했다. 현대에 들어 화용론은 의미 생성을 연구할 뿐만 아니라 의사소통을 연구하는 학문으로서 언어영역을 넘어서 문학영역에 이르기까지 정교한 분석 방법론을 제공하고 있다.(강웅식)

언어학, 의미론

참고문헌
한글학회 편, 『국어학사전』, 한글학회, 1995.

이정민·배영남·김용석, 『언어학사전』, 박영사, 2000.
브리기테 슐리벤 랑에, 『언어화용론』, 소만섭 역, 한국문화사, 2001.
Stephen C. Levinson, 『화용론』, 이익환·권경원 공역, 한신문화사, 1996.
Jef Verschueren, 『화용론 이해』, 김영순 외 역, 도서출판 동인, 2003.

화자(話者, Narrator) ☞ 서술자

화중유시(畵中有詩) ☞ 시중유화

화폐(貨幣, Money)

상품의 교환·유통을 원활히 하는 데 쓰이는 매개물의 일종을 가리킨다. 국민국가와 사유재산제가 바탕이 되고 있는 근대 자본주의 경제는 무수한 개별경제 주체와 단위가 존재하게 된다. 따라서 근대경제는 무수한 개별경제가 모여서 이루어진 하나의 종합경제 체제라고 할 수 있다. 경제주체에는 생산주체와 소비주체가 있으며, 서로 의존하고 결합되어 시장경제를 형성하는데 여기에서 화폐가 등장한다. 근대경제에서 화폐는 상품인 동시에 각 개별경제를 결부시키는 고리이다.

화폐 기원의 역사를 보면, 화폐는 상품교환의 수단으로 발생했다는 것이 명백해진다. 상품교환은 처음에는 공동체 간에 잉여 생산물이 교환됨으로써 시작되었지만, 생산물은 한번 상품으로 되면 공동체 내부에서도 상품화되는 경향을 갖는다. 상품 교환이 점차로 확대됨에 따라 생산물은 교환을 목적으로 생산화게 된다. 교환과정에 많은 상품이 관련되면, 특정의 상품 종류가 교환가치의 척도가 된다. 처음에는 여러 가지 상품이 교대로 교환가치의 척도가 되지만 교환의 발전에 따라 특정상품이 일반적 등가의 척도 역할을 독점하여 화폐상품으로 되는 것이다.

교환이 점차적으로 확대됨에 따라 화폐형태는 일반적 등가로의 사회적 기능에 가장 적합한 상품인 귀금속으로 옮겨지게 된다. 화폐는 임의로 분할될 수 있고 각 부분을 다시 합할 수 있어야 하는데 금, 은, 동은 이러한 특성에 적합한 성질을 구비하고 있을 뿐 아니라 비교적 작은 용적에 많은 가치를 포함할 수 있다. 이런 이유로 상품 유통이 발달한 단계에서는 금이나 은, 동과 같은 귀금속이 화폐로 사용되게 된다. 그러나 지불수단의 기능이 발전하면서 신용화폐가 생겨나게 된다.(노승욱)

상품, 국민국가, 사유재산, 경제주체, 생산주체, 소비주체, 시장경제, 상품 교환, 교환 가치, 신용화폐

참고문헌
정운찬, 『화폐와 금융시장』, 율곡출판사, 2004.
J.M.케인즈, 『화폐론 상·하』, 비봉출판사, 1992.

화행이론(話行理論, Speech act theory)

인간들이 서로에게 말을 할 때 무엇이 발생하는가를 설명하려는 언어행위이론(言語行爲理論, speech act theory)을 가리킨다. 언어행위이론은 언어란 무엇인가보다 언어는 무엇을 하는가에 초점을 맞추는 언어학의 한 유파이다. 이 이론은 1960년대에 영국의 언어학자들이 창시했는데, 그들 중에서는 J. L. 오스틴과 존 R. 서얼이 가장 대표적인 이론가들이다.

화행론은 철학자 오스틴의 저작『말로써 행하는 법』(1962)에서 처음 제기되었다. 여기에서 오스틴은 음성 진술들은 따로 분리되어 단지 그 진술들의 진위라는 측면에서만 분석될 수 있다는 철학적 가정에 이의를 제기한다. 그는 진술이 무엇인가를 말할 뿐 아니라, 무엇인가를 행할 수도 있다는 것에 대해서 관심을 기울였다. 발화 행위는 그것이 한 언어공동체 안에서 쉽게 이해될 수 있을 만큼 문법적 발화의 생산을 포함한다면 언표적 행위로서 지칭될 수 있다. 언표 외적 행위는 약속하기, 단언하기, 경고하기 등과 같은 것을 포함할 수 있는데, 오스틴은 천여 가지 가능한 다른 행위들이 영어로 실행될 수 있다고 주장했다.

오스틴이나 서얼은 진술(statement)의 두 유형, 즉 현재의 현실을 '진실하게 혹은 거짓으로' 가리키는 유형과 현실에 대해 새로운 감각을 가져오는 유형을 구별한다. 약속, 경고, 인사 등과 같은 후자의 진술은 그 수신자에게 뭔가 특별한 것을 행한다. 개별 언어 행위는 "뛰어!" 등과 같은 한 단어 문장처럼 짧을 수도 있고, 그 반대로 얼마든지 길 수도 있다.

문학작품을 언어행위이론으로 분류하는 것도 가능하다. 문학작품의 주요 목적은 독자에게 어떠한 효과를 산출하고자 하는 것이기 때문이다. 테리 이글튼이 지적하고 있듯이 오스틴은 결국 모든 언어가 구체적 행위라고 인식하였다. 화행이론은 문학에 있어서 창작과 독서, 비평 등에 긍정적인 효과를 미쳤고, 문학성에 함축되어 있는 관습적 개념과 요소들에 대한 새로운 관심과 재해석을 불러일으켰다.(노승욱)

언어행위이론, 오스틴, 서얼, 발화행위, 언어공동체, 언표, 진술

참고문헌

Austin, J. L., How to Do Things with Words, Cambridge, Mass.: Havard University Press, 1962./『말과 행위』, 김영진, 서광사, 1992.

Pratt, Mary Lousie, Toward a Speech Act Theory of Literary Discourse, Bloomington: Indiana University Press, 1977.

Searle, John R., Speech Acts: An Essay in the Philosophy of Language, London: Cambridge University Press, 1969./『언어행위』, 이건원, 한신문화사, 1987.

환경문학 ☞ 생태학적 비평

환골탈태(換骨奪胎)

시어와 시의의 활용에 관한 황정견의 이론으로 알려져 있다. 혜홍(惠洪)의『냉재야화(冷齋夜話)』에 이르기를 황정견이 다음과 같이 말했다고 전해진다. "시의(詩意)는 무궁한데, 인간의 재주는 유한하다. 유한한 재주로 무궁한 시의를 다 좇는다는 것은 도연명이나 두보라도 잘 해낼 수 없다. 그 뜻을 바꾸지 않고 시어를 만들어 내는 것을 환골법(換骨法)이라 하고, 그 뜻을 본 따서 그것을 묘사하는 것을 탈태법(奪胎法)이라고 한다." 남의 시의를 그대로 빌어다 시어를 바꾸어 사용하는 방식을 '환골법'이라 하고, 남의 시의로부터 취재(取材)하여 에서 그 뜻을 조금 변용하여 사용하는 방식을 '탈태법'이라 할 수 있다. 즉 전자는 시의 표현을 바꾸는 것이고, 후자는 시의를 융화·조정하는 것이다.

『초계어은총화』에는 『냉재야화』의 기록이라며 다음과 같은 환골법의 예가 소개되어 있다. 이한림(李翰林)의 시에 이르기를 "새 날아 사라지지 않은 저녁 하늘 푸르네", 또 "푸른 하늘 끝난 데로 외로운 기러기 사라지네". 그러나 이 시의 단점은 앞서 얘기한 것과 같이 기세가 펼쳐지지 못한 데 있다. 황정견은 「등달관대(登達觀臺)」에서 "마른 등걸 걸린 안개 구름 위에서, 나그네와 함께 조망하는데, 시야 얼마나 트일지 모르나, 흰새 날아간 곳으로 푸른 하늘 돌아온다"라고 하였다. 이와 같은 방식은 모두 환골법이다."

또 탈태법에 대해서는 다음과 같이 소개했다. "고황(顧況)의 시에 이르기를, "한번 헤어져 이십 년, 인간 세상 몇 번의 이별을 견뎌야 하리?"라 하였는데, 이 시는 간명하면서도 의미가 정확하다. 서왕(舒王)은 「여고인(與故人)」 시에서 "어느 날 그대의 집에서 술잔 들었더니, 6년의 풍파를 세상과 같이 했네. 강변 길가의 검은 바위는 아는지 모르는지, 늙을 때까지 상봉할 일 몇 번이나 되려나?"라고 하였다. 백거이 시에 "바람 맞는 늦가을 나무, 술 대한 장년의 몸. 취한 모습 서리 맞은 잎 파리 같아, 붉어도 봄은 아니네!"라고 하였는데, 소식은 「남중(南中)」 시에서 "아이는 붉은 얼굴에 괜히 즐거워하나, 일소(一笑) 중에 부치니 취해서 붉은 줄 어찌 알리?"라고 하였다. 이와 같은 예가 탈태법이다."

환골이란 도가에서 영단(靈丹)을 먹어 보통 사람들의 뼈를 선골(仙骨)로 만드는 것을 말하며, 탈태는 시인의 시상(詩想)이 어머니의 태내에 아기가 있는 것 같아서 그 태를 자기 것으로 삼아 시적 경지로 변화시키는 것을 뜻한다. 그러므로 환골탈태란 이전 시인들이 지은 시구를 자기의 시로 그대로 끌어쓰는 방법을 의미한다고 할 수 있다. 하지만 환골탈태론은 황정견의 문집에는 없으며, 다만 혜홍(惠洪)의 『냉재야화』에 기록되어 있는데, 근거가 미약하고, 두 가지 이론 사이의 명확한 구분도 애매하다. 황정견의 문집 중에 보이는 점철성금의 번안론(翻案論) 또는 이속위아(以俗爲雅)나 이고위신(以故爲新)론 정도로 이해하면 좋을 것이다. 후에 황정견의 시작 방식을 추종한 강서시파의 중요한 이론으로 수용되었다. 이와 같은 논리들은 당시와 다른 송시적 특징을 추구하는 모색으로 볼 수 있다. 하지만 강서시파의 경우처럼 모방 및 표절의 위험을 안을 수도 있다는 점에서 문제시될 수도 있다.(오태석)

환골탈태, 황정견, 점철성금, 이속위아, 이고위신, 모방, 강서시파

참고문헌

오태석, 『황정견시연구』, 경북대출판부, 2001.
김원중, 『고사성어 숙어 백과사전』, 을유문화사, 1996.

환대

데리다는, 클로노스의 숲 앞에 선 오이디푸스가 그곳이 어디인지, 환대를 기대할 수 있는 곳인지를 묻는 장면에서 시작되는 『클로노스의 오이디푸스』를 인용하면서 '이방인'과 '환대'에 대해 논한다. 오이디푸스는 지나가는 클로노스인을 "이방인이여!"라고 불러 세우지만, 클로노스인에게는 오이디푸스가 '이방인'이다. 오이디푸스는 그들의 언어로 자신이 누구인지 설명할 수 있어야 환대받을 수 있다. 이렇게 '환대(hospitality)'는 주체의 의무이자 타자의 권리이지만 타자가 주체의 언어를 수용해야 하는 언어의 문제에서 알 수 있듯 주체의 질서를 위협하지 않는 한에서만, 주체는 타자에게 '환대'를 베푼다. 따라서 데리다는 "절대적 환대의 윤리적 이념"을 요청할 필요가 있다고 말한다. 타자는 "그 자체로서의 충만함"으로 받아들여져야 한다. 이것이 주체 중심의 윤리에서 타자 중심의 윤리로의 전환에서 "환대의 윤리"가 핵심적으로 제기되는 이유이다.

서구의 형이상학은 주체 중심의 사유였고 이방인, 타자는 항상 그 주류적 질서를 위협하는 존재로서 재현되어 왔다. 칸트가 말하는 환대 또한 계약의 문제로서 "그가 평화적으로 처신하는 한, 그를 적대적으로 다루어서는 안 된다"는 한정적인 권리, 조건부 권리이다. 이에 대해 데리다는 칸트와 같이 관습, 법률, 규약을 내세우는 환대는 "초대(invitation)의 환대"라고 비판하면서 "방문(visitation)의 환대"와 같은 순수하고 무조건적인 환대를 주장한다. 예견할 수 없는 방문에 대해서는 어떠한 법률이나 규약을 내세울 수 없으며 때에 따라 위협적인 방문이 될 위험성까지 감수해야 한다는 것이다.

이러한 무조건적이고 절대적인 환대는 레비나스의 "타자의 윤리"와 상통한다. 레비나스에게 타자는 주체의 인식 범위를 넘어서는 '초월성'이다. 따라서 전적으로 다른 '타자성' 앞에서 주체가 자신의 한계를 겸허히 인정하고 절대적으로 낯선 타자를 그대로 수용해야 한다는 레비나스의 사상은 데리다의 '환대' 개념과 동일선상에 놓인다고 할 수 있다.(차성연)

참고문헌
데리다, 남수인 역, 『환대에 대하여』, 동문선, 2004.
임미누엘 칸트, 이한구 역, 『영원한 평화를 위하여』, 서광사, 1992.
임마누엘 레비나스, 강영안 역, 『시간과 타자』, 문예출판사, 1996.

환상 ☞ 판타지

환상문학(Fantastic literature)

환상은 현실과는 대립되는 공상과 가공의 세계에서 일어나는 모든 체험을 뜻하거나 현실에서는 결코 일어날 수 없는 사건들이 그럴듯한 개연성을 띠면서 현실/비현실의 경계를 침범하는 경우 등을 두루 지칭한다. 보다 이론적인 의미에서 환상은 프로이트 정신분석에서 '심리적 현실 psychische Realität'이라고 지칭한 것에 가깝다. 프로이트에게 '심리적 현실'은 물질적 현실과 욕망의 상상적 활동의 중간쯤에 위치한 현실이다. 환상은 그것이 아무리 기묘하더라도 객관적 세계에 속해 있는 것이 아니며, 객관적 세계에 대한 주관적 반응일체에 귀속되지도 않는다. 정신분석에서 심리적 현실은 자아, 의식의 영역에서 무의식과 이드의 영역에까지 두루 걸쳐 있지만, 그것은 크게 백일몽(낮꿈)과 섬뜩함(uncanny)의 체험으로 나누어 생각해 볼 수 있다.

프로이트의 「창조적 작가와 백일몽」에서 백일몽, 또는 낮꿈은 검열 기제가 허락하는 한에서 자아나 의식이 꿈과 욕망의 활동을 허용하는 상상적 행위이다. 백일몽의 경우, 환상은 자아의 역량과 지위에 달려있다. 한편 「섬뜩함」에서 섬뜩함을 뜻하는 독일어 운하임리헤(das unheimliche)는 본래는 친숙한 것(das heimliche)이었지만, 억압되었다가 나중에 섬뜩하게 되돌아온 것이다. 친숙했던 현실은 한 순간 두렵고 낯선 것으로 변하며 자아는 억압되었다가 되돌아온 욕망, 무의식과 마주치면서 위협을 느낀다. 섬뜩함의 경우, 환상은 자아의 정체성을 위협하면서 현실/비현실의 경계를 침범한다. 이토록 환상은 비밀스럽고도 내적인 상상과 그것의 왜곡된 재현이라는 측면에서 문학의 지대한 관심을 받아왔다. 문학, 그중에서도 환상문학이라는 장르의 경우에는 특히 그러하다.

환상문학에 대한 고전적인 정의는 프랑스의 구조주의 비평가인 츠베탕 토도로프(Tzvetan Todorov)의 저작인 『환상문학서설』에서 찾아볼 수 있다. 토도로프의 정의에 따르면 환상은 "자연의 법칙밖에는 모르는 사람이 분명 초자연적인 양상을 가진 사건에 직면해서 체험하는 망설임"이다. 즉 작품 속에서 서술되는 사건이 자연적인지 초자연적인지 결정내리기에 주저하며 애매한 위치에 있을 때 문학작품의 환상성은 보장되는 것이다. 예를 들어 헨리 제임스의 『나사의 회전』의 유령은 화자의 주관적 망상인지, 실제로 존재하는지 애매하다. 토도로프의 환상은 프로이트 정신분석에서 부인(否認, denial)이라고 알려진 특수한 심리적 메커니즘에 의존한다. 그 공식은 주체에 속한 앎과 믿음이 공존하면서도 분열되는 특이한 양상이다. 그것은 다음과 같은 문장의 유형으로 서술될 수 있다. "나는 그것이 존재하지 않는다는 것을 잘 알아…… 하지만 그것을 믿어"로 압축된다.

환상문학은 작품의 최종적인 의미를 매듭지을 수 없는 결정불가능성, 현실/상상, 주체/객체, 정신/육체, 남성/여성 등의 모든 경계를 침입, 교란시키는 효과로 인해 최근의 문학연구에서 전복적인 문학 장르로서도 재평가를 받고 있다. 그러나 한편으로는 고전적인 환상문학의 역사는 오히려 이러한 위반과 전복의 충동을 중화시키는 이데올로기적 방어 기제로 서사적 봉합장치를 활용해온 역사이기도 하다. 메리 셸리의 『프랑켄슈타인』(1818)은 프랑켄슈타인 박사의 피조물은 사회적 타자, 범죄자, 부랑인, 노동자의 신체를 빌려 태어났다는 점에서 산업혁명기 영국의 프롤레타리아트에 대한 은유이기도 하지만, 지배계급의 시선에서 볼 때에는 서둘러 없애야 할 악한 괴물에 지나지 않는다. 『프랑켄슈타인』의 여러 겹의 서사적 장치(회고적 서사, 편지, 액자구성 등등)는 괴물의 현존을 중화하려는 텍스트 그 자체의 방어형성의 결과다. 그렇다면 환상문학의 전복적 성격은 환상문학 자체의 속성이라기보다는 그것을 전복적으로 읽으려는 독자와 비평가의 노력에 달려있는 것인지도 모른다.(황종연)

상상, 심리적 현실, 정신분석, 백일몽, 섬뜩함

참고문헌
츠베탕 토도로프, 『환상문학서설』, 이기우 역, 한국문화사, 1996.
로즈메리 잭슨, 『환상성—전복의 문학』, 서강여성문학연구회 역, 문학동네, 2001.

환상적 리얼리즘(Magic realism)

환상적 리얼리즘 또는 마술적 리얼리즘이라고 한다. 라틴 아메리카 작가 호르헤 루이스 보르헤스와 가브리엘 가르시아 마르케스, 독일의 귄터 그라스, 영국의 존 파울즈를 포함하는 일군의 작가들에게 적용된 환상적 리얼리즘은 사건 및 인물의 리얼리즘적 묘사와 환상문학(fantastic)의 요소들, 흔히 꿈, 신화, 동화에서 끌어낸 요소들을 결합한 것을 말한다. 환상문학(fantastic)이란 츠베탕 토도로프의 용법에 따르면, 플롯상의 사건이 자연에서 유래한다는 해석과 초자연에서 유래한다는 해석 사이에 독자를 잡아두는 유형의 이야기이다. 어느 쪽의 견해도 절대적 확실성을 가지고 지지할 수 없기 때문에 독자는 양쪽을 모두 받아들일 수밖에 없다.

환상적 리얼리즘은 현실을 왜곡하거나 상상의 세계를 창조하지 않으므로 환상문학이나 심리 소설과 다르며, 꿈을 주요 모티브로 사용하지 않으므로 초현실주의나 신비주의 문학과도 다르다.

환상적 리얼리즘은 그렇다고 등장인물의 심리 분석에 역점을 두지도 않는다. 환상적 리얼리즘은 등장인물의 행동을 유발시키거나 억압하는 동기를 설명하려고 하지 않기 때문이다. 환상적 리얼리즘은 미학 운동이 아니다. 그리고 복잡한 구조를 창조하는 일에 관심이 없다. 무엇보다도 환상적 리얼리즘은 일종의 현실에 대한 태도이다. 환상적 리얼리즘의 작가는 현실로부터 도피할 수 있는 상상의 세계를 창조하지 않는다. 환상적 리얼리즘의 작가는 현실 앞에 서서 현실을 풀려고 한다. 다시 말해서, 사물과 삶과 인간 행위에서 신비로운 것을 발견하려고 한다. 환상적 리얼리즘 작품의 핵심은 상상의 존재나 세계를 창조하는 일이 아니라, 인간과 그를 둘러싼 세계 사이의 신비스러운 관계를 발견하는 일이다. 환상적 리얼리즘의 작가는 주변 현실을 모사하거나 훼손하지 않고, 사물 뒤에서 숨쉬고 있는 신비를 포착해내려고 한다. 환상적 리얼리즘 작가는 환상문학 작가들과는 달리 사건의 신비를 해명할 필요가 없다. 환상문학에서는 초자연적인 것이 이성에 의해 지배되는 세상으로 침입한다. 환상적 리얼리즘에서 신비함은 재현된 세계로 내려오지 않고 오히려 그 뒤에 숨어서 고동친다. 환상적 리얼리즘 작가들은 현실의 신비를 포착하기 위해 감각을 곤두세운다. 이러한 감각으로 외부 세계, 곧 우리가 살고 있는 다양한 세계의 감지하기 어려운 미묘한 국면들을 직관적으로 포착한다.

한국 소설사에서 환상적 리얼리즘의 작품으로는 조세희의 『난장이가 쏘아올린 작은 공』을 들 수 있다. 12개의 연작소설로 구성된 『난장이가 쏘아올린 작은 공』에서는 과거의 시간이 불쑥불쑥 현재의 시간을 침범하며 들어오기도 하고, 각각의 소설에서 발생했던 사건들이 다시 하나의 고리로 연결되기도 한다. 또 분리된 시간과 공간이 다시 결합하고 또 해체되기도 한다. 조세희가 『난장이가 쏘아올린 작은 공』에서 보여준 미학적 방식은 사실주의(Realism)의 범주를 넘어서 환상적 리얼리즘의 면모를 보여주고 있다.(배호남)

환상문학, 라틴 아메리카 문학, 사실주의, 마술적 사실주의

참고문헌
L. P. 자모라, 『마술적 사실주의』, 우석균 外 역, 한국문화사, 2001.
프랑수아 레이몽, 『환상문학의 거장들』, 고봉만 外 역, 자음과 모음, 2001.

환원(還元, Reduction, 독 Reduktion)

원래 논리학, 수학, 화학, 언어학, 철학 등의 분야에서 폭넓게 사용되는 용어이지만 철학에서는 어떤 개념이나 법칙 또는 이론을 다른 개념이나 법칙 또는 이론으로 환원시키는 것을 의미하며, 가능한 한 통일된 개념을 사용함으로써 학문적 관점을 통일시키고(환원주의), 명쾌한 개념을 통해 철학적으로나 방법적으로 의문시되는 개념을 제거하거나 다른 것으로 대치하는데(존재론적 환원) 그 목적을 둔다. 그밖에─예컨대─현상학적 열역학(熱力學)을 고전적인 통계학적 역학으로 환원시키는 것을 이론적 환원 또는 방법적 환원이라고 부른다.

한편 언어학에서는 한 문장을 그 본래의 구조를 변경시키지 않고 단어들을 축소시켜 간단한 문장으로 만드는 것을 환원이라고 하는데, 이 방법은 변형문법에서 간단한 핵심문장이나 기본 구조를 이론적으로 검토하기 위해 사용된다.(임호일)

환원주의, 존재론적 환원, 방법적 환원

참고문헌
W. Balzer/D.A. Pearce/H.-J. Schmidt(eds.), Reduction in Science. Structure, Examples, Philosophical Problems, Dordrecht/Boston/Lancaster, 1984.
R. Carnap, Der logische Aufbau der Welt, Berlin, 1928.
Historisches Wörterbuch der Philosophie(Hrsg. v. J. Ritter/K. Gründer), Berlin, 1992.

환유(換喩, Metonymy)

환유는 한 낱말 대신 그것과 가까운 다른 낱말을 사용하는 것이다. 환유와 제유를 엄밀하게 구별할 수 없으며, 그 둘을 다 환유로 대표시키는 것이 근래의 추세이나, 전통적으로 제유는 전체와 부분, 일반과 특수가 서로 다른 것을 제시하는 비유이며, 환유는 원인과 결과, 소유자와 소유물, 발명자와 발명물, 포함하는 것과 포함되는 것을 서로 교환하는 비유이다. 왕관으로 왕을 나타내고 이광수로 이광수의 소설을 나타내고 잔으로 술을 나타내는 것이 환유의 예이다. "왕홀(王笏)과 왕관(王冠)이 굴러 떨어져/ 낫과 삽과 흙 속에서 구른다"라는 비유적 시구에서 '왕홀(王笏)', '왕관(王冠)' 등은 지배자를 표상하고, '낫과 삽'은 평민을 표상한다. 로만 야콥슨에 의하면 은유는 유사성에 의존하고, 환유는 인접성에 의존한다. 낱말과 낱말이 관계를 맺는 방식에는 대체로 두 가지가 있다. "개는 가축이다."라는 문장에서 '개' 대신에 들어갈 수 있는 '소', '말', '양' 등의 잠재적 낱말들이 서로 관련되는 방식을 계열 관계라고 하고, 계열 관계로 맺어진 잠재적 낱말들의 전체를 계열체라고 한다. '개는'과 '가축이다'가 횡적으로 관련되는 방식을 결합 관계라고 하고, 결합 관계로 맺어진 낱말들의 전체를 결합체라고 한다. '집'이라는 낱말에 대하여 '산다', '뜰', '문' 등은 결합 관계에 있는 인접 어휘라고 할 수 있다. 선택과 결합은 인간이 현실을 이해하는 방법이다. 우리는 한복이나 양복을 선택하여 바지와 저고리를 결합해서 입고 밥이나 국수를 선택하여 밥과 국을 결합하여 먹는다. 야콥슨은 실어증의 유형을 환유의 혼란과 은유의 혼란으로 나누었다. 인접관계의 표현능력을 상실한 실어증 환자는 하나의 언어단위를 그것보다 더 복잡한 언어 단위에 통합시키지 못한다. 정상적인 문장을 구성할 수 없기 때문에 그의 담화는 전보의 문체로 표현된다. 유사관계의 표현능력을 상실한 실어증 환자는 낱말의 계열에서 적절한 단어를 선택하는 데 어려움을 겪는다. 문장의 구조는 보존되지만 낱말들이 자주 탈락되기 때문에 그의 담화는 무의미 시처럼 표현된다. 야콥슨은 낭만주의를 은유가 우세한 문학사상으로 보고 사실주의를 환유가 우세한 문학사상으로 보았다. 사실주의 소설의 묘사방법은 인접 지역으로 위치를 이동하면서 전개된다. 에르네스토 라클라우(Ernesto Laclau)는 「수사법의 정치학(The Politics of Rhetoric)」에서 헤게모니를 환유적인 것으로 해석하였다. 역사적 이해관계들에는 필연적 거점이 없으며 사회적인 것들에는 계급적 중심이 없다. 사회적인 것들은 우연한 고리들에 의하여 접합된다. 농민단체가 정치적 과업을 분유(分有)함으로써 헤게모니적 관계를 구성하게 되는 것은 인접성에 근거한 위치이동의 결과이다.(김인환)

제유, 은유, 계열체, 통합체

참고문헌
로만 야콥슨, 『문학 속의 언어학』, 문학과 지성사, 1989.
김현 편, 『수사학』, 문학과 지성사, 1985.
에르네스트 라클라우·샹탈 무페, 『사회변혁과 헤게모니』, 도서출판 터, 1990.
김욱동, 『은유와 환유』, 민음사, 2000.

활법(活法)

송나라의 여본중(呂本中, 1084-1145)이 시법(詩法)에 관해 논하면서 제시한 일종의 시창작이론이다. 여본중은 「하균부집서夏均父集序」에서 다음과 같이 말했다.

"시를 배우려면 당연히 활법을 알아야 한다. 이른바 활법이란 규모와 원칙이 갖추어진 것이지만, 능히 이 규모와 원칙에서 벗어날 수 있어야 한다. 그리고 변화를 헤아릴 수 없지만, 규모와 원칙에서 벗어나지 않는 것이다. 이 도(道)는 정해진 법도가 있으면서 없으며, 없으면서도 있는 것이다. 이 법을 안다면 함께 활법에 대해 말할 수 있을 것이다."

이는 시를 창작하는 데 있어 일정한 법도가 있지만, 동시에 법도의 구속을 받으면 안 된다는 것이다. 이를 통해 활법설(活法設)에는 일종의 예술적 변증법이 내포되어 있음을 알 수 있다. 그가 활법설을 제시한 이유는 당시 강서시파(江西詩派)가 주장한 탈태환골(奪胎換骨)이나 점철성금(點鐵成金)이 지나치게 작가의 개성을 억압한다고 보았기 때문이었다. 여본중은 「여증길보논시제2첩與曾吉甫論詩第二帖」에서 "근래에 강서시파를 배우는 이들은 비록 규모와 원칙을 잘 지키지만, 너우 이에 얽매여 벗어날 줄 모른다. 때문에 백 척 장대 위에서 한 걸음도 나아가지 못하는 것이니, 이 또한 황정견(黃庭堅)의 원래 의도를 모르는 짓"이라고 밝혔다. 활법은 강서시파의 사법(死法) 속에 갇힌 문풍(文風)을 자유롭게 해방시켰다는 점에서 긍정적인 평가를 받을 수 있다. 이러한 활법을 체득하기 위해서 여본중은 '묘입(妙入)'을 강조하였다. 그는 묘입이란 요행에 의해 얻어질 수 있는 것이 아니라 장기간의 수련과 학습을 통해 얻을 수 있는 단계라고 설명하였다. 여본중 외에 강기(姜夔, 1155-1221) 역시 『백석도인시설白石道人詩說』에서 활법을 주장하였다.(배호남)

여본중, 강서시파, 묘입(妙入)

참고문헌
홍우흠, 『한시론』, 영남대학교출판부, 2004.
송재소, 『한시미학과 역사적 진실』, 창작과 비평, 2001.

회문시(回文詩)

잡체시(雜體詩)의 일종으로, 작품을 반대로 읽어도 의미가 통하는 시를 말한다. 어떤 회문시는 앞뒤로 뿐만 아니라 선회가 반복되기도 하고, 시구의 순환이 자유로운 경우도 있다. 그러면서도 평측이나 압운이 흐트러져서는 안되므로 그 제한이 몹시 까다롭다. 보통 회문체는 시를 처음부터 끝까지 한 줄로 배열하여 바로 읽거나 거꾸로 읽거나 모두 의미가 통하는 시를 말하지만, 특별히 바둑판처럼 시문을 배열한다든지, 중앙으로부터 선회하여 읽는 다는지, 순환 반복하여 읽어야 의미가 통한다든지 하는 것도 있다.

16국(十六國) 시대 진秦나라 여성인 소혜(蘇蕙)가 변방 사막으로 떠난 남편 두도(竇滔)를 생각하며 지은 「회문선도시回文旋圖詩」가 대표적인 회문시이다. 또한 남조(南朝) 제齊나라의 왕융(王融, 234-305)이 지은 「춘유회문시 春遊回文詩」역시 널리 알려진 회문시이다. 당나라의 무측

천(武則天)은 「선기도서 璇璣圖序」에서 소혜의 「회문선도시回文旋圖詩」에 대해 "다섯 가지 빛깔이 서로 벌여 있고 여덟 마디 끝에서 종횡으로 오가는데, 지은 시가 2백여 수이며 글자수는 8백여 자에 이른다. 종횡으로 반복되는데 모두 훌륭한 작품을 이루었다"고 설명하였다. 이인로(李仁老, 1152-1220)는 『파한집破閑集』에서 "회문시는 제齊·량梁에서 시작되었으니 대개 문자의 유희일 뿐이다. 옛날 두도(竇滔)의 아내 소혜(蘇蕙)가 비단을 짠 뒤에도 그 법이 오히려 남아 있어, 송宋 삼현(三賢)이 또한 모두 뛰어났다. 무릇 회문시란 바로 읽어도 순조롭고 쉬우며, 거꾸로 읽더라도 뻑뻑하거나 껄끄러운 태가 없이 말과 뜻이 모두 묘한 뒤라야 좋다고 할 수 있다"고 하였다.

회문시는 이후로도 계속 전해서 진晉나라의 부함(傅咸, 239-294)이나 온교(溫嶠, 288-329) 등도 창작하였으나, 지금은 전하지 않는다. 현전하는 작품으로는 소혜의 것이 가장 유명하다. (배호남)

잡체시, 소혜, 회문선도시

참고문헌
정　민, 『한시미학산책』, 솔, 1996.
윤호진, 『한시의 의미구조』, 법인문화사, 1996.

회사후소(繪事後素)

회사후소(繪事後素)란 "그림 그리는 일은 흰 바탕의 뒤에 행한다"는 뜻으로서, '회사후어소(繪事後於素)의 뜻으로 해석한다. 이 말은 『논어(論語)』 「팔일(八佾)」에 나온다.

자하(子夏)가 시경(詩經)의 구절을 들어 공자에게 물었다. "'교묘한 웃음에 보조개여, 아름다운 눈에 또렷한 눈동자여, 소박한 마음으로 화려한 무늬를 만들었구나.' 하였으니 무엇을 말한 것입니까?" 공자는 "그림 그리는 일은 흰 바탕이 있은 후이다."라고 대답했다. 자하는 다시 "예(禮)는 나중입니까?" 공자가 말하기를, "나를 일으키는 자는 그대로다. 비로소 함께 시(詩)를 말할 수 있게 되었구나"라고 흡족해 했다.

동양화에서 하얀 바탕이 없으면 그림을 그리는 일이 불가능한 것과 마찬가지로 소박한 마음의 바탕이 없이 눈과 코와 입의 아름다움만으로는 아름다움을 다 드러낼 수 없다고 한 것이다. 이에 자하는 밖으로 드러난 형식적인 예보다는 그 예의 본질인 내면의 덕성이 중요한 것을 깨달았다. 형식으로서의 예는 본질이 있은 후에 만이 의미가 있는 것임을 알게 된 것이다.

본질이 있은 연후에 꾸밈이 있다는 말은 문학예술은 인격의 수양을 한 후에 비로소 가능하다는 공자 문예관의 요체를 보여준다. 즉 문과 질 중에서 질이 우성 형성된 후에야 문이 드러나는 것이 순서라고 하는 관점이다. 공자가 말은 전달할 수 있으면 된다.(辭達而已矣)고 한 것도 같은 맥락에서 해석할 수 있다.

그러나 공자는 한편 수식의 중요성을 도외시하지는 않았다. "문질빈빈(文質彬彬) 연후군자 ((然後君子)", 즉 "문과 질이 서로 잘 어울어져야 비로소 군자라 할 수 있다"는 말이나, "언지무문 (言之無文), 행이불원(行而不遠)", 즉 "말이 아름답지 않다면, 그것을 펼쳐 써도 멀리 이르지는 못할 것이다"라는 말은 비록 제한적이기는 하지만 문학에 대한 일정한 긍정을 보여주는 부분이다.(오태석)

회사후소(繪事後素), **문질빈빈**(文質彬彬), **사달이이의**(辭達而已矣), **언지무문**(言之無文) **행이불원**(行而不遠)

참고문헌
임종욱, 『동양문학비평용어사전』, 범우사, 1997.
彭會資, 『中國文論大辭典』, 桂林 역, 百花文藝出版社, 1990.
김원중, 『고사성어 숙어 백과사전』, 을유문화사, 1996.

회상(소급제시, Analepsis)/예상(사전제시, Prolepsis)

쥬네트가 이야기와 담화 사이의 불일치를 말하기 위해 고안해 낸 시간교란의 두 가지 방법이다. 소급제시란 이야기 현재의 순간에 과거에 일어났던 일을 제시하는 것이고, 사전제시는 장차 일어날 사건을 현재 시점에서 미리 알려주는 것이다. 이것은 영화에서의 회상과 예시라는 말로 가장 잘 설명되는데, 채트먼 같은 서사론자는 특별하게 회상(flashback)과 예시(flashforward)라는 용어를 소급제시와 사전제시의 한 예로 말하고 있기도 하다.

쥬네트가 제안한 시간착오는 다시 <거리(portee)>와 그것의 <진폭(amplitude)>로 나뉘는데, <거리>란 이야기가 진행 중인 현재로부터 과거의 사건으로 되돌아거나 미래의 사건으로 전진하는 시간의 길이를 말하며, <진폭>은 시간교란이 가해진 사건 자체의 지속을 말한다. 현재 진행 중인 이야기를 중단시키고 시간교란을 일으켜 회상이나 예시를 도입하는 방법에는 세 가지 방법이 있다. 그 첫 번째는 외적(external)인 시간교란으로, 이것은 현재 시간 이전에 발생한 과거 사건을 제시하는 것이고, 두 번째는 내적(internal) 시간교란으로, 현재 시간 이후의 사건을 제시하는 것이다. 그리고 세 번째로는 시간교란이 현재 사건 이전에 시작되어 현재 사건 이후에 끝나는 혼합적(mixed) 양태가 있다. 이 가운데 내적 시간교란은 과거의 사건이 현재 진행 중인 이야기에 의해 간섭을 받지 않는 경우와 진행 중이던 이야기에 간섭을 받는 경우로 다시 나뉘는데, 쥬네트는 전자를 이종제시(heterodiegetic)라고 부르고 후자를 동종제시(homodiegetic)라고 부른다.

장차 일어날 사건을 알려주는 사전제시는 소급제시보다는 일반적이지 않지만, 서술자가 시·공간적인 자유로움을 누리는 소설에서 예외적으로 확인된다. 마르께스의 『백년 동안의 고독』은 사전제시가 가장 두두러진 작품이라 할 수 있으며, 현존하는 칠레의 여류작가 이자벨 아옌데 또한 이런 사전제시의 기법을 매우 잘 활용하고 있다. 우리 소설의 경우는 박정애의 장편소설 『물의 말』에서 적절하게 사용된 바 있다.

사전제시의 가장 고전적인 예는 예언을 들 수 있다. 소포클레스의 비극에서 외디푸스가 장차 아버지를 죽이고 어머니와 동침하게 될 것이라는 예언이 바로 그것이다.(김경수)

플래쉬백, 플래쉬포워드

참고문헌
제라르 쥬네트, 『서사담론』, 권택영 역, 교보문고, 1992.
시모어 채트먼, 『영화와 소설의 서사구조』, 김경수 역, 민음사, 1999.

회의론(懷疑論, Skepticism)

회의론은 크게 '절대적 회의론'과 '방법적 회의론'으로 나뉜다. '절대적 회의론'은 보편타당한 진리 자체의 존재를 부정하거나 또는 그러한 진리 인식의 가능성을 인정하지 않는 태도를 가리키며, 이것이 본래의 회의론에 해당한다. 인간의 인식을 주관적 혹은 상대적인 것으로 보기 때문에 독단론과 대립적 입장에 있다.

'방법적 회의'는 데카르트(R. Descartes) 철학의 바탕을 이루는 사유의 방법이다. '방법적 회의'는 조금이라도 의심스러운 것은 모두 거짓으로 보고 전혀 의심할 수 없는, 절대적으로 확실한 것이 남는지의 여부를 살피는 태도를 말한다. 그러나 데카르트(R. Descartes)는 모든 것을 의심하면서도 이 의심하고 있는 자아의 존재만큼을 의심할 수 없다며 "나는 생각한다. 그러므로 나는 존재한다."는 명제를 철학의 제1원리로 세웠다. 즉 데카르트(R. Descartes)의 회의는 확고부동한 절대 진리를 얻기 위한 방법이지, 회의론자들처럼 이성의 합리성 자체를 부정한 것은 아니다.

회의론의 대표적 철학자로는 흄(D. Hume)과 칸트(I. Kant)를 꼽을 수 있다. 흄은 합리론과 경험론 모두에 회의론적 태도를 표명하여 당시 철학계를 흔들어 놓았다. 데카르트(R. Descartes)로부터 비롯된 합리론은 신이 아닌 인간 이성이 세계에 대한 확실한 지식을 보장해줄 것이라 장담했고, 경험론은 관찰과 경험에 의한 과학이 세계를 정확히 알려줄 것이라 여겼다. 그러나 흄(D. Hume)은 이성적 지식은 전부 경험에서 추상작용을 거쳐 이끌어낸 것이므로 확실한 지식일 수 없고, 관찰과 경험의 지식, 그리고 과학의 인과법칙조차 언제나 틀릴 수 있는 것이라고 비판했다.

흄의 회의론은 칸트(I. Kant)에게 지대한 영향을 끼친다. 칸트(I. Kant)는 합리론과 경험론의 한계를 인식하면서, 이성의 능력과 감성의 능력을 중재하고자 하였다. 칸트(I. Kant)는 인식의 능력을 경험의 범위 안으로 제한하는 한편, 경험의 범위 안에서도 사물을 있는 그대로 알 수 있는 것이 아니라 오직 현상(現象)으로서만 인식할 수 있다고 함으로써 인식의 절대성에 대한 근본적인 의심을 드러냈다. 그러한 그의 비판주의의 근저에는 회의론적 태도가 있었던 것이다.(배수정)

독단론, 합리론, 경험론

참고문헌

르네 데카르트, 『성찰』, 이현복 역, 문예출판사, 1997.
데이비드 흄, 『오성에 관하여』, 이준호 역, 서광사, 2001.
임마뉴엘 칸트, 『순수이성비판』, 최재희 역, 박영사, 2002.

후일담(後日譚, Epilogue)

후일담, 즉 에필로그는 원래 연극의 마지막 한 장면이나 대사, 폐막사(閉幕辭)를 가리키는 말이다. 이것이 서사물의 종결 부분을 지칭하는 용어로 점차 확대되어 쓰이다가, 현대에 와서는 이야기의 말미에 덧붙는 좀더 특수한 결말의 단계를 지칭하는 제한적인 개념으로 정착되었다. 프롤로그(prologue)의 반대말이다.

엄밀하게 보아 후일담은 이야기의 구조 밖에 덧붙여지는 이야기, 즉 사족이다. 그러나 독자들의 충족되지 않은 욕망을 충족시켜주기 위해 붙여진다는 점에서 불가피한 사족으로 보기도 한다. 고전소설의 경우 갈등이 모두 해결된 후에도 서사적 현재 시간을 훨씬 건너뛰어 인물의 미래에 대한 부연설명을 덧붙이는 경우를 흔히 볼 수 있는데 이것이 일종의 후일담에 해당한다.

현대소설에서도 후일담이라는 사실을 명시적으로 밝히지는 않으나, 사건이 모두 종결된 이후의 서사적 미래 시간을 결말에 덧붙이는 경우가 흔히 있다. 이때 사건과 인물에 대한 작가의 전지적 위치가 은연중에 드러나게 되는데, 작품의 전체 구조와 후일담 부분이 긴밀하게 연결되지 않는다면 미학적 긴장감을 떨어뜨리는 역효과가 발생할 수도 있다. 이광수의 『무정』의 결말 부분은 후일담의 한 예가 된다. 주요인물들이 삼랑진에서 자선음악회를 연 후 삶에 대한 의지를 다진 데서 이야기가 끝나지 않고, 작가는 그 이후 인물들이 어떠어떠하게 살고 있다는 사실까지를 군더더기처럼 덧붙이고 있는 것이다.

이와는 달리 후일담이라는 사실을 분명하게 밝히는 경우도 있다. 이 때 후일담은 별다른 의미를 지니지 못하는 경우도 있지만, 전체 구조 속에서 중요한 구실을 하는 경우도 있다. 조세희의 『난장이가 쏘아올린 작은 공』 연작의 경우가 후자에 해당한다. 이 작품집은 「뫼비우스의 띠」에서 시작해 「에필로그」로 끝이 나는데, 어느 고등학교 수학교사의 수업시간을 다루고 있는 이 두 단편이 난장이 가족의 이야기를 감싸안으며, 전체 구조에서 중요한 연결고리 역할을 담당하고 있다.

'후일담'이라는 용어와 관련하여, '후일담 문학'으로 칭해지는 작품군도 있다. 1930년대 카프 해체 후 사상운동가의 전향을 다룬 작품들과, 1980년대 운동권 문학을 계승하여 전통적인 리얼리즘의 방법과 세계관을 드러낸 일군의 작품들은 '후일담 문학'이라고 불리고 있다.(배수정)

에필로그, 프롤로그, 후일담 문학

참고문헌
한국문화예술진흥원, 『연극사전』, 예니, 1995.
빠트리스 파비스, 『연극학 사전』, 신현숙 윤학로 역, 현대미학사, 1999.

훈육(訓育, Discipline)

훈육의 사전적 의미는 규칙에 따라 행동하도록 훈련시키는 것이다. 훈육의 뜻을 가진 영어 단어 discipline의 어원에 대한 각기 다른 해석은 훈육의 의미를 정립하는 것에 도움을 준다. 우선 훈육의 어원을 라틴어 'disciple', 즉 '추종자·복종·가르치다'라는 뜻에서 찾는다면 훈육은 권위 있는 사람에게 복종하는 것을 가르친다는 의미를 갖는다. 이때 훈육의 과제를 지도자 혹은 교사의 생각이나 기준에 개인의 감정이나 행동을 일치시키는 것으로 본다면 그 전형적인 예는 군대 훈육이라고 할 수 있다. 이러한 의미의 훈육은 복종과 외부로부터의 규제를 주요한 내용으로 삼는다. 반면, 훈육의 어원을 라틴어 'disco', 즉 '나는 배운다' 라는 뜻에서 찾는다면 훈육의 개념은 학습원리에 충실함을 의미한다고 하겠다. 이때 학습원리에 충실한 훈육이란 훈육의 목적과 방법 그리고 훈육풍토가 일치한다는 것을 뜻한다. 때문에 외부로부터의 강제적인 통제나 행동주의에 대한 조작적 자극 등이 동원되는 전통적·권위적 훈육과는 구별된다. 상당수의 발달심리학자들은 훈육을, 내적 충동을 억제하는 자기 규제의 발달이나 도덕성의 발달 혹은 사회성의 발달 등으로 파악하는데, 이렇게 규범적 행동의 자기 규제를 학습 혹은 발달로 보는 견해는 교육적·발달적 견해라 할 수 있다. 포괄적인 의미에서 훈육이란 도리와 이치에 맞는 행동이나 사고를 가르치는 일련의 활동이라고 할 수 있다. 이때의 도리는 사회 규범적 행동을, 이치는 일의 절차적 행동과 상황의 변화에 따른 적응행동을 내포한다. 그러므로 훈육은 사회집단의 규범이나 과업수행 혹은 상황이 요구하는 행동에 스스로 취할 수 있도록 하는 일련의 교육적 활동이라 할 것이다.(채근병)

전통적·권위적 훈육, 교육적·발달적 훈육, 훈육문제

참고문헌
박병량, 『훈육: 학교 훈육의 이론과 실제』, 학지사, 2001.

휴머니즘(Humanism, 프 Humanisme, 독 Humanismus)←인간주의(人間主義), 인문주의(人文主義), 인본주의(人本主義)

모든 인간 행동과 결정의 바탕에 어떤 보편적 인간 본성이 존재한다고 주장하는 인간중심적 세계관, 또는 궁극적으로 인간성의 해방과 옹호를 추구하는 사상이나 심리적 태도를 말한다. 휴머니즘의 어원은 '인간적'이라는 뜻을 지닌 라틴어 'humanus'의 비교급 'humanior'이다. 휴머니즘의 사상적 기원은 이탈리아의 르네상스 운동이다. 카톨릭 교회의 권위와 신 중심의 세계관으로부터 인간을 해방시키고, 그리스·로마의 고전 문화에 대한 연구를 통해 인간의 존엄성 회복과 문화적 교양의 발전을 이루려는 노력의 산물로 휴머니즘이 생겨났다. 17세기에 휴머니즘은 근대과학의 합리적 정신과 결부되어 인간과 세계를 '자연의 빛'에 의해 인식하려고 노력하였으며, 수학적 방법으로 학문의 확실한 기초에 도달한 지점에서 출발하여 인생에 유용한 지혜로서의 철학체계를 완성하려고 하였다. 이러한 과학과 휴머니즘의 통일이라는 과제는 18세기의 계몽주의 사상으로 계승되어, 과학적 합리성을 단순히 자연에 관해서뿐만 아니라, 사회·정치·경제 등 각 분야에 걸쳐 추구하여 인간성을 한없이 확충하려고 애썼으며, 그 결과 '진보'의 개념이 도출되었다. 18세기 후반에 독일에서는 J. J. 빈켈만, T. 레싱, J. G. 헤르더, J. W. 괴테, F. C. S. 실러 등을 중심으로, 독일 계몽사상의 추상적인 합리주의와 기계론적 세계관에 반항하여 그리스적인 미의 이상을 추구하면서 고전적인 인간성의 이상을 부활시키려는 '뉴휴머니즘'이라는 새로운 인문주의 운동이 일어났다.

많은 현대 이론의 저작에서 휴머니즘은 고도의 정교한 비판의 대상이다. 반휴머니즘적 비평가들은 휴머니즘이 고양한 인간의 자유와 자기 결정을 의문시하고 인간성을 우주의 중심에 두는 습관에 반대하면서 휴머니즘을 개인주의의 옹호라고 본다. 예를 들면 많은 포스트구조주의 사상가들은 인간이 가지고 있다고 가정된 사고와 행동의 자유는 우리의 존재의 언어적·심리적·사회경제적 조건에 의해 제한되어 있다고 보며, 페미니스트, 흑인운동가, 포스트식민주의 비평가, 게이-레즈비언 비평가들은 휴머니즘의 중심에 있는 '인간'은 특수한 성별, 계급, 인종, 혹은 성적 지향이라는 특정 요인에서 생기는 제한 혹은 제한적인 이해에서 자유롭지 않다고 주장한다. 휴머니즘이 풍속·습관·사상 등이 자기와 같은 인간만을 인간다운 인간이라고 생각하고, 그 밖의 인간을 모두 인간의 규범에서 벗어난 존재라고 본다면 그것은 독단적인 사고방식일 것이다. 따라서 휴머니즘의 본질은 그러한 자기중심주의에서 벗어나 끊임없이 자기를 초월함으로써 자기를 실현해나가는 것이라고도 할 수 있다.

이러한 휴머니즘의 사상을 바탕으로 하여 자아의 각성을 통해 인간 본성에 눈뜨고, 인간을 존중하며 끊임없이 자기를 초월하고 실현해 나감으로써 인간의 자유, 발전에 기여하는 것 등을 중심 주제로 하는 휴머니즘 문학이 생겨났다.(윤송아)

근대, 르네상스, 개인주의

참고문헌
진원숙, 『시민적 휴머니즘과 인간, 역사, 과학』, 야스미디어, 2005.
머레이 북친, 『휴머니즘의 옹호』, 구승회 역, 민음사, 2002.

흉내(Mimicry)

'흉내'는 탈식민주의 이론가 호미 바바(Homi Bhaba)의 용어로, 제국주의자들과 식민지인들 사이의 양면적(ambivalent)인 관계를 묘사하는 개념을 함축하고 있다. 바바에 의하면, 제국주의 담론은 식민지인들로 하여금 제국의 문화적 관념이나 제도나 가치를 흉내 내도록 하는데, 그 결과는 단순한 제국적 가치관의 재생산이 아니라, 제국에 위협이 되는 제국인들의 '불분명한 복사품'이 된다. 왜냐하면 흉내는 조롱과 긴밀한 연관을 갖고 있으며, 흉내내는 원본을 본질적으로 패러디하기 때문이다. 그러므로 '흉내'는 식민지 지배의 확실성에 존재하는 틈새와, 식민지인들의 행동조종에 내재하는 불확실성을 찾아낸다.

흉내는 때로 제국주의 정책의 공공연한 목표이기도 했는데, 예컨대 1835년 영국의 매컬리 경은 동양의 학문을 조롱하며, 인도에서의 영국 예술과 학문의 재생산을 주장했다. 그러나 그가 주장하는 그러한 제국의 '흉내'는 스스로 제국주의의 약점을 드러내는 것이었다. 왜냐하면 매컬리 경은, 영국학문의 풍요함을 피와 피부는 인도인이지만, 취향과 견해와 지성에 있어서는 영국인이 되어야 하는 수백만의 식민지인들에게도 나누어주어야 한다고 말함으로써, 유럽학문이 잡종화되고 양면성을 갖고 있으며, 제국의 담론 또한 그러한 것이라는 것을 자기도 모르는 사이에 인정했기 때문이다.

'흉내'는 제국주의 담론의 양면성을 지적하기 위해 호미 바바가 만들어낸 용어인데, 매컬리 같은 제국주의자들의 견해에 의하면 식민지인들은 제국인들과 거의 같지만 그러나 똑같지 않고 어딘가 다른 일종의 재생산품이 된다. 그 결과, 제국의 가치와 문화와 매너의 모방은 원본에 대한 조롱과 위협을 포함하며, 동시에 그러한 '흉내'는 제국에 대한 모방이면서 위협이 된다는 것이다. 그래서 흉내는 제국주의 담론의 권위가 갖고 있는 한계를 드러내며, 식민지 담론이 스스로 해체될 수밖에 없음을 보여준다. 그러한 성격의 담론은 키플링, 오웰, 나이폴 같은 작가들에게서 드러난다.

흉내가 갖는 위협성은 바로 제국주의 담론의 양면성을 드러내는 데서 시작한다. 그러므로 흉내는 제국에 대한 직접적이고 외적인 비판이라기보다는 제국의 권위에 대한 간접적이고 내적인 도전이라고 할 수 있다. 그리고 그런 의미에서 탈식민주의자 호미 바바의 '흉내'이론은 자크 데리다의 '해체이론'과도 상통한다.(김성곤)

탈식민주의, 해체이론, 호미 바바, 오리엔탈리즘

참고문헌
호미 바바, 『문화의 위치 : 탈식민주의 문화이론』, 나병철 역, 소명출판, 2002.
이경원, 「탈식민주의론과 탈역사성 : 호미 바바의 '양면성'이론과 그 문제점」, 『실천문학』, 1998년 여름호.

흉중성죽(胸中成竹)

가슴속에 대나무가 완성되어 있다는 말로서, 그림이나 시 등 예술 작품의 창작 시에 미리 마음속에 전체를 그려놓고서 작품을 만들어간다는 뜻이다. 문동(文同)은 중국 북송의 문인이자 화가로, 자는 여가(與可)이다. 시문과 글씨·죽화(竹畵)에 특히 뛰어났으며, 인품이 고결하고 박학다식하여 사마 광(司馬光)·소식 등은 문동을 매우 존경했다고 한다. 문동은 후세에 묵죽(墨竹)의 개조(開祖)로 추앙받았다.

문동의 집은 앞뒤로 대가 우거져 있어 제법 아름다운 경치를 이루고 있었다. 그는 대를 몹시 사랑하여 직접 심어서 돌보기도 하였다. 그는 늘 죽림(竹林)에 들어가서 대나무가 자라는 모습, 가지 치는 상태, 잎이 우거지는 모습, 그리고 죽순이 나오는 모양과 자라는 모습 등을 꼼꼼히 관찰하여 대나무의 모든 것을 터득하였다. 그러다가 흥에 겨우면 집으로 들어가 종이를 펼치고 먹을 갈아 그림을 그렸다. 대에 대해 충분히 연구 관찰하였으므로, 그가 그리는 묵죽화는 핍진(逼眞)하다고 평판이 높았다.

북송 시인 조보지(晁補之)는 문동과 절친한 사이였다. 조보지는 문동이 즉석에서 대를 그리는 모습을 지켜보는 것을 좋아했다. 어느 날 한 청년이 조보지를 찾아와 문동의 그림에 대해 물었다. 조보지는 다음과 같이 말해주었다. "문동이 대를 그리고자 할 때는, 흥중에 이미 대나무가 그려져 있다(與可畵竹時 胸中有成竹)"고 시를 써서 말해주었다. 여기서 '여가'는 문동의 자(字)이다. 조보지는 문동의 그림이 얼마만큼 높은 경지에 이른 것인가를 이 말 한마디로 표현한 것이다. 이 이야기에서 비롯하여 '흉유성죽'이란 말이 나왔다. 어떤 일에 착수하기 전에 이미 충분한 복안이 서 있음의 비유로 사용되고 있다.

문인화를 창시하기도 한 소식(蘇軾 1037-1079)은 「운당곡언죽기(篔簹谷偃竹記)」라는 글에서 "대나무를 그리기 위해서는 반드시 먼저 마음속에 대나무가 있어야 한다. 그런 뒤 붓을 쥐고 뚫어지게 바라보다가 그리고자하는 것이 나타나면 재빨리 그림을 그려 그 영상을 좇는다"고 말했는데, 그의 '시중유화(詩中有畵), 화중유시(畵中有詩)'론, 수물부형(隨物賦形)론 등과 같이 그리고 그림과 시가 같은 맥락에서 이해된다는 '시화일률론'으로서 시(詩)·화(畵) 간의 차감(借鑑) 이론의 한 전범으로 자리 잡았다. '흉유성죽(胸有成竹)', '성죽재흉(成竹在胸)'이라고도 한다. (오태석)

흉중성죽, 흉유성죽, 문동(文同), 소식, 시화(詩畵)일률, 수물부형(隨物賦形)

참고문헌
임종욱 저, 『고사성어 대사전』, 고려원, 1996.
오태석, 『중국문학의 인식과 지평』, 역락, 2001.

흑인 페미니즘(Black feminism)

흑인 페미니즘은 백인 중산층을 중심으로 이루어지는 여성운동이 얼마나 흑인 여성을 무시해왔는가에 주목하면서 흑인여성들의 역사, 생활, 문학, 문화 등에 대한 관심과 해석을 촉구하는 것이다. 페미니즘이 남성에 의해 가려진 여성의 실지를 회복하려 했던 것처럼 흑인 페미니즘은 여성 중에서도 백인 중산층 여성에 의해 가려진 흑인 여성의 문제를 부각시키려는 것이다. 여성들 사이에도 억압의 정도에 차이가 있는데, 흑인 여성들은 성차별 이외에도 인종차별도 받기 때문에 이중 억압에 시달린다고 보기 때문이다. 흑인 페미니즘의 뿌리는 오래되었지만 본격적인 활동은 1960년대 후반에 전개된 흑인 민권 운동이나 '제2의 물결' 페미니즘을 배경으로 시작되었다. 1980년대에 들어와서는 제3세계의 유색인종 여성들과 연합하여 기존의 서구 부르주아 백인 여성 중심의 획일적인 페미니즘에 저항하고 있다. 이들이 기존의 '페미니스트(feminist)'라는 용어를 인종차별적인 의미가 내재되어있다고 거부하면서 '우머니스트(womanist)'라는 용어를 사용하자고 제안하는 것도 이 때문이다.

바바라 스미스(Babara Smith)가 「흑인 페미니스트 비평을 향하여 Towards a Black Feminist Criticism」(1977)라는 논문을 통해 흑인 페미니즘 논쟁의 장(場을) 열었지만, 실제적인 흑인 여성 문학의 효시라고 할 수 있는 것은 조라 닐 허스톤(zora neale huston)의『그들의 눈은 신을 보고 있었다 Their Eyes Were Watching God』(1937)이다. 그 이후로 흑인 여성의 주체성을 새로운 차원에서 구현하고 있는 토니 모리슨(Toni Morrison)의『술라 Sula』(1973)나 엘리스 워커(Alice Walker)의『칼라 퍼플 Colar Purple』(1982)이 주목을 받았다. 이 작품들은 한편으로는 백인 남성이, 또 한편으로는 흑인 남성이 유포해온 흑인 여성의 입지에 저항하고 있다. 미국 남성의 상상력에 의하면 흑인 여성은 약간 바보 같고, 그저 고통을 인내하는 모습이다. 언제나 헌신적으로 양육하는 유모나 늘 일만 하는 어머니, 성욕이 과다한 매춘부, 비극적인 물라토(mulatto, 흑백혼혈아)와 같은 상투적인 여성상으로 드러난다는 것이다. 바바라 스미스는 이런 남성의 성적 착취를 오랫동안 받아온 흑인 여성 주체의 주요한 특성으로 흑인 여성들 간의 자매애에 기초한 레즈비어니즘(Leslianism)을 제시하기도 한다.

대표적인 흑인 페미니스트인 벨 훅스(Bell Hooks)는『나는 여성이 아닌가 Ain't I a Woman』(1981)에서 미국 흑인 여성의 역사와 페미니즘과의 관계에 대해 쓰고 있다. 벨 훅스는 미국 노예제 시기에 흑인 여성들에 대한 강간과 짐승같은 공격이 모든 미국인들의 심리에 배어있는 흑인 여성에 대한 폄훼를 낳았고, 노예제가 폐지되고 한 세기가 지난 지금에도 미국 사회는 여전히 흑인 여성을 타락한 여성이나 창녀, 매춘부로 재현한다고 비판한다. 이런 흑인 여성에 대한 논의를 소수 인종의 소망이나 가치, 이념 행위를 밝히는 일로 확대 해석하면, 그래서 서양·유럽·백인 중심의 페미니즘에 대한 거부와 연관시킨다면, 현재 한국에서 활발하게 진행되고 있는 인도나 이슬람, 중국 여성을 중심으로 하는 동아시아 여성에 관한 담론들과도 연결시킬 수 있다.(김미현)

페미니즘, 페미니즘 비평

참고문헌
한국영미문학페미니즘학회, 페미니즘 : 어제와 오늘, 민음사, 2000.
Babara Smith, Towards a Black Feminist Criticism, in The New Feminist Criticism, ed by Eaine Showalter : Pantheon, New York, 1985.
Bell Hooks, Ain't a Woman : Black Women and Feminism,: South End Press, Boston, 1981.

흔적(trace)

발터 벤야민은 인류가 남긴 역사상 · 문화상의 유물을 '폐허'라고 부르고, 이 '폐허' 속의 잠재력으로 현재의 우리가 과거의 전체성을 감지하고 또 미래의 가능성을 획득할 수 있다고 생각했다. 벤야민은 계시적이며 단편적인 글쓰기의 산물인 트락타트(traktat)와 모자이크 개념을 통해 인식의 동일성 체계를 거부한다. 벤야민은 일련의 대립들 위에서 자신의 사상을 직조해나가는데, 인식을 경험과, 인식론을 이념의 표현과, 재현 · 재인식을 이미지 · 미메시스 · 알레고리와 대립시킨다. 여기에서 등장하는 것이 성좌(Konstellsation)의 파편이미지들이며 극단들이다. 벤야민의 성좌이미지는 동일성에 대한 강력한 거부와 해체로서 새로운 사유의 이미지를 구성하면서 차이의 존재론을 전개해나간다. 그것은 차이 그 자체인 모나드(monad, 단자), 역사의 부스러기, 흔적들로 나타난다. 환원될 그 어떤 중심도 없을 때 나타나는 조각들, 개별적인 것들, 수많은 파편들은 '별자리의 형상이 별자리의 별들과 관계하는' 방식으로 전체와 연결된다. 일회적이며 극단적인 현상의 요소들, 현상세계의 미시적 차이들은 역설적 전체로서의 성좌의 이미지 안에서 이념으로 모여든다. "이념들은 현상들의 객관적인(대상적인) 잠재적 배열"이며 여기서 잠재적이라는 것은 현실화되거나 현실화를 가능하게 하는 내재적 잠재성이다. 잠재적인 것들은 아예 존재하지 않거나 사라진 과거라기보다는 현존 속에 끊임없이 존속하고, 공존하면서 현행적 현실 속에 부분들로 박혀있는 것이며 이것이 환원불가능한 어떤 흔적 이미지들로서 우리에게 나타난다. 따라서 흔적들은 파편적이고 자신의 수수께끼를 감추고 있는 잠재적인 어떤 주름이다. 흔적은 얼룩, 부스러기, 반점처럼 잠재적 층위에서 미시적으로 잔존하고 있으며, 이것은 하나의 주름으로서 그 스스로의 펼침 속에서만 이미지가 된다. 흔적들의 교감과 공명이 더 높은 차원의 현실성인 이미지로 구성되는 것이다.

흔적과 관련된 벤야민의 사고는 체계 내부 요소의 집합을 전체성과 유기적 통일성을 갖는 것으로 제시하는 방법인 '제유'에 대응한다. 부분과 전체의 관계를 흔적과 성좌의 관계, 소우주와 대우주의 관계로 파악하는 방법은, 문학이라는 형식이 주는 완결감이나 그것으로 일정하게 독자가 받는 인상이 성립되는 방법을 해명하는 데 하나의 단서를 제공한다. 문학이라는 형식도 단어, 문장, 글 등 부분적인 언어를 제시함으로써 성립되는데, 뛰어난 시나 소설은 구체적으로 제시된 말의 한계를 넘어 일종의 전체성을 획득하는 경우가 있기 때문이다.

자크 데리다는 흔적이 다른 뭔가 근원적인 사물을 대리 · 표상한다는 사고를 정면으로 부정한다. 우리가 보거나 듣는 표상은 모두 '차연(différance)'화 작용을 거친 흔적에 지나지 않는다. 그 흔적을 더듬어 그것이 표상하는 사물에 다가가려고 해도 다른 흔적에 이를 뿐이지 결코 근원적인 사물에 다다르는 일은 없으며, 그것은 오직 '차연', '차이'의 유희일 뿐이다. 이는 벤야민이 상정한 흔적 개념을 극한까지 밀고 나간 결과라고 볼 수 있다. 벤야민의 주장은 우리 자신 역시 흔적에 지나지 않는다는 철저성도 보여준다. 우리의 존재 자체가 하나의 흔적이라고 한다면 우리가 '의미'를 찾아내는 현장, 의미화가 이루어지는 그 순간이란 바로 나라는 흔적과 대상이라는 흔적이 만나고 충돌하고 교착하는 장(또는 장이 아닌 장)이라고 할 수 있다.(윤송아)

성좌, 차이, 원(原)글쓰기

참고문헌
제레미 M 호손, 정정호 외 역, 『현대 문학이론 용어사전』, 동인, 2003.
이시하라 치아키 외, 『매혹의 인문학 사전』, 송태욱 역, 앨피, 2009.
백용성, 「발터벤야민의 이미지와 시간개념」, 고려대학교 대학원 석사논문, 2010.

흥관군원(興觀群怨)

중국 고대 문학론 중 시가詩歌가 사회적으로 발휘되는 효용에 대한 개념을 지칭하는데, 공자가 <논어>에서 다음과 같은 문장으로 처음 제기한 것이다. "공자 왈, 너희들은 어찌 시를 배우지 않느냐? 시는 불러일으킬 수 있고, 관찰할 수 있으며, 무리 짓게 만들고, 원망할 수 있게 만든다. 가깝게는 부모를 섬기고, 멀리는 임금을 섬기는 문제부터 하찮게는 새나 짐승, 풀과 나무의 이름을 많이 알게 하기도 한다.(子曰 小子何莫學夫詩 詩可以興 可以觀 可以群 可以怨 邇之事父 遠之事君 多識于鳥獸草木之名)" 여기서 흥(興)이란 시가(詩歌)가 수신(修身)을 하고자 할 때 일정한 정도의 교육적 효과를 발휘한다는 뜻이며, 관(觀)은 득실을 따지거나 풍속을 살핀다는 의미로 시가에는 인식적 작용이 내재해 있다는 것을 말한다. 또한 군(群)은 시가가 선비들을 모아 서로의 문학적 재능을 연마하고 사상을 교류할 수 있는 기능을 갖추고 있음을 말하며, 원怨은 통치자들의 정치와 정책에 대한 비판적 기능이 시가에 있음을 말한다. "문장으로 배움을 넓히고 예로써 이를 요약한다면 또한 어긋나지 않을 것(博學于文 約之以禮 亦 可以弗畔矣夫)"와 같은 표현을 볼 때 공자의 문학에 대한 인식은 당시 예교(禮敎) 정치의 윤리적 규범과 일치하는 것으로, 당대의 역사적·사회적 상황이 문학 속에 매개되어 있어야 한다는 것을 강조한 것이다. 흥관군원에는 중국 문학이 당시까지 집적해놓은 창작상의 경험이 응축되어 있으며, 문학이 갖고 있는 사회적 효용에 대한 논의가 집약되어 있다고 할 수 있다. 이는 후세에 이르러 문학이 사회적 현실에 대한 응전력을 상실했거나 역사적 인식을 결여했을 때 그것을 비판하는 주요한 논지로 사용되기도 했다. 그러나 문학의 사상적인 측면이나 사회적 효용만을 지나치게 강조하여 문학 자체의 미학이나 자율성 등을 도외시하는 문학관으로 이어지기도 했다.(채근병)

공자, 논어, 문학의 사회적 효용

참고문헌
이기동, 『논어해설』, 성균관대출판부, 1992.
임종욱, 『동양문학비평용어사전』, 범우사, 1997.

흥취설(興趣說)

중국 고대의 시론 중 시가(詩歌) 창작에 대한 관점의 하나로, 시가를 창작할 때는 작가의 감정이 분연히 환기된 뒤에 써야 한다는 주장이다. 흥취라는 표현은 송나라 이전에도 쓰이긴 했지만 창작상의 문제로 처음 제기한 사람은 <창랑시화>를 쓴 엄우(嚴羽)이다. 그는 송나라의 시가 이론과 학식에만 치우치는 것을 경계하였고 미적 감흥과 정적인 흥취(興趣)를 시가에서 가장 중요한 요소로 파악했다. 그는 시의 다섯 가지 법식 중 흥취(興趣)를 제시하면서 다음과 같이 말했다. "시라는 것은 성정을 표현하는 것이다. 성당 때의 시인은 오직 흥취에 뜻을 두었는데, 이는 영양이 뿔을 걸어두어 찾을 수 있는 자취가 없는 것과 같다.(詩者 吟詠性情也 盛唐詩人惟在興趣 羚羊卦角 無迹可求)" 이때 흥興이란 작가가 어떤 대상을 접하거나 모종의 상황 속에서 환기되는 감정이나 창작에의 충동을 지칭한다. 또한 취(趣)는 시가의 운치상의 묘미를 가리킨다. 결국 흥취란, 명분이나 도리 혹은 사고행위만으로 창작을 임해서는 안 되며 마음 속 깊은 곳으로부터의 울림이 느껴졌을 때 예술적 직관에 호소해야 하며 그와 동시에 작품을 구상해야 한다는 창작 자세를 말하는 것이다. 또한 창작된 작품에 있어서도 흥취에 겨워 자연스럽게 이루어진 표현을 중시하여 언어의 조탁이나 형식적인 미를 추구하는 것에 매몰되어 있어서는 안 된다고 한다. 이는 송나라 때의 시가가 이치나 논리를 따지는 경향으로 치우쳐 추상적인 양상으로 기우는 것이나, 예로부터 이어져 내려온 문학적 업적에 기대어 창작을 하고자 하는 태도를 비판하는 논리를 담고 있다. 시에 대한 올바른 감상을 묘오(妙悟)라고 하는 선적(禪的) 감득(感得)에서 구하고 한 엄우의 흥취설은 청나라 때의 시인 왕사정(王士禎)의 신운설(神韻說)의 원류가 되었다.(채근병)

엄우, 창랑시화, 묘오, 신운설

참고문헌
엄 우, 『창랑시화』, 곽소우 교석, 김해명 외 역, 소명출판, 2001.
임종욱, 『동양비평문학용어사전』, 범우사, 1997.

희곡

시, 소설, 수필, 평론과 더불어 현대문학의 5대 장르의 하나이다. 중국 고전문학 장르의 하나인 희곡에서 연원되어 한국과 일본에서 현대문학 장르로 널리 통용되고 있다. 중국고전희곡과 현대희곡(통칭 희곡)을 혼동하지 않는 주의력이 필요하다. 중국 원(元)의 잡극(雜劇)과 명(明)의 전기(傳奇)는 고전희곡을 대표하는데, 원의 잡극에 이르러 그 문학형식인 가곡(歌曲)과 문체가 확립되었으므로 '잡희의 가곡'이라는 개념이 축약되어 '희곡'으로 정립되었다. 이와 같은 중국의 양식은 고려시대의 일부 지식층에게 영향을 미쳐, 이른바 <풍입송>(風入松)류의 모방작이 나왔고, 조선시대의 한 지식인(汶陽散人)은 <동상기>(東廂記)라는 작품을 창작했으나 중국과 같은 연극(잡극)적인 완성, 문학적인 완성에는 도달하지 못했다.

19세기 후반, 일본에서는 서양연극과 드라마를 수용하여 문학과 예술의 근대화에 기여했다. 드라마를 희곡으로 번역하여 사용하기 시작하고, 동시에 독립된 문학장르로 분류하기 시작한 것도 그때부터였다. 이전에는 연극의 문학적 자료를 지칭하여 조루리(淨瑠璃)·각본(脚本)·대본(臺本)이라고 했다. 개화기의 한국에서는 일본의 관행에 따라 각본·대본·극작가(劇作家)라는 용어를 그대로 차용하였다. 서양에서는 희곡과 연극의 동의어로서 드라마를 사용하고, 연극대본은 플레이스크립(playscript)이라고 한다.

서양에서 드라마는 희곡이라는 의미 이외에도 '몹시 긴박하거나 파란만장한 인생 혹은 그런 사건이나 세계'라는 넓은 의미를 갖는다. 다시말하면 그런 세계 자체가 드라마일뿐만 아니라 그런 세계를 상상력 있게 집약시킨 문학작품이나 연극을 드라마라고 한다. 드라마는 그리스어의 '행동하다'(dramenon)에서 비롯된 개념으로 직접적인 행동을 통해서 보여주는 공연예술이나 객관적인 행동을 통해서 표현하는 문학텍스트인 것이다. 또한 드라마 이외에 시어터(theater)가 자주 사용된다. 시어터는 '구경하다'(theasthai) '극장'(theatron)에서 비롯된 개념으로 연극 혹은 극장을 지칭한다.

중국고전희곡이나 일본각본과는 달리, 한국에는 기록문학으로서 고전희곡을 찾아보기 힘들다. 그러나 고전은 전승(傳承)되고 있으며, 그 문학적 자료를 재담(才談)이라고 했다. 연극의 숨은 텍스트로서 희곡의 채록이 가능하며, 채록본(採錄本)을 통한 문학적 연구도 가능하다. 따라서 구전(口傳)희곡·구비(口碑)희곡·전승희곡·재담텍스트라는 용어를 사용할 수 있고, 아울러 희곡무가(巫歌)·희곡민요(民謠)·희곡민담(民譚) 등과 같은 용어도 사용할 수 있다. 한국 최초의 근대희곡은 조일재(趙一齋)의 <병자삼인>(病者三人, 1911,11공연)이다.

희곡과 연극이 공유하는 것은 공연성(公演性)이다. 희곡의 잠재적인 공연성은 독자의 인식과 상상력을 통해 폭넓게 해석되거나 인식되고, 연극에서는 일회적인 상연(上演)을 통해 구체적으로 형상화되거나 창조적으로 실연(實演)됨으로써, 그때그때 관객의 인식과 상상력을 확대시킨다. 상연은 충실한 해독이 아니며 단순한 해석도 아니고, 더구나 고지식한 재현도 아니다. 상연은 별개의 예술행위다. 그러므로 희곡과 상연 및 독서와 관극은 그 자체로서 독자적인 기호체계이자 다른 차원의 감동적 세계를 구축한다.

희곡의 기본요소는 대사와 무대지시문, 극적 구성, 인물의 성격, 형식과 양식 등이다. 대사만이 극중언어(劇中言語)의 기능을 갖는다. 대사를 영어로는 다이얼로그(dialogue)라고 하는데, 이 말은 두 사람 사이에 이루어지는 대화(dialogos)라는 그리스어에 연원을 두고 있다. 배우가 혼자서 하는 독백(獨白)이나 방백(傍白), 여러 사람이 등장하여 하는 대화, 광대(廣大)가 했던 재담 등도 모두 대사에 해당한다. 극적 구성은 기승전결(起承轉結)의 다양한 방법이 개발되었고, 인물의 성격은 희곡의 요소로서 가장 중요한 창조요건이다. 전통적인 희곡형식은 비극·멜로드라마·희극·소극(笑劇) 등이고, 시대적 특징을 나타내는 양식은 서사극·부조리극·표현주의·상징주의·사실주의·낭만주의·고전주의 등이다.(서연호)

드라마, 씨어터, 비극, 희극, 소극

참고문헌

서연호, 『한국대표희곡강론』, 현대문학사, 1993.

한국정신문화연구원, 『한국민족문화대백과사전』, 1991.

이상섭, 『문학비평용어사전』, 민음사, 1976.

조동일, 『한국문학통사』, 지식산업사, 1982.

다께우치 도시오(竹內敏雄) 『미학·예술학사전』, 손현숙 역, 미진사, 1989.

Allardyce Nicoll, World Drama from Aeschylus to Anouih, G.Harrap Co., 1951.

희극(喜劇)

인생을 즐겁고 우스꽝스럽게 바라보는 입장(골계미와 유머의 관점)에서 희극이 생겼고, 진지하고 엄숙하게 바라보는 입장에서 비극이 생겼다. 연극을 만들어내는 요소들이 어떻게 결합되는냐에 따라 형식이 정립되었는데, 희극은 서양연극의 대표적인 전통형식이다. 희극요소와 비극요소가 적절하게 조화되어 하나의 통일된 작품이 만들어진 경우는 희비극(tragicomedy)형식으로 달리 분류한다. 희극과 같은 범주이지만 즉흥적인 대사, 자발적인 비판과 농담, 과장된 동작과 익살, 떠들썩한 분위기 등을 위주로 하는 형식은 소극(笑劇, farce, 익살극)이다. 한국에서는 20세기 초부터 희가극·희창극·풍자극·폭소극·넌센스희극·레뷰·스켓치라는 용어가 남발했다. 이런 연극들은 희극이 아니라 소극을 지칭한 것이었다.

희극과 소극의 차이점은 희극이 사색의 재료와 지적인 내용을 통해 깊이 있는 웃음을 제공해 온 데 대하여, 소극은 떠들썩한 분위기와 소박한 웃음을 촉발시키는 데 있다. 관객의 지적 판단에 호소하는 희극을 고급희극(high comedy, 철학적 희극)이라 한다면, 주로 웃음에 호소하는 희극을 저급희극(low comedy, 익살극)으로 분류하기도 하는데, 소극은 후자에 속한다. 즉흥적인 대사가 끼어들 여지가 많다는 것은 삽화적인 요소가 많다는 의미다. 장면 장면의 즐거운 분위기를 위해 전체적인 맥락보다는 즉흥적이고 즉각적인 사건이나 행동을 삽입시켜 오락성을 높인다. 중세 이후의 우의적인 도덕극(morality play)에서 성장해 나온 소극은 이후의 막간극(幕間劇)형식을 지배하게 되었다. 오늘날 텔레비젼의 익살극이나 이른바 코미디영화, 짤막한 즉흥 쇼, 개그(gag) 등은 모두 소극적 전통의 현대적 계승이다.

희극은 다루는 내용이나 목적에 따라 또한 여러 가지로 구분된다. 우스꽝스러움을 강조하기 위한 희화극(戲畵劇, burlesque), 야유와 공격을 강조하기 위한 풍자극(諷刺劇, satiric comedy), 윤리적 비판을 강조하기 위한 문제희극(problem comedy), 상류사회의 갈등을 익살스럽게 다룬 사회희극(comedy of manners), 사랑과 연애를 강조하기 위한 낭만희극(romantic comedy), 음모와 계략을 강조하기 위한 계략극(計略劇, comedy of intrigue) 등이 그것이다.

심각한 연극에 대해 경쾌한 연극으로 구분되는 희극은 근본적으로 지성에 호소하는 연극이며, 인생에 대한 작가의 초연한 태도를 반영한다. 고통스럽다거나 파괴적이 아닌 결함 또는 추악함을 다루는 것이 희극이라고 아리스토텔레스(Aristotle)는 정의하였다. 희극적인 행동은 극적 상황이나 인물이나 사고가 정상에서 벗어나는 데 바탕을 두고 있다. 이를테면 정상적인 것, 평균적인 것에 비추어 비정상적인 것, 저급한 것이 지니는 불균형이나 부조화에서 희극적인 행위가 생겨난다.

웃음, 즐거움, 풍자, 비판은 희극의 중요한 요소들이다. 웃음은 어떤 사태에 거리감을 두고 여유 있게 생각하는 데서 발생한다. 희극의 웃음은 바로 이러한 부조화나 불균형에 대한 자기 우월감, 여유 있는 거리감에서 생긴다. 자기 자신을 포함한 모든 인간의 결점을 여유 있게 찾아내는 데 희극의 즐거움이 있으며, 그러한 결함들이 비판적으로 극복되는 데서 또한 즐거움이 일어난다. 행복한 결말에 이르는 인물은 관객이 받아들이는 인물이며, 반대로 중도에서 실수하고 실패하고 방황하는 인물은 관객이 미워하고 우스꽝스럽게 보는 인물이다.

희극은 선악문제보다 유쾌·불쾌의 문제에 의존한다. 희극의 주인공은 모험이나 도박, 허황된 꿈이나 허술한 흉계, 작난에 가까운 시도나 불가능하게 보이는 도전 혹은 숨겨진 비난이나 뒤틀린 비판 등을 내재한다. 비극 가운데 긴장을 완화시키고 장면을 전환시키기 위해 특별히 희극적인 인물이나 국면을 삽입하는 것을 '희극적 휴지(休止, comic relief)'라고 한다. 보통 희극에서는 휴지를 두지 않고 전체 작품을 빠르게 전개시킨다. 희극의 주인공은 자신도 모르는 사이에 더욱더 자기 성취로 가까이 간다. 그러면서도 그는 자기가 사태에 잘못 대처하고 있다고 고뇌하고 당황한다. 그가 실수하고 있다고, 잘못 판단했다고 생각하는 행위가 전혀 엉뚱한 결과를 초래하는 것은 아이러니다. 이것을 '희극적 아이러니'라고 한다. 희극이 실제 인간보다 열등한 인간을 보여준다는 논리는 희극의 특성인 과장(誇張)을 정당화시켜 주고 있다. 그러나 인간의 모든 결점을 그린다 하더라도 희극은 결국 긍정적일 수밖에 없는데, 그 이유는 희극이 인간의 성공(행운)을 다루고 있기 때문이다.

그리스시대의 아리스토파네스(Aristophanes), 르네상스시대의 코메디아 델아르테(commedia dellarte), 엘리자베스시대의 셰익스피어(Shakespeare), 17세기의 몰리에르(Moliere)의 희극 등은 높이 평가된다. 한국 전통극인 가면극(양주별산대놀음, 봉산탈춤)이나 인형극(꼭두각시놀음)은 소극이다. 현대작가인 유치진의 <소>는 희비극과 소극형식의 두 작품으로 구분된다. 박조열의 <토끼와포수>, 유보상의 <이혼파티>는 현대희극을 대표한다.(서연호)

소극, 희극작가, 희비극, 골계미, 희극적 휴지, 희극적 아이러니

참고문헌
서연호, 『동시대적 삶과 연극』, 열음사, 1988.
필리스 하트놀(Phyllis Hartnoll), 『세계의 연극』, 서연호 역, 고려대출판부, 1989.
다케우치 도시오(竹內敏雄), 『미학·예술학사전』, 손현숙 역, 미진사, 1989.
빠트리스 파비스(Patrice Pavis), 『연극학사전』, 신현숙 역, 현대미학사, 1999.
Moelwyn Merchant, Comedy, Methuen and Co.Ltd London, 1970.

희극적 아이러니 ☞ 희극

희비극

16-18세기 고전주의시대까지 비극과 희극의 개념이 비교적 분명한 가운데, 한편에서는 희비극(喜悲劇)이 나타나기 시작했다. 그러니까 르네상스시대부터 희비극은 성립되었다고 할 수 있다. 고전주의 시대에 희비극은 좋은 결말을 가져오는 모든 비극을 가리켰다. 코르네이유는 자신의 대표작 <르 시드>(1636)를 희비극이라고 명명했다. 질풍노도(疾風怒濤)시대의 연극, 부르주아 드라마, 낭만주의 연극 등은 희비극을 자주 다루었다. 현대극에 들어와서 희비극은 연극의 본질적인 형식으로 발전했다. 현대에서 비극은 사라지고 희비극 혹은 희극이 시대를 대표한다. 희비극은 혼합된 형식으로써 다음과 같은 세 가지에 성격을 갖는다. 첫째, 등장인물들이 서민과 상류층을 모두 망라한다. 둘째, 심각하고 드라마틱한 행위는 치유할 수 없는 큰 파국에까지 이르지 않고 주인공은 그 행위 안에서 파멸하지 않는다. 셋째, 비극의 고상하고 진지한 언어와 희극의 저속하고 일상적인 언어를 모두 작품에 수용한다.(서연호)

참고문헌
빠트리스 파비스, 『연극학사전』, 신현숙 역, 현대미학사, 1999.
오스카 G. 브로케트, 『연극개론』, 김윤철 역, 한신문화사, 1989.
한상철 외, 한국문화예술진흥원, 1981.
Martin Banham, The Cambridge Gaide to World Theatre, Cambridge University Press, 1988.

희생양 의식 ☞ 인신공희

희생양 ☞ 파르마코스

희열 ☞ 주이상스

희화화(戱畵化)

희화화란 인물의 외양이나 성격 또는 상황이나 사건 자체를 우습게 표현하는 방법을 말한다. 패러디(parody)에서의 어떤 작가나 작품의 특징적인 면에 대한 모방이 대상에 대한 풍자적인 의식이나 희화화를 드러내기 위해 쓰이는 수법이라고 정의되는 것에 비해, 희화화는 대상을 조소하거나 우스꽝스럽게 묘사하기 위해 주로 대상의 일부나 전체 혹은 대상의 성격을 과장하거나 축소 혹은 왜곡하는 경향을 띤다. 이는 패러디가 대상에 대한 단순한 모방의 차원에 머무는 것이 아니라 패러디의 대상이 된 작품과 패러디를 한 작품이 기존에 갖고 있던 의미와는 전혀 다른 차원의 새로운 의미를 가질 수 있도록 재창조한다는 중시한다는 사실과 비교한다면, 희화화는 대상의 성격이나 심층적인 주제를 또 다른 의미로 전이시키는 것을 주요한 목적으로 삼는다고는 볼 수 없다. 하지만 대상을 희화화함으로서 얻어지는 것들이 인간생활의 부조리나 불합리 혹은 허위나 허세와 같은 부정적인 양상들에 대한 비판적 인식이라면, 결국 희화화는 포괄적인 의미에서 풍자의 범주에 포함된다고 할 수 있다. "장인님은 이 말을 듣고 껄걸 웃더니(그러나 암만 해도 돌 씹은 상이다) 코를 푸는 체하고 날 은근히 긇리려고 팔꿈치로 옆 갈비께를 퍽 치는 것이다. 더럽다. 나도 종아리의 파리를 쫓는 체하고 허리를 구부리며 어깨로 그 궁둥이를 꽉 떼 밀었다. 장인님은 앞으로 우줄근하고 싸리문께로 쓰러질 듯하다 몸을 바로 고치더니 눈총을 몹시 쏘았다. "이런 상년의 자식!"하고 싶으나 남의 앞이라서 차마 못하고 섰는 그 꼴이 퍽 쟁그라웠다." 위의 예문은 김유정의 「봄봄」중의 한 부분으로, 일만 시키고 약속한 혼례를 올려주지 않는 장인의 모습을 익살스럽게 표현한 것이다. 소설적 상황이나 등장인물의 우스꽝스럽고 익살스러운 묘사를 넘어 해학성과 풍자성의 문학적 형상화를 여실하게 보여주고 있는 김유정의 작품들은, 희화화의 궁극적인 지향이 대상에 대한 풍자에 맞닿아 있음을 증명하고 있는 예라 할 수 있다.(채근병)

패러디, 풍자, 희작.

참고문헌
김윤식 외, 『한국현대문학사』, 현대문학, 1997.
한용환, 『소설학사전』, 문예출판사, 1999.

<초판>
문학비평용어사전(2006년) 편찬위원회

유종호(한국문학평론가협회 고문, 연세대 석좌교수)
김윤식(한국문학평론가협회 고문, 서울대 명예교수)
홍기삼(한국문학평론가협회 명예회장, 동국대 총장)
임헌영(한국문학평론가협회 회장, 중앙대 교수)
김재홍(한국문학평론가협회 부회장, 경희대 교수)
조남현(한국문학평론가협회 부회장, 서울대 교수)
최동호(한국문학평론가협회 부회장, 고려대 교수)
김종회(한국문학평론가협회 상임이사, 경희대 교수)

<증보개정판>
인문학용어대사전(2018년) 편찬위원회

김종회(한국문학평론가협회 회장, 경희대 교수)
김유중(한국문학평론가협회 부회장, 서울대 교수)
김진희(한국문학평론가협회 부회장, 이화여대 교수)
오형엽(한국문학평론가협회 부회장, 고려대 교수)
이광호(한국문학평론가협회 부회장, 서울예술대 교수)
이형권(한국문학평론가협회 부회장, 충남대 교수)
이재복(한국문학평론가협회 상임이사, 한양대 교수)
홍용희(한국문학평론가협회 주간, 경희사이버대 교수)

인문학용어대사전

초판 1쇄 인쇄일	2018년 6월 1일
초판 1쇄 발행일	2018년 6월 9일
엮은이	한국문학평론가협회
펴낸이	정진이
편집장	김효은
편집/디자인	우정민 박재원 장여
마케팅	정찬용 이성국
영업관리	한선희 우민지
책임편집	정구형
인쇄처	국학인쇄사
펴낸곳	국학자료원 새미(주)
	등록일 2005 03 15 제 406-3240000251002005000008 호
	경기도 파주시 소라지로 228-2 (송촌동 579-4)
	Tel 442-4623 Fax 6499-3082
	www.kookhak.co.kr
	kookhak2001@hanmail.net
ISBN	979-11-88499-44-1 *93030
가격	140,000원

* 저자와의 협의 하에 인지는 생략합니다.
* 잘못된 책은 구입하신 곳에서 교환하여 드립니다.
* 국학자료원 · 새미 · 북치는 마을 · L.I.E.는 국학자료원 새미(주)의 브랜드입니다.
* 이 도서의 출판예정도서목록(CIP)은 국립중앙도서관 서지정보유통지원시스템 홈페이지(http://seojinl.go.kr)과 국가자료공동목록시스템
  (http://www.nl.go.kr/kolis.net)에서 이용하실 수 있습니다.